中华人民共和国地方志·福建省

清流县志

（1991—2005）

清流县地方志编纂委员会 编

方志出版社
Publishing House of Local Records

图书在版编目（CIP）数据

清流县志. 1991-2005 / 清流县地方志编纂委员会办公室编.
— 北京 ：方志出版社，2018. 6
ISBN 978—7—5144—3105—6

Ⅰ. ①清… Ⅱ. ①清… Ⅲ. ①清流县—地方志—1991-2005
Ⅳ. ①K295.74

中国版本图书馆CIP数据核字（2018）第141530号

清流县志（1991—2005）

编　　者：	清流县地方志编纂委员会办公室
责任编辑：	刘　珊
出 版 人：	冀祥德
出 版 者：	方志出版社
	地址　北京市朝阳区潘家园东里9号（国家方志馆4层）
	邮编　100021
	网址　http://www.fzph.org
发　　行：	方志出版社发行中心
	（010）67110500
经　　销：	各地新华书店
印　　刷：	福州力人彩印有限公司
开　　本：	889×1194　　1/16
印　　张：	70.5
字　　数：	2333千字
版　　次：	2018年 12月第 1 版　　2018年12月第 1 次印刷
印　　数：	0001~2000册

ISBN　978-7-5144-3105-6　　定价：280.00元

清流县地图

清流县
(龙津镇)
嵩溪镇
嵩口镇
林畲
温郊
余朋
东华
宁化县
湖村镇
城南
安乐
明溪县
宁化县
S306
S205
S204
泉上水库
时州水库
高地水库
严坑水库
毛泽东朱德旧居
玄武岩
莲花山自然保护区
金莲寺
龙津峡
月汤
东溪
翠江
嵩溪
罗峰溪
九龙溪
时州
上地
小高地
翁地
新前排
伍家坊
罗陂岗
虹钟
大坑
黄沙口
径内
余坊
阳坊
南山下
黄坊
新民
青溪
蓝家坑
青口
农科
青山
嵩溪
新星
高东背
林坊
外邵坑
邵坑
元山
塘背
上坑亭
莲花山
合船
土坑
黄沙坑
陈四坑
河背
茜坑
邱元
邱磜
寨头
高赖
寺坑尾
大坑
罗清
高坑
燕形
桂坑
小溪
上坪
中新
下村
和元
赖坑
信坑
大峤垄
青州
立新
卢坑
鸭母坑
细坑
大元
林磜
龙元
下磜
梓材
村头
下排畲
职溪
范源
围埔
马排
甜福村
廖元
塘州
大丰坑
左拔
上坑
右拔
枫林
拔里
拔口
小月水
磜上
下井
里地
下窠
岭下
暖水
石林寨
车坑
七里径
俞坊
高坂
基头
供坊
楼下
笔山下
大路口
青山
桥下
蔬菜
南岐
十里铺
横溪岭
牛岭背
横口
严坊
横溪
马屋坪
无上
黄思坑
溪头
盖竹洋
向阳
李厝坑
舒曹
孙坊
曾坊
沙家井
石下
新垦农场
石忠
茶亭岗
维家山
蛟井
岭官
江头
元家亭
谢地
温家山
末坑
小池
洋边墩
陈思坑
茹坑
土楼
塘源
赤坑
下棚
桐坑
半畲
营林
包地
梧地
桔树坑
雾露坑
张地
内热汤
外热汤
高林畲
芹溪
太山
炭山
桃家山
黄泥坑
水罗坪
罗子山
芹口
芹口伐木厂
小岩岭
攀龙磜
里沙坪
新桥坂
仁场
马坑
东坑
沙余
秋竹丘

长汀县
连城县
安
市
罗坊
四堡
北团镇
塘前
揭乐
姑田镇
长校镇
里田
李家
灵地镇
邓家
赖坊
沙芜
安砂镇
大丰山胜景
棋盘山
1706
琴源水库
洋坑水库
九龙湖景区
县大丰山林场
县罗口煤矿
翠峰寺
香山寺
岩衕洞
S204
G205
图 例
县级行政中心
镇 、 乡
村 委 会
自 然 村
农 林 场
设区市行政区域界
县级行政区域界
镇、乡行政区域界
国 道 及 编 号
省 道 及 编 号
县 道
一 般 路
河 流
水 库
自 然 保 护 区
景 点
温 泉
山 峰
比例尺 1：310 000
审图号：闽S〔2017〕62号
注：本图资料截至2005年12月。
福建省制图院 编制

清流县城区图

审图号：闽S〔2017〕62号

注：本图资料截至2005年12月。

福建省制图院　编制

2002年4月10日，时任省委书记宋德福（中）到清流县东华乡大路口村考察调研（黄义平摄）

2002年8月17日，省委副书记卢展工（中）到清流县东华乡（今龙津镇）大路口村考察调研（黄义平摄）

2005年8月8日，时任省长黄小晶（中）率省委“四个专题”调研组到清流李家乡刘定丰果场等地考察调研（黄义平摄）

1978年的清流老城区（黄义平供稿）

80年代的清流城区（张志猷摄）

清流城区半岛图（2011年　黄义平摄）

1956年的清流龙津桥（黄义平供稿）

1994年重建的龙津桥（2012年5月　黄义平摄）

2004年的城关农贸市场（黄义平摄）

2006年的新龙津市场（黄义平摄）

县委、县政府办公大楼
（2011年　曾嫦珊摄）

清流宾馆
（2008年　黄义平摄）

山城山庄
（2011年　黄义平摄）

清流一中（2009年　黄义平摄）

实验小学（2010年　黄义平摄）

生态公益林（2008年　黄义平摄）

南极白云（2008年　黄义平摄）

北斗山风光（2006年　黄义平摄）

九龙湖（2005年　黄义平摄）

公路绿化（2010年　黄义平摄）

林畲银杏（2011年　摄）

龙地水杉王（2006年　黄义平摄）

灵地罗汉松（2017年　邓煌生摄）

赖坊古樟（2006年　黄义平摄）

温郊红豆杉（2004年　黄义平摄）

灵台山圆通寺全景（2007年　黄义平摄）

金莲寺雪景（2009年　黄义平摄）

沙芜狐狸洞（2006年　黄义平摄）

巫罗俊之墓（2007年　黄义平摄）

赖坊古民居（2008年　林旭煌摄）

裴尚书门楼（2004年　黄义平摄）

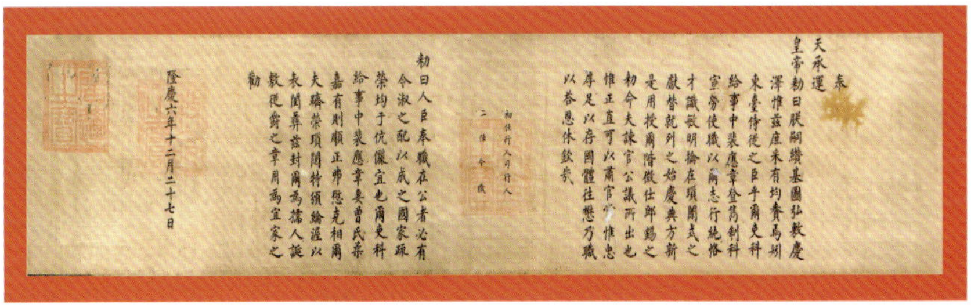
奉
天承運
皇帝勅曰朕嗣纘基圖弘敷慶
澤惟茲庶采有均賚焉矧
東臺侍從之臣乎爾吏科
給事中裴應章登爲制科
宣勞使職以爾志行純恪
才識敏明掄在瑣闈式之
獻替就列之始慶典方新
是用授爾階徵仕郎錫之
勅命夫諫官公議所出也
惟正直可以肅官常惟忠
厚足以存國體往懋乃職
以荅恩休欽哉

勅曰人臣奉職在公者必有
令淑之配以成之國家疏
榮均于伉儷宜也爾吏科
給事中裴應章妻曹氏柔
嘉有則順正弗愆克相爾
夫躋榮瑣闈特頒綸綍以
表閨彝茲封爾為孺人誕
敷從爵之章用為宜家之
勸

隆慶六年十二月二十七日

圣旨（2004年　黄义平摄）

长校江坊客家古建筑——八家围屋（2016年7月　林旭煌摄）

长校江坊会龙廊桥（2016年7月　林旭煌摄）

林畲毛泽东旧居（2009年　林旭煌摄）

远大经纬纺织车间（2010年　黄义平摄）

红火水泥有限公司厂区（2011年　林旭煌摄）

闽山化工车间（2010年　黄义平摄）

东莹化工厂区（2007年　黄义平摄）

鸿伟木业车间（2009年　黄义平摄）

博鑫光电车间（2009年　黄义平摄）

竹青背电站（2011年　陈汝辉摄）

嵩溪变电站（2007年　黄义平摄）

鲜切花基地（2008年　黄义平摄）

桂　花（2008年　黄义平摄）

紫　薇

兰花基地（2009年　黄义平摄）

景秀园林（2008年　黄义平摄）

红　枫

茶　园
（2010年　黄义平摄）

烟　田

蜜雪梨
（2009年　黄义平摄）

水蜜桃
（2016年　林旭煌摄）

芙蓉李
（2016年　林旭煌摄）

清流溪鱼（2008年　黄义平摄）

网箱养殖（2007年　黄义平摄）

黄羊养殖基地（2010年　马　耳摄）

林畲板鸭（2011年　黄义平摄）

茶籽油（2004年　黄义平摄）

老鼠干（2007年　曾嫦珊摄）

九龙湖溪鱼干
（2008年　黄义平摄）

赖坊烤花生（2009年　黄义平摄）

赖坊豆腐干

嵩溪豆腐皮（2008年　林旭煌摄）

野生红菇（2007年　黄义平摄）

赖坊姚家大蒜（2004年　黄义平摄）

淮　山（2010年　黄义平摄）

闽笋干
（2006年　黄义平摄）

家酿米酒（2007年　黄义平摄）

高地米（2007年　黄义平摄）

嵩溪粉条（2007年　黄义平摄）

长校拔龙（2009年　黄义平摄）

温郊梧地地滚龙灯（2009年　陈汝辉摄）

下窠村走古事
（2008年　黄义平摄）

嵩口赛龙舟（2004年　黄义平摄）

舞　龙（2012年　黄义平摄）

李家“五经魁”（2007年　黄义平摄）

龙津三角戏（2014年　林旭煌摄）

赖坊“摆五坊”（2011年　黄义平摄）

长校十番锣鼓（2007年　黄义平摄）

客家服饰（2004年　林旭煌摄）

编草席（2004年　黄义平摄）

打　锡（2004年　黄义平摄）

打　铁（2011年　黄义平摄）

嵩溪剪纸艺人黄本春及其作品
（2017年、2018年　林旭煌、
吴传义摄）

税务铁人——袁庭钰（县国税局提供）

全国法院青年法官标兵——江华椿（县法院提供）

1991—2005年清流县国内生产总值

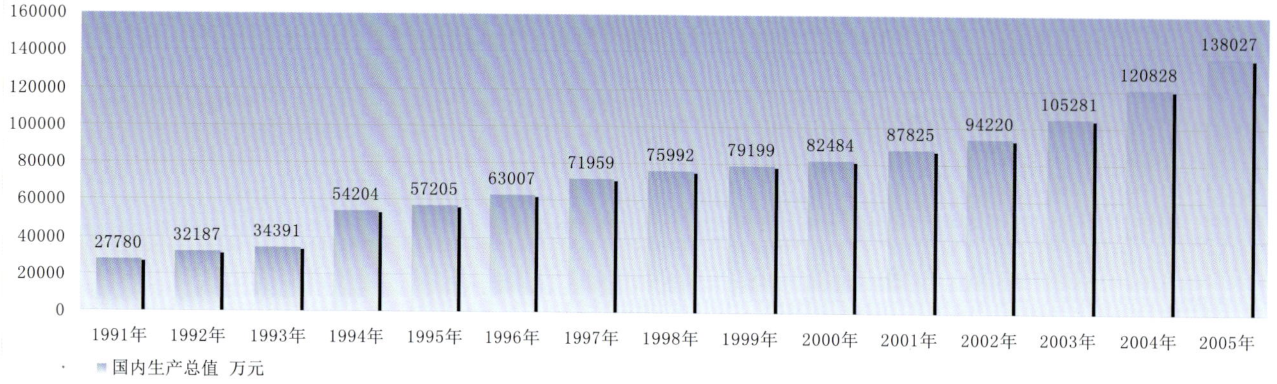

1991—2005年清流县人均地区生产总值

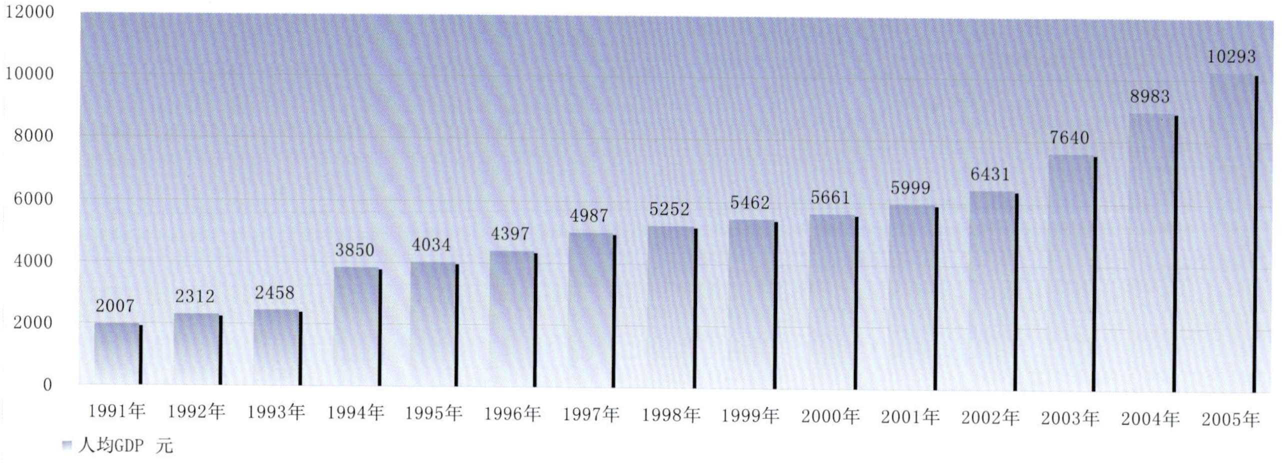

1991—2005年清流县三次产业构成情况图

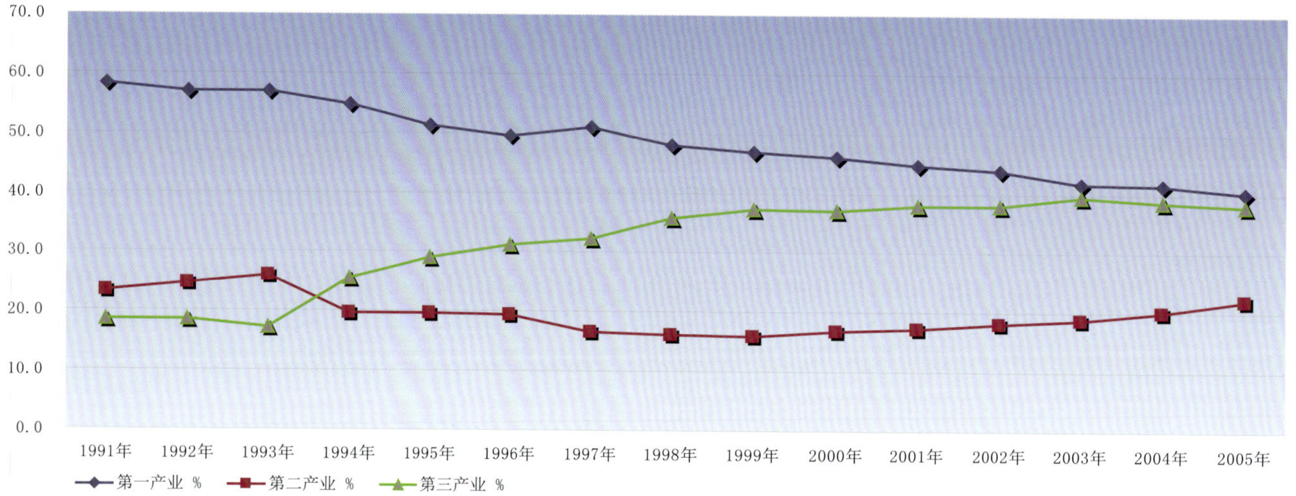

1991—2005年清流县工业总产值

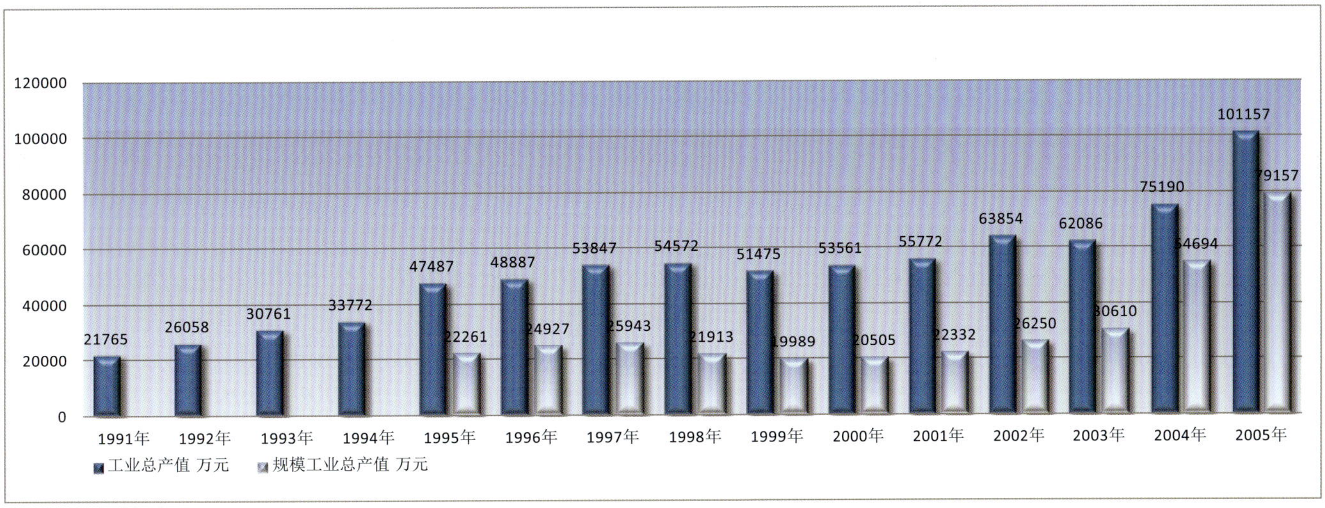

1991—2005年清流县农业总产值

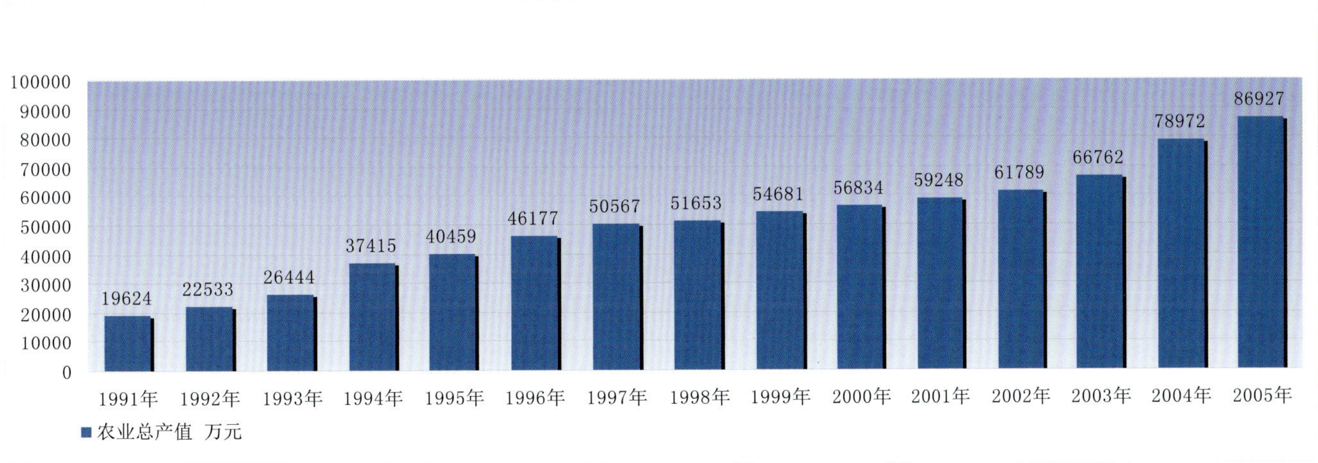

1991—2005年清流县粮食总产量

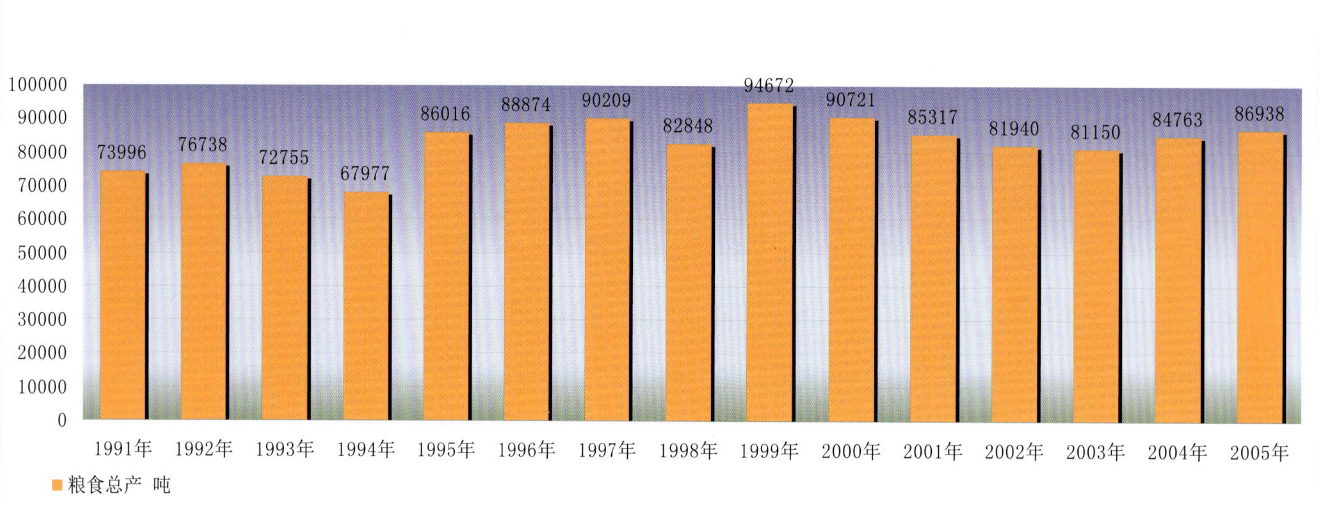

1991—2005年清流县固定资产投资额

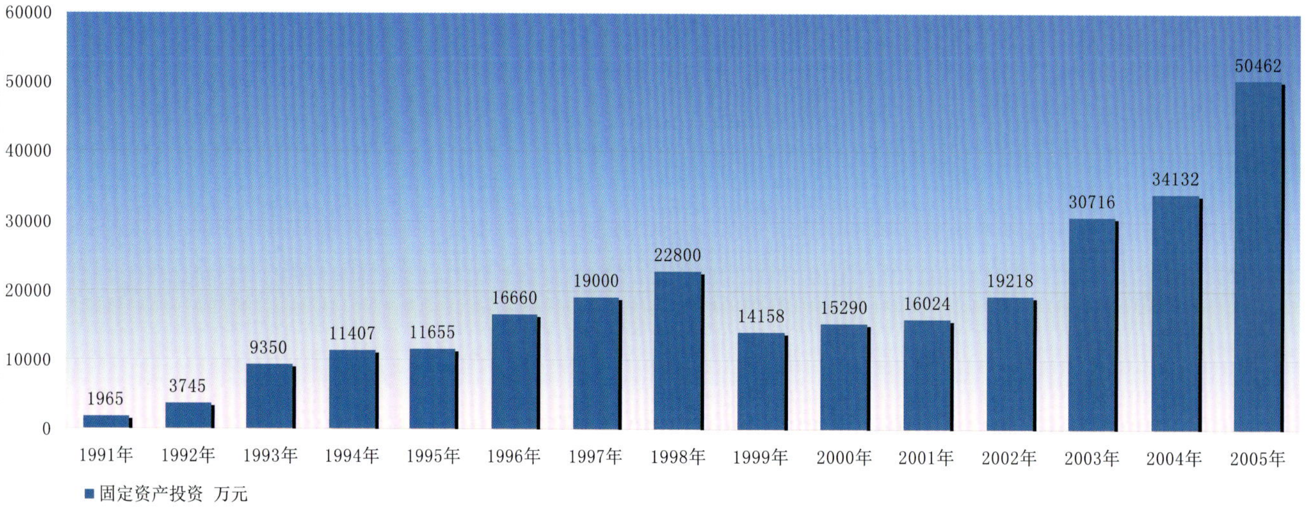

1991—2005年清流县出口额

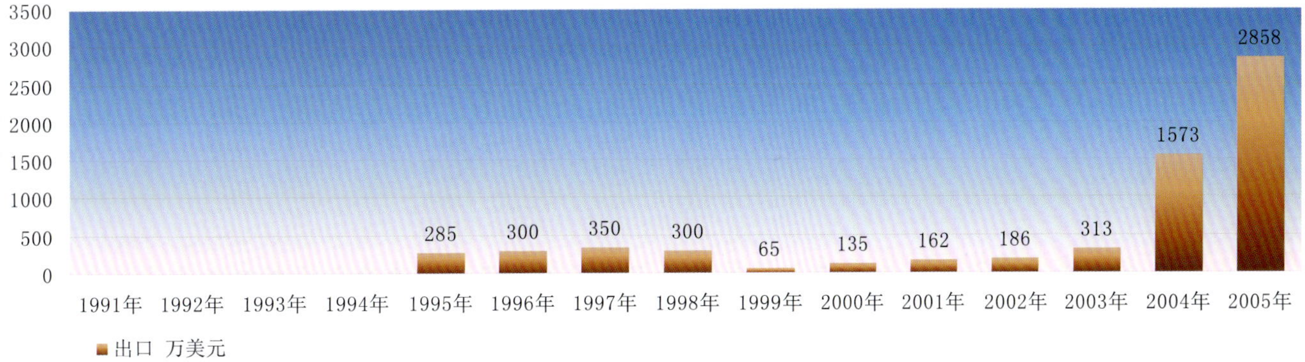

1991—2005年清流县县级财政预算收入

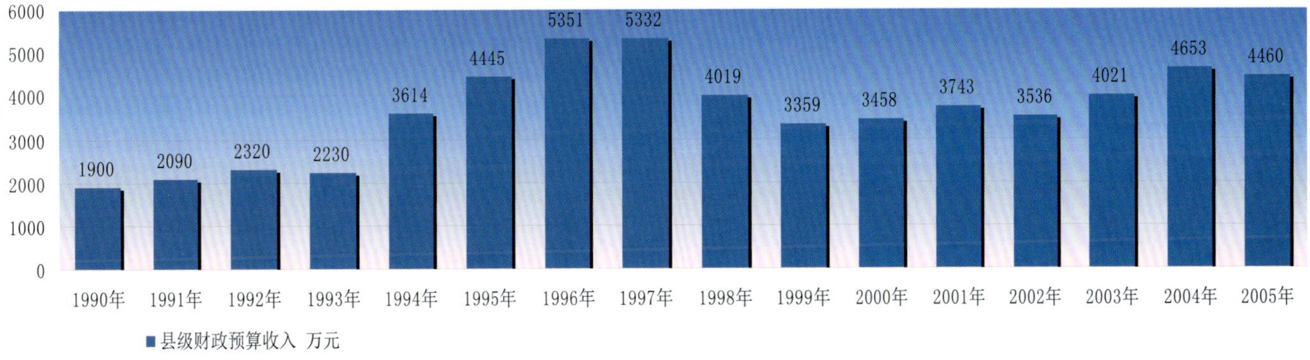

1991—2005年清流县城乡居民收入一览表

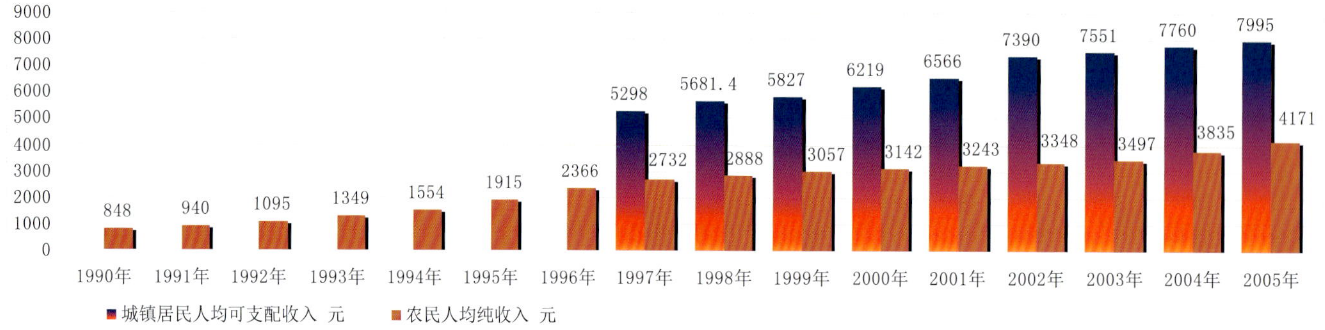

1991—2005年清流县总人口

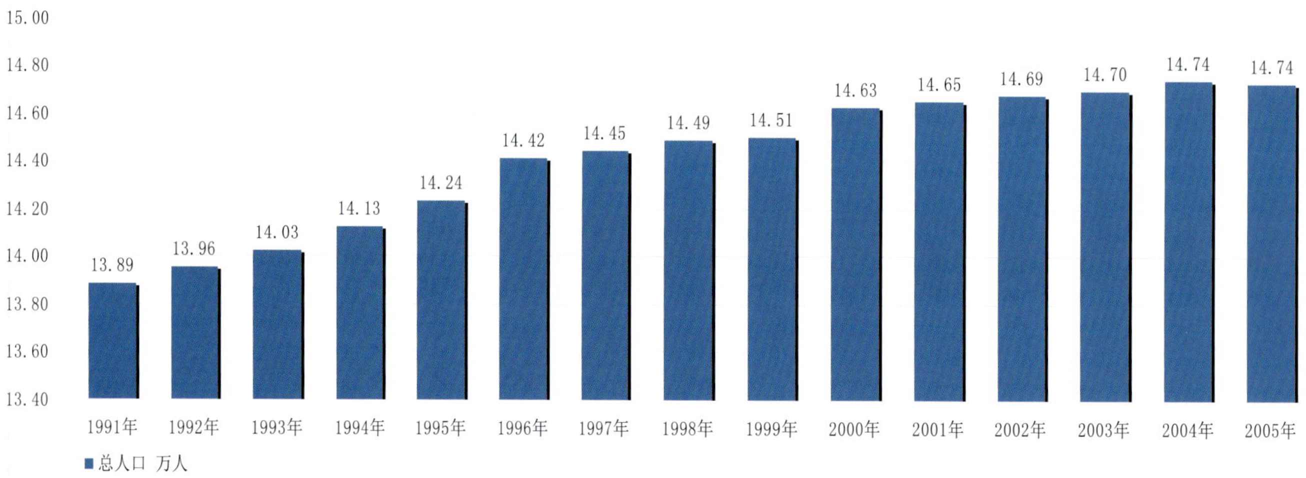

清流县第二届地方志编纂委员会

主　任：涂娓珠（县委副书记、县长）

常务副主任：曹建华（县委副书记）

副主任：李钦周（县人大常委会副主任）

李增祥（县政府副县长）

黄月珍（县政府副县长）

李志明（县政协副主席）

成　员：邓炳辉　阳俊生　赖发金　黄金富　王　燕　林生德　黄德骏　曹发琳

温立增　张昌禄　陈天助　吴益龙　王建设　杨坤生　廖传林　杨盛发

黄绪兴　官师应　李先春　陈熙建　管志来　黄坤琳　李学龄　兰根旺

张恩銮　张义明　王余祥　李子东　叶永涛　伍正发　陈　健　张　群

刘稳根　赵木海　邹洪长　马步云　张尚良　林桂芳　林剑雄　吴玉萍

巫连兴　邱小华　廖祥初　胡永欢　雷根旺　施志敏　谢庆荣　韦玲玲

余晖民　李逢春　赖向红　黄志明　江祥和　刘宗华　王卓荣　冯　文

陈固强　李华坤　童如生　罗炳文　巫锡仁　季忠明　江凤英　温秀腾

童火根　李为民　谢峻萍　陈　艳　廖河程　朱建光　邱文清　吴爱银

刘远隆　罗志雄　谢荣响　俞忠水　江　勇　黄中创　刘　忠　巫雅平

江定荣　黄日盛　杨锦铨　巫扬辉　邹卫东　谢振坤　范毅民　上官明实

2004年7月1日

调整后的清流县第二届地方志编纂委员会

主　任：张春华（县委副书记、县长）

副主任：张仕权（县人大常委会主任）

邓炳辉（县政协主席）

谢锦山（县委常委、组织部部长）

廖祥初（县委常委、宣传部部长）

周美华（县政府副县长）

成　员：康荣光　李昌荣　赖汉生　李寿荣　李钦火　黄茂鸿　张增旺　刘　忠

张是强　严香荣　俞忠水　江定荣　丘自文　李积钦　陈　健　郑　斌

吴爱云　江长文　张加荣　谢振坤　黄梅清　董美英　曾嫦珊

2017.7.11

《清流县志（1991—2005）》总编室

主　编：曾嫦珊

顾　问：李心祥　李升宝

编辑、校对：范毅民　杨朝楼　涂丽顺　刘江平　李美英　温文梅　伍耀汉

余王灼　陈建民　唐功轩　张美顺　魏丹兰　何其青　钟淑珍

资料员：尹成郡　邓哲维　赖旺发　杨仁相　肖步金　杨庆盛　肖水文　邓煌生
唐蕾磊　黄事楼　罗尚喜　陈晓莉　张福明　李国辉　黄少嵩　黄邦基
郑心东　李柱国　曾德星　李德顺　李仁海　林公福　温根旺　刘文彪
卢德生　张小华　李远西　邹正河　陈俊窕　邱桂林　江　萍　吴秀妹
王耀华　曹房生　伍耀汉　叶国斌　吴卫国　黄定秋　李文辉　李长发
邓晓晖　陈　华　张　华　赵艺林　杨尤彬　严国辉　李晓珍　何其青
陈午钢　杨　创　黄炳辉　伍志辉　伍星奎　林祥兴　肖绯腾　吴维生
张锦斌　余国卿　马良兴　陈有明　廖志平　官富文　罗新华　罗　坤
罗春桂　陈志强　李学伟　江桂琴　林晓清　李炳炎　邓国英　邓明生
吴辉祥　赖德才　江秀群　陆水法　傅诗玉　林长清　童　军　王　燕
唐功轩　黄必祥　俞胜根　李财华　吴光豪　林　美　严清海　雷平生
曹满红　邹洪强　黄坤林　单建林　罗良玲　蒋建江　伍仕钊　董美英
廖传林　邓松明　阳萍香　张水藩　黄金福　赖明水　王宜峻　曾钦水
温文梅　余伟香　李　振　彭荣木　谢德尧　李　俊　罗家发　谢开放
黄兆祥　赖伟华　张进德　朱加速　曾梅香　张志忠　万国华　叶祥标
周忠健　饶扬铮　陈华彩　杜国清　巫正根　洪玉荣　王建琴　李　信
黄茂辉　黄前贵　郑晓青　张　琳　陈　彦　黄旺发　张　蕾　赖生龙
潘宗辉　叶大鹏　吴淑英　伍耀昌　刘新根　赵明锋　季　蓉　郑昌发
马宗源　张建清　吴德斌　胡巧玲　赖　鸿　黄可彬　邓桂茂　林国栋
李美清　罗尚华　曾嫦珊　李跃荣　巫水珠　肖秋香　汤金能　易宏增
廖祥缘　赖潘洪　晏水财　刘耀忠　官维民　邹新根　肖秋华　黄根旺
范春香　彭春华　黄庆生　陈齐平　邓兆平　赵小明　林宗保　李金海
罗武文　童小军　黄汉书　盛志华

图片提供：黄义平　林旭煌　陈汝辉等

《清流县志（1991—2005）》县级审稿组

组　长：周美华

副组长：曾嫦珊

组　员：阳建华　陈　丽　余梦婷　江天德　刘道海　李柱国

王　燕　王宜峻

三明市地方志编纂委员会
《清流县志（1991—2005）》评审人员

林善涛　黄荣发　谢　凌　巫少鹏　陈声华　邓长华　陈丽明

林荣发　何团元　阳崇欣　徐　宸　陈瑞敏　张　宣

序

《清流县志》(1991—2005)经十数载雕琢、打磨，终于付梓出版了，实属不易，可喜可贺!

清流，美如其名，群山叠翠微，碧水抱城郭。九龙溪鬼斧神功，经此曲旋洄流，勾勒出双龙戏水的“太极”壮美画卷。境内旅游、矿产、渔业资源丰富，森林覆盖率78%。雄奇峻伟大丰山、北斗山，风光旖旎九龙湖，向世人展现出清流作为全国重点林业县、国家级生态县当之无愧的魅力。清流坐拥灵台山中华客家祖山文化园，国家级台湾农民创业园，荣膺国家航天育种基地、亚洲最大兰花种植基地、福建省唯一的鲜切花组培基地头衔。清流豆腐皮、清流溪鱼、清流黄羊、清流鲜切花等国家地理标志产品享誉八闽。

清流于宋元符元年(1098)立县，历史悠久，人文荟萃。历史上出过为官清正的明代吏部尚书裴应章、才华横溢的翰林院编修赖世隆，当代著名军事防化专家黄新民、中国大提琴奠基者王连三等杰出精英，充分印证了南宋民族英雄文天祥途经清流时留下的千古佳句“山高不碍乾坤眼，地小能容宰相身”。

清流乃客家祖地,民风淳朴,百姓热情好客。中国历史文化名镇——赖坊镇的民清古建筑，以及中国民间艺术之乡——长校镇的拔龙、十番锣鼓，李家乡的祈福习俗—五经魁，温郊乡梧地村的水射中秋等非物质文化遗产，以及独特的传统服饰和地方方言，无不凝聚了厚重的客家民俗色彩和文化底蕴。

清流还是第二次国内革命战争时期全国22个中央苏区县之一,6000名优秀儿女舍家报国，投身革命洪流，荣登烈士英名榜259人。在这片红色土地上，曾留下毛泽东、朱德、彭德怀等老一辈无产阶级革命家的战斗足迹;1930年，毛泽东戎马倥偬，辗转清流，饱览大好河山，诗兴勃发，在此写下著名诗词《如梦令·元旦》。

1991—2005年，是改革开放和发展社会主义市场经济的重要转型期。清流县委、县政府带领全县人民坚定不移贯彻党的路线方针政策，坚持以邓小平理论、“三个代表”重要思想，科学发展观为指导，进一步解放思想，立足县情，审时度势，开放开发，稳妥推进政治、经济体制改革，大胆探索，制定切合清流实际的中远期发展战略，采取有力措施，推进清流经济和社会事业全面发展。坚持农业基础地位，以“增粮增收保供给，脱贫致富奔小康”统揽农村工作，稳定农村土地承包制度，实施集体林权改革，调整农业经济结构。工业加快推进国有企业改革，建立现代企业制度。大力发展非公经济。同时实施小县大城关战略，改善人居和投资环境。加快生态旅游开发。推进社会保障体系建立,改善民生，努力打造人与自然和谐发展的生态效益型经济强县。初步形成苗木花卉、黄羊养殖、淡水鱼等特色农业产业，培育壮大林产化工、氟化工、煤及矿产加工、轻纺服装等工业产业集群。城乡面貌发生翻天覆地变化，人民安居乐业，社会和谐稳定。

自2005年清流县启动《清流县志》(1991—2005)编纂工作以来，地方志工作者肩负记录历史、传承中华传统文化、服务社会的光荣使命，发扬方志人求真务实、锲而不舍精神，直笔著信史，为当代提供资政辅治之参考，为后世留下堪存堪鉴之记述。十年磨一剑，砺得梅花香。《清流县志(1991—2005)》为清流解放后第二部县志，全书分26卷，以丰富、翔实的笔触，忠实记录清流人民的伟大实践活动和智慧经验，全方位反映15年间清流县自然、经济、政治、文化、社会等各领域的发展和变化，具有鲜明的时代特征和地域特色，为社会各界了解清流开启了一扇窗。在此，谨向所有关心、支持地方志事业的各界人士致以诚挚的感谢！向参与本书编纂工作的专家、学者以及全体方志工作者致以崇高的敬意！

“治天下者以史为鉴，治郡国者以志为鉴”。习近平总书记在福建工作时说过“要马上了解一个地方的重要情况，就要了解它的历史。了解历史的可靠的方法就是看志……可以较快地了解到一个地方的山川地貌、乡情民俗、名流商贾、桑麻农事，可以从中把握很多带有规律性的东西。可谓‘开卷有益’”。国务院总理李克强指出：“修志问道，以启未来”“方志流传绵延千载，贵在史识，重在致用”。方志人要树立存志为用、资治教化的理念，进一步增强创新意识，挖掘地方史料，画好清流山水，讲好清流故事；要拓宽用志领域，主动将地方志工作纳入公共文化服务体系建设中，加快方志馆、地情网站、数据库等基础设施建设，用人们喜闻乐见的方式利用地方志、传播地方志，提升服务经济社会发展大局的能力。鼓励和倡导全社会“读志”“传志”“用志”，用历史的智慧推进社会治理体系的完善和治理能力的现代化，助力实现宜居宜业幸福新清流目标。

好风凭借力，扬帆正当时。地方志工作任重道远，同志仍需努力。

是为序。

中共清流县委书记：

中共清流县委副书记、县长：

凡　例

一、本志坚持以马克思列宁主义、毛泽东思想、邓小平理论、“三个代表”重要思想、科学发展观、习近平新时代中国特色社会主义思想为指导，坚持辩证唯物主义和历史唯物主义的立场、观点、方法，存真求实，全面、客观系统地记述清流县自然、政治、经济、文化和社会发展历史与现状。

二、时间断限。本志与首轮志书下限1990年接轨，上限为1991年，下限至2005年。本志新立卷的分志，对首轮志书未记述的内容，为保持记事连续性，上溯至事物的发端。为体现和反映事物或事项的完整性、整体性和系统性，大事记、人物志及分志中的重大事项下限根据需要适当下延。

三、体裁。采用述、记、志、传、图、表、录、补遗等，以志为主。结构为卷、章、节、目、子目。卷、章下因事制宜，设无题小序，勾勒事件发展主要脉络。

四、行文。各卷采用语体文，记述体，只记事实，不做评论，寓观点于材料之中。概述采用论述体，述议结合。大事记采用编年体，兼以纪事本末体。文风力求严谨、朴实；语言力达简洁、流畅，通俗易懂，具有可读性。

五、纪年。1912年以前的朝代年号，用年号纪年，括注公元纪年。1912年1月1日以后用阿拉伯数字，每节首次出现时括注公元纪年。1949年10月1日起一律使用公元纪年。

六、数据。采用统计部门公布的统计数据，统计部门没有的，采用业务主管部门提供的统计数据，国土卷、林业卷均为部门数据。所用资料经认真复核、校对后入志，一般不一一说明出处。记数与计量单位，使用国家公布施行的标准单位。

七、图、表、照片。地图，严格按勘界后国家地图测绘部门最新出版的地图绘制；表格，按卷序编号依次排列；照片，为承编单位与专业人士拍摄及留存者个人提供，并经选择入志。

八、名称。第一次使用出现时用全称，之后用简称。为真实反映历史面貌，不同时期的国家、机构、职务、地名等均以当时名称称谓，括注今名；志中所记的政党、党委和政府，除署名的外，均为中国共产党及各级党委与人民政府。

九、人物。分志仅为对社会发展有重大建树的清流籍名人和对清流发展有突出贡献的人物立传，人随事出，以事系人入志，坚持“生不立传”的原则。列表人物收录标准：军政界副团、副处级以上（含副团、副处）；专业技术界副高级职称以上（含副高级职称）；硕士学历以上（含硕士）;先进英模受省、部级、军级以上表彰。人物志中的人物排序，传以出生年月排列，表按姓氏笔划排列。

十、资料。来源于档案、图书、报刊、调查、采访、网络等，并经鉴别、考证、核实，一般不再注明出处。

总　目

目　录

卷四　人口与人民生活

卷五　水利　电力

卷六　城乡建设

卷七　交通　通信

卷八　农业与农村经济

卷九　林　　业

卷十　工　业

卷十一　商贸　旅游

卷十二　财政　税务

卷十三　金　融

卷十四　综合经济管理

卷十五 中共清流县地方组织

卷十六 地方人民政府

卷十七 人大 政协

卷十八　社会团体

卷十九　政法　军事

卷二十　民　政

卷二十一　教育　科技

卷二十二　文化　体育

卷二十三　医药卫生

卷二十四　劳动保障　人事编制

卷二十五　民俗　宗教　方言

卷二十六　人　物

补　遗

附　录

GENERAL CONTENTS

CONTENTS

Volume 7 Transportation Communication

Volume 8 Agriculture and Rural Economics

Volume 9 Forestry

Volume 10 Industry

Volume 11 Commercial Trade Tourism

Volume 12 Government Finance Tax

Volume 13 Finance

Volume 14 Comprehensive Economic Management

Volume 15 Local Organization of the Chinese Communist Party in Qingliu

Volume 16 Local People's Government

Volume 21 Education Science and Technology

Volume 22 Culture Sports

概述

一

清流县位于福建西部，武夷山脉南侧，北纬 25° 46′～26° 22′，东经 116° 38′～117° 10′之间。龙津河绕城蜿蜒流淌，清澈澄碧，故有“碧水玲珑巧天成”之誉、“内陆鼓浪屿”和“太极之城”之称。龙津河属九龙溪水系，地质遗迹类型齐全。清流县建置于宋元符元年（1098）。全境总面积 1806.33 平方千米，东西宽 53.8 千米，南北长 65.2 千米。东临永安市，南接连城县，西北与宁化县毗邻，东北与明溪县接壤。县政府设在龙津镇。省道 204 线纵贯全境，县城距三明市区 125 千米，距连城机场 72 千米。2005 年，辖龙津、嵩溪、嵩口、灵地、长校 5 个镇和东华、温郊、林畲、田源、沙芜、赖坊、余朋、李家、邓家、里田 10 个乡，111 个建制村，7 个社区，总户数 42915 户，总人口 14.74 万人，人口密度 81.48 人 / 平方千米。汉族人口占 98.39%，有畲族、京族、傜族、壮族等少数民族 17 个、2366 人，占总人口 1.61%。

全境地势东、南、北三面向中部和西部倾斜。山脉连绵，峰峦叠嶂，多半为侵蚀型中山、低山地形。全县平均海拔 350 米，海拔千米以上山峰 21 座，赖坊大丰山棋盘峰海拔 1705.7 米，为最高点，系三明地区第二高山脉；沙芜洞口村海拔 250 米，为最低点。地貌类型以低山、丘陵为主，夹有少部分中山和盆地，其中低山占 54.3%，丘陵占 21.6%，中山占 11.1%，山间盆谷占 9.4%，堆积盆地占 3.7%。境内属亚热带季风气候区，具有大陆性气候和海洋性气候特点。气候温暖湿润，四季分明，雨量充沛。日照充足，冬少严寒，夏无酷暑。年平均气温 18.2℃。最低气温为 1 月，平均 7.8℃，极端最低气温出现在 1991 年 12 月 29 日，- 8.9℃；最高气温为 7 月，平均 29℃，极端最高气温为 2003 年 7 月的 38.8℃。年平均降水量 1853.5 毫米。年平均日照为 1583.4 小时，常年平均蒸发量 1346 毫米，无霜期年平均 297 天。

境内自然资源丰富，生态环境优越。全县耕地面积1.33万公顷，林业用地面积15.38万公顷，是国家粮食生产基地县、全省重点林区县、闽台农业合作区。有维管束植物176科562属1383种，其中属国家Ⅰ级保护植物有南方红豆杉、钟萼木2种，国家Ⅱ级保护植物金毛狗、香樟、闽楠等8种，省重点保护植物江南油杉、黑锥、亮叶水青冈等14种，并蕴含众多天然药材资源，已查明中药材64种。野生珍稀动物有豹、穿山甲、山麂等29种，稀珍动物有飞鼠、水猴、红点蛙；鱼类58种。地下矿藏已发现38种，探明（或部分探明）储量的矿产有钨、锰、铅、锌、银、稀土、无烟煤、石灰岩、萤石等17种，其中无烟煤、地热、钨、铅、锌、萤石、石灰岩、稀土等8种储量充裕。溪河星罗棋布，水电资源丰富，主要河流有龙津河、嵩溪溪、罗峰溪等6条，平均年径流量18.25亿立方米，每平方千米水量及单位耕地占有水量分别高于全国水平4.9倍、全省水平0.8倍。理论水电蕴藏量7.7万千瓦，已开发装机容量6.5万千瓦。可开发的水利水电资源38处。龙津河被水产专家誉为天然的淡水鱼养殖场，盛产鳜鱼、河鲶等名贵鱼。地下水天然径流量1825万吨/平方千米，年径流量34600万吨。全县有温泉7处，冷泉8处，优质天然饮用矿泉水矿点2处。

拥有自然景区 19 处，其中大丰山为省级森林公园，依据海拔不同呈现不同植被风貌；北斗山为丹霞地貌与原始森林组合完美的峰丛型生态旅游景区；灵台山为闽西北最大的寺庙群和佛教旅游胜地；九龙湖景区为喀斯特地貌与浩瀚湖水交相辉映的省级风景名胜区。

二

清流，人类社会历史悠久。1988年，中国社会科学院古人类研究专家在沙芜狐狸洞发掘出土古人类化石，经鉴定确认与台湾"左镇人"同属旧石器时代晚期智人，填补福建省旧石器时代考古空白，为闽台同根同源提供有力佐证，将福建人类活动历史由六七千年推至一万多年以前。清流是典型的客家县。先祖黄连镇将巫罗俊在此开疆辟土。唐、宋时期，社会动荡，安史之乱和黄巢起义迫使中原汉人为避兵燹、灾荒大举南迁，部分辗转徙居清流。东汉孝子、魏郡太守黄香，唐代政治家魏征、大臣萧瑀、名将罗成及开闽王王审知的后裔在这块土地上繁衍生息，子孙衍播全国乃至世界各地。赖坊乡南山村乃台湾地区前任领导人马英九第三十七世祖马发龙肇基之地。清流迄今还留存许多客家古遗迹。嵩溪镇黄沙口村存留有开疆鼻祖黄连镇将巫罗俊墓，中国历史文化名村——赖安、赖武村，保留有较完整的明清古建筑50余座，其精美绝伦的木雕、砖雕、石雕，堪称古代客家建筑艺术风格的"活化石"。客家先民在创造物质生活的同时，传承中原文化并融合当地民俗，形成独树一帜的清流客家文脉。长校镇传统民间艺术"十番锣鼓"2008年被列入"中国民间艺术之乡"名录，李家乡祈福民俗表演"五经魁"、温郊乡梧地村民俗活动"水射中秋""地滚龙灯"等别具特色。清流明笋干、嵩溪豆腐皮制作工艺等被列入福建省非物质文化遗产名录。这些优秀传统文化代代传承，成为乡愁记忆中不可或缺的部分，鼓舞和激励客家后人爱国、爱乡，开拓奋进。

清流，人杰地灵，英才辈出。宋至清代有金榜题名进士38人，举人109人。唐有黄连开疆鼻祖巫罗俊，元有骁勇善战的福建行省平章陈友定、刚正不阿的廷尉邹大观、忠烈伍宗尧，明有经略三边、用兵如神的云南巡抚陈用宾、正气慷慨的户部主事伍可受、才华横溢的翰林院编修赖世隆、为官清正的吏部尚书裴应章、学识渊博的浙江按察司提学副使加参政李于坚，清有参与平定"三藩之乱"诏封昭勇将军的陈孔俊，书法家罗萤翰、画家郑珏、名医罗显，当代有画家裴春、中国第一代防化专家黄新民、大提琴民族化奠基者王连三，他们如点缀在历史苍穹的星星，熠熠生辉。张籍、蔡襄等一代名士曾流连、忘情于清流的灵山秀水，文天祥在此募兵抗元，流下千古佳话。

清流为原中央苏区21个县之一。土地革命战争时期，毛泽东、朱德、彭德怀等革命先辈曾辗转兹土，戎马倥偬，挥斥方遒。1930年1月，朱德率红四军第一、三、四纵队进入清流，在里田锅蒙山首战告捷，歼灭保安团马鸿兴部600人，此次战役被载入《中央革命根据地词典》。毛泽东率红四军二纵队紧随其后，驻扎林畲塘堀村，意气风发，写下《如梦令·元旦》光辉诗篇，播撒下革命的星星燎原之火。1931年，红十二军进驻清流，发展地方武装，建党建政。苏区人民打土豪、分田地，组织地方武装，打游击、送情报、与刀匪、民团展开持久不懈的斗争，妇女队、交通运输队等为红军募捐钱粮、鞋等物资，同时担负运输物资、运送伤员等任务。全县参加红军6000余人，其中为建立新中国和清流解放血洒热土的革命烈士259人。

三

1991—2005年，改革开放和社会主义市场经济发展步入重要历史阶段。清流历届党委、政府坚定不移贯彻党的路线方针政策，坚持以邓小平理论、"三个代表"重要思想、科学发展观为指导，稳妥推进政治、经济体制改革，立足县情，审时度势，制定切合清流不同时期的发展战略，采取有力措施，推进清流经济和社会全面发展。

"八五"期间，围绕"抓住机遇、深化改革、扩大开放、促进发展、保持稳定"二十字方针，以建立现代企业制度为目标，加快企业经营机制转换，大力发展乡镇企业；深化农村经济结构调整，抓好烤烟、果树、食用菌、水面养殖四大开发；加大外引内联力度；发展个体私营经济。全县国民经济保持年均10.96%的速度增长，1993年，进入全省经济发展十佳县行列、被评为全省水利先进县、省级计划生育先进县。1994年，战胜"5·2"特大洪灾，农业总产值、财政收入、社会商品零售总额、农民人均纯收入等执行情况均好于计划指标。1995年，获省级精神文明优胜县城、全省义务教育先进县和人人享有初级卫生保健基本达标县、全国计划生育三类先进县等荣誉。

"九五"期间，受亚洲金融危机的影响，经济供求关系发生变化，需求不足制约清流县域经济增长。县委、县政府围绕建立社会主义市场经济体制，抓住国家实施积极财政政策有利时机，实施"立足资源、外引内联、优化环境、发挥优势、加快发展"经济发展战略，调整经济结构，深化企业改革，发展非公有制经济，加大项目建设力度，拓展国内外市场，有效克服经济运行中出现的困难和问题，经济运行总体趋稳。

“十五”期间，坚持“发挥比较优势，突出生态特色，实施项目带动，统筹协调发展”的总体思路，围绕建设生态经济强县目标，发挥资源优势，加大招商引资力度，改善投资环境；突出培育主导产业，推进农业产业化；加快城区和中心集镇建设，国民经济实现持续、快速、健康发展。

县域经济总量增大，城乡居民收入提高。2005年，清流地区生产总值13.8亿元（当年价），比1990年（按可比价计算得出，下同）增长2.78倍。人均GDP1.03万元，比增2.82倍。全县财政收入经过3个“五年”计划调整夯实，逐年稳步增长，2005年达到6584万元，比增2.47倍。其中，县级一般预算收入4460万元，比增1.35倍；税性收入比重增加，保障能力有所增强。财政总支出13742万元，比增4.47倍。全县金融机构各项存款余额9.83亿元，比增8.15倍。其中，城乡居民储蓄存款余额7.23亿元，比增12倍；各项贷款余额4.01亿元，比增2.8倍。全县总人口14.74万人，比增6.87%。城镇居民人均可支配收入7995元，生活消费支出6237元，分别比1997年增长50.91%，47.8%。农民人均纯收入4171元，比增3.9倍。

产业结构调整优化，工业、第三产业迅速崛起。15年间，按照“产权明晰、权责明确、政企分开、管理科学”现代企业制度要求，给予企业更多经营自主权，基本完成县属国有企业改制，实现国有资本从一般性竞争领域退出，向优势产业转移。改制企业呈现出新的生机和活力。通过优化投资环境，制定投资优惠政策，发挥资源优势，先后引进木业、化工、矿业、服装等一大批企业，培育壮大氟化工、林产化工、轻纺服装等产业集群。2005年，全县实现工业总产值10.12亿元，比1990年增长3.27倍。其中规模以上工业企业28家，实现工业总产值7.92亿元。县香料厂“闽山”牌萜烯树脂被评为省级名牌产品。

15年间，县国营商业、粮食和集体供销合作完成体制改革和机制转换，退出流通市场。全县加快市场建设和市场主体培育，鼓励扶持个私经济发展。新建、扩建、改建龙津农贸市场、城关第二农贸市场和余朋、温郊、林畲、灵地等乡镇集贸市场，开辟林畲—嵩溪—大路口—城关4段“百里经济带”农副产品批发市场。三明商业集团清流超市、天天友超市、真真超市、龙得宝清流农资连锁超市，以及嵩溪、嵩口满家乐连锁超市相继入驻、兴办，酒店、餐饮、美容服务等个体私营经济兴起，城乡消费环境得到显著改善，人民文化娱乐消费支出日益提高。2005年，全县有批发零售，住宿、餐饮，租赁和商务服务，文化、体育、娱乐等个体户及私营企业1663户，从业人员2820人。市场经营摊位832个。社会消费品零总额4.33亿元，比1990年增长9.76倍。

15年间，县委、县政府出台并完善鼓励外商投资优惠政策，通过招商引资，引进胶合板、松香、服装加工等企业，促进经济结构优化和产业升级，利用外资平稳增长，出口产品品种及数量均大幅增加。1997年，县对外经济贸易发展公司取得进出口经营权。2005年，全县“三资”企业12家，实际利用外资746万美元。自营出口企业5家，全县出口总额2858万美元，比1990年增长8.53倍。其中轻纺服装出口总额1085.5万美元，占全县出口总额87.65%。15年，全县累计批办“三资”企业94家、实际利用外资5243万美元；创办内联企业562家，引进县外资金8.28亿元。

全县三次产业结构从1990年的49.1 ∶ 35.92 ∶ 14.97调整为2005年的46.07 ∶ 16.84 ∶ 37.09。

现代农业稳步发展，特色基地形成规模。“八五”期间，以农民奔小康、稳粮保增收为目标，全面落实党的农村各项政策，稳定以家庭承包经营为基础、统分结合的双层经营体制，实施集体林权改革。“九五”期间，实行土地承包期延长30年。2003年起，逐步取消向农民征收的村提留、乡统筹和农业税，为农民减负。2004年，对种粮农民实行直补，农民生产积极性被充分调动起来。

加快农业结构调整，推进农业产业化。20世纪90年代突出果树、烤烟、水面养殖、食用菌“四大开发”，出台各项优惠措施，鼓励发展特色效益农业。21世纪初，苗木花卉种植及黄羊养殖异军突起，形成“公司+基地+农户”发展模式。景秀园林公司被列入省级农业产业化龙头企业，里田乡被列入省级鲜切花示范基地。清流溪鱼养殖被列入县重点产业扶持，发展迅速。农业向产业化、规模化方向进军，全县建成畜牧水产、苗木花卉、食用菌、茶籽油、红心地瓜、茶叶等一批具有特色和规模的产业基地。

大打农业品牌战略，提升清流农产品知名度。“九利”茶籽油分别于2000年、2003年被评定为三明市知名商标、福建省著名商标。至2005年，全县省级农业产业化龙头企业1家，市级农业产业化龙头企业5家。获基地和产品认证的绿色食品有“九利”茶籽油、“景冠”绿茶；省级、国家级无公害农产品有闽新畜牧场的生猪；沙芜“九龙湖”的鲜活鱼、虾等。

农业基础设施进一步完善。“十五”期间，投入2300余万元，实施国家农业综合开发、省级标准农田、现代农业示范园区、水土流失治理等一批项目，为农业提质增效奠定坚实基础。

坚持科技兴农，强化农业实用技术培训。经三明市、县科学技术协会牵线搭桥，东华乡大路口村与三明市园艺学会开展技术协作（简称“村会协作”），走出科技与生产结合新路。2001年2月，中央电视台“焦点访谈”栏目以《常下乡·富农庄》为题，报道推广大路口村“村会协作”经验。

“十五”期间农业总产值以年均5.2%的速度增长。至2005年，全县农林牧渔总产值8.69亿元，比1990年增长1.3倍。

基础设施日臻完善，生态和投资环境不断优化。县委、县政府把打破交通瓶颈制约，优化投资环境，作为清流经济发展的助推器。1993年开始实施“先行工程”，改造提升省道洋万线、建文线。1997年起，按三级公路标准改造县道大灵线、余李线、双白线、北沙线等。2003年后，开展村村通水泥公路工程建设。2005年，全县有省道2条、县道4条、乡道8条，村道149条，共计821.41千米。全县111个建制村92%修通水泥公路，通乡村公路全部实现路面硬化，交通条件显著改善。全县公路运输客运量和周转量分别达219.1万人次和11826万人千米，为1991年的2.39倍和2.86倍。

1996年，全县乡镇电信交换机实现程控化。1998年，开通数字移动电话。2003年，全县乡镇开通宽带业务，实现村村通电话工程，全县市内公众交换机容量3.18门，满足用户装机要求。至2005年，全县邮电业务总量2605万元，其中邮政业务总量889万元。电信业务量1716万元，固定电话用户3.18万户。移动、联通用户达2.65万户，宽带用户突破2000户。

围绕建设生态经济县目标，加强饮用水源保护和环境污染、水土流失重点区域封禁育林治理。1994年，通过水利部全国第一批实施《中华人民共和国水土保持法》试点县合格验收。1996年始，落实辖区内环保“一控双达标”任务。15年间，先后实施校溪、文昌溪、罗口溪、甲子溪、暗甲溪等小流域综合治理。至2005年，全县主要污染物排放量均控制在总量以内，全县森林覆盖率82.30%。清流的山更清，水更美。

以县城区为核心，突出农业生态旅游、温泉旅游、红色旅游，以“清流养生”为主题定位，把清流建设成独具特色的闽西北新兴生态旅游休闲区。发动社会各方力量投资，建设、完善狐狸洞、北斗山（原名七星岩）、龙津河、灵台山等景区游览、服务设施。开发高赖温泉保健中心、九龙湖省级风景名胜区、大丰山省级森林公园并对外营业。清流红色旅游被列入全省红色旅游精品线路及20个旅游经典规划。至2005年，全县旅游业共投入近3亿元，初步形成“一湖（沙芜九龙湖）、一洞（沙芜狐狸洞）、二泉（高赖温泉、李家冷泉）、三山（赖坊大丰山、长校灵台山、嵩溪北斗山）、四景（林畲毛泽东旧居、嵩溪玄武岩、赖坊古民居、灵地景秀园林）”，集生态景观、温泉休闲、红色体验、农业观光为主的特色旅游系列景点。2005年，全县各景区接待游客29万人（次），门票收入30万元，旅游业总收入5402万元。

城镇化进程加快推进，土地资源得到有效保护。各届政府持续推进“小县大城关，小乡大集镇”的城镇建设发展战略。15年间，先后组织实施西区、南区、刘家园开发以及雁塔、绿园小区拆迁改造，沿河单面街、凤翔街改造等工程。新建龙津广场、休憩公园，重建在1994年“5·2”洪灾中冲毁的凤翔桥、龙津桥及清流大桥。至2005年，办理100%产权登记房改房1940套，登记面积18.57万平方米。城区路网全面改造提升。新建和扩建碧林北路、长兴南路、沿河单面街第一期工程、北大路、长兴中路、凤翔街等。城区旧城（旧房）改造198宗，面积6.94万平方米。城区面积由1990年的2平方千米扩展至2005年的3.22平方千米。

县城规划控制面积扩大至18平方千米。城市配套设施建设继“八五”期间完成严坊溪自来水工程、第二农贸市场建设后，“十五”期间又进行龙津农贸市场拆旧建新及扮靓城市的绿化、夜景工程。2005年，城区绿化覆盖率29%，人均公共绿地8.1平方米，凤翔街—龙城新街夜景灯在夜色中交相辉映。市容市貌、园林绿化、环保、公共配套设施、建筑市场管理等进一步加强，人居环境更加整洁、舒适。

村镇建设步伐加快。15年间，通过新村建设、造福工程以及1994年“5·2”洪灾后重建，农村面貌日新月异。2005年，全县房屋竣工面积1.27万平方米（其中住宅面积1.11万平方米），农民人均使用住房面积36.02平方米，比1991年增加14.52平方米。至2005年，全县饮用自来水人数10.81万人，占总人口73.36%。

严格国家建设用地、乡镇集体建设用地和农村村民住宅建设用地的规划管理。1991—1992年，县土地管理部门完成土地利用现状调查、土地资源详查、城镇村庄地籍调查、土地定级评估、土地有偿使用制度改革试点，开始基本农田保护区工作。1994 年，编制完成土地利用总体规划、基本农田保护区规划。坚持土地资源与资产管理并行，土地资源保护、开发、利用、节约并重的原则，全面推行土地有偿使用制度改革，实行土地所有权与使用权分离，开展国有土地使用权出让、转让、出租、抵押；加强基本农田保护、非农业建设用地清查、土地整理开发、土地执法等，提高土地利用率和产出率，土地资源管理逐步走上依法、统一、全面、科学管理轨道，土地资源得到有效保护和开发，实现建设占用耕地和开发耕地总量平衡。至 2005 年，全县土地总面积 18.06 万公顷，其中农用地面积 17.20 万公顷（耕地面积 1.33 万公顷），建设用地面积 3142.91 公顷，未利用地面积 5511.25 公顷。累计开发耕地面积 826.07 公顷；划定基本农田保护 932 片面积 1.14 万公顷，保护率 85.71%；立案查处各类土地违法案件 168 起。成立土地收购储备中心，实现用地占补平衡。

全县矿产资源管理坚持“在保护中开发，在开发中保护”方针，有序开采矿产资源，加强矿山治理、整顿和矿山地质生态环境保护，推进矿业产业化进程。1994 年，县开征矿产资源补偿费。1997 年起，针对地质灾害易发状况，加大地质防灾抗灾工作资金投入，每年均编制和落实《清流县地质灾害防治方案》《清流县地质灾害防灾应急预案》《清流县汛期地质灾害防灾预案》，开展地灾调查与区划工作。

四

县域经济实力的提升，为全面推进社会事业进步打下坚实基础。

教育事业显著进步。1990 年后，全面实施教育优先发展战略，加大教育投入，改善办学条件。调整学校布局，优化资源配置，县一中顺利实现初高中分离。1992 年，顺利通过省义务教育六项督导评估。1993 年，被省、市政府授予“义务教育先进县”称号。1998—1999 年，被市政府授予“两基”工作先进县，被省政府授予“基本普及九年义务教育、基本扫除青壮年文盲县”称号。2004 年，被省政府授予“实验教学普及县”称号。至 2005 年，累计投入资金 4302.68 万元，新建教学用房建筑面积 11.34 万平方米。15 年间，全县培养高中毕业生 5717 人，向国家大专院校输送大专生 1682 人、本科生 1998 人。

科教兴县战略稳步推进。科技部门注重产学研结合，在抓好技术引进、示范、推广及运用技术推进产业化进程，促进县域经济发展方面取得突破，科研成果显著。“无木炭生产工业硅”项目获 2004 年福建省科技进步三等奖，并被列入国家、省科技推广计划。至 2005 年，全县获县级及以上科技成果奖 36 项，科技进步因素在国民经济增长中的贡献率明显提升。

文化体育事业日愈繁荣。“八五”期间，实施繁荣发展社会文化的“芳草计划”，出版《中国歌谣集成·福建卷、清流分卷》《中国谚语集成·福建卷、清流分卷》《中国民间故事集成·福建卷、清流分卷》等民间文学三套集成。城乡文化阵地进一步巩固、发展，全县所有乡镇均有文化站或文化活动中心。嵩溪镇和东华乡文化站被省文化厅评为特级文化站。清流地方传统“三角戏”经过挖掘整理重新登上舞台。“九五”至“十五”期间，文艺爱好者创作热情高涨，硕果累累。童金根书画作品《山水国画》《和平春色》在全国性大展中分获银奖和一等奖。李祥光书法作品入选《中国书画博览会大展》并获金奖。上官新 2 件书法作品参加国际展览会展出，1 件参加中、日、韩等六国联展获优秀奖，1 件作品赴日参加日本艺术院“大日本书艺院理事长赏奖”获佳作奖。王海演书法作品获第六届国际书法作品展金奖。2003 年，福建省刻字艺术培训基地落户长校灵台山风景区。15 年间，全县开展群众文化活动 170 场次，培养文艺骨干 112 人，出版长篇小说 10 部、诗词 42 集。

全民健身运动和健康教育普遍开展。15 年间，全县向市少体校输送优秀运动员 60 人。举办各类体育比赛 300 多次，全县获省级以上田径奖 87 项。其中，1992 年，嵩溪镇农民戴回国参加全国农民运动会自行车 75 千克级载重比赛，获铜牌。1994 年 9 月，残联干部陈午钢参加第六届远东及南太平洋残疾人运动会，获 LTT5 级羽毛球单打铜牌，被国家体委授予“全国优秀运动员”称号。2000 年 11 月，清流城关中学体育教师李日春参加在印度举行的第十一届亚洲老将田径锦标赛，获半程马拉松第一名等 3 个奖项，被国家体育总局授予业余田径“锻炼之星”和业余一级运动员称号。2003 年 10 月，清流选手陈小花在江苏举行的全国女子举重分龄赛中，获金牌 4 枚。2004 年 9 月，选手陈林招在辽宁沈阳举行的全国举重分龄赛，获抓举第一名、挺举第二名、总分第二名、个人素质第一名。

广播电视迅速发展。1994年，清流电视台开播清流新闻节目，并从起初的每周一档增加至四档。1999年，全县广播信号覆盖率95%，实现全县111个建制村村村通广播电视。2005年，全县乡镇基本实现电视光纤联网，可收看转播节目26套。

医疗卫生事业上新台阶。1994年始，累计利用世界银行农村卫生人力开发项目贷款及省级配套资金172.83万元，进行农村卫生三项建设，改善基层卫生院医疗基础设施，添置医疗设备，加强基层卫生医疗人员业务培训。先后完成县医院门诊楼、县防疫站综合楼以及灵地、余朋、沙芜等乡镇卫生院门诊和病房楼的建设，县医院添置CT、高压氧舱、彩超、微创手术腔镜系统等先进医疗设备和腔镜技术，能够进行胃癌全胃D2根治术、食管癌根治术、结直肠管癌根治术、甲状腺癌根治术、乳腺癌根治术、肺叶切除术等一系列高难度手术。加强急救网络建设，至2005年，危重病人抢救成功率96.5%。是年，全县各医疗单位业务总收入2249.95万元，比1991年增长5.43倍。

卫生保健水平不断提高。分别于1991年、1997年达到“基本控制地甲病县”“消灭丝虫病县”标准。1993年，被授予“省级卫生县城”称号。2004年，非典疫情发生后，重大疫情报告网络系统及重大疾病控制体系逐步建立和完善。至2005年，全县人均卫生事业费48.32元，每千人拥有卫技人员3.14人，每万人病床数18.37张。全县人口平均预期寿命为71.57岁。

社会保障体系逐步健全完善。全县落实企业职工、机关事业单位基本养老保险、工伤保险、生育保险、企事业补充养老保险、劳动模范补充养老保险、农村社会养老保险以及失业保险等险种9个，覆盖率逐年提高。1998年，实施城镇职工医疗保险改革和城市居民最低生活保障制度。2004年，建立农村居民最低生活保障制度。至2005年，全县参加医疗保险人数1.03万人，医保基金累计收入4975.58万元，支出3585.74万元。城、乡居民享受低保7372人，累计发放低保金312.93万元。

库区和谐稳定。全县有库区移民2.14万人。15年间，坚持加大移民库区基础设施建设投入及在经济发展方面提供资金、技术扶持，促进库区经济、社会事业同步发展、移民生活水平提高，与当地群众和睦相处、共同进步。2004—2005年，清流县连续获省市“平安库区先进县”称号。

五

1991—2005年，县委、县政府始终坚持“两手抓，两手都要硬”的方针，做到物质文明、政治文明和精神文明建设一起抓，实现“三个文明”建设齐头并进。加强党的思想、组织、作风和制度建设，廉洁自律工作常抓不懈，发挥党员干部先锋模范作用，坚持用身边典型人物引路，组织开展创先争优活动，增强党组织的凝聚力和党员干部为民服务的责任意识，涌现出袁庭钰、江华椿、沈在敏等一批先进模范人物。1996年，县税务局袁庭钰获全国“优秀共产党员”“人民满意公务员”和省“劳动模范”称号，县法院江华椿于1997年获省“劳动模范”，2004年获“中国优秀青年卫士”“全国法院青年法官标兵”。《人民日报》、新华社、中央电视台、《人民法院报》等媒体先后报道其先进事迹。2005年11月，沙芜乡洞口村民严必群获“全国见义勇为先进分子”光荣称号。1991—2004年，县委表彰优秀共产党员400名、先进基层党组织180个。

坚持以“六联六建”（思想工作联做，共育“四有”新人；科学文化联教，共同提高素质；社会治安联防，共创安定环境；公益事业联办，共建服务设施；环境建设联建，共建园林片区；经济工作联抓，共图区域繁荣）、区域共建为载体，广泛开展精神文明建设，注重提高公民素质，培育良好风尚。扎实开展“二五”（即第二个全民普法五年规划，以下类同）“三五”“四五”普法教育，完善基层民主管理制度，推进依法治县进程。贯彻《中华人民共和国行政许可法》（以下简称《行政许可法》），改革行政审批制度，先后取消行政审批事项270项。设立县政府法律顾问组，成立县行政服务中心，提高依法办事能力和办事效率。

强化社会治安综合治理，深入开展“平安清流”建设，构建群防群治网络，打击各种犯罪活动，创造安定稳定社会环境。2005年，表彰1998—2003年依法治县先进单位15个，先进个人30人；全县被授予福建省“民主法治示范村”3个，被授予三明市“民主法治示范村”6个。1992—2005年，全县表彰见义勇为先进分子 12 批 99 人。

清流县在经济建设和各项事业取得辉煌成就的同时，仍然存在一些困难和问题，主要是经济总量小，产业结构不尽合理，深加工、高科技企业和产品少，能够有效带动地方经济发展的大项目不多。农业基础薄弱，抗灾能力不强，影响和制约人民群众就业和增收的因素很多。财政支出刚性增长，收支平衡压力大。城乡基础设施不尽完善，有待加强统筹协调发展。科技、教育、医疗、文化等社会事业发展还无法满足人民群众日益增长的物质文化生活需要，职能部门的服务水平和工作水平需进一步提高等。

清流人民将在党的正确领导下，继续围绕县委、县政府提出的建设生态经济强县总体目标，全面贯彻落实科学发展观，正视困难，开拓创新，破解难题，突出加快发展、突出海西意识、突出清流特色、突出项目带动、突出培育主导产业、突出为民惠民，大力发展循环经济、生态经济、民营经济和外向型经济，扎实推进工业化、城镇化、信息化、市场化进程，逐步将清流建设成为海峡西岸中部城市最美、产业最优、旅游最旺、环境最好的生态经济强县。

大事记

1991年

1月18—21日　清流县政协四届一次会议召开。会议选举产生县政协第四届委员会常务委员会主席王火辉，副主席郑鹤培、张文安、邱海璋、翁爱竹、黄则井，常务委员会委员15人。

1月19—23日　清流县人大十一届人民代表大会第一次会议召开。会议选举产生县第十一届人大常委会主任周昌仁，副主任李心祥、陈仕先、包玉山、蒋文虎，常委会委员10人;选举产生县人民政府县长陈积忠，副县长林少钦、林炳洲、施增西、黄恒标；选举产生县人民法院院长吴家龙、县人民检察院检察长张河仁。

3月30日　副省长陈明义到清流县检查指导工作。

9月　在三明市第二届伤残人运动会上，清流选手夺得金牌10枚，获全市金牌总数和团体总分第一名。

10月27日　清流县第十一届人大常委会第五次会议审议通过《清流县国民经济和社会发展十年规划方案及第八个五年计划纲要（草案）》。

10—11月　由中国科学院古脊椎动物与古人类研究所和省博物馆组成的考古发掘小组，在林畲乡龙津洞发掘出数百件更新世晚期动物群化石。

12月9日　县木器综合厂就县环保局征收其噪声超标排污费一事向县人民法院提起诉讼,县环保局败诉。此案成为全国生态环境行政诉讼的典型案例。

12月28日　新建县商业贸易中心正式开业。该贸易中心大楼总投资120万元,建筑面积3108平方米。

是年　全国少工委授予清流县三中少先大队“全国红旗大队”、清流实验小学四（1）中队“全国学赖宁、做党的好孩子中队”称号。

是年　清流县被水利部评为1990—1991年度全国水利建设先进县，县长陈积忠被福建省人民政府（以下简称省政府）授予“水利县长”称号。

是年　开展清理党政干部违法违纪建私房工作，356名干部违规所建私房被清理，收缴罚款18万元。

1992年

2月12日　清流县被列入全国第二批建设农村水电初级电气化县。

3月25日　经三明市人民政府批准，原永安林业汽车保修厂、明溪清流车队划归县林委管理。

4月　县电力公司经理姚全获全国水利系统优秀厂长（经理）称号,并被中国企业委员会评为最佳企业家。

同月　县首家中外合资民营企业——清流清华汽车保修有限公司成立。

8月8日　县委、县政府下发《加快第三产业发展的实施意见》，制定优惠措施7条，鼓励个体户经商办厂、机关行政人员分离出来兴办第三产业。

同月　县委、县政府下发《关于加快发展乡镇企业的若干规定》。制定税收、原材料收费标准、工资等方面一系列优惠措施，并对引进项目、技术实行奖励政策，鼓励支持农民集资联办企业、创办股份制企业，并享受集体企业各种待遇。

9月8日　全县首家集体股份制企业——清流县万利锁厂成立，11月投产。主要生产蟹形自行车安全锁，设计年生产能力为15万把。

9月　清流一中学生吴登峰考取清华大学、曾岚考取中国人民大学。

10月10日　全国人大常委会委员董耐芳到清流视察义务教育工作。

10月26日　台湾高雄考察团36人到清流进行投资考察，签订房地产开发、茶叶、胶合板方面协议3份，计划投入资金1100万元。

同日　清流县被省卫生厅授予“基本消灭麻风病县”称号。

同月　灵地乡经省政府批准撤乡建镇，改称灵地镇。

12月21日　清流县商业总公司挂牌成立，总公司与商业局合署，实行两块牌子，一套班子。

12月　城区有线电视网调试成功，传输电视节目11套。

12月　省义务教育六项督导评估组对清流县实施九年义务教育“六项督导”（“六项”即教育管理、事业发展、教师队伍建设、教育经费、校舍设备和德育工作）工作进行评估复评，清流县以优级标准通过评估。

同月　长校乡经省政府批准撤乡建镇，改称长校镇。

1993年

1月1日　清流县开始执行新的公路客运交通建设基金征收标准，由原每人每千米征收0.01元调整为0.02元。

同日　应公路先行工程建设需要，县政府决定开征山区公路建设还贷基金。

10日　经省政府批准，里田收费站开始征收车辆通行费。

2月2—5日　清流县第十一届人民代表大会第三次会议召开，审议、批准《清流县国民经济和社会发展十年规划及第八个五年计划纲要调整意见》，选举产生出席三明市第八届人民代表大会代表20人，补选林秉虞为人民法院院长。

同月　清流县被省、市人民政府授予“义务教育先进县”称号。

3月12日　嵩溪线35千伏线路架设完毕，14点15分开始送电，实现城关部分地区使用县电网电。

4月　清流县再次夺得福建省水利建设“闽水杯”竞赛特等奖，取得“三连冠”成绩。

5月15日　成立清流县公路“先行工程”建设指挥部。10月，全县“先行工程”建设动员大会召开，标志公路“先行工程”正式开工。

5月　灵地、嵩溪、长校镇汽车客运站撤销。

7月1日　设立大路口车辆通行费征收分站，开始征收车辆通行费。

7月　县房改领导小组先后出台《清流县住房制度改革整体方案》《清流县出售公有住房暂行规定》《清流县深化城镇住房制度改革实施方案》，按当年的价格将公有住房出售给干部职工，至1996年共收售房款547.06万元。退还单位或个人136.8万元，结存410.26万元。

同月　全县开通程控电话5072门，其中城关4096门。

8月28日　“二轻工业小区”成立，利用城北区3300平方米地块建立劳动密集型企业4个。

8月　青少年宫竣工。该工程于1992年9月25日动工，占地面积5200平方米，总投资140万元，内设卡拉OK厅、放映厅、教师活动室、排练厅、电脑室、物理室、化学室、生物标本室、琴室、展览厅等。

10月　农村环保能源站被国家计划委员会、农业部授予“全国省柴节煤工作先进集体”称号。

同月　县农业局农业技术中心主任许金铭获国务院专家特殊津贴，为清流县首个获此荣誉的专业技术人员。

同月　上海应善良基金会、香港爱国人士沈炳麟捐资5.84万元兴建嵩溪塘背小学教学楼。1994年2月，教学楼工程竣工，被命名为恩美楼。

12月18—20日　中共清流县第八次党的代表大会召开。会议选举产生中共清流县第八届县委委员25人，候补委员4人。中共清流县八届一次全委会选举周昌仁、刘振郁、陈有极、雷春华、陈烈章、巫福生、杨火旺、许天赠等8人为县委常委。周昌仁当选书记，刘振郁、陈有极当选为副书记。会议同时选举产生中共清流县纪律检查委员会委员14人，许天赠当选县纪委书记。

同月 清流县通过全国第二批农村水电初级电气化建设县验收。

是年 对党政机关所办经济实体进行清理。10月末，全县党政机关所办的42个经济实体，在人员、职能、财务、名称4个方面与原党政机关全部脱钩。

是年 福建省第七勘测大队在温郊乡进行矿产资源勘测摸底时发现大量萤石矿，该矿储量大、含量高，有较大开发价值。

是年 110千伏安清输变电工程投入运营。该工程总造价812.5万元，全线长47.1千米。

是年 林畲、邓家两大万亩灭旱水利工程完工。

1994年

1月1日 清流县取消分级包干财政体制，实行省对县“分税制财政管理体制”。省定清流县财政收入基数为2238万元，财政支出基数为3120万元，省补助县892万元。

同日 世界银行农村卫生人力开发项目（卫Ⅳ项目）正式在清流实施。6月，由财政担保，清流县卫生局向世界银行贷款134.68万元，用于农村卫生人力开发，贷款期15年。

1月19—23日 清流县第十二届人民代表大会第一次会议召开。会议选举周昌仁为县第十二届人大常委会主任，胡登良、李心祥、陈仕先、蒋文虎为副主任，选举常委会委员10人。会议选举刘振郁为县长，林少钦、黄恒标、高志銮、吴施增、卓秀清为副县长；选举饶跃和为县人民法院院长；选举张河仁为县人民检察院检察长；增选刘振郁、胡登良两人为三明市第八届人民代表大会代表。

1月18—22日 中国人民政治协商会议清流县第五届委员会第一次会议召开。选举产生县政协第五届常务委员会主席王火辉，副主席张文安、邱海璋、翁爱竹、黄则井，常务委员21人。会议表彰承办委员提案先进单位4个和优秀提案5件。

同月 清流县获1993年全省经济发展“十佳”县称号。

3月 清流县被评为创建省级卫生城先进单位。

4月1日 县人民保险公司分家，正式成立中国保险寿险清流县支公司和中国保险财险清流营业部。

4月7日 县政府发布《关于鼓励外商投资的若干政策规定》，从税收、用地、供水、用电等方面对外商投资企业给予优惠。

4月15日 县广播电台《一周要闻》电视节目正式开播，每周一档，滚动播出。

5月1日19时15分 全县普降暴雨，过程雨量391.2毫米。5月2日，日雨量345毫米。洪峰最高水位295.3米，超出危险水位5.7米，洪水涨至县政府大楼1楼距2楼约40公分处，县城北门铁索吊桥（拱辰桥）、东门大桥（古称龙津桥）、西门大桥（古称凤翔桥）均被洪水冲毁。水、电、路中断，大量民房、耕地被毁，全县死亡21人，直接经济损失12.1亿元。5月20日，省委书记贾庆林到清流考察灾情，指导灾后自救工作。

6月12日 澳门胡氏集团董事长胡顺谦捐赠港币20万元，支援县中心幼儿园建设。

6月22日 茶籽食用调和油在县久利茶油制品有限公司试制成功，并正式投放市场。

7月16日 县委、县政府召开“5·2”抗洪救灾表彰大会，表彰先进集体89个、先进个人412人。

同月 清流灵地小学发现民国大总统黎元洪题词“热心公益”石匾。民国4年（1915），灵地乡绅黄菊华首倡创办新式学堂，96岁的黄国光捐出自己家产及祖产的大部分资助办学。校董事会将此事呈报上级，请予表彰。民国6年（1917）3月，黎元洪亲题“热心公益”以示褒扬。

8月18日 经县政府批复同意，东华小学恢复为城关小学，属县直管小学。保留东华学区，由东华乡人民政府管理。

8月28日 清流县税务局分设为清流县国家税务局、清流县地方税务局，并于当日挂牌成立。

同月 清流县农机局承担的面积3333.33公顷三明市水稻高产机械化技术项目，通过国家农业部鉴定验收，获“全国农牧渔业丰收”三等奖。

9月4—10日 清流县残疾运动员陈午钢在北京举办的第六届远东及南太平洋残疾人运动会上，获男子A级羽毛球单打第三名。

9月24日 清流县政府举行城区龙津、凤翔两桥建设集资认捐大会。255名与会人员认捐131046元，67家单位认捐513802元。

9月30日 清流福兴保健食品公司生产的“松之神”牌中华茯苓饮料获1994年度中国国际饮料及加工设备展览会金奖。

同月 清流返泉人士联谊会在泉州成立。三明市委副书记蔡奇、副市长潘金全和清流县委、县政府领导到会祝贺。

同月 卫生部、联合国儿童基金会、世界卫生组织联合授予清流县医院“爱婴医院”称号。

12月4日 北京时间零时起，清流县电话号码由6位升至7位。

12月16日 省委副书记何少川到清流县考察指导灾后重建家园工作。

同月 东华乡大路口村30户农民装上电话，成为清流县第一个电话村。

同月 西门大桥扩建工程竣工，并恢复古称凤翔桥。该工程7月动工，由三明市交通规划设计院设计，永安交通工程公司承建。工程总投资146.93万元，全长101.2米，桥面宽19米。

同月 新编《清流县志》正式出版发行。为清流建县以来第六部县志，中华人民共和国成立后清流县首部县志。全书30卷，128万字，全国政协委员原副主席杨成武将军为《清流县志》封面题签。

是年 县农业局被农业部授予全国百日增肥活动先进单位称号。

是年 清流县被评为全省护林防火先进县。

1995年

1月12日 副省长潘心城到清流考察。

1月25日 副省长童万亨到清流调研。

3月 清流县武警二大队六中队指导员黄金伙被中国人民武装警察部队评为“学雷锋先进个人”。

4月1日 中国残疾人联合调研组会同省、市残联一行5人到清流调研。

5月7日 市委书记黄贤模一行6人到清流县部分乡镇、村和企业调研。

5月18日 省新闻出版局赠送里田乡科技实用书籍4900余册。

5月29日 省委常委、省纪委书记林兆枢到清流部分企业、乡村调研。

6月15—17日 县境内普降暴雨，降雨量达283毫米，城区最高河水位达290.3米，超出警戒水位1.8米。11个乡镇不同程度受灾，受灾7650户、2.8万余人，死亡1人，受伤15人，倒塌民房97户485间，损坏315户1575间，粮田受灾面积1720公顷，水面养殖受灾面积106公顷，冲毁公路18.3千米。全县直接经济损失1200余万元。

同月 县直机关党工委举办第二届机关体育运动会，比赛项目15个、180场，参赛运动员1200名。

同月 全县开展违反规定购买住房、利用公款高级装修住宅以及违反规定集资建房和建私房清理工作。查处违反规定购买和建私房领导干部5人，其中副处级1人，科级干部4人。

7月28日 清流县高考上省专线以上人数突破百人大关，达107人，万人上线率7.66‰。

同月 城关第二农贸市场竣工，正式营业。该工程总投资56.7万元、占地面积1100平方米。

8月 中科院院士、农工民主党中央主席、第八届全国人大常委会副委员长卢嘉锡为清流县灵地小学80周年校庆题词“办好教育、振兴经济”。

9月11日　美国哈佛大学博士、法国远东学院院士、香港中文大学访问学者劳格文到长校镇、余朋乡东坑村进行客家文化调查。

9月26日　清流实现乡乡电话程控化，全县交换机总量1.5万门。

10月1日　东门大桥竣工通车，并恢复古称龙津桥。该桥由福建省公路局设计院设计，三明市交通建设公司承建。重建工程于1994年9月动工。大桥全长（包括引桥）584米，其中桥总长135.48米，宽14米。

同月　县文化馆联合乡镇文化站在县文化馆一楼举办城乡剪纸艺术展。

同月　清流九龙食品有限公司开发的“天康”牌淮山王珍饮在1995年中国国际食品、食品加工及包装机械展览会上获金奖。

12月3日　省人大常委会副主任袁启彤到林畲、嵩溪、东华、龙津、城关等地调研。

同月　清流县获省级1994—1995年度创文明县城评比竞赛“优胜县城”称号。

是年　清流县被省政府确定为省级30个商品粮基地县之一。

1996年

1月5日　县城关北区垭口路全线贯通。该路段全长2.4千米，宽12米，由闽江水电工程局七处施工队承建。

同月　清流县住房公积金管理中心成立，实施职工住房公积金制度，职工按基本工资6%（个人、单位各3%）缴纳住房公积金，同时开展住房公积金借贷工作。

2月5日　城区实行生猪定点屠宰。县政府成立“清流县生猪定点屠宰领导小组”，下设办公室，由商业、工商、税务、检疫、公安、城管、食品等部门派员组成，开展生猪定点屠宰行政管理和执法工作。3月，县政府决定在水南街34号龙津市场附近设立生猪定点屠宰场。

2月6日　在福建省林业博览会上，清流县参展的“松迪”牌混凝土模板用胶合板、“龙津”牌松香获金奖；“锶尔康”矿泉水、“龙泰”根雕工艺品、“牵牛花”牌方块竹凉席获银奖；“龙津”牌松节油获新优产品奖；嵩溪“七星岩”牌豆腐皮获最畅销产品奖。

2月11日　嵩溪镇黄沙口大桥、塘丰大桥正式建成通车。

2月12日　三明市委任命刘振郁为清流县委书记，陈有极主持县政府工作。

2月16日　清流遭受罕见的雪凇灾害。莲花山微波站多种设施严重受损，造成7套电视节目无法接转，广播节目全部中断。

3月8日　省卫生厅、省计委、省财政厅联合授予清流县1995年度农村卫生三项建设项目先进县称号。

3月22日　县人武部举行收归军队建制交接仪式。

3月25—28日　清流县政协五届三次会议召开，出席会议委员94人。会议表彰优秀提案6件、承办委员提案先进单位4个、先进委员小组2个、优秀委员8人。会议补选县政协五届委员会主席胡登良。

3月26—29日　清流县人大十二届三次会议召开，实有代表179人，到会代表177人。会议选举产生县十二届人大常委会主任王火辉、县人民政府县长陈有极。

同月　中共清流县委作出《关于开展向袁庭钰同志学习活动的决定》。5月7日，新华社发出通稿，向全国播发袁庭钰先进事迹。31日，县委召开袁庭钰先进事迹报告会。6月，中共中央组织部和国家人事部分别授予袁庭钰“全国优秀共产党员”“人民满意公务员”称号。中共福建省委、省政府授予袁庭钰“优秀共产党员”“省劳动模范”荣誉称号。翌年10月13日，袁庭钰病逝，享年56岁。

同月　在城区街心公园举行元宵灯展，参展花灯300余盏。30盏花灯选送参加市“千灯争艳”展，清流县获优秀组织奖，“双龙戏珠”花灯获一等奖。

4月16日　县基地办引进福清客商兴办规模2万～5万只蛋鸡场。

5月14日　省委副书记何少川一行23人到清流调研。

6月5日　县基地办在城区农贸市场成立副食品经营部，开拓以蔬菜为主的副食品经营渠道，繁荣市场，平抑物价。

6月10日　竹青背水电站投产运行。该电站总投资2372万元，主体工程于1993年2月18日开工，装机容量5000千瓦。设计年发电量2175万千瓦时。

6月11日　清流殡仪服务站在西山破土动工。工程占地面积3200平方米，建筑面积650平方米。年底，殡仪服务站竣工投入使用。

6月18日　县国有企业通用机器厂改制为股份制企业。

6月18日　县合成氨厂技改项目——清流第一条甲醛生产线建成投产。项目总投资830万元、年产甲醛1万吨。

6月20日　县公安局巡警大队与“110”报警服务台正式开通。

7月1日　县直机关党工委组织开展迎接香港回归祖国倒计时1周年万人踩街活动。

7月10日　全国政协委员、香港南源永芳集团董事长姚美良一行到清流观光考察。

7月27日　省政协副主席、省委统战部部长金能筹到清流检查指导工作。

同月　县标准计量所公开销毁一批假冒劣质商品，包括“天第”矿泉水570余瓶和“古井贡酒”近千瓶。

8月27日　省委常委、副省长张家坤到清流考察调研外经贸、旅游和扶贫等工作。

同月　清流一中学生罗建文考取清华大学，罗宗俊、黄华荣考取北京大学。

9月4日　全国政协常委胡平到清流考察。

同月　清流一中被福建省教委确认为福建省普通中学二级达标学校。

10月7日　县食品公司因长期亏损破产，为全县第一家进行破产清算企业。

10月8—12日　“10·9”世界邮政日，清流邮电局与沙县、明溪等6县在清流联合举办“纪念红军长征胜利60周年”邮展活动。

12月8日　清流县举办经贸洽谈会暨王连三诞辰70周年音乐会。来自日本、新加坡等国家和香港、台湾地区的海内外嘉宾600余人参会。

同日　举行清流公路“先行工程”建设项目省道洋万线清流境内路段改造建设工程全线竣工通车庆典仪式。洋万线清流境内全长44.42千米，预算总投资7654万元，1993年10月开工。

12月11日　福建省高级人民法院在三明召开表彰大会，为清流县人民法院审判员江华椿记一等功；团省委授予江华椿“福建省新长征突击手”称号。1997年10月20日，江华椿获首届“中国杰出（优秀）青年卫士”称号。2004年1月30日11时50分，江华椿，因病医治无效逝世，享年32岁。

12月28日　举行清流大桥(南门桥)扩建工程竣工仪式。该桥前身为南门大桥，为石拱桥，建于1969年。清流大桥（南门桥）扩建工程于1996年6月动工，扩建后大桥全长121.29米，桥宽17米，比原桥宽8.5米。

同月　嵩马大桥（嵩口—马排跨龙津河大桥）建设工程竣工。大桥于1995年5月开工，全长195米，桥面宽6.5米。

同月　县政府决定，将国营企业清流县通用机械厂改制为经营者持股100%的集体企业。

是年　进修学校教师余王灼论文《“双中训练”教学专题初探》获中央教育科学研究所首届全国“教研杯”教学论文二等奖。

是年　清流县输送的运动员谢晖、胡燕丽，代表国家队参加在芬兰举行的“超霸杯”世界青少年女子排球锦标赛，夺得女子D年龄组冠军。

1997年

1月16日　清流县公安局将收缴的1300多支非法民用枪支在县城公开销毁。

2月25日　晚11时，林畲岭官村谢地组民房失火，烧毁民房17幢60余间，谷仓8个，稻谷6.25吨，受灾9户70余人。

同日　反映清流县获省“见义勇为先进分子”邓胜标先进事迹的电视专题节目《车祸酿悲剧,真情唤新生》在省、市电视台播放。

3月　坐落西山区的县实验幼儿园竣工。该工程总投资410余万元，占地面积6680平方米，建筑面积4887平方米。县实验幼儿园原址城关后街幼儿园改为实幼分校。

4月23日　由香港著名爱国侨胞沈炳麟捐资9.4万元新建的赖坊乡东山小学恩美楼落成。

同月　省白内障“复明工程”为清流特困白内障患者完成复明手术75例。

5月10—15日　省基本扫除文盲、基本普及九年义务教育的“两基”评估组到清流县评估验收“两基”工作，并认定清流县“两基”工作合格，通过验收。

6月9日　清流县遭暴雨袭击，降雨量达121.8毫米，城区最高水位过292米，超危险水位2.5米，15个乡镇受灾，城区进水，低洼地段受淹严重。全县直接经济损失1.42亿元以上。25日，清流再次遭受特大暴雨袭击，雨量达110毫米，局部地区超过170毫米，城区最高水位289.2米。15个乡镇不同程度受灾，里田乡、长校镇为重灾区。全县直接经济损失累计4031.9万元。

6月18日　35千伏城关变电站投产运行。该变电站位于城关水南街，占地面积2251.5平方米，建筑面积720平方米，工程总投资100万，安装SZ9-3150/35型主变压器1台。

6月28日至7月2日　县政协，县委宣传部、统战部，县教育局、烟草局等单位联合在城关街心公园举办“97香港回归”书画、摄影、诗词大展。

7月1日始　县行政机关事业单位实施干部职工养老保险制度。

7月17日　经国家对外经济贸易合作部批复，县对外经济贸易发展公司获进出口经营权。

7月29日　下午3点30分，城区文化街发生火灾，过火面积2106平方米，建筑面积2644.69平方米，受灾42户，造成经济损失52.65万元。其中，财物损失43.88万元，房屋损失8.67万元。

同月　根据1993年县房改领导小组先后出台的方案规定之各类售房价格重新实行房改。1993—1996年收取的售房款，抵预收款进行结算。

8月1日　云南省副省长梁公卿及云南省烟草公司常务副经理宋力一行到清流考察了解烤烟生产情况。

8月4日　城区北山山体滑坡，滑坡呈倒“U”形，底层宽107米，高104米，顶层宽57米，厚度约20米，下滑土石方约25万立方米，造成省道204线交通中断。9月17日，开始清除坍塌土石方，2个月后恢复车辆通行。

8月21日　团县委与县关心下一代工作协会等9家单位联合发起“积极参与扶贫行动，捐助百名失学儿童”活动，收到捐款26154.9元。

8月24日　经福建省卫生厅审评组审定，清流县全面消灭丝虫病。1958年第一次丝虫病普查时清流流行率10.05%，个别建制村感染率高达60%以上。经过20余年防治，1979年达到国家规定的基本消灭丝虫病的标准。

同月　清流一中学生饶贞以标准分890分成绩夺全省高考文科状元，考取北京大学。

同月　在福建省第八届武夷音乐舞蹈节上，清流县表演的民乐合奏曲《欢乐的客家人》获创作银奖，《客家小夜曲》获创作铜奖和演出银奖。

9月1日　县二轻供销公司、万利锁厂、二轻纸箱厂、东宝金属门窗厂、豪华装潢材料厂、金属制品厂等6家企业，由于长期停产、停业，无法办理企业年检，被县工商局吊销营业执照。

同月　团县委向福建省希望工程办公室争取资金15万元，为林畲乡舒曹村兴建“兴田希望小学”。

同月　林畲、嵩溪等地使用冻精冷配杂交小牛获得成功。杂交小牛公本为法国的“利木赞” 优良种公牛，母本为清流当地黄牛。经测定，小牛初生体重均在21千克以上，比本地黄牛重13千克左右。

同月　县政府发出通告，禁止在公共交易中使用杆秤。

10月14日　成立清流县国有资产管理局，并组建国有资产投资经营有限公司和社会保障科（股）。

10月25日　三明市委书记黄贤模及市有关部门负责人到清流企业、农村调研。

同月　由三明市检察院和市电视台联合摄制的反映清流县检察院查处原县物资局局长受贿大案的专题片《反腐利剑，护企业坚盾》，在市电视台《周末广角》栏目播出。

11月22日　由国家公安部、国家体委、解放军总参谋部、华北工学院等部门专家组成的考察组到清流县气枪厂进行安全生产和质量保障体系考察。

11月25日　下午3时50分至4时20分，林畲、嵩溪、长校、里田等乡镇遭受特大冰雹袭击，冰雹最大直径20厘米，地上积冰最厚50厘米。全县受灾户达2873户，其中重灾户2186户，房屋受损21806间，倒塌236间；人员受伤15人，其中受重伤3人，农作物受损面积333.34公顷，全县直接经济损失9830万元。灾后，省委、省政府、省直机关干部职工为清流县捐资捐物，捐赠衣被1.4万件；市委、市政府捐赠400捆油毛毡、棉被50床、帐篷21顶；省民政厅捐棉被500床；将乐县政府捐赠棉被100床、瓦片4车；泰宁县捐款1万元。

12月1日　省委书记陈明义率省民政厅、财政厅等有关部门领导深入林畲等乡镇视察"11·25"冰雹灾情，慰问灾区群众。

11月26日　三明市委书记黄贤模，市委常委、市委秘书长李轩源，副市长吴金容一行到清流县调研农村奔小康工作。

同日　省综治检查组一行5人到清流县检查考评落实综治领导责任制情况。清流县总得分95.5分，位居全省第二名。

同月　县公安机关破获8月17日里田乡草坪村一对建造于明朝嘉庆年间的石狮被盗案。经2个多月的艰苦努力，公安人员在连城县四堡乡将被犯罪嫌疑人深埋在家中土坑的这对石狮查获。

12月9日　由县委宣传部、小康办、县文化体育局联合举办的奔小康文艺调演暨第七届文艺会演在县文艺中心举行。来自乡镇、部门和单位20多支代表队参演。

12月18日　县委、县政府举办"12·18"煤炭招商会，签订合同15个，总投资3235万元，引进资金3030万元。

12月20日　县政府同意香料厂改为股份合作制企业，从1996年6月1日起按股份制运作。

12月29日　县政府同意北坑钨矿改为股份合作制企业，从1996年9月1日起按股份制运作。

是年　在"7·29"文化街火灾中因抢救人民财产英勇负伤的县检察院干警刘剑羽被最高人民检察院记"一等功"，被市政法委表彰为学习"漳州110"先进个人。

是年年末　全县111个建制村全部实现村村通电话。

1998年

1月1日　全县实施城镇职工医疗保险改革。财政拨款按各单位在职职工上年度工资总额与离退休(职)人员工资总额为基数的8%提取；职工按本人上年度工资总额2%缴纳。退休（职）人员按工资总额1.50%缴纳，离休人员不缴纳。截至12月末，全县参保单位116个，参保人员3965人，其中在职人员3418人，离、退休人员547人。全年收到财政拨款及个人上缴医疗保险金185.37万元，全年医药费总支出204.12万元。

1月16日　设城关龙津河北门渡。

同月　县政府同意将县电力公司、合成氨厂、罗口煤矿、化工厂、水泥厂、医药公司改制为有限责任公司。国有企业净资产划归县国投公司管理，国有股权委托其持有并行使股东权利。县针织厂改为股份合作制企业。并从1997年9月1日起按股份制运作。

同月　取消税收、财务、物价大检查，同时撤销三大检查办公室。

同月　清流县武警二大队六中队班长余立军被总参谋部、总政治部、总后勤部授予"全军带兵爱兵优秀班长"。

2月16日　省委副书记习近平率省直有关部门领导到清流县考察调研农业农村工作。市委副书记吴金容陪同。

3月4日　全面实施城市居民最低生活保障制度，年内有31户56人享受最低生活保障待遇，支付低保金14175元。

同月　县医药公司进行明晰产权的股份制改革。重新评估全部资产，构成国家股份，公司内部职工入股。改制后，公司总股本为116.92万元，其中国有股94.07万元，职工股22.85万元。

6月29日　县政府下发《清流县商业系统改革实施意见》，将商业局建制改为经济实体，组建新的商业总公司。成立县商业行业管理办公室，履行化学危险品经营许可证管理、生猪定点屠宰管理和行政执法职能。

9月14—15日　县十二届人大常委会第37次会议，决定接受陈有极辞去县人民政府县长职务、县人民政府副县长涂尾珠代理县长职务。

9月26日　县香料厂改制为股份合作制企业。

10月　清流—三明客运线路经营权公开招标，组建清流—三明客运联合车队。

11月25—27日　中共清流县第九次党的代表大会召开。会议选举产生中共清流县第九届县委委员25人、候补委员4人。中共清流县九届一次全委会选举陈有极、涂娓珠、曹建华、许天赠、邹洪长、陈昌帜、刘建榕、刘振兴、陈兴等9人为县委常委。陈有极当选为县委书记，涂娓珠、曹建华、许天赠当选为县委副书记。会议同时选举产生中共清流县纪律检查委员会委员15人，刘建榕当选为县纪委书记。

12月30日　福建省有限广播电视专用传输网络——清流基站建设在城关北区破土动工。

12月31日　中共清流县委县直机关工作委员会成立，县委副书记曹建华兼任机关工委书记。

是年　清流县使用国债资金开工建设城区防洪堤，完成堤长2.03千米，其中新建堤长1.43千米，旧堤加固0.6千米，新建堤坝主要分布在清流大桥下游两岸和刘家园地段。

是年，实施李家万亩灭旱工程，完成龙龟山、古坑引水工程及潮水岩电灌站工程右岸部分。

是年　清流县林业部门从顺昌、辛口等地引进雷竹种植，建立种源试验基地面积6.33公顷。

是年　省财政厅规定省、县按1∶1.2的比例，建立粮食风险基金，当年省拨县粮食风险基金25万元，县财政筹集30万元。

是年　省财政厅审计认定清流县1992—1998年5月31日的粮食政策性亏损挂账数额为916万元，本金消化过渡期初定5年，中央和地方共同贴息。

是年年底　县50家集体企业清产核资工作全面完成。

1999年

1月4—8日　县政协第六届委员会召开。应到会委员98人，实出席会议委员96人。会议表彰承办委员提案先进单位4个、优秀提案4件、优秀文史通讯员4人、先进委员小组4个；选举产生第六届政协主席胡登良，副主席曾金鉴、罗梓源、邱文宁、廖宝珍。常务委员21人。

1月5—9日　县第十三届人民代表大会第一次会议召开。会议代表156人，到会155人。会议选举产生县第十二届人大常委会主任王火辉，副主任雷春华、陈仕先、吴施增、李钦周，常委会委员12人。会议选举产生县长涂娓珠，副县长邹洪长、赵明升、陈彪、蔡金明、郑加禄、邓兆盛；选举产生县人民法院院长曾国远、县人民检察院检察长王金长。

4月　县煤炭行业"关井压产"工作取得阶段性成果。关闭矿井9处，注销采矿证2本，取缔无证非法采矿6处，停产整顿企业1家。

5月4日　县召开"五四"爱国运动80周年纪念大会。大会表彰县首届"十大杰出青年"：江华椿、刘剑羽、邓志鹏、林海、尤泽青、巫政生、兰福才、罗兴文、黄中伟、官雄斌。

同月　大路口车辆通行费征收站发生多名征收员私分通行费款案件，涉案人员均被查处。

同月　嵩溪镇从建宁引进2400株"金水二号"优质梨种植，成活率100%。

6月1日　县医院引进的高压氧舱正式投入使用。

6月2日　县公安局召开公开逮捕、宣判大会，依法对8起案件12名犯罪嫌疑人实行公开逮捕；县人民法院对7起案件9名犯罪嫌疑人依法进行公开宣判，并接受市级人民法院委托，对1起故意杀人案进行公开宣判。

6月7日　清华大学化学工程系教授周荣祺到清流化工厂、合成氨厂等企业考察技改情况。

6月9日　县肉联厂成立，属商业总公司分支机构，从事生猪收购、肉品批发、销售经营业务。与牲畜定点屠宰场合署办公，实行两块牌子，一套人马。

6月15日　县医院成功实施首例开胸手术。

6月16日　沙芜乡中外合资海福电力有限公司龙地水电站建成发电。该电站总投资210多万元，其中引进外资126万元，装机500千瓦，设计年发电量250万千瓦时。

6月25日　三明市电业局代表省局同清流县电力集团有限公司举行委托代管交接仪式。

6月26日　县工商行政管理局正式收归省局垂直管理。资产交接仪式在县宾馆举行。

同月　由嵩口镇干部群众集资及部门投资350多万元的嵩口镇夜滩（后改称月汤）温泉开发项目动工。由闽中地质工程勘察公司负责打孔引泉，日出水量430吨。12月20日正式对外营业。

7月1日始　县公安局开展为期3个月的“追捕逃犯专项斗争”等专项行动，捕获各类在逃人员77人，投案自首38人，抓获外地在逃人员10人。

7月27日　省老区办、省计委、省广电厅等部门组成调查组到清流县调研老区农村经济状况和“五通”（通公路、水、电、广播、电视）情况。

同月　县科技局成功开发户用型蒸气加工豆腐皮新设备。该设备投入小，单套价格2万多元，比同类设备价格低6000多元。生产能力比传统工艺提高近4倍。能耗降至传统的33%。

同月　县农机中心引进海马牌4LD-150型悬挂式全喂入联合收割机1台。此乃清流县农机化发展“十五”计划配套项目之一，价格5.2万元，机收作业能力0.13～0.27公顷/小时。

同月　三明市举行第四届农民运动会，清流县选送运动员7名，获单项银牌、铜牌各1枚，获游泳团体第3名、自行车载重团体第5名及大会体育道德风尚奖。

8月2日　经市财贸委批准，清流县设立“三明市东方拍卖中心清流征集处”，属非法人分支机构，接受三明市拍卖中心和县财办双重领导。

8月25日　东华乡基头村发现劣质种子坑农事件，受害农户50余户，直接经济损失10余万元。

同月　清流县200多名干部职工参与山地开发，创办或承包种植基地70多个，以资金、技术、信息入股的方式参与果业和竹业开发。其中80多名干部职工承包山地面积33公顷，种植蜜橘、蜜雪梨和水蜜桃。

同月　县林业贸易公司、林业招待所土地被县政府征用，安置下岗职工24人，安置金85.18万元。

9月1日　县法律援助中心正式挂牌成立。

9月10日　县首届小教大专自考班38名小学教师获得大专自考毕业证书。

同日下午　李家乡长灌煤矿发生冒顶事故，死亡1人。

9月14日　县“村村通广播电视”工程通过市级验收。至此全县111个建制村广播、电视覆盖率双双实现100%。

9月16日　余朋乡余朋村村民邓志鹏被省公安厅、省见义勇为基金会授予“福建省见义勇为先进个人”三等奖荣誉，奖励1万元。

9月21日　在县龙津影院举行公开逮捕宣判大会，县公安局依法对8案8名犯罪嫌疑人实行公开逮捕，对投案自首的14名犯罪嫌疑人宣布取保候审决定；县人民法院对6案8名被告人依法进行公开审判，市中级人民法院对2名故意杀人犯依法公开宣判死刑并执行枪决。县检察院对投案自首的3名犯罪嫌疑人依法宣布不起诉决定。

同日　福建省移动通信公司清流分公司成立。

9月27—28日　全省“村会协作”经验交流会在清流县召开。总结推广大路口村与市园艺协会“村会协作”经验。

9月28日　县工业品责任有限公司引进三明市商业集团合资成立的“三明市商业集团清流百货有限公司”开业。

同月 沙芜乡九龙湖鱼干加工厂建成投产，该厂投资12万元，购进烘干机、真空封口包装机等设备，用烘烤方式加工鱼干，年产鱼干10吨。填补沙芜渔产品深加工空白。

11月 县检察院查获全省首例违法发放林木采伐许可证案。长校镇林业站2名原副站长违反自用材审批有关规定，发放27立方米材木采伐许可证，纵容包头江某等人滥伐林木，导致该山场被砍伐活立木137.7立方米，原木材面积39.7立方米。在明知林木被滥伐后，再次违反规定补发林木采伐许可证7份64立方米。

12月16日 县医院投资255万元购置的CT医疗设备正式投入使用。

12月20日 由嵩口镇投资建成的年产1000万只无铅松花蛋基地举行挂牌仪式。

同月 清流县卫生防疫站通过省县级二等防疫站考评评审。2000年，该站被卫生部授予县级二等防疫站。

同月 莲花山新建广播电视微波发射台避雷塔修复投入使用。该塔高32米，造价4万余元，广播信号发射覆盖15个乡镇。

同月 农村电网改造工程启动。

是年 清流县被列入省转移支付补助县范围，当年上级财政转移支付补助520万元。其中，一般固定转移支付补助300万元，增加工资省补助220万元。

是年 嵩口建成药材基地面积66.67公顷。全镇31户农民种植厚朴、杜仲、山苍籽、鸡冠花等药材200余公顷。

是年 清流防洪堤建设项目被国家计委列入国债投资项目，项目资金3732万元。

2000年

1月 国投公司以130万元价格将原福建洪流机器厂（代号国营第〇五厂）产权转让给香港鸿伟木业有限公司。

同月 北山滑坡防护治理工程竣工。该治理工程1998年10月开工，主要采取砌筑护坡和钢筋锚杆牵拉、钢筋混凝土框架固定的方式稳定山体坡面，并种植香根草方式进行边坡保护。清理土石方及治理工程共投入资金400多万元。

2月1日 县委、县政府出台《关于加快发展个体私营经济的决定》。

3月 严坊原水供应站以117.76万元价格调拨给县自来水厂，原水站人员由自来水厂负责安排。

同月 县法院和人武部分别成立维护军人军属合法权益合议庭和咨询站。

同月 福建省成人高等教育首次实行网上报名。清流报考成人高教大专和专科升本科考生100多人。

同月 县城关小学被省教委授予“福建省示范小学”牌匾，成为全省第42所省示范小学。

4月1日 清流县实施个人存款账户实名制。

4月11日 香港宝莲禅寺初慧、智慧、绍根等法师组成捐资办学考察团到清流三中、赖坊中小、长校中学考察，并与3校签订改善办学条件的协议，捐资160万元。

4月25日 全省世界银行贷款国家项目人造幼林抚育间伐现场会在清流县召开。会议表彰清流等一批1999年度世界银行贷款国家项目人造幼林抚育间伐工作先进单位。

同月 投资33万元的县洪水预警报系统建成投入使用。该系统由城区水位雨量点等5处组成，实行全省联网。

同月 县法院审结首例环境污染损害赔偿案。嵩溪镇时州村起诉宁化县金龙山钨矿将不符合环境保护标准的尾矿和污水排往时州村，经法院审理调解，达成协议，从2000年开始，宁化县金龙山钨矿每年补偿时州村委会5000元。

同月 行政事业性收费实行“票款分离、银行代收”办法。

同月 县林产化工厂进行承债式协议转让，经营者持股100%，安置职工210人，安置费用284.40万元。

5月11日 清流监狱与林畲乡联合召开见义勇为表彰大会，林畲乡岭官村3名村民协捕越狱重刑逃犯，各获奖励3000元。

5月18日　清流县机械化牲畜屠宰场建成投产。在城区集贸市场和街道摊点上市的牲畜，一律集中到新建的屠宰场屠宰。原水南街屠宰场停止使用。

5月26日　省协和医院外科系统、内科系统、CT儿科、五官科的著名医学专家一行15人到清流县医院开展为期3天的义诊活动。

同月　清流县被全国双拥工作领导小组、国家民政部评为“爱心献功臣行动”先进县。

同月　嵩溪镇依托农副产品公司进行豆腐皮工厂化建设。该项目总投资112万元，年可生产豆腐皮320吨；即食豆腐皮生产线2条，年可生产即食豆腐皮540万袋。是年，七星岩牌豆腐皮获2000年福建省名优特新农副产品展销会金奖。

同月　县域出现旱情，受旱农田面积近733.3公顷。主要受害农作物为烤烟、旱粮。

6月8日　破产后的县水泥厂被整体拍卖，拍卖价600万元，安置职工257人，安置费用459.43万元。

6月30日　县财政局通过县工商联投资80万元与私人合伙经营的清流县兴业担保有限责任公司成立。

同月　县政府组织召开城区警戒危险水位重新核定工作成果专家审查会。清流县危险水位为20世纪50年代确定。新的警戒水位为288.9米，危险水位为291米。

7月5日　县质量技术监督局举行收归省市垂直管理交接仪式。

7月20日　清流县少年军校成立，校址设县人民武装部民兵训练基地。人武部副部长顾金彪为校长，县委宣传部部长陈兴为名誉校长。

同月　根据《国库统一支付工资管理暂行办法》，通过试点当年纳入国库统发工资的机关行政事业单位69个共1569人。

8月10日　县国投公司收回县农机公司国有资产，安置职工22人，安置费45.22万元。

同月　清流县保安设备有限公司生产的“猫王”牌保险柜通过省质检中心验证，获得省公安厅颁发的生产许可证，成为全省首家保险柜行业取证品牌。2001年6月，“猫王牌”MH660型防盗保险柜通过公安部定点的质量监督检测中心检验，符合A类防盗保险柜技术要求，系福建省首家经过部级检验合格产品。

同月　罗口煤矿以承债方式公开招标转让给私人经营，转让收入660万元，安置职工245人，安置费用649.36万元。

同月　嵩口坪水电站以承债方式协议转让给三明电业局电力发展公司，转让收入2300万元。在职员工全部由厦门优恩电力发展股份公司接收安置。

9月5日晚　长校镇遭受龙卷风、暴雨和冰雹袭击，房屋倒塌6座52间、1524平方米，沙坪村1人重伤、1人死亡；道路冲毁21处、954米，桥梁冲垮13座。电视、电话损坏56部。全镇直接经济损失182.2万元。

9月29日　县运输公司由三明汽车运输总公司以承债方式无偿兼并，新老职工由该公司接收安置。

同月　清流供电局农村电网改造工程基本完成。共改造10千伏线路136千米，0.4千伏线路283千米，更换高能耗配变124台，累计完成投资1628万元。

10月17日　沙芜乡白塔村至沙芜乡政府柏油路铺设完工，举行通车典礼。项目总投资120万元，道路全长7.8千米，铺设柏油路面宽4.5米，路基宽5.5米。

10月19日　省委常委、省军区司令员陈明端到清流县检查征兵和人武部建设工作。

10月20日　县商业总公司公开拍卖店面18间。其中8间店面均以高价成交，成交总额259.1万元，与起拍价相比增幅达31.7%。此次资产变现资金主要用于发放职工身份置换的一次性经济补偿金。

10月26日　县香料厂发生火灾，烧毁厂房749平方米（含设备），损失180万元。

10月31日　清流县长清汽车运输有限责任公司成立，为县首家股份制民营客运企业，拥有扬子客车5部。

同月　县商业系统全面实行减员分流、置换身份。

11月1日　零时起，清流县开展第五次全国人口普查。普查结果显示，全县总户数38364户、135660人，其中男71930人，女63730人。全县人口中，0—14岁的人口为3.32万人，占总人口的24.49%，15—64岁人口为9.24万人，占总人口的68.1%，65岁以上人口为1.01万人，占总人口的7.41%。

同月　县城关中学体育教师李日春被国家体育总局确定为全国老将运动员，并被授予业余田径“锻炼之星”

和业余一级运动员称号。是年，李日春获第十一届亚洲老将田径锦标赛半程马拉松赛金牌、10千米公路赛第四名、500米第五名。第三届全国老将田径运动会暨国际邀请赛40—44岁组5000米铜牌、1500米第五名。

同月 罗口煤矿完成“承债式”产权转让改制。至10月底置换职工身份165人，发放补偿金177万元，占应发补偿金总数97.25%。原欠职工工资、股金174万元同期发放到个人。

同月 清流县音乐作品《夜滩乐》《客家恋曲》在“第九届福建音乐舞蹈节”分别获创作三等奖，其中《客家恋曲》代表三明市参加演出获业余组铜奖。

同月 田源乡新村大马地山场发现华南虎踪迹，留有老虎脚印、粪便，家羊被吃掉15只，附近山上发现被老虎吃剩的羊头和羊皮，新村村民听到虎啸声，1村民在山场亲眼目击老虎。次年3月9—12日，美国明尼苏达州动物园野生虎调查专家杰夫及北京林业大学生物科学与技术学动物科学教授胡德夫一行2人，到清流田源、嵩口、沙芜3乡交界的大马地石壁场进行华南虎调查工作，发现20天前留下的华南虎扒挂2处。

同月 县国投公司整体转让县燃料公司，转让收入25万元，安置职工17人，安置费用21.28万元。

同月 围埔—白石公路改造铺设沥青路面工程竣工。该路段总投资670万元，按3级路标准改建，长13.8千米。

12月6日 省军区司令员郑树建到清流县指导征兵工作。

12月13日 省老区办到清流县部分老区少数民族村，进行“五通”建设情况检查验收。按省定标准，清流已超额完成当年“五通”任务，通水建制村39个，通广播电视村2个，总投资350万元。

12月29日 县医药有限责任公司以净资产96.16万元参股三明医药股份有限公司。

是年 久立茶油获中国绿色食品2000年度思明博览会畅销产品奖。

是年 沙芜乡洞口毛竹林当年生新竹遭受竹蝗或竹毒娥危害相继枯死，受灾面积133.33公顷。

是年 清流学生陈林招获省女子举重锦标赛女子丙组44千克级抓举、挺举、总成绩3枚金牌。陈小花获省女子举重锦标赛女子赛乙组44千克级抓举、挺举、总成绩3枚金牌。

是年 林畲乡被国家计划生育协会授予全国计划生育协会先进乡镇。

2001年

1月 企业养老保险基金和失业保险基金改由县地方税务局征收。

2月1日 中央电视台《焦点访谈》栏目《常下乡、富农庄》节目播出清流县东华乡大路口村开展“村会协作”的做法和经验。

3月10日 清流县“九五”农村能源综合建设项目通过省级验收。

3月12日 三明市开展“村会协作”活动现场会在清流县召开。

同月 香港宝莲寺捐赠40万元兴建的赖坊学区综合楼竣工交付使用。

4月 李家、灵地草场耕地开发及生态农业示范园区被省国土资源厅列入国家级土地开发项目。由浙江宁波藤头园林绿化工程有限公司投资2600万元，分3年兴建，经营规模面积136.66公顷，主要培育罗汉松、桂花树和银杏等大树大苗及名贵花卉。

同月 省委副书记、省长习近平到清流鸿伟木业、嵩溪镇农副产品公司等地视察调研。

同月 县香料厂所有股权以承债方式转让给原经营者，安置职工43人，安置费用107.03万元。

5月 开通清流—厦门客运班线。

6月24日 县生态公益林区划界定成果评审通过省市验收组验收。全县共区划界定生态公益林面积4266公顷，其中国家级生态公益林333.33公顷，省级生态公益林666.7公顷。

6月25日 县委宣传部、县文体局、土地局、文联联合举办以“红土地”为主题的大型书画展，纪念建党80周年。28日，县委召开建党80周年纪念大会。

6月 县印刷厂以承债方式转让私人经营，转让收入50万元，安置职工43人，安置费用50.02万元。

8月28日　鱼龙岗电站、竹青背电站与厦门优恩电力发展股份有限公司合作成立清流县优恩电力有限责任公司。厦门优恩公司占70%股权，转让收入3507.7万元，县国投公司享有30%股权，股本480万元。2家电站职工全数由新公司接收。

8月29日　县国投公司与厦门优恩电力发展股份有限公司合作，参与关公凹电站建设。福建省清流县关公凹电力有限公司成立，县国投公司持有540万元，占30%股权，厦门优恩公司享有70%股权。

同月　《清流县矿产资源开发利用与保护规划》通过省级专家评审。

9月11日　香港宝莲禅寺智慧法师带领福建助学考察团一行，专程到清流县参加由该寺捐建的“了见”希望小学、“清凉”希望小学、“法华”希望小学落成典礼剪彩仪式。

9月12日　清流县水果营销协会成立。该协会由清流县供销社牵头组建。

9月13日　清流泓宇纵横矿泉水有限公司和三明鸿伟木业有限公司分别举行投产庆典和二期工程竣工仪式。

同月　总投资300万元、占地面积700平方米的县一中现代教育技术中心落成。

同月　县农村电网改造一期工程完工。农村电网改造自1999年12月动工，完成投资1916万元，全县97个建制村、27638户农户受益，电价由原来的0.7—0.8元/度降为0.5元/度。

同月　在“三明市首届农民艺术作品展”上，清流3件作品获奖，分别为嵩溪镇兰香秀剪纸作品获一等奖，陈炳生国画和长校童文国画作品获优秀奖。

同月　李家乡与福建置业有限公司签订总投资100万美元的鲜水冷泉开发项目。

10月8—9日　县政协组织开展饮用水资源和卫生状况调查，清流县饮用安全卫生水人口11.50万人，占农村总人口94.6%。其中，饮用自来水人口7.90万人，占农村总人口65.09%。

10月24日　省政协主席陈明义到清流调研。

10月28日　福建天宝股份有限公司租赁清流县北坑钨矿交接仪式在清流宾馆举行。北坑钨矿以承债式租赁给福州天宝公司，租赁期10年，租赁收入200万元，安置职工105人，安置费用167.24万元。

10月29日　大灵线公路改建工程全线竣工通车。该路段全长48千米，沿线及影响区内有8个乡镇，纵贯清流中心腹地，连接县内南北。

同月　雁塔小区旧城改造首期地块公开拍卖，获土地收益金507万元。

11月6日　清流县药品监督管理局挂牌成立。

11月11日　省创建规范化物价检查所检查组到清流县物价局，进行创建国家级规范化物价检查所检查。

同日　三明市首次省级达标幼儿园向全市开放活动在清流县实验幼儿园举行。

同日　县地矿局、县煤炭局、县公安局等有关部门联合组成清查整顿行动小组，前往李家长灌煤矿等矿山炸封非法开采小煤矿9个。

11月28日　2001年闽赣省际12县（市）法院院长联席会暨审判改造交流与展望研讨会在清流县召开。

同日　县委宣传部聘请28名公安干警担任全县中小学综合治理副校长。

11月30日　国防动员委员会政治动员办公室成立，设在县人武部政工科。县人武部政工科和县委宣传部宣传科负责办公室日常性事务，实行军地合署办公。

同月　县组织土特产品参加第十届上海全国消费品交易会，展品有豆腐皮、茶籽油、九龙湖鱼干、茶叶、鱼腥草、红菇、花菇、笋干等。

同月　三明市文联组织省著名作家蒋夷牧、施晓宇、郑寿安及三明市部分作家、诗人30余人在灵台山举办文学创作笔会。

同月　县针织厂整体转让给私人，安置职工26人，安置费用24万元。

12月5日　清流县矿业协会成立。协会由17个团体会员和43个个人成员组成。

12月5—6日　县农网“两改一同价”（农村电网改造、农电体制改革、城乡同价）通过市级竣工验收。

12月11日　城区防洪堤通过验收。该工程1998年秋动工，至2001年11月底完成工程建设8.74千米、土石方34.82万立方米，其中砌石10.13立方米，混凝土2.87万立方米，完成工程投资1711万元。

12月14日　全省农村劳动力转移培训试点工作座谈会在清流县召开。是年，清流县被国家劳动保障部等7部委确定为全国农村劳动力转移培训试点县。

同月　华中科技大学现代远程教育在清流县高级职业中学设立教学站。

同月　县饮服公司由政府征用，安置职工58人，安置费用128.58万元。

是年　引进建鲤、彭泽鲫等优质鱼种苗130万尾，引进淡水鲨1万尾、红鳟3000尾，在沙芜库区、李家鲜水等地试养。

2002年

1月10日　撤销县经济局、县财办、县二轻局，组建县经济贸易局。

1月15—18日　县十三届人大四次会议召开。实有代表157人，出席152人。会议听取和审议县长涂尾珠所作政府工作报告、县2001年国民经济和社会发展计划执行情况与2002年国民经济和社会发展计划草案的报告，审查批准县2001年国民经济和社会发展计划执行情况与2002年国民经济和社会发展计划草案；听取和审议县2001年财政决算和2001年财政预算草案的报告，审查批准县2001年财政决算和2002年预算草案；听取和审议县人大常委会、县人民法院和县人民检察院工作报告。会议选举产生县第十三届人大常委会主任曹建华、县人民检察院检察长罗建平。

1月29日　县党政机关机构改革动员大会召开。全县县、乡镇机关原有行政编制1030名，按22%精简，重新核定行政编制757人。县政法机关原有专项编制154人，按10%精简后，重新核定为139人。

同月　清流县第一部村史《廖武今昔》内部出版，主编廖振华，字数10余万字。

2月2日　县电力公司投资347万元的35千伏余朋电站竣工投入运行。

2月7日　嵩口变电站3万5千伏技改工程完工投入运营。县变电枢纽工程进入数字化管理轨道。

3月19日　县机关效能投诉中心“经济110”成立。

同月　投资1100万元的县城雁塔小区拆迁改造工程全面启动。

4月7日　清流县客家联谊会成立。

4月10日　省委书记宋德福到清流调研。

4月28日　团县委组织城区近千名青年团员举行“永远跟党走”火炬接力活动，纪念建团80周年。

4月29日　李家乡冷泉开发养殖中心首期开发项目动工兴建。台商吴龙振首期投资10万美元，利用纯净无污染的冷泉养殖虹鳟鱼。

5月9日　县医院成功为1名右肢疝嵌并肠梗阻的百岁老人进行手术。

5月21日　县第一个乡镇牲畜定点屠宰场在嵩口镇粮站建成。

5月22日　厦门华天涉外学院清流办学点在清流县高级职业中学成立。

同月　赖坊乡南山村发现千年古樟14棵，属全市罕见。最大的直径近4米，周长15余米，最小的直径1.5米以上。

同月　田源新村发现1棵主干胸径为2米，树龄约500年的丹桂树。

6月13日晚8时至17日早，清流普降大暴雨，连续降雨量累计196.5毫米，城区最高水位达289.8米，超出警戒水位0.97米。15个乡镇受灾人口1.02万，被困1236人，倒塌房屋186座，倒塌居民住房135间，损坏房屋386间，烤烟房倒塌18座，淹死大牲畜116头，冲毁公路路基4.2千米，冲毁良田2360公顷，耕地损坏60公顷，冲毁池塘85处500公顷。农业直接损失3150万元。

6月21日　县特殊学校培智学生赖樟秀、涂亦荣、邹武江、陈秋茂代表三明队参加全省第二届特殊奥林匹克运动大会，其中3人共夺得金牌5枚，银牌5枚和铜牌2枚。

6月23日　建宁县遭遇特大洪灾后，清流县组织20多名援助人员组成的运输援助小组赴建宁参加灾后重建工作，历时5天。

同月　里田乡发现野生含羞草，系清流县首次发现。

7月1日　鸿伟细木工厂成立党支部，成为县首家外商独资企业党组织。

7月12日　清流县世界银行贷款英国赠款中国结核病控制项目启动会召开。贷款项目总投资额48万元，用于免费为结核病患者治疗、体检，还款期20年。由县防疫站承担实施该项目。

同月　清流县工商局引进蔬菜水果农药残留速测仪和水发产品、海产品甲醛检测仪1套，每周对农贸市场的定点销售摊位进行随机抽样检测2次以上。

同月　1名农民购买清流首台联合收割机。

8月9日　投资120万元的嵩溪、林畲光纤联网工程开通，实现有线电视与城区联网。

8月17日　省委副书记卢展工到清流县大路口村调研。

同月　清流县“台农二号”蜜雪梨在2005年全省优质早熟梨鉴评活动中，获综合品质第一名。

9月6日　召开军民共建先进单位座谈会，为获全省第三届“军民共建精神文明先进单位”的县人武部和清流供电局授牌。

9月8日　原七星岩水泥厂1台放射源去向不明。省环境放射监理站，三明市环保局、职业病防治院、县环保局、卫生防疫站等部门组织人员对全县废品收购站进行拉网式清查。10月3日下午，在城关长兴北街29号隔壁的废品收购站中查获这台钴60放射源——水泥窖炉料定位仪。经省、市专家对现场进行监测，确定该放射源尚未对环境造成污染危害。

9月9日　三明明孚硅业有限公司开发的无木炭生产工业硅新技术通过国家经贸委专家组鉴定验收。生产工艺属于国内领先水平，产品达到国家GB2281-91一级品标准。11日，全省无木炭生产工业硅新技术现场推陈出新推广会在清流县召开，来自全省工业硅企业代表100多人参加会议。

9月9日　在厦门“9·8”第六届中国投洽会上，清流县签约外引项目4个，投资680万美元，内联合同项目1个，投资1500万元。

同日　城关—南岐4千米公路改建铺设水泥砼路面工程开工，标志着全县“村村通硬化公路”工程建设拉开序幕。

9月13日　省市文联、作协和报刊新闻界知名作家应邀到清流灵台山举行笔会。

同月　开通清流—福州客运班线。

同月　县人民武装部和县供电局被评为福建省“第三届军民共建社会主义精神文明先进单位”。12月，县人民武装部被省委宣传部、省委文明办、省军区政治部评为“军民共建先进单位”。

10月8日　福州元鼎有限公司投资360万元创办的县元生花卉有限公司，在里田乡成立。

10月18日　国家农业综合开发办一行9人到清流就申报国家农业综合开发项目县情况进行调研。11月12日，国家农业综合开发办批复，确定清流县为国家农业综合开发项目县。

10月25日　连降暴雨，安砂水库水位上涨，最高水位264.99米，上涨幅度达3米。沙芜乡受淹农田面积20公顷，冲走养鱼网箱180个，冲坏310个；冲走鱼苗22.5吨；养鳗池过水面积1.33公顷，冲走鳗鱼4吨；冲坏库湾拦网11道、面积20.66公顷，鱼80吨；累计造成直接经济损失313.8万元，其中渔业损失305.3万元。

11月13日　省音乐家协会、省市文联在清流县举办王远生从艺50周年专场音乐会。演出的14个节目均为王远生从艺50年来创作的音乐作品。

11月24日　凌晨1时，龙津镇黄田段石英采矿场地表突然坍塌，周边山坡泥石下滑，造成在附近工棚里的4名工人被掩埋，经紧急抢救无效死亡。

11月30日　省军区司令员张鹤田到清流县调研。

12月5日　原国家移民局局长李天碧率专家及有关领导一行8人到清流县嵩口、东华移民点检查指导工作。

12月12日　国家煤炭协会专家李世钧一行到清流县调研乡镇煤矿联合改造工作。

12月27日　城区降雪量11.4厘米，发往县外的45班客车和发往县内的5班客车全部停运，在外过夜的12班车未归。全县不同程度受冻害农作物面积444.6公顷。

12月30日　清流县贸易促进会成立。

同月　下岗职工黄英创办龙津镇首家大型蒸汽加工豆腐皮生产线，有蒸汽锅21口，日加工黄豆200千克，生产豆腐皮150千克。

同月　县国投公司将原07厂部分资产折价65万元转让给东莹化工公司。

是年　清流广播电视台制作的《农民施名盛空运购进种羊》的消息获2002年度福建省“电视奖”二等奖，此为三明市7件获奖作品中唯一由县级台制作的作品。

是年　县域发生春夏旱，1—7月降雨量比常年减少40%，是1978年以来最少的年景，严重影响农业生产，全县农作物受旱面积7000余公顷。

2003年

1月6日　嵩溪七星岩、沙芜九龙湖和狐狸洞景区设计通过省级专家评审。

1月11日　里田乡与福州天驹广告传播有限公司、福州徐氏投资有限公司和浩捷集团有限公司分别签定投资协议，创办花卉公司，投资400万元，种植花卉面积20公顷。

1月24日　撤销城关龙津河北门渡。

1月31日　常务副省长黄小晶到清流环境检测站等地考察调研。

2月7日　由晋江私营业主独资创办的清流县最大的养猪场——华利养殖有限公司揭牌成立，该项目投资250万元，占地面积6.7公顷，建成养猪圈2座；按照无公害养殖要求进行设计，利用猪粪建沼气池，再经过生物净化池处理生猪粪便，废物排放达到环保标准。

2月14日　县城镇集体工业联合社成立，为县政府直属事业单位。原二轻局、二轻联社撤销。

2月20日　2003年度全市电视新闻奖评比工作会在清流县召开，清流县参评作品6件。其中，获一等奖1件，二、三等奖各2件。

2月24日　十届全国人大代表欧阳元和曾金凤、帅金高到清流县考察基础设施建设和社会事业发展情况。

同日　市长张健、副市长张发录、市政协副主席邱乾春带领市直有关部门领导到清流县开展为期5天的以“贯彻中央一号文件，推动县域经济发展，促进农民增收”为主题的调研督查活动。

同日　省妇联城乡部和市妇联领导到清流县就“妇联小额信贷”资金发挥整体效应、资金运作等方面的情况进行调研。

同月　为保证乡镇干部职工工资及时发放，全县建立乡镇工资专户。

3月17日　清流县与泉州鲤城区结对开展共建文明区城活动。5月14日，泉州鲤城区区委副书记、纪委书记魏山国一行20余人到清流县开展区域共建活动。6月12日，鲤城区与清流县精神文明建设结对共建捐赠仪式在清流县举行。鲤城区向清流县捐资55万元，用于建设苏区文化广场及医疗急救中心等一批共建项目。2005年5月24日，泉州鲤城区委副书记王天祥一行到清流开展区域共建活动，并代表区委、区政府向清流县捐资50万元。

同日　清流闽新畜牧场生猪被福建省绿色食品发展中心认定为无公害食品。

3月31日　由中国科协青少年工作部和中科院科普办公室、省科协主办，中国科学院专家组成的“大手拉小手，科普报告苏区行”科普演讲团到清流县开展演讲活动。

4月4日　龙津镇被确定为省级生态示范镇。

4月10日　全县村级组织换届选举工作会议在田源乡召开。此次村级组织选举工作与往届不同，实行“直接差额，无记名投票、一人一票”。

同日　《福建日报》《福建人民广播电台》《福建电视台》《海峡都市报》4家新闻媒体联合组成的“建设海峡西岸经济区”采访团到清流县采访。

4月11日　清流县举办《城镇体系规划与区域经济发展战略》讲座。城区副科级以上领导干部260多人参加。浙江大学教授徐延安提出把清流县建成“生态文化旅游县”的规划设想。

4月23日　晚8时至12时，赖坊、邓家、李家乡，灵地、长校镇遭龙卷风和暴雨袭击，受灾人口4.8万人；房屋倒塌78间，受损房屋1996间；烤烟受灾面积506.66公顷，其中倒伏面积222.66公顷，叶片严重损害面积80公顷，绝收面积40公顷；水稻被淹面积533公顷；果树受损1.2万株；农村公路毁坏20千米；渠道损坏125处；李家、赖坊乡，灵地镇许多广播电视设施被毁，造成直接经济损失3600万元。

4月26日　省农林大学畜牧、苗木、花卉专家和教授一行7人分6组深入清流县龙津、林畲、温郊、嵩口、里田等乡镇开展现场技术咨询服务活动。

同日　嵩溪七星岩、沙芜九龙湖及狐狸洞景区建设全面启动。

同日　清流县评选出的2名省劳动模范——氨盛化工有限公司董明生、龙津镇城南村村民赖雨生赴省参加省劳模表彰会。

同月　由香港骆志鸿基金会捐资20万元，灵地镇自筹28万元共同兴建的姚坊村骆志鸿希望小学建成。

5月7日　上午11时许，余朋乡芹溪村攀龙寨七子形山场几棵大树被大风刮倒，在临时工棚内用餐的3名男子当场被大树砸死，另有2名男子受伤。

5月15日　全省落叶果流动现场会在清流县召开，省经作局、省农科院果树研究所专家、教授、各市县经作局农艺师50多人互相交流经验并技术指导蜜雪梨种植。

5月19日　国家林业局华东规划设计院院长傅宾领一行2人到灵地、李家锦秀园林工程公司基地了解、察看苗木种植情况。

5月20日　福建农林大学和清流县政府签订科技兴农协议。

同日　全县第一个村级警务站在东华乡大路口村挂牌成立。警务站由1名责任区民警和3名治安巡逻员组成。

同月　总投资500余万元、全长15千米的余朋乡—梓材公路动工改建。公路建成后，从余朋出发到达县城可缩短1小时。

同月　在嵩口镇立新村1农户家中发现1张300多年前香案，长2米、高1.5米。

同月　县公安局开展为期半年的缉枪治爆专项行动，收缴并销毁非法枪支24支、炸药9千克、雷管49发、黑火药5千克、子弹3发，清退炸药1392千克、雷管3292发、导火索3050米。

同月　福建省武警总队政委陈庆耀少将到清流县检查武警二大队全面建设情况。

6月4日　省委副书记王三运带领省直有关部门到清流县开展非公有制经济发展和党建工作调研。

6月28日　国家农业综合开发项目省级验收组一行13人到清流县检查农业综合开发项目工作。

6月30日　沙芜乡成立渔业协会，并召开第一次会员代表大会，审议通过《沙芜渔业协会章程》。

同日　渔沧、长兴、凤翔、翠园社区召开选举大会，依法选举产生第一届社区代表会议主席、副主席和秘书长，第一届议事监督委员，第一届居委会主任、副主任和委员。

同月　东华乡南岐村成为清流县第一个实现广电光纤联网的建制村，可收看电视节目23套。

同月　县商业总公司兼并糖烟酒公司、县工业品公司，安置下岗职工172人，安置费用202.15万元。

7月6日　三明市检察机关在清流县召开全市检察建议现场会，省检察院副检察长张同盟到会指导。8月24日，县人民检察院制定《清流县人民法院、清流县人民检察院关于民事行政案件运用检察建议办法》（以下简称《办法》），运用检察建议启动法院再审程序，该《办法》被省检察院和最高检察院向全省、全国推广。

7月7日　街心公园改建工程动工，并更名龙津广场。

7月25日　林畲乡遭受冰雹袭击，造成直接经济损失103.5万元，其中房屋受损181户，烤房受损265座，牲畜栏受损66个，已烤烟叶被淋湿47吨，田间烤烟受灾面积25.2公顷，果树受灾面积26公顷，其他经济作物受灾面积25.3公顷。

7月31日　县私营企业协会成立。

同月　清流恒利“9利茶籽油”商标获省著名商标。

同月　久旱少雨，全县9座水库干涸。全县农田大面积受灾，其中稻田受灾面积5153公顷，直接受灾人口3000人。全县抽调抽水机142台，3000多人投入抗旱自救。

8月1日　嵩溪镇总投资154万元的省级标准农田示范片建设工程通过省验收组验收。

8月8日　国家防汛抗旱总指挥部办公室副主任陈殿龙一行到清流检查指导防旱抗旱工作。

8月28日　县国土局举行首次探矿权拍卖出让。以65万元起价的嵩口镇龙元萤石矿探矿权，经过33轮次竞标，最终被县秋口煤矿有限公司以360万元拍下。

8月30日　福建省青山纸业股份有限公司在清流县创办的青山林场有限公司揭牌成立。该公司计划在龙津等乡镇建立企业原料林培育基地，开展木材采运、纸制品销售和山地综合开发等业务。

同月　嵩口镇围埔村发现1棵树龄千年、樟树与苦楝树长成一体的“连心树”，该树围径4.6米、高8米。

9月19日　县首趟学生周末班车在嵩口、长校2所中学开通，100余名学生搭乘周末班车。

9月29日　全县开展农村税费改革，停止征收乡统筹和村提留，暂停清理农民历年尾欠税费。

同月　清流县2002年度省级商品粮基地建设项目通过省市验收。该项目总投资123.4万元。

10月25日　龙翔工业区破土动工。该工业区位于县城东北部郊区，省道204线贯穿小区。规划占地总面积200公顷，是以发展轻纺工业、五金制造、机械配件制造、食品加工、印刷包装业等轻工业项目为主的综合工业区。

10月30日　常务副省长黄小晶到清流县调研。

同日　省林业厅授予清流县“世界银行贷款项目造林达标县”称号。

同日　省爱国卫生委员会授予清流县“省级卫生县城”称号。

同日　清流公路分局城郊道班班长张顺英出席中国工会第十二次全国代表大会。

同月　城关航运站因经营管理不善倒闭。

同月　县顺风水路客运有限公司成立。

11月3日　由美国慈善机构——国际儿童基金出资提供的首批3万余元“麻腮风”疫苗，无偿提供给县邓家乡、赖坊乡以及城区等部分低收入家庭的400名儿童接种。

11月26—28日　中共清流县第十次党的代表大会召开。会议选举产生中共清流县第十届县委委员26人、候补委员4人。中共清流县十届一次全委会选举产生县委常委陈有极、涂娓珠、曹建华、黄正康、林和平（挂职）、廖善朋、王国平、张淑华、张建林、余建地。选举产生县委书记陈有极，县委副书记涂娓珠、曹建华、黄正康、林和平（挂职）。会议同时选举产生中共清流县纪律检查委员会委员15人，选举产生县纪委书记黄正康。

同月　沙芜狐狸洞景区新发现洞穴7个，其中深30余米、宽30余米的3个，洞穴相互连通，形成溶洞群，洞中钟乳石形态各异。同时，发现太平天国翼王石达开屯兵时修建的石砌古城墙，长达50余米，以及军事瞭望台，面积0.13公顷。

同月　县人造板股份有限公司进行破产清算，公开拍卖给建瓯私营业主，拍卖收入180万元，安置职工176人，安置费用130.42万元。

12月4日　沙芜乡九龙湖发生水上翻船特大交通事故，19人落水，其中4人溺水死亡，12人被沙芜乡洞口村村民严必群、江明福夫妇救起。2004年9月，严必群夫妇被授予“福建省见义勇为先进分子”，严必群获福建省“三八”红旗手称号。

12月11日　关公凹水电站调试发电成功。该电站由县政府与厦门优恩电力发展股份有限公司共同出资9290万元兴建，1998年动工，总装机容量1.6万千瓦，设计年平均发电量 6260万千瓦时。

12月14日　县医院新门诊大楼投入使用，该大楼总投资700万元，占地面积1700平方米，建筑面积5280平方米。

12月16日　县检察院干警王矗被团省委、省社会治安综合治理委员会、省公安厅、省法院、省检察院、省司法厅等11部门联合授予第二届“福建省杰出青年卫士”称号。

12月17日　清流县档案馆通过省一级档案馆认定。

12月18日　由水利部太湖流域管理局、福建省水土办、三明市水土办联合组成的验收组，到清流县进行甲子溪流域水土保持工程竣工验收。该工程完成治理水土流失面积1570公顷。其中，封禁治理面积1500公顷，种草面积50公顷，种果面积20公顷，铺设道路2千米，建设截水沟8千米，完成投资135万元。

12月20日　首届中国青少年演艺推选活动福建赛区在清流县设立分赛区，三明市区、宁化县、清流县共52名青少年选手参加分赛区选拔赛。

12月27—31日　政协清流县第七届委员会第一次会议召开，应出席委员106人，实际到会委员103人。

会议表彰承办委员提案先进单位7个、优秀提案4件、先进委员8人、优秀文史通讯员3人。会议选举产生县政协第七届委员会主席许天赠，副主席曾金鉴、罗梓源、李志民、林峥声，常务委员21人。

12月28日至2004年1月1日　清流县第十四届人民代表大会第一次会议召开，实有及出席代表154人，列席人员100人。会议选举产生县第十四届人大常委会主任胡登良，副主任吴施增、李钦周、邱文宁、林新建，常委会委员14人。会议选举产生县长涂娓珠，副县长廖善朋、郑加禄、李增祥、伍武林、黄月珍；选举产生县人民法院院长沈小放、县人民检察院检察长罗建平；补选胡登良为出席三明市第十届人民代表大会代表。

12月　在福建省第五届海峡两岸花卉博览会上，清流县选送的鲜切花“大丽花”获金奖，“康乃馨”获特色展品一等奖，填补三明市鲜切花行业空白。

是年　县农业局经济作物综合站被农业部授予全国农牧渔业丰收奖二等奖。

是年　东华乡大路口村被省委、省政府授予省第八届文明村。

是年　县域发生夏秋旱，春季少雨，夏秋几乎无雨，全年降雨量仅1072毫米，灾情严重，全县农业生产遭受损失。

是年　县土地局被国家土地局授予“土地分等定级及地价评估”科技成果三等奖。

2004年

1月1日　清流县率先在全市建立机关、事业单位机构编制微机管理数据库。

2月7日　由华利养殖有限公司投资600万元兴建的东华乡万头无公害生猪养殖场建成投产，首批引进养殖“外三元”肉猪500头。

同月　嵩溪镇开通“招商引资网”，推介嵩溪风情、地产特色产品豆腐皮、风味小吃羊肉及项目建设情况等。

3月11日　县政府颁发《关于清流县农村居民最低生活保障实施办法的通知》，贫困居民月人均补差36.12元，五保户每人每月83元。当年全县有农村居民2636户6064人享受最低生活保障，全年支出低保金246.85万元。

3月23日　上午8时45分许，嵩溪镇发生特大交通事故。一辆车牌为赣B41090的变型式（三轮）拖拉机在伍家坊村老寨桥头路段侧翻在地，并向右前侧滑行5、6米后跌入4.8米高的桥下小河中，造成5人死亡，7人受伤。

同月　在首届中国青少年演艺新人推选赛中，清流洪雅丹、杨钥分获全国少年组声乐比赛金奖、朗诵比赛铜奖，江静兰获全国青少年组声乐比赛铜奖。

4月9日　县商业总公司、县水电有限责任公司划归县国投公司直属管理。

4月始　全县行政事业单位公务用车实行定点保险采购，全年可节约50%保险费。

5月　三明市政府认定清流“松香”“帅风”2件商标为三明市知名商标。全县有市知名商标6件、省著名商标1件。

同月　县刨花板厂公开拍卖给私人经营，拍卖价690万元。

6月25日　经省政府验收合格，清流县被授予“实验教学普及县”称号。

7月　三明市景秀园林工程工程公司被评为2004—2005年度全省130家、全市12家农业产业化省级重点龙头企业之一。该公司位于灵地镇，先后投资6600万元，建成规模绿色苗木基地面积666公顷。

同月　余朋乡汶溪电站建成发电，该电站总投资325万元，装机容量500千瓦。

8月13日　重庆市万州区龙宝开发区三峡库区移民10户、41人迁入清流县，分别安置在龙津镇城南村5户19人、嵩溪镇农科村5户22人。

同月　东华乡引进泉州客商投资300万元兴建辉绿岩板材加工厂，取得日本NTT电信公司总面积1.7万平方米的订单，已发货3000余平方米。

9月2日17时30分至18时，县城正东方向出现两条巨型七彩虹横跨城区的奇景。气象专家称两条彩虹同时出现，且跨度如此之大、色彩如此之艳丽、时间长达半小时的现象实属罕见。

9月17日　三明鸿伟木业有限公司在清流县城北（龙翔）工业区举行7万立方米刨花板生产线建设开工仪式。

9月29日　嵩口镇高赖七仙御露温泉度假村开业。该度假村由厦门红太阳文化传媒公司投资1000万元，1月动工，建有综合楼1幢，餐饮楼1幢，小木屋15间，标准游泳池1个，露天泡池7个，健身园1处。

同月　省、市野生动植物科考队在清流县莲花山考察时发现二级保护植物金毛狗蕨。10月，在清流温家山开展植被调查过程中，发现2棵国家一级保护珍稀濒危植物——钟萼木。

10月13日　副省长刘德章率领省直有关部门负责人到清流调研。

同月　清流县元生花卉公司经林业厅、省花卉协会评定，被列为第三批省级8家花卉生产示范基地之一。

同月　龙津镇引进的港商独资企业、总投资500万港元的三明东发服装制造有限公司投产。

11月23日　县九龙湖风景区被福建省人民政府列入第六批省级风景名胜区。

12月17日　温郊—塘背公路通车，公路里程18千米。

同月　县医院投资90余万元购置的德国进口微创手术腔镜系统正式投入使用。

同月　林畲乡计生办被国家人口和计划生育委员会授予“全国人口和计划生育系统作风建设先进单位”称号。

同月　里田花卉基地送展的铁炮百合获第六届海峡两岸（漳州）花卉博览会鲜切花展铜牌。

同月　县交警大队在灵地镇派出所设立全省第一个农村交警警务站。

是年　共投入资金234万元、水泥850吨，修建凤翔街路面、东门桥休憩公园、长兴北路、碧林北路人行道、长安路和凤翔山公园道路。

是年　开始实行对种粮农民发放4元/50千克的直接补贴和1元/50千克的良种补贴，并出台70元/50千克的最低收购保护价政策。当年实际收购粮食3027.5吨，发放直接补贴、良种补贴30.28万元。

2005年

1月　清流县农产品检测中心成立，负责对全县农产品生产和消费环节进行安全检测。

同月　总投资450万元的县乡广播电视光缆联网首期工程完成。田源、邓家、李家、灵地、长校、里田6个乡镇实现与城区有线电视联网。

2月1日　县委召开共产党员先进性教育活动动员大会。全县先进性教育活动分3批进行，每批时间6个月。

3月3—6日　在第20届福建省青少年科技创新总决赛上，清流一中学生获金奖、银奖、铜奖各1枚。清流一中获精神文明奖先进集体称号。

3月5日　县第十四届人民代表大会召开第二次会议，补选曹建华为县人民政府县长。

3月7日　县交通局举行首例交通行政处罚听证会，40余人参加。

同日　《三明日报》以“37岁农妇背起书包上初中”为题，报道清流县沙芜乡农妇伍桂招到县城关中学初一读书的消息。

同月　县供电局员工贺磊和音乐人唐艺共同创作的歌曲《百姓的事比天大》由著名歌唱家于文华演唱，在中央电视台第3套《与你相约》栏目播出。

4月1日　省委书记卢展工到清流农村、企业调研，并了解保持共产党员先进性教育活动开展情况。

同日　景龙服装、安顺服装、兴业服饰、鑫泰服饰等4家外商投资加工企业落户清流县，总投资318万美元。

4月10日　全省冬春修水利建设现场会在清流县举行。

4月25日　东华乡南岐电站建成投产发电。该电站于2003年8月6日动工兴建，总投资2000万元、装机容量 3000 千瓦，设计年发电量 1185 万千瓦时。

同月 县第十四届人大常委会召开九次会议，审议通过《清流县县域城镇体系规划》，首次任命人民陪审员 18 人，并颁发任命书。

同月 县首家炸药仓库通过国防科工委专家验收。

同月 长校村村民邹金英获“全国孝亲敬老之星”荣誉称号。

同月 田源乡投资 2 万元组建全县第一支农民管弦乐队，成员 12 人。

5 月 13—14 日 全县遭受特大暴雨袭击，农作物受灾面积 1500 公顷，成灾面积 400 公顷，山体滑坡 60 余处，房屋倒塌 20 余间，金山萤石矿 2 人被急流冲入矿井。

5 月 24 日 连日暴雨造成凤翔山山体移位，存在塌方危险。县委、县政府紧急召集建设局、国土局等部门领导召开现场办公会，部署防范塌方安全措施，确保居民生命安全。

同月 县委宣传部主编的《魅力清流》宣传画册出版。

6 月 2 日 福建电视台“海峡西岸正春分”采访组到清流县采访海峡西岸经济区建设和全市绿色高地清流生态强县建设情况。

6 月 5 日 晋江嘉耀电脑制造有限公司蔡文雄再次捐资 25 万元重建余朋学校学生宿舍。

6 月 10 日 县新华书店以净资产 406 万元加盟福建新华发行集团。县国投公司享有省新华发行集团 0.39% 股权。

6 月 15 日 嵩溪镇罗陂岗村瓦子窠组 11 户村民告别煤油灯，用上照明电。

同月 城关农贸市场开工兴建。该项目投资 3200 余万元，占地面积 6750 平方米，建筑面积 2.6 万平方米，其中市场面积 1.4 万平方米。

同月 三明军分区在清流县召开全市战备规范化建设和民兵应急分队野战化训练演练观摩现场会，演练持续 21 天，参加人数 150 人。

7 月 17 日 国家林业局华东林业调查规划设计院专家到清流大丰山景区就其申报省级森林公园进行实地考察、评审。

同月 由永安客商林先生投资 80 万元兴办的嵩口“满家乐”超市正式开业，此为清流乡镇第一家超市。

8 月 8 日 省长黄小晶率省委“四个专题”（增强经济发展后劲、增强精神文明建设实效、增强为人民服务质量、增强党的建设活力）调研组到清流李家乡刘定丰果场等地视察调研。

8 月 25 日 清流县通过省级卫生县城考核验收。10 月，通过复查考核，被命名为省级卫生县城。

8 月 28 日 县九龙湖景区开业。该景区于 2004 年 2 月动工建设。同日，福建九龙湖旅业有限公司成立，该公司购置旅游船 4 艘，客位 120 座，专营沙芜库区水上生态游和九龙湖景区游。

同月 县红十字会开展首次造血干细胞血样采集活动，采集血样 160 多份。

同月 由香港“胡文虎基金会”捐赠 30 万元兴建的灵地中心小学教学楼及附属工程正式启用，工程总造价 75 万元。

10 月 18 日 中国水土流失与生态综合考察专家到清流考察水土流失情况。

10 月 28 日 投资 649 万元的清流县最后一条乡通县城等级公路余朋—梓材公路建成通车，公路里程 15 千米。

10 月 31 日 省政协副主席邹哲开，省佛教协会副会长、泉州开元寺住持道元法师一行到清流县考察。曾在里田乡插队的泉州知青、泉州开元寺住持道元法师资助里田学校 10 万元、资助福尚寺 5 万元。

同月 在中国第六届花卉博览会上，里田乡元生花卉基地送展的花艺作品“秋之韵”和“别有幽径非人间”获三等奖，“渔歌唱晚”获优秀奖，在省花卉协会指定的全省 8 家参展企业中，中奖积分最高。

11 月 8 日 召开防控高致病性禽流感工作紧急电话会议，安排布署应急处置和应对流感大流行的各项防治措施。

11 月 15 日 三明市国土资源局在清流县公开拍卖温郊乡梧地村方坑夹—吉下萤石矿探矿权。矿区面积 304 公顷，估算资源量 20 余万吨。起拍价 50 万元，最终被福建省永福化工有限公司以 300 万元成交价格竞得。

11 月 16 日 在北京举行的第九次全国见义勇为英雄和先进分子表彰会上，沙芜乡洞口村民严必群被授予“全国见义勇为先进分子”称号，并受到党中央、国务院领导接见。

11月19日　清流一中新教学楼落成。该大楼总建筑面积7894平方米，总投资1000万元。大楼配有语音播放系统、闭路电视系统、多媒体系统、校园网络系统等现代化设备。

11月22日　县公安局在龙津广场举行第二代居民身份证首发式，标志着全县换发第二代居民身份证工作全面展开。

同月　开展清理党政干部拖欠公款、利用职权将公款借给亲友、用公款为干部购买个人商业保险、政府采购法执行情况、预算外资金管理、产权交易、财政票据存销等7项检查，查出违纪金额119.12万元。

同月　县孤儿院4名儿童被美国人领养。

同月　在温郊乡梧地村苞地自然村发现距今900多年的宋朝丞相李纲祖父李敬寿古墓及元代至正年间大钟1口。

12月　在全省第五届残疾人运动会上，清流县选手邱森、严栋、严春生共获游泳、田径等项目8金2银1铜成绩。

是年　清流县被劳动和社会保障部列为全国劳务输出工作示范县之一。

卷一　建置　区划

清流县位于福建省西部武夷山南侧，地处北纬 25° 46′～26° 22′，东经 116° 38′～117° 10′ 之间。古为闽越地，属绥安县、将乐县、汀州府龙岩县、宁化县。后晋（936—947）时为宁化麻仓里清流驿。北宋元符元年（1098），划宁化六个团里、长汀二个团里置清流县。元至元八年（1271），属汀州路。明、清属汀州府。1914 年，属汀漳道。1928 年道废，直隶于省。1932 年，县苏维埃政府时期，属中央苏区。1934 年 3 月后，先后属第八、第七、第九、第六行政督察区。中华人民共和国成立后，1950 年隶属永安专员公署，全县设 3 区，辖 42 个乡镇。1956 年 6 月，并入龙岩专区专员公署。1958 年 5 月，撤区并乡，全县并为 1 镇 15 乡。同年 10 月，各乡镇改称人民公社。1959 年 2 月，与宁化县合称清宁县。1961 年 6 月，恢复清流建置。1961 年 11 月至 1978 年 3 月，隶属三明市人民委员会、三明专员公署、三明地区行政公署管辖。1983 年至今，属三明市管辖。全境东西宽 53.8 千米，南北长 65.2 千米，境域总面积 1806.33 平方千米。1988 年，中国社会科学院考古学家在沙芜狐狸洞发现的古人类化石，把福建人类的活动历史由六七千年推进到一万年以前。1991 年，全县设 3 镇，12 乡，111 个建制村，5 个居委会。1992 年 10—12 月，经省政府批准，灵地、长校撤乡改为镇建制。2005 年，辖有龙津、嵩溪、嵩口、灵地、长校 5 个镇和东华、温郊、林畲、田源、沙芜、赖坊、余朋、邓家、李家、里田 10 个乡，111 个建制村，7 个社区，总人口 14.74 万人。

第一章　隶属　境域

第一节　隶　属

清流，古属黄连。在《禹贡》为扬州之域，在《周职方》为七闽之地。秦属闽中郡，汉属会稽郡，三国吴永安三年（260）属建安郡绥安县，晋属将乐县，隋开皇年间（581—600）并入邵武县。唐贞观三年（629）黄连改为镇。垂拱二年（686）又属建州。开元二十六年（738）属汀州府龙岩县。天宝元年（742）改黄连为宁化县府驻地，镇仍旧。后唐同光二年（924），王元又将县府迁至宁化县府今址。后晋（936—947）时，黄连归属宁化麻仓里，设清流驿。

北宋元符元年（1098），提刑王祖道认为宁化地界旷远，难于管理，遂划宁化六团里、长汀二团里置清流县。南宋绍兴元年（1131），县治为兵乱所毁。绍定元年（1228）撤销县制。元至元八年（1271），恢复清流县建制，属汀州路。明洪武元年（1368）属汀州府。清仍属。

1912 年，实行省、道、县三级地方政制，清流属福建省西路道。1914 年，属汀漳道。1932 年，清流县苏维埃政府成立，清流属中央苏区。1934 年 3 月，属第八行政督察专员公署。1935 年 10 月，属第七行政督察区。1946 年，属第九行政督察区。1947 年 7 月，属第六行政督察区。

1950 年 2 月 22 日，清流和平解放，属福建省人民政府永安专员公署管辖。1956 年 5 月，并入龙岩专员公署。1959 年 2 月，清流县与宁化县合并，称清宁县。1961 年 6 月恢复清流建置。1961 年 11 月至 1963 年 5 月，隶属三明市人民委员会。1963 年 5 月至 1966 年 5 月，隶属三明专员公署管辖。1968 年，属三明地区革命委员会。11 月，成立清流县革命委员会。1978 年 3 月，隶属三明地区行政公署。1980 年 10 月，清流县革命委员会改称清流县人民政府，仍属三明地区行政公署。1983 年 4 月，三明地区实行“市带县”领导体制，清流县属三明市，至 2005 年未变。

第二节 境 域

清流县位于福建省西部武夷山南侧。宋，清流境域为东西 85 千米，南北 100 千米。东至南剑州沙县界 55 千米，以龙安为界；西至宁化县界 10 千米，以草鞋岭为界；南至宁化县界 7.5 千米，以百步岭为界；北至宁化县界 10 千米，以金船岭为界；东南至连城县界 50 千米，以上琴坪为界；东北至南剑州将乐县界 65 千米，以覆船冈为界；西北至宁化县界 15 千米，以大船岭为界。

明成化七年（1471 年），划归上、归下 2 里分设归化县（今明溪），疆域稍狭于旧，东西 65 千米，南北 75 千米。清道光至民国间，清流境域东至永安 100 千米，以大岭顶为界；西至宁化县，以金钱隘为界；南至连城县 67.5 千米，以上琴坪为界；北至归化县，以五通凹为界。1959 年，罗坊、塘前公社分别划归永安、连城管辖。此后，境域无大变化。

2005 年，境域地处北纬 25° 46′ 53″ ～26° 22′ 07″，东经 116° 38′ 17″ ～117° 10′ 29″之间。东连永安市，西接宁化县、龙岩市长汀县，南邻龙岩市连城县，北接宁化、明溪县。省道 204 线纵贯县境。县政府驻地龙津镇，距三明市直线距离 82 千米，距连城机场 76 千米。辖区东西最大距离 53.8 千米，南北最大距离 65.2 千米，全县土地面积 1806.33 平方千米，其中陆地面积 1782.06 平方千米，占 98.66%；水域面积 24.28 平方千米，占 1.34%。

第三节 县 城

清流县城位于县境偏西北，龙津河中游，三面临河，地处闽赣交通要冲。后晋时为宁化麻仓里清流驿。宋置县后，除元绍定元年（1228 年）和 1959 年先后 2 次撤县建置外，至 1990 年，清流城关（今龙津镇）均为县治所在地。

明嘉靖二十四年（1545），城区主要街巷有棋盘街、十字街、前街、寺前街、后街、南街、北街、直街、太平街、水东街、大参街、王家巷、取水巷、塔背巷。桥梁有龙津桥、凤翔桥。

清康熙四十一年（1702）主要街巷有 18 条：

棋盘街、十字街、坳上街、寺前街、前街、后街、南街、直街、儒学前街、太平街、水东街、大参街、朝真街、拱辰街、攀桂街、塔背街、取水巷、王家巷。

民国时期新编路巷 8 条：三民路，即原寺前街及附近。大同路，即凹上及附近。观音巷，即塔背窠及附近。环城路，即后街及附近。中正路，即丁字街。中华路，即十字街及县前。建国路，即西门。
中山路，即直街。

1950 年 2 月，成立清流县人民政府，县址设在城关。1981 年 10 月，将城关公社的 2 个居委会和渔沧大队划出，设龙津镇，县址未变更。

1950—1970 年，县城面积 0.8 平方千米。1970 年始，陆续扩建并新辟西山街，至 1990 年，城区面积扩大至 3.22 平方千米，7 条主要街道全部铺设水泥，形成城关行政管理区、坪背商业服务区、西山文化教育区。县城距三明火车站 125 千米，有直达福州、邵武、南平、江西赣州等跨境班车，及清流—嵩口航线，设有清流汽车站、东门轮船码头。拥有桥梁 3 座，即龙津大桥（东门桥）、凤翔大桥（西门桥）、清流大桥（南门桥）。

县城主干道有坪背路、水东路、西山街、新街、渡背街、林业新村大街、进步街、街心公园（环路）、文化街等，房屋建筑面积 31 万平方米，其中居住面积 10.17 万平方米，人均住房面积 11.3 平方米，人均绿地面积 4.5 平方米。县城内有省属工厂 1 个和县化工厂、农械厂、印刷厂、气枪厂、纺织厂、制材厂、香料厂等县属工厂 45 个，职工 7580 人。

有普通中学 1 所，职业中学 1 所，小学 2 所，幼儿园、托儿所各 1 所，以及县教师进修学校、电视大学清流工作站、干部职工培训中心等。文化体育设施有广播站、电视转播台、文化馆、图书馆、电影院、工人俱乐部、乒乓球馆、灯光篮球场等。医疗设施有县医院、县防疫站、县妇幼保健所、中医院、城关卫生院以及厂矿、学校卫生所等，计有病床 120 张。

城区有“龙津望月”“西桥横笛”“北渡孤舟”“灞涌金莲”等四景，名胜古迹有裴尚书门楼、南极山云海寺、金莲寺、西山公园等。

1991—1995 年，先后改造生产街、新街、文化街、水东路、进步街、西坪路，并完成沿河单面街改造。兴建公用建筑 120 幢，占地面积 11 公顷，建筑面积 36 万平方米。主要建筑有商贸中心、老干活动中心、一中科技大楼、医院病房楼、青少年宫、福利院、广播电视大楼、防疫站检验楼、清流宾馆、机关办公楼等，新建龙津农贸市场、第二农贸市场等公共设施及东门桥头园林景观。重建街心公园、凤翔大桥、龙津大桥；实施水南街、怡香园、常春街、河滨路、碧林路、长兴南街、文化街等道路硬化；先后开发南区、西区、刘家园三大新区。

1996—2000 年，供销综合大楼、粮食综合大楼、邮电综合大楼、人事局综合楼、妇幼保健所综合楼、县医院医技楼、县中医院大楼、电信大楼、农行大楼、文化三馆综合楼相继竣工。新建城关中心幼儿园。铺设长兴南街、龙城新街、龙津镇镇政府至粮站水泥路、水东街水东路。城区街道、排水、夜景灯、绿化等基础设施逐步完善。

2001—2005 年，新建县医院门诊楼、中医院门诊楼、疾病预防控制中心等。拓宽改造长兴中路，完成城区凤翔街、长安路道路硬化，清流一中河滨路贯通，长兴北街人行道建设。实施雁塔小区、绿园小区、城区路灯改造、龙津广场及龙津大桥休闲公园、龙津集贸市场等一批基础设施和为民办实事项目建设，城区面貌显著改善。至 2005 年，城区面积 3.22 平方千米，县城规划控制面积扩大至 18 平方千米。县城建成区绿化覆盖率 29%，人均公共绿地面积 8.1 平方米。主干道有龙城街、文化街、河滨路、水东路、屏山路、水南街、长兴北街、长兴中街、长兴南街、凤翔街、碧林南路、碧林北路、留芳路等。城区人口 2.23 万人。

第二章　行政区划

第一节　宋至清代

宋设 2 乡 7 团 1 里，城区设 9 坊。

折桂乡　统郭下团、仓盈团、永得团、梦溪团、罗村团、北团、四保团。

龙山乡　统归仁里。

城　区　拱辰坊、登俊坊、攀桂坊、进贤坊、龙门坊、凤池坊、朝天坊、宣化坊、仁智坊、朝真坊，元沿宋制。

明朝改团为里，设 79 图。成化七年（1471），析归上、归下 2 里共 24 图，分设归化县。明成化十七年（1481 年），知县凌宋以坊郭地广开增一图，至此共设 7 里 56 图 114 村。

坊郭里　统 9 图、16 村：横口、严坊、刘坊、南岐、各地口、小基头、白石桥、大基头、暖水塘、半溪、龚坊、阳坊、岭下、河林、左龙、右龙。

仓盈里　统 11 图、18 村：嵩口营、高坑、围埔、职溪、药范、沧龙、木南青、梓材坑、大源、土公坊、

清流縣城圖（道光）

永安界
連城界
寧化界
歸化界
龍王廟
鐵石
北團里
長灌
李家
田頭
四堡里
長校
下謝
吳家鋪
分界亭
天地壇
教場
鳳龍山
高陽嶺
黃石
南樓
武侯廟
東岳宮
節孝祠
樊公廟
龍津橋
忠烈祠
東山堂
東華山
倉龍峰
白雲岩
七峰岩
蓮花山
北渡
郭坊里
聖水井
白石橋
楊家店
北屏山
獅子石
文昌閣
鳳翔橋
仰濟院
西峰寺
射圃
社稷台
關帝廟
三港
南岐
劉坊
金錢山
暖水塘
北門
南門
東門

塘源坑、中地、平源、小溪、丘原、西坑、横溪、田源。

永得里　统10图、11村：上坑、塘背、蛟井、丘坊、曾坊、岭干、黄家磜、罗源、伍家、余底亨、高城。

四堡里　统6图、16村：田头、里田、杨坊、杨背、童坊、深渡、大连坑、河排、童家坑、转水庵、长校、谢坊、江坊、赤土岗、留坑、李家寮。

梦溪里　统10图、29村：秋口、下矶头、灌尾、洞口、隔口、吴坊、溪源、张地、岳地、平坑、半村、龟洋岭、左拔、掩桑、车上、旧场、荷坊、余朋、东山下、芹溪、炭山、吴地、包地、莒林、桐坑、攀龙磜、马坑、东溪、汶溪。

罗村里　统4图、7村：陈坊、吴家墩、南山坊、赖坊、官坊、贵湖、宋上坊。

北团里　统6图、17村：吉龙、坑源、马家、灵地、船湖、杨源、李家、古坑、长灌、张家营、吴家、上琴、罗地、水原、小溪、迪坑、磜头。

清道光二年（1822年），设7里56图170个村。

坊廓里辖26村：横口、严坊、刘坊、南岐、各地口、小基头、白石桥、大基头、车坑、杨家店、芜头陂、田背排、暖水塘、楼下、龚坊、阳坊、俞坊、里地、阳七坑、五岭下、下窠、河林、拔口、左龙坊、右龙坊、巷筑坑。

仓盈里辖30村：高坑、燕巢形、嵩口营、池峰头、围埔、职溪、药范、苍龙、木南青、梓材坑、大源、土公坊、塘源、磜头、中地、平源、小溪、丘源、黄沙坑、茜坑、果源坑、横溪、马屋坪、田源、田口、半溪、廖武、大寮、翁坊、水地峡。

永得里辖27村：上坑、塘背、青口、下山、温家山、高坑、赖坊、嵩溪、蛟井、小池、丘坊、曾坊、船茜坑、石下、岭干、大铺上、园山背、孙坊、黄家磜、罗源、伍家坊、田上、余底亨、高城、余坊、黄郊、竹瓦寮。

四堡里辖21村：田头、曹屋、杨坊、里田、杨背、童坊、深渡、大连坑、河排、童家坑、黄石坑、长校、下谢、江坊、赤土岗、留坑、李家寮、丰饶、茜坑、黄坑、嶂下。

梦溪里辖35村：秋口、沙芜塘、铁石、矶头、灌尾、洞口、隔口、吴坊、溪源、张地、岳地、平坑、半村、龟洋岭、左拔、掩桑、车上、汶溪、旧场、余朋、东山下、炭山、芹溪、包地、吴地、桐坑、莒林、马坑、邻磜、龙源、攀龙磜、东坑、邻源、荷坊、罗坊。

罗村里辖9村：陈坊、琴源、吴家墩、南山下、赖坊、官坊、贵湖、罗口、宋上坊。

北团里辖22村：吉林、坑源、马家、灵地、尤坊隔、邓家、上下芜、杨源、李家、罗坑、古坑、樟树坑、长灌、张家营、吴家、上琴、小塘前、罗地、水源、迪坑、小溪、磜头。

第二节　民国时期

民国元年（1912年），行政区划沿用清制。民国23年（1934）设3区、27乡（镇）、239村、27联保、132保、1359甲。

一区（嵩溪）　辖11乡（镇）：福寿坊、下龚板、大南暖、嵩磜月、梓材坑、田口、廖屋坪、坪坑、茹坑、曾坊、麦元洞。109村。

二区（灵地）　辖8乡（镇）：上琴、古坑、李家、灵地、邓家、江坊、长校、里田。79村。

三区（沙芜塘）　8乡（镇）：矶头、蛟溪、余朋、张地、赖坊、琴源、南山下、罗口。51村。

民国21年（1932），清流县苏维埃政府成立，共建6个区、52乡苏维埃政权。

城郊区　辖南岐、桥下、横口、横溪岭、上严坊、下严坊、三角尾、城内8乡。

城北区　辖供坊、下窠、暖水、大基头、上村、中村、尾土楼7乡。

嵩溪区　辖嵩溪、阳坊、青口、陈塅、余坊、青溪、伍家坊、丘坊、林畲、麦元洞、下石背、曾坊、石下13乡。

嵩口区　辖围埔、嵩口坪、赖坊、高坑、沙芜塘、洞口、廖屋坪7乡。

清流县政区图

东经一百一十六度五十分
北纬二十六度十一分

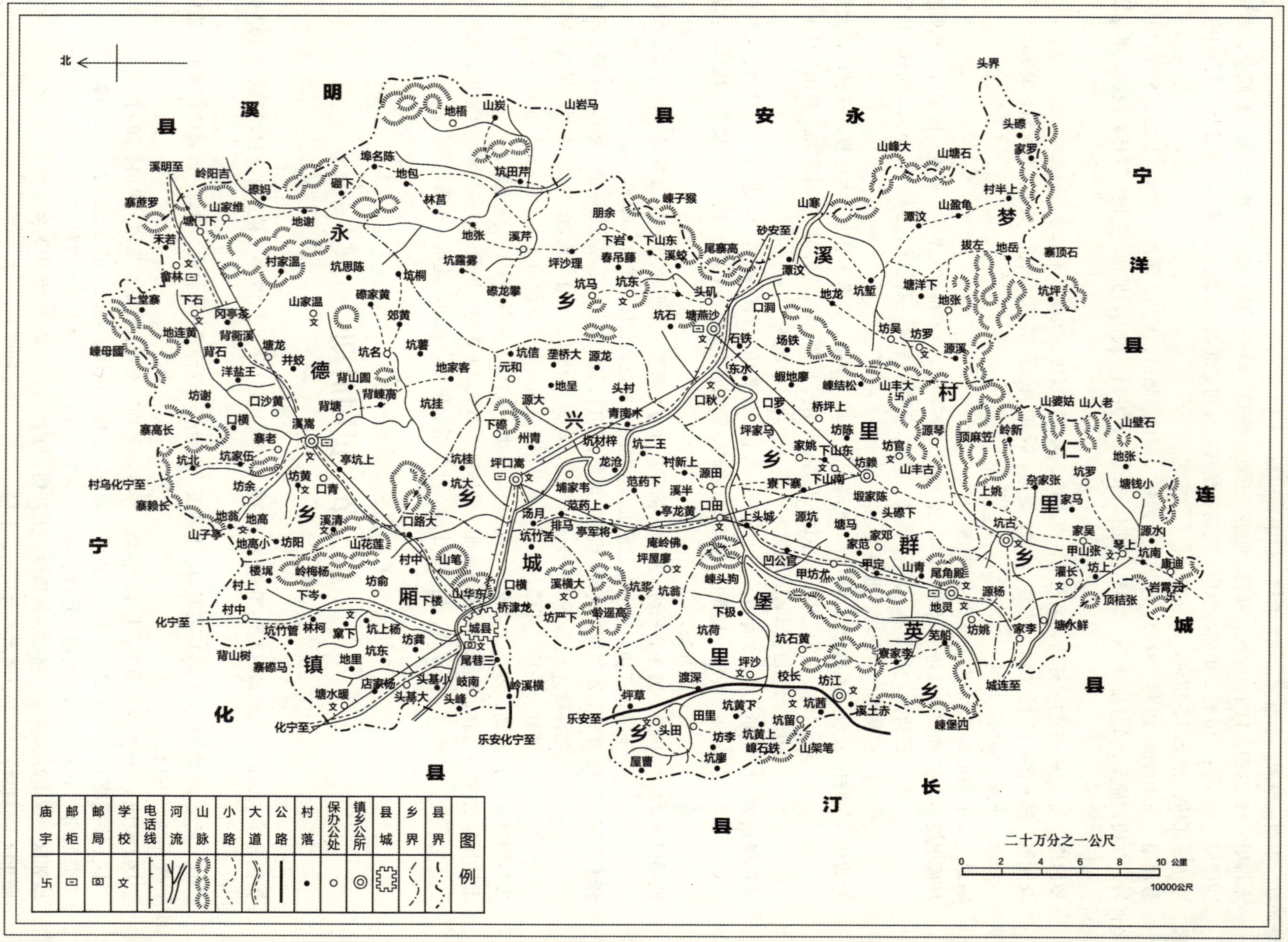

中华民国三十六年九月 日

文渊 王栋臣 制

里田区　辖里田、田头、李坊、廖坊、洋坊、荷坑 6 乡。

安乐区　辖安乐、路背、谢坊、杨坊、马家 5 乡。

另有极下、黄石坑、茜坑、长校、下谢、江坊 6 乡划由四堡区（长汀县属）辖。

民国 34 年（1945），以原有 7 里编为 7 区，未几，改称区署。民国 36 年（1947），将二区、三区并为一区，后废区改乡。当年，全县设 1 镇 7 乡 78 保，至解放。

城厢镇　辖 8 保：

宗尧保　辖三民路、大同路、塔背窠、高排、牛屎塘、丁心窝、李家坪、小嵩铺、里坊、大路口、环城路、中正路。

应章保　辖中正路、中华路、建国路、坪背、刘坊、三港尾、中山路。

南岐保　辖南岐、姚上、大池源、峰头、里村、桥下、横溪岭、灿树下、坡下垅、黄家排、黄田塅、排军前、十里铺、马头山。

模范保　辖大基头、小基头。

暖池保　辖车坑、杨家店、芜头陂、暖水塘、里地、田背排。

田兴保　辖田背、荷林、岭下、新店前、岭下圩、拔口、枫林、城背、偃下、尾土楼、下村、中村、上村、董家岭。

龚窠保　辖龚坊、楼下、杨坊、杨七坑、俞坊、背排、下窠。

横溪保　辖横口、黄桶陂、下严坊、上严坊、大横溪、苦竹坑、廖家前、杨家塅、王秋口、马坪。

复兴乡　辖 8 保：

嵩口保　辖嵩口上坪、嵩口下坪、高坑、月汤、马排、大坑、燕巢形、中地、青州、卢坑、歧下、土根岭。

磜下保　辖黄沙坑、新坑、邱元、磜下、小溪、青布塅、池峰头、下车、桂坑、磜头。

大源保　辖大源、龙元、林磜、大篱垅、信坑、和元、呈地、鸭㑊坑。

梓龙保　辖梓材坑、木楠青、村头、沧龙、浙溪。

围埔保　辖围埔、塘州、药范。

田源保　辖田源、大撩、新村、半溪。

武威保　辖廖屋坪、翁坊、巫家磜、浆坑、水地峡。

田中保　辖田口、白石尾。

永得乡　辖 13 保：

嵩前保　辖嵩溪、馆尾、土楼里、下坝。

嵩后保　辖街上、桥背、站背、鸡鸭衕。

洋口保　辖黄沙口、砗砵厂、下洋背、上洋背、玉华峡、黄柏洋、大坑、谢坑。

群周保　辖老寨、伍家坊、伍家坪、北坑、罗陂江、伍陂、楼下、庵背、洞上、瓦子窠、锅厂、国母洋、时周、枫磜上、老新土楼、墩上、行路上。

高地保　辖余坊、阳坊、小高地、上地、翁地。

溪口保　辖余底坑、下山、大铺上、青口、黄坊、岩前、蓝家坑、夹溪、三子坑、上坑亭。

岩塘保　辖塘背、石岭下、蓝家衕、洋塅、陈塅、岩背垅、高坊、赖坊、合船、寺坑、园山背、花果园、官田上。

林郊保　辖召坑、板坑、容家坑、坪坑、土坑、薯坑、黄郊、桐坑、黄竹头窠、庄前、高栋背、林坑、池保、温家山、陈思坑、黄家磜、小池。

蛟石保　辖蛟井、溪同背、龙塘、茶亭冈、石下、温家村、孙坊、石背、粪婆蚯。

元亨保　辖元家亨、维家山、岭关、谢地、下盘、甘头、林畲坑。

麦曾保　辖邱坊、圩上、麦元洞、黄连地、曾坊、芜上、谢坊。

舒梅保　辖舒梅岭、背坑、巢窠、下门堂、新土楼、泥坑。

群英乡 辖6保：

青华保 辖灵地、大坪、大斧头、青山、郎源。

萃华保 辖灵地、江头、村尾、杨源。

姚坊保 辖姚坊、船芜、李家橑、林家畲。

长灌保 辖长灌、早禾排。

邓家保 辖邓家、马家、古洋源、范家、满水塘。

吉林保 辖下芜、上矶头、洋背、上芜、尤坊峡、官公凹、坑源、邓甲。

仁里乡 辖8保：

古坑保 辖古坑。

李村保 辖李家、下溪背、生塘、江山下。

鲜水保 辖李家、鲜水塘、邹家、南山下、洋桂坪、李田、上溪背。

吴家保 辖吴家、张山甲、流水。

上琴保 辖上琴、新坑垅、罗地。

钱塘保 辖小钱塘、张地、黄沙窑。

迪源保 辖迪康、小溪、水源、南坑。

新华保 辖罗坑、樟树坑、回岐、罗家山、窑上、新岭、张家杂、掩橑芜、马家山。

堡里乡 辖7保：

江坊保 辖江坊。

留茜保 辖留坑、嶂下、茜坑、赤土冈、下谢。

聚益保 辖黄石坑、极下、王家山、鱼麟冈。

长校保 辖长校。

沙荷保 辖沙坪、竹青背、大连坑、荷坑、上下黄坑、东山、河坪。

里田保 辖里田、深渡、冷水坑、童坊。

廖巫保 辖田头、草坪、洋背、杨坊、李坊、廖坊。

村里乡 辖8保：

大同保 辖赖坊。

文安保 辖赖坊、马岐山、唐源、陈家墩、下墩头、大罗坑、罗家屋、上下马坪、轩坑。

南山保 辖南山下、洋背。

东寨保 辖东山下、杨坑、吴家墩、外洋坑、牛冈背、陈坊、底洋地、姚家、苏坑、寨下橑。

罗塔保 辖白塔、土砯窑、赖家屋、李家墩、上坪桥、晏家屋、马家屋。

相聚保 辖罗口、马家洋、马家塘、马家坪、上彪山、小坑垅、廖地墩、坪背上、李家湾。

官坊保 辖官坊、高排、上下背坊、素坑园、山边坑、寨下塘。

琴盘保 辖琴源、盘澜溪。

梦溪乡 辖10保：

秋丰保 辖秋口、水东、小太尾、明珠甲。

沙矶保 辖大岭、沙芜塘、铁石、荷坊、山坑、矶头、灌尾。

洞口保 辖洞口、龙地、汶潭、堑坑。

东坑保 辖东坑、马坑、藤吊垅。

余蛟保 辖余朋、东山下、岩下、东门、蛟溪、村尾、理沙坪、赤坑、仁场。

芹溪保 辖芹溪、雾露坑、攀龙磜。

梧泰保 辖梧地、包地、张地、莒林、炭山。

团结保 辖张地、岳地、掩桑、坪坑、细坑、磜头。

罗溪保 辖高畲、罗坊、溪源。

三民保 辖马龙桥、桥头、龙安坑、丰山源、坪山、吴坊。

第三节　中华人民共和国

1950 年，以区辖乡，全县设 3 区，辖 42 乡镇，各区设区公所。

嵩溪区　驻地嵩溪，辖 1 镇 12 乡：城关镇、城西乡、城北乡、嵩溪乡、团结乡、青阳乡、岩塘乡、合心乡、林畲乡、舒元乡、蛟石乡、温蛟乡、梧地乡。

沙芜区　驻地沙芜塘，辖 12 乡：沙芜乡、上坪乡、洞口乡、嵩口乡、田口乡、余蛟乡、东坑乡、罗坊乡、左拔乡、赖坊乡、南山乡、官坊乡。

灵地区　驻地灵地村，辖 17 乡：灵地乡、李家寮乡、长灌乡、姚坊乡、邓家乡、古坑乡、塘前乡、灵塘乡、李家乡、留茜乡、沙坪乡、李廖乡、黄石坑乡、田坪乡、长校乡、里田乡、江坊乡。

1951 年 1 月，调整为 5 区 81 乡。

一区　驻地嵩口坪，辖 1 镇 16 乡：城关镇、南岐乡、城西乡、下窠乡、城北乡、嵩口乡、马排乡、围埔乡、梓龙乡、大元乡、和元乡、寨下乡、大横溪乡、廖武乡、田口乡、田源乡、下车乡。

二区　驻地嵩溪，辖 19 乡：嵩溪乡、高地乡、溪口乡、伍家坊乡、建设乡、蛟石乡、孙石乡、林畲乡、曾坊乡、舒曹乡、谢岭乡、合心乡、茹坑乡、温郊乡、芹溪乡、梧地乡、黄沙口乡、翁地乡、岩塘乡。

三区　驻地沙芜塘，辖 20 乡：沙芜乡、余朋乡、蛟坑乡、上坪乡、白塔乡、桥头乡、溪源乡、罗坊乡、姚家乡、南山乡、左拔乡、半村乡、坪坑乡、琴源乡、盘兰溪乡、水东乡、洞口乡、东坑乡、赖坊乡、官坊乡。

四区　驻地灵地村，辖 15 乡：灵地乡、灵塘乡、尤坊甲乡、邓家乡、罗坊乡、古坑乡、塘前乡、迪坑乡、长灌乡、李家乡、姚坊乡、李家寮乡、吴家乡、上琴乡、罗地乡。

五区　驻地长校村，辖 10 乡：长校乡、茜坑乡、留坑乡、江坊乡、黄石坑乡、沙坪乡、荷坑乡、里田乡、李廖乡、田坪乡。

1956 年 4 月，撤销第 5 区，调整为 4 区 43 乡镇。

嵩口区　驻地嵩口坪，辖 1 镇 9 乡：城关镇、城西乡、城北乡、嵩口乡、梓龙乡、下和乡、玮埔乡、田口乡、廖武乡、田源乡。

嵩溪区　驻地嵩溪，辖 8 乡：嵩溪乡、梧地乡、岩塘乡、青阳乡、团结乡、林畲乡、蛟石乡、温郊乡。

沙芜区　驻地沙芜塘，辖 12 乡：沙芜乡、水东乡、赖坊乡、洞口乡、芹溪乡、余蛟乡、上坪乡、南山乡、官坊乡、罗坊乡、左拔乡、东坑乡。

灵地区　驻地灵地村，辖 13 乡：灵地乡、李家乡、邓家乡、塘前乡、古坑乡、罗坑乡、长灌乡、吴家乡、姚坊乡、长校乡、江坊乡、沙坪乡、里田乡。

1958 年 5 月，撤区并乡，全县并为 1 镇 15 乡。1958 年 10 月，实行公社化，各乡镇改称人民公社。

城关镇　驻地城关，辖城关镇、城北乡、城西乡。

嵩口乡　驻地嵩口坪，辖嵩口乡、梓龙乡、下和乡、围埔乡。

田口乡　驻地田口村，辖田口乡、廖武乡、田源乡。

嵩溪乡　驻地嵩溪，辖嵩溪乡、嵩塘乡、青阳乡、团结乡。

林畲乡　驻地林畲，辖林畲乡、蛟石乡。

温郊乡　驻地小池，辖温郊乡、梧地乡。

余蛟乡　驻地余朋庵，辖余蛟乡、芹溪乡、东坑乡。

沙芜乡　驻地沙芜塘，辖沙芜乡、水东乡、洞口乡、上坪乡。

赖坊乡 驻地赖坊，辖赖坊乡、南山乡、官坊乡。
罗坊乡 驻地罗坊村，辖罗坊乡、左拔乡。
邓家乡 驻地邓家村，辖邓家乡。
灵地乡 驻地灵地村，辖灵地乡、姚坊乡。
吴家乡 驻地吴家村，辖吴家乡、古坑乡、罗坑乡、长灌乡、李家乡。
塘前乡 驻地塘前，辖塘前。
长校乡 驻地长校村，辖长校乡、江坊乡、沙坪乡。
里田乡 驻地里田村，辖里田乡。

1958 年 10 月，实行公社化，各乡镇改称人民公社。
火箭公社 驻地城关镇，辖渔沧、城西、城北。
卫星公社 驻地嵩口坪，辖嵩口、梓龙、下和、围埔。
胜利公社 驻地田口村，辖田口、廖武、田源。
英雄公社 驻地嵩溪，辖嵩溪、岩塘、青阳、团结。
东升公社 驻地林畲，辖林畲、蛟石。
五星公社 驻地小池村，辖温郊、梧地。
余蛟公社 驻地余朋庵，辖余朋、芹溪、东坑。
跃进公社 驻地沙芜塘，辖沙芜、水东、洞口、上坪。
大丰山公社 驻地赖坊，辖赖坊、南山、官坊。
长青公社 驻地罗坊村，辖罗坊、左拔。
红旗公社 驻地邓家村，辖邓家。
灵地公社 驻地灵地村，辖灵地、姚坊。
吴家公社 驻地吴家村，辖吴家、古坑、罗坑、长灌、李家。
塘前公社 驻地塘前村，辖塘前。
长校公社 驻地长校村，辖长校、江坊、沙坪。
里田公社 驻地里田村，辖里田。

1959 年 2 月，清流县与宁化县合并，原清流县辖区设 6 个公社、8 个管理区。
嵩口公社 驻地嵩口坪，辖田口管理区。
嵩溪公社 驻地嵩溪，辖林畲管理区、温郊管理区。
沙芜公社 驻地沙芜塘，辖余蛟管理区、赖坊管理区。
灵地公社 驻地灵地村，辖古坑管理区、邓家管理区。
长校公社 驻地长校村，辖里田管理区。

1961 年 6 月，恢复清流县建置，设 14 个公社、106 个大队。
城关公社 驻地在城关，辖 9 个大队：渔沧、大横溪、供坊、杨坊、下窠、拔里、暖水、基头、南岐。
嵩口公社 驻地在嵩口坪，辖 10 个大队：嵩口、围埔、药范、沧龙、梓材、大元、和元、邱磜、高赖、马排。
田口公社 驻地在田口村，辖 4 个大队：田口、田源、廖武、新村。
嵩溪公社 驻地在嵩溪，辖 11 个大队：嵩溪、塘背、青山、阳坊、余坊、青溪、元山、时州、伍家坊、罗坡岗、黄沙口。
林畲公社 驻地在林畲，辖 6 个大队：林畲、舒曹、曾坊、石下、石忠、岭干。
温郊公社 驻地在小池，辖 4 个大队：小池、温家山、梧地、桐坑。
沙芜公社 驻地在沙芜塘，辖 10 个大队：沙芜、白塔、罗口、铁石、矶头、上坪、水东、大岭、洞口、龙地。

余朋公社　驻地在余朋庵，辖 5 个大队：余朋、蛟坑、东坑、芹溪、太山。

1968 年 11 月，城关公社改称城关公社革委会，古坑公社更名为李家公社革委会。大队调整为 111 个。

城关公社革委会　驻地在城关，辖 11 个大队：渔沧、南岐、大横溪、供坊、杨坊、下窠、拔里、大路口、基头、暖水、桥下。

嵩口公社革委会　驻地在嵩口坪，辖 10 个大队：嵩口、围埔、药范、沧龙、梓材、大元、和元、邱礤、高赖、马排。

田口公社革委会　驻地在田口，辖 4 个大队：田口、田源、廖武、新村。

嵩溪公社革委会　驻地在嵩溪，辖 12 个大队：嵩溪、塘背、青山、阳坊、余坊、青溪、元山、时州、伍家坊、罗坡岗、黄沙口、农科。

林畲公社革委会　驻地在林畲，辖 8 个大队：林畲、舒曹、曾坊、石下、石忠、岭干、向阳、农科。

温郊公社革委会　驻地在小池，辖 4 个大队：小池、温家山、梧地、桐坑。

余朋公社革委会　驻地在余朋庵，辖 5 个大队：余朋、蛟坑、东坑、芹溪、太山。

沙芜公社革委会　驻地在沙芜村，辖 10 个大队：沙芜、白塔、罗口、铁石、矶头、上坪、水东、大岭、洞口、龙地。

赖坊公社革委会　驻地在赖坊，辖 9 个大队：赖安、赖武、琴源、寨下、姚家、官坊、陈家、东山、南山。

邓家公社革委会　驻地在邓家村，辖 7 个大队：邓家、古洋源、坑甲、尤坊甲、田中、马寨、下芜。

灵地公社革委会　驻地在灵地村，辖 7 个大队：灵地、青甲、江头、李家寮、姚坊、大坪、杨源。

李家公社革委会　驻地在李家，辖 8 个大队：古坑、罗坑、吴家、早禾排、长灌、李村、鲜水、河背。

长校公社革委会　驻地在长校村，辖 9 个大队：长校、江坊、茜坑、留坑、沙坪、河排、黄石坑、黄坑、荷坑。

里田公社革委会　驻地在里田村，辖 7 个大队：里田、田坪、卢水、深渡、杨坊、李坊、廖坊。

1980 年 3 月，公社革命委员会改名为公社管理委员会（以下简称管委会），大队总数调减为 108 个。

1982 年 3 月，将城关公社管委会拆分为龙津镇管委会和东华公社管委会。

龙津镇管委会　辖 2 个大队，5 个居委会：渔沧大队、蔬菜大队、城东居委会、城南居委会、城西居委会、进步居委会、团结居委会。

东华公社管委会　辖 11 个大队：南岐、大横溪、供坊、俞坊、严坊、下窠、拔里、基头、暖水、桥下、大路口。

1984 年 9 月，行政区划恢复乡镇建制。1990 年全县设 3 镇 12 乡和 111 个建制村、5 个居委会。1992 年 10—12 月，灵地乡、长校乡撤乡建镇。1993 年、1994 年，先后增设长校镇校溪居委会、龙津镇渔沧居委会。2003 年 5 月，全县居委会整合改称社区居民委员会。

2005 年，全县设龙津、嵩口、嵩溪、灵地、长校 5 镇，东华、林畲、温郊、余朋、沙芜、赖坊、李家、邓家、里田、田源 10 乡，辖 111 个建制村，7 个社区。

2005 年清流县行政区划一览表

表 1-1　　单位：个

乡镇名称	村（社区）	村（社区）名称
龙津镇	7	城东、城南、蔬菜、渔沧社区、翠园社区、长兴社区、凤翔社区
东华乡	11	大路口、南岐、严坊、横溪、桥下、供坊、俞坊、下戈、拔里、基头、暖水

续表 1-1

乡镇名称	村（社区 ）	村（社区 ）名称
嵩溪镇	13	嵩溪、农科、黄沙口、罗陂岗、伍家坊、青山、塘背、元山、青溪、阳坊、余坊、时州、新街社区
嵩口镇	13	嵩口、马排、围埔、范元、沧龙、梓材、大元、和元、邱寨、高赖、高坑、立新、九龙社区
长校镇	11	留坑、江坊、茜坑、下谢、长校、沙坪、河排、黄坑、荷坑、黄石坑、校溪社区
灵地镇	7	灵地、灵和、青甲、步云、姚坊、杨源、大坪
李家乡	8	李村、鲜水、河背、罗坑、古坑、长灌、吴家、早禾排
邓家乡	7	邓家、田中、马寨、尤坊甲、吉龙、坑甲、古洋
林畲乡	8	林畲、曾坊、孙坊、向阳、舒曹、石下、石忠、岭官
余朋乡	5	余朋、蛟坑、东坑、芹溪、太山
里田乡	7	里田、田坪、深渡、卢水、洋庄、李坊、廖坊
温郊乡	4	桐坑、温家山、小池、梧地
田源乡	4	田源、田口、廖武、新村
赖坊乡	8	赖武、赖安、南山、姚家、寨下、东山、陈家、官坊
沙芜乡	5	白塔、上坪、铁石、新矶、洞口
合　计	118	

说明：全县15个乡镇，111个建制村、7个社区

第三章　乡镇概况

龙津镇

一、概　貌

龙津镇为县城所在地，以流经城区的龙津河命名，位于北纬26° 8′～26° 12′，东经116° 47′～116° 52′，镇政府驻地设在河滨路186号，是全县政治、经济、文化中心。东与嵩口镇、嵩溪镇相连，南与田源乡接壤，西面、北面与宁化县交界。三面环水，一面临山，有南极白云、龙津望月、北渡孤舟、龙津小“三峡”等景点。省道岭文线（204线）从北至南贯穿城区，陆路有班车与周边各县及乡镇相通。1991年，全镇辖城南、蔬菜、渔沧3个建制村，城东、城西、城南3个居委会；有自然村5个，村民小组24个，总户数3547户、人口13683人。其中，非农业人口11016人，农业人口2667人。居民以汉族为主。1992年，城东居委会更名为翠园居委会，城西居委会更名为凤翔居委会，城南居委会更名为长兴居委会。1994年6月，成立渔沧居委会。

2004年，龙津镇被建设部等确定为全国重点镇。2005年，全镇总面积33.02平方千米。其中，耕地面积148.47公顷，山地面积2733.33公顷。辖城东、城南、蔬菜3个建制村，渔沧、翠园、凤翔、长兴4个社区。有村民小组25个，总户数8565户、人口22340人。其中，非农业人口18683人。全镇农林牧渔业总产值2038万元，农民人均纯收入4330元，比1990年分别增长2.26倍、2.73倍；财政收入26万元。

2005年龙津镇各建制村、社区及自然村、街道

表 1-2

建制村、社区	自然村及街道
城东村	长兴北街、水东路、怡园新村、屏山路
城南村	水南街、留芳路、十里铺、山边组、横溪岭、留芳组
蔬菜村	长兴北街、上坪巷、下坪巷、水南街、张林组
渔沧社区	龙城街、文化街、河滨路、雁塔巷、水南街
长兴社区	长兴中街、长兴南街、碧林南路
凤翔社区	凤翔街、碧林山庄、碧林北路、常春园
翠园社区	水东路、翠园前、后街、长兴北街、怡园新村

二、种植业

1991 年，全镇种植业以传统的水稻、蔬菜为主，城南村为专业种植蔬菜村，蔬菜种植面积 20 公顷，日上市蔬菜 2.5 ～ 5 吨，专门供应城区居民。经济作物主要有食用菌和果树、甘蔗，食用菌主要品种为香菇、木耳，水果品种主要有温州蜜橘、芦柑、水蜜桃等。年内全镇种植水稻面积 224 公顷，产量 1109 吨。蔬菜播种面积 99 公顷，总产 2267 吨。食用菌产量 5 吨。果园面积 70.47 公顷，水果产量 119 吨。甘蔗种植面积 0.67 公顷，产量 30 吨。

1995 年，水稻种植面积 136.27 公顷，产量 719 吨。蔬菜种植面积 100 公顷，产量 3750 吨。水果种植面积 214.53 公顷，其中新植面积 8.67 公顷，产量 270 吨。1998 年，大路口村早熟温州蜜桔获部优产品。1999 年，在桥下果园引种台湾蜜雪梨 3.33 公顷。

2000 年，全镇水稻种植面积 128.67 公顷，产量 687 吨。蔬菜、瓜果种植面积 107 公顷，产量 3400 吨。食用菌产量 18 吨。甘蔗种植面积 2 公顷，产量 90 吨。是年，柑橘市场销路不畅，加之品种老化，果园面积减少至 73.73 公顷，产量 240 吨。此后，大力发展种植蜜雪梨。2005 年，全镇水稻播种面积 102.33 公顷，产量 518 吨；蔬菜、瓜果播种面积 145.33 公顷，总产 4841 吨。食用菌种植 70 万袋，品种主要有金针菇、茶树菇、凤尾菇、草菇、香菇、蘑菇和木耳等，鲜品产量 95 吨、干品产量 27 吨。果园面积 47.33 公顷，主要品种为蜜雪梨、柑橘和桃，水果产量 282 吨。甘蔗种植面积 6.67 公顷，产量 300 吨。

三、养殖业

1991 年，畜牧养殖以生猪、家禽、家兔为主。全镇生猪出栏 4277 头，年末存栏 2230 头，耕牛存栏 74 头；家禽出栏 10650 羽，年末存栏 4500 羽。家兔年末存栏 600 只。龙津河沿河有不少河汊、库湾，水位平稳，水流平缓。加之上游工厂少，水质无污染，流水下水草丰美，两岸植被良好，成为鱼、虾生存、繁殖的优良环境，该镇利用丰富的水资源，发展河湾养殖。所产溪鱼种类繁多，肉质细嫩、味道鲜美。野生河虾个头虽不大，但形体饱满，味道脆嫩、鲜甜。年内水产品产量 160 吨，其中鱼类产量 150 吨。1995 年，出栏生猪 6000 头、牛 40 头、家禽 1 万羽、家兔年末存栏 1000 只。水产品产量 236 吨，其中鱼类产量 224 吨。

2000 年，生猪出栏 2800 头，年末存栏 760 头，耕牛年末存栏 40 头；家禽出栏 6.7 万羽，年末存栏 2.1 万羽。家兔年末存栏 380 只。水产品产量 293 吨，其中鱼类产量 281 吨。2002 年后，推广养羊。

2005 年，羊出栏 1200 只，年末存栏 1200 只。生猪出栏 2900 头，年末存栏 2000 头，牛出栏 30 头，年末存栏 27 头；家禽出栏 8.76 万羽，年末存栏 9.86 万羽。家兔出栏 1800 只，年末存栏 700 只。水产品产量 351 吨，其中鱼类产量 340 吨。

四、林　业

1991 年，利用世行贷款造林面积 67.73 公顷。年末，幼林抚育面积 310.93 公顷，木材产量 2800 立方

米，松脂产量55吨。1992年，与青州造纸厂联营开发万亩造纸林基地。2000年，种植茯苓、厚朴等药材面积43.33公顷，迹地更新面积14.2公顷，木材产量2704立方米，松脂产量128吨。2002年，区划界定国家级生态公益林面积1133.33公顷。

2003年，有3个村列入集体林权制度改革。至2005年6月全部完成林改任务，确定集体林地面积2473.73公顷，其中国家级生态公益林面积1155.67公顷，商品林面积1318.07公顷（其中竹林面积59公顷、经济林面积103.33公顷）；林改后个人经营（含自留山）林地面积149公顷，村民承包林地面积144.4公顷，合作造林面积266.67公顷，林权转让面积895.27公顷，集体经营林地面积1018.4公顷。2005年末，全镇林业用地面积2602.73公顷，区划界定新增国家级生态公益林面积1200公顷，活立木蓄积量9.35万立方米，森林覆盖率80.1%，木材产量8730立方米，松脂产量50吨。

五、乡镇企业

1991年，全镇有乡镇企业498家，其中镇办15家，从业人员1205人。以木材加工、化工、建材等资源型加工企业为主，辅以交通运输、五金、汽车修配等。实现乡镇企业总产值2912.62万元，其中工业总产值1566.2万元。20世纪90年代后期，一些村办砖厂引进机械化设备制砖。蛋糕制作和蒸汽豆腐皮加工等食品加工企业兴起。2000年，全镇有乡镇企业588家，从业人员1527人，实现乡镇企业总产值7650万元，工业总产值2153万元。

2003—2005年，陆续引进远大经纬服饰、华源服装织造、展化化工、华昌水泥缓凝剂制造、明鑫木制品加工等企业近10家，服装制造发展成为该镇工业主体。2005年，全镇拥有服装制造业4家、建材企业18家、各类食品加工企业49家、建筑企业1家、交通运输企业32家，从业人数598人。工业企业主体地位未变，实现产值1.62亿元。

六、商业金融

1991年，镇区有农贸市场1处，占地面积8000平方米、建筑面积3800多平方米，固定摊位227个，店面24间，临时摊位250多个，从业人员200多人，上市品种800多种，日均上市人次5000多人，市场成交额日均2.5万余元，商品日成交量20吨以上。有商饮及其他服务业507家，从业人数999人，实现社会消费品零售总额3124万元。有工商银行、农业银行、建设银行、信用社、邮储等网点13个。其中，农业银行镇区各营业所年末存款余额321.3万元，贷款余额615.7万元；信用社年末存款余额225.22万元，贷款余额163.9万元。1994年，农贸市场遭受“5·2”洪灾，一楼进水被淹。1995年，右侧小商品市场火灾烧毁店面21间，直接经济损失360多万元。

1995年，动工建设位于南门桥北边的龙津第二农贸市场。是年，有商饮服务业503家，从业人数1227人，实现社会消费品零售总额1.12亿元。

1998年10月，对龙津市场外围泥泞道路进行硬化，铺设水泥路宽7米、长9米，修建下水道85米。

2000年，全镇零售贸易网点625个，从业1072人，实现社会消费品零售总额1.72亿元。2001年1月起，镇政府受委托代管县市场服务中心机构、人事及龙津农贸市场。

2004年12月，原农贸市场被拆除，在原址新建集农副产品批发、小超市、商住楼一体化的龙津农贸市场，占地面积6250平方米，建筑面积2.30万平方米，总投资2600万元。

2005年，全镇酒店、餐饮、服务、零售贸易网点957个，从业人数1562人，实现社会消费品零售总额2.43亿元，比1991年增长7.84倍。镇区有工商银行、农业银行、建设银行营业部各1个，农村信用联社营业网点1个，城市信用社网点2个，邮储专柜3个。年末农业银行营业部存款余额1.68亿元，贷款余额1.22亿元；农村信用联社存款余额8132万元，贷款余额7632.3万元。

七、基础设施建设

1991年，投入239万元，进行生产街、新街、文化街、水东路、进步街、西坪路改造，并在生产街原址新建农贸市场1座，建筑面积3800平方米。主干街道铺设供水、排水管道，改建（新建）公厕3座，并新建街心公园、江滨公园、西山公园及东门桥园林等公用设施。

1992 年，完成总投资 145 万元，总长 645 米，宽 25 米的碧林北路（原称西区街）及全长 1 千米、路宽 32 米的长兴南路建设。1993 年，完成沿河单面街第一期工程（西门桥—北门吊桥段）长 898 米、主干道宽 7 米水泥路铺设。1994 年，铺设桥下村长青新村水泥路 1 千米。1995 年，完成长 300 米、宽 8 米的翠园前街和长 200 米、宽 12 米的翠园后街水泥路铺设。1995 年，完成总投资 90 万元的城南水泥路铺设，长 560 米、宽 7 米。1999 年 6 月，文化街至龙津桥水泥路铺设工程竣工。2000 年，投入 14 万元，修建横溪岭新村引水渠，进行拦水坝改造。2003 年，投入 8 万元，修复城南移民村桥梁。

2002 年，完成长 780 米、宽 30 米、总投资 1120 万元的长兴中路改造。2003 年，县交通局投资 21 万元，修建留芳公路，县移民局和蔬菜村共同投资 13 万元，修建张林队移民村水泥路，县政府投资 14 万元，为城南村山边队泉州马甲移民修桥、铺水泥路。

2005 年，完成总投资 11.39 万元的长安路（县看守所至龙城街）改造，长 236 米、宽 7 米，以及总投资 356 万元的凤翔街改造，宽 23 米、长 645 米。投资 18 万元，完成三峡移民、竹青背移民安置点原有水泥路扩建，新铺设水泥路 700 米。县移民局投资 14 万元，实施留芳村饮水工程。投入资金 12 万改造烟田，垦复土地面积 3.4 公顷。

八、新村建设

1992 年，铺设黄泥子坑水泥路。1994 年，开发桃源新村。1994 年“5・2”洪灾后至 1995 年，重建家园 114 户（坪背 45 户，留芳 18 户，水南路 17 户，长兴北路 34 户），占地面积 1.2 万平方米。1995 年，由竹青背水利工程指挥部投资 42 万元，在桥下村白石桥兴建库区移民安置点——长青新村，建新房 25 幢，占地面积 2710 平方米。1996 年，在遇仙桥新村南区建新房 25 幢（其中遇仙桥新村 16 幢、南区 9 幢），占地 3000 平方米。1998 年，城南村横溪岭自然村建新村，共建新房 21 幢，占地 2500 平方米。

2004 年，县移民局投资 46 万元在城南村十里铺兴建三峡移民安置点，建新房 5 幢，占地 450 平方米。安置三峡移民 5 户 19 人。

2005 年，抓好生态示范镇建设，建设沼气池 38 口，安装太阳能热水器 50 套。至是年，桃源新村共建设新房 21 幢。

九、社会事业

（一）文　化

1991 年，镇区所在地有县级文化馆、图书馆、博物馆、电影院各 1 家。城南村和城东村的舞龙、舞狮队，每年正月初一、元宵上街表演，向单位、群众拜年。

1997 年 10 月，城区书画爱好者 12 人组织成立龙津书友会，每年在龙津广场举办 3 ～ 4 期书画展。1998 年元宵节，舞狮队应邀前往三明市区表演。龙津京剧同乐会成立 60 多年来，坚持定期开展活动，并经常参与城区大型文艺演出。2003 年，龙津京剧同乐会会员 40 多人在龙津广场举办“三羊开泰”京剧演唱会。2005 年，清流龙津书友联谊会举办迎新年书画成果汇报展。

（二）教　育

1991 年，镇区有中学 2 所，即清流一中和清流县第四中学职业高中，有初中班 33 个，高中班 15 个，职业高中班 7 个，教职工 184 人，其中专任教师 117 人，在校生 2264 人，毕业生 524 人。小学 1 所，即实验小学，有班级 15 个，教职工 47 人，其中专任教师 37 人；在校生 757 人，毕业生 120 人。幼儿园 1 所，即实验幼儿园，班级 9 个，职工 28 人，专任教师 24 人，在园幼儿 302 人，离园幼儿 121 人。

2005 年，镇区有普通中学 2 所，职业中学 1 所。有初中班 66 个，高中班 33 个，职业中学班级 21 个，教职工 343 人，其中专任教师 284 人；在校生 4461 人，毕业生 1237 人。

（三）医疗卫生

1991年，镇区有公立医疗机构3家，即县医院、县中医院及妇幼保健所。有床位120张。工作人员222人，其中专业技术人员171人。2005年，医疗机构家数不变，有床位170张。工作人员190人，其中专业技术人员175人。

（四）社会保障

1998年开始，实施城镇居民低保制度。2004年起，实施农村低保制度。至2005年，全镇享受低保572户，累计发放低保金47.36万元。

东华乡

一、概　貌

东华乡属老区贫困乡。地处县城郊，北纬26° 05′ 17″～26° 18′ 59″，东经116° 44′ 58″～117° 54′ 25″，东接嵩口镇，西邻宁化县，北连嵩溪镇，南与田源乡毗邻，乡政府设县城长兴南街。主要山峰有莲花山，海拔1109.5米。距县城1.5千米的南极山，为清流古八景之一。

境内盛产杉木、松木、毛竹、油茶等。土特产品有香菇、红菇、笋干、老鼠干等。矿产主要有石灰石，储量12亿吨；石英石，储量2.1亿吨；钾长石，储量46万吨；辉绿岩，储量1000万立方米。以及结晶硅矿等。

1996年，东华乡被省委农村奔小康领导小组授予“脱贫先进乡”称号。大路口村曾被授予省级明星村、文明村、先进基层党组织。1998年，中央电视台焦点访谈栏目以“常下乡 富农庄”为题，就县科协与大路口村实行的有偿农业技术协作模式——“村会协作”作专题报道。

1991年，全乡辖大路口、南岐、严坊、横溪、桥下、供坊、俞坊、下戈、拔里、基头、暖水11个建制村、66个自然村，87个村民小组。全乡总人口11078人，总户数2130户。其中非农业人口7人，农业人口11071人。

2005年，全乡土地总面积164.58平方千米。其中，耕地面积1262.46公顷，林业用地面积13379.82公顷。辖11个建制村，66个自然村，87个村民小组，总户数2774户、总人口10948人，劳动力6408人，其中外出3005人。农业总产值8175万元，农民人均收入4535元，分别比1990年增长2.56倍、3.68倍；财政收入18万元。

二、种养业

（一）种植业

1991年，农作物种植以水稻为主；全乡水稻种植面积1673.2公顷，总产量8654吨；经济作物主要有蔬菜、水果、茶叶、烟叶、食用菌等。是年，开始大面积种植柑橘类果树，先后建立桥下果场、大路口果场，品种主要有特早温蜜、脐橙、芦柑，其他水果品种有水蜜桃、黑李、蜜雪梨，是全县主要蜜雪梨和柑橘基地。年末果树种植面积344.6公顷、产量715吨。食用菌种植品种主要有蘑菇、香菇、巴西菇。食用菌总产量27吨，其中蘑菇3吨，香菇15吨、黑木耳9吨，另采摘野生红菇1吨。茶叶种植面积34.53公顷，产量59吨。蔬菜种植面积175.33公顷，总产量3971吨；烤烟种植面积293.93公顷，产量363吨；严坊村沿袭传统年均种植淮山20公顷，产量750吨。

1995年，水稻种植面积有所减少，为1259.13公顷，产量7164吨；蔬菜种植面积增加至341.33公顷，产量7563吨。烤烟种植面积204.53公顷，产量300吨；果树种植面积669.13公顷，产量1087吨，其中柑桔产量920吨；食用菌总产量106吨，其中蘑菇8吨、香菇52吨、木耳1吨，其他45吨。茶叶种植面积增至36.53公顷，产量65吨。

2000年，水稻种植面积1193.33公顷，产量8390吨，蔬菜、瓜果种植面积452.53公顷，产量10319吨。烤烟种植面积266.67公顷，产量400吨；果树面积705.73公顷，产量4424吨，其中柑桔产量1540吨、水蜜桃产量40吨，在南岐建立蜜雪梨高产示范基地。茶叶种植面积与1995年持平，产量略减，为63吨。

2005年，水稻种植面积1056.67公顷，总产量6431吨；蔬菜种植面积175.33公顷，产量3971吨。烤烟种植面积持续增长，达326.67公顷，产量560吨，上等率46.1%，烟农售烟收入78.8万元，烟叶特产税实现30万元；果树面积836.47公顷，其中柑橘类果树面积534.8公顷，蜜雪梨面积153.33公顷，特早蜜面积 56.67 公顷，水蜜桃面积 128.93 公顷、其他（柿、板栗）等面积 50 公顷，水果专业大户 47 户。全乡柑橘产量 6955 吨，蜜雪梨产量 200 吨，水蜜桃产量 156 吨；食用菌总产量 104 吨，其中蘑菇 6 吨、香菇 25 吨、巴西菇 60 吨、杂菇及其他菇类 8 吨。茶叶种植面积虽减至 29.87 公顷，但管护加强，产量提高至 73 吨。

（二）养殖业

1991 年，畜禽养殖是全乡的支柱产业，主要有生猪、黄牛和家禽养殖，严坊村零星养殖本地羊。年末生猪存栏 9850 头，出栏 1.24 万头；牛存栏 1333 头；家禽出栏 15.40 万羽，肉类总产量 130 吨。南岐、基头村利用库湾、山塘养鱼；暖水村发挥温泉资源优势，以养殖罗非鱼为主。全年水产品产量 58 吨，其中鱼类产量 55 吨。1995 年，生猪存栏 8052 头，出栏 1.37 万头，家禽出栏 20.99 万羽，存栏 8.82 万羽;肉类总产量 183 吨;淡水产品产量 348 吨，其中鱼类产量 343 吨。1997 年，严坊村发展养羊专业户 5 户、180 只。2000 年，生猪存栏 3458 头，出栏 3509 头，牛存栏 889 头，出栏 60 头，家禽出栏 26.11 万羽，存栏 4.41 万羽；肉类总产量 130 吨；淡水产品产量 592 吨，其中鱼类产量 550 吨。

2001 年 12 月，引进泉州客商投资 400 万元，在龙津镇严坊村山溪队动工兴建清流华明畜牧养殖有限公司，占地面积 1.2 公顷。2002 年，引进南江黄羊在南岐、基头、拔里村养殖。2004 年，引进泉州客商在桥下马头山投资 800 万元创办华利种猪繁育示范基地，实行无公害养殖。年出栏肉猪 1 万头，2005 年获农业部无公害农产品标志认证。同年 8 月，华明畜牧养殖有限公司取得绿色食品认证，年出栏肉牛 400 头、肉猪 8000 头，为县级农业龙头企业。年内，全乡各类养殖专业大户 89 户。生猪存栏 4700 头，出栏 5000 头;羊存栏 4300 只，出栏 3100 只；家禽出栏 28 万羽；肉类总产量 788 吨；水产品产量 710 吨，其中鱼类产量 680 吨。

三、林　业

1991 年，完成迹地更新面积 178.67 公顷。幼林抚育面积 791.07 公顷，木材产量 7395 立方米。

1995 年，完成迹地更新面积 157.6 公顷。幼林抚育面积 959.87 公顷，成林抚育实有面积 387.8 公顷，木材产量 8550 立方米。种植茯苓面积 83.33 公顷。2000 年，完成迹地更新面积 20.53 公顷。幼林抚育面积 301.27 公顷，成林抚育实有面积 481.93 公顷。木材产量 3310 立方米。

2002 年 9 月，东华乡全面开展林权制度改革。至 2005 年 12 月，基本完成所辖 11 个建制村林改工作外业调查、宗地区划、林权证申请、发证前公示并通过上级部门林政验收。年内，全乡林业用地面积 13379.82 公顷，其中有林地面积 205.73 公顷，生态公益林面积 2630.2 公顷，兼用林面积 5451.6 公顷，商品林面积 3068 公顷；森林蓄积量 744396 立方米，森林覆盖率 81%。完成迹地更新面积 50 公顷。幼林抚育面积 100 公顷，成林抚育实有面积 300 公顷，木材产量 43794 立方米。

四、乡镇企业

1991 年，全乡有乡镇企业 511 家，以化工、农业机械、竹木加工、针织品为主，从业人员 1898 人，实现企业总产值 6955.33 万元。其中，出口创汇企业 3 家，出口产品有结晶硅、木碗、钼铁等。1995 年，乡镇企业 789 家，从业人员 2416 人，实现企业总产值 2.06 亿元。2000 年，乡镇企业 201 家，从业人员 905 人，实现企业总产值 1.39 亿元。2003—2005 年，陆续引进展化化工、华昌水泥缓凝剂制造、明鑫木制品加工等企业近 10 家。其中，2003 年引进福州益发水力发电有限公司投资 2700 万元兴建南岐水电站，总装机容量 3750 千瓦，2004 年 12 月完工，2005 年 3 月正式发电。是全县小水电站中装机容量和投资规模最大的水电站。2005 年，全乡乡镇企业 430 家。其中，工业企业 64 家，规模以上工业企业 13 家。并建成马头山、大路口工业园区 2 个。全年实现乡镇企业总产值 1.75 亿元。

五、基础设施建设

（一）交　通

1994—1996 年，新建水泥桥 3 座，铺设水泥路 3 千米。新开公路 4 千米。1997 年，整修城关至南岐主村公路。2002 年，铺通城关至俞坊柏油路 2.5 千米。2003 年，铺通城关至南岐水泥路 4 千米。2004 年，投资 85 万元，铺设下戈村至拔口水泥路 3.6 千米；2005 年，铺设俞坊至拔里水泥路 7.7 千米、城关至横溪水泥路 12 千米、林业新村至白石桥水泥路1千米、暖水主村至小月水自然村水泥路2千米、暖水到罗口自然村、供坊主村至早禾排自然村水泥路1千米，以及供坊2、3组，下戈村下岗组水泥路。

（二）农田水利

1994—1996年，修建水坝11座，水渠3千米，实施北区饮水工程。1997年，实施城北万亩灌区二期工程，修建暖水、下戈、严坊村水坝、水圳。2003年，投资100万元建成“下坊片”农业综合开发项目，受益面积600公顷，受益供坊、俞坊、下戈村3个建制村，人口4000人。建成水渠30余条，水沟1千余米，机耕道2条，修复水陂3座，水圳4千余米。2004年，投资15万元，新建下戈盐塘水陂1座。2005年，投资92.1万元，新建供坊、下戈、俞坊等排水沟6处共10.63千米。投资44.10万元，新建基头、南岐、桥下等水渠5处共5421米。投资15.6万元，新建横溪、基头、俞坊村等水坝4处共96米。投资1.3万元，铺设基头村塘尾垅机耕路100米。投资71.6万元，铺设供坊、下戈、俞坊等田间道、生产道工程6处共10.96千米。新建下戈村灌排渠4982米，整修斗渠、农渠、农沟等2796米。投资15.8万元，整治下戈、俞坊河道552米。投资144.3万元，新建供坊、下戈、俞坊等6处U型槽排灌渠28.9千米。

六、乡村建设

1992年，在市财政资助下，建成俞坊村部至杨七坑水泥路500米。1994年“5·2”洪灾后，加大资金筹措力度，组织群众共建基础设施。至1996年，共投入资金400多万元，为民办实事13件。完成大路口、横口、南岐，桥下、里地、俞坊新村建设，开展旧村改造和农村改水改厕。新建村部2座。新装1个村自来水。新建政府宿舍楼、办公楼各1座，总建筑面积1.2万平方米。完成派出所综合楼建设。

1997年，实施横溪、基头、峰头、楼下、供坊、枫林、俞坊等7个新村点建设，做到每个村1个新村点。全乡完成拆除旧房75座、新建房屋146座，改造旧房137户。完成拔里村部建设。南岐村和大路口村水泥路铺设。

2001年，桥下规划农民安置点建新房105幢，黄家排规划建设新村点新房80幢。

2002年，投资5万元，建设拔里中村自来水工程。

2003年，铺设城关—横溪水泥路12千米。建成南岐峰头新村，南岐90%村民住上新房。

2004年，投资117万元，铺设城关—拔里下戈村路段水泥路3.4千米。铺设俞坊至拔口水泥路5千米、林业新村至白石桥水泥路2千米以及十里亭消防队至南山脚下水泥路。

2005年，投资5万余元，新建南岐屋背山至川东戈自来水。投资8.9万元，新建供坊村供水工程。争取库区移民资金投资20多万元，新建暖水罗口、杨家店饮水工程。

七、社会事业

（一）教　育

1991年，清流县第四中学初中部面向东华乡招生。有初中班12个，在校生354人，毕业生17人，教职工42人，其中专任教师42人。东华学区有东华小学及完小等12所，班级90个，专任教师119人，在校生1861人。幼儿园1所，班级10个，专任教师23人，在校幼儿343人。完小附属幼儿班15个，专任教师15人，在园幼儿316人。

1994年，投资40万元，修建桥下小学。并引进香港许奇峰先生捐资10万元，完成桥下村小学教学楼后续工程。1994年9月，东华小学与东华学区分离，改名城关小学。

1996年，拓展基头村小学校园建筑面积2100平方米、大路口村小学校园面积1800平方米。全乡完小新建围墙350米，校门7个，篮球场6个，课桌椅450套。各校添置体育、音乐、美术学科教具、挂图。

1997年，东华学区通过省教育“两基”达标验收。2001年，桥下村小学在迎接省“普及实验教学”验收中以优级达标。2000—2004年，东华学区连续4学年度获学校教育目标管理考评“一等奖”。

2005年，东华乡有完小10所，全日制教学班48个，在校生550人；学前班10个，在校生135人。全乡校园面积3.30万平方米，建筑面积8029平方米。全乡在职教师79人，大专以上学历49人，中专学历29人，初中学历1人；小学高级教师58人，小学一级教师20人，小学二级教师1人。

（二）文 化

1991 年，有文化站 1 座。南岐村每年举办“三月三”传统庙会文化活动。1991—1993 年，先后组建恢复农民业余剧团 6 个，其中湘剧团 2 个、越剧团 1 个、三角戏剧团 1 个、采茶剧团 2 个。每年农闲，分别在全县各乡镇及外出周边县演出。1993 年，东华乡文化站被省文化厅评为特级文化站。1997 年正月期间，东华乡民间剧团到各乡村巡回演出 32 场。2004 年，南岐村改革“三月三”庙会活动，举办书画、摄影展。2005 年，全乡有综合性文化、娱乐活动室 9 个，乡级图书室 1 个，阅览室 1 个，村级图书室 2 个。

（三）电视通讯

1991 年，乡所辖建制村利用地面接收站，可收看电视节目 8 套。1994—1996 年，新建地面接收站 7 个，实施村村通电话工程，开通横溪村、大路口村程控电话。1997 年，开通 9 个村程控电话，实现村村通广播，50% 农户安装调频广播。2005 年，11 个建制村全部开通有线电视。

（四）社会保障

1998 年开始，为城市低保户 31 户 56 人发放保障金。2000 年开始，为农村低保户发放保障金。至 2005 年，全乡享受农村低保 185 户，累计发放低保金 23.3 万元。

嵩溪镇

一、概　貌

嵩溪镇位于县境东北部，北纬 26° 11′ 33″～26° 21′ 01″，东经 116° 50′ 58″～117° 01′ 31″，距县城 20 千米。东连温郊乡，南接嵩口镇，西邻东华乡，北与宁化县接壤。辖区面积 187 平方千米，山林面积 1.6 万公顷，耕地面积 1120 公顷。活立木蓄积量 73.2 万立方米，森林覆盖率 77.3%。盛产松、杉、毛竹等，尤以时州村毛竹为盛。主要农副产品有豆腐皮、粉条、红菇、蜜雪梨、竹荪、笋干等，尤以豆腐皮最出名，素有“豆腐皮之乡”美誉。余坊、阳坊村产出的“高地米”米质好，曾作为贡品上贡朝廷。1999 年，获省农产品金奖，产品远销福州、厦门、泉州等地。

境内矿产资源丰富，已探明可开采的有石灰石、大理石、石英石、钨、稀土矿、紫砂陶土矿等，其中紫砂矿储量 2 亿吨；钨储量 30 万吨，是世界最大的斑岩型钨矿。县办北坑钨矿位于该镇伍家坊村。

境内奇石耸立，千米以上高山有象峰口、莲花山、三层寨，旅游资源丰富。七星岩风景区位于嵩溪镇元山村，距镇政府所在地 6 千米，属丹霞地貌，以地貌发育优良、景点集中紧凑、森林植被原始和温泉富氡如沸而独具一格，被誉为“福建小武夷”。

境内黄沙口村有清流开疆鼻祖巫罗俊及巫氏墓群，其自然村黄柏洋有蔚为壮观的玄武岩地质遗迹。罗陂岗村自然村国母洋，相传因南宋景炎元年（1276）战乱，右丞相文天祥侍国母杨太后经此并留宿而得名。至今流传着为不影响杨太后休息，连青蛙也不鸣叫的传奇故事。

嵩溪镇是革命老区。1931 年 8 月，红军一部进驻嵩溪，开展革命活动。1932 年，先后建立嵩溪、余坊、阳坊、青溪、青口、伍家坊等乡苏维埃政府。1933 年 7 月，彭德怀率领的东方军在罗陂岗村的石狮岭打赢伏击国民党卢兴邦部战斗。

嵩溪镇是县域北部重要商品集散地和商业贸易中心，省道 204 线贯穿镇政府所在地，交通便利，商业发达。

1991 年，全镇辖嵩溪、农科、黄沙口、罗陂岗、伍家坊、青山、塘背、元山、青溪、阳坊、余坊、时州 12 个建制村，75 个自然村，114 个村民小组。全镇总户数 3219 户，总人口 17287 人。其中，非农业人口 1914 人，农业人口 15373 人。1992 年 4 月，设立新街居委会。

2005 年，全镇辖 12 个建制村，新街 1 个社区。全镇总户数 4638 户，总人口 16957 人，其中男 8577 人、女 8380 人。非农业人口 5082 人，农业人口 11875 人。外出务工人员 1490 人。全镇实现农林牧渔业总产值

8514 万元，农民年人均纯收入 4242.8 元，分别比 1991 年增长 2.47 倍、3.86 倍；镇财政收入 24 万元。

二、种养业

（一）种植业

嵩溪镇耕地面积 1120 公顷，其中水田面积 1078.27 公顷，旱地面积 41.73 公顷。农经作物除水稻外，主要有果树、西瓜、蔬菜、茶叶、烤烟、食用菌等。1991 年，水稻种植面积 2036.27 公顷，产量 10364 吨。烤烟面积 133.33 公顷，产量 136 吨；果园面积 480 公顷，主要有温州蜜橘、芦柑、水蜜桃等品种，产量 380 吨。西瓜种植面积 6 公顷，总产量 90 吨。蔬菜面积 261.80 公顷，产量 7068 吨，茶叶种植面积 43.67 公顷，主要品种为福云 6 号，并生产莲花牌“碧螺春”和“毛尖”茶叶，总产量 22 吨。香菇、木耳产量 40 吨。

1995 年，烤烟面积扩大至 207 公顷，产量 298 吨；水稻种植面积减少到 1667.33 公顷，产量 8973 吨；果园面积 416.33 公顷，产量 738 吨；蔬菜面积 293.33 公顷，产量 7810 吨；西瓜面积 10 公顷，总产量 180 吨；茶叶面积 44 公顷，产量 47 吨；食用菌 106 吨，其中香菇 59 吨。

2000 年，水稻种植面积 1459.8 公顷，产量 7706 吨；烤烟面积 266.67 公顷，产量 400 吨；果园面积 163.73 公顷，产量 321 吨；蔬菜、瓜果面积 459.67 公顷，产量 8321 吨；西瓜面积 5.8 公顷，总产量 131 吨；茶叶面积 7.93 公顷，产量 5 吨；食用菌 88 吨，其中香菇 59 吨。是年，黄沙口村引种草莓成功。2000 年，引进种植竹荪和大球盖菇各 6.67 公顷，获得较高经济效益，并逐渐形成小规模生产。

2005 年，全镇粮食作物种植面积 1679.33 公顷，总产量 8390 吨。其中水稻种植面积 1251.33 公顷（早稻 310 公顷，晚稻 941.33 公顷），全年总产量 7000 吨。烤烟种植面积 233.33 公顷，产量 350 吨。烤烟种植成为嵩溪镇农业一大支柱产业。全镇果树面积 180.67 公顷，其中蜜雪梨 97.33 公顷，柑橘 13.33 公顷，桃 16 公顷，柰 33.33 公顷，柿 15 公顷，其他品种 10.67 公顷，产量 240 吨，产值 44 万元。全镇面积 3.33 公顷以上的果园有 7 个，其中县供销社欣荣果业公司种植蜜雪梨 21.2 公顷，罗陂岗中农果业公司种植蜜雪梨、板栗 8.67 公顷，黄沙口九户联片种植油柰、黑李 23.33 公顷。西瓜面积 28 公顷，总产量 756 吨。黄沙口村种植草莓面积 4.67 公顷，总产量 114 吨。蔬菜面积 363.67 公顷，总产量 7936 吨。茶叶面积 7.93 公顷，产量 7 吨。种植大球盖菇 8 公顷，竹荪 4.67 公顷。全年生产食用菌鲜品 68 吨，干品 180 吨。

（二）养殖业

1991 年，全镇生猪出栏 11695 头，年末存栏 9685 头；牛存栏 1297 头。家禽出栏 9.94 万羽，年末存栏 6.69 万羽；家兔年末存栏 2830 只。鱼类产量 100 吨，主要鱼类有草鱼、鲤鱼、淡水鳗、白昌鱼等。1993 年，农科村引进资金 35 万元，开发连片鱼塘 4.27 公顷。

1995 年，全镇生猪出栏 13095 头，年末存栏 12870 头；牛存栏 2285 头。家禽出栏 16.04 万羽，年末存栏 3.85 万羽；家兔年末存栏 6800 只。水产品产量 890 吨，其中鱼类产量 850 吨。2000 年，全镇生猪出栏 7639 头，年末存栏 7992 头；牛出栏 268 头，存栏 1373 头。家禽出栏 18.62 万羽，年末存栏 4.66 万羽；家兔年末存栏 1050 只。水产品产量 942 吨，其中鱼类产量 887 吨。2000 年，嵩溪伍家坊建成土池养鳗面积 8 公顷。2002 年，县政府出台奖励扶持措施，鼓励农民养殖牛、羊。嵩溪镇响应号召，大力推广养殖肉牛、肉羊。2004 年，县移民局投入 10 万元扶持罗陂岗村库区移民养羊。是年，嵩溪青山村建成土池养鳗的珍溪养殖场，面积 10 公顷。伍家坊从事水产养殖业 10 余户，大户 3 户，水产养殖面积 13.33 公顷，年总产量 150 吨，年收益 30 万元。全镇水产品产量 867 吨。

2005 年，全镇牛出栏 720 头、期末存栏 1516 头，羊出栏 9750 只、存栏 1.05 万只，猪出栏 9980 头、存栏 8320 头，家禽出栏 20.71 万羽、期末存栏 6.37 万羽。兔出栏 8970 只、期末存栏 2610 只。禽蛋产量 98 吨。水产品产量 867 吨，其中鱼类产量 855 吨。

三、林 业

1991 年，全镇林地面积 1.34 万公顷，林木蓄积量 4.65 万公顷。镇内有毛竹村—时州村，竹林面积 525.93 公顷，人均拥有竹林面积 1.09 公顷。年内，全镇造林面积 143.13 公顷，其中迹地更新面积 53.93 公顷；

幼林抚育实有面积686.53公顷。木材产量8425立方米，松脂产量282吨。1991—1994年，抛荒的自留山收归集体，由市县集体联营造林，进行项目造林，育林基金有偿投放造林、贴息还贷造林，青山纸业联营造林等面积2000公顷。清流县在嵩溪镇设立"清流县嵩溪镇联营林场"和"清流县嵩溪镇封山育林委员会"，加快荒山造林育林步伐，控制生态脆弱区域水土流失。1995年，迹地更新面积89.33公顷，幼林抚育实有面积1013.47公顷，成林抚育实有面积64.67公顷。木材产量5100立方米，松脂产量587吨。

1999年11月，组建集体林经营体制改革工作小组，12个村进行集体林权制度改革。2000年，迹地更新面积66.27公顷，幼林抚育实有面积183.67公顷，成林抚育实有面积136.4公顷。木材产量3520立方米，松脂产量459吨。2003年，引进浙江藤头公司到伍家坊村投资开发种植红枫、紫薇、红花积木等苗木面积66.67公顷。2005年，引进福建农科院投入50万，在嵩溪镇青山村兴办鸿翔花卉有限公司，进行香水百合、非洲菊等鲜切花种苗研发组培，填补福建省此项技术空白。

至2005年11月，集体林权制度改革基本结束，改革集体林地面积1.25万公顷，其中生态林面积3038.47公顷，商品林面积9456.27公顷。列入林业改革12个村，完成林改面积8665.53公顷，占任务92.9%。其中个人（含自留山）经营1775.2公顷，村民小组经营874.2公顷，村民租赁林地806.6公顷。村民承包经营402.6公顷，合作造林1062.27公顷，林权转让3656.06公顷，划拨经营85公顷。全镇有林户2723户，占总数80.7%。年内，林农与鸿伟木业公司联营造林，种植桉树面积200公顷。是年，全镇林业用地面积1.39万公顷，活立木蓄积量73.2万立方米，森林覆盖率77.3%。迹地更新面积105.93公顷，幼林抚育实有面积100公顷，成林抚育实有面积140公顷。木材产量35109立方米，松脂产量380吨。

四、乡镇企业

1991年，兴建嵩溪水泥厂（后改名帅风水泥有限公司），年上缴利税40万元。年末，嵩溪镇乡镇企业1560家，主要以水泥、纺织、造纸、矿泉水、铅锌矿采选、木材采伐、粮油加工、石材开采加工为主，从业人员3757人。实现乡镇企业总产值3465.01万元（1990年不变价），其中工业总产值2167.3万元。镇办企业18个，从业人员613人，实现企业总产值769.11万元（1990年不变价），总收入450.31万元。其中工业企业14家，实现工业总产值679.5万元（1990年不变价）。1993年，投资120万元的港清包装材料有限公司投产，主要生产各种规格瓦楞纸箱。建材化工厂在元山村投产，主要产品为轻质碳酸钙。1995年7月，北坑钨矿与港商黄某合资在塘凤兴办建龙矿业，主要经营铅锌矿。是年，嵩溪镇乡镇企业970家，从业人员3252人，实现乡镇企业总产值1.95亿元（1990年不变价），其中工业总产值1.39亿元（1990年不变价）。1996年，筹集资金112万元，成立嵩溪镇农副产品公司，带动嵩溪镇豆腐皮产业发展。1998年，嵩溪农副产品公司被三明市政府授予市级首批十大农业产业化龙头企业。2000年，乡镇企业243家，从业人员691人，实现乡镇企业总产值1.39亿元，其中工业总产值4830万元。2002年，香港客商黄某投资2000万元，创办鸿伟木业有限公司，设计规模年产5.50万立方米细木工板。福州客商许某投入20余万元，在伍家坊村建立甲青蔬菜加工厂。2004年4月，引进客商陈某投资800万元，兴办天翼包装股份有限公司。10月，第一条生产线投产。2005年8月，第二条生产线投产，年生产编织袋2000吨。是年，由私人投资建成季节性清水笋加工厂2座。年末，乡镇企业51家，实现总产值17589万元，比1991年增长5.24倍。其中工业企业35家，主要有水泥，豆腐皮、木材加工，编制袋，机制砖等，实现工业总产值6971万元，比1991年增长3.22倍，规模以上工业总产值1585.90万元。

五、基础设施建设

（一）交　通

1991年，投资1.62万元，铺设罗陂岗至武警清流县大队二中队水泥路0.27千米。1992年，投入2万元铺设伍家坊村及各自然村水泥路3千米，集资8万元建土楼自然村桥2座。1995年，投入4万元，修建罗陂岗村楼下、安背水泥桥2座。投资48万元，铺设下洋背至黄柏洋水泥路2千米。1996年，建成19米宽的塘丰大桥和黄沙口大桥。投资50万元，铺设罗陂岗至大坑水泥路2.08千米。投资28万元，铺设嵩溪至义山水泥路1.1千米。1997年，投资170万元，铺设塘背至高地（余坊、阳坊2村合称）、镇政府门口至清流三中柏油路、嵩溪至花果园、黄沙口至黄柏洋等水泥路。1997 年，铺设塘背村至七星岩景区柏油路，新建狮王峰顶六角亭和上下山扶栏，同时修缮游览通道。1999 年，投资 12 万元，铺设余坊村至出口水泥路 0.43 千米。1996—1999 年，青溪村主干道改建柏油路。1998—2000 年，陆续投入 20 万元，兴建嵩溪至塘背村花果园机耕路 2.5 千米。2000 年，投资 80 万元，铺设大坑至谢地水泥路 1.91 千米。投资 45 万元，铺设下洋背至上洋背水泥路 3.18 千米。投入 6 万元，完成陈段新村水泥路 500 米。2001 年，投入 7.5 万元，修建谢地水泥桥。投资 9 万元，完成时州村丁上自然村水泥路 500 米。2004 年，县政府投资 150 余万元、村自筹 20 多万元修建嵩溪至罗陂岗水泥路 7.5 千米。投资 1 万多元完成时州村上地自然村水泥路 800 米。投资 20 万元，完成时州主村水泥路 1 千米。村自筹 38 万元，铺设罗陂岗至谢地水泥路 4.2 千米。投入 36 万元，完成元山至洋墩水泥路，宽 3.5 米，长 2.6 千米。投资 17.50 万元，铺设塘凤路口至上岗亭水泥路 0.5 千米。2004—2005 年，总投资 300 万元，改建铺设青溪村主干道水泥路（乡村公路四级标准）8.1 千米。2005 年，投资 20 万元，完成上地自然村至时州村水泥路 1 千米。

（二）水利水电与供水

1991 年，投资 65 万元，兴建镇区自来水厂 1 座，日供水 1500 吨，解决镇所在地 8000 多人饮水问题。有装机 960 千瓦、年平均发电量 330 万千瓦时的时州电站 1 座。1992 年，投资 10 万余元完成时州村、丁上自然村自来水工程，解决 300 多人饮水问题。1993 年 2 月，装机 200 千瓦的时州坝后电站投产。1994 年，投入 6.2 万元，完成元山组自来水工程，受益 370 多人。1996 年 4 月，装机 400 千瓦的新垦电站投产。1998 年，时州电站实行股份合作制，进行技改，年发电量由原来的 250 万千瓦时上升至 500 万千瓦时。1999 年，总投资 214.5 万元，总装机 1160 千瓦，设计年发电量 462.5 万千瓦时的时州坝后新电站建成。2000 年，投入 2.1 万元，建设内邵自来水工程，受益 280 多人。2001 年，投资 67.5 万元的省扶持粮食生产项目黄沙口水利工程竣工，解决黄沙口凤星 1 队、凤星 2 队农田用水困难问题；县移民局投资 5 万元，完成罗陂岗凤西组安砂水库移民饮水工程建设。2002 年，投入 4.1 万元完成元山村内邵组高陂水坝建设；投入 14.6 万元，完成塘背村公路沿线惠清组、力耕组、塘凤一、二、三组自来水工程建设；县移民局投资 6 万元，解决青溪村移民饮用自来水问题。2002—2003 年，投入 3 万元完成塘背村惠清水库除险加固工程，受益面积 80 公顷。2003 年，向上争取资金 80 万，建设方入股 50 万元，扩建镇区自来水供水工程，保证镇区居民正常用水。2004 年，县移民局、县财政等投入 24 万多元，实施青溪村中低产田改造，塘背惠清组自来水建设和农科村三峡移民耕地防洪堤、水利灌溉工程。镇自筹 12 万元，解决罗陂岗村 10 个村民小组 900 人饮用自来水问题。罗陂岗村投入 10 万余元，完善各村民小组水利设施。2005 年，投入 18.76 万元项目资金，兴建元山及元山洋段主水渠、机耕道、U 形槽等。至 2005 年，农田水利累计投入 229.93 万元。全镇有水利灌溉工程 5 处，电站 3 座，装机总容量 2720 千瓦；自来水厂 8 座，日供水 3000 余吨。

六、镇村建设

（一）集镇建设

1992—1996 年，镇政府投入 80 万元，拓宽改造塘凤至黄沙口禾角岭沿街过境公路 1000 米，按一级路标准铺设水泥路面 2300 米及人行道、下水道等配套设施，单位和个人建新房 385 幢，占地面积 4.39 万平方米。1993 年，嵩溪镇被三明市委授予“农村小城镇建设成绩显著单位”。2000 年 11 月，嵩溪镇与清流房地产开发商合作，投资 2650 万元，动工兴建豆腐皮专业批发市场及富兴小区。2003 年 6—9 月，投资 38.12 万元，实施嵩溪主街及下水道改造，修复破损路面 114 平方米，改建下水道 120 米，水沟 280 米，涵洞 2 个 16 米，检查井 8 个。2004 年，投入 10 万元，架设镇政府门口至三中路灯。投入 38 万元，改造嵩溪主街排污管。2005 年 10 月，投入 13 万元，改造镇政府至文化站三岔路口下水道。

（二）新村建设

1994 年，伍家坊村投入 10 万元，兴建村部办公楼 1 幢 2 层，占地面积 200 平方米。1995—1996 年，元山村陈墩、洋墩、立子墩 3 个自然村重建家园 79 户，占地面积 8532 平方米。1998 年，余坊村、伍家坊村老寨自然村新村建设 52 户，占地面积 5450 平方米。

2000—2002 年，青山村青口，塘背村南家、花果园 3 个自然村 54 户重建或新建房，占地面积 5830 平方米（其中青口 15 幢，南家 30 幢，花果园 8 幢）。2003 年，投资 5 万元，铺设伍家坊天亮组道路。2004 年，县移民局投入 14 万元，用于全镇移民沼气池建设。

2004 年 8 月，因国家三峡水库建设，重庆市万州区岩口乡 5 户 22 人移民安置到嵩溪镇农科村落户。国家投资 34 万元，为三峡库区移民兴建总占地面积 1200 平方米，建筑面积 2200 平方米的新房，并做到通水、通电，安装电话、闭路电视。县移民局投入 5 万元，修缮罗陂岗村部，改善办公条件。是年，嵩溪村西山点新村建设 10 户，占地面积 1170 平方米。塘背村投入 5 万余元兴建村部，占地面积 150 平方米、总建筑面积 300 平方米。县移民局投入 15 万元，建设青溪村公路；投入 5 万元，建设黄沙口凤星组道路。2005 年 5 月，投资 6.5 万元，架设 10 千伏、长 2.2 千米线路，结束罗陂岗村瓦子窠自然村 9 户 48 人的无电村历史。

七、商业金融

（一）商　业

嵩溪镇自古便是清流县北部重要商品集散地，商贸服务活跃，市场繁荣，也是清流县最大的乡镇圩场之一。每逢圩日，来自周边 4 个乡 28 个村的村民以及明溪、清流商贩等赶圩人数约 3000 人。有混凝土结构农贸市场 1 座，建筑面积 3557.2 平方米，固定摊位 180 个，屠案 150 张，摊位板 300 个。1991 年，嵩溪镇供销社下设百货、日杂、生资、综合 4 个门市部，职工 12 人，担负着全镇日常生活用品供销和农药、化肥等生产资料分配供应工作，年商品零售总额 201 万元。

1993 年，镇所在地个体私营经济户 140 余户，其中当年新增 63 户。1999 年，七星岩羊肉馆在塘背村过境公路边开张，并建设养羊基地 2 个。

2000 年，供销社体制改革，原有职工买断工龄，另谋职业。以饮食、加工、服务、商业等为主的个私经济发展迅速。2003 年，盘活供销社闲置资产，引进莆田客商投资 120 万元，开办乡镇第一家“满家乐”超市。2005 年，注册成立七星岩羊肉餐饮管理有限公司，并在福州、福清、大田、建宁开办分店 4 家。是年年末，全镇个体户 182 户，其中从事餐饮业 11 户、加工修理 16 户、豆腐皮加工 84 户、商品零售 55 户、屠宰业 16 户。

（二）金　融

1991 年，嵩溪镇金融网点有农行嵩溪营业所、信用社，年末农行嵩溪营业所存款总额 739.7 万元，发放贷款存款总额 811.5 万元，信用社存款总额 241.12 万元，发放贷款总额 178.29 万元。随着经济发展，存贷款业务发展迅猛。2005 年末，嵩溪营业所存款余额 4982 万元，贷款余额 389 万元；信用社存款余额 1928 万元，贷款余额 801 万元。

八、社会事业

（一）教　育

1. 小学　1991 年，嵩溪镇有中心小学 1 所，完小及教学点 9 所。全镇在校小学生 2119 人；教职工 126 人，其中民办代课教师 30 人，小学高级教师 6 人。中小校园占地面积 9600 平方米，建筑面积 6200 平方米，有教职工 57 人，在校学生 780 人。1992 年，选址黄沙口建设嵩溪第二小学（少数民族小学），兴建二小教学楼和宿舍楼，隶属嵩溪中心小学管理。1994 年，投入 12 万元，兴建元山小学教师二层宿舍楼，占地面积 310 平方米，建筑面积 660 平方米。投入 10 余万元，对伍家坊小学教学楼进行加层扩建。9 月，第二小学竣工交付使用。校园占地面积 8200 平方米，建筑面积 5800 平方米，有教职工 32 人，在校学生 296 人。黄沙口完小同时撤并。1994—1996 年，兴建塘背小学。1997 年 4 月，嵩溪镇中、小学均顺利通过省级“两基”达标验收。嵩溪中心小学被授予“三明市农村示范小学”和“福建省农村示范小学”称号。2000 年，伍家坊完小撤并。全镇小学在校生 1530 人。共有小学教职工 112 人，均为公办专任教师，其中小学高级教师 23 人。2000 年，嵩溪中小被授予“三明市文明学校”，2001 年，被授予“师德建设、德育特色学校”。

2005 年，撤并青山、余坊、罗陂岗 3 所完小。全镇有中心小学 1 所，和第二小学、元山、塘背、青溪、阳坊等5所完小。在校学生926人，教职工95人，其中小学高级教师61人。

2.中学 1991年，嵩溪镇有完全中学1所，即清流三中。1992年，清流三中通过省“六项督导”检查验收。1994年，教育布局调整，高中部停办。

1996年、1999年三中先后兴建新教学楼2座。1997年5月，通过省“两基”达标验收。

2000年9月，接受香港宝莲禅寺清凉法师捐资58万元，兴建三中校门围墙，扩建新教学楼，新建学生公寓。2000年，三中办学规模达到历史最高峰，校园占地面积10万平方米，有教学班24个，在校生1100余人，教师90多人。获年度县教育教学综合考评一等奖，同时被县委、县政府评为教育工作先进单位。

2002年11月，嵩溪中、小学通过省教育“两基”跟踪督查。

2003年，投入13.3万元，用于中、小学兴建实验室及内部硬件设施配置。3月，通过省级“实验教学普及县”工作检查验收。2004年6月，以优级指标通过省“实验普及”复查验收。

2005年，通过县第二轮素质教育督导评估验收。年内，有教学班14个，在校生513人，教师78人。其中，专任教师60人。至是年，累计投入教育资金332.87万元，完成三中教工宿舍、三中学生公寓、中小教师宿舍、中心小学多媒体教室和青溪小学重建等项目。

（二）文化体育

嵩溪人乐办灯会，人们称之为“迎龙灯”“游花灯”，历史悠久。相传始于唐朝，盛于明代，并一直沿袭下来。元宵节有灯会，农历九月嵩溪、农科村5天庙会也有灯会，黄沙口余家屋等地正月十三就开始迎龙灯。

1991年，嵩溪镇承办全市第二届农民篮球赛，嵩溪镇男子篮球队获冠军。嵩溪镇还承办老区歌手赛，嵩溪镇2名歌手获“十佳”歌手。同年，嵩溪镇被评为省体育先进乡镇。

1992年，嵩溪镇农民戴回国参加市、省、全国农民运动会自行车75公斤级载重比赛，分别获市冠军、省亚军、全国铜牌。同年，嵩溪文化站被省文化厅评为特级文化站。

1994年，嵩溪镇文化站以文养文，面向村民开办“芳草”饭店、文化艺术综合服务部、卡拉OK歌舞厅，以文化实体巩固文化活动阵地，被评为省百强文化站。嵩溪书法爱好者还组织成立书友会，每月开展书法联谊活动，相互切磋技艺，共同提高。1996年，文化站组织的歌舞在三明市文艺会演中获优秀奖。

1997年正月，嵩溪镇开展春牛文化踩街活动。投资2万元，兴建老人协会门球场1座。9月，动工兴建全县第一座二层乡镇老年人活动中心。1998年，被授予“三明市亿万农民健身活动先进乡镇”称号。

2003年，省体委赠送价值8万元的体育健身路径1套，安装镇政府院内。2005年，全镇有篮球场13个，常年参加体育活动的有150多人。

（三）卫 生

1991年，镇区有中心卫生院1所，为医疗、预防、保健为一体的综合性医院。1994年，新建宿舍楼1座。1996年，被评为“爱婴医院”。1997年9月，通过市级验收，被授予一级甲等医院。

2005年，嵩溪中心卫生院占地面积2476平方米，建筑面积3362平方米，基本做到门诊、病房、宿舍三配套。卫生院分门诊部、住院部。内设内科、外科、儿科、防疫科、妇产科、中医科、口腔科、五官科、痔疮科、理疗科、B超心电图室、X光室、手术室、供应消毒室、化验室、危重病人室、中西药房等科室，开放病床20张。拥有200毫安X光机、B超机，麻醉机、进口尿8A机、半自动生化仪、牙科综合治疗机、牙科超声洁齿机、电脑多功能肝肠治疗仪、多功能频谱治疗仪、心电图仪、新生儿红外线抢救台、洗胃机、电动吸引器、电动人流吸宫器等设备。开展常见下腹部手术，诊治农村常见病、多发病，对急危重患者能够进行及时、有效的抢救。全院职工23人，其中高级职称1人，初级职称22人。

（四）广播电视通讯

1.广播电视 1991年，嵩溪镇政府办公楼顶安装有卫星地面接收设备，收转中央第一、二套电视节目，并采用无线发射形式，信号覆盖镇区几百住户。

1993年，三明广播电视服务公司投资5万元，安装镇区有线电视网络。1994年，投入7万元，扩大辐射面，镇区大多数居民能看到电视频道节目8套。同年，嵩溪镇成立广播电视站，管理人员2人。

1995 年，罗陂岗村自筹 10 万元架设闭路电视，实现与镇区联网。1999 年，伍家坊村自筹 2.3 万元完成 3 个村民小组闭路电视安装。

至 2000 年 11 月，镇村两级投入资金，先后安装嵩溪镇区至伍家坊、罗陂岗、塘背，青山村干线网络 8 千米，发展有线电视用户 900 多户，有线电视机房收转接卫星电视节目 7 套。

2001 年 1 月，嵩溪广电站收归县广播电视局，由县广播电视局垂直管理。是年，投资 5 万元，增加设备，对全镇有线电视网络 20 千米主干线进行改造升级，提高网络传输质量。12 月，用户可收看电视节目 12 套。

2003 年 9 月，县广播电视局投入 40 余万元，架设光纤线路 19 千米，实现嵩溪镇政府所在地有线电视网络与城区网络光纤联网，电视节目增加至 23 套。

2004 年，县广播电视局投资 8 万元，架设嵩溪至伍家坊、罗陂岗，及嵩溪至青山光纤电缆线路 5 千米，将 23 套节目送达 3 个村。

2005 年 9 月，投入 1.6 万元，完成元山、陈段、洋段、内邵、外邵 100 多户有线电视用户乡村联网。

2. 邮电通讯　1991 年，有邮电所 1 家，拥有半自动电话 68 部。其中，镇政府及镇直部门 25 部，各建制村共 43 部。1996 年，增至 900 多部。1993 年，新建嵩溪邮电综合大楼 1 幢 4 层，占地 720 平方米。投资 75 万元，开通程控电话。新建嵩溪、元山、青溪、北坑、罗陂岗、时州、阳坊、塘背等建制村程控电话配机房 8 个。全镇拥有程控电话 1260 部，平均 3 户近 1 部。2001 年 1 月，中国联通进驻嵩溪。

2005 年 8 月，中国移动进驻嵩溪。2005 年，全镇有联通基站 13 个，移动基站 8 个。固话用户 2423 户，移动电话用户 4119 户、宽带用户 287 户。

九、嵩溪豆腐皮

嵩溪豆腐皮亦称腐竹，是传统的高蛋白、低脂肪绿色食品，具久煮不糊特点。制作始于清嘉庆六年（1801），最初称粉皮，是将豆腐浆在热煮时表面凝固形成的薄膜，捞起晾干而成。经过几代人的摸索磨练，豆腐皮质量日臻上乘。早期豆腐皮生产以农户自主分散经营为主，元山村为最，家家户户都有制作豆腐皮的大锅、小灶及晾架。豆腐皮制作工序比较复杂，有磨浆、煮浆、捞皮、拌浆、晒烤等近 10 道工序。随着科学的发达，嵩溪豆腐皮生产技术也不断改进，采用电磨磨浆，双层四方锅煮浆，焙干机焙烤等，产量大幅提高。

20 世纪 90 年代初，嵩溪镇将豆腐皮产业作为增加农民收入和培植财源的重点项目，坚持以市场为导向，从抓规模发展和科技创新入手，实施“五统一”（品牌、包装、标准、质量、规格）战略。1996 年，成立豆腐皮产业化龙头企业——嵩溪镇农副产品公司，申请注册“七星岩”牌商标，并制定企业生产标准。公司通过多种渠道筹集资金 112 万元建成豆腐皮生产车间，设有豆腐皮蒸汽加工工作台面 24 个和即食豆腐皮生产线 2 条，通过龙头企业带动嵩溪镇豆腐皮产业发展。是年，嵩溪“七星岩”牌豆腐皮在省林业博览会上获得“最畅销产品”称号。1997 年，嵩溪镇农副产品公司被三明市委、市政府评为“十佳乡镇企业产品”称号。

1998 年，嵩溪农副产品公司被三明市政府授予农业产业化市级首批十大龙头企业。同年 9 月，嵩溪镇政府成立嵩溪豆腐皮产业化领导小组，加强嵩溪豆腐皮产业化管理，促进嵩溪镇豆腐皮生产逐步走向产业化、集约化、集团化。

2000 年，“七星岩”牌豆腐皮获三明市农业名特优新产品展销会金奖。2001 年，获福建省农业名优特新产品展销会金奖。

2005 年，嵩溪农副产品公司转让私人经营，改制为股份有限公司，年产豆腐皮 12 吨，产值 13.6 万元，上缴利税 2000 元。同年 5 月，镇政府成立嵩溪镇豆腐皮产品开发领导小组和批发市场建设领导小组，以农副产品股份有限公司、青山村、罗陂岗园区为中心，推广标准锅炉蒸汽加工新工艺，提高豆腐皮质量和产量。同时，多渠道筹集资金 800 万元兴建嵩溪镇豆腐皮批发市场。全镇 100 余人专门从事豆腐皮营销，营销大户每人每年组织销售豆腐皮在 20 吨以上。产品不仅销售福建省各地，还远销上海、石家庄、广州、深圳。在省轻工业研究所及有关部门帮助下，龙头企业——嵩溪农副产品公司成功研制开发清水豆腐皮、即食豆腐皮等系列产品。豆腐皮产业化呈现良好发展态势。至 2005 年末，全镇有 1000 余户农户从事豆腐加工，100 户采用标准锅炉蒸汽加工。豆腐皮产量 2484 吨，产值 3000 万元，创综合产值 5000 万元以上，解决 2000 余个农村富余劳动力就业。同时带动周边乡镇 700 余户农户从事豆腐皮加工。

嵩口镇

一、概 貌

嵩口镇位于县境中部、安砂库区上游，位于北纬 26° 02′ 32″～26° 12′ 38″，东经 116° 49′ 25″～117° 00′ 54″，东临余朋乡，东北、北面分别连温郊乡、嵩溪镇，西与龙津镇为邻，西南、南面分别与田源乡、沙芜乡接壤。距县城 18 千米，省道东石（307）线纵贯南北，是清流工业重镇和中部商业贸易集散中心。

全境面积 227 平方千米，其中耕地面积 1072.8 公顷，旱地面积 633.33 公顷；山地面积 2.13 万公顷，森林面积 1.67 万公顷。境内森林资源丰富，气候宜人，年平均气温 18℃。木材蓄积量 120 万立方米，大宗树种有阔叶树、杉木、马尾松等。年产林木 0.8 万立方米，毛竹面积 335 公顷，蓄积量 600 万根。矿产资源丰富，已探明的有煤炭，储藏量 600 万吨；萤石矿，储藏量 200 万吨；锰矿，储藏量 56 万吨；铜、铅、锌矿，储藏量 50 万吨；钾长石，储藏量 500 万吨；石英石，储藏量 60 万吨。已开采利用的有石英石、稀土矿、萤石矿等。水利资源充沛，水域面积 1233.33 公顷，水能理论蕴藏量 3 万千瓦时，可开发利用的 2.5 万千瓦时。

境内温泉和冷泉资源丰沛，直接出露地表的温泉有高赖、邱元、马排月滩、苦竹坑、塘州 5 处，冷泉有沧龙 1 处。境内温泉总流量 1 万吨 / 日以上，水温 21℃～90℃不等，其中高赖沸泉水温 90℃，日均自涌水量 1300 吨；夜滩温泉水温 63℃，沧龙冷泉水恒温 21℃。据有关部门测定，境内温泉含氡 260～2369 贝可 / 升，属高放射性的氡泉（温泉医疗矿水标准：含氡应达 129 贝可 / 升），对关节炎、皮肤病、痛风等慢性病具有医疗保健作用。

嵩口人文历史深厚，早在唐代中期，就有大量中原人迁居嵩口，唐初著名政治家魏征第八代孙魏文俊在此繁衍生息，从此迁出衍播海外宗亲 5 万多人。1991 年，全镇辖嵩口、马排、围埔、范元、沧龙、梓材、大元、和元、邱寨、高赖、高坑、立新、茶果场 13 个建制村，九龙 1 个居委会。全镇总户数 3032 户，总人口 17134 人。其中非农业人口 2481 人，农业人口 14653 人。

2005 年，全镇辖 12 个建制村和九龙社区，总户数 5035 户，总人口 16965 人，其中男性 8692 人，女性 8273 人；非农业人口 2175 人。全镇农林牧渔总产值 9648 万元，农民人均收入 4534 元，分别比 1990 年增长 2.06 倍、3.25 倍；镇财政收入 17 万元。

二、种养业

（一）种植业

1991 年，农、经作物主要有水稻、甘薯、蔬菜、花生、西瓜、食用菌、茶叶、果树、烟叶等。范元等村有种植厚朴等药材的传统。年内，水稻种植面积 1870.33 公顷，产量 1.02 万吨；甘薯种植面积 102.67 公顷，产量 77 吨；大豆种植面积 91.8 公顷，产量 100 吨；蔬菜种植面积 278.73 公顷，产量 4515 吨；花生种植面积 51.47 公顷，产量 98 吨；食用菌产量 63 吨；茶叶种植面积 174 公顷，产量 28 吨；水果种植面积 375.73 公顷，产量 1000 吨；烟叶种植面积 34.13 公顷，产量 31 吨。药材种植面积 6.73 公顷。1993 年，推广栽培茯苓。

1995 年，水稻种植面积 1659.93 公顷，产量 8465 吨；甘薯种植面积 217.33 公顷，产量 636 吨；大豆 173.67 公顷，产量 338 吨；蔬菜种植面积 377.73 公顷，产量 5757 吨；花生种植面积 105.33 公顷，产量 229 吨；食用菌产量 191 吨；茶叶种植面积 7.27 公顷，产量 4 吨；水果种植面积 527.87 公顷，产量 1613 吨；烟叶种植面积 40.53 公顷，产量 57 吨。药材种植面积 87 公顷。1999 年，嵩口镇建成千亩药材基地，全镇有 31 户农民种植厚朴、杜仲、山苍子、鸡冠花等药材。

2000 年，水稻种植面积 1527.6 公顷，产量 8941 吨；甘薯种植面积 204.33 公顷，产量 834 吨；大豆种植面积 189.33 公顷，产量 342 吨；蔬菜、瓜果种植面积 386.67 公顷，产量 6420 吨；花生种植面积 133.33 公顷，产量 266 吨；食用菌产量 111 吨；茶叶种植面积 4.47 公顷，产量 5 吨；水果种植面积 419.2 公顷，产量 1610 吨；

烟叶种植面积 213.33 公顷，产量 401 吨。药材种植面积 100 公顷。

2004 年，引进优质稻种，建设优质稻生产基地面积 1000 公顷，并做好优质稻的深加工、精包装、打品牌工作，提高优质稻产品附加值。加大水果基地建设及老果园更新改造，新植水果“三蜜”（水蜜桃、蜜桔、蜜雪梨）面积 53 公顷；将药材种植作为农民增收途径来抓，药材种植面积增至 200 公顷；烤烟种植面积 333.33 公顷，收购优质烤烟 500 吨。

2005 年，水稻种植面积 1400 公顷，产量 9195 吨；甘薯种植面积 225.33 公顷，产量 1352 吨；马铃薯种植面积 96.67 公顷，产量 304 吨；大豆种植面积 253.33 公顷，产量 608 吨；蔬菜种植面积 510 公顷，产量 1.16 万吨；花生种植面积 194.67 公顷，产量 435 吨；水蜜桃种植面积 131.33 公顷，产量 686 吨；蜜雪梨种植面积 84.53 公顷，产量 327 吨；食用菌栽培面积 1.67 公顷，鲜品产量 89 吨，干品 121 吨；烤烟种植面积 313.33 公顷，收购烟叶 452 吨，烟农售烟收入 400 万元。中药材产业进一步发展壮大，全镇种植山苍子、厚朴、杜仲等药材 400 公顷，产量 1650 吨。

（二）养殖业

1. 畜禽养殖　以饲养生猪、牛、家禽为主。1991 年，全镇耕牛存栏数 2584 头；生猪存栏 9840 头，出栏 10037 头，家禽存栏 9.42 万羽，出栏 21.54 万羽，禽蛋产量 58 吨。家兔存栏 2510 只，养蜂 99 箱。1995 年，全镇耕牛存栏数 2810 头；生猪存栏 1.30 万头，出栏 1.37 万头，家禽存栏 6.82 万羽，出栏 2.2 万羽。2000 年，全镇耕牛存栏数 1450 头，出栏 159 头；生猪存栏 6800 头，出栏 7260 头，家禽存栏 35623 羽，出栏 17.79 万羽，禽蛋产量 33 吨。家兔存栏 3600 只。2004 年，利用山地资源丰富优势，重点发展肉牛、肉羊养殖。

2005 年，根据县政府出台的扶持奖励政策，进行黄牛品种改良，当年阉割土劣黄牛 800 多头，人工冷配 2000 头。自实施黄牛改良后，陆续生产出优质黄牛 1800 多头。全镇小规模黄牛饲养户 30 多户，最多的 1 户养殖 65 头，年出栏 30 头。2005 年，全镇牛存栏数 1750 头，出栏 320 头，羊存栏 1850 只，出栏 2550 只；猪存栏 1700 头，出栏 8850 头；家兔存栏 6700 只，出栏 24750 只；家禽存栏 16895 羽，出栏 12800 羽。禽蛋产量 84 吨。

2. 水产养殖　嵩口镇地理条件优越，有得天独厚的水面优势。高坑村拥有天然库湾面积 26.67 公顷，适合发展水产养殖业。1991 年，全镇水产品产量 282 吨，其中鱼类产量 230 吨。1995 年，邱寨村兴办甲鱼养殖场。是年，水产品产量 649 吨，其中鱼类产量 526 吨。2000 年，水产品产量发展到 805 吨，其中鱼类产量 695 吨。2001 年以前，全镇水产养殖面积仅有 44.67 公顷；嵩口镇党委、政府以温泉为基础，发展珍稀水产养殖；以河道、库湾为基础，发展水产养殖面积 1333.33 公顷。沧龙村为清流县重点淡水鱼养殖基地，水面养殖面积 80 公顷。围埔村盛产九龙溪鳜鱼。至 2005 年，水产品产量达 1230 吨，其中鱼类产量 1060 吨，实现渔业总产值 1059 万元。

三、林　业

1991 年，全镇有林地面积 1.58 万公顷，林木蓄积量 991988 立方米。立新村为育苗专业村。当年全镇造林面积 305.73 公顷，其中迹地更新面积 289 公顷，育苗面积 126 公顷，幼林抚育面积 866.67 公顷，木材产量 15076 立方米；油茶产量 510 吨。1991—1994 年，将抛荒的自留山收归集体，由集体与县林业局联营造林，实施项目造林、育林基金有偿投放造林、贴息还贷造林等，造林面积 1533 公顷。同时加快荒山造林育林步伐，控制生态脆弱区域水土流失。1995 年，迹地更新面积 83.20 公顷，幼林抚育实有面积 684.8 公顷，成林抚育实有面积 226.80 顷，木材产量 18474 立方米；油茶籽产量 891 吨。

1999 年 11 月，出台集体林经营体制改革实施方案，12 个村初步进行集体林权制度改革。2000 年，迹地更新面积 40.87 公顷，幼林抚育实有面积 143.27 公顷，成林抚育实有面积 337.4 公顷，木材产量 9910 立方米；油茶籽产量 2000 吨。2004 年，加快林权制度改革，加大生态公益林管护力度；建设油茶基地 1300 公顷。至 2005 年，列入改革的 12 个村，完成林权制度改革面积 5740.4 公顷，占任务 98.2%。其中，个人（含自留山）经营 1521.3 公顷，村民小组经营 920.3 公顷，村民租赁林地 460.3 公顷，村民承包经营 2778.5 公顷，合作造林 870.5 公顷，林权转让 5360.7 公顷，划拨经营面积 45.7 公顷。全镇有山林户 3233 户，占 12 个村总户数 90.7%。集体林权改革的 12 个村，2000—2005 年，村财共增加收入 137 万元，林农年人均林业收入 1800 元。

2005 年，全镇有集体林地面积 1.29 万公顷，其中生态林 7015.8 公顷，商品林 5840.4 公顷。全年木材产量37360立方米，其中杉木种植面积233.33公顷，木材产量10649立方米；竹林种植面积1333.33公顷，其中苦竹200公顷。竹材产量410万根，笋干采收量55吨；松脂采收量360吨。全镇育木荷、杉木、松木、杜英、桂花等苗木面积33.33公顷，创产值200多万元，其中立新村育苗32公顷，品种20多个。油茶种植面积1586.67公顷，主要分布在和元、范元、围埔村，为县重点油茶种植基地。油茶籽产量2380吨。

四、乡镇企业

1991年，有乡镇企业671家，从业2631人。主要以水泥、化工、活性炭、脱脂板生产、竹木加工、农业机械为主，完成乡镇企业总产值7373万元，其中工业总产值4742万元。主要企业有合成氨厂（2005年改制后更名氨盛化工有限公司）、明孚硅业、明宇化工、建明水泥厂、信和光伏硅材料有限公司。

1994年，合成氨厂与港商合资创办鸿盛化工有限公司（1995年更名为鸿伟化工有限公司），主营甲醛生产。1995年，乡镇企业发展到836家，从业人员3402人，实现乡镇企业总产值26030万元，其中工业总产值1.82亿元。

2000年，乡镇企业减少到286家，从业人员1228人，实现乡镇企业总产值2.09亿元，其中工业总产值8050万元。

2003年1月，投资300万元创立永得里食品公司，年产茶油300吨。同年，投资518万元兴办锦兴木业工艺品公司，年生产竹木工艺品、竹木玩具、绒布玩具、塑料玩具等8000万件套，产品出口欧美和东南亚等国。2004年6月，投资700余万元创办松燕竹木工艺品有限公司，年产精光板3000立方米，细木工板7000立方米。

2005年，原嵩口脱脂厂改制，投资450万元成立永兴木业有限公司，年产细木工板5000立方米，脱脂板2000立方米，精光板材5000立方米。年内，民营企业46家，其中合资企业3家、县规模以上企业10家、资产千万元以上企业12家。涉及矿产、水电、建材、木制品加工、旅游、化工、服装等产业，全年完成企业总产值27364万元，上缴各种税费1500多万元，占全镇税费总额的90%。

五、商业金融

嵩口镇商业活跃，是清流县中部商业贸易集散中心，圩市人流日平均3000人。1991年，拥有混凝土结构农贸市场1个，占地面积2200平方米，固定摊位150个，屠案20张、摊位板100个。个体工商户65户。2000年，新建框架结构农贸市场。2005年，拥有占地面积3000平方米农贸市场1个，个体工商户125户。

1991年，嵩口有金融机构2家，即农业银行嵩口营业所及信用社，是年末，农业银行嵩口营业所存款余额829.1万元，贷款余额1558.2万元，信用社存款余额253.23万元，贷款余额176.99万元。

2005年末，农业银行嵩口营业所存款余额3839.1万元，贷款余额1150.3万元。信用社存款余额2306万元，贷款余额1420万元。

六、基础设施建设

（一）交 通

1991—1992年，投资208万元，改造大路口—嵩口路段，长8千米，路基拓宽至7.50米，铺设沥青路面，宽6.5米。1993年，投资230万元，改造嵩口—围埔路段，铺设沥青路面5千米。1994年，投资12.5万元，完成洋万线路面拓宽工程1千米。

1995年5月，投资110万元、全长195米的嵩马大桥主体工程开工，1996年竣工。

1999—2000年，投资670万元，改建围埔—白石路段，铺设沥青路面13.8千米。

2003年，投资150万元，铺设围埔过境路段水泥路1.5千米。投入80多万元，修建嵩口至立新水泥路。2004年，建设村村通水泥路7条。累计完成总投资610万元，铺设水泥路面15.42千米，完成公路路基工程26.6千米。其中嵩口至高赖8.34千米，围埔至梓材5.2千米竣工通车。

2005年，总投资1000多万元，完成嵩口—高赖、围埔—梓材、嵩口—立新水泥路铺设17.54千米。省道307线贯穿区域南北，乡镇水泥路通区域内各乡村，水路由龙津、嵩口通往安砂，路经沙芜，是周边乡镇交通枢纽。

（二）水利水电与自来水

1991年，嵩口镇仅有嵩口坪水电站1座。自来水厂1家，年生产供应自来水10万吨。1994年，投资9万元，修复被洪灾损毁的自来水设施；完成水毁良田垦复554.9公顷。修复水利设施，恢复灌溉面积153.33公顷。

2004年，投入资金150万元，完成镇区自来水改造及围埔、沧龙、马排等村自来水工程建设；三明绿水电力有限公司总投资1540万元的嵩口温泉山庄坝后电站开建，年内完成投资500万元。总投资500万元的桂坑、池丰、燕良电站先后建成并投产发电。至2005年，有电站7座，装机容量1.58亿千瓦时。年发电量1.25亿千瓦时，电力主干网覆盖全镇。全镇95%的人口饮用自来水。

七、镇村建设

1992年，高坑村被列为嵩口镇首批新村建设重点村。镇政府扶持各新村建房户每户2000元，村委会为各建房户提供建房用地和木材。年内，建成新宅12座，占地总面积0.18公顷，总投资40万元。

1993年3月，嵩口镇区连片开发项目—下坪段开发项目动工，总用地面积14.47公顷，主干道宽20米，长700米，4条次干道宽14米。整个开发区用于拓改大灵线嵩口段新区公路及开发福利区、加工工业区。当年铺设水泥主干道，完成下水道、自来水管、供电管道安装，沿路一侧12家民宅、13家公房动工兴建。1994年“5·2”洪灾后，全镇投入建房资金200余万元，232户灾民1995年春节前全部搬进新居，形成嵩口榕坪新村、围埔月盘新村、马排新村。1996年，镇区街道第一期改造工程竣工。

1997年，实施街道第二期改造工程，投入65万元拆除公、民用建筑85户。实施高赖新村建设，66户动工，占地面积6000平方米。2000年，嵩口镇富兴小区被列为第三批省级村镇建设试点小区之一。当年建成农贸市场商住楼，占地面积8100平方米、建筑面积6500平方米。2002年，嵩口镇九龙溪小区列入省级第五批村镇建设试点。2004年，完成镇区中心路段改造工程及基础设施建设，铺设管道10千米。实施嵩口下坪街道、九龙区住宅小区建设。嵩口烟草站新建收购场。2005年，投入30万元，重新铺设主街（解放街）人行道，8月完工投入使用。

八、社会事业

（一）教　育

1991年，嵩口学区有小学1所，完小及教学点12个，幼儿园1所。拥有小学班级数104个，在校生1998人。教职工79人，其中专任教师73人。幼儿班级数16个，在校生247人，专任幼儿教师13人。初级中学1所，拥有班级数12个，在校生519人，专任教师18人。1994年，嵩口小学通过教育六项督导评估，优级达标。1993年，被评为“省级农村示范小学”。2002年，幼儿园增至4所。2004年，投入资金200万元，实施嵩口中学、小学学生公寓楼建设，建筑面积1800平方米。2005年，嵩口学区有中心小学1所、完小11所，校园占地总面积7225平方米。小学部教学班19个，在校生1998人，教职工89人。幼儿部教学班9个，嵩口中学校园总面积26680平方米，校舍总面积12493平方米，共有教学班18个，在校生580人；教师79人，其中高级教师6人，一级教师43人。

（二）医疗卫生

1991年，嵩口镇有中心卫生院1所，是集医疗、预防、保健等为标准一体的综合性医院，占地面积1500平方米，建筑面积2600平方米，达到门诊楼、病房楼、宿舍楼三配套标准。1996年，新建宿舍楼1幢。1998年，投入35万元新建建筑面积2000平方米的综合门诊楼1座。1997年，通过一级甲等医院评审。1998年2月，获“爱婴医院”称号。2005年，卫生院分门诊部、住院部，设内科、外科、儿科、防疫科、妇产科、中医科、口腔科、B超心电图室、X光室、手术室、供应消毒室、化验室、危重病人室、中西药房等科室，开放病床20张。拥有200毫安X光机、B超机、麻醉机、进口尿8A机、半自动生化仪、牙科综合治疗机、牙科超声洁齿机、多功能频谱治疗仪、心电图仪、新生儿红外线抢救台、洗胃机、电动吸引器、电动人流吸宫器等设备，能常年开展常见下腹部手术，诊治农村常见病、多发病，对急危重患者进行及时、有效的早期抢救。全院职工30人，其中中级职称3人，初级职称20人。

（三）文化体育

梓材村存留清朝古建筑魏氏宗祠，已有260多年历史，被列为县级保护文物。围埔村保存有唐魏征后裔四修、五修魏氏族谱。村水口有始建于明朝、重修于民国的廊桥1座。

1991年，镇有文化站1所，影院1座，篮球场5个。每年元旦、五一、国庆均组织象棋、乒乓球、篮球赛、羽毛球比赛、游园等娱乐活动。围埔村每年正月游龙灯。1992年，嵩口村恢复每年举办“龙舟赛”。1993年，嵩口文化站被评为一级文化站。1995年，镇成立老年协会，成员960人。当年，嵩口镇被评为省“先进体育乡镇”，镇老年协会获三明市老年协会文明奖。此后，每年举办老人节庆典活动，活动有踩街、集体祝寿、评选“孝心媳妇”等。1997年，选送节目参加县奔小康文艺调演，获优秀奖、组织奖和创作奖。2005年，镇文化站建筑面积500平方米，设图书室、阅览室、棋艺室、乒乓球厅、篮球场等设施，常年对外开放，馆藏图书5000多册。

（四）旅游开发

1999年，嵩口镇政府通过干部群众集资、部门投资等多种渠道筹集资金350多万元，开发温泉资源，建设七星岩风景区，引月汤温泉至马排村边的电站大坝下游河滩处，兴建现代风格别墅4幢，广种桂花等名木，名曰“月滩温泉”。2004年，引进厦门红太阳文化传媒公司投资250万元、外商投资1000万元，建成高赖七仙御露温泉度假村，建有综合楼1幢，餐饮楼1幢，小木屋15间，标准游泳池1个，露天泡池20个，健身园1处。2005年，引进泉州客商投资1200万元，在月滩建设三星级温泉山庄。度假村和温泉山庄先后于中秋节、国庆节对外营业，当年接待游客10万人次。

（五）电视通讯

1991年，镇区利用卫星地面接收设备可收视节目8套，电视用户590户。投入4万多元，进行机房建设。镇区除单位、企业安装有半自动的手摇或拨号固定电话外，个人安装固定电话的寥寥无几。1993年，固话安装增加至250户。1994年，投入15万，建设完善机房设备，镇区开通闭路电视，可收视节目12套。1996年，镇区程控电话装机650门，8个村通程控电话，固话用户2000户，宽带互联网接入嵩口。1997年，投入20余万元，实现村村通电话。1998年，投入30多万元，实现与城区电视光纤联网。1999年，可收视节目23套。2005年，农村全面完成“五通”工程，12个建制村均开通有线电视，全镇电视用户690户。

长校镇

一、概 貌

1992年12月，经省政府批准，长校乡撤乡建镇。该镇位于县境西南部，北纬25° 53′ 54″～26° 02′，东经116° 40′ 01″～116° 50′ 18″。东邻灵地镇，北与田源乡接壤，西接里田乡，南连长汀馆前乡、连城四堡乡。距清流县城42千米。土地总面积141平方千米，属低山、中山丘陵区，平均海拔高度405米。全年气候温暖湿润，雨量充沛，属亚热带季风气候区，年平均气温17.7℃，年降雨量1806.7毫米，全年无霜期在240天以上。森林资源丰富，林地面积9600公顷，以松、杉、毛竹为主，土特产有香菇、红菇、粉条、山苍籽、松脂、茶叶等。黄坑村与里田洋庄交界处有几百年树龄的红豆杉2棵，2000年被省林业厅挂牌为国家保护名树。全镇耕地面积925.4公顷，水域面积5.8平方千米。长校镇交通便利，省道建文（204）线纵贯南部，各建制村支线与204线相连，至2005年末，全镇10个建制村全部实现水泥路面硬化。距县城27.2千米，距赣龙铁路和已在建设的长龙高速公路45千米。

1991年，全乡辖留坑、江坊、茜坑、下谢、长校、沙坪、河排、黄坑、荷坑、黄石坑10个建制村，23个自然村，92个村民小组。全镇总户数2340户，总人口12502人。其中非农业人口317人，农业人口12185人。1993年1月，成立校溪居委会。

2005年，辖10个建制村和校溪1个社区，有23个自然村，92个村民小组，3501户，总人口12854人。

其中男6590人，女6264人。外出劳动力2777人。全镇农林牧渔业总产值7034万元，农民人均纯收入4186元，分别为1990年的2.59倍、4.16倍；财政收入5万元。

二、种养业

（一）种植业

粮经作物主要有水稻、甘薯、大豆、蔬菜、烟叶、水果、茶叶、食用菌等。1991年，水稻种植面积1508.20公顷，总产量6912吨；甘薯种植面积50.4公顷，总产量102吨；大豆种植面积205公顷，总产量128吨；蔬菜种植面积155.07公顷，产量1000吨，烤烟播种面积201公顷，产量193吨；食用菌总产量9.4吨，其中香菇8.9吨，杂菇及其他0.5吨；茶叶种植面积1.33公顷，产量3吨。借助老区乡扶贫资金，实施“万亩果园”开发项目，乡、村和村民共投资、投劳20多万元，在长校、沙坪等村开发果园面积521.33公顷，以水蜜桃、梨、李柰、柑桔为主，产量293吨，面积、产量均为全县之最。

1995年，水稻种植面积1350.87公顷，总产量7013吨；地瓜种植面积101.53公顷，总产量197吨；大豆种植面积374公顷，总产量266吨；蔬菜面积193.47公顷，产量2937吨；烤烟播种面积150.93公顷，产量240吨；茶叶种植面积0.33公顷，产量4吨；果树种植面积870.2公顷，产量2765吨，形成省内知名度高的万亩水蜜桃基地；食用菌产量9吨。

2000年，水稻种植面积1340公顷，总产量6901吨；地瓜种植面积133.33公顷，总产量610吨；大豆种植面积273.33公顷，总产量435吨；蔬菜瓜果面积246.67公顷，产量4018吨；烤烟播种面积206.67公顷，产量388吨。茶叶种植面积1.4公顷，产量8吨；果树种植面积822.73公顷，产量4031吨；食用菌产量69吨。

2004年12月，引进种植“红心铁观音”茶叶品种。2005年，长校校晖茶厂投资500万元，建设“红心铁观音”优质茶叶基地面积13.33公顷。

2005年，全镇水稻种植面积1102.33公顷，总产量5694吨；地瓜种植面积160公顷，总产量780吨；大豆种植面积403.33公顷，总产量645吨；蔬菜种植面积262.67公顷，产量4097吨。茶叶种植面积25.33公顷，产量31吨；烤烟种植面积179公顷，产量306吨；种植反季节香菇30万袋，食用菌总产量93吨，其中香菇93吨；水果种植面积1093.13公顷，产量7761吨，尤以李、柰产量最高。

（二）养殖业

畜牧业是长校镇的重要产业，主要是生猪、肉牛和家禽饲养；渔业以池塘养鱼为主，品种有鲢、鳙、草、鲤等。1991年，生猪存栏6288头，出栏6560头，牛存栏2070头；家禽出栏7.65万羽；肉类总产量665.8吨；鱼类产量25吨。1995年，全乡生猪出栏9890头，存栏7200头；家禽出栏14万羽，存栏4.7万羽；水产品产量81吨，其中鱼类产量60吨。2000年，肉牛出栏69头，存栏1210头；生猪出栏5829头，存栏2700头；家禽出栏9.54万羽，存栏2.31万羽；水产品产量185吨，其中鱼类产量165吨。2002年后，响应县政府号召，大力发展养羊业。2005年，长校村生猪养殖大户李清平，投资10万元，规模养殖生猪，养殖场位于长校村马道里，占地面积1.33公顷，猪舍面积260平方米，年养殖出栏肉猪700头。同年，全镇肉牛出栏1010头，存栏11820头；羊出栏3010只，存栏1465只；生猪出栏8114头，存栏2879头；家禽出栏1.33万羽，存栏3.98万羽；水产品产量373吨，其中鱼类产量361吨，是1991年的14.44倍。

三、林　业

1991年，全镇迹地更新面积120公顷，幼林抚育实有面积1036.67公顷，木材产量7986立方米，松脂产量449吨，油茶籽141吨。1995年，迹地更新面积26公顷，幼林抚育实有面积655.53公顷，成林抚育实有面积68.27公顷。木材产量8780立方米，松脂产量940吨，油茶籽44吨。2000年，迹地更新面积37.33公顷，幼林抚育实有面积194.67公顷。木材产量2673立方米，松脂产量316吨，油茶籽426吨。

2004年4月，开展集体林权制度改革。全镇列入林权改革面积6865公顷，占集体林总面积8449.6公顷的81.25%。各村在调查摸底基础上，根据自身实际，制定集体林权改革实施方案，改革方式包括承包经营、自留山、租赁、林木转让、联营经营等等，召开村民代表大会表决同意后组织实施。至2004年7月，各村基本完成明晰产权、签订合同、林权登记、建立林权档案工作等集体林权制度改革主体任务，完成林权改革面积6716.6公顷，占列入林改总面积的97.8%，并通过县检查组检查验收。实现“山有其主、主有其权、权有其责、责有其利”和“耕者有其山”、权、责、利统一的集体经营管理新机制。

2005年，全镇林业面积6460.53公顷，其中国有林面积1777.73公顷，集体林面积4682.8公顷（承包经营面积1276.93公顷，林农个体经营面积346.37公顷，育林金投资造林面积397.5公顷，林权转让面积349.87公顷，插花山面积1.73公顷，村集体自主经营面积2310.4公顷）。2005年，迹地更新面积38.73公顷，幼林抚育实有面积33.33公顷，成林抚育实有面积20公顷。林业收入主要来源为采割松脂和木材采伐，各村林农每年获利20万元以上。当年木材采伐2673立方米，松脂产量51吨，油茶籽产量470吨。

四、乡镇企业

长校镇工业基础相对比较薄弱。1991年，乡办企业18家，从业人员393人，主要涉及竹木制品加工、花炮加工、采石、机砖、五金、农机修配等行业，全镇企业实现总产值2499.2万元。其中工业企业14家，实现工业总产值684.9万元。1993年8月，从广东潮州引进珠绣工艺，分散经营，从业人员1000余人，成为该镇特色产业。1994年1月，引进外商合资创办长达木制品有限公司，主营生产胶合板，8月投产，年生产能力3500立方米。1995年，乡镇企业613家，从业1386人员，实现乡镇企业总产值9906万元，其中工业总产值6475万元。1998年，成立校溪绿色食品厂，发展粉条加工户158户，豆腐皮加工户87户。2000年10月，成立长青运输有限公司，营运客车8辆。是年，乡镇企业172家，从业人员682人，实现乡镇企业总产值8910万元，其中工业总产值2458万元。2005年，先后建立恒鑫达服饰织造有限公司、恒旭牧业有限公司、长校校晖茶厂。股份合作制和个体私营企业6家。全年乡镇企业总产值1.17亿元，比1991年增长3.68倍。

五、商业金融

1991年，长校供销社下设百货、生资、食杂3个门市部，担负着全乡日常生活用品供销和农药、化肥等生产资料分配供应。有粮站1家，占地面积2650平方米的农贸市场1个，固定摊位33个，屠案15张、临时摊位板50个，圩日人流平均2000人。餐饮、零售等个体工商户15户。长校信用社存款余额1000多万元，发放贷款300多万元。2000年10月，长校供销社企业改制，职工下岗，将6个门点租赁经营，以积货的方式经营生活资料商品，为用户提供方便。2001年，实施集镇农贸市场改造。2005年，全镇个体工商户140户；信用社存款余额1371万元，发放贷款722万元。

六、基础设施

（一）交 通

1991年，全镇各村均为普通公路。1991年，修建长校沙坪村桥。1998年，铺设下谢亭至茜坑水泥路1350米。投资18万余元，硬化茜坑村乡村公路1.5千米。修复茜坑村机耕道。1999—2000年，维修长校沙坪村道。2001—2002年，投入资金，修建老区基点村留坑主村、嶂下村通村公路。2003年，投入资金，修建黄石坑村通村公路。投资80万元，完成黄坑村通村公路，全长3.05千米。2004年，实施新江坊—留坑村水泥路硬化。投资15万元，铺设荷坑新东山至乡道田河线水泥路1千米。2005年，投资10万元，铺设黄石坑村富尾—排下通村水泥路1.5千米。铺设极下至鱼龙岗水泥路8.33千米。全镇90%建制村通水泥公路。

（二）水利水电与供水

1991年，通过向上争取老区、库区专项资金、乡财补助部分资金及发动群众自筹资金、投工投劳等方式兴建“通水工程”。在长校村修建小型蓄水池1座，供应集镇居民自来水，但无消毒设备且供水不足，需使用井水作为补充。全镇有7个建制村13个自然村安装自来水。延伸新开长校村罗汉陂渠道500米，新开荷坑龙明陂渠道1250米。有300千瓦/小时的岗背水电站1座。1992年，建成装机5000千瓦时的竹青背水电站1座。1993年11月，动工兴建小（2）型江坊水库。总库容为15.2万立方米，最大坝高19米，坝顶宽3米、长105米，设计灌溉面积57.3公顷，工程投资67.91万元。1995年，建成445千瓦/小时的沙坪水电站1座，与省网110千伏变电站联网，电力资源充足。1996年2月江坊水库竣工。2000年，总投资86.5万元，其中上级拨款30万元，自筹资金56.5万元，10个建制村主村均安装自来水。完成土石方3350.5立方米，其中砌石350.5立方米，混凝土125.32立方米，铺设水管3.89万米，受益人口10110人，占总人口78.9%。黄坑村投资2万元，兴建丁里上简易人饮自来水工程；完成长校村罗汉陂省级千亩吨粮田改低工程，江坊村老虎坑山塘、下谢村屋背坑山塘除险加固工程，留坑村农田水利修复项目。修复河排村水毁工程马无陂水渠30多米。2001年，投资140万元的集镇供水工程动工建设，河排、沙坪等村自来水工程完工。兴建留坑村节水灌溉工程。2004年，集镇自来水厂建成，蓄水量100立方米，日供水2880吨，解决镇所在地居民生活用水问题。2005年，投资6万，兴建圣堂庵陂。同年，全镇90%的村通上自来水。2005年，投入8.93万元，建设下谢村自来水工程，供水规模80吨/秒，受益人口486人。

七、镇村建设

1991年，兴建卫生院、农行营业所2幢综合楼，铺设水泥路8平方千米。重点实施长校旧村改造，河排新村建设。1992年，投资30万元，将农贸市场门口至烟草站道路由7米拓宽至14米，长500米。投资 20万元，开通从老车站至关爷亭横街。1993—1996年，加快“小乡大集镇”步伐，进一步完善镇区主街道建设，铺设水泥路900米，并安装单面路灯。新建政府干部宿舍楼、派出所、烟草站、交管站、信用社、松脂站综合楼及政府篮球场。

1996年，长校村村中横街规划拆迁长300余米，拆除旧房180余间（幢），并安排建房40余幢。1997年，长校镇被省建委列为百个省级小城镇建设试点镇之一。是年，大规模进行新村建设和旧村改造，全镇共建新房227幢，改旧房202座。1998年，完成长校村横街10米宽水泥路铺设，实施农贸市场改造。

2000年，实施造福工程，共投入资金150.5万元，其中上级拨款7万元，镇村两级拨款5.5万元，搬迁农户自筹138万元，将原老黄石坑自然村23户、100人，全部搬迁至沙坪村居住，全部建砖混新房，平均每户建筑面积263.3平方米。至2001年，完成主街道校溪商业街、横街旧村改造和环村路铺设水泥路，共计2.2千米。以及主街道路灯改造。

八、社会事业

（一）教　育

1.小学　1991年，长校学区有中心小学1所，完小6所，教学点10个。共有教学班63个，公办教师72人，代课教师20人，学生1593人。学校总占地面积25197平方米，校舍面积9524平方米。是年，投入18万元，新建江坊小学教学楼1座。1996年，新建茜坑希望小学，总造价54万余元。自1996年始，以集中办学为指导思想，村级教学点陆续拆销，学生并至中心小学，中心小学向寄宿制学校发展。2004年，新建二层学生公寓1座。2005年，长校镇有中心小学1所、完小1所，初小2所，共有教学班21个。在校学生606人，教师61人，其中本科学历2人，大专学历45人，中专学历16人。学校占地26386平方米，校舍面积9472平方米。

2.中学　长校中学1所，坐落于长校村北邙山下。是清流县农村重点初级中学。学校创建于1958年，校园占地面积13480平方米，建筑面积8810平方米。1991年有教学班12个，在校学生552人，教职工26人，其中专任公办教师25人，民办教师1人。2005年，有教学班9个，在校学生283人，其中寄宿生203人。教职工52人，其中高级教师5人，中级教师18人。学校先后获得县、市级文明学校，省、市素质教育先进校，县教育工作先进单位，县“双高普九先进校”等荣誉称号。

（二）医疗卫生

1991年，长校卫生院占地面积2300平方米，其中建筑占地面积500平方米。科室有内科、外科、妇产科、中医科、儿科、药剂科；无大型医疗辅助检查医疗设备，医疗水平仅限于开展农村常见病、多发病的普通门诊治疗，医疗技术人员仅3人，培训上岗乡村医生3人，临时聘用非卫技人员2人。年内，动工兴建卫生院综合楼。1998年，完成病房大楼改造。

2005年，卫生院总占地面积2300平方米，其中建筑占地面积1220平方米。建成门诊综合楼、病房楼各

1幢，以及职工食堂、职工宿舍等。添置100毫安X光机、黑白B超机各1台。增加接种门诊放射科、B超室，床位20张。开展农村常见病、多发病的诊治。医疗技术人员6人，其中大专学历2人，中专学历4人。

（三）文化体育

长校镇文化历史底蕴深厚。清代诗人李弃、李彩高皆出自长校镇长校村。东山村有始建于唐末宋初的萧公庙，2010年被列为省级重点文物保护单位。江坊村有贵人寺、会龙寺、会龙屋桥、以及八家屋、贻毅堂等多座明清时期古建筑。长校村、江坊村传承着古老的民间艺术“十番锣鼓”表演；长校村被誉为“对联村”，其打银、剪纸和绣花等民间手工艺及元宵拔龙活动长盛不衰；江坊村有民间文艺团队1个——江坊汉剧团；留坑村打锡工艺久负盛名。

1991年，长校镇有文化中心大楼1座，建筑面积500平方米，内设图书室、阅览室、摄影室、展览室、游艺室、录像厅，有摄影、娱乐各类文体器材。长校镇所在地、江坊村各有电影院1座。全镇有篮球场5处，政府门前为灯光球场。1995年，成立民间楹联协会及客家文化联谊会，发展会员40余人，并召开民间楹联研讨会。2000年，长校农民文化合作社成立，利用传统及重大节日组织开展群众文化活动。镇老体协代表县队参加市老体协举办的太极拳比赛，获优秀奖。镇老体协获省万队百万老年人拳剑操歌舞大会演先进单位。2001年，老年文体活动中心建成投入使用，镇老体协获省老年体育工作先进单位。2004年，投入5万元，在灵台山建成福建省刻字创作基地。2005年，镇有文化站、老年文体活动中心各1处，常年开展书法、美术、摄影等各类文化及体育活动。

（四）旅 游

佛教胜地灵台山坐落沙坪村，面积7平方千米，山中寺庙翠峰寺和福源寺历史悠久。1991年，住持释满明从厦门南普陀佛学院学成归来。10余年间，他广结佛缘、多方筹措，陆续投入2000多万元，新建圆通寺，对翠峰寺等进行扩建完善，并新建山门、放生池、龟园、上山公路、停车场等配套设施，对周边环境进行绿化、美化，使之成为远近闻名集佛事朝拜、旅游为一体的佛教圣地。1999年，灵台山被列入中国旅行社客家旅游专线景点，国内外游客纷至沓来。2003年，圆通寺落成。同年，创立灵台山佛学院。同年，灵台山举办第三届素食文化节。2005年5月，全国首届现代刻字名家提名展暨福建省第三届刻字艺术展在灵台山举办，灵台山因此名声大振。

（五）电视通讯

1991年，长校镇有电视差转台4个，可收看中央、福建2个台节目，电视覆盖率100%。镇区开通程控电话。完成黄石坑村电话、广播线架设工程。1994年，开通有线电视。1995年始，长校村、江坊村、茜坑村、下谢村安装程控电话。1998年，开通黄石坑村电话。实现村村通电话、通有线电视目标。到2005年，程控电话、移动通讯、有线电视网覆盖全镇。

灵地镇

一、概 貌

灵地镇地处清流县南部，位于北纬25° 50′～25° 58′，东经116° 44′～116° 52′古称“林地”，后改称“灵地”，取“人杰地灵”之意。1992年撤乡设镇。镇政府位于群英街52号。东接赖坊乡，南连李家乡，西临长校镇，西南与连城县四堡乡接壤，北邻邓家乡，全镇土地面积77.47平方千米。大灵线和余李线在镇区交汇，距清流县城56千米，连城县22千米，距冠豸山机场25千米、赣龙铁路40千米，交通便利，是三明通往龙岩及广东的重要通道之一、县南部五乡镇和连城县北部乡镇商品交易的枢纽及商贸交易大镇。

灵地镇矿产资源主要有石灰石，分布在高排自然村和琴源水库2个矿点，初步探明储量千万吨以上；硅石矿储量117.91万吨，位于高排、上芜矿点。红柱石储量8820万吨，可采储量2646万吨，分布青甲村、灵和村、步云村等地，呈山带状，绵延数千米，矿层厚度 10 米以上，是加工高温耐火材料的上等原材料；高岭土储量 514.4 万吨，可采储量 382.60 万吨。

境内有全县最大的疏林草场。水利资源丰富，罗口溪自南向北流经境内姚坊、灵和、吉龙等村，流域面积 117.9 平方千米，长度 19.48 千米，年均流量为 25.6 立方米 / 秒。灵地、姚坊两村交界处的黄坪冷泉，日出水量在 3 万吨左右，水质清新，pH 值为 7.22，总硬度 116，常年水温在 18℃～22℃；占地面积 1 公顷，可开发利用面积 10 公顷。是养殖鳟、鲟、香鱼等冷泉鱼类的理想水质，也是温热带鱼越冬场所。

1991 年，全乡辖灵地、青甲、江头、李家寮、姚坊、杨源、大坪 7 个建制村。全乡总人口 1520 户，6816 人。其中非农业人口 339 人，农业人口 6477 人。主要姓氏有黄、李、杨、江、林、吴、罗、叶、肖、邓、马、王、赵、何、雷、周、陈、范、童姓等 19 个。其中黄姓最大，其次为李姓、杨姓。中国著名的防化专家黄新民为灵地镇人。

2005 年，辖灵地、灵和、青甲、步云、姚坊（原李家寮）、杨源、大坪 7 个建制村，16 个自然村。全镇总户数 2060 户，总人口 6849 人。其中男性 3583 人，女性 3266 人。2005 年，全镇农林牧渔业总产值 3758 万元，农民人均纯收入 4049 元，比 1990 年分别增长 2.74 倍和 3.76 倍。工业总产值 3948 万元，财政收入 3 万元。

二、种养业

（一）种植业

全镇耕地面积 645.67 公顷，是全县的粮食和烤烟主产区。种植业以水稻、红心地瓜、蔬菜为主；经济作物主要有烟叶、水果、红荷芋、茶叶等，其中姚坊红荷芋因种植土壤疏松、肥沃，有机质含量高，芋形肥圆少须，芽色鲜红如红荷初绽，肉质洁白透亮，母芋、子芋均可煮烂，口感酥软、香味浓郁，粉而不粘，久煮不散，品质上乘，为消费者所喜爱，产品供不应求。水果种植品种主要有柑橘、橙、梨等。1991 年，全镇水稻种植面积 930.2 公顷，产量 4461 吨。红心地瓜种植面积 40.4 公顷，产量 123 吨。蔬菜种植面积 137.13 公顷，产量 4667 吨；烟叶种植面积 120.47 公顷，产量 173 吨。水果种植面积 106.87 公顷，产量 119 吨；茶叶种植面积 46.13 公顷，产量 17 吨。1994 年后，茶叶品种老化，种植面积锐减至 6.07 公顷，产量 3 吨。

1995 年，水稻种植面积 827.53 公顷，产量 4364 吨。红心地瓜种植面积 90 公顷，产量 419 吨；蔬菜种植面积 150.53 公顷，产量 3224 吨；烟叶种植面积扩大至 228.33 公顷，产量 360 吨，比 1991 年翻番。水果种植面积 292.13 公顷，产量 242 吨。1996 年，台商林某在原有草场基础上，开发瑞丰农场，占地面积 200 公顷，种植台湾高优蔬菜和水果。1999 年，开始种植蜜雪梨。

2000 年，全镇水稻种植面积 878.33 公顷，产量 4429 吨。红心地瓜种植面积 104 公顷，产量 419 吨；蔬菜、瓜果种植面积 221.73 公顷，产量 3912 吨；烟叶种植面积达到 173.33 公顷，烤烟产量 325 吨；水果种植面积 124.27 公顷，产量 447 吨。2004 年，新植茶叶面积 3.33 公顷。

2005 年，全镇水稻种植面积 908 公顷，产量 5065 吨。红心地瓜种植面积 72 公顷，产量 374 吨。蔬菜、瓜果种植面积 172 公顷，产量 4913 吨；烟叶种植面积 196.67 公顷，亩产量 140 千克，年产量 414 吨，农民烟叶收入 500 万元。水果种植面积 127.53 公顷，产量 1736 吨;茶叶种植面积 53.33 公顷，产量 70 吨。是年，引导农户大量种植敏豆、小米椒、红荷芋等特色农作物，实现产值 2200 余万元。

（二）养殖业

以生猪、肉牛、家禽、家兔养殖和池塘养鱼为主。1991 年，生猪出栏 5902 头，存栏 4884 头。牛存栏 869 头。家禽出栏 4.16 万羽，存栏 1.98 万羽。家兔年末存栏 1373 只；水产品（鱼类）产量 16 吨。

1995 年，生猪出栏 5972 头，存栏 4765 头。牛存栏 898 头。家禽出栏 4.1 万羽，存栏 5.59 万羽。家兔年末存栏 2020 只，禽蛋产量 56 吨；水产品产量 33 吨，其中鱼类产量 32 吨。

2000 年，生猪出栏 4882 头，存栏 4020 头。牛出栏 190 头，存栏 798 头。家禽出栏 2.06 万羽，存栏 1.47 万羽。家兔年末存栏 4150 只；水产品产量 101 吨，其中鱼类产量 90 吨。

2003 年 8 月，灵地镇 3 名农民投资 200 多万元成立广益牧业有限公司，饲养架子牛 500 余头。2004 年，该公司与南京农业大学、福建农林大学签订肉牛孪生技术和肉牛优质高产技术等国内领先的肉牛养殖技术合作协议。同时依托县、乡畜牧部门，开展公牛阉割、冷配，带动农户发展生产。

2005年，广益牛场与10余户农户达成养殖协议，为农民提供50%的架子牛购入款，解决部分农民资金不足问题，同时为农户提供免费技术指导。广益牧业出栏架子牛1500多头，存栏100余头。是年，全镇生猪出栏8506头，存栏4670头。牛出栏1228头，存栏2311头。家禽出栏3.24万羽，存栏1.67万羽。家兔出栏7381只，年末存栏3461只。禽蛋产量60吨，水产品（鱼类）产量220吨。

三、林　业

1991年，全镇造林面积36.53公顷，木材采伐2556立方米，油茶籽产量6吨，松脂产量109吨。1995年，成林抚育实有面积23.73公顷，木材采伐3000立方米，油茶籽产量220吨，松脂产量560吨。2000年，迹地更新面积10公顷，幼林抚育面积17.6公顷，木材采伐1000立方米，油茶籽产量55吨，松脂产量231吨。林副产品有油茶籽、松脂、红菇、笋干等。2002年，引进“全球生态五百佳”的浙江宁波滕头园林绿化工程有限公司到灵地、李家开发投资，组建三明景秀园林工程公司。2003年，三明景秀园林工程有限公司在灵地镇等地投入6100万元，新开发土地面积166.67公顷、租用土地面积86.67公顷，建设绿化苗木基地和农业生态观光园。2005年，连片种植绿化苗木面积200公顷，主要种植桂花、乐昌含笑、罗汉松、茶梅、茶花、竹柏等珍贵树种30多种、70多万株。该公司常年雇工60余人，最高峰时达296人。

2005年，全镇林业面积6460.53公顷，其中国有林面积1777.73公顷，集体林面积4682.8公顷（承包经营面积1276.93公顷，林农个体经营面积346.37公顷，育林金投资造林面积397.5公顷，林权转让面积349.87公顷，插花山面积1.73公顷，村集体自主经营面积2310.4公顷。当年迹地更新面积9.8公顷，幼林抚育面积66.66公顷，成林抚育实有面积20公顷，林业收入来源主要为松脂采割和木材采伐，各村林农每年获利20万元以上。当年木材采伐9434立方米，松脂产量80吨。

四、乡镇企业

1991年，全镇有乡镇企业405家，从业人员848人，实现企业总产值1478.58万元。其中，工业总产值840.1万元。乡办工业企业7家，主要门类为木制品、机砖、制茶、针织等，实现总产值259.2万元。1995年，乡镇企业454家，从业人员919人，实现企业总产值7729万元。其中工业总产值5924万元。1998年，新建灵地机砖厂，年产机制砖500万块，年利税20万元。2000年，乡镇企业181家，从业人员414人，实现企业总产值6480万元。其中工业总产值1512万元。2005年3月，引进外资60万美元，在县城区兴办“飞地工业”——兴业服饰公司。同年兴办金发气动钉厂，年产气动钉500吨，年利税50万元。年末，有企业5家，全乡实现工业总产值3948万元，实现利税177.8万元。

五、商业金融

1991年，灵地镇有供销社、粮站各1家。拥有农副产品集贸市场1处，砖木结构，占地320平方米，有固定摊位90个，屠案41张，临时摊位150个，为清流与连城及周边乡镇交界的重要边贸市场，每月逢农历三、八日为集市贸易时间，人流及交易人数1.5万人以上，年贸易额在6000万元以上。金融机构主要有灵地信用社和邮政储蓄所各1家。年末实现存款余额321万元，其中居民储蓄存款余额267万元；贷款余额171万元。1995年，存款余额856万元，其中居民储蓄存款余额620万元。贷款余额425万元。1996年，投资160万元，扩建集贸市场，占地面积1.5公顷。2000年，全镇存款余额995万元，其中居民储蓄余额805万元；贷款余额630万元。

2005年8月，新建利福家超市1家。年末，全镇私营企业8家、注册资金1290万元、从业人员272人；个体工商户83户、注册资金149.67万元、从业人员123人。个私经济实现产值（或销售收入）7920万元、上缴税金79.2万元。同年，镇金融存款1291万元，比1991年增长3倍，其中居民储蓄存款1141万元，比1991年增长3.27倍；贷款868万元，比1991年增长4.08倍。

六、基础设施

1991年，灵地镇有姚坊、江头电站2座，装机容量725千瓦。同年，投资30余万元兴建镇区供水工程，10月建成通水，受益人口3000人。1992年，姚坊村投资20万元解决饮用水问题，其余各村均列入省“六千水利”工程建设盘子，分期实施。1998年，进行大灵线灵地路段工程改造。

2003年，铺设灵地—姚坊水泥路3.5千米。同年，投资60万元对镇区供水工程进行扩建，日供水量200吨。

2004年，铺设杨源水泥路1.2千米。柯芳、步云电站相继建成投产。

2005年，铺设姚坊—步云水泥路4.07千米，14个建制村实现村村通水泥路。分别投资3万、10万元，解决灵和村及步云村上云、止云、少云3个自然村的饮用水问题。年末，全镇有电站4座，装机容量1815千瓦。除江头电站接入省网以外，其余3座电站年均共计发电8700万千瓦时。

七、镇村建设

1996年，开展农村奔小康工作。姚坊村被评为市级小康示范村。全镇小康户1086户，小康人口4741人，占总户数74.49%；脱贫38户，脱贫人口185人。1997年，投资48万元，改造群英街水泥路600米。建成灵地税务所，推进灵地、灵和、杨源3个村拆旧建新、大坪村建新整容。4个村年内新房动工119栋，竣工101栋。1998年，投资6万元，用于水利建设及水库除险加固。投资10万元，在大坪村开荒造田20公顷。到2000年，全镇农民基本实现小康。2003年，投资5万元，兴建公厕6座。

八、社会事业

（一）教　育

1991年，灵地镇有普通完全中学1所，即清流二中。校园面积约2.6万平方米，建筑面积9000平方米，拥有图书1.5万册。有初中班15个，高中班4个。教职工58人，其中，专任教师38人。在校生968人。灵地学区有中心小学1所，完小6所，班级39个，在校生732人。教职工43人，其中专任教师38人（民办教师8人）。1996年，投资4.1万元，兴建中心小学食堂，投入2万元实施二中教学楼加层工程。年内，中、小学校均通过省“两基”验收。1999年，学校通过“实验普及”检查。

2005年，有普通完全中学1所，即清流二中，初中班级数24个，高中班级数31个。教职工67人，其中专任教师62人。在校生1587人，毕业生554人，中心小学2所，完小7所，班级26个。教职工59人，其中专任教师56人。在校生754人，毕业生27人。

（二）医疗卫生

1991年，有灵地卫生院1所。1996年，卫生院综合楼投入使用，配置X光、B超、心电图等设备。2003年，成立灵地中心卫生院，拥有病床10张，医务人员16人。同年投资45万元，新建门诊大楼1座，占地面积1000平方米。全镇除杨源村外，均建立村级卫生所。

2005年，灵地中心卫生院扩建为清流县医院灵地分院。2005年，有清流县医院灵地分院和邓家卫生院2个卫生院，村卫生所12个。病床40张，每千人拥有医疗床位3张，固定资产总值580万元。专业医护人员33人，其中执业医师5人，执业助理医师6人，注册护士8人。

（三）文　化

1991年，有文化站1座，篮球场5个。保存有建于清乾隆时期的灵地村土楼建筑群及姚坊村古民居50余座。2005年，镇有文化站2个，建筑面积1217.76平方米。学校图书馆2个，建筑面积200平方米，藏书0.4万册。体育场地13处。每年定期举办的体育活动有校园篮球赛、镇直机关乒乓球赛、羽毛球赛等。64.3%的村安装健身器材，经常参加体育活动的人数占常住人口25%。

（四）电视通讯

1991年，镇区利用卫星地面接收设备可收视节目8套。1993年，镇区开通有线电视，可收视节目8套。1996年，除步云村外，其余6个建制村均开通程控电话和有线电视。

2005年1月，电视实现与城区光缆联网，可收视节目26套，电视用户700余户。是年，镇区有邮政网点1个，投递路线单程总长度10千米，投递点8个，乡村通邮率100%；电信服务网点2个；电话交换机总容量2400门，固定电话用户1456户，电话用户普及率39.4%；移动电话用户3926户，宽带接入用户425户。

李家乡

一、概 貌

李家乡位于县境最南端，地处北纬25° 46′ 53″ ～25° 53′ 09″，东经116° 46′ 15″ ～116° 54′ 38″。东邻连城县塘前乡，北、西北分别与赖坊乡、灵地镇接壤，西南连连城县北团镇。距清流县城65千米、连城冠豸山机场20千米、赣龙铁路冠豸山火车站35千米，距省道204线10千米。辖区面积75.1平方千米，平均海拔350米，境内地势平坦。土壤多偏酸性与微酸性，适宜水果、蔬菜、茶叶等作物的种植。耕地面积813.33公顷，林地面积7666.67公顷，林业用地604.87公顷，木林蓄积量16万立方米，生态公益林3600公顷。是清流县内陆小平原，境内宜草宜牧山坡、山地面积多达400余公顷，适宜发展规模化、集约化的现代观光农业。李家草场曾被誉为“南方最大的天然草场”。矿产资源丰富，有煤炭、高岭土、硫铁矿、石灰石、金矿等资源，其中探明煤炭总储量为3500万吨，可采储量为2800万吨。鲜水村冷泉省内稀有，水质清纯，出水量大，达0.39立方米/秒，日出水总量3.39万立方米，pH值7.6，总硬度132，四季水温在18℃～22℃，含有人体必需的多种矿元素和微量元素，有天然疗养功能。也是养殖鳟、鲟、香鱼等冷泉鱼类的理想水质和温热带鱼越冬场所。所产的鲜水鱼肉质细嫩，味道鲜美。

1991年，全乡辖李村、鲜水、河背、罗坑、古坑、长灌、吴家、早禾排8个建制村。总人口2110户，10208人。其中非农业人口274人，农业人口9934人。

2004年起，实施农村低保。当年享受低保人数337人，发放金额13.99万元。2005年，享受低保人数368人，发放金额18.72万元。

2005年，全乡辖8个建制村。总人口3079户，10299人。其中男性5431人，女性4868人。农村劳动力6300多人。有个体工商户256户。外出打工1602人。全乡实现农牧渔业总产值4727万元。农民人均收入3935元。分别比1990年增长3.13倍、3.63倍；财政收入15万元；信用社年末存款余额550万元，贷款余额380万元。

二、种养业

（一）种植业

李家乡以传统农业为主，粮、经作物有水稻、烤烟、红心地瓜等。1991年，水稻种植面积1241.93公顷，产量6236吨。甘薯种植面积36.67公顷，产量80吨；蔬菜种植面积216.93公顷，产量4171吨；烤烟种植面积49.67公顷，产量47吨；花生种植面积9.33公顷，产量14吨。油菜种植面积49.60公顷，产量43吨。水果种植面积58.07公顷，产量47吨。

1995年，水稻种植面积有所减少，为1156公顷，产量6119吨。甘薯种植面积增加至73.33公顷，产量126吨；蔬菜、瓜果种植面积146.67公顷，产量1950吨；烤烟快速发展，种植面积110.27公顷，产量173吨。花生种植面积增加至48公顷,产量76吨。油菜种植面积33.33公顷,产量22吨。水果种植面积270.4公顷，产量550吨。1996年，引进台商兴办瑞丰农场，推广种植台湾高优农业品种枝豆、苦瓜、甜豌豆、袖珍西红柿、黄皮西瓜等。至年末，台湾枝豆种植面积3.33公顷，苦瓜种植面积1.33公顷，成为清流县高优农业项目开发示范基地。1997年，从台湾引进蜜雪梨（又称“台农2号”早熟梨），在李家果场试种成功。2000年，水稻种植面积1080公顷，产量5860吨。甘薯种植面积213.33公顷，产量1088吨；蔬菜、瓜果种植面积146.67公顷，产量1950吨；烤烟种植面积226.67公顷，产量340吨；花生种植面积48公顷，产量94吨。油菜种植面积53.33公顷，产量56吨。水果种植面积266公顷，产量896吨。

2005年，水稻种植面积1046公顷，产量5287吨。甘薯种植面积183.33公顷，产量895吨。蔬菜、瓜果种植面积221.33公顷，产量3972吨；油菜种植面积33.33公顷，产量32吨。花生种植面积29公顷，产量50吨。烤烟种植面积206.67公顷，产量320吨。蜜雪梨种植面积13.33公顷，产量22吨。

（二）养殖业

以牛、生猪、肉羊、家禽、家兔养殖为主，并利用当地冷泉资源，发展冷水性鲜水鱼养殖。1991 年，全乡生猪出栏 8714 头，存栏 5420 头，牛存栏 1056 头，家禽出栏 8.65 万羽，存栏 2.49 万羽，家兔存栏 1690 只。禽蛋产量 39 吨。水产品产量 41 吨，其中鱼类产量 40 吨。

1995 年，全乡生猪出栏 1.32 万头，存栏 4160 头，牛存栏 1100 头，家禽出栏 13.61 万羽，存栏 4.54 万羽，家兔存栏 2960 只。禽蛋产量 40 吨。水产品（鱼类）产量 58 吨。2000 年，全乡生猪出栏 5200 头，存栏 4880 头；牛出栏 96 头，存栏 1280 头；家兔存栏 1100 只；家禽出栏 6.5 万羽，存栏 4.6 万羽。禽蛋产量 20 吨。水产品产量 107 吨，其中鱼类产量 102 吨。

2001 年，引进台商投资创办嘉德冷泉养殖中心。项目总投资 100 万美元，占地面积约 40 公顷，其中开发鱼塘面积约 6.67 公顷，农业观光旅游开发面积约 33.33 公顷。该公司引进新技术、新品种扩大养殖规模，引进淡水龙虾养殖 10 万尾，俄罗斯鲟、杂交鲟、西伯利亚鲟 80 万尾。

2002 年 10 月，兴办清流县大坂农牧科技有限公司，为集良种繁育，新技术推广、培训、示范为一体的综合示范养殖基地。同时种植脐橙、毛竹、牧草，养殖山地鸡。至 2005 年，该公司总投资达 100 万元，占地面积 6.67 公顷。存栏猪 200 头，年出栏生猪 600 头、山地鸡 1.50 万羽，脐橙产量 5 吨，年产值 100 万元。带动周边村发展规模养殖户 36 户，养殖专业场 6 个。同年，全乡生猪出栏 6425 头，存栏 6910 头，牛出栏 510 头，存栏 1560 头，羊出栏 650 只，存栏 665 只，家禽出栏 6.84 万羽，存栏 8.1 万羽。禽蛋产量 30 吨。水产品产量 271 吨。

三、林　业

1991 年，迹地更新面积 40 公顷，幼林抚育面积 1475.33 公顷，木材产量 2255 立方米，林业总产值 165 万元。油茶籽产量 34 吨，松脂产量 152 吨。1995 年，幼林抚育面积 6.33 公顷，木材产量 4180 立方米，松脂产量 72 吨。

2000 年，迹地更新面积 8.67 公顷，幼林、成林抚育面积分别为 12.67 公顷、9.33 公顷。木材产量 3128 立方米，松脂产量 380 吨。2002 年 4 月，三明景秀园林工程有限公司建设绿化苗木基地，培育罗汉松、桂花树、银杏、茶梅、竹柏、乐昌含笑、红枫等大树大苗及名贵花卉品种。至 2005 年，绿化苗木基地面积 132 公顷。

2005 年，全乡林地面积 7666.67 公顷，林业用地面积 604.87 公顷，木林蓄积量 16 万立方米，生态公益林面积 3600 公顷。发放林权证 325 本。年内，迹地更新面积 51.8 公顷，幼林抚育面积 66.67 公顷，成林抚育面积 13.33 公顷，木材产量 23163 立方米，实现林业总产值 611 万元。松脂产量 90 吨。

四、乡镇企业

1991 年，乡镇企业 231 家。其中，乡办 8 家，从业人数 1100 人，实现企业总产值 1882.07 万元。工业以煤炭开采为主，主要企业有长灌煤矿、李家露子坑煤矿、马地联办矿、李家乡煤矿。实现总产值 971.6 万元。1999 年 2 月，煤炭行业关井压产，李家长灌村矿、李家吴家村矿、李家古坑煤矿关闭。

1995 年，引进台商刘先生投资兴办清流青龙果蔬有限公司，资产总额 1000 万元，为集开发、生产、销售优质梨（蜜雪梨为主）为一体的现代农业企业，果场面积 66.67 公顷。1997 年，该公司在福建省率先引进种植台湾培育的蜜雪梨（台农 2 号）新品种；并先后从韩国、日本引进新世纪梨、早黄金梨、黄金梨、新星、丰水等新品种种植，采用科学生态农业栽培管理及先进的施肥枪等技术。该公司生产的蜜雪梨于 2002 年度福建省优质早熟梨评比中获综合评比第一名，被作为优质梨在全省推广。2003 年，青龙果蔬有限公司被省政府授予“福建省海峡两岸高优农业合作示范重点保护企业”。其生产的蜜雪梨获省质量技术监督局颁发的无公害农产品标志证书。

2002 年 4 月，引进浙江奉化滕头集团成立三明景秀园林工程有限公司，投资 6600 万元，规模种植绿化苗木和建设农业观光园。2004 年，公司获农业产业化省级龙头企业称号。

2004 年 6 月，投资 600 万元，成立清流县昌昇农副产品开发有限公司。9 月 18 日正式投产。采用冷冻处理技术深加工膨化红心地瓜干为主的系列农副产品。日产成品地瓜干 4 吨多，年可就地“消化”红心地瓜原料 5000 吨，年产中、高档地瓜干 1000 多吨，年销售额 900 多万元，吸纳当地富余劳力 120 多人。2005 年，该厂完成商标注册、品牌申请、包装设计等工作，并与厦门、上海等地客商签订产品销售代理合同。

2005年10月，引进菲律宾商人创办三明凯莱服装织造有限公司，总投资500万元港币，吸纳劳动力400人，年产值5000万元，创利税收入150万元。至年末，全乡有企业7家，其中台资企业2家、外资企业1家、内资企业4家。煤炭企业3家，分别为长灌煤矿、马地煤矿、李家煤业有限公司。全乡实现工业总产值1313万元。

五、商业金融

李家乡有小型集贸市场1个，逢农历二、七为圩日。1991年，信用社吸收存款135万元，发放贷款43万元。2005年，信用社吸收存款550万元，发放贷款380万元。年末，有个体工商户256户。

六、基础设施建设

（一）水利水电

乡境内文川溪属罗口溪支流，发源于连城县，上游集雨面积448平方千米。1991年，有罗坑电站1座，装机容量800千瓦，设计年发电量360千瓦时。1993年，建设流水水库，位于该乡吴家村流水自然村流水溪上游1.5千米处。坝址以上控制流域面积22平方千米。总库容196万立方米，是一座以灌溉为主，结合发电和防洪的小（1）型水库工程。设计灌溉吴家、早禾排、长灌3个建制村农田面积233.33公顷。2000年后，投资285万元，实施李灵片、古坑片农田水利基础设施建设，解决古坑、鲜水、李村农田灌溉面积近333.33公顷，实施鲜水、古坑、吴家烟田建设项目，面积213.33公顷。1991—2005年，共建设马地、流水、利源等水力发电站8座，装机容量3135千瓦／小时。农业生产用水由琴源水库（中型库）、流水水库、马地水库、文川溪和鲜水村冷泉供给。

（二）供 水

1991年，李家乡居民饮水主要引用山泉水、地井水。1999年，投入资金38万元，建设集镇供水工程，日供水500吨，受益人数3500人。2003年，投资15.46万元，建设李家古坑村饮水工程，日供水230吨，受益人口1800人。投资9.6万元，建设李家罗坑村饮水工程，日供水120吨，受益人口935人。

2004—2005年，投入千万农民饮水工程建设项目资金114.37万元，建设日供水200～300吨的饮水工程4个，解决河背、李村、吴家、鲜水村民饮水问题，受益人口5491人。2005年，通自来水的村有7个。

（三）交 通

1991—1995年，先后投入资金3.2万元，铺设河背村—下溪背、双塘、桐树山自然村水泥路共计5千米。2004年，投入12.5万元，铺设吴家—流水水泥路3千米。争取上级资金200余万元及乡村筹资筹劳，共计252万元，铺设李家—长灌水泥路长7.65千米，路面宽5米。2005年，8个建制村全部通车。

七、乡村建设及邮电通信

1991年，境内有乡级邮电所1家。1994—1996年，投入资金50余万元，新建李家大桥。1996年，开通程控电话。1997年，开通移动电话101户。同年，拓宽改造北沙线过境公路，铺设水泥路和柏油路面5千米，达国家2级路面标准。铺设乡所在地水泥路面1千米。引导乡所在地农民按规划拆旧建新，珠山街两旁建新房10余幢。1998年，有固定电话用户500户。2000年始，进行长灌、鲜水村及乡所在地新村建设及环境整治。2002年，开通宽带。至2005年，共建新房24幢，乡容村貌改观。境内有乡级邮政、电信所各1家。程控电话用户数1312户，移动电话用户4321户，宽带用户数78户。

八、社会事业

（一）教 育

1991年，李家乡有初级中学1所，班级8个，教职工26人，其中专任教师24人，在校生389人。李家学区有完小及教学点8个，班级48个，教职工43人，其中专任教师39人，在校生1104人。

1997年，古坑、吴家、长灌、罗坑、早禾排5所完小附设幼儿班经县教育局检查验收后登记注册。

1998 年，乡财政投入 20 多万元，建设李家中心幼儿园，园内教学用建筑面积 270 平方米，户外活动面积 1000 平方米，各种教学设施齐备。2001 年 5 月，李家学区中心幼儿园经三明市教委检查验收，成为“三明市农村示范幼儿园”。

2004 年 9 月，李家中学和李家学区合并，称李家学校，为一所集幼儿园、小学、初中教育于一体的九年一贯制学校，下辖长灌、吴家、罗坑、古坑等初级完小 4 所。学校占地面积 2.3 万平方米，校舍面积 5000 余平方米。其中教学楼 3 座，教师宿舍楼 2 座。2005 年，有教学班 30 余个，在校生 1000 余人，教职工 82 人。

（二）文化　体育

1991 年，乡有文化站 1 座，全乡通过地面接收站接收电视。李村保留有古建筑李氏家庙—敬荣八郎公祖庙，以及为纪念抗日为国捐躯之士所建的义勇祠。李家乡迄今保留有传统民俗文化表演活动——“五经魁”。

1996 年，全乡有地面接收站 6 个。2005 年，乡所在地开通有线闭路电视，当年电视用户 485 户。文化站和文化活动中心各 1 处，常年对外开放。篮球场 2 个，经常性举行比赛活动。

（三）医疗卫生

1991 年，李家乡有卫生院 1 所，占地面积 800 余平方米，业务用房面积 400 多平方米，均为土木结构平房，医疗条件简陋，看病只有血压计、温度计和听诊器。有医务人员 7 人，其中医生 3 人。村卫生所 8 个。

2005 年，卫生院有医生 2 人，护士 2 人（助产士 1 人），药房 2 人，床位 8 张。能够满足当地群众常见病、多发病诊疗以及体表小肿物切除等简单手术及基本公共卫生需求。

邓家乡

一、概　貌

邓家乡地处清流县南面，位于北纬 25°　53′～25°　59′，东经 116°　45′～116°　52′。省道大灵线穿境而过。距清流县城 50 千米、连城县 30 千米。东与赖坊乡接壤，南与灵地镇相连，西临长校镇，北与田源乡毗邻。全乡土地总面积 57.26 平方千米，其中林地面积 4369.29 公顷（含大丰山林场面积 168.04 公顷），耕地面积 542.22 公顷。

乡境内峰峦起伏，溪流密布，水域面积 83.52 公顷。罗口溪穿越吉龙村，河段长 3 千米。是典型的内陆山区，平均海拔 500 多米，主要山峰有后林山，海拔 830 米，古洋山海拔 934 米。是典型的以农业为主的乡，土特产品有红心地瓜干、乌桕籽等。植物资源丰富，盛产杉、松、竹、果树等经济林种，全乡森林覆盖率 80%。矿产资源主要有高岭土，分布在尤坊甲村，储量约 20 万吨，土质品位高，可作为开发高中档瓷器原料。马寨村有冷泉 3 口，出水量 0.2 立方米 / 每秒，水质清澈，四季温度在 18° C～22° C，是养殖鳟、鲟、日本鲤等珍贵鱼类的理想场所。

1991 年，全乡辖邓家、田中、马寨、尤坊甲、吉龙、坑甲、古洋源 7 个建制村，24 个自然村，39 个村民小组。总人口 1142 户、5506 人。其中，非农业人口 280 人，农业人口 5226 人。2005 年，全乡辖 7 个建制村，24 个自然村，39 个村民小组，总户数 1579 户，总人口 5294 人。其中男性 2711 人，女性 2583 人。外出劳务 600 余人，创收 700 万元。全乡农林牧渔业总产值 3684 万元，农民人均纯收入 3934.7 元，分别比 1991 年增长 2.12 倍、4.47 倍。

二、种养业

（一）种植业

粮经作物有水稻、红心地瓜、蔬菜、烤烟、水果等。1991 年，水稻种植面积 771.67 公顷，产量 3055 吨。红心地瓜种植面积 30 公顷，产量 47 吨。蔬菜种植面积 112.53 公顷，产量 2296 吨；烤烟种植面积 193.4 公顷，产量181吨。利用荒坡地，发展种植水蜜桃、李等果树面积218.53公顷，产量30吨。1995年，水稻种植面积1156公顷，产量6119吨。红心地瓜种植面积73.33公顷，产量126吨。蔬菜种植面积121.2公顷，产量1189吨。烤烟种植面积284.87公顷，仅次于里田乡，居全县第二，产量361吨。果树种植面积207.6公顷，产量259吨。1997年后，推广种植蜜雪梨。2000年，水稻种植面积594公顷，产量3411吨。红心地瓜种植面积147.67公顷，产量441吨。蔬菜、瓜果种植面积227公顷，产量3442吨。烤烟种植面积279.53公顷，产量434吨。果树种植面积207.6公顷，产量360吨。2005年，全乡水稻种植面积476公顷，产量2743吨。红心地瓜种植面积172公顷，产量804吨。同年，引导农民发展订单农业，种植敏豆面积33.33公顷、小米椒面积40公顷。蔬菜、瓜果种植总面积223.33公顷，产量4091吨。烤烟种植面积300公顷，产量531吨。果树种植面积48.8公顷，以蜜雪梨及柑橘为主，少量种植杨梅、枇杷，产量423吨。

（二）养殖业

1991年，全乡生猪出栏3629头，年末存栏3726头。牛年末存栏769头。家禽出栏3.19万羽，年末存栏2.24万羽。水产品（鱼类）产量17吨。1995年，生猪出栏6048头，年末存栏5707头。牛年末存栏712头。家禽出栏9.31万羽，年末存栏9.1万羽。水产品（鱼类）产量16吨。2000年，生猪出栏3308头，年末存栏2910头。牛出栏151头，年末存栏883头。家禽出栏2.58万羽，年末存栏2.15万羽。家兔年末存栏500只。水产品（鱼类）产量62吨。2002年，关公凹电站建成后，开发利用吉龙河水面养鱼，以草鱼为主。并开始发展养羊业。2005年，全乡养猪大户16户。全年生猪出栏3925头，年末存栏3900头。牛出栏173头，年末存栏1020头。羊出栏500只，年末存栏240只。家兔年末存栏500只。家禽出栏3.87万羽，年末存栏2.64万羽。鱼产量200吨。

三、林　业

邓家乡山地面积3200公顷，属水土流失区，林木资源较为贫乏。1991年，迹地更新面积21.67公顷，幼林抚育面积1030.67公顷，成林抚育面积66.67公顷。木材产量11709立方米，油茶籽产量18吨，松脂产量71吨。1995年，迹地更新面积26.27公顷，幼林抚育面积33.4公顷。木材产量9345立方米，油茶籽产量4吨，松脂产量750吨。2000年，迹地更新面积4公顷，幼林抚育面积4公顷。木材产量5700立方米，油茶籽产量15吨，松脂产量138吨。2005年，迹地更新面积7.67公顷，幼林抚育面积6.67公顷，成林抚育面积20公顷。全乡林地面积4369.29公顷（包括行政辖区内大丰山林场168.04公顷）。木材产量24316立方米，油茶籽产量65吨，松脂产量80吨。

四、乡镇企业

1991年，全乡有乡镇企业344家，从业人员871人，实现企业总产值1121.80万元，其中工业总产值404.30万元。乡办工业有红砖厂、林场、石英石厂、电管站、汽车修配厂5家，实现工业总产值164.7万元。1995年，乡镇企业322家，从业人员691人，实现企业总产值5164万元，其中工业总产值3592万元。1997年，引进资金兴办高段铁厂，成立乡电管站。2000年，乡镇企业78家，从业人员196人，实现企业总产值4630万元，其中工业总产值475万元。邓家村有红心地瓜干加工厂5家，年产红心地瓜干50余吨，产品有薯条、薯片等，销往福州、厦门等地。2005年，全乡私营企业16家，实现企业总产值790万元。

五、商业金融

1991年，新建农贸市场1处，建筑面积1200平方米，固定摊位10个，屠案12张，临时摊位25个。有农村信用社1所，年末各项存款余额111.41万元，贷款余额71.3万元。2001年12月，各项存款余额526.90万元，其中储蓄存款余额472.8万元。贷款余额364.9万元。2002年8月，各项存款余额630万元，贷款余额147.4万元。9月后，邓家信用社归并到灵地信用社。

六、基础设施建设

（一）交　通

1998—1999年，投资479万元，按二级路标准改建邓家马寨—灵地路段，铺设沥青路面，长8.25千米。

2000—2001 年，投资 820 万元，按三级路标准改建白石—马寨路段，铺设沥青路面，长 10.3 千米。其中，邓家过境路段铺设水泥路面。2003 年，铺设高段—吉龙水泥路 3.8 千米。2004 年，铺设大灵线—马寨水泥路面 1.2 千米，邓家—坑甲水泥路 2.5 千米。2005 年，铺设路口—古洋水泥路 2.8 千米。

（二）水利水电及供水

1991 年，投资 100 多万元，建立琴源水库右干渠水利工程。有省级标准农田面积 100 公顷。有鱼龙岗电站 1 座，装机容量为 10000 千瓦。1995 年 3 月，动工建设洋背电站，总投资 600 余万元，装机容量为 3×320 千瓦，设计年发电量 618 千瓦时。1996 年 12 月，洋背电站建成投产发电，与省网联网，当年发电 350 万千瓦时，实现产值 87 万元。同年，完成集镇所在地自来水主管改造。2004 年，投入资金 42.26 万元，建设坑甲村日供水 100 吨的自来水工程，受益人口 550 人。2002—2004 年，实施甲子溪小流域水土流失综合治理。2005 年，投入资金 12.86 万元，建设吉龙村自来水工程，日供水 80 吨，受益人口 480 人。

七、集镇建设

1991 年，实施邓家—田中新街拓宽改造，长 600 米。完善田中、马寨、古龙等村主干道水泥路铺设，建成尤坊甲主村水泥桥。1994 年，投入 6 万元，对乡主街道进行改造，新建乡政府大门，安装路灯。同年，全乡建新房 48 幢。1995 年，新建派出所、农技站、水管站、卫生院办公楼，新建、扩建乡政府宿舍楼、财政所综合楼。动工建设邓家、马寨、尤坊甲、吉龙、坑甲、古洋 6 个建制村村部。1997 年，完成政府宿舍楼加层、集镇所在地电力线路改造。完成马寨、田中新村水泥路建设。全乡建新房 131 户，邓家、田中、马寨新村点初具规模。1998 年，兴建乡计生综合楼。2000—2005 年，进行邓家、马寨村整治，实施邓家广场建设、集镇所在地“丁”字街绿化、美化和亮化，建设马寨村马家自然村环村公路。

八、社会事业

（一）教　育

1991年，有九年义务制学校1所，也是邓家乡唯一的学校。设初中班级2个，在校生80人，专任教师7人。邓家学区有小学及教学点6个，班级27个，教职工27人，其中专任教师27人，在校生466人。1997年，投入资金38.79万元，新建中心小学教室6间建筑面积20平方米，教工宿舍3层建筑面积350平方米，新开辟第二操场面积2000平方米，添置课桌椅、教学仪器、图书等。通过教育“两基”工作省、市达标验收。1998年，兴建学区食堂。2004年，改为6年制完全小学。2005年，有教学班（含幼儿班）16个，学生600余人。有教职工50人，其中本科学历5人、大专学历19人，中级职称15人。校园占地面积7712平方米，教学用房建筑面积2110平方米，教职工、学生用房建筑面积1725平方米。

（二）文　化

境内保存有建于清朝康熙年间，保存较为完好的古建筑田中村土楼。乡政府所在地有图书室、阅览室、篮球场等设施，藏书 1000 多册。

（三）卫　生

1991 年，邓家卫生院为一级乙等卫生院，占地面积 4100 多平方米，有病房综合楼 1 座，宿舍楼 1 座，房屋面积 800 平方米，其中业务用房 400 平方米，固定资产 45 万元。病床 15 张，设有内科、外科、妇产科、中医科、儿科、公共卫生科、防疫室、化验室、手术室，医护人员 8 人。能治疗农村多发病、常见病。1998—2004 年，投入 7 万元，先后购置 B 超机、心电图仪、半自动生化仪各 1 台，增设 B 超室、心电图室。投入 2.3 万元，建设完善接种室、门诊。2005 年，邓家卫生院固定资产 55 万元，医护人员等 10 人，服务人口 5610 人。

（四）电视与通讯

1991 年，乡所在地利用地面接收站收看电视节目。1995 年 11 月，开通乡所在地程控电话。1996 年，全乡 7 个建制村全部开通有线电视。1997 年 12 月，实现与县城微波电视联网，可收看节目 8 套。古洋村开通程控电话，全乡实现村村通电话。1998年，建立移动通信基站，信号覆盖乡镇所在地。2001年7月，完成联通基站建设。2003年9月，开通宽带业务。

2005年，乡有线电视与城区光缆联网，可收看节目26套。全乡7个村全部开通程控电话，实现移动通讯信号覆盖。

林畲乡

一、概 貌

林畲古称林阳，迄今已有1200多年人类历史。地处县境东北部，北纬26° 13′ 39″～26° 22′ 07″，东经116° 59′ 18″～117° 08′ 18″。东、北两面与明溪交界，南邻温郊乡，西接嵩溪镇。距清流县城45千米，距三明市区75千米。交通便利，省道洋万（204）线由北而南贯穿境内，素有清流“北大门”之称，并享有“中国淮山乡”之美誉。境内驻有福建省清流监狱。辖区面积114平方千米，其中耕地面积973.33公顷，地势平坦，多丘陵小山坡，平均海拔460米。林地面积9753.33公顷，森林覆盖率76.7%，木材蓄积量42万立方米。水域面积86.67公顷。属典型的亚热带季风气候，日照充足，温暖湿润，冬无严寒，夏无酷暑，年平均气温17.8℃，年降雨量1788毫米，年无霜期275天左右。

境内矿藏资源丰富，主要有石灰石、高镁粘土、硅粉矿、玄武岩、钨矿等。其中，石灰石储量2亿吨，高镁粘土含量75%～78%。还有丰富的冷泉资源，养殖的溪鱼享誉周边地区。土特产有板鸭、淮山、茶叶，远近闻名。

林畲是老区乡、内陆新侨乡。1930年1月，毛泽东率红四军二纵队途经林畲，驻扎塘堀村。此后，红四军十一师、红十二师、东方军、红九军团等多支主力红军先后在林畲境内驻扎、活动。至今存留有毛泽东旧居、红军街、红军烈士墓、红军井、红军夜校等革命遗迹。其中，毛泽东旧居为省级文物保护单位，仁寿寺、红军井、红军医院等为市级文物保护单位。2005年，全乡出国人员近700人，约占总人口10%，主要分布在意大利、匈牙利、新加坡、荷兰等国家和地区。部分出国年轻人返乡创业。

1991年，全乡辖林畲、舒曹、曾坊、石下、石忠、岭干、农科、向阳8个建制村。全乡1380户，总人口9459人。其中非农业人口646人，农业人口8813人。

2005年，全乡辖林畲、曾坊、孙坊、向阳、舒曹、石下、石忠、岭官（原岭干）8个建制村，54个村民小组，总户数1984户，总人口9535人，外出劳动力1085人。全乡实现农业总产值6034万元，农民人均收入4535元，分别比1990年增长3.4倍、3.73倍。财政收入16万元，信用社年末存款余额400万元，贷款余额200万元。

二、种养业

（一）种植业

林畲是典型的农业乡。粮食作物以水稻、甘薯、大豆、淮山为主。种植雪薯历史已有500多年，所产雪薯块茎粗大、外观浑圆、挺直，表皮薄，薯体坚实，淀粉、蛋白质、维生素C、多酸氧化酶等营养素含量高。切口少黏液，不易褐变，耐贮藏。其肉质细腻、洁白，口感香脆嫩滑、味鲜，闻名遐迩，产品远销福州、泉州和厦门等大中城市。经济作物有烤烟、茶叶、花生、油菜、水果，茶叶种植历史悠久、品质优良。此外生姜、辣椒等种植也有一定规模。

1991年，全乡水稻种植面积980公顷，产量5912吨；甘薯种植面积50公顷，产量165吨，大豆种植面积165.60公顷，产量214吨。油菜种植面积67.33公顷，油菜籽产量28吨。烤烟种植面积134公顷，产量165吨；花生种植面积8公顷，产量16吨；果树种植面积78.87公顷，产量112吨。品种有柑橘、油柰、油桃、梨、李等，主要分布在石忠村的溪龙背、茶亭岗等处。茶叶种植面积134公顷，主要分布在向阳、舒曹、石忠等村，产量165吨。1992年4月，引进台湾客商许先生独资创办桦信茶果开发有限公司，总投资500余万元，建设台湾优质茶园面积 13.33 公顷，种植加工金萱、软枝乌龙、四季春等台湾优质品种茶。是福建省首个台商独资农业综合项目。在该公司引导、带动下，通过不断扩大种植规模、改造老茶园和改进茶叶加工艺，林畲茶产业快速发展，产品销往厦门、广东等沿海地区。

1995 年，水稻种植面积 917.73 公顷，产量 5600 吨；甘薯种植面积 126.4 公顷，产量 609 吨，大豆种植面积 306.67 公顷，产量 569 吨。烤烟种植面积 384 公顷，产量 830 吨；花生种植面积 48.27 公顷，产量 113 吨；水果种植面积 464.93 公顷，产量 698 吨。茶叶种植面积 89.8 公顷，产量 23 吨。2000 年，水稻种植面积 793.67 公顷，产量 5141 吨;甘薯种植面积 142.47 公顷，产量 771 吨，大豆种植面积 199.33 公顷，产量 353 吨。油菜种植面积 5.67 公顷，油菜籽产量 6 吨。烤烟种植面积 200.67 公顷，产量 295 吨。花生种植面积 47.33 公顷，产量 139 吨；水果种植面积 463.6 公顷，产量 2547 吨。茶叶种植面积 175.4 公顷，产量 32 吨。向阳村林阳春茶厂选送的茶叶获 2000 年三明市茶叶评比优质奖。

2005 年，林畲是省级农业（种植）标准示范区。全乡水稻种植面积 756.47 公顷，产量 4883 吨。甘薯种植面积 155.06 公顷，产量 839 吨，大豆种植面积 227.13 公顷，产量 442 吨。油菜种植面积 3.73 公顷，油菜籽产量 5 吨。烤烟种植面积 281.07 公顷，产量 452 吨。花生种植面积 78.67 公顷，产量 171 吨；水果种植面积 390.73 公顷，产量 2972 吨。茶叶种植面积 173.33 公顷，产量 201 吨。林畲、孙坊、舒曹、石下、曾坊等 5 个村，年产鲜淮山 4000 余吨，产值达 1500 万元以上。

（二）养殖业

林畲乡畜牧业主要以猪、牛、羊、家禽养殖为主;全乡适宜发展渔业养殖水面 20 公顷，盛产草鱼、鲤鱼、鲫鱼、鲢鱼等。1991 年，全乡生猪出栏 6690 头，存栏 6876 头;牛年末存栏 1070 头，家兔年末存栏 1825 只;家禽出栏 11.64 万羽，年末存栏 6.22 万羽。水产品产量 37 吨。1994 年，引进可繁太湖母猪在舒曹村养殖，在曾坊村发展养羊。1995 年，引进台商开发池塘面积 2.8 公顷，投放遮目鱼 20 万尾进行养殖试验，收获鱼种 7.5 万尾。该年全乡水产品产量 169 吨。1996 年，形成曾坊养羊专业村。2000 年，全乡生猪出栏 4026 头，存栏 5017 头;牛出栏 159 头，年末存栏 1193 头，家兔年末存栏 6621 只;家禽出栏 7.08 万羽，年末存栏 5.97 万羽。水产品产量 273 吨。2002 年，响应县政府号召，发动农民养羊。2003 年，三明市明兴饲料有限公司租赁清流监狱畜牧场，投资 5000 万元创办闽新畜牧场，建设年存栏 1.3 万头标准化生猪养殖基地，占地面积 6 公顷。2003 年，闽新畜牧场被列为省无公害农产品生猪基地。2004 年 10 月，石下村务工返乡人员巫某投资 300 万元，兴建翠峰养殖有限公司，占地面积 16.66 公顷，建成鸡舍 14 座，养殖蛋鸡 5 万羽。

2004 年，闽新畜牧场被列入省级城市副食品（生猪）基地，也是三明市菜篮子基地、生猪储备基地。

2005 年，全乡生猪出栏 6286 头，存栏 5738 头；其中母猪存栏 519 头，杜洛克公猪 8 头，商品猪存栏 3000 头。养羊 1002 只，存栏 1097 只；肉牛出栏 143 头，存栏 453 头，鸡出栏 53403 羽，存栏 59704 羽；鸭出栏 49985 羽，存栏 28810 羽；鸡蛋产量 576 吨，鸭蛋产量 321 吨，为全县最大禽蛋产地。猪、牛养殖方式为农户散养和大户集中饲养，羊、鸡以专业户养殖为主。全年水产品产量 386 吨，其中鱼类产量 372 吨。

三、林　业

1991 年，全乡林业用地面积 8991.9 公顷，活立木蓄积量 103187 立方米，森林覆盖率 85.4%。岭官村村内有珍稀树种——银杏树 3 棵。1991—1994 年，林畲乡将抛荒的自留山收归集体，由集体与市县联营造林，共进行项目造林、育林基金有偿投放造林、贴息还贷造林、与青山纸业联营造林面积 1000 公顷。商品材年采伐量平均控制在 6000 立方米，松脂生产年平均 130 吨。1996 年，舒曹村温某率先进行绿化苗木种植，基地主要分布在舒曹、石下、石忠等村。以育苗和盆景培育为主，年育苗 60 万株，培育盆景 2 万株。温某还采取“公司 + 农户”形式，带动当地 13 户农户种植红豆杉苗木，并负责市场销售，农户种植红豆杉每公顷年利润达 30 万～ 45 万元不等，效益可观。

1999 年，8 个村进行集体林权制度改革。2005 年 11 月，全乡集体林地面积 8999.9 公顷，其中，生态林面积 2155.47 公顷，商品林面积 8700.27 公顷。列入改革的 8 个村，完成林权制度改革面积 8092.71 公顷，占任务 80%。其中，个人（含自留山）经营面积 2427.8 公顷，村民小组经营面积 1213.9 公顷，村民租赁林地面积 506.7 公顷，村民承包经营面积 202.6 公顷，合作造林面积 462.27 公顷，林权转让面积 1256.06 公顷。全乡有山林户 1840 户，占 8 个村总户数 85%。集体林权改革的 8 个村，每年林地使用费收入 17 万元，林农人均林业收入 1600 元。

2004 年，引进永安客商郑某投资兴建桂花文化博览园，种植桂花面积 53.33 公顷、4.5 万株。收集桂花品种 110 多个，是国内品种最多、规模最大的桂花园林。2005 年，舒曹村种植红豆杉、桂花树、罗汉松等绿化树种面积 20 公顷，其中红豆杉面积 13.33 公顷，桂花树面积 3.33 公顷，罗汉松面积 3.33 公顷，为农户年创利润 100 万元以上。

四、乡镇企业

1991 年，林畲乡有乡镇企业 263 家，从业人员 751 人，实现企业总产值 1535.69 万元。其中，工业企业有旋具厂、木材综合厂、石灰厂、机砖厂等，实现工业总产值 728.9 万元。1995 年，乡镇企业 416 家，从业人员 916 人，实现企业总产值 8328 万元。其中，工业总产值 5612 万元。2000 年，乡镇企业 115 家，从业人员 486 人，实现企业总产值 8651 万元。其中，工业总产值 2404 万元。此后，先后创办九龙食品有限公司、桦信茶果开发有限公司、振兴综合养殖场、福仕农牧发展有限公司。2004 年，清流客商王某创办德运木业有限公司，地处石下村，占地 2 公顷。总投资 280 万元，设计年生产规模 2000 立方米木成品，产值 600 万元。7 月建成投产，主要加工生产木线条、直接板、木门、集成板、沙滩桌椅等产品，出口日本等国家。至 2005 年，全乡私营企业 30 多家，形成林木加工、茶叶、果品加工等支柱产业，实现乡镇企业总产值 1.14 亿元。

五、商业金融

1991 年，林畲逢二、七为圩，沿省道 204 线（洋万线）两旁露天摆摊设点，进行农副产品等交易。圩市日均人流 2000 人。1995 年，在省道 204 线至乡政府路口新建集贸市场 1 座，占地面积 3000 平方米。2005 年，由私人投资 1000 多万元，创办龙泉鱼庄，集餐饮、垂钓、游泳、棋牌等农家乐休闲项目为一体。是年，全乡有个体工商户 228 户。金融机构 2 家，服务网点 2 个。年末信用社存款余额 400 万元，贷款余额 200 万元。

六、基础设施建设

（一）交 通

1998 年，铺设省道 204 线至乡政府水泥路、舒曹村至虹星组水泥路。2000 年，铺设省道 204 线至石下村水泥路。2002 年，铺设林畲村至曾坊村水泥路。2003 年，铺设石忠村入口至水尾水泥路。2005 年，铺设省道 204 线至岭官村水泥路、舒曹村至梅岭组水泥路。全乡除向阳村外，通村公路均完成道路硬化，总里程 28 千米。

（二）水利水电及供水

1991 年，林畲乡有水库 3 座，电站 1 座，即永光水电站，装机容量 980 万千瓦，设计年发电量为 320 万千瓦时。同年，万亩灭旱片第一期工程——大坪水库建成。

1992 年，第二期工程——小垅水库建成，石忠村受益农田面积 133.33 公顷。

2002 年，新建自来水厂，日供水量 500 吨，保证林畲村、孙坊村及政府机关安全饮水。

2003 年，投资 120 万元，实施石忠片、林畲片农业综合开发项目，受益农田面积 100 公顷，新建水渠 3 千米、排水沟 2 条 1.2 千米，修复水渠 2 处。

2004 年，投资 80 万元，实施舒曹片财政惠农项目，受益农田面积 40 公顷；新建水渠 4 条 1.5 千米、排水沟 1 条 800 米。

2005 年，投资 21.26 万元，建设石忠村饮水工程，日供水 160 吨，受益人口 866 人；投资 80 万元，实施烟基项目，石忠、石下等村受益农田面积 34 公顷，新建水渠 4 条 2 千米、排洪沟 1 条 600 米、水陂 2 处。

七、乡村建设

1994 年起，进行集镇规划与新建，将集镇迁至天康街。卫生院、农村信用社、邮政储蓄所、烟草站、供电所、电信站、移动公司营业厅相继落户天康街。陆续有孙坊村和舒曹村村民 120 户在天康街建新房，形成天康主街道，长1.7千米，宽24米。1997年9月，投资50余万元，实施乡道改造工程，1998年1月竣工。

八、社会事业

（一）教　育

1991年，林畲学区中心校设完小1～5年级教学班、附设初中1～3年级教学班。学区下辖石下村、石忠村、舒曹村3所完小，曾坊村、岭官村2所初小和向阳教学点，全乡初中教学班6个，在校生323人，小学教学班31个，在校学生682人，幼儿班3个，在园幼儿112人。全乡校园面积2.3万平方米，建筑面积7548平方米。

1992年，林畲中心小学通过省“教育六项督导”达标验收。1997年5月，林畲中心小学以优级达标通过省“两基”检查验收。2001年9月，向阳教学点拆除，并入林畲中心小学。2003年，林畲中心小学通过第一轮“素质教育督导评估”验收。2004年，林畲中心小学通过第二轮“素质教育督导评估”验收，同年9月，石下村完小拆除，并入林畲中心小学。

2005年9月，石忠村完小拆除，并入林畲中心小学。同年，投资120万元，建成学生公寓1座。是年，林畲学区有初中班5个，在校初中生212人，教职工33人。完小5所，班级18个，在校学生392人，教职工27人。

（二）文化体育

1991年，林畲乡有文化站1座。乡境内有塘堀村毛泽东旧居、红军夜校等红色遗址。1993年，举办先行工程建设暨辞旧迎新联欢晚会。1995年，乡文化站开办卡拉OK歌舞厅。举办首届“淮山王珍饮杯”围棋邀请赛。2005年，兴建老年门球场。有篮球场3处，健身路径1套，文化站内设图书室、阅览室、棋艺室、乒乓球厅等，常年对外开放。

（三）医疗卫生

1991年，林畲乡有卫生院1所，医务人员5人，医疗器械简陋，病房和床位不足。1995年，扩建林畲卫生院门诊楼、职工宿舍楼各1幢3层，占地面积440平方米。投资48万元，添置B超、X光等医疗设备。2002年，在交通便利的天康街新建卫生院门诊楼1座，占地面积400平方米。至2005年，林畲卫生院占地面积1230平方米，建筑面积1200平方米，设立科室6个，有职工13人，其中专业技术人员9人，床位14张，达到乙级医疗水平。

（四）电视与通讯

1991年，使用地面接收器接收电视节目。1994年，全乡开通有线电视，可收看8套电视节目，有线电视用户1300户。；开通程控电话。2002年8月，有线电视与城区光缆联网，电视节目增至26套。2004年开通移动电话。2005年，实现村村通电视。全乡电视用户达987户。邮电通讯设施完善，程控电话2级光缆线遍布全乡。固话用户达300户，移动用户达240户，宽带用户达210户。

余朋乡

一、概　貌

余朋乡位于县境东北部，北纬26°　02′　17″～26°　11′　35″，东经116°　57′　19″～117°　10′　29″。东与永安市、明溪县接壤，南连沙芜乡，西接嵩口镇，北邻温郊乡，距清流城关45千米，距永安市区68千米，县道嵩余线穿过北部。辖区面积174平方千米，其中耕地面积495.86公顷、山地面积1.39万公顷。主要山峰有猴子岽，海拔973米；鹞子山，海拔806.5米；马岩顶，海拔800米。拥有林业用地12864.5公顷，其中有林地1.28万公顷，生态公益林面积2150.4公顷，商品林面积1.07万公顷；森林蓄积量11.73万立方米，森林覆盖率90%。林木资源主要有松树、杉木、杂木（枫树、樟树）、毛竹等；土特产有香菇、冬笋、松脂、茶籽油、蜂蜜等。主要河流有罗峰溪、汶溪、芹溪。境内最大的河流罗峰溪，长 8.7 千米，由北向南流经境内太山村、芹口村，流入安砂水库，年均流量 9 立方米 / 秒。太山村月汤组蕴含地热资源。热汤温泉泉眼流量大且常年不断，水温 62℃，涌水量 7.85 升 / 秒，属弱矿化水。境内拥有丰富的矿产资源，素有“八闽矿产大乡”之称。全乡已发现矿产 20 种，能源矿产有煤、地热；金属矿产有锌、铅、银、锰、硫铁矿、稀土等；非金属矿产有萤石、石灰石、钾长石、饰面用钾长花岗岩、透闪石、高岭土、辉绿岩、石英石、建筑用砂、建筑用石料、砖瓦粘土等。萤石储量约 80 万吨，铅锌矿储量约 10.5 万吨，煤储量约 160 万吨。优势矿种有铅锌、萤石、石灰石、煤、钾长花岗岩、透闪石、锰等。旅游资源有雉鸡岩溶洞，东坑古民居、古井、太平古寨遗址等。雉鸡岩溶洞全长 2 千米，洞中有洞，洞内有岩高数丈的大厅 10 处，景观奇特，嶙峋怪石，形态各异；太平古寨为族人陈定应于明洪武二十六年（1394）为避乱、自卫始建。1991 年，全乡辖余朋、蛟坑、东坑、芹溪、太山（畲族村）5 个建制村。全乡 1076 户，总人口 5593 人。其中非农业人口 484 人，农业人口 5109 人。

2005 年，辖 5 个建制村、28 个自然村、43 个村民小组。全乡 1528 户，总人口 5743 人，其中农业人口 5743 人。农业总产值 5636 万元，比 1990 年增长 2.03 倍。财政收入 42 万元。农民人均纯收入 4856 元，比 1990 年增长 3.54 倍。

二、种养业

（一）种植业

粮食作物以水稻、红心地瓜、大豆为主；经济作物主要有蔬菜、烤烟、水果“三蜜”（早温蜜、水蜜桃、蜜雪梨）、芦柑、食用菌、淮山、茶叶、小米椒等。1991 年，水稻种植面积 860 公顷，产量 4248 吨。甘薯种植面积 9.33 公顷，产量 17 吨。大豆种植面积 35.67 公顷，产量 34 吨。果园面积 76.93 公顷，水果产量 39 吨。食用菌产量 8 吨，其中香菇产量 6 吨，木耳产量 2 吨。1992 年，推广种植烤烟面积 66.67 公顷，产量 102 吨。随着烤烟种植面积扩大，水稻种植面积逐年减少。1994 年，受“5·2”洪灾影响，烤烟种植面积锐减至 30 公顷。

1995 年，水稻种植面积 809.87 公顷，产量 4248 吨。甘薯种植面积 40.67 公顷，产量 86 吨。大豆种植面积 60.67 公顷，产量 64 吨。蔬菜种植面积 130 公顷，产量 1203 吨；果园面积 313.13 公顷，水果产量 249 吨。食用菌产量 102 吨，其中香菇产量 96 吨。烤烟种植面积减少到 8.53 公顷，产量 8 吨。1996 年，烤烟种植面积恢复到 83.07 公顷，产量 80 吨。2000 年，水稻种植面积 762.53 公顷，产量 4664 吨。甘薯种植面积 66.67 公顷，产量 225 吨。大豆 75.8 公顷，产量 87 吨。蔬菜、瓜果种植面积 181.47 公顷，产量 3488 吨；全乡果园面积 154.53 公顷（水果“三蜜”21.33 公顷），产量 61 吨。食用菌产量 85 吨。2000—2002 年，烤烟种植面积维持在 66.67 ～ 76.67 公顷上下。2003 年始，烤烟面积逐步减少。2004 年，新植蜜雪梨面积 8 公顷，芦柑面积 15.33 公顷。

2005 年，水稻种植面积 566.53 公顷，产量 3927 吨。甘薯种植面积 95 公顷，产量 215 吨。烤烟种植面积 27.53 公顷，产量 41 吨。食用菌产量 50 万袋、干品产量 163 吨。茶叶种植面积 18.67 公顷，其中优质茶叶面积 13.33 公顷。全乡果园面积 178.33 公顷，水果产量 258 吨。

（二）养殖业

1991 年，全乡生猪出栏 3722 头，存栏 4850 头；耕牛存栏 886 头。肉羊 128 只。家禽出栏 3.91 万羽，存栏 1.49 万羽，禽蛋产量 6 吨；养蜂 10 箱。鱼塘面积 16.33 公顷，鱼类产量 32 吨。1995 年，全乡生猪出栏 3892 头，存栏 6488 头；耕牛存栏 935 头。家禽出栏 3.99 万羽，存栏 3.20 万羽，禽蛋产量 31 吨。同年，引进台商在月汤独资兴办特种水产养殖。1996 年，全乡鱼塘面积 13.33 公顷，鱼类产量增加至 79 吨。1997 年，利用牧草资源丰富之优势，大力发展肉牛、肉羊养殖。并制定优惠政策，鼓励发展大户养殖 80 多户。耕牛存栏 784 头。2000 年，全乡生猪出栏 2302 头，存栏 2682 头；耕牛出栏 75 头，存栏 794 头。家禽出栏 1.86 万羽，存栏 12367 只，禽蛋产量 19 吨；鱼类产量 87 吨。2004 年 10 月，引进福清客商王先生投资 550 万元创办成隆养鳗场，挖池塘 30 口。利用天然温泉养殖花鳗和欧鳗，养殖面积 2.33 公顷。2005 年末，全乡生猪出栏 2957 头，存栏 3356 头；肉羊出栏 2540 只，存栏 2050 只；肉牛出栏 175 头，存栏 1173 头；家禽出栏 3.54 万羽，存栏

2.31 万羽，禽蛋产量 56 吨。发展蜜蜂养殖 1000 箱，产量 7 吨。鱼类产量 120 吨，产值 96 万元。

三、林　业

油茶、毛竹、绿化苗木种植及割松脂为余朋乡农民增收主渠道。1991 年，全乡造林面积 169 公顷，其中迹地更新面积 120 公顷；幼林抚育面积 1154.5 公顷，成林抚育面积 373.33 公顷。木材产量 24194 立方米，松脂产量 1055 吨，油茶籽产量 32 吨。1995 年，迹地更新面积 195.47 公顷；幼林抚育面积 1287.2 公顷，成林抚育面积 96.33 公顷。木材产量 24325 立方米，松脂产量 1115 吨。1994—1996 年，全乡种植茯苓 2 万多个树头，新植毛竹面积 62.67 公顷，垦复扩鞭面积 133.33 公顷，全乡有毛竹面积 266.67 公顷。1995—1996 年，完成全乡"二类"资源清查。2000 年，迹地更新面积 71.53 公顷；幼林抚育面积 524.13 公顷，成林抚育面积 163.13 公顷。新植毛竹面积 32 公顷。木材产量 29679 立方米，松脂产量 735 吨，油茶籽产量 291 吨。

2002 年 9 月，全乡 5 个建制村开展林权制度改革。2004 年，新植、垦复毛竹面积分比为 40 公顷、173.33 公顷，垦复油茶面积 24 公顷。2005 年 12 月，基本完成余朋乡林业站所辖 5 个建制村林改工作外业调查、宗地区划、林权证申请、发证前公示，并通过上级部门林政验收。全乡完成林改面积 9533.33 公顷，占集体林地面积的 90.7%。完成林权登记发证宗地区划 2403 宗，完成林权证打印 500 本。是年，迹地更新面积 110 公顷，幼林抚育面积 200 公顷，成林抚育面积 300 公顷。木材产量 52557 立方米，松脂产量 575 吨，毛竹面积 466.67 公顷、小径竹面积 266.67 公顷，油茶面积 300 公顷，油茶籽产量 430 吨。

四、乡镇企业

1991 年，余朋乡有乡镇企业 352 家，从业人员 1304 人。其中乡镇办 9 家，从业人员 619 人。主要企业有人造板厂、家具厂、文体用品厂、矿管站、林场等。实现乡镇企业总产值 5034.56 万元，其中工业总产值 3500.4 万元。1995 年，有乡镇企业 495 家，从业人员 1355 人，实现乡镇企业总产值 14030 万元，其中工业总产值 10860 万元。2000 年，有乡镇企业 102 家，从业人员 548 人，实现乡镇企业总产值 9236 万元，其中工业总产值 3669 万元。2002 年，先后引资兴办华龙矿业、金宝矿业有限公司，从事铅锌矿采选。

2005 年，全乡有非公企业 21 家。其中，木制品厂 4 家，即恒鹏木业有限公司、朝阳文体用品厂、清流县庆峰木业有限公司、益兴木材加工厂；矿产企业 7 家，即华龙公司、金宝矿业公司、东莹公司余朋选矿厂、龙元萤石矿、鑫莹公司、松神锰矿、益晟矿产品经营部；养殖场 1 家，即成隆养鳗场；竹笋加工厂 1 家，即青山食品厂 1 家。规模以上企业 3 家，即华龙矿业有限公司、金宝矿业有限公司、恒鹏木业有限公司。全乡实现工业总产值 9100 万元，比 1991 年增长 1.6 倍。其中规模以上工业总产值 2809.6 万元。

五、商业金融

1991 年，余朋供销社下设百货、生资、糖烟酒、五交化等门市部，以及旅社、饭店、收购站，职工 24 人，担负全乡人民日常生活用品的经营与销售，以及农药、化肥等生产资料分配供应。当年商品零售总额为 56.4 万元。同年，余朋乡新建农贸市场 1 座，逢农历二、七为圩，圩市日人流量 400 人。信用社 1 家，占地面积 960 平方米（包括办公楼、住宿楼、空地等）。年末存款余额 324 万元，贷款余额 128 万元。1994 年，信用社投资 46 万余元，重建办公楼。1995 年，农贸市场重建。

2000 年，餐饮、加工、商业为主的个私经济迅速兴起。全乡有个体工商户 66 户。同年，余朋乡供销社撤销，原有职工买断工龄，另谋职业。这一时期，2005 年，增至 97 户。城乡集市贸易 800 万元。信用社存款余额 3578 万元，贷款余额 912 万元。富余劳动力走出山门，往上海、广东、福州、厦门、泉州等经济发达地区打工。2005 年，全乡外出务工人数 848 人。

六、基础设施

（一）交　通

1991 年，余朋至县城仅有 1 条乡村沙石公路，总里程 68 千米，百姓生产、生活极为不便。1997 年起，对已建成路段进行改造，完成二级路 6.3 千米、三级路 33.3 千米、四级路 3.7 千米、水泥路 37 千米、沥青路 6.3 千米。2004 年，铺设余朋乡境内道路。2005 年，投资 649 万元，建设余朋至梓材公路 15 千米，余朋至清流路程由原来68千米缩短为45千米；投资98万元，铺设余朋—蛟坑水泥路，总长3.74千米；投资403万元，铺设余朋—太山月汤口公路14千米。

（二）水利水电与供水

余朋乡水利资源丰富。1991年，境内有电站2座，装机容量690千瓦。同年，投入3.9万元，在东坑、芹溪、蛟坑修筑水坝7座，修复水渠624米。乡所在地无供水设施，村民用水全靠山上引水。

1994年，余朋乡投入20余万元改造自来水，新建蓄水池2个，容量120吨；铺设镀锌管网2000余米，日供水量可满足500人需求。9月，芹溪村投资90余万元兴建的新坝电站投产发电，装机容量230千瓦，设计年发电量为46万千瓦时。同年，余朋乡投资30余万元，兴建赤坑电站。1995年，余朋乡投入4.98万元修复水渠1325米，解决农田灌溉面积60公顷。

2001年，余朋乡投资34.96万元，完成乡供水工程建设。铺设主管道2400米、支管道3235米，日供水315吨，2018人受益。2004年，余朋村投入4.3万元，改善村尾自来水工程，解决300名村民饮用水问题。

2005年，乡政府投入24万元修复水渠2480米，水坝9座。投资40余万元，改造供水管网与蓄水池，日供水量300余吨，受益800余人。余朋村投资1.4万元，新建东余组自来水工程。至2005年，全乡拥有水电站6座，总装机容量4990千瓦。

七、乡村建设

1991年，由乡统一规划，改造余朋云鹏街，新建住房22幢。卫生院从余朋村肥猪段半山腰搬至云鹏街。1994年，“5·2”洪灾后，乡党委、政府投入80余万元，帮助60户灾民进行灾后重建。1995年春节前，灾民全部搬进新居。

1996年5月，开展农村奔小康。12月末，东坑、蛟坑、芹溪、太山、余朋5个建制村农民新建钢筋混凝土结构楼房116幢，形成余朋东门新村、芹溪上村新村、太山新村、东坑平安街等新村点。1996年4月，经三明市农村奔小康小组验收，确认余朋乡为基本实现小康乡。1997年12月，投资12万元，铺设东门新村主街道水泥路2000平方米。

2005年，开展新农村建设，全乡投入1200万元，在太山村建设新房32座、铺设水泥路面600米、涵洞1500米、路灯12盏。投入600余万元，在芹溪新村建设房屋17户，铺设路面240米。是年，乡政府投入25万元，在余朋、芹溪、东坑、蛟坑安装路灯80余盏。

八、社会事业

（一）教 育

1991年，余朋学区下辖余朋、东坑、芹溪、蛟坑、太山等完小5所；马坑、旧场、吊龙、龙寨、张地、芹口等教学点6个。共有小学班级31个，在校生453人，教职工17人，其中专任教师14人。幼儿班5个，在园幼儿99人，专任教师5人。余朋中心小学附设初中班6个，在校生201人，专任教师14人。是年，余朋中心小学被评为三明市“花园式学校”。1992年，通过“六项督导”省级评估验收。1996年9月，被授予三明市“合格小学”。

1997年8月，新建余朋中心小学教学楼1幢，建筑面积960平方米；食堂占地面积150平方米；公厕占地100平方米。是年，余朋中心小学通过“两基”省级达标验收。

1998起，根据县撤点并校部署，将马坑、吊龙、旧场教学点撤并至东坑小学。1999年，将张地、芹口教学点撤并至太山小学。2000年，撤并龙寨教学点至芹溪小学。2001年，撤并东坑、芹溪、蛟坑、太山完小，保留初小，将3—5年级学生并入学区。同年9月，余朋学区、余朋中心小学、余朋中小附设初中班合并，更名为余朋学校。2002年，撤并蛟坑初小。是年，新建初中教学楼1幢，建筑面积980平方米。

2003年，余朋学校通过“实验教学普及县”省级验收。2004年，撤并太山初小。同年，余朋学校通过“实验教学普及县”复查。连续多年通过省、市人民政府教育“两基”年度跟踪检查。

2005年，余朋学校共有初中班级数9个，在校生360人，小学班级数12个，在校生347人，幼儿班级数2个，在校生 75 人。全校拥有教师 58 人，其中初中教师 26 人，小学教师 27 人，幼儿教师 5 人。

（二）文化体育

余朋乡东坑村崇文重教，有文化村之美誉。明清出过进士 5 人，举人 15 人，贡生 24 人，任知县以上官职 18 人，著名的有明代巡抚云南，官至右都御史兼兵部右侍郎的陈用宾以及清代参与平定“三藩之乱”有功，被皇帝赐为“昭勇将军”的遵义府游击将军陈孔俊。清朝乾隆年间，东坑村陈允升曾参与《易经》撰写。东坑村古民居陈基珍、陈廷凯大屋以及古建筑陈氏一门、临水宫，水口古廊桥—三元桥保存完好。

1991 年，余朋乡有文化站 1 座。体育设施薄弱，仅乡政府有篮球场 1 处及乒乓球桌 1 张。2005 年，余朋学校新建篮球场 1 个，乡政府大院内添置健身体育器材 1 套。

（三）医疗卫生

1991 年前，余朋卫生院地处余朋村肥猪段半山腰，交通不便，房屋破旧，设备简陋，医务人员仅 5 人，医技水平低。1992 年，卫生院整体搬迁至余朋村云鹏街道，投入 50 余万元，新建卫生院门诊综合楼 1 幢三层，总建筑面积约 1100 平方米，扩建病房楼，约 300 平方米。

2005 年，全院有专业卫技人员 6 人，床位 14 张。设有中西医内科、儿科、外科、妇产科、B 超室、化验室、心电图室、X 光室、防疫科、妇幼组等科室。能开展临床各类常见病、多发病的诊治和急诊、急救，同时做好公共卫生服务、开展各种传染病管理及儿童计划免疫工作，为集医疗、预防、保健、计划生育服务为一体的综合卫生院。

（四）电视与通讯

1991 年，余朋乡所在地依靠微波差转台接收电视信号，每台电视需配备接收天线，可收看电视节目 4 套。1994 年 12 月，乡政府投资近 10 万元，安装乡所在地闭路电视。1995 年，太山村、芹溪村先后分别投资 3.2 万元、5 万元安装闭路电视。1996 年 12 月，东坑村投资 3 万元安装闭路电视。2000 年 4 月，余朋乡开通有线电视，可收看节目 8 套。2005 年，实现与城区有线电视光缆联网，可收看节目 26 套。

1991 年，全乡仅有固定电话用户 12 户。1994 年，乡村投资 30 余万元，开通程控电话。1996 年 8 月，改装光缆程控电话。1997 年，开通移动电话，移动、联通营业所分别于 2003 年、2006 年进驻，全乡有移动基站 28 个、联通基站 22 个。2005 年，开通宽带业务，全乡有固话用户 286 户，移动电话用户 3620 户，宽带用户 45 户。

里田乡

一、概　貌

里田乡位于县境西南部，北纬 25° 56′ 26″～26° 03′ 29″，东经 116° 38′ 17″～116° 45′ 03″。东邻田源乡，西接长汀县馆前镇，南连长校镇，北界宁化县安乐乡。东、东南面邻长校镇，北与宁化县安乐乡交界，西、西南部与长汀县馆前镇接壤。为革命老区乡。省道建文线（S204）从中部穿境而过，距清流县城 29 千米、连城机场 45 千米、长汀火车站 60 千米，交通便捷。全乡总面积 73.47 平方千米，地势平坦，主要山峰有铁石嶂，海拔 1048 米，天井湖 863 米，锅蒙山 778 米。耕地面积 606.4 公顷，山林地面积 7346.3 公顷，森林覆盖率 86.5%，盛产松、杉、毛竹和果树，木材蓄积量 27.5 万立方米。2001 年，廖坊山坑曾发现国家二类保护水生野生动物大鲵（俗称娃娃鱼）。主要河流有田坪溪、长潭河和卢水溪，3 条河流在里田汇合后经深渡流入桂溪。已探明地下矿藏有铁矿及辉绿岩、枫叶红等石材。其中辉绿岩石矿位于田坪村长岭头，年开采石材 1000 余立方米。

里田乡是客家聚居地和革命老区。唐代开基，时隶属汀州（长汀）折桂乡四堡团，称安丰。留存古建筑有始建于清中期里田村的罗氏家庙、田坪村巫焕堂公祠（即十家屋）、始建于清道光十四年（1834）草坪村口的关帝庙等。1930年1月9日，朱德率领的红四方面军一、三、四纵队途经里田，夜宿豫章公庙。并在里田渔沧峡与国民党军马鸿兴部展开激战，史称锅蒙山战役。1930年6月至1931年1月，罗炳辉率红十二军进入里田、田口、长校一带活动，期间多次入住罗氏家庙。

1991年，全乡辖里田、田坪、深渡、卢水、洋庄、李坊、廖坊等7个建制村，1169户，总人口5726人。其中，非农业人口171人，农业人口5555人。2005年，辖7个建制村，28个自然村，51个村民小组，1594户，总人口6021人。其中，男性3094人，女性2927人。当年，全乡实现农林牧渔业总产值2832万元，农民年人均纯收入4210.6元，比1990年分别增长5.1倍、4.36倍。财政收入18万元。

二、种养业

（一）种植业

里田乡粮食作物以水稻、地瓜、马铃薯、大豆为主；经济作物以烤烟、果树为主。是省优质烤烟基地之一。果树主要有柑橘、蜜雪梨、黄花梨等。1991年，水稻种植面积906公顷，产量4319吨；地瓜种植面积14公顷，产量52吨；马铃薯种植面积20公顷，产量47吨；大豆种植面积31.33公顷，产量39吨。烤烟种植面积235公顷，产量315吨。果树种植面积244公顷，产量150吨。1995年，因烤烟面积扩大，水稻种植面积随之减少到753公顷，产量4143吨。地瓜种植面积60.67公顷，产量344吨；马铃薯种植面积27.47公顷，产量50吨；大豆种植面积53公顷，产量65吨。烤烟种植面积290公顷，产量477吨。

2005年，水稻种植面积645.67公顷，产量3495吨。地瓜种植面积133.33公顷，产量931吨；马铃薯种植面积27.67公顷，产量66吨；大豆种植面积61.73公顷，产量90吨。大豆种植面积44.2公顷，产量65吨。受花卉种植影响，烤烟种植面积减少至108.53公顷，产量204吨，产值750万元。果树种植面积335.33公顷，产量530吨。

（二）养殖业

畜牧业以生猪、家兔、肉牛、家禽养殖为主。渔业养殖水域面积6.38平方千米，主要分布在长潭河、李坊水库、山子甲水库，蓄水总量300万立方米。有县办淡水鱼苗养殖基地1个，主产草、鲤、鲢、鲫等鱼种。1991年，生猪出栏2430头，存栏3600头。耕牛存栏475头；家兔250只；家禽出栏1.18万羽，存栏1.2万羽。禽蛋产量7吨。水产品产量65吨。1995年，生猪出栏3264头，存栏3688头；牛存栏559头；家兔存栏1820只；家禽出栏6.14万羽，存栏4.11万羽。禽蛋产量16吨，水产品产量51吨，其中鱼类产量49吨。2000年，生猪出栏3953头，存栏3600头。牛出栏153头，存栏576头；家兔存栏2869只；家禽出栏2.62万羽，存栏1.28万羽；禽蛋产量22吨。水产品产量70吨，其中鱼类产量67吨。2005年，生猪出栏4839头，存栏3790头；牛出栏305头，存栏560头；家兔出栏5455只，存栏7120只；羊出栏36只，存栏72只；家禽出栏4.04万羽，存栏1.37万羽；禽蛋产量40吨。水产品（鱼类）产量145吨。

三、林业与花卉业

里田乡山地面积7346.34公顷，其中有林地面积7253.34公顷，无林地面积93公顷。在有林地中，用材林面积5316.53公顷、防护林面积13.80公顷、经济林面积202公顷、疏林地面积79.07公顷、灌木林面积582.94公顷、未成年林地面积1059公顷。1991年，迹地更新面积113.93公顷，幼林抚育实有面积1466.67公顷，全年木材产量5665立方米，油茶籽产量10吨，松脂产量85吨。1995年，迹地更新面积67.67公顷，幼林抚育实有面积595.73公顷，成林抚育面积43.13公顷。全年木材产量2334立方米，油茶籽产量265吨，松脂产量800吨。2000年，迹地更新面积6.80公顷，幼林抚育面积34公顷，成林抚育面积65.87公顷，全年木材产量3510立方米，油茶籽产量30吨，松脂产量226吨。

2002年12月，通过招商引进福州元鼎广告公司投资1200万元，创办清流元生花卉有限公司，在里田乡建立花卉种植基地面积6.67公顷，成为清流县花卉产业发源地。

2003年，原里田粮站3名下岗职工，联合创办清流盛雄花卉有限公司，在酒浆坑建立花卉基地面积

3.33公顷。同年，开展以“明晰所有权、放活经营权、落实处置权、确保收益权”为主要内容的集体林权制度改革，调动林农造林护林积极性。至2004年，共发放林权证280本，发证率94.9%。

2005年，2家花卉公司实行资源重组，加快产业发展。基地主要花卉品种有非洲菊、香水百合、康乃馨、郁金香等。至年末，全乡幼林抚育面积6.67公顷，成林抚育面积180公顷，全年木材产量4338立方米，油茶籽产量140吨，松脂产量44吨。花卉种植面积400公顷，产值1200万元。

四、乡镇企业

1991年，有乡镇企业235家，其中乡镇办企业14家，主要有焦油厂、碳酸钾厂等。从业人员744人，其中乡镇办企业294人。实现乡镇企业总产值1633.65万元，其中工业总产值921.08万元。同年，引进福州市长乐县客商投资15万元，在里田乡大垄里新办机砖厂，年产红砖200万块，当年实现工业产值26.5万元。1992年，引进闽南客商合资30万元，兴办里田铸铁厂，维持3年后因资源不足倒闭。1994年，全乡开采石材1000余立方米。1995年，有乡镇企业340家，从业人员697人，实现乡镇企业总产值5751万元，其中工业总产值4221万元。

1999年5月，兴农鱼腥草有限公司成立，主营鱼腥草袋泡茶生产，年生产能力500万袋。2000年，全乡有乡镇企业75家，从业人员236人，实现乡镇企业总产值4280万元，其中工业总产值510万元。2004年，乡镇企业增至168家，从业人员924人，实现乡镇企业总产值5521万元。

2005年，里田乡政府投资350万元，开发里田村细拔里工业集中区，占地面积20公顷。当年招商入住源益木业1家，主要生产指接板、胶合板，年生产规模2.4万立方米。是年，乡办工业4家，实现工业产值976万元。

五、商业金融

（一）商　业

1991年，里田供销社下设百货、生资、食杂3个门市部，职工8人，担负全乡日常生活用品供销和农药、化肥等生产资料分配供应，当年实现商品零售总额47.6万元。粮站销售门点1个。农贸市场1个，土木结构、框架顶棚，建筑面积1200平方米。圩市日均人流2000人。1993年，改建里田农贸市场。

2000年，以饮食、加工、商业为主的个私经济发展迅猛，全乡个体工商户96户。同年，供销社、粮站体制改革，原有职工买断工龄，另谋就业。2005年，全乡个体工商户增至156户。农村富余劳力走出山门，到广东、浙江、上海、北京及厦门、泉州等经济发达城市和地区从事物流活动。2005年，全乡外出务工1361人，占劳动力总数40.82%。

（二）金　融

1991年，里田乡有农村信用社1所，年末存款余额240多万元，贷款余额50万元。1995年，投资40多万元，重建里田信用社办公楼、住宿楼，占地860平方米。年末存款余额620万元，发放贷款80余万元。2005年，存款余额1578万元，发放贷款583万元。

六、基础设施

（一）交　通

1991年，全乡仅有政府公务用车2辆。2003年，投资140万元，铺设里田经洋庄村、李坊村至廖坊村水泥路长6.5千米，宽3.5米。2004年，投资99万元，铺设里田至卢屋坑、冷水坑水泥路长5.8千米，宽3.5米。在全县率先实现村村通公路及路面硬化。

（二）水利水电及供水

1991年，全乡仅有深渡水力发电站1座，装机容量100千瓦／小时。境内电力不足，60%以上用电靠省网长汀馆前变电站供给。1994—2005年，新建深渡联营水力发电站、廖坊电站、李坊电站，装机容量共计1630千瓦／小时。2000年，投入资金43.5万元，完成里田乡日供水350吨工程建设，解决政府所在地及周边2640人饮水问题。2004、2005年，分别投入8万元、13.6万元，建设深渡村日供水40吨的自来水工程及卢水村日供水80吨自来水工程，受益人口共663人。2005年，廖坊村投资10万元，开通天坊、横担坑机耕路。

七、乡村建设

1991—1993年，建新村，治理脏、乱、差，冷水坑自然村成为全县新村建设示范点。1994年，完成田坪、深渡等村灾后重建，所有受灾户12月搬入新居。1996年5月，开展农村奔小康工作。12月末，全乡农民新建钢筋混凝土结构楼房842幢，有760户2673人达到小康标准。1997年6月，里田乡农村奔小康工作经三明市农村奔小康小组检查验收合格。是年，全乡拆迁旧房136幢，建新房168幢，完成旧房改造166幢，建新房户占总户数60%以上。1998年12月，全乡农民建新房1230幢，有1216户4256人进入小康，小康进程81.8%以上，全面实现小康村，脱掉贫困乡帽子。到2005年，建新房农民1356户，占全乡农户总数85%以上。

八、社会事业

（一）教　育

1991年，有里田学校1所，集幼儿、小学、初中为一体。里田中心校设完小1～5年级教学班，附设初中1～3年级教学班，下辖田坪村、洋庄村、廖坊村3所完小，李坊村、深渡村2所初小和草坪、冷水坑、卢屋坑、蛇坑、长坑等5个教学点。全乡初中教学班6个，在校生312人；小学教学班33个，在校学生682人；幼儿班5个，在园幼儿112人。共有教师80人，其中中学一级教师2人、小学高级教师9人。年内，投资12万元，新建里田中小教师宿舍1幢3层，占地面积220平方米。1992年，教育工作通过省“教育六项督导”达标验收。1995年3月，兴建里田学校教工宿舍楼，9月竣工交付使用。1996年，通过“两基”达标验收。1997年9月，撤销蛇坑教学点并入李坊小学。2000年9月，撤销草坪教学点并入田坪小学。2001年9月，撤销卢屋坑、冷水坑2个教学点并入里田中心小学。2003—2004年，通过第一、二轮“素质教育督导评估”验收。2004年9月，撤销深渡村小学并入里田中心小学。2005年9月，撤销廖坊村完小并入洋庄村完小。2005年，全乡共有教师68人，其中中学一级教师3人、小学高级教师14人。

（二）医疗卫生

1991年，里田乡有卫生院1所，坐落于里田村尾。医务人员5人，医疗器械简陋，无病房和床位。1995年，卫生院整体搬迁至省道204线旁的里田塘泥段。投资46万元，新建3层卫生院门诊楼和3层职工宿舍楼各1幢，占地面积340平方米；添置B超、X光机等医疗设备。2005年，里田卫生院占地面积1320平方米，建筑面积1570平方米，固定资产总值267万元，科室10个，病床6张，设备有血常规、X光机、B超等，医技人员12人，其中副主任医师1名、主治医师1名、医师5名、护士2名、药剂师1名。

（三）文化体育

1991年，里田乡有文化站1座，篮球场2个。境内有省级文物保护单位1处，即始建于清乾隆四十九年（1784）的罗氏家庙，占地面积约800平方米。以及草坪村元始建于清康熙戊午年（1678），清乾隆己丑年（1769）重建的关圣庙，占地面积约200平方米。2005年，乡有综合文化站1个，建筑面积460平方米，常年对外开放。篮球场3个，常年参加体育活动的人数60余人。

（四）电视通讯

1991年，乡所在地利用地面接收站可收看电视3套。有半自动电话13部，其中乡政府及乡直部门6部，里田、田坪、洋庄、李坊、廖坊、深渡、卢水7个建制村各1部。1995年，新建里田邮电综合大楼1幢4层，占地面积650平方米。9月，投资51万元，开通程控电话，新建洋庄、李坊、廖坊、田坪、卢水、深渡等6个建制村程控电话配机房。全乡拥有程控电话1123部，率先在全县实现村村开通程控电话。1997年，实现与县城微波电视联网，可收看电视节目8套。全乡有线广播、电视覆盖率分别为90%、100%。2005年，里田、深渡2个村闭路电视信号与城区光缆联网，可收看电视节目26套。农村拥有手机2000余部，安装电脑宽带80户。

温郊乡

一、概　貌

温郊乡地处县境东北部，北纬 26° 09′ 39″～26° 16′ 39″，东经 116° 58′ 15″～117° 10′ 36″。距县城 31 千米，东与明溪县胡坊镇接壤，北接林畲乡，西、西南分别与嵩溪镇、嵩口镇相连，南邻余朋乡。辖区面积 146 平方千米，地形属于中山、低山地貌区，平均海拔 500～800 米。山多林密，地形复杂，主要山峰有腾云嶂，海拔 1079 米。上阳山，海拔 893 米。山地面积 1.46 万公顷，林地面积 1.04 万公顷。毛竹面积 1733.33 公顷，油茶林面积 252.4 公顷，是清流县用材林和毛竹主产区，盛产杉、松、竹、油茶等经济林种，土特产品有香菇、红菇、冬笋、松脂等。历史上温家山生产的毛边纸曾远近闻名。林区蓄藏阔叶林面积 3089.67 公顷，温家山国家珍稀树种——南方红豆杉保护区面积 541.07 公顷，以及猕猴、穿山甲等珍稀动物，木材蓄积量 80 万立方米，森林覆盖率 92.1%。河谷发育多呈 V 形，水资源丰富。莒林河和牛心溪穿境而过，流向梦溪汇入安砂水库。小池溪流入嵩溪汇入龙津河。地下蕴藏大量萤石矿及其他矿种，是全县萤石资源最丰富的乡镇，储量大、品质优，已探明萤石资源 758.1 万吨，占全县储量的 70%。2002 年，区划界定国家级、省级生态公益林面积 2316.87 公顷，温家山村天然南方红豆杉群落被界定为自然保护小区。2005 年，定为省级莲花山自然保护区总面积 544 公顷，省级生态公益林面积 1324.07 公顷，国家级保护区面积 448.8 公顷。有始建于清雍正四年（1726）的县级重点文物海会塔。原河南军分区司令员林耀斌为小池村林坊组人。1991 年，全乡辖桐坑、温家山、小池、梧地 4 个建制村。全乡 839 户、总人口 4109 人。其中非农业人口 159 人，农业人口 3950 人。

2005 年，温郊乡辖 4 个建制村，22 个自然村，30 个村民小组。全乡 1060 户，总人口 4081 人。农村劳动力转移 900 多人，其中外出务工近 600 人（出国务工 70 多人）。全乡农林牧渔业总产值 4977 万元，农民人均纯收入 4505 元，分别是 1990 年的 2.35 倍、3.17 倍。乡财政收入 60 万元。

二、种养业

（一）种植业

全乡有耕地面积 379.27 公顷，粮食作物主要有水稻、地瓜、马铃薯、大豆;经济作物主要有蔬菜、地瓜、茶叶、水果、食用菌等。1991 年，水稻种植面积 547.2 公顷，产量 3104 吨，地瓜种植面积 30.67 公顷，产量 72 吨；大豆种植面积 52.67 公顷，产量 48 吨。香（木）菇种植面积 43.33 公顷，产量 141 吨。蔬菜种植面积 50.67 公顷，产量 834 吨。茶叶种植面积 5.53 公顷，产量 3 吨，水果种植面积 73.07 公顷，产量 92 吨。1992 年，烤烟种植面积 67.33 公顷，产量 21 吨。

1995 年，水稻种植面积 420 公顷，产量 2852 吨，地瓜种植面积 60 公顷，产量 250 吨；马铃薯种植面积 13.33 公顷，产量 40 吨。大豆种植面积 666.67 公顷，产量 98 吨。蔬菜种植面积 102 公顷，产量 2293 吨。茶叶种植面积 0.67 公顷，产量 5 吨，水果种植面积 249.73 公顷，产量 102 吨。烤烟种植面积 45.33 公顷，产量 71 吨。食用菌产量 36 吨。

2000 年，水稻种植面积 416.67 公顷，产量 2932 吨，地瓜种植面积 90 公顷，产量 356 吨；马铃薯种植面积 21.33 公顷，产量 76 吨。大豆种植面积 100.67 公顷，产量 176 吨。蔬菜种植面积 159.33 公顷，产量 3892 吨。茶叶种植面积 0.8 公顷，产量 8 吨，水果种植面积 74 公顷，产量 136 吨。烤烟种植面积 45.33 公顷，产量 71 吨。食用菌产量 39 吨。

2005 年，全乡水稻种植面积 385.33 公顷，产量 2893 吨，地瓜种植面积 91 公顷，产量 363 吨；马铃薯种植面积 22.67 公顷，产量 77 吨。大豆种植面积 96 公顷，产量 159 吨。蔬菜种植面积 160.33 公顷，产量 3900 吨。茶叶种植面积 0.6 公顷，产量 5 吨，水果种植面积 100.53 公顷，产量 190 吨。烤烟种植面积 6.93 公顷，产量 11 吨。食用菌鲜品产量 1 吨，干品 26 吨。

（二）养殖业

温郊乡山地面积宽广，山垅、山坑多且深、长，牧草丰富，是饲养草食动物的优良场所。1982 年开始发展养羊业。渔业以池塘养鱼为主，主要品种为草鱼、鲤鱼。1991 年，生猪出栏 30 头，存栏 2450 头，牛年末存栏 400 头。羊出栏 500 只，年末存栏 200 只。家禽出栏 2.78 万羽，存栏 1.48 万羽。水产品产量 12 吨。1994 年始，培植梧地仔猪基地村。8 户农民在竹山养羊，但养殖数量和产量均不高。1995 年，生猪出栏 4100 头，存栏 4160 头，牛年末存栏 601 头。家禽出栏 4.70 万羽，存栏 13 万羽。水产品产量 30 吨。1998 年，养殖家羊 90 户、人均增收 50 元。2000 年，生猪出栏 3469 头，存栏 3080 头，牛出栏 99 头，年末存栏 509 头。家禽出栏 3.45 万羽，存栏 9225 羽。家兔年末存栏 1000 只。水产品产量 70 吨。

2005 年，着力培育养猪、牛、鸡、鸭大户。肉羊出栏 8008 头，存栏 12011 头；生猪出栏 4033 头，存栏 3071 头；牛出栏 124 头，年末存栏 597 头。家禽出栏 4.36 万羽，年末存栏 1.43 羽。家兔出栏 1423 只，年末存栏 1415 头。水产品产量 135 吨。

三、林　业

1991 年，全乡迹地更新面积 73.04 公顷，幼林抚育实有面积 456.67 公顷，成林抚育实有面积 353.33 公顷。全年木材产量 15190 立方米。毛竹、油茶是村民经济收入的主要来源之一，年内产毛竹 6 万根，油茶籽产量 150 吨，松脂产量 475 吨，香菇 23 吨。1994—1996 年，培植黄郊、黄家寨毛竹管理、开发典型户 34 户。1995 年，桐坑村被国家绿化委员会授予“造林绿化千佳村”。1998 年，实施科技兴竹战略，引导竹农采取合作发展模式，集中连片开发管理全乡竹山面积 1733.33 公顷，推进示范片建设。引进毛竹深加工企业三金竹木复合胶板厂，推动毛竹产业朝标准化、规模化方向发展。

2003 年，开展集体林权制度改革，2005 年 6 月基本结束。列入改革的 4 个村原有集体林地面积 1.04 万公顷，其中生态公益林面积 2100.4 顷，商品林面积 7937.2 公顷（其中包括竹林合经济林）。完成林改任务后，自留山面积 1123.93 公顷，村民承包面积 3592.93 公顷，林权转让面积 2117.53 公顷，股份合作面积 366.13 公顷，其他形式面积 83.86 公顷，集体经营面积 652.8 公顷。同年，与省高等院校合作开发野鸦椿项目，引进清流县星原生物科技有限公司在温郊乡小池村投资开发野鸭椿基地面积 6.67 公顷。并委托福建农科院进行组培和扦插实验。鼓励农户种植各类珍稀苗木面积 6.67 公顷、油茶面积 400 多公顷，开发毛竹山面积 466.67 公顷。2005 年，木材产量 6.28 万立方米，毛竹产量 56 万根。油茶籽产量 623 吨，松脂 380 吨，笋干 103 吨。药材种植 62.33 公顷，产量 122 吨。

四、乡镇企业

1991 年，全乡有乡镇企业 266 家，从业人员 932 人，实现企业总产值 2584.11 万元，其中工业总产值 2372.2 万元。工业企业中，有木材加工企业 2 家，电站 1 座，萤石矿 1 家，纸业社 1 家，林场 1 家。1994 年，兴建全市唯一的半自动化火柴厂，当年 12 月投产。年产日用安全火柴 5 万箱，产值 350 万元。1994—1996 年，先后有富晖公司、鹏晖公司、宏达农林有限公司、兴盛石材有限公司等 4 家台资企业在温郊落户。1997 年，全乡有大小工业企业 26 家，门类主要有木制品加工、活性炭、焦油、萤石矿、石板材、电站等。

1998 年，发展豆腐皮生产，推广蒸汽加工技术。全乡有豆腐皮加工作坊 45 户，主要分布在小池村，茹坑组、温家山老新村。其中土锅生产 38 户、蒸汽加工 6 户，拥有锅 247 口。年加工黄豆 279 吨，生产豆腐皮 167.4 吨，产值 200 多万元。农民人均增收 412 元。

2000 年始，先后引进华腾矿业公司、金山萤石矿公司、明胜萤石矿进行萤石矿开采，奠定矿业强乡基础。2001 年，总投资 400 万元，兴建三金竹木复合胶板厂，主要生产竹胶板和松胶水泥模板，年产竹木胶合板 2500 平方米，8.5 万片，年产值 550 万元。2003 年，原乡台板厂技改，专业生产松林水泥模板，更名鑫辉人造板厂，年产水泥模板 1500 平方米，5.1 万片，年产值 330 万元。引进厦门客商利用温郊丰富的林木资源投资创办三鑫竹木有限公司，投入 220 万元，形成年产 60 万片胶合板及 4000 立方米细木工板半成品生产能力，该企业被列入县级规模工业企业。林产业成为仅次于矿业的主导产业。2005 年 1 月，福建省永福化工有限公司总投资 3.8 亿元，第一期投资 6000 万元，在桐坑村建设年产无水氢氟酸 1.5 万吨生产线，占地面积 10 公顷。

至2005年，全乡有火柴厂、木制品厂、鑫辉人造板厂、三金竹木复合胶板厂、华腾矿业公司、金山萤石矿公司、明胜萤石矿、益发水力发电有限公司（杨竹溪电站）、恒盛水电公司（陈家园电站）、升源水电公司、吉源水电公司（莒林电站、梧地电站）及省重点项目永福化工等私营企业14家，其中规模工业企业3家，提供就业岗位450多个。全乡实现工业总产值8640万元，其中规模以上工业产值1559万元。

五、商业金融

1991年，温郊乡为全县唯一无集市的乡。温郊供销社的日杂、生资、五金各门点承担着全乡人民生活日用品、生产资料的供应。有农村信用社1所。年末存款余额267.7万元，贷款余额62.83万元。

1997年，全乡共有小商业户55户，个体运输户62户。1998年，发展个体和私营经济户120户，劳务输出人均增收150元。2002年8月，信用社各项存款余额352.9万元，贷款余额43万元。同年9月，温郊农村信用社撤并至嵩溪农村信用社。

2005年末，全乡商业网点30个，从业人员64人。社会商品销售总额150万元。

六、基础设施建设

（一）交　通

2003年，总投资700万元，完成省道204线塘凤至温郊小池村公路路面硬化18千米。2004—2005年，先后完成温塘（温郊—塘凤）公路12.8千米、梧柏（梧地—明溪县胡坊镇柏亨村）公路5.3千米、莒林公路18.8千米路面硬化。投资1200万元，硬化温郊至赤坑公路。2005年，投资710万元，兴修水利、桥梁、水泥路、温家山竹山公路，改变交通落后状况，打破制约全乡经济发展的主要瓶颈。

（二）水利水电与供水

全乡有河流4条，其中开发利用的河流有罗峰溪上游和梧地流经太山的两条河流。1991年，政府所在地建有自来水塔1座。1996年，建成日供水2000吨的自来水工程。2002年，投入61.35万元，铺设自来水供水干线管网7.8千米，更新水厂设备，生产能力达420吨/日，受益人口2466人。乡政府所在地小池村和温家山村居民自来水普及率90%。2004年、2005年，分别投入26.26万元、27.26万元，完成梧地、温家山农民饮水工程，日供水80吨，受益人数共1040人。2004—2005年，杨竹溪、陈家园、吉源等5座电站相继建成投产，装机容量4000千瓦。2005年，35千伏温郊变电站建成。全乡拥有电站6座，装机容量近4000千瓦。

七、乡村建设

1993年，温郊乡实行“免收地价，自用材价减半，免收基础设施配套费、规划设计费，乡村两级给予资金补助”的优惠措施，吸引居住偏远的山民、农户到集镇建房落户，形成主街长300米，集镇初具规模。1994—1996年，逐步完善桐坑中心村新村配套设施建设，实施小池中心村、温家山中心村、林坊自然村、务路坑自然村、茹坑自然村的新村建设和旧村改造。1997年，投资40万元，铺设小池、温家山、桐坑主村和乡政府门前水泥路面。建设新村点3个，建新房82幢。投资60万元，完善新村基础设施建设。全乡814户、人口3875人进入小康，脱贫39户，全乡小康进程达95%以上。至年末，全乡拥有钢筋砖混结构住房183幢，砖混结构房屋265幢。1998年，新村建设帮扶补助每户800元。1999—2005年，抓好改水泥路、改自来水、改厕和人畜分离等工作，逐步改善农民生产、生活条件。

八、社会事业

（一）教　育

1991年，温郊学区设初中班6个，在校生185人，有专职教师15人。中心小学1所，完小3所，班级数31个，在校生421人。有教职工19人，其中专任教师18人。幼儿班5个，在园幼儿85人，教师5人。1996年，投入28万元，新建温郊小学教学楼，建筑面积700平方米。1997年，投入38万元，新建文技校综合楼和梧地村包地小学校舍，更新各学校课桌椅和部分教学设备。5月，通过省政府教育“两基”达标验收。2005年，中心小学1所，小学、幼儿园教师28人，具有中级以上专业技术职务资格的教师14人，在校小学生203人，在园幼儿99人。拥有校园面积10052平方米，校舍面积3040平方米，生均16.3平方米；体育活动面积4000平方米；学校图书室藏书量8325册，生均40册。学生电脑30台，教师专用办公电脑5台。学校鼓励教师通过参加自考、网络、电大等形式学习，提高学历水平，参加培训、学习人员42人次，小学专业教师大专以上学历占比50%。

（二）卫 生

1991年，温郊乡有卫生院1所，属乙级卫生院，占地2256平方米，建筑面积400平方米，配备外科、内科、妇科、儿科、化验科，病床5张。1996年，投入20万元，建设卫生院综合楼，建筑面积600平方米。1991—2005年，累计投入200多万元更新设备，装修门诊大楼及新建宿舍楼，固定资产总值43万元。2005年，医护人员9人，其中执业医师2人，执业助理医师2人，注册护士1人。

（三）文化体育

1991年，温郊乡有篮球场3处。2005年，有文化站1座，建筑面积420平方米，常年对外开放。篮球场6处，其中灯光篮球场1处，经常参加锻炼群众50余人。

（四）电视与通讯

1991年，温郊乡设广播站。乡所在地利用卫星电视地面接收站收看电视节目3套。1993年12月，开通程控电话。1997年，投入15万元，开通梧地村程控电话，全乡拥有程控电话116部，开通面100%。全乡有电视卫星地面接收站8个，改装闭路线3个点，电视覆盖率100%，电视机拥有量占全乡总户数98%。2005年，投资5万元支持广电部门建设广播电视光纤县乡联网工程，实现与城区联网，电视接收频道由7个增至26个。同年，电信、移动、联通等信息通讯基站建成使用。移动、联通用户共计260余户，程控电话100部。

田源乡

一、概 貌

田源乡位于县境中部，九龙溪上游，北纬25° 58′ 20″～26° 05′ 59″，东经116° 45′ 12″～116° 55′ 19″。东与沙芜乡接壤，北与嵩口镇、东华乡相连，西北与宁化县安乐乡交界，西南、南分别与长校镇、邓家乡毗邻。距县城32千米、连城机场51千米。交通便捷，以清流大路口至灵地县道公路为主干，通过大灵线公路的支线公路有田源—廖武公路，田源—新村公路，分别与廖武村、新村村相连，四个村呈“+”字布局结构。

田源乡属典型的内陆山区，峰峦起伏，平均海拔500多米。主要山峰有罗桶寨，海拔880米。九龙溪流经全境，境内溪流密布，河谷窄小。辖区面积114平方千米，有山地面积10654公顷，其中林业用地面积10251公顷，树种以马尾松、杉木、毛竹为主，杉木树种面积2686.53公顷，马尾松树种面积5567.87公顷，阔叶树种面积1074.86公顷，其他树种面积921.73公顷（其中油茶林面积150.76公顷，绿化苗基地面积100.2公顷，各种经济林面积220.77公顷，毛竹林面积450公顷），主要分布在廖武村和田源村。活立木蓄积量438340立方米，森林覆盖率83.6%。罗坊村及溪边有2株巨大香樟树，为县级保护古树，迄今已有520余年历史。耕地面积382.53公顷，境内有廖武采育场和大丰山林场，面积分别为2050公顷、2724公顷。矿产资源种类丰富，有煤炭、铁、铀、石英石、石灰岩、锰、硅石等，其中煤炭资源丰富，保有资源储量317万吨。

境内尚存有古人为避战乱，在山顶上用石块磊筑的防御工事——金顶寨和庵子寨。有武术之村廖武村。清道光、咸丰年间，出过廖朝彬、廖桂林2名武进士及武举人4名、武庠生20多名。留有清咸丰十一年（1861）皇帝敕封匾和进士练武用的大刀、石锁。

1929年6月1日，毛泽东、朱德曾率领红四军纵队路过田口，逗留3天，用竹圈支架脚木板、长凳等搭渡过桂溪。是省定革命老区乡。

1991年，全乡辖田源、田口、廖武、新村4个建制村。全乡1106户，总人口6085人。其中非农业人口

378 人，农业人口 5707 人。2005 年，全乡辖 4 个建制村、26 个自然村、38 个村民小组。1681 户，总人口 6013 人。全年实现农业总产值 3734 万元，农民人均纯收入 4249 元，分别比 1990 年增长 2.07 倍、3.24 倍；财政收入 51 万元。

二、种养业

（一）种植业

全乡耕地面积 443.07 公顷，其中水田面积 401.33 公顷。粮食作物种植以水稻、甘薯、马铃薯、大豆为主；经济作物有蔬菜、烤烟、水果、食用菌、茶叶等，是省优质烤烟基地之一。1991 年，水稻播种面积 669.87 公顷，产量 3562 吨，甘薯种植面积 27.33 公顷，产量 127 吨；马铃薯种植面积 5.6 公顷，产量 14 吨；大豆种植面积 75.8 公顷，产量 79 吨。蔬菜种植面积 122.8 公顷，产量 2157 吨。烤烟种植面积 82.07 公顷，产量 97 吨。水果种植面积 332.73 公顷，以特早温蜜、橙为主，产量 403 吨。食用菌产量 3 吨。茶叶种植面积 12.47 公顷，产量 1 吨。

1995 年，水稻播种面积 546.67 公顷，总产量 3123 吨；甘薯种植面积 80 公顷，总产量 162 吨；马铃薯种植面积 36.67 公顷，总产量 140 吨；大豆种植面积 176.67 公顷，总产量 340 吨。蔬菜种植面积 113.33 公顷，产量 1150 吨。烤烟种植面积 80 公顷，产量 150 吨。水果种植面积 488.73 公顷，产量 1710 吨。食用菌（香菇）产量 25 吨。茶叶种植面积 13.87 公顷，产量 5 吨。2000 年，水稻播种面积 549.33 公顷，总产量为 3335 吨；甘薯种植面积 86.67 公顷，总产量 162 吨；马铃薯种植面积 30 公顷，总产量 107 吨；大豆种植面积 100 公顷，总产量 165 吨。蔬菜、瓜果种植面积 140 公顷，产量 1282 吨。烤烟种植面积 86.67 公顷，产量 130 吨。水果种植面积 540 公顷，产量 2760 吨。

2005 年，水稻播种面积 530.67 公顷，总产量 2656 吨，甘薯种植面积 83.33 公顷，总产量 170 吨；大豆种植面积 121.33 公顷，总产量 248 吨。蔬菜、瓜果种植面积 176.67 公顷，产量 2391 吨。烤烟种植面积 87.87 公顷，收购烟叶 132.50 吨，烟农售烟收入 140.9 万元。全乡种植柑橘 520 公顷，产量 3187 吨。面积及产量居全县第二，仅次于东华乡。食用菌鲜品产量 22 吨，干品产量 5 吨。

（二）养殖业

1991 年，全乡生猪存栏 3587 头，出栏 5206 头，家禽出栏 1.78 万羽，肉类总产量 149 吨。利用马头坑水库、廖武水地夹养殖清水鱼，水产品产量 51 吨，其中鱼类产量 48 吨。1994 年，白石村 7 户农户自发组合，引进毛蟹饲养，建成蟹池面积 0.8 公顷，投放扣蟹 98 千克。1995 年，全乡生猪存栏 5050 头，出栏 7950 头，家禽出栏 1.47 万羽，肉类总产量 157 吨。鱼类产量 81 吨。2000 年，全乡生猪存栏 2805 头，出栏 2332 头，家禽出栏 1.99 万羽，肉类总产量 176 吨。走大户示范带动发展的路子，利用山林荒地资源，在农户中推广黄羊“圈养”或“半圈养”模式，培植 100 头以上肉羊养殖大户 3 户。鱼类产量 260 吨。2004 年，引进廖武采育场宏祥养殖有限公司，以养殖草鱼、鲤鱼为主。2005 年，生猪出栏 2386 头，年末存栏 3011 头，羊出栏 1035 只，年末存栏 941 只。家禽出栏 2.26 万羽，肉类总产量 252 吨。鱼类产量 386 吨。

三、林业及苗木业

（一）林　业

1991 年，木材产量 8000 立方米，松脂产量 60 吨，油茶籽 26 吨。1991—1994 年，由村集体与县营林公司联营进行项目造林、育林基金及世行贷款有偿投放造林，造林面积 448.93 公顷。1995 年，迹地更新面积 94.47 公顷，幼林抚育实有面积 448.73 公顷，成林抚育实有面积 45.07 公顷。全年木材产量 4466 立方米，松脂产量 615 吨，油茶籽产量 60 吨。1999 年，新村村作为县集体林权制度改革工作第一试点村，将全村集体林面积的 15% 作为全村村民的自留山，按人均面积 0.13 公顷分到各农户，划分面积 100 公顷。2000 年，迹地更新面积 10.33 公顷，幼林抚育实有面积 216.06 公顷，成林抚育实有面积 118.33 公顷。全年木材产量 4612 立方米，松脂产量 370 吨，油茶籽产量 165 吨。

2000—2005 年，深化集体林权制度改革。全乡 4 个建制村列入改革集体林面积 6430.53 公顷，其中生态林面积 1834.8 公顷，商品林面积 4595.73 公顷。转让（经营承包）面积 2581.73 公顷，自留山面积 459.6 公顷，家庭联户面积 1127.8 公顷。全乡有山林户 1385 户。林权制度改革后，4 个村共增加村财政收入 230 万元。每年林地使用费 11 万元，林农人均收入 1200 元。各村林改收入主要用于村道、水利建设及各村自来水维修。

2005 年，迹地更新面积 30 公顷，幼林抚育实有面积 33.33 公顷，成林抚育实有面积 106.67 公顷。全年木材产量 3.02 万立方米，松脂产量 480 吨，油茶籽产量 148 吨。

（二）苗木业

田源乡地势较平坦，土壤以沙壤土为主，理化性能优良，适合发展苗木产业。2001 年 5 月，田源乡利用老果园改造、土地开发等项目，引进浙江客商钟先生投资 400 多万元，利用县林业局原新村林业果场兴建绿化苗木科技示范基地——清流县永明林业育苗中心，带动全乡苗木种植业发展，苗木产业逐步成为该乡的新兴产业。2004 年，园艺场选送参展第六届（福建漳州）花卉博览会的展品五针松盆景获银奖，罗汉松获铜奖。

2005 年，永明林业育苗中心改名永明园艺场，基地投资 500 多万元，经营总面积 70.67 公顷。培育各种珍贵绿化苗木 200 多万株、面积 60 公顷，主要树种有罗汉松、桂花、竹柏、白玉兰、乐昌含笑、日本樱花、红枫、银杏、杜英、美国黑松、红叶石楠等 30 多种，其中罗汉松单一品种就达 100 多万株。罗汉松主要培育制作盆景，每盆价值在几千至上万元不等，产品供不应求。永明园艺场还与县林业局合作，每年培育几十万株以罗汉松为主的优质苗用于山场、非规划林地造林和田间培育绿化大苗，成为清流县罗汉松供苗基地和省优良乡土树种罗汉松采穗圃基地，苗木远销各大中城市，用于城市绿化和公路绿化。2005 年，田源乡发展成为县域绿化苗木产业大乡，有苗木企业 3 家，面积 320 公顷。

四、乡镇企业

1991 年，田源乡有乡镇企业 329 家，从业人员 1384 人，实现乡镇企业总产值 2456.02 万元。工业企业主要有田源煤矿、电化厂、焦油厂等，实现工业总产值 1968.1 万元。1993 年，新建中渡煤矿，设计生产能力 6 万吨 / 年。1995 年，乡镇企业 345 家，从业人员 1099 人，实现产值 11291 万元，其中工业总产值 8920 万元。田源乡还先后办过碳酸钾厂、塑料厂、铁厂、活性炭厂等，在市场竞争中相继倒闭。

2000 年，乡镇企业 108 家，从业人员 492 人，实现乡镇企业总产值 8359 万元，其中工业总产值 3471 万元。2003 年，田源木制品厂投产。2004 年 1 月，田源乡电化厂改制，转让给清流明孚硅业有限公司，企业更名为晶星硅业有限公司，主要生产金属硅、硅铁、硅铝、硅钙等系列硅产品，是田源乡的规模企业之一。4 月，田源煤矿改制、改建，更名新源煤矿。2005 年 3 月，景龙服装织造厂投产。同年末，全乡有乡镇企业 23 家，实现乡镇企业总产值 11045 万元，其中工业企业 21 家，实现工业总产值 8156 万元。

五、商业金融

1991 年，田源供销分社设日杂、生资、五金等门市部，负责全乡人民生活及生产资料供应。农贸市场 1 个，砖木结构，有固定摊位 40 个、屠案 10 张、临时摊位板 25 个。圩市日均人流 500 人。1993 年，改建钢混结构农贸市场，占地面积 2000 平方米。同年，田源信用社投资 23 万元，建成占地面积 300 余平万米的信用社综合办公楼，并开通电汇业务。1996 年，全乡有个体经济户 460 户，有 1451 名农民进入流通领域，圩日市场商品成交额 6 万余元。居民储蓄存款余额 866 万元。1997 年，个体工商户 96 户 192 人，注册资金总额 600 余万元，个体私营业创产值 170.20 万元。年末，金融各项存款余额 880 万元，支农贷款余额 11.3 万元。2002 年，田源信用社合并至嵩口信用社，为田源分社。2003 年，田源分社开通电脑储蓄业务和电子汇兑业务。2005 年，全乡个体工商户 385 户、从业人员 1156 人。年未各项存款余额 1100 万元，贷款余额 600 万元。

六、基础设施

（一）交 通

1991 年，全乡仅有政府公务用车 2 辆。2002 年，修建新村—田源简易公路，全长 5.3 千米，总投资 43 万元。2004 年，开通田源—廖武翁坊水泥路 7.14 千米。2005 年起，总投资 360 万元，铺设新村—范元水泥路，全长 9 千米。2005 年，全乡各村组通公路。全乡拥有载重车 8 辆，私家小车 28 辆，拖拉机 34 台，农用车 3 辆，摩托车1100余辆。

（二）水利水电与供水

1991年，有浆坑水电站1座，同年成立田源电管站，员工5人，全乡各村通电。乡所在地用水以自来水为主，井水为辅。同年，投入150万元，建设新村马头坑水库，开通水渠7.5千米，灌溉面积152.67公顷。1994年，新建乡机关自来水工程，受益300余人。1994—1997年，累计投入水利资金46.2万元，修复水毁工程119处，恢复灌溉面积190.4公顷。1998年，投入25万元，修建田源村山排林和田口主村农田改低工程，受益面积80公顷。投入31.35万元，改扩建乡所在地供水工程，日供水360吨，受益人口增至2700人。同年，浆坑水电站改制为私营的田源电力股份有限公司。2000年，投入资金460多万元进行农网改造。2002年，投入75万元，建成田源村粮食扶持建设片，受益面积50公顷。2004年，投入28万元，进行马头坑水库防渗漏和渠道更新。2005年，投入13.14万元，建设田口村供水工程，日供水230吨，受益人口1610人。全乡用电户1740户，年售电量210万千瓦时，10千伏线路60.7千米，0.4千伏线路46千米，变压器38台，总容量2780千伏安。

（三）电视与通讯

1991年，田源乡利用卫星电视地面接收站收看中央电视台1、2套节目。有邮电所1所，手摇式电话20多门。1992年，在邮电所原址上建成新的邮政大楼，占地面积400多平方米。1996年，开通程控电话256门，实现村村通电话。1997年12月，实现与县城有线电视联网，可收看电视频道8套。1998年，分设邮政支局和电信支局。2004年5月，田源有线电视实现与城区光缆联网，可收看电视频道26套。2005年，全乡程控电话1260多户，个人拥有手机1300多部。

七、文明乡村建设

1991年，田源乡成立精神文明建设工作领导小组。1994年始，重点规划廖武村、田源村作为拆旧建新点，新村上村和水东组作为整治点。廖武村建设点围绕村部规划设计建房30幢，田源村则以溪边组为主，规划设计建房14幢，田口村配合大路口至灵地公路改造进行新村建设，新建上村、下村沿路新村点共20余户新房，新村上村和小东队进行环境整治，粉涮住房外墙60多幢、面积1万平方米，铺设水泥路4条、8000多平方米。1994—1996年，完善景龙街配套设施建设，兴建乡政府办公大楼。1996年，开展勤劳致富示范户、科技致富示范户活动，全乡涌现示范户57户。1997年，建新房100户，旧房改造101户，实现小康户1051户，占总户数88.2%。19户贫困户基本脱贫，全乡基本实现小康目标。至1998年冬，乡党委、政府及上级有关部门共补助新村建设点水泥200多吨，瓷砖2万余平方米。

1997—2005年，加强田口宣传文化活动阵地黄氏祠堂和“三栏四室”等硬件基础设施建设，开展省级文明乡镇、市县文明单位评选和廉政文化进农村活动，利用田口黄氏祠堂、廖武戏院等活动阵地和田源“宣传轻骑兵”载体，开展农民文化、法律、技能等学习培训和交流，因地制宜开展形式多样的文体活动，丰富农村文化生活。

2005年，以“三清六改”要求，抓好市级示范点——田口、县级示范点——新村、田源村新农村建设，拆除违章搭盖房屋，进行庭前绿化，清除垃圾等。

八、社会事业

（一）教　育

1991年，田源学区有中心小学1所，完小3所，班级27个，在校生634人，教职工43人，其中专任教师38人。有初级中学1所，班级6个，在校生261人。教职工20人，其中专任教师16人。1992年，全乡4所完小均为三明市合格小学。

1997年，田源乡中小学均通过教育“两基”省级验收，田源中心小学成为福建省农村示范小学。2001年，田源学区、田源中学投入资金15万元，配备电脑50台，全面开展素质教育。是年起，逐步将新村、廖武、田口小学的高年级撤并入田源中心小学。2004年，实施教育体制改革，田源学区，田源中学合并成田源学校。

2005 年，投入教育资金 41 万元，兴建教师及学生宿舍楼、添置教学设备等。校园占地面积 10003 平方米。有教学班 19 个，其中小学 13 个，中学 6 个。教师 61 人，在校生 700 人，其中小学生 400 人，中学生 300 人。

（二）医疗卫生

1991 年，田源乡拥有卫生院 1 所，位于景龙街尾，总面积约 4000 平方米。其中业务用房约 1000 平方米、职工宿舍约 300 平方米。村级卫生所 4 个，各配有乡村医生 1 名。

1997 年，开展农村合作医疗试点。按每人 23 元筹集合作医疗资金，农民每人只需交纳 12 元，其余由县、乡、村三级补助。筹集合作资金 2 万多元，有 1936 人参加农村合作医疗，占乡农业人口 33%。田源卫生院被评定为一级乙等医院。2000 年，全乡有医务人员 17 人，其中卫生院 10 人，主治医师 2 人。病床 6 张。固定资产约 36 万元，临床科室有门诊、急诊、内科、儿科、妇产科等，医技科室有手术室、B 超室、化验室，另设有防疫室，防疫工作人员 1 人。村级卫生医疗所医生 4 人。

2005 年，全乡医务人员 15 人，其中卫生院 9 人，病床 7 张，新增公费医疗设备电脑 1 台，打印机 1 台。

（三）文 化

1992 年，成立乡、村二级老人协会，乡村为老年协会划拨活动场所，配齐琴、棋、报刊、杂志、锣鼓、台球、乒乓球等活动器械。乡每年拨出 4000 元作为老人协会活动经费。1997 年，乡选送的歌舞表演《廖武前程更喜人》获县农村奔小康文艺调演一等奖、组织奖和优秀创作奖。2005 年，田源乡有建筑面积 500 平方米的综合文化站、科技文化中心，体育健身场所 2 处，科技文化宣传长廊 2 处，各类宣传室 6 个，“四新”（庙会新风、祠堂新貌、农谣新唱、喜事新办）文化宣传阵地有黄氏祠堂和廖武戏院 2 处，“四新文化” 宣传轻骑兵队伍 1 支，70 余人。

赖坊乡

一、概 貌

赖坊乡地处县境东南部，北纬 25° 51′ 13″ ～ 25° 59′ 04″，东经 116° 51′ 11″ ～ 116° 57′ 59″。距县城 56 千米。东与永安市罗坊乡接壤，北与沙芜乡、田源乡毗邻，西连邓家乡、灵地镇，西南、南分别邻李家乡、连城县塘前乡。文昌溪蜿蜒流经官坊、陈家、赖安、赖武、南山、东山等 6 个村。辖区面积 115 平方千米，四面皆山，中间为鸭蛋形盆地，境内有全县最高的棋盘山，海拔 1705. 7 米。主要山峰还有高岭天宝岽 1438 米，炉坑交 1150 米，豆子板 1369 米等。全乡耕地面积 952. 47 公顷。

已探明的矿产资源主要有石灰石、石英砂、红柱石、煤等多种矿物质和铅、锌、锡、铁、锰等多种金属矿。

森林资源多样，物产丰富。山林面积 8933. 33 公顷，其中有林地面积 8866. 67 公顷，林木蓄积量 36 万立方米。森林覆盖率 80. 49%。大丰山省级森林公园动植物种类繁多，拥有多种珍稀物种，如长袍铁杉、娃娃鱼等。南山村有 500 ～ 1000 年树龄古樟树 9 株，大者树径 8 人合抱。

土特产有红衣花生、雪豆，颗粒饱满；姚家的西瓜和大蒜，以品质优取胜；东山村加工的草席远近闻名。故被外人称为“特产之乡”。

1991 年，全乡辖赖武、赖安、南山、姚家、寨下、东山、陈家、官坊 8 个建制村。总户数 1909 户，总人口 9522 人。其中非农业人口 200 人，农业人口 9322 人。2005 年，辖 8 个建制村、71 个村民小组，总户数 2553 户、总人口 9285 人。其中男性 4854 人，女性 4431 人。实现农林牧渔业总产值 6832 万元，农民人均纯收入 3795. 90 元，比 1990 年分别增长 3. 41 倍、4. 19 倍。

二、种养业

（一）种植业

主种水稻、烤烟以及花生、地瓜、大蒜、席草、西瓜、茶叶、油菜、蔬菜等杂粮和其他经济作物。赖坊乡有冬种油菜传统。红衣花生，是该乡特有的花生品种，颗粒饱满多籽。赖坊西瓜肉质沙脆，鲜甜多汁，产品供不应求；大蒜、烤花生、雪豆、席草等农产品久负盛名。1991年，水稻种植面积1505公顷，产量6783吨；甘薯种植面积62.73公顷，产量130吨；大豆种植面积140公顷，产量115吨。蔬菜种植面积291公顷，产量5238吨；烤烟种植面积113.4公顷，产量263吨，产值263万元；西瓜种植面积5.3公顷，产量116吨；花生种植面积101公顷，产量136吨；油菜种植面积200公顷，油菜籽产量252吨。后因效益低，油菜种植面积逐年减少。茶叶种植面积10.8公顷，产量17吨，果树种植面积70.47公顷，产量106吨。

1995年，水稻种植面积1127公顷，产量7121吨；甘薯种植面积37.53公顷，产量100吨；大豆种植面积75公顷，产量105吨。蔬菜种植面积350.67公顷，产量4471吨；烤烟种植面积133.33公顷，产量200吨，产值263万元；西瓜种植面积13.33公顷，产量300吨；花生种植面积60.67公顷，产量104吨；油菜种植面积273.33公顷，油菜籽产量410吨。茶叶种植面积27.33公顷，产量22吨，果树种植面积428.33公顷，产量324吨。1997年，抓特色产品开发，全年全乡种植西瓜13.33公顷、席草6.67公顷、大蒜6.67公顷、雪豆20公顷以及小米椒等。2000年，水稻种植面积1286.67公顷，产量6640吨；甘薯面积79.33公顷，产量404吨；大豆面积146.67公顷，产量258吨。蔬菜、瓜果种植面积393.33公顷，产量6644吨；烤烟种植面积200公顷，产量345吨；西瓜种植面积66.67公顷，产量2000吨；花生种植面积106.67公顷，产量233吨；油菜种植面积173.33公顷，油菜籽产量234吨。果树种植面积342公顷，产量361吨。

2005年，引进浙江客商投资1200万元在南山村创办大丰山龙井茶场，开发茶园100公顷，主要种植龙井43号新品种。同年，全乡粮食作物种植面积1536公顷，产量8096吨。其中，水稻种植面积1151.33公顷，产量6853吨。甘薯种植面积120公顷，产量648吨，全部销往连城。大豆种植面积133.33公顷，产量245吨。蔬菜种植面积339.67公顷，产量10925吨；烤烟种植面积266公顷，产量480吨，产值768万元。西瓜种植面积164公顷，产量4920吨。花生种植面积106公顷，产量272吨。油菜种植面积66.67公顷，油菜籽产量150吨。席草种植面积10.67公顷，产量24吨。茶叶种植面积10.33公顷，产量6吨，果树种植面积120公顷，产量1679吨。

（二）养殖业

畜牧业以生猪、牛、家禽养殖为主；渔业以鱼塘养鱼为主，赖安村的鲜水鱼以肉质鲜嫩出名。1991年，全镇生猪出栏9412头，存栏6310头；牛年末存栏2006头；家禽出栏7.62万羽、存栏3.75万羽。水产品产量32吨，其中鱼产量31吨。1995年，全镇生猪出栏8456头，存栏6918头；牛年末存栏1895头；家禽出栏9.96万羽、存栏12.80万羽。水产品（鱼类）产量160吨。2000年，全镇生猪出栏5105头，存栏5500头；牛出栏121头，年末存栏2060头；家禽出栏1.46万羽、存栏1.22万羽。禽蛋产量97吨。水产品（鱼类）产量166吨。

2004年，宣传、落实县政府出台的扶持奖励农民养殖肉牛、肉羊等家畜的措施。2005年，全乡年出栏羊465只，存栏820只；牛出栏205头、存栏1206头；猪出栏8897头，存栏4608头，家禽出栏2.14万羽，存栏9880羽，禽蛋产量27吨。水产品（鱼类）产量255吨。

三、林　业

1990年，经过荒山造林绿化，全乡有林地面积8332.93公顷，林木蓄积量46539.13立方米。商品材年采伐平均控制在3000立方米，松脂生产平均120吨，油茶籽产量26吨。1991年，迹地更新面积35.87公顷，幼林抚育实有面积1156.87公顷。全年木材产量5050立方米，松脂产量60吨。1991—1994年，将抛荒的自留山收归集体，由集体与市县联营造林，进行项目造林，育林基金有偿投放造林、贴息还贷造林、造林面积1000公顷。设立赖坊乡封山育林委员会，加快境内荒山造林育林步伐。1995年，迹地更新面积19.07公顷，成林抚育实有面积85.6公顷。全年木材产量4000立方米，松脂产量29吨，油茶籽产量26吨。1997年，开发种植中药材面积13公顷，引进雷竹种植面积1.33公顷。2000年，迹地更新面积45.8公顷，幼林抚育实有面积335.93公顷，成林抚育实有面积37.47公顷。全年木材产量1243立方米，松脂产量265吨。

2004年3月，8个村进行集体林权制度改革。完成林权制度改革面积6134.1公顷。村民小组经营面积502公顷，村民租赁林地面积140公顷，合作造林面积850公顷，林权转让面积800公顷，全乡有山林户2146户，占8个村总户数95.5%，林农造林护林积极性提高。2005年，全乡迹地更新面积66.47公顷，幼林抚育实有面积100公顷，成林抚育面积33.33公顷。全年木材产量82902立方米，松脂产量201吨。林地面积增加至8866.67公顷，以种松、杉为主，木材蓄积量36万立方米。

四、乡镇企业

1991年，赖坊乡有乡镇企业179家，门类主要有锰矿、煤矿、木材加工、建材、电力、交通运输等，从业人员1131人，实现企业总产值1336.7万元，其中工业总产值750万元。拥有洋坑电站1座，装机容量125千瓦，发电量仅供乡4个建制村及乡政府使用。是年，洋坑电站更名为洋坑水库管理所，有职工6人。1992年始，与琴源水库电站联网，年均发电量36万千瓦时。

1994年，由个人投资12万元，兴建文昌服装厂，年产值54万元。引进上杭客商出资300万元，赖坊乡政府出资及乡、村干部集资200万元兴建大丰山水泥厂，1995年正式投产，年产水泥20万吨，年产值240万元。1998年，大丰山水泥厂因经营管理不善，产品质量不过关而停产。1999年，洋坑水库管理所作价28万元转卖私人经营。

2000年，乡镇企业94家，从业人员332人，实现总产值4650万元。其中，工业总产值920万元，在乡镇企业总产值中所占比例很低。2002年，由该乡官某、赖某等人合资20余万元兴办赖坊机砖厂，次年投产，年产机砖600万块，产值48万元。2004年，由该乡赖某投资200余万元创办香香果食品厂，收购乡境内所种植的夏秋季红衣花生进行深加工，企业当年投产，生产烤花生875千克，产值13250元。2005年，主要企业有龙井茶场，机砖厂、电站等。全乡实现乡镇企业总产值2.47亿元，其中工业总产值1.96亿元。

五、商业金融

（一）商 业

1991年，赖坊乡供销社下设百货、日杂、生资、综合4个门市部，职工10人，担负全乡日常生活用品供销和农药、化肥等生产资料分配供应，全年商品零售总额68万元。农贸市场1处，为塑料结构框架顶棚，建筑面积1500平方米，固定摊位50个，屠案10张、临时摊位板45个，圩市人流2500人。是年，新建农贸市场1处，占地200平方米。2000年，以饮食、加工、服务、商业等为主的个私经济迅速兴起。全乡个体工商户从1999年的16户增加到2004年的87户。农村富余劳力走出山门，向广东、深圳、上海、北京及福州、厦门、泉州等经济发达城市和地区务工经商，增加收入。同年，供销社改制，原有职工买断工龄，另谋就业。2005年，全乡外出务工人员1870人。

（二）金 融

1991年，赖坊农村信用社存款余额360万元，发放贷款122万元。1996年，信用社与农行赖坊营业所分离，独立办公。同年，赖坊营业所被县级收编。赖坊信用社投资17.23万元，新建占地面积798平方米办公楼与宿舍楼。2000年，存款余额3760万元，贷款余额390余万元。2005年，赖坊信用社存款余额2397万元，发放贷款余额902万元。

六、基础设施建设

（一）交 通

1991—2001年，全乡通村、组道路均为砂石普通公路，除公路养护外，没有公路建设项目。2002—2003年，赖坊乡向上争取项目资金（以库区项目为主）及自筹，投资583.48万元，铺设赖坊至白塔水泥路6.5千米，路基宽8米，路面宽6米。

2004年，投资6.96万元，铺设东山至陈坊通组水泥路0.69千米，路面宽3米。2004年，投资26万元，铺设姚家至大鼻上通组水泥路1千米，路面宽3米。同年，投资15万元，铺设东山至曾家山通组水泥路1.3千米，路面宽3米。投资5万元，铺设东山桥至吴家墩通组道路；投资39.2万元，铺设姚家至东山通村水泥路1.2千米，路面宽3.5米；投资铺设官坊至寨下水泥路1.2千米。2004—2005年，投资90万元，铺设陈家至寨头通组水泥路2.5千米，路面宽3.5米。

（二）水利水电与供水

1991年，乡所在地各单位以饮用自来水为主，间辅井水。1998年，投资3.6万元、水泥50吨，用于各村水利建设。1999年，投资33.4万元，实施官坊至东山万亩中低产田改造一期工程——赖武沙田段节水灌溉工程。2003年，投资68.43万元，建设集镇自来水工程，解决乡政府所在地各单位及赖安、赖武村民饮用水问题，日供水480吨，受益人数3360人。2004年，投资220万元，建设标准化农田面积213.33公顷，解决赖武至南山片农田沟、渠、路问题。同年5月，民间资本投资160万元，进行洋坑电站扩容，装机容量375千瓦。2005年，投资300余万元，实施万亩灭旱工程。截至2005年，较大的水利工程有姚家水库、金鸡山水库和洋坑水库，总蓄水量614.7万立方米，灌溉农田面积140.8公顷。

七、乡村建设

1990年，投资20余万元，新建赖坊乡财政所，占地面积830平方米。1994—1996年，完成文昌街拓宽改造前期拆迁工程。1997年，新村建设初具规模，拆旧、建新、整容全面铺开，新建住房60幢，配套建设水、电、路工程。1999年，投资9.9万元，新建乡计生综合办公楼，占地面积100平方米，建筑面积300平方米。

八、社会事业

（一）教　育

1991年，赖坊学区有小学7所，47个班，在校学生1080人。教师53人，其中公办教师38人，民办教师15人。幼儿班8个，在园幼儿181人，专任教师9人，均为民办教师。赖坊中学1所，有初中班8个，在校生335人。教师22人，其中公办教师19人，民办教师3人。1992年、1994年，赖坊学区、赖坊中学先后通过省教育厅“六项督导”验收。1996年，投入30万元，新建赖坊中学教工宿舍楼；同年，赖坊学区教育“两基”工作经上级教育部门验收达标。

2001年，引进香港宝莲禅寺清化苑捐资40万元，于2002年6月动工新建赖坊中心小学教学楼，占地面积450平方米，建筑面积1630平方米。同年，投资26万元，新建教师宿舍楼；投入2万元，新建厕所1座；投入5万元，新建围墙300米。投入6000元，为东山小学安装铁门，铺设水泥路100米。

2002年，投入35.3万元，新建赖坊中学学生公寓。2003年，投资15万元，新建赖坊中学水冲式厕所1座。2004年，赖坊中心小学获省“先进实验学校”称号。同年始，教育布局调整，6所村级小学撤点并校。

2005年，投资40万元，新建中心小学学生公寓。是年，仅保留村级小学1所，赖坊学区设教学班18个，在校生近650人，教师43人。赖坊中学校园占地面积7800平方米，校舍建筑面积约5504平方米。设教学班6个，在校生291人，教师30人。

（二）医疗卫生

1991年，赖坊乡有集医疗、预防、保健为一体的综合性卫生院1所，为一级乙等医院。1997年，被评为“爱婴医院”。1996年，投资14万元，新建职工宿舍楼1座，占地面积132平方米，建筑面积260平方米。

2005年，赖坊卫生院占地面积3816平方米，建筑面积1162平方米，基本做到门诊、病房、宿舍三配套。卫生院分门诊部、住院部两部分。设内科、外科、儿科、防疫科、妇产科、中医科、B超心电图室、X光室、手术室、供应消毒室、化验室、危重病人室、中西药房等科室，开放病床12张。全院职工14人，其中中级职称1人，初级职称7人。各建制村均有卫生所，乡医12人。乡卫生院负责提供公共卫生服务和常见病、多发病诊疗等综合服务，并承担对村卫生室业务管理和技术指导任务。

（三）文化旅游

赖坊乡历史文化底蕴厚重，赖安、赖武、南山、官坊等村，保存有完整明清时期古建筑40余座、装饰精美，装饰手法多样。拥有名闻遐迩的省级森林公园——大丰山，上有始建于宋代的顺真道院。南山村保存有千年古樟10余棵及始建于唐末五代的九龙庙等古建筑。赖坊乡至今还保留有正月“走古事”及农历九月初五“摆五坊”以及“打醮”等传统习俗。全乡有篮球场3个，经常组织开展篮球比赛。

（四）电视与通讯

1991 年，赖坊乡利用电视卫星地面接收站收看央视 1、2 套节目。拥有自动电话 17 部。其中，乡政府及乡直单位共 6 部，8 个建制村各 1 部。

1993 年，投资 81 万元，新建赖坊邮电综合大楼，占地面积约 2000 平方米。1996 年，开通程控电话。同年，安装闭路电视，可收看电视节目 8 套。1997 年，实现村村通电话。

2005 年，全乡拥有邮政营业厅 1 所，移动营业厅 1 所，程控电话 416 部，移动电话 811 部，宽带用户 161 户。

沙芜乡

一、概　貌

沙芜乡地处县境东南部，位于北纬 25° 57′ 24″～26° 03′ 50″，东经 116° 52′ 49″～117° 04′ 11″。东临永安市安砂镇，北界余朋乡、嵩口镇，西邻田源乡，南与赖坊乡、永安市罗坊乡接壤。距县城 58 千米。乡政府驻地在门珠甲（九龙街）。辖区面积 129 平方千米，其中陆地面积 1.22 万公顷，占总面积 89.2%。

沙芜乡属中、低山地貌区。地势中间低，四周高。主要山峰有笔架山、大排顶、相见岭，境内最高峰笔架山海拔 1250.9 米，最低点位于洞口村，海拔 260 米。林业用地面积 1.15 万公顷，其中有林地面积 1.01 万公顷。森林覆盖率 87.95%。全乡生态公益林面积 8683.87 公顷。境内盛产杉、松、竹、油茶、果树等经济林木。树种以杉松为主，竹、柏在沙芜乡局部地区呈块分布，国家保护树种南方红豆杉、水杉、马桂木、香樟、闽楠、福建柏也有少数分布。全乡木材蓄积量 56 万立方米。

主要河道有九龙溪，境内总长 15.68 千米。九龙溪从西北方向入境，向东流向永安市安砂镇，贯穿铁石、新矶、洞口等村，年均流量 56 立方米 / 秒。

矿产资源丰富。已探明地下矿藏有铁、锰、铅、锌、萤石、石灰石、石英沙、煤等金属和非金属矿 10 余种，其中铁和煤的储量最多，铁矿储量 120 余万吨，煤矿储量 1400 万吨。已经开发的有煤矿，沙芜上坪煤矿面积 5.27 平方千米，保有资源储量 316.1 万吨；罗口煤矿上坪矿区面积 1.88 平方千米、保有资源储量 206.9 万吨；马地矿区面积 1.04 平方千米，保有储量 282.34 万吨；秋口矿区面积 4.89 平方千米，保有储量 262.02 万吨。

境内旅游资源丰富，有省级风景名胜九龙湖景区等自然风光和省文物保护单位—福建省古人类化石遗址狐狸洞，以及石达开屯兵处，明代湖、广、浙训导伍廷宰墓等人文景观。沙芜乡有“鱼米之乡”美称。土特产有白塔大蒜、西瓜、花生、笋干、板栗、红菇、香菇和白刀鱼等。“九龙湖”牌鱼干风味独特，2000 年获福建省“12·8”特优商交会金奖。

1930 年 1 月，毛泽东率领红四军第二纵队从连城姑田进驻沙芜洞口村宿营，点燃清流革命的星星之火。1991 年，全乡辖白塔、上坪、铁石、新矶、洞口 5 个建制村。全乡总人口 822 户，4156 人。其中非农业人口 143 人，农业人口 4013 人。

2005 年，辖白塔、上坪、铁石、新矶、洞口 5 个建制村，36 个村民小组，28 个自然村，总户数 1284 户、总人口 4174 人。其中男性 2150 人，女性 2024 人。年内，全乡实现农林牧渔业总产值 4023 万元，农民人均纯收入 4332 元，比 1990 年分别增长 3.29 倍、3.47 倍；财政收入 57 万元。

二、种养业

（一）种植业

全乡耕地面积391公顷，其中水田面积236.07公顷、旱地20公顷。以种植水稻、蔬菜为主。20世纪80年代末开始推广烟叶种植。大宗经济作物主要有水果、花生等，水果品种主要以板栗、枇杷、梨、柑橘、桃为主。90年代，少量种植西瓜。1991年，粮食播种面积476.67公顷，总产量2389吨；其中水稻播种面积453.87公顷，总产量2186吨。甘薯种植面积12.67公顷，总产量44吨；蔬菜种植面积101.33公顷，产量

1398吨；油菜种植面积12公顷，产量5吨；花生种植面积14.6公顷，产量18吨；西瓜种植面积2.66公顷，产量32吨；烟叶种植面积78公顷,产量140吨。

1995年，粮食播种总面积504.13公顷，总产量2379吨；其中水稻播种总面积386.67公顷，总产量2109吨。甘薯种植面积40公顷，总产量138吨；蔬菜种植面积90.87公顷，产量1788吨；油菜种植面积13.33公顷，产量12吨；花生种植面积19.33公顷，产量35吨；西瓜种植面积1.67公顷，产量38吨。烟叶种植面积44.33公顷，产量57吨。

2000 年,粮食播种总面积 520.33 公顷,总产量 2444 吨;其中水稻播种总面积 347.33 公顷,总产量 1945 吨。甘薯种植面积 63.33 公顷，总产量 234 吨；烟叶种植面积 80 公顷，产量 156 吨；花生种植面积 30.33 公顷，产量 74 吨；西瓜种植面积增长较快，达 13.33 公顷，产量 420 吨。果树种植面积 71 公顷，产量 156 吨。

2005 年，粮食播种总面积 476.67 公顷，总产量 2403 吨;其中水稻播种总面积 312 公顷，总产量 1754 吨。甘薯种植面积 62 公顷，总产量 380 吨；花生种植面积 57 公顷，产量 161 吨；西瓜种植面积 20.33 公顷，产量 457 吨。烟叶种植面积 106.67 公顷，产量 208 吨。果树种植面积 71 公顷，年产量 1065 吨。

（二）养殖业

畜牧业以生猪、牛、羊和家禽为主。渔业养殖条件优越，全乡水域面积 1466.67 公顷，占土地总面积 10.8%。大小库湾 100 余个,主要分布于新矶、上坪、铁石和洞口等村。1991 年,出栏生猪 3032 头、存栏 2520 头;牛存栏 683 头；家禽出栏 2.98 万羽，期末存栏 1.82 万羽，禽蛋产量 10 吨。水产品产量 83 吨，其中鱼类产量 80 吨，品种主要有白刀、草鱼、鲤鱼、鳜鱼、胡子鲶等，还有珍贵的老鼠鱼。

1994 年，乡党委、政府确定渔业兴乡发展战略，利用九龙湖水库资源优势，引进江西客商承包库湾，利用网箱和拉网养殖珍珠、鳜鱼等，通过典型示范，引导农民发展“投资少、见效快、成本低、效益高”的网箱养鱼，同时利用沙芜水质污染少、营养丰富的特点发展特种养殖，先后投资兴办养鳗场、甲鱼场。九龙湖所产白刀鱼由于生长周期慢，肉质细嫩，味道鲜美，享誉周边县市，九龙湖水产品多外销至三明、福州等地，渔业成为农民增收主要渠道。党委、政府因势利导，专门成立渔业协会，邀请有关专业技术人员为村民开展渔业养殖技术培训。

1995 年，全乡生猪出栏 5181 头、存栏 3820 头；牛存栏 792 头；家禽出栏 4 万羽，期末存栏 3.2 万羽，禽蛋产量 35 吨。水产品产量 262 吨，其中鱼类产量 230 吨。2000 年，出栏生猪 2555 头、存栏 1890 头；牛出栏 80 头，存栏 740 头；家禽出栏 1.51 万羽，期末存栏 1.08 万羽，禽蛋产量 36 吨。水产品产量 950 吨，其中鱼类产量 910 吨。

2001 年 3 月，4 家鱼干加工厂联合创办清流县九龙湖渔业有限公司，以“公司 + 协会 + 基地农户”的模式运行，开发库湾面积 300 公顷，大河面拦网养殖面积 1000 公顷，鱼苗繁育基地面积 6.7 公顷，水淹地筑塘养殖面积 23.3 公顷，网箱养殖 1700 箱。公司下设九龙湖龙盛鱼干加工厂，提高鱼类附加值。2003 年，九龙湖渔业有限公司与福州市水产养殖研究所、三明市水产协会开展技术协作，攻克鱼干加工、提高养殖产量等技术难关并取得实效。组织 50 多人的营销队伍，在全省各地设立“九龙湖”品牌鱼干和无公害鲜鱼销售窗口 12 个。2004 年，沙芜“九龙湖”鲜活鱼、虾获农业部无公害农产品标志认证。

2005 年，全乡生猪出栏 3000 头、期末存栏 2200 头、产量 206 吨；羊出栏 410 只，期末存栏 380 只，产量 7 吨；牛出栏 198 头，期末存栏 880 头，产量 20 吨；家禽出栏 1.8 万羽，期末存栏 1.43 万羽，产量 21 吨，肉蛋奶产品 315 吨。全乡大河面拦网养殖面积 800 公顷，池塘养殖面积 24 公顷，鱼苗基地面积 6.67 公顷。其中高新养殖面积 33.33 公顷，水产品产量 1361 吨、产值 1411 万元。年产鱼干 150 吨、销售收入 750 万元。

三、林　业

沙芜乡是清流县毛竹生产基地乡之一。1991 年，全乡毛竹林面积 1333.33 公顷，其中集中成片面积 866.67 公顷。全年迹地更新面积 129 公顷，幼林抚育实有面积 410 公顷。木材产量 7578 立方米，毛竹产量 13 万根，松脂产量 431 吨，油茶籽产量 100 吨。

1994—1996 年，乡政府出台优惠措施鼓励农户发展毛竹业，即谁种、谁管、谁有，50 年不变；好山、近山优先安排种竹，经验收合格后，发给自留山证；连片种植面积2公顷以上的竹山每公顷补助450元；村、田旁零星种植的每株补助2元；与松脂采割相挂钩，每百斤松脂收取毛竹发展基金10元。要求所有采脂户每年必须种植毛竹面积0.33公顷以上。全乡建立毛竹林基地面积2000公顷，实现人均竹林面积0.6公顷目标。抓好原有毛竹林管护和竹山新植、扩鞭、垦复。1997年及2003年，实行二轮明晰产权、放活承包经营权等的集体林权制度改革，以铁石村、新矶村为改革试点，积累经验后向全乡推广。

2005年，在洞口村开展生态公益林管护创新试点，试点面积2532公顷。10月，全乡完成集体林权制度改革。完成区划宗地998个，应发证面积11077.4公顷，已发证面积10804.53公顷，林权证发证率97.5%。同年，迹地更新面积33.33公顷，幼林抚育实有面积66.67公顷，成林抚育实有面积353.33公顷。非规划区种植花卉苗木4000株。全年木材产量18749立方米，松脂产量700吨，油茶籽产量65吨。全乡毛竹、小径竹面积364.87公顷，垦复扩鞭面积186.7公顷，毛竹产量15万根。

四、乡镇企业

1991年，沙芜乡有乡镇企业165家，从业人员966人，实现企业总产值1861.26万元，其中工业总产值1218.2万元。乡办企业7家，以木竹加工、煤炭开采为主，实现工业总产值534.1万元。

1994年，出台招商优惠政策，引进县外资金，发展内联企业。至1996年，共引进资金894万元，全乡有切片厂、木碗厂、竹席厂、机砖厂、竹木制品厂及煤矿等乡办企业15家，村办企业13家，联办企业5家，个体办企业125家，其中产值百万以上1家，50万元以上1家，10万元以上5家。

2000年，乡镇企业85家，从业人员411人，实现企业总产值5180万元，其中工业总产值1210万元。

2005年，沙芜乡初步形成以煤矿、木业为主的工业体系，乡镇企业实现总产值6898万元，比1991年增长4.66倍。规模以上工业企业4家，全为煤炭企业，实现产值800万元。

五、商业金融

1991年，商业贸易主要以供销、粮食等国有经营网点为主。有农贸市场1处，建筑面积400平方米，有屠案10张、临时摊位板25个，圩市日均人流400人。同年，新建农贸市场。2000年，供销、粮食体制改革后，个私商业取而代之。2005年，全乡个体工商户70户；年集市贸易成交额100万元。农村信用社1家。年末，居民储蓄存款余额946万元，贷款余额268万元。

六、基础设施建设

（一）交 通

1991年，全乡仅有白塔至沙芜4级县道公路1条。1999年后，落实库区移民政策，加大基础设施建设投入，先后修建铁石、新矶、洞口3个简易码头。2000年，投资120万元，改造白塔至沙芜明珠甲公路，铺设柏油路面长7.8千米，宽4.5米，路基宽5.5米。2003年10月，投资120万元，铺设沙芜至洞口水泥路，长7.8千米，路面宽3.5米。2004年12月，投入85万元，铺设白塔桥至马屋坪水泥路，长3.37千米，路面宽3.5米。

（二）水利水电与供水

1991年，全乡有洞口（新兴）电站、龙地电站2座，装机容量650千瓦。1995年，对原有自来水工程进行扩建改造。1998年6月，总投资260万元，其中引进外资126万元，扩建龙地电站。8月，洞口电站改制，转让给私人经营管理。1998年，投资9万余元，实施铁石村明珠甲改低工程。全年投入资金15万元，兴修水利设施29处，改造低产田面积23.73公顷。1999年6月，龙地水电站建成发电，装机容量500千瓦，年发电量250千瓦时。2000年，共投资120余万元，新建新矶村、洞口村、铁石村二组，白塔村等村饮水工程。

2000—2003年，投入资金129万元，实施农网改造，架设0.4千瓦线路43千米、10千瓦线路84千米，安装变压器15台、私人专用变压器16台，总容量1840千伏安。

2004年，新建隆鑫（白塔）电站，装机500千瓦。2005年，乡党委、政府自筹140万元资金，改建标准化自来水厂1座，由水源工程、输水管道、水厂沉淀过滤、供水管网等4部分组成，采用一体化供水工艺流程。日供水1000吨，受益4573人，居民自来水普及率100%，并能满足乡办、村办和个体企业的生产用水需求。

至2005年，全乡有电站3座，装机容量1400千瓦，年发电量661千瓦时。全乡用电户1189户，年售电量150万千瓦时。

七、乡村建设

1993年，开展新农村建设，治理环境脏、乱、差。1994年，结合“5·2”洪灾后重建家园，动员上坪、铁石、新矶、洞口4个建制村的灾民到集镇建新房，对建新房户除上级救灾补助外，乡政府免收土地占用费和相关手续费，无偿调拨水泥、钢材，免收3立方米木材金、税、费。每户乡村再给予补助400～3000元不等。是年，集镇建新房65座。1996年，开展农村奔小康工作。全乡新建钢筋混凝土结构房352幢，全乡350户、2000人达到小康标准。抓好集镇水电路配套建设，安装路灯。铺设九龙街水泥路长200米，宽12米。1997年，全乡5个建制村通过县小康办复查验收，747户农户实现小康，占农村总户数92%，小康进程分值95.6分，被市确认为基本实现小康。1998年，铺设沙芜乡集镇水泥路面2千米，新建集镇公厕、添置垃圾箱。兴建沙芜乡财政所。铺设白塔、铁石、洞口新村建设点及村主干道水泥路。全乡农民建新房800幢，785户、3350人进入小康。

八、社会事业

（一）教　育

1991年，沙芜乡有集幼儿、小学、初中3个阶段教育为一体的九年一贯制学校1所，即沙芜学校，下设上坪、白塔村级小学2所。有初中班6个、小学班23个，幼儿班6个。教职工44人，其中专任教师42人。在校初中生183人，小学生460人，幼儿园学生91人。1997年，投入58万元，兴建操场，占地面积4516平方米；新建中小文技校综合楼，占地面积495平方米，修建学校公厕、围墙，添置体育器材、教学仪器等。年内，顺利通过省、市教育“两基”验收。1991—2005年，累计投入沙芜学校基础设施建设资金120万元。至2005年，沙芜学校占地面积约3万平方米，校舍面积4000平方米。有初中班4个，在校生110人；中学教职工21人，其中专任教师19人。小学班级14个，在校生267人；在园幼儿77人。小学教职工26人，其中专任教师23人。

（二）医疗卫生

1991年，沙芜乡有卫生院1所，年内新建职工宿舍1座。1998年，新建卫生院食堂，添置B超机1台，被评为一级乙等医院。2005年，卫生院占地面积约6000平方米，有内科、外科、妇科、儿科，病床8张。医疗设备有B超机、血生化仪、血球仪、心电图机、尿液分析仪、显微镜等。固定资产总值150万元，医护人员等10人。年接诊病人7000余人次，住院病人300余人。

（三）文化旅游

1991年，有文化站1个，影剧院1个，电影放映队1支，篮球场2个。1995年，新建老人活动中心。1997年，投入10万元，并发动群众义务投工，铺设九龙湖景区水泥路，长约3千米；辟建码头场地；清理狐狸洞内淤泥与石渣。县建设局、罗口煤矿、电力公司及沙芜乡共同投资150余万元，进行狐狸洞景区开发，做到路平灯明，初步具备对外开放条件。2004年，九龙湖经省政府批准为省级风景名胜区。是年，引进福建万宝投资有限公司，投入4000多万元，进行九龙湖—北斗山风景区前后车场、电瓶车道、游览步道、码头、游轮、溶洞群深度开发项目工程建设。2005年，福建九龙湖旅业有限公司投入资金2309万元，完善九龙湖风景区设施，部分景区正式对外开放。乡镇机关、学校常年参加文化体育活动的人数60余人。

（四）电视与通讯

1991年，全乡仅有半自动电话10部。1994年9月，乡所在地开通有线电视。1997年，有电视卫星地面接收站7个，4个建制村开通有线电视。1995年4月，全乡5个建制村开通程控电话，全乡装机90余部，实现村村通电话。1996年，全乡程控电话256门。1999年，实现村村通有线电视。2005年，全乡可收看电视频道8个。有邮政网点1个，全乡乡村通邮率100%；电信服务网点1个；电话交换机总容量1892门，固定电话用户550户，电话用户普及率42.9%；配备手机、电脑的村民日益增多，宽带用户180户。

卷二 自然环境与保护

清流县位于福建省西部武夷山脉中段南侧，地质遗迹类型齐全。2005年，全境总面积1806.33平方千米，东西宽53.8千米，南北长65.2千米。境内属中亚热带季风气候，年平均气温18.5℃，年平均降水量1824.9毫米。

境内自然资源丰富。2005年，全县耕地面积1.33万公顷，林业用地面积15.38万公顷，森林覆盖率82.3%。全县有维管束植物176科562属1383种，其中属国家Ⅰ级保护植物2种、国家Ⅱ级保护植物8种、省重点保护植物14种。野生动物30目79科343种。主要河流有九龙溪、罗口溪等6条。水力资源理论蕴藏量为7.7万千瓦。境内已探明地下矿藏有无烟煤、萤石、钨、铅、锌、锰、铋、银、稀土等30多种。

境内自然灾害主要有洪涝、干旱、低温阴雨、寒潮、霜冻、"三寒"（倒春寒、五月寒、秋寒）、雷暴、冰雹、大风和高温。1991—2005年，发生较为严重洪灾有9个年份，旱灾4个年份，霜冻灾害8个年份，风雹与雷电灾害8个年份，地质灾害4个年份。

1991年，县委、县政府围绕建设生态县目标，科学调整城市布局，加大城区环保设施建设，先后投入6000余万元进行污染治理，城区燃气普及率、绿化覆盖率和水源水质达标率均提高。建成烟尘控制区3.12平方千米，城市环境综合整治状况等级由四级提高到二级，工业废水及主要污染物排放量均控制在市政府下达的控制指标以内。1992—1994年，被省、市评为县城环境整治先进县。1996年，县政府将主要污染物总量控制指标列入全县国民经济与社会发展计划。至2005年，完成城区环境规划、生态功能区划、划定生活饮用水地表水源保护区，实施生态农业工程，规范水能资源开发利用，管护生态公益林，推进农村环境综合整治，实现国务院《关于环境保护若干问题的决定》提出的"一控双达标"。

第一章 自然地理

第一节 地质 地貌

一、地质结构

县境构造单元属闽西南华力西—印支坳陷带的一部分，浦城—武平大断裂自北东—南西方向贯穿全境；古生代地层沿断裂带呈窄长的槽地分布；印支、燕山期花岗岩体均顺断裂带侵入，成南西—北东方向展布。

县境地层划分三大构造层次，即元古代至早古生代的加里东构造层、晚古生代的华力西—印支构造层、晚侏罗世之燕山构造层，各构造层之间存在明显的区域性构造不整合。

二、地形、地貌

县境位于福建省西部武夷山脉中段南侧、浦城—连城断陷差异上升区，地势从东、南、北三面向中部和西部倾斜，大部分高山分布在县境的南北东面，构成三面高山耸立，中西地形略低的地势。境内最高峰大丰山棋盘山峰，位于赖坊乡，海拔1705.7米；最低点洞口村，位于沙芜乡，海拔260米。地貌类型以低山、丘陵为主，夹有少部分中山和盆地。低山面积990.2平方千米，占总面积的54.3%；丘陵面积392.9平方千米，占总面积 21.6%；中山面积 203.3 平方千米，占总面积 11.1%；山间盆谷面积 170.8 平方千米，占总面积 9.4%；堆积盆地面积 67.8 平方千米，占全县总面积 3.7%。

第二节　气候　水文

一、气候特征

全县属亚热带季风气候，具有大陆性气候和海洋性气候特点，气候温暖湿润，夏季昼长夜短，冬季昼短夜长，四季分明。

二、气候要素

（一）气　温

1991—2005 年，清流县平均气温 18.2℃，1 月平均气温 7.9℃。1991 年 12 月 27—28 日降雪，28 日积雪深 5 厘米。过程降温 14.3℃。28—29 日连续两天日平均气温 - 3.6℃，29 日最低气温为 - 8.9℃，为历史最低气温；7 月平均气温 27℃。最高月平均气温 29℃（2003 年 7 月），极端最高气温为 38.8℃，出现在 2003 年。平均气温年较差 19.1℃。生长期（气温稳定通过 10℃）年平均 248 天，无霜期年平均 306 天，最长达 340 天，最短为 276 天。初霜一般出现在 12 月上旬，2 月中旬终霜。日最高气温≥ 35℃年平均日数为 21 天，最多年份 49 天，出现在 2003 年；最少年份 0 天，出现在 1997 年。日最低气温≤ 0℃年平均日数为 13 天，最多年份 23 天，出现在 1993 年；最少年份 2 天，出现在 1998 年。

1991—2005 年清流县月平均气温情况表

表 2-1　　　　单位：℃

1 月	2 月	3 月	4 月	5 月	6 月	7 月	8 月	9 月	10 月	11 月	12 月	年平均
7.9	10	13.3	19	22.4	25.2	27	26.6	24.1	19.3	14.5	9.5	18.2

（二）降　水

1991—2005 年，年平均降水量 1853.50 毫米，年平均降雨日数为 165 天。其中 3—6 月降水量占全年降雨量的 57%。5—6 月雨季，降水集中，占全年总降水量 1/3 强。最多年降水量 2502.5 毫米，出现在 1997 年；最少年降水量 1071.9 毫米，出现在 2003 年。日最大降水量 345 毫米，出现在 1994 年 5 月 2 日，造成洪涝灾害。常年雷暴日数 67 天。

1991—2005 年清流县月平均降水量情况表

表 2-2　　　　单位：毫米

1 月	2 月	3 月	4 月	5 月	6 月	7 月	8 月	9 月	10 月	11 月	12 月	年平均
79.9	136.5	223.9	196.8	301.4	316.3	161.6	185.7	76.1	75.7	42.8	56.8	1853.5

（三）日　照

清流县夏季昼长夜短，日照时间较长；冬季昼短夜长，日照时间较短。1991—2005 年，全县平均年日照时数 1583.4 小时；最多年日照 2020 小时，出现在 2003 年，最少年日照 1349.6 小时，出现在 2000 年。

1991—2005 年清流县月平均日照时数情况表

表 2-3 单位：小时

1 月	2 月	3 月	4 月	5 月	6 月	7 月	8 月	9 月	10 月	11 月	12 月	年平均
87.5	83.8	76.2	102.5	122.4	131.3	219.7	189.6	161.3	155.1	136.4	117.6	1583.4

（四）相对湿度

1991—2005 年，清流县年平均相对湿度 82%。最小相对湿度 9%，出现在 2005 年 3 月 6 日。

1991—2005 年清流县月平均相对湿度情况表

表 2-4 单位：%

1 月	2 月	3 月	4 月	5 月	6 月	7 月	8 月	9 月	10 月	11 月	12 月	年平均
83	84	85	84	83	83	79	82	81	80	81	81	82

（五）水汽压

1991—2005 年，清流县年平均水汽压 18.2 毫巴，夏季（6—8 月）较大，冬季（上年 12 月至 2 月）较小。

1991—2005 年清流县月平均水汽压情况表

表 2-5 单位：毫巴

1 月	2 月	3 月	4 月	5 月	6 月	7 月	8 月	9 月	10 月	11 月	12 月	年
9	10.4	13.2	18.3	22.2	26.3	27.8	27.8	23.8	17.6	13.3	9.9	18.3

（六）风

1991—2005 年，清流县年平均风速 1.2 米 / 秒，年最多风向为东南风，频率 12%；春夏季尤其是夏季多东南风，秋冬季尤其是冬季多西北风。瞬时最大风速 24 米 / 秒，出现在 1992 年 4 月 29 日。

1991—2005 年清流县累年平均各风向频率情况表

表 2-6 单位：%

风向	中文	北	东北偏北	东北	东北偏东	东	东南偏东	东南	东南偏南	南	西南偏南	西南	西南偏西	西	西北偏西	西北	西北偏北	静风
	英文	N	NNE	NE	ENE	E	ESE	SE	SSE	S	SSW	SW	WSW	W	WNW	NW	NNW	C
频率		4	3	3	2	2	8	12	3	2	2	3	4	4	6	6	4	34

1991—2005 年清流县累年平均风向玫瑰图

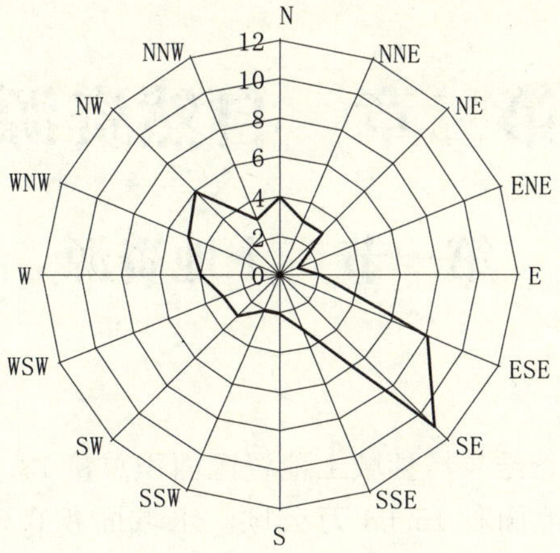

三、水文特征

（一）水　系

境内河道属闽江流域沙溪水系，流域面积 100 平方千米以上的河流有 6 条。其中干流九龙溪流域面积 476 平方千米，占总流域面积 21.1%。主要河道有一级河南岐溪、桥下溪、横溪、嵩溪溪、罗口溪、罗峰溪、梦溪、渔塘溪等 8 条，总长 195.6 千米；二级河时州溪、文川河、长潭溪、田源溪、文昌溪、梧地溪、余朋溪、角溪等 8 条，总长 139 千米；三级河长灌溪、里田溪、长校溪 3 条，总长 60.7 千米；四级河塘前溪等 4 条，总长 16.4 千米。河流总长度 459.5 千米，河网密度 0.2 千米/平方千米，年平均径流总量 17.4 亿立方米，年排涝量 23.4 亿立方米，年最大排涝量 37.8 亿立方米。最大的河流为九龙溪，从西北至东南流经境内龙津镇、嵩口镇、沙芜乡，全长 53 千米，主要支流有罗口溪、嵩溪溪、罗峰溪、南岐溪、桥下溪、横溪等。

（二）水位及流量

1991—2005 年，据黄家排水文站监测，龙津河（九龙溪干流城关段）多年平均水位 284.34 米，最大洪峰流量 3730 立方米/秒，洪水重现期 100 ～ 120 年。最高洪水位出现在 1994 年 5 月 3 日，为 296.99 米（黄海高程，下同）；最低水位出现在 1999 年 1 月，为 286.51 米。

九龙溪年平均径流总量 17.4 亿立方米，主河道龙津河年均流量 14.3 立方米/秒。年排涝量 23.4 亿立方米，年最大排涝量 37.8 亿立方米。

1996—2005 年九龙溪黄家排监测点各年水位情况表

表 2-7　　单位：米

年份	1月	2月	3月	4月	5月	6月	7月	8月	9月	10月	11月	12月	年平均
1996	286.8	286.7	287.2	288.9	287.1	289	287.4	287.2	288.2	287.2	287.2	286.7	287.5
1997	286.9	286.8	286	287.8	287.8	287.8	287.9	288.1	289	287.8	287.7	287.6	287.6
1998	287.6	287.9	287.8	288	288.1	287.5	287.9	287.5	287.3	287.1	287.2	287.1	287.6
1999	286.5	287	286.7	287.6	287.3	288	287.2	288	289	289.4	287.3	287.4	287.6
2000	286.9	287.1	287.6	287.4	287.9	287.5	287.3	287.6	287.8	287.4	287.4	287.1	287.4
2001	287.7	287.5	287.9	287.3	288	287.8	287.8	288.5	289.4	287.1	287.1	287.1	287.8
2002	286.8	287.1	286.9	287.3	287	286.9	288.5	287.8	287.4	287.5	288.2	287.4	287.4
2003	287.4	287.4	287.3	287.3	287.1	287.6	287.4	286.8	286.8	286.8	286.7	286.8	287.1
2004	286.7	286.8	286.9	287.7	287.2	287.5	286.8	286.9	286.9	286.9	286.8	286.9	287
2005	286.8	286.8	287.4	287.1	287.1	288.2	288	287.4	287.3	287.1	287.6	287.1	287.3

第二章 自然资源

第一节 土地资源

一、土地资源总量

据1992年8月全县土地资源详查结果，县域土地资源面积总量18.06万公顷。其中：耕地面积1.41万公顷，园地面积1640.05公顷，林地面积15.64万公顷，水域面积0.37万公顷，居民点及工矿用地、交通用地、未利用地合计0.48万公顷。2005年，根据土地利用现状变更调查数据统计，全县土地资源总量18.06万公顷。其中，耕地面积1.33万公顷，园地面积2306.07公顷，林地面积15.38万公顷，牧草地面积41.3公顷，其它农用地面积2586.17公顷，建设用地面积3142.91公顷，未利用地面积5511.22公顷，其中含水域面积2891.54公顷。

二、土壤结构

（一）农地（旱地）土壤

全县农地土壤有4个土类、5个亚类、7个土属、10个土种。其中，红泥土面积210公顷，占农地总面积441.73公顷的47.54%；灰红泥土面积43.67公顷，占9.89%；红泥沙土面积38公顷，占8.60%；猪肝土面积17.87公顷，占4.04%；黄泥沙土面积17.53公顷，占3.97%。其余土种面积114.66公顷，占25.96%。

（二）水稻土壤

清流县水稻土分布因位置不同及耕作利用时间长短、耕作水平等作用，产生不同类型。有1个土类、3个亚类、11个土属、33个土种。分别为：潴育型水稻土，面积6541.6公顷，占60.4%，属良性水型水稻土，代表土属有灰泥田、乌泥田、潮沙田、石灰泥田4个，分别占本亚类的89%、2.88%、8.1%、0.02%；渗育型水稻土，面积2958.53公顷，占27.3%，有黄泥田、红土田、紫泥田、砂质田、白土田5个土属，分别占本亚类的85.8%、0.3%、4.1%、2.4%、7.4%；潜育型水稻土，面积1328.8公顷，占12.3%，有青泥田、冷烂田2个土属，各占60.1%和39.9%。全县高产田、中产田、低产田分别占17%、62%、20%。海拔300～500米间耕地占61%；土壤pH值在4.66～5.5间面积占92.5%；有机质2%以上耕地占85%；缺磷、缺钾面积占68%和93%。耕地适宜生产粮食、烤烟、蔬菜及花生、油菜等农作物。

（三）山地土壤

全县山地土壤分为5个土类，10个亚类，23个土属。红壤面积11.07万公顷，占本土五个亚类15.62万公顷的70.89%；黄红壤面积1.08万公顷，占6.91%；暗红壤面积1132公顷，占0.72%；水化红壤面积1533公顷，占0.98%；粗骨性红壤面积2.35万公顷，占15.04%；黄壤面积1228.6公顷，占0.79%；粗骨性黄壤面积65.7公顷，占0.04%。还有草甸土面积118.7公顷，石灰性土面积138公顷，酸性紫色土面积6920公顷。

第二节 生物资源

一、植物资源

全县属亚热带常绿阔叶林带，南岭东部山地常绿槠类照叶林区，闽西博平岭山地常绿槠栲类照叶林小洲。

境内拥有蕨类植物31科56属124种、裸子植物8科9属40种、被子植物137科497属1219种。植被典型建群种以壳斗科米槠、苦槠、丝栗栲、闽粤栲、钩栗、甜槠、青冈栎占优势，少部分为楠、樟、木荷等。伴生的落叶树种有安息香科的拟赤杨、金缕梅科枫香等。林下木有香槟杜鹃、石斑木、黄瑞木、连木、毛冬青、乌药、福建山樱等。在郁闭的常绿阔叶林下，草木较少，常见有金狗喜、观音座莲等蕨类植物。层间植物有昆明鸡血藤、木通、紫藤、三叶木通等。

20世纪70年代后，大力种植杉木、马尾松，逐步拓展为清流县优势树种，杉、松树种蓄积量占全县立木蓄积量79.40%。以壳斗科为主的常绿阔叶树林由于长期开发，被杉、松为主的常绿针叶林群落所取代。

1991年，据林业资源调查，全县野生植物有维管束植物113科411属671种。林木类有银杏、长苞铁杉、油杉、金钱松、刺柏、三尖杉、福建青岗、莫夫人含笑、天竺桂、仓花楠、桑树、花桐木、木英红豆树、软英红豆树、野桂花、方竹、竹柏等树种。药用植物有64种，其中根茎类有茯苓、白毛根、六竹根、香附子、白前根、百部、淮山、绿叶麻等；叶用类有白毛竹、灵芝茄、益母草、夏枯草、青荷草、紫苏、薄荷等；藤本类有忍冬藤、海风藤、夜交藤等；花果类有女贞子、苍耳子、瓜蒌仁、薏米仁等。牧草有25科99种。以禾本科占优势，有33种，占68.70%；豆科20种，占20.20%；菊科11种，占11.10%。

至2005年，全县有维管束植物176科562属1383种，其中属国家一级保护野生植物有南方红豆杉、伯乐树（钟萼木）2种；属国家二级保护野生植物有金毛狗、樟树、闽楠、浙江楠、花榈木、红豆树、野大豆、喜树等8种;省重点保护野生植物有沉水樟、香桂、黄樟、华南桂、浙江桂、刨花楠、红楠、密花梭罗、梨茶、江南油杉等14种。林木类，主要有南方红豆杉、银杏、钟萼木、香樟、闽楠、浙江楠、红豆树、花榈木、喜树、江南油杉、黑锥、亮叶水青岗、乌岗栎、沉水樟、黄樟、香桂、华南桂、浙江桂、刨花楠、红楠、蜜花梭罗、八瓣糙果、马尾松、杉木、柏木、柳杉、福建柏、罗汉松、竹柏、三尖杉、米槠、甜槠、钩栗栲、闽粤栲、苦槠、青岗栎、光叶石楠、梧桐、柘木、木荷、枫香、乌桕、棕榈、冬青等。竹类，有毛竹、苦竹、黄竹、小刚竹、四方竹、斑竹、江南竹、马尾竹、箭竹、观音竹、高节竹、雷竹、茶杆竹、少穗竹、大头典竹、青皮竹、绿竹等18种。药材类130余种，主要有茯苓、白毛根、六竹根、香附子、白前根、百部、淮山、绿叶麻、白毛竹、灵芝茄、益母草、夏枯草、青荷草、紫苏、薄荷、忍冬藤、海风藤、夜交藤、女贞子、苍耳子、瓜蒌仁、薏米仁等。牧草类与1991年林业资源调查时无异。花卉类有草木花卉38种、木本花卉18种。绿化观赏木37种。果品类13种。

附1：

珍贵树种

全县列入国家一级保护珍贵树种有：分布在温郊乡温家山山地中的南方红豆杉群落，面积544公顷；分布在莲花山保护区内的钟萼木。国家二级保护珍贵树种有:分布在林畲乡岭官（干）村的银杏3株;香樟、闽楠、浙江楠、红豆树、花榈木、喜树等，主要分布在莲花山保护区内。省重点保护珍贵树种有：江南油杉、黑锥、亮叶水青冈、乌冈栎、沉水樟、黄樟、香桂、华南桂、浙江桂、刨花润楠、红楠、密花梭罗、八瓣糙果茶，主要分布在莲花山保护区内。

附2:

名木古树

2002年9月，县林业局开展名木古树普查建档。全县名木古树1548棵，古树群27处。普查发现，赖坊乡有树龄500～600年、胸围650厘米以上古樟树13棵。其中，南山村古戏台边有棵古樟树，树干直径450厘米、胸围1180厘米、树冠3500厘米。田源乡新村有树龄510年、胸围58厘米桂花树1棵。灵地镇灵地村黄姓公祠内有2棵罗汉松，树龄200多年。其中1棵胸围445厘米，另1棵胸围382厘米，树高9米左右。长校镇长校中学后山北邙岗有杉木3棵，人称“杉木王”，树龄200多年，最大1棵胸围389厘米，最小1棵胸围248厘米。里田乡有古树群21处，有百年以上古树1306棵，其中里田村一棵苦槠树，树龄450年，树干胸围670厘米。

二、动物资源

1991年，据林业资源调查，全县野生动物有鸟纲11目17科28种；兽纲8目16科31种；爬行纲2目2科5种。列入国家一类保护的兽类有：华南虎、金钱豹、黑麂；国家二类保护的兽类有：猕猴、穿山甲、豺、黑熊、水獭、大灵猫、小灵猫、斑羚；列入国家二类保护的鸟类有：鸳鸯、赤腹鹰、白鹇、灰林鸮、长脚秧鸡。

2005年，全县有野生动物26目73科291种。其中两栖类2目6科27种、爬行类3目10科45种、鸟类13目38科170种。列入国家一类保护野生动物有云豹、豹、黑麂、蟒蛇4种；列入国家二类保护野生动物有猕猴、穿山甲、豺、黑熊、大灵猫、小灵猫、金猫、河麂、水鹿、红脚隼、白鹇、褐翅鸭鹃等34种；列入省重点保护野生动物有豹猫、眼镜王蛇、眼镜蛇、白额山鹧鸪、黄鼬等20种。

第三节 水资源

一、地表水

1991年，全县水域面积3664.54公顷，多年平均地表水资源总量为51.91亿立方米，其中入境客水31.02亿立方米，人均占有境内水资源量3.74万立方米，每平方千米占有水资源量284.28万立方米。水质良好，适合生活饮用、渔业养殖和农业灌溉。水力资源理论蕴藏量为7.70万千瓦，可开发装机容量5.50万千瓦，年可发电能力2.48亿千瓦时。

2005年，全县水域面积2891.54公顷，其中河流水面2420.23公顷、水库面积274.49公顷，坑塘等面积196.82公顷。

二、地下水

全县地下水年平均径流总量3.47亿立方米，丰水期年径流量4.97亿立方米，平水期年径流量3.36亿立方米，枯水期年径流量2.15亿立方米。地下水资源类型主要为松散岩类孔隙水和碎屑岩类孔隙水，分布在青溪、嵩溪、林畲、灵地、沙芜、赖坊一带的山间河谷盆地，部分为碳酸盐类裂隙溶解水，分布在青溪、林畲、新村、余朋、李家一带。年平均产水量18.99万立方米/平方千米，日径流量520立方米。

三、地热资源及冷泉

温泉主要分布在县境内北部地区的嵩口、余朋、龙津3个乡镇。已查明全县有8处，即嵩口高赖温泉、马排月汤温泉、邱元温泉、苦竹坑温泉、塘州温泉、余朋乡太山内热汤温泉、龙津镇（原东华乡）暖水、小月水温泉。泉眼流量大且常年不断，日出水量700～1200吨。水质多为无色透明，具硫磺气味，水温不受气温和季节变化影响，一般介于29.5℃～84℃之间，有气体逸出。矿化度低于1克/升，属弱矿化水，阳离子以钠为主，钙次之，阴离子以重碳酸根为主，硫酸根次之。

冷泉主要分布在李家乡鲜水村和林畲乡石下村，流量较大的天然泉眼有7处，四季水温分别在18℃～22℃、18℃～20℃，日出水量均达3万吨。水质清澈，属纯碳酸泉（pH值7.6，总硬度132）。

四、矿泉水

全县有龙津镇城南矿点和嵩溪镇嵩溪矿点2处。城南矿泉水来自花岗岩深部的构造裂隙水，含偏硅酸33.29～44.19毫克/升、锶0.69～0.88毫克/升，同时含氡、氟、锌、锰等微量元素，允许开采量为200吨/日。嵩溪矿泉水属重碳酸盐泉，含游离二氧化碳1054.7～1346.9毫克/升，锶0.46～0.59 毫克/升，锂0.19毫克/升，并含偏硅酸及锌、锗等微量元素，矿化度1.24～1.32 毫克/升，允许开采量1000吨/日。

第四节　矿产资源

1991年前，境内发现有煤、钨、锰、铁、铅、锌、稀土、石灰石、滑石、辉绿岩、萤石等矿产26种，矿产地108处，其中行洛坑钨矿是迄今世界上探明最大的斑岩型钨矿之一。县境矿产主要蕴藏于西北部的城关—嵩溪—林畲北东向条带上，以及东南部的灵地—沙芜—余朋一带。

至2005年，全县已发现无烟煤、钨、锰、铁、铅、锌、银、石灰岩、萤石、地热、矿泉水、稀土等38种矿产，占三明市矿产总数39%。矿产地188处，其中大型矿床1处、中型6处、小型矿床69处，矿点87处，矿化点25处。探明（或部分探明）储量的矿产有钨、锰、铅、锌、银、稀土、无烟煤、石灰岩、萤石、矿泉水及花岗岩石材等17种，占三明市探明矿产23%。其中能源矿产1种、金属矿产7种，非金属矿产9种。已探明和发现的矿产资源潜在价值居三明市第五位。已探明矿产资源量居全市前四位的矿种有8种，分别为无烟煤、地热、钨、铅、锌、萤石、石灰岩、稀土等。但大、中型矿床少，富矿少。县内优势矿产有煤、铅、锌、萤石、水泥用灰岩、地热等。全县已探明固体矿区57处（含共生矿），其中中型矿床1处、小型矿床56处。

第三章　自然灾害

第一节　水旱灾害

一、洪涝灾害

1992年7月5—6日连降暴雨，造成县域洪水暴涨。全县有12个乡镇85个建制村不同程度受到洪水冲击，水稻、烟叶等农作物被淹，水毁水利工程123处，影响灌溉面积1364.07公顷。冲毁河堤38处、渠道8860米，护岸垮塌2150米。受损电站4处，输电线路损坏3400米。死亡3人（其中淹死1人，压死2人）。

1994年5月1日19时15分开始，全县普降暴雨，过程雨量391.2毫米。5月2日，日降雨量345毫米，加之上游宁化县洪峰泻入，城区水位以每小时60～80厘米猛涨。18时，西门桥洪峰水位295.3米，超出危险水位5.7米。洪峰流量3000立方米／秒。18时30分，洪水溢过河堤，城区进水。3日凌晨1时，城区淹没面积320公顷，低洼地段最高水位10米，平均水位4米，淹没时间36小时。全县水、电、交通、通讯中断。城区东门大桥、北门吊桥被冲毁，西门大桥栏杆被冲毁。洪灾遍布全县各乡镇，受灾人口12.5万人，洪水围困人数8.9万人，转移8.5万人，全县死亡21人，受伤1230人。倒塌民房5153幢、41224间，损坏民房5413幢、42256间；受损仓储粮食2669吨，耕牛死亡1253头，被淹车辆624辆、设备5.05亿元、原材料价值2.93亿元；农作物受灾面积1.44万公顷，粮食绝收面积1866.67公顷，经济作物绝收面积2133.33公顷；停产企业382家，半停产企业32家。

1995年，“6·4”“6·16”2次大暴雨引发严重洪涝灾情。“6·4”洪灾，过程性降水113毫米，水毁工程245处，影响灌溉面积2166.67公顷，直接经济损失326万元。6月15—17日，境内普降暴雨，降雨量283毫米，城区最高河水位290.3米，超出警戒水位1.8米。11个乡镇不同程度受灾，受灾7650户、2.8万余人，死亡1人，受伤15人，倒塌民房97幢、485间，损坏315幢、1575间，粮田受灾面积1720公顷，水面养殖受灾面积106公顷，冲毁公路18.3千米。

1996年6月20—21日，各乡镇普降大到暴雨。全县6个乡镇16个村受灾，受灾人口1.4万人。8月1日，受8号台风影响，城区24小时降水96毫米，琴源水库降水189.3毫米。局部地区山洪暴发。

1997 年 6 月 9 日，县域降雨量达 121.8 毫米，城区最高水位过 292 米，超危险水位 2.5 米，城区进水，低洼地段受淹严重。15 个乡镇受灾。6 月 25 日，县域再次遭到暴雨袭击，尤其是里田、长校等乡镇，山洪暴发，河水泛滥成灾，冲毁民房、淹没良田。11 月 25 日，林畲、嵩溪、余朋等 8 个乡镇遭受特大冰雹袭击，损失惨重。

1998 年 6 月 9 日，县域降雨量 109.50 毫米，局部出现洪涝灾害。1999 年 5 月 26 日，降雨量 108.8 毫米，有 5 个建制村受淹，东华乡暖水村山体滑坡，压死 2 人。6 月 13 日，降雨量 196 毫米，短时暴雨引起山洪暴发，全县 15 个乡镇不同程度受灾。

2001 年，“5·17”特大洪水暴发。赖坊乡官坊、陈家、赖安、赖武、南山 6 个建制村沿河两岸农田被冲毁面积 573.33 公顷，防护河堤被冲毁 12 处，长 2.65 千米；毁坏良田面积 24 公顷；冲垮水陂 2 处，渠道 2 处、339 米。200 余公顷粮田变成“望天田”（无水源，仅靠自然降水耕作的田）。6 月 12—13 日，县境内普降大到暴雨，城关降雨量 221 毫米、嵩溪 211 毫米。洪灾损坏中型水库 1 座、小（1）型水库 2 座、小（2）型水库 6 座、塘坝 21 座、千亩引水工程 6 处；冲毁大小水陂 352 处、水轮泵站 17 处、堤防 6130 米、渠道 39.09 千米，影响灌溉面积 3546.67 公顷；损坏水电站 9 座、装机容量 9970 千瓦；损坏输电线路 92 千米、电杆 326 根。

2002 年 6 月 13 日 20 时至 18 日 17 时，县内普降大暴雨，连续降雨量累计 437 毫米。仅 16 日 24 小时内降雨 126 毫米，山洪暴发，洪水猛涨。加上龙津河上游宁化县连降暴雨，致使城区最高水位达 289.87 米，超过警戒水位 0.97 米，首次出现洪水连续 12 小时高位不退。洪灾造成烤烟房倒塌 18 座，淹死大牲畜 116 头，水稻、烤烟、蔬菜瓜果等大量被淹；损毁塘坝 29 座、水陂 140 座、渡槽 23 座、水渠 24 千米；农田受损严重。特别是洪灾造成嵩溪时州、长校江坊水陂冲毁，下游 40 多公顷耕地被淹没冲刷，琴源水库渠道多处大面积崩塌。冲毁乡村人饮工程 16 处，农村水电站厂房进水 8 座、损坏输电线路 1700 余米，水利水电工程直接经济损失 1720 万元；企业煤台、车间进水，成品煤被冲走 1000 多吨。

2005 年 5 月，全县月降雨总量 831.8 毫米，为常年同期 2.8 倍，持续时间长，范围广，造成 2 人死亡。全县 453 处水利工程遭受不同程度水毁。其中：渠道 247 处 11.1 千米、堤防 6 处、水坝 24 座、灌溉设施 39 处，影响灌溉面积 3466.66 公顷。自来水工程受损 10 处，损坏供水管道 660 米，影响饮水 7134 人。琴源水库右干渠古洋 3～4 号隧道发生山体滑坡，渠道塌方 8 处、土方 3200 立方米。

二、旱 灾

1991 年 4 月上旬至 8 月下旬，县域雨量连续 5 个月偏少，与历年同期相比偏少 54%，造成水稻等农作物受旱，水电发电量大减。

2002 年 2—6 月上旬，全县降水量不足历年同期一半，尤其 5 月下旬至 6 月上旬，雨量不到历年同期的 10%。全县 19 座小（2）型水库，86 座山塘干涸。

2003 年，全县年降水量仅 1071.9 毫米，与往年同比偏少 41%，造成全县大范围干旱天气。全县 21 座小（2）型以上水库有 15 座干涸，导致 4.31 万人饮水困难。

2004 年，全年降水量仅 1382.8 毫米。全县农作物受旱面积 1866.67 公顷；25 座小（1）、小（2）型水库蓄水仅占正常蓄水量 32%；2 座小型水库干涸。全县小水电少发电 1000 万千瓦时，企业用电受限。自来水厂采取分片供水等限水措施。

第二节 寒冻灾害

1991 年 3 月 28 日至 4 月 4 日。全县日平均气温连续 8 天低于 12℃，连日阴雨低温造成早稻烂种烂秧。同年 12 月 26 日起，受强寒潮侵袭，27—28 日降雪，过程降温 14.3℃，48 小时降温 11.4℃，28—29 日日平均气温连续两天为 - 3.6℃，28 日积雪深 5 厘米，29 日最低气温为 - 8.9℃。全县交通、邮电中断，蔬菜、烟苗冻死，自来水管冻裂。

1992 年 3 月 21—30 日，连续 10 天日平均气温小于 12℃，且无日照，造成早稻大面积烂秧。

1993 年 1 月 14 日，受寒潮侵袭，日平均气温 48 小时降 12.5℃，15 日起降大雪，16 日积雪 20 厘米，造成交通中断 5 ～ 6 天，大量果树、蔬菜冻死。

1996 年 2 月 17 日，县域受寒潮影响，24 小时降温 10.8℃，48 小时降温 18.4℃，出现雨夹雪、雨凇等天气，倒伏电线杆 20 根，冻死耕牛 20 头、羊 120 只。同年 3 月 18—25 日，受强冷空气影响，日平均气温在 8.3℃～ 10.2℃之间；4 月 1—5 日，日平均气温在 7℃～ 11℃之间，最低气温 4.4℃，全县烂种烂秧 51.50 吨，占总播种量 15% 左右。

1998 年 12 月 20—27 日，全县受北方强冷空气影响，连续有霜冻和结冰。23 日晨，极端最低气温 - 7.9℃，蔬菜、茶叶、果树受冻严重，不少自来水管、水表冻裂。

1999 年，受北方南下强冷空气影响，12 月 20—27 日连续霜冻和结冰，极端最低气温 23 日晨 - 7.9℃，蔬菜、茶叶、果树受冻严重，许多自来水管、水表冻裂。

2002 年 12 月 26 日，全县受强冷空气影响，普降大雪，27 日积雪达 16 厘米，造成交通中断、供电线路折断；农作物受灾面积 5270 公顷，林木、毛竹被积冰压折，幼林受冻害严重。

2004 年 2 月 28 日降雪，农作物、果树苗木等受冻害严重，牲畜死亡 125 只。同年 12 月 28 开始降温，28、30 日降雪，至 2005 年 1 月 1 日，最低气温 - 6.8℃，自来水管冻裂，居民饮水困难。蔬菜、树苗多被冻死或冻伤。

第三节　风雹与雷电灾害

一、大风　冰雹

1992 年 4 月 27 日，飑线经过林畲乡，伴随雷雨大风冰雹等灾害，烟草等农作物被折断吹倒。4 月 29 日，飑线经过龙津镇、东华乡、嵩溪镇、温郊乡等地。龙津镇出现雷雨大风，最大风速 24 米 / 秒。东华乡、嵩溪镇出现大风、冰雹，许多房屋瓦片被砸，烟草被折断吹倒，损失严重。

1993 年 4 月 25 日 15 时 40 分至 18 时 30 分，林畲乡石下、曾坊、林畲村出现大风、冰雹天气，民房瓦片被砸 10 万片，烟苗损失 5 成以上，挂果果园受损。同年 8 月 26 日 14 时左右，邓家乡邓家、田中村遭受龙卷风、冰雹袭击，两人合抱大树被拦腰折断，直径 30 厘米粗树被连根拔起，15 厘米粗树枝被卷至 20 米远处，砸死生猪 3 头，砸碎民房瓦片 170 万片，晚稻等农作物不同程度受损。

1997 年 4 月 2 日、19 日和 30 日，嵩口、嵩溪、东华、林畲、田源等乡镇 3 次遭受大风和大雨夹杂冰雹袭击（冰雹直径 13 毫米，局部地区大于 30 毫米），直接经济损失 1000 万元。同年 11 月 25 日下午 3 时 50 分至 4 时 20 分，林畲、嵩溪、嵩口、长校、里田等地遭受冰雹袭击。最大冰雹直径 20 厘米，地上堆积冰雹最厚处 50 厘米，部分农户瓦房片瓦不存，3 人受重伤，12 人轻伤。9 月 5 日傍晚，雷雨大风，长校镇沙坪村一农户房屋倒塌，压死小孩 1 人。

2003 年 4 月 23 日 20—24 时，赖坊、灵地、邓家、李家、长校等地突遭龙卷风袭击，许多大树拦腰折断或被连根拔起，烟草大面积倒伏，果树受损，电杆被毁，电力一度中断。同年 5 月 7 日上午 11 时许，出现雷雨大风，余朋乡芹溪村攀龙寨七子形山场几棵大树被大风刮倒，其中 1 棵约 50 厘米、高 20 余米百年枫树倒落时，将旁边一工棚压垮，致使工棚内民工 3 死 2 伤。同年 9 月 14 日，林畲乡发生雷雨大风及冰雹，晚稻及经济作物遭受较严重损失，电线杆被折断。

2004 年 4 月 23 日 20—24 时，赖坊、灵地、邓家、李家、长校等地突遭龙卷风袭击，大树折断或被拔起，烟草大面积倒伏，果树受损，电力一度中断。

二、雷　电

1994 年 4 月 8 日夜间，东华乡 1 名男子被雷击身亡。2000 年 7 月 20 日，鱼龙岗电站电器设备遭雷击。2003 年 5 月 16 日，县合成氨厂电机、接电开关、微机等被雷电击毁。

第四节　地质灾害

清流是省定地质灾害易发县之一，具有“面广、规模小、危害性大”特点。较大地质灾害发生在 1994 年、2000 年、2001 年、2002 年。期间，共造成 6 人死亡，5 人受伤，毁坏房屋 137 间，毁坏农田面积 6.87 公顷，毁坏公路 1200 米，直接经济损失 399.8 万元。

若干年份清流县地质灾害发生情况表

表 2-8　　单位：处、毫米

年份 / 项目	1993 年前	1994	1995	1996	1997	1998	1999	2000	2001	2002	2003	2005
地质灾害	5	29	3	1	2	2	3	9	13	12	1	4
年降雨量	—	2121	2011	1595	2502	2025	1667	1944	1851	2098	1071	2269

第四章　环境保护

第一节　机　　构

一、县环保局

1991 年，县环保局内设办公室、综合业务股，行政编制 3 人。下设排污收费监理所，事业编制 3 人；县环境监测站，事业编制 10 人。1994 年 10 月，环保局增设宣传教育股。1997 年 11 月，增设管理科。1999 年 5 月，排污收费监理所更名为县环境监理所。2001 年，宣传教育股并入办公室。同年，县环境监测站通过三级站计量认证。至 2005 年，县环保局内设办公室、环境管理科，行政编制 5 人。下设县环境监理所，编制 4 人，其中所长 1 人，持证上岗率 100%；县环境监测站，事业编制 9 人，其中站长 1 人。

二、基层环保机构

1991 年，各乡镇均设立环境保护办公室，有兼职环保员 55 人，全县厂矿企事业单位有专（兼）职环保员 49 人。1994 年 8 月，嵩溪、嵩口、东华、余朋 4 个乡镇成立环保站，为股级事业单位。至 2005 年，有乡镇兼职环保员 15 人、厂矿企事业单位专（兼）职环保员 46 人，有 3 家企业设立安全环保科，各配专职环保员 1 ～ 2 人。

第二节　环境质量监测

一、环境质量

（一）环境质量评价

1991 年前，受条件限制，未对辖区环境质量进行评价。1992 年，编制龙津镇环境规划时，委托省市专家对城区环境质量进行评价（包括污染源现状评价和环境质量现状评价，基准年为1991年）。

2001年9月至2002年12月，委托福建省华侨大学环境保护设计研究所对清流县环境质量进行第二次评价（基准年为2000年）。此次评价与10年前相比，评价范围扩大。1992年评价范围仅限在3.22平方千米建成区内，第二次大气和噪声评价范围东至笔架山，南至十里铺，西至峰头，北至东华农科站，总面积约18平方千米，外延相关区包括东华乡、嵩口镇、嵩溪镇、长校镇、沙芜乡等；水环境质量评价以九龙溪流经清流辖区水域为主，重点龙津河。其次评价内容增加，除对水、气、声、固体废物环境质量现状进行评价外，增加生态环境现状评价及县城主要污染原因分析等。

2004年始，由县环境监测站独立编写年度环境质量报告书（仅评价水、气、声环境质量）。

（二）水环境质量

1. 地表水　1991—2001年，九龙溪清流段龙津河两个断面水质达到国家饮用水源保护区一级保护区功能，各项指标均达到地表水GB 3838-88《地面水环境质量标准》Ⅰ类标准，并符合GB 5749-85生活饮用水卫生标准水质要求。其主要污染物悬浮物、化学需氧量、氨氮等指标略有增高，围埔桥以下河段呈下降趋势。除县城段和嵩口段化学需氧量为Ⅱ类水质以外，其余指标均好于Ⅰ类水质标准。

至2005年，九龙溪清流段及其一级支流嵩溪，水质较好。全年3个断面、省控断面湖库水2个点位，各项目监测结果均达到地表水GB 3838-2002《地面水环境质量标准》Ⅲ类标准。湖库水——安砂水库水质状况良好，达地面水Ⅱ类水标准。

2005年清流县水域功能区水质监测情况表

表2-9　　单位：毫克／升、%

监测水域情况				监测项目名称	项目执行标准	监测情况（毫克／升，pH除外）						断面达标率（%）
水体名称	水体类型	水体功能	断面名称			1月	3月	5月	7月	9月	11月	
地表水	Ⅲ	渔业	龙进	pH	6～9	7.05	7.1	6.8	6.92	6.25	6.91	100
				DO	≥5	7.95	7.79	7.8	7.96	7.36	8.66	
				NH_3-N	≤1	0.044	0.036	0.048	0.043	0.185	0.068	
				CODmn	≤6	2.36	1.65	2.2	2.57	2.6	2.19	
			龙中	pH	6～9	7.21	6.98	7.05	7.05	6.7	6.88	100
				DO	≥5	8.07	7.87	7.96	8.16	7.06	8.55	
				NH_3-N	≤1	0.044	0.042	0.048	0.043	0.182	0.063	
				CODmn	≤6	1.97	1.78	2.26	2.66	2.89	2.31	
			龙出	pH	6～9	6.95	6.88	6.94	7.12	6.1	6.94	100
				DO	≥5	7.77	7.83	7.82	7.86	6.85	8.66	
				NH_3-N	≤1	0.047	0.044	0.051	0.046	0.214	0.066	
				CODmn	≤6	1.80	2.02	2.59	2.76	2.82	2.44	

2. 饮用水　1991—1994年，城区饮用水水源地为龙津河，均委托市环境监测站进行监测，水厂水质达标率100%。1995年开始，由县环境监测站对城区饮用水水源地—严坊溪进行监测。每逢单月进行常规监测，监测项目29项，每年均获数据180个。每年对城区第二水厂进行6期6次采样，分析水温、pH、高锰酸盐指数、溶解氧、挥发酚、氟化物、矿物油、氨氮、大肠菌群等。饮用水源水质状况良好。至2005年，各项目均符合《生活饮用水水质卫生规范》（2001）与GB 3838-2002 Ⅱ类标准，水厂水质达标率100%。

2005 年清流县城区集中式饮用水水源地（严坊溪）水质情况表

表 2-10 单位：毫克 / 升、个 / 升

污染物名称 \ 监测时间	地表水 GB 3838-2002 Ⅱ类标准	1 月	3 月	5 月	7 月	9 月	11 月
pH（无量纲）	6 ～ 9	6.71	6.96	6.88	6.87	6.91	6.78
溶解氧≥	6	8.13	7.97	8.1	8.37	7.5	8.77
高锰酸盐指数≤	4	1.9	1.8	2.34	2.83	2.7	2.08
氨 氮≤	0.15	0.034	0.033	0.035	0.048	0.083	0.013
总 磷≤	0.1（湖、库 0.25）	0.049	0.033	0.034	0.022	0.081	0.056
氟化物≤	1	0.52	0.5	0.3	0.4	0.42	0.94
挥发酚 ≤	0.002（毫克 / 升）	0.001	0.001	0.001	0.001	0.001	0.001
石油类 ≤	0.05	0.005	0.005	0.005	0.005	0.005	0.005
粪大肠菌群数 ≤	2000	520	760	520	860	820	660

（三）大气环境质量

1991 年，城区处于河谷地带，周围环山，地势高差较大，静风频率较高，工业布局不够合理，局部污染较为严重。各监测点大气污染物二氧化硫、氨氮化物、可吸收颗粒物等最高一次监测值均低于国家大气质量二级标准。烟尘控制区内浓度均小于 250 毫克 / 立方米，林格曼黑度小于Ⅰ级，合格率 100%。

1998 年，城区二氧化硫平均浓度为 0.022 毫克 / 立方米；氮氧化物平均浓度为 0.012 毫克 / 立方米；总悬浮颗粒物平均浓度为 0.164 毫克 / 立方米，均优于标准要求。

2000—2004 年，县城环境空气质量优良。3 个监测点位首要污染物均为总悬浮颗粒物，空气质量均属“良好”级别。外延区域各监测点环境空气质量，除嵩口镇外，均属优良。全年降雨测定中无酸雨现象。

2005 年，城区环境空气质量均保持国家二级标准。其中可吸入颗粒物浓度年均值为 0.042 毫克 / 立方米，二氧化硫浓度年均值为 0.009 毫克 / 立方米，二氧化氮浓度年均值为 0.014 毫克 / 立方米。

2000 年清流县城区环境空气质量评价表

表 2-11 单位：毫克 / 立方米

监测点位	污染因子	空气污染分指数	空气污染指数（API）	首要污染物	空气质量类别	空气质量描述
县农机局	二氧化硫	12.00	38.30	—	Ⅰ	优
	二氧化氮	8.80	—	—	—	—
	总悬浮颗粒物	38.30	—	—	—	—
县环保局	二氧化硫	20.00	49.20	—	Ⅰ	优
	二氧化氮	13.80	—	—	—	—
	总悬浮颗粒物	49.20	—	—	—	—
县五交化	二氧化硫	23.00	49.60	—	Ⅰ	优
	二氧化氮	18.80	—	—	—	—

续表 2-11

监测点位	污染因子	空气污染分指数	空气污染指数 API）	首要污染物	空气质量类别	空气质量描述
县五交化	总悬浮颗粒物	49.6	—	—	—	—
嵩口镇	二氧化硫	24	53.9	总悬浮颗粒物	II	良
	二氧化氮	16.3	—	—	—	—
	总悬浮颗粒物	53.9	—	—	—	—
嵩溪镇	二氧化硫	11	49.2	—	I	优
	二氧化氮	20	—	—	—	—
	总悬浮颗粒物	49.2	—	—	—	—
莲花山	二氧化硫	9	—	—	I	优
	二氧化氮	6.3	—	—	—	—
	总悬浮颗粒物	32.9	—	—	—	—
大丰山	二氧化硫	7	29.6	—	I	优
	二氧化氮	5	—	—	—	—
	总悬浮颗粒物	29.6	—	—	—	—
灵台山	二氧化硫	10	33.3	—	I	优
	二氧化氮	7.5	—	—	—	—
	总悬浮颗粒物	33.3	—	—	—	—
七星岩	二氧化硫	11	33.8	—	I	优
	二氧化氮	6.3	—	—	—	—
	总悬浮颗粒物	33.8	—	—	—	—
狐狸洞	二氧化硫	9	31.7	—	I	优
	二氧化氮	7.5	—	—	—	—
	总悬浮颗粒物	31.7	—	—	—	—

2005 年清流县城区大气监测情况表

表 2-12　　单位：毫克 / 立方米

平均值 / 监测项目	可吸入颗粒物	二氧化硫	二氧化氮
一季均值	0.073	0.016	0.014
二季均值	0.047	0.014	0.014
三季均值	0.065	0.012	0.013
四季均值	0.077	0.012	0.014
年日平均值	0.065	0.013	0.014

（四）声环境质量

1991 年，城区各种噪声源影响中，社会生活噪声影响占 70% 左右。县城环境噪声平均等效声级（Leq）值为 55 分贝左右，在一类混合区环境噪声控制值以内。县城交通干线的平均等效声级值为 70 分贝左右。区域超标率 19.2%。11 个交通噪声监测路段中，有 2 个路段超标，超标率 20% 左右，集中在长兴南路、长兴中路四段一带。

1993年始，根据国家城市区域环境噪声标准GB 3096-93规范，每年开展区域环境噪声监测、城区道路交通噪声监测各1期。区域环境噪声以清流城区图示划分为125米×125米的距离网格布点103个，实测面积为1.61平方千米，占城区面积50%。

2000—2003年，区域监测点位中，环境噪声功能区超标率以1类区最大，然后依次为4类区和2类区。

2004年，城区区域环境噪声昼间等效声级为55.5分贝。103个噪声监测结果数据中，在55～60分贝范围的有29个，占总网格面积28.2%；在50～55分贝范围的有25个，占总网格面积24.3%。城区交通噪声最高路段为长兴中街，等效声级72.4分贝，高于70分贝国家标准。交通噪声最低路段为凤翔街，交通噪声等效声级64.7分贝。噪声超过70分贝的道路干线占干线总长27.26%。城区车流量最大的道路为长兴北路，平均车流量330辆/小时，其交通噪声等效声级70.5分贝。

2005年，区域环境噪声平均值55～56分贝，交通干线噪声平均值65～68分贝。

2005年清流县城区交通噪声干线情况表

表2-13

道路名称	测点名称	L_{10}（分贝）	L_{50}（分贝）	L_{90}（分贝）	Leq（分贝）	车流量（辆/小时）	道路长度（米）	道路宽度（米）
长兴北街	家具厂	68.6	63.9	61.2	64.2	297	980	8
长兴北街	16号	69.1	64.6	60.7	62.7	261	420	8
长兴北街	14号	73.4	68.2	64.7	67.3	289	680	8
长兴中街	24号	74.5	69.6	64.4	70.7	327	510	16
长兴中街	2幢	73.8	68.7	63.6	64.6	301	350	16
长兴中街	8号	72.4	67.3	63.7	69.8	274	630	16
长兴中街	15号	72.9	67.8	63.4	70.2	311	300	16
长兴南街	7幢	67.6	62.7	57.8	70.6	316	230	8
水东路	5号	68.8	64.0	60.4	61.1	212	430	8
龙城街	6号	69.3	64.3	60.9	66.6	196	430	8
凤翔街	26幢	67.7	62.8	57.5	69.6	254	690	8

二、环境监测

（一）监测条件

1. 设施设备

1991年，县环境监测站实验室，占地面积201.4平方米，建筑面积474.7平方米。主要仪器设备有分析天平1台、721分光光度计1台、声级计1台，还有酸度计，恒温箱、大气采样器、冰箱等。

2001—2005年，县环境部门自筹资金45万元添置仪器、设备。较为先进的有大气及大气污染源监测仪器、实验室分析仪、噪声振动监测仪等，另有应用3012H-14自动烟尘（气）测试仪、723分光光度计、WFZ800-D3B紫外分光光度计、QT201A林格曼烟尘测试仪、QM201A荧光测汞仪、CP225D电子分析天平、LRH150BBOD培养箱、JH-12COD恒温加热器、SHP-250生化培养箱等。

2. 技术队伍

1991—1997年，县环境监测站有助理工程师1人、技术员5人。1997年，增加助理工程师1人。

1999—2003年，有工程师1人、助理工程师1人、技术员5人。至2005年，监测站9人，其中工程师3人、助理工程师1人、技术员5人。高、中级专业技术人员占44%。

（二）监测项目

1. 水环境监测

1991年，城区饮用水水源地——龙津河委托市环境监测站进行监测。同年，地表水监测执行《地面水环境质量标准》(GB 3838-88）标准，在龙津河龙进（县水厂原泵房）、龙中（东门桥）、龙出（围埔桥）设置3个采样点。采样频率为每年3期，每期2次。监测结果达到地表水Ⅰ类标准。

1995年，由县环境监测站对城区饮用水水源地——严坊溪进行监测。每逢单月进行常规监测。监测项目29项，每年均获数据180个，执行《地面水环境质量标准》(GB 3838-2002) Ⅱ类标准。

2002年始，执行《地面水环境质量标准》(GB 3838-2002) Ⅲ类标准。县境内沙溪主河道设置5个监测断面，其中省级监测断面2个、县级监测断面3个。每年对安入（围埔桥）、安心（沙芜码头）地表水进行丰水期、平水期、枯水期3次监测，监测项目25个，监测结果均达到地表水Ⅲ类标准。

2005年，在安砂水库设置监测断面2个。每年监测2次，枯、丰水期各1次。

2. 大气环境监测

1991年，县环境监测站每个季度进行大气环境质量监测1期，监测项目有二氧化硫、氨氮化物、可吸收颗粒物等。1995年，根据市环保局《关于清流县监测点位的批复》，城区大气环境质量监测设3个点位，监测因子选择二氧化硫、二氧化氮和总悬浮颗粒3个项目。每年获取监测数据600个左右。降水监测点位设在县监测站楼顶，逢雨必测，监测因子为pH、电导、雨量等。

2004年始，以空气污染指数(API)的表征形式向社会公布。

3. 城市声环境监测

1993年起，根据国家城市区域环境噪声标准GB 3096-93规范，每年开展区域环境噪声监测、城区道路交通噪声监测各1期。区域环境噪声以清流城区图示划分为125米×125米的距离网格布点103个，实测面积为1.61平方千米，占城区面积50%。在城区6条主要干道设置道路交通噪声监测点位11个，路段总长5.65千米。仪器为HS6288Z型多功能噪声分析仪。

4. 污染源调查与监测

放射性污染现状调查 1994年3月，对放射性（电磁辐射）污染现状进行调查。调查的放射源类型为开放型放射源、密封放射源、射线装置等。调查结果：全县密封放射源有2个，为县水泥厂和嵩口水泥厂两家企业使用密封放射源各1个；射线装置，全县在用X射线装置18台，其中县医院3台，乡镇卫生院15台；电磁辐射设施，主要分布在莲花山顶的调频广播发射机，运行功率为0.30千瓦，工作频率为96700千赫兹，彩色电视发射机运行功率为0.05千瓦，工作频率48500～56500千赫兹，广播电视总功率35千瓦／千米。未发现放射性（电磁辐射）设施对环境造成污染现象。

第二次全国乡镇工业污染源调查 1997年2—4月，在全县范围内开展第二次全国乡镇工业污染源调查。以1995年为基准年，调查乡镇工业企业443家。污染源主要来自化工、造纸、砖瓦、硅生产等行业。污染严重的乡镇有嵩口、嵩溪、余朋、东华、田源、温郊等。调查结果：全县废水排放总量325.76万吨，废气排放总量423777.63万标立方米，固体废弃物排放量6.78万吨；企业锅炉10／20.5台／蒸吨，均有除尘设施，但烟尘排放均未达标；工业窑炉400座，除嵩口水泥厂1座外，其余均无除尘设施。

污染源监测 1991年，县监测站对全县污染源采用多种技术方法和手段进行监测。1992—2005年，主要监测站位是罗口煤矿、合成氨厂、北坑钨矿、闽山化工厂等29个重点企业排污口，每年获得各类常规监测有效数据1600～1800个。

5. 建设项目环境监测

2005年始，开展建设项目环境保护竣工验收监测工作。当年完成建设项目环保竣工验收监测27个。

6. 应急监测

1993 年 7 月，县水库养殖基地——高坑鱼场发生大量死鱼现象。县监测站立即对水体进行监测。经查实，系县人造板厂和明宇化工有限公司将工业废水直接排放小溪，水中挥发酚严重超标，致使地处下游的高坑鱼场鱼类死亡。

1997 年，县监测站加入三明市应急监测网络。

2002 年 1 月 14 日凌晨 2 时，嵩溪镇元山村发生一起槽车翻车、11 吨废旧轮胎炼制的油脂泄漏事故。县环境监测站赶赴事故现场，用快速检测仪器和装置在小溪 3 个断面进行采样监测，同时对九龙溪水质进行监控，获得污染因子、污染程度、污染范围以及在环境存留时间等信息。县政府据此紧急采取措施处理、处置，恢复水质。

2005 年，清流县制定处置化学紧急情况及处置核和辐射紧急情况工作预案，并进行应急监测业务技术培训，添置应急处置、快速机动和自身防护装备。

第三节 环保规划与管理

一、环境规划与区划

（一）生态功能区划

2004 年，十四届县政府确立建设“生态经济强县”战略目标，组织开展全县生态环境现状调查，编制生态功能区方案，着手编制《清流县生态县建设总体规划纲要（2010—2020）》。并将生态环境保护列入全县国民经济和社会发展计划，在全县开展矿业整顿、生态村建设和生态综合治理。同年 2 月，县政府批准县生态功能区划。根据闽西山地盆谷生态区沙溪流域亚区生态功能区划分原则，以水源涵养和自然生态的恢复和保护为重点，在水源涵养和自然生态保护的前提下，将全县划分为 3 个生态功能区（以下简称生态“三区”）并获县政府批准：即水源涵养与生物多样性保护生态功能区，范围为温郊、余朋等乡镇和赖坊乡一部分；生态公益林与可持续林产业协调建设型生态功能区，范围为沙芜、嵩口等乡镇；盆谷地生态农业与城乡生态协调建设生态功能区，范围为里田、田源、长校、嵩溪、林畲、龙津、邓家、灵地、李家等乡镇和赖坊乡一部分。

（二）城市和区域环境规划

1991 年 12 月，县环保局向县木器综合厂征收噪声超标排污费。木器厂不服，向县法院提起诉讼。法院判决县环保局败诉。败诉原因是城区尚未划定环境噪声标准适用区域，而县环保局自行确定企业所属噪声类区系“于法无据，是一种超越职权行为”。

1992 年，县政府成立城区环境规划领导小组，着手编制《清流县城区环境规划》（以下简称《规划》）。

1993 年 3 月，《规划》通过省、市专家论证，5 月获市政府批准，11 月开始在全县实施。《规划》近期至 1995 年、中期至 2000 年、远期至 2010 年。县政府根据《规划》要求，对城区环境进行目标管理。

1997 年 5 月 7 日，县政府制定《清流县环境保护“九五”计划和 2010 年规划》。“九五”环境目标：到 2010 年，工业废水处理率达 98%，废气处理率达 95%，工业固体废弃物利用率达 50%，森林覆盖率 80% 以上，城区绿化覆盖率达 30% 以上。环境质量指标：地表水不超过国家 GB 3838-88 的Ⅱ类标准，工业用水区及人体非直接接触的娱乐用水不超过 GB 3838-88 的Ⅲ类标准；大气环境质量保持在国家标准二级；城区区域环境噪声水平低于 56 分贝，交通干线噪声水平低于 70 分贝。

至 2000 年，《清流县城区环境规划》制定的阶段性目标基本实现，但“三废”（废水、废气、废渣）污染仍有隐患，交通干线噪声超标，工业废渣综合利用率距离目标要求较远。

2002 年 2 月，编制《清流县城市环境规划（2003—2020 年）》。环境保护总目标：“十五”期间，巩固和提高“一控双达标”（到 2000 年，本辖区主要污染物排放总量控制在国家规定的排放总量指标内；所有工业污染源排放污染物要达到国家或地方规定的标准；城市环境空气、地面水环境质量，按功能分区分别达到国家规定的有关标准）成果，力争所有工业企业达标排放，抓好生态“三区”环境保护，环境质量按功能分区分别达到国家规定标准；到2010年，城区各种污染物排放总量下降，环境质量继续保持良好状态；到2020年，县城建成布局合理、基础设施配套完善、生态环境良性循环、经济和环境协调发展的“山区明珠”。

（三）环境功能区划

1. 地表水环境功能区划

1994年1月，县环保部门编制《清流县水环境功能区划》，经县政府批准，在全县实施。功能区划期限：近期为2005年，中期2010年，远期至2020年。

全县地表水功能区共划分为2个：一个是景观、娱乐、一般渔业、工业和农业用水区域，包括九龙溪清流段（与宁化交界处至安砂库区中心）、嵩溪溪、罗口溪、罗峰溪、长潭溪、文昌溪。区划要求该区域2005—2020年，水质目标执行国家地表水环境质量标准GB 3838-2002 Ⅲ类；另一个是饮用水源一级保护区区域，主要是严坊溪水库坝址以上1800米。区划要求，该区域2005—2020年，水质目标执行国家地表水环境质量标准GB 3838-2002 Ⅱ类。

2. 大气环境质量功能区

2002年2月，县环保部门对全县大气环境质量功能进行区划，编制《清流县大气环境质量功能分区表》，经县政府批准，在全县实施。功能区划期限：近期为2005年，中期2010年，远期至2020年。

全县划分成3个大气环境质量功能区：自然保护区（含一级至二级过渡带）、风景名胜区（含一级至二级过渡带）和居住、商业、交通、混合区、文化和农村地区。

自然保护区　功能区内执行国家大气环境质量标准GB 3095-1996一级。其中莲花山自然保护区，区域面积28.33平方千米，其一级至二级过渡带为莲花山保护区沿边宽300米过渡带，面积6.6平方千米；大丰山自然保护区，区域面积14.72平方千米，其一级至二级过渡带为大丰山保护区沿边宽300米过渡带，面积5.4平方千米。

风景名胜区　功能区内执行国家大气环境质量标准GB 3095-1996一级。其中七星岩风景名胜区，面积3.26平方千米，其一级至二级过渡带为七星岩风景区沿边宽300米过渡带，面积2.1平方千米；狐狸洞风景名胜区，面积3.26平方千米，其一级至二级过渡带为狐狸洞风景区沿边宽300米过渡带，面积3平方千米。

居住、商业、交通、混合区、文化和农村地区　功能区内执行国家大气环境质量标准GB 3095-1996二级。范围包括除上述自然保护区、风景名胜区外全辖区。

3. 畜禽养殖场禁建区划分

2002年8月，县政府批准《清流县畜禽养殖场禁建区域划分方案》。畜禽养殖场禁建区范围：集中式生活饮用水源保护区，面积19.3平方千米；风景名胜区，即沙芜乡狐狸洞、长校镇灵台山，面积共60平方千米；自然保护区核心区及缓冲区；县城建成区、建制镇的居民区、文教科研区、医疗区。畜禽禁养区范围：生活饮用水源一级保护区，面积4平方千米；风景名胜区；县城建成区（不含散养）。

4. 城区环境噪声适用区域划分

2003年4月，县政府批准城区环境噪声标准适用区域的划分方案。城区规划面积18平方千米、城区交通干线面积0.05平方千米内划分4类功能区域：居民文教区、混杂区、工业区、交通干线。

Ⅰ类区——居民文教区　区域范围：东门桥沿龙城街至凤翔桥以北老城区；凤翔桥沿龙津河往上游至与过境公路交界处以东区域。执行环境噪声标准为昼间55分贝、夜间45分贝。

Ⅱ类区——混杂区　区域范围：除1类区、3类区和交通干线两侧外的区域。执行环境噪声标准为昼间60分贝、夜间50分贝。

Ⅲ类区——工业区　区域范围：城北工业区。执行环境噪声标准为昼间65分贝、夜间55分贝。

Ⅳ类区——交通干线　区域范围：长兴中、南、北路、北大路两侧。执行环境噪声标准为昼间70分贝、夜间55分贝。

二、环境保护目标责任制

1991年，根据环保目标责任书考核工作暂行规定，县长与21个环保目标责任单位签订责任书，内容包括完成编纂县城环境规划大纲及编制说明、化学助剂厂建成废水中和处理设施等8项。县政府召开目标责任书专项工作会议3次，跟踪监督、检查各环保目标责任单位完成情况。经市政府考核、评比，清流县环保目标责任制工作获二等奖。

1992年，完成1990—1992年环保目标责任书中所列县水泥厂烘干车间水膜除尘及废水处理设施、县合成氨厂造气尾气除尘设施、县医院病房污水处理设施、县香料厂萜烯树脂扩改清污水分流设施等污染治理项目16个。县环保目标责任制工作获全市一等奖。

1993—1997年，实施第二轮环保目标责任书。完成污染治理项目13个，其中包括罗口煤矿废水治理设施、县人造板厂冷却水闭路循环串心机改造、县化工厂4000吨容量煤灰沉淀池等项目；完成环境基础设施建设项目6项。1995年，获市环保目标责任制工作一等奖，其余年份获二等奖。

1998—2000年，全县完成环保目标责任书下达的"一控双达标"任务：工业废气处理率64.5%；工业废水处理率100%；工业废水排放达标率92.6%；工业固体废弃物综合治理率86.09%；固体废弃物排放量5600吨；二氧化硫排放量661吨；烟尘排放量650吨；工业粉尘排放量1941吨；化学需氧量排放量845吨，均控制在计划目标内。完成水泥行业和闽江水环境综合整治工作；14项污染治理项目全部完成；嵩口、嵩溪水泥厂于2000年底关停；帅风建材有限公司和建明水泥厂关停生产线3条、治理达标生产线3条。1998年及2000年，清流县获市环保目标责任制工作一等奖。2001—2004年，列入县长环保目标责任书考核指标全部完成。

2005年，清流县环保目标责任书下达工作任务包括"生态保护""环境监督管理""环境规划"及"水泥企业立窑除尘"等共7大指标16项任务。年内除建明水泥厂因厂权归属尚未确认，致使"水泥企业立窑"治理任务无法完成外，其余指标均已完成。经市政府考核评比，清流县2001年获市环保目标责任制工作一等奖，2002—2005年获二等奖。

三、环境保护投入

1991年，全县投入资金79.4万元。其中，环保部门补助9.7万元，实施污染治理项目16个，其中治理废水项目12个、治理废气项目2个、治理固体废弃物项目2个。

1992—1995年，全县投入553万元，完成污染治理项目37个，其中治理废水项目8个、治理废气项目22个、治理固体废物项目7个。

1996—2000年，全县投入2081万元，其中水土流失治理1061万元，完成污染治理项目42个，其中治理废水项目21个、治理废气项目20个；治理水土流失面积400公顷。2001—2004年，全县环保投入3383.6万元，4年环保投资平均指数1.13%。

2005年，全县环保投入1486.25万元。其中，城市绿化、垃圾工程、城市公共设施投资496万元；燃气工程投资10万元；沼气建设投资54.25万元、太阳能建设投资150万元；风景区、生态示范区建设投资356万元；水土保持工程投资85万元；执行"三同时"项目环保投资152万元；工业污染治理投资183万元，其中治理废水项目12个、治理废气项目8个、治理固体废物项目2个。全县城市环境保护投资指数1.12%。

四、环境宣传教育

1991年，"6·5"世界环境日期间，全县开展主题为"气候变化——需要全球合作"的系列宣传活动。6月1—5日，在城关举办首届"环保杯"青年歌手卡拉OK比赛。当年，县环保局获全省环保宣传先进单位称号。

1992年4—6月，全县围绕纪念《人类环境宣言》发表20周年，及"世界环境日""只有一个地球——齐关心、共同分享"等主题，开展踩街、游园等宣传活动。

1993年6月，全县围绕"贫穷与环境——摆脱恶性循环"主题，举办环保专题广播宣传周活动。配合中华环保世纪行（三明团）在清流县开展宣传活动。在城区中小学中开展环保征文和演讲比赛，收到征文368篇。年内，县环保局被评为福建省环境教育先进集体。

1994年，县环保局设立环境宣教股，配备专职人员2人。6月5日，县长刘振郁发表题为《保护环境，促进发展》电视讲话；100多个家庭参加在县实验小学举办的以“一个地球，一个家庭”为主题的环保知识竞赛。城区幼儿园开设主题为“水污染”的教学公开课。在中小学开展“环保小建议”征集活动，“小建议”获市级奖5条，选送全国参评2条。

1995年5月，在全县开展第二届青少年生物百项活动。6月，举办“环保杯”家庭接力赛、少儿书画比赛。7月，举办中学生环保夏令营。7—10月，在城西片区文明市民学校举办环境保护知识讲座，参加学员100多名。11月，县环保局应邀在党校第一期企业领导干部岗位职务培训班举办环保知识讲座，参加人员100人。

1996年10月，清流一中、实验幼儿园被县确立为环境教育试点学校。1997年4月，县环保局与团县委联合向全县共青团员、青少年发起“用我们的双手让世界清洁起来”倡议。10月，开展“中华环保世纪行”宣传活动，依法对五大资源（土地、水、森林、矿产、旅游）保护情况进行宣传报道。11月，全县实施《清流县环境教育行动纲要》。

1998年5月，全县开展“妇女与环境”知识普及活动，参加人员1000余人。清流选送的《妇女消费与市场力量》一文获市“妇女与环境”征文一等奖。同月，在中小学开展以“保护我们的家园”为主题的青少年科技传播行动系列活动。6月，开展“妇女·家园·环境”系列活动，城区16个妇委会、妇女联谊会400余人参加。1999年3月，组织全县青少年开展以“绿色家园——种世纪之树”为主题的科技传播行动。8月，全县专业技术人员继续教育培训班进行环保知识、法律法规培训。

2000年4月，举办环保“百米书画”现场赛；在县图书馆设立环保图书角，城区设立固定环保宣传专栏。县领导第7次在“6·5”世界环境日发表电视讲话。县电视台播放环保法规宣教片《永乐大钟的启示》。2001年4、6月，向城区中小学、幼儿园和县图书馆赠送环保教育读本。

2002年1月，组织全县学生参加“三明市首届中国·海峡生态环保大赛”——生态环保作文竞赛。获一等奖1个、二等奖1个、三等奖5个。6月，举办以“让地球充满生机”为主题的中小学生演讲比赛。在县电视台、广播电台公开曝光环境违法行为2件，并向社会公布“环保110”投诉热线电话。

2003年3月始，全县中小学开展“绿色学校”创建工作。县实验幼儿园、县职业中学、长校中心小学3所学校被评为市级“绿色学校”。4月，县委宣传部、县环保局、县人大农工委、团县委、县教育局、县文体局联合启动生态县建设宣传教育活动。2004年3—6月，县委党校干部培训班举办环保知识讲座2期。县环保局工作人员到嵩口、田源、灵地等乡镇开展环保下乡活动。龙津镇凤翔居委会开展“环保进社区”活动。

2005年3—6月，举办专业技术人员继续教育培训班环保讲座1期，对重点污染企业、私营企业负责人进行环保知识培训。组织中小学生参加“生活·环境·家园”有奖知识竞赛及福建省青少年环境新闻大赛。7月，成立环保自愿服务队，开展生态县建设宣传。

五、建设项目环境管理

（一）建设项目环保审批

1991年，县环保部门按照建设项目立项总投资在1000万元以下、集体所有制或乡镇企业总投资在500万元以下、技改项目总投资在300万元以下、利用外资项目总投资在300万美元以下的审批权限，与县计划委员会、工商及行业主管等部门共同把关，审批乡镇工业项目12个，项目投资3489.39万元。其中，环保设施投资11.30万元；转报上级审批项目1个（竹青背电站），项目投资2372万元。

1992—1995年，县级审批项目71个，总投资1.89亿元，其中环保投资411.7万元，占总投资2.2%。县以上审批项目环境影响报告书（表）执行率100%，乡镇企业项目审批执行率89%。转报上级审批项目6个，项目总投资5528.2万元，其中环保投资133万元。

1996年，由原来只审批工业项目扩展为审批工业项目和非工业建设项目，并对建设项目从立项到竣工进行全过程管理。审批内容从单一浓度控制转向浓度与总量双向控制；环境影响评价内容从工业项目扩展到开发建设项目。县环保部门对未经环保部门审批而擅自建设，违反环境影响评价审批制度的单位进行查处。

1997年6月17日，县政府对建设项目实行“环保第一审批权”制度，即所有新开工工业和非工业建设项目，在立项时均须先经环保部门审批。年内，执行环评审批项目10项，执行率100%。

1998年1月20日，县政府第一次常务会议要求对原东华乡电化厂3号炉搬迁至原县氟化钠厂可行性进行调查论证。调查结果认为，原县氟化钠厂厂址地处城区主导风向上风向，处县城烟尘控制区内，属环境敏感区；若3号炉迁入，将使城区烟尘年平均量增加8倍以上、二氧化硫增加1.4%。最终3号炉未进行搬迁。

1996—2000年，审批建设项目55个。其中，办理环境影响评价报告书2个、环境影响报告表15个、登记表38个。总投资3.55亿元，其中环保投资689万元，环境影响报告（书）表执行率100%。

2001—2004年，审批建设项目68个，总投资2.68亿元。其中，环保投资546万元。办理环境影响评价报告书3个、环境影响报告表43个、登记表67个。环境影响报告（书）表执行率100%。

2005年，审批建设项目45个。其中，办理环境影响评价报告书1个、环境影响报告表15个、登记表29个。总投资1.92亿元，其中环保投资417万元。环境影响报告（书）表执行率100%。

（二）建设项目“三同时”制度

1991年，县环保部门对冶金、化工、建材、造纸、轻工、机械、森工等行业在建、试产、投产建设项目实行“三同时”制度（即建设项目中防治污染的措施与主体工程同时设计、同时施工、同时投产使用）。当年应执行“三同时”制度工业项目5个，执行率79%。乡镇企业应执行“三同时”制度项目6个，执行率68%。

1992—1994年，县以上应执行“三同时”制度项目20个，“三同时”制度执行率上升为100%；乡镇企业项目“三同时”制度执行率上升为96.8%。

1995年，对1984—1994年全县范围内在建、试产、投产建设项目执行“三同时”制度情况进行检查。检查结果：全县应执行建设项目“三同时”制度项目18个，执行率99.5%。对未执行“三同时”制度的县水泥厂予以通报批评罚款，责令限期整改。

1998—2002年，应执行建设项目“三同时”制度项目9个，6个项目未办理环保竣工验收手续而投入生产，责令停产项目3个，各处以罚款1万元，对其余3个项目下达整改通知书。

2003年，“三同时”制度纳入基本建设程序。全年应执行建设项目“三同时”制度项目10个，执行率100%。

2004年，对2001年以来新扩建水电项目26个进行专项检查，发现均未办理环保竣工验收手续。对其中22个建设部门发出整改通知；要求已运行的4个项目办理验收手续。

2005年5月，全县开展“三同时”制度执行情况清理检查。共检查2002—2004年审批的新扩改建项目60个，执行率97.8%。当年应执行“三同时”制度的建设项目15个，执行率100%。年内完成建设项目环境保护设施竣工验收项目10个。

六、排污管理

（一）排污申报登记管理

1992年7月，成立清流县水污染物申报登记办公室，开展以排放水污染物为主的申报登记。基准年为1991年。全县确定必须申报登记企业12个，占企业总数11.4%。其中，国有企业9个、乡镇企业2个、事业单位1个。全县申报登记用水总量672.7万吨，其中工业用水511.12万吨、医疗用水9.99万吨、生活用水150.43万吨。申报登记废水排放总量623.61万吨，其中工业废水排放量619.53万吨、医疗废水排放量4.09万吨，万元产值废水排放量1291.49吨。申报登记工业废水达标排放量30.61万吨，达标率4.9%。申报登记化学需氧量排放量2055.2吨、悬浮物1487.5吨、氨氮443.33吨。

1996年始，全县开展排污申报登记。1997年7月，开展申报登记衔接工作。基准年为1996年。全县工业企业1143个，申报登记482个，占企业总数42.2%。其中国有企业11个、乡镇企业51个、集体企业72个、个体经济339个、三资企业9个。

2000年10月，开展水、大气、固体废弃物等污染物排放申报登记变更工作。第一批被列入省工业污染源达标考核的36家企业于12月5日完成。排污申报登记结果：年用水量753.9万吨，年废水排放量407.9万吨，化学需氧量年排放量190吨，悬浮物年排放量129.9吨，氨氮年排放量86.4吨；大气污染物年排放量11.14亿标立方米，二氧化硫年排放量333.5吨，烟尘排放量336.2吨／年，工业粉尘排放量1930吨／年；固体废弃物年产生量14.78万吨，排放量635吨／年。除上述36家外，其余446家企业均列入第二批申报变更范围。

2001 年始，所有排污企业均应在当年 12 月 15 日前向环保部门申报下一年度排污情况。

2005 年，排污申报企业 56 家，其中申报化学需氧量排放量 746 吨 / 年、二氧化硫年排放量 529 吨 / 年、工业粉尘排放量 1500 吨 / 年。全县登记在册的密封放射源 11 个，主要用于水泥窑炉料位仪，核素为钴 -60。

（二）污染物排放许可证管理

2000 年始，每年县环保部门按照公开、公平、公正原则，对排污单位允许排放污染物种类、排放浓度、排放总量及排放方式、排放时间、排放去向等作出限定，在审核基础上发放《排放污染物许可证》或《排放污染物临时许可证》。首批向清流县帅风建材有限公司、清流县建明水泥厂、三明明孚硅业有限公司、清流县香料厂发放《排放污染物临时许可证》4 本，有效期均为 1 年。

2001 年，完成省重点工业污染企业——氨盛化工有限公司排污许可证发放试点工作，并向全县铺开。至 2005 年，全县累计发放《排放污染物许可证》31 本。

（三）排污收费

1991 年，每年年初，环保部门与排污企业签订缴交排污费合同，委托银行收款。是年，征收排污费 49 家共计 29.6 万元。1995 年，取消此种收费方式，由县环境监理所直接向排污企业征收。

1991—2005 年，排污费征收和管理实行“收支两条线”，严格执行票款分离规定。县排污收费征收范围从重点污染企业扩大到乡镇企业，征收行业从工业企业废气、废水、废渣、噪声扩大到城市娱乐场所生活噪声和饮服行业的生活废水。15 年共征收排污费 816.2 万元。其中，2005 年征收排污费 46 家、89.2 万元。

1991—2005 年清流县排污费征收情况表

表 2-14　　单位：万元、户

年　度	收费金额	征收单位	年　度	收费金额	征收单位
1991	29.6	49	1999	53	46
1992	39.5	53	2000	55.9	46
1993	44.3	58	2001	46.9	47
1994	37	111	2002	51.5	45
1995	60	44	2003	61.9	44
1996	50.8	43	2004	86.2	47
1997	44.7	43	2005	89.2	46
1998	67.1	44	—		

七、人大议案与政协提案办理

1991 年，县十一届人大第一次会议 71 号议案，要求解决氨厂废水污染稻田和解决明宇化工公司废水污染高坑河道问题。办理结果：氨厂修建排水沟，每年清理 2 次；明宇公司年初无偿调给高坑自来水管 3 吨，协助解决群众饮用水问题，同时向稻田养鱼受损村民赔偿 7000 元。

1992 年，县人大第 1 号及第 6 号议案，要求处理李家乡河水受污染事件，解决好村民用水问题。办理结果：连城县塘前等造纸厂污染李家乡河水问题属跨区域环境污染，已转报上级环保部门；责成李家乡联办煤矿采取有效措施治理水土流失和废水排放。县人大第 2 号议案，要求解决氨厂废水污染农田面积 10 公顷问题。办理结果：氨厂投入 4 万元，修建 200 米排污沟，废水不再流入农田。县人大 15 号议案及县政协 92036 号提案，均要求解决黄沙口居民饮用水及农田灌溉受县水泥厂污染问题。办理结果：将水泥厂废水治理项目列入限期治理项目，当年 8 月建成投入运行；饮用水及农田灌溉问题由村民与水泥厂协商解决。

1993 年，县人大第 17 号议案，要求解决久拖不决的李家乡河水受连城县企业污染问题。办理结果：因属跨行政区域环境污染，县环保部门根据有关规定，向上级主管部门报告，并请求协调处理。

1994 年，县人大第 6 号议案，要求采取措施制止连城县北团纸厂向九龙溪排放污水。办理结果：县环保部门向上级主管部门报告，请求协调处理。第 19 号议案，要求解决沙芜库区水质受污染问题。办理结果：县环保部门责令嵩溪纸厂立即停止制浆。第 10 号议案，要求解决嵩口高坑村饮用水水质问题。办理结果：县政府对造成大坑河水质污染的明宇公司和人造板厂下达限期治理通知。第 32 号议案，要求解决县建材厂污染嵩溪元山村水源问题。办理结果：该厂再建 1 个废水沉淀池，集中处理废水，做到达标排放。

1995 年，县政协提案，要求尽快建立严坊溪饮用水源保护区。办理结果：县政府制定、颁布水源保护区界限，并与宁化县政府进行磋商；环保部门与宁化黄坊村协商共同做好护水工作。

1996 年，县人大议案，要求关停嵩溪纸厂和解决昌荣制氧厂噪声扰民问题。办理结果：当年 9 月 24 日，县政府取缔嵩溪纸厂；责令昌荣制氧厂进行整改，调整排气时间，当地居民基本满意。

1997 年，县十二届四次会议 5 名代表联名提出《关于再次要求县电力公司及时解决制氧厂噪声问题的建议》。办理结果：当年 5 月，县政府常务会专题研究解决清流荣昌制氧厂噪声污染治理问题，责成该厂在 6 月 22 日前整改完毕。昌荣制氧厂聘请专家进行技术指导，按要求进行整治，使生产时产生的噪声达到环保排放标准。

2001 年，县十三届人大三次会议代表提出《关于要求解决制氧厂噪声污染的意见》。办理结果：昌荣制氧厂在规定期限内将进气口进行改装，加长 20 米，远离居民区一侧，降低噪声排放。同时严格控制生产时段，改善周边群众生活环境。

2003 年，县十三届人大四次会议代表提出《关于豆腐作坊污染环境迁出城外的建议》。办理结果：县环保部门加强协调，帮助业主联系合适地点，解决用水等实际问题，促成业主主动搬迁至水东路一仓库内生产。代表提出《关于请求解决大山坝水利工程受北坑钨矿污染问题的建议》。办理结果：经协商，福建天宝公司补偿村民 5000 元用于疏浚灌溉水渠；环保部门加强现场检查力度，确保尾矿废水达标排放。

2005 年，县十四届人大二次会议第 12 号建议，要求加强校溪河流域治理。办理结果：加大《中华人民共和国水污染防治法》（以下简称《水污染防治法》）宣传力度，提高村民环境意识，增强村民保护水自觉性；引导村民合理使用化肥，使用毒性低、低残留农药，畜禽养殖做到相对集中；呈请上级环保部门协调连城县有关部门共同做好水源保护工作；在长校镇修建垃圾填埋场，对垃圾进行无害化处理。

第四节　环境污染治理

一、水污染治理

（一）污染源

1991 年，城区工业废水排放量属于稳定排放。污染物主要来自化工、造纸、煤炭采选业等。全年废水排放量 677.76 万吨，其中化学工业排放量为 536.9 万吨，占各行业废水排放总量 79.22%。工业废水中含化学需氧量 2055.2 吨、悬浮物 1487.5 吨。城区生活污水排放量占城区废水排放总量 80%，其中化学需氧量排放量占总排放量 84.4%。

1995 年，全年废水排放量 909.47 万吨，其中含化学需氧量 527.12 吨、悬浮物 486.42 吨。

2000 年，全年废水排放量 1030.27 万吨，其中含化学需氧量 1010 吨。

2005 年，全县主要排放工业废水企业分布在九龙溪水域。嵩口镇、龙津镇、嵩溪镇 3 地废水排放总量占全县废水排放总量 95%。工业废水中主要污染物为悬浮物和化学需氧量，城区生活废水仍是主要污染源，未经处理的生活废水直接排入九龙溪，每年排放量占县城废水年排放总量 88.6%。生活废水中化学需氧量、氨氮年排放量分别占县城化学需氧量和氨氮年排放总量 96.7% 和 100%。

2000 年清流县主要区域废水污染物排放情况表

表 2-15

区　域	总　量（万吨 / 年）	占全县比重（%）	排放去向		主要污染物排放量（吨 / 年）				
					化学需氧量	悬浮物	石油类	硫化物	氨　氮
城　关	21.7	6.33	九龙溪	县城段	20.13	14.65	—	—	—
嵩　口	233.56	68.22		嵩口段	95.99	161.16	11.68	2.28	86.42
	72	21.03		罗口段	35.56	49.12	—	0.35	—
嵩　溪	15.12	4.42		嵩溪溪	11.99	759.6	—	—	—
合　计	342.38	100	—		163.67	984.53	11.68	2.63	86.42

2005 年清流县废水污染物排放量情况表

表 2-16

污染物排名称	区域总量	工业源	城镇生活源
废水（万吨）	660.34	543.34	117
化学需氧量（吨）	708.48	182.88	525.6
氨氮（吨）	165.04	106.64	58.4
铅（吨）	0.09	0.09	—
石油类（吨）	4.3	4.3	—
挥发酚（吨）	0.04	0.04	—

（二）治　理

1991 年，全县工业企业已有废水治理设施 9 套，设施投资 86.06 万元，废水处理量 536.38 万吨 / 年，设施正常运转率 94.6%，废水处理率 86%，废水处理达标率 4.9%。年内企业自筹 37.7 万元、环保部门专项投资 9.7 万元，完成水污染治理项目 7 个，全年新增处理废水能力 6000 吨 / 日。其中县香料厂投资 4.5 万元，安装盐酸回收装置，使 pH 值从偏酸性的 2.38 调整至正常值区间，即偏中性的 5.1。

1992 年，县医院投资 16 万元，由省环境工程设计室设计，建成废水治理设施 1 套，该项目采用电解氯化钠备制次氯酸钠消毒病原体废水技术，废水处理能力 5.12 万吨 / 年。

1993 年，县合成氨厂被市政府列入第三批污染限期治理厂家。年内，该厂投资 42 万元，完成冷却水闭路循环（碳化）治理项目。

1995 年，罗口煤矿投资 57.85 万元，建成废水处理项目 2 个，采用酸碱中和反应原理，使采煤废水达标排放。1992—1995 年，企业自筹资金 171.25 万元，环保部门专项投资 39.7 万元，完成水污染治理项目 13 个，新增处理废水能力 6.44 万吨 / 日。

1996 年 8 月，根据市政府下达的主要污染物排放总量控制指标，分解下达到各主管部门和相关企业。同年，县政府对县化工厂下达限期治理通知，要求该厂在当年 10 月以前对锅炉车间水膜除尘的沉淀池进行改造，修建多级双向沉淀池，防止污水排入龙津河。该厂在限期内完成治理任务。同年 9 月 26 日，县政府关闭嵩溪造纸厂、余朋造纸厂。1996—1997 年，企业自筹 157 万元，环保专项投资 21 万元，完成水污染治理项目 4 个，新增处理废水能力 1.3 万吨 / 日。

1998 年，县政府将氨盛化工有限公司等 7 家企业确定为水污染限期治理企业。

1999—2000年，“一控双达标”进入攻坚阶段。全县99家水污染企业，投入216.8万元，安排废水治理项目24个，全部竣工并投入运行。全县新增处理废水能力2.3万吨/日。氨盛化工有限公司建成碳化冷却水循环装置、合成冷却水循环、甲醇精馏冷却水循环等项目，采用高效氨回收技术，对氨氮进行治理，实现碳化水平衡，做到无稀氨水排放。县香料厂采用福建省新开源化工环保工程技术有限公司隔油调节、中和沉淀、接触氧化及吸附过滤等一系列处理工艺，使该厂废水达标排放。同时，企业对排污口进行规范化建设。全县16个废水排放口做到规范化整治，其中氨盛化工有限公司安装自动监控设备，实现全省联网。

2000年，全县工业废水排放量420.57万吨，排放达标率92.6%；生活废水排放量146万吨，其中化学需氧量排放量657吨。

2002年，氨盛化工有限公司、县香料厂和鸿翔化工有限公司等重点企业分别完成废水治理，实现达标排放。至此，列入“一控双达标”考核的企业全部完成治理任务并通过省达标验收监测（复测）。

2005年，投入资金125万元，安排治理项目11项，主要是结合节能减排，更新、改造污染治理设施。年内工业废水处理率100%，工业废水排放达标率95.4%，氨氮排放量220吨、化学需氧量排放量746吨。

二、大气污染治理

（一）污染源

1991年，县城区主要工业污染源是县化工厂、香料厂和烤烟厂等，其中化工厂、香料厂分布在居民文教区。城区大气环境主要污染源为生活燃煤造成的环境污染。生活污染物占总等标污染负荷60%左右，主要污染物二氧化硫占污染物总等标污染负荷60%左右。全年工业废气排放量6.02亿标立方米，工业废气中含二氧化硫691.8吨、粉尘1262吨。1995年，大气污染物中氨氮化物是城区主要大气污染物，其次是大气悬浮微粒。全年废气排放量12.41亿标立方米，含主要污染物二氧化硫1374.84吨、粉尘7095.91吨。2000年，全年排放二氧化硫1300吨、粉尘5780吨。2005年，全县7家（嵩口、嵩溪镇4家、县城3家）工业大气污染源等标污染负荷占全县97%以上，主要污染物为粉尘、二氧化硫和烟尘。生活大气污染主要来自餐饮和城镇居民的生活燃煤，排放大气污染物主要是二氧化硫和烟粉尘。机动车尾气中主要污染物是二氧化硫和二氧化氮。工业、生活和交通三类主要大气污染源中，交通污染源等标污染负荷比占61%。在四项评价因子中，二氧化氮等标污染负荷比为58.3%。

2004—2005年清流县主要大气污染源污染物排放情况表

表2-17

类别/年份	工业烟尘			工业二氧化硫			工业粉尘		
	排放总量（亿标立方米）	达标排放量（吨）	排放达标率（%）	排放总量（亿标立方米）	达标排放量（吨）	排放达标率（%）	排放总量（亿标立方米）	达标排放量（吨）	排放达标率（%）
2004	133	113	99	416	386	93	1268	1258	99.2
2005	176	157	89	448	419	94	1068	1058	99.1

（二）治理

1991年，县政府制定《清流县烟尘控制区管理办法》和《关于创建清流县城区烟尘控制区的通知》，对烟尘控制区内大于2吨的锅炉、窑炉，每年均要进行浓度、黑度复测，对其他锅炉、窑炉等监测林格曼黑度。对达不到排放标准的炉、窑、灶进行整改。同年，清流化工厂投资5万元，建成沸腾炉除尘，完成市政府下达的污染限期治理项目，有害气体做到达标排放。

1994年，县政府作出《关于扩大城区烟尘控制区的决定》，把城区烟尘控制区由1.8平方千米扩大到东至龙津桥后山、西至留芳村、南至五里亭、北至县物资局范围内3.28平方千米。县水泥厂、嵩口水泥厂等老污染企业加快整治步伐，至2000年，累计投资227.7万元，完成工业废气治理项目15项；清流氨盛化工有限公司投资200余万元，建成硫磺回收罐、造气旋风除尘器。同年底，县环保部门责令关停嵩口水泥厂、嵩溪水泥厂和帅风建材有限公司和建明水泥厂3条生产线。

2001年，城区烟尘控制区范围由原来3.28平方千米扩大至10平方千米。企业对排污口进行规范化建设，全县建成废气排放筒21个。

2002年，列入“一控双达标”考核的大气污染企业，全部完成治理任务并通过省达标验收监测（复测）。

2005年，县帅风建材有限公司和县建明水泥厂2家企业共投资142万元，在限期内完成烟（粉）尘排放口除尘器安装调试，做到达标排放，并通过监测验收。是年，烟尘控制区内监测结果浓度均小于250毫克/立方米、林格曼黑度小于1级，合格率100%。

三、城区环境噪声污染治理

（一）污染源

1991年，城区工业噪声主要分布在一类混合区与交通干线毗邻地方。由于工业布局不合理，面积超过一类混合区环境噪声控制值的占30%。尤其是县制材厂和木器社产生的噪声严重影响周围居民的工作、生产和生活，噪声平均等效声级值近70分贝。

2005年，省道洋万线由北向南沿龙津河穿城而过。长兴路及凤翔街、龙城街等路段由于人车分离不明显，车辆行驶中频繁鸣笛和刹车造成交通噪声污染。城区各种噪声源影响中，社会生活噪声影响占67%。社会噪声主要来自商业行为，集中在长兴中路、长兴南路一带，酒店、餐馆及其他娱乐场所噪声污染现象较为突出。工业噪声分布在老城区以外的三角尾、北区等区域。交通噪声、社会噪声污染源变化不大。

（二）治　理

1991年，县城环境噪声平均等效声级（Leq）值为55分贝，在一类混合区环境噪声控制值以内。1993年，县政府颁布《关于加强城区噪声管理的通告》。

1997年，颁布《清流县人民政府关于加强社会生活噪声污染防治管理的通知》等地方性法规文件。环保、公安、城监、文化、工商等部门加强“环保110”社会联动工作规范化建设，对城区“三厅”（歌舞厅、游戏厅、录像厅）、室外音乐茶座等实施监督管理，及时查处噪声污染等环境扰民问题；严格控制中、高考期间噪声污染。加快旧城改造步伐，组织实施沿河单面街改造工程、拓宽改造北大路、城南路、长兴中路等道路，加宽清流大桥和凤翔大桥等，城区道路畅通，车流量加快，减少车辆拥堵，降低区域噪声。

2005年，城区噪声环境质量达到功能区标准。

四、固体废弃物排放与处置

（一）排　放

清流固体废弃物主要来自矿产采选业和生活垃圾。1991年，全年工业固体废物产生量12.48万吨。城区工业固体废弃物主要是煤灰和煤渣，一部分做成蜂窝煤供居民生活用，一部分供水泥厂做原料，排放量为0，未对城区环境造成污染。城区垃圾进行卫生填埋。1995年，全县固体废弃物产生量16.57万吨。2000年为30万吨。

2005年，全年工业固体废物产生量33.14万吨，利用量9.52万吨，处置量18.72万吨，贮存量4.35万吨，排放量0.57万吨，处置利用率85.1%。其中煤矸石、尾矿、粉煤灰、炉渣及其他废物产生量分别为18.08万吨、6.48万吨、2.67万吨、1.52万吨、3.69万吨，利用量分别为0万吨、1.53万吨、2.67万吨、1.51万吨、3.67万吨。

（二）处　置

1. 工业固体废弃物处理

1991年，对矿山建设开发中产生的废渣，要求限期治理。当年完成治理固体废弃物项目4个，其中北坑钨矿投入27.3万元，修建治理固体废弃物设施5个，处理能力达2万吨/年；县锰矿投入7.2万元，修建治理固体废弃物设施 1 个，处理能力 3.2 万吨 / 年。1992 年，罗口煤矿投入 11.7 万元，完成治理固体废弃物项目 1 个，处理能力达 7 万吨 / 年。同年，明孚硅业有限公司投入 2 万元，完成治理固体废弃物项目 1 个。1994 年，县合成氨厂投入 9.5 万元，建成治理固体废弃物项目 2 个，处理能力达 1 万吨 / 年。1995 年，北坑钨矿投入 10 万元修建第二道尾砂坝。

2000 年，全县工业固体废弃物产生量 15.62 万吨，综合利用率 21.9%。2005 年，全县固体废弃物综合治理率 88%。

2. 城镇生活垃圾处置

1991 年，城镇生活垃圾年产生量 4840 吨。城区生活垃圾设置专用垃圾桶收集后，由环卫工人运往转运点，然后用垃圾车运往填埋场，经平整、压实、覆土、消毒等工序进行卫生填埋，当年生活垃圾清运率 100%，垃圾无害化处理率 75%。

1992 年，建成容量 10 万吨观音堂垃圾堆放场并启用。1993 年，在观音堂垃圾填埋场外路口建日处理能力为 50 吨的粪便处理池 1 座。1995 年，年垃圾清运量 6789 吨。同年，县青龙果蔬有限公司将垃圾变废为宝，经筛选、消毒后用于果树施肥。

2005 年，城镇生活垃圾年产生量 1.46 万吨。垃圾填埋场每星期用推土机推平垃圾后覆盖上黄土；夏季每星期消杀 1 次，冬季每月消杀 2 ～ 3 次。全年经无害化处理垃圾 1.1 万吨。

3. 危险废弃物处置

1991 年，县城危险废弃物主要来自医疗、化工等行业，种类为医疗垃圾和化工原料等。医院有害垃圾经医院焚烧后，由环卫站运到垃圾处理场。化工原料主要是提炼松香时产生的废渣，全部回收。

2005 年，县城工业固体废弃物主要由县刨花板厂产生，占总量 60% ～ 70%，其余是化工行业工业锅炉产生的炉渣和粉煤灰，综合利用率 100%。医疗废物产生量 3.89 吨。危险废物处置率 100%。

五、地质灾害防治

（一）地质灾害调查与区划

2003 年，聘请省地质环境监测中心专家，在全县范围开展地灾调查与区划工作。查明地质灾害隐患点 77 处，形成地质灾害调查与区划报告。同年 6 月，地质灾害调查与区划报告通过省厅专家组评审。

2003—2005 年清流县主要地质灾害危险区（点）情况表

表 2-18

位置		灾害类型	规模（立方米）	威胁户数（户）	威胁人口（人）	威胁财产（万元）	危害程度
龙津	城关渡背街南坡	渡背街滑坡	22500	10	35	48	较大级
	城南山边队	山边队滑坡	193200	1	6	1.2	一般级
	水南村	气枪厂滑坡	44000	100	500	200	重大级
	城关凤翔街	南坡滑坡	30000	—	1582	500	重大级
	城关水东路	水东路滑坡	280	1	5	30	一般级
东华	横溪村	横溪滑坡	19200	6	33	12	较大级
	下戈村岭下	岭下滑坡	2400	2	10	6	一般级
	暖水村罗口	罗口滑坡	15000	15	63	30	较大级
	俞坊村东戈	东戈滑坡	735	1	6	3	一般级
嵩溪	元山村元山背	元山背滑坡	1500	1	14	5	较大级
	青山村青口	青口滑坡	144	1	9	4.2	一般级
林畲	舒曹村泥坑	泥坑崩塌	800	3	15	10	较大级

续表 2-18

位　置		灾害类型	规模（立方米）	威胁户数（户）	威胁人口（人）	威胁财产（万元）	危害程度
林畲	石忠村蛟井	蛟井滑坡	480	1	4	2.4	一般级
	向阳村	危险性斜坡	—	30	95	70	较大级
余朋	芹溪村	芹溪滑坡	20000	14	60	30	较大级
	蛟坑村	蛟坑滑坡	1028	1	8	4.8	一般级
余朋	村委	村委滑坡	7200	5	17	30	较大级
	余朋乡中学	余朋滑坡	600	—	256	30	重大级
温郊	温家山村	南温家山崩塌	84	1	4	1.8	一般级
	温家山村	西温家山崩塌	56	1	6	3.3	一般级
	温家山村	北温家山崩塌	600	1	8	1.8	一般级
	小池村黄郊	黄郊滑坡	285	1	6	1.8	一般级
	桐坑村雾露坑	雾露坑滑坡	88	1	4	2.1	一般级
	桐坑村	桐坑崩塌	156	1	8	2.4	一般级
嵩口	嵩口村中地	中地滑坡	20800	16	100	30	重大级
长校	河排村童家坑	童家坑危险性斜坡	—	5	23	30	较大级
	河排村长峰上	长峰上危险性斜坡	—	5	22	32	较大级
	江坊村	江坊滑坡	720	2	10	12	较大级
	黄石坑村	黄石坑滑坡	360	1	6	2.7	一般级
	沙坪村河背	河背滑坡	2400	3	18	6	较大级
	黄石坑村鱼龙岗	鱼龙岗滑坡	800	1	6	2.1	一般级
	黄石坑村邹德江房后	鱼龙岗滑坡	300	1	5	10	一般级
	长校村	长校滑坡	180	1	8	3	一般级
里田	洋庄村坪下	坪下滑坡	1200	3	13	9	较大级
	里田村 99-100 号	里田滑坡	525	2	8	6	一般级
	里田村里田街	危险性斜坡	—	6	28	30	较大级
	廖坊村廖坊	危险性斜坡	—	4	28	8.4	较大级
	田坪罗坑垅 5-6 号	罗坑垅滑坡	2400	3	15	5	较大级
	芦水村冷水坑	冷水坑滑坡	900	3	13	13	较大级
	田坪村	危险性斜坡	—	1	8	6	一般级
灵地	步云村无上	无上滑坡	—	1	5	5	一般级
	吉龙村下芜	危险性斜坡	—	10	50	18.6	较大级
	尤坊甲村坑背	坑背滑坡	640	1	5	3	一般级
李家	长灌村	长灌岩溶塌陷	15	1	4	7.2	一般级
	吴家村	吴家滑坡	720	1	12	3.6	较大级
	吴家村	危险性斜坡	—	4	24	9	较大级
	河背村	河背岩溶塌陷	25	—	—	9	一般级
	吴家村马家山	马家山崩塌	30	1	3	3	一般级
赖坊	姚家村苏坑	苏坑滑坡	600	1	5	3	一般级
	南山村溪背	溪背滑坡	4500	3	15	18	较大级
	南山村溪背	溪背滑坡	960	1	3	3.6	一般级
	寨下村山坑边	山坑边滑坡	600	1	6	3	一般级
	陈坊村	陈坊岩溶塌陷	—	3	17	10	一般级

续表 2-18

位　置		灾害类型	规模（立方米）	威胁户数（户）	威胁人口（人）	威胁财产（万元）	危害程度
赖坊	姚家村	姚家崩塌	600	1	6	5	一般级
	姚家村牛岗背	牛岗背崩塌	1200	10	45	30	一般级
沙芜	白塔村	危险性滑坡	—	2	9	6	一般级
	铁石村 5 组	铁石滑坡	180	1	5	7.2	一般级
	铁石村 6 组	铁石滑坡	600	4	18	6.6	较大级
	铁石村 6 组	铁石滑坡	240	1	6	3.3	一般级
	铁石村	铁石村泥石流	—	3	19	25	较大级
田源	元坊村	元坊滑坡	6000	20	106	140	较大级

（二）地质灾害防治措施

1991 年，每年 5、6 月多雨季节，县地质矿产管理部门工作人员深入矿山企业及农村，加强地质灾害易发点巡查，向采矿者及居住在山边、陡坡的农民宣传地质灾害知识，要求他们防范洪涝灾害、山体滑坡，发现险情及时报告、撤离，避免不必要损失。

1997 年 8 月，城区北山受连续降水及切坡修路影响， 山体不稳，出现大面积滑坡，滑坡高度 70 余米、宽度 120 余米，溜塌土石方数万立方米，公路被阻断。山体滑坡紧靠城区，对城区安全造成威胁。县委、县政府督促各相关部门派人日夜轮流值守，密切关注险情发展。待山体相对稳定后，即开始清理溜方。同时采用砌筑护坡和钢筋锚杆牵拉、钢筋混凝土框架固定方式稳定山体坡面方案治理滑坡。11 月，该路段恢复车辆通行。2000 年初，完成城区北山治理。

2001 年始，县土地管理部门每年 3 月完成当年《清流县地质灾害防治方案》《清流县地质灾害防灾应急预案》《清流县汛期地质灾害防灾预案》编制和修订工作，并以县政府文件发布实施。成立以县政府分管副县长任组长，县政府办、县土地管理局（国土资源管理局）、公安局、劳动局、监察局、财政局等 23 个成员单位组成的县地质灾害防治工作领导小组，各乡镇分管领导和各建制村主任分别为所在乡镇、村防灾减灾的监测责任领导、责任人，明确责任分工。

2005 年，聘请省监测中心编制《清流县地质灾害防治规划》；完成新项目用地地灾危险性评估 6 宗；成功预报里田、余朋地质灾害 2 起；实施嵩口镇燕形和温郊乡温家山村 2 处地质灾害危险点 58 户村民整体搬迁。

第五节　环境综合整治

一、水源地保护

1991—1994 年，城区饮用水水源地为龙津河。划定水厂取水点上游 1000 米、下游 500 米为保护区，沿岸不准设置排污口，不准倾倒垃圾废弃物等。1996 年，城区生活饮用水地表水源地为严坊溪，对严坊溪水源保护区开展勘查工作，并与水源上游宁化县政府进行水源保护工作磋商。同时，对全县水资源状况进行监测和综合分析，将规划砍伐的田源村大坑山场改为择伐，确保水源涵养。至 1999 年，南边 5 个乡镇完成封山育林面积 2.27 万公顷。2001 年，在龙津河、嵩溪溪、罗口溪、长潭河等河道实施建设竹林防护带项目，全长 226.9 千米，项目总投资 491.2 万元。次年建成竹林防护带 51.8 千米。

2002 年 9 月，完成城区生活饮用水地表水源保护区划定。2003 年 8 月 21 日，省政府批准县自来水厂水源保护区一级保护区范围：严坊溪拦溪坝头以上的整个汇水流域（县辖区外范围除外）；严坊溪取水口至清流县自来水厂导流涵洞和暗渠，以及暗渠靠山体一侧外延至一重山脊和另一侧外延 5 米范围陆域。

2004—2005 年，李家、灵地引进浙江奉化资金治理荒山，种植绿化苗木 70 万余株。至 2005 年，沿溪两岸竹林防护体系工程全面竣工。

二、生态示范乡镇建设

2000 年，县政府在龙津镇组织开展生态示范乡镇建设。2000 年 12 月，龙津镇政府制定《生态示范镇建设规划》。2001 年 2 月，由三明市环境保护科学研究所对龙津镇《生态示范镇建设规划》进行环评。2003 年 3 月 18 日，省环保局确定龙津镇为省级生态示范区，面积 3320 公顷。是年，龙津镇对原遗留农业生态环境破坏问题进行综合治理，推广良性循环生态农业模式。12 月 20 日，县政府对龙津镇生态示范区建设（一期）工程进行验收：森林覆盖率达 75.1%，绿色、有机食品基地面积 13 公顷，秸秆综合利用率 50%，畜禽粪便处理率 82%，受保护陆地面积 75%，人均公共绿地面积 5.1 平方米，实现《生态示范镇建设规划》目标。

三、农村环境综合整治

1991 年，全县加大村镇建设和精神文明建设投入，开展建新村、整治村容村貌活动。农村新建住宅建筑面积 120.56 万平方米，搬新居农户占农村总户数 34%；全县饮用安全卫生水普及率 92.5%。大力推广“省柴灶、节煤炉、沼气池、节能烤房”等节能技术，改造省柴灶 10820 户、节煤炉 2180 户，兴建沼气池 1209 口。

1992 年 12 月，县政府出台村镇规划建设优惠政策，推广省、市、县提供的《农村住宅施工通用图》和建筑方案。当年涌现大路口、围埔、卢水等一批村镇建设先进典型。

1993 年始，全县推广“烟—稻—菜”“稻—菜—菜”“菜—稻—菜”等轮作生态农业栽培模式；推广测土配方施肥和优化配方施肥，降低化肥施用量；推广使用高效低毒农药，保护稻田天敌资源的控害作用。其中引进推广食螨瓢虫及捕食螨防治柑橘红蜘蛛，推广 Bt、云苔素、虫螨克等生物农药防治害虫，同时推广灯火、黑光灯诱杀害虫方法，年节省化学用药 20% 左右。

1996 年，县政府制定《清流县农村环境综合整治定量考核推广计划》，同时确定东华乡为试点乡镇。

1998 年始，先后在长校、里田等 6 个乡镇推广农村环境综合整治定量考核。列入考核乡镇均成立农村环境综合整治领导小组，任务分解到乡镇林业、土地、农技部门及建制村（居委会）。

2005 年，全县开展创建省级环境优美乡镇、生态村、“家园清洁行动”“绿化家园”“卫生厕改造”等活动，进行以“三清六改”（清垃圾、清污泥、清路障、改路、改水、改厕、改沟、改圈、改厨）为主要内容的村容村貌整治、绿化美化工作。龙津、嵩口、长校、东华 4 个乡镇被列为农村环境综合整治定量考核单位。4 个乡镇大力发展生态农业，改善生态环境。经考核，全部合格。其中，东华乡、嵩口镇乡镇所在地大气质量达二级标准；流经乡镇主要河流水质达到地表水 GB 3838-002《地面水环境质量标准》Ⅱ类标准；饮用水源合格率和大中型饲养畜禽粪便处理率均为 100%；森林覆盖率分别为 77.7% 和 77.6%；生态农业面积比率分别为 29.7% 和 28.5%；农村厕所改造率分别为 67.7% 和 68.7%。至 2005 年，全县拥有沼气池 3452 口，总容积 34915 立方米，年产沼气 173 万立方米；农村推广太阳能热水器 80 台，每年节约能源 15 吨标煤。

第六节　环保执法

一、行政执法

1991 年，全县检查排污单位环保治理设施 2 次，全县环保治理设施运行率 83%。5 月，县水泥厂拒绝缴纳第一季度排污费 1.33 万元。县环保局依法申请法院追缴排污费、加收滞纳金 119.32 元，并处罚款 5000 元。

1992 年，检查全县 54 台套环保设施。其中，正常运转 52 台套，因企业停产设施停止运转 2 台套。全县环保治理设施运行率 100%。5 月 8 日，对余朋造纸厂进行现场检查，发现该厂环保设施未与主体工程同时建成就擅自生产，致使废水直接排放。责令该厂立即停产，并处罚款 5000 元。

1995 年 6 月，豪迈瓷砖厂未经环保部门审批，擅自投入生产。依法对其作出停产及罚款 5000 元处理。

1996年1月，县人造板厂擅自拆除、闲置环保设施。依法责令其停产并处罚款；同年8月，昌荣制氧有限公司拒绝进行排污申报登记。依法对其进行处罚。

1997年8月9日，龙津河河面发现大量油脂漂浮物。经环保部门排查，确认系县化工厂管理不善、环保设施运行不畅、废水直接排入龙津河所致。责成该厂整改并处罚款。同年9月，城关得月酒楼拒绝进行排污申报登记，环保部门依法予以处罚，并申请法院强制执行。

1998年8月10日，县环保部门成立县“110”报警与社会救助服务体系应急小分队，受理全县范围内废水、废气、废渣和噪声（社会生活噪声除外）污染扰民投诉。小分队配备“环保110”专用车辆和简单取证工具，设立投诉电话“12369”。建立昼夜24小时值班制度，专人接听群众投诉举报电话。

1999年，全县出动执法检查人员35人次，检查企业24家（次），发现环保设施擅自闲置或不正常使用4家，分别给予口头警告。

2000年，对全县24家排污企业90台套环保治理设施进行检查，环保治理设施运行率90%。县香料厂环保设施擅自闲置，废水直接排放，环保部门责令停产并处罚款5000元；明孚硅业有限公司逾期未完成治理任务，依法处罚5000元。

2001年9月，对清流县华龙矿业有限公司进行现场检查，发现尾砂坝被开凿一个缺口，致使山边小溪被该矿污染。环保部门责成该矿进行整改并给予处罚。2002年4月，对未进行治理仍继续生产的田源电化厂责令停产并处罚金。

2003年8月，对华腾矿业有限公司、金华市精选矿业有限公司及东莹化工有限公司余朋选矿厂进行现场检查，3家企业均未建尾砂库，选矿废水及尾砂直接向罗峰溪排放。责令上述3家企业停产治理并处罚金。

2005年，全县出动执法检查人员168人次，检查企业66家（次），立案查处违法企业9家，其中环保设施擅自闲置或不正常使用7家、环保设施未配套建设而投入试生产2家。县香料厂将废水处理设施闲置，废水直接外排，其中pH1.5，化学需氧量522.9毫克/升、超标4.23倍，石油类57.8毫克/升、超标4.78倍，责令香料厂立即恢复环保设施正常运行，并处罚款3万元。

二、群众来信来访处理

1991年，全县群众来信6件、接待来访9人次。1992年，答复群众来信来访10人次。1993—2005年，县环保部门及110报警与社会救助服务体系应急小分队共受理来信来访、“环保110”投诉件135件，其中投诉空气污染（包括饮食业油烟、恶臭等）20件、噪声污染102件（次）、水污染13件（次）。环保部门接到投诉或报告后快速赶到现场，对重大、突发性环境污染事故，按突发性环境污染事故报告规定进行上报；对举报投诉轻微环境污染，当场处理，消除危害。

三、污染事故与纠纷

1991年8月，省环保局下发《关于清流县姚坊村受上游连城县污染问题协调解决结果的通知》，责成连城县就该县企业向河流排放超标废水，污染清流县李家、灵地、沙芜等5乡10村问题立即进行污染源治理。年内，连城县为灵地姚坊村提供修建供水工程资金2万元。同年8月21日，三明市环保局下发《关于宁化县钨矿污染纠纷的处理意见》，责成宁化县钨矿赔偿因尾矿废水污染清流嵩溪时州水库而造成的清流县农业损失，并增高拦沙坝，为时州水库清库。

1993年8月15日至9月5日，县人造板厂和明宇化工有限公司工业废水直接排放，致使下游高坑鱼场鱼类死亡。9月14日，县环境保护委员会召开协调会，由明宇公司赔偿高坑鱼场2万元、县人造板厂赔偿4万元。

1995年7月，严坊溪上游宁化县黄坊村4家乌油厂排放废水6天之久，严重污染清流县第二自来水厂水源。1996年1月，县自来水公司与乌油厂业主达成协议，拆毁所有乌油厂。5月5日，三明市环保局作出《关于宁化县钨矿污染环境的处理意见》。责成宁化县钨矿在当年10月底前加高第三道拦砂坝溢流井0.5米，4个月内不得向下游排放洗砂尾矿。6月，沙芜乡上坪村官坑垅水库被罗口煤矿及附近小煤窑排出废水污染，造成经济损失8万余元。10月17日，县有关部门在罗口煤矿召开煤矿废水污染上坪农田协调会，由罗口煤矿与小煤窑按照废水排放量比例分担赔偿8万元。

1998年3月，清流、宁化两县环保部门在黄坊村强制拆除筹建中的小乌油厂1个。

2002年9月28日，原七星岩水泥厂1台放射源去向不明。省环境放射性监理站、市环保局、市职业病防治院、县环保局、县卫生防疫站等部门组织人员对全县废品收购站进行拉网式清查。10月3日下午，在城关长兴北街29号隔壁废品收购站找到钴-60放射源——水泥窑炉料位仪。省、市专家对现场进行检测，结果显示该放射源尚未对环境造成污染危害。

2004年3—4月，东莹化工有限公司1万吨/年无水氢氟酸项目生产车间周围树木出现干枯现象。环保部门派人到现场进行监测、调查。经查，造成树木出现干枯现象原因是该公司生产线出渣口逸出含亲水性氢氟酸尾气所致。该公司投入40万元，采用全封闭水洗碱吸收工艺及中和装置对尾气进行治理，基本达到设计要求。同年4月，东华乡桥下乌油厂生产过程中排放污水、散发恶臭，严重污染周围环境。环保部门责令其立即停止生产并将事故移送县工商行政管理部门处理。

2005年，县华辉石业有限公司矿山废弃物随洪水冲入山下，造成东华乡农田受损面积0.8公顷。经乡、村两级协商，企业赔偿村民3.9万元，并出资3.3万元修复水利设施。

卷三 国土资源管理

1991—1992年，县土地管理部门完成土地利用现状调查、土地资源详查、城镇村庄地籍调查、土地定级评估、土地有偿使用制度改革试点，开始基本农田保护工作。1994年，编制完成土地利用总体规划、基本农田保护区规划。坚持土地资源保护、开发、利用、节约并重原则，全面推行土地有偿使用，实行土地所有权与使用权分离，开展国有土地使用权出让、转让、出租、抵押；加强基本农田保护、非农业建设用地清查、土地整理开发、土地执法等，土地资源管理逐步走上依法、统一、全面、科学管理的轨道，实现建设占用耕地和开发耕地总量平衡。至2005年，全县土地总面积18.06万公顷，其中耕地面积1.33万公顷，占总面积7.36%，农业人口人均面积0.12公顷；林地面积15.38万公顷，占总面积85.12%；园地面积2306.07公顷，占总面积1.28%；牧草地41.3公顷，占总面积0.02%；其它农用地2586.17公顷，占总面积1.43%；建设用地面积3142.91公顷，占总面积1.74%；未利用地面积5511.22公顷（含水域面积2891.54公顷），占总面积3.05%。开发耕地面积826.07公顷；划定基本农田保护932片、面积1.14万公顷，保护率85.67%；立案查处各类土地违法案件168起。

矿产资源管理坚持“在保护中开发，在开发中保护”方针，有序开采矿产资源，加强矿山治理、整顿和矿山地质生态环境保护，推进矿业产业化进程。1991年，执行采矿登记制度，全县国营矿山办证率100%；乡镇集体、个体采矿办证率95%以上。1994年，全县开征矿产资源补偿费。1996年，开展矿业秩序整顿，取缔非法开采点6个、纠正越界开采点5个，依法炸毁（封存）乱采滥挖煤硐4处。1997年起，健全查处无证非法采矿巡查、查处、报备、建档、追究、奖励、督查等制度，按矿区开发总体规划对矿业权以招标、拍卖、挂牌方式出让，并开展爆破物品使用许可证清查、矿山安全整治、矿山生态环境保护治理等工作。分别对45个矿山实行矿产资源储量动态管理、对24个矿山实施储量动态监测。至2005年，全县发放有效勘查许可证34本、采矿许可证29本，废止采矿许可证10本。查处无证开采1起、关闭矿山3个，炸封、取缔无证开采煤硐15个、调解矿界纠纷3例。是年，矿产资源费纳入县财政专户管理。

第一章 土地规划与利用

第一节 土地规划

一、土地利用总体规划

1993年，成立编制土地利用总体规划工作领导小组，选送技术人员参加省办培训班学习。当年完成资料收集工作，并开展土地利用现状分析、用地预测、土地适宜性评价3个专题研究。

1994年12月，县土地利用总体规划办公室根据1990年土地评估和变更调查，遵循严格保护耕地特别是基本农田，节约集约利用建设用地，统筹各业各类土地利用，协调土地利用和生态建设的规划原则，编制完成《清流县土地利用总体规划（1992—2010）》（简称1992—2010年土地规划）。

1997年10月，成立土地利用整体规划修编组，对1992—2010年土地规划进行科学补充调整。将全县土地划分为农业区、林业区、城乡建设区、自然保护区等 4 个土地利用一级区和若干个二级区。

1998 年 10 月，完成《清流县土地利用总体规划（1997—2010 年》（简称“1997—2010 年土地规划”）修编规划文本及两个专题报告。该规划将全县土地划分为农业用地区、林业用地区、园地区、牧业区、城镇建设用地区、乡镇建设用地区、独立工矿用地区、自然与人文景观保护区等土地利用区 8 个。其中农业用地区面积 1.52 万公顷，占土地总面积 8.4%；园地区面积 2922.99 公顷，占土地总面积 1.62%；林业用地区面积 1.53 万公顷，占土地总面积 84.96%；牧业用地区面积 98.07 公顷，占土地总面积 0.05%；城镇建设用地区面积 556.02 公顷，占土地总面积 0.31%；村镇建设用地区面积 1448.77 公顷，占土地总面积 0.8%；独立工矿用地区面积 326.24 公顷，占土地总面积 0.18%。林业用地区中的防护林区，主要指九龙溪沿岸的水源涵养林和嵩溪、林畲及南部各乡镇的水土保持林、农田防护林。城镇建设区，主要包括龙津、嵩口、嵩溪、长校、灵地 5 个镇。自然保护与人文景观保护区，主要指莲花山自然保护区以及灵台山、大丰山、七星岩、狐狸洞等。

二、城区土地规划

1996 年 11 月始，修编县城土地规划。1997 年 5 月，形成县城土地规划纲要。规划期限为 1998—2020 年。规划区范围 18.06 万公顷，东至笔架山，南至十里铺，西至峰头，北至东华农科站。县城用地规模规划近期用地面积 226.05 公顷；远期用地面积 400.14 公顷，人均建设用地面积 80.02 平方米。

1998—2020 年清流县县城建设用地平衡表

表 3-1

用地名称	面积（公顷）			占城市建设用地（%）			人均（平方米／人）		
	1997 年	近　期（1998 年）	远　期（2020 年）	1997 年	近　期（1998 年）	远　期（2020 年）	1997 年	近　期（1998 年）	远　期（2020 年）
居住用地	53.6	84.3	134.93	40.4	37.3	33.7	28.79	28.1	27
公共设施用地	22.5	38.1	66.31	16.9	16.96	16.7	12.16	12.7	13.4
工业用地	21.9	40.2	77.81	16.5	17.8	19.45	11.84	13.4	15.6
仓储用地	1.48	3.6	8.28	1.1	1.6	2.06	0.8	1.2	1.5
对外交通用地	6.86	12.9	25.55	5.2	5.7	6.4	3.71	4.3	5.1
道路广场用地	13.78	24	44.07	10.4	10.6	11	7.45	8	8.8
市政设施用地	1.23	2.25	4.32	0.92	0.99	1.08	0.66	0.75	0.86
公共绿地	8.75	17.1	73.8	6.59	7.56	8.45	4.73	5.7	6.76
特殊用地	2.64	3.6	4.64	1.99	1.59	1.16	1.43	1.2	0.93
合　计	132.71	226.05	400.14	100	100	100	71.75	75.35	80.02

第二节　基本农田保护

一、基本农田保护区划定

1991 年，全县耕地面积 1.41 万公顷，占全县土地总面积 7.71%。其中灌溉水田面积 1.33 万公顷，占耕地 94.57%；旱地面积 619.32 公顷，占耕地总面积 4.4%。农业人口平均耕地面积 0.12 公顷，林畲乡人均耕地占有量最高，为 0.14 公顷／人，最少的是龙津镇 0.01 公顷／人。全县耕地主要分布在西北部、中北部地区和南部低丘和河流沿岸的谷地，主要集中在嵩溪、嵩口、龙津、赖坊、李家等乡镇；分布在官坊、赖安、东坑、田口、田源、舒曹、长校、里田、嵩口、暖水、基头、青溪、青山、罗陂岗等村庄。

1992年，开展基本农田保护。1994年，全县划定基本农田保护区15个、保护片1083片，保护面积9427公顷，保护率85.70%。设树牌103块、界桩460块。

1997年、2005年，结合土地变更调查，调整基本农田保护区2次，增加基本农田面积2127.97公顷。至2005年，全县基本农田保护片1188片、面积1.14万公顷，占全县耕地总面积86.5%，人均基本农田占有面积0.07公顷。其中水田面积1.13万公顷，占基本农田总面积99.15%；旱地面积98.28公顷，占基本农田总面积0.85%，基本农田保护面积稳中有升。基本农田保护面积在1000公顷以上有：嵩口镇面积1265.77公顷、嵩溪镇面积1655.69公顷、龙津镇面积861.52公顷，福建省清流监狱面积1334.59公顷。全县基本农田保护监控片区21片、面积5475.77公顷，占当年基本农田总面积49%；全县设立基本农田保护片界桩446个、永久性保护牌48块和保护基本农田通告15个，完善全县基本农田保护网络。

基本农田主要分布在地势平坦、气候温暖、光照条件好，雨量充沛，水利灌溉条件较好，耕种历史较悠久，耕地、劳动力相对集中，生产水平较高的地区。全县耕地按坡度、土壤、地下水埋深等条件划分为六等。由于基本农田占各乡镇耕地的比重均在80%以上，各乡镇基本农田分布与耕地分布现状基本一致。其中龙津镇、嵩溪镇、里田乡、长校镇、赖坊乡、李家乡等乡镇质量相对较好，基本农田主要是一等、二等耕地；灵地镇、田源乡、沙芜乡等乡镇，一等、二等优质耕地与五等劣质耕地比重各占一半；余朋乡、嵩口镇基本上以五等劣质耕地为主，60%以上基本农田质量等级在三等耕地以下。

2005年清流县基本农田保护区划定面积控制表

表3-2　　　　　　　　　　　　　　　　　　　　　　　　　　单位：公顷、%

乡　镇	2005年耕地基数	基本农田保护区面积	保护率	乡　镇	2005年耕地基数	基本农田保护区面积	保护率
龙津镇	1394.95	861.52	61.76	沙芜乡	390.15	233.63	59.88
嵩溪镇	1921.37	1655.69	86.17	赖坊乡	1084.16	1090	100.54
林畲乡	931.75	904.50	97.08	灵地镇	1357.68	1391.25	102.47
温郊乡	361.40	274.76	76.03	李家乡	864.72	1031.15	119.25
余朋乡	569.73	490.79	86.14	长校镇	1265.55	1062.70	83.97
嵩口镇	1554.16	1265.77	81.44	里田乡	694.29	633.02	91.18
田源乡	627.16	488.85	77.95	其　他	269.94	—	—

二、保护措施

1991年，全县对基本农田采取“五不准”措施，即：不准非农建设占用基本农田；不准以退耕还林为名违反土地利用总体规划减少基本农田面积；不准占用基本农田进行植树造林，发展林果业；不准在基本农田内挖塘养鱼和进行畜禽养殖，以及其他严重破坏耕作层的生产经营活动；不准占用基本农田进行绿色通道和绿化隔离带建设。同年起，实行耕地保护责任制，层层签订耕地保护责任书，并把耕地保护责任制延伸到各村委会和村民小组，将基本农田落实到地块和户，建立基本农田保护档案和基本农田保护标志。执行耕地占补平衡各项制度，实行先补后占，未完成耕地补充的一律不予报批土地。建立健全耕地占补平衡台账，做到管理规范、数据齐全，对基本农田保护区实行图、表、册和实地的“四位一体”管理。全年查处违法用地案件36户、36宗，全部予以没收，收回土地使用权面积1000平方米。赖坊乡官坊村一村民占用耕地面积60平方米建祖坟，被强令拆除。

1993年，清查非农闲置用地3宗，其中限期复垦还耕1宗，耕地面积3000平方米。

1994年，全县设立基本农田保护观察哨和举报电话，设立基本农田保护公约宣传牌，实施基本农田保护动态监测方法，制止违法侵占土地行为。东华乡俞坊村在灾后重建家园中，全部用山坡地建房，保护耕地面积

1.73 公顷。1996 年 7 月，东华乡大横溪规划新村建设，将建设点改在村口山坡上，避免占用耕地面积 1.07 公顷。

1997 年，全县签订耕地保护合同，将基本农田、耕地保护列入各级政府领导工作考核目标。4 月，下发《关于新村建设退宅还耕若干规定的通知》，对未能按要求完成退宅还耕的单位和个人，不安排新的用地指标。年内查处非法占用耕地建房户 126 户，收回占用耕地面积 1.03 公顷。里田乡田坪村长山丘新村将县政府批准的建设用地面积 310.51 公顷（其中耕地面积 59.46 公顷）全部归还，采取拆旧建新办法进行新村建设。

1998 年，设立规划保护科，专门管理耕地保护工作，并在乡镇基层土地所实行耕地保护所长负责制。同时，对全县基本农田保护区规划进行修编完善。全县基本农田面积减少 241.20 公顷，其中农业结构调整占用基本农田面积 91.30 公顷、灾毁及其他面积 149.95 公顷。此间，通过异地代保和土地整理新增耕地划入基本农田保护区。基本农田补划面积超过占用面积 751.09 公顷。

2005 年，健全县乡村基本农田保护三级联动体系。当年，对灵地姚坊、长校、李家早禾排等地 12 户违法建筑予以强制拆除，恢复被占用耕地面积 73.06 公顷。制止长校一村民拟在基本农田上建坟行为。调整县垃圾处理厂项目选址方案，避免占用基本农田面积 1.87 公顷。

1997—2004 年清流县基本农田占补情况表

表 3-3　　单位：公顷

核查单位	规划基本农田保护面积	1997—2004 年基本农田占用					1997—2004 年基本农田补充						
		小计	建设占用	退耕	农业结构调整	灾毁	小计	开发	整理	复垦	其他农用地	现有耕地	异地补划
龙津	90.57	0.33	—	—	—	0.33	26.3	—	—	0.2	—	26.1	—
嵩溪	1327.47	13.44	—	—	—	13.44	160.55	—	—	10.21	—	150.34	—
嵩口	1230.2	15.69	—	—	—	15.69	225.11	—	—	11.93	—	213.18	—
长校	721.89	1.96	—	—	—	1.96	60.48	—	—	1.49	—	58.99	—
灵地	526.73	2.77	—	—	—	2.77	58.07	—	—	2.16	—	55.91	—
余朋	576.39	20.53	—	—	—	20.53	62.45	—	—	15.37	—	47.07	—
林畲	736.32	2.88	—	—	—	2.88	41.04	10.27	—	2.25	—	28.53	—
里田	524.7	1.19	—	—	—	1.19	27.71	—	—	0.93	—	26.78	—
温郊	426.44	20.33	—	—	—	20.33	—	—	—	—	—	—	—
田源	494.89	6.48	—	—	—	6.48	28.76	—	—	5.19	—	23.57	—
邓家	467.44	3.57	—	—	—	3.57	17.3	—	—	2.93	—	14.37	—
李家	790.56	14.51	—	—	—	14.51	40.11	23.95	—	12.33	—	3.83	—
东华	966.3	24.82	—	—	—	24.82	117.61	2.83	—	20.35	—	94.42	—
赖坊	876.11	19.79	—	—	—	19.79	90.55	—	—	18	—	72.55	—
沙芜	318.11	1.67	—	—	—	1.67	19.53	—	—	1.37	—	18.17	—
清流监狱	392.57	57.99	—	—	57.99	—	—	—	—	—	—	—	—
其他	33.27	33.27	—	—	33.27	—	16.7	16.7	—	—	—	—	—
合计	10500	241.2	—	—	91.25	149.95	992.27	53.75	—	104.71	—	833.82	—

第三节 土地开发整理

一、耕地开发整理

1991年，县政府把耕地开发列入各乡镇年度考核目标，制定各项优惠措施鼓励农民开发耕地，提出“谁开发，谁受益”，对新开发的耕地5年内不增加征购任务和农业税，并且每0.07公顷补助10元。年内，全县新增耕地面积73.33公顷，其中库区造田面积60公顷。

1994年“5·2”洪灾后，全县开始水毁耕地和其他各类废弃地的开垦复垦工作，当年水毁耕地复垦面积275.61公顷，开发废弃地面积16.64公顷。1995年，县政府决定，各乡镇耕地连片开发面积0.67公顷以上的，验收合格后，给予每0.07公顷补助100元。1991—1997年，全县累计开发耕地面积1066.2公顷。

1994—1997年，复垦水毁耕地面积483.01公顷，开发废弃地面积20.84公顷。1999年，灵地、李家等乡镇进行荒草地成片土地开发面积51.67公顷，林畲乡孙坊村进行土地整理拆旧还耕面积1.13公顷。

至2004年，全县累计向上争取土地开发整理项目补助费2700多万元，开发土地面积505.33公顷。改造项目主要分布在长校、田口、东山、铁石、卢水、马排、田源、石忠等50余个村。全县中低产田改造面积1286.67公顷，占可改造总面积20.6%。

2005年“6·17”洪灾，全县受灾耕地面积132.88公顷。灾后争取专项灾毁耕地复垦资金32.3万元，当年完成复垦任务。同年，里田乡实施土地整理项目面积234.91公顷，年内完成工程总量80%。通过实施省级耕地开发整理项目及委托群众开发等，年末，全县新增耕地面积320.74公顷。

2005年清流县集中连片耕地分布情况统计表

表3-4 单位：公顷、%

乡 镇	面 积	所占比例	乡 镇	面 积	所占比例
龙津镇	501.75	17.38	灵地镇	192.17	6.66
嵩溪镇	488.09	16.91	李家乡	73.10	2.53
林畲乡	338.98	11.74	里田乡	354.82	12.29
田源乡	77.27	2.68	沙芜乡	37.21	1.29
赖坊乡	616.26	21.35	长校镇	48.33	1.67
余朋乡	128.51	4.45	嵩口镇	29.95	1.04

二、建设用地开发

（一）城区旧城改造与新区开发

1991年始，围绕县委、县政府关于加快推进小城镇建设部署，城区建设加速。当年城区西区开发，用地面积5.8公顷，其中建筑用地面积2.15公顷。

1992年，进行刘家园开发，用地面积3.46公顷，其中建筑用地面积1.32公顷。1993年，进行南区开发，用地面积28.34公顷，其中建筑用地面积10.54公顷、工业用地面积4.7公顷。1994年始，进行桃园新村开发，用地面积2.3公顷，其中建设用地面积0.88公顷，建筑用地面积0.53公顷。

1995年始，进行北区开发，用地面积56.25公顷，其中商业用地面积7.22公顷、工业用地面积29.76公顷、仓储用地面积3.68公顷。2003年始，进行城北工业区开发，用地面积20公顷。此外，1993—2005年，改造城区原坪背电影院、原林业车队旧址、原酒厂旧址等，用地面积6.23公顷。

（二）集镇用地开发

1991 年，全县乡镇建设严格按规划进行，控制规模，节约使用土地，乡镇企业用地充分利用非耕地和原有厂房。当年，全县 14 个（不含龙津镇）乡镇驻地建设用地面积 1.47 公顷，累计用地面积 265.59 公顷，其中住宅建设用地面积 78.34 公顷，人均住房面积 16.8 平方米。

1992 年始，按照县委、县政府“小乡大集镇”发展目标，各乡镇加快小城镇建设步伐，先后完成并实施“集镇总体规划”。嵩溪镇投入基础设施建设资金 100 万元，将原 8 米宽街道拓宽为 25 米、长 1.1 千米商业大街。个人投入集资建房资金 300 万元，新增店面 140 多个。全年开发用地面积 39 公顷。

1993 年，嵩口镇进行下坪段开发，用地面积 14.47 公顷。整个开发区用于拓改大灵线嵩口段新区公路及开发福利区、加工工业区。同年，林畲乡开展集镇规划与新建，建成主街天康街，长 1.7 千米、宽 24 米，用地面积 0.3 公顷。将集镇中心迁至天康街，卫生院、农村信用社、邮政储蓄、烟草站、供电所、电信站、移动公司营业厅相继落户在天康街。

1996 年，灵地镇投资 160 万元扩建集贸市场，用地面积 1.5 公顷。1997 年，长校镇被列入百个省级小城镇建设试点镇之一，共建新房 227 幢，改旧房 202 幢。1999 年，赖坊乡投资 9.9 万元，新建乡计生综合办公楼 1 幢，用地面积 100 平方米。

至 2005 年，全县建制镇用地面积 250.94 公顷，占居民点及工矿用地面积 11.10%。城镇用地面积占城乡建设用地面积的比重，比全省平均水平（16.19%）低 5 个百分点，比三明市水平（16.65%）低 5.5 个百分点。

（三）农宅用地开发

1991 年，全县围绕“奔小康，建新村”目标，掀起新农村建设高潮。当年农宅用地面积 2.06 公顷。

1992 年，东华乡大路口村按照“统一征地、统一规划、统一安置、统一设计”进行新村建设，用地面积 0.49 公顷。高坑村被列为嵩口镇首批新村建设重点村。镇政府扶持各新村建房户 2000 元，村委给各建房户提供建房用地和木材。是年，建新房 12 幢，用地面积 0.18 公顷。

1993 年，温郊乡集镇建设实行“免收地价，自用材价减半，免收基础设施配套费、规划设计费，乡村两级给予资金补助”优惠措施，吸引居住偏远农户到集镇建房落户。当年，全乡用地面积 0.15 公顷，其中利用宅基地改造占 95%。

1994 年 5 月，清流县遭遇“5·2”特大洪灾，各乡镇将重建家园与新村建设相结合，重建沙芜乡铁石村，嵩口镇嵩口村、围埔村、马家排，温郊乡小池村等新村 30 个。

1995 年，竹青背水利工程指挥部投资 42 万元在龙津镇桥下村白石桥兴建移民点——长青新村，建新房 25 幢，用地面积 0.27 公顷。嵩溪镇元山村陈墩、洋墩、立子墩 3 个自然村 79 户重建家园，用地面积 0.85 公顷。

1996 年，龙津镇遇仙桥新村南区建新房 25 幢，用地面积 0.3 公顷。

1997 年，全县拆旧建新村用地面积 3.73 公顷，安置村民 312 户。

1998 年，城南村横溪岭新村点建新房 21 幢，用地面积 0.25 公顷。嵩溪镇余坊村、伍家坊村老寨自然村，新村建设安置村民 52 户，用地面积 0.55 公顷。

2000—2002 年，青山村青口自然村、塘背村南家自然村、花果园自然村重建和新建户 54 户，用地面积 0.58 公顷。为支持国家三峡水库建设，重庆市万州区岩口乡 5 户 22 人移民至嵩溪镇农科村、5 户 19 人移民至城南村十里铺落户。国家投资 34 万元，为嵩溪镇农科村三峡库区移民兴建 5 户连体新房 1 幢，总占地面积 80 公顷、建筑面积 2200 平方米。2004 年，县移民局投资 46 万元，在城南村十里铺三峡移民安置点建新房 5 幢，占地面积 30 公顷。

2005 年始，按照“生产发展、生活宽裕、乡风文明、村容整洁、管理民主”的社会主义新农村建设总要求，出台《清流县关于加快农村住房灾后重建工作的实施意见》，在省市资金补助基础上，对 20 户以上集中重建点基础设施建设给予资金补助 10 万元。同时采取以奖代补、贷款优惠、企业与重建点结对子等措施，集中力量建设中心村，形成具有清流特色的新农村建设多种模式。开展农村居民点整治工程，采取拆、搬、撤等方案处理空心村和旧宅基地，采用迁移等办法将受灾点和偏僻地区居民安置到周围的中心村及小城镇。利用工业区和旅游区发展带动周围乡村公共基础设施建设；鼓励进行农村居民点改造、迁村并点等，盘活农村存量建设用地。至2005年，全县农村居民点用地面积1676.79公顷。嵩溪、沙芜、温郊等乡镇农村居民点人均用地面积超9.71公顷。

2005年清流县各乡镇城乡用地情况表

表3-5 单位：公顷

名 称	居民点及工矿用地总计	城镇用地	农村居民点	独立工矿用地
清流县	2231.93	250.94	1676.79	304.19
龙津镇	351.37	138.24	179.55	33.58
嵩溪镇	360.34	37.59	261.77	60.98
林畲乡	134.01	—	126.89	7.12
温郊乡	79.13	—	70.78	8.34
嵩口镇	206.4	27.34	163.43	15.63
余朋乡	119.38	—	76.38	43
田源乡	133.06	—	84.95	48.11
沙芜乡	127.76	—	86.29	41.48
里田乡	80.3	—	79.99	0.3
长校镇	135.31	15.77	113.94	5.6
赖坊乡	124.58	—	118.44	6.14
灵地镇	183.76	29.41	131.13	23.21
李家乡	126.86	—	117.8	9.06
其 他	69.68	2.58	65.45	1.65

说明：数据来源于2005年变更数据

第二章 地籍管理

第一节 地籍调查

一、城镇村庄地籍调查

1991年，历时3年的城镇村庄土地申报、地籍调查全面结束。共完成权属调查1220宗、地籍勘测面积240公顷、1∶500宗地落图60张。同时，委托福建省测绘局外业大队测图1.5平方千米、补测0.2平方千米、施测206个界址点。全县农村住宅地发证完成82.40%，颁发土地证2.05万本。1996年，嵩口、嵩溪等建制镇地籍测图工作通过省市联合检查验收。1997年，完成城乡地籍调查3.09万宗。1998年，继续开展城区地籍测图工作，进行宗地复标2784宗，完成四等导线点8个，一级导点65个，加密图根控制点842个，开展地籍测量面积380公顷，形成1∶500地籍图14张，1∶1000地图61张。1999年，城区地籍测图工作通过省市联合验收合格。

二、土地利用现状调查

1990年7月始，全县开展土地利用现状调查。福建省测绘局外业大队采用调绘片土地利用现状外业调查、线状地物宽度丈量，查清县境内土地类型、数量、质量、权属及其利用状况，同时综合评价土地利用特点，研究其发展方向和途径，为制定土地利用总体规划提供科学依据。1991 年 4 月，完成详查外业工作并通过省市验收。1992 年 8 月，完成全部调查。此次详查，完成土地八大类、地类界线、线状地物、新增地物补测、田埂系数测算等 6 项调绘，同时调绘权属界 374 条，签订协议书 365 份、争议原由书 9 份。调查结果：全县农用地 17.59 万公顷，占总面积 97.39%；建设用地 2806.93 公顷，占总面积 1.55%；未利用地 3909.27 公顷，占总面积 2.16%。全县农用地中，耕地面积 1.41 万公顷，占总面积 7.79%；园地面积 1640 公顷，占总面积 0.91%；林地面积 15.64 万公顷，占总面积 86.60%；牧草地面积 98.07 公顷，占总面积 0.05%。建设用地中，居民点及工矿用地面积 2078.07 公顷，占总面积 1.11%；交通用地面积 728.89 公顷，占总面积 0.4%。此后，每年均开展土地详查变更调查工作，并公布《土地利用现状变更表》。

2005 年，全县土地利用现状变更调查结果：全县农用地 17.20 万公顷，占总面积 95.21%；建设用地 3142.91 公顷，占总面积 1.74%；未利用地 5511.22 公顷，占总面积 3.05%。农用地中，耕地面积 1.33 万公顷，占总面积 7.36%；园地 2306.07 公顷，占总面积 1.28%；林地面积 15.38 万公顷，占总面积 85.12%；牧草地 41.3 公顷，占总面积 0.02%；其他农用地 2586.17 公顷，占总面积 1.43%。建设用地面积 3142.91 公顷，占总面积 1.74%。其中，居民点及工矿用地面积 2257.3 公顷，占总面积 1.25%；交通用地面积 609.69 公顷，占总面积 0.34%；水利设施用地 275.9 公顷，占总面积 0.15%。

第二节　土地定级

一、城区土地定级

1991 年 6—11 月，对城区土地进行定级，按照城区土地利用特点，选择商业服务繁华度、交通通达度、自然条件优劣度、公用服务设施便利度、环境条件、人口分布密度等 6 个因素、10 个子因素、16 个因分子作为土地分等定级依据。分级范围以县城中心区为主，兼顾南北两头部分区域，东至县印刷厂、南至县农业局宿舍、西至清流供电局道路两侧、北至林业工程队、县物资局，总分级面积 213.33 公顷。划定 156 个单元，分成 5 个土地级。一级地为城区最繁华地段，主要分布在进步街、生产街、西坪街街道两侧沿路地段；二级地为沿一级地向外拓展地段，主要分布在团结街、后街、西山街、水东路、西坪街、下坪巷沿街道两侧呈带状分布；三级地在二级地外围呈带状分布，主要分布在城西路、西山开发区、渡背街、化工厂、县第二招待所、农业局等地段；四级地在三级地以外，主要分布在三角尾、防洪仓库、物资局、林业工程队一带；五级地位于城区边缘，多为地势起伏较大、人口分布较少地带。

1997 年 10 月，县政府按新地名重新公布城区土地级别。

1991 年清流城区土地分级情况表

表 3-6

级　别	Ⅰ	Ⅱ	Ⅲ	Ⅳ	Ⅴ	合　计
面积（公顷）	15.84	42.45	48.73	54.13	66.64	227.79
级别占比 (%)	6.94	18.64	21.39	23.76	29.26	100
单元数（个）	14	33	33	34	42	156

二、耕地定级

1993 年 4 月至 1994 年 11 月，县土地利用总体规划办公室对境内耕地进行分等定级。参与评定耕地质量等级的因子有土壤类型、耕层厚度、有机质、海拔和坡度等。至 1994 年，全县有一等耕地面积 2374.81 公顷、二等耕地面积 8757.23 公顷、三等耕地面积 2948.74 公顷。

2004 年，省国土资源厅在长校、灵地镇，李家、嵩溪、沙芜乡选定 5 块农用地作为分等标准样地。在此基础上，全县耕地按坡度、土壤、地下水埋深等条件划分为六等，各乡镇基本农田质量有较大差别。其中龙津、嵩溪、里田、长校、赖坊、李家等质量相对较好，基本农田主要为优质耕地；灵地、田源、沙芜等乡镇，优质耕地与劣质耕地比重各占一半；余朋、嵩口 60% 以上基本农田属劣质耕地。

2004 年清流县耕地分级表

表 3-7　　　　单位：公顷、%

等级		面积	占总面积	分布	土壤类型	生产条件	生产情况
优质地	六等	1614.82	10.9	嵩溪镇、灵地镇、李家乡等乡镇的山间盆地区	灰泥田、灰黄泥田为主	农业生产条件较好，距村庄较近	一年二熟，稻谷常年产量 10000 ～ 12000 千克 / 公顷
	五等	3542.4	24	嵩溪镇、赖坊乡、林畲乡等乡镇宽阔地带平洋田，距城镇、村庄较远	黄底灰泥田、灰砂泥田、灰黄泥田为主	有一定基础设施，但灌溉排水条件较差	一年二熟，稻谷常年产量 8000 ～ 9000 千克 / 公顷
中等地	四等	4871.85	33	赖坊乡、里田乡、沙芜乡、余朋乡等乡镇开阔山垄、缓坡梯田或溪边地带	青底灰泥田、砂底灰泥田、灰砂泥田、灰砂田、灰黄泥田、灰黄泥沙田为主	基础设施不完善，灌溉排水较差，中等土壤肥力	一年二熟制或一年一熟制，稻谷常年产量 7000 ～ 8000 千克 / 公顷
	三等	2630.76	17.8	温郊乡、嵩口镇、余朋乡等乡镇偏远山村，大部分为山垄田	砂底灰泥田、黄泥田、黄泥沙田和青泥田为主	土壤肥力较低，灌排设施不完善，耕作粗放	稻谷常年产量在 6000 千克 / 公顷左右
低等地	二等	1740.76	11.8	龙津镇、嵩口镇、田源乡、嵩溪镇等乡镇	润沙土、赤土为主，现状为旱地	土壤肥力低下，灌排设施不完善，耕作较为粗放	种植作物以甘薯为主
	一等	374.8	2.5	余朋乡、嵩口镇、灵地镇、田源乡、沙芜乡等	沙盖土为主，普遍存在多种多样障碍因子，土壤肥力低下，现状为旱地	远离村庄，农业生产条件差，耕作粗放	作物产量低。

第三节　土地价格评估

1991 年，在完成城区土地定级和级差收益测算基础上，全县开展土地价格评估。主要对土地使用权出让、转让、出租、抵押的地块进行评定。定级选择商业繁荣度、交通通达度、人口分布密度等 6 个因素 19 个因子，采用收益还原法测算地价。当年县城（镇）地价：一级地 823.31 元 / 平方米；二级地 429.35 元 / 平方米；三级地 223.91 元 / 平方米；四级地 150.85 元 / 平方米；五级地 82 元 / 平方米。

1993 年，县成立土地估价委员会。此后，县政府在调查研究和广泛征求意见的同时，对全县上一轮土地估价加以修订并颁布实施。

1995 年，县土地估价委员会完成 79 个企业单位清产核资中的土地资产评估，涉及土地 233 宗、面积 108 公顷，评估金额 6310.3 万元。1997 年，完成土地评估 17 宗，评估金额 1231.08 万元。

1998 年，评估出转让土地 8 宗，确认土地资产量 3093.11 万元；评估抵押土地 8 宗，确认土地资产量 1821.19 万元；评估涉及改制土地 8 宗，确认土地资产量 892.87 万元。同时，完成全县 5 个建制镇基准地价测算评定，并经县人民政府发文予以公布实施。

1998 年 12 月，县政府调整并公布嵩溪、嵩口、灵地、长校 4 个建制镇的基准地价。地价分商业用地、住宅用地和工业用地 3 个项目，每个项目分一类和二类，同时对主要街道土地级别进行划分。2000—2001 年，县政府调整 4 个建制镇基准地价，调整幅度在 0.5% ～ 1.1% 之间。

2004 年，根据省国土资源厅《关于开展新一轮全省城镇土地级别和基准地价修订更新工作的通知》精神，制定工作方案，收集近 3 年土地市场交易资料、评估资料，组织有关专家确定影响土地级别的因素、因子、权重；搜集、编制级别调整、基准地价修订工作底图，到野外实地进行样点调查。调查成果通过专家论证后，组织听证会，提交评审验收。该次城区商业用地基准地价分“路线价”和“区片价”2 类，住宅用地和工业用地实行“区片价”；13 个乡镇的土地用途分商业用地、住宅用地和工业用地 3 项，土地级别分 3 个级别。2006 年 6 月，由县人民政府颁布实施。

1993 年清流县城区基准地价表

表 3-8　　单位：元 / 平方米

土地级别 \ 地价		项目：商业用地	住宅用地	工业用地
一级	一类	824	404	174
	二类	692	371	143
二级	一类	430	211	91
	二类	361	173	78
三级	一类	224	126	59
	二类	188	110	47
四级	一类	117	76	31
	二类	98	57	25
五级	一类	61	40	16
	二类	51	32	11

1997 年清流县城区基准地价表

表 3-9　　单位：元 / 平方米

土地级别 \ 地价		商业用地	住宅用地	工业用地
一级	一类	965	510	200
	二类	810	430	170
二级	一类	490	265	100
	二类	410	215	85
三级	一类	250	140	65
	二类	210	120	55
四级	一类	125	80	35
	二类	105	60	30
五级	一类	65	40	20
	二类	55	35	15

2006 年清流县城区基准地价表

表 3-10　　单位：元 / 平方米

土地级别 \ 地价	商业用地				住宅用地		工业用地	
	路线价		区片价					
	路段数（段）	地价（元 / 平方米）	区片数（片）	地价（元 / 平方米）	区片数（片）	地价（元 / 平方米）	区片数（片）	地价（元 / 平方米）
Ⅰ	1	4330	2	1190 ～ 1640	3	570 ～ 740	2	125
Ⅱ	9	2040 ～ 2890	5	610 ～ 930	2	450 ～ 470	1	105
Ⅲ	3	1280 ～ 1360	4	530	4	300 ～ 330	2	95
Ⅳ	8	360 ～ 900	10	240 ～ 360	10	160 ～ 280	—	—

第四节　土地登记

一、初始登记

1991 年，全县开展土地登记发证，分准备、申报、权属调查、登记发证 4 个阶段进行。年内，颁发第二批《国有土地使用证书》2742 本。土地登记发证当年经市级验收合格。1992 年，全县城镇地籍调查和城镇发证工作全面完成；完成发证外业 20141 宗，颁发土地证 19141 本。1993 年，开展城镇、农村、工矿、宗教活动场所发证。年内完成农村发证外业调查 2.89 万宗，占总数 94.9%，发放土地证 3417 本；工矿、伐木场、宗教活动场所发证 181 本。1996 年，各乡镇进行土地证年检。至 1997 年，全县办理国有土地使用登记 3049 宗、3094 本，面积 153.15 公顷；集体土地使用登记 25967 宗、26484 本，面积 736.03 公顷。1998 年，初始登记进入扫尾阶段，完成城区初始土地登记288宗，农村1038宗。1999年，重新组建土地登记专业队伍，设立县城镇土地登记发证办公室，负责土地登记发证及指导乡镇基层土地管理所农村发证工作。1999—2005年，全县办理国有土地使用登记3315宗、集体土地使用登记2506宗，完成应登记发证总量99%。

二、抵押、变更登记

1991年，全县办理国有土地使用登记1724宗、1755本，面积28.42万公顷；集体土地使用登记977宗、987本，面积25.64万公顷。

1994年，将土地变更登记纳入日常地籍管理工作，当年完成变更土地登记手续17宗，面积1420平方米，补交地价款4.1万元。年内，全县完成变更土地登记手续17宗，面积1420平方米，收取补交地价款4.1万元。1995年，对行政划拨用地进入市场的一律办理变更土地登记手续、补交出让金。是年，各乡镇开展详查变更工作，全年完成变更土地登记394宗，年检土地证807宗。

1997年，开展新建房屋初始、变更登记及抵押登记、房改后产权变更。1991—1997年，全县办理国有土地使用登记3049宗、3094本，面积153.15公顷，集体土地使用登记25967宗、26484本，面积736.03公顷。

1998年，做好房改中土地权属把关和房改后产权变更工作以及企业改制中土地产权处置登记工作。2004年，完成国有土地变更登记272本、集体土地使用权变更登记85本；完成抵押登记193件，抵押面积10.74万平方米，抵押金额2268万元。

2005年，完成国有土地使用权变更登记434本、集体土地使用权变更登记37本。此外，完成城镇住房、商品房土地使用权变更登记263本；完成抵押登记173件，抵押面积24.46万平方米，抵押金额1865万元。

第三章　用地管理

第一节　土地使用权管理

一、土地使用制度改革

1991年7月，县政府制定出台《清流县农村宅基地有偿使用的暂行规定》。规定凡住宅使用集体土地的农村居民（包括国家干部、职工）有交纳宅基地使用费的义务，并确定收费标准。8月，在温郊乡小池村开展为期1个月的农村土地使用制度改革试点，试行农村非农业建设用地有偿使用。试点采用土地确权登记、有偿使用同步实施办法，对258宗地进行地籍调查和集体土地使用权发证工作，测绘小池村总面积13.33公顷地形图，编绘该村地籍图。实行有偿使用土地面积3.65公顷。通过试点工作培训技术骨干80余人，分赴各乡镇开展农村宅地有偿使用工作。坚持“少用地，少交费、多用地，多交费、超占地加倍交费”原则，使多占地农户自觉将土地退还集体。至1992年，全县68个建制村实施宅基地有偿使用，854户农户主动退出空余地，面积4906.67公顷。至此，全县农村宅地全面实施土地有偿使用，克服过去土地无价、乱占耕地现象。1993年6月，根据国务院通知精神，停止收取农村宅地有偿使用费。

二、土地有偿使用

1991年，自温郊乡实行有偿使用土地面积始至1992年，全县收取土地使用费12.56万元。

1992年，县政府下发《关于补办土地使用转让、出租、抵押手续的通知》，并成立县地产开发公司，开展国有土地使用权的出让、转让、租赁和抵押等业务。同年，嵩口镇以拍卖形式出让国有土地使用权6宗、面积46公顷，收取出让金12.47万元；以协议形式出让国有土地8宗、面积75公顷，收取出让金18.45万元。

1994年，城区以协议形式出让国有土地1宗、面积72.8公顷，收取出让金75万元。

1995 年，县城区内土地实行“五统一”管理（统一规划、统一征用、统一开发、统一出让、统一管理），增加新增建设用地出让比例，扩大有偿使用范围。1996 年，加强对划拨土地使用权入市管理。1995—1996 年，城区、嵩口以拍卖形式出让国有土地使用权 9 宗、面积 48.94 公顷，收取出让金 96.15 万元；以协议形式出让国有土地 9 宗、面积 140.02 公顷，收取出让金 165.20 万元。

1997 年，全县共拍卖、协议出让国有土地使用权 9 宗、面积 1.89 公顷，收取土地使用金 234.37 万元。同时补办划拨土地使用权出让手续 12 宗、面积 0.18 公顷，补交出让金 0.44 万元；办理抵押登记 33 宗、0.87 公顷，收取抵押金 273.84 万元。1998 年，全县组织拍卖、协议出让土地 6 宗，面积 0.86 公顷，土地收益 284 万元。办理补办划拨土地使用权出让手续 24 宗，面积 0.73 公顷。盘活企业存量土地面积 0.49 公顷。

2003 年 4 月，加强国有土地资产管理，将县城规划区及建制所在地内的新增建设用地一律纳入土地储备，统一管理、统一供应，各乡镇、企事业单位不得以任何借口、任何形式代替政府供地。国家机关、企事业单位所使用的划拨土地使用权不得擅自转让或从事经营性开发。

2005 年，县土地收储中心成立，县政府制定《清流县土地收购暂行规定》，对城市土地进行统一收购、储备、整理。是年，收储南门桥头地块、林业贸易公司至国税地块，面积共 4.56 公顷；挂牌出让收储地块 2 宗，拍卖出让 1 宗。

第二节 用地审批

一、国家、集体建设用地审批

1991—1997 年，审批国家建设用地 3771 宗、面积 1748.57 公顷，其中耕地面积 65.2 公顷；审批集体建设用地 3814 宗、面积 174.83 公顷，其中耕地面积 65.19 公顷。

1998—2003 年，盘整城区存量土地，审批国家、集体建设用地 1941 宗、面积 15.63 公顷；上报省、市政府审批 4 宗、面积 24.75 公顷，其中耕地面积 13.17 公顷。2004 年，审批各类建设用地 234 宗、面积 4.1 公顷，其中行政划拨用地 3 宗、面积 0.23 公顷；协议出让工业用地 5 宗、面积 21.27 公顷；补办出让用地手续 23 宗、面积 2.91 公顷；转让改变用途 2 宗、面积 65.6 公顷。

2005 年，上报批准永福化工、县垃圾处理厂等 4 个项目规划修改方案；上报并通过省国土资源厅网上审批农用地转用征收报件 2 宗、面积 55.28 公顷；受理项目用地预审 8 宗；审批各类建设用地 173 宗、面积 2.17 公顷；审理上报县重点工程项目用地 4 宗、面积 20.51 公顷；审批出让其他工业用地 4 宗、面积 2.49 公顷；全年办理审批临时用地 30 宗、面积 8.54 公顷。

二、个人建房用地审批

（一）城镇居民个人建房用地

1991 年，延续城镇非农业户口居民建住宅，需要使用集体土地的用地面积限额：每人要少于 1 公顷，4 人以上每户要少于 4 公顷。至 1997 年，审批城镇非农业户口居民个人建房用地 10588 宗、面积 59.62 公顷。在此期间，鼓励职工集资建房，并在全县范围内推行房改政策。1998—2002 年，审批城镇非农业户口居民个人建房用地 2266 宗、面积 30.81 公顷。2003 年，停止审批个人建房。2005 年，集资建房、合伙建房项目受到严格控制，停止审批，城镇非农业户口居民个人建房用地大部分通过房屋交易取得土地使用权。

（二）农村个人建房用地

1991 年，农村个人建房用地由个人提交书面申请，经所在村委会同意后报乡镇土地管理所审核，乡镇政府批准后，报县土地局备案；需使用农业用地的，乡镇政府审核同意后，由县土地局报县政府批准。农民建住宅用地面积限额：每人少于 1.33 公顷，6 口以上每户少于 8 公顷；利用荒地的，每户不得超过 2 公顷。全县 601 个自然村建房面积 155.45 公顷，其中 20 世纪 70 年代建造占 24%、80 年代占 53%，农民人均居住面积

16.27 平方米。1991—2005 年，全县新增农村居民点用地 6168 宗、面积 206.97 公顷。

1991—2005 年清流县个人住宅建筑用地面积标准表

表 3-11　　单位：平方米

地区	用地类别	家庭人口（人）	住宅用地面积（非耕地）				1986 年前占用宅基地限额面积（非耕地）
			合计	其中			
				核定用地面积	限额公共及临时用地面积	农业户生产用地面积	
乡镇农村	农村居民	≤4	120	95	10	15	110
		5	160	120	20	20	130
		≥6	200	145	30	25	150
乡镇农村	乡镇所在地居民	≤4	65	55	10	—	80
		5	77	57	20	—	100
		≥6	89	59	30	—	120
	港澳台胞华侨	≤4	135	115	10	10	110
		5	185	145	20	20	130
		≥6	235	175	30	30	150
县城规划区	农民居民	≤4	100	80	10	10	110
		5	135	100	20	15	130
		≥6	170	120	30	20	150
	城区居民	≤4	80	50	30	—	80
		5	100	55	45	—	100
		≥6	120	60	60	—	120
	港澳台胞华侨	≤4	100	60	40	—	110
		5	120	66	54	—	130
		≥6	140	70	70	—	150

三、划拨用地审批

（一）社会福利设施用地

1990 年，县民政局在三角尾兴建县社会福利中心，占地面积 0.43 公顷，建筑面积 2070 平方米，1992 年竣工。1996 年 6 月，县殡仪馆动工。1997 年 10 月竣工，占地面积 0.32 公顷。

（二）城市基础设施用地

2003 年 7 月，建设龙津广场。占地面积 0.35 公顷，10 月竣工。同年 7 月，在城区建设休憩公园，占地面积 0.39 公顷，2004 年竣工。2005 年，城区有公厕 6 座，总建筑面积 323.7 平方米。

（三）农贸市场用地

1995 年，建设第二农贸市场，地处长兴中路与碧林南路交汇处，占地面积 0.11 公顷。2004 年 4 月，实施龙津农贸市场拆迁新建，占地面积 0.68 公顷。

（四）医疗卫生设施用地

1994—1995 年，建设县医院住院部大楼，建筑面积 0.35 公顷。1996 年，在龙津镇凤翔街碧林路 4 幢兴建县妇幼保健院，占地面积 0.06 公顷，建筑面积 1434 平方米。兴建县医院医技大楼，改建用地面积 0.05 公顷，建筑面积 1540 平方米。1998 年，建设中医院门诊综合楼，占地面积 0.04 公顷。2001 年 4 月，兴建县防疫站检验综合大楼，占地面积 0.28 公顷，建筑面积 31218 平方米。2002—2003 年，兴建县医院门诊楼，建筑面积 5068 平方米。

（五）体育设施用地

1990年9月，筹建离退休干部活动中心，坐落于西山岭背小垅坑，占地面积0.35公顷。1992年5月1日竣工，包括多功能综合大楼、门球场 2 个，羽毛球场 1 个，地掷球场 1 个，气排球场 1 个。

（六）教育设施用地

1994 年，在城关西区常春街新址动工兴建城关中心幼儿园，占地面积 0.67 公顷。1997—2005 年，职业中学新建教学楼 1 座，学生公寓 2 座，综合科技楼 1 座，校园总占地面积 5.33 公顷。

四、特殊用地审批

（一）宗教用地

1991 年，城区北门基督教教堂拆迁，迁移龙津镇水东路 1 号，占地面积 0.04 公顷。1992 年，灵台山建成圆通寺，占地面积 0.12 公顷，建筑面积 7000 平方米。至 1997 年，全县主要宗教活动场所占地面积 12.35 公顷、建筑面积 2.21 万平方米。全县佛教寺庙有耕地面积 4666.7 公顷、菜地面积 2 公顷、林地面积 574.27 公顷、茶果园地面积 5.73 公顷、竹山面积 2.27 公顷。至 1998 年，全县共办理宗教用地 15 宗、面积 1.84 公顷。

1999—2005 年，未审批宗教用地。

（二）国营农场用地

1991 年，县良种场拥有土地面积 20 公顷，其中水田面积 6 公顷、农地面积 5.67 公顷、旱地面积 8.13 公顷、茶园面积 1.33 公顷、鱼塘面积 4 公顷；各种建筑用地面积 210.27 公顷，其中生产用房面积 19.4 公顷、水泥晒谷场面积 75 公顷。至 1992 年初，全场有果园面积 13.47 公顷、粮田面积 8.27 公顷。是年，因城镇规划需要，粮田全部被征用，后在东华乡桥下村征用土地面积 5.53 公顷作为粮田。至 2005 年，有果园、粮田面积 19 公顷、建筑用地及周围空地面积 333.33 公顷。是年年末，清流监狱（新垦农场）用地面积 1166.67 公顷。其中耕地面积 404.92 公顷、园地面积 315.78 公顷、林地面积 288.11 公顷、居民地面积 60.92 公顷、交通用地面积 17.02 公顷、水域面积 40.61 公顷、未利用土地 38.64 公顷。

五、土地征用补偿

1991—2005 年，县内国家、集体建设征用土地应当支付土地补偿费、安置补助费、青苗和地上附着物补偿费。用地补偿费征收标准按《中华人民共和国土地管理法》（以下简称《土地法》）和《福建省土地管理法实施办法》执行，即征用耕地，按其被征用前 3 年平均产值的 5 倍给予补偿；征用县规划区以内耕地，按该耕地被征用前 3 年平均年产值的 6 倍给予补偿；征用荒芜二年以上耕地，按同类耕地前 3 年平均年产值的 2 倍给予补偿；征用荒芜二年以下耕地，按同类耕地前 3 年平均年产值的 50% 给予补偿；征用荒地、杂地，按当地种植水稻的耕地补偿费标准 10% 补偿；征用果木地，未产果的按工本费 1 ～ 2 倍补偿，已产果的应根据果树的生产周期和树势，按征地前 4 年平均年产值的 3 ～ 7 倍给予补偿；征用林地，按当地耕地补偿标准的 20% 至 30% 补偿；征用有养殖生产的水面、滩涂的，按被征用前 3 年平均年产值的 2 倍给予补偿；林木补偿费：幼林按林业部门核实的造林工本费的 1 ～ 2 倍补偿；中龄林按成林材积产值的 20% 至 40% 补偿；成林按砍伐和运输费用的 80% 补偿；竹林按砍伐产值的 2 倍补偿；经济林按被征用前 4 年平均年产值的 3 ～ 7 倍给予补偿；从征用林地上砍伐的林木归原经营者所有，若用地单位需要保留竹木，应另行折价补偿。青苗及地上附着物按其实际损失补偿；在开始协商征用土地后，擅自抢种、抢建的附着物，不予补偿。

第三节　土地税费

一、土地税

（一）耕地占用税

1991年，对占用稻田、农地用于非农业建设的，实行一次性征收耕地占用税。其税率水田4元/平方米，旱地2元/平方米。1991—2005年，共计征收耕地占用税135.9万元。

（二）契　税

1990年，恢复契税征收。1991年，征收税率为买契税按买价6%征收；典契税按典价3%征收；赠与契税按现值价6%征收；交换契税双方价格相等免征契税，价格不相等，其超过部分按买契税率6%纳税；外商企业和外国人取得房屋所有权，交纳6%契税；华侨与港、澳、台胞用侨汇或外汇购买房屋，给予减半征收契税优惠。契税的征收，部分由土地、房管部门代征代收，部分由财政局农税股直征。1997年10月1日起，契税税率下调为3%计征，征税范围扩大到国有土地划拨。1998年后，契税归县财政局直征。2003年11月，取消国有土地划拨征收契税范围，对有偿使用土地列入计征范围。同时，逐步减少划拨、协议出让土地使用面积，增加有偿使用土地面积，契税税基逐步扩大。2005年1月1日起，契税、耕地占用税由原来委托县国土资源局和县房管所代征改为财政部门派人驻点直接征收。1991—2005年，全县征收契税172.9万元。

（三）土地规费

土地使用费　1993年10月开征。土地使用费征收范围仅限于县城、建制镇和工矿区之内，收费标准为0.2元～3元/平方米。1994、1995年，各征收20万元。1999年，猛增至188万元。至2000年，征收土地使用费350万元。2000年后，取消该项收费。

地籍管理费　1991年，地籍管理费包括土地权属调查、地籍测绘费、土地登记和发证费。对土地使用者独自使用的宗地，每宗收土地登记发证费10元。对多个土地使用者共同使用的混合宗地，按每户10元收取。1997年起，收费标准提高，住宅用地每件100元，非住宅用地每件700元。

2002年始，对土地交易中的土地使用权转让（包括出售、交换、赠与）收取土地使用权交易服务费。收费标准：按清流县基准地价4.50‰收取。至2005年未变。

耕地开发基金　1993年开征，由使用耕地进行非农业建设的单位和个人缴纳。征收标准：水田200元/公顷；旱地133.33元/公顷。至2005年未变。

耕地开垦费　2000年始，非农业建设用地经批准占用耕地的，由占用单位缴纳耕地开垦费。征收标准：水田类9万元/公顷；旱地类6万元/公顷。至2005年未变。

征地管理费　2002年始，按征地费（由土地补偿费、安置补助费、青苗补偿费、地上及地下附着物和征迁补偿费组成）总额的2.1%收取，至2005年未变。

第四章　土地监察执法

第一节　土地法规宣传教育

1991年6月25日，第一个全国“土地日”举办大规模宣传活动，把以增强国土观念和忧患意识作为国土、国情教育的重点，注重形式多样化、内容趣味化。采用专栏、广播、电视、巨幅标语、法律咨询、知识竞赛、文艺演出、踩街、举办“国土杯”桥牌赛、围棋赛、“红土地”书画展等多种形式进行宣传。此后，在每年的全国“土地日”“4·22”世界地球日、“12·4”全国法制宣传日期间，在城乡开展土地法规咨询活动，解答群众关心的热点、难点问题。与县电视台联合举办“国土之声“系列专题节目，重点宣传土地利用和土地规划保护政策、土地用途管制、耕地占补平衡等内容，号召社会各界依法用地，珍惜土地。1998 年，“国土之声”播放土地专题广播宣传 50 篇，播放土地法律法规讲座 35 课时，播放土地电视新闻、专题 10 次，县人大召开贯彻新《土地法》座谈会，组织全县副科以上干部和土地系统干部参加全国“第二届土地管理知识大奖赛”。

1999 年 1 日 1 月，新的《土地法》及《土地管理法实施条例》《基本农田保护条例》正式实施，县土地部门抓住时机，进行宣传教育活动。此后至 2005 年，联合县委党校在县直机关副科级以上领导干部、企业厂长、经理、村级干部等培训班开设国土教育课程；全县中小学普遍开设国土教育课。在农村，结合乡情、村情，采用算账对比、典型宣传等形式，强化农民土地意识，各乡镇均制定保护土地乡规民约，并印制分发张贴，使之家喻户晓。

第二节 土地监督检查

一、非农业建设用地清查

1996—1997 年，开展非农业建设用地清查。全县抽调骨干 54 人，分成 19 个清查小组，经过 6 个月努力，查清 1991—1997 年期间全县非农业建设用地 3806 宗，面积 174.85 公顷（耕地面积 65.19 公顷）。其中，国家建设用地 132 宗、面积 116.84 公顷（耕地面积 54.57 公顷），集体建设用地 37 宗、面积 7.64 公顷（耕地面积 2.64 公顷），农村居民建房用地申报 3637 宗、面积 50.37 公顷（耕地面积 7.98 公顷）。清查出各类违法用地 1334 宗、面积 1927 公顷。其中少批多占 727 宗、未批先用 429 宗、非法批地 17 宗、非法转让 82 宗、非法出租 65 宗、非法抵押 14 宗。对各种违法行为及时处理。国家建设用地中公路先行工程及电站用地量大，面积 81.37 公顷，占国家建设总用地量 69.6%；其次是私人建房用地未批用地 355 宗，占个人建房用地总数 9.8%；集体建设用地未批用地 19 宗，占集体建设总数 0.51%。

二、土地行政执法

1991 年，全县查处违法用地 36 起 36 户，没收用地 6 户、拆除建筑 8 户、补办手续 22 户；收回土地使用权面积 1000 余平方米，没收非法所得 4 万余元，罚款 3.5 万元。城关建筑工程队非法转让土地给私人建住宅，并骗取公证，收取土地转让费 35049.41 元，县土地部门依法收回该工程队土地使用权 600 平方米、没收非法所得并处予罚款。嵩口镇在土地执法中改变“交钱代罚”的做法，实行“三公开”（违法用地户公开，处理内容公开，处理结果公开），依法处理超占、擅自转让，违反村镇规划用地户 6 户。

1992 年，城区成立土地监察队，专职人员 5 人；各乡镇成立由 2～3 人组成的监察队，并将土地监察队伍扩大到村一级，由各建制村村主任兼村土地监察员。全年立案查处土地案件 5 起，结案 5 起。

1993—1995 年，全县开展清理土地“隐形”市场行动，开展动态监察，实行“放样—验基—中间检查—验收”一条龙跟踪监察管理制度。全县查处违法用地 4 起，查出土地“隐形”市场 58 起，全部作出处理。

1996 年 3 月，乡镇清查各类用地 228 宗，补办用地手续 164 宗、面积 3.22 公顷，补交用地费用 60 万元。同年 10 月，在城区清查违法用地 27 宗、面积 0.22 公顷，补交用地费 13.1 万元。

1997 年，县土地部门与县监察局联合成立土地行政执法监察联络室，建立联合办公制度，加大土地执法力度。完善城乡土地执法监察网络，开展土地监察巡回检查制度，做到违法用地一动土就发现，一违法就制止。全年制止违法用地 28 宗、面积 0.81 公顷。

至 2005 年，全县查处违法用地行为 69 起，涉及土地面积 153.59 公顷。其中不自觉履行行政处罚案件

2起，依法申请人民法院强制执行。办理行政复议案件3件、行政诉讼5件。赖坊乡寨下村、灵地镇姚坊村部分村民利用春节放长假，违法抢建房屋，劝告无效，县土地监察大队依法对20户占地面积共计121.73公顷的违法建筑物予以强制拆除。

三、土地纠纷调处

1991—1992年，全县发生土地纠纷53起，解决51起，占比97%。其中，1991年调处解决林业车队与拔口采育场长达10年之久的土地使用权纠纷1起。1992年调处解决嵩溪镇饶姓两户人家长达20年土地使用权纠纷1起，合理调整用地位置，便于两户按集镇规划改建楼房。

1994年，调处新垦农场与嵩溪、林畲集体土地所有权争议问题，查清新垦农场土地使用权属范围，收回被占用山地面积246.67公顷，并重新签订《土地权属协议书》，初步解决新垦农场与当地村民长期遗留土地纠纷问题。

1996年，调解土地纠纷7起，其中调处长期上访的罗某与其子女土地纠纷案1起，工作人员先后12次深入现场处理，最后达成调解。1997年，调处土地纠纷11起。1991—2005年，全县共调解土地纠纷200余起。

四、土地信访

1991—1997年，健全投诉举报制度，公布举报电话。全县设立举报信箱16个，由专人负责群众举报和来信来访。办理群众举报和来信来访137起、处理土地纠纷21起、查处违法用地行为49起。1998—2005年，受理、办结群众举报和来信来访102起。

五、创建“四无”乡镇活动

1991—1996年，全县开展创建“四无”活动（无擅自占地、无少批多占、无越权审批、无未批先用）。县土地管理部门与各乡镇签订目标责任书，各建制村制定乡规民约。建立健全县、乡、村三级监察网络，拥有专、兼职土地监察员157名。坚持“一支笔”审批制度，严把用地审批关，做到各项建设合理用地，正确引导农民建房尽量利用荒坡闲杂地和旧宅基地，减少占用耕地。新村建设提倡利用旧村改造。开展动态监察，对建设用地实行跟踪管理，防患于未然。加强面积9426.67公顷的基本农田保护区后续管理，杜绝非农建设占用耕地现象。至1996年，全县实现“四无”乡镇6个、“四无”村 76 个。

第五章 矿产资源勘查及开发利用

第一节 矿产资源勘查

清流县矿产资源比较丰富。1991年前，发现有煤、钨、锰、铁、铅、锌、稀土、石灰石、滑石、辉绿岩、萤石等矿产30余种，矿产地108处，其中行洛坑钨矿是世界上已探明的最大的斑岩型钨矿之一。县境矿产主要蕴藏于西北部的城关—嵩溪—林畲北东向条带上，以及东南部的灵地—沙芜—余朋一带。

20世纪90年代，开展罗口、长灌等地煤矿普查，仁场铅锌银、锰普查、详查，梧地萤石及稀土、硅石等勘查。1998年，邀请闽西地质大队深入余朋猴子岽一带、温郊等地进行地质勘测，寻找锰及多金属等矿产资源。县地质矿产局技术人员急工业企业所需，深入矿山寻找到可供开发利用的石英石矿点5处。同年9月，县政府出台《关于扶持矿产资源勘查与开发利用的意见》，制定扶持矿产资源勘查与开发利用优惠措施20条，主要内容有：单位和个人在县境内投资勘查矿产资源所取得的地质成果，允许依法进行有偿转让或入股开发，以及减半收取勘查登记费，供水、供电等方面予以优先安排；鼓励发展矿产资源深度开发，对经省科委或市级以上市场认定为高新技术的矿产资源开发项目，从获利年开始两年免征所得税；对群众报矿予以奖励，凡一次报矿经鉴定矿产资源潜在价值在 50 万元以上的，一次性奖励 1000 元，价值在 100 万元以上的，一次性奖励 2000 元，等等。

2001 年，与省区域地质调查大队联合，在温郊桐坑、余朋汶溪、小赤坑开展地质普查。余朋汶溪萤石矿估算地质储量 24.5 万吨；余朋小赤坑做好前期地质勘查，列入重点找矿项目。温郊桐坑萤石估算地质储量 20 万吨。2002 年始，开展仁场铅锌银，瑶上、吴家、上坪、新村、曾家岭等煤矿，以及汶溪、东坑、赤坑、黄东坑、雾露坑、龙元、维家山、方坑夹、桐坑萤石矿勘查。

至 2005 年，全县已发现矿产 38 种、矿产地 188 处。县内优势矿产有煤、铅、锌、萤石、水泥用灰岩、地热等。全县已探明固体矿区 57 处（含共生矿），其中中型矿床 1 处、小型矿床 56 处。

2005 年清流县矿产情况表

表 3-12　　　　　　　　　　　　　　　　　　　　　　　　单位：种

矿产种类	已探明储量矿产名称	数　量	已发现矿产名称	数　量
能源矿产	煤炭	1	铀、地热	2
金属矿产	锰、铅、锌、钨、铋、银、轻稀土矿	7	锡、金、铁、铜	4
非金属矿产	普通萤石、水泥用灰岩、滑石、饰面用辉绿岩、水泥配料用粘土、砖瓦用页岩、砖瓦用粘土、建筑用砂岩、建筑用花岗岩	9	红柱石、高岭土、脉石英、石英砂、云母、白云岩、透闪石、钾长石、方解石、宝石、饰面用花岗岩、建筑用砂、紫砂陶土	13
水气矿产	—	—	矿泉水、地下水	2
合　计	—	17	—	21

第二节　矿产开发与利用

清流县优势矿种有：

一、煤　炭

分布于中南部余朋、沙芜、田源、赖坊、李家 5 个乡镇。全县含煤面积 70.60 平方千米。煤炭探明资源储量 4070 万吨。有长灌、古坑、罗坑、半山庵、南山、田口、上坪、罗口、鸭子寮等 9 个井田。煤矿企业主要有罗口煤矿、上坪煤矿、长灌煤矿、马地煤矿、秋口煤矿、新源煤矿、中源煤矿、沙芜上坪煤矿等，均采用地下开采方式开采。1991 年，产量 11.41 万吨；2005 年产量 34.5 万吨。

二、萤　石

主要分布于温郊、余朋、嵩口、林畲等乡（镇）。保有矿石资源储量 307.47 万吨，有矿区 11 处，总面积 1.62 公顷。1991 年，产量 1.5 万吨。2005 年，生产萤石精矿 3.6 万吨。主要企业有梧地萤石矿、黄东坑萤石矿、东坑萤石矿、赤坑萤石矿、汶溪萤石矿、雾露坑萤石矿等，均采用地下开采方式开采。

三、石灰石

水泥用灰岩主要分布在北部嵩溪、林畲，中部嵩口、余朋、田源和南部赖坊、李家等地，查明矿石资源储量 3898 万吨。矿区 2 处，即玉华峡石灰石矿和嵩溪伍家坊石灰石矿，矿区总面积 1.7 公顷。1991 年水泥产量 6 万吨。2005 年 13 万吨。

四、红柱石

主要分布在灵地、李家一带，地质储量 166 万吨，可采量 166 万吨。

五、硅石矿

脉石英有矿点 16 处，主要分布在东华、田源、嵩口、余朋、长校等地，资源量 800 万吨以上。粉石英有矿点 2 处，分别位于灵地镇和赖坊乡，资源量 100 万吨以上。

六、铅锌矿

位于余朋乡北东侧，有仁场中型、村尾和旧场小型矿床 3 处。铅保有资源储量 4.35 万吨，锌保有资源储量 4.63 万吨。矿区 3 处，总面积 0.27 公顷。1998 年，开发生产锌精矿 2689 吨。2005 年，生产锌精矿 3176 吨、铅精矿 824 吨。

第三节 矿产规划与管理

一、矿产资源开发利用与保护规划

1998 年，首次编制完成《清流县矿产资源开发利用与保护规划（1999—2010）》（以下简称《规划》），报经市级、省级评审后，于 2001 年 6 月由县政府颁布实施。《规划》介绍全县矿产资源开发利用现状，进行矿产资源供需分析，并对 1999—2010 年矿产资源供需形势做出预测，提出全县生产力布局的总体构想及百里经济带、中北部乡镇和南部乡镇的矿业发展构想以及矿业发展的近、中、远期目标。《规划》科学划定清流县重点开发区（重点勘查区）、限制开发区（限制勘查区）、禁止开采区（禁止勘查区），将全县自然保护区、风景名胜区、重要饮用水源、城区周边、省道、县道、龙津河两侧一定距离等划入禁采区，并提出矿业发展应采取的措施。同时充实、完善矿产资源规划图。2001—2005 年，全县严格执行矿产资源开发利用与保护规划，强化规划实施管理。

二、矿政管理

1991—1996 年，县矿产资源管理委员会加强对矿山监督管理，执行采矿登记制度，全县国营矿山办证率 100%；乡镇集体、个体采矿办证率 95% 以上。此间，坚持一年一度采矿证年检制度，年检率 100%。

至 1996 年，全县开发利用矿种 14 种、矿产地 143 个，其中国有矿 4 家、“三资”矿 2 家、乡镇集体矿 73 家、个体矿 64 家，依法办理采矿许可证 93 份，其中集体 42 份，个体 51 份；办理采矿年检注册手续 357 个、注销采矿证 62 份、调解采矿纠纷 30 余起，依法办理行政案件 20 余起。同年，开展矿业秩序整顿，取缔非法开采点 6 个、纠正越界开采点 5 个，依法炸毁（封存）乱采滥挖煤硐 4 处。同时，通过召开矿山企业负责人座谈会、举办矿产知识、设立矿片知识咨询服务台、印发宣传资料等方式，加强矿产法制宣传。

1998 年 4 月，依法炸封煤量极少、不具备安全生产条件煤硐 5 个。暂封存在安全隐患的煤硐 3 个。年内，全县新办采矿许可证 16 份，年末有矿点 131 个，从业人员 300 余人。

1999 年，开展勘查许可证、采矿许可证换证，健全完善矿山年检制度，加强矿山企业“三率”（矿山开采回收率、采矿贫化率以及选矿回收率）考核。1997—2005 年，县政府陆续下发《清流县生产小矿实行关闭、淘汰、联合、改造工作方案》《清流县关于进一步明确矿业权范围内非法采矿监管责任的通知》《清流县矿产资源违法行为举报奖励暂行办法》《清流县查处无证非法采矿工作实施方案》《清流县人民政府关于禁止非法采矿的通告》等文件，健全查处无证非法采矿巡查、查处、报备、建档、追究、奖励、督查等有关制度，整顿矿业秩序。对不具备采矿资质条件、采矿安全生产条件且无法按要求提交采矿登记申请资料的采矿点，一律予以取缔。召开有关部门和采矿权人换证会，结合换证，重点审查采矿方案、环保、安全、工商营业执照、规费缴纳、“爆破四员证”等采矿必要条件，形成较规范的采矿受理审批制度。严格按照《矿产资源开采登记管理办法》和《福建省采矿权审批办法》审批和发放采矿许可证。按已编制的矿区开发总体规划对矿业权以招标、拍卖、挂牌方式出让。每年对辖区内的采矿活动进行1～2次拉网式排查。开展矿山实地检查和动态巡查，对违法采矿行为，按照矿产资源法律法规，从重从严处理。开展爆破物品使用许可证清查、矿山安全整治、矿山生态环境保护治理等。每年对45个矿山实行矿产资源储量动态管理，对24个矿山实施储量动态监测。此间，全县发放有效勘查许可证34本、采矿许可证29本，废止采矿许可证10本。对生产规模达不到省定已建矿山最小开采规模要求的3个水泥用灰岩矿山，重新核发采矿许可证。同时全面排查无证、越界开采和非法转让采矿权违法行为，查处无证开采1起、关闭矿山3个，炸封、取缔无证开采煤硐15个、调解矿纠纷3例。

三、矿产品流通管理

1994 年4月1日始，全县开征矿产资源补偿费（主要以煤炭资源为主）。矿产资源补偿费由采矿权人缴纳，主要用于矿产资源勘查。同年8月起，全县实施矿产品经营许可证制度。凡进行矿产品经营、加工、运输的单位和个人，均须办理矿产品经营许可证和准运证；不得收购无证开采、无证销售的矿产品。同时，加大稽查力度，采取定期或不定期的路检，及时查处逃漏税费、收购、销售无证矿产品、无证运输矿产品行为。

1994—1996年，先后制定《清流县矿产品流通市场管理暂行规定》《关于对矿产品资源税金费征收标准规定》《关于运销矿产品的规定》。成立清流县矿产品流通市场管理领导小组，在全县各矿区道路设立矿产品税费申报站3个，负责检验办理矿产品运输车辆和矿产品加工、经营单位和个人的矿产品准运证、出境手续。

1998年，在主要矿区出入口增设田源申报站辖区的白石、白塔2个申报点，形成较为完善的矿产品申报检查网络。加强路检、路查。当年补收金费11.99万元，检查矿产品车辆2.09万车次，查处违规车辆23起，依法处理无准运手续运销矿产品行政案件12例。是年，征收矿产资源费13万元。

2005年4月，矿产资源费纳入县财政专户管理。

第六章 机　　构

第一节 县级机构

一、县国土资源局（土地管理局）

1991年，县土地管理局内设地籍股、监察股、征地股、办公室，行政编制6人。同年，成立征地拆迁事务所，核定事业编制2名；成立地产开发有限公司，核定事业编制5名。

1992年，成立土地资源勘测队，事业编制3名。1996年，征地股改名用地股，下属地产公司、征地拆迁事务所、测量队、地产评估事务所、土地监察队、档案室6个事业单位。

1997年，机构改革，设办公室、财务科、地籍科、建设用地管理科、土地监察科、土地规划保护科6个职能科，土地监察所更名为土地监察大队。全局行政编制9人，工勤编制1人。

2000年，成立土地发证办，核定事业编制2名。

2002年2月，机构改革，县土地局与县地矿局合并成立县国土资源局。设办公室、监察室、财务股、地籍股、用地股、地矿股、地环股、监察股8个职能股室，行政编制10人，工勤编制1人。

2005年，设办公室、财务科、地籍科、建设用地管理科、土地监察科（监察室）、土地规划保护科。编制不变。下属事业单位6个：土地监察大队，事业编制6名；土地发证办，事业编制2名；土地开发中心，事业编制6名；

土地收储中心，事业编制 5 名；土地资源勘测队，事业编制 2 名；矿管办，事业编制 5 名。

二、县地矿局

1991 年，前身为清流矿产资源管理委员会办公室。下设矿产资源管理站，事业编制 5 名，实有 9 人。1997 年 6 月，清流县地质矿产管理局正式成立，内设办公室、业务股，行政编制 4 人。

2002 年 2 月机构改革，与县土地局合并，成立县国土资源局，县地矿局撤销。

第二节　基层机构

一、乡镇土地管理所

1991—1996 年，乡镇土地管理机构隶属各乡镇党委、政府领导。

1997 年 1 月，乡镇土地管理所改制为县土地管理局的派出机构，担负土地行政管理执法监督职能，为正股级单位。实行县土地管理局与乡镇党委、政府双重领导，以县土地管理局为主。全县 15 个乡镇均设立土地管理所，其中龙津、温郊、余朋、沙芜、赖坊、邓家、灵地、李家、里田、田源 10 个所各配 3 人；嵩口、东华、嵩溪、林畲、长校 5 个所各配 4 人。

2002 年 2 月，将 15 个乡镇土地管理所进行重新整合，设立龙津、余朋（含温郊）、赖坊（含沙芜）、灵地（含邓家、李家）、嵩口（含田源）、嵩溪（含林畲）、长校（含里田）7 个国土资源所。直至 2005 年未变。

二、村级协管员

2005 年，根据《福建省人民政府关于建立村级国土资源和规划建设协管员队伍的通知》精神，在全县 111 个建制村配置国土资源和规划建设环保协管员。其主要职责是宣传土地、矿产、地质灾害防治、村庄规划建设、环保、风景名胜区管理等相关法律法规、政策和基本知识；协助县、乡（镇）做好对基本农田、耕地、环保的管理、检查，纠纷调处及个人建房、用地登记发证，村镇建设等工作。

卷四 人口与人民生活

1991年，全县人口138864人，其中农业人口120055人，占全县人口总数86.46%;非农业人口18809人，占全县人口总数13.54%。随着经济社会发展和人民生活、医疗卫生保健、计划生育水平的提高，人口平均出生率、死亡率均降低，老年人口比例加大，人口趋向老龄化。人口增长速度得到有效控制，出生人口质量逐步提高，农村人口加速向城市转移。2000年第五次人口普查数据显示，全县常住人口为13.57万人（包括外来人口，不含外出人口），与1990年第四次全国人口普查数据相比，常住人口减少0.69万人，占比4.84%。至2005年，全县人口为147358人，其中常住人口比1991年增加8494人，比增6.12%。全县人口出生率12.07‰、自然增长率4.45‰，分别比1991年降低4.66、6.85个百分点。

随着改革开放深入和扩大以及经济社会的发展，人民生活水平逐年提高。1991年，全县抽样调查数据显示农村年人均总收入1175.27元，全县农村住户年人均纯收入940元。1997年，县城市社会经济调查户现金收入97.08万元，月人均收入546.65元。1999年，随着第二轮土地承包责任制落实，农村耕地面积、山地经营面积、水面养殖面积增加，农村居民购置生产性固定资产投入比1991年增加81倍。2000年，全县抽样调查农村年人均总收入3956.21元；人均总支出2888.44元；人均现金收入3331.77元，现金支出2343.34元；人均纯收入3142元，比1991年增长2.34倍。城镇户月人均收入657.44元，城镇人均可支配收入6219元。2003年起，全县实行农村税费改革，先后取消乡统筹、农村教育集资、政策性基金集资和除烟草、原木以外的农业特产税、农业税、屠宰税以及积累工、义务工等。改革前，全县农民年人均负担81.90元；改革后，农民年人均负担28.72元，年人均减负53.18元，减负幅度64.93%。2005年，全县抽样调查数据显示农村年人均总收入5249.36元，年人均纯收入4171元，人均可支配收入3989.7元。城镇户家庭月人均收入741.29元，城镇居民年人均可支配收入7995元，比2000年增长28.56%。

第一章　人　口

第一节　人口状况

一、人口数量与变动

（一）人口总量变化

1991年，全县人口138864人。其中，男性72734人，女性66130人；农业人口120055人，占全县人口总数86.46%；非农业人口18809人，占全县人口总数13.54%。1995年，全县总人口142384人，其中，男性74912人，女性67472人；农业人口120333人，占全县人口总数84.51%；非农业人口22051人，占全县人口总数15.49%；2000年，进行人口普查，计划外生育人口补报户口，致当年人口总数增加高于常年。全县人口146293人，比1991年增加7429人。其中，男性76664人，女性69629人；农业人口121637人，占全县人口总数83.15%；非农业人口24656人，占全县人口总数16.85%。

2005 年，全县人口总量 147358 人，比 1991 年增加 8494 人，增长率 6.10%。其中，男性 77303 人，女性 70055 人。

（二）人口自然变动

1991 年，全县出生 2323 人，出生率 16.73‰；死亡 760 人，死亡率 5.47‰；人口自然增长率 11.26‰。

1995 年，全县出生 1774 人，出生率 12.46‰；死亡 818 人，死亡率 5.75‰；人口自然增长率 6.71‰。

2000 年，出现人口生育高峰，全县出生 3044 人，出生率 20.81‰；死亡 800 人，死亡率 2.25‰；人口自然增长率 15.34‰。

2005 年，全县出生 1778 人，出生率 12.07‰；死亡 403 人，死亡率 2.73‰；人口自然增长率降至 9.33‰。

1991—2005 年清流县人口情况表

表 4-1

年　份	户　数（户）	总人口（人）	其　中		比上年增长率（‰）	人口密度（人/平方千米）
			男	女		
1991	27305	138864	72734	66130	7.06	76.08
1992	28474	139616	73100	66516	5.42	76.49
1993	28702	140252	73617	66635	4.56	76.84
1994	29275	141299	74209	67090	7.47	77.42
1995	31624	142384	74912	67472	7.68	78.01
1996	32940	144167	76124	68143	12.52	78.99
1997	34998	144459	76218	68241	2.02	79.15
1998	35109	144945	76478	68467	3.36	79.41
1999	38016	145076	76375	68701	0.9	79.49
2000	41822	146293	76664	69629	8.39	80.15
2001	42085	146543	76951	69592	1.71	80.29
2002	42299	146850	77184	69666	2.09	80.46
2003	44964	147033	77147	69886	1.25	80.56
2004	42859	147430	77440	69990	2.7	80.78
2005	42915	147358	77303	70055	-0.49	80.74

说明：1. 该表数据为县公安年末户籍登记数据

2. 2000 年因人口普查，计划外生育人口补报户口，致当年人口总数增加，高于常年（下同）

1991—2005 年清流县出生及死亡人数情况表

表 4-2　单位：人、‰

年　份	出生人数			出生率	死亡人数	死亡率
	合　计	男	女			
1991	2323	1282	1041	16.73	760	5.47
1992	1618	939	679	11.59	866	6.2
1993	1641	922	719	11.7	895	6.38
1994	1820	977	843	12.9	776	5.49

续表 4-2 单位：人、‰

年 份	出生人数			出生率	死亡人数	死亡率
	合 计	男	女			
1995	1774	976	798	12.46	818	5.75
1996	2141	1137	977	14.85	802	5.56
1997	1898	1021	877	13.14	711	4.92
1998	2043	1048	955	14.1	706	4.87
1999	1689	886	803	11.64	770	5.31
2000	3044	1552	1492	20.81	800	2.25
2001	1715	959	756	11.7	672	4.59
2002	1514	845	669	10.31	334	2.27
2003	1541	845	696	10.48	389	2.65
2004	1420	782	638	9.63	329	2.23
2005	1778	929	849	12.07	403	2.73

（三）人口机械变动

1991 年，由县外迁入 2505 人，迁往县外 2900 人；人口机械增长率 - 0.28‰。迁入原因主要是工作调动、大中专毕业分配、婚姻等;迁出原因主要是工作调动、招工、升学、婚姻、征兵、离退休返回原籍等。林畲乡、龙津镇迁入、迁出人口较多，迁入人口分别为 824 人、661 人，迁出人口分别为 837 人、499 人，分别占迁入人口总数的 32.89‰、26.39‰, 迁出人口总数的 28.86‰、17.21‰。其次为嵩溪、嵩口镇。

至 1995 年，全县迁出人口大于迁入人口。

1996 年，随着“内外并举，借助外力，激活内力”经济发展战略的实施，外地客商到清流投资办厂人数不断增加。是年，全县人口迁入 3973 人，人口迁出 3531 人。

2000 年，全县常住人口 13.53 万人，比 1990 年第四次人口普查减少 7300 人；其中，迁出 3300 人，占减少数 45.20‰。迁入、迁出人数较多的乡镇有林畲乡、龙津镇、嵩溪镇、长校镇、东华乡，迁入人口分别为 935 人、752 人、149 人、134 人、102 人，迁出人口分别为 1360 人、294 人、322 人、218 人、213 人。

2004 年，全县迁入 2635 人，其中接收三峡库区移民 41 人。

2005 年，全县由县外迁入 1563 人，迁出 3078 人，迁出人口成倍增长，人口机械增长率 - 1.03‰。迁入人口较多的乡镇有龙津镇、长校镇、嵩溪镇，分别为 514 人、157 人、116 人。迁出人口较多的乡镇有龙津镇、林畲乡、嵩口镇，分别为 574 人、340 人、304 人。1991—2005 年，全县由县外迁入 44045 人，迁出 50975 人。

1991—2005 年清流人口迁出迁入情况表

表 4-3 单位：人

年 份	迁 入	迁 出	年 份	迁 入	迁 出
1991	2505	2900	1999	2015	2252
1992	3292	3367	2000	2603	3300
1993	2772	3148	2001	3620	3978
1994	2941	2976	2002	3844	4491
1995	4025	4030	2003	3127	4154
1996	3973	3531	2004	2635	3439

续表 4-3

年　份	迁　入	迁　出	年　份	迁　入	迁　出
1997	2864	3251	2005	1563	3078
1998	2266	3080	—		

说明：数据来自县公安局

二、人口分布与密度

（一）人口分布

1990 年第四次人口普查，全县总人口 14.26 万人。其中，龙津、嵩口 2 个镇人口 36064 人，其余 13 个乡（镇）人口 106534 人，分别占全县总人口 25.29%、74.71%。在全县总人口中，非农业人口 1.27 万人，农业人口 12.99 万人，分别占全县总人口 8.9% 和 91.1%。

1991 年，全县总人口 138864 人。龙津、嵩溪、嵩口镇 3 个镇总人口 48104 人，占总人口 34.64%, 比第四次人口普查增加 9.34 个百分点。

1992 年，首次开展城区“自理口粮”居民户口办理工作（即农村人口购买城市户口）。全县龙津、嵩溪、嵩口、灵地、长校镇 5 个城镇居住人口 68306 人，占总人口数 48.92%。

至 1995 年，全县办理“自理口粮”增容户口 1800 人。5 个城镇人口为 70601 人，占总人口 49.58%。

2000 年第五次人口普查，全县总人口 135660 人。5 个城镇的人口 69897 人，占总人口 51.52%。其中：非农业人口 38180 人，占总人口 28.14%；农业人口 97480 人，占总人口 71.86%。

2005 年，全县总人口 147358 人，龙津、嵩溪、嵩口、灵地、长校 5 个镇总人口 75965 人，占总人口 51.55%。其中：非农业人口 32272 人，占总人口 21.9%；农业人口 115086 人，占总人口 78.1%。

（二）人口密度

1991 年,全县每平方千米人口数 76.88 人,比 1990 年第四次人口普查减少 2.04 人。龙津镇人口密度最大,每平方千米 539.88 人,嵩口镇 75.48 人,嵩溪镇 92.44 人。温郊乡人口密度最小,每平方千米 28.14 人。是年,东华乡人口密度为每平方千米 55.95 人,长校乡 88.67 人,灵地乡 87.98 人,林畲乡 82.97 人,田源乡 53.38 人,沙芜乡 32.22 人，赖坊乡 82.8 人，余朋乡 32.14 人，邓家乡 101.96 人，李家乡 135.93 人，里田乡 77.94 人。

2000 年，全县开展第五次人口普查。是年，全县总人口 135660 人，每平方千米人口数 75.1 人，比第四次人口普查减少 3.82 人。其中，龙津镇人口密度为每平方千米 648.70 人、嵩溪镇 82.94 人、长校镇 79.87 人、灵地镇 79.57 人、嵩口镇 67.95 人。

2005 年，全县每平方千米人口数 81.58 人。比 2000 年第五次人口普查增加 6.48 人。其中，龙津镇人口密度为每平方千米 672.89 人、嵩溪镇 82.94 人、长校镇 79.87 人、灵地镇 79.57 人、嵩口镇 67.95 人。温郊乡人口密度最小，每平方千米 27.95 人。是年，东华乡人口密度每平方千米 55.29 人，林畲乡 83.64 人，田源乡 52.75 人、沙芜乡 32.36 人、赖坊乡 80.74 人、余朋乡 33.01 人、邓家乡 98.04 人、李家乡 137.14 人、里田乡 81.95 人。

清流县第四、五次人口普查人口分布情况表

表 4-4

行政区域	辖区面积（平方千米）	1990 年人口普查		2000 年人口普查	
		总人口（人）	人口密度（人 / 平方千米）	总人口（人）	人口密度（人 / 平方千米）
清流县	1806.33	142555	78.92	135660	75.1

续表 4-4

行政区域	辖区面积（平方千米）	1990 年人口普查		2000 年人口普查	
		总人口（人）	人口密度（人／平方千米）	总人口（人）	人口密度（人／平方千米）
龙津镇	33.2	17924	539.88	21537	648.7
东华乡	198	11442	57.79	9287	46.9
嵩溪镇	187	17534	93.76	15510	82.94
温郊乡	146	4553	31.18	4071	27.88
林畲乡	114	6929	60.78	9511	83.43
嵩口镇	227	18140	79.91	15424	67.95
田源乡	114	6398	56.12	6007	52.7
沙芜乡	129	4316	33.46	3838	29.75
赖坊乡	115	9119	79.3	7837	68.15
余朋乡	174	6013	34.56	5642	32.43
灵地镇	77.47	6721	86.76	6164	79.57
邓家乡	54	5364	99.33	4989	92.39
李家乡	75.1	10025	133.49	8784	116.96
长校镇	141	12437	88.21	11262	79.87
里田乡	73.47	5640	76.77	5417	73.73

第二节 人口构成

一、年龄构成

1990 年第四次人口普查显示，全县人口中，0 ～ 14 岁人口 4.32 万人，占总人口 30.33%；15 ～ 64 岁人口为 9.24 万人，占总人口 64.81%;65 岁及以上人口为 0.69 万人，占总人口 4.86%，人口平均预期寿命为 65 岁。2000 年，第五次人口普查显示，全县人口中，0 ～ 14 岁人口为 3.35 万人，占总人口 24.76%；15 ～ 64 岁人口为 9.18 万人，占总人口 67.88%；65 岁及以上人口为 1 万人，占总人口 7.36%。与第四次全国人口普查相比，0 ～ 14 岁人口比重下降 5.57 个百分点，65 岁及以上人口比重上升 2.5 个百分点。人口平均预期寿命为 71.57 岁。其中，男 70.67 岁，女 72.61 岁。

二、性别构成

1991 年，全县总人口中男性 72734 人，女性 66130 人，性别比（以女性为 100，下同）109.99 ∶ 100，男性所占比重和 1990 年相同。1995 年，性别比 111.03 ∶ 100。2000 年，第五次人口普查显示，全县男性人数为 7.67 万人，占总人口 52.4%，女性 6.96 万人，占总人口 47.6%。2005 年，男性人数为 7.73 万人，占总人口 52.4%，女性 7.01 万人，占总人口 47.6%，性别比为 110.35 ∶ 100。

三、从业人员构成

1990 年人口普查，全县 15 岁及 15 岁以上在业人口 7.35 万人，其中农业户口 6.22 万人，占在业人口 84.6%，非农业户口 1.12 万人，占在业人口 15.3%。全县从事农、林、牧、渔、水利业人口 55853 人，占同龄人口总数 76%;从事工业、建筑业等第二产业 8106 人，占同龄人口总数 11.03%;从事第三产业人口 9534 人，占 12.97%。在业人口中，农、林、牧、渔劳动者 54938 人，占 74.75%；生产工人、运输工人和有关人员 8204 人，占 11.16%；从事各类专业技术人员 4313 人，占 5.87%；国家机关党群组织、企事业单位负责人 1034 人，占 1.41%；办事人员和有关人员 1864 人，占 2.54%；商业工作人员 1638 人，占 2.23%；服务性工作人员 1502 人，占 2.04%。在业人口占同龄人口 74%，其中男性在业人口占同龄男性 82.3%，女性在业人口占同龄女性 64.6%。随着改革开放和经济发展，全县人口职业发生变化，大量农业人口向城镇和沿海发达地区转移，由务农为主逐步转向经商、外出打工相结合的多种职业。部分农民就地转业为乡镇企业、私营企业工人。

2000 年人口普查显示，全县 15 岁及 15 岁以上人口中有工作的人口占 78.45%，未工作人口占 21.55%。其中从事农林牧渔业人口占同龄人口 71.6%，与 1990 年相比，下降 4.4 个百分点；第二产业人口增加 0.5%。作为矿产资源丰富的山区县，从事采掘业人口占在业人口 1.56%；第三产业人口比 1990 年增加 3.9 个百分点。从事各类专业技术人员占 5.67%；国家机关党群组织、企事业单位负责人占 1.1%；办事人员和有关人员占 3.82%；商业工作人员占 6.45%，比第四次人口普查增加 4.22 个百分点；农、林、牧、渔、水利业生产人员占 71.45%，比第四次人口普查减少 3.3 个百分点；生产、运输设备操作人员及有关人员占 11.49%。全县 15 岁及 15 岁以上有工作人口占同龄人口 78.45%，比第四次人口普查增加 4.45 个百分点。其中有工作男性占同龄男性人口 85.1%，有工作女性占同龄女性人口 71.5%。

2000 年后，外地客商到清流办厂、开矿，带动农业人口从业转型。酒店、餐饮业的快速发展，带动第三产业从业人口增长。2005 年，全县从事第一产业人口 3.46 万人，占从业人口总数 50.36%；从事第二产业人口 1.06 万人，占从业人口总数 15.42%；从事第三产业人口占 34.21%。

2005 年清流县人口行业分布情况表

表 4-5　　单位：人

行业分组＼行业类别	总　计	国有单位	城镇集体单位	其他单位	农村社会劳动力	城镇个体及私营人员
总　　计	68678	6171	422	3153	56223	2709
1. 农林牧渔业	34589	381	—	—	33962	246
2. 采矿业	265	—	2	161	—	102
3. 制造业	7430	—	34	2282	4821	293
4. 电力、燃气及水的生产和供应业	962	196	—	472	—	294
5. 建筑业	1936	7	—	—	1927	2
6. 批发和零售业	3129	272	—	125	1737	995
7. 交通运输、仓储和邮政业	1783	217	—	39	1435	92
8. 住宿和餐饮业	872	65	32	—	453	322
9. 信息传输、软件和信息技术服务业	256	43	—	—	192	21
10. 金融业	426	139	130	39	118	—
11. 房地产业	96	19	—	—	77	—
12. 租赁和商务服务业	237	75	24	35	—	103
13. 科学研究、技术服务和地质勘查业	61	44	—	—	17	—
14. 水利、环境和公共设施管理业	122	122	—	—	—	—
15. 居民服务、修理和其他服务业	194	5	—	—	—	189
16. 教育	2151	1879	—	—	272	—
17. 卫生和社会工作	631	266	200	—	165	—
18. 文化、体育和娱乐业	34	28	—	—	—	6

续表 4-5

行业类别 / 行业分组	总 计	国有单位	城镇集体单位	其他单位	农村社会劳动力	城镇个体及私营人员
19. 公共管理、社会保障和社会组织	2532	2413	—	—	119	—
20. 其他行业	10972	—	—	—	10928	44

说明：1. "从业人员"不包括离开单位仍保留劳动关系的职工。

2. 农村制造业劳动力指工业劳动力，农业报表未细分。

3. "农村社会劳动力"为农业报表中"乡村实有从业人员"未扣除"其中外出合同工、临时工"

4. 劳动工资统计 20 大行业分类中无"其他行业",农业报表中的"其他行业"无法归入,故另添"其他行业"

四、民族构成

1990 年第四次人口普查显示，全县汉族人口 14.06 万人，占总人口 98.65%；少数民族 11 个 1928 人，占总人口 1.35%。其中，畲族 1730 人、回族 114 人、高山族 28 人、壮族 16 人、苗族 11 人、土家族 9 人、彝族 8 人、蒙古族 6 人、布依族 4 人、藏族 1 人、满族 1 人。畲族分布在除李家乡外的 14 个乡镇；回族分布在龙津、嵩口、嵩溪、温郊、邓家、长校 6 个乡镇；高山族分布在龙津、嵩口、嵩溪、邓家、长校 5 个乡镇;壮族分布在龙津、嵩口、嵩溪、田源 4 个乡镇;苗族分布龙津、嵩口、东华、嵩溪、灵地、长校 6 个乡镇;土家族分布在嵩口、嵩溪、温郊、余朋、田源 5 个乡镇；彝族分布在余朋、邓家、灵地、李家 4 个乡镇；蒙古族分布在嵩口、东华、余朋、田源 4 个乡镇；布依族分布在龙津和嵩口 2 个乡镇；藏族分布在余朋乡；满族分布在李家乡。随着改革开放的不断深入，通过婚姻、务工经商等渠道迁入县内的少数民族人口逐渐增多。

2000 年第五次人口普查显示，全县汉族人口 13.37 万人，占总人口 98.57%，与 1990 年相比，下降 0.08 个百分点;少数民族增至 17 个 1966 人,占总人口 1.43%。与 1990 年相比,民族增加 6 个（即侗族、朝鲜族、瑶族、白族、羌族、仡佬族），少数民族人口上升 0.08 个百分点。全县畲族有 1687 人，主要分布在龙津、东华、嵩溪、嵩口、林畲、余朋等乡镇；回族 83 人，主要分布在龙津镇；土家族 76 人，主要分布在田源、沙芜和林畲乡；苗族 38 人，主要分布在林畲乡、嵩溪镇；高山族 22 人，主要分布在龙津镇；壮族 17 人，主要分布在嵩溪镇；布依族 13 人，主要分布在嵩溪镇；彝族 10 人，主要分布在余朋乡；侗族 8 人，主要分布在林畲乡；满族 3 人，分布在李家乡和田源乡；蒙古族 2 人、分布在龙津镇；藏族 2 人，分布林畲乡和沙芜乡；朝鲜族、瑶族、白族、羌族、仡佬族各 1 人，都分布在林畲乡。至 2005 年，由于户籍部门变更民族成分登记和随父母更改民族成分，少数民族人口增至 2366 人。

五、姓氏构成

（一）姓氏人口

1990 年，全县姓氏 304 个。改革开放后，外地流入清流人口增多，姓氏也随之变化。至 2005 年，据统计，全县姓氏 325 个，人口较多的主要有（依人口数排序）：黄、罗、李、陈、赖、林、邓、江、张、吴、王、邱、邹、马、杨、上官、魏、廖、肖、谢、温、刘、余、欧阳、曾、巫、赵、彭、伍、郑、叶、严、杜、兰、沈、童、孙、周、范、蔡、许、俞、卢、何 、莱、桂、汤、钟、曹、戴、朱、郭、徐、高、易、涂、裴、董、胡、苏、袁、詹、田、熊、翁、冯、姜、蒋、梁、潘、章、庄、夏、傅、柯、游、施、姚、晏、颜、程、方、凌、包、洪、阙、骆、吕、唐、侯、饶、龚、连、修、聂、管、伊、石、卓、尤、阮、丁、汪、揭、欧、宋、黎、陆、康、纪、龙、古等。少数民族姓氏主要是雷、蓝 2 姓。

2005 年，全县主要的 77 个姓氏人口 12.08 万人，占总人口 84.00%。县内万人以上大姓 1 个，为黄姓，共 14707 人，占全县总人口 10.23%。人口在 3000—9999 人以上大姓 9 个，占总人口 35.26%。分别为罗姓 8879 人、李姓 8358 人、陈姓 7721 人、赖姓 6397 人、林姓 5055 人、邓姓 4478 人、张姓 3845 人、邹姓 3577 人、吴姓 3180 人。10—2999 人的姓共 6.54 万人，占人口总数 45.5%。10 人以下的姓氏 11 个，其中，猴姓 2 人，拜、霞、咎、俄、枢、哑、杰、阁、拥、副姓皆为 1 人。

（二）主要姓氏人口分布

黄姓 在全县 325 个姓氏中列第一位，共 14707 人，占全县总人口 10.23%。主要分布在灵地镇灵地村、灵和村、姚坊村、大坪村、青甲村；龙津镇各社区；田源乡各村；嵩溪镇伍家坊村、黄沙口村、农科村、阳坊村、余坊村、青溪村、青山村、新街社区；嵩口镇范元村、高坑村、围埔村；沙芜乡洞口村、上坪村。其他乡镇亦有黄姓人口居住。

罗姓 罗姓人口在全县姓氏中列第二位，主要分布在李家乡古坑村、吴家村、罗坑村；里田乡里田村；龙津镇城南村、长兴社区、渔沧社区、凤翔社区；东华乡俞坊村；嵩口镇范元村、邱寨村。其他乡镇亦有罗姓人口居住。

李姓 李姓人口在全县姓氏中列第三位，主要分布在长校镇长校村、沙坪村、黄坑村、河排村；李家乡李村、河背村、鲜水村；龙津镇各社区；灵地镇步云村和温郊乡梧地村。其他乡镇亦有李姓人口居住。

陈姓 陈姓人口在全县姓氏中列第四位，主要分布在余朋乡东坑村、蛟坑村、芹溪村；龙津镇各社区；东华乡暖水村、横溪村、基头村；嵩口镇范元村、沧龙村、和元村、围埔村、梓材村；田源乡新村村、田源村和嵩溪镇罗陂岗村。其他乡镇亦有陈姓人口居住。

赖姓 赖姓人口在全县姓氏中列第五位，主要分布在赖坊乡赖安、赖武村，沙芜乡白塔村，长校镇荷坑村，嵩口镇邱寨、范元、马排等村，龙津镇城南村，东华乡南岐村等。

林姓 林姓人口在全县姓氏中列第六位，主要分布在赖坊乡东山村、南山村、姚家村、陈家村；龙津镇各社区；温郊乡小池村和嵩口镇高坑村、和元村、沧龙村、九龙社区。其他乡镇亦有林姓人口居住。

邓姓 邓姓人口在全县姓氏中列第七位，主要分布在灵地镇田中村；邓家乡邓家、马寨、古洋村；余朋乡余朋村、芹溪村、东坑村；嵩口镇大元村、邱寨村，龙津镇各社区、城南村；东华乡暖水村。其他乡镇亦有邓姓人口居住。

张姓 张姓人口在全县姓氏中列第八位，主要分布在嵩口、赖坊、大元和嵩溪老寨等村。

邹姓 邹姓人口在全县姓氏中列第九位，主要分布在长校镇黄石坑、河排、长校、江坊村，龙津镇城东、城南、渔沧、长兴社区；东华乡桥下村；嵩溪镇时州、余坊、嵩溪村，李家乡鲜水村，嵩口镇邱寨、沧龙村等地。

吴姓 吴姓人口在全县姓氏中列第十位，主要分布在沙芜乡铁石村、上坪村、洞口村，嵩溪镇的黄沙口村、罗陂岗村、塘背村，温郊乡的芹溪村和嵩口镇高赖村、马排村、和元村、嵩口村，龙津镇各社区、城南村；东华乡横溪村、严坊村、下戈村、桥下村、俞坊村、暖水村、供坊村、基头村。

2005 年清流县主要姓氏人口情况表

表 4-6 单位：人

姓 氏	人 数	姓 氏	人 数	姓 氏	人 数	姓 氏	人 数	姓 氏	人 数	姓 氏	人 数
黄	14707	王	2565	谢	1355	蔡	509	翁	253	包	92
罗	8879	江	2550	赵	1272	俞	481	郭	245	吕	83
李	8358	杨	2387	郑	1159	曹	478	胡	237	修	79
陈	7721	温	2276	伍	1124	叶	470	夏	225	章	50
赖	6397	余	2214	严	1028	钟	401	朱	220	游	46
林	5055	廖	2084	雷	929	桂	389	董	203	熊	44
邓	4478	刘	2059	沈	810	荚	363	裴	189	龙	37
张	3845	肖	2031	童	801	高	335	晏	184	宋	31
邹	3577	阳	1927	官	709	汤	303	涂	177	詹	27
吴	3180	上官	1919	范	579	徐	296	饶	154	康	38
马	2981	彭	1777	许	556	柯	291	苏	137	古	19
邱	2870	巫	1599	兰	554	欧阳	280	姜	124	田	19
魏	2607	曾	1464	周	509	易	260	梁	99	—	

第二章 人口素质

第一节 文化素质

1990年第四次人口普查显示，全县人口中具有大学（指大专以上）文化程度907人，其中女性109人；高中（含中专、职高）文化程度9872人，其中女性2172人；初中文化程度2.42万人，其中女性6593人；小学文化程度5.87万人，其中女性2.73万人。

2000年第五次人口普查显示，全县人口中具有研究生文化程度1人、大学（指大专以上）文化程度2920人，其中女性561人；高中（含中专、职高）文化程度1.35万人，其中女性4142人；初中文化程度3.85万人、其中女性1.36万人；小学文化程度5.19万人，其中女性2.62万人。与1990年第四次人口普查相比，每万人中具有大学文化程度的由64人上升为215人；具有高中文化程度的由693人上升为995人；具有初中文化程度的由1703人下降为215人；具有小学文化程度的由4119人下降为3811人。全县人口中，文盲人口（15岁及15岁以上不识字或识字很少的人）为1.24万人，与1990年第四次人口普查相比，粗文盲率（15岁及15岁以上文盲人口占总人口的比重）由18.68%下降为9.17%，下降9.51个百分点。

第二节 健康水平

1990年第四次人口普查显示，全县65岁以上人口6929人，占全县总人口4.86%。其中女性3861人；75岁以上人口为1894人，占全县总人口1.3%，其中女性1155人；90岁以上老人37人，占全县总人口0.03%，其中男4人，女33人。95—99岁以上老人5人，均为女性。15—50岁妇女的存活子女数占活产子女数95.01%。全县人口死亡率6.29‰，其中5岁以下儿童死亡率8.33‰。全县各类残疾人5803人，占全县总人口4.07%。其中，视力残疾830人、听力语言残疾1079人、智力残疾1189人、肢体残疾1741人、精神残疾266人、综合残疾698人。

1991年，加快县卫生事业改革与发展，在农村推行合作医疗和乡村医疗机构一体化管理。

1992年，全县开展妇幼保健工作保偿工作。

1993年始，逐年对农村进行改水改厕，清除卫生死角，铲除病媒生物孳生地。

1995年起，每年1月和12月，各开展两轮0～4岁儿童脊髓灰质炎强化免疫活动。同时完善离退休干部和行政、事业人员体检，厂矿职工定期体检等。

1996年，7岁以下儿童一律实行治疗系统管理。

1998年，全县残疾人员5136人，占全县总人口3.54%。其中，视力残疾662人、听力语言残疾673人、智力残疾1012人、肢体残疾1802人、精神残疾478人、综合残疾509人。

2000年第五次人口普查显示，全县 65岁及以上人口为1万人（其中女性5469人），占总人口的7.36%，比1990年第四次全国人口普查上升2.50个百分点；75岁以上人口3154人（其中女性1859人），占全县总人口2.32%，比第四次人口普查上升1.02个百分点。其中，90岁以上老人91人，比1990年上升1.46个百分点，百岁以上老人1人。15～50岁妇女的存活子女数占活产子女数97.38%，比第四次人口普查上升2.37个百分点；全县人口死亡率为5.92‰，比第四次人口普查下降0.37个百分点，其中5岁以下儿童死亡率7.10‰，比第四次人口普查下降1.23个百分点。县域人口平均预期寿命为71.57岁。其中，男70.67岁，女72.61岁。

2002年起，全县推行住院分娩，人口死亡率明显下降，是年为2.27‰。

2005年，全县95岁以上老人66人，比2000年增长3.71倍，其中百岁以上老人3人。建立健全新生儿救护网络。全县孕产妇住院分娩率93.30%、高危住院分娩率100%、新法接生率98.8%、出生缺陷发生率2.9‰、新生儿死亡率8.65‰。是年，全县人口死亡率2.73‰，比1991年下降2.74个百分点。全县有残疾人10869人，占全县总人口7.38%。其中，视力残疾1750人、听力残疾3014人、语言残疾133人、肢体残疾2453人、智力残疾939人、精神残疾801人、综合残疾1779人。

第三章　婚姻与家庭

第一节　婚　姻

一、婚姻结合途径

1991年，清流县青年男女谈婚论嫁或经朋友同事介绍，或由父母亲戚等熟人牵线撮合，但多数年轻人喜欢自由恋爱。2000年后，信息产业的快速发展给青年们提供了更广泛的交友空间，一些人尝试利用QQ或婚姻交友网站寻求自己心仪的另一半，在展示自我的同时也拓宽了择偶的范围。随着与外界交流日益广泛及外出务工人员增多，男女择偶方式呈现出多元化趋势，异地婚姻增多，涉外婚姻开始出现。

二、婚姻观念及行为变化

择偶　上世纪90年代初，男青年的择偶要求顺序是：相貌、职业、文化程度。对女方有无婚史比较在意。女青年的择偶要求顺序是：稳定的职业、收入、文化程度、相貌，对男性身高比较在意，居民户籍被视为可与经济状况相提并论的优势。男性年龄、外貌、经济实力方面有优势者，往往成为女性追逐对象，即使有婚史也容易被忽略，个别女性“傍大款”“当二奶”现象偶有出现。2000年后，随着户籍制度的松动，征婚者对居民户籍优势的强调降低。除此之外，随着人们生活条件的改善，男性对于未来配偶的要求，更看重对方的外貌、年龄、性格等；同时从后代考虑，教育程度被放在重要地位。女性更加看重双方交往的感觉。随着住房价格的日益高涨，住房成为许多城市女性择偶的首选条件。传统家庭父母仍旧要求子女择偶“门当户对”。

婚龄　1991年，男女平均初婚年龄22岁。随着社会的发展及竞争压力加大，人们更加注重追求事业发展及个人技能提升，婚育观念随之改变，城市青年尤其是职场青年结婚年龄普遍推迟。2005年，平均初婚年龄为24岁。婚姻双方年龄差距拉大，有些年青女性也愿意跟年纪大的成功男士结婚。婚前同居及先结婚后领证的现象日益增多。

离婚与再婚　个性化的发展，使婚姻观念和行为多元化。人们对婚姻更多强调个人心理感受和爱情因素，并成为衡量婚姻质量的重要标志，传统伦理道德观念受到冲击。女性不再忍辱负重，家暴、性格不合、第三者插足等因素导致的离婚率明显上升。女方主动提出离婚的增多。离婚形式趋于温和，协议离婚增多。

男性再婚率高。女性受世俗看法、自身年龄制约及顾及子女、不愿降低择偶要求等因素影响，再婚相对困难，离婚后选择独身女性较多。

三、婚姻状况

1990年第四次全国人口普查显示，全县15周岁以上人口99314人，其中已婚65806人，占15岁以上人口66.28%。其中，男33795人、女32011人；未婚26683人，占15岁以上人口26.87%。其中，男16630人、女10053人；离婚687人，占0.7%。其中，男574人、女113人；丧偶6138人，占6.18%。其中，男1726人、女4412人。平均初婚年龄22.5岁；其中，男性平均初婚年龄23岁，女性平均初婚年龄21.5岁。

1991 年后，随着《中华人民共和国婚姻法》的贯彻落实，新型婚育风尚深入人心，婚姻形式更趋于文明合法化。同年，全县办理国内婚姻登记 2388 对。其中：初婚 1225 对、再婚 40 对；办理涉外婚姻 2 对；离婚 77 对；晚婚 454 人，晚婚率 48.25%。

1995 年，全县平均初婚年龄 22.5 岁。随着社会的发展，人们婚育观念逐步改变，晚婚人数日益增多。2000 年，全县初婚 1080 人，平均初婚年龄 23.6 岁；其中，晚婚 495 人，晚婚率 45.83%。全国第五次人口普查显示，全县 15 周岁以上人口有 9716 人，有配偶占 74.08%，比第四次人口普查增加 7.8 个百分点；未婚人口占 15 岁以上人口 18.44%，比第四次人口普查减少 8.43 个百分点；丧偶占 6.7%，比第四次人口普查增加 0.52 个百分点；离婚人口占 0.8%，比第四次人口普查增加 0.1 个百分点。

2003 年 10 月 1 日始，施行新的婚姻登记条例。全县办理婚姻登记 1075 对。

2005 年，全县女性初婚 1011 人；其中，晚婚 494 人，晚婚率 48.86%。

四、生育状况

1991 年，全县育龄妇女（简称育妇）总数 36849 人，占女性人口的 55.72%，已婚育妇数 26143 人，占育妇总数的 70.95%。其中：生育一孩 6140 人，占已婚育妇数 23.49%；生育二孩 10909 人，占 41.73%；生育多孩 7601 人，占 29.07%。

2000 年，全县育妇总数 40653 人，占女性人口的 58.39%；已婚育妇数 30405 人，占育妇总数的 74.79%。其中：生育一孩 11325 人，占 37.25%；生育二孩 8180 人，占 26.9%；生育多孩 9265 人，占 30.47%。10 年间，全县育妇总数占女性总人口比值增加 2.67 个百分点，已婚妇女数占育妇总数的比值增加 3.84 个百分点。

2005 年，全县育妇总数 44465 人，占女性人口 63.47%。已婚育妇数 30959 人，占育妇总数 69.63%。其中：生育一孩 13806 人，占已婚育妇数 44.59%；生育二孩 5363 人，占 17.32%；生育多孩 10386 人，占 33.55%。

1991—2005 年清流县女性初婚晚婚情况表

表 4-7 单位：人、%

年 份	初婚人数	晚婚人数	晚婚率	年 份	初婚人数	晚婚人数	晚婚率
1991	941	454	48.25	1999	1111	551	49.59
1992	898	438	48.78	2000	1080	495	45.83
1993	783	387	49.43	2001	992	486	48.99
1994	1074	393	36.59	2002	983	443	45.07
1995	1060	407	38.4	2003	890	415	46.63
1996	1013	426	42.05	2004	938	439	46.8
1997	1142	574	50.26	2005	1011	494	48.86
1998	1117	568	50.85	合 计	15033	6970	—

第二节 家 庭

1990 年全国第四次人口普查结果显示，全县总户数 28511 户，平均每户人口 4.74 人。家庭户规模中，1 人户 1238 户，占 4.3%；2 人户 2207 户，占 7.7%；3 ～ 6 人户 20281 户，占家庭总户数 71.13%。其中，龙津镇 3 人户比例最高，占全镇总户数 32.25%；温郊乡 4 人户比例最高，占全乡总户数 23.49%；全县 5 人户 6130 户，占全县家庭总户数 21.5%。里田乡 5 人户比例最高，占全乡总户数 25.86%；长校乡 6 人户比例最高，占全乡总户数 19.5%。全县 7 人以上户共 4785 户，占全县总户数 16.78%。县内汉族与少数民族混合的家庭有 706 户，占全县总户数 2.5%。其中，6 个乡镇的混合家庭占总数 93.77%，即龙津镇 127 户、嵩口镇 95 户、东华乡 135 户、嵩溪镇 186 户、林畲乡 52 户、余朋乡 67 户。家庭户类别以二代户、三代户为主。其中：单身户 904 户，占 3.17%；一对夫妇户 1187 户，占 4.16%；二代户 16198 户，占 56.81%；三代户 7534 户，占 26.42%；四代户 474 户，占 1.66%；五代户 1 户；其他类型户 2213 户。

进入 20 世纪 90 年代，随着计划生育政策的深入贯彻，精神文明建设的不断开展，家庭结构规模逐步缩小，家庭素质不断提高，团结和睦，尊老爱幼蔚然成风。1991 年，全县总户数 27305 户，家庭户户均人口 5.09 人。1995 年，全县总户数 31624 户，家庭户户均人口 4.50 人。

2000 年全国第五次人口普查结果显示，全县 37523 户，平均每户 3.41 人，总户数比 1990 年第四次人口普查增加 9012 户，户均人口下降 1.12 人。家庭户规模：1 人户 4110 人，占 11%；2 人户 5678 户，占 15.1%；3 人户 9946 户，占 26.5%；4 人户 8906 户，占 23.7%；5 人户及 5 人户以上 8883 户，占 23.7%。家庭户类别仍以二代户、三代户为主。其中一代户 8730 户，占 22.3%；二代户 20586 户，占 54.9%；三代户 8175 户，占 21.8%；四代户 392 户，占 1%。

2005 年，全县总户数 42915 户，户均 3.43 人；总户数比 1991 年增加 15610 户，户均人口减少 1.66 人。

第四章　计划生育

第一节　机构与队伍

一、县级机构

（一）清流县计划生育局（县计划生育委员会）

1991 年，县计划生育委员会（简称县计生委）内设办公室、法规宣传科、计划统计科、科学技术科，人员编制 8 人；下设县计划生育服务站，事业单位，编制 15 人。

1993 年 9 月，县计生委成立县流动人口计划生育管理站，事业单位，编制 2 人。

1997 年 4 月，清流县计划生育委员会更名为县计划生育局（简称县计生局），内设办公室（监察室）、法规宣传科、计划统计科、科学技术科，人员编制由原来 8 人增至 10 人（含 1 名工勤人员编制）；下设县计划生育服务站和县流动人口计划生育管理站。

2002 年，县计生局内设办公室（监察室）、法规宣传科技股、规划统计股，核定行政编制 8 人、工勤人员编制 1 人；下设县计划生育服务站，核定事业编制 15 人；县流动人口计划生育管理站核定编制 2 人。至 2005 年该机构设置未变。

二、基层机构

（一）乡镇计划生育办公室

1991 年，各乡镇设计划生育办公室，并配备主任、副主任和专、兼职计生干部。2002 年，党政机构改革，保留乡镇计划生育办公室。至 2005 年，机构设置未变。

（二）乡镇计划生育服务所

1992 年，各乡镇成立计划生育服务所，事业单位。核定各服务所编制 5 人，经费由县财政差额补助。

1995 年，龙津、嵩口、嵩溪、东华、长校、李家计生服务所编制由 5 人增至 7 人。

1997 年，全县乡镇计划生育服务所共 87 名编制列入全民所有制事业编制，经费由县财政全额拨付。

2002 年，核定全县乡镇计划生育服务所人员编制 68 人。至 2005 年，该机构设置未变。

三、计生队伍

(一)专职计生队伍

1991年,全县有计划生育干部职工72人,其中:县计生委机关6人,县计生服务站10人,乡镇计生办46人。1992年,全县乡镇成立计划生育服务所,有职工54人。此后,计划生育专业队伍陆续补充扩大。2003—2005年,先后面向社会公开招考卫技人员58人,充实乡镇计生服务所。2005年,全县有计划生育干部职工110人;其中,县计生局机关8人、县计生服务站13人、流动人口计生管理站2人、乡镇计生办22人、乡镇计生服务所69人。全县卫技人员52人。其中,主治(管)医(护)师4人、医师(士)47人、无职称1人。

(二)村级计生管理员

1991年,全县111个建制村各配备村计生管理员1人。2004年,对村级计生管理员实行“县管、乡聘、村用”机制,计生管理员职位全部实行竞聘上岗,择优选聘村(居)计生管理员119人。2005年,全县有村级计划生育管理员119人。

第二节 生育政策与管理

一、优待与奖励

1991年,继续实行计划生育一系列优待和奖励措施。夫妻双方晚婚的,婚假延长到15日;晚育的,产妇的产假延长到180日。夫妻为双职工的,可给男方7日的照顾假。婚假、产假期间,工资照发,不影响晋升。实行独生子女奖励办法。开展农村二女户夫妇保险,独生子女和二女户子女优先照顾入托、入园、入学、招工、就医、住房等。每年慰问二女结扎户、特困户,帮助其解决实际困难。县计生委和保险公司做好二女户平安保险和养老保险工作,及时发放保单。

1994年8月,县委、县政府制定下发《关于实施计划生育少生快富工程的规划和实施方案》。计生工作领导小组协商工商、税务、土地、民政、金融、教育、农业、林业等27个部门制定《独生子女户、二女户、协会会员特困户优惠政策和倾斜措施》,明确提出要在资金、物资、技术、人才等方面优先支持和照顾“三户”。

1996年,全县结合“小康工程”的实施,推动计划生育“三结合”(计生工作同发展农村经济相结合,同帮助群众勤劳致富奔小康相结合,同建设文明幸福家庭相结合)深入开展。全县落实“三结合”扶持户700户,落实扶持基金10.28万元;县拨小康办扶持计生“三户”(二女户、独生子女户、符合政策生育一女一男户)资金10万元;县、乡、村干部捐资扶贫26万元;市、县经济工作队帮扶资金75万元;对独生子女户给予100元以上的奖励(县30元,乡、村不低于70元)。

1997年,县委、县政府出台《关于扶持农村计生“三户”优惠政策的若干规定》,对农村计划生育“三户”在资金、项目、生产服务、教育、技术培训和技术服务、社会福利、扶贫工作等方面实行优惠政策倾斜。确定588户收入在农村人均水平以下的计生“三户”为帮扶对象。发放计划生育户扶持优惠证1万本,计划生育户可凭证享受相应优惠。年内,县级投入“三结合”经费38.15万元,乡级投入17.58万元。

1999年,全县开展“五访五问”活动。访视初婚、孕产育妇、节育手术对象及历年二女户和计生困难户5258户,访视率93.08%;慰问二女户和计生困难户216户,发放慰问金2.1万元,发放各种宣传品3.8万份。全县493名副科级以上干部分别与493户二女户开展“一对一”结对帮扶。对二女户夫妇及子女提供免费体检,减免二女结扎户子女学杂费。县、乡落实“三结合”帮扶资金75.32万元,帮扶计生“三户”1224户。

2002年,全县培养独生子女户、二女户59人为村级后备干部。优先录用独生子女户5人为公务员。减免独生子女户、二女户工商管理费1830元。优先发放生产贷款7.7万元。二女户投保6万元、发放慰问金1.89万元、减免杂费20余万元。

2004年,县政府下发《关于在农村低保中提高独生子女户和二女户最低生活保障标准的通知》,对纳入农村低保中的独生子女户和二女户的最低生活保障标准年人均提高 50 元。全县各中、小学校农村独生子女户和二女户子女上学每学期给予减免杂费 10 元。是年 3 月，全县正式启动“幸福工程”，为实行计划生育的贫困母亲提供无息贷款。确定首期“幸福工程”资助二女户 30 户。

2005 年，在全县开展计生贫困母亲献爱心募捐活动。选定第二期救助对象 41 户。同时，在全县推行农村部分计划生育家庭奖励扶助制度。对夫妻双方均为农业人口、只生育一个孩子或两个女儿、年龄在 60 周岁以上的，给予每人每月 50 元的奖励扶助。当年，全县确认首批符合奖励扶助条件的对象 205 人，共发放奖励扶助金 12.3 万元；领取独生子女证 603 人，发放独生子女奖励金 30.15 万元；奖励二女户 85 户、4.25 万元；奖励自愿不再生育夫妇 22 例、2.2 万元；二女户保险 1656 例；落实免费技术服务金额 22.12 万元。年内，全县 332 户（1201 人）计生户纳入农村低保，减免独生子女户和二女户子女九年义务教育杂费 6 万余元，帮扶计划生育户 2057 户。

二、生育管理

（一）目标管理

1991 年，层层建立计划生育目标管理责任制，实行计划生育工作“一票否决”制。

1992 年，制定计划生育统计工作制度和考核办法。

1994 年，全县开展计生工作“五清理”（清理早婚早育、清理计划外生育、清理落实节育措施、清理计划外怀孕、清理奖惩兑现）。年内，全县处理计生工作不得力、不作为干部 2 人。1995 年，落实人口与计划生育目标管理责任制，将人口计生督查工作纳入县委、县政府重要督办事项范围。兑现奖惩措施。

1996 年，全县调整充实县计生工作领导小组，成员单位由 15 个增加到 39 个；并提出 9 个“百分之百”工作要求，即 100% 摸清计生工作底子、100% 节育措施落实到位、100%“双查双补”到位、100% 与 18 周岁以上未婚青年见面、100% 做好外出人员“五个一”措施落实、100% 生育计划证及时发放、100% 对违反计生人员处罚到位、100% 的计划生育率和 100% 计生合格村率。

2002—2004 年，在评先评优、提拔晋级过程中，全县因计划生育被“一票否决”单位 37 个、个人 26 人。

2005 年，加大责任追究力度。实行计生工作述职报告制，对计生工作力度不大、计生突出问题未整改到位乡镇，责令一把手、分管领导到县作专题汇报、接受县委、县政府告诫。年内，全县一票否决先进单位资格 37 个、先进个人资格 46 人。

（二）规范管理

1991 年，县乡两级建立并完善计划生育管理制度，实行“两公开一监督”计生工作制度。制定计划生育台账管理制度，完善“十簿一卡”（即：出生、死亡、初婚、常住人口、迁入、迁出、流入、流出、独生子女领证、计划生育外生育费 10 项登记簿和已婚育龄妇女登记卡）制度，推行台账动态管理。

1992 年 3 月起，实行计划生育统计月报例会制度，轮流到各个乡镇召开统计月报汇审会，并进行入户调查。1993 年，出台《关于进一步加强计划生育台账管理的意见》，要求台账管理做到一月一变动、一季一核对、半年一检查，年终进行评比。

1995 年，各乡镇配齐分管计生的副书记、副镇长，配齐乡镇计生专干、服务人员（万人以上乡镇配专干 2 人、服务人员 7 人）、村级计生管理员。财政拨付专款 10 万元，各乡、镇自筹资金 5000 ～ 6000 元，购买计生设备。截至当年 10 月，各乡镇计生场所业务用房面积均达 100 平方米以上。

1997 年，县委、县政府下发《关于进一步加强计划外生育费管理的通知》。规定：凡征收的计划外生育费未及时上交县专户或挪用、挤占、坐支的，除年终评比扣分外，予以 10% ～ 20% 的经济处罚。实行计划生育规范化管理，全县 15 个乡镇计生办各配置微机 1 台，开展育妇信息建库工作。

1999 年，在年内的乡镇领导班子换届中，配备人口万人以上乡镇计生专职副书记 6 人、计生专职副乡长 9 人。

2000 年，配备医学专业副局长 1 人。市计生委批准嵩溪、温郊、余朋、沙芜、邓家、灵地、李家、长校、嵩口、田源 10 个乡镇取消乡村部分手工台账。各乡镇建立健全微机管理制度及微机数据库。

2001 年，全县使用微机替代手工台账管理计生信息。2002 年，每个乡镇计生办各增配专用微机 1 台。

2003年，全县投入资金150余万元，新、扩建乡镇计生服务所15个，总面积4100余平方米。全县初步形成“以县站为中心，乡所为纽带，村室为基础”的技术服务网络。至2005年，基本建成县、乡两级计划生育信息网络。

（三）依法管理

1991年，县委、县政府出台《关于共产党员违反计划生育政策党纪处分的暂行规定》和《关于贯彻实施〈福建省计划生育条例〉的若干规定》，规定凡违反计划生育有关规定的予以相应的处分。同年，查处违反计生政策的党员、干部、职工33人。1993年，县政府出台《关于贯彻执行〈福建省计划生育条例〉的具体规定》，对计划外生育、早婚、提前生育第一个孩子或违反生育间隔期等行为进行处罚。

1997年5月，县成立清理非法抱、送养工作领导小组，对清理出来的违反计划生育对象，严格按《福建省计划生育条例》进行处理。

1998年，全县推行计生政务公开制度，将计生政策法规、办事规章、办事结果向社会公开。县计生局公开举报电话、设立举报点，并在全县计生系统内建立行风评议制度，聘请137名村（居）、乡直单位有关人员担任计划生育监督员，督促村（居）实行计生政务公开。

1999年5月，组织全体计生干部、职工104人，参加全省统一的行政执法资格考试。

2002年9月起，执行《福建省人口与计划生育条例》，对违反规定生育的对象，即当事人违法生育行为被查出，按条例规定征收社会抚养费。

2003年，全县开展历时3个月的出生人口性别比失调问题专项治理。查获非法销售米非司酮5份、非医学需要鉴定胎儿性别4例，端掉非法取环窝点1处。是年，全县村级换届，因违反计生政策被取消村干部候选人资格77人。县计生局执法人员参加市学法用法依法行政培训通用法律知识考试。全县计生干部119人参加全省统一的行政执法资格考试，102人取得执法资格证。

1991—2005年，全县因违反计划生育被处罚2443人。其中，干部职工58人、村干部86人、育龄群众2299人。查处破坏计划生育工作案件9起15人，分别给予治安拘留或治安罚款处分。

1991—2005年清流县计划生育情况表

表4-8

年份	育妇总数（人）	已婚育妇情况						计划内出生数（人）	计划生育率（%）
		总数（人）	无孩（人）	一孩		二孩			
				人数	%	人数	%		
1991	36849	26143	1493	6140	23.49	10909	41.73	1390	71.39
1992	36667	26318	1515	6651	25.27	10541	40.05	1062	88.5
1993	36683	25759	1507	6862	26.64	10165	39.46	1053	80.81
1994	37235	26492	1499	7427	28.03	9720	36.69	1156	89.06
1995	36708	27416	1596	8128	29.65	9670	35.27	1384	92.64
1996	37364	28085	1591	8706	31	9660	34.4	1476	94.98
1997	8591	28992	1731	9678	33.38	9124	31.47	1480	92.5
1998	38658	29189	1629	9951	34.09	8906	30.51	1490	94.18
1999	39706	29888	1675	10615	35.52	8606	28.79	1403	94.99
2000	40653	30405	1635	11325	37.25	8180	26.9	1494	95.04
2001	41497	30731	1547	11887	38.68	7740	25.19	1484	95.01
2002	42245	30850	1527	12337	39.99	7195	23.32	1280	93.23

续表 4-8

年　份	育妇总数（人）	已婚育妇情况						计划内出生数（人）	计划生育率（%）
		总　数（人）	无　孩（人）	一　孩		二　孩			
				人　数	%	人　数	%		
2003	42933	30836	1438	12836	41.63	6524	21.16	1303	94.69
2004	43704	30867	1373	13339	43.21	5918	19.17	1315	95.43
2005	44465	30959	1405	13806	44.59	5363	17.32	1309	95.13

（四）流动人口计划生育管理

1991 年，加强流动人口计划生育管理。全县流入已婚育龄妇女 627 人、流出已婚育龄妇女 225 人。

1993 年，成立县流动人口计生管理站，编制 2 人。各乡镇建立相应管理机构。

1994 年，对外来人员发放“计划生育审核证”，县、乡组织对外来人员持证情况进行查验。全年发放“计划生育审核证”1198 本。1994 年，加强企业流动人口计生管理，对流出人口进行跟踪管理。

1995 年，开展流动人口联网清查，重点清理流出人口。做到“五个一”（有一个明确的通信地址、有一名担保人、有一笔押金、有一份计生合同、有一本全省统一的婚育节育证明）。

1996 年，审查流入人员婚育节育证明。全年流入人口 3147 人（其中育龄妇女 528 人、已婚育龄妇女 322 人）；流出人口 907 人（其中育龄妇女 426 人、已婚育龄妇女 176 人）；办理婚育节育证 527 份，审查婚育节育证 1893 份。1997 年，将流动人口计划生育管理纳入现居住地管理，为流动人口提供免费计划生育技术服务。每年组织开展流动人口联网清查 2 次以上。

2003 年，开展城区流入人口婚育证明审核、房屋出租、相关部门履行职责等情况专题调研。

2005 年，县流动人口计生管理站及每个乡镇均配备流动人口管理专用微机，建立全县流动人口育龄妇女信息数据库，并利用国家流动人口计划生育信息交换平台提交和反馈信息。是年，全县办理流出人口婚育证明 2550 本，查验流入人口婚育证明 799 本，反馈提交流入育龄妇女信息 285 人、流出育龄妇女信息 882 人。

1991—2005 年清流县流动人口情况表

表 4-9　　单位：人

年　度	流　入	流　出	育龄妇女		已婚育龄妇女	
			流　入	流　出	流　入	流　出
1991	2714	888	954	228	627	225
1992	3762	294	693	200	531	84
1993	3941	336	823	208	612	93
1994	3814	355	745	215	561	97
1995	3575	716	822	292	560	108
1996	3147	907	528	426	322	176
1997	2892	1147	505	547	326	133
1998	2472	1593	708	769	541	237
1999	1608	2352	463	1091	382	303
2000	2623	4651	769	2457	660	999
2001	2813	6336	692	3275	588	1360
2002	2096	8088	567	4145	479	2027

续表 4-9

年　度	流　入	流　出	育龄妇女		已婚育龄妇女	
			流　入	流　出	流　入	流　出
2003	2144	12155	609	6157	526	3134
2004	1404	14463	448	6985	399	3414
2005	1313	17354	413	7760	377	4153

第三节　计生宣传与服务

一、计划生育宣传

（一）主题宣传

1991 年始，每年以“世界人口日”“计划生育公开信”“5·29 协会会员活动日”、《中华人民共和国人口与计划生育法》和《福建省计划生育条例》（以下简称“一法一例”）实施等重大纪念日为契机，发挥新闻媒体和宣传阵地作用，开展主题宣传。1991 年 5—6 月，县委、县政府抽调县直机关干部职工 600 余人，组成计划生育宣传服务工作队，分赴各乡镇开展计划生育宣传服务月活动。会同县司法局、妇联等部门，在县直机关、厂矿企业单位和妇委会中，开展人口与计生基础知识竞赛 2 次。

1993 年，全县 8000 余人参加省人口与生育计划知识竞赛，获省二等奖 1 名、三等奖 3 名。清流县计划生育局被授予参加“省人口与生育计划知识竞赛”组织二等奖。1994 年 8 月，组织计生干部参加全市计生政策法规知识竞赛，获第一名。

1995 年，利用人口婚育学校、专栏、影剧院、电视、广播等媒体宣传《中华人民共和国婚姻法》《中华人民共和国妇女、儿童权益保护法》，在全县制作宣传专栏 116 期、影剧院幻灯播放 240 余片次，广播 60 余次、有线电视宣传 20 余次。开展以纪念“十二亿人口日”和《中国计划生育工作纲要》为重点的系列宣传教育活动，印发协会工作手册 500 本、宣传十二亿人口日画报 200 张、省《流动人口管理条例》200 张。

1996 年，县、乡在闹市区和人群聚集地设置计生宣传牌“一条街”。

1997 年 8 月，组织全县计生干部、育龄群众、协会会员 1000 人参加全市计划生育政策法规“回归杯”知识竞赛，并选送 3 名计生干部参加市决赛，获一等奖。1998 年，组织全县村级干部参加计生应知应会知识竞赛。在三明市计生系统爱岗敬业演讲决赛中，清流县获个人一等奖及组织奖。

1999 年，在全县开展以纪念国庆五十周年、迎澳门回归的新型生育文化艺术宣传活动。1999 年 6 月 16 日“世界六十亿人口日”期间，在街心公园开展政策法规咨询和查病治病服务，各乡镇利用圩日上街开展现场服务活动。2001 年，与县文体局联合排练高脚戏《女儿也是传后人》《清流有个张五妹》《亲骨肉》等剧目到乡村巡回演出。

2002 年 8 月，开展计生法律法规“宣传服务月”活动，组织 2000 余名育龄群众参加《中华人民共和国人口与计划生育法》（以下简称《人口与计划生育法》）知识竞赛，县人大常委会召开学习贯彻《人口与计划生育法》座谈会。与县委宣传部、县教育局联合在全县 27 所中小学 10000 余名师生中开展人口与计划生育作文竞赛及征文活动。

2003 年、2004 年“一法一例”纪念日，组织县夕阳红艺术团在城区进行计生国策大型踩街宣传。2005 年，在龙津广场举行全县农村部分计划生育家庭奖励扶助金首发仪式，为 99 名受奖励的对象代表颁发奖励扶助金，组织县夕阳红艺术团、奖扶对象进行计划生育奖励扶助政策踩街宣传活动。组织开展“全国 13 亿人口日”宣传周活动。县、乡印发各类宣传品 23 万余份，出专刊专栏 1200 期，设置固定标语 500 条，张贴宣传标语 1.5 万张，出动宣传车 760 辆次。基本建成以城区为主轴、省道沿线为辐射的“国策宣传风景线”。

（二）“婚育新风进万家”活动

2000 年，县委宣传部、县计生局等十一部门联合制定颁发《关于开展“婚育新风进百村、优质服务万户行、争做群众贴心人”活动的通知》，引导广大群众树立科学、文明、进步的婚育观念。

2001 年，开展计划生育宣传教育“百村万户”示范活动，确定宣传教育示范村 17 个、婚育新风示范户 2500 户。是年，沙芜乡、林畲乡被国家计生委和省计生委分别授予“全国婚育新风进万家活动先进单位”和“全省婚育新风进万家活动先进单位”称号。

2002 年，县委宣传部牵头组织县文艺界人士开展婚育新风采风活动，以林畲乡计生先进工作为原型，创作计划生育文艺作品。2003 年，联合县委宣传部、文体局、科技局，在东华乡南岐村举办“婚育新风进农家”宣传演出，经典剧目有快板《清流有个张伍妹》、小品《谁说女子不如男》等。

2003 年，在全县推广田源乡婚育新风进祠堂做法，开展“男女平等、少生优生、女儿也是传后人”主题宣传以及女儿家登族谱、汇编计生“三字经”等活动。

2005 年，将“关爱女孩行动”作为婚育新风进万家活动的延伸和拓展，并组织开展为“二女户”捐资助学活动，重视关爱女孩成才。林畲乡开展“谁说女子不如男”“骨干会员新风榜”“女能人”等先进典型图片巡回展，通过有计划的培养，将符合条件的二女家庭成员选拔到村级班子或乡企负责人岗位。田源乡田口村开展“婚育新风进祠堂”活动，张贴计划生育政策知识挂图，汇编计划生育“三字经”，推行女孩上族谱。是年，沙芜乡、林畲乡被省委宣传部、省人口计生委授予“福建省新型生育文化基地建设先进单位”称号。林畲乡被国家人口计生委授予“2001—2005 年全国婚育新风进万家活动先进单位”称号。

二、培训教育

1991 年，县委党校在党员培训班和后备干部培训班中增设人口理论课作为必修课程，由县计生局派专人授课或开设专题讲座。

1992 年始，每年举办计划生育专业短期培训 2 期以上，并选送部分计生工作人员到省、市培训。

1993 年始，县、乡每年利用人口学校定期进行“五期”（青春期、新婚期、孕产期、育儿期、更年期）和“双基”（计生基本政策、计生基础知识）教育。基层建立婚育学校 55 所，开展计生基础知识教育，教育面达 4027 人次，发放各种宣传材料 4.64 万份。

1995 年，举办创建合格村责任人培训班，培训内容包括《福建省计划生育条例》、计生统计和台账、合格村标准和创全省先进的要求等。全县挂钩村的县直部门正职领导、乡镇领导、村支部书记 240 余人参加培训。1996 年，乡镇计生服务所 55 名卫技人员参加并通过市级为期 20 天的培训，28 名宣传人员参加县“计生宣传人员学习班”，3 人次参加省、市微机技术学习。

1997 年，举行县级计生业务培训班 5 期，培训人员 280 人次；举办乡级计生人员培训 98 期，培训 4731 人次。年内举办微机培训班 2 次，邀请省计生委微机技术人员指导各乡镇建库工作。全县人口与计生基础知识教育开展率 100%，接受率 92.8%。对 35 岁以下育妇进行面对面宣传教育，并对结果进行抽查，合格者给予奖励。

2000 年，开设人口理论课程 4 期，培训干部 180 人次。至 2005 年，县、乡累计举办计划生育各类培训班 800 余期，参加培训 6 万余人次，计划生育基础知识知晓率 85% 以上。

三、优生优育及技术服务

1991 年，全县各乡（镇）办婚育学校，在青年结婚登记时，进行新婚期、孕产期保健知识教育，卫生医疗和计生服务部门对持生育证孕妇提供产前定期检查及优生咨询等服务。全县提倡晚婚晚育，规定男女双方达到法定婚龄后，双方年龄合计达到或超过 50 岁后结婚者为晚婚，并在婚假、产假等方面给予特别照顾。

1992 年始，全县进行独生子女病残儿医学鉴定初筛和生殖保健、优生优育优教等项目服务。

1993—1996 年，在东华乡、龙津镇开展婚前医学检查工作试点。东华乡、龙津镇应婚检 314 对，实检 217 对，检出疾病男性 32 人、女性 12 人，提出暂缓结婚指导意见的男 9 人、女 14 人。

1997 年，开展创建优秀服务站（所、室）活动。设立优生、优育、优教咨询门诊。制定《开展生殖保健系列服务的实施意见》，并在嵩溪、嵩口镇开展试点，为育龄群众生殖保健进行指导和普查、普治。组织医务人员到各乡镇开展计划生育巡回咨询活动 31 次，接受咨询 9300 多人次，查出妇科病 120 余例、不育症 100 余例，并给予治疗。

1998 年，婚检工作扩大至嵩溪、嵩口，婚检率 75.3%。

1999 年，医务人员组成“生殖保健服务队”，深入 8 个边远乡镇进行生殖保健知识科普工作，推进妇科病普查普治。7 月起，全县各乡镇均开展婚检。

2000 年，对申请生育第一孩、第二孩的已婚育妇提供优生检测服务。医务人员深入乡镇开展门诊，进行优生优育及遗传病咨询 308 人次，接受诊病 136 人次；开展普查 2124 人次。治疗宫颈炎 292 例、子宫瘤 52 人、卵巢囊肿 50 人。治疗不孕症患者 21 例，治愈并已怀孕 5 例。应用波姆红外光治疗宫颈糜烂 56 人，治愈 50 人。全年共有 24474 名妇女接受妇科病普查，普治人数 5010 人。对全县 100 多对不孕夫妇登记造册，建立档案，并邀请省级不孕症专家对其进行诊疗。是年，全县婚检 846 对。检出疾病男性 13 人、女性 12 人。对影响婚育疾病给出医学指导意见 18 人，其中男性 8 人、女性 10 人；建议暂缓结婚男性 8 人、女性 10 人；给出不宜生育建议男性 1 人。

2001 年，建立技术人员挂乡包片制度。组织 20 批次卫技人员进村入户，为育妇免费查病，优惠治病。全县完成妇科病普查 15156 人，查出患病 3468 例，治疗 3122 例。完成优生检测 602 例。治疗不孕症夫妇 15 对，治愈 4 对。在全县开展避孕节育措施知情选择试点。确定 12 个知情选择试点村，与 136 名育龄妇女签订“知情选择协议书”。此后，不断扩大推行避孕方法知情选择面，融各项服务于知情选择中。

2003 年，新《婚姻登记条例》实施，取消强制婚检。

2005 年，全县婚检 7 对，婚检率 0.7%。检出指定传染病男性 1 人，检出率 14.3%。全县查治妇科病 2443 人。开展病残儿医学鉴定工作。对独生子女病残儿进行初筛把关 6 例。林畲乡推出“计生 110”系列服务活动，为全乡育龄妇女免费提供接送到医院分娩、就医以及上门做孕期保健等服务。全县建立健全新生儿救护网络，抓好新生儿救护、疾病筛查、听力筛查网络管理，做好产前筛查与诊断工作，降低出生缺陷。全县孕产妇住院分娩率 93.3%，高危住院分娩率 100%。新法接生率 98.8%。全县累计治疗各种妇科病 489 例、初筛独生子女病残儿 6 例。有 97 个建制村开展知情选择工作。综合节育率 88.84%、晚婚率 48.86%、术后随访率 100%、育龄妇女基本生殖健康服务率 95%。

第五章 人民生活

第一节 城镇居民生活水平

一、收 支

1997 年，县城市社会经济调查队成立，开始实施城市住户调查、价格调查以及有关专项调查。调查户数 50 户 148 人。当年，全县调查户现金收入 97.08 万元，月人均收入 546.65 元；其中，实际收入 79.19 万元、借贷收入 17.89 万元。现金支出 95.30 万元，月人均消费支出 436.4 元、借贷支出 100.22 元。同年，城镇人均可支配收入 5298 元。

2000 年，全县调查户月人均收入 657.44 元；其中，月实际收入 522.43 元、月人均借贷收入 135.01 元。月人均现金支出 628.33 元；其中，月人均实际支出 495.46 元、月人均借贷支出 132.88 元。同年，清流县城镇人均可支配收入 6219 元。

2005 年，全县调查户家庭月人均收入 741.29 元，借贷收入 273.05 元。同年，清流县城镇居民人均可支配收入 7995 元，比 2000 年增长 28.56%。调查户月人均消费支出 519.74 元、借贷支出 360.42 元。

1997—2005 年清流县城镇居民生活情况表

表 4-10　单位：元

项目 \ 年份		1997	1998	1999	2000	2001	2002	2003	2004	2005
1. 人均可支配收入		5298	5681	5827	6219	6566	7390	7551	7760	7995
2. 生活消费支出		4203	3664	4009	4751	4652	5304	5524	6231	6237
其中	食品类支出	2140	1956	1929	2042	2091	2302	2412	2429	2563
	衣着类支出	480	436	363	434	444	673	727	563	578
	家庭设备、用品及服务类支出	286	233	194	326	252	435	283	295	311
	医疗保健类支出	90	89	121	178	177	166	189	327	306
	交通和通讯类支出	260	233	291	312	234	446	523	680	664
其中	文化教育娱乐及服务类支出	496	330	363	516	409	681	764	1281	1079
	居住类支出	302	273	553	759	851	520	509	550	572
	其他商品和服务支出	166	116	195	184	194	81	117	106	164

说明：城市住户调查从 1997 年开始

二、消费水平

1991 年，全县居民人均消费水平 962 元。其中城镇居民人均消费水平 1513 元。1995 年，城镇居民人均消费水平 4547 元，比 1991 年增长 2.01 倍。

1997 年，全县抽样调查 50 户结果：月人均消费支出 351.64 元；其中，食品支出 178.32 元、衣着 40.02 元、设备用品及服务 23.08 元、医疗保健 7.52 元、交通和通讯 21.65 元、娱乐文教服务 41.3 元、居住 25.2 元、杂项商品和服务 13.83 元。是年，全县城镇居民人均生活消费支出 4220 元，恩格尔系数 50.71%。

2000 年，全社会消费品零售总额 2.72 亿元，比 1999 年增长 10.7%；与 1995 年相比，增长 57.73%；年递增 9.56%。商品零售价格指数下降 1.6%，居民消费价格指数下降 1.2%。全县调查户 50 户月人均消费支出 395.96 元，居民衣食住行条件和文化生活继续改善。当年全县城镇居民人均生活消费支出 4751 元，恩格尔系数 42.98%。百户平均耐用消费品中，有摩托车 92 辆、洗衣机 102 台、电冰箱 90 台、彩色电视机 104 台、家用电脑 2 台、淋浴热水器 80 台、移动电话 7 部。

2005 年，全社会消费品零售总额 4.29 亿元，比 1991 年增长 4.57 倍。调查户 50 户月人均生活消费支出 519.74 元，当年，城镇居民人均消费支出 6237 元，是 1991 年的 4.12 倍。恩格尔系数 41.09%。百户平均耐用消费品中，有摩托车 64 辆、洗衣机 100 台、电冰箱 188 台、彩色电视机 102 台、家用电脑 24 台、淋浴热水器 88 台、移动电话 142 部、普通电话 100 部。

三、住房条件

1997 年，全县调查户 50 户 151 人，居住面积 14 平方米以上户占 82%；住自有房和部分产权自有房户占 84%；有厨房户及独用自来水户均占 98%；使用液化石油气户占 92%；有浴室厕所户占 96%；拥有自费电话户占 90%。

2000 年第五次人口普查显示，龙津、嵩口、嵩溪、灵地、长校 5 个城镇家庭总户数 16914 户，平均每户住房间数 3.05 间。其中人均住房面积 17 ～ 19 平方米的占 5.9%，20 ～ 29 平方米的占 30.5%，30 ～ 39 平方米占 18%，40 ～ 49 平方米占 11.2%，50 平方米以上占 19.4%。住房内，独立使用厨房占 9.7%，主要炊事燃料用燃气的占 4%，饮用自来水的占 4.1%，有洗澡设施的占 6%，独立使用厕所的占 3.7%。

2005 年，全县调查户 50 户 151 人。其中：居住面积 14 平方米以上户占 96%；住自有房和部分产权自有房户占 90%；独用自来水户占 98%；使用液化石油气户占 86%；有浴室厕所户占 90%。

第二节 农村居民生活水平

一、收 支

1991 年，全县抽样调查农村常住人口 70 户 420 人。调查结果：全年农民人均总收入 1175. 27 元。其中，从集体统一经营中得到收入 23. 56 元、家庭经营收入 1068. 89 元、其他非生产性收入 82. 82 元。全年人均总支出 981. 48 元，其中家庭经营支出 196. 12 元、购置生产性固定资产 6. 89 元、缴纳税款 10. 23 元、上交集体承包任务 9. 69 元、生活消费支出 666. 2 元、其他非生产性支出 92. 35 元。是年，全县农村居民人均现金收入 830. 33 元；其中，从集体统一经营中得到收入 23. 41 元、出售产品现金收入 449. 44 元、运输业现金收入 25. 95 元、生产性劳务现金收入 101. 72 元、商业和服务业现金收入 9. 37 元、其他经营现金收入 28. 79 元、非生产性现金收入 76. 1 元、储蓄借贷现金收入 115. 39 元。期内，人均现金支出 741. 13 元；其中，生产费用支出 177. 31 元、开发性生产投资 3. 83 元、缴纳税款 1. 46 元、上交集体承包任务 5. 21 元、生活消费现金支出 376. 21 元、非生产性现金支出 90. 67 元、储蓄借贷现金支出 66. 43 元。是年，全县农村住户人均纯收入 940 元。1991—1993 年，全县消费品零售总额 1. 18 亿元，平均年递增 24%；农民人均纯收入 1349 元，平均年递增 17. 7%。

1994—1998 年，全县消费品零售总额 2. 52 亿元，平均年递增 9. 2%；农民人均纯收入 2888 元，是 1991 年的 3. 07 倍，平均年递增 16. 44%。其中，1997 年抽样调查农村常住人口 70 户 324 人，抽样调查结果：全年人均总收入 3306. 76 元。比 1991 年增长 1. 81 倍。其中：家庭经营收入比 1991 年增长 1. 71 倍；人均总支出 2349. 84 元，比 1991 年增长 1. 39 倍，其中上交集体承包任务为零。是年，全县农村住户人均现金收入 2740. 15 元，比 1991 年增长 2. 3 倍；期内，人均现金支出 2154. 32 元，比 1991 年增长 1. 91 倍。

1999 年，随着第二轮土地承包责任制的落实，农村耕地面积、山地经营面积、水面养殖面积增加，农村居民购置生产性固定资产投入比 1991 年增加 81 倍。2000 年，全县抽样调查农村常住人口 70 户 298 人，调查结果：全年人均总收入 3956. 21 元；人均总支出 2888. 44 元；人均现金收入 3331. 77 元；期内，人均现金支出 2343. 34 元；人均纯收入 3142 元，比 1991 年增长 2. 34 倍。

2003 年后，全县实行农村税费改革，先后取消乡统筹、农村教育集资、政策性基金集资和除烟草、原木以外的农业特产税、农业税、屠宰税以及积累工、义务工等。改革前，全县农民年人均负担 81. 9 元；改革后，农民年人均负担 28. 72 元，年人均减负 53. 18 元，减负幅度 64. 93%。1999—2003 年，全县消费品零售总额 3. 36 亿元，平均年递增 5. 85%；农民人均纯收入 3497 元，平均年递增 3. 9%。

2005 年，全县抽样调查农村常住人口 70 户 297 人。调查结果：全年人均总收入 5249. 36 元。其中，工资性收入 899. 81 元、家庭经营收入 4031. 46 元、财产性收入 100. 99 元、转移性收入（指家庭非常住人口寄回和带回收入及亲友赠送收入）217. 1 元。全年人均纯收入 4171 元。全年，人均总支出 3850. 12 元；其中，家庭经营支出 949. 31 元、购置生产性固定资产 35. 07 元、生活消费支出 2644. 18 元、财产性支出 3. 35 元、转移性支出(指赠送亲友)211. 97 元。是年,农村住户人均现金收入 4433. 96 元。其中,工资性收入 899. 81 元、家庭经营现金收入 3216. 04 元、财产性收入（指利息、租金、转让承包土地经营权等收入）65. 16 元、转移性收入 216. 86 元。期内，人均现金支出 3281. 28 元；其中，生产费用支出 943. 51 元、购置生产性固定资产支出 35. 07 元、税费支出（指第三产业生产纳税、其他各种收费）1. 05 元、生活消费支出 2122 元、财政性支出（指宅基地有偿使用费、承包其他农户转让）3. 35 元、转移性支出 211. 36 元、非消费性支出（主要有婚丧嫁娶支出、归还借款等）264. 92 元。

二、消费水平

1991 年，全县抽样调查结果：农村住户人均生活消费支出 666. 2 元。其中，食品支出 403 元、衣着支出 56. 6 元、住房支出 22. 44 元、燃料支出 52. 55 元、日用品及其他支出 49. 14 元、文化服务支出 36. 5 元、生活服务支出 45.96 元。其中，文教娱乐消费支出比重为 5.48%。农村住户恩格尔系数 46.2%。70 户农村住户拥有自行车 81 辆、缝纫机 57 架、手表 168 只、摩托车 1 辆、大型家具 92 件、收录机 14 台、电视机 45 台，其中彩电 1 台。1997 年，全县抽样调查结果：人均生活消费支出 1756.1 元；其中人均文教娱乐消费支出 282.73 元，比重为 16.1%。农村住户恩格尔系数 53.53%。

2000 年，全县抽样调查结果：人均生活消费支出 1686.11 元；其中，食品消费支出 909.54 元、衣着消费支出 114.31 元、居住消费 221.29 元、家庭设备、用品及服务支出 86.43 元、医疗保健支出 55.69 元、交通及通讯消费 91.16 元、文教娱乐用品及服务消费 353.03 元、其他商品和服务消费 47.04 元。其中，文教娱乐消费支出比重为 18.79%。农村居民恩格尔系数 48.42%。

2005 年，全县抽样调查结果：人均生活消费支出 2644.18 元，比 1991 年增加 2.97 倍。其中：食品消费支出 1216.17 元，占生活消费总支出 46%，比 1991 年增加 2.02 倍；衣着消费支出 101.96 元、居住消费 587.82 元，家庭设备、用品及服务支出 248.51 元，医疗保健支出 117.03 元、交通及通讯消费 206.36 元，文化教育娱乐消费及支出 206.36 元，比重为 7.71%；其他商品和服务消费 49.27 元，其中用于购买金银珠宝饰品、化妆品等支出人均 37.2 元。农村居民恩格尔系数 45.99%。70 户农村住户拥有自行车 51 辆、摩托车 49 辆、电话机 64 部、移动电话 48 部、彩色电视机 73 台、影碟机 46 台、大型家具 41 件、洗衣机 23 台、电冰箱 22 台、家用电脑 2 台。

三、居住条件

1991 年，全县各乡镇围绕县委提出的“奔小康、建新村”目标，掀起农村建新村热潮，新建住宅面积 120.56 万平方米，7761 户农户搬进新居，占农村总户数 34%。当年，全县抽样调查 70 户结果：人均使用房屋 1.19 间，面积 21.5 平方米。其中生产用房面积 1.63 平方米、生活用房面积 19.88 平方米。

1992 年，县政府出台《关于村镇规划建设优惠政策的暂行规定》。规定农房设计费、农村规划设计费按收费标准减收 50%；林价款按 50% 收取，并免收“两金”；不征收固定资产投资方向调节税等。

1994 年始，全县实施“造福工程”，有计划地将居住在生产生活条件恶劣和零星分散的边远偏僻自然村的贫困群众，搬迁到生产生活较方便的建制村或公路沿线。

1997 年，县政府下发《扶持小康新村建设优惠措施的通知》，规定每个农村建设点（20 户以上），补助水泥 3 吨，用于新村道路和其它公共设施建设；新村建设点的住户，每户可享受免交税费自用材 3 立方米并免收土地出让费、土地管理费、规划费和农户房屋设计费。当年，全县抽样调查 70 户结果：年内 70 户新建房屋面积 1003 平方米。人均使用房屋 1.38 间，面积 25.02 平方米。其中砖木结构面积 4.37 平方米、钢筋混凝土结构面积 14.4 平方米。

2000 年，全县抽样调查结果：年内 70 户新建（购）房屋面积 100 平方米。人均使用面积 28.98 平方米。其中，砖木结构面积 6.52 平方米、钢筋混凝土结构面积 15.8 平方米、其他结构面积 8.61 平方米。

2005 年，省、市、县累计投入“造福工程”资金 107.5 万元，实施 7 个自然村 1070 人搬迁，新建房屋 6.5 万平方米。全县村庄建成私房建筑面积 428.14 万平方米、公共建筑面积 23.35 万平方米、生产性建筑面积 7.45 万平方米。是年，全县抽样调查 70 户结果：年内 70 户新建（购）房屋面积 880 平方米。人均使用面积 36.02 平方米。其中，砖木结构面积 11.84 平方米、钢筋混凝土结构面积 20.83 平方米、其他结构面积 3.35 平方米。

1991—2005 年清流县农民家庭（调查户）生活水平情况表

表 4-11

年　份	调查人口数（人）	人均纯收入（元）	人均消费支出（元）	人均住房面积（平方米）	恩格尔系数（%）
1991	420	940	666.2	21.5	46.2
1992	417	1095	701.79	22.24	60.05

续表 4-11

年　份	调查人口数（人）	人均纯收入（元）	人均消费支出（元）	人均住房面积（平方米）	恩格尔系数（%）
1993	406	1349	1036.24	19.84	62.3
1994	402	1554	1414.03	21.33	41.2
1995	332	1915	1506.12	22.74	63.1
1996	321	2366	1703.41	24.7	46.4
1997	324	2732	1756.1	25.02	53.53
1998	321	2888	1626.81	28.44	52.74
1999	326	3057	1583.84	28.42	51.53
2000	298	3142	1686.11	28.98	48.42
2001	295	3243	2211.73	34.94	39.08
2002	275	3348	2308.82	39	41.65
2003	276	3497	2116.1	43.38	43.01
2004	277	3835	2338.12	44.87	45.98
2005	297	4171	2644.18	36.02	45.99

卷五 水利 电力

清流县属沙溪河流域，流域面积13.69万公顷，水力资源理论蕴藏量7.7万千瓦。1991年始，发展乡镇供水、实施总长8.69千米县域防洪工程及千亩农田节水灌溉工程建设。投入资金1514.68万元实施农村电气化建设。1993年，通过全国第二批农村水电初级电气化建设县验收。

1997年始，实行农电体制改革，厂网分离。1999年12月始，启动农村电网建设改造与城网改造工程。至2001年，全县治理水土流失面积1066.67公顷，封山育林面积2.27万公顷，建设防护林面积384.6公顷。2002年，国家出台水电开发优惠政策，水电开发成为县域私人投资热点。

至2005年，全县累计投资336.89万元，完成供水工程7处，日供水规模3425吨，解决2.07万人饮水困难问题。全县拥有中型水库1座，小（1）、小（2）型水库共21座，小山塘72座，总库容3303.42万立方米，有效灌溉面积1152公顷。全县大、小引水工程2300处，总灌溉面积6782公顷，其中节水灌溉面积2153公顷。完成小流域治理面积3635公顷。除罗坑电站外，乡镇电站全部改制为私有企业。全县在运行水电站56座，装机136台、总容量7.36万千瓦，全年发电量2.92亿千瓦时。

第一章 水利工程

第一节 蓄水工程

一、建设规模

1991年初，全县有蓄水工程108座，总蓄水量3137.21万立方米。其中，中型水库1座，小(1)型水库5座，小(2)型水库13座，山围塘86座，有效灌溉面积2613公顷。当年，续建完工（小1型）水库1座，新建小（2）型以上水库1座，投入运行2座。1993—1994年，新建（小2型）水库2座。

2002年，投资17.56万元，进行黄坑源水库（小2型）和官坑尾水库（小2型）局部除险加固。

2003年，投资43.45万元，对大坪水库（小1型）进行除险加固。2004年，投资57.25万元，对马头坑（小1型）和金鸡山、李坊、江坊（小2型）水库进行局部除险加固。2005年，投资14.77万元，对上坪、姚家（小2型）水库进行局部除险加固。

至2005年，县境内有中型水库1座，即琴源水库，总库容1539万立方米；小（1）、小（2）型水库21座，总库容1682.8万立方米，灌溉面积1102.2公顷；小山塘72座，总库容85.62万立方米，有效灌溉面积109.93公顷。

二、新建水库

（一）时州水库

位于嵩溪镇北面，时州伐木场旧址下游200米峡口处。水系为九龙溪支流嵩溪溪。坝址以上集雨面积19.5平方千米。水库按50年一遇设计，300年一遇校核。水库总库容500万立方米，其中兴利库容393.1万立方米，死库容50.9万立方米，设计灌溉面积286.67公顷。水库枢纽工程由大坝、溢洪道、输水设备、渠道电站等组成。大坝为细骨料混凝土砌石双曲拱坝，最大坝高37.8米，坝顶宽3.2米，坝顶弧长112.1米。溢洪道在坝顶中央，采用向心布置，溢洪道总净宽37.5米，不设闸门，为自由溢流。放水设备布置在大坝右侧，右岸放水口底高程为116.7米，φ800毫米钢管，安装φ800毫米闸阀1台。坝后及渠道电站共装机1085千瓦。是以灌溉为主，结合防洪、发电、养殖等综合利用的小（1）型水库。工程于1991年3月完成，总投资149.97万元。

（二）东山水库

位于灵地镇灵和村。水系为闽江沙溪支流罗口溪。坝址以上集雨面积0.1平方千米。水库按20年一遇设计、200年一遇校核。总库容10.3万立方米，其中兴利库容8.5万立方米，死库容0.5万立方米，设计灌溉面积33.33公顷。水库枢纽工程由大坝、溢洪道、输水设备等组成。大坝为均质土坝，坝顶高程358米，最大坝高8.1米，坝顶长107米。溢洪道为岸边正槽溢洪道。放水设备由放水涵管和卧管组成。是以灌溉为主，结合防洪、养殖等综合利用的小（2）型水库，1991年2月建成，总投资8.5万元。

（三）上坪水库

位于沙芜乡上坪村。水系为沙溪支流九龙溪。坝址以上流域面积4.2平方千米。水库按20年一遇设计、200年一遇校核。总库容20.25万立方米，其中兴利库容6.2万立方米，死库容2.05万立方米，设计灌溉面积60公顷。水库枢纽工程由大坝、溢洪道、输水设备等组成。大坝为细骨料混凝土砌石双曲拱坝，设计最大坝高22.2米，坝顶宽1.3米，坝顶弧长62.7米。溢洪道在坝顶中央，采用向心布置，溢洪道总净宽35米，不设闸门，为自由溢流。放水涵管布置在大坝右侧，右岸放水口底高程为307.8米，φ500毫米钢管，出口安装φ250毫米闸阀1台。是以灌溉为主，结合防洪、养殖等综合利用的小（2）型水库。工程于1990年9月动工，1991年完成砌石双曲拱坝高17.96米及其他辅助工程，投资15万元。总库容10.69万立方米，其中兴利库容6.2万立方米，实际灌溉面积29公顷。

（四）小垅水库

位于林畲乡石忠村。水系为九龙溪支流嵩溪溪。坝址以上流域面积1.23平方千米。水库按20年一遇设计、200年一遇校核。总库容69.2万立方米，其中兴利库容44万立方米，死库容2万立方米，设计灌溉面积133.3公顷。水库枢纽工程由大坝、溢洪道、输水设备等组成，大坝为黏土心墙堆石坝，最大坝高27.2米，坝顶宽3米，坝顶长79.3米。溢洪道采用侧槽式，放水设备采用斜拉闸门控制。是以灌溉为主，结合防洪、养殖等综合利用的小（2）型水库。1991年开始建设，1992年1月完工，总投资215.3万元。采用地下水管灌后实际灌溉336.67公顷。2002年，投资12.61万元进行局部除险加固。

（五）山子甲水库

位于里田乡李坊村。水系为沙溪支流长潭溪。坝址以上集雨面积6.95平方千米。原设计水库按50年一遇设计、500年一遇校核。坝高18.8米，总库容112万立方米，规模为小（1）型水库，设计灌溉面积166.67公顷。1994年12月，坝建至高程447.1米，坝高为15.8米时停工。水库规模改为小（2）型。实际总库容72万立方米，其中兴利库容48.4万立方米，死库容3.6万立方米。水库枢纽工程由大坝、溢洪道、输水设备等组成。大坝为细骨料混凝土砌石双曲拱坝，坝顶宽1.7米，坝顶弧长52米。溢洪道布置在坝顶中央，采用向心布置，溢洪道总净宽20米，不设闸门，为自由溢流。放水涵管布置在大坝右侧，右岸放水口底高程为437.2米，φ250毫米钢管，出口安装φ250毫米闸阀1台。是以灌溉为主，结合防洪、养殖等综合利用的小（2）型水库，工程总投资46.8万元。

（六）江坊水库

位于长校镇江坊村西北角的张家寨坑垅。水系为沙溪支流长潭溪。坝址以上集雨面积1.8平方千米。水库按20年一遇设计、200年一遇校核。总库容15.20万立方米，其中兴利库容10.62万立方米，死库容0.56万立方米，设计灌溉面积57.33公顷。水库由大坝、溢洪道、放水设备等组成。大坝为均质土坝，最大坝高19米，坝顶宽3米，长105米。溢洪道为岸边侧槽溢洪道，放水设备由放水涵管和斜拉闸门组成。是以灌溉为主，结合防洪、养殖等综合利用的小（2）型水库。1993年11月动工，1996年2月竣工，工程总投资67.91万元。

2005年清流县在运行小（2）型及以上水库一览表

表5-1

水库名称	灌溉面积（公顷）	总库容（万平方米）	坝 型	坝 高（米）	建成时间
时州水库	286.67	500	浆砌石拱坝	37.8	1991.3
东山水库	33.33	10.3	均质土坝	8.1	1991.2
上坪水库	60	20.25	砌石拱坝	17.96	1991.12
小垅水库	133.33	69.2	黏土心墙土石坝	27.2	1992.1
山子甲水库	166.67	112	砌石拱坝	15.8	1994.12
江坊水库	57.33	15.2	均质土坝	19	1996.2

第二节 引水 提水工程

一、引水工程

1991年,全县有引水工程2213处,有效灌溉面积6790公顷。其中灌溉面积66.67公顷以上引水工程12处，有效灌溉面积822公顷。1996年，建成林畲、邓家两大万亩灭旱水利工程，新增有效灌溉面积578.4公顷，改善灌溉面积299.6公顷。对原有赖坊洋坑水库渠系、轩坑渠系、灵地江头引水渠系套、琴源水库左干渠渠系等15处进行加固配套，衬砌渠长12千米，改善灌溉面积1080公顷。

1997年，全县引水工程面积6059.53公顷，蓄水工程面积2272.27公顷，有效灌溉面积8877.2公顷。

2005年，全县有引水工程2301处，有效灌溉面积6781.7公顷。其中灌溉面积66.67公顷以上引水工程13处，有效灌溉面积687.3公顷。

二、提水工程

1991年初，全县有水轮泵80处140台、电灌站40处40台，有效灌溉面积440公顷。提水工程大部分建于20世纪60、70年代，因年久，老化、失修，基本报废。1991—1996年间，新建下山提水工程，以及嵩溪青溪和李家潮水岩（右岸）两处电灌站工程，装机2台22.5千瓦，新增有效灌溉面积26.67公顷。1997年，全县提水工程面积266.6公顷。2005年，投资5.6万元，为嵩溪移民安置点建造提水站1座。至是年，全县仅存水轮泵26处48台，有效灌溉面积129.47公顷；机灌站2处2台，有效灌溉面积7.6公顷；喷灌站2处2台，喷灌面积7.33公顷。

第三节 节水灌溉工程

2000年，县琴源水库管理处对灌区内9.1千米渠道进行防渗加固，试行节水灌溉，节水面积33.33公顷。2001年3月，完成总干渠和左干渠8.5千米节水灌溉工程，投资280余万元。

2002年，投资61.9万元，完成嵩溪陂渠道防渗2.3千米、林畲大坪水库左右干渠防渗3.7千米和沙芜马里坑水库渠道防渗 1.2 千米，节水灌溉面积共 166.66 公顷。

2000—2005 年，实施“千亩农田节水灌溉工程”。总投资 1027.62 万元，续建完成灌溉面积 53.33 公顷以上节水工程 9 个，节水灌溉面积 973.33 公顷。投资 40.3 万元，新建里田大垅里千亩节水灌溉示范工程，节水面积 53.33 公顷。总投资 106.1 万元，先后在林畲、李家、田源建山地蓄水池 3 处共 7782 立方米，灌溉面积 67.6 公顷。

2005 年清流县在运行节水灌溉工程一览表

表 5-2　　单位：公顷、万元

工程名称	所在乡镇	节水面积	节水措施	投　资	建设年份	建设部门
琴源水库灌区节水灌溉工程	赖　坊	1066.5	喷灌、新建渠道及防渗	863.6	2000—2005	琴源水库管理处
林畲灌区节水改选项目	林　畲	186.7	渠道防渗	123.72	2002—2003	林畲乡
里田大垅里千亩节水灌溉示范工程	里　田	53.33	新开道及防渗	40.3	2005—	里田乡

第四节　防洪工程

1991 年前，全县护河堤防工程分布于嵩口、嵩溪镇，东华、田源、温郊、余朋、赖坊、灵地、邓家、李家、里田等乡镇，共计 27 处，全长 11.2 千米，保护耕地面积 201 公顷。

1997 年，县城区防洪工程经福建省水利厅批准立项，总长 8.69 千米，工程总投资 1811.81 万元。

1998 年，开始实施城区防洪工程项目。采取“县财政挤一点，金融债券贷一点，群众投一点，上级补一点，工程队欠一点”的方法，解决防洪堤建设资金问题。

1999 年，清流县列入闽江上游沙溪防洪一期工程建设长 7.48 千米，工程概算投资 2549.25 万元。其中嵩口河段 1.47 千米，投资 471.19 万元。同年，投资 594.56 万元，新建堤防工程 3.23 千米、旧堤改造 0.7 千米。2000 年，投资 885.15 万元，完成省城防工程建设任务 2.83 千米、加固老堤 1.12 千米。

2001 年，省城防工程任务 0.85 千米、国债项目任务 1.63 千米，工程概算投资 684.59 万元。当年实际投资 618 万元，完成防洪工程土方 9.60 万立方米、砌石 3.10 万立方米、砼 0.8 万立方米。

2002 年，城区防洪堤工程全部完成，总长 6.96 千米，总投资 1711 万元。工程质量经省、市检查验收，均符合设计要求。历经数次洪水考验，防洪工程无异常情况发生。

第五节　农村饮用水工程

一、乡镇供水工程

1991 年，全县有抽（河、井）水、引（山泉）水设施 88 处，供水 1.11 万户，占全县总户数 40.66%。同年开始，国家采用以工代赈形式，大范围发展乡镇供水。省水利厅每年补助乡镇供水工程项目资金 10 万元。

1998 年起，每年建设乡镇供水工程 1 个。至 2005 年，累计投资 336.89 万元，完成乡镇供水工程 7 处，供水规模 3425 吨／日，解决 2.07 万人饮水困难。

2005 年清流县在运行乡镇供水工程一览表

表 5-3

乡　镇	受　益（人）	供水规模（吨／日）	总投资（万元）	建设年份
田源乡	2700	360	31.35	1998
李家乡	3500	500	38	1999
里田乡	2640	350	43.5	2000
余朋乡	2018	315	34.96	2001
温郊乡	2466	420	61.35	2002
赖坊乡	3360	480	68.43	2003
龙津镇	4000	1000	59.3	2004

二、村级供水工程

1994—1997 年，投入 6.60 万元实施老区人畜饮水工程 19 个。

2000 年，实施老区基点建制村和少数民族建制村通水工程建设，建成长校、嵩溪等 10 个乡镇 39 个老区基点建制村和少数民族建制村的通水工程（以简易自来水建设项目为主），受益人口 3.22 万人，

2001—2003 年，实施省级农村人饮工程建设，省水利厅补助每个村 2 万元。通过争取该项目资金及村民自筹，全县投入 85.83 万元，建成李家乡古坑、罗坑，温郊乡小池，余朋乡东坑，赖坊乡琴源、陈家 6 个村人饮工程，供水规模合计 820 吨／日，受益人口 6447 人。

2004—2005 年，省级补助村级供水工程每个村 3.50 万～5 万元，市级配套补助 0.50 万～3 万元，全县共投资 379.77 万元，实施 12 个乡镇的 26 个村级供水工程，供水规模总计 3170 吨／日，受益人口 2.06 万人。

2004—2005 年清流县千万农民饮水工程建设一览表

表 5-4

建设年份	乡镇名称	行政村名	供水规模（吨／秒）	受益人口（人）	水源类型	完成投资（万元）
2004	嵩溪镇	罗陂岗	90	515	山涧水	11
2005		黄沙口	120	770	山涧水	12.53
2005	东华乡	供　坊	91	612	山涧水	11.26
2005	林畲乡	石　忠	160	866	山涧水	19.32
2004	温郊乡	梧　地	80	490	山涧水	10.4
2005		温家山	80	450	山涧水	7.12
2004	嵩口镇	大　元	80	520	山涧水	16.6
		高　坑	120	782	山涧水	16.6
2005		立　新	60	344	地下水	5.23
2005	田源乡	田　口	230	1610	山涧水	13.14
2004	邓家乡	坑　甲	100	550	泉水、山涧水	15.01
2005	邓家乡	吉　龙	80	480	山涧水	12.86

续表 5-4

建设年份	乡镇名称	行政村名	供水规模（吨／秒）	受益人口（人）	水源类型	完成投资（万元）
2005	灵地镇	步　云	35	210	浅层水	5.49
		灵　和	145	1189	地表水	18.12
2004	李家乡	河　背	150	1077	山涧水	11.3
2005		李　村	200	1082	山涧水	23.47
		吴　家	289	1832	山涧水	45
		鲜　水	300	1500	山涧水	34.6
2004	赖坊乡	东　山	120	1166	山涧水	14
		南　山	120	1192	山涧水	11.5
		姚　家	100	923	山涧水	10.4
		寨　下	100	585	泉　水	8.5
2005		官　坊	120	679	山涧水	15.73
2004	里田乡	深　渡	40	252	山涧水	8.2
2005		卢　水	80	411	山涧水	13.46
2005	长校镇	下　谢	80	486	山涧水	8.93

第六节　冬春修水利

1991 年冬至 1992 年春，投资 558.15 万元，修复水毁工程 28 处。累计投工 89.73 万工日，完成土石方 94.6 万立方米，新增灌溉面积 544 公顷，改善灌溉面积 1160.7 公顷。

1992 年至 1993 年春，全县修复水毁工程 537 处、工程配套 7 处、水库加固 4 座。累计投工 117.6 万工日，完成土石方 97.24 万立方米，恢复灌溉面积 6333.3 公顷，新增有效灌溉面积 100 公顷。

1996 年，林畲、嵩溪、里田、田源、李家等乡镇组织群众开展秋冬水利建设，高峰时期上场劳力 8000 余人，修复当年和历年水毁工程 248 处，恢复灌溉面积 1706.7 公顷，改善灌溉面积 2186.7 公顷。

1997 年，开展以提高防汛抗灾能力为目标的秋冬水利建设，加固配套 7 处，修复水毁工程 781 处。全年使用劳力 58.24 万工日，投入资金 608.9 万元，完成土石方 51.61 万立方米。修复琴源水库左干渠、林畲大坪水库左右渠等各类水利工程 1625 处，渠道清淤 733.5 千米，渠道防渗 7.49 千米。新增有效灌溉面积 33.3 公顷，恢复灌溉面积 2480 公顷，改善灌溉面积 2533.3 公顷。

1998 年冬至 1999 年春，完成水利工程加固配套 7 处，修复水毁工程 94 处。全年修复各类水利工程 2100 处，渠道清淤 850 千米，渠道防渗 7.59 千米，新增有效灌溉面积 73.33 公顷，恢复灌溉面积 833.3 公顷，改善灌溉面积 1633.3 公顷。1999 年，投入资金 130 万元，修复各类水利工程 376 处，修复水毁工程 12 处，恢复灌溉面积 86.7 公顷，改善灌溉面积 166.7 公顷。

2000 年冬至 2001 年春，投入资金 136 万元，使用劳力 63.6 万工日，完成土石方 69.32 万立方米，整岁修各类工程 1990 处。其中修复水毁工程 46 处，渠道防渗 20.5 千米，渠道清淤 513 千米，完成加固配套工程 7 处。恢复灌溉面积 573.3 公顷，改善灌溉面积 1400 公顷，

2001—2002 年，受“6·13”特大洪灾影响，各乡镇水利设施遭到不同程度毁坏。全县修复水利设施 355 处，整岁修 2000 处，渠道清淤 780 千米，完成土石方 35 万立方米，投资 661 万元，改善灌溉面积 1200 公顷，恢复灌溉面积 1000 公顷。

2002 年冬至 2003 年春，按冬春修水利建设计划开展水利建设。改善灌溉面积 4020 公顷，发展节水灌溉面积 213.3 公顷，修复水毁工程 192 处，修复各类水利工程 2100 处，加固塘坝 4 座，治理水土流失面积

361 公顷，中低产田改造 173.33 公顷。

2003 年冬至 2004 年春，全县冬春水利建设累计投入劳力 48.5 万工日，投资 2495 万元，完成工程土石方 73.2 万立方米。

2004 年冬至 2005 年春，以“六千”工程（千万农民饮水工程、千座水库保安工程、千万方山地水利工程、千万亩农田节水灌溉工程、千公里河道清水工程、千万亩水土流失治理工程）为重点，发动群众投工投劳。截至 2005 年 3 月 20 日，全县投入劳动积累工 18.1 万工日，完成土石方 18.3 万立方米，改善灌溉面积 800 公顷，新增节水灌溉面积 253.33 公顷，修复水毁水利工程 17 处，解决供水 8 处，改造中低产田面积 320 公顷，治理流失面积 580 公顷，新增农村水电装机 0.35 万千瓦。工程总投资 956 万元。

第二章　防汛抗旱

第一节　防　汛

一、洪水预警报系统建设

1999 年 12 月,《清流县洪水预警报系统建设具体实施方案》发布。2000 年，投入资金 33 万元，实施市委、市政府 2000 年为民办实事项目——防洪减灾非工程措施建设，同年 5 月建成并投入使用。市洪水预警报系统清流分中心站，设有城区、琴源水库水位站 2 个，城区、琴源水库、嵩溪、嵩口、灵地、长校、沙芜雨量站 7 个。

2000 年 6 月，确定城区警戒水位为 288.9 米，危险水位为 291 米。洪水来临前夕，县防汛抗旱指挥部根据雨情、水情及天气情况，指挥嵩口坪电站提前开闸腾空库容，确保水位平稳。2001 年 6 月 12—13 日，县境内普降大到暴雨，城关降雨量 127 毫米，创历史最高记录。洪水预警报系统及时收集、分析上、下游雨情，科学调度嵩口坪水库，保证城区安全度汛。水利部门及时掌握雨情，在最短时间内组织人员抢险，使嵩溪镇惠清水库大坝险情转危为安，按 5 年一遇洪水计算，防汛预警系统经济效益在千万元以上。

2003 年，县防汛指挥中心建成，总值班室配备电脑录音监控电话 1 台，网络工作站 4 个，以及演示电脑传真机、投影机、发电机等设备；编制完成《清流县洪水预警报系统规划设计书》。系统建设总投资概算 296.4 万元，其中设备购置 182.91 万元。省级补助洪水预警系统设备购置 10 万元。系统采用无人值守、有人看管、可行性高、实时性强的“自报式”，数据采集，编码、发送通过中继站转发到中心站。年内，县洪水预警规划系统建设中心站、中继站各 1 个，水位雨量站 10 个、雨量站 5 个。经市防汛办对照硬软件标准，防汛预警系统建设验收达标。城区水位雨量站投入使用。

2005 年 8 月，里田、李家、温郊、余朋雨量站投入使用。

二、防汛抗洪救灾

1991 年 4 月 1 日起，县防汛机构实行 24 小时防汛值班。4 月 3 日，召开全县防汛工作会，布署城乡防洪工作。进行县内 195 处水利水电工程汛前安全大检查。组织抗洪抢险队伍 950 人。落实防汛物资，其中水泥 65 吨、木材 35 立方米、砂石料 240 立方米、麻袋 7500 个、车辆 9 辆。

1992 年，“7·6”暴雨洪涝后，全县组织干部下乡村发动群众 5000 余人突击抢修水毁工程 324 处，恢复农田灌溉用水面积 1933.33 公顷。

1993 年，15 个乡镇、县直有关单位、小（1）型以上水库管理单位均在汛前健全防汛领导指挥机构，实行行政首长负责制和一级对一级负责的防汛抗洪责任制。

1994 年，受“5·2”和“6·15”特大暴雨洪水袭击，县域水库病险情加重，各乡镇对高地、马头坑、李坊、惠清、黄坑源等5座水库进行除险加固。

1997年，组织127人对小（2）型以上水库和其他重点水利工程开展汛前检查，排查安全隐患，及时提出处理方案；县政府批准建立特大防汛抗旱基金，从该年起，每年县财政提留20万元作为专项基金，用于特大水灾（或旱灾）的重点水利工程、堤防工程维护以及重要溪河防汛减灾经费；组织抢险队伍1200人、抢险车28辆，备砂石350立方米、水泥260吨、麻草袋6300个。在遭受“4·21”“6·9”“6·25”3次暴雨洪水袭击时，全力做好抗洪抢险，全县25座小（2）型以上水库安全度汛。

1999—2002年，落实抢险队伍1170人、编织袋2000个、木材43立方米、救生衣100件、冲锋舟1艘。

2003年，建立防汛物资仓库和防汛应急物资设备仓库各1间。全县储备一线抢险物资编织袋5200个、桩木20立方米，并配备玻璃钢冲锋舟、橡皮艇各1艘，救生衣200件，防汛灯、应急灯各3盏，组建抢险应急分队21支、1150人，随时待命。

2005年，根据气象预报和洪水预警信号，全县提前配备玻璃钢冲锋舟3艘，橡皮艇2艘，救生衣200件，工作灯20盏，全球卫星电话1部，海事卫星电话1部，手摇警报器2台及大量木材砂石等救灾物资。5月14日起，抢险队伍动员组织灾区群众转移，全力抢救被困人员及财产。

第二节　抗　旱

1991年，全县发生旱灾。县内降雨量明显偏少，6座小（1）型以上水库蓄水量仅813.8立方米，占正常水位库容42%。高峰受旱面积2666.67公顷。全县高峰投入劳力3万多人、资金36.8万元、抗旱机具194台，抗旱25.8万工日。旱情严重的李家乡党委、政府组织群众打井274眼，投入抗旱机具48台，其中农户自购18台，抢修各类水利工程196处，解决农田灌溉用水面积81公顷。

1993年，雨季刚结束，组织发动群众修复水利工程，突击抢修水毁工程32处，恢复灌溉面积333.33公顷。

1999年，李家、灵地、邓家、赖坊、沙芜、长校、林畲等地出现严重春旱，灵地、邓家等乡镇面临人饮用水中断困难。全县已种植农作物农田受旱面积2157.33公顷。旱情发生后，派工程技术人员深入乡村指导和协助抗旱，并加大抗旱投入。

2002年，县内遇到有资料记载以来最严重干旱年份，全县大范围受旱，总面积6886.67公顷。县组织抗旱服务队，带车带设备，为严重旱片浇灌面积1333.33公顷。

2003年6月，受副热带高气压影响，县内发生较严重干旱，受旱面积4800公顷，其中轻旱2800公顷，重旱2000公顷。县紧急拨付9.2万元购置抗旱器械，对抗旱用电实行优惠价（0.15元/千瓦时）。全县投入抗旱机具142台，打井168口，解决群众生活用水困难问题。并开展人工增雨作业，发射高炮6次、169枚。

2004年，县内再度干旱，抗旱服务队实施人工增雨，发射高炮5次、14枚，有效缓解旱情。

第三章　水土保持

第一节　水土流失状况

1991年，全县水土流失面积6526.8公顷，占全县土地面积3.58%。其中强度流失主要分布在邓家、赖坊、灵地、李家、长校等南面乡镇。邓家最为严重，未治理流失面积977.87公顷。

1994年春，开展全县人为造成的水土流失普查，查清全县人为造成的水土流失面积1470公顷，流失量

115.05 万吨。其中，林业生产经营不善导致流失面积 417.53 公顷，农业综合开发水土保持措施不完备导致流失面积 916.67 公顷，采矿导致流失面积 62.8 公顷，水利、水电、基建工程，交通灯建设导致流失面积 73.53 公顷。造成水土流失危害的有耕地易旱易涝面积 2582.27 公顷，泥沙压盖面积 1573.4 公顷；水利设施渠道冲毁淤积 1166 处、长 240 千米，冲毁公路 133 千米，河道淤积 216 处、319 千米。

1994—1997 年，全县人为造成水土流失面积 1333.33 公顷，流失量 80.5 万吨，其中林业生产经营不善造成的水土流失面积 333.33 公顷，农业综合开发过程中水土保持措施不完备导致的水土流失面积 533.33 公顷，采矿造成的水土流失面积 133.33 公顷，水利水电、基建工程、交通等造成水土流失面积 333.33 公顷。截至 1997 年，水土流失总面积 12813.5 公顷，其中轻度流失面积 1.16 万公顷，中度、重度流失面积 1200 公顷。因水土流失导致的耕地、园地易旱、易涝面积 2600 公顷，泥沙覆盖面积 66.67 公顷。

2000 年，据省试验站开展的遥感普查，全县水土流失面积 1.8 万公顷，占土地总面积 9.96%。其中轻度流失面积 6680 公顷、中度流失面积 7040 公顷、强度流失 3950 公顷、极度流失 32 公顷。

2005 年，全县水土流失面积增至 2.91 万公顷，占土地总面积 16.11%，其中轻度流失面积 5823 公顷，占流失总面积 20.01%；中度流失面积 1.06 万公顷，占流失总面积 36.43%；强度流失面积 7673 公顷，占流失总面积 26.37%；极强度以上流失面积 5001 公顷，占流失总面积 17.1%，侵蚀强度为全省之最。

第二节　水土流失治理

一、生物措施和工程措施

1991 年，清流县被列为全国第一批《中华人民共和国水土保持法》(以下简称《水土保持法》) 执法试点县。县、乡、村采取多种形式进行水土流失治理，重点在强度流失区邓家、李家、灵地、赖坊、长校等乡镇进行封山育林。全县列入封育面积 1.58 万公顷。嵩溪、赖坊、长校、里田等乡镇将抛荒的自留山收归集体，由集体与市、县联营造林，进行项目造林、育林基金有偿投放造林、贴息还贷造林、和青山纸业联营造林等，完成造林面积 4167 公顷，有效控制生态脆弱区域水土流失。同时继续采取以煤代柴、改用节柴灶措施。全县改造省柴灶 1.08 万户、兴建沼气池 1209 口。全县通过大量实验、示范和总结，创造两大治理模式，即以草先行、乔灌草一起上；以封山育林为主题，农业综合开发和农村节能多种措施并行的“灵地治理模式”和以水蜜桃种植开发为主题，山、水、田、林、路综合治理，建立生态农业的“长校治理模式”。是年，县水利部门审批水土保持实施报告 100 项，与公安、土地管理、林业、矿管、环保、水政等部门共同查处违法违章案件 25 起。

1994 年 8 月，清流县通过水利部全国第一批实施《中华人民共和国水土保持法》试点县合格验收。1995 年，县水利部门联合环保部门对全县水资源状况及水污染状况进行监测和综合分析，并对县内各河系水质进行数次取样、化验，提出建议措施，重点防范、减少水体污染，保护水资源涵养。

1996 年，开展全县崩岗情况调查，查明共有新老崩岗面积 1934.73 公顷。已在坡面实施生物措施治理的面积 933.60 公顷，覆盖率 81.88%。林业部门规划砍伐田源村大坑山场，水利部门与村、乡和林业部门共同探讨，最后确定采用择伐，确保该处水源涵养。是年，全县完成水土流失（封禁）治理面积 666.67 公顷。

1997 年，水土保持行政执法监督对象从开矿、采石、取土扩展到林业、水电、公路、基本建设、农业开发等部门涉及改变和降低水土保持功能的建设开采项目。全年，应报水保方案报告 80 项，完成审批方案报告 75 份，申报率 93.75%，审批率 100%。加强审批项目跟踪监督检查，发现水保方案措施不落实的责令其限期整改。当年，法院执行案件 2 起，调解纠纷 1 起，收取水土保持补偿费 1.5 万元。林畲舒曹、长校河排两地各建立果园生态工程水土保持示范片 1 片， 实施面积 13.33 公顷，引进白豇豆等绿肥品种和白喜草等优良草种在果园进行试验种植，取得成功。全年，完成水土流失综合治理面积 700 公顷。采用宣传、制订村规民约等手段，完成封禁治理面积 666.67 公顷。

1998 年，投入资金 1061 万元、劳动力 80.71 万工日， 全县高峰上场劳力 8400 人。完成土石方 92.26 万立方米，水土流失治理（封禁）面积400公顷。至1999年，南边5个乡镇完成封山育林2.27万公顷。

2001年，在九龙溪、嵩溪溪、罗口溪、长潭河等河道规划建设竹林防护带226.9千米，折合面积272.2公顷。项目总投资491.2万元。工程分3年建设。至2002年，沿河两岸竹林防护体系工程全面竣工。

2004年，将水土流失综合治理与山地水利建设相结合，在经济林果和牧草种植园中兴修雨水集蓄池。创新水土流失治理投入机制，在项目实施中为种养大户提供种苗、肥料，由农户出工种植栽培果树和牧草，保证项目的后续管理和使用。农户种植二系狼尾草，闽肯1号产鲜草2000多吨。

2005年，协助完成水利部、中科院、中国工程院组织的水土保持生态安全科学考察。完成水土保持投资99.6万元，实施水土保持工程2处，其中渠道1.4千米，道路1千米，沼气池20口。全年审批水土保持方案12项。

二、小流域水土流失综合治理

1991年，开展小流域水土流失工程治理，全县按照“以小流域为单元，以流失斑为对象”的治理原则，因地制宜，统一规划、实施。1992年，制定《校溪中轻度水土流失区综合治理规划》，并通过省市专家论证。

1991—1993年，全县治理小流域9条，治理总面积7878.27公顷，治理流失面积6774.13公顷，其中，封禁治理面积5830公顷，强化治理面积2048.27公顷，昔日的荒山秃岭换上绿装。

1994年，对文昌溪小流域进行调查，编写《文昌溪小流域水土保持综合治理规划报告书》，并协同有关部门进行治理。至1996年，共治理流失区面积1153.33公顷，其中封禁治理面积933.33公顷，强化治理面积220公顷，种植豆种绿肥100公顷，串灌改轮灌166.67公顷，开挖引水渠道2000米，防洪沟500米，进行山、水、田、森林、道路综合治理，基本完成规划任务。《校溪小流域综合治理》项目获省水保系统首次水土保持科技成果三等奖。

1997年，选择罗口溪小流域重点流失地邓家乡作为治理对象，采取封山、管护、造林相结合的办法，制定村规民约、专人管护，共完成封禁治理面积700公顷，新增木材3000立方米，间接实现经济效益12万元。

2002年，清流县被列为全省水土流失重点治理县。12月，甲子溪小流域水土流失综合治理工程动工，2003年9月完工，项目总投资135万元，治理流失面积1570公顷，其中封禁治理面积1365公顷、封禁补植面积110公顷、二系狼尾草平台开挖及种植面积8公顷、宽叶雀稗种子撒播面积30公顷、种果面积20公顷、开挖截水沟80千米、新修道路2.1千米。

2004年，完成工程后续整改，重新进行封禁补植宽叶雀稗、胡枝子面积20公顷。同年3月，暗甲溪小流域水土流失综合治理工程开始实施。项目为3年期，总投资180万元。年内完成治理流失面积1380公顷，其中封禁治理面积1180公顷、种草、造林面积各100公顷。水土保持工程12处，其中，蓄水塘坝3座、蓄水池4口、截水沟8千米、渠道4.98千米、道路2千米、沼气池50口。完成封禁治理面积580公顷，种植二狼尾草、闽肯一号面积20公顷、造林面积40公顷。2005年，继续实施2004年国债项目暗甲溪流域水土流失综合治理工程，植被恢复面积685公顷，其中封禁治理面积620公顷、造林面积40公顷、种草面积25公顷。

第四章 电　力

第一节 发　电

一、水电工程建设

1991年，全县在运行小水电站19座，装机43台、装机容量1.85万千瓦。1992—1995年，全县建成并投产小水电站7座，装机12台、装机容量1400千瓦。

1996—2000年，全县建成并投产小水电站8座、装机20台、总装机容量8315千瓦；另有2座水电站进行技改扩机，新增装机 4 台容量 4600 千瓦。其中，嵩口坪、鱼龙岗、竹青背 3 座重点电站，共装机 2.14 万千瓦。至 2000 年，全县年发电量 1.08 亿千瓦时，供电量 1.08 亿千瓦时。

2000 年 11 月，清流供电局职工集资 50 万元创办民营企业——宁化县恒盛电力发展有限公司。以租赁承包、合作开发小水电站为主营业务。2001 年 4 月，增资至 600 万元。公司控股小水电站 9 座（其中县境内的电站 5 座：时州电站、高坊电站、深渡电站、沙坪电站、岗背电站；宁化县 3 座：罗地电站、廖坑电站、黄坊电站；长汀县 1 座：寨下电站），总装机容量 4240 千瓦，年平均发电量 1300 万千瓦时。

2001 年始，国家推行小水电建设“谁投资谁受益”政策，私人资本大量投入，县域水电开发和建设迅速发展。至 2005 年，全县建成投产水电站 26 座，装机 66 台、总容量 4.36 万千瓦；有 3 个水电站进行技改扩机，新装机组 6 台、总容量 1770 千瓦。年末，全县在运行水电站 56 座，装机 136 台、总容量 7.36 万千瓦，全年发电量 2.92 亿千瓦时。其中，联入省网的 8 座，装机 17 台，容量 2.97 万千瓦；联入县网水电站 45 座、装机 113 台、容量 4.27 万千瓦；联入连城、宁化网 3 座，装机 6 台、容量 1165 千瓦。

（一）竹青背水电站

位于长校镇长潭河中游，距城关 54 千米。坝址以上集雨面积 498 平方千米，总库容 870 万立方米，多年平均来水量 5.14 亿立方米，多年平均流量 16.31 立方米 / 秒。坝后电站设计装机 5000 千瓦，年发电量 2175 万千瓦时，年利用 4350 小时。1996 年 6 月建成投产，总造价 5407 万元。电站建成后，利用水库蓄水和调节作用，将鱼龙岗电站从装机容量 6000 千瓦扩大到 1 万千瓦。

（二）关公凹水电站

地处田源乡和邓家乡交界的罗口溪中下游。站址距城关 43 千米。该站为为坝后式径流开发。多年平均径流量 11.51 亿立方米，坝型采用混凝土浆砌空腹重力坝，最大坝高 34.5 米，坝顶长 116 米；大坝设 3 扇 12×10 米弧形钢闸门泄洪。坝后设计水头 26.7 米，引用设计量 52.4 立方米 / 秒，年设计发电量 6260 万千瓦时。由厦门优恩电力有限公司与县政府合资兴建，总投资 9212 万元，装机 2 台、装机容量 1.6 万千瓦，2004 年 1 月建成投产。

（三）龙津河电站

位于嵩口镇，坝址在龙津河。坝址以上集雨面积 1921 平方千米，正常水位 285 米，总库容 1710 万立方米，坝高 26 米，引用流量每秒 44.5 立方米。2004 年 4 月投产，装机 7000 千瓦，年发电量 1720 万千瓦时，最大泄洪量 2620 万立方米 / 秒。

1991—2005 年清流县新建水电站一览表

表 5-5

水电站名称	所在地	装机容量（台 / 千瓦）	投产时间	设计年发电量（万千瓦时）
龙龟山电站	李家乡	1/55	1992.2	18
长校（校溪）	长校镇	1/55	1993.1	25
时州坝后	嵩溪镇	1/200	1993.11	60
深　渡	里田乡	3/730	1994.7	420
红旗桥	长校镇	1/55	1994.7	25
芹　溪	余朋乡	2/115	1995.9	46
梧　地	温郊乡	3/190	1995.12	80
沙　坪	长校镇	3/445	1996.1	178
琴源坝后	李家乡	2/250	1996.3	127
新　垦	嵩溪镇	2/200	1996.4	80

续表 5-5

水电站名称	所在地	装机容量（台／千瓦）	投产时间	设计年发电量（万千瓦时）
竹青背	长校镇	2/5000	1996.6	2175
潮水岩	李家乡	3/480	1996.7	158
洋 背	邓家乡	3/960	1996.12	600
流 水	李家乡	3/600	1998.7	270
龙 地	沙芜乡	2/500	1999.5	230
罗峰溪（芹口）	余朋乡	7/1300	2001.4	430
莒 林	温郊乡	3/600	2002.1	160
燕 形	嵩口镇	3/650	2002.5	230
天 源	余朋乡	1/55	2002.5	18
新 车	李家乡	2/250	2002.5	100
高 坊	嵩口镇	2/800	2002.9	393
张 地	余朋乡	3/1200	2003.6	450
桂 坑	嵩口镇	2/150	2003.10	75
丰 源	赖坊乡	4/720	2003.10	300
杨竹溪	温郊乡	3/1500	2003.11	590
新 源	温郊乡	1/125	2003.11	25
关公凹	田源乡	2/16000	2004.1	6260
龙津河	嵩口镇	1/7000	2004.3	1720
利 源	李家乡	2/500	2004.5	230
利源二级	李家乡	2/500	2004.5	150
洋 坑	赖坊乡	2/375	2004.5	150
廖 坊	里田乡	2/400	2004.7	180
汶 溪	余朋乡	2/500	2004.7	190
柯 坊	灵地镇	2/640	2004.8	250
步 云	灵地镇	2/450	2004.9	160
池丰头	嵩口镇	3/375	2004.9	130
银 坑	余朋乡	3/600	2004.12	230
燕 良	嵩口镇	3/375	2004.12	160
陈家园	温郊乡	3/1200	2005 1	480
隆 鑫	沙芜乡	2/500	2005.3	161
李 坊	里田乡	2/500	2005.3	170
热汤口	余朋乡	3/1200	2005.4	480
南 岐	东华乡	3/3000	2005.4	1185
马 地	李家乡	2/500	2005.5	152
石鼻头	李家乡	1/75	—	30
铜 盘	安乐镇	2/200	—	80

说明：

1. 联省网电站：关公凹电站、龙津河电站、深度电站、李坊电站、时州坝后电站、杨竹溪电站、高坊电站、南岐电站。

2. 联连城网电站：江头电站、姚坊（柯坊）电站。

3. 联宁化网电站；铜盘电站

二、水力发电

（一）联入省网发电

1991 年，联入省网发电的电站有乡办嵩溪时州电站、年发电量 240 万千瓦时。林畲黄莲地（永光）电站，年发电量 160 万千瓦时。1994 年 7 月，深渡电站联入省电网，年发电量 420 万千瓦时。1996 年 1 月，沙坪电站联入省网发电，年发电量 178 万千瓦时。2001 年，清流供电局职工集资创办民营企业——宁化县恒盛电力发展有限公司。该公司控股电站 9 座，总装机容量 4240 千瓦，联入省网发电。年均发电量 1300 万千瓦时。是年，直供区发电量 2.07 亿千瓦时。2003 年 11 月，杨竹溪电站联入省网发电，年发电量 590 万千瓦时。2004 年，关公凹电站、龙津河电站联入省网发电。至 2005 年，县境内联入省电网水电站 8 座：关公凹电站、龙津河电站、深渡电站、李坊电站、时州坝后电站、杨竹溪电站、高坊电站、南岐电站，装机 17 台、总容量 2.97 万千瓦。是年，清流供电局直供区发电量 3.28 亿千瓦时。

（二）县网发电

1991 年，全县在运行小水电站 19 座，装机 43 台、装机容量 1.85 万千瓦，发电量 7184 万千瓦时。1992—1995 年，新建小水电站 3 座，装机 5 台、装机容量 285 千瓦。1995 年，发电量 1.04 亿千瓦时。1996 年 6 月，骨干水电站——装机容量 5000 千瓦的竹青背水电站建成投产。1997—2000 年，新增水电站 4 座，装机 9 台、装机容量 1430 千瓦。2001—2004 年，装机容量 1.60 万千瓦的关公凹水电站、7000 千瓦龙津河水电站、1500 千瓦杨竹溪水电站、1200 千瓦张地水电站、800 千瓦高坑水电站及一批 1000 千瓦以下小水电站共 18 座（机组 48 台，装机容量 3.31 万千瓦）相继投产。2005 年，建成投产 3000 千瓦南岐水电站、1200 千瓦热汤口水电站、1200 千瓦陈家源水电站、1260 千瓦曾坊水电站及 3 座 1000 千瓦以下小水电站，新增装机 17 台、总装机容量 8760 千瓦。至 2005 年底，联入县级电网水电站 45 座，装机 113 台、装机容量 4.27 万千瓦；联入连城网水电站 2 座，装机 4 台、装机容量 965 千瓦；联入宁化网水电站 1 座，装机 2 台、装机容量 200 千瓦。全县人均装机容量 0.50 千瓦，年发电量 2.92 亿千瓦时，设备平均利用小时数 3958 小时。

第二节　供　电

一、输　电

1991 年，县域电网已形成规模。35 千伏线路网架结构以嵩口坪变电站为负荷中心，省属线路有清丁线、清嵩线 2 条，总长 27.1 千米；县属线路 6 条，即鱼嵩线、双嵩线、嵩罗线、电化厂线、嵩开线及鱼灵线，总长 67.3 千米。1991—2005 年，架设 35 千伏输电线路 6 条，其中省属清城线 1 条，总长 4.2 千米；县属嵩城线、关竹线、嵩朋线、杨竹溪线、嵩温线 5 条，总长 63.5 千米。110 千伏输电线路 1 条，总长 34 千米。至 2005 年，形成以 110 千伏省电网为依托，以 35 千伏为主网架布局合理县电网。累计有 110 千伏高压输电线路 3 条，总长 215.7 千米，均为省属线路，其中明清线、安清线由清流供电局管理运行，关清线归优恩公司管理运行；35 千伏线路 14 条，总长 162.9 千米。

（一）省属线路

1. 清丁线　1991 年，由清流变至宁化境内丁坑口 80 基杆，线路长 16.6 千米，为县有史以来第一条 35 千伏等级线路。1994 年 5 月 2 日，县遭受百年一遇洪涝灾害，致使 35 千伏开关室被山体崩塌压垮。重建开关室时，清丁线出线杆相应变动。1995 年 12 月，原出线杆改杆型，线路长 16.6 千米。

2. 清嵩线　1991 年，从清流变电站 35 千伏侧出线，线路长 10.5 千米。2003 年，省电力公司投资 210 万元，由福建省三明电力勘察设计所负责勘察设计、施工，对线路进行改造。同年 9 月竣工。新线路长 13.6 千米，全线架空避雷线。

3. 清城线　2001 年，从 110 千伏清流变电站接至 35 千伏城关变电站，线路长 4.3 千米。由漳州电力勘察设计所设计，三明优信电力工程公司清流分公司施工，2001年11月全线完成，综合投资61万元。2002年3月，通过省闽能电力工程监理中心验证。同年5月17日，一次性送电成功，并入电网运行。

4.明清线 该线建于1966年，起于三明列西变电站，终至清流变电站，为110千伏三清线。线路长97千米。1996年底，对该线108号、109号杆进行移位改造。

5.安清线 起自安砂水电厂110千伏升压站出线构架，终至清流变电站110千伏进线构架，全线长47.1千米。由三明供电局勘察设计所设计，1992年4月开工建设，施工单位为三明电力建设工程公司、永安供电所和清流供电所工程班，当年9月竣工，验收后投产。造价812万元。

（二）县属线路

1.嵩城线 从嵩口坪开关站出线，线路长8.9千米。由县电力公司勘测设计、县电力检修队负责施工。线路先期按10千伏向清流城区供电，1991年7月动工，1992年3月建成，工程投资53万元。1997年6月，城关变电站竣工投产后，该线路升压至35千伏。

2.关竹线 起始于关公凹水电站，终至于竹青背水电站，长11千米。由省水利电力学校设计。1995年动工，当年12月建成，总投资71.5万元。1996年1月投入运行。

3.嵩朋线 线路长20千米，其中13.3千米为新架设，9千米是将余朋至嵩口邱元（按35千伏架设、10千伏运行）线路进行改造。新架设部分由漳州市电力勘察设计所设计、三明优信电力工程公司架设；改造部分由县电力工程公司负责施工。2001年7月动工，2002年1月建成投入运行。工程造价139.8万元。线路从嵩口变电站35千伏出线。

4.杨竹溪线 起于杨竹溪水电站，终至35千伏温郊变电站，线路长8.5千米。由三明电业局电力勘察所设计。2003年5月动工，同年9月投入运行，总投资132万元，线路投入运行后，解决杨竹溪电站电力外送问题。

5.嵩温线 起始于清流35千伏余底坑变电站，终至35千伏温郊变电站，长12.8千米，主要解决温郊乡电力外送问题。投资200万元，由永安中禹工程公司架设。2003年5月动工，同年9月完成并投入运行。

（三）关清线

起始于关公凹电站110千伏出线，终至清流变电站，全长34千米。2003年开始筹建，当年11月竣工。由清流县优恩电力有限公司管理。

二、变　电

1991年，县境内有省属丁坑口35千伏变电站1座、清流、嵩溪110千伏变电站2座。另有管辖区域的110千伏馆前变电站1座。县属有嵩口、余底坑、罗口35千伏变电站3座。1997年、2000年、2001年、2003年，县属分别新增城关、灵地、余朋、温郊35千伏变电站4座。至2005年，县境内有省属35千伏变电站1座、110千伏变电站2座，另有管辖区域的110千伏馆前变电站1座。县属有35千伏变电站7座，主变压器12台、总容量2.92万千伏安。调度通讯以载波通讯和程控市话为主。用户35千伏降压站1座，容量8000千伏安。

（一）省属变电站

1.丁坑口变电站 位于宁化县安乐乡丁坑口村，是省电网连接宁化县小水电枢纽变电站。该变电站于1966年4月建成投产，占地1700平方米。2000年4月，主变压器由1800千伏安更新为3150千伏安，主变压器低压侧由6千伏升至10千伏，主变压器型号为SZ9型。2002年9月，配置变电站微机自动化、35千伏及10千伏线路保护。

2.清流变电站 位于县城城东村，占地面积4800平方米，是清流、宁化两县枢纽变电站。由省水利电力厅机电安装公司设计并施工，初期安装主变压器1台，型号为SFS，容量7500千伏安。1988年7月，从福州西郊变电站调来1台1.5万千伏安变压器并投入运行。1993年6月，加装110千伏Ⅱ段母线。1996年1月，新35千伏高压楼投入运行。1997年10月，10千伏开关更换为ZN28-10真空开关。1998年11月，1号主变压器改型为SSZ9-20000/110，原容量为7500千伏安主变压器退出运行。2001年8月，该变电站2号主变压器更换成与1号主变压器相同设备，原6.3千伏设备全部退出运行。

3. 嵩溪变电站　原址位于嵩溪镇北坑村，占地面积 6020 平方米，主要为县北部嵩溪、温郊、林畲等乡镇供电。原是“小三线”建设配套工程。由原省水利电力厅机电安装工程公司设计并施工，1970 年 5 月建成投产。安装 SF-7500/110 千伏型主变压器 1 台，容量 7500 千伏安。1999 年 4 月，10 千伏站用变压器更换为 S9-50 千伏安型。2002 年 10 月，保护装置更换为 PST-1201 型微机主变压器保护和 PST-641 型 10 千伏线路微机保护装置。2005 年，省电力公司投资 1514 万元，将该变电站整体搬迁至嵩溪镇青山村。

（二）县属变电站

1. 嵩口变电站　原称“嵩口开关站”。位于嵩口镇上坪村，占地面积 1737 平方米。1978 年，省煤炭工业局投资 20 万元、县自筹 20 万元，在嵩口坪水电站后山修建 35 千伏嵩口开关站。该工程由省煤炭工业设计院设计，嵩口建筑公司负责施工，嵩口坪水电站检修队负责电气设备安装。1981 年，35 千伏嵩罗线投入运行，开关站有进线间隔一回路、出线二回路。安装降压变压器 1 台，容量 630 千伏安。1986 年，扩建 35 千伏鱼龙岗水电站进线间隔一回路、35 千伏嵩口电化厂专线出线间隔一回路、35 千伏嵩溪变电站出线间隔一回路。1989 年，增加嵩口开关站至城关变电站出线间隔一回路。1996 年，增加 35 千伏竹青背水电站进线间隔一回路。至此，嵩口开关站以 35 千伏等级联络县 3 个主力发电厂、县电力公司所属 3 座区域变电站，形成全县电力枢纽中心。该变电站拥有 SZ9-3150/35 主变压器 1 台、2000 千伏安主变压器 1 台、SJ-50/35 变压器 1 台。一次主结线方面有 35 千伏联络线七回路、35 千伏配电线路一回路。10 千伏配电线路有八回路。调度通讯主要是载波通讯和程控市话为主。1997 年，嵩口开关站更名为嵩口变电站。2001 年，县电力公司投入 160 万元，新增嵩口变电站至余朋变电站出线间隔一回路，新建嵩口变电站继电保护室，并改造控制室。二次系统技改后，全站采用微机保护。

2. 罗口变电站　位于县罗口煤矿，占地面积 1500 平方米。1978 年，省煤炭工业局为解决罗口煤矿用电需要，架设从嵩口坪开关站至罗口煤矿 35 千伏输电线路，并在罗口煤矿建 35 千伏变电站 1 座。该工程由省煤炭工业设计院设计，嵩口建筑公司负责土建施工。初期按 10 千伏受电，1981 年 10 月升压后，以 35 千伏受电投入运行。该站安装 SL7-800/35 型主变压器 1 台，容量 800 千伏安；S7-1000/38.5 型主变压器 1 台，容量 1000 千伏安；SZ9-500/10 型主变压器 1 台，站用变压器 2 台，型号分别为 SJ-100/35（容量 100 千伏安）和 S9-20/10（容量 20 千伏安）；一次主接线有 35 千伏进线一回路、10 千伏配电线路七回路。保护电源采用 220 伏硅整流电容储能装置，二次保护采用电磁型保护装置。

3. 余底坑变电站　位于嵩溪镇余底坑村，占地面积 4652.4 平方米。该工程由县电力总站技术股设计，土建由嵩溪建筑工程公司负责施工，县电力总站检修队负责电气设备安装，由清流供电局嵩溪变电站 10 千伏线路供电，有 10 千伏进出线 5 回路。工程总投资 90 万元，1988 年建成投入运行。1992 年 7 月，改为 35 千伏双嵩线供电，安装有 S6-2000/35 型主变压器 1 台，10 千伏进出线增加到 7 回路。1994 年，增加 2 号主变压器 1 台。2003 年，进行扩建技改，增加 35 千伏嵩温线 1 回路。扩建部分由三明电力勘测设计所清流设计室设计；施工单位和电气安装单位为三明优信电力工程公司清流分公司。扩建后，35 千伏进线增加到 2 回路；站用变压器型号为 S7-50/35；一次主结线有 35 千伏进线 2 回路，10 千伏配电线有 7 回路。变电站操作、保护电源采用 220 伏硅整流电容储能装置。2003 年，增设 PSL641 电流保护装置。

4. 城关变电站　位于清流县城关水南街，占地面积 2251.5 平方米，总投资 100 万元。1991 年动工，1997 年 6 月建成投入运行。该工程由省水利水电局设计室设计、清流县第二建筑工程公司施工、清流县电力公司工程公司负责电气设备安装。该站安装 SZ9-3150/35 型主变压器 1 台。有 35 千伏进线 1 回路、10 千伏出线 4 回路。由嵩口坪变电站至城关变电站 35 千伏嵩城线向清流城区用户供电。2002 年，新增 35 千伏清城线间隔联络清流 718 变电站。2004 年 12 月，增加 3150 千伏安主变压器 1 台。变电站保护、操作电源采用 220 伏硅整流装置。防雷设备是在变电站两端各安装 1 根 30 米高圆钢避雷针；35 千伏母线三相各装设 1 组 FZ-35 型避雷器。2004 年，35 千伏嵩城线新增 PSL641 电流保护装置。2004 年 11 月，城关变电站 2 号主变压器进行技改，新增电磁型主变压器保护装置。

5. 灵地变电站　位于灵地镇灵地村，占地面积 1452.5 平方米。1999 年开工建设，2000 年 7 月建成投入运行，工程总投资 180 万元。该站由县电力总工室负责设计，长校镇建筑工程公司负责土建施工，县电力工程公司负责电气安装。工程规模按两期设计：第一期工程安装 SZ_9-4000/35 型主变压器 1 台，容量 4000 千伏安。站用变压器型号为 S9-30/10。一次主接线有 35 千伏进线 1 回路，10 千伏配电线路 5 回路。变电站保护、操作电源采用 220 伏硅整流装置。防雷设备是在场地两端各安装 30 米高圆钢避雷针 1 根。

6.余朋变电站 位于余朋乡余朋村里沙坪。前身为余朋开关站，占地 600 平方米。1988 年由余朋乡政府投资 150 万元兴建。架设 35 千伏输电线 1 条，以 10 千伏电压等级运行，联络 10 千伏线路三回路，承担全乡厂矿、居民生活用电，并转供 4 座小水电站电量。2001 年，投资 400 万元（含余朋变电站至嵩口变电站 35 千伏输电线路费用），在余朋村里沙坪重建余朋变电站。变电站占地 1326 平方米，由漳州电力勘测设计院设计，县建筑工程公司负责土建施工，清流县电力工程公司负责电气设备安装。工程于 2002 年 2 月建成投入运行。安装型号为 SZ_9-3150/35 主变压器 1 台，容量 3150 千伏安。一次主结线为 35 千伏嵩口变电站至余朋变电站进线 1 回路、10 千伏配电线路 5 回路。变电站保护、操作电源采用 220 伏硅整流装置。防雷设备是在变电站场地内安装 30 米高圆钢避雷针 1 根，35 千伏母线三相各装设 1 只 Y5W-51/134 型避雷器保护装置。

7.温郊变电站 位于温郊乡小池村。工程于 2003 年开工建设，当年 10 月建成投产。工程投资 670 万元，占地面积 2234.73 平方米。由三明电力勘测设计所按无人值守设计，三明优信电力工程公司清流分公司负责土建施工，清流县电力工程公司负责电气设备安装。该站装设主变压器 1 台，型号为 SZ_9-3150/35，容量 3150 千伏安。一次主接线有 35 千伏进线 1 回路、10 千伏配电线路 4 回路。防雷设备是在现场两端各装 30 米高角钢避雷针 1 根。

三、配　电

1991 年，清流供电局拥有省属配电线路 15 条，长 143.85 千米。其中产权、维护属用户管理的 10 千伏线路 30.6 千米、6 千伏线路 87.2 千米。有公用配电变压器 31 台，总容量 3245 千伏安。

县属配电网有 35 千伏嵩口变，主变 1 台、容量 2000 千伏安。以及产权属用户的 35 千伏降压站（罗口变电站），主变 3 台，容量 2300 千伏安；站用变压器 2 台，分别为容量 100 千伏安和 20 千伏安。35 千伏线路鱼嵩线、双嵩线、嵩罗线、电化厂线、嵩开线及鱼灵线共 6 条，总长 67.3 千米。10 千伏配电线路 643 千米，10 千伏配电变压器 261 台，容量 16515 千伏安。联入县电网的农村小水电站 3 座，即洞口水电站装机（500 千瓦）、龙地水电站装机（500 千瓦）、隆鑫水电站装机（500 千瓦），计 1500 千瓦。

2005 年，省属配电线路 20 条，长 484 千米。其中，10 千伏配电线路 20 条，长 484 千米。公用配电变压器 270 台，总容量 3.17 万千伏安。

县属配电网随着县电网输变电工程的逐步完善而逐渐扩大，涵盖除东华乡外所有乡镇。有 35 千伏变电站 7 座、用户 35 千伏降压站 1 座、35 千伏输电线路 164.8 千米、10 千伏配电线路 1027.49 千米、0.4 千伏低压配电线路 977.35 千米；配电变压器 494 台，总容量 44750 千伏安；111 个建制村 100% 供电，总户数 28131 户；联入县电网水电站 45 座，总装机 108 台、容量 3.86 万千瓦，形成与省网联接、较为完整的县电网。

（一）省属配电网

1998 年 9 月，清流城区配电网从 6 千伏升压为 10 千伏，有配电变压器 37 台、总容量 6695 千伏安，10 千伏配电馈线 5 条。

2000 年 2 月，完成 10 千伏清Ⅲ线架设工程与清Ⅰ线联络线架设工程、35 千伏香料厂备用变压器。同年 7 月，东华供电所完成农村电网改造，改造后 10 千伏线路 39 千米、0.4 千伏线路 79 千米，配变 21 台，容量 1170 千伏安，专用配变 5 台，容量 855 千伏安。2001 年，完成 10 千伏横溪岭支线架设工程。

2002 年，完成清流供电局大楼电源改造工程，新增欧式组合变压器 200 千伏安 1 台、欧式组合变压器 400 千伏安 1 台。同年 4 月，安装地税 S9-250 千伏安配电变压器 1 台。

2003 年 8 月，完成南区箱式变压器改造工程，首次使用美式组合变压器。同年 10 月，完成 10 千伏城小支线换线、饲料厂配最变压器低压线改造、绿园小区敷设电缆、留芳路低压改造、河滨变支线架设等工程，安装南岐电站施工配电变压器 1 台 315 千伏安。

2004 年 9 月，完成城北线Ⅰ、Ⅱ回线路改造工程。为满足清流县工业区首期 5100 千瓦负荷发展需求，从110千伏清流变电站架设2回路10千伏线路至清流北区。同年11月，完成林委配电变压器高低压线路缆化工程，将原有315千伏安杆上配电变压器更换成400千伏安组合配电变压器，良种场低压线改造，畜牧水产局、企业局低压线整改、林业公安大楼接户线改造、福利区1号配电变压器整改等配电改造工程。

2005年，在清Ⅰ线城小支线农贸市场安装500千伏安箱式变压器1台；将穿过居民区的一中线、零一线20—47号杆裸导线更换为绝缘导线，确保配电网安全运行。安排84万元自控项目，对马头山配电等个别台区和线路进行增容改造。

2005年清流省属10千伏配电网一览表

表5-6

线路名称	长度（千米）	电杆基数（根）	导线型号	所供配变（台／千伏安）	投产日期
10KV城北线（双回）	2.1	16	LGJ-185/25	1 /315	2004.6
10KV清III线	5.69	50	LGJ-120、LGJ-50	8 /980	2000.7
10KV一中线	1.2	12	90绝缘导线	5 /790	2005.6
10KV清I线	3.68	32	LGJ-70	15 /3135	1977.8
10KV0一线	5.75	62	LGJ-70	11 /2045	1977.9

说明：2005年7月后，10千伏0一线#12至末端改为120绝缘导线

（二）县属配电网

1.清流城区配电网　1997年6月，城关35千伏变电站建成投产。由此实现由县电网向清流城区供电。有10千伏配电线路16条，总长42.2千米；安装配电变压器51台，容量1.13万千伏安。供电城区和东华乡3个建制村，总户数6045户。2002年5月，城关变电站通过35千伏清城线322线路与省网清流变电站联接，使清流县电网从单回路运行变成双回路运行，确保县电网安全、稳定运行。2005年，清流县城网改造工程完成。安装箱式变压器5台、杆上配变1台，容量2215千伏安。架设10千伏绝缘架空导线1500米、10千伏电缆800米。安装电缆分支箱2台、环网箱1台、动力箱9台。改造用户线945户。

2.嵩溪、林畲配电网　1992年7月，嵩溪余底坑35千伏变电站建成投产，嵩溪镇、林畲乡2个乡镇配电线路联入县电网。有10千伏配电线路16条，总长204.56千米。安装配电变压器88台，总容量6895千伏安。供电建制村20个，总户数5756户。联网电站3座，即曾坊水电站、永光水电站、清流监狱四大队水电站，装机容量2190千瓦。

3.里田、长校配电网　1996年12月，竹青背水电站建成投产，里田、长校乡（镇）10千伏配电网通过竹青背电站联入县电网。1995年，架设从竹青背水电站至关公凹水电站35千伏输电线路，总长11千米；架设从关公凹水电站至嵩口坪开关站110千伏关嵩线，线路总长20千米。该线路先以35千伏电压等级运行，将县属骨干电站——竹青背水电站联入县电网。

2003年，关公凹水电站建成投产，关嵩线延伸至清流718变电站，线路改称关清线，总长34千米，升压至110千伏并入省网。有10千伏配电线路21条，总长137.8千米；安装配电变压器47台，总容量2210千伏安；供电建制村17个，总户数4747户；联网小水电站8座，即竹青背水电站、岗背水电站、校溪水电站、红旗桥水电站、解放坡水电站、廖坊水电站、深渡水电站、新沙坪水电站，装机容量7030千瓦。

4.嵩口镇区配电网　1997年10月，嵩口开关站更名为嵩口变电站。有10千伏配电线路21条、总长138.4千米；安装配电变压器89台，总容量9240千伏安。向嵩口镇近区供电，供电建制村12个，总户数4137户。联入县电网的小水电站5座，即嵩口坪水电站、燕形水电站、桂坑水电站、池峰头水电站、燕良水电站，总装机容量7950千瓦。

5.灵地、李家、赖坊配电网　1999年，在灵地镇投资180万元兴建35千伏变电站1座。第一期装设

4000千伏安主变压器1台，2000年7月投入运行。该变电站联接灵地、李家、赖坊3个乡镇10千伏配电网。拥有10千伏配电线路41条，总长150.9千米；装有配电变压器73台，总容量4915千伏安。供电村数15个，总户数6615户。将3乡镇的11座农村水电站，即罗坑水电站、坝后水电站、流水水电站、龙龟山水电站、潮水岩水电站、丰源水电站、利源水电站、洋坑水电站、新东水电站、马地电站、步云电站并入县电网，装机容量5050千瓦。

6.邓家乡配电网 有10千伏线路11条，总长32千米；配电变压器11台，容量670千伏安。供电村数7个，总户数1307户。并网于鱼龙岗水电站，联网电站3座，即鱼龙岗水电站、洋背水电站等，总装机容量2.7万千瓦。

7.田源乡配电网 有10千伏配电线路5条，总长57.5千米；安装配电变压器36台，总容量2195千伏安；供电建制村4个，总户数1470户；联网于关公凹水电站，联网小水电站2座，即浆坑水电站，桂溪水电站，总装机容量975千瓦。

8.余朋乡配电网 2001年，兴建余朋35千伏变电站1座。第一期工程安装3150千伏安主变压器1台，2002年2月投入运行。有10千伏配电线路20条，总长140千米；安装配电变压器46台，总容量4225千伏安；供电村数5个，户数1625户；联网农村小水电站9座，即罗峰溪水电站、泰山水电站、芹溪水电站、梧地水电站、张地水电站、汶溪水电站、热汤口水电站、天源水电站、银坑水电站，装机容量5535千瓦。

9.温郊配电网 2003年10月，温郊35千伏变电站建成投产，主变压器容量3150千伏安；配套架设杨竹溪线和嵩温线2条35千伏输电线路，总长21.3千米。通过35千伏嵩温线联入县电网。温郊配电网：有10千伏配电线路9条，总长57.1千米；安装配电变压器27台，总容量1780千伏安；供电建制村4个，供电户数936户；联网电站4座，即莒林水电站、杨竹溪水电站、陈家源水电站、新源水电站，装机容量3125千瓦。

第三节 用 电

一、省 网

（一）用电水平

1991年，清流供电局全年用电量1.27亿千瓦时。1992年，用电量为1.02亿千瓦时。1995年，全年用电量1.48亿千瓦时。1996年，省电力局重新划分供电区域，连城、长汀2县划归龙岩供电局供电。是年清流供电局用电量为7475万千瓦时，比1995年减少55.59%。2000年，全年用电量为6476万千瓦时。

2003—2004年，因天气干旱，宁化、清流2县电力公司购入省网电较多，其中清流县电力公司购入4367万千瓦时，占社会总用电量15.3%。2005年，清流供电局全年用电量9491万千瓦时。

1991—2005年清流供电局用电统计表

表5-7

年份	总用电量（万千瓦时）	其中：省电网		五年年均增长（%）	五年人均用电量（千瓦时／人）
		用电量（万千瓦时）	比增（%）		
1991	12660	11095	55.64	22.89	652.56
1992	10170	6287	-43.33		
1993	13324	12291	95.48		
1994	14345	13399	9.02	同上	同上
1995	14758	13086	-2.34		

续表 5-7

年　份	总用电量（万千瓦时）	其中：省电网		五年年均增长（%）	五年人均用电量（千瓦时／人）
		用电量（万千瓦时）	比　增（%）		
1996	7475	5812	-55.59		
1997	3804	3419	-41.17		
1998	4178	1817	-46.85	9.33	684.36
1999	5441	4856	167.26		
2000	6476	5973	23		
2001	5957	2591	-56.63		
2002	5096	3962	52.92		
2003	8975	8066	103.59	24.23	1059.97
2004	12880	11496	42.53		
2005	9491	9049	-21.28		

（二）用电结构

1991 年，农村用电量占总用电量 12.47%，工业用电量占总用电量 3.82%，照明用电量占 1.19%。趸售用电占用电量 70% 以上。1994 年是雨水充沛年份，趸售县的小水电发挥作用，购入省网电量锐减。是年，农村用电量占总用电量 5.6%，工业用电量占 14.41%，照明用电量占 2.26%。2000 年，农村用电量占总用电量 13.5%，工业用电量占总用电量 15.6%，照明用电量占 8.62%。2005 年，农村用电量占总用电量 9.18%，工业用电量占总用电量 22.16%，照明用电量占 8.48%。

1991—2005 年清流供电局用电分类表

表 5-8　　单位：万千瓦时、%

年　份	总用电量	农村用电量		工业用电量		照明用电量	
		小　计	占总量	小　计	占总量	小　计	占总量
1991	12660	1578.64	12.47	483.71	3.82	151.21	1.19
1992	10170	1106.92	10.88	476.05	4.68	171.5	1.69
1993	13324	687.27	5.16	1841.18	13.82	210.68	1.58
1994	14345	803.54	5.6	2067.75	14.41	323.67	2.26
1995	14758	899.53	6.1	2711.14	18.37	392.76	2.66
1996	7475	890.08	11.91	1287.99	17.23	616.71	8.25
1997	3804	489.24	12.86	552.78	14.53	317.29	8.34
1998	4178	510.22	12.21	643.83	15.41	349.7	8.37
1999	5441	1709.99	31.43	1018.01	18.71	513.09	9.43
2000	6476	874.19	13.5	1010.18	15.6	558.19	8.62
2001	5957	2367.3	39.74	972.17	16.32	574.6	9.65
2002	5096	681.24	13.37	734.81	14.42	436.2	8.56
2003	8975	545.84	6.08	1394.89	15.54	782.36	8.72

续表 5-8 单位：万千瓦时、%

年 份	总用电量	农村用电量		工业用电量		照明用电量	
		小 计	占总量	小 计	占总量	小 计	占总量
2004	12880	727.47	5.65	1872.41	14.54	998.36	7.75
2005	9491	871.69	9.18	2103.61	22.16	804.79	8.48

二、县 网

（一）用电水平

1991 年，全县用电量 6843.8 万千瓦时。1992 年，全县用电量增至 8536.86 万千瓦时。1999 年，省电力公司代管县电力集团有限公司。是年，用电量突破 1 亿，达 1.28 亿千瓦时。此后呈逐年增长态势。2005 年，全县用电量 1.76 亿千瓦时。

1991—2005 年清流县用电一览表

表 5-9

年 份	社会总用电量（万千瓦时）	其中购省网电量（万千瓦时）	年用电增长率（%）	人均用电量（千瓦时／人）
1991	6843.8	1315	-31.62	49.28
1992	8830.4	982	29.03	63.25
1993	8382.6	941	-5.07	59.77
1994	8136.2	1272	-2.94	57.58
1995	9836	1121	20.89	69.08
1996	7788	1161	-20.82	54.02
1997	12776	857	64.05	88.44
1998	14351	930	12.33	99.01
1999	14099	1030	-1.76	97.18
2000	15259	1374	8.23	104.3
2001	14428	644	-5.45	98.46
2002	14248	1096	-1.25	97.02
2003	14335	2093	0.61	97.5
2004	15620	2274	8.96	105.95
2005	17558	1582	12.41	119.15

（二）用电结构

1991 年，农村（含农、林、牧、渔、水利业用电）用电量占总用电量 7.17%，工业用电量占 88.23%，城乡居民生活用电量占 0.8%。1992 年，全县工业用电量 8008.73 万千瓦时，占总用电量 93.81%。其中合成氨用电 2234.59 万千瓦时、硅工业系列 4388.09 万千瓦时、煤矿用电 123.44 万千瓦时。1994 年，随着乡村工业和农副产品加工的发展，农村用电增加至 1088 万千瓦时，占总用电量 13.37%。1996 年，工业用电量 6561.4 万千瓦时，占总用电量 91.84%。其中重工业用电 3675.5 万千瓦时、轻工业用电 2885.9 万千瓦时，乡镇工业用电 98.19 万千瓦时。城乡居民生活用电量 392 万千瓦时，占总用电量 0.5%。向外输出电量1375.15万千瓦时。1997年，县主要工业行业用电量分别为：合成氨用电2889.6万千瓦时、硅工业系列5236.47万千瓦时、铁合金747.07万千瓦时、水泥766.25万千瓦时、人造板103.32万千瓦时，煤矿用电76.61万千瓦时，合计9819.32万千瓦时，占总用电量86.69%。2000年，农村电网改造后，用电量大幅增加至1894万千瓦时，占总用电量12.41%，工业用电量1.24亿千瓦时，占总用电量80.95%，城乡居民生活用电量1205万千瓦时，占总用电量2.63%。2005年，农村用电量3451万千瓦时，占总用电量19.65%；工业用电量1.26亿千瓦时，占总用电量71.67%；建筑业用电量21万千瓦时，占总用电量0.12%；交通运输、邮电通讯业用电51万千瓦时，占总用电量0.21%；商业、住宿和餐饮业用电292万千瓦时，占总用电量1.66%；公共事业及管理组织用电475万千瓦时，占总用电量2.71%；城乡居民生活用电量698万千瓦时，占总用电量3.98%。

1991—2005年县电网用电结构表

表5-10　　单位：万千瓦时

项目／年度	社会总用电量	农业用电	工业用电	商业用电	建筑业	交通运输、邮电通讯业用电	市政生活用电	其他事业用电
1991	6843.8	491	6038	29	7.80	51	55	172
1992	8830.4	452	8009	24	20	40	75.4	210
1993	8382.6	755	7163	33	35	51	109.6	236
1994	8136.2	1088	6533	33	43	49	94.2	296
1995	9836	789	8422	47	56	67	159	296
1996	7788	272	6561	64	50	90	392	359
1997	12776	509	11327	66	39	82	334	419
1998	14351	831	12540	56	39	86	277	522
1999	14099	1144	11645	127	101	140	370	572
2000	15259	1894	12352	44	27	102	401	439
2001	14428	2073	11407	106	12	87	360	383
2002	14248	2692	10285	114	13	110	538	496
2003	14335	3038	9878	225	4	102	587	501
2004	15620	3585	10746	272	13	22	580	402
2005	17558	3451	12584	292	21	37	698	475

第四节　农村水电初级电气化与农网改造

一、农村水电初级电气化

1991年，清流县被列入全国第二批建设农村水电初级电气化县。当年全县投入资金1514.68万元，用于农村电气化建设。1992年，动工兴建竹青背、燕形、流水、潮水岩、后龙山、龙龟山、解放陂、时州坝等水电站8处，总装机容量1.11万千瓦。全县完成架设10千伏输电线路19.3千米、低压线路12.1千米。解决无电自然村6个，受益人口1053人。全年发电量1.1亿千瓦时。年末，全县中小水电固定资产5206万元。截至1993年6月，全县户通电率达99.15%，超出电气化指标9.15%；用电保证率97%，超出电气化指标12%；人均年用电量787千瓦时，超出电气化指标587千瓦时；户均生活用电量401千瓦时，超出电气化指标

201千瓦时；以电节柴、以电代柴户率45.40%，超出电气化指标15.4%；自供电量占总供电量76%，超出电气化指标16%；综合网损率9.1%，超出电气化指标1.9%；设备完好率100%，超出电气化指标5%。35千伏输电线路86.1千米，比1990年增加35.1千米。10千伏输电线路719千米，比1990年增加42千米。0.4千伏输电线路593千米，比1990年增加30千米。35千伏变电站3处、6台、1.58万千伏安，比1990年增加1150千伏安。配电变压器352台、2.53万千伏安，比1990年增加138处、1.31万千伏安。以上成果达到能源部颁发的《农村电气化标准》。1993年12月，清流县农村电气化建设通过国家验收。

二、农村电网改造

（一）省级农网改造

1998年省级农网改造前，县内除一些村建电站自发自供外，其他建制村大都由10千伏高压供电到村自备变压器，再由村电工承包供电到农户，导致各村电价水平不等，最高1.1元/千瓦时。

1999—2002年，开展第一期省级农网改造，涉及东华、安乐、曹坊、馆前等43个建制村高低压电网改造。农网改造项目共9批、项目38个，工程总投资2130万元。完成10千伏线路改造181.03千米；0.4千伏线路建设与改造284.71千米；改造接户线240.77千米；更换高耗能配电变压器124台，容量6385千伏安；改造配电变压器台区140个，容量7845千伏安；更换三相电能表954架、单相电能表14743架。其中东华供电所2000年7月完成农村电网改造。完成10千伏线路39千米、0.4/0.22千伏线路79千米、配电变压器21台（容量1170千伏安）、专用配电变压器5台（容量855千伏安）。对10千伏东华线进行更换、改线等消缺处理。2002年12月6日，通过省政府“两改一同价”领导小组组织的验收。

2001年10月，进行第二期省级农网改造，至2003年6月全部完成。第二期农网改造项目16个，涉及建制村3个、主干线9条。工程投资200万元。完成10千伏线路改造129.45千米、0.4千伏线路建设与改造51.73千米、改造接户线16.24千米、更换高耗能配电变压器5台（容量250千伏安）、改造配电变压器台区7个（容量370千伏安）及更换三相电能表37架、单相电能表668架。

1999—2005年，全县省级农村电网建设与改造总投资2330万元。建设110千伏变电站3座，安装变压器129台（配电变压器），容量8.22兆伏安；架设35千伏输电线路4条，长45.1千米；配电线路9条，长303.65千米。

（二）县级农网改造

1999年12月3日，县第一期农网建设与改造工程开工。2001年7月，完成14个乡镇97个建制村农网建设与改造，占全县应改数91%。受益农户2.76万户，受益人口11.14万人。其中新建、改造10千伏主干线84.04千米；新建、改建0.4千伏线路429.99千米；新建配变台区37个，容量1580千伏安；改造配变台区186个，容量9640千伏安；更换高能耗配变181台，容量9130千伏安；改造接户线257.13千米；更换单相电能表2.38万架。累计完成投资1940.34万元，户均投资702元。2001年8月，一期工程通过省电力公司预验收，2001年12月通过省政府验收。

2001年10月，县二期农网建设与改造工程开工，2003年6月完工。农网建设与改造项目51个，改造线路27条、安装项目2个。其中完成新建、改造10千伏主干线、支线268.44千米、0.4千伏线路163.58千米；改造配变台区107个，容量6570千伏；更换高能耗配变91台，容量4570千伏安；改造接户线122.56千米；更换单相电能表6239架。总投资1597.3万元（其中清流供电局投资135万元）。改造工程惠及22个建制村，受益农户6239户，受益人口1.94万人。2003年7月，二期工程通过三明电业局预验收。2003年11月，通过省电力公司预验收。

截至2003年8月，县级一、二期工程累计完成35千伏及以上输变电工程4项，投资1177万元；累计完成10千伏及以下配电网投资3596.77万元。建制村网改面99.1%。农网改造基本解决农村电网布局不合理、技术标准低、过负荷、超半径供电、设备老化等问题。供电电压合格率98%。供电可靠性由80%提高到98%。农网综合线损降低1个百分点以上，低压线损降至17%以下。农网改造后，县城对乡镇进行第一次同价，城乡到户电价均为0.62元/千瓦时。同时降低农村照明电价，平均每千瓦时降0.13分。2002年元月起，实行城乡同网同价0.4元/千瓦时。农户用电实行一户一表计费，减少供电中间环节，农民用上放心电、廉价电。按2002年全县农村照明用电量737.9万千瓦时统计，每年为农民减轻负担100余万元。

第五章 管 理

第一节 管理机构

一、县水利局

1991年，县水利电力局内设水利股、工程管理股、办公室，行政编制2人，实有4人。下设事业单位有水资源管理站、水利工作站、水电规划勘测设计室、水利水电工程管理队，以及15个乡镇水电工作站，事业编制43人，实有41人。

1997年1月，县水利电力局撤销，组建县水利水电局。内设办公室、水利建设管理股、电力股、水政水资源管理股。2000年，成立水政监察大队，核定事业编制4人。

2002年1月，县水利水电局撤销，组建县水利局。内设办公室（监察室）、水利建设管理股、水政水资源股、农电外经股，行政编制6名，工勤编制1名。挂靠机构有县政府防汛抗旱指挥部办公室、县水土保持委员会办公室，编制3人。下设县水利工作站、水利工程管理站、水电工作站、水政监察大队、水电规划勘测设计室。事业编制39人，实有27人。

2005年12月，新设立县水利水电工程质量监督站，撤销抗旱服务队、水利水电勘测设计室。

二、县水土保持委员会办公室

1991年，核定事业编制3名。6月，县水土保持监察站成立，核定编制5名。1993年5月，成立长校镇水土保持管理站，核定编制2名。1999年，县水土保持监察站更名为县水土保持监督站。

2002年1月，县水土保持委员会办公室（简称县水土办）、县水土保持监督站归口县水利局，同时撤销长校镇水土保持管理站。

第二节 水利工程管理

一、中型水库管理

琴源水库为清流县唯一中型水库。1979年12月，设立琴源水库管理处，属县水利电力局下属事业单位，经费自给。1990年，升格为副科级事业单位。负责琴源水库大坝、渠道及2座电站运行调度管理。水利工程实行有偿供水，按规章收缴水费，纳入生产成本。

1993年，召开灌区代表大会4次，健全水库灌区管理机构，调整充实水库工程和灌区用水管理服务人员，对灌区渠道和农田用水实行分段、片负责管理责任制。每年县、乡镇、村领导、水库管理负责人，工作站及工程管理人员、技术人员组成安全检查组，对工程进行汛前安全大检查，保证水库安全。

2005年，琴源水库管理处编制15名，实有18人。

二、小型水库管理

1991年，县内有小（1）型水库5座，均设有专门管理机构，县水利局安排专项资金，由乡镇组织实施水库养护维修，做好除险加固；小（2）型水库有18座，管理主要采取个人承包，组阁承包和专业承包等形式，归乡镇村管理，水利局负责业务指导，管理经费来源于工程水费收入。乡镇村根据不同时期水库蓄水，合理安排调度用水，水库险情未处理之前不准蓄水，做好泄洪之前群众转移，保证农田灌溉用水；小小型水利工程以村级水利管理服务形式进行管理。管理服务组根据工程实际效益，采取相应措施，对工程适时维护加固。

1994年起，李家乡吴家村强化村级水利服务组建设，将工程管理和农田用水管理结合，组成养渠和农田用水管理专业队12个。

1997年，乡镇水利水电工作站对工程管理人员和村级管水队伍实行“定工程、定人员、定质量、定工资、定奖罚”五定责任制。同年始，小小型水利工程由村委会与村级管水队伍签订管理责任合同。用好劳动积累工和义务工，开展水利整岁修和渠道清淤劈草。乡镇工作站和村委会分别于汛期、夏秋用水、冬春修水利等时段对其合同中的职责进行检查。

1998年，对林畲大坪、舒曹、野口垅3座险库和惠清、金鸡山等病库进行除险加固，消除工程隐患。

2000年，境内小（2）型水库进行分类承包管理。其中一类水库有金鸡上、姚家、惠清等6座；二类水库有东山、官坑尾等4座；三类水库有大坪、舒曹2座；尚未达标水库有山子甲、江坊、峡坑垅等4座。

2003年6月，改革小型水利设施产权制度，采取拍卖、租赁、承包、股份合作等方式搞活经营。至2005年，全县累计改制小（2）型水库和山塘73处。

第三节 水政管理

一、取水管理

1991—1993年，对全县取水情况进行调查，着手取水许可基础工作的研究。

1994年，开展《中华人民共和国水法》（以下简称《水法》）宣传活动，张贴标语1100张，悬挂横幅标语32条，出专栏68期。按乡镇逐个进行取水登记。当年11月，完成全县范围省、市、县、乡各级所属164个取水单位登记。

1996年11月始，依法开征水资源费。1997年，对全县取水工作进行全面调查，发放取水许可证110户，占全县取水户65%，征收水资源费2.7万元。

1998年，依法征收水资源费14.1万元。增发取水许可证4户，取消13户。全县取水户157户。

2000年，协助省水政监察总队做好水资源规划工作。对全县取水单位重新发放取水许可证。

2002年，开展专项行动，规范取水许可审批。全县36户取水户按规定办理取水证换证手续。年审取水户153户。全县有非农取水户78户，59户安装计量设施，其中安装水表30个、电表28个、电磁流量仪1架。

2004年，向群众和取水户发放《水法》宣传小册，利用电视台宣传《水法》。对2002年5月1日以来新建改建扩建项目取水，实行《建设项目水资源论证报告书》制度。当年进行水电建设项目水资源论证5个，新批取水户6户，征收水资源费25万元。按照收支两条线、票款分离原则，加强水资源费管理和使用。

2005年，围绕“保障饮水安全，维护生命健康”宣传主题，开展水法宣传活动。举办整顿规范水资源秩序学习培训班。为18个电站补办水资源证手续。

二、河道采砂管理

1991年，县政府发出《实施河道采砂石管理的通知》，规定在河道采砂石必须按指定的河段规范作业，并缴纳河道采砂管理费。

1993年，无证采砂和拖欠管理费现象时有发生。年内处罚违规采砂单位4个。

1994年，以有利于保护河岸稳定为原则，现场审核在重要河道中进行开采作业的业主14家，划定作业区，并发放经营许可证。是年，查处和制止向河中倾倒土石违法行为5起、处罚嵩口砂石站等采石户4个。

1997年，对河道采砂实行持证管理。清除河滩违章建筑3处。

1998 年，划定龙津河城区河段，赖坊乡所在地河段为河道管理保护范围。根据城区防洪设计图，对规定河段进行测量、定界、放样，并在界位线上每隔 100 米埋水泥柱界桩标志 1 个。同时，张贴通告 100 张、砌筑永久性通告牌 4 个。

1999 年，以各村、各村民小组行政地域为地段界划定赖坊河段。实行禁止河道乱弃土石、乱挖乱掘，日常管理，防洪等“门前三包”责任制。

2004 年，成立河道采砂规划领导小组，划出 1 万元作为规划专项经费。同年 10 月，经市专家评审，通过《清流县河道采砂规划》。县内主要河道划定采砂区域 22 个，年采砂量 8.2 万立方米，并规定 4 ～ 7 月为禁采期。

2005 年，全县按规划审批采砂许可证 18 本，年批准采砂量 5.4 万立方米。

三、水政执法

1991 年，清流县被列入省第二批水利执法试点县。5 月 6 日，县水政资源站成立。10 月，组建县水政监察队伍，水政监察员 20 人，村级水政监察联络员 110 人。1992 年 6 月，水利执法试点工作通过省水利厅验收。

至 1994 年，查处开矿毁渠案 2 起，责令赔偿。查处开挖水坝修路案、渠旁开石料违法案、水库炸鱼案、渠道流放木头案各 1 起。协同公安部门破获盗窃水利设备案、殴打水利执法人员案各 2 起。同年，对 2 起河道违法案共计处罚 4000 元。

1996 年，查处毁渠挖掘违法行为 3 起，撬闸放水案 1 起。调解水事 3 起。制止向河道倾倒土石案 4 起，制止挖掘河岸事件 2 起。处罚在河中无证采集作业案和未按规定交缴规费案共 6 起。1998 年，查处危害水工程案 6 起。

2000 年 9 月 25 日，东华乡南岐村峰头自然村发生当地村民和捞砂船主纠纷事件。执法人员到实地调查后妥善处理。是年，查处县交通部门在清理公路塌方时向田口桥头河道倾倒弃土、城关采砂船违法采砂危及防洪堤安全等水事违法案件。

2001 年，开展“河畅水清、防洪安全”专项执法行动。是年，监察人员通过行政执法资格考试，持证上岗。

2002 年，每月 5 日和 25 日，开展重点取水户巡查。对违章取水、超计划取水、违章退水等行为及时予以纠正。当年，依法查处高坊电站施工期间向河道弃土等违法行为 3 起，查处无证取水户 2 户。

2004—2005 年，对全县重点水利工程各重要河堤进行定期巡查，发现问题及时处理。调解灵地采砂船与姚坊水电站业主、嵩口围埔采砂船与月汤水电站业主、嵩口燕形采砂船与池峰水电站业主及田源采砂船之间的水事纠纷，维护水事秩序。

第四节 水电工程管理与产权改革

1991 年后，农村小型水电工程管理问题日益突出，工程无法正常发挥效益，清流县着手研究水电工程产权制度改革问题。1996 年，县鱼龙岗、嵩口坪、竹青背电站以重置价转让 49% 股份给香港永宏利投资有限公司。

2000 年 10 月，根据“厂网分离，发供分开”改革要求，组建清流县水电有限责任公司，行使对鱼龙岗、竹青背发电厂的管理职能，并对嵩口坪电站实行承包责任管理制。

2002 年，县政府出台《清流县关于加快水利设施产权制度改革的实施意见》，以嵩溪镇、里田乡水利产权制度改革为试点，向全县推开。对小型水利工程采取公开拍卖、租赁、承包等措施，改革小型水利工程管理制度，转换经营机制，盘活水利资产。年内，全县小水电站 32 座，其中 20 座出让大部分股权，成为合股经营企业；12 座实行承包经营和管理。

至 2005 年末，除罗坑电站外，乡镇电站全部改制为私有企业。实行股份制电站 5 座：关公凹水电站、鱼龙岗水电站、竹青背水电站、洋背电站和流水电站。其中关公凹电站、鱼龙岗电站、竹青背电站 3 座电站，县国投公司在其中各占 30% 股份；洋背电站，县国投公司占 76% 股份；流水电站，县国投公司占 15% 股份。

第五节 电力管理

一、经营体制改革

（一)清流供电局（省网）改革

1991 年，由清流供电局直供的 5 个乡（镇）电管站地域上跨两地三县，分别为龙岩地区的长汀县童坊镇、馆前镇；三明地区的宁化县曹坊乡、安乐乡和清流县东华乡。1998 年以前，直供区各乡（镇）电管站由各自乡政府企业站管理，清流供电局供用电部负责业务指导。电管站从供电局变电站专线供电，各电管站均属个人承包性质。

1998 年，根据国务院《关于深化电力工业体制改革有关问题的意见的通知》文件精神，各乡镇作出“两改”（农村电力管理体制改革、农村电网改造）承诺。其中东华乡最早，于 1998 年 11 月送达承诺书。

1999 年 12 月，完成 4 个乡镇电管站改制，各电管站实行网厂分离，成立供电所 4 个，发电部分由乡镇另行指定部门管理。原电管站所属人、财、物纳入清流供电局统一管理。供电所实行财务收支两条线，进行“四到户”管理（抄表到户、收费到户、服务到户、销售到户)。原电管站在岗人员 90 人，聘用 34 人纳入供电企业合同化管理;未聘用人员均妥善安置。供电所成立后，农村用户实行一户一表，全面推行“五统一”（统一电价、统一发票、统一抄表、统一核算、统一考核)“三公开”（电量公开、电价公开、电费公开)，实现由电工直接抄表到户。

2003—2005 年，继完成农村电网建设与改造后，进一步规范农村用电秩序，实现乡（镇）电力一体化管理。

（二）县电力公司（县网）改革

1991 年，县电力公司下属嵩口坪水电站、鱼龙岗水电站、电力检修队、城关供电所、嵩口供电所、嵩溪供电所 6 个单位，实行“统一领导，分级管理”的财务管理体制。公司下属各发电厂、供电所、检修队实行内部独立核算，核定资金，计算内部盈亏，对成本指标进行层层分解、组织落实、定期考核。

1993 年，深化企业改革，实行全员劳动合同制。制定《清流县电力公司岗位技能工资实施细则》，实行岗位技能工资，合理调整工资关系和工资结构。共有 326 人参加岗位技能工资改革，月工资总额增加 1.46 万元。

1995 年，县政府出台《关于改革县电力公司现行生产经营管理体制的实施方案》。按照“平等自愿、机会均等、竞争聘用、优化结构、民主集中”的原则，在全公司范围内进行合理劳动组合，先后将 23 名职工从富余岗位调整到生产一线岗位。

1996 年，实行目标成本管理。对公司内部各部门的人员、工资、费用进行层层分解，下达目标成本，年终考核，非生产性支出得到有效控制。

1997 年 5 月，公司组织职工入股。入股职工 94%，入股金额 184 万元。成立劳动服务公司，分流人员 16 名，占公司本部人数 20%。1998 年 4 月，县电力公司改制为国家控股、职工和外商参股的清流县电力（集团）有限责任公司。清退所有临时工，鼓励正式职工内退。男职工 55 周岁以上、女职工 45 周岁以上人员提前退养。

1999 年 6 月，县政府与省电力工业局签订代管协议。由省电力工业局代管清流县电力（集团）有限公司，业务上接受三明电业局领导。县电力集团有限公司的县级主管部门由县水利电力局改为县经济贸易局。改革乡（镇）电管站管理模式，撤销乡（镇）电管站，成立乡（镇）供电所，由公司统一管理。农村电工实行统一考核、择优录取办法。经过考核符合标准的一律持证上岗，并纳入公司合同管理。是年，录取农村电工 50 名。1999—2000 年，先后成立乡（镇）供电所 12 个。

2000 年，实行“厂网分离”、财务收支两条线管理。县电力公司与下属 3 个发电厂剥离。厂网分开后，供电部分改制为县电力有限公司，下属乡（镇）供电所 12 个、35 千伏变电站 7 座；组建县电力工程公司，开展多种经营。2003—2005 年，规范公司机构与岗位设置，确定岗级和岗位任职条件，并调整岗位薪金。

二、电力调度

（一）机 构

1. 省网 1991—1992年，清流供电局设调度股，职工10人。对电网设备名称、编号重新编排，加强联网电站、联营小电网及趸售县管理。1995年3月，调度股改为“调度班”，设班长、技术员及调度员共4人。负责清流、宁化趸售县及直供区（清流城区部分，长汀的馆前、童坊镇，宁化的安乐、曹坊镇）的负荷控制，调配及调荷、调压节电工作。2001年4月，成立调度运行部，下设调度班、远通班、信息班及各变电站，负责清流供电局辖区电网运行的组织、指挥、指导和协调，以及局辖各变电站的运行管理，保证电网供电质量符合规定标准。2004年，调度运行部变更为电力调度所，内设办公室和调度、远通2个班组。

2. 县网 1991年，嵩口坪35千伏开关站建成并投入运行。清流县电力公司调度股设在嵩口坪水电站厂区内，调度业务接受清流供电局指导，行政技术事务归县电力公司领导，负责县电网发、供、用电调度管理工作。电网运行由开关站负责日常管理。每日分白班、夜班二班倒，三个班轮值，每班3人。实行“两票三制”，即工作票制度、操作票制度、设备巡视检查制度、交接班制度、定期试验轮换制度，设运行记录簿等。

1993年始，变电运行隶属电力公司调度室（后改为调度运行部），各变电站运行及人员由所在供电所管理，操作命令由调度室统一指挥。此后，以变电站为单位，按班组建制，由合格电气技术工人组成变电运行班，每班2人同时上班。1999年2月8日，调度室迁至清流县城关。2002年10月，公司成立调度运行部，设立变电运行专责、检修专责、负荷预测专责，管辖35千伏变电站7个和调度班1个。变电站与供电所分离。

2003年，变电站实行规范化管理，各站对原有的变电运行规程进行修订并订立变电岗位责任制、交接班制度、“两票”管理制度、设备巡回检查制度、设备定期试验轮换制度、设备缺陷管理制度、变电站检修验收制度、变电运行技术标准等14种制度。规范变电站工作票记录、人员培训记录、钥匙使用记录、调度指令记录、安全活动记录、雷电观察记录、继电保护动作开关事故登记等27种记录。

2004年10月，调度运行部更名为调度所。

（二）调度管辖

1. 省网 1991年，三明供电局清流供电所调度股统一负责清流、长汀、连城、宁化等省电网趸售县的发、供、用电的调度管理工作。调度管理清流5103厂的主要设备及馈线、嵩口坪与连城水电站主要设备、110千伏清馆线、110千伏清流变、馆前变以及35千伏丁坑口变电站主要设备及馈线、110千伏三清线由嵩溪变至清流变（248至363杆）、馆童线等。

1996年，所管辖的连城电网、长汀电网分别于1月、3月划归龙岩地区调度管理，馆连线退出运行，馆西线作为备用。1999年，引进鲁能积成电子有限公司开发的IES500调度自动化系统。

2000年，为防御计算机千年虫对电网危害，制定清流地区“黑启动”方案。

2002年，编制年度运行方式及电网重大设备事故处理预案，加强电网调度管理。

2005年，清流供电所调度管辖区域电网规模包括110千伏输电线路5条、35千伏输电线路28条、35千伏输电线路3条（清丁线、清嵩线、清城线）。110千伏变电站6座、35千伏变电站1座、35千伏备用变压器1台。清流地区水电装机容量为10.35万千瓦。其中统调水电装机容量为5.19万千瓦，非统调水电装机容量为5.16万千瓦。城区供电可靠率为99.97%，电压合格率为99.3%。清流地区网供最高负荷发生在2004年12月为6.86万千瓦、最高日网供电量为101.39万千瓦时。截至2005年12月31日，创造连续安全经济运行8199天记录。

2. 县网 2005年，县网调度管辖电网规模包括110千伏输电线路9条，长175.6千米；35千伏输电线路11条，长130.8千米；10千伏配电线路总长1027.49千米。35千伏变电站7座，总容量2.92万千伏安。水电装机容量4.06万千瓦。

三、安全生产管理

（一）省 网

1991年始，每年年初对安全生产规章制度进行修订完善或补充。组织全体职工学习《电业安全工作规程》

《电业生产事故调查规程》《电力建设安全工作规程》《反习惯性违章内容》《安全生产工作规定》等规章制度，并进行考试。设立安全监察员。每年6月定期开展全国安全生产月活动。6—9月，定期开展“安康杯”竞赛活动，进行生产岗位人员技能竞赛，加强安全生产规程的学习训练。每年均制定反事故措施计划与安全技术劳动保护措施计划（简称“两措”计划），落实反事故措施。每年均按规定进行电网反事故演习2次，使生产部门和班组人员熟练掌握本岗位相应的操作、运行规程和事故处理规程，提高生产一线人员对突发事故的反应和紧急处理能力。开展创建“无违章企业、车间（工地）、班组和个人”活动。

1997年7月始，成立安全监察部，负责用电安全工作。2000年3月，开展安全管理评估自评工作和春、冬季安全大检查，查出缺陷68条，整改率100%。截至12月31日，整改安全隐患69条；省公司安全性评价反馈意见42条，整改36条。

2002年，组织各工种进行“安规”“交规”、电力建设安全生产工作规定和“二十五项反措”考试。组织4个供电所的人员进行安全规程和两票知识学习培训。10月，组织全体员工学习《中华人民共和国安全生产法》并考试，151名员工全部合格。2003年，举办值日安全监察师培训班，聘请三明局安监部资深安全监察师授课，班组长以上干部、各技术专责、部门（班组）安全员48人参加培训。2004年，结合“安全生产月”，开展漏电保护器使用情况、防误装置及反违章专项检查，查出问题18条，全部现场整改。

2005年，制定《清流供电局开展反事故斗争工作方案》。编制完善火烧山危及电网安全事故应急救援预案及人身、电网、设备应急救援预案等9项预案，并开展应急救援预案演练。落实安全措施资金136.3万元。开展以“遵章守法，关爱生命”为主题的安全生产月活动，召开“清电青年与安全同行”宣誓大会。组织生产人员进行紧急救护法复训，合格率100%。

（二）县 网

1991年，县电力公司内设安全生产委员会、安全监督股，管理用电安全。是年，对1990年度安全生产单位、安全生产管理工作者及优秀安全员和优秀工作票签发人进行表彰，并进行典型事例宣传。

1993年，编制《安全技术劳动保护措施计划的暂行办法》，加强安全生产管理。1994年，开展以“防雷、防汛、防潮”为主要内容的春季安全大检查，发现安全隐患38处并及时整改。编制《安全生产责任制度奖惩规定》，完善安全制度和考核办法。1995年，开展冬季安全生产大检查。共查出缺陷17项，全部予以整改。举办电工培训班3期，参加人数76人。

1999年，县电力公司成立安监室。2000年始，公司与下属各单位、部门签订《安全生产责任状》；下属单位与班组、个人签订《安全生产责任状》。同年，修订后的《电力安全生产奖惩规定实施办法》经职工代表大会审议通过并实施。

2001年，开展“三不放过”（即做到事故原因不清楚不放过，事故责任者和应受教育者没有受到教育不放过，没有采取防范措施不放过）活动。定期测试各单位安全器具。为生产一线人员及公司管理人员配备绝缘鞋（靴）、绝缘手套、安全帽等安全用品。

2002年，制定《人身伤亡事故重点防范措施》《工程安全协议书》。

2003年4月，制定《关于电力线、通信线、广播电视线交越和搭挂的安全整治方案》，开展“三线”专项整治工作。

2004年，结合“秋冬”季安全大检查，在全县范围内开展以中小学校幼儿园周边电力设施安全供用电专项检查。与供电局、公安局联合成立清流县打击盗窃破坏电力设施工作领导小组并开展工作。年内，执行“两票”合格率98.8%，向员工征集安全生产合理化建议166条。

2005年，完善《值日安全监察师工作制度》，制定《安全工作过程录音管理规定实施细则》和《煤矿、非煤矿山供电安全定期巡视检查制度》。

四、电力设施保护

1991年，建立健全输电线路专业队伍，对管辖的高压输电线路重点维护，在输电线路沿线建立群众义务护线队伍，专兼职结合，共同维护电力设施安全。开展警企联合打击盗窃、破坏电力设备、窃电犯罪活动，查处破坏电力设施案件，保障电力生产秩序安全。做好 110 千伏安清线施工现场安全防范工作，保障线路建设施工顺利进行。同年，对城区街道影响县电网输变电线路安全的树木进行清理修剪。2001 年 7—8 月，对全县 10 千伏线路走廊树木进行修劈。

1993 年，配合公安机关侦破盗 0 一线线路导线案件，抓获犯罪分子 1 人。

1994 年，聘请 110 千伏安清线义务护线员 8 名。并同输电线路全部义务护线员 20 人签订《保杆护线义务护线员责任承包合同书》，健全义务护线组织。完成电力设施保护标志牌设置工作。

1996 年，按照新颁发的《电力设备典型消防规程》要求，确定防火重点要害部位 6 个，投入资金 3 万多元，完善消防器材和设施配置。修订《消防安全管理制度》《动火工作票制度》《变电站防火重点要害部位消防安全管理制度》等规章制度，建立消防器材台账，建立健全局义务消防队。

2003 年，开展严厉打击盗窃、破坏电力设备、窃电犯罪活动。与公安部门配合依法清理取缔一批从事非法收购被盗电力物资器材的废旧物品回收站点。

2004 年，开展电力设施安全专项整治，建立警企协作打击盗窃、破坏电力设备，窃电违法犯罪长效工作机制，成立打击盗窃、破坏电力设备，窃电违法犯罪工作领导小组及电力公安联合办公室，清理整治电力线路走廊。35 千伏及以上输电线路走廊累计树竹砍伐率 89%。在线路沿线张贴电力设施专项整治宣传画 200 份。同年，对县电网所属辖区内 35 千伏和 10 千伏线路走廊树木进行全面清理，共砍伐、修整树木（竹子）12.75 万株。

2005 年，关注红色旅游线路建设对电力设施安全的影响，及时主动进行协调、处置。清理整治外力破坏电力设施隐患，改善线路走廊安全状况。

卷六 城乡建设

1991年，清流县委、县政府实施“小县大城关、小乡大集镇”发展战略。对城区进行旧城改造，同时开发城南、城西、刘家园3个新区。全县推广东华乡大路口村“统一征地、统一规划、统一安置、统一设计、统一建设”做法，掀起建新村热潮。实施住房制度改革，结束传统的住房实物分配体制，加快住房商品化进程。

1994年4月，县政府出台《清流县市政管理暂行规定》，环卫服务走向市场，开展有偿服务。1995年，制定《清流县城总体规划（1998—2020年）》，县城规划区范围由原来的3.22平方千米扩大至18平方千米。2004年，编制完成《清流县城镇体系规划（2003—2020年）》，同时完成县城道路、供水、排水、园林绿化等专项规划，县域规划管理工作走上依法审批轨道。嵩溪、嵩口等4个建制镇（不含龙津镇）共有私人建筑面积61.97万平方米、公共卫生建筑面积13.75万平方米、生产性建筑面积10.71万平方米；赖坊、沙芜等9个集镇共有私人建筑面积60.17万平方米、公共卫生等建筑面积13.78万平方米、生产性建筑面积7.82万平方米。至2005年，全县有形建筑市场建设、房地产开发经营、物业管理工作、房屋产权登记工作均有长足发展。县城先后完成一批重点市政建设项目，乡村集镇涌现一批规划建设先进典型。建成区绿化覆盖率35.2%，人均公共绿地面积8.1平方米。全县平均使用住房面积36.02平方米，比1991年增加67.5%。

第一章 城乡规划

第一节 城区规划

一、县城总体规划

1995年，县政府委托三明市规划设计研究院对县城总体规划进行调整、修订。1997年11月，规划方案通过评审，并上报三明市政府审批。2000年1月，规划方案经三明市政府批复后，公布实施。按照“小县大城关”的方针策略，将县城规划区范围由原来的3.22平方千米扩大至18平方千米。东至笔架山，南至十里铺，西至峰头，北至东华农科站。县城为县域政治、经济、文化中心，以林农产品加工工业为主，旅游业发达，景观优美的现代化城市。县城人口规模为近期3.5万人，远期5万人。城市用地规模为2020年规划总用地面积400.14公顷，人均建设用地面积80平方米。城市用地发展方向为近期向东、北两端发展，远期向西北方向发展。城市布局为紧密型组团式结构，由5个组团组成，即老城区、邹家园区（北区）、西区、三角尾区、黄家排区、留芳区。城市总体布局中还包括县城景观规划、道路交通规划，居住用地、公共设施用地、工业用地布局，园林绿化系统规划、县城道路交通规划、市政设施规划、电信工程规划，防洪工程规划、蔬菜基地副食品供应规划、环保规划等。

二、县域城镇体系规划

2004年4月，县政府委托浙江大学城乡规划设计研究院编制《清流县城镇体系规划》。是年9月，《清流县城镇体系规划（2003—2020年）》编制完成。规划范围1825平方千米。规划期限2003—2020年，近期至

2010 年，远期至 2020 年。县域功能定位为以资源开发型产业为特色，具有丰富人文底蕴的生态旅游县。县域城镇等级结构规划是县城（类型Ⅰ级）功能定位为绿水环抱，风光独特，以资源深加工和新兴产业为主的生态型小城市。其中中心镇嵩口镇（Ⅱ级）：主业为农业，发展方向为热氡温泉旅游度假胜地；中心镇嵩溪镇（Ⅱ级）：主业以种养业和农副产品加工业为主，发展方向为现代观光农业、农产品批发市场；中心镇长校镇（Ⅲ级）：主业以种植业为主，发展方向为旅游和农产品集散地；中心镇灵地镇（Ⅲ级）：主业以种养业为主，发展方向为现代观光农业和农产品集散地；中心镇沙芜乡（Ⅲ级）：主业以种养业为主，发展方向为生态旅游度假。确定发展潜力大的 10 个中心村是里田、沙坪、田中、东坑、小池、孙坊、田源、围埔、大路口、南岐。2005 年 11 月，经三明市人民政府批准，开始实施《清流县域城镇体系规划（2003—2020 年）》。

三、专项规划

2001 年 11 月，三明市建筑设计院编制完成清流县园林绿化与城市道路绿化规划。

2002 年 2 月，由明市建筑设计院编制完成清流县城给水专业规划。规划对近期规划需水量预测：至 2010 年城区人口为 3 万人，最高日综合生活用水量 200 ～ 250 升 / 人·日。远期规划需水量预测：至 2020 年城区人口为 5 万，综合生活用水量 240 ～ 280 升 / 人·日。同月，三明市规划设计院编制完成清流县城道路红线规划。2004 年 12 月，此项规划公布实施。

2004 年 10 月，三明市城乡规划设计研究院编制清流县城环境卫生（即城区公共设施：公共厕所、垃圾容器）专业规划；同年 12 月，三明市建筑设计院编制清流县给水系统规划和县城排水系统红线规划。县政府审批两项规划后公布实施。

2005 年 6 月，委托福州金正照明设计有限公司编制县城夜景工程规划。7 月，委托三明市城乡规划设计院编制沿河景观设计规划。两项规划经县政府审批后公布实施。

四、工业、居住小区详细规划

1991 年，编制城西小区详细规划和刘家园详细规划，规划面积 9.26 万平方米。1998 年，县政府批准县城北区工业小区详细规划，规划面积 56.2 万平方米，主道路宽 36 米，次道路宽 20 米，支道路宽 8 米。是年，完成城关西区、南区、北区、桃源新村、刘家园、怡园新村、坪背下坪巷、旧城改造等小区详细规划，规划面积 131.2 万平方米。1999 年 12 月，委托三明城乡规划设计院编制完成县城雁塔小区修建性详细规划。2000 年 2 月和 9 月，分别完成绿园小区、三角尾小区（永顺花园）修建性详细规划。2003 年 6 月，完成北区工业园区修建性详细规划。雁塔小区、绿园小区、三角尾小区（永顺花园）和北区工业园区，共计面积 103.44 万平方米，占城区规划建设用地 21.82%。

第二节　乡镇规划

一、集镇规划

1991 年，全县完成嵩口、东华、沙芜 3 个集镇主街道和 8 个村详细规划图及 13 个点现状图测量。

1992 年，完成里田乡集镇规划，着手整理嵩溪镇地形图及 4 个集镇 5 条街规划，测量面积 6.76 平方千米。

1993 年，完成嵩溪、赖坊、灵地、温郊 4 个乡镇规划和 3 个乡镇测量任务。1994 年，重新调整沙芜乡、灵地镇、邓家乡、长校镇 4 个乡镇集镇规划。

1995 年，进行第二轮乡镇规划调整完善工作，年内，完成集镇规划调整 13 个，确定县一级集镇建设试点单位 4 个，即嵩溪镇、嵩口镇、温郊乡、沙芜乡。

1997 年，县政府批复同意嵩口镇调整小区规划，规划区面积 16.38 万平方米。至 1998 年，完成嵩溪、里田、温郊、邓家、田源、灵地等 11 个集镇建设规划及嵩溪镇的旧镇改造和小区建设规划编制。

1999 年，完成田源乡集镇小区建设规划编制。

2000 年，完成省试点单位——嵩溪富兴小区规划编制，小区规划面积 3.89 万平方米。

2001—2003 年，相继完成嵩溪镇、嵩口镇、灵地镇集镇总体规划的编制工作。

2004 年，完成沙芜、余朋 2 个集镇总体规划编制工作。2005 年，完成赖坊乡集镇总体规划编制工作。

二、村庄规划

1991 年，成立村镇规划建设管理站，并在 4 个乡 2 个镇设立管理所。至是年，完成 111 个建制村“二图一书”规划，编制完成 575 个自然村粗线条规划，规划面积 53.53 平方千米。

1992 年，完成嵩溪镇农科村，东华乡严坊村、横口村、横溪村、俞坊村，长校乡河排村，沙芜乡洞口村规划。至是年，完成建制村规划 27 个。

1993 年，按照市、县政府关于“建新村奔小康”工作部署和“小乡大集镇”发展目标，完成 20 个中心村规划和赖坊、灵地、温郊等乡镇 9 个中心村的地形测量，测量面积 9.16 平方千米。同时完成 10 个中心村规划调整，调整面积 2200 公顷。

1994 年，县土地利用总体规划出台，此后村镇规划在总体规划宏观调控下进行。“5·2”洪灾后，完成东华乡留芳村、横口村等 16 个重建村以及龙津镇城南开发区、渡背街等 5 个安置地段的测量、规划。年内，完成嵩溪黄沙口等 40 个村（自然村）测量和规划。

1995 年，完成重点村镇重点地段修建性详细规划 15 个，调整村庄规划 20 个。

1996 年，围绕农村奔小康工作，完成 7 个奔小康工程示范村及 18 个村庄的规划调整和 17 个村镇地段修建性详规工作。1997 年 10 月，县政府批复同意李家乡李村新村建设点规划。

1998 年，全县各乡镇设立村镇建设管理机构，并配专人负责。

1999 年 9 月，县政府批复同意田源乡廖武村村庄规划，规划区域用地面积 4824 平方米。

2001—2005 年，编制完成建制村规划 51 个，其中嵩溪镇 8 个、嵩口镇 6 个、灵地镇 4 个、长校镇 5 个、东华乡 7 个、里田乡 4 个，赖坊、林畲、李家乡各 3 个，沙芜、余朋、邓家乡各 2 个，温郊、田源乡各 1 个。

第二章 城区建设

第一节 城区改造与开发

一、城区改造

（一）拆迁安置

1991 年，清流县坚持“统一规划、合理布局、因地制宜、综合开发、配套建设”原则，将住宅、商业、网点及公用设施纳入规划，采取国家、单位、个人“三个一点”办法，集资 239 万元，改造生产街、新街、文化街、水东路、进步街、西坪路。改造前用地面积 1.47 公顷，改造后用地面积 2.59 公顷。共拆迁居民住宅 93 户、面积 9900 平方米；新建住宅面积 1.6 万平方米、非住宅面积 7500 平方米。鼓励个人购买商品房。安置 26 户 164 人、面积 3300 平方米。拓宽道路 6 条，长度共 2060 米。生产街改造后，在原地建成 4000 平方米农贸市场 1 座，改变过去占街为市的局面。主干街道铺设供水、排水管道，改建（新建）公厕 3 座，并新建街心公园、江滨公园、西山公园及东门桥园林等公用设施。

1992 年 4 月，县政府出台《清流县城区房屋拆迁补偿的暂行规定》，共 10 条，内容包括拆迁手续、拆迁时限、安置对象、拆迁补偿标准、奖惩办法等。其中“拆迁安置的办法”规定，由拆迁单位会同有关部门，为拆迁户提供宅基地自建住宅或通过以房换房、交纳房屋改造费的办法给予安置。拆迁补偿标准按房屋结构分不同等级进行补偿：砖混结构，一等每平方米补偿110元，二等105元、三等100元；砖木结构，一等每平方米补偿80元，二等75元、三等70元；木结构，一等每平方米补偿60元，二等55元、三等50元；土木结构，一等每平方米补偿40元，二等35元、三等30元。当年，先后对城区沿河单面街、后街、长兴中路、雁塔小区、绿园小区5个街区进行全面改造。

1993年12月，县政府出台《清流县城区房屋拆迁补偿、安置的暂行规定》，对原有的《房屋拆迁补偿暂行规定》进行修订、补充。1995年，组织拆迁水南路、新水厂、先行工程路段等处房屋20户，拆迁建筑面积1285平方米（其中水南路拆迁面积585平方米）。

1996年，随着"小县大城关"发展战略的实施，新区规模逐步扩大，城区重心向东、北及西北方向发展。同年5月，县政府制定《清流县城区房屋拆迁补偿、安置暂行规定》，设总则、拆迁管理、拆迁补偿、拆迁安置、法律责任和附则共6章33条。其中"拆迁补偿"规定"实行产权调换或作价补偿或产权调换和作价补偿相结合的形式"。年内，拆迁安置渡背街45户、后街41户，拆迁房屋面积共1.24万平方米。

2004年，实施龙津农贸市场改造工程房屋拆迁。拆迁用地面积6397平方米、房屋建筑面积9027平方米，拆迁户数36户。

至2005年，城区共拆迁578户，拆除房屋建筑面积3.31万平方米；在规划区安置地段新建住宅895户（套），建筑面积17.56万平方米。

（二）重点改造工程

1.沿河单面街改造工程　1992年10月，实施沿河单面街（西门桥—北门吊桥段）建设工程。单面街街面由厦门大学建筑设计院设计，县开发公司等县内10余个建筑公司和建筑队参与工程施工。整个工程拆除沿河老城墙及东华乡政府办公楼、工商银行和农业银行部分宿舍楼以及木材经销公司部分办公楼、居民住宅等44户，拆除房屋建筑面积1.07万平方米；改造旧房10幢、面积1.5万平方米；新建房屋建筑面积2.47万平方米。同时新砌河堤1200米，建成码头2个，修建沿河街道宽12米、长1200米。工程总投资1500万元，于1993年7月完工。

2.后街拆迁改造工程　1996年4月，原后街东侧21户住户实施自行拆迁，拆迁房屋建筑面积4107平方米。县政府在拆迁地块兴建政府机关干部解困房，用地面积4600平方米，投资200万元，建楼房5幢，建筑面积1.42万平方米。改造工程于1998年竣工。1996—2005年，安排后街拆迁户18户在城郊水东路原县食品公司养猪场自建住宅楼25幢，用地面积3000平方米，取名"遇仙桥新村"。

3.长兴中路拓改工程　1998年8月，县政府批准实施长兴中路拓宽改造方案，将拓改地块向社会公开出售。工程拆迁长兴中路两侧的坪背电影院、木材采购站、木材加工厂、木器社、搬运公司综合楼、林贸公司、工商局、城关小学沿街商住楼以及少数私人住房。共拆迁46户，拆迁建筑面积1.66万平方米。

1999年10月，县开发公司与省土木建筑总公司第五分公司合资开发长兴公寓商住楼，7层混合结构，投资概算750万元，用地面积1680平方米，建筑面积8400平方米，于2000年12月竣工。与此同时，农业银行综合楼、电信大楼、国税大楼、民政局办公楼、明辉公寓商住楼、丽珠公寓楼等一批公建项目和房地产开发项目在长兴中路拓改地块上相继动工。

2002年9月，长兴中路拓改工程竣工，总投资524.38万元，建成水泥路宽30米、长780米。至2005年，沿街新建住宅183套，建筑面积3.23万平方米。

4.雁塔片区首期工程　2001年5月，县政府批准雁塔小区拆迁改造实施方案。片区以原团结巷（又称"凹上"）为中心地带，该区域北至文化街雁塔巷口，西至文化街，南至龙城街，东至气象站、中医院。同年10月，县开发公司进行首期工程房屋拆迁。年内，拆迁工作完成。共拆迁房屋211户，总人口884人（其中农民62户297人，居民149户587人），拆迁建筑面积4.21万平方米。小区投资概算4942万元，总用地面积4.72万平方米，建筑面积8.41万平方米，建筑密度33%，容积率1.75，绿地率25.3%。同时，县开发公司引进尤溪、三明2家房地产商合作开发。2004年6月，首期工程竣工，投资992万元，建成商住楼3幢，用地面积1819平方米，建筑面积1.09万平方米，其中住宅64套，面积8852平方米。2005年，二期工程开工。

5.绿园小区改造工程　2001年10月，县政府批准县绿泉饮料厂（原酒厂）及县木器社厂区地块出让给三明市林业房地产综合开发公司进行开发，取名“绿园小区”。2002—2005 年，该公司改造用地面积 1.32 万平方米，建筑面积 2.31 万平方米，绿地率 24.1%，容积率 1.57，建筑密度 32%，入住户数 210 户。

二、新区开发

（一）城西片区开发

1991 年，县政府委托县开发公司对城区西山片区代建开发。1992 年，开发用地面积 5.8 公顷。其中，林业新村开发建筑用地 2.5 万平方米，道路用地 1.5 万平方米，绿化用地 1000 平方米，划拨给县土地局、县气象局、县粮食局、县劳动局、县文明委（建委）、县质量技术监督局、烟草公司等机关单位建设用地面积 1.52 公顷，私人建房用地面积 0.18 万平方米。投入基础配套建设资金 180 万元，建成西区主街道（后称碧林北路），长 750 米、宽 24 米。至 2005 年，开发区内新建公用设施 34 幢，建筑面积 5.5 万平方米，投资 1925 万元；私人兴建新房 15 幢，建筑面积 5000 平方米。

（二）城南片区开发

1992 年，县政府在城区南边三角尾片区征用原良种场育种地和城南村粮田、菜地等面积共 28.34 公顷，由县开发公司代建开发及出让宅基地面积 20 公顷，总投资约 3000 万元。开发区街面由天津建筑设计院设计。第一期开发用地 6.7 公顷，投入基础设施配套建设资金 500 万元，建成主街水泥路，长 1000 米、宽 32 米；售地 1 万平方米，收入 500 万元。1992—1995 年，陆续新建单位办公、集资用房 7 幢。其中，大丰山林场住宅楼，建筑面积 2000 平方米。供电局电力调度中心楼建筑面积 5215 平方米、新建东华乡政府办公综合楼建筑面积 4300 平方米，以及农业集资综合楼、良种场综合大楼等。至 2005 年，兴建私人住宅 170 余幢。

（三）刘家园片区开发

1992 年，龙津镇房地产开发公司在位于龙津河北岸（渡背街）进行刘家园片区开发。项目投资 765.5 万元，开发面积 2.1 公顷，以出让宅基地方式供私人建宅，实行统一规划、统一征地、分户基建。开发分二期进行：第一期 5400 平方米，第二期 1.56 万平方米。建成主街道（长兴路）长 300 米、宽 12 米；次街道长 300 米、宽 10 米。当年投入 77 万元，建商品房面积 6200 平方米。农民私人建房 13 户，建筑面积 4700 平方米，造价约 141 万元。第二期开发于当年 12 月动工，安排 37 户个人建房，工程投资 600 余万元，建筑面积约 1.3 万平方米。至 2005 年，建成民宅 50 余幢。

（四）桃源新村开发

1994 年，开发桃源新村。该区域东至南门桥头第二农贸市场，西至县畜牧水产局综合楼，南至龙津河，北至民宅。规划面积 2.3 公顷。当年建成主街道宽 24 米，次街道宽 6 米。1996 年 6 月，桃源新村第一幢民宅楼动工。至 2005 年，建成前后两排 21 幢住宅楼群。

第二节 市政建设

一、公用设施

（一）主要房屋建筑

1991—1993 年，城区共建公用建筑 120 幢，占地面积 11 公顷，建筑面积 36 万平方米，造价 7200 万元。主要有商业贸易中心大楼、一中科技楼、政府综合办公楼、青少年宫、清流宾馆、医院病房大楼和老干活动中心等公共建筑。1994—2001 年，投入 5055 万元，建成工商、商业大厦、电讯大楼等公共建筑 12 幢。

2002—2005 年，投资 4000 余万元，完成县医院门诊楼等建设工程，占地面积 4.5 万平方米，建筑面积 12 万平方米。

（二）农贸市场

1.第二农贸市场　1995年，县政府委托县开发公司招商，引进外地房地产开发商建成第二农贸市场。地处长兴中路与碧林南路交汇处，用地面积1101平方米。外围为7层商住楼，内一层为棚架结构简易市场，设有摊位179个，分为蔬菜摊、干货摊、肉类摊、熟食粮食摊、水果摊、水产鸡鸭摊。1998年开业，随后因生意冷清而歇业。2005年恢复营业。

2.龙津农贸市场　2004年4月，龙津镇政府实施龙津农贸市场拆迁改造工程。拆迁范围：东至水南街，西至龙津河，北至开发路，南至会计事务所，拆迁面积9027.5平方米。通过项目招商，引进福州榕湘建筑公司，在拆迁地块建设龙津农贸市场商住楼——鸿运星城。工程建筑面积20.3万平方米。其中第一层为农贸市场，用地面积2700平方米。

1991—2005年清流县城区主要房屋建筑一览表

表6-1　　单位：万元、平方米

建设项目名称	开竣工年份	投资概算	建筑面积
县委、县政府办公大楼	1991/1992	250	6800
清流宾馆	1991/1992	150	3550
邮电局大楼	1991/1992	1000	6370
土地局住宅楼	1991/1992	40	1632
粮食局办公楼	1991/1993	300	3200
林业新村	1991/1995	1000	25000
文明委办公、住宅楼	1992/1993	110	3600
劳动局办公、住宅楼	1992/1993	340	3540
质监局办公楼	1992/1993	40	1062
供销宾馆综合楼	1992/1993	80	2000
法院办公楼	1992/1993	300	2900
县老干活动中心	1992/1993	50	1201
青少年宫	1992/1993	130	2650
县医院住院部病房楼	1994/1995	300	3500
电力调度中心楼	1994/1995	493	5215
工商局大楼	1995/1996	560	5600
自来水厂综合楼	1995/1996	200	2200
东华乡政府综合楼	1995/1996	500	4300
商业大厦	1996/1997	550	8900
县政府机关干部解困房	1996/1998	200	14200
电信大楼	1998/1999	460	4621
长兴公寓楼	1999/2000	750	8400
县医院医技楼	2000/2001	200	1540
县法院庭审大楼	2000/2001	300	2900
雁塔片区改造一期工程商住楼	2001/2004	992	10896
县医院门诊楼	2002/2003	1000	5068
绿园小区住宅楼	2002/2005	—	23100

续表 6-1 单位：万元、平方米

建设项目名称	开竣工年份	投资概算	建筑面积
鸿运星城	2004/2006	2000	203000

二、城区桥梁

（一）凤翔桥

1994 年“5·2”洪灾，西门大桥（古称凤翔桥）桥面两侧护栏被冲毁，桥面位移。7 月，西门大桥修复扩建工程在原址动工。工程由三明市交通规划设计院设计，永安交通工程公司承建。总长 101.2 米，桥面高程海拔 292.2 米，上下部构造型式同原桥。为混凝土筋 T 型桥梁，桥面增宽 10.5 米，断面为 12 米＋ 3.5 米 ×2。同年 12 月竣工，并恢复古称凤翔桥，工程总投资 146.93 万元。

（二）龙津桥

1994 年，清流发生“5·2”特大洪灾，东门大桥（古称龙津桥）桥面被冲毁，桥墩断截，交通中断。9 月重建。修复工程由福建省公路局设计院设计，三明市交通建设公司承建。大桥总长 135.48 米，宽 14 米，桥面高程海拔 297.3 米，钢筋混凝土钢架拱，2 墩 3 拱，桥断面为 9 米＋ 2.5 米 ×2，总投资 494.07 万元。1995 年 10 月 1 日，大桥竣工通车，并恢复古称龙津桥。

（三）清流大桥

1996 年，翻建南门桥。翻建工程由福建省公路局设计院设计，三明市交通建设公司承建。1997 年 1 月竣工，改称清流大桥。总长 121.27 米，宽 12 米＋ 2.5 米 ×2，桥面高程海拔 296.5 米，总投资 247 万元，结构为钢筋混凝土石拱桥。

（四）北门钢索吊桥

又称拱辰桥，位于清流城关北门龙津河上，1982 年 4 月动工建设，投资 9 万余元，1983 年 9 月建成。桥北端与环城公路平接，桥南端与城内进步街相连。该桥由 2 条 20 号钢索悬跨两岸承载负荷，钢索两端各打洞 8.5 米深，用 500 号钢筋混凝土定桩。钢索悬吊 5 条纵排钢轨，桥面用 0.2 米厚松木板架铺于钢轨上，两边 1.5 米高桥栏，桥全长 108 米，宽 2 米，成拱形横悬龙津河上，只限人行，不能通车。

1994 年“5·2”特大洪灾，北门吊桥被冲毁，后未再修复。

1994 年 9 月，在城区北门吊桥原址利用铁皮大油桶，设制临时性浮桥，暂时缓解城区交通困难。1995 年后，新的龙津、凤翔 2 座大桥建成，北门浮桥拆除。

三、城区道路

（一）碧林北路

地处西山片区转盘至农机站。1991 年 5 月动工，1992 年建成。建成混凝土路面长 645 米、宽 25 米，总投资 145 万元。

（二）长兴路

1992 年，长兴南路与南区开发同步动工，当年竣工。该路自南门桥南端至化学助剂厂路口，建成混凝土路面长 1000 米、宽 32 米。机动车道与非机动车道中间设置花带，宽 1.5 米。

1998 年 8 月，实施长兴中路拓宽改造工程。改造工程由县设计院设计，县开发公司代建。2002 年 4 月，拓改工程动工。改造建成混凝土路面长 780 米、宽 30 米，总投资 1120 万元（其中拆迁补偿 820 万元）。供水、排水、供电、电信等地下管线在施工中一次性到位。2002 年 9 月 30 日竣工通车。

（三）城南路

1995 年 5 月动工，同年 9 月竣工。建成混凝土路面长 560 米、宽 7 米，总投资 90 万元。

（四）东大路

2000年，县城投公司实施东大路改造工程，当年竣工。改造建成混凝土路面长1650米、宽50米。

（五）长安路

县看守所至龙城街路段（原为清流至宁化省道公路）。2004年7月，长安路改造项目开工，由县长兴建筑工程公司承建，10月竣工。工程投资11.39万元，改造建成混凝土路面长236米、宽7米。

（六）凤翔街

2004年9月，凤翔街（原西山街）路面改造工程动工。工程由县开发公司代建，省永富建筑有限公司承建。改造建成混凝土路面长645米、宽23米，降坡97厘米，总投资356万元（其中土建投资210万元、管线投资146万元）。2005年1月竣工。

至2005年，县城已形成由主干道、次干道、支路、街坊道路组成的4级路网：主干道有长兴路等11条；次干道有水南路等12条；支路有单面街、河滨南路、三角尾三路、翠园路、常春路等7条，总长410米；街坊道路有雁塔巷、三角尾四路、长安路等4条，总长830米。主次干道间距300～500米，主干道红线宽24～32米，次干道红线宽16～24米，支路宽12米，街坊道路宽7米。

2005年清流县城主次干道一览表

表6-2　　单位：米、平方米

道路名称	道路性质	车行道宽	人行道	长　度	面　积
长兴中路	主干道	14	10	771.74	23152.2
长兴北路	主干道	14	11	1242.95	32316.7
凤翔街	主干道	15	11	677.33	17610.58
长兴南路	主干道	14	9	872.76	31419.36
碧林北路	主干道	15	11	1462.28	38019.28
碧林东路	主干道	15	11	644.69	16761.94
屏山一路	主干道	16	8	1700.09	40802.16
东大路	主干道	14	9	1416.59	50997.24
黄家排三路	主干道	14	10	565.23	13565.32
黄家排一路	主干道	16	8	641.49	15295.8
307省道	主干道	16	8	3180	76320
碧林南路	次干道	9	9	662.62	11927.16
屏山二路	次干道	9	9	1189.12	21403.8
水南路	次干道	9	9	1507.28	27131.04
水东路	次干道	10	10	604.02	12080
龙城街	次干道	9	9	667.94	10687.04
文化街	次干道	9	7	630.4	10086.4
长兴西路	次干道	9	7	395.09	7901.8
上坪路	次干道	9	7	296.79	4748.64
黄家排二路	次干道	10	10	1466.54	29330.8
黄家排四路	次干道	9	7	449.34	7189.44
黄家排五路	次干道	9	7	246.27	2955.24

续表 6-2　　单位：米、平方米

道路名称	道路性质	车行道宽	人行道	长　度	面　积
三角尾二路	次干道	9	9	168.47	3032.46

四、城区公园

（一）凤翔山公园

坐落于县城区西山，占地面积 4.2 公顷。拓建环山沙土路 893 米，建有展览馆、三角亭、拱桥等。主要景点有门楼和明珠阁。门楼为仿古牌楼建筑，题有“凤翔山公园”5 字。159 级青石台阶直达顶部。明珠阁为 3 层琉璃瓦亭式结构，亭中央有环形阶梯上至顶层，可鸟瞰全城。2004 年，县政府拨款 18 万元，修建凤翔山公园环山水泥路，全长 1290 米、宽 3 米，当年竣工。公园内风景林树种大部分为杉木，间种广玉兰、桂花、柏树、香樟、樱花、红枫、黑松、花桃、腊梅、夹竹桃、绿竹、木芙蓉、杜鹃等花木。

（二）龙津广场

2003 年 7 月，拆除原街心公园，在原址修建龙津广场。用地面积 3500 平方米，成椭圆形，广场中间为旱喷式程控音乐喷泉。同年 10 月 1 日，广场竣工。总投资 110 万元，其中泉州市鲤城区政府资助 30 万元。广场种植黄杨球等观赏花木 300 株。

（三）休憩公园

地处龙津桥至清流一中沿河岸边。2003 年 7 月开工，总投资 37.5 万元，占地面积 3850 平方米，2004 年建成。建有长廊、休闲亭、葡萄架走廊及健身路径等。园内种植草皮和乐昌、含笑、紫薇、木笔花等观赏花木。

五、城区照明

（一）街道路灯

1991—2005 年，县城街道路灯逐年改善，皆为水泥电杆挑灯式造型，杆距 30 ～ 40 米，电源线为空架。其中 2002 年，长兴中路拓改，首次埋设地下供电线路 771.74 米。

1991—2005 年清流县城区路灯建设一览表

表 6-3

建设年份	街道名称	数　量（盏）	规　格	投资情况（万元）	承建单位
1991	长兴南路	50	250 瓦 ×2	28	清流供电局
1991	单面街（建行至地税）	18	250 瓦	8.5	县电力公司
1991	碧林北路	12	250 瓦	8.5	县电力公司
1993	翠园前等（单面）	7	250 瓦	3.5	
	翠园后等	6	250 瓦	3.2	
1995	龙津桥	16	250 瓦 ×2	5.5	
2000	文化小广场	5	景观灯	4.5	
2002	长兴中路	27	250 瓦 ×2	98	
	长兴北路（刨花板厂至交警）	43	250 瓦 ×2	61.5	清流供电局

续表 6-3

建设年份	街道名称	数　量（盏）	规　格	投资情况（万元）	承建单位
2002	长兴北路（交警至凤翔桥）	31	250 瓦 ×2	36	县电力公司
	碧林南路	4	250 瓦	2.5	清流供电局
	凤翔桥头	12	景观灯	12	县建设局
	西区转盘	1	高架灯	2.5	
2004	一中休闲公园	14	250 瓦 ×2	3.5	
	凤翔桥	25	250 瓦 ×2	22	县电力公司

（二）夜景工程

1994 年，县宾馆及县政府办公楼门口安装满天星夜景灯饰。

1995 年，实施城区夜景工程建设。城区新增轮廓灯、彩灯、满天星 100 余处。射灯装饰在夜景工程中首次使用。

1997 年，城区沿街各单位自筹资金完成县政府下达的夜景工程建设任务。沿街主要建筑均安装霓虹灯、可塑轮廓灯、满天星等，凤翔街至龙城新街成为夜景观赏区。

2005 年 5 月，县建设部门委托福建金正照明设计有限公司设计《清流县城区夜景工程总体规划》，7 月通过评审。年内尚未实施。

第三节　公用事业

一、供　水

（一）水　厂

1991 年，县第一水厂（获省三级计量合格证书）生产规模为 5000 立方米 / 日，全年安全供水 138 万立方米。

1992 年夏，因干旱，自来水供不应求，县政府拟建新水厂。1993 年，选定龙津河上游为水源，鲤鱼山南侧为新水厂厂址，并于当年 6 月动工。

1994 年 7 月，考虑到龙津河上游水源可能产生工业污染，县政府决定鲤鱼山水厂工程停工，改建严坊溪自来水工程。10 月，选定雷公窠半坡为新水厂净化系统厂址。县水利局负责工程大堤、隧洞、渠道的设计和施工，县建委负责水厂净化系统和供水管网的施工建设。新水厂建设工程由三明市自来水公司设计院设计，上杭县大溪建筑公司宝安工程处施工。工程包括严坊溪水库，库容 50 万立方米。隧洞，长 760 米。引水渠，长 630 米。以及管理房等，工程造价 210 万元；净化系统工程造价 400 万元，含 7500 立方米 / 日生产线 1 条，及供水主管长 1700 米。总设计生产能力 1.5 万立方米 / 日，分二期建设。

1995 年 10 月 1 日，一期工程 7500 吨 / 日自来水生产线试通水成功。1996 年 4 月 1 日，正式向城区供水，第一水厂同时停止生产。2000 年，年售水量 178 万立方米，水质综合合格率 99.99%。

2002 年，按 7500 立方米 / 日规模进行水厂第二期扩建，并将龙津河列为严坊溪水库不足时的补充水源。2005 年，全年售水量 148 万立方米，城区自来水普及率 90%。

（二）供水管网

1991 年，城区供水管网总长 13460 米。随着旧城区改造和新区开发，供水管网不断延伸。

1994 年“5・2”洪灾，东门桥和西门桥上 2 条 DN（公称通径）50、长 300 米的供水主管道被洪水冲走，直接损失 80 万元。经 7 昼夜抢修，恢复全城供水。

2002 年、2005 年元旦期间，遭遇霜冻灾害，许多管道、闸阀、表镜被冻裂，漏水严重。经连续数日抢修，供水逐步恢复正常。1993—2005 年，城区铺设新管道 6950 米，改造管道 2520 米。城区供水管网总长 1.9 万米。

（三）供水管护

1. 饮用水源管护 1991 年至 1995 年 10 月，城区自来水供水水源采用龙津河水。取水口上游 1000 米、下游 500 米，禁止设立排污口、倾倒生活和建筑垃圾。

1995 年 7 月，严坊溪上游宁化县黄坊村 4 家乌油厂排放废水，致使清流县第二自来水厂水源受污染。县自来水公司立即与宁化县黄坊村委会签订协议，聘请护水员，保护严坊溪上游水质。

1996 年 1 月，县自来水公司与乌油厂业主达成协议，拆毁所有乌油厂。同年，县政府与宁化县政府进行磋商，进行水厂水源（严坊溪）保护区勘查。2003 年 8 月 21 日，省政府批准清流县自来水厂水源保护区（一级保护区）范围。1991—2005 年，水厂水质达标率 100%。

2. 一户一表改造 1999 年，开始实施“一户一表、抄表到户”户表改造工程。至 2005 年改造工程完成，用水户 5000 余户。

二、燃　气

1991 年，县有液化石油气经营单位 1 家——县物资综合公司液化气站，设立经营网点 2 个。拥有仓库面积 1200 平方米、贮气罐 2000 个。全年城区家庭用气户 305 户，人口 1067 人，年用气总量 40 吨。

1995 年，液化石油气经营单位增至 4 家，即物资综合公司、林委机关工会服务公司、供销企业总公司、燃料公司等。林畲、嵩溪、温郊等乡镇部分居民开始使用液化气代替柴草燃料。

1996 年，经三明市建委批准，县石油公司与物资综合公司自筹资金联建清流县液化石油气贮配站，罐容 75 立方米。1998 年，县建设局、劳动局、公安消防大队 3 家单位联合对城区 5 家液化气经营部（站）开展安全检查 4 次，没收过期及未年检钢瓶 86 个。

1999 年，对燃气供应企业的登记、注册、网点设置、安全管理等作明确规定，并对各燃气供应单位下达目标管理责任书。年内对 5 个液化气经营企业的 8 个门点进行整顿，撤销门点 2 个，扣押过期钢瓶 60 个。

2000 年，全县有燃气供应企业 7 个、售气门点 10 个，年用气量 4.5 万瓶（13.5 千克 / 瓶）；用气户数 1 万户，人口 2.5 万人。

2001 年，县政府出台《关于加强液化石油气钢瓶安全管理的通知》和《清流县实施液化石油气钢瓶阀门塑料封口管理规定》。5 月，开展城乡液化气市场检查，取缔无证经营点 3 个，重新审核持证的液化气供应站（点）24 个，龙昌液化气贮配站因未办妥“冲装证”“消防竣工意见书”等，被责令停业。查封过期钢瓶 30 个。

2002 年 7 月，县城建局、工商局、消防大队、质监局联合开展液化石油气销售布点整治。年内，县质量技术监督部门对普查登记的 1.71 万个钢瓶进行统一编号，进行塑料封口。

2005 年，县城建局会同县消防大队、县质量技术监督局开展瓶装液化石油气经营市场季度安全检查。年内检查液化气供应站（点）5 次，发现安全隐患 6 起，整改率 100%。至 2005 年，全县售气门点 27 个，用气户数 1.6 万户、人口 4.2 万人，年用气量 7.7 万瓶（13.5 千克 / 瓶），用气普及率 37.2%。其中城区用气户 0.5 万户、年用气量 3 万瓶（13.5 千克 / 瓶）。

三、排　水

1991 年，城区排水系统采用雨污合流制。有排水沟 6000 米，多为 50×50 厘米盖板排水沟。雨水、污水就近排入市政窨井，经市政排水系统排入龙津河。1992 年，南区开发区建成下水道 1500 米。

1993—2002 年，建成沿河单面街、三角尾一路、四路等下水道 5040 米。结合长兴中路等道路拓宽，改造下水道 3650 米、修复下水道 1620 米，并全部改为钢筋混凝管（直径 300 ～ 1000 毫米）。同时建市政窨井 172 个。

2004 年，开始实施由三明市建筑设计院编制完成的县城排水系统红线规划，对老城区采取以截流式合流制排水体系，对新开发区采用雨污合流制。

至2005年，城区排水管道总长22.11千米，污水年排放量200万立方米。

四、绿　化

（一）绿　地

1991年，城区绿地面积5.17公顷，城市人均公共绿地面积4.7平方米。

1992—1995年，城区新建花圃3处，聘请市园林技术人员3个，培育菊花、四季常青花木等，并向单位提供花木。城区共植草皮面积3.02公顷、乔木17万株。1995年，人均公共绿地面积增至5.8平方米。

2001年，新建刘家园河堤沿岸公共绿地面积2429平方米。2002年，城区新建中心区绿地4处：文化广场面积230平方米、刘家园河堤面积2490平方米、交警花圃面积570平方米及渡背街河堤面积2310平方米。新增建成区园林绿地面积3380平方米。城区绿化覆盖率26.2%，人均公共绿地面积7.4平方米。

2003年，在龙津广场、清流一中、县人武部河滨公园等处，种植乐昌含笑、木槿、樱花、紫薇、红花檵木等1000余株，绿化面积0.5公顷。

至2005年，城区绿地面积16.71公顷，建成区绿化覆盖率35.1%，城市人均公共绿地面积8.1平方米，城区绿地率29%。

（二）街　道

1991年，城区主街道绿化率100%。1992年春，碧林北路行道树绿化完成，主要树种有广玉兰、女贞、小叶樟等共160株。

1993年，长兴路绿化以亚热带常绿树种天竺桂为行道树，街道两侧各设1.5米宽花带，总面积1500平方米，植有色草及丁香球、杜鹃、矮生美人蕉等花木800株。

1994年，凤翔街建成，两旁人行道绿化，栽植广玉兰、火力兰。

1995年冬，凤翔街花带花草全被冻死。1996年，凤翔街改种珍珠花。同年，长兴北路种植中华杜英和紫荆红等绿化树。

2001年，县直机关干部在翠园前街植草皮3000平方米，种植桂花树100株，补植城区行道树250株。

2002年，南区大街、碧林北路、长兴南路等处补种行道树1500株。

2003年，长兴路种植香樟282株，成活率90%以上。

2005年，补植城区行道树200多株。11条道路种植行道树，城区道路绿化普及率30.6%。

（三）庭　院

1995年，城区建成园林景观型单位40个。1998年10月，全县响应省绿化委员会号召，开展创建“省级园林式乡镇、园林式村庄和省级花园式单位”活动。自1999年至2005年，县政府大院、清流供电局、清流宾馆等单位先后被省绿化委授予省级花园式单位称号；灵地镇、温郊乡被授予省级园林式乡镇称号。县高级职业中学、县实验幼儿园等单位被三明市绿化委授予市级花园式单位称号。

第四节　环境卫生

一、环卫设施

（一）专用设施

1991年，全县有垃圾车1辆、洒水车1辆、小四轮2辆。更新垃圾箱38个、果皮箱108个。1992年，购置农用车3辆、四轮龙马车1辆，改装后用于清运垃圾。1997年，购置“东方红”70型推土机（旧车）1台。1999年，购置“龙马”牌摆臂式集装箱垃圾运输车1辆。2000年，改装5吨“解放”牌自卸车1辆，用于垃圾场消杀。2004年，购置“龙鹰”牌摆臂式垃圾车1辆。

至2005年，环卫站拥有各类机动车辆5台，其中环卫专用车辆3台；有简易垃圾桶中转站3个、垃圾集装箱（斗）18个，分布在城区及三角尾、西山区等处，日转运能力25吨;有垃圾桶30个、封闭式垃圾池25个、果皮箱110个。

（二）垃圾处理场

1992年3月，在距县城3千米的东华乡桥下村建观音堂垃圾卫生填埋场1个，用地面积0.67公顷。垃圾采用填埋处理：每倾倒垃圾2.5～3米，即撒上10厘米厚石灰粉，再覆盖50厘米厚黄土。填埋场周围和管理房每周用敌敌畏消毒2次。填埋场建有污水净化池。垃圾无害化处理率75%。

1995年，新建垃圾无害化处理场2个，用地面积110平方米。2005年10月，动工修建桐子坑垃圾无害化处理场。该项目总投资3346万元，有效库容72.5万立方米，使用年限15年。

（三）粪便处理场

1993年10月，在垃圾填埋场路口建日处理能力5吨的粪便处理场1座。

（四）公共厕所

1991年，城区有公共厕所8个（其中水冲式5个）。1996年，城区公共厕所9座实行收费，以厕养厕。由于城区旧城改造，部分公厕损毁。2005年9月，新建公共厕所1座。城区共有3类公共厕所6座，分布在碧林南路、文化街、长兴北路等处，均为水冲式，建筑面积共323.7平方米。

二、环卫保洁

1991年，城区环卫工人保洁面积9.44万平方米，垃圾收集后运往填埋场。同时管理公厕8个。主次干道保洁实行早晚两大扫、全日保洁工作制度，垃圾清运率100%。医院生活垃圾直接倒入垃圾集装箱，有害垃圾则由医院焚烧后，由环卫站运到垃圾处理场。农贸市场、饮食店、商店等垃圾实行“垃圾代运有偿服务”。

1993年，城区清扫街道18条、面积11.13万平方米。推行环卫清扫全日保洁作业制，即日产垃圾日清运，保持街道整洁。年内，征收环境卫生有偿服务费8.54万元。1994年，“5·2”洪灾后，县环卫站出动员工40多名，连续工作20余天，完成街道、广场淤泥垃圾的清运。当年清运垃圾8000吨（含淤泥）。

1995年，县政府出台《清流县城市市容和环境卫生管理暂行规定》，成立环卫监察小组，对城区清扫、保洁、清运、公厕等卫生进行监测、评价和管理。当年与清流县青龙果蔬有限公司签订垃圾场垃圾承包处理合同，使垃圾变废为宝，成为果树用肥。公厕管理人员持证上岗，挂牌收费，实行“以厕养厕”。年内，城区环卫清扫面积14.82万平方米，日垃圾清运量18.6吨。清流县被授予“省级卫生城”称号。

2002年，县环卫站实行“减员增效，人员优化组合”，设立收费组和环卫监察中队，负责收取垃圾代运费和清扫有偿服务费、查处乱倒建筑垃圾行为。将日清运生活垃圾任务分解到3辆垃圾车，实行“早晚两清运，中间一巡回，垃圾日产日清运”。将城区21.26万平方米（道路14条）清扫面积划分为4个大片，实行“早晚两打扫、中间全日保洁”。环卫监察及站长、财务、后勤人员负责对清扫路段督察。

2005年，城区环卫清扫面积增加到21.26万平方米，环卫工人人均保洁面积5000平方米。全年生活垃圾清运量9125吨。

第三章 乡镇建设

第一节 集镇建设

1991年，县政府出台《关于村镇规划建设优惠政策的暂行规定》。余朋乡实施乡所在地云鹏街改造项目，新建农贸市场、卫生院等，沿街新建住房22幢。年内，全县乡（镇）、村共竣工房屋面积6.88万平方米，其中住宅面积3.9万平方米。

1992年，按照“统一规划、统一设计、统一建设、统一装修”的要求，嵩溪、长校等集镇对主街道进行拓改、筹建新街，一批公共建筑项目破土动工。全年开发沿街两边房地产面积1.77万平方米。

1993年，按照市、县政府“建新村奔小康”工作部署和县“小乡大集镇”发展目标，全县集镇建设步伐加快。当年规模较大的建设项目有嵩口镇下坪段开发和温郊、林畲集镇建设。温郊乡采取“免收地价，自用材价减半，免收基础设施配套费、规划设计费，乡村两级给予资金补助”的优惠措施，吸引居住偏远的山民、农户到集镇建房落户，建成集镇主街长300米。当年，三明市委授予嵩溪镇“农村小城镇建设成绩显著单位”称号。

1993—1994年，林畲乡实施集镇建设规划，将集镇中心迁至过境公路天康街（长1500米、宽7.5米），并鼓励农民在过境公路两侧建新房。该乡孙坊村和舒曹村有120户农户搬迁至乡集镇中心的天康街两旁建新房。新建集贸市场1座，用地面积3000平方米。卫生院、农村信用社、邮政储蓄、烟草站、供电所、电信站、移动公司营业厅等相继落户天康街。

1995年，县确定县一级集镇建设试点单位4个，即嵩溪镇、嵩口镇、温郊乡、沙芜乡。

1997年，长校镇被省建设委员会列为全省小城镇建设试点镇，集镇建设分4期进行。先后建成政府干部宿舍楼及派出所、烟草站、交管站、信用社、松脂站综合楼等。

1998年，沙芜乡政府铺设集镇混凝土路面2000米，新建沙芜乡财政所及集镇公厕等。至是年，全县各集镇相继建成农贸市场、文化中心、广播电视地面接收站、幼儿园、卫生院等公共设施，自来水及用电普及率100%，绿化覆盖率28%。

2000年，嵩溪镇被列入全省小城镇建设试点镇。嵩口镇的富兴小区被省建委列为第三批省级村镇建设试点小区之一。当年小区农贸市场商住楼项目竣工，建筑面积6500平方米。

至2001年，全县城镇化率25%，村镇实有住宅建筑面积3360万平方米，人均住宅建筑面积21.8平方米，人均公共建筑面积3.98平方米，自来水普及率86%。

2002年，嵩口镇九龙溪小区被列入省级第五批村镇建设试点项目。

2003年，林畲乡新建自来水厂1座，日供水量500立方米。

2005年1月，县委、县政府出台《关于加快推进小城镇建设的实施意见》，将嵩口、嵩溪、灵地3个镇确定为县域次中心，确定建成嵩溪、长校、林畲、沙芜、田源、灵地6个园林式乡镇。决定将5年内新增的地方财税收入、存量建设用地有偿出让收入、镇范围内收取的城市建设维护税作为城建专项资金，用于集镇基础设施建设。同时全县推进新型社区建设，开展“一城”（县城区）、“两带”（即林畲至长校省道线上6个乡镇、大路口至李家县道上5个乡镇）、“四乡”（即温郊、余朋、沙芜、赖坊）创建绿色生态文明城镇活动。是年，4个建制镇建成区面积328万平方米，实现“十有”，即有水泥街道、有农贸市场、有文化中心、有自来水、有广播、有电视地面接收站、有敬老院、有幼儿园、有卫生医疗设施、有公共厕所。同年，赖坊乡政府投资150万元，修建日供水100立方米的集镇自来水工程。

附：

重点集镇建设简介

嵩溪镇

1991年，嵩溪镇投资65万元兴建嵩溪自来水厂，解决镇所在地8000多人饮用水问题。

1992年，镇政府投入100余万元，按照“统一规划、统一设计、统一建设、统一装修”要求，对1000米主街道进行拓改，折迁农房45幢、公房8幢，按一级路标准铺设过境公路混凝土路面2.3千米。沿街两侧按“上房下店、前店后厂、下厂上房”规划布局。当年建成宽25米、长1千米商业大街，新增店面140间（共210间）。集资建房投入300余万元，兴建公、私新房65幢，开发沿街两边房地产1.5万平方米，新建商住房100余幢。

1993年，三明市委授予嵩溪镇农村小城镇建设成绩显著单位称号。

1994年，镇政府投入130万元，铺设矿泉水厂至下山、下山至塘凤混凝土路面2.5千米。

1996 年，拓宽改造塘凤至黄沙口禾角岭街道，用地面积 4.39 万平方米，单位和个人建新房 385 幢。

1997 年，镇政府投资 28 万元，完成镇政府大门前至清流第三中学柏油路铺设、以及镇区自来水供水系统、老人协会门球场等项目建设。

2000 年，嵩溪镇被列入全省小城镇建设试点镇。11 月，嵩溪镇与房地产开发商合作，投资 2650 万元，动工兴建豆腐皮专业批发市场及富兴小区。

2003 年，镇政府投资 130 万元，新建日供水 2000 立方米自来水工程，当年竣工供水。至 2004 年，嵩溪镇建成区面积 1.12 平方千米。

2005 年，镇政府投入专项资金 40 余万元，完成镇区主街 500 米的排污管道铺设、人行道改造及沿街绿化花带、垃圾箱、路灯等配套设施建设，逐步实现集镇亮化、绿化、美化。

嵩口镇

1993 年 3 月，实施镇区连片开发项目——下坪段开发项目，拓改大灵线嵩口段新区公路及开发福利区、加工工业区，用地面积 14.47 公顷。当年铺设水泥主干道长 700 米、宽 20 米，以及 4 条次干道，并完成下水道、自来水管、供电管道安装使用。

1997 年，镇投入 90 余万元，建成嵩马大桥，长 195 米，宽 6.5 米；投资 10 余万元，完成镇政府门楼及院内改造工程；投资 66 万元，拆迁建筑 85 幢，完成街道二期工程。

2000 年，镇富兴小区被福建省建设委员会列为第三批省级村镇建设试点小区之一。当年完成用地面积 8100 平方米、建筑面积 6500 平方米的农贸市场商住楼项目。

2002 年，镇九龙溪小区被列入省级第五批村镇建设试点项目。

2005 年，富兴小区竣工。同年，投入 30 万元，重新铺设解放街（主街）人行道，当年竣工投入使用。建成区面积由 0.45 平方千米扩大至 1.2 平方千米。镇区人口增至 8000 人，城镇化水平 42%。

长校镇

1991 年，严格实施集镇规划，初步实现“十有”，即有水泥街道、有农贸市场、有文化中心、有自来水、有广播、有电视地面接收站、有敬老院、有幼托院所、有医疗卫生设施、有公共厕所等公共设施。

1992 年，进行集镇建设，拓宽南门街，铺混凝土路面长 1000 米、宽 17 米。同时修建环村路 1 条 1.2 千米、面积 2650 平方米的农贸市场 1 座。投资 30 万元，将农贸市场门口至烟草站道路由 7 米拓宽至 14 米，长 500 米。投资 20 万元，开通从老车站至关爷亭横街。

1993—1996 年，加快“小乡大集镇”步伐，完善镇区主街道建设，铺设水泥路 900 米，并安装单面路灯。新建政府干部宿舍楼及派出所、烟草站、交管站、信用社、松脂站综合楼。

1997 年，长校镇被福建省建设委员会列为全省小城镇建设试点镇。集镇建设分 4 期进行。至 2001 年，完成主街道校溪商业街、横街旧村改造，环村路铺设水泥路长 2.2 千米。完成集镇农贸市场、主街路灯改造。

2004 年，兴建镇卫生院门诊综合楼、病房楼、职工食堂、职工宿舍等，总建筑面积 1220 平方米。至 2005 年，镇建成区面积 0.43 平方千米。

灵地镇

1991 年，投资 30 余万元兴建供水工程。1997 年，投资 48 万元，改造群英街，铺设水泥路面 600 米；投资 186 万元，兴建灵地边贸市场及灵地税务所。2003 年，投资 60 万元，扩建镇区供水工程；投资 260 万元，扩建灵地集贸市场；投资 5 万元，兴建公厕 6 座。至 2005 年，镇建成区面积 0.51 平方千米。

第二节 新村建设

1991 年，围绕县委提出的“奔小康、建新村”目标，全县掀起建新村热潮。农村新建住宅面积 120.56 万平方米，7761 户农户搬进新居，占农村总户数 34%，人均住宅面积 27 平方米。培育东华乡大路口村、嵩口镇围埔村等村镇建设示范点。长校乡有 6 个村实现“六有”：有医疗卫生所、有水泥路、有自来水、有文娱场所、有电话、有广播。里田乡卢水村统一规划进行旧村改造，村内建有村办公楼、小学、卫生所、代销店、农民公园、公厕等。

1992 年，县政府出台《关于村镇规划建设优惠政策的暂行规定》。规定农房设计费、农村规划设计费按收费标准减收 50%；林价款按 50% 收取，并免收“两金”；不征收固定资产投资方向调节税等。同时，向全县推广省、市提供的《农村住宅施工通用图》（18 套）和建筑方案。全县 24 个村纳入新村建设试点单位。其中嵩口镇高坑村进行新村建设，镇政府扶持各建房户 2000 元，村委会为各建房户提供建房用地和木材。当年，建成新宅 12 幢，用地面积 1800 平方米，总投资 40 万元。东华乡大路口村建新村，实行“统一征地、统一规划、统一安置、统一设计、统一建设”。新村规划建设面积 4900 平方米，房屋建筑由天津设计院统一设计，建设资金个人自筹，村补助每户 5000 元，使用的木材、土地给予优惠。当年竣工搬迁新居 24 户，占全村总户数 85%。灵地镇姚坊村投资 20 万元解决全村饮用水问题。温郊乡桐坑村进行旧村改造，采取“拆旧村，建新村”办法，统一规划安排建房点、建房面积，统一要求建房时间，严格按规划建设。其中利用宅基地 1.82 万平方米，建筑面积 2.8 万平方米；拆旧房 25 户，面积 7000 平方米。当年涌现大路口、围埔、卢水等一批村镇规划建设先进典型。

1994 年，全县遭受“5·2”洪灾侵袭，10566 户受灾，3066 户需重建。县城建部门及时组织规划站、村建站、设计室深入灾区，完成留坊、横口等 16 个重建村以及城南开发区、渡背街等 5 个安置地段测量、规划。

1995 年，坚持高起点、高标准，把分散住宅建设改为相对集中进行重建家园。县乡共投入 3000 多万元，完成留芳村、横口村等 16 个重建村的建设。新建住房面积 42 万平方米，3066 户搬入新居。龙津镇在桥下村白石桥建设长青新村，建新房 25 幢，用地面积 2710 平方米。

1996 年，龙津镇在遇仙桥新村南区建新村 25 幢，用地 3000 平方米。长校镇长校村进行村中 300 米横街改造，拆迁旧房 180 余间（幢），新建房 40 余幢。余朋乡农民新建钢筋混凝土结构楼房 116 幢，形成余朋东门新村、芹溪上村新村、太山新村、东坑平安街等新村点。沙芜乡铁石、上坪、白塔、新矶、洞口 5 个建制村新建钢筋混凝土结构房 352 幢。嵩溪镇元山村陈墩、洋墩、立子墩 3 个自然村重建家园 79 户，用地面积 8532 平方米。

1997 年，县政府下发《扶持小康新村建设优惠措施的通知》，规定每个 20 户以上的新村建设点，补助水泥 3 吨，用于新村道路和其他公共设施建设；新村建设点的住户，每户可享受免交税费自用材 3 立方米并免收土地出让费、土地管理费、规划费和农户房屋设计费。嵩溪镇政府制定优惠措施，对在规划区内建新房的农户，镇和村分别给予每户 1000 元、500 元补助，并免收各种规费和所需木材的三金、两税及砂、石等资源管理费。当年，嵩溪镇建新房 247 幢，旧房改造 211 幢。住房达标比重 81% 以上，被省政府评为“家园杯”新型村镇建设优胜乡镇。长校镇建新房 227 幢，改旧房 202 幢。灵地镇灵地、灵和、杨源和大坪 4 个村，年内动工建新房 119 幢，竣工 101 幢。至是年，全县农村住房面积 310.5 万平方米，其中符合小康验收标准住房面积 217.04 万平方米，符合小康住房面积 69.9%。

1998 年，龙津镇城南村横溪岭自然村建新村，共建新房 21 幢，用地 2500 平方米。嵩溪镇余坊村、伍家坊村老寨自然村新村建设 52 户，用地面积 5450 平方米。沙芜乡农民建新房 800 幢，并在新村建设点主干道铺设水泥路。

2000 年，田源乡田口村结合先行工程实施旧村改造，拆旧房 20 余户。李家乡兴建长灌村，用地 4000 平方米，建新房 20 户。

2001 年，长校镇投入资金 150.5 万元，实施造福工程，将原老黄石坑自然村农户 23 户 100 人，全部搬迁至沙坪村居住。搬迁户全部建砖混新房，每户平均建筑面积 263.3 平方米。

2002 年，嵩溪镇青山村青口自然村，塘背村南家、花果园自然村重建和新建住宅 54 幢，用地面积 5830 平方米。2004 年，龙津镇在城南村十里铺三峡移民安置点建新房 5 幢，用地面积 450 平方米。

至 2005 年，全县村庄建成私房建筑面积 428.14 万平方米、公共建筑面积 23.35 万平方米、生产性建筑面积 7.45 万平方米。

第四章 建筑业

第一节 建筑企业

一、概 况

1991 年，全县有全民所有制建筑企业 1 家，即林业工程队，有职工 68 人；集体所有制建筑企业 4 家，即水利工程公司，有职工 27 人；县第一建筑公司（即县建筑工程公司），有职工 210 人；县第二建筑公司，有职工 108 人;龙津建筑公司,有职工 110 人。是年,全县建筑业实现社会总产值 2464 万元（1990 年可比价）。

1995 年,全县建筑业实现社会总产值 9564 万元,比 1991 年增长 2.88 倍。是年,增加县第三建筑工程公司、嵩口建筑工程公司 2 家，全县共有建筑业企业 7 家，期末从业人员 781 人，自有机械设备年末功率 1723 千瓦，自行完成施工产值 1847.4 万元。

2000 年，全县国有建筑企业 2 家，即林业工程公司（三级资质）、自来水厂安装队（四级资质），自有机械设备年末功率 223 千瓦,自行完成施工产值 251.4 万元;集体建筑企业有县建筑工程公司（三级资质）1 家，县第二建筑公司及县供销、水电、龙津、嵩溪、嵩口、长校建筑工程公司（四级资质）企业 7 家，8 家自有机械设备年末总功率 188 千瓦，自行完成施工产值 672.1 万元。

2001 年，全县建筑企业增至 10 家，期末从业人员 751 人，设备台数 272 台（套），自有机械设备年末总功率 3233 千瓦,自行完成施工产值 3790.5 万元。是年,全省实行建筑企业新资质就位,县四级以下（含四级）建筑企业资质就位未达要求的，原资质全部被取消。全县仅县建筑公司、县林业工程公司 2 家企业资质就位合格，保留三级资质。

2003 年，县林业工程公司被三明市林业房地产综合开发公司收购兼并。

2005 年,全县建筑施工企业 9 家，实现生产总值 7268 万元（当年价）。其中三级资质 1 个（县建筑公司），房屋和土木工程建筑业从业人员（长期工）年末数 7 人，在岗职工 51 人。

附：

清流县建筑工程公司

1991 年，公司有职工 210 人，完成产值 312 万元，占计划 104%，实现利润 4.20 万元，比 1990 年增长 21.7%。工程质量合格率 100%。1994 年，自有机械设备 46 台，总功率 466 千瓦，以建安为主业，投标承包工程 3 个，面积 2.15 万平方米，自行完成施工产值 657 万元，并开拓三明、长汀、深圳业务。在三明建立分公司，承建梅列乾龙新村等项目，同时发展机砖厂、水泥预制件厂、石灰厂、捞沙队、锯台制材车间等建材小工业。1997 年，公司中标 7 项工程，房屋建筑施工面积 3.28 万平方米，产值 418.2 万元，名列境内施工企业第一。2005 年，进行企业改制，改制方案上报县政府。

二、设 计

1991 年，县建筑设计室按照“前店后厂、前店后房、下店上房、下店上厂”原则对县城规划区内建筑进行设计。是年,建筑设计完成面积 4.56 万平方米,完成任务 168.8%。同时编制《清流县农村住宅通用方案图》,提供特色建筑方案。

1992年，采用新规范设计标准，完成公共建筑设计图纸54项，建筑面积5.15万平方米。当年支持教育事业，优先安排设计。如接县二中教学楼等工程设计图纸18项，设计面积1.83万平方米，设计费优惠40%。

1994年，县职改领导小组确认设计院助理工程师（土建）1人。

1996年6月，县建筑设计院更名为县规划建筑设计院。是年，在省、市设计质量检查中，设计质量合格率100%。

1997—2000年，完成公共建筑设计图纸135项，设计建筑面积18.84万平方米。此间，设计院配备工程师职务1人。

2001年始，由于设计单位缺乏建筑学专业人才，业务单一、不足，部分人员陆续离岗自谋职业。

第二节　建筑市场管理

一、施工招投标管理

1991年12月，县政府颁布《清流县建设工程施工招标投标暂行规定》。要求凡是计划内的基本建设和技术改造项目，包括国家规定允许不纳入固定资产计划规模的建设项目，投资在20万元以上的，均实行建设工程施工招投标，择优选用施工单位；严禁任何单位和部门，未经县招标办批准，自行组织招标、擅自确定施工队伍。同时，成立建设工程施工招标投标领导小组，下设办公室（简称招标办）。集体研究决定百万元以下议标工程项目。

1995年，县监察部门对招、投标的全过程实行监督、检查。当年，50万元以上招标工程49个，总投资1.4亿元，建筑面积12.48万平方米。全县建设工程招标议标率89%。

1996年，全县工程发包实行公开招、投标。当年，通过招投标发包的工程项目12个，工程建筑面积3.44万平方米，总造价2136.54万元，工程开工项目报建率100%，缩短工期9%，降低工程造价2.2%。

1997年，县政府颁布《清流县建设工程项目施工招标投标管理规定》。要求30万元以上或建筑面积700平方米以上新建、扩建、改建以及技术改造的建设工程项目的施工均实行招标投标。全年完成工程招标投标16个，建筑面积4.77万平方米、造价2100万元。年内对1995年以来造价50万元以上建筑工程项目进行检查。检查结果：41个工程中，公开招标确定施工队伍17个，占工程总数41.5%；经议标确定施工队伍工程11个，占26.8%；直接发包工程13个，占31.7%；竣工工程22个，其中有验收16个，占72.7%，未经验收交付使用6个，占27.3%。

2000年1月，《中华人民共和国招标投标法》实施。全县开放建筑市场，不限制县外施工企业到清流县投标。县政府修改、印发《清流县建设工程项目施工招标投标管理规定》，规定50万元以上或建筑面积1000平方米以上新建、扩建、改建以及技术改造的建设工程项目的施工均实行招标投标。同时制定《清流县建筑工程项目施工招标评标定标暂行规定》，规定建筑面积1000平方米以上或造价50万元以上政府投资项目或国有集体控股的投资项目，实行工程招投标。县设立招标投标评委库，开标时随机抽取评定标人员和评分基准价中标底、标函所占比例。年内招标工程5个，建筑面积1.97万平方米，工程造价1003.2万元。

2001年，工程招标投标由建设单位组织实施或委托有资格的招标中介机构实施，原招标办只履行监管职责，不再直接组织招标。年内全县50万元以上或建筑面积1000平方米以上建设工程14个，全部进行公开招标投标。

2002年，成立县工程建设交易中心，全县建设工程招投标活动在交易中心进行。年内全县参加招投标工程7个，总工程造价1800万元。

2004年，规范县建筑工程和市政工程招标投标活动，规定投标保证金一律不收现金，只收从投标单位基本账户转（汇）出的投标保证金。并规定，对在单位工程期内，项目经理被查登记3次不在岗，12个月内不准该施工企业在县内建筑市场投标。年内在交易中心完成招标投标工程2个，工程造价630万元。

2005年，首次在基础设施工程新建长兴中路公厕项目推行最低价中标法，下浮比率20.4%。随即在县工业项目集中区土石方工程第一期公开招标中进行最低价中标法。全县从事工程项目招投标活动招标代理机构 2 个。当年，100 万以上建筑工程项目 3 个、50 万元以上市政基础设施工程项目 1 个，全部纳入公开招投标。

二、企业资质管理

1991 年，县建委加强施工企业技术资质管理，全年签发施工许可证 36 份。

1993 年，开展建筑施工企业资质复查。县内建筑施工四级以上企业复查全部合格。

1994 年，开展施工企业资质年检，年检 22 家，其中质量、安全管理较差企业 3 家，责令其整改。

1996 年，开展建筑施工企业新资质就位申报工作。全县四级以上建筑施工企业 10 个（其中三级企业 3 个）新资质经省、市建委审核全部获批准。

2000 年，建筑企业资质初检四级以上施工企业 10 家，报市建委审批；年检非等级建筑企业 7 家。

2002 年，15 个工程办理施工许可证，施工许可发证率 88.2%。年内，完成属地 2 家建筑企业新资质就位工作。

2005 年，全县颁发施工许可证 11 份。

三、建筑市场整顿

1991 年，全县开展建筑市场“七清理”（即清理无证设计，无证、无照施工和越级承包施工任务的工程；清理不按建设程序办事，未经计划部门批准立项和建管部门批准开工的工程；查处利用工程发包权索贿受贿，收受“回扣”的行为；清理不规范和不合法的建设工程承包合同；查处层层转包多估冒算、粗制滥造的行为；清理未存入规定开户银行的建设资金；清理欠缴建设主管部门的上级施工管理费）工作。清理重点是 1989 年以来竣工工程和在建工程。1994 年，实施开工报建制度，加强工程开工管理。

1996 年，开展县建设工程项目执法监察调查摸底。调查结果：全县 1995 年以来造价在 50 万元以上的开工和竣工工程项目 48 个（含交通先行工程），总造价 1.4 亿元，总建筑面积 12.48 万平方米。检查发现存在工程直接发包、施工企业垫资工程和建设单位拖欠工程款等现象。

1997 年，对县内 15 个工程进行重点抽查，查处违法违纪、违章违规建设事件 21 起；加强对施工班组管理，严格查处工程以包代管、倒手转包等现象。

1998 年 3 月，《中华人民共和国建筑法》（以下简称《建筑法》）开始实施。全县利用广播和有线电视、宣传车等宣传媒体开展宣传。县人大常委会召开宣传贯彻《建筑法》座谈会。对全县 207 个工程进行执法监察，查出隐患工程 60 个。处理结果：拆除 14 个、停止使用 32 个、加固 7 个、观察使用 7 个。是年，查处建设单位肢解发包工程 3 起、自行发包 1 起。全年工程报建率 100%。

1999 年，县政府出台《清流县推行工程建设监理若干规定》。规定大中型项目和省市重点工程及县政府为民办实事项目等 6 类工程项目必须实行建设监理。同年，制定“清流县承包工程项目廉政制度”，召开建设系统反腐倡廉座谈会，对“包工头”和建设系统各级领导干部约法三章。当年查处无施工许可证而自行组织施工单位 3 个；查处无证设计、施工，无质量监督工程 1 起；查处已动工、未办质量监督手续工程 2 起。业主经教育后均补办相应手续。

2001 年 5 月，开展建设市场自查自纠、安全专项整治、危旧房屋大检查三项整治活动。自查自纠工程项目 27 个，总造价 4593 万元，总建筑面积 10.6 万平方米。自查结果：建设单位违反建设程序工程 6 个；设计单位违反工程建设强制性标准 15 个。自查后全部补办手续。同年，执行施工图文件审查制度，凡施工图文件未经审查批准不得施工。

2004 年，开展清理拖欠建设领域工程款工作。全县共有 35 个政府工程项目和其他工程项目拖欠工程款计 1283.12 万元。当年清欠工程款 284 万元，清欠率 22.13%。

2005 年，规范建筑市场建设单位行为，全年颁发施工许可证 11 份，建筑面积 4075 平方米。工程总造价 216.5 万元。加大对中标企业在投标时关于施工现场管理人员到场、施工机械、工程单价及安全措施投入等方面承诺的监督检查。依法查处施工队乱挂靠、项目经理和管理人员不到位的违法违纪现象，发出责令整改通知书 6 份。

第三节　建筑工程管理

一、工程质量监督

1991 年，全年监督工程 33 项，建筑面积 3.39 万平方米，工程造价 647.84 万元。城市监督覆盖率 100%，农村覆盖率 65%。全面推行 TQC（TQC 是英文 Total Quality Control 的缩写，即全面质量管理）活动，组织 TQC 活动小组，每半年开展一次质量检查，对工程质量实行全面管理。

1992 年 12 月，对全县建筑工程实行按质论价规定，奖优罚劣。

1993 年，开展工程质量通病防治工作，重点抓屋面漏水、卫生间倒返水等质量管理，并建立优质工程奖励基金。

1994 年，组织三、四级施工企业（7 家）之间开展工程质量竞赛，并签订协议书，每个季度进行一次检查。查处林畲农贸市场等重大质量隐患工程 3 个。当年通过省级计量认证。“5·2”洪灾后，加强建设工程管理，要求各类新建、改建和扩建的工业和民用工程，一律按规定办理相关手续，由符合资质等级资格单位进行设计、施工。

1996 年，对资质三、四级及跨地区四级以上施工企业进行为期 10 天的房屋结构工程质量大检查。共检查施工企业 7 个、项目 16 个。检查结果显示在建工程混凝土结构和承重砖砌体结构合格率 84%；实测点合格率 73%；原材料抽样合格率 87%。

1997 年，现场检查发现商业大厦建设工程中使用标志不明、不合格钢材，责成停止使用并对该工地施工企业进行处罚。同年 4 月，对全县在建工程、近期竣工工程及 1991—1995 年前后所有投入使用的房屋建筑进行全面检查。全县自查和复查建筑房屋（工程）207 幢，面积 30.58 万平方米。查出严重结构安全隐患房屋（工程）26 幢（其中教育系统学校校舍建筑 25 幢），建筑面积 1.34 万平方米。责令拆除赖坊中小教学楼、嵩口中学教师厨房和嵩溪中心小学教学楼，其余隐患房屋（工程）要求加固补强。隐患整改措施落实率 96%。随后，县政府制定《全县中小学校舍旧、危房限期整治、改造计划》。

1999 年，要求县城规划区内所有建筑建设单位（包括私人）必须有由相应资质设计单位设计的施工图才准予办理工程建设规划手续，并要求所有公建项目都必须委托工程质量监督。同时建立和实行住宅工程用户评价制度、原材料建设单位见证取样制度和现场随机抽检制度。

2000 年，对 1996—2000 年所有在建和竣工工程项目，开展工程质量自查和抽查 3 次，自查建筑工程项目 118 个，建筑面积 22.6 万平方米；抽查 45 个，建筑面积 7.6 万平方米。检查结果显示当年竣工验收建筑工程 12 幢，建筑面积 2.66 万平方米，合格等级率 100%、优良率 30%。其中由县建筑公司承建的国税大楼、自来水厂综合楼工程被三明市建设局评为优质工程。

2001 年，会同县教育局，查验中小学校舍 31 幢，建筑面积 2.21 万平方米。查验结果显示中小学校舍基本满足正常使用要求的（B 级）15 幢、建筑面积 1.17 万平方米；不能满足正常使用要求、局部出现险情构成局部危房的（C 级）5 幢，建筑面积 2958 平方米；房屋整体出现险情构成整幢危房的（D 级）12 幢，占被检查对象 38.7%，建筑面积 7410 平方米，占 33.6%。对整体危房和局部危房发出通知书，相关单位采取措施进行整改。

2002 年，清流县工程监理业务由三明市建设工程监理公司清流分公司以及厦门的监理工程公司承担。

2003 年 8 月，对 1996 年及以后 103 个工程项目进行检查，重点抽查其中 21 个工程项目，查出质量隐患 43 处，发出质量安全隐患限期整改通知书 20 份。查处违反基建程序的在建工程 5 起。其中里田小学危房被责令停止使用并依法拆除。

2005 年，对在建工程进行季度抽查 37 幢次、不定期抽查 24 幢次。城区工程质量监督率 100%，乡镇工程质量监督率 90% 以上。

二、建筑安全管理

1991年，全县开展以标准化、规范化为中心的“安全达标”活动。在全市建筑施工安全大检查中获第四名。

1993年，县建设局与四级以上施工企业签订建筑施工安全生产目标管理责任书。定期开展施工安全大检查。对施工现场安全管理较差的嵩溪建筑公司和长校建筑公司，责令限期整改。

1997年4月2日，嵩口供销社百货楼拆除工程发生高空坠落事故，死亡1人，直接经济损失7万元。对事故责任单位县供销建筑工程公司给予暂停3个月在县内承接工程及罚款3000元的处罚。全县开展建设工程安全质量大检查。共检查单位工程36个，发出安全隐患整改通知书48份、整改措施180条。

2001年，完成安全密目网、施工用电专项治理，查出安全隐患240条，发出安全隐患整改通知书70份，隐患整改率95%。是年，全县意外伤害保险率100%，特种作业持证上岗率80%。城区各施工现场物料提升机按要求换上标准提升机，在建工程全部按规范挂标准密目网。

2005年，制定《清流县工程质量安全巡查工作实施意见》，成立巡查工作组，开展每季度大检查和日常抽查。年内，深入施工现场对脚手架、模板工程、施工用电等进行专项检查18次，查出安全隐患236条，发出整改通知书47份，并督促责任单位限期整改。

三、工程造价审理

1991年，建立县内工程概预算队伍。县建委举办新定额交底和修缮定额使用培训班和工程造价管理知识讲座各2期，受训150人次；组织41人参加省举办的定额交底培训班和概预算人员资格认证考前辅导班。当年代理县化学助剂厂实核基建投资，核减该厂基建投资63万元;代审工程7个（西山体育路、水东路水沟、西山路人行道、车站公厕等），核减基建投资4.59万元。

1992年，县建委会同有关部门对全县135种建筑材料进行取价，编制建筑工程直接费价格指数及材料预算价格，报市建设工程造价管理站汇审通过，按时发布实施。对64种主要建筑材料价格分12期进行分析，对工程造价实行动态管理。

1996年6月，县造价站成立建设工程造价咨询中心，为建设单位、施工单位、社会群众乃至法院委托的工程造价纠纷案件提供定额咨询和仲裁服务。当年完成大小工程项目审核140个、造价1424万元，审核后调减幅度20.44%，节省建设投资188万元。

1999年，审查合同10个，纠正不规范条款10条，为施工企业挽回损失6万余元。全年编审工程造价120项，送审工程造价1780.5万元，审核预决算1646.5万元，调减幅度7.5%。

2005年，工程造价咨询中心接待525人次，为建设单位核减基建投资1019万元。

四、工程档案管理

1991年，县政府批转县建委《清流县城市基本建设档案管理暂行办法》《清流县城市基本建设工程竣工档案保证金暂行规定》并成立县城建档案室。当年整理建档150卷，承办基本建设档案押金工程项目17个，建筑面积1.07万平方米，收取档案保证金4.03万元。

1992—1995年，全程参加建设项目招投标31个，评出投标企业“城建档案信誉分”和“社会信誉分”。并将“城建档案信誉分”纳入评定建设工程施工承包资格内容。跟踪拍摄旧城改造、小区建设、项目拆迁、招投标会议、开工仪式、竣工庆典等系列活动。至1995年，档案室库房面积58.2平方米，入库案卷900卷，照片300帧、底片12卷、录像1盒。

1996年，收集散失在个人和单位的城建档案，开展档案信息咨询工作，为全县农村奔小康中心工作服务。当年借阅、咨询档案资料17套、21人（次）。年内，档案整理100卷、底图70张、资料20册，收取城建档案押金6万元。

1997年，建立报送工程竣工档案责任书管理制度。建设单位与城档馆签订报送责任书占招投标工程个数100%。1998年4月，城建档案室更名为“城建档案馆”，原档案押金制度取消。

2000年11月，经三明市城建档案馆考核验收，县城建档案室被评为市一级城建档案目标管理单位。

2001年，将建设工程档案管理纳入工程验收管理程序，实行工程竣工验收档案备案管理制度。

至2005年，城建档案馆有库房面积54.6平方米。档案库藏门类10大类：综合类、城市勘察类、城市规划类、城市建设管理类、市政工程类、工业建筑类、民用建筑类、村镇建设类、工程设计类、声像类。馆藏各门类档案2261卷（册）、底图5234张、相片资料433张、录像资料2盒、底片资料14卷。比较重大的建设项目档案有：凤翔桥拓宽改造工程、长兴中路改造、雁塔小区一期工程、绿园小区工程、明辉公寓工程等。

第五章　房地产

第一节　住房制度改革

一、公有住房改革

1991年，全县公有租房均由各单位自行管理，与租房者签订合同，每月租金收入以“预算外资金”上缴县财政。

1993年5月，县政府在全县范围内推行房改政策。是年，为房改进行买卖鉴证62个单位、797户，建筑面积1.16万平方米；缮证单位44个，其中发证25个，户数317户。

1994年3月，县政府出台《清流县安居工程实施意见》，决定建设廉价解困住宅，单套建筑面积为55平方米。安居工程重点解决房改未购房户、人均居住面积在5平方米以下的住房困难户。《意见》分总则、扶持政策、出售及资金组织、住房困难户的认定、组织与管理及附则6个部分。县政府同时出台《清流县公有住房租金标准及实施意见》。规定租金标准为每月每平方米0.6元；住成套公有住宅，而个人不购房的，租金每月每平方米1元；按房改政策须退出公房的住户，租金为每月每平方米1.5元。《意见》还对超过控制面积标准的，规定加租比例，并规定不发给住房补贴。

1995年，全县开展“清房”工作，对1992年以来建私房、购公房、用公款超标装修住房、集资建房等4个方面进行自查。县“清房”协调小组对违规的11人发出整改通知书，限期办理退款交房手续。“清房”工作通过省市检查、验收。

1997年8月，县政府出台《清流县出售公有住房实施规则》和《清流县已出售公有住房衔接实施规则》，推行房改衔接及新一轮房改工作。年内，对1993年已出售的公有住房实行再次补价出售，并对参加房改的46个单位公房重新核查、勘丈，整理房产资料40份。1998年8月，对《清流县公有住房租金标准》进行调整，确定1994年竣工的房屋租金高于旧公房租金10%。当年12月1日，全县结束住房实物分配体制。

1999年9月，印发《清流县公有住房1999年租金标准实施意见》，确定住成套公房，而个人不购房的，月租金按每平方米2元计算；按房改政策应退出公房的住户，租金按每月每平方米3.3元计算。是年租金水平占双职工家庭平均工资7.5%。年内，累计出售公有住房2000套，建筑面积11万平方米，回收资金1352万元。

至2005年，全县办理“房改房”100%产权登记1940起、缮证1940本，房屋产权登记面积18.57万平方米。县财政归集售房款1636.86万元。

二、单位集资建房、个人合伙建房

1991年7月，县林业委员会以划拨方式取得原苗圃地块，用地面积2.5公顷，用于下属各伐木场职工集资建房，由县林业工程公司承建碧林山庄（亦称林业新村）。截至2002年，建成集资房118套，建筑面积1.57万平方米。

1997年7月，县政府出台《清流县城镇集资建房管理规定》，共21条，划定参加集资建房的条件、集资建房的面积控制标准、产权比例及可以享受的优惠待遇。还确定集资兴建的住房进入市场的条件。

2000年9月，县政府控制城区个人建房审批，规定在城区主要路段不再审批零星私人建房；雁塔小区、坪背小区、三角尾小区及其他应进行详细规划而未完成详细编制的小区，也暂停审批。

2002年，房改办审批集资建房181户（套），建筑面积2.21万平方米。

2003年5月，县政府印发《清流县干部职工合作建房的规定》，对合作建房条件、合作建房用地等作专门规定。年内，房改办审批集资建房200户（套），建筑面积2.41万平方米。

至2004年，城区单位集资建房10宗，住宅230套，建筑面积3.14万平方米；合伙建房12宗、304套、建筑面积5.06万平方米。2005年始，全县停止审批集资建房、合伙建房项目。

三、住房公积金制度

1995年12月，县政府颁发《清流县住房公积金实施意见（试行）》（以下简称《意见》），并成立县住房基金管理中心，负责归集、管理和使用公积金。《意见》规定：住房公积金缴纳对象为行政和企事业在职干部、职工，按当年本人基本工资的3%缴纳（单位和个人各承担50%）。公积金用于支付职工家庭购买自住住房、自建自住住房、私房翻建和大修等费用。

1996年，全县加入住房公积金4500人，全年归集公积金78.6万元，尚无职工向公积金贷款。

2003年，住房公积金按当年本人基本工资的6%缴纳。全县累计归集公积金3368.12万元，归集公积金余额2845万元，累计汇缴人数3.88万人；累计贷款人数387人，公积金贷款余额1529.85万元。同年，县住房公积金管理工作划归三明市住房公积金管理中心。

2005年，住房公积金仍按当年本人基本工资的6%缴纳。当年，全县缴纳住房公积金2359.49万元，实缴人数6961人；发放贷款1009.3万元，发放贷款180人；支取公积金907.48万元。截至年末，全县累计归集公积金7465.45万元，归集公积金余额5712.12万元；累计发放公积金贷款1009.3万元，公积金贷款余额2376.15万元；累计支取公积金1753.33万元。

第二节 房地产开发

1991年，全县无商品房建设投资。县开发公司竣工面积1776平方米，造价47万元；售房115平方米，售价4万元。代建工程竣工1800平方米，造价60万元。

1992年，县政府出台优惠政策鼓励境内企事业单位和个人买地建房。规定凡个人年内在开发区动工建房的，免费办理城市户口1名，并减收土地开发费20%。将开发的城南片区、桃园新村、刘家园片区，用地面积共25.1万平方米皆按宅基地的形式公开出售。城南开发区出售宅基地1.8万平方米，收入开发资金230万元。各乡镇开发房地产面积19.7万平方米，竣工面积9.8万平方米。其中嵩溪镇3万平方米、嵩口镇2.5万平方米。县开发公司当年销售商品房309.52平方米，收回开发资金14万元。

1995年，全县商品房滞销，年内仅销售3幢，回笼资金108万元。

1997年5月，县政府出台《关于加快房地产业发展的若干规定》。要求，在县城规划区内，严格控制单位和个人建房审批，鼓励购买商品房；凡购买城区商住楼50～100平方米，或购买商业性用房5万～10万元者，可享受县政府给予的“农转非”户口指标1～2个。

1999年，县开发公司与福建省土木建筑总公司第五分公司合资开发长兴公寓楼商品房，用地面积1680平方米，投资750万元，7层混合结构，建筑面积8400平方米，预售价为住宅630元/平方米，店面3883元/平方米。长兴公寓于2000年12月竣工。与此同时，电信大楼、国税大楼、民政局办公楼、明辉公寓商住楼、丽珠公寓楼等一批公建项目和房地产开发项目在长兴中路拓改地块上相继动工。

2000年，城区竣工经济适用房50套。商品房销售面积8660平方米，其中住宅6500平方米，销售金额780万元。嵩溪镇富兴小区开发嵩溪农贸市场商住楼。施工单位为南安市洪梅建筑公司。项目用地8100平方米，造价116万元，建筑面积6500平方米，年内完成主体工程。

2001年，县开发公司引进三明、尤溪房地产投资商，合资开发城关雁塔小区第一期商品房工程。项目总投资992万元，建设商住楼3幢，建筑面积1.09万平方米。

2003 年，雁塔小区第一期商品房预售价格为 500 元 / 平方米，店面价格为 1340 元 / 平方米。工程于 2004 年 6 月竣工。

2002 年，县开发公司与嵩口镇政府合作，引进江西投资商，联合开发嵩口农贸市场商住楼。当年主体工程完工。同年，三明市林业房地产综合开发公司开发建设绿园小区，用地面积 1.32 万平方米，开发商以合伙建房方式向购房户融资建房。2004 年，绿园小区预售，价格为住宅 420 元 / 平方米。工程于 2005 年竣工。

2004 年，龙津镇政府引进房地产投资商，在农贸市场原址拆旧建新开发建设鸿运星城，建筑面积 20.3 万平方米，建设单位为福州榕湘建筑公司。

2005 年，长兴中街丽珠公寓 D 楼销售价格为 888 元 / 平方米。当年，房地产开发总投资 574 万元，其中商品房投资 464 万元。房屋施工面积 1.91 万平方米，年内竣工面积 1.5 万平方米。商品房销售建筑面积 1.46 万平方米，其中个人购买 1.3 万平方米，金额 1078 万元。

第三节　房产交易

一、房改房上市交易

1997 年，全县参加公有住房改革的干部、职工按政策规定补交产权全部余款后，成为“百分百产权”者。

2000 年 12 月，县政府出台《清流县已购公有住房上市交易管理暂行规定》。规定职工将已购公有住房上市交易后，不得再购买公有住房、参加集资建房，不得购买经济适用房等政府提供优惠政策建设的住房。

2002 年，根据已售公有住房（即“房改房”）需满 5 年方可上市的规定，经县房改办审批上市交易房改房成交 35 套，建筑面积 2890 平方米，交易金额 75 万元。

2003—2005 年，上市交易房改房成交 122 套、建筑面积 8885 平方米、交易金额 302.23 万元。

二、房屋产权交易

1991 年，县内房屋买卖、旧公房出售、商品房出售、房屋抵押等，依据《中华人民共和国城市房地产管理法》规定进行房地产价格申报、房地产价格评估等。房屋出租执行《清流县房屋租赁管理暂行规定》。全年办理买卖交易监证 113 起，建筑面积 6896 平方米，交易金额 89 万元；办理房产抵押 12 起，建筑面积 2.19 万平方米，抵押金额 281.68 万元。年内开展商品房出售和房租调查。

1992 年，县政府将原国防工办 5105 厂移交的厂房、办公楼、员工宿舍等（建筑面积 5.37 万平方米）及附属设施交由县房管所管理。

1995 年，全县进行房屋鉴定面积 750 平方米，估算金额 80 多万元；房屋租赁登记监证 148 起，成交建筑面积 3600 平方米；办理房地产抵押监证 29 起，抵押面积 6.98 万平方米，贷款 1656.5 万元；进行房屋评估 32 起，评估建筑面积 3.63 万平方米，估价金额 1788.5 万元。在监证中，对不符合买卖关系的，一律不允许办理过户变更手续；对不办理买卖监证的，责成限期登记补办。全年办理房屋交易 37 起，建筑面积 3600 平方米，成交金额 176 万元；订立公房（原 5105 厂厂房）出租合同 8 起，收取租金 7420 元。

1996 年，县政府制定出台《清流县房地产交易管理暂行规定》，规范房地产交易市场秩序。

1998 年 5 月，全县开展房地产市场秩序整顿，换发全国统一的房屋权属证书，整顿集资建房行为，禁止变相进行房地产开发和房地产交易行为。

2000 年，依法设定抵押评估登记 445 起，抵押评估建筑面积 28.6 万平方米，抵押金额 1215.36 万元；办理房屋鉴证 68 起，建筑面积 8400 平方米，买卖成交金额 307 万元。

2005 年，核查并颁发商品房预售许可证 3 份，预售建筑面积 4.38 万平方米。全年完成房地产转让 225 起，金额 5327 万元，建筑面积 5.8 万平方米（其中二手房 178 起，面积 4.3 万平方米，金额 1217 万元）；完成贷款抵押登记 184 起，建筑面积 9.53 万平方米，金额 2510.85 万元。

第六章 管 理

第一节 机 构

一、县机构

县城乡规划建设局 1991年，前身为县建设委员会，与县精神文明建设委员会合署办公，实行“一套人马、两块牌子”工作机制，编制9名。

1997年3月，县文明委、建委分离，县建委更名为县建设局，主管全县城乡规划、建设、管理工作，内设办公室（监察室）、建筑业科、房地产科、市政公用事业科、村镇建设科。

2002年机构改革，组建县城乡规划建设局，内设办公室（监察室）、城乡规划管理股、建筑业管理股、市政公用事业股等4个职能股室。挂靠机构有县住房制度改革领导小组办公室（简称房改办）。

至2005年，内设机构不变，行政编制8名。

二、直属机构

1991年，下属单位有县环境卫生管理站、县城乡规划建设管理站、县房地产建设开发公司等19个。

1997年，成立县城市建设管理监察大队。

至2005年，下属单位有清流县长兴建筑工程有限公司、县环境卫生管理站、县城乡规划建设管理站、县房地产建设开发公司、县建设工程质量监督站、县城市建设管理监察大队、县房屋交易管理所、县建设工程造价管理站、县村镇建设规划管理站、县城市建设档案馆、县园林管理站、县建设行业安全监察站等14个。

第二节 规划管理

一、城市规划管理

1991年，全县宣传《中华人民共和国城市规划法》（以下简称《规划法》）和《福建省实施〈中华人民共和国城市规划法〉办法》，张贴布告，设置《规划法》广告牌。规划区建设项目审批实行“一书两证（建设用地规划许可证、建设工程规划许可证、选址意见书）”制度。全年办理单位建房手续19项，规划面积1.3万平方米；个人建房49项，规划面积4500平方米；拆除违章建筑4处。旧城改造中，凡新建房屋，优先安排在城区和开发区内。

1992年，县政府出台《清流县城区规划建设管理暂行规定》及《关于鼓励农民在县城规划区内建房的优惠政策》，禁止个人分散批地，把好单体建筑的立面造型关。开展城区规划建设执法检查。查处违法建设项目35起，建筑面积2.1万平方米，补办规划手续28项。同年4月10日至6月30日，清理检查城区规划建设项目165个，发现未办相关手续24个，占总数14.5%。其中：国家机关、企事业单位项目12个，建筑面积5112平方米；个人项目12个，建筑面积185平方米。处理违法建设12起（单位4起、私人8起）。至1995年，全县发放“一书二证”812件，查处违章建设52宗，其中拆除20宗。

1998年，依法调解规划建设纠纷18起，处理群众来信来访16件。

2000年6月，县政府出台《控制县城区个人建房审批实施意见》，规定在城区主要路段、未批准实施详规的小区暂停个人建房审批。

2002年5月，县政府印发《城市规划管理暂行规定》。县城规划控制面积扩大至18平方千米，实施建设工程规划管理和工程管线规划管理。

2003—2005年，全县完成规划审批建设项目210项，用地面积3.24公顷。

二、乡（镇）村规划管理

1991年，县政府出台《关于村镇规划建设优惠政策的暂行规定》，从规划、设计、土地、地材、税收等方面制定优惠措施11条。其中规定：凡在村镇规划区内按要求新建私人住宅的，不征收固定资产投资方向调节税；用地建房的，土地部门只收工本费和50%的定点放样费，不收服务费和管理费；凡各村开展规划建设所需木材，从当年采伐山场或间伐山场供给，林价款按50%收取。当年，根据“超前、配套、合理”原则，对1985年编制的全县14个集镇111个中心村规划进行有计划、有步骤调整。年内完成14个乡镇和30个试点村规划调整工作。

1992年，重点抓好东华乡大路口村新村建设以及温郊乡桐坑村旧村改建试点。

1993年，村镇建设采取投资与投劳相结合办法，自筹解决公共设施的建设，谁投资、谁得利，大家投资、大家受益。村镇建设实行“一书两证”制度，对违反规划建设的一律拆除。全县共拆除违反村镇规划的建筑面积2400平方米。

1994年，清流遭受“5·2”洪灾，县城建部门组成城乡规划突击队，支持受灾户重建家园，年内完成3066户重建村规划调整。村镇各部门协同建设管理部门制止违章建设，全年查处违章建设8起，调处规划纠纷3起。

1999年，各乡镇强化个人建房审批，严格执行许可证制度，全年审批公共建筑6项。

2000年，做好村建与土地利用总体规划相衔接。全年审批公共建筑6项，办理选址意见书和建设许可证6件。至2001年，各乡镇按村镇规划审批建房112户，建筑面积2.08万平方米。

2005年，村镇规划建设做到按规划放样、按建筑图纸施工，房屋建设实行先设计后施工；配套建设按先地下后地上原则进行，做到建设用地、房屋建筑、村镇道路、环境保护、园林绿化和供水、排水、电力、通讯工程相配套。各乡镇审批建房20户，建筑面积3588平方米。

第三节 城建监察

一、违章建设查处

1991年，县城建专业主管部门依照《中华人民共和国城乡规划法》《城市道路管理条例》《城市供水条例》《城市市容和环境卫生管理条例》《城市绿化条例》等相关法律法规对违反城建管理行为进行监督检查和处理。全年办理基建占地手续150起、收缴占地费3600元；查处各类违法建设施工123起，面积2500平方米、罚款3000元。

1993年，城市监管建立中队和专业小组二级管理体系，明确职责，分级管理。是年拆除违章建设13处、建筑面积2650平方米。

1994年7月，《福建省城市建设监察条例》（以下简称《条例》）出台。全县贯彻执行《条例》，由城建监察中队实施城市规划、工程设施、公用事业、市容环境卫生、园林绿化和房地产方面的监察，依照《条例》相关规定对违法行为作出行政处罚决定。是年，加强施工现场管理，沿街施工工程做到设置临时围墙，对公共绿地和街道树木采取设置保护标志与措施。

1995年，依法查处刘家园开发区擅自建房案件4宗，责令拆除已浇捣基础，退出道路红线；依法拆除县职业中学在规划预留道路用地上擅自搭建小卖部。

1997年，查处和纠正违章违规建设项目70起，其中拆除违法建设1起、拆除违法建设面积257平方米。

2002—2005年，查处违章违规建设项目21起，其中拆除违法建设2起、面积325平方米。

二 、市容市貌管理

1991 年，县有关部门与沿河单位签订任务书，突出“门前三包（包门前卫生、包门前绿化、包门前秩序）”管理。实行“色旗”管理模式：红旗代表优胜单位；黄旗代表警告单位；蓝旗代表受罚单位；黑旗代表停业整顿单位。全年挂出“黑旗”2 面、“红旗”102 面。处理摆摊占地 85 起，收费 2000 元；查处破坏市政公用设施、园林案件 23 起，挽回经济损失 2100 元。

1998 年，县政府出台《清流县城区市容和环境卫生管理暂行规定》，加强城区道路和环境卫生管理。城建监察大队实行“定组、定街、定责、定奖惩”岗位责任制，整治店外摆摊、占道修车、乱堆放、乱搭建、乱倒垃圾行为。全城“门前三包”签订率 98% 以上。沿街三轮车、自行车实行定点停放。

1999 年，城监大队、环卫站联手拆除凤翔桥头至农贸市场进出口段当街摊位 10 余家，同时在城区设立“水果市场一条街”。

2001 年，在城区街心公园、龙津农贸市场进出口、凤翔桥头等地段开展为期 2 个月的专项整治。清除街心公园内夜市摊点，规范农贸市场进出口处摊位摆放，查处弃、取土车辆撒漏、粘滞、污染街道行为。教育、处罚乱停放车辆 700 余辆次，规范摊位 110 处，劝导自产自销农民进入农贸市场交易。是年，城监大队被三明市支队评为创“双优”优秀单位。

2005 年，专项整治城区车辆乱停放现象。发放宣传材料 1000 余份，劝导违章停放自行车 2000 余辆次、人力三轮车 500 余辆次、机动车 280 余辆次、送达违章停放告示条 2000 余辆次。对各弃土、取土工程实行“定时间、定路线、定车辆”管理模式，查处违章弃土行为。

第四节 房屋产籍管理

1991 年，全县完成房屋产权登记 2576 户，建筑面积 73.06 万平方米，核发所有权证 2491 本，建筑面积 61.65 万平方米。

1992 年，集中力量完成城关和嵩溪两地房产登记发证。年内共登记 3635 件，建筑面积约 100 万平方米，核发房屋产权证 3428 本。

1993 年，房产产权发证从县城扩展到建制镇、厂矿企业。累计核发产权证 6024 本。其中灵地镇完成公房产权登记 72 幢，面积 3.21 万平方米；长校镇完成公房产权登记 51 幢，面积 1.35 万平方米。

1994 年，“5·2”洪灾后，会同有关部门开展危房鉴定 18 幢，建筑面积 6921.5 平方米。当年，全县开展寺庙建筑面积丈量，为统战部门加强寺庙管理提供依据。

1995 年，县政府制定出台《清流县房屋产权产籍管理暂行规定》。采取分送通知和主动上门登记办法，按程序规定进行房屋产权登记。

1996 年，在嵩溪、嵩口开展房屋产权产籍登记。全年登记验证 481 户，缮证 435 本，丈量建筑面积 7.4 万平方米。

1997 年，全县实现产权档案管理微机化。截至年末，全县累计完成房产登记 131.2 万平方米。

1998 年，《福建省城市房屋产权登记管理条例》颁布实施。同年 5 月，县政府出台《关于清流县房屋产权验证和房屋登记工作实施方案》。年内，全县办理产权登记验证工作，缮证 685 本。

2000 年，全县办理房产登记 1501 起，办证 1370 本，建筑面积 18.68 万平方米。

2005 年，全县受理产权登记 504 起，核发房产证 389 本、建筑面积 10.11 万平方米。截至 2005 年，全县立卷产权房籍资料 1.02 万宗，登记房产 8170 件，房产建筑面积 178.13 万平方米。

1991—2005年清流县房屋产权登记发证与产权交易统计表

表6-4

年　份	登记发证			房产交易		
	登记户数（户）	发证户数（户）	登记面积（万平方米）	交易宗数（起）	交易面积（万平方米）	交易金额（万元）
1991	2576	1056	24.64	113	0.69	89
1992	661	661	17.64	34	2.2	703
1993	424	424	11.74	32	1.98	675.23
1994	667	667	25.09	—	—	—
1995	190	190	6.98	37	0.36	176
1996	189	189	2.49	28	1.58	751.76
1997	165	165	6.66	29	1.01	414
1998	685	685	10.32	31	1.05	567.94
1999	815	685	12.47	20	0.25	56.56
2000	1501	1370	18.68	68	0.84	307
2001	258	258	7.9	185	2.5	915
2002	362	317	2.86	161	1.66	554
2003	562	510	9.57	127	2.47	1111
2004	640	604	10.98	149	3.75	2426.98
2005	504	389	10.11	47	4.3	4110

卷七 交通 通信

1991 年，全县公路通车里程 638.6 千米。其中，县境内省道洋万线、建文线 2 条干线公路 72.4 千米，县道大灵线、北沙线 2 条县级公路共 93.4 千米，乡村公路 44 条 324.7 千米，林业公路 136.5 千米，厂矿专用公路 11.6 千米。公路等级低、路窄坡陡弯急，路况差。1993 年开始，实施“先行工程”，筹集建设资金 4100 余万元，至 1996 年底完成省道洋万线县境内 44.42 千米水泥砼二级公路标准改造，同时完成省道建文线 20 千米沥青路面铺设改造，缓解交通“瓶颈”制约。1997 年起，按三级公路标准改造县道大灵线、余李线、双白线、北沙线，围埔至灵地 32.35 千米路段铺沥青路面；沙芜至灵地 33.3 千米路段铺设水泥路面；灵地至李家河背路段、塘永线塘凤至元山路段沥青路面铺设改造。2003 年后，开展“村村通水泥公路”工程建设。2005 年，被确定为福建省农村客运站建设试点县。至 2005 年，县境内有省道岭文线（S204）、东石线（S307）2 条过境公路。总长 63.79 千米，全县村道以上公路有 163 条 821.41 千米，111 个建制村有 102 个修通水泥砼公路，公路硬化率 92%，通乡镇公路全部实现路面硬化，结束砂土路面历史。随着公路交通改善、运输市场放宽搞活，以及交通税费改革，路政、运政、公路养护等交通行业管理日渐规范，交通运输业快速发展。2005 年，全县从事道路客运车辆 96 辆，为 1991 年的 6.86 倍。全县客运班线由 1991 年的 6 条发展到 18 条。客运量 219.1 万人次，周转量 11826 万人千米，分别比 1991 年增长 1.39 倍和 1.86 倍。货运汽车 136 辆，比 1991 年增长 63.86%，货运量 374.94 万吨，比 1991 年增长 47.74 倍，货物周转量 21821.51 万吨，比 1991 年增长 7.54 倍。

1991 年，清流邮电局大胆走负债经营的路子，更新邮电设施、开辟新邮路。1995 年，邮政业务实现微机操作，全县实现乡乡程控化，1996 年实现县内中继传输数字化，通信能力显著增强。1998 年全县农话中继全部实现光纤传输。1997 年，邮政储蓄与全国邮储营业网联网，邮电业务总量实现 1753 万元，比 1991 年增长 6.76 倍。其中邮政 292.89 万元、电信 1460.1 万元。1998 年，邮政、电信分家。邮政在传统业务基础上，新增金融、代理保险、广告等业务，拓宽市场领域。县电信局实现成立后独立运营第一年业务总量 1338.09 万元。1999 年后，县电信、移动、联通部门充分发挥自身优势，加大设备投入和品牌营销力度，在清流通信市场三足鼎立，共同推进信息产业发展。至 2005 年，县邮政业务实现收入 809 万元、电信业务总量 1716 万元，分别比 1999 年增长 42.93%、28.24%。全县电信用户 32455 户，其中乡村用户近 16108 户，移动电话用户数 1.88 万户，比 1999 年增长 22.5 倍。联通用户数 7500 户，宽带用户突破 2000 户，小灵通用户突破 1 万户。

第一章 交通运输

第一节 机 构

一、县交通局

1991 年，县交通局行政编制 7 人，内设办公室（监察室）、路政股、计财股、工程管理股、安全管理办公室。下设交通运输中心管理站（简称运管站）、港航管理站、交通工程管理站、计财股（加挂县车辆购置附加费征收管理办公室）、运管站（对外增挂县机动车（船）维修管理所牌子）。1992年，成立县交通开发公司。在里田乡设置车辆通行费征收站。1993年，设立县港航监督站，挂牌在县港航管理站。1995年，县运管站增挂县客运出租汽车管理所牌子。1996年，县里田车辆通行费征收站移至大路口，成立大路口车辆通行费征收站，县通行费征管所与收费站合并。1997年，县交通局行政编制增至8人，增设监察室，与办公室合署。2002年，县港航监督站与管理站合并，成立内河港航监督管理所，职能并入县运管站，增挂其牌子。2003年，县运管站更名为运输管理所，副科级事业单位，下辖嵩溪、嵩口、灵地、长校4个运管站，人员编制25人。2005年，接管原由公安交警部门负责的机动车驾驶员培训管理工作，成立培训管理股，事业编制25人；成立县农村公路养护管理站，定编8人，实有职工7人；车辆购置附加税移交清流国家税务局征收，县车辆购置附加费征收管理办公室撤销；县交通开发公司转制为企业。

至2005年，县交通局行政编制调整为6人，设办公室、建设管理股、安全管理股和路政管理股；县地方海事处编制25人，实有23人；交通工程管理站编制7人，实有9人；县通行费征管所（站）有正式职工10人、合同制职工29人。

二、三明市公路局清流公路分局（含县公路路政管理所）

1991年，清流公路段为三明市公路局常驻机构，属正科级事业单位。内设工程股、机材股、财务股、办公室、养路费征收站，下设11个道班。1993年1月，清流公路段改称现名，养路费征收站单列分出。1996年2月，成立县公路路政管理所，挂靠县公路分局，业务由县交通局委托，负责维护路产路权。随着公路建设改造，公路养护里程缩短，道班随之减少。2005年，有养路道班8个：城郊、嵩溪、围埔、田源、灵地、赖坊、里田、沙坪，职工97人。

三、清流公路稽征所

1993年1月，由清流公路分局养路费征收站单列分出成立，为省公路局直管的三明公路稽征处设在清流的常驻机构，属正科级事业单位。内设办公室、稽查股、征费股、财务股。2005年，事业编制26人。

第二节　交通设施

一、公　路

（一）省　道

1. 洋万线（岭文线）　起于将乐县洋布，终于武平县万安，全长131千米。县境内从林畲五通凹与明溪县交界处起，至龙津镇横溪岭与宁化县交界处止，全长44.42千米。1993年，县委、县政府决定拓宽改造洋万线清流路段，预算总投资7654万元，除省、市补助改建工程资金3684.3万元外，采取政策性集资、群众捐资、向干部职工借款、民工建勤等多种筹资方式解决建设资金短缺，共筹集资金3600多万元。改造工程分别由省林业勘察设计院和市交通规划设计院按二级公路标准设计，闽江工程局七处、市交通建设公司、市路桥公司、沙县经济开发区工程公司、宁化县城乡建筑公司和县路桥公司、交通劳动服务公司、水电工程公司等承建施工，全县15个乡镇承担部分路基改造建设任务。质量检查监督委托市交通工程质检分站负责。县成立公路建设指挥部，负责组织建设实施，并由县路桥技术人员组成监理小组，负责工程监理工作。1996年11月，原定8年完成的工程，提前4年全面竣工。1999年4月10日，通过省公路局竣工验收。

该工程在原公路线形走向基础上，按二级公路标准裁弯取直，拓宽降坡，共征用土地50.98公顷，其中农田29.31公顷，旱地21.69公顷，拆迁房屋等9600平方米；线路缩短至43.9千米，最大纵坡7%，平曲线最小半径60米；铺设水泥砼路面34.6千米，沥青路面9.3千米；路基宽度大部分为8.5米、12米及以上，路面宽度大部分为7.5米、9米及以上；扩建大桥1座长126.42米，修建中小桥11座171.7延米，修建涵洞168道2473延米。2002年，洋万线改称岭文线，起止点不变。

2. 建文线（东石线） 起于建宁县城关终于连城县文亨。该线路从宁化安乐经县境内里田、长校接连城县隔川至江西省石城县。县域内从里田乡田坪与宁化县交界处起，至长校镇江坊与连城县交界处止，全长19.89千米。三级公路标准。

1996年，实施市定路段省道建文线清流段里田乡田坪至长校镇江坊改建项目。由三明市公路局负责施工，全线在原来砂土路面上铺设沥青路面和部分水泥砼路面，投资499.6万元，其中省、市补助共140万元。2002年，建文线改称东石线，起止点不变。2005年，改建项目完成前期准备工作。

（二）县 道

1. 沙田线（沙芜白塔—田源白石，原称双白线） 该线呈东西走向，东连县道余李线，西接县道大灵线，是县内网络性重要公路。1988年，投资198万元按4级公路标准修建，1990年竣工通车，全长10.78千米。1999年，投资210万元改造该路段，铺设沥青路面。

2. 大灵线（大路口—灵地） 全长48.86千米。1991—1992年，投资208万元，改造大路口—嵩口路段8千米，路基拓宽至7.5米，铺设沥青路面宽6.5米；大路口—高坑路段改造后达3级路标准，高坑—嵩口路段达4级路标准。1992—1993年，投入资金25万元铺设围埔、范元过村路段沥青路面，长2.8千米，宽4.5米。1993年，投资230万元，按3级路标准改建嵩口—围埔路段，长5千米，铺设沥青路面宽4.5米。

1998—1999年，投资479万元，按2级路标准改建邓家马寨—灵地路段，长8.25千米，铺设沥青路面。1999—2000年，投资670万元，按3级路标准改建围埔—白石路段，长13.8千米，铺设沥青路面。2000—2001年，投资820万元，按3级路标准改建白石—马寨路段，长10.3千米，铺设沥青路面。至此，大灵线改建硬化路面工程全线完成，其中灵地、邓家、田口、田源、嵩口过境路段铺设水泥砼路面4.16千米。

2001年10月，大灵线全线改建、根据国家政策规定，路基改造由15个乡镇的农民义务承担，组织路基改造建设大会战3次；路面铺设委托市公路局实施。历时4年，投资1970万元，围埔—灵地32.35千米公路铺设沥青路面工程竣工。2003年，投资150万元，铺设围埔过境路段水泥砼路面1.5千米。

3. 余李线（余朋—李家，含原北沙线） 起自余朋乡政府所在地，经余朋蛟坑、沙芜新矶，跨越九龙溪，再经沙芜、赖坊、灵地，止于李家乡河背与连城县交界处，全长53.87千米。1997—1998年，投资380万元，按二级路标准改造灵地—李家河背路段，长6.6千米，路基拓宽至8.5米，铺设沥青路面，宽7米。

2000年，投资120万元，改造沙芜—白塔路段，长7.8千米，铺设沥青路面宽4.5米。2004年，为适应九龙湖旅游景区开发需要，投资55万元，对沙芜—白塔路段按三级路标准进行改建，路基拓宽为7.5米。2003—2004年，投资380万元，按三级路标准改造白塔—赖坊路段，长5.5米，铺设水泥砼路面宽6米。

2005—2006年，投资2700多万元，按3级路标准改造灵地—赖坊路段，全长18.4千米，路基宽7.5米、铺设水泥砼路面宽6.5米；按4级路标准改造建设余朋—蛟坑路段，长3.7千米，铺设水泥砼路面宽3.5米。

4. 嵩余线（嵩溪—余朋） 起自嵩溪镇塘凤，止于余朋乡洋子段，全长32.95千米，原属林业公路，无等级，砂土路面。1998年，投资170万元，按三级路标准改建嵩溪塘凤—元山（原05厂门口）3.75千米公路，铺设7米宽沥青路面。其中，从塘凤与省道岭文线接头处始铺设水泥砼路面，长137米、宽7米。

2003—2004年，投资396万元，分两段改建嵩溪元山—温郊小池路段10千米公路，其中，元山（原5105厂门口）至大排8千米路段，按四级公路标准改建，路基宽6.5米、水泥砼路面宽5米；大排—温郊小池2千米路段，按三级路标准改建，路基宽7.5米、水泥砼路面宽6米。

（三）乡村公路

1991年，全县有乡村公路44条、324.7千米。2003年后，全面开展“村村通水泥公路”工程建设。县委、县政府先后制定《清流县关于加强农村公路建设的实施意见》《清流县农村公路建设管理办法》《清流县2003—2005年农村公路建设计划》等文件，给各乡镇下达目标责任，采取检查、评比、奖励等办法促进工程建设。同时出台支持鼓励政策，即：铺设三、四级水泥砼路面，每千米分别补助2万元、1万元；涉及各项行政事业性收费的，给予免收地方收入部分；地材开采，各有关管理、收费部门予以支持，简化办事程序、减少收费项目。县交通部门帮助勘察设计、规划论证、技术指导、监督检查，并服务到现场。各乡（镇）、村采取村民任务性出资，自愿捐款，有关受益单位和车主及责任部门出资，能人志士捐资，出让部分集体山林、矿藏等方式，解决修建公路经费问题。

2003—2005年，投资9889万元，完成农村公路建设241.42千米，新增57个建制村通硬化公路。至2005年末，全县有乡道8条120.63千米，村道149条490.61千米。除沙芜乡新矶村通九龙湖水路外，全县建制村100%通公路，路面硬化率87.4%。

（四）林业专业公路

1991年，全县林区公路有二级公路5.8千米，三级公路149.3千米，总里程155.1千米。1998年，由交通部门出资190万元，修建永清线塘背—元山段3.3千米2车道沥青路面，结束清流林业公路无高等级路面历史。2001年，全国公路普查，清流县林区公路被列入省道13.4千米，县道34.4千米，乡道45.1千米。

2005年，全县林业专业公路有田荷线、廖水线、炭山线、芹银线、茜攀线、高赖线、邱元线、茜黄线、青溪线、左拔线、右拔线等11条、总长62.2千米。

二、养护与绿化

（一）公路养护

1. 专业养护　1991年，专业养护由三明市公路局清流公路分局负责，养护在清流县境内的省道和部分重要县乡公路，里程总长163.05千米。设专业养护道班10个，年平均综合好路率80.37%。1995年，公路段养护里程163.03千米，全面实施公路护路承包管理责任制，采用基本工资占40%，劳动效益工资占60%相结合分配方法，综合好路率85.49%，比市公路局下达的指标高54.8%。1997年，平均综合好路率79.7%，其中干线好路率89.1%。2000—2001年，公路段养护里程154.9千米。2004年，公路段养护里程154.8千米。2005年，专业养护里程234千米，全年公路养护综合好路率86.1%，其中干线好路率80.3%。

2. 林业养护　1991年，林业养护由县林业养路段负责，养护县内林业公路，里程总长136.5千米。林业养护设道班13个。林业公路养护实施体制改革，由集体统一劳动、统一管理转变为由养护人员个人或小组承包养护；养路经费主要从全省征收的林业车辆养路费中，按80%的比例返还给省林业厅养路总站，再按比例下拨给各县（市、区）林业部门作为养护经费。1995年，林业系统因沿线采伐减少和护路经费不足，养护里程减少到87.3千米。3月，县林业局将林业公路养护转由所属5个木材采育场负责，道班工人也由采育场管理。2000年，林业系统养护里程136.5千米。2001年，全国进行公路普查，当年县林业公路被列入省道13.4千米、县道34.4千米、乡道45.1千米，林业系统养护里程减少至79.4千米。2004—2005年，林业养护里程136.5千米。

3. 地方养护及群众养护　1991年，地方养护指由交通局直接养护管理。主要公路4条，即：城关—暖水与宁化交界处路段、沙田线白石—白塔路段、芹口—余朋路段、范元—罗口路段，里程总长230.1千米。其余公路由所在乡、村负责养护管理，其养护经费由省、市、县交通主管部门每年从车辆养路费中提取一部分，补给列养路段以及乡、村自筹资金、投工投劳养护；厂矿公路由所属单位自养。部分交通量小、且较边远的乡村简易公路不列入地方养护，由乡村自养。农村公路养护实施地方政府为主，省、市交通部门补助的政策，实行“县道县管、乡道乡管、村道村管”分级负责制。1995年，交通系统养护公路里程211.1千米。2000年7月，县政府出台《清流县乡村公路养护管理暂行规定》，要求各乡镇人民政府负责本行政区域范围内乡村公路的养护管理，为主使用的建制村负责该乡村公路的养护，县交通局负责全县乡村公路养护管理的监督、指导。对乡村公路养护管理标准、养护经费筹集管理办法、养护人员职责均作出具体规定。同时各乡镇设立乡村公路养护管理站，负责本行政区域内公路养护的管理。年内，群众养护公路里程442.5千米。2001年，交通系统养护里程增至672.7千米。2004年，群众养护里程325.2千米。2005年，群众养护里程359千米。其余未列入养护的公路，由用路部门自管自养。全年农村公路平均养护好路率85.2%。

（二）公路绿化

1991年，全县公路绿化里程72.4千米。1995—1997年，全县公路绿化里程110.63千米。1998—2000年，全县公路绿化里程145千米。至2005年，全县公路绿化里程234千米，其中省道绿化里程77千米。

三、桥梁、码头

（一）桥 梁

1991年，全县主要桥梁有东门大桥（古称龙津桥）、南门大桥（石拱涵）、围埔大桥（石拱桥）、西门大桥（古称凤翔桥，1992年10月，经县政府批准，恢复“凤翔桥”名称）、南岐桥及北门、嵩口钢索吊桥。

1994年5月2日特大洪水，县城区有3座桥梁被冲毁。其中，东门大桥冲毁导致交通中断，当年全县捐资494.06万元重建，次年9月竣工通车。新桥长135.48米，宽14米；西门大桥栏杆被冲毁，修复、扩建投资146.93万元，新桥长101.2米，宽19米。北门钢索吊桥被冲毁，未再修复。同年9月，在城区北门吊桥原址利用铁皮大油桶，设制临时性浮桥，暂时缓解城区交通困难。

1995年，新的龙津、凤翔大桥建成，北门浮桥拆除。同年5月，嵩口镇政府筹资修建嵩马大桥，大桥长195米，11墩12跨，各跨跨径16米，桥面宽6.5米，1996年12月竣工。

1996年6月，县投资271万元，由市交通建设公司承建，将南门中桥拓宽改建为公路、城市两用中桥，桥面行车道宽12米、两侧人行道各宽2.5米。

2005年，修建南岐电站，水位升高，龙津镇南岐大桥同时改建，加高墩台升高桥面。至年末，全县乡道以上公路桥梁及独立桥梁84座，其中大桥8座、中桥12座、小桥64座。

（二）码头渡口

1991年，全县有城关客运和嵩口货运码头，以及城关横口，嵩口镇围埔、沧龙，沙芜乡门珠甲、矶头、洞口、罗口，田源乡田口等处船只靠泊简易码头。1994年“5·2”特大洪灾中，城关码头严重受损，加上龙津大桥改建后桥位升高，码头引道被填埋，该码头报废；北门渡口被冲毁。1996年，分别在龙津大桥头和凤翔大桥头修建简易客运码头。1998年1月，恢复北门渡口。2003年1月，为保安全，废止使用北门渡口。2005年，县开发九龙湖旅游景区，投入资金30万元，在沙芜、洞口及九龙洞景区修建简易客运码头，方便游客上下游船。

（三）涵 洞

2005年，全县公路共有涵洞2177道，其中省道公路涵洞333道，县道公路涵洞469道，乡道公路涵洞402道，村道公路涵洞835道，林业公路涵洞138道。

四、车 站

1991年，清流县汽车站位于县城关水东路，占地面积6000平方米，建筑面积3470平方米，为三级客运站，承担长短途客货运输任务，下设嵩溪、灵地、长校3个客运站。1993年3月，乡级客运站撤销。1994年，因县汽车站地理位置较偏，客车进站和旅客乘车不便，县交通局租用处于干线公路边的西门电影院前空坪为公用型客运站停车场。同年，货运业务停止运营。1998年7月，公用型客运站搬迁至县木材制材厂内，并搭盖简易停车棚和旅客候车室。2000年6月，水东路的原汽车站站房折价150万元，转让给县地税局。7月，公用型客运站搬迁至坪背南门大桥北端西侧的县汽车运输公司大院内。2005年，清流县列为全省农村客运站建设试点县，投入资金85万元，其中省补助25万元，在沙芜乡修建五级客运站，建设用地2300平方米，站房建筑面积500平方米。同时在白塔和上坪村各修建候车亭1个，省级补助资金各5000元。

第三节 运 输

一、陆路运输

（一）客 运

1.短途客运 1991年，县内客运线路有6条，投放客运车辆14辆。1993年，境内客运线路增加至11条，投放客运车辆 17 辆。2000 年，开通清流经大路口、嵩口至罗口。2001 年，开通清流经大路口至嵩口；清流经大路口至嵩溪;2002 年，开通清流经大路口、嵩口至田源。2003 年，开通嵩口—罗口、嵩口—邱寨、城关—下戈、城关—暖水、长校—江坊、长校—荷坑、赖坊—官坊等 7 条农村客运和周末学生班车线路。至 2005 年年末，县内客运班线 9 条。

2. 长途客运　1991 年,开通清流至长汀、连城等境外客运线路,投放车辆 3 辆。1994 年，开通清流经长校、连城、新泉至龙岩班线。1995 年，开通沙芜经赖坊、灵地、李家至连城班线（1997 年因旅客少停开）。1996 年，开通长校经里田、清流、明溪至三明班线。1997 年，开通李家经灵地、嵩口、大路口、明溪至三明班线。

1998 年，开通清流经嵩口、灵地、连城、新泉至上杭班线；清流经长校、连城、新泉至龙岩班线；清流经谢坊、曹坊至长汀班线；长校经里田、清流、明溪至三明班线。

2000 年，开通清流经明溪、三明、大田、泉州至晋江班线，李家经灵地、嵩口、大路口、明溪至三明班线；2001 年，开通清流经三明、沙县、南平至福州班线；清流经谢坊、长校、龙岩至厦门班线。

至 2005 年，全县有长途客运班线 9 条，其中跨区 5 条，车辆 5 辆 142 座：清流至福州，35 座；清流至厦门，41 座;清流至龙岩，28 座;清流至上杭，19 座;清流至长汀 19 座。跨县客运班线 4 条，车辆 6 辆 204 座：清流至三明，4 辆 96 座；清流至宁化，1 辆 19 座；长校至三明，1 辆 24 座；李家至三明，1 辆 24 座。更新客车 7 辆、14 座，全县营运客车总量 75 辆，848 座位。其中“金龙”中客 2 辆、“宇通”大客 1 辆、“依维柯”9 辆、“扬子”中巴 14 辆、“华西”中巴 2 辆、“东岳”1 辆、“柳州五菱”小客 42 辆、“昌河”小客 4 辆。

1991—2005 年清流县全县公路旅客运输统计表

表 7-1

年　份	客运量（万人次）	周转量（万人千米）	日　发（班次）	营运收入（万元）	线　路（条）
1991	91.85	4133.25	76	208.78	6
1992	102.12	4697.52	81	223.82	7
1993	108.97	5339.53	98	238.69	7
1994	114.66	5500.8	102	253.82	8
1995	121.64	5717.08	110	267.85	9
1996	137.1	6719.9	127	280.63	10
1997	142.43	6836.64	127	298.13	11
1998	161.7	7923.3	136	313.15	12
1999	157.46	6770.78	136	301.28	12
2000	151.89	6986.94	131	294.98	15
2001	168.1	8236.9	142	318.48	16
2002	189.9	9684.9	142	327.8	16
2003	197.7	10478.1	156	341.11	17
2004	218	11336	151	357.1	17
2005	219.1	11826	156	369.4	18

3. 城区客运　1991 年，县城区规范人力三轮车客运经营管理，投入统一制式的后三轮（加盖遮阳顶篷）客运人力三轮车 50 辆。同年底，县汽车运输公司投资组建 7 人座出租车投入环城营运，票价 1 元 / 人次。1995 年 11 月,投放环城面包型小客车（“面的”）20 辆,为城区群众出行办事和购物提供乘车方便。1996 年，城区小客车年客运量 60 万人次。2001 年，增加投放城区小客车 1 辆，总量达 21 辆。2005 年，城区小客车

年客运量72万人次。

（二）货 运

1. 普通货物运输 1991年，道路运输业呈现国营、集体、个人跨行业部门经营货物运输格局。当年，货运汽车395辆，货运量25万吨，货物周转量2557万吨千米。1995年，货运汽车430辆，其中，专用载货汽车1辆，个体365辆。货运量81万吨，货物周转量7200万吨千米。2000年，普通货运汽车494辆，其中个体402辆。货运量182.6万吨，货物周转量13954万吨千米。

2005年，新增货运汽车29辆、68.49吨位，农用车72辆、78.9吨位，与2004年同比增长6%。全县货运汽车136辆，全部为私人经营，道路货物运输量374.94万吨，货运周转量21821.51万吨千米，同比增长2%。

2. 危险货物运输 1991年，全县生产、经营、储存危险化学品的单位有县氨盛化工有限公司、香料厂、化工厂、县物资局、县石油公司加油站等。生产经营的危险化学品有液氨、松香、松节油、民用爆破器材、氢氟酸、汽油、柴油等。危险货物运输，由生产经营企业车辆自运。1995年后，企业陆续改制，辖区内从事危险货物运输的车辆按规定和要求挂靠外县（市）具有危险货物运输经营资质企业承运。

1991—2005年清流县主要年份全社会货运发展统计表

表7-2

年 份	货运量（万吨）	货物周转量（万吨千米）	民用汽车		拖拉机	
			拥有量（辆）	载重量（吨位）	拥有量（辆）	其中：小型拖拉机
1991	25	2557	396	1664	1037	1024
1995	81	7200	430	1930	1016	1016
2000	183	13954	494	1339	802	802
2001	104	6448	136	702	763	763
2002	470	7818	166	913	681	681
2003	1316	107687	116	360	686	686
2004	1344	167200	134	691	1421	1421
2005	375	21957	136	772	1452	1452

（三）运输企业

1. 福建闽通长运股份有限公司清流分公司 其前身为清流运输站，又称清流汽车站，隶属省汽车运输总公司永安分公司。1991年年末，有职工65人。1993年，省汽车运输总公司经营体制下放，清流汽车站成为市汽车运输总公司直属企业。

2000年，清流汽车站搬迁至清流县汽车运输分公司大院内，与市汽车运输总公司清流分公司合署经营，“两块牌子、一套人马”。2001年1月，市汽车运输公司清流分公司更名为福建闽通长运股份有限公司清流分公司，设办公室、财务股、安保运务股、车机股、客运室5个股室，实行经理负责制，职工77人。公司经营旅客运输、车辆维修等业务。清流汽车站为其下属单位。

2005年，闽通长运清流分公司拥有营运客车69辆（其中中型客车26辆、小型客车43辆），所有客运车辆实行单车承包经营管理。经营客运班线18条（其中跨区5条、跨县4条、县内9条）。

2. 清流林业车队 前身为永安林业保修厂清流林业车队。1970年创立。1992年5月，更名为永安林业汽车保修厂清流维修站和清流林业汽车运输公司，一个单位两块牌子。随着社会营运车辆增加，林业汽车运输受到冲击，加之经营管理不善，连年亏损。当年5月20日，划拨给清流林委管辖。7月25日，永安林业汽车保修厂清流维修站（清流林业汽车运输公司）更名为清流林业汽车运输公司修理厂。1994年，新增东风汽车9辆。1998年7月，清流林业汽车运输公司修理厂因亏损解体。

3. 县汽车运输公司 属全民所有制企业，位于城关坪背南门大桥北端西侧。1991年，有职工85人，设经理室、办公室、生产技术科、财务室及保配修车间、车队、调度室、材料库、油库等。拥有营运货车18辆、171吨位，工具车1辆。

1992年5月，与香港建华贸易公司合资，成立“中外合资福建省清流清华汽车保修有限公司”。双方出资340万元，注册资本300万元，县汽车运输公司占股份65%。合作期限10年。合资公司经营汽车维修业务，引进进口汽车配件及修理。1998年后，运输市场竞争激烈，县汽车运输公司负债经营，依靠维修汽车、零售配件、联合车队收取少量代办费和店面出租等收入维持。2000年4月，被三明市汽车运输总公司兼并。

二、水 运

1991年，全县内河航道里程115千米，其中通机动船95千米。当年，城关航运站有职工24人，有机动木质客运船舶2艘、120客位及捞砂机1台，运砂船8艘，货运木船6艘，主营清流城关—嵩口航程12.5千米的水上旅客运输，兼营货运、采捞沙石料，年客运量19.34万人次、客运周转量236.84万人千米、营运收入约14万元；水路货运主要运送化肥、粮食、木材、沙石料等物资，年货物运输量3万吨左右、货运周转量20万吨千米左右，营运收入约4万元。1992年、1993年，航道通机动船千米数先后缩短为70千米、42.5千米。

1994年，城关码头因“5·2”洪灾毁坏，通道被填埋阻断，水路旅客运输量大幅下降，年客运量仅15万人次、客运周转量156万人千米；货运业从此停止。

1997年，城关航运站机动木质客船报废，新购钢质机动客船1艘、60客位，继续维持城关—嵩口航线水路旅客运输。当年客运量7万人次、客运周转量85万人千米。

2001年，城关航运站改制，清理资产，用于安置老弱病残职工的生活，保留城关—嵩口水上客运业务。

2003年10月，城关航运站因经营性亏损倒闭。是年，原航运站5名职工联合组建顺风水路客运有限公司，经营城关—嵩口水路客运航线，有钢质机动客船1艘，日发往返3班。当年水路客运量4万人次，客运周转量12万人千米。2004年，水路客运量3万人次，客运周转量7万人千米。

2005年，全县内河航道里程70千米，全部可通机动船。年内，福建九龙湖旅业有限公司成立，经营沙芜水上生态游和九龙洞景区游，有旅游船4艘、120客位，全年水路客运量1万人次，客运周转量7万人千米；城关客运码头旅客流量4.03万人次，嵩口码头旅客流量3.8万人次。

三、搬 运

1991年，县域搬运企业有3家，分别为县搬运公司和嵩口、嵩溪搬运站，均为集体所有制企业，从业人员92人。县搬运公司有城关、西门、东门3个搬运作业队，主要经营城区各类货物的装卸、搬运。嵩口搬运站主要经营清流合成氨厂的化肥装卸。嵩溪搬运站主要经营清流县水泥厂水泥及生产资料的装卸、搬运。3家企业年营业收入共计12.7万元。

1992年起，县搬运公司搬运装卸作业量逐年减少，经营效益逐年下降，嵩口搬运站受县合成氨厂自己组建搬运队影响，作业量急遽下降。1996年，县水泥厂搬运装卸业务由外来工承包，搬运站业务量急剧下降。

1997年、1998年，嵩溪搬运站和县搬运公司先后倒闭。

2004年，嵩口搬运站倒闭。至此，县域无搬运企业，搬运业务均由私人自主经营。

第四节 交通管理

一、路政管理

1991年，路政管理工作依托公路建设管理机构，未设专职管理人员。对省道洋万线63.79千米、省道建文线13.38千米、县道余李线、嵩灵线73.29千米公路进行路面监控，依法制止和处理公路违法违章行为，负责辖区普通公路超限超载治理及公路用地上路面违章、非公路交通标志牌、平交道口、路边店及公路两侧建筑控制区的管理工作，确保路产路权不受侵犯。

1996 年，成立清流路政所，负责县道干线公路路政管理。乡村道路路政管理由交通局内设路政股负责。当年，路政所开展专项清理整顿活动，拆除公路两侧违章建筑、搭盖物 11 座、908.11 平方米;强制执行 3 起，罚款 2 万余元。

1997—1999 年，开展清理加水站、加油站、路边饭店以及厂矿企业在路边设立的平面交叉道口等整治行动，取缔不符合规范的平面交叉道口 16 处，对 11 家路边加水站、路边饭店责令整改；对拒不服从管理违法者向人民法院申请强制执行。其中，1998 年强制执行 12 起，罚款 14 万元。

2000 年始，公安交警和路政执法人员按照“规范行为、依法严管、标本兼治、立足源头、科学治超”的方针，每年联合开展车辆超限超载专项治理活动，对境内运输煤炭、矿产品、木材等大宗物资的车辆进行设点检查，加强红线建筑监控，及时发现及时制止，同时开展清理占用公路乱堆乱放、清理占公路摆摊设点等路政工作。督促公路产权单位在公路急弯、路基陷塌、缺口处及危险路段设置警告牌和警示标志；查处占道经营、乱设置公路平面交叉道口、乱堆放、违章建筑、破坏公路等危及行车安全的违规违章行为。

2001 年，对全县的县、乡公路桥梁进行普查。2004 年，筹集资金 150 万元，对普查发现的危桥——李家大桥进行重建，2005 年竣工。

至 2005 年，检查运输车辆 1.1 万辆次，自行卸载、分载 5000 余辆，强制卸载、分载 1000 余辆，处罚 190 余起，收取路损补偿费 152 万元；清理路障 131 处、521 平方米，纠正各类侵犯公路违章行为 109 起，移送法院强制执行 1 起，罚款 1.04 万元；打击“黑车”载客行为 42 起，查处无从业资格证 116 起、未缴规费行为 10 起。

二、运政管理

（一）客运管理

1991 年，全县客运市场主要由国营清流汽车站经营，客运管理属交通运输企业内部管理。此后，客运市场逐步放开，允许个体经营，个体客运车辆快速增长，客运行业市场化。1993 年 12 月，县政府发布《整顿城区客运秩序的通告》。

1994 年，清流汽车站设立公用型客运站，并在凤翔桥西端北侧 80 米处设立客车临时停靠点。规定始发客车一律进入公用型客运站。统一停放和排班发车，过境客车必须进站配客，其他地方不准停靠。同年，成立清流县公用型客运站管理委员会，对全县从事旅客运输的经营业户进行管理，客运车辆实现“车进站、人归点”的行业管理目标。在西门电影院门前广场设立公用型客运站，对全县客运车辆实行“四定两挂”（即定时间、定线路、定班次、定站点、挂线路牌、挂运价表）管理。营运客车经营行为考核每年 4 次，每季度末最后一周完成。考核内容包括经营者、营运车辆、经营行为等 14 项共 100 分，其考核分数作为经营者选择发车时间的主要依据。

1995 年，实行从业资格制度，凡参加客运车辆驾驶的人员，除必须持有公安交警部门核发的相关证件外，还必须接受交通运输管理组织的客运车辆驾驶资格培训，经考核后方能驾驶客运车辆。7 月，县运管部门始介入三轮车客运管理。全城人力三轮车统一外型，挂牌登记，编号，资质审批，发放人力车经营许可证及营运证。对经营者 60 余人进行法规、职业道德培训。规范后城区有统一制式的客运人力三轮车 50 辆。客运人力三轮车按县城市监察大队划定的地点停放管理，客运价格由县物价部门核定。

1997 年，加强客运线路管理，在客运线路经营权上，采用公开、平等、竞争的做法，对 3 条线路进行投标和认标经营，查处非法从事客运的小货车，拆除自制的椅子，按 23 号部令处罚。

1998 年 4 月 1 日起，城关西门公用型客运站交由清流汽车站经营，实行统一排班、统一售票，实现车进站，人归点，并接受当地交通主管部门领导和客运服务站管委会的监督检查。同年 5 月 4 日，清流县运管所划定城区环城小客车经营区域。开展专项整治取排座农用车微型小货车违章载客，查处超载经营范围、抢揽客源、自制插挂非法线路牌、乱停乱放等违章行为。10 月，县交通运输管理所对清流—三明客运线路经营权进行公开投标，清流—三明客运联合车队成立。

1999年初，县交通局成立交通运输管理股，负责城区运输市场管理，兼顾客运驻站办工作。整治“马路车站”，所有客车必须进站签到、配客，禁止站外上客、沿途揽客。查处双排座农用车非法载客行为。8月，清流县客运线路相继组建清流—三明、清流—长校、清流—李家、清流—余朋等客运联合车队。12月，城区客运经营权归属县汽车运输公司，个体小客车全部挂靠县汽车运输公司，由该公司担保、负责经营管理，增强客运车辆抵御安全风险能力。全年查处客运违章56起，非客运车辆违章83起，收缴货车厢板凳61条，记证警告32次，处罚款4150元。

2000年10月，县交通运输管理所对清流—长校客运线路进行经营改制，成立由个体经营者投资组成具有独立法人资格的“清流县长清汽车运输有限公司”，开创清流县个体经营者以股份制参与客运的先例。

2001年7月，农村交通安全实行“四长”（县长、乡镇长、村长、校长）责任制。当年，取缔非法客运车辆80多辆，整顿私家小客车非法载客行为。原非法从事客运的车辆由经营者自行淘汰或报废处理，车主自愿结合，2辆小货车或1辆私家小客车与1辆小货车合并申请购置1辆符合客运经营的小客车，加入闽通长运清流分公司实行定线路经营。共有28辆小型客车纳入客运管理并投入正常运营。

2003年9月，县政府印发《关于开通周末学生班车协调会议纪要》，统筹安排全县客运车辆，鼓励经营者车头向下。同时，制定优惠政策扶持开通的周末学生班车，适当减免部分税费。

2004年8月，县运输管理所发布关于县客运班线市场供求情况公告，宣布市场供求状况已基本平衡，部分客运线路出现饱和，对已开通的县客运线路暂不再投入客运车辆。

2004—2005年，城区拥有小客车21辆和后三轮人力车50辆，城区群众出行方便。

（二）货运管理

1. 危险货物运输管理　1991—1994年，危险货物的运输均由生产经营企业组织自货自运。1995年后，危险货物运输由辖区外具有危险货物运输经营资质的企业车辆承担。

2002年以后，县运管所加大危险货物运输的管理和监控力度，与安监、质检、公安、工商等部门共同开展道路化学危险货物运输专项整治工作。对化学危险品生产和运输的经营资质、车辆技术条件、从业人员资格等方面进行严格审查，整顿化学危险品生产企业的原材料运输行为3家，取缔不具备从事化学危险品货物运输资质条件的车辆5辆。

2004年3月，县交通局制定《道路化学危险货物运输事故处理应急救援预案》，成立县道路化学危险货物运输事故处理应急救援工作领导小组，拟定车辆技术状况好、驾驶员操作技能精的客、货车各10辆，组建重特大化学危险货物运输事故应急救援运输队伍，具体负责人员撤离和财产物资的运送救援工作。

2005年1月，成立首家道路危险货物运输企业——三明市华骋汽车运输有限公司清流分公司。由于危险货物运输经营规模较小，无法正常开展经营活动，同年6月，公司被三明市运输管理处撤销。清流县企业的危险化学品及原材料仍由外县危险货物运输企业的车辆承运。

2. 道路运输证管理　1991年，货运车辆参加社会营业性运输，应到运输管理部门办理运输经营许可证和营运证。营运证每年进行一次年度审验，审核经营行为、交通规费缴纳等情况。截至年末，全县营运货车324辆、1490.8吨位，占应审98%；客车年审换证9部，占应审100%；其他机动车154部、191.35吨位，占应审81%；拖拉机年审换证372辆、372吨位，占应审78%。结合年审工作，对“私挂公”等申请登记身份与实际不符的车辆，重新加以核实清理，防止从业户违法经营，偷漏国家税费。

1993年，营运证改为道路运输证。1997年，有325部营运证汽车参加道路运输证年审并办理IC卡，占应审数388辆的84%，农用车年审128部并办理IC卡，占应审数177辆的72%。做好新增运力的审批和办证工作，新增汽车15辆17.7吨，更新的士车1辆6座，农用车25辆18吨，拖拉机30辆30吨，对新增的营运汽车、农用车，在办证时一次性做好维修合同签订、IC卡办理，建档、台账建立等工作。

2005年，审验道路运输证545辆，其中农用车230辆，拖拉机110辆，货运汽车129辆，客车76辆。

3. 货运单管理　1997年，县交通运政部门对境内货运实行运单签证制度。境内货运按省际、市际、境内划分，实行一货一单，按趟次签发，并将运单签证作为稽查项目。全县设置货物运单签发点15个，24小时不间断服务。1997—1999年，签发省内运单5300余份，省外运单1600余份。2000年，取消货物运单签证制度。

4. 营运车辆检测 1996年始，全县营运车辆每年进行一次综合性能检测。市交通局派专人携带检测设备到各县对营运车辆的安全性和经济性进行检测。清流的检测地点设在闽通长运清流分公司停车场。

1998年起，改为每上、下半年进行一次综合性能检测，确定车辆技术等级，符合要求的方可投入营运。当年上半年检测汽车68辆、农用车108辆，下半年检测汽车225辆、农用车136辆。

2002年，检测地点改在城关龙津汽车修配厂。

2005年，参加综合性能检测的货车86辆，参检率87%;农用车189辆，参检率90%;客车64辆，参检率98%。

（三）运政稽查

1990年9月，交通运输中心管理站改为交通运输管理所，由运管人员兼职抓稽查工作。

1995年1月，成立运政稽查大队。

1997年，组织所站联合路检3次，1—10月所站累计路检315次，查处违章920起，补征交通规费21.5万元，处罚金额0.8万元。申请法院强制执行3起，稽查过路查250次，查处违纪行为3起。

2000年，查处非客运车辆载客84辆次，处罚金2.48万元。全年出动路检175天，参加人员684人次，检查车辆1158辆次，其中违章运输车辆896辆次，占77.3%，查补交通违规费18.67万元。道路运输行政处罚案件40起，其中申请法院强制执行5起，追缴规费0.24万元，处以行政罚款3.04万元。

2004年2月，在汽车站设立驻站办，检查监督客运车辆经营行为。采用定点检查与流动检查相结合方式，定点检查车站、矿山、企业等货源集散地。流动检查组在公路上巡查，随机抽查营运车辆。

2005年，稽查客车74辆、879座，经营性货车136辆、691吨位，农用车343辆、394.45吨位，拖拉机460辆、460吨位。运政查结各类违章案件261件，罚款金额36万元，申请法院强制执行12件，执行率100%。

三、航政管理

1991年，全县航政管理工作由县港航管理站负责。

1996年，重点清理取缔“三无”（无牌、无证、无船籍）船舶。

2001年，开展全县营运船舶检查，检查船舶100余艘次，取缔非法船舶5艘。

2003年，县地方海事处成立后，海事管理人员定期和不定期地深入各水域进行检查，对小型农用船舶和采砂船进行丈量登记，形成内业管理资料，按有关规定进行船舶检验、船员培训。

2005年，全县登记检验采砂船、运沙船、农用船134艘，培训船员35人，年审换发船员证书35人，年检营运船（艇）5艘，采砂船、农用船发照发证67艘。8月，县地方海事处与沙芜乡政府联合行动，对沙芜库区九龙湖风景区航道进行整治，拆除不符合标准的跨河拦网7道，清理严重阻碍航道的网箱5处，对不符合标准要求的网箱限期整改9处。10月，开展航道清理整顿，与有关部门、乡镇共同开展水上整治联合行动5次，出动执法人员185人次。

四、运价管理

（一）客运票价

1991—1995年，公路客运基本票价为每人千米普客0.035元、宽座客车0.050元。1995年，城区小客车实行全程一票制，每客每趟次1元；夜间晚22时至次日凌晨6时每客每趟次2元，春节正月初一至初七，每客每趟次2元。

1996—1998年，客运基本票价为每人千米0.077元。

1999年1月，县物价局、县交通局联合制定《关于公布清流县汽车客运票价和春运期间最高限价的通知》，公布全县汽车客运票价及春运期间票价。

2000—2003年，客运基本票价未进行调整。

2004年1月，执行省物价局、省交通厅关于汽车旅客运输各车型基准运价率及有关问题的通知，按照各车型等级不同的加成，测算确定新的汽车旅客运输各车型基准运价率，直达班车运价可在同类型客车运价率的基础上加成10%，基本运价每人千米0.077元不变。2005年，继续执行该通知精神。

2005年清流城乡客运基准票价一览表

表7-3　　　　单位：元

清　流							
2	大路口						
3	1.5	塘　背					
4.5	3	2	庄　前				
5.5	4.5	3	2	温　郊			
7.5	6	4.5	3	2	桐　坑		
10.5	8.5	7	6	4.5	3.5	芹　口	
13	11	9.5	8	7	6	3	余　朋
里程(千米)	10	17	24	30	36	50	62

续表7-3

清　流						
2	大路口					
3	1.5	嵩　口				
6	4	2.5	下　和			
8.5	6.5	5	3.5	桐　坑		
11.5	9.5	8	6	3.5	芹　口	
14	12	10.5	8.5	6	3	余　朋
里程(千米)	10	18	27	41	55	67

续表7-3

清　流						
3	谢　坊					
4	1	安　乐				
5	3.5	2.5	下　赖			
6	4.5	4	2	里　田		
7	5.5	5	3.5	2.5	河　排	
8	6.5	6	4	3	2	长　校
里程(千米)	13	16	27	34	42	47

续表7-3

清　流							
2	大路口						
3	1.5	嵩　口					
4	3	1.5	围　埔				
6	4.5	3	2	田　源			
7	5.5	4	3	1.5	田　口		
7.5	6	5	4	2.5	1.5	白　石	
9.5	8	6.5	6	4.5	3.5	2.5	白　塔
11	10	8.5	7.5	6.5	5.5	4.5	2.5
里程(千米)	10	18	24	33	38	43	55

（二）货运运价

1991年，执行省物价委员会、省交通厅《关于整顿我省公路汽车货运价的通知》，整车货物基本运价调整为每吨千米0.26元，二等货每吨千米调整为0.26元，三等货每吨千米调整为0.31元，零担货物不分省际、省内均为普通零担货物每吨千米0.38元，特种零担货物每吨千米0.5元。

1992年，全县按省物价委员会、省交通厅关于“整车货物运输应以基本运价为基础，将不同价自运价率与基本运价的比差累加计算；一次货物运输，跨越不同运价区域，或不同运价路段时，应按不同运行区域分段的运价率里程分段计算，也可按货物起运地运价计算；整车货物运输，累加加成或减成率不得超过25%”的规定执行。

1996年2月起，货物运输基本运价由每吨千米0.26元调整为0.52元，允许企业根据运营情况适当下浮。2000年起，汽车货运价格放开，由企业、个人自行定价。

五、安全管理

（一）道路运输安全管理

1991年4—11月，组织548人次上路检查108天，查车1068辆。其中违章345辆，罚款5417元。警告22车次。扣留车辆营运证7辆次。1997年，查处非法从事客运的小货车，纠正违章经营客运车辆；检查从业人员取得岗位服务证上岗情况，对经营者进行交通法规宣传。年内召开客货运输业户会议6次，450人次参加；二类以上维修业户会议3次，27人次参加。组织学习部省、市有关道路运输的政策、法规、文件11次。

1998年，加强运输经营者交通法规培训教育工作，全年召开客货运输业户会议6次，430人次参加；维修业户会议4次，36人次参加。结合营业性道路运输证年审进行法规业务培训347人次。建立完善车辆二级维护台账及签章管理，随时跟踪检查，促进经营者自觉按期对车辆进行维护，确保车辆技术状况良好。年内，处罚未按期进行二级维护车辆31辆次，罚款8720元。

1999年，贯彻落实《福建省客运车辆日趟检实施暂行办法》，督促客运站建立安检机构，提供安检场地、设备和人员。签订安全责任制，完善安检各项规章制度。选派人员参加日趟检检验员岗位培训。安检办与检验员签订日趟检责任书，与客运驾驶员签订安全责任书。同时订立实施日趟检的具体操作规程和申报检查制度。

2000年，开展“道路运输管理年”活动。召开运管人员、运输企业管理人员以及经营者动员会、例会和座谈会，聘请物价、工商等部门4名工作人员担任“管理年”活动监督员。清理整顿客运出租车，打击非客运车辆载客。加强出租车驾驶员职业道德教育，做到持证上岗。对个体客运车辆履行法人担保制度，提高个体客车抵御风险能力。清理挂靠车辆，在办理报废更新、新增客车手续时，须提供经公证为企业自己投资的证明，严把审核关。运管所与个体运输户签订安全责任书，并建档备查。抓好营运车辆综合性能检测，全年发出综检通知书7份、21辆，二级维护通知书2份、27辆。

2001年，成立县机动车非法载客清理整顿工作小组，查处车辆违规载客723起。重点整治农村“五小”车辆（柴三机、农用车、微型小货车、拖拉机和摩托车）非法客运问题。2002年，坚持每年春节、“五一”“国庆”等重大节日前夕，组织人员对各类交通设施、车船的技术状况进行全面安全检查；检查车站发车和路过进站客车，严禁客车超载和携带危险品出站；营运车辆实行定期维护和综合性能检测管理制度；对汽车维修业实行车辆维修出厂合格证和质量保证期制度。县运管所和交通安全管理办公室常年派出行政执法人员（重大节假日增派人员）进驻车站，对短途客车每日进行一次安全性能检查、长途客车每趟进行一次检查；配合安监、公安、交警、消防等部门整治道路化学危险货物运输。

2003年8月，全国爆发非典型性肺炎（简称“非典”）。其间，县运管所抽调精干力量到车站、码头值班，对所有过往的客运、车船进行全面检查，实施强制消毒和过境旅客强制体温检测。确定10部客车为应急运力，随时供调整使用，确保全县安全度过“非典”关。

2005年，县成立道路交通安全生产工作领导小组，健全完善安全生产监督管理制度，运管所同各运输经营户签订年度营运车辆运输安全管理责任书。取消城关凤翔桥两头的客运车辆临时上下车停靠点，做到车进站，人归点，从源头消除安全隐患。开展道路交通安全专项治理工作。查结“治超”案件435件，自行卸、分载 425 辆，强制卸、分载 10 辆，处罚金额 1.5 万元。

（二）水上交通安全管理

1991 年，航政及水上交通安全管理工作坚持“三长”[县长、乡（镇）长、村委会主任] 责任制，每年县长与乡（镇）长、乡（镇）长与村委会主任签订安全责任状，各自负责辖区水上安全工作。圩日、节假日、农村节日、学生集中流动等人流高峰时间，港航管理人员驻点抓好水上渡运安全工作；沙芜水上旅游点建立专门安全管理制度，加强各项渡运设施安全。至 2002 年，清流县连续 18 年未发生水上交通事故。

2003 年，成立清流县地方海事处和水上交通安全领导小组，制定安全生产管理工作计划和具体措施，加强内河水上交通安全管理。

2003 年 12 月 4 日，嵩口镇梓材村村民驾驶木质挂机渔船，从秋口煤矿非法载人前往沙芜乡赶集，行至沙芜乡秋口村蜡烛山河段，螺旋桨被养鱼网箱尼龙绳挂住，导致翻船，19 人全部落水，其中 4 人溺水死亡。

2005 年，清流县成立水路交通安全生产工作领导小组，落实安全生产责任制。进行水上安全检查 35 次。

（三）工程施工安全管理

1991 年，按照“谁设计、谁负责，谁施工、谁负责，谁用工、谁负责”原则，对各项交通工程建设项目进行安全监管，督促各施工单位建立健全安全生产规章制度和档案，确保各项交通建设工程施工安全。1992—1996 年，在开展公路“先行工程”建设中，提出“保质量、保安全、保进度、保畅通”的工作原则，经常深入施工工地进行安全监督，检查安全生产规章制度是否落实；安全员是否到位到岗，履行职责；施工人员安全防护措施是否到位，操作是否得当，及时发现存在问题，督促整改，消除安全隐患。2003—2005 年，业主与施工单位签订施工合同同时签订安全合同，200 余千米农村公路改造建设施工中未出现安全问题。在抓交通工程项目建设的同时督促各施工队伍抓工地安全，健全安全管理制度并抓落实。至 2005 年，全县公路建设施工累计发生安全生产事故 3 起，死亡 3 人，均为意外事故。

六、运驾培训管理

（一）客货运驾乘人员培训管理

1991—1995 年，全县交通运输行业从业人员职业岗位培训工作，由运输企业自行组织。1996 年始，为规范交通运输行业从业人员的职业道德、普及运输法律法规和安全操作基本知识，县运管所组织开展统一培训、考核和发证工作。当年，有 169 人参加岗位培训，152 人考核合格，并领取营运客车驾驶员岗位服务证或营运客车乘务员岗位服务证。

1997 年，县运管所开展营运货车驾驶员的技术等级考核和岗位培训，全县参加培训营运车辆驾驶员 488 人，营运客车驾乘人员开始持证上岗和 2 年一次的定期培训制度，全县取得营运客车驾驶员岗位服务证 62 人、营运客车乘务员岗位服务证 50 人、出租客车驾驶员岗位服务证 20 人、营运货车驾驶员岗位服务证 361 人。

1998 年起，执行营运货车驾驶员持道路运输岗位服务证上岗制度。是年，客运从业人员 39 人取得岗位从业资格。1999—2001 年，有 149 人取得岗位从业资格。

2002 年，根据交通部要求，施行驾驶机动车从事营业性道路运输活动的驾驶员，按照规定参加职业培训，取得营运驾驶员从业资格。当年，通过营运驾驶员申请，县运管进行资格审查，186 人分 21 期前往永安交通技校参加从业资格培训。2003 年 12 月，对客车乘务员进行从业资格培训。

至 2005 年，全县取得营业性道路运输驾驶员从业资格证 790 人。其中，货车列车岗 43 人，普通货运岗 423 人，危险货运岗 8 人，大客岗 34 人，小客岗 237 人，客运乘务员岗 41 人，危货操作岗 4 人。

（二）机动车驾驶员培训管理

1991—2003 年，机动车驾驶员的培训、考试、发证工作，由公安交警部门负责，县内经交警部门核准的培训机构 1 家，即县道路技术服务中心。

2004 年 5 月 1 日，道路交通安全法正式实施，规定机动车驾驶员培训实行社会化，由交通行政主管部门对驾驶培训学校、驾驶培训班实行从业资格管理。但机动车驾驶员的考试、发证工作仍由公安交警部门负责。

同年6月，根据省运输管理局《福建省机动车驾驶培训行业管理工作实施方案》相关规定，建立驾驶员培训行业市场准入制度，县道路运输管理机构开始履行机动车驾驶员培训行业管理职能，制定工作方案、开展摸底调查，确认县境内从事驾驶员培训教练员、教练车数量，全面审查驾校培训资格和经营条件。

2005年，县机动车驾驶员培训管理工作由县运管所接管，开始日常正规化管理。经市运输管理处验收，县安顺驾驶员培训有限公司和县吉安驾驶员培训有限公司取得驾驶员培训许可证。2家驾培机构共有教练车20辆、教练员22人。当年，开办驾驶员培训9个班次，培训小汽车驾驶员308人。

七、维修技工培训与行业管理

（一）机动车维修技工培训

1991年，推荐43人参加市举办的4级修理工培训考核，3人参加高级修理培训学习。选派3人参加在邵武市麻沙举办的维修检验员培训班。是年，全县经市核准签发许可证的二类维修企业3家、三类维修企业5家，经县审批核发许可证的四类维修业户32家。全县有二类维修检验员4人、三类维修检验员10人、机动车维修工107人。1995年，县交通局会同县劳动局成立交通行业工人考核委员会，负责组织全县机动车维修技工的培训和考核管理。技术业务水平考核，分为应知（专业技术理论）和应会（实际操作）考核，维修工分为初、中、高3个技术等级。至年底，经培训考核，取得高级维修工技术等级证书10人、取得中级维修工技术等级证书48人、取得初级维修工技术等级证书75人。

1996年，全县39名机动车技工参加全市维修技工培训。至此，全县取得从业资格维修技术人员190人，维修技工持证上岗率80%以上，25人取得维修质量检验员任职资格。2003年，组织二类维修企业110人、三类维修业户35人参加永安交通技校从业资格培训、考试，并取得从业资格证。26人参加中级工技术等级培训。至2005年，全县经培训考试合格、持有从业资格证的维修工165人、汽车维修检验员11人、维修价格结算员11人、摩托车维修工17人。

（二）机动车维修行业管理

1991年，全县维修行业实行质量检验员制度，取得二级维护以上经营资格的维修厂家必须配备经省交通厅、省劳动局联合考核合格并取得上岗证的质量检验员。质量检验员必须对机动车维修的全过程和竣工出厂合格进行检验；经维修车辆在质量保证期内维修部分出现事故，检验员应负相应责任。1991—1993年，全县机动车维修户54家，二类维修企业4家（有资质承担三级维护的企业），三类维修企业12家（有资质承担二级维护的企业）、四类维修企业38家（专项、小修企业）。维修企业实行分级管理，四类、三类企业由县级交通部门审批，二级维修企业由市级交通部门审批，一类维修企业需省级交通主管部门审批。

1994年9月，县交通局对全县机动车维修业户开展年审。年审对象为1992年以来被评为二类A级、三类A级和当年为二类B级、三类B级、四类（专项）的维修业户，全县有林业汽车保修厂、县汽车运输公司、通用厂、东华汽修厂、龙津汽修厂、供销汽修厂、周君汽修厂、顺达汽修厂、氨厂汽修厂、明孚汽修厂、化工汽修厂、三益汽修厂等12家机动车维修业户参加年审。

1996年，全县营运车辆开始实行维修合同制，即营运车辆与维修厂签订定期维护合同实行强制定期维修，每季度必须参加二级维护1次，确保车辆技术状况良好。县运管所按就近就高的原则，根据维修企业的资质、条件，将520份维修合同分配至各维修企业。

1997年，开展全县汽车维修行业整顿和从业人员上岗规范化管理，全县共有2类A级1家、B级8家，3类业户89家。9家2类维修业户、城区28户专项维修业户从业人员全部实行照片上墙，制作岗位服务牌，接受社会监督。91名维修工到永安技校学习考证，维修技工持证上岗率95%以上；年审换证验检员19人。对全县维修业户逐条进行经营行为、经营方式、经营作风、维修质量等方面考核，评出等级名次，作为维修合同分配、评比双优维修业户依据，并分别给予考核前3名奖励1000元、800元、400元。

1998年，全县2类机动车维修业户9家全部参加年度审验。其中，5家审验合格，3家限期整改，1家因特殊原因审验未通过。三类业户90家参加审验合格，占应审数93家的96.8%。1999年10月，实行维修车辆档案管理制度。

2001 年 11 月，嵩口华泰汽车修理厂被评为二类维修企业。2002 年 7 月，嵩溪顺通汽车修理厂按二类维修企业筹建。2003 年 6 月，灵地镇华灵汽车修配厂被评为二类机动车维修企业。同年，县运管所与工商部门开展联合执法，对全县机动车维修行业进行清理整顿。经过整顿，全县符合规范要求的二类维修企业 10 家，从业人员 86 人；三类维修企业 36 家，从业人员 40 人。2004 年，全县二类维修企业与县运管所实行电脑联网，实行网络化管理。2005 年，对全县维修行业资质等级进行重新认定。有二类 11 家、三类 15 家、20 家摩托车维修企业（店）通过资质认定并予以登记。

第五节　交通规费

一、公路规费

（一）公路养路费

1991 年延续上年，执行全省统一标准征收公路养路费，即客车每月每吨 160 元，货车每月每吨 140 元，其他机动车每月每吨 140 元。上缴省稽征局后，按 80% 返还县财政用于公路建设、养路。农用车养路费 57.30%、拖拉机养路费 30% 上缴市交通局财政专户，剩余资金用于乡村公路养护。

1994 年 6 月 1 日起，养路费征收标准调整，执行省政府《福建省公路养路费征收管理实施办法》标准，即客车每月每吨 200 元，货车每月每吨 180 元，其他机动车每月每吨 180 元。至 2005 年未变。

（二）公路客运附加费(公路客运交通建设基金)

1993 年 1 月 1 日，公路客运交通建设基金征收标准调整为每人每千米 0.02 元，折算后，客车按每座位每月 80 元征收。

1998 年 10 月 1 日起，公路客运交通建设基金改称为公路客运附加费，按每人每千米 0.03 元，折成按座位征收，交通部门和城建部门所属的交通运输企业和公交企业客车，每月每座征收 90 元；其他社会客运车辆每月每座按 120 元征收；营运不足 1 个月的，按天计征，每天每座 4.80 元。

2004 年 1 月 1 日起，客运附加费征收标准统一调整为营运客车每月每座 90 元，营运不足一个月的，按天计征，每天每座 3.60 元。2005 年，新增征收二轮摩托车项目。

（三）公路货运附加费(山区公路建设还贷基金)

1993 年 1 月 1 日，开征山区公路建设还贷基金。该项规费主要用于公路建设偿还贷款，征收对象为各类营运货车。征收标准为：各种营业性载货汽车（含小四轮、三轮货车）、半挂车、拖带平板车、集装箱车等，每月每吨位征收 40 元，挂车减半计征；各种非营业性客货汽车每月每吨位征收 20 元；特种车辆按其自重吨位每月每吨位征收 20 元；轮式拖拉机按 20 匹马力折合 1 吨位计算，每月每吨位征收 20 元；手扶拖拉机每月每台征收 10 元；侧三轮摩托车每月每辆征收 2 元，二轮摩托车每月每辆征收 1 元。

2000 年 4 月 1 日，将原开征的山区公路建设还贷基金规范为公路货运附加费。其征收的范围、标准、办法与征收山区公路建设还贷基金的规定相同。摩托车（包括二轮、侧三轮）不再征收此项规费。

（四）车辆通行费

1993 年 1 月，经批准在省道建文线清流路段设立里田车辆通行费征收站，开始征收车辆通行费，执行 1992 年 12 月 7 日省颁布的公路、桥梁、隧道征收车辆通行费暂行办法。按车辆通行的趟次计征，车主自愿申请按月缴纳车辆通行费的，经审核同意后，按每月每车不少于 60 趟次计征。该项规费主要用于公路建设。同年 7 月 1 日，在大路口设立车辆通行费征收分站。

1995 年 11 月 1 日起，执行省政府颁发的新征收标准。

1996 年 3 月，里田收费站迁到大路口，正式成立大路口收费站。按照“贷款修路、收费还贷”的原则，收取车辆通行费用于归还公路“先行工程”建设银行贷款。

1998年，大路口收费站原批准的收费期限到期。7月，经省政府批准，收费期限延长至2003年6月30日止。2003年12月，收费期限再次延长至2018年12月31日止。2005年，征收车辆通行费366万元。

（五）车辆购置附加费

1991年，县车辆购置附加费征收管理办公室（简称车购办）负责县域内其他机动车购置附加费征收管理工作（汽车类的车辆购置附加费由三明市车购费征管办公室征收）。国内生产和组装车辆，其购置附加费按购车价10%计征；国外进口车辆，按购车价的15%计征。2001年1月1日，改为车辆购置附加税。

2004年12月31日前，县车购办代征车辆购置附加税，使用税务部门提供的税务发票。

2005年1月1日，车辆购置附加税移交县国税局征收。

1991—2005年清流县公路规费征收情况表

表7-4　　单位：万元

公路规费 / 征收单位 / 年份	公路养路费		货运附加费		客运附加费	通行费	车辆购置附加费
	清流公路稽征所	交通局征管所	清流公路稽征所	交通局征管所	清流公路稽征所	交通局征管所	交通局车购办
1991	191.84	35.77	—	—	4.41	—	0.99
1992	226.7	40.01	—	—	7.28	—	1.71
1993	246.17	47.05	32.32	11.23	26.6	218.02	6.18
1994	301.37	54.12	77.49	12.93	34.07	349.96	20.95
1995	349	63.09	74.91	12.04	47.55	343.12	35.83
1996	328.76	67.51	63.94	12.62	53.8	450.76	43.33
1997	292.53	61.25	52.78	9.21	57.58	322.6	32.85
1998	257.41	57.81	44.39	8	58.54	306.67	18.76
1999	213.68	48.78	35.7	6.66	80.62	384.49	19.77
2000	207.57	51.08	35.04	1.46	59.46	293.65	26.63
2001	174.85	48.77	24.06	0.15	62.36	346.36	46.08
2002	158.94	77.04	24.18	0.02	73.02	351.33	14.66
2003	151.97	89.38	24.21	1.26	55.32	373.31	36.09
2004	184.27	96.61	25.25	0.14	57.9	387.65	70.54
2005	229.54	114.99	29.59	0.03	60.61	396.06	120.36

说明：“车辆购置附加费”栏中，2001—2004年为代税务部门征收的车辆购置附加税

二、水路规费

1991年，继续对县域内从事水路营运的船舶拥有企业和个人，按营运（营业）总收入的5%征收航道养护费，用于内河航道整修和日常维护。所征收航道养护费实行专户存储，逐级上缴。征收工作由交通局内设港航管理部门负责。

1995年1月1日，县交通局对内河航道养护费征收对象及征收标准作出新的规定：航运单位或个体、联户在本行政区域内的营运船舶（包括捞沙机船），属单位营运的，内河航道养护费按营运收入的3%征收，每季度缴交1次；属个体或联户营运的，小型机动船（15匹马力以下）按动力计征，每月每匹马力缴纳1.2元，每月征收1次；捞沙机船每年按8个月征收，每月80元，1年征收2次。

2004年10月1日，停止征收内河航道养护费，开征内河船舶港务费。

1991—2005 年清流县交通水路规费征收一览表

表 7-5　单位：万元

年　度	内河航道养护费	年　度	内河航道养护费
1991	0.67	1999	0.1
1992	0.72	2000	0.12
1993	0.74	2001	0.14
1994	0.82	2002	0.1
1995	0.74	2003	0.09
1996	0.73	2004	0.05（内河船舶港务费）
1997	0.46	2005	
1998	0.96	—	

三、运输管理费

（一）公路运输管理费

1991 年，公路运输管理费由县运管所征收。征收对象为从事交通运输业社会经营的从业单位或个人（包括机动车运输业、维修业、运输服务业、搬运装卸业），按营业总收入 1% 标准计征。

1998 年 1 月 1 日，调整为按营业收入 0.8% 计征。货运汽车每月每吨征收 30 元，客车每月每座征收 10 元，农用车每月每吨征收 40 元，手扶拖拉机每月每辆征收 15 元，方向盘式拖拉机每月每吨征收 30 元。

2005 年 4 月 29 日，因市场物价变化，按营业收入 0.8% 的征收比例，重新测定征收额，收费标准再次调整。客车按普通（卧铺）、豪华（卧铺）区分，每月每座分别征收 18 元、20 元，货运汽车每月每吨征收 30 元，农用车每月每吨征收 50 元，轮式（方向盘）拖拉机根据不同马力每月每辆征收 18—35 元不等。

（二）水路运输管理费

1991 年，水路运输管理费由县港航管理站征收，征收标准按船舶营运总收入 2% 计征。全年征收水路运输管理费 0.79 万元。1997 年，调整为按营运收入 1.6% 计征。

2003 年起，水路运输管理费由县地方海事处征收，至 2005 年未变。

1991—2005 年清流县交通运输管理费征收一览表

表 7-6　单位：万元

年　度	公路运管费	水路运管费	年　度	公路运管费	水路运管费
1991	32.09	0.79	1999	105.06	0.05
1992	37.95	0.26	2000	104.17	0.09
1993	51.31	0.32	2001	114.85	0.05
1994	68.22	0.28	2002	132.27	0.02
1995	78.79	0.31	2003	115.46	0.03
1996	88.01	0.24	2004	103.31	0.05
1997	111.69	0.11	2005	165.09	0.1
1998	100.98	0.02	—		

第二章 邮 政

第一节 机 构

一、县邮电局

1991年，县邮电局下设邮电支局2个、邮电所11个、邮储网点3个。有干部职工157人，其中工程技术人员12人。局内设职能管理综合科室3个，生产班组10个。

1997年，局内设行政办公室、计财办公室、综合经营办公室、工会；生产管理机构7个，职工198人。邮电支局（所）16处，即凤翔、长兴、嵩溪、嵩口、灵地、长校、余朋、林畲、温郊、田源、邓家、李家、沙芜、赖坊、里田、大路口邮电支局（所），邮政储蓄网点9个。

二、县邮政局

1998年9月，县邮政、电信重新分家，成立县邮政局，为正科级单位，公众服务性企业。局内设综合办公室、计划财务部、市场经营部。生产单位设置速递物流公司、收投公司、集邮公司、函件公司，编制156人。设职能办公室4个，生产班组6个。辖区设嵩溪、嵩口、林畲、田源、长校、灵地、赖坊、余朋和城区西山9个邮政支局，温郊、里田、沙芜、邓家4个代办所。1999年，全县下设邮政支局、邮政所、邮储网点各7个。

2002年6月，邮政深化改革，成立县邮政储汇分局。内设办公室、经营服务部、财务部、储汇分局；生产管理机构有集邮公司、函件分局、收投公司、速递物流公司。

至2005年，全局有职工143人，自办邮政支局（所）12个，委代办邮政所2个。邮储网点8个，其中城关2个。

第二节 设施设备

一、场所设施

1991年，县邮政生产用房1170平方米。

1997年，邮政大楼竣工，建筑面积20447平方米。当年，城区邮政用房面积6809平方米，乡镇邮政支局（所）面积12189平方米（生产用房面积3059平方米）。

1998年，邮电分营，区乡邮电支局资产均划归邮政局。

2005年9月，装修改造县局邮储营业厅。同年，县局邮政综合楼6～7层及店面1间由市局出售给移动公司，共计建筑面积1449平方米。年末，邮政实有建筑面积18998平方米，其中城区面积5360平方米（生产用房2301平方米）；乡镇邮政支局（所）面积12189平方米（生产用房面积3059平方米）。

二、经营设备

（一）邮运设备

1991年，县邮电局有邮运汽车1辆、自行车49辆。各乡镇报刊邮件，皆由汽车运输部门托运。

1994年，县邮电局购置邮运车2辆。

1997 年，购置防弹运钞、速递揽收邮运车各 1 辆，邮运汽车增至 4 辆。

1998 年，邮政汽车 9 辆。其中，邮运汽车 7 辆（市内邮件运输车 2 辆，邮储专用送款车 2 辆、速递物流业务车 3 辆）。

2003 年，县内自办邮路改委办邮路，“以客带邮”业务停办。盘活汽车 2 辆。

2005 年，邮政汽车 5 辆，其中市内邮件运输车 1 辆，邮储专用送款车 1 辆、速递物流业务车 1 辆。

（二）营业设备

1991 年，全县有信筒、信箱 135 个，其中农村 127 个。1991—1993 年，邮政营业，使用 2 千克式信函秤。1994 年始，改为电子营业秤。

1995 年，城区邮政储蓄营业厅安装空调，完成标准化改造。全局有营业办公微机 81 台，终端 19 台，邮电营业全微机化，主要生产单位实行监控管理，邮电主营业厅引进触摸电脑查询系统，电子屏幕显示。

1995 年 6 月，在县域金融单位中首家实现城乡 7 个邮政储蓄网点微机联网、通存通兑。

1997 年，邮储网点全部并入全国“绿卡”（银联邮政储蓄卡）网络，实现全国通存通兑。城区邮政储蓄营业厅配备和开通 ATM 自动柜员机，各支局邮件可对三明直封，节约成本。

2003 年，新增信函过戳机 1 台，购置运钞车辆 1 辆。

2004 年 10 月，全国邮政储蓄统一版本切换上线，优化、加快计算机处理业务功能。

至 2005 年，全县共有邮资机、ATM 自动柜员机各 1 台，商函设备 1 套，电子化营业窗口 6 个。

第三节 邮 路

一、省内邮路

1991—1997 年，出口邮件直封宁化和经转三明中心局，清流至宁化、三明的省内二级汽车邮路各 1 条，总长 165 千米，其中清流境内 46 千米。

1998—2005 年，省内邮件经转关系不变、邮路总长 161 千米，其中清流境内 43 千米。

二、县内邮路

1991 年，县内邮路 5 条，总长 297 千米，日行程 594 千米。其中，市内摩托车、自行车投递邮路 1 条，单程 1 千米，日程 2 千米；农村委办汽车邮路 4 条，单程 296 千米，投递日均行程 592 千米。全县 15 个乡镇 106 个村委会驻地均实现日班投递，95% 的自然村开设新投递邮点。

1996 年，全县邮路 8 条，邮路总长 1350 千米。

1998 年，全县有邮路 5 条，共 759 千米。其中农村 4 条，单程长 594 千米。清流至沙芜、清流至李家、清流至长校为自办邮路，单程 536 千米。清流至余朋为委办汽车邮路，单程 165 千米。

1999 年，城区投递段道从 3 个增至 4 个，投递员增至 5 人，每日投递 1 次。扩段后，解决部分居民所订报刊无法投递到户问题。投递员同时办理报刊订阅、邮品销售等业务，拓宽服务范围，方便群众。

2000 年始，乡村道路逐年实施硬化工程，各投递邮路数和投递长度相应发生变化。在全县范围内取消步班投递线路。

2003 年，取消农村自办邮路，均为委办汽车邮路，共 4 条，单程 848 千米。

2005 年，清流城区摩托车、自行车投递邮路 2 条，单程长度 2 千米。投递段道 6 个，投递员增至 6 人，每日投递 1 次。摩托车投递段 5 条，长度 46 千米，农村委办汽车邮路 3 条，单程长度 200 千米，农村投递路线 28 条，单程长度 874 千米。全县邮政投递线路 1245 千米。实现 111 个建制村，4 个居委会 100% 通邮。

1994 年、1998—2005 年清流县乡邮投递一览表

表 7-7

年 份	投递路线（条）	邮路及投递单程长度（千米）		摩托车投递单程长度（千米）		自行车投递单程长度（千米）	
1994	20	1403	1230	1235	1089	168	141
1998	29	1436	1201	623	501	813	700
1999	29	1432	1195	704	551	728	644
2000	29	1432	1196	803	661	629	535
2001	28	1395	1186	831	695	564	491
2002	27	1395	1186	833	693	562	493
2003	19	1235	1035	1031	895	201	140
2004	19	1236	1036	1089	901	147	135
2005	19	1245	1053	1099	921	146	132

第四节 业 务

一、业务总量

1991 年，邮政业务总量为 78.95 万元。1994—1996 年，在各项邮电传统业务稳步增长基础上，先后开办邮政储蓄、无线寻呼、模拟、数字移动电话、数据通信、鲜花礼仪、商业信函等新型业务。邮电业务增速保持在 33% 以上。

1997 年，实行分配制度改革，完善计件工资办法，加大工资捆绑力度，推行二级单位承包办法，对职能管理、班组长、支局长的资金分配系统进行调整，打破“大锅饭”。邮电业务收入完成 1356.6 万元。

1998 年，全年完成邮政业务收入 389.2 万元。1999 年，为邮电分家后独立核算第一年，全年完成邮政业务总量 566 万元，邮政业务收入 580.2 万元。

2005 年，实现邮政业务收入 809 万元。

1991—1997 年清流县邮电业务经营统计表

表 7-8 单位：万元

年 份	业务收入			业务总量			收支差额	企业利润
	小 计	邮 政	电 信	小 计	邮 政	电 信		
1991	220.4	59.26	161.14	225.95	78.95	147	-23.72	-27.17
1992	301.44	74.93	226.51	326.95	106.95	220	-114.76	-26.64
1993	426.65	95.54	331.11	467.51	147.51	320	-305.91	-175.03
1994	597.88	126.69	471.19	673.64	137.54	536.1	-452.86	-274.86
1995	782.39	159.01	623.38	935.36	222.76	712.6	-577.24	-388.26
1996	996.5	175.3	820.2	1347.15	211.6	1135.55	-672.5	-556.5
1997	1356.6	189.1	1167.5	1753	292.89	1460.1	-898.36	-736.6

1998—2005 年清流县邮政业务经营统计表

表 7-9 单位：万元

年 份	职工人数		业务总量	业务收入	业务费用	收支差额	固定资产
		邮政生产					
1998.9-12	156	136	401	389	536	-150	2035
1999	148	129	566	580.2	656.2	-76	2156
2000	142	127	656	680.1	739	-59	1963
2001	143	128	736	767	823	-56	1896
2002	146	131	768	775.1	743.1	32	1751
2003	146	132	716	730	664.8	65.2	1622.5
2004	148	133	754	763	823	-60	1731
2005	146	132	798	809	876	-67	1751

二、邮件投递

（一）函 件

1991 年，建立职能干部分项负责制，明确各职能岗位职责和工作标准，总包邮件延误差错率为 0，给据邮件延误差错率为 0.1%，邮件全程时限迁限率 2.6%，处理不合格率 8.87%。在香料厂、水泥厂、人造板厂、嵩口采购站等 10 余家厂矿企业发展礼仪信函 25 万件。全年函件量 43 万件，业务收入 3.44 万元，占邮政总收入 15.36%。

1995 年，加强电信月、邮政月业务宣传，当年函件 100.18 万件，比 1991 年增长 1.6 倍，给据函件 7.3 万件。国际及港澳、台湾平常函件 3777 件，给据函件 28 件，比 1991 年增长 1.8 倍。业务收入 23 万元，占邮政总收入 21%。

1997 年，平常函件 88.9 万件，给据函件 6.28 万件，以优惠政策促进企事业单位商业信函批销发展，引导企事业单位使用、并代理制作广告明信片。发展话费对账单商业信函。全年商业信函 35.5 万件，业务收入 7.1 万元，比 1991 年分别增长 250%。

1998 年，发展企业金卡 3 万枚，普通邮资明信片 3.5 万枚，制作、设计商函广告 13 家。发展一中建校 70 周年庆明信片 1.6 万枚。发展每日一期的“邮送广告”业务，动员区域性的搭载广告。全年平常（进口）函件 291.56 万件，（出口）函件 123.1 万件，（进口）挂号函件 15.14 万件，（出口）挂号函件 10.04 万件。

2000 年，发展贺年有奖明信片 7 万枚，普通邮资明信片 3.4 万枚，企业金卡 4.6 万枚，商情快车 1 万份。全年函件收入 62.6 万元。

2001 年，拓展中邮专送、邮送广告、产品宣传册等函件业务稳定客户数 20 多户，发展县委通讯录广告户 20 多户，企业创收 11 万元。

2003 年，组建清流邮政函件广告公司，拓展中小学校邮资封业务，发展赖坊中学邮资封，实现全县一校一封目标。

2005 年，承揽 50 多家户外广告业务，实现收入 19.5 万元。首次征订“魅力清流”明信片 15 万枚，创收 18 万元。全年函件业务收入 57 万元。

（二）包 裹

1991 年，包裹资费大幅提高，致使部分包裹业务外流入交通运输部门及私营企业。为此及时调整撤销快递小包、航空快递小包、用户专用袋包裹等项业务，并规定全部必须保价。包裹处理费每件 0.2 元调整为 0.5 元，民用包裹按原有资费加收 15%，商品包裹按调整后民用包裹资费加收 50%。1993 年，根据全省放宽商品包裹重量、尺寸限量邮寄，继而恢复香烟包裹收寄。实行上门代包装、代收、专车运送等优质服务，方便群众。

1994年，商业包裹业务收入1.78万元。仅6月温郊邮电所就收寄木制工艺品、春笋干等商业包裹300余件。1995年，邮包数量上升，达10165件。

1997年，重新修订《邮政通信质量1、3、4、5岗考核办法》，分析市场，加强邮政业务宣传。全年商业包裹业务收入25.6万元，出口包件7632件，进口包件25792件，与1991年相比大幅增长。

1998年，商业包裹出口包件11845件，进口包件35394件。邮包邮件损失率、延误率、给据邮件损失率、机要邮件延误差错率和泄密丢损率等五项指标均为0。

1999年后，受民间快递业务迅速发展冲击，邮政包裹业务逐年下滑，至2005年，包裹寄递量仅3977件。

1998—2005年清流邮政包裹业务统计表

表7-10　　　　单位：件

年　份	包裹寄递量	年　份	包裹寄递量
1998	11845	2002	8314
1999	6245	2003	5673
2000	7989	2004	4898
2001	11886	2005	3977

（三）邮政快件

1991年，全县邮政快件收入4.92万元。其中，温郊邮电所实现特快收入2.31万元。1995年，开展营业人员“多说一句话”活动，动员用户使用速度快的快件业务，全年快件73588件，在邮件投递业务中的比重由1991年43%提高到64.1%。

1996年起，开办同城邮政礼仪业务，并实现全省联网，第二季度即完成全年邮政速递任务，实现收入10.23万元。1997年，成立速递公司，实行专业化经营，快件业务收入15.8万元，比1991年增长321%。1998年7月起，邮政快件业务取消。

（四）特快专递

1993年，首开银行结算凭证邮政特快专递业务，业务量968件。1994年，逐步向社会各行业延伸，营业厅设置特快专递窗口。1997年，实行特快专递专业化经营，实现业务量5600件。1998年，特快专递进口件5193件，出口件8933件，实现业务收入22.7万元。

1999年，发展同城礼仪560户，拓展点对点业务。2000年，拓展接送新娘业务，提高特快汇款率，全年速递业务实现收入39.7万元。2001年，发展特快高资费业务，提高快包率和特快汇款率，实现增收9万余元。2003年，做大代投驾驶证、行驶证业务；邮购业务尝试介入三农服务，创收1万余元。

2004年，发展单证照投递业务，完成驾驶证投递1209份，身份证投递555份，先后与6家企业签订使用国际特快协议，新增国际快包146件，实现业务收入16万元。“思乡月”（月饼投递）收入增收5.9万元。

2005年，完成法院文书投递151件，“思乡月”收入创收7.03万元。

三、邮政汇兑

1991年，邮政汇兑有普通汇兑、快件汇款和电汇业务。当年汇票3.98万张，为上年同期的95.1%。1992年，省局批复林畲邮电所兑付高额汇款。

1993年，加强邮政汇兑资金管理，县邮电局、人民银行、农业银行联合召开关于贯彻《邮政汇兑资金清算办法》，核定邮汇组、邮电支局所汇兑周转金。6月1日起，灵地支局开办高额汇款兑付业务，凡灵地、李家、邓家、赖坊乡高额汇票均可在灵地支局兑付。

1995年，全县汇票49947张。1997年，实行专业窗口承包，并实行邮政营业窗口计件工资制，全年汇票

3.9万张。1998年，受邮政储蓄和金融系统通存通兑业务影响，邮政汇兑业务呈逐年减少趋势，在业务收入中占比下降。全年进口汇兑56428件，出口汇兑58007件。2005年，进口汇兑16964件，出口汇兑11251件。

1998—2005年清流邮政汇兑业务经营统计表

表7-11 单位：件

年份	1998	1999	2000	2001	2002	2003	2004	2005
进口汇兑	56428	30578	27210	25347	24624	24580	19837	16964
出口汇兑	58007	29555	22106	19082	17622	15004	12226	11251

四、报刊发行

1991年，分别完成报纸期发数1.76万份和杂志期发数1.24万份，为1990年同期的96.6%、80.1%。全年报刊流转额为55.12万元，其中社会集团份额32.79万元，占59.69%。

1993年，制定《报刊宣传收订规程竞赛办法》《报刊流转额实行奖惩考核办法》，当年完成报纸期发数1.7万份和杂志期发数1万份，全年报刊流转额为70万元，其中社会集团份额占55.7万元。

1994年,报刊门市部、报刊亭实行全面承包。1995年,推行报刊零售经营责任制考核办法,开展"保期发数，增流转额"及"投递工种中上门征订"等竞赛，力促报刊征订任务完成。1996年，嵩溪、林畲、城关实现当天可看到省报，除余朋、温郊外，其他乡镇集镇均能做到次日看到报纸，比往日缩短3～4天。

2000年，县内大部分乡镇、企事业单位资金紧缺，党报党刊收订数量大打折扣。县局成立收投公司，推行报刊收投合一改革，推行职能人员包组挂所和全员营销竞赛，开拓私费订阅市场，完成私费订阅流转额70万元，占收订总流转额151.1万元的46.33%。

2001年，《三明日报》自办发行，清流邮政报刊收订市场进一步缩水。面对严峻形势，实行以专业化经营为主，全员营销为辅的经营思路，完成一次性报刊大收订流转额145.8万元。

2005年，实行专业化经营为主、营销能手协同的报刊经营方针，开展热销报刊收订劳动竞赛，全局收订报刊流转额151.68万元，列全市第一。

1991—2005年清流邮政报刊业务完成统计表

表7-12 单位：万元

年份	全年报刊流转额	年份	全年报刊流转额
1991	55.12	1999	123.17
1992	71.2	2000	151.1
1993	7	2001	145.8
1994	94.8	2002	146.1
1995	105	2003	131.2
1996	120	2004	132
1997	—	2005	151.68
1998	174.25	—	

五、集邮活动与邮品销售

1991年，县邮电局、集邮协会与县总工会、文明委联合举办"五一集邮展览"，有10个专题、336张贴片、21 框邮票参展，从中评出一等奖 1 名，二等奖 2 名，三等奖 3 名。《中国革命者之歌》《方寸邮花赞改革》被推荐为市“七一”邮展参展作品。同年，举办宁清归（宁化、清流、明溪 3 县）第二届邮展，荟集 16 部、72 框集邮展品。全年集邮业务收入 8.5 万元。

1995 年，实行集邮业务承包。教师节前后，在清流一中、县职业中学、清流三中等校举办《爱我中华》为题材的巡回邮展及邮品销售。全年集邮业务收入 11.9 万元，比 1990 年增长 4.63 倍。

1996 年，增加集邮网点，开办集邮讲座，组织上门推销。并与沙县、宁化、明溪等 6 县联合举办《纪念红军长征胜利六十周年》主题邮展，3000 多人参观，300 余名中学生写《观后感》，从中筛选编印成册。清流一中校园掀起新的集邮热潮。全年集邮户 760 余户，业务收入 41 万元。

1997 年，组织高、中、低不同档次票品投放市场，满足不同层次爱好者需求。发展有潜力的重点大户。调查、掌握市场信息，组织货源，仅“香港回归”票 1 笔创收 15 万元，盈利 2 万元，全年完成集邮收入 104.3 万元，比 1991 年增长 8.76 倍。1999 年，全年完成集邮收入 125.1 万元，创历史新高。占邮政总收入 21.56%。

2000 年，针对邮市低迷现状，发展和培育农村集邮市场，完成业务收入 120 万元。

2001 年，围绕建党八十周年，申奥和入世成功等国家大事、喜事邮品系列促销，开展集邮知识征文比赛，培育校园市场，全年实现集邮收入 120 万元。

2002 年，开展集邮市场整顿，库存票品上缴省公司集中处理。受集邮热降温影响，集邮业务收入下滑，当年仅收入 88 万元。2003 年、2004 年，集邮业务收入分别为 35 万元、32 万元。

2005 年，销售集邮年册 1100 册、“保持共产党员先进性教育”邮折 260 本。集邮业务收入有所上升，达 40 万元。

第三章 通 信

第一节 机 构

一、福建省电信公司清流县分公司（电信局）

1998 年，邮电分家成立县电信局，内设办公室、计财部、市场部、建设部，下设市话营业组、计费中心、机线组、程控组、112 测量台、电力组、传输组、报房、168 信息台、欠费催缴组、大户服务组、移动分局 12 个生产班组；农村设田源、嵩口、嵩溪、林畲、温郊、余朋、沙芫、赖坊、李家、邓家、长校、里田 12 个电信管理站，负责代办各乡镇电信业务、线路设备的维护和巡检。全县电信职工 81 人，其中招聘工 12 人。

2000 年，县电信局随省电信公司改制，更名为福建省电信公司清流县电信局。

2001 年，县电信局将部分维护末梢从电信主业公司分离，组建县电信实业有限公司，配备经理 1 人，管理人员 3 人，实现通信线路、设备、业务、工程设计等八大项业务的代维代办，从事承揽业务范围内工作的招聘工、代维员划由实业公司管理。

2003 年，随省电信有限公司改制再次更名为福建省电信公司清流县分公司，内设市场经营部、综合管理部、计划财务部。同年，县电信实业有限公司并入市鑫网通信有限公司，原机构撤销。2004 年，设总经理、副总经理各 1 人，内设改为综合管理部、计财部、营销部、网络部，有合同制员工 46 人，至 2005 年不变。

二、中国移动通信集团福建有限公司清流分公司

原属县邮电局下设的移动分局。1999 年，电信移动通信业务剥离、重组，组建县移动公司，设经理室、办公室、市场部、营业组、网络组，在职员工 12 人。财务、人事、业务管理均由三明移动分公司管理，党群组织归地方党委管理。

三、中国联通清流分公司

1998年底，无线寻呼从电信剥离分营，更名为国信通讯。2000年，成立国信通讯清流营业部。同年，电信业重组，国信通信并入中国联通，随之更名为中国联通清流营业厅。2002年，成立中国联通清流办事处。主营业务有寻呼业务和国际领先的第2代GSM数字移动通信业务。2004年，升格为中国联通清流分公司，内设综合部、市场部，员工16人。2005年，增设大客户部。员工总数23人，其中管理人员4人，工程技术人员2人，营业人员5人，其他服务人员12人。城区及乡镇有经销渠道网点14家，业务受理范围遍布全县所有乡镇。

第二节 网路设施

一、电信通信网路设施

（一）市内电话网路设施

1991年，完成长途数字微波工程并投入试运行。长途电路22条，可直拨世界180多个国家和地区。安装市农话复式计次设备，并投入运转。城关增设交换点备用电源5处，增开载波机4套。出租电路5条。城关市话出局电缆随着交换机的更换增加至7200对、6780.7线对千米。

1993年，程控电话更新改造，采用中国台湾与比利时合资的S1240程控交换机5072门，市话出局电缆增加1.16万对、1.13万线对千米。其中城关4096门，中继24个2M[2M指电缆带宽，即传输速率为2百万比特率（bps)]，长途300路端，传输方式为120路数字微波。1995年9月，城关母局S1240交换设备扩容，新增用户线4096门，中继20个。年末，市内交换机总容量8192门。1998年，农、市话交换机总容量18066门，出口电路1500线，光缆总长317皮长千米，应急微波系统2个。

2005年，城关市话出局电缆随着交换机的更换扩容增至1.35万对、1.26万线对千米。全县共有市内公众交换机容量3.25万门，满足用户装机需求，市话普及率75.63%。

（二）农村电话网路设备

1.网路 1990年，全县通信电缆17.8皮长千米，其中集镇电缆16.6皮长千米。1993年，农村电话电缆增至87.6皮长千米，1994年利用三明－明溪－清流－宁化本地网光缆引入嵩溪、林畲、嵩口14.5皮长千米。因农话增设电缆使农话杆路相应减少到458千米，明线长度减少到603对千米。

1993—1995年，农村电话网并入本地网，明线总长206对千米(拆除乡镇明线308对千米，用户线8.8条千米)，中继光缆56.8千米。由于电缆、光缆技术的快速发展，1996年12月，农话的架空明线全部被光、电缆所替代。1998年，农话电缆增至685.7皮长千米、中继光缆增至386.2皮长千米。本地网光缆纤芯长度504.62芯千米。2005年，全县光缆长度764.6皮长千米，本地网光缆纤芯长度4816.9芯千米。

2.设备 1989年9月，县邮电局使用FZJ-Ⅱ磁石交换机实现乡镇一级的通信，总容量830门。农话通信方式分为半自动和人工2种，其中半自动中继线数21条，人工中继线数22条，传输介质为铝线载波。1991年，增加农村中继电路13条。

1993年7月，更新改造采用S1240程控交换机，下设嵩溪、嵩口2个模块局各488门。同年12月，长校、温郊改为程控电话，容量分别为256线。1994年，农村交换机总容量2420户，实现111个建制村村村通电话。

1995年9月，嵩溪、嵩口，灵地设备改用SSA小交换机，容量分别为1536线、1536线、1024线，中继各2个2M。全县交换机总容量达1.5万门，实现乡乡通程控电话。同年11月，余朋、林畲、田源、沙芫、邓家、里田6个乡镇也开通程控电话，用户容量共计1920线。是年，农村电话机总容量7912门，农话用户1969户。

1996年12月，新增赖坊、李家2个点DS2000B程控设备，至此，清流实现全县乡镇交换机程控化，111个建制村全部实现通程控电话。

2000年，先后新增村级点设备11个点，农村电话8144门。2003年11月，村级点新增至51个点，实现村村通电话工程，全县市内公众交换机容量3.18万门。2005年，村级点增至68个点，全县市内公众交换机容量3.25万门。

（三）电报设备

1991—1999年，县邮电局有电报设备BZP01A型4路插报机1部、电子电传机2部、55型机械式电传机3部、BFD02单机头五单位自动发报机2部、HF4200-A传真机1部、真迹机1部。电报业务报话3条。此后，电报业务日渐式微，未再添置设备。

（四）无线寻呼设备

1992—1996年，先后在城关、嵩溪、嵩口、长校、灵地、里田和莲花山等处设立无线寻呼台，无线寻呼覆盖城区及各乡镇集镇所在地。分别在莲花山设有灵地12357个频点、长校1235个频点、赖坊2355个频点发射台。1997年，新增BP机三频点发射台5个、开通无线寻呼频点9个。

（五）小灵通基站

2001年，清流电信分公司组建小灵通网络，首期工程在城关建设小灵通基站42个，覆盖城区主要街道、单位及大部分住宅楼。2002年，新增乡镇，小灵通基站44个。2005年，城区原先3信道基站换成7信道基站，城区新增基站40个，各乡镇新增基站50个。12月，小灵通总基站172个，覆盖城区及各乡镇集镇所在地。

二、移动通信网络设施

1993年5月，县邮电局投资40万元，在莲花山建立第一个TACS模拟移动电话基站，开通第一部模拟移动电话，并以6个信道进入三明交换局。12月26日，移动电话系统正式运行。

1994年，增建城区模拟基站1个，900兆通信信道12个，将覆盖面扩大到10%，缓解移动电话难打的局面。

1995年1月，模拟移动电话实现全国漫游，全年完成8个移动通信道扩容工作，接通率提高。

1996年，在县城区开通第一个GSM移动电话基站，后增加莲花山移动电话基站。至此，全县拥有模拟移动电话基站2个，数字移动通信基站2个。

1997年，新开通宾馆、嵩口、嵩溪、灵地4个数字移动基站，全县已建有数字移动电话基站6个，新增GSM载频5个，总数10个，可容纳用户1000个。新增加嵩口、灵地、长校模拟移动电话基站，模拟移动电话基站总数5个。全年，新增移动电话信道18个，总数30个，可容纳用户300户，为移动电话用户入网提供硬件条件。移动通信信号覆盖75%乡镇所在地。

1998年，县邮电局加大基站建设和系统增站扩容，新增移动通信基站9个（田源、赖坊、李家、邓家、里田、沙芫、余朋、温郊、林畲），信号覆盖所有乡镇所在地。12月，全县有基站15个、载频34个。

1999—2000年，新建长校、灵地、邓家、莲花山等4个高山数字基站，优化网络，增强移动通信网络覆盖和通信质量，提高公路沿线的村庄及经济较发达的建制村信号覆盖率。2000年12月，用户数7200户，其中数字用户6700户。

2001年6月，根据信息产业部要求，县辖区内的模拟网全面退出市场。2001年起，对原有基站、直放站进行扩容、搬迁、改造等一系列优化工作。先后新建嵩口围埔、水南路、供电、龙津、大元、余朋（锰矿）、大丰山、邓家岭、俞坊、大基头、梧地、竹青背等边际站；在城关铺设移动第一条光纤地下管线，实现光纤线路铺设到每一个乡镇，结束租用传输网络的历史，扩大网络信号农村覆盖面。至2005年末，累计新建基站29个、直放站3个，全县基站总数达48个。传输光缆120余千米。移动电话网络覆盖清流城区、乡镇、省道、旅游景点范围84%。全县移动电话用户数1.9万户。

三、联通通信网络设施

（一）通信网络

2000年，全面启动县域范围内GSM通信基站建设工程，并成功开通城区、嵩溪、林畲、灵地4个乡镇GSM基站。至2001年7月，总投资400万元，完成一期GSM基站建设9个，分布在长校、里田、嵩口、田源、邓家（与赖坊共站）、李家、沙芜、温郊、余朋等乡镇，实现联通 GSM 网络覆盖清流城区及所有乡镇所在地。

2002 年，始建 CDMA2000 1X 网络。至 2005 年末，共投入资金 700 万元，完成公司规划的二期基站建设目标 15 个，县域联通 GSM 基站总数达 28 个，实现清流到三明、清流到宁化、清流到嵩口往龙岩方向等主要交通干线和沿线村庄网络覆盖。累计投资 1500 万元，完成 CDMA2000 1X 基站建设 30 个，乡镇覆盖 100%、建制村 93%、公路 95% 以上。

（二）营业场所

2002 年至 2004 年 3 月，中国联通清流办事处办公及营业地点位于城区龙城街商业大厦一楼，总面积约 60 平方米。2004 年 4 月，投资 200 万元购置雁塔小区临文化街营业大厅 115 平方米、办公场所 168 平方米，装修后交付使用。

第三节 业 务

一、电信业务

（一）业务总量

1999 年，县电信局成立后第一次独立核算，业务总量 1338.09 万元。2005 年，电信业务总量 1716 万元，比 1999 年增长 28.24%。

（二）分项业务

1. 固定电话 1991 年末，全县市话用户 1001 户，市话普及率仅 7.5%。农话用户 434 户。邮电通信总量 147.1 万元。1993 年，容量 5000 户的程控电话投入使用，50% 乡镇实现电话直拨。

1995 年，市话用户 3584 户。1998 年，全县电话用户 9889 户，达 6.82 部 / 百人。其中，个人用户 7251 户，业务收入 1417.98 万元。2000 年，市内电话 8336 门。

2005 年，全县电信用户 32455 户，其中乡村用户近 16108 户。

2. 无线寻呼 1992 年始，县引入无线寻呼业务，发展寻呼机 95 部。1994 年，实现无线寻呼自动漫游通讯。1996 年，寻呼机达到 4803 部。1997 年，新增寻呼机 2533 部。

1998 年，在原有电信代办点基础上，发展无线寻呼代办点 4 个。无线寻呼用户 8918 户。此后，随着小灵通、移动电话的快速发展，无线寻呼业务逐渐退出市场。

3. 移动电话 1993 年 5 月，县开通第一部模拟移动电话。因移动信号覆盖面小、移动电话价格昂贵，至 12 月，仅发展用户 10 户。

1994 年，移动电话用户 88 户。1997 年，新增移动电话 320 部。1998 年，移动电话总数 447 部。1999 年 7 月，移动业务从电信局剥离。

4. 电报传真业务 1991 年，电报电路 3 路，电报出口 194 份。传真出口 4 份，进口 2 份。1993 年，全年电报出口 620 份，进口 390 份。

1998 年，电报出口 405 份，进口 374 份。1999 年起，电报业务逐渐萎缩，不再列入统计范围。

5. 小灵通业务 2001 年，首期在城关发展小灵通用户 1800 余户。2002 年，小灵通网络延伸至各乡镇，小灵通用户增至 3600 余户。2004 年，小灵通推出短信等增值服务。

2005 年，实现小灵通短信与中国移动、中国联通互联，小灵通用户突破 1 万户。

6. 数据、宽带业务 1998 年，开通数据可视电话。DDN 基础数据用户 52 户，并推出 163 拨号上网业务，互联网用户 78 户。

2002 年 4 月，城关开通宽带业务，告别过去只能用拨号 163 上网、速度慢的历史，当年发展宽带用户 260 户。

2003 年 2 月，嵩溪、嵩口和林畲 3 个乡镇相继开通宽带业务，同年 9 月，全县所有乡镇开通宽带业务。

2004年，宽带用户1500户。2005年，全县宽带用户突破2000户。

二、移动业务

（一）综合业务

1999年7月，电信、移动分营时全县移动电话用户800余户，其中数字用户600余户。当年，结合“八闽通”业务的开通，加快建立代办营销网点，方便用户购买使用移动电话；在各乡镇成立专营店，设立实体渠道。深化与邮政业务合作关系，在各乡镇均设立邮政代理处，有通信网络覆盖的建制村发展代办员，达到“一村一人”目标；建立定期沟通交流制度和邮递员村级营销服务网，专门为村开办优惠的“家家乐”业务。年末，移动电话用户1451户，全年完成运营收入381万元。

2000年，全县移动电话用户1200余户，其中数字用户1100户，全年完成运营收入505万元。2001年，全县移动电话用户2400多户，模拟信号用户全部更换为数字用户，全年完成运营收入641万元。

2003年，开办综合业务合作厅1家，开办现金缴费及套餐办理业务专营店3家。为3家移动邮政代理处、嵩溪、嵩口、灵地镇合作厅配备无线终端，开办套餐业务、现金缴费等业务。2004年，因联通分占业务市场，增幅放缓。

2005年，建立农村营业厅6家，投入规范化运行，县移动公司服务网点有自办营业厅1个、社会专卖店3个、乡镇营业厅6个，城乡专营店、代办点23个和缴费点15个，网点遍布全县城镇乡村。各营业厅内设立（全球通专区／专席）、全球通客户10086优先接入等绿色专用通道。清流移动公司经营的手机品牌有全球通、全球通2000、八闽通、神州行，全县移动电话用户数1.88万户，比1999年增长22.5倍。

（二）分项业务

1.基本业务 主叫显示、呼叫转移、数据与传真、短信息系列（中文短信、信息点播、1259全球呼、98滚石等）。

2.省钱业务 移动IP、17951、听得利WAD、易通网VPN、亲友情1+N、家家乐、夜话卡、话费自助餐等。

3.时尚业务 移动梦网、移动QQ、资讯通、城市向导、移动声讯、移动音乐台等。

5.方便业务 一卡双号、移动AB号、易号码E-number、主叫号码隐藏、1258商务秘书、N空间GPRS。

6.数据信息业务 手机报、移动气象站、飞信、手机银行、无线音乐、手机支付、12580信息中心等。

7.服务热线（全国统一）1860台（人工）、1861台（自动） 公司成立之初，移动话费的缴纳只有移动营业厅现金缴费和邮政储蓄代缴等2种方式。此后直至2005年，公司先后开发“呱呱通”“充值卡”等缴费方式，分别在建行、工行、农行、兴业银行等41个网点开办银行代缴业务。开发“1861”话费查询系统，在公司任何一个营业厅均可查询话费详细清单，还可登录移动通信网站，查询话费详细情况。开办话费账单寄送业务。

1999—2005年清流县移动公司运营收入统计表

表7-13 单位：万元、%

年份	1999	2000	2001	2002	2003	2004	2005
运营收入	381	505	641	767	883	960	1036
增长幅度	—	32.55	26.93	19.66	15.12	8.72	7.92

三、联通业务

（一）业务总量

2001年，全县联通用户1400户，业务收入110万元。2002年，联通用户数2700户，收入210万元。2005年，用户数7500户，收入450万元。

（二）业务品牌

中国联通主要承载品牌种类有移动通信业务（GSM130/131/132 和 CDMA133）、数据业务（17910/17911 IP 电话、193 长途电话）、互联网业务（165 拨号上网、165 专线接入）及寻呼业务（126/127、128/129、198/199）。

2000 年，以寻呼、GSM（130/131）、数据卡类业务（17910/17911IP 电话、193 长途电话、165 上网卡）为主要品牌。

2002 年，建成和开通运营 CDMA 网络，凭借高速率无线互联网接入，CDMA“联通无限”业务实现利用手机收发电子邮件，下载铃声、图片，在线游戏，卫星定位，手机银行，掌上股市；利用 CDMA 无线上网卡实现移动办公、随身理财、网络在线等功能。

2003 年，推出无线公话业务，开通宝视通可视电话、联通秘书（企业秘书、个人秘书）、随身电话会议系统、掌中宽带等多项新业务。

2004 年，开通本地电话 QQ 业务，用户可在本地拨打 1015611 进入福建联通全省聊天室。8 月推广“世界风”业务，满足用户多样化通信需求，解决用户使用 GSM 和 CDMA 两网不通、双向自由切换等问题。

2005 年，与建行合作在县域率先开通手机银行业务，用户可通过手机办理所有非现金类银行业务、各类远程支付业务及移动电子商务业务。同时开通如意邮箱、如意博客、如意传真、如意杀毒、如意存储、如意圈圈、手机 QQ 等一系列增值业务。

卷八　农业与农村经济

1991 年，清流县基本形成以粮食、茶果、养殖三项为主业的农业经营格局。大宗农作物主要有粮食、蔬菜、烟草、水果、茶叶、油料作物、食用菌等。粮食与经济作物面积比为 70 ∶ 30。是年，继续以奔小康为目标，稳定农村政策，抓好农业开发性生产。

1993 年后，开展第二轮土地承包和土地流转工作。加强农业区划指导和产业结构调整，先后实施国家农业综合开发中低产田改造、闽西北农业综合开发、省扶持粮食生产基础设施、低产田改造和吨粮田建设、烟叶生产基础设施建设项目，推进茶果、烤烟、水面养殖、食用菌“四大农业开发”和新技术、新产品应用推广，全县建成畜牧水产、苗木花卉、食用菌、茶籽油、红心地瓜、茶叶等一批特色规模养殖、种植基地，烟叶、豆腐皮、水果“三蜜”等主导产业规模扩大，蜜雪梨、鲜活鱼虾、新垦农场的生猪等产品取得无公害农产品认证。

至 2005 年，全县农业综合开发总投资 3468.08 万元，累计改造中低产田面积 4327.7 公顷，建设干砌排洪、排渍沟 160.87 千米；客土改良面积 686.7 公顷，造田面积 21.99 公顷；新建仓库、晒场 1520 平方米；推广应用新技术面积 2.04 万公顷；推广良种 2.31 万公顷；新技术培训 156 期；新添置仪器设备 276 台（件）。农业基础设施和生产条件得到全面改善。全县实现农林牧渔总产值 8.69 亿元，是 1990 年的 2.15 倍。乡镇企业 3600 家，从业人员 14981 人，实现总产值 17.72 亿元。粮食总产连年稳定在 8.1 万吨以上。水果面积 5096.4 公顷，总产量 3.48 万吨；烤烟种植面积 2718.07 公顷，产量 4736 吨；食用菌发展到 13 个品种，年总产鲜品 369 吨、干品 938 吨；生猪、肉牛、羊、禽出栏分别为 8.87 万头、6301 头、3.43 万头、135.46 万羽；水产品产量 6980 吨，是 1990 年产量的 7.38 倍。全县农机总动力 5.39 万千瓦，机耕面积 5803 公顷，机电灌溉面积 1386 公顷，机械植保面积 776 公顷，机械收割面积 243 公顷。农村经济总收入 8.69 亿元，为 1990 年农村经济总收入的 2.56 倍。农民人均纯收入 4171 元，比 1990 年增长 3.92 倍。

第一章　农业生产条件

第一节 耕　地

一、面积变化

1991 年，全县耕地面积 1.1 万公顷，其中水田面积 1.06 万公顷、旱地面积 440.8 公顷。农业人口人均耕地面积 0.09 公顷，赖坊乡人均耕地面积最多，为 0.11 公顷，龙津镇最少，为 0.06 公顷。

1994 年，县域遭受百年不遇的“5·2”特大洪灾，良田被冲毁，全县耕地面积锐减至 1.04 万公顷，其中水田减至 9926.67 公顷。县委、县政府提出“田里损失山上补”的口号，全县掀起开山造田热潮。当年，增加旱地面积 33.33 公顷。

1997 年 4 月，县土地部门出台《关于新村建设退宅还耕若干规定的通知》，新村建设严格执行占用与开发复垦挂钩政策。2000 年，全县耕地面积保有量 1.04 万公顷。

至2005年，全县耕地保有量1.33万公顷，占土地总面积7.36%。其中灌溉水田面积1.25万公顷，占耕地总面积94.3%。全县20公顷以上集中连片耕地总面积2886.43公顷，占全县耕地面积21.72%。主要分布在龙津镇、嵩溪镇、赖坊乡、里田乡和林畲乡，占全县集中连片耕地总面积79.7%。

二、耕地使用率

1991年，耕地农作物总播种面积2.72万公顷，复种指数为247.4%。随着经济作物种植面积扩大，耕地利用率日益提高。1995年、2000年，耕地农作物总播种面积分别为2.76万公顷、2.91万公顷，复种指数分别为264.8%、279.8%。2005年，耕地农作物总播种面积2.88万公顷，复种指数为282.9%。

第二节　劳动力

1991年，全县乡村总劳动力57101人，占总人口38.2%。实有从业劳动力52978人，其中男劳力31439人，女劳力21539人。从事农林牧渔业46965人，占实有从业劳动力88.6%。1992年后，劳动力资源变化不大，男女劳动力保持相对平衡，从事农业劳动比例呈逐年下降趋势，年轻劳动力大量转移输出从事非农产业。

1999年，外出务工劳动力4000余人，2000年增至9000余人，2005年突破2万人。

2005年，从事农业人口33962人，占实有从业劳力的60.4%，平均每个劳力负耕面积0.3公顷。

若干年份清流县乡村劳动力统计表

表8-1

年　份	乡村总劳动力（人）	实有从业劳动力（人）		
			其中：农林牧渔	占比（%）
1991	57101	52978	46965	88.6
1995	51573	48891	39249	80.3
2000	51998	49505	38161	77.1
2005	65362	56223	33962	60.4

第三节　畜　力

1991年，全县牛存栏1.66万头，其中役用耕牛1.27万头，牛均负耕面积0.87公顷。1992—2005年，常年牛存栏1.4万～2万头，其中役用耕牛1万～1.7万头，最少年份1995年8930头，最多年份1996年1.75万头，比常年增加30%左右。2005年，全县牛存栏1.77万头，其中役用耕牛1.5万头，牛均负耕面积0.68公顷。

1991—2005年若干年份清流县畜力统计表

表8-2　单位：头

年　份	牛存栏数	其中：役用牛
1991	16574	12653

续表 8-2 单位：头

年 份	牛存栏数	其中：役用牛
1995	19515	8930
1996	20351	17504
2000	14685	13451
2005	17734	14978

第四节 农业机械

一、农田作业机械

（一）耕作机械

1991 年，全县拖拉机 1185 台 /10376 千瓦，其中：大中型拖拉机 10 台，配套机具 4 部；小型拖拉机 1175 台，配套机具 1039 部；机耕船 5 艘。全年机耕面积 5536 公顷，占可机耕面积 87%。同年，引进驱动耙 100 台，至 1993 年全县累计推广驱动耙 369 台，作业面积 1993 公顷。

1999 年 12 月，引进邵武产 ZS-1.2 烟地起垄机 1 台，至 2000 年全县累计推广 10 台。2005 年，全县拥有拖拉机 1452 台 /22094 千瓦，配套机具 925 部；耕整机 14 台 /40 千瓦；起垄机 354 台，机械起垄作业面积 2187 公顷。全年机耕作业面积 5800 公顷，占耕地面积 57%。

（二）插秧、播种机械

1991 年，开展工厂化育秧试验，引进 ZBSP-500A 秧盘播种机 1 套和 2ZT-74280 型连杆式机动水稻插秧机 1 台，工厂化育秧 3 公顷，机播面积 0.15 公顷。由于整套设备未达到规模化经营运行，成本较大，加之插秧机对秧苗质量要求较高，操作中常出现漏插及断苗、伤秧现象，试验效果不理想，未在全县推广。

（三）植保机械

1991 年，全县有机动喷雾机 156 台、人力喷雾器 10832 部，机械植保面积 5676 公顷。工农 -15 型喷雾器是农户普遍使用的植保机具。机动喷雾机多为集体所有，由于养护、维修、更新跟不上，逐年减少。至 2005 年，全县有机动喷雾机 85 台，机械植保面积 776 公顷。有人力喷雾器 2 万部。

（四）排灌机械

1991 年，全县有排灌动力机械 178 台 /758 千瓦、农用水泵 150 台、喷灌机械 24 套，机灌作业面积 1180 公顷。

2003 年，县域发生严重旱情，全年新增排灌机械 460 台 /908 千瓦，作业面积 2444 公顷。

至 2005 年末，全县有排灌动力机械 843 台 /1979 千瓦、农用水泵 854 台，机械灌溉面积 1386 公顷。

（五）收割、脱粒机械

1. 收割机械

1991 年前，曾引进抚州 -120、龙江 -120 等联合收割机 27 台、龙江 -140 晒割机 38 台。由于机具无法满足农作要求，以及重投入、轻养护，未发挥应有作用。1999 年，引进海马 4LD-150 型水稻联合收割机 1 台。2000 年，引进桂联 -4 号水稻联合收割机 1 台。2003 年，灵地镇农民购买福田谷神 4LZ1.5 型履带式全喂入水稻联合收割机 1 台。2005 年，全县拥有水稻联合收割机 15 台，作业面积 243 公顷。

2. 脱粒机械

1991 年，全县有脚踏人力脱粒机 10564 部，机动脱粒机 104 部，机械脱粒量 2008 吨。1993 年以后，利用摩托车动力驱动脱粒机开始普及。2000 年后，逐步被小型柴油机为动力的脱粒机所取代。2005 年，全县机动脱粒机 1513 台，机械脱粒量 1.1 万吨，人力脱粒机 1.5 万部。

二、农副产品加工机械

1991 年，全县农副产品加工机械总动力为 6660 千瓦，有碾米机 562 台、淀粉加工机 306 台、榨油机 49 台、饲料粉碎机 249 台，机械加工农副产品作业量 4.77 万吨。

2000 年始，农副产品加工机械进行更新换代。至 2005 年，全县农副产品加工机械总动力 8174 千瓦，粮食加工机械 1087 台，油料加工机械 74 台，饲料粉碎机 390 台，机械加工农副产品数量 7.19 万吨。

三、农用运输机械

1991 年，全县有农用载重汽车 76 辆 /6617 千瓦、农用运输车 169 辆 /2872 千瓦、大中型拖拉机拖车 6 辆、手扶拖拉机拖车 1024 辆，农机运输作业量 628.93 万吨千米。当年 18 辆三轮农用运输车（俗称柴三机）进入清流，至 1993 年达 73 辆，1994 年后逐渐减少。

1996 年，拖拉机变型运输机引入清流县。当年拥有 86 辆，随后直线上升，逐步取代手扶拖拉成为农村运输市场主力。2005 年，全县有农用载重汽车 67 辆 /5733 千瓦、农用运输车 244 辆 /8368 千瓦、变型拖拉机 740 台、手扶拖拉机 674 台，农机运输作业量 2536 万吨千米。

第二章　农业综合开发

第一节　农业结构调整

1991 年，粮经作物种植面积比例为 70 ∶ 30。此后，粮食作物种植面积随着烤烟种植面积的扩大而减少，并随烤烟种植面积周期性波动而增减。1995 年，粮经作物比例为 67 ∶ 33。2000 年，调整为 64 ∶ 36。2001—2003 年，粮农调整种植结构，由过去的稻谷为主向经济作物转变。2005 年，粮经作物比例为 60 ∶ 40。

1991—2005 年清流县农作物面积、总产统计表

表 8-3

年　份	作物面积（公顷）	粮食作物		经济作物		粮食经济作物面积比	复种指数（%）
		面积（公顷）	总产（吨）	面积（公顷）	总产（吨）		
1991	27233	19013	86218	8220	57282	70/30	248
1992	28120	18514	88002	9607	64826	66/34	256
1993	27933	17053	85022	10880	69917	61/39	254
1994	26787	17340	77960	9447	70100	65/35	257
1995	27559	18366	86020	9193	74241	67/33	265
1996	28807	18527	88870	10280	79611	65/35	277
1997	30020	18640	90210	11380	88042	62/38	288
1998	28533	19313	92850	9220	84171	68/32	275
1999	29193	19113	94670	10080	81511	66/34	283
2000	29060	18727	90720	10333	86172	64/36	285

续表 8-3

年 份	作物面积（公顷）	粮食作物		经济作物		粮食经济作物面积比	复种指数（%）
		面 积（公顷）	总 产（吨）	面 积（公顷）	总 产（吨）		
2001	27266	17666	85320	9600	88865	65/35	267
2002	27307	17220	81940	10087	95200	63/37	268
2003	27380	17180	81550	10200	100480	63/37	269
2004	28033	17213	84753	10820	106940	62/38	276
2005	28786	17355	86938	11431	127100	60/40	283

第二节 农业区划

1991—2001 年，开展农业资源调查，每年编制农业资源分析报告。2002 年，组织编写《福建省清流县农业资源评析》，从农业气候、农业、林业、牧业、渔业、农地、水与水力、农业机械、农业旅游等 9 个行业资源，以及农村社会经济、农业资源保护与农业生态环境建设、农业产业化的分工对策等 12 个部分，对全县农业资源进行系统分析和阐述，为农业发展提供较全面和完整指导资料。

2003—2005 年，组织编制《清流县优势农产品区域布局规划》《清流县“十一五”农业发展规划》《清流县农业资源及粮食综合生产能力评价》等农业产业发展规划。其中《清流县优势农产品区域布局规划》以地理比较优势原则、最适宜区原则、产业化原则、市场和效益原则、优质无公害原则，制定县烤烟、水果、淡水产品、豆腐皮、绿化苗木与花卉五大重点产业和优质粮、蔬菜、茶叶、肉用山羊等具有市场竞争力的特色优势产业的总体发展规划。《清流县“十一五”农业发展规划》（以下简称《规划》）根据各地农业资源的丰缺状况、农业发展基础、地理区位条件以及新时期的农业发展趋势，以增加农民收入为中心，增强农产品市场竞争力为重点制定。《规划》确定全县农村经济发展目标是：至 2008 年农村经济总收入 12.8 亿元，农民人均纯收入 5425 元，粮食总产稳定在 8 万吨。编制《清流县农业资源及粮食综合生产能力评价》一书，要求建立全县粮食安全预警和粮食、种子储备系统，以及储备应急增粮生产措施，设立的粮食总量最低预警线为全县粮食社会总需求量 6.03 万吨、需要稳定稻谷面积 1.06 万公顷。

第三节 农业基础设施建设

一、国家农业综合开发

1992—1994 年，在林畲、嵩溪、东华、里田、长校、李家、赖坊、灵地、邓家、嵩口等 10 个乡镇实施总投资 450 万元的闽西北农业综合开发项目。其中，省级投入资金 300 万元，县投入资金 75 万元，乡村自筹资金 75 万元。

2003 年 11 月始，在东华乡、林畲乡实施国家农业综合开发土地治理项目建设，规模改造中低产田面积 633.33 公顷，总投资 381.4 万元。其中林畲乡改造中低产田面积 320 公顷，投资 191.3 万元。项目于 2004 年 6 月竣工。同年，实施农业综合开发产业化项目—蜜雪梨高优示范基地建设项目，改造梨园面积 33.33 公顷，建设果园配套基础设施。项目总投资 146.4 万元，其中：中央资金 55.8 万元（有偿资金 48 万元，无偿资金 7.8 万元），省级资金 29.1 万元，市、县资金 31.5 万元，企业自筹资金 30 万元。

2004 年 11 月，开始实施李（家）灵（地）片农业综合开发土地治理（即省级商品粮基地捆绑实施国家农业综合开发中低产田改造）项目，总投资285万元。规模改造中低产田面积500公顷。其中李家乡面积133.33公顷、灵地镇面积366.67公顷。李家中低产田改造项目于2004年11月开工，2005年6月竣工；灵地镇古坑片中低产田改造项目于2005年11月开工。

至2005年末，国家农业综合开发累计投入资金1366万元，先后修建排水灌溉渠道88处7.3万米、水坝35座，新建机耕路26条1.3万米，改造中低产田面积1066.67公顷，增加吨粮田面积20公顷，改善灌溉农田面积1133.33公顷，新增灌溉农田面积133.33公顷，发展蜜雪梨种植面积66.67公顷。

二、省级发展粮食生产专项

1991—1995年，分别在嵩口、嵩溪、灵地、李家、赖坊、田源、东华、里田、县良种场等9个乡镇30个村、场进行省发展粮食生产项目建设，总投资328.14万元。1998年、2000—2002年、2004—2005年，分3期在里田、嵩溪、田源、灵地、林畲等地实施省扶持粮食生产基础设施项目，共投入资金366万元，新建排水灌溉渠道146处46千米，修建水坝11座，新建机耕路14条8.6千米，改善灌溉农田面积633.33公顷，新增灌溉农田面积93.33公顷。2005年，在邓家乡邓家、田中、马寨等村改造中低产田面积226.6公顷，总投资189万元。

三、省级商品粮基地建设

1995—2002年，先后在林畲、嵩溪、东华、里田、长校、李家、赖坊等7乡镇25个点实施中低产田改造和吨粮田建设项目，总投资842.68万元。2002—2004年，在嵩溪镇、赖坊乡实施省级标准农田示范片建设项目，投入资金225万元，新建排水灌溉渠道57处2.26万米、机耕路12条6003米，修建水坝5座，推广新技术、新品种面积266.67公顷次，培训农民及农民技术员1000人次，改善灌溉农田面积233.33公顷，新增灌溉农田面积33.33公顷。

四、烟叶生产基础设施建设

2005年始，全县规划建立面积8666.67公顷的基本烟田保护区，整合资金，高起点、高标准建设基本烟田及水利、烤房、机耕路、农机具、集约化育苗等配套基础设施，以实现“路相连、水相通、旱能灌、涝能排”的目标。年内，投资1000万元，在里田李坊、李家鲜水、邓家吉龙、嵩溪、赖坊、长校、林畲、余朋等地实施烟水路工程153项。

第四节　农村能源开发利用

一、农村能源种类

全县农村能源类型主要有水（电）能、煤能、薪柴（草）、太阳能、农作物秸秆和人畜粪便（沼气）能等。

20世纪90年代初期，政府加大封山育林和水土流失治理力度，宏观调控农民用能结构，部分农民在加工豆腐皮、食用菌、粉条及花生、小米椒烘烤时，开始推广应用煤能。

21世纪初，全县农村能源消费以煤能、薪柴为主，辅之使用电能、石油液化气、沼气、太阳能等清洁能源。

若干年份清流县农村能源消费统计表

表8-4　单位：万吨

年份	生产用能	生活用能	类别					
			原煤	薪柴	电能	燃气	油品	沼气
1991	10.1	3.94	7.3	4.9	1.5	0.2	0.11	0.03
1995	10.4	4.01	7.4	4.7	1.7	0.4	0.16	0.05

续表 8-4

单位：万吨

年 份	生产用能	生活用能	类 别					
			原 煤	薪 柴	电 能	燃 气	油 品	沼 气
2000	11.5	4.23	7.9	4.2	2	0.5	1.06	0.07
2005	12.6	4.45	8.2	3.8	2.9	0.6	1.43	0.12

二、节能技术推广

1991 年，全县推广“省柴灶、节煤炉、沼气池、节能烤房”等节能技术。全县累计改造省柴灶 10820 户、节煤炉 2180 户；兴建沼气池 1209 口，年处理粪便 870 吨。1997 年，清流县被省农村能源综合建设领导小组列为“九五”期间省级农村能源综合建设县。3 年实施子项目 23 个。2001 年 3 月通过省、市专家组验收。

2002 年始，节能工作重心转向沼气池建设，先后 3 次选派 23 名优秀农民参加省农业厅沼气生产工技能培训，取得职业资格证书，持证上岗。当年，新建“三位一体”（即沼气池、畜圈、厕所建在一起）沼气池 455 口，每池年产沼气 500 立方米，每户年节省燃料费 600 元以上；巩固提高省柴灶 2000 户，推广节煤炉 700 个。2003 年，新建“三位一体”沼气池 156 口。县自行设计、施工的 180 立方米隧道式大型沼气池投入运行使用。2004 年，引进推广新池型，兴建玻璃钢沼气池 61 口，椭球形、强回流形等沼气池 36 口，“一池三改”（“一池”：沼气池；“三改”：改圈、改厨、改厕）95 口。建造的沼气池有“圆筒型沼气池型、椭球型沼气池型、新型玻璃钢沼气池型、强回流型、隧道型”等池型。

2005 年，全县拥有沼气池 3452 口，其中“三位一体”沼气池 2760 口。180 立方米以上大型沼气池 2 座、50 立方米以上 126 口，总容积 3.49 万立方米。年处理粪便 1600 吨，年产沼气 173 万立方米，价值 173 万元。全县推广太阳能热水器 1200 台，其中农村用户 80 台。每年节约能源 220 吨标煤。

若干年份清流县农村能源开发利用统计表

表 8-5

单位：个、口

年 份	省柴灶		节煤炉		沼气池		节能烤房	
	当 年	累 计	当 年	累 计	当 年	累 计	当 年	累 计
1991	820	10820	180	2180	109	1209	—	—
1995	1630	13600	450	3080	32	1420	310	310
2000	2550	24500	1520	5630	550	2156	1850	5348
2005	3460	32000	560	10800	200	3452	350	6085

第三章 种植业

第一节 粮食作物

一、品 种

1991—1999 年，农作物良种由县种子公司独家专营，主要推广国家、省审定推广的农作物新品种。全县累计引进推广品种（组合）100 多个。此阶段良种推广速度相对较慢。其中，1994 年始推广浙春 2 号、浙春

3号等大豆优良品种，年推广种植面积1300公顷。

2000—2005年，实施良种工程，先后在东华、嵩溪、长校、林畲等地建立规模良种种植示范片，优质杂交水稻推广品种逐渐增多。早稻主要推广佳辐占、泉珍10号等优质、抗病常规品种和T优7889、金优2155、汕优82、金优明100、岳优9113、金优028、中优2155、金优07等早杂优品种，配套79106、601等籼稻品种。中、晚稻推广米质较好的花优63、两优2163、宜优673、谷优527、宜优1659、宜优1577、宜优99、天优998、天优3301、乐优94、准两优527、特优103、扬两优6号、丰优22、内香优18号等品种，以及Ⅱ优明86、D优527、两优培九等优质高产超级稻组合，两优培九、两优2186等两系杂交稻良种。甘薯推广品种有龙岩7-3、岩薯5号、龙薯1号、龙薯3号、龙薯9号等。同时引种紫色薯、食叶薯等特色品种，如黑色薯、甘薯食-20等稀有品种。

二、面积产量

1991年，全县粮食作物以水稻为主，兼种甘薯、马铃薯、大豆、玉米、杂豆等旱杂粮，全县粮食作物种植面积1.9万公顷，复种指数为248%，粮食总产量8.6万吨。

1992—1994年，因烟草等经济作物规模发展，连续3年调减粮食作物面积，加之受1994年“5·2”洪灾影响，粮食作物面积1.32万公顷，比1991年减少3386公顷，粮食总产量比1991年减少1.37万吨。

1995—2000年，粮食作物种植面积持续恢复，年保持在1.87万～1.93万公顷。建立粮食丰产示范片面积2153.33公顷，1999年，粮食总产量9.46万吨。2000年，粮食作物产量9.07万吨，复种指数285%。

2001—2003年，粮价持续低迷，加之连续几年干旱，全县粮食作物年播种面积、产量持续下滑。2003年，粮食作物播种面积1.72万公顷，产量8.16万吨，比2000年减产9170吨。

2004年，国家出台种粮“一免两补（免农业税、粮价直补、良种补贴）”等惠农政策，粮食作物年播种面积有所恢复。2005年，全县粮食作物年播种面积为1.74万公顷，粮食总产量8.69万吨，稻、薯、豆播种面积、产量各占73%、14.5%、7.5%和80%、12.5%、5%。

1991—2005年清流县粮食面积、产量统计表

表8-6

年份	水稻			旱粮			合计		
	面积（公顷）	总产（吨）	单产（吨/公顷）	面积（公顷）	总产（吨）	单产（吨/公顷）	面积（公顷）	总产（吨）	单产（吨/公顷）
1991	16613	82692	4.98	2400	3526	1.47	19013	86218	4.53
1992	15527	82874	5.34	2987	5128	1.72	18514	88002	4.75
1993	13640	77475	5.68	3413	7547	2.21	17053	85022	4.99
1994	13227	68943	5.21	4113	9017	2.19	17340	77960	4.5
1995	14253	76664	5.38	4113	9356	2.27	18366	86020	4.68
1996	13900	77987	5.61	4627	10883	2.35	18527	88870	4.8
1997	13493	76746	5.69	5147	13464	2.62	18640	90210	4.84
1998	14200	79530	5.6	5113	13320	2.61	19313	92850	4.81
1999	13840	79720	5.76	5273	14950	2.84	19113	94670	4.95
2000	13320	74836	5.62	5407	15884	2.94	18727	90720	4.84
2001	12573	69901	5.56	5093	15419	3.03	17666	85320	4.83
2002	11973	66280	5.54	5247	15660	2.98	17220	81940	4.76
2003	11753	65192	5.55	5427	16358	3.01	17180	81550	4.75
2004	11893	68482	5.76	5320	16271	3.06	17213	84753	4.89

续表 8-6

年份	水稻			旱粮			合计		
	面积（公顷）	总产（吨）	单产（吨／公顷）	面积（公顷）	总产（吨）	单产（吨／公顷）	面积（公顷）	总产（吨）	单产（吨／公顷）
2005	11965	69729	5.83	5390	17209	3.19	17355	86938	5.01

说明：此表数据为业务部门口径，与统计口径不一致，下同

第二节 经济作物

一、油料作物

（一）品种

1991 年，县域油料作物主要以花生、油菜为主。花生种植主要分布在嵩口、嵩溪镇和赖坊乡。赖坊本地花生以红衣、籽多（四籽）、饱满而享名。油菜种植主要分布在赖坊乡。2002 年，引进黑衣花生品种——龙黑 1 号试种。

2005 年，全县种植的油料作物中，花生品种有赖坊花生、粤油 551、粤油 7 号、汕油 21、泉花 646、泉花 327、泉花 10 号等；油菜种植以甘蓝型品种为主，有江油 19 选、单低 1 号、福油 3 号、4 号等。

（二）面积产量

1991 年，全县油料作物播种面积 702.27 公顷，占经济作物播种面积 22.32%，产量 859 吨。其中，花生播种面积 308.4 公顷，产量 481 吨；油菜播种面积 389.53 公顷，油菜籽产量 370 吨。1992—1996 年，花生种植面积保持在 400 公顷左右，1997 年突破 666.67 公顷。1992—2000 年，油菜种植面积一直在 333.33 公顷上下波动。

2001 年后，县外低价植物油进入市场，导致油菜籽价格下跌，全县油菜种植面积随之逐年下降。2001—2004 年，油菜种植面积在 200 公顷左右徘徊。至 2005 年，全县油料作物播种面积 1021.13 公顷，产量 2168 吨。其中花生播种面积 869.47 公顷，产量 1869 吨。占油料作物总产量 86.21%。油菜播种面积 142.67 公顷，油菜籽产量 257 吨，占油料作物总产量 11.85%。

二、瓜果蔬菜

（一）品种

清流蔬菜品种繁多，常见品种有：

叶类蔬菜：芥菜、包菜、大白菜、小白菜、菠菜、苋菜、芥蓝，茼蒿菜、荠菜等。

根类菜：萝卜、胡萝卜、莲藕、茭白、姜等。

豆类菜：豇豆、豌豆、敏豆等。

瓜类菜：南瓜、冬瓜、西葫芦、瓠瓜、黄瓜、苦瓜、佛手瓜、棱角丝瓜等。

茄果类菜：番茄、茄子等。

茎类菜：花菜、茭白、莴苣、球茎甘蓝等。

香料类菜：芹菜、辣椒、青椒、葱、蒜、韭菜、芫荽等。

1999 年，引种台湾苦瓜、南瓜、西瓜、辣椒、毛豆、荷兰豆等良种，推广种植台湾苦瓜、白菜、毛豆、西红柿等优良品种。同年，清流县被确定为三明市台湾高优农业示范区。2002 年，龙津、林畲等地村民与永安飞桥莴苣发展有限公司合作，种植订单莴苣，建立生产基地面积 133 公顷。2003 年始，灵地、邓家、长校、里田等乡镇组织农民开展订单小米椒生产，建立基地面积 133 公顷。

（二）面积产量

1991年，全县蔬菜种植面积为3903.13公顷，产量7.80万吨。主要集中在龙津、嵩溪、嵩口等乡镇的5个村，共计面积2000公顷；城区有蔬菜基地20公顷。1994年，台商刘定丰在李家乡创办青龙果蔬公司，引进台湾苦瓜、白菜、毛豆、西红柿等新品种种植。

1997年，县政府实施“菜篮子”工程，建立县、乡、村三级“菜篮子”基地，按照人均3厘地要求，建设蔬菜基地40公顷；全县蔬菜种植面积比1991年增加1440公顷。1992—2004年，全县蔬菜种植面积一直保持在3333.33公顷左右，产量在6万～8万吨之间。

2005年，嵩口镇开发蔬菜种植面积66.67公顷，龙津镇蔬菜基地面积比1991年增加46.33公顷，全县蔬菜种植面积3814.13公顷，总产量7.7万吨。

三、薯类作物

薯类作物有甘薯（红薯）、马铃薯、雪薯（淮山）、紫薯、芋艿、槟榔芋、焦芋、木薯等。1991年，县农技站引进选育木薯新品种“8641”。是年，甘薯（红薯）、马铃薯播种面积分别为596.33公顷、296.67公顷，产量分别为1280吨、509吨。1994年，木薯新品种“8641”通过三明市作物品种审定委员会的鉴定与审定。1996年获县科技进步二等奖。2000年被收入《福建省粮油作物优良品种》名录，在全省推广。2005年，甘薯（红薯）、马铃薯播种面积分别为1842.87公顷、668.93公顷，产量分别为8906吨、2147吨。

四、水　果

（一）品　种

柑橘　1991年始，推广宫川、兴津、尾张等温州蜜柑品种，雪柑、哈姆林甜橙、冰糖橙等橙类品种。1992年后，引进纽荷尔、朋娜等脐橙优良品种。1997年始，推广稻叶、市文、宫本等特早熟温州蜜柑。椪柑有普通椪柑，大田椪柑、无核椪柑等品种。至2005年，全县柑橘种植品种有30多个，主要分布东华、嵩口、田源、余朋、长校等乡镇。宽皮柑橘类主要有温州蜜柑和椪柑两大类。温州蜜柑有宫川、兴津、尾张等品种。

桃　1991—1995年，推广白凤、雨花露等品种。1995年后，陆续引进西选一号、安农水蜜桃、源东大白桃、S-65油桃、白玉油桃、早美光等品种。主要分布在长校、嵩口、东华、龙津等乡镇。

梨　1997年，建立李家、嵩溪、长校、里田、东华等台湾蜜雪梨种植基地。2000年后，发展“台农二号”蜜雪梨、翠冠等早熟梨品种。至2005年，梨种植主要分布嵩溪、嵩口、东华、邓家、李家、灵地、龙津等乡镇。有黄花、杭青、黄蜜等品种。

李、柰　1991年始，推广黄柑李、芙蓉李、青柰、油柰、花柰等品种。1999年后，引进黑琥珀、黑珍珠等布朗李品种。至2005年，李、柰种植主要分布在长校、里田、龙津、林畲等乡镇，有黄柑李、芙蓉李、青柰、油柰、花柰等品种。

猕猴桃　1995年，从建宁引进武植3号，在县良种场伍家坑果园种植。2001年后引进金魁、米良一号等品种。

柿　有牛心柿、油柿等品种。2000年后引种永定红柿。

板栗　有处暑红、青扎、九家种等品种。

枇杷　当地品种果小核大、可食率低。1999年，从莆田引进早钟6号早熟品种。

杨梅　主要分布在嵩口、灵地、长校镇。

葡萄　主要分布在嵩口、林畲、龙津。

草莓　2000年，在嵩溪黄沙口引种成功，随后扩展到大路口村，面积约13.33公顷。

（二）面积产量

1991年，全县拥有果树面积2955.8公顷，产量3916吨。1992年，县委、县政府将果园开发列入农业“四大开发”之一，茶果基地开发进入全盛时期。

1992—1994年，每年新开发果园面积均在1000公顷以上。1995年，全县果树种植面积6160公顷，产量 11067 吨。以柑橘、李、柰为主，其中柑橘面积和产量均占 50%。1996 年起，每年开发面积 100 公顷以内，果品产量大幅增长。

1997 年，从台湾引进蜜雪梨（又称“台农 2 号”早熟梨），在李家果场试种成功。是年，“温州蜜柑”滞销，种植面积减少。

1999 年冬，清流县确立“蜜雪梨、早温蜜、水蜜桃”（简称水果“三蜜”）为主的果业优质化调整发展路线。召开以发展蜜雪梨为主的全县山地农业综合开发动员大会，制定谁种谁有，谁投资谁受益一系列优惠政策，规定参与开发蜜雪梨面积 3.3 公顷以上的机关干部、职工，允许 3 年内留薪留职脱产经营；林业、土地等部门负责协调开发山场、土地，及时发放山场使用证，等等。调动一切力量，投入冬季山地农业综合开发，由原来的单一开发，转向“新植和改造并举、巩固与发展并重”，推动水果产业提质增效。全县再次掀起山地综合开发小高潮，每年新增果树种植面积 200 ～ 300 公顷。

2001 年，水果产量大幅增长至 2.41 万吨。2004—2005 年，加强对已有果园管理及引进新品种。至 2005 年年末，累计开发果园面积 1838.6 公顷，全县果树种植面积 5096 公顷，产量 3.48 万吨。其中，蜜雪梨种植面积 916 公顷，产量 2250 吨，成为全省最大蜜雪梨生产基地。

1991—2005 年清流县水果生产统计表

表 8-7

年度	果树面积（公顷）	当年新植（公顷）	总产量（吨）	柑橘		蜜雪梨	
				面积（公顷）	产量（吨）	面积（公顷）	产量（吨）
1991	2955.8	1198	3916	1994	3254	—	—
1992	4243	1479	1694	2320	208	—	—
1993	5065	1002	4853	2501	2379	—	—
1994	6040	1019	8171	2961	4587	—	—
1995	6160	423	11067	3005	5403	—	—
1996	6143	296	13394	2984	7259	—	—
1997	5983	72	16414	2891	8965	—	—
1998	5618	25	17918	2716	9107	—	—
1999	5242	80	19026	2406	10389	66	—
2000	4678	383	18815	1876	7489	369	—
2001	4555	295	24090	1880	13063	623	—
2002	4780	257	25889	1943	13622	703	—
2003	4789	239	28057	2018	14570	816	500
2004	4859	96	31086	2065	15817	869	2000
2005	5096.4	1540	34813	2175.93	18364	916	2250

附：

“青流”蜜雪梨

蜜雪梨又称“台农 2 号”早熟梨，是横山梨与新世纪杂交选育而成的新品种，系台湾优良果树品种。1997 年从台湾苗栗县引入，在李家果场进行高接换种和育苗繁殖试种成功后，向全县推广。全县实施“规划、育苗、调配、指导”四统一，执行“大台面、大穴、大苗、大肥，等高梯田、表土回穴，底肥充足”技术标准，高标准建设蜜雪梨园地。形成规模后，实施标准化生产。通过实验、示范，推行蜜雪梨2次套袋法无公害生产，减少果锈，改善外观。实施“自然开心形”整形修剪，推广新肥、新药等新技术成果。蜜雪梨长势强，自花结实率高；早熟10～15天，7月上旬上市。果大（250～400克），果肉洁白细嫩，抗氧化性好，不易褐变。

2001年，清流县被省农业厅定为南方优质早熟梨中试基地县。2002年，被定为闽西北优质早熟梨基地县。

2002—2003年，青龙果蔬有限公司生产的蜜雪梨，经分级精装后，出口新加坡、马来西亚等国。

2003年，注册“青流”牌蜜雪梨商标，打造品牌。在全省早熟梨评比中获综合品质第一名，并获无公害产品质量认证，取得市场准入证。2004年，“青流”牌蜜雪梨再次获农业部优质产品擂台赛“优质早熟梨”奖。

2005年，全县种植蜜雪梨面积916公顷、70万株，总产量2250吨。

五、茶　叶

（一）品　种

1991年，引进台湾茶（中芽乌龙茶）优良品种“铁观音、金萱、软枝乌龙”，在林畲石忠、舒曹、向阳村等地种植面积60公顷。1994年，莲花茶厂引进福安良种“云霄绿”，种植面积13.3公顷。2000年，林畲舒曹引进“福鼎大白茶”良种，种植面积13.3公顷。

2004年，茶园开发较为稳定，每年面积在40公顷左右。其中，余朋、长校引进红心铁观音，种植面积33.3公顷。2005年，赖坊大丰山茶厂在南山村引进“龙井43”“乌牛早”等茶叶新品种，种植面积30余公顷。

县域生产的茶叶有红茶、绿茶、乌龙茶等。

红茶　主要分布在林畲。有福鼎大白茶、福鼎大毫茶、福安大白茶、政和大白茶、福云10号等品种。

绿茶　主要分布在林畲、嵩溪、东华、李家等乡镇。有福鼎大白茶，福鼎大毫茶、福安大白茶、福云6号、福云7号、福云10号。1995年后，引进早春毫、云霄绿、春波绿、福云595等品种。

乌龙茶　主要分布在林畲、余朋、长校等乡镇。有铁观音、本山、大叶乌龙、杏仁茶。1991年及以后，引进台茶金萱、软枝乌龙、黄观音、黄奇、铁观音、白芽奇兰等品种。

绿乌兼制茶　主要有梅占、黄旦、毛蟹等品种。

（二）面积产量

1991年，全县茶园面积427公顷，产量334吨。1993年2月，台商在林畲乡独资创办桦信茶果开发有限公司，投资500余万元，建设台湾优质茶园面积13.33公顷，种植加工金萱、软枝乌龙、四季春等台湾优质品种茶。

1995年，位于林畲乡的莲花茶厂送展的“莲花翠螺”“莲花银丝”等被评为市级名茶。此后，全县推广优良品种，进行老茶园改造，茶园面积逐年稳步扩大，每年新增面积均在40公顷以上。加大茶叶加工技改，生产转向名优茶开发，产品质量提高，价格上扬。1997年，引进台湾茶叶加工设备和工艺，生产台湾风味茶叶。

2000年后，重点发展优质品种。莲花茶厂的“莲花迎春”“莲花翠芽”“莲花翠眉”，向阳村的“碧螺春”均被评为市级名茶。2003年，桦信茶果开发有限公司生产的“铁观音”获闽台茶王赛金质奖。

2005年，引进浙江客商投资1200万元在南山村创办大丰山龙井茶场，开发茶园面积100公顷，主要种植龙井43号新品种。长校校晖茶厂投资500万元，建设“红心铁观音”优质茶叶基地面积13.33公顷。全县累计开发茶园面积192.13公顷，茶园总面积619公顷，产量699吨。

1991—2005年清流县茶叶生产统计表

表8-8　单位：公顷、吨

年　份	茶叶面积	当年新植	总产量
1991	427	12	334
1995	443	38	318

续表 8-8

年 份	茶叶面积	当年新植	总产量
1998	492	24	364
1999	581	52	364
2000	592	41	330
2001	647	25	320
2002	635	3	625
2003	503	5	595
2004	568	27	656
2005	619	51	699

六、食用菌

（一）品 种

1. 野生品种

县域地理、气候环境优越，属亚热带常绿叶林带，南岭东部山地常绿槠类阔叶林洲，森林覆盖率高，适宜红菇、梨菇、茯苓、香菇等野生菌类生长。

2. 人工栽培品种

1991 年，全县食用菌栽培品种主要有香菇、茯苓、金针菇、木耳、平菇等，规模较小。1992 年始，推广茯苓“川杰 1 号”菌株。1993 年后，栽培品种有茯苓、毛木耳、白背毛木耳、黑木耳、香菇、花香菇、金针菇、平菇、灵芝、蘑菇、草菇、竹荪、茶树菇。1997 年始，推广高温型香菇菌株。

2000 年始，推广珍稀食用菌杏鲍菇、阿魏蘑。同年，引进巴西蘑菇在李家乡示范种植。2000 年后，珍稀菌发展较快，栽培品种有杏鲍菇、阿魏蘑、姬松茸、大球盖菇等。

2001 年，引进竹荪在嵩溪元山村栽培。2003 年，从福建农林大学引进金福菇、大杯蕈试种获得成功。

（二）栽培与产量

1991 年，食用菌生产主要分布在嵩口、嵩溪、温郊、东华等乡镇，全县食用菌产量 302 吨（业务口径，下同）。1992 年，食用菌生产成为全县实施农业“四大开发”项目之一。

至 1993 年，全县发展袋栽香菇约 2000 万袋。余朋蛟坑村栽培地栽覆土香菇面积 0.67 公顷。

1994—2000 年，受生产技术制约及市场价格变化等因素影响，食用菌产量在 500 ～ 800 吨之间波动。

2000 年，引进食用菌新品种、新技术，下和伐木场发展杏鲍菇 10 万袋，李家乡发展姬松茸（巴西菇）面积 6 公顷，温郊乡发展白背毛木耳 30 万袋，长校、余朋、田源等乡镇发展地栽香菇 300 万袋。

2001 年，嵩溪发展竹荪和大球盖菇面积各 6.67 公顷，其中竹荪每公顷产值约 1.35 万元。

2003 年，全县发展姬松茸面积近 10 公顷。竹荪在嵩溪镇元山村形成小规模生产。

2005 年，全县食用菌产量 674 吨。

1991—2005 年清流县食用菌生产统计表

表 8-9 单位：吨

年 份	香 菇	蘑 菇	木 耳	姬松茸	竹 荪	珍稀菌	其 他	合 计
1991	135	—	67	—	—	—	—	302
1992	158	—	65	—	—	—	—	223

续表 8-9

年份	香菇	蘑菇	木耳	姬松茸	竹荪	珍稀菌	其他	合计
1993	424	—	71	—	—	—	—	495
1994	402	39	51	—	—	—	196	688
1995	413	124	1	—	—	—	250	788
1996	245	105	53	—	—	111	20	535
1997	290	19	76	—	—	138	21	544
1998	295	22	66	—	—	138	25	546
1999	199	21	41	—	—	96	19	376
2000	299	11	19	2	1	108	28	468
2001	375	11	57	40	10	78	104	674
2002	393	9	62	50	10	79	269	872
2003	405	55	58	197	15	171	74	764
2004	493	51	63	215	25	198	18	833
2005	305	8	50	16	86	184	25	674

说明：该表数据为业务部门提供

第三节 烟 草

一、品 种

1991—1994 年，以外引品种 G80、K326 为主，上坡地、制种田、秧地适当辅以 CB-1（“翠碧一号”，下同）品种。1995 年后，调整品种布局，以种植 CB-1 为主，辅以外引品种。

二、面积产量

1991 年，全县烟草种植面积 1433.33 公顷。1993 年，种植面积扩大至 3333.33 公顷，创历史最高记录。

1994 年，受特大洪灾和冰雹、台风等自然灾害影响，烟草种植面积锐减至 2400 公顷，同比减幅 28.14%。

1995 年，建立千亩优质高产烤烟生产基地村 20 个。1996 年，清流县成为全省 5 个 500 吨优质烟叶基地县之一。1997 年，全县种植烤烟面积 3266.67 公顷，收购烟叶 6490 吨。

1998 年，受上年价格下滑影响，烟草种植面积减少至 1820 公顷，收购烟叶 2515 吨。1999—2003 年，烟草种植面积上下波动。2004 年，烟草种植面积逐渐回升。

2005 年，全县烤烟种植面积 2745.20 公顷，比 1991 年增长 91.53%；烟叶产量 4736 吨，比 1991 年增长 2.59 倍。其中上等烟比例 51.55%，比 1991 年提高 37.15 个百分点。实现售烟收入 4721.6 万元，比 1991 年增长 14.2 倍。

1991—2005 年清流县烤烟种植统计表

表 8-10

年份	种植面积（公顷）	收购数量（吨）	每公顷产量（千克）	上等烟比例 %	每千克单价（元）	售烟收入（万元）	实现产品税（万元）
1991	1433.33	1302	909.53	14.4	4.22	310.4	119.2

续表 8-10

年份	种植面积（公顷）	收购数量（吨）	每公顷产量（千克）	上等烟比例 %	每千克单价（元）	售烟收入（万元）	实现产品税（万元）
1992	2550.8	3453.3	1353.81	14	5.08	1780.8	371.9
1993	3333.33	3658.3	1095.3	8.5	4.5	2202.3	301
1994	2400	1800.3	750.13	26.7	5.77	1039.3	190
1995	1853	1973.7	1065.14	39.5	10.28	2056	290.5
1996	2233.9	4032.2	1805	64	12.44	5014.6	635.8
1997	3266.67	6490	1988	31	9.03	5858.9	2211.9
1998	1820	2515	1362.08	35.56	8	2012.3	3317.7
1999	2306.7	3549	1538.56	41.65	9.88	3500.6	700.1
2000	2200	3180	1445.45	37.5	9.78	3109.2	684.8
2001	2581.8	3537.9	1370.32	54.5	10.63	3762.1	827
2002	2433.3	4220	1734.27	41.51	10.01	4222.7	864
2003	2459	3472.7	1412.24	38.8	9.22	3201.6	768
2004	2809.5	4800.9	1708.81	51.27	10.81	5192.1	1142
2005	2745.2	4736	1609.28	51.55	10.69	4721.6	944

三、生产技术

（一）育苗与移栽

1991 年，主要采取营养袋假植育苗。1993 年，推广不带或少带病菌的烤烟漂浮育苗技术。2000 年始，推广客土育苗和直播漂浮育苗。2004 年，开始推广湿润育苗。该育苗方式克服了漂浮育苗根系弱和普通假植苗土传染病害较多的不足之处。

（二）大田管理

1. 施肥技术　采用“攻头、补尾、重中间”施肥技术。1992 年，全县推广饼肥。1993—1994 年，推广烤烟一次性施肥，即在起垄时一次性将烟草全生育期的肥量施入烟畦。

1996 年，推广烟草专用肥，施肥量由原来以亩为单位转变为以株定量。

2001 年，推广“控氮增钾、增施有机肥、促量到位”施肥技术。2002 年起，重点推广“控氮降碱”技术，建立烟田施肥档案，指导烟农施肥。

2004 年，开展烟田冬积肥运动，做到烟田周围不见烟株残体，田埂不见杂草，每公顷烟田落实冬积肥 1.5 吨、火烧土 1.5 吨。2005 年，烟田冬积肥 90% 以上。

2. 培土　大田期一般进行中耕培土 2 ～ 3 次。第一次在栽后的 10 ～ 15 天，尤其在雨后进行小中耕、小培土。栽后 20 ～ 25 天，节后重施团棵肥时实行浅中耕大培土，除草保湿。烟株旺长期，结合打脚叶实行清沟高培土。

3. 打顶抹杈　在现蕾适当时期，摘取顶部花蕾，以集中营养物质供应各部位叶片生长。主要采取“中心花开放 50%，结合小于 15 厘米的叶片进行一次性打顶”措施。打顶后再及时抹杈。

4. 烟叶采摘　烟叶采摘根据烟叶在田间生长成熟程度而定。一般是下部叶适熟早采、中部叶成熟采、上部叶充分成熟采。

四、烟叶烘烤

（一）烤房建设

1991 年后，烤房建造时，改跨越式安装火管为不留坡度平走式安装火管。1995 年，引进一次性加煤节能炉膛烤房。1996年，小烤房改造工作着重在减少耗煤量和提高烤房升温排湿性能。1997年，推广双炉烤房。1999年，将烤房改造重点放在热风循环和加层改造上。

2000年，推行一次性加煤节能炉膛、热风循环标准烤房，全县完成旧烤房改造4348座，加层改造500座。2004年，推广智能化烤房和半密集式烤房，改造智能化烤房300座，新建半密集式烤房2座。

2005年起，推广密集式烤房，同时不断对烤房进行改进和完善，如改钢管散热器为陶火管散热器，降低设备成本，延长使用寿命。

（二）烘烤工艺

1991—1995年，烘烤方法仍沿用“两长一短”（延长变黄期和定色期，缩短36℃以下低温变黄时间）烘烤工艺。1996年后，采用“三段式”烘烤工艺。1998年，改串烟为绑烟烘烤技术。2003年始，引进、示范和推广上部叶4～6片一次性带茎烘烤技术。

（三）烟叶复烤

清流县有烟叶复烤厂1家，创建于1988年，隶属县烟草公司。厂内有挂杆复烤线1条，1.4吨链条锅炉1台，打包机2台。该厂于1999年10月停产，同年11月关闭。该厂历史最高复烤加工烟叶6800吨，最高上交税收698万元。

第四章　农业技术

第一节　农技推广与应用

一、粮食作物技术

1991—1993年，推广水稻垄畦栽培增产技术，在余朋、嵩口、里田等地建立规模示范片，全县年推广面积667～1333公顷，增产幅度10%～15%。

1992年，在温郊、东华等地建立再生稻栽培千亩示范片，实现头季每公顷产量8.34吨，再生季每公顷产量4995千克，全县年推广面积166～400公顷。全县推广晚改中增产技术600余公顷，增产幅度10%～20%。在沧龙、罗口、上坪等地发展种植河滩夏玉米。在下谢村、良种场等地示范种植稻底大麦。

1994—1998年，在田源温潭、林畲石下、嵩溪农科、东华桥下等地建立水稻旱育稀植栽培、“两高一优”栽培模式规模示范片，全县年推广水稻旱育稀植栽培面积2000公顷左右，年推广“烟—稻、菜—稻—菜、中稻—再生稻”等栽培模式面积2000～2660公顷。在基头7队、供坊移民队、龙津竹青背队建立塑盘育秧抛栽规模示范片，全县年推广面积1300公顷左右。1998年后，在李家、邓家、灵地等乡镇大面积推广应用塑盘育秧抛栽技术。同时，全县年推广果园套种大豆面积2000公顷，粮食作物增产1500吨左右。年推广脱毒“两薯”（即脱毒甘薯、马铃薯）面积1330公顷，粮食作物增产2万吨。此外，在东华乡供坊村楼下、林畲乡曾坊村建立烟畦沟旱育秧苗示范片。

1999—2005年，推广水稻群体质量栽培调控，全县年实施面积4000～5300公顷。实施“烟稻轮作、瓜稻轮作、菜稻轮作、烟薯套种、稻薯轮作”等粮经双丰种植模式，全县年实施面积3300～4000公顷，每公顷年产值2.25万～3.75万元，产粮6.75～8.25吨。

二、经济作物技术

1991—1994年，在嵩溪余底坑、嵩口果场等地开展山地木薯丰产栽培技术研究。推广种桑养蚕技术，基地面积发展到100公顷。后因蚕茧市场需求变化，1995年该项目停止。

1995—1998年，全县年推广应用地膜覆盖种烟、种瓜、种菜、种草莓，遮阳网覆盖种菜、种瓜，薄膜覆盖育秧等面积2667～4000公顷；年推广应用瓜果、花卉营养袋育苗面积2000～3333公顷；推广应用符合标准新肥、新药和高效低毒低残留农药，推进农产品无公害化生产。

1999—2005年，龙津蔬菜村、农科所、嵩溪等地建设钢架棚或竹架棚，开展大棚蔬菜种植。引进外地技术开展双层膜覆盖，开深沟、施大肥、中棚式的反季节辣椒、茄子、番茄、南瓜等蔬菜生产。推广葛根种植技术。

三、果树生产技术

1992—1994年，幼果园推广套种绿肥配套技术面积1666.7公顷，并改清耕栽培为生草栽培，配合使用割草机、旋耕机控制果园杂草，改善果园生态环境。推广"猪、沼、果"生态农业模式面积670公顷，改进施肥技术，实施无公害生产。

1995年始，推广生物防治害虫，在果园种植藿香蓟等植物，吸引害虫天敌，以生物防治害虫。推广开心形整形修剪技术面积2133.3公顷，提升一级果率10%。1998年后，推广柑橘栽培矫形开心修剪技术面积266.7公顷，提升一级果率与果实品质。

2000年始，推广水果套袋生产，蜜雪梨生产推广两段套袋和透气塑膜套袋，面积800公顷。推广"西瓜—优质稻、草莓—优质稻"等现代农业高效经营模式面积860公顷，在嵩溪、龙津、赖坊、嵩口等乡镇形成规模经营。

2001—2003年，推广新农药"世高、金雷多米尔"等防治效果好的新农药，防治蜜雪梨黑星病、花腐病面积490公顷。2005年，引进、推广应用果园施肥快速、高效、省工高压施肥枪面积1200公顷。

四、茶叶生产技术

1991—1995年，推广茶叶施用速效化肥为主面积280公顷。1996年后，新建茶园实施间作豆科绿肥培肥土壤面积200公顷；推广施用农家肥，采用限期、限药综合防治病虫害等生产措施面积180公顷；实施无公害栽培面积300公顷；老茶园结合推广根外施用植物动力2003液肥面积120公顷，增强根系活力和增厚叶片，提高茶叶品质。1998年，莲花茶场引进采茶机作业。

五、食用菌生产技术

1991—2000年，推广香菇覆土栽培技术、蘑菇二次发酵技术、灵芝短断木栽培技术、茯苓不断根栽培技术、竹荪、大球盖菇实用新技术等，改进食用菌栽培模式，提高栽培技术含量。2000—2001年，推广杏鲍菇高产优质栽培技术，平均每袋单产鲜品0.25千克。2001—2003年，实施姬松茸高效优质栽培配套技术，3年共实施面积40万平方米，平均每平方米鲜品产量4.5千克。

第二节 肥料施用

1991—1993年，主要推广水稻缺镁症治理，在李家乡黄坑、温郊乡桐坑建立示范片，控制水稻因缺镁症蔓延造成的减产损失。推广测土配方施肥，以土壤供肥性能测定和不同作物需肥规律及肥料效应为依据，以有机肥为主，合理配制氮、磷、钾及微量元素比例的施肥方案，以给农户开处方单的形式指导农民科学施肥。全县年推广面积2000～3300公顷。推广地力计量施肥，全县年推广面积3333公顷。

1994—1998年，主要推广优化配方施肥。合理配比养分，科学安排施肥量、施肥时间和施肥方法，推进农产品生产向高产、优质、低耗方向发展，可增产增效8%左右。全县年推广面积2600～3300公顷。中微肥应用技术年推广面积3300公顷。

1999—2005年，主要推广作物专用肥。根据各种农作物对营养元素需求量配方生产的肥种，水稻、蔬菜、烟草、甘薯、果树等专用肥种已在生产中应用，替代氮、磷、钾单一肥种。实施沃土工程，通过对农田的改土、改水，稻草回田、冬种绿肥、增施有机肥，以及合理耕作、轮作等措施，培育土壤肥力，改善和提高耕地质量。全县年实施面积4000～5300公顷。

第三节 植物保护

一、病虫害测报

1991—1995年，主要开展水稻病虫测报。县设立城关水稻病虫观测点和植保测报网点。

1996年，增设余朋、赖坊水稻病虫测报点，病虫害测报范围扩展至水果、蔬菜等作物，以及农作物草鼠害监测预报。1997年，增设长校、灵地测报点。

1999年起，推行水稻病虫害预报及监控。应用设备、测报、防治、网点等软硬技术手段，提高病虫害预报、监控，及突发疫情疫病事态应急处理能力。

2000年，县植保植检站建立电脑室、检验室，购置电脑、摄影显微镜、摄影解剖镜、超净工作台、恒温箱、干燥箱等仪器设备，测报手段及设施得到改善。2004年，保留余朋、长校测报点。

2005年，增设县良种场测报点，采用“佳多牌”智能虫情测报灯观察虫情，病虫测报步入现代化。

二、主要病虫害

（一）水稻病虫害

稻瘟病　20世纪90年代发生面积较小、危害较轻。常年发生面积333～567公顷。2001年，邓家马寨8公顷连片示范优质稻发生严重叶瘟、穗瘟，绝收面积2公顷。

2004年，单季稻区协优9308穗瘟暴发，全县绝收面积4公顷。

2000—2005年间，常年发生稻瘟病面积333～567公顷。优质稻穗颈瘟发生偏重。

纹枯病　常年发生面积在4000～5333公顷。1996年、2001年发生面积均在6000公顷左右。

细菌性条斑病　常年发生面积400～567公顷，2005年发生较重，面积1000公顷。

二化螟　年发生3—4代。第1代为主害代，5月中下旬危害早稻和中稻秧田。第2代于7月中下旬，危害中稻和连晚秧田。2000年后，二化螟危害逐年加重，常年发生面积1600公顷。2000年、2001年、2004年3年发生较严重，面积3000公顷。

三化螟　主要危害晚稻。年发生4代，第3代9月上中旬危害双晚较重。常年发生面积300～800公顷，1995年、2001年2年发生较重，面积3000公顷。

稻纵卷叶螟　迁飞性水稻主要害虫，年发生4代。常年发生面积1067公顷。1996年、2000年两年发生较重，面积3000公顷。

稻飞虱　迁飞性害虫，发生危害的种类有白背飞虱、褐飞虱2种，年发生6～7代。20世纪90年代后每年发生危害面积4000公顷，损失粮食近120.6吨。2000—2001年，发生面积5000公顷。

稻瘿蚊　1995年，在田源乡廖武浆坑首次发现稻瘿蚊为害。1998—2000年，全县每年发生危害面积3000公顷左右。

新增病虫害　1995年，全县发现美洲斑潜蝇。1998年前后，发生除草剂药害症。2005年，晚稻秧苗出现锯齿矮缩病。此外，水稻还常发生稻胡麻斑病、稻曲病、普通矮缩病、恶苗病、绵腐病、立枯病、负泥虫、粘虫、叶蝉、蓟马、稻苞虫等。

（二）果树病虫害

柑橘　主要病虫害有13种，其中危害最严重的有疮痂病、溃疡病、红蜘蛛、锈壁虱、蚧壳虫类、潜叶蛾、花蕾蛆、天牛以及吸果夜蛾等，常年发生各种病虫害面积2200公顷。21世纪初期，诱发煤烟病。2003—2005年，白粉虱较重，发生面积133公顷。

梨树　病虫害主要有黑星病、炭疽病、锈病、梨蚜虫、梨木虱、梨星毛虫、茶翅蝽象、梨网蝽、刺蛾类、毒蛾类、吸果夜蛾等，常年发生各种病虫害面积867公顷。1999年后，陆续发现梨花腐病、桃小叶症等新病害。

（三）蔬菜病虫害

病害主要有猝倒病、立枯病、青枯病、疫病类（早疫、晚疫）、枯萎病、病毒病、炭疽病、灰霉病、白粉病、角斑病、黑斑病、褐斑病、菌核病、叶枯病、茎枯病、轮纹病、各种腐烂病。虫害主要有蚜虫、小菜蛾、菜粉蝶、夜蛾类、豆荚螟、地老虎、跳甲类、野蛞蝓、潜蝇类等。常年发生各种病虫害面积 6867 公顷。

（四）烟草病虫害

1991 年，县境内发生的烟草病虫害主要有花叶病毒病、蛙眼病、黑胫病、烟草空茎病、气候斑、角斑病、立枯病、猝倒病、地老虎、烟蚜、野蛞蝓、烟蓟马等。常年发生各种病虫害面积 1733 公顷。

2000 年后，花叶病发生情况较为严重，常年发生病虫害面积 667 公顷。

三、病虫鼠害防治

（一）植物检疫

1991—1995 年，主要开展农作物病虫害检疫对象普查。1995 年，全县 15 个乡镇均发现美洲斑潜蝇。

1997 年夏季，组织开展稻水象甲、烟草环斑病毒病普查，未发现检疫对象。

2001—2005 年，农作物病虫害普查发现柑橘类有柑橘溃疡病、桔潜蛾、桔蚜、桔黑刺粉虱、斜纹夜蛾；水稻有水稻细菌性条斑病；蔬菜类有菟丝子、美洲斑潜蝇；仓储类有米象和绿豆象；薯类有甘薯瘟等。

（二）农业措施防治

1991 年，从源头上抓主要农作物品种的更新换代，尤其是水稻每年推广数十个新品种，引进脱毒两薯（甘薯、马铃薯）良种，使稻瘟病、甘薯瘟等病害明显减轻。

20 世纪 90 年代中后期在稻瘿蚊重发区，单晚改制种植早中稻，双季稻改制种植中稻—再生稻，防控稻瘿蚊效果明显。推广塑料软盘育秧、抛秧等技术，推广使用水稻专用肥，合理配比施肥，科学管水，水旱轮作，打破病虫适应性和生存环境，达到控制和减轻病虫危害目标。

（三）生物与物理防治

推广使用井岗霉素防治纹枯病，推广使用高效低毒、有选择性的农药，保护稻田天敌资源的控害作用，减少农药使用量。

20 世纪 90 年代后，引进推广食螨瓢虫及捕食螨防治柑橘红蜘蛛，推广 Bt、云苔素、虫螨克等生物农药防治害虫，起到很好防治效果。21 世纪后，频振式杀虫灯安装方便、节能、环保，诱杀害虫种类多、效果好，重点在优质烟区、果树种植大户中推广应用。

至 2005 年，全县推广防控面积 2000 公顷，年节省化学用药 20% 左右。

（四）化学农药防治

主要有杀菌剂、杀虫剂、除草剂、杀鼠剂、昆虫生长调节剂、植物生长调节剂等，每年防治水稻 2.33 万～4 万公顷（次），减少粮食损失 4000 ～ 7000 吨。

20 世纪 90 年代，80% 以上稻田及 30% 以上的田埂推广化学除草；同时，年推广开展大豆、花生、烟草、蔬菜等旱地农作物化学除草面积 6667 公顷（次）。

（五）人工灭鼠

每年 10 月始，农闲的农民习惯使用竹制老鼠筒及老鼠夹等灭鼠工具，捕捉田野、山间老鼠，制成老鼠干作菜肴或出售，年消灭老鼠百万只以上，此为灭农田害鼠传统手段。1991 年，全县开展大面积使用溴敌隆鼠药灭鼠，灭鼠面积 1600 公顷（次）。

2000 年始，加强农村鼠药市场监督，查处销售和使用国家明令禁止的剧毒、急性鼠药以及“三无”（没有商标、没有生产厂家、没有出厂日期）鼠药行为。

2002—2005 年，实行定点药（店）公司销售鼠药，重点推广敌鼠钠盐、杀鼠醚、杀它仗等抗凝血杀鼠剂。

第五章　畜牧业

第一节　饲养种类

一、牛

1991年，全县以饲养水牛和黄牛品种为主，农户和小规模饲养户以放牧为主，辅助饲喂青草、稻草，役用期加喂麦麸和稀饭等精料。是年全县耕牛年末存栏数1.66万头，其中黄牛1.28万头、水牛0.38头。

1997—1999年，引进法国利木赞和瑞士西门塔尔种公牛精液，在嵩溪、林畲进行黄母牛冻精冷配试验、示范，改良当地黄牛品种，推广养殖杂一代牛。

2000年，全县出栏肉牛0.18万头，耕牛年末存栏数1.47万头，其中黄牛1.08万头、水牛0.39头。

2002年，清流县被三明市列为肉牛发展重点县。县成立肉牛产业化领导小组，县政府制定《清流县肉牛产业规划》和《关于鼓励发展肉牛养殖及加工业的若干意见》，部分农户和业主开始小规模饲养肉牛。同年，引进山东鲁西黄牛，改良当地黄牛品种。

2003年，重新推广牛的冷配技术。县组建黄牛冷配站2个。灵地镇农民与厦门客商联合注册成立清流县灵地广益牧业有限公司，发展肉牛1000多头，带动和促进全县肉牛产业发展。

至2005年，全县黄牛冷配站15个、流动冷配站6个，冷配黄母牛2137头，全县规模养殖肉牛、母牛饲养户296户；肉牛出栏0.63万头，产量592吨。年末，全县牛存栏数1.77万头，其中黄牛1.43万头、水牛0.34万头。

二、猪

1991年，县内养猪品种主要有闽北花猪为血统的本地猪、槐猪和赖坊东山黑猪。多采取熟食圈养，少部分采用饲料喂养。是年，全县饲养生猪17.55万头，出栏肉猪9.57万头。

1992年，县政府出台养猪奖励政策，重点扶持养殖大户和专业户。先后引进太湖母猪、长白、杜洛克公猪和英国产大约克夏、中约克夏种猪，进行人工授精配种杂交。其中英国产中约克夏经过配种杂交成为约本杂交猪，具有适应性强、耐粗饲、生长快等特点，成为县内主要推广品种。

2001年，规模猪场普遍利用杜洛克、长白、大约克开展杂交，形成“外三元”肉猪。农户和小规模户以饲养“杜长太”内三元或土杂猪为主。是年全县饲养生猪13.01万头，出栏肉猪7.02万头。

至2005年，县内有百头以上养猪专业户196户，千头以上规模养殖场3个，全年全县饲养生猪15.07万头，出栏肉猪8.87万头。

三、羊

1991年，县域养羊数量不多。养殖户一般选择适应性强、繁殖率高的当地山羊，采用放牧方式饲养，部分养羊场（户）采用放牧加补料方式饲养。

1999年，引进南江黄羊、成都麻羊在灵地草场进行养殖试验、示范。2001年，全县饲养山羊1003只。

2002年，清流县被三明市列为肉羊产业发展重点县，县政府号召“大力发展养羊业”，把养殖肉羊列为畜牧业的重点工作。同年，引进波尔山羊试养。

至2005年，全县拥有种羊场1个，养羊场（户）全部采用本交配种方式繁殖，南江黄羊成为当家品种。全县饲养肉羊7.19万只，其中饲养1000只以上饲养户1户、500～999只饲养户21户、300～499只饲养户32户、200～299只饲养户62户。

四、家　禽

1991年，全县成禽出栏104.37万羽，家禽年末存栏数53.01万羽，禽蛋产量367吨。饲养的鸡以肉、蛋兼用型本地土鸡为当家品种。引进品种有乌骨鸡、来杭鸡、罗斯鸡、狼山鸡、莆田鸡、河田鸡、永安土杂鸡、永安三黄鸡、江西宁都三黄鸡、广西黄鸡等肉用鸡。蛋用鸡年产蛋量250～280枚，粒蛋重60克左右。饲养的鸭有麻鸭、半番鸭、番鸭。引进品种有北京鸭、连城白鸭、樱桃谷鸭等。饲养的鹅主要有白鹅、灰鹅，饲养量少，零星分布。引进品种狮头鹅，体质健壮，抗病力强，成鹅重达8～9千克。鸽子主要饲养土种肉用鸽，少数观赏鸽。

2000年，嵩溪、龙津2镇个别农户饲养火鸡，饲养量300余只。是年，全县家禽出栏109.87万羽，家禽年末存栏数39.37万羽，禽蛋产量1573吨。2001年后，全县推广冬闲田养殖家禽模式。

至2005年，全县冬闲田养鸡农户356户，饲养鸡40余万羽。全县成禽出栏135.46万羽，其中鸡68.58万羽、鸭66.88万羽，家禽产量1730吨，禽蛋产量1892吨。家禽年末存栏数66.16万羽，其中鸡39.13万羽、鸭27.03万羽。

五、兔

1991年，县内多饲养肉兔，以零星养殖为主。品种有福建黑兔、福建黄兔、法国伊拉兔、本地黑兔。饲养主要分布在龙津、嵩溪、林畲、长校等乡镇。规模养殖以法国伊拉兔为主。长毛兔有法、英品系安哥拉长毛兔及其杂交一代毛兔。年末，全县兔存栏1.33万只。

2005年始，农户开始小规模养殖肉兔。是年，兔出栏7.09万只，产量105吨；年末存栏3.21万只。

六、蜜　蜂

1991年，龙津、东华、余朋、沙芜、田源、嵩溪等乡镇农户养蜂691箱，品种以当地中蜂为主。

2005年，全县养蜂1198箱，产蜜27吨。

1991—2005年清流县畜禽饲养统计表

表8-11

年　份	猪存栏（头）	牛存栏（头）	羊存栏（只）	家禽存栏（万羽）	畜牧业产值（万元）	占农业总值（%）
1991	175452	16574	—	157.38	4378	22.31
1992	193365	17674	—	171.5	4881	21.66
1993	205649	18814	—	182	5180	19.59
1994	206997	18589	173	198	7873	21.04
1995	228006	19515	206	232	8809	21.77
1996	237868	20351	269	266	9876	21.39
1997	117996	14684	351	280	9878	19.53
1998	128944	14689	560	145	9523	18.44
1999	129114	16171	601	142	9877	18.06
2000	129076	16487	0799	149	10385	18.27
2001	130122	15948	1003	160	11189	18.89
2002	133794	16271	9555	178	11681	18.9
2003	144428	17390	33731	180	11326	16.96
2004	156279	19884	45898	185	14001	17.73
2005	150631	24035	71857	201	15676	18.03

第二节 饲　料

一、牧　草

全县拥有2.08万公顷草地、林间草地、疏林类草地、田埂草地及竹林地等天然牧草资源。牧草主要有人工种植和农作物秸秆，人工种植牧草品种主要有黑麦草、玉米草、青贮玉米等，农作物秸秆主要有稻草、地瓜藤、花生藤，是草畜动物的理想饲料。每年收获优良农作物秸秆3万吨。20世纪90年代中期，农户开始种植牧草喂养鱼、畜。

2003年，配合肉牛肉羊产业发展，引进优质牧草种子，免费供应农户，养牛、羊户开始连片种植牧草。至2005年，全县种植牧草面积491.53公顷。

二、农副产品饲料

分植物性和动物性2类。植物饲料主要有糙米、稻谷、玉米、大豆、黄豆、麸皮、米糠、山芋、豌豆、蚕豆、菜籽饼、花生饼、豆腐渣、酒糟、山芋渣、红萍、水浮萍、水葫芦、水花生、苜蓿、稻草、玉米秆、花生藤、地瓜藤、地瓜等。动物饲料主要是畜禽、水产品及动物的脏器、杂肉、蛋壳等。

三、混合饲料

20世纪80年代，畜禽饲料多以农民自产的青饲料为主，适当配米糠、米饭等精饲料。米糠、玉米、豆饼、鱼粉等精饲料，多由国企的粮食部门生产加工或调运。80年代末，县畜禽良种站建立饲料加工厂，主要供应县内养猪大户，年销售饲料600余吨。至90年代中期停产后，每年由经营户调入销售全价饲料1万吨左右，而后随着畜牧业的发展，全价饲料用量逐年增长。

2003年，县引进港商独资企业三明市俊年饲料有限公司，生产猪的全价饲料（由蛋白质饲料、能量饲料、粗饲料和添加剂四部分组成的配合饲料）、浓缩剂等系列产品。

2005年，仍以生产全价料为主，每年引进饲料和采购原料自配饲料5万余吨。

第三节 疫病防控

一、种类及发生

（一）疫病种类

人畜共患传染病　狂犬病、布氏杆菌病、破伤风、口蹄疫、禽流感。

一般性传染病　猪瘟、猪丹毒、猪肺疫、猪传染性胃肠炎、猪气喘病、仔猪白痢；牛血痢症；山羊疑似传染性胸膜肺炎；鸡新城疫、鸡白痢、鸭瘟、禽霍乱；兔瘟。普通病有牛急性瘤胃膨气、牛瘤胃积食、牛热射病、高致病性猪蓝耳病。

中毒性疾病　食盐中毒、亚硝酸盐中毒。

体外寄生虫病　虱、蜱、疥癣等。

（二）疫病发生

1991—2005年，全县猪瘟发病3641头，死亡3420头，死亡率93.9%；猪传染性胃肠炎发病2.07万头，死亡1358头，死亡率6.6%；鸡新城疫发病6.84万羽，死亡5.65万羽，死亡率82.6%；鸭瘟发病2.65万羽，死亡2.28万羽，死亡率85.92%；禽霍乱发病8.39万羽，死亡4.42万羽，死亡率52.63%。

二、防　控

（一）防疫队伍

20世纪90年代初期，畜禽疫病主要依靠乡村兽医诊疗。1996年以后，全县推行动物疫病综合防控。

2003年1月，撤销乡镇畜牧水产站，并入乡镇农业服务中心。

2004年，全球部分地区暴发高致病性禽流感，加之全县牛、羊业发展迅速，乡镇畜牧水产人员全部收归县畜牧水产服务中心管理，增强全县畜禽疫病防疫联动能力。

2005年，全县111个建制村配备村级动物防疫员，实行垂直管理。防疫疫苗经费由县财政承担，防疫员工资由乡镇解决。

（二）防　治

1991年，城区猪、牛等牲畜，实行定点屠宰，执行宰前、宰后2次检疫制度，合格的方可屠宰和销售。乡村畜禽疫病主要依靠乡村兽医诊疗。

1996年以后，实行入户防疫或圩场防疫，注射猪瘟、鸡新城疫等疫苗。

1999年，嵩口、田源、灵地等乡镇扑杀掩埋、销毁“5号病”发病耕牛298头。

2000年，县政府出台《乡镇畜禽检疫工作责任制》，委托乡镇畜牧兽医站具体实施。

2004年始，恢复春、秋强制免疫制度，县长与各乡（镇）长签订动物防疫责任状。并确定每年4月和9月为强制免疫月，做到家畜口蹄疫和家禽禽流感免疫率100%。聘用村级代检员检疫生猪肉产品，乡镇畜禽及其产品，由乡、村检疫员负责检疫。

2005年，建立县乡防疫应急队伍，制定工作预案，应对和处置暴发性疫情和疑似疫情发生。

第六章　水产业

第一节　水产资源

一、水域面积

1991年，全县水域面积3664.54公顷，占土地总面积2.03%。主要由溪河、山塘、池塘、水库（库湾）、温泉、冷泉等组成。

1992年后，随着小水电建设的兴起及利用库区水淹地和低产山垄田改造建设鱼塘，水库（库湾区）、池塘面积增加。

1997年，全县水域面积3700.43公顷，占土地总面积2.05%。其中，可利用养殖的水库（库区）面积230.13公顷，池塘面积189.66公顷，溪河面积2419.41公顷。

2005年，县境水域面积3167.42公顷，占土地总面积2.11%。其中可利用养殖的水库（库区）面积274.49公顷，坑塘面积196.82公顷，溪河面积2427.94公顷。另有适合养鱼稻田面积2000公顷。

二、水生生物

1991，县境内流域有淡水水生鱼类65种，分别隶属于15科46属。其中，鲤科鱼类39种，鮠科5种，鳍科4种，其他17种。其他水生生物种类中，虾类主要有日本沼虾、澳洲淡水龙虾；贝类主要有田螺、河蚬；两栖类主要有虎纹蛙、棘胸蛙、牛蛙；爬行类主要有龟、鳖。是年，全县淡水养殖主要鱼类有青鱼、草鱼、鲢鱼、鳙鱼、鲤鱼、鲫鱼、团头鲂、赤眼鳟、花鳗鲡、黄鳝、鳜鱼、斑鳜、大眼鳜、长体鳜、黄颡鱼、江黄颡鱼、长吻鮠、河鲶、大口鲶、胡子鲶、泥鳅、斑鳢、翘嘴红圆吻鲴、银鲴、细鳞斜颌鲴、餐条、银飘鱼、麦穗鱼、青鳉、华腹、棒花鱼、鲟鱼、银鱼、淡水白鲳、鲮鱼、斑点叉尾鮰等。

1992 年，引进罗非鱼、淡水鳗鱼养殖。1993 年，引进淡水鲈鱼、甲鱼养殖。

1996—2005 年，先后引进牛蛙、三角鲂、淡水鲨、虹鲷、虹鳟鱼、倒刺鲃等新品种。

第二节　苗种繁殖及溪河增殖放流

1991 年，放流鲢、鳙、三角鲂等鱼种苗 30 万尾。1991—1992 年，各引进中华绒毛蟹 300 万只投放龙津河。1994 年，在田源乡池塘投放中华绒毛蟹 5 万只进行养殖试验。

1995 年，引进牛蛙养殖。引进三角鲂 5 万尾在嵩溪镇推广养殖。

2000 年，再引进三角鲂 50 万尾投放龙津河和沙芜库区。在罗口溪李家河段、龙津河、沙芜库区放流鱼种苗 210 万尾。

2001 年，引进建鲤 50 万尾、彭泽鲫 50 万尾，在全县推广池塘混养。引进淡水鲨 5 万尾在沙芜和田源进行池塘示范养殖。引进巴西鲷 5 万尾在沙芜、里田、嵩溪进行池塘示范养殖。引进三角鲂 50 万尾投放沙芜库区放流增殖。2002 年，引进推广养殖彩虹鲷 20 万尾。

2001—2002 年，在长潭溪里田河段、嵩溪河段、龙津河、沙芜库区等投放流鱼种苗 450 万尾。2003 年，引进推广养殖叉尾鮰 10 万尾、虹鳟 9 万尾。2004 年，引进养殖湘云鲫 50 万尾。

2003—2005 年，在龙津河、沙芜库区、关公凹电站库区、竹青背电站库区等投放流鱼种苗 800 万尾。2005 年，引进推广养殖倒刺鲃 13 万尾、香鱼 78 万尾、大口鲶 11 万尾、鲈鱼 3 万尾、高背鲫 30 万尾、丰鲤 30 万尾。推广土池养鳗面积 23 公顷，养殖鳗鱼 230 万尾。

截至 2005 年，全县 6 条主要溪河水面面积 1315 公顷，开展增殖放流面积 600 公顷。

第三节　水产养殖

一、池塘养殖

1991—1993 年，全县池塘养殖面积 150 公顷。1994 年，新挖池塘 320 公顷。

1998 年，沙芜乡引进土池养鳗技术，养鳗面积 1.6 公顷。

2000 年，嵩溪镇伍家坊村建成土池养鳗面积 8 公顷。

2002 年，在嵩溪镇推广池塘“80 ∶ 20 养殖技术”面积 7.3 公顷和池塘“周年养殖模式”面积 2 公顷。

2003—2004 年，嵩口镇沧龙村新开发水淹地池塘面积 70 公顷，形成规模化高产池塘养殖基地。2004 年，嵩溪镇青山村建成珍稀养殖场，土池养鳗面积 10 公顷。

2005 年，全县池塘养殖面积 413.3 公顷，养殖产量 3030 吨，伍家坊池塘养殖生产经验在全市推广。

二、水库（库湾）养殖

1991 年 8 月，安砂渔场县域内 1733.3 公顷水面下放清流管理，沙芜库区渔业管理逐步规范。

1996 年前，全县仅有高坑渔场网拦库湾养殖面积 26.67 公顷。

1996 年，将龙津河面积 233.3 公顷水面实行分段承包。是年，全县水库养殖面积 1657.3 公顷，养殖产量 291 吨。

1997 年 5 月，沙芜乡 3 名渔民开发网拦库湾养殖面积 40 公顷。

1999 年，沙芜上坪村民开发利用库湾养殖面积 200 公顷。

2000 年始，各地效仿龙津河段承包养殖做法，推进水库养殖面积不断扩大。当年，长校竹青背电站承包养殖面积 66.7 公顷。

2002 年，在里田李坊水库 3 公顷水面开展高密度投饵养殖示范，并向全县推广。

2003 年，沙芜乡 1000 公顷、关公凹电站 100 公顷等库区水面，进行分段承包养殖。同年，嵩口梓材村建设低坝高拦网库湾养鱼面积 33.3 公顷。

2004 年，沙芜塘元垄坝拦库湾面积 20 公顷，进行高密度投饵养殖，平均养殖产量 1.2 千克 / 平方米。

至 2005 年，全县库湾养殖面积 466.7 公顷，养殖产量 290 吨。水库养殖面积稳定在 2286.7 公顷，养殖产量 2700 吨。

三、网箱养殖

1994 年，县水产技术推广站在高坑渔场开展不投饵网箱养殖示范，600 平方米示范网箱平均单产 6 千克 / 平方米。

1997 年，全县网箱养殖 100 个、面积 667 平方米，产量 20 吨。至 1999 年，网箱养殖一直处于试验徘徊阶段。

2000 年，沙芜乡与三明市水产学会开展“乡会协作”，网箱养殖快速发展。2001 年，全县网箱养殖面积 2000 平方米（220 个），养殖产量 103 吨。

2002 年，县水产技术推广站在沙芜乡和高坑渔场进行投饵网箱养殖示范，500 平方米示范网箱平均单产 45 千克 / 平方米。2003 年，全县网箱养殖 1800 个，面积 2 万平方米，养殖产量 500 吨。

至 2005 年，全县网箱养殖面积 2650 个，4.50 万平方米，养殖产量 995 吨，平均单产 22.1 千克 / 平方米。是年 1 月，三明市推广沙芜网箱投饵养殖技术。

四、冷泉养殖

2001 年，李家乡引进台资成立三明清流嘉德农业科技有限公司，在李家鲜水开发冷泉养殖。2003 年，该公司扩建水泥池面积 4000 平方米、蓄水池面积 5000 平方米，养殖虹鳟鱼 9 万尾。2004 年，养殖虹鳟鱼 20 万尾。2005 年，扩建冷水鱼精养池面积 3000 平方米，规模精养池面积 1.3 万平方米，养殖虹鳟 20 万尾、香鱼 78 万尾，产量 55 吨，成为三明市最大的冷水性鱼类养殖基地。

若干年份清流县渔业养殖分类统计表

表 8-12

年份	池塘养殖		水库养殖		网箱养殖	
	面积（公顷）	产量（吨）	面积（公顷）	产量（吨）	面积（平方米）	产量（吨）
1991	150	—	—	—	—	—
1994	470	—	—	—	600	4
1996	462.3	2033	1657.3	291	—	—
1997	465.7	2280	1768	340	667	20
1998	465.7	2510	1944	515	200	20
1999	413.3	2386	2248	1219	320	4
2000	413.3	2490	2286.7	1498	500	12
2001	413.3	2523	2286.7	1646	2000	103
2002	413.3	2579	2286.7	1890	10000	242
2003	413.3	2591	2286.7	2223	20000	500
2004	413.3	2900	2286.7	2334	30000	810
2005	413.3	3030	2286.7	2700	45000	995

第四节　溪河捕捞

20 世纪 90 年代初，由于连续往溪河放流鱼种苗增殖，溪河捕捞产量逐年增加。1993 年，全县捕捞产量 871 吨。捕捞的品种有鲤鱼、鳙鱼、黄尾密鲴、细鳞斜颌鲴鲴、鳜鱼、草鱼、青鱼、鲢鱼、南方大口鲶、淡水青虾等。传统捕捞方式主要采用刺网、钓具捕捞。1994 年，捕捞产量增至 1208 吨。

1996 年 3 月，县政府出台《关于加强渔政管理保护水产资源的通告》，规定凡在县境内从事捕捞的单位和个人，必须到渔政管理站申请登记，交纳资源增殖保护费，办理领取捕捞许可证后方可持证进行捕捞作业，严禁无证捕捞。严禁炸鱼、电鱼、毒鱼、偷鱼，禁止使用电力、鱼鹰捕鱼，违者根据《中华人民共和国渔业法》相关规定从严从重处罚，构成犯罪的移送司法部门处理。不准在自然水域的禁渔期(每年 3 月 1 日至 4 月 30 日）禁渔区（龙津河高坑库湾口、城关东门桥至水厂水塔）内捕捞和采集鱼虾蟹的亲体和幼体。同时规定县域主要鱼种的可捕标准。县渔政大队建立禁渔期值班巡查制度，一旦发现违法行为，按照《中华人民共和国渔业法》，给予违法者没收渔具及捕捞货物等处罚。同年，引进定置张网捕捞方法。1997 年起，水产捕捞产量较稳定。至 2005 年，全县水产捕捞产量 1250 吨。

第五节　鱼病防治

一、鱼病预防

1991 年，主要通过病害防治技术培训和对外调品种进行检验检疫来控制病源，降低发病率。指导养殖户做好冬修池塘，晒塘，并彻底做好生石灰清塘、茶饼清塘、漂白粉清塘等方式消灭病原体。鱼种放养选择鳞片齐全、无伤无病、活动能力强的鱼种。

2002 年始，在嵩溪开展草鱼注射疫苗养殖试验，当年池塘养殖草鱼成活率达 90%，对比未注射疫苗的草鱼提高 30% ～ 50%。2003 年，该技术在嵩溪、里田等地推广。至 2005 年该技术得到全面推广，草鱼疫苗注射 315 万尾，养殖成活率提高 30%。

二、鱼　病

分病原性鱼病和非病原性鱼病。1991—2005 年，病原性鱼病主要有有草鱼病毒性出血病。草鱼细菌性出血病、细菌性烂鳃、肠炎、赤皮病，鳗鱼爱德华氏菌病、脱粘病。寄生虫病有指环虫、小瓜虫、车轮虫、九江头槽绦虫、锚头鳋等。非病原性鱼病有缺氧泛塘、中毒、人为损伤等。

三、鱼病药品

1991 年，鱼病治疗的药品比较少，主要有生石灰、硫酸铜、敌百虫、漂白粉、二氧化氯等，中药以大黄、五倍子、苦楝、辣椒、生姜等为主。诊疗手段主要通过目测、放大镜、显微镜检查。

2002 年，农业部发布《无公害食品鱼用药物使用准则》，禁止使用高毒性、高残留，高致癌、致畸、致突变的鱼药；禁止使用对水域环境有严重破坏又不能修复的鱼药。孔雀石绿、硝酸亚汞、氯霉素、呋喃唑酮等被禁用。县畜牧水产管理部门不定期到各水产养殖场和鱼病药物销售点进行检查，发现违禁药物予以没收，并对当事人进行教育、处罚。

2005 年，根据清流实际，在人工饲养管理下，从苗种养成水产品的全过程推广使用合成抗菌药、抗寄生虫药，提高食用鱼免疫力和抵抗力。其中抗寄生虫鱼药使用精制敌百虫、复方阿苯达唑等；抗菌药物使用复方碘溶液、复合亚氯酸钠等；还有鱼用中药制剂，如百部贯众散、黄岑苦参散等，以及防止草鱼出血病的灭活疫苗等新型鱼药。

第七章 农业社会化服务体系

第一节 农村中介服务组织

20世纪90年代初，全县各乡镇均建立专业技术协会，农民自发组织各类农副产品营销组织，农民经纪人队伍逐渐扩大。但多数属于临时性，缺乏长期合作关系。

1992年，成立农村经济发展服务站，从农技、经作、林业、农机、烟草、畜牧兽医、水利水电等8个方面为农民提供服务。同时，引导开发面向龙岩、江西的灵地粮食批发市场；面向沿海广东等地的长校鲜果批发市场和面向全省的嵩溪豆腐皮批发市场。

1994年，嵩溪供销社领办豆腐皮产销专业合作社，统一注册“七星岩”品牌豆腐皮。加入豆腐皮产销专业合作社社员152户，年产量32吨。1995年，余朋供销社组建余朋柑橘产销专业合作社，为全乡柑橘种植户提供物资、信息、资金、加工、仓储、销售服务。

1996年始，农业产业化生产逐步形成“农户 + 协会 + 公司”发展模式，实行风险共担、利益共享。同年，成立嵩溪镇农副产品有限公司，该公司向农户收购豆腐皮产品，统一包装后对外销售。带动周边乡镇3000余户农民开展豆腐皮生产，年产销产品1300吨以上，创产值1040万元。

2001年，县供销社以水果产业为基础，联合种果大户60余户，成立清流县水果营销协会，从生产、管理、销售环节入手，开展技术培训、信息发布，帮助果农销售果品，占全县水果销售总量三分之二。沙芜乡成立养鱼协会，创办九龙湖渔业有限公司，以“公司 + 协会 + 基地农户”模式，开发库湾面积300公顷、大河面拦网养殖面积1000公顷、鱼苗繁育基地面积7公顷、水淹地连塘养殖面积24公顷、网箱养殖1700箱，1000公顷水面通过省级无公害水产品产地认定。公司年产鱼干165吨，产值660万元。公司组织营销队伍，在全省各地设立“九龙湖”鱼干和无公害鲜鱼销售摊点12家，年销售400万元。清龙果蔬公司统一打造“青流”品牌蜜雪梨，维护行业权益。东华乡基头村成立家禽养殖协会，入会家禽养殖大户80余户，实行生产经营“五个统一”：统一采购禽苗、统一采购大宗饲料、统一采购疫苗、统一防疫程序、统一销售。养殖协会年饲养家禽6万羽，年销售额200万元，会员增收近百万元。

2002年，灵地镇成立养牛协会，会员20人（户）。农民以股份合作形式，创办广益牧业有限公司，年饲养牛1000余头，年销售额500万元。

2004年，林畲乡农民以股份合作形式，创办清流县林畲向阳春茶厂，带动茶农60余户，种植茶叶面积100公顷，年产值近700万元。同年，邓家红心地瓜干专业合作社成立。清流县嵩溪镇农副产品有限公司、嵩溪镇豆腐皮专业合作社、大路口果竹研究协会等合作组织在运行中逐步规范。

2005年，全县有各类农村专业合作中介组织65家，其中龙头企业型中介组织15家，参加人数2200人。技术协会型中介组织45家，会员2800人。营销协会型中介组织5家，参加人数400余人。带动农户2.2万余户，年销售额8400余万元。

第二节 农业科技服务

一、农技培训

1991年始，县农业部门与林业、烟草、妇联、科协等单位合作，实施科教兴农战略，编制教材10余种，组织技术人员深入乡村，采取村会协作、巡回办班和现场指导等方式，开设养牛（羊）、果树、蔬菜、烟草、优质稻、绿化苗木、花卉、食用菌、中药材、竹业、水产养殖、营销等培训班，加强农民实用技术培训。1997年，组建由高级农艺师、农艺师11人组成的“科技兴农”宣讲团，巡回15个乡镇111个建制村，按农事季节宣传农业新技术知识；同时组建一支由103人组成的科技兴农服务队，每年开展送科技下乡咨询、培训、服务。1997年，开展绿色证书培训。全县举办种植、畜牧、水产、乡镇企业和农村合作经济管理等专业农民技术员培训班26期，受训1670人，发放绿色证书280本。评出农民技师20人、助理技师35人、技术员80人，培养星火带头人15人、青年致富能手300多人、女能手100多人。至2005年，累计接受绿色证书培训3590人，经考核发证738人。

二、“农业155”热线

2001年6月，县农业局开通“农业155”热线。7月，各乡镇分别成立“农业155”服务站，各建制村选定服务（信息）元，开通全市统一农业咨询热线电话“96155”，为农民提供高效、快捷的科技信息、政策咨询服务。9月，热线电话号码变更为“969155”。

2002年10月，建立清流“农业155”网站，并与市级网站链接。

2005年11月，“农业155”并入农业市场与信息工作站，加挂“农业155”牌子。同年，全县建立“农业155”科技示范基地4个：东华乡桥下村马头山千头种猪标准化养殖示范基地、灵地镇广益千头肉牛标准化养殖示范基地、嵩溪镇蜜雪梨无公害生产示范基地和东华乡桥下果树新技术新品种试验示范基地。县级农业155服务示范点5个：嵩口镇邱寨村南江黄羊繁育科技示范场、嵩溪镇农科村池塘养殖示范点、嵩口镇围埔村蜜雪梨速生丰产矮化栽培示范点、长校镇河排村马都堂速生优质铁观音茶叶生产示范点和嵩溪镇青口村豆腐皮加工示范点。乡镇“农业155”服务示范点35个。

2001年7月至2005年，县级“农业155”服务示范点累计接待来电2.45万人次，来访2.94万人次；专家现场指导5211人次，现场咨询2.31万人次；举办培训班648期（次），受训人数3.22万人次。挽回经济损失1341.94万元，新增经济效益8.39万元。

三、农业广播电视学校

1981年初，创办福建省农业广播电视学校清流县分校（简称农广校），为承办“三农”业余教育的主要平台。至1991年，累计招收会计统计与审计、农学2个专业学员26人，毕业12人。

1993年2月，县编委核定县农广校为股级事业单位，编制2人。专业教师2人、兼职教师11人。配备电教设备、100余平方米的学员教室、学员实习基地等办学设施。以“学历教育、科技教育、绿证培训”三结合方式，为农村经济发展提供技术教育支持。

1996年3月，县农广校组织学员报考福建农林大学新开设的农业推广大专自考专业，并负责教材订发、学籍管理等工作。

2004年7月，成立福建省化工技校清流教学部，挂靠清流县农广校，开设电子工艺、化工分析、机械制图等教学班4个，2年招生156人。县农广校协助山海协作办、农函大等培训渠道，组织实施农民工劳动力转移培训计划，免费提供电工、化工分析、钳工、针织、电平车等技能培训1260人。

2005年11月，事业机构改革，县农广校并入县农业市场与经济信息工作站。截至2005年，农广校先后开设会计统计与审计、现代乡村综合管理、畜牧兽医、农学、林业、机电、水产养殖专业7个，招收农村基层党员、干部和社会知识青年677名参加农广校中专学历教育，毕业376人，在校续读生145人。农业推广大专自考专业连续招生10年，入学63人，毕业32人。省化工技校清流教学部学员38人参加社会实践。

第三节　农机推广与应用

1991—1993年，全县推广割禾器1000把，新增半机收面积1000公顷。在嵩溪镇、嵩口镇投入粮食专项基金15万元，引进推广各类农机具373台，实现年新增机械稻草回田面积1000公顷，机械脱粒量1000吨，机收面积49公顷，机耕面积683公顷。累计增粮305吨。在东华、嵩溪等8个乡镇，实施丰收计划“稻麦玉米高产栽培机械配套技术”面积2333公顷，各作业项目机械化程度分别达到机耕95%、机灌80%、机械稻草回田25%、植保95%、机收8%、机脱75%，每公顷增产450千克。该项目获国家农业部丰收计划三等奖。

1994—1995年，在里田乡、东华乡投入粮食专项基金10万元，引进推广各类农机具226台，实现年新增机械稻草回田面积990公顷，机械脱粒量858吨，机耕面积600公顷。累计增粮200吨。引进2F-50型液肥深施器100副，在灵地镇青甲村等种烟户中推广使用。

2001—2002年，实施水稻收割与烟草耕整地机械化技术项目，投入资金7万元，推广联合收割机2台、烟地起垄机10台，完成机收作业面积33公顷，机械起垄作业面积180公顷。

2004—2005年，投入资金4.59万元，推广全喂入收割机11台。至2005年，全县农机总动力53926千瓦，机耕面积5803公顷，机电灌溉面积1386公顷，机械植保面积376公顷，机械收割面积243公顷。

第八章 乡镇企业

第一节 乡镇企业体制改革

1991年，清流县在经历1989年的对乡镇企业不合理项目进行压缩、停建后，从县情出发，发展小水电、矿山等能源企业。全县乡镇企业6624家，从业人员2.08万人，实现产值4.41亿元，占全县工农业总产值66.1%。同年起，乡镇企业改革，逐步将集体办企业改制为股份合作制企业，促进政企分离，明确产权关系。

1992年8月，县委、县政府制定《关于加快发展乡镇企业的若干规定》，在税收、原材料收费标准，工资等方面制定一系列优惠政策，并对引进项目、技术实行奖励政策，鼓励支持农民集资联办企业、创办股份制企业，并享受集体企业各种待遇。同年，在乡镇企业开展“一企一新”（一个企业开发一个新项目，包括新技术、新产品、新工艺、新设备等）活动，并成立县乡镇企业技术开发基金，择优扶持，带动活动开展。

1993年4月，县委、县政府出台《关于扶持嵩口、嵩溪、东华三个重点乡镇优先发展若干规定》，从科技人才引进、税收、金融等方面给予政策优惠倾斜。县委、县政府主要领导挂钩重点乡镇，帮助解决资金、技术、产品销售等一系列问题。至年末，有6家乡镇企业被兼并，共向优势企业转移资产450万元。全县股份合作制乡镇企业160家。全县乡镇企业实现总产值11.24亿元。

1994年，设立扶持南面乡镇发展经济专项基金。当年投入25万元，重点扶持赖坊乡新上年产4.4万吨水泥厂。全县乡村两级集体办企业基本完成股份合作制“一揽子”改造，改制面93.4%，新设立股份制企业40家，总股本3694.4万元。新办企业按股份合作制形式登记注册。年末，全县拥有乡镇企业7798家，其中乡办274家、村办236家、个体（联户）7288家，从业人数2.1万人。实现企业总产值5.47亿元（1990年不变价）。

1996年，学习邯钢经验，制定企业管理范本，推行厂长负责制管理模式，建立健全以成本核算为中心的企业管理制度，乡镇企业逐步向市场经济管理转轨。各企业致力发展名优产品、开发新产品。5月，县政府出台《清流县乡镇企业产权出售改制实施意见》等，对全县各类乡镇企业进行不同形式改制。年末有三资企业16家、股份合作制企业25家、租赁经营企业9家，拍卖1家，承包经营68家，合计119家，改制面79.3%。

1997年，乡镇企业统计口径由乡办、村办、联户、个体，改按集体企业、私营企业、股份及股份合作制分类。

1998年，增加个体企业、各种形式合作制企业类别。年末，乡镇企业改制143家，改制面97.7%。

至2005年，全县乡镇企业3600家，从业人员14981人，实现总产值17.72亿元。

第二节　企业门类

一、工业企业

1991年，县乡镇工业企业3350家，从业人员1.29万人，以竹木加工、化工、建材、采矿为主，实现总产值2.84亿元，总收入2.44亿元。其中，东华电化厂生产的结晶硅、木碗厂生产的木碗、冶金厂生产的钼铁为出口创汇产品。

1992年，加大招商引资力度，当年新增乡镇企业1374个，新增产值1.45亿元，从业人员新增3966人，新增纯利润281万元。

1995年，全县乡镇工业企业3525家。其中乡镇办工业210家、村办工业190家、联户办工业51家、个体工业3074家。实现产值12.59亿元。

1997年，余朋乡文体用品厂改为股份合作制企业，生产钢刷、木尺等产品，全部出口销往美国、欧盟。当年由于乡镇企业资金薄弱、技术人才严重缺乏，以及统计口径变动等原因，企业个数、人数大幅度减少。

2000年起，余朋乡、温郊乡相继引进外资，规模开采萤石矿、铅锌矿。华龙矿业有限公司、金宝矿业有限公司、华腾矿业有限公司、金山萤石矿有限公司等年产值均在500万元以上。沙芜秋口煤矿年产值超500万元。

2000年，全县乡镇工业企业864家。其中乡镇办工业140家、联户办工业20家、个体工业282家。实现产值4.29亿元。

至2005年，全县乡镇工业企业656家，占乡镇企业总数18.2%；从业人员6335人，总产值8.82亿元，总收入8.59亿元。其中，规模企业6家，即建明水泥厂、远大经纬服装厂、三明市丰源织造有限公司、东发服装织造有限公司、松燕竹木工艺品有限公司、鑫泰服饰织造有限公司。规模以下乡镇采矿企业114家，除生产煤、花岗岩、锰矿外，还生产荒石料、沙石等矿产。年产值2.59亿元，从业人员1868人，销售收入2.56亿元。

1991—2004年清流县乡镇工业企业产值统计表

表8-13　　单位：户、万元

年份	合计		乡镇办工业		村办工业		联户办工业		个体工业	
	户数	产值	户数	产值	户数	产值	户数	产值	户数	产值
1991	3154	28447	122	12746	134	4143	44	461	2854	10248
1992	3788	37764	132	15182	134	5941	44	579	3478	16062
1993	4106	81138	205	25923	194	11206	53	851	3654	43158
1994	3921	101209	197	34406	191	10051	52	1691	3481	55061
1995	3525	125859	210	41295	190	9780	51	1711	3074	73073
1996	894	21530	103	10024	83	2333	43	459	665	8714
1997	830	26865	60	12095	—	1254	14	329	756	13187
1998	1038	34339	165	15695	—	1655	19	240	854	16749
1999	1035	38819	159	17639	—	1682	20	193	856	19305
2000	864	42899	140	19686	—	—	20	282	704	22931
2001	951	47361	130	18068	—	—	19	465	802	28828
2002	728	53781	—	—	—	—	—	—	—	—
2003	626	54943	—	—	—	—	—	—	—	—

续表 8-13

年份	合计		乡镇办工业		村办工业		联户办工业		个体工业	
	户数	产值	户数	产值	户数	产值	户数	产值	户数	产值
2004	657	64937	—	—	—	—	—	—	—	—

说明：2000—2001 年为现行价，其余年份为不变价。1997 年始，改按集体企业、私营企业、股份及股份合作制分类统计；2002 年始不分类统计。2005 年始取消“乡镇企业”类统计

二、建筑企业

1991 年，全县乡镇建筑企业 553 家，其中乡办 12 家、村办 4 家、个体 537 家，从业人员 3039 人，实现产值 3.95 亿元。国家对建筑队伍资质实施认证后，集体性质建筑企业规模逐步缩小。1995 年，全县乡镇建筑企业 1046 家，其中乡办 3 家、村办 4 家、个体 1029 家，从业人员 3165 人，实现产值 1.80 亿元。2000 年，集体性质建筑企业 7 家，总产值 1174 万元，职工 256 人；个体 187 家，从业人员 589 人。实现总产值 2.1 亿元。至 2005 年，全县建筑企业 182 家，总产值 1.35 亿元，从业人员 1340 人。

三、农业企业

1991 年，全县乡镇农业企业 37 家，其中乡办 15 家、村办 22 家，从业人员 828 人，实现产值 760 万元。1995 年，全县乡镇农业企业 46 家，其中乡办 22 家，村办 24 家。从业人员 927 人，实现产值 2509 万元。

2000 年，全县乡镇集体农业企业 7 家，从业人员 9179 人，总产值 13.03 亿元，无私营或个体农业企业。

至 2005 年，全县有规模以下农业企业 316 家，从业人员 1473 人，产值 1.72 亿元，营业收入 1.68 亿元。嵩溪镇农副产品有限公司，生产精制豆腐皮，并带动全镇农户生产。里田乡引进外贸技术开发花卉种植，形成一定生产规模。沙芜乡利用九龙湖盛产的鱼虾资源加工生产鱼干厂家 4 家。

四、交通运输业

1991 年，乡镇交通运输业 1406 家，其中乡办、村办及联办 10 家，其余均为个体户。从业人员 1913 人，实现产值 5423.52 万元。1992 年，乡镇企业改制后，车辆全部转售给个人，集体性质运输企业消失。

1995 年，乡镇交通运输业 1433 家，其中乡办 2 家、村办 4 家、联办 1 家、个体 1426 家。从业人员 1726 人，实现产值 1.29 亿元。2000 年，乡镇交通运输业 507 家，私营 1 家，个体 506 家。

至 2005 年，全县个体运输企业 595 家，从业人员 1241 人，营业收入 1.94 亿元。

五、商业、服务业

1991 年，乡镇商业饮食服务企业 1278 家，其中乡办 14 家、村办 1 家、个体 1263 家，从业人员 2158 人，实现产值 4881.8 万元。随着改革不断深入，原有一些集体性质的商业服务业，均出让给个人，发展小批发部、小自选商场、小旅社、小饮食店、服装专卖等。

1995 年，乡镇商业饮食服务企业 1734 家，其中乡办 15 家，村办 3 家，个体 1716 家。从业人员 2825 人，实现产值 1.13 亿元。

2000 年，乡镇商业饮食服务企业 950 家，均为个体经营。从业人员 1812 人，实现产值 1.88 亿元。

2001 年后，县政府相继出台一系列鼓励发展个私经济的优惠政策，商业饮食服务业发展迅速。至 2005 年，商业、服务业性质的私营和个体企业 1851 家，从业人员 4592 人，年营业收入 3.78 亿元。

第三节 名优产品

1991 年始，县乡镇企业注重开发新产品、提高产品质量，精制茶油、豆腐皮、混凝土模板用胶合板等在各类展销会上屡获奖项。

1994 年，福兴保健食品公司生产的“中华”茯苓饮获中国国际饮料博览会金奖；“淮山王”珍饮获省第二届工业品博览会银奖，淮山系列产品在省农村名、特、优新产品展销会上获 3 项金奖。

2000 年，九龙湖鱼干获福建省“12·8”名特优商品交易会金奖。“七星岩”牌豆腐皮获三明市“12·8”名特优商品交易会金奖。

1991—2005 年清流县乡镇企业获市（厅）级及以上名优产品一览表

表 8-14

生产单位	产品名称	年 份	颁奖单位	获奖级别
嵩溪镇 嵩口镇	豆腐皮	1994	省乡镇企业局	福建省农村名特优新产品展销会金奖
		1996	省林业博览会	畅销产品奖
	“七星岩”牌豆腐皮	2000	三明市“12·8” 名特优商品交易会	金奖
	精制茶油	1994	省乡镇企业局	福建省农村名特优新产品展销会 最畅销产品奖
清流福兴保健 食品公司	中华茯苓饮	1994	中国国际饮料及 加工设备展览会	金奖
清流九龙食品 有限公司	淮山王珍饮	1994	省第二届工业品 博览会	银奖
清流福兴保健 食品公司	客家宴酒	1998	省乡镇企业精品 展销会	金奖
余朋人造板厂	混凝土模板用胶合板	1999	中国 99 昆明世博会	福建特色产品金奖
沙芜乡	九龙湖鱼干	2000	福建省“12·8” 名特优商品交易会	金奖

第九章　扶贫与小康建设

第一节　减轻农民负担

1991 年始，对农民土地承包合同的村提留、乡统筹及劳务进行限额管理，并且对涉及农民的行政事业性收费、社会公益事业收费和其他税费，依照法规、政策进行严格监管，以减轻农民负担，保护农民合法权益。

1993—1995 年，全县农民负担监督管理日常工作由县农业委员会负责。1996 年，成立减轻农民负担工作领导小组，下设农民负担监督管理办公室。

1997 年，全县开展农村“三乱”（乱收费、乱集资、乱摊派）专项治理。同年，全县开展农村电价清理整顿，农村电价实行限额管理，每千瓦时电价不超过 1 元。对全县 15 个乡镇全面实行村提留、乡统筹预算审批和农民负担专项审计制度，每年发放监督卡 2.8 万份，农民负担监督卡入户率 95% 以上。全县农民每年人均负担的村提留、乡统筹费，均控制在 1995 年村农民人均纯收入 3% 以内。

1998 年，全县实行城乡电价同网同价，每千瓦时电价 0.4 元，农民电费负担下降。

1999 年，出台领导干部减轻农民负担工作责任追究制度，实行减轻农民负担工作一票否决制，在各建制村和乡镇有关涉农收费点，设立涉农收费公示牌，公示收费项目、标准及审批文号等。在全县开展清理村集体不良负债工作。清理结果：村集体经济组织拥有债权 790.03 万元，每村平均拥有债权 7.12 万元。村集体经济组织债务总额 1551.95 万元，每村平均债务 13.98 万元。全县仅李家乡古坑村未负债。负债额最高为嵩口镇围埔村，负债 129.7 万元，资产负债率高达 205.9%。

2003 年，全县实行农村税费改革，取消农民承担的村提留、乡统筹费。改革前，全县农民负担税费总额 964 万元。改革后，农民负担 338 万元，年人均减少负担 53.18 元。2004 年，全县免征农业税。

2005 年 7 月，实施减轻农民负担工作目标管理责任制，确定各乡（镇）党委书记、乡（镇）长为减轻农民负担工作第一责任人，对辖区内发生涉及农民负担的恶性案件、严重群体事件或造成重大影响的其他案（事）件负领导责任。对专项治理负有直接责任的部门，对涉及本系统严重违规而加重农民负担的行为负有领导责任。凡因涉及农民负担问题被追究违纪责任的干部，在规定时间内不得异地平调，不得提拔重用。

1991—2005 年，全县减轻农民负担 2407.04 万元。其中：农村税费改革及降低“三提五统”收费 982.4 万元，农村电价整顿减负 667.3 万元，查处学校乱收费退还农民 224.94 万元，生产资料价格整顿减负 188.6 万元，取消各项检测、签证费、设施配套费减负 168 万元，退还公路建设工程款 0.6 万元。

第二节 扶　贫

1991 年，由于历史及地理原因，清流经济发展较慢，不少乡镇仍处贫困边沿，贫困户多。尤其县域南部的邓家、李家、灵地、长校、里田、赖坊等 6 个乡镇资源匮乏、交通不便、经济落后，其中邓家、赖坊乡名列市贫困乡。县委、县政府通过项目策划，采取政策优惠、资金扶持、技术帮扶等措施帮扶贫困户。

1993 年，全县有贫困户 1540 户、5750 人，其中 975 户、4260 人分布在南边乡镇，占 63.1%。

1996 年，省定贫困线指标调整，凡农民人均纯收入低于 860 元以下的均列为贫困对象。全县共有贫困户 1274 户、贫困人口 5220 人。是年，县委、县政府发动社会各界共同帮扶，安排有经济实力的部门和单位挂村开展扶贫。至年底，全县投入扶建资金 277 万元，其中有偿扶建资金 180 万元、无偿资金 97 万元。有偿资金大部分由上级拨入，主要用于扶持农村种养项目。其中，扶持果园种植面积 133.33 公顷。无偿资金主要用于乡村公路、桥梁、水电建设。1996 年末，扶贫扶建的重点乡镇东华乡农民人均纯收入为 2205 元、里田乡为 2188 元、长校乡为 2196 元，比扶贫前的 1985 年分别增长 788.6%、756.3% 和 722.5%。当年全县有 559 户、2315 人脱贫。

1997 年，全县仍有 715 户、2905 名贫困人口尚未脱贫。年内，县政府采取三项措施进行扶贫：一是采取特优扶持，将通过简单劳动能获取较好收入的项目给贫困户，如集体竹山、果园划片给贫困户管理，乡镇企业招工优先招收贫困户劳力等；二是抓好挂包村和贫困户帮扶措施落实，协调解决增收办法；三是资金技术扶持。全县多渠道筹资 100 万元，用于购买猪苗、鸡苗、鸭苗、鱼苗等种苗给贫困户，扶持贫困户发展。当年年末，715 户、2905 名贫困人口基本解决温饱，人均纯收入由 1995 年的 680 元提高到 1280 元。

2002 年，福建省开始实施整村推进帮扶计划。是年，清流县嵩溪镇青山村、李家乡吴家村被列为（2002—2005 年）省级扶贫开发工作重点村。其中青山村由福州大学挂钩，吴家村由省经贸委挂钩。在确定每一轮省级扶贫重点村的同时，市、县亦同时分别确立清流县市、县级扶贫重点村 5 个。

2002—2005 年，省政府共下拨重点村扶贫专项资金 149 万元，省挂村单位筹集资金 186 万元。其中省政府下拨扶贫专项资金 74.5 万元，福州大学筹资 90 万元，用于扶持青山村改造村级公路 2 千米、硬化村庄道路 1 千米、建设村部办公楼、学校维修、农田水利、低产田改造、水库维修、农户沼气池建设及花卉、池塘养鱼、养羊等。省政府下拨扶贫专项资金 74.5 万元，省经贸委筹资 96 万元，用于扶持吴家村村级公路硬化 6 千米，建设通流水村简易公路 6.5 千米，以及学校修缮、建村部办公楼、农田水利建设、居民自来水建设、部分农户搬迁异地安置、农户沼气池建设，发展烤烟、红心地瓜、养羊等。

第三节　造福工程

1994年始，根据《福建省关于实施“国家八七扶贫攻坚计划”的意见》，实施“造福工程”，有计划地将居住在生产生活条件恶劣和零星分散的边远偏僻自然村的贫困群众，搬迁到生产生活较方便的建制村或公路沿线，从根本上改善他们的生存环境。县委、县政府成立脱贫致富领导小组，并制定出台一系列优惠政策和措施，扶持搬迁农户。是年，温郊乡政府结合灾后重建家园工作，动员长期居住在交通闭塞的大山沟里的温家山村33户灾民，搬迁到乡中心所在地居住，并在建新房方面提供免征地费、廉价建材和资金扶持等。

1995年，投资5.4万元，整体搬迁里田乡长坑村，建筑面积1424平方米，搬迁14户90人。1996年，投资14.4万元，整体搬迁东华乡里地村，搬迁46户、240人。

1997—1999年，投资18万元，将距离建制村5千米以上，自然条件恶劣的3个偏僻贫困老区村57户300人，迁移到生产、生活条件好的里田、俞坊等村以助其脱贫。

2000年，投入造福工程资金149.5万元，其中上级拨款7万元，镇村两级拨款3.5万元，群众自筹139万元，将长校镇原老黄石坑自然村23户、100人搬迁至沙坪村居住，全部建砖混结构新房，总建筑面积5980平方米。平均每户建筑面积263.3平方米。

至2005年，省、市、县累计投入造福工程资金568.6万元，实施11个自然村1700人搬迁。建设地点分布于除田源外的14个乡镇，新建房屋9.5万平方米，农民生产生活环境明显改善。

1995—2005年清流县实施“造福工程”统计表

表8-15

年份	搬迁户数（户）	搬迁人口（人）	搬迁自然村（个）	新建村数（个）	建筑面积（平方米）	投入资金（万元）					合计（万元）
						省补	市补	县补	村镇补	群众自筹	
1995	14	90	1	1	1424	2.7	1.35	1.35	—	—	5.4
1996	46	240	1	1	12880	7.2	3.6	3.6	—	—	14.4
1997	19	100	1	1	5320	3	1.5	1.5	—	—	6
1998	19	100	1	1	5320	3	1.5	1.5	—	—	6
1999	19	100	1	1	5320	3	1.5	1.5	—	—	6
2000	23	100	1	1	5980	5	2	—	3.5	139	149.5
2001	20	100	1	1	5600	10	—	—	—	—	10
2002	21	100	1	1	5880	10	—	—	—	—	10
2003	40	190	1	1	11200	12	7	—	—	—	19
2004	63	280	1	1	17640	20	8	—	—	—	28
2005	66	300	1	2	18480	20	10	—	—	—	30
合计	350	1700	10	12	95044	95.9	36.45	9.45	3.5	139	284.3

第四节　小康建设

1991年，在稳定粮食生产的同时，加强农业和农村投入，抓农业“四大开发”（烤烟、水面养殖、食用菌、果树），鼓励农民发展庭院经济，以推广沼气池为纽带，利用房前屋后土地，因地制宜选择养猪、养鱼、种菜、种花、养蚯蚓、种蘑菇，形成“猪—沼—果”多层利用农业废弃物，使之不断增值的能源生态良性循环模式。同时大力发展乡镇企业，推进农村奔小康进程。当年，全县实现农业总产值2.11亿元（当年价），乡镇企业实现总产值4.41亿元（当年价）。农民年人均纯收入940元，比1990年增长10.8%。农村新建住房293幢，面积3.67平方米。

1992年，全县人均农业总产值和人均占有粮食在全省63个县中分别位居第3位和第11位。茶果面积4681.93公顷，比1991年增长38.41%。种植烟叶面积由1433.33公顷发展到3333.33公顷。实现产量3658.3吨，列全市第2位。发展各类食用菌1800万袋，人均150袋。发展各类水面养殖1960公顷，产量2011吨，分别比1990年增长49.2%和3.2倍。农村产业结构的调整，有力促进农村生产力发展，全县农业总产值实现27364万元，比1991年增长7%。农民年人均纯收入1095元，比1991年增长16.5%，有5878户、25%农户达到小康标准，有5个村人均增收在500元以上，新村建设迈出步伐，农村新建住房31.4万平方米。全县15个乡镇所在地和70%的村建设规划不断调整完善，嵩溪、嵩口、长校集镇建设形成规模。嵩溪在铺设1300米长过境主要街道水泥路面同时，向南北延伸1700米。

1994年5月2日，清流县遭遇特大洪灾，受灾民房10566户。县委、县政府将抗洪救灾重建家园与新村建设结合，加强规划和领导，县乡共投入3000万元用于灾民重建家园，从资金、用地、“三材”等方面给予优惠，建成沙芜乡铁石村、嵩口镇嵩口村、围埔村、马家排、温郊乡小池村等新村30个，1995年春节前灾民住进新居。投入农业资金800多万元，用于灾后垦复农田、修复水利设施、抓补种、扩套种和综合开发。大灾之年，粮食、烤烟、水产、水果仍然取得较好收成。年内，农民人均收入1554元，比上年增收205元，增长15.2%。

1995年实施“95大户”工程，同时开展“大户带小户，富户帮穷户”活动，促进共同富裕，取得成效。全县有一定规模的各类种养大户4671户，烤烟单产、质量创历史最好水平。全县基本达到小康的建制村70个，占总数63.1%，小康户12534户，占总数51.9%，农民人均纯收入1915元，比1994年增加361元。全县新建住房面积42万平方米，比1994年增长40.2%，2126户农民搬进新房。全县广播人口覆盖率85%，电视人口覆盖率95%，15个乡镇全部实现电话程控化，全县电话由5000门增至1.5万门。城乡面貌发生新变化。

1996年，县委、县政府下发《关于清流县加快农村小康建设规划和实施意见的通知》，确定全县农村奔小康工作的总体要求和具体目标。同时成立县奔小康工作领导小组，组建83个奔小康工作队进驻农村。建立领导挂钩小康示范乡镇、示范村、小康后进村、贫困户制度。确定供坊、吉龙、赖安、陈家、李村、早禾排、留坑、立新、范元等小康后进村10个。县委、县政府向23个县直部门颁发扶持小康示范村加快发展的责任状，明确责任及奖惩措施。小康验收确认采用“综合评分法”，综合值达90分以上，小康乡（镇）、村、户达80%以上，认定为基本实现小康；综合值达100分，小康乡（镇）、村、户达80%以上，认定为全面实现小康。年内，里田乡被三明市委确定为全市20个奔小康示范乡之一，所辖的洋庄村被列为全市20个奔小康示范村之一。

1996年清流县农村小康标准表

表8-16

指标名称	单　位	小康值	温饱值	权　数
1. 农民人均纯收入（现价）	元	—	—	—
按1990年不变价计算	元	≥1300	370	30

续表 8-16

指标名称	单　位	小康值	温饱值	权　数
2. 基尼系数	%	0.3 ～ 0.4	0.2	5
3. 恩格尔系数	%	≥ 50	65	6
4. 人均日蛋白质摄入量	克	≥ 75	47	9
5. 人均衣着支出（现价）	元	—	—	—
按 1990 年不变价	元	≥ 80	25	3
6. 钢筋砖木结构住房比重	%	≥ 80	31	7
7. 电视机普及率	%	≥ 70	9	6
8. 服务消费支出比重	%	≥ 10	2	6
9. 人口平均预期寿命	岁	≥ 70	68	4
10. 成人识字率	%	≥ 90	68	5
11. 安全卫生饮用水普及率	%	≥ 90	50	3
12. 用电户比重	%	≥ 95	85	3
13. 建制村通公路比重	%	≥ 85	50	3
14. 建制村通电话比重	%	≥ 70	50	2
15. 享受社会五保人口比重	%	≥ 90	50	4
16. 万人刑事案件立案数	件	≥ 20	20	4

同年，各乡（镇）、村按照 1997 年基本实现小康和 2000 年全面实现小康要求、结合当地实际制定规划，采取一系列措施抓落实。县小康办发挥温郊、里田 2 个市级小康示范乡、5 个市级小康示范村，18 个县级小康示范村和每个乡镇 100 ～ 200 户小康示范户的作用，促进平衡发展，整体推进；各乡（镇）、村找路子，广辟增收渠道。突出抓好烤烟、林竹、畜牧、水产、水果，豆腐皮、淮山等种养业的发展，扶持短、平，快项目；加快发展乡镇企业，促使农村剩余劳力向二、三产业转移，拓展农村集体经济和农民增收来源；开展扶贫攻坚，县领导带头，全县 400 多名科级领导干部、1000 多名各级干部分别与贫困户“攀穷亲”、结对子，帮助贫困户出点子，找路子，为贫困户解决项目、资金、技术等问题；主攻重点，搞好新村建设。通过整治村容村貌和制定优惠措施，组织和引导农民建新房。经努力，年内全县共有 1373 户贫困户脱贫，脱贫人口 5646 人，分别占总贫困户、贫困人口的 65.76% 和 66.03%，全县动工建新房 2322 座，春节前 1199 户迁入新居，11 个乡（镇）、80 个村、1.78 万户农户基本实现小康，分别占乡（镇）总数 73.33%，村总数 72.07%，农户总数 73.63%，1996 年小康进程分值 84.22 分。

1997 年 3 月，县委、县政府出台《关于加快农村扶贫开发与小康建设步伐的实施意见》。提出，要坚持把农业农村工作放在经济工作首位，以“增粮增收保供给，脱贫致富奔小康”统揽农村工作，确保全县农村 1997 年完成消除绝对贫困和“造福工程”，基本实现小康，2000 年全面实现小康。具体措施是：找准路子，抓好农民增收与壮大集体经济实力；多渠道多形式筹集资金，加快扶贫开发与小康建设；加大村镇建设和精神文明建设投入等。至 1997 年末，全县已有龙津、余朋、温郊等 13 个乡镇、96 个村、21050 户农户基本实现小康，分别占全县乡镇数的 86.7%、村 86.5%、农户 87%。小康综合进程分值达 93.9%。其中农民人均纯收入 2952 元；基尼系数 0.25；恩格尔系数 46.6；人均蛋白质摄入量 69.5 克；人均年衣着支出 64.6 元；钢筋砖木结构住房比例占 69.9%；电视机普及率 93.6%；服务消费支出比重 13.8%；人口平均预期寿命 70 岁；成人识字率 95%；用电户比重 99.4%；通电话建制村占 91%；通公路建制村达 100%；饮用安全卫生水普及率 93.7%；万人刑事发案率万分之十九点三；享受社会五保占 91%。

1996—1998 年，县委贯彻落实中共十五届三中全会精神和《中共中央关于农业和农村工作若干重大问题的决定》，提出力争到本世纪末，全面实现小康目标；到 2010 年，全县农村主要经济社会发展指标和农民生活达到宽裕型小康水平，基础较好、发展较快的乡镇率先基本实现农业现代化，努力建设中国特色的富裕民主文明的社会主义新农村。全县农民人均收入2888元。全县小康工作队累计投入资金（含物质资助）610.38万元，协调资金523万元，为各村兴办公益事业389个，开发生产项目465个，取得较好经济社会效益。全县10个村集体收入在3万元以下，由省、市、县财政各借给周转金50万元、10万元、40万元，用于扶持种植业项目8个（蜜雪梨2个、苗木1个、果园开发5个），投资电站2个、加工业1个。

1999年3月，县委、县政府出台《1999年农村小康建设实施意见》。总体目标是：1999年全县农村全面实现小康，小康进程分值达98%以上。《意见》要求各乡镇选好项目、找准突破口，抓好“两增收”（农民增收、集体增收）工作；突破难点，抓好帮扶工作；主攻重点是抓好农村住房“拆旧建新整容”工作。年末，全县农民人均收入3057元，比1995年增1142元，农村住房平均面积44.62平方米，2.23万户农户基本实现小康。对照16项小康指标和省定标准，清流县全部达标，综合分值96分以上，通过省、市小康督查组验收确认。

2000年后，通过扶贫与新农村建设相结合，推进农村生产发展，建成全省最大的花卉苗木基地、淡水鱼养殖基地、南江黄羊基地三大基地，茶叶、油茶、烤烟、红心地瓜等一批有影响的特色农业产业快速发展。

2001年，清流县制定《清流县国民经济和社会发展“十五”计划纲要》，提出农村宽裕型小康建设要坚持“全面规划、分类指导、典型引路、整体推进”的方针，巩固基本小康成果，推进宽裕型小康建设。4月，制定当年农村扶贫奔小康工作计划。计划目标是：至2010年，实现农村人口纯收入比上年增加100元、村财平均增收1万～2万元、建新房500座、农村贫困人口压缩至1000人以下。年内，全县尚有赖坊、李家2个乡和15个建制村未实现基本小康标准。至2005年，龙津镇及全县20%的村（22个）基本实现宽裕型小康。

第十章 农村经营管理

第一节 机 构

一、县农村工作领导小组办公室（农委）

1991年，县农业委员会（简称县农委）内设党委办、办公室、水土办、农业资源区划办，行政编制8名。1995年，增设农科教结合协调领导小组办公室。1997年2月，机构改革，县农委撤销，成立县委农村工作领导小组办公室（简称县农办），加挂县政府农业办公室牌子。内设党委办、办公室、水土办、农业资源区划办，行政编制5名。2000年，县成立农业综合开发办公室和库区工作领导小组办公室挂靠县农办，核定事业编制各3名。2002年，县机构改革，原计划局承担的指导和管理全县经济技术协作和山海协作职能划入县农办，县农办的水土保持职能划归县水利局，农业资源区划管理职能划转县农业局。县农办机关内设综合股（党委办）和农科教结合协调领导小组办公室，核定行政编制5名。2003年，库区办从农办独立出来，成立移民局。2005年，县农办实有9人。挂靠机构两个，事业编制5名。

二、县农业局

1991年，县农业局行政编制5名、事业编制83名。内设局办公室、生产管理股、科教外经股及政策法规股4个股室，直属事业单位有农技站、植保站、土肥站、经管站、经作站、农科所、能源办、种子公司、良种场9个。1993年，县成立减轻农民负担监督管理办公室，挂靠县农业局。1995年6月，县成立绿色食品工作办公室，挂靠县农业局。1997年2月，县机构改革，撤销县农机局、县经济作物局，职能并入县农业局。县乡镇企业局与农业局合署，县畜牧水产局并入农业局（保留畜牧水产局牌子）。核定行政编制15名、事业编制102名、工勤人员1名。

2002年11月，机构改革，保留县农业局，加挂畜牧水产局牌子，乡镇企业局并入农业局，对外挂牌。

农情统计职能、农业区划职能，以及企业局行政管理职能划入农业局，县农业资源区划委员会办公室挂靠县农业局。内设办公室（监察室）、政策法规股、科教外经股、畜牧水产管理股、乡镇企业管理股、农机管理股6个股，核定行政编制14名，工勤事业编制1名。

2005年，事业单位机构改革，保留农村环保能源站、良种场、农村经营管理站、农业资源区划委员会办公室；合并农业技术推广站、土壤肥料技术站、植保植检站、种子管理站，设立农业技术推广中心；合并茶果技术推广站、经济作物综合站，设立经济作物技术推广站；合并农业机械推广站、农业机械监理站、农机化学校，设立农业机械管理中心；设立农业市场与经济信息工作站、农业行政执法大队、农产品质量安全检验检测中心；保留畜牧水产服务中心；县种子公司转制为企业，撤销农业科学研究所，原事业编制收回。

三、县经作局

1991年，成立县经济作物局（简称县经作局），行政编制2名，下设茶果站、综合站。1997年2月，机构撤销，并入农业局，设立经作中心。

四、县畜牧水产局

1991年，县畜牧水产局畜牧兽医站编制6名，水产站编制3名；乡镇畜牧兽医站编制19名，经费事业列支。1997年2月，行政机构改革，县畜牧水产局并入县农业局。农业局加挂畜牧水产局牌子。

2002年2月，成立县畜牧水产服务中心，原直属事业单位并入。

2005年11月，事业单位机构改革，保留县畜牧水产服务中心，加挂兽医卫生监督所和渔政大队牌子。

五、县农业机械管理中心（农机中心）

1991年，县农业机械管理局（简称县农机局）行政编制及实有人数均为2名。

1997年2月，行政机构改革，撤销县农机局，职能并入农业局，设立农机管理办公室。2002年11月，改为农机管理股。

2005年11月，事业单位机构改革，设立农业机械管理中心（简称县农机中心），加挂县农业机械监理站牌子，事业编制9名。经费财政核拨7名，财政补助2名。

六、县乡镇企业局

1991年，县乡镇企业管理局承袭1990年，内设办公室、计财股，行政编制及实有人数均为5人。下属单位乡镇企业综合管理站，为集体性质事业单位。

1997年2月，机构改革，县乡镇企业管理局更名为县乡镇企业局，与县农业局合署办公，内设办公室和科技生产科。行政编制4人，实有5人。

2002年11月，县乡镇企业局并入县农业局，成为农业局下属股室，对外保留县乡镇企业局牌子。

第二节　农村经济监督管理

一、土地承包管理

1991年9月，县及辖区15个乡镇，均成立农业承包合同管理委员会。同年冬季，印制统一格式《清流县农村土地承包合同书》，明确合同双方权利义务。

至1992年底，修订和完善农村土地承包合同2.23万份，合同签订率97.8%，承包耕地面积1.03万公顷，承包期3～15年不等，承包户年上缴集体承包金175万元，承包金当年兑现率90.8%。赖坊、灵地、嵩溪、长校等4个乡镇，有108个村民小组2495户实行“双田制”（口粮田、责任田）承包。口粮田只上缴农业税，不承担其他税费；责任田除上缴农业税外，还要上缴国家统购粮和集体承包金。

1993年，国家取消粮食统购任务，定购粮价放宽，全县农村停止实行“双田制”，已经实行“双田制”

的村民小组将承包地进行调整，按农业人口平均承包到户。同年，开展第二轮土地承包，将农村土地承包期再延长30年，由县人民政府向承包土地的农户核发《农村土地经营权证书》，明确规定耕地承包期为30年，即：自1999年1月1日至2028年12月31日止。

1999年，全面开展第二轮土地承包合同签订工作，由村民小组全体成员形成“土地发包决议”，委托村委会作为发包方（甲方），向农户（乙方）发包，同时签订耕地承包合同书。全县2.52万户农户中，签订二轮土地承包合同2.5万户，签订率99.2%，鉴证率100%。当年，每公顷承包地应上交集体承包费（村提留、乡统筹）750元左右，比1992年前后提高约300元。

二、土地流转与土地纠纷

（一）土地使用权流转

1993年，根据国务院颁布《关于当前农业和农村经济发展的若干政策措施》，清流县采取转包、转让方式流转土地承包经营权600户，转包、转让耕地面积67公顷。

进入21世纪后，大批农村劳动力向非农产业转移，土地承包经营权流转数量逐年增加。至2005年，流转总面积886.7公顷，其中：转包面积446.7公顷、转让面积33.3公顷、互换面积66.06公顷、出租面积320公顷、其他形式面积20.1公顷。

（二）土地承包纠纷处理

第二轮土地承包后，个别地方仍然随意调整承包地，出现农村土地承包违法、违规纠纷案件。主要有历史遗留的土地权属争议、原闽南籍人员户籍回迁后承包地争议、征地补偿费分配争议等。

2003年，邓家乡2名农民因耕地承包问题产生纠纷，县农业局依照农村土地承包法，依法作出第一份土地承包纠纷裁决书。

至2005年，全县土地承包纠纷调处案件32起，其中调解29起、仲裁3起。

三、村级财务管理

1991—1992年，全县开展清理整顿集体经济组织财务工作，查纠并退赔违纪资金21.56万元，为村集体收回被外单位或个人长期拖欠款28.91万元。

1996年起，村集体经济组织财会人员凭农村会计证持证上岗。

1998年始，全县农村推行村务公开民主管理制度，以财务公开为重点，各村成立由5～7名农民组成的民主理财小组，负责监督村集体财务。村级财务实施“五统一方案”，即统一公开时间、统一公开方式、统一公开内容、统一公开程序，向群众公开。做到每月初向群众公布集体账目；在村民活动较集中的场所设立集体财务公开栏；公开村集体财务计划、各项收入和支出、各项财产、债权债务、收益分配、农户承担的集资款及水费、电费和义务工等；公开记录簿，公开事项记录存档；村集体财务事项由民主理财小组审核后向群众张榜公布。同年，全县各村集体组织开展清产核资。截至年末，全县111个村集体经济组织资产界定存量为4356万元，查出并纠正未入账村集体流动资产29.3万元，核准报损集体流动资产157.5万元；查纠未入账村集体固定资产317万元，核准报损村集体经济组织固定资产200.1万元；村集体经济组织被行政事业单位长期占用的资产140.1万元得到权属界定。

2003年，制定《清流县村级范围内一事一议筹资投劳管理办法》和《清流县村集体财务管理办法》。结合村级组织换届，县委组织部、县农业局、县监察局联合对全县111个建制村的村主干进行任期经济责任审计检查，审计总金额4727.57万元，查纠违纪违规资金27万元，涉及106人，其中1人受到党纪处分。

2004年始，全县农村推行村会计委托代理制度，乡镇农业服务中心增加村集体会计业务受托服务职能。实行代理制后，各村不再设会计，只设出纳岗位。农村会计代理员，从乡镇干部或农村社会有经济管理知识的青年中选聘，每位会计代理承担5个左右村集体经济组织的会计业务。财务管理仍然坚持村民自治以及村集体经济组织的资产所有权、资金使用权、财产处置权、财务审批权和民主监督权等“五权”不变原则。

至2005年7月，全县111个建制村，全部落实村账乡镇代理制度。是年，李家乡、嵩溪镇的村会计代理机构开始使用电脑记账，在全县率先实现农村集体财务电算化管理。

第三节　农产品质量安全管理

1995年6月，县成立绿色食品工作领导小组，下设办公室，挂靠农业局。开展无公害农产品、绿色食品、有机食品，以及“餐桌污染”治理、食品放心工程建设等工作宣传。组织蔬菜、水果、茶叶、稻谷等产区环境污染状况摸底普查。初步建立产地监测点，开展农药残留和重金属残留检测。协助企业申办食品认证。

2000年12月，县恒利贸易有限公司“九利”茶籽油获省农业厅绿色食品标志认证。

2001年12月，县新垦农场莲花山茶厂生产的“景冠”绿茶，获省农业厅绿色食品标志认证。

2003年1月，县闽新畜牧场生猪，获省农业厅无公害农产品标志认证。7月，“青流”蜜雪梨、沙芜“九龙湖”鲜活鱼、虾，获省质量监督局无公害农产品标志认证。

2004年，沙芜“九龙湖”鲜活鱼虾获国家农业部无公害农产品标志认证。

2005年，县渔业科技示范场龙津河养殖基地生产的鳙鱼、清流嘉德综合农业科技有限公司冷泉养殖场的香鱼、虹鳟，获农业部无公害农产品标志认证。三明市华利种猪繁育基地（东华）的生猪，获农业部无公害农产品标志认证。至此，全县获得基地和产品认证的绿色食品2家，无公害农产品5家。

第四节　农业执法监督

一、执法队伍

1991年，县农业系统持有省政府执法证67人，其中农技11人（含减负办）、经作2人、农机18人、兽医27人、渔证9人。1999年9月，成立县农业行政执法大队，编制由农业局内部调剂，持有农业部执法证16人，其中农技14人、经作2人。2005年11月，核定编制4人。是年6月，执法人员重新登记，持有省政府执法证39人，其中农技11人、经作2人、农机26人（含乡镇）、兽医3人、渔政7人。

二、执法活动

1991—1996年，农业行政执法工作，由农业局、农机局、畜牧水产局、经作局分块承担，各司其职。

1997—1999年，开展“三乱”（乱收费、乱集资、乱摊派）专项治理，减轻农民负担。围绕“打假护农”中心，开展“农资经营资质审查与核准、农资市场专项整治、春耕护农打假、毒鼠强和剧毒农药专项治理、禁用瘦肉精、扑杀动物疫情、农机监理、渔业执法等一系列执法行动。

2000年始，依法对全县种子、化肥、农药、畜药、饲料添加剂等农资经营进行资质审查核准，办理种子、兽药、农机配件等经营许可证。

2001年，强化对162家农资经营单位人员的岗前培训，宣传普及农业法律法规，做到合格上岗，守法经营。同年，县水产部门办理水产捕捞许可证121本，会同县政法委、县公安局、县工商局等联合开展打击电、毒、炸鱼专项行动2次，查处违法案件12起，查处制造电鱼机窝点2个，收缴电鱼机15台。

2002年，开展农资市场专项整治，办理护农打假涉农案件近百起。查处县龙鹏农资有限公司涉嫌销售标签残缺不清硫酸钾复混肥一案，处罚2000余元；查处县农业技术开发公司涉嫌销售违规无登记证、标签残缺不清菌毒杀星农药一案，没收违法所得720元，处罚1440元。查处里田乡里田村民罗某涉嫌无证生产杂交水稻种子一案，种子作加工饲料处理，并处罚款1000元。同年，县水产部门在沙芜库区开展船检登记和养殖证发放，登记渔船25艘、办理养殖证30本。

2003年，开展毒鼠强、剧毒农药整治，清查收缴剧毒杀鼠剂“毒鼠强”30余千克。同时建立经营台账，实行跟踪管理，全县鼠药由县农业技术开发公司统一经营，并负责全县农田灭鼠。

至2005年，全县核准经营资质单位162家。其中：农机配件经营16家，兽药、饲料经营32家，种子公司5家、经营点75个，化肥、农药经营39家。全县渔船登记97艘，发放养殖证10本，办证面积108公顷。

第五节 农机管理

一、农机油料管理与农机购置补贴

1991年，组织农机户与农户签订机耕合同，开展农机作业服务，实行“机、油、田、费”四挂钩，采取定人、定机、定任务、定收费标准、定油料供应的“六定”措施，对机耕拖拉机供油，不机耕的不供油。

1992年，取消农用柴油供应双轨制，柴油价格由市场调节。1993年7月，贯彻国务院《关于切实减轻农民负担的紧急通知》精神，取消农机服务管理费，手扶拖拉机主每年每台减轻负担24元，大型拖拉机与农用车主每年每台减轻负担48元。

2004年始，实施农机购置补贴项目。带动农户1户，投入4.05万元，购置全喂入收割机1台，省级补贴资金4500元。2005年，全县省级补贴资金4.14万元，带动农户10户，投入36.94万元，新增全喂入收割机10台。

二、农机维修管理

（一）农机修理网点

1991年，全县农机维修网点41个，其中乡镇办农机修配厂8个、个体农机具修配店33个。乡村农机维修网点初具雏形。1993年，乡镇集体修配厂逐步解体，多数修理人员离厂成立个体维修点。

2005年，全县有农机修理网点42个，其中集体性质的仅剩1个，即县农机修配厂嵩口修理点，承包个人经营，从业人员71人，年维修各类农机具1.17万台次。

（二）修理工职业技能鉴定

1995年，全县修理工技术等级实行初级、中级、高级3个级别。初级农机维修工技术等级由县核发，中、高级由市、省考核鉴定核发。1999年起，全国统一实行《技术等级证书》。2001—2003年，持原农机部门签发的农机修理工技术合格证书（农业部）换发劳动部门证书，全县换证修理工11名。2005年，全县有16名修理工持有农机部门考核鉴定、劳动部门签发的技术等级证书。

三、农机安全监督管理

（一）农机驾驶员培训与管理

1991年，农机化学校教职员工5人，培训教练场所4.06万平方米，建筑面积2779平方米，固定资产32.57万元，教练车4辆，其中农用车3辆，大中型拖拉机1辆。可一次性容纳学员100人。同年，培训摩托车驾驶员1期60人，农机管理人员1期20人，复训机手1期185人。1997年始，培训多功能拖拉机驾驶员，当年新训4人。

1992年12月，各乡镇成立农机安全片区，开展农机安全学习教育活动。1996年6月，为拖拉机驾驶员换发磁卡副证873本，换发率占全县在册驾驶员数93%。

2003年9月，农机化学校开工重建农机培训楼。2004年8月，农机培训楼竣工，占地面积670平方米，建筑面积480平方米，可一次性容纳学员40人。有教师5人，教练车3辆。

2005年，农用车纳入汽车管理，农机化学校停止培训农用车驾驶员。同年9月1日起，拖拉机驾驶培训走向社会化。年内，新培训拖拉机驾驶员119人，复训386人。全县核发由农业部统一监制的新拖拉机驾驶证1951本。

1991—2005年，培训各类农机人员7754人次，其中手扶拖拉机驾驶员874人、农用车驾驶员506人、多功能拖拉机驾驶员 880 人、复训 5351 人、修理工 63 人、其他人员 80 人。

（二）农机安全监理

1992 年，县农机监理部门接收县交警大队托管拖拉机档案 593 份、驾驶员档案 348 份。县政府批转县农机局《关于开展农业机械全面安全监理工作的报告》，县农机监理部门在沙芫、赖坊、里田等乡开展拖拉机安全技术检测和农机安全监理，检测拖拉机 156 台，调修 78 台，乡村路查路检纠正违章 392 起；全县拖拉机年检 331 台，驾驶员审验 174 人，检审 50%。各类农业机械登记挂牌 667 台，占拥有量 40.3%。

1993 年，清理整顿无牌无证拖拉机，办理旧车挂牌 105 台。1996 年 8 月，启用换发“九二”式拖拉机新牌证。全县 907 台拖拉机，核发新牌证 872 台，核发率 96.1%。

1997 年 5 月，县农机监理、工商、技术监督与公安交警等部门开展联合执法行动，清理整顿改装、拼装拖拉机行为，查封取缔非法改装、拼装窝点 2 家。

1998 年，根据新修订的福建省农机安全监理规定，对全县农村机械配件经营点进行整顿治理，办理《福建省农村机械配件经营合格证》经营点 18 个。

2000 年，除正常年度检验外，增加 1 次临时检验，对新出现的改装改型拖拉机一律不予上牌入户，一经发现强制报废，杜绝改、拼装拖拉机上路行驶。

2005 年，县农机监理部门接收县交警大队移交拖拉机有效档案 373 份，正式启用由农业部统一监制的新拖拉机牌照，核发新牌照 124 台。至 2005 年，全县累计核发拖拉机牌证 1954 台次。

（三）农机违章与事故处理

1992 年， 县农机监理站主要负责发生在道路外的农机事故处理。拖拉机交通事故由县交警部门负责处理。年内，纠正违章 392 起，其中无证 84 人次、无牌证拖拉机 30 台次、未年检拖拉机 67 台次、非法载客 107 台次、其他违章 104 起。2002 年 5 月 30 日，东华乡横溪境内发生拖拉机特大交通事故 1 起，肇事人兰某驾驶福建 G/81035 东风 -12hz 式拖拉机（未年检），落入距路面 6 米河中，造成溺水死亡 5 人，伤 1 人。2004 年，农机违章 262 起，其中无证驾驶 26 人次、无牌证 6 台次、未年检 42 台次、非法载客 97 人次、其他违章 91 起。

1990—2005 年末，全县发生拖拉机事故 30 起，死亡 15 人，重伤 13 人，直接经济损失 24.19 万元。

卷九 林　业

清流县是中国南方集体林区48个重点林业县之一，动植物资源丰富。1991—1996年，利用世界银行贷款投资，实施“国家造林项目”工程，全县完成人工造林面积4256.1公顷。同时，积极做好护林防火和育林工作。1998年，实行林业体制改革，政企分开，解决林业系统冗员多、包袱重、困难大问题。开展以“明晰产权、分类经营、落实承包、保障权益”和“明晰所有权、放活经营权、落实处置权、确保收益权”为目标的集体林权制度改革，完成改革面积8.99万公顷。2002年，实施以花卉、苗木为重点的生态型万亩绿化苗木基地建设项目，县政府出台各项优惠措施鼓励个体、私企、民营参与种植绿化苗木、花卉。至2005年，全县有林地面积14.94万公顷，活立木蓄积量90.16万立方米，森林覆盖率82.3%。鲜切花种植面积73.33公顷，绿化苗木基地面积885公顷，绿化、用材两用林面积451.67公顷。1991—2005年，全县生产木材151.3万立方米，实现规模工业产值5.52亿元。林业成为县域经济发展的支柱产业及建设生态经济强县的基础产业。

第一章　林业体制改革

第一节　集体林权制度改革

1996年，在嵩口镇嵩口、和元、范元村开展集体林经营体制改革试点。1997年7月，县委、县政府颁发《关于深化集体林经营体制改革意见》，全县开展以“明晰产权、分类经营、落实承包、确保权益”为重点的农村经营体制改革。实施中主要实行林木有偿转让、押金承包等经营形式。

2003年7月，县人民政府颁发《关于进一步深化集体林权制度改革实施意见》，开展以“明晰所有权、放活经营权、落实处置权、确保收益权”为主要内容的林业改革，重点是对村集体统一经营商品林进行改革，实行林地所有权与使用权有效分离，建立经营主体多元化，逐步建立适应社会主义市场经济要求的集体林经营管理新机制、新体制。

2004年，县政府召开全县林改工作会议13次，林业局召开系统内林改工作会议16次。印发《集体林权制度改革宣传提纲》和《林权登记发换证工作须知》各3万份发至村、组。县政府从包村部门和林业部门抽调72人组成深化集体林权制度改革工作组，举办林权制度改革培训班，培训130人次，分赴15个乡镇开展林改。林业局抽调40人分成4组，对15个乡镇林改工作进行督查。

2005年10月，全县完成深化集体林权制度改革主体任务。采取稳定自留山、招投标转让、承包经营、林地租赁、划拨经营等形式，使集体商品林林木所有权和林地使用权产权归属清晰，经营主体落实。全县完成明晰产权的村111个，完成改革面积8.22万公顷，占任务93.6%。其中承包经营面积3.16万公顷（承包到户1.61万公顷，承包到组1.55万公顷）；自留山面积1.04万公顷，林业用地租赁面积0.4万公顷，林木转让面积2.52万公顷（其中村民内部转让面积1.68万公顷，对外转让面积0.84万公顷）；联营经营面积0.92万公顷，划拨经营面积220公顷，其他形式经营面积0.16万公顷。完成林权登记发换证宗地区划19593宗，面积 14.97 万公顷；完成登记 19593 宗，面积 14.9 万公顷；完成集体商品林林权登记面积 8.87 万公顷。

第二节　林业政企分离

1998 年 4 月，经县政府同意，出台《清流县林业系统改革实施意见》，实行政企分离改革。将林业企业从林业行政管理中剥离出来，吸收职工入股，组建林业（集团）有限责任公司，负责管理原林业局下属所有企业的生产经营。其国有股权由县国有资产投资经营有限责任公司持有并行使股权。林业局与林业（集团）有限责任公司实行人、财、物分离。为便于协调管理，林业（集团）总公司董事长由林业局局长兼任，董事长与总经理分设，其他人员一般不交叉。

第三节　林业分类经营改革

2001 年 4 月，成立县林业分类经营改革领导小组，开展全县生态公益林区划界定外业工作。全县区划界定生态公益林面积 4.23 万公顷，其中江河支流两侧、库湖周围、县城周边一重山有林地中生态公益林全封禁面积 4.08 万公顷。2003 年，全县落实划分生态公益林责任片 266 片，管护责任人 265 人。

2005 年，由闽江一级支流建立的江河支流两侧、库湖周围、县城周边一重山生态公益林面积 4.23 万公顷。签订生态公益林管护责任书 101 份、管护合同 309 份；聘请乡镇林业站生态公益林监管人员 52 人、专职监管护林员 251 人，管护小班 3721 个。

第四节　林业企业改革

1991 年，县林委有县化工厂、人造板厂、林业工程公司等下属国有及集体企业 17 家，共有企业职工 1309 人。县林委与 17 家企业签订承包经营合同，下达生产、营销计划。

1992 年 5 月，永安林业汽车保修厂清流林业车队移交给清流林委管辖。

1993 年 7 月，县人造板厂改制，成立福建省人造板股份有限公司，总股本 1000 万股，其中国家股 124 万股，企业法人股 605 万股，社团及个人参股 271 万股，每股发行价 1.6 元。公司通过发行股票，筹集发展资金，扩大生产规模。

1998 年，县化工厂改制为国家控股、企业内部职工参股的清流林产化工有限公司，总股本 546.94 万元。同年，林业汽车运输公司解体。

2000 年 4 月，林产化工有限公司国有股全部退出，改制为民营股份合作制企业——鸿翔化工有限公司，原有职工置换身份安置。9 月，县人造板股份有限公司实行租赁经营改革，与 175 名职工全员解除劳动关系，支付经济补偿金 118.8 万元。

2002 年，采取拍卖、出让、嫁接改造等方式先后进行拔口、芹口等 4 个采育场及县木材采购站、林业贸易有限公司等 7 家企业改革，减员 288 人。

至 2004 年，包括林业集团在内的其余企业采取破产、解体、拍卖等方式，全部完成改制，职工置换身份，解除劳动关系。支付下岗职工补偿金，并妥善安置离退休人员。

2005 年，全县林业系统有拔口、庄前、下和、芹口、廖武等国有采育场 5 家，及林业工程公司、国有林管理站、林业养路段等企业 3 家，职工 329 人，比 1991 年减少 921 人。

第二章 林木资源

第一节 总量及分布

一、面积与蓄积量

1990年，全县林业用地面积15.65万公顷，其中有林地面积13.04万公顷。含用材林面积10.43万公顷、生态公益林面积2.01万公顷、经济林面积0.4万公顷、竹林面积0.2万公顷。非林业用地面积2.56万公顷。森林覆盖率69.1%，活立木蓄积总量856.58万立方米。

1996年6月，全县进行第四次森林资源二类调查，全县林业用地面积15.49万公顷，其中有林地面积14.79万公顷，含用材林面积10.22万公顷、生态公益林面积3.61万公顷，经济林面积0.5万公顷，竹林面积0.46万公顷。非林业用地面积2.66万公顷。森林覆盖率81.9%，立木蓄积总量838.64万立方米。

2005年，全县林业用地面积15.5万公顷，其中有林地面积14.94万公顷。含用材林面积9.79万公顷，生态公益林面积4.08万公顷，经济林面积0.53万公顷，竹林面积0.54万公顷。非林业用地面积2.65万公顷。森林覆盖率82.3%，立木蓄积总量901.65万立方米。

二、林业资源分布

县林业资源分布不均匀，林业资源相对集中在中、东、北部乡镇，偏远地区多，交通沿线少。1990年，嵩口、嵩溪镇，余朋、东华、温郊乡有林地面积5.49万公顷，占全县有林地总面积42.08%。立木蓄积量387.76万立方米，占全县立木蓄积量45.27%。李家、赖坊、邓家乡，灵地镇有林地面积2万公顷，仅占总面积15.36%，立木蓄积量62.91万立方米，占全县立木蓄积量7.34%。全县有39个村无可伐量，98个村无杉木成熟林蓄积量。

2005年，东华、嵩溪、嵩口、温郊、余朋、沙芜等乡镇，立木总蓄积量524.4万立方米，占全县立木总蓄积量45.4%；有林地面积6.2万公顷，占全县有林地总面积45.7%。立木蓄积量20万～30万立方米的村有桐坑、梧地、大路口、东坑、芹溪、洞口；15万～20万立方米的村有黄石坑、太山、温家山、大元、田口；10万～15万立方米的村有铁石、岭干、梓材、南山、田源、元山、俞坊、基头、秋口等村。

第二节 森林资源质量

1990年，全县立木总蓄积量856.58万立方米，按林业用地平均每公顷拥有立木蓄积量54.74立方米；用材林立木总蓄积729.44万立方米，平均每公顷用材林立木蓄积69.9立方米；全县人均拥有立木蓄积62.12立方米、用材林蓄积52.94立方米。生态公益林蓄积104.22万立方米，疏林蓄积5.39万立方米，散生木蓄积17.54万立方米，毛竹林蓄积228.36万株。全县森林覆盖率69.1%，绿化程度83.37%。

1996年，进行森林资源二类调查。全县立木总蓄积量838.65万立方米，平均每公顷拥有立木蓄积量54.15立方米；用材林立木总蓄积633.54万立方米，平均每公顷用材林立木蓄积62立方米；全县人均拥有立木蓄积58.17立方米、用材林蓄积52.94立方米。疏林蓄积5953立方米，散生木蓄积6.61万立方米，生态公益林蓄积197.44万立方米，薪炭林蓄积525立方米，毛竹林588.05万株，幼中、近熟林、成过熟林面积比为3：4：3；蓄积比例为1：5：4。阔叶树面积和蓄积，其比重在20%以内，人工林中杉、松针叶树种占绝对优势。绿化程度95.55%。

2005年，全县立木总蓄积量901.65万立方米，比1990年增加45.06万立方米，比1996年增加63万立方米。平均每公顷有立木蓄积量58.16立方米，比1990年增加3.42万立方米，比1996年增加4.01立方米。用材林立木总蓄积634.75万立方米，平均每公顷用材林立木蓄积64.86立方米，比1990年减少5.04立方米，比1996年增加2.86立方米；全县人均拥有立木蓄积61.19立方米，比1990年减少1.81立方米，比1996年增加3.02立方米。全县人均拥有用材林蓄积43.07立方米，比1990年减少10.62立方米，比1996年减少0.87立方米（政策性调整为生态公益林导致）；疏林蓄积3150立方米，比1990年减少5.07万立方米，比1996年减少2803立方米。散生木蓄积7.78万立方米，比1990年减少9.78万立方米，比1996年增加1.15万立方米。薪炭林蓄积645立方米，比1996年增加120立方米；毛竹林515.15万株，比1990年增加381.7万株，比1996年减少72.9万株。全县森林覆盖率82.3%。绿化程度96.35%。

若干年份清流县各类林业用地面积统计表

表9-1　　单位：公顷、%

项目		1990年	1996年	2005年
林业用地		156488.73	154883.5	155026.93
有林地		130461.19	148000.47	149375.2
林分		124433.27	138330.47	138684.33
用材林		104348.01	102180.52	97850.81
生态公益林	合计	20085.26	36135.4	40820.54
	防护林	20066.72	32702.73	37709.27
	特用林	18.54	3432.67	3111.27
经济林		4035.53	5031.76	5291.14
竹林		1992.39	4638.27	5399.73
薪炭林		—	14.53	13
疏林地		5058.12	660.33	477.67
灌木林地		1221.66	616.93	621.78
未成林造林地		12762.14	2920.82	1198.33
无林地		6983.54	2685.04	3353.96
非林业用地		25552.95	26620.92	26477.52
森林覆盖率		69.1	81.9	82.3

若干年份清流县各类林木蓄积动态统计表

表9-2　　单位：立方米、万株

项目		1990年	1996年	2005年
林木总蓄积		8565844	8386464	9016484
林分蓄积		8336611	8310343	8931711
用材林蓄积		7294418	6335408	6347051
生态公益林	合计	1042193	1974410	2584015
	防护林	1041447	1788506	2346973

续表 9-2 单位：立方米、万株

项	目	1990 年	1996 年	2005 年
生态公益林	特用林	746	185904	237042
疏林蓄积量		53877	5953	3150
散生木蓄积		175356	66073	77528
薪炭林蓄积		—	525	645
毛竹林株数		228.36	588.05	515.15

第三节 林副产品资源

县林副产品主要有油茶籽、油桐籽、乌桕、松脂、山苍子、笋干、棕片、板栗、香菇、黑木耳等。松脂主要分布在嵩口、余朋、东华、田源等乡镇，油茶主要分布在嵩口、嵩溪、温郊、长校、东华、沙芜等乡镇。1991 年，林副产品总量为 9715 吨，其中松脂产量居首位，其次为油茶、香菇、板栗。2000 年，林副产品总量为 1.25 万吨。2002 年，受精制茶油产业发展驱动，油茶籽产量增长至 4518 吨，取代松脂跃居首位。2005 年，林副产品总量 1.44 万吨，比 1991 年增长 1.49 倍。

1991—2005 年清流县林副产品资源情况表

表 9-3 单位：吨

产品	油茶籽	油桐	松脂	山苍子	笋干	乌桕	棕片	板栗	香菇	黑木耳
1991	1491	320	6637	543	126	275	75	46	135	67
1992	1558	473	7744	544	148	171	110	54	158	65
1993	1920	736	8357	624	150	233	195	71	424	71
1994	2216	606	11939	583	180	131	174	66	402	51
1995	3002	1494	8968	580	441	91	88	79	413	1
1996	2861	1430	7183	796	212	139	119	419	245	53
1997	3493	1259	6471	909	307	26	143	390	290	76
1998	3683	1343	5699	903	397	26	144	671	295	66
1999	3695	836	5161	784	425	70	252	179	199	41
2000	3860	889	5647	920	475	26	207	193	299	19
2001	4040	985	4884	1243	845	47	216	301	375	57
2002	4518	1029	4169	1405	912	52	238	369	393	62
2003	4921	1200	3960	1571	1259	157	340	520	405	58
2004	5260	1406	3697	1779	1431	123	379	556	493	63
2005	5754	1168	2600	1680	1618	130	258	635	520	62
合计	52272	15174	93116	14864	8926	1697	2938	4549	5046	812
主要产地	嵩口镇 赖坊乡 长校镇 温郊乡 东华乡 余朋乡	嵩口镇 赖坊乡 温郊乡	嵩口镇 余朋乡 东华乡 沙芜乡	嵩口镇 余朋乡 长校镇 温郊乡	嵩溪镇 嵩口镇 沙芜乡 余朋乡	李家乡 邓家乡 灵地镇	嵩口镇 余朋乡 赖坊乡	赖坊乡 余朋乡 沙芜乡	余朋乡 嵩口镇 嵩溪镇 东华乡 温郊乡	嵩口镇 东华乡 温郊乡

第三章 营 林

第一节 采种育苗

一、采 种

1991 年，县林委从省林业厅设在武平县的定点育苗点调入选优的 120 个家系，在李家乡河背村建立马尾松实生种子园，面积 16.67 公顷，每亩种植马尾松母树 120 株。同年，投资近百万元，在灵地镇灵地村建立马尾松母树林采种基地，面积 132.87 公顷。利用天然松木中龄林进行抚育间伐、开条状沟施肥，每亩保留 40 ～ 50 株，进行健壮无病虫害母树培育。在东华乡桥下村建立杉木二代种子园，面积 32.2 公顷。林业站对林农采集马尾松球果按收购价收购，上调县林委种苗站后，再调运到市林委、省林业厅。当年，收购马尾松种子 2 吨。1993 年，收购马尾松种子 1 吨。随着造林面积逐年减少和造林树种结构调整，马尾松种子收购量越来越少。1995—1999 年，收购数量均在 5000 千克。2000—2003 年，收购数量在 3000 ～ 4000 千克。2005 年仅收购 2000 千克。

二、育 苗

1991 年，围绕“国家造林项目”和林业基地建设投资公司速丰林建设用苗需求进行培育。1992 年，采取定点培育、定向供应进行大面积马尾松营养袋苗培育，建立以清流林业苗圃高树亭圃地、余朋乡东坑村、田源乡田口村、沙芜乡上坪村、里田乡里田村等营养袋苗培育点 5 个。在嵩口镇立新村、寨下村，田源乡半溪自然村、廖武村、余朋乡余朋村，清流监狱等地建立杉、松裸根苗育苗点。

1993 年，全县培育马尾松营养袋苗 300 万袋。国家项目造林面积 0.43 万公顷，用苗量 1586.25 万株，其中营养袋苗 798.89 万株，占用苗量 50.4%，裸根苗 787.36 万株，一级苗率 96%。

1998 年，苗木培育从以马尾松、杉木为主转向以培育短周期速生工业原料林与乡土树种相结合，主要树种有巨尾桉、意大利杨树等。育苗方式也从以林业部门为主转向以林木种苗培育专业户为主。林木种子由林业局种苗站负责调运。种苗培育专业户需持有育苗资格证和苗木出圃合格证方可经营。至 2005 年，全县累计育苗面积 145.17 公顷。

第二节 花卉苗木

一、主要品种

县花卉苗木主要品种有：草本花卉如非洲菊、百合花、苏莺乌、康乃馨、君子兰、万寿菊、万年青、朱顶红、花叶绿萝、茉莉花、剑兰、福建兰等品种 43 个。木本花卉如玫瑰、茶花、铁树、榕树、富贵竹、杜鹃花、米兰、茶梅、海棠、丁香球、黄杨球、红花檵木等品种 18 个。观赏绿化苗木如罗汉松、小叶罗汉松、乐昌含笑、竹柏、深山含笑、四季桂、八月金桂、红花木莲、大红枫、小红枫、雪松、中华杜英、红豆杉、乐冬尼、樱花、天竺桂、香樟、红玉兰、广玉兰、紫薇等品种 37 个。

二、花卉苗木培育

2000 年前，除个别涉外窗口单位及经济条件较好单位有自产、自用花卉培育圃地外，县内无大规模花卉苗木培育基地。

2001年5月，浙江宁波客商利用新村柑橘场投资兴建林业苗木科技示范基地，面积70.6公顷。引进培育罗汉松、竹柏等品种10余个，并带动周边村民参与苗木培育。

2002年10月，县委、县政府将绿化苗木、花卉产业建设作为调整和优化农业产业结构重要措施，决定建设以花卉、苗木为重点的万亩种源型生态农业基地，使之成为农民增收的新兴产业。当年，引进福州元鼎花卉公司在里田乡投资360万元，建立鲜切花基地20公顷，建大棚1000平方米，年产鲜切花7500万枝，带动干部、农户30余户种植鲜切花面积10公顷；引进浙江宁波滕头园林绿化工程公司，投资兴建三明市景秀园林工程有限公司。在李家乡、灵地镇利用荒坡地及土地整理方式开发绿化苗木、生态农业示范园区，在嵩溪开发红枫基地。其后嵩溪、林畲、龙津、长校等乡镇陆续发展花卉产业。

2003年，引进许氏、天驹2家公司投资300万元在里田创建鲜切花基地，面积33.33公顷。

至2004年，三明市景秀园林工程有限公司已投资2037万元，完成李家、灵地绿化苗木、生态农业示范园区建设，面积186.67公顷;建设嵩溪红枫基地面积64.67公顷。培育木本花卉132万株、观赏木20.1万株。同年，林业苗木科技示范基地投入资金430万元，培育各种花卉苗木230万株。同时，邀请福建省林业科学研究院和福建省林业生产力促进中心对建立清流县生态型万亩绿化苗木基地进行可行性研究。7月，省林业厅在清流县召开全省鲜切花技术培育班，培训人员200余人。嵩口镇成立绿化苗木培育中心，发动林农培育火力楠、木荷、杜鹃花、桂花20余种，面积27.33公顷。全县国有、集体、个体私营企业建立绿化用材两用林面积451.67公顷。

2005年，清流县与省农科院花卉研究中心合作，引进鸿翔农庄农业发展有限公司，投资380万元培育名优花卉优质种苗、推广花卉标准化栽培技术。该公司实施“公司+基地+农户”的产业发展模式，对花农实行“三包”（包优质种苗供应、包栽培技术指导、包鲜切花产品销售），对鲜切花产品统一品牌、统一销售。2005年11月，公司生产的鲜切花产品获第七届海峡两岸（福建漳州）花卉博览会暨农业合作洽谈会展品铜奖。年末，全县有鲜切花种植面积73.33公顷，年产鲜切花7500万枝。绿化苗木基地885公顷，产盆景花卉20万盆，绿化苗木、观赏苗木382.1万株。

第三节 造林更新

一、杉、松、阔叶林

1991年，全县营造世行项目林面积3500公顷。完成造林更新面积1856.27公顷。其中：国家项目造林面积924.9公顷、林业基地建设投资公司营造速丰林面积364.8公顷。

1993年6月，国家造林项目首次引进美国火炬松树种，当年营造火炬松159公顷。

1997年12月，国家林业部对清流县实施“国家造林项目”进行验收。全县投入资金1139.68万元，营造世行项目林面积4256.1公顷，其中，杉木面积282公顷，马尾松面积2888.3公顷，火炬松面积1033.5公顷，阔叶林面积52.3公顷。

2000年，清流县被国家林业局授予“国家造林项目”先进县称号。至该年，建立市、县、乡、村4级联营林场面积1667公顷。建立里田乡、长校镇与青州造纸厂联营林场面积540公顷。投资221.48万元，向乡村租赁山场联营种植毛竹面积844.87公顷。

2003—2004年，全县个体、私营企业投资办林场7家，经营面积5733.3公顷，造林面积542.4公顷，占全县造林总面积50%左右。

2005年，全县取消征收林价，建立造林更新保证金制度。当年，个体、私营造林面积599.73公顷，占全县造林总面积59.3%。

1991—2005年，全县累计完成造林面积1.54万公顷，其中迹地更新面积1.45万公顷（国有采育场造林面积3640公顷，国有林场造林面积891公顷）。建成商品用材林面积6.71万公顷，个体、国企及民营企业建立原料林基地面积1.07万公顷。

二、竹林开发

1991年，全县竹林面积1992.40公顷，主要分布在温郊、城关、嵩溪、沙芜、余朋等乡镇。1994年，县人民政府将毛竹经营、管理从供销部门转至林业部门，同时制定优惠措施鼓励开发。对农民成片开发竹林地，新植竹林2公顷以上的，每公顷给予投资补助1500元；农宅四旁种植的，每株补助竹苗款1元；竹林连片复垦面积1.33公顷以上的，每公顷投资补助1200元。自留山竹林区由农民自主支配采伐，优先审批，并免收生产环节特产税和流通环节的育林费。对毛竹发展较好乡镇、村进行表彰、奖励。温郊乡的小池、桐坑村，嵩溪镇的时州村、东华乡的拔里、横溪村，田源乡的廖武村将毛竹作为重要发展目标，建立毛竹丰产林基地，划块承包管理，调动农民种竹护笋爱竹积极性。竹林开发以鼓励林农私人种竹为主，推广种植周期短、效益高的雷竹、高节竹、石竹等新品种。全县竹林开发以每年面积增加1000公顷速度发展。1995年，建成毛竹林基地面积7386.6公顷。

1996年1月，清流县制定“九五”竹业发展规划及有偿扶持优惠措施，争取用5年时间种植竹林面积1.33万公顷，立竹量2000万根。

1997年，完成竹林复垦面积2447.13公顷，完成竹林丰产林培育面积1001.2公顷。全县有毛竹林面积0.87万公顷，其中成片竹林4666.67公顷，并建立乡、镇竹林示范片389.93公顷；建立市、县竹林示范片86.13公顷。

2005年，全县新增小径竹种植面积1333.33公顷，成活率95%。全县毛竹林面积5399.73公顷，毛竹蓄积量610.06万根。

三、油茶园开发

1991年，全县油茶种植零星分散，主要分布在嵩口、田源、温郊、余朋、东华、嵩溪等乡镇，管理粗放。主要品种有寒露籽即羊屎茶（珍珠茶）、霜降籽（桃李茶）、立冬籽（大茶梨）等，全县油茶产量1491吨。

1996年，种植面积由1985年的2281.7公顷下降到1995.3公顷。随着“9利”茶籽油等品牌销路的拓展及集体林权制度改革后林地权明晰化，农民种植油茶积极性提高。2000年，全县油茶产量3860吨。

2001年，引进赣系优良系油茶种植面积3公顷。2001—2005年，全县完成油茶低改面积1933.3公顷。

2005年，全县油茶种植面积1989.7公顷，总产量5754吨。

第四节　封山育林

1991年，县、乡、村采用建立防风固沙、涵养水源、水土保持林等多种形式进行封山育林。全县列入封育面积1.58万公顷，按4.8元／公顷支付管护费。长校、里田成立封山育林委员会，封育面积1167公顷。

1998年始，实施天然林资源保护工程。1999年，全县规划天然林保护面积5.35万公顷。

2002年，全县设立大型森林保护宣传牌1个、中型宣传牌14个。

2005年，全县新封面积2173公顷，续封面积2.57万公顷。建立封育示范片30片，面积410公顷。建立生物多样性和林种基因库，保护天然林面积5.35万公顷。

第五节　义务植树

1991年，全县完成义务植树27.5万株。1992—1997年，每年组织县直机关干部、学校学生义务植树，共完成公路沿线等植树任务170.9万株。

1998年春，县直机关干部在凤翔公园参加义务植树，种植杜鹃、樱花、柏树、紫薇、樟树等1000余株。

嵩溪镇政府发动群众在七星岩景区种四方竹2700余株。

1999年，县直机关干部、学校学生2297人参加义务植树2.02万株。同年3月2日，灵地镇获首批省级园林式乡镇称号。2000年春，清流宾馆建成园林式观赏型庭院。

2001—2003年春，在城区西门桥广场种黄杨球300余株，在刘家园至西门桥沿河植草皮面积4205平方米。县高级职业中学植草皮面积4079平方米、绿篱170米、盆花850盆、垂直绿化300平方米，种扶桑、铁树等绿化树30余种。县公路分局投资15.7万元，创建大路口至横溪岭14.3千米绿色通道示范路段，种植草皮、整修边坡面积2.7万平方米，种桉树4900余株。县直机关干部在长兴中街、长兴北街种香樟282株。投资30余万元，在龙津广场（原街心公园）、新建的河滨休憩公园等地，种植乐昌含笑、木晨、樱花、紫薇、红花檵木等1000余株。全县采取“以苗还苗”措施，在嵩溪、嵩口、温郊、田源、沙芜等11个乡镇建立九龙溪及其支流沿河生态防护竹面积268.9公顷。

至2005年，全县累计义务植树485.2万株。温郊乡政府大院、县第一中学、国有大丰山林场、清流鱼龙岗电站被省绿化委授予绿化红旗单位；县政府大院、清流宾馆被授予省级花园式单位；灵地镇、温郊乡被授予省级园林式乡镇。庄前采育场、县国税局、清流监狱二大队等10个单位被三明市绿化委授予绿化先进单位；县高级职业中学、县实验幼儿园被授予市级花园式单位。

1991—2005年清流县造林更新、义务植树统计表

表9-4

年　份	造林更新		义务植树（万株）
	当年造林面积（公顷）	其中：迹地更新面积（公顷）	
1991	1856.27	1490.67	27.5
1992	1927.13	1927.13	28.4
1993	1597.33	1597.33	28.2
1994	1775.13	1775.13	28.6
1995	1414.9	1056.33	28.2
1996	1054.7	1054.7	28.7
1997	1153.07	1153.07	28.8
1998	833.13	833.13	29.4
1999	526.13	526.13	36.5
2000	475.5	373.13	36.1
2001	580.27	580.27	37.2
2002	459.4	459.4	36.1
2003	459.7	459.4	36.4
2004	624.6	624.6	38.2
2005	693.2	582.37	36.9
合　计	15430.46	14492.79	485.2

第四章　林产品营销

第一节　木材营销

1991—1998年，南方集体林区取消木材统购，开放木材市场，木材价格随行就市，议购议销。全县加强指导性计划管理，坚持山上管严，山下搞活原则，通过拔口、庄前、芹口、下和、廖武等5个国有采育场和清流城关木材采购站、嵩口木材采购站、县林木经销公司主渠道进行木材营销。

在保证全县木材加工企业用材外，木材主要销往三明胶合板厂、青州造纸厂、南平造纸厂、永安贮木场、荆西贮木场。并开设永安转运组、荆西转运组、白沙货场，通过铁路运输将木材销往江苏、浙江、山东、山西、河南、安徽、河北等省。

农村集体林木材营销主要由城关木材采购站、嵩口木材采购站、林木经销公司分区域进行收购经销。3个经营单位按照县下达规格、木材种类收购价向各乡镇木材经营管理机构进行购销。国有采育场实行利润包干，超收全留，作为采育场福利基金、发展基金、开发基金，按比例合理使用。3个经营农村集体林木材单位经营木材所产生利润则按县、乡、村5∶1∶4进行分配。

1998年6月，城关采购站、嵩口采购站、林木经销公司3站合并成立清流县木材采购站。10月，清流县林业有限责任公司成立，芹口、庄前、下和、拔口、廖武国有采育场作为公司下属二级核算单位。2002年7月起，林业有限责任公司对各采育场、木材采购站、国有林管理站木材营销收入由公司财务统一结算收取，基层各场、站费用由公司统一拨付。11月3日，清流县木材采购站撤销。当年，集体林木经营全面放开。

2003年8月，清流县木材检验中心成立，负责全县集体林林农、木材生产经营者及木材加工企业木材及林产品检尺检验。按县物委相关规定进行行政事业性收费。

2004年12月，县林业集团总公司破产，县林业有限责任公司代之行使管理职责。

2003年后，较大口径木材由生产者直接销往外省、外县，小口径及枝桠材则销往县鸿伟细木工板厂、刨花板厂及其他23家小型木制品加工厂。

1991—2005年，全县生产木材151.3万立方米，其中原木103.92万立方米；销售木材138.85万立方米，其中原木95.88万立方米；销售收入7亿元，产值5.73亿元，税收8216万元。

1991—2005年清流县木材生产、销售统计表

表9-5　　单位：立方米、万元

年份	生产		销售		销售收入	税收	工业产值（现行价）
	木材	其中：原木	木材	其中：原木			
1991	118703	100048	113055	95288	5575	679	3066
1992	110656	96020	115492	100216	6697	694	3132
1993	125743	104986	114202	95350	6623	687	2972
1994	143197	122993	119948	103024	6530	607	3100
1995	116313	111350	114120	109250	6540	514	3434
1996	118314	115953	109528	107342	5987	523	4570
1997	143283	68150	83754	39836	4367	343	4320

续表 9-5

年 份	生 产		销 售		销售收入	税 收	工业产值（现行价）
	木 材	其中：原木	木 材	其中：原木			
1998	83475	51577	80594	49797	3707	760	6248
1999	79000	53657	77484	52627	3518	686	4232
2000	66600	40325	59803	36210	2765	564	3206
2001	62374	42472	61618	41957	2634	567	2425
2002	61446	36363	58988	34908	2574	591	2744
2003	89643	35951	86100	34530	3715	699	3821
2004	93478	28313	90195	27319	3829	262	4423
2005	100790	31000	103579	31101	4972	40	5577
合 计	1513015	1039158	1388460	958755	70033	8216	57270

第二节 竹材营销

1991 年，竹业生产、经营归林业部门管理。当年，全县竹材销售量 3.16 万根，主要供当地在建建筑做脚手架使用。

1992—1993 年，城关、嵩口、田源温郊、沙芜、余朋等乡镇开发竹凉席、竹垫、竹帘、竹工艺品，毛竹基本自产自销。1994 年后，由于竹制品企业相继倒闭，竹材除自用外，大部销往永安、沙县、连城，少部分销往广东。

1997 年，凡小批量生产竹材由林业站规划设计审批采伐许可证。2002 年，竹材规划设计审批权下放林业站，由林业站按县下达竹材采伐指标，根据村集体、竹农要求进行伐前设计和采伐审批。

2003 年，根据《三明市加快人工用材林发展若干规定的通知》精神，不再下达竹材生产计划，取消毛竹伐区作业设计，由乡镇林业站依据批准的“十五”期间的采伐限额指标和村集体经营单位或竹农个人提出的采伐申请书办理采伐许可证。

1991—2005 年，全县竹材销售量累计 293.38 万根，其中毛竹 161.29 万根、篙竹 132.09 万根、中小径竹 13330 吨，竹业产值 9120 万元。

1991—2005 年清流县竹材销售及金费收取标准表

表 9-6 单位：万根、元／根

<table>
<tr><th rowspan="2">年 份</th><th rowspan="2">合 计</th><th colspan="2">竹材销售量</th><th colspan="5">毛竹金、税、费收取标准</th></tr>
<tr><th>毛 竹</th><th>篙 竹</th><th>育林费</th><th>扶持费</th><th>林业建设费</th><th>植物检疫费</th><th>合 计</th></tr>
<tr><td>1991</td><td>3.16</td><td>1.2</td><td>1.96</td><td rowspan="7">0.72</td><td rowspan="7">0.1</td><td rowspan="4">—</td><td rowspan="7">—</td><td rowspan="4">0.82</td></tr>
<tr><td>1992</td><td>3.07</td><td>1.24</td><td>1.83</td></tr>
<tr><td>1993</td><td>4.36</td><td>1.48</td><td>2.88</td></tr>
<tr><td>1994</td><td>4.36</td><td>1.73</td><td>2.63</td></tr>
<tr><td>1995</td><td>5.46</td><td>2.07</td><td>3.39</td><td rowspan="3">0.05</td><td rowspan="3">0.87</td></tr>
<tr><td>1996</td><td>6.02</td><td>2.5</td><td>3.52</td></tr>
<tr><td>1997</td><td>6.82</td><td>3.6</td><td>3.22</td></tr>
</table>

续表 9-6

年份	合计	竹材销售量		毛竹金、税、费收取标准				
		毛竹	篙竹	育林费	扶持费	林业建设费	植物检疫费	合计
1998	10.89	4.5	6.39	0.35	0.1	0.05	—	0.5
1999	11.49	5.28	6.21					
2000	12.19	5.76	6.43					
2001	13.13	6.32	6.81					
2002	13.43	6.61	6.82	0.36	0.05	—	0.01	0.42
2003	63	30	33					
2004	57	38	19		—		—	0.36
2005	79	51	28					
合计	293.38	161.29	132.09	—	—	—	—	—

第三节　松脂采集及管理

1991 年，县松脂产地主要在嵩口、余朋、东华、沙芜和田源等乡镇，每年由县政府向 15 个乡镇和芹口、庄前、下和 3 个林委下属采育场下达采脂计划，生产的松脂一律由县化工厂收购。采脂山场由各乡镇林业站凭林业部门颁发的《松脂采集许可证》安排采脂作业。基地内的松脂，执行林业部和省林业厅颁发的《松脂采集规程》。凡无证采脂者，一律按破坏森林资源论处。全年全县松脂产量 6637 吨。

1992 年，因乡办企业嵩口化学品厂争夺松脂资源，由县政府协调，关闭嵩口化学品厂，设备由化工厂收购，县化工厂分 3 年补偿嵩口镇 50 余万元。1994 年，全县松脂产量 11939 吨，产量为历史最高。

1997 年，县政府与县林委、各乡镇和采育场签订《清流县松脂生产责任书》，确保采脂任务完成。此后，受马尾松成熟林、过熟林面积减少影响，松脂产量逐年下降。

1998 年，全县实行凭证、凭合同采脂。1999 年 2 月 25 日，县政府下发《关于严格松脂采集管理的通知》。规定采脂松木胸径须在 20 厘米以上、新开采脂割面负荷率不得超过 40%、年割面消耗长不得超过 20 厘米。并对采脂方法作出规定。同时规定，脂农（采脂员）须经过技术培训，取得采脂资格证，方可上山采脂；推行采脂责任承包制度，划定脂农责任山，签订承包责任书。2000 年，全县松脂产量 5647 吨。

2002 年 3 月 28 日，县政府下发《松脂生产、收购管理办法》，规定全县生产的松脂一律由国营化工厂重组的鸿翔化工有限公司收购；松脂首期保护价 110 元 /50 千克，后期收购价根据市场行情进行调整；对采脂人员实行许可证和资格证管理，采脂员持双证作业。松脂流通凭证运输等。2005 年，全县松脂产量仅 2600 吨。

第五章　森林保护

第一节　护林防火

一、国有林保护

1991 年 8 月，清流县国有林管理站成立，为县林委下属事业单位、企业化管理机构，财务实行独立核算。

负责全县除划拨给采育场、林场经营的国有林以外的零星、分散、边远国有林生产、经营与保护。每年生产原木2000～3000立方米。并从事迹地更新造林、国有林林政、护林防火管理。管理站有管理人员2～3人，并临时雇用2～3名检尺员进行木材检验。1998年5月，划归林业集团公司下属企业单位。2004年12月，林业集团公司破产，国有林管理站划归林业有限责任公司管理。2005年，国有林管理站经营面积1.08万公顷，林木总蓄积量43.47万立方米，比1996年减少8375.34公顷，主要是权属变更或经营范围分割所致。

二、森林防火

1991年，全县15个乡镇和6个国有林场、采育场全部配备基地电台，增加手持对讲机150对。莲花山瞭望台投入使用。全县发生森林火灾5起，森林过火面积22.87公顷，受灾面积14.13公顷。

1993年，县、乡、场配备二级防火专职干部24人；建立莲花山森林防火瞭望台，瞭望台装备双项功率中继中转台。1994年，全县开展森林小卫士活动，加强野外用火管理。当年实现无森林火灾县。

1995年，编制《清流县（1996—2010年）生物防火林带工程建设规划》。1997年，在赖坊乡寨下村开展村级防火制度建设试点，并在全县推广。全县各建制村先后成立森林防火领导小组。1998年，国家森防办在全国森防系统推广清流县森林防火经验。至1999年，全县累计完成生物防火林带2283千米，实现连续6年无森林火灾，受到省政府、市政府表彰与嘉奖。

2003年7月，在嵩口镇组建第一支森林防火摩托车宣传队。至2005年，组建森林防火摩托车宣传队10支。

2004年，县人武部举办民兵森林防火安全扑救、安全避险及火灾模拟演练2次。

2005年，全县建成生物防火林带3379千米。县政府举办森林防火培训班1期，参加培训52人。是年，启用全国森林火警12119电话，更新购置森林防火车1辆，购置GPS、摄像机、电脑、投影机、可视电话及风力灭火机、油锯等设备。林畲、嵩口、田源、东华等乡镇创建森林防火民间协会，制定协会章程和工作制度，组建快速灭火队和巡山队。建立由营林大户、私营造林公司、建制村、村民小组及国有林场、采育场参加的民间森林防火护林联防协会10个。截至2005年，县政府先后被省、市政府评为护林防火先进单位13次。

三、护林联防

福建省护林防火第一联防区下设护林联防分会8个。清流县余朋、沙芜、赖坊3个乡和国有芹口采育场、国有大丰山林场参加安砂分会。长校、里田、李家、灵地4个乡镇参加北团分会。

1991年11月和1994年10月，联防区安砂分会、北团分会先后在国有大丰山林场、里田乡召开分会护林联防会议。1995年10月4日，省第一联防区第二十二次会议在清流县召开，交流森林防火及联防工作先进经验，协商解决山林权属纠纷，表彰森林防火先进单位和先进个人。

1996—2003年，安砂分会和北团分会先后在沙芜乡、赖坊乡、芹口采育场、余朋乡、大丰山林场和李家乡、灵地镇、长校镇、里田乡召开护林联防会。

2005年11月，安砂分会和北团分会分别在沙芜乡和李家乡再次召开分会联防会议，表彰森林防火先进单位10个、先进集体9个和先进个人48人，审议通过分会护林联防办法。

第二节 病虫害防治及检疫

1991年，清流县森林病虫害防治检疫站成立。1992年8月，邓家乡、灵地镇、李家乡发生马尾松毛虫危害，面积933.33公顷。三明市林委森防检疫站派出蜜蜂型飞机进行飞防。1995年，发生竹蝗危害面积640公顷，采用烟剂、人工引诱、挖卵块等方法进行防治。

1996—1997年，“国家造林项目”火炬松面积1033.5公顷先后发生松梢螟虫害和国外松褐斑病，县林业部门组织人员剪除病枝并进行堆烧，防治率100%。1998年，全县开展松属检疫对象疫情普查。普查面积8万公顷，仅发现国外松褐斑病1种。

2001年3月，邓家乡、灵地镇、李家乡发生马尾松毛虫危害，面积1965公顷。采用白僵菌粉炮进行防治，防治率 100%。随后，全县开展病虫害防治，加强森林植物及林产品检验检疫，实施产地检疫报批制度，发放《植物检疫证书》3123 份。同年 10 月，全县开展松属检疫对象松材线虫病、松突园蚧普查，普查面积 2.61 万公顷。全年实行马尾松母树林种子园产地检疫面积 133 公顷，检疫率 100%。办理调运检疫木材 3.84 万立方米、毛竹 10.01 万根、“三板”2.09 万立方米、木片 1880 吨、枝桠材 3549 吨，检疫率 100%。

2002 年，全县建立松材线虫固定监测点 40 个，森林病虫害监测率 85%；投入监测防治经费 27 万元，防治面积 3067 公顷，有效防治率 100%。2003 年 1 月 1 日，启用森林病虫防治信息系统。6 月，开展棕榈科植物疫情普查。8—9 月，开展萧氏松茎象普查，受萧氏松茎象危害面积 272 公顷。

2004 年 3 月，开展野生鸟类保护及防治禽流感疫情调查。6 月，全县开展有害生物普查，发现温郊乡温家山村油茶受锈毛桑寄生危害面积 5.33 公顷、黄花蒿危害面积 1 公顷，田源乡新村村发生罗汉松叶枯病，嵩口镇发现星天牛危害，沙芜乡洞口村发生黄脊竹蝗病害面积 170 公顷。

2005 年 5 月，全县开展加拿大一枝黄花防治工作宣传及摸底，未发现该植物传入县境。全县设兼职测报员 20 名，开展马尾松毛虫、松材线虫病、松突园蚧危险病虫害监测，监测面积 3.97 万公顷，发布林业有害生物预测预报 14 次 280 份；调入白僵菌 3000 千克，防治马尾松毛虫面积 978.27 公顷。开展国外松褐斑病监测、马尾松毛虫越冬代、越冬后、第一代调查和竹广扇小蜂调查；竹毒蛾越冬代、第一、二代调查；竹蝗跳蝻、成虫调查，杉白蚁调查；萧氏松茎象调查；实施种子园产地检疫面积 84 公顷，办理木材调运检疫 6.92 万立方米、毛竹 12.99 万根、人造板 5.8 万立方米、木片 359 吨、枝桠材 3285 吨。

第三节　依法治林

一、林区案件查处

1991 年，全县开展严厉打击破坏森林资源和野生动物资源违法犯罪活动，查处各类案件 77 起，其中林业刑事案件 9 起、林业治安案件 18 起、林业行政处罚案件 50 起；处罚各类违法人员 171 人，其中逮捕 12 人、治安处罚 10 人、行政处罚 129 人、其他处罚 20 人；收缴木材 220 立方米，处罚金 12.71 万元。

1992 年 6 月，县公安局林业分局侦破盗伐珍稀树种长苞铁杉恶性案件 1 起，被盗伐长苞铁杉 72.56 立方米，17 名参与盗伐、倒卖长苞铁杉犯罪团伙全部逮捕归案。12 月，侦破温家山盗伐国家一级保护珍贵树种红豆杉 6 株（地径 96 ～ 130 公分）案件 1 起，7 名盗伐犯罪分子全部逮捕归案。

1995 年，夏季严打攻势侦破森林刑事案件 8 起，查处各类林业行政处罚案件 140 起、治安案件 3 起；处罚各类违法人员 184 人，其中逮捕 20 人、治安处罚 4 人、行政处罚 160 人；收缴木材 813 立方米，折款 26.60 万元，行政处罚 38.29 万元。全年查处各类案件 84 起，其中森林刑事案件 25 起（含重大案件 5 起），林业治安案件 5 起，林业行政处罚案件 254 起。

1996 年 4—9 月，全县开展“打现行、摧团伙、破大案、追逃犯”为重点的严打斗争。全年受理各类林业案件 187 起，其中立刑事案件 26 起，破案 24 起。含重大案件 2 起。查处林政案件 141 起。处罚各类违法违纪人员 203 人，其中逮捕 16 人，移送起诉 9 起、17 人，林政处罚 187 人。捕获批捕在逃人员 4 人，负案在逃 6 人。摧毁犯罪团伙 4 个、涉案 15 人。收缴木材 652 立方米，折价 18.6 万元，各类处罚金额 26.4 万元，查办省局挂钩的温郊 103 人联名上访的滥伐林木案件 1 起。

1997 年，全县开展“春季严打整治”“夏季严打整治”和“冬季严打整治”统一行动。查处各类涉林案件 244 起。其中立刑事案件 21 起，破 19 起。含重特大盗伐林木案件 4 起，林业治安案件 5 起，林业行政处罚案件 218 起。处罚各类违法违纪人员 321 人，其中逮捕 21 人，治安处罚 5 人，林业行政处罚 295 人。收缴木材 928 立方米，折款 27.8 万元，各类处罚金额 45.6 万元。

2000 年，先后开展“南方二号行动”“南方三号行动”，严厉打击破坏森林资源和野生动物资源违法犯罪活动。全年查处各类林业案件 217 起。2002 年，开展“春雷行动”“破案攻坚战”和“打击盗滥伐林木违法犯罪专项斗争”，清理整顿木材加工厂 18 家、小煤窑 20 个、乌油厂 8 个。查处各类案件 294 起。

2003 年，开展专项打击和重点整治，清理整顿木材加工厂 15 家、小煤窑 11 个；开展打击破坏森林资源与野生动物资源的“利剑行动”，查处各类案件 285 起。

2005 年，开展“打击破坏森林资源专项行动”，整顿木材加工企业及小煤窑 26 家。开展“长剑二号行动”，整治用材单位 8 家，取缔非法木材加工厂 1 家，关闭非法采挖小煤窑 2 家。查处各类案件 256 起。

二、野生动物保护

1992 年，开展打击破坏森林资源和野生动物资源违法犯罪专项行动，收缴国家二级保护野生动物穿山甲 24 只（重 60 千克）、豹 1 只，全部放回莲花山保护区。1995 年，查获收缴国家二级保护动物羚羊、河麂、穿山甲各 1 只。1997 年，收缴国家二级保护动物白鹇 1 只。1998 年 3 月，开展第 16 届爱鸟周活动。11 月至次年 2 月，开展为期 3 个月“严打”斗争，查获穿山甲、石壁羊等野生动物 36 头（只）。

2000 年 1—2 月，开展为期 2 个月“南方二号行动”，清理重点部位 5 处，查处贩卖野生动物案件 4 起。协助长汀警方查获长途贩运野生动物案件，收缴野生猕猴 1 只、鹰鸟 6 只。8—11 月，开展严厉打击破坏森林资源和野生动物资源违法犯罪专项斗争“三号行动”。对查处非法贩运野生动物案件进行现场录像，并在电视台播放，扩大震慑效果。

2001 年 9 月，东华乡拔里村村民救护受伤的国家二级保护动物猕猴，痊愈后放归大自然。2002 年，开展严厉打击破坏鸟类违法犯罪集中统一行动暨“候鸟行动”。查处非法收购出售野生动物案 1 起。

2003 年，开展严厉打击破坏野生动物资源违法犯罪“春雷行动”，出动宣传车辆 18 辆、警力 156 人次，协同工商、林政部门对销售野生动物的场所进行清理整顿。清理饭店、酒家 14 家，集贸市场 11 处。查处野生动物刑事案件 1 起，查处林政处罚案件 2 起。2004 年 2 月，开展打击破坏鸟类违法犯罪“候鸟行动”。

2005 年，建立 38 种国家级重点保护珍稀动物，20 种省级保护动物相关档案，制定管理责任制度。截至 2005 年，共查处非法猎捕、收购、贩卖野生动物刑事案件 4 起，查处林政处罚案件 2 起，收缴各类猎具 88 件，收缴并放生国家一、二级保护动物穿山甲、豹、羚羊、水鹿、石壁羊、河麂、白鹇、虎纹蛙 412 头（只），重 456 千克。

附：

莲花山省级自然保护区

一、概 况

莲花山自然保护区，位于县北部安砂水库上游。由莲花山和温家山两大片组成，地跨东华、嵩溪、温郊 3 个乡镇，大路口、青溪、青山、塘背、温家山 5 个村，保护区总面积 1721.9 公顷。莲花山片面积 1177.9 公顷，东至赤家尾、西临得同坑、南靠禾仓前、北接金罗判，地理坐标北纬 26° 12′ 52″ ~ 26° 15′ 40″，东经 116° 51′ 51″ ~ 116° 54′ 33″。温家山片面积 544 公顷，东至艮背，西临井坑背，南靠旱坑，北接拱龙顶，地理坐标北纬 26° 14′ 30″ ~ 26° 16′ 39″，东经 117° 01′ 19″ ~ 117° 02′ 55″。

区内群峰连绵，沟壑纵横，多为海拔 600 米以上中山山地，1000 米以上山峰 9 座，主峰莲花山海拔 1109.5 米。山体呈南北走向，南高北低。山顶连绵且较平坦，山势纵横，沟谷深，偶有危崖陡壁，山坡或陡峭、或较平缓，溪流众多，终年流水不绝。曾被列为国防防护林，山顶设有国家三角坐标点。属中亚热带气候区，受东季风影响，气候温暖湿润，水热条件优越，四季分明，既无酷暑，亦无严寒，雨水充沛。年平均温度 17.8℃，降雨量 1771.3 毫升，相对湿度平均 79%，无霜期 229 ~ 274 天。

区内优越的自然条件、多样的生态环境、复杂的地形地貌，为各类野生动植物生长、繁殖提供理想场所。保护区有维管束植物 162 科 549 属 1159 种，其中，蕨类植物 31 科 56 属 117 种，裸子植物 3 科 4 属 5 种，被子植物 128 科，489 属 1037 种。保护区以常绿阔叶林为主，兼有暖性针叶林、落叶阔叶林、竹林、灌丛、草丛草坡和经济林等 7 个植被型 22 个群系。其中有古老珍稀树种南方红豆杉、伯乐树，为国家一级保护野生植物;金毛狗、樟树、闽楠、浙江楠、花榈木、红豆树、野大豆、喜树8种为国家二级保护野生植物;沉水樟、香桂、黄樟、华南桂、浙江桂、刨花楠、红楠、密花梭罗、梨茶、江南油杉等14种为省重点保护野生植物;陆生脊椎动物有26目73科291种，其中两栖类2目6科27种，爬行类3目10科45种，鸟类13目38科170种，占福建省鸟类总种数31.5%；哺乳类8目19科49种，有昆虫纲21目193科812属1245种。大型真菌计有5纲8目26科61属103种。区内栖息着的云豹、豺、黑麂、蟒蛇为国家一级保护野生动物；猕猴、穿山甲、黑熊、大灵猫、小灵猫、金猫、河麂、水鹿、红脚隼、白鹇、褐翅鸭鹃等34种为国家二级保护野生动物；豹猫、眼镜蛇、眼镜王蛇、白额山鹧鸪、黄鼬等20种为省重点保护野生动物。

二、机构与管理

1987年12月,莲花山自然保护区管理委员会成立,管理员4人。在莲花山入口处设立检查卡1个。1990年,县林委在莲花峰顶建立森林防火瞭望台。

1994年，为便于保护区管理，将保护区内属大路口村集体林面积443.7公顷与保护区外国有林面积336.2公顷进行对换。2001年，县政府正式批准建立莲花山县级自然保护区和温郊乡温家山南方红豆杉保护小区。2003年，对莲花山县级保护区和温家山南方红豆杉保护小区进行总体规划，申报省级自然保护区。

2004年，组成莲花山自然保护区综合科学考察队，对上述2个保护区内自然概况、植物、植被、动物、昆虫、大型真菌进行综合科学考察。同年11月，将保护区内涉及国有林面积475公顷、温郊乡温家山村集体林中红豆杉群落面积544公顷、嵩溪镇塘北村集体林地面积194.2公顷、青山村集体林地面积213.20顷、青溪村集体林地面积295.5公顷所涉及林地和林木使用权变更归莲花山省级自然保护区，保护区总面积达1721.9公顷。

2005年，委托省林业勘察设计院编制“清流莲花山自然保护区总体规划”。同年12月，省政府批准新建莲花山为省级自然保护区，总面积1721.9公顷（含温家山南方红豆杉小区），其中核心区占总面积57.7%,缓冲区占8.9%，实验区占43.4%，该区属于野生植物类型自然保护区。

第六章　管　理

第一节　管理机构

一、清流县林业局

清流县林业局前身为清流县林业委员会。1991年，县林业委员会（简称县林委）内设办公室、劳工股、计财股（含林业基金管理站）、生产股、营林股（含种苗站）、林政股（含森林病虫害防治检疫站）、科技股（含林业科技推广中心）,行政编制10名。林业改革试验区办公室挂靠县林委,行政编制3名。下属事业单位有苗圃、林业基地建设投资公司、林业规划队、经济林投资管理站、防火办、绿化办、林业检查站、14个乡镇林业工作站、国有林管理站、林业技术指导站、林业公路养路站、林业检察、林业审判、林业公安分局，森林资源管理站等，事业编制202名。下属企业有芹口、庄前、下和、拔口、廖武等5个采育场及大路口人造板厂、化工厂、城关采购站、嵩口采购站、林木经销公司、林业车队运输公司、制材厂、木器厂、林业工程公司、林贸、林业招待所、果汁加工厂（后改为绿泉饮料厂）等，职工1309人。

1992年，永安林业汽车保修厂划拨清流，归属林委下辖企业县林业汽车运输公司。

1997年2月，县林业委员会改称县林业局，内设办公室、计财科、生产科、营林科、科技科、人教科，行政编制10名，工勤编制1名。经济林投资管理站撤销，林业基地建设投资公司及竹、果业务统一归属营林科管理。1998年3月，林检科、林业法庭分别迁回县检察院、县法院。同年5月，县林业局和县林业集团公司政企分开。1999年8月，增设林业局人民武装部。11月，撤销人教科，改科技科为产业科技科。原人事劳工归林业局办公室管理；安全生产、技术培训由产业科技科负责。2003年，下属事业单位有苗圃、推广中心、防火办（挂靠）、森林防疫站、林业检查站。财政（部分）拨款事业编制36名；林业投资管理站、基金管理中心、林业规划工程队、森林资源管理站，经费自给事业编制21名。2004年，增设苗木花卉管理站，事业编制5名。

2005年1月，县林业局内设办公室、计财股、林政股、营林股、产业科技股。行政编制13人，工勤编制1人。下属事业单位有苗圃、推广中心、防火办（挂靠）、林业检查站、森林资源管理站，财政（部分）拨款事业编制46名。林业投资管理、基金管理中心、林业规划工程队、森防检疫站，经费自给事业编制17名。新增林权办、办证室和木材检尺中心。下属企业有拔口、庄前、下和、芹口、廖武5个国有采育场，以及林业工程公司、国有林管理站、林业养路段（事业单位企业管理），职工329人，其中干部43人。

二、清流县公安局森林分局

1991年，县公安局林业分局人事归属林委管理，业务接受县公安局指导，下设嵩溪、嵩口、芹口、灵地、长校5个林业派出所，事业编制18名。

1999年6月，县公安局林业分局更名为县公安局森林分局，内设办公室、政工科、治安科、刑警队。至2005年未变。

三、县林业集团公司

1993年3月，县林业集团公司成立，为县林委下属企业。下设木材公司、林产工业公司、林产化工公司、用材林基地建设投资公司、经济林基地建设投资公司、林业种苗公司、林业房地产开发公司、林委机关劳动服务公司、林业技术服务公司、国有林管理站。

1998年5月，县林业局和县林业集团公司政企分离，县林业集团公司减员550人。10月，成立县林业有限责任公司，与县林业集团总公司实行“两块牌子一套人马”，职工1175人。2000年4月，原3个联营林场实行林木资产分割。

2002年，芹口、拔口、庄前、下和等采育场及嵩口采购站、林木经销公司、林业贸易公司、林业招待所、绿泉饮料厂先后进行改制，减员288人。2003年11月，林业系统下属企业、林业有限责任公司、林业养路段、国有林管理站、新村柑橘场等单位归林业集团公司管辖。2004年12月，林业集团总公司破产。

2005年，林业有限责任公司管辖5个采育场、国有林管理站、林业工程公司、林业养路段等单位，企业职工345人。

第二节 林政管理

一、采伐管理

1993年，开展乡村农户、城镇居民、采育场及饮食服务业、工副业单位、个人消耗资源数据调查统计，为执行森林采伐限额提供科学依据。

1995年，下达《关于坚决制止伐前买卖青山的紧急通知》，贯彻省林业厅《福建省林木采伐许可证办证管理规定》。1997年，要求从事伐区调查设计、检查验收和审核管理人员必须持福建省伐区设计资格证。对伐区实行伐前、伐中检查和伐后验收及采伐证回收核销。

1998年，下发《关于进一步加强伐区调查设计和管理的通知》，强调凡列入省政府办公厅禁止采伐或严格控制的天然林资源一律不得规划采伐。1999年，规范森林采伐限额管理。

2001年，开展“保护森林资源三号行动”，对全县采伐区随机抽查32片，面积254公顷。突击抽查嵩口、田源等乡镇抚育间伐山场。禁止审批采伐天然阔叶林烧炭，开展炭窑清理整顿。县政府下发《清流县人民政府关于开展森林资源保护检查的通知》，组织6个检查组，重点检查清理烧炭窑点和天然林采伐山场。

2002年，举办基层林业站、国有采育场林政管理人员和持证设计人员伐区调查设计、采伐审批岗位技术和林业基本数字化培训。

2003年，对采伐树木和野生植物只办理采伐许可证，不再办理采集证。

2004年，成立"十一五"采伐限额编制领导小组及"十一五"森林采伐限额编制补充调查外业工作组，11月中旬完成清流县（2006—2010年）森林采伐限额编制。

2005年，会审林木采伐申请书10份。抽查嵩口、长校、沙芜、里田4个乡镇15片伐区，设计与作业均符合要求。

二、运销管理

1993年，制定《清流县木材检尺码单管理办法》。6月1日，启用三明市木材检验专用码单，仅限于检量发运到荆西贮木场、沙县贮木场、永安贮木场、三明胶合板厂、青州造纸厂等5个单位的木材。发运到其他单位木材，须按有关规定办理运输证。7月1日，启用清流县内木材统一检尺码单。

1995年4月，先后拆除原省道上设立的林畲、里田、城关验证点，并禁止林业执法单位上省道和县与县之间过往公路上检查。经县政府批准，在县内林区公路（嵩溪元山、嵩口桥头、长校河排）等处设立木材运输验证点。

1996年1月，设立林畲五通凹验证点。7月，增设林畲、洋子段办证点。

1997年3月，设立余朋黄泥坑、嵩口镇嵩口桥头、林畲舒曹、长校河排、东华白石桥、嵩溪元山等护林防火哨6处，加强林区木材运输验证及护林防火。

2001年，对全县38个木材加工企业进行检查、整顿，没收无证木材317立方米，处罚金6300元。对违法违规的10家木材加工企业不予年审。

2002年5月，对13家无证非法木材加工企业和13家活性炭厂予以清理整顿，限期关闭。

2005年，制定《清流县木材经营加工管理试点实施方案》，清理整顿加工企业，淘汰小字号木制品加工企业，实行扶优限劣，鼓励做大做强木制品深加工。对锯材粗加工产品不予办理县外运输，允许在县内进行二次加工。加大对超数量运输、无证运输木材查处力度，全年查处行政案件525起，没收木材1227立方米，处罚金额36万元，行政处罚927人。

三、山林权属纠纷处理

1991年，县林业局内设处理山林纠纷工作小组，按照《福建省林木林地权属争议处理办法》规定，依法开展林木林地权属争议调处。1991—2005年，发生山林纠纷34起，其中市际，县际各2起，县内30起。已调处32起，其中县内30起，县际2起。尚未解决的2起，分别为连城县四堡乡中南村与清流县长校镇茜坑村及国有林管理站的山林权属纠纷、连城县四堡乡中南村与清流县里田乡李坊村及县国有林管理站的山林权属纠纷。

第三节　林业基金管理

一、征收办法

县林业基金主要来源为按国家政策规定收取的育林金、更改金（维简费）、林政资源管理费、农发行林业项目贴息贷款，以及按比例用于集体造林更新的乡、村"三五"林价（即林业部门收取林价的35%，下同）。

1992年5月，成立林业基金管理站，抽调林委财务、林政、林业公安人员组成征收小组。1998年12月，下发《关于实行发放码单、预收林业金费的通知》，按每份码单松、杂8立方米，杉间材15立方米计算预收林业金费。

1999年1月，下发《关于林业行政处罚没收木材变价款实行价费分离的通知》。加强林业金费票据管理，实行票证联管。

2000 年 9 月始，集体林木材经营实行源头征收林业金费，凡设计审批采伐木材出材量 500 立方米以下的，实行源头一次性缴清金费；设计审批采伐木材出材量 500 立方米以上，预征 60% 金费。木材调运 60% 后，缴交义务人将余下 40% 金费交清后，方可开出剩余 40% 木材出山证。此管理办法延续至 2005 年未变。

二、征收标准

（一）育林基金

1991 年，育林金和更改金（维简费）征收标准按 1988 年 3 月国家经济委员会、林业部、财政部、国家物价总局、国家工商行政管理局相关文件执行，即产区木材经营单位按其收购后的第一次销售价的 20% 计征（育林金 12%，更改金 8%）。林业部门根据木材及林产品市场销售价格变化，不定期制定原木及林产品“两金一费”起征基价标准。当年“两金”起征价为杉原木每立方米 600 元、松原木 340 元、杂原木 270 元；等外非规格材杉木 300 元、松木 150 元、杂木 170 元；杉板方材每立方米 860 元、松板方材 490 元。全年征收育林基金 139 万元。1995 年“两金”起征价调整为杉原木每立方米 600 元、松原木 450 元、杂原木 380 元；等外非规格材杉木每立方米 300 元、松木 225 元、杂木 185 元；杉板方材每立方米 860 元、松木板方材 650 元。全年征收育林基金 170 万元。

2001 年，“两金”起征价调整为杉原木每立方米 570 元、松原木 460 元、杂原木 380 元；等外非规格材杉木每立方米 400 元、松木 240 元、杂木 180 元。

2005 年，“两金”起征价为杉原木 500 元、松原木 460 元、杂原木 380 元；等外非规格材杉木每立方米 330 元、松木 300 元、杂木 250 元。征收的育林金，省、市、县按 2 ∶ 1 ∶ 7 比例分配提留。当年仍按木材销售价 20% 计征两金。全年征收育林基金 417 万元。

（二）更改金（维简费）

1991 年，更改金随同育林金一起按木材及木制品销售起征价 8% 征收，省、市、县林业主管部门按 1 ∶ 1 ∶ 8 分成。2005 年继续执行此标准。

（三）林政资源管理费

1991 年，按规定林政资源管理费（林业保护建设费）征收标准为每立方米木材收取 3 元。1995 年，每立方米木材收取林政资源管理费 3 元，2001 年，每立方米木材收取林政资源管理费 5 元。2004 年 1 月，取消林政资源管理费收费项目。

（四）林 价

1991 年，林价收取标准为杉木每立方米 95 元，松、杂木乙类每立方米 45 元，杂木丙类每立方米 38 元。

1998 年 7 月，木材经营单位木材销售后，将林价分别按 35%、65% 转入县林业主管部门设立的“三五”（林价 35%）“六五”（林价 65%）专户管理。林权单位完成当年采伐迹地更新造林后，节余的“六五”林价，由村委会向林业主管部门财务结算。2005 年 1 月起，取消收取林价。

（五）造林更新保证金

2005 年 1 月，县林业主管部门建立造林更新保证金制度，对林权所有者按当年所批准的皆伐山场面积每亩收更新保证金 150 元，择伐山场每亩收取 100 元，当年完成采伐山场造林更新并经验收合格的退还 70%，3 年郁闭成林后退还 30%。

二、基金使用

（一）育林金

1991 年，林业部门用按比例提留的育林金 26.82 万元，建设商品用材林面积 365.6 公顷、新开发马尾松种子园面积 16.67 公顷。至 1995 年，投入 206.08 万元，建设竹林基地面积 7391.4 公顷。1996 年，培植以桉树、桤木、火炬松为主的短周期工业原料林面积 66.67 公顷，新种竹林面积 382.67 公顷，防治松毛虫面积 973.33 公顷。

2002 年始，投入资金建设苗木花卉基地、沿河生态防护竹林和完善森林防火体系建设，建立生物防火带 3379 千米。

2005 年，联合田源、温郊等乡镇，与上海中医药大学等单位合作完成《清流县药用植物野鸦椿种植基地建设规划》和《清流县药用植物野甘草种植基地建设规划》，并拨出专款补助乡镇种植野鸦椿。同年，聘请省林科院专家完成《清流县竹柏等乡土树种采种基地建设可行性研究报告》。

至 2005 年，育林金支出 3739 万元。其中投资 500 余万元，建设商品用材林面积 2333.3 公顷；投资 221.48 万元及“国家造林项目”配套资金 316.65 万元，租赁乡、村林地种植毛竹面积 844.87 公顷；投资 1100 万元，建立田源新村果场（189.45 万元）、李家果场（139.87 万元）、长校林业站果场（38.63 万元）、城关林业站罗家奄果场（653.34 万元）、城关果园（31.03 万元）和县苗圃果场（47.68 万元）；投资建立松木种子园面积 132.87 公顷、杉木二代种子园面积 32.2 公顷。同时投入资金用于森林防火、病虫害防治、植物检疫、林业科研和技术推广等。

（二）更改金（维简费）

县林业主管部门将收取的更改金（维简费），按林木权属所有进行分配使用。国有林场、采育场和采伐国有林木单位经销木材所收取的更改金，归国有林场、采育场和采伐国有林单位用于木材生产、伐区作业便道和林区道路开拓与延伸。营销集体林木所取得的更改金统归林业主管部门管理，主要用于乡、村集体林伐区便道开拓与延伸和林区道路养护与维修。1991—1996 年，林区便道开拓与延伸投入资金 474.74 万元，林区道路养护与维修投入资金 530.3 万元。1997—2005 年，林区便道开拓与延伸投入费用 240.11 万元，林区道路养护维修费用 685.24 万元。

（三）林政资源管理费（林业保护建设费）

1991—2003 年，林政资源管理费主要用于森林资源管理、保护和完善森林资源监测体系建设。随着集体林权制度改革，2004 年 1 月，该收费项目取消。

（四）林 价

1991 年，林价中 35% 用于采伐迹地造林更新，65% 归林权单位村民股份分红和公益事业费用。由于林地单位面积出材量减少和社会造林单价提高，采伐所提取的“三五”林价无法完成其迹地更新造林。

1997 年，县政府出台关于“集体林价使用”规定，对集体林“三五”林价用于更新造林不足部分，可以从“六五”林价中进行弥补。

2005 年 1 月，随着林价取消，集体林价使用规定自行终止。

卷十 工 业

1991 年，清流县实施“工业强县”战略，推进产业结构调整。按“抓大放小”思路进行国有企业股份制改造，各企业内部普遍实行人事、用工、分配 3 项制度改革。全县工业企业 3396 个，实现工业总产值 4.12 亿元（90 年不变价，下同），占工农业总产值比重 61.73%。其中独立核算工业企业 158 个（亏损 12 个），工业总产值 2.3 亿元。乡以上工业企业 179 个（亏损 12 个），工业总产值 2.49 亿元。全县轻、重工业结构比例为 24.97 ∶75.03。工业企业上缴利润、税金 1850 万元，占当年县财政总收入 88.51%。

至 1995 年，全县实现工业总产值 3.63 亿元，年均增长 18.53%，初步形成以林产化工、合成化工、建材工业、食品饮料工业、五金制品工业为主导的工业体系。

1996—2000 年，全县工业企业通过“关、停、并、转、破”等不同形式和路径，建立“产权清晰、权责明确、政企分开、科学管理”的现代企业制度，非国有企业比重上升。2000 年，除公共产品行业（自来水、电力）实行国有控股外，其他行业企业全面放开搞活。年内，产品销售收入 500 万元以上非国有工业企业 14 家，在规模工业企业中占 87.5%，成为县工业发展主力军。

2001—2005 年，着力资源深度开发，促进氟化工、矿产加工业发展；承接沿海产业转移，做大做强轻纺服装产业；突出做大扶强水电、木制品加工、林产化工、矿产等 4 个主导产业；构建“两园一区”（龙翔工业园、大路口化学工业园、金星工业项目集中区）产业发展平台。

2005 年，清流县工业主要门类有矿产采选、林产化工、氟化工、建材、轻纺服装等，工业总产值达 10.12 亿元（当年价），占地区生产总值 73.29%。轻、重工业结构比例为 39.89 ∶ 60.11。规模以上工业企业 28 家（亏损 9 家），实现工业总产值 7.92 亿元，是 2000 年的 3.86 倍。工业销售产值 7.75 亿元，出口产品交货值 3.26 亿元。实现工业增加值 2.85 亿元，实现利税总额 6907.8 万元，全部从业人员年平均 3871 人。

第一章 工业体制改革

第一节 经营体制改革

1991 年，落实县搞活国营重点企业的 20 条措施，为企业创造良好外部环境。主要内容有：落实企业自主权；赋予企业机构设置权、用工权、内部分配权、产品价格权，建立和发展企业集团；鼓励优势企业兼并劣势企业；制止向企业乱收费、乱罚款、乱摊派等侵犯企业利益的行为；加快新产品开发；多渠道筹集技改资金，重新核定企业定额流动资金，鼓励企业增补自有流动资金，适当提高企业固定资产折旧费；加强企业营销工作；允许国有企业开办集体或股份制企业等。

1992 年，全面推进国有企业转换经营机制，5 家国有企业实行利用外资嫁接改造或向外商转让招标。乡镇企业秋口煤矿转制为民营企业。

1993 年，国有企业改革重点转移到理顺产权关系。改革由试验转向规范，实行规范化股份制企业 3 家。

县人造板厂采取定向筹集方式发行股票，改制成股份有限公司，成为三明市县属企业第一家股份有限公司。同年，组建林业集团公司，资产2314万元。负责管理林业下属企业，并对外投资刨花板、人造板、房地产等项目4个，二轻系统完成所属企业股份合作制“一揽子”改造，6家企业被兼并，向优势企业转移资产450万元。

1995年，县罗口煤矿兼并县印刷厂，县水泥厂兼并县针织厂，县林业集团兼并县酒厂。

1996年，县化工厂、县合成氨厂、县水泥厂、县罗口煤矿等企业进行国有控股有限责任公司改制，按《中华人民共和国公司法》要求，建立健全各项内部管理制度，按新机制运作，确保国有资产保值增值。出台《清流县深化企业改革若干问题规定》《清流县国有小型企业产权出售实施意见》等一系列企业改革配套文件。以改革产权制度为核心，重点推行诸城“先出售后改制，内部职工持股”等做法，选择县工业品批发公司、县通用厂、县印刷厂等7家企业作为改制试点。至年末，全县建立股份制企业10家，总股本1644万元；实行岗位技能工资制8家，签订集体合同9家。

1998年，通过法人参股、股权转让、债权转股权、职工扩股等形式，降低国有控股公司国有股比例，推进工业企业产权主体多元化。年内，全县国有工业企业完成改制16家，其中改为有限责任公司6家、股份合作制5家，兼并1家，破产1家，租赁承包3家。累计吸收职工入股金1500余万元，改制面94%。其中，县林业集团、县电力公司、县合成氨厂、县水泥厂、县化工厂、县罗口煤矿改制为国有控股和内部职工持股的有限责任公司；县香料厂、县通用厂、县北坑钨矿、县矿泉水厂、县刨花板厂等县属企业和乡镇企业，采取多种形式放开搞活，取得明显成效。

1999年起，清流县对国有控股企业推行新一轮民营化改制。全县9家保险柜厂联合成立保安设备有限公司。4月，三明市企业改革经验座谈会在清流召开，县香料厂经营者持大股的改制方式作为典型经验向全市推广。

2000年，县帅风水泥公司破产重组；县嵩口坪电站整体出售；县化工厂、县罗口煤矿、县印刷厂、县燃料公司承债式整体转让；县林产化工有限公司国有股全部退出，改制为民营股份合作制企业——县鸿翔化工有限公司，原有职工置换身份安置。县人造板股份有限公司实行租赁经营改革，175名职工全员解除劳动关系，支付下岗职工经济补偿金118.8万元。国有企业在实行内部职工持股、改为国有控股公司的基础上，通过转让、出售、破产、嫁接改造、兼并重组等多种形式，实现国有资本从一般性竞争领域退出，向优势产业转移。

2002年，县林业系统采取拍卖、出让、嫁接改造等方式，先后对拔口、芹口等4个采育场以及县木材采购站、县林业贸易有限公司等7家企业进行改革，减员288人。至2004年，包括县林业集团在内的其余企业采取破产、解体、拍卖等方式，全部完成改制，职工置换身份，解除劳动关系。支付下岗职工补偿金，并妥善安置离退休人员。

至2005年，全县32家国有企业完成改制31家，累计置换和转移分流国有企业职工2013人。改制后，国有及国有控股工业企业仅剩6家，其中国有独资3家、股份制2家、对外租赁1家。

第二节　企业管理改革

一、企业承包经营

1991年，县财政局和企业主管部门（经委、林委等）为发包方，采用“基数包干、定额上缴、超利全留、歉收自补”以及“超利2∶8分成”“超利还贷”等不同形式，与县18家预算内企业（不含电力公司）签订为期3年的第二轮承包经营合同。

1992年7月，县政府对18家企业进行考核。完成承包合同任务并超额完成利润企业11家；未完成承包任务企业7家（亏损企业1家）。18家企业实现利润404.94万元，占基数总额89.37%，累计完成上缴利润207.46万元，占承包基数总额100.38%，完成还贷任务累计83.73万元，占承包指标55.73%。

1994年，18家预算内企业第二轮承包利润入库1166万元。县政府兑现企业二轮承包奖惩，奖励11家、处罚3家。

1995年，全县工业企业开展“抓管理、增效益”活动。向企业收取企业资本金占用费，要求6家企业实行税后利润定额上缴1545万元（含1994年前欠交承包费）。

1996年，县政府出台国有企业经营者年薪收入管理办法。经营者年薪由基薪和效益工资两部分组成，考核内容为实现税金及附加、实现利润、国有资产保值增值率、产值及安全生产等。

1998年，制定国有控股公司资产保值增值指标考核奖惩办法，对县林业集团、县电力公司、县化工厂、县合成氨厂、县帅风水泥有限公司、县罗口煤矿等国有资产营运成员单位下达资产保值增值指标，签订经营目标责任书，加强国有资产管理。

1999年，全县推行国有控股企业管理办法，将企业工资总额与效益挂钩。实行半年一次企业财务稽查，强化对企业监督管理。1999年后，清流县通过拍卖、租赁、股份制等形式对国有企业进行改制。

二、企业自主经营

1991年，落实企业经营自主权，建立工效挂钩、浮动工资等分配方案。全县有12家工业企业建立职工代表大会制度，企业重大事项、产品结构调整、重大技术改造等，必须经过职代会讨论决定后执行。当年，县属42家工业企业完成工业总产值1.12亿元，实现利润总额724万元。

1992年，企业之间人员流动可自行协商后，由调配部门办理手续。全县有15家企业与主管部门签订责任状，实行企业经营者责任目标承包管理、工资与企业经济效益挂钩制度。县合成氨厂率先推行管理人员任命制改聘用制、职工改合同制，实行竞聘上岗、择优录用。鱼龙岗电站、北坑钨矿、县印刷厂等6家企业进行岗位技能工资改革试点。县林业贸易有限公司率先对门市部实行柜台承包，核定承包总数，超收分成奖励。至1993年末，有6家国营企业职工1097人实行全员劳动合同制。

1994年，深化企业三项制度（劳动、人事、分配）改革，简政放权，县合成氨厂、县罗口煤矿等10家企业实行岗位技能工资制，124家企业实行全员劳动合同制。

1996年，加快建立股东会、董事会、监事会等企业内部法人治理机构，严格按新机制运作。全县开展以学邯钢，抓管理，增效益为主要内容的管理活动，将邯钢“模拟市场核算，实行成本否决”和县氨厂“三严三化”经验进行重点推广，提高企业管理水平。县罗口煤矿整改后，科室由15个合并成9个，裁减冗员98人；县化工厂强化松脂生产、收购、加工等环节管理力度，取得产量全市第一、全省第二的成绩；县电力公司整改取得明显成效，被评为全省300强企业之一。

1997年，国有企业实行经营者年薪制7家、包干工资制9家。清流县推进各项配套制度改革，建立国有资产监管体系，初步形成政府国有资产管理局、国有资产投资营运公司和基层企业三个层次的管理、监督、营运体制。养老、医疗、保险等社会保障制度改革进一步扩大，国有、集体企业参保率97%。

1998年，工业企业开展精简机构、减员增效、减债（息）增效、节能降耗、增收节支活动。县罗口煤矿、帅风水泥有限公司等企业完成厂、校分离，企业负担减轻。

1999年，全县各厂矿企业推行厂务公开。2000年，电力公司实行“厂网分开”，组建县水电有限公司。

2001—2004年，加强企业内部管理规范化建设，建立企业产权制度和重大决策责任制，完善法人治理结构。

2005年，推进工业企业劳动关系三方协商制度建设，在优恩、明孚、氨盛等6家非公企业开展三方协商机制试点。

第二章 企业结构

第一节 国有企业

1991年，全县全民所有制工业企业28家，实现工业总产值8935万元。其中，独立核算工业企业19家（亏损 1 家），从业人员 3278 人，实现工业总产值 8595 万元，占县属工业总产值的 21.7%。

1992 年起，全县全民所有制工业企业开展“转机制、抓管理、练内功、增效益”活动，工业总产值以平均每年 17% 速度增长。

1995年，县国有工业企业增至39家，工业总产值当年价1.96亿元，其中省属、县属工业企业各4家、35家，实现工业总产值当年价各496.1万元（当年价）、1.91亿元（当年价）。

1996 年，县属国有工业企业实施“关、停、并、转、破”等“一厂一策”不同形式改制，先后对长期亏损、扭亏无望的县建材化工厂等2家依法实施破产，对县通用机器厂进行股份制改制；撤并企业4家、关停解体6家、产权出让 8 家、租赁经营 1 家。1998 年，县香料厂进行股份制改制，成为民营企业。县合成氨厂、县化工厂、县电力公司、县水泥厂、县罗口煤矿 5 家企业改制为有限责任公司，成为县属国有控股企业。1999 年，县饲料工业公司停产关闭。

2000 年，县化工厂、县罗口煤矿、县燃料公司改制为民营企业，印刷厂实施产权转让。县汽车运输公司被三明市汽车运输总公司兼并。县帅风水泥有限公司（原县水泥厂）破产重组；当年，全县规模以上国有工业企业 2 家，实现工业总产值 542.3 万元。国有控股企业 10 家（其中亏损企业 3 家），实现工业总产值 1.39 亿元。

2001 年，对县锶尔康矿泉水公司进行有偿转让；县北坑钨矿实施租赁经营改制。

2005 年，县氨盛公司产权整体出让，改制为民营企业；嵩口坪电站整体出售；县自来水厂加盟市自来水公司；县烟草复烤厂、县绿泉饮料厂关停。经过改制或破产后，国有及国有控股工业企业仅剩县长灌煤矿、县自来水厂、县罗坑电站、县林业有限责任公司、县电力有限公司、县北坑钨矿 6 家。其中，规模以上国有工业企业 2 家，年内实现工业总产值 3696.9 万元。

若干年份清流县国有工业企业主要经济指标统计表

表 10-1　　　　单位：家、万元

年份 类别	1991	1995	2000	2001	2002	2003	2004	2005
企业数	28	39	2	2	2	2	2	2
工业总产值	8935	17525	542.3	499	457	693	4665	3697
销售收入	9922	17485	1618	164	168	170	168	171
固定资产原值	8950	13001	8990	901	925	912	914	12577
利税总额	1455	2528	17.2	13	13	12	13	74
固定资产净值	6558	9503	7604	735	731	704	679	8140

说明：1.国有企业是指独立核算单位

2.工业总产值1997年前为不变价，1998年后为当年现行价

3.2000年后仅统计规模以上工业企业

第二节　集体企业

1991 年，全县集体所有制工业企业 148 家，职工 2122 人，覆盖食品、服装、体育用品、机械加工、木制品加工、建材、针织等行业，实现工业总产值 1.5 亿元，占全县工业总产值 36.41%。其中独立核算工业企业 136 家（亏损 9 家），工业总产值 1.37 亿元。

1992 年起，通过改制和产业结构调整，集体企业快速发展。1993—1995 年，先后新办县石雕工艺厂、金属制品厂、马地联办煤矿、露子坑煤矿 4 家集体企业，二轻系统 6 家企业被兼并。至 1995 年，全县乡及

乡以上集体工业企业139家，实现工业总产值9673万元，其中县属集体工业企业20家，产值1481.5万元；镇办10家，产值346.7万元；乡办109家，产值7844.8万元。

1996年10月，气枪厂停产，厂房租赁给庆安公司生产其他产品。民政印刷厂转制为私营企业。

1997年，县属集体企业变动较大，县木材加工厂、县木器厂、县针织厂出让产权，企业解体；县罐头厂、县包装材料厂等相继关闭；县五金厂租赁给个人经营。

1999年，全县集体工业企业减少至113家，县建明水泥厂年产品销售收入达500万元以上，列入县规模以上工业企业管理。

2000年，年产品销售收入500万元以上集体工业企业1家——县建明水泥厂，实现工业产值733.7万元、工业增加值263.6万元，固定资产净值881.8万元。

2005年，全县集体经济规模以上工业企业1家，实现工业产值805万元，固定资产净值1320万元，全员劳动生产率16686.7元，年末从业人员76人。

若干年份规模以上集体企业主要指标统计表

表10-2　　单位：家、万元

项目 \ 年份	1990	1995	2000	2001	2002	2003	2004	2005
企业数	2	1	1	1	1	1	1	1
工业总产值	12927	9315	733.7	601	715	829	1665	805
利税总额	969	657	-160	62	77	119	138	65
固定资产净值	3116	5915	882	1307	1307	1317	1407	1320

第三节 私营、个体企业

1991年，全县城镇、农村个体工业3039家，其中城镇个体工业185家、农村个体工业2854家，实现产值1.11亿元，占全县工业总产值2.7%。

1992年12月，县委、县政府制定《关于大力促进个体私营经济发展的若干规定》，个体私营经济保持持续发展势头。至1995年，城乡及农村私营及个体工业1379家，实现产值6086.6万元（1990年不变价）

1998年，城镇私营工业5家，其中轻工业1家，重工业4家，从业人员27人，产值58万元；农村私营工业13家，其中轻工业2家，重工业11家，从业人员82人，产值208万元；城镇个体工业87家，其中轻工业34家，重工业53家，从业人员213人，产值762万元；农村个体工业749家，其中轻工业543家，重工业206家，从业人员1772人，产值1.62亿元。

2000年年初，县委、县政府出台《关于加快发展个体私营经济的决定》，对发展个体私营经济实行鼓励保护，部分私营企业规模不断扩大。当年，县罗口煤业公司、帅风建材有限公司、县人造板厂3家私营企业年销售收入均达500万元以上规模，实现产值3240.8万元，利税总额157.8万元，固定资产净值2441.7万元。

2001—2003年，随着国有、集体企业改制及国有、集体经济成分下降，私营、个体企业日趋活跃，居全县工业企业主导地位。先后有客商在温郊乡独资创建华腾矿业有限公司、华龙矿业有限公司。在大路口工业小区合资创建东莹化工有限公司。2003年，规模以上私营企业5家，实现产值7970.1万元，在全县规模以上工业企业产值所占比重26.04%，实现利税总额1033.6万元。

2005年，规模以上私营企业增至7家，固定资产净值2375.3万元，年平均从业547人，全员劳动生产率10.58万元。全年完成产值1.27亿元，在全县规模以上工业企业总产值中占比15.99%。工业销售产值

1.28 亿元，实现利税总额 2149.8 万元。

2000—2005 年清流县规模以上私营企业主要指标统计表

表 10-3　单位：家、万元

年份 类别	2000	2001	2002	2003	2004	2005
企业数	3	3	4	5	6	7
工业总产值	3240.8	3084.9	5208.2	7970.1	8690	12654.2
利税总额	157.8	328	886.9	1033.6	1364.1	2149.8
固定资产净值	2441.7	2358	2087.6	2132.3	2459.5	2375.3

第四节　港澳台资及外资企业

1991 年，全县有港资企业 2 家，实现工业总产值 1406 万元，占全县工业总产值 3.42%。三明明孚硅业有限公司是福建省最大的金属硅生产出口企业，拥有自营进出口权；明宇化工有限公司，为当时全省唯一生产山梨醇系列产品的企业。

1993 年，县供销社与香港客户合资创建港清包装材料有限公司，生产各种规格包装纸盒、纸箱等；县汽车运输公司与香港客户合资创建清华汽车保修有限公司，主营各类机动车辆保修；县木材综合加工厂与日商共同投资 150 万元创办清流龙辉钢木制品厂，生产“猫王”牌保险柜。当年港资及外资企业实现总产值 2166 万元。

1994 年，县合成氨厂与香港客户合资在县合成氨厂厂区内创建鸿盛化工有限公司，生产甲醛，产值 638 万元。1995 年，全县有中外合资经营工业企业 20 家，实现工业总产值 2592.2 万元（当年价）；港、澳、台与大陆合资工业企业 4 家，工业总产值 604.2 万元（当年价）。

1996—1997 年，明宇化工有限公司、港清包装材料有限公司先后停产关闭。

1999 年 3 月，鸿盛化工有限公司产权全部转让港方经营。同年，北坑钨矿与港商合资在嵩溪创建清流县建龙矿业公司，年内实现产值 588 万元。

2000 年 6 月，港商黄某独资在嵩溪创建鸿伟木业有限公司，主营胶合板生产。

2002 年，县建龙矿业公司将产权整体转让给华龙矿业有限公司。

2003 年，港商杨某租赁县烟草公司闲置库房，独资创建众和服装有限公司，生产各类成衣、纺织品，产品全部外销。香港亚新贸易公司投资 64 万美元，创建东发服装织造有限公司，生产加工服装、针纺织品及相关塑料制品，2 家服装公司当年分别实现产值 2631 万元、537 万元。同年 11 月，港商利用原清流化学助剂厂闲置厂房，独资兴办三明市远大经纬服装有限公司。

2004 年，鸿伟木业有限公司收购县刨花板厂。6 月，港商受让县人造板厂产权，投资 66 万美元，创建三明市展化化工实业有限公司，生产过硫酸盐系列产品，年内实现产值 77 万元。12 月，港商注册 72 万美元，创建三明市华源服装织造有限公司。同年，远大经纬公司实现产值 9240 万元。

2005 年，澳门客商投资 51 万美元，在田源乡创建三明景龙服装织造有限公司；菲律宾客商独资 60 万美元，租用县供销社城区闲置库房兴办三明兴业服饰有限公司；澳门客商注册 102.57 万美元，租用原清流气枪厂闲置厂房，兴办三明市鑫泰服饰织造有限公司，3 家公司均主营服装、针纺织品生产加工。年内，列入规模企业管理的外商及港澳台商投资企业 11 家，实现工业产值 4.3 亿元、出口交货值 3.25 亿元。其中，外商投资企业 2 家，实现产值 1.14 亿元；港澳台商投资企业 9 家，实现产值 3.16 亿元。7 家从事服装生产加工企业产品全部外销，全年创汇2700万美元。

第五节 有限责任公司

1991年，全县有限责任公司3家，即明孚硅业、明宇化工及联合塑料厂。实现工业总产值1481万元。

1993—1994年，县水泥厂更名为帅风建材有限公司，新增港清包装材料有限公司、清华汽车保修有限公司、鸿盛化工有限公司等。1995年，全县有限责任公司12家。1996年，明宇化工有限公司停产。1997年6月，港清包装材料有限公司倒闭。

1998年，县合成氨厂、县帅风建材有限公司、县罗口煤矿、县电力公司、县化工厂改制为国有控股的有限责任公司。全县年产品销售收入500万元以上有限责任公司6家，实现工业总产值1.43亿元（当年价），占县工业总产值比重65.37%。1999年，新增建龙矿业有限公司、景华锰化有限公司。

2000年，全县规模以上有限责任公司减为4家。2003年，新增嵩口明能发电公司、优恩电力有限公司、东莹化工公司、金宝矿业有限公司、鸿翔化工、华龙矿业有限公司等6家。至2005年，规模以上有限责任公司15家，实现工业总产值3.41亿元，年平均从业人数1680人。

若干年份规模以上有限责任公司主要经济指标统计表

表10-4 单位：家、万元

年份 类别	1998	2000	2001	2002	2003	2005
企业数	6	4	7	6	8	15
工业总产值	14325	8886	11160	11078	11922	34127
利税总额	1976	653	986	989	1189	5057
固定资产净值	17054	13521	12952	14692	14690	25578

第六节 联营及股份制企业

1991年，全民与集体合营企业1家，即由县二轻联社与县合成氨厂合资联办的县联合塑料厂，当年完成工业产值68.6万元。

1992年9月，由县二轻联社、县人武部和5名私人股东，集资27.2万元，租用县食品厂闲置厂房，创建清流县万利锁厂，系全县第一家股份合作制企业。当年11月投产，主要生产蟹形自行车安全锁，设计生产能力年产15万把。1993年5月，县人造板厂改制成股份有限公司，总股本1000万元，其中国家股124万股，企业法人股605万股，社团法人及个人股271万股。每股发行价1.6元。通过发行股票，公司筹集到生产发展资金，扩大生产规模，年生产能力达8000立方米。1994年，该公司产量1.1万立方米。同年，新增联营经济企业1家——里田乡电力有限责任公司。全县股份合作制企业增至6家。此后，县通用机器厂等县属国有企业陆续进行股份制改制。

1995年，马地联营煤矿上马，年生产原煤9000吨。至此全县联营工业企业3家，实现工业产值179万元（当年价，下同）。股份制经济企业15家，其中乡镇9家，实现工业产值2909.7万元。1998年，县香料厂实施经营者持大股改制方案，将所有资产分为188股，由全厂99名员工认购，企业中层领导14人认购114股，董事长1人认购48股，分别占总股本62.42%和25.57%。当年，该厂实现工业产值1917万元，利税54万元。是被列入县规模以上工业企业管理的唯一一家股份合作制企业。1999年，该企业改制做法在全市企业改革座谈会上被作为典型经验向全市推广。

2001年11月，县人造板厂股份有限公司依法破产。

2005年6月，香料厂资金链断裂停产。年末，全县规模以上合资经营企业1家，完成产值2417万元，工业销售产值2274.3万元，实现工业增加值828.7万元。

第三章　工业门类

第一节　采矿　矿冶

1991年，全县煤炭采选业企业6家，产值626万元。黑色金属矿采选企业6家，总产值1798万元；有色金属矿采选企业2家，总产值400万元；建材及其他非金属矿采选业企业11家，总产值931万元。4个矿产采选业总产值占全县工业总产值9.12%。全年生产原煤11.4万吨、锰粉6.42万吨、钨精矿200吨、石灰石10.06万吨、萤石精矿粉276吨、钼铁147吨、萤石精矿粉1.5万吨、结晶硅1895吨、硅铝合金90吨。

1993年，县锰矿厂产锰矿20万吨，产值3280万元。国营企业北坑钨矿生产钨精矿79.19吨，产值1275万元(1990年不变价)。

1995年，据第三次工业普查，全县煤炭采选业37家，其中乡及乡以上工业企业10家。实现工业总产值2332.4万元;铁矿和其他黑色金属矿采选企业10家,其中乡及乡以上工业企业5家。实现工业总产值609.6万元;有色金属矿采选企业2家，其中乡及乡以上工业企业2家。实现工业总产值296.7万元；非金属矿采选企业52家(其中乡及乡以上工业企业4家),实现工业总产值2403.2万元。全年生产原煤16.1万吨、铁矿石6460吨、锰矿石1.35万吨、钨精矿165吨、石灰石48.56万吨、萤石1.5万吨、大理石荒料348吨、白云石成品矿3536吨、结晶硅2970吨。

1996年，生产萤石精矿粉的县矿产品精选厂因经营不善而停产。

1998年，余朋乡村尾铅锌矿成立。1999年11月，清流县景华锰化有限公司成立，该公司生产的硫酸锰项目填补省内空白。是年始,温郊乡先后引进华腾矿业有限公司、金山萤石矿有限公司等4家萤石矿开采企业,年产量8万吨以上。

2000年，全县国有及销售收入500万元煤炭采选企业1家，实现工业总产值282.3万元，工业销售产值587.4万元，实现工业增加值439.1万元，产品销售收入587.4万元，销售税及附加127万元，利润亏损总额119万元，利税总额714万元，应交增值税706万元，全部从业人员年平均161人。有色金属铅锌矿采选企业1家，工业总产值822万元，工业销售产值741.3万元，实现工业增加值308.3万元，产品销售收入741.3万元，销售税及附加12万元，利润总额795万元，利税总额1430万元，应交增值税623万元，全部从业人员年平均39人。全县生产原煤5万吨、锌精矿4100吨、钨精矿91吨、结晶硅3881吨。

2001年，华龙矿业有限公司在温郊乡桐坑村成立，设计规模年处理矿石量4.5万吨。2002年，公司完成产值1257.4万元。同年9月，金宝矿业有限公司在余朋乡成立，职工100人，日处理原矿250吨，年产铅锌精矿4000吨。2003年，完成工业产值450万元。

2004年，新增东莹化工有限公司（赤坑萤石矿）、鑫萤矿业有限公司（汶溪萤石矿）、秋口萤石矿业有限公司（龙元萤石矿）等开采企业3家。

2005年10月，余朋村尾铅锌矿收购华龙矿业有限公司余朋铅锌矿山，组成县华龙矿业有限公司。同月，该公司产权整体转让给金宝矿业有限公司。年末，全县规模以上采矿企业6家，工业总产值1.04亿元，占全县工业总产值10.28%。全年工业销售产值1.06亿元，实现工业增加值4893万元，利税总额1864万元，全部从业人员年平均451人。其中，煤炭开采和洗选企业2家，工业总产值5990万元，工业销售产值5874万元，从业人员年平均232人；有色金属矿采选业2家，工业总产值2810万元，工业销售产值3016万元，从业人员年平均109人；非金属矿采选业2家，生产萤石精矿3.6万吨，工业总产值1563万元，工业销售产值1670万元。从业人员年平均110人；有色金属矿采选业1家，工业总产值2417万元，工业销售产值2274万元，出口交货值1143万元，从业人员年平均115人。当年，全县生产原煤15.67万吨、钨精矿41吨、锌精矿3176吨、铅精矿824吨、结晶硅3499吨。

第二节 木竹采运与加工

一、木材及竹材采运

1991年，全县独立核算木材及竹材采运企业16家，全年木材产量11.87万立方米、木材商品量10.66万立方米、收购各种木材6.53万立方米、竹材316万根。实现工业总产值4906万元。

1992年5月，永安林业汽车保修厂清流林业车队移交清流林委管辖，更名为县林业汽车运输公司。1993年，县林业汽车运输公司因木材资源减少、运量不足而解体。

1995年， 木材及竹材采运企业18家，其中乡及乡以上企业17家，独立核算企业4家。实现工业总产值5608.2万元。其中，木材采运业17家，实现工业总产值5582.7万元；竹材采运业1家，实现工业总产值25.5万元。随着，木材及竹材采运企业也随之减少。全年木材采运量11.34万立方米，其中原木11.14万立方米、薪材0.2万立方米。

1998年6月，城关木材采购站、嵩口木材采购站、县林木经销公司合并成立县木材采购站。全年经营木材8.35万立方米，实现工业产值3068.4万元。

2000年，规模以上木材及竹材采运企业1家，实现工业总产值2404万元，利税总额1900万元，全部从业人员年平均612人。全年原木采运量6.66万立方米。

2002年11月，县林木经销公司撤销。2003年，木材及林产品的营销直接由林权所有者或加工企业经营者实行产销见面。

2005年，全县生产原木3.53万立方米。1991—2005年，县木材采运企业共生产木材45.22万立方米，其中原木29.23万立方米；销售木材44.32万立方米，其中原木28.63万立方米，实现工业总产值1.76亿元。

二、木材加工及木、竹、藤加工

1991年，全县木材加工及木、竹、藤棕、草制品企业29家（乡及乡以上企业26家），实现工业总产值4198万元。其中县人造板厂生产“松迪牌”胶合板，实现产值831万元。县木材加工厂，有刨车带锯3台套，年生产枕木和各种规格方材3000立方米，从业人员80人。清流木器厂、余朋朝阳文体用品厂主要生产家具、根雕工艺品、木碗、木制文具、玩具、竹木制品等。是年，全县生产锯材1.65万立方米、人造板6070立方米、家具800件、木碗34.5万个，其中出口33万个。

1993年6月，县饮服公司投资15万元创办龙福竹木制品厂，生产竹木制品6.29万件。长校镇与港商合资创办长达木制品厂有限公司，设计年产胶合板3000立方米。

1994年，嵩口镇与三明胶合板厂合资创办三嵩人造板公司，设计年产胶合板5000立方米。

1995年，县人造板厂、龙福竹木制品厂停产。年末，全县木材加工及竹、藤、棕、草制品企业80家，其中乡及乡以上企业33家。其中，锯材、木片加工业52家，人造板制造业6家，木制品业14家，竹、藤、棕、草制品企业8家，木、竹、藤家具制造业35家。全县生产锯材2.47万立方米、人造板1.35万立方米、家具3.01万件，竹、藤、棕、草制品143.4万元、木制品765.3万元。实现工业总产值6180.2万元。

1996 年，温郊乡引进宁德客商总投资 100 余万元，创办火柴厂，年产“鲤鱼”“金鹿”“金童玉女”等商标安全火柴 4.42 万件，产品销往浙江、江西、福建各地。后受打火机市场冲击，火柴生产逐年下降。

1997 年 9 月，县林委投资创办的清流刨花板厂建成投产，设计年产刨花板 1.5 万立方米。1998 年，该厂租赁给港商经营，当年实现产值 800 万元。

1999 年后，因市场竞争激烈，县家具产量逐年下降。同年，清流木器厂停产。余朋朝阳文体用品厂尚在生产，主要产品为木尺、刷柄、木制玩具，出口欧洲、中东等国。

2000 年，香港鸿伟人造板公司董事长独资 3000 万元创办鸿伟木业有限公司，设计年产细木工板 5.5 万立方米、产值 531 万元。全县规模以上木、竹材加工企业 3 家，工业总产值 3.24 亿元，工业销售产值 2.11 亿元，实现工业增加值 1.04 亿元，产品销售收入 1.71 亿元，利税总额 896 万元，全部从业人员年平均 347 人。

2002 年，鸿伟木业有限公司产品通过 ISO 9001-2000 国际质量体系认证，被评为中国绿色环保推介产品和全国质量信得过产品。

2004 年，清流刨花板厂解体。同年 6 月，嵩口镇乐某投资 100 万元创建松燕竹木工艺品有限公司，拥有生产线 2 条，其中精光板生产线年产成品能力 3000 立方米，细木工板生产线年产拼板能力 6000 立方米，产品主要销往日本、浙江等地。嵩口竹木工艺厂与香港锦信实业有限公司投资 818 万元，创办清流锦兴木业有限公司，生产木制工艺品、儿童玩具、木制小型家具及浴室系列产品等，年生产能力 200 万件，主要出口欧美地区。同年 11 月，鸿伟木业有限公司整体收购清流刨花板厂产权，投资 3500 万元对年产 7 万立方米异型刨花板厂生产线进行技术改造。

2005 年，全县规模以上木材加工企业 2 家，即鸿伟木业有限公司、东华明兴木业有限公司，全年生产人造板 8.1 万立方米，其中刨花板 3.05 万立方米、细木工板 5.05 万立方米。实现工业总产值 8204 万元，工业销售产值 6634 万元，利税总额 264 万元，从业人员年平均 580 人。

第三节　食品及饮料

一、粮油加工及制品

（一）粮油加工

1991 年，全县国有独立核算粮油加工企业 2 家，即城关粮油加工厂和嵩溪粮油加工厂，分别有职工 44 人、18 人，当年分别完成工业产值 178.1 万元、87 万元，实现利税总额 1.5 万元、0.7 万元。乡办集体粮油加工企业 1 家，即沙芜粮食加工厂，当年完成工业产值 4.8 万元。城关粮站以及李家、赖坊等乡镇粮站附营粮食加工（非独立核算）业务。全年，全县粮油加工企业加工大米 1.82 万吨、面制品 58.24 吨、食用植物油 103 吨，实现工业总产值 308.2 万元。

1993 年 6 月，嵩口镇新办中外合资企业福建清流久立茶油制品有限公司，年产精制茶油 200 吨，实现工业产值 156.8 万元。

1995 年，全县国有粮油加工企业 2 家，城关及乡镇粮站附营粮食加工厂 13 家，乡办植物油加工企业 1 家。全年加工大米 4476.2 万吨、挂面 149 吨，食用植物油 600 吨，实现工业总产值 989.7 万元。

1996—1997 年，2 家国有粮油加工企业先后停产，并入当地粮站。

1997 年，县烟草公司以 3 万元购买清流嵩口镇“9 利”茶油商标，成立县九利油脂有限公司，年生产“9 利”牌精制茶籽油 60 吨。2001 年，公司引进新建高级烹调油生产线，年生产能力 2000 吨。

2003 年 1 月，县永得里食品有限公司成立。总投资 14 万元，专业生产茶籽油和茶皂粉，年生产销售精制茶油 500 ～ 1000 吨，优质茶籽幼粉 2000 吨。年产值 1000 万～ 2000 万元。同年，县九利油脂有限公司取得中华人民共和国出口卫生注册证书和全国工业产品生产许可证，成为福建省最早可供出口茶籽油生产企业。

2005 年，“9 利”牌茶籽油获有机产品认证。同年，由私人投资 200 万元，成立福建省清流县鸿旺工贸有限公司，主营粮食加工销售，年销售大米1500吨。

（二）农副产品

1991年，以嵩溪镇为主地，利用当地优质黄豆生产豆腐皮（腐竹），年产豆腐皮200吨。省属企业新垦农场酱油厂年产酱油104吨。1992年后，私人先后投资兴办康尔利豆腐皮厂、嵩溪农副产品有限公司、县嵩溪镇鑫牌豆腐皮厂等。1995年，全县生产豆制品302吨、酱油177吨。

1996年，推广使用标准锅炉蒸汽生产加工新工艺，豆腐皮加工由小作坊转为工厂化生产。

1998年，嵩溪农副产品有限公司被确定为市级首批农业产业化龙头企业。2002年，全县豆腐皮产量1650吨。

2003年4月，清流县清津葛粉丝厂成立，年生产能力粉丝25吨、葛粉25吨。10月，美籍华人张某投资300万元，创办福来香农产品有限公司，年产豆腐皮1000吨，并注册“福来香”商标。产品进入大型商场并出口美国、澳大利亚等国。

2004年6月，县昌昇农副产品开发有限公司在李家乡成立，采用低温速冻、高温膨化（油炸）技术，开发加工麻辣红薯脆条、原味脆片、糖化脆块及槟榔芋脆条、红萝卜干等系列产品，年加工成品250吨。除国内销售外，还出口韩国、日本等国家和地区。2005年，该公司成品产量700吨，产值700万元，利润90万元。

（三）糕饼制作

1991年，县糕饼制作企业2家，即国营企业县食品厂和乡办集体企业长校食品加工厂。县食品厂有职工18人，生产广饼、麻饼、兰花根、食珍糕、雪片糕、蛋花酥、糖果等糕点50多种，原材料由粮食、商业部门平价供应。产品除供应当地外，还销往宁化、明溪、三明等地。年产值14.4万元（当年价）。长校食品加工厂生产糕饼除供应当地，还供应周边乡镇，实现年产值90.2万元（当年价）。全年，全县产糕饼27.38吨。

1995年12月，食品厂与城关粮站合并，停止生产。当年，全县糕饼产量57吨。此后，县域糕饼生产均由个体户经营，城区较大规模的经营户有漳太蛋糕坊等，主营面包、蛋糕、月饼等，糕饼年产量维持在50吨上下。

二、黄酒、软饮料

1991年，全县生产饮料7.5吨。1992年，县林委投资兴建绿泉饮料厂，主要产品有黄酒“清流红”、果汁、饮料等。同年，个体户创办清流环城酒厂，生产“客乐健”牌红酒、清酒娘、干黄等系列产品。12月，中外合资企业清流锶尔康矿泉水公司在嵩溪镇成立。该公司拥有美国进口水处理设备及意大利TECH公司三位一体灌装机、喷墨打印机等8台套，年产矿泉水1500吨。主要水质指标：二氧化碳1054～1346毫克/升，锶0.45～0.49毫克/升，矿化度1235～1340毫克/升。

1993年，清流县保健食品有限公司成立，年生产能力为绞股蓝茶2400件（箱），酒曲30吨。1994年，锶尔康矿泉水公司投入批量生产，产值146.4万元，同年停产。8月，县福兴保健公司建成投产，生产“中华茯苓饮”，年生产能力214吨。年内，该产品获中国国际饮料及加工设备展览会金奖。

1995年，清流九龙食品有限公司在林畲乡成立，年生产能力淮山王珍饮750万听。里田兴农鱼腥草有限公司成立，年生产鱼腥草袋泡茶100万盒。同年，县福兴保健公司停产。年末，全县酒及饮料制造业7家，从业职工总数154人。全年生产酒44吨、软饮料453吨（其中天然矿泉水160吨）、保健饮料162吨，实现工业总产值447.4万元。此后，县福兴保健公司从泉州安海引进“松之神”牌参秘-D生产工艺，生产参秘-D、参元-D、高丽人参-D等3个品种，年产量100万瓶，产值60万元，年利税20万元。

1997年，锶尔康矿泉水公司恢复生产，产值250万元。1998年9月，锶尔康矿泉水公司租赁给私人经营，改名泓宇纵横矿泉水有限公司。是年，全县生产软饮料33吨。2001年，绿泉饮料厂停产。2002年，锶尔康矿泉水公司出售给私人后停产。2005年后，福兴保健公司由于销路不畅再次停产。

三、鱼干加工

2000年，沙芜乡政府与私人合资，投入12万元成立九龙湖鱼干加工厂，购置烘干机2台、真空封口包装机1台，用烘烤方式加工鱼干，年产鱼干10吨，销售收入32万元。2001年，该厂转让给私人。同年10月，沙芜九龙溪明珠鱼干厂成立。2003 年 10 月，九龙湖鱼干加工厂更名为九龙湖龙盛鱼干厂，注册“九龙鱼”牌商标。同月，沙芜九龙名师鱼干食品厂成立，生产销售“清水”牌鱼干，年产鱼干 10 吨，销售收入 40 万元。九龙湖龙盛鱼干厂被三明市人民政府确定为市龙头企业。

2004 年，沙芜九龙溪明珠鱼干厂注册“梦溪里”商标。2005 年，全县有鱼干加工厂 4 家，产量 150 吨。

第四节　化　工

一、经营规模

1991 年，全县化学工业企业有 20 家，工业产值 4534 万元（1990 年不变价）。1995 年，全县化学原料及化学制品制造业 244 家，其中乡及乡以上工业企业 31 家。实现工业总产值 1.01 亿元（当年价 1.3 亿元）。其中，化学肥料制造业 2 家，实现工业产值 2329.2 万元（当年价 3241.8 万元）；合成材料制造业 2 家，实现工业产值 1395.6 万元（当年价 1412.8 万元）；专用化学产品制造业 233 家（乡及乡以上工业企业 22 家），实现工业产值 6754.1 万元（当年价 8180.2 万元）；日用化学产品制造业 2 家，实现工业产值 157.2 万元（当年价 151.4 万元）；基本化学原料制造业 1 家，实现工业产值 60 万元（当年价 21.7 万元）；有机化学产品制造业 4 家，实现工业产值 13.6 万元（当年价 16.9 万元）。

1996 年，明宇化工有限公司因原料供应和产品销售渠道不畅停产。

2000 年，全县化学原料及化学制品制造企业 5 家，实现工业总产值 9.1 亿元、工业销售产值 8.45 亿元、出口交货值 2.47 亿元，实现工业增加值 2.75 亿元，产品销售收入 7.59 亿元，利税总额 4910 万元，全部从业人员年平均 835 人。

2005 年，全县规模以上化工企业 6 家，从业人员年平均 585 人，实现工业产值 1.31 亿元，利税总额 1222.3 万元，分别占县属工业总产值 16.5%、利税总额 17.7%。

二、主要类别

（一）林产化工

1991 年，林产化工企业县化工厂、嵩口化学品厂，共生产松香 3983 吨。县香料厂生产萜烯树脂、香料级松油醇等，年内，萜烯树脂产量 345 吨，占全国总产量四分之一，产值 455 万元。1993 年，萜烯树脂产量 1084 吨，产值 1563.8 万元。

1998 年，县香料厂改制为股份合作制民营企业。

2000 年，县化工厂改制为民营企业，更名为福建省清流县鑫鸿翔化工有限公司。当年，生产松香 2789 吨、松节油 459 吨。2001—2005 年，该公司完成年产 3000 吨聚合松香生产线技改，形成采用连续蒸汽法年产万吨松香生产能力的生产线 1 条；并与四川林科院合作研发 2000 吨 / 年硫酸—氯化锌法工艺的聚合松香生产线 1 条。

2005 年，松香产量 1688 吨。同年，县香料厂完成松油醇项目“1 扩 2”（年产 1000 吨扩大到年产 2000 吨）项目技改，形成年产萜稀树脂 4000 吨，松油醇 2000 吨的生产能力，产品畅销全国 27 个省市。4 月，县香料厂改制为闽山化工有限公司，萜烯树脂停产。年内，全县规模以上林产化工企业 1 家，工业总产值 16899 万元，工业销售产值 17416 万元，出口交货值 484 万元，从业人员年平均 37 人。

（二）合成化工

1991 年，县合成氨厂生产的主要产品有合成氨和碳酸氢铵等，年内生产合成氨 1.15 万吨，碳酸氢铵 4.9 万吨，产值 1468.2 万元。1992 年，合成氨厂完成 2000 吨 / 年联醇技改，年生产甲醇 448 吨。合成氨厂生产的甲醇、制氢、液态山梨醇等产品，填补了省内空白。

1993 年，明宇化工有限公司在年生产结晶葡萄糖 400 吨基础上，开发生产山梨醇，年产量 200 吨；县香料厂生产萜烯树脂 1084 吨，产值 1563.8 万元。

1994 年，县合成氨厂与港商合资创建鸿伟化工有限公司，1995 年 5 月由港方独资经营，年产甲醛 5311 吨，产值 638.1 万元。1997 年，县合成氨厂完成 8000 吨 / 年联醇技改。

1998 年，鸿伟化工有限公司生产甲醛 5311 吨，产值 638.1 万元。此后，又投资 100 万元进行技术改造，生产能力扩大到年产甲醛 9301 吨，产值 1069.6 万元。

2002 年，鸿伟化工有限公司投资 100 万元，实施扩大生产技术改造，年产甲醛 9301 吨，产值 1069.6 万元。同年 11 月，浙江客商投资 8000 万元，在位于大路口工业小区（原福建机修厂内）创办东莹化工有限公司，设计年产 1.5 万吨无水氢氟酸、配套建设 3 万吨 / 年萤石粉烘干装置。2003 年 12 月，第一条生产线建成投产。2004 年，生产无水氢氟酸 1.1 万吨，产值 4502.7 万元。同年，香港客商收购原县人造板厂产权创办福建省三明市展化化工实业有限公司，总投资 5000 万元，建成年产过硫酸铵生产线 1 条，主要产品有硫酸铵、过硫酸铵、过硫酸钠等过硫酸盐系列产品，经省质检中心检测，达优级品标准，畅销台湾、广东、上海、浙江等地。

2005 年，展化化工实业有限公司建成年产过硫酸钠生产线 1 条。年产过硫酸铵 3000 吨、过硫酸钠 2800 吨。公司采用电解法生产，生产用水全部循环使用，少量废气、废水经处理后达标排放。企业通过 ISO 9001-2000 国际质量管理体系认证。同年 9 月（永福）化工有限公司成立，进行一期 1.50 万吨无水氢氟酸生产线建设。县合成氨厂通过投标，产权整体转让给江西客商，改制为民营企业，更名为福建省清流氨盛化工有限公司，公司固定资产 5200 万元，拥有年产 2.5 万吨合成氨和 3000 吨山梨醇生产线各 1 条，设计年产碳酸氢铵 6 万吨、甲醇 4000 吨、液氨 6000 吨、山梨醇 3000 吨、纯氢 100 万立方米。当年，生产碳铵 3.35 万吨、甲醇 2309 吨，产值 3776.7 万元。产品销往永安、大田、江西、广东等地。是年，东莹化工生产无水氢氟酸 1.20 万吨，产值 6167 万元。产品销往浙江、江苏等地；鸿伟化工有限公司全年生产甲醛 5002 吨，产值 649 万元。东莹化工生产无水氢氟酸 1.20 万吨，产值 6167 万元。产品销往浙江、江苏等地。鸿伟化工有限公司生产甲醛 5002 吨，产值 649 万元。年内，全县规模以上无机酸、无机盐和有机化学原料制造企业 3 家，工业总产值 7.61 亿元，工业销售产值 7.26 亿元，利税总额 1.24 亿元，从业人员年平均 242 人，其中 2 家亏损，亏损额分别为 373 万元、220 万元；规模以上氮肥制造企业 1 家，工业总产值 3.78 亿元，工业销售产值 3.92 亿元，亏损总额 1582 万元，从业人员年平均 306 人。

（三）塑料制品

1991 年，县联合塑料厂生产化肥编织袋 46 万条、结晶硅集装袋 1150 条，产值 75 万元，亏损 3.9 万元。1993 年，产值 18.3 万元。1994 年，生产化肥编织袋 100 万条、结晶硅集装袋 32 吨，产值 104 万元。

1995 年，三明明孚硅业有限公司承包经营联合塑料厂。1996 年 6 月，联合塑料厂关闭。

2004 年 4 月，县天翼包装有限公司成立，同年 10 月，第一条生产线投产；2005 年 8 月，第二条生产线投产，年生产编织袋 2000 吨。

第五节 建材及非金属矿物制造

1991 年，建材及其他非金属矿采选业企业 13 家，全年生产水泥 6 万吨、水泥预制构件 220 立方米，实现工业总产值 1230 万元（当年价 1373 万元）。其中，水泥生产企业 2 家，即县水泥厂和建明水泥厂，实现工业产值 927.5 万元（当年价 1045 万元）。

1993 年，县机砖厂改建为建材化工厂，生产轻质碳酸钙 3049 吨，产值 154 万元。1994 年，七星岩水泥厂和赖坊水泥厂投产，2 年生产水泥 32.1 万吨。

1995 年，建材及非金属矿物制造企业 130 家（乡及乡以上工业企业 21 家），实现工业总产值 4352.3 万元（当年价 6251.9 万元）。其中水泥制造及制品企业 9 家，建筑用金属制品业 6 家，砖瓦、石灰、陶瓷和轻质建筑材料制造业 119 家，生产水泥 19.92 万吨、水泥砖 39.3 万块、水泥预制构件 396 立方米、粘土砖 8621.41 万块、水泥瓦 588.6 万片、石灰 1225 吨、大理石板材 579 平方米、花岗石板材 6000 平方米、日用陶瓷 37 万件。1995 年后，县水泥厂因产品滞销停产、解散。

1998 年 12 月，县水泥厂依法申请破产，公开拍卖产权，改制为民营企业，更名帅风建材有限公司。

2000 年，规模以上非金属矿物水泥制造企业 2 家，工业总产值 1.89 亿元，工业销售产值 1997 万元，实现工业增加值 828 万元，产品销售收入 1182 万元，利税总额 117 万元，全部从业人员年平均 225 人。

2001 年，七星岩和赖坊水泥厂相继倒闭。仅剩帅风建材有限公司和建明水泥厂 2 家。

2005 年，规模以上非金属矿物水泥制造企业 2 家（亏损 2 家，利润亏损总额 462 万元），实现工业总产值 2390 万元，工业销售产值 2363 万元，利税总额 151 万元，从业人员年平均 194 人；有色金属稀土冶炼企业 1 家，工业总产值 2417 万元，工业销售产值 2274 万元，出口交货值 1143 万元，利税总额 186 万元，从业人员年平均 115 人。

第六节　电力及水的生产和供应

一、电力工业

1991 年，全县电力生产企业 16 家，运行水电站 19 座，装机 43 台，总容量 1.87 万千瓦。其中县属电站 2 座，嵩口坪电站总装机 6400 千瓦、鱼龙岗发电厂总装机 4000 千瓦。全年发电量 7184 万千瓦时，工业总产值 1061 万元；电力供应企业 2 家，购电量 2486 万千瓦时，售电量 7400 万千瓦时。

1995 年，全县电力生产企业 16 家，电力供应企业 2 家。发电量 1.04 亿千瓦时，供电量 1.14 亿千瓦时，售电量 1.13 亿千瓦时，实现工业总产值 2046.7 万元。

1996 年 6 月，县骨干水电站——竹青背水电站建成投产，设计装机 5000 千瓦，年生产能力发电量 2175 万千瓦时，当年发电 341 万千瓦时。鱼龙岗发电厂装机容量增至 1 万千瓦，发电 3043.07 万千瓦时。

2000 年，县年产品销售收入 500 万元以上电力生产和供应业 2 家，其中省属 1 家、县属 1 家。全县年发电量 1.08 亿千瓦时，供电量 1.31 亿千瓦时。实现工业总产值、工业销售产值均为 3458.9 万元，实现工业增加值 2161.1 万元，产品销售收入 2039.8 万元，利税总额 258.6 万元，全部从业人员年平均 673 人。

2003 年 12 月，清流最大水电站关公凹水电站建成投产，总装机容量 1.6 万千瓦，设计年发电量 6260 万千瓦时。2004 年，发电量 3860.93 万千瓦时。同年 4 月，龙津河电站建成投产，设计年发电量 1720 万千瓦时。

2005 年，全县规模以上电力生产和供应企业 4 家，实现工业总产值 1.11 亿元，工业增加值 5121.9 万元，利税总额 1672.6 万元，从业人员年平均 600 人。其中，水力发电企业 2 家，全年发电量 1.36 亿千瓦时。实现工业总产值 3451 万元，工业销售产值 3455 万元，利税总额 1.13 亿元，从业人员年平均 160 人。电力供应企业 2 家（亏损 1 家，利润亏损总额 528 万元），实现工业总产值 7673.9 万元，工业增加值 2535.29 万元，利税总额 543 万元，从业人员年平均 440 人。

二、自来水生产和供应业

1991 年，全县自来水生产和供应企业 2 家，即县自来水厂和嵩溪自来水厂，生产能力分别为日供水 5000 吨、247 吨。全年全县安全供水 138 万吨，实现工业总产值 33 万元。

1995 年，自来水生产和供应企业 4 家，其中国有企业 1 家，乡镇集体企业 3 家，全年自来水生产和供应 198 吨，实现工业总产值 83.5 万元。

1997 年，新增乡镇集体自来水生产和供应企业 1 家。全年全县供水 346 万吨，实现工业总产值 449.9 万元。

2000 年，国有自来水生产和供应企业 1 家，全年产自来水 178.1 万吨，实现工业总产值 161.8 万元、工业增加值 85.5 万元、利税总额 14.2 万元。全部从业人员年平均 45 人。

2005 年，国有自来水生产和供应企业 1 家，实现工业总产值 170.7 万元，工业增加值 100.6 万元、利税总额 12.2 万元，从业人员年平均 48 人。

第七节 机械、金属制品

一、通用机械

1991年，国营企业县通用机械厂生产脱谷机，铁犁，水利启闭机，单、双龙面机，松香桶及制桶设备等，产值144万元。1992年、1993年产值分别为182万元、229万元。1996年6月，通用机械厂改制为股份制企业。1999年，企业主动对接三明化机厂，配套生产轮胎硫化机后充器。2004年，生产后充器100台，产值500万元。2005年10月，企业停产。

二、民用枪支

清流气枪厂是全省唯一气枪生产厂家，生产能力6万支/年。主要产品有“武夷山”牌B513、B450型气步枪等。1991年，生产系列气枪5.42万支（其中带瞄准镜1.8万支）。产品畅销全国20多个省市。1992年，开发的BZ折叠式气枪通过省级鉴定，为国内首创新产品。1993年，年产气枪4.48万支，首批出口美国TS-460型气枪4000支。1995年，气枪列入民用枪械管理，销售量锐减，加之原辅材料价格上涨，造成企业亏损，全年仅生产气枪800支。1996年，企业处于半停产状态，生产气枪1594支，亏损82万元。同年8月，国家颁布并实施《中华人民共和国民用枪支管理法》，个人购买气枪受限，气枪厂停产。2001年，由公安部核发气枪生产许可证，气枪厂重新上马，与上海气枪厂配套生产气枪部件，出口美国。2002年2月，由县气枪厂、香港骏源科技有限公司、福州方兴贸易有限公司等3家共同投资100万元，利用原气枪厂闲置厂房、设备组建三明市庆安机械制造有限公司，2003年投产。产品有弹簧发射器、发射胶囊、塑料弹、彩弹击发器、气枪枪管等。气枪枪管主要销往上海、广东，彩弹枪全部出口美国。当年，生产气枪枪管4.1万支、彩弹枪1060支，产值184万元。2004年，生产气枪枪管5.21万支，彩弹枪2166支。2005年，生产气枪枪管4.65万支，彩弹枪536支。

三、金属制品

1991年，全县乡及乡以上金属制品业11家，实现工业生产总值631万元。当年生产保险柜橱1127台（件）、铁锅1000口、铸铁件2.3吨。

1995年，全县乡及乡以上金属制品业9家，其中金属包装物品制造业5家，建筑用金属制品业3家，其他金属制品业1家，实现工业生产总值387.6万元。当年，生产金属门窗1919吨，自行车锁1万把，铸钢、铸铁件185吨。1996年后，金属制品业主要由私营企业经营，无规模以上企业，未列入工业统计。

（一）保险、文件橱柜

1991年，县属集体企业五金厂生产各种规格保险柜、文件橱1000台套，产值75万元。长校五金厂生产各种规格保险柜127件。1993年后，县五金厂因连续亏损停产。1994年5月，县林业工程队开办保险柜厂，生产“猫王牌”保险柜，年产保险柜3000台。同年，全县生产保险柜厂家统一办理注册“猫王牌”商标。1997年，县五金厂停产。2000年8月，县国有投资公司联合8家生产保险柜的私营业主重新组建县保安设备有限公司天龙金属制品厂，职工40人，注册资金51万元，专业生产“猫王牌”保险柜，并通过省质量检测中心检验，定为合格产品。同年10月，获省公安厅颁发生产许可证。2001年，保安设备有限公司生产各种橱柜3600台。2002年，实现产值238万元。2005年，该公司年生产保险橱、柜能力2万台（件），产品销往广东、江西、浙江及本省各地。

（二）自行车安全锁

1992年9月，县属第一家集体股份制企业——清流县万利锁厂成立，生产蟹形自行车安全锁、防盗锁，设计年生产能力15万把。11月投产。当年，生产蟹形自行车安全锁、防盗锁5.5万把。1993年、1994年，分别生产16.8万把、3.78万把。1996年，生产2.4万把。同年5月，企业停产、注销。

第八节　针纺服装

一、针织、纺织

1991年，全县针纺织企业4家，其中国有企业2家，集体企业2家，全年生产针棉织品折用纱线17吨、棉混纺交织布31.5万米。棉纱手套3.86万双，腈纶坯布20.79吨、涤棉布6.98吨。实现工业总产值723万元（90年不变价）。县针织厂主要生产运动服、全棉内衣、内裤等产品，销往本县学校和邻县市场。当年实现产值60万元;县水泥厂针织分厂，年生产棉针织坯布380吨，针织衫裤5万件。乡办纺织企业有东华针织厂，年生产能力晴纶布50吨；嵩溪纺织厂，年生产能力复合布50万米。1991—1994年，嵩溪纺织厂生产棉混纺布166.8万米，因经营不善于1994年关闭。1995年，全县针纺织业企业4家，全年生产维棉混纺布17万米、针织坯布41吨、针棉织品折用纱线42吨、针织手套1万副。

县针织厂由于企业规模小，竞争能力差，经营困难，产值逐年下降，1995年停产。1997年，该厂恢复生产，全年工业产值仅15万元。1999年，处于停产半停产状态。2002年，县针织厂倒闭。

二、服　装

1991年，县有二轻联社下属集体企业服装厂1家，由职工黄某承包经营，改称“二轻服装加工店”，从业人员5人，主要为来料加工服装，当年实现产值6万元。11月，该厂因亏损注销。1994年，赖坊乡个人投资8万元，兴办文川服装厂，年生产服装1万件。

1995年，嵩溪个人投资8万元，兴办泉州煌兴制衣厂，年生产校服1200套。是年，全县有服装制造业196家，实现工业总产值284.8万元。其中，乡及乡以上工业企业2家，实现工业总产值132万元。全县生产服装16.8万件，其中梭织服装15.28万件、针织服装1万件。此后，因来料加工订单不足，服装厂相继亏损倒闭。至1997年，全县服装制造企业仅余2家，生产服装2万件，实现工业总产值145万元。

2003年，港商投资50万美元，创建众和服装有限公司，当年生产服装47.2万件（套），产值2631万元。同年7月，香港亚新贸易公司投资64万美元，创建东发服装制造公司。11月，香港万富斯（国际）制衣发展公司投资750万元，创建远大经纬（三明）服饰有限公司，生产夹克、运动服等成衣，产品主要出口欧盟、南美。

2004年，香港客商投资72万美元，创建华源服装制造公司。是年，全县服装企业4家，实现产值1.23亿元。

2005年，澳门客商投资50万美元，创建景龙服饰有限公司；菲律宾客商投资60万美元，创建兴业服饰有限公司；澳门客商投资120万美元，创建鑫泰服装有限公司。另新批办恒鑫达服装公司、嘉鑫服装公司、鑫源服饰公司、远大冠亚服饰公司和华联服饰公司等服装企业9家，合计总投资689.74万美元，这些外资企业陆续投产。截至年末，全县规模以上服装加工企业7家，生产服装1584万件，产值3.14亿元。产品全部外销，出口创汇2700万美元。

第九节　造纸　印刷

一、造纸与纸制品

1991年，全县有造纸与纸制品企业5家，其中嵩溪、余朋造纸厂主要产品是纸袋纸（机制纸），年内分别实现产值152.2万元、45万元。县包装材料厂主要设备有纸布复合机、制袋机、制胶反应釜等，主要产品为纸布复合、四层木浆纸水泥包装袋，年内生产复合水泥袋8.27万条，产值11.6万元，亏损0.44万元。11月，企业无法继续经营停产关闭。同月，县二轻纸箱厂建成投产，主要设备有成型机3台、装订机2台等，生产各种规格瓦楞纸箱。是年，全县生产纸袋纸448吨、土纸48吨。实现工业总产值267万元（1990年不变价）。

1992年，县二轻纸箱厂生产纸箱7.62万个，完成工业产值15.5万元。1993年，县供销社与嵩溪镇政府、港商共同投资120万元，利用原嵩溪供销社仓库，兴建港清包装材料有限公司，生产设备有单面机组1套、印刷机1台、装订机5台、模切机1台、五功能成型机1台，主要产品为各种规格瓦楞纸箱。当年完成工业产值25.2万元，利润亏损1.22万元。1994年，县商业局兴办华龙纸品有限公司，主营妇女卫生巾，由于产品质量不过关、销路不畅，后停产关闭。

1995年，全县造纸及纸制品业7家，全年生产机制纸1407吨、纸袋纸1282吨、卫生巾纸125吨、手工纸12吨、纸制品130万平方米。实现工业总产值788.4万元（当年价982.7万元）。其中，造纸业5家，实现工业总产值596.3万元（当年价685.9万元）；纸制品业2家，实现工业总产值192.1万元（当年价296.8万元）。

1996年9月，根据国务院关于取缔小造纸厂规定，县政府关闭嵩溪造纸厂和余朋造纸厂。1996—1997年，二轻纸箱厂与港清包装材料有限公司因亏损相继停产。

二、印 刷

1991年，全县有印刷企业3家，即县国有印刷厂、民政印刷厂和教育印刷厂。生产本册51.37万本，产值106万元。1993年，新增升隆印刷厂1家。1994年后，县印刷厂业务量逐年减少，企业处于半停产状态。1995年，县属独立核算印刷企业1家，全年生产单色印刷品2400册，本册127万本，实现产值142.6万元。1997年，全县印刷企业3家，从业人员年均56人，实现产值120.16万元。2000年，县民政印刷厂收购县印刷厂。2005年，全县印刷企业3家，从业人员年均38人，实现产值110余万元。

第十节 饲 料

1991年，饲料生产企业仅县饲料工业公司1家，隶属县粮食局，为国营企业，设备有粉碎机、提升机、配料箱、电子秤、搅拌机等。当年生产混合、配合饲料1485吨。实现工业产值30万元。1993年，生产饲料1300吨。1995年后，因产品销售不畅，处于半停产状态。1998年，生产饲料259吨。1999年，因企业亏损，无法维持生产经营，遂停产。2000年10月，企业关闭。

2003年10月，香港俊年国际有限公司投资500万元，在城关长兴南街十里铺独资创办三明市俊年饲料有限公司，2004年8月竣工投入生产。产品有猪系列专用浓缩饲料及鸡、鸭系列浓缩、预混饲料等。2005年，生产各类饲料130吨，在江西、龙岩、三明、厦门、泉州、南平等地进行试销。

第四章 重点企业与名特优产品

第一节 重点企业

一、罗口煤矿

为县办国营企业，位于田源乡罗口村。1991年，煤炭产量6.31万吨，完成工业产值310.3万元，实现利税总额10.7万元。1992年，完成上坪井“6扩15”（即年产煤能力从6万吨扩大到15万吨）万吨/年技改项目。1997年7月，进行国家控股、职工入股的企业改制，罗口煤矿更名为罗口煤矿有限公司。2000年9月，改制为民营企业，更名清流县罗口煤业有限公司，下辖罗口煤矿、上坪煤矿。是年煤炭产量9.94万吨，完成工业产值 3541.2 万元，实现利税总额 679.6 万元。2002 年完成罗口井“3 扩 6”万吨 / 年技改项目。2003 年，完成上坪井 4.5 采区技改，扩大生产规模。2005 年，生产原煤 9.44 万吨，完成工业产值 3541.2 万元，实现利税总额 679.6 万元。

二、北坑钨矿

1991 年，国营企业北坑钨矿拥有固定资产 133.9 万元，职工 62 人。生产钨精矿 200 吨，产值 300 万元。1992 年，投资 300 万元，实施四中段开拓技术改造项目，1993 年竣工投产。1997 年，投资 400 万元，实施五中段开拓技术改造项目，当年竣工投产。1998 年，生产钨精矿 182 吨，产值 288 万元。2000 年，生产钨精矿 91 吨，产值 137 万元，亏损 37.56 万元。

2001 年，企业改制，职工一次性领取工龄补偿金，自谋职业。企业租赁给私人经营。同年 10 月，转租福州天宝股份公司经营，当年亏损 200 万元。2003 年，转租广东客商经营。2004 年，企业亏损 12.98 万元。2005 年，钨矿售价上升，企业恢复正常生产。当年，北坑钨矿员工 34 人，生产钨精矿 41 吨，产值 180 万元，税利 36.1 万元。

三、县锰矿厂

1990 年 1 月，县政府在余朋乡设立县锰矿厂，由县企业局管理。1990—1993 年，锰矿产量 20 万吨，产值 3280 万元，利税 2000 万元。1994—2000 年，产量 15 万吨，产值 3000 万元。2001—2004 年，实行私人承包生产，产量 3757 吨，产值 101 万元，利税 20 万元。工人 200 余人，技术人员 4 人。锰矿产品销往福建省锰矿公司和龙岩地区。2005 年，该矿关闭。

四、金宝矿业

2002 年 9 月，金宝矿业有限公司成立，位于余朋乡，职工 100 人，日处理原矿 250 吨，年生产铅锌精矿 4000 吨。2003 年，完成工业产值 450 万元。2004 年，产值 695.1 万元。2005 年 10 月，兼并华龙矿业有限公司。年内完成工业产值 830.5 万元，税利 118.3 万元。

五、县明孚硅业有限公司

1991 年，“三资”企业县明孚硅业有限公司生产工业硅系列产品 2664 吨，出口 1762 吨。2000 年，该公司投资 300 万元完成低频矿热炉技术改造。2002 年，投资 260 万元完成硅钙合金与高纯硅铁项目技改。2003 年，投资 130 万元实施无木炭生产工业硅项目技改。2003 年 6 月，“晶晶”牌金属硅、硅钙系列产品通过原产地标记注册认证，并相继开发“441”“2307”“2202”硅粉等新产品。2004 年，“无木炭生产工业硅新技术”项目被国家科技部批准为国家科技成果重点推广计划项目。2005 年，生产结晶硅 3499 吨。

六、县九利油脂有限公司

前身为嵩口镇“9 利”茶油厂。1997 年 6 月，县烟草公司以 3 万元购买清流嵩口镇“9 利”茶油厂商标，成立县九利油脂有限公司，年生产精制茶油 60 吨。2000 年，获农业部颁发的“9 利”牌茶籽油“绿色食品”证书及三明市知名商标称号。2001 年 5 月，公司引进高级烹调油生产线，年生产能力 2000 吨。“9 利”牌茶籽油获 2001 年福建农业名特优新产品展销会金奖。2003 年 6 月，公司获中华人民共和国出口卫生注册证书和全国工业产品生产许可证，成为福建省最早茶籽油可供出口企业。“9 利”牌茶籽油商标获省著名商标称号。2005 年，“9 利”牌茶籽油获有机产品认证。

七、鸿伟木业有限公司

2000 年，香港鸿伟人造板公司董事长独资 3000 万元创办鸿伟木业有限公司，设计年产细木工板 5.5 万立方米，产值 531 万元。2002 年，产品通过 ISO 9001-2000 国际质量体系认证，被评为中国绿色环保推介产品和全国质量信得过产品。2004 年 11 月，该公司整体收购清流刨花板厂产权，投资 3500 万元对年产 7 万立方米异型刨花板厂生产线进行技术改造。

八、东莹化工有限公司

2002年11月，浙江客商投资8000万元，在位于大路口工业小区（原福建机修厂内）创办东莹化工有限公司，设计年产1.5万吨无水氢氟酸、配套建设3万吨/年萤石粉烘干装置。2003年12月，第一条生产线建成投产。2004年，生产无水氢氟酸1.1万吨，产值4502.7万元。2005年，生产无水氢氟酸1.2万吨，产值6167万元。产品畅销浙江、江苏等地。

九、展化化工实业有限公司

2004年，香港客商收购原清流县人造板厂产权创办福建省三明市展化化工实业有限公司，总投资5000万元，建成年产过硫酸铵生产线1条，主要产品有硫酸铵、过硫酸铵、过硫酸钠等过硫酸盐系列产品。产品经福建省质检中心检测，达优级品标准。产品销往台湾地区及广东、浙江、上海等省市。2005年，建成年产过硫酸钠生产线1条。年产过硫酸铵3000吨、过硫酸钠2800吨。公司采用电解法生产，生产用水全部循环使用，少量废气、废水经处理后达标排放。企业通过ISO 9001-2000国际质量管理体系认证。

十、闽山化工有限公司

原县香料厂。1991年，生产萜烯树脂、香料级松油醇等产品，当年生产萜烯树脂345吨，产量居全国四分之一强，产值455万元。1993年，生产萜烯树脂1084吨，产值1563.8万元。1998年，改制为股份合作制民营企业。2000年，县香料厂完成松油醇项目"1扩2"(年产能力从1000吨扩大到年产2000吨）项目技改，形成年产萜烯树脂4000吨，松油醇2000吨的生产能力，产品销往全国27个省市。2005年，产萜烯树脂554吨。同年4月，企业改制为闽山化工有限公司，萜烯树脂停产。

十一、鑫鸿翔化工有限公司

前身为县化工厂。1991年，全县生产松香3983吨，主要由县化工厂生产。1992—1995年，生产松香2.1万吨、松节油3495吨。1996—1997年，生产松香9888吨、松节油2967吨。2000年，县化工厂改制为民营企业，更名为福建省清流县鑫鸿翔化工有限公司。当年，生产松香2789吨、松节油459吨。2001—2005年，该公司完成年产3000吨聚合松香生产线技改，形成采用连续蒸汽法年产万吨松香生产能力的生产线1条；并与四川林科院合作研发2000吨/年硫酸—氯化锌法工艺的聚合松香生产线1条。2005年，松香产量1688吨。

十二、县合成氨厂

主要产品有合成氨和碳酸氢铵等。1991年，生产合成氨1.15万吨，碳酸氢铵4.9万吨，产值1468.2万元。1992年，县合成氨厂完成2000吨/年联醇技改。1993年，合成氨厂生产甲醇（448吨）、制氢、液态山梨醇等，填补省内空白。1994年，县合成氨厂与港商合资创建鸿伟化工有限公司，主要产品甲醛。1995年5月，由港方独资经营。1997年，完成8000吨/年联醇技改。1998年，甲醛产量5311吨，产值638.1万元。2003年，投资100万元进行技术改造。2004年，生产能力扩大到年产甲醛9301吨，产值1069.6万元。2005年，县合成氨厂生产甲醛5002吨，产值649万元。

2005年，通过投标，县合成氨厂产权整体转让给江西客商，改制为民营企业，更名为福建省清流氨盛化工有限公司，公司固定资产5200万元，形成年产2.5万吨合成氨和3000吨山梨醇生产线各1条，设计年产碳酸氢铵6万吨、甲醇4000吨、液氨6000吨、山梨醇3000吨、纯氢100万立方米。当年，生产碳酸氢铵3.35万吨、甲醇2309吨，产值3776.7万元。产品销往永安、大田、江西、广东等地。

第二节 名特优产品

一、"龙津"牌松香

福建省清流县鑫鸿翔化工有限公司(原县化工厂)产品。质量略高于国家GB8145-87标准。主要用于出口，有30多年出口历史。产品畅销日本、西欧等十几个国家和地区，1987年，获省优产品称号。1988年，获部优产品称号。1989年，该品牌产品在福建省首届工业博览会上获银奖，当年产量6000吨。2005年，“龙津”牌脂松香被授予三明市“优势品牌产品”称号，年内产量2300吨。

二、“清盛”牌农用碳酸氢铵

清流县氨盛化工有限公司（原县合成氨厂）生产的“清盛”牌农用碳酸氢铵，质量优良，主要质量指标碳铵含量17.15%、甲醇含醇量99.99%、液氨含氨量99.9%。1990年，该产品获省优称号。产品年产量超过6万吨，不仅满足当地需要，还销往江西赣南地区和本省毗邻县市。2005年，产量3.35万吨。

三、“闽山”牌萜烯树脂

福建省清流县闽山化工有限公司（原县香料厂）生产的“闽山”牌萜烯树脂，以优质松节油为原料合成萜烯树脂，具有粘结力强、无毒无臭、耐老化、耐稀酸（碱）、电绝缘性强等性能，1985年9月，经省级鉴定，产品质量达到国内同类产品的平均先进水平。1988年9月，该厂的高软点萜烯树脂通过省级鉴定，各项技术指标均达到国内同类产品的先进水平。

1988年，萜烯树脂获三明市政府“两新”成果一等奖。1990年，该产品获省政府“优质产品”称号。2002年，产品被省政府授予“福建省名牌产品”称号，在国内市场占有率30%。当年产量2657吨。2003—2004年，获三明市“优势品牌产品”称号。2005年，产量554吨。

四、“武夷山”牌气步枪

三明市庆安机械制造有限公司（原县气枪厂）厂独创的产品，为侧压式气步枪。该产品设计新颖，造型美观，结构先进，选材优良，具有气压高、射程远、初速大，射击命中率高，扳机灵活、操作简便的特点。且设有五档保险装置，安全性能高。1991年，“武夷山”牌B513气步枪获福建省优质产品奖。1993年，获福建省优秀新产品奖。

五、“帅风”牌硅酸盐水泥

清流县帅风建材有限公司（原清流县玉华峡水泥厂）生产的早强型水泥，产品各项指标均达到或超过国家标准，年产量15万吨左右。2004年4月，被评为“福建省建材放心产品”，并获三明市知名商标产品。

六、“鸿伟”牌细木工板

三明市鸿伟木业有限公司生产的装饰、家具用优质板材，年产量9万立方米左右。该品牌产品具有表面光洁、板面平整、不易变形、隔音效果好、耐潮等特点。2002年，该产品被评为中国绿色环保推介产品和全国质量信得过产品。2005年，“鸿伟”牌细木工板被评为福建省名牌产品，年内产量8.1万立方米。

七、九龙湖鱼干

清流县沙芜九龙湖龙盛鱼干厂和清流县沙芜九龙溪名师鱼干加工厂产品。年产鱼干20吨左右。该产品具有无腥味，味香爽口，低脂肪、高蛋白等特点。2000年，该产品在福建省“12·8”特优商品交易会上评为金奖。2002年，九龙湖龙盛鱼干厂被三明市政府评为农业产业化龙头企业。2003年，沙芜九龙湖被农业部认定为无公害水产品生产基地。2004年，沙芜“九龙湖”鲜活鱼、虾获农业部无公害农产品标志认证。

八、“9利”牌有机茶籽油

县九利油脂有限公司产品。该公司年产销售产品1000吨左右。产品色泽好、气味纯正，皂化值、不皂化物、饱和酸、油酸、亚油酸及挥发物、酸值、过氧化值等指标均达到国家规定质量等级标准。

1991—1997年，该公司生产的茶籽油先后获省消费者委员会1994—1995年推荐产品、福建省最畅销产品奖。2000年，“9利”牌茶籽油获农业部颁发的绿色食品证书。2001年，获福建农业名特优新产品展销会金奖、三明市知名商标。2003年，获福建省著名商标称号。2005年，获三明市优势品牌产品称号。

附：

1991—2005 年清流县主要工业产品统计表

表 10-5

年份	煤炭（万吨）	水泥（万吨）	钨精矿（吨）	铅锌精矿（吨）	结晶硅（吨）	合成氨（万吨）	碳氨（万吨）	人造板（立方米）	萜烯树脂（吨）	松香（吨）	精甲醇（吨）	甲醛（吨）
1991	11.41	6	200	—	1895	1.15	4.9	6070	345	3983	—	—
1992	12.44	9.1	180	—	2511	1.29	5.42	9010	589	5254	—	—
1993	14.57	10.72	79.19	—	3317	1.5	6	13900	1444	5836	448	—
1994	18.73	17.32	54	—	1410	1.25	0.76	13172	1275	5555	1493	—
1995	16.7	19.9	165	—	2970	1.57	5.65	13537	1200	5254	1568	—
1996	14.6	15.23	54	—	1410	1.47	0.97	11956	1391	4742	658	2652
1997	15.6	8.5	126	—	4424	1.71	0.89	13624	1744	4944	3119	6568
1998	13.43	11	182	2689	5003	1.51	4.78	9839	2130	4194	2223	5311
1999	10.5	13.22	201	2940	4794	1.44	4.74	10355	2805	3966.40	2226	614
2000	5	13.4	91	4100	3881	1.55	4.54	15286	2622	2789	2415	5780
2001	7.95	13.5	—	1699	4108	1.63	4.84	24507	2570	2276	2784	5497
2002	8.92	14.8	—	3857	3519	1.62	5	28669	2657	2126	2435	6712
2003	12.03	16.4	—	5755	3369	1.51	4.37	31977	1910	2898	2348	6349
2004	—	16.3	—	4667	2168	2.2	5.22	29707	1974	2423	3949	9301
2005	15.67	13.05	41	4000	3499	1.81	3.35	80990	554	1688	2309	5002

说明：

1. 1991—1995 年硅铝合金 90 吨、1393 吨、835 吨、1420 吨、155 吨；1992—1995 年和 1996—1997 松节油产量分别为 3495 吨、2967 吨。2000—2004 年分别为 459 吨、365 吨、289 吨、290 吨

2. 2000 年后统计口径为国有及年销售收入 500 万以上非国有企业

九、“七星岩”豆腐皮

为嵩溪农副产品有限公司产品，系将黄豆磨浆热煮后，捞出浆面皮晒干而成，且不添加任何防腐剂，具有口感清香嫩滑、甜、韧、久煮不糊、营养丰富、食用方便等特点。1996年，获省林业博览会最畅销产品称号。1997年，被市政府评为“十佳乡镇企业产品”。2001年，“七星岩”豆腐皮获福建省名优特新农副产品展销会金奖。

第五章 管 理

第一节 机 构

一、县经济贸易局

1991年，为县经济委员会，内设办公室、生产技术股、企业管理股，行政编制13人。管辖企业20家，其中国营企业19家、县属集体企业1家。1997年，改称县经济局。2001年，撤销县经济局、县财贸委员会、县二轻局，组建县经济贸易局，行政编制15人，机关工勤事业编制1人。内设办公室、运行股、电力股、商贸股、行业管理股。下设煤炭行业、民爆用品、牲畜定点屠宰管理办公室。兼管县粮食局、县安全生产监督管理局。至2005年未变。

二、县第二轻工业局

1991年，行政编制3人、自收自支事业编制8人。内设办公室、企业管理股、财务股。2001年，撤销县第二轻工业局，行政职能由县经济贸易局接管。

三、县城镇集体工业联合社

前身为县二轻集体工业联社。1991年起，与县第二轻工业局合署办公，实行“一套班子、两块牌子”，行政编制3人、自收自支事业编制8人，内设办公室、企业管理股、财务股。下辖企业6家，均为县属集体企业。1994年3月，内设机构有生产股、财务股。工作人员10人。管辖“10厂3公司”，即气枪厂、五金厂、万利锁厂、豪华装潢材料厂、金属制品厂、东宝门窗厂、纸箱厂、塑料厂、五金装潢厂、石雕工艺厂和县供销公司、县物资公司、室内装潢公司。2001年，撤销县第二轻工业局，保留县二轻集体工业联社。2003年2月，组建县城镇集体工业联合社，为县政府直属事业单位。原二轻联社撤销。8月，定编7人，内设办公室、资财企业管理股。

四、县煤炭行业管理办公室

2004年成立，行政编制1人，事业编制4人，内设综合股、生产技术安监股。下辖煤炭生产企业8家。

第二节 生产管理

1991年，县政府与县属18家预算内国有企业签订二轮承包经营合同。采用“基数包干、定额上缴、超利全留、欠收自补”以及“超利2∶8分成”“超利还贷”等不同承包方式。坚持工业生产调度会制度，通过每月生产调度会了解、掌握工业生产动态，采取合理调度电力、运输、资金等措施，协调解决工业生产经营过程中的“急、难、重”问题。推动企业完善内部承包责任制，落实工效挂钩、浮动工资等分配方案，全县工业总产值4.11亿元（90价），比1990年增长9.66%。

1992年，县政府对18家预算内国有企业进行考核。完成承包合同任务企业8家，超额完成利润企业11家，未完成承包任务企业6家，亏损企业1家。

1993年，县属国有企业实施人事、用工、分配3项制度改革，27家县属独立核算的国营企业完成产值1.3亿元，比增30.92%。

1994年，县属预算内国有企业进行二轮承包奖惩兑现，奖励11家、处罚3家。“5·2”特大洪灾后，重点帮助受灾企业解决电、水、资金问题，县属企业在灾后1个月内基本恢复生产。是年，主要产品原煤、水泥、人造板有所增长，碳铵、发电量、结晶硅、萜烯树脂减产。全县初步形成胶合板、竹凉席、仿古家具、艺术根雕等林产品工业；松香、萜烯树脂、AD胶等林产化学工业；煤炭、水泥、轻钙、石板材、石雕等能源建材工业；茯苓、淮山饮料、绞股蓝冲泡茶、矿泉水等食品工业。当年工业总产值12.24亿元，比上年增长22.3%。

1995年，抓产业结构和企业组织结构调整，加快竹青背电站、豪迈瓷砖厂、新型压模纤维板、“猫王”保险柜扩改等重点项目建设。全年实现工业总产值5.97亿元。主要工业产品碳铵、水泥、胶合板等产量均有不同幅度增长，原煤减产14.04%，松香产量减产5.3%。

1996年，扶持和培育支柱产业，装机9000千瓦的竹青背电站、年产30万平方米的豪迈瓷砖厂竣工投产；罗口煤矿上坪井“6扩15”万吨/年技改项目通过省煤炭工业公司竣工验收，投入生产。全县工业总产值4.04亿元，增长17.1%，完成年计划97.3%。

1997年，推行合成氨厂“管理靠三化、治厂靠三严”经验，坚持企业“三改一加强”（改造、改革、改组，加强管理）工作。1998年，全面放宽对县属企业的管理，盘活资产存量，组建林业、电力、林产化工、化工、硅业、建材、饮料等七大企业集团。

2000—2001年，国有企业基本实现3年改革和脱困，除自来水、电力行业实行国有控股外，其他行业企业全面放开。

2002年，工业管理重心转移到规模工业企业，打破企业所有制界限，年销售产值500万元以上均列入县属工业管理。全县规模以上企业16家，产值2.58亿元，比1997年县属工业企业增长143%。

2005年，全县规模以上企业28家，产值7.92亿元，是1991年县属工业产值的7.97倍。年产值1000万元以上企业20家，5000万元以上企业5家。特别是纺织服装制造业崛起，7家企业产值3.14亿元，成为县四大工业主导产业之一。

第三节 技术开发与创新

1991年，加大技术开发力度，推行“大厂带小厂”，加强协作。落实企业技改优惠政策。国营企业试行按销售收入1%提取技术开发基金，由县财政适当集中，有偿调剂使用。当年技改项目投入2200万元，完成工业技改投资905.8万元，实施技改项目13项，建成投产6项。包括合成氨厂10吨/小时沸腾炉改造、煤气发生炉改造、扩大冷作加工改造；建材厂年产500吨轻质碳酸钙项目；北坑钨矿四中段开拓及选场改造；香料厂紫罗兰酮项目开发；通用机械厂年产3万套“如意轮”开发；气枪厂年产2.5万支带瞄准镜气枪开发；人造板厂年产2000平方米细木工板技改等。新增工业产值3394万元，新增税利446万元。

1993年，全县完成工业技改投资2172.77万元，当年建成投产的有香料厂扩建年产1000吨萜烯树脂生产线，合成氨厂液氨脱碳、沸腾炉微机控制、微机控制变换系统、年产2000吨联醇技改、5000吨甲醛生产线技改；县水泥厂年产6万吨水泥熟料生产线技改；县人造板厂年产1万立方米胶合板技改；县化工厂6000吨松香生产线扩改和1000吨松香烃产品开发；上坪煤矿9万吨煤扩改，年处理银、铅、锌矿石3万吨选矿生产线等8项。应用新技术有县印刷厂彩色胶膜印刷生产线1项；开发新产品有甲醇、制氢、液态山梨醇、TS-45型出口气步枪等 5 项。其中，液态山梨醇产品填补省内空白;BZ 折叠式气枪通过省级鉴定，为国内首创新产品。

1994 年，完成技改投资 3995 万元，实施项目 18 项。当年竣工投产项目 10 项，新增产值 4508 万元，新增税利 1108 万元。其中香料厂引进四川科技大学生产技术生产的 AD 胶产品，经四川省科委鉴定为国内先进水平。气枪厂 1993 年开发的 BZ 折叠式高压气枪被评为 1994 年度省优产品。

1995—1998 年，完成工业技改投资 8628 万元，实施甲醇、煤矿等技改项目 45 项。其中，县合成氨厂 1997 年实施节能降耗暨 8000 吨 / 年联醇技改项目，形成年产 2.5 万吨合成氨生产能力。县香料厂 1998 年完成年产 500 吨萜烯苯乙烯树脂技改，萜烯苯乙烯生产线投入批量生产，产品填补省内空白，质量达国内先进水平。

2000 年，完成技改投资 2000 万元，实施项目 9 个，年新增工业产值 4300 万元。在全省“五新”项目推介会上，县新保安设备公司选送的运用“拉杆定位”新工艺生产的新型保险柜，确定为“改良原有产品结构，提高产品质量”产品。

2002 年，完成工业技改投资 2909 万元，实施技改项目 13 项，其中技术创新 2 项，明孚硅业有限公司的“无木炭生产工业硅”新技术，台时产量提高 7.2%，电耗下降 6.1%，平均吨硅成本下降 300 元。该技术通过省经贸委组织的专家评审认证，并由国家经贸委向全国同行业推广运用。

2003—2004 年，投入技改资金 9656 万元，完成嵩口坪电站扩机、氨盛公司煤化工产品结构调整等项目 34 个。2005 年，全县完成技改投资 9961 万元，实施技改项目 9 项，其中投资超千万元项目 3 项。

第四节 营销管理

1991 年，全县各企业均设营销部、科，负责产品销售。合成氨厂、明孚公司还在福州、厦门、江西等地设立营销办事处。县办国营企业罗口煤矿设立供销科，组建车队，煤炭销售实行产供销一条龙，70% 煤炭销往周边的明溪、将乐、泰宁等县及江西省瑞金、石城等市县。当年全县独立核算工业企业 158 个，产品销售收入 2.15 亿元，产品销售率 93.48%。

1995 年，对专职营销人员实行“三包一定”（包销售基数、包销售费用、包资金回笼、定奖罚）销售承包方式，允许外单位人员按包干基数兼职销售本企业产品，全县营销人员从 86 人增加至 113 人，产销率 96.7%。

1997 年，企业注重产品售后追踪服务。县香料厂根据客户要求组织生产不同规格萜烯树脂，新辟省级销售网点 6 个，萜烯树脂产品覆盖全国 25 个省、市、自治区，国内市场占有率 30%。

1998 年，完善产品销售承包方案，落实“一定四包”经济责任（定销售基数，包销售费用、包资金回笼、包旧欠回收、包新市场开拓）。县水泥厂落实承包责任制，产销率 99.2%，新增客户 6 家，收回陈年货款 86 万元。

2000 年后，煤炭营销市场放开，随行就市。煤炭采选业产品销售率 79.71%，比 1999 年下降 12.73 个百分点。年内，全县国有及年产品销售收入 500 万元以上非国有工业企业产品销售率为 93.6%。

2001 年，氨盛公司与三明园林植保公司建立联销关系，产品由其包销，减少产品积压，加速资金回笼。该公司联销经验在全县工业企业推广。

2002—2004 年，明孚公司、氨盛公司、东莹化工公司根据客户需求，生产市场紧俏的硅粉、液氨、无水氢氟酸等产品，赢得市场，产销率 100%。

2005 年，东发服装织造公司、兴业服装织造公司等 5 家服装生产企业全部按订单组织生产，产销率 100%，产品全部出口欧洲、中东等地。

第五节 质量管理

1991 年，落实国务院《关于进一步加强质量管理的决定》，全县工业企业开展“质量、品种、效益年”活动，县技术监督局会同有关部门组织质量检查。合成氨厂、明孚公司、香料厂、县水泥厂等企业质量检验科把好产品质量关。9月，县技术监督局牵头各企业开展质量活动月，开展《中华人民共和国产品质量法》宣传。合成氨厂生产的碳铵获部优称号。北坑钨矿精钨砂、气枪厂B-513型气步枪获省优称号。合成氨厂碳铵和香料厂萜烯树脂合格率100%。

1994年，全县坚持“三不三检”（不合格的原材料不进厂、不合格工件不过岗、不合格产品不出厂，自检、互检、抽检）制度。水泥厂早强型硅酸盐水泥合格率100%，其他产品稳定率保持在96%以上；香料厂年产300吨AD胶生产线经省级鉴定为国内首创。

1995年，全县企业贯彻、落实《质量振兴纲要实施计划》，提高关键性工序一次性合格率，降低不良产品损失，完善检测设施，规范检测程序，坚持产品质量与经济效益挂钩。香料厂萜烯树脂产品合格率100%，优质品率63%。

1997年，全县工业企业开展“产、学、研”结合活动，各企业与高等院校、科研院所进行技术合作，采取委托攻关、技术合作等形式、转化科研成果，提升地方产品品质。县合成氨厂与福建师大生物工程学院、广西南宁木薯开发集团公司联合开发“大米淀粉双酵法糖化加氢生产山梨醇”项目，为清流大米深加工寻找到新出路。县香料厂与省化工研究所合作开发“萜烯苯乙烯”产品，质量达国内先进水平。

1998年，开展“质量兴业”“质量兴厂”等活动。经有关部门检验，萜烯树脂、早强型水泥、碳铵等产品合格率均达99%以上，比上年提高2～4个百分点。新开发的萜烯苯乙烯产品质量达美国同类产品标准。

2001年，全县企业实施质量体系认证和产品创优。是年，帅风建材公司生产的32.5R、42.5R普通硅酸盐水泥、明孚硅业有限公司金属硅系列产品等生产制造和服务均通过ISO 9001:2000国际质量管理体系认证。

2002年6月，鸿伟木业有限公司的细木工板、胶合板、刨花板生产和服务通过ISO 9001:2000国际质量管理体系认证。县香料厂萜稀树脂产品获省名牌产品称号。

2005年11月，展化化工实业有限公司的过硫酸铵、过硫酸钠产品生产服务通过ISO 9001:2000国际质量管理体系认证。

卷十一　商贸　旅游

1991年，清流县国内贸易实施经营体制改革，完善经营承包责任制，县国营商业、供销、粮食系统在商贸流通中保持三足鼎立地位。1992年后，县国有商业、粮油、物资和供销合作等部门实行经营、价格、用工、分配“四放开”，转换经营机制，增强企业活力，提高管理水平。1994年起，全面推进国有民营、社有民营和股份合作制。2000年前后，实施产权与资产转让、兼并和合作的产权改革，实行以全员解除劳动关系、置换职工身份的企业改制，县国有商业和供销系统完全退出商贸流通领域。县供销社转向为“三农”服务，先后扶持发展嵩溪豆腐皮、余朋柑桔、邓家红心地瓜干3个产销专业合作社，搭建信息服务平台，构筑农副产品联合购销网络，扶持生产基地建设和经营农副产品业务。粮食部门围绕粮食流通体制改革，转变职能，优化组合，减员增效，开拓经营，粮油企业逐步扭亏为盈；粮食市场放开，取消居民粮油定量供应和统购统销，个体粮油经营户、粮食加工企业逐渐发展壮大。15年间，国有粮食部门累计收购入库粮食1.15万吨。物资经营取消计划分配，市场全面放开，城乡个体物资经营企业迅速发展。烟草专卖逐步运用现代科学信息技术手段，依法管理、规范市场秩序和经营行为。15年间，全县累计收购烟叶52.41万千克。2005年，县烟草公司购销卷烟6.66万箱。医药市场全面放开，但医药公司仍为药品经营主渠道。2005年，全县有股份制和民营医药公司各1家，城乡单体药店17家。

随着商贸流通体制改革深入和市场全面放开，全县加快市场建设和市场主体培育，采取联合兴建、外资兴建等多种方式，新、扩、改建龙津农贸市场、城关第二农贸市场和余朋、温郊、林畲、灵地等乡镇集贸市场，开辟林畲—嵩溪—大路口—城关4段“百里经济带”农副产品批发市场。打开山门，打破地域界限，扶持鼓励农民进城务工经商，制定优惠政策吸引各地能人到清流发展第三产业，促进商贸服务业兴旺和市场繁荣活跃，全县形成多渠道、宽领域、开放式的商贸流通和产供销服务格局。2005年，全县有个体及私营商业经营网点1163家，从业人员2820人；市场经营摊位832个，经营人员925人；从事各类服务业的私营企业21家、个体户450户。全社会商品零售总额4.33亿元，比1990年增长9.76倍；其中，批发零售贸易额3.64亿元；餐饮贸易额5554万元，其他行业贸易额1063万元。城乡集市贸易成交额17464万元。

1991年，县域有港澳台资企业2家。全县代理出口4200万元，出口创汇213万美元，县外贸公司因三角债问题陷入绝境。1992年起，县委、县政府加强外经外贸工作和横向经济联合，坚持山海协作、外引内联并重，制定出台扶持奖励措施。1993年，新成立县对外经济贸易发展公司替代县外贸公司。1996—1997年，新增县对外经济贸易发展公司等自营出口企业3家。1999年，受金融危机的滞后影响，全县出口创汇减少至65万美元。至2005年，全县批办港澳台资及外资企业94家，实际利用港澳台资及外资累计5243万美元；创办内联企业713家，累计引进县外资金9.95亿元；自营出口企业5家。2005年，全县出口供货总值2858万美元，出口创汇2845万美元，比1991年增长12.36倍；出口创汇产品从主要局限于结晶硅、硅铝、硅铁及木碗、酒瓶架等资源型初级产品扩大到服装、电子、松油醇等高附加值产品。

县域旅游资源丰富，较有名气的有大丰山、北斗山（原七星岩）、九龙湖、灵台山等。1998年3月，县旅游局成立，按照县委提出的“政府引导、社会兴办”的旅游业发展路子，开展旅游资源调查、推介和开发项目招商，编制《清流旅游发展规划》，发动社会各方力量投资建设完善狐狸洞、北斗山、龙津河、灵台山等景区游览设施及服务设施，着力打造融自然养生、休闲、度假于一体的旅游目的地，旅游开发步入良性发展轨道。2003年，夜滩温泉山庄对外营业。2004年，九龙湖正式成为省级风景名胜区。2005年1月，《清流旅游总体规划》通过评审。大丰山森林公园被评为省级森林公园，九龙湖对外开放，清流红色旅游被列入全省红色旅游精品线路及20个旅游经典规划建设盘子。至2005年，全县旅游业累计投入近3亿元，初步形成

"一湖（九龙湖）、一洞（狐狸洞）、二泉（温泉、冷泉）、三山（大丰山、灵台山、北斗山）、四景（林畲毛泽东旧居、嵩溪玄武岩、赖坊古民居、灵地景秀园林）"，集生态景观、温泉休闲、红色体验、农业观光为主的特色旅游系列景点。全年各景区接待游客 17.18 万人（次），门票收入 30 万元，旅游总收入 2806 万元。

第一章 国内贸易

第一节 商贸流通体制改革

一、国营商业体制改革

1991 年，县国营商业企业有百货、五交化、糖烟酒、饮服、食品公司 5 家，批发部 7 个，零售网点 35 个，食品站 10 个，干部、职工 244 人。其中百货、五交化、糖烟酒、食品等 4 家公司继第一轮承包结束后，实行第二轮承包经营。百货、五交化公司 3 个零售门点，饮服公司的清流旅社、清流饭店、汤点店、冰厅、冷饮店等 5 个门点继续实行租赁经营。当年，承包经营和租赁经营企业销售（营业）收入 1184 万元，比上年增长 9.2%。

1992 年，百货、五交化公司原实行租赁经营的 3 个零售门点，收回统一核算；饮服公司将清流旅社收归公司统一核算。县商业局提出深化商业企业改革，百货、五交化、糖烟酒批发部按不低于上年指标进行承包，实行职工工资奖金与销售、毛利水平和费用率三挂钩；门市部实行销售工资含量核算制，柜组招标承标，以岗定人，择优上岗。食品公司采取集体承包、分块核算，指标层层分解，责任到人。

1993 年，百货、五交化公司、商业贸易中心合并成立工业品批发公司。商业总公司所属 4 家国营企业停止承包经营，原各公司实行租赁经营的零售门点收回公司统一核算。旅店业由饮服公司直接管理，实行定岗、定编、定利润；饭店实行优化组合、提成工资制；冰室、冷饮店试行股份制，自筹资金，择优上岗，除冰室外实行风险抵押。同年，商业系统全面实行经营、价格、用工、分配"四放开"，允许各公司办各类商办工厂、零售柜组跨业经营；各公司及承包柜组对商品有权自行作价，做到上柜商品明码标价；各公司可打破用工界限，自由组合，择优上岗；在确保上缴承包基数的前提下，各公司或柜组可自行决定分配形式，工资、奖金上不封顶，下不保底。"四放开"之后职工积极性被调动起来，商品花色品种增多，店容店貌和服务态度明显改善。当年，全县商业总购进 582 万元，总销售 1060 万元，实现利润 10.02 万元。与上年比较，总销售增长 72.97%，利润增长 35.05%，职工人均收入增加 25%。

1994 年，在商业企业全面推行全员劳动合同制。职工和企业签订劳动合同，企业法人和主管局签订合同，实行企业与职工间的双向选择。对县糖烟酒公司、食品公司进行整顿、改制，将糖烟酒公司批发部，拆分为 2 个批发部，采取"自主经营、自负盈亏、包死基数、资金自筹、人员自组、风险共担"的方式，由该公司 2 位正副经理领衔承包。是年，受"5·2"特大洪灾影响，清流冰厅设施损毁无法使用，一度停业。饮服公司投资 3 万元，重新装修冰厅，并购置 9 立方米的冰库 1 台，重新投入营业。

1995 年 5 月，鉴于食品公司无营业网点、无经营业务、无法扭亏的状况，采取停发工资、职工自谋生路的解决办法。新开设的食品综合经营部交由个人承包。

1996 年，原工业品批发公司改制成内部职工持股的县工业品有限责任公司。实行自主经营、自负盈亏，超奖少罚，将职工收入与企业效益挂钩，1—6 月企业扭亏为盈。

1997 年 3 月，工业品有限责任公司率先实行抽本经营改革，将各柜组商品盘点核实，按成本价算出商品总成本，然后，在岗人员交纳一定保证金参加投标，中标者按定岗定员、自由组合方式，选出 1 名负责人代表签订"抽本经营合同"，按规定时间和比例抽回商品本金，提前收回的可享受 8% 优惠。原在岗职工 107 人，在此次改革中，经过优化组合，安排上岗职工 80 人，办理病退、内退、退职、停薪留职 27 人。

2000 年，对县国有商业系统各企业进行改制。县商业局根据各企业情况，对部分资产进行公开拍卖，其款项用于支付职工置换身份补偿金。职工置换身份后，由企业人转变为社会人。

2003 年，撤销连年亏损的饮服公司，由商业总公司清算工作小组对饮服公司进行清产核资，剩余资产由商业总公司接管，离退休人员及债权债务等遗留问题，由商业总公司妥善解决。

2005 年，商业系统下岗失业职工 153 人、待业 33 人，支付置换身份人员失业补偿金 141.95 万元。此后，县商业总公司未再进行任何商品购销经营活动，日常工作为对公司国有商业资产、网点进行管理，出租、盘活国有资产。

二、供销合作社体制改革

1991 年，县供销社有公司 6 个，即土产日杂公司、农业生产资料公司、果品食杂公司、供销贸易总公司、供销储运公司、供销建筑公司。商办工厂 1 个——罐头厂。在全县 14 个乡镇有基层供销社 7 个，即城关供销社、余朋供销社。嵩溪供销社（下辖林畲、温郊 2 个分社）嵩口供销社（下辖田源分社）、灵地供销社（下辖李家、邓家 2 个分社）、赖坊供销社（下辖沙芜分社）、长校供销社（下辖里田分社）。各分社的人员、资产、经营业务分别归相应的中心社管理。是年，供销企业的生活资料和生产资料门点，全面推行联销计酬、“四定一包”（定经营范围、定资金、定人员、定费用、包销售任务）等各种形式的经营承包责任制，对效益好的企业，实行工效挂钩的分配方法，改变企业职工长期吃“大锅饭”的传统落后分配制度。

1992 年，实施“四放开”改革，成立供销企业总公司（与县供销社一套人马，两块牌子）和供销劳动服务公司。12 月，城关供销社生活资料门点的经营业务、人员、资产并入供销贸易公司；生产资料门点的经营业务、人员、资产并入农资公司。随后，注销城关供销社。

1994 年，全县 103 个生活资料门点，全面推行“社有自营”改革，企业收回门点的商品资金（简称抽本经营），将经营场所、设施租赁给职工，职工自筹资金、自主经营、自理税费、自负盈亏，承包上交给企业总公司的费用和利润（称为“四自一包”）。

1995 年 2 月，供销企业总公司与县供销社分离，成为独立法人。供销劳动服务公司、土产日杂公司、果品食杂公司、供销贸易公司的经营业务、人员、资产、债权债务并入供销企业总公司，各公司对外保留牌子。当年，县供销系统扭亏为盈，实现利润 2.04 万元。

1996 年 5 月，土产日杂公司、果品食杂公司与县供销企业总公司分离，成为独立核算企业，不带人员、债权债务包袱。6 月，成立供销商厦，下设商品经营部、餐饮部、住宿部。12 月，县委、县政府下发《关于深化供销合作社改革的实施意见》，出台扶持供销社改革与发展的优惠政策 8 条。

1997 年，实行全员劳动合同制，打破“铁饭碗”，精简企业行政管理人员，清理并辞退严重违纪及长期离岗外出不归人员，撤销淘汰一批无法规范管理的村级“双代”（代购代销）店。

1998 年初，将城区的供销商厦、供销劳动服务公司、土产日杂公司、果品食杂公司、供销贸易公司重组合并为清流县供销企业总公司，成为独立法人。各公司人财物划归总公司管理，仅对外保留牌子。生产资料门店，继续实行抽本经营；烟花爆竹、棉麻制品、碘盐等专营专卖商品实行集体经营、联购分销；石油液化气、炉具、热水器、建材以及家电、冰箱等大宗电器实行总经销总代理；农副产品、废旧物资实行分购联销，扩大经营规模。

2000 年，除县供销社机关人员外，对全系统干部职工实施全员置换身份改制下岗（买断工龄）。县供销社所属公司、基层供销社对外保留牌子，资产和债权债务移交县供销社。为筹集职工安置补偿金，县供销社拍卖所属公司及基层供销社的部分闲置房产 5000 多平方米，拍卖总金额 385 万元，发放安置费用 516.7 万元。县供销社机关除开展社有资产营运（收房租）外，将工作重心放在农副产品购销和为“三农”服务上，生产资料、生活资料等经营业务由改制后的职工承包经营。同年，改制后的原供销社职工投股成立清流县龙鹏农资有限公司。

2001 年，县供销社对改制后的社属公司、基层供销社，因企施策，进行重组。将原县农资公司、土产日杂公司重组为经营管理人员持大股，职工持小股的县龙鹏农资有限责任公司和县土产日杂有限责任公司；将供销建筑工程公司、供销储运公司分别承包给原企业管理人员，县社按企业资产状况等因素收取一定的管理费；

对在城区占有较多繁华地段门点的供销企业总公司，由县社派专人直接管理；对管理不善、资不抵债、发展无望的供销商厦、果品公司、汽配公司，保健食品有限公司向工商申请注销，债权债务由县社统一处理；原按经济区域建社的6个基层供销社全部保留、重组，由县社重新聘任主任、会计等管理人员，对所属门店等固定资产仍属于供销社，且自愿入社的人员重新予以返聘，由县社统一办理营业执照、统缴税费等。截至年末，全县供销系统仍有集体经营的农资经营网点68个、生活资料门点75个；拥有干部职工241人。其中：在职职工184人（县社机关21人，新组建的公司、基层社重新聘用原供销系统职工163人），内退人员26人，离退休人员21人。

2003年，投资成立清流县欣荣果业有限公司。2004年，清流县龙鹏农资有限公司更名为清流县龙得宝农资连锁有限公司。年内，盘活原嵩溪供销社闲置资产，引进莆田客商投资120万元开办“满家乐”超市。全县供销系统出租闲置仓库、门点12个，增加租金收入5万元。县供销社工作人员销售蜜雪梨、蜜橘等农产品12万元，盈利近2万元。2005年，全县供销系统仍有集体经营及承包经营网点133个，员工76人。

三、粮食流通体制改革

1991年，国有粮食部门实施第一轮机构改革。县粮食局成立多种经营领导小组，指导企业改革。成立清流县粮油贸易公司泉州经营部，经营议价粮油及复制品。当年，继粮油经营收支三年包干期结束，粮食系统继续实行购销包干、差额调拨，包干指标一年一定。各种工商行业用油价格一律放开，实行议价供应，城镇居民仍按定额供应平价粮油。

1992年7月，成立县粮食劳动服务公司。年底，以基层粮店为试点，实行国有民营的经营方式，创办各种经济实体，实行多种经营。城关粮站创办满园春酒家，粮贸公司办龙城饭店，嵩溪粮站沿街店面装修后，楼下店面出租，楼上办旅社、开饮食店；沙芜粮站发展养鱼、鸭、后山种果树；饲料公司养猪。县粮食局对基层企业门市部实行承包管理，由营业员自主经营、自负盈亏，城区3个门市部分设为自主经营的店面13个，实行多渠道进货。至1992年，全县粮食部门亏损176万元。

1993年，成立县粮油总公司，与县粮食局实行“两块牌子一套人马”；下属粮食管理站14个，粮油贸易公司1家，加工企业4家，职工226人。其中，粮食商业企业162人，粮食工业企业64人。当年，县粮油总公司首次盈利5.3万元。1995年，县食品厂与县城关粮油加工厂合并。全县粮食企业利润总额85.6万元。全县粮食部门19个核算单位，16个单位盈利、3个单位亏损，3年总体盈利97万元。

1994—1996年，进行粮食购销政策性业务和经营性业务分开运作的双轨制改革，政策性业务定员到站，不定到人。超编人员开展商业性经营，单独核算，分流不分家，分线不分人，分账不分物。1996年4月，成立县粮油批发市场。同年，全县粮食部门亏损207.6万元。

1997年，成立县粮油资金内部结算管理所，属自收自支事业单位，编制11人，均为原粮食局机关分流人员。县粮油贸易公司和城关粮油加工厂并入城关粮站。同年，全县粮食部门亏损扩大到585万元。

1998年，全系统有22名职工置换身份，企业一次性付给每名职工1.5万元补偿金，共计支付33万元。同时，清退全县粮食部门长年临时用工。金谷酒家实行内部承包，饲料公司实行职工承包经营。同年，经改组改制，粮食部门减亏成效明显，仅金谷酒家及饲料公司承包后就减亏30万～40万元。全年粮食部门仍亏损360万元。

1999年5月，依据国务院《关于进一步深化粮食流通体制改革的决定》，实行政企分开，成立县粮食收储有限公司，同时撤销县粮油总公司。县粮食局与国有粮食购销企业在人、财、物等方面彻底脱钩，不再参与粮食等业务经营和干预企业的的自主经营活动。10月，公司更名为县粮食购销有限公司，实行“自主经营、自负盈亏、自我发展”的经营机制，粮食购销有限公司为独立核算、具有法人资格的国有企业，公司内设购销部、储运部、财务部、办公室，将各乡（镇）原粮食管理站更名为粮食购销站，为公司分支机构，不具法人资格。县粮油总公司、批发市场、饲料工业公司等同时注销。粮食部门全年亏损高达670万元。

2000年10月，实施第三轮国有粮食企业改革，保留县粮食购销有限公司，除14个购销站外其余企业全部撤并。依据县粮食企业粮食实际收购量和储备任务，核定保留企业、事业在岗人员70人。通过业务与理论考试，择优录取、竞聘上岗。除年龄达50岁以上职工实行内部退休外，其余职工均置换身份，解除劳动关系；领取一次性经济补偿金；经济补偿金由省粮食局、财政厅给予补助，不足部分进行自筹。由于自筹困难、资金不足，遂将灵地粮站门市部、李家粮站1个门店、林畲粮站新办公楼和城关粮站的大部分门面，采取公开竞价方式向社会转让，资产转让收入全部用于支付解除劳动关系职工的部分经济补偿金。

2001年5月起，城镇居民粮食供应完全市场化，价格由市场调节，原城镇居民口粮供应证作为档案予以保留。粮食销售放开后，粮食收购采取“订单”形式，与种粮大户签订合同，价格随行就市，国家实行直补惠农政策。粮食收购主体多元化，从事粮食收购经营活动的企业，须经县粮食行政管理部门审查资格，县工商行政管理部门核准登记注册，方可按国家有关规定从事粮食收购业务。

2004年，县政府制定《粮食安全预警应急方案》。县粮食局据此制定应急方案实施细则，确定1个骨干粮食加工厂，1个骨干粮店为应急时供应粮油之用。

由于历史遗留的“老帐、老粮、老人”等问题未完全解决，加上过去粮食未顺价销售造成大量库存积压，粮食调运、保粮出现新的难题，1991—2004年，全县粮食部门累计亏损2862万元，国有粮食企业出现前所未有的困难和问题。2005年7月，根据国务院《关于进一步深化粮食流通体制改革的意见》和省财政厅、审计厅、粮食局、农发行《关于做好国有粮食购销企业粮食财务挂账处理工作的通知》，完成国有粮食购销企业粮食财务挂账清理认定工作。其中，1992年至1998年5月31日经中央认定新增粮食财务挂账916万元；1998年6月1日至2004年12月31日省级政府清理确认的政策性粮食财务挂账其他政策性亏损挂账560.39万元，共计亏损挂账1476.39万元。同年，经县政府批准实施第四轮较大规模的国有粮食企业改革。当年底，国有企业在职职工全员置换身份，取消基层购销站，并根据业务需要回聘12人，主要从事县级储备粮的收购保管，粮食购销有限公司24人。重新制定企业经营管理办法，对员工工资分配进行改革，将在岗人员工资标准作为档案工资给予保留，作为职工今后调动、调资、解除劳动关系经济补偿金的依据。企业实行内部工资分配制度：即基础工资400元，收粮人员每月按基础工资30%发放，加上收粮的绩效与公司6∶4分成。未收粮人员不予发放工资。除管理好县级储备粮外，购销公司完全自主经营、自负盈亏，按现代企业机制走市场化路子。全县粮食系统仅保留独立核算企业粮食购销有限公司，下设非独立法人机构的购销站点8个，分别为城关、嵩溪（含温郊）、嵩口、林畲、邓（家）灵（地）长（校）、田源、余朋、赖（坊）沙（芜）。其中，城关、嵩溪、嵩口、林畲、余朋承担收购任务，县级储备粮2200吨集中在城关防洪仓存储。各站的水电、办公费采用定额包干制。各非法人购销站点实行零招待，差旅费按实开支。全县粮食企业继1996年始连续8年巨额亏损后，首次实现经营性盈利1.2万元。

四、物资流通体制改革

1991年，物资经营任务分解到经营部，按完成情况分配职工工资、奖金，各经营部实行全天候服务，节假日照常营业，销售额增加到848万元，比1990年增长43%。其中：机电化建经营部565万元，增长48%；金属材料经营部283万元，增长34%。

1992年12月，县物资总公司进行改制。各分公司实行独立核算，自负盈亏，人员进行优化组合；经营场所由原来较偏僻地点搬至城区。

1997年，实行全员风险抵押承包经营。随着物资市场全面放开，计划物资全部取消，城乡个体物资经营企业迅速发展，竞争日趋激烈，国有物资企业原有的销售市场逐渐萎缩。

1998年5月，推行分立经营的承包方式。总公司不直接插手各公司经营活动，只对重大经营决策给予指导。各公司经营完全自主、在经济上自负盈亏，风险责任和利益比风险抵押经营更加明确，经营权扩大、经营方式更加灵活。人员实行优化组合，双向选择。富余人员可办理停薪留职、自谋职业。针对物资市场不景气、业务量萎缩的状况，物资部门采取组织清欠、加速回笼；压低库存、处理滞销物资，减少资金占用；保本压价、占领市场；走村串户、上门服务等系列措施，努力促销增效。至2001年5月，除民爆公司还专营火工产品外，其他分公司的业务均停止。

2005年，物资总公司下属公司1家，即民用爆破器材专卖有限公司。

五、医药流通体制改革

1991年，清流医药市场多渠道流通，但国有医药公司仍为流通主渠道。全县医疗零售商店5家，其中，城区 4 家，乡镇 1 家。从业人员 10 人。1998 年，医药公司以职工入股方式，改制为国有控股的有限责任公司。2000 年 5 月，县医药公司以净资产 96.16 万元参股，加盟福建省三明医药股份有限公司。2001 年 8 月，更名为三明医药股份有限公司清流分公司。2005 年 8 月，经县政府同意，三明医药股份有限公司清流分公司的全部股权及公司代管资产、土地使用权价款、2003 年应分红利转让给福建省清流县九龙药业有限公司，转让收入 153.69 万元，用于安置原三明医药股份有限公司清流分公司职工。2005 年，全县城乡医药商店发展至 17 家，均为民营或个体性质。

第二节 集市贸易与商业网点

一、集贸市场和副食品基地

（一）市场建设

1991 年，全县完成嵩溪、嵩口、长校、赖坊、邓家、灵地、沙芫、龙津等农贸市场的新建、扩建和改建工程，总投资 200 余万元，面积 1.3 万平方米。最大的龙津集贸市场 4000 平方米，有固定摊位 227 个，临时摊位 250 个。

1993 年，县工商局改建田源、里田市场，增添龙津、嵩溪、嵩口等市场混凝土固定摊位 250 个，新开辟煤炭交易市场 1 个，总投资额 46 万元。

1995 年，按照“政府决策，统一规划，合理布局，多方兴建，工商部门统一管理”的市场建设格局，市场建设逐步由工商部门一家兴建向联合兴建、引进外资兴建等多家兴建方式转变。全县新建、扩建、改建余朋、温郊、林畲等市场 5 处，增加摊位 500 个。

1996 年 7 月，开辟林畲—嵩溪—大路口—城关 4 段“百里经济带”农副产品批发市场。为发展与连城、长汀县的边界贸易，县工商局协同灵地镇筹集资金新建占地面积 1.5 万平方米的灵地市场，工程造价 160 万元。

1997 年，县工商局筹资 17 万元，龙津镇城南村、蔬菜村共同投资，在龙津市场搭盖农民直销区顶棚、新建鱼池、改造市场 2 楼经营户照明用电，增加 188 个摊位，改善市场基础设施。

1998 年，开展“让市场干净起来”活动，投入资金刷新市场墙面，清除铁栏杆锈斑，统一商品容器。对龙津市场内 30 多个摊位进行改造，在沿街扩建店面 10 间，拓宽通道，整洁市容。县工商局挤出资金 10 余万元，修缮嵩口等农村市场设施。1999 年 7 月，投资 56.7 万元的城关第二农贸市场竣工。

2004 年，龙津农贸市场扩建，市场贸易地点搬迁到从县建设银行至城关派出所河滨路单面街地段。新建农贸市场由福州市榕湘工程建筑公司第二分公司投资开发，投资金额 3200 余万元，占地面积 6750 平方米，建筑面积 2.6 万平方米，市场面积 1.4 万平方米。市场建筑整体工程设计为 7 层独立封闭式商业住宅型市场，1 层外围有 87 间店面，内为中心市场；2 层为店面；3 层以上为 3 幢花园住宅区。

（二）集贸市场交易

1991 年，全县各乡镇均有小集贸市场。城关龙津农贸市场交易品种有禽类、水产品、粮食、副食品、熟食品、蔬菜、服装、铁制品、农具等类，日均上市 3500 人次。各乡镇圩期相应错开，沙芫、余朋、邓家圩期为农历逢一、六开市；里田、李家、田源、林畲圩期为农历逢二、七开市；嵩溪、长校、灵地圩期为农历逢三、八开市；嵩口、赖坊圩期为农历逢四、九开市，上市 2000 人。乡镇圩日上市人数最多为灵地 7000 人，其次为嵩溪、嵩口 4500 ～ 5000 人，其他乡镇圩日上市 1000 ～ 3500 人不等。当年，全县集市贸易成交量 2.16 万吨，成交额 6787 万元，其中城区 3054 万元，农村 3733 万元。

1995 年，全县集市成交额 1.18 亿元，成交量 2.79 万吨，分别比 1994 年增长 26% 和 19%。其中，年市场商品引进量 1.26 万吨，成交额 4700 万元，分别占总成交量、成交额的 45% 和 40%。2000 年，全县集市成交量 3.5 亿吨、集市成交额 1.75 亿元。

2005 年，龙津市场外地和本地上市经营摊位 832 个，经营人员 925 人，经营品种基本上能满足消费者需求。主要品种有肉食、蛋品、家禽、家畜、蔬菜、干鲜菌、水果、淡水鱼虾、海鲜产品、餐饮小吃、粮油及其制品，以及日用百货、塑料制品、小五金、服装鞋帽、中草药品、香烛用品等。购进商品来自全国各地，肉食品的猪源主要来源于连城、长汀两县以及县内李家、邓家、长校、城区养猪专业户；蛋品大部分依靠河北、浙江一带调入；豆类来自东北；水果主要来自山东省及本省厦门、漳州等地；海鲜由本省福州、厦门、泉州、漳州、宁德沿海各地提供货源。

1991—2000 年清流县集贸市场统计表

表 11-1

年　份	集市成交额（万元）	集市成交量（吨）	年　份	集市成交额（万元）	集市成交量（吨）
1991	6787	21623	1996	13588	30826
1992	6000	17978	1997	16460	39583
1993	6481	20012	1998	17448	33767
1994	9330	23423	1999	14726	29844
1995	11822	27897	2000	17464	35005

注:2001 年县工商局与所办市场彻底脱钩后，未再进行此项统计

（三）副食品生产基地

1988 年，为解决市场副食品供应紧缺状况，县商业局受县政府委托，在食品公司和粮食系统建立 3000 头生猪生产基地，并在龙津镇蔬菜队建立蔬菜种植基地面积 20 公顷。全年供应城区市场生猪 1579 头，支援三明生猪 557 头。上市蔬菜 950 吨，日上市量 2.5 ～ 3 吨。1989 年，建立国营食品公司生猪饲养基地和国营饲料公司生猪饲养基地。基地饲养生猪 3600 头，种植蔬菜 20 公顷，产量 1000 吨，占城区集市销量 87%。

1990 年，县政府出台饲养生猪补贴措施，生猪按 1989 年标准，每头猪提供购买猪苗、饲料贷款 400 元，财政贴息 10 元；每头生猪平均补贴饲料粮原粮 68 千克，平价和议价间差价 32.64 元由财政补贴。菜农每种植蔬菜面积 20 公顷，政府给予全年供应原粮 181 吨，菜农向粮食部门购买平价原粮（早谷每 50 千克 30 元，晚谷每 50 千克 32 元），与议价间的差价由粮食局向财政局结算。另每亩供应平价优质化肥 30 千克，拨给蔬菜实验经费 1000 元。当年，生猪基地饲养生猪数 4000 头（县食品公司 1500 头，县饲料公司 1000 头，养猪专业户 1500 头）；蔬菜基地完成连片种植 20 公顷，蔬菜品种 40 多种，花菜、菠菜最低价每千克 0.4 元。

1994 年，协调养猪农户与重点养猪单位合作关系，实行“公司 + 农户”规模饲养。生猪生产改变过去贷款贴息、平价饲料的补贴办法，变暗补为明补，每头出栏生猪给予补贴 50 元。“5・2”洪灾期间，副食品生产基地遭受严重损失，导致城区蔬菜市场供应短缺，价格暴涨。基地办及时从三明、连城、宁化等地调进蔬菜 140 吨，开设蔬菜平价摊位，缓解市场供应，抑制市场价格。同时调查落实副食品基地受灾情况，共发放蔬菜补贴 3.2 万元，生猪补贴 6 万元，用于修复菜地、猪栏等，恢复灾后生产。

1996 年 4 月，引进福清客商在城关老油库附近新办蛋鸡场，规模饲养蛋鸡 2 万～ 5 万只。6 月，在城区农贸市场成立副食品经营部，开拓以蔬菜为主的副食品经营渠道，繁荣市场，平抑物价。县财政投入专项资金和副食品价格调解基金 90 万元，扶持基地发展蔬菜、生猪、禽蛋、水产品生产，城区蔬菜种植面积稳定在 40 公顷以上。1998 年，副食品生产基地补贴取消。

二、商业网点

（一）国有（控股）商业网点

1991 年，国营商业机构 112 家。其中，企业管理机构 25 家，农副产品采购及供应、工业品批发、商品零售等经营机构 87 家。从业人员 664 人。

1992 年，商业系统新增商业贸易中心批零兼营、糖烟酒车站批发部、五交化综合商店、饮服公司经营部、

饮服公司香茶商店、食品公司综合商店等6个批发、零售网点。1993年，商业贸易中心批零兼营网点合并到工业品批发公司。糖烟酒车站批发部、饮食服务公司香茶商店、食品公司综合商店因经济效益欠佳被撤销，减少经营网点4个。1994年，新增工业品批发公司三明批发部、机电维修部。饮服公司经营部因经济效益欠佳被撤销。

1995年，全县经营批发的国有商业企业7个，网点32个，人数377人，从事零售贸易国有商业企业17个，网点49个，人数251人。1998年，县医药公司改制为国有控股的有限责任公司。

1999年，全县国有商业类股份制公司2家，即由县商业总公司和三明商业集团共同在西门百货商店新成立的限额以上批发零售企业三明商业集团清流县百货有限公司及县医药有限责任公司；国营商业网点18个。

2000年8月，县糖烟酒公司关闭。当年，全县国有批发贸易企业7个，网点149个，从业人数618人；国有零售贸易企业3个，网点4个，人数36人。

2001年9月，县政府批复同意关闭县饮食服务公司。2003年6月，县政府批复同意解散县工业品有限责任公司。各公司关闭或解散后，由财政局等相关部门组成清算组，对各公司资产、债权、债务进行清产核资，并转至商业总公司名下，离退休人员也由商业总公司接管，其相关待遇由商业总公司承担和支付。国营集体商业网点先后自行转作个体网点。

2005年，三明医药股份公司清流分公司改制为民营企业。年末。国有股份制商业网点仅剩1家，即三明商业集团清流县百货有限公司。

（二）集体商业网点

1991年，商业系统有合作饮食店、城关照相馆、大众理发店、合作商店4家集体企业。供销系统生活资料和生产资料批发、零售网点137个，从业人员268人。其中，县城14个，从业人员47人。县以下123个，从业人员221人。

1997年7月29日，城关进步街失火，殃及4家国有商业集体商店，店面同时被烧毁。此后，除大众理发店继续合作经营外，其余3家合作商店各自转为个体经营。2000年，全县有集体零售贸易网点184个，从业人员403人，其中城区网点20个，从业人员129个，县以下网点164个，从业人员274人。

2001年，全县供销系统仍有集体经营的农资经营网点68个、生活资料门点75个；拥有干部职工241人，经营网点158个。

2002年5月，国有商业集体企业大众理发店转为个体经营。自此，清流县商业系统不再有集体商业企业。

2005年，全县城乡供销经营网点133个，其中农资经营网点37个。农机供应点共14家，其中乡镇12家、县级2家。集体医药商店11家。

（三）个体、私营商业及网点

1991年，全县个体商业经营网点872家，从业人员1435人。其中，城区314家，从业505人，乡镇558家，从业930人。

1992年8月，县委常委（扩大）会议就发展第三产业和个体经济研究7条措施。确定对新开办的个体工商户减免税收；鼓励乡镇个体户到城区办厂、经商；增加商业网点，沿街门面发展成为工商经营网点；整顿各项收费；外来人口发给临时户口；允许离退休干部、科技人员从事第二职业。

至1995年，全县个体有证商户发展至1335户，从业2601人。其中：城区448户，从业986人；县以下887户，从业1615人，股份制经济2户，从业6人。全县个体经济社会消费品零售总额9151万元，股份制经济社会消费品零售总额15万元。

2000年，全县有个体有证商户1001户，从业1140人。其中，城区589户，从业684人；县以下412户，从业456人，县零售贸易股份合作企业1户，从业5人；县零售贸易有限责任公司3户，18个网点，从业137人。全县个体经济社会消费品总额15526.6万元。同年始，商业、供销、医药等系统企业经过改制，转化为个私企业。

至2005年，全县有批发零售，住宿、餐饮，租赁和商务服务，文化、体育、娱乐等个体户及私营企业1663户，从业人员2820人。其中，城镇871家，从业1659人。发展较快的有服装、床上用品、饮食、美容服务、百货超市、电脑、手机、家用电器、室内装修材料等商业门类。其中，全县专门经营大型家电的有精誉家电、华兴家电、供销家电等私营商店3家，主要经销创维、康佳、长虹、TCL等品牌彩电;美的、海尔、奥克斯、格力等品牌空调;美菱、新飞、容升、海尔等品牌冰箱。专门经营和维修电脑的经营部或公司有8家，规模较大的有银河电脑公司，雇用技术员3名、营业员2名，主营“联想”品牌电脑。暑假期间，该公司家庭电脑销售占全县销量67%；接受政府采购和部门电脑销量占全县销售量85%。医药系统中，全县有城乡单体药店17家，上缴税收30万元，为1991年的1.88倍。规模较大的有九龙药业有限责任公司第一门市部、龙津仁爱医药超市、顺信大药房、佳又和医药商店等。当年，全县实现社会消费品零售总额4.33亿元，其中批发零售业实现3.67亿元，餐饮业实现5554万元，其他行业实现1063万元。

2005年清流县个体（私营）商业服务网点统计表

表11-2 单位：户、人

类别		户数（户）		从业（人）	
		合计	其中：城镇	合计	其中：城镇
个体工商户	批发、零售业	1184	573	1644	831
	住宿和餐饮业	223	142	427	290
	租赁和商务服务业	18	15	31	24
	居民服务和其他服务业	194	106	289	169
	文化、体育、娱乐业	5	4	7	6
	其他行业	1	1	2	2
私营企业	批发、零售业	23	17	227	164
	住宿和餐饮业	3	3	32	32
	租赁和商务服务业	7	6	89	79
	居民服务和其他服务业	2	2	20	20
	文化、体育、娱乐业	1	—	10	—
	其他行业	2	2	42	42
合计		1663	871	2820	1659

三、饮食服务业

（一）饮食业

1991年，全县有饮食业243家，从业人员456人。其中国营5家，集体13家，合营1家，个体224家。基层供销社开设饮食店8个，为集体所有制形式。位于城区农贸市场的个体老头面店、兜汤店，为传统风味老店，价格实惠，生意兴隆。县饮食服务公司所属门店主要有位于城区的清流旅社、清流饭店、汤点店、北门店、冷饮店。根据饮食服务行业点多、面积小、分散、利微，劳务性、技术性比较强的特点，对所属门店实行租赁承包，承包企业按照其占用国有资产和经营实际情况，定额上缴租赁费和管理费。

1992年8月，县政府出台鼓励促进第三产业、个体经济发展的7项措施，以优惠条件吸引、鼓励个体户经商，各职能部门全面放宽个体私营经济有关政策，简化手续方便服务。年末，全县饮食业增至297家，从业人员588人。

1993年，饮食服务公司所属租赁承包企业收归公司统一核算。饭店业优化组合，实行提成工资制;冰室、冷饮业试行股份制、自筹资金、择优上岗。除冰室外，实行风险抵押。

1994年5月2日，遭遇百年不遇的洪灾，清流冰厅各种设备被毁损无法使用，曾一度停止营业。饮服公司投资3万元，将冰厅重新装修，并购置9立方米冰库1台，重新投入营业。

1995年起，受离退休人员逐年增加等因素影响，企业负担加重。1991年至2003年6月30日，饮服公司累计亏损总额29.66万元。2003年，撤销饮食服务公司。

随着经济发展、人民生活水平提高，人们的消费需求增长，直接带动清流个体私营饮食、服务业的快速发展。2005年，全县饮食业有199家。其中：餐饮业69家，从业人员301人。较大型的有长兴宾馆餐饮部、龙燕酒家餐饮部、新天地宾馆餐饮部、山城山庄餐饮部、星坪饭店、长城饭店、南门桥饭店，专为广大群众提供婚丧喜庆、请客会餐、节日庆典、年夜饭服务。另有早点快餐业125家，从业人员330人，风味小吃有兜汤，沙县拌面、扁肉，锅边、永安套肠、鲜粉，连城牛肉汤，永定牛肉丸等。冷饮业5家，从业人员10人，从事蛋糕、面包、炸鸡、冷饮等西式糕点及饮品的制作、销售。

附：

清流客家特色小吃

七星岩羊肉　清流县七星岩羊肉馆羊肉系列采用新鲜宰杀麻黄羊为原料，采用茶油、生姜、米酒翻炒、滚水去腥，再加入山奈、生姜、天麻、香叶等组合成的独特配方烹制，系列产品主要有天麻炖羊头、药膳炖羊骨、白切羊肉、椒盐羊蹄、酱味羊肝、滑炒羊肚、咖喱羊排、羊肉串、手抓羊肉、羊肉兜汤、羊肉水饺、羊肉烊豆腐、红烧羊肉、汤白羊肉等。麻黄羊肉质纤维柔软、细嫩，经处理后无腥膻，不油腻，口感独特，食之回味流连，吸引了众多外地客人专程前来品尝。该馆2004年注册“七星岩”商标，并在福州、三明、沙县、明溪等多地开有连锁店。

九龙湖白刀鱼　沙芜九龙湖所产白刀鱼俗称翘嘴鱼，其身形扁长，色泽银白光亮，形似刀，故称。由于生长周期慢，肉质细嫩，味道鲜美，历来是餐桌上的佳肴，有“闽江上等名贵鱼”的美誉，产品外销至三明、福州等地。

鲜水鱼　即圆吻鲴，产于李家乡鲜水村。其常年生活在富含各种矿物质的冷泉水中，食用水中微生物、青苔和杂草，生长缓慢，鱼体小，鱼鳞洁白，肉质细嫩、口味鲜美，营养价值高。

兜汤　是清流传统风味小吃，有数百年沿袭历史。采用新鲜猪、牛肉、或剔骨鸭肉等切片，裹以地瓜粉，加入墨鱼干及八角等香辛料煮制，兜汤色泽鲜艳、浓稠，吃时加入少许麻油、醋、葱花或香菜，味道香醇、入口嫩滑，为当地人最为喜爱的早餐选择。

擂茶　清流擂茶主要有两类，均以大米为主料，配料上有差别。药用擂茶，别称浓茶。立夏后，农民在烈日下生产劳动，易出汗口干，甚至中暑。每年农历5—8月，家家户户都会准备炒米、葱蒜，加入香草子、细地金钱草、砂仁，千里光等中草药，以及芹菜籽、茶油，用擂钵擂碎后，以开水冲泡成擂茶，喝了有清热解毒，健胃生津、止渴作用。米茶。将大米在铁锅炒半熟，然后用石磨磨成粗粉放入米缸备用。需要时，先将炸豆腐、韭菜、虾米、猪肉、香菇切碎，和炒熟碾碎的黄豆等佐料一起下油锅翻炒。随后烧好一锅开水，粗米粉倒入锅内煮熟，再将炒好的佐料倒入锅内搅拌均匀即成，这种擂茶主要作为婚宴喜庆之时招待客人饮用，香味浓郁，即止渴又充饥。

地瓜包　将芋艿煮熟、捣烂，加地瓜粉搓揉成粉团，再捏成极薄的片，将香菇、冬笋、猪肉、油豆腐、香葱剁碎、加调料炒香作馅包入，形状有三角形、船形等，放入锅中或煮或蒸。熟后的地瓜包皮薄透明，浇上用猪油、酱油、味精、葱花做成的调料，入口爽滑，齿颊留香。

烊豆腐　是清流百姓过节和宴请客人的一道名菜。将豆腐切成1寸大小方块，用竹筷在豆腐中央掏个洞，将瘦肉、香葱、香菇剁成馅塞入其中。锅底撒上猪油，烧热后放入豆腐，加少许水，撒上盐、味精、胡椒等调味品，小火慢煨，直至豆腐入味，由白转淡黄即可。烊豆腐鲜嫩美味，入口滚烫、绵软即化。

仙草　生长于田边山脚阴凉处，现不少人将之移入田里栽培。将割回的生仙草或晒干的仙草洗净放入锅中，加入白碱或稻草灰滤出的碱水熬煮，煮烂后将渣过滤，再放入适量淀粉边煮边搅拌，熟后装盆冷却成冻，将之切成小块入凉开水漂，食用时只须捞起盛入碗内，撒些白糖或蜂蜜搅匀即可，其口感嫩滑、清爽，是夏季解暑良品。

卷蒸　传统风味小吃之一。其做法是:将米洗净,磨成米浆,用勺子将米浆舀入圆盘里,隔水蒸五、六分钟,快速将粉皮揭下、摊凉,把炒熟的豆芽等馅料置于粉皮上,将粉皮卷起,吃时蘸以麻油、葱花爆香的酱汁即可。

胖糕　亦称发糕,选上好的早籼米浸泡发涨后,清水漂过,掺入冷饭,用石磨磨成米浆,沥干,将干浆倒出提散加适量干净清水搅拌成稀浆,铁锅上火,加水煮沸,擂搅成熟芡糊,倒入盆内冷却至50℃左右,加老面糕种、甜酒酿,发酵4小时,见米浆升涨,有无数小泡冒起,拌动时发出喳喳之声,飘出微酸味及酒香味气。这时,加入白糖搅匀,再加发酵粉、枧水,搅拌、揉匀,舀浆入模具上旺火蒸,即成发糕。特点是松泡、绵软、细嫩,有弹性,为佐餐早点。

米浆粿　又称千层糕。先将精选的优质早米浸透,磨成细腻的米浆。大火将水烧开。蒸笼内垫上一块白布,面上刷层油。将一勺开水徐徐倒入米浆,倒的过程中边搅拌米浆。然后舀一勺米浆均匀倒入蒸笼,薄薄的一层,置入锅内蒸7、8分钟即熟。锅盖打开,再添上一层等量的米浆,可蒸至二十几层。蒸好一盘米浆粿前后大约需3小时。炉火的火候要把握恰当,蒸好的米浆才会层次分明,可逐层剥离。食时切成小方块,蘸以事先准备好的葱、酱、碎辣椒、姜等混合做成的调料,还可根据个人口味变换调料,入口香醇、滑爽、不腻,外出返乡游子总要尝上一口家乡的米浆粿,以化解久蓄的思乡情结。

芋头糕　菜芋头去皮、刨丝待用;大米浸透,磨成半干的米浆,将芋头丝倒入,同时加入盐、味精等搅拌均匀,置于蒸笼猛火蒸一个小时即熟。食时切成小方块,蘸以姜、葱或辣椒等调料即可。

青　粿　原料是大米、鼠曲草或艾草。将草洗净、切碎,放入锅里加入少量食用碱煮,水沸腾5分钟后将草捞出捣烂,倒入米浆中,放入盐或糖搅拌均匀。把搅拌好的米浆倒入锅内,不时用锅铲翻动米浆,待米浆八、九成熟,起锅,揉成丸子或捏成皮、包入馅料,放入蒸笼蒸熟,即可食用。

黄粄　将干柴草(如茶树枝、稻草、小径竹等)烧成灰,制成草木灰水。米淘净,放入草木灰水中浸泡数小时,捞起,放入蒸笼蒸1个小时。将蒸熟米饭,放在臼中舂捣,不见米粒了,即可揉成团,黄灿灿、香嫩嫩的黄粄便制成。食用方法是将黄粄切片洒上白糖,亦可沾葱姜水吃,还可加入佐料炒着吃或煮着吃。

(二)服务业

1991年,全县有服务业143家,从业人员197人。其中,国有集体经营2家,饮食服务公司所属的旅社由公司直接管理,实行定岗、定编、定利润;集体9家,均为基层供销社开办;个体127家。按行业划分主要有旅店9家、理发91家、照相9家,其他服务业34家。

1992年,受政策刺激,服务业增长较快,年末有179家,从业人员262人。其中,旅店业10家,理发店122家,摄影9家,日用品修理业8家,其他服务业30家。

1998年,大力发展非公有制经济,县委、县政府鼓励下岗职工从事第三产业,同时出台减租薄税、"五个不限"等优惠政策。服务业不断扩大,服务项目增多。干洗、美容、电脑维修、房屋装修、装潢、快递、小车租赁等新兴服务业涌现。2000年,城乡社会服务业196户,从业人员301人。其中,修理业88户,从业人员96人。旅馆业7户,从业人员17人。

2003年6月,县龙城旅行社有限公司成立,为县域首家旅行社。该旅行社从事国内旅游、票务、商务等业务。内设旅游部、财务部、外联部等,有员工(导游)4名,拥有旅游大巴1辆。开办的国内常年旅游线路有海南双飞5日游、北京、天津单飞7日游等21条;境外旅游线路有泰国双飞7日游等5条。年内接待出游人数200人。

2005年,全县从事社会服务业的私营企业21家、个体工商户450户。其中,从事信息化传输、计算机服务24家(户),从业人员62人;住宿、餐饮226家(户),从业人员459人;租赁、商务服务25家(户),从业人员120人;居民服务196家(户),从业人员309人;城区各种服务业267家,从业人员944人。旅馆业17家,拥有床位695张,从业人员122人。较大规模的有清流宾馆、新天地大酒店、长兴宾馆、龙燕大酒店、山城山庄。美容美发业56家,从业人员168人,服务项目从一般理发、烫发、洗头发展到干洗、多色染发、焗油、敷面膜、按摩等。设备比较齐全的有地中海美容美发厅、温州梳剪城、金点子形象美发美容厅。照相业有美而快、城关照相馆等5家,从业人员20人,服务项目从一般的黑白照相、彩色照相发展到各式各样的数码婚纱照相、艺术照相，即照即取，十分方便。娱乐业12家，从业人员35人。内设卡拉OK歌舞厅、电视、DVD等设备，有的还提供烟、酒、茶、包厢等服务。装潢装修41家，从业人员124人；家电维修17家，从业人员50人；机动、非机动车辆维修63家285人；网吧6家，从业人员14人，复印打字13家，从业人员32人；刻印2家，从业人员2人；缝衣5家，从业人员10人；干洗2家，从业人员2人；加工棉被7家，从业人员14人；废品回收13家，从业人员39人；还有足浴、药浴、温泉浴室、冷水游泳池、温泉游泳池等8家，从业人员27人，为人们休闲健身提供服务。

四、主要商业经营企业

（一）清流县百货公司

下设西门百货商店、新街百货商店和百货第三、第四门市部等4个小三类门点。1991年1月，百货公司实行第二轮承包，承包方式为：基数包干、定额上交、超利全留、留利补亏。全年销售总额380.58万元，完成利润1.88万元。1992年，百货公司销售总额293.84万元，当年亏损16.44万元。

1993年1月，与五交化公司合并成立县工业品批发公司，对外保留百货公司牌子。

（二）清流县五交化公司

下设五交门市部和化工门市部。1991年1月，实行第二轮承包，承包形式是基数包干，定额上交，超利分成。全年实现销售总额264.03万元，实现利润0.25万元。

1992年，县五交化公司亏损5.99万元，为公司建立以来首次亏损。

1993年1月，与百货公司合并成立县工业品批发公司，对外保留五交化公司牌子。

（三）清流县商业贸易中心

1991年组建，为独立核算、自负盈亏，具有独立法人资格的全民所有制企业，隶属商业局。注册资金75万元，主营五金、交电、百货、针织，兼营糖烟酒、烹饪用具、建筑材料、音乐茶座等。6月1日，商业贸易中心大楼动工兴建，12月下旬完成主体工程及1、2层表面装修，正式开业。

1992年，商业贸易中心实现销售总额109.74万元，毛利11.41万元，商品流通费10.06万元，税金1.26万元，商品经营利润0.09万元。企业净利润仅42元。1993年1月，商业贸易中心的人、财、物合并到县工业品批发公司。

（四）清流县工业品批发公司

1993年，由百货公司、五交化公司、商业贸易中心3家合并组成的工业品批发公司。将百货、五交化原有租赁经营的零售门市部，收回公司统一核算，实行经营、价格、用工、分配“四放开”。年内，实现销售收入1067.41万元，超过1992年3家公司销售总额378.34万元，实现利润10.02万元，扭亏为盈。

1994年4月，分流人员到三明开设经营部，批零兼营，当年实现销售总额30万元。8月，全方位开拓市场，实行厂商挂钩，首家推出国有商业自行车、摩托车专营商店。受“5·2”洪灾影响及处理积压商品，当年工业品批发公司亏损3.94万元。

1995年3月，与重庆汽车公司联营五十铃汽车，经销解放牌汽车、北京新型吉普车以及代客联系轿车中介业务，对本地区销售汽车实行代户挂牌。其他大宗工业产品，采取免费送货上门，免费安装调试，年内实现销售收入832.55万元，但处理滞销商品损失后仍亏损33.93万元。

（五）清流县工业品有限责任公司

1996年3月，将工业品批发公司国有资产折股，内部职工持股，合理确定公司股权结构，工业品批发公司改制为清流县工业品有限责任公司，实行统一管理、责任经营、联产计酬、超利分成承包方式。国有股和职工股同股同利，打破干部职工界限，层层优化组合，实行聘任制。公司成立股东会，实行规范化、民主化、法制化管理。1999年，县西门百货商店店面出租给新引进的三明商业集团清流县有限公司，租期10年。

2002年10月底，工业品有限责任公司库存商品积压52.3万元，其他应收款130.49万元，银行借款

297.5万元，企业累计亏损316.4万元。

2003年5月28日，召开股东大会，经股东会研究解散县工业品有限责任公司。

（六）清流县糖烟酒公司

1991年，县糖烟酒公司有第一、第二、第三门市部和医院门市部、东门门市部小三类零售门点5个，以及城关和东门非独立核算批发部2个。同年，县糖烟酒公司实行第二轮承包经营。承包形式为以盈补亏，自我发展，3年内固定财产不提折旧，门市部不实行租赁。由于流动资金紧缺，加上城区拓宽、农贸市场搬迁等因素，店面营业受影响，全年销售总额仅125.17万元，亏损3.43万元。1992年1月1日，公司组织货源，采取薄利多销方式推销商品。对门点实行统一管理，提高服务质量。但因资金被多年亏损和陈年欠款挤占，周转不灵，影响货源组织及扩大营业。全年销售总额188.15万元，亏损4.11万元。至2003年6月，累计亏损额已达219.85万元。欠工商银行本息150万元无法归还。糖烟酒公司被撤销。

（七）清流县食品公司

1991年，食品公司实行第二轮承包，承包方式为自负盈亏、盈利全留、亏损不补。该公司生产经营范围包括猪肉、牛肉、禽蛋、海鲜产品，是副食品生产基地办重点扶持单位。由于经营管理松弛，经济效益不佳。全年销售总额96.27万元，实现利润仅0.73万元。1992年，承包形式和承包指标不变，全年完成销售总额82.6万元，亏损3.55万元。1993—1995年，公司亏损逐年增加，陷入困境。全年销售总额从1993年61.05万元下滑至1995年10.04万元;年亏损总额从1993年的6.07万元增至1995年的11.39万元。1996年8月，县商业局向县政府、县人民法院申请食品公司破产。1999年8月，县食品公司破产清算终结。

（八）清流县商贸中心泉州经营部

1991年4月18日，县商业局与五交化公司、百货公司、糖烟酒公司筹资10万元（商业局、五交化公司、百货公司、糖烟酒公司各2.5万元），借助县政府驻泉州办事处地点，组建清流县商贸中心泉州经营部。以传递信息、沟通山海关系，受理系统内外委托业务为主，兼营日用工业品、糖烟酒副食品、清流土特产品。经营部具有独立法人资格,为自负盈亏的经营实体。2005年，清流县商贸中心泉州经营部收回本金5.4万元。

（九）清流县商业大厦

1996年8月,将新街原饮服公司开设的清流旅社拆除,扩建成商业综合商场(即商业大厦)。1997年11月，主体工程完成9层封顶，1—4层为商业大厦，5—9层为职工集资建房。

1998年8月，经县政府批准成立清流县商业大厦，为独立法人企业，实行自主经营、自负盈亏。县国有资产管理局根据县政府批复，将投入商业大厦的建设资金113.83万元（商业局63.61万元，工业品有限责任公司4.08万元，饮服公司28.55万元，糖烟酒公司17.59万元）划拨给商业大厦转为注册资金，所形成的资产归商业大厦所有。1999年10月，按照扩大总量，提高档次，完善功能，提高效益的原则，引进个体大户进入商场一楼店面租赁经营。10月3日，引进泉州商人潘某利用二至四楼开设南苑大酒店，实行承包经营。商业大厦成为集商场、饮食、住宿、娱乐为一体的多功能的商业企业。2000年12月，商业大厦二至四层被用作抵押向龙津信用社贷款45万元。承包南苑大酒店老板因经营管理不善，毁约离弃。2001年，商业大厦承包权收回,住宿部由商业总公司自行经营。2002年6月,商业大厦餐饮部由揭某等3人租赁承包。9月,经与龙津信用社双方协商，将原商业大厦2至4层抵押贷款取消，商业大厦一层6号店面，面积196.41平方米，协议作价72.48万元，抵扣偿还龙津信用社一年期贷款本息49.6万元，余额归商业大厦。2003年4月6日，撤销商业大厦，其剩余资产和债权债务并入商业总公司。2004年4月至2005年，商业大厦二至四楼餐饮部和住宿部一并实行租赁承包经营。

（十）三明商业集团清流县百货有限公司

1999年，县商业总公司引进三明市商业集团资金和管理经验，共同出资组建国有股份制企业——三明商业集团清流县百货有限公司。其中，三明市商业集团出资30万元，占60%股份，县商业总公司出资20万元，占40%股份，。租用原县百货公司西门商场，开办三明市首家县级大型综合性、开架式百货超市，营业面积458平方米，投入资金50万元，职工38人，4个柜组，经营食品、百货、针纺织品、五金交电等共2万多种商品。公司以“件件真品、天天平价、诚信服务”为经营宗旨，在消费者中树立“买真货到百货，满意在百货”良好形象。2000—2002年，可供分配利润9.55万元，平均每年3.18万元。

2003年，全年商品销售总额388.44万元，比2002年增加1.98万元；实现利润3.39万元，比2002年减少5.55万元，实现利税15.69万元，比2002年下降7.39万元。

2004年，开展多种促销、团购活动。全年销售总额447.54万元，比2003年上升59.1万元，实现利润5.2万元，比2003年增加1.81万元，实现利税17.48万元，比2003年增加1.79万元。

2005年，抓好进货渠道和采购关口，杜绝假冒和伪劣产品，维护“放心店”称号。开展质量第一、诚信服务、货比三家活动。强化内部管理，降低各种费用。当年实现商品销售总额509.24万元，比2004年增加61.7万元，比增13.79%，实现利润9.61万元，比2004年年增加4.41万元，比增84.8%。

2000—2005年清流百货有限公司主要财务指标完成统计表

表11-3

年度	毛利		费用			利润		流动资金周转（次）	期末职工（人）
	总额（万元）	毛利率%	总额（万元）	费用率%	其中工资（万元）	总额（万元）	上缴利润（万元）		
2000	51.25	15.87	52.73	16.95	—	-4.84	—	—	—
2002	67.59	17.49	50.43	13.05	18.55	8.94	14.14	4.71	35
2003	59.96	15.43	53.96	13.89	19.48	3.39	12.3	4.4	36
2004	63.75	14.25	55.47	12.4	22.5	5.2	12.28	5.16	34
2005	67.75	13.3	57.49	11.29	28.13	9.61	9.24	5.38	38

（十一）三明市东方拍卖有限公司清流征集处

1999年6月，成立县拍卖品征集处，属商业总公司下设的非独立核算分支机构。为合法经营公物拍卖机构，业务上依托三明市东方拍卖中心指导。8月2日，市财贸委批复同意设立三明市东方拍卖中心清流征集处，属非法人分支机构，归三明市东方拍卖中心和县财办双重领导。

2000年，举办拍卖活动6场，成交金额407万元，成为全市县级拍卖业发展较快的单位。

2001年9月，县拍卖品征集处更名为三明市东方拍卖有限责任公司清流县征集处。

2001—2005年，共举办拍卖活动11场，成交金额2726.3万元。

（十二）商业超市

天天友百货超市　2002年9月，由县供销社下岗职工等人租用供销大厦地下车库合资创办的零售商业企业，占地面积500平方米，职工40人，注册资金40万元，经营食品、百货、针织品和五金交电等9大类2.3万多种商品，先后被县政府评为“重合同、守信用”企业，被市卫生局卫生监督所授予“先进单位”，被市消费者权益保护委员会授予“诚信单位”称号。

真真量贩百货超市　2005年9月，由个私老板租用粮食局金谷大厦一层独资兴办，占地面积900平方米，注册资金50万元，职工98人，经营食品、烟酒、日杂、针织、小家电、日用百货、粮油、黄金首饰及各种品牌服装等商品2.5万多种，在城区繁华地段形成鼎足竞争之势。

（十三）三明医药股份有限公司清流分公司

1991年，为县医药公司，由县经贸委管辖，门店5个，员工38人。1998年，改制为国有控股的有限责任公司。

2000年5月，并入福建省三明医药股份有限公司。2001年8月，更名为三明医药股份有限公司清流分公司，分别经营中药材收购和药品销售。

（十四）清流县九龙药业有限公司

2005年8月，由三明医药股份有限公司清流分公司改制的民营公司，共有职工40人，其中业务人员和营业员22人。中、西药师11人，中西药士11人。营业网点6个，分别是第一至第四门市部及回春门市部、嵩溪门市部。第一门市部，设在龙城街，员工8人，年销售额215万元；第二门市部，设在文化街，员工2人，年销售额18万元;第三门市部，设在坪背街，员工3人，年销售额18万元;第四门市部，设在风翔街，员工2人，年销售额6万元;回春门市部，设在长兴路，员工2人，年销售额12万元;嵩溪门市部，设在嵩溪镇，员工2人，年销售额18万元。

第三节　商品购销

一、商业系统商品购销

1991年，面对市场疲软，效益下滑，县商业局各经营企业全方位实行批零兼营；调整购销渠道，开拓农村市场；加强各公司协作，进行联购分销；利用节假日组织优惠展销。加强山海协作，内引外联，组建泉州经营部，作为沟通信息的前沿阵地。五交化公司和百货公司主动与县体委、民政局联系，利用体育彩票和福利奖券在清流举办摸票抽奖活动之机，承办奖券物资、商品供应100万元。当年，全县商品纯购进217万元，比1990年降低22.8%；商品销售总额1184万元，比1990年增长13%。利润亏损3万元。

1993年，各公司发动职工利用节假日到乡镇集市摆摊设点，推销库存商品。年内，全县商品纯购进855万元，比1992年增长39.40%，商品销售总额1380万元，比1992年增长56.64%。

1994年，开发跨县、市商品经营业务。4月，工业品批发公司分流人员到三明开设经营部，批零兼营，实现销售总额30万元。8月，采购员根据市场信息，到上海等地采购质优、价廉、规格齐全的自行车和摩托车，在清流市场开设自行车、摩托车城。当年，全县商品纯购进899万元，比1993年增长0.7%；商品销售总额924万元，比1993年降低33%。

1995年3月，县工业品批发公司与重庆汽车公司签订联营“五十铃”汽车的常年供货合同，以销定购，销售解放牌汽车、北京新型吉普，并开展代客联系、购买轿车的中介业务及代户挂牌服务。当年，全县销售各车型汽车23辆，销售金额215万元；中介轿车2辆，利润7万元。当年，全县商品纯购进924万元，比1994年增长2.78%；商品销售总额895万元，比1994年下降3.14%。利润亏损扩大至58万元。

1996年以后，国营商业流通格局以少购多销，以销定购，集中推销和处理库存商品为主，以减少损失。

1999年9月，县商业总公司与三明市商业集团公司共同组建三明商业集团清流百货有限公司。经营场所由三明商业集团清流百货公司向县工业品公司租赁，合同期10年。开设食品、电器、服装、化妆品、小百货等专柜，创建服务城区消费者的综合购物超市。

2002年年末，国营商业库存滞销商品、物资59.75万元。

2003年5月，工业品公司将库存有问题商品、物资59.75万元进行一次性拍卖，收回资金2.3万元。同年，三明商业集团清流百货有限公司商品销售总额388.44万元，比2002年增加1.98万元；实现利润3.39万元，实现利税15.69万元。

2004年，三明商业集团清流百货有限公司销售总额447.54万元，比2003年上升59.1万元，实现利润5.2万元，比2003年增加1.81万元；实现利税17.48万元，比2003年增加1.79万元。

2005年，全县个私商业经营网点达1184家，从业人员1644人。三明商业集团清流百货有限公司实现商品销售总额509.24万元，比2004年增加61.7万元，增长13.79%；实现利润9.61万元，比2004年增加4.41万元，增长84.8%。2005年，清流县社会消费品零售总额5.2亿元。其中，城区个体私营消费品零售总额 1.28 亿元。

1991—2002 年清流县国营商业企业商品购销统计表

表 11-4

年份	核算单位（个）	商品纯购进（万元）	销售（营业）总额（万元）	净利润（万元）	年份	核算单位（个）	商品纯购进（万元）	销售（营业）总额（万元）	净利润（万元）
1991	5	217	1184	-3	1997	3	408	446	-118
1992	6	275	960	-31	1998	3	420	501	-62
1993	4	855	1380	-2.03	1999	3	375	462	-13
1994	4	899	924	-24	2000	4	42	53.35	-37.98
1995	4	924	895	-58	2001	4	38	67.5	-37.44
1996	3	977	1090	-28	2002	4	42	95.94	-9.34

二、供销系统商品购销

（一）农业生产资料供应

1.供应总量

1991年，农业生产资料主要品种化肥、农药、农膜由县供销社农资部门统一经营，实行国务院农资专营政策。全县农资经营网点67个,全年农业生产资料销售总额931万元。

1995年，对全县系统的化肥、农药、农膜等农资商品实行县社与基层社连锁经营，由县农资公司统一计划、统一进货、统一调运、统一储存，由县社统一作价。实现农业生产资料销售总额1803万元。

1999年，县农资公司与省农资集团三明公司联合成立全市第一家省县联合的批发中心——福建省农资集团三明清流批发中心。

2000 年，县农资公司改制后，农资公司的资产和债权债务均移交给县供销社。县供销社则将全县生产资料经营业务以及经营网点、仓储设施承包给改制后新成立的清流县龙鹏农资有限公司职工经营。同年，农资商品市场放开，供销社和农业“三站”（农技站、土肥站、植保站）同时经营，生产厂家也可以向农民直接销售。供销社农资商品销售量逐年减少，当年实现农业生产资料销售总额 1018 万元。

2004 年，县龙鹏农资有限公司更名为县龙得宝农资连锁有限公司，在县城设立龙得宝农资连锁超市，在 13 个乡镇设立龙得宝农资连锁店，并与福建龙得宝农资集团有限公司开展连锁经营，加强农资批发（配送）中心与销售网络的建设，组建村级综合服务站 5 个，开设农资热线，推广门仓合一的经营方式，企业经济效益提高。

2005 年，全县城乡农资经营网点 37 个，实现农业生产资料销售总额 1015 万元。

2. 供应类别

（1）化肥供应 1991 年，全县化肥由供销社专营，执行县政府物价部门统一核定的价格，农资销售门点实行明码标价。化肥购销以全县粮食种植面积为指导，由各乡镇基层供销社向县供销社报送年度化肥购销计划，县供销社汇总后指定县农业生产资料公司（简称农资公司）对化肥进行统一采购、统一储存、统一调运。主要销售尿素、碳酸氢铵、过磷酸钙、钙镁磷、硫酸钾、氯化钾、含硫复合肥、含氯复合肥（部分进口化肥）及硼砂、硫磺等微肥，经营模式为集体专营。同年，取消进口化肥价格双轨制。县农资公司在城关设立农业生产资料批发部及零售门市部各 1 个，各基层供销社在乡镇所在地设农业生产资料零售门市部 1 个、在主要建制村设供肥点 1 个。年内，全县化肥销售 20525 吨。

1993 年，联合信用社下村开展贷款—开单—供肥“一条龙”服务，送肥送药到村到户。组建一支 25 人的农资市场商品质量协管员队伍，协助县工商和质量技术监督部门抓好农资市场整顿和农资商品质量管理工作，取缔无证经营化肥农药的个体工商户。随着进口及国产复合肥使用的增加，尿素销售量略有下降。

1995年，按照三明市《农业生产资料实行经营许可证制度的通知》，供销社经营农资商品的门点，农业、经作部门用于技术推广和有偿服务的门点，均办理农资经营许可证，全县农资市场形成“一主两辅”流通渠道（即供销社农资部门为主渠道，农技部门和工厂自销为辅助渠道）。县供销社推行农资公司与基层社连锁经营，实行农资经营“四统一”，即统一计划、统一进货（由县农资公司组织货源，统一配送，基层社不能自行向外采购）、统一定价（一律按物价管理部门核定价格）、统一核算（由县农资公司、基层社按农资专项经营单列设专户记账、核算连锁双方收益分配），把住农资商品质量关，保护农民利益。全年销售化肥24795吨（含县外销售部分），创历史最高水平。

1996年，供销社农资部门大幅度下调尿素、氯化钾价格，仅此让利农民28万元。当年销售化肥16471吨。

1998年，联合农技部门开展测土配方施肥，推广新肥，在东华、灵地等乡镇进行面积10公顷水稻专用肥示范试验，免费为农民提供水稻专用肥4吨多，取得省时、省工、增产增收效果。全年供应化肥12668吨。

1999年，化肥流通管理由政府直接管理为主改为间接管理为主，取消省产化肥指令性计划，由化肥生产和经营企业自主进行购销活动，县财政局终止供销社化肥冬储资金贷款贴息补贴。

2001年，因改制后农资经营人员减少，区外销售锐减，全县化肥销量仅6922吨。2002—2005年，全县化肥销量保持在8000～10000吨左右。

（2）农药供应 1991年，国产与进口的新农药不断增多，高效、低毒农药纷纷面市。为引导农民科学使用新肥新药，降低农业生产成本，供销社农资企业在县内设立庄稼医院14个，选送15名青年职工到省、市农技教学部门接受植保技术培训；各庄稼医院以补贴方式聘请当地农技部门的农艺师、农技员在农作物病虫害高发期间，到庄稼医院当坐堂植保医生，同时兼顾对庄稼医生的传帮带工作，使庄稼医生水平得到快速提高。当年，全县各类农药销售量233吨，品种100余种。

至1992年，全县14个庄稼医院的庄稼医生均能独立主持庄稼医院正常业务，开展农作物病虫害预报、咨询、开方和卖农药等技物结合“一条龙”服务。

1995年，农业“三站”（农技站、植保站、土肥站）参与农药经营，虽然实行“一主两辅”经营体制，但农药市场混乱、无证经营现象严重。外省市假农药乘虚流入，造成农民直接经济损失。为此，县供销社与县农业局签订技物结合服务和农资经营有关问题协议，供销社每年支付县农业部门一定的技术服务费，农业部门侧重开展技术服务，不经营化肥和常销农药，县内农资商品仍由供销社专营。同时，供销社农资部门根据农业种植结构的调整，主动调整经营结构，增加果树、烟草、蔬菜等专用化肥、农药的经营品种。全县销售各类农药226吨。

1997年5月开始，对农药市场混乱状况进行整顿，保护农民合法权益。同年夏天，清流县突发大面积稻瘿蚊，县农资公司立即派专人到厂家和市农资站，调回特效农药益舒宝、三唑磷等10吨，分送全县受灾乡镇供肥点和受灾农户，并通过农资简报、专刊及派农资专业人员下乡巡回宣传等形式指导农民科学防治、合理用药，减少损失。

1998年起，清流县规范农药市场管理。按“六有”标准（有牌子、有医生、有挂图、有手册、有咨询出诊、有挂勾田块）完善庄稼医院建设，选送庄稼医院医生、农资管理人员到省、市有关部门学习27人次。每年春耕夏种期间，配合县质量技术监督局、工商行政管理局开展农药质量检查和农资打假活动，每年冬季举办庄稼医生和农资经营人员综合技术培训班1期。年内，全县销售各类农药286吨。

1999—2003年，全县共销售各类农药512吨。2004—2005年，农得宝清流农资超市经营农药品种数十种，年销售量60～70吨左右。

（3）农具供应 1991年，供销社农资门点常年供应的品种主要有打谷机、喷雾器、农膜、地膜、人力车、铁犁、耙、犁铧、锄、锹及相关配件、雨具、农用水泵、胶管等农药械及农用物资。2002年，随着市场的逐步放开，供销社农资门点农药械、农具等农用物资销售逐年减少，打谷机也被收割机取代。

2005年，县供销合作系统未再销售农药械、农具。

（二）日常生活用品供应

1. 经营范围 1991年，县供销社系统生活资料经营范围涵盖有大百货（工业品、家用电器、棉花布匹、针织品、鞋类、五金交电)、小百货(文具、文化体育用品、日用化妆品)、日用杂品(陶瓷与玻璃器皿、烟花爆竹、锅碗瓢盆、绳带草席)、副食品(糖、烟、酒、碘盐、食用油、干鲜果品、调味品)4大类人民群众生活必需品。当年,供销系统消费品零售总额986万元。

1992年后,为适应市场需求,系统各企业不断拓展新的经营项目,其中有餐饮酒家、旅社、汽车配件、农用运输车和农机配件、石化成品油、液化气、建材、农村畜牧水产养殖器具及配合饲料。

1995年、2000年,供销系统消费品零售总额分别为1856万元。3940万元。2005年,供销系统消费品零售总额4427万元。

2. 经营方式 1991—1996年,生活资料经营推行联销计酬、“四定一包”(定经营范围、定资金、定人员、定费用、包销售任务)的经营承包责任制。

1996年4月,供销大厦竣工投入使用,实行“固定资产租赁经营,流动资产股份经营”试点改革,开展工业品联购分销。

1997年,县供销社租赁粮食局一楼店面,组建综合商场(金谷商场),职工承包经营日常生活用品。

“九五”后期(1998—2000年),烟花爆竹、废旧物资回收等大宗经营项目在经历多年市场无序竞争和冲击后,重新归口供销社经营。1998年,有色金属、废旧物资回收业务及报废汽车回收拆解业务归口县以上供销社土产日杂公司经营。

2000年,烟花爆竹归口县供销社土产日杂公司经营。2000—2005年,供销系统的生活资料经营业务由改制后的原职工自主灵活经营,县供销社将经营门店、设施租赁给原职工及社会人员使用。

(三)食盐专卖

1991年,食盐销售以供销社为主经营,由永安盐业公司配送。当年,全县食盐调进1010.5吨,供销、商业部门销售794吨,其他集体和个体商业向供销总公司下属果品公司进货,零售31吨,期末库存195.7吨。

1997年,永安盐业公司合并到三明盐业公司。受三明盐业公司委托,清流县成立碘盐管理工作领导小组,办公室设在县供销社,对全县食盐经营市场实行盐政管理。按县政府“碘盐由县供销社发放经营许可证”的规定,对碘盐经营单位进行整顿、规范、管理和发证工作,并不定期检查,清查、没收未加碘盐。

2000年,供销社改制后,清流食盐市场管理由三明盐业公司宁化县支公司代理。市盐政部门将清流县碘盐经营权收回,自行设站经营。

2005年,三明盐业公司清流支公司成立,负责清流食盐业务管理。当年,全县销售食盐515吨。

(四)农副产品采购

1. 主要品种 清流县供销社系统历年收购农副产品主要有木炭、小料材、毛竹、水果(柑橘、梨等)、烤烟、茶叶、山苍子、乌桕、木薯、棕皮、药材等。

1991年,农副产品经营市场放开,供销社经营范围逐步缩小,木炭、小料材、毛竹、烤烟、茶叶、药材等收购业务陆续取消。2000年后,供销社不再经营以上农副产品收购业务。

2. 经营方式 1991年,各基层供销社的农副产品经营部和废旧物资收购站基本合在一起,且多数承包给个体户经营。受农副产品经营市场放开影响,农副产品经营品种和购销额减少。由县土产日杂公司和基层供销社集体经营的品种主要有木炭、毛竹、柑橘、豆腐皮等。全年实现农副产品购进额51万元。为促进农副产品生产发展,县供销社探索“公司+基地+农户”的经营服务模式。

1993年,县供销社以保健食品公司为龙头,投入资金3.86万元,从大田县调回绞股蓝种苗10吨,在长校、东华、林畲、嵩溪4乡镇发动农民种植绞股蓝面积133.33公顷。公司负责收购、加工和销售。

1995年,农副产品收购大幅增长,实现购进额279万元。

1998年,以县土产日杂公司为龙头,从江西彭泽县购回适合清流县土壤、气候的优良棉花种子,发动南面乡镇的农民利用旱地发展棉花种植,县土产日杂公司负责回收、加工。由于绞股蓝、棉花的种植效益不如烤烟,当地农民种植1～2年后便不再种植。

2000年,县供销社系统实施全员置换身份改制后,县土产日杂公司和基层供销社不再经营农副产品,由

1991—2005 年清流县供销社系统商品经营及网点数统计表

表 11-5

项目＼年度	单位	1991	1992	1993	1994	1995	1996	1997	1998	1999	2000	2001	2002	2003	2004	2005
商品购进总额	万元	2572	3082	3413	3560	5548	6063	6219	6149	6166	6359	6367	6438	6860	7041	093
农副产品购进额	万元	51	100	182	65	279	212	162	162	115	123	129	194	241	305	314
废旧物资购进额	万元	13	25	28	25	30	43	73	60	57	66	96	104	108	111	116
商品销售总额	万元	3204	3717	4033	3933	6251	6891	7000	6935	6948	7235	7248	7279	7537	8308	8333
售给农民农业生产资料	万元	931	957	893	1174	1803	2130	1834	1767	1453	1018	980	908	873	1006	1015
消费品零售额	万元	986	1178	1254	1332	1856	2294	3233	3421	3623	3940	3885	3925	4141	4370	4427
化学肥料销售量	吨	20525	17581	13601	13887	24910	16471	13841	12668	11581	8196	6922	9201	9402	9580	8198
氮肥销售量	吨	12814	9536	7101	7995	15815	9562	7568	6859	5831	3436	3004	3686	2377	3198	2655
磷肥销售量	吨	6004	5337	4247	4569	6425	4981	4411	3648	3017	2043	2222	2173	3037	2034	2385
钾肥销售量	吨	1330	1841	1132	780	1971	1039	949	899	801	738	491	909	931	1086	785
化学农药销售量	吨	233	126	81	113	230	174	149	286	196	130	55	60	71	146	67
农用塑料薄膜	吨	77	34	32	33	55	44	37	33	28	15	38	34	20	81	92
农 药 械	架	1137	997	809	615	790	826	702	434	427	367	155	58	25	10	—
经营网点数	个	196	190	189	188	186	184	180	175	172	168	158	143	138	134	133
其中：农资经营网点数	个	67	67	65	65	64	64	62	60	58	46	42	40	38	37	37

县社接收统一经营。是年，实现农副产品购进额 123 万元。

2001—2005 年，县供销社农副产品采购主要品种是各个专业合作社的种植、养殖、加工产品，数量逐年增加。2005 年，供销系统实现农副产品购进额 314 万。

三、粮油经营

（一）粮食购销

1. 粮食收购 1991 年，全县粮食定购任务 13150 吨。县粮食部门实际收购入库 13363 吨。其中，定购粮 13351 吨，议价粮 12 吨。

1993 年 4 月，根据市场需求和以销定购原则，由收购经营单位与农民签订合同，价格随行就市。当年，全县收购国家定购粮 12240 吨。

1994—1996 年，收购价格每 50 千克提高 15 元，同时，保留价外补贴 10 元；计划收购价随行就市，以略低于市价的原则作价。继续实行定购粮粮肥挂钩。1996 年，全县收购入库定购粮 38740 吨。

1997 年，按省定保护价敞开收购议价粮，对有任务但又缺粮源的困难户，采取补差办法确保任务完成。补价标准按 50 千克 10 元结算。当年，市政府下达清流县收购任务 13250 吨，100% 完成。其中，实物收购 11009 吨，补差 2241 吨。

1998 年，坚持敞开收购，做到不限收、不拒收，不停收，不搭车代收、代缴除农业税以外的任何税、费、粮、款，做到"户交户结"。当年全县购进粮食 10853 吨，1384 万元，价格 1275 元 / 吨。同时，贯彻国务院《粮食收购条例》和《粮食购销违法行为处罚办法》，实行粮食准运证制度。在粮食收购期间，全县设立李家、灵地、长校、林畲、洋子段 4 个检查点和常年流动检查哨，持证上岗执法检查。开展粮食市场清理整顿，规范粮食交易，严禁任何部门、单位、私人向农民收购粮食，重点打击粮贩子和个体私营加工厂插手农村粮食收购。对个体私营粮食加工厂和粮贩子进行摸底和重新登记；查扣没收从农村非法收购和非法贩运的粮食。年内，全县查处粮贩子非法收购粮食 5 起、12 吨。

1999 年 7 月，全县定购粮收购实际完成 1.1 万吨；定购价格 52 元 /50 千克，价外补贴 10 元 /50 千克，保护价 52 元 /50 千克。

2000 年，县政府颁布关于 2000 年度粮食收购计划有关问题的通知，早籼稻退出保护价收购范围，晚籼稻定购 4200 吨，取消定购粮价外补贴。当年，全县实际收购粮食 3524 吨。

2001 年 10 月 10 日，全省取消粮食定购，不再制定中晚稻的定购价和保护价。各地粮食部门采取措施，满足农民卖粮要求，保护农民利益，维护社会稳定。县粮食局在完成县级储备粮 1200 吨任务基础上，当年收购入库粮食 2759 吨。

2002—2003 年，购销公司参与市场收购，采取多种收购方式，以销定购，顺价销售，合计入库粮食 4458 吨。

2004 年，经县政府批准，县级粮食储备规模由 1200 吨增至 2200 吨，每收购 50 千克粮食在市场价格基础上再补贴 5 元（粮食直补 4 元、良种补贴 1 元）给农户。当年，全县收购入库粮食 7575 吨。

2005 年，国有粮食购销收购企业收购粮食 5000 吨。

2. 粮食销售 1991 年，城乡销售包干指标 6050 吨。根据城镇居民不同层次消费需求，县粮食局购进一部分精米、精面、实行优质优价，并相应提高收取粮票标准。

1991—1993 年，全县共计销售粮食 13386 吨。

1994 年，全县国有粮食企业销售粮食 10078 吨。

1995 年 4 月 15 日起，城镇居民粮食供应实行凭券挂牌供应，每人每月限量供应成品粮 10 千克，城区共设供应点 3 个。是年，全县销售粮食 28476 吨。

1997 年，清流县坚持顺价售粮政策，执行挂牌销售价格，即早标一籼米 124 元 /50 千克，晚标一籼米 130/50 千克。当年，全县销售粮食 18563 吨。

2000—2003 年，实行粮食流通体制改革，开展产销协作。

2005 年，国有购销企业销售粮食 3962 吨。

1991—2005 年清流县粮食购销情况汇总表

表 11-6　单位：吨

年 份	收 购				销 售
	合 计	定 购	议 购	保护价	
1991	13363	13351	12	—	5925
1992	13174	13174	—	—	4340
1993	12813	12240	573	—	3121
1994	12551	12240	311	—	10078
1995	17542	13250	3242	1050	28476
1996	14884	13250	1356	278	6627
1997	16029	13250	2456	323	18563
1998	11844	11300	395	149	6892
1999	12568	11000	—	1568	11810
2000	3524	2861	—	663	1318
2001	2759	606	2153	—	4549
2002	2971	2971	—	—	9652
2003	1487	1487	—	—	9526
2004	4439	4439	—	—	1911
2005	5000	3136	—	—	3962

（二）食油购销

1. 食油购入　清流县境内种植油料作物的农户不多，农村可供油料及食油商品量极少，国有粮食部门未向本县农村收购食油，国有粮食部门供应城镇居民平价食油全部从外地调入。1991 年，食油购进执行三明市粮食局购销计划，当年购进平价食油 68 吨，议价食油 149 吨。1992—1993 年，全县调入平价食油 115 吨，议价食油 236 吨。1994 年起，国有粮食部门停止食油购进业务，市场供应的食油主要由个体经营者购入。1995 年，全县调入食油 67. 90 吨；年末，库存 39. 90 吨。

2. 食油销售　1991 年，全县销售平价食油 67 吨，议价食油 166 吨。1992—1993 年，国有粮食部门销售平价油 100 吨，议价油 210 吨。1994 年 1 月起，停止平价食油供应，议价油销售至无库存为止。

四、药品购销

（一）药材收购

1991 年，县医药公司收购的药材主要有：茯苓、厚朴、杜仲、山药、桃仁、女贞子、黄栀子、薏苡仁、建砂仁（山姜子）、荞麦（三角麦）、金银花、鱼腥草、仙鹤草、车前草、夏枯草、淡竹叶、金线莲、海金沙、龟甲、鸡内金、穿山甲、钩藤、鳖甲等。部分民间自用药材有：金银花、鱼腥草、仙鹤草、车前草、夏枯草、金线莲、黄栀子、薏苡仁、建砂仁（山姜子）等。1991—1992 年，全县共计收购地产药材 4 万元。

1993 年后，随着中药材收购完全放开，地产药材多渠道流通，县医药公司收购逐步减少。至 2000 年后，县医药公司停止收购中药材。

（二）药品销售

1991 年，医药市场全部开放，形成各家医院、个体药店、县医药公司多渠道药品流通格局，县医药公司仍为药品经营主渠道。1991 年，全社会医药和医疗用品零售总额为 683 万元，其中医药公司销售额为 330 万元。1995年，全社会医药和医疗用品零售总额为1250万元，其中医药公司销售额391万元。2000年，医药公司销售额为702万元，比1995年增长79.54%。2005年，医药公司销售额为1250万元，比2000年增长78.06%；上缴税金30万元，比2000年增长15.38%。

1991—2005年三明医药股份有限公司清流分公司主要财务指标完成统计表

表11-7　　单位：万元、人

年份	销售总额	利润总额	税收总额	职工人数	年份	销售总额	利润总额	税收总额	职工人数
1991	330	8	16	36	1999	679	7	25	40
1992	395	8	18	37	2000	702	7	26	41
1993	361	7	17	37	2001	702	6	26	41
1994	350	2	18	38	2002	1032	5	29	40
1995	391	6	19	38	2003	1176	5	29	40
1996	493	6	20	38	2004	1200	5	28	40
1997	533	6	24	38	2005	1250	6	30	40
1998	615	8	25	40	—				

五、烟草购销

（一）烟叶收购

1. 收购方式　1991年，县烟草公司按照国家下达的收购计划与烟农签订收购合同，烟农按合同面积组织生产并将烟叶卖给烟草公司指定的收购点。

1992年，推行"一证、一票、一卡、一印"烟叶收购办法，实行合同收购。

1997年，推广微机收购。全县在有条件的收购点安装烤烟收购微机7套，缩短烟农过磅、开单、复核时间，日均收购量提高。

1998—2005年，推行预检收购制度，将收购服务工作延伸到农户，确保烟叶等级纯度，减少收购工作强度，加快收购进度。对基层烟草站进行资源整合与布局优化，在龙津、嵩溪、里田、灵地、邓家、林畲6个烟草站推行"编码式收购、一打三扫、原收原调"的工作模式，在烟叶收购场所设置编码区、评级区、解码过磅区、烟农休息区和仓库等区域，保障正常收购秩序。

2. 网点分布　1991—1996年，全县烤烟收购固定点分为大烟草站5个，即东华站、嵩溪站、长校站、灵地站、赖坊站；分站10个，即龙津、嵩口、田源、林畲、温郊、余朋、里田、邓家、李家、沙芜。

1997年，全县调整为烟草站11个，即东华站、嵩口站、田源站、林畲站、嵩溪站、长校站、里田站、灵地站、邓家站、李家站、赖坊站；分站3个，即温郊、余朋、沙芜。

1999年，再次调整为烟草站9个，即东华站、嵩溪站（含温郊、余朋收购点）、林畲站、邓家站、嵩口站（含田源站）、灵地站（含李家站）、赖坊站（含沙芜收购点）、里田站和长校站。

2005年，全县共设立烟草站10个，即龙津站、嵩溪站、林畲站、里田站、长校站、嵩口站、邓家站、灵地站、李家站、赖坊站，收购点2个（田源、沙芜）。

3. 等级标准　1991年，全县烤烟收购标准和价格实行15级制，每担（50千克）烤烟收购价格（15级制中四级）为105元，折合每千克2.1元。1992年，国家技术监督局公布《烤烟国家标准》，取消15级制，规定全国统一实行40级制，每50千克烤烟收购价（40级制上桔二级，代号B2L）为150元，折合每千克烤烟3元。1994年，40级制B2L调为每担130元，折合每千克2.6元。1995—1998年，40级制B2L调为每担165元，折合每千克3.3元。1999年，中准级（下部橘黄二级，代号X2F）每50千克提高到410元，折合每千克 8.2 元，同时取消各种价外补贴。2000 年始，根据国家烟草专卖局发布的烤烟 42 级制收购标准收购，在原有 40 级制的基础上增加 2 个等级（中部橘黄 4 级和中部柠檬黄 4 级），烤烟收购价格基本维持同一水平。2005 年，烤烟收购价格平均每千克 8.57 元，比 1991 年提高 6.47 元。至 2005 年，全县累计为国家提供优质烤烟 5.24 万吨。

（二）卷烟销售

1991 年，卷烟销售价格不再实行全国统一价，三级批发价格全面放开，随行就市、以销定价。清流烟草公司根据市场形势变化，改坐商为行商，加强同国营商业、供销社业务往来，发挥其商品销售主渠道作用，开拓农村市场。清流县卷烟市场建立三级批发环节，烟草公司销售股下设卷烟批发部（嵩溪、灵地）分支机构，负责全县卷烟零售店的批发业务。

1994 年始，进行卷烟营销网点建设，历经“送货上门”“访送分离”“分拣到户、一库式配送”等阶段。

1998 年，开展社会服务承诺制，转变网点服务观念，实行固定分线路按时送货、电话预约送货、约时定点送货、专卖员送货、烟技员下乡顺带送货等送货服务方式。1999 年，送货面扩大到所辖市场范围 100%。

2000 年 3 月起，实行全省卷烟统一批发价。2001 年，推行访销分离的销售模式。

2002 年，省烟草局提出“大配送”网建工作新思路，清流烟草结合自身实际，撤销基层网点（含送货点）10 个，全面实施“访送分离，一库式配送”的卷烟大配送模式。

2003 年，卷烟网建不断深化，销售结构和效益不断提升，开始在全县范围内实施卷烟销售明码标价工作。同时，成立卷烟零售标杆店，发挥其价格标杆和形象示范作用。“全面访销、集约配送、三线互控、城乡同步”的网建机制基本形成。

2004 年初，实施以“电话订货、电子结算、网上配送、现代物流”为主要内容的网建模式建设，提升网建质量和水平。同年 4 月，实现电话订货成交率 90% 以上，基本实现传统商业向现代物流转变。

2005 年，全面推进卷烟营销网络主体、终端、队伍和农网建设，导入“平衡计分卡”工具，规范客户经理绩效考核，提升队伍活力。围绕“大市场、大品牌、大企业”战略，加强品种培育能力和市场控制能力。

1991—2005 年，县烟草公司购进卷烟 6.66 万箱，销售 6.66 万箱。其中，2005 年全县销售卷烟 4001 箱。

1991—2005 年清流县卷烟销售统计表

表 11-8　　单位：箱

年　份	卷烟销量	年　份	卷烟销量	年　份	卷烟销量
1991	4500	1996	4562	2001	3700
1992	4555	1997	4288	2002	3680
1993	4641	1998	4001	2003	3800
1994	4711	1999	5160	2004	3900
1995	6856	2000	4200	2005	4001

六、物资经营及农机供应

（一）机电设备销售

1991 年，机电设备分公司经营的主要产品有汽车、摩托车、变压器、裸铝线、仪器仪表、水泵、电机、轴承、工量具、砂轮、钻头、漆包线、电焊条等 100 多个品种 1000 多个规格，统配物资全部取消。

至 1994 年，每年销售大、小汽车 10 辆以上（其中 1992 年为 31 辆，为历年最多的一次）、摩托车几十辆，清流县工矿企业所需机电产品 70% 向物资部门购买。

1995 年，城乡经营机电产品个体经销商迅速发展，竞争日趋激烈，物资部门经营的传统大宗产品如汽车、摩托车、水泥、玻璃、纯碱、烧碱等大部分被个私企业经营取代，工矿企业购买量也逐渐减少，业务量严重萎缩。

2001年5月，对各分公司实行的分立承包经营到期后，无职工愿继续承包经营，该项经营业务停止。

（二）金属材料销售

1991年，金属材料销售实行双轨制，计划内钢材主要从三明市金属材料公司调进，计划外议价钢材主要从三明钢铁厂购进，部分从江西、浙江等邻近省物资经销企业购进，议价钢材价格完全根据市场供求关系自行调节。计划指标每年大幅下降。当年，县金属材料分公司销售钢材1000吨，每吨平均价格2300～2400元。1992年，计划指标减少40%。随着国家基本建设投资规模的扩大，钢材需求量显著上升，货源紧缺，供不应求，价格暴涨。是年销售钢材1600吨，每吨平均价格2500～3400元。1993年，计划指标减少70%。4—5月，钢材价格出现每天一价，涨幅最大达200～300元，一直攀升到4500元/吨，创历史最高纪录。下半年，随着国家实行宏观经济调控、紧缩银根，价格开始回落。后随着物资市场全面放开，经营钢材的城乡个体经销商猛增，竞争激烈，物资部门业务量逐步缩小。1994年，计划指标全部取消。1999年，仅销售钢材380吨。至2001年5月，该项经营业务停止。

（三）化工建材销售

1. 化工建材 1991—1994年，化工建材分公司经营的主要产品有民爆物品、水泥、玻璃、轮胎、纯碱、烧碱、甲苯、聚乙烯、双氧水、氧气、乙炔、三角带、油毡、滑石粉、石墨粉等几十个品种。

1995—1996年，经营的主要产品减少到只有轮胎、双氧水、氧气、乙炔、三角带、油毡、滑石粉、石墨粉以及民爆物品等十几个品种。随着物资市场的全面放开，主营业务仅为民爆物品和部分建筑材料。1998年，化工建材分公司仅主营氧气、乙炔及少量的三角带、轮胎、油毡等六、七个品种。至2001年5月，该项业务停止。

2. 建筑材料 1991年起，水泥、玻璃等建筑材料也取消计划分配，物资部门销售量逐年下滑，水泥年销量1991年为1600吨，1992年降至900吨，1993—1996年为500吨左右，1997年为1200吨，1998年实行承包经营，年销量1200吨，与上年持平。

3. 民爆物品 1991—1996年，民爆物品属于专控物资，由化工建材分公司经营。1997年始，民爆物品直接由物资总公司经营。年内，销售民爆物品131吨。至1999年，年销售量未突破200吨。2000年3月，成立清流县民用爆破器材专卖有限公司，为总公司的下属独立机构，主要职责是组织民爆产品的采购、储运、销售服务和安全管理。年内，销售民爆物品231吨。此后，销售量逐渐增长。2001年，民爆物品的生产和经营，由省经贸委负责行业管理，负责民爆物品经营凭照的审批，监督行业安全，组织订货，负责火工产品买卖合同的鉴证，以销定产。公安机关对民爆物品的购买、销售、储存、运输各个环节进行监督和审批。2003年，销售民爆物品445吨。2005年，销售民爆物品475吨。

（四）废旧金属回收及报废汽车回收拆解

1992年，成立再生利用分公司，主要是回收利用生产性和非生产性废旧金属。由于市场放开和竞争因素，公司成立后未开展业务。1997年7月，该公司经公安机关批准，办理特种行业经营许可证后重新注册。由于取缔废旧金属回收个体非法经营点，只保留供销和物资2家经营，消除了该行业无序竞争混乱局面，再生利用分公司经营业务稳步发展。1997—2001年，废旧金属年回收量均保持在500～700吨左右。

1999年12月，成立报废汽车回收拆解厂，除回收报废汽车外，还承担办理汽车报废手续，方便车主。1999年12月至2002年8月，县报废汽车回收拆解厂共回收拆解报废汽车89辆。

2002年下半年，因国家政策原因收回经营权，该厂停止经营。

（五）农机供应

1991年，全县有农机供应企业1家，即县农机公司，乡镇农机供应点10家。当年，县农机公司销售收入124万元，利润1.8万元。1993年，县农机公司改变经营方式，实行岗位责任制，由各门点承包销售额，公司销售收入和利税有较大提高。1997年，全县乡镇农机供应点20家。由于全国农机产品销售市场进一步开放，竞争加剧，县农机公司企业经营品种单一，经济效益下滑，亏损额逐年扩大。2000年6月，县农机公司根据《清流县深化国有企业改革若干问题意见》《关于企业改制人员安置待遇的实施意见》的要求，进行企业清算、改制，职工买断工龄，置换身份。

2001 年，新增私营农机产品供销企业 3 家。2005 年，农机供应点共 14 家，其中乡镇 12 家、县级 2 家。

第二章　对外贸易与经济合作

第一节　出口贸易

一、出口产品种类与数量

1991 年，全县出口结晶硅 2720 吨、硅铝 112 吨、硅铁 898 吨等五金矿产产品，同时出口茶叶及木碗等木制品。1994 年，清流县出口产品增加精制茶油，共出口 66.52 吨。县外贸部门筹资 10 万元，开发竹凉席出口项目。1995 年以后，土产、茶叶、山货等退出出口产品市场。1996 年，增加胶合板、涤纶布产品出口。当年，涤纶布出口 64.8 万码。2000 年，增加鞋类、服装产品出口，并开辟腐竹产品出口渠道。

2004 年，增加松油醇等产品出口，出口松香 260 吨、松节油 200 吨。至 2005 年，清流县出口产品除传统产品松香、结晶硅外，还有鞋帽、玩具、服装系列，其中服装系列出口服装 1584 万件。

二、出口方式与供货值

1991 年，全县代理出口总值 4200 万元，出口创汇 213 万美元。1996 年，全县完成出口总值 1.08 亿元。其中明孚硅业、九利茶油、腾飞针织品等 3 家公司自营出口结晶硅、茶油、涤纶布等产品，出口供货总值 300 万美元。1997 年，对外经济贸易发展公司取得进出口经营权。全县完成代理出口供货总值 1.2 亿元，比 1996 年增长 11.1%；出口创汇 350 万美元，比 1996 年增长 16.7%。

1999 年，受金融危机的滞后影响，传统大宗出口商品出口受阻，其中结晶硅比 1997 年减少出口 76.17%。全县出口创汇 65 万美元，同比下降 78.33%。2003 年，县林产化工有限公司取得企业自营进出口资格。

2004 年，轻纺服装产业全年出口总值 1573 万美元，比 2003 年增长 402.6%，其中轻纺服装出口总值 1380 万美元，占总出口总值 87.7%。

2005 年，全县出口总值 2845 万美元，比 1991 年增长 12.36 倍。其中，对外经济贸易发展公司代理服装出口总值 1785 万美元，销往欧盟；明孚硅业等企业共自营出口总值 1060 万美元。

1991—2005 年清流县出口贸易统计表

表 11-9

年　份	出口总值（亿元）	增　幅（%）	出口创汇（万美元）	增　幅（%）
1991	0.42	3	213	—
1992	0.46	9.52	228	7
1993	0.57	23.91	152	- 33.33
1994	0.76	33.33	258	69.73
1995	0.89	17.1	285	10.47

续表 11-10

年份	出口总值（亿元）	增幅（%）	出口创汇（万美元）	增幅（%）
1996	1.08	21.3	300	5.29
1997	1.2	11.1	350	16.67
1998	1.3	8.3	300	- 14.29
1999	1.43	10	65	- 78.33
2000	2.47	7.3	135	107.69
2001	2.94	19.02	162	20
2002	2.76	-6.12	186	14.81
2003	4.15	50.36	313	68.27
2004	1573（万美元）	402.6	—	—
2005	2858（万美元）	81.69	2845	80.9

1991—2005 年清流县外贸公司代理出口产品统计表

表 11-10

年份	出口产品	出口量（吨）	出口额（万美元）
1991	结晶硅	2720	1278.4
	硅铝	112	108.64
	硅铁	898	286.46
1994	结晶硅	2341.35	1533.03
	硅铝	1430	1646
	精制茶油	66.52	111.84
	硅铁	949	360.62
1996	结晶硅	1480	210
	硅铝	300	40
	精制茶油	700	10
	涤纶布	64.8	40
	硅铁	700	10
1997	结晶硅	3070	218
	精制茶油	40	12
	涤纶布	194.4	120
1998	结晶硅	2350	176
	精制茶油	26	8
	涤纶布	605.5	116
1999	结晶硅	560	45.1
	结晶硅	1240	95
2000	服装系列	—	9.79
	结晶硅	1152	88
2001	服装系列	—	74
	结晶硅	940	74.36
2002	服装系列	—	107
	硅钙	50	4.68
	结晶硅	2000	127
2003	服装系列	—	193
	结晶硅	1000	93
2004	服装系列	—	1380
	松香	260	12
	松节油	200	6
	结晶硅	—	133
2005	服装系列	—	1085.5
	松香	—	20
		—	

说明：涤纶布出口量单位为万码；出口金额单位 1994 年前为万元，1995 始为万美元

第二节　招商引资

一、引资政策

1991—1992 年，按照国家有关投资政策规定，县政府出台《关于鼓励外商投资优惠政策的规定》。1995 年、1996 年，清流县出台、修订《关于外商在清流投资的特别优惠规定》，在税收、用地、供水、用电等方面给予优惠。2004 年，清流县出台《关于印发改善投资环境 鼓励投资兴业的优惠政策的通知》规定，对企业实行“一个商口对外，二个漏斗办结”无偿代办服务。在清流投资的外资企业业主及主要管理人员的直系亲属享受清流县居民待遇，子女入托、入学按当地居民标准收费，不受借读费规定约束，此项为其子女入托、入学减免 2000 ～ 4000 元的借读费。但凡注册资本 500 万元以上且正常生产经营的企业，列为县政府重点挂牌保护单位，其法定代表人，企业主要管理人员经申请可获得由县政府颁发的重点客商优待证和车辆优待证，可以合法拥有 2 部以内的工作或生活用车，免缴清流县征收的每次 5 ～ 10 元的车辆通行费。子女在清流县初中升高中，招生录取时可享受 20 分的加分照顾。直至 2005 年，继续执行上述优惠政策。

二、招商活动

1991 年起，清流县坚持“大中小项目一起上，港侨台都欢迎”的方针，以及“小型、多样、实效”原则，组成由县长任组长、各有关部门负责人、招商项目负责人及外经委负责人组成的招商组到中国香港、日本、马来西亚、新加坡、泰国等国家和地区开展招商引资和宣传清流投资环境系列活动，参加广州广交会和福建投资贸易洽谈会及沿海城市招商会。

1992 年，县政府制定出台《关于鼓励外商投资优惠政策的规定》和投资项目指导书，先后推出可供合作的 10 大系列开发及重点项目 26 个。6 月下旬，清流县首次赴港和参与“9・8”招商，有 14 个项目签订合同或达成协议（或意向），总投资 2070.9 万美元，其中利用外资 817.1 万美元。10 月中旬，清流县接待台湾高雄考察团 36 人，在房地产开发、茶叶、胶合板方面签订协议 3 份，计划投入外资 1100 万元。全县新办“三资”企业 5 家、已在筹办 2 家，总投资额 3000 万元以上;其中利用外资 97 万美元，合同利用外资到位 40 万美元。

1993 年，在中国香港成立福建三明清流旅港联谊会，为引进外资牵线搭桥。

1994 年年初，成立清流县招商工作领导小组，下设办公室，挂靠在外经委，由外经委主任兼任办公室主任。

1995 年，清流县组织 6 批 120 多人赴中国香港、沿海等地招商。3 月，赴香港招商，签订合资经营关公凹电站意向;邀请外商到清流县观光、考察，投资兴办企业，先后接待台商，港商，新加坡、日本外商 20 批、102 人次。同年 8 月，邀请 16 名台商到清流县观光考察。

1996 年 12 月 8 日，清流县借举办“纪念我国著名大提琴艺术家王连三（清流籍）诞辰 70 周年音乐会”之际，邀请海内外客商 500 余人到清流县进行经贸洽谈。

1998 年，编制印刷《福建清流招商项目简介》，推出符合清流县县情的企业招商项目 23 个，先后邀请 20 多批 50 多人次来自中国台湾、中国香港地区以及新加坡等国家的客商来清流县观光、考察、开展经贸洽谈。

1999 年，清流县建立招商引资月通报制度，签订招商引资任务目标责任状。

2000 年，清流县先后邀请来自澳大利亚等国家以及中国香港地区、中国台湾的客商到清流考察农产品、林产品、矿产品深加工以及休闲旅游等项目开发。成功引进香港独资企业一人造板公司，注册资本 185 万美元，总投资 245 万美元的细木加工板项目，合作年限 45 年；支持和鼓励已有“三资企业”增资扩股，以外引外；吸引外国公司通过企业产权交易和拍卖市场以及通过购并等多种方式与国有企业改组改制。

2001 年，清流县立足本地资源，推出一批林产工业、旅游项目；立足老企业及闲置资产，推出一批嫁接改造、二次招商项目；立足农业产业化，推出一批农副产品深加工项目。第三产业利用外资实现零的突破，共签约利用外资项目 5 个，协议利用外资 440 万美元。其中合同项目 4 个：矿泉水股权转让项目，港商独资，协议外资 100 万美元；吉保德农业科技园区项目，台商独资，协议外资 100 万美元；种植日本甜柿面积 66.67 公顷项目，台商独资，协议外资 30 万美元；花卉种植项目，合作项目，协议外资 30 万美元。协议项目 1 个：嵩口夜滩温泉开发项目，港商独资，协议外资 180 万美元。

2002 年，清流县突出抓好项目储备、开发，共推出农业招商项目 11 个：绿化苗与花卉基地建设；沙芜水面综合开发与旅游休闲；蜜雪梨生产基地建设；豆腐皮加工；灵地草场奶牛养殖；冷泉养殖基地建设；珍稀食用菌综合开发；果蔬冷藏保鲜；兴农鱼腥草公司扩改；塑棚蔬菜反季节栽培。在第五届投洽会上签约项目 5 个（其中合同 4 个，协议 1 个），利用外资 440 万美元；已批办 3 个、占签约数 60%，合同利用外资 196 万美元。所批办的“三资”企业均为饮料项目。在第六届中国投资贸易洽谈会，签约项目 4 个，总投资 680 万美元，协议利用外资 680 万美元；完成任务 105%；其中：合同项目 3 个，合同利用外资 260 万美元。所批办的外资企业为种植、服装加工项目。台商刘定丰独资在温郊、东华乡创建农业试验田面积 3.33 公顷，进行台湾黄瓜、西红柿、苦瓜、丝瓜等 20 多个瓜果蔬菜新品种的种植。在试种成功后，又在龙津镇，东华、李家乡建立老果园嫁接改造基地，建立台湾蜜雪梨基地。台商瑞丰农牧有限公司开发改良灵地草场面积 266.67 公顷。

2003 年 4 月，清流县组团参加社会事业、矿产资源、基础设施专场招商，工业专场招商。推出卫生教育、矿产基础设施、工业、国有企业嫁接改造等招商项目。5 月，组团参加贸易流通业专场招商、农业专场招商，推出贸易流通、中药材、种苗、水产养殖、食品加工、果蔬、花卉栽培保鲜项目。6 月，参加林业专场招商，推出林木（竹）营造及良种培育、林产品加工项目。7 月，参加福州服装、鞋帽专场招商及香港经贸洽谈促进活动，推出服装、鞋帽、纺织、玩具加工等招商项目。9 月，参加厦门“9·8”投洽会招商、台湾经贸考察，推出工业、农业、服装业、电子、旅游、纺织等招商项目。截止当年年末，全县有台资农业企业 4 家，总投资 207 万美元，合同利用外资 180 万美元，实际利用外资 180 万美元。涉及茶叶种植加工、水果种植、畜牧水产养殖。台商刘定丰投资创办清流青龙果菜有限公司，种植蜜雪梨面积 26.67 公顷。当年，全县农户种植蜜雪梨面积 831.47 公顷，产量 600 吨，销售收入 300 万元。

2004 年，县政府出台《改善投资环境 鼓励投资企业优惠政策》，重点抓好氟化工系列产品开发、温泉旅游开发和福来香豆腐皮加工项目。邀请新西兰约翰·克劳斯先生，南非方则基先生，英美建桥经贸（国际金融）有限公司副董事长杨杰先生等 26 批客商到清流实地考察，洽谈项目。

2005 年， 在厦门“9·8”投洽会上，清流县推出农业、林业、旅游、产权交易，社会事业等推介招商项目 36 个，签约项目 6 个，总投资 1145 万美元，协议利用外资 945 万美元。其中：合同项目 4 个，合同利用外资 445 万美元；意向项目 2 个，意向利用外资 500 万美元。签约内资合同项目 2 个，总投资 3850 万元，利用区外资金 3850 万元。外贸出口成交 220 万美元。菲律宾城市纺织厂独资 150 万美元的服装加工项目，香港隆兴贸易公司独资 160 万美元的农副产品深加工项目在市团举行的“9·8”项目签约仪式上签约。清流县邀请美国、菲律宾、中国台湾、中国香港等国家和地区及国内客商 12 人参加洽谈会，发放投资指南 1000 余份。新接触新加坡、澳大利亚、日本等国家及台湾，香港等地区客商 20 多人，就生物制药，农副产品加工等项目与客商进行初步洽谈。另外，还就氟系列产品开发，超细微活性氧化锌，现代生态农业示范园区，纳米活性炭钙，野鸦椿生物药有效成分提取以及系列产品开发等项目分别与美国阿尔法国际投资集团、英国科技投资有限公司、澳大利亚投资集团、光正股份有限公司、振兴国际集团（香港）有限公司、美国格莱恩药业公司等企业进行项目对接洽谈。组团赴泉州、福州等地开展推介洽谈，扩大招商引资成果。

三、港澳台资及外资企业

1991 年初，清流仅有 2 家港资企业，即明孚硅业有限公司和明宇化工有限公司。是年，新批办港澳台资及外资企业 3 家，投资项目为生产结晶硅、短裤、矿工袋等，总投资 510 万美元，实际利用外资 175 万美元。

至 1995 年，全县累计批办港澳台资及外资企业 46 家，投资项目涉及生产锰矿及高锰粘土系列产品、种植、水产养殖、竹木加工、矿泉水及饮料系列、结晶硅、电站建设等，实际利用港澳台资及外资累计 917 万美元。

1996—2000 年，全县批办港澳台资及外资企业 19 家，投资项目涉及水产、畜牧养殖，果蔬种植，脱脂板木制工艺系列，服装、包装、针纺织品、陶瓷工艺品及其系列产品，五金制品及其不锈钢系列产品、金属硅加工等。总投资 1221.67 万美元，注册资本 1139.05 万美元，合同利用港澳台资及外资 816.17 万美元，实际利用港澳台资及外资 1782.2 万美元。

2001—2005 年，全县批办“港澳台资及外资企业 29 家，投资项目涉及畜牧水产养殖，高优水果、花卉种植，种苗培育，加工铅锌矿、铜矿、锰矿、萤矿，食品及饮料系列，加工服装及针纺织品，发射胶囊、塑料弹、彩弹击发器和配件，生物饲料及添加剂，浓缩剂系列产品，塑料制品，茶果及咖啡豆种植加工，过硫酸盐系列产品、加工木制集成材及其竹木系列产品等。总投资 2429 万美元，注册资本 2001.83 万美元，合同利用港澳台资及外资 2141 万美元，实际利用港澳台资及外资 2508 万美元。以服装加工为主的轻纺工业成为清流经济发展的主导产业。

1991—2005 年清流县引进港澳台资及外资统计表

表 11-11

年　份	批办数（个）	实际利用港澳台资及外资（万美元）	年　份	批办数（个）	实际利用港澳台资及外资（万美元）
1991	3	175	1999	3	215
1992	5	40	2000	1	251
1993	12	95	2001	3	302
1994	14	300	2002	5	402
1995	12	343	2003	6	456
1996	4	358	2004	5	602
1997	6	478	2005	10	746
1998	5	480	—		

第三节　横向经济联合

1991 年，清流县通过山海协作、外引内联并重，加强横向经济联合。

1992 年，组织 10 余批 100 多人次，南下广东、闽南，北上江浙、上海、北京及东北三省，进行清流资源、项目及投资环境宣传。走出“南引资金和管理，北引技术和项目”的新路子。与厦门湖里区签约缔结为“经济贸易协作友好区县”，以民办形式在福州马尾和厦门象屿 2 个保税区设立进出口贸易公司，为创汇企业提供经济信息，方便投资者。年内，全县乡镇内联企业增加 16 家，引进资金 121 万元，新增产值 1151.6 万元，新增利税 264.9 万元；全县国有、集体内联企业增加 4 家，新增产值 376 万元，新增税利 42 万元。

1993 年，县供销总公司与珠海南亚集团大连分公司联合租赁四川三台县食品罐头厂，成为县内最大的内联企业，年产罐头饮料 1 万吨，产值 1500 万元，利税 250 万元。1991—1993 年，全县共办成内联企业 134 家，引进资金 3920 万元。

1994 年，在泉州成立清流返泉人士联谊会。“八五”（1991—1995 年）期间，全县累计新办内联企业 354 家，引进县外资金 20938 万元。

1996 年，出台《清流县政府关于引资纳贤开展横向经济联合的若干规定》，从税收、用地、供水、供电及一些配套措施建设费用方面给予优惠。全年共签约内联项目 85 项，新办内联企业 72 家。

1999 年始，清流县先后出台一系列关于联内引外奖励和环境整治等政策措施，开展以情招商、以商招商，组织参加各类招商活动。“九五”（1996—2000 年）期间，全县共创办内联企业 265 家，引进县外资金 32526 万元。

2002 年，清流县开设“山海协作”“山区投资”招商专场，累计创办内联企业 142 家，引进县外资金 3.28 亿元。2004 年，引进县外资金 23875 万元，比 2003 年增长 203%。

2005年，引进县外资金2.46亿元，比2004年增长2.93%。

“十五”期间，清流县共创办内联企业94家，累计引进县外资金4.6亿元，年均增长30.9%；累计投入资金191万元，扶持山海协作企业15个。民营企业上缴税收占全县税性收入的90%以上，成为县域经济发展的中坚力量。

第四节 对外劳务输出

1998年，县成立对外经济技术合作分公司，2000年1月12日注销。2002年5月17日，明溪县对外经济技术合作分公司在清流设立办事处，办理赴外劳务人员出国劳务签证手续13人，其中，新加坡10人，俄罗斯1人，意大利2人。办理出国出境护照200本。2003年，办事处撤销，设立出入境人员接待处，办理出国劳务人员签证手续10人。2004年，全县办理12人，2005年办理15人。2002—2005年，清流县累计办理出国劳务人员手续50人。其中，新加坡25人，意大利6人、泰国7人、俄罗斯3人，马来西亚2人、阿联酋2人，英国、荷兰、匈牙利、菲律宾、瓦鲁阿图各1人。林畲乡出国务工人数最多，成为内陆新侨乡。

第三章 旅 游

第一节 自然景观

一、九龙湖风景区

（一）九龙湖

位于沙芜乡洞口村。是省内唯一喀斯特地貌与湖水交相辉映风景名胜区，总面积128平方千米，离县城56千米。1973年，因九龙溪下游的安砂镇修建福建省当时最大的水电站，被誉为“闽水第一奇险”的九龙十八滩淹没，变成百里平湖，因九龙溪而得名“九龙湖”，湖光山色，空明秀美。风景区水域面积33平方千米，分为十里平湖、狐狸洞群、九龙峡谷三大景片。以溶洞、峡谷、古文化和亚热带雨林为特色。湖水清澈，两岸原始森林茂密。不同的天气，湖面上会变幻出各种迷人的景色，乘舟而行，有“舟行碧波上，人在画中游”之美感。主要景点有九龙仙女、十里平湖、三叠泉、鸡公岛、神龟岛、白马山、梦溪峡谷等。

（二）九龙洞

湖滨溶洞群 位于白马山中，其洞口处于白马山的南西侧，贯穿整座白马山。洞体总体走向为近东西向。洞内绝大部分石钟乳、石笋、石柱发育保存良好，洁白晶莹。洞总长约1.2千米，由洞室、廊道组成。已开发面积约1万平方米。钟乳石形态各异，惟妙惟肖。有人类起源、生命礼赞、天鹅戏水、古人望月、古钟长鸣、千层古塔等上百处景点。

狐狸洞 福建省最早古人类牙齿化石遗迹化石发掘地。位于沙芜乡洞口村。洞深20米、宽4米、高5米。洞口朝南，高出邻近河床约80米。洞深处残存堆积物约12平方米，厚度约3米。1988年5月，省市文物普查队在洞内采集到1枚人类牙齿化石和若干哺乳动物化石。经中国科学院古脊椎动物与古人类研究所鉴定，确认此枚牙齿是晚期智人下臼齿。这是在福建省境内首次发现的有明确地点和层位的人类化石，称“清流人”。 将福建人类活动的历史上推到1万年以前，是“闽台同根”的实证。

（三）燕子岩

位于沙芜乡洞口村东北侧，距狐狸洞300米处，石灰岩溶洞。溶洞口离河岸高约80米。主洞宽阔如厅，可容数百人。咸丰七年（1857）5月，石达开率太平军10余万人到清流，曾屯兵于此。溶洞口用条石垒砌门洞，遗留有石阶、石砌隘口、瞭望台等。洞内的钟乳石有的酷似动物，有的恍若人形，维妙维肖，更有小瀑布从洞顶倾泻而下。

二、大丰山森林公园

大丰山位于赖坊乡东南部，距县城50千米，离连城机场32千米。公园总面积2681公顷。山中风景秀丽，名胜古迹众多，其"峰、崖、洞、瀑、泉、溪"各有千秋，"云、雾、霜、霞"各有风采，森林覆盖面积5万平方千米，是天然氧吧和省级森林公园。公园在不同海拔高度，呈现出不同植被景观。公园内有红豆杉及长袍铁杉等珍稀树种。

（一）棋盘山景区

棋盘山是清流县境内第一高峰，三明境内第三高峰，古名"曲豆山"，海拔1705.7米。景区集山水、生物、地貌、气象景观和宗教文化景观为一体。主要景点有：三千八百磴、高山草甸、顺真道院、棋盘峰、香炉峰、化身岩、观月台、半山瀑、长苞铁杉群落等。山间林中动植物资源丰富，山谷有流泉飞瀑，坡上林茂树繁，水光山色，风景宜人。

顺真道院 原名丰山顶庵、欧阳宝殿，坐南朝北，依山营建。二层土石木结构，屋顶上覆铁瓦。南宋淳熙（1174—1189）间建，为道家寺院。宋孝宗皇帝钦封欧阳世清为"通天妙应欧阳真君"。大殿供奉欧阳真仙等塑像。左偏房为沈氏宗祠。下殿为带楼走廊，中设天井，建筑面积260平方米，楼上可供游人香客住宿。欧阳仙踪几百年盛荣不衰，客家信士视大丰山为"客家圣山"，每日朝拜者络绎不绝，每年有数万人登山朝圣。

香炉峰 山峰生有奇松，冠平如削，苍翠浓密，干曲枝虬，千姿百态。整个山峰像个没有盖的香炉。黎明前登临香炉峰顶，极目东方观日出奇观。当太阳微露云海，金光万缕，连绵起伏的山峦、草甸笼罩在翻腾的云雾里，景色变幻无穷。或有缘者，可见"佛光"显灵于弥温云烟。其情其景不亚于泰山观日出。只是山高气寒，盛夏到此观日出，也勿忘带御寒衣物。

寄子岩 是前往大丰山山道旁的一块巨石。倚靠巨石坐落一座石头垒的小庵，庵里供奉观音菩萨，名观音阁。传说从前有一对夫妇怀抱病儿去祈拜欧阳真仙，中途病儿不幸夭折。悲伤的夫妻俩无奈将亡儿暂寄在这块大石头下面继续虔诚登程。当他俩朝拜完毕，回到这块大石头跟前时，竟然发现儿子复活了，真是喜出望外。后来人们就称它为寄子岩。

长苞铁杉群落 位于景区七里坡一带，分布在海拔1000～1440米左右处。长苞铁杉占据群落主导地位，此外还有速群种黄山松林、甜槠、东南石栎以及高山矮林等，植被结构层次分明、垂直变化明显。

（二）石门寨景区

景区包括轩坑以东至香炉峰的区域。主要景点有：人字瀑、飞帘瀑、散花瀑、腾龙瀑、天线瀑、八字瀑、齐云瀑、三色瀑、石门寨址、石鱼坪、松荷门、泻玉瀑等。

（三）琴源湖景区

琴源湖为人工湖，水面48公顷。主要景点有：斗笠盖、猴脸崖、玲珑潭、潜龙潭、远山吹雾、之字瀑、瀑潭映翠等。

三、温泉地质公园

清流县是福建省温泉分布最密集的热异常区。根据水温高低可分为沸泉、中高温泉、中温泉、低温泉和冷泉。泉眼出露形式多样，集泉眼形式之大成。已查明温泉8处，分布于嵩口、余朋、龙津3个乡镇。其中嵩口镇有5个，即高赖天堂温泉、月汤温泉、塘州温泉、土背（苦竹坑）温泉、邱元龙珠温泉；余朋乡1个，即内热汤温泉；龙津镇2个，即小月水温泉、暖水塘温泉。根据水温高低可分为沸泉、中高温泉、中温泉、低温泉和冷泉。

高赖温泉 位于嵩口镇高赖村西南500米处。呈温泉群出露于丘陵山间谷地。是全省第一高温温泉，常年水温84℃以上，温度最高达90℃以上（沸泉），鸡蛋置于其中10分钟即被煮熟。日出水量1200吨以上，可供1.5万人沐浴，是福建省地热水富氡硅酸医疗矿泉。温泉所处山谷植被保护良好，无污染源。3个泉眼在顶端呈“品”字排列，汩汩泉水如沸，水质清澈透明。按国家标准，为硅、氟热水，含氡、锂、偏硅酸、重碳酸盐以及硫酸盐等多种对人体健康有益矿物质，被誉为“天然药库”和“保健神泉”。

月滩温泉 位于嵩口镇西南方向1.5千米处，属硫磺疗养温泉，常年不断，水质清澈透明具硫磺味。日出水量约700吨；常年水温63℃左右，属中高温单纯热矿泉、氟热矿泉，水质淡而微咸，含偏硅酸、锶、锂等数十种微量元素，具温泉医疗功能。

鲜水冷泉 位于李家乡鲜水村，距连城机场17千米。又称“鲜水塘”。塘内大大小小泉眼上百处，其中尾部排列天然泉眼7处，日出水量3万多吨，水质清澈，属纯碳酸泉（PH值7.6，总硬度132）。四季水温在18～22^{0}C。水中富含人体所需的铁、锌、硒、锶、锂、硅等多种矿物质和微量元素，有天然保健、疗养功能。鲜水塘尾部排列着7口塘，面积约2公顷，组成“一”字形水的长廊。塘内生长淡水鱼——圆吻鲴、珍珠虾等，其中，圆吻鲴以天然饵料为食，生长周期长，个体细长，味鲜肉嫩、无腥味，清代曾被选为贡品。

四、北斗山景区

原名七星岩，位于嵩溪镇元山村，距三明市区95千米，至宁化33千米，连城75千米，长汀80千米，瑞金130多千米。是丹霞地貌与原始森林自然融为一体的景区。七座石群奇峰紧连兀立、壁削千仞。七峰排列走势如北斗七星，且与七星一一对应，即摇光星－仙女峰、开阳星－双剑峰、玉衡星－骆驼峰、天权星－狮王峰、天枢星－千兰峰、天璇星－朱笔峰、天玑星－弥勒峰。全国丹霞地貌研究会专家赞道：“武夷奇秀甲东南，七星雄奇称胜景”。有水晶洞、狮脑石、引龙泉、烧香石、仙人迹、鳄鱼上青天、石龟背子、丹心岩、红点青蛙、古猿望月、仙女问天、弥勒祝福、石壁羊道、一线天等上百处景点。

登天谷 位于狮王峰的东侧、崖壁接近峰顶处，谷宽0.4～0.8米，最宽处1.2米，最窄处仅0.3米，人们登临此山，需侧身方能通过。故名曰“登天谷”。

风动石 位于双剑峰、骆驼峰顶上的驼峰墙旁侧，下部已被风化剥蚀掏空，形似一块天外来石，重叠于原有的岩石之上，似有在风的吹拂下随时摇晃的可能，而其外形又似飞翔的鸽子，故又称“飞来峰”“和平鸽”。

五、龙津峡谷

九龙溪至清流地界，连续转弯，在山谷间划出一道“太极阴阳”形曲线（即“S”形），回转360°后，向东南方流去。“清溪环绕，碧水萦洄”“清流”依此得名。九龙溪流经此段称“龙津河”。龙津河从城关顺流下行，又经数次转折，进入被称为“小三峡”的幽深峡谷——崆峡。峡谷长2千米，平均水深5～7米，最深15米，水位稳定。峡谷两岸生态和自然景观保存良好，茂林修竹、奇松异石、山泉飞瀑，目不暇接，是避暑纳凉、保健休闲、健身娱乐和垂钓好去处。

六、玄武岩火山景观

位于嵩溪镇黄沙口村的黄柏洋自然村。此处有一古火山口遗迹，圆形，面积400～500平方米。火山口周围3～5平方千米范围内广布火山岩浆喷发后凝固形成的玄武岩。石头成灰黑色，表面有气泡，石质坚硬，密度大。棱柱的截面大多为长方形，宽度50～60厘米，长度80厘米至1米。裸露柱状节理剖面宽约50米，高约8米，若巨石阵，气势恢弘，颇为壮观。此种垂直柱状节理玄武岩在全国仅有6处，黄柏洋玄武岩乃全国为数不多地质奇观。

七、岩溶洞

赖坊官坊洞 又名岩衡衕洞，位于赖坊乡官坊村北1千米处。相传洞内9洞相连，常见石燕、蝙蝠从洞内飞出，幽深莫测。其中：

一（号）洞 洞口呈螺状，人须侧身进入。入洞后，豁然开朗，洞高数丈，大厅可容数百人。洞口上方天然形成一“天窗”，阳光从上透射洞底。洞顶悬一钟乳石，状如凉伞，又似观音莲座，滴水不断。洞壁有一石凸起，状如卧马，故称“马精石”。

二（号）洞　洞口在一号洞半腰处，洞口外终年积水。秋冬水浅时，由此涉水进入2号洞。此洞幽暗，游人须持松明燃照，方能看清景物。洞内奇形怪状钟乳石，有如佛祖，有如观音，似狮如虎，惟妙惟肖。

三（号）洞　洞口不大，须蹲着挪动双脚方可进入。里面空气稀薄，四周怪石狰狞，微光中可见几股细流自岩缝汩汩流出，汇成涓涓小溪，内有小虾戏游。洞阴水凉，人处洞中，寒意顿生。据传三洞、四洞亦曾有人进入捉蝙蝠，但须匍匐前行。

温郊蛟坑洞　又名蝙蝠洞，位于余朋乡蛟坑村西南1.5千米处。洞口朝东，为拱形。洞口高1.1米、宽1.3米，高出溪流约40米。洞长约1500米。内有3处高达10多米、面积100多平方米的大厅，属厅堂一廊道联合式洞穴。洞内化学沉积物发育，形态类型众多，主要有石钟乳、石笋、石柱，石梯田、石边坝等。

第二节　人文景观

一、唐代黄连镇将巫罗俊墓

位于嵩溪黄沙口村村口（古称黄沙渡）。墓主巫罗俊，字定生，号青州，隋开皇二年（582年）生，黄连镇（即现宁化县、清流县的四分之三及明溪县部分）开镇始祖。

唐贞观三年（629），唐太宗南巡，巫罗俊只身到皇帝行营上疏，奏称黄连峒（宁化）地广人多，可授田定税。朝廷嘉纳此举，授巫罗俊职，“令归翦荒以自效。”黄连峒于唐乾封二年（657）设镇，名为“黄连镇”。唐麟德元年（664年）8月11日，巫罗俊去世，与原配夫人柴氏、继配纪氏合葬于宁化镇西天兴观后竹筱窝。唐乾封二年（667年），巫罗俊被追封为“黄连镇将”。

后唐同光二年（924年），宁化县令王云欲将县治迁于竹筱窝，巫氏后裔遂将巫墓迁至现址。墓碑为花岗石雕刻，墓台宽1.20米，墓埕为水泽地，长条石铺设。占地约1000平方米。该墓为县级文物保护单位。离墓里许，有后唐同光三年建的“福潭书院”，为巫姓后人守墓祭祀之祠。

二、灵台山

灵台山是客家人景仰的祖山，有唐庙、宋寺、明清庵等古迹。位于长校境内东侧，原名仙人峰，属武夷山脉分支，主峰海拔1060米，占地面积7.5平方千米。南靠连城冠豸山，北近宁化客家祖地石壁及天鹅洞，西接长汀。整个山形似观音坐莲，庙群建筑檐飞斗拱，溢彩流鎏。眺望山下，有水质清冽的高峡平湖、幽深古朴的原始森林。山上有福源寺、翠峰寺、圆通寺等，是闽西北最具规模佛教寺庙群。

圆通寺　建有大悲殿、大雄宝殿、天王殿、藏经楼、普照楼等。建筑面积5000平方米，砖石木混凝土结构，屋顶为琉璃瓦盖面，内塑观音像、如来像等。寺内还供奉百岁老居士用鲜血抄写的经文、香港居士精妙墨宝“普门品”等。在寺内眺望远山，海天一色，云海变幻无穷。

翠峰寺　原名仙人峰。始建于明宪宗八年(1472)。原为欧阳真仙庙。清末扩建，内塑三宝、弥勒韦陀佛像。土木结构，建筑面积2500平方米。寺内有二百岁遐龄的珍异茶花、二吨重的石龟。

福源寺　始建于元末明初。土木结构，建筑面积1160平方米。内塑三宝、观音、地藏、弥勒韦陀等佛像。侧旁另有欧阳真仙、神农圣帝等塑像。

三、赖坊古民居

位于赖坊乡赖安、赖武村。现存古街区面积约15万平方米，相对完整院落近50处，建筑面积约2.5万平方米，除少部分为明代建筑外，其余多为清代建筑，联片分布，街巷井然，水网系统布局完整、保存完好。各建筑单元样式多样，既有围屋式典型客家宅院，还有府第式、碉楼式、棚屋式和吊脚楼式等各式建筑模式。建筑布局大体以中轴线对称分布，以天井为中心，呈“四水归堂”格局，体现古人追求天人合一、和谐万物哲学理念及文化意境。其中以赖氏祖庙、彩映庚、翰林第、大夫第等最具代表性。这些古建筑以“木雕、石雕、砖雕”为主的“三雕”艺术图案设计精致，技法娴熟，功力遒劲。灰塑、壁画、彩绘等装饰手段亦有突出表现，堪称闽西明清村落建筑“活化石”。

翰林第　位于赖坊乡赖武村。建于清光绪年间(1875—1908)。系清举人赖兆初历时10年建成。坐东朝西，砖木结构，抬梁式木构架，占地面积800平方米。内设大厅、二厅、三厅，大小房间41间。大厅悬挂有“椿荫槐荣”“文明继美”黑底金字木匾2块，并有雕版8片、大小案桌2张。墙上贴有“捷报”“恭报”10余张。

彩映庚　位于赖坊乡赖安村。建于清光绪年间（1875—1908），由世续郎中赖其章与其父所建。坐东朝西，砖木结构，抬梁式木架构，占地面积500平方米，大小房间27间。大厅上悬挂“历世恩荣”黑底金字匾1块，门厅悬挂“父子明经”黑底金字匾1块。砖雕6层门楼1座，门口有1对抱鼓石，石狮1对。另有各式杂木浮雕、透雕花板18块。

赖氏祖屋　位于赖坊乡赖武村，府第式建筑，为赖氏第22世祖赖荣秋所建。该屋三厅两进，由大门、卵石大坪、中厅正厅、后围屋、上下天井及左右护厝组成，沿中轴线对称分布，大门门额正中墨书“棠棣竞秀”4字，大坪正中用卵石砌有一“太极阴阳鱼”图案。

迎熏民居　“迎熏”民居位于赖坊乡赖武村中部，客家围屋式建筑，砖木抬梁结构。为赖氏第17世祖赖先谋所建。青砖砌就四柱三枋门楼，风格素朴典雅，门楣上墨书“迎熏”字样，典出《诗经》“南风之熏兮，可以解吾民之愠兮。南风之时兮，可以阜吾民之财兮。”单进两厅式合院民居，由大门、前坪、门厅、中厅、正厅、厢屋及左右护厝等组成。太师壁上端高悬一金字匾额，上书“世振文明”字样。

则荆民居　位于赖安村，为清代道光年间（1821—1850）赖安村赖子著所造，砖木结构，大门为四柱三楼，内有正屋5间、厢房3间。大门门额上方墨书“则荆”字样。

赖氏家祠　位于赖武村真武街街口，徽派建筑风格祠堂，砖木混合建筑结构，大门呈“八”字形外开，正厅5开间，进深七柱。祠堂正中神龛中供奉赖氏第15世祖赖向前神位。

南山古戏台　位于南山村东南，建于清嘉庆年间（1796—1820）。戏台坐北朝南。正面为牌楼式，底台为砖石。戏台宽约6米、深约4米、高约2米。戏台上层为木架构的屋子，上有雕花木构件。戏台后面为一间与台面大小相当厢房，供演员化妆之用。戏台前观看场地约300平方米。

四、邓家土堡

位于邓家乡田中村，堡主邓承御。清乾隆年间，为防匪患，邓承御花费3年时间于清乾隆三十八年（1773）建成该土堡。土堡坐北朝南，平面呈长方形。占地面积约7000平方米。主体建筑占地面积2200平方米。通高8.85米。土墙以红壤掺杂碎瓦、石子，夯打而成。底基用石块堆砌，土墙高8米。沿墙走廊相通，形成“回”形楼堡。四周有“∩”形瞭望窗22个，用以瞭望和射击。内有房屋100余间。能容纳千余人。设有南北两扇门，每扇门用厚木制成并裹以厚铁皮。天井挖有2口可供饮用的水井，常年不涸。

五、古　寨

石洞寨　位于距城关北10千米的基头村、暖水村与宁化县交界处，石龙山山腰间，又名石砻寨。宋、元先后将其辟为防寇、避乱之所及扼守交通要冲的重要军事阵地。此寨除山南腰一条路直通山顶外，其余三面山势险峻，犹西北两面峭如刀切，为易守难攻之地。石洞寨城墙依山势而建，乃花岗岩石累叠而成，墙体厚度约1米，高度约2.5米，四个城门及马道、瞭望台等依旧保存完整。石龙山脚下的金钱隘，当年进出清流，与宁化相接的石砌官道至今仍清晰可见。寨中还有传说中的“出谷石”洞，洞内可容10余人、“石砻”藉大自然神功，两块巨石层叠，吻合处平整，上层巨石部分悬空却风吹不倒，实为奇观。

太平古寨　位于余朋乡东坑村东北。明洪武二十六年（1394），东坑人陈定应从河南按察使佥事一职致仕还乡，与其他乡贤，举全村之力垒寨避乱。古寨石筑城垣、瓮城、瞭望台保存完整。寨墙周长约3千米，墙宽约1米，全部用石块砌筑。外墙高约4米，内墙高约1米，随山势逶迤而上。古寨有城门三通，即东门、西门、北门。寨内防御设施齐备，房舍、水井等生活设施，一应俱全，还有农田可供耕种。并有一逃生暗道，名“生门洞”，该洞长约0.5千米，洞内曲折迂回，出口位于山脚处一隐蔽断坎下。

六、红色经典

毛泽东旧居 坐落于林畲乡林畲村的上塘堀自然村。建于清光绪三年（1877），乃村中丘氏祖厝，名“诒燕第”。其屋坐北朝南，土木结构，3进5开间大宅，面积1386平方米。正厅天子壁正上方挂有题写“桥梓联芳”牌匾一块。1930年1月14日，毛泽东率领红四军第二纵队从上杭古田出发，经连城进入沙芜乡洞口村。15日，经余朋、温郊、嵩溪，抵达林畲塘堀村，在此休整一日，并写下脍炙人口的壮丽诗篇《如梦令•元旦》。当时，毛泽东住在正厅的左正房，部分首长住右正房。警卫和机关人员住前、后厅及厢房和偏房。2005年，省政府将林畲塘堀毛泽东旧居纳入《2005—2010年福建省红色旅游发展规划纲要》。

锅蒙山战斗遗址 位于里田乡东北端1500米。山势险峻，山上丛林蔽日。半山腰有一崎岖山路沿渔沧峡谷逶迤通向山隘，峡口有一天然石门，称“把门石”。1930年1月10日，朱德率领红四军主力三个纵队在此与设伏的国民党军阀马鸿兴部1000余人展开生死较量。红四军歼敌600余人、俘虏300多人，缴获大批武器弹药。此为红军部队在清流境内的第一场战斗，并就此打开红四军回师赣南通道。

石狮岭伏击战遗址 位于清流县嵩溪镇境内。1933年7月初，彭德怀、滕代远奉命率东方军入闽作战，首攻宁化泉上土堡。敌军派卢部旅长张兴隆率三0九团从清流增援。7月9日夜晚，红四师师长张锡龙、政委彭雪枫率部队以急行军速度，约一个半小时到达延祥附近，令部队在通往泉上的川谷两侧高山上设伏。拂晓前，敌人两路纵队进入红军伏击圈。红军发起猛攻。仅一小时激战，就毙敌旅长张兴隆及部众100余人，俘敌团长卢胜斌及营长1人，连以下官兵300余人，缴获步枪400余支、轻机枪4挺，全歼该团。

长校革命烈士纪念碑 位于长校镇长校村。1950年8月26日，中国人民解放军驻长校江坊二十九军八十七师二六一团剿匪部队11名指战员前往长校执行任务，在途经将军庙时，遭土匪江瑞强部伏击。敌我双方展开激战。解放军8名指战员壮烈牺牲。为缅怀英雄，褒扬烈士，1951年县人民政府在烈士献身的将军庙前修建纪念碑。1979年3月重修，2003年4月再修。再修后的纪念碑园区占地面积1900平方米。纪念碑坐北朝南，高13米、宽2.5米。碑前13级台阶。碑的正面镌刻着“革命烈士永垂不朽”8个金字，背面镌刻8名烈士英名。

七、城区及周边人文景观

裴尚书门楼 位于城关生产街14号，县级文物保护单位。为明朝太子少保、吏部尚书裴应章旧居第一道门。坐东朝西，门楼横匾楷书“宫保尚书”“隆庆戊辰科进士裴应章”“万历年间”。裴应章府第为砖木结构，门楼高5米，宽6米，分3层。内有厅堂、厢房及后花园。现唯有两道门楼仍保留旧姿。门楼皆由砖、砖雕贴面。楼顶如意斗拱，亦由砖雕细垒。

金莲寺 又名灞涌岩，位于城关东门外2千米处，傍笔山而建，坐南朝北，占地面积约1万余平方米。该寺主要供奉定光古佛。始建于唐武德三年（620）。寺中茂林修竹，环境清幽。山门对联写道：“泉声夜夜三春雨，山气时时五色云”。寺内建有弥勒佛殿、观音堂、大雄宝殿和古佛殿。并建有山门、长廊、碑文、放生池、石拱桥等。1991年5月，全国政协副主席、佛教协会会长赵朴初为金莲寺题写寺名。

南极山 位于城关南区，距城区5华里，山势陡峭，森林蓊郁，山顶视野开阔，常有白云缭绕半山，远处瞭望，云从山峰起，南极山恍若飘浮天外，蔚为奇观。故称“南极白云”，为清流古八景之一，素有“南极风光艳胜蓬莱，白云气象磅礴东海”之说。1993年，民众集资筹建云海寺，1997年建成。为砖石木混凝土结构，建筑面积800平方米。寺内供奉三宝、十八罗汉、观音、地藏等。吴仙庙、神农圣帝庙、观音堂在山间错落分布。上山道旁有土地亭、汀州亭。南极山既是信众烧香拜佛祈愿的地方，也是年轻人周末休闲、爬山健身的好去处。

第三节 地域风情

一、长校客家传统服饰

长校镇距县城27千米。这里妇女服饰别具一格。她们头梳龙船髻，额包黑罗帕，身穿长而宽大的“大襟衫”，腰围绣花“磨腰裙”，手戴“竹节镯”，脚裹花边“水裤”，脚着尖嘴梅花鞋。有顺口溜：头上梳起龙船髻，脚上穿着尖嘴鞋；大边小镶“士林蓝”，金环银镯响当当。

髻子分长髻、短髻、圆髻。年青少妇梳长髻，用一丈长红绳扎至五寸长圆柱形，再将其余长发围绕髻柱数圈，上下两端用特制髻片使髻两端翘起，造型如龙船，用髻网网住，再插上金簪银钗。年轻妇女还要在梳好髻后剃眉和“拔含毛”。即取破碗打成碎片，选锋利的碗片剃月牙眉，再用手将发际多余的短发拔去。

衣裳，制作的布料大致是蓝、黑、墨绿布3种。“士林蓝”用于做底布，“绿标准”镶小边，“黑骚布”镶大边。大襟衫的款式又长又宽，大边小镶，肥大的衣袖折成3迭，既达到装饰美的效果，又能当钱袋使用。色彩对比强烈，大方整洁。

围裙大多用黑布制作。裙头部分有一块长6寸，宽3～5寸的刺绣图案，图案中间为双喜字，两边梅兰竹菊，麒麟狮象，龙凤对称，周围绣一度万字边，以黑绒布衬底，五彩缤纷，赏心悦目。

裤子基本上是黑色的。旧时用自制白棉布染成深黑色。裤口镶一道暗黑大边，二道绿色小边。裤头三尺余宽大于腰围一倍，为的是怀孕时方便。整条裤又大又宽，像穿裙一样。

“水裤”是用两块1尺见方的红绒布作面，黑棉布作底，四周镶有花边，是缠在腿上的装饰品，既可代替袜子，又可作为绑腿。

鞋子做工精细，鞋底是少女婚前打线纳成的千层底，鞋面由3片布料构成，中间1片红色，两边为绿色，或中间为绿色，两边为红色。中间绣篆体寿字，两边绣梅花。鞋前绣一拇指面大的圆球，鞋尖而翘，俗称尖嘴梅花鞋。

长校服饰讲究颜色区分，俗有红喜绿丧之别。穿红“水裤”“红鞋”扎红髻绳为喜；穿绿“水裤”扎绿髻绳为孝。守寡则要扎3年绿髻绳。

除衣着、头饰之外，长校妇女还非常在意金银首饰。头上插有金簪银钗，佩戴金耳环、银链、竹节镯、花边镯。

二、东坑古文化

清流县余朋乡东坑村，自南宋末年战乱之时北方客民陈文陆迁居于此，开辟祖居后，子孙繁衍，迄今已有700余年。这个曾经仅一两百户人家、千余人口的小山村，却有着深厚的文化底蕴，保留许多明清建筑、传世文物，一些传统民间习俗沿袭至今。历史上该村相继设过书院7个。明清时期出过进士5人，举人15人，贡生24人，任知县以上主官18人；产生了像经略三边的明代云南巡抚陈用宾，清代遵义府游击将军、因平定吴三桂叛乱有功被皇帝赐为昭勇将军的陈孔俊，河南按察使佥事陈定应等令村里人为之骄傲的人物，陈允升编著的《易史一隅》、陈荣抡的书法名噪一时。

村内农家屋舍沿溪散布，小巷纵横交错，水井星罗棋布。有布局合理、配置得当、结构紧凑、气派恢宏的古建筑；有反映《空城计》《二十四孝》等历史题材的厅堂木屏风精巧浮雕；有铸铁浇铸而成的铁井栏；有牌坊5座，桅杆林立；牌匾多个，部分牌匾为皇帝御授。有雕有双龙戏凤、规格21×13×5.5厘米的石砚；书法墨迹、古籍珍藏甚多。经发掘，有清嘉庆、道光、光绪年间三个版本的《东溪陈氏族谱》等。

第四节 景区开发

一、旅游规划

1992年，县成立旅游线路规划办公室，组织旅游勘测设计小组，邀请西南林学院专家对龙津河至沙芜燕子洞旅游线路进行考察和评估设计。1996年11月，成立县龙津河旅游线路开发办公室，下设办公室，挂靠县文明委，由文明委1位副主任兼办公室主任。

1998年始，清流县着手编制《清流旅游发展规划》（以下简称《规划》），发动社会各方力量投资完善狐狸洞、七星岩、龙津河、灵台山等景区游览设施及服务设施建设。

2001年，清流县聘请三明市建筑设计院的设计人员对嵩口夜滩温泉山庄进行规划。组织县内规划专业设计人员对长校灵台山规划进行完善。2003年，聘请福建农林大学旅游学院编制《清流旅游总体规划》。

2005年1月，《清流旅游总体规划》通过评审。《规划》发展指导思想：以清流县城区为核心，突出农业生态旅游、温泉旅游、红色旅游，以“清流养生”为主题定位，把清流建设成独具特色的闽西北新兴生态旅游休闲区。规划的分期战略目标：近期2005—2010年，中期是2010—2015年，远期是2016—2020年。主题开发方向：生态旅游、休闲度假、避暑养生为主要开发方向，以居住清流、休闲清流为发展方向。旅游经济空间布局：“中心”，以县城与嵩口的综合服务与避暑养生度假、九龙湖—北斗山观光旅游与体验为中心区；“两翼”，以清流县南部农业观光休闲、清流县西南宗教朝圣文化为一翼，以清流县东北部民居风俗体验为另一翼。产品体系结构：形成集生态、休闲、观光、乡村、疗养、宗教文化、民俗、探险、科考、商务等旅游于一体的旅游产品体系。同年，对“北斗山风景区—嵩口三泉—九龙湖风景区线路”“李家农业观光休闲线路”近期主导旅游产品进行重点开发，以该产品带动全县旅游产品开发与营销。是年，清流红色旅游被列入全省红色旅游精品线路及20个旅游经典规划建设盘子。同年11月，聘请省地质工程勘查院编写《清流县温泉地质公园综合考察报告》。

二、旅游项目开发

1991年，编制旅游招商项目，参加厦门“9·8海峡旅游博览会”、三明林博会及各类招商推介会。并邀请台湾、北京、广东、江西、厦门、武夷山等各地客商到清流考察投资环境。1996年，完成沙芜九龙湖燕子洞化身岩贯通工程。

1997年，调整、完善狐狸洞灯光线路和控制系统，铺设洞内游览道路，并开通当地数字移动电话和无线寻呼。新购置旅游船，开通嵩口至狐狸洞旅游航线。县城至景区路程由50千米缩短至20千米，并有柏油公路与水路相接。北斗山景区铺设塘背村至七星岩柏油路，新建狮王峰顶六角亭和上下山扶栏，同时修缮游览通道。灵台山景区投入资金100万元，修建圆通寺大雄宝殿。同时，改造度假宾馆，动工建设宏丽山庄。

1997年7月，县委召开沙芜旅游区开发建设现场办公会。会议对旅游区内的基础设施建设提出具体要求，同时强调做好自然景观和植被保护。县政府制定出台《清流县鼓励投资开发龙津河旅游线的优惠规定》。龙津河旅游线指龙津河（城关至沙芜）两岸及大丰山、莲花山、北斗山、嵩口温泉。《规定》就兴建旅游景点、休闲娱乐观光旅游度假村，沿河两岸改造竹林，投资开发休闲观光农业，经营游船和快艇、旅游专线营运等情况确定享受优惠政策。

1998—2001年，社会各方共投入旅游开发资金258万元，完善灵台山圆通寺天王殿、夜滩温泉山庄沐浴服务用房等景区设施。投入旅游交通建设资金317万元，铺设田源白石至邓家柏油路13千米，实现清流旅游风景区与国家级风景区冠豸山对接。

2002年，投入旅游景区建设资金496.3万元，开通灵台山圆通寺至翠峰寺盘山公路，并动工兴建人工湖等景点。李家冷泉景区完成拆迁工作，开始动工建设。嵩口夜滩温泉山庄新建温泉保健中心。

2003年，中国台湾、中国香港地区、浙江、福州、厦门、泉州、龙岩等地客商在清流旅游景区共投入建设资金944万元。是年，福州客商投资的山城休闲山庄开业。灵台山天王殿续建项目完成。厦门客商投资的高赖温泉保健中心初具规模。泉州客商投资扩建的夜滩温泉山庄竣工开业。台资嘉德观光农业项目第一期建设完工。同年11月，县政府与福州万宝投资有限公司签订北斗山—九龙湖景区开发合同。

2004年，九龙湖获批省级风景名胜区。福建万宝投资有限公司投入4000多万元进行九龙湖—北斗山风景区车场、车道、游览通道、码头、游轮、溶洞群深度开发项目工程建设。浙江宁波藤头园林绿化工程公司总投资近亿元兴建的绿化苗木基地，及年内投入5000多万元的清流嘉德农业科技开发公司（台商）与青龙果蔬有限公司（台商）开发的冷泉养殖、蜜雪梨基地连成一片，生态农业观光园初具规模。

2005年，福建九龙湖旅业有限公司投入资金2309万元，完善九龙湖风景区设施，购置豪华游艇2艘、快艇3艘，部分景区正式对外开放。同时，加紧规划建设嵩口温泉、申报省级地质公园。当年，大丰山森林公园被评为省级森林公园。

至2005年，全县旅游业共投入近3亿元，初步形成一湖（九龙湖）、一洞（狐狸洞）、二泉（温泉、冷泉）、三山（大丰山、灵台山、北斗山）、四景（林畲毛泽东旧居、嵩溪玄武岩、赖坊古民居、灵地景秀园林），集生态景观、温泉休闲、红色体验、农业观光为主的特色旅游系列景点。

第五节 旅游市场

一、旅游宣传

1991年，《人民日报》《中国文化报》《福建日报》，上海《文汇报》等报刊相继报道考古重大发现——清流沙芜狐狸洞古人类化石地点，沙芜狐狸洞被列入福建省第三批文物保护单位。

1998年3月，清流县举办“清流风光摄影展”，邀请省旅游局摄影专家到清流拍摄清流风光，并在《福建画报》刊出专版。邀请福建省电视台“二十年回顾”摄制组到清流采风并推介清流旅游。借三明市编辑出版《三明邮品画》《三明旅游英特网》和《三明旅游画册》契机，展示清流旅游景观。制作《清流旅游》画册参加在泉州举办的“98中国国内旅游交易会”，向国内外游客推介清流旅游线路。

2001年，清流县举办灵台山素食文化节。投入宣传促销费用6万元，摄制清流旅游风光片、印制景区招商项目推介图册、年画以及风光明信片等。清流景区图文进入《神游福建》大型画册。三明旅游网站与三明市旅行社联合推出清流“闽祖之旅”2日游线路。

2002年，清流县邀请连城、宁化旅游部门到灵台山实地考察，进行横向联谊，推出冠豸山—灵台山—天鹅洞朝圣游，并向广东等市场促销。与三明市国际旅行社合作推介“清流温泉之旅”2日游线路。组织省有线电视台制作播放专题片《夜滩温泉山庄》。印制灵台山宣传画册、制作灵台山旅游纪念扇，参加“6·8”三明旅游专场招商和促销会，向海内外客商宣传清流旅游风光。灵台山景区与市作家协会合作主办“灵台山游记擂台赛”征文活动，并在《三明日报》副刊“杜鹃园”开辟征文栏目。

2003年，在省有线电视台旅游天气预报专栏全年滚动播放灵台山风景区画面。成立清流龙城旅行社，向三明、连城、宁化等周边旅行社推介“清流之旅”2日游线路。推出“格氏栲—清流温泉—天鹅洞”健身游,“桃源洞—石林—九龙湖（狐狸洞）”生态游线路。组织摄影爱好者参加全国摄影赛活动，精选20帧景区风光照片供组委会辑录《三明旅游》大型画册，并选送一批优秀作品参加闽粤赣旅游联合交流活动。参加三明市区广场宣传促销和厦门国际旅游节活动。

2005年，清流县编纂大型画册《魅力清流》，设置山水神韵、灿烂文化、经济建设、社会事业、投资环境等栏目，中、英文点题，全方位推介清流。县政协文史委编纂《清流旅游揽胜》。全书20余万字，文章77篇、景点照片数十帧，宣传清流风景名胜。推出宁化—清流—明溪—将乐—泰宁—建宁“风展红旗如画三明苏区行”；瑞金—于都—宁化—清流—长汀“寻访红军长征开始的地方”等红色旅游线路8条。

二、旅游产品

嵩溪腐竹 清流嵩溪腐竹生产历史悠久，始于清朝嘉庆六年，最初称粉皮，又通称豆腐皮，是黄豆浆热煮时产生的浆面皮，捞起晾晒至干而成。每片长八、九寸，宽半寸余。不添加任何防腐剂，通体光滑，色泽金黄，质地透亮，纯净无杂质，无烘烤气，无焦糊味。腐竹可煮可炖，具有口感清香嫩滑、甜韧，久煮不糊，食用方便等特点。其营养价值丰富，是高蛋白低脂肪的绿色食品。尤其与鸡、鸭、猪肉相伴，香味扑鼻，更是传统名菜“大杂烩”少不了的角色。亦可卤食，浓香而不腻。为宴席佳品和馈赠亲朋好友的首选礼品。

清流雪薯 清流雪薯（学名淮山）以个体粗大，浑圆、均匀，质地坚实，皮薄，不易褐变，耐贮藏等优点而闻名。去皮后则色泽洁白，具有独特的食用和药用价值，是农产品中的上等珍品。林畲雪薯品质尤属上乘，其性平、味甘，益胃健脾，曾作为药用淮山原料入选《中国药典》。雪薯既可切片爆炒，口感细腻、脆嫩，略带黏性，味鲜。也可切段与猪骨、牛筋、羊肉、狗肉等一同或焖或煲汤，粉性足，口感醇厚、鲜美，补精益气。

闽笋干 清流盛产毛竹，每年清明前后，漫山春笋竞相破土而出，当地百姓把它们制作成易保存的“闽笋干”，俗称“闽笋尖”。清流“闽笋干”制作工艺历史悠久。据史料记载，“闽笋干”制作工艺于明清年间从中原地区传入，以刚出土春笋为原料，不添加任何辅料，通过去壳、煮熟、压榨、晒干或烘干整形等纯手工程序制作的毛竹笋片，其肉厚、片宽、节密、色泽金黄、呈半透明状，又称“玉兰片”，为纯绿色天然食品，且易保存。当地人常将其浸泡、切片后，与腊肉或五花肉等一同炒食，味美香郁、口感脆嫩，是“八闽山珍”之一，在国内外名菜佐料中久负盛名。当地群众常把“闽笋干”作为馈赠亲友的礼品和宴请贵客的名菜。民间流传着：“贵客把门上，酒菜摆满堂，没有玉兰片，百味都不香”的说法。

老鼠干 老鼠干的制作始于清代。每年立冬过后，百姓用竹筒自制捕鼠笼，于傍晚置于山上田间，第二日清晨去收笼，每每收获颇丰。将田鼠放入开水中烫浴去毛，除内脏，留鼠肝，用竹签将鼠胸撑开，挂晒若干天后，置于锅炉台的烧糠等物上，熏至闻到扑鼻香后收起即成。炒食“老鼠干”有讲究，先剁头去尾，将鼠干切成细片，用油锅爆炒，加入生姜和黄酒祛除腥味，再加入辣椒、蒜丝、萝卜丝等佐料，便成一道香喷喷的山珍美食。此菜不但能健脾肾壮阳，还有治孩儿夜间尿床的神效。

九龙湖鱼干 精选产于水质清纯，无污染的沙芜九龙湖淡水鲜鱼，用科学配方腌制和先进设备烘烤而成，高蛋白、低脂肪，营养丰富、味道鲜美、无腥味，开袋即可食用。其品质极佳，2000 年获三明市“12·8”商品交易会金奖。沙芜乡鱼干年产量达 160 吨，主要销往福建三明、龙岩和广东、安徽、浙江等地，产品供不应求，市场前景广阔。

林阳板鸭 清流林畲，古称“林阳”，所产板鸭亦称腊鸭，因其选材严苛，制作工艺独特，不添加任何色素，成品质量上乘而素有美誉，尤以林畲产量为最。板鸭制作一般在冬季，选材及工艺要求极严，用来制作板鸭的必须是放养百日的土鸭，当地人称胡鸭或菜鸭，其肉质好有韧性。挑选体重在三斤半到四斤重的鸭子，褪毛开膛，去除内脏，砍去鸭爪、翅尾另用，将杀好的鸭子吊起沥干水分，用食盐在鸭身内外揉搓，腌制三到五天，使其入味。捞起，将鸭体压成扁长方形，用竹片将鸭身撑开、固定，晾晒二十天后即可上市。可将一个鸭爪、一个翅尾、中间夹一个鸭肝用洗净的鸭肠缠紧，再用棉线绳绑紧、固定，同法腌制、晾晒，为下酒美味。腊鸭成品水份含量极低，干燥耐储存。蒸熟的板鸭色泽棕红透亮，肉厚质韧，肥而不腻，咸中溢香，耐咀嚼。产品畅销本县及周边市场，供不应求，价格节节攀升，为百姓过年必备的抢手货。

清流粉条 清流粉条是用地瓜粉、木薯粉制成的传统食品。取含水量约为 45% ～ 50% 的湿淀粉，加水、少量明矾搅拌，明矾能增加粉皮韧性和弹性，并且有防腐和疏水作用，使产品不易吸湿受潮。将调成的粉糊分次放入旋盘内，置入烧开锅的水上面，并用手拨动旋转，使粉糊受到离心力作用均匀散开，同时受热成型。待粉糊中心无白点时，将旋盘取出，置于清水中，冷却片刻后将成型的粉皮揭下、摊凉，再放入制淀粉时的酸浆浸 3 ～ 5 分钟，脱去表面粘性、增加光泽。将处理后的粉皮放于竹帘上摊晾至半干，切成面条宽度的粉丝，继续晾晒干，即可收藏或包装销售，且不易受潮变质。

清流粉条具有久煮不糊、入口滑软等特点，将其用温水泡软后，用高汤文火慢煮，再配以香葱、芹菜、墨鱼丝、肉丝或鸡鸭内脏等佐料烹饪，口味香醇，广受欢迎，当地人特别是农村宴请宾客，煮粉条是必上的一道菜。

赖坊烤花生 赖坊烤花生原料产自清流县赖坊乡，因所处地域海拔高，日照时间长，又处南北气流的交汇带及独特的黄土壤，使赖坊花生品质优于一般品种，其果小、壳薄、红衣、多仁（多为三、四仁）、饱满，富含矿物质锌、硒和维生素 E。赖坊烤花生采用传统湿烤工艺，将新鲜的花生洗净，挑出个大、荚满的花生，剔除残次花生，加入甘草、辣椒、生姜、茴香、当归、桂皮、大蒜、盐等十余种香料大火煮开后，改用中火慢煮一小时至其入味，捞出摊凉，再放入烤房烘烤而成，具有入口香醇可口、有韧性、耐嚼的特点，深受消费者青睐。

三、旅游收入

1991 年，清流县各风景名胜或处于原生态，或在开发中，县域尚无旅行社，游客自行前往景点游玩，未收取门票。1995 年，县各景区接待海内外投资考察客商或观光游客 3.95 万人（次）。

1997 年后，随着嵩口—沙芜狐狸洞航线开通及嵩溪北斗山景区、龙津河旅游开发及初步开放，始有门票收入。

1999 年，全县各景区接待游客 4.57 万人（次），门票收入 14 万元，旅游总收入 2178 万元。

2004 年，利用省、市电视台宣传推介以及新成立的县龙城旅行社对清流旅游线路的宣传营销，到清流旅游人数大幅增加。

2005 年，全县各景区接待游客 17.18 万人（次），门票收入 30 万元，旅游总收入 2806 万元。

1999—2005 年清流县旅游收入统计表

表 11-12

年　份	接待游客（万人次）	门票收入（万元）	旅游总收入（万元）
1999	4.57	14	2178
2000	4.8	18.8	2458
2001	4.97	26.5	2568
2002	6.6	26.8	2576
2003	4.22	15	1827
2004	5.03	20	2261
2005	17.18	30	2806

第四章 管理与服务

第一节 管理机构

一、清流县商业局

1991 年，商业局隶属县政府财贸委员会，内设人秘股、财计股、业务股、商管股。管辖县百货公司、五交化公司、糖烟酒公司、食品公司、饮食服务公司等 5 个经营单位，全商业系统职工 238 人。其中，局机关 12 人（行政编制 3 人，自收自支 9 人），三类小企业改转租 8 个 84 人。

1993 年 3 月，成立县商业总公司，与商业局合署办公，“两块牌子，一套人马”，局长、副局长兼任商业总公司正、副总经理。

二、清流县商业总公司

1998 年 6 月，商业局成建制改制为经济实体——商业总公司，实行独立核算、自负盈亏；负责管理全系统的资产，进行资本运营，确保完成国有资产保值增值指标。商业总公司下设办公室、财务部、资产运营部。相应成立清流县商业行业管理办公室，办公室主任由商业总公司总经理兼任，履行化学危险品许可证的发放、年检和生猪定点屠宰管理和执法业务。总公司下属各公司仍作为独立企业法人，在其拥有法人财产权的范围内行使财产经营权，开展经营活动。是年，商业系统职工 172 人，其中商业总公司本部 6 人。

2004 年 3 月，商业总公司改由县国有资产投资公司直属管理。2005 年 8 月，生猪定点屠宰管理职能划归县经贸局。是年，商业总公司在岗职工 8 人；其中，商业总公司 7 人，三明商业集团清流有限公司 1 人。

三、清流县经济贸易局

2002 年机构改革，在经济局、财贸工作领导小组办公室基础上，组建县经济贸易局，内设办公室、经济运行股、企业管理股、电力管理股、商贸股（加挂支前办公室牌子）、乡镇企业管理股、节能监测中心等股室。行政编制 15 人，实有 18 人。下设副食品基地办，事业编制 1 名。

2003 年，增设民用爆破器材办、牲畜屠宰办，事业编制 6 名。

2005 年 8 月，原由县商业总公司管理的肉联厂和定点屠宰场划归县经贸局管理。内设科室及行政编制不变，实有 15 人，事业编制 7 人。

四、清流县供销合作社联合社

1991年，县供销合作社联合社（以下简称县供销社）参照行政单位管理，编制28人，内设7科1室，即政工科、综合业务科、安全保卫科、财会科、计划统计科、审计监察科、基层教育科、办公室。

1992年，县供销社科室合并调整为三科一室即人事教育监察科、综合业务科、财计建审科、办公室。

1997年机构改革，县供销社机关定为差额拨款事业单位。2001年6月，成立信息服务中心。

2005年，县供销社定为事业单位，编制25人，实有17人；内设科室，即办公室、财务科、经济发展科、合作指导科、信息科（加挂县政府农副产品信息中心牌子）。

五、清流县粮食局

1991年，清流县粮食局内设办公室、财务股、业务股、储运股、工业股、审计股、人事股、标化股，行政编制3人，在岗工作人员41人。

1993年，该局内设股室调整为县粮油总公司人秘科、财计科、储备科。1995年，内部科室再次调整为：人秘科、财会科、业务科、储备科、工业科。

1998年5月，粮食流通体制改革，实行政企分开，核定县粮食局机关工作人员11人。

2002年11月党政机构改革，县粮食局内设综合股、办公室、行业管理办公室。县粮食局机关重新核编，核定局机关工作人员6人（其中行政4人、工勤2人）。2005年，该单位内设机构及人员编制不变。

六、清流县烟草专卖局

1984年11月，成立清流县烟草专卖局，与县烟草公司实行一个机构两块牌子，受三明烟草专卖局（分公司）领导，为国有企业。该局设经理室、业务股、财计股、专卖股。

1991年，该局内设局长（经理）室、办公室、烟技股、财会股、专卖办、销售股、批发部和廉政办。下辖复烤厂、实验站、门市部和5个烟草站（10个分站）。

2005年，该局内设烟叶股、卷烟客户中心、办公室、专卖办、财物股5个股（室），下属单位有烟草站10个、烟叶收购点2个，专卖管理所2个。全县从事烟叶系统干部、职工共106人。

七、清流县物资局

1991年，县物资局内设办公室、财务股、机电化建股、金属材料股，行政编制8人，事业编制20人。3月，将原内设的机电化建股、金属材料股改设为机电化建经营部、金属材料经营部。

1992年12月，县物资局过渡为经济实体，成立县物资总公司，实行“两块牌子、一套人马”。下属2个经营部扩大为3个分公司，即机电设备分公司、化工建材分公司、金属材料分公司。新设立再生利用分公司，从事废旧物资回收利用经营。

1999年12月，设立报废汽车回收拆解厂，专门从事报废汽车回收拆解经营。

2000年3月，成立民用爆破器材专卖有限公司，火工产品经营业务从化工建材分公司中分离出来，归民爆公司专营。

2005年，县物资总公司内设办公室、业务科、财务科、安全保卫科、民爆仓库5个部门。下属有民用爆破器材专卖有限公司、山海民爆物品公司清流分公司、再生利用公司。在职员工27人。总公司和分公司人员统一调配使用，执行事业工资制10人，执行企业工资制17人。

八、清流县对外经济贸易局

1991年，清流县对外经济贸易委员会，行政编制3名；下属企业有县外贸公司。受三角债影响，县外贸公司无法正常开展业务活动。

1993年2月，经县政府批准，成立县对外经济贸易发展公司，与县外贸公司两块牌子一套人马，属外经办下属单位。

1997年，成立三明国际经济技术合作公司清流县分公司，开展劳务输出业务；县对外经济贸易委员会变更为县对外经济贸易局，核定行政编制 5 人。

2002 年，改称县外经贸工作领导小组办公室，加挂县对外贸易经济技术合作局牌子，“两块牌子，一套人马”，负责全县对外贸易和经济合作；承办、协调世贸有关涉及外经贸事务；建立和管理外经贸信息咨询服务体系，以及全县各类企业外经贸经营权的审核、转报。核定行政编制 4 人。下属企业有县外贸公司、事业编制 17 名；县对外经济贸易发展公司、事业编制 6 名。县来料加工装配公司。至 2005 年，该局机构设置与人员编制未变。

九、清流县副食品生产基地领导小组办公室

1989 年 2 月，成立县副食品生产基地领导小组，由分管副县长任组长，成员由商业局、财政局、农业局、粮食局、畜牧水产局和龙津镇领导担任。下设办公室。办公室主任由商业局局长兼任，从商业局抽调专职工作人员 3 人，负责全县生猪、蔬菜的生产、供应管理。1990 年 3 月，副食品生产基地领导小组组长改由县长担任。

1994 年，商业局抽调 1 名副局长任副食品生产基地办公室专职主任，工作人员增加至 5 人。

1997 年 2 月机构改革，基地办公室归口财贸办管理。

2002 年，该办归口县经贸局管理，事业编制 1 人，直至 2005 年未变。

十、清流县旅游事业局

1998 年 3 月，成立清流县旅游事业局，挂靠县建设局，由县建设局 1 位副局长兼旅游事业局局长，定编 3 人。2002 年 2 月，清流县旅游事业局升格为正科级事业单位，编制 4 人。

2005 年，清流县旅游事业局内设办公室、行业管理股、市场开发股，编制及实有人数均为 4 人。

第二节 国有商业管理

一、价格管理

1993 年 11 月 26 日，按省物委要求对放开的商品价格实行调价报备制度，放开重要商品价格的品种有：洗衣皂（53 型 300 克）、彩电（福日牌 21 寸立式各型号）、黄金饰品（含金量 99% 及以上）、白砂糖（一级品）、卷烟（甲、乙级各种规格、型号）、进口胶合板（DBB/CC 3m/m）、中密度纤维板（一级品 70 型 15mm）。

1994 年，县商业系统在县境范围内实行明码标价制度，各商业门点价目齐全，标价准确，字迹清晰，货签对位，一货一签，标示醒目，价格变动时及时更换。

1995 年后，商品价格放开、随行就市，由各经营单位自行管理价格 。

二、财务管理

1991 年，对采购商品，承付货款实行“一支笔”制度，把住进货关和承付关，结合清商品、清资金、清账目，对仓库超储商品进行清仓排队，该报损的报损，该降价的降价推销，盘活商品资金。

1994 年，利用下乡巡回批发，上街摆摊设点，共处理库存积压商品 32.8 万元。

1997 年 3 月，工业品有限责任公司实行抽本经营，原零售价 115. 57 万元的商品，按进价 89.26 万元盘交给各柜组。当年按合同收回 60%，其余 40% 在 1998 年收清。

1998 年，开展资产运营，将边远闲置场地、仓库转卖变现资金，采取卖小建大，共盘活资产资金 59.79 万元，投入新网点建设，提高资产利用率。开展贷款清欠，处理库存积压商品，回笼资金 28 万元。

2001 年，加强财务核算，严格各项费用开支，加强对企业、住户水电管理，配齐水表、电表，节约开支 2 万余元。10 月，通过资产拍卖变现资金，兑现下岗职工置换身份补偿金。

2002—2005 年，重点管好现存国有商业网点资产，做好商业网点改造、出租、招投标，确保国有资产保值增值。

三、安全管理

1991年，实行消防安全目标管理责任制，各公司组建7人以上义务消防队，每年举办3天以上消防知识培训。各仓库、门点、住宿区实行消防承包责任制，做到仓库、门点每日一查，公司每月一查，每季度和重大节日由消防安全领导小组进行大检查。

1997年7月29日，县城进步街居民房屋失火，殃及附近的合作饮食店、城关照相馆、大众理发店、合作商店，因抢救及时，除店面被烧毁外，商品、物质、工具基本上抢救出来，未造成人员伤亡。

2000年，开展商业系统消防安全检查。重点对工业品责任有限公司、三明商业集团清流县百货有限公司、南苑酒店、屠宰场及各出租门点、仓库进行拉网式检查。发现不安全隐患6项，当即整改3项，限期整改3项。

2001—2005年，商业系统将消防安全工作列入重要议程，每逢节假日组织有关人员对管辖单位进行检查，落实消防设施、消防器材等责任到人。

四、化学危险品经营管理

1992年8月，县政府转发《福建省化学危险品经营许可证的发证管理办法》，县商业局担负全县经营化学危险品许可证的发放和年检工作。

1995年5月，对1994年前办理化学危险品经营许可证的28家单位和个体商户进行年检。为其中4家商户办理变更法人代表手续;2家（长校、林畲加油站）化学危险品经营许可证遗失，责成其在《福建日报》或《三明日报》刊登遗失声明，并重新补办经营许可证。

1996年3月，全面清理整顿经营使用面广、危险度高的成品油、液化气油库、加油站供应点。对无证违章经营的龙昌液化气公司进行经营化学危险品法制教育，责令其补办《经营化学危险品许可证》，并依法处以罚款3000元。

1997年5月，根据省政府《关于申办化学危险品经营许可证有关补充通知》精神，在6月30日前，为全县经营化学危险物品的企业、个体商户重新办理经营许可证。

1998年，检查经营化学危险物品的门点3次，对无证和不规范经营的，责令其整顿和补办证照，净化市场、消除安全隐患。

1999年5月，商业总公司下设商业行业管理办公室接手化学危险品经营许可证的发证管理工作。当年，应参加年检单位和个体商店101家，有12家申请停业，77家合格。对不合格的商家督促其限期整改。

2004年4月，管理化学危险品经营许可证职责移交给县经贸局。

第三节　生猪定点屠宰管理

1991年5月1日，清流县在城关地区对生猪实行定点屠宰、集中检疫、统一纳税、分散经营。县商业局制定《清流县生猪定点屠宰管理办法》，规定税费标准和违章处理办法，生猪定点屠宰归属商业局食品公司管理。

1993年5月，为减轻农民负担，暂时停止生猪定点屠宰。

1996年3月，根据国务院《生猪屠宰管理条例》和《福建省牲畜屠宰管理条例》规定，由商业局组织，将城关水南路34号，原糖烟酒废旧仓库改建为生猪定点屠宰场，实行城区生猪“定点屠宰、集中检疫、统一纳税、分点经营”，并协同工商、物价、公安、畜检、食品等部门共同制定收费标准、服务时间和服务项目。实行24小时值班制，提供水、电、燃料、清扫、消毒、茶水、磅秤等，畜牧检疫部门派员驻点服务。定点屠宰场由县饮服公司代管。当年，调整收费标准：每头生猪税费62元；其中，增值税17元，屠宰税10元，个人收入调节税2元，检疫检验费6元，屠宰服务费6元，行政执法费1元，工商摊位费20元。

1998年，全县出动100人次加强市场巡查力度，严格生猪定点屠宰，按条例办事，杜绝偷宰漏税和病死猪肉上市。当年，全县共定点宰杀生猪1.2万余头。

1999年6月，商业总公司成立肉联厂（肉类联合加工厂），与定点屠宰场合署，“两块牌子，一套人马”，隶属商业总公司管理。9月，由于牲畜定点屠宰场地处闹市，排污噪音不符环保要求，屠宰设施简单，工艺落后，商业总公司建议重新选点，并让出距龙津市场1.8千米，交通方便、水源充足的原食品公司冷库空地，兴建ZBM型机械化牲畜屠宰场。

2000年4月，新建的机械化牲畜屠宰场竣工启用。4月21日，县政府发出《关于加强牲畜定点屠宰管理的通告》。在城区集贸市场和街道摊点上市的牲畜，自2000年5月18日起，一律集中到新建的屠宰场屠宰。原水南街屠宰场停止使用。商业总公司调整牲畜定点屠宰服务费（含环保排污费），每头生猪23元，牛每头13元，羊每只3元。6月，商业行业管理办公室组织开展联合执法检查，工商、税务部门密切配合，出动40余人次，查处非法屠宰生猪5起，当事人受到处罚和教育。

2001年，商业行业管理办公室、工商、税务、检疫及公安等部门共出动260余人次，分15次查处非法屠宰生猪和区外流入肉品16起，堵住病害猪肉流入市场，使城区居民吃上"放心肉"。

2002—2003年，采取不定期突击检查和群众举报必查的办法，及时查处偷、漏屠宰税案9起，无证屠宰经营15起。2004年，组织人员每周巡查肉品市场2～3次。全年出动执法人员574人次，车辆129台次；其中，联合执法12次，查获私屠肉品570千克。

2005年8月22日，原由县商业总公司管理的生猪定点屠宰场（肉联厂）划归县经贸局管理。

第四节 服务"三农"

一、信息服务

1998年，县供销社创办农副产品信息中心，刊发农产品信息13期1000多份，分送有关部门及种养大户，将县域农产品产销信息通过网络传送到全省乃至全国各地，帮助农民推销农副产品。

2000年，供销系统改制后，工作重心转移到农副产品购销和农村服务体系建设。2001年6月，县供销社成立县政府农副产品信息服务中心，收集和发布农副产品产销信息，开展农副产品预测预报，为农民提供农副产品信息咨询。并做好地域农副产品的宣传展示，开展农产品购销、中介、代理服务。农副产品信息服务中心组织人员深入15个乡镇，240多户农副产品种植、经销大户进行调查研究，收集各种建议200余条，建立专业户联系登记卡，对专业大户种植、养殖、经销的品种、数量、价格、流向等进行详细登记，为开展农副产品信息服务、产品营销奠定基础；先后在信息期刊上刊登《我县蜜雪梨产销趋势预测》《清流柑橘产销预测》等文章3篇，并请技术专家撰写蜜雪梨、柑橘生产管理文章，引导农户生产和销售蜜雪梨、柑橘；布置农副产品展室20余平方米，搜集县内农副产品样品40余种集中在4个展柜展示；制作清流土特产品彩印包装盒，将蜜雪梨、芦柑、雪柑、脐橙、菇类等农产品分类精选包装后销售，提高产品附加值。当年，县供销社免费为果农大户提供咨询500余人次，提供信息400余条；通过省农产品信息网发布动态专版信息3篇，科技信息2篇，供求信息80余条。同时，县供销社在嵩溪镇设立信息站。

2004年，县供销社加强嵩溪信息站及各大、中城市销售市场信息窗口建设，发展新的代理商作为信息员。县信息中心促进商品成交额1250万元，通过开展市场预测预报指导商品购销额1360万元。

2005年，县供销社在重点乡镇和边贸乡镇，新设信息站3个。县信息中心共发布各类供求信息465条，编发农产品信息期刊12期、990份，促进商品成交额810万元，指导农产品销售额2445万元，农民为此增收480万元。

二、组建专业合作社

1994年，县供销社开始组建专业合作社，引导农民进入大市场。嵩溪供销社成立豆腐皮产销专业合作社，设立章程、成立理事会，选举产生理事会成员，为豆腐皮生产户提供产前、产中、产后服务，将分散的小农经济通过联合的形式进入大市场，促进豆腐皮生产朝规模化、规范化趋势发展，增加农民收入。当年，全镇入社152户，年产豆腐皮32吨。

1995 年，余朋供销社以余朋柑橘场为龙头，组建余朋柑橘产销专业合作社，为全乡柑橘种植户提供“物资、信息、资金、加工、仓储、销售”服务，促进农产品增值，解决果农卖难问题。

1995—1996 年，供销社为果农调运各种化肥 120 余吨，农药 1 万余瓶，解决果农生产资金 20 余万元；收购芦柑 125 吨，全部销往县外市场。

1998 年，供销社组织人员到福州、厦门、泉州等地开展宣传促销活动，全年收购、销售豆腐皮 4 ～ 10 余吨；推销芦柑、雪柑、脐橙 65 吨。

2004 年，新发展邓家红心地瓜干专业合作社。至 2005 年，由县供销社领办的专业合作社有 3 个。

三、成立行业协会

2001 年，县供销社参与农业产业化服务体系建设。9 月，成立清流县水果营销协会，促进产品市场流通，56 名果农大户和经销商入会。年内，清流柑橘 80% 以上销往广东、厦门、泉州等地市场，仅果协直接或间接外调的柑橘就达 50 多万斤，每斤柑橘平均售价 0.3 元以上，比周边县、市（区）高出 0.1 元 / 斤，仅此一项，全县果农增收 50 万元以上。

2001—2002 年，县供销社组织种果专业大户到南方各大、中城市水果批发市场考察，了解市场商机，增强发展信心。

2002 年，县供销社发动会员入股，县政府拨补 15 万元，组建果袋厂；从山东引进果蔬套袋生产线 2 条，每年生产蜜雪梨套袋数百万个供果农使用，提高蜜雪梨品质和产量。2003 年 7 月，县政府在福州水果批发市场举办蜜雪梨产品推介会，扩展产品销售市场和销量。

2004 年，水果营销协会举办“全县无公害水果管理技术培训班” 1 期，邀请市农业局茶果站专家授课，共有果农 56 人参加。通过培训，在全县掀起无公害水果栽培热潮。加强以协会干部为投资主体的欣荣果业有限公司无公害早熟梨基地建设，引种优质早熟梨翠冠、西子绿、中梨一号等新品种 2000 多株，严格按无公害标准进行栽培管理；从仙游兴泰果园引进早钟 6 号枇杷、美国红桃、东魁杨梅等新品种进行试验示范；与县经作局共同制定清流县无公害蜜雪梨生产技术和产品质量标准；注册“青流”水果商标，设计制作多款蜜雪梨包装箱供会员使用，以提高蜜雪梨档次和市场价格。是年，县水果营销协会水果销售总额 1200 万元。

2002 年，水果营销协会被三明市政府列为三明市农业产业化市级中介组织，并作为全市唯一一家由供销社领办的农民专业合作组织，获中央财政部项目资金扶持。

2005 年，清流县成立豆制品行业协会，有 64 名生产、经销户加入协会。豆制品行业协会从会员中收购豆腐皮，精选包装后销往大、中城市，开拓县外营销市场。9 月，成立蜜雪梨产销协会，有会员 55 人；蜜雪梨产销协会重点为会员提供产前、产中、产后系列化服务，每年聘请省、市、县有关方面专家到协会授课指导，提高会员种植、加工水平；组织会员外出参观学习、交流探讨，引导会员互学互助、互通市场行情。

第五节 粮油管理

一、粮油储运

（一）粮食储存

1991 年，全县各乡、镇、村建有粮仓 72 座，占地面积 19637 平方米，仓容 29550 吨。每年至少开展粮油大普查 2 次，要求保管员和粮站主任做到“三天一小查、七天一大查、一月一会查、风雨随时查”，确保储粮安全。当年，清流县粮食储存完成科学保粮任务：机械通风 2500 吨；磷化铝密封杀虫 7550 吨；习性诱杀 11675 吨；竹笼通风 5000 吨；外墙刷白 3750 吨。

1992 年，全县开展春、秋二季粮油安全普查，检查鉴定粮站 14 个、仓容 44069 吨，实现“四无粮仓”仓容 43044 吨，占 97.8%；检查鉴定粮油 14445 吨，实现“四无”粮油 13595 吨，占 94.1%。通过普查，粮油储藏基本安全，实现“四无粮仓”县。

1993—1995 年，县粮食系统开展保持“四无粮仓”（无霉变、无害虫、无鼠雀、无事故）活动；举办保管员学习培训班 2 期，培训内容包括粮质检验、水分测定、消防知识和科学保粮知识等。

1996—2005 年，对粮食保管员严格要求，强化监管。对个别库点出现短斤少两或外调粮食不符合标准、霉烂变质等情况进行严肃处理，站主任作书面检查，扣除当月奖金；直接责任人除上述处分外，还要全额赔偿经济损失。建立健全完整的保管员奖惩制度，对连年实现“四无粮仓”的保管员和推广科学保粮（机械通风、习性诱杀、电子测温、薄膜吊顶等）方面作出成绩的保管员，除每月发给尘毒补贴外，还给予必要的精神和物质奖励。

（二）食用油储存

1991 年，城镇居民食用油实行计划供应，按各粮站城镇定量人口的食用油供应计划调给各粮站，由各粮站用 180 千克装的食用油专用铁桶储存保管。县粮食局定期进行食用油储存安全检查。

1993 年 3 月后，取消食用油平价供应，城镇居民的食用油由居民自由选择和购买，不再按计划调给粮站食用油。1994 年始，全县国有粮食部门无食用油库存。

（三）粮油调运

1991—1993 年，从三明、龙岩等地调进玉米 65 吨、面粉 1275 吨、平价食用油 183 吨、议价食用油 385 吨。均为公路运输。1991—2005 年，县粮食部门用汽车向三明荆西、龙岩、泉州、厦门调出粮食 8.75 万吨。

二、粮食储备

（一）储 备

1991—2002 年，县级粮食储备量均为 1000 吨（早、晚谷各 500 吨），库存价值 58 万元。

2003 年，省政府规定，地方储备粮按购粮总人口（包括城镇定量人口，农村购粮人口，外来流动人口）人均每月基本口粮 12 千克折原粮 17.5 千克，按不低于 3 个月的供应量确定储备规模。年内，县级粮食储备量为 1200 吨（早、晚谷各 600 吨），库存价值 88 万元。为加强储备粮集中管理，省、县两级拨款建立粮油管理信息系统。

2004 年，落实“粮食安全预警应急方案”和上级规定，县人民政府决定增储粮食 1000 吨（价值 1620 元 / 吨），县级储备达 2200 吨，库存价值 250 万元。储备粮 3 年轮换一遍。2005 年末，县储备粮库存价值提高到 352 万元。

（二）储备库建设

1991—2001 年，清流县粮食储备分散于各基层站。2002—2005 年，粮食储备主要集中在交通较为便利的城关、嵩溪、林畲 3 个粮食购销站。

第六节 烟草专卖管理

1991 年 6 月 29 日，《中华人民共和国烟草专卖法》（以下简称《专卖法》）颁布，1992 年 1 月 1 日正式施行。县烟草局根据《专卖法》，加强烟叶经营户和卷烟经营户的资格审查，联合工商、公安、交警、税务等部门组成烟叶检查小组，打击不法分子违法活动，查获走私烟 124.6 条、假冒烟 80.2 条、白皮烟 357.4 条、烟丝 300 多斤，维护烟叶、卷烟生产经营秩序。

1995 年，由县政府牵头组织公安、工商、检察院、烟草等部门成立烟叶收购执法队，重点对边界地区进行检查，打击烟贩活动，防止烟叶外流，维护烟叶收购秩序。

1997 年，加强各乡镇专卖管理所建设，增加专卖管理员 10 人。1998 年，烟草专卖零售许可证办证实行软件微机化管理。当年，全县查获涉烟案件 5 起，查处烟叶价值 7000 余元。

1999年，成立城关、嵩溪、灵地3个规范化烟草专卖局管理所。清流县专卖工作走上规范化轨道。

2001年，开展烟草行业专卖管理“质量年”活动，推行管销结合，对专管员实行“全员专卖考核”，规范专卖执法行为。对零售户实行户籍卡管理制度，促进卷烟经营户提高法治意识。

2002年，将原3个烟草专卖局管理所撤并为城、乡2个所，并成立县局稽查大队，职责相对分开。专管所执行宣传、教育、服务为主规范文明的管理服务模式。稽查大队根据专管所排查出的非法卷烟批发大户和市场违法经营案件进行重点监控和查处，形成全方位的市场稽查管理体系。此外，成立县公安派驻烟草警务室。公安局常年派驻1～2名警务人员与稽查大队合署办公，促进依法行政。

2004年，建立烟叶预警机制，加大打假打私力度。当年，全县查获涉烟案件13起，查处涉案烟叶14.05吨。

2005年始，探索提出“外联内管，综合治理”的遏制烟叶非法流通工作机制，提高烟叶专卖联合执法效能。

1991—2005年清流县烟草专卖管理统计表

表11-13

年度	出动打私打假（人次）	办理许可证（本）	上缴罚没款（元）	查处案件（起）	涉案卷烟（条）	涉案烟丝（千克）	涉案烟叶（吨）
1991	—	508	5583.2	—	4606	450	—
1992	270	—	300	—	3200	500	—
1993	—	308	2382	7	10553	22.5	—
1994	60	—	15000	—	1500	—	—
1995	155	—	27000	6	91.3（件）	70	—
1996	191	70	15000	3	365.5	—	—
1997	346	598	2036.7	2	1702.5	—	—
1998	1628	248	44000	105	2394	—	7000（元）
1999	2200	565	68000	75	5000	—	20
2000	2517	1375	285900	52	1289（件）	—	13
2001	2373	—	15000	38	15（件）	4000	10
2002	1565	570	35100	18	—	—	—
2003	560	528	40700	31	3.6（万支）	—	19.98
2004	580	479	57260	22	—	—	14.05
2005	1106	35	92240.64	13	297.6	—	33.1

第七节　三资企业管理与服务

一、项目管理与服务

1991年始，清流县建立健全投资项目库，印发投资项目指导书，在外出招商时广为散发，宣传清流资源优势。跟踪洽谈意向项目；简化已立项“三资”企业项目批办手续，促使项目早落地、早建设、早投产。推行“保姆式”、一条龙服务，及时了解、掌握外资企业发展动态及诉求，采取“一事一议”方式协调解决。当年，帮助新批办的外资企业——明孚硅业有限公司做好立项前可行性研究报告、选址工作并上报审批手续。

1995年，建龙矿业有限公司诉求减免有关税费，经县招商工作领导小组研究同意，根据优惠政策的有关规定，该企业享受“免二减三”企业所得税后，再将原企业所得税规定税率24%减为18%，对减收部分先征后返；

同意参照钨精矿征收标准减半征收银铅锌矿地方矿管费及县开发基金；免征机场建设费及先行工程费；在不增加原精选矿厂用电容量的情况下，免交电力增容费；税中税在生产后两年内免征，第三至第五年减半征收，第六年按规定计征。

1996年，建立招商签约项目跟踪落实责任制，督促乡镇、部门、企业抓落实，提高项目履约率、到资率和开工率。

2002年，抓好招商项目的水、电、路等基础设施建设，促使外资企业早落地、早投产。为东莹氟化工企业协调解决萤石矿优先供应和提供探矿权1～2个。

2004年，对鸿伟木业刨花板生产所需厂房扩建用地，按龙翔工业园区政策予以协调解决，支持企业从县外调进木材、枝桠材，核算比例继续按原有办法、程序办理。并承诺本县不再上同类板材企业。同意展化化工过硫酸盐项目开发享受县出台的优惠政策，并帮助解决电价问题。同年起，对企业出口实行奖励，当年兑付奖励金13.96万元。

2005年，完善招商引资政策，简化审批手续。对建设项目除省、市规定的收费外，县内收费按最低限收取，以降低业主投资的商务成本。年内，兑付企业出口奖励金14.29万元。

二、协调服务

1991—1996年，大部分乡镇外向型企业产品单一，市场依赖程度高，竞争能力低。出口商品结构不合理，结晶硅、松香、茶叶、木材等大部分产品以初加工成品原料形式出口，经济效益低。县委、县政府建立每季度召开1次三资企业座谈会或现场办公会制度，帮助协调解决三资企业发展中存在的困难和问题。引导三资企业开发新项目、新品种，从初级产品为主上升为精加工产品，加速资源转化。发展工业制成品，逐步建成轻工业出口商品基地，重点发展森工、冶矿、化工、轻工等工业部门。

1997年，台商许良远兴办的桦信茶果有限公司，缺茶果方面技术人员，人事部门将茶果专业毕业大学生分配至该公司，解决需求。在收获季节，派出公安干警、联防队员在果园设立治安联防小组，确保该公司经济利益不受损失。台商刘定丰经营果场资金短缺，县政府出面给予办理贷款手续。

2000年9月，帮助新办项目鸿伟木业有限公司协调解决厂区内原临时住户、木材加工厂、造纸厂搬迁等问题，使企业按期投产。

2001年，协调处理、化解林畲、灵地台资企业在用水、用地方面与当地群众发生的矛盾纠纷4起。

2002年，妥善处理香港南泉企业贸易公司投诉案这一历史遗留问题，促成合作双方达成协议。清理外商投资企业税外收费；为三资企业提供市场信息、政策信息服务，及时发送《福建国际商讯》，将中央、省、市、县有关出口的政策措施以及从《开放潮》《中国贸易报》等报刊、杂志中摘录的有价值信息，传达给会员单位，使企业及时了解国家进出口政策变化情况，掌握国际市场动向，调整经营策略，在市场站稳脚跟。8月，邀请三明市专家为县域会员单位举办“中国加入世贸与三明经济发展”的讲座。是年，全县正常生产经营的17家“三资”企业实现销售收入9187万元，利润315.5万元，税收378.1万元，实现就业和再就业人数1324人。县属17家规模工业企业中，“三资”企业占5家。

2003年，推出商品网上交易新型贸易方式。8月，商务部关于调整进出口经营资格标准和核准程序的通知一出台，国际商会立即将通知内容告知符合条件的企业，并组织协调相关企业办理手续，清流县林产化工有限公司取得企业自营进出口资格。9月，接到恒发鳗业有限公司投诉鳗鱼大面积死亡。经调查后，会同有关部门依法取缔上游乌油厂，清除污染源对鳗场的潜在威胁。并做好说服、调解工作，这一案件得以圆满解决。

2004年始，对三明鸿伟木业公司（独资）、三明明孚硅业公司（合资）、清流明星木制品公司（独资）第一批3家“三资”企业实施挂牌保护。每半年召开1次“三资”企业董事长、总经理座谈会，由他们给有关单位、部门打分，查处表现差、行为恶劣的当事人。以此遏制乱收费、乱摊派、乱罚款行为，维护“三资”企业合法权益。

2005年，加强“三资”企业相关法律法规、政策的宣传和解释工作，使“三资”企业更好地利用法律、政策维护自身利益。同时，帮助协调企业与有关部门之间关系，促进企业发展壮大。

第八节　旅游管理

一、景区管理

1998 年，制定《景区管理暂行条例》，成立风景区管理处，实行企业化管理。协调景区与当地乡村制定保护景区的村规民约。把好景区管理人员进口关。并与县公安局联合制定各景区游览规则。景区建立卫生责任区包干制度和治安保卫制度，落实安全措施，保护旅游者合法权益。

2001 年，抓好景区安全，全年发出景区整改通知书 10 余份，组织实地检查 12 次，并在旅游黄金周实行跟踪管理。

2002 年，健全旅游景区安全检查制度，加强景区安全隐患检查和整改督查，特别是加强“五一”、国庆黄金周的安全跟踪管理。清理整顿违章的旅行社办事机构。当年，全县接待国内外游客 5.56 万人次，其中省内 4.77 万人次，占 85.8%。旅游总收入 2576.8 万元。其中，门票收入 26.8 万元、旅游商品收入 1330.4 万元。

2003 年，县旅游局加强各景区非典型性肺炎预防控制工作及健康防护知识教育。规定各景区和旅行社在非典旅游警告解除前，不得到非典重灾区广东、北京、山西、内蒙及香港等地招揽游客。凡以上重灾区有组织到清流各景区游览的，一律设法劝阻，也不得组织本地游客跨省游。

2005 年，全县各大景区接待游客 29 万人次，比 1999 年增长 5.35 倍；旅游总收入 5402 万元，比 1999 年增长 1.48 倍。

二、服务管理

1998 年，全县餐饮业实行目标责任制度，县旅游局与县机关事务管理局对各宾馆、饭店的优质服务情况定期进行检查评比。

1999 年始，县旅游局加强景区和旅行社安全监督和管理，与各景区和旅游企业签订旅游安全责任状。组织开展全县旅游景区、旅游市场安全检查。加强导游员、讲解员培训，抓好节假日和黄金周旅游接待工作。组织县宾馆员工参加全市旅游接待人员技能大赛。以“诚信经营、平安旅游”为主题，营造文明安全和谐的旅游环境。

2002 年，龙城旅行社成立，年均组团人数 200 人。是年，清理整顿旅行社，加强从业人员培训，提高管理人员素质。

2005 年，县旅游局指派专人分管旅游服务工作，对各宾馆、饭店服务质量进行检查评比；制定《旅游行业员工守则》《旅游安全管理条例》《公司管理规则》等规章制度；抓饭店服务质量和旅行社规范管理。针对龙城旅行社管理上存在问题，帮助培养高素质专业管理人员和旅游骨干。龙城旅行社年均组团人数发展到 2000 多人，推出“孝敬爹妈游”“夏令营知识游”“红色旅游”等系列特色旅游，被三明市工商局、市旅游局授予“守信旅游企业”。

卷十二 财政 税务

清流县属于财政补贴县。1991—1993 年，实行“划分收支，核定基数，定额缴补，增收多留，分类包干，自求平衡”的市管县财政体制，县按照“保吃饭、促稳定、扶重点”原则进行预算安排；县税务部门根据第二步利改税政策，建立以产品税、增值税、营业税为主体，所得税、建筑税、印花税、城镇土地使用税、固定资产投资方向调节税为辅助的税收结构，全县财税收入逐年增长。1993 年，全县财政收入 3470 万元，税收收入 3298 万元，比 1991 年分别增长 66.03% 和 76.16%。县预算内财政收入主要以工商税收为主体，占同期县级一般预算收入 82.8%。

1994 年，省对县实行分税制财政体制改革，核定县财政收入基数为 2238 万元，支出基数为 3120 万元，省补助县 892 万元。1996 年入库税收中，国有经济比重为 66.58%，集体经济为 14.21%，个体经济、股份制经济及外商投资经济为 19.21%。基于财政平衡难度大，调整支出结构，控制压缩一般性经费开支，改革乡镇财政管理体制，加强基金收入和控购商品管理；县国税、地税加强税收管理，努力培植税源，强化税务稽查。其间，经受亚洲金融危机和财政体制调整带来的不利影响，努力克服 1998 年县财政工资发放困难的窘境。

1999 年，省对县实施转移支付。自 2000 年实施财政“一、三、五”脱困计划后，县财政缺口状况根本好转。至 2005 年，上级累计补助 45834.7 万元，其中体制补助 15866 万元，专项补助 29968.7 万元，扣除体制及专项上解 4090.1 万元，上级净补助 41744.6 万元。2005 年，国税入库收入 5646.66 万元。比分税制后第一次独立统计年 1995 年的入库收入增长 1.47 倍。地税入库各项税费 3775.7 万元，比 1995 年增长 1.59 倍，年递增 12% 以上。税收构成发生明显变化，国有经济比重减为 19.93%，集体经济比重为 4.22%，个体经济、股份制经济及外商投资经济比重为 75.85%。全县财政总收入实现 7285 万元，比 1991 年增长 2.49 倍，年递增 9.37%，财政总支出 1.37 亿元，上级财政补助加上调入资金，实现财政收支平衡。

第一章 财税体制

第一节 财政体制

一、县级财政体制

1991—1993 年，实行“划分收支，核定基数，定额缴补，增收多留，分类包干，自求平衡”的市管县财政体制。

1994 年 1 月 1 日起，省对县实行分税制财政体制改革，消费税 100%、增值税 75% 上划中央。年终结算上解省财政的收入有土地增值税的 40%，城镇土地使用税、耕地占用税和罚没收入的 20%，资源税的 15%。此外，金融、保险营业税，烟草等省属企业、省属股份制企业、外商投资企业所得税 100% 上划省财政。扣除上划中央和省级财政后的收入划归县级财政，即增值税 25%、营业税、县属企业所得税、个人所得税、土地增值税 60%、资源税 85%、城镇土地使用税 80%、农业税、农业特产税、耕地占用税 80%、契税、屠宰税、房产税、车船使用税、城市维护建设税、国有土地有偿使用收入、县属国有企业上缴的利润、印花税、罚没收入 80%、专项收入及其他收入。同年，省定清流县财政收入基数为2238万元，财政支出基数为3120万元，省补助县892万元。

1999年，清流列入省财政转移支付县，当年转移支付补助520万元。其中，一般固定转移支付补助300万元、增加工资省补助220万元。2000年，省对清流按照标准人均财力不足1.03万元的差额部分进行补助，调增补助1183万元。此后，中央和省陆续出台提高干部职工、离退休人员工资政策，省级财政相应提高转移支付补助标准。

2002年1月1日，省财政依照国务院实施所得税分税改革精神，对县体制进行相应调整，重新核定县财政收入基数2972万元，支出基数5584万元，省补助县2612万元。

2003年，所得税分享比例改为中央60%，地方40%。县增加所得税基数返还82万元。同年，执行省政府关于暂缓征收除烟叶和原木收购环节以外的所有农业特产税及停征屠宰税，并停止征收乡统筹和村提留，暂停清理农民历年尾欠税款文件精神。同时，农村税费改革试点全面铺开，省财政对清流县农村税费改革财力净减收部分给予专项和财力性转移支付补助720万元。

2004年，国务院实施出口退税机制改革。出口退税以2002年为基数年，基数内出口退税100%由中央负担，超基数部分由中央负担退税75%、县级负担退税25%。为鼓励增加出口，县级负担退税部分在省财政年终结算时全额补助县财政，当年补助清流县266万元。

2005年，出口退税超基数部分比例改为中央负担92.5%、县级负担7.5%。同年，省政府下达《关于全面免征农业税和除烟叶以外的所有农业特产税的通知》，对减少的财力，省财政给予转移支付455万元。同时，将县级国库直接退付的出口退税，改由省级国库直接退付，恢复县级财政收入原貌，执行时间为2005年1月1日。

二、乡镇财政体制

1991年，县对乡镇实行“定收定支，定额缴补，超收分项分成，短收减支，一年一定”的管理办法。核定全县乡镇财政预算内收入、预算外收入、自筹收入3项资金收入1750万元，其中乡财预算收入950万元，年递增15%。收入分成办法：工商税收各乡镇超收不分成；竹木特产税，超过核定基数部分，实行县、乡（镇）比例分成，其中龙津、东华、嵩溪、温郊、嵩口、田源、沙芜、余朋8个乡（镇）实行“五五分成”；林畲、灵地、李家、长校4个乡实行“四六”分成；赖坊、邓家、里田3个乡实行“三七分成”。收入未达到核定基数的短收部分，按相应比例扣减支出基数；其他特产税，超过核定基数部分，全部留给乡镇。凡乡镇收入基数大于支出基数，定额上解；支出基数大于收入基数的，定额补助。

1995年，县对乡镇实行“划分税种、核定收支、定额缴补、超收分成、短收扣支”分税制财政管理体制，将乡镇的各种收入划为县级财政固定收入、乡镇财政固定收入和固定比例分成收入。此体制1995年试行1年，1996年后，实行“一定”3年。乡镇财政固定收入中，包括土地增值税的60%及营业税、屠宰税、农业税、农业特产税中生产环节的竹木、松脂特产税及除烤烟外的其他特产税等；固定收入分成比例根据乡镇财力区别对待，东华、嵩溪、嵩口、温郊、田源、沙芜、余朋7个乡镇为40（县）：60（乡镇）；龙津、林畲2个乡镇为20：80；赖坊、灵地、邓家、李家、长校、里田6个乡镇为0：100。收入基数减支出基数为各乡镇相应的定额缴补数：凡乡镇固定收入加固定比例分成收入大于乡镇支出基数部分，定额上解；小于乡镇支出基数部分，由县级给予税收返还。对收入超基数部分，东华、龙津、嵩溪、温郊、嵩口、田源、沙芜、余朋、林畲9个乡镇，县集中20%，返还乡镇80%；赖坊、灵地、邓家、李家、长校、里田6个乡镇县不集中，100%返还乡镇。对收入达不到基数的乡镇，短收部分，县将全额扣减支出基数或税收返还数。核定全县乡镇财政收入基数为996.97万元，全年支出基数为436.97万元，乡镇定额上缴-129.45万元。至2001年，长校、里田2个乡镇由原来100%返还调整为县集中20%，返还乡镇80%；龙津由原来的县集中20%，返还乡镇80%调整为100%返还。支出基数实行一年一定，分别另加7%、5%、3%测算。

2002年，县对乡镇实行“划分税种、核定收支、定额缴补、超收留成、短收扣支”的管理办法，收入按税种划分为县级财政固定收入、乡镇固定收入。乡镇固定收入为在乡镇范围内征收的工商税收、农业税、生产环节的竹木特产税、生产环节的松脂特产税、其他特产税。工商税收不列入收入基数，农业税等收入列入收入基数。烤烟特产税实行专项结算。2003年，实行农村税费改革，取消生产环节的竹、木、松脂和其他特产税，相应核减乡镇该部分收入基数。2004年，乡镇级收入只下划农业税。乡镇新上项目新增增值税县级收入部分（25%部分），按60%比例专项结算给乡镇，核定全县乡镇收入基数为38.80万元（农业税），支出基数为566.28万元，乡镇定额上缴-527.48万元。至2005年，取消农业税，各乡镇预算内收入基数为零。支出基数以乡镇编制内财政供养人口年人均1.2万元标准测算。

第二节 税制改革

一、国有企业利改税

继1984年县实行利改税工作后，国营企业上缴利润改为按国家规定的税种、税目、税率缴纳税金。1991年，县税务局执行国家第二步利改税政策，建立以流转税和所得税为主体，其他税种相配的新的税收体制。县内主要税种有产品税、增值税、营业税，另外还有少量所得税、建筑税、印花税、城镇土地使用税。同年，开征固定资产投资方向调节税，废止建筑税。当年，成立所得税汇算工作领导小组，举办汇算业务培训班1期，共汇算288户，占应汇算户80%，其中国营企业70户。同时，抓好国营企业工业生产环节征收管理，全年各国营企业工商税入库数普遍增加。其中，县香料厂税款入库比1990年增长12.01%，县化工厂增长16%，城关木材采购站增长32.76%。

二、分税制后税制改革

1994年1月1日起，执行中央新税制（即分税制），将原国营企业所得税、集体企业所得税和私营企业所得税统一为企业所得税，实行33%的比例税率，对盈利水平较低或规模较小企业实行优惠税率，年应税所得额在3万元以下的（含3万元），暂按18%税率征收；年应税所得额在10万元以下（含10万元）到3万元的，按27%税率征收。将原来征收的个人所得税、个人收入调节税、城乡个体工商户所得税统一为个人所得税，工资、薪金个人所得税实行九级超额累进税率，月扣除额为800元。个体工商户的生产、经营所得和企事业单位承包经营、承租经营所得，实行五级超额累进税率。劳务报酬所得税率20%，一次性收入畸高的，实行加成征收；稿酬所得税率20%，并按应纳税额减征30%；特许权使用费所得，利息、股息、红利所得，财产租赁所得、财产转让所得、偶然所得和其他所得均适用20%的比例税率。至2005年，该项制度未变。

三、农村税费改革

2001年1月，县成立农村税费改革领导小组，各乡镇成立税改办，推行农村税费改革试点，取消乡统筹、农村教育集资等专门面向农民征收的行政事业性收费和政府性基金、集资，同时取消屠宰税。不久，根据中央“两办”通知精神，农村税费改革暂缓推行。

2003年3月，根据省委、省政府“两办”关于开展农村税费改革调研的紧急通知精神，县组织人员进行调研，摸清全县农民负担等基本情况及农村税费改革面临的问题，形成农村税费改革调研报告上报省市。县税改领导小组组织相关部门陆续制定出台《清流县关于清理整顿涉农收费切实减轻农民负担的意见》《清流县转移支付办法》《关于在农村税费改革中稳步推进农村义务教育的实施意见》《清流县村集体财务管理办法》《清流县村级范围内一事一议筹资投劳管理办法》等6个配套文件。10月，县委常委会（扩大）会议通过《清流县农村税费改革试点工作实施意见》，12月1日，经省政府批复后开始实施。当年，全县农民实际负担税费338万元，人均负担28.72元，比改革前减少负担626万元，年人均减负53.18元，减负幅度64.93%；已征收的乡统筹、村提留费全部清退。

2004年，加强对农村税费改革转移支付资金的核拨与使用管理，取消行政事业性收费项目15项，减轻农民实际农业税负担83万元。2005年，开展农村税费改革专项资金检查。全县实现农民零负担，省财政给予清流县全面取消农业税和原木特产税补助455万元，至此，全县农村五保户、低保户、优抚、计生、义务教育附加、村干部补贴工资、村办公费，全部由国家财政供给。

第二章　财政收支

第一节　财政收入

一、收入总量

1991 年，全县财政总收入 2090 万元，全部为县级一般预算收入，税性收入比重 97.73%。1994 年始，上划中央两税收入。当年，全县财政总收入 4987 万元。其中，中央级收入 1370 万元，县级一般预算收入 3614 万元，税性收入比重 72.86%。1997 年起，征收城市和农村教育附加费收入。当年，全县财政总收入 7508 万元。其中，中央级收入 1786 万元，县级一般预算收入 5332 万元，基金预算收入 390 万元，合计县级地方财政收入 5722 万元，税性收入比重 69.34%。2002 年始，上划中央所得税。当年，上划 357 万元；2003—2005 年，上划 1759 万元。

2005 年，全县财政总收入 7285 万元，比 1991 年增长 248.56%。年递增 9.37%。其中，中央级收入 2076 万元，县级一般预算收入 4460 万元，基金预算收入 749 万元，合计县级地方财政收入 5209 万元，税性收入比重 86.14%（含中央一般 90.54%）。

15 年间，全县财政总收入累计 86726.3 万元。其中，中央级收入 22330 万元，县级一般预算收入 57871.3 万元，基金预算收入 6525 万元，分别占全县财政总收入的 25.75%、66.73%、7.52%。

二、收入结构

（一）一般预算收入

1991 年，针对市场疲软、企业亏损和遭受自然灾害等影响，培植财源；落实扭亏措施，两家国营亏损企业扭亏为盈；开展财税大检查，查补工商税收税款 72.1 万元；对农林特产税进行源头控制，对农村水果、水产品特产税减半征收。当年，县级一般预算收入 2090 万元。其中，工商税收 1603.1 万元，农业“四税”（农业税、农业特产税、耕地占用税、契税）收入 269.1 万元，企业收入 78.9 万元，排污费、教育费附加专项收入 44.4 万元，罚没及其他收入 94.5 万元，分别占 76.7%、12.88%、3.78%、2.12%、4.52%。1993 年 7 月起，企业按 33％比例交纳所得税。对盈利水平较低的企业，两年内暂设 27％或 18％两档过渡所得税率。当年年末，着重清理欠税，年内实现财政收入 3470 万元。

1994 年，实施分税制财政体制改革，全县财政总收入完成 4987 万元，比 1993 年增长 43.72%。其中，工商税收受税收政策改革因素影响较大，因取消产品税、个体营业税、工商统一税、集体企业和个体工商业户所得税等，开征个人所得税，工商税收完成 1065 万元，比 1993 年下降 64.82%；农业“四税”收入 1069 万元，占总收入 21.5%, 比 1993 年增收 2.97 倍。

1994—1997 年，企业收入随国有资产经营收益和企业所得税倍增而猛增，累计 5387 万元，占同期县级一般预算收入 28.74%。此后，因国企改制，林木、矿产等可利用资源逐年减少以及天然林保护和小煤窑关井压产的政策性限制，企业收入呈逐年下降趋势。1998 年，企业收入仅 230 万元。1999 年，受雨量少、发电量下降和电力、原木、碳氨等产品价格下降及社会运输量减少等因素影响，全县工商税收 1470 万元，较上年减收 239 万元，呈负增长。2000 年，将收入任务、责任分解落实到部门和具体人员，按月量化考核，确保收入均衡入库；对重点行业、重点税种进行监控。同年，全县检查纳税单位 200 余户，查补税款 204.3 万元。当年税性收入占一般预算收入 90.1%。

2002 年，中央实行所得税收入改革，由全额归属地方调整为中央、地方各分成 50%。当年，全县企业所得税收入 127 万元，比 2001 年减少 330 万元，下降 2.6 倍。全县开展清理欠税工作，清回欠税 140 万元。

2003 年，国家对农业特产税保留烟叶和原木收购环节两个品目外，其余品目的全部暂缓征收，并对历年农业税尾欠实行挂账处理。全县共减免生产环节农业特产税 258 万元、屠宰税 52 万元。全年县级一般预算收入 4021 万元，占县级财政总收入 54.95%。

2005 年，全县停征农业税。全年县级一般预算收入 4460.3 万元，占县级财政总收入 61.22%。其中，工商税收 2786 万元，农业“四税”820.3 万元，企业收入 186 万元，专项收入 205 万元，其他收入 463 万元，分别占县级一般预算收入 62.46%、18.39%、4.17%、4.6%、10.38%。

（二）基金预算收入

1997 年起，征收城市和农村教育附加费、排污费、农牧业税附加，纳入预算内收入。当年，全县基金预算收入 390 万元，占县级地方财政收入 6.82%。

2000 年，县国有土地实行有偿使用。当年，国有土地出让金收入 512 万元。全年基金预算收入 981 万元，占县级地方财政收入 22.1%。

2003 年，农村税费改革，取消文教部门农村教育附加费基金收入，增加森林植被恢复费收入。全年基金预算收入 717 万元，占县级地方财政收入 16.02%。同年，从农业税和农业特产税中提取的附加收入取消。2005 年，基金预算收入 749 万元，占县级地方财政收入 14.38%。

1997—2005 年，全县基金预算收入累计 6525 万元，占同期县级地方财政收入 15.14%。其中，文教部门基金收入 1374 万元，土地有偿使用收入 2338 万元，地方财政税费附加收入 2740 万元，分别占全县基金预算总收入的 21.06%、35.83%、41.99%。

1991—2005 年清流县财政收入统计表

表 12-1　　单位：万元

年度	财政总收入	上划中央收入	县级一般预算收入								基金预算收入
			收入合计	工商税收	增值税	企业收入	企业所得税	农业税收	专项收入	其他收入	
1991	2090	—	2090	1603.1	151.6	78.9	170.4	269.1	44.4	94.5	—
1992	2320.1	—	2320.1	1892.3	203.2	49.7	192.6	250	58.1	70.2	—
1993	3470	—	3470	3027	473	29	194	271	83	60	—
1994	4987	1373	3614	1065	457	1166	499	1069	69	245	—
1995	6006	1561	4445	1456	520	1402	440	1297	94	196	—
1996	7012	1661	5351	1527	554	1424	500	1640	133	627	—
1997	7508	1786	5332	1684	595	1395	523	1490	—	763	390
1998	6853	1743	4019	1713	581	624	182	1070	121	491	1091
1999	5572	1638	3359	1470	546	230	222	1104	96	459	575
2000	5931	1492	3458	1556	497	225	209	1202	113	362	981
2001	6093	1636	3743	1841	545	407	457	1078	118	299	714
2002	6439	1826	3536	1862	642	77	127	1127	127	343	720
2003	7318	2058	4021	2102	726	46	173	1720	134	19	717
2004	7842	2065	4653	2321	688	79	129	1397	182	674	588
2005	7285.3	1375	4460.3	2786	1189	186	236	820.3	205	463	749

第二节　预算外资金收入

1991 年，县预算外资金尚未纳入国家预算管理，由各乡镇、各部门、各单位自收自支。企业留用的基本折旧基金、大修理基金、企业发展基金、新产品试制基金、生产发展基金、职工福利奖励基金、后备基金、单项留利和企业主管部门集中的各种基金等，按“计划管理，政策引导，专款专用”的原则，由企业、各部门编制年度预算外资金计划和决算，报由财政部门逐级汇总上报；育林基金、公路养路费等，实行专户管理；城市教育附加、农业附加、城镇公用事业费附加，实行专款专用，用于中学以上民办教师工资和基本建设、农村道路桥梁和城镇电、水、路灯、管网改造等；农村教育附加，由乡镇管理，用于民办教师工资和乡村教育事业。当年，全县预算外资金收入 2749 万元。

1992 年，对土地使用费、城镇教育配套费、城市基础设施配套费、城市增容费等资金，实行“委托代征、财政管理、领导审批、银行监督”管理形式，实行单位预算外资金专储制度。全年预算外资金收入 3519 万元，其中专储 828 万元。

1993 年，执行财政部《关于对行政性收费，罚没收入实行预算管理的规定》，对行政性收费、罚没收入及国有企业及其主管部门预算外收入，不再纳入财政预算外资金管理。当年，全县预算外资金收入 1830 万元。同年，财政部门管理的预算外收入 80.99 万元。

1996 年，将电、水等公用事业附加、农业税附加、工商税附加、企业折旧基金、预算外企业上交的收入和事业收入等改为基金收入；乡镇自筹预算外资金纳入财政管理（1991—1995 年未纳入财政管理 4024 万元）。

1996—1997 年，社会保障基金收入 981 万元，纳入财政管理。

1998 年，社会保障基金实行独立专户管理，不再纳入财政预算外管理。当年，全县预算外资金收入降为 3243 万元。

2000 年，对预算外资金实行“票款分离、银行代收”管理模式，并建立预算外资金收支两条线联席会议制度。当年，对 106 个单位银行账户进行清理，取消账户 192 个，保留 166 个；预算外资金收入 3400 万元。

2001 年，对行政事业单位管理的预算外资金，由财政部门统一管理，实行“专户存储，专户核算，单位计划，财政审批，银行监督”管理方式。县财政统筹部分主要用于弥补预算内资金不足。

2003 年起，实行农村税费改革，停止征收乡统筹和村提留，乡镇预算外资金收入随之减少。2005 年，全县预算外资金收入 3196 万元，占当年财政一般预算收入 71.34%。

至 2005 年，全县预算外资金收入共计 4.93 亿元，占同期全县财政一般预算收入 85.2%。其中，财政部门管理的预算外收入 1393 万元，乡镇自筹预算外资金 6591 万元，事业和行政部门管理的预算外资金 2.74 亿元，国有企业及主管部门管理的各种专项资金 2810 万元。

1991—2005 年清流县预算外资金收入统计表

表 12-2　　单位：万元

项　目	地方财政收入	乡镇统筹自筹收入	社会保障收入	事业和行政单位收入	国营企业及主管部门收入	基金、附加收入	合　计
1991	179	—	—	620	1215	735	2749
1992	159	—	—	1395	1595	370	3519
1993	189	—	—	1096	—	545	1830
1994	308	—	—	1530	—	530	2368

续表 12-2 单位：万元

项　目	地方财政部门收入	乡镇自筹统筹收入	社会保障基金收入	事业和行政单位收入	国营企业及主管部门收入	基金、附加收入	合　计
1995	333	—	—	1343	—	889	2565
1996	225	1025	502	1622	—	1890	5264
1997	—	1017	479	1524	—	2232	5252
1998	—	785	—	2097	—	361	3243
1999	—	735	—	1862	—	498	3095
2000	—	748	—	2484	—	50	3282
2001	—	642	—	2764	—	61	3467
2002	—	629	—	2549	—	343	3521
2003	—	498	—	2266	—	422	3186
2004	—	156	—	2087	—	498	2741
2005	—	356	—	2126	—	714	3196
合计	1393	6591	981	27365	2810	10138	49278

第三节　财政支出

一、支出总量与结构

“八五”期间（1991—1995 年），全县财政支出 20614.8 万元，比“七五”期间增长 138.1%。其中，经济建设支出 4755.2 万元，占同期财政总支出 23.07%；文教科学卫生事业支出 6100.2 万元，占同期财政总支出 29.59%，是“七五”时期 2.4 倍；行政管理费和公检法司支出 5311 万元，占同期财政总支出的 25.76%；其他支出 3572.6 万元，占同期财政总支出 17.33%。

“九五”期间（1996—2000 年），全县财政支出 33163 万元，比“八五”期间增长 60.87%。其中，经济建设支出 6006 万元，占同期财政总支出的 18.11%；文教科学卫生事业支出 11029 万元，占同期财政支出 33.26%，是“八五”时期 1.8 倍；行政管理费和公检法司支出 7933 万元，占同期财政总支出的 23.92%；其他支出 5466 万元，占同期财政总支出 16.48%。

“十五”期间（2001—2005 年），全县财政支出 51460 万元，比“九五”期间增长 55.17%。其中，经济建设支出 6604 万元，占同期财政总支出的 12.83%；文教科学卫生事业支出 18305 万元，占同期财政支出 35.57%，是“九五”时期 1.7 倍；行政管理费和公检法司支出 11086 万元，占同期财政总支出 21.54%；其他支出 6936 万元，占同期财政总支出的 13.48%。同时，中央对公检法部门实行中央政法专项补助，共计补助办案、维修等资金 595.88 万元。

1991—2005 年，全县财政支出累计 108888.8 万元。其中，一般预算支出总计 105237.8 万元，占 96.65%。其中，2005 年，县级一般预算支出 13189 万元，比 1991 年 2431.4 万元增长 4.42 倍。在县级一般预算支出总计中，经济建设支出 17365.2 万元，占同期财政一般预算支出的 16.5%；文教科学卫生事业费支出 35434.2 万元，占同期财政一般预算支出的 33.67%；行政管理费和公检法司支出 24329.5 万元，占同期财政一般预算支出的 23.12%；其他费用支出 15974.6 万元，占财政一般预算支出的 15.18%。

二、支出重点

（一）经济建设与重点项目

1. 农业支出　“八五”期间，县财政累计支出 1968.1 万元，占同期经济建设支出 41.39%，占同期财政一般预算支出 9.55%；“九五”期间，县财政累计支出 2825 万元，占同期经济建设支出 47.04%，占同期财政一般预算支出 8.52%；“十五”期间，县财政累计支出 3549 万元，占同期经济建设支出 53.74%，占同期财政一般预算支出 6.9%。

实行县级财政专户管理、预算指标管理、乡镇财政专户管理。部门专户报账制管理的专项资金有：

农田水利与水利工程及特大防汛抗旱资金 1675 万元。其中，

1991—2003 年，投入冬春修水利建设资金 245 万元，全县修建水坝 5 座、渠道 43 处 9650 米，改善灌溉农田面积 433.33 公顷。

1991—2005 年，投入小水电建设资金 115 万元，扶持补助 16 个水电站设备技改及工程修缮。

1995—2005 年，累计投入特大防汛抗旱资金 315 万元，全县修建水坝 16 座、渠道 63 处 1.24 千米，改善灌溉农田面积 640 公顷，同时，建立县防汛预警通讯系统。

1997—2005 年，投入水利建设基金 341 万元。新建城区防洪堤 2600 米、修建龙津、李家、灵地、赖坊等 4 个乡镇渠道 11 处 9.56 千米。

1999—2005 年，投入农村饮水资金 66 万元。2001—2003 年，投入水库除险加固资金 291 万元，除险加固水库 16 座。

2004—2005 年，用于农民饮水、水库保安、山地水利、节水灌溉、水土流失治理、河道清淤项目建设，投入省“六千”水利工程建设项目资金 232 万元。

2005 年，县政府建立小型农田水利建设项目专项资金，当年投入资金 70 万元。

商品粮基地与农业综合开发项目资金 3886 万元。其中，

1991—1992 年，由县农发办为主实施土地治理项目，中央、省、县配套资金比例为 50 ∶ 25 ∶ 25，投入资金为无偿和有偿两种形式，中央投资和省级配套的 50% 为有偿；1991—1995 年，农业局为主实施中低产田改造、水利局为主实施引水工程、农机局为主实施推广新农机具工作。

1996—2002 年，由农业局为主实施中低产田改造和吨粮田建设，投入资金 1264 万元。2002—2004 年投入省级标准农田示范片项目资金 225 万元。1998—2005 年，投入省扶持粮食生产基础设施项目资金总额为 366 万元。

2003 年，恢复国家立项农业综合开发项目县，由县农发办实施土地治理、多种经营项目；县农业局实施土地治理项目，土地治理项目中央无偿与有偿比例为 90 ∶ 10，多种经营项目中央无偿与有偿比例为 20 ∶ 80，中央、省、市、县、乡镇配套比例为 50 ∶ 26.25 ∶ 8.75 ∶ 8.75 ∶ 8.75，筹资投劳占中央资金的 70%；

2004—2005 年，由县农发办、县农业局分别实施土地治理，资金全部为无偿，中央、省、市、县配套比例为 50 ∶ 30 ∶ 10 ∶ 10，筹资投劳占中央资金 70%(其中群众自筹占 30%)。累计投入国家农业综合开发项目资金 1556 万元，其中有偿资金 239 万元。

1999—2005 年，投入农业产业化（农业龙头企业）发展资金 252 万元。2000—2005 年，投入农业科技示范推广资金 82 万元，投入畜牧业发展资金 146 万元。2004—2005 年，投入农机发展资金 5 万元，扶持补助购置新型农机具（收割机）12 台。

扶贫造福工程资金 836 万元。其中，

1999—2005 年，投入扶贫工程资金 570 万元。2000—2005 年，投入造福工程资金 75 万元。2001—2005 年，投入山海协作资金 191 万元。2002 年，县林业部门投入森林生态效益补助资金 953 万元。

2. 企业技改与工业区及项目旅游开发专项支出　1991 年，县级预算安排增值税优惠返回 77 万元。2000 年起，每年年初预算中安排 50 万元作为项目前期经费，用于保障乡镇和县直有关部门开展项目前期准备、招商引资、联内引外工作。

2002 年始，县每年向省争取山区旅游开发建设资金 10 万元，支持编制县域旅游规划、狐狸洞风景区、李家万亩生态农业观光园建设等工作。

2003—2004 年，向省、市争取技改贴息资金、挖改资金专项补助、省支持不发达地区支出等专项资金 186.50 万元，支持企业发展壮大。2004 年，林业集团破产，职工安置补偿金专项支出 300 万元。

2005 年，从土地出让金净收益中安排 300 万元用于金星工业集中小区一、二期工程建设。

3. 交通建设专项资金 1991—1994年，县实施交通“先行工程”建设，资金来源有省市定额补助、省市出台的建设费、山区公路建设还贷基金、公路通行费等，县企事业单位捐款、干部职工捐款和借款，矿产资源公路建设附加费以及向金融机构借款等。至2001年，“先行工程”累计完成投资1.4亿元。县“年百千米农村公路建设”除省市拨款补助外，县财政补助149万元。

（二）城建与城市维护支出

1991年，城市维护支出61万元。1994年，县遭遇特大洪水侵袭，当年城市维护费支出增至139万元。

1995年，持续实施“小县大城关”发展战略，城区规模逐步扩大，城区重心向东、北及西北方向发展，加之文明县城创建工作的深入进行，城市维护费全年支出249万元。1996年后，每年支出均在100万元左右。

2002年，改建龙津广场，基础设施配套费支出18万元，其余从土地出让金收益、泉州共建资金解决；实施长兴中路改建，工程总投资296万元。

2004年，城区实施凤翔街路面改建，东门桥休憩公园建设，长兴北路人行道、碧林北路、长安路改造，凤翔山公园、道路建设等工程，总投资306.7万元，其中财政拨款234万元，水泥850吨。

2005年，投资50万元用于城区夜景工程规划、城区“S”型两岸景观规划、垃圾填埋场前期经费、城区数字化地形测量；预算内拨款25万元用于市容环卫设施和市政基础设施。同年，城市维护费支出124万元。

（三）文教科技卫生体育支出

1. 文化体育支出 1991—2005年，文化、文物、体育3项经费共投入694万元，另体育彩票投入60余万元，其中用于文化馆、图书馆、田径场、健身中心等建设308.9万元。

2. 学校修缮和设备费支出 1994—1997年，全县投入866万元用于学校修缮和设备。2002—2004年，农村小学寄宿制学校建设项目3个，建筑面积3940平方米，总投资195万元，其中省以上财政补助128万元。

2002—2005年，列入中央一、二期危房改造项目22个，总建筑面积2.26万平方米，总投资1398.8万元，其中市以上财政补助638.3万元。

2003—2005年，县财政从农村税费改革教育转移支付资金中安排183万元危改资金，集中社会各界捐资助学236万元，少数民族补助资金15万元，共计434万元投入危房改造和布局调整。

3. 科技三项经费支出 1991—2005年，全县星火科技培训、开发与管理以及新技术项目推广应用等共投入495万元，年均33万元。

4. 计划生育经费支出 1991—2005年，财政投入计划生育经费2011.2万元，平均年投入134.08万元，达到省定人均10元标准要求。

2002—2004年，财政拨付独生子女及二女户等项奖励金60.65万元，受益1202人，为二女户购买农村社会养老保险。

2005年1月起，对农村部分计划生育家庭实行奖励扶助制度，符合对象月享受补贴50元，财政拨付资金6.15万元。

1991—2005年清流县财政支出统计表

表12-3 单位：万元

年份	总支出	一般预算内支出						基金预算支出
		合计	经济建设支出	科教文卫支出	社会保障支出	行政管理支出	其他支出	
1991	2431.4	2431.4	595	832.5	58.5	623.6	321.8	—
1992	2681.4	2681.4	557.2	934.7	70.8	699.9	417.8	—
1993	3757	3757	768	1103	65	1083	738	—
1994	5788	5788	1352	1583	542	1444	867	—

续表 12-3 单位：万元

年 份	总支出	一般预算支出						基金预算支出
		合 计	经济建设支出	科教文卫支出	社会保障支出	行政管理支出	其他支出	
1995	5957	5957	1454	1647	140	1460	1227	—
1996	6677	6677	1453	2032	99	1543	1550	—
1997	7472	7082	1625	2194	319	1650	1294	390
1998	6470	6092	1025	2153	641	1560	713	378
1999	6557	6241	844	2198	710	1537	871	316
2000	7740	7071	971	2454	960	1643	1042	669
2001	8490	7936	1133	2885	1231	1796	889	554
2002	9319	8817	1270	3311	1416	1829	990	502
2003	10040	9883	1192	3703	1610	2054	1340	157
2004	11767	11635	1313	4082	1967	2483	1790	132
2005	13742	13189	1676	4392	2305	2924	1920	553

第四节 财政平衡

一、一般预算平衡

1991 年，清流县执行国家预算管理条例，按照“保吃饭、促稳定、扶重点”原则进行预算安排。确保工资发放、改革顺利进行，挤出资金用于科技、教育、卫生、党建等事业发展。为使预算平衡，调入预算外资金 65 万元。全年县财政一般预算收入总计 2820 万元，完成年初预算 100%，县级财政支出总计 2712 万元，完成调整后预算的 96.8%。

1994 年，实施分税制财税体制改革，加上受“5·2”特大洪灾影响，财政平衡难度大。调整支出结构，采取部分事业单位实行“抵支收入”管理、公费医疗实行医药费与单位、个人挂钩管理办法等措施控制支出。

1995 年，改革乡镇财政管理体制，将收支基数下放乡镇。重新核定包括人头经费在内的各项预算支出；控制用财政资金购买专控商品；完善行政事业单位经费预算包干制，无特殊情况不增加经费；严格会议食宿标准；深化公费医疗改革，节俭开支。全年县财政一般预算收入总计 6303 万元，完成年初预算 103.8%，县级财政支出总计 6185 万元，完成年初预算 101.6%。

1997 年，加强基金收入管理，扩大预算管理范围。年内增发津贴两次，视单位创收能力给予不同比例补助，促使单位将预算内外资金统一调配使用，缓解县财政压力；实行领导干部话费包干使用，节约支出；严格会议审批制度，控制会议标准；加强控购商品管理，控制社会集团购买力。

1999 年，压缩一般性经费开支，按照公共财政要求，重新界定财政资金供应范围，逐步减少对竞争性、经营性领域的财政投资和一般性事业单位的事业费安排。

2002 年，改革预算编制办法，实施部门预算，将预算编制落实到单位具体项目，压缩支出预算规模；对县级预算专项资金实行专项管理审批;确保中央出台的政策性增资兑现及工资、基本养老金发放，保证科技教育、社会保障、再就业工作和重点项目支出。2004 年，增加乡镇支出基数 110 万元，确保乡镇工资发放和机关运转。

2005 年，实行预算内外财力统筹的综合预算，自求平衡。出台《关于农村税费改革转移支付资金管理和使用暂行规定》，确保专项转移支付资金足额到位。及时下达困难乡镇补助、新增村级组织办公经费、村级计划生育管理员补助等转移支付资金。全年县财政一般预算收入总计 15623 万元，完成年初预算 101.9%，县级财政支出总计 13771 万元，完成年初预算 102.2%。

1991—2005年清流县一般财政预算收支平衡表

表 12-4　　　　单位：万元

年度	一般预算收入总计						一般预算支出总计			年终结余		
	总计	县级一般预算收入	上级补助收入	地方政府兑付有价证券本金收入	上年结余	调入资金	总计	县级一般预算支出	上解上级支出	总计	结转下年支出	净结余
1991	2820.50	2090	543.8	—	121.7	65	2712.5	2431.4	281.1	108	81.8	26.2
1992	3085.3	2320.3	611.9	5.1	108	40	2980.4	2681.4	299	104.90	71.1	33.8
1993	4307	3470	672	—	105	60	4163	3757	406	144	35	109
1994	5994	3614	2182	4	144	50	5830	5788	42	164	50	114
1995	6303	4445	1694	—	164	—	6185	5957	228	118	—	118
1996	7049	5351	1580	—	118	—	6931	6677	254	118	—	118
1997	7424	5332	1974	—	118	—	7306	7082	224	118	—	118
1998	6896	4019	1701	—	118	1058	6332	6092	240	564	446	118
1999	7778	3359	2912	—	564	943	6484	6241	243	1294	1176	118
2000	8195	3458	2772	—	1294	671	7346	7071	275	849	708	141
2001	9019	3743	3978	—	849	449	8188	7936	252	831	683	148
2002	9739	3536	4415	—	831	957	8955	8817	138	784	636	148
2003	10862	4021	5565	—	784	492	9935	9883	52	927	779	148
2004	13564	4653	6920	—	927	1064	12209	11635	574	1355	1207	148
2005	15623	4460	8314	—	1355	1494	13771	13189	582	1852	1704	148

清流财力困难，属于财政贴补县。1991—2005年，上级补助累计45834.7万元。其中，体制补助15866万元，专项补助29968.7万元；扣除体制及专项上解4090.1万元，上级净补助41744.6万元。期间，除上级财政补助外，财力仍缺口7343万元，通过调入资金，平衡一般财政预算收入，连续15年实现财政收支平衡。

二、预算外收支平衡

（一）预算外资金收入

1991—2005年，全县预算外资金收入49278万元，占同期全县财政一般预算收入85.15%。其中，财政部门管理预算外收入1393万元；乡镇自筹预算外资金6591万元（不包括1991—1995年未纳入财政管理4024万元）；社会保障基金收入981万元（指1996—1997年纳入财政管理部分）；事业和行政部门管理的预算外资金27.37万元；国有企业及主管部门管理的各种专项资金2810万元。2005年，全县预算外收入3196万元，占当年财政一般预算收入71.34%。

（二）预算外资金支出

1991—2005年，县预算外资金支出47653万元，解缴上级支出854万元，补助下级支出6万元，调出资金1296万元，因结算口径变化调整增减支出2756万元（其中1993年调减2428万元，1996年调减448万元，1998年调减787万元，1997年调增907万元）合计支出52565万元，结余24万元。

三、基金预算平衡

1997年，县财政始有基金收入。至2005年，县级基金预算收入累计完成6525万元，上级基金补助累计844万元，收入合计7369万元。县级基金预算支出3651万元，上解上级财政347万元，累计调出平衡一般预算3199万元，支出合计7197万元。基金预算连续实现收支平衡。

1991—2005年清流县基金预算收支平衡表

表12-5　　单位：万元

年度	基金预算收入				基金预算支出				年终结余
	总计	县级基金预算收入	补助收入	上年结余	总计	县级基金预算支出	上解支出	调出资金	
1997	390	390	—	—	390	390	—	—	—
1998	1125	1091	34	—	1093	378	—	715	32
1999	633	575	26	32	602	316	80	206	31
2000	1109	981	97	31	1074	669	35	370	35
2001	1090	714	341	35	1075	554	72	449	15
2002	707	720	-28	15	702	502	33	167	5
2003	760	717	38	5	534	157	34	343	226
2004	911	588	97	226	867	132	52	683	44
2005	1032	749	239	44	860	553	41	266	172

第三章 税费征收

第一节 分税制前税费征收

一、主要税收

（一）产品税

1991年，县内产品税征收分24类270个税目，最高税率为55%，最低为3%。主要税源为烤烟、卷烟、煤炭、电力、原木、松香等。当年，全县征收产品税776.2万元。

1992—1993年，全县征收产品税税额2366.8万元。1994年，停止征收。

（二）增值税

1991年，县内增值税税源主要为烟草、化工、水泥、矿产品，当年征收增值税151.6万元。至1994年分税制停征时，全县累计征收增值税1284.8万元。

（三）营业税

1991年，全县以商品销售收入或营业收入为计税依据，税率有3%、5%、10%、15%四档。县内营业税征收范围主要包括商业、交通运输、保险、建筑安装、服务等行业。当年，全县征收入库409.8万元。1994年分税制时，全县征收入库321万元。

二、组织收入

1991年，县税务局组织各项税费入库2053.5万元。其中，工商税收1715.5万元，国营企业所得税182.6万元，能源交通基金80.5万元，调节基金58.3万元，教育费附加16.6万元。同年起，县税务局在每年初，将税收收入分解落实到各个税务所和具体税种，按季跟踪考核，确保年度收入任务完成，并在每年3月、4月组织开展年度增值税结算、所得税汇算清缴和税收大检查。1992年，全县组织各项收入2311.93万元。其中，工商税收1982.74万元，国营企业所得税198.55万元，能源交通基金77.55万元，调节基金53.09万元。

1994年，全年工商各税征收2438万元。主要税种为增值税、营业税、企业所得税以及少量的消费税、个人所得税、“两金”和“两附加”，其中增值税约占65%。重点行业是烟草、水泥、化工、矿产品。

第二节 分税制后税费征收

一、国税征收

（一）增值税

1994年起，实施增值税暂行条例，执行增值税两档比例税率，即基本税率17%，低税率13%；另有零税率适用于出口商品。征收率适用于小规模纳税人，按6%征收。1995年，县域初步形成有特色的工业四大支柱产业，第三产业迅猛发展，全县增值税征收入库2080.15万元，占全县国税收入90.83%。1998年，依据条例规定的增值税起征点和商业销售征收率由6%调整为4%，其他保持6%的税率，做好按次纳税与免税。当年，全县增值税征收入库2329.89万元，占全县国税收入89.03%。2003年，根据销售货物的起征点提高额度开展增值税征收，全年入库 2809.05 万元，占全县国税收入 77.57%。2005 年，增值税征收入库 4858 万元，占全县国税收入 86.03%。至 2005 年，全县增值税入库 2.94 亿元，占国税总收入 86.68%。

（二）企业所得税

1. 内资企业所得税　1994 年税制改革，将原国营企业所得税、集体企业所得税和私营企业所得税统一为企业所得税，按 33% 比例税率计征。对年应纳税所得额在 3 万元至 10 万元（含 10 万元）的企业，减按 27% 税率征收，对年应纳税所得额在 3 万元以下（含 3 万元）的企业，减按 18% 税率征收。1995 年，全县企业所得税入库 18.37 万元。2000 年，全县规模以上工业企业增至 16 家。全年缴纳企业所得税 212.32 万元，占全县国税收入 8.83%。2005 年，全县规模以上工业企业 28 家。全年缴纳企业所得税 420.65 万元，占全县国税收入 7.45%。至 2005 年，全县征收入库 2166.43 万元，占国税总收入 6.38%。

2. 外商投资企业和外国企业所得税　1991 年 7 月 1 日开征。1994 年，税法统一所有涉外企业适用的所得税率，设置 33%（包含 3% 地方所得税）、20% 两档基本税率，规定 15%、24% 和 10% 三档优惠税率。1995 年，全县新办外资企业 20 家享受"两免三减半"优惠政策。1998 年，全县规模以上"三资"企业 3 家，开征外商投资企业和外国企业所得税 3.6 万元。2003 年，全县规模以上外资企业增至 4 家，征收"三资"企业所得税 15.95 万元。2005 年，全县规模以上"三资"企业 11 家，征收企业所得税 33.25 万元。全年征收入库"三资"企业所得税 67.78 万元。

（三）个人所得税

1995 年，县国税征收的个人所得税，主要来自居民人民币、外币储蓄存款利息所得。全年征收入库 8.16 万元。1999 年 9 月 30 日，国务院发布《对储蓄存款利息所得征收个人所得税的实施办法》，对储蓄存款利息所得按 20% 的比例税率征收。对个人取得的教育储蓄存款利息所得以及国务院财政部门确定的其他专项储蓄存款或者储蓄性专项基金存款的利息所得，免征个人所得税。是年，全县征收入库 0.53 万元。2000 年，全县征收入库 101.46 万元。2005 年，全县征收入库 188.08 万元，占全县国税收入 3.33%。至 2005 年，全县共征收入库 910.42 万元，占全县国税总收入 2.68%。

（四）消费税

消费税是 1994 年税制改革在流转税中新设置的税种。1995—2005 年，县消费税一部分来自土甜酒制造，税率 10%；一部分来自金银首饰零售，按 5% 比例税率计征，每年入库少则数百元，多则近万元。至 2005 年，全县累计入库 4.16 万元。

（五）车辆购置税

2001 年起，施行车辆购置税暂行条例。县内车辆购置税源以摩托车为主，税率 10%。2001—2004 年，车辆购置税由县交通运管所代征，累计征收入库 304.28 万元。2005 年，改由县国税局自行征收，全年征收入库 120.36 万元，累计入库 424.64 万元。

（六）营业税

1991 年，全县征收营业税 409.8 万元。1995 年，分税制后，清流县国税征收部分主要源于金融、保险企业缴纳的营业税中税率高于 5%的部分，少部分源于保险业。1997—2000 年，营业税收入分别为 68 万元、79 万元、78 万元、60 万元。后随税率下调逐年减少，2001 年 1 月 1 日起，金融、保险业营业税税率由 8%逐年下调 1 个百分点，即 2001 年为 7%，2002 年 6%，2003 年后 5%。4 年中，全县收入分别为 42 万元、18 万元、3 万元（2002 年第四季度产生的税款），在税收总收入中所占比重不超过 5%。2004 年起，未再征收营业税。

（七）城市维护建设税

1991 年，全县以纳税人缴纳的流转税税额为计税依据，纳税人所在地在县、乡（镇）的，税率为 5%；纳税人所在地不在县城或镇的，税率为 1%。全年征收入库城市维护建设税 45.7 万元。1995 年，全县入库 152.09 万元。1997 年起，国税未再征收城市维护建设税。

1995—2005年清流县国税收入统计表

表 12-6　　单位：万元

年度	增值税	消费税	营业税	企业所得税（含外资）			个人所得税	免抵调	车辆购置税	城市维护建设税	房产税	印花税	教育费附加	国家能源交通重点建设基金	国家预算调节基金	其它		合计
				内资	外资	合计										基础设施建设附加费入库累计	社会事业发展费入库	
1995	2080.15	0.68	0.2	18.37	—	18.37	8.16	—	—	152.09	0.52	0.08	25.25	0.29	0.09	4.66	0.05	2290.59
1996	2220.06	0.32	—	8.37	—	8.37	7.94	—	—	50.34	1.49	0.02	74.08	1.28	6.03	41.71	0.01	2411.65
1997	2389.30	0.76	67.64	0.29	—	0.29	—	—	—	—	—	—	4.22	—	—	47.22	—	2509.43
1998	2329.89	0.45	79.21	158.5	3.62	162.12	—	—	—	—	—	—	—	—	—	45.05	—	2616.72
1999	2199.66	0.4	77.75	3.86	—	3.86	0.53	—	—	—	—	—	—	—	—	—	—	2329.62
2000	1999.72	0.56	60.83	212.32	—	212.32	101.46	—	—	—	—	—	—	—	—	30.33	—	2405.22
2001	2200.08	0.31	42.81	69.82	—	69.82	148.17	—	—	—	—	—	—	—	—	—	—	2461.2
2002	2479.58	0.33	17.88	452.15	0.68	452.83	146.8	99.42	—	—	—	—	—	—	—	—	—	3196.84
2003	2809.05	0.23	3.11	382.26	15.95	398.21	155.81	119.65	—	—	—	—	—	—	—	—	—	3486.05
2004	3847.22	0.02	—	473.09	14.28	487.37	169.57	73	—	—	—	—	—	—	—	—	—	4577.2
2005	4858.33	0.1	—	387.4	33.25	420.65	188.08	59.15	120.36	—	—	—	—	—	—	—	—	5646.66

（八）非税基金

1. 国家能源交通重点建设基金　1991 年，以各级行政机关、企事业单位预算外收入和集体、私营企业、个体工商户为征收对象，全县征收入库 80.5 万元。1992 年，全县征收入库 77.54 万元。1994 年停征。1995 年、1996 年的收入为往年清欠入库，分别为 0.29 万元和 1.28 万元。至此，全县共征收入库 159.61 万元。

2. 国家预算调节基金　1991 年，以各级行政机关、企事业单位预算外收入和集体、私营企业、个体工商户为征收对象，全县征收入库 58.34 万元。1992 年，全县征收入库 53.09 万元。1994 年停征。1995 年、1996 年的收入为往年清欠，分别为 0.09 万元和 6.03 万元。至此，全县累计征收入库 117.55 万元。

二、地税征收

（一）流转税类

1991 年，全县营业税征收入库 409.8 万元。1995 年，分税制后，地税部门征收的流转税主要为营业税。按行业特点设置 9 个税目、3 档税率：交通运输业、建筑业、邮电通信业、文化体育业等税率 3%；金融保险业、服务业、转让无形资产、销售不动产等税率 5%；娱乐业为 5% ～ 20% 弹性税率。当年，全县征收流转税 498.02 万元，占地税当年税收收入 51.77%。1997 年 7 月 1 日起，金融业营业税税率提高到 8%，增加的 3% 部分归中央财政收入。当年，全县入库营业税 476.99 万元。2001 年 1 月 1 日起，金融业营业税逐年下调 1%，当年税率调整为 7%。全年入库营业税 455.27 万元；2002 年，入库营业税 699.17 万元。2005 年，全县征收入库营业税 889.15 万元。1995—2005 年，全县共征收入库 6572.77 万元，占地税税收收入 36%。

（二）所得税类

1. 企业所得税　1991 年，全县征收集体企业所得税 107.6 万元、国营企业所得税 170.4 万元、私营企业所得税 9.3 万元。1994 年，税制改革，实行 33% 比例税率。1995 年，全县征收入库企业所得税 439.81 万元，占地税当年税收收入 45.72%。2000 年，全县征收入库企业所得税 208.55 万元。2005 年，全县入库企业所得税 571.27 万元。1995—2005 年，全县共征收入库企业所得税 4055.5 万元，占地税税收收入 22.21%。

2. 个人所得税　1991 年，全县征收个人收入调节税 17.9 万元、城乡个体工商户所得税 9.3 万元；未开征个人所得税。1994 年，将个人所得税、个人收入调节税、城乡个体工商户所得税统一为个人所得税。工资、薪金个人所得税实行 9 级超额累进税率，月扣除额为 800 元；个体工商户的生产、经营所得和企事业单位承包经营、承租经营所得，实行 5 级超额累进税率，劳务报酬所得税率 20%；稿酬所得税率 20%，并按应纳税额减征 30%；特许权使用费所得，利息、股息、红利所得，财产租赁所得、财产转让所得、偶然所得和其他所得均为 20% 比例税率。当年，全县征收入库 88 万元。1995 年，全县征收入库 110.79 万元，占地税当年税收收入 11.52%。2000 年，全县征收入库 506.49 万元。2005 年，全县征收入库 577.96 万元。1995—2005 年，全县共征收入库 4882.05 万元，占地税税收收入 26.73%。

（三）资源税类

1. 资源税　1991 年，向从事应税矿产品的开采单位和个人征收资源税（主要是煤炭）。当年，全县征收资源税 0.6 万元。1994 年，县内煤炭资源税额为每吨 0.5 元，当年征收入库 21 万元。2005 年 5 月起，税额调整为每吨 2.5 元，当年入库 206.31 万元。1995—2005 年，全县共征收入库 767.3 万元。

2. 城镇土地使用税　1994 年，开征城镇土地使用税，当年征收入库 12 万元。1996 年 1 月起，县城土地划分为一、二、三等，每平方米税额分别为 1.2 元、0.8 元、0.6 元，建制镇每平方米 0.3 元。当年，全县征收入库 75.09 万元。2005 年，全县征收入库 19.18 万元。1995—2005 年，全县共征收入库 213 万元。

（四）特定目的税类

1. 城市维护建设税　1991 年，向缴纳增值税、消费税、营业税的单位和个人征收城市维护建设税。县城、建制镇为 5%，非县城、建制镇为 1%。当年，全县征收入库 45.7 万元。1994 年，全县征收入库 89 万元。2005 年，全县入库 172.38 万元。1995—2005 年，全县共征收入库 1193.52 万元。

2. 固定资产投资方向调节税　1991 年，全县征收入库 0.75 万元。1998 年，清流县向在县域内进行固定资产投资的单位和个人征收固定资产投资方向调节税，实行差别比例税率，分别为5%、10%、15%、30%。当年征收入库2万元。

1999年7月起，调整征收标准，当年7月1日至12月31日实行减半征收。是年，全县征收入库3万元。至2000年起停征时，全县共征收入库11.01万元。

3.土地增值税 2002年始，有偿转让国有土地使用权及地上建筑物和其他附着物产权所取得的增值额征收土地增值税，税率分别为30%、40%、50%和60%。当年，全县征收入库2万元。

2005年，全县入库12万元。至2005年，全县累计征收入库土地增值税20.81万元。

（五）财产税类

1、房产税 1991年，依照房产余值计算缴纳房产税的，税率为1.2%；依照房产租金收入计算缴纳的，税率为12%。当年，全县征收入库23.7万元。1995年，全县征收入库50万元。2005年，全县入库140万元。1995—2005年，全县累计征收入库1111.58万元。

2、车船使用税 1991年，向载客（货）汽车、摩托车、三轮汽车、拖拉机和机（非）动船征收车船使用税6.6万元。1995年，全县征收入库10.19万元。2005年，全县征收入库23.36万元。1995—2005年，全县共征收入库221.63万元。

（六）行为税类

1.印花税 1994年始，对经济活动中书立、领受的应税经济凭证征收印花税，税率4档，分别为1‰、0.5‰、0.3‰、0.05‰；权利许可证照及部分营业账簿按件贴花5元。当年，全县征收入库12万元。2005年，全县征收入库55万元。至2005年，全县共征收入库286.48万元。

2.屠宰税 1991年，向屠宰或收购猪、牛、羊等牲畜的单位和个人征收屠宰税，按头定额征收：猪10元、牛15元、羊2元。当年，全县征收入库18.04万元。2002年，全县入库屠宰税41.85万元。2003年，停征屠宰税。全县累计入库屠宰税321.02万元。

3.筵席税 1991年，对境内的饭店、酒店、宾馆、招待所以及其他饮食服务场所举办筵席单位和个人，就其所付金额征收筵席税。当年，全县征收入库0.2万元。至1994年停征时，全县共征收筵席税0.2万元。

（七）农业四税

1.农业税 1991年，全县农业税计税面积1.07万公顷，按1965年普查核定常年产量1.63万吨计征，平均税率10.78%。当年，全县征收63万元，入库50.4万元，税负为全年产量2.04%。

1997年，省财政厅下调农业税计税价格。当年，全县征收142万元，入库113万元。

2000年，大幅度调低粮食定购任务。当年入库86万元。2003年，对历年农业税尾欠实行挂账处理。是年，全县入库39万元。

至2004年，因洪灾毁损及基建等占用耕地，核减耕地面积693.33公顷，农业税计税面积降至1万公顷，并按政策免征县内种植水稻耕地农业税及其附加。全县农业税社会减免累计118.3万千克、灾情减免累计500.6万千克、老区贫困乡优待减免累计5699吨。当年，全县农业税入库50万元。

2005年，全县停征农业税。至此，全县农业税累计征收入库1025.4万元。

2.特产税 1991年，全县征收农林特产税继续延用旧制，执行农林特产税税目及税率（含地方附加）：原木12%，原竹8%，茶叶、笋干、香菇、黑木耳、薪柴5%，水果（含柑橘）6%，松脂、西瓜、药材3%。当年，全县征收入库217.7万元。

1994年，农林特产税改征农业特产税，取消原竹木产品税。当年，全县征收入库993万元，其中征收烟叶特产税209万元。1996年，收购烟叶按收购单位支付给烟农的实际金额，扣除省定奖励金后，计征农业特产税。当年，全县入库1461万元，其中征收烟叶特产税698.8万元。

1997年，农业特产税计税税率从30%调整为20%。当年，全县入库1360万元。

2003年1月，保留烟叶和原木收购环节2个品目的农业特产税，其余品目的农业特产税全部暂缓征收。当年，全县入库1662万元，其中征收烟叶特产税844.3万元。

1995—2005 年清流县地税局征收税费明细表

表 12-7　　　　单位：万元

税种 / 年份	营业税	个人所得税	企业所得税	城市维建税	车船使用税	固投调节税	屠宰税	房产税	土地使用税	印花税	资源税	土地增值税	税收收入合计	教育费附加	教育附加	基建附加费	事业发展费	养老保险费	失业保险费	费金收入合计
1995	498.02	110.79	439.81	130.05	10.19	1.38	18.04	49.47	14.08	8.15	30.11	—	1310.09	7.02	—	51.28	42.26	—	—	100.56
1996	472.78	300.67	500.06	75.09	11.71	3.2	21.1	59.83	19.6	6.86	10.89	0.1	1481.89	8.01	—	22.5	49.22	—	—	79.73
1997	476.99	388.73	523.36	106.07	13.61	1.9	33.37	90.12	21.09	46.82	53.43	0.45	1754.04	61.67	—	15.17	25.27	—	—	102.11
1998	454.43	489.16	181.8	112.11	9.83	1.84	32.89	95.2	17.39	52.75	16.03	0.29	1463.72	72.14	—	12.23	34.09	—	—	118.46
1999	333.89	436.32	221.56	59.73	28.11	2.69	57.81	85.62	14.43	8.37	16.54	—	1265.07	61.4	—	10.71	34.46	—	—	106.57
2000	399.15	506.49	208.55	89.33	28.14	—	60.43	99.82	22.5	16.55	16.73	—	1447.7	59.59	—	8.2	38.42	—	—	106.21
2001	455.27	605.98	457	87.17	25.56	—	53.53	102.18	19.44	17.2	36.53	0.21	1860.08	67.35	—	—	59.61	582.17	71.76	780.89
2002	699.17	459.13	253.47	106.57	18.34	—	41.85	111.17	20.92	19.28	78.49	1.97	1810.35	70.21	23.56	—	12.71	577.94	111.56	795.98
2003	868.15	436.38	415.12	112.08	24.29	—	2	139.12	22.93	23.72	123.42	1.41	2168.59	83.43	25.74	—	0.39	817.16	140.19	1066.91
2004	1025.77	570.44	283.5	142.94	28.49	—	—	139.18	21.81	31.52	147.09	4.19	2394.92	111.78	39.98	—	—	645.46	147.39	944.61
2005	889.15	577.96	571.27	172.38	23.36	—	—	139.87	19.18	55.27	206.31	12.19	2666.92	124.89	49.27	—	—	768.9	150.9	1093.96

2005年，仅对烟叶征收特产税，取消原木收购环节特产税，全年征收烟叶特产税775.3万元。至2005年，全县累计征收入库特产税1.45亿元。

3. 耕地占用税 1991年，全县对占用稻田、农地用于非农业建设的，实行一次性征收耕地占用税，税率为水田4元/平方米、旱地2元/平方米。收入实行省和县分成，其中省分成38.6%。当年县分成入库0.8万元。

1994年，调整分成比例，其中省分成20%。当年县分成入库11万元。

1995年，省分成比例调整为30%，县分成入库58万元。至1998年，全县共分成入库135.9万元。

1999年起，耕地占用税改由县地税局征收。全县税额标准调整至每平方米25元，分成比例调整为省分成20%。

4. 契税 1991年至1997年9月，契税由县财政部门委托房管部门代征，税率6%（其中典当税率为3%），全县共征收入库18.9万元。1997年10月1日起，执行契税暂行条例，征收范围扩大到国有土地划拨，委托县房管部门和国土部门代征，税率3%，当年入库10万元。

2003年11月，省政府取消对国有土地划拨征收契税，将有偿使用土地划入征收范围。当年入库19万元。

2005年，契税由财政部门直接征收。当年征收入库45万元。至2005年，全县共征收入库172.9万元。

1991—2005年清流县农业四税收入统计表

表12-8　　单位：万元

税种 年度	农业税	特产税	耕地占用税	契税	合计
1991	50.4	217.7	0.8	0.2	269.1
1992	50	197.2	1.1	1.7	250
1993	43	220	7	1	271
1994	62	993	11	3	1069
1995	110	1128	58	1	1297
1996	136	1461	41	2	1640
1997	113	1360	7	10	1490
1998	98	961	10	1	1070
1999	97	1006	—	1	1104
2000	86	1091	—	25	1202
2001	36	1040	—	2	1078
2002	55	1053	—	19	1127
2003	39	1662	—	19	1720
2004	50	1305	—	42	1397
2005	0	775.3	—	45	820.3

说明：农业税、特产税、契税由县财政局征收，耕地占用税由县地税局征收

（八）费金征收

1. 教育费附加 1991年，向缴纳增值税、消费税、营业税的单位和个人征收教育费附加，征收率3%，全年征收入库16.7万元。1999年，征收率调整为4%，全年征收入库56万元。

2005年，全县征收入库125万元。至2005年，全县共征收入库727.49万元。

2. 地方教育附加 2002年始，向从事生产经营活动的地方企事业单位和个人征收地方教育附加，征收率1%，当年入库23.56万元。

2005 年，全县征收入库 49.27 万元。至 2005 年，全县共征收入库 138.55 万元。

3. 以工建农资金　1991 年，向全县乡镇企业征收以工建农资金，按其销售（营业）收入的 0.5% 计征，全年征收入库 7.88 万元。至 2001 年 6 月 25 日起停征时，全县共征收入库 7.88 万元。

4. 社会事业发展费　1995 年始，对从事生产经营的单位和个人，依其销售（营业）总额计征，商业批发企业按批发销售总额 1‰征收，其他按销售（营业）总额 2‰征收，当年，全县征收入库 42.26 万元。

2000 年，全县征收入库 38.42 万元。至 2002 年 1 月起停征时，全县共征收入库 296.43 万元。

5. 基础设施建设附加费　1993 年始，全县以纳税人缴纳的增值税、消费税、营业税的税额为计费依据，按实缴增值税、营业税计征的，征收率 5%；按消费税计征的，征收率 2.5%。

1995 年，征收入库 51.28 万元。1999 年，全县征收入库 10.71 万元。至 2000 年 9 月停征时，全县共征收入库 120.09 万元。

6. 基本养老保险基金　1991 年，由企业自行向县社保公司缴纳。基金收支执行"全省统筹、核定收支"管理办法。

2001 年 1 月 1 日起，基本养老保险费改由地税机关征收并直接缴入省金库。对象为城镇各类企业及其职工、城镇个体工商户。缴费基数为：2001 年，缴费单位按其全部职工月工资总额 19% 缴纳，缴费个人按其月工资总额 6% 缴纳。是年，全县入库 582.17 万元。

2002 年，缴费单位按 18% 缴纳，缴费个人按 7% 缴纳。是年，全县入库 577.94 万元。

2004 年起，缴费个人按 8% 缴纳，城镇个体工商户按缴费基数 25% 缴纳。当年，全县入库 645.46 万元。

2005 年，全县入库 768.99 万元。2001—2005 年，全县共征收入库 3391.72 万元。

7. 失业保险基金　1991 年，县内企业直接向县社保公司缴纳。2001 年 1 月 1 日起，失业保险基金由县地税局负责征收并直接缴入省金库。对象为城镇各类企业、事业单位及其职工。缴费基数为：缴费单位按其月工资总额 2% 缴纳，缴费个人按工资总额 1% 缴纳。同年，实行"市级统筹、统一管理、分级负责、适当调剂"的全市失业保险基金管理体制。省集中调剂 8%，市集中调剂 5%，剩余 87% 拨入县财政社保专户，对收不抵支的县（市、区），省市以失业调剂金的形式进行补助。是年，全县征收入库 71.76 万元。

2005 年，全县征收入库 150.9 万元。2001—2005 年，全县共征收入库 621.9 万元。

1994—2005 年清流县地税局税费收入汇总表

表 12-9　　　　单位：万元

年度	各项收入		其中					
	实际入库	增长率	税收收入	增长率	基本养老费	增长率	失业保险费	增长率
1994	1260.6	—	804.9	—	—	—	—	—
1995	1458.1	15.67	961.9	19.51	—	—	—	—
1996	1644.2	12.67	1080	12.28	—	—	—	—
1997	1862.2	13.26	1291.7	19.6	—	—	—	—
1998	1431	-23.16	1311	1.49	—	—	—	—
1999	1374.4	-3.96	1267.8	-3.3	—	—	—	—
2000	1554	13.07	1448	14.21	—	—	—	—
2001	2641.2	69.96	1860.1	28.46	582.17	—	71.76	—
2002	2610.8	-1.15	1810	-2.69	577.94	-0.73	111.56	55.46
2003	3247.6	24.39	2168.7	19.82	817.16	41.39	140.19	25.66
2004	3355.5	3.3	2394.9	10.43	645.46	-26.6	147.39	5.14
2005	3775.7	12.5	2666.9	11.3	768.99	19.14	150.9	2.38

第四章 财税管理

第一节 管理机构

一、财政管理机构

（一）清流县财政局

1991 年，县财政局内设人事秘书股、监察股、预算股、综合计划股、行政事业财务股、农业财务股、农业税征收管理股、工业交通财务股、商粮贸财务股和会计事务管理股。行政编制 16 人，事业编制 38 人，年初实有干部职工 32 人。下设有三明会计师事务所清流办事处，挂靠机构有县税收、财务、物价大检查办公室，县控制社会集团购买力办公室。

1994 年 4 月，成立外经股，与商财股合署办公；撤销三明会计师事务所清流办事处，成立三明清流会计师事务所，属自收自支独立核算事业机构。1995 年 3 月，县成立清产核资领导小组办公室，挂靠县财政局。

1996 年 1 月，县成立城市住房基金管理中心，为自收自支事业单位，挂靠县财政局。同年 9 月，成立县农税稽征所，为隶属县财政局股级事业单位，核定事业编制 6 人，经费为财政核拨。

1997 年 9 月，成立县国有资产投资经营有限公司，为企业化管理股级事业单位，核定事业编制 2 人。同年 10 月，成立县国有资产管理局，为县财政局下属二级局。同年，县财政局机关行政编制 16 人，暂保留使用省、市定财政专项事业编制 20 人，机关工勤人员事业编制 2 人。

1998 年 1 月，县税收、财务、物价大检查办公室撤销。1999 年 4 月，增设基建科。

2000 年 2 月，增设监督检查科。同年 12 月，三明清流会计师事务所改制为三明恒信有限责任会计师事务所，与县财政脱钩，为独立社会中介机构。自收自支事业编制核减 6 人。

2001 年 7 月，成立县政府采购中心，核定自收自支事业编制 1 人。同年 12 月，成立县政府采购委员会办公室，下设办公室，挂靠县财政局。

2002 年 11 月，县机构改革，县财政局内设科（室）改设为办公室、预算、国库、文教行政、经济建设（加挂外经股）、农业、农税、社会保障、企业（加挂“国有资产管理办公室”牌子）、会计、监督检查 11 个股（室）。同时，撤销国有资产管理局。

2002 年，县财政局为政府采购主管部门，负责全县政府采购的管理和监督工作，核定县政府采购委员会办公室事业编制 2 人。核定县税收、财务、物价大检查办公室事业编制 2 人，人员由县财政局内部调剂兼职。同时，撤销县清产核资领导小组办公室。

2003 年 5 月，县城市住房公积金管理中心上划市政府管理，设立三明市住房公积金管理中心清流管理部。

2005 年，成立县国库核算中心，核定事业编制 16 人。核定县国有资产投资经营有限公司事业编制 4 人，核定县农税稽征所事业编制 4 人，增加县政府采购中心编制至 2 人。撤销册籍室、中华会计函授学校清流工作站、清流县城市住房公积金管理中心和财政各类专管员等机构，收回事业编制。

至 2005 年年末，县财政局机关内设办公室（加挂监察室）、预算（加挂综合计划股）、国库、文教行政、经济建设（加挂外经股）、农业、农税、社会保障、企业（加挂“国有资产管理办公室”牌子）、会计、监督检查 11 个股（室），核定行政编制 15 人、工勤事业编制 1 人。所属事业单位有县农业税稽征所，核定事业编制 4 人及县国库核算中心，核定事业编制 16 人；挂靠单位有县政府采购委员会办公室和县政府采购中心，核定事业编制各 2 人；县国有资产投资经营有限公司 ，核定事业编制 4 人；县控制社会集团购买力办公室，核定事业编制 2 人。实有在职干部、职工 36 人。

（二）乡镇财政所

1991 年，全县设乡镇财政所 15 个，行政编制 30 人，省事业编制 20 人，县事业编制 20 人，共计 70 人。当年 1 月，全县乡镇财政所实有干部职工 58 人。

1997 年，乡镇财政农税事业编制划归乡镇人民政府，乡镇财政所编制 62 人。

2002 年，全省实施《福建省乡镇工作纲要（试行）》，乡镇财政所不设独立机构，原财政所行政编制和人员并入乡镇政府，内设农村经济办公室机构；原财政所事业编制和人员转入“乡镇行政执法所”等机构。对外加挂“财政所”牌子。至 2005 年末，全县 15 个乡镇财政所有干部 47 人。

二、税务管理机构

（一）清流县税务局

1991 年，县税务局内设办公室、人教股、征管股、税政股、计划财会股、监察股、稽查队、检察室。下设城关、嵩溪、嵩口、灵地、长校、赖坊税务所和田源、里田、余朋驻征组。全局行政编制 103 人，实有 89 人。其中，在职干部职工 78 人、合同工 11 人。

1994 年税务机构分设前，全局行政编制 94 人，实有人员 98 人。其中，在职干部职工 95 人、合同工 3 人。

（二）清流县国家税务局

1994 年 8 月，成立县国家税务局（简称县国税局），负责中央与地方共享税的征收管理，实行国家税务总局垂直管理的领导体制。内设办公室、人事教育股、计划统计股、监察室、税务检察室、税收政策股、征收管理股 7 个股室，下辖城关、嵩口、嵩溪、灵地 4 个税务所和 1 个直属单位——稽查分局。全局有在职干部 46 人，职工 7 人。同年，增设赖坊所和长校所，城关税务所改制为城关分局，为副科级机构建制。1995 年，计划统计股改称计划财务股。

1997 年，机构调整，县国税局内设办公室、人事教育科、监察室、计划财务科、税政征管科、计算机信息中心等 6 个职能机构；设派驻机构 4 个，分别为城关分局、嵩口分局、嵩溪分局、灵地分局；设直属单位 1 个，即稽查分局。各科、室、分局均为副科级建制。稽查分局改为稽查局。

2001 年 8 月，城关分局分设征收局和管理局，人事教育科和监察室合并为人事监察科，计算机信息中心改为事业单位，均为副科级机构；同时撤并嵩溪分局和灵地分局。

2003 年 9 月，计划财务科的计划职能划归征收局，计划财务科改为财务科，征收局改为计划征收局，管理局改为龙津分局。2004 年 7 月，计划征收局改称计划征收科。2004 年 9 月，税政征管科分设为税政法规科和征收管理科。2005 年 7 月，财务科合并到办公室，税政法规科改称综合业务科，人事监察科分设为人事教育科和监察室，计算机信息中心改称信息中心，龙津分局、嵩口分局分别改称龙津税务分局、嵩口税务分局，除龙津税务分局和嵩口税务分局保留副科级建制外，其余机构均为正股级。

至 2005 年，县国税局内设机构 7 个：办公室、综合业务科、征收管理科、人事教育科、监察室、办税服务厅；直属机构 1 个：稽查局；事业单位 1 个：信息中心；派驻机构 2 个：龙津税务分局和嵩口税务分局。内设机构、直属机构和事业单位均为正股级，派驻机构为副科级。全局有正式干部 50 人。

（三）清流县地方税务局

1994 年 8 月，县税务局分设，成立清流县地方税务局（简称县地税局）。内设办公室、税政管理股、计划财务股、人事教育股、监察股、稽征股（后改称稽征分局、稽查分局、稽查局），下设城关、嵩口、嵩溪、林畲、长校、灵地、赖坊 7 个税务所和田源、余朋 2 个驻征组。全局在职干部职工 43 人。1995 年 5 月，稽征股分设为稽查分局（副科级）和征收管理股。城关税务所改设为副科级分局。1997 年 10 月，成立中介机构——清流县长兴税务师事务所，事业编制。1999 年 1 月，设立信息技术股。2001 年 10 月，实行机构改革。

2005 年年末，局机关内设办公室、人事教育股、监察室、计划财务股、税政社保股、征管法规股、信息技术股；直属机构：稽查局；下设城关、嵩溪、嵩口税务分局和灵地、赖坊、长校税务所。全局行政编制 57 人，工勤人员编制 4 人，在职干部职工 53 人。

第二节 财政管理

一、预算管理

（一）单位经费预算管理

1991年，单位经费预算由县财政部门统一编制，报县人大通过后下达给单位执行。县级财政预算编制实行“定编、定员、定额”的预算包干管理，经费实行“全额包干，超支不补，结余留用”。全额预算管理单位经费安排标准是：人员工资按在册人员工资实际支出数安排；福利费、降温费按在册人数规定标准安排；住房公积金、医保金、失业金等按规定比例安排；公务费按在册人数区分不同单位、不同职务分别核定标准包干使用，行政单位公务费按人均500元标准执行，事业单位公务费按人均300元标准执行，工会费按在册人员工资2%安排。公、检、法、司、公证处单位公务费按一般行政、事业单位人员公务费标准2倍安排。差额（定额）预算管理单位经费安排标准参照全额单位；自收自支单位也参照全额单位标准安排。差旅费开支，执行清流县国家机关事业单位工作人员差旅费开支规定；全县性会议实行“分类管理，集中审批，专项拨款”；通讯工具按定编定额标准实行包干；交通工具按核定车辆包干使用，全县行政事业和公、检、法、司单位车辆运行维护费，按核定车辆数进行安排，处级用车标准为：正处2.5万元／年·辆、副处2万元／年·辆、其他单位用车标准为0.5万元／年·辆，经费在包干指标中支付。其他业务费与上年持平；执法单位办案经费按罚没收入回拨50%～85%安排。其中，公、检、法、司单位按罚没收入回拨85%，用于补充办案和业务费用；财政预算内专项经费，根据单位工作需要和县委、县政府研究项目安排；罚没收入实行收支两条线管理。

1994年，县财政不追加单位超支公用经费，对行政事业单位有预算外收入的实行部分抵支。公、检、法部门业务费（含办案经费）通过罚没收入回拨款解决。1997年，对行政机关和全额预算的事业单位在预算安排上，实行“零基预算”；通讯工具，按照县委办、政府办《关于制定行政机关事业单位领导干部配备使用通讯工具的有关规定的通知》，按标准实行包干；定额电话费、领导住宅电话补贴按核定标准，县领导公务费按原政府规定的标准预算。1998年，县直行政机关公务费定额提高到600元／人·年。

2001年，成立预算编制小组和预算审核小组，执行编审分离制度。2002年，对预算编制办法进行改革，实施部门预算，将预算编制落实到单位具体项目。同年起，部门收支均纳入财务预算，单位支出预算按定员定额和零基预算原则编制。在职人员工资按实际在册人员发放的工资预算；职工福利费行政单位21元／人年、事业单位24元／人·年，降温费38.5元／人·年预算；工会经费按年工资总额（扣除三明地区补贴）2%预算；离退休人员经费按人事社保当年10月发放工资，并按年工资预算；住房公积金按年工资总额（扣除三明地区补贴）3%预算；医疗基金按年工资总额6%预算；事业单位失业保险金按工资总额的2%预算；原实行定项定额补助的事业单位，定项定额补助列入人员经费支出预算。2004年，行政事业单位建立财政供养人员信息管理系统。2005年，县人民法院办案上缴的诉讼费收入纳入财政预算管理，全额返还。

（二）乡镇财政预算管理

1. 预算收入管理 1991年，乡镇财政预算收入主要来源有乡镇、村属企业及个人缴纳的农业税、特产税、产品税、营业税、工商所得税、其他工商税、车船使用税、集体企业奖金税、补税罚没收入、其他收入。其他特产税，超过核定基数的部分，全部留给乡镇。耕地占用税年终单独结算，不参与包干。当年，全县乡镇收入846.7万元。1992年，乡镇财政预算收入范围增加农村集市贸易税、个体工商税收、屠宰税、筵席税、牲畜交易税。同时增加其他收入分成。1993年，耕地占用税不列入乡镇预算收入，作为乡镇考核任务下达。同年，全县乡镇收入1296万元。

1995年，县对乡镇试行分税制财政管理体制。1996年，调整县对乡镇财政预算管理体制。乡镇三项资金（即预算内、预算外、自筹资金）统一纳入财政管理。东华、嵩口、嵩溪分别按300万元、500万元、500万元下达三项资金收入任务，龙津、温郊、林畲、田源、沙芜、余朋按上年三项资金收入决算数增长30%下达，其

1991—2005年清流县乡镇财政收入统计表

表12-10　　　　单位：万元

年份	收入合计	一般预算收入																基金预算收入	预算外收入	自筹资金收入
		小计	其中																	
			龙津	东华	嵩溪	温郊	林畲	嵩口	田源	沙芜	赖坊	余朋	灵地	邓家	李家	长校	里田			
1991	846.7	517.3	49.8	62.7	57.9	39.5	20.1	102.3	23.5	20.4	18.7	52.1	21	6.5	19.3	14.4	9.1	—	99.1	230.3
1992	1027.9	593.2	66.1	70.7	62.4	114.4	23.5	110.8	25.8	23.1	19.1	62.7	27.5	6.8	23.6	16.6	10.1	—	94.5	340.2
1993	1296.3	670.9	70.3	82.4	68.8	49.4	21	138.5	42	27.2	18.8	63.1	24.7	6.5	29.5	18.3	10.4	—	42	212
1994	2065	706	81	85	64	50	53	111	42	31	21	87	28	10	28	32	13	—	209	115
1995	2810	276	68	80	68	44	62	119	30	33	37	64	25	16	24	41	14	—	301	1783
1996	2412	717	99	99	49	38	83	85	30	31	27	51	29	16	26	42	12	—	1695	—
1997	2205	730	126	117	57	35	83	86	34	24	12	53	24	15	22	32	10	159	1316	—
1998	1837	633	120	103	38	27	73	79	26	21	20	47	18	10	19	23	9	362	842	—
1999	1468	414	21	36	26	22	76	50	27	20	15	36	15	13	21	24	12	256	735	—
2000	1058	422	22	39	36	29	68	51	27	16	14	44	8	15	15	27	11	263	823	—
2001	1125	348	19	33	29	17	58	39	24	11	11	35	10	9	14	29	10	150	627	—
2002	1017	160	10	7	17	11	18	20	17	7	7	26	5	3	9	2	1	228	629	—
2003	537	39	31	1	88	56	17	7	151	45	4	80	11	8	14	14	10	—	498	—
2004	206	50	16	6	20	9	6	16	21	17	14	24	16	11	18	9	3	—	156	—
2005	356	—	26	18	24	60	16	17	51	57	—	42	3	4	15	5	18	—	356	—

1991—2005年清流县乡镇财政支出统计表

表12-11　　　　单位：万元

年份	支出合计	一般预算支出																基金预算支出	预算外支出	自筹资金支出
		小计	其中																	
			龙津	东华	嵩溪	温郊	林畲	嵩口	田源	沙芜	赖坊	余朋	灵地	邓家	李家	长校	里田			
1991	1044.1	700.6	18.9	90.3	56.7	26	112.2	63.1	34.6	30.80	38.3	24.8	39.5	24.1	51.5	40.8	49	—	103.3	240.2
1992	1197.8	741.9	26.9	80.8	71.5	30.1	58.1	76.4	35.6	31.7	47.4	33	62.8	34.1	63.3	52.1	38.1	—	108.1	347.8
1993	1499.2	861.1	26.5	86.7	72.8	31.3	68	94.9	40	38.4	79.1	37.5	45.3	39.3	78.7	82.3	40.3	—	119.7	518.4
1994	1925	631	34	57	48	26	40	46	31	31	38	26	47	41	67	49	50	—	199	1095
1995	2688	657	27	48	47	30	41	59	25	32	37	37	39	64	58	49	64	—	271	1760
1996	2634	923	33	100	65	34	100	46	34	58	49	37	59	77	47	79	105	—	1711	—
1997	2518	948	47	87	92	34	72	65	39	42	55	40	68	75	77	66	89	159	1411	—
1998	1931	698	11	32	47	6	27	40	21	13	22	22	21	14	30	40	18	364	869	—
1999	2018	959	62	91	89	27	81	83	51	56	67	34	61	66	58	61	72	314	745	—
2000	1980	860	48	105	87	28	51	83	40	52	55	27	48	55	58	66	54	302	818	—
2001	1833	946	57	90	111	29	65	77	42	51	72	44	56	69	58	78	47	228	659	—
2002	1781	919	60	83	92	40	77	78	38	62	78	31	61	71	54	41	53	226	636	—
2003	1846	1266	84	113	114	45	82	107	62	56	92	46	121	74	92	89	89	34	546	—
2004	1791	1583	110	160	147	46	131	137	77	61	122	33	128	109	114	120	88	52	156	—
2005	2098	1694	122	148	157	55	115	128	62	70	112	193	116	114	97	114	91	48	356	—

余乡镇按上年三项资金收入决算数增长 20% 下达。是年全县乡镇收入 2412 万元。

1999 年，乡（镇）财政固定收入为屠宰税，车船使用税，农业税，生产环节的竹木、松脂特产税及除烤烟外的其他特产税，耕地占用税（70% 部分），契税，集体企业所得税，其他杂项收入。烟叶特产税实行专项结算。当年，全县乡镇收入 1468 万元。2003 年，由于税务机构未按乡镇设置，无法将工商税收下划乡镇。停征屠宰税和部分农业特产税，两税停征转移支付用于补助乡镇 214 万元。当年，全县乡镇收入 1017 万元。2004 年，乡镇级收入只下划农业税。乡镇新上项目新增增值税县级收入部分按 60% 比例专项返还乡镇。农村税费改革转移支付用于补助乡镇财政收入 672 万元。2005 年，取消农业税，各乡镇预算内收入基数为零。

2. 预算支出管理　1991 年，全县乡镇预算支出 1044.1 万元。1993 年，县政府下发《关于 1993 年乡镇财政预算管理体制的具体规定》，确定乡镇预算支出范围为行政管理费、农业事业费、教育事业费、卫生事业费、计划生育事业费、农牧业税征收费、乡（镇）财政经费、其他支出及县政府追回的专项支出。当年，全县乡镇支出 1499.2 万元。

2003 年，县级财政增加乡镇财政支出基数 164 万元，农村税费改革转移支付用于乡镇（含村级）机构运转补助、农村低保共 236 万元。当年，全县乡镇支出 1781 万元。

2004 年，种粮免征农业税政策出台，县级财政增加乡镇财政支出基数 170 万元，增加乡镇烟叶特产税补助 373 万元，农村税费改革转移支付用于乡镇（含村级）机构运转补助、农村低保共 477 万元。

2005 年，农村税费改革转移支付用于村级机构运转补助 256.8 万元，省市两级对清流县困难乡镇补助 90 万元。当年，全县乡镇支出 2098 万元。

二、预算外资金管理

1991 年，预算外资金不纳入国家预算管理，由各乡镇、各部门、各单位自收自支。对行政事业单位管理的预算外资金，原则上按财政部门统一管理，专户存储，专户核算，单位计划，财政审批，银行监督的方式执行。大部分预算外收入用于弥补本单位工资和公用经费。国营企业和主管部门管理的预算外资金、基金及附加收入的预算外资金，按“计划管理，政策引导，专款专用”的原则。各企业、各部门编制年度预算外资金计划和决算，报由财政部门逐级汇总上报。当年，全县预算外资金收入 2749 万元。1993 年，国有企业新旧会计制度转换后，未再纳入预算外资金报表统计范围。年内，执行预算外资金管理，预算外资金收入降至 1830 万元。1996 年，全县加强预算外资金管理，乡镇预算外资金全部纳入财政专户管理。1997 年，财政部门管理的预算外资金改为基金收入。育林基金纳入财政预算外专户管理。当年，全县预算外资金收入 5252 万元。1998 年，社会保障基金实行独立专户管理，不再纳入财政预算外资金收入，当年预算外资金收入降为 3243 万元。2000 年 4 月 1 日起，对预算外资金的收缴方式实行“票款分离、银行代收”，预算外资金收入更加及时，收入规模基本维持在 3400 万元左右。2001 年起，县财政统筹一部分弥补预算内资金不足。2003 年，实行农村税费改革，停止征收乡统筹和村提留，乡镇预算外资金收入随之减少。2005 年，县级预算外资金收入 3196 万元。

三、预算外基金管理

（一）住房公积金归集管理

1996 年 1 月 1 日，县成立住房公积金管理中心，住房公积金实行专户管理。住房公积金缴纳对象为行政和企事业在职干部、职工，按本人基本工资 6% 计算，由个人和单位各出 50% 缴纳。住房公积金用于购房和装修时借贷之用，干部、职工退休或死亡时历年缴纳积存的住房公积金余额如数退还本人。1996—2003 年，全县共归集住房公积金 2845 万元，参缴人数为 5000 人；公积金贷款 387 人，贷款余额 1263.13 万元。同年，机构上收，改名为三明市住房公积金管理中心清流管理部。

（二）售房资金归集管理

1993 年始，全县推行房产改革，到 1997 年推行房改衔接及新一轮房改工作，县财政局重点做好房改资金归集、分配、使用等工作，售房资金实行财政专户管理。至 2005 年，全县累计归集售房款 1636.86 万元。其中，1993—1994年，全县归集售房款547.06万元；1997—1998年，全县归集售房款984.35万元；1999—2005年，全县零星售房归集105.45万元。因一些单位要求退回其单位售房资金作为房改房公共设施部分的维修费用，及个人因计算失误或不参加房改衔接等原因要求退还购房款，累计回拨单位部分售房款163万元，退还单位及个人售房资金468.04万元。至2005年，全县累计结存售房资金1005.8万元。

四、财政周转金管理

周转金采取低息或无息贷款形式发放，贷款期限一般为1年，到期未还应缴纳每月3‰滞纳金。1991年末，县财政周转金放贷余额690.01万元，向上级财政借入周转金余额134.2万元，财政周转金放贷660.55万元。1995年8—11月，开展财政周转金清理回收百日活动，收回到期、逾期周转金528.52万元，占用费62.22万元。

1999年，根据财政部通知，清理取消财政周转金，期间财政周转金只收不贷。2000年1月1日起，不再对所借的财政周转金计收资金占用费。

至2005年底，县本级财政周转金余额845.93万元，向上级财政借入周转金余额640.28万元，放贷财政周转金1457.53万元。

五、粮食专项资金管理

（一）粮食风险调节基金管理

1993年6月始，建立粮食风险调节专项基金，资金来源初期是征粮差价，粮食部门转入资金等。1998年起，粮食风险调节专项基金纳入年度预算安排，省、县按季度拨付到位。1998—1999年，全年风险基金规模为55万元（省25万元，县按1∶1.2配套30万元）。2000年起，年风险基金规模确定为省65万元，县77万元，合计142万元。2004年，将风险基金的使用范围调整扩大为：种粮农民直接补贴；储备粮油利息费用补贴；政策性挂账本金及利息补贴；给予国有粮食购销企业分流人员的适当补助；与农民直补相关的工作经费；其他经省政府批准的粮食方面的政策性支出。至2005年，从粮食风险金项下累计支出（不含2004—2005年种粮补贴资金）689.86万元，其中储备粮利息和费用支出241.46万元。

（二）种粮直补资金管理

从2004年起，全县实行70元/50千克的最低粮食收购保护价政策。对订单售粮的农民每交售50千克粮食直接补贴4元和良种补贴1元。2004年全县订单收购计划5100吨（其中，省级储备粮4000吨，县新增储备1000吨，轮换粮100吨）。年内，省下达直补资金32万元、良种补贴8万元，从县级粮食风险金中安排直补资金8.8万元、良种补贴2.2万元。当年，全县实际收购3027.5吨，兑付资金30.28万元。2005年，全县订单收购计划5000吨（均属省计划），实际完成3166吨，兑付资金31.57万元。

（三）“陈粮”处理

1999年至2003年8月，全县先后分4批处理“陈粮”8666吨，补贴差价73.44万元（省53.55万元，县19.89万元）；处理省内地间定购粮对口调拨中留下省待安排机动粮600吨，省补贴差价71.4万元；政策性周转粮6211吨，补贴差价153万元（省78.6万元，县74.4万元），至此，清流县“老粮”问题全部处理结束，欠农发行的贷款本金、利息全部结清。

（四）“老账”清理

1992年至1998年5月，县粮食购销企业的政策性亏损为916万元，本金消化过渡期初定5年（1999—2003年），后再延期5年（2004—2008年）。实行中央和地方共同贴息，中央财政对各地的贴息按5年逐年递减，每年递减20%，递减到50%为止，中央递减的利息由地方政府负担；地方承担贴息每年递增，递增到50%为止。1999—2005年，县级累计支付贴息164.7万元。

2005年7月始，根据财政部，国家发改委、审计署、粮食局、农业发展银行联合发文，对1998年6月1日至2004年12月31日的国有粮食购销企业粮食财务挂账进行清理的要求，经县相关机构1个多月清理，初步认定亏损占用贷款数额656.49万元。

六、土地专项资金管理

1991 年，县国土资源部门专项资金有行政事业性收费、土地出让金、矿产资源补偿费、耕地开发整理资金等。1997 年起，征收土地出让金。2001 年，县建立土地收储资金，实行土地收储。由县财政借给土地收储中心一定数量的启动资金，其余所需资金主要向银行申请贷款解决。同时由县财政从土地出让净收益中安排部分资金给土地储备中心，扩充土地储备资本金。陆续对原二轻局塑料厂地块、龙津镇蔬菜村下坝段菜地地块、龙翔工业园区 A2 商住用地、国税局长兴中街的旧办公住宅综合楼、林贸宿舍楼等地块进行收储。2004 年，对 2002 年批准立项、当年尚未拨付的耕地开发整理项目资金和 2003 年列入项目计划的省级土地开发整理项目实行“在线监控”，由省配备电脑及相关设备，项目单位及时将项目发生的费用和相关资料按要求录入监控系统。当年实施里田耕地开发整理面积 241.57 公顷，净增土地面积 23.9 公顷。

1997—2005 年，全县累计征收土地出让金 5454.34 万元。成本性支出的范围有补偿支出、前期开发支出、招商支出和融资成本支出。国土部门按规定提取 2% ～ 5% 业务经费。土地出让净收入主要用于城市基础设施建设、土地储备资金。

七、环保专项资金管理

1991 年，县环保部门征收的排污费缴入财政，纳入预算，按专项资金管理，不参与体制分成，作为环境保护补助资金和污染治理专项基金。2003 年，排污费按 1 ∶ 1 ∶ 8 的比例足额分级解缴入库。省下达环境监测设备购置资金 15 万元。2004 年，将结存在各级财政和环保部门的排污费（含有偿使用资金）纳入部门预算，用于弥补环保机构行政、事业经费不足。是年，下达华利养殖场污染治理资金 20 万元。2005 年，利用征收的排污费建立县级环境污染治理资金，用于支持和加强全县环境治理。当年，下达农村污染源生态保护资金 16 万元，从排污费中拨款 10 万元支持省环境监测体系二期工程环境监测站设备购置，拨款 38.25 万元支持城区垃圾填埋场项目前期及环境影响评估工作。

八、国有企业资产管理

（一）管理机构

1991—1997 年，由县财政局工业交通企业财务管理股履行企业财务管理职能。1997 年 10 月，成立县国有资产管理局，同时组建县国有资产投资经营有限公司（国有独资公司），解决政企不分和国家投资主体缺位问题。2002 年 10 月，机构改革，县国有资产管理局撤销，相应职能并入财政局企业股。

2004 年 4 月 9 日，县国有资产投资经营有限公司成立综合财务部、投资管理部、资产管理部，县商业总公司为资产管理部，县水电有限责任公司为投资管理部，过渡时期实行“两块牌子一套人马”。县商业总公司、水电有限责任公司所有人员由县国有资产投资经营有限公司统一调配使用，原身份保留不变，财务实行核定收支、定额上缴管理办法。政府采购中心挂靠投资管理部，办公人员由投资管理部兼职。

（二）清产核资

1995年，全县开展国有企业清产核资工作，清查资产的时间点为3月31日，成立由财政局、清资办、土地局、工行、建行主要领导组成的清产核资领导小组，下设办公室。从经贸局、计划局、工行、建行抽调专人充实清资办力量，举办清产核资业务培训班 3 期，参训 155 人。参与清产核资的国有企业 51 户，清查前资产总额 2.49 亿元，清查后资产总额 2.81 亿元，其中，土地增值 1802 万元，固定资产重估增值 1455 万元。核批的资产损失 545 万元，核实的资金挂账 570 万元。清查后净资产总额 2.67 亿元。其中，土地增值部分 50% 为 901 万元，固定资产重估增值 9167 万元，流动资产 1.66 亿元。

2003 年 7 月 18 日至 10 月 30 日，全县开展行政事业单位清产核资工作。清查资产时间点为 2002 年 12 月 31 日。全县进行清产核资预算单位 140 户。其中，行政单位 59 户，事业单位 77 户（含企业化管理的事业单位 3 户），社会团体 4 户。行政单位清查前固定资产 6420.92 万元，清查后固定资产 6840.54 万元，固定资产净增加 419.62 万元。其中，房屋建筑物类净增加 167.99 万元，交通运输工具类净增加 2.38 万元，通用及专用设备类净增加 249.26 万元。事业单位清查前固定资产 7243.05 万元，清查后固定资产 7166.3 万元，固定资产净损失 76.75 万元。其中，房屋建筑物类净增加 422.81 万元，交通运输工具类净减少 7.18 万元，通用及专用设备类净减少 492.28 万元，土地类净减少 0.1 万元。企业化管理的事业单位清查前固定资产 1169.73 万元、资金 20.26 万元。清查后，企业化管理的事业单位固定资产和资金金额不变。

（三）产权登记

1995 年，全县在进行国有企业清产核资同时，完成 61 家国有企业 1994 年度产权登记年检工作。此后，每年对上年度国有企业产权登记年检。1999 年，完成登记 55 家。此后，随着企业改制的深入，国有企业日益减少。2003 年，完成登记 18 家、注销 7 家。2005 年，完成登记 13 家、调增 2 家、注销 3 家。

（四）投资管理

1996 年 8 月，县政府下发《关于在机构改革中严防国有资产流失的通知》。1997 年 1 月，县政府下发《关于加强出租国有资产管理的通知》。

1998 年 2 月，县政府下发《关于将县合成氨厂等六家企业国有股权委托县国有资产投资经营有限公司持股经营的通知》，将县合成氨厂、化工厂、电力公司、水泥厂、罗口煤矿、医药公司等 6 家国有企业改制为有限责任公司，净资产划归县国有资产投资经营有限公司（以下简称国投公司）管理，国有股权委托其持有并行使股东权利。形成政府国有资产管理局—国投公司—国有控股企业 3 个层次的国有资产管理、监督、运营新模式。

2000 年 8 月，将农机公司资产划入县国投公司统一管理。9 月，三明汽车运输有限公司兼并清流县运输公司，每年向县国投公司缴纳土地租赁费 2 万元。12 月，县医药有限公司国有股加盟三明医药股份有限公司。县国投公司持有福建三明医药股份有限公司 3.66% 股权，股份 96.16 万股。三明医药股份有限公司扩股后总股本为 5000 万元，县国投公司持股权 1.92%。

2001 年 8 月，县鱼龙岗电站、县竹青背电站改制，与厦门优恩电力股份有限公司合作成立清流优恩电力有限公司，县国投公司持股本 480 万元，占 30% 股权。合作参与县关公凹电站建设，成立福建省清流县关公凹电力有限公司，县国投公司持有股本 540 万元，占 30% 股权。

2004 年 4 月，县商业总公司、县水电有限责任公司划归县国投公司直属管理。5 月，县国有资产投资经营有限公司收购县电力有限公司持有的洋背电力公司 29%、海福公司 10%、三龙公司 7.5% 股权，并将县水电有限公司持有上述 3 家公司的股权合并。收购完成后，县国投公司持有洋背电力公司 76%、股本 443 万元；海福公司 10%、股本 20 万元；三龙公司 15% 股权、股本 22 万元。6 月，经县财政部门投资主体划转，县国投公司持有福建三明大厦有限公司股本 150 万元，占 2.28% 股权。

2005 年 6 月，县新华书店改制，加盟福建省新华发行集团，县国投公司持有集团股本 406 万元，占 0.39% 股权。10 月，将县国投公司持有的三明医药股份有限公司 96.16 万股股权，按每股 0.82 元转让给福建省清流县九龙药业有限责任公司，转让收入 78.85 万元，同时将公司代管资产 8.6 万元、国有土地使用权价款 65.72 万元、2003 年三明医药股份公司应分红利 14.42 万元，一并转让给清流九龙药业公司。转让收入用于支付原清流医药公司职工的改制费用 153.69 万元。同年，煤炭金费收支由县矿产品流通管理办公室归入县财政专户管理，至年末，煤炭金费收入 960.74 万元，支出 403.18 万元，结余 557.56 万元。

1998—2005 年，通过加强国有资产运营管理，累计获得投资收益 983 万元。2000—2005 年，全县国有企业改制，实施产权交易项目 33 项，总成交金额 7703.22 万元。

（五）国有控股公司管理

1999 年 5 月，县政府公布《关于清流县国有控股公司管理办法》，实行工资总额与实现利润挂钩。同时，下发《关于向县国有控股企业派出稽察员的通知》，由财政部门向国有控股企业派出稽察员，对国有控股企业财务状况和经营管理情况进行稽察，促使企业加强内部管理，规范财务行为，确保国有资产保值增值。当年，稽察帅风水泥、罗口煤矿、氨盛化工、电力、林业、医药、林产化工有限责任公司和商业、物资总公司等控股企业 9 家，共核增净利润 55.8 万元。12 月，县政府办转发《福建省公物拍卖管理办法》和《关于加强公物拍卖监督管理工作的通知》，决定成立三明市东方拍卖中心清流征集处，归口县商业总公司管理。

2005 年，清理煤炭公司、民用爆破器材专卖有限公司、林业有限责任公司的国有资产收益，清收累欠国有资产占用费共 200 万元。

九、社会福利和保障资金（基金）管理

（一）社会保险基金收支及经费管理

1999 年，社会保险包括基本养老保险（分企业和机关事业）、企业工伤保险、企业生育保险、职工基本医疗保险、失业保险，5 大社会保险基金纳入财政社保专户管理，实行收支两条线，由财政进行监督和管理。机关社保公司业务经费，按征收养老金（含财政安排养老金支出部分）提取包干使用（1998 年前提取 8%，1999—2002 年提取 2%，2002—2005 年提取 1.2%）。医疗保险公司业务经费，1998—2000 年经费均列入县卫生局管理，支出参照县卫生局标准安排；2001—2005 年，医疗保险业务划归县劳动与社会保障局管理，县财政每年安排 12 万元包干使用。医疗保险管理中心机构经费相应独立。劳动就业中心经费，2004 年前为劳动服务公司自收自支单位，经费自筹为主，2005 年改为财政全额拨款事业单位，经费按在册人数总额 30% 安排，其余费用自行解决。

（二）残疾人就业保障金管理

1992 年始，列支残疾人事业费，当年支出 0.7 万元。1994 年，征收残疾人就业保障金 3.2 万元。1996 年，全面执行征收残疾人就业保障金制度，征收单位为残疾人劳动就业服务管理站。征收标准为：（单位在职职工总人数 ×1.60% －已安置残疾人数）× 单位年人均工资总额 ×60%。

2004 年，残疾人就业保障金由地税代征和财政部门代扣，实行收支两条线管理。残疾人就业保障金支出主要方向为：残疾人参加职业培训与教育等补助；促进残疾人就业等扶持费用补助；适当补助残疾人就业服务机构经费开支和奖励为安排残疾人就业工作作出显著成绩的单位和个人；经同级财政部门批准，直接用于残疾人事业的其他开支。1994—2005 年，全县累计征收残疾人就业保障金 208.1 万元，累计支出 145.5 万元。

（三）城乡居民最低生活保障资金管理

1998 年始，实行城市居民最低生活保障制度，保障标准为户月人均 110 元。2002 年，提高到户月人均 143 元。2001—2003 年，农村部分贫困家庭享受低保补助。2004 年，农村低保在全县铺开，每人每月保障标准为 83 元。城乡低保资金由财政按季拨给民政局，而后由民政局拨付到各乡镇民政办，由其发放至各低保户。

（四）下岗再就业资金管理

1998 年，根据省委、省政府《关于做好国有企业下岗职工再就业和深化社会保障制度改革的通知》，建立再就业基金，主要用于国有企业下岗人员的基本生活费和社会保险费用，以及促进再就业经费。资金来源主要为上级再就业资金专项补助。1998—2005 年，全县拨付下岗再就业资金 733 万元。

十、国债资金使用与世界银行贷款项目管理

（一）国债资金使用

1998 年始，使用国债资金。至 2005 年，全县累计使用国债资金 2105 万元，安排建设项目 26 个。国债资金主要使用在城区防洪堤，法院法庭、检察院侦缉楼，姚坊小学、梓材小学、三中、长校中学、温郊中小、余朋中小、里田小学教学楼及长校中小、赖坊中学学生宿舍，大灵线灵地至李家段、赖坊至灵地一二期工程，邓家乡甲子溪流域、灵地镇暗甲溪流域水土流失治理，沙溪防洪一期，城区供水系统改造，县医院传染病房等工程。其中，2003 年利用国债转贷资金 409 万元，修建通村公路 5 条、总长 40.9 千米，5 个项目概算投资 1379 万元。资金使用期限 15 年，第二年起付息，第五年起还本。实际从 2005 年起开始付息，当年付息 10.43 万元。

（二）世界银行贷款项目

1. 世界银行国家造林项目贷款　1991—1997 年，县营林公司先后向世界银行贷款 623.55 万元，配套资金 477.75 万元，贷款期限 25 年（1991—2015 年）。资金主要用于幼林抚育和造林工程。7 年营造世行林项目

面积 4256.1 公顷，占“协议”规定计划面积 121.6%。1998—2004 年，归还世行贷款本金、利息 600.44 万元。

2. 世界银行农村卫生人力开发项目（卫Ⅳ项目）贷款 1994 年 6 月，县卫生局先后向世界银行贷款 134.68 万元，配套资金 38.15 万元，用于改善农村卫生状况、提高基层卫生医疗人员业务素质。贷款期限 15 年（1994—2008 年）；资金主要用于购买医疗器材，土建工程，咨询服务、研究，国外和地方培训。1999—2005 年，归还世行贷款本金 96.57 万元、利息 31.55 万元。

3. 世行贷款 / 英国赠款结核病控制项目 2002 年 12 月，县防疫站向世界银行贷款 25.45 万元，配套资金 23.22 万元，贷款期限 20 年（2002—2022 年），用于建立健全防疫网络、开展培训、病人发现和治疗管理。2003—2005 年，分期贷款 12.75 万元。

十一、控制社会集团购买力与政府采购管理

（一）控制社会集团购买力

1991—1993 年，将小汽车等商品 29 种、布匹及其制品等 3 种共 32 种商品列为社会集团购买力控制审批范围。1994—2000 年，属省审批的有小汽车、摩托车、无线移动电话；属地（市）审批的有大轿车、录像设备、空气调节器；属县（市）审批的有无线寻呼机、各种音响设备和单价在 500 元以上的照相机和放大机。2001 年起，只对小汽车、大轿车、摩托车 3 种机动车辆实行审批。2002 年起，仅对 12 座以下封闭式小汽车实行控购。当年，全县开展小汽车专项清理，主要对象是未经批准擅自购买、资金渠道不当、车辆来源不清、不按规定上牌照、公车私牌等小汽车，查出违控小汽车 4 辆，罚款 3.84 万元，并给予补办控购审批手续。2002—2005 年，县控办转报审批新购小汽车 59 辆，控购金额 1106.94 万元；转让调拨控购小汽车 4 辆，控购金额 30.58 万元。

（二）政府采购管理

2001 年始，办理政府采购业务。同年，成立县政府采购委员会，负责全县政府采购政策的制定、修订和监督执行。县政府制定下发《清流县政府采购资金管理暂行规定》及《清流县 2001 年政府采购目录》。2002 年，建立和完善政府采购、制约、监督“三权分离”机制，设立政府采购资金专户。

2003 年下半年，开通县政府采购网站。全县所有政府采购项目招标、中标信息以及相关法规、制度、文件均通过网站和电视台公告，提高采购工作透明度。11 月，开展全县行政事业单位、社会团体政府采购法执行情况检查。自查上报“未通过政府采购”金额 39.89 万元。重点检查县法院、县公安局、清流一中、县医院、县安监局、县实验小学、县卫生防疫站 7 个单位，发现未通过政府采购项目 4 项，涉及单位 3 个，违纪金额 1.91 万元。12 月，制定 2004 年政府采购集中目录及限额标准，同时规定采购目录之外的项目一次 3000 元，年累计 3 万元以上必须纳入政府采购范围。

2004 年 4 月，出台行政事业单位公务用车定点保险政府采购，全年节约资金 35 万元，资金节约率 50%。9 月，对 31 个单位政府采购法执行情况进行重点检查，发现违法金额 35.77 万元，涉及单位 8 个，处以罚款 1.79 亿元。

2005 年 9 月，出台行政事业单位小车油料政府采购，开展汽车维修政府采购调研工作。同月，开展《政府采购法》贯彻实施情况专项检查。自查上报“未通过政府采购”金额 46.67 万元。重点检查单位 45 个，发现未通过政府采购金额 60.73 万元。2002—2005 年，全县共进行政府集中采购 215 批次，采购预算金额 2301.83 万元，中标价格 1986.89 万元，节约资金 314.94 万元，平均节约率 13.68%。

十二、会计事务管理

（一）会计人员培训和会计达标升级管理

1991 年，贯彻省财政厅关于开展《会计工作达标，升级试行办法实施细则》，采取先培训达标升级标准，再分别进行各单位考核验收方式，提高会计基础工作水平。经考核验收符合财政部试行办法会计基础工资达标标准的国有企业 38 家，达标面 74%；行政事业单位 133 家，达标面 30%。1994 年，组织全县企业会计人员 150 人学习《企业财务通则》《企业会计准则》和分行业财务制度与会计制度。组织代表队参加三明市会计知识竞赛。1995 年，举办会计制度和经济法规短期培训班 1 期，有关单位领导、厂长（经理）和会计人员参训 67 人。1997—1998 年，组织学习培训财政部《会计基础工作规范》，全县参训 1400 人次。1999 年开始，开

展会计电算化培训13期，培训679人。2001—2005年，开展《中华人民共和国会计法》（以下简称《会计法》）、会计制度、企业财务会计报表、会计人员职业道德等各类培训班23期，培训财务人员3648人。

（二）会计从业资格管理

1991年起，实行《会计证管理办法（试行）》。已评定会计员以上（含会计员）会计专业职务任职资格或取得中专以上财经专业学历（含中专及中专专修班）并符合取得会计证基本条件的会计人员，直接颁发会计证；尚未评定会计专业职务任职资格又不具备中专以上财经专业学历的人员，经专业知识考试合格、考核符合基本条件的，为其颁发会计证。1996年，财政部印发新的《会计证管理办法》。

1998年，对在岗人员实行2年1次的年检换证，对未在岗人员发放预备会计证。2000年，取消预备证制度。同年5月，贯彻落实财政部印发《会计从业人员资格管理办法》，规定取得会计从业资格的具体办法。

2004年《行政许可法》颁布，取消会计证年检制度。

2005年，会计从业资格实行考试制度。同年11月，会计从业资格实行信息化管理，所有的会计证换发成IC卡。至年末，全县累计发放会计从业资格证1038本。

（三）会计专业技术职称评定和考试

1991年，助理会计师和会计师考试分预算类和企业类。1992年，经县职称改革领导小组审核通过会计师任职资格9人。会计员和助理会计师由县会计初级职称评委会评审后，报县职称改革领导小组审核同意，确认助理会计师21人、会计员17人。

1999年起，不分会计员、助理会计师考试，统称初级职称和中级职称考试，同时取消预算类和企业类。规定大专以上学历者才能报中级职称，考3科。2000年，中级职称考4科；中专及相当学历者报初级职称，考2科。

至2005年，通过评审和参加全国会计专业技术资格考试获得职称任职资格的累计521人（其中助理会计师129人），其中中级118人，初级403人。

十三、财政监督检查

1991年，牵头成立税收财务物价大检查领导小组，设立财务大检查办公室。每年在各单位自查基础上，组织人员进行重点财务大检查。同年，县政府成立治理“三乱”整顿领导小组，下设由县财政局、物价委、计划委、经贸委和县交警大队人员组成的清理整顿乱收费小组、清理整顿乱罚款小组等专业小组5个，全面清理检查18个执法单位的罚没款收入。

1992年，全县围绕乡财管理、税票管理、农林特产税征收等方面开展财政例行监察，清理整顿全县着装部门16个。

1993年，围绕健全内部约束机制、完善资金管理和加强票证管理开展工作。

1994年，开展清理党政机关占用企业财物工作。全县自查单位80个，占应查单位数100%；调查企业53个，发现4家企业财物分别被8家党政机关占用，被占用资金11.68万元。

1995年3月，针对各乡镇行政事业单位财务管理混乱、核算不规范等问题，进行清理整顿。是年，清理检查全县支农周转金，收回到期、逾期周转金528.52万元，收回占用费62.22万元；开展清理“小金库”工作，自查单位150个，自查违纪金额15.64万元，应交财政30.6万元；重点检查单位37个，查处“小金库”0.58万元。

1997年，配合县政府有关单位开展清理干部违规住房、建房、购房、装修住房等检查。

2000年2月，成立监督检查科。增加乡镇财政内部约束机制建设情况及会计基础工作规范情况监察。

2001年，开展《会计法》执法情况和会计信息质量检查，发放检查表230份，收回165份，抽调13人，分4组对县电力公司、氨盛化工公司、县房管所、防疫站、农业局、县劳动服务公司进行检查，查出违纪金额48.49万元，罚没入库2.54万元。

2002年，开展会计信息质量检查，清理县妇幼所、县建设局及其下属单位和地税局、地税城关分局、清流一中等5个单位违控小汽车。

2003年，开展对预算外资金收支两条线及预算执行情况检查并结合进行单位银行账户年检，撤销单位银行账户52个，调整用途不符账户8个，清理账外资金8799元，完善“部门开票、银行代收、财政管理”的票款分离制度，加强预算外资金管理。同时，对4个单位违控小汽车，处罚入库3.84万元。

2004年，对全县31个行政事业单位政府采购、控购、财政资金使用、预算外资金上缴等情况进行专项检查。发现4个单位使用无会计证人员，处罚金额1.2万元。查处违纪金额139.68万元，处罚金额5.59万元并全部入库。清理整顿全县着装部门17个581人。经过清理，符合着装的部门10个294人，不符合着装的部门7个287人。收回制服27套（由单位封存保管），收回、销毁标志816套。

2005年，联合纪检和审计单位，进行会计信息质量、政府采购、利用职便挤占挪用公款、预算外资金管理、产权交易、财政票据存销等7项专项检查，查出违纪金额119.12万元。

十四、其他财务管理

（一）国库核算工资管理

2000年7月，开展部分全额拨款的行政单位人员工资实行国库统一支付试点，第一批9个单位166人，尔后逐月扩大统一支付范围，到2003年3月纳入统一支付工资范围的有97个单位2983人。2003年4月，国库正式成立。截至2005年12月，国库统发单位96个2981人，实现全额拨款的县直行政、事业单位和中、小学教职工工资全部由国库统一支付。2003年2月，建立乡镇工资专户管理，避免乡镇长期拖欠干部职工工资现象。

（二）国库券与债务管理

1.国库券 1991—1995年，全县发行特种国债、国库券721.56万元，年利率均略高于银行同期存款利息。1996年起，国家决定由金融机构承购包销，不再使用行政手段推销各种国债。

2.债务 至2005年12月31日，清流县债务余额20061.24万元。其中，政府和财政直接借款和担保借款、政策性亏损挂账等债务3306.54万元；县直部门债务6602.22万元；乡（镇）债务10152.98万元。

（三）供销社财务挂账及处理

1999年，县清理核查供销社上报户数11户，由于企业进行改制，供销社财务挂账合并分解落实到4户企业中，分解落实金额682.6万元。其中，中央政策性挂账11.8万元，地方政策性财务挂账134.3万元，经营性财务挂账536.5万元。2002年，对1992年度前县级政策性亏损挂账，由县政府负责解决，在2002—2004年内一次性拨款冲销或分期拨款冲销原挂账金额。对1993—1998年新增的政策性亏损134.3万元，本金部分从2002年开始由地方财政贴息挂账5年，5年后确保落实。

（四）城镇集体企业清产核资

1996年6月，开展城镇集体企业清产核资试点。试点单位为供销系统县以上公司8户，城市信用社1户。试点工作的基本内容为资产清查、价值重估、产权界定、资金核实、产权登记、建章建制等。参加试点的单位清查后所有者权益总额525.9万元。其中，实收资本565.29万元，资本公积119.64万元，盈余公积11.19万元，未分配利润－170.22万元。清出各项资产损失553.64万元（城市信用社由市系统统计），经上报批准核销30.85万元，留待企业以后年度消化522.79万元。价值重估净增值153.45万元。

1997年3月，开展城镇集体企业清产核资的单位有30户。其中，农村信用社系统15户、二轻系统2户、林业系统4户、经贸系统5户、供销系统2户、其他系统2户。清查后所有者权益总额1393.83万元。其中：实收资本2065.64万元，资本公积161.92万元，盈余公积210.79万元，未分配利润－1044.52万元。清出各项损失1503.05万元。

1998年，参加城镇集体企业资产清查的单位有非金属矿粉厂、电力公司工会服务公司、恒利贸易有限公司、物资综合公司、华森贸易公司、矿产公司、余朋供销社、灵地供销社、赖坊供销社、长校供销社、民政印刷厂。清查后所有者权益总额717.37万元。其中：实收资本814.25万元，资本公积0.7万元，盈余公积5.08万元，未分配利润－102.66万元。

至1998年8月，全县参加城镇集体企业清产核资50户，所有者权益总额2637.1万元。其中，实收资本3445.18万元，清出各种损失2056.69万元。

第三节　税收管理

一、分税制前税收管理

（一）征管改革

1991年，县成立征管改革领导小组。县直征所实行征管与检查两分离征管模式，城关税务所实行市场税收双上岗、票款分离，改变以往税收专管员上门催收的现象。同时，加强征管资料规范化建设，按照国营、集体企业22种、个体户20种纳税项目，设立征管资料室，指派专职人员，收集、整理资料，并实行开架管理。

1992—1994年，对全县5个重点税源所全面实行征收与管查分离，税票与发票分离，杜绝税票、发票一人管理、缺乏有效监督的弊端。同时，抓好确定税收目标和核定“双定”基数工作，对小税源、小企业由基层所调查摸底，报县局确定；对大中税源、大中企业，组成工作小组，进企业调查，逐户落实。同年，撰写的文章《两金征管的现状及其对策——兼谈改进两金征管办法，支持改革开放》被《福建税务》第12期刊载。

（二）税务登记、纳税申报

1991年，全县征管户数1014户。其中，国营101户、集体159户、个体754户。全年上门申报纳税率90%以上。其中，国营、集体企业上门申报纳税率100%。1992年，全县征管户数1038户。其中，国营95户、集体159户、个体784户。

（三）发票与减免税管理

1. 发票管理　1991年，将发票使用混乱的企业列入当年税收大检查重点，查处发票违章案件7件，补税0.31万元、罚款0.52万元。1992—1994年，加强发票管理，执行发票印制申报、领用、缴销、库存制度和发票保证金制度，实行用票单位和个体户注册发票管理员办法。成立发票管理站，配备专管员3人，发给注册证书。同时，对企业自印发票作出规定，统一由县税务主管部门集中管理、领用审核。共审批自印发票企业45户、种类26个，印量150万份。同时对保存3年以上的旧版发票存根进行销毁。

2. 减免税管理　1991—1994年，强化“源头控制，层层审核”制约机制，规范退税申请与审核，对减免税企业严格执行先征后退制度。同时实行减免税公开制度，把减免税业主、减免税额张榜公布。其中，经市税务局批复，为明孚硅业有限公司减征1991年度应纳工商统一税50%。

（四）重点税源征管

1991年，确定县烟草公司、东华冶金化工厂、嵩口水泥厂等10户有基础、有后劲企业作为促产增收重点，提供税收优惠政策扶持和信息服务，降低企业生产成本。全县10个促产增收项目新增产值286万元，新增利税62万元。

1992—1994年，支持企业进行技术改造和项目开发。一些企业产品销路好，但生产线技改缺乏资金，税务部门通过对当年税收实行目标管理，核定上缴基数，超过部分用于技改，投入生产后新增产值、税金均成倍增长。

（五）税务稽查

1991年，制定税收大检查具体实施办法，列出重点检查对象7类，发放自查表1050份，派出70余人到企业辅导自查，自查补税6.44万元；派出检查组24个，重点检查纳税单位740户，查补税款68.47万元。同年，全县受理偷抗税案件31件31人。其中，立案12件12人，结案追补税款34.39万元，罚款5.29万元。1992—1994年，重点清理旧欠，控制新欠，开展依法征税活动。3年间，重点检查400户，占应纳税户32%；查补各税和加收滞纳金罚款及“两金”100万元左右。

二、分税制后税收管理

（一）国税管理

1994年，坚持“依法征税，应收尽收、不收过头税，制止和防止越权减免税”原则，实行征收、管理、稽查“三分离”制度，力量向征管、向基层转移，确保税款及时准确入库。重点开展纳税户籍和税源调查清理。全县纳税登记1320户，其中国税、地税共管户929户，含企业275户、个体654户。申报纳税户增至841户。清查漏征漏管户35户，查补、清欠税款204.6万元。

1995年，试行“黄色”申报制度。全县登记征管户793户，其中国有企业83户、股份制企业18户、集体企业193户、个体私营473户、行政事业单位26户。申报纳税898户，个体定额普调基本到位；开展税收大检查，补回税款38.7万元。

1996年始，实行“以纳税申报和优化服务为基础，计算机网络为依托，集中征收，重点稽查”的新的税收征收管理模式。各分局办税服务厅实行“一条龙”服务。落实纳税人自行上门申报纳税，集中征收税款，申报率和税款集中征收率90%。开展税收票证大检查，查核税票62977份，核对发票69本。开展个体税收拉网检查，清查个体工商户300余户，补征税款9.8万元。当年，全县国税收入2290.56万元，其中“两税”（增值税和营业税）入库2199万元。

1997年，强化个体税收定额管理，辅导建账建证工作，开展发票清理检查。实施建安企业购进“三材”情况专项检查，查补税款9万元；结合办理税务登记证工作，清查出漏管户70户，查补税款3.75万元。

1998年，贯彻执行国务院关于小规模商业企业增值税规定。严把一般纳税人年审关，对原有的一般纳税人进行分类管理，确定A类26户，B类28户，C类42户，取消7户原一般纳税人资格。先后开展商业一般纳税人及个体加油站、建筑装潢、汽配、煤炭等行业专项检查，共检查企业34户，个体工商户11户，查补税款、滞纳金、罚款53万元，入库率91%。全年，全县查补税款173万元，罚款加收滞纳金19万元。

1999年，换发各类税务登记证1233户。其中，国有企业80户、集体企业109户、私营企业18户、股份制企业13户、外商投资企业7户、个体1006户。全县开展欠税清理，清回欠税110万元。2000年，引入评估约谈机制，按照测算出的税负峰值指标，综合利用各类数据信息，开展纳税评估。当年，全县评估补税28万元。

2001年，城关分局分设为征收局和管理局。征收局负责全县90%以上税款集中征收。通过日常稽核评税，补征增值税8.12万元，进项转出2.34万元，并对全县1074户纳税户进行税务登记证验证。通过税收保全与强制措施，清理欠税113万元。检查一般纳税人39户（其中市稽查局组织各县交叉检查5户），检查核对专用发票6051份，专项检查查补税款23万元。

2002年，新办企业所得税由国税部门征收，国税收入进入快速增长阶段。当年，全县征收企业所得税452万元，国税收入突破3000万元，达3196.84万元。同时，采取扣押、查封、拍卖或冻结存款扣缴税款等税收保全措施和强制执行措施19次，清理欠税140余万元；查处嵩口燕形活性炭厂偷税案件，查补税款160万元，并将案件移送司法机关处理。

2003年，落实增值税起征点政策。完善个体税收定额管征，开展农村集贸市场专项整治，加强对代征户的监督检查，加强纳税申报和财务报表等审核检查，督促金融企业履行代扣代缴义务。加强税收征管档案规范化管理，分类整理纳税档案295卷。检查胶合板、萤石矿行业纳税户169户，其中立案查处10户，查补税款和滞纳金合计64.22万元。

2004年，通过年审取消一般纳税人资格3户；开展外商投资企业所得税案头逻辑审核，核增外商投资企业应纳税所得额109.6万元，追缴增值税8.52万元；开展“重点企业纳税巡视”活动，掌握重点企业税收政策执行情况；审查清算4户资源综合利用企业和2户民政福利企业上一年度纳税申报，追缴退税款15.84万元；开展纳税评估，加强商贸企业和加油站行业税收管征。检查医药、化工、摩托车经营等行业纳税人46户，查补税款64.05万元，加收滞纳金6.55万元；查获虚开增值税专用发票13份，追缴已抵扣税款18.9万元。

2005年，强化征管模式，推出税收管理员制度，税收管理分片开展，按照征收、管理、稽查分离的原则，接受征收、稽查监督；开展纳税信用等级评定，评定纳税信用A级企业5户、B级222户、C级128户；实行欠税公告制度，公告欠税4户次，欠缴税款50万元，追回欠税25.6万元。检查纳税人46户，查补税款和滞纳金91.06万元。当年，全县国税管征纳税户约2200户，国税收入5646.66万元，比1995年增长1.47倍。

（二）地税管理

1994年，建立申报、代理、稽查“三位一体”的征管体制，加强重点税源管理，健全代征、代扣代缴网络，城关所率先建立纳税申报大厅，运用微机开票。当年，全县地税征管户391户（企业62户、个体329户），征收入库各项税费1260.6万元，其中税收收入804.9万元。全县汇结算238户，占应汇结算户92%。其中，国营92户，集体企业146户，查补各税128.8万元。

1995年，开展“清户”工作，全县登记征管户793户，其中地方税务登记732户，注册登记61户；包括国有企业83户、股份制企业18户、集体企业193户、个体私营473户；行政事业单位26户。按照“集中征收、重点稽查”的新征管模式，在城关、嵩溪、嵩口建立多功能综合办税服务厅，实行税务咨询、税务登记、发票发售、纳税申报、税款征收一条龙服务，向社会推出8项涉税事务承诺，提高办税效率。城镇所在地固定业户申报率100%、农村申报率90%。清理检查服务业统一发票。抽查发票510份，发现套用443份，占抽查发票86.9%，发票联全额是存根联全额5.5倍。涉及个体饮食业、娱乐业43户，查补税及罚款共8.54万元。同年，全县办理退税0.5万元，主要用于支付代征、代扣手续费用。

1996年，做好普通发票换版工作。稽查重点行业26户、征管薄弱环节农村砖瓦厂6户、涉外企业14户，查处群众举报偷逃税案件3件，共查补税罚款47.4万元。全年核发《地方税务登记证》及其副本1559户，核发《地方注册税务登记证》及其副本121户。

1997年，建立健全代征代扣代缴税款网络，建立电力、烟草、邮电、银行代扣代缴网络，对代征单位发放证书。全县共办理委托代征证书56个，年代征代扣税款220万元。结合办理税务登记证工作，清查出漏管户70户，查补税款3.75万元。充实稽查队伍力量，稽查人员占基层一线人数30%，在全县范围内开展日常稽查，重点检查群众举报案件。全年查补税费69.31万元。同时，落实各项税收优惠政策，全年办理减免税27户，减免金额22.58万元。

1998年，开展屠宰税、建筑安装营业税、固定资产投资方向调节税等个税调查，发现建筑安装行业已完工投入使用工程漏税200余万元；全县加强建筑安装工程税收管征，税务机关提前介入，参加工程投标、议标，预付工程款须到税务机关开具正式发票。全年，全县代征各种税费165万元。受企业改制、亚洲金融风暴等影响，入库税款比上年减少23.16%。

1999年，开展清查漏征漏管户拉网检查，与县工商部门协作把好营业执照年检关，查出漏管户47户，查补税款4.13万元，补办税务登记证29户，补税4万元；全年换发各类税务登记证1233户；其中，国有企业80户、集体企业109户、私营企业18户、股份制企业13户、联营企业2户、外商投资企业7户、其他企业33户、个体971户。推行选案、稽查、审理、执行”四分离“税务稽查规范制度，开展“清理欠税”和“以票管税”，对16户纳税户采取税收保全措施，冻结银行账户21户，通过银行扣缴入库税款20万元。

2000年，开展税源普查工作。普查生产、经营场所和写字楼租赁318户，其中自有房产149户、租赁房产169户；普查城镇土地使用116户，核实内资企业应税土地面积49.55万平方米，税额34万元。1999—2000年，全县清缴欠税306.3万元，滞纳金及罚款84.97万元。

2001年，对10户餐饮、娱乐业户税收申报及发票使用情况进行突击检查，查补税款2.2万元。同年，加强社保费申报审核工作，核增应补基本养老保险费36万元、失业保险费5万元，核增参保265人。同年，城镇企业职工基本养老保险费和失业保险费由地方税务机关征收，开展社保费政策宣传、调查摸底、资料采集、基础数据录入、社保费申报审核等项工作，加大社保费征缴力度。当年，全县新增基本养老保险人数347人，失业保险410人，新增收入653.93万元。

2002年，推行银税划缴税款方式，个体定额税收通过农业银行划缴入库。

2003年，建立收入质量考核体系，推进税收征管规范化建设，开展纳税评估、民主评税、纳税信用等级评定、欠税公告工作。全年评定税收定额889户，参评率87.6%，税收定额调高132户、调低65户，月增税款0.3万元；评定纳税信用A级企业5户、B级企业222户、C级企业128户。房地产、能源行业复苏，营业税、房产税、资源税等税种收入大幅增长。

2003年，实行稽查监督卡制度，发放稽查卡40户。同年，全县查处举报案件5起，查补税费47.13万元，1起案件进入司法程序，判处罚金159.57万元，其法人代表被判处有期徒刑3年，缓刑4年。同年，为5户企业办理政策性减免营业税款248.13万元；办理企业财产损失税前列支6户16.62万元；办理企业亏损弥补所得税3户27.18万元；办理企业受“非典”影响减免税费7.05万元；为88户下岗职工和19户残疾人减免税费21.24万元。

2004年，开展非正常户、欠税数据户籍和基础数据清理工作，清理非正常户464户。其中，注销300户；录入欠税户资料24户，发出欠税确认通知书7份，确认欠税91万元。定期与银行、行业管理部门交流相关信息，全年通过评估，查补税款17万元。评定A级纳税信誉等级企业8户、B级111户、C级82户。

2005年，全县地税纳税登记1902户，其中纳税户1675户。纳税户中，国营企业41户、集体企业71户、股份制合作企业10户、联营企业2户、股份公司116户、私营企业83户、其他企业131户、港澳台企业6户、外商投资企业18户、个体经营1197户。实行稽查预告、税务约谈制度，35户稽查对象自行查补税费69.98万元。开展打击虚开货物运输发票和制售假发票违法专项整治行动，检查发票有疑点企业3户，查补欠税14.5万元；提退个人所得税1万元；减免税收收入535万元，其中为民政福利企业减免企业所得税6万元、再就业扶持1万元、其他减免528万元。

至2005年末，县地税部门管征纳税户2046户。其中，纯地税管征户792户，国地税共管户1254户；基本养老保险参保户183户，参保人数6278人；失业保险参保户数242户，参保人数8062人。全年，全县征收入库各项税费3775.7万元，比1995年增长1.67倍。其中，税收收入2666.9万元，增长1.03倍。1994—2005年，地税部门征收入库各项税费26215.3万元，年均递增12%以上。其中，税收收入19065.9万元，各项费金7149.4万元。

三、信息化建设

（一）国税信息化建设

1994年始，计算机信息技术得到全面应用。1997年，税务部门开始从文字处理、税收会计统计等方面扩展到税收征管领域。1998年，各分局计算机逐步配置到位，开票征收环节实行电子化。2000年，县局局域网初步建成，全面推行税收征收管理软件。

2001年7月1日，金税一期工程加入全国联网运行，逐步将增值税专用发票和普通发票纳入防伪税控系统，实现全国联网比对稽核，有效防止虚开增值税专用发票等税收违法犯罪行为。

2003年11月1日，中国税收征收管理软件（CTAIS1.0）上线，包括管理服务、征收监控、税务稽查、税收法制、税务执行和系统维护6大模块，涵盖国、地税管征的所有税收业务流程。实现税收征管数据信息的市局集中。

2004—2005年，推行小规模纳税人定额管理信息系统和公开办税效能监控系统，将税务行政许可、定额管理、办税流程和办税时限全部实行电子化，并向社会公开。

（二）地税信息化建设

1998年5月始，组织16名干部参加全国计算机一级B等级培训，43名干部参加征管业务规程培训。

1999—2000年，加强信息化建设。县局局域网初步建成，基层所单机版软件安装调试完毕。计算机网络与市局局域网联网，税务登记、税种登记、发票核缴、税收统计、税款征收等实现计算机管理。全县纳税人1242户税务登记表、税种登记表数据录入征管信息系统。

2001年，开展“计算机应用年”活动，开通全局电子邮件系统，完成新旧邮件系统转换工作。

2003年，实现涉税服务一站式受理，公文处理自动化、货物运输税收计算机管理。11月1日，中国税收征收管理软件（CTAIS1.0）上线，实现税收征管数据信息市局集中。

2004—2005年，加强网络系统安全管理，做好基层2个分局和1个税务所数据联网，并将税务行政许可、定额管理、办税流程和办税时限全部向社会公开。

卷十三 金 融

1991年，全县有银行、信用社、保险及邮政储蓄等金融机构8家，年末存款余额1.54亿元，贷款余额1.23亿元；全年保费收入305.6万元。1996年，设立中国农业发展银行清流办事处，专门承担国家粮棉油收购的政策性贷款；中国建设银行清流支行、中国农业银行清流县支行、中国工商银行清流支行3家国有专业银行实行资产负债比例和风险管理，转变为国有商业银行；中国人民保险公司清流支公司分业经营，组建中国人民财产保险股份有限公司清流支公司（1998年，更名为中国人民保险公司清流营业部）、中国人民人寿保险股份有限公司清流支公司2家保险公司。

2002年，平安人寿及太平洋人寿、财产保险相继在清流设立营销部。2003年，中国银行业监督管理委员会在清流设立办事处。随着金融体制改革不断深入和地方经济的不断发展，人民收入不断增加，金融部门存贷款余额和保费收入也不断增长。至2005年，全县有银行及办事处、信用社、邮政储汇分局等各类金融机构8家，保险公司及营销部5家。形成以中央银行为核心，国有商业银行为主体，多种金融机构同时并存的格局。全县各金融机构各项存款余额9.83亿元，是1990年的8.9倍。其中，储蓄存款余额7.23亿元，单位存款余额2.59亿元，比1990年分别增长17.16倍和3.36倍；全县各项贷款余额4.68亿元，比1990年增长2.84倍。

2005年，县人寿保险保费收入3150万元。1991—2005年，县财险总保费收入1.68亿元，赔付金额累计3068.7万元。人寿保险与财险保费收入两项合计3574.8万元，比1990年增长16.19倍。

第一章 金融机构与体制

第一节 金融机构

一、监管机构

（一）中国人民银行清流县支行

1991年，中国人民银行清流县支行（简称县人行）内设人秘、会计国库、发行保卫、信贷计划调统、金融监管5个股，员工34人。1996年10月，增设农村合作金融管理股。1998年，内设机构调整为人秘股、营业室、保卫股、综合业务股、合作股。

2001年12月，成立县外汇管理局，局长由县人行行长兼任，实行“两块牌子、一套人马”。2003年，人秘股改为办公室。2004年，内设机构调整为办公室、营业室、保卫股、货币信贷调统股，有员工32人。至2005年未变。

（二）中国银行业监督管理委员会三明监管分局清流办事处

2003年12月，从县人行单独划出成立县银监办，有员工3人，未设股室。至2005年不变。

二、银行机构

（一）中国工商银行股份有限公司清流支行

1991年，中国工商银行清流支行（简称县工行）内设人秘、信贷、计划、储蓄、会计、出纳、保卫8个股室。下辖嵩口、嵩溪分理处和城关、坪背、北门、东门4个储蓄所。1993年，内设办公室、人事、计划、信贷、会计、出纳、储蓄、保卫8个股室，增设东门、三角尾、刘家园储蓄所和房地产信贷部、融信服务公司。1995年，增设对公存款科。1996年，内设机构整合成营业部、业务部和办公室，设有服务网点8个。

1999年后，精简机构，陆续撤销三角尾、刘家园、东门、北门、西山5个储蓄所和融信服务部。2001年，对组织机构进行改革，取消原有的内设机构，配备主管2名，分流人员9人，自谋职业2人，全行正式员工由43人减少至32人。2002年，撤销坪背储蓄所和嵩口分理处。2004年，内设办公室、客户部、业务部。

2005年10月，中国工商银行股份有限公司成立，县工行随之更名，内设综合部、客户部、业务部，员工26人。

（二）中国农业银行清流支行

1991年，中国农业银行清流县支行（简称县农行）内设办公室、人事股、监察室、工会、稽审股、会计出纳股、计划统计股、信贷股、资金组织股、信用合作股、保卫股11个股室，下辖城关、嵩溪、嵩口、灵地、长校、林畲、赖坊7个营业所，以及嵩溪、嵩口、西街、龙津4个储蓄所，全行员工84人。1992年，成立劳动服务部。1993年，内设人教、计财、客户经理、风险资产经营、零售业务、监察保卫、电脑信息、办公室、工会9个股室。2000年后，陆续撤销赖坊、灵地、长校、林畲、城关营业所，仅保留嵩溪、嵩口营业所。2002年，内设调整撤并为综合管理部、财会运营管理部、客户部3个部室。2005年，内设综合管理部、业务经营管理部、风险资产经营部，下辖支行营业部和嵩口、嵩溪营业所，全行员工56人。

（三）中国建设银行股份有限公司清流支行

1991年，中国建设银行清流支行（简称县建行）内设会计出纳股、人秘股、集资股、综合信贷计划股、投资建经股5个股室，下辖嵩口分理处和东门、城关2个储蓄所。1993年后，内设信贷、预算、计财、储蓄、保卫股和办公室。1999年后，陆续撤销进步街、车站、建筑公司、嵩溪、环保、城西6个储蓄所（代办所）。2000年12月，更名为中国建设银行三明市分行清流分理处。2003年9月26日，更名为中国建设银行清流县支行。2004年9月，更名为中国建设银行股份有限公司清流支行（简称县建行）。城区营业场所自助区设自助设备3台。2005年，内设会计储蓄科、综合业务科、保卫科、办公室，员工35人。

（四）中国农业发展银行清流代理组

1996年12月，中国农业发展银行清流代理组（简称县农发行代理组）成立，宁化农发行派驻1人，县农行抽调2人协助开展工作。2005年，有员工3人。

三、非银行金融机构

（一）县邮政储汇分局（邮电储蓄专柜、储汇分局）

1991年，城区有邮政储蓄独立营业厅，乡镇有嵩溪、嵩口、灵地、长校4个储蓄点，共有员工32人。1993年，增设嵩口、嵩溪等邮电储蓄专柜6个，新开长校、余朋邮电储蓄点，并将网点向厂矿、农村延伸。1994年5月，成立长校、西山邮电支局储蓄专柜。同年，对各邮储点实行经营承包，对农村支局实行邮政储蓄委托代办管理办法。1995年，成立邮电储汇分局，缴拨款业务由县人民银行管理。1998年9月，更名为清流邮政储蓄专柜。县邮电分营后，更名为县邮政储汇分局，内设县邮政储蓄及嵩溪、嵩口、灵地、长校、林畲、西山所，有员工45人。2003年2月，成立长兴邮政支局储蓄专柜，邮政储蓄网点增至9个。同年，县邮政储汇分局上划省行，自主运营。2005年，城区设储蓄专柜3个，乡镇设储蓄专柜8个，有员工32人。

（二）信用社

1. 县农村信用联合社 1991年，县农村信用联合社（简称县信用联社）内设业务部、财务部、稽核部、办公室，下辖13个信用社，有员工125人。1996年10月，根据《国务院关于改革农村金融体制的决定》，县信用联社及所辖区各乡镇农村信用社与县农行脱离行政隶属关系，升格为科级机构，内设计划信用卡贷部、财会部、稽核部、人教保卫部、办公室。2000年，县城市信用社并入，同时更名为清流县龙津农村信用社。2005年，改称县农村信用合作联社（简称县信合社），内设有综合部、业务部、财务会计部、风险合规部、监察稽核部、安全保卫部、电脑科技部7个部室，下设营业部和16个营业网点，有员工126人。

2. 清流县城市信用社　1991年，县城市信用社内设信贷股、营业部和人教股，下辖北区、坪背储蓄所，有员工28人。由县人民银行代管。2000年，并入县信用联社。

四、县兴业贷款担保公司

2000年7月，县兴业贷款担保公司成立。2003年1月8日，下岗失业人员小额贷款担保公司成立，挂靠兴业担保公司，属股份制性质，由工商联管理，有担保基金106.2万元，其中政府参股80万元，其余资金来自11个股东。

第二节　金融体制改革

20世纪90年代，为全县金融调控体系转轨时期。县人行贯彻执行国家金融方针与货币政策，掌管发行基金调拨、横向头寸调剂和现金管理，依法对金融业和金融市场进行监督和管理，经理国家金库；维护支付、结算系统的正常运行，负责县域金融业的统计、调查、分析和预测，收购金银和管理金银市场等。1991年，县农行贯彻国家治理整顿、信贷从紧的方针，强化信贷监督职能，实行驻厂信贷员制度，利用信贷杠杆参与加强乡镇企业财务管理，确保信贷资金安全。

1993年，县人行运用再贷款、再贴现等政策调控辖区信用规模。专业银行内部资金管理体制也从“准多级法人制”转向强化“一级法人制”，建立授权授信制度及内控机制；县建行信贷收支全额纳入国家信贷计划体系，开拓金融业务，实现由事业单位管理向企业化经营的转变。同年，全县试行贷款证管理制度，全年发放贷款证122本。

1994年1月起，根据国务院关于深化金融体制改革的决定，县域金融机构加快由国有专业银行向国有商业银行转轨步伐。同时，县人行加强对专业银行管理人员的量化考评和目标稽核，全县企事业单位贷款实行贷款证管理制度。县农行的政策性农业金融业务与商业性农业金融业务相分离，粮、棉、油等政策性农业金融业务转为农业发展银行代理；县建行分离政策性业务、移交财政职能，开始商业化改革进程，探索建立现代金融企业制度；县城市信用社推行资产负债比例管理，加强指标考核，实现政策金融与商业金融分离。全县各行向县农发行代理组划转资产1017万元，并指定专人具体代理业务。

1995年，县人行根据总行授权，负责本辖区金融监督管理，承办有关业务。县建行在对信贷经营管理体制改革的过程中，逐步加大信贷风险管理体系建设。县农行精简机构，撤并储蓄所、偏远营业所，精简员工，实施以利润为中心的业务经营考评机制和个人收入分配制度改革。推进中间业务发展，开办代理保险、银证转账、电子银行、网上银行、国际业务结售汇、本外币理财等服务，疏通货币流通渠道，加快经营机制转型。

1996年，县成立农村金融体制改革领导小组及其办公室。县人行建立风险快速上报制度、金融负责人谈话制度、金融禁区制度、金融机构违规经营亮牌警告制度等，推进县域金融业务发展。县农行根据国务院关于农村金融体制改革的决定，与县信用联社脱钩，农业政策性信贷资金管理业务从农业银行分离到农业发展银行。县信用联社及所辖区各乡镇农村信用社与县农行脱离行政隶属关系，归属县人行管理。县人行完成对县信用联社主任的任职资格审查，落实资本金到位，实行独立经营运作。同年，全县商业行、社撤并储蓄代办所5家、分理处1家，精简富余人员5人。

1997年，县人行专项贷款债券移交农业发展银行三明市支行；取消对商业银行的贷款限额管理，全面推行资产负债比例管理办法，加强各项比例控制。同时，深化农村信用社规范化建设，里田、田源、灵地、邓家、李家5个信用社进行清股扩股，清股2008股，金额3.61万元，扩股2080股，金额6.43万元，占农户81%以上；县信用联社召开第二届股东代表会，成立新一届理（监）事会。当年，全县5个信用社利息收入比增81.5%，减亏30%。1998年，推进商业银行机构改革，开展减员增效。撤并无效益的营业机构，发展中间业务，增强金融服务功能，金融机构设置更趋合理。

1999年，县建行实行五级分类和期限分类双轨运行的监测与考核机制。经过筛选、审查、整理和移交等环节，向信达资产管理公司剥离不良资产。2000年，原县城市信用社归并由县信用联社管理。

2002年，金融系统与政府建立安全指标体系，设置标志性、考核性和监测性指标，并建立目标考核制度，指标完成情况与行长（主任）任职资格挂钩。同年末，县建行实施新的人事与激励约束机制，逐步建立“职务能高能低，员工能进能出，收入能增能减”的管理机制。

2003年，根据中国银行业监督管理委员会和中国人民银行颁布的金融机构反洗钱规定，县人行新增反洗钱、金融稳定、征信管理等三项新职能。同年12月，县银监办从县人行分设成立，履行银行业监督和行业管理职能。

2004年2月，根据修改后的《中华人民共和国中国人民银行法》，县人行职责调整为制定和实施货币政策、维护金融稳定和提供金融服务三大方面。同年，县信用联社被列入全省首批深化农村信用社改革试点县之一。2005年12月，以县级为统一法人的改革完成，正式成立县信合社。

第二章 金融业务

第一节 存　款

一、存款总量

1991年，全县金融机构各项存款1.54亿元，其中，县工行4762万元，占30.96%；县农行4680万元，占30.43%；县信用联社2286万元，占14.86%；县建行1350万元，占8.78%；县人行1049万元，占6.82%；县城市信用社806万元，占5.24%；县邮政储蓄447万元，占2.91%。随着经济体制改革的逐步深化，县内金融机构把“存款立行”作为生存与发展根本，落实承包责任制，实行工资、奖金与任务挂钩，存贷挂钩、多存多贷的管理办法，形成多元化、多渠道组织存款的新格局，存款总量逐年增长。至2005年，全县各金融机构各项存款余额9.83亿元，是1991年的6.39倍。其中，县邮政储蓄2.66亿元，占27.04%；县农行2.50亿元，占25.45%；县信合社2.25亿元，占22.91%；县建行1.48亿元，占15.05%；县工行9363万元，占9.52%。

二、存款类别

（一）单位存款

1991年，县内各金融机构单位存款8306万元。1992年下半年至1993年，受经济过热影响，县内各种形式的集资、投资升温。由于盲目投资，收益低下，致使1994年单位存款徘徊在1992年水平。

1994年，县建行率先抓住清理账户之机，稳住和扩大存款阵地，争取以基本结算账户为主的各类账户。制定对公存款目标考核办法，实行工效挂钩。利用建行信用卡优势，拓展各类代收代缴业务，与县公路稽征所、供电局、广电局、物委等行政执法部门签订代缴罚没款、规费开户协议。同时，抓住县域房改时机，拓宽房改金融业务，组织人员收缴售房款，争取公积金主办业务，带动统一租金专户开设。至1997年，房贷部新增政策性存款136万元，余额达193万元，其中公积金存款新增60万元，余额111万元。县农行成立业务发展部，实施存贷结合，以贷引存。1998年，县工行实行对公存款责任制，采取“盯户、盯人、盯账”办法，加强对重点存款大户公关力度，关注其资金流向，争取新存款部门开户；县建行吸收水电及小型企业新增存

1991—2005年清流县各金融机构存款余额统计表

表13-1　单位：万元

年　份	合　计	县人行	县工行	县农行	县建行	县邮储	农发行	城信社	农信社
1991	15380	1049	4762	4680	1350	447	—	806	2286
1992	19539	1102	5556	5770	2087	792	—	1213	3019
1993	22445	1202	6678	8071	3222	1432	—	1343	3769
1994	27929	589	6901	7374	3740	2151	66	2416	4692
1995	34500	454	7922	8377	5067	3912	241	2849	5678
1996	41142	227	10080	9595	6440	5761	110	2642	6287
1997	45355	177	11184	10795	6556	7207	409	2703	6324
1998	46291	78	9705	12295	5598	8839	439	2261	7076
1999	48473	46	8668	12760	5348	10649	139	3059	7804
2000	49978	96	7517	12894	5991	12043	346	—	11091
2001	58011	117	7774	14886	8275	14394	512	—	12053
2002	64643	112	6876	16251	10227	17039	644	—	13494
2003	73385	180	7716	18602	10030	19379	561	—	16917
2004	84700	9	8662	20902	10524	23506	—	—	21097
2005	98275	16	9363	25010	14795	26575	—	—	22516

说明：城市信用社2000年撤销，业务归并至农村信用社。

1991—2005年清流县各金融机构单位存款余额统计表

表13-2　单位：万元

年　份	合　计	县人行	县工行	县农行	县建行	信用社	农发行
1991	8306	1049	2372	2831	982	1072	—
1992	10128	1102	2550	3573	1422	1481	—
1993	9806	1202	3387	5183	1927	1379	—
1994	10754	589	2810	3611	1993	1685	66
1995	10724	454	2597	3532	2001	1899	241
1996	11323	227	3642	3810	1994	1540	110
1997	11115	177	3599	3712	1760	1458	409
1998	9951	78	2910	3603	1824	1097	439
1999	9674	46	2209	3996	1443	1841	139
2000	10200	96	1989	3536	2158	2075	346
2001	16099	117	3366	4584	5430	2090	512
2002	17176	112	3042	5211	6109	2058	644
2003	17365	180	3440	5629	5116	2439	561
2004	17243	9	3562	5707	5124	2841	—
2005	25944	16	5018	8980	8759	3671	—

款2500万元。2002—2004年，县建行和县农行单位存款均超过5000万元。2005年，全县金融机构单位存款余额2.59亿元，比1991年增长3.12倍。

（二）储蓄存款

1991年，县储蓄存款以定、活期传统业务为主，县农行定期储蓄增加3个月和9个月2个种类，并开办5年期保值储蓄，推动储蓄发展。全县各金融机构储蓄存款余额7074万元，其中，县工行2390万元、县农行1849万元、县建行368万元、县信用联社2020万元、县邮政储蓄447.29万元。1993年，工行牡丹卡、农行金穗卡、建行龙卡代理存取款业务逐步展开。县农行恢复开办3年期以上保值储蓄，同时针对县内出现集资热、房地产热，银行资金外流的现象，增设储蓄网点及服务项目，增聘协储员。先后试办村级储蓄网点13个，增设新垦农场储蓄代办所，年末储蓄余额比增45.06%。县工行开通储蓄存款通存通兑业务，实现全省乃至全国全部储蓄存款业务通存通兑。同时，通过拓宽代发工资面、发行储蓄卡方便存取款、增设自动柜员机、代付代收各种资费和规范化服务，年末储蓄余额比增32.82%。县建行抓住吸储源头，实行储蓄承包责任制、所主任负责制，制定个人揽储办法和奖罚方案，开发代发工资和代收款业务，年末储蓄余额比增35.51%。1995年，县邮政储蓄开展全员协储竞赛，向社会招收协储代办员，同时开办邮储代缴电话费等业务，年末储蓄余额3912.9万元，年净增1761万元，储蓄市场占有率从1992年8%提高到16.45%。1997年，县信用联社立足农村，面向农业，加大内部考核力度，前5个月即超额完成全年任务，各项存款由脱钩时的214万元上升至522万元，年末储蓄余额达7569万元。2001年，受储蓄存款利率下调、开征利息所得税影响，储蓄存款下降。其中县建行年末储蓄存款余额2845万元，同比减少25.7%。2002年，全行动员抓揽储，储蓄存款回升到4118万元。县农行、县工行推行客户经理制，采取绩效工资与部门、个人业绩挂钩办法，发挥金穗卡、银证通、牡丹灵通卡、“e时代”等个人金融结算产品作用，增加储蓄存款。

2005年，受股市和央行加息政策刺激，全县储蓄存款增长，金融机构人民币储蓄存款余额达7.23亿元，是1991年的10.22倍。其中，县建行增长15.4倍，县信合社增长8.58倍，县农行增长7.67倍，县工行增长81.8%。县邮政储蓄总量与增长均位居辖内第一，储蓄存款余额2.66亿元，增长58倍。

1991—2005年清流县各金融机构储蓄存款余额统计表

表13-3　　　　单位：万元

年份	合计	县工行	县农行	县建行	县邮储	县信用社
1991	7074	2390	1849	368	447	2020
1992	9411	3006	2197	665	792	2751
1993	12639	3291	2888	1295	1432	3733
1994	17175	4091	3763	1747	2152	5422
1995	23776	5325	4845	3066	3912	6628
1996	29819	6438	5785	4446	5761	7389
1997	34240	7585	7083	4796	7207	7569
1998	36340	6795	8692	3774	8839	8240
1999	38799	6459	8764	3905	10649	9022
2000	39778	5528	9358	3833	12043	9016
2001	41912	4408	10302	2845	14394	9963
2002	47467	3834	11040	4118	17039	11436
2003	56020	4276	12973	4914	19379	14478
2004	67457	5100	15195	5400	23506	18256
2005	72331	4345	16030	6036	26575	19345

第二节 贷　款

一、贷款总量

1991年，全县金融机构各项贷款1.23亿元。1993年1月1日，清流开始试行贷款证管理制度，当年县人行发放贷款证122本。1994年1月1日起，对全县企事业单位贷款全面实行贷款证管理制度。1995年，县工行新开办房地产信贷业务。1998年，取消对商业银行的贷款限额管理，全面推行资产负债比例管理办法，加强各项比例控制。2003—2005年，由贷款卡取代贷款证。2005年末，全县各项贷款4.01亿元，加上剥离贷款6689万元，实际全县各项贷款余额4.68亿元，比1991年增长3.81倍。

1991—2005年清流县各金融机构贷款余额统计表

表13-4　单位：万元

年份	合计	人行	工行	农行	建行	农发行	城市信用社	农村信用社
1991	12288	439	3198	5993	948	—	285	1425
1992	14728	623	3851	6493	1191	—	645	1925
1993	17445	646	4899	7457	1428	—	754	2261
1994	20691	584	5433	7463	1619	1608	1023	2961
1995	23282	584	5978	8255	1967	1765	1172	3561
1996	30065	454	7694	9252	3778	3534	1134	4219
1997	31677	—	8599	10294	3773	3793	1173	4045
1998	32387	—	9274	10273	3931	3242	1177	4490
1999	31333	—	9239	8410	4098	3826	1115	4645
2000	29751	—	7890	7476	4892	3246	—	6247
2001	34529	—	7227	8563	8342	2758	—	7639
2002	38607	—	6585	9942	8338	2677	—	11065
2003	42581	—	5972	11220	9229	1665	—	14495
2004	45436	—	4881	14952	9853	—	—	15750
2005	40100	—	1760	13607	9287	—	—	15446

二、贷款类别

（一）农业贷款

1991年，县农行、县信用联社全年发放农业贷款721万元。主要用于优先安排计划购进化肥、农药、农膜等农业生产资料。1992年起，县农行农业贷款重点支持粮食、烟叶等种植业及养殖业发展，并发放林业贴息贷款、专项造林贷款。年末农业贷款余额955万元。

1994年，县信用联社坚持转轨不转支农方针，在信贷结构上进行合理调整，对农业贷款不少于各项贷款40%，对信用社社员贷款不少于50%。春季，派出信贷员深入农户调查摸底，合理安排资金，在服务上简化手续，方便农民。对全县5个社（部）信贷资金的使用和管理情况进行检查，对查出的违章违规贷款行为进行严肃处理。

年末农业贷款余额1001万元。

1995年，县农行、县信用联社全年发放农业贷款1139万元，县农行年末余额2121万元。其中，发放山林综合贷款50万元、林业项目贷款130万元、种子公司收购优良种子贷款50万元、烤烟贷款500万元，其他主要用于粮食贷款。1998—2000年，县农行农业贷款主要用于农田水利和农村电网改造。

2000年起，县农行向国有商业银行转变，农业信贷资金适当集中，向支持发展高优农业、种养加工一条龙、农工商一体化集约管理方向转变，累计发放支农贷款2.32亿元，支持粮烟生产、收购，水果“三蜜”(蜜雪梨、水蜜桃、蜜桔）等农副产品生产。2002年起，农业贷款重点支持春耕农资生产、储备与供应的合理资金需求；烤烟、经济作物、渔业等高效农业以及养殖业大户的生产经营。同年，向烟草公司投放烟叶收购贷款5200余万元，支持收购烟叶3900吨。2005年，加大向林业重点项目的拓展，推出优质客户“三优”服务方案。年末，全县农业贷款余额1.18亿元。

（二）工商贷款

1991年，本着收紧信贷、调整机构、扶优限劣、提高效益的原则，全县商业银行、信用社投向工商业贷款余额6203万元，重点支持县碳酸氢氨、结晶硅、松香、萜烯树脂、水泥等主要工业品的生产经营。1994年，县农行、建行分别向“5·2”特大洪灾受灾企业发放救灾贷款527万元、280万元，支持企业恢复生产。

1995年，执行新的贷款政策：新发放的贷款，按照效益优先原则，逐步向效益好、销售收入归行率高、还本付息能力强的企业转移，向新兴产业和有发展前景的支柱产业转移，向经济效益好的地区和新经济增长点转移。对产品积压、效益差、扭亏无望的企业收紧贷款；对挤占挪用流动资金搞房地产、股票交易，用于固定资产投资的企业，坚决收回挤占挪用的贷款。年末，全县工商贷款余额3321万元，比年初增加3922万元。1994—1996年，县信用联社向县水泥厂、合成氨厂、电力公司、余朋胶合板厂等发放企业贷款5000万元。工行全面实行贷款风险度管理，实行审贷分离。成立审贷委员会，实行集体审贷；建立贷款收息制度，强化收息力度。全面推行贷款抵押、担保制度，降低贷款风险。开展企业信用等级评估，为科学决策服务。1994年，各项贷款余额5433万元，1996年为7690万元。

1997年，县建行支持地方中小企业技术改造，提供县水泥厂扩建项目贷款100万元、田源乡煤矿扩改贷款50万元。1998年，县工行根据国家出台加大投入、启动内需的政策，调整信贷结构，盘活资产存量。对电信、自来水等效益好、还贷付息能力强的基础产业给予重点扶持。同时，对县香料厂萜烯苯乙烯等短、平、快的优秀技改项目给予相应投入，支持地方建设。年末贷款余额9274万元，其中，流动资金贷款余额8239万元，固定资产贷款余额897万元。当年，全县工业贷款1亿余元，商业贷款6078万元。1999年，县工行贷款主要支持化工、烟草、林业、县属国有工业、商业等行业。因效益下滑，有效信贷项目少，基本上只收不贷。

2000—2005年，发挥信贷审查委员会的作用，严格执行信贷政策，将贷款质量和效益放在突出位置，优化贷款结构，加大项目贷款投资，加强新增贷款管理，确保新增资产安全。同时，加大不良贷款清收力度，县各家商业银行在县法院配合下对县水泥厂、结晶硅厂等企业进行贷款全面清收，共清收不良贷款1120万元。2005年，全县金融机构工商业贷款年末余额5071万元，其中工业贷款余额4183万元、商业贷款余额888万元。

（三）基本建设贷款

1991年，水电开发贷款成为清流县金融单位贷款的主要组成部分。电力贷款占各项贷款的比重约为20%。年末，全县固定资产贷款余额1607.9万元，其中用于企业技术改造贷款1198.9万元，扶持地方经济开发贷款409万元。

1994年，县农行投放600万元，支持竹青背电站建设。1994—1996年，县建行落实贷款“三查”制度和贷款集体审批制度和借款合同事前稽审工作，防止“前清后积”。3年累计发放贷款5449万元，一半以上贷款投向交通能源等基础设施建设。其中，1996年为县“先行工程”贷款1929万元，占当年全行贷款规模一半以上。

2005年末，全县小水电贷款8446万元。其中，建设银行清流支行贷款3920万元，县农村信用合作社贷款2200万元，农业银行清流支行贷款2000万元，工商银行清流支行贷款526万元。主要支持优恩电力有限公司、明能发电有限公司、关公凹电力公司、供电有限公司等企业。

（四）个人贷款

1993年，县工行成立住房信贷部，推广个人住房贷款业务。至1998年，县工行个人住房贷款余额188万元。同年，县建行利用三明市分行授权，在县各家商业行中率先开办个人住房贷款业务，至年底共发放个人住房贷款86笔160万元。1999年后，县工行新增个人综合消费贷款、个人小额短期信用贷款、国家助学贷款。至2005年末，县工行个人住房和个人消费贷款余额25.5万元；建设银行清流支行个人贷款余额878万元，其中个人住房贷款471万元，个人商业用房贷款149万元，个人汽车消费贷款46万元，个人消费额度贷款174万元，个人质押贷款38万元。

（五）信托贷款

1991年，县工行发放信托贷款4.6万元。1993年，县工行信托贷款余额4万元，县农行新增发放信托贷款4.5万元。1994年以后，县金融机构未再发放信托贷款。

（六）专项贷款

1991年，县人行根据中国人民银行颁发的《专项贷款管理办法》和人民银行福建省分行下发的《专项贷款管理办法实施细则》，向县域商业银行和信用社拨付专项资金，委托发放地方经济开发贷款和投资企业专项贷款。年末，县人行专项贷款余额439万元。1992年、1993年，县人行专项贷款余额分别为623万元、646万元。1994年以后，专项贷款余额开始下降。1994—1995年均为584万元。1996年，专项贷款只收不贷，年末余额454万元。1997年7月起，根据中国人民银行总行规定，取消专项贷款，县人行的专项贷款余额划转县农行、农业发展银行三明分行等金融机构，不再向企业发放专项贷款。

（七）中长期贷款

1991年，县合成氨厂因联醇技改及沸腾炉、煤气发生炉改造需要，办理中长期贷款605万元。

1992—1995年，乡镇企业活跃，发展小水电、矿山等能源企业，县香料厂进行紫罗兰酮项目、开发萜烯树脂生产线，明宇化工有限公司上结晶葡萄糖、山梨醇生产线，合成氨厂、县水泥厂、县人造板厂、县化工厂、上坪煤矿等企业分别进行技改和产品开发，共贷款8995万元，其中竹青背电站建设贷款700万元。

1996年，全县开展"先行工程"建设，对县内重要公路进行路面改造，贷款1929万元。为竹青背电站、刨花板厂等项目建设办理中长期贷款4107万元。

1997—2000年，商业银行进行机构改革，各银行成立资产管理公司，剥离不良资产。在此期间共发放中长期贷款2.23亿元，其中包括农村电网改造、合成氨厂节能降耗暨年产8000吨联醇、香料厂萜烯树脂技改等项目。

2001年，随着国家推行"谁投资谁受益"政策，私人资本大量投入，县域水电开发建设发展迅速。其中由厦门优恩电力有限公司与县政府合资兴建的关公凹水电站贷款4480万元。当年，全县共办理中长期贷款1.17亿元。

2002年，全县加快房地产业发展，同时鼓励干部职工进行合作建房。金融部门开展个人中长期消费贷款（主要是住户贷款）。当年，全县共办理中长期贷款1.39亿元。

2005年，全县继续实施重点项目建设43个、技改项目9项，其中投资超千万元项目3项。全年共办理中长期贷款1.68亿元。

（八）担保公司贷款

2001年始，县人行指导担保公司开展贷款担保业务，办理非公有经济贷款业务115笔，金额672万元。至2002年11月，累计办理担保业务162笔，发放贷款532万元。支持32家企业解决资金困难问题。2003年，根据中央和省市有关失业人员小额贷款担保政策，制定并实施《清流县下岗失业人员小额贷款暂行办法》，设立担保基金10万元。至2005年，拓宽信贷投放领域，担保基金105.2万元，其中兴业贷款担保公司75.2万元，担保贷款余额202.9万元；下岗失业人员担保基金30万元，担保贷款余额16万元。累计为个私经济、非公有经济、个体工商户、国家干部职工提供担保407笔金额959.3万元，担保贷款359.4万元。同时筹建兴林担保公司，支持林业发展，建立担保基金 50 万元，发放林权证抵押贷款 44 万元。

1991—2005 年清流县各金融机构分项贷款余额统计表

表 13-5　　　　单位：万元

年　份	合　计	工业贷款	商业贷款	农业贷款	中长期贷款	农村信用社贷款	城市信用社贷款	其他贷款
1991	12288	4304	1016	97	605	1425	285	5066
1992	14728	5903	1257	1056	1422	1925	645	2520
1993	17445	7797	2859	967	1858	2261	754	949
1994	20691	6791	2626	325	2797	2961	1023	4168
1995	23282	5795	3221	855	2918	3561	1172	5760
1996	30065	7430	3019	3834	6036	4219	1134	4393
1997	31677	8765	4099	4051	5585	4045	1173	3959
1998	32387	10019	6078	2221	6037	4045	—	8032
1999	31333	9450	6619	2233	4997	4490	—	8034
2000	29751	7814	5401	2914	5646	4645	—	7876
2001	34529	7757	4337	3175	11713	6247	—	7547
2002	38607	7208	4277	4807	13888	7639	—	8427
2003	42581	7444	2843	9119	14270	11065	—	8905
2004	45436	6218	1190	11766	13269	14495	—	12993
2005	40100	4183	888	11798	16867	15750	—	6364

说明：1998 年以前信用社贷款单列。1998 年以后实行全科目统计报表，工业、商业、农业和中长期贷款中包含信用社贷款

第三节　其他业务

一、结　算

1991 年，县人行结算方式分异地与同城结算，执行银行汇票、商业汇票、银行本票、支票、汇兑、委托收款异地托收承付等信用支付工具和结算方式。结算账户分为基本账户（包括存款户、往来户，预算户存款户、预算外存款户或其他存款户）、专用账户（专用基金账户、贷款户）、辅助账户。建行结算资金采取划拨存款户划转、联行划拨，先直后横或先横后直办理转汇等办法。同年，成立整顿结算秩序领导小组，组织结算检查 2 次，设立举报电话和举报箱。查出违纪业务 31 笔，金额 261.19 万元，罚款 9000 元。

1992 年，根据支付结算办法和在全市范围内资金汇划采用市辖联行往来的结算方式。增加辖区电话汇款业务，满足辖区银行间资金调拨及时到账。组成结算纪律检查小组，对全县 8 家金融机构进行检查。查阅凭证 280 本、传票 6.61 万张，罚款 4 笔，金额 789.05 元；处罚银行票据交换员 8 人次，金额 27 元；受理结算举报 2 件，金额 1.4 万元。1993 年 7 月起，改变邮政汇兑资金清算办法，由县人行统一清算。随着经济发展，社会对结算账户使用需求越来越大，企事业单位多头开户、个别银行为拉存款随意为存款人开户的情况也不断出现，银行账户开立和使用较为混乱。

1994 年 11 月起，实行新的银行账户管理办法，扩大开立银行账户的存款人范围，企业法人、企业法人

内部独立核算的单位、财政部门、行政机关、事业单位、军队、武警单位、社会团体、私营企业、个体经济户、承包户等均可申请开立基本账户，将存款账户分为基本存款账户、一般存款账户、临时存款账户和专用存款账户等4类，同时规定基本存款账户的唯一性，初步形成银行账户分类管理模式。1994—1997年，县人行组织结算检查25次，查出违规结算业务44笔，违规金额300.4万元，处罚金额6.9万元。

1998年起，支付结算程序几经变动，银行结算规模、业务种类得到长足发展。结算制度经过多次修订和完善，支付结算得到有效监管，结算质量、结算秩序有较大改观。结算方式由原来手工操作逐步转为电子化操作，辖区结算向规范化、法制化发展。

2000年11月，人民银行电子联行到县系统正式运行，加快县人行资金汇划速度，保证金融机构之间的资金及时到账。

2003年，执行中国人民银行发布的人民币银行结算账户管理办法，规范人民币银行结算账户的开立和使用，实行重要账户核准制，加强银行结算账户管理，维护经济金融秩序稳定。同时，在现行账户管理制度体系中通过账户分类管理，强化对存款人真实性审核、对现金存取加以限制等措施。

2005年，全国统一的人民币银行结算账户管理系统在福建省试运行。账户使用规则进一步规范，账户业务办理效率提高，与账户相关的犯罪行为得到遏制。

二、票据交换

1991年，成立县票据交换所，制定《各行、社票据交换评比办法》，进行量化管理。年内组织交换624场、4.24万笔，交换金额2500万元。1994年，组织同城票据交换550场，清算资金16.54亿元，处理联行业务2621笔。1996年，全年坚持每工作日交换2场，交换票据3.4万笔，金额4.92亿元，票据抵用率达92%。2000年，办理同城票据交换543场，金额29.5亿元，票据抵用率达93%。县人民银行为金融机构办理融汇业务456笔，金额1.6亿元。2002年，全县票据交换实施定点、定时、定人，票据当天抵用率91%。2005年，全县清算票据提出业务5.14万笔，金额6.26亿元，当天抵用率91%。

三、再贴现再贷款

（一）再贴现

1993年，县域银行机构开始开办商业汇票再贴现业务。截至1998年，办理再贴现1.03亿元。1997—1999年，全县再贴现业务快速发展，1999年再贴现余额2016万元。2000年起，因商业汇票票源减少，再贴现业务逐渐萎缩，当年余额为1000万元，2001年为600万元，2002年以后停止办理再贴现业务。

（二）再贷款

1991—1997年，县人行对县各专业银行、信用社发放20天到1年期的资金头寸调剂贷款，以满足金融机构的资金需求。1991年、1992年，再贷款余额分别为1800万元、2235万元。1993年，再贷款余额1635万元。1994年以后再贷款发放逐渐减少，至1998年停止。2001年，为支持“三农”经济发展，提升信用社支持“三农”发展的资金能力，县人行开始对信用社发放支农再贷款。年末，支农再贷款余额480万元。此后两年，支农再贷款增长较快，2002年余额800万元，2003年余额1800万元。2004年开始收回，至2005年末余额为0。

四、中间业务

1994年，县农行开始代理农业发展银行业务，主要是代管县内粮食系统存款、粮食购销贷款，为粮食企业提供购销粮食所需资金、结算等服务。1995年始，县各家银行拓展经营领域，先后开办证券代理开办、委托第三方管理，代付工资、代缴水电费，保险代理、基金理财代理等新兴业务，以及实务黄金、纸黄金业务、公司业务等。1997年，县邮储专柜开展代缴话费以及代发工资等业务，当年代理中间业务收入3.2万元。1998年，县工行拓展牡丹卡业务，全年牡丹灵通卡发卡1614张，代理收付款1536.9万元，代发工资单位70个、3699人。2000年后，县各家银行开始代理兴业证券、第三方托管等业务。2002年，县农行开展代收电话费等业务。开展银证合作，介入证券一、二级市场，代理闽发证券银证通业务。当年一级申购资金全行最多时达2660万元，账户300多个。全年发卡量6473张。2003年，县邮储专柜开通银证通代理兴业证券开户业务，当年代理证券开户 23 户；代理销售开放式基金业务，实现申购基金 56 万元。

2005 年，县农行开展的代理业务有代理保险、基金销售业务，代市住房公积金管理中心清流管理部归集住房公积金和住房公积金贷款业务，代理税款划缴、工商行政缴费、卷烟销售款归集等。全年实现中间业务收入 65.05 万元，其中银行卡收入 25 万元、国际结算业务收入 19 万元。县建行实现银行卡、财务顾问、审价咨询、代理保险、代收代付业务收入及支付结算类中间业务收入 45.29 万元。县工行代理中保寿险、商业性财险、电话银行、证券开户、代发工资等业务，实现中间业务收入 31 万元。县邮储专柜开办理财业务，代理销售理财产品 92 万元，累计代理兴业证券开户数 592 户，代理收入 6.5 万元；保险代理业务金额 447 万元；公司业务发展 24 户，余额 435 万元；此外还开展代发工资、电费代缴等业务，代理中间业务收入 7.5 万元。

五、外汇业务

1991—1999 年，县外汇业务较少，县人行主要是按上级要求编制外汇管理工作报表，对“三资”企业开展调查，开展外汇管理宣传和为少量的出口企业发放核销单和出口收汇核销业务。2000 年，办理兑换外币收入 15.72 万元，兑换外汇支出 15.85 万元。2002 年，出口收汇核销监管以核销单为主线，建立出口跟踪监测制度，并通过海关、外汇管理局、税务等部门协作配合，使出口跟踪监测的报关、收汇、核销全过程系统化，减少出口逾期不收汇数量，降低外汇流失风险。2004 年，贯彻外汇管理体制改革各项政策，适度放宽业务限制，对出口成长型企业申请增设外汇结算账户、批量领用核销单和办理批次出口收汇核销业务给予支持，共办理外商投资企业外汇登记 14 家。银行办理结汇 501.11 万美元，其中，居民结汇 8.11 万美元。涉外收入申报累计 193 笔，金额 1845.12 万美元，其中，对公涉外收入 149 笔，金额 1824.79 万美元，对私涉外收入 40 笔，金额 16.75 万美元。2005 年，县外汇管理局开展外商投资企业联合年检，办理外商投资企业年检 8 家，年检率 100%。至 2005 年，全县外商投资企业 26 家，发放出口收汇核销单 818 份，核销 789 份、核销 5397.37 万美元。办理会计师事务所验资询证回函 5 笔，金额 203.02 万美元。

六、国债、国库券代理

1991 年，县财政局组织发行特种国债 14.56 万元，年利率 9%，县财政局和县金融部门代理发行年利率 10% 的国库券 77 万元，完成任务数的 118%。1992 年，县财政局组织县农行、工行、建行代理发行 3 年期国库券 100 万元，年利率 9.5%；金融机构办理国债收款单兑付 5.9 万元。1993 年，县金融机构代理发行 3 年期国库券 200 万元、5 年期国库券 300 万元，年利率分别为 13.96% 和 15.86%；县金融机构办理国债收款单兑付 6.52 万元。1994 年，县金融机构发行 3 年期国库券 100 万元，年利率 13%；办理国债收款单兑付 30.61 万元。1995 年，发行 2 年期国库券 120 万元，年利率 14%；县邮储代理国债业务，销售 6 万元；县金融机构办理国债收款单兑付 45.38 万元。1998 年，县金融机构购买国债 532 万元。1996—2003 年，县金融机构办理国债收款单兑付 60.53 万元。2005 年，县金融机构销售国债 13 万元。

第三章 金融管理

第一节 货币管理

一、货币政策

1991 年，信贷规模计划管理仍是货币管理主要调控手段，采取“条块双层控制”“限额管理、以存定贷”，贷款规模核批办法。通过提高利率，控制通货膨胀。

1993 年，治理金融秩序，货币信贷政策从过去主要依托行政干预逐步向市场化调控方式转变，调整货币政策中介目标，采用再贷款、再贴现等货币政策工具进行调控，加强利率监管，并实施汇率并轨，强化人民银行宏观调控能力。1994 年，将货币供应量列为货币政策控制目标之一，但控制信贷规模仍然是主要手段。

1997 年，实行信贷总量控制，对城乡信用社全面实行资产负债比例管理。调整信贷结构，把支持农业和农村经济发展作为信贷投入重点。支持重点骨干企业的流动资金需要，帮助解决有效益工商企业的资金不足。压缩经营管理不善、产品没有市场、发生经营亏损的企业贷款。

1998 年，按人行总行规定，取消对商业银行的贷款限额管理，全面推行资产负债比例管理办法，加强各项比例监控，灵活运用各种间接调控手段，调整货币供应量。落实央行精神，3 次下调利率水平，调整各小企业贷款浮动幅度，开展利率政策反馈和执法检查，保证利率杠杆作用发挥。调整信贷结构，进一步优化投向。支持粮食和烤烟生产、改制企业流动资金需要、基础设施建设，调减商业贷款，适当增加如国债等其他投资。

1999 年和 2002 年，根据央行政策下调利率 2 次，居民储蓄存款利率为 1.98%。同时扩大贷款利率浮动区间，货币信贷较快增长。

2003 年，上调存款准备金率，实行差别存款准备金率制度；调高存贷利率；加强房地产信贷业务管理；适时对金融机构进行窗口指导；进行利率市场化试点；扩大中间业务范围，疏通货币流通渠道，加快经营机制转型。2005 年 7 月，开始实行“以市场供求为基础、参考一篮子货币进行调节、有管理的浮动汇率制度”。

二、货币、纪念币发行

（一）纸币发行

1991 年，县内市场第二、三、四套人民币同时流通，主币有面额壹元、贰元、伍元、拾元、伍拾元、壹佰元 6 种券别和 11 个版别，辅币有面额壹角、贰角、伍角 3 种券别和 3 个版别。1992 年 4 月、1993 年 3 月、1995 年，银行先后对 1962 年版的贰角和壹角券、1960 年版的贰元券和 1972 年版的伍角券只收不付。1995 年，县内各银行对 1960 年版的壹元券只收不兑。1996 年 3 月，对 1965 年版的拾元券只收不兑。1999 年 10 月，发行第五套人民币，增加 20 元票面的券种，有壹佰元、伍拾元、贰拾元、拾元、伍元、壹元纸币和伍角、壹角硬币 8 个券种。

2000 年 7 月，拾元、伍元、贰元、壹元、伍角、贰角、壹角面额的第三套人民币纸币全部退出县内流通领域。2005 年 12 月，第四、五套人民币继续在县内市场混合流通使用。纸币面额为壹角、贰角、伍角、壹元、贰元、伍元、拾元、贰拾、伍拾、壹佰元 10 种。

（二）金属铸币

1991 年，县内市场流通的金属铸币有壹分、贰分、伍分、壹角、伍角、壹元等 6 种面额，与纸币同时流通。1992 年 6 月起，第四套人民币中的壹角、伍角、壹元 3 种面额的铸币陆续在县域开始流通。1991—1996 年，县内流通有不同年号的壹分硬币 27 枚、贰分硬币 27 枚、伍分硬币 19 枚和壹角、壹元人民币金属铸币 18 枚。2000 年 7 月，县内市场停止流通壹角、贰角、伍角、壹元的第三套人民币金属铸币。2003 年，“1979 年版”伍分，“1980 年版”贰分、伍分和“1981 年版”壹分、伍分等 5 种硬币相继退出流通领域，进入收藏领域。2004—2005 年，县内流通的铸币主要有“1991 年版”和“1999 年版”的壹元硬币、“1991 年版”和“2002 年版”的伍角硬币、“1991 年版”和“1999 年版”的壹角硬币。

（三）纪念币

1991 年，县内先后发行全民义务植树十周年、中国共产党成立七十周年、第一届世界女子足球锦标赛 3 套分别为 3 枚、3 枚、2 枚面值壹元纪念币。至 1994 年，又先后发行人物肖像和珍稀野生动物图案系列银制纪念硬币。1995—1999 年，先后发行反法西斯战争胜利 50 周年、联合国成立 50 周年、香港和澳门回归祖国流通纪念币、宪法修正案颁布、全国政协成立 50 周年和体育竞赛等银制纪念币。1999 年 9 月，中国人民银行首次发行“新中国成立 50 周年纪念钞”，面值伍拾元。清流发行 8000 张。

2000 年 11 月，发行面额拾元的“迎接新世纪”纪念币。发行“迎接新世纪”面值壹佰元塑料纪念钞，乃国内首次发行的塑料钞票，清流发行 600 张。2001 年 5 月，发行面额 1 元的西藏和平解放 50 周年纪念币；

9月，发行面额伍元的“辛亥革命90周年”纪念币。2002年10月，发行面额伍元的“世界文化遗产——万里长城”和“世界文化遗产——秦始皇陵兵马俑坑”纪念币。

2003年，中国人民银行发行首枚羊年生肖纪念币，每枚面值壹元，与现行人民币等值流通。9月，发行面额伍元的“中国宝岛台湾——朝天宫”和“中国宝岛台湾——赤嵌楼”纪念币；11月，发行面额伍元的“世界文化遗产——曲阜孔庙孔林孔府”和“世界文化遗产——明清故宫”纪念币。

2004年5月，发行面额伍元的“中国宝岛台湾——鹅銮鼻”和“中国宝岛台湾——日月潭”纪念币。8月，发行面额壹元的“邓小平诞辰100周年”纪念币。9月，发行面额壹元的“人民代表大会成立50周年”纪念币。11月，发行面额伍元的“世界文化遗产——苏州古典园林”和“世界文化遗产——周口店”纪念币。

1991—2005年，全县共发行流通纪念币30套40种。其中，发行羊年、猴年、鸡年生肖纪念币3种。

三、反假币

1991年，县人行抓好反假币基础工作，举办以银行专业人员为主，公安、工商等部门有关人员参与的反假币技术培训班2期，提高其识别假币技能。对银行系统柜台收款人员在收款中发现拾元及拾元以下面额假币，每张奖励5元；发现伍拾元、壹佰元大面额假币，每张奖励10元。

1992年，发现各类伪变假币187张，金额2765元。1993年，县人行举办反假币培训班，协助公安部门侦破假币案，鉴别假币3张、150元。全年收缴假币312张，涉及金额1.04万元。

1996年，建立反假币联席会议制度，实现金融报警系统与县公安局110联网，抓好“三防一保”（防抢劫、防盗窃、防诈骗，保护金融资产安全）工作，增强系统安全防范能力。至1999年，累计举办反假币培训班3期，发放反假币宣传材料1.1万张，举办反假咨询活动30场次，收缴假币1067张，涉及金额4.39万元。

2001年，组织出纳人员上岗考试3期，成绩合格者发给出纳人员上岗证书。2004年，做好第5套1元纸币发行宣传工作，全县推行《反假币持证上岗管理办法》。全年收缴假币611张，涉及金额4.63万元。

2003年，查处嵩口农村信用社田源分社发现假币不作为行为，给予全县通报并处罚款1000元。

2005年，开展反假币宣传与法制宣传相结合、爱护人民币宣传与鉴别真假币技术培训相结合、金融机构上街宣传与新闻媒体宣传相结合、反假宣传与金融服务相结合活动，全年收缴假币437张，涉及金额3.59万元。至2005年，全县共收缴假币3683张，面值6.24万元。

第二节 现金管理

一、管理制度

1991—1995年，全县现金流通及管理相对平稳。1996年后，随着市场经济的发展，现金收支日益活跃，给抑制通货膨胀造成一定压力。同年，全县现金净投放突破1亿元大关，现金回笼明显偏慢。

1997年，加强现金管理，县人行核定大额现金数量标准为5万元，开户银行实行由现金管理人员、部门负责人、分管行长三级审批制，建立台账，实行逐笔登记，并于每季度后10日内报送县人行备案。县人行每月分析研究现金收支的新特点、新情况、新问题，并上报省人行。同年起，执行中国人民银行关于大额现金支付管理的通知，规定对日一次性从储蓄账户提取现金5万元以上的，储蓄机构柜台人员应请取款人提供本人有效身份证件，查验无误后予以支付；一次性提取现金20万元（含20万元）以上的，取款人必须至少提前1天以电话等方式预约，以便银行准备现金；对未设置个人密码的账户，不得通过银行卡办理账户之间的转账业务。至2005年未变。

二、现金投放

1991年，县货币投放的渠道主要有工资性支出、农副产品采购支出、工矿及其他产品采购支出、农村信用社支出、行政企事业管理费支出、城乡个体经营支出、储蓄存款支出、居民提取贷款支出、汇兑支出、有价证券支出、其他支出等。现金支出总额为1.59万元，其中，储蓄存款支出占比最大，为28.58%；其次是工资性支出，占27.87%；工矿及其他产品采购支出占比最小，为0.22%。

随着改革开放和经济金融的发展及工资水平的普遍提高，居民收入水平逐年增长，货币流通量逐年增加，工资性支出、储蓄存款支出所占比重逐年上升，成为清流县现金支出的两个主要渠道。1994年，全县工资性支出8719万元，比1993年增长30.81%，储蓄存款支出1.88亿元，比1993年增长31.45%。

1996年，全县现金投放首次超过1亿元大关，达1.08亿元。

1997年，实行货币适度从紧政策，严控现金投放，净投放总额为7302万元，比1996年减少32.43%。1998年，行政企事业单位实行住房改革，住房开始货币化，个人消费贷款特别是个人住房贷款业务不断发展，金融机构现金投放渠道的统计口径调整，取消农村信用社支出，新增居民提取贷款支出，当年该项支出2573万元，占支出总额的2.15%。

1999年后，受1997年金融危机和财政体制调整的影响，经济运行不活跃，现金净投放维持在4000万元以下。2000年，因股市下行，资金撤出回笼运行，储蓄存款增加，银行收入多，现金净投放减少，是年投放总额1240万元。

2005年，全县金融机构现金投放总额31.57亿元，是1991年的19.91倍，其中，储蓄存款支出24.04亿元，是1991年的53.05倍，占现金投放总额的76.14%。

1991—2005年清流县金融机构现金支出统计表

表13-6　　单位：万元

年份	工资性支出	农副产品采购支出	工矿及其他采购支出	行政企事业管理费支出	农村信用社支出	城乡个体经营支出	储蓄存款支出	居民提取贷款支出	其他金融机构支出	汇兑支出	其他支出	合计
1991	4411	984	35	1851	2267	750	4531	—	284	168	572	15853
1992	5003	1522	191	2632	3379	792	7223	—	640	338	816	22536
1993	6665	1604	39	3564	3487	1282	14327	—	1183	699	1161	34011
1994	8719	1256	201	3611	3836	2571	18833	—	1161	892	1469	42549
1995	10507	1360	88	3990	5246	1919	29512	—	2525	877	1025	57049
1996	12305	1634	34	4689	7771	2237	35450	—	2043	1733	1562	69458
1997	12364	4474	79	4514	4253	2978	62027	—	1956	672	1945	95262
1998	12951	3496	1755	5857	—	7108	80787	2573	680	1143	3227	119577
1999	12456	4859	1244	6378	—	5695	91017	2893	104	1461	1812	127919
2000	15403	4403	37	7049	—	6408	115279	5633	208	1424	2621	158465
2001	14195	4179	328	8889	—	7423	113869	5468	249	698	2493	157791
2002	13381	4620	1306	10793	—	8254	126769	7566	124	1067	1851	173589
2003	19340	1868	3312	13495	—	8752	135963	11012	75	722	4192	198731
2004	17478	6585	3385	13236	—	5011	181898	8530	20	404	12926	249473
2005	26767	7522	4863	10054	—	5945	240369	5580	1	360	14229	315690

三、现金回笼

1991年，现金回笼渠道主要有商品销售收入、服务业收入、税款收入、农村信用社收入、城乡个体经营收入、储蓄存款收入、汇兑收入、其他收入等。是年，现金回笼总额为1.26亿元。其中，商品销售收入5308万元，占42.14%。储蓄收入5097万元，占40.47%。此后，随着经济社会的发展及居民收入水平的不断提高，经济活动日益活跃，商品销售收入、服务业收入、储蓄存款收入、城乡个体经营收入逐年递增，是货币回笼主要渠道。

1996年后，随着市场经济发展出现的许多新情况和新问题，给抑制通货膨胀造成一定压力，现金回笼明显偏慢。1997年，加大现金回笼力度，现金回笼8.8亿元，比1996年增长49.71%。

1998年，与现金投放相对应，金融机构现金回笼渠道的统计口径调整，取消农村信用社收入，新增居民归还贷款收入。当年居民归还贷款收入3279万元，占收入总额的2.86%，此后逐年增加。

2005年，现金回笼总额31.22亿元，是1991年的24.79倍，其中，商品销售收入2.21亿元，是1991年的4.16倍，占回笼总额的7.08%；服务业收入2.29亿元，是1991年的24.71倍，占7.33%；城乡个体经营收入1.52亿元，是1991年的369.85倍，占4.86%；储蓄收入2.24亿元，是1991年的43.93倍，占71.72%；居民归还贷款收入9306万元，是1998年的2.84倍，占收入总额2.98%。

1991—2005年清流县金融机构现金收入统计表

表13-7　　单位：万元

年份	商品销售收入	服务业收入	税款收入	农村信用社收入	城乡个体经营收入	储蓄存款收入	其他金融机构收入	居民归还贷款收入	汇兑收入	其他收入	收入合计
1991	5308	926	211	193	41	5097	28	—	410	381	12595
1992	6194	1284	337	270	65	7729	66	—	612	929	17486
1993	8877	1758	484	531	151	14497	66	—	909	1815	29088
1994	8472	1994	491	887	296	20116	284	—	769	1990	35299
1995	11767	2357	895	1247	485	28784	285	—	1655	1989	49464
1996	13009	2968	916	1203	976	35958	325	—	1771	1525	58652
1997	13362	2796	628	1117	1066	65162	776	—	930	2123	87960
1998	11977	4999	912	—	1442	88386	311	3279	988	2211	114505
1999	13084	7599	962	—	1757	94368	20	3834	928	2430	124982
2000	11116	10531	1805	—	2086	122108	92	4927	629	3931	157225
2001	11877	11902	2991	—	1237	117181	361	4548	752	3230	154079
2002	10907	14891	3587	—	768	129923	300	5066	523	3875	169840
2003	15399	17794	2614	—	722	141871	49	8282	340	7737	194808
2004	17203	21961	2755	—	965	181113	44	8552	318	13331	246243
2005	22094	22878	4213	—	15164	223908	14	9306	95	16252	312198

1991—2005年清流县金融机构现金收支和净投放回笼统计表

表13-8　　单位：万元

年份	现金收入	现金支出	净投放	年份	现金收入	现金支出	净投放
1991	12595	15853	3258	1999	124982	127919	2937

续表 13—8　单位：万元

年　份	现金收入	现金支出	净投放	年　份	现金收入	现金支出	净投放
1992	17486	22536	5050	2000	157225	158465	1240
1993	29088	34011	4923	2001	154079	157791	3712
1994	35299	42549	7250	2002	169840	173589	3749
1995	49464	57049	7585	2003	194808	198731	3923
1996	58752	69458	10806	2004	246243	249473	3229
1997	87960	95262	7302	2005	312198	315690	3491
1998	114505	119577	5072	—			

第三节　银行账户管理

1991 年，执行现金管理暂行条例，撤销现金结算账户 355 户，每个单位、个体户都必须凭卡支付现金。

1994 年，县人行与各行（社）共同制定《清流县银行账户管理同业公约》，规范账户管理。

1996 年，每个季度开展 1 次账户检查，查出无证开立账户 98 户、违规使用账户 10 户。

1997 年，针对违规开立账户和违规使用银行账户现象时有发生，开展乡镇银行账户清理，撤销各类违规账户 529 户，重新核发开户许可证 909 户；查处无证开户 4 户、罚款 2 万元。1998 年，对多头开户账户进行清理，共清查 2421 户，其中存款基本账户 1104 户、专用账户 1192 户、临时存款账户 64 户、一般存款 61 户。查出临时存款过期未销户的：工行 3 户、建行 2 户；一般存款不存在借贷关系的：农行 3 户、工行 5 户、建行 9 户。

1999 年，年内开展账户大检查 4 次，撤销跨乡镇区域设置账户 5 户；查出延压票据 1 笔，金额 22.25 万元；违规开立账户 5 户；转移财政性存款 7 户，积数 9266.38 万元。同时对专用账户提现户进行清理，审核认定提现专用户 221 户，撤销 16 户。

2005 年，通过电视、机构网点，与县妇联联合开展银行结算账户清理核实、宣传活动。核实核准各类账户 1204 户，其中存款基本账户 879 户、专用账户 322 户、临时存款账户 3 户，办理销户 605 户，设置久悬账户 5 户、尚欠银行债务无法清理账户 62 户。至 2005 年，列入账户管理 2102 户。

第四节　外汇管理

1991—2000 年，县内外汇业务较少，出口创汇企业的开户、清算业务以及外汇调剂和用汇审批等外汇业务均由三明中行和市外汇管理分局管理。县人行受市外汇管理分局委托承担部分外汇管理职能，开展“三资”企业调查及外汇管理宣传，为少量出口企业发放核销单和出口收汇核销业务。

2001 年，县外汇管理局成立后，外汇核销单开始实行网上申领。2002 年，外汇业务挂靠县人行货币信贷与调查统计股，专门设立外汇管理岗位，负责对外汇额度账务、贸易、非贸易外汇收汇、结汇，外汇调剂和外商投资企业外汇收支等业务实施监管，同时开展外汇政策、法规宣传，提高居民和涉汇企业合规用汇意识。

2004 年 8 月，经批准，县农行成为外汇指定银行，专门办理国际结算业务，方便企业、居民外汇业务办理。9 月 19 日，第一笔国际结算业务耀华经贸发展有限公司的 22 万美元顺利结汇。

2005 年，实行外商投资企业外汇登记网上年检和出口企业网上核销业务。当年，办理兑换外汇支出 246.45 万元，实现结算汇兑 1738 万美元，收入 19 万元。年末，经上级外汇管理局授权的主要业务有：出口收汇核销管理、非贸易外汇管理、进口付汇管理、外商直接投资管理、境外直接投资管理、信贷管理、贸易信贷登记管理、银行金融机构市场准入和退出管理、国际收支申报管理、结售汇管理、个人外汇业务和外汇检查等。

第五节 发行库建设与管理

1991年始，发行库实行双人武装值守、押运。1996年，投入20余万元，安装发行库闭路监控录像设备，实行24小时录像闭路监控。1997年，在外库增设防盗门1道，由保卫人员负责管理维护。

1998年，加强库房规章制度建设，建立《非营业时间进出登记制度》《查库制度》等12项制度，建立发行人员相互监督与相互制约制度；更换库房密码锁，建立密码回避制度。按照省人行发行库达标与升级要求，对发行库进行改造。县发行库被人行福州中心支行授予“达标发行库”称号。

1999年，改造发行库交接室，增加复点室和外库闭路录像监控，安装指纹锁。2000年，加大库房科技投入，扩大库房配套面积。2005年12月，清流县发行库并入宁化县发行库。

1991—2005年清流县发行库投放、回笼统计表

表13-9 单位：万元

年 份	投 放	回 笼	年 份	投 放	回 笼
1991	4611	1318	1999	17919	15582
1992	6336	1297	2000	17225	16965
1993	6765	1646	2001	16000	10780
1994	9317	1892	2002	18908	15165
1995	11446	3833	2003	20470	16560
1996	14458	4652	2004	22736	19054
1997	16262	9960	2005	19877	17261
1998	17577	13505		—	

第六节 金融电子化建设

1991年，县域各家金融机构均使用手工记账方式。

1994年2月，邮政储蓄所柜使用储蓄计算机系统，淘汰手工记账方式，并实现全国通存通兑。农信社成立电脑室，财务报表实行电子化统计。

1994—1996年，县工行先后实现储蓄全省联网、对公结算业务全省联网、开办储蓄卡与证券业务联网，各项资金划拨24小时实时到账。

1995年，全县7个邮储微机点正式联网开通使用，实现通存通兑。7月，建行实现同城所有储蓄网点存取款通存通兑。1996年10月，中央银行会计核算系统正式运行，结束县人行手工核算的历史，实现会计核算电子化。12月，建行实现辖内4个储蓄所柜和会计柜台与全省八地市建行联网。

1997年，农行全县各经营网点电脑联网，实现全县各网点通存通兑。支行存续专柜开通全省通存通兑。

1998年，县内商业银行相继开通自动取款机（ATM）业务。

2004年7月，农信社综合业务系统上线，实现储蓄存款全县通存通兑和全省通兑。

2005年，县域金融机构全部实现全省通存通兑。

第七节 金融监管

1991年，金融监管依托县人行执行。1994年9—10月，开展金融综合监管大检查，市行检查组在清流检查机构7家，查出违规违纪金额915万元，处以罚款1.95万元。并督促整改。12月，查处嵩溪镇政府和林畲乡分别在岩清水泥厂和九龙食品鸭业有限公司2个项目建设中向社会乱集资行为，冻结集资款36万元，罚款3600元，并令其立即退还集资款。

1992年，根据《中华人民共和国金银管理条例》，全县纠正私下买卖金银行为1次，取缔无证经营银匠2户。1994—1996年，先后制定《金融风险快速上报制度》《大额贷款报告制度》《大额现金支取审批制度》。组织检查项目95个（次），涉及金融机构188个（次），查处违规金额9405.33万元，罚款44.24万元，提出整改措施285条。1996年3月，开展全县储蓄存款业务突击检查，对县工行、建行和邮政储蓄高息揽储行为分别处以5万、10万、10万元罚款。

1997年，召开金融系统开展整顿金融秩序、防范和化解金融风险百人大会，通过加强现金管理、结算纪律、制止存款业务不正当竞争三项同业公约。同年，与县工商部门联手开展金银市场检查，取缔非法金银加工点1家；与金银销售单位签订金银管理合同12份。1997—1998年，开展各项业务检查项目36项，涉及金融机构59个（次），发现违纪违规金额3408万元，作出经济处罚15.57万元，提出整改措施186条。

2003年，针对中小企业融资难和县域经济以农业为主、经济总量小、不发达的特点，督促辖内银行业金融机构在完善信贷风险控制措施的前提下，围绕县委、政府经济规划及县域经济特点，加大信贷投入，支持和促进县域经济发展，实现地方经济、居民收入与银行发展“双赢”。

2004年，加强支付风险、超比例贷款等重点风险点的监管，确保农村信用社改革过渡期平稳发展。实行不良贷款余额和比率的“双线考核”制度，开展不良贷款专项清理，提高资产质量。年末，全县不良贷款余额为1.01亿元，不良贷款比率为22.22%，不良贷款余额和比率实现“双降”，分别比年初减少2052万元和下降7.47个百分点。同时，开展县农村信用社、邮政储蓄机构风险评价，召开规范辖内银行业存款市场竞争行为大会。撤销县工行城关储蓄所、县农行林畲营业所，批准县工行开办“外汇金融衍生”业务，县建行开办“交易资金托管”业务、“个人外汇期权”业务、设立离行式ATM机。

2005年，完成龙津信用社违规投资清理，全县农村信用社列入福建省统一法人改革第一批试点，银监办全程参与、监管、协助农村信用社做好不良贷款置换，配合人行指导农村信用社完成专项票据发行申请、增资扩股。年末全县金融机构不良贷款余额和比例分别为6775万元、16.9%，比年初分别下降3323万元、5.33个百分点。抓好案件专项治理，开除利用工作之便挪用客户资金、贪污客户利息的建行工作人员1名。全年投入检查人员68人次，开展现场检查4次，检查金融机构8家，分别进行邮政储蓄内控制度评价的后续检查、对商业银行不良贷款偏离度检查、对农村信用社序时性检查、对龙津社债券投资检查。

第四章 保 险

第一节 机 构

一、中国人民保险公司清流支公司

1983年，中国人民保险公司清流支公司成立。1991年，内设业务股、人身保险股、人秘股，员工11人。

1996年5月，中国人民保险公司清流支公司分设为中国财产保险公司清流支公司和中国人寿保险公司清流支公司2个公司经营。

二、中国财产保险股份有限公司清流营业部

1996年5月，由中国人民保险公司清流支公司分业经营而组建中国财产保险公司清流支公司，内设办公室、财务、业务3个科室，有员工7人。1998年，更名为中国财产保险公司清流营业部。2003年，随中国财产保险股份有限公司更名为中国财产保险股份有限公司清流营业部。2005年，内设科室不变，有员工17人。

三、中国人寿保险股份有限公司清流支公司

1996年5月，由中国人民保险公司清流支公司分业经营而组建中国人寿保险公司清流支公司，原嵩口、嵩溪、灵地保险站资产划入。内设办公室、业务科，有员工10人。2003年7月，随中国人寿保险股份有限公司更名为中国人寿保险股份有限公司清流支公司。2005年，内设客户服务部、中介部、房险部、个险部、办公室5个内设机构，有员工16人。

四、中国平安人寿保险股份有限公司三明支公司清流营销服务部

中国平安人寿保险股份有限公司三明支公司清流营销服务部于2002年8月成立。

五、中国太平洋人寿保险股份有限公司三明中心支公司清流营销服务部

中国太平洋人寿保险股份有限公司三明中心支公司清流营销服务部于2002年9月成立，员工5人。

六、中国太平洋财产保险股份有限公司三明中心支公司清流营销服务部

中国太平洋财产保险股份有限公司三明中心支公司清流营销服务部于2002年9月成立，员工5人。

第二节 财险业务

一、险 种

1991年，中国人民保险公司清流支公司开办的财产保险险种有企业财产险、家庭财产险及附加盗窃险、锅炉险等15个，新开办的有发展烤烟种植险、森林火灾险等。先后与交通监理、消防、金融等部门建立业务代办关系。1992年，新开办钞票保险及附加解提款人员意外伤害责任险。同年，对全县烤烟种植实行统保，农业险保费比增50.4%。办理家庭财产综合险5132户，保费比增35.7%。1995年，发展运输工具险。1998年，中国财产保险公司清流营业部开办的险种有机动车辆保险及附加险、企业财产保险、家庭财产保险、工程保险、建筑安装工程险、雇主责任保险、农业保险、信用保证保险、货物运输保险、运输工具保险等险种；新开办水泥质量保险，承保企业1家。

1999年，重点发展摩托车、拖拉机等分散保险业务，承保1020辆，保费收入19.48万元。

2001年，新开办“金锁”系列家庭财产保险，承保236户，保费收入3.5万元。

2003年，开办机动车消费贷款保证保险业务，承保县直机关、行政事业单位公务用车158辆。同年，重返人身险市场，增加开办人身意外险和短期健康险。

2005年，中国财产保险股份有限公司清流营业部开办的险种有健康型、养老型、少儿型、分红型、储蓄型、保障型、团体型、附加型保险等8类52种。

二、承 保

1991年，中国人民保险公司清流支公司全年财产保险保费收入305.6万元。其中机动车辆险收入245.2万元、企业财产险22.01万元、家庭财产险8.5万元、货运险1.69万元。

1992年，对全县烤烟种植实行统保，农业险保费比1991年增长50.4%；办理家庭财产综合险5132户，

保费比 1991 年增长 35.7%。

1995 年，发挥部门、单位代理业务优势，机动车辆险保费收入比 1994 年增长 2 倍。1996 年末，中国财产保险公司清流支公司全年承保企业财产险 75 户，家庭财产险 389 户，各类机动车、摩托车分散保险 1888 辆，承保森林火灾险面积 7460 公顷，累计完成保费收入 480 万元，较分业前增长 37.14%，承保各项保险 5.13 亿元。

1997 年，承保企业森林火灾险面积 7462.6 公顷，单项完成保费收入 480 万元。承保各项保险 4.98 亿元。1998 年年初，中国财产保险公司清流支公司下达各项经济指标，保持机动车辆和企业财产两大险种骨干作用，加大机动车辆、摩托车、农用车跟踪力度，尽量做到不脱保、不漏保。挖掘企业财险潜力，发展分散性业务；全年承保企业险 34 户，机动车辆分散保险 1926 辆（含农用车、摩托车）；家庭财产险 142 户，森林火灾险面积 666.67 公顷，承担各类风险 4.65 亿元。完成保费收入 415 万元。其中自营业务 95 万元，代办业务 320 万元。

1999 年，发展摩托车、拖拉机等分散保险业务，共承保 1020 辆，保费收入 19.48 万元。2000 年，中国财产保险公司清流营业部承保金额 4.1 亿元；实现保险业务收入 373.7 万元。2001 年，开办“金锁”系列家庭财产保险，承保 236 户，保费收入 3.5 万元。

2003 年，机动车消费贷款保证保险业务承保县直机关、行政事业单位公务用车 158 辆。2005 年，全年承保企业财产险 69 户，家庭财产险 512 户，各类机动车、摩托车分散保险 2800 辆，承保森林火灾险面积 15875 公顷，承保各项保险 4.67 亿元。保费收入 424.8 万元。

三、理　赔

1991 年，中国人民保险公司清流支公司遵循“主动、迅速、准确、合理”原则，实行理赔“一条龙”服务，规范服务范围，做好 24 小时保险热线服务工作，保户只要通过拨打“96555”热线电话，保险工作人员即在规定时间赶到要求地点提供理赔服务。对理赔材料、单证齐全的赔案，3 天内给予赔付，对大宗案件在达成给付意见后，10 天内赔付，并且尽力做到送赔款上门。全年受理各类赔案 495 件，赔付金额 548.9 万元。

1994 年，县域发生“5·2”特大洪灾，各项赔款大大超过往年。为帮助灾民早日恢复生产、重建家园，中国人民保险公司清流支公司保险理赔人员放弃休息日，每天加班加点，深入灾区，对受灾的保户实施快速查勘、快速定损、快速赔款流水作业。对客运车辆保险，实行不定期深入保户中抽查赔案，遏制保险骗赔事件发生。对承保面广的学生险，聘请专职医生做好调查、核赔工作，成立理赔小组，严把理赔关；对疑难案件，深入细致地查明真相，做到科学理赔，不滥赔，不错赔。全年受理赔案 1032 件，赔款金额 892 万元，赔付率 401.8%。

1997 年，是清流县自然灾害最为频繁的一年，中国财产保险公司清流营业部及时、主动受理，支付受灾企业和个人车辆等各项保险理赔案 310 件、赔款 239.8 万元。

2000 年，中国财产保险公司清流营业部受理各类赔案 224 件，赔付金额 197.7 万元。

2003—2005 年，中国财产保险股份有限公司清流营业部受理各类赔案 973 件，赔付金额 781.8 万元。

1991—1995 年中国人民保险公司清流支公司财险业务统计表

表 13-10　　　　单位：万元、件

年　份	保险金额	保险业务收入	赔付	
			件　数	金　额
1991	83252	305.6	495	548.9
1992	95562	509.2	367	267.8
1993	66452	307.5	360	380
1994	109832	507.06	1032	892
1995	76595	425	301	221

1996—2005年中国财产保险（股份有限）公司清流营业部业务统计表

表13-11 单位：万元、件

年份	保险金额	保险业务收入	赔付	
			件数	金额
1996	51279	480	219	193
1997	49786	480.5	310	239.8
1998	46531	415	220	197
1999	45012	405.7	180	172.2
2000	40998	373.7	224	197.7
2001	51097	483	195	152.5
2002	42150	428.6	305	212
2003	40981	384.5	168	179
2004	47626	385.5	421	366
2005	46687	424.8	384	236.8

说明：1996年数据含1—5月中国人民保险公司清流县支公司财险业务

第三节 寿险业务

一、险 种

1991—1995年，中国人民保险公司清流支公司开办的寿险险种主要有简易人身保险、个人养老保险、集体养老保险、独生子女两全保险、义务兵养老、计生养老、单位职工医疗保险、学生幼儿平安保险、团体人身意外系列等险种。

1996年4月，主要寿险险种有简易人身保险、团体住院医疗、学生幼儿平安、福寿安康、意外伤害等系列保险。1997年，中国人寿保险公司清流支公司主要有99鸿福保险、88型保险、少儿教育金保险、重大疾病保险、66鸿运A型、B型、学生幼儿平安系列等保险。总保费收入905万元，理赔金额239万元。

1998—2002年，中国人寿保险公司清流支公司先后推出康宁终身保险、康宁定期保险、国寿生命绿茵疾病保险、国寿关爱生命女性疾病保险（A）、国寿关爱生命女性疾病保险（B）、国寿99鸿福两全保险、国寿福馨两全保险、国寿如意两全保险、国寿福瑞两全保险、祥和定期保险、祥运定期保险、祥瑞终身保险、祥瑞还本终身保险、安居定期保险、人身意外伤害综合保险、附加住院医疗保险、附加意外伤害保险、附加意外伤害医疗保险、附加意外伤害生活津贴保险、附加住院医疗生活津贴保险等险种。

2000—2005年，中国人寿保险股份有限公司清流支公司扩展业务，推出国寿少儿两全保险、康宁分红、子女教育婚嫁备用金保险、子女教育保险（A）、子女教育保险（B）、国寿分红两全保险、国寿千禧理财两全保险、国寿分红终身保险、国寿鸿福相伴两全保险、国寿鸿寿年金保险、国寿鸿运少儿两全保险、国寿鸿泰两全保险、国寿鸿鑫两全保险、国寿鸿祥两全保险、国寿鸿盛终身保险、国寿鸿星少儿两全保险、国寿团体定期保险、国寿永泰团体年金保险、国寿鸿丰两全保险、国寿美满人生年金保险等险种。

二、收入及理赔

1991年，中国人民保险公司清流支公司寿险业务总保费收入2534.36万元，理赔金额2440.7万元。1996年5月，中国人民保险公司清流支公司寿、险分业经营。当年，中国人寿保险公司清流支公司（含1—5月中国人民保险公司清流支公司寿险业务）总保费收入480万元，理赔金额193万元。

1997 年，中国人寿保险公司清流支公司实施人事、用工、分配制度改革，原正式干部全部转为合同制职工，实行全员聘用制，实行多劳多得，风险抵押的绩效工资制，并向社会招聘营销员 18 名。先后制定《三项承诺服务制度》（服务时间、服务质量、服务态度承诺），坚持“主动、迅速、合理、准确”的赔付原则，为客户提供各种人身保险服务。全年理赔金额 46 万元，保费收入 425 万元，增长率居全市第一。

2000 年，中国人寿保险公司清流支公司寿险总保费收入 945 万元，理赔金额 56 万元。

2005 年，清流县罗口煤矿为所有采矿人员投保煤矿工人团体人身意外险（每人保险金额 10 万元），缴纳保费 0.62 万元。当年 8 月 21 日，煤矿发生坍塌事故，致 1 人死亡，清流营业部赔付 10 万元。

1991—1995 年中国人民保险公司清流支公司寿险业务统计表

表 13-12　单位：万元

年　份	保费收入	赔　付
1991	305.6	548.9
1992	509.2	267.8
1993	307.5	380
1994	507.06	830
1995	425	221

1996—2005 年中国人寿保险（股份有限）公司清流营业部业务统计表

表 13-13　单位：万元

年　份	保费收入	赔　付	年　份	保费收入	赔　付
1996	480	193	2001	960	60
1997	425	46	2002	1600	40
1998	928	61	2003	2514	95
1999	931	65	2004	2798	88
2000	945	56	2005	3150	117

说明：1996 年数据含 1—5 月中国人民保险公司寿险业务

卷十四　综合经济管理

1991年起，县计划、统计、物价、工商、质监、审计等经济管理部门，根据社会主义市场经济改革而相应调整管理职能，发挥各自作用。县计划部门围绕经济建设中心和重点项目策划、储备，发挥计划调节、信息引导作用，加强经济运行情况监测分析和固定资产投资管理，推进全县国民经济和社会事业全面发展。物价部门在国家定价和政府指导价背景下，实行价格体制改革，逐步向实行市场调节价格过渡，保持物价相对平衡，主要商品价格涨幅控制在4%以下，居民消费价格指数为102%～104%。统计工作加强基础建设与信息自动化建设，乡镇专业数据处理及各专项调查资料均实现电子计算机处理，全县规模以上工业、农村住户、城市调查等专业实行超级汇总，数据的传输实现与省、市统计系统远程传输。审计工作坚持“发展、民生、和谐”的工作思路，企业资产负债审计、城镇集体经济责任审计2个项目获全省优秀审计项目奖。质量技术监督履行综合管理和行政执法两大职能，加强质量监督与标准化管理，为地方经济发展提供质量技术保证。工商行政管理工作围绕加强市场监管执法、整顿经济秩序，加强企业和个体私营经济的服务与管理。

至2005年，全县个体工商户1879户，从业人员2967人；私营企业214户，投资人数613人。全社会消费品零售总额5.2亿元。有2家企业通过ISO 9001：2000、ISO 9002质量体系认证，香料厂“闽山”牌萜烯树脂获省名牌产品称号，“七星岩”牌豆腐皮获市优势品牌称号，“9利”牌精制茶籽油获“绿色食品”称号。全县累计注册商标58件，其中市知名商标6件，省著名商标1件。

第一章　发展计划管理

第一节　机构与体制

一、机　构

1991年，县计划委员会（简称县计委）行政编制10名，实有人员10名，工勤人员事业编制1名。1997年12月，县计委更名为县计划局，原经济技术协作办公室职能划归计划局。内设办公室、综合计划科、投资开发科、重点项目前期办公室。2002年11月，县计划局更名为县发展计划局，县科学技术局与县发展计划局合署办公，县物价局并入县发展计划局（保留牌子），县国防经济动员委员会、经济动员办公室设在县发展计划局。局内设办公室、综合计划股、投资股和重点项目办公室，行政编制11名，工勤人员事业编制1名。2005年11月，增设下属事业单位县项目服务中心、县信息服务中心，编制各3名。

二、计划管理体制

1991年始，取消指令性计划，实现从计划经济向社会主义市场经济转轨。县计划部门围绕经济建设中心，发挥计划调节作用，依靠经济法规、信息引导，推进全县国民经济和社会事业全面改革和发展。

2002年后，侧重编制全县国民经济和社会发展中长期和年度计划，检查监督全县计划执行情况，推动经济和各项社会事业平稳、有序发展；负责全县重点项目策划、储备，争取国家和省预算内资金补助；做好全县招商引资、项目竞赛和“6·18”福建项目成果交易会参会工作。

至2005年，先后编制和实施“八五”“九五”和“十五”计划。2005年，县国内生产总值13.8亿元，是1990年的4.91倍；农林牧渔业总产值8.69亿元，是1990年的3.65倍；全社会工业总产值10.12亿元，是1990年的4.61倍；固定资产投资2.55亿元，是1990年的19.25倍；县级财政一般预算收入4460万元，是1990年的2.35倍；社会消费品零售总额4.33亿元，是1990年的6.51倍；农民人均纯收入4171元，是1990年的4.92倍。

第二节　计划编制与执行

一、中长期规划

（一）“八五”计划（1991—1995年）

1991年，县计划部门按照县委《关于制定国民经济和社会发展第八个五年计划的建议》和县政府的总体要求和规划要点，综合各部门和乡镇提出的计划要点，邀请乡镇、部门负责人、有关行业专家召开座谈会，并征求县人大、政协和老干部等意见，形成规划初稿，经县政府常务会议讨论、修改后呈报县委常委会议专题研究，最后形成《清流县国民经济和社会发展十年规划及第八个五年计划纲要（草案）》，提交县十一届人大常委会第五次会议审查批准，由县政府正式发布。编制过程中延续计划经济编制方式，即以指令性计划为主。经济指标不仅包括国民生产总产值、国民收入、农林牧渔业总产值、工业总产值、财政收入、农民人均纯收入、外贸出口商品供货总值、社会商品零售总额、人口自然增长率等主要指标，还包括粮食、畜牧水产、经济作物产量（如水果、烤烟、木薯、油菜籽）、工业品产量（如原煤、合成氨、水泥、气枪、脱谷机、松香）等。10年远景规划和5年计划相结合。提出“八五”时期发展目标：国民生产总值5.1亿元（1990年不变价，下同），年均增长10.1%；农林牧渔业总产值3.18亿元，年均增长6.1%；工业总产值6.92亿元，年均增长13%；粮食总产量9.7万吨，年均增长2.5%；财政收入3200万元，年均增长11%；社会商品零售总额1.4亿元，年均增长12.4%；人口自然增长率控制在12‰；农民人均纯收入1300元，年均增长8.9%。1993年2月，县第十一届人民代表大会第三次会议，审查批准县人民政府提出的清流县国民经济和社会发展十年规划及“八五”计划纲要调整意见，调整、确定后的战略目标为：“八五”期间国民生产总值年递增13.7%，1995年达6亿元，比1980年翻2.8番；农业总产值1995年3.42亿元；工业总产值1995年8.58亿元，年递增18%；第三产业增加值1995年1.5亿元，年递增27.1%；三次产业结构从1990年的57∶29∶14调整为1995年的41∶34∶25；全县出口商品供货总值1995年达1.2亿元，年递增24.1%，出口供货总值占国民生产总值比重达20%；农民人均年纯收入1995年1500元，城镇居民人均生活费1995年2600元。“八五”期间人口年平均增长率15.6‰（自然增长率为11.5‰），1995年末总人口达14.9万人，人均GNP3240美元。“九五”期间GNP年递增12.9%，2000年达11亿元，比1980年翻3.6番；农业总产值2000年达4.91亿元，十年平均年递增7.5%；工业总产值2000年达18亿元，年递增16%；第三产业增加值2000年达3.51亿元，年递增18.5%；三次产业结构2000年达32∶36∶32；全县出口商品供货总值2000年达3.3亿元，年递增22.4%，出口供货总值占国民生产总值比重达30%；农民人均年纯收入2000年2640元，城镇居民人均生活费2000年4200元。“九五”期间人口年增长13.1‰（自然增长率为11‰），2000年末总人口达15.9万人。人均GNP5570美元，比全省人均3480美元高60%，比全市人均5100美元高10%左右，居全省中上水平。

“八五”计划实施期间，全县围绕“抓住机遇、深化改革、扩大开放、促进发展、保持稳定”二十字方针，组织实施“八五”计划纲要。至1995年，国内生产总值（GDP）完成5.72亿元（经普口径），年均增长10.96%；人均GDP5054元，年均增长9.94%；三次产业结构调整为51.34∶19.72∶28.94；农林牧渔业总产值4.05亿元，年均增长24.06%；工业总产值4.75亿元，年均增长18.53%；县级财政预算收入4445万元（当年价），年均增长18.53%；农民人均纯收入1915元，年均增长17.69%。社会商品零售总额1.66亿元，年均增长 24.6%。由于县域经济总量偏小，产业结构不尽合理，“八五”计划中，国内生产总值、工业总产值执行情况未完成计划指标，农业总产值、财政收入、社会商品零售总额、农民人均纯收入等执行情况则好于计划指标。

清流县“八五”计划执行统计表

表 14-1

指标名称	单位	年份						年平均增长（%）
		1990	1991	1992	1993	1994	1995	
国内生产总值	万元	30244	27780	32187	34391	54204	57205	10.96
第一产业	万元	14850	16161	18296	19607	29710	29369	4.15
第二产业	万元	10865	6489	7946	8896	10618	11281	19.55
第三产业	万元	4529	5130	5945	5888	13876	16555	18.15
人均 GDP	元	2054	2007	2312	2458	3850	4034	9.94
农业总产值	万元	18294	19624	22533	26444	37415	40459	24.06
工业总产值	万元	24336	21765	26058	30761	33772	47487	18.53
粮食总产	吨	78953	73996	76738	72756	67977	73865	17.69
固定资产投资	万元	1326	1965	3745	9350	11407	11655	54.45
社会消费品零售总额	万元	7789	6829	7070	10361	13951	16644	24.6
县级财政预算收入	万元	1900	2090	2320	2230	3614	4445	18.53
农民人均纯收入	元	848	940	1095	1349	1554	1915	17.69
总人口	万人	13.79	13.89	13.96	14.03	14.13	14.24	6.4‰

说明：1993年以前数据为原口径，1993年后（含1993年）按第一次经济普查调整；固定资产、社会消费品零售总额、县级财政收入、农民人均纯收入及人口均为当年价；增长率按2000年不变价计算得出

（二）“九五”计划（1996—2000年）

1996 年编制的《清流县国民经济和社会发展“九五”计划与 2010 年远景目标》，既有计划经济的烙印，也有市场经济的痕迹。国民经济和社会发展计划主要指标逐步转化为以指导性为主，各项计划指标逐步减少。主要综合指标包括国内生产总值、农林牧渔业总产值、工业总产值、财政收入、固定资产投资、人口目标、农民人均纯收入等 13 项。工农业产品产量仅保留粮食、水果、烤烟、畜牧水产和大宗的工业产品产量。《纲要》开始注重环境保护，并对环境保护有关指标进行量化。提出清流县“九五”发展目标为：到 2000 年国内生产总值 10.72 亿元（1990 年不变价，下同），年均递增 14%，比 1980 年翻 3.6 番（人均总值翻 3.3 番）；三次产业递增率分别为 6%、17%、22.5%。2010 年国内生产总值达 33.29 亿元，下世纪前十年年均递增 12%，与 1980 年比翻 5.2 番（人均总值翻 4.8 番），人均国内生产总值 7100 元，年均增长 12.6%；农林牧渔业总产值 4.4 亿元，年均增长 6%；工业总产值 13.66 亿元，年均增长 18%；财政收入 1.18 亿元（当年价，下同），年均增长 14.5%；社会商品零售总额 4.75 亿元，年均增长 20%；粮食总产量 9.4 万吨，年均增长 1.8%；农民人均纯收入 3680 元，年均增长 14%；城镇居民可支配收入 6300 元，年均增长 13%。

“九五”计划执行期间，受亚洲金融危机的影响，经济供求关系发生变化，经济增长受到需求不足制约。县委、县政府抓住国家实施积极财政政策的有利时机，实施“立足资源、外引内联、优化环境、发挥优势、加快发展”经济发展战略，调整经济结构，深化企业改革，发展非公有制经济，加大项目建设力度，拓展国内外市场，有效克服经济运行中出现的困难和问题。至 2000 年，实现国内生产总值 8.25 亿元，年均增长 8.29%；人均 GDP5661 元，年均增长 9.94%；三次产业结构调整为 46.07 ∶ 16.84 ∶ 37.09；农林牧渔业总产值 5.68 亿元，年均增长 5.71%，工业总产值完成 5.36 亿元，年均增长 7.54%；县级财政预算收入 3458 万元；全社会消费

品零售总额实现 2.72 亿元，年均增长 10.33%；城镇居民可支配收入 6219 元，年均增长 5.49%；农民人均纯收入 3142 元，年均增长 10.41%。总体经济运行趋稳，但各项指标执行情况与计划指标有较大差距。

清流县"九五"计划执行统计表

表 14-2

指标名称	单　位	年　份						年平均增长（%）
		1995	1996	1997	1998	1999	2000	
国内生产总值	单位	57205	63007	71959	75992	79199	82484	8.29
第一产业	万元	29369	31207	36761	36440	37064	37997	6.72
第二产业	万元	11281	12192	11903	12322	12685	13890	4.12
第三产业		16555	19608	23295	27230	29450	30597	15.1
人均 GDP	元	4034	4397	4987	5252	5462	5661	9.94
农业总产值	万元	40459	46177	50567	51653	54681	56834	5.71
工业总产值		47487	48887	53847	54572	51475	53561	7.54
规模以上工业总产值		22261	24927	25943	21913	19989	20505	4.81
粮食总产	吨	86016	88874	90209	82848	94672	90721	1.07
固定资产投资＊	万元	11655	16660	19000	22800	14158	15290	5.58
社会消费品零售总额		16644	16413	19485	22238	24592	27212	10.33
出口创汇＊	万美元	285	300	350	300	65	135	—
实际利用外资＊		343	358	478	480	216	251	-6.05
县级财政预算收入	万元	4445	5351	5332	4019	3359	3458	—
城镇居民人均可支配收入	元	—	—	5298	5681	5827	6219	5.49
农民人均纯收入	元	1915	2366	2732	2888	3057	3142	10.41
总人口	万人	142384	144167	144459	144945	145076	146293	5.4‰

说明：国内生产总值、人均 GDP、农业总值、工业总产值为 2004 年第一次经济普查口径，增长率按 2000 年不变价计算得出，其他指标为当年价；固定资产投资为业务口径，1995—1997 年出口创汇为业务口径，1998—2000 年为海关口径（因口径不同，无法计算年均增长率，下同）；县级财政预算收入 1995—1997 年为原口径，1998—2000 年为新口径

（三）"十五"计划（2001—2005年）

2001 年，根据县委《关于制定国民经济和社会发展第十个五年计划的建议》编制《清流县国民经济和社会发展第十个五年计划纲要》。突出规划指导性和预测性原则，突出主导产业培育、农业产业化重点，加快城区和中心集镇经济发展，推进工业化、城镇化、信息化、市场化进程，提出"十五"期间发展目标为：国内生产总值 12.89 亿元（当年价，下同），年均增长 8%；农林牧渔总产值 7.26 亿元，年均增长 5%；规模以上工业总产值 3.1 亿元，年均增长 9%；全社会固定资产投资 2.25 亿元，年均增长 8%；出口创汇（海关口径）220 万美元，年均增长 10%；实际利用外资 320 万美元，年均增长 5%；县级一般预算收入 5080 万元（当年价下同），年均增长 8%；城镇居民可支配收入 7210 元，年均增长 3%；农民人均纯收入 3720 元，年均增长 5%。

"十五"期间，坚持"发挥比较优势，突出生态特色，实施项目带动，统筹协调发展"的总体思路，围绕建设生态经济强县目标，组织计划实施。至 2005 年，全县国内生产总值 13.8 亿元，年均增长 8.61%；人均 GDP 实现 1.03 万元，年均增长 10.43%；三次产业结构调整为 40.06 ∶ 21.97 ∶ 37.97；农林牧渔业总产值 8.69 亿元，年均增长 5.2%；全社会工业总产值 10.12 亿元，年均增长 13.43%；其中，县属规模工业

总产值7.92亿元，年均增长43.33%。累计完成全社会固定资产投资9.96亿元，年均增长26.97%；当年出口总值2858万美元（海关口径），年均增长85.25%；5年累计利用外资2759万美元；县级一般预算收入4460万元，年均增长5.22%。城镇居民可支配收入7995元，年均增长5.15%；农民人均纯收入4171元，年均增长5.83%。除县级一般预算收入未达计划指标外，其他各项指标执行情况均大幅超出计划指标。

清流县“十五”计划执行统计表

表14-3

指标名称	单位	年份						年平均增长（%）
		2000	2001	2002	2003	2004	2005	
国内生产总值	万元	82484	87825	94220	105281	120828	138027	8.61
其中：第一产业	万元	37997	39301	41296	43941	49970	55293	4.92
第二产业	万元	13890	15175	17153	19828	24250	30330	13.75
第三产业	万元	30597	33349	35771	41512	46608	52404	10.33
人均GDP	元	5661	5999	6431	7640	8983	10293	10.43
农业总产值	万元	56834	59248	61789	66762	78972	86927	5.2
工业总产值	万元	53561	55772	63854	62086	75190	101157	13.43
规模以上工业总产值	万元	20505	22332	26250	30610	54694	79157	43.33
粮食总产	吨	90721	85317	81940	81150	84763	86938	-0.85
固定资产投资	万元	15290	16024	19218	30716	34132	50462	26.97
社会消费品零售总额	万元	27212	29760	32727	35757	39274	43347	9.56
出口*	万美元	135	162	186	313	1573	2858	84.14
实际利用外资	万美元	251	302	402	456	602	746	24.34
县级财政预算收入	万元	3458	3743	3536	4021	4653	4460	5.22
城镇居民人均可支配收入	元	6219	6566	7390	7551	7760	7995	5.15
农民人均纯收入	元	3142	3243	3348	3497	3835	4171	5.83
总人口	万人	146293	146543	146850	147033	147430	147358	1.5‰

说明：因统计口径变化，2000—2003年为出口创汇额，2004—2005年为出口总值

（四）远景规划目标编制

1994—1995年，编制《清流县国民经济和社会发展“九五”计划与2010年规划设想》。县政府先后3次召集有关部门进行研讨，并开展调查研究，完成《清流县国民经济和社会发展“九五”计划及2010年远景规划目标纲要》（以下简称《2010年规划纲要》）。

1996年3月，县人大十二届三次会议通过《2010年规划纲要》。该规划纲要制定的国民经济发展总体目标是：到2010年，国内生产总值达到33.29亿元，与1980年比较，翻5.2番；三次产业结构为17∶47∶36；财政收入达到3.66亿元；全社会出口供货总值达9.8亿元；全社会固定资产投资总额达10亿元；科技进步对经济增长贡献率达60%左右；人口达17.13万人；农民人均纯收入9550元。

二、专项规划

2003年，编制《清流县特色农产品流通设施建设发展规划》《清流县服务业发展专项规划》《清流县高中扩招项目建设实施规划》；与交通、卫生、教育部门一同完成《清流县2002—2005年农村公路建设普查和年

度项目建设计划》《清流县农村乡镇卫生院业务用房调查》《清流县中小学危房改造项目普查及项目建设计划》。

2004年，编制《清流县中等职业教育发展规划》《农村人畜安全饮水工程建设规划》。

2005年，编制《清流县生物制药专项规划》《清流县2005—2009年农村卫生服务体系发展规划》《清流县红色旅游规划》《清流县农村中小学寄宿制学校建设专项规划》《清流县乡镇农贸市场建设专项规划》《清流县职高2004—2007年发展专项规划》《清流县第三产业物流业发展专项规划》等。其中《清流县红色旅游规划》完成后，全县5个红色景点被列入省20个红色旅游景点规划建设盘子，并被列为全省5条红色旅游精品线路之一。

三、年度计划

1991年起，在每年10月对当年计划执行情况进行预计，对下一年度经济增长因素进行调研，然后提出下年度国民经济和社会发展计划草案。年度计划草案提交县政府办公会议和县委常委会讨论研究，并报县人民代表大会审议通过后实施。是年1月，县计委提出1991年度国民经济和社会发展的主要目标是：国民生产总值3.45亿元，比1990年增长9%；国民收入3.2亿元，比1990年增长8.29%；工农业总产值6.8亿元，比1990年增长10.7%；地方财政收入2090万元，比1990年增长10%；外贸出口供货总值4730万元，比1990年增长16%；社会商品零售物价上涨幅度控制在5%以内；粮食总产量8.82万吨，比1990年增长3%；农民人均纯收入940元，比1990年增收92元；人口自然增长率控制在12‰以内。计划执行结果：国民生产总值2.78亿元（当年价，下同），比1990年增长11.2%，完成计划数80.58%；国民收入3.24亿元，比1990年增长9.3%，超过计划1.01个百分点；工农业总产值4.14亿元，比1990年增长-2.91%，完成计划60.88%；地方财政收入2090万元，比1990年增长10%，完成计划指标；外贸出口供货总值4200万元，完成计划88.8%，比1990年增长3%，；社会商品零售物价指数比1990年下降3.55个百分点，上涨幅度控制在5%以内；粮食总产量7.4万吨，比1990年增长-6.28%；农民人均纯收入939.5元，比1990年增收92元，与计划指标基本持平；人口自然增长率8.39‰，完成计划指标。

1994年，编制年度计划按照“突出加强基础农业建设，增加粮食总产量，搞好农业综合开发，确立支柱产业，加强企业管理，推进科技进步，优化结构，促进发展”精神制定。是年，全县遭受自然灾害，国内生产总值只完成调整计划的92.8%，工农业总产值完成调整计划的92.2%，原计划物价涨幅应控制在8%以内，实际涨幅达26.4%。

1995年，坚持以“增粮增收保供给，脱贫致富奔小康”为目标，实施科技兴农，抓好农业生产，巩固四大开发（烤烟、水果、食用菌、水面开发）成果，大力发展乡镇企业，安排当年的主要经济指标，增强基础工业，确保重点项目。是年，国内生产总值完成计划98.8%，工农业总产值完成计划94.5%，固定资产投资完成计划64.29%，社会商品零售总额完成计划95.4%，其他项目均完成计划指标。

1996年，年度计划编制坚持以经济建设为中心，加强农业基础地位，深化企业改革，扩大对外开放，加快社会事业和基础设施建设步伐。是年计划中，国内生产总值完成计划79.91%，工农业总产值完成计划68.87%，其他项目均完成计划指标。

1998年2月，县计划局提出年内国民经济和社会发展的主要目标：国民生产总值6.55亿元，比1997年增长12%；工农业总产值10.82亿元，比1997年增长14.6%；地方财政收入5970万元，比1990年增长12%；全社会固定资产投资2.28亿元，比增20%；社会商品零售价格和居民消费价格指数分别控制在4%和6%以内；实际利用外资480万美元；引进区外资金5600万元；社会消费品零售总额2.55亿元，比增15.1%；全社会出口供货总值1.32亿元，比增10%；农民人均纯收入3002元，比1997年增收270元，比增9.9%；人口自然增长率控制在9.4‰以内。计划执行情况：国内生产总值7.6亿元，完成计划116.03%，比1997年增长5.1%；工农业总产值10.62亿元，完成计划98.15%，比1997年增长1.72%；地方财政收入4019万元，完成计划67.3%，比1997年增长-24.6%；全社会固定资产投资2.28亿元，比增20%，完成计划指标；社会商品零售价格和居民消费价格指数分别是97.3%和97.7%，低于计划指标；实际利用外资480万美元，完成计划指标；引进区外资金6294万元，完成计划112.4%；社会消费品零售总额2.52亿元，比增14%，低于计划指标1.1个百分点；粮食总产量9.28万吨，比1997年增长2.9%，超过计划1.1个百分点；农民人均纯收入2888元，完成年计划96.2%，比1997年增收156元；人口自然增长率控制在9.4‰。

2003年，按照县委提出的“提高农业、做大工业、抓好项目、促进开放、壮大非公、发展城镇”6项工作重点，分析全县经济增长潜力和发展后劲，制定国民经济和社会发展年度计划。当年计划除城镇居民可支配收入1项，其他指标均完成或超额完成。

2004年，围绕县委提出的“狠抓项目、调优结构、扩大开放、深化改革、关心群众”5项工作重点，根据国家经济发展政策和市场需求导向，制定全县国民经济与社会发展年度计划目标是：国内生产总值11.83亿元，比增10.5%；农牧渔业总产值6.9亿元，比增5.2%；工业总产值8.71亿元，比增20%，其中县属国有及规模以上工业总产值3.66亿元，比增21.5%；地方财政收入4409万元，比增10%；全社会固定资产投资2.65亿元，比增10%；全社会消费品零售总额4.06亿元，比增12%；居民消费价格指数102%；实际利用外资460万美元，与2003年持平；出口创汇350万美元，比增10%；农民人均纯收入3670元，比增4.5%；城镇居民可支配收入7750元，比增3%，城镇登记失业率控制在5.3%以内，人口自然增长率控制在12.2‰以内。计划执行情况：国内生产总值12.08亿元（当年价，第一次经济普查口径，下同），比2003年增长10.1%，完成年度计划102.11%；农牧渔业总产值7.9亿元，比2003年增长6%，完成计划114.5%；县属规模以上工业总产值4.84亿元，比2003年增长40.8%，完成计划132%；地方财政收入4653万元，比2003年增长15.7%，完成计划105.6%；全社会固定资产投资3.41亿元，比2003年增长26.2%；全社会消费品零售总额4.02亿元，比2003年增长10.8%，完成计划100.7%；居民消费价格指数104.3%；实际利用外资602万美元，比2003年增长32%；出口创汇1573万美元，比2003年增长402.6%，完成计划449%；农民人均纯收入3835元，比2003年增长9.7%，完成计划104.5%；城镇居民可支配收入7760元，比2003年增长2.8%，完成计划100.1%；城镇登记失业率5.2%，比年初下降0.1个百分点；人口自然增长率3.93‰。

2005年，将全面建设小康社会、建设海峡西岸经济区目标，作为编制全县年度计划的重要依据。是年计划执行结果，除县级一般预算收入未达计划指标外，其他各项指标执行情况均大幅超出计划指标。

第三节 计划综合平衡

一、国内生产总值综合平衡

“八五”期间，全县GDP年均增长10.96%。其中，第一产业年均增长4.15%，第二产业年均增长19.55%，第三产业年均增长18.15%；农林牧渔业总产值年均增长24.06%，工业总产值年均增长18.53%。“九五”期间，经济增速放缓，全县GDP年均增长8.29%。其中，第一产业年均增长6.72%，第二产业年均增长4.12%，第三产业年均增长15.1%；农林牧渔业总产值年均增长5.71%，工业总产值年均增长7.54%，其中规模以上工业总产值年均增长4.81%。“十五”期间经济有所恢复，全县GDP年均增长8.61%。其中，第一产业年均增长4.92%，第二产业年均增长13.75%，第三产业年均增长10.33%；农林牧渔业总产值年均增长5.2%，工业总产值年均增长13.43%，其中规模以上工业总产值年均增长43.33%。

二、投资与消费综合平衡

（一）合理控制固定资产投资规模

“八五”时期，全社会固定资产投资规模实行指标考核责任制，严格执行省、市下达的指令性指标。在此期间，固定资产投资增长较快，年均增长54.45%。“九五”时期，国家严格控制固定资产投资规模，所有建设项目都必须按规定程序报批和管理，全社会固定资产投资年均增长率下降至2.6%。“十五”时期，投资环境不断优化，民营经济发展迅速。市、县持续开展“项目年”活动和项目竞赛，有效拉动固定资产投资增长，全社会固定资产投资年均增长率上升至20.38%。

（二）保持社会消费适度增长

“八五”期间，全社会消费品零售总额年均增长24.6%；“九五”期间年均增长10.33%；“十五”期间年均增长9.56%。全县在注重经济结构调整同时，还注重工业产品结构和农业种植结构调整。“八五”末期三大产业结构从“七五”末（1990年）63.7∶20.18∶16.12调整为1995年51.34∶19.72∶28.94，一、二产下降，三产有所上升。“九五”期间实施《清流县“九五”后两年经济结构调整方案》，三大产业结构调整至2000年的46.07∶16.84∶37.09，一、二产继续下降，三产加速上升。“十五”期间，三大产业结构调整为2005年的40.06∶21.97∶37.97，三大产业结构逐步趋向合理。

三、经济运行情况监测分析

1991—2005年，县政府实行经济运行分析例会制度，每季召集县直有关部门、各乡镇负责人对全县经济运行情况进行综合分析和预测，并提出下一阶段工作意见和建议，为县委、县政府领导决策提供依据。在常规分析基础上，政府各职能部门结合实际，开展相关调研活动，研究具体问题，提出对策建议。每半年由县发展计划局代表县政府向县人大常委会汇报计划执行情况；每一年度，在下一届县人民代表大会召开期间由县发展计划局代表县人民政府向大会作一年国民经济和社会发展计划执行情况及当年的国民经济和社会发展计划报告，接受人民代表大会的审查。

第四节　项目管理

一、项目运作

1991年，按照不同时期规划，制定相应的重点开发建设项目。同时与有关科研单位、大专院校、信息部门保持联系，收集适合当地开发的项目，充实完善项目库。项目投资重点放在基础设施建设及企业技改。年内，固定资产投资完成601万元，比增74.71%；更新改造完成858万元，比增4.38%。建成老干活动中心、医院病房、一中科技楼等，铺设城区水泥路3条，改造大路口至灵地公路，实施城西新区开发。

1992—1993年，固定资产及技改投资总额2.05亿元。其中，1993年，固定资产投资总额中生产性建设投资占比61.8%，非生产性建设占比38.2%，投资结构趋向合理。城西新区开发建设初具规模。先后完成大路口至嵩口8千米柏油路面铺设，建文线（建宁至连城文亨）清流路段7千米水泥、柏油路面铺设，完成投资220万元。三明到清流480路微波干线投入使用。嵩口至围埔扩路工程全线动工。11万伏安清输变电工程投入营运。开通程控电话5000门。年产1.5万吨锶尔康矿泉水厂建成投产。实施装机9000千瓦的竹青背电站建设。林畲、邓家两大万亩灭旱水利工程完工。人造板厂胶合板产能由5000立方米扩为8000立方米、县水泥水泥厂产能5万吨扩为15万吨、香料厂萜烯树脂产能1000吨扩为2000吨、化工厂松香产能5000吨扩为6000吨、罗口煤矿上坪井原煤产能6万吨扩为15万吨、氨厂甲醇2000吨和山梨醇二期工程等技改项目陆续建成投产，县域经济发展后劲增强。

1994年，提出工业企业技改和开发项目142项，落实80项；从项目库中选择、确定为当年重点开发项目132项，编印《清流县投资贸易指南》。当年，重点抓交通、能源等基础设施建设。用于农业、水利、交通、通讯、能源、教育方面投资1.99亿元，比增9.6%。

1995年，申报项目15项，其中以工代赈项目5项、社会事业项目6项。争取补助资金92万元。

1996年，申报农业、工业技改、社会事业、灾后恢复建设等项目20项，落实项目10项，补助资金53万元。当年，完成装机9000千瓦竹青背电站、年产30万立方米釉面墙地砖等项目的收尾建设投资，完成年产3000吨山梨醇、年产1万吨甲醇的技改投资，洋万线清流境内公路改造和商品粮基地建设等固定资产投资1.66亿元，其中国有单位固定资产投资7536万元。

1997年，全年申报农业、工业、基础设施、社会事业、灾后恢复建设、以工代赈等项目46项，省、市补助项目14项，补助资金287万元。

1999年，鼓励多种所有制经济，尤其是个私经济参与建设投资，聚集社会资金投入生产性项目、经济适用房和第三产业。

2003年始，开展“抓项目、增后劲、促发展”竞赛活动。与各大专院校、科研机构及项目咨询公司联系，抓新项目的培育、策划。加大重点项目前期工作，筛选规模大、效益好、适应当地开发、能大幅度带动清流经济持续发展的支撑项目。当年，确定重点建设项目37个、重点前期项目21个和乡镇领导性项目10个。申报省级以上专项资金补助项目59个，总投资2.04亿元，获得资金补助900万元。

2004年，着力改善农村居民生产生活条件。农村医疗设施、教育危房改造、县乡村道路、集镇供水、农田水利建设等领域获得国家和省预算内投资补助资金1055万元。当年，实施赖坊万亩灭旱，李家、赖坊、沙芜、龙津集镇供水等一批农村基础设施建设。全年确定重点项目43个，重点前期项目16个，乡镇领导性项目10个。

2005年，做好争取上级资金补助项目的论证、筛选、申报。农村卫生、高中扩招、农村中小学寄宿制学校、道路交通、集镇供水、种苗基地、节水灌溉、农产品检验检测、劳动力就业、城建等项目获国家和省级各项投资补助资金共计1520万元。

二、固定资产投资管理

1991—1993年，实行按项目安排投资的办法，优先保证续建、扫尾和新开工的重点项目。重点加强农业、水利、交通、能源、重要原材料工业和科教文卫等社会事业建设。同时根据财力，适当安排一些与提高人民生活水平有关的建设项目。严格立项审批手续，实行固定资产投资方向调节税和新开工项目颁发投资许可证制度，续建项目实行年检制度。对新开工项目，坚持先落实资金、后开工建设的原则，并做到建设资金必须经审计部门审核后才能批准开工。

1994年，对固定资产投资分类管理。将投资分成竞争性项目、基础性项目和公益性项目三类。对投资项目实行“谁决策、谁负责”原则，企业法人对建设项目从筹划、筹资、设计、建设实施直至生产经营、归还贷款及债券本息等全面负责并承担投资风险。建立项目申报备案制度和新开工项目登记制度。

1996年，全县加大基础设施和支柱产业的投资。协同建设单位做好新上项目立项、论证、筹备。及时向省、市反馈，取消安砂水坝加高计划。建立项目资本金制度和投资决策责任制，全面推行工程招投标制度。组织和参与建设项目执法监督、审计，促进投资效益提高。

1997年，全县严格控制新建和装修办公楼，加强固定资产投资导向，严禁未立项先开工和超投资计划规模行为。年内，完成全社会固定资产投资1.9亿元，比1996年增长14.5%。其中生产性建设投资3552万元，占总投资额的78%，非生产性建设投资1006万元，占总投资额的22%。

2003年，对重点建设项目和重点前期项目，每季度进行评比、通报。2004年，加强项目在维护国家经济安全、合理使用资源、保护生态环境、制止垄断行为、依法招投标等方面的宏观监管。对个体工商户、私营企业、民间投资项目，享受与其他所有制企业同等待遇，并为其提供优质服务。

2005年，加大督查通报和各类项目招商及项目推介力度，加强固定资产投资运行分析。全县43个重点项目有40个进入建设实施阶段，开工率93%，累计完成投资4.1亿元。全年完成固定资产投资5.04亿元，比上年增长47.8%。

第二章 统 计

第一节 机 构

1991年，县统计局机关行政编制9人，实有9人。下辖副科级全额拨款事业单位县农村经济调查队，编制4人。1996年，成立县城市社会经济调查队，事业编制6人，由县财政全额拨款。1997年，县统计局编制调整为10人，其中工勤事业编制1人。2002年，机关行政编制7人，工勤事业编制1人。2005年，成立普查中心，事业编制 2 人。当年，县统计局行政编制 7 人，工勤事业编制 1 人。下属事业单位编制共 12 人。

第二节　常规统计

一、国民经济核算统计

1991—1993 年，为物质产品平衡表体系和国民账户体系（SNA 体系）共存阶段。1994 年始，为新国民经济核算体系阶段（SNA 体系）。2005 年，施行的国民经济核算属 SNA 体系，核心指标是国内生产总值（简称 GDP）。2004 年起，改称县（市）地区生产总值，划分 3 个产业。清流县国民经济核算包括季度地区生产总值核算和年度地区生产总值核算。不论季度的还是年度的核算均由上一级联审反馈后方可向社会公布使用。

二、农村社会经济统计

1991 年，清流县农业统计的主要指标有乡镇总户数、总人口，农村用电量，农业机械总动力，农药、化肥、农膜使用量，农作物播种面积，种植业、林业、牧业、渔业总产量，农业总产值、净产值，农村社会总产值，农业商品产值。1993 年，调整农村经济统计指标，农林牧渔业增加值代替农业净产值。1996 年，取消农村固定资产结构指标。1998 年，取消农业商品产值指标。2003 年，林业采运企业的产值从第二产业调整为第一产业统计，农林牧渔服务业的产值从第三产业调整为第一产业统计。2004 年，对农业季度报表和农业年报表进行重新调整，调整后的农业定期报表有 14 种，农业年报表有 13 种。

三、工业统计

1991 年，工业统计执行《1990 年全国工业产品不变价格》及《工业新产品开发报产情况表》。1992 年始，确定以工业经济效益评价考核指标体系为基础计算的工业经济效益综合指数。1996 年，工业经济效益评价考核体系取消工业增加值率，增补资产负债率和资本保值增值率 2 项指标；将资金利税率改为总资产贡献率。1998 年起，月报、季报及年报统计范围为辖区内全部国有工业企业及年产品销售收入 500 万元以上的非国有工业企业，规模以下工业则采用抽样调查方法。2005 年，工业统计定期报表主要有《工业产销总值及主要产品产量》《工业企业主要经济指标》《主要产品销售量与库存量》；年报主要有《法人单位基本情况》《工业企业财务状况》等。

四、能源统计

1991 年，县《主要工业产品单位产量能耗及综合能耗》（半年报）统计范围沿袭 1990 年，扩大到年综合能耗 5000 吨标准煤以上的工业企业。1994 年，改为《重点工业企业产值综合能耗表》（季报），统计范围为 1993 年现价工业总产值 1000 万元以上的企业，并对《重点工业企业能源消费表》进行调整，表名改为《重点工业企业能源消费与库存表》（季报），统计范围为县内各种经济类型的独立核算重点工业企业。1998 年后，季报及年报统计范围为辖区内全部国有工业企业及年产品销售收入 500 万元以上的非国有工业企业。2005 年，综合年报表有工业企业能源购进、消费与库存，工业企业水消费；基层季报表有工业企业能源购进、消费与库存。

五、固定资产投资统计

1991 年，执行独立的商品房屋建设投资统计制度。1993 年，制定新的固定资产投资统计报表制度，由综合表、基层表、附件及年报基层标准表逻辑关系 4 个部分组成。1995 年，从《固定资产投资统计基层标准表》的报表种类中删去“房地产开发”内容，单独设计一张《房地产开发统计基层标准表》。从 2005 年起，固定资产投资统计范围分为农村固定资产投资统计和城镇固定资产投资统计。其中，农村固定资产投资统计是指计划总投资 50 万元以上至 3000 万元以下项目；城镇固定资产投资统计包括计划总投资 50 万元以上的城镇项目和计划总投资 3000 万元以上农村项目，以及房地产开发投资、城镇工矿区私人建房。固定资产投资统计报表分为年报表式与定期报表表式 2 种。其中统计年报表式有《固定资产投资统计基层表》《房地产开发投资完成情况表》；定期报表表式有《固定资产投资完成情况》《房地产开发投资完成情况》。

六、建筑业统计

1991年，清流县建筑业统计按福建省建筑业统计报表制度进行。从1993年开始，执行新的统计报表制度，报表分《建筑业企业生产情况》《建筑业企业房屋建筑工程生产情况》《附营建筑业施工单位生产情况》《建筑业企业财务状况》。至2005年未变。

七、批发零售贸易餐饮业统计

1991年，县执行国内商业、对外贸易业、物资供销业3套统计表。1993—2005年，按照新的国家统计报表制度的要求，3套统计合并为一套统计。将“社会商品零售总额”指标改为“社会消费品零售总额”，即在零售额中不再包括对农民的农业生产资料零售额；将原有“对居民的消费品零售额”和“对社会集团的消费品零售额”2个指标合并，统称“对居民和社会集团的消费品零售额”。2001年起，贸易餐饮业统计改为只对限额以上批发年销售额在2000万元及以上、零售企业年销售额500万元及以上、餐饮业年销售额200万元及以上的企业实行统计，主要指标有社会消费品零售额、购进、销售及库存总额等。对限额以下贸易、餐饮及个体实施抽样调查。

八、对外经济统计

1991年，沿袭使用上年对外经济统计报表。1993年，制定新的外经统计制度，由2个部分组成：外商投资企业统计报表制度，包括《外国和港澳台地区在华直接投资》《“三资”企业机构、人员及劳动报酬》《“三资”企业财务状况》《外商投资企业生产经营情况年报卡片》及《重点外商投资企业生产经营情况季报表》，设置实收外商资本、境外借款、从业人员、劳动报酬、资本金、年末资产负债营业收入、营业成本、营业利润等52个指标；国际旅游统计报表制度，包括《接待过夜外国旅游者人数月报表》《接待过夜旅游者人数月报表》《旅游外汇收入月报表》和《旅游企业经营情况季报表》。设置旅游接待人数、人天数、旅游外汇收入、营业收入、营业成本、经营利润等14个指标。1994年，对外商投资企业统计报表制度作部分调整，设置《外商投资企业投资、机构和人员情况季报表》《外商投资企业生产经营情况年报表》和《外国和港澳台地区在华直接投资季报表》《重点外商投资企业生产经营情况季报表》。报表内容包括年末实有企业数、从业人员、资本金、合同投资总额、总产值、销售收入、外汇收入、外汇支出等32个指标。大部分指标通过国内旅游者抽样调查及海外旅游者在华消费情况抽样调查取得。1995年，取消《外商投资企业生产经营情况（基层表）》，增加《旅游企业生产经营情况》。2005年，外经专业报表有《接待过夜旅游人数月报表》《接待过夜外国旅游者月报表》《住宿设施接待能力统计表》《景区接待能力统计表》《外国和港澳台地区在华直接投资企业生产经营情况年报》等5种。

九、劳动工资统计

1991—1992年，实行劳动工资统计报表制度，劳动工资统计有月报和年报2种表式。1993—1995年，月报改为季报，年报减少为3种，统计范围由职工统计扩大为“从业人员统计”，统计分类按国家统计局重新制定的《经济类型划分》与《国民经济行业分类目录》分类。2004年始，为反映从业人员社会保障情况，年报中新增从业人员参加社会保障指标。

十、社会发展统计

社会发展统计任务由各主管部门负责。主要涉及教育、科技、文化艺术体育、卫生、广播电视、公安、财政、金融等11项统计内容。20世纪90年代，广播电视统计形成较完整的广播电视统计体系，主要内容：广播事业发展情况，电视事业发展情况，微波传送线路及卫星地面站发展情况，音像制品的制作和发行情况等。1991年，环境保护统计由环境保护局组织实施，主要报表有《工业“三废”排放及处理利用情况》《企事业污染治理情况》《环境保护系统自身建设基本情况》《环境管理制度执行情况》《环境管理制度及措施执行情况》《环境污染与破坏事故情况》《自然保护区工作基本情况》《环境保护宣传教育工作情况》《法规及信访工作情况》

《环境保护档案工作》《环境保护基本建设项目完成情况》。

1992 年后，科技统计除继续执行《科技统计综合年报制度》以外，增设反映县属研究与开发机构的科技活动、人员结构、经费收支、课题活动情况等内容。

1993—1995 年，县及县以上农业企业、事业单位科技活动调查纳入福建省统计年报表制度。1995 年，大中型建筑企业科技活动正式纳入福建统计报表制度。财政统计，主要包括预算内财政收支统计和预算外财政收支统计。同年，教育统计主要内容有《学校基本情况统计表》《教职工基本情况统计表》《学生基本情况统计表》《教育经费支出基本情况统计表》。卫生统计主要内容有卫生机构基本情况、医院医疗工作情况、居民病伤亡原因典型调查、妇幼卫生保健情况、农村卫生村级组织情况、医院业务收支情况等；金融统计主要包括资金来源和资金运用两大方面统计；人口统计主要方式有 3 种，即经常性人口统计、普查、抽样调查。分别由三个部门实施：公安部门在户籍管理的基础上进行经常性年度人口统计，即户籍统计；综合统计部门负责年度人口变动情况抽样调查和人口普查；计划生育部门负责与计划生育有关的经常性人口统计和抽样调查；文化艺术统计，执行文化部和文物局颁发的《全国文化事业统计报表制度》和《全国文物事业统计报表制度》，其主要内容为：文化事业机构基本情况，艺术活动，博物馆发展情况，公共图书馆发展情况，群艺馆、文化站（馆）发展情况；民政统计主要内容：《民政事业单位基本情况》《基层政权与群众性自治组织情况》《民政企业单位基本情况》《民政主要对象基本情况》《优待抚恤、补助救济情况》《受灾、救灾情况》《民政事业费支出情况》《婚姻状况》《社会团体机构情况》；司法、公证统计主要内容：《劳改劳教单位的在押犯人和劳教人员的改造情况》《律师工作与业务经费收支情况》《国内公证和涉外公证情况》《人民调解机构的基本情况》《政法干部培训》《干警立功创模和违法处理情况》。

第三节　普查调查

一、普　查

（一）第一次全国第三产业普查

1993 年 9 月，县政府成立第一次全县第三产业普查协调小组，下设办公室，成员 17 人。整个普查工作经历组建普查组织机构、普查员选调及配备、业务培训、普查单位数摸底、普查单位现场登记、普查资料审核录入上报等阶段。普查年度为 1992 年。普查主要结果：1992 年全县从事第三产业单位数为 3217 个（不含军警铁），比 1991 年增加 212 个，其中企业单位数 274 个、事业行政单位数 580 个、个体经济 2362 个。1992 年末全县从事第三产业人员数达 11540 人，比 1991 年增加 594 人，其中企业单位从业人员 2639 人、事业行政单位 5879 人、个体经济 3022 人。1992 年全县第三产业的企业单位营业收入 5156.8 万元，行政事业单位收入 6858.7 万元、个体经济营业收入 2938 万元。1992 年全县第三产业增加值 6622.7 万元，比 1991 年增长 14.6%，其中国有经济 4020.6 万元、集体经济 705.5 万元、个体经济 1712.1 万元、联营经济 79 万元，其他经济 125 万元。2004 年，第三产业普查并入经济普查。

（二）第三次全国工业普查

1995 年，进行第三次全国工业普查，标准时间为同年 12 月 31 日。7 月，成立县第三次工业普查领导小组，开始全县第三次工业普查。普查分 4 个阶段进行，即普查准备阶段；普查填报、审核、上报阶段；普查汇总、分析及成果发布阶段；普查资料整理、编印及工作总结阶段。全县普查工作于 1997 年 6 月结束。普查结果；全县工业企业单位数 1730 个，其中乡及乡以上工业企业数 221 个，村及村以下工业（含城镇合作和个体工业，下同）数 1509 个；1995 年全部工业总产值，按 1990 年不变价格新规定计算 3.47 亿元，按当年价格新规定计算 4.75 亿元。其中乡及乡以上工业产值（不变价）2.56 亿元，（现价）3.55 亿元；村及村以下工业产值（不变价）9118 万元，（现行价）1.2 亿元。2004 年后，工业普查并入经济普查。

（三）第一次全国农业普查

1996年5月，成立清流县第一次全国农业普查领导小组，由14个成员单位组成，并开始各项准备工作。全国第一次农业普查标准时间为1996年12月31日。上半年实施调查，下半年送市统计局实行光电录入。1998年上半年提供10%提前抽样汇总数据，下半年完成数据处理及总结。农业普查的主要结果显示：1996年末，全县从事生产经营活动的农村住户共有2.06万户，从业人员5.88万人，非农村住户类农业生产经营单位42个。全县耕地面积（按1990年土地详查数进行普查）1.32万公顷、茶果园地2250公顷、林地面积1.54万公顷，渔业养殖面积2029公顷。

（四）全国基本单位普查

第一次全国基本单位普查登记标准时间为1996年12月31日。1996年9月，县成立领导小组，组织实施县基本单位普查工作。1996年12月为准备阶段，1997年6月前完成调查资料审核、汇报和数据处理，1997年末建立名录库。普查结果：全县法人单位738个。其中，单产业法人单位469个、多产业法人单位269个、多产业单位的产业活动单位1516个。

第二次全国基本单位普查登记标准时间为2001年12月31日。2001年10月，县成立第二次全县基本单位普查领导小组，开始全县基本单位清查摸底工作。普查结果：全县法人单位619个，其中，单产业法人单位425个、多产业法人单位194个、多产业单位的产业活动单位827个。2004年后，并入经济普查。

（五）第一次全省税源普查

1998年，开展全省税源普查。普查内容为1996—1997年县纳税单位经营、税收情况。全县税源普查结果：1997年全县从事营利性活动、具有纳税义务的独立核算企事业单位共有228个，实收资本2.93亿元，产品销售税金及附加911.87万元，在职职工人数8688人，实发工资5146.76万元。增值税（一般纳税人）纳税单位64个，应交增值税2213.99万元，实交增值税1829.1万元；1996年全县从事营利性活动、具有纳税义务的独立核算企事业单位228个，实收资本2.46亿元，产品销售税金及附加817.92万元，在职职工人数8653人，实发工资4456.34万元。增值税（一般纳税人）纳税单位64个，应交增值税2036.47万元，实交增值税1708.44万元。2004年后，税源普查并入经济普查。

（六）第四、五次全国人口普查

第四次全国人口普查　1990年7月1日零时，开展第四次全国人口普查。普查内容有户数、人口数、民族、年龄、文化程度、行业、职业、婚姻、家庭、生育、死亡、迁移等共21项。普查结果：全县总户数29134户、总人口14.26万人，其中男性7.49人万、女性6.77万人，性别比为110.67：100。人口密度每平方千米78.10人。全县人口中，0—14岁人口占总人口30.33%；15—64岁人口占总人口64.81%；65岁及以上人口占总人口4.86%。全县汉族人口占总人口98.65%；少数民族11个，人数占总人口1.35%。

第五次全国人口普查　2000年11月1日零时，开展第五次全国人口普查。普查内容共49项，其中按户调查项目23项、按人调查项目26项。比第四次人口普查增加21个项目。应用长短表技术，把普查和抽样调查结合起来，短表由90%家庭填报，长表则抽取10%户填报。普查结果：全县总户数38364户、总人口13.57万人，其中男性7.19万人、女性6.37万人，性别比为112.9：100。人口密度每平方千米74.30人。全县人口中，0—14岁人口占总人口24.76%；15—64岁人口占总人口67.88%；65岁及以上人口占总人口7.36%。全县汉族人口占总人口98.55%；少数民族17个，人数占总人口1.45%。

（七）第一次全国经济普查

第一次全国经济普查的标准时间为2004年12月31日。普查分为普查员培训、清查摸底、入户登记、质量抽查、报表审核录入等阶段。2004年12月30日前完成对全县405名普查员的培训和全县1101个法人（包括产业活动）单位、6246户个体经营户的摸底工作。2005年8月，结束全县经济普查。普查结果：全县有第二、三产业法人单位663个，其中企业法人单位245个，机关、事业法人单位227个，社会团体法人单位69个，其他法人单位 122 个。产业活动单位 945 个，其中第二产业 321 个、第三产业 624 个。个体经营户 6196 户，其中第二产业 2641 户、第三产业 3555 户。全县第二、三产业的就业人员数 15539 人，其中第二产业就业人员 8844 人、第三产业就业人员 6695 人。全县第二、三产业企业法人单位的实收资本总额 3.85 亿元，其中：国家资本 9.91 亿元、集体资本 4.81 亿元、法人资本 6.51 亿元、个人资本 1.3 亿元、港澳台资本 3.96 亿元、外商资本 2710 万元。

二、抽样调查

（一）人口变动抽样调查

1991—2005 年，全县进行人口变动调查 14 次。其中，1993 年抽中 6 个乡镇、18 个村。1995 年，开展 1% 人口抽样调查，抽中 5 个乡镇、10 个村。1996 年，人口抽样调查抽中 6 个乡镇、7 个村。1997 年，人口抽样调查抽中 4 个乡镇、4 个村。

1999 年，人口变动抽样调查抽中 4 个乡镇、12 个村。2001 年，人口变动抽样调查抽中乡镇 4 个、村 12 个。

2002 年，人口变动抽样调查和群众安全感调查抽中长校镇留坑第一小区和李家乡早禾排第二小区。

2004 年，人口抽样调查抽中乡镇 3 个、村 5 个。

2005 年，开展 1% 人口抽样调查，抽中乡镇 10 个、调查小区 29 个，其中国家点 10 个、省点 19 个，根据调查数据推算全县人口 13.4 万人。

（二）城市社会经济调查

1. 城市住户调查 1997 年始，开展城市住户调查（亦称城市居民家庭生活情况调查）。调查对象是居住县城非农业居民家庭及其成员，包括单身户，但不包括集体户口中的单身者。按照城区非农业居民家庭户籍无标识排序等距抽样法抽选 50 户样本作为调查户。每 3 年全面轮换 1 次样本。调查内容包括家庭人口结构、劳动就业、住房设备、收支储蓄、消费水平结构等各方面情况。调查方法由调查户将其家庭的各项收支逐笔记账，每户每月记录 1 本，县城调队住户专业人员月未定期入户收审记账表，并将分户报表按月整理汇总上报市城调队。

2. 居民消费价格调查 1996 年始，进行居民消费价格指数、商品零售价格指数和农业生产资料价格指数编制工作。2001 年，根据省、市城调队关于物价调查工作部署要求，中止商品零售价格指数和农业生产价格指数的编制工作。居民消费价格指数调查根据省统一制定的《居民消费价格指数商品及服务项目目录》，结合清流县实际，选择消费量大、价格变动趋势有代表性的消费规格品进行调查。包括食品、烟酒及用品、衣着、家庭设备用品及维修服务费、医疗保健及个人用品、交通和通讯、娱乐教育文化用品及服务、居住等 8 大类 600 多种代表规格品。价格调查点的选取，分别以清流县城区各商业、农贸市场、服务网点的人均销售额、成交额和经营规模为标志，从高到低排队，依据所需调查点的数量进行等距抽样选取。价格调查方法采取定人、定点、定时直接调查的“三定一直”原则。县城调队物价调查专业人员依据各调查点调查员每月采集调查规格品价格资料，计算月度居民消费价格指数，上报市城调队。

3. 工业品出厂价格调查 2003 年，开展工业品价格统计抽样调查工作。全县被抽中调查规模以上企业 18 家，调查规格品选取调查企业的主要产品，每月调查 2 次。县城调队工业品价格统计专业人员按月定期收集月度调查表，直报市城调队。

4. 其他专项调查 1996 年始，先后开展“公众安全感调查”“文明行业、示范窗口调查”“电力客户满意度调查”“全省烟草消费客户满意度调查”“国民消防安全素质调查”等专项调查。其中“文明行业、示范窗口调查”成为每年定期开展的专项社情民意调查。

（三）农村社会经济调查

1、农村住户经济调查 住户调查的样本以前 3 年人均收入和粮食作物平均亩产为标志，采用对称等距抽样的方法抽选建制村；在每个抽中村中采用对称等距的方法抽选 10 个调查户作为样本，由调查户对其经济活动情况按日记账。1991 年，农村住户经济调查采用的是 1989 年 12 月农村住户样本首轮轮换确定的嵩口镇沧龙村，田源乡廖武村、田口村，李家乡李村，长校乡长校村，东华乡大基头村，林畲乡林畲村 7 个村记账户 70 户，采用现金、实物 2 本账。

1994 年 12 月，进行第 2 次农村住户样本轮换，抽选 7 个建制村（里田乡田坪村，东华乡基头、暖水村，嵩口镇马排村，邓家乡坑甲村，温郊乡桐坑村，赖坊乡陈家村）70 户作为样本。

1999 年 12 月，进行第 3 次样本轮换，抽选里田乡田坪村，东华乡基头村、大路口村、长校镇沙坪村，邓家乡尤坊甲村，嵩溪镇罗陂岗村、塘背村共 70 户作为样本。

2004 年 12 月，进行第 4 次样本轮换，抽选东华乡大路口村、嵩溪镇嵩溪村、罗陂岗村，嵩口镇马排村、田源乡田源村、邓家乡田中村、灵地镇灵和村共 70 户为记账户。

2、粮食产量抽样调查 1991 年，农产量调查在 1989 年 9 月首轮样本轮换确定的 14 个建制村调查网点中抽选 3 个村民小组作为样本进行。1994 年下半年，农产量调查网点进行第二轮样本轮换，共抽中建制村 10 个。1995 年，启用新的农产量调查网点。2005 年，农产量抽样调查制度进行改革，增设早、中、晚稻粮食播种面积调查。

3、农村固定资产调查 2000 年始，县农村社会经济调查队增设农村固定资产调查。农村固定资产调查包括农村非农户固定资产投资情况调查、农户固定资产投资情况调查和农户建房投资情况调查。非农户固定资产价值统计标准为 200 元以上；农户生产经营性的固定资产价值统计标准为 50 元以上。省抽中调查点包括：嵩溪镇、长校镇、沙芜乡、塘背村、邱寨村、沙坪村。

2003 年起，增加市扩大调查点：嵩口镇、邓家乡、林畲村、大路口村、田源村、田中村、灵和村、田坪村。2003—2004 年，增设农村上规模固定资产投资调查，统计标准为：计划总投资或实际需要投资总额在 300 万元以上。至 2005 年，农村固定资产调查工作中止。

（四）规模以下工业抽样调查

2002 年始，清流县规模以下工业（指年产品销售收入 500 万元以下的非国有工业企业和全部个体经营工业单位）抽样调查采用以设区市为总体的抽样，1 年调查 2 次，报告期为每年的 1—5 月、1—11 月。调查数据上报市企业调查队进行推算，然后反馈到县一级采用。调查内容包括 500 万元以下的非国有工业企业的基本情况。

（五）限额以下贸易、餐饮业抽样调查

2001 年始，进行限额以下贸易、餐饮业抽样调查。调查范围为：从事零售贸易活动，销售额在 500 万元以下的企业（单位）和个体户；从事餐饮业活动，营业额在 200 万元以下的餐饮企业（单位）和个体户进行抽样调查。调查内容主要有营业收入、商品零售额、经营费用、从业人员、单位数及个体户数等。调查时间为每年 5 月、11 月。调查样本抽取一阶样本 6 个乡镇的 7 个居（村）委会和 4 个交易市场；二阶样本 200 个调查样本户，其中市场内样本 30 个、市场外样本 170 个。调查数据由三明市城调队汇总推算后反馈县局。当年全县限额以下贸易、餐饮业抽样调查结果：法人企业 3 个，活动单位 119 个，从业人员 165 人，营业收入 3672 万元，其中商品零售总额 3672 万元。

2003 年调查结果：法人企业 1 个、活动单位 104 个，从业人员 202 人，营业收入 4082 万元，其中商品零售总额 4082 万元。2005 年调查结果：限额以下企业和个体社会消费品零售总额为 3.33 亿元，餐饮业为 5554 万元。

第四节 信息自动化建设

1991 年，县统计局有计算机 1 台，7 个专业报表在计算机上操作。1992 年，计算机增至 2 台。1997 年 8 月，购进计算机 3 台。随着企业个数及统计报表增多，计算机存量无法满足工作需求。

2000 年，加强县统计局计算机局域网建设，实现 2 人 1 机。2001 年，县统计局派员参加三明市计算机操作技术对抗赛获第一名，奖励计算机 3 台，实现计算机人均 1 台。

2003 年，15 个乡镇计算机全部配置到位，乡镇农业统计年报采用计算机处理，直接通过电子信箱上报

县统计局，实现资料采集、数据传输、汇总制表及加工分析计算机化。

2005年，计算机之间实现联网通讯，规模以上工业、农村住户、城市调查等专业实行超级汇总，实现与省、市统计局远程数据传输。

第五节 统计监督

1991年，全县建立报表审核制度。9—10月，开展统计数据自查和抽查，组织抽查基层单位3～5个。1995年，进行统计法规执行情况大检查，全县应查单位136个，参加自查单位128个，自查率93%。对发现的统计违法行为进行处理。2001年，在全县开展为期3个月的统计执法大检查，参加自查单位225家，自查面100%。检出虚报瞒报行为单位7家。其中免于处罚单位2家，责令其整改；被通报批评单位5家，其中被处以经济处罚单位4家。

2004年，成立统计督促检查小组，组织全县22家国有及年产品销售收入500万元以上非国有工业企业和15个乡镇开展自查。全年查出统计违法行为并作出处理决定11起，给予通报批评11起、罚款4起，下达责令整改通知书11份。2005年，查出统计违法行为并做出处理决定10起，其中拒报经济普查数据1起、瞒报经济普查数据1起、劳动工资抽查不合格单位6起、无证上岗2起。分别给予通报批评10起、罚款3起，下达责令改正通知书10份。

第六节 统计服务

一、统计资料公布

1991年，根据《中华人民共和国统计法》及相关保密条款规定，每月18日前将上月经济数据整理成册，分发县四套班子成员及有关职能部门；并根据县委、县政府领导的具体要求及时、准确提供相关统计资料，内容涉及统计、财政、金融、外经等部门主要经济指标。同年12月，出版《福建省清流县1990年人口普查资料》1册。1992年5月，编印出版《1991年清流县国民经济统计资料》1册。

1993年始，《国民经济统计资料》改称《福建省清流县统计年鉴》，每年1册，内容涵盖统计、财政、金融、教育、文化、卫生等部门的统计数据，全面反映县域国民经济和社会发展的情况。

1997年始，每年3月底之前编写年度《国民经济和社会发展的统计公报》，随年鉴同时印发。《公报》对县域国民经济和社会发展情况进行综合比较，反映事业发展情况，为领导制定政策、加强宏观经济管理提供依据。

2001年5月，出版《福建省清流县2000年人口普查资料》1册。2002—2005年，利用新闻媒介及时发布经济社会信息。做好统计资料查询接待工作，及时提供统计咨询服务。

二、统计分析及信息

1991年，编写统计分析资料46期，通过统计资料分析县域国民经济各方面情况，指出存在问题并提出解决问题的思路等，供县领导决策参考。其中有关于完善产值产量指标的考核办法。提出加强对经济效益指标考核的意见。分析工业生产存在的诸如三角债、库存积压等问题，并就如何发展骨干企业等问题提出看法。对固定资产投资存在的问题提出调整投资结构，发展清流经济的思路。对农业、烤烟生产的情况分析等。

1995年，提供反映清流县国民经济运行过程与情况的统计分析23篇、统计信息64条，为各级领导和部门提供统计资料200余次。其中统计信息被省统计局采用1条，被市统计局采用5条；分析文章被市统计局采用1篇。

2001年，撰写统计分析和专题调研文章52篇，被有关部门采用27篇。其中《调整工业投资结构，加快经济发展》一文被县委办信息科全文转载发送全县。2004年，撰写统计分析和专题调查报告34篇，被省市刊物采用 11 篇次。

2005 年，撰写统计分析和专题调查报告 29 篇，被省市刊物采用 10 篇次；撰写信息 93 条，被省、市、县级刊物及广播电台采用 27 条次。

第三章 物价管理

第一节 机 构

1991 年，县物价委员会行政编制 2 人。下辖事业单位县物价检查所、县价格事务所。同年，在城关、嵩溪、嵩口、灵地、长校、赖坊设职工物价监督站，受县物价检查所委托开展城乡市场物价监督检查工作。1997 年，县物价委员会更名为县物价局，行政编制 4 人。2000 年，县价格事务所增挂价格鉴证中心牌子。县物价检查所更名为县物价局检查分局，为事业单位，中央下达专项编制 7 人。2001 年，县价格事务所更名为县价格认证中心，核定事业编制 2 人。2002 年 1 月，县物价局并入县发展计划局（保留牌子）。

2005 年，未单独分配编制，实有 3 人；县物价局检查分局编制 7 人，实有 6 人；县价格认证中心编制人员保持不变。

第二节 物价水平

1991 年 2 月，县政府下发《关于一九九一年继续实行“紧密型控价网络责任制”的通知》，将市政府下达给清流县 30 种商品价格涨幅 5% 的控价考核指标，分解下达各乡（镇）政府、县直各有关部门，实施“三 0”控价工程，形成各级各部门齐抓共管的控价网络系统。县物价局负责对列为控价品种的 30 种主要食品和农资价格实行动态监测和旬报工作，定时将 30 种商品价格动态和控价指标完成情况上报县委、县政府，为实施价格调控措施提供依据。实行重要商品提价申报制度，严控出台新的调价项目。5、6 月粮油价格改革方案出台期间，暂停一切商品价格和收费标准审批，加强物价监督检查，组织货源保障有效供给，确保粮油价格改革顺利出台，未引起市场价格大幅波动。1—12 月平均价格指数为 96.45%，比市政府下达涨幅 5% 的控价指标低 8.55 个百分点。

1993 年，受经济过热、金融秩序混乱等因素影响，物价水平急剧上升，市场商品价格普遍上涨。6—8 月，连续召开县长办公会议、物价工作专题会议、“菜篮子”建设专题会议，专题听取物价、控价工作及“菜篮子”建设情况汇报，研究制定价格调控措施，建立价格调节基金和粮食等重要商品储备制度，建立城区蔬菜基地面积 20 公顷和生猪养殖基地 2 个，实行生猪每头补贴 50 元、蔬菜基地每亩每年补贴 50 元等优惠扶持措施，加大地产农副产品上市量。实行市场交易税费减免等优惠政策，鼓励从外县调入蔬菜、生猪、禽、蛋等产品，保障市场供应，平抑市场价格。同时，加强市场物价监控和监督检查，防止各种乱涨价行为。7 月，30 种商品价格涨幅高达 37.23%。9 月，30 种商品价格涨幅回落至 10.09%，全年价格涨幅控制在 18.07%。

1994 年，城区蔬菜基地面积扩大为 40 公顷，生猪基地养殖规模 2000 头；成立县蔬菜公司，推行“公司 + 农户”方法，发展鱼、禽、蛋品生产，增加城区市场蔬菜、肉品供应，平抑物价。5 月 2 日，县域遭遇特大洪灾，市场物价特别是食品类价格大幅上涨。5 月 11 日，县政府及时召开搞好灾后“菜篮子”建设专题会议，研究、部署尽快恢复生产，保障市场供给。县政府分别于 6 月 17 日、7 月 1 日，主持召开生猪生产及肉品供应专题会议、县副食品公司生产经营问题专题会议，研究成立清流县副食品公司，从事基地生猪生产和经营，保障市场猪肉供给。6 月 18 日起，对城区市场猪肉主要品种销售价格实行最高限价管理。9 月 17 日，县政府下发《关于进一步搞好市场副食品产销工作平抑市场物价的通知》，督促各乡镇和有关部门抓好农业生产和“菜篮子”工程建设，发挥国营商业在商品流通中主渠道作用，组织货源，增加有效供给；建立粮食和副食品风险基金，提高政府对市场的宏观调控能力；加强对市场物价特别是粮油肉蛋菜等居民生活必需品价格的管理和监督检查，防止市场价格过快过高上涨。当年 30 种商品价格涨幅控制在 26.44%。

1995 年起，以抑制通货膨胀、控制物价上涨为目标，落实控价措施，物价水平明显回落。至 1996 年，实现 30 种商品价格涨幅控制在 4%，低于市下达 8.8% 的控价目标。1996—2002 年，市场物价连续 7 年在低位运行。尤其是 1998—2002 年，全县居民消费价格指数连续 5 年出现负增长，年均降幅为 1.6%。

2003 年下半年起，受全国大市场影响，钢材、水泥、煤炭等生产资料及成品油、粮油等商品价格大幅反弹，并带动相关产品价格上涨。县物价局落实国家宏观调控政策，严格控制提价项目出台，强化行政事业性收费管理，加强市场价格监管、监测和预警，保持市场价格基本稳定。2005 年，居民消费价格指数为 102.8%。

1996—2005 年清流县居民消费价格指数统计表

表 14-4　　单位：%

年　度	1996	1997	1998	1999	2000	2001	2002	2003	2004	2005
指　数	103.3	101.6	97.7	97.2	98.8	98.3	99.8	101.9	104.3	102.8

说明：1996 年起开始编制居民消费价格指数（即 CPI）

第三节　物价改革

1991 年，随着我国社会主义市场经济体制改革的深入，价格管理体制改革步伐逐步加快，价格管理体制灵活多样，国家定价、国家指导价和市场调节价并存。县物价局贯彻执行国家价格改革政策，及时组织实施上级出台的各项价格改革措施。

1992 年 8 月起，全省统一实行生产资料计划内外价格并轨，取消生产资料价格双轨制，除国家指令性计划和关系国计民生的重要生产资料仍实行国家定价和指导价，其余一律放开实行市场调节价。先后调整水泥、煤炭、化肥、运输、钢材、电力、自来水等 27 种商品价格和教育、医疗、邮电等收费标准 22 项。

1993 年，放开粮油购销价格和地产工业品价格，由企业自主定价。在当年的农副产品收购总额中，国家定价比重为 0.82%，国家指导价为 8.51%，市场调节价比重为 90.67%。社会商品零售总额中，国家定价比重为 1.48%，国家指导价占 4.48%，市场调节价占 94.04%。

1994 年，实行农业生产资料流通体制改革和成品油价格改革。减少农资批发环节、降低流转费用，实行全省统一经营差率管理。成品油出厂价格实行计划内外价格并轨，一律实行国家定价；销售价格实行分级管理，由省物委统一核定。

1996 年，实施粮食、邮电、交通运输、药品、化肥、食盐、电力等价格改革项目。较大幅度提高国家定购粮购销价格和汽车客、货运输价格基本费率；提高邮政资费和市话通话费，简化长途电话计费等级。国家改革药品价格管理体制，出台《药品价格管理暂行办法》，制定国家和省级政府管理价格的药品目录及各类药品作价办法，并公布第一批放开价格的药品目录。

1997—1998 年，实施农村电价及管理体制改革，全面清理整顿农村电价；实行粮食收购保护价政策。

1999 年，实施粮食流通体制改革，调整粮食收购保护价范围，粮食收购实行优质优价政策。实施邮电价格改革，提高国内信函等邮政资费和市话通话费，大幅降低国际及港澳台长途电话资费。

2000 年，调整医疗服务收费；实行药品集中招标采购，由物价部门按中标价格顺加规定的购销差价率制定药品销售价格，顺加作价确定的销售价格不得高于政府规定的最高零售价格。

2001年，国家计委公布新修定的《中央定价目录》，只保留13种中央定价商品和服务项目，其余107种商品和服务价格彻底放开。随后县域全面放开相应的商品和服务价格，只保留水、电、气、食盐、客运、民爆物品、邮电、医疗、药品、成品油等13种商品和服务价格管理权限。在当年的社会商品零售总额中，政府定价占2.7%，政府指导价占1.3%，市场调节价占96%，基本形成以市场调节为主的价格机制。

2002—2005年，适当疏导价格矛盾，理顺价格关系，同时加强对重要商品和服务价格的成本监审。

第四节 价格管理

一、农产品价格

（一）粮油价格

1991年，县粮油购销价格仍实行国家定价和统购统销。5月1日起，根据全省统一部署，较大幅度调整粮油销售价格。每50千克标二早籼米城镇销价由25元调为40元，提价幅度60%，统销价由13.82元调为25元，提价幅度80%；标一早籼米城镇销价调为42元，统销价调为26元；标二晚籼米城镇销价调为42元，统销价27元；标一晚籼米销价调为44元，统销价28元。每50千克二级食用油城镇销价：花生油从220元调为231元，普通菜油从180元调为208元，豆油从200元调为215元，茶油从220元调为235元。食用油统销价：花生油从82元调为231元，普通菜油从79元调为208元，豆油从82元调为215元，茶油从89元调为235元，统销价调价幅度为162%～182%。

1992年4月1日起，每50千克标三早籼稻定购价从22.5元调为25.5元，晚籼稻从23.7元调为27.7元；标二早籼稻定购价调为26.3元，晚籼稻调为28.6元；标一早籼稻定购价调为27.1元，晚籼稻29.5元。并奖售优质化肥12.5千克。每50千克标二早籼米城镇销价调为44元，统销价36元；标一早籼米销价调为48元，统销价38元；标二晚籼米销价调为48元，统销价40元；标一晚籼米销价调为51元，统销价42元。

1993年，全面放开食用植物油购销价格，有调控地放开粮食购销价格，国家定购粮实行国家指导价和收购最低保护价。省定每50千克早籼稻合同收购基准价31元，晚籼稻合同收购指导价37元，价外加价3.75元。

1994年，调整国家定购粮收购价格，每50千克早籼稻收购价调为50元，晚籼稻调为55元，同时取消“三挂钩”物资价差补贴的价外加价和财政预购定金贴息。同年5月10日起，调整粮食部门零售挂牌价：每千克标一早籼米1.54元，晚籼米1.7元，标二早籼米1.46元，晚籼米1.6元。6月10日起，调整粮食销售价格，国家定购粮销售价格为每千克标一早籼米1.74元，标一晚籼米1.8元。10月10日起，执行省定销价，标一早籼米1.78元，标一晚籼米1.96元，标二早籼米1.46元价格不变，粮食部门继续挂牌销售，平抑市场粮价。

1995年，国家定购粮在原定收购价基础上，每50千克给予价外补贴15元，奖售优质化肥12.5千克。同年6月起调整优质大米保本销售价格，每千克早籼米2.2元，晚籼米2.4元。零售挂牌价调为标一早籼米1.9元，标一晚籼米2.08元，标二早籼米1.6元。

1996年6月1日起，国家定购粮实行全县统一收购价，每50千克中等质量早籼稻由原来50元提高到72元，晚籼稻由55元提高到77元，并给予价外补贴10元，奖售优质肥12.5千克（折牌、市差价3.5元）。7月1日，定购粮销售价格调整为每0.5千克标一早籼米1.27元，晚籼米1.33元。下半年起，粮食市场价格持续下跌，晚籼米零售价降到0.75元/0.5千克～0.8元/0.5千克，远低于政府定价1.33元/0.5千克，低位徘徊达7年之久。

1997年，仍执行1996年确定的全县统一收购价，价外补贴和粮肥挂钩政策不变，省定保护价品种为中等质量早籼稻61.75元/50千克。定购粮销售价格不变，各粮店不得降价销售。同时要求粮食部门按省定保护价挂牌敞开收购余粮，不拒收、不限收、不停收、不打白条，切实维护农民利益。

1998年，每50千克中等质量标准的早籼稻收购价65元，保护价55元，晚籼稻收购价70元，保护价62元，各等级差率3%。1999年，每50千克中等质量早籼稻收购保护价53元，晚籼稻定购价58元，价外补贴10元，粮肥挂钩政策不变。2000年，中、晚籼稻的定购价和保护价执行综合价格，每50千克中等质量标准的均为54元，各等级差价为2元，取消定购粮价外补贴，同时取消早籼稻定购价和保护价。

2001年起，全面放开粮食购销价格，实行市场调节价。2003年下半年，市场粮油价格开始反弹，晚籼米价格一路攀升至2.6元/千克。

2005年，市场粮价较为稳定，晚籼米零售价格保持在2.4元～2.6元/千克之间。

（二）猪肉价格

1991年，生猪购销价格由市场调节。1994—1996年，猪肉等主要食品价格发生较大波动，清流县多次对肉禽蛋等主要食品价格实行临时性最高限价管理。

2004年，粮食价格大幅上涨，导致生猪饲养成本提高，饲养量减少，生猪购销价格持续猛涨，当年8月每千克生猪收购价格10元，胴体肉收购价13.4元；排骨和瘦肉的零售价高达20元。

2005年，猪肉销售价格水平较为稳定，城关市场每千克条肉11元、腿肉13元、排骨、瘦肉16元。

1994—1996年清流县城关市场猪肉临时性最高限价一览表

表14-5　单位：元/千克

时　间	1994年6月	1994年8月	1994年9月	1996年7月	1996年11月	1996年12月
条　肉	9	9.6	11.6	11.6	12	13
腿　肉	11	11.6	13.6	13.6	14	14.6
排　骨	11	12	15	16	16	16.6
瘦　肉	13	14	16	16	16	16.6

二、工业品价格

（一）农资价格

1991年，尿素、碳铵及各种钾肥、磷肥、复合肥，由国家计委、省物委、市物委统一制定出厂价格。

1994年，国家实行化肥等农业生产资料流通体制改革，省级调拨化肥由当时的三级批发一级零售改为一级批发一级零售，化肥零售价格实行统一经营差率控制，核定省内农资部门综合经营费率为10%，其中省农资公司4%，县农资公司和基层供销社6%。小化肥的零售价格，由县物委按照大化肥的作价办法核定，实行差率管理，按综合费率不得超过10%，加合理运杂费作价。1996年，化肥调拨价格由省物委统一制定。

1997年，调整农资经营费率，大化肥综合经营差率提高到12%，县农资公司和基层供销社两级8%。农药经营费率由13%提高到15%，县农资公司和基层供销社10.4%不变。小化肥中的碳铵、磷肥流通环节综合经营费率核定为9.5%。

2004—2005年，清流县对化肥出厂价格实行最高限价，批发环节限一道批发，核定进销差率为3%，批零差率为4%。

（二）地产碳铵价格

1991年，地产碳铵厂销价格实行政府定价。4月，核定碳铵临时销售价格：单包装260元/吨，双包装283元/吨。7月，碳铵临时销售价格调整为：单包装278元/吨，双包装304元/吨。10月，核定碳铵出厂价为282.5元/吨，综合销售价格同上年水平347元/吨。1993年3月，制定碳铵出厂最高限价300元/吨。1994年4月，核定出厂最高限价为336元/吨，零售价418元/吨。6月，调整出厂最高限价为365元/吨。1995年1月，出厂最高限价调为380元/吨。6月，核定双包装（下同）碳铵出厂最高限价395元/吨，零售价495元/吨。10月，碳铵出厂最高限价调为430元/吨，零售价538元/吨。1996年2月，碳铵出厂最高限价调为470元/吨，零售价580元/吨。1999年3月，核定碳铵出厂最高限价为430元/吨，零售价530元/吨。2004年4月，碳铵出厂最高限价为430元/吨。9月，碳铵出厂最高限价调为470元/吨。2005年1月，碳铵出厂最高限价调为520元/吨。

（三）食盐价格

1991年，食盐价格实行城乡差价和包装差价管理。1992年3月，清流城关每0.5千克散装食盐零售价由原来的0.27元调为0.3元，城乡差价最高限价为0.05元，小包装食盐每袋加0.05元。1993年6月，调整食盐包装袋价格，0.5千克装的每个0.08元、1千克装的0.15元、0.25千克装的0.36元。1995年6月，城关每0.5千克散装加碘食盐零售价由0.3元调为0.5元，0.5千克装的包装袋价格由每个0.08元调为0.1元，其余包装袋价格不变。1996年3月15日起，清流城区每0.5千克散装食盐价格调为0.52元、日晒细盐0.56元、精盐0.62元；小包装食盐加包装袋价格核定零售价，0.5千克装包装袋每个0.12元、1千克装0.24元、2.5千克装0.6元。

2001年11月1日起，全省取消食盐零售价格分价区管理办法，实行全省统一零售价格。核定散装复合袋加碘日晒盐全省统一零售价0.9元/0.5千克。

2003年，部分乡镇出现抢购食盐现象，个别经营门点趁机哄抬食盐价格，根据省物价局下发《关于加强食盐价格管理的紧急通知》要求，密切关注食盐市场价格动态，查处违价行为。至2005年，食盐零售价格未再调整。

（四）电力价格

小水电上网电价 1991年，小水电上网电价每千瓦时0.08元。1993年，设立县电力建设基金0.02元/千瓦时，上网电价每千瓦时由0.08元调为0.12元，供应价由0.12元调为0.18元。1994年，小水电上网电价实行新电新价。老价电上网电价调为0.14元，以后新建电站上网电价核定为0.23元。1996年3月，老价电上网电价调为0.16元。1997年5月起，调整小水电上网电价，新价电调为0.25元，老价电仍为0.16元。2004年，根据省市统一部署，对全县39家发电企业上县级电网的电价进行重新疏理，核定新价电上网电价为0.25～0.26元，老价电为0.16元，技改电站上网电价在0.18～0.225元。至2005年未变。

县级分类综合电价 1991年，县级电网仍实行多轨制电价制度。1992年4月起，对县级电网的现行电价制度进行改革，将现行的多轨制电价改为分类综合电价。调整一般性照明用电价格，在原电价基础上每千瓦时提高5分，即不满千伏的0.204元，1—10千伏的0.199元。

1993年3月1日起，调整电力价格，380伏/220伏用户电价每千瓦时调整为0.24元，10千伏及二部制电价用户电价调为0.23元，居民纯生活用电价格由0.204元调整至0.2元。

1994年2月1日起，清流县首次执行县级分类综合电价，用电价格分为7类：一般性照明用电、营业性用电、非工业及普通工业用电、大工业用电、化肥生产用电、农业排灌用电、农村综合用电。此后，多次调整县级分类综合电价。至2005年，居民生活用电价格为每千瓦时0.43元，非照明用电价格为每千瓦时0.46元，商业用电价格为每千瓦时0.73元，大工业用电价格为每千瓦时0.48元，非、普工业用电价格为每千瓦时0.58元，农业用电价格为每千瓦时0.15元。

若干年份清流县县级分类综合电价统计表

表14-6 单位：元/千瓦时

时间	生活照明电价	非照明电价	商业用电Ⅰ类	商业用电Ⅱ类	大工业用电	非、普工业用电	农业用电
1994年2月	0.264	0.337	0.44	0.64	0.257	0.277	0.127
1995年4月	0.284		0.537	0.787	0.308	0.328	0.127
1996年3月	0.304		0.593	0.843	0.382	0.402	0.153
1997年5月	0.367	0.408	0.588	0.838	0.422	0.462	—

续表 14-6

时　间	生活照明电价	非照明电价	商业用电Ⅰ类	商业用电Ⅱ类	大工业用电	非、普工业用电	农业用电
1999 年 5 月	0.367	0.408	0.585	0.728.	0.422	0.550	0.146
2000 年 12 月	0.367	0.408	0.728		0.46	0.585	0.15
2002 年 1 月	0.4	0.42	0.728		0.48	0.585	0.15
2005 年 1 月	0.43	0.46	0.73		0.48	0.58	0.15

说明：1994 年 2 月 1 日起，清流县首次执行县级分类综合电价。以上电价均含各类基金和附加费

农村电价　1991—1996 年，清流县没有统一核定各乡镇农村用电价格，农村电业管理体制较为混乱，存在环节多、乱加价、乱收费、乱摊派及“人情电”、偷盗电等突出问题，导致农村电价过高，农民负担过重。

1997 年 4 月起，全县开展农村电价整顿，县人民政府发布《清流县农村电价管理规定》，分批逐乡核定一村一价或全乡统一电价。至 1998 年 3 月底，核定全县 15 个乡镇 111 个建制村的到户照明用电价格并予公布执行。整顿前全县农村照明用电平均电价 0.71 元，最低电价 0.37 元，最高电价 1.2 元；整顿后农村照明平均电价 0.62 元，平均每千瓦时降低 0.09 元，基本消灭 1 元以上电价，每年减轻农民负担 135 万元。

1999 年初，根据省市有关规定，取消电力价格调节基金、农网改造费等收费项目，使农村电价平均水平降至 0.6 元。下半年对各乡镇的到户电价和动力电价进行重新核定，全县综合电价水平由 0.46 元降至 0.41 元，年减轻农民负担 148.55 万元。县物价局通过省级考核验收，被评为 1998—1999 年度全省整顿农村电价工作先进单位。

2000 年 10 月起，适当调低嵩溪、林畲、李家、沙芜、灵地、余朋、田源等乡镇的农村照明到户电价，平均每千瓦时调低 0.05 元。

2001 年上半年，调低农村照明电价至 0.55 元以下，凡高于 0.55 元的电价一律调到 0.55 元，低于 0.55 元的仍按原标准执行。至年底，完成城乡用电“两改一同价”工作，实现城乡用电同网同价。2002 年 1 月起，城乡居民生活用电价格统一核定为 0.4 元 / 千瓦时。2005 年 1 月起，城乡居民生活用电价格调为 0.43 元 / 千瓦时。

三、公用事业价格

（一）交通运输价格

汽车客货运价格　1991 年，汽车旅客运输基本运价为每人千米 0.038 元。1992 年 10 月起，根据新颁发的《汽车运价规则福建省暂行实施细则》，适当调整汽车客运价格，基本运价为每人千米 0.048 元。调整后的基本运价作为最高限价，按不同客车类型实行差别运价。

1996 年 2 月起，调整汽车客、货运价格，旅客运输基本运价每人千米调整为 0.077 元，货物运输基本运价每吨千米 0.52 元，允许企业根据运营情况适当下浮。

2000 年起，汽车货运价格放开由企业定价。

2004 年 1 月，调整汽车客运各种车型基准运价率，直达班车运价可在同类型客车运价率的基础上加成 10%，基本运价每人千米 0.077 元不变。

环城车客运价格　1996 年 7 月，首次核定县城环城车客运价格为 1 元 / 人次，出租价格为 1.2 元 / 车千米。1997 年 12 月起，实行环城车客运夜间加价，22:00 时以后至凌晨客运价格为 2 元 / 人次。至 2005 年未再调整。

（二）自来水价格

1991 年，城关民用自来水价格为每吨 0.22 元。1992 年 5 月，居民自来水价格由每吨 0.22 元调整到 0.26 元。1993 年 6 月，居民生活用水价格调为 0.35 元 / 吨。1994 年 2 月，居民生活用水价格调为 0.4 元 / 吨，工业及营业性用水核定为 0.5 元 / 吨。

1996 年 9 月，县第二自来水厂建成投入使用，居民生活用水价格调整为 0.9 元 / 吨，工业及营业性用水

价格调整为1.2元/吨。1999年7月，居民用水价格调为0.98元/吨，工业及营业性用水调为1.25元/吨。

2002年1月1日起，取消自来水底度水费制度，一律按实际用水量计收水费。当年8月，居民用水价格调为1.15元/吨，工业用水调为1.3元/吨，营业性用水调为1.45元/吨，至2005年未变。

（三）液化气价格

1991年，对液化石油气实行统一限价、限量管理。对新开户的用户，一次性收取开发费400元，在3年内每年供应液化气12瓶，每瓶供应价23元/13.5千克。1993年12月，液化气开户供应价调整为35元/13.5千克，未开户的议价液化气零售价格核定为55元/13.5千克。1995年1月，议价液化气零售价格调到60元/13千克；6月，开户贴气价格调为45元/13千克。

1998年1月，议价气零售价格调为55元/13千克。当年4月起，由于海上石油走私、夏季气价季节性偏低等因素，各经营单位纷纷降价竞销，液化气市场出现无序竞争，液化气价格一度降至30～35元。经清理整顿，5月，核定液化气零售价格为45元/13千克。因液化气源头价格变动频繁，零售价格改为按季度定价。2001年7月，核定液化气零售中准价为48元/13千克，经营者可在每瓶2元的幅度内上下浮动，自主定价。

2002年4月起，规定每瓶液化气冲装量不得少于14.5千克，零售中准价为52元/14.5千克，13千克装的每瓶47元。

2003年4月，核定零售中准价为61元/14.5千克，5月调整为52元，7月调到55元，12月调到60元。此后，液化气因源头价格暴涨，市场价格持续上涨。

2004年7月，液化气零售中准价调为62元/14.5千克，9月调为68元，11月调为76元。

2005年1月，零售中准价调低为71元，10月调为80元，11月调到88元，最高零售价格达90元/14.5千克。

若干年份清流县城关液化气价格一览表

表14-7

调价时间	净重（千克）	零售价格（元/瓶）	开户贴气价（元）	调价时间	净重（千克）	零售价格（元/瓶）
1991.1	13±0.5	—	23	2001.7	13	48±2
1993.12	13±0.5	55	35	2002.4	13	47±2
1995.1	13	60	35	—	14.5	52±2
1995.6	13	60	45	2002.6	14.5	49±2
1998.1	13	55	45	2002.10	14.5	54±2
1998.5	13	45	—	2003.4	14.5	61±2
1998.12	13	50	—	2003.5	14.5	52±2
1999.7	13	43	—	2003.7	14.5	55±2
1999.11	13	50	—	2003.12	14.5	60±2
1999.12	13	60	—	2004.7	14.5	62±2
2000.1	13	55	—	2004.9	14.5	68±2
2000.4	13	52	—	2004.11	14.5	76±2
2000.10	13	55	—	2005.1	14.5	71±2
2001.2	13	59	—	2005.10	14.5	80±2
2001.4	13	54	—	2005.11	14.5	88±2

（四）邮电资费

1. 邮政资费　1991 年，函件航空费每 10 克 0.05 元。邮政快件资费 100 克以内每 20 克 0.8 元。国内特快专递邮件资费，起重 200 克 8 元，续重 200 克 2 元。

1992 年 7 月，函件航空费调整到每 10 克 0.1 元，邮政快件资费调整到 100 克以内每 20 克 1 元，100 ～ 5000 克以内每续重 100 克 1.2 元；国内特快专递邮件资费调整到起重 200 克 12 元，续重 200 克 3 元。

同年 10 月 15 日起，省政府出台邮政地方建设附加费，收费标准为：收寄给据邮件 0.2 元 / 件；印刷品每 100 克或其零数 0.1 元；商品包裹 5 千克以下的 0.3 元 / 件、5 千克以上的每增加 100 克或其零数加收 0.1 元；国内邮政特快专递 2 元 / 件，国际、港澳台特快专递 3 元 / 件。12 月 20 日起，调整电报资费标准，国内公众电报资费由原来的每字 0.07 元调整为 0.13 元，国内新闻电报资费由每字 0.02 元调整为 0.05 元。

1996 年 12 月 1 日，国家出台邮电价格改革，较大幅度提高邮政资费。国内普通信函每重 20 克邮资由本埠 0.1 元、外埠 0.2 元提高到 0.5 元，取消本、外埠，明信片资费调为 0.4 元，印刷品资费由每重 100 克本埠 0.04 元、外埠 0.08 元提高到 0.3 元，挂号费由每件 0.3 元提高到 1 元，邮政快件 100 克以内每重 20 克 2 元，101—10000 克内每续重 100 克 2.5 元；特快专递邮件起重 200 克资费 20 元，每续重 200 克收费 6 元。邮政汇兑维持现行标准，每汇 1 元资费 0.01 元，每笔最低汇费 1 元。包裹按现行费率上调 50%，另按件计收挂号费。

1999 年 3 月 1 日起，提高部分国内邮政资费。国内平信首重 100 克内每重 20 克资费本埠 0.6 元，外埠 0.8 元，续重 101 ～ 2000 克每重 100 克本埠 1.2 元，外埠 2 元；国内明信片 0.6 元；印刷品首重 100 克资费调为 0.6 元，续重 101 ～ 5000 克每重 100 克资费 0.3 元；挂号费调为每件 2 元；邮政汇兑每汇 1 元资费 0.01 元，每笔最低汇费 2 元、最高汇费 50 元。取消“九五”期间出台的邮政地方建设附加费。

2004 年 1 月 1 日起，国内邮件挂号费由每件 2 元调整为 3 元。至 2005 年未变。

2. 电信资费　1991 年，调整市内电话初装费标准：工商企业 3000 元 / 部，行政事业单位 1500 元 / 部，私人付费住宅电话 1000 元 / 部。农市话实行复式计次收费方式，每 3 分钟为 1 次，每次 0.1 元（含地方附加费 0.02 元）。

1992 年 5 月 20 日起，调整长途电话附加费标准，拨打国际及港澳台长途电话附加费由 0.5 元 / 分钟调整为 1 元 / 分钟。8 月，省内邮电公众网移动电话进网费改为初装费，每台每号的收费标准调整为 6000 元。漫游服务中的港澳通话费调整为每分钟 4 港元。10 月 15 日起，下调无线寻呼服务费。当地用户月服务费由 30 元下调到 20 元；异地寻呼及漫游用户月服务费由 50 元下调到 40 元。

1993 年，出台程控电话改制费和建设费，改制费收费标准为：工商企业每部 1500 元，行政事业单位每部 1000 元，个体工商户每部 500 元，私人住宅电话每部 200 元，用户小交换机中继线 3000 元 / 对。并在省物委规定的长话、市话和农话资费基础上加收 20% 建设费，执行期限为 5 年。

1996 年 12 月 1 日起，实施邮电价格改革。适当降低电话初装费收费标准，各类用户合并为一个档次 1500 元 / 户。适当提高市内电话通话费收费标准，由每 3 分钟 0.08 元提高到 0.15 元，制定本地网营业区间通话费每分钟 0.4 元。简化国内长途电话计费等级，由现行的 12 级简化为 3 级，省内长途电话每分钟 0.6 元，省外 800 千米以内每分钟 0.8 元，800 千米以上每分钟 1 元。清理整顿邮电附加费，取消国际、港澳台长途电话附加费 1.2 元 / 分钟，取消市话月资费上浮 20% 的地方附加；国内长途仍按 0.4 元 / 分钟标准征收附加，市话通话费附加由每 3 分钟 0.02 元提高到 0.05 元，新开征本地网营业区间通话费附加 0.1 元 / 分钟。

1999 年 3 月起，取消“九五”期间加收的长途电话附加费和市内电话通话费附加费，调整本地网营业区内通话费标准为每 3 分钟 0.2 元。降低固定电话初装费标准，市内电话每部 800 元，农村每部 500 元；移动电话入网费降到 700 元。大幅降低出租电路资费和互联网收费标准。降低港澳台电话资费，由每分钟 8.1 元降为 5 元；国际长途电话资费凡每分钟高于 12 元的全部降为 12 元，低于 12 元的维持原标准不变。

2001 年 3 月 21 日起，实施电信资费结构性调整。降低长途电话资费标准，改革长途电话计费单元，国内长途电话由三级计费改为一级计费，资费标准调整为每 6 秒钟 0.07 元，国际电话统一调整为每 6 秒钟 0.8 元，港澳台电话调整为每 6 秒钟 0.2 元。调整固定本地电话资费结构，营业区内通话费改为按首次每 3 分钟 0.2 元，以后每 1 分钟 0.1 元，实行县内城乡通话费同价。城区固定电话基本月租费 12 元，农村电话月租费 10 元，办公电话月租费25元，中继线月租费100元。取消所有附加在电信业务基本资费的附加费。

2002年6月，取消固定电话初装费，核定固定电话装移机工料费收费标准。装机工料费分为：楼房建筑物有预埋电话管线并经验收合格的每部50元；没有预埋电话管线或经验收不合格需重新布线的每部150元。移机工料费不得高于装机工料费。装移机手续费仍按8元标准收取。至2005年未再调整。

（五）医疗服务价格

1991—1999年，县、乡医疗单位服务收费项目及标准按照三明市核定标准执行。

2000年9月，调整县、乡医疗单位服务收费项目及标准，挂号费、诊疗费、床位费等17类1505项医疗服务项目标准按市级医疗服务收费标准及规定执行，其中县级医疗挂号费1元／次、急诊1.5元／次、门诊诊疗费2元／次、住院诊疗费3元／次。手术类共962项在市级医疗收费标准的基础上适度调低，其中，特大型手术类调低200元／例，中型手术类调低30～40元／例，小型手术类调低10～20元／例。

2005年4月，核定县医院优质病房床位费收费标准为：3人间每床每日25元，双人间35元。并要求普通病房床位数占医院所有病房床位数的保有比例不得低于85%。11月，县、乡医疗服务单位收费项目及标准执行《三明市非营利性医疗机构医疗服务价格》。新制定的收费标准为政府最高指导价，各非营利性医疗机构应严格按照规定的服务项目和服务内容提供医疗服务，并收取相关服务费用，具体执行标准可以下浮，不得上浮。其中县级医院挂号费1元／次、乡镇卫生院挂号费0.8元／次；普通门诊诊查费为住院医师1.5元／次、主治医师2元／次、副主任医师4元／次、主任医师6元／次。当年，县级医院普通病房床位费收费标准为单人间每床每日25元，双人间每床每日18元，3人间每床每日10元，乡级卫生院普通病房床位收费略低于县级医院，标准为单人间每床每日20元，双人间每床每日15元，3人间每床每日8元。

第五节 收费管理

一、行政事业性收费管理

1991年，换发新的收费许可证。至1993年，全县共发放收费许可证276份。同年5月，开展收费清理整顿，对全县范围内的行政事业性收费单位的收费项目标准进行全面清理审核。全县共清理核实63个部门202个收费单位的1005项收费项目及标准；取消涉及19个收费单位的55项收费项目；其中涉农收费41项，年减轻农民负担52.8万元。对逾期不按规定进行清理的74个收费单位，吊销收费许可证，取消其收费资格，所收费款全部上缴财政。清理县级出台有关收费的文件11份，取消26项收费及各类押金、保证金。同年，县人大、政协及监察、财政、物价、审计等部门联合开展专项治理乱收费工作。共检查82个收费单位，查出违法收费行为38起、乱收费项目42项，违法所得金额62.12万元，移交物价检查所处理，并对其中22项自立项目予以取消，对提高标准收费的20个项目予以纠正。

1994年，全县开展专项治理乱收费检查。查出违法收费案件5起，违法所得金额10.87万元，取消乱收费项目32项，纠正提高标准收费7项，取消押金、保证金4项。

1996年，贯彻实施新出台的《福建省行政事业性收费管理条例》，规范行政事业性收费管理。开展“行政事业性收费信得过”活动。实行收费公开栏制度，增加收费透明度。

1997年，会同财政部门开展全县177个收费单位行政事业性收费许可证年审，发现和纠正收费、征收管理和使用中存在问题，年审合格率97.74%。

1998年，开展涉企收费项目整顿工作。贯彻落实省政府公布取消的面向企业收费项目125项，涉及公安、建设及土地、劳动、工商、电力、广电、交通、银行等30多个部门和单位。落实国家计委、财政公布取消的涉及15个部门单位的收费项目49项，降低收费标准22项。同时，试行企业交费登记卡制度。

1999年，全县贯彻落实省政府《关于取消部分涉企行政事业性收费及省级出台的集资、基金、附加、罚款项目的通知》，督促工商、城建等收费单位办理取消的29项收费项目的许可证注销手续。落实取消电价调节基金等各项基金、附加费。并对涉企、涉私、涉外及涉农收费进行清理整顿，落实取消收费项目49项，年减负108万元。

2001年起，全县推行涉农收费公示制度，制定《清流县推行涉农收费公示制度实施意见》，建立涉农收费监督网络和定期联络制度。全县聘请15名乡镇涉农收费联络员和111个建制村的收费监督员，初步形成上下配合、齐抓共管、层层落实的物价管理监督网络。开展涉农价格和收费的调查摸底、清理审核，共落实取消收费项目12项、降低标准8项。同时，全面清理整顿面向外出或外来务工人员的收费项目，取消6项收费。落实国家计委公布取消的涉及乡镇企业负担的收费项目9项，分别涉及农业、民政、交通、经贸（煤炭）等4个部门和单位。

2002年，全县换发新的收费许可证。2003年，实行教育收费和医疗服务收费公示制度。开展收费许可证年度审验，对因机构改革、中央和省取消收费项目等原因不再行使收费职能、以及未按规定参加年审换证的74个收费单位，注销收费许可证。

2004年，全县开展收费年审。共审验收费单位200个；其中：行政单位91个、事业单位95个、中介服务单位14个。合格单位180个，占97.8%；基本合格单位6个，占2.16%。全县行政事业性收费总额2093.72万元、行政性收费653.45万元、事业性收费1439.87万元。2005年，结合收费年审，换发新的收费许可证211份，对到期不换证和完全取消收费项目的55个单位的收费许可证予以注销。

二、事业性收费标准核定

（一）教育收费

1991年，清流县中小学杂费标准为：小学低年级每人每学期6元、中年级7元、高年级8元；普通中学初中11元、高中16元；重点中学初中12元、高中17元。

1992年秋季，调整中小学学杂费收费标准，核定小学杂费每人每学期13～15元，初中20元；普高杂费25元，学费25元。1994年秋季，中小学学杂费标准调整为：城区小学杂费每人每学期30元，初中杂费45元；乡镇小学杂费25元，初中杂费40元；高中学费和杂费合并，收费标准为每人每学期90元；高中和初中自费生收费标准为500元／生·学期。1995年秋季，乡镇初中杂费标准调低为35元／生·学期；高中自费生收费标准提高至700元／生·学期；核定寄宿生柴火费为每人每学期70元，管理费10元。1997春季，调整城区中小学杂费标准，小学每人每学期40元，初中55元，高中140元。

1999年秋季起，试行普通高中缴费上学，取消双轨制招生，学校不再实行计划外高收费招生。学费标准核定为城区高中每人每学期500元，乡镇高中200元。2000年秋季，调整高中学费标准，城区高一每人每学期600元、高二、高三500元；乡镇高一250元、高二、高三200元。

2002年秋季，调整中小学收费标准：城区小学杂费每人每学期65元，初中95元，高中学费600元；乡镇小学杂费45元，初中65元，高中学费250元。城区寄宿生住宿费为小学每人每学期70元、中学85元，乡镇学校住宿费小学60元、中学75元。

2004年秋季起，全面实行义务教育阶段“一费制”收费制度，中小学收费由杂费、课本费和簿籍费3项构成，此外不得再收取其他任何费用。收费标准核定为：城区小学每人每学期120元，初中160元；乡镇小学80元，初中110元。对未实施“信息技术教育”的学校和年级的杂费，按小学减20元，初中减30元的标准收取。至2005年未变。

（二）有线电视收费

1993年12月起，城区开始收取有线电视收视维护费。执行省物委规定标准，有线电视线路维护费为每户每月2元；有线电视收视费收费标准为：每自办1套节目收取收视费每户每月2元，自办节目4套以上的最高不得超过8元。合计收视维护费最高标准不得超过10元／户·月。

1994年，核定县有线电视建设费为280元／户。1999年3月起，核定有线电视传送中央电视台电影、体育、文艺等卫星有线电视节目的收费标准为3元／户·月，加上原有的收视维护费10元，合计收费标准为13元／户·月。同年11月，核定乡镇有线电视收视维护费标准。有线电视传送4套以上节目的用户，收视维护费为5元/户·月；7套以上节目的收视维护费6元/户·月；县乡实现微波联网，传送电视节目达12套以上的用户，收视维护费为10元/户·月；县、乡实现光纤联网，凡联网的有线电视用户，在服务和接收质量与城关同等的前提下，收费标准可按县城标准执行。

2000年12月，县有线电视建设费调整为380元/户，并网费用减半收取，移机费为150元/户。

2004年9月至2005年，有线电视用户报停重新开通费收费标准为30元/户、次。

第六节 物价监督检查

1991年，全县开展物价大检查。重点开展教育、卫生、邮电、电力、工农业生产资料等价格、收费执行情况检查。查处价格违法案件37起。实施经济制裁金额20.38万元，其中退还消费者10.74万元，罚没入库9.64万元。县总工会设职工物价监督站及城关、长校、赖坊、嵩口、嵩溪、灵地物价监督分站，聘请12名离退休干部、职工为兼职物价监督员，督促商店明码标价，对短斤少两，销售伪劣商品给予适当罚款，没收不合格衡器。

1992—1993年，开展农机、土地、建设、林业、公安、交警、招待所等行业收费，农资、粮食等价格执行情况的检查。查处价格违法案件46起。实施经济制裁金额45.83万元，其中退还用户32.28万元，没收入库13.55万元。

1994—1995年，开展农资、柴油、粮食、种子价格专项检查、治理收费专项检查和年度物价大检查。查处价格违法案件48起。实施经济制裁金额30.45万元，其中退还用户18.44万元，没收入库12.01万元。

1996—1997年，检查教育、医疗、交通、建设、国土、工商、税务、婚姻登记、邮电代办等收费及农资、电力、粮食、药品价格执行情况。查处价格违法案件15起。实施经济制裁金额10.96万元，其中退还用户4.05万元，没收入库6.76万元，罚款0.15万元。在工商企业单位开展“物价计量信得过”活动，推行商品和服务价格明码标价，规范企业价格行为。在服务行业核发《福建省餐饮娱乐业价格簿》和《清流县商品收费证》420多份。进行物价检查508人次，检查经营户2481家，查处违价行为13件，罚没款200元。

1998年5月1日起，《中华人民共和国价格法》及《福建省价格管理条例》等价格法规颁布实施。设立全国统一的“12358”价格举报电话，受理、查处群众投诉。1998—2001年，先后组织开展教育、医疗、药品、粮食、农资、农村电价、交通运输、公安、建设、农机、劳动、石油等价格、收费专项检查，查处价格违法案件65起，实施经济制裁金额66.11万元。其中，退还消费者36.96万元，没收入库25.87万元，处予罚款3.28万元。县物价检查所先后获省级和国家级规范化物价检查所称号。

2002—2003年，对中小学教育、农民建房、土地、计划生育、农网改造、农业生产资料等价格、收费的执行情况进行检查。查处价格违法案件18起。实施经济制裁金额20.25万元，其中退还消费者4.98万元，没收入库3.65万元，并处罚款0.9万元。

2004年，开展土地、建设、交通、教育、医疗、药品、电力等行业价格收费专项检查。查处价格违法案件10起。实施经济制裁金额21.46万元，其中退还消费者18.67万元，罚款4.42万元，没收入库7.14万元。

2005年，开展交通、教育、医疗、药品、电力等涉农、涉企价费专项检查，以及涉及群众切身利益和社会反映强烈的价格、收费问题的监督检查。查处价格违法案件11起。实施经济制裁金额10.29万元，其中退还消费者4.84万元，罚款1.95万元，没收入库5.45万元。

第七节 价格事务服务

1991年，全县受理涉案物品价格评估业务57起，评估标的值20.54万元。1993—1996年，受理涉案物品及公物拍卖价格评估 131 起，标的值 73.9 万元。

1997—2000 年，受理涉案及非涉案物品价格鉴证业务 260 起，标的值 220.18 万元。2001—2004 年，受理涉案物品和房地产价格鉴证业务 181 起，标的值 275.92 万元。

2005 年，受理涉案物品价格鉴证业务 48 件，标的值 33 万元。并为县氨厂、电力公司、自来水厂、各小水电站等企事业单位提供调定价费前的成本调查测算、可行性论证和常年价格咨询服务。

第四章　质量技术监督

第一节　机　构

1991 年，县标准计量所事业编制 6 人。1997 年机构改革，组建县技术监督局，隶属县政府办公室管理，为副科级单位。内设办公室和业务股，行政编制 4 名，辖标准计量所。1998 年，成立稽查队，事业单位编制 5 名。

2000 年 7 月，实行省属垂直管理，更名为县质量技术监督局，升格为正科级单位，加挂县质量技术监督稽查队牌子。行政编制 3 人、事业编制 7 人。

2001 年，内设办公室、质量综合管理股、监督稽查股，辖标准计量所。负责县打假办、代码办、品牌办、农标办日常工作。行政编制 10 名、工勤编制 1 名，至 2005 年内设机构及编制数未变。

第二节　计量管理

1991 年，检定 14 家厂矿、企业及各乡镇卫生院、供销社、粮站、邮电局、所、个体工商户的在用计量器具 2161 台（件），受检率 92.8%。

1992 年，授权县自来水厂、县电力公司建立计量标准，开展水、电表检定工作。

1993 年，考核、批准县合成氨厂关于对厂内使用的压力表强检授权的申请。

1994 年，开展计量信得过、质量信得过活动，评出市级、县级计量信得过单位各 1 家。

1995 年，开展市场零售商品计量监督检查，抽查黄金首饰、石油液化气充装量、袋装水泥等 25 批次；会同工商等部门开展计量器具产品和市场计量监督检查 3 次，检查杆秤 2646 件，没收不合格杆秤 305 支，查处计量案件 3 起，调解计量纠纷 3 起。当年，嵩溪卫生院、嵩口卫生院通过计量达标考核评审。

1998 年，4 家乡镇卫生院通过计量达标考核评审，14 家医疗单位通过计量考核。检查城区 10 家批发部定量包装商品 80 批次，抽检农资、饲料、水泥商品 50 批次，抽检液化气经销商门点 9 家、液化气 176 瓶，合格率 97%，检查用于贸易结算地磅 5 台，没收不合格杆秤 48 支。在城区所有商店、主要集贸市场固定摊点禁止使用杆秤，推广使用电子台、盘秤。

1999 年 1 月 1 日，乡镇公众贸易场所禁用杆秤。完成电能表检定装置建材申报 2 家，协助电管站设置电能表管理台账，制定计量管理办法，督促指导电管站建立检定标准，建立健全强检台账。全年查出计量违法案件 14 件。

2000 年，建立健全全县强检台账和周检台账。年内通过“1112 强检工程”（执行 1 个强制检定计量器具管理规范 JJG 闽 1005—95，建立 1 套强制检定计量器具户口本备案表，采用 1 个强制检定计量器具合格标志）示范考核验收。对全县 10 个乡镇卫生院计量达标合格单位进行复查。全年检定计量器具 1.05 万台（件），强检计量器具（含电能水表）1.05 万台（件），受检率 96%。

2001年，完成强检计量器具申请备案、检定、变更情况表66份；登记强检计量器具278台件；通过“完善计量检测体系合格确认”确认企业5家，授权企业内部计量器具检定1家。

2004年，人员、经费、检定业务均划归市计量所管理。全年共监督抽查大米、面粉、食用油、味精、茶叶、瓶装液化气、农药、化肥、种子等定量包装商品净含量45批次，查处净含量不足案6起。瓶装液化气计量监督抽查30批次，查处瓶装液化气不合格案3起，罚没款1.5万元。监督检查加油机12批次、衡器3批次，查处使用不合格计量器具案件3起。监督检查水、电表各3批次。

2005年，建立辖区内强检计量器具数据库，对强检计量器具实行动态管理，强检计量器具备案率100%。全年检查流通领域在用衡器26台件、6枪加油机3家，抽查大米、面粉、食用油、茶叶、贵重药材、黄金首饰、瓶装液化气、农药、化肥、种子等定量包装商品净含量38批次，合格率90%。

第三节 标准化管理

1991年，进行食品生产、经销企业贯彻执行食品标签通用标准情况监督检查4次，检查商业企业69家，标签品种512种，标签使用合格率53.7%。建立企业标准体系单位3家。12家企业建立企业标准体系。

1993年，全县强制实施统一代码标识制度，成立县统一代码标识制度领导小组办公室。全年办理代码证562户。检查全县18家食品生产企业食品标签，合格16家，合格率88.9%，抽查经销企业及个体商店96家，查处食品标签不合格商店13家。

1994年，实施企业产品目录登记107个，工业产品执行标准注册发证企业14个、产品27个；县嵩口水泥厂产品采用国际标准；推广条形码4家，帮助企业制定标准2家。企业执行标准备案6家，建立企业标准体系1家。检查30家企业实施食品标签标准情况，合格率80%。全年，办理代码证300家，建立代码数据库1个。

1995年，举办食品标签通用标准培训班2期，参训60人次。配合农业部门制定水稻栽培技术规范。工业产品执行标准注册登记产品10项。全年开展食品标签、公共信息图形符号、道路标志、标线强制标准监督检查15批次。

1998年，省技术监督局确定清流为省级消灭无标（企业未按标准组织生产）生产县。举办标准化培训班1期。制定企业标准1项，修订企业标准2项，备案企业标准3项，复查企业标准10项。为107家企业办理工业产品执行标准注册登记125项，县内工业产品执行标准覆盖率98%，11家企业10种产品标准通过复审。检查食品、化妆品、饲料、金银及珠宝玉石等商品标识280批次，查处无厂名、厂址、品牌等标识案件8起。

1999年10月，消灭无标生产工作通过省验收小组考核验收。全县140家企业、179个产品消灭无标生产，工业产品标准覆盖率由试点前35.9%提高到96.2%，工业经济由试点前5.02亿元提高到5.79亿元。嵩溪“七星岩”豆腐皮、嵩口“9利”精制茶油上报省技术监督局申请省名牌农产品。清流氨盛化工有限公司甲醇使用采标标志（即我国产品采用国际标准的一种专用说明标志，是企业对产品质量达到国际先进水平或国际水平的自我声明形式）。为企业提供标准资料咨询83份、189余次，办理企业标准备案7个。年审代码421家，新办代码46家。

2000年，对全县企业现行标准有效性进行确认，140家176个产品按标准组织生产，产品标准覆盖率96.02%。嵩溪豆腐皮企业标准报省质量技术监督局申请为省地方标准。清流林产化工有限公司、余朋明星胶合板厂企业的2个产品采标并使用采标标志。全年年审代码133家，新办代码39家，新申请办理条形码3家。

2003年，欣荣果业的蜜雪梨、九龙湖鲜鱼虾通过省质量技术监督局等有关部门评审，获无公害农产品标志。8月1日，县内正式实施强制性产品认证（3C）制度。举办3C认证管理制度培训班1期，参训34人。出动执法人员13人次，检查城区商场及家电、五金配件经营部等，全年查处标准化案件10起。为5家企业10个产品的标准进行备案。新申办条形码5家。代码证年检276家，新办证及换证218家。

2005年，注册登记16家企业标准，收集具有地产商品特点标准文本及其他相关资料19份。年审组织机构代码322家、换证120家、废置处理95家。新申办商品条形码1家，续展5家。

第四节　质量监督管理

1991 年元旦、春节期间，县标准计量所会同工商、卫生、公安部门组成假冒伪劣商品检查小组，检查县内烟酒、服装、鞋、化妆品、家用低压电器等商品；会同工商、物价、卫生防疫部门对商店、批发门点（店）商品质量进行监督检查，抽查商品 1017 件。

1992 年,全县开展“三信一优无假冒”商店和“消费者信得过产品”活动,当年评出“信得过产品”29 个。

1993 年 9 月，开展产品质量法宣传活动，组织开展产（商）品质量监督检查，抽查生产企业 32 家，检查经销企业及个体商店 138 家，受查产（商）品品种 246 个，合格率 73.56%；查处伪劣产（商）品价值 6.74 万元，监督销毁伪劣产（商）品价值 6.57 万元。

1995 年,县政府转发《清流县标准计量所关于进一步加强质量工作的意见的报告》。全年,监督检查食品、药品、食用油、饮料、建筑材料等批发、零售经销企业及商店 45 家，查处质量案件 6 起，罚没 1.13 万元。

1998 年,制定《清流县贯彻国务院〈质量振兴纲要〉实施计划》,抽检产(商)品 54 批(次),合格 40 批(次),合格率 74%。查处销售假冒伪劣商品案 7 起，查处销售无生产许可证产品案 1 起。

1999 年,完成消灭无标生产工作,县帅风水泥有限公司和县香料厂申请 ISO 质量体系认证。开展“净市场、保两节”“查农资、保春耕”“查建材、保建设”三大战役，查处假冒伪劣商品货值 5.2 万元，罚没 2.22 万元。全年抽检建材、农资、鲜奶、食用油、日用品等 26 批次;查处质量案件 59 起;8 家商店通过“放心工程”考核，被授予“放心店”称号。与团县委联合设立“技术监督青少年维权岗”，县技术监督局稽查队、县计量所被确定为“青少年维权岗”。

2000 年，制定实施《清流县质量立县实施意见》。香料厂“闽山”牌萜烯树脂、“七星岩”牌豆腐皮获三明市优势品牌称号，“9 利”牌精制茶籽油获“绿色食品”称号。三明商业集团清流分公司等 5 家商业企业被授予“购物放心示范单位”称号。

2001 年，帅风建材有限公司、三明明孚硅业公司通过 ISO 9002、ISO 9001：2000 质量体系认证，“9 利”牌精制茶籽油、“七星岩”豆腐皮获 2001 年农业名特优新产品展销会金奖，莲花山茶厂“梦园”牌绿茶获西湖茶博览会金奖。

2002 年，开展生产企业质量基本情况调查，37 家注册资金在 30 万元以上生产企业的质量状况数据录入微机管理。查处质量案件 14 起。县香料厂“闽山”牌萜烯树脂获省名牌产品，为县内第一个省名牌产品。

2003 年，会同县卫生防疫、药品监督、工商等部门联合开展“非典”防护用品专项检查，查获无标消毒液 26 瓶、“三无”产品 4 种。牵头组织开展打击生产地条钢、土炼油，水泥企业、室内装饰材料、普通烧结砖等专项整治打假行动。查处非法生产地条钢 4 起，查处地条钢 14.4 吨，货值 1.87 万元；取缔非法生产土炼油 2 家。查处水泥袋重量不足 2 起、使用不合格包装袋行为 2 起、销售不合格装饰材料 5 起、不合格烧结砖 5 起。查处质量案件 29 起。

2004 年始，实施《食品生产许可证制度》。开展食品生产许可证专项检查，出动执法人员 50 余人次，组织检查“老五类”食品生产、批发、经销单位 36 家，有 3 家食用油、大米企业获食品生产许可证（简称 QS）。开展食品安全专项整治，建立完善食品生产企业质量档案，与 23 家食品生产企业签订《食品安全承诺书》。取缔无证照、脏乱差的生产加工点。开展以整治地条钢为主的建材市场专项检查、强制性认证产品专项检查、汽配市场专项检查、农资市场专项检查、禽流感食品专项检查、奶粉市场专项检查、食品安全专项监督，打击假冒伪劣产品。全年查处案件 51 起，其中立案 32 起、现场处罚 19 起，罚没款入库 10.12 万元。

2005 年，开展食品小作坊专项整治，建立食品生产企业风险评价机制。全县 30 家食品生产企业，按风险评价分Ⅰ类 1 家、Ⅱ类 3 家、Ⅲ类 14 家、Ⅳ类 6 家、停产 6 家。在各乡镇聘请食品安全监管协管员 15 名。全年查处质量案件 18 起，其中查处添加“苏丹红”食品案 1 起，销毁含“苏丹红”的不合格酱菜 4860 包。三明鸿伟木业有限公司争创省名牌产品。

第五节 特种设备安全管理

1991年，企业锅炉、压力容器等特种设备安全检测，均由三明市锅炉检验所、三明市压力容器检验所等有关部门负责，清流县无相关检测设备。全年配合市锅炉检验所进行锅炉年检42台，年检率100%，检验容器40台，占下达任务60%。0.5吨/时以上锅炉治理率100%，合格率98.5%。

1992年，开展特殊工种人员培训考核发证工作。送市参加司炉工培训10人，送外地培训特殊作业人员9人，司炉工复审108人，复审率100%。

1994年，开展锅炉房综合治理活动，督查锅炉房20座，对2座不合格锅炉房下达停产整顿指令。对10个单位司炉工实行夜间查岗，发现违规现象并及时制止。全年检查液化气、鞭炮加工等企业4次，发现隐患，责令整改。举办锅炉和压力容器管理人员培训1期，参训38人。

1995年，检测起重设备37台，检测率92%，检测锅炉28台，检测率100%，检测压力容器70台，检测率87.5%。举办特种作业人员培训班2期，参训119人。

1998年，检查使用特种设备单位28个，销毁豆腐皮加工土锅炉43台，引导农户购进合格锅炉34台。

2000年6月，锅炉、压力容器、电梯等特种设备安全监察管理职能由县劳动局划归县技术监督局，随划安全监察人员2名。当年，开展土锅炉专项整治，发出停用通知36份，解体土锅炉4台。检测压力容器5台、锅炉23台、气瓶1023个、电梯3架、单梁桥2台、厂内车辆2辆、矿用绞车5台、起重机验收2台。查出超期使用气瓶129个，制止违章14起，立案查处3起。

2001年，开展土锅炉专项整治，销毁豆腐皮加工土锅炉43台。县政府拨出4.4万元、嵩溪镇拨出0.9万元补助给农户更换新锅炉，引导农户购置合格锅炉34台。查处“锅容管特”（锅炉、压力容器、压力管道、特种设备）案件15起。

2002年，全县所有液化气经销点的钢瓶，实行气瓶定点充装，实施液化气钢瓶阀门塑料封口管理。7月，协同县建设局、工商局、消防等部门对乡镇液化气经营门点重新进行布点确认，对17家已具备经营资质的门点根据《气瓶安全规程》报市局进行安全注册登记。2003年，气瓶产权转归龙昌液化气公司统一管理。

2005年，检验锅炉89台、压力容器检验57台，压力管道检验3.8千米，起重机械检验24台，电梯检验4台，厂内车辆检验4辆，水质抽样24家。责令拆除自制热水锅炉1台，就地依法强制解体报废锅炉4台，报废压力容器3台，下发责令改正通知书12份。当年启动”黄牌”警示机制和报停设备封存机制，全年挂黄牌企业6家、设备33台，封存各类设备68台。普查登记液化气钢瓶1.66万个，打印永久性钢印标识1.66万个，全部录入电脑进行微机管理；压力管道普查8.28千米。组建乡镇安全协管员队伍，由各乡镇分管安全副职领导担任。举办培训班2期，培训人员105人次，其中司炉操作人员复审换证48人、水质处理取证25人。

第五章 审 计

第一节 机 构

一、县审计机构

县审计局 1991年，县审计局行政编制16人。1997年机构改革，设办公室、综合股、企业审计股、行政事业审计股、财政金融审计股，核定编制17人。2002年，增设经济责任审计股，全局定编16人。

2005年，内设办公室、财政金融审计股、经济责任审计股、行政事业审计股和经贸审计股。定编16人，实有13人。

二、内部审计机构

1991年，经委、供销、粮食、商业、税务、教育等单位内设审计股，配备专兼职审计人员。1992年后，县人民银行、农业银行、卫生、林业等单位相继设立审计股，设专兼职审计人员。

三、社会审计机构

县审计师事务所　1989年2月成立，编制4人，为独立承办审计业务和咨询服务的事业单位，财务实行独立核算，自收自支，并在县审计局的管理和指导下，开展注册资金审计验证、离任审计、财务收支审计、竣工决算审计、咨询服务等业务工作。1999年12月，县审计师事务所撤销，人员自行分流。

第二节　审计事务

一、预算执行审计

1991年，对县税务局及5个乡镇进行预算执行和决算情况审计。查出违规违纪金额31万元，提出加强和改进财税管理的审计建议6条。

1992—1995年，先后开展税收征管及各乡镇财政审计，查出预算内外部分支出不实、专项资金未按规定及时使用，乡自有资金未纳入财政管理、费用开支混乱、截留预算收入、支农资金被挪用、财政周转金回收率低、农业税管理薄弱等问题，查出违规资金70.5万元，向县政府提交乡财政审计专题报告，向相关单位提出加强和改进管理建议。

1996年始，对县本级财政预算执行情况实施审计监督。分财税、企业、行政事业及专项资金4个审计组，分别对财政局、地税局等15个预算执行单位、6家企业、10项专项资金进行审计，查出违纪金额164万元。主要是隐瞒截留预算收入、应缴未缴预算收入等问题。依法作出处罚处理，并提出审计建议6条。同年6月，根据县人大常委会审议意见，开展审计决定执行情况检查，落实审计决定和意见。

1999年，对12个部门进行审计，查出违纪金额207万元，重点查处地税混淆税种以及其他部门单位截留财政收入、转移收入、超标收费和专项资金被挤占挪用等问题，同时向县政府和县人大常委会报告。

2000年，对9个单位进行审计，查出违纪金额112万元。针对财政部门调入大量资金平衡预算、年初预算估计不足以及部门单位超标收费、坐支收入、挪用专项资金等问题，提出加强和改进财政管理的审计建议9条。

2001—2002年，分别完成县财政、土地、物价等7个部门及同级审9个单位审计，共查出违规金额127万元、应纠正金额382万元。对财政决算存在虚收虚支、一般预算收入转作基金收入、未及时拨付农业税减免款、专项资金、坐收坐支等现象提出整改建议。

2004年，对机关事务管理局、卫生局、农业局、畜牧水产局、科技局5个单位的预算执行情况审计，查出违纪违规金额50万元，其中截留挤占挪用预算资金33万元。

2005年，对计生局、教育局、民政局等5个单位预算执行情况进行审计，通过摸清家底、揭示在资金分配和管理使用中不规范行为、资金使用效益低的问题，查出违纪违规金额136万元，其中截留挤占挪用专项资金75万元、未纳入专户管理38万元。

二、行政事业单位审计

1991年，审计工商、司法等行政事业单位25个，把预算外资金、执法执纪处罚数额较大、经费管理政策性强的单位列为重点，查找管理漏洞，建议被审计单位加强内部控制制度建设。

1992—1995年，审计行政事业单位76个，查出违规违纪金额301万元，主要是挤占专项款、公款吃喝、请客送礼、乱发奖金补贴、违控、违规收费等问题。向县政府提交专题行政事业审计综合报告，针对存在问题分别出具审计意见书，提出增强财经法纪观念、加强财务管理等建议并被受审计单位采纳。

1996年，定期进行县23个行政事业单位的财务收支审计，重点查处医院和医药行业药品加价率偏高，挤占成本及药品回扣风严重等问题。

1998—1999年，完成行政事业单位财务收支审计30个。重点开展公、检、法、工商、物价、土地、司法及计生部门审计监督。查出部份单位违规使用票据、乱收费、乱发奖金补贴及挪用专项经费等问题，查出违纪金额164万元。

2000年，完成行政事业单位财务收支审计25个，将治理中小学乱收费、乱摊派作为审计重点，查出违纪金额77万元。

2001—2004年，审计行政事业单位89个，查出隐瞒收入、违规购车、乱收费、挤占挪用、虚列支出等问题。查处违纪违规金额544万元，管理不规范金额134万元。

2005年，审计行政事业单位7个，查处违纪违规金额64万元。发现预算外收入未纳入财政专户管理、违规支付通信费用等问题。

三、企业审计

1991年，对县糖烟酒公司、五交化公司、百货公司等23家企业进行审计。查出违规金额41万元。发现个别企业严重亏损、商品积压严重、滥发补助等问题，及时向县政府及主管部门提出完善承包责任制、改善服务质量、拓宽销售渠道等建议。

1992年，对19家企业进行承包经营兑现审计，考核资产保值增值和经营成果。县政府根据审计结果对全县19家承包企业进行兑现，其中受奖承包企业11家、受罚承包企业1家。

1993年，对县协作公司、化工厂等8家企业进行审计。发现某企业政企不分、无内控制度、潜亏严重等问题。县委常委会议听取审计专题汇报，县政府对该公司进行整顿，有关人员受到党政纪处分。

1994年，对香料厂、电力公司等18家企业进行审计。在对县外贸公司财务收支审计中发现其三角债、亏损严重等问题，向县政府提出帮助外贸公司走出困境的建议。

1995年，对县13家骨干企业1994年度目标责任完成情况进行审计，为县政府制定1995年度企业目标责任提供参考依据。

1997年，对明孚硅业公司资产保值增值和损益情况、北坑钨矿等3家企业的亏损补助费使用情况以及物资总公司和粮食总公司资产、负债、损益情况进行审计。查出企业利润不实、潜亏现象严重、漏缴税金等问题，提出扭亏增盈可行性建议。同时，有针对性地对8家企业改制效益情况和工业增加值分配情况进行审计调查。

1998年，组织对粮食行业1992—1997年盈亏情况进行审计。查出损益不实，潜亏305万元问题。同时，由副局长带队的审计组赴平潭县进行粮食行业亏损挂账地区交叉审计。

1999年，对重点骨干企业县电力集团公司进行审计。通过深入延伸审计，查出其下属单位以及相关单位弄虚作假、私设小金库问题，资金总额总计45万元，依法进行处罚。

2000年，开展自来水厂等企业资产、负债、损益审计，参与县政府组织的化工厂、罗口煤矿企业改制及水泥厂破产清算。

2001年，开展城乡电网改造项目工程管理和资金管理使用情况审计。审计项目总投资额3465万元，完成投资额2341万元，查处挤占建设成本、损失浪费等违规金额3万元，提出针对性审计建议。

2004年，开展县物资局资产负债损益审计，查出问题金额58万元，其中账外资产50万元、应上缴财政资金2万元。

2005年，围绕国有企业改革与发展中的深层次矛盾问题，开展专项审计调查，为政府宏观决策提供服务。开展林业总公司、宏源电业股份有限公司和县林业总公司及下属4个公司资产保值增值情况调查。15家国有独资企业2004年初净资产总额为1.19亿元，2004年未实收资本总额1.18亿元，净资产总额1.07亿元。与国家投入资本比较，国有资产减值1097万元，其中资产增值5家、资产减值10家。与年初净资产比较，2004年国有资产减值1206万元，其中，实现资产增值4家、资产保值4家、资产减值7家。主要问题有人员过多加大工资支出、企业未能完全市场化、国有企业逐渐失去竞争力、企业历史遗留问题多、企业债务重、财务费用过高，以及上交任务指标不合理和考核机制不科学等问题。

四、专项审计与调查

1991年，开展发展粮食专项资金、财政周转金、企业经济效益等5项审计调查，向县政府提出加强经费管理、适当调整定额、纠正和防止“三乱”等建议，为政府增收节支提供参考意见。在林业“金、费”专项审计中，检查用材、木材经营单位56个，查出应补征金费24.71万元。

1992年，开展企业不合理负担、基建招投标、烟农收益等8项审计调查。在对企业不合理负担审计调查结束后向县政府提出禁止向企业摊派等建议4条，得到政府重视，县政府下发《关于重申禁止向企业摊派的通知》。

1993年，开展粮食行业亏损挂账情况、烤烟扶持费、中小学收费、供销企业经营状况等10项审计调查，并对土地行业“金、费”收支进行专项审计。审计后对烟草生产、管理、收购环节中存在问题向县委、县政府提交《关于发展清流县烤烟生产的调查与建议》的审计调查报告。

1994年，开展农业生产资料经营审计调查，发现农资未全部专营、化肥生产厂家直接与农户交易等问题，分析农资放开经营存在的问题，提出审计建议4条供上级部门和县政府决策参考。

1995年，县审计局完成对现代企业制度改革试点——县电力公司1994年度经营情况及财务状况的调查摸底，发现财务管理体制不健全、内部核算不规范等问题。县政府据此组织相关部门进驻电力公司开展改革试点。

1996年，开展1995年度交通规费及车辆购置附加费征收情况专项审计。查出虚列支出、滥发奖金补贴及违控等违纪金额18万元。进行县农资公司及灵地、嵩口、嵩溪基层供销社1995年度至1996年一季度执行国家化肥价格及购销等政策专题审计调查，分析化肥价格上涨原因。查出个体无证经营化肥、县氨厂碳氨产品直接经营、影响专营以及售粮奖肥不及时兑现，造成经营利润损失等问题，提出针对性审计建议。

1997年，开展老区开发建设专项资金拨付、管理和使用效益情况审计，查出老区周转金回收难，改变项目时未按规定审批等问题。对县中外合资企业3项税制改革的专题审计进行调查分析，提出企业加强管理、增收节支，税务部门完善征收办法，做到税负公平等建议3条。

1998年，开展县先行工程资金1993—1998年财务收支专项审计。查出违规金额5万元。年内，先后对商品粮基地专项建设资金，水利专项资金，扶贫小康专项资金进行审计，审计单位13个，查出违纪金额22万元，及时将挪用专项资金，擅自改变扶持对象、滞留资金等问题向县人大、政府反馈，并责成有关部门落实审计意见和建议。

1999年，开展养老保险基金、公路车辆通行费、计划外生育费、福利彩票赈灾专项募集资金等专项审计，查出个别乡镇计生办设置账外账资金10万元等违纪事实。开展消费性支出审计调查，反映消费性支出存在不容忽视的问题5个，提出合理化审计建议6条。同年，对支农资金进行专项审计，查出支农资金未及时、足额拨付项目单位等问题。

2000年，对机关、农村、企业等3项社会保险基金进行专项审计，审计总金额1486万元，查出挤占、挪用、收入未专储等违规金额7万元，同时结合企业保险基金审计，开展企业欠费和扩面调查，摸清企业养老金欠费情况，反映基金收不抵支严重现象，并提出合理化审计建议。

2001年，进行县普教经费专项资金、金融企业2000年度基本养老保险基金专项审计，并配合纪检、财政机关开展会计执法情况检查和国债专项资金检查。

2002年，进行土地耕地开发、整理项目专项资金管理使用专项审计。对县社保经办机构、有关部门及部分企业2001年度企业职工基本养老保险基金进行审计调查，发现参保企业未全额申报计提养老保险费、欠缴养老金现象、管理不够规范等情况。

2003年，开展土地专项资金、森林生态效益补助资金、机关事业单位养老保险基金、城市最低生活保障资金及环保专项资金审计，查处在分配和使用耕地开垦和新增建设用地土地有偿使用费中滞留克扣、挤占挪用、损失浪费等违规违纪行为。

2004—2005年，进行专项资金使用效益情况审计，发现支农资金未按项目及时拨付使用，查出截留挤占挪用专项资金 139 万元，未纳入专户管理 38 万元。

五、外资项目审计

1991 年，对世界银行贷款造林项目进行审计，实行按季审查签证制度，在抓好财务收支审计的同时，向内部控制制度和经济效益审计延伸，由于审计监督及时，资金合理使用，国家造林项目基地建设取得较好成效。

1998 年始，根据审计署安排，每年按期完成县世界银行贷款结核病项目和亚洲开发银行贷款农村人力卫生开发项目的审计鉴证任务，先后对偿债能力及项目资金到位和使用情况开展审计调查，对国外贷款资金问题、国内配套资金、财务收支和项目效益等方面进行鉴证评价，反映存在问题，提交审计报告。

2000 年始，按照新的规范要求，出具审计师意见，加强外资使用和管理监督。

2001 年，对 2000 年度世行贷款农村人力卫生项目进行审计，查出回补资金不能及时足额到位，项目单位垫付资金无法收回等问题，出具审计师合理化建议意见。

2005 年，在世界银行贷款结核病项目和亚洲开发银行贷款农村人力卫生开发项目审计中，查出执行单位违反《事业单位会计准则》规定，虚增结核病项目借款，将未收到的世行贷款 467 元作借款处理。

六、金融审计

1991 年，对县建行、保险公司 2 家金融机构的财务收支、公款存储进行审计，查出违规金额 21 万元。

1992 年，对县农行乡镇企业贷款的合规性进行审计，对存在问题提出提高贷款三查深度和质量、落实收贷目标责任制等建议，均为被审单位采纳。

1993 年，按上级布署对县工行、农行 1992 年度财务收支真实性进行审计。

1996 年，对保险公司资产负债、损益进行审计，查出乱挤占成本、费用等违纪金额 4 万元。

1997 年，连续对县农行资产、负债、损益情况进行审计，查出多提代办费，偷漏税收，截留隐瞒收入，乱挤占成本费用等违纪金额 31 万元。1998 年，协助市审计局开展保险审计。

1999 年，对工商银行资产、负债、损益情况以及信贷资产质量情况进行审计和审计调查，重点查处表内外挂息严重、抵债资产久挂未处理、违控及挤占成本费用等问题，分析信贷资产质量低下的原因，提出合理化建议。2000—2005 年，上级未授权开展对金融部门审计。

七、经济责任审计

1991—1995 年，未安排经济责任审计。1996 年 1 月，县审计局和县纪委、县委组织部、县监察局联合下发《清流县领导干部离任审计暂行规定》，以乡镇、县直部、委、办局和群团单位分管财务工作的行政正职（含主持行政工作的副职）领导干部为审计对象，对事监督与对人监督结合。离任审计由县委组织部根据领导干部职务调整任免结果，向县审计局发出《审计立项通知书》。全年完成市委组织部委托的县法院院长、县检察院检察长，县长交办的先行工程指挥部分管财务领导和县委组织部交办的公安局长及乡镇长等 11 项离任审计任务，并进行审计评价，为县委考核任用干部提供依据。

1997 年，受组织部委托开展领导干部离任审计项目 22 个，查出违纪违规金额 173.14 万元，其中应负直接责任金额 30.78 万元，应负主管责任金额 142.36 万元，主要存在债权债务数额大、经营业绩不佳不实、对外投资无效益、担保贷款有风险、违规购控购商品、财务处理不合规、报支手续不严等 7 类问题。在查处违纪、澄清家底情况下，对 12 家部门领导任期政绩进行评价，引起县人大、县政府重视。

1997—2000 年，完成经济责任审计项目 38 个，查出违规金额 127 万元。其中 1999 年离任审计中，查处设立账外账和“小金库”等违纪金额 14 万元，依法进行处理，为县委、县政府评价和使用干部提供参考依据。

2001 年，先后对县公安局局长、县检察院检察长、县公证处法人代表任期经济责任进行审计。查出公证处私设小金库、收费票据遗失、违规列支个人负担费用等问题，分清经济责任，实事求是出具审计报告。

2002 年，先后对乡镇及部门单位主要领导 20 人进行任期经济责任审计，查出违规收费 4.29 万元、虚收教育附加 14.4 万元、虚支 20.18 万元，私设小金库，超发奖金 2.27 万元等现象，对存在问题及主要领导任期内经济责任提出审计意见和建议。

2003 年，建立经济责任审计联席会议制度。在年度审计中，将经济责任审计与预算执行审计和财务收支审计相结合，提高审计工作效率。

2004 年，对部分单位主要领导和企业领导人进行任期经济责任审计，查出问题金额 228 万元，管理不规范金额 83 万元。

2005 年 4 月，与县纪委、县委组织部、县监察局、县人事局联合下发《清流县科级领导干部和企业领导人员经济责任审计的有关规定》，强调经济责任审计应包括任期和任中经济责任审计，并逐步推行经济责任审计结果报告公告制度，初步形成审计、纪检、组织五部门联动机制，防止干部提拔过程中的弄虚作假行为。创新审计方法，将同级财政预算执行情况审计和任中经济责任审计结合起来，在安排财政预算执行情况审计同时，对县水利局、民政局、国土资源局、党校、商业总公司主要领导进行任中经济责任审计。查出违纪违规金额 146.78 万元，其中应负直接责任 63.5 万元，应负主管责任 83.28 万元。这一措施，使审计关口前移，缓解审计任务重和审计力量不足的矛盾，及时纠正任期违纪现象发生。

1991—2005 年清流县审计统计表

表 14-8　　单位：个、万元

审计年度	审计单位	违规违纪金额	应上交财政	已上交财政	应归还原渠道金额	应减少财政拨款和补贴	促进增收节支
1991	68	70	23	21	—	—	—
1992	66	83	8	8	—	—	89
1993	52	234	72	72	—	—	3
1994	52	537	63	20	—	—	—
1995	59	179	21	5	8	—	—
1996	75	281	148	148	—	—	5
1997	68	212	6	3	—	114	—
1998	50	367	27	20	18	—	—
1999	44	1249	40	18	27	—	—
2000	49	136	11	11	7	—	—
2001	53	345	30	17	—	—	—
2002	47	518	15	7	—	—	—
2003	45	363	29	28	—	—	—
2004	41	493	24	24	—	5	—
2005	17	200	12	10	—	—	—

八、财政内部审计

1998 年，县财政局重点对各股室、各乡镇财政所上年度的财务收支、预算内外资金、周转金、专项资金等情况进行内部审计。

1999 年，审计重点为乡镇财政所、会计师事务所、住房基金管理中心各项规章制度的建立情况及财务状况；财政性资金，含预算内外资金、周转金、专项资金、补助资金等；机关内部财务，含机关经费账户、工会经费账户、有关股室管理的其他资金账户；检查批件运转及执行情况等。

2000 年，内审重点是会计基础工作规范化情况，执行省财政厅、省纪委和省检察院关于加强财务管理，严禁用公款赠送“红包”等六条措施情况。

2001 年，围绕局机关各股室预算编制、资金管理、以及各乡镇财政所的手续费户开展内部审计。

2004—2005年，内部审计重点为单位预算编制的审查、按增强预算透明度、科学性要求，实行编审分离。年终决算采取各股（室）相互交叉审核，并经局分管领导审查汇总。局机关、下属机构经费开支由监察室组织内部审核。

第三节 审计管理

一、审计机关管理

（一）审计项目计划及实施

1991年，审计项目实行计划管理，审计项目计划通过县政府批转。每年将年度审计项目计划的编制和实施，作为全年审计工作重点，优先在时间上、人力上保证审计署、省、市审计部门确定项目计划任务的完成，并结合党政工作中心和社会关心的问题，安排自定审计项目。科级领导干部任期（任中）经济责任审计项目，则由县委组织部委托审计。该做法沿袭至2005年未变。

（二）行政执法制度建设

1991—1994年，制定《审计人员行为规则》《关于廉政建设的规定》等制度，要求干部廉洁、公正、严格从审，并建立审计回访制度，接受被审单位和群众监督。1999—2005年，依据国家审计各项准则以及审计署令，先后制定《关于执法过错责任追究制度》《关于重大审计事项审理会议制度》《关于审计分级复核制度》《审计项目作业质量管理办法》《审计业务质量考评办法》《审计业务操作规程（试行）》《后续审计暂行办法》等管理制度。

二、经济责任审计制度建设

1999年，先后与纪委、组织、监察、人事部门联合印发《清流县领导干部离任审计的暂行规定》《清流县科级领导干部任期经济责任审计的暂行规定》《清流县科级领导干部和企业领导人员经济责任审计的有关规定》等经济责任审计制度。2000年1月，建立县纪委、组织、监察、人事、审计部门经济责任审计联席会议制度。2002年，组建经济责任审计股。2005年4月，与县纪委、县委组织部、县监察局、县人事局联合下发《清流县科级领导干部和企业领导人员经济责任审计的有关规定》，经济责任审计包括任期和任中经济责任审计，并推行经济责任审计结果报告公告制度。

三、内部审计管理

（一）内部审计工作的项目管理

1991—2005年，县内部审计项目计划实行指导计划管理，省、市审计机关不直接下达指令性审计项目。各部门、单位根据各自管理需要和人员的情况，自行安排审计项目。各经济管理部门的上级内部审计机构根据行业的工作需要，组织指导下属内审机构开展一些行业内部项目审计。

（二）内部审计的质量管理

1991年，县内部审计通常由上级内部审计部门和本单位行政负责人把关，国家审计机关只承担对内审工作的指导和监督。1995年7月，国家审计署发布《审计署关于内部审计工作的规定》后，县审计局通过检查内部审计报告，举办内部业务培训班、发送内部工作信息等提高内审人员的思想业务素质，提高内部审计质量。

（三）内部审计的业务指导与监督

1991—2004年，县审计机关对内部审计工作的指导与监督，主要依据省政府办关于加强内部审计工作的意见开展。为解决内部机构和人员不足问题，各主管部门在系统内聘用精通财会的业务人员为主管局特约审计员，以会代训；邀请审计人员进行短训后，开展内审具体工作。加强各主管部门内审报告监督，县审计局要求各内审部门、单位在完成每一项目后，抄送1份审计报告至局综合法规股备案，由审计机关抽查其质量情况，如发现问题，则及时指导纠正。

2005 年，县审计机关坚持各业务股室对口指导和监督内部审计业务，促进各部门内审质量提高。

四、社会审计管理与监督

1991 年，县审计局对审计师事务所下达指令性审计项目。1994 年始，逐步改计划管理为单位委托和计划管理相结合的办法。社会审计质量管理接受县审计局的指导、监督。制定所长岗位职责、执业审计师岗位职责、会计审计顾问岗位职责、审计员岗位职责、财务管理及收益分配办法、人员招聘办法、质量控制制度，档案整理制度等内部管理制度。1994—1996 年，审计师事务所共完成委托事项 995 件，业务收入 45.8 万元。

1997 年，强化社会审计质量检查，改进指导和管理方式、方法，提高审计效率。全年，审计师事务所共完成委托事项 194 件。其中，年检验资 154 件，审计单位基建项目 5 件，离任审计 7 件，业务收入 25 万元。

1999 年 12 月，审计师事务所因未达到设立条件被迫解散。

第六章　工商行政管理

第一节　机　构

1991 年，县工商局内设办公室、人教股、市场管理股、合同股、企业股、个体股、经检股、财统股；下设城关，嵩溪、嵩口、灵地、长校、赖坊和龙津市场所 7 个基层工商所。干部职工 64 人，其中干部 55 人、职工 9 人。1994 年 7 月，县政府设李家、嵩口、长校 3 个煤炭申报管理站，事业单位，由县工商局领导管理。1996 年，煤炭申报管理站划归县煤炭管理局管理。同年，县工商局与其所办市场实行办管分离，县成立市场服务中心，经费自收自支。

1997 年，机构改革，县工商局机关行政编制 18 名，工勤编制 2 名。1999 年起，全省工商行政管理体制改革，县工商行政管理由县管转由省垂直管理。

2001 年，县工商局建制移交县政府，由县国有资产管理局负责接收管理。同年 11 月，县工商局设置城关、嵩溪、嵩口 3 个分局；保留灵地、长校工商所；撤销龙津、赖坊工商所。城关分局管辖龙津镇、东华乡；嵩溪分局管辖嵩溪镇、林畲乡、温郊乡、余朋乡；嵩口分局管辖嵩口镇、田源乡；灵地工商所管辖灵地镇、邓家乡、李家乡、赖坊乡、沙芜乡；长校工商所管辖长校镇、里田乡。

2003 年 9 月，各工商所升格为副科级单位。县工商局内设机构为办公室、人事教育股、法制股、企业注册管理股、行政执法股、检查大队。2004 年 9 月，城关、嵩溪、嵩口 3 个分局恢复工商所名称。

2005 年 1 月，“12315” 申诉举报服务台、消费者权益保护委员会秘书处与检查大队 3 个机构合署办公。9 月，设立信息技术管理股。年内，全县工商行政管理系统实有干部职工 58 人。

第二节　市场管理

一、市场规范化建设

1991 年，加强市场规范化建设，开展创建文明集贸市场活动，以创优美环境、优良秩序、优质服务、优秀岗位“四优”为目标，全面推行管理责任制。

1992 年，龙津、嵩溪、嵩口、灵地市场被评为三明市“文明集贸市场”。

1995年，组建县市场服务中心，隶属县工商局。参与培育发展市场体系，协助有关部门搞好市场规划，依法将社会各种投资主体兴办的各类市场纳入统一监督管理。鼓励引进帮销，引导产销挂钩、采取措施支持肉、禽、蛋、水产品、蔬菜等农副产品生产，扶持长途贩运户和建立自产自销“直销区”，平抑物价，维护公平交易的市场秩序。城关工商所从连城、福清、莆田等地引进经营户并给予扶持，解决龙津市场牛肉、海鲜独家经营问题。与物价部门配合，对上市商品一律实行明码标价制度，对时令蔬菜、肉食品实行批零差率的最高限价。

1997年，对全县乡镇自办市场实行“三统一”（统一收费票据、统一收费标准、统一监督管理），将乡镇市场从无序自管的混乱局面纳入到规范管理轨道。推行电子秤淘汰杆秤，推广商品信誉卡，落实明码标价。

2004年，制定《清流县工商局食品安全监管“十条措施”片区百分制考评表》，以城关工商所为试点，在全市率先推行片区食品安全监管百分制考评，实行责任追究制，科学量化食品安全监管工作。在查清辖区内注册登记的食品生产、经营企业情况基础上，建立食品安全监管台账，全面推行食品准入制度，抓住源头，做到监管关口前移，规范进货行为。与331家食品经营者签订《履行食品安全义务责任书》，制定《食品经营承诺书》，保证食品质量，将问题食品召回等作为承诺的基本内容，随时接受消费者和工商部门监督。利用各类新闻媒体，宣传食品安全监管工作。

二、市场监督及整治

1991年，着重抓平抑物价。基层工商所抓集贸市场监督管理，打击各种违法违章行为，引进帮销、引缺泄余，繁荣市场，满足人民需要。1992年，组织60多人次配合有关部门对医药、文化、粮食、煤炭、化肥等市场进行检查整顿，清理乡村小煤窑11个，取缔私人蜂窝煤加工点5个。

1995年，加强城乡集市贸易管理和市场监管督查，做到“活而不乱，管而不死”。元旦、春节期间，查处肉灌水违法案件16起。及时查处和打击违章违法行为，集中专项整治市场上鸡鸭灌填泥沙和猪牛肉灌水问题，建立市场巡查制，实行经营抵押金等措施，使群众吃上“放心肉”。全年查获集市违法违章行为为280起，罚没9658元。

1997年9月中秋节前夕，捣毁鸡鸭灌杂窝点5处，查获灌杂鸡鸭94只，收缴灌杂机械5架，重晶石粉2吨。

1999年，以监管粮食流通市场为整顿市场秩序重点，检查全县个体私营粮食加工厂11家及用粮大户经营台账，管住粮食流通源头。联合粮食等有关部门，在全县15个乡镇及7个工商所建立粮食巡查队，对粮食加工户及经营户进行巡查监管，遏制非法收购粮食的不法行为。全年组织出动检查人员375人次，检查粮食加工户及经营户440户次，立案查处非法收购粮食案件15起，没收非法收购粮食21吨，罚款1.87万元，取缔无照粮食经营户4家。全年开展惩治扰乱市场经济秩序违法行为的专项整治统一行动5次，查处案件47起，罚没款5.5万元。其中，查处广告违法案件5起，罚款1.3万元；查处商标假冒案件2起，没收假冒商标标识1700张，罚款1500元；查处假药案1起，罚没8000元。

2000年，检查全县烟花爆竹生产、销售单位及加油站、液化气经营点等涉及公共安全的企业、个体工商户63家，取缔无证生产鞭炮企业1家，对23家证照不全经营户，发放限期补证通知单。清理整顿公共娱乐场所，检查歌舞厅、录像厅、桑拿浴、洗脚屋、网吧、游戏机室、茶座等场所30多家，取缔非法经营2家，对18家手续不齐全或超经营范围的经营户限期整改。针对群众反映较强烈的水暖器材、汽车配件、电子电器、装潢材料等市场进行专项检查12次。6月7日，按照上级统一部署，开展“万人打假”大行动，查获各类假冒伪劣商品总价值4.6万元，立案查处2件。全年参加市场检查、打假人员387人次，出动车辆76辆次，检查企业、个体工商户2470多户次，查获各类假冒伪劣商品标值17.4万元。

2001年，重点加强肉类、蔬菜、水产品、肉制品、饮用水、调味品6种食品监管，依法整治粮油制品市场和禽畜屠宰、水产品加工市场。加强个体食品摊贩、商贩监管，严禁变质、注水、病死生肉、有毒蔬菜等食品上市。4月至6月15日，由县委、县政府统一部署，联合整顿规范市场经济秩序。全县出动执法人员866人次，查获化肥、食品、药品、非法音像制品等假冒伪劣商品价值10.25万元。取缔或查处非法医疗机构、无证无照加油点、“三无”船只（无船名船号、无船舶证书、无船籍港）、不安全煤矿等。同年，开展“餐桌污染”专项整治，制定《开展治理“餐桌污染”工作实施方案》，与市场食品经营者签订《龙津市场餐桌安全责任书》，要求经营者做到无假冒伪劣商品，无短斤少两、欺行霸市现象，无违规经营等不法行为。全年，查处违法违章经营行为 17 起，查获各种“三无”、过期变质等食品标值 2.6 万元。

2002 年，加强上市蔬菜、水产品等安全检测。龙津市场实行农药残留量检测制度，每周定期检测 1 次，遇特殊情况随时进行检测，及时发现并纠正生产经营活动中存在问题，保障餐桌食品安全。“五一”、国庆、中秋长假期间，开展九龙湖、北斗山、灵台山等旅游景区周围无证照经营、超范围经营、制假售假和欺诈消费者等扰乱旅游市场行为检查，规范旅游市场。景区未出现违法经营或欺诈消费者现象。开展“扫黄打非”临时性专项整治和文化市场清理检查行动，抓好网吧监管，营造学校良好教学环境。

2003 年春，加强市场主体预防“非典”宣传，建立市场重点商品日常检测制度，查处市场上经营野生动物活体、死体行为，开展预防口罩、消毒药品等与防治“非典”相关商品专项检查。未发现利用防治“非典”名义从事违法经营的行为。开展“查禁毒鼠强专项行动月”活动，加强农村市场重点巡查，组织联络员搜寻流动兜售鼠药的不法商贩；督促经营单位建立鼠药台账，净化市场环境。非法销售、使用剧毒鼠药的行为得到及时制止。全县重新核准发照农资经营企业 43 家，办理变更登记户 43 家。

2004—2005 年，启动处置高致病性禽流感工作预案，开展高致病性禽流感病情防治宣传。落实禽类市场监管监测报告制度。加强集贸市场、冷库、禽类产品加工点和兽药经营点检查，重点检查是否有调入鸡翅、鸡腿等禽类产品，严厉打击销售假冒伪劣禽流感疫苗等违法行为。2 年出动检查人员 166 人次，车辆 31 辆次，检查市场 24 个次，查获未经检验疫禽畜类产品 225 千克，过期“禽感康”等禽畜药品 16 包。

第三节　个体工商户及企业登记管理

一、个体私营工商户登记

1991 年，加强个体私营经济管理，对个体户进行开业前培训，制定优惠措施，开展申请代办业务。全县个体工商户 1857 户，从业人员 2943 人;个体合伙户 27 户，从业人员 92 人;私营企业 16 户，从业人员 205 人。涉及工业、交通运输、食品、百货、饮食、服务、修理等各行业。

1993 年，贯彻落实国家工商总局及省、市有关发展个体私营经济的优惠政策，简化办照手续，注册登记只须提交身份证、就业状况、经营场地证明即可发照。下放办照审批权，个体临时执照由基层工商所直接办理。工商所工作人员配合各乡镇深入乡村上门服务，到各村现场办公，现场受理申请，现场登记发照。

1995 年，实行县个体私营企业《管理监督手册》《收费手册》等制度；协调有关部门开展外资企业税外费清理，为非公有制经济发展创造宽松环境。对外资企业开业初审登记，做到手续齐全热情办，手续不全协助办。当年完成外资企业年检 29 户，年检率 85%；完成个体工商户验照 4275 户，验照率 95%；完成私营企业年检 93 户，年检率 96%。清理整顿无照经营，查处无照经营 71 人，补办执照 45 户。开展挂靠的“假集体”和县百里经营带个体私营经济发展情况、外资企业及台资企业的到资情况调查，为县委、县政府促进非公有制经济发展决策提供参考依据。当年，全县新办外资企业 11 户，比 1994 年增加 33%，引进外资 580 万元；新发展个体工商户 536 户，从业人员 756 人，新增注册资金 496 万元;新发展私营企业 15 家，从业人员 197 人，注册资金 550 万元，其中新办有限责任公司 3 户，注册资本 250 万元。至年末，全县拥有外商投资企业 44 家，注册资金 1.35 亿元；个体工商户 3162 家，注册资金 2544 万元；私营企业 78 家，注册资金 1615 万元；非公有制经济从业人员数 1.4 万多人，占全县总人口 10%。年创产值、营业额 2 亿多元，年税利 2000 万元。

1997 年，在帮扶、鼓励下岗职工从事个私经济方面给予政策优惠。下岗职工从事个体经营允许试营业 6 个月，2 年内减半收取工商管理费。会同城建部门在城区街心公园经营“一条街”，安排 60 名下岗职工从事个私经营。当年，下岗职工从事个私经营 201 户，工商管理部门为下岗再就业职工减免费用 10 余万元。

2000 年，县非公经济发展加快，个体工商户新增 459 户，比 1998 年增长 27%；从业人员新增 579 人，注册资金新增 420 万元。与 1995 年相比，城镇个体工商户增长 58%，年递增 9.6%；从业人员增长 28.5%，年递增 5.1%；经营额增长 54.1%，年递增 9%。

2002 年，对持再就业优惠证申办个体经营者，给予放宽经营范围、经营方式、优先予以登记发照，免收注册登记费、工商管理费等优惠。全县有139名下岗人员凭再就业优惠证在工商行政管理部门办理营业执照。县工商局按国家政策规定，为下岗职工免收登记费0.49万元，免收个体管理费9.4万元。按照“属地管理”和“谁主管谁负责”原则，对计生“三户”（即农村独生子女户、二女户、生活困难户）从事个体、私营企业登记注册实行优惠和鼓励措施。

2004年，抓好农村经纪人培训工作，发展农村经纪人队伍。6月，16名农村经纪从业人员参加培训和考试取得县首批农村经纪人资格证书。

2005年，全县新发展个体工商户378户，个体工商户总数达1879户，从业人员2967人，注册资金2925.2万元，实现总产值512万元，销售总额8305万元，社会消费品零售额7061万元；私营企业214户，投资人数613人，雇工2306人，注册资金1.72亿元，实现总产值1.79亿元，销售总额2395.8万元，社会消费品零售额3739万元。其中独资企业82家，投资人数82人，雇工812人，注册资金3276.33万元；合伙企业23家，投资人数87人，雇工129人，注册资金873.96万元；有限责任公司109家，投资人数444人，雇工1365人，注册资金1.3亿元。

二、工商企业登记

1991年，全县核准登记发证工商企业788家。其中：全民所有制企业223家，集体所有制企业562家，合营企业3家，中外合资企业5家。办理核批企业登记注册66家，比1990年增长73.68%；办理核批企业变更登记130次，比1990年同期增加106%。

1993年，全县新登记注册企业219家，比1992年增长28%，全县各类企业突破千家，达1077家。支持企业转换经营机制，鼓励和引导县人造板厂和余朋合板厂转制。为企业放宽经营范围、经营方式、企业名称变更登记241次；帮助38家企业新开办、创办股份合作制企业。强化宏观调控手段，参与调查和清理党政机关与所办经济实体脱钩，配合有关部门对金融企业办非金融企业及房地产开发企业的调查与清理。

1994年，贯彻实施《公司法》和《公司法登记管理条例》。全县经核准登记企业1138家，比1993年增长5.7%。其中有法人企业438家，增长10.9%；非法人企业或分支机构家数700家，增长2.6%。在企业总数中，全民所有制企业286家，占25.2%，增长4%；集体所有制企业788家，占69.2%，增长3.6%；联营、股份制和股份合作制企业64家，占5.6%，增长56.1%。同时，经省、市工商局新核准登记“三资”企业12家。

1997年，与12家国有企业、改制企业建立定点联系服务。

2000年，支持私营企业参与国有企业改组、联合、租赁承包，搞活国有中小型企业。新办理私营企业注册登记12家。注册资金新增790万元，从业人员新增341人；办理企业注册登记62家，比1999年增长29.16%。

2002年，召开私营企业做大扶持座谈会，交流经营经验，增强竞争力。成立“四个（做大扶强、巩固提高、技术改造、新办创办）一批”私营企业领导小组，制定目标责任书，建立联系汇报制度，成立私营企业协会，加强对私企教育、管理和指导，引导其走高科技、高效益、外向型和资本经营之路。至年底，全县内资企业332家，其中企业法人137家，注册资金3.49亿元。

2005年，成立注册员评审会，制定工作方案，对注册大厅和工商所注册权限、职责、工作要求作出明确规定；组织工商所长、注册员进行学习培训，执行“一人办结制”。全县新发展外商投资企业11家，注册资本464.67万美元，投资总额773.74万美元，外方投资732.4万元，比2002年分别增长57.12%、79.71%、95.39%、224.13%。7家外资企业在规定期限内缴付首期注册资本共计266万元。全县内资企业303家，其中法人企业121家，注册资金3.42亿元；国有企业60家，注册资金1.17亿元；集体企业114家，注册资金2871万元；股份合作企业6家，注册资金669万元；公司122家，注册资金1.84亿元；其他企业1家，注册资金600万元。

第四节 经济合同管理

一、合同鉴证监督

1991年，鉴证经济合同82份，合同金额1725.3万元，比1990年增长9倍。

1992 年，检查各项经济合同 1173 份、金额 9266.7 万元，查处其中违法合同 20 份，督促当事人履行合同 779 份、金额 674.27 万元。鉴证各类经济合同 60 份。通过鉴证、咨询和办案，为 991 份合同当事人避免或挽回损失 9127.37 万元。

1993 年，检查全县有关企业单位签订的 512 份经济合同订立、履行情况 2 次，发现 82 份工矿产品购销合同、23 份农副产品购销合同不合格，及时反馈有关企事业单位纠正。鉴证各类经济合同 62 份，合同金额 3744.01 万元，为企业挽回经济损失 578 万元。帮助县气枪厂、县建筑公司等 8 家企业追讨、回笼货款和工程款 205.43 万元。

1995 年，办理各类经济合同备案、登记、鉴证 19 件，合同金额 2571.8 万元;检查各类经济合同 246 份、金额 2751 万元;检查发现无效合同 13 份，不合格合同 21 份，欺诈合同 3 份，为企业挽回经济损失 500 万元。

1996 年,将规范市场主体行为作为全年经济合同管理工作重点,维护正常的经济合同秩序。开展合同检查，探讨企业在合同签约或履约中存在问题，促进企业在转制中适应合同行为。全年办理合同鉴证 23 份，合同金额 2382 万元；立案查处违法合同 6 起，罚没金额 1.6 万元；检查 36 家企业 95 份合同，合同金额 3128 万元。通过鉴证、检查、受理咨询、查证，减少合同纠纷，避免企业经济损失 512 万元。

1997 年,宣传《中华人民共和国经济合同法(修正案)》(以下简称《合同法》)《中华人民共和国担保法》《动产抵押登记暂行办法》等有关法律法规，落实国务院有关推行合同示范文本规定，率先在全省工商行政管理系统要求企业事业单位在签订经济合同时应持企业法人证书及经济合同代理证书，明确经济主体资格、代理人的代理权限，以提高经济合同履约率，保护国家、集体和当事人利益。严厉查处合同欺诈和合同违法违章行为，主动介入农资市场、房地产市场和建筑市场监管，发挥经济合同管理职能作用。全年办理经济合同鉴证 28 份，合同标的 2399 万元；检查农资、建筑等各类经济合同 128 份，标底 462 万元；立案查处合同违法违章案件 4 起，罚没金额 3.15 万元。

1999 年，规范合同管理，实施重点企业“合同排忧”服务，做到“四个优先”(国有企业优先接受工商部门举办法规宣传培训，优先接受法规咨询，优先引进企业发展资金和办理动产抵押登记，优先进行资信服务和大宗业务合同的鉴证)，为国有企业排忧解难。全年办理建筑安装承包合同鉴证 11 份，合同标的共 791.8 万元；检查各类合同 19 份、金额 950 万元；纠正不合格合同 3 份、金额 273 万元；建议企业解除合同 1 份、金额 19.5 万元。

2001 年，开展合同鉴证工作，烟草鉴证合同由基层工商所建档跟踪管理。当年指导鉴证包括烟草合同在内的各类合同 9357 份，合同价款 6964 万元。

2002—2004 年，将合同监管工作引向农村，保护农民合法利益。灵地工商所对李家源力食用菌种植场与农户签订的巴西菇种植合同 200 份进行登记备案；城关工商所对东华清津葛粉厂与农户签订的葛根种植合同进行登记备案，总面积 33.33 公顷。

2005 年，对订单农业合同进行全程监管，规范订单签订、履行，维护合同严肃性。指导农户签订农业订单合同 6532 份、金额 8200 万元。其中，烟叶订单合同 5342 份，红心地瓜、苗木、牲畜饲养等订单合同 1190 份。开展打击合同欺诈专项执法行动，出动检查人员 86 人次，检查各类企业 75 家次，检查合同文本 231 份，未发现违章违法行为。

二、调解仲裁

1991 年，以农资合同案件为突破口，采取“三先三后”(即先摸底后立案，先试点后展开，先简单后复杂方法)，主动上门办案，为企业服务。全年受理办结农资合同纠纷案件 1580 起，合同金额 82.7 万元，比 1990 年增长 7 倍。办案中发现县制材厂和田源乡田口村制板厂等单位被外省企业长期拖欠货款达 10 万元，主动配合厂家发信、发函联系，为 2 家企业追回贷款 12.5 万元。

1994 年,协助企业到外省处理经济合同纠纷,为企业挽回经济损失近 6 万元,采用庭外调解合同纠纷 8 起，合同标的 147.1 万元，为企业挽回经济损失 54.1 万元。

1995 年，加强各类合同经济检查。9 月，在检查县气枪厂经济合同中，发现 1 份该厂与江苏省江都市某摩托车厂签订的联营装配“江都太子”摩托车合同存在问题,建议县气枪厂终止合同。县工商局派人参与交涉，指出江都某摩托车厂隐瞒真相、存在涉嫌欺诈的事实，迫使对方终止合同，为县气枪厂避免几百万元经济损失。

2000年，为企业签订合同把关，预防合同欺诈行为。义务为县气枪厂、县医院等企事业单位向福州、湖北、重庆等地工商局查询企业资信5件，使县气枪厂避免经济损失4.7万元。

2001年起，企业合同纠纷案件一般到法院经济庭起诉调处。

三、抵押、拍卖鉴证

1996年，根据国家工商行政管理局颁布的企业动产抵押物登记管理办法，开展动产抵押登记。深入金融机构调查动产抵押情况，全年办理动产抵押物登记4件，抵押物金额463万元，贷款金额384万元。至1999年4年间，共办理动产抵押物登记31件，抵押物金额6952.91万元，贷款金额4671万元。

2000年，对三明市拍卖企业在县拍卖活动进行监督管理，规范拍卖行为，维护拍卖秩序，保护拍卖活动各方当事人合法权益。全年监督拍卖活动6场，鉴证拍卖成交确认书29份，金额407万元。同年，办理三嵩人造板有限公司、民政印刷厂等个私企业动产抵押4件，抵押金额657万元，贷款金额196万元。

2001—2005年，办理关公凹水电站等企业动产抵押登记55件，抵押物总值1.72亿元，贷款金额9437.5万元。现场监督拍卖活动22场，贷款成交金额5769.3万元；参加投标会3场，投标金额412万元。

四、“重合同、守信用”活动

1991年，开展“重合同、守信用”活动。利用广播、电视宣传，印发宣传材料1500份，举办培训班2期，培训骨干60余人次。同年，全县67家企业获“重合同、守信用”先进单位，占县属企业总数三分之一。

1992年，贯彻宣传《合同法》，推行合同示范文本制度。1995年，建立工商部门与企业联络制度，全县65家企业配备合同专管员，定期培训专管员，并适时提供法律帮助。1996年，举办企业动产抵押合同培训班和企业业务人员培训班各1期，参训65人；开展法律法规宣传咨询，接待咨询98人次，电报电传咨询4件。1997—1998年，评出农资公司等“重合同、守信用”企业21家，其中9家连续3次以上获此荣誉。

1999年，举办《合同法》培训班3期，160余名企事业单位分管领导、供销科长和私营企业主参加培训。指导帮扶企业参加“重合同、守信用”活动。2001年，针对工商执法监管范围和内容，开展树立守法经营好、社会信誉高、商品质量优、道德意识强的诚实守信典型活动。推荐16家企事业单位参加2001—2002年度“重合同、守信用”评选，其中“四个一批”私营企业5家，占评选总数31%。

2005年3月，组织24家主要企业及基层工商所合同监管员参加《合同法》培训。当年，推荐评选“重合同、守信用”企业17家。

第五节 商标广告管理

一、商标管理

1991年，全县有注册商标9件，其中当年核准1件、申请注册1件。县化工厂“龙津”牌松脂获“省著名商标”称号。1993年，在《中华人民共和国商标法》实施10周年之际，开展大型宣传活动4次，刊出板报24期，张贴标语100多份，印发宣传材料2500份，接受法律法规咨询152人次。

1995年，全县办理新申请商标注册7件，企业商标注册25件。加强商标与商标印制管理，增加指定商标印刷单位2家，改变以往商标印制独家经营局面。注册商标和商标印制单位年检率、合格率均100%。查处商标违章案件4起，收缴商标标识25.4万张。1997年，开展对“中国石化＋火炬”服务商标保护行动，查处商标侵权行为。当年，办理商标注册申请核转3件，办理商标年检20件，年检率100%。查处商标侵权案件2件。1998年，对已注册的“清盛”牌碳铵和“闽山”牌萜烯树脂2个品牌，推荐评选著名商标，纳入全省商标保护网；对在县内享有一定知名度的豆腐皮、鱼腥草等土特产品，及时帮助申请注册商标，促进企业依托商标品牌开拓市场。

2000年，支持和鼓励个私企业沙芜九龙湖鱼类加工厂和县景华锰化有限公司分别创立“九龙湖”商标、“七星岩”商标，协助设计商标名称、图案。全年为县企业办理商标注册4件。组织企业参与全市商标评选活动，清流恒利贸易公司“9利”茶籽油等3个商标被市政府认定为三明市知名商标。全年办理商标申请代办5件，商标续展申请代办4件，商标查询13件，转让注册商标1件，商标注册核准3件，当年累计历年商标注册核准24件。查处商标侵权案件2起，罚没金额2000元，收缴商标标识2056张。

2002年，受理各类注册商标申请6件，比2001年增长14.4%。清流如意供销公司“梦园”商标经市人民政府认定为市知名商标。推荐“闽山”“9利”商标为省著名商标。全年查处商标案件3起，罚款8.2万元。

2003年，着重发展“农字号”商标，带动农村经济发展。全县拥有注册商标48件，其中“农字号”商标15件，占注册商标总数30.4%。加强对“9利”“蔬珍”“梦园”“青野”“青流”“七星岩”“劲达”“客乐健”等涉农注册商标使用管理，县恒利贸易公司“9利”食用茶籽油商标被评定为省著名商标，实现清流县著名商标零的突破。全年查处侵权商标案件4起，罚没金额1.4万元。2003—2004年，县闽山化工有限公司生产的“闽山”牌萜烯树脂，获知名商标产品称号。

2005年，深入全县使用商标的企业进行注册商标使用情况检查调研，摸清商标使用、闲置、发展去向，并将调研情况整理，发出《商标注册建议书》5份，通报当地政府，为企业做好参谋。对具有良好市场前景的农副产品加工、经营企业，主动上门宣传动员，使其树立品牌意识，及时申请注册商标。扶持“七星岩”“梦园”“景冠”商标争创省著名商标和市知名商标，提升豆腐皮、羊肉、茶叶等商标品牌，提高地方特色产业市场竞争力。全年办理商标注册查询6件，商标注册申请代办4件。当年，全县拥有注册商标49件，其中农产品商标16件，林产品商标16件，金属制品商标4件。查处商标侵权案件6件，案值1.62万元。“龙津”牌脂松香、“清盛”牌农用碳酸氢铵获三明市知名商标产品。至2005年，全县累计注册商标58件，其中市知名商标6件，省著名商标1件。

1991—2005年清流县注册商标一览表

表14-9

商标名称	注册厂家	注册日期	企业地址	何时获何种荣誉
明建 拼音：字头MJ	福建省清流县嵩口水泥厂	1992年5月	福建清流县嵩口镇	
梦园	福建省苏福茶业有限公司	1992年10月	福建清流县林畲乡	2000年知名商标
华星	清流县东华乡脱胎漆器工艺厂	1993年6月	福建清流县城关渡背街73号	
龙津	福建省清流县民政福利工艺厂	1993年10月	福建清流县城南村	
翠林 拼音：字头数字	清流县嵩口竹木经销公司	1993年12月	福建省清流县嵩口镇	
拼音：SONGDJ 英文：松迪	福建省清流县人造板厂	1994年9月	福建省清流县东华乡大路口	
锶尔康 拼音：字头SEK	福建省清流锶尔康矿泉水有限公司（中外合资）	1994年9月	福建省清流县嵩溪镇解放街198号	
朗津 拼音：LANGJIN	福建省清流县津泉矿泉水开发公司	1994年11月	福建清流县城关水南路7号	

续表 14-9

商标名称	注册厂家	注册日期	企业地址	何时获何种荣誉
清盛	福建省清流合成氨厂	1995 年 3 月	福建省清流县嵩口镇	2004 年知名商标
99 绿	福建清流县恒利贸易有限公司	1995 年 11 月	福建清流县凤翔街	
清阳	福建省清流清阳矿泉水有限公司	1996 年 1 月	福建清流县城关水南路 7 号	
松之神	福建省清流县福兴保健食品公司	1996 年 2 月	福建清流县城关长兴南路	
双鸽 拼音：HUANGGE	福建省清流县余朋人造板厂	1996 年 2 月	福建清流县余朋乡	
天康 拼音：IANKANG	福建省清流九龙食品有限公司	1996 年 7 月	福建省清流县林畲工业开发区	
9 利	福建省清流县恒利贸易有限公司	1997 年 5 月	福建清流县凤翔街	2001 年，市知名商标 2003 年，福建省著名商标
龙津 拼音：LONGJIN	福建省清流县林产化工有限公司	1999年4月	福建三明清流长兴北路	
景冠	福建省清流县莲花山茶厂	1999年8月	福建三明清流县林畲乡	
青野 拼音：字头 QY	福建省清流县青野食品有限公司	1999年9月	福建三明清流县嵩口镇榕坪街 12 号	
七星岩	福建省清流县嵩溪豆腐皮有限公司	2000年4月	福建三明清流县嵩溪富民路	
七星岩	福建省清流县景华锰化有限公司	2000年8月	福建清流县东华乡大路口村	
图形	福建省清流新垦农场莲花山茶厂	2000 年 8 月	清流县林畲乡	
林畲	福建省清流县九龙食品有限公司	2000 年 8 月	福建省清流县林畲工业开发区	
客乐健	福建清流县环城酿造厂	2000年9月	福建清流县城关长兴南街 11 幢 2 号	
协兴	福建清流县温郊协兴焦油厂	2000 年 11 月	福建三明市清流县温郊乡桐坑村	
兴农	福建省清流县兴农鱼腥草有限公司	2000 年 12 月	福建三明清流县里田乡里田街 1 号	
图形	福建省清流明星木制品有限公司	2001 年 2 月	清流县余朋乡	
漳太	福建省清流县城关漳太面包店	2001年3月	福建三明清流县凤翔街 23 幢	

续表 14-9

商标名称	注册厂家	注册日期	企业地址	何时获何种荣誉
三阳	福建省清流县明星木制品有限公司	2002 年 1 月	福建省清流县余朋乡	
蔬珍牌	魏秋菊	2002年6月	福建省清流县长兴北街桥下路口	
青流	福建三明清流县水果营销协会	2002年7月	三明清流县龙城街 23 幢二楼	
好翔子	傅如翔	2002年7月	福建省清流县龙津怡园 118 号	
青流老头面	高建中	2002年8月	福建省清流县城关文化街清流老头面	
劲达	福建省清流县余朋青山食品厂	2003 年 6 月	福建省清流县余朋乡	
清津	清流县清津葛粉制品厂	2003年6月	福建省清流县龙津镇碧林路 16 幢 10 号	
榕升	张其熔	2003年8月	福建省清流县城关水东路 83 号	
七星岩	福建省清流县七星岩羊肉餐饮管理有限公司	2004 年 2 月	福建三明清流县嵩溪镇塘背村	
九龙湖	福建省清流县九龙湖生物科技有限公司	2004 年 11 月	三明清流县沙芜乡	
老头面	高建新	2005年3月	福建省清流县龙津镇雁塔巷 15 号	
世超	林兴辉	2005 年 8 月	福建省清流县嵩溪镇安背农场	

二、广告管理

1991 年，深入工商企业宣传广告法规，鼓励企业利用广告宣传，促进企业抓质量，创名牌，促产销。当年在城关“三优街”设置灯箱广告 44 个，设置商品信息牌 76 个，乡镇在公路旁设置路牌灯箱 20 个。福建清流气枪厂有限公司全年投入广告费 16 万元，宣传产品、拓宽销路。

1994 年，扶持第一家私营专业广告公司成立，县广告市场形成多种经济成分并存局面。全县设立路牌广告、灯箱广告 133 个，霓虹灯广告 37 个，刊播一次性广告 170 次，广告活动经营额 16.1 万元，比 1993 年增加 46.4%。

1995—1996 年，深入企业现场办公，指导企业运用商标策略开拓市场，运用广告宣传企业形象和产品形象。1996 年，办理商标印制企业和广告经营单位年检 6 户，办理一次性广告登记 320 件，广告经营额 90 万元，比 1995 年增长 4.5%。开展查处发布虚假违法广告活动，清理违章违法张贴广告行为 65 起次，拆除违法广告牌 3 块。1997 年，办理 1 次性广告 600 件，发展广告经营单位 6 家，广告经营额 48 万元；广告经营单位换证培训面 100%；查处违法广告案件 13 起。针对烟草广告违规及户外烟草广告无标明“吸烟危害健康”字样等现象进行清理整顿。对辖区内经上级批准的 1 块路牌烟草广告和 80 多个设置于烤烟房的户外烟草广告进行全面检查，责令有关单位限期改正，并对在居民住宅区违法设置烟草广告行为予以立案查处。

1998—1999 年，参与规划设计广告一条街，宣传清流县企业及产品，增强市场竞争力。选送 5 家企业专管员参加全市广告专管员培训，促进企业实施广告策略，开拓市场。开展“自强创辉煌”主题公益广告活动，开展“爱护城镇整洁，向不文明广告行为告别活动”，规范户外张贴广告，对户外乱贴广告的“牛皮癣”顽症进行整治。

2000 年，全县核准广告经营单位 10 家，从业人员 53 人，广告经营额 27 万元；审批一次性广告登记 262 件，查处广告违法案件 6 件，指导企业纠正违法违章行为 10 次，罚没金额 1.1 万元。2002 年，以药品、医疗器械、保健食品为重点，严厉打击虚假广告违法行为，查处各类违法广告15起，罚款0.75万元。

2003年，查处广告违法案件12件，罚没金额9000元。全县广告经营单位11家，从业人员69人，其中国营企业1家，事业单位1家，集体企业1家，个体和私营企业8家。

2004年，举办广告单位负责人、广告审查员法律法规培训班，组织学习广告经营许可证管理办法、印制品广告管理办法、广告管理条例施行细则等法规。核实审查全县广告经营单位11家，完成年检工作。

2005年，开展整治乱贴乱涂广告专项行动。全年出动检查人员127人次，车辆13台次，清理城区和乡镇所在地建筑物、公共设施上张贴喷涂的各类广告130余处，查获未经批准登记的印刷品广告2起，收缴印刷品广告300余份。开展“打虚假 树诚信”广告专项整治行动，规范户外广告经营发布行为。加强医疗、食品广告整治，组织专项检查3次，检查医疗单位54家，食品经营单位268家，广告经营单位11家。全年办理户外广告登记53件，查处违法发布户外广告案件5件，其中违法发布虚假广告1件，罚没入库金额0.5万元。

第六节 个体私营经济管理

1991年，全县有个体工商户1900户，从业人员3240人，其中当年新发展个体工商户530户，从业人员919人。结合年检验照，对1761家个体户进行法律、法规和职业道德教育并进行考查，及格率91.5%。查处无照经营户87户，罚没及补交管理费金额1.5万元。

1992—1994年，将发展个体私营经济列入基层工商所责任目标。抓好一年一度的个体私营经济年检验照，查处无照经营、违章违法个私经营。强化登记管理，完善个体私营经济规范管理一条街，规范《营业执照》填写、编号、格式等，达到“三统一”，即统一编号、统一电脑打字、统一发照。

1995年，将个体私营经济纳入法制管理轨道。当年，举办反不正当竞争法、消费者权益保护法、产品质量法等法律、法规学习班6场次，组织个体工商户460余人次参加学习。加强个体工商户协会领导，增强个体户合法经营理念。落实、完善个体工商户和私营企业回访制度。

1996年，全县新发展个体工商户351户，私营企业9户，新增注册资金387万元。个体工商业户总数2368户，从业人员4055人；私营企业32户，从业人员373人，注册资金3386万元。私营企业中有自然人有限责任公司2家，从业人员28人，注册资本133万元。

1997—1998年，抓好个体私营经济规范达标工作。严格前置审批，将下放给工商所办理营业执照权限收回县工商局，统一受理、审查、核准，规范办照程序。对边远乡镇的经营者实行由工商所专管员免费代办执照。1998年，清理无照经营176户，取缔6户，补办营业执照170份。

2000年，加强个体工商户协会工作指导，举办学习班、培训班和座谈会，学习《福建省个体工商户和私营企业权益保护条例》，参加学习和座谈1382人次。实行挂钩联系“四个一批”私营企业制度，定点帮扶，进行跟踪指导服务，坚持每月走访1次，现场咨询，及时帮助解决涉及工商具体问题。印制交费明白卡，发至个体工商户和私营企业。清理“三无”（无资金、无场所、无机构）企业，查处超越范围的非法经营行为，查处无照经营30户。做好前置审批条件的清理检查，逐户清查注册登记的内外资企业、个体工商户、私营企业，对缺少法定审批条件的进行登记造册。清理出需提交前置审批条件的企业、个体户档案1699户。其中，个体户1123户，欠缺前置审批条件454户；企业576户，欠缺前置审批条件173户。对欠缺前置审批条件的个体工商户和私营企业，下发限期补正通知。

2002年，举办普法学习班8期，参训人员320人次；组织上街设点提供咨询服务4次。当年城关长兴街进行路面拓宽改造，县工商局配合县委、县政府做好沿街个体户搬迁思想动员工作，帮助联系经营场所，上门办理报停手续，并为95户个体户减免管理费3万元。继续推进监管模式改革，开展市场监管竞赛。利用电子信息化手段，汇总登记2000—2002年辖区各类企业涉及工商的信用情况，录入各辖区企业信用档案，建立企业诚实守信红白名单。基层工商所共建各类“经济户口”2245户，进行日常巡查1728人次，专项巡查349人次，重点巡查270人次。全年清理无照经营104户，补交管理费2.01万元，纠正一般违法违章行为169次，发出市场预警通知书109份。

2003—2004年，引导办照363户，查处无照经营117户，查处无照经营案件105件，案值72.81万元，罚款18.98万元。

2005年，对各类企业开展常规性工作检查，新企业成立之日起6个月内走访1次；及时制作并送达各类通知书、备案表；对食品、大型零售店、化学危险品、娱乐场所、采矿挖掘等特种行业企业在设立前进行场地勘察，设立后每季度巡查1次，并及时录入巡查数据，作为各类企业信用评定的主要依据。加强信用企业监督，分类清理未年检企业。对无故拖延年检时间，信用状况一般企业，先进行立案查处，再按规定办理企业补检手续；对于确有原因，企业信用状况较好而无法如期参加年检的企业，予以补办年检手续。应用“阳光收费”系统，实行集体定费，收费公开，委托银行代扣收费，加大收费力度。指导企业开展网上登记，促进全县企业网上年检工作开展。全年网上年检企业147户。开展网上名称预核准、网上审批、网上年检、网上投诉等系统服务，实现网上监管。

第七节　经济监督管理

1991年，开展大规模检查活动5次、经常性打击假冒伪劣商品活动62次，检查全县国营、集体、个体商店及仓库、批发点、加工厂等3545个，查处违法违章12起，案件总价值3.8万元，罚没金额2606.8元。

1994年起，贯彻实施《中华人民共和国反不正当竞争法》《中华人民共和国消费者权益保护法》，强化经济监督检查，采取“查重点，挖窝点，堵源头”的方法，开展对制售假冒伪劣商品“严打”。全年开展“打假保双节”（元旦、春节），“打假保春耕”“打击假冒伪劣药品”和“扫黄打非”专项行动4次，立案查处经济违章违法案件18起，查获各类假冒伪劣商品价值10.3万元，查扣非法音像制品、黄色书刊等出版物329件，查处无碘盐走私案1起，没收无碘盐4.6吨。

1995年，全县查处违章违法行为414件，罚没金额2.1万元。开展“打假保双节”“打假保春耕”“打假保健康”“打假保名牌”行动，查获劣质低压电器、进口汽车配件、假冒“天第”矿泉水、假虎骨、假麝香、假冒香烟、“三无”皮鞋等假冒伪劣商品总价值21.6万元。加强各类市场监督管理，介入食盐、药品、成品油、文化、车辆交易、矿产品流通市场。加强对野生动物保护和国家禁止上市商品等监督管理，查处违章经营成品油单位19个，取缔无证经营药品摊点5个。加强矿产品流通管理和车辆交易登记管理，全年检查各种运矿车25114辆次，矿产品25万吨，查补税金14.1万元。验证机动车交易118辆次，成交额100万元。

1997年，全县查处各类经济违法案件54件，案值金额100.14万元，罚没金额20万元。查获走私成品油案9起11车94.76吨，其中零号柴油8车63.68吨，90号汽油3车31.08吨。罚没金额4.88万元。

1998年春耕期间，加强农资市场监管，严厉打击制假售假坑农不法行为。查扣再生农膜227.5千克，过期失效农药1000千克，假化肥8吨，假种子153千克。组织打击制售假冒白酒专项行动，查处假五粮液白酒案2起，没收假五粮液白酒12箱，罚款1.7万元。配合文化部门开展“扫黄打非”活动，打击制售黄色及盗版书刊，净化文化市场；配合林业部门打击贩卖野生动物石壁羊、眼镜蛇等案件。灵地工商所查获非法收购野生蛇200余条大案1起，会同当地林业公安部门将其放归大自然。

2001年，开展打击非法拼（组）装汽车行为，整顿和规范市场经济秩序。组织力量对辖区内汽车、摩托车修理厂，汽车、摩托车配件经销单位进行全面检查。全年立案查处非法拼（组）装机动车案件6起，取缔擅自从事报废农用车回收点1个，查获非法拼（组）装车2辆、旧发动机总成6台、走私挖掘机1辆；查获“三无”劣质配件400余件，罚款1.03万元。打击传销和变相传销活动，加强与公安部门协调配合，加大对出租场所、外来人口、公共场所监管。全年出动检查人员98人次，出动车辆33台次，检查出租场所、公共场所112处。联合烟草部门开展卷烟市场专项打假行动，查获假烟130.2条，捣毁制假窝点1个，查扣烟丝5袋100余千克，烟用滤嘴棒2袋，卷烟用纸1箱，“红塔山”“茶花”等包装纸2000张。查处各类经济违法违章案件100起，移交有关部门处理案件3起，涉嫌构成犯罪移送案件1起，总案值金额110余万元，罚款10.01万元。

2004年，全县查办案件11起，罚款金额1.97万元，追回有问题化肥3.19吨，没收不合格化肥11.58吨。在全市率先推出“问题”农资产品召回制度。开展查处不合格奶粉专项执法行动，组织人员对城乡结合部及乡镇的食品经销点进行全面清查，查获不合格“诺芳”牌奶粉34.5千克，其他不合格及过期奶粉7.2千克。7月19日，与县公安局联合行动，在与宁化县交界处原01厂旧厂房内捣毁以生产机砖铸件为掩护违法生产地条钢窝点1个，扣留地条钢2.8吨，生产模具64套，废旧金属5.78吨。案件移送宁化县公安局处理。全年办理各类经济案件119起，案值金额78.93万元，罚款金额16.74万元。

2005年，健全农资市场监管工作机制，规范种子、农药、化肥经营者经营行为。开展“2005红盾护农行动”，累计出动执法人员287人次，车辆51台次，检查各类农资经营户389户次，查处各类案件9件，案值金额7.79万元，罚没入库金额2.74万元，没收不合格化肥3.82吨。加强粮食市场监管，督促粮食经营单位建立经营台账，健全内部管理制度，防止哄抬粮食价格、囤积居奇等违法行为。全年立案调查各类经济案件93件，案值金额308.57万元，罚款金额28.08万元。

第七章 安全生产监督管理

第一节 机 构

一、县安全生产管理委员会

1991年，县安全生产管理委员会由县政府办公室、公、检、法、工业、交通、林业、卫生、农机、工会和劳动等14个单位组成，下设生产委员会办公室，挂靠县劳动局，成员14人，专职干部2人。各企业均设相应机构。2002年2月，其职能转交县安全生产监督管理局，机构撤销。

二、县安全生产监督管理局

2002年2月成立，为副科级行政机构，归属县经济贸易局管理。下设办公室和安全监察股。行政编制4名，事业编制3名。2005年，内设机构及编制不变，实有干部职工6人。11月，成立清流县安全生产监察大队，核定事业编制3人。

第二节 安全培训

1991年，举办安全员培训班13期，受训284人次。

1992—1995年，举办电工上岗、复审，锅炉和压力容器管理人员培训班，乡镇企业领导干部安全培训班，矿山管理人员、安全管理人员培训班、特殊工种培训等各类培训班24期，参与培训及选送外地培训人员1432人。

1996年，举办安全培训班12期553人，其中矿山安全培训1期12人，乡、镇矿长资格培训1期20人，新电工培训4期207人，电工复审232人。

1997年，举办电工培训4期203人，电工复审4期265人，司炉工复审2期64人；矿山特种作业人员复审28人；企业安全员和职工安全技术培训121人，班组长培训6期213人；易燃易爆化学危险品从业人员消防培训2期42人；船员培训1期40人，机动车辆驾驶员培训1652人，乡镇企业领导培训25人。

1998—2001年，举办电工上岗、乡镇企业领导、矿山管理人员（含个体矿山负责人）、安全管理人员、农村水电工作人员等安全培训班 26 期，其中选送参加省经贸委举办的“现代化安全管理”培训班 1 期。参训 785 人。

2002 年，举办电工、焊工等特种作业和《中华人民共和国安全生产法》培训 7 期，参加培训 488 人。

2003 年，举办电工、矿山绞车工、矿山瓦检工、煤矿电工、危险化学品从业人员、非煤矿山矿长安全资格及矿山安全员等培训 7 期，参加培训 330 人。

2005 年，举办矿山绞车工、矿山瓦检工、煤矿电工、非煤矿山矿长安全资格、煤矿安全员资格特种作业人员、安全管理人员培训复审班 7 期，危险化学从业人员培训复审班 4 期，762 人参加学习并取得证书。召开有关乡镇、部门领导和矿山、危化企业负责人等座谈会 7 期，共 300 余人次参加。学习《安全生产许可证实施办法》和申办标准，总结、交流安全生产工作经验和做法。

第三节　安全生产管理

1991 年，坚持生产计划与安全生产管理目标相结合。企业将安全生产目标分解到车间、班组，责任落实到人。同步建立安全生产管理网络。推行安全系统工程运用企业 23 家。成立矿山安全监察室，对 30 名矿山负责人矿长资格进行复审，复审率 98%，合格率 100%。开展夏季百日安全生产竞赛活动。

1992 年，重点帮助 12 个企业完善操作规程和安全生产规章制度。

1994 年，组织开展以反违章、除事故、查隐患、抓整改为内容的全国第六次“百日安全无事故”活动竞赛，经委和各个企业均建立活动领导机构，制定安全生产措施和奖罚制度，将安全生产和竞赛活动列入企业年度任期目标管理，并采取岗位测试，模拟事故演习，安全知识竞赛等形式，提高职工的安全知识和自我防范能力，全系统出简报 37 期，安全知识广播 30 次，播放电视录像 42 场次，组织安全知识竞赛 3 场，参加比赛 825 人次。并建立自查、互查相结合的监督机制，全年组织检查 36 次，发现隐患 386 条，整改到位 367 条，整改率 90.1%，处罚违章 113 人次。当年，罗口煤矿发生片帮冒顶事故，造成 1 人死亡。县合成氨厂、县香料厂、县通用厂未发生安全事故，得到市、县表彰。

1996 年，开展“平安杯”安全竞赛活动，落实“三个百分百”工作制度（百分百的职工讲安全，不能一个例外；1 年 365 天，1 天 24 小时百分百时间讲安全，分秒不含糊；百分百的劳动场所、工作岗位讲安全，不留死角，不留隐患）建立自查、互查、巡查相结合的监督机制，强化安全生产管理。在活动中举办安全生产知识培训和安全生产竞赛 16 场次，参加培训和竞赛 1869 人次。组织厂级以上安全生产检查 108 次，查出隐患 808 条，及时整改 778 条，整改率为 96.5%，查出“三违”（违章指挥，违章操作，违反劳动纪律）现象 158 人次，按章处理 158 人次。

1998 年，与企业签订安全生产责任书，制定《安全生产奖惩条例》。其中预防事故发生组织措施 6 条，奖、罚措施 2 条。实行一票否决制度。1999 年，罗口煤矿发生安全事故 1 起，被一票否决。

2000 年，建立健全事故通报制度。

2001 年，成立非煤矿山和易燃易爆、有毒有害化工企业专项整治工作领导小组。制定《清流县非煤矿山安全生产专项整治实施方案》《清流县易燃易爆、有毒有害化工企业安全生产专项整治方案》。对存有安全隐患的帅风水泥有限公司石灰石矿山责令停产整顿。6 月，对延迟报告事故情况的县煤炭公司给予通报批评。对不符合安全要求的渡背街加油站收回经营许可证，取消其经营资格。全县其他非煤矿山企业、化工企业及液化气、加油站等化学危险品的经营单位的安全隐患整改到位，符合生产经营的安全要求，通过市级专项整治工作验收。6 月，锅炉、压力容器、电梯等特种设备安全监察、管理职能，由县劳动局划归县技术监督局。全年查处事故责任人 43 人次（其中行政管理人员 20 人次），给予经济处罚 4 万元。

2002 年，新组建县安全生产监督管理局，负责全县的安全生产。细化安全责任目标，层层分解落实安全责任目标管理。制定《清流县重特大安全事故应急处理预案》。对易燃易爆、有毒有害化工企业和危险化学品企业、经营单位、煤矿、非煤矿山进行重点整治，确保生产安全，无重大事故发生。成立煤矿专项整治办公室，落实关闭矿井回访责任。10月，安全生产综合管理和安办职能，职业安全监察和矿山安全监察职能交由安全监督管理局承担。

2004年，强化安全生产领导责任制，量化考核指标。实行安全风险抵押金制度，年初对矿山企业按生产井型收取1—3万元不等风险抵押金，年终进行考评奖惩。罗口煤业有限公司、华龙矿业公司、北坑钨矿发生生产事故，未达安全考核目标，被处以罚款共计8.6万元。

2005年，对违章作业发生安全事故的金宝矿业公司、秋口煤矿、龙元萤石矿、罗口煤矿处以罚款共计6万元。

第四节　安全事故

1991年，全县无重大安全事故发生。1992—1993年，煤炭企业发生安全事故2起，各死亡1人。1994年，全年企业共发生8起事故，死亡11人，重伤4人。1995—1996年，企业共发生事故9起，死亡10人。1997—1998年，企业发生因工伤事故12起，死亡11人，重伤4人。1999年，全县无重大安全事故发生。2001年，全县发生工伤事故8起，死亡8人，其中煤矿6起，死亡6人，其他死亡2人。2002—2005年，全县共发生工伤事故26起，死亡26人，重伤1人，造成直接经济损失407.9万元。

卷十五 中共清流县地方组织

1991 年，县委七届二次全体（扩大）会议确定建新村、奔小康目标，提出发展乡镇企业；抓好农业烤烟、水果、食用菌、水面四大开发；加速发展骨干企业，突出发挥煤炭资源、水力资源、化工生产、矿产资源、森林资源、建筑材料工业、开发性生产七大优势，形成新的工业发展格局等措施。组织开展农村社会主义思想教育工作。

1992 年，县委七届七次会议确定“立足资源，外引内联，优化环境，加速发展”发展战略及加大对外开放，重点抓工业、农业、第三产业开发，加快企业经营机制转换；实施“小县大城关”战略等主要措施。同时提出，深化农村改革，发展壮大农村集体经济。工业重在“挖内潜、抓调整、促开放、求发展”上下功夫。是年，全县实现国内生产总值 3.22 亿元（1990 年价，下同），比 1991 年增长 13.4%；农业总产值 2.25 亿元，比增 6.4%；工业产值 2.61 亿元，比增 15.16%；乡镇企业总产值 5.78 万元，比增 33.4%；财政总收入 2320.26 万元，比增 11.02%；农民人均纯收入 1095 元，比增 16.5%；出口供货总值 4550 万元，比增 8.8%。

1993 年，中共清流县第八次代表大会确定今后 5 年县国民经济和社会发展战略目标，即加快改革和发展，稳定农业基础地位，建立现代企业制度，加快城乡建设步伐，集中力量办实事。在落实战略目标实践中注重抓农业综合开发、农村产业结构调整；加强工业企业内部管理，开展“一企一新”活动；抓项目建设；加大外引内联力度；发展个体私营经济；坚持科技兴县，把发展科技、教育作为促进经济发展的重点；合理安排一、二、三产业的结构比例，加强第一产业，调整提高第二产业，加速发展第三产业；推进建立现代企业制度；加强党的组织建设和干部队伍建设。其间，战胜 1994 年“5·2”洪灾，大灾之年经济建设仍取得较好成绩。至 1998 年年末，全县实现国内生产总值 7.6 亿元，年均增长 8.83%；农业总产值 5.17 亿元，年均增长 4.36%；工业产值 5.46 亿元，年均增长 9.87%。其中，第一产业由 1.96 亿元提高到 3.64 亿元，增长 21.14%，年递增 3.91%；第二产业由 8896 万元提高到 1.23 亿元，增长 53.26%，年递增 8.91%；第三产业由 5888 万元提高到 2.72 亿元，增长 136.42%，年递增 18.78%。三大产业结构比例由 57 ∶ 25.9 ∶ 17.1 调整为 48 ∶ 16.2 ∶ 35.8。财政总收入 6853 万元，年均增长 14.6%。出口供货总值 1.3 亿元，创汇 300 万美元。乡村经济实力增强，农村基本实现小康。农民人均纯收入 2888 元，年均增长 13.2%。

1998 年，中共清流县第九次党代会提出今后 5 年工作措施，即以农业产业化带动农业和农村经济结构调整，推进农村经济发展；以建立现代企业制度为目标，加快企业改革和发展；拓展外引内联领域，提高对外开放水平。促进非公有制经济发展；把为民办实事和加快基础设施、重点项目建设结合起来，进一步增强经济发展后劲；大力发展旅游经济，促进第三产业发展；加强城乡规划建设，实施“小县大城关”发展战略。并于 2000 年出台《关于加快个体私营经济发展的决定》，鼓励扶持非公经济发展。开展县领导班子、领导干部“三讲”（讲学习、讲政治、讲正气）教育活动。2001 年，在农村开展“三个代表”重要思想学习教育活动。以“千名干部入万户”活动为载体，组织县、乡干部与农户结对帮扶，发展生产。

至 2003 年末，全县克服 2003 年“非典”疫情和严重干旱等不利影响，经济总量实现逐年增长。地区生产总值首次突破 10 亿元，达 10.53 亿元，年递增 6.93%；农业总产值 6.68 亿元，年均增长 5.07%；规模以上工业产值 3.06 亿元，年均增长 6.67%；第一产业 4.39 亿元，年递增 4.26%；第二产业 1.98 亿元，年递增 7.54%；第三产业 4.15 亿元，年递增 9.96%。三次产业结构比例由 48 ∶ 16.2 ∶ 35.8 调为 41.7 ∶ 18.8 ∶ 39.4，经济结构更为合理。县级一般预算收入 4021 万元，年均增长 13%。出口创汇 320 万美元，年均增长 84%。农民人均纯收入 3497 元，年均增长 3.9%。

2003 年 11 月，中共清流县第十次代表大会提出未来五年发展的总体要求是围绕全面建设小康社会的奋斗目标，以基本实现现代化总揽全局，以发展作为执政兴县第一要务，以全面提高清流发展竞争能力和增强综合经济实力为核心，进一步解放思想，与时俱进，大力发展生态经济、民营经济和外向型经济，推进工业化、产业化、城镇化进程，促进经济和社会各项事业快速发展，实现物质文明、政治文明和精神文明全面进步，努力把清流县建设成为经济社会与生态环境和谐统一、可持续发展的生态经济县。会议强调今后工作必须重点把握以下几个方面：以生态特色农业为重点，夯实经济发展基础；以新型工业化为核心，提升经济发展动力；以民营经济为主攻方向，激发经济发展活力；以项目带动为抓手，增强经济发展后劲；以扩大开放为关键，拓展经济发展空间；以推进城镇化为着力点，提高经济发展竞争力；以建设新兴生态旅游区为目标，打造经济发展新亮点；以创优环境为载体，筑牢经济发展平台。会议同时提出要全面推进党的建设，加强党风廉政建设和反腐败斗争。同年，开展“非典”防治工作和“抓项目、增后劲、促发展”项目竞赛活动。出台《关于损害经济发展软环境行为实行效能告诫的暂行规定》。组织开展保持共产党员先进性学习教育活动。

2005年，全县实现地区生产总值13.8亿元，比2003年净增3.27亿元，年均增长10.05%；农林牧渔总产值8.7亿元，年均增长6%。新增锦兴木业、展化化工、天翼包装、服装加工等规模以上工业企业12家，县属规模工业产值7.9亿元，实现两年翻番目标。财政总收入6584万元，其中县级一般预算收入4460万元，年均增长5.32%。

第一章 组织机构

第一节 领导机构

一、县委常务委员会

1990年12月，选举产生中共清流县第七届委员会，1991年延续。1993年12月、1998年11月、2003年11月，先后召开第八次、第九次、第十次党的代表大会，选举产生中共清流县第八届、第九届、第十届委员会。

1991—2005年中共清流县委历任领导一览表

表15-1

项目	职务	姓名	籍贯	任职时间
第七届（1990.12—1993.12）	书记	周昌仁	永春	1990.8—1993.12
	副书记	武丹	山东泗水	1990.0—1992.8
		陈积忠	福州	1990.6—1993.12
		刘振郁	宁化	1990.4—1993.12
		陈有极	尤溪	1992.8—1993.12
	常委	陈有极	尤溪	1990.4—1992.7
		陈烈章	清流	1990.9—1993.12
		马荣生	泉州	1990.11—1993.10
		胡登良	江西进贤	1990.12—1993.10
		巫福生	清流	1992.12—1993.12
第八届（1993.12—1998.11）	书记	周昌仁	永春	1990.8—1996.2

续表 15-1

项目	职务	姓名	籍贯	任职时间
第八届（1993.12—1998.11）	书记	刘振郁	宁化	1996.2—1998.9
		陈有极	尤溪	1998.9—1998.11
	副书记（挂职）	杜元会	大田	1994.2—1996.3
		余文静	莆田	1996.5—1998.5
		铁志毅	上海	1996.8—1997.8
	副书记	陈有极	尤溪	1993.12—1998.9
		刘振郁	宁化	1993.12—1996.1
		涂娓珠	泰宁	1993.12—1998.11
		曹建华	广东大埔	1993.12—1998.11
		许天赠	清流	1998.9—1998.11
	常委	雷春华	清流	1993.12—1998.9
		陈烈章	清流	1993.12—1998.9
		巫福生	清流	1993.12—1998.10
		杨火旺	连城	1993.12—1996.8
		许天赠	清流	1993.12—1998.9
		陈昌帜	宁化	1996.6—1998.11
		刘日太	长汀	1996.9—1998.10
第九届（1998.11—2003.11）	书记	陈有极	尤溪	1998.11—2003.11
	副书记	涂娓珠	泰宁	1998.11—2003.11
		曹建华	广东大埔	1998.11—2003.11
		许天赠	清流	1998.11—2003.11（1998.10—2000.12 兼政法委书记）
		黄正康	沙县	2001.3—2003.11
		林和平	惠安	2002.10—2003.11（挂职）
	常委	邹洪长	连城	1998.9—1999.8
		陈昌帜	宁化	1998.11—2001.3
		刘建榕	山东沂水	1998.11—2000.9
		刘振兴	涵江	1998.10—2000.8
		陈　兴	清流	1998.10—2003.11
		王国平	江苏睢宁	2002.2—2003.11
		邓秀忠	泰宁	2000.8—2003.11
		江　涛	沙县	2000.12 — 2003.11
第十届（2003.11—	书记	陈有极	尤溪	2003.11—
	副书记	涂娓珠	泰宁	2003.11—2005.3
		曹建华	广东大埔	2003.11—
		黄正康	沙县	2003.11—
		林和平	惠安	2003.11—2004.11（挂职）
		廖善朋	明溪	2005.8—

续表 15-1

项　目	职　务	姓　名	籍　贯	任职时间
第十届（2003.11—	常　委	王国平	江苏睢宁	2003.11—2004.3
		张淑华	将乐	2003.11—
		张建林	宁化	2003.11—
		余建地	大田	2003.11—

说明：领导按任职先后排名

二、县纪律检查委员会（县监察局）

1990年12月8—10日，中共清流县第七次代表大会选举产生中共清流县纪律检查委员会委员11人，陈有极当选县纪委书记，并选出副书记1人、常委4人。1991年延续。

1993 年 12 月 18—20 日，中共清流县第八次代表大会选举产生新一届中共清流县纪律检查委员会，选举许天赠为县纪委书记，并选出副书记 2 人、常委 4 人。

1998 年 11 月 25—27 日，中共清流县第九次代表大会选举产生新一届中共清流县纪律检查委员会，选举刘建榕为县纪委书记，并选出副书记 2 人、常委 4 人。

2003 年 11 月 26—28 日，中共清流县第十次代表大会选举产生新一届中共清流县纪律检查委员会，选举黄正康为县纪委书记，并选出副书记 2 人、常委 4 人。

第二节　工作机构

一、县委工作机构

1991 年机构设置沿袭 1990 年，中共清流县委工作机构有办公室、组织部、宣传部、统战部、机关工委、党校、政法委员会、对台湾工作委员会、党史办公室、政策研究室、政治体制改革办公室、机要局、老干局等部门。同年 6 月，设立社会治安综合治理委员会办公室。

2002 年机构改革后，县委工作部门有 8 个：纪律检查委员会机关、办公室、组织部、宣传部、统一战线工作部、政法委员会、机构编制委员会办公室、县直机关工作委员会，部门管理机构 3 个：老干局、精神文明建设办公室、信访局，议事协调办事机构 1 个：县委农村领导小组办公室。至 2005 年，中共清流县委工作机构设置未变。

县委办　1991 年，内设综合科、政研室、机要科、信息科、秘书科，行政编制 16 人。1997 年，内设综合科、督查室、信息科、秘书科、党群科、经济科、政研室、台湾工作办公室。行政编制 21 人、机关工勤人员编制 7 人。

2002 年，内设机构有综合股、督查室、信息股、秘书股、党群和政研股、台湾工作办公室、机要和保密股。行政编制 23 人、机关工勤人员编制 6 人。至 2005 年工作机构设置未变。

县直机关工作委员会　1991 年 7 月，设立中共清流县委直属机关工作委员会，核定行政编制 5 人，实有 7 人。1998 年 12 月，改称中国共产党清流县委县直机关工作委员会。2005 年，行政编制 5 人，实有 5 人。

组织部　1991 年，内设办公室、干部科、组织科。行政编制 16 人。1997 年，内设办公室、干部科、组织科（含电教办）、干部调查审理科、党群机关干部管理科。行政编制 20 人，机关工勤人员编制 2 人。2002 年，内设办公室、干部股、组织股、干部监督室、党群机关干部管理股。挂靠单位有县委组织员办公室。行政编制 16 人，机关工勤人员编制 2 人。至 2005 年工作机构设置未变。

宣传部　1991 年，内设办公室、人事科、党员教育科、理论科、宣传科，行政编制 9 人。1997 年，内设办公室、干部科、党员教育科、理论科、宣传科。行政编制 12 人，机关工勤人员编制 1 人。2002 年，内设办公室（加挂“党委办”牌子）、干部股、理论股、宣传股、新闻股。行政编制 9 人，机关工勤人员编制 1 人。

至2005年工作机构设置未变。

统战部　1991年，内设办公室、统战宣传科、宗教科。行政编制5人。1997年机构改革，增设经济统战科。1998年，加挂民族与宗教事务局牌子，内设办公室、统战宣传股、民族宗教股。行政编制5人，机关工勤人员编制（事业编制）1人。

2003年，内设办公室、民族宗教科、宣传联络科、经济科、侨台联，行政编制9人，机关工勤人员编制1人，2005年，内设办公室、统战事务股和党外干部股，行政编制4人、机关工勤人员编制1人。

政法委员会　1991年，机构设置沿袭1990年，行政编制4人。1997年，内设办公室、政工科。行政编制4人。2002年11月，内设办公室、政工股。与综治办混合定编，行政编制8人，机关工勤事业编制1人。2003年4月，政工股升格为副科级机构，更名为政治处。2005年，内设机构有办公室、政治处，编制不变。

社会治安综合治理委员会　1991年4月成立，简称县综治委，为议事机构，成员单位33个，下设办公室，为副科级常设机构，与县委政法委合署办公，行政编制3人。

精神文明建设办公室　1991年，县精神文明建设委员会与县建设委员会合署办公。1997年2月，县精神文明建设委员会与县建设委员会机构分设，更名为县委精神文明建设办公室，内设综合科、创建科、宣传教育科，核定行政编制9人、工勤编制1人。

2002年11月，内设机构调整为综合股、创建股、宣传教育股，核定行政编制5人。2005年，内设机构不变，实有9人。成立县未成年人思想道德建设办公室和县宣传文化中心两个下属机构，核定事业编制各2人。

老干部局　1990年9月3日成立，行政编制3人，下设办公室、安置科、离退休干部活动中心。2002年，行政编制增至4人。内设办公室、保障股、活动股，下辖县老干部活动中心、老年大学2个事业单位。2005年，行政编制4人，实有工作人员9人。

县委党校　1991年，内设办公室、组教科、理论研究室和行政科。事业编制14人，实有12人。1992年4月，科室调整为办公室、教务室、基层党校指导室和总务室。2005年，内设科室与编制不变。

对台工作办公室　1991年5月，中共清流县委对台工作领导小组改称中共清流县委台湾工作领导小组，下设中共清流县委台湾工作办公室，行政编制2人。

1997年和2002年县级机构改革中，挂靠县委办公室，取消县政府台湾事务办公室牌子。2005年5月，恢复县人民政府台湾事务办公室牌子，未单独分配编制。

信访局　1991—2002年，县信访局由县政府管理为主，设办公室和业务股，行政编制3人。2002年，由县委、县政府共同管理，2002年后以县委管理为主。2005年，内设科室与编制不变。

保密局　1992年12月23日成立，为副科级机构，与县政府办公室合署办公，行政编制1人。1997年，与县保密委员会合署办公，由县委办管理，编制1人。2005年，机构与编制保持不变。

二、纪检监察工作机构

（一）县纪检、监察机关

1990年3月，在原有办公室、纪检室、审理室、来信来访室基础上，增设党纪教育室，将来信来访室改为控告申诉室。

1993年4月22日，县纪委和县监察局合署办公，实行一套工作机构、两个机关名称、履行两种职能的体制。将纪委5个内设室和监察局5个内设股室合并为办公室、纪检监察室、案件审理室、信访室、宣传教育室、党风廉政建设室、执法监察室7个工作室。合署后，县纪委设常委5人。12月，县第八次党代会召开后，县纪委设常委7人。

1997年12月，机构改革，县纪检监察机关内设办公室、纪检监察室、案件审理室（含案件综合管理室）、信访室（举报中心）、宣传教育室、党风廉政建设室、执法监察室7个工作室。

2000年5月，组建清流县机关效能建设领导小组办公室（以下简称效能办）和县机关效能投诉中心，作为常设机构，实行合署办公，挂靠县纪委、县监察局。

2002年11月，机构改革，将纠风工作职能从党风廉政建设工作中分离出来，增设纠正行业不正之风工作室（挂县政府纠正行业不正之风办公室牌子）。核定县纪委机关、县监察局机关行政编制24人（含处级领导编制 1 人，效能办、效能投诉中心编制 3 人），事业编制机关工勤人员 2 人。直至 2005 年机构设置未变。

（二）基层机构

1991 年 12 月，县纪委向人民法院、人民检察院、金融系统等派驻纪检组（副科级）。全县共建立基层纪检机构 24 个，其中县、乡镇纪委 15 个，县直属单位纪委纪检组 9 个。配专职人员 33 人。同时，县监察局在县直单位设有监察组 13 个。

2002 年 3 月，向县经贸局、教育局、公安局、民政局、财政局、劳动和社会保障局、国土资源局、城乡规划建设局、交通局、水利局、农业局、林业局、卫生局、计划生育局 14 个部门派驻行政监察室，实行单列管理。

2005 年 12 月，成立县教育纪工委。全县建立基层纪检机构 38 个（乡镇纪委 15 个、直属单位 23 个），专职人员 84 人。

第二章 重要会议

第一节 党的代表大会

一、中共清流县第七次代表大会

1990 年 12 月 8—10 日召开，历时 3 天。到会正式代表 168 人，列席代表 61 人。大会听取审议县委书记周昌仁代表中共清流县第六届委员会所作《沿着党的基本路线奋发图强 向小康目标迈进》报告，总结第六届委员会以来 3 年的工作，提出今后 10 年的奋斗目标，确定今后 3 年的主要任务是以经济建设为中心，坚持四项基本原则，坚持改革开放，坚持两个文明建设一起抓，把具有中国特色社会主义建设事业不断推向前进。会议听取审议《中共清流县纪律检查委员会工作报告》，审议通过《关于中国共产党清流县第六届委员会报告的决议》《关于中共清流县纪律检查委员会报告的决议》。会议选举产生中共清流县第七届县委委员 25 人、候补委员 4 人。

二、中共清流县第八次代表大会

1993 年 11 月至 12 月 13 日，举行中共清流县第八次代表大会代表选举。全县划分选举单位 24 个，按照县委分配的代表名额，分别召开党员代表大会或党员大会，采取无记名投票方式和差额选举办法选举产生代表 170 人。其中各级领导干部代表 102 人，占 60%；各类专业技术人员代表 34 人，占 20%；各条战线的先进人物代表 31 人，占 18.2%；武警、消防部队代表 3 人，占 1.8%。在代表中，妇女代表 22 人，占 12.9%；少数民族代表 3 人，占 1.8%；离退休干部代表 1 人，占 0.6%。文化程度高中以上 118 人，占 69.4%。年龄 45 岁以下 121 人，占 71.2%。

1993 年 12 月 18—20 日，召开中共清流县第八次代表大会，历时 3 天。应到会正式代表 170 人，实际到会正式代表 168 人，列席代表 69 人。大会听取审议县委书记周昌仁代表中共清流县第七届委员会所作《沿着有中国特色社会主义道路全面推进改革和建设更快更好发展》报告，确定今后 5 年清流县国民经济和社会发展战略思想和战略目标：加快改革，加速发展，振兴清流，实现小康；以市场需要为导向，以提高经济效益为中心，以深化改革为动力，以加快资源转化和实现资源优化配置为目标，调整经济结构，初步建立起社会主义市场经济体制。同时提出实现战略目标措施：加快改革和发展；加强农业基础地位，推动农村经济上新台阶；以建立现代企业制度为目标，推动工业生产上新台阶；加强城乡规划建设步伐，集中力量办实事。

会议听取审议中共清流县纪律检查委员会工作报告，通过《关于中国共产党清流县第七届委员会工作报告的决议》《关于中共清流县纪律检查委员会报告的决议》。会议选举产生中共清流县第八届县委委员 25 人，候补委员4人。

1994 年12月31日，召开中共清流县代表大会，应到会代表119人，实际出席代表110人。会议由县委书记周昌仁主持，会议采取无记名投票方式，选举产生出席三明市第五次党员代表会议代表14人。

1995年8月18日，召开中共清流县代表大会，应到会代表98人，实际出席代表92人。会议由县委书记周昌仁主持，会议采取无记名投票方式，选举产生出席三明市党员代表会议代表8人。

1997年3月20日，召开中共清流县代表大会，应到会代表99人，实际出席代表88人。会议由县委书记刘振郁主持，会议采取无记名投票方式，选举产生出席三明市党员代表会议代表13人。

三、中共清流县第九次代表大会

1998年10月10日，召开中共清流县第九次代表大会代表选举工作会议。11月13日前，各选举单位分别召开党员代表大会或党员大会，根据县委研究通过的代表候选人名单进行正式选举。各单位采取无记名投票方式和差额选举办法选举产生代表209人。其中各级领导干部125人，占代表总数60%；各类专业技术人员42人，占20%；各条战线先进人物38人，占18%；解放军、武警、消防部队代表4人，占2%。代表中，妇女27人，占13%；少数民族代表6人，占2.9%，；归侨、侨眷、台籍代表1人，占0.5%。高中以上文化代表175人，占83.7%。年龄45岁以下代表170人，占81.3%。

1998年11月25—27日，召开中共清流县第九次代表大会，历时3天。应到会正式代表209人。大会听取审议县委书记陈有极代表中共清流县第八届委员会所作《凝聚全县力量　加快发展步伐　为实现跨世纪宏伟目标而努力奋斗》报告，确立“凝聚全县力量，加快发展步伐，为实现跨世纪宏伟目标而努力奋斗”工作指导思想，对今后5年工作提出措施：以农业产业化带动农业和农村经济结构调整，推进农村经济发展；以建立现代企业制度为目标，加快企业改革和发展，争取用3年左右时间使国有亏损企业摆脱困境，大多数国有企业初步建立现代企业制度；拓展外引内联领域，提高对外开放水平。以质量效益为中心，优化利用外资结构，在利用外资方面实现大突破；调整和完善所有制结构，把非公有制经济发展纳入国民经济发展规划，促进非公有制经济发展；把为民办实事和加快基础设施、重点项目建设结合起来，进一步增强经济发展后劲；大力发展旅游经济，促进第三产业发展；加强城乡规划建设，引导住宅消费，加快实施“小县大城关”发展战略；广辟财源渠道，加大聚财力度，保证金融稳健运行和财政收入稳步增长；坚持两手抓，推进精神文明建设和社会事业全面进步。会议听取审议中共清流县纪律检查委员会工作报告，通过《关于中国共产党清流县第八届委员会工作报告的决议》《关于中共清流县纪律检查委员会报告的决议》。会议选举产生中共清流县第九届县委委员25人、候补委员4人。

四、中共清流县第十次代表大会

2003年10月至11月13日，举行中共清流县第十次代表大会代表选举。全县设27个选举单位，按照县委分配的代表名额，分别召开党员代表大会或党员大会，以无记名投票方式和差额选举办法选举产生代表216人。其中各级领导干部（含离退休干部）130人，占60%；各类专业技术人员43人，占20%；各条战线的先进人物39人，占18.1%；解放军、武警、消防部队代表4人，占1.9%。代表中，妇女代表27人，占12.5%；少数民族代表3人，占1.4%；台籍代表1人，占0.5%。

2003年11月26—28日，召开中共清流县第十次代表大会，历时3天。应到会正式代表216人、列席代表93人。大会听取审议县委书记陈有极代表中共清流县第九届委员会所作《谋求新发展　实现新跨越　为全面建设小康社会而努力奋斗》报告，大会提出未来五年发展的总体要求是：高举邓小平理论伟大旗帜，全面贯彻落实党的十六大、十六届三中全会精神和“三个代表”重要思想，围绕全面建设小康社会的奋斗目标，以基本实现现代化总揽全局，以发展作为执政兴县的第一要务，以全面提高清流发展竞争能力和增强综合经济实力为核心，进一步解放思想，与时俱进，励精图治，奋发图强，团结和带领全县人民，增创发展新优势，按照“五个统筹”“五个坚持”的要求，大力发展生态经济、民营经济和外向型经济，推进工业化、产业化、城镇化进程，促进经济和社会各项事业快速发展，实现物质文明、政治文明和精神文明全面进步，努力把我县建设成为经济社会与生态环境和谐统一、可持续发展的生态经济县。

大会确定未来五年发展的战略目标是：国内生产总值年均增长 10.3%，其中一、二、三产业分别增长 5%、16%、11.8%；农业总产值年均增长 5.5%；规模以上工业产值年均增长 20.4%；县级财政一般预算收入年均增长 11%；固定资产投资年均增长 10.5%；农民人均纯收入年均增长 4%；经济综合实力进一步增强，在此基础上逐步把清流建设成文明、开放、富裕的生态经济强县。

大会提出今后工作中重点把握以下几个方面：以生态特色农业为重点，夯实经济发展基础；以新型工业化为核心，提升经济发展动力；以民营经济为主攻方向，激发经济发展活力；以项目带动为抓手，增强经济发展后劲；以扩大开放为关键，拓展经济发展空间；以推进城镇化为着力点，提高经济发展竞争力；以建设新兴生态旅游区为目标，打造经济发展新亮点；以创优环境为载体，筑牢经济发展平台。会议同时提出要全面推进党的建设，加强党风廉政建设和反腐败斗争。会议听取审议中国共产党清流县纪律检查委员会工作报告，选举产生中共清流县第十届县委委员 26 人、候补委员 4 人。

第二节　县委全体（扩大）会议

一、中共清流县第七届委员会

中共清流县第七届委员会先后召开 8 次全体会议和全体（扩大）会议。

1990 年 12 月 10 日，县七届一次全委会选举周昌仁、陈积忠、武丹、刘振郁、陈有极、马荣生、胡登良、陈烈章 8 人为县委常委。周昌仁当选为县委书记，陈积忠、武丹、刘振郁当选为县委副书记。

1991 年 10 月 31 日，召开七届二次全体（扩大）会议。县委书记周昌仁作《依靠科技进步 振兴清流经济》报告。会议通过《中共清流县委七届二中全会关于把经济建设转移到依靠科技进步和提高劳动者素质轨道上来的决定》。会议确定“九五年翻两番、九六年建新村、九七年奔小康”的奋斗目标。

1992 年 10 月 11—12 日，召开七届七次全体（扩大）会议，部署学习宣传中共十四大精神，通过《中共清流县委关于学习贯彻中共十四大精神的决议》。会议确定“立足资源，外引内联，优化环境，加速发展”发展战略。提出《加快改革开放 加速清流经济发展的七大动作 十六条措施》。同时提出把“稳政策、抓基础、重开发、创效益、增实力、奔小康”作为农业农村工作指导思想，深化农村改革，发展壮大农村集体经济。工业经济重点在“立精神、挖内潜、抓调整、促开放、求发展”上下功夫。

1993 年 11 月 30 日，召开七届八次全体（扩大）会议，部署贯彻《中共中央关于建立社会主义市场经济体制若干问题的决定》，动员全县人民加快建立社会主义市场经济体制。

二、中共清流县第八届委员会

中共清流县第八届委员会先后召开 12 次全体会议和全体（扩大）会议。

1993 年 12 月 20 日，县八届一次全委会选举周昌仁、刘振郁、陈有极、雷春华、陈烈章、巫福生、杨火旺、许天赠 8 人为县委常委。周昌仁当选为县委书记，刘振郁、陈有极当选为县委副书记。

1994 年 11 月 14 日，召开八届二次全体（扩大）会议，传达贯彻中共十四届四中全会精神，确定制定“九五”计划总目标和全县经济工作指导思想，研究部署全县党建工作。

1996 年 2 月 10 日，召开八届五次全体会议，讨论通过《清流县国民经济和社会发展“九五”计划和 2010 年远景目标纲要》。

1996 年 8 月 29 日，召开八届六次全体（扩大）会议。县委书记刘振郁作《扎实推进新的伟大工程 为实现跨世纪宏伟目标提供政治保证》报告。会议总结中共十四届四中全会以来县委党建工作经验，部署今后党建工作任务。会议讨论、修改《中共清流县委关于进一步加强党的建设的实施意见》，通过《中共清流县委关于进一步加强党的建设的决议》。

1996 年 11 月 10 日，召开八届七次全体（扩大）会议。县委书记刘振郁作《统一思想认识 把握新的机遇 全面推动社会主义精神文明建设上新水平》报告。会议讨论通过《中共清流县委“九五”期间社会主义精神文明建设规划的决议》。

1997 年 10 月 12 日，召开八届九次全体（扩大）会议。县委书记刘振郁作《高举邓小平理论伟大旗帜，把我县两个文明建设事业全面推向 21 世纪》报告。讨论通过《关于学习贯彻中共十五大精神的决议》。

1998 年 7 月 27 日，召开八届十次全体（扩大）会议。县委书记刘振郁作《努力建设高素质干部队伍，为实现跨世纪宏伟目标提供坚强的组织保证》报告。审议通过《中共清流县委关于依法治县的决议》。

1998 年 9 月 23 日，召开八届十一次全体会议，通过《关于召开中国共产党清流县第九次代表大会决议》。

1998 年 11 月 23 日，召开八届十二次全体会议，讨论通过中国共产党清流县第九次代表大会重要文件。

三、中共清流县第九届委员会

中共清流县第九届委员会先后召开 10 次全体会议和全体（扩大）会议。

1998 年 11 月 27 日，县九届一次全体会议选举陈有极、涂娓珠、曹建华、许天赠、邹洪长、陈昌帜、刘建榕、刘振兴、陈兴 9 人为县委常委。陈有极当选县委书记，涂娓珠、曹建华、许天赠当选为县委副书记。

1998 年 12 月 18 日，召开九届二次全体会议。县委书记陈有极作《面向新世纪 围绕新目标 努力实现农业农村工作的新跨越》报告，总结 20 年来清流农业农村发展基本经验，确定跨世纪发展目标、政策、措施。

1999 年 12 月 22 日，召开九届三次全体会议，通过《中共清流县委关于加快国有企业改革与发展的决议》。出台《关于加快个体私营经济发展的决定》，鼓励扶持非公经济发展。

2002 年 11 月 27 日，召开九届九次全体会议。县委书记陈有极作《深入学习贯彻中共十六大精神 为实现全面建设小康社会目标而努力奋斗》报告。会议要求立足县情，对接全市、全省，面向全国，在融入全省构建“三条战略通道”和全市实施“三个层面”建设格局中，大力实施区域经济协调发展战略。

2003 年 8 月 29 日，召开九届十次全体(扩大)会议，传达贯彻省委七届五次会议和市委六届七次会议精神，通过《关于召开中国共产党清流县第十次代表大会的决议》《中共清流县全委会对乡镇党委、政府领导班子正职拟任和推荐人选的表决办法》《关于加快清流县域经济发展的实施意见》。

四、中共清流县第十届委员会

中共清流县第十届委员会先后召开 5 次全体会议和全体（扩大）会议。

2003 年 11 月 28 日，县十届一次全委会选举陈有极、涂娓珠、曹建华、黄正康、林和平、廖善朋、王国平、张淑华、张建林、余建地 10 人为县委常委。选举陈有极为县委书记，涂娓珠、曹建华、黄正康、林和平为县委副书记。

2004 年 9 月 15 日，召开十届二次全体（扩大）会议，确定“以科学发展观为指导，以生态经济强县为目标，努力在对接海峡西岸经济区建设中加快崛起”和“发挥比较优势，突出生态特色，实施项目带动，统筹协调发展”发展思路；提出要突出做大做强苗木花卉、氟化工、生态旅游“三个主导产业”，全力抓好“狠抓项目、增添后劲；调优结构、提质增效；扩大开放，借力发展，加快建设、构筑园区平台；深化改革、激活动力；关心群众、改善生活”5 项重点工作。

2005 年 8 月 31 日，召开十届四次全体（扩大）会议，研究部署构建社会主义和谐社会工作。

2005 年 11 月 28 日，召开十届五次全体（扩大）会议，审议关于制定清流县国民经济和社会发展第十一个五年规划的建议，确定今后 5 年工作指导思想:主动融入“海峡西岸经济区”建设和全市“两带一圈”(“两带”即以三明市为中心、永安、沙县为次中心的沿高速公路、铁路经济繁荣带，其次是产业对接带，产业对接带的两个县，大田与泉州相邻，尤溪与福州相邻，主动对接省会城市和沿海发达地区的经济辐射；“一圈”即特色经济圈，是五个中央苏区县，刚好成一圈。其中，泰宁县、将乐县立足旅游水利、电子等产业优势，创特色、打品牌、增总量，加快建设全国具有较高知名度的生态旅游区。明溪县、清流县、宁化县打好“老区”和“客家”牌，壮大食品、农林产品加工、生物制药等产业，提高农业产业化经营水平，逐步建设特色各异的生态效益型经济区）发展格局，抓住优势，争创特色，突出“三个重点”(做大城市、做强产业、做优环境)，采取“五项措施”(项目带动、品牌促动、开放开发、可持续发展、人才强县)，推进社会主义新农村建设，全面加强党的建设、精神文明建设和民主法治建设，打造闽西北生态经济强县。并提出要发展生态农业、生态工业、生态旅游、生态城镇，逐步把清流建设成为生态效益型经济发达、城乡人居环境优美舒适、自然资源永续利用、生态环境全面优化、人与自然和谐发展的生态效益经济强县。

第三节 县委常委会会议

1991—2005年，中国共产党清流县第七、八、九、十届常务委员会先后召开常委会会议（含扩大）601次。会议研究贯彻党的大政方针政策，省、市会议精神，讨论决定有关经济、社会、党建、群团、人事等方面的重大事项。

一、第七届常务委员会会议

1991年（共召开18次）

3月12日，县委书记周昌仁主持召开常委会，讨论研究党管武装工作。会议决定建立健全“三项制度”（即县委和县武委会每季度召开一次议军会议制度，县委书记每季度主持和参加一次人武部党委会议制度，县委书记武委会主任每月到人武部办公一次制度）、开展“四项活动”（即评选党管武装好书记活动、民兵参加两个文明建设的参建活动、创建“双拥模范城”活动和民兵军事体育活动）、抓好“五项工作”（即抓好人武部班子和人武专武干部队伍建设，抓好民兵预备役建设，抓好征兵工作，抓好民兵武器安全和技术管理工作，抓好民兵训练基地建设）。

9月15日，县委书记周昌仁主持召开常委会，讨论研究党建工作。会议决定：继续抓好党员教育工作，通过学习，提高党员政治思想觉悟，坚定共产主义信念。抓好领导班子思想作风建设，把机关干部思想集中到转变作风、提高效率上来，集中到两个文明建设上来；注重抓好农村廉政建设和农村党员发展工作。会议要求按照县委的“四有要求”（即有组织、有牌子、有活动地点、制度有上墙），抓基层、打基础，切实抓好村党支部建设。

1992年（共召开32次）

3月3—4日，县委书记周昌仁主持召开常委会，讨论研究加快清流县改革开放和经济建设步伐问题。会议提出加快改革开放步伐的意见：集中精力搞好经济建设，切实解决领导事务性活动太多的问题；抽调一批党政干部到经济部门工作，逐步改变党政机关干部比例过高状况；进一步修订发展经济的优惠政策，修订重点放在转变经营机制上；加强经济部门工作，抓好企业技术改造、市场开发和管理。

5月1日，县委书记周昌仁主持召开常委会扩大会议，组织县处级领导学习中纪委《关于福建省清流、尤溪两县领导干部重大受贿案的通报》和省委关于认真学习中纪委《通报》的明传通知。会议认为，《通报》剖析的教训非常深刻，对于认识1990年发生在清流县的领导干部重大受贿案具有很强针对性。会议提出贯彻意见：抓好贯彻学习，确保县委和基层党组织在指导思想上不出偏差；进一步加强纪检、监察和政法机关力量，县纪委要牵头开好监督部门联席会议，定期研究倾向性、苗头性问题；进一步加强党风廉政教育，坚持一级对一级严格教育和管理，坚持每季度召开一次党风报告会制度;加强领导班子自身建设，带头廉政，做好表率。

8月3日，县委书记周昌仁主持召开常委会，讨论研究加快全县改革开放和经济改革步伐，加快第三产业和个体经济发展思路、措施。会议提出经济发展思路，突出“四个抓”，即抓龙头，如投资1000万美元的中密度纤维板项目及灵地草场种养加综合项目等；抓重点，抓好已确定的25个项目的开发；抓骨干，抓好县属12家重点企业;抓分散，即采取措施调整经济结构和经济成分，使第三产业和个体经济有一个突破性发展。农业方面，坚定不移抓好四大开发，同时突出“一乡一品”。全县拟建立10个综合开发基地：林畲面积66.67公顷淮山基地，赖坊面积66.67公顷大蒜基地，东华面积66.67公顷香料基地，温郊等2个面积666.67公顷松脂基地，嵩口面积66.67公顷茯苓基地，李家面积66.67公顷木薯基地，余朋面积66.67公顷阔叶林基地，嵩溪等3个面积200公顷毛竹基地，李家等5个面积66.67公顷果园基地，邓家等面积1333.33公顷优质外引烤烟基地。

1993 年 (共召开 38 次)

9 月 8 日，县委书记周昌仁主持召开常委会，传达学习市委工作会议精神，讨论研究反腐败工作。会议提出反腐败必须把握好 6 条原则：一要坚持党的基本路线，紧紧围绕经济建设这个中心，为推进改革、建设和发展服务；二要突出重点；三要从领导干部做起；四要严格依法办案，要以事实为依据，法律为准绳，对违法违纪案件一查到底；五是不搞群众运动，不搞人人过关；六是将惩治腐败和扶持正气相结合。

二、第八届常务委员会会议

1994 年 (共召开 53 次)

1 月 11 日，县委书记周昌仁主持召开常委会，传达学习省、市农村工作会议、经济工作会议精神，讨论研究贯彻意见。会议提出要抓住发展中的重点和主要矛盾，实现 4 个重点突破：一是抓重点项目，即县重点项目 30 个和乡镇重点项目 210 个；二是抓重点企业，即种子队和骨干企业，开展“一企一新”活动；三要抓重点乡镇、重点村和重点户；四要抓重点区域经济，主要是城北工业区开发。会议还要求围绕县委提出的“稳定粮食生产，调整农业结构，增加农民收入，加快小康工程”农村工作思路，巩固四大开发和十大基地建设，并提出要抓好“公司 + 农户”发展，开发具有地域特色的豆腐皮、淮山、红心地瓜、绞股蓝、草食动物等。要求各乡镇大力发展个体、私营经济，扶持好 100 户个体私营经济大户。

1995 年 (共召开 50 次)

7 月 10 日，县委书记周昌仁主持召开常委会，讨论研究做好中共福建省第六次代表大会代表候选人推荐工作和中共三明市代表会议选举工作的初步方案及召开中共清流县八届四次全委会和中共清流县党员代表会议有关事项。会议确定代表候选人初步人选条件是：各条战线上为群众所拥护的共产党员中的优秀分子，有较强的党性，政治上与党中央保持一致，能认真贯彻执行中共十一届三中全会以来的路线、方针、政策，坚持四项基本原则，坚持改革开放，在社会主义现代化建设中做出成绩，按党性原则办事，严守党的纪律，密切联系群众，清正廉洁，有议事参政能力的正式党员。会议还确定代表候选人初步人选的产生办法和时间安排。

12 月 28 日，县委书记周昌仁主持召开常委会，讨论《全县国民经济和社会发展“九五”计划及 2010 年规划纲要》。会议要求：制定国民经济和社会发展“九五”计划，必须对“八五”计划执行情况有一个正确认识，其中存在的主要问题是第三产业发展相对滞后，一、二、三产业比例还不够合理；必须认真总结“八五”期间创出的一些成功经验，如 1992 年确立的“立足资源、外引内联、优化环境、加快发展”经济发展指导思想，在区域发展和布局上提出的“小县大城关、小乡大集镇”“北部乡镇率先发展，由北向南梯度推进”战略等，“九五”期间必须继续完善和发展。“九五”期间，一要围绕林产、化工、食品饮料、矿产、建材和机械加工等支柱产业求发展；二是在增加科技含量上求突破；三是加快交通、能源建设促发展；四要加快小康进程；五要体现经济建设和社会事业的协调发展。

1996 年 (共召开 36 次)

7 月 23 日，县委书记刘振郁主持召开常委会，讨论研究农村奔小康工作。会议要求进一步落实奔小康工作责任制，对当年新增基本实现小康目标的 38 个建制村、5299 户农户要逐一登记、造册，并落实到农村奔小康工作队、各乡镇领导及村级领导，检查验收要严格实行“一票否决制”。同时做好已基本达到小康目标的 42 个建制村、12534 户农户的巩固工作。要抓好 2 个典型乡镇、7 个奔小康示范村的巩固提高工作，取得阶段性成果。对计划脱贫的 3990 人要落实责任制，切实帮助他们脱贫致富。

10 月 9 日，县委书记刘振郁主持召开常委会，讨论龙津河旅游开发工作。会议要求利用龙津河天然资源和沿岸景色，形成龙津河—凤翔山—南极山—金莲寺旅游圈。会议就沿河景观保护、开发经费等问题进行研究。会议决定成立龙津河旅游路线开发领导小组，邀请高级专家到清流考察规划龙津河旅游开发。

1997 年 (共召开 37 次)

7 月 21 日，县委书记刘振郁主持召开常委会，讨论研究农村奔小康工作。会议认为全县农村奔小康总体形势是好的，但从全省来看，尚居中下水平。会议要求各级各部门振奋精神，采取措施，抓好“二增一建”工作（即农民人均增收、村集体增收，新村建设），完善基础设施建设，搞好新村绿化、美化、净化工作，提高农村精神文明建设水平；要加强领导，落实责任制，要把脱贫致富奔小康目标完成情况作为考核各乡镇领导班子和县直部门领导工作的一个重要内容。

8月4日，县委书记刘振郁主持召开常委会，讨论研究农村合作医疗工作。会议认为，合作医疗是一项农民群众创造的互助共济的社会性初级医疗保健制度，年内要抓好沙芜和余朋两个乡镇的试点工作，力争在2000年实现建立乡办县管农村社会化医疗保险制度。会议要求医疗保险制度要坚持国家、集体、个人三方共同出资的办法，要加强资金管理，做到专款专用，要建立严格的报销补偿制度，加强宣传引导工作。

1998年（共召开45次）

5月20日，县委书记刘振郁主持召开常委会，讨论研究大力发展个体私营经济问题。会议指出，发展个体私营经济是全面贯彻落实中共十五大精神、推进新一轮创业的重大举措，是清流新的经济增长点。会议要求进一步转变观念，提高认识，对个体私营经济做到政治上给地位，政策上给扶持，经营上给环境，发展上给条件，服务上给方便，法律上给保护；对个体私营经济采取不限制发展比例、发展速度、经营方式和经营规模，放宽政策，加快发展；鼓励和支持干部职工向非公有制经济领域转移。县财政设立个体私营经济发展奖励基金、个体私营经济发展周转金和扶持发展基金；制止乱收费、乱检查，强化市场管理，保护经营者合法权益。

6月1日，县委书记刘振郁主持召开常委会，传达贯彻全省粮食流通改革工作会议精神，讨论研究推进县粮食流通改革工作。会议要求对现行粮食系统的人、财、物等方面情况进行调查摸底，盘活固定资产，加快人员结构调整，实行定员、定岗，竞争上岗制度；做好历年粮食财务亏损挂账自查工作；要积极培育粮食市场，规范粮食流通秩序；根据宽裕型小康目标，加快粮食种植结构调整。

9月15日，县委书记陈有极主持召开常委会，讨论研究加快农业产业化发展问题。会议认为，农业产业化是全县农业农村经济发展的方向，是农民增收的重要途径。会议决定实施农业产业重点项目，提高烟草产业，抓好豆腐皮、淮山两大产业，着手组建豆腐皮龙头公司，不断增加产品科技含量和附加值。要加强农业产业化工作领导，对农业产业化发展多支持、多扶持、多服务。

三、第九届常务委员会会议

1999年（共召开37次）

4月1日，县委书记陈有极主持召开常委会，讨论研究加强工会工作。会议认为，近年来县总工会在深化改革、促进发展、维护稳定等方面做了大量有成效的工作，当前改革任务重，做好新形势下工会工作尤为重要。会议要求各级工会组织要从职工利益出发，围绕改革、发展、稳定大局开展工作，动员工会广大会员积极投入改革发展大潮中去，积极参与“五新”活动（即新产品、新设备、新工艺、新材料、新技术）。各级党委、党支部要切实把工会工作摆上重要议事日程，帮助工会组织解决工作中遇到的问题和困难。同时，工会组织要加强自身建设。

7月9日，县委书记陈有极主持召开常委会，讨论研究全县经济结构调整工作。会议认为，随着改革开放不断深入和市场经济不断发展，经济结构调整迫在眉睫。会议指出，经济结构调整要立足县域优势和特色。农业，突出以闽台高优农业、农业产业化为载体，引进新品种、新技术，提高农业科技含量。工业，重点扶持发展电力、林产化工、硅业、林产品加工、矿产品系列开发与加工、化工及食品饮料等。现有企业要深化改革，加大技改力度，鼓励多种成分参股。第三产业要围绕经济发展，创造良好软环境，在完善基础设施上下功夫。树立科技是第一生产力思想，走产学研结合路子，重视和关心科技人才培养和使用。鼓励试、大胆闯、不争论。创造宽松环境，大力发展非公有制经济。大胆探索，实现跨区域强强联合或兼并。

9月23日，县委书记陈有极主持召开常委会，讨论研究国有企业、农村党建工作。国有企业党建，要从增强企业活力、提高经济效益，推进全县发展的战略高度，抓好企业第一把手选配、管理和监督；抓好企业班子党风廉政建设，完善班子任期目标管理和跟踪考察制度；加强企业后备干部队伍建设。改进和加强企业党组织建设和企业党员发展工作。全面推行厂务公开。加大企业先进典型培植力度，全县继续开展“学南纺、学三钢”活动。农村党建，要加强乡、村两级党组织建设，通过“抓两头促中间、抓典型带全面”，有效促进后进村转化，培植一批“树得起，推得开，省市有知名度”的农村新典型。抓好农村党员队伍建设，不断优化农村党员队伍年龄、文化、素质结构，加强农村党员思想政治、科学文化“双教育”，大力推广大路口村村会协作、农函大办班经验，发展壮大集体经济，增加农民收入。加强农村民主法制建设，全面推行乡（镇）政、事务公开。加强农村基层组织建设工作领导，完善抓农村基层组织建设责任制。

10 月 8 日，县委书记陈有极主持召开常委会，讨论研究集体林改革问题。会议认为深化集体林经营体制改革是发展集体林业和农村经济的需要，也是适应社会主义市场经济发展的需要。会议要求各乡镇党委、政府积极稳妥抓好此项工作：摸清不同山场、不同林分质量和不同山场的权属关系；制定评估规范，防止不正之风产生；严格招投标制度；合同文本要规范；改革形式要因地制宜，不搞一刀切。会议还要求健全完善村级林业股东会，落实各项林业改革政策，采取多种办法、多种形式搞活集体林业经营改革，允许多种经济成分、多种经营形式参与集体林改革。

2000 年（共召开 52 次）

3 月 30 日，县委书记陈有极主持召开常委会，讨论研究职工医疗保险制度改革问题。会议同意县医疗保险制度改革领导小组提出的《进一步完善我县职工医疗保险制度改革的意见》。会议要求医疗保险制度改革在实施过程中要做到“三严”：严格按标准执行；严格管理，杜绝违反规定现象发生；严格转院管理。

5 月 19 日，县委书记陈有极主持召开常委会，讨论研究国有中小企业改革和发展问题。会议要求全县经济综合部门、企业主管部门和国有企业干部职工，认真贯彻全市国有中小企业改革和发展现场会精神，增强加快国有企业改革和发展的责任感和紧迫感。精心组织，扎实推进，加强领导，落实责任。突出以产权改革为核心，理顺“三个关系”：理顺产权关系，按照“不求所有，只求所在、只求所得”思路，因企制宜，一厂一策，力求做到宜卖不股、能股不租、该破就破，国有资本大踏步、大幅度从企业退出；理顺劳动关系，企业不管采用哪种形式改制，都要坚持先解除职工全员劳动关系后，竞争上岗、应聘上岗；理顺分配关系，让资本、技术和劳动力等共同参与分配。

2001 年（共召开 49 次）

2 月 6 日，县委书记陈有极主持召开常委会，讨论研究农村税费改革试点工作。会议认为，农村税费改革是新中国成立以来，继土地改革、家庭联产承包经营之后，农村的第三次重大改革，是党中央、国务院为加强农业基础地位和保护农民积极性作出的重大决策。会议决定成立以书记、县长为组长、副组长的县农村税费改革领导小组，制定方案，稳妥推进改革。有关部门配合协作，研究政策，准确把握，精心测算，确保全县测算符合政策，减轻农民负担。同时要制定好全县农业税、农业特产税条例实施细则。

12 月 20 日，县委书记陈有极主持召开常委会，讨论研究关于罗口溪流域电站与厦门优恩公司股份合作问题。会议同意县水电公司就罗口溪流域电站股份合作与三明市电业局厦门优恩公司洽谈形成的合同文稿，并要求对合同进行完善，经法律顾问把关；争取丰水期优价支持县硅业生产需要；县硅业生产单位要加强内部管理，降低生产成本，调整产品结构，提高企业效益。

2002 年（共召开 45 次）

8 月 23 日，县委书记陈有极主持召开常委会，讨论研究清流一中实行初、高中分离工作。会议认为当前全县高中阶段入学率 39%，与省、市差距较大，难以实现全县初中毕业生接受高中教育要求，因此清流一中实行初、高中分离很有必要。会议决定分离工作从 2002 年秋季开始，分 3 年完成，2004 年办成 1 所独立高级中学；把此项工作列入 2002 年县委、县政府为民办实事项目；加强师资队伍建设，提高教育教学质量；形成尊师重教、拴心留人氛围，创造一个让人才满意的管理体制。

8 月 23 日，县委书记陈有极主持召开常委会，讨论研究外经贸工作。会议认为，外经贸工作与发展县域经济、壮大全县经济总量、增加财税收入关系重大。会议要求高度重视外引内联工作，建立招商引资项目责任制，每个乡镇、县直各部门都要开展招商引资工作，有外引内联项目；抓好项目储备、论证和开发工作，做好项目推介招商；营造良好的投资和发展环境，做到亲商、富商、扶商，确保客商合法经营。

2003 年（共召开 37 次）

5 月 7 日，县委副书记、县长涂娓珠主持召开常委扩大会议，研究部署全县防治“非典”工作。会议认为，在防治“非典”具体工作中存在一定差距，个别乡镇、部门领导不够重视，对返乡和外来人员跟踪管理不够到位，环境卫生整治还不彻底等。会议要求把防治“非典”工作作为农村工作的重中之重来抓；要下狠措施，切断“非典”在城乡的传播途径，各乡镇都要组织1支5～10人的专业队伍，负责对返乡和外来人员登记监测；进一步加大防治“非典”的宣传力度，提高群众自我防护意识；加强领导，统一指挥，县防治“非典”协调小组升格为指挥部，各乡镇相应成立防治“非典”指挥部。会议决定成立以县医院党支部为核心的救治应急队伍。

12月26日，县委书记陈有极主持召开常委会，讨论研究县域城镇体系规划问题。关于发展定位问题：定位为“生态经济强县”，通过发展生态农业、绿色产业、环保工业、休闲观光，以人流、物流、信息流带动经济发展，把清流建设成为闽西北新兴生态旅游区。要围绕清流山青水秀、环境优美、空气清新，适合居住、休闲、度假、避暑这一优势提炼宣传定位。关于空间结构调整问题：同意4个片区的划分，加快城区和嵩溪、嵩口的发展。关于发展旅游业问题：突出生态旅游和农业观光旅游。发展综合型经济方案应与县第十次党代会精神一致。会议同意在灵地片区建立以预防、医疗、保健为一体的康复中心。

四、第十届常务委员会会议

2004年(共召开37次)

8月2日，县委书记陈有极主持召开常委会，传达全市深化集体林权制度改革工作现场会精神。会议指出，要明确林改工作的基本要点：一是建立归属明晰、权责明确、保护严格、流转顺畅的现代集体林权制度；二是坚持“耕者有其山，权利平等”的原则；三是使用林地必须缴纳林地使用费。会议要求，要加强集体林权改革领导，强化责任。集体林权改革必须规范透明、因地制宜，积极稳妥处理好遗留问题。

9月17日，县委书记陈有极主持召开常委会，讨论研究进一步做好氨盛化工有限公司改制工作。会议指出，要坚定不移地深化以产权制度为核心的企业改革，做到改制有利于企业发展、有利于职工稳定、有利于国有资产增值。会议要求严格依法依规，规范企业改革，加大企业改革意义宣传力度；明确企业改制方式，细化改制方案；做好职工思想工作和安置工作，确保在企业改制中社会安稳。

2005年(共召开35次)

9月19日，县委书记陈有极主持召开常委会，讨论研究县通用机械厂改制问题。会议决定成立县通用机械厂深化改制工作小组，要求严格按照政策和程序在第四季度完成改制工作；同意整个厂区实行有条件公开转让，并做好职工思想和安置工作，让职工主动支持、参与企业改制工作。

10月25日，县委书记陈有极主持召开常委会，就加快项目集中区建设等问题进行研究。会议认为，实施工业项目集中区建设对招商引资平台建立，壮大县域经济发展具有重大意义。会议要求各部门按原计划加快推进金星工业项目集中区建设。会议讨论《关于做大做强服装织造业的若干意见》，决定将轻纺服装产业作为全县四大产业集群之一加以做大扶强：组织农村劳动力转移到城区轻纺服装产业上来，并对乡镇劳动力进行集中、免费培训；凡在县域投资轻纺服装生产的企业，在用地、购房等方面给予优惠。会议还要求各级、各部门要重点扶持轻纺服装产业，简化办事手续。

第三章　重大决策与活动

第一节　重大决策

1991年10月，县委七届二次全体（扩大）会议确定“九五年翻两番、九六年建新村、九七年奔小康”的奋斗目标，并提出实现目标的具体措施：做好乡镇企业发展文章；突出抓好开发性农业，重点抓好水果、烤烟、食用菌、水面开发；加速发展骨干企业，突出发挥煤炭资源、水力资源、化工生产、矿产资源、森林资源、建筑材料工业、开发性生产七大优势，形成新的工业发展格局。

1992年3月，组织全县党员领导干部学习邓小平视察南方重要谈话精神，开展进一步解放思想大讨论。10月，在全县组织学习贯彻、宣传中共十四大会议精神。是年，县委七届七次会议确定“立足资源，外引内联，优化环境，加速发展”发展战略及主要措施：加大对外开放，重点抓好工业、农业、第三产业开发，加快企业经营机制转换；实施“小县大城关”战略，加快城区经济发展。同时提出，把“稳政策、抓基础、重开发、创效益、增实力、奔小康”作为农业农村工作指导思想，深化农村改革，发展壮大农村集体经济。工业经济重点在“立精神、挖内潜、抓调整、促开放、求发展”上下功夫。

1993年，中共清流县第八次代表大会确定今后5年清流县国民经济和社会发展战略思想和战略目标：加快改革，加速发展，振兴清流，实现小康；以市场需要为导向，以提高经济效益为中心，以深化改革为动力，以加快资源转化和实现资源优化配置为目标，调整经济结构，初步建立起社会主义市场经济体制。同时提出实现战略目标措施：加快改革和发展；加强农业基础地位，推动农村经济上新台阶；以建立现代企业制度为目标，推动工业生产上新台阶；加强城乡规划建设步伐，集中力量办实事。

1994年，提出：“突出一个坚持，抓好四个重点，建立四支队伍，实现四个突破”的工作思路，即突出坚持清流县近年来行之有效的经济发展战略和工作指导思想，并在实践中不断总结完善；抓好重点项目、重点企业、重点乡镇、重点区域经济四个重点；建立招商、电力、公路建设、争取农业综合开发项目资金四支攻关队伍；实现外引内联、“公司＋农户”、个体私营经济、农村产业结构调整四大突破。5月，清流遭受建县以来最大洪灾袭击，县委及时调整工作部署，提出“振奋精神，艰苦奋斗，恢复生产，重建家园”的抗洪救灾工作指导思想，把主要精力放在恢复生产、重建家园、抢修基础设施上。经过全县人民奋力拼搏，大灾之年，全县经济建设仍然取得较好成绩。

1995年，根据“5·2”洪灾后出现的新情况、新问题，县委提出具体工作意见：农业方面，抓住稳粮增收保供给主线，落实粮食种植面积，确保乡村财政和农民增收；工业方面，加强内部管理，扎实开展“一企一新”活动，抓好项目建设，确保企业达产达标；财贸方面，做好边贸文章，抓好林畲至城区百里经济带建设，实现财政增收；精神文明建设方面，在提高人的素质上下功夫，动员全县人民再创辉煌。

1996年，确立“解放思想、振奋精神、再接再厉、争创一流”工作指导思想，对组织实施《清流县国民经济和社会发展“九五”计划及2010年规划纲要》提出措施、要求：抓住经济建设中心，坚持发展是硬道理，坚持实事求是，做到能快则快；进一步解放思想，加大外引内联力度，促进外向型经济上台阶；坚持科技兴县，把发展科技、教育作为促进经济发展的重点；合理安排一、二、三产业的结构比例，做到“切实加强第一产业，调整提高第二产业，加速发展第三产业”；推进经济体制和经济增长方式根本性变化，抓管理，增效益，建立现代企业制度；加强党的组织建设和干部队伍建设，为两个文明建设提供坚强的组织保证；坚持两手抓、两手硬，为经济建设营造良好环境。

1997年2月，县委工作会议确定1997年全县工作指导思想为“解放思想，把握大局，团结奋进，争创一流”。要求坚持把农业农村工作放在经济工作首位，以“增粮增收保供给，脱贫致富奔小康”统揽农村工作，确保1997年基本实现小康目标；以改革为动力，深化企业改革，注重抓好企业新上、技改项目投入和企业内部管理；以优惠政策、宽松环境、优质服务，大力发展第三产业和个体私营经济；进一步巩固和提高精神文明建设，抓好城乡环境建设，创出新业绩；继续深入开展反腐败工作，为全县经济和社会发展提供良好环境。

1998年，中共清流县第九次党代会确立“凝聚全县力量，加快发展步伐，为实现跨世纪宏伟目标而努力奋斗”工作指导思想，对今后5年工作提出措施：以农业产业化带动农业和农村经济结构调整，推进农村经济发展；以建立现代企业制度为目标，加快企业改革和发展，争取用3年左右时间使国有亏损企业摆脱困境，大多数国有企业初步建立现代企业制度；拓展外引内联领域，提高对外开放水平。以质量效益为中心，优化利用外资结构，在利用外资方面实现大突破；调整和完善所有制结构，把非公有制经济发展纳入国民经济发展规划，促进非公有制经济发展；把为民办实事和加快基础设施、重点项目建设结合起来，进一步增强经济发展后劲；大力发展旅游经济，促进第三产业发展；加强城乡规划建设，引导住宅消费，加快实施“小县大城关”发展战略；广辟财源渠道，加大聚财力度，保证金融稳健运行和财政收入稳步增长；坚持两手抓，推进精神文明建设和社会事业全面进步。同年，提出力争到20世纪末，全面实现小康目标；到2010年，全县农村主要经济社会发展指标和农民生活达到宽裕型小康水平；基础较好、发展较快的乡镇率先基本实现农业现代化，努力建设中国特色的富裕民主文明的社会主义新农村。

1999年2月，在全县经济工作会议上提出“解放思想，振奋精神，团结拼搏，稳中求快”工作指导思想，要求继续推进经济体制和经济增长方式转变，加强农业基础地位。加快国有企业改革发展步伐，加大经济结构调整力度，大力发展非公有制经济。提高对外开放水平，推进山海协作。发展科技教育和社会各项事业，加强社会精神文明建设，安排好群众的生活，保持社会稳定，实现国民经济持续、稳定、健康发展和社会全面进步。

2000年，县委为全面完成“九五”计划，制定实施“十五”规划，开好新世纪之局奠好基础，提出各级各部门在工作中要突出抓好五方面工作：一是紧紧扭住经济建设中心，推进“两个”根本转变，实现国民经济持续健康发展。要夯实农业基础，突出抓好国有企业改革发展和深化项目年活动两个重点，解决当前经济发展中出现的结构不合理、市场不活跃、效益不理想三个问题，在发展非公有制经济、加快小城镇建设、扩大内外开放、搞好财政工作四个方面实现突破。二是要切实加强宣传思想工作和文化建设，加强和改进新形势下党的思想政治工作，深化精神文明创建活动。三是实施科教兴县战略和可持续发展战略，增强经济社会发展的活力和后劲；扎实推进技术创新，全面实施素质教育，认真贯彻三大基本国策。四是坚持依法治县，维护社会安定稳定。加强社会主义民主法制建设，加强基层民主建设，高度重视稳定工作。五是加强和改进党的建设，全面提高党的凝聚力和战斗力；扎实抓好“三讲”教育工作，加强领导班子建设和干部队伍建设，抓好作风建设和基层组织建设；深入持久抓好党风廉政建设和反腐败斗争，健全和完善党建工作责任制，把清流经济建设和社会各项事业全面推向21世纪。2月，出台《关于加快个体私营经济发展的决定》，鼓励扶持非公经济发展。

2001年，提出要突出抓好“加强农业基础地位，调整经济结构，加快改革步伐，抓好项目建设，扩大对外开放，改善人民生活”六项重点。大力实施科教兴县战略，促进社会全面进步，努力实现“十五”计划开好局、起好步。年内，落实县处级领导“八个一”（挂好一个乡镇、扶强一个村、联系一家企业、抓好一所学校、帮扶一个困难户、扶大一户个私经济、抓实一个重点项目、培育一个先进典型）责任制。并以“千名干部入万户”活动为载体，组织县、乡干部与农户结对帮扶发展生产，为群众排忧解难。

2002年，提出要按照“稳定、安全、灵活、多元”的思路筹划和安排经济工作，围绕“减粮、扩林、发展高效经济作物”的目标，加快农业结构调整；突出做大扶强水电、木制品加工、林产化工、矿产四个主导产业；立足投资拉动，抓好重点项目建设；树立经营城市理念，走以城建城、以城兴城的市场化道路，带动全县经济繁荣。

2003年，中共清流县第十次代表大会提出今后工作中重点把握九个方面：以生态特色农业为重点，加大农业和农村经济结构调整力度，加大科技兴农力度，拓宽农产品流通渠道，实现农村经济加快发展；以新型工业化为核心，立足特色，大力培育主导产业。深化改革，促进工业经济发展壮大；以民营经济为主攻方向，坚持鼓励、支持和引导民营经济发展，放宽民营经济经营领域，大力培植壮大民营经济“小巨人”；以项目带动为抓手，健全完善项目建设工作机制，加快重点项目建设，推进县域经济提质增量；以扩大开放为关键，放宽政策，优化招商环境，落实招商工作责任制，不断创新招商方式。拓展对外贸易，扩大出口创汇；以推进城镇化为着力点，坚持“科学规划、合理布局、适度超前”原则，加强科学规划布局，强化“经营城市”理念，加强基础设施建设，促进统筹城乡经济发展；以建设新兴生态旅游区为目标，加快旅游发展总体规划编制、论证和审议，积极创造条件加快重点景区建设；大力发展以旅游业、服务业为主的第三产业，推进经济与社会加快发展；以创优环境为载体，筑牢经济发展平台，营造民主公正的法治环境、积极向上的人文环境、亲和关爱的社会环境，营造良好的经济发展软环境；以坚持“五个着眼”，全面推进党的建设新的伟大工程，切实加强党风廉政建设和反腐败斗争。4月，安排部署全县“非典”防治工作。同年，开展“抓项目、增后劲、促发展”项目竞赛活动。县委、县政府出台《关于损害经济发展软环境行为实行效能告诫的暂行规定》。

2004年。确定“以科学发展观为指导，以生态经济强县为目标，努力在对接海峡西岸经济区建设中加快崛起”和“发挥比较优势，突出生态特色，实施项目带动，统筹协调发展”发展思路；提出要突出做大做强苗木花卉、氟化工、生态旅游“三个主导产业”，全力抓好“狠抓项目、增添后劲；调优结构、提质增效；扩大开放，借力发展，加快建设、构筑园区平台；深化改革、激活动力；关心群众、改善生活”等五项重点工作。

2005年，提出大力发展生态农业、生态工业、生态旅游、生态城镇，逐步把清流建设成为生态效益型经济发达、城乡人居环境优美舒适、自然资源永续利用、生态环境全面优化、人与自然和谐发展的生态效益经济强县。要求抓好六个方面工作：抓调整，促增收，发展绿色生态农业；抓支柱，壮集群，主攻生态效益型工业；抓县城带集镇，推进生态城镇化进程；抓精品，形成特色，加快发展生态旅游业；抓竞赛，上项目，增强经济发展后劲；抓环境，强措施，扩大内外开放水平。11月，十届五次全体（扩大）会议确定今后五年工作指导思想：主动融入“海峡西岸经济区”建设和全市“两带一圈”发展格局，抓住优势，争创特色，突出“三个重点”（做大城市、做强产业、做优环境），采取“五项措施”（项目带动、品牌促动、开放开发、可持续发展、人才强县），扎实推进社会主义新农村建设，全面加强党的建设、精神文明建设和民主法制建设，全力打造闽西北生态经济强县。年内，县机关开展“下基层、访群众、抓落实、促发展”、乡镇机关开展“进村组、访群众、办实事、促发展”主题实践活动。制定《关于建立健全保持共产党员先进性长效机制的若干意见》，建立健全党员学习教育、党员思想状况分析、党员联系群众、党员激励和奖惩等16项制度。

第二节　重要活动

一、农村社会主义思想教育

1991年春，根据省委、市委部署，县委成立社教办公室，全面开展农村社会主义思想教育工作，促进农村经济发展。第一批重点抓好公路沿线44个建制村（占全县建制村40%）。抽调市、县、乡三级干部344人，组成驻村工作队，进村入户开展形势、政策教育，进行“百户调查”，摸清民情，为群众排忧解难。结合完善双层经营承包合同和清理村级财务，稳定党在农村的各项政策。抓“四大开发”（水果、烤烟、食用菌、水面开发），引导农民走共同富裕道路。为每个社教村选配一个好的支部书记；强化农村党员发展工作和村级后备干部的培养。1992年，经省、市验收，第一批44个社教村全部合格，东华乡大路口村被评为省社教先进村。

1992年2月始，开展第二期农村社会主义思想教育。全县抽调336名工作队员到40个建制村、150个基层所站开展工作。社教工作队帮助所在村制定小康工程方案、奔小康计划，落实致富项目、增产增收措施等。为40个社教村办实事、好事456件，如铺设水泥路，修建校舍，兴办乡村企业等。社教村共清出各类欠款18.4万元，年内追回6.9万元；清出私人占用集体财物340件，年内追回285件；社教村75%耕地重新签订承包合同；纠正和完善林、茶、果、竹承包合同314份，增加村财政收入5.8万元。开展以党支部为核心的村级组织整顿和建设。社教村调整村级领导班子25人，发展团员320多人，发展党员48人，转化后进支部9个；选拔培养村后备干部50余人。城乡结合部社教工作立足服务农业、服务农村经济建设，服务农民群众，为农村和农业工作提供优质服务。

二、“三讲”教育活动

2000年3月9日始，开展为时2个月的县领导班子、领导干部“三讲”（讲学习、讲政治、讲正气）教育活动。省委派出“三讲”教育巡视组到清流指导。县委成立“三讲”教育活动领导小组，下设办公室。制定《清流县领导班子和领导干部“三讲”教育实施方案》。参加教育活动的主要对象为县委、人大、政府、政协、纪委和县委组织部、县委宣传部、法院、检察院、公安局等部门领导干部59人。其中党员处级领导干部25人、非中共党员处级领导干部2人，科级干部32人。教育活动分四个阶段进行。第一阶段：思想发动，学习提高。3月9日，召开全县领导干部“三讲”教育动员大会。组织开展理想信念、宗旨意识、民主集中制、求真务实和“从近年发生的案件中分析应吸取的教训和警示”5个专题讨论。10个班子领导成员共撰写239篇学习心得体会近60万字、读书笔记近180万字。第二阶段：自我剖析，听取意见。县10个部门领导班子先后征集群众意见9次、建议6298条，其中领导班子4479条、领导干部个人1819条；巡视组采取座谈、调研、访谈形式，通过各种渠道收集、梳理干部群众意见816条，其中涉及班子655条、班子成员161条，汇总整理后反馈给10个班子及领导成员。10个班子形成的自我剖析材料，共查摆59个方面209条在党性党风方面存在的主要问题。在民主测评会上，10个班子自我剖析材料满意和基本满意率均在96%以上，其中满意率最高99.3%；领导干部自我剖析材料满意和基本满意率均在96%以上。第三阶段：交流思想，开展批评。县参加“三讲”活动对象围绕1992年以来在党性党风方面存在的突出问题和群众反映较集中或反映强烈的问题，开展批评与自我批评。县委常委会班子查摆8个方面问题，县人大常委会班子查摆5个方面问题，县政府班子查摆6个方面问题，县政协班子查摆了5个方面问题，县纪委、县委组织部等班子也查摆了党性、党风方面存在的问题。第四阶段：认真整改，巩固成果。通过分类梳理群众意见，县五套班子和5个部门均制定整改方案，提出具体整改意见。其中县委常委会8个方面82条；县人大常委会5个方面32条；县政府5个方面78条；县政协5个方面30条；县纪委6个方面44条；县委组织部7个方面35条；县委宣传部6个方面54条；县法院5个方面60条；县检察院6个方面48条；县公安局6个方面48条。并将群众反映强烈的问题，进行分解立项，明确责任单位、责任领导，限期整改。同年12月，开展“三讲”教育“回头看”活动，巩固和扩大“三讲”教育成果。通过“三讲”教育，基本实现中央和省委提出的思想上有明显提高、政治上有明显进步、作风上有明显转变、纪律上有明显提高要求，形成“风正、心齐、气顺、劲足”良好氛围。

三、“三个代表”重要思想教育活动

2001年1月，按中央和省委、市委部署，制定并经市委批准后下发《关于在农村开展“三个代表”重要思想学习教育活动实施方案》；成立县委农村“三个代表”（代表中国先进生产力的发展要求，代表中国先进文化的前进方向，代表中国最广大人民的根本利益）重要思想学习教育活动领导小组，下设办公室，抽调20人集中办公；成立学习指导组22个和巡视督查组6个。学习教育活动时间2年左右。活动基本要求是：推动农村经济发展，增加农民收入；减轻农民负担见成效；基层干部思想作风和工作作风明显改进；精神文明建设和民主法制建设进一步加强。

学习教育活动分三批进行：第一批是县直部门。从3月2日开始，95个县直部门1659名干部参加为期3个月的学教活动；第二批是乡镇，从6月开始，时间3个月左右。第三批是村级班子和部门驻乡镇单位。从2001年下半年至2002年上半年，时间2个月左右。学习教育活动分三个阶段进行：第一阶段学习培训。时间5周，每周6个单元。第二阶段对照检查，时间3周。主要查找1998年以来理想、信念、宗旨、作风、发挥作用等方面存在的突出问题；召开民主生活会，开展批评与自我批评。第三阶段整改提高，时间3周，实行边学边改，集中整改。在集中学习教育阶段中，第一批学习教育对象完成读书笔记1096万字，心得体会1256篇，召开座谈会87场次，征求意见建议1795条，形成对照检查材料375篇，征求到整改意见126条。通过谈心交心、开展批评，制定班子整改方案56篇、个人整改计划172篇。第二批学习教育对象完成读书笔记958万字、心得体会873篇，形成对照材料233篇，征求意见和建议630条，经分类梳理231条，制定班子整改方案121篇、个人整改措施321篇。第三批学习教育对象人均完成读书笔记3000字，征求村（居）意见建议653条、基层站所236条，制定整改意见村（居）432条、基层站所355条。

“三个代表”集中学习教育阶段结束后，分别于2001年8月、2002年1月和5月，对三批教育活动进行回访复查。采取回访自查与上级督促检查相结合方式，补缺补漏和巩固提高，增强干部为民服务宗旨及廉政意识。2003年12月，对全县在职科级领导干部进行“三个代表”重要思想轮训。

四、保持共产党员先进性教育活动

2005年1月始，按照中央和省委、市委总体部署，在全县开展保持共产党员先进性教育活动。2月，县委召开全县保持共产党员先进性教育动员大会，部署第一批先进性教育活动。教育目标是提高党员素质，加强基层组织建设，增强服务人民群众意识，促进各项工作开展。教育活动分3批进行，每批半年左右时间，至2006年6月结束。

县委成立保持共产党员先进性教育活动领导小组及办公室，各党委、党（总）支部相应成立领导小组及工作机构。市委派出督导组到县督促指导工作。县委抽调人员成立督导组8个，派驻开展先进性教育活动各单位督促指导工作。第一批:2005年2—6月。参加教育活动的单位有县级党政机关和企事业单位107个支部、1636名党员。第二批:2005年7—12月。参加教育活动的单位有乡镇机关、学校和部分企事业单位支部117个、1812名党员。第三批：2006年1—6月。参加教育活动的单位有农村和部分党政机关支部122个，其中村党支部 111 个，参加党员 3164 人，其中农民党员 2996 人。县委向第三批教育活动单位派出督导组 4 个，从县、乡两级机关选派第三批教育活动党务助理 85 人。

教育活动分学习动员、分析评议、整改提高 3 个阶段进行。采取集中学习、专题辅导、个人自学等学习方式，学习内容注重针对性，主题实践注重实效性。第一批、第二批教育单位党组织和党员共为群众办好事、实事 2136 件，参与党员达 6500 余人次；走访慰问群众 1980 户，发放慰问金和物品价值 68.4 万元，结成帮扶对子 933 个，落实各类项目 300 多个、资金上亿元。教育活动中，第一批、第二批教育单位分别查摆出问题 5236 个和 1974 个。

2005 年，第一批教育单位完成整改问题 4701 个，占应整改问题总数 89.8%。需长期努力方可完成整改并已向群众说明的 535 个，占 10.2%。第二批教育单位完成整改问题 1628 个，占应整改问题总数 82.5%；初步进行整改 188 个，占 9.5%；暂时解决不了已向群众说明的 158 个，占 8%。各教育单位在学习整改中，探索和建立保持共产党员先进性长效机制，巩固和扩大教育活动成果。县委制定下发《完善保持共产党员先进性长效机制的意见》，并建立健全党员学习教育、党员联系群众等制度 16 项。县集中政务公开的 33 个成员单位，围绕群众关注热点、难点问题，组织事项公开 200 多条，接受群众监督。经测评，前两批群众满意度分别为 98.6% 和 98.1%。先进性教育集中学习结束后，各基层党组织按照中央、省、市要求，开展“回头看”，提高党员思想政治素质。

第四章　纪检　监察

第一节　党风党纪教育

1991 年，根据 1990 年查处的一批经济大要案（以下简称“3·17”案件）实际，把反腐倡廉教育和党规党纪普及教育作为重点，开展系列教育活动。组织由各行业标兵组成的“讲奉献报告团”，深入厂矿、农村、学校巡回进行现身教育，召开演讲、报告会 50 余场，受教育 1.15 万余人次。开展学习党规党纪知识测验活动，参加测验 3527 人，其中科级以上党员领导干部 281 人。

1993 年 4 月，设立宣传教育室。重点开展以案说纪活动，教育面 90%。

1994—1996 年，开展反腐倡廉和“学案守纪”教育，组织党员、干部观看《凤凰琴》《卫士忠魂》《大潮中的枪声》等电影、电教片，在全县领导干部配偶中开展争当“廉内助”活动。坚持党风报告会制度，通报案件，教育党员干部引以为戒。举办反腐倡廉、争当“廉内助”等知识竞赛 6 场次，近 3 万人次党员干部及领导干部家属参加竞赛，编写发放《党员风范》《以案释纪》等小册子 1000 余册。购买反腐倡廉电教片 30 余部，播放近 400 场次。全县党员干部教育面 90% 以上，副科以上领导干部教育面 100%。

1997 年，突出以科级干部教育为重点，召开党风廉政报告会 4 场次，党内法规辅导学习 3 场次，党风廉政教育课 40 场次，党风廉政建设座谈会 3 场次。开展“党员干部禁止赌博”活动，号召全县党员干部向“税务铁人”袁庭钰学习爱岗敬业，乐于奉献的精神。

1998 年，在全县党员领导干部中开展争做“廉政表率”活动，全县党政机关组织传唱《廉政歌》60 余场次，2000 余人参加；交流加强自身廉洁自律文章 277 篇；全县上党风廉政教育课 35 场次，受教育党员干部 1750 余人次；组织全县党员干部参加全国《中华人民共和国行政监察法》知识竞赛，党员干部参与率 100%。评选表彰孙桂香等清流县十佳“廉内助”10 人。

2000 年，在全县副科以上党员领导干部中开展警示教育活动，县委书记陈有极围绕开展警示教育活动作重要讲话。全县召开座谈会 196 场（次），县处级领导撰写心得体会文章 26 篇，科级领导撰写心得体会文章 500 余篇。组织全县广大党员干部收看中央电视台《今日说法》《责任的呼唤》系列节目和《一代廉吏于成龙》

等廉政教育电视片，强化党员领导干部党风廉政建设责任意识。

2002年，组织党员干部学习贯彻《建立和完善反腐倡廉工作“六个”机制的若干规定》等党内法规。宣传勤廉兼优、开拓进取、奋发有为的先进典型，组织采写的文章《高洁的土地人》在《福建方圆》杂志刊登。制定正确行使权力承诺书，参加树立正确权力观知识测验，组队参加市举办的“风正扬帆”演讲比赛，获组织奖，1人获二等奖。

2003年，在全县党员领导干部中组织开展廉洁从政知识测试，全县参加测试的党员干部2579人，及格率100%。与县文体局配合，自编讴歌清流县勤廉兼优的先进典型文艺节目《纪检卫士赞》和《正气歌》并参加全市反腐倡廉文艺会演，其中《纪检卫士赞》获一等奖，《正气歌》获演出奖，县纪委获组织奖。

2004年，组织全县党员领导干部开展《中国共产党纪律处分条例（试行）》《中国共产党党内监督条例（试行）》知识测试活动，及格率100%。组织全县纪检监察业务考试，全县70名纪检监察干部参加测试，参试率100%，及格率100%，优秀率85.7%。

2005年，加强反腐倡廉网络宣传教育，在清风网、县电视台《行风聚焦》两个平台开设教育专栏，加强廉政教育。组织开展《建立健全教育、制度、监督并重的惩治和预防腐败体系实施纲要》和《“三个代表”重要思想反腐倡廉理论学习纲要》知识竞答活动，干部参与率99%。向上级纪委报送反腐倡廉公益广告平面作品《何必以人生作赌注》，获全国公益广告大赛铜奖。

第二节 廉政建设

1991年，县委下发《关于领导干部个人重大问题履行报告的若干规定》。县纪委检查全县单位80多个。开展清理党政干部违法违纪建私房工作，清理建私房干部356例，收补罚款18万元。同年，对用公款请客送礼、滥发奖金、红包行为等开展治理。

1992年，重点对执行省纪委有关党政机关县（处）级以上领导干部廉洁自律“七不准”、市纪委“八要八不准”等廉政制度情况进行检查。

1993年，组织县（处）级领导干部按照中共中央纪律检查委员会关于党政机关县（处）级以上领导干部廉洁自律“五条规定”（以下简称“老五条规定”）中的“十一个不准”［不准经商办企业；不准从事有偿的中介活动；不准利用职权为配偶、子女和其他亲友经商办企业提供任何优惠条件；不准在各类经济实体中兼职（包括名誉职务）；个别经批准兼职的，不得领取任何报酬；不准到下属单位和其他企业事业单位报销应由个人支付的各种费用；不准买卖股票；不准在公务活动中接受礼金和各种有价证券；不准接受下属单位和其他企业事业单位赠送的信用卡。也不准把本单位用公款办理的信用卡归个人使用；不准用公款获取各种形式的俱乐部会员资格，也不准用公款参与高消费的娱乐活动］开展廉洁自律自查自纠，清理党政机关办经济实体。10月底，全县党政机关所办的42个经济实体在人员、职能、财务、名称4个方面与原党政机关全部脱钩。

1994年，组织全县33名副处级以上干部和422名乡科级领导干部对照中央制定的领导干部廉洁自律新老五条规定（“新五条”规定：不准违反规定购买和更换进口豪华小汽车；不准利用职权向企业、下属单位换车、借车和摊派款项买车；不准用贷款、集资款和专项资金购买供领导干部使用的小汽车：县（市）党政领导机关和单位，凡拖欠职工工资的不准购买小汽车。不准违反国务院关于住房制度改革的规定压价购买住房：不准利用职权为自己和子女亲友购买住房提供优惠条件：不准用公款超标准为个人装修住房。领导干部在国内公务活动中要轻车简从，食宿不准超过当地接待标准：不准为领导干部举办专场舞会。不准利用本人及家庭成员婚丧嫁娶以及工作调动、过生日、迁新居等机会大操大办，挥霍浪费，更不准动用公款公物操办和借机敛财。不准利用职权拖欠公款不还：不准借用公款为个人及其亲友买房、建私房和从事营利活动）、县委近年来制定的党风廉政制度进行检查，并将落实以上廉政规定作为本年度民主生活会对照检查的内容，开好专题民主生活会。

1995年，组织暗访和突击检查公款吃喝玩乐，遏制公款吃喝玩乐歪风。4月，向全县领导干部及国企干部印发廉洁从政测评表 1400 份。根据中纪委党政机关县（处）级以上领导干部廉洁自律补充规定，全面清理领导干部违反规定购买和装修住房，查处有违反规定购买和建私房领导干部 5 人，其中副处级 1 人，科级干部 4 人。

1996 年，组织开展清房、清车工作，规范公车购置、使用。同时抓礼品礼金登记制度、个人收入申报制度、个人重大事项报告制度、国有企业业务招待费向职代会报告制度等各项制度落实。

1997 年 10 月，开展全县领导干部通信工具自查自纠，清理出公款安装（配备）住宅电话 138 部、移动电话 236 部，上缴手提电话 82 部，节约资金 120 余万元。

1998 年 6 月，出台领导干部配备移动电话暂行规定。9 月，开展清理通信工具工作，实行“话机自配，话费总额控制，特岗限量配备”的管理体制。在全县科级党员干部中开展争做“廉政表率”活动，推荐评选“廉政表率”候选人。严格执行公务接待标准，全面推行招待费使用审批和核算制度。严格控制各种会议和各种庆典活动，全年取消、压缩各类会议 100 余场次，原定建县 900 周年大型庆祝活动改为召开小规模纪念短会，节约开支 100 余万元。

1999 年，在林畲乡、田源乡、林业局、建设局建立落实党风廉政建设责任制联系点。首次对违反责任制规定的交通局 5 名领导干部实行责任追究。

2000 年，开展纠治收送“红包”和治理公车私用、领导干部驾驶汽车工作，将乡镇和县直部门党政正职领导干部持有的驾驶证收缴县纪委统一保管，查处公车私用问题 23 起、领导干部私自驾车问题 4 起。

2001 年，组织全县副科级以上干部开展自查自纠，登记自 1997 年以来接受现金、有价证券、支付凭证情况，有 10 名科级干部主动上缴往年收受的“红包”、礼金。立案查处县电力公司及其下属分公司、供电所有关人员在公务活动中收受礼品、礼金问题。做好县处级领导干部配偶、子女个人从业情况清理登记，并将清理登记情况和 1998 年以来离退休县（处）级领导干部个人从业情况进行张榜公示，接受群众监督。

2002 年，健全完善《清流县党风廉政建设责任追究暂行规定》，先后对违反党风廉政建设责任制规定和相关制度的单位和 2 名责任领导取消评先资格；对 8 名违反责任制规定，情节较轻的领导干部分别采取组织调离、责令检查、批评教育等方式进行处理；诫勉群众反映较多的科级领导干部 12 人。查处涉及“红包”案件 7 起，追缴赃款 21 万余元。

2003 年，查处顶风违纪收送礼品、礼金问题 6 起，取消不符合规定、不符合实际工作需要购车申请 2 起，节约资金 26.50 元。严格控制接待支出，全县各级各部门接待费总额 205.3 万元，比 2002 年减少 35 万元。

2004 年，清理党政机关领导干部违反规定兼任企业领导职务 13 人（次），清理党政干部借欠公款问题 2 起。严禁党员干部参与赌博和“六合彩”等非法彩票活动，查处党员干部参与赌博案件 7 起 10 人。对违反党风廉政建设责任制 2 名干部分别采取组织调离、责令检查、批评教育等方式进行处理，对群众反映问题较多的 3 名科级领导干部进行诫勉谈话。对违反责任制规定和相关制度的 19 个单位和 4 名责任领导取消评先评优资格。

2005 年，在党员干部特别是领导干部中开展签名承诺“远离赌博恶习，争当先进党员”活动。抓好党和国家机关工作人员投资经营小煤矿、非煤矿山问题清理工作，有 585 名科级干部和 2160 余名工作人员按要求填写申报《清理投资经营小煤矿、非煤矿山情况登记表》，登记申报率 99.96%。其中 4 名党员、干部（处级 1 人、科级 2 人、一般干部 1 人）自觉申报参股投资项目 5 个，参与投资金额 185 万元（其中省外投资 100 万元）。召开全县国有和国有控股企业领导人员廉洁自律工作座谈会，查处涉及县国有和国有控股企业领导人员经济案件 2 起，被司法机关追究刑事责任 2 人，挽回经济损失 13 万元。

第三节 行风治理

1993 年，县纪委、县监察局合署成立党风廉政建设室，将纠风治乱工作纳入该室的工作职能。开展治理乱收费，取消各类收费项目 115 项，其中涉农收费项目 41 项。重点检查收费单位 82 个，查出违纪单位 38 个、违纪项目 61 项，违纪金额 62 万元，均作出处理。同时，督促各部门、单位根据各自实际建立健全内部制约机制和外部监督的各项规章制度。

1994 年，开展“三清一刹”（即清理出国（境）旅游、清理党政机关办经济实体、清理党政机关无偿占用企业财物和狠刹领导干部用公款培训小汽车驾驶和无证驾驶小汽车问题）纠风专项治理。在全县组织开展民主评议基层站所行风活动。召开纠风重点部门座谈会，加大纠风工作力度。

1995 年，着力抓“三刹一清”为主要内容的纠风专项工作，狠刹公路上乱设卡、乱收费、乱罚款不正之风．撤除不符合规定的公路检查、收费站点4个，取消不符合规定的收费项目3个。狠刹中小学乱收费不正之风，组成检查组对全县中小学校收费情况进行大检查，查处部分学校收取“学生管理费”“年段费”等乱收费问题，清退不合理收费 12 万元。狠刹向农民乱摊派、乱收费不正之风，在全县设立监测点 15 个，配备农民负担监督管理员 20 人。抓好清理乡镇财务工作，查出违纪金额 126 万余元。

1996 年，撤销里田公路收费站。实行中小学“收费卡”制度，增加教育收费透明度，遏制乱收费。同年，在全县开展清理预算外资金和“小金库”工作。

1997 年，对县香料厂、电力公司、化工厂、拔口采育场 4 家企业实行挂牌保护。加大清理预算外资金和“小金库”工作力度，查处“小金库”6 个，为国家挽回经济损失 90 多万元。

1998 年，加大减轻农民负担工作力度，清流县“防、减、纠”做法在全省推广。规范收支两条线管理，清理罚没收入入库 43 万元。开展县直单位银行账户清理整顿，清理单位 134 个、账户 464 个，撤销账户 121 个，划归财政专户 398 万元，划缴国家财政收入 18 万余元。农村开展村务公开。

1999 年，各乡镇实行村提留、乡统筹费及义务工、劳动积累工审批制度。清理整顿向农村和农民摊派征订报刊问题。组织财政、审计等部门对县医药公司、医院和乡镇卫生院的医药购销情况进行专项检查，责令县医院和乡镇卫生院将 16.6 万元的购药让利款纳入单位账务。

2000 年，会同教育主管部门、物价等单位制定全县中小学收费标准和禁止乱收费的有关规定，规范中小学收费行为。加强监督检查，查处顶风违纪向学生乱收费的学区，退还学生 7 万余元。对利用公车迎亲、接送子女上学、钓鱼等群众反映强烈的问题进行治理，查处公车私用问题 23 起，对直接责任人作出处理。

2001 年，全县村级报刊征订总额比上年减少 40%。查处个别学区和乡镇计生办变相收费、搭车收费等问题。清理整顿全县个体经营药品门点和医疗诊所，取缔非法诊所 4 家，查扣销毁一批假冒伪劣药品，查处县医药公司医药购销中的违法违纪问题。

2002—2003 年，在县医院和中医院开展药品集中招标采购试点，推进医疗机构药品采购管理制度改革，全县卫生系统当年跟标采购药品 754 万元，降低药价 61 万元。落实 2002 年减轻农民负担工作目标管理责任，年内，组织减负办、农办等单位开展减负工作专项检查 3 次，制止和纠正违规问题 36 起。

2004 年，加大对教育乱收费查处力度，责令城关小学、实验小学清退学生点心费结余款 3 万余元，城关中学清退补课费 1 万余元，相关学校清退跨年度预收借读费 4.6 万元。组织开展药品、药械市场整治，查处案件 56 起，查获并销毁假冒伪劣药品、药械 500 多个种次，货值 1.54 万元，罚没款 4.89 万元；查处收受药品回扣案件 3 起，涉案金额 8.37 万元。取消行政事业性收费项目 15 项，减少收费金额 235.4 万元。对 2003 年收取的村提留、乡统筹款实行全面清退，清退额 3.4 万元，清退率 100%。建立清风网、县电视台“行风聚焦”两个工作平台，利用网络和电视媒体，拓宽纠风民评工作社会参与面。

2005 年，开展“乱收费、乱罚款、乱摊派、乱检查”和“办事难、落实政策难”治理工作。落实药品集中招标（跟标）采购制度和完善农村“两网”（药品供应网、药品监督网）建设及整治药品市场等措施，招标（跟标）采购药品金额 320 万元，占医院用药总额 86%，向患者让利 115 万元。开展“四个专项整治”（打击非法回收药品、整顿中药材专业市场、规范医疗器械包装标志、规范药品和医疗器械展示活动），查处假劣药品 34 种次，检查单位 183 家，立案 21 起，查处没收药品、医疗器械品种 75 个。

第四节 案件查处

1991 年，全县集中清理 1990 年“3·17”案件的遗留积案 46 件。建立和健全案源联系网络及县、乡、村三级信访网络，新立案件 24 件。

1992 年，加强基层纪委办案工作指导，提高基层纪委办案质量，当年所立案件 90% 来自基层。加强审理工作，实行查、审分开和县、乡两级协审制度，防止案件定性处理中出现偏差，未出现申诉案件。

1993 年，实施信访举报目标管理，规范信访件的受理、登记、送阅、批办等程序，重新向社会公布举报电话和举报中心办公地点，业务内信访量剧增，全年受理群众来信来访 140 件，其中检举控告党员干部不正之风和违纪问题信访件 129 件，占 91.8%。

1994 年，受理业务内群众举报 157 件，查处党政纪案件 44 件，其中乡镇纪委立案 19 件。

1995—1996 年，查处贪污、贿赂等经济案件在案件分类中比例增大，“三机关一部门”（即党政机关、司法机关、行政执法机关和经济管理部门）案件明显增多，赌博、嫖娼等腐化堕落、道德败坏案件增加。严肃查处一批影响较大村主干窝案、大案及企事业单位领导干部违纪要案。

1997—2000 年，加大查处大要案力度，党政纪立案总数自合署后累计 50 余件。查处“三机关一部门”和乡科级领导干部的经济案件成为查案工作重点，1998 年，5 件万元以上的大案和 6 件乡科级领导干部要案均为自办案件。1999—2000 年，查处乡科级违纪干部 22 人，自办率 100%。

2001—2005 年，建立重要案件线索统一管理、办案骨干统一调剂、重要案件统一组织的“三统一”查办案件工作机制，围绕群众关心的社会热点和难点问题以及权力运行中的腐败问题，在林业、矿业等重点领域查处一批有社会影响力的案件。完善信访举报工作制度，建立健全案件管理信息化和发案分析制度，注重发挥查案的源头治本功效。

1991—2005 年清流县案件查处情况统计表

表 15-2

年度	受理业务内群众举报（件）	党政纪立案（件）	经济案件（件）	乡科级案件（件）	万元以上大案（件）	三机关一部门（件）	挽回经济损失（万元）	移送司法机关（人）	党纪处分（人）	政纪处分（人）	党政纪双重处分（人）
1991	53	24	16	3	—	—	35.49	—	62	—	—
1992	49	24	14	—	—	—	14	—	27	—	—
1993	129	29	19	2	2	7	8.34	5	27	4	—
1994	157	39	29	5	2	9	24.3	—	27	21	11
1995	96	41	25	8	10	16	42.98	11	39	13	11
1996	102	46	19	9	8	20	25.02	12	40	12	6
1997	91	51	29	4	8	19	122.39	4	37	16	4
1998	92	52	30	6	5	21	20.95	8	36	20	5
1999	81	52	20	12	5	21	84.6	5	29	15	1
2000	79	40	21	10	10	10	184	9	39	8	7
2001	85	41	22	7	11	20	151.3	9	29	9	1
2002	80	42	30	4	4	19	55.38	4	27	18	5
2003	59	41	12	9	4	21	39	4	27	18	5
2004	70	40	18	4	1	19	20.3	1	31	13	5
2005	54	40	18	6	4	17	191.1	8	26	12	2
合计	1277	602	322	89	74	202	1019.15	80	503	179	63

第五节 执法监察

1993 年 4 月，设立执法监察室，监督检查《中华人民共和国行政监察法》《中华人民共和国统计法》和国务院《基本农田保护条例》等法律法规执行情况，对中考、高考等群众关心关注事项进行监督。

1998 年始，介入县重大工程项目招、投标工作。

1999 年，对贯彻落实行政事业性收费、罚没收入“收支两条线”规定和粮食收购工作进行监督检查。

2000 年，制定《清流县建设工程项目施工招标投标管理规定》，监督建筑工程项目 15 个，降低造价 78.28 万元。规范各项涉农行为，减轻农民负担 292.6 万元。1993—2000 年，立项监察 268 项，发现各类问题 53 个，制止违规行为 46 起，挽回经济损失 537.47 万元。追究安全生产责任事故，立案 2 件，给予党政纪处分 4 人。

2001 年，督查《中华人民共和国电力法》执行情况，整顿农村电价，使农村电价再次下调，减轻农民负担 150 万元。开展财政法规执行情况检查，查处水产部门违反财经法规，设立“小金库”案件 1 起。立案查处县煤炭管理部门隐瞒安全事故问题，给予相关责任人党政纪处分 3 人。检查县社会保障四项资金管理使用和国债资金管理使用情况，促进“三条保障线”（即下岗职工基本生活保障、失业保障制度和城市居民最低生活保障制度）政策与国债资金拉动内需政策落实。

2002 年，督查政府采购等制度建立和执行情况。当年，全县办理政府采购资金节约率 8%。加强行政审批、人事、财政“三项制度”改革工作的检查督促。全县取消审批、审核项目 94 个，实现第二轮行政审批制度改革工作取消行政审批项目 50% 目标。落实党政领导干部公开选拔等改革举措，推行“三推、二考、一选”（三推即组织举荐、群众推荐、个人自荐；二考，即考试、考核；一选，即按《党章》和有关法律规定进行选举）的领导干部选拔任用做法。推进部门预算改革试点工作，落实国库集中支付措施，部分乡镇初步建立县对乡镇转移支付制度。建立和完善国有股权管理体制，组织县财政、县审计等部门对县北坑钨矿进行全面清产核资，避免经济损失 20 余万元。并追缴违纪款 3 万元，发现案源线索 1 条。立案查处“5·30”“11·24”责任事故，党政纪处分相关责任人 5 人。

2003 年，下发《关于开展经营性土地使用权、矿业权招标拍卖挂牌出让情况执法监察工作实施方案》。嵩口镇龙元萤石矿的探矿权公开出让，经过 17 支队伍 33 轮激烈竞标，从底价 65 万元竞标至 360 万元成交。立案查处“12·4”等责任事故，党政纪处分责任人 4 人。对田源乡林业站收费未开票据等违法行政问题开展执法监察，发现案源 3 条，直接追缴违纪款 7 万多元，党政纪立案 3 人。

2004 年，加强对建筑工程招、投标全过程监督。建设项目公开招、投标 7 个（总造价 890 万元），节约资金 21.6 万元。纠正某乡改造中低产田项目工程公开招、投标中的不规范行为，重新组织公开招、投标。该工程完工后经省、市验收，获全市农业综合开发评比第一名。对企业重组改制过程进行执法监察，完成产权交易项目 11 个，成交金额 801.94 万元，比评估价增值 395.67 万元。县刨花板厂整体破产资产拍卖由底价 345 万元竞争到 690 万元成交。对执行《中华人民共和国行政许可法》情况进行专项监察。全年先后开展监察活动 54 项（次），监督检查单位 130 个，发现各类问题 70 个，纠正违规行为 38 起，避免经济损失 422 万元，并追究“3·23”责任事故人员责任，立案查处 2 人。

2001—2004 年，开展行政监察和效能监察。先后立项 182 项，发现各类问题 179 个，制止违规行为 56 起，避免经济损失 1042 万元。查处安全生产责任事故、林业、水产执法等方面案件 8 起，给予党政纪处分 17 人。

2005 年，组织开展执法案件“回头看”活动。全县立项开展执法监察 38 项（次），监督检查执法单位 233 个（次），发现各类问题 73 个，避免经济损失 490.3 万元。开展财政专项资金、救灾款物管理使用等情况专项监察。调查重大生产性安全事故 4 起，给予行政记大过 2 人、行政记过 1 人、行政警告 2 人、效能告诫 1 人。开展清理纠正机关工作人员、国有企业负责人投资入股煤矿、非煤矿山问题工作。全县属清理范围对象共 4140 人，主动登记申报投资入股 6 人，资金 198 万元，并按规定撤资，清理工作取得阶段性成效。

第六节 效能监察

2000年前，行政效能监察工作依托县纪委执法室开展。

2000年5月，成立机关效能建设领导小组办公室（以下简称县效能办）和县机关效能投诉中心。是年，制定《清流县关于开展机关效能建设的若干规定》《清流县关于开展机关效能建设的实施意见》《关于开展机关效能建设绩效评议的实施意见》。6月，制定《清流县机关效能建设绩效考评方法》《清流县机关效能建设诫勉教育、效能告诫实施细则（暂行）》《清流县机关效能建设绩效考评报备制度》《清流县机关工作人员效能告诫实施细则（暂行）》等制度。

2002年3月，成立机关效能投诉中心“经济110”。全县开展整治乡镇干部“走读”问题。县效能办与纠风办共同开展全县机关效能建设、政务公开、行政审批制度改革、纠风工作检查。

2003年1月，推行集中政务公开。8月，专项督查全县抗旱救灾工作，开展“效能建设八闽行”活动。10月，制定《关于对损害经济发展软环境行为实行效能告诫的暂行规定》。

2004年，建立健全效能建设首问责任制、限时办结制、服务承诺制等10项制度。

2005年7月，组织县减负办、机关工委、物价局、国土局等单位，开展效能、行风建设暨政务公开工作明查暗访活动，抽样调查政府绩效。开展高致病性禽流感防控工作专项督查和政风行风电视述职竞评活动。2000—2005年，受理各类投诉430件，办结率100%，给予效能告诫21人次，诫勉教育14人次。围绕群众关心的热点问题，集中公开政务19期、事项612个。

第五章 组织建设

第一节 干部队伍建设

一、干部选拔任用

1991年，坚持干部“四化”方针和德才兼备的标准，着眼于提高素质，完善结构，配齐配强各级党政领导班子。年内，先后调整7批135人，其中提拔非中共党员干部13人、女干部4人。

1992年，按照县委“大稳定、小调整”原则，调整充实各级领导班子112人，其中新提拔50人、岗位交流68人、机关与乡镇交流19人、企业与行政交流4人，选拔非中共党员干部8人、妇女干部4人进各级领导班子。

1993年，做好乡镇换届领导班子成员配备。调整乡镇书记、乡镇长17人，乡镇副职领导154人，配备乡镇人大主席团专职常务主席14人。乡镇班子平均年龄比调整前下降2岁，女干部由2人增加到6人，降免不称职的乡镇领导6人。

1994年，加快干部交流步伐，先后选送青年干部8人到厦门市湖里区挂职，乡镇副职领导14人到市属企业挂职，机关干部13人到县属企业种子公司挂职。

1995年，对工作能力较差、思想作风不健康、个人主义思想严重的，降职、免职5人。

1996年年初，考核全县乡镇领导。4—5月，根据需要进行重点考核，调整配备乡镇班子，党政主要领导一律实行地籍回避制度。共交流干部77人，提拔后备干部32人。乡镇班子平均年龄35岁，其中35岁以下92人、妇女领导干部14人、党外领导干部7人，大专以上文化69人、中专（高中）80人、初中以下3人。

1997年，对全县10家县属骨干企业的经济效益状况和厂级领导班子进行考核，考核一部分反映比较优秀的企业技术骨干和管理人员。全年，共调整配备干部127人，提拔后备干部35人，改任非领导职务45人。

1999年，县委制定《1999年清流县国有企业领导班子重点考核和跟踪考核实施意见》，考核8家县属骨干企业的领导班子和领导干部30人。调整氨厂、化工厂“一把手”。开展县、乡机关事业单位临时、自聘人员清理、清退工作，分流、清退编外人员650人。

2000年，试行干部考察工作预告，对拟提拔为县直机关副科级以上的干部试行选拔任用公示。实行党委选拔任用干部责任制和党委定期议班子、议干部制度。

2002年，贯彻执行市委下发的《党委组织部门选拔任用干部责任制暂行规定》，制定下发《领导干部个人向县委推荐干部责任制暂行规定》。

2003年11月，组织5个考察组对乡镇领导班子和领导干部进行届中跟踪考察。全年调整干部5批32人次。

2005年，做好县直机关、乡镇部分领导岗位缺额的调整配备。全年调整任免干部4批65人。做好省、市公开选拔厅级领导干部工作的宣传发动、摸底调查、组织报名等工作，全县有11名符合条件的干部报名参加公开选拔厅级领导干部考试。

二、干部培训教育

1991年，先后选送乡（镇）党委、政府领导49人参加市委举办的岗位培训班学习，选送部委办局领导16人到省委、市委党校受训。举办副科（局）级以上领导干部培训班8期，参训490人（次）。依托县委党校，分期分批举办农村、企业党支部书记班，企业厂长、经理培训班，村主任岗位培训班，中青年干部培训班，社教干部培训班5期，受训干部256人。选调共青团、妇联等部门干部74人到市委党校培训。分4批集中副科、局级以上领导干部到县委党校轮训班学习江泽民总书记“七一”讲话及党的理论，参加辅导培训232人。

1993年，建立调训记录和培训制度，将各单位完成调训情况列入年度目标考评，将学员学习理论状况和思想理论水平高低作为考察干部的重要内容及提拔任用干部的重要条件。建立学员在校注销假制度、考试制度、结业鉴定制度、学业成绩档案制度等。选派干部16人参加上级党校学习培训。

1994年，举办学习《邓小平文选》第三卷读书班7期，其中处级领导干部2期、局级领导干部4期、局级以上离退休干部1期。举办首期村党支部书记岗位培训班和首期村主任岗位培训班。

1995年，健全党委中心组学习和领导干部自学制度，坚持每月集中学习1天，每季度进行专题研究1～2次，每年每人写调查报告1～2篇。坚持副科级以上领导干部每年参加县委党校学历班、轮训班学习培训制度。举办县委党校学历班1期，培训49人。开展全县1950年以后出生的科级以上干部、1960年后出生的青年干部普及外国语学习培训，参加学习和考试干部383人。在全县青年干部中逐步推行学习电脑活动，参加学习干部59人。组织领导干部22人参加省委、市委党校培训。

1996年，建立在职干部理论学习检查评比制度，将干部理论学习和业务培训情况作为各级部门领导班子政绩考核重要内容及干部使用、提拔的重要依据；把专业技术人员接受继续教育的情况作为聘、晋升专业技术职务的必备条件。举办电脑培训班2期80人，组织447名青年干部参加英语考试（其中中级161人，初级236人）。开展年轻干部读书活动。与党校、团县委开展以“认真读书学习，争当跨世纪人才”为主题的演讲和知识竞赛活动。

1997年，在全县副科级以上领导干部中开展以讲学习、讲政治、讲正气为主要内容的党性党风教育活动。组织11名县处级领导和47名科级领导干部到上级党校和有关部门参加培训学习。举办中共十五大精神骨干培训班1期。与县委宣传部、党校联合举办县直机关副科级以上领导干部学习中共十五大精神培训班3期。组织全县科级领导干部参加法律知识学习。组织青年干部862人参加英语考试、67人参加电脑培训。

1999年，在中青年干部中开展“五个一”读书活动。执行干部年度培训计划，加强党校办班跟踪管理，举办领导干部进修班1期46人、中青年干部培训班1期42人、青年干部电脑培训班2期234人，组织青年干部811人报名参加英语考试。

2000年，在县级以上党政领导班子、领导干部中开展“三讲”教育。以学习邓小平理论和“三个代表”重要思想为主要内容，举办科级干部进修班1期、企业工商管理培训班1期、农村党支部书记理论培训班1期。

2001年，采取分级负责办法，组织开展《乡镇工作纲要》轮训，集中培训乡镇领导干部112人。选派68名科级以上领导干部参加省委、市委党校以及省、市有关干部院校培训。

2002年，严格执行领导干部入学申报审批制度，全年有28名科级干部办理入学申报手续。

2003—2004年，组织36人参加市委组织部举办的领导干部任前理论资格考试。

2005年，举办妇女干部培训班1期44人、科级干部进修班1期45人和中青年干部培训班1期39人。选送25名领导干部到省、市委党校和行政学院参加学习培训，组织12名科级干部参加市管副处级后备干部政治理论水平任职资格考试。

三、干部监督、管理

1991年，落实省纪委领导干部廉洁自律“七不准”市纪委“八要八不准”和“九不准”为主要内容的增强党性、端正党风、拒腐倡廉活动。制定《关于领导干部个人重大问题实行报告制度的若干规定》。在选拔干部、调整班子中，把勤政廉政表现列入重要考核内容。

1992年，在班子任期目标责任制中设定廉政建设项目，考察干部执行廉政制度情况。

1993年，牵头与纪委、监察局等11个执法执纪、监督部门以及各党委建立联系通报制度。加强对“文化大革命”“三种人”（指在“文化大革命”中追随林彪、江青反革命集团造反起家的人，帮派思想严重的人，打砸抢分子）和犯严重错误人员的管理。调查处理历史遗留问题9件。加强对犯错误干部的教育转化工作，重新启用思想转变大、政绩突出的干部4人。

1994年，考核鉴定全县干部在抗洪救灾中的表现。对表现突出的干部予以表彰记功，对麻痹大意、临阵逃脱的给予批评。

1995年，严格干部工作和生活重大事项及时向组织请示报告制度。开展领导干部廉洁自律自查测评，全县科局级以上领导干部400余人进行对照检查。对县直机关200多名局级领导干部任职情况进行测评，降免不称职领导干部1人。

1996年，建立干部监督制度10条，规范领导干部行为。建立干部有关问题通报情况登记档案和干部现实表现信息档案。全年收集到涉及受贿、赌博、嫖娼等各类性质人员情况21起，其中免去科级干部3人，降职安排3人。

1997年，突出监督党政一把手、基层站所负责人和县属骨干企业负责人、村主干。建立《领导干部向党组织回复群众反映本人有关问题的决定》《处级领导干部收入申报制度》《领导干部个人重大事项报告制度》。收集涉及贪污受贿、赌博等各类性质人员情况33起，及时做好监督和跟踪管理。处理老干部历史遗留问题案件10件，其中维持原决定5件、认定出生日期2件、无档不予办理3件。

1998年，抓好灵地镇党委整顿工作，制定整顿工作方案，加强督促指导，调整书记、镇长人选。

1999年，制定《清流县领导干部诫勉制度》《组织部长约谈约访日制度》和《清流县领导干部个人重大事项报告制度》，加强党政“一把手”和新提任干部的监督。7名科级领导主动报告个人重大事项，3名科级领导干部接受组织诫勉谈话。收集干部各类问题信息24条，调查落实和解决群众来信来访11件。受理老干部历史遗留问题5件，转办2件。

2002年，制定《关于纠正乡镇领导干部“走读”现象的若干意见》。与县纪委成立作风建设督查小组，加大对换届后乡镇领导干部的跟踪管理力度。对全县干部学历填写情况进行检查清理，纠正学历填写不规范问题。

2004年，加强科级非领导职务干部宏观管理，组织4名非领导职务干部述职、谈话诫免。开展党政领导干部在企业兼职清理工作，清理在企业兼职和企业领导兼任党政领导职务的科级以上领导干部13人，集中清理离职离岗在外从事企业经营活动的党政干部21人。

2005年，做好《党政领导干部选拔任用工作条例》调研工作。收集各类干部问题信息17条，对4名因工作调动、离任的县直部门主要领导进行离任审计。确认、更改干部学历53人，有8人学历不符合规定要求被清理。

四、后备干部培养选拔

1991年，制定《关于抓好县、乡、村后备干部队伍建设的意见》。按照群众推荐、单位领导提名、组织考核、党委审批的原则和程序，建立农村后备干部队伍475人、科（局）级后备干部队伍300人。建立后备干部档案资料，统一考察管理。举办为期6个月的局级后备干部和村级后备干部培训班，培训科（局）级后备干部35人、村级后备干部44人。创造条件，将后备干部安排到社教工作队等工作岗位进行锻炼。58名优秀后备干部进入县、乡各级领导班子。

1994年，实施后备干部队伍“234工程”（即有一支由20名市管后备干部、300名县管后备干部、400名村级后备干部组成的队伍），实行跨行业选拔人才。先后选派8名优秀年轻干部到厦门市湖里区挂职锻炼，14名乡镇副局级领导干部到市属企业挂职，13名机关干部到县属企业挂职。

1995年，建立党政管理干部、企业干部、专业技术干部、妇女干部、非党干部等人才储备库。选送13名机关干部到县属企业、种子队挂职，选派8名企业后备干部到领导岗位挂职锻炼，选派4名机关年轻干部到乡镇挂职。对1990年以后毕业分配到机关的大中专毕业生逐年安排到基层锻炼。

1996年，建立领导干部分工负责培养后备干部制度。有32名后备干部在乡镇换届期间走上领导岗位。

1998年，调整充实党政、企业后备干部队伍，重新推荐市管后备干部44人。对经推荐、考核、研究确定的后备干部，向所在单位公布名单，接受群众监督，由所在单位制定具体培养措施。2000年，对进入公开选拔面试人员进行跟踪管理，纳入后备干部管理。2001年，对县管后备干部队伍进行重新推荐和调整充实，后备干部队伍达300人，建立后备干部信息库。

2004年，开展推荐和报送县管副科级后备干部建议人选工作。对上报的初步人选的年龄、学历以及应具备的条件进行审核把关，研究确定县管副科级后备干部164人。组织18名市管后备干部参加政治理论水平任职资格考试。从县直机关、企事业单位选派22名优秀县管后备干部到相对后进、薄弱的村任职。2005年，会同县委统战部组织开展推荐县管党外后备干部工作，建立县管党外后备干部队伍65人。组织12名科级干部参加市管副处级后备干部政治理论水平任职资格考试。

五、干部人事制度改革

1991年，制定《股级干部管理意见》。1992年，启用具备经济知识和工作能力的知识分子进入领导班子。1993年，建立班子考察制度，提出班子在发展经济中的要求。1994年，开展干部上下交流、沿海与山区交流、机关与农村交流、企业与县乡干部交流，将一批有发展潜力的优秀青年干部放到不同岗位上压担子锻炼。

1995年，健全干部谈话制度、个人重大问题请示汇报制度，建立领导干部辞职制度等各项领导干部管理制度。

1996年，全面推行国家公务员制度和党政群机关参照管理工作，做好机构改革。1997年，制定下发《清流县中国共产党机关参照试行〈国家公务员暂行条例〉的实施办法》《清流县参照试行国家公务员制度的实施意见》。实行增人计划卡、编制使用通知卡等制度。机关人员录用，坚持“进机关，凡进必考”，凡科级以下职务干部进入机关，按照“统一考试，公开择优录用”的办法，不再执行原有的干部调动方法。

1998年，对法院、检察院等单位新录用机关工作人员，实行面向社会公开招考。禁止办理企业到事业、事业到行政等人员调动。

1999年，在全县范围内推荐6个职位（乡镇女性副职3人、集团公司副职1人、经济局副职1人、计划局副职1人）进行公开选拔。在县法院、县氨厂、鱼龙岗电站、香料厂等单位开展轮岗交流、内部竞争上岗、职工民主选举、公示制试点。在田源乡田口村公推公选村副职干部。规范党群机关干部管理，提出党群机关非领导职务设置方案。

2000年，制定《中共清流县委关于试行科级干部任前公示的暂行规定》《中共清流县委干部任免票决暂行办法》《中共清流县委常委会任用干部表决办法（试行）》《中共清流县委全委会对乡镇党委、政府领导班子正职拟任人选和推荐人选的表决办法》等制度。在全市率先实行任前公示制。

2001年，实行干部考察预告制。县委讨论干部任免实行无记名投票表决。实行定期议班子、议干部制度。县委对县直机关、企事业单位领导班子和领导干部的情况进行分析，对反映问题较多的干部，指定1名县委领导与组织部门找其谈话。推行机关中层干部竞争上岗制度，在县法院、县检察院等单位相继开展轮岗交流、内部竞争上岗工作。

2002年，县委讨论决定干部任免事项，须保证三分之二以上成员到会，以无记名投票方式进行表决。对党政部门中层职位出现空缺的，面向机关推行竞争上岗。2003年，制定《中共清流县委关于干部破格提拔的暂行规定》和《中共清流县委关于调整不称职党政领导干部的暂行规定》，明确相应的标准、条件和应履行的程序、方法和步骤。制定《县委全委会对乡镇党政正职拟任人选和推荐人选的表决办法》，组建1支由34人组成的干部考察队伍，开展集中培训和资格考试，并实行干部考察工作执证上岗制度，定期进行轮换。

2004年，出台《加强科级非领导职务干部管理的意见》，组织4名非领导职务干部述职及进行谈话诫免。

2005年，加大干部实绩考察力度，公开招考党群机关和国家公务员18人。

第二节　发展党员工作

1991年，贯彻落实“坚持标准，保证质量，改善结构，慎重发展”方针，制定全县党员发展规划；建立共青团推荐优秀团员入党制度，加强入党积极分子教育培养锻炼。全年发展新党员237人，其中生产一线党员122人、农民党员103人、女党员26人、35岁以下党员184人。

1992年，严把政治条件关，注意改善党员年龄和文化结构，把保证质量放在首位。全年发展新党员296人，其中35岁以下的中青年党员239人，占81%。

1995年，将3年以上未发展党员支部以及空白村、组作为发展工作重点，实行月跟踪、季督查制度。全年共发展农民党员106人，其中妇女14人。新发展的党员中，初中以上文化占99%，35岁以下占92.4%。加强在生产一线青年职工中建立入党积极分子队伍。抓好县属15家骨干企业的党员发展工作，专题督查全县发展企业一线党员工作，组织召开企业党员发展工作座谈会。全年发展企业一线党员26人。

1997年，注重培养经济能人、妇女、优秀青年、村主干、企业班组长以及村级后备干部入党。全年发展党员317人，其中农民党员109人、工人党员22人、女党员41人。

1999年，规范发展党员工作程序，制定和落实发展党员公示制、基层党委初审、县委组织员预审和发展党员责任追究等有关制度。针对农村外出务工青年较多的实际，主动上门，引导先进分子向党组织靠拢，多层次、多渠道把优秀青年吸纳到党组织中来。

2001年，坚持把符合“三个代表”重要思想要求、35岁以下、高中（中专）毕业的农村科技致富能手、专业生产大户、外出务工经商返乡创业人员和复退军人以及各条战线的先进分子作为发展党员的重点。全年发展党员177人，其中农民党员49人、妇女党员35人、35岁以下党员154人。

2004年，落实发展党员责任，对农村连续3年未发展党员的8个村实行单列管理，定人挂包、定期跟踪督查。其中6个村发展新党员10人，其余2个村已培养发展对象。全年发展党员179人。

2005年，完善“一月一督查，一季一通报，半年一小结，全年有分析”的发展党员工作机制。全年发展党员269人，其中女党员35人，高中以上党员104人，35岁以下党员135人；发展各类大户党员48人。同时培养建立一支610人的入党积极分子队伍。

1991—2005年清流县基层党组织及党员分布情况表

表15-3　　单位：个、人

年　份	组织类别	党员分布							
		总　计	党政机关	农林水	工交邮电	财　贸	文　卫	乡　镇	其　他
1991	党　委	20	20	—	—	—	—	15	1
	党总支	12	3	1	2	4	1	—	1
	党支部	320	79	120	40	34	32	—	15
	党　员	4331	1109	2057	406	267	290	2820	202

续表 15-3

年份	组织类别	党员分布							
		总计	党政机关	农林水	工交邮电	财贸	文卫	乡镇	其他
1992	党委	23	23	—	—	—	—	15	—
	党总支	12	3	1	2	4	1	—	1
	党支部	322	82	120	38	32	32	—	18
	党员	4557	1154	2129	440	277	310	2969	247
1993	党委	22	22	—	—	—	—	15	—
	党总支	13	3	1	3	4	1	—	1
	党支部	333	84	120	39	36	34	—	20
	党员	4749	1231	2180	460	306	334	3046	238
1994	党委	22	22	—	—	—	—	15	—
	党总支	13	3	1	3	4	1	—	1
	党支部	347	97	120	39	35	34	—	22
	党员	4908	1295	2220	502	299	331	3116	261
1995	党委	22	22	—	—	—	—	15	—
	党总支	14	3	1	4	4	1	—	1
	党支部	349	97	132	26	31	35	—	28
1995	党员	5221	1389	2490	364	304	391	3307	283
1996	党委	22	22	—	—	—	—	15	—
	党总支	14	3	1	4	4	1	—	1
1996	党支部	359	101	116	45	30	37	—	30
	党员	5459	1490	2413	549	311	429	3452	267
1997	党委	22	22	—	—	—	—	15	—
	党总支	14	4	1	3	4	1	—	1
	党支部	357	102	130	28	30	35	—	32
	党员	5718	1559	2524	577	298	466	—	303
1998	党委	22	22	—	—	—	—	15	—
	党总支	12	3	1	1	3	1		3
	党支部	348	101	130	21	21	34		41
	党员	5912	1637	2823	286	205	467	3764	494
1999	党委	23	23	—	—	—	—	15	—
	党总支	12	4	1	3	2	1		1
	党支部	326	89	128	22	21	31		35
	党员	6138	1648	2871	243	209	503	3674	664
2000	党委	23	23	—	—	—	—	15	—
	党总支	14	4	3	3	2	1	—	1
	党支部	358	115	127	19	20	36	—	41
2000	党员	6242	1754	2865	253	226	533	3912	611
2001	党委	23	23	—	—	—	—	15	—

续表 15-3

年 份	组织类别	党员分布							
		总 计	党政机关	农林水	工交邮电	财 贸	文 卫	乡 镇	其 他
2001	党总支	14	4	3	3	2	1	—	1
	党支部	356	111	126	23	17	35		44
	党 员	6326	1682	2860	332	159	591	4010	702
2002	党 委	22	22	—	—	—	—	15	—
	党总支	14	4	3	3	2	1	—	1
	党支部	356	117	123	23	9	35	—	49
	党 员	6432	1767	2900	371	92	610	4038	692
2003	党 委	22	22	—	—	—	—	15	—
	党总支	13	4	1	4	2	1	—	1
	党支部	361	118	123	25	9	35	—	51
	党 员	6493	1789	2915	378	91	632	4076	688
2004	党 委	22	22	—	—	—	—	15	—
	党支部	11	4	—	3	2	1	—	1
2004	党支部	350	118	119	25	9	32	—	47
	党 员	6583	1813	2952	379	89	636	4169	714
2005	党 委	23	23	—	—	—	—	15	—
	党总支	10	4	—	3	2	1	—	—
	党支部	347	118	119	24	7	32	—	47
	党 员	6673	1823	2962	389	99	656	4259	724

1991—2005 年清流县党员队伍结构及发展党员情况表

表 15-4　　单位：人

年 份	党员队伍结构					发展党员		申请人员数	入党积极分子
	总 数	女	少数民族	35 岁以下	高中及高中以上	总 数	农 村		
1991	4331	422	43	1212	1532	237	103	1609	1016
1992	4557	450	41	1349	1762	296	112	1659	954
1993	4749	479	51	1390	1921	255	82	1365	662
1994	4908	506	58	1426	2097	223	103	1303	670
1995	5221	547	60	1625	2573	326	106	1475	752
1996	5459	591	56	1890	2560	310	138	1453	802
1997	5718	640	61	1956	2760	317	109	1492	875
1998	5912	684	74	2071	2966	318	103	1268	702
1999	6138	725	79	2009	3146	289	81	1082	531
2000	6242	743	87	2038	3297	214	62	1034	635

续表 15-4

年份	党员队伍结构					发展党员		申请人员数	入党积极分子
	总数	女	少数民族	35岁以下	高中及高中以上	总数	农村		
2001	6326	780	88	1983	3393	177	49	750	457
2002	6432	806	94	1930	3510	156	39	728	385
2003	6493	817	86	1815	3624	140	43	900	538
2004	6583	847	94	1732	3758	179	90	847	592
2005	6673	857	100	1822	3848	269	100	900	610

第三节 基层党组织建设

一、基层党委

1991 年，全县设立党委 21 个，其中机关党委 6 个，即县经济委员会党委、县财政贸易委员会党委、县林业委员会党委、县农业委员会党委、县人民武装部党委、武警清流大队党委；乡镇党委 15 个。1992 年 10 月，增设公安局党委。设党总支 12 个、党支部 320 个。1999 年 7 月，设立县委宣传部党委。至 2005 年，全县设立党委 21 个，其中机关党委 6 个，即县委宣传部党委、县农业委员会办公室党委、县经济贸易局党委、县林业局党委、县公安局党委、清流监狱党委；乡镇党委 15 个。设党总支 10 个、党支部 350 个。

二、乡镇党建

1991 年，加强基层党组织“三会一课”、创先争优、目标管理、党建目标责任制等“双十二项制度”落实。推进党员目标管理，开展民主评议党员工作。抓好三分之一支部和后进支部“达标升级”活动。12 个后进支部全部转化升级。

1995 年，成立由县直机关 12 个部门单位组成的全县基层组织建设联系会及其办公室，开展“两学习一整顿”工作。对全县基层组织建设情况开展调查，建立农村支部档案 111 份。

1997 年，围绕创建党建工作先进县和农村基层组织建设先进县、先进乡的目标，建立健全农村党员、支部、党委三级目标责任制。

1998 年“七一”期间，表彰先进基层党组织 29 个、优秀农村党支部书记 4 人、优秀党务工作者 28 人和优秀共产党员 97 人。罗梓源和钨矿党支部被市委分别授予“十佳公仆”和“五好企业党支部”称号。

1999 年，开展“千名干部入万户”活动。

2000 年，开展“三个代表”重要思想学习、宣传和教育活动。乡镇领导班子开展“四查四教育”活动。

2002 年，开展“远学美岭、西山，近学大路口村”和创建“六好”乡镇党委、“五好”村党支部、“六好”非公企业党组织和机关党建先进单位等活动。

2005 年，开展保持共产党员先进性集中学习教育活动。

三、村级组织建设

1991 年，开展全县村级组织状况调查，制定《清流县村级组织建设工作三年规划》，全县 111 个农村党支部中，换届改选 98 个，组织调整 13 个。

1992 年，加强以党支部为核心的村级组织配套建设。先后整顿农村支部 42 个，调整支部书记 27 人，调整充实支委 178 人。全县 26 个农村后进支部通过整顿得到转化，有 7 个支部上升为一类支部，全县 42 个村财政万元以下的贫困村中，26 个村脱掉贫困帽子。

1993年，对村级党支部、村委会、经济合作社、团支部、妇代会、民兵营等组织进行重新分类排队，制定《关于整顿后进村党支部的工作意见》。年内，16个后进村全部转化，其中4个晋升为一类支部。树立林畲乡党委、大路口村、嵩口村支部等10个先进基层党组织典型及后进转先进的大基头村党支部典型。开展"双带一争"（党员带头奔小康、党支部带领奔小康，争创先进党支部）活动，把党员推向经济建设主战场。

1994年，组织开展"双带双创"（党员带头奔小康、党支部带领奔小康，创建双文明村、创建先进党支部）活动。将全县各村分省级明星村、市级先进村、县级先进村、一般村、集体经济薄弱村5个层次，提出不同的工作目标，确定嵩口、田源、芹溪等10个村为试点村。抽调县直机关154人，组成经济工作队77支，驻村入户调研，提出扶持措施。完成村级班子换届选举。新一届村级班子具有职数减少、文化层次提高、年富力强、新人增多、妇女干部增多、经济能人增多等特点。

1995年，在农村基层党组织中开展"学美岭、创五好"（建设一个好领导班子、培养锻炼一支好队伍、选准一条发展经济的好路子、完善一个好的经营体制、健全一套好的管理制度）活动。整顿后进和相对后进、薄弱村33个。抓好农村、企业一线及妇女党员的发展工作。

1996年，重点抓好农村党支部班子建设，选拔党性强、年纪轻、文化高、能带领群众致富的能人进班子。各乡镇建立健全农村支部工作汇报制度、谈话制度、重大问题请示报告制度、村财政管理制度。整顿转化后进村党支部8个。抓典型培育，大路口村、芹溪村党支部被市委授予带领群众奔小康党支部称号。

1997年，将"学美岭、创五好"活动与实施小康建设工程相结合，培植温郊乡桐坑村、里田乡田坪村等省、市先进典型。抓好8个后进村党支部整顿转化工作。

1998年，乡镇党委开展争创"党建工作先进乡镇""六个好"（有一个好班子、一支好队伍、一条发展经济好路子、一套好制度、一种好作风、一个好工作格局）乡镇党委和乡镇书记、乡镇长"一对好搭档"活动。开展向吴金印和兰秀珍学习、"学美岭、学马塘、学西坑、学紫云"和"五比五促"活动。抓好黄沙口村等3个后进村党支部的整顿转化工作。组织开展县直部门挂乡包村"五个一"活动和县、乡机关党员干部与农村党员"结对子二帮一"活动，推进农村脱贫致富奔小康进程。组织农村党员干部248人参加农函大、农广校和农校等各种学习教育。

1999年，与县职业中学联办"村政管理中专班"，分期分批提高村干部和后备干部的文化水平。开展向大路口村党支部学习活动，全县掀起学先进、赶先进热潮。

2000年，推行大路口村"村会协作"和"双带双创"做法。做好余朋乡后进乡镇党委和嵩口镇范元村、长校镇江坊村、余朋乡芹溪村等后进村党支部的整顿转化。抓好村级班子换届选举，在20个村开展"两推一选"党支部班子的试点工作。

2001年，开展"驻村夜访""千名干部入万户"活动，密切党群干群关系。规范乡村工作运行机制，15个乡镇和111个村全部推行政（事）务公开、村务公开。

2002年，抓好嵩溪村、新村等8个后进贫困村党支部的整顿转化工作。推广以村党支部、党小组和党员为核心的"三级核心网络建设"（指以党支部为核心的作用网区，以党小组为核心的工作网站，以有带创能力党员为核心的责任网点），促进村务管理工作规范化、制度化。

2003年，以村级换届选举为契机，指导乡镇做好村党支部书记人选的考察，全面推行"两推一选"村党支部班子成员工作。全县111个村共有94个村开展"两推一选"。总结推广新典型，涌现出南岐（种植蜜雪梨）、洋庄（种植花卉）、新村（种植苗木）、桐坑（竹山养羊）等一批"大路口式"典型村。同时，抓好阳坊、大元、河背3个后进贫困村党支部的整顿转化工作。

2004年，在农村开展"三级联创"活动，推动"村会协作""农业155""双带双创"三项活动的整合深化。加强典型培育推广，推动大路口、桐坑等老典型走前头、创新经验，培育涌现出南岐、洋庄等一批先进村党支部典型。从机关、企事业单位中选派干部27人到相对后进、薄弱的村任第一书记或村主任助理。

2005年，抓好田口、南岐等先进村的巩固提高。总结推广沙芜渔业协会"协会+支部"的好做法、好经验，组建田源乡苗木协会和里田乡花卉协会党支部。在余朋乡芹溪村开展创建农村党员中心户试点工作，建立养蜂、茶果、食用菌、养羊、种竹五类中心户，依托中心户组织党员和群众开展实用技术培训和政策法规宣传。实行县、乡领导干部挂钩联系驻村任职干部制度。

四、机关和社区党建

1991—1995 年，县直机关、学校党建工作结合本单位业务开展。1996 年，机关党的建设围绕“创争”活动及“当公仆、办实事”“说办就办，说到做到”活动展开。1997 年，在机关党员干部中组织实施“素质工程”，开展“双学”（学习建设有中国特色社会主义理论、学党章）、“两说三讲”（“两说”：说到做到、说办就办。“三讲”：讲学习、讲政治、讲正气）活动。1998 年，机关党组织围绕“两说三讲”要求，抓机关干部政德建设和领导干部党风廉政建设。1999 年，建立健全机关党建工作责任制，推行发展党员“公示制”和部门科室、基层站所负责人“末位淘汰制”，开展争创“党建工作先进单位”活动。

2000 年，制定机关党建联系点工作制度，开展“三农服务”活动，组织机关干部参与山地综合开发。共有 28 个单位、312 人参与开发，投入资金 27.1 万元，开发水果“三蜜”（蜜雪梨、水蜜桃、特早熟温州蜜橘）面积 15.5 公顷。在全县中小学掀起学习东山实小党支部先进事迹热潮。2001 年，县劳动局党支部被省委评为先进基层党组织。以“学习东山实小、创五好支部”活动为载体，提高中小学党建工作水平。2003 年，在机关开展“千名干部入万户”“双查双比一促”等活动，转变工作作风，提高工作效率。2004 年，组织实施《社区工作纲要》，开展创建“党建工作先进单位”和建设学习型党组织活动。

2005 年，开展创建“党建工作先进单位”和“五个好”（领导班子好、党员干部队伍好、工作机制好、工作业绩好、基层和群众反映好）党支部活动。完善以“一岗一队一站一校”为主要内容的社区党员教育管理服务网络建设。

五、企业党建

1991 年，开展国有和乡镇企业党组织状况调查，完善企业党组织活动制度和活动方式。加强乡镇企业党的建设，凡是 3 名以上党员的企业建立党支部，只有少数党员的企业，挂靠在乡镇企业站或乡镇机关党支部。开展民主评议党员活动，建立健全流动党员管理制度。

1994 年，全县乡镇企业单独建立党支部 14 个、党小组 45 个。

1995 年，在企业党组织开展“一个党员一面旗”活动。在国有企业推行企业行政领导与党务干部实行同一目标责任制。考核行政领导，既看抓党建工作情况，也看促生产发展成效，企业党建与生产同步发展。

1996 年，在企业党组织开展“一个支部一个堡垒、一个党务干部一根标杆、一个党员一面旗帜”活动。坚持和完善厂长（经理）负责制，对于厂长、书记“一肩挑”的企业，配专职副书记 1 人。

1997 年，召开全县国有企业党建工作座谈会，组织实施企业党建“保障工程”。完成改制的 13 家国有企业党组织负责人均进入董事会或监事会。

1998 年，建立县委常委、党员副县长抓国有企业党建工作联系点制度，坚持每季度召开一次联席会议，对困难企业、亏损企业加强党建工作指导，并建立与现代企业制度相适应的企业人事管理制度。开展企业“学南纺、创四好”（学习南平纺织厂党建工作经验，创好的领导班子、好的党员队伍、好的工作机制、好的工作制度）活动。

1999 年，县委对国有企业领导班子实施重点考核和跟踪考核，组织考核 8 家县属骨干企业领导班子及 30 名领导干部，调整充实企业领导干部 4 人，建立企业后备干部队伍 38 人。培育氨盛公司为企业党建典型。

2000 年，抓好县水泥厂、化工厂、罗口煤矿 3 家改制企业党组织的重新设置。在生产经营正常的 5 家企业单独建立党支部。

2005 年，坚持企业主管领导每月向党组织通报生产经营情况 1 次、提交财务报表的厂情沟通制度，及党政班子每月至少召开 1 次联席会议制度，确保党组织有效参与企业重大问题决策、落实党管干部原则。

六、新经济组织党建

1991—1992 年，完成港澳台资企业党组织状况调查。1995 年，抓好年产值 100 万元以上、常年职工人数在 100 人以上企业党组织设置工作。成立中外合资福建省富晖竹制品有限公司党支部和长校电站党支部。对党员不满 3 人的企业，采取挂靠、依托、联合形式建立联合党支部。

2000 年，召开全县非公有制经济组织党建座谈会，形成抓非公有制经济组织党建工作合力。

2001 年，建立非公有制经济组织党建工作联席会议成员单位挂钩联系制度 18 个。成员单位联系非公有制经济组织14个。及时组织鸿翔化工公司支部、余朋“三厂”支部等非公有制经济组织党组织进行换届选举。开展“双增双比双联”活动，引导企业党员在服务企业生产经营上发挥作用。明孚公司第一车间主任罗茂发被评为市优秀共产党员。

2002年，县林业局党委促成港商独资企业鸿伟木业有限公司成立党支部。同年，完成华龙矿业公司党支部组建工作。

2003年，开展非公有制经济组织党建工作“创五有、促发展”（有健全的党组织、有素质较高的书记、有发挥党组织作用的办法、有较好的党建工作环境、有较好的工作业绩，促进非公企业健康发展）活动。明孚硅业公司总经理陈潘和被市委评为优秀共产党员，华龙矿业公司董事长罗哲被评为市非公企业“党建之友”。

2004年，实行县处级党员领导干部挂钩联系非公有制企业党建工作制度。组织实施“50100”工程（即从业人员100人以上和50人以上、年营业收入500万元以上的规模企业都要单独建立党组织，凡有3名党员的都要单独建立党组织）。全县16家员工50人以上、党员3人以上的非公有制企业以及县个体劳动者协会共组建党支部16个。是年，全县建立非公经济组织党组织17个（党总支1个、党支部16个），有党员233人。

2005年，选派6名非公有制企业党建工作指导员，加强对非公有制企业党建工作领导和指导力度。加大企业党组织整合力度，撤销氨盛公司、建筑公司、农资公司等党（总）支部，组建民营氨盛化工公司党支部。

七、表彰先进

1991年，县委“七一”表彰先进党小组49个、先进纪检组织2个、优秀党务工作者25人、优秀纪检干部4人。1993年，省委、市委表彰党务工作者5人。县委表彰先进基层党组织29个、优秀共产党员100人，基层党组织6个、优秀共产党员6人。1996年“七一”期间，表彰先进基层党组织39个、优秀农村党支部书记4人、优秀党务工作者27人和优秀共产党员89人。2000年“七一”期间，表彰优秀党员60人、优秀党务工作者30人、先进基层党组织30个。2002年，七一期间评选表彰优秀党员60人，优秀党务工作者28人，先进基层党组织29个。

第四节　知识分子工作

一、知识分子管理

1991年，调整县知识分子工作领导小组成员，完善知识分子工作分级管理制度、表彰奖励制度、医疗保健制度、联系制度和年度考评制度。全年举办知识分子政治学习班35期，组织参观学习6次240人，召开座谈会31次。

1992年，从优秀分子中吸收入党111人，列入重点培养考察215人。选拔36名具有一定管理能力和领导水平的优秀知识分子进入各级领导班子。

1993年，16名青年教师被省、市评为优秀教师，35名知识分子获省、市各部门先进工作者称号。优秀知识分子入党66人，列为重点培养考察对象357人，一批具有一定管理能力和领导水平的优秀知识分子进入各级领导班子。

1994年，选送561人次到上级业务部门培训、进修。28名知识分子被提拔担任副局级以上领导职务，237名知识分子列入后备干部队伍。拨出1万余元，补助具有中级以上职称的20多名“5·2”洪灾受灾特困户。

2003年，鼓励各类专业技术人才参与项目开发和经济建设，参与科技、兼职、教学等服务领域。

2005年，清流县围绕全县苗木花卉、生态旅游、氟化工三大支柱产业，加大重点领域引智力度；引进卫生系统紧缺人才3人。

二、拔尖人才管理

1991年，制定《1991年知识分子工作具体安排意见》和《关于选拔和管理拔尖技术人才意见》，确定第一批拔尖技术人才4人。

1992年，与第一批县管专业技术拔尖人才签订双向目标责任书，建立拔尖人才专项档案。开展第二批拔尖人才推荐工作，共推荐有较突出贡献的优秀专业技术人员23人。1993年，确定7名贡献较突出的优秀专业技术人员为第二批拔尖人才后备人选。1994年，对4名拔尖人才进行重新考核鉴定，充实其专项人才档案；选拔8名贡献较突出的优秀专业技术人员，作为第二批拔尖人才的后备人选。

1997年，完善知识分子联系制度，协调解决实际困难。对优秀年轻专业技术人员和科技人员实行动态管理。1998年，建立科技人才信息库。2004年，做好拔尖人才摸底、推荐和审核等工作。县明孚公司总经理陈潘和被评为第八批“市管拔尖人才”。

2005年，建立完善“清流县优秀人才”、高级专业技术人员资料库。制定《清流县“十一五”人才发展规划》（讨论稿），探索创新人才培养、评价、激励和保障新机制。

第六章 宣传工作

第一节 理论学习与研究

1991年，组织全县干部深入学习贯彻中共十三届七中、八中全会和中央工作会议精神及江泽民“七一”讲话精神。开展“忆传统、讲党性、学先进、作奉献”为主题的纪念建党70周年活动。

1992年3月4日，县委召开全县副科级以上党员领导干部会议，学习传达邓小平同志视察南方重要谈话。在全县开展进一步解放思想大讨论。10月，中共十四大召开后，县委及时召开全体（扩大）会议，传达中共十四大精神和福建省委五届七次全体（扩大）会议、三明市委四届九次全体（扩大）会议精神。对全县学习、贯彻中共十四大精神作出具体部署。县委组织一批干部深入农村和基层传达贯彻十四大精神。全县共举办局级领导干部培训班3期、后备干部培训班及村主干培训班各1期、理论骨干培训班1期、党员干部培训班30期，培训人员3500人。

1993年，组织全县120名宣讲工作队员进驻27个社教村，培训宣传骨干260多人次，促进中共十四大精神宣传工作开展。

1994—1996年，党委中心组建立联络员制度、检查制度和定期反馈制度，把邓小平建设有中国特色社会主义理论作为学习的重点。县、乡党委举办各种层次理论学习培训334期，全县党员干部参加学习3万余人次。组织“精神文明”“清流实践与中国特色社会主义理论”“农村思想政治工作”“职工思想政治工作”等理论研讨活动，交流论文200篇，送省、市研讨33篇，获奖6篇。组织征订《邓小平文选》《邓小平建设有中国特色社会主义理论学习纲要》等各种教材和学习刊物4万余册，购买有关社会主义市场经济，现代科学基础知识，形势、政策法规教育等录音、录像资料150余盒。编写《邓小平同志建设有中国特色的社会主义理论和新党章学习问答》等一批教材辅导资料。

1997年，建立以县委宣传部、县纪委、县委党校为主的理论宣传队伍，深入基层、农村、学校、厂矿企事业单位，举办社会主义初级阶段、经济体制改革等专题理论知识讲座27场，参加听讲2300人次。其中《坚持三讲 全心全意为人民服务》的教案在全省基层优秀党课教案评选中获奖。举办学习中共十五大精神骨干培训班，培训理论骨干90余人。全县各党委举办基层理论培训91期，近万人次参训。全县围绕经济社会发展战略、精神文明、新时期宣传思想工作等内容开展重点课题调研17个，在省、市交流论文9篇。制作清流县首部理论宣传专题片《在跨世纪的门槛前》。

1998年，围绕纪念中共十一届三中全会召开20周年，开展多种形式宣传教育活动。举办全县农村党支部书记学习邓小平理论等骨干培训班3期，培训理论学习骨干184人。各党委举办各种学习培训班140余期，

1.3万余人受训。县理论宣讲队伍深入基层开展专题辅导28场，3000余人听讲。围绕“深入贯彻十五大精神，推进清流新一轮创业”“纪念十一届三中全会召开二十周年”等重点课题开展调研，完成理论调研文章60余篇，在市级以上刊物交流10篇。召开纪念中共十一届三中全会理论研讨会，会上交流论文18篇。

1999年，全县宣传中共十五届四中全会精神及江泽民在“七一”、国庆以及庆祝澳门回归等大会上讲话精神。在全县副科级以上领导干部中开展理论学习“三个一”活动，即使用好一本读书笔记，召开一次党委书记理论研讨会，举办一次学理论知识测试。在全县青年干部中开展“五个一”（每天读书一小时、每月写一篇心得体会、每季读一本书、每半年交流学习心得一次、每年总结表彰一次）读书活动，在基层开展党员教育“六项系列”（抓好党校建设、党员教育联系点工作、基层党课教育、领导带头撰写教案上党课、党员教育工作调研、年轻干部“认真读书学习，争当跨世纪人才”）活动，发挥典型辐射作用，带动广大党员群众学习邓小平理论。

2000年，全县开展“三讲”教育宣传。县处级领导干部开展“三讲”理论学习，阅读必读篇目51篇，每人作读书笔记3万余字，撰写体会文章4篇。6月，县委召开城区副科级以上领导干部、党校学员参加的学习辅导会，县委书记陈有极作《牢牢把握“三个代表”重要思想，扎实推进清流两个文明建设》辅导讲座。每位县领导撰写学习体会文章3篇。组织教员深入各基层党委和党校作巡回学习辅导。开展学习宣传中共十五届五中全会、省委六届十二次、市委五届十六次和县委九届五次会议精神活动。组织10余个调研小组深入乡村、企业、学校、社区，开展理论研讨活动，撰写调研文章80余篇，在省、市交流10余篇。

2001年，开展“学《讲话》（江泽民在建党80周年纪念大会上的讲话）、抓党建、促发展”理论研讨会。

2002年，组织中共十六大精神专题学习会50余场次。邀请市学习中共十六大精神宣讲团到清流作宣传报告，1000余名党员干部到会听讲。开展“四个专题”（增强福建经济发展后劲问题、增进福建精神文明实效问题、提高为人民服务质量问题、增强党的建设活力问题）和“三个代表”重要思想理论课题研讨活动，全年完成子课题调研52个，撰写调研文章48篇。县委学习中心组先后邀请省社科院严正教授、福建师大郑传芳教授等人分别作“三个代表”重要思想、WTO等专题讲座。

2003年，学习贯彻中共十六大精神和“三个代表”重要思想，在全县举办科级干部学习中共十六大精神专题研讨班，分期分批分层次对全县领导干部进行轮训，印发中共十六大精神和新党章知识竞赛试题，组织全县6000余名党员干部参加竞赛活动。

2004年，在全县开展以“落实科学发展观、建设生态经济强县”为主题的“清流发展论坛”重点课题调研，发动全县上下为清流县发展大计建言献策。开展“邓小平生平和思想研讨会”征文活动。

2005年，编辑出版《落实科学发展观，建设生态经济强县——2004年清流县学术年会论文集》。在全县党员干部中开展保持共产党员先进性教育活动。开展以“如何提高基层党委执政能力”和“加强和改进乡镇宣传思想工作”为主题的专题研讨活动。

第二节　社会活动和典型宣传

1991年，县宣传部门利用重大政治活动，组织专题、专版集中宣传。

1992年5月，开展纪念毛泽东《在延安文艺座谈会上的讲话》发表50周年系列活动。6月，开展学习潘清江活动，把学习先进与开展“满意在清流，行业十争当”活动相结合，运用身边的先进人物和事迹教育广大党员干部。开展“兴教育、办实事、迎督导”以及贯彻实施《中华人民共和国义务教育法》的先进典型和经验宣传教育活动。

1993年，全县开展纪念学雷锋题词30周年系列活动。6月，全县开展“爱清流、兴中华”主题教育系列活动。12月，全县开展纪念毛泽东诞辰100周年活动，并组织有关干部参加省、市举办的毛泽东诞辰100周年党建理论研讨。

1994—1996年，推出袁庭钰、江华椿及大路口村等一批国家、市级先进个人和单位典型。袁庭钰事迹被改编成4集电视连续剧《生命倒计时》和宣传资料《袁庭钰的故事》。1996年10月，组织11人组成的“铁心拼搏奔小康”文艺宣传队，深入全县15个乡镇和20个村巡回演出，同时送书2万余册。县委宣传部被授予全国迎接香港回归祖国读书活动特等奖、组织优秀奖。全县15个乡镇均创办宣传教育中心，35个建制村成立宣传教育站。

1997年5月，全县宣传系统开展以讲学习、讲政治、讲正气为主要内容的党性党风教育活动。6月，组织“迎香港回归”宣讲团，深入各中小学和厂矿企业巡回宣讲126场，接受教育学生和青年2.6万余人。邀请市委讲师团到清流举办香港回归形势报告会，县几套班子领导和县直机关全体干部职工近千人听讲。举办“迈步辉煌——清流县改革发展成就”展览。

1998年3月，全县基层党组织开展党员教育“六项系列”活动。举办纪念周恩来诞辰100周年座谈会、报告会、图片展、电影展放等活动。实施“百村书库”工程，送书下乡5100余册，廖武村、里田村等8个建制村被授予市合格村级图书室牌匾。

1999年，宣传中央和全省、全市经济工作会议精神，做好以“三讲”为主要内容的党性党风教育和党风廉政建设宣传报道。围绕庆祝新中国成立50周年宣传社会主义中国的巨大变化，特别是改革开放和现代化建设的伟大成就。

2000年，由清流县职工政治思想研究会和电力集团有限公司主编的《光明之窗》正式创刊。开展纪念建党79周年、庆祝县政协成立20周年系列活动。

2001年8月，举办纪念建党80周年《红土地》书画展，在全县开展“党在我心中、群众在我心中”宣传教育活动。12月，召开全县纪念清流县苏维埃政权成立70周年座谈会。

2002年，举办“迎十六大”金秋书画展。在全县中小学生中开展以“迎接十六大，歌颂共产党好、改革开放好、社会主义好”为主题的征文比赛。与福建省音乐家协会、三明市文学艺术界联合会联合举办全市首场个人音乐会——王远生从艺五十周年作品音乐会。

2003年4月，成立三月三诗社。举办清流县新闻写作与电视摄影培训班和农口部门新闻写作及摄影培训班，全县90余名信息工作者参加培训。全县新吸收《三明日报》通讯员12人，通讯员总数35人。创办《清流墙报指南》，每月出1～2期，作为农村墙报的母报，加强对乡镇、村墙报专栏的指导。4月，开展科学防治“非典”(非典型性肺炎)宣传，成立防治“非典”工作宣传组，制定宣传方案。利用清流广播、电视每天滚动播放、上街宣传防治“非典”知识，广泛开展防范“非典”教育。5月，与县卫生局、县防疫站联合开展防治“非典”宣传咨询活动。发放《预防“非典”基本知识》《中华人民共和国传染病防治法》等宣传资料5万余份。举办专业技术人员防治“非典”培训班30期，参训人员930余人次。同年，在全县中小学师生中开展“人口与计划生育作文竞赛”，将获奖作品集中整理后，编辑出版成《甜蜜事业之歌》一书。

2004年，在全县掀起学习宣传江华椿先进事迹热潮。8月，召开企业界纪念邓小平诞辰100周年座谈会。9月，县委宣传部、文明办、教育局、关工委组织德育报告团深入全县重点中小学校开展纪念邓小平诞辰100周年和庆祝新中国成立55周年巡回宣讲活动，作报告20场。县委、县政府召开全县加强和改进未成年人思想道德建设工作会议，制定《关于加强和改进未成年人思想道德建设的实施意见》。开展“走近百村记者行”采访活动，牵头组织县委报道组、县广播、电视台记者深入全县15个乡镇中有经济或社会发展特色的建制村进行采访报道。健全新闻工作激励机制，兑现2003年度“宣传清流新闻奖”。增加电视新闻容量，增强新闻时效性和感染力。2005年，全县开展提炼“清流精神”系列活动。

第三节　爱国主义宣传

1992年，在全县开展“国情、省情”知识学习竞赛，参赛人员3000余人。入选参加省决赛。

1995年10月，全县开展纪念中国人民抗日战争和世界反法西斯战争胜利50周年及长征胜利60周年系列宣传活动，举办革命历史歌曲歌咏比赛，城区参加单位23个，登台1307人。同年，制定并实施清流贯彻

《爱国主义教育纲要》的“55866”工程（即突出五个方面教育，开展五项主题系列活动，建立八大教育基地，抓好六类乡土教材建设，建立六支教育队伍），突出历史文化、革命老区传统等5个方面教育。

1996年，清流县与中央音乐学院、福建省音乐家协会联合在清流成功举办2场“纪念全国（清流籍）著名大提琴艺术家王连三诞辰70周年音乐会”，以文化搭台，促经贸唱戏，开展多种形式的宣传活动，提高清流知名度，扩大在外影响力。

1997年，举办迎接香港回归祖国宣传活动30项，负责组织实施部门单位28个。开展庆祝中国人民解放军建军70周年系列活动。

1999年，抓好纪念五四运动80周年、新中国成立50周年、迎接澳门回归宣传庆祝活动，在全县开展唱响“祖国颂、社会主义颂、改革开放颂”为主题的系列活动。

2000年，确定长校烈士纪念碑为县级爱国主义教育基地。刷写毛泽东《如梦令·元旦》和弘扬老区精神的固定宣传标语。2001年10月，举办“人民保险杯”国庆书画作品展，展出作品100余幅。

2003年，举办“瑞雪兆丰年”元宵摄影展、“羊年吉祥”元宵书画展，纪念毛泽东同志诞辰110周年书画展。

2004年，举办纪念邓小平诞辰100周年广场合唱比赛及书画展、纪念新中国成立55周年“祝福祖国”文艺晚会、联合县委政法委等部门举办创建“平安清流”歌手赛及大型文艺晚会等。

2005年9月，开展纪念中国人民抗日战争和世界反法西斯战争胜利60周年广场歌咏晚会，1000余人登台表演。全年举办文艺演出12场、书画作品展8次，创作书画作品352幅、文学作品62篇、文艺节目42个。

第四节　对外宣传

1991年，中央人民广播电台播出清流县专题节目《投资办厂的好去处——清流》。11月，成立县委对外宣传领导小组，加大对外宣传力度。

1993年，成立三明电视台清流记者站。1994年“5·2”特大洪灾期间，及时向外界反映灾情和对内大造生产自救、重建家园宣传声势，编辑纪实专题片16部，向中央、省、市和港台地区发送灾情录像带300盒，上送中央、省、市报刊、电台、电视台新闻稿件380条（篇）。清流县实施的《灾后宣传思想工作的五个重点》被省《宣传半月刊》载文推广。县《一周要闻》节目正式开播，每周五、周六晚上在有线电视台两套节目中分别播出，开设《时事动态》《经济之窗》等节目。8月，县广播电台开始全天候播音。

1993—1996年，编印《山区明珠——清流》画册、《清流县情台历》、资源风光折页等上万册，摄制《山区明珠——清流》电视专题片、《清流与你共发达》《璀璨明珠——清流》等录像专题片6部，宣传清流良好的投资环境以及引进外资、技术的优惠政策。

1997年，组织“三资企业在清流”图片展，举办“清流风光摄影大赛”，拍摄旅游专题片《碧水青山——清流行》，提高清流在外知名度。

1998年，做好实施再就业工程宣传，拍摄反映清流县下岗职工党员再就业的电视专题片《路在脚下》，在市电视台《党建专栏》播放。

1999年，加大清流县淮山、豆腐皮等农产品宣传，在省道洋万线境内建跨街宣传灯箱及“淮山之乡”“豆腐皮之乡”等大型广告路牌。

2000年，建立淮山和水果“三蜜”宣传牌，编印《清流招商指南》，举办清流首届灵台山素食文化节、第四届氡泉旅游暨商品交易会，增强清流在外影响力。7月，清流灵台山风景区与三明市作家协会联合在《三明日报》《杜鹃园》版举办“灵台山游记擂台赛”征文活动。

2002年9月，邀请省、市文联、作家及文学爱好者在清流召开“龙津金秋笔会”，宣传推介清流优良投资环境及灵台山风景区与嵩口热氡温泉等旅游景点。在各类报刊发表介绍清流经济发展和清流风土人情、旅游景点文章30余篇。利用各种传媒和渠道加大清流农产品宣传。以对外办事机构为桥梁，设立农产品宣传专柜，为水果“三蜜”注册“青流”商标，扩大水果“三蜜”品牌知名度。

2005年5月，出版融清流优势资源、品牌、项目、投资环境和各项优惠政策在内的《魅力清流》宣传画册。9月，九龙湖景区隆重开业。在《中国旅游报》第8期上刊文介绍清流景区美景，开发中文名“中国旅游·九龙湖”网站。11月，发行《魅力清流》风光有奖明信片。

第五节 新闻报道

1991—1993年，围绕全县经济、城乡、水利建设中心工作，在《福建日报》《三明日报》等省、市报刊刊发新闻、通讯、特写等300余篇。其中江凤英采编的《内陆鼓浪屿——清流县纪行》在中央人民广播电台播出，《两岸同胞共修魏徵族谱》在1992年6月4日《人民日报》刊发。

1994—1996年，制定新闻审稿、审看、审听把关制度和新闻联席会制度，建立1支相对稳定的通讯员队伍。围绕精神文明建设、“奔小康、建新村”、创建计生先进县、企业“抓管理、增效益”、公路先行工程等五大战役开展新闻宣传报道，3年共被省市报刊采用稿件531篇，在省、市好新闻评比中获奖7条（篇）。其中人民日报社记者采写的《清流思路》刊登在1995年4月11日《人民日报》，李升宝的《客家山乡特有的三角戏》于1994年6月被北京《剧读报》采用。

1997年，围绕香港回归、中共十五大开展新闻报道，重点宣传县委、县政府重大决策、科技进步等，推出救火英雄刘剑羽、见义勇为先进分子邓胜标等先进典型。制定新闻评奖制度，开展首届“宣传清流新闻奖”活动。完成新闻专题片15部，在市台播出8部。新闻稿被省级报刊、广播和电台采用22条（篇），市级采用649条（篇）。

1998—2002年，清流新闻拓展视野，重点报道招商引资、海内外文化交流、寻根问祖等主题，被省、市各类报刊采用600余篇。

2004年，加大科教兴县、先进人物等方面的报道。3月21日，《人民法院报》头版刊登题为《有限生命闪亮光，司法为民永不悔——优秀法官江华椿献身在岗位》通讯。最高人民法院院长肖扬读后作出批示。年4月，最高人民法院会同人民日报社、新华社、中央电视台等10家媒体到清流县联合采访、报道优秀法官江华椿先进事迹。4月20日，《人民日报》刊载报道《江华椿——不让生命留下空白》。

2005年，《37岁农妇背起书包上初中》被评为《三明日报》好稿。《生死关头拉一把——记全国见义勇为先进分子严必群》在《三明日报》2版刊登。

第七章 统一战线

第一节 统战工作机制

一、基层统战组织

1991年，全县20个党委配齐统战委员。1992年，全县236个党支部配齐统战宣传支委。

至2005年，全县统战部门组织机构均已建立和完善，乡镇党委、县直各党（工）委设立统战委员，村支部设立统战员，形成县、乡、村三级统战工作组织网络，为推进统战工作提供组织保障。

二、多党合作和政治协商制度

1991—1996年，县委、县政府先后建立统战工作联席会议制度、非党代表人士协商座谈会以及对口联系制度。1995 年始，将统战理论纳入县委党校培训课程。2005 年，将统战工作纳入各级党委党建考核内容和全县“三个文明”考评内容。引导党外人士民主参政、科学参政、依法参政，大统战工作格局基本形成。

第二节　党外人士工作

一、党外人士联系制度

1991 年，建立与党外人士联系制度。县处级党员领导干部联系党外人士 26 人；全县 265 名科级干部联系党外人士 574 人。召开党外人士座谈会 52 人次。

1994 年，统战部干部分头联系非公经济代表人士 30 人，采纳党外人士意见建议 32 条。

1996 年，全县 23 名处级党员领导干部与 32 名非党人士交友，并填写《清流县几套班子党员领导干部与党外人士联系情况登记表》，收集意见建议 44 条，解决问题 16 个。

1998 年，县级党员领导 21 人与党外人士 29 人进行交友联系 72 人次，每位县处级领导挂钩非公企业大户 2 户。召开党外人士协商座谈会 10 次，参加人员 280 人次。

2005 年，开展全县党外干部、党外优秀知识分子及知名人士调查摸底，建册立档。

二、党外后备干部队伍

1991 年，全县党外副处后备干部 4 人，其中女性 1 人；党外科级干部 66 人，其中女性 8 人；股级干部 121 人，其中女性 21 人。1995 年，推荐县管党外后备干部 96 人。1996 年，推荐党外后备干部 15 人（其中市管 3 人）。1993—1998 年，安排非党干部到县委党校培训 616 人。1998 年，科级党外后备干部 60 人。

2003 年，市管党外后备干部 5 人，县管党外后备干部 51 人。2005 年，全县县管党外后备干部 65 人。

三、参政议政

（一）政治安排

1991 年，全县 181 名人大代表中，党外人士 65 人，党外人士常委 5 人，党外副主任 1 人；政协 78 名委员中，党外人士委员 47 人，党外人士常委 9 人，党外副主席 3 人。

1994 年，在 181 名人大代表中，党外人士 65 人；县政协 100 名委员中，党外人士委员占 61 人，增设港澳界、科协界委员。2002 年，推荐三明市政协委员 9 人，其中党外人士 6 人；推荐省政协委员 2 人。

（二）实职安排

1991 年，建立党外后备干部名单近 200 多人。推荐 13 名非党人士分别担任政府有关职能部门副科级领导。年内，非党领导干部增加到 27 人。1992 年，党外副科以上干部实职安排 32 人。1993 年，副科以上党外干部增至 40 人。1996 年，全县非党实职安排 27 人，其中处级 4 人，科级 17 人，副乡镇长 6 人。1997 年，全县非党实职安排 28 人，其中副处 3 人，政府实职的非党科级干部 20 人，副乡镇长 5 人。1998 年，党外领导干部实职安排 21 人，其中处级 2 人，科级 19 人。

2002 年，党外副处 3 人，副科以上 24 人，完成县政府四分之一职能部门和三分之二的乡镇配备党外领导干部的任务。全县 15 个乡镇，配非党副乡镇长、人大常委会主席 14 人，政府职能部门（局）配非党副局长 6 人。

四、落实党外知识分子政策

1991 年，为非党教师 14 人落实政策待遇。1992 年，建立知识分子联系慰问制度，联系知识分子 26 人。

1996 年 4 月，开展党外知识分子调查，全县大专以上文化程度非党知识分子 695 人，其中中级职称 509 人，高级职称 4 人。分布在机关 131 人、企事业单位 564 人。确立 197 名知识分子作为统战联系对象。

1997 年，开展全县范围内大专以上非党知识分子年度调查。当年，全县有党外中、高级知识分子 297 人。走访其中 36 人，听取他们的意见和建议。召开党外知识分子座谈会 2 次，与会知识分子 40 人。

1998年，慰问党外中、高级知识分子25人，为党外知识分子15人解决实际问题。2001年年末，全县党外知识分子2260人。2005年，全县党外知识分子1160人。

第三节 少数民族工作

一、少数民族概况

1990年，第四次全国人口普查数据显示，全县有少数民族11个、1928人，占总人口1.35%。随着改革开放的不断深入，通过婚姻、务工经商等渠道迁入县内的少数民族人口逐渐增多。

2000年，少数民族人口1966人，占总人口1.43%，与1990年相比，上升0.08个百分点；少数民族增至17个。

2005年，由于户籍部门变更民族成分登记和随父母更改民族成分，少数民族人口增至2366人。县域高山族人口主要分布在龙津、嵩口2个乡镇6个建制村（居），属福建省唯一国家重点扶持的少数民族。

二、落实民族政策

20世纪80年代初，帮助县回族、高山族群众和部分畲族蓝氏群众落实民族成分，并帮助落实回族居民享受每月4元副食品补贴。

1991年始，先后翻印《党和国家民族政策宣传提纲》500余份，发至县直部门、各乡镇和建制村，组织各级领导和干部群众学习，并通过召开座谈会、有线电视滚动播出等多种形式，开展民族政策宣传活动。落实少数民族高考生“同等优先”政策。有关部门推荐文化高、素质强、德才兼备的少数民族公民竞选村主干或担任县、乡人大代表和县政协委员，确保每个少数民族村都有1名少数民族村主干，县、乡两级人大代表和政协委员都有适当数量少数民族名额。

1992年7月，全县有少数民族干部47人，其中党政干部17人、女干部4人、副科级以上6人、副处级2人、专业技术人员19人。1994年，安排少数民族政协委员2人。

1998年，县统战部接管民族工作。开展全县少数民族摸底调查，将基本符合民族建制村政策的基头村、嵩溪村、青溪村、太山村上报市民族宗教局。2000年，基头村、嵩溪村、青溪村、太山村4个村被认定为畲族村。

2004年，全县兑现少数民族考生加总分5%分数录取政策。向省、市争取资金22万元，改造嵩溪少数民族寄宿制小学。2001—2005年，为少数民族贫困大学生15人争取助学补助款4.4万元。

2003—2005年，全县4个畲族村均实现由本地少数民族村民担任村副主任以上村主要干部。县人大代表中有少数民族代表5人，占代表总数的2.4%；县政协委员中有少数民族委员2人，科级以上少数民族领导干部13人，两者均超过少数民族人口应占有比例。

三、民族村扶持

1991年，少数民族工作由县民政局负责。当年，争取市民政局投入资金3万元，扶持嵩溪镇青溪畲族村开发集体果园面积13.33公顷；投入资金2万元，扶持嵩溪回族豆腐皮加工厂生产。

2000年，县委、县政府出台《关于加快清流县少数民族村（组）经济社会发展的实施意见》，促进民族政策落实。县民宗局帮助少数民族聚居村制定经济发展规划，对要求扶持的项目进行调查论证、上报，争取资金。

2000—2005年，帮助各民族村筹集资金662万元。其中，为青溪畲族村筹资291万元，架设桥梁1座，铺设村通往镇政府柏油路1条，铺村通往小组水泥路2条，铺设村级水泥路6千米，安装电视地面接收站及全村21个自然村闭路电视，安装主村自来水，改建青溪村畲族小学。为嵩溪畲族村筹集资金145万元，兴办豆腐皮加工厂，兴修水利工程1.5千米，建公共厕所1座，新建和修复大桥各1座，修复部分自来水工程，铺设村级水泥路650米，建设民族寄宿制小学，修缮村部办公楼。为太山畲族村筹款123万元，安装闭路电视转播站，铺设村水泥路12千米，修建坍塌河堤150米。为芹口畲族村民组安装自来水，扶持学校改善办学条件，建公厕1座，修缮村部。为基头畲族村筹集资金103万元，新建自来水工程，安装闭路电视接收站，更新输电线路设施，铺设环村水泥路、学校水泥篮球场，兴建村部办公楼和科技图书室，修建寨坑坝等水利工程。

第四节　港澳台胞联谊交流

1991 年春节前夕，深入城区和乡镇慰问“三胞”和工商业者 130 人，赠寄贺年卡 185 张，发出慰问信 250 封。并召开元宵、中秋茶话会，拓宽海外联谊渠道。

1992 年，选派干部到厦门、深圳、香港等地考察，联系三胞及各界人士。通过穿针引线，“台湾区家禽发展基金会”高雄县养鸭生产合作社一行 33 人到清流考察投资，签订开发项目 4 个。全年促成与台胞签订意向合同 5 个，涉及茶叶、房地产、木材加工、家禽养殖等项目，金额 2000 万元。

1993 年 3 月，成立清流县旅港联谊会。当年，香港联谊会与清流签订项目 5 个，投资额 2120 万元，并在清流设立办事处。1994 年，鼓励、引导海外同胞捐资兴办公益事业。清流遭遇“5・2”特大洪灾，台胞捐资 3.6 万元。当年，全县有台资企业 13 家，合同利用资金 256.35 万美元。

1995 年，参与引资项目 106 个，金额 1.27 亿元。海外捐资 17 万元，办公益事业 4 项。1996 年，为“三胞”排忧解难。帮助香港同胞投资兴办的长达木制品有限公司协调解决实际问题。组织技术人员为台商投资的果园解决挂果问题。主动与县法院联系，为 1 名台胞兄弟平反。

2001 年，促成香港宝莲寺捐资 270 万元，为长校、赖坊、嵩溪、东华俞坊村兴建学校教学楼。

2000—2003 年，先后促成香港应善良基金会、香港福建希望工程基金会、香港胡文虎基金会为李家长灌小学教学楼、灵地姚坊希望小学、灵地中小教学设施建设捐资 66.4 万元。

至 2005 年，清流接受港澳同胞及海外华侨捐资 317 万元，助建学校 21 所。先后参与引进港澳同胞投资兴办服装企业 7 家、木材加工和企业 1 家、化工企业 1 家。

第八章　精神文明建设

第一节　思想道德教育

一、社会公德教育

1991 年，开展文明市民（居民、村民）普及教育，发放《文明市民读本》4200 册。调整充实县文明市民教育总校机构。指导兴办市民学校 22 所和教学班 60 余个，指导培训教学骨干 291 人。举办首届文明市民常识竞赛，参赛人员 200 余人。

1992 年，制定下发文明市民教学计划，发放《文明市民读本》（榜样篇）1000 册，同时在文明市民教育中增加环保常识内容。

1996 年，县委下发《关于开展向袁庭钰同志学习的决定》，各文明市民学校以开报告会、座谈会等形式宣传袁庭钰精神。

1997 年，结合香港回归历史大事件，充实文明市民学校教学内容。组织文明市民学校流动小分队，深入农村、厂矿、学校，宣传香港回归的背景知识及现实意义。

2001 年，《公民道德建设实施纲要》（以下简称《纲要》）颁布实施，全县设立《纲要》宣传牌 20 多处，印发《纲要》宣传提纲3万余份，举办《纲要》培训班60余期，使“爱国守法、明礼诚信、团结友善、勤俭自强、敬业奉献”20字公民道德基本规范家喻户晓。

2005年，组织离退休干部600余人次深入各乡镇、机关、企事业单位、学校宣讲《纲要》，将《纲要》搬出课堂，走进群众。

二、职业道德教育

1991年，全县以“岗位学雷锋，行业树新风”为主题，组织开展“百日优质服务竞赛”“窗口”单位评比达标、“三优街”(优美环境、优质服务、优良秩序）单位创优达标和“评选最佳营业员、服务员”活动。创建文明“窗口”38个。

1992年，开展“满意在清流，行业十争当”活动，充实、完善活动内容。表彰先进单位10个、先进个人20人。

1994年，清流遭遇“5·2”特大洪水侵袭，各界群众奋起抗灾，积极自救。全县表彰抗洪救灾先进单位4个、先进个人86人、积极分子98人。全县各行业开展“三优一创”(优美环境、优良秩序、优质服务，创文明集镇）活动，树立商贸服务窗口满意形象，展现老区人民重建家园的振奋精神，此次活动有145个单位被评为“三信一优”(“三信”：即价格、计量、质量信得过；“一优”：优质服务）窗口。

1997年，以公安110、邮电180、交警122、气象121等“1”字号岗位竞赛活动为龙头，开展接受人民群众监督的“共创满意窗口，同享社会温馨”竞赛。全县80%以上的行业单位逐步形成“爱岗敬业，诚实守信，办事公道，服务群众，奉献社会”的良好风尚。

1999年，开展创建文明行业“满意杯”竞赛活动，对职工普遍进行职业理想、职业责任、职业道德、职业纪律和职业技能的“五职”培训。全县参与此次竞赛活动4000余人。

2000—2005年，在开展“满意杯”竞赛活动中，各行业优秀窗口单位不断涌现。县国税局进行以“五查五治”(查思想、查作风、查纪律、查职责、查廉政和治浑、治懒、治散、治软、治贪）为主要内容的思想教育，造就文明、精明、严明的干部队伍；县地税局制定《服务规范》《服务质量考核细则》《服务回访制度》等一系列服务措施，提高服务质量。

三、家庭美德教育

1991年始，全县开展文明户（五好家庭）创建活动。注重发挥典型辐射作用，每个单位和村均树立典型，使周围群众学有榜样。当年，全县评出文明户7412户，文明楼院达70%以上。

1994年，组织广大妇女开展“家庭美德建设”活动。至1996年，全县表彰好婆婆105人、好媳妇210人、好母亲72人、好儿女45人。同年，下发《关于在全县农村深入开展“联户共建”“创十星、评十户”活动的通知》。各乡镇抓“创十星、评十户”(“十星”：勤劳致富星、遵纪守法星、计划生育星、科技兴农星、爱国贡献星、学文重教星、移风易俗星、团结和睦星、助人为乐星、环境卫生星；“十户”：十佳单项典型户）试点工作，提倡尊老敬老，夫妻互敬互爱，正确处理邻里关系，建立健康、文明、向上的生活方式。涌现出嵩溪镇塘背村、东华乡大路口村等一批典型。全县有文明户9420户。

1997年，全县开展创建评选“五好文明家庭”及“家庭美德建设”活动，组织有关人员撰写“家庭美德建设”论文14篇。10月，县“五好文明家庭”活动领导小组评选出县级“五好文明家庭”示范户10户。其中，余瑞松等6户被评为市级“五好文明家庭”，姚香莲家被评为市级“五好文明家庭”标兵户，沈其福家被评为省级“五好文明家庭”。母亲节时，号召全县青少年为母亲做一件好事。召开“文明媳妇，开明婆婆”表彰会，表彰“文明媳妇”“开明婆婆”等400多人。年末，全县有“五好文明家庭”2.24万户。

2000年3月，开展创建“先进五好文明楼院”“先进五好文明家庭”活动。年内，表彰县级“先进五好文明楼院”5幢、县级“先进五好文明家庭”10户。

1997—2001年，沈其福等3个家庭被评为省级“五好文明家庭”。

2002年，温水姬家获第三届市十佳“五好文明家庭”标兵户，供电局1号楼院、烟草公司宿舍楼被评为市“五好文明楼院”。

至2005年，全县有“五好文明家庭”2.24万户，占总户数70.9%。

第二节　精神文明创建活动

一、创建文明县城

1993 年，围绕文明县城创建目标，突出抓好卫生城、“双拥模范城”及花园城的创建工作。城区环境实行“一日两扫一保洁”，将城市清扫面积扩大为 6.13 万平方米；新植绿化树 1 万多株，补植广玉兰 150 株，栽种盆花近万盆，人均绿地面积 5.8 平方米，城区绿化覆盖率 30%。

1995 年 12 月，清流县被中共福建省委授予 1994—1995 年度创建文明县城竞赛活动优胜县城，并授予清流一中、第二招待所、监察局、嵩口坪发电厂、清流供电局为省级文明单位。同年，对照创建文明县城评比项目，拟订全县实施方案。

2001 年 3 月，开展创建园林式单位（庭院）等群众性绿化植树和全民义务植树活动。5 月及 8—9 月，开展城区环境大整治活动。劝导、处罚各类违章停放车辆，规范临时摊等，城区环境和交通秩序得到一定程度改观。清除街头巷尾看相算命摊点 3 个，取缔不规范老人文化活动室 5 家，整治发廊、歌舞厅、录像厅 5 家，查处非法网吧和电子游戏厅各 1 家。当年，城区绿化覆盖率 26.2%，建成区绿地率 15.54%，人均公共绿地面积 7.2 平方米。

2003 年始，文明县城创建改由省委文明办组织人员进行考评，周期定为 3 年一届。县委、县政府提出争创省级文明县城奋斗目标，成立创建省级文明县城工作指挥部，负责组织、协调、指导、督促创建省级文明县城工作。县有线电视台、广播电台和固定电话开设“创建文明县城，建设美好清流”专栏。县妇联开展“争创省级文明县城，共建美好家园”为主题的巾帼志愿者大行动，3000 余名各界妇女投身创建活动。团县委组织回乡大中专学生和中小学生参加创建省级文明县城宣传小分队，开展文明知识宣传、便民为民服务，纠正不文明行为。各社区组织一系列主题教育活动，吸引群众踊跃参与。

2003 年，清流县与泉州市鲤城区开展结对共建活动，成立区域共建领导小组，签订《区域共建结对意向书》，制定创建活动实施方案，促进双方经济社会协调发展、共同繁荣。

2004—2005 年，推进“绿色生态文明带”创建活动。全县抓结构调主线，致力发展生态农业、生态工业、生态城镇、生态旅游。先后引进资金 1.2 亿元，开发七星岩和九龙湖旅游景区。同步加快景秀园林生态农业观光园、嘉德冷泉休闲中心及灵台山景区建设。

1991—2005 年清流县省、市级文明单位情况表

表 15-5　　单位：个

年份	省级文明单位（学校、村）	市级文明单位（学校、村）	年份	省级文明单位（学校、村）	市级文明单位（学校、村）
1991	2	27	1999	8	32
1992	3	30	2000	8	32
1993	3	30	2001	8	35
1994	3	30	2002	9	35
1995	3	30	2003	9	35
1996	5	30	2004	9	35
1997	8	32	2005	9	35
1998	8	32	—		

二、创建文明村镇

1991年，全县15个乡镇开展精神文明建设竞赛。制定下发竞赛活动实施方案和评比细则，全县组织社教工作队320人进驻乡村开展活动，农村党团员受教育面100%，群众受教育面90%。同年，全县农村开展“六联六共”（经济工作联抓，共同繁荣；计划生育联抓，共创达标；社会治安联防，共保稳定；民事纠纷联解，共建睦邻；移风易俗联倡，共树新风；群众思想联做，共育新人）文明片区活动，农村环境卫生公益事业、社会治安不断优化。

1994年，清流遭受洪水侵袭，全县把开展“讲精神文明，比科技致富，建科普新村”活动与恢复生产、重建家园结合，农村灾后重建工作有序开展，形成“党员带群众、大户带小户、先富帮后富”和“小灾帮大灾、轻灾帮重灾、无灾做奉献”的联户共建格局。是年，全县城乡共有联户共建小组400余个，带动、帮助村民5000户。

1995年，开展“文明走廊”创建活动，以先行工程为契机，实施“小县大城关、小乡大集镇”的发展战略。开发城北工业区，建设大路口新集镇，推进嵩溪城市化，实施林畲“农民造镇运动”等，形成以点连线、以线带面的“银线串珍珠”文明共建新局面。

2000年，以“奔小康、树新风”为目标，开展创建文明村镇活动，以“明星杯”“七讲七比”（讲学习，比创新；讲责任，比奉献；讲务实，比效率；讲纪律，比自律；讲原则，比服务；讲大局，比风格；讲团结，比帮教）为载体，确定8个文明“精品村”，组织人员定期到乡镇了解创建落实情况，组织协调各有关方面开展“文化、科技、卫生”三下乡活动，举办科普画展和书画展，活跃农村科技文化生活。

2003年，把抓农村精神文明建设实效与乡镇干部工作业绩挂钩，列入干部考核内容。开展以“六提倡六反对”（提倡勤俭办事，反对大操办；提倡邻里和睦，反对自私自利；提倡崇尚科学，反对封建迷信；提倡健康娱乐，反对聚众赌博；提倡卫生整洁，反对凌乱无章；提倡晚婚晚育，反对早婚超生）为主要内容的移风易俗活动，营造“诚实守信”“庙会新风”“祠堂新貌”“尊老敬贤”的良好社会新风尚。

2004年，全县推广大路口村“村会协作”、林畲乡“诚信建设”，南岐村“庙会新风”、田口村“祠堂新貌”等典型经验做法。

2005年，全县各乡镇开展“家园清洁行动”“绿化家园”“卫生厕改造”活动，对农村环境进行集中整治。

三、社区共建活动

1991年，以各文明片区为中心，组织开展“联户共建”（由1名党员或致富能手联系3户致富群众，3户致富群众再联系6户一般群众户，10户为一体）活动。以所在居民（村民）住户10户左右为一单位，组成1个“联户共建”小组，深入街道、住户，整个城区形成7个共建片区。

1995年，将城区7个片区调整为4个，实行片区理事会与居委会合署办公。

1998年，出台《清流县文明安全片区规范化建设实施方案》，将城区分为12个文明安全片区，并就文明安全片区创建活动、基本标准、组织领导、创建要求作出规定。文明安全片区抓好“育人、治安、办实事”3个环节和“卫生、绿化、物业管理”3项重点工作，涌现出碧林山庄省级文明安全片区创建示范点、城南市级先进文明共建片区和清流供电局安全小区等精品型社区。

2000年，确定10个文明安全小区为重点示范小区，加强小区内宣传文化阵地建设，并在龙津镇翠园前街召开居民创建安全小区座谈会。2003年，组织开展科教、文体、法律、卫生、环保、涉台教育“六进社区”活动。

2005年，充实调整城区4个共建社区理事会，将每个社区7500元／年经费纳入县财政预算，解决社区工作人员待遇问题，保障社区各项创建工作平稳、有序开展。

四、“军民共建”活动

1991—1992年，开展军（警）民“共学雷锋，共建精神文明，共同发扬古田会议精神”的“三共”活动。全县有军（警）民共建点40余个、军（警）民共建示范点15个。军民共建活动重点突出岗位学雷锋、行业树新风；突出重点共建工程，主抓千亩果园开发工程、龙津河环境治理工程、警民共建“赖宁街”工程、下戈水利建设工程、城南路共建工程、治理团结巷工程；突出社会治安综合治理，共建安定、文明、舒适的社会环境。县人民武装部发挥以民兵为主体的移风易俗理事会作用，民兵带头婚事新办、丧事简办、乔迁省办、神事不办，带头破除各种陈规陋习，带头治理脏、乱、差，带头遵纪守法和遵守乡规民约。

1993 年，开展纪念延安双拥运动 50 周年活动和“国防教育宣传月”系列活动。县委党校和中小学校开设国防教育专题课，县人民武装部组织教员授课，并组织民兵为先行工程义务投工投劳。清流一中、团结巷、电力公司、实验小学、文化艺术中心、农贸市场等军（警）民共建点特点突出，成为县军（警）民共建示范点和对外开放参观点。

1994 年，开展创建“双拥模范城”活动。驻清流部队、武警部队和各公安派出所与各片区理事会“联户共建”，促进环境整治、社会治安联防共建不断发展。清流武警大队一中队“5·2”洪灾后为共建单位——清流一中、实验小学清理淤泥；驻清流部队为共建单位——城关小学整理校园环境；县公安各派出所加强社会治安巡逻，确保灾后社会秩序稳定。

1995—1996 年，县人民武装部拓展“六联六建”区域共建领域，开展雁塔巷联户共建活动。

1997 年，县武警中队与清流一中建立军民共建单位，并协同组织学雷锋做好事活动。当年，全县组建学雷锋小组帮耕队 136 个，为民办实事、做好事 368 件（次）。

1998 年，县人民武装部为挂包村解决资金 5000 元、水泥 20 吨，扶持贫困户 4 户，与 8 名贫困学生结对子，捐助助学资金 4800 元，并为残疾人、灾区捐款 5480 元，捐衣物 139 件。

1998—2000 年，全县建立规范化共建点 8 个。县人民武装部先后与清流一中、清流职中、县供电局、县广电局、县林业集团公司等单位，县消防大队与县城关小学，县武警中队与清流一中开展共建活动。驻清部队定期组织共建单位员工开展“军事日（或军训）”活动，增强全民组织纪律观念和国防观念。共建单位普遍实行准军事化管理。地方共建单位利用“八一”、春节等时机，为驻清流官兵送温暖、办实事，解决部队建设中存在的实际困难。

2001—2005 年，县人民武装部先后与县广播电视局、灵地镇姚坊村结成军地共同学习实践“三个代表”重要思想示范单位，为姚坊村解决村民用水管道改造资金 1.3 万元，组织干部、职工为身患重病的小学生、县一中贫困生、困难户等捐款 1.6 万元。林畲乡与清流监狱开展警民共建天康街活动，共同发展茶叶生产，并共同投资 200 余万元，完成天康街水泥路面、路灯和绿化等配套设施建设。县人民武装部与县供电局、县林业责任有限公司、鸿伟木业等共建单位携手资助清流一中贫困学生 36 人，为每位学生捐款 600 ～ 1000 元。驻清流武警、消防部队为县福利院老人打扫卫生、做好事，带头参加社会性公益活动。当年，全县军（警）民共建点 50 多个。

第九章　其他党务工作

第一节　信　访

一、来信来访

1991 年，做好上访群众接待和调处工作。每月县长接访群众日前一天，向当班接待领导预测接待日群众可能上访问题，并提出解决问题的建议供接待领导参考。

1995 年，城关长兴中街需拓宽，11 名群众联名上访，要求解决拆迁实际困难。县信访局接访后，走街串户，了解拆迁户情况，向县领导反馈，并提出可行性建议，该集体上访件在较短时间内得到妥善解决。

1994—1996 年，全县受理来信来访 657 件次。其中，来信 292 件，办结 283 件，办结率 97%；来访 365 人次，办结 350 人次，办结率 96%。省、市交办 23 件，县领导批示交办 82 件，办结率 100%。

1997 年，全县受理来信 74 件，来访 73 批 217 人次，其中集体上访 9 批 118 人次。办结来信来访 141 件，办结率95.92%。协调解决城区单面街露天茶座、舞厅噪音扰民等问题。县委、县政府召开协调会议4次，解决县食品厂、轻钙厂破产后职工安置以及通用厂部分职工辞职后退职金未兑现等群众疑难信访问题8件。

1998年，全县受理群众来信来访174件次，其中来信104件，来访70批196人次。主要涉及企业破产后职工安置、退休职工医疗费、生活补贴，未为职工交纳社会养老保险金以及基层干部在计划生育、三金水费征收等工作中方法简单粗暴、以权谋私，新村建设补偿偏低等问题。办结168件，办结率96.55%。

2004年，东华乡大路口村民集体上访，反映环境受东莹化工污染，影响当地水果生产及销售问题，县委书记、县长、政法委书记率有关部门领导深入大路口村召开村民代表协调会，给予妥善解决。

至2005年，全县办理群众来信1413件次，接待群众来访1934批5137人次。其中，集体访244批3395人次。信访中，要求解决的主要问题是旧城改造、公路改线、拓宽征用土地及房屋拆迁安置等引起的问题，乱集资、乱摊派导致农民负担过重问题，村财政管理混乱问题，下岗职工和离退休人员生活保障问题，国企改革职工安置问题和企业劳资矛盾，农村土地延续承包山林纠纷问题，生活困难要求补助问题，干部作风、廉政建设和违法乱纪问题等。对群众来信来访，坚持“分级负责，归口办理”原则，及时登记、转办、督办、查办、落实。县委、县政府主要领导年阅批来信80件以上，并亲自处理重大信访问题。

二、领导接待日

1991年，清流县执行“县长接待日”制度，确定每月28日（后改为15日）为县长接待日，公开挂牌接待群众来访。县政府领导按年初排定顺序轮流接待，并在前3天贴出告示。

1997—1998年，县领导接待群众来访60批239人次。

2005年始，将“县长接待日”改为县委领导、县政府领导轮流接访的“县领导接待日”，并指派1名律师参与接访。与此同时，各乡镇党政领导和县公安局、县法院、县民政局、县土地局、县劳动局、县林业局、县经贸局、县交通局、县农业局、县水利局、县建设局等部门也相继建立领导接待日制度，畅通信访渠道。1991—2005年，县领导累计接访群众341批1018人次，受理问题341件，办结341件。县信访部门坚持当月接访、当月办结、当月向接访领导反馈，对于一些暂时无法办结的，积极催办、督办，努力做到件件有落实，事事有回音。

三、制度建设

1991—1998年，完善办信接访的登记、转办、催办、落实反馈制度，根据群众来信来访问题性质进行分类，实行分级负责、归口、限时办理和反馈，并做好跟踪落实。全县实行信访目标管理责任制。各乡镇和县直各单位各负其责，做好信访工作。县信访领导小组坚持每年召开全县信访工作会、经验交流会，办好乡镇和县直各单位信访工作培训班。每季度召开1次全县信访态势分析会，及时掌握信访动态，通报信访量及各乡镇和部门交办件办理情况。定期开展矛盾纠纷和不稳定因素排查调处工作。对排查出的问题，按“六定”（定包案领导、定责任领导、定责任单位、定责任人、定办理要求、定办结时限）原则进行落实。建立集中处理信访突出问题及群体性事件联席会议工作制度。成立国有企业改制、土地征用、矿山纠纷、城镇房屋拆迁、林业管理、林权纠纷、社保医保、库区移民、村财村务管理、涉法涉诉、驻榕信访协调11个专项小组。

2000年8月，开展“一主任四长”（县人大常委会主任，县政府县长、公安局局长、检察院检察长、法院院长）下乡接访活动、“一书记五长”（县政法委书记，县公安局局长、县检察院检察长、县法院院长、县司法局局长、县民政局局长）下乡接访活动，做到“小事不出村，大事不出乡，疑难问题不出县”。

2005年，建立人大、政府、法院、检察院信访工作联席会议制度。

四、信访服务

1991年，对群众信访反映问题，定期进行归纳、分析、综合。对信访热点、难点和涉及面广、群众普遍关注的问题，以《信访情况》或呈阅件形式报送县领导阅批，为领导决策服务。同时，做好国务院《信访条例》的宣传贯彻，引导来访群众按照《信访条例》规定，理性、合法地反映自己的诉求，做到依法上访、文明上访，维护信访秩序。

1993—1996年，出《信访情况》31期、呈阅件15件、《要信摘报》20期，提供有参考价值信息96条。

1998 年，出信访情况 12 期、调查报告 2 份，提供信访信息 38 条、宣传报道 3 篇。

2005 年 5 月 1 日，国务院新的《信访条例》颁布实施，利用新闻媒体、宣传标语、发放宣传单、设立信访宣传专栏等形式，在全县宣传新《信访条例》，发放《信访条例》600 余册，做到县领导、部门负责人、乡镇党政领导、村主干人手 1 册。将新《信访条例》列入县委中心组及县委党校领导干部培训班学习内容。县委、县政府分管领导、信访局全体干部、15 个乡镇分管领导（或信访办、综治办主任）陆续参加省、市举办的新《信访条例》学习培训。15 年间，县信访局共编发信访信息 229 篇。

五、规范信访秩序

1991 年，按照国务院《信访条例》规定，规范信访办理程序，完善信访接待场所。做到《信访条例》内容上墙、依法处理信访事项“路线图”上墙、领导接待日制度上墙。

1994—1996 年，健全县、乡、村三级信访网络，做到县、乡两级党政有信访工作分管领导、有专兼职信访员，村级有信访调解员，确保信访渠道畅通，将矛盾化解在基层。

1997 年，县委、县政府办转发省委办公厅《关于人民群众上访和党政机关受理程序规则（试行）的通知》，逐步推行群众逐级上访制度，减少群众往返奔波和越级上访。

至 2005 年，全县受理和省、市交办的信访事项到期办结率均达 100%。同时，落实违法行为查处机制，对相关责任人和信访人在信访过程中渎职、违法行为，进行及时查处。

第二节 对台事务

一、对台宣传

1991 年，县涉台、宣传等部门加大对台关于清流经济发展、投资环境及优惠政策的宣传力度。1995 年 9 月 10 日，在台湾《工商时报》刊登配有清流县城全景图、题为《大展宏图的投资宝地——清流》专版文章。至 2005 年，全县涉台、宣传等部门共组织编写对台宣传稿件 1100 余篇，被各级媒体采用 980 余篇，其中一些稿件、照片被美国《国际日报》、菲律宾《世界日报》、中国澳门《中华日报》、中国香港《天天日报》《文汇报》《大公报》等重要媒体转载。同时，向台胞、台属寄赠贺年片、宣传图片、《三明名胜》《清流今古》《清流投资贸易指南》《清流城区全景图》等 3500 余册（张），对发展两岸的经贸合作、交流交往起到促进作用。

二、涉台教育

2002 年始，在全县开展涉台教育进社区活动。成立涉台教育进社区活动联系协调小组，创办《涉台教育进社区活动宣传材料》专刊。至 2005 年，全县累计发放各种涉台教育宣传材料 2300 多份，举办学习第十届全国人民代表大会第三次会议通过的《中华人民共和国反分裂国家法》等各类学习座谈会 20 余场（次）。

三、交流交往

随着两岸人民往来不断密切，到清流探亲、谒祖、旅游、考察投资贸易的台胞逐年增多。1990 年 6 月，台湾世界魏氏宗亲理事兼主族谱编辑魏嘉享到清流寻祖，在嵩口镇围埔村魏正仪家查阅到修编于清康熙年间的《巨鹿魏氏族谱》，证实台湾魏姓祖根在清流，清流魏姓和台湾的魏氏宗亲都是唐代名相魏徵的后裔。

1992 年 6 月，台湾省各姓渊源研究会理事长林添福到清流考查萧氏族谱。10 月，台湾家禽发展基金会考察观光团 33 人，到清流进行农业综合开发考察，为当时三明市接待的最大台胞农业开发考察团。经先后 7 次接触洽谈，1993 年成功引进当时福建首家最大的台商独资农业综合开发项目——桦信茶果开发有限公司。

1993 年 3 月，对全县台胞、去台人员、台属情况进行第二次调查摸底。调查结果：全县有台胞 14 户 30 人，其中一代台胞 6 人、二代台胞 24 人；去台人员 272 人，其中清流籍 152 人、外地籍 120 人；台属 3117 人，其中清流籍 2824 人、外地籍 293 人。

1996 年，建立清流台商定期联谊制度，每年召开“台商台属迎春座谈会”“台商中秋茶话会”及形式多样的联谊活动，加深两岸同胞亲情友情。同年 12 月，举办纪念王连三诞辰 70 周年音乐会，台湾《中国现代音乐家传略》总编、王连三同学颜庭阶、杜琼英向音乐会发来贺信。

截至 2005 年，全县接待台胞 1100 余人次，赴台湾探亲、探病、奔丧和定居 500 余人次，办理涉台婚姻 50 多对。

四、经贸合作

1991 年，将对台经贸合作作为招商引资的重点，改善和优化投资环境，并制定优惠政策，合理引导台资投向，对台胞投资坚持“同等优先、适当放宽”的原则，对台经贸合作取得进展。

1993 年，首家台资企业——桦信茶果开发有限公司落户林畲乡，投资 1500 万元，开发山坡地面积 100 公顷。

1995 年，《人民日报》以《山区小县大有作为》《三明日报》以《情真意切引凤来》为题对清流县发展两岸经贸合作、引进台资工作进行报道。

截至 2005 年 12 月底，全县累计批办台资企业 17 家，总投资 726.15 万美元，合同利用台资 568.66 万美元，实际利用台资 558 万美元，投资领域涉及农业、化工、建材、房地产、木制品加工、旅游等行业。

第三节　老干部工作

一、老干部概况

（一）离休干部

1991 年，全县办理离休手续干部 139 人，其中外省、外县安置 37 人，当地安置 102 人。

1994 年，全县离休干部 165 人。按入伍时间划分：抗战时期 32 人，解放战争时期 133 人，其中中共党员 123 人；按离休时原单位的性质划分：行政单位 81 人，事业单位 15 人，企业单位 69 人；按老干部的行政职务划分：原任副处级以上干部 9 人；按老干部的行政级别划分：14 级 2 人，15 级 5 人，16 级 21 人，17 级 20 人，18 级 44 人，19 级以下（含 19 级）73 人。

至 2005 年，县离休干部 93 人，其中行政 57 人、事业 10 人、企业 26 人。按入伍时间分：抗战时期 10 人，解放战争时期 73 人。其中，中共党员 66 人，原任处级 5 人，享受处级以上待遇 44 人；按行政级别分：14 级 1 人，15 级 3 人，16 级 8 人，17 级 5 人，18 级 28 人，19 级以下（含 19 级）38 人。根据中组发〔1982〕13 号文件精神，经组织批准，14 级享受地厅级政治生活待遇，15 ～ 18 级享受县处级政治生活待遇。根据闽人发〔2002〕179 号文件精神，19、20 级享受正科级工资待遇，20 级以下享受副科级工资待遇。

（二）“5·12”干部

1949 年 10 月 1 日至 1950 年 5 月 12 日前，清流县参加工作并享受供给制待遇的干部（以下简称“5·12”干部）退休后，在生活待遇上给予适当照顾，比照同级别离休干部的公务费、建房补助费、住房修缮费、健康疗养费、交通费、高龄补助费、护理费、医疗费、安家补助费有关规定执行。

2002 年，全县“5·12”干部 64 人。其中，原任处级 1 人，正科级 6 人，副科级 7 人，其他 50 人。

至 2005 年，全县“5·12”干部 45 人，其中行政 25 人，事业 7 人，企业 13 人；原任处级 1 人，正科级 5 人，副科级 5 人，其他 34 人。

二、落实老干部政策

（一）落实政治待遇

1991 年，全县离休干部离休后的政治待遇不变，始终做到“八个坚持”：坚持按规定组织老干部阅读文件；坚持按规定每月 16 日组织老干部学习，传达上级重要会议和重要文件精神；坚持定期向老干部通报本单位的工作情况；坚持请老干部参加某些重要会议和重要政治活动，每年春节和老年节期间，召开县委、县政府工作通报会，由县主要领导向老干部做工作情况通报；坚持组织老干部参观经济社会发展成果，每年组织老干部参观考察工业、农业、水电业、旅游业、基础设施等重点项目建设情况。

1995 年 10 月，县政府批拨 6000 元，组织慰问易地安置山东、江苏、浙江的老干部及遗孀 9 人。

1998 年，投入 2600 多元，征订报刊 30 余种供老干部阅读学习。6 月，组织离休干部 30 余人到沙芜等地参观考察农业农村工作和旅游业开发。

2002 年 10 月，县政府批拨 1.5 万元，由县委组织部、县委老干部局组织人员前往山东 9 市县走访慰问老干部及遗孀 18 人。

1991—2005 年，清流县坚持在职领导联系老干部，坚持重大节日和老干部生病住院时走访慰问老干部。

（二）落实生活待遇

1991 年，离休干部离休后，继续享受原单位同职级困难补助和各项非生产性的福利待遇，享受公务费、特需费、建房补助费、住房修缮费、健康疗养费、交通费、高龄补助费、护理费、安家补助费 9 项生活待遇。

1992 年 4 月，县政府出资 8 万元，实施常春园（老干部生活区）的道路、护坡、排水沟建设。铺筑水泥路 3 条，修筑护坡 2 道、排水沟 870 米。

1995 年 4 月，县政府拨款 3 万元重建常春园公厕，拨款 2.4 万元修复自来水设施。

1997 年，建立“两费”（离休费、医疗费）待遇落实情况通报制度和季度、年度检查督促工作制度。12 月，组织 100 余名老干部到县医院进行免费常规体检。

1998 年年初，县政府就县改制企业、困难企业离休干部生活待遇落实情况召开第 4 次会议，建立“两费”保障机制，对破产、兼并、承包、租赁等企业离休干部及遗属的生活待遇作出规定，解决其后顾之忧。在医疗制度改革方面，实行对离休干部优惠政策，即离休干部免交统筹金，医疗费实报实销。3 月，拨款 3 万元修建常春园坍塌护坡。6 月，市交通局与常春园居民共同出资 1.5 万元，铺筑长 80 米、宽 4 米的水泥路 1 条，解决老干部行路难问题。

根据闽财综〔2002〕8 号文件精神，从 2002 年 1 月起，清流县离休干部中，1937 年 7 月 7 日至 1942 年 12 月 31 日参加革命工作的 10 人，每年增发 1.5 个月工资；1943 年 1 月 1 日至 1945 年 9 月 2 日参加革命工作的 22 人，每年增发 1 个月工资；1 人享受地厅级待遇，31 人享受地厅级医疗、用车待遇，56 人享受处级待遇。

截至 2005 年，企业离休干部、“5・12”干部中，完全进入“两费”保障机制 17 人，进入总公司或主管部门支付 29 人，由效益较好的原企业单位支付 18 人。老干部“两费”待遇得到落实。

三、发挥老干部作用

1991 年，县离休老干部不甘寂寞，通过各种形式继续发挥余热，从中涌现出许多先进事迹和先进人物。1992 年，颜成杰被省委老干部局授予 1992 年全省老干部“两业”（养殖业、种植业）先进工作者。1999 年，冯惠俊被省委组织部、省委老干部局授予 1999 年全省老干部先进个人。2005 年，管俭吾被省委组织部、省委老干部局、省人事厅、省老龄委办公室、省老年大学授予 2005 年度全省老年教育先进个人。

至 2005 年，全县有 12 名老干部被聘为市场监督员、党风廉政监督员和计生协会宣传员，还有 52 人通过老区建设发展促进会、客家联谊会、关心下一代工作委员会、老科学技术工作者协会等组织，为促进老区经济、科技发展，弘扬客家精神，关心、教育下一代发挥力所能及作用。每年老年节期间，县老干局组织老年大学民乐班、书法班，夕阳红文艺队、妇女联谊会等开展以“送戏、送歌舞、送书画”为主要内容的“三送”下乡活动。

附：

清流县新四军研究小组

清流县新四军研究小组于1994年1月16日成立，由离休干部和“5・12”干部20余人组成。1997年7月16日，改称“清流县新四军研究会”。1995 年纪念抗日战争胜利 50 周年之际，研究会成员先后深入全县 14 个乡镇、

20余所中小学宣讲抗日战争史，精心制作《抗日战争真实写照》图片，在全县巡回展出20余日。2001年"七一"前后，开展庆祝建党80周年纪念活动，编印1000余份宣传材料分发给全县140余个机关、学校、企事业单位。1997年、1999年港、澳回归前数月，先后编印3套宣传材料分发各单位，并组织宣讲组深入学校、林业、经贸等基层单位作宣讲报告。先后在城区街心公园和龙津广场展示新四军领导人及战斗图片，通过广播电视播放《铁的新四军》《七战七捷》《八闽军魂》等电视影片。在15个乡镇、31所中小学及县委党校、人事局、县武装部、检察院等单位作革命传统教育120余场。每年清明节都到城区、长校、连城四堡等10余所中小学，对4000余名学校师生和干部群众进行爱国主义革命传统教育。组织部分老干部撰写回忆录，参与《清流县民政志》《清流县侨务志》《清流县志》等编纂工作。冯惠俊《岁月履痕》、徐逢宝《人文精萃》《曙光下的战斗》《寒松诗集》、肖光林《坎坷》、王明正《革命回忆录》、赵仑《沧桑岁月》及新四军研究会编著《红旗如画》等先后出版，为对青少年、年轻干部进行革命传统教育和爱国主义教育提供教育素材，为党史、革命史、专业史研究提供资料。

四、离退休干部活动中心

1990年9月，在西山岭背小垅坑建设清流县离退休干部活动中心。1992年5月1日，该中心正式启用，总投资120万元，其中县政府拨款60万元，社会各界捐赠60万元。活动中心占地面积0.35公顷，建筑面积2740平方米。其中，多功能综合大楼1380平方米、服务楼360平方米，活动房间11间。室外活动场所有门球场2个、羽毛球场1个、地掷球场1个、汽排球场1个。

1992年5月，筹资3万元添置音响、健身器材、球桌（乒乓球、台球、康乐球）、办公桌椅等活动设备。1996年，募集资金2万元，购置整套健身器材11件。

至2005年，活动中心每年开展重大节日（元旦、春节、元宵、"五一""七一"、国庆、老年节）文体活动，娱乐、健康老干部身心。活动内容有飞镖、套圈、登山、门球、气排球、地掷球、猜谜语等，每年参加活动的老干部1500余人次。

五、老年大学

清流县老年大学前身为老年学校，创办于1990年9月21日，开设有鹤翔桩气功、中华养生益智功、气功迪斯科、时事政治、文艺舞蹈、苗木花卉、电器维修、大众摄影、文艺健身、诗词填写、卫生保健、书法研讨等10余门课程；教师全部由学有专长的老干部担任。至2005年，老年大学学员数从最初的26人发展到336人，班级从刚开始的1个发展到15个，满足不同层次离退休人员的需要。每年老年节期间，在九龙广场或龙津广场举办清流县老年书画展，并将书法研讨班学员精品汇集成册出版。

第四节 党校教育

一、培训办班

（一）常规培训班

1991—2005年，县委党校主体班次主要有县管后备干部培训班（1998年前称"学历班"，1999年起称"中青班"，每年1期）、青年干部轮训班（1991—1998年，每年1期，共办8期）、科级领导干部进修班（每年1～2期），村党支部书记培训班（每年4期）、村主任培训班（每年2期）。

（二）中央（省委）党校函授学院班次

1994年9月，开办中央党校函授学院大专班，招收对象为在职党员干部，设有党政（行政）管理、经济管理、法律3个专业，学制3年。

2000年起，中央党校函授学院大专班改由省委党校主办。

2003年秋季学期开始，中央党校函授学院本科班在清流设教学点，分行政管理、经济管理和法律3个专业，学制2年半。首届招收本科学员113人，其中行政管理专业85人、经济管理专业28人（分中央党校和省委党校两种班次）。2004年，招收法律专业22人。

2005年，县委党校招收本科公共管理专业18人、法律专业51人，并在清流监狱设点教学。至是年，县委党校开办的中央（省委）党校函授学院班共录取大专学员424人，毕业学员数386人；录取本科学员数204人，毕业学员179人。

1994—2005年清流县委党校函授办班情况表

表 15-6　　单位：人

年份	学历	专业	学制	录取学员数	毕业学员数	合计	
						大专	本科
1994	大专	党政管理	3年	54	54	录取学员数424人，毕业学员数386人	录取学员数204人，毕业学员数179人
1995	大专	经济管理	3年	42	42		
1996	大专	经济管理	3年	46	44		
1997	大专	经济管理	3年	42	40		
1998	大专	经济管理	3年	27	25		
1999	大专	经济管理	3年	35	27		
2000	大专	行政管理	3年	22	19		
2000	大专	经济管理	3年	20	19		
2001	大专	行政管理	3年	45	41		
2002	大专	经济管理	3年	47	41		
2003	大专	经济管理	3年	24	20		
	本科	行政管理	2年半	85	78		
	本科	经济管理	2年半	28	23		
2004	本科	法律	2年半	22	17		
2005	大专	法律	3年	12	11		
	大专	经济管理	3年	15	10		
	本科	公共管理	2年半	18	13		
	本科	法律	2年半	51	48		

二、教学与理论研究

1991年，每年围绕清流县经济社会发展情况和上级安排课题组织教师开展调研，撰写论文。

1995年，《党校开放式教学之设想》参加三明党校教育研究会年会交流。

1996年，《建立适应社会主义市场经济要求的农村党支部书记群体》1996年7月参加全国研讨会交流。

1997年，《浅谈党校教师的精神文明建设》入选中共中央党校出版社出版的文献丛书《中国社会科学言语文库——十四大以来中国改革发展的理论与实践》。

2000年，《对党政“一把手”监督难问题的思考》一文获三明市纪检监察调研论文一等奖。

2004年，《创建学习型党支部，适应时代发展要求》发表于《中共福建省委党校学报》专刊。

2005年，《开拓创新，推进党校教学改革与学科建设》参加三明党校教育研究会年会交流。截至2005年，县委党校累计在中央、省、市刊物发表论文、调研报告68篇。

第五节 保密工作

一、保密宣传教育

1993 年，以《中华人民共和国保密法》（以下简称《保密法》）颁布 5 周年为契机，连续 3 个月在县广播电台宣讲《保密法》48 次；举办研讨会 1 次，参加人数 20 人；组织 200 人观看保密教育录像片 5 次。

1994 年 4 月，组织干部、职工参加国家保密局举办的“金城杯”征文活动。6 月，召开新闻出版保密工作座谈会。1993—1994 年，发放《保密法》4000 份、其他应知宣传材料 8000 份；举办保密人员培训班 3 期；开展保密知识竞赛 1 次，参加人数 260 人。1995 年，组织领导干部学习《保密法》。5 月 20 日，全县举行保密法规知识考试。1996—1999 年，举办各类培训班 16 期（其中乡镇 9 期），受教育 3200 人次；放映保密录像片 12 场，观看人数 400 多人次；27 名县处级领导参加全国保密知识竞赛活动。

2000 年 10 月，开展“三五”保密法制宣传教育普法知识竞赛。

2001 年，县处级领导参加国家保密局组织的“奥士达杯”保密法规知识竞赛活动。6 月，组织 31 个单位领导和保密人员前往三明参观“警钟长鸣”——窃密案例展览。2003 年，以《保密法》颁布 15 周年为契机，县、乡两级编写保密宣传教育材料，开展“四五”保密法制普法专题讲座 10 场次，受教育 3000 人次。县委办、县政府办、纪检、公安、监狱等单位放映保密录像片 16 场，观看人数 6000 人次。

2005 年 5 月，县委学习中心组专门组织学习中央保密委员会主任王刚在中央国家机关保密工作会议上的重要讲话，邀请三明市国家保密局局长谢家荣作专题讲座，并观看保密教育片《筑牢保密防线》。7 月，清流县“四五”保密普法工作通过省国家保密局检查验收，被评为全省“四五”保密普法先进单位。同年，举办保密培训班 2 期，举办法制讲座 6 期，参加人数 1000 余人次。

二、保密技术建设

1996 年，添置全自动碎纸保密装置。全县各单位尤其是重点涉密单位在保密技术防范设施方面投入 30 万元，配置文件保密柜、碎纸机等。2003 年，县财政投入经费 6 万元为县领导办公室和要害部门添置文件碎纸机、密码文件柜、报警器、计算机辐射干扰器等设施，公安系统投入 4 万余元开通密码通信。

三、涉外保密

1995—1997 年，县委保密部门举办出境招商人员保密培训班 3 期，受训 110 人次。1996—2002 年，县经济贸易洽谈会期间，对携带出境材料严格按照国家《对外经济合作提供资料保密暂行规定》进行审核。

截至 2005 年，全县共审核办理携带出境文件材料 360 份。

四、依法治密

1995 年 6 月 10 日起，县委对副处级以上领导干部进行保密检查。同时由县委保密办、县保密局、司法局等单位抽调人员对全县保密重点部门（部位）进行为期 3 天的抽查。

2000 年，依法对复印、印刷行业进行登记检查，对国家秘密载体定点复制单位进行年检。对全县各单位进行“三五”保密普法执行情况检查验收，重点检查印刷、复印行业及定点复制国家秘密载体以及计算机网络等特殊行业，重新确定县民政印刷厂为县定点印刷、复印行业单位，县档案馆为定点复制国家秘密载体的单位。

2001 年 5 月，与公安局联合行动，对各废品收购站（点）进行保密检查。9—10 月，在全县范围内开展为期一个半月的保密检查。与县公安局、司法局等单位组成检查组分别抽查县委组织部和人民银行、检察院等重点涉密单位，查处重大泄密案件 1 起。并以此典型案例为教材，加强对保密人员的宣传教育。同时对涉密人员进行资格审查，制定涉密人员管理制度，杜绝事故发生。组织人员对《清流县志》书稿进行审查，对书中涉密内容进行技术处理，去除资料中的涉密因素；组织人员审阅需对外提供的文件、资料及出境人员携带的文件、资料、物品，稳妥处理涉外有关事宜。

2003年，对23个副处级以上领导干部保密情况进行检查。开展《保密法》执法检查2次，重点检查18个要害部门和印刷、复印行业定点复制国家秘密载体等特殊行业。与公安等部门对全县的计算机系统执行情况进行检查。制定《中共清流县委保密委员会关于国家干部保守党和国家秘密的规定》《清流县直单位保密检查量化评分标准》《计算机密码使用管理规定》《计算机房保密制度》；修改《清流县保密委员会委员职责》和复制国家秘密载体定点管理的制度和台账制度，指导企业，尤其是县龙头骨干企业完善本行业、本单位商业秘密、传统工艺的保密制度。

2003—2005年，高考期间，县委保密部门与教育、监察、公安等部门组成招生考试安全、保卫、保密小组，统一协调考试监管工作。

卷十六　地方人民政府

1991—1993年，县第十一届政府贯彻落实县委提出的“立足资源，外引内联，优化环境，加速发展”“小县大城关、小乡大集镇”发展战略，制定实施加强宏观调控、加快县域改革开放和经济发展等一系列措施。农业进一步巩固和完善家庭联产承包责任制，调整农业产业结构，开展烤烟、水果、食用菌、水面四大开发。工业、乡镇企业实施以股份制为主的经营权改革，增强企业活力。加大固定资产投资力度，以房地产开发带动第三产业发展。扩大对外开放，实施山海协作。至1993年年末，地区生产总值3.44亿元，比1991年增长28.42%；工业总产值3.08亿元，比1991年增长34.45%；农业总产值2.64亿元，比1991年增长20.76%；全社会固定资产投资累计2.84亿元，比前一个3年累计增长3.6倍。县乡经济实力进一步增强。城区面积由1990年的2平方千米扩大到3.22平方千米。通过农村水电初级电气化县验收。获全国水利建设先进县称号。

1994—1998年，县十二届政府在宏观经济环境并不宽松，且遭遇1994年“5·2”特大洪灾及面临日趋严峻的经济形势挑战下，克服困难，奋力开拓，稳中求进。深化农村改革，落实土地延包30年不变，农业产业化逐步推进，台资高优农业初具规模。推进企业产权制度改革，实施工业企业技改，产能大幅增加。加快景区建设，旅游业迅速兴起。个体经济较快发展，对外开放水平提高。推进住房制度改革，建立城乡居民最低保障线等制度。城乡基础设施不断完善，教育“两基”工作1997年通过省检查验收。连续5年保持“省级卫生县城”称号。地区生产总值由1993年的3.44亿元提高到1998年的7.6亿元，增长52.67%, 年递增8.83%。其中，第一产业由1.96亿元提高到3.64亿元，增长21.14%, 年递增3.91%；第二产业由8896万元提高到1.19亿元，增长53.26%, 年递增8.91%；第三产业由5888万元提高到2.72亿元，增长136.42%, 年递增18.78%。三大产业结构比例由57 ∶ 25.9 ∶ 17.1调整为48 ∶ 16.2 ∶ 35.8。乡村经济实力增强，农村基本实现小康。

1999—2003年，县十三届政府坚持发展第一要务，实施“九五”计划，狠抓经济社会协调发展，克服2003年“非典”疫情和严重干旱等不利影响，狠抓各项任务落实，经济总量实现逐年增长。农业抓好烤烟、豆腐皮、水果“三蜜”（水蜜桃、蜜橘、蜜雪梨）、畜牧水产、苗木花卉五大重点产业培育，农业结构更加优化，粮经比例由1998年的67.6 ∶ 32.4调整到2003年的62.8 ∶ 37.2。成功争取列入国家农业综合开发县，农田水利设施得到较大改善。深化集体林权制度改革及农村税费改革试点，抓好农民减负工作。工业深化国有企业改革，主导工业初步形成。企业品牌意识增强，产品质量提高。发展环境继续优化，非公有制经济活力增强。实施科教兴县战略，“村会协作”经验被中央电视台《焦点访谈》节目报道和推广，被评为市教育“两基”工作先进县。实施“村村通广播电视”工程。被评为省初级卫生保健先进县，连续5年被评为省、市计划生育先进县。至2003年，地区生产总值首次突破10亿元，达10.53亿元，比1998年增长39.81%, 年递增6.93%。其中，第一产业4.39亿元，增长23.18%, 年递增4.26%；第二产业1.98亿元，增长43.83%, 年递增7.54%；第三产业4.15亿元，增长60.75%, 年递增9.96%。三次产业结构比例由46.8 ∶ 16 ∶ 37.2调为41.7 ∶ 18.8 ∶ 39.4，经济结构更为合理。

2004—2005年，县十四届政府坚持科学发展观，确立建设“生态经济强县”的战略目标，落实“十五”计划目标任务，坚持发挥比较优势，突出苗木花卉、氟化工业和生态旅游三大特色产业培育，实施项目带动，统筹协调发展，大力扶持发展民营经济。扩大社会保障覆盖面，改善居民生活环境。地区生产总值由2003年的10.53亿元增加到2005年的13.8亿元，增长21.11%。人均地区生产总值由7640元增加到10293元。2005年，全社会工业总产值10.12亿元，比2003年增长46.04%；农林牧渔总产值8.69亿元，比2003年增长12.36%。2年累计完成全社会固定资产投资4.32亿元。人居环境和群众生产生活条件得到改善。财政总收入6584万元。其中，县级一般预算收入4460万元，比2003年增长10.92%。城镇居民人均可支配收入7995万元，比 2003 年增长 5.88%。农民人均纯收入 4171 万元，比 2003 年增长 19.27%。

第一章　组织机构

第一节　领导机构

1991—2005 年，县人民政府历经四届，各届县政府县长、副县长由县人民代表大会选举产生。除第十一届县政府任期 3 年外，第十二届至十四届政府任期均为 5 年。县长计有 5 人次，副县长计有 22 人次。

一、清流县第十一届人民政府

1991 年 1 月 19—23 日，县第十一届人民代表大会第一次会议选举陈积忠为县长，林少钦、林炳洲、施增西、黄恒标为副县长。

在该届政府期间先后任副县长的还有：陈长森、孙明霞、高志銮、吴施增、卓秀清、刘振郁。

二、清流县第十二届人民政府

1994 年 1 月 19—23 日，县第十二届人民代表大会第一次会议选举刘振郁为县长，林少钦、黄恒标、高志銮、吴施增、卓秀清为副县长。

1996 年 3 月 25—29 日，县第十二届人民代表大会第三次会议选举陈有极为县长。

在该届政府期间先后任副县长的还有：姜新一、陈有极、吴建增、邹洪长、赵明升、陈彪、涂娓珠、蔡金明、郑加禄、邓兆盛。

三、清流县第十三届人民政府

1999 年 1 月 5—9 日，县第十三届人民代表大会第一次会议选举涂娓珠为县长，邹洪长、赵明升、陈彪、蔡金明、郑加禄、邓兆盛为副县长。

该届政府期间先后任副县长的还有：曹建华、李增祥、廖善朋、伍武林、黄月珍。

四、清流县第十四届人民政府

2003 年 12 月 28 日至 2004 年 1 月 1 日，县第十四届人民代表大会第一次会议选举涂娓珠为县长，廖善朋、郑加禄、李增祥、伍武林、黄月珍为副县长。

2005 年 3 月 2—5 日，县第十四届人民代表大会第二次会议选举曹建华为县长。

至 2005 年，在该届政府任副县长的还有张旗鼓。

1991—2005 年清流县历届县长、副县长名录

表 16-1

届　别	职　务	姓　名	性　别	籍　贯	任职时间
第十一届（1991.01—1994.01）	县　长	陈积忠	男	福　州	1991.01—1993.10
	副县长	施增西	男	福　州	1991.01—1992.09
		林少钦	男	福　州	1991.01—1993.12
		林炳洲	男	泉　州	1991.01—1993.12

续表 16-1

届别	职务	姓名	性别	籍贯	任职时间
第十一届（1991.1—1994.1）	副县长	黄恒标	男	宁化	1991.1—1993.12
		陈长森	男	闽侯	1991.10—1993.10
		孙明霞	女	惠安	1991.12—1992.9
		高志銮	男	莆田	1992.9—1993.12
		吴施增	男	清流	1993.10—1993.12
		卓秀清	女	古田	1993.10—1993.12
		刘振郁	男	宁化	1993.10—1993.12
第十二届（1994.1—1999.1）	县长	刘振郁	男	宁化	1994.1—1996.2
		陈有极	男	尤溪	1996.3—1998.9
	副县长	林少钦	男	福州	1994.1—1996.3
		黄恒标	男	宁化	1994.1—1998.10
		高志銮	男	莆田	1994.1—1998.10
		吴施增	男	清流	1994.1—1998.10
		卓秀清	女	古田	1994.1—1997.2
		姜新一	男	山东文登	1994.3—1996.4
		陈有极	男	尤溪	1996.2—1996.3
		吴建增	男	尤溪	1996.5—1997.8
		邹洪长	男	连城	1996.9—1998.12
		赵明升	男	湖北房县	1996.9—1998.12
		陈彪	男	福州	1997.8—1998.12
		涂娓珠	女	泰宁	1998.9—1998.12
		蔡金明	男	泉州	1998.10—1998.12
		郑加禄	男	永定	1998.10—1998.12
		邓兆盛	男	沙县	1998.10—1998.12
第十三届（1999.1—2003.12）	县长	涂娓珠	女	泰宁	1999.1—2003.12
	副县长	邹洪长	男	连城	1999.1—1999.9
		赵明升	男	湖北房县	1999.1—2003.11
		陈彪	男	福州	1999.1—1999.09
		蔡金明	男	泉州	1999.1—2003.11
		郑加禄	男	永定	1999.1—2003.12
		邓兆盛	男	沙县	1999.1—2003.11
		曹建华	男	广东大浦	1999.11—2002.1
		李增祥	男	清流	2002.1—2003.12
		廖善朋	男	明溪	2003.11—2003.12
		伍武林	男	宁化	2003.11—2003.12
		黄月珍	女	尤溪	2003.11—2003.12
第十四届（2003.12— ）	县长	涂娓珠	女	泰宁	2003.12—2005.2

续表 16-1

届　　别	职　务	姓　名	性　别	籍　贯	任职时间
第十四届（2003.12—　）	县　长	曹建华	男	广东大浦	2005.3—
	副县长	李增祥	男	清　流	2003.12—
		廖善朋	男	明　溪	2003.12—2005.8
		伍武林	男	宁　化	2003.12—
		黄月珍	女	尤　溪	2003.12—
		张旗鼓	男	武　平	2005.1—

第二节　工作机构

1991 年，县人民政府工作机构沿袭 1990 年，设办公室、农委、农业局、水利电力局、企业局、林委、经委、交通局、二轻局、财委、财政局、工商行政管理局、商业局、计委、物价委、信访局、统计局、外经委、劳动局、人事局、编委办、民政局、监察局、审计局、环保局、土地局、公安局、司法局、文明委、爱卫办、建委、教育局、文化局、卫生局、计生委、体委、广播电视局、税务局、老区办、科委、经济体制改革办、物资局、职教办、粮食局、供销合作社、畜牧水产局、农机局、档案局、方志办、经济研究室、经济协作办、机关事务管理局等工作机构 52 个，并在福州、厦门、泉州、深圳设立办事处各 1 个。直至 1996 年未变。

1997 年，清流县实施机构改革，县人民政府设工作机构 28 个：办公室、计划局、经济局、农业局、公安局、民政局、财政局、人事局、教育局、卫生局、计划生育局、审计局、统计局、工商行政管理局、交通局、建设局、监察局、林业局、文化体育局、地方税务局、土地管理局、司法局、环境保护局、科学技术局、水利水电局、劳动局、粮食局、对外经济贸易局。直属事业单位 5 个：方志办、机关事务管理局、供销合作社、国际商会、农机局。

2002 年，清流县再次进行机构改革。县人民政府设工作机构 21 个：政府办公室（加挂外事侨务办公室、经济体制改革委员会办公室牌子）、发展计划局（加挂物价局牌子）、经济贸易局、教育局、公安局、监察局、民政局（加挂革命老根据地建设委员会办公室牌子）、司法局、财政局、人事局、劳动和社会保障局、国土资源局、城乡规划建设局、交通局、水利局、农业局（加挂畜牧水产局、乡镇企业局牌子）、林业局、卫生局、计划生育局、审计局、环境保护局。县政府驻福州、厦门、深圳办事处各 1 个。其中，监察局与纪律检查委员会机关合署办公；科学技术局与发展计划局合署；文化体育局与教育局合署；国防动员委员会人民防空办公室、经济动员办公室、支前办公室、交通战备办公室分别设在政府办公室、发展计划局、经济贸易局、交通局;老龄委办公室设在民政局。统计局由政府办公室管理;粮食局、安全生产监督管理局由经济贸易局管理。外经贸工作领导小组办公室加挂对外贸易经济合作局牌子。县政府驻福州、厦门、深圳办事处各 1 个。直属事业单位 10 个：县行政服务中心、畜牧水产局、旅游局、方志办、供销合作社、机关事务管理局、农业机械管理中心、城镇集体工业联合社、移民局、国际商会。

至 2005 年，县人民政府工作机构保持不变。

第三节　驻外机构

1991 年，县政府先后在福州、厦门、泉州、深圳设立办事处，驻外机构主要职能为对外联络、提供信息、沟通协调、招商引资、提供服务、宣传清流。

驻福州办事处 1991年设立。驻地在福州市八一七中路九福庵弄3号。

驻厦门办事处 1991年设立。原驻地在厦门思明区厦港新村26号407室。房屋构造三室一厅，建筑面积93.08平方米。1995年，购厦门万寿路144号201房作驻厦办新址。

驻泉州办事处 1991年设立。驻地租用泉州鲤城区金山下陈路私人住宅，面积100平方米。1997年撤销。

驻深圳办事处 1991年设立。驻地在深圳市福田区彩田南路福建大厦A座1303室。

第二章 重要会议

第一节 政府常务会议

一、清流县第十一届人民政府常务会议（1991.1—1994.1）

1991年1月23日，召开第一次常务会议，研究企业第二轮承包有关问题落实情况、龙津河沿岸及百里文明绿化带规划、城区副食品基地建设、春节市场供应等问题。

1991年5月18日，召开第二次常务会议，研究工业新产品开发、农业综合开发、沙芜库区管理机构设置及清流一中科技楼建设等问题。

1991年6月25日，召开第三次常务会议，讨论通过《清流县人民政府关于加强政府机关自身建设的意见》；讨论县体育活动中心选址、三角尾至农贸市场简易公路、成立县经济技术开发办公室、增设国有资产管理机构、成立县信件交换中心及冬储化肥降价销售补贴等问题。

1991年10月23日，召开第四次常务会议，研究企业技术改造、新项目开发等工作。会议决定按国营企业销售收入提取1%建立技术开发基金；着手进行企业组织结构调整，组建企业集团。会议通过搞活内贸企业的若干意见。会议决定成立清流县安砂库区管理处；并决定以龙津河开发为重点，发展水产养殖。

1992年3月2日，召开第三次常务会议，研究全县卫生工作。要求抓好初级卫生保健试点，确定全县达标目标。会议决定以乡（镇）为单位，建立农村卫生事业发展基金，乡按每年每人0.3～0.5元、村按每年每人0.5～1元筹集基金；推行农村集资医疗制度，确定要以村为单位，每年每人3元（集体1元、个人2元）集资，用于补助危重病人和困难户部分医疗费用。

1992年5月19日，召开第四次常务会议，研究全县森林防火工作，决定把森林防火工作纳入挂乡包村目标考核内容；健全森林防火工作责任制，要求各村配备巡山员3～5人，同时强化民兵快速扑火队伍训练。

1992年7月25日，召开第五次常务会议，研究档案馆建设、体育场选址、商业网点建设等问题。

1992年9月17日，召开第六次常务会议，研究乡镇卫生院管理体制、房改工作机构等问题。

1992年11月10日，召开第七次常务会议，研究渔业发展、种猪站建设、兑现扶持贫困村开发性生产政策等，同时研究农资放开经营、“先行工程”项目及房改试点等问题。

1992年12月31日，召开第八次常务会议，研究城区规划、内贸体制改革、粮油放开、“农业大观园”建设、程控电话建设等问题。

1993年5月19日，召开第四次常务会议，同意罗口煤矿兼并县印刷厂。同意成立机关小车队。

1993年6月6日，召开第五次常务会议，研究城市工业和农村工业问题，要求加快乡镇企业发展速度，搞好商贸企业改革试点工作，探索国有民营、社有民营经营机制；决定培育典型，加快股份制改革步伐。

1993年10月4日，召开第八次常务会议，专题研究嵩口镇上坪村防洪堤问题。决定采取县政协提出的修建防洪堤方案，即堤长260米、高4米方案，资金由县、乡、村及电站各出一部分解决，工程由嵩口镇负责施工。

1993年12月15日，召开第九次常务会议，研究城区桃源新村和城北工业园区开发问题及开发区征地补偿问题。

二、清流县第十二届人民政府常务会议（1994.1—1999.1）

1994 年 2 月 17 日，召开第一次常务会议，研究调整县电网电价方案，决定全县实施综合电价、新电新价政策。

1994 年 7 月 18 日，召开第二次常务会议，研究城区兴建新自来水厂的 2 个方案。会议决定采用严坊溪方案，同时停止龙津河抽水工程。

1995 年 1 日，召开第二次常务会议。会议同意《关于改革电力公司现行生产经营管理体制的实施方案》。关于"菜篮子"问题，决定给予县饲料公司、长校大连坑 2 个饲养基地风险基金补助；对常年种植蔬菜连片面积在 0.67 公顷以上的农户，按实际面积给予减免定购粮。

1995 年 7 月 11 日，召开第三次常务会议，研究粮食收购资金筹集方案及完成粮食收购责任制的奖惩办法。决定进行行政事业性收费逐项清理，不符合规定的予以取消。

1996 年 3 月 10 日，召开第四次常务会议，研究县矿产品申报站管理体制、国有企业经营者年薪等问题。会议要求申报站由工商部门划归县矿管委管理后，要加强内部管理，实现平稳过渡。批准国有企业经营者年薪试行方案。

1996 年 5 月 3 日，召开第五次常务会议，研究供销体制改革、工业品批发公司改制和发展林业等问题。会议同意工业品批发公司股份制改革实施方案，通过《关于大力发展我县竹业资源的意见》，决定"九五"期间再扩大种植面积 6666.67 公顷，至 2000 年面积达 1.33 万公顷。并决定对种竹大户每公顷提供贴息贷款 1500 元。

1996 年 5 月 10 日，召开第六次常务会议，决定在全县范围内开展清理"小金库"工作。

1996 年 8 月 22 日，召开第七次常务会议，研究企业改革和招商引资工作、农业普查及民政工作等问题。会议同意《清流县深化企业改革若干问题规定》和《清流县乡镇企业产权出售改制实施意见》。决定划分禁坟区和公墓区。禁坟区重点为：县城区四周、龙津河两岸、洋万线、建文线沿线两侧和沙芫狐狸洞周围。

1996 年 9 月 19 日，召开第八次常务会议，研究工业生产、企业改革及环保工作，决定 9 月 30 日前取缔嵩溪、余朋 2 家小造纸厂。

1996 年 10 月 31 日，召开第九次常务会议，研究乡镇土地管理所体制、电站建设及企业设备检修计划等问题，同意乡镇土地管理所实行垂直领导管理体制。

1996 年 11 月 11 日，召开第十次常务会议，研究调整 1996 年国民经济和社会发展计划主要指标、财政收支预算任务等问题。会议决定从 1 月 1 日起，按占地面积计算，全县开征城市建设教育配套费。

1997 年 5 月 4 日，召开第二次常务会议，研究恢复葡萄糖生产线及调整综合电价等问题，同意调整综合电价方案。

1997 年 7 月 3 日，召开第四次常务会议，研究县轻钙厂破产、公有住房租金、龙津河旅游开发等问题。通过《清流县公有住房租金标准》和《清流县集资建房管理暂行规定》，同意《关于鼓励在龙津河旅游线投资兴建景点和设施的优惠规定》。

1997 年 8 月 15 日，召开第五次常务会议，同意县监察局关于在 17 个政府行政部门派驻行政监察室的请示、《清流县鼓励投资开发煤炭资源的特别优惠规定》。决定成立县国有资产投资经营公司，并着手申报成立县国有资产管理局。

1997 年 11 月 11 日，召开第八次常务会议，研究城区房地产开发、设立科学技术进步奖等问题。决定颁布实施《清流县科学技术进步奖励规定》。

1997 年 12 月 20 日，召开第九次常务会议，研究建立城市居民最低生活保障金制度、县属企业改革等问题。决定将城市居民最低生活保障金列入当年财政预算，并将城市居民最低生活保障金与企业帮困资金、待业基金结合使用。城市居民最低生活保障金制度从 1998 年 6 月 1 日起实行。

1998 年 2 月 22 日，召开第二次常务会议，研究农产品开发、建立城市居民最低生活保障金制度等问题。会议决定把发展淮山种植作为增加农民收入的产业来抓，并免征淮山农业特产税。讨论通过《清流县城市居民最低生活保障规定》。

1998年5月4日，召开第三次常务会议，决定从城市教育费附加和农村教育费附加中提取5%作为设立县乡（镇）扶贫助学金铺底资金，同时发动社会捐资助学。

1998年6月19日，召开第四次常务会议，研究商业改革、建立企业离休干部生活待遇保障制度、殡葬改革等问题，决定将商业局成建制转为经济实体，组建商业总公司，并通过扶持商业总公司发展的优惠政策。会议决定按企业情况确定离休干部生活待遇问题处理办法，确保离休干部生活待遇不受影响。

1998年7月8日，召开第五次常务会议，研究建立农村居民最低生活保障制度等问题，确定保障标准为每户每月人均80元，保障金按4∶3∶3比例列入县、乡、村财政预算。

1998年7月23日，召开第六次常务会议，研究香料厂扩股、实施以林还贷及城区长兴中路分期开发改造等问题。为支持企业深化改革，会议决定对香料厂给予优惠扶持措施，其中包括资产再剥离、所得税减免等。关于以林还贷问题，会议确定，对用世行贷款造的山林，按照山权单位占35%、投资方占65%确定林权。会议决定从1998年始，每销售1立方米木材提取10元，作为国家造林项目还贷准备金。

1998年8月19日，召开第七次常务会议，研究农村电价整顿、农村电网改造工作及村镇建设基础设施配套费征收等问题，决定各乡镇组建电管站。要求立即采取措施，确保全县在9月完成农村电价整顿工作。关于征收问题，会议强调要按照政策标准征收村镇建设基础设施配套费。

三、清流县第十三届人民政府常务会议（1999.1—2003.12）

1999年3月4日，召开第二次常务会议，研究集体林地造林体制改革、矿产品流通体制改革等问题，同意县林业局提出的《关于集体林地造林体制改革的意见》。决定对煤炭及矿产品流通体制实行“限产、保价、理顺管理体制”改革实施办法。

1999年3月12日，召开第三次常务会议，研究关于调整地产碳铵价格、粮食流通体制改革等问题。会议决定，化肥、农药等农资继续由县农资公司专营1年，确定碳铵出厂价为430元／吨。会议同意粮食局提出的粮食流通体制改革实施意见。

1999年6月7日，召开第五次常务会议，研究全县开展“爱心献功臣行动”、农村最低生活保障金及严坊溪自来水原水供应站等问题。会议决定“爱心献功臣行动”保障资金筹集办法和额度，决定将农村最低生活保障金列入县财政预算。

1999年4月10日，召开第六次常务会议，研究调整综合电价、清理违法房地产交易、兴建“爱心楼”和向企业派出稽察员等问题。

1999年6月13日，召开第七次常务会议，研究调整学校布局、村村通广播电视等问题。同意全县压缩教学班级52个和调减教师编制70人的方案。决定采取多渠道筹措办法解决村村通广播电视资金问题。

1999年6月21日，召开第八次常务会议，研究加快农村电力管理、城乡集贸市场办管分离及矿产品流通申报站管理等问题。会议决定由县商业局负责接收统管全县集贸市场。

1999年6月22日，召开第九次常务会议，研究会计师（审计师）事务所改制、城镇住房制度改革及饮服行业排污收费等问题。同意县会计师事务所、审计师事务所与原挂靠单位脱钩，与他所合并组建责任公司。通过城镇住房制度改革实施方案。关于残疾人小额信贷配套经费问题，会议决定由县财政按1∶1比例配套残疾人康复扶贫贷款资金30万元。

1999年7月15日，召开第十次常务会议，就城区防洪堤建设、建立优抚对象抚恤补助标准自然增长机制、林业职工发展自营经济等问题进行研究。决定把优抚对象抚恤增加标准列入财政预算，同意国有林业采育场发展职工自营经济。

1999年8月5日，召开第十一次常务会议，研究调整农村小学布局、师范类大中专毕业生聘用等问题，决定择优聘用应届师范类毕业生65人。

2000年2月12日，召开第二次常务会议，研究行政效能建设、职工医疗保险制度改革、农业生产结构调整等问题。决定成立县行政效能建设投诉中心，设立政府政务公开栏。通过《清流县调整农业生产结构实施意见》。

2000年6月1日，召开第三次常务会议，研究粮食工作、工商部门与所办市场脱钩、乡村公路养护管理等问题。会议通过《清流县乡村公路养护管理暂行规定》和《农村教育费附加征收管理暂行规定》。

2000 年 6 月 20 日，召开第四次常务会议，研究市汽车运输公司兼并县汽车运输公司、县香料厂净资产负债处理等问题。

2000 年 9 月 5 日，召开第五次常务会议，研究贯彻国务院《社会保险费征缴暂行条例》、供销系统改制等问题，同意县供销社提出的改制职工安置方案。

2000 年 11 月 10 日，召开第六次常务会议，就“十五”计划编制、城镇职工基本医疗保险、县印刷厂改革等问题进行研究。通过《清流县城镇干部职工基本医疗保险实施方案》，同意县印刷厂以整体拍卖形式进行改革。

2001 年 1 月 17 日，召开第一次常务会议，同意《清流县农村公路规划》。

2002 年 4 月 5 日，召开第二次常务会议，研究县域城镇体系规划编制、房屋拆迁补助等问题。决定聘请浙江大学相关师生编制县域城镇体系规划。同意《清流县房屋拆迁补助费和临时安置补助费标准》和《清流县县域规划建设管理暂行规定》。

2003 年 6 月 5 日，召开第三次常务会议，研究三峡移民安置工作，初步确定龙津镇碧林北路、嵩溪镇黄沙口村作为安置点。

2003 年 7 月 8 日，召开第四次常务会议，研究农村公路建设等问题，决定在 2003—2005 年，每年建设农村公路 80 千米，并出台扶持农村公路建设政策：对三级公路改造，县每千米补助 2 万元，四级公路改造每千米补助 1 万元，同时对完成任务好的乡镇领导给予奖励。

2003 年 8 月 28 日，召开第五次常务会议，就发展联营造林、龙津农贸市场改造和原化学助剂厂转让等问题进行研究。决定发展联营造林，实施龙津农贸市场改造项目，以 17 万元转让原化学助剂厂。

2003 年 11 月 19 日，召开第六次常务会议，研究贯彻省委、省政府《关于加快县域经济发展的若干意见》等文件的意见。决定制定扩权后行政审批制度改革实施方案，要求相关部门研究有关政策，抓抢机遇，向上多争取项目和资金。

四、清流县第十四届人民政府常务会议（2003. 12 — ）

2004 年 9 月 3 日，召开常务会议，决定修订《清流县人民政府关于加快农村沼气工程建设的实施意见》。决定建立村组动物防疫员队伍，防疫员除省、市补贴外，县财政每月每人补助 20 元；建立动物防疫工作领导目标责任制，健全动植物防疫预警和监测机制与应急控制预案。

2004 年 12 月 25 日，召开常务会议，研究氨盛化工有限公司改制有关问题。

2005 年 2 月 2 日，召开常务会议。会议同意县城乡规划建设局编制的《清流县燃气专项规划》。

2005 年 5 月 9 日，召开常务会议，研究琴源水库管理处灵地综合楼有偿调拨及林业有限责任公司、煤炭工业公司、民用爆破器材专卖有限公司、肉联厂等单位管理、改革等问题。会议同意成立县兴林林业担保有限公司，并探索以林权证抵押直接融资的办法。并就外贸出口奖励政策、成立县政府法律顾问等问题进行研究。

2005 年 6 月 10 日，召开常务会议，就县新华书店加入福建省新华发行集团、县农村信用合作联社深化改革试点工作、县消防站重建等问题进行研究。会议同意《清流县突发公共事件总体应急预案》。

2005 年 8 月 11 日，召开常务会议，研究医保政策调整、村村通广播电视工程建设等问题。

2005 年 11 月 24 日，召开常务会议，就国土资源管理体制改革、灵地卫生院改制、青少年校外活动中心建设和清流县医药分公司改革等问题进行研究。同意县国土资源局机构设置与上级部门机构相对应，增加基层国土资源所 3 个。同意将灵地卫生院划入县医院管理，成立县医院灵地分院，核定床位数 50 张。同意三明市医药股份公司清流县分公司提出的关于实行国有股及职工国有身份双退出改革方案。

第二节　其他会议

1991 年 7 月 24 日，召开大灵公路改造工程现场办公会议，要求工程实行招标、议标制度，落实土地征用、电杆迁移问题，一次性完成路障、违章建筑拆除工作，并要求工程在 8 月初动工，施工过程要节约土地，做好公路绿化。

1992 年 3 月 7 日，召开县长办公会议，专题研究深化改革、加快企业技术进步问题。会议要求把改革重点放在转换企业经营机制上；检查从中央到地方赋予企业的一系列优惠政策和扶持规定的落实情况；要求走外引内联、科技兴企的路子，拓宽开发思路，密切与大专院校、科研部门和大中型企业的联系；要求建立技术进步激励机制，实行技术有偿服务等。

1993 年 8 月 3 日，召开关于加快实施“小县大城关”战略决策工作会议。会议要求龙津、东华及经委、农委、林委、财委、文明委、二轻局、企业局 7 个单位采取措施，抓好外引内联招商工作，开发轻工、电子、化工等劳动密集型企业。9 月 2 日，召开关于进一步加强社会文化市场和公共场所管理会议。会议要求文化、广播电视、公安、工商等部门要协同作战，抓好社会文化市场和公共场所管理工作，并决定开展一次全县性的社会文化市场和公共场所清理整顿工作。

1996 年 10 月 16 日，县政府与县总工会召开联席会议。会议确定联席会议每年召开 1 ～ 2 次，由总工会提出会议议程；成立县集体合同制度签订工作领导小组；落实市级以上劳模补充养老保险办理工作；建立领导联系困难企业、职工制度，成立县“送温暖工程”领导小组并建立送温暖基金专户；拨付 5000 元给退休职工活动中心添置健身器材。

2001 年 6 月，县政府与县总工会召开第四次联席会议，就企业改革、实施“送温暖工程”、非公有制企业工会组建等 8 个议题达成共识。

2005 年 3 月 23 日，县长主持召开小型农田水利建设专题会议。会议决定建立小型农田水利建设基金，每年筹集资金不少于 50 万元。基金来源：财政拨款、烟草专项扶持资金、向上级争取小农水项目资金、社会捐助等方面。基金实行独立专户管理。专项用于解决边远山村的小型农田水利建设的配套补助与维修资金需求。水利基金单个项目配套补助资金控制在 5 万元以下。

第三章 施政纪略

第一节 行政体制改革与政府建设

一、推行政务公开

1991 年,推行完善“两公开一监督”(程序公开、结果公开，接受监督)制度,自觉接受人大、政协监督检查。

2000 年，实行重大事项公示制度。全面推行政务公开、村务公开、厂（校）务公开制度。

2002 年，建立县集中政务公开栏。同时完成政务信息网络建设，实现网上办公。

2004 年 7 月，制定《关于进一步规范政务公开工作的意见》(以下简称《意见》)，要求各级各部门建立或调整政务公开工作领导小组、监督小组，建立政务公开工作责任制及政务公开预审、评议、反馈、备案等制度。《意见》明确政务公开的范围、内容及公开的形式、载体，确定县级政务公开联系点 8 个，其中乡镇 2 个、行政事业单位各 2 个、群团单位和企业单位各 1 个。《意见》指出，对不按要求推行政务公开，或公开内容失实、失真的，要追究相关领导责任。

2004—2005 年，推进办事公开制度，畅通政务信息公开渠道。在烟草制品零售点布局、土地基准地价调整、民用电价调整等事项执行听证制度，召开听证会。依托清流清风网加载网上政务公开栏，组织 33 个县直单位在县集中政务公开栏公开政务 6 期、事项 175 个。依托县电视台行风聚焦平台，增设《阳光政务》等栏目。

二、行政审批改革

1991—1993 年，转变政府职能，简化办事程序，提高办事效率。将办企业证照手续由过去 20 余项减为 4 项，办个体私营工商证照由过去的6项手续简化为1项。

2000年，开展行政审批制度改革。至2002年，取消行政审批事项2批次270项。

2004—2005年，健全行政审批监督管理机制，抓好审批项目程序规范工作，实行一次性告知，限时办结。做好市授权县行政审批事项衔接工作，清理行政许可规定，简化审批程序，实现取消行政审批项目50%以上目标。至2005年，取消行政审批事项293项，协调解决各类问题160多个。

三、坚持依法行政

1991—1993年，第十一届县人民政府开展依法治县工作，抓好各类试点，有计划推广依法治理。结合党的中心任务，开展依法治县工作。

1994—1998年，第十二届县人民政府出台、实施《关于依法行政的实施规划》。总目标是行政管理的各项活动有法必依，有章可循，依法决策，形成依法办事机制。主要措施是加强法制宣传教育、建立行政决策合法性论证制度、建立行政执法责任制度等。

1999—2003年，第十三届县人民政府在工商、土地、环保、卫生等6个单位开展依法行政试点工作。建立和推行“收支两条线”和行政执法资格认证、持证上岗等制度。落实执法责任制，规范执法行为。

2004—2005年，成立县政府法律顾问组，聘请一批省、市专家为经济发展顾问，提高依法行政和科学决策水平。

四、打造服务型政府

1991—1993年，制定下发《关于人事工作转变职能进一步简政放权的意见》，把属于行政监督、控制的一部分职能转为服务职能。同时规定，基层要求批办的有关事项，除人事和资金问题外，审批部门10天内必须给予明确答复，否则视作同意。提出“马上就办”工作办法，设立热线电话，相关部门实行联合办公制度。整治“三乱”，纠正行业不正之风。完成干部建私房清理工作，被省委、省政府授予清理干部建私房先进县称号。至1993年，取消收费点33个、收费项目64个，减轻农民负担50余万元。

1994—1998年，建立对县人大及常委会负责并报告工作制度，密切同县政协和工、青、妇等群众团体联系，自觉接受法律和民主监督。开展民主评议行风，推行社会承诺和挂牌保护制，树立政府勤政廉洁形象。一些群众反映强烈的公路“三乱”、中小学乱收费和向农民乱摊派等不正之风得到遏止，公款吃喝玩乐歪风得到有效控制。建立机关部门工作目标责任制，坚持县领导每月接待日制度。1998年，取消各种收费项目64个。

1999—2003年，全县开展“说办就办，说到做到”活动，推行首问制。至2003年，清理废止各类不适应规范性文件118份，取消各种收费项目157个，降低收费标准30个。

2004—2005年，第十四届县人民政府出台《关于贯彻国务院〈全面推进依法行政实施纲要〉的实施意见》，将政府职能转移到经济调节、市场监管、社会管理和公共服务上。设立县行政服务中心，落实经营性土地使用权出让拍卖、工程招投标和政府采购等制度。

五、加强制度建设

1991年，出台《清流县人民政府工作规则》(以下简称《规则》)。《规则》共分县人民政府职权，县长、副县长职责，政府成员职责，会议制度，行文制度，查办制度，财政审批制度，保密制度，行政管理制度，县长接待日制度，民主监督制度11项。同时规定，县政府的文件和会议内容宜于公布的，可以向社会公布。1996年，对《规则》进行修订，增加县人民政府的组成、县政府其他会议项，取消查办制度、财政审批制度、保密制度、行政管理制度、县长接待日制度项。2000年，《规则》增加民主决策制度，规定重大事项决策由政府常务会议或县长办公会议决定。2004年，修订后的《规则》含总则、县人民政府组成人员职责、学习制度、会议制度、公文审批制度、指示督查制度、内事及外事活动制度和外出通报报告制度。其中内事及外事活动制度规定县政府领导一般不出席各部门召开的一般性会议，以及所安排的接见、照相、剪彩等活动。“外出通报报告制度”规定政府工作部门主要领导开会、出差或因私请假离开清流范围，应事前向县政府报告。

1993年，制定出台《清流县人民政府会议组织工作规定》(以下简称《会议组织》)。《会议组织》规定，县政府会议应在会前三天收集会议议题；各部门需要向县政府汇报的问题及提交政府会议讨论的事项或文件，事先必须做好调查研究和充分准备。并强调县政府会议决定的事项，有关部门必须坚决执行、抓紧办理。出台《清流县人民政府处置突发事件工作规则》（以下简称《规则》)。《规则》规定处置突发事件的范围和重点、处置的方针和原则、处置的程序和办法，并制定处置的组织和制度。《规则》确定县政府成立若干负责处理重大突发事件的专门工作小组，统一领导和指挥处置突发事件。

1998 年，坚持依法行政及对县人大及常委会负责并报告工作制度，密切同县政协和工、青、妇等群众团体联系，自觉接受法律和民主监督。建立机关部门工作目标责任制，坚持县领导每月接待日制度。

2000 年，制定《清流县人民政府关于办理县人大代表方案、建议、批评和意见的暂行规定》及《清流县人民政府关于办理县政协委员提案的暂行规定》。2 个规定都要求要根据国家的法律、法规和有关的方针、政策实事求是办理，并要求确定承办分管领导、承办人，规定确定办理的时限、办理的原则。同年，制定《关于广开言路、开明治政的意见》，提出加强与县人大常委会、县政协的联系，接受监督、依法行政；规定县政府领导每年要有 3 个月时间在基层进行调查研究，密切和人民群众联系，广泛听取工商联、各群众团体及社会各界人士的建议和意见，坚持县政府与县总工会联席会议制度；建立多层次的决策咨询网络，要组织专家决策咨询委员会对涉及全局性重大决策进行调查咨询，并聘请县政府特邀顾问、政府特约信息员；抓好行风建设；建立健全监督机制，从严治政。

2001 年 5 月，下发《关于进一步加强规范性文件管理工作的通知》（以下简称《通知》)，对规范性文件的标题、内容、发文单位、文件备案制度等作出规定。《通知》强调，对关系到公民、法人或者其他组织切身利益的规范性文件，应向社会公布生效，未向社会公布的，对相对人没有约束力。并规定规范性文件要定期清理。同年，制定《清流县政府采购资金管理暂行规定》（以下简称《规定》)，共七章 40 条。国家机关、事业单位和社会团体使用财政性资金办理的政府采购均适用此《规定》。《规定》确定县政府采购委员会为政府采购工作领导机构，政府采购中心负责组织实施。政府采购以竞争招标和邀请招标采购形式为主。同时对招投标程序、政府采购监督及处罚办法作出具体规定。

2003 年 8 月，推行行政执法责任制，要求全县各行政执法单位做好行政执法责任制的基础性工作，制作《执法责任分解细化表》，明确执法岗位和执法人员的执法范围、执法权限、执法标准、执法程序和应承担的责任。并要求各单位在原已建立依法行政系列制度基础上，完善 9 项制度建设，即法律法规学习制度、规范性文件管理制度、行政执法公示制度、重大行政处罚备案制度、罚缴分离制度、行政执法检查制度、错案责任追究制度、评议考核制度和行政复议制度。

2005 年 4 月，制定《清流县县长、副县长安全生产责任制》，确定县长是全县安全生产第一责任人，分管安全生产的副职负具体的领导责任。并明确县政府各位领导的安全生产责任，要求依法依责抓好各自的安全生产工作。

六、推进机关效能和廉政建设

1991—1993 年，整治“三乱”，纠正行业不正之风。完成干部建私房清理，被省委、省政府授予清理干部建私房先进县称号。开展反腐斗争，通过刹风整纪、重点查处、强化监督和宣传教育，防止和遏制各种不正之风。

1994 年，在政府机关开展“说办就办，说到做到”活动。

1996—1997 年，进行县级政府机关机构改革，28 个工作机构领导全部到岗到位。初步建立国家公务员制度。

1998 年，建立机关部门工作目标责任制，坚持县领导每月接待日制度。人大代表议案、建议、意见、批评和政协提案办结率均达 100%。开展减负清费，对预算外资金、公路“三乱”、通信工具、小汽车、公款吃喝玩乐、中小学乱收费、减轻农民负担等进行专项治理。

1999 年，深入基层调查研究，转变作风，求真务实。全年处理群众来信来访件 386 件，其中县长批办 186 件。

2001 年，开展机关效能建设和“三个代表”重要思想学习教育活动。全年受理投诉 68 件，查处各类违反效能建设规定 34 人；清理废止各类不适应的规范性文件 118 份。全年处理群众来信来访 388 件次。

2002 年，全年受理效能投诉 52 件，查处违反效能建设规定 6 人。处理群众来信 185 件，接待来访 444 人次。

2003 年，组织实施政府机构改革，撤并一些政府议事机构、部门管理机构和合署办公机构，政府组成机构由28个减为20个，压编151人；部门内设机构由193个减为160个，精简17%；15个乡镇政府机构编制由450人压缩为359人，精简20%。参加“三讲”教育活动，纠治党性党风方面存在的问题。落实民主决策、建设项目招投标、财政预算和审计等管理制度，建设廉洁、勤政、务实、高效的服务型政府。至2003年，5年累计办复人大议案8件（其中续办上届议案2件），建议242件，政协提案211件，办复率100%。加强与工、青、妇、科协、工商联及社会各界人士联系，健全科学民主决策制度。组织实施“四五”普法规划。开展政府廉政和反腐纠风工作，加强行政监察，治理涉农负担、农村税收、中小学乱收费、医药购销中的不正之风，严惩腐败分子。5年累计立政纪案件59件，审结59件，政纪处分59人。坚持政府领导每月接待日制度和“一主任四长”接待群众来访制度，5年累计接待群众来信来访750余件（次）。

2004年，深化机关效能建设，强化效能监督和效能告诫，加强审计监督，抓好领导干部廉洁自律。办理人大议案1件，人大代表建议、意见68件，办理政协提案40件，办复率均100%。

2005年，推进政府机构改革，精简机构、人员、编制。顺利完成依法治县第一个五年规划。以开展保持共产党员先进性教育活动为契机，加强政府自身建设，致力建设为民务实政府、办好惠民实事。办理人大议案、建议和政协提案，答复率均达100%。落实领导干部廉洁自律规定和党风廉政建设责任制，强化效能监督和告诫，开展绩效评估，加大违纪违法案件查处力度。

第二节 经济体制改革与经济发展

一、深化经济体制改革

1991—1993年，县政府改革向深层次、多领域、全方位发展。农业巩固完善以家庭联产承包经营为基础、统分结合的双层经营体制，健全完善农业社会化服务体系。乡镇企业全面推行股份合作制，至1993年年末，全县有股份合作制企业160家。进行农村合作基金会试点工作。集体林区改革进一步深化。国有工业企业改革从着眼于经营权转移深入到理顺产权关系，企业市场主体地位得到加强。改革由试验转向规范。有3家企业实行规范化股份制，二轻系统基本完成所属企业股份合作制“一揽子”改造。6家企业被兼并，共向优势企业转移资产450万元。实施商业、供销等内贸改革，激发商贸流通领域活力。全县房改初步完成公房出售阶段工作。

1993—1998年，农村全面落实土地承包期再延长30年的政策。调整农业产业、品种结构，推进农业烤烟、水果、食用菌、水面养殖“四大开发”和农业产业化，促进产业升级。深化农产品流通体制特别是粮食流通体制改革，落实国家粮食收购的各项措施。企业产权制度改革取得较大突破。出台《清流县深化企业改革若干问题规定》《清流县国有小型企业产权出售实施意见》等一系列政策。以县通用厂、香料厂、印刷厂、余朋文体厂为试点，推行先出售后改制，内部职工持股。按照“抓大放小”的思路，企业改革全面铺开，将县林业集团、电力公司、氨厂、水泥厂、化工厂、罗口煤矿、医药公司、饲料公司等企业改为国家控股和内部职工持股的有限责任公司；香料厂、通用厂、北坑钨矿、矿泉水厂、刨花板厂等县属企业和乡镇企业，采取多种形式放开搞活；坚持改革与管理并重，开展精简机构、减员增效、减债（息）增效、节能降耗、增收节支活动，县香料厂、县北坑钨矿、县林业集团、氨盛化工有限公司、帅风水泥有限公司、县电力公司、县罗口煤矿等一批企业取得明显成效。商业、供销等内贸企业实行抽本经营，物资总公司实行分块承包经营。综合配套改革全面展开。建立县国资局—县国有资产投资公司一企业三个层次的国有资产管理、监督、营运新体系。制定国有控股公司资产保值增值指标考核奖惩办法；完成县罗口煤矿、帅风水泥有限公司等企业办学校分离工作，减轻企业负担；推进职工社会保障工作，国有、集体企业养老保险参保率97%；成立全市首家乡镇企业资产评估事务所；建立机关事业单位社会保险、医疗保险、农村养老、企业女工生育保险、城乡居民最低生活保障线等制度；建立再就业服务中心和帮困基金，组织实施再就业工程。住房制度改革全面推行。

1999—2003年，出台一系列深化改革和加快发展的措施，整体推进国有企业改革。全县33家国有企业已改制31家。

2004—2005年，全面推进农村税费改革，取消农业税、农业特产税以及涉农收费等，年均减轻农民负担709万元；推进集体林权制度改革，全县111个建制村全面完成林改主体任务，完成改革面积8.22万公顷，占应改面积93.6%。国有企业改革基本完成。各项配套改革措施平稳推进。县级国有资本基本退出竞争性领域。社会保障、教育、卫生等改革有序推进。

二、招商引资

1991—1993年，以资源引项目，实施“侨港台外都欢迎，大中小项目一起上”.的对外开放战略。3年接待客商40余批260余人次；新办“三资”企业18家，总投资1056.7万美元，合同利用外资430.6万美元，实际到资237.6万美元。投资1100万元、占地100公顷的桦信茶果开发公司为全市第一家台商独资进行农业综合开发的企业。3年办成内联企业134家，引进资金3920万元。县供销总公司主动与珠海南亚集团大连分公司联合租赁四川三台县食品罐头厂，办成县域最大的内联企业，年产罐头饮料1万吨，产值1500万元，利税250万元。1993年3月，在香港成立旅港联谊会，以商招商、以情招商。

1994—1998年，制定《关于鼓励外商在清流投资的特别优惠规定》，吸引更多的客商到清流投资办厂。5年累计批办“三资”企业41家，合同利用外资1263万美元，实际利用外资1919万美元。客商投资由香港地区扩展到台湾、澳门地区以及新加坡、菲律宾、日本等国家和地区，涉及食品、轻工、矿产、水电、建材、房地产、农业综合开发等行业。引进台资发展高优农业取得突破，兴办8家台资农业企业，总投资303万美元，利用外资208万美元，初步形成台湾优质水果、蔬菜、茶叶和特种养殖基地。5年兴办内联企业398家，引进县外资金3.91亿元。

1999—2003年，出台关于联内引外奖励和环境整治等一系列政策措施，开展以情招商、以商招商、以外引外，组织参加各类招商活动。5年累计创办“三资”企业18家，合同利用外资1184万美元，实际到资1581万美元，出口创汇848万美元。创办内联企业142家，引进县外资金3.28亿元。

2004—2005年，出台《关于改善投资环境鼓励投资兴业的优惠政策》。2年新批办“三资”企业15家，实际到资1348万美元，引进县外资金2.39亿元。

三、实施项目带动

1991—1993年，全县完成固定资产投资1.73亿元，其中生产性建设投资1.07亿元，占61.8%；非生产性投资6621万元，占38.2%。投资向能源、交通、通信、水利等基础产业倾斜。

1994—1998年，全县固定资产投资持续增长，累计完成投资8.8亿元，年均递增13.9%。完成洋万线、建文线公路二级路面改造，城区三桥重建与扩建。第二自来水厂、商业中心、第二农贸市场、国税、工商、医技、中心幼儿园等城市基础设施相继投入使用，竹青背电站、刨花板厂项目建成投产，合成氨厂节能降耗暨年产8000吨联醇、香料厂萜烯树脂技改全面展开。

1999年，加大基础设施投资，争取省、市有关部门在清流布点项目和资金补助。全县24个重点项目，列入市重点项目8个、续建项目14个、新开工项目10个。15个重点前期项目提前进入实施阶段。实施长兴中路扩改，大灵线公路一期、二期改造，双白公路柏油路改造，灵地变电站工程建设，农村电网改造，城区防洪堤，里田万亩现代农业示范园，林畲万亩旱片配套工程等城乡基础设施建设。

2001—2002年，全县12个重点续建项目建成投产或接近投产。重点新项目开工34个。完成细木工板扩建、帅风水泥有限公司环保与设备更新技改、香料厂年产100吨松油醇生产线、鸿翔化工有限公司新上年产300吨聚合松香项目一期工程等项目建设。

2003年，开展“项目年”活动。累计筛选编制储备项目210余个，其中“十五”重点项目60个，动工实施96个，完工70个，完成投资额6亿余元。一批重大项目建成投产。关公凹电站，鸿伟木业，华龙、华腾、金华矿业，众和服装，无水氢氟酸等一批新办企业项目竣工或基本竣工；香料厂松油醇、鸿翔化工公司聚合松香、氨盛公司煤化工产品结构调整、罗口煤矿井巷开拓延伸、明孚公司结晶硅无木炭生产工艺等一批企业技术改造项目相继完成。永明育苗中心、嘉德立体农业综合开发、万亩蜜雪梨基地、李家灵地耕地开发、三明市景秀园林绿化工程公司绿化苗木基地、里田花卉基地等初具规模。

2004 年，43 个重点项目有 42 个进入建设实施，10 个重中之重项目全部启动，并完成年度目标。龙元矿冶、俊年饲料、福来香豆腐皮加工、昌升农副产品加工、展化化工、天翼包装、服装加工等一批项目建成投产。全社会固定资产投资完成 3.41 亿元。

2005 年，坚持以资源开发筹措资金、引进技术，深入开展与科研院所合作，利用“6·18”项目成果交易会实现项目与科技对接。实施重点项目 43 个、前期项目 17 个。县级储备项目 126 个。全社会固定资产投资完成 5.05 亿元。

四、发展乡镇企业

1991 年，县政府从实际出发，发展小水电、矿山等能源企业。全县乡镇企业实现产值 44097.42 万元，占全县工农业总产值 66.1%。推行乡镇企业股份合作制改革，促进政企分离，明确产权关系。

1992 年，县委、县政府制定《关于加快发展乡镇企业的若干规定》，在税收、原材料收费标准、工资等方面制定一系列优惠政策，并对引进项目、技术实行奖励政策，鼓励支持农民集资联办企业、创办股份制企业。

1993 年，县委、县政府出台《关于扶持嵩口、嵩溪、东华三个重点乡镇优先发展若干规定》，从科技人才引进、税收、金融等方面给予优惠倾斜政策。县委、县政府主要领导挂钩重点乡镇，帮助解决资金、技术、产品销售等一系列问题。乡镇企业成为县域经济发展的支柱产业。从业人员达 2.55 万人，总产值达 11.24 亿元，比上年增长 2.2 倍。

1994 年，设立扶持南面乡镇发展经济专项基金。重点扶持赖坊乡新上年产 4.4 万吨水泥厂等。

1995 年，全县乡镇企业 7936 家，实现总产值 17.05 亿元。

1996 年，全县推行厂长负责制管理模式，建立健全以成本核算为中心的企业管理制度，促进乡镇企业逐步向市场经济管理转轨。县政府出台《清流县乡镇企业产权出售改制实施意见》等，对全县各类乡镇企业进行不同形式改制。

至 2005 年，全县乡镇企业 3600 家，从业人员 14981 人，实现总产值 17.72 亿元。乡镇企业产品获省级以上名优产品奖项 8 项、市级 1 项。

五、发展个私经济

1991 年，清流县城镇、农村个体工业 3039 家，实现产值 1.11 亿元，仅占全县工业总产值 2.7%。

1992 年 12 月，县委、县政府制定出台《关于大力促进个体私营经济发展的若干规定》后，个体私营经济保持持续发展势头。

1998 年，城镇私营工业 5 家，产值 58 万元；农村私营工业 13 家，产值 208 万元；城镇个体工业 87 家，产值 762 万元；农村个体工业 749 家，产值 1.62 亿元。

2000 年年初，县委、县政府再次出台《关于加快发展个体私营经济的决定》，对发展个体私营经济实行鼓励保护，部分私营企业规模不断扩大。随着国有、集体企业改制及国有、集体经济成分下降，私营、个体企业日趋活跃，居全县工业企业主导地位。2005 年，规模以上私营企业增至 7 家，完成产值 12654.2 万元，在全县规模以上工业企业产值所占比重 16.04%。

六、发展特色现代农业

1991 年，农业在大灾之年获得丰收。农业总产值达 1.96 亿元，比 1990 年增长 7.3%；粮食总产 7.4 万吨(2005 年统计调整口径)，比 1990 年下降 6.69%。水产品产量 1056 吨，增长 11.63%；全县开发果园 2000 余公顷，其中乡村集体果园占 70% 以上。水果产量 3916 吨，增长 39.96%；烟叶产量 1829 吨，增长 40.91%。造林面积 1856.27 公顷，提前消灭宜林荒山。乡镇企业实现总产值 4.33 亿元，增长 23.5%。农民人均纯收入 939.5 元，增长 10.79%。全县共恢复和改善灌溉面积 1133.33 公顷，新增灌溉面积 4753.33 公顷，被水利部评为全国水利建设先进县。

1992 年，开展农业果树、食用菌、烤烟、水面“四大开发”，发展高产优质高效农业和创汇农业，形成具有清流特色和优势的农业产业结构。推广种植再生稻面积 733.33 公顷。全县近三分之一耕地实现烟稻轮作。烤烟产量和产值分别比上年增长2.65倍和2.43倍，仅此一项，农民人均增收85元。全县新开果园面积2333.33公顷，培育食用菌457万袋。水产、春大豆、生猪出栏以及家禽出售均有较大幅度增长。

至1993年，粮食生产已连续3年获得丰收。粮食与经济作物种植比例由1990年的74 ∶ 26调整为62 ∶ 38，农业结构得到初步优化。投资1100万元，占地面积300公顷的桦信茶果开发公司成为全市第一家台商独资进行农业综合开发的企业。林畲、邓家两大万亩灭旱水利工程顺利建成。

1994年，"5·2"特大洪灾发生后，投入800多万元，用于垦复农田、修复水利设施，抓补种、扩套种和农业综合开发。1120公顷当年可以垦复的耕地全部复耕。

1995年，清流县被省政府授予粮食生产先进县；"三、五、七"造林绿化工程顺利通过省级验收；烤烟单产、质量创历史最好水平，总产量近4万担，成为全省五大烤烟基地县之一。果树开发总面积7986.67公顷，基本实现人均1亩果；食用菌24万袋，总产量788吨，比增14.5%；水面开发建立特种养殖场10个，池塘养鱼面积达640公顷，比增33.3%。

1996年，全县水利水电完成新建、续建工程8处，改善灌溉面积2186.67公顷，新增有效灌溉面积26.67公顷。引进、示范、推广水稻和旱粮新品种（组合）28个；应用旱育秧、标准化栽培、配方施肥、病虫综合防治等增产技术，建立丰产示范片面积2153.32公顷。畜牧水产业进一步巩固提高，建立嵩溪、林畲黄牛、山羊品种改良基地，在全县推广饲养太湖母猪，建立200公顷高产高效鱼塘。完成低产果园改造746.67公顷；制定稳定、落实自留山政策和大力发展毛竹生产的优惠政策，全县新种毛竹559.53公顷，垦复扩鞭817.33公顷。农民人均增收中有五分之三来自农业"四大开发"和种养大户工程。

至1998年，实施国家和省级商品粮基地建设。建成一批农业基础设施，建成小型水库2座、水电站11座，新增有效灌溉面积247公顷。投入扶持南面乡镇发展专项资金105万元。建立副食品基地生产基金、价格调节基金、新菜地开发基金和县、乡、村三级菜篮子基地，在林畲、东华、龙津建立仔猪基地和蛋禽基地。

1999年，农村经济持续发展。果、茶、鱼、蛋、奶等产量增加。烤烟、豆腐皮、淮山、茶籽油等产业化进程加快。苦菜、笋竹、鱼腥草、九龙湖鱼干、红心地瓜干、荔蒲芋等一批特色产品种养、加工初步形成规模。

2000—2002年，加快结构调整步伐。调减早籼稻种植面积，推广优质稻，优质率32%。粮经比例由2000年的71 ∶ 29调整至2002年的62 ∶ 38。发展特色农业，加快产业化经营。新开发苗木花卉种植面积100公顷。食用菌、巴西菇、茶叶、茶籽油、红心地瓜等各种特色农产品产量稳步增加。

至2003年，5年累计投资6525万元，改造中低产田面积1500公顷，完成城区、嵩口防洪堤建设和14座水库除险加固，实施琴源、林畲2个节水灌溉项目。新建成小水电站10座，新增节水灌溉面积746.67公顷。开展农村土地承包期延长合同签订和经营权证书发放工作。深化集体林权制度改革，明晰林木产权，建立生态公益林保护机制，抓好农村税费改革试点和农民减负工作，累计减轻农民负担1550万元。

2004年，落实农村税费改革和扶持粮食生产政策。突出培育苗木花卉、烤烟、水果"三蜜"、豆腐皮、畜牧水产等特色产业。景秀园林公司被列为省级农业产业化龙头企业。里田乡被列为省鲜切花示范基地。加大集体林权制度改革力度，完成改革村102个。全年完成农林牧渔业总产值7.9亿元，比增6%。景秀园林绿化苗木基地、冷泉养殖基地、水果"三蜜"基地、花卉基地等生态农业基地初步形成。

2005年，投入2300多万元实施国家农业综合开发、耕地整理、水土流失综合治理、节水灌溉、烟田基础设施及小型农田水利建设等一批项目。发展绿色生态农业。全县形成烤烟种植面积2667公顷、苗木种植面积1067公顷、花卉种植面积553公顷、优质茶叶种植面积619公顷、果树种植面积5093公顷、水产养殖面积2667公顷规模。苗木花卉产业良性发展，花卉脱毒项目填补省内空白。全县111个建制村完成集体林权制度改革主体任务，完成林改面积8.22万公顷，通过省、市林改检查验收。全年完成农林牧渔业总产值8.69亿元，比增6%。

七、培育工业产业集群

1991年，清流县在干旱发电量减少三分之一的情况下，工业总产值仍达2.18亿元，比1990年略减0.87%。预算内工业企业产值、销售、税金、产品成本、流动资金周转等指标则普遍好于往年。工业企业技改完成投资905.8万元。乡镇企业完成续建项目8个，新增产值439万元。

1993 年，年产 1.5 万吨的锶尔康矿泉水建成投产。人造板厂胶合板 5000 立方米扩为 8000 立方米、县水泥水泥厂 5 万吨扩为 15 万吨、香料厂萜稀树脂 1000 吨扩为 2000 吨、化工厂松香 5000 吨扩为 6000 吨、罗口煤矿上坪井原煤 6 万吨扩为 15 万吨、氨厂甲醇 2000 吨和山梨醇二期工程等技改项目陆续建成投产。规模以上工业企业由 1990 年的 3 家增加到 12 家。1991—1993 年，新增主要生产能力有煤炭 6 万吨，发电机组容量 1085 千瓦。至 1993 年年底，原煤产量 13.5 万吨，水泥产量 10.7 万吨，化肥（折纯）产量 1 万吨。其中水泥、化肥产量分别比 1990 年增长 149.3% 和 21.2%。

1994 年，全县遭受“5·2”洪灾停产的 382 家企业年内全部恢复生产。全县工业投入突破 2 亿元，新增固定资产投资 1.44 亿元。突出抓投资百万元以上大项目 13 个，完成投资 5273.5 万元，占总投资的 51.2%，其中 8.8 万吨水泥生产线、甲醇“二改四”300 吨 AD 胶、300 吨铸钢件等 8 个技改项目建成投产。新开发 S-18 型气手枪、复合型宝丽板、瓷性涂料、矿泉水瓶等县内新产品 22 种，其中省内新产品 7 项。逐步形成建材、化工、电力等支柱产业和一批经济效益好、技术密度较高的“龙头”“拳头”产品。实施百里经济带和重点乡镇率先发展战略。设立南面乡（镇）发展基金。年内，重点扶持赖坊新上年产 4.4 万吨水泥厂。全县呈现北面乡镇继续发展、南面乡镇迅速崛起、由北向南梯度发展态势。特色经济有质的突破。福兴保健食品公司生产的中华茯苓饮获 1994 年中国国际饮料博览会金奖，淮山王珍饮获省第二届工业品博览会银奖，淮山系列产品获 1994 年省农村名、特、优新产品展销会三项金奖。全县乡村户企业 7798 家，职工人数 2.1 万人。

1995 年，清流县初步形成工业四大支柱产业，即以水泥为龙头的矿产品系列开发产业；以胶合板为龙头的林产品系列开发产业；以松香、萜稀树脂为龙头的林产化工系列开发产业，以精制茶油、中华茯苓饮、淮山王珍饮、锶尔康矿泉水为龙头的食品饮料系列开发产业。全县工业总产值 4.75 亿元，比上年增 11.81%，其中乡及乡以上工业总产值 4.28 亿元，比增 18.1%。12 家骨干企业实现利税 1859.32 万元，比增 6.4%。预算内 8 家国有工业企业实现利税 1327.62 万元。

1996 年，全县开展“学诸城 促改革”“学邯钢 抓管理”“抓技改 增后劲”活动。全县完成企业技改投资 3366 万元，其中国有工业企业完成 2403 万元，比增 14.7%，先后完成合成氨厂年产万吨甲醛、合成氨系统设备节能改造、山梨醇技改、罗口煤矿上坪井二期扩改、鱼龙岗隧洞等投资百万元以上新上技改项目，年产 1.5 万立方米刨花板项目完成厂房建设，装机 1.5 万千瓦的关公凹水电站项目前期工作取得重大进展。乡镇企业全年新上技改项目 49 项，其中邓家洋背电站、嵩溪清龙水产养殖场等 9 个项目总投资均在百万元以上。

至 1998 年，合成氨、电力、结晶硅、水泥、原煤、萜烯树脂、钨精矿等主要工业产品生产能力和产量大幅增长。1994—1998 年，5 年累计新上和技改项目 27 个，完成总投资 1.52 亿元，建成刨花板厂、氨厂年产万吨甲醛、合成氨系统设备节能改造、年产 3000 吨山梨醇技改、萜烯树脂扩改、罗口煤矿上坪井技改等一批百万元以上项目。

1999 年起，对国有控股企业推行新一轮民营化改制，规模工业生产连年上新水平。企业技改投资完成 2104 万元，比增 3.3%。香料厂萜烯树脂“二改三”、硫酸锰、罗口煤矿三采区技改、铅锌矿等一批项目已建成或即将建成投产。萜烯树脂、钨精矿、铅锌矿、水泥、甲醇、胶合板等产品产量上升，木材、原煤、碳铵、甲醛、松香、结晶硅、电力、自来水等产品产量有所下降。

2000 年，细木工板厂、华腾、金山萤石选矿厂等建成投产。抓矿产、林木资源深加工、结晶硅炉改造等 21 个项目技改，产品科技含量提高，竞争力增强。

2001 年，产品升级换代及新产品开发步伐加快。主要工业产品细木工板、萤石矿、结晶硅、原煤发电量、水泥等有较大增长。细木工板二期扩改工程、华腾矿业公司余朋分厂、仁场银铅锌矿年处理 6 万吨生产线、香料厂松油醇项目和鸿翔化工有限公司聚合松香项目等建成投产。

2002 年，投入技改资金 3801 万元，实施鸿伟木业公司等重点技改项目 15 个。鸿伟木业公司 1.5 万立方米机制板生产线、华腾矿业公司萤石选矿矿井开拓延伸、罗口煤矿矿井掘进等一批项目建成投产。

2003 年，动工建设城北龙翔工业园区和大路口化工工业小区。关公凹电站、鸿伟木业、华龙、华腾、金华矿业、众和服装、无水氢氟酸等一批新办企业竣工或基本竣工，香料厂松油醇、鸿翔化工公司聚合松香、氨盛公司煤化工产品结构调整、罗口煤矿井巷开拓延伸、明孚公司结晶硅无木炭生产工艺等一批企业技术改造项目相继完成。1999—2003 年，通过引资嫁接、出让股权、盘活资产、技术改造等，培育壮大主导产业：

水电业装机容量已超过6.5万千瓦；矿产品加工业新建形成10.5万吨萤石精粉、1万吨银铅锌矿加工和1.5万吨无水氢氟酸能力；木制品加工形成年产5万立方米细木工板和1.5万立方米刨花板能力；林产化工新增3000吨聚合松香和1000吨松油醇生产能力；硅工业成功开发无木炭生产新工艺，形成年产1万吨金属硅、1000吨硅钙能力；轻工业新增100万套服装加工能力，初步形成具有地方特色的主导工业。明孚硅业公司、帅风建材公司、鸿伟木业公司通过ISO 9000质量管理体系认证，"9利"茶籽油获省著名商标和绿色食品标志，萜烯树脂获省名牌产品称号。

2004年，清流县出台《关于加快产业聚集培育产业集群的若干意见》，提出培育氟化工、林产工业、服装轻纺和生态旅游4个产业。以氟化工系列产品开发为龙头的矿产加工业发展迅速，服装加工业快速兴起。实施技改项目18个，完成投资4431万元。龙元矿业、俊年饲料、福来香豆腐皮加工、昌升农副产品加工、展化化工、天翼包装、服装加工等一批项目建成投产，新的经济增长点初步形成。

2005年，巩固壮大农产品加工、建材、机械加工、矿产品加工等优势产业。承接沿海产业转移，做大做强轻纺服装产业。着力矿产资源深度开发，延长产业链，促进氟化工、矿产加工业发展。动工建设金星工业项目集中区，构建"两园一区"（龙翔工业园、大路口化学工业园，金星工业项目集中区）的产业发展平台。县刨花板厂新扩生产线投产。县属规模以上工业完成总产值7.91亿元，比上年增长45.9%；实现利税6720万元，比增10.7%；经济效益综合指数141.1%。"十五"期间，县属规模以上工业企业新增14家，县属规模以上工业产值年均增长21.29%，第二产业增加值年均增长13.75%。

八、发展第三产业

1991年，全县社会商品零售总额6829万元，比1990年下降12.33%；集市贸易成交额6787万元，比1990年略有增长。副食品基地进一步发展，在平抑市场价格方面发挥积极作用。全年社会零售物价指数比上年下降3.55个百分点，低于市下达5%的控价指标。金融机构全年融通资金1700万元，协助企业清理"三角债"1034.8万元。全县金融机构各项存款、贷款余额分别增长26.5%和2%。

1992年，清流县多渠道投入房地产开发资金1590万元，全县房地产开发面积53.3万平方米，比1990年增长6.83倍。由于房地产业的发展，全县捞砂机比1990年增加5台，用于开发房地产的各种农用车辆比1990年增加142部。内贸企业全面推行"四放开"改革，改善经营作风，提高服务质量，商品购销两旺，全县内贸企业商品纯销售5326.5万元，比增13.5%，商品纯购进2796.1元，比增50.1%。县供销社、商业局、粮食局先后成立总公司，从原来的行政管理型转向经营服务型，并平稳过渡到经济实体，形成开放、畅通、灵活、高效的流通新格局。县委、县政府就加快第三产业发展的目标、重点、政策措施等提出具体实施意见，调动社会各方面兴办第三产业的热情和积极性。全县第三产业增加值5945万元，比1990年增长13%。年末，全县有个体私营企业2157家，从业人员3682人。实现年总产值1206.3万元，比增24.4%。城区主街道繁华地段固定摊位60多个，城区小商品市场、夜市市场初具雏形。灵地边界贸易市场、长校水果批发市场、嵩溪豆腐皮专业市场形成规模，水蜜桃、豆腐皮等地方产品区外市场销路看好。全县社会商品零售总额7070万元，比1991年增长3.53%，集市贸易成交量1.80万吨，成交额6000万元，其中引进帮销8091吨，占总成交额45%。

1994年，全县内贸企业的国有、社有民营改革面进一步扩大，供销系统5家公司、7个基层社的110多个生活资料销售门点全部实行"社有民营"，一次性回笼资金120多万元。针对"5·2"洪灾给发展第三产业造成的困难，及时采取一系列减租免费优惠措施，并组织有关部门进行现场办公，帮助解决实际问题，第三产业得到较快恢复和发展。全县新、改、扩建市场4处，市场建设投资210元，比增101%。全县城乡集市占地面积达6.14万平方米。逐步形成以龙津、嵩溪、嵩口市场为重点，由水蜜桃、豆腐皮、粮食、保健饮料专业批发市场组成的城乡市场群体。全年城乡集贸市场成交额9330万元，成交量2.24万吨，分别比1993年增长43.9%和17%。实施百里经济带建设，做好大边贸文章，在洋万线清流境内经商的个体户发展到1800多户。

1995年，清流县供销企业探索多元化、多种经营体制改革路子；商业企业探索股份制改革；粮食企业实行两条线经营，消化历年政策性挂账300多万元，并上缴财政100万元。全县个体工商户3162户，非公有制从业人员1.4万人，占全县总人口的十分之一。全年实现商品纯购进1.17亿元，比1994年增长41%；实现商品纯销售 1.42 亿元，比 1994 年增长 28.6%；社会商品零售总额达 1.66 亿元，比 1994 年增长 19.3%；30 种主要食品价格上涨幅度控制在 11.4%，比市下达 22% 的控价目标低 10.6 个百分点，控价工作走在全市前列。

1996 年，抓好人民生产生活必需品的生产，增加基地投入 90 万元，稳定副食品基地面积 40 公顷，丰富群众“米袋子”“菜篮子”。通过外引内联等渠道筹集资金，新办蛋鸡场，改变鲜蛋靠外调的局面。全县金融运行平稳，呈现存、贷同增，存款增幅大于贷款增幅的势头。年末，各种存款余额 41142 万元，比 1995 年增长 19.4%，其中城乡居民存款余额 29819 万元，比 1995 年增长 25.4%。各项贷款余额 30065 万元，比 1995 年增长 29.1%。

2000 年 2 月 1 日，县委、县政府出台《关于加快发展个体私营经济的决定》，制定发展个体私营经济扶持办法 17 条和鼓励政策 8 条。非公有制经济日益发展壮大，与 1995 年相比，城镇个体工商户增长 58%，年递增 9.6%;从业人员增长 28.5%,年递增 5.1%;经营额增长 54.1%,年递增 9%。全社会消费品零售总额 2.72 亿元，比增 6.35%，年递增 10.33%。商品零售价格指数下降 1.6%，居民消费价格指数下降 1.2%，居民衣食住行条件和文化生活继续改善。

2001 年，出台《清流县加快发展个私经济的若干规定》，优化发展环境，抓好公安、工商、税务、劳动等 12 个部门服务承诺兑现，规范各类收费行为。加大扶持力度，扩大担保基金规模，投入担保基金 80 万元，担保贷款 400 万元。

2002 年，出台《清流县机关事业单位干部职工离职辞职离岗待退发展个私经济的实施意见》，鼓励干部进入生产流通领域。是年，办理离岗发展个私经济的机关、事业干部 6 人。

2004 年，委托省农林大学旅游学院编制县旅游发展总体规划并组织实施。引进资金 1.2 亿元，开发九龙湖、北斗山风景区。九龙湖景区被省政府公布为第六批省级风景名胜区。嵩口热氡温泉、灵台山风景区设施更加完善，红色旅游线路开始规划实施。生态旅游初见雏形。

2005 年，清流县第三产业实现收入 5.24 亿元，比 2004 年增长 9.2%。全县个体工商户 1879 户，私营企业 214 家，上缴税收 4893 万元。全社会消费品零售总额 4.33 亿元，比增 10.37%；居民消费价格指数 102.8%。着力发展生态休闲旅游和服务业。大丰山省级森林公园申报成功，莲花山省级自然保护区获批准，部分景区“五一”对外开放。清流红色旅游列入《2005—2010 福建省红色旅游发展规划纲要》。电信、移动、联通等服务业发展迅速，通信网络覆盖全县，社区、中介服务等新型服务方式逐步建立，专卖店、连锁超市等现代商品流通方式涌现。“十五”期间。三产增加值年均增长 10.33%。金融运行稳健，全县金融机构各项存款余额 9.83 亿元，比年初增加 1.15 亿元；各项贷款余额 4.01 亿元，比年初减少 287 万元。保险收入 3600 万元，比 2004 年增长 4.3%。

九、拓宽财政增收渠道

1991—1993 年，财税部门强化征收管理，严格控制减免税，清理欠税，做好农林特产税源头控制。1991 年，全县财政收入 2090 万元（当年价，业务口径，下同），比 1990 年增长 10%。按照“保吃饭、保稳定、扶重点”原则，处理好控制支出和保证重点、兼顾一般关系，财政支出比上年减支 4.2%，实现财政收支平衡。至 1993 年，全年县财政收入 3470.29 万元，比 1992 年增长 49.56%。

1994—1998 年，县政府实行财税改革，实现从财政包干制向分税制平稳过渡。组建国家、地方两套税务机构，地方财政收入相对减少。财税部门层层落实收入目标责任制，修改乡镇财政管理体制，调动乡镇征收积极性。1994 年，全年财政收入 4987 万元。至 1998 年，克服东南亚金融危机影响，通过调入其他资金，保持财政收支平衡。当年，全县财政收入 6853 万元，下降 8.7%；县级财政支出 5572 万元，下降 8.8%。

1999—2003 年，县政府发展税源经济，制定和实施财政“一、三、五”脱困计划［一年内（2000 年）继续打好财政基础，提高税性收入比重，优化财政收入结构，扎实组织财政收入。结合政府机构改革，精简机构和人员，减少财政供养人员，压缩开支范围，减轻财政负担；三年内（2002 年前）大力培植财源，发展经济，培育新的增长点，使县财政基本走出困境；五年内（2004 年前）财政在经济发展的支持下自求平衡，步入“经济—财政—经济”良性循环的发展轨道，经济和社会事业健康发展］。在经历 1998—1999 年连续两年调整后，财政收入实现逐年稳步增长。收入结构更趋稳定、合理，税收收入比重由 1998 年的 81.7% 提高到2003年的91.7%。争取省财政转移支付和专项资金取得突破，5年累计向上级争取各类资金2.38亿元，年均4760万元，有效缓解县域经济、社会建设资金困难。

2004—2005年，县政府培育特色产业，扶持生产性项目，培植新增财源点。抓好烤烟、化工、矿产、电力、林业、机械制造等重点行业增收。同时抓好各类非税收收入征管，完善煤炭、非煤等矿产品金费征收办法，防止收入流失。2004年，全县财政总收入7306万元，财政总支出1.16亿元，通过向上争取转移支付和调入其他资金保持财政收支平衡。2005年，全年财政总收入6584万元，财政总支出1.37亿元。

第三节 建设与资源环境保护

一、城乡建设

1991年，清流县实施县委提出的“小县大城关、小乡大集镇”发展战略。全县固定资产投资完成601万元，比1990年增长74.71%。建成商业贸易中心、离退休干部活动中心、医院病房、一中科技楼。铺设城区水南路、城西老干居住区等水泥路3条，建成东门桥风景点；完善西山公园景点，建成三亭一阁；改造街心公园，完善金莲寺风景点基础设施，城西新区开发建设完成“三通一平”。投资完成农村厕改和水改等20件实事。

1992年，投入南区和西区“三通一平”资金366万元。南区第一期开发面积6.7万平方米，出售地产1万平方米，供14个单位和20户个人建房。西区开发面积5.8万平方米，完工和基本完工房屋34座，建筑面积5.5万平方米，投资1920余万元。沿河单面街开发建设基本形成规模，开发面积2万平方米，投入拆迁及兴建河堤资金230万元，完成公、私房屋拆迁44幢，实施河堤工程建设。县医院病房大楼、县机关干部宿舍楼、党校学员宿舍楼竣工使用；西山口拓宽工程完成；黄泥仔坑（芙蓉新村）投入基础设施建设资金35.1万元，建新房64座，总建筑面积1.28万平方米，群众多年要求解决的水泥路铺设工程完工；实施刘家园开发第一期工程。新农村建设加速，全县乡（镇）、村级房地产开发面积19.7万平方米，嵩溪、长校、余朋“小城镇”建设规模较大，成效明显。嵩溪镇新街开发投入基础配套设施建设资金100万元，个人集资建房300余万元，建设新房65座，新增店面140余个。出现一批大路口、桐坑式的社会主义新农村典型。

1993年7月，清流县完成沿河单面街改造。新建余朋、嵩口卫生院病房和防疫站检验楼。至是年，3年共投入资金4000多万元，为民办实事46件，其中包括在城区修建的商贸中心、老干活动中心、一中科技大楼、医院病房楼、青少年宫、福利院、广播电视大楼、清流宾馆、机关办公楼、党校学员楼10座建筑。先后开发南区、西区、刘家园三大新区，城区面积由1990年的2平方千米扩大到3.22平方千米。乡镇公共文化福利设施和农民商品居住设施建设进程加快。

1994年12月25日，凤翔大桥全面竣工。1995年5月，龙津大桥建成通车。至1995年，5年全县筹措资金2.85亿元，为民办实事59件，城乡面貌发生显著变化。成片改造沿河单面街；铺设水南街、怡香园、常春街、河滨路、碧林路、长兴南街、文化街7条水泥路；新建城关初级中学教学楼、嵩口卫生院综合楼以及部分学区教工宿舍。涌现嵩溪、林畲、长校、温郊、沙芜等一批新型集镇和大路口、南岐、桐坑、洋庄、月盘、留芳等一批新村。

1996年，供销、粮食综合大楼相继竣工，商业中心商场、干部解困房等项目按计划施工；新建城关中心幼儿园等建设项目。妇幼保健所综合楼竣工。

1996年，投资479万元，完成一中教工宿舍、学生公寓，嵩口小学教学楼，嵩口中学教学楼，林畲中学教工宿舍等项目建设，新建校舍面积4760平方米。

1997年，投资2300万元，先后完成邮电综合大楼、邮政综合楼、人事局综合楼、医技楼、长兴南街、龙城新街、龙津镇镇政府至粮站水泥路、城关中心幼儿园、水东街水东路、档案馆改造等一批为民办实事工程；商贸中心大楼、机关干部解困房已完成主体工程，进入扫尾阶段。

1998年，县中医院大楼及城乡一批干部职工适用住房等办实事项目竣工，电信大楼、农行大楼等项目动工兴建。5 年县、乡（镇）、村多渠道筹集资金 6000 多万元，建新村 40 个，重建家园 3499 户。

2000 年，文化三馆综合楼竣工。《县城总体规划》经三明市政府批准实施。嵩口夜滩温泉、凤翔街口文化广场、街心公园四周路面改造等完工交付使用。县乡公路、城区街道、广场、住宅小区等基础设施进一步完善。

2001—2003 年，以城区、嵩溪、嵩口一城两镇为重点，完善总体规划和配套小区专业规划。嵩口九龙小区列入省级试点，灵地镇总体规划完成论证。推进重点集镇和新村建设，长校、嵩溪、林畲、田源等集镇自来水工程完工，投入使用。投资 600 多万元拓宽改造长兴中路，实施雁塔小区、绿园小区、城区路灯改造、龙津广场等一批基础设施和为民办实事项目，城区面貌改善。

2004 年，完成城区凤翔街、长安路、雁塔小区一期工程、一中河滨路贯通及龙津大桥休闲公园、长兴北路人行道 6 个为民办实事项目。县医院门诊楼竣工并投入使用。

2005 年，清流县加强城镇建设规划，完成县域城镇体系、县城专项规划。完成长兴中街改造，龙津集贸市场工程封顶，城区“S”形沿河景观设计基本完成，一中教学楼及职中综合楼、垃圾填埋场、消防站等项目动工建设。新建城区自来水管网等基础设施。新建疾病预防控制中心、中医院门诊楼等，改建乡镇卫生院 9 个。

二、基础设施建设

1991—1993 年，清流县改造大路口至灵地公路，完成大路口至嵩口 8 千米柏油路铺设。“双白”（沙芜乡白塔村—田源乡田口村白石自然村）公路建成通车。城区闭路电视网络开通使用；三明至清流的 480 路微波干线投入使用。11 万伏安清输变电工程投入运营。开通程控电话 5000 门。林畲、邓家两大万亩灭旱水利工程建成。投资 220 万元，铺设完成建文线（建宁—连城文亨）清流路段柏油路面 7 千米，嵩口至围埔扩路工程全线动工。全县 111 个建制村均通上照明电，主村街道均铺上水泥路。

1994—1998 年，总投资 146.93 万元的凤翔大桥扩建工程竣工。全县电话普及率 23.75 部 / 百人。总投资 1690 万元、日供水 1.5 万吨的严坊溪自来水一期工程建成供水。全县广播人口覆盖率 85% 以上，电视人口综合覆盖率 95%。15 个乡镇全部实现电话程控化，全县电话容量由 5000 门增至 1.65 万门。洋万线清流境内 44.73 千米的二级路标准改造任务基本完成。总投资 494.07 万元的龙津桥重建工程竣工。总投资 4000 多万元，装机容量 9000 千瓦的竹青背电站建成投产。完成林畲万亩旱片渠系配套工程建设。总造价 300 多万元的清流大桥改扩建工程建成通车。全县 111 个建制村实现村村通公路、通电话。多渠道筹资 730 万元，完成龙津河旅游线、沙芜狐狸洞群、嵩溪七星岩等旅游景区第一期开发及配套旅游服务设施建设。开工建设长兴中路拓改工程、北山滑坡治理、城区防洪堤、灵地变电站、李家万亩灭旱工程、电视专用传输网清流基站等基础设施项目。

1999—2003 年，全县 5 年累计筹资投入 2 亿多元，建成和完善一批基础设施。同时，组织实施沼气池建设、移动通信基站、老区“五通”工程等项目，改善群众生产生活条件。5 年新建老区建制村通水工程 45 个，全县 72 个老区建制村全部用上卫生水。全面开展建制村通水泥砼公路建设。有线电视网络清流基站完成主体工程。电力城网改造完工，农网改造一期工程通过省验收。城区、嵩口 10.2 千米防洪堤工程基本完工。县一中综合楼交付使用。全长 50 千米的大灵线公路改造全线完工。5 年累计改造农村公路 91 千米。长兴中路扩改、电信大楼、城区路灯工程、嵩溪豆腐皮批发市场和 9 个国债建设项目完工。

2004—2005 年，关公凹水电站建成投产。龙津市场改造、田径场、县殡仪馆及公墓区、自来水厂大坝加高及管网改造等项目已在建设。实施年百千米农村公路建设，共投资 8210 万元，实现乡乡通等级公路目标。全县 111 个建制村公路硬化率 87.4%。

三、加强国土资源管理

1991 年，国土部门开展土地资源详查，查清县境内土地类型、数量、质量、权属及其利用状况，综合评价土地利用特点，研究发展方向和途径，为制定土地利用总体规划提供科学依据。土地登记发证工作经市级验收合格。贯彻省政府《福建省基本农田保护区管理暂行规定》，层层签订耕地保护责任书，将基本农田保护落实到地块和户。制定优惠政策，鼓励农民开发耕地，提出“谁开发，谁受益”，对新开发的耕地 5 年内不增加征购任务和农业税，并且给予每公顷补助 150 元。通过土地开发整理，改善农业生产条件，保障建设用地需求，缓解用地供需矛盾。各乡镇严格落实乡村建设规划，控制建设规模，节约使用土地。出台《清流县农村宅基地有偿使用的暂行规定》，规定凡住宅使用集体土地的农村居民（包括国家干部、职工）有交纳宅基地使用费的义务。在温郊乡小池村开展农村土地使用制度改革试点，试行农村非农业建设用地有偿使用。

1992 年，制定下发《关于补办土地使用转让、出租、抵押手续的通知》，并成立县地产开发公司，开展国有土地使用权的出让、转让、租赁和抵押等业务。

1993 年，开展土地利用总体规划编制工作，选送技术人员参加省办培训班学习，当年完成资料收集并开展土地利用现状分析、用地预测、土地适宜性评价 3 个专题研究。

1994 年，《清流县土地利用总体规划（1992—2010）》编制完成，土地资源管理逐步走上依法、统一、全面、科学管理轨道。1995 年，县城区内土地实行“五统一”管理（统一规划、统一征用、统一开发、统一出让、统一管理），增加新增建设用地出让比例，扩大有偿使用范围。

1996—1997 年，清流县开展非农业建设用地清查工作，对各种违法行为进行及时处理。

1998—1999 年，全县开展土地使用权证书年检，核查基本农田保护区，查处乱占滥用耕地和土地隐形市场违法行为。

2001 年，清流县贯彻《中华人民共和国土地管理法》，任何单位和个人不得侵占、买卖或者以其他形式非法转让土地，土地使用权可以依法转让。将土地分为农用地、建设用地和未利用地。严格限制农用地转为建设用地，控制建设用地总量，对耕地实行特殊保护。

2002 年，清流县建立土地收购储备制度，提高政府调控土地资源的能力，盘活存量土地，建立公开、公平、公正、规范的土地市场，调整用地结构，提高土地利用率。

2004 年，清流县按照国务院办公厅《关于深入开展土地市场治理整顿严格土地管理的紧急通知》，停止一切非国家、省级急需重点建设项目用地报批。

2005 年，清流县健全县、乡、村基本农田保护三级联动体系。制定《清流县土地收购暂行规定》并成立县土地收储中心，对城市土地进行统一收购、储备、整理、出让。土地管理工作进一步加强，依法用地、依法批地、依法管地，实现耕地总量动态平衡。截至 2005 年，通过实施省级耕地开发整理项目及委托群众开发，全县累计新增耕地面积 320.74 公顷。当年年末，全县基本农田保护片数 932 片、面积 1.13 万公顷，占全县耕地总面积 84.7%，人均基本农田占有面积 0.07 公顷。

四、加大环境保护力度

1991 年，清流县建立县长统一领导、有关部门分工负责、群众参与的环保管理体制和运行体制，制定《关于实行环保目标责任书考核工作的暂行规定》。县政府定期组织对各环保目标责任单位完成情况进行跟踪、监督、检查，并对各乡镇、各有关部门环保目标责任书完成情况进行评比表彰。建成烟尘控制区 3.12 平方千米。城市环境综合整治状况等级由四级提高到二级。1992—1994 年，被省、市评为县城环境综合整治先进县。

1996—2000 年，清流县实行环境与发展综合决策，将环境保护列入各级党委、政府领导工作政绩考核的主要内容。支持环保部门在建设项目管理中依法行使“第一审批权”，在“创先评优”中实行“一票否决权”，遏制新污染源产生。编制《清流县城市环境综合整治实施方案》，实施《闽江流域清流辖区水环境综合整治实施方案》。完成“一控双达标”任务，二氧化硫、烟尘、工业粉尘、化学需氧量、氨氮、工业固体废弃物排放量 6 种工业主要污染物指标均控制在市政府下达控制指标内。

2001—2005 年，确立建设“生态经济强县”战略目标，组织开展全县生态环境现状调查，建立莲花山县级自然保护区和温郊乡温家山南方红豆杉保护小区。完成城区环境规划、生态功能区划、生活饮用水地表水源保护区划定等工作。采取实施生态农业工程、推行能源循环系统建设、规范水能资源开发利用管理、管护好生态公益林、根治水土流失等措施，在全县开展矿业整顿、生态村建设和生态综合治理工作。2005 年，全县水质状况良好，各项目监测结果均达到地表水 GB 3838—2002《地面水环境质量标准》Ⅲ类标准。湖库水——安砂水库水质状况良好，达地面水Ⅱ类水标准。饮用水源水质各项目均符合《生活饮用水水质卫生规范》与 GB 3838—2002 Ⅱ类标准，水厂水质达标率 100%。城区环境空气质量保持国家二级标准。区域环境噪声平均值 55 ～ 56 分贝，交通干线噪声平均值 65 ～ 68 分贝。危险废物处理处置率 100%，城区生活垃圾清运率 100%。

第四节　社会事业

一、实施科教兴县战略

1991—1993 年，清流县推广再生稻、水稻旱育稀植栽培技术。全县获市级以上有名次、有等级的科研成果、技改成果 6 项。是全省唯一获 1991 年度团中央表彰“中学生教育实践活动合格县”称号的县。科技进步因素占县域国民经济增长比例 30%。全县建立科技示范乡镇、科技示范村、科技示范户，5 万余名农民受到各种形式科普教育。县、乡、村三级科技网络基本形成。

1994—1998 年，实施科教兴县战略。全县四级科技网络基本形成。先后与全国 28 个科研院所及大企业建立横向经济技术协作关系。实施以“两高一优”为主的农业科技推广计划，在粮食生产、畜牧水产、蔬菜果树等领域组织推广星火项目。5 年累计开展农村实用技术培训 4600 人次，推广新技术成果 107 项，培育科技示范户 1160 户。农业新技术推广面 92%，良种覆盖率 95%。豆腐皮、精制茶油等项目获国家、省、市金奖或新技术、新产品推广开发奖。

1999—2003 年，实施技术创新工程，组织重点课题攻关。与福州大学、福建农林大学等高校及科研院所建立技术协作关系。大力推进“村会协作”，活动延伸拓展到全县 15 个乡镇。鲜切花工厂化栽培关键技术研究在花卉基地的推广应用，使清流县花卉产业得到快速发展。引进生物复合酶加工鱼干新技术，开发的九龙湖无腥味鱼干即食系列产品获得成功。精制茶油加工、无木炭生产结晶硅等 8 个项目被列为市以上科技计划项目。大路口“村会协作”经验被中央电视台《焦点访谈》等新闻栏目报道和推广。

2004—2005 年，组织实施《乡村科普行动计划》、提高农民科学素质行动计划。无木炭生产结晶硅新技术在全省推广，被科技部列入国家科技成果重点推广计划，蜜雪梨除锈技术产业化经营研究列入省科技计划。

15 年间，列入省、市星火计划及科技计划项目研究的主要有 16 项。全县累计推广科技项目 162 项，投入科技项目经费 380 余万元。

二、发展教育事业

1991—1993 年，制定《清流县贯彻实施九年义务教育规划》。重点抓教育六项督导。新建扩建校舍 34 座，修建围墙 7100 米，添置课桌椅 3000 余套。教育六项督导工作通过省级评估验收，优级达标，被评为全省实施九年义务教育先进县。3 年共录取大中专生 692 人，为社会输送职业中学毕业生 269 人。

1994—1998 年，全县 15 个乡镇全部实施初等义务教育，人口覆盖率 100%；龙津、东华等 12 个乡（镇）实施初级中等义务教育，人口覆盖率达 82.2%。制定《关于贯彻实施〈中国教育改革纲要〉的决定》，争取澳门同胞赴闽赣考察团捐款港币 20 万元支助实验幼儿园建设。完成乡镇初中扩班建设，新建城关中心幼儿园。实施教育改革，初中招生实行以乡镇为单位，免试划片就近入学，城区实行按户籍划片招生。教育“两基”通过省第一轮跟踪检查，被省政府授予“普及九年义务教育、扫除青壮年文盲先进县”称号。清流一中被省委、省政府评为“文明学校”。

1999—2003 年，制定《巩固和发展“两基”成果检查 稳步推进新一轮创业的实施意见》，优化教育资源配置，调整农村小学布局。实施教育体制改革，清流一中初、高中分离，扩大高中招生规模。实施实验教学普及县工作。被评为市“两基”工作先进县，通过省“实验教学普及县”达标验收。5 年累计投入 1920 余万元，改善办学条件。5 年累计向国家输送大中专生 2200 多人。

2004—2005 年，制定《关于实施“双高普九”推进“两基”巩固提高工作意见》，开展网络教育建设和配套工作。实验幼儿园被评为市优质幼儿园。县一中通过省二级达标学校复评，县实验幼儿园通过省优质园初评。2 年累计投资 1039 万元，用于农村中小学校危房改造及农村中小学布局调整。一中学生公寓及教学大楼、职中学生公寓及综合楼、城中学生公寓、青少年校外活动中心、退休教师活动中心等相继建成。

三、繁荣文化体育事业

1991—1993年，启动实施芳草计划，组织各种文艺演出，丰富群众文化生活。参加省级体育比赛，获金牌5枚、银牌6枚、铜牌2枚。获全市体育先进县称号。城区安装闭路电视，完善体育场设施。乡镇文化设施不断完善，乡镇广播覆盖率100%，村以下70%。兴建青少年宫、广播电视大楼，开通城区闭路电视网络。嵩溪、东华文化站被省文化厅评为特级文化站，嵩口、长校文化站被评为一级文化站。农村电视覆盖率达100%，广播人口综合覆盖率6.5%。

1994—1998年，组织创作歌舞节目参加三明市音乐舞蹈调演，省艺术节、音乐舞蹈节演出。广播节目实现全天候转播。建设有线电视网络清流基站，实现有线电视与全省微波网络联网。在三明举办清流籍音乐家伍林发、王远生、王建和作品音乐会。新编《清流县志》由中华书局出版，向国内外公开发行。与中央音乐学院、福建省音乐家协会联合举办纪念中国著名大提琴艺术家王连三（清流籍）诞辰70周年音乐会。组织“铁心拼搏奔小康”文艺宣传队下乡演出，省委宣传部作专刊报道。举办纪念清流建县900周年文艺晚会。文艺作品获国家奖2件，获省、市奖12件。5年共有562篇文学作品发表，89个艺术作品及歌舞节目获省、市奖励。群众性体育活动进一步加强，5年参加市级以上比赛共获奖牌237枚。

1999—2003年，文化三馆综合楼投入使用。广播电视实现全省光纤联网，完成干线网络传输数字化改造，新闻编播水平提高。开展科技、文化、卫生三下乡活动。歌曲《感谢那位老人》、舞蹈《五星红旗》等一批文艺作品获市级奖励。组织参加国家、省、市举办的体育竞赛，长跑、女子举重成绩名列前茅。实施《全民健身计划纲要》，举办各类体育竞赛，获市以上奖励83项，马拉松长跑获国家级奖励。实施“村村通广播电视工程”，广播、电视覆盖率分别达93.05%和92.55%。城区有线电视网络更加完善，嵩溪、嵩口、林畲与城区实现有线电视联网，灵地与城区实现微波联网。

2004—2005年，嵩口镇、林畲乡分别通过全国、全省亿万农民健身先进乡镇验收，投入30多万元建成县全民健身中心，县田径场完成建设投资300多万元。完成清流县广播电视音频工作站建设，实现节目录制与播放一体化，广播节目采、编、播全部实现数字化。各建制村、50户以上的自然村实现通广播电视。全县有12个乡镇实现与城区有线电视光缆联网。清流新闻从每周两档增加到四档。全县第二轮修志工作启动。

四、提升卫生保健水平

1991年，全县开展初级卫生保健工作，进行健康教育，普及卫生健康知识，建立健康档案，开展农村环境卫生整治，改善乡村卫生面貌，解决农村饮水卫生问题，被市爱卫会授予市“七五”改水先进单位称号。全县五分之三乡镇基本达标，获全市农村初保工作总分第二名。加强卫生医疗网络建设，省、市、县、乡共投入资金110万元，用于医疗单位基础设施建设。抓好预防免疫等工作。当年，全县卫生支出141.8万元，比增19.3%。1992年，清流县被卫生部授予初级卫生保健规划试点阶段达标县。

1993年，开展以改水、改厕为重点的爱国卫生运动，农村厕改工作全面推开，95%以上的人口饮上卫生水。清流被省爱卫会授予“省级卫生县城”称号。当年，全县健全乡村疫情报告制度。各医疗单位试行结构工资加目标管理等多种形式的经营体制改革。

1994—1998年，实行医疗机构分级管理。通过世界银行贷款农村卫生人力开发项目（卫IV项目），继续加大基层医疗卫生基础设施投入。清流县获创建省级卫生城先进单位称号。实现全国计划生育先进县目标。在余朋、沙芜、田源乡实施农村合作医疗改革试点。爱国卫生工作巩固发展，继续保持“灭鼠先进县城”称号，清流县达到消灭丝虫病标准。县医院、嵩溪卫生院、嵩口卫生院被省卫生厅授予“爱婴医院”。县连续五年保持“省级卫生县城”称号。

1999—2003年，卫生“三项”建设（乡镇卫生院、县防疫站和县妇幼保健院改造建设）共投入资金428万元。县中医院综合大楼、县传染病救治中心竣工并投入使用。县卫生防疫站创建“县级二等站”工作通过省级评审组验收。全县18家医疗卫生单位全部实行聘用制为核心的人事制度改革。全县40%的乡镇和26%的建制村实行合作医疗，参加农民2.56万人。被省卫生厅等五部门评为1999—2000年度初级卫生保健工作先进县。

2004—2005年，健全县、乡、村医疗体系，农村基本实现一村一卫生所。投入240万元，实施长校、余朋等6个乡镇卫生院改扩建；投入1800多万元，建成县疾控中心大楼、县医院门诊大楼、优质病房楼、传染病防治中心、县中医院病房扩建等。结核病防治工作连续获全市评比第一名。通过省级卫生县城复查验收。至2005年年末，全县有医疗卫生机构17个，即县医院、防疫站、中医院、妇幼保健院和乡镇卫生院13个，拥有村级卫生室106个。

五、实行计划生育

1991年，县委、县政府制定《关于进一步加强计划生育工作的实施意见》，实行各级党政一把手负总责，层层建立计划生育目标管理责任制。全县年末人口13.89万人，人口自然增长率8.39‰。

1993年，颁发《清流县流动人口计生管理规定》，成立县流动人口计生管理站。人口自然增长率控制在8.8‰以下，人口出生率连续保持在13‰以下。

1994年8月，制定《关于实施计划生育少生快富工程的规划和实施方案》。

1995年，县委、县政府制定、下发《关于落实人口与计划生育目标管理责任制，认真兑现奖惩的通知》，将人口计生督查工作纳入县委、县政府重要督办事项范围。

1997年，县委、县政府出台《关于扶持农村计生“三户”优惠政策的若干规定》，对农村计划生育“三户”（二女结扎户、独生子女户、符合政策生育一女一男户）在资金、项目、生产服务、教育、技术培训和技术服务、社会福利、扶贫工作等方面实行优惠政策倾斜。

1998年，推行计生政务公开制度，将计生政策法规、办事规章、办事结果向社会公开，接受群众监督。

2000年5月，下发《中共清流县委、清流县人民政府关于印发县直有关部门在计划生育综合治理中若干职责的通知》，明确规定36个县直部门职责。

2003年，投入资金150余万元，新、扩建乡镇服务所15个，建筑面积4100余平方米，完善县、乡两级计生服务站（所）配套设施建设，初步形成“以县站为中心，乡所为纽带，村室为基础”的技术服务网络。计生完成责任目标考核全市第2名。人口出生率从1998年的10.8‰下降至2003年的9.21‰，计划生育率由94.2%提高至94.69%，计生合格村和合格村协会均达89.2%，上升22.5个百分点。连续5年被评为省、市计划生育工作先进县。

2004年，出台《关于在农村低保中提高独生子女户和二女结扎户最低生活保障标准的通知》，对纳入农村低保中的独生子女户和两女结扎户的最低生活保障标准年人均提高50元。

2005年，在全县推行农村部分计划生育家庭奖励扶助制度，对夫妻双方均为农业人口、只生育一个孩子或两个女儿、年龄在60周岁以上的，给予每人每月50元的奖励扶助，使实行计划生育的农村群众老有所养。下发《清流县人口和计划生育工作责任考核奖惩规定（试行）》，实行计生工作述职报告制，对计生工作力度不大、计生突出问题得不到改变的乡镇，责令一把手、分管计生领导到县作专题汇报，接受县委、县政府告诫。年内，人口出生率9.2‰，计划生育率95.1%，被评为全省人口和计划生育工作一类先进县。

第五节　民生保障

1991年，全县职工人均收入比上年增长7.6%。农民人均收入940元，比1990年增加91.5元。居民人均消费水平962元／人。

1993—1997年，成立县副食品基地办，建立副食品基地生产基金、价格调节基金、新菜地开发基金和县、乡、村三级菜篮子基地，在林畲、东华、龙津建立仔猪基地和蛋禽基地，实行生猪定点屠宰，形成产、供、销服务体系，基本满足人民群众生活需要。农村围绕1997年基本实现小康和2000年全面实现小康的目标，定规划、找路子、树典型、抓示范，广辟增收渠道，增加农民收入。至1996年，全县11个乡（镇）、80个村、1.78万户农户基本实现小康，分别占乡（镇）总数73.33%、村总数72.07%、农户总数73. 63%，小康进程分值84.22分。

1998年，全县小康进程分值93.9分，有13个乡镇、96个村21050家农户经过验收实现小康。人民生活水平稳步提高，农民人均纯收入由1993年的1349元提高到2888元，年均递增16.4%。

2000年，农民人均纯收入3142元。城镇居民人均可支配收入6219元。居民消费价格指数比上年下降1.2%。城乡居民储蓄存款余额3.98亿元，比增2.9%。

2003年，农民人均纯收入由1998年的2888元提高到3497元，比增21.09%，年递增3.24%。城镇居民人均可支配收入由5681元提高到7551元，增长32.91%，年递增5.85%。居民消费价格指数102.5%。人民群众的衣、食、住、行等生活条件和精神文化生活有较大改善，生活水平和质量逐年提高。以养老、失业、医疗保险为主的社会保障体系初步建立。落实再就业各项政策，安排就业和再就业资金420万元，城镇下岗职工和困难居民基本生活得到保障。累计投入救济资金1405万元，解决群众因冰雹、洪水、干旱、火灾等灾害造成的困难。

2004—2005年，城镇居民人均可支配收入由2003年的7551元增加到2005年的7995元，年递增2.9%。农民人均纯收入由3497元增加到4171元，年递增9.21%。城乡居民储蓄存款余额由5.6亿元增加到8.3亿元，增长29.12%。社会消费品零售总额由3.58亿元增加到4.29亿元，年递增9.56%。住房、教育、通信、旅游休闲、健身保健、购车等消费比重增加。2005年年末，城镇居民每百户家庭拥有摩托车64辆、彩电150台、洗衣机100台、电冰箱102台、固定电话100部、移动电话142部。

第四章 外事 侨务

第一节 机 构

1990年，县政府办内设外事办公室。1991年1月24日，成立清流县人民政府侨务办公室，为县政府工作序列正科级行政单位。专职工作人员1人。1997年2月，县人民政府侨务办公室并入清流县人民政府办公室，保留侨务办公室牌子。2004年10月，撤销县政府外事办和县政府侨务办公室，成立清流县人民政府外事侨务办公室，为县政府工作挂牌行政单位，统一管理全县外事侨务工作。

第二节 外事与港澳事务

1991年，对办理因公护照（通行证）实行“一条龙”服务，对赴境外招商团组采取特事特办，确保团组按期成行。抓好因公护照（通行证）的收缴管理，实行专人、专柜、专管制度，公务护照（通行证）年回收率100%。完善领事保护、预防、应急协调和服务机制。年内，接待“三胞”70人。1991—1993年，协助接待台湾和海外来访团组5个，零星来访231人次。

1995年9月11日，接待美国哈佛大学博士、法国远东学院院士、香港中文大学访问学者劳格文到清流县调研客家文化。

1996年12月8日，清流县举办建县以来最大规模经贸洽谈会，有日本、中国香港、新加坡、中国台湾30余批280多人应邀参加、考察。1994—1996年，到清流县探亲旅游、寻根谒祖，洽谈贸易、投资办厂的华人华侨和港澳同胞达500多人。

1998年，亚洲金融危机爆发尤其是印度尼西亚5月骚乱发生后，县侨办工作人员走访归侨、侨眷，通过他们向海外亲人、朋友表示慰问，转达、宣传中央政策。

2001年1月4日，促成清流籍留美博士童晖在福州省侨办多功能厅作《国际金融汇率模拟运转——论货币危机的发生》学术报告，省侨办、金融界人士60多人听取报告。

2003 年 10 月，县发展计划局局长参加由省发展计划委员会组织的招商活动，出访德国、瑞典，为期 12 天。同月，县农办主任作为省农业代表团清流县代表，出访德国、意大利，参与访问活动，为期 12 天。

2004 年，县贸促会名誉会长与林业局相关科室人员由中国林木种子公司组织赴比利时、荷兰考察花卉种植，为期 10 天。

2005 年，县科协主席参加由省科协牵头组织的考察团赴香港考察，为期 5 天。县委宣传部部长参加省委宣传部组织的赴澳大利亚学习培训，为期 21 天。县经贸局局长参加由省经贸委组织的德国考察，为期 21 天。

2003—2005 年，全县共办理因公出国手续 26 批 30 人次，出访国家（地区）24 个，出访、培训合计 646 天。

第三节　侨务工作

一、侨情普查

1991 年，全县有华侨、外籍华人 43 户 130 人，分布在世界 6 个国家。有香港同胞 4 户 10 人；有侨眷 19 户 21 人、港胞眷属 1 户 3 人；有归国华侨 12 人、归侨眷属 54 人。

1994—1996 年，开展去台人员、华侨、港澳人士基本情况调查，建立档案。全县有去台人员 120 人、华侨 200 户、港澳人士 120 多人。

1997 年 1—6 月，根据省人民政府办公厅《关于开展全省侨情普查工作的通知》要求，开展侨情普查工作。全县共抽调 120 人进行侨情普查登记工作，普查涉及对象 1100 户 5329 人。普查结果：全县归侨 46 人、侨眷 1216 人、港澳同胞及眷属 1596 人；移民、出国人员 26 人，其中眷属 81 人；华侨 1869 人，华人 660 人。新增意大利、荷兰、匈牙利、澳大利亚等国家，居住国达 21 个。同年，开展归侨身份认定、发证工作，登记审核认定符合发证资格的归侨共 37 户 39 人。

1999 年，开展海外科技人才和专家学者调查工作。普查结果：清流县在海外获硕士以上学位的留学生共有 7 人，年龄均在 40 岁以下，最年轻的仅 25 岁。

2005 年 9—12 月，根据省人民政府《关于开展全省重点侨情调查工作的通知》精神，开展全县重点侨情调查。全县共抽调 120 名普查工作人员参与此次侨情普查。普查涉及对象 2300 户 7526 人。普查结果：清流县共有旅外乡亲 462 人，其中华侨 60 人、华人 8 人、出国人员 233 人、香港同胞 156 人、澳门同胞 5 人。旅居亚洲的国家有印度尼西亚、新加坡、马来西亚、菲律宾、泰国、日本、阿联酋，地区有中国香港、中国澳门；欧洲的国家有德国、英国、意大利、荷兰、丹麦、匈牙利、俄罗斯、捷克共和国、卢森堡、奥地利、法国；北美洲的国家有美国、加拿大；大洋洲的国家有澳大利亚、汤加、瓦努阿图；拉丁美洲的国家有危地马拉；非洲的国家有南非、毛里求斯等共 31 个国家和地区，比 1996 年的 21 个增加 10 个。清流旅外人员分布较多的是意大利、新加坡、荷兰 3 个国家。全县有归侨、侨眷、出国人员及港澳眷属 1457 人，其中归侨 37 人、侨眷属 715 人、出国人员眷属 593 人、港澳眷属 112 人。

二、侨法宣传

1991 年，组织归侨、侨眷、出国人员及港澳眷属学习《中华人民共和国归侨侨眷权益保护法》《福建省实施〈中华人民共和国归侨侨眷权益保护法〉办法》《福建省华侨捐赠举办公益事业管理条例》（简称二法一例）。1997 年，组织归侨、侨眷及各界人士约 80 人参加省侨办组织的侨法知识竞赛活动。以座谈会形式辅导学习 314 人次，分发侨务法律汇编册子 1124 本。

1998—2005 年，向《福建侨报》、福建侨网、《福建侨联》《三明侨报》等媒体及《福建侨务》等海内外报刊投稿，被采纳刊发稿件 65 篇。

三、侨法检查

1990—2005 年，先后组织 15 次 125 人对贯彻、落实《中华人民共和国归侨侨眷权益保护法》《福建省实施〈中华人民共和国归侨侨眷权益保护法〉办法》和中共三明市委、三明市政府《关于进一步加强新形势下侨务工作的实施意见》情况进行检查调研。走访“三资”企业123家次，了解侨资企业生产情况和企业存在的问题。同时召开华侨华人、留学人员、出国人员眷属代表座谈会，听取他们的意见和建议。

四、联谊活动

1991年，给侨胞侨眷赠寄贺年卡160张。1993年3月21日，在香港华润大厦成立福建三明清流旅港联谊会。此为三明市第一个成立的县级旅港联谊会。第一届清流旅港联谊会顾问叶立三，会长赖民种，会员人数36人。

1993年7月，会长赖民种率团一行12人到清流考察，设立办事处，签订投资意向5项，合同额2120万元。7月17日，清流县旅港联谊会在城区成立腾龙投资发展有限公司，董事长由赖民种担任。

1991—2005年，在归侨侨眷中开展写一封家信、请回一位客人、提供一条信息、引荐一个项目“四个一”活动，寄发《清流投资贸易指南》《外商投资若干规定》等资料。每年春节来临之前都向海外亲人寄贺年卡。先后与上海、江苏、厦门、泉州、福州等侨务系统建立信息网络。

五、落实侨务政策

1996年，清流县帮助14名归侨职工落实退休生活待遇，及时为困难企业的归侨职工排忧解难。马来西亚归侨李琼玉由于所在企业经济效益差，致使其生活费发放不稳定。经与企业及主管部门商量，1997年将其退休工资由企业发放改为由主管局代发。至1998年年末，全县有22名退休归侨职工落实生活待遇，占退休归侨总数78.6%。

1997—1998年，为“三侨”子女出具身份证明2份，使2名侨生享受加分照顾，圆了大学梦。

1999—2005年，随着出境人员逐年增加，清流县陆续出台关爱侨民、侨眷的优惠政策。如对农民出国者，保留其责任田；对国有、集体企业人员出国者，其劳动关系由县劳动服务公司统一管理，对他们的眷属就业、子女入学等问题给予照顾；下岗归侨、侨眷全部享受政府失业救济金，同时参加县医保中心的医疗保险和社会养老保险；从沿海等地移到清流县居住的归侨侨眷，除免收就业培训费外，还给予一定的食宿生活补贴。

六、维护侨益

1991年，清流县依法维护归侨侨眷的合法权益。原县侨联塑料加工厂，于1986年倒闭，其厂房长期被人占用。县侨办运用法律手段向法院提起诉讼，减少集体财产损失。1993年、1997年，县侨联两次被三明市侨联授予“为归侨侨眷服务成绩显著单位”称号。

1997年9月，开展归侨、侨眷身份登记审核、认定发证工作，出具归侨身份证书36户37人。

1998年，为归侨人员办理归国华侨证36本。帮助1名提前内退的归侨职工解决实际问题，增加其经济收入。协助侨眷属办理出外探亲手续，为海外同胞到清流提供方便。同年12月15日，广州中山籍澳门居民谭文豹从江西返回广州，途经清流，不幸钱款丢失，县侨办得悉，为其筹集路费资助款150元。

1999年，根据三明市政府办公室《关于做好农村归侨特困户基本生活保障工作的实施意见的通知》，将鳏寡孤独的2名归侨列入市特困户行列，从是年7月起，每人每月发给生活补贴150元。每年春节前夕，开展慰问困难归侨侨眷活动。

七、侨务信访

1991年，分别协助1名台胞和1名香港同胞寻找到失散多年的大陆亲人；帮助1名滞留大陆1年半的台胞重新办理返台手续并为其筹集路费。

1993年，接待归侨陈清安信访后，通过法律渠道，为其讨回在厦门占地60平方米的祖房，使拖延8年之久的侨房产权纠纷一案得到公正解决。同年，县侨办与县土地局等有关部门协调，解决侨眷马曲生与邻居原住宅地纠纷，维护侨眷合法权益。

1994—1996年，共接待涉及落实工资待遇，土地、房产纠纷，事故赔偿等转办信件14件，接待来访71人次。先后与县信访局、劳动局、林业局、供销总社、土地局、政法等部门走访111人次，办妥涉侨案例14件。归侨侨眷于1989年集资筹办的某企业因管理不善倒闭，承包人去向不明。县侨办配合县人民法院在1994年依法追回债款后，及时召开股东大会退还集资者的本金与利息。侨眷李振元与他人合建机砖厂，因贷款资金到期无法归还，被告上法庭，家庭财产被执行抵押，生产生活陷入困境。侨办在收到申诉后，进行协调，帮其制定还款计划，并得到法院支持，其当年就恢复生产。

1997 年 3 月，中国银行三明市分行转来要求协助查找赖某下落的来信。县侨办先后走访 4 个乡镇，查到赖某下落，使其与海外失去多年音讯的亲戚取得联系，并领回已沉睡多年的外汇。与县信访局、县民政局、龙津镇政府、嵩溪镇政府共同配合，帮助孤独老人——印度尼西亚归侨曾祥林解决医疗费用和后事归宿问题。

至 2005 年，县外侨办共接待来访 481 人次，受理国侨办、省侨办等来访信 11 件，会同有关部门走访归侨、侨眷、出国人员眷属 406 次，做到件件有回音、事事有答复。

八、支持侨资企业发展

1991 年，深入侨资企业调查了解生产经营情况，了解侨务政策和清流县优惠政策在企业贯彻情况及外商诉求，及时协调解决存在的问题。

1994—1996 年，对“三胞”投资项目，先后开展调查活动 6 次，向县人民政府领导反馈 4 家企业生产经营中村存在的困难以及社会治安等方面问题，均得到妥善解决。

1997 年，主动与外县侨务部门联系，帮助嵩溪镇吸引县外资金租赁濒临倒闭的岩清水泥厂。1991—2005 年，县政府先后制定《鼓励外商在清流投资的特别优惠规定》《加强外商投资软环境建设的实施意见》等，在税收、用地及其他收费等方面给予特别优惠，并在亲属往来、生活、就医、子女入学等诸多方面提供便利。

九、参政议政

政协港澳侨台委员从第一届政协的 6 名委员增加到第八届政协委员 16 人。1994 年，侨界 9 人被安排为县第五届政协委员会委员，其中 4 人当选为政协常委，1 人当选为县政协副主席。增加在香港定居的 3 人为委员。此后，每届政协委员换届推荐，均设港澳界别政协委员。这些政协委员及时反映侨界心声，行使政协委员职权，对全县经济建设等大事提出意见和建议。先后撰写《关于视察我县外资企业发展情况的报告》《关于我县〈中华人民共和国归侨侨眷权益保护法〉执行情况的视察报告》《充分发挥港澳台侨界别优势，凝心聚力、服务中心的建议》《关于我县出国人员子女初中升高中享受“三侨生”的待遇提案》《关于新华侨华人和留学人员对促进清流县民营企业发展的几点思考》《发挥侨联优势，助推新农村建设》等提案、调研、建议等文章。

至 2005 年，清流县归侨侨眷中有 9 人担任县科级领导，19 人任县政协委员。其中 6 人担任过县政协常委，1 人担任过县政协副主席，1 人任县人大代表。

十、华侨公益活动

1991—1993 年，海外华侨、华人、港澳同胞为清流县教育、卫生、社会公益福利事业慷慨解囊，捐资赠物，造福桑梓。香港应善良基金会沈炳麟捐资 5.8 万元建设嵩溪塘背小学恩美楼。

1994 年，清流县遭遇“5·2”洪灾，香港 8 家公司向清流县伸出援助之手，捐款 250 万元。香港侨红集团主席许奇峰、香港英美洋行有限公司董事长云大棉，先后为东华乡桥下小学和长校镇茜坑小学分别捐款 10 万元和 20 万元。县香港旅游联谊会会长赖民种先后为他生活过的乡镇灾民捐款 2 万余元。

2001 年，经清流老知青、中央人民政府驻香港联络办公室副主任邹哲开牵线，香港宝莲寺捐资 270 万元为长校镇、赖坊乡、嵩溪镇、东华乡俞坊村建学校。

至 2005 年，清流县已接受港澳华侨捐资 317 万元，助建学校 21 所。香港胡文虎基金会、福建省黄仲咸教育基金助学金、许奇峰等多次捐赠，资助清流县教科文卫教育事业。曾任澳门行政长官何厚铧等人也向清流县灾民捐款。

卷十七 人大 政协

第一章 地方人民代表大会

1991年，第十届县人大常委会届满，于1月召开县十一届人大一次会议，选举产生第十一届县人大常委会组成人员。至2005年，清流县人大共经历4次换届，共召开人民代表大会17次，提交议案、建议734件，其中形成议案17件，建议、批评和意见716件。其间，县人大常委会认真履行宪法和法律赋予的职权，加强制度建设，围绕事关清流改革、发展和稳定的重大事项，对“一府两院”工作进行监督，改进监督方式，提高监督实效。审议批准政府各项工作报告，审查批准预算、计划执行，推动代表议案办理。开展执法监督、专题视察、检查调研、来信来访、联系人大代表、任免国家机关工作人员等各项工作。推进依法治县，为保增长、保民生、保稳定、促进清流县民主法制建设和经济社会平稳较快发展发挥应有作用。

第一节 代表选举

一、清流县十一届人民代表大会代表选举

1990年10—12月，县、乡（镇）人大代表同步进行换届选举。应选县十一届人民代表大会代表名额181人，全县划分选区150个；15个乡镇人大代表应选名额692人，共划分选区588个。经酝酿协商，确定县十一届人民代表大会代表正式候选人330人，为应选名额的1.82倍；各乡镇人大代表正式候选人1561人，为应选名额的1.68倍。12月17日，全县采取无记名投票、差额选举的方法，同时选举县、乡人大代表。参加投票选举县人大代表的选民85558人（其中委托投票9040人），参选率98.08%。选出县人大代表181人。参加投票选举乡镇人大代表的选民75506人（其中委托投票7738人），参选率98.47%。选出乡镇人大代表926人。

二、清流县十二届人民代表大会代表选举

1993年10—12月，县、乡（镇）人大代表同步进行换届选举。应选县十二届人大代表名额181人，全县划分选区150个；15个乡镇应选乡镇人大代表名额为692人，划分选区598个。经过酝酿协商，确定县十二届人大代表正式候选人333人，为应选名额的1.83倍；确定乡镇人大代表正式候选人1583人，为应选代表的1.71倍。12月9日，全县各选区采取无记名投票和差额选举的方法，同时选举县、乡人大代表。参加投票选举县人大代表的选民90414人，参选率95.8%。选出县人大代表181人，其中寄选26人。参加投票选举乡镇人大代表的选民87090人，参选率92.28%。选出乡镇人大代表926人，其中寄选97人。

三、清流县十三届人民代表大会代表选举

1998年，县人大代表换届选举工作从10月21日开始。县十三届人大代表应选名额158人。全县共设107个选区。全县登记选民95514人，占全县总人口65.5%。经酝酿协商，确定正式候选人266人，为应选名额的1.71倍。12月9日，全县参加投票选民93655人，参选率98.1%。共选举产生县人大代表156人。

四、清流县十四届人民代表大会代表选举

2003 年，进行县人大代表换届选举。应选县十四届人民代表大会代表 158 人。全县划分为 114 个选区。全县登记选民 99358 人，占 68.47%。经酝酿协商，确定正式候选人 265 人，为应选名额的 1.7 倍。11 月 19 日，全县参加选举的选民 93680 人，参选率 94.3%。选出县十四届人大代表 154 人，其中寄选 23 人。未选足代表 4 人。

附：

清流县出席省第七届至第十届人民代表大会代表名单

七届：陆火生　上官新

八届：陈积忠　巫鑫铭

九届：王火辉　姚香莲（女）

十届：曹建华　姚香莲（女）

清流县出席三明市七届至十届人民代表大会代表名单

（排名不分先后）

七届：王树生　周昌仁　张居胜　余有庄　周兴忠　罗发招（女）　黄丹心（女）
巫书南　张志猷　俞坤民　曹可佩　洪长平　陈添治（女）　郭金珠（女）
黄志生　饶佛根　雷锡兴　廖春华　叶海滨　余有炜　罗元珊（女）

八届：方　锋　刘长水　刘振郁　汤发茂　李心祥　李春华　李仁群（女）
李保清　张志猷　陈玉辉　陈际钦　周世重　周昌仁　卓秀清（女）
郑宜超　胡登良　黄文土　曾金鑑　黄丹心（女）

九届：王火辉　王荣福　叶存清　刘　鑫　刘长水　叶满姬（女）　李福蕙（女）
刘振郁　刘祥钦　汤其光　邱文宁　陈有极　赖秋香（女）　张顺英（女）
季石生　董明生　梁　模　方存忠　曹建华　廖宝珍（女）　魏景纹（女）

十届：王清东　朱三木　刘用炤　伍正发　伍武林　王亚珍（女）　涂娓珠（女）
刘振郁　刘祥钦　巫政生　李兴荣　李炳光　陈娟秀（女）　黄月珍（女）
吴玉奎　吴金容　陈有极　陈烈章　武　丹　胡登良　雷兰妹（女）
黄水盛　曹建华　詹其祥　廖善朋

五、暂停（罢免）、补选代表

1991 年，在原选区罢免谢某、林某县十一届人大代表职务，补选县十一届人大代表 3 人。同年 2 月 24 日，县十一届人大常委会召开第一次会议，审议通过关于罢免余某三明市第七届人大代表职务的决定。

1993 年 6 月，在原选区罢免魏某县十一届人大代表职务。

1994 年 1 月 22 日，县第十二届人民代表大会召开第一次会议，增选三明市第八届人大代表 2 人。12 月 29 日，县人大常委会主任会议研究决定，暂停姜某县十二届人大代表职务。

1995 年 10 月 31 日，县十二届人大常委会召开第十四次会议，通过暂时停止严某执行代表职务的相关决定。

1996 年 8 月 8 日，县十二届人大常委会第十九次会议，决定暂停李某执行代表职务，补选县十二届人大代表 4 人。

1997 年 5 月 22 日，县十二届人大常委会第二十五次会议，决定暂停杨某县十二届人大代表职务，补选

县十二届人大代表 3 人。

2000 年 1 月 17 日，县十三届人大常委会第七次会议，决定暂时停止江某、谢某、曾某执行代表职务，随后在原选区罢免上述 3 人代表资格。

2001 年 9 月 26 日，县十三届人大常委会第二十一次会议，决定暂停巫某县十三届人大代表执行代表职务。

2002 年，县十三届人大常委会第二十四、二十五、二十七次会议，共补选三明市第九届人大代表 3 人。

2003 年 12 月，县十四届人大一次会议，补选三明市第十届人大代表 1 人。

2005 年 6 月 27 日，县十四届人大常委会第十一次会议，决定罢免刘某三明市第十届人大代表职务。12 月，补选三明市第十届人大代表 1 人。

第二节 人民代表大会

1993 年 12 月前，清流县人民代表大会每届任期三年，1994 年 12 月后，除 2003—2005 年第十四届为四年，每届任期均为五年。清流县人民代表大会，从 1990 年开始到 2005 年，历经第十一届、第十二届、第十三届、第十四届人民代表大会。

一、清流县第十一届人民代表大会

第一次会议 1991 年 1 月 19—23 日上午举行。实有代表 181 人，全部出席，列席人员 91 人。

会议听取、审议县人民政府工作报告、1990 年县国民经济和社会发展“七五”计划执行情况与 1991 年计划草案报告、1990 年财政决算和 1991 年财政预算草案的报告；听取审议县人大常委会工作报告、县人民法院工作报告、县人民检察院工作报告；会议选举产生县第十一届人大常委会组成人员。周昌仁当选为主任，李心祥、陈仕先、包玉山、蒋文虎为副主任，马荣生等 10 人为常委会委员。会议选举陈积忠为县长，林少钦、林炳洲、施增西、黄恒标为副县长；选举吴家龙为县人民法院院长、张河仁为县人民检察院检察长。

第二次会议 1992 年 3 月 20—22 日举行，会期 2 天半。实有及出席代表 179 人，列席 104 人。

会议听取和审议县人民政府工作报告、1991 年县国民经济和社会发展计划执行情况与 1992 年国民经济发展计划草案的报告、1991 年财政决算和 1992 年财政预算草案的报告，听取和审议县人大常委会、县人民法院和县人民检察院工作报告。

第三次会议 1993 年 2 月 2—5 日举行，实有及出席代表 179 人，列席 104 人。

会议听取和审议县人民政府工作报告、1992 年国民经济和社会发展计划执行情况与 1993 年计划草案报告；听取和审议县国民经济和社会发展十年规划及“八五”计划纲要调整意见；听取和审议 1992 年财政决算和 1993 年财政预算草案的报告；听取和审议县人大常委会、县人民法院和县人民检察院工作报告。

会议选举出席三明市第八届人民代表大会代表 20 人。补选林秉虞为县人民法院院长。

二、清流县第十二届人民代表大会

第一次会议 1994 年 1 月 19—23 日举行，实有及出席代表 181 人，列席 106 人。

会议听取和审议县人民政府工作报告、1993 年国民经济和社会发展计划执行情况与 1994 年计划草案的报告、1993 年财政决算和 1994 年财政预算草案的报告；听取和审议县人大常委会、县人民法院和县人民检察院工作报告。

会议选举县第十二届人大常委会组成人员。周昌仁当选为主任，胡登良、李心祥、陈仕先、蒋文虎为副主任，选举常委会委员 10 人。选举刘振郁为县长，林少钦、黄恒标、高志銮、吴施增、卓秀清为副县长；选举饶跃和为县人民法院院长；张河仁为县人民检察院检察长；增选刘振郁、胡登良为三明市第八届人民代表大会代表。

第二次会议 1995 年 3 月 7—9 日举行，实有代表 180 人，出席会议代表 179 人，列席 111 人。

会议听取和审议县人民政府工作报告，1994 年县国民经济和社会发展计划执行情况与 1995 年计划草案报告、1994 年财政决算和 1995 年财政预算草案报告。听取和审议县人大常委会、县人民法院和县人民检察院工作报告。

第三次会议　1996 年 3 月 25—29 日举行，实有代表 179 人，到会代表 177 人，列席会议人员 118 人。

会议审查批准县国民经济和社会发展“九五”计划和 2010 年远景目标纲要；听取和审议 1995 年计划执行情况与 1996 年计划草案的报告、1995 年财政决算和 1996 年财政预算草案的报告；听取和审议县人民政府工作报告、县人大常委会、县人民法院和县人民检察院工作报告。

会议选举王火辉为县十二届人大常委会主任，陈有极为县人民政府县长。

第四次会议　1997 年 3 月 11—14 日举行，实有代表 179 人，出席会议代表 176 人，列席会议人员 139 人。

会议听取和审议县人民政府工作报告、县人大常委会、县人民法院和县人民检察院工作报告。审查和批准 1996 年县国民经济和社会发展计划执行情况与 1997 年计划草案的报告、1996 年财政决算和 1997 年财政预算草案的报告；会议选举增补曾金鉴为县第十二届人大常委会副主任；补选孙爱军为县人民法院院长；补选王金长为县人民检察院检察长；增补马癸根、张士勇、谢贻谋、王家友为县第十二届人大常委会委员。

第五次会议　1997 年 11 月 25—26 日举行，会期 1 天半。实有代表 176 人，出席会议代表 174 人，列席人员 44 人。会议选举出席三明市第九届人民代表大会代表 19 人。

第六次会议　1998 年 2 月 23—26 日上午，在清流宾馆举行。实有代表 176 人，出席 174 人。列席 150 人。

会议听取和审议县人民政府工作报告、县人大常委会、县人民法院和县人民检察院工作报告。审查和批准 1997 年县国民经济和社会发展计划执行情况与 1998 年计划草案的报告、1997 年财政决算和 1998 年财政预算草案的报告。

大会期间，组织 61 名人大代表对人大常委会任命的 26 名政府组成人员进行民主测评。

三、清流县第十三届人民代表大会

第一次会议　1999 年 1 月 5—9 日召开。实有代表 156 人全部出席，列席人员 143 人。

会议听取和审议县人民政府工作报告、1998 年县国民经济和社会发展计划执行情况与 1999 年计划草案的报告；听取和审议县 1998 年财政决算和 1999 年财政预算草案的报告；听取和审议县人大常委会、县人民法院和县人民检察院工作报告。

会议选举县第十三届人大常委会组成人员。王火辉当选为主任，雷春华、陈仕先、吴施增、李钦周为副主任，选举常委会委员 12 人。会议选举涂娓珠为县长，邹洪长、赵明升、陈彪、蔡金明、郑加禄、邓兆盛为副县长；选举曾国远为县人民法院院长；选举王金长为县人民检察院检察长（报三明市人民检察提请三明市人大常委会批准）。

第二次会议　2000 年 2 月 24—26 日召开。实有代表 156 人，出席 151 人，列席人员 144 人。

会议听取和审议县人民政府工作报告、1999 年计划执行情况与 2000 国民经济和社会发展计划草案的报告；听取和审议县 1998 年财政决算和 1999 年财政预算草案的报告；听取和审议县人大常委会、县人民法院和县人民检察院工作报告。

第三次会议　2001 年 3 月 6—9 日召开。实有代表 157 人全部出席，列席人员 135 人。

会议听取和审议县人民政府工作报告，审查批准县国民经济和社会发展第十个五年计划纲要；听取和审议县 2000 年计划执行情况与 2001 年计划草案的报告；听取和审议县 2000 年财政决算和 2001 年财政预算草案报告；听取和审议县人大常委会、县人民法院和县人民检察院工作报告。

第四次会议　2002 年 1 月 15—18 日召开。实有代表 157 人，出席 152 人，列席人员 143 人。

会议听取和审议县人民政府工作报告、2001 年计划执行情况与 2002 年计划草案的报告；听取和审议财政决算和 2001 年财政预算草案的报告；听取和审议县人大常委会、县人民法院和县人民检察院工作报告。

会议选举曹建华为县第十三届人大常委会主任、罗建平为县人民检察院检察长。

第五次会议　2002 年 10 月 28—29 日召开。实有代表 157 人，应出席会议代表 151 人，到会代表 141 人，列席人员 23 人。会议选举出席三明市第十届人民代表大会代表 20 人，选举沈小放为县人民法院院长。

第六次会议　2003 年 2 月 11—13 日召开。实有代表 157 人，出席 151 人，列席人员 105 人。

会议听取和审议县人民政府工作报告、2002 年县国民经济和社会发展计划执行情况与 2003 年计划草案的报告、2002 年财政决算和 2003 年财政预算草案的报告；听取和审议县人大常委会、县人民法院和县人民检察院工作报告。

四、清流县第十四届人民代表大会

第一次会议　2003 年 12 月 28 日至 2004 年 1 月 1 日召开。实有及出席代表 154 人，列席人员 100 人。

会议听取和审议县人民政府工作报告、2003 年计划执行情况与 2004 年计划草案的报告；听取和审议财政决算和 2004 年财政预算草案的报告；听取和审议县人大常委会、县人民法院和县人民检察院工作报告。

会议选举县第十四届人大常委会组成人员。胡登良当选为主任，吴施增、李钦周、邱文宁、林新建为副主任，选举常委会会委员 14 人。会议选举涂娓珠为县长，廖善朋、郑加禄、李增祥、伍武林、黄月珍为副县长；选举沈小放为县人民法院院长；选举罗建平为县人民检察院检察长；补选胡登良为出席三明市第十届人民代表大会代表。

第二次会议　2005 年 3 月 2—5 日召开，实有代表 157 人，出席会议代表 156 人，列席会议人员 91 人。

会议听取和审议县人民政府工作报告、2004 年县国民经济和社会发展计划执行情况与 2005 年计划草案报告；听取和审议财政决算和 2005 年财政预算草案的报告；听取和审议县人大常委会、县人民法院和县人民检察院工作报告。会议选举曹建华为县人民政府县长。

第三节　人大常委会会议

一、第十一届人大常委会（共召开 24 次常委会会议）

第一次会议　1991 年 2 月 24 日召开，会期 1 天。议题：学习《福建省人大常委会工作条例》和《中华人民共和国地方各级人民代表大会和地方各级人民政府组织法》；研究人大常委会组成人员工作分工；讨论 1991 年县人大常委会工作要点；补选三明市第七届人大代表；审议通过关于罢免余某三明市第七届人大代表职务的决定。

第三次会议　1991 年 5 月 10 日召开，会期半天。议题：听取审议县财政局关于贯彻执行《中华人民共和国会计法》情况汇报；听取审议县卫生局关于全县初级卫生保健工作开展情况汇报；审议人事任免事项。

第四次会议　1991 年 7 月 8—9 日召开，会期 2 天。议题：听取审议县计生委关于贯彻执行《福建省计划生育条例》情况的汇报；听取审议县农业局关于贯彻执行《中华人民共和国种子管理条例》情况的汇报；听取审议县司法局关于实施《依法治县决议》情况的汇报；听取审议县财政局关于国营企业承包经营责任制落实情况的汇报；听取审议县司法局关于依法治县决议贯彻情况的汇报；审议人事任免事项。

第五次会议　1991 年 10 月 26—27 日召开，会期 2 天。议题：审查批准《清流县国民经济和社会发展十年规划方案及第八个五年计划纲要（草案）》；听取审议县计委关于 1991 年 1—9 月国民经济和社会发展计划执行情况的汇报；听取审议县财政局关于 1991 年 1—8 月财政预算执行情况和县人大常委会《关于加强财经纪律决定》贯彻执行的汇报；听取审议县司法局关于实施《清流县人大常委会关于在全县公民中继续普及法律知识决议》情况的汇报；审议人事任免事项。

第六次会议　1991 年 12 月 16—17 日召开，会期 2 天。议题：听取审议县人民政府关于治理“三乱”情况的汇报；听取审议县法院关于贯彻实施《中华人民共和国行政诉讼法》情况的汇报；听取审议县文化局关于“芳草计划”实施情况的汇报；审议人事任免事项。

第八次会议　1992 年 3 月 11 日召开，会期 1 天。议题：听取审议县政府办公室关于县十一届人大一次会议议案、建议、批评和意见办理情况的汇报；讨论县财政局关于 1991 年财政决算和 1992 年财政预算的报告（草案）；讨论通过《清流县第十一届人大常委会 1992 年工作要点》；讨论通过县人大常委会关于召开县十一届人大二次会议的决定；讨论通过《关于纪念〈中华人民共和国宪法〉颁布十周年宣传活动的决议》；

讨论《清流县人大常委会工作报告》。

第十次会议　1992 年 5 月 25—26 日召开，会期 1 天。议题：听取审议县财贸委关于国营商业企业推行“四放开”改革情况的汇报；听取审议县教育局关于实施义务教育“六项督导”评估工作情况汇报；听取审议县农委关于加强和完善农业社会化服务体系情况汇报；人事任免。

第十一次会议　1992 年 7 月 29—31 日召开，会期 2 天半。议题：听取审议县计生委关于贯彻实施《福建省计划生育条例》情况的汇报；听取审议县土地局关于贯彻实施《中华人民共和国土地管理法》情况的汇报；听取审议县民政局关于贯彻实施《中华人民共和国残疾人保障法》情况的汇报；听取审议县财政局关于 1992 年上半年财政预算执行情况的汇报；听取审议县计委关于清流县 1992 年上半年国民经济和社会发展计划执行情况的汇报；人事任免。

第十三次会议　1992 年 10 月 5—6 日召开，会期 2 天。议题：听取审议县公安局关于贯彻执行《中华人民共和国治安管理处罚条例》情况的汇报；听取审议县水电局关于贯彻执行《中华人民共和国水法》情况的汇报；听取审议县经委关于工业企业经济效益情况汇报；听取审议县工商局关于打击生产和经销假冒伪劣商品情况的汇报；人事任免。

第十四次会议　1992 年 12 月 10 日召开，会期 1 天。议题；听取审议县水土保持委员会关于贯彻执行《中华人民共和国水土保持法》情况的汇报；听取县司法局关于开展纪念《中华人民共和国宪法》颁布十周年学习宣传活动情况的汇报；听取并初审县计划委员会关于修改清流县国民经济和社会发展“八五”计划和十年规划的说明；审议通过关于召开第十一届人民代表大会第三次会议的有关事项。

第十七次会议　1993 年 4 月 23 日召开，会期 1 天。议题：听取审议县农委关于农业内部产业结构调整的情况汇报；审议通过县人大常委会关于批准《清流县城区防洪规划》的决议。

第十八次会议　1993 年 7 月 6 日召开，会期 1 天。议题：听取审议县公安局、县检察院、县法院关于执法情况的汇报；人事任免。

第十九次会议　1993 年 9 月 9—10 日召开，会期 2 天。议题：听取和审议县计委关于清流县 1993 年 1—7 月国民经济和社会发展计划执行情况汇报；听取县财政局关于 1993 年 1—7 月财政预算执行情况及年度预算调整意见的报告；听取县土地局关于贯彻执行《中华人民共和国土地管理法》情况的汇报；通过县、乡两级选举委员会成员名单及县、乡换届选举工作方案，任命各乡镇选举委员会组成人员，批复各乡镇人大代表名额。

二、第十二届人大常委会（共 41 次常委会会议）

第四次会议　1994 年 7 月 26—27 日召开，会期 1 天半。议题：听取审议县农业局关于贯彻实施《中华人民共和国农业法》《中华人民共和国农业技术推广法》情况的汇报；听取审议县司法局关于“二五”普法和依法治县情况汇报；听取审议县环保局关于贯彻实施《中华人民共和国环境保护法》情况的汇报；通过县人大常委会妇女儿童工作组组成人员名单。

第五次会议　1994 年 8 月 3 日召开，会期 1 天。议题：听取审议 1994 年上半年国民经济社会发展计划执行情况汇报。

第六次会议　1994 年 9 月 28 日召开，会期 1 天半。议题：听取审议县教育局关于教育事业改革与发展情况汇报；听取审议县林委关于贯彻实施《中华人民共和国森林法》情况的汇报；听取审议县审计局关于 1993 年度审计工作情况汇报；通过 1994 年国民经济计划调整意见。

第七次会议　1994 年 12 月 13—14 日召开，会期 2 天。议题：听取审议县民政局关于贯彻执行《中华人民共和国婚姻法》和《婚姻管理条例》情况汇报；听取审议县劳动局关于贯彻执行《中华人民共和国矿山安全法》情况的汇报；听取审议县公安局关于社会治安综合治理情况的汇报；审议通过 1994 年财政预算调整意见；审议人事任免事项。

第八次会议　1995 年 2 月 20 日召开，会期半天。会议议题：讨论县人大常委会工作报告（草案）；听取县政府关于县十二届人大一次会议代表议案和批评、意见、建议办理情况汇报；审议通过关于召开县十二届人大二次会议的决定；讨论通过关于表彰 1994 年先进代表小组、优秀代表的决定；听取审议县人大常委会主任会议许可逮捕县十二届人大代表姜某的情况报告；通过关于许可县公安局逮捕县十二届人大代表姜某的决定。

第十次会议 1995年4月25—26日召开，会期2天。议题：讨论通过1995年县人大常委会工作要点；听取县法院、县检察院、县公安局关于宣传贯彻《中华人民共和国国家赔偿法》工作情况的汇报；听取审议县农委关于农业生产计划落实情况汇报；听取审议县政府关于工业生产计划落实情况汇报。

第十二次会议 1995年7月4—5日召开，会期2天。议题：听取审议县水利局关于贯彻落实《中华人民共和国水法》情况的汇报；听取审议县财政局关于国有资产管理情况的汇报；听取审议县物委关于平抑物价和清理收费情况的汇报；审议人事任免事项。

第十三次会议 1995年8月30—31日召开，会期2天。议题：听取审议县文化局关于文化市场及“芳草”计划实施情况的汇报；听取审议县政府关于贯彻实施《中华人民共和国妇女权益保障法》及其省实施办法情况的汇报；听取审议县计委关于1—7月国民经济和社会发展计划执行情况的汇报；听取审议县财政局关于1—7月份财政预算执行情况的汇报；审议人事任免事项。

第十四次会议 1995年10月31日召开，会期1天。议题：听取审议县计生委关于贯彻执行《福建省计划生育条例》情况及1995年计划生育工作情况的汇报；听取审议县财政局关于1—9月财政预算执行情况及年度财政预算调整意见报告；听取审议县劳动局关于宣传贯彻《中华人民共和国劳动法》情况的汇报。

第十五次会议 1995年12月26日召开，会期2天半。议题：听取审议县政府关于1995年度为民办实事进展情况的汇报；听取审议县政府办公室关于县十二届人大二次会议代表议案和建议、批评、意见办理情况的汇报；听取审议县文明委关于精神文明建设情况的汇报；听取审议县公安局关于社会治安情况及对策的汇报；听取审议县司法局关于“二五”普法情况的汇报；听取关于参加南方九省（区）十二县（市）人大工作研讨会情况汇报；审议人事任免事项。

第十六次会议 1996年2月15日召开，会期1天。议题：通过关于召开县十二届人大第三次会议的决定；听取审议县财政局关于1995年财政预算执行情况和1996年财政预算安排意见的报告；讨论县人大常委会工作报告；审议人事任免事项。

第十八次会议 1996年5月23—24日召开，会期1天半。议题：听取审议县农业局关于贯彻实施《中华人民共和国农业法》《中华人民共和国种子管理条例》情况的汇报；听取审议县审计局关于1995年财政预算执行情况和其他财政收支的审计工作报告，审议批准1995年财政决算；审议人事任免事项。

第十九次会议 1996年8月7—8日召开，会期1天半。议题：听取审议县计委关于1—6月国民经济和社会发展计划执行情况的汇报；听取审议县财政局关于1—6月财政预算执行情况的汇报；听取审议县公安局关于贯彻执行《中华人民共和国消防条例》情况和消防安全工作情况的汇报；听取审议县政府关于“二五”普法工作情况和在全县公民中开展“三五”普法规划的汇报；审议通过关于在全县公民中开展“三五”普法的决议；通过乡镇人民代表大会换届选举方案，任命各乡镇选举委员会成员，通过乡镇人大代表名额；审议人事任免事项。

第二十次会议 1996年9月19—20日召开，会期1天半。议题：听取审议县检察院关于《中华人民共和国检察官法》贯彻执行情况汇报；听取审议县法院关于贯彻执行《中华人民共和国法官法》情况的汇报；听取审议县公安局关于贯彻执行《中华人民共和国国家赔偿法》《中华人民共和国人民警察法》情况的汇报；听取县计划生育局关于贯彻执行《福建省计划生育条例》及创全国计划生育先进县情况的汇报；任命部分乡镇选举委员会成员；听取审议县检察院关于撤销东华等8个乡镇检察室的报告；通过关于撤销东华等8个乡镇检察室的决定；审议人事任免事项。

第二十一次会议 1996年11月21—22日召开，会期1天半。议题：学习中共十四届六中全会精神；听取县计委关于调整清流县1996年国民经济和社会发展计划主要指标的报告并做出决定；听取县财政局关于调整清流县1996年县本级财政收支预算的报告并通过决定；听取并审议县林委关于贯彻执行《中华人民共和国森林法》情况的汇报；听取审议县劳动局关于贯彻执行《中华人民共和国矿山安全法》情况的汇报；听取县人民政府关于议案和建议、批评、意见办理情况的汇报；审议人事任免事项。

第二十四次会议 1997年3月28日召开，会期1天。议题：听取审议县政府1996年财政预算执行情况及其他财政收支审计工作情况报告；听取审议并批准县政府1996年财政决算的报告；听取县政府关于1996年财务、税收、物价大检查的情况汇报；听取审议县政府关于《中华人民共和国行政处罚法》贯彻执行情况汇报；通过关于批准 1996 年财政决算的决定。

第二十五次会议　1997 年 5 月 24 日召开，会期 1 天。议题：听取审议县农业局关于贯彻执行《中华人民共和国农业技术推广法》、县环保局关于贯彻执行《中华人民共和国环境保护法》情况的汇报；听取县民政局关于贯彻执行《中华人民共和国村民委员会组织法》情况及全县村级换届选举进展工作情况的汇报；听取县人大常委会主任会议关于许可对县十二届人大代表杨某依法逮捕的报告，通过关于许可县法院对县十二届人大代表杨某依法采取强制措施的决定；审议人事任免事项。

第二十六次会议　1997 年 7 月 23—24 日召开，会期 2 天。议题：听取审议清流县 1997 年国民经济和社会发展计划执行情况汇报；听取审议清流县 1997 年财政预算执行情况汇报，听取审议县法院贯彻执行《中华人民共和国刑事诉讼法》情况的汇报，听取县建设局关于贯彻执行《中华人民共和国城市规划法》情况的汇报；审议人事任免事项。

第二十七次会议　1997 年 8 月 25 日召开，会期 1 天。议题：开展关于“维护法制统一，清除地方和部门保护主义，严禁刑讯逼供、非法拘禁”专题评议，评议对象为县法院、检察院、公安局、司法局 4 个单位。分别向公安局提出评议意见 16 条、检察院 1 条、法院 7 条、司法局 7 条，其他方面问题 5 条，要求被评议单位在 2 个月内整改完毕；审议人事任免事项。

第二十八次会议　1997 年 10 月 16—17 日召开，会期 2 天。议题：听取审议县工商局关于贯彻执行《中华人民共和国消费者权益保障法》情况的汇报；听取审议县教育局关于贯彻执行《中华人民共和国教育法》《中华人民共和国义务教育法》《中华人民共和国教师法》情况的汇报；听取审议县林业局关于贯彻执行《中华人民共和国森林法》情况的汇报；听取审议县农业局关于贯彻执行《中华人民共和国基本农田保护区条例》情况的汇报；听取全县精神文明建设情况的汇报。

第三十一次会议　1997 年 12 月 25—26 日召开，会期 1 天半。议题：听取审议关于贯彻执行《福建省行政事业性收费管理条例》情况的汇报；听取审议县科技局关于贯彻执行《中华人民共和国科学技术进步法》情况的汇报；听取审议县电力公司关于贯彻执行《中华人民共和国电力法》情况的汇报；讨论通过《清流县农村能源综合建设规划》；听取县水利局关于贯彻执行《中华人民共和国水法》情况的汇报；听取县粮食局关于全县粮食工作情况的汇报；听取县地税局关于税收工作情况的汇报；听取县交通局关于全县交通工作情况的汇报；通过关于调整 1997 年财政预算的决定；审议人事任免事项。

第三十四次会议　1998 年 3 月 24 日召开，会期 1 天。议题：听取审议县政府关于 1997 年财政预算执行情况及其他财政收支审计工作的汇报；听取审议并批准县政府关于 1997 年度财政决算的报告；听取审议县法院关于案件执行情况汇报；审议通过《清流县农村能源综合建设规划》；听取县政府关于 1997 年度财务、税收、物价大检查情况汇报；听取县农业局关于贯彻执行《中华人民共和国农业法》《中华人民共和国农业技术推广法》情况的汇报；通过关于批准清流县“九五”期间省级农村能源综合建设规划的决议；通过人事任免事项。

第三十五次会议　1998 年 5 月 13—14 日召开，会期 2 天。议题：听取审议县公安局关于贯彻执行国务院《公安机关督察条例》情况的汇报；听取审议县教育局关于贯彻执行《中华人民共和国职业教育法》情况的汇报；听取县水电局关于贯彻执行《中华人民共和国防洪法》情况的汇报；听取县乡镇企业局关于贯彻执行《中华人民共和国乡镇企业法》情况的汇报；听取县公安局、县法院、县司法局关于 1997 年人大代表专题评议后整改落实情况的汇报；审议人事任免事项。

第三十六次会议　1998 年 7 月 29 日召开，会期 1 天。议题：听取审议县计划局关于 1998 年上半年计划执行情况的汇报；听取审议县财政局关于 1998 年上半年财政执行情况的汇报；听取审议县法院关于贯彻执行《中华人民共和国刑法》情况的汇报；听取县水电局关于贯彻执行《中华人民共和国水法》情况的汇报；听取审议县检察院关于撤销嵩口镇、李家乡检察室的报告；通过关于撤销嵩口镇、李家乡检察室的决定；部署全县换届选举工作。

第三十七次会议　1998 年 9 月 14—15 日召开，会期 2 天。议题：听取审议县审计局关于 1998 年 1—8 月审计工作情况汇报；听取审议县技术监督局关于贯彻执行《福建省商品质量监督条例》情况的汇报；审议通过关于依法治县的决议；审议通过关于批准《清流县城总体规划（修订）》的决议；通过县级人大换届选举委员会成员名单并任命各选举办事处主任；听取县选举委员会关于县级人大换届选举筹备工作情况报告；审议通过县级人大换届选举工作方案；听取审议县林业局关于贯彻执行《中华人民共和国森林法》情况的汇报；听取县农业局关于贯彻执行《中华人民共和国水土保持法》情况的汇报；听取县计划生育局关于贯彻执行《福建省计划生育条例》情况的汇报；审议人事任免事项。

第三十九次会议 1998年11月10日召开，会期1天。议题：听取审议县政府《关于依法行政的实施规划》；听取审议县法院、县检察院《关于依法治县决议的方案》；听取审议县政府关于办理《增加投入办好我县农村合作医疗，实现2000年人人享有卫生保健宏伟目标的议案》《尽快配套兴建灵地变电站的议案》《巩固提高“两基”成果，保证儿童、少年完成九年义务教育的议案》3个议案情况的报告；听取县财政局关于1—10月财政预算执行情况及年度财政预算调整意见的报告；听取县文体局关于贯彻执行《中华人民共和国文物保护法》情况的汇报；听取县畜牧水产局关于贯彻执行《中华人民共和国渔业法》情况的汇报；听取县土地局关于贯彻执行《中华人民共和国土地管理法》情况的汇报；通过关于批准县政府《关于依法行政的实施规划》、关于批准县法院、县检察院《关于依法治县决议的方案》3个决议；通过关于批准调整1998年度财政预算的决定；审议人事任免事项。

三、第十三届人大常委会（共召开44次常委会会议）

第二次会议 1999年4月14日召开，会期半天。议题：听取县政府关于办理《取消农资专营，坚持“一主两辅”农资经营体制议案》和《要求清流二中管理体制列入县级管理的议案》情况的报告。

第三次会议 1999年5月24日召开，会期1天。议题：听取审议1998年财政预算执行情况及其他收支情况的审计报告；听取财政决算报告并通过批准1998年度清流县级财政预算决算的决议；听取审议国有资产管理情况报告；听取审议县卫生局关于贯彻执行《中华人民共和国药品管理法》情况的报告；听取审议县法院关于民事、经济审判工作情况的汇报；审议通过关于县人大常委会对县计划局等5个部门及其主要领导进行评议的工作方案。

第四次会议 1999年7月14—15日召开，会期1天半。议题：听取审议县人民检察院关于林业检察工作情况的汇报；听取审议县林业局关于贯彻执行《中华人民共和国森林法》情况的汇报；听取审议县财政局关于全县农村教育费附加征管用情况的汇报；听取审议1—6月国民经济社会发展计划执行情况汇报；听取审议1—6月财政预算执行情况汇报；听取农业生产情况汇报；听取外经工作情况汇报；听取案件执行情况汇报；听取计划局等5个部门自评情况汇报和主要领导个人的述职报告。

第五次会议 1999年9月20—21日召开，会期2天。议题：听取审议县交通局关于贯彻执行《中华人民共和国道路交通管理条例》和《中华人民共和国道路交通事故处理办法》情况的汇报；听取审议县土地局关于贯彻执行《中华人民共和国土地管理法》情况的汇报；听取审议县政府关于办理《增加投入，办好我县农村合作医疗，实现2000年人人享有健康保健宏伟目标的议案》《兴建灵地变电站的议案》《取消农资专营，坚持“一主两辅”农资经营体制的议案》和《清流二中管理体制列入县级管理的议案》情况的汇报；听取审议县法院、检察院依法治县决议方案实施情况汇报；听取审议县农业局关于“九五”期间省级农村能源综合建设规划实施情况汇报；听取财政局关于预算执行情况汇报；对县计划局、建设局、交通局、水电局、粮食局及其主要领导的工作进行评议；审议通过乡镇人大选举委员会组成人员；审议通过乡镇人大换届选举工作方案；审议确定乡镇人大代表选举日；审议通过乡镇人大代表名额分配方案；审议人事任免事项。

第六次会议 1999年11月19日召开，会期1天。议题：听取审议国民经济社会发展计划调整意见的报告；听取审议财政预算执行情况和预算调整意见的报告；听取审议县计划局、建设局、交通局、水电局、粮食局整改工作情况汇报；听取查办国家机关工作人员渎职犯罪情况汇报；听取《中华人民共和国建筑法》执行情况汇报；听取县司法局、劳动局、计生局工作情况汇报；通过关于调整清流县1999年度财政预算的决议和关于调整清流县1999年国民经济与社会发展计划的决议。

第九次会议 2000年3月28日召开，会期半天。议题：听取部门具体预算编制情况汇报；听取审议《中华人民共和国兵役法》执行情况汇报；通过县人大常委会2000年工作要点；对“一府两院”组成部门领导及审判员、检察员1999年度工作进行测评。

第十次会议　2000 年 5 月 29—30 日召开，会期 2 天。议题：听取审议《中华人民共和国防洪法》执行情况汇报；听取审议全国人大常委会通过的《派出所组织条例》执行情况汇报；听取审议 1999 年财政预算执行情况及其他财政收支的审计工作报告；听取 1999 年度财政决算报告；听取 1—4 月财政预算执行情况汇报并通过关于批准 1999 年度财政决算的决议；听取审议集体林经营体制改革情况汇报；听取《中华人民共和国城市规划法》执行情况汇报;听取审议“三五”普法工作情况汇报;听取《中华人民共和国传染病防治法》执行情况汇报；通报县人大常委会党组“三讲”教育情况；听取计划局、建设局、交通局、水电局和粮食局评议整改工作情况书面汇报。

第十一次会议　2000 年 7 月 27—28 日召开,会期 1 天半。议题:听取审议县计划局关于上半年国民经济、社会发展计划执行情况汇报；听取审议县财政局关于上半年财政预算执行情况汇报；听取审议县教育局关于贯彻执行《中华人民共和国义务教育法》情况及农村学校布局调整情况的汇报；听取县法院、县检察院工作情况汇报;听取县公安局关于开展争创“人民满意派出所”活动情况汇报;听取审议县公安局关于开展争创“人民满意交警大队”情况汇报；审议通过关于授予县公安局交警大队“人民满意交警队”荣誉称号的决定。

第十二次会议　2000 年 9 月 29 日召开，会期半天。议题：听取审议县政府关于贯彻执行《中华人民共和国行政复议法》情况的汇报。

第十七次会议　2001 年 3 月 20 日召开，会期半天。议题：审议通过人大常委会 2001 年工作要点；审议通过《关于讨论决定重大事项暂行规定》；对“一府两院”组成人员书面述职情况进行测评，人事任免。

第十八次会议　2001 年 5 月 17 日召开，会期 1 天。议题：听取审议关于贯彻执行《中华人民共和国渔业法》《中华人民共和国消防法》情况汇报；听取审议县审计局关于 2000 年财政预算执行情况及其他财政收支情况审计报告，审议批准 2000 年财政决算；听取县经济局关于非公有制经济发展情况汇报；讨论修改“如何提高为人民服务质量”调研文章。

第十九次会议　2001 年 7 月 26 日召开，会期 1 天半。议题：学习江泽民总书记“七一”重要讲话精神；听取关于贯彻执行《中华人民共和国森林法》情况及集体林经营体制改革情况汇报；听取县农业局关于贯彻执行国务院《基本农田保护条例》情况汇报；听取县公安局关于公安交警大队授牌后工作情况汇报；听取审议县计划局关于 2001 年上半年计划执行情况汇报；听取审议县财政局关于预算执行情况汇报；听取县公安局关于“严打”工作汇报；听取县人民银行关于金融运营情况汇报；听取县财政局关于整顿市场经济秩序工作情况汇报。

第二十次会议　2001 年 8 月 31 日召开，会期半天。议题：通过关于许可对巫某采取逮捕措施的决定。

第二十一次会议　2001 年 9 月 26 日召开,会期半天。议题:审议通过关于进一步开展法制宣传教育的决议;人事任免事项；听取和审议县人大常委会财经委关于全县企业改制情况的视察报告。

第二十二次会议　2001 年 11 月 12 日召开，会期 1 天。议题：听取审议县司法局关于贯彻执行《中华人民共和国律师法》和县建设局关于贯彻执行《中华人民共和国招标投标法》情况汇报；听取预算外资金使用情况汇报;听取关于贯彻执行《福建省计划生育管理条例》情况汇报;听取项目建设视察情况汇报;人事任免。

第二十三次会议　2001 年 12 月 18 日召开，会期半天。议题：通过关于召开县十三届人大第四次会议的决定；听取县政府关于代表议案办理情况和县政府办关于代表建议、批评、意见办理情况的汇报。

第二十七次会议　2002 年 3 月 19 日召开，会期 1 天。议题：通过 2002 年常委会工作要点；听取审议县检察院关于履行诉讼监督职能工作情况汇报；听取 2002 年农村经济结构调整和农业生产计划落实情况汇报；听取县法院关于机构改革和人事工作情况汇报；人事任免；对“一府两院”组成单位领导及审判员、检察员 2001 年度工作报告进行测评。

第二十九次会议　2002 年 5 月 30 日召开，会期半天。议题：听取审议 2001 年预算执行情况及其他财政收支情况的审计报告；审议通过 2001 年县财政决算报告决议；听取审议关于贯彻执行《福建省村集体财务管理条例》情况汇报；听取审议县卫生局关于全县乡镇卫生院建设情况的报告。

第三十一次会议　2002 年 7 月 24 日召开，会期 1 天。议题：听取审议县计划局、县财政局关于 2002 年上半年计划、预算执行情况汇报；听取审议县畜牧水产局关于贯彻执行《中华人民共和国动物防疫法》《中华人民共和国渔业法》情况汇报；听取审议县政府关于贯彻执行《中华人民共和国行政诉讼法》情况汇报；

听取审议县药监局关于贯彻执行《中华人民共和国药品监督法》情况汇报。

第三十二次会议 2002年9月25日召开，会期1天。议题：听取审议县公安局关于"严打"工作情况汇报；听取审议县林业局关于贯彻执行《中华人民共和国森林法》情况汇报；听取县农业局关于沼气工程建设情况视察报告；听取县人大常委会乡镇人大换届选举调研组关于乡镇人大换届选举的调查摸底情况汇报；审议通过乡镇换届选举工作方案（草案）。

第三十四次会议 2002年10月18日上午召开，会期半天。议题：听取县十三届人大第五次会议筹备工作情况汇报；通过县十三届人大第五次会议名单建议和事项建议；听取县交警大队关于2002年度创建"人民满意交警队"工作情况报告。

第三十五次会议 2002年11月26日上午召开，会期半天。议题：听取审议县政府关于依法行政工作情况汇报；听取审议县国土资源局关于贯彻执行《中华人民共和国矿产资源法》情况汇报；听取县劳动局关于社会保障工作情况汇报；审议人事任免事项。

第三十七次会议 2003年1月21日召开，会期半天。议题：听取审议县十三届人大第六次会议筹备工作情况报告；审议通过县十三届人大第六次会议建议名单和建议事项；听取审议县十三届人大第五次会议议案和代表建议、意见办理情况汇报；讨论通过县人大常委会工作报告和县人民政府工作报告；人事任免。

第三十九次会议 2003年5月27日召开，会期半天。议题：听取审议县财政局关于2002年度财政决算报告，审查批准2002年度财政决算；听取审议县审计局关于"同级审"工作报告；听取审议县环保局关于贯彻执行《中华人民共和国环境保护法》情况汇报；听取审议县卫生局关于贯彻执行《中华人民共和国传染病防治法》情况汇报；听取县法院关于执行工作情况汇报。

第四十次会议 2003年7月29日上午召开，会期半天。议题：听取审议县计划局关于2003年上半年计划执行情况汇报；听取审议县财政局关于2002预算执行情况汇报；听取审议县政府关于"依法治县决议"贯彻执行情况汇报；听取县科技局关于科技工作情况汇报；审议人事任免事项。

四、第十四届人大常委会（至2005年末共召开14次常委会会议）

第二次会议 2004年4月27日召开，会期1天。议题：学习《中华人民共和国宪法》；听取审议县公安局关于执行公安部"五条禁令"加强队伍建设情况汇报；听取审议县政府关于全县高中教育工作情况汇报；听取审议县农业局关于贯彻执行《中华人民共和国农村土地承包法》情况汇报。

第三次会议 2004年6月23日召开，会期1天。议题：学习《行政许可法》；听取审议县审计局关于2003年县财政预算执行和其他财政收支情况的审计工作报告；审查批准2003年度财政决算报告；听取全县农村低保工作情况汇报；通过县人大常委会关于开展评议县人民政府部分组成人员及所在部门的工作方案（草案）。

第四次会议 2004年8月27日召开，会期1天。议题：评议县民政局、农业局、卫生局、环保局4个政府组成单位领导及其所在部门工作；听取审议2004年上半年计划、预算执行情况汇报；审议人事任免事项。

第五次会议 2004年10月27日召开，会期半天。议题：听取县政府关于依法治县工作情况汇报；审议人事任免事项；通过接受谢峻萍辞去县十四届人大常委会委员职务请求的决定。

第六次会议 2004年12月27日召开，会期1天。议题：听取审议县政府关于十四届人大第一次会议议案办理工作情况和县政府办公室关于十四届人大第一次会议代表建议、批评和意见办理工作情况汇报；讨论县政府工作报告；讨论通过县人大常委会工作报告；听取民政局、农业局、卫生局和环保局评议及其主要负责人整改情况汇报；通过关于召开县十四届人大第二次会议有关事项。

第八次会议 2005年2月17日下午召开，会期半天。议题：审议通过县十四届人大第二次会议有关事项；审议批准人民陪审员名额；审议人事任免事项。

第九次会议 2005年4月12日召开，会期1天。议题：学习《中华人民共和国反分裂国家法》；讨论通过县人大常委会2005年工作要点；对"一府两院"述职人员进行测评；审议通过县域城镇体系规划；听取县政府关于贯彻中央2005年1号文件精神和"三农"工作情况汇报；审议人事任免事项。

第十一次会议 2005年6月27日召开，会期1天。议题：听取审议县政府关于2004年度财政预算执行情况和其他财政收支情况的审计报告；听取审议县政府关于2004年决算情况的报告，审查并批准2004年决算的决议（草案）；听取审议县政府关于集体林权制度改革情况的报告；听取县人民政府关于地名区划情况汇报；听取县政府关于贯彻实施国务院《国家公务员暂行条例》情况的汇报；听取县政府关于乡镇卫生院建设情况汇报通过《关于罢免刘用炤三明市第十届人大代表的决议》（草案）；通报2004年度“一府两院”向人大述职人员的测评情况；审议人事任免事项。

第十二次会议　2005年8月29日召开，会期1天。议题：听取审议县政府关于2005年上半年国民经济和社会发展计划执行情况的报告、2005年上半年财政预算执行情况的报告和贯彻执行《行政许可法》情况的汇报；审议通过县人大常委会关于建立县人大代表履职情况登记制度试行意见（草案）；审议人事任免事项。

第十三次会议　2005年10月28日召开，会期1天。议题：听取县政府关于建设县金星工业项目集中区、收购处置华融公司对清流县部分企业不良资产债权等重大事项的报告；听取审议县教育局关于全县中小学危房改造情况报告；听取审议县国土资源局关于贯彻执行《中华人民共和国土地管理法》情况报告；听取县司法局关于“四五”普法情况汇报。

第十四次会议　2005年12月30日召开，会期1天。议题：听取审议县政府关于代表议案办理情况汇报；听取审议县政府办公室关于代表建议、批评、意见办理情况汇报；讨论清流县国民经济和社会发展第十一个五年规划纲要（草案）；讨论县政府工作报告；通过关于召开县十四届人大第三次会议的决定（草案）；通过县十四届人大第三次会议建议议程；听取县十四届人大第三次会议筹备工作情况汇报；讨论通过县人大常委会工作报告；通过县十四届人大三次会议有关事项。

第四节　人大常委会主任会议

1991年召开主任（扩大）会议3次，先后听取县农委关于1991年农业生产任务、措施及春耕备耕落实情况的报告、县交通局关于交通工作情况汇报，视察审议组关于县公路交通部门办理代表提案及白石—白塔公路工程建设视察情况汇报，县土地局关于贯彻执行《中华人民共和国土地法》（以下简称《土地法》）情况的汇报。

1993年召开主任（扩大）会议2次，专题研究1993年常委会工作，听取县综治办关于全县社会治安形势及综治工作情况的汇报。

1994年召开主任（扩大）会议4次，听取县财委关于全县“菜蓝子工程”建设情况的汇报、县统计局关于《中华人民共和国统计法》实施情况的汇报、清流人行关于金融体制改革情况的汇报、县财政局关于1994年1—10月财政预算调整意见的汇报。

1995年召开主任（扩大）会议2次，先后听取县计委关于投融资体制改革情况的汇报、县计生委关于计划生育工作情况汇报、县卫生局关于贯彻执行《中华人民共和国传染病防治法》（以下简称《传染病防治法》）情况及医德医风和农村初保工作的汇报。

1996年召开主任会议6次，先后听取人大调查组开展财政、审计、农业、教育等方面调查情况的汇报，县民政局关于民政工作的汇报，县卫生局关于贯彻《医疗机构管理条例》和《中华人民共和国药品管理法》实施情况汇报，县公安局关于“严打”斗争情况的汇报，人民银行清流支行关于金融部门贯彻执行“四法一决定”（指《中华人民共和国人民银行法》《中华人民共和国商业银行法》《中华人民共和国票据法》《中华人民共和国保险法》和《全国人大常委会关于惩治破坏金融秩序犯罪的决定》）情况的汇报，县水土保持委员会关于《中华人民共和国水土保持法》行政执法情况汇报和县土地局关于《基本农田保护条例》贯彻执行情况汇报，县文明委关于全县精神文明建设情况汇报。

1997年召开主任（扩大）会议3次，先后听取县财政局关于1997年预算安排和1—4月预算外资金管理情况汇报、县技术监督局关于贯彻实施《中华人民共和国产品质量法》情况的汇报、县政府办公室关于全县上半年经济体制改革情况汇报、县公安局关于贯彻执行《福建省消防条例》的情况报告。

1998年召开主任会议3次，先后听取县财政局作关于1998年一季度财政预算执行情况及1998年单位预算安排说明。研究部署9月工作，听取县代表座谈会情况汇报。研究部署县十三届人大一次会议筹备工作。

1999年召开主任（扩大）会议2次，听取县财政局关于1999年度财政预算编制的汇报，并同意该财政预算编制。听取县人大5个评议小组开展工作情况汇报。

2000年召开主任会议5次，决定接受县公安局交警大队请求，开展争创"人民满意交警队"工作评议；先后听取讨论县十三届人大常委会第十次会议关于《中华人民共和国防洪法》《公安派出所组织条例》执行情况的审议意见、关于1999年财政预算执行情况及其他财政收支的审计工作报告审议意见、关于1999年度财政决算报告审议意见、关于集体林经营体制改革情况审议意见、关于《中华人民共和国城市规划法》执行情况审议意见、关于"三五"普法工作情况审议意见、关于《传染病防治法》执行情况审议意见；听取县政府办公室关于议案、建议办理情况汇报；听取县民政局关于勘界工作情况汇报；听取县司法局关于法律援助工作的汇报、县电力集团公司关于农村"两改一同价"进展情况汇报、县环保局关于"一控双达标"工作汇报、县粮食局关于粮食流通体制改革执行情况汇报、县公安局关于落实错案责任追究制度情况报告；听取县"两院"工作汇报、县环保局关于贯彻执行《中华人民共和国环境保护法》（以下简称《环境保护法》）情况报告。

2001年召开主任会议2次，先后听取县农业局关于贯彻执行《中华人民共和国种子法》情况的汇报、县财政局关于2001年1—9月财政预算执行情况及住房资金管理使用情况汇报。

2002年召开主任会议3次，分别传达三明市乡镇人大换届选举工作会议精神，讨论《清流县乡镇换届选举工作方案》；听取县环保局关于《环境保护法》贯彻执行情况的汇报；学习传达中共十六大报告精神。

2003年召开主任（扩大）会议4次，分析研究邓家乡第十二届人民代表大会第一次会议选举时邓旺林等人非法活动情况；听取县财政局关于2003年1—3月财政预算执行情况汇报；听取县公安局关于户籍制度改革情况汇报；听取县农业局关于《中华人民共和国农业技术推广法》执行情况汇报；听取县广电局关于广电事业发展情况汇报；听取《中华人民共和国渔业法》执行情况汇报；听取关于代表议案、建议办理工作检查情况汇报；听取关于个私经济发展环境的调查报告；听取县人民法院民事审判工作情况汇报；听取县金融机构服务县域经济情况汇报；听取县畜牧水产局实施《中华人民共和国动物防疫法》情况汇报。

2004年召开主任会议2次，先后听取县国土局关于《土地法》贯彻执行情况的汇报、各评议小组对部门评议情况汇报；安排部署精神文明创建工作；听取县司法局关于贯彻执行《法律援助条例》情况的汇报、县烟草专卖局关于全县烤烟收购情况汇报、县文体局关于全县网吧整治情况汇报。

2005年召开主任会议5次。先后听取县财政局关于2004年度财政收支变动情况汇报；讨论安排人代会事宜；听取县科技局关于贯彻实施《中华人民共和国科普法》情况汇报、县农业局关于村级集体财务公开情况汇报、县法院关于执行工作情况汇报；讨论关于罢免刘用炤三明市十届人大代表职务的议案（草案）；听取县环保局关于贯彻执行《水污染防治法》情况汇报、县计划生育局关于计生"一法一例"（"一法"即《中华人民共和国人口与计划生育法》，"一例"即《福建省人口与计划生育条例》）贯彻执行情况汇报、县人民检察院关于执法监督情况汇报、县广电局关于县广播电视事业发展情况汇报、县城乡规划建设局关于城乡建设规划工作情况汇报、县民政局关于城乡居民最低生活保障工作情况汇报、县发展计划局关于县国民经济和社会发展"十一五"计划编制情况汇报、县劳动局关于劳动保障工作情况汇报。

第五节 组织机构

一、县人大常委会

县人民代表大会闭会期间，由其常务委员会（以下简称常委会）依法行使职权，开展工作监督、法律监督、决定重大事项、任免国家机关工作人员、开展代表各项工作、办理议案建议、落实信访工作。

1991年1月23日，县十一届人大一次会议召开第三次会议，选举第十一届县人大常委会组成人员，由主任1人、副主任4人、委员10人组成，直至1994年1月。

1994年1月，县人民代表大会选出第十二届县人大常委会组成人员，由主任1人、副主任4人、委员12人组成，直至1999年1月。

1999 年 1 月，县人民代表大会选出第十三届县人大常委会组成人员，由主任 1 人、副主任 4 人、委员 12 人组成，直至 2004 年 1 月。

2004 年 1 月，县人民代表大会选出第十四届县人大常委会领导机构，由主任 1 人、副主任 4 人、委员 14 人组成。

1991—2005 年清流县人大常委会主任、副主任一览表

表 17-1

人民代表大会	职　务	姓　名	籍　贯	任职时间
第十一届（1991.1—1994.1）	主　任	周昌仁	大　田	1991.1—1994.1
	副主任	李心祥	清　流	1991.1—1994.1
		陈仕先	宁　德	1991.1—1994.1
		包玉山	连　城	1991.1—1994.1
		蒋文虎	浙江诸暨	1991.1—1994.1
第十二届（1994.1—1999.1）	主　任	周昌仁	大　田	1994.1—1996.3
		王火辉	清　流	1996.3—1999.1
	副主任	胡登良	江西进贤	1994.1—1996.3
		李心祥	清　流	1994.1—1999.1
		陈仕先	宁　德	1994.1—1999.1
		蒋文虎	浙江诸暨	1994.1—1999.1
		曾金鉴	清　流	1997.3—1998.2
第十三届（1999.1—2004.1）	主　任	王火辉	清　流	1999.1—2002.1
		曹建华	广东大埔	2002.1—2004.1
	副主任	雷春华	清　流	1999.1—2004.1
		陈仕先	宁　德	1999.1—2004.1
		吴施增	清　流	1999.1—2004.1
		李钦周	清　流	1999.1—2004.1
第十四届（2004.1—　　）	主　任	胡登良	江西进贤	2004.1—
	副主任	吴施增	清　流	2004.1—
		李钦周	清　流	2004.1—
		邱文宁	清　流	2004.1—
		林新建	上　杭	2004.1—

二、工作机构

1991 年，县人大常委会工作机构沿袭 1990 年，内设办公室，及法制、财政经济、农村、教科文卫、人事 5 个工作委员会。行政编制 12 人，实有 21 人。

1998 年，人事工作委员会更名为人事代表工作室。2002 年 4 月，设立城镇建设环境保护委员会。

2005 年，县人大常委会工作机构内设办公室，及法制、财政经济、农村、教科文卫、人事、环保 6 个工作委员会。行政编制 19 人，实有 18 人。

第六节 主要活动

一、重要决议、决定

1991年10月26—27日，县十一届人大常委会第五次会议，审查批准《清流县国民经济和社会发展十年规划及第八个五年计划纲要》，并作出决议。

1992年9月4日，县第十一届人大常委会第十二次会议，听取审议并批准县教育局《关于调整九年义务教育规划的报告》。

1993年4月23日，县十一届人大常委会第十七次会议，听取并审议通过《清流县城区防洪规划》。

1996年8月8日，县十二届人大常委会第十九次会议，审议通过关于在全县公民中开展“三五”普法的决议，审议批准关于乡镇人民代表大会换届选举工作方案。

1997年2月21日，县十二届人人大常委会第二十二次会议，审议通过关于召开县第十二届人民代表大会第四次会议的决定。5月24日，县十二届人大常委会召开第二十五次会议，审议通过关于许可县法院对县十二届人大代表杨某依法采取强制措施的决定。11月14日，县十二届人大常委会第二十九次会议，审议通过关于召开清流县第十二届人民代表大会第五次会议的决定。

1998年3月24日，县第十二届人大大常委会第三十四次会议听取审议并批准县人民政府提出的《福建省清流县农村能源综合建设规划》。9月14日，县十二届人大常委会第三十七次会议听取审议、批准《清流县城总体规划（修订）》。

2000年5月10日，县人大常委会主任会议研究决定，接受县公安局交警大队的请求，开展争创“人民满意交警队”工作评议。县十三届人大常委会第十次会议决定授予清流县公安局交警大队“人民满意交警队”称号。

2001年9月26日，县十三届人大常委会召开第二十一次会议，审议通过《关于进一步开展法制宣传教育的决议》。

2002年9月25日，县十三届人大常委会召开第三十二次会议，审议批准清流县乡镇人民代表大会换届选举工作方案（草案）。

2003年9月22日，县十三届人大常委会第四十一次会议，审议批准县级人大换届选举工作方案。

2004年6月23日，县十四届人大常委会召开第三次会议，审议批准《县人大常委会关于开展评议县人民政府部分组成人员及所在部门的工作方案》。

2005年4月12日，县十四届人大常委会第九次会议，审查批准《清流县县域城镇体系规划（2003—2020年）》。8月29日，县十四届人大常委会第十二次会议，审议通过县人大常委会《关于建立县人大代表履职情况登记制度试行意见》。

二、任免国家机关工作人员

依照法律规定，县人大常委会可任免本级国家机关工作人员。1991年，第十一届县人大常委会依照法律规定，制定《关于任免国家机关工作人员的办法》。人事任免程序包括提名、报送议案、审议、表决，其中表决程序均以无计名投票方式进行。1999年，县人大常委会对提请任命人员进行任前了解和组织法律知识测试。同年，对被提请任命的应到会人员同常委会组成人员见面，向常委会作表态发言，常委会组成人员据实进行审议评价。县人大常务会在审议任免人选时，让组成人员充分发表意见，把好审议关。凡经县人大常委会任命的国家机关工作人员，均颁发加盖县人大常委会公章和县人大常委会主任签章的任命书。2001年3月20日，召开县十三届人大常委会第十七次会议，到会的16位组成人员对报送2000年度书面述职的县政府组成单位主任、局长24人，法院副院长、庭长、副庭长、审判员38人（其中副科级以上12人）；检察院副检察长、检察员28人（其中副科级以上12人）进行测评，然后经主任会议决定，将测评情况分优秀、称职、不称职进行通报。此后，每年县人大常委会对任命的“一府两院”干部均开展述职评议，直至2002年。

县十一届人大常委会任命政府组成人员73人次，免去18人次；任命审判人员20人次，免去6人次；任命检察人员9人次，免去9人次。

县十二届人大常委会任免人大机关工作人员17人次，任免政府组成人员167人次；任免审判人员79人；任免检察人员86人。

县十三届人大常委会任免国家机关工作人员154人次。

至2005年，县十四届人大常委会任免55人，接受辞职2人，任命人民陪审员18人。

三、法制宣传

1991年5月，县人大常委会组织开展《中华人民共和国残疾人保障法》（以下简称《残疾人保障法》）宣传月活动。

1992年，县人大常委会开展《中华人民共和国归侨侨眷权益保护法》、纪念宪法颁布10周年“宪法宣传月”活动，在全县范围组织9000余人参加宪法知识考试。

1993—1995年，县人大常委会组织召开宣传贯彻实施《中华人民共和国产品质量法》《中华人民共和国注册会计师法》、纪念《中华人民共和国环境保护法》（以下简称《环境保护法》）颁布实施五周年、学习宣传《中华人民共和国劳动合同法》《中华人民共和国审计法》《中华人民共和国预算法》、学习实施《中华人民共和国教育法》座谈会。

1996年，县人大常委会召开学习宣传《中华人民共和国老年人权益保障法》《中华人民共和国煤矿炭法》《中华人民共和国乡镇企业法》《中华人民共和国电力法》《福建省行政事业收费管理条例》等法律法规座谈会5场，举办金融“四法一决定”、邮政法律法规知识竞赛。

1997年4月，县人大常委会开展《中华人民共和国全国人民代表大会和地方各级人民代表大会代表法》（以下简称《代表法》）颁布实施五周年纪念活动。县人大常委会主任王火辉发表电视讲话，县广播电台制作专题节目；组织召开《中华人民共和国行政监察法》《中华人民共和国动物防疫法》《中华人民共和国公路法》《中华人民共和国防洪法》等法律宣传贯彻座谈会4场。

1999年，县人大常委会开展以宪法为核心，以专业法，特别是市场经济法律法规为重点的法制宣传活动。

2000年9月，县人大常委会开展全县依法行政相关法律法规宣传活动，先后召开《中华人民共和国工会法》《中华人民共和国药品管理法》、国务院《城市房屋拆迁管理条例》等新修订法律法规的学习宣传座谈会3场。

2002年4月，县人大常委会开展《代表法》宣传活动。召开学习宣传贯彻《中华人民共和国人口与计划生育法》《福建省计划生育条例》《中华人民共和国安全生产法》《福建省农业生态环境保护条例》等法律法规座谈会4场。

2003年4月，县人大常委会召开纪念《中华人民共和国价格法》颁布实施五周年座谈会；举办法制讲座和WTO知识专题讲座；召开《中华人民共和国种子法》《中华人民共和国会计法》（以下简称《会计法》）《福建省电信管理条例》和《福建省房屋拆迁管理条例》等新颁布或修订的法律法规宣传座谈会。

2004—2005年，县人大常委会开展《中华人民共和国交通安全法》《中华人民共和国农村土地承包法》《中华人民共和国传染病防治法》《中华人民共和国食品卫生法》等法律法规宣传，推进依法治县进程。

四、工作监督

县人大常委会根据《中华人民共和国地方各级人民代表大会和地方各级政府组织法》和《中华人民共和国地方各级人民代表大会常务委员会监督法》的有关规定，每年选择若干关系改革发展稳定大局和事关民生、社会普遍关注的重大问题，有计划地安排听取和审议本级人民政府及人民法院和人民检察院的专项工作报告，审查和批准预、决算报告，听取和审议国民经济和社会发展预算的执行情况报告，听取和审议审计工作报告，针对存在问题提出建议和意见，督促各项工作落实。

（一）内务司法监督

1991年，县人大常委会听取审议县司法局关于依法治县决议贯彻执行情况和县人大《在我县公民中继续普及法律知识决议》执行情况汇报；听取县人民政府关于治理“三乱”工作汇报、县法院关于行政审判工作情况汇报。

1992—1994年，县人大常委会听取审议县司法局关于纪念宪法颁布实施十周年宣传活动情况汇报》，县公安局、检察院、法院关于执法情况汇报。

1995年，县人大常委会听取审议县物委关于物价和收费情况汇报、县政府为民办实事进展情况汇报、县司法局《关于我县“二五”普法及依法治理工作情况汇报》。

1997年，县人大常委会听取审议县民政局村级换届选举工作情况汇报。

1998年，县人大常委会听取审议县法院关于执行工作情况汇报，县政府《关于依法行政的实施规划》，县法院、县检察院《关于实施依法治县决议的方案》。

1999年5月，县人大常委会听取审议县法院关于民事、经济审判工作情况汇报，县人民检察院关于林业检察工作汇报。

2000年，县人大常委会听取审议县司法局关于“三五”普法情况汇报。

2002年，县人大常委会听取和审议县人民检察院履行诉讼监督职能情况汇报、县公安局关于“严打”整治斗争情况汇报。

2003年，县人大常委会听取审议县政府依法治县工作情况汇报。

2004年，县人大常委会听取审议县公安局关于贯彻执行“五条禁令”加强队伍建设情况汇报。

2005年，县人大常委会听取审议县法院关于执行工作情况汇报、县人民检察院关于执法监督情况汇报、县司法局关于“四五”普法情况汇报、县民政局关于城乡居民最低生活保障工作情况汇报、县劳动局关于劳动保障工作情况汇报。

（二）教科文卫监督

1991年，县人大常委会听取审议县卫生局关于初级卫生保健开展情况汇报、县文化局关于“芳草计划”实施情况汇报。1992—1995年，县人大常委会先后听取审议县教育局关于实施义务教育六项督导评估工作情况和基础教育改革与发展情况汇报；听取审议县卫生局关于《中华人民共和国传染病防治法》（以下简称《传染病防治法》）贯彻情况及医德医风和农村初保工作情况汇报、县文化局关于“芳草计划”实施和文化市场管理情况汇报、县计划生育局关于计划生育工作情况汇报。1996年，县人大常委会听取审议县计生委关于计生创先进情况汇报、县教育局关于“两基”工作情况汇报。2000年，县人大常委会听取审议县教育局农村小学布局调整情况汇报。2002年，县人大常委会听取审议县卫生局关于全县乡镇卫生院建设情况汇报。2004年，县人大常委会听取审议县政府关于县高中教育工作情况汇报。2005年，县人大常委会听取审议县教育局关于全县中小学危房改造情况报告。

（三）农业经济监督

1991年，县人大常委会听取审议县农委汇报农业生产任务、措施及春耕备耕落实情况汇报。1992—1995年，县人大常委会先后听取审议县农委关于加强和完善农业系列化服务体系、农业内部产业结构调整和农村小康工程建设情况汇报。1999年，县人大常委会听取县农业局“九五”期间省级农村能源综合建设项目实施情况汇报。2005年，县人大常委会听取和审议县政府关于深化集体林权制度改革工作情况汇报。

（四）工业、商业等经济监督

1991年，县人大常委会听取审议县财政局关于国营企业承包责任制情况汇报。1992—1995年，县人大常委会先后听取审议县财委关于国营商业企业推行“四放开”改革情况汇报、县经济委员会关于经委系统工业企业经济效益情况汇报、县工商局关于打击生产和经销假冒伪劣商品违法行为情况和个体私营经济发展情况汇报、县政府关于转变政府职能的汇报和县经委关于工业企业落实十四项自主经营权情况汇报等。2001年，县人大常委会听取审议县人大常委会财经委关于全县企业改制情况视察报告。

（五）计划、预算、审计监督

1991—2005年，每年3—7月，县人大专门召开常委会，听取审议县审计局作关于清流县上年度财政预算执行和其他财政收支的审计工作报告；下半年，安排听取审议县计划委员会作关于当年上半年国民经济和社会发展计划执行情况汇报及确保完成全年计划的对策建议。就审计、财政、计划等工作，提出要抓好“同级审”中存在问题的整改；加强审计监督，提高审计质量和效果；培植壮大财源，落实财政收入；深化预算改革，完善预算决策和管理制度，加强财政收支监督；加强经济运行调度，确保全年目标任务完成。

（六）代表议案、建议办理监督

办理代表议案、建议是人大常委会的一项重要工作。每次县人代会闭会后，县人大常委会有关工作机构对所有议案、建议进行审查分类，交“一府两院”和有关单位办理。在下次县人代会召开之前，县人大常委会要听取和审议办理情况工作报告，以此督促、推进代表议案、建议的办理。

1992 年 3 月 11 日，召开县十一届人大常委会第七次会议，听取和审议县政府办《关于县十一届人大一次会议议案、建议、批评和意见办理情况的汇报》。

1998 年 11 月 10 日，召开县十二届人大常委会第三十九次会议，听取审议县政府《关于增加投入办好我县农村合作医疗，实现 2000 年人人享有卫生保健宏伟目标的议案》《关于巩固提高“两基”成果，保证儿童、少年完成九年义务教育的议案》等 3 个议案的办理情况。听取审议县政府《关于尽快配套兴建灵地变电站的议案》办理情况的报告。11 月 22 日，县十二届人大常委会第四十次会议，听取县政府《关于县十二届人大三次会议议案、建议、批评和意见办理情况的报告》。

1999 年 4 月 14 日，召开县十三届人大常委会第二次会议，听取县政府《关于县十三届人大一次会议〈取消农资专营，坚持“一主两辅”农资经营体制议案〉办理情况的报告》。听取和审议县政府《关于县十三届人大一次会议〈要求清流二中管理体制列入县级管理的议案〉办理情况的报告》。9 月 20 日，召开县十三届人大常委会第五次会议，听取审议县政府《关于〈增加投入，办好农村合作医疗，实现 2000 年人人享有健康保健宏伟目标〉〈关于兴建灵地变电站的议案〉〈关于取消农资专营，坚持“一主两辅”农资经营体制的议案〉〈关于清流二中管理体制列入县级管理的议案〉4 个议案办理情况的汇报》。

2000 年 9 月 29 日，召开县十三届人大常委会第十二次会议，听取审议县政府《加强农村教育费附加征管工作》议案办理情况汇报。

2003 年 12 月 19 日，召开县十三届人大常委会第四十四次会议，听取审议县政府关于《清流县十三届人大六次会议代表建议办理情况的报告》。

2004 年 12 月 27 日，召开县第十四届人大常委会第六次会议，听取审议县政府《关于开展年百千米农村公路建设活动，落实公路建设补助资金议案办理情况报告》、县政府办《关于县十四届人大一次会议代表建议、批评和意见办理情况报告》。

（七）法律监督

1991 年，县人大常委会通过听取汇报方式，对有关部门、单位法律法规执行情况进行监督，并提出审议意见。是年，听取并审议县财政局贯彻实施《会计法》情况汇报、县计划生育委员会《关于福建省计划生育条例贯彻执行情况的汇报》、县农业局《关于我县执行种子条例情况的汇报》。

1992—1995 年，县人大常委会先后听取审议县计生委《福建省计划生育条例》执行情况汇报，县土地管理局关于宣传贯彻执行《中华人民共和国土地管理法》情况汇报，县民政局关于贯彻《残疾人保障法》一周年情况汇报、《关于贯彻执行〈婚姻法〉和〈婚姻登记管理条例〉的情况汇报》，县水电局《关于清流县宣传贯彻执行〈中华人民共和国水法〉的情况汇报》，县水土保持委员会关于宣传、贯彻、实施《中华人民共和国水土保持法》的情况汇报，县农业局关于《中华人民共和国农业法》及《中华人民共和国农业技术推广法》（以下简称《农业技术推广法》）贯彻实施情况汇报，县环保局关于《环境保护法》贯彻实施情况汇报，县林委关于《中华人民共和国森林法》（以下简称《森林法》）贯彻实施情况汇报，县劳动局《关于我县执行〈矿山安全法〉情况的汇报》《关于贯彻实施〈劳动法〉情况汇报》，县卫生局关于〈传染病防治法〉贯彻情况汇报、县政府《关于实施贯彻〈妇女权益保障法〉及〈福建省实施妇女权益保障法办法〉的情况汇报》。

1996—2000 年，县人大常委会先后听取审议县农业局关于《清流县贯彻〈农业法〉〈种子管理条例〉情况汇报》，县人民银行《关于金融“四法一规定”贯彻执行情况的汇报》，县卫生局关于《医疗机构管理条例》《中华人民共和国药品管理法》(简称“一法一则”）和《传染病防治法》贯彻实施情况的汇报，县土地局关于《基本农田保护条例》贯彻执行情况的汇报，县公安局《关于〈消防条例〉贯彻执行情况及消防安全工作开展情况的报告》《关于〈人民警察法〉贯彻执行情况的汇报》《公安机关督察条例执行情况的汇报》《贯彻执行〈派出所组织条例〉的情况报告》，县检察院《关于〈检察官法〉贯彻执行情况的汇报》，县法院《关于〈法官法〉〈国家赔偿法〉贯彻执行情况的汇报》，县档案局关于贯彻执行《中华人民共和国档案法》（以下简称《档案法》）的情况汇报，县政府关于《中华人民共和国行政处罚法》《中华人民共和国行政复议法》贯彻执行情况汇报、《中华人民共和国兵役法》执行情况汇报，县农业局贯彻实施《农业技术推广法》情况汇报，县民政局《关于《中华人民共和国村民委员会组织法》（以下简称《村民委员会组织法》）实施情况汇报，县技术监督局《关于贯彻实施〈产品质量法〉情况的汇报》，县公安局、县检察院、县法院关于《中华人民共和国刑事诉讼法》执行情况汇报，县工商局《关于贯彻执行〈消费者权益保护法〉的情况汇报》，县教育局关于贯彻执行《中华人民共和国教育法》《中华人民共和国教师法》《中华人民共和国义务教育法》（以下简称《义务教育法》）《中华人民共和国职业教育法》情况汇报，县科技局《关于贯彻实施〈科学技术进步法〉〈中华人民共和国电力法〉〈福建省行政事业性收费管理条例〉的情况汇报》，县法院《关于学习贯彻新刑法情况报告》，县技术监督局《关于贯彻实施〈福建省商品质量监督条例〉情况的汇报》，县物价局《关于〈福建省行政事业性收费管理条例〉执行情况的汇报》等40多条法律法规执行情况汇报，并根据存在问题提出审议意见。

2001—2005年，县人大常委会先后听取审议县公安局《关于〈消防法〉执行情况汇报》，县人民法院《关于贯彻执行〈行政诉讼法〉的情况汇报》，县司法局《关于〈律师法〉执行情况的报告》，县农业局《中华人民共和国渔业法》执行情况汇报、《关于〈福建省村集体财务管理条例〉执行情况汇报》，县畜牧水产局《清流县动物防疫法执行情况汇报》，县政府《清流县依法行政工作及〈行政处罚法〉执行情况汇报》《关于《〈村民委员会组织法〉实施情况汇报》《关于行政许可法贯彻执行情况汇报》，县交通局、农业局、林业局依法行政工作情况汇报，县国土资源局关于《中华人民共和国矿产资源法》（以下简称《矿产资源法》）贯彻实施情况汇报，县卫生局关于贯彻实施《传染病防治法》工作汇报，县环保局《关于〈环保法〉贯彻执行情况汇报》，县农业局关于《中华人民共和国农村土地承包法》贯彻执行情况汇报，县政府关于贯彻执行《中华人民共和国土地管理法》情况汇报。

五、执法检查

1991年，县人大常委会有计划地对有关法律、法规实施情况以及上级和本级人民代表大会及其常务委员会决议、决定在本行政区域内贯彻执行情况组织执法检查。6月24—30日，深入嵩溪、嵩口、田源、灵地、李家、长校等乡镇31所中小学开展《义务教育法》执法检查。针对检查中发现校舍配套设施差距较大，乡镇教育附加费征、管、用中存在较多问题，公民办教师比例失衡，师资素质有待提高等问题，提出要加强教育附加费的征管用，强化学校管理，提高教育教学质量等意见和建议。10月8—14日，开展《森林法》执法检查。针对检查中发现的毁林种果现象、某些木制品加工厂管理混乱、一些伐区设计质量不高、林政处罚资料档案制度不健全等问题，提出加强木制品厂管理，做好村民自用材、薪炭材管理工作，加强自身建设及林政法制建设等意见。

1992年6月底，县人大常委会对部分乡镇及县属工商企业贯彻实施《中华人民共和国统计法》情况进行检查。7—10月，重点检查《环境保护法》《森林法》贯彻执行情况。建议县人民政府对1987年制定的关于收取企业新产品开发基金的规定作必要的修改。

1993年6月中下旬，县人大常委会组织开展《中华人民共和国全民所有制工业企业法》和国务院《全民所有制工业企业转换经营机制条例》执法检查。

1994年12月，县人大常委会组成2个检查小组，到城关、嵩口、嵩溪3个主要集镇重点开展《中华人民共和国产品质量法》《中华人民共和国反不正当竞争法》《中华人民共和国消费者权益保护法》（以下简称《消费者权益保护法》）和《全国人大常委会关于惩治生产、销售伪劣商品犯罪的决定》（简称“三法一决定”）贯彻实施情况检查。共抽查门点、仓库220个，查出“三无”和假冒伪劣商品1744件。针对抽查中发现行政执法力度不够等问题，提出要尽快配备必要的检测、检验设施，抓紧解决标准计量所的建制升级及行政执法人员的培养和教育等意见和建议。

1995 年 5 月上旬，县人大常委会牵头组织县委宣传部、政府办等单位开展《中华人民共和国国旗法》和《中华人民共和国国徽法》的执法检查。对全县“二五”普法及《档案法》贯彻情况进行检查验收。6 月，开展《中华人民共和国会计法》执法检查，检查中发现个别单位领导违反《会计法》，有关人员受到处理。组织有关部门人员深入 8 个乡镇中小学校，进行“两基”教育情况检查。发现初中校舍普遍不足、初中流生严重、城乡学生质量相差悬殊、教育乱收费现象未得到有效遏制 4 个亟待解决的问题，引起政府及有关部门重视并采取措施解决。

1996 年 7 月，县人大常委会开展《环境保护法》执法检查。深入县化工厂、香料厂、合成氨厂、罗口煤矿、嵩溪纸厂、城关制氧检查厂，指出存在问题，提出整改建议和意见。此外，还开展《中华人民共和国台湾同胞投资保护法》《农业技术推广法》《中华人民共和国消费者权益保护法》《中华人民共和国矿山安全法》等执法检查。

1997 年 4 月，县人大常委会开展《代表法》颁布五周年贯彻执行情况的执法检查、开展《福建省计划生育条例》执法检查，针对计划外生育费征、管、用中存在的问题，提出要切实做好人口统计工作，对瞒报虚报、涂改统计资料的要坚决实行“一票否决”，依法足额征收、管好、用好计划外生育费等建议意见。6 月，开展《中华人民共和国产品质量法》情况进行检查。开展《中华人民共和国煤炭法》贯彻执行情况检查。针对田口官坑煤矿开采失控、火工材料销售中间环节过多等问题，提出要尽快解决官坑煤矿生产无序问题、加强火工材料管理等建议和意见。10 月，开展《福建省外商投资企业条例》的贯彻执行情况检查。

1998 年 5 月 7—8 日，县人大常委会组织对县农办等 32 个机关、团体、企事业单位和乡镇执行《档案法》情况进行检查。检查中发现档案工作制度落实差、档案工作人员调动频繁等问题。提出档案人员的劳动津贴应根据省、市有关文件规定办理、分期分批对档案工作人员进行业务培训等建议。5 月 18 日，县人大常委会深入氨厂、水泥厂、钨矿等企业对《中华人民共和国矿产资源法》贯彻执行情况进行检查。提出各有关部门抓好矿产资源管理，加强执法队伍建设，加大规费征收力度等建议。11 月 19—20 日，组织开展《中华人民共和国教师法》执法检查。提出要加大教育经费投入，解决教师住房困难，提高教师待遇等建议。

1999 年 9 月 15 日，县人大常委会开展《中华人民共和国老年人权益保障法》（以下简称《老年人权益保障法》）执行情况检查。检查组听取县政府《老年人权益保障法》执行情况汇报，并深入林畲乡、县经济局、县林业局实地检查。针对企业拖欠职工养老保险、老年福利设施不完善等问题，提出要逐步加大老年事业投入，为老年人发挥余热、老有所为创造条件等建议。10 月，开展《中华人民共和国税收征收管理法》执行情况检查、《中华人民共和国大气污染防治法》执行情况检查。

2000 年，县人大常委会先后对《中华人民共和国防洪法》《村民委员会组织法》《中华人民共和国行政诉讼法》等 12 部法律法规执行情况进行执法检查。

2001 年 9 月 7—14 日，县人大常委会开展《福建省企业职工合法权益保障条例》执法检查。针对企业用工不规范，劳动合同签订少、劳动安全保护不落实、工会经费收缴难等问题，提出要及时处理劳动争议、强化劳动安全监察、加强劳动保护等建议。

2002 年 4 月 15 日，县人大常委会配合三明市人大常委会开展《代表法》执法检查。6 月，开展《义务教育法》执法检查。7 月，开展《福建省各级人民代表大会常务委员会信访工作条例》贯彻实施情况执法检查。针对个别承办单位对转办、交办信访事项不够重视，解决信访老户和集体上访问题办法不多等问题，提出要注重解决涉法信访问题等建议。开展《森林法》执法检查。8 月 12—13 日，配合三明市人大常委会执法检查组开展《中华人民共和国台湾同胞投资保护法》和《福建省实施〈中华人民共和国台湾同胞投资保护法〉办法》执法检查。召开台商代表座谈会，并就各涉台有关部门依法维护台胞投资合法权益情况及台资企业生产经营情况，深入县台资企业实地察看。10 月 9—10 日，配合三明市人大常委会开展《中华人民共和国工会法》执法检查。

2003 年，县人大常委会开展《中华人民共和国村民委员会组织法》贯彻执行情况及村级换届选举工作情况调查、《中华人民共和国公证暂行条例》《中华人民共和国动物防疫法》执法检查。7 月 29—30 日，配合三明市人大常委会开展《中华人民共和国矿产资源法》执法检查。

2004 年，县人大常委会开展《中华人民共和国消防法》《福建省消防条例》《中华人民共和国城市规划法》

执法检查。

2005年，县人大常委会先后开展《中华人民共和国安全生产法》、国务院《国家公务员暂行条例》《行政许可法》《义务教育法》《中华人民共和国科学技术普及法》《水污染防治法》《中华人民共和国建筑法》和计划生育“一法一例”贯彻实施情况检查。

六、视察与调研

1991年2月，县人大常委会对部分城市工业和城区副食品基地的生产、经营情况进行视察。4月，组织代表视察《关于开通白石至白塔公路》议案办理情况。8月5—6日，开展村级财务管理调研。8月，开展县林业股份公司工作情况调查、乡镇社会治安及政法部门工作调查。9月，开展对全民企业经营自主权情况调查。10月，开展公、检、法、司执法情况检查。11月，到灵地乡调查了解晚季粮食生产受旱及农业开发性生产情况。同月，县人大常委会副主任及人大机关各委室负责人一行7人，赴江西永丰、古城、南丰等县人大，学习考察开展监督工作和加强自身建设的经验以及乡镇人大主席团建设情况。12月，对环境保护工作开展情况进行视察。

1992年2月，县人大常委会开展烤烟、果树及粮食生产计划落实情况专题调查。7月中旬，县人大常委会深入东华、里田、邓家3个乡烟草站和部分建制村烟农户，视察烟叶收购及贯彻实施《中华人民共和国烟草专卖法》情况。7月，开展深化改革、扩大开放情况视察活动。8月，对交通公路建设和管理情况进行视察。

1993年1月，县人大常委会开展城区春节期间物资供应情况视察。3月，深入灵地、邓家、田源3个乡（镇）开展粮食生产和购销情况调查。4月，深入林畲、余朋、赖坊、里田等乡，开展农业内部结构调整实地调查。深入城关和嵩溪、赖坊、里田等乡镇，对7个行业、57户个体工商户与私营企业发展和负担情况进行调查。配合市人大法制委到县直有关部门、部分乡镇调查妇女权益保障情况。6月21日至7月1日，县人大常委会深入嵩口、邓家、李家、长校、温郊等乡镇的部分村进行小康工程建设情况调查。8月，开展全县钨矿生产经营状况调查。

1994年3月下旬，县人大常委会开展全县文化市场视察。5月，深入邓家乡田中村、马寨村和嵩口镇围埔村开展村财政管理情况调研。6月，开展“二五”普法和依法治县情况调查。7月，先后到邓家、里田、林畲、东华4个主要产烟乡实地视察、调查烤烟收购情况。8月，开展乡镇财政情况调查。8—10月，县组织专职常委和部分人大机关工作人员18人，赴江浙以及广东等开放城市，学习考察兄弟省、市、县在社会主义市场经济条件下做好人大工作的经验。10月，开展全县精神文明建设情况视察。实地察看县南区、刘家园、林业新村的新区建设，并对创建片区共建活动、市民业余学校、城市卫生情况进行视察。11月，在全县15个乡镇分别召开县人大代表座谈会。征集到代表们反映关于粮食产销、开发性生产、林业生产管理、蔬菜基地建设、占用耕地、教育工作、社会治安、城镇建设、计划生育、廉政建设及其他11个方面问题，转交县政府和有关部门研究处理。12月，对嵩溪水泥厂、造纸厂以及县化工厂、香料厂、制氧厂、县医院6个单位的环保情况进行视察。

1995年5月，县人大常委会对全县“二五”普法及《档案法》贯彻落实情况进行检查验收。6月，调查组深入龙津、东华、田源、嵩溪、嵩口等8个乡镇中小学校开展教育“两基”情况调查。9月，深入乡镇就代表开展“五个一”[即为清流县的经济建设提一条合理化建议；为所在地的村（居）民办一件实事；给海（境）外亲戚朋友写一封信，介绍清流经济情况和投资的优惠政策，鼓励他们返乡投资办企业；在本职工作或本行业中创一流水平；带动一户以上农户致富] 活动情况进行调查，共走访县、市人大代表32人。11月，联合县政协开展城区13个精神文明受检点视察。同年，县人大常委会加入南方九省（区）十二县（市）人大工作研讨会组织并派人参加研讨会第一次会议。作为成员单位，常委会每年均派人参加1年2次的南方九省（区）十二县（市）人大工作研讨会，撰写论文在会上交流。

1996年7月，县人大常委会与政协联合开展烤烟收购情况专题调研。9月，开展城关龙津市场管理情况视察。11月，开展1996年县政府为民办实事情况视察。12月，开展社会治安综合治理工作、市场管理和副食品供应、物价和副食品基地建设情况视察。

1997年2月，县人大常委会开展国民经济和社会发展计划、财政预算执行情况及农村奔小康工程实施情况视察。4月，开展《中华人民共和国全国人民代表大会和地方各级人民代表大会代表法》贯彻执行情况调研；对县十二届人大三次会议议案、建议，1996年县人大常委会审议意见、主任会议纪要和视察建议办理落实情况进行跟踪检查。5月，开展农村医疗卫生工作调查。8月，开展农业产业化及农村奔小康工作调研。10月，组织部分代表深入嵩口中学、嵩口电站、马排村，开展社会治安综合治理情况视察。

1998年3月，县人大常委会深入东华、林畲、嵩口等乡镇，开展农业生产计划落实情况调查。4月，深入沙芜、田源、余朋等乡镇开展合作医疗试点乡（镇）的7个村视察。9月，开展烤烟收购工作视察。

1999年2月，县人大常委会对县十三届人大一次会议《关于要求清流二中管理体制列入县级管理的议案》《取消农资专营，坚持一主两辅农资经营体制的议案》办理情况进行调研。8月，对看守所工作进行视察。12月，视察清流一中教育教学工作情况。

2000年5月，县人大常委会与县政协联合视察县牲畜屠宰场，要求县政府及有关职能部门要采取措施，使牲畜定点屠宰步入法制化、制度化、正常化轨道。

2001年3月，县人大常委会开展"如何提高为人民服务质量"专题调研，共召开各种形式座谈会48场次，参加人员506人，走访群众759人次。5月，调研组深入东华、嵩口、田源中小学校及城关中学，开展教育"两基"巩固情况调研。7月，开展"严打"整治工作情况调查。8月，开展企业改制情况专题视察。

2002年1—6月，县人大常委会先后开展矿业开采经营及安全生产、环境保护工作视察，县重点项目建设情况视察，开展整顿和规范市场经济秩序情况调查。7月，深入长校、里田等乡镇开展乡镇人大换届选举工作情况调查。8—9月，组织部分人大代表对液化气市场、农村沼气工程实施情况进行调查。

2003年4月，县人大常委会深入城关、嵩口派出所开展户籍管理制度改革工作情况调查。深入林畲、东华乡和县农业局、林业局、水电局、科技局等单位，对《中华人民共和国农业技术推广法》贯彻执行情况调查。深入灵地、邓家、林畲等乡镇，对全县广播电视事业发展情况进行调查。8月，开展农民增收情况、交通公路建设和管理情况调查和视察。

2004年7月20—21日，县人大常委会开展加强和改进人大工作专题调研，召开座谈会，广泛征求各方面意见。2005年6月，县人大常委会对2004年财政预、决算执行情况审计工作进行调查。

七、议案与建议办理

县十一届人大一次会议至十四届人大二次会议期间（1991—2005年），历届人大代表积极建言献策，共提交议案、建议734件，其中形成议案17件，建议、批评和意见716件。1999年3月11日，县十三届人大常委会第一次会议通过《清流县人大常委会关于代表建议、批评和意见办理的规定》。每次人代会闭会后，县人大常委会有关工作机构对所有议案、建议进行审查分类，交县人民政府办理。县政府适时召开交办会议，明确每件议案、建议的政府分管领导、承办单位和督办人员。在交办后的3个月内，县人大常委会组织有关人员深入承办单位对办理落实情况进行一次全面或重点抽查，了解办理工作存在的困难和做法，通过"情况通报"和《人大简讯》等形式进行督办，督促承办单位依法办理代表建议，取信于代表和群众。有些承办单位办理中感到确有困难的建议，在规定的6个月期限内，县人大常委会主动了解情况，帮助出主意、想办法，协调解决办理当中出现的一些具体困难和问题。在下次人代会召开之前，县人大常委会都要组织人员对全部建议办理情况进行一次专项检查验收。一些已经答复代表但尚未完成的建议，要求承办单位加快工作进度，保证质量；对一些确有困难、一时难以办好的建议，帮助他们向代表做好解释说明；代表不满意的建议，一律退回重新办理，确保代表建议办理质量。

（一）议案办理

1.《关于及早兴建我县青少年宫的议案》

1991年1月，县十一届人大一次会议上由严少俭等18名代表联名提出。大会通过《关于兴建我县青少年宫的决议》，要求县政府抓紧召集有关部门进行研究，选好青少年宫兴建地址并做好总体规划，组织力量分期实施。青少年宫建设项目列入县委、县政府1992年20件办实事项目之一，当年9月动工，占地面积200平方米，总投资140万元，1993年8月建成。

2.《关于建议设立扶持我县南部乡镇发展经济专项基金的议案》

1994年2月，县十二届人大一次会议上由李华坤等16名代表联名提出。大会通过《关于设立扶持我县南部乡镇发展经济专项基金的决议》，要求县政府对筹集的资金采取有偿使用的方式，专门扶持南部贫困乡镇，加速发展经济。县人民政府出台《清流县扶持南部乡镇发展经济专项基金管理使用办法》，于当年12月30日正式实施。成立基金管理委员会，从县财政中先拨划30万元作为周转基金。1994—1996年，县财政预算安排95万元专项基金。资金的安排使用方向为贷给赖坊水泥厂30万元、邓家洋背电站55万元、李家潮水岩电站15万元作为项目建设周转金，合计100万元，超预算5万元。其中，赖坊水泥厂4.4万吨水泥厂生产线于1996年4月投产；邓家洋背电站装机960千瓦，年发电600万千瓦时，1996年10月第一台机组投产开始发电；李家潮水岩电站装机480千瓦，年发电180万千瓦时，1996年5月投产发电。

3.《关于新建城关中心幼儿园的议案》

1994年2月，县十二届人大一次会议上由郑宜超等10名代表联名提出。大会通过《关于新建城关中心幼儿园的决议》，要求县人民政府将新建城关中心幼儿园列入为民办实事重点项目，抓紧召集有关部门进行专题研究，选好地址并做好总体规划，组织力量实施。县政府把该议案的办理列入1994、1995、1996年为民办实事内容，将新建城关中心幼儿园地址确定在常春街，占地面积6500平方米，建筑面积4580平方米，总投资318万元，于1997年春季部分投入使用。

4.《关于在农村开展财务整顿、加强财务管理的议案》

1996年3月，县十二届人大三次会议上由卢德生等10名代表联名提出。大会通过《关于在农村开展财务整顿、加强财务管理的决议》，要求县政府将清理整顿农村财务、加强财务管理工作列入重要工作议程，组织有关专业人员配合农村经济管理部门，抓紧抓好这一工作。县政府应责成农业主管部门，根据实际情况制定清理整顿农村财务加强财务管理的具体实施方案，有重点、有步骤地进行。县直各有关部门和乡镇要积极配合，支持做好农村财务整顿和财务管理工作。5月29日，县长办公会议对农村财务整顿问题进行研究和安排部署。6月7日，县人民政府办公室转发县农业局提出的《关于开展农村财务整顿、加强财务管理工作实施意见》，成立由分管农业副县长任组长，县农业局、县财政局、县监察局等单位领导任副组长的清流县农村财务清理整顿领导小组及其办公室，并建立业务指导组。7月始，县人民政府对全县111个建制村及其所属集体单位进行财产清理整顿，清理总金额4726.26万元，挽回集体经济损失930.25万元。

5.《关于加大教育投入，确保“两基”达标的议案》

1996年3月，县十二届人大三次会议上由吴进玉等11名代表联名提出。大会通过《关于加大教育投入，确保“两基”达标的决议》，要求县政府将实现教育“两基”达标作为发展基础教育的重中之重，抓紧召集有关部门进行专题研究，做好规划，制定方案，组织力量认真实施。该议案被列为1996年县委、县政府为民办实事内容，成立由县长任组长、分管教育副县长任副组长的“两基”工作领导小组，各乡镇相应成立领导小组。1996年4月19日，县政府专题召开迎接“两基”验收动员大会，向各乡镇颁发工作责任状。8月27日召开教育“两基”工作专题会议，12月13日在田源乡召开“两基”工作现场会。年内，全县小学入学率99.6%、巩固率99.8%、毕业率99.9%、辍学率0.35%，初中入学率96.4%、巩固率97.7%、毕业率93.76%、辍学率1.84%，小学、初中专任教师学历达标率分别达94.3%和95%。全县计划新建校舍总面积15980平方米，已开工项目23个，面积11686平方米，占总面积73.1%。同时，各学校做好各种软件资料的补充完善，迎接1997年省、市教育“两基”验收。

6.《关于要求恢复清流二中高中部招生，以顺应社情民意的议案》

1996年3月，县十二届人大三次会议上由陈文根等30名代表联名提出。大会通过《关于恢复清流二中高中部招生的决议》，要求县政府要把恢复清流二中高中部招生列入重点议事议程，迅速恢复清流二中高中部招生，切实做好1996年招生计划和各项准备工作，并抓好学校班子和教师队伍的建设。5月29日，县长办公会对恢复清流二中高中部招生问题进行研究，要求县教育局、二中切实把恢复高中部招生工作列入议事日程，调整充实二中学校领导班子，新分配12名大专毕业生到二中任教，配齐学科专任教师，增加教室3间，添置电脑40台，改建学校食堂，切实改善二中办学条件。1996年秋季，恢复招收普通高中班1个58人、财会电算化专业成人中专班1个37人。

7.《关于增加卫生投入，办好农村合作医疗，实现 2000 年人人享有健康保健宏伟目标的议案》

1997 年 3 月，县十二届人大四次会议上由包玉山等 11 名代表联名提出。大会通过《关于增加卫生投入，办好农村合作医疗，实现 2000 年人人享有健康保健宏伟目标的决议》，要求县政府要认真贯彻全国卫生工作会议精神，把办好农村合作医疗列入发展县域卫生事业的重要议事日程，认真研究、做好规划、制定方案，成立管理组织，建立合作医疗基金，抓好农村卫生三项建设，提高农村卫生技术人员的素质，促进县域农村卫生工作的发展。

1997 年 8 月，县政府研究制定《清流县农村合作医疗实施意见》，确定农村合作医疗分 3 年推广实施：1997 年着重抓沙芜、余朋、田源 3 个试点乡和每个乡镇 1～2 个边远村的试点，1998 年扩展到 6 个乡（镇），1999 年在全县全面推广；强化医药市场管理，出台医药市场管理办法，制止药品回扣、规范购销行为，实行乡村一体式管理。1998 年 6 月，制定《清流县医疗机构设置“九五”规划》，对全县医疗机构进行清理整顿，选送优秀医务人员到省、市进修学习，继续办好乡村医生系统化教育；继续抓好县医院医技楼建设，新建田源、赖坊卫生院综合楼，将县中医院建设列入 1998 年为民办实事项目，促进农村合作医疗工作的有序开展。1998 年 4 月 13 日，县政府在余朋乡召开全县农村合作医疗现场会，对全县农村合作医疗工作进行再动员、再部署。

至 1999 年，全县共投入资金 10.7 万元，余朋、温郊、沙芜、田源、东华、林畲 6 个乡镇 17 个建制村开展合作医疗，分别占乡镇和建制村总数 40% 和 15.3%，参合总人数 6633 人，占全县农村总人口 5.5%。

8.《关于巩固提高“两基”教育成果，保证儿童、少年完成九年义务教育的议案》

1998 年 2 月，县十二届人大六次会议上由李华坤等 11 名代表联名提出。大会通过《关于巩固提高“两基”教育成果，保证儿童、少年完成九年义务教育的决议》，要求各级政府要认真贯彻实施《义务教育法》，切实把保证儿童、少年完成九年义务教育工作列入重要工作议程，落实责任目标，采取有力措施，进一步加大法律宣传力度，设立扶贫助学基金，动员社会各界力量支持贫困学生入学，保证所有儿童、少年都能顺利完成九年义务教育。县政府强化政府行为，将教育“两基”工作列入各级领导年度考核责任目标，建立扶贫助学金制度，从当年城市教育费附加和农村教育费附加中提取 5% 作为设立县、乡（镇）扶贫助学金的铺底资金，制定扶贫助学金章程和管理办法。同时，加大对《教育法》《义务教育法》等法律法规宣传力度，下发《关于认真做好“两基”跟踪督查，办学条件整改工作的通知》和《关于认真组织动员流生返校复读的紧急通知》。当年全县小学适龄儿童入学率达 99.86%，初中阶段入学率为 121.16%，残疾儿童少年入学率为 88.43%，小学辍学率 0.14%，初中辍学率 1.81%，15 周岁人口初级中等教育完成率为 83.75%，15 周岁人口文盲率为 0.19%。1998 年 6 月，省政府委托市教委、市教育督导室对清流县“两基”工作进行跟踪核查，认定清流县教育“两基”工作第一轮核查合格。

9.《关于要求配套兴建灵地变电站的议案》

1998 年 2 月，县十二届人大六次会议上由郑加禄等 10 名代表联名提出。大会通过《关于要求配套兴建灵地变电站的决议》，要求县政府要把兴建灵地变电站作为完善清流县电网结构的必要工程，抓紧召集有关部门进行专题研究，制定建设方案，并组织力量实施。5 月，县政府常务会议决定该项目建设由县电力公司具体负责落实，当年 11 月 4 日正式动工，次年 4 月投入运行。

10.《关于取消农资专营，坚持“一主两辅”的农资经营体制的议案》

1999 年 1 月，县十三届人大一次会议上由张尚良等 10 名代表联名提出。为办好代表议案，县人大常委会组成调查组到周边的连城、宁化、明溪等县，对农资经营状况进行了解，撰写《关于清流县农资经营情况的调查报告》。3 月 12 日，县政府常务会议专题研究化肥经营及价格问题。会议决定，为保持农资市场的相对稳定和政策的连续性，农资暂时维持原有经营方式，继续由县供销社农资公司经营，要求县氨盛公司要降低生产经营成本，按“保本微利”原则，降低价格，支持全县农业生产。此后，县政府又先后 3 次召集县农业局、供销社、财政局、农行、氨盛化工公司、农资公司等单位专题研究，落实农资经营和冬储工作，提出农资由供销和农业部门共同经营，农资价位全县基本统一，农资冬储由政府贴息、农行贷款、农资部门负责冬储，禁止无证经营和非法经营等要求。9 月 21 日，县人大常委会召开第五次会议，再次听取和审议取消农资专营问题，促使代表议案得到进一步办理。9 月 30 日，县政府作出决定，从 2000 年 1 月 1 日起取消农资专营。

11.《关于要求清流二中管理体制列入县级管理的议案》

1999 年 1 月，县十三届人大一次会议由江永根等 10 名代表联名提出。9 月 24 日，县政府常务会议研究决定清流二中管理体制列入县级管理，配备副科级领导。10 月 22 日，县政府在灵地镇召开协调解决县二中师生宿舍楼建设问题会议。县教育局、建设局、灵地镇、李家乡、邓家乡、赖坊乡、沙芜乡等单位的主要领导参加会议，同意清流二中提出的关于教师宿舍楼和学生公寓楼建设方案。同年 11 月教师宿舍楼动工，次年 4 月学生公寓楼开工兴建。

12.《关于加强全县教育费附加征管用工作的议案》

2000 年 2 月，县十三届人大二次会议上由罗良寿等 10 名代表联名提出。该议案由县政府负责办理，县人大常委会审议。县政府采取有力措施，加强对全县教育费附加的征、管、用的审计监督，要求各乡镇将征收情况定期公开，接受群众监督，征收手续费控制在 5% 以内，足额使用教育费附加改善办学条件、及时兑现公办教师 2.5 元 / 月的津贴、代课教师的工资和辞退代课教师的辞退金。

13.《关于加强林政管理工作的议案》

2001 年 3 月，县十三届人大三次会议上由罗广乾等 10 名代表联名提出。县政府修订完善《关于加强林政管理保护森林资源的工作意见》，下发《关于森林资源保护管理检查的通知》，开展全县森林资源保护管理检查，重点检查天然林择伐山场、烧炭窑点、林木加工企业等，严厉打击偷砍滥伐现象，保护林业资源永续利用。

14.《关于将灵地中心卫生院改为清流县第二医院的议案》

2001 年 3 月，县十三届人大三次会议上由江永根等 10 名代表联名提出。3 月 29—30 日，县政府组织卫生等有关部门深入灵地、李家、赖坊等乡镇及灵地中心院进行专项调查，形成《关于灵地卫生院改为清流县第二医院的调查情况汇报》。调查报告从全县医疗机构设置规划要求、发展趋势及灵地中心卫生院现有状况分析，认为将灵地中心卫生院改为二级医院的条件还不成熟，只能以地段医院的标准加强灵地中心卫生院建设，通过改善医疗条件、提高服务水平，来满足农民群众的医疗卫生需求。5 月 13 日，县政府召开常务会议研究决定，力争用五年时间，按地段医院的标准加强灵地中心卫生院建设。同时要求灵地中心卫生院要加强内部管理，提高医疗服务水平和效益，加强卫生防疫，方便群众。县卫生局根据医疗机构设置规划、医疗机构管理办法等卫生管理法规，结合灵地卫生院的实际，制定《灵地地段医院建设规划》，对建设目标、基础设施建设、人才培训、资金筹措、实施步骤等进行安排。

15.《关于加快推广农村沼气池规模建造的议案》

2002 年 1 月，县十三届人大四次会议上由代表联名提出。2003 年 2 月召开的县十三届人大六次会议上，代表就这一问题再次联名提出议案。3 月 21 日，县政府下发《关于 2002 年农村沼气池工程建设的实施意见》，将新建沼气池 2000 口的任务分解到各乡镇。同时，县政府成立清流县生态农业建设领导小组，县长涂尾珠担任组长。对县级重点示范点每口沼气池补助 600 元，其中县财政补助 400 元，县挂包村单位补助 100 元，乡镇、村补助 100 元。至 2003 年 5 月，全县建成沼气池近 500 口，各乡镇建立 1 ～ 3 个示范片，完成投资 90 余万元。

16.《关于开展年百里农村公路建设活动，落实农村公路建设补助资金的议案》

2004 年 1 月，县十四届人大一次会议上由赵木海等 10 名代表联名提出。办理情况：县政府依照科学规划、合理布局、突出重点的原则，认真组织实施“年百千米农村公路建设”活动。对全县农村公路现状进行调查，提出新一轮农村公路建设初步方案。先后制定下发《关于加强农村公路建设实施意见》《清流县农村公路建设管理办法》《清流县 2003—2005 年农村公路建设计划》，出台农村公路建设配套补助政策，对三、四级水泥混凝土路面每千米分别补助 2 万元、1 万元。同时，采取“一事一议”的办法，多渠道筹集资金，当年收到群众和社会各界捐款 300 余万元。2004 年，规划改造、新建农村等级水泥路 100 千米，全年完成投资总额 4303 万元，竣工里程 96 千米。城关至横溪、李家至长灌、范元至新村等农村公路相继建成，至 2005 年年底，全县 111 个建制村通村公路路面硬化率达 87.4%，大大改善农村交通状况。

17.《关于加快沙芜至灵地水泥路铺设的议案》

2005 年 3 月，县十四届人大二次会议上由林光发等 10 名代表联名提出。县政府将沙芜至灵地公路改建工程列入为民办实事项目，全面启动改建工程。工程分白塔至沙芜和赖坊至灵地两段实施。白塔至沙芜公路长 7.63 千米，在原柏油路的基础上拓宽路基、桥梁、涵洞，路基拓宽至 7 米，完成投资 51 万元，于当年 9 月完工。赖坊至灵地公路长 18.44 千米，按三级公路标准建设，预算总投资 2715.6 万元。因资金筹集困难，分 3 期实施，3 年内改造完成。

（二）主要建议办理

县第十一届人民代表大会期间

该届共形成建议 148 件，其中一次会议形成建议、批评和意见 72 件，二次会议形成建议、意见和批评 53 件，三次会议形成建议、意见和批评 23 件。

在县十一届人大二次会议上，陈仕先等代表提出要求改善职中初中生源的建议。经县政府研究决定，自 1993 年始，一中不再面向全县招生，而是满足城区适龄学生入学需要，采取就近入学的招生原则，东华乡所属各完小毕业生均由职中招收，由此改变职中初中生源素质与一中不平衡的状况。

十一届人大三次会议上，18 名代表提出要求投资 400 万元开通沙安公路的建议。沙芜至永安公路是清流县的县际断头公路，该路建设对南部乡镇经济发展将起到推动作用。县交通部门专门派出技术人员对该线进行外业测量，并将数据交市交通部门内业设计和概算。县政府专题向省政府报告，要求列入省先行工程规划，同时向省市交通部门争取将沙安线列入补助计划。

县第十二届人民代表大会期间

该届共形成建议 241 件，其中一次会议形成建议、批评和意见 74 件，二次会议形成建议、批评和意见 50 件，三次会议形成建议、批评和意见 46 件，四次会议形成建议、批评和意见 38 件，五次会议没有提出建议，六次会议形成建议、批评和意见 33 件。

县十二届人大一次会议上，代表提出关于进一步加强城区蔬菜基地建设的建议，县政府高度重视，为确保蔬菜产销采取一系列措施：加强“菜篮子”工程领导，实行县长负责制，有关部门为成员，抽调农业局、畜牧水产局、财委的专业技术干部充实基地办。按照人均面积 20.01 平方米的要求，规划建设蔬菜基地面积 40 公顷。增加投入，补助常年种植蔬菜的农户每公顷 750 元 / 年，财政划拨 3 万元用于加强蔬菜基地水利设施建设。

县十二届人大二次会议上，代表提出要求减免“5・2”洪灾冲毁良田农业税的建议。县有关部门在洪灾过后立即对全县 15 个乡镇在 3 年内无法复耕的耕地进行 2 次调查摸底，逐级上报要求核减农业税基数，并及时将批准核减的农业税任务下达各乡镇，减轻农民负担。

1995 年，城关新建自来水厂 1 处，截引严坊溪水。处于严坊溪下游的严坊村受影响，加之原有水陂、水渠年久失修，多处渗漏，20 公顷农田灌溉和百余村民用水严重不足，群众意见很大。在县十二届人大三次会议上，代表们联名提出由有关部门出资修复该村老水陂和 4 千米水渠以造福于民的建议。经县人大常委会主任会议研究决定，将建议交县水电局办理。由于资金一直未能到位，水利设施修复工作一拖再拖，群众多次到县人大请求督促解决。为此，县人大常委会领导出面与县水电局、东华乡政府等单位领导协商，达成由县水电局出资 6 万元、东华乡政府出资 1 万元、严坊村投入部分劳力的意见，工程于 1996 年春节完工。

县十二届人大四次会议上，代表提出修复县一招至拨口伐木场横溪工区公路的建议，县林业局于 1998 年 4 月与东华乡政府达成一致意见，形成协议，由县林业局出资 6000 元，完成主线石方备料，东华乡政府负责组织群众修复。

县十二届人大五次会议上，代表提出改善清流县科普工作条件的建议。1996 年 11 月，县政府常务会议决定将科普经费由人均 5 分提高到人均 1 角，并列入县财政预算。县政府拨出专款 2 万元重建县科协科普画廊，同时增拨科技宣传经费 2000 元。

县十二届人大六次会议上，代表联名提出整治龙津市场外围路的议案，县建设局将该项目列入 1998 年城区市政基础设施建设预算，1998 年 10 月上旬动工整治，铺设水泥路长 89 米、宽 7 米；下水道 85 米。12 月，该路段全部完工。

县第十三届人民代表大会期间

该届共形成建议219件，其中一次会议形成建议、批评和意见40件；二次会议形成建议、批评和意见45件；三次会议形成建议、批评和意见58件；四次会议形成建议、批评和意见44件；五次会议主要任务为选举市人大代表，未提出建议；六次会议形成建议、批评和意见32件。

2000年10月，县人大常委会根据县十三届人大二次会议代表提出的要求解决翠园片区水东路路面、水沟和垃圾处理问题，组织人员到实地察看，规划设计方案，并召集县政府分管副县长和龙津镇党委书记、人大主席、镇长及提建议的代表和部分当地群众参加的座谈会，面对面协商，确定收费标准、方式和资金管理、使用办法，使垃圾有人管理、有人清运。

2000年11月，县人大常委会组织开展重点建议办理情况检查，对县十三届人大二次会议代表提出的要求净化清流一中周边环境的21号建议，提出重新办理要求，要求有关部门密切配合，加强综合治理，为一中创造一个良好的育人环境。之后，县公安局会同工商、教育、文化等部门清查城区13家"三厅两室"("三厅"：卡拉OK厅、舞厅、录像厅；"两室"：电子游戏机室、桌台球室)，对3家违规业主给予罚款处理，对清流一中周围200米以内的2家发廊责令停业或搬迁，城区几所学校周边环境状况得以改善。

县十三届人大三次会议代表联名提出要求实行城乡电价统一标准的10号建议，县物价局根据省、市有关文件精神，深入调查，认真测算，制定《清流县城乡用电同价方案》。省市根据清流县实际情况，批准清流县城乡用电同价方案，县供电企业从2002年1月1日起执行县乡用电同网同价。

实施城区有线电视网络升级改造工程的议案被列入县十三届人大六次会议重点建议。县广电局多方筹措资金，2003年投入40余万元，铺设城区有线电视地下管道3.31千米，光缆7.78千米，将300兆带宽网络改造成750兆带宽网络，完成近20%的城网改造工程。城区有线电视网络升级改造后，电视传送节目从原来的23套增加至35套。

县第十四届人民代表大会期间

该届共形成建议108件。其中，一次会议形成建议、批评和意见68件，二次会议形成建议、批评和意见40件。

县十四届人大一次会议上，10名代表联名提出关于林业系统退休职工要求尽快解决医保等社会保障问题的建议。县劳动和社会保障局调研和借鉴兄弟县做法，对清流县2001年以来出台的医保政策进行修改。2004年5月，县长办公会研究出台文件规定，林业系统退休职工一次性补缴8000元医保金后，即可享受医保待遇。

瓦子窠是嵩溪镇罗陂岗村一个仅有9户48人的自然村，由于地处偏远，架设电线需要很大一笔费用。多年来，村民们一直用松光、烛火、油灯照明，生活、学习、娱乐极为不便。县人大代表于1995—1997年连续3年在县人大会上提出建议，要求帮助解决村民用电困难。县水电部门多次带人深入实地调查了解，勘测设计，拟订多个架线方案和经费解决办法，但因费用、线损大，该建议一直无法办理落实。1997年，县人大常委会组织人员再次督促该建议的办理，县水电局听取代表和群众意见，向上争取资金8000元，将补助款分发到户，利用当地水资源丰富的自然条件优势，帮助各家各户设计安装300瓦微型水电站，使这个偏远山村暂时告别松光、烛火和油灯照明。3年后，电机老化，负担不起维修费用的村民重新点起松光、蜡烛和煤油灯。在县十四届人大一次会上，代表再次向大会提交"关于解决瓦子窠无电村的建议"。县人大常委会将其列为重点建议进行交办，要求政府加大办理力度。同时，将其列入A类建议，加强跟踪督办。2004年12月30日，县十四届人大常委会第六次会议上，常委会组成人员对瓦子窠村无电问题的办理工作拖沓提出批评。2005年3月5日县十四届人大二次会议上，代表再次向大会提交建议，根据建设方案和所需经费，提出直接由县里补助一部分，其余由乡村自筹的解决办法。会后，县人大常委会、县政府多次与县电力公司和有关部门协商，解决部分资金问题。县电力公司特事特办，简化手续。村民们自愿投工投劳。仅20天就将10千伏、长2.2千米线路架设好。6月15日，电通各家各户，彻底解决瓦子窠无电村历史遗留问题。

八、人大信访

1991年1月，县人大常委会接待人民群众来信来访工作由办公室牵头负责，各委室按工作职责进行接访。

当年受理群众来信 93 件，接待来访 259 人次。

1992 年，对人民群众的来信来访按“分级负责，归口处理”原则办理。对重点信访件，进行直接查办和协调处理。城关一名妇女来访反映其在某中学读初中的儿子，因种种原因失学，要求复读。县人大常委会领导接访，批示、督促有关部门落实，问题得到解决。林畲乡曾坊村一位农民向煤矿购买 2 车煤，煤矸石较多，经消委会多次催办无果，反映到县人大。县人大常委会责成有关部门进行调查落实，赔偿该农民损失。

1994 年，共受理人民来信 98 件，接待来访 116 次。

1996 年 6 月，规定每月 16 日为县人大常委会主任接待代表日。是年，受理代表和群众来信来访 143 件次，其中领导批示信访件 18 件。

1997 年，受理人民群众和代表来信来访 173 件次，接待来访 174 次。8 月，根据群众来访反映，调查落实城区某娱乐城以电子游戏为名聚众赌博事实，建议政府依法取缔。当月 10 日，该娱乐城被取缔。

1998 年夏季，群众来信反映城区露天卡拉 OK 噪声扰民问题，县人大常委会领导批示请县人民政府予以解决。县人民政府召开整治城区露天卡拉 OK 噪声扰民问题专题会议，规定城区除指定地点可开设露天卡拉 OK 外，其他区域只许开设露天茶座，要求环保、城监加强检查落实。城区露天卡拉 OK 噪声扰民问题得到解决。

1999 年起，实行人大常委会领导批办信访件制度，每季度对信访件进行综合分析和跟踪检查。当年，接待 3 人以上集体来访 31 批 167 人次。

2000 年 8 月，建立“一主任四长”（县人大常委会主任或副主任、县人民政府县长或副县长、县法院院长、县检察院检察长、县公安局局长）下基层接访活动制度。“一主任四长”每年要到 1～2 个乡（镇）直接听取人民群众的申诉，将信访问题解决在基层。11 月 28 日，在嵩溪镇开展首次“一主任四长”接待日活动。共接待群众来访 37 件 62 人，其中当场解决或向来访者解释清楚的 16 件。同年，恢复“县人大常委会主任接待日”活动，确定每月 15 日为县人大常委会主任或副主任接待人大代表日。

2001 年 6 月与 9 月，分别在长校镇、赖坊乡举行“一主任四长”接待活动，接待群众来访 73 批 192 人。长校镇群众反映，部分兴建竹青背电站时的拆迁补偿金未及时补偿，各拆迁户多年上访仍未得到合理解决。县人大常委会多方督促协调，至 7 月末，有关部门将剩余的 7 万多元补偿金补偿给各拆迁户。

2002 年，建立县人大常委会机关各委室对口督办信访件制度，注重从群众来信来访的各类行政、司法案件中筛选典型疑难案件提交常委会或主任会议决定实施监督。5 月 22 日，就高坊电站建设引发嵩口镇高赖村高坊组村民联名上访的信访问题进行调查，了解、核实信访件中反映的问题，提出解决意见。当年县人大常委会和主任会议确定的 9 件信访个案全部得到纠正。

2003 年 6 月 18—20 日，配合三明市人大常委会到清流开展接访活动，接访来访者 185 批 231 人。交由县政府办理 96 件，解决 64 件。

2004 年 2 月 20 日，县十四届人大常委会第一次会议审议通过《清流县人大常委会信访工作规则》，对信访的接访、交办、转办、督办等进行规范，实行信访首问制，建立重大信访件领导批办制度。9 月，组织“一主任四长”到灵地镇开展接访活动，共接访群众 39 人，反映问题 22 件，当场解决 6 件。

2005 年 3 月，针对群众反映的林权流转招投标程序不规范的问题，主持召开由县人大、政府及林业部门，有关乡镇人大主席和人大代表的联席会，并到李家罗坑、温郊梧地等村进行专门调查，责成有关部门依法给予纠正。

2000—2005 年清流县“一主任四长”下基层接访情况统计表

表 17-2　　单位：人、件

时　间	接访地点	接访人数	接访件数	当场解决问题
2000 年 11 月 28 日	嵩　溪	62	37	16
2001 年 06 月 19 日	长　校	94	39	14
2001 年 12 月 13 日	赖　坊	98	34	12

续表 17-2

时　　间	接访地点	接访人数	接访件数	当场解决问题
2002 年 06 月 19 日	嵩　口	142	49	18
2003 年 04 月 23 日	林　畲	33	19	8
2004 年 09 月 21 日	灵　地	39	22	6
2005 年 05 月 19 日	田　源	59	48	7

九、代表工作

（一）履职保障

1991 年，县人大常委会对代表进行有计划的培训，使代表掌握履行代表职务所需的法律知识和其他专业知识。设立人事工作委员会，专门承担代表联络方面具体事务。当年县人大代表的活动经费每人每年 300 元。代表活动经费主要用于代表参加各项活动时的支出及为代表订阅有关报刊，提供学习资料等。

1992 年，《中华人民共和国全国人民代表大会和地方各级人民代表大会代表法》（以下简称《代表法》）颁布实施，代表活动经费列入县级财政预算，专款专用。5 月，县十一届人大常委会第十次会议作出《关于评选优秀代表和先进代表小组的决定》。此后，每年均开展表彰活动。

1998 年，开展乡镇人大制度化、规范化专题调研检查，要求各乡镇人大主席团年内做到“五有”，即有挂牌、有办公室和办公设施、有工作制度、有活动记录、有活动经费。

1999 年 3 月 11 日，县十三届人大常委会第一次会议通过《清流县人民代表大会常务委员会关于加强代表工作的规定》，对组织代表小组开展活动、学习培训、代表履行职责等作出具体规定。

2001 年，健全完善走访联系代表的有关制度，制作走访联系代表手册，定期走访了解代表生产生活情况。

2005 年起，县人大代表的活动经费提高到每人每年 500 元。当年 8 月 29 日，县十四届人大常委会第十二次会议通过《清流县人大常委会关于建立县人大代表履职情况登记制度的试行意见》，将代表在代表大会召开期间和闭会期间履职情况、参加有关方面组织的社会活动情况、反映信访动态情况，通过填写《代表履职情况登记卡》和《代表履职情况登记表》记录在册。代表履职登记、评议情况将作为评选优秀人大代表及推荐为下一届代表候选人的依据之一。11 月，举办县乡人大代表培训班，600 多名代表集中学习《代表法》《中华人民共和国地方各级人民代表大会和地方各级人民政府组织法》（以下简称《组织法》）等知识。

（二）制度建设

1991 年，制定《清流县人大常委会会议制度》《人大机关廉政制度》等管理制度。

1994 年 3 月 7 日，县十二届人大常委会第一次会议审议通过《清流县人民代表大会常务委员会议事规则》《清流县人大常委会关于加强与县人民政府、县人民法院、县人民检察院工作联系的制度》《清流县人大常委会主任会议制度》《清流县人大常委会关于办理县人民代表建议、批评和意见的规定》及《清流县人大常委会各委室工作职责》等工作制度。

1996 年 6 月，县人大常委会决定将每月 16 日定为县人大常委会主任接待代表和群众日。

1998 年，总结推广长校等乡镇人大主席团工作做法，要求全县 15 个乡镇参照制定《乡镇人大主席团工作制度》《人大代表活动制度》《人大主席工作职责》《代表议案、建议办理制度》《代表来信来访登记、办理制度》等制度。

1999 年，制定下发《关于加强乡镇人大工作的意见》和《乡镇人大工作目标管理办法》。将乡镇人大工作分为人民代表大会、人大主席日常工作、人大主席团自身建设三大项 16 小项，每一小项都有具体要求和评分标准，年终由县人大常委会组织人员进行评比。

2001 年 3 月 20 日召开县十三届人大常委会第十七次会议，审议通过《关于讨论决定重大事项暂行规定》。

2004 年 4 月，对县十四届人大常委会一次会议以来原有规章制度进行梳理和修订，并审议通过《清流县人大常委会议事规则》等工作制度 11 项。

2005 年 3 月，制定《清流县人大机关保密工作制度》，对机关保密工作作出规定。8 月，县十二届人大常委会十二次会议审议通过《关于建立县人大代表履职情况登记制度试行意见》。

（三）代表活动

1. 县、乡人大代表活动

1991 年，县人大常委会坚持在每年人代会召开之前，委托各乡镇人大主席团及城区县人大代表小组负责组织协调本组的视察活动。代表中的县领导和县人大常委会组成人员参加原选区视察，为审议好各项工作报告和提出议案、建议、批评、意见作准备。在代表大会闭会期间，组织代表开展会外活动，召开代表座谈会，听取代表意见，发挥代表作用。每次召开县人大常委会会议前，围绕会议议题，根据需要邀请有关代表参加视察、执法检查或调研活动。代表活动内容主要围绕实现党和国家的中心任务，解决关系人民群众切身利益、社会普遍关注的热点难点问题安排。当年 8—9 月，县人大常委会组成人员深入到村、户走访县人大代表，召开农村代表座谈会。12 月，组织嵩口镇 54 名县、乡两级人大代表对该镇 23 个基层所、站进行评议，提出意见、建议 71 条。

1992 年，在县人大代表中开展“创先争优”活动。组织部分县、乡人大代表和有关部门负责人，视察烟叶收购及贯彻实施《中华人民共和国烟草专卖法》情况。

1993 年，表彰先进代表小组、优秀代表，授予龙津镇蔬菜村、东华乡大路口村、嵩溪镇塘背村、林畲乡林畲村、温郊乡温家山村等 15 个人大代表小组为先进代表小组，授予巫九水、李春华、李群花、黄水田、赖月香等 19 人为优秀县人大代表。

1994 年，在全县开展“人民选我当代表，我当代表为人民”为主题的“创先争优”活动，要求每名代表至少提一个好的意见或建议、联系传授一项实用技术、联系一户贫困户、为群众办一件实事。并将开展“创先争优”活动情况，作为组织评选表彰先进代表小组和优秀人大代表的重要依据。继续开展“百户调查”活动，将代表们反映的问题整理分类并转交县政府和有关部门研究处理。

1995 年 11 月，组织县人大代表对城区 13 个精神文明受检点进行视察。在县十二届人大二次会议期间，县人大常委会向代表发出一封公开信，倡议在全体代表中开展“五个一”活动，即为清流县的经济建设提一条合理化建议；为所在地的村居民办一件实事；给海（境）外的亲戚朋友写一封信，介绍清流经济情况和投资的优惠政策，鼓励他们到清流投资兴业；在本职工作或本行业中创一流水平；带动一户以上农户致富。代表们积极参与此项活动并取得一定成效。田源乡田源村县人大代表黄发根，投入 5.8 万元引进、养殖太湖母猪 20 头、菜猪 33 头，取得良好经济效益，在其带动下，田源村年养母猪 10 头以上大户增加到 12 户。

1996 年 3 月 19 日，县十二届人大常委会第十七次会议审议通过《关于表彰一九九五年度县人大先进代表小组、优秀代表的决定》，授予龙津镇城东村、东华乡大路口村、林畲乡林畲村、嵩溪镇罗陂岗、温郊乡小池村等 15 个单位为先进代表小组，授予汤小凤、陈彩萍、邱振文、孙兴全、余生兴等 19 人为优秀县人大代表。

1997 年 5 月，组织全县农村 646 名人大代表参加脱贫致富奔小康作贡献活动。县人大常委会领导分乡镇挂包人大代表，帮助代表落实奔小康计划，开展结穷亲、一帮一的帮贫助困活动。9 月，三明市人大代表奔小康、作贡献座谈会在清流县召开，总结清流经验并向全市推广。10 月，全县 646 名农村各级人大代表中，实现小康的代表家庭 632 户，占总数 97.83%。8—10 月，召开各级人大代表座谈会 111 场，对公、检、法、司 4 家机关进行以“维护法制统一，清除地方和部门保护主义，严禁刑讯逼供、非法拘禁”为主题的专题评议。参加座谈会代表和群众 700 余人，提出意见 110 条。同年，经县人大常委会主任会议研究，决定授予龙津镇城南村小组、田源乡廖武村小组、嵩溪镇青溪村小组、余朋乡东坑村小组、温郊乡桐杭村小组等先进代表小组 15 个，授予廖振华、伍新富、余生兴、江土根、邓盛新等 18 人为优秀县人大代表。

1998 年 4 月，组织部分人大代表深入县交通局、建设局、水电局、教育局、文体局、科协等单位，调查县政府办实事进展情况。8 月，组织驻会委员及部分县人大代表，对县十二届人大一次会议以来代表提出的 5 件议案办理情况进行视察。12 月，各乡镇和城区选举办事处根据县人大常委会通知要求，对新当选的 156 名县人大代表进行编组，按照行政区域和便于组织、便于活动、便于联系选民的原则，编为 18 个代表小组，各代表小组组织开展多种形式的学习培训和代表视察调研等活动，为参加新一届人大一次会议、审议大会工作报告和提出议案建议、选举县级国家机关领导班子做好准备。

1999 年 8 月，与县政协联合组织部分人大代表、政协委员深入李家、邓家、嵩口、嵩溪等乡镇视察烤烟收购情况。组织部分人大代表对县建设局工作进行评议。代表和群众建议拆除城区农贸市场靠西门桥头 20 余间违章搭盖物。当年 11 月 10 日，在县人大常委会监督下，违章搭盖物全部被拆除。

2000 年 5 月起，历时 2 个多月，组织代表对县公安交警大队开展争创“人民满意交警队”活动进行评议。县十三届人大常委会第十一次会议决定授予县公安交警大队“人民满意交警队”荣誉称号。同年 8—9 月，县人大常委会到 5 个乡镇举办县、乡人大代表培训班并召开代表座谈会，就农业农村工作、林业生产、农电网改造、教育等热点问题，征求代表的意见和建议。

2001 年 9 月，在全县 15 个乡镇召开县、乡镇人大代表座谈会，将收集的 22 条代表意见、建议归类整理，以文件形式送县人民政府办理。东华乡代表在座谈会中反映有人在桥下和基头交界处利用废旧轮胎炼胶油，产生的浓烟、恶臭和污水严重污染周围环境问题。县人大常委会要求环保局及时予以查处，县环保局于 9 月 26 日对该炼油厂进行现场检查，发现该厂无任何审批手续，依法责令业主立即停产，消除污染。李家乡代表要求恢复李家烟草站问题，烟草公司根据李家乡实际情况予以恢复。9 月 24 日，与县政协组织代表和委员视察看守所工作。

2002 年 6 月 21 日，组织代表视察清流第一中学初高中分离情况。

2004 年 6 月，县人大常委会组成人员和部分人大代表对县民政局、农业局、卫生局、环保局 2001 年至 2004 年 6 月的工作及其主要领导进行评议。针对 4 个受评单位及其主要领导存在问题，提出整改意见 16 条。10 月，县人大常委会邀请农村代表视察城区 4 家民营企业生产经营状况。

2005 年 12 月，县人大代表各小组开展集中视察活动，为即将召开的县十四届人大三次会议做好审议报告和提议案准备。

2. 省、市人大代表活动

1991 年 2 月，组织清流县的省、市人民代表 7 人视察部分城市工业和城区副食品基地的生产、经营情况。

1992 年 7 月，组织省、市、县三级人大代表视察县域深化改革、扩大开放及“三资”企业发展情况。

1994 年 1 月，组织清流县的省、市人大代表 16 人，视察东华乡大路口村、嵩口镇高坑村、温郊乡桐坑村、罗口煤矿以及 204 省道交通先行工程林畲、大路口、嵩溪以及大灵线的嵩口等 4 个路段 19 千米建设。

1995 年 1 月，组织县部分省、市人大代表视察 1994 年国民经济和社会发展计划以及财政预算的执行情况、副食品基地建设、控制物价、新农村建设情况。

1997 年 2 月，明溪、清流的省、市人大代表在清流开展国民经济和社会发展计划、财政预算执行情况以及农村奔小康工程实施情况视察。

1998 年 1 月，组织清流县的省、市人大代表视察竹青背水电站、洋万线清流段建设工程及林畲乡集镇建设和外引内联企业。春节，组织人大代表视察物价、市场管理和副食品基地建设。

2000 年 7 月，宁化县 6 名三明市人大代表与在清流县的部分省、市人大代表在清流县开展视察活动。代表们听取县政府关于上半年国民经济和社会发展计划及财政预算执行情况的报告，并实地视察细木工板厂、硫酸锰厂、香料厂 3 家工业企业。9 月，三明市九届人大代表清流小组的部分成员和在县的省人大代表对县医院进行视察。

2002 年 1 月 23 日，三明市九届人大代表清流小组的代表开展矿业开采经营及安全生产、环境保护专题视察。

2003 年 5 月，组织部分省、市、县人大代表对县重点项目建设进行视察。7 月，组织省、市人大代表视察国民经济和社会发展计划执行情况及 2003 年上半年财政预算执行情况。组织部分省、市、县人大代表对明宇化工、明孚硅业、田利硅业等“三资”企业进行视察。11 月 17—18 日，组织省、市人大代表开展异地视察。

2004 年 11 月，部分在闽的十届全国人大代表在清流县开展视察活动。11 月 4—5 日，部分省、市人大代表在清流县开展经济建设和社会发展情况视察活动，并召开座谈会。

2005 年 11 月，组织市人大代表开展异地视察，实地查看清流县永福化工、金星项目集中区、九龙湖风景区和清流一中、职中校舍，听取县人民政府关于清流县经济社会发展情况汇报。

第七节　乡镇人民代表大会

一、机构设置

1991 年，各乡镇设立人大主席团。全县配备专职常务主席 14 人、兼职常务主席 1 人。1992 年 10 月和 12 月，经省人民政府批准，撤灵地乡设灵地镇、撤长校乡设长校镇，乡人民代表大会相应更改为镇人民代表大会，届次仍延续。1996 年，根据 1995 年 2 月修改后的《组织法》，乡镇人大主席团（以下简称人大主席）为乡镇一级常设机构，配备专职秘书 1 人，协助乡镇人大主席（原常务主席）办理大会闭会期间的日常工作。1996 年 6 月 18 日，中共清流县委下发《关于进一步加强人大工作的决定》，要求各级党委、政府改善人大工作条件，为人大及人大代表知情出力、建言献策提供良好环境和条件。2002 年 8 月 8 日，县人大常委会党组建议县委建立人大干部同常委和政府部门干部交流机制，优化乡镇人大主席的年龄和知识结构，提高乡镇人大主席的政治和经济待遇，配备乡镇人大主席团工作人员。至 2005 年，全县配备人大主席 15 人。

二、历届乡镇人民代表大会

1991—2005 年，全县乡（镇）人民代表大会共经历 5 届。

1991 年 1 月，龙津镇召开第三届人民代表大会第一次会议；田源乡、李家乡、邓家乡召开第八届人民代表大会第一次会议；嵩口镇召开第十二届人民代表大会第一次会议；东华、林畲、嵩溪、温郊、余朋、里田、长校、灵地、赖坊、沙芜召开第十一届人民代表大会第一次会议。各乡镇人民代表大会听取和审议上届政府工作报告、财政工作报告、上届主席团工作报告，并对三个报告作出决议；同时，选举产生各乡镇人大主席团常务主席共 15 人、各乡镇人民政府乡镇长共 15 人、副乡镇长 29 人。1992—1993 年，各乡镇召开人民代表大会 2 次，听取审议乡镇年度政府、财政和人大主席团工作报告。

1994 年 1 月 13 日前，全县 15 个乡（镇）均召开新一届人民代表大会第一次会议，选举产生各乡（镇）人大主席团常务主席 15 人，和乡（镇）长、副乡（镇）长若干。1995—1996 年，各乡镇召开人民代表大会 2 次。

1996 年，全县 15 个乡镇人大代表进行换届选举。10 月 8 日选举工作开始。全县 15 个乡镇应选代表 692 人，划分选区 485 个。经酝酿协商，确定正式代表候选人 1192 人，为应选名额的 1.72 倍。11 月 26 日，全县统一选举。选举产生新一届乡镇人民代表大会代表 692 人。1997 年 1 月，15 个乡镇分批召开新一届人大一次会议，选举产生各乡（镇）人大主席团主席 15 人、乡（镇）长 15 人、副乡（镇）长若干。

1999 年 10 月上旬，乡镇人大代表换届选举工作正式开始。全县 15 个乡镇应选代表名额 692 人。全县登记选民 94656 人，占全县总人口的 65.84%。经酝酿协商，确定正式代表候选人 1177 人，为应选代表数 1.7 倍。11 月 15—18 日，各乡镇组织投票选举，投票选民 92752 人，参选率 97.98%；共选出乡镇人大代表 691 人。结合换届选举工作，各乡镇选举产生人民陪审员 48 人。1998—1999 年，各乡镇召开人民代表大会 2 次。

2000 年 1 月 5-10 日，全县 15 个乡镇分 3 批召开新一届人大一次会议，完成大会各项议程，选举产生各乡（镇）人大主席团组成人员以及人大主席 15 人，乡（镇）长 15 人、副乡（镇）长若干。全县 15 个乡镇人大一次会议代表共提出议案 94 件，建议 97 件，经议案审查委员会审查后，经大会主席团研究、决定提交大会作为重要议案通过 9 件，主要是涉及土地规划审批、农田水利建议等事关人民群众切身利益的大事。

2002 年 10 月，乡镇人大代表进行换届选举。此次乡镇人大换届应选代表 692 人。全县划分为 468 个选区。全县登记选民 94600 人，占 18 周岁以上人口 95.38%。经酝酿协商，确定正式代表候选人 1173 人，为应选代表的 1.7 倍。11 月 19 日，全县 92331 人参加投票选举，参选率 97.6%。15 个乡镇选出乡镇人大代表 692 人。2001—2002 年，乡镇召开人民代表大会 2 次。

2003 年 1 月，全县各乡镇分批召开新一届乡镇人民代表大会第一次会议，选举生产新一届乡镇人大主席团组成人员，选举人大主席 15 人、乡（镇）长 15 人、副乡（镇）长若干。

2004 年，宪法修正案将乡镇人大的任期由 3 年改为 5 年、各级人大任期一致。2004—2005 年，各乡镇召开人民代表大会2次，听取审议年度乡镇政府、人大主席团、财政工作报告。

三、主要活动

1991年12月，嵩口镇54名县、镇人大代表开展代表评议基层所站工作。评议活动历时一个月，分为准备工作、代表评议和整改反馈三个阶段。对嵩口镇23个基层所站的工作进行评议，提出意见、建议71条。

1994年5月，余朋乡人大代表视察“5·2”洪灾灾后重建工作情况。

1996年，各乡镇对将新当选的人大代表以建制村为单位编组开展代表活动。各小组开展代表培训，组织代表学习《代表法》《地方组织法》《选举法》等有关法律法规和文件，制定代表小组活动计划，建立代表活动考勤登记、会议记录、参政议政登记簿和联系选民登记卡，并开展“提一条建议”活动。

1997年5月，各乡镇在代表中开展创优争先活动。各乡（镇）建立各项活动制度，将市、县、乡人大代表混合编为100余个代表小组，组织代表提议案和建议，支持代表履行职务。

1999年，余朋乡人代会通过关于征收1999年度公路建设资金的决议，决定在本乡按每个农业人口征收15元公路建设资金。同年，长校镇人代会审议通过代表提出的《请求完善长校自来水工程的议案》，将议案列入政府办实事计划。

1999—2001年，根据县人大常委会审议通过的《乡镇人大工作目标管理办法》，每年对各乡镇人大的人民代表大会、人大主席日常工作和人大主席团自身建设三个方面的工作进行检查评比。

2001年4月，东华乡人大主席团利用各村传统庙会活动契机，将乡人大主席接待日设到各村庙会现场，组织村各级人大代表共同接待来访群众，为群众解决生产生活中的具体困难和问题。并在庙会现场分发涉农法律法规宣传资料，引导群众用法律手段解决纠纷和争端。5月，余朋乡人大主席团针对群众反映农技站供应种子发芽率低的情况，组织代表及有关人员深入农户进行调查，并监督农技部门及时予以兑换种子，确保春耕正常进行。

2002年，赖坊乡十四届人大三次会议审议通过代表提出的《关于要求扩建赖坊乡中心小学教学楼的议案》。乡政府多方筹集资金60余万元，于当年6月动工新建赖坊乡中心小学教学楼。教学楼占地面积450平方米，建筑面积1630平方米。8月，邓家乡组织部分人大代表对供电所进行测评。主席团根据代表评议意见，向供电所发出整改通知。

2003年，龙津镇人大主席团根据代表视察意见，督促镇政府抓好山地承包经营权证发放工作，保障果农承包山地开发种果的合法权益。根据村级组织换届选举实施方案，组织部分县、乡人大代表到城南、城东、蔬菜3个村，听取村财务审计汇报，了解各村本届主任治村竞选承诺落实情况及村务工作、民主决策、村务公开、民主监督和执行上级的方针政策情况，对村委会干部进行民主测评。里田乡人大主席团组织代表开展“科技兴乡、科技强乡”活动。利用圩日开展“代表科技赶集活动”。赖坊乡十五届人大一次会议审议通过代表提出《关于加快建设白塔至赖坊水泥路铺设的议案》。赖坊乡人大主席团组织所在村的县、乡人大代表做好沿途拆迁户思想工作，同时督促有关部门做好拆迁户安置工作。乡政府多方筹集资金361万元，12月动工铺设路面宽6米、路基宽8米的水泥混凝土路面。6—10月，各乡镇人大主席团组织代表开展“我为海西建设出力，我为台湾农民创业园建设献策”大讨论活动。

2004年，李家乡人大代表在大会上提出要求铺设李家乡至长灌水泥路面建议。乡、村筹资筹劳100余万元，争取上级资金200余万元，铺设完成总长7.65千米、宽5米的李长线。

2005年，余朋乡人大主席团多次组织代表对余朋至梓材、余朋至太山、余朋至蛟坑3条公路建设工程进行监督检查。

第二章　政协地方组织

1991年，县政协第三届委员会届满，于1月召开县政协第四届委员会第一次会议，选举产生县政协第四届常务委员会组成人员。至2005年，县政协共经历第四、第五、第六、第七届换届，委员分别有77人、100人、99人、106人。其间，召开委员会议15次。县政协团结和带领社会各界、各阶层政协委员，履行政治协商、民主监督、参政议政职能，积极建言献策、献计出力，为促进清流经济社会发展发挥独特作用。15年间，提出提案716件，开展调研视察活动197次，并形成送阅件供县委、政府决策参考。召开座谈会197次，编辑出版文史资料12辑150万字。

第一节　组织机构

一、政协常务委员会

政协清流县第四届委员会常务委员会　1991年1月18—23日，召开县政协第四届一次委员会议。会议选举王火辉为主席，郑鹤培、张文安、邱海璋、翁爱竹、黄则井为副主席。该届常委会由主席1人、副主席5人、常务委员15人组成，任期至1994年1月。

政协清流县第五届委员会常务委员会　1994年1月19—22日，召开县政协第五届一次委员会议。会议选举王火辉为主席，张文安、邱海璋、翁爱竹、黄则井、廖春华为副主席。该届县政协委员会常委会由主席1人、副主席5人、常务委员21人组成。1996年3月，王火辉离任，由胡登良接任主席。该届常委会任期至1999年1月。

政协清流县第六届委员会常务委员会　1999年1月4—8日，召开县政协第六届一次委员会议。会议选举胡登良为主席，曾金鉴、罗梓源、邱文宁、廖宝珍4人为副主席。该届县政协委员会常委会由主席1人、副主席4人、常务委员21人组成。2002年1月，廖宝珍离任，由李志明接任副主席。该届常委会任期至2003年12月。

政协清流县第七届委员会常务委员会　2003年12月27—31日，召开县政协第七届一次委员会议。会议选举许天赠为主席，曾金鉴、罗梓源、李志明、林峥声为副主席。该届县政协委员会常委会由主席1人、副主席4人、常务委员21人组成。

1991—2005年清流县政协主席、副主席一览表

表17-3

届别	职务	姓名	性别	党派	工作单位职务	任职时间
第四届	主席	王火辉	男	中共	专职	1991.1—1994.1
	副主席	郑鹤培	男	中共	专职	1991.1—1994.1
		张文安	男	中共	专职	1991.1—1994.1
		邱海璋	男	非党	专职	1991.1—1994.1
		翁爱竹	女	非党	县一中教研组长	1991.1—1994.1
		黄则井	男	非党	县合成氨厂工会副主席	1991.1—1994.1

续表 17-3

届别	职务	姓名	性别	党派	工作单位职务	任职时间
第五届	主席	王火辉	男	中共	专职	1994.1—1996.3
		胡登良	男	中共	专职	1996.3—1998.12
	副主席	张文安	男	中共	专职	1994.1—1998.12
		邱海璋	男	非党	专职	1994.1—1998.12
		翁爱竹	女	非党	县一中教研组长	1994.1—1998.12
		黄则井	男	非党	县合成氨厂工会副主席	1994.1—1998.12
		廖春华	男	中共	专职	1994.1—1998.12
第六届	主席	胡登良	男	中共	专职	1999.1—2003.12
	副主席	曾金鉴	男	中共	专职	1999.1—2003.12
		罗梓源	男	中共	专职	1999.1—2003.12
		邱文宁	男	中共	县委统战部长	1999.1—2003.12
		廖宝珍	女	非党	县医院院长	1999.1—2002.1
		李志明	男	非党	县法院副院长	2002.1—2003.12
第七届	主席	许天赠	男	中共	专职	2003.12—
	副主席	曾金鉴	男	中共	专职	2003.12—
		罗梓源	男	中共	县委统战部长	2003.12—
		李志明	男	非党	县法院副院长	2003.12—
		林峥声	男	中共	专职	2003.12—

二、专门委员会

1991 年，政协清流县四届常务委员会设文史资料工作委员会、经济科技工作委员会、教文卫体工作委员会、学习工作委员会、“三胞”宗教民族工作委员会、提案工作委员会。1994 年，将经济科技工作委员会分成经济工作委员会和科技工作委员会。1998 年，设文史资料工作委员会、经济科技工作委员会、教文卫体工作委员会和提案工作委员会。2000 年 1 月，撤销学习工作委员会，成立社会法制工作委员会。2003 年，设文史学习和民族宗教工作委员会、提案和法制工作委员会、社会事业工作委员会、经济和港澳台侨工作委员会，直至 2005 年未变。

三、办事机构

1991 年，县政协内设机构有办公室、经济科技办公室、联络工作委办公室，人员 14 人。1998 年 4 月，政协机关行政编制 16 人、事业编制 4 人。2005 年，内设机构有办公室、经济发展办公室、社会事业和文史办公室、提案和法制办公室，行政编制 16 人，实有 18 人；工勤人员编制 3 人，实有 2 人。

第二节 政协委员会会议

一、政协清流县第四届委员会

第一次会议 1991 年 1 月 18—23 日在城关召开。该届委员 77 人，其中，中国共产党 6 人、科技 7 人、社会科学 1 人、教育 6 人、文体 2 人、医药卫生 5 人、工会 6 人、共青团 2 人、妇联 2 人、农林 13 人、财政金融2人、工商5人、归侨和侨港眷属3人、台胞台属7人、无党派人士1人、宗教2人、少数民族2人、特邀5人。出席会议委员72人，清流县的省、市政协委员，县直部、委、办、局的负责人，县直各党委、乡镇党委统战委员和历届政协老领导列席会议。

会议听取和审议黄洪才作县政协第三届委员会常务委员会工作报告和邱海璋作三届一次会议以来提案工作情况报告，听取郑鹤培作学习《中共中央关于坚持和完善中国共产党领导的多党合作和政治协商制度的意见》辅导发言和张文安作题为《加强统一战线工作，为建设四化服务》的发言，通过《政协清流县第四届委员会第一次会议政治决议》《关于政协清流县三届一次会议以来提案工作情况报告的决议》。与会委员列席县十一届人大一次会议，听取和讨论政府工作报告和其他报告。会议选举县政协主席1人、副主席5人、秘书长1人、常务委员会委员15人。

第二次会议　1992年3月20—22日召开。会议公布1992年3月13日县政协四届五次常委会增补的4名委员名单。省、市政协委员，历届政协老领导，县直各部、委、办、局领导列席本届会议，参加会议160余人。

会议听取和审议县政协主席王火辉作县政协第四届委员会常务委员会工作报告和副主席邱海璋作四届一次会议以来提案工作情况报告；听取县委副书记刘振郁传达中共中央〔1992〕2号文件和县政协副主席、县委统战部部长张文安作的统战工作发言；通过《政协清流县第四届委员会第二次会议政治决议》《政协清流县第四届委员会第二次会议关于常委会工作报告的决议》和《政协清流县第四届委员会第二次会议关于四届一次会议以来提案工作情况报告的决议》。与会委员列席县十一届人大二次会议，听取和讨论县长陈积忠所作的《政府工作报告》及大会的其他报告。会议增选政协清流县第四届委员会常务委员2人。

第三次会议　1993年2月2—5日召开。出席会议委员108人。在清流县的省、市政协委员，历届政协老领导，黄埔军校同学会成员，各乡镇及县直党委统战委员，县直机关各部、委、办、局领导等91人列席会议。

会议听取和审议县政协主席王火辉所作的县政协四届常委会工作报告、副主席张文安所作的四届二次会议以来提案办理情况报告，通过《政协清流县第四届委员会第三次会议政治决议》《政协清流县第四届委员会第三次会议关于常委会工作报告的决议》和《政协清流县第四届委员会第三次会议关于四届二次会议以来提案工作情况报告的决议》，表彰优秀提案6件和“三个一”（即提一条合理化建议，推广一项先进技术成果，协助引进一个项目）献计出力活动先进个人6人。

与会人员列席县十一届人大三次会议，听取和讨论县长陈积忠所作的《政府工作报告》及大会的其他报告。

二、政协清流县第五届委员会

根据1994年3月全国政协八届二次全会修订的《中国人民政治协商会议章程》规定，地方委员会的任期由3年改为5年，清流县政协自第五届起，任期5年。

第一次会议　1994年1月19—22日召开。本届委员100人，出席会议委员94人。县委、县人大、县政府、县法院、县检察院、县人武部领导，历届政协老领导和在清流县的省、市政协委员，各乡镇和县直党委统战委员、黄埔军校同学会成员，县直部、委、办、局领导列席会议。

会议听取和审议县政协主席王火辉代表县政协第四届委员会常务委员会所作的工作报告；听取副主席张文安代表四届政协提案委员会作四届一次会议以来提案工作情况的报告；通过《政协清流县五届一次会议政治决议》《政协清流县五届一次会议关于常委会工作报告的决议》和《关于四届一次会议以来提案工作情况报告的决议》。会议表彰承办委员提案先进单位4个、优秀提案5件。

与会人员列席县十二届人大一次会议，听取和讨论代县长刘振郁作《政府工作报告》。

会议选举主席1人，副主席5人，常务委员21人。

第二次会议　1995年3月7—9日召开。出席会议委员95人。会议听取和审议县政协主席王火辉代表五届委员会常务委员会作的工作报告；听取副主席张文安代表五届委员会提案委员会作的五届一次会议以来提案工作情况报告；通过《政协清流县五届二次会议政治决议》《政协清流县五届二次会议关于常委会工作报告的决议》和《关于五届一次会议以来提案工作情况报告的决议》。会议表彰承办委员提案先进单位6个、优秀提案6件、优秀委员8人。

与会委员列席县十二届人大二次会议，听取和讨论县长刘振郁作《政府工作报告》。

第三次会议 1996年3月25—28日召开。出席会议委员94人。会议听取和审议县政协副主席张文安代表五届委员会常务委员会作的工作报告；听取县政协提案委员会主任李序钦代表五届委员会提案委员会作的五届二次会议以来提案工作情况报告；通过《政协清流县五届三次会议政治决议》《政协清流县五届常委会工作报告决议》。会议表彰嵩口和灵地先进委员活动小组2个、优秀提案6件、承办委员提案先进单位6个、优秀委员8人。

与会委员列席县十二届人大三次会议，听取和讨论县长陈有极作的《政府工作报告》。会议期间，组织县政协委员和在清流县的省、市政协委员分成农林、工业、财贸、教文卫体、“三胞”宗教民族等5个组与政府有关职能部门负责人举行对口协商座谈会。

会议决定，接受1人因工作调动提请辞去原县政协五届委员会主席、常委、委员职务等的辞呈，并补选县政协五届委员会主席1人。

第四次会议 1997年3月11—14日召开。出席会议委员93人。会议听取和审议县政协副主席张文安代表五届委员会常务委员会作的工作报告；听取县政协提案委员会主任李序钦代表五届委员会提案委员会作的五届三次会议以来提案工作情况报告；通过《政协清流县五届四次会议政治决议》《政协清流县五届常委会工作报告决议》。会议表彰嵩口和灵地委员活动小组为先进委员小组，表彰优秀委员8人、承办委员提案先进单位4个、优秀提案6件。

与会委员列席县十二届人大四次会议，听取和讨论县长陈有极作的《政府工作报告》。

会议期间组织县政协委员与在清流县的省、市政协委员分成4个组，就农业和农村、教育“两基”和农村卫生、国有企业改革、个私经济发展等4个问题举行政协委员与政府有关部门负责人对口协商座谈会。

会议增选县五届政协常务委员3人。

第五次会议 1998年2月23—25日召开。出席会议委员96人。会议听取和审议县政协副主席张文安代表五届委员会常务委员会作的工作报告；听取县政协提案委员会主任李序钦代表五届委员会提案委员会作的五届四次会议以来的提案工作情况报告；通过《政协清流县五届五次会议政治决议》《政协清流县五届常委会工作报告决议》。会议表彰嵩口和灵地委员活动小组为先进委员小组，表彰承办委员提案先进单位6个、优秀提案6件、优秀文史通讯员6人。

与会委员列席县十二届人大六次会议，听取和讨论县长陈有极作的《政府工作报告》。

三、政协清流县第六届委员会

第一次会议 1999年1月4—8日召开。本届委员99人。出席会议委员96人。县委、县人大、县政府、县法院、县检察院、县人武部领导、历届政协老领导和在本县的省、市政协委员，各乡镇统战委员，黄埔军校同学会成员，县直部、委、办、局领导等列席会议。

会议听取和审议县政协主席胡登良代表县政协第五届委员会常务委员会所作的工作报告；听取县政协提案委员会主任李序钦代表五届提案委员会作五届一次会议以来提案工作情况的报告；通过《政协清流县六届一次会议政治决议》《政协清流县六届一次会议关于常委会工作报告的决议》。会议表彰承办委员提案先进单位4个、优秀提案4件、优秀文史通讯员4人、先进委员小组4个。与会人员列席县十三届人大一次会议，听取和讨论县长涂娓珠作的《政府工作报告》。会议选举县政协第六届委员会主席1人、副主席4人、常务委员21人。

第二次会议 2000年2月23—25日召开。出席会议委员94人。会议听取和审议县政协副主席曾金鉴代表六届委员会常务委员会作的工作报告；听取县政协提案委员会主任李序钦代表六届委员会提案委员会作的六届一次会议以来提案工作情况报告；通过《政协清流县六届二次会议政治决议》《政协清流县六届二次会议关于常委会工作报告的决议》。会议表彰承办委员提案先进单位3个、优秀提案3件、先进委员活动小组3个、优秀文史通讯员3人。

与会委员列席县十三届人大二次会议，听取和讨论县长涂娓珠作的《政府工作报告》。会议增选政协清流县第六届委员会常务委员1人。

第三次会议 2001年3月6—7日召开。出席会议委员93人。会议听取和审议县政协副主席曾金鉴代表六届委员会常务委员会作的工作报告；听取副主席邱文宁代表六届委员会提案委员会作的六届二次会议以来提案工作情况报告；通过《政协清流县六届三次会议政治决议》《政协清流县六届常委会工作报告决议》。

与会委员列席县十三届人大三次会议，听取和讨论县长涂娓珠作的《政府工作报告》。

第四次会议　2002年1月15—17日召开。出席会议委员92人。会议听取和审议县政协副主席曾金鉴代表六届委员会常务委员会作的工作报告；听取副主席罗梓源代表六届委员会提案委员会作的六届三次会议以来提案工作情况报告；通过《政协清流县六届四次会议政治决议》《政协清流县六届常委会工作报告决议》。

与会委员列席县十三届人大四次会议，听取和讨论县长涂娓珠所作《政府工作报告》。会议补选政协清流县第六届委员会副主席1人。

第五次会议　2003年2月11—12日召开。出席会议委员94人。会议听取和审议副主席曾金鉴代表六届委员会常务委员会作的工作报告；听取副主席罗梓源代表六届委员会提案委员会作的六届四次会议以来的提案工作情况报告；通过《政协清流县六届五次会议政治决议》《政协清流县六届常委会工作报告决议》。

与会委员列席县十三届人大六次会议，听取和讨论县长涂娓珠作的《政府工作报告》。

四、政协清流县第七届委员会

第一次会议　2003年12月27—31日召开。本届委员106人。出席会议委员103人。县委、县人大、县政府、县法院、县检察院、县人武部领导，历届政协老领导和在本县的省、市政协委员，各乡镇党委和林业局、公安局党委统战委员，县直部、委、办、局领导等列席会议。

会议听取和审议县政协副主席曾金鉴代表县政协第六届委员会常务委员会所作的工作报告；听取副主席罗梓源代表六届提案委员会作六届一次会议以来提案工作情况的报告；通过《政协清流县七届一次会议政治决议》《政协清流县七届一次会议关于常委会工作报告的决议》。会议表彰承办委员提案先进单位7个、优秀提案4件、先进委员8人、优秀文史通讯员3人。

与会人员列席县十四届人大一次会议，听取和讨论县长涂娓珠作的《政府工作报告》。

会议选举县政协第七届委员会主席1人、副主席4人、常务委员21人。

第二次会议　2005年3月1—4日召开。出席会议委员103人。会议听取和审议县政协主席许天赠代表七届委员会常务委员会作的工作报告；听取政协副主席林峥声代表七届委员会提案委员会作的七届一次会议以来提案工作情况报告；通过《政协清流县七届二次会议政治决议》。

与会委员列席县十四届人大二次会议，听取和讨论县长涂娓珠作的《政府工作报告》。

政协清流县七届五次常委会议增补政协清流县第七届委员会委员5人，接受1人辞去政协清流县第七届委员会委员。

附：

清流县历届省政协委员名表

省政协第六届委员会：翁　烈

省政协第七届委员会：冯开辉

省政协第八届委员会：冯开辉

省政协第九届委员会：冯开辉

省政协第十届委员会：廖兴旺

清流县历届市政协委员名表

三明市政协第四届委员会：

林岁华　黄洪才　魏儒炳　许金铭　林永峰　张肇煌　黄明豪　朱虹丽（女）　陈保富

三明市政协四届十五次常委会会议增补：王火辉 张文安

三明市政协第五届委员会：

王火辉 张文安 许金铭 林永峰 苏绥和 李秀华（女） 黄丽红（女） 陈保富 林贵新

三明市政协五届二十一次常委会会议增补：胡登良

三明市政协第六届委员会：

胡登良 张文安 胡国栋 罗炳文 苏绥和 李秀华（女） 林贵新 王金德 李兴荣

三明市政协六届五次常委会会议增补：邱文宁

三明市政协第七届委员会：

胡登良 马卫强 江伟民 李金英（女） 邱文宁 黄长乐 肖步金 何金户 罗炳文 林贵新 王金德 李兴荣 李秀华（女）

第三节 政协常委会会议

一、政协清流县四届委员会常委会议

该届常委会召开常委会议 16 次。其中，第一次会议要求新一届常委会认真贯彻县委第七次党代会精神，探索工作新路子，为委员们服务，把“政治协商、民主监督”工作做得更好。第八次会议听取县政法委关于全县政法、综治工作和社会治安形势的通报。提出加强青少年法制教育；加强严打，提高威慑力；抓好联户共建共治；加强政法工作等建议和意见。第十二次会议通过《关于学习贯彻中国共产党第十四次全国代表大会精神的决议》。要求全县政协委员深入开展“提一条合理化建议，推广一项先进技术成果，协助引进一个项目”为主要内容的“三个一”献计出力活动。第十五次会议听取县土地局关于全县土地开发情况的通报。提出做活地产市场，要做好农村宅基地有偿使用的宣传教育工作，土地部门要提高服务质量，进一步简化审批手续等建议和意见。第十六次会议讨论通过四届常委会工作报告，确定召开五届一次会议议程，协商通过五届政协委员名单。

二、政协清流县五届委员会常委会议

该届常委会共召开常委会议 23 次。其中，第一次会议要求新一届政协常委会加强学习，常委之间、常委和委员之间，要互相尊重、互相支持，形成团结战斗集体，在参政议政中解放思想，大胆探索，创造性地开展工作，团结委员和各界人士，开创政协工作新局面。第二次会议讨论政协和各专门委员会全年活动安排。要求围绕建设中心、国计民生重大问题和群众关心的热点、难点问题开展调查视察活动，并决定新办内部材料“委员建议摘登”。第五次会议听取县人民银行关于金融体制改革和金融运行情况通报及县税务局关于税制改革情况的通报，提出要做好调查研究，发现新情况，解决新问题；要提高业务水平，确保改革顺利进行；要发挥金融优势和税收调节作用，推进清流经济效益持续、健康发展等建议。第六次会议通过《关于学习贯彻中共十四届四中全会精神的决议》。第十次会议通过《政协清流县委员会关于做好社情民意工作的几点意见》（以下简称《意见》）。《意见》要求把了解和反映社情民意作为政协和政协委员一项重要的经常性工作；要保证每位委员 1 年至少参加 1 次以上集体调研活动，每位委员每年至少提出 1 条建议、反映 1 条信息。第十二次会议讨论通过《政协清流县委员会关于政治协商、民主监督、参政议政的实施办法》，讨论通过县政协五届三次会议议程、日程和常委会报告，对《政府工作报告（讨论稿）》进行协商讨论。第十三次会议听取县政府关于特色农业生产情况报告和政协经济委员会关于开展全县特色农业调查情况汇报。要求县政府协调解决耕地减少问题，处理好干群关系；给农技人员定出责任目标，让科技人员有充足时间推广科技成果；发展和巩固良种繁殖基地，同时引进新品种；完善毛竹种植、管理、经营机制，使毛竹成为农民致富奔小康途径之一；严格集镇、新村建设占用良田审批制度，利用交通干道两旁低山丘陵搞建设；水利资金实行“县监督、乡镇管、站所用”管理体制，解决历史遗留水毁工程问题等建议。第十五次会议听取县政府通报全县教育“两基”完成情况；听取县综治办通报社会治安综合治理情况；讨论通过《政协清流县委员会关于学习贯彻中共十四届六中全会精神的决议》。第十八次会议听取并讨论县政府关于全县1—8月工业生产情况通报。提出要抓好企业行政班子和党的班子建设；健全管理机制；发挥企业监事会、劳动部门、工会组织的监督作用；加快建制速度，促进企业扭亏增盈；企业要捕捉市场信息，提高竞争力；重视企业人才培养；重视企业负债问题，保证财政正常运转；妥善处理下岗职工问题，确保社会稳定；重视培植新的经济增长点，增加后续财源等建议和意见；并决定向县委、县政府提出《辩证看待国有企业，正视问题迎接挑战》的报告。

第十九次会议通过《关于学习贯彻中国共产党第十五次全国代表大会精神的决议》。第二十次会议通过召开政协清流县五届五次全委会的决定；通过政协清流县五届五次会议议程、日程、常委会工作报告及与会议有关其他事项。第二十一次会议听取县政府关于全县农业生产情况通报。提出要提高农民种粮积极性；抓好农业产业化生产；重视农业技术的推广、落实；鼓励农民参加农函大、农广校学习，提高科技素质；开发新的增收渠道，如农副产品加工、劳务输出等；协助办好台资农业企业，解决外商企业困难和问题；实行村务公开，完善村级建设等建议和意见。第二十二次会议听取县政府关于全县1—7月工业生产情况通报。要求政协发挥联系面广优势，做好解释和化解矛盾工作，为县委、县政府分忧，维护社会稳定；发挥政协人才库、智囊团优势，为解决企业改革中的困难和问题想办法、出主意。同时，提出要拓宽企业营销市场，加大经营管理力度；要增加开发项目，培植新的增长点；要扩大职工持股比例，鼓励经营者持大股，解决技改资金困难等建议和意见。第二十三次会议通过召开政协清流县六届一次会议的决定；协商县政协六届委员会委员人选；讨论通过五届常委会工作报告及政协清流县六届一次会议议程、日程及与会议有关其他事项。

三、政协清流县六届委员会常委会议

该届常委会召开常委会议28次。其中，第一次会议学习《中国人民政治协商会议章程》《中共清流县委印发〈县政协关于政治协商、民主监督、参政议政的实施办法〉的通知》，讨论通过《县政协1999年工作要点》《县政协常委会工作规则》《县政协专门委员会组织通则》《县政协委员履行职能和义务的规定》，研究任命各专门委员会主任、副主任和增补政协委员等事项。会议强调要围绕经济建设，做好农业结构情况、国有企业资产管理重组、个私经济情况和台湾高优农业示范园区4项调查视察，参与项目年活动和“十五”计划论证。做好政协全委会、常委会、主席会、专委会和委员活动小组5个层次工作。第二次会议听取县政府关于农业生产和农业内部结构调整情况通报，听取县司法局关于依法治县工作情况汇报。提出要典型引路，加大科技推广力度；加强对农业内部结构调整的研究，提高二三产业比例；抓好农业新品种、新技术推广；落实农业科技经费；加强普法教育，特别是重点人群（如学生）的普法。同时要提高执法人员素质，促进文明、公正司法，要求在城区街心公园设立法制宣传栏等建议和意见。第三次会议听取县政府关于全县1—7月工业经济运行情况通报，提出5点建议和意见。第五次会议通过召开政协清流县六届二次全委会的决定，通过政协清流县六届二次会议议程、日程及与会议有关事项；讨论通过关于撤销学习委员会，成立社会法制委员会的决定，协商增补六届政协委员2人。会议讨论县第十三届人民代表大会《政府工作报告（征求意见稿）》。第九次会议听取县政府关于农业生产情况通报。提出加快组建全县农产品集团公司销售网络，协调推出全县统一的农产品品牌；政府要多为农民提供政策、信息等方面服务；有关部门要加大新品种、新技术引进、示范和推广力度；加强流通队伍和中介机构的建设和管理，解决农产品卖难的问题；加快发展油茶、茶叶，扩大烤烟种植面积等建议和意见。第十次会议听取并讨论县政府通报全县1—8月工业经济运行及企业改制情况；听取县纪委领导上警示教育课。提出要同等对待改制企业、未改制企业及民营企业，为改制企业发展保驾护航；要成立县改制企业跟踪服务小组，协调处理改制企业存在的困难和问题；改制企业要加强思想政治工作，维护社会安定；要通过法律手段防止国有资产流失；加快发展“三资”企业，对县外企业和个人到清流办厂、经商要比照本县公民一视同仁等建议和意见。

第十二次会议讨论通过关于召开六届三次会议的决定和常委会工作报告及与会议有关事项，讨论政府工作报告，听取县政府关于提案办理情况通报，通过关于增补政协委员的决定。第十五次会议听取项目年和“9·8”招商活动情况及罗口溪流域水电合作开发情况通报，并提出建议和意见。第二十一次会议听取全县贯彻落实《公民道德建设实施纲要》情况通报，听取和讨论专门委员会关于社会事业和农村文化阵地、诚信社会环境建设等3个课题组调研情况的汇报。第二十二次会议听取县政府关于全县个私经济发展情况的通报。针对个私经济发展中存在的困难和问题，会议提出各级领导要转变观念，提高认识；要多宣传个私业主先进事迹；有关部门要兑现服务承诺等建议和意见。第二十三次会议邀请县委书记陈有极作学习中共十六大精神辅导报告，听取县纪委关于党风廉政建设和反腐败工作情况通报。会议通过政协清流县委员会《关于学习贯彻中共十六大精神、落实县委九届九次全委（扩大）会议精神的决议》。第二十五次会议听取县政协关于全县中介组织建设和发展调研情况汇报。第二十六次会议听取县政府关于全县个私经济发展情况通报和全县开展预防“非典”工作情况通报。提出县委、县政府要确保各项优惠政策落实到位；要鼓励民间资本参与个私经济发展；金融部门要加大个私经济扶持力度；要高度重视“非典”工作，人人参与防治“非典”工作等建议和意见。第二十八次会议讨论通过召开政协七届全委会大会有关材料；听取县政府办理2003年县政协提案情况通报，协商通过政协清流县第七届委员会委员名单。

四、政协清流县七届委员会常委会议

至2005年年末，该届常委会召开常委会议9次。其中，第一次会议讨论通过《政协清流县委员会常务委员会工作规则》《政协清流县委员会专门委员会通则》和《政协清流县委员会关于设置专门委员会的决定》。第二次会议协商讨论农民增收问题，提出稳定粮食种植面积；要做强重点特色产业，培植农民增收来源；要调优农业结构，加快科技进步；通过转移富余劳动力促农民增收等建议和意见。会议听取县政协七届一次会议以来工作情况通报。第三次会议协商讨论全县民营经济发展问题。提出要善待民营企业，要改善民营企业投资环境，要发挥民营经济在建设生态经济强县中作用等建议和意见。第四次会议听取视察全县生态旅游开发项目情况的汇报，提出要科学规划、合理开发旅游资源，要突出地方特色，提高景区档次和内涵，要加大清流旅游宣传力度，打造景区品牌等建议和意见。第六次会议听取县政协开展氟系列开发调研情况汇报。第七次会议听取县政府上半年工作情况通报，讨论通过《关于进一步发挥县政协委员作用的意见》。第八次会议听取县计划局《清流县国民经济和社会发展“十一五”规划纲要及2020年远景目标（征求意见稿）》的起草思路和主要内容，提出修改完善规划和目标的建议和意见。第九次会议讨论通过县政协七届三次全委会有关材料。

第四节 主席会议

一、政协清流县四届委员会主席会议

1992年6月19日，召开主席办公扩大会议，讨论决定县政协视察和调查事项，审议提交常委会讨论的文件草案，并决定在全体政协委员中围绕经济建设这一中心开展“三个一”献计出力活动。

1993年，召开主席会12次。其中，2月16日，会议讨论通过全年工作重点，确定政协近期视察、调查的项目。7月20日，会议讨论政协换届工作及五届委员情况，决定成立换届工作领导小组。12月25日，会议通过召开四届常委会第十六次会议议程。

二、政协清流县五届委员会主席会议

1994年召开主席会9次。其中，5月16日，会议针对清流县“5·2”特大洪灾，决定把政协全年活动安排进行调整，将原定对北区开发、农村小康工程和私营商业的调查改为灾后恢复生产、重建家园情况调查，并要求做好参加闽赣两省13县（市）政协横向联系第十三次会议准备工作。9月2日，会议听取专门委员会关于全县烤烟生产调查汇报，为1995年全县烤烟的种植面积、措施提供依据。会议就召开教师节座谈会、

中秋茶话会作出安排。

1995年召开主席会10次。其中，1月23日，会议专题研究三明市政协五届三次会议安排清流县政协就农业农村工作进行发言的内容，并就就增加农业投入、发展特色经济、保护耕地、发展农业规模经营等进行讨论。11月2日，会议决定县政协在8—9日视察城区环境卫生情况，重点是市容市貌和基础设施建设，推进创建省级卫生城工作开展。11月21日，会议听取专门委员会3个组开展对清流县"九五"计划和2010年规划论证情况的汇报，就生产力布局和区域经济发展目标等提出建议。12月18日，会议听取政协委员赴厦门、龙岩参观考察情况的汇报；审议关于提请常委会讨论的1996年政协活动初步意见；关于做好召开五届三次会议的有关事项。

1996年召开主席会11次。其中，1月15日，会议就参加省政协座谈会清流县发言材料《围绕经济建设加强民主监督》进行讨论。会议提出要多做调查研究，敢于提出不同意见，提高民主监督的质量和实效；以提案为主，采取多种形式开展民主监督等建议和意见。

1997年召开主席会8次。其中，1月14日，会议讨论召开政协清流县五届四次全委会有关事项及春节慰问活动安排。2月16日，会议决定政协机关人事调整和增补2名政协委员等事项。

1998年召开主席会10次。其中，8月7日，主席（扩大）会议通过《政协清流县委员会关于学习贯彻〈中共清流县委关于依法治县的决定〉的决议》（以下简称《决议》）。《决议》要求政协机关要把依法治县工作列入重要议事日程，要开展调查研究，组织经常性的法律、法规执行情况专项视察，协助有关部门开展依法治乡、依法治厂、依法治村（居）、依法治校等活动，对宪法、法律和法规实施进行民主监督。

三、政协清流县六届委员会主席会议

1999年召开主席会12次。其中，6月7日，会议听取政协委员开展全县非公有制经济情况调查汇报。针对非公有制经济发展中存在的思想不够解放、优惠政策不落实等问题，提出要简化办证、办照手续，规范税费标准，实行税费明白卡制度，要建立非公有制企业贷款担保基金，设立专项奖励基金等主席建议案，报送县政府。7月13日，会议听取专门委员会关于全县烟叶收购情况的调查汇报和全县贯彻执行《中华人民共和国台湾同胞投资保护法》情况调查汇报，确定第三次常委会讨论关于工业企业的议程。8月31日，会议听取全县农村卫生工作调查汇报；确定开展庆祝人民政协成立50周年活动内容及与宁化、建宁联谊事项。

2000年召开主席会12次。其中，6月6日，召开主席会议，邀请县委、县政府领导共同协商制定全县政治协商方案。会议通过《清流县2000年政治协商方案》。

2001年召开主席会10次。其中，1月31日，研究部署对口协商工作及六届三次全委会议筹备工作。4月3日，研究部署关于精神文明增实效调研工作。7月16日，研究部署处级领导民主生活会及学习江泽民总书记"七一"讲话事宜。10月15日，研究部署农村文化阵地调研工作有关事宜。

2002年召开主席会11次。其中，4月30日，会议讨论做好迎接省政协到清流大路口村调研农村中介组织工作。12月11日，会议讨论六届二十三次常委会安排、关于视察为民办实事进展情况的安排、关于筹备召开六届三次全委会问题。

2003年召开主席会10次。其中，1月16日，会议确定六届二十四次常委会议程为听取县法院、检察院工作报告和常委会工作报告。3月11日，会议审议提交常委会讨论的《关于中介组织发展和建设情况的调研报告》。6月9日，会议确定六届二十六次常委会议程为听取县政府关于优化个私经济发展情况的通报和防治"非典"工作情况通报。11月12日，会议听取县委统战部关于七届政协委员协商情况的汇报。

四、政协清流县七届委员会主席会议

2004年召开主席会15次。其中，2月25日，会议通过《县政协2004年主要工作安排》，提出县政协常委会重点协商课题是：农业重点产业发展，优化民营经济发展环境，开发生态旅游。4月21日，会议确定政治协商重点课题：农民增收，农业重点产业，优化民营经济发展环境，推动生态旅游项目开发，建立健全社会保障体系。7月22日，会议确定七届三次常委会议程是民营经济发展问题。

2005年召开主席会议21次。其中，3月22日，会议协商讨论2005年政治协商方案，主要有农业低产田改造、氟化工产业、城镇化建设等。7月6日，会议讨论通过《发挥县政协委员作用的意见》《主席会议工作规则》及召开七届第七次常委会有关事宜。

第五节 主要活动

一、政治协商

县政协围绕县委、县政府在各个历史时期的奋斗目标和中心任务，按照“政协全体委员会议整体协商、常务委员会议专题协商、专门委员会议对口协商”的形式，多层次开展政治协商活动。就影响全县改革发展稳定大局的方方面面开展协商议政，提出建设性意见和建议，为县委、县政府科学民主决策提供参考。

1991—1993年，四届政协委员会共召开全体委员会议3次、常委会议16次、常委专题座谈会6次、主席会议36次。通过全委会听取政府工作报告和计划、财政预算等报告，参与县国民经济、社会发展十年规划和“八五”计划纲要的协商讨论，委员们围绕加快国营企业经营机制转换、加快农业综合开发和加强农村工作、做好林副产品深度加工等经济建设及民主法治建设中的重大问题进行协商讨论，对城镇、交通建设，农村初级保健，公费医疗，城区居民用水，菜篮子工程等人民群众关心的热点问题进行专题讨论，形成书面建议和意见报送县委、县政府决策参考，推进有关部门工作。政协主席列席县委常委会、常委扩大会、出席四套班子会，列席县人大常委会、县政府成员会，参与党政目标管理、财政预决算、城镇建设、造林绿化、农业综合开发等重大决策讨论，发表意见建议，共商清流发展大计。

1994—1998年，五届政协委员会召开全体委员会议5次、常委会议23次、主席会议48次。5年间，全委会提出发言材料48份，并要求委员将发言中反映的主要问题和建议写成提案，交县委、县政府，如《关于建立百里经济带的建议》《发展合作医疗、保障农民健康》《关于实施农业产业化经营的思考》《关于开展建县900周年活动的建议》等发言转为提案办理后，产生很好效果。1995年，组织有关专家和委员对《清流县国民经济和社会发展“九五”计划和2010年规划纲要》进行论证，提出建议意见42条，被采纳31条。五届十八次常委会议就县域工业生产进行协商讨论，提出《辩证看待国有企业，正视问题迎接挑战》的报告，引起县领导重视，通过现场办公，逐步解决企业存在的困难和问题。1996年五届三次会议期间，组织委员分农业农村、工业、财贸、文教卫体、三胞宗教民族5个专题与县直32个部门进行对口协商座谈，就实施县“九五”计划和2010年远景目标、改革开放、两个文明建设等提出可行性建议意见60余条。

1999—2003年，政协委员提交全委会发言材料52人次。其中，《关于进一步搞好山地综合开发的建议》《关于组织实施“科技兴村计划”的若干思考》《继续深化项目年活动，加快经济发展步伐》等得到县领导批示并付诸实施。常委会分别围绕“十五”计划的编制和实施、“三农”的解决、非公经济发展、项目年活动、城镇化建设、预防“非典”等工作听取县政府领导和部门通报，展开协商讨论，许多意见建议被吸纳到有关规划和决策中。2000年，对《清流县国民经济和社会发展“十五”计划和2010年规划纲要》进行论证，提出建议19条，有15条被写进“十五”计划和2010年规划纲要。

2004年，县政协常委会协商突出重点，就农民增收、农业重点产业发展、优化民营经济发展环境、生态旅游开发、建立健全社会保障体系5个重点课题开展专题协商，提出稳定种粮面积，做强重点特色产业，调优农业结构、加快富余劳动力转移；民营经济发展要营造良好发展氛围、转变政府职能，拓宽融资渠道、加强企业内部管理等建议，为县委、县政府及有关部门决策提供重要参考依据。

2005年，县委、县政府每年与政协共同商讨确定协商重点课题。县政府每半年向政协通报1次经济和社会发展情况，重要会议邀请县政协领导和有关委室负责人参加。七届二次全委会对“十一五”规划的编制提出思路和建议，专题讨论“十一五”规划建议，就集智聚力，科学规划“十一五”期间经济和社会发展目标；深化改革，增强经济发展活力；树立和落实科学发展观，全面提升经济发展质量等方面提出建议。“十一五”规划纲要基本成稿后，组织部分常委和委员进行调研，就经济建设和社会事业发展等方面形成调研材料9份，其意见建议均不同程度被吸纳到“十一五”规划中。

二、民主监督

1989 年，县政协建立“特约四员”制度。1991 年，推荐 16 名党外人士担任特约审计员、物价检查员、税务巡视员、廉政监察员。

1992 年，县政协与县人大、政府联合开展《农业法》和《农业技术推广法》实施情况，特别是对减轻农民负担、增加农业投入、推广农业技术、合理保护和利用耕地等方面执法情况的检查，促进依法治农、依法兴农。全县各部门聘请 40 余名委员担任行风监督员、效能监察员、人民陪审员、检察院监督员。他们通过各种形式开展民主监督，参加干部考察评议、民主评议行风、各种执法检查、案件审理和检察监督，了解情况，反映问题，提出建议，维护公平正义，为改进机关作风起到不可替代的作用。

1995 年 2 月，县政协讨论通过《关于做好反映社情民意工作的意见》，编印《社情民意调查表》，运用会议、视察、调查、提案、信访和座谈方式畅通信息渠道，听取各界人士的意见、建议和要求，密切同各界群众的联系。通过反映社情民意加强民主监督。

1996 年，县政协被市政协推荐参加全省政协民主监督工作经验交流座谈会，并在会上作《围绕经济建设、加强民主监督》的发言，该文被刊登在 5 月《人民政协报》理论版。

1997 年 4 月，一些委员反映灵地猪肉屠宰欺行霸市问题长期未整治，县政协利用《委员建议摘登》向县领导和工商部门反映该情况。县工商局及时研究制定整治措施，调查核实，公开处理不法屠户，有效遏制侵权行为。

2001 年，县自来水存在泥味重、水质不清的问题，城区群众反映强烈。县政协及时向县领导和自来水厂反映，自来水厂通过勘察，为水源上游烟农将烟杆、稻草丢到水中所致，及时采取打捞、清除污物措施，问题解决。

2002 年，根据群众反映城区网吧经营管理混乱问题，组织政协委员进行明察暗访，发现部分网吧存在未成年人入内现象严重、经营场所不规范、管理部门执法不到位等问题，及时向有关部门提出改进意见。

2003 年，县政协对群众反映强烈的液化气价格和质量问题进行视察，有关部门采纳委员建议，加强管理，规范液化气市场经营秩序，维护消费者权益。

2005 年，县政协组织政协常委听取和讨论法院、检察院工作报告，就进一步打击违法犯罪，落实“公正司法、一心为民”方针，加强队伍建设等方面提出建议。旁听法院案件审理情况，组织委员中的陪审员参与案件审理和监督。应邀参与有关部门关于液化气调价、土地调价等专项听证会，反映群众意见，加强民主监督。

三、提案工作

县政协第四届委员会期间（1991—1993 年），提案委员会收到提案 157 件，内容涉及经济建设、城乡精神文明建设、科技、教育、文化、卫生等，全部办复。其中，经济科技组委员提出的扩大烤烟种植面积，增加农民收入的提案，被县委、县政府采纳并付诸实施，使全县烤烟面积从多年徘徊于 1133.33 公顷扩大到 1991 年的 3300 公顷，成为农民重要收入来源。

县政协第五届委员会期间（1994—1998 年），收到提案 261 件，涉及经济建设、科技、教育、文化、卫生，以及统战、政法和劳动人事等方面，落实 209 件。其中，《关于城关自来水工程选址》的提案被作为重点提案进行办理，经反复论证，形成《关于在严坊溪筑坝打洞兴建城关自来水工程》建议案，呈送县委、县政府。县委、县政府采纳建议，在严坊溪筑坝兴建自来水工程，并于 1995 年 10 月 1 日竣工。

县政协第六届委员会期间（1999—2003 年），县政协委员和有关人民团体，围绕清流县经济和社会发展的重大问题，以及人民群众关心的热点、难点问题，运用提案形式建言献策，提出提案 212 件，其中主席会议建议案 1 件、团体和委员小组提案 8 件，177 件得到采纳。《关于建议采取切实有效措施、促进清流非公有制经济发展》的主席会议建议案，被县委、县政府采纳，决定将发展非公有制经济作为清流经济发展的主要增长点和县域经济上新台阶的重要工作抓好落实，相继出台《关于加快发展个体私营经济的决定》和《关于对损害经济发展软环境行为实行效能告诫的暂行规定》等措施，为清流非公有制经济的发展创造良好发展环境。

县政协第七届委员会期间（2004—2005 年），收到提案 86 件，内容涉及经济建设、科技、教文卫体、交通、电力和城市建设等方面。2004 年，县委办、县政府办联合转发《清流县政协办公室关于办理政协提案的意见》，提案办理效率与质量明显提高。关于《分期对实验小学办公楼和教学楼进行改造》的提案，县政协组织有关人员多次到实验小学等城区几处实地视察选址，与县委、县政府分管领导和教育局等部门领导共同商讨改造方案并达成共识。经过反复对比、筛选和论证，确定就地改造的方案。之后，县政府领导组织有关部门负责人到该校召开现场会，就资金筹措、规划设计等工作进行部署，拟定改造分2期进行，并将实小改造列为2006年为民办实事项目。

四、调研视察

1991年，县政协先后对嵩口镇上坪村河堤冲刷、案头水泵损坏程度、“双白”公路工程建设、义务教育法实施情况及贯彻省委加强基层站所建设等问题组织开展视察活动11次，形成视察专题报告7篇，提出意见和建议47条。经济科技委围绕繁荣城区经济这一专题，对城区的个体工商业以及龙津市场建筑布局进行调查，提出由房地产开发公司和工商局联合开发龙津市场的建议，被县政府采纳。根据县委、县政府提出扩大烤烟种植的意见，组织政协委员开展调研活动，写出《关于一九九二年发展烤烟的建议案》，提出发展烤烟的可行性措施及应注意问题。县委、县政府及时采纳，并在全县烟草工作会议上给予推广贯彻。

1992年，县政协组织委员到尤溪和古田考察食用菌生产，赴云南考察草地开发经验，赴江西进贤县和德兴市考察国家第一批红壤山地改造项目贷款实施情况。组织调查组对清流县果树受冻情况、县内贸改革情况、农业社会化服务和科技兴农、寺庙管理、中小学教学管理等情况进行调查，对县域发展食用菌生产、恢复和发展果树生产等建议，被县委、县政府采纳并付诸实施。

1993年2月，县政协收到嵩口镇阳章麟等3位委员提出的关于《修复嵩口上坪河堤，保护人民群众生命财产安全》的提案。5月27日，县政协领导带领有关人员深入现场实地调查核实情况，提出尽快修复该堤的建议，呈送县委、县政府主要领导。县政府决定县财政拨款10万元，嵩口镇政府、嵩口坪电站、嵩口村共同出资20万元，由嵩口镇政府组织施工。是年10月，防洪堤得到及时修复。

1994年，受“5·2”洪灾及农用生产资料大幅度提价等因素影响，农民种植烤烟积极性受挫。9月，县政协组织委员赴全县10个乡镇24个村进行烤烟生产调查，做好烟农思想工作，打消疑虑，并提出清流县宜发展烤烟面积2666.67公顷的建议。县委采纳建议，使县烤烟生产稳步发展，继续名列全省四大烤烟基地县。组织部分委员和林业科技干部考察温郊、沙芜乡的毛竹生产状况，针对存在问题提出理顺经营体制，实行责任承包，鼓励谁种谁有、加强技术指导等建议，被县政府采纳并印发《关于加强毛竹生产经营管理的若干意见》，理顺生产、经营、销售的关系，促进毛竹生产发展。

1995年，县政协组织委员视察县氨厂改革、生产与技改挖潜情况，向省、市政协信息内刊报送《请给化肥企业雪中送炭》的信息，该信息后被《福建通讯》的“八闽呼声版”刊发，引起省委、省政府领导重视，省政府为此专门拨给县氨厂政策性煤补贴款42.6万元，为氨厂扩大再生产发挥作用。

1996年，县政协开展调研活动16次，提出建议意见80余条。组织委员视察清流一中创二级达标情况，反映硬件建设方面存在的问题，提出的建议得到县委、县政府主要领导的重视和采纳，清流一中通过二级达标验收。同年，对县殡仪馆建设选址进行调查，提出馆址地点建议得到采纳，殡仪馆顺利完工。配合市政协先后深入台商投资的桦信茶果开发有限公司、青龙公司李家果场、瑞丰公司和港商投资的嵩溪养鳗场等重点“三资”企业调研。

1997年，县政协开展农村医疗卫生工作视察，提出增加卫生事业投入、加强村级医疗机构管理、推进农村合作医疗等建议，得到县委、县政府和有关部门的采纳，随后在余朋、沙芜、田源开展农村合作医疗试点工作。

1998年，县政协开展清流县非公有制经济发展情况、农业产业化、毛竹生产情况、国有企业改革情况等的调研。至此，五届政协委员会共开展调研视察活动72次，提出建议意见320条。

1999年，县政协组织委员对全县蜜雪梨发展情况进行调研，提出建议引起县委、县政府重视，召开常委会议进行专题研究，出台扶持蜜雪梨发展的优惠政策。

2000年，县政协开展个私经济优惠政策贯彻落实情况调查，反映个私经济在发展过程中遇到的困难和问题，提出发展个私经济建议5条，得到县委、县政府采纳，并先后制定出台有关促进个私经济发展的优惠政策和规定。

2001年，根据县委统一部署，县政协开展“精神文明建设增实效”课题调研，调研组人员深入乡镇、部门、企业、村（居）和学校，召开座谈会，走访群众，获取大量的第一手资料，形成子课题调研材料 9 份，并汇总形成精神文明建设增实效专题调研报告，就新时期精神文明建设工作如何增强实效提出 13 条对策。

2002 年，县政协组织委员对个私经济发展中部门兑现承诺制度情况进行视察，县委主要领导在视察报告上作出批示，要求相关部门就存在的问题进行整改，对政协委员提出的建议进行研究、采纳和落实。

2003 年，县政协开展农村中介组织建设情况调研，就如何发展和扩大农村中介组织、促进农产品销售提出建设性建议，调研报告被三明市委《决策参考》全文刊登。

2004 年 5 月，县政协开展畜牧水产养殖情况视察，提出要抓好大水面综合开发，重点抓好全县水库养殖、车湾养殖，增加投苗量和投放大规格鱼苗等建议意见。同年，开展县域交通运输状况调研，针对交通运输存在的问题，提出要保护和培育运输市场，壮大运输业。

2005 年，县政协开展氟化工、苗木花卉、烤烟生产、生态旅游等重点产业，非公经济发展，乡镇卫生院建设，农村公路和体育场馆建设等情况调研视察，提出建议意见，得到县领导和有关部门重视和采纳。

1991—2005 年，县政协围绕清流县社会热点和难点问题，累计组织政协委员开展调研视察活动 197 次。

五、文史征编

1991 年，县政协文史资料委员会负责征集、整理、出版《清流文史资料》。聘请文史通讯员 30 ～ 40 人。每年召开文史工作座谈会 1 次，研究文史工作任务和征集内容，基本每年出版《清流文史资料》1 辑。

四届政协期间，县政协征集出版《清流文史资料》第七、八、九辑。第七辑清流文史资料《狐狸洞探古》专辑于 1991 年 10 月出版。全书文章 17 篇、6.3 万字。主要征集记述 1988 年 5 月在沙芜乡狐狸洞发现万年以前古人类化石经过的史料，描述狐狸洞地区的秀丽风光和民间传说。第八辑《清流文史资料》于 1992 年 10 月出版，文章 34 篇，8 万余字，内容以记载清流人物、古文化和民俗风情为主。第九辑《清流文史资料》于 1993 年 10 月出版，内容以介绍清流人物、乡土文化为主。

五届政协期间，县政协重新聘请文史通讯员 30 人。征集出版《清流文史资料》第十辑、十一辑、十二辑、十三辑、十四辑。第十辑《清流文史资料》于 1994 年 10 月出版，以清流水利水电发展史、文物考古、风土人情和洪灾纪实为主要内容。第十一辑清流文史资料《广益之光》于 1995 年 7 月出版，为庆祝灵地小学 80 周年校庆专辑，收录灵地小学海内外校友回顾学校 80 周年沧桑历史的文章。第十二辑清流文史资料《王连三》于 1996 年 7 月出版，为纪念中国大提琴民族化开拓者、新中国大提琴教学事业的奠基人王连三（清流籍）诞辰 70 周年专辑，收录回忆文章以及王连三部分音乐作品等共计 43 篇、8 万余字。1996 年 12 月 9 日，县委、县政府、县政协联合举办《王连三》专辑首发式，王连三生前工作单位——中央音乐学院领导参加首发仪式，福建人民广播电台播报清流举办《王连三》专辑首发式的消息。第十三辑《清流文史资料》于 1997 年 12 月出版，内容分为文化寻踪、教育园苑、往事回忆、人物剪影、迎香港回归诗词选 5 个部分，反映新中国成立后清流县各个时期的重要事件和重要活动。第十四辑《清流文史资料》于 1998 年 10 月出版，征稿时恰逢清流置县 900 周年，内容以反映清流 900 年历史沧桑巨变为主。

六届政协期间，县政协征集出版《清流文史资料》第十五辑、十六辑、十七辑。第十五辑清流文史资料《清流诗词》专辑于 2000 年 2 月出版，共收录清流古今 102 位作者的诗作近 500 首，分为“历代遗玉”与“今人新作”两个部分。第十六辑清流文史资料《裴应章》专辑于 2001 年 12 月出版，记载清流籍城关人、明嘉靖至万历年间南京吏部尚书裴应章的生平实录、传奇故事以及裴应章诗联、裴应章序记。第十七辑清流文史资料《清流民俗风情》专辑于 2003 年 12 月出版，收录文章 70 余篇，约 17 万字，照片 16 幅，记载清流地方特色传统文化，内容涉及人们的生产、生活习俗、人文风范、民间信仰、庙会宗祠活动等方面，从不同角度反映和展示清流民俗风情。

2004 年，七届政协征集出版清流文史资料第十八辑《清流旅游揽胜》专辑，收录文章 77 篇，约 17 万字，领导题词及图片 36 帧，图文并茂地介绍清流县旅游资源和旅游发展现状。

1991—2005 年，出版《清流文史资料》12 辑，规格为小 32 开，150 余万字。内容涉及文物资料、历史人物、民俗风情、民间传说、旅游资源等，每辑印数 1000 ～ 1500 册。除与福建省各县市（区）政协交换文史资料外，还与省内外一些高等院校、文史单位建立联系，开展交流。

卷十八　人民团体

1991年，清流县各人民、社会团体组织，围绕县委和县政府各个时期中心工作，发挥桥梁纽带作用，创新工作方法，积极参政议政，献计献策，以共同竞赛的形式，激发社会各界、各阶层人士参加社会主义事业建设的热情。县总工会基层组织建设向非公有制企业延伸。加强职工教育，组织各基层工会开展职工文体活动和社会主义劳动竞赛，督促企业强化职工民主管理，建立平等协商和集体合同制度，开展困难职工帮扶，做好劳动安全保护监督和职工来信来访处理，维护劳动者正当权益。至2005年，全县基层工会组织195个（其中非公企业工会34个），工会会员8215人，占职工总数88.54%。15年间，慰问特困和困难职工3540人次，发放慰问金100.98万元。

1991年，团县委注重加强青少年思想道德教育，组织开展暑期学生社会实践活动，实施青年人才工程。1994年起，团县委实施“希望工程”，资助家庭贫困学生；在城乡（镇）小学启动中国“跨世纪少年雏鹰行动”。倡导各行各业青年开展“青年文明号”百日竞赛活动。启动“共青团帮扶农村奔小康行动”，实施青年星火带头人、农村青年创业致富能手培养活动，获“全省培养青年星火带头人活动组织奖”。清流县被评为“全省农村青年实用技术培训工作先进县”，团县委每年组织青年志愿者开展“弘扬雷锋精神，为民办实事”活动。每年平均组织举办青年文化艺术节、青年歌手赛、知识竞赛、环城跑等各类活动5场。2002年，被团中央评为“全国第四届乡村青年文化节优秀组织单位”。2005年，全县有省级“青年文明号”单位4家、市级单位28家、县级单位43家，覆盖行业26个；有技术特长并分类建档的青年志愿者238人。清流县被评为“市少先队工作红旗县”。

1991年，县妇联在全县开展“五好文明家庭”创建及“巾帼建功”活动。实施巾帼科技致富工程，组织农村妇女开展“双学双比”。全县开展“巾帼携手奔小康”活动经验被省妇联向全省推广。1997年始，县妇联实施“春蕾计划”工程，支助失学、辍学女童及特困女生。2000年起，县妇联开展“巾帼扶贫行动”，争取小额信贷扶贫资金，扶持贫困妇女发展“种、养、加”等短平快项目。被省妇联授予2003—2004年度农村妇女富余劳动力转移工作先进集体。至2005年，全县有“五好文明家庭”2.24万户，占总户数70.9%。全县累计有153名特困女童得到社会各界人士资助。

1991年，县科协在实施城乡科普，组织各学会开展学术研讨、交流活动同时，引导农民科技致富，利用农函大、农广校平台，广泛开展农村科技培训，组织科技人员开展科技下乡活动。1995年，县科协被评为“全国农村科普工作先进集体”。1998年，县科协围绕“农业产业化经营”“科技兴县”主题，与三明市科协共同促成东华乡大路口村与三明市园艺学会开展技术协作（以下简称“村会协作”），该做法在全县、全省推广，中央电视台《焦点访谈》栏目专题报道大路口村“村会协作”的经验和做法。至2005年，全县累计举办各类农村先进实用技术培训班4800多期，受训6.5万余人次。

1991—2005年，县工商业联合会、县文学艺术界联合会、县残疾人联合会、县计划生育协会、县红十字会、县关心下一代工作委员会等团体也各尽其责，聚智集力，为共同推进清流经济和社会事业全面发展作出积极贡献。

第一章　工　会

第一节　机　构

一、清流县总工会

1991年，清流县总工会（以下简称县工会）内设办公室、组织部、宣传部、生产保护部、生活女工部；行政编制9人，实有10人。下属事业单位工人俱乐部，编制2人，实有1人。1997年，机构改革，县工会内设办公室、组宣部、生产保护部、生活女工部，核定行政编制6人，事业编制2人。2005年，内设办公室、组织宣传部、经济部、生活女工部，行政编制5人，工勤编制1人。下辖事业单位工人俱乐部，事业编制2人。

二、系统工会

1991年，全县有林业、教育、经委、财贸、电力5个系统工会。1994年3月，建设系统工会成立。1997年8月，县直机关系统工会成立。2002年4月，经贸局系统工会成立。2003年3月，优恩公司系统工会成立。2005年，全县有林业、教育、经贸、建设、县直机关、电力、优恩公司7个系统工会。

三、基层工会

1991年，新组建基层工会4个。全县基层工会159个，工会会员8247人。1993年3月，龙津镇政府工会成立。1998年，新组建工会6个，对17家改制企业工会进行改选。2000年，县成立非公企业工会组建领导小组。是年，组建非公有制企业工会12个。至2001年12月，全县15个乡镇政府机关均成立工会委员会。2005年，全县基层工会组织195个，其中非公企业工会34个。工会会员8215人，占全县职工总数88.54%。

第二节　代表大会

一、清流县总工会第十三次代表大会

1993年11月10日，县工会第十三次代表大会召开。出席会议代表172人，特邀代表5人。会议审议并通过县工会主席兰健全代表县第十二届工会所作的《解放思想，开拓进取，真抓实干，在社会主义市场经济中发挥工人阶级主力军作用》工作报告。大会选举产生第十三届工会委员会委员17人、常务委员9人、主席1人、副主席2人。选出主席兰健全，副主席赖添麟、黄桂珍。同时选举产生工会经费审查委员会委员5人。

二、清流县总工会第十四次代表大会

1998年10月26日，县工会第十四次代表大会召开。出席会议代表170人，特邀和列席代表15人。会议审议并通过县工会主席李信代表第十三届工会所作的《高举邓小平理论伟大旗帜，团结和动员全县职工为实现我国跨世纪宏伟目标而努力奋斗》的工作报告。会议选出第十四届工会委员会委员17人、常务委员9人、主席1人。副主席2人。会议选出主席李信，副主席江长玉、黄茂辉。同时选举产生工会经费审查委员会委员5人。

三、清流县总工会第十五次代表大会

2003年12月16日，县工会第十五次代表大会召开。出席会议代表121人，邀请代表5人，列席代表10人。会议审议通过县工会主席张淑华所作的《深入学习贯彻“三个代表”重要思想，团结动员全县广大职工为全

面建设小康社会而努力奋斗》的工作报告。选举产生第十五届工会委员会委员17人、常务委员9人、主席1人、常务副主席1人、副主席2人。会议选举产生主席张淑华（县委常委、组织部长兼），常务副主席李为民，副主席江长玉、黄茂辉。同时选出工会经费审查委员会委员5人。

第三节　主要活动

一、职工教育

1991年，全县各级工会开展"双基"（基本国情、党的基本路线）、"三热爱"（热爱党、热爱社会主义、热爱祖国）教育活动。参与教育活动9000人。同时，在职工中开展读书自学活动。

1992—1993年，全县各级工会组织学习邓小平视察南方重要讲话和建设有中国特色的社会主义理论和中共十四大精神。举办政治理论学习班和各种会议246次，参加学习6500余人次。

1994—1995年，组织职工学习《邓小平文选》、社会主义市场经济知识和中共十四届五中全会精神。同时开展学习孔繁森活动，号召全县职工做孔繁森式的好职工、好干部。参加学习职工6250余人次。2人被省总工会评为"自学成才能手"。

1996—1997年，组织全县职工学习中共十四届六中全会精神，开展"迎接香港回归祖国"读书活动和知识竞赛。

1998—1999年，组织工会干部和职工学习中共十五大精神和邓小平理论。全县51个基层工会举办学习中共十五大精神和邓小平理论培训班，培训骨干2616人次。组织31家企事业单位2000余名职工参加全国班组职工学习邓小平理论知识竞赛。

2000年，组织职工学习"三个代表"重要思想和中共十五届五中全会精神。组织20多家企业职工参加全国"国有企业改革和发展"知识竞赛。

2001年8月，开展全国班组职工学习"十五"计划纲要知识竞赛活动，全县参赛职工2000余人。

2004年4月，组织2000名职工参与全国"创建学习型组织，争做知识型职工"知识竞赛，3人获三等奖。县优恩公司系统工会50余人参加大专、本科学历教育。至是年末，全县机关、企事业单位参加创争活动面60%，参加读书自学人数累计3000余人。

2005年，全县工会系统学习贯彻"三个代表"重要思想，并开展"创争"活动知识竞赛，2000余人参加竞赛答题。是年，参加创争活动的机关企事业单位工会121个，60%企事业单位工会建立学习型组织，知识型职工占职工总数50%，达到学习型组织示范标准工会22个。建立职工培训基地16个，参加各类教育培训职工2120人次。

二、职工文体活动

1991年，举办庆"五一"和建党70周年主力军心声歌咏晚会，全县16个单位200余人参加演出，6000余名职工参与歌咏活动。举办首届交谊舞培训班。"五一"期间，举办"电力杯"蓝球赛和自行车赛，参与职工200余人。

1992—1995年，举办职工跑步、门球、台球、乒乓球、扑克、飞镖等比赛，300余人参加。举办篮球赛5次、桥牌赛3次、象棋赛3次、围棋邀请赛4次。组队参加首届"三钢杯"职工围棋赛，获团体第二名。

1996年，组织职工代表团参加市第二届工人运动会，选派大众体育创编、太极柔力球、田径3个项目36名运动员参与比赛。获大众体育创编团体总分第七名、田径项目团体总分第九名。

1997年，会同县委组织部、宣传部、文体局举办"香港回归形势报告会"和"纪念中国共产党成立70周年暨迎接香港回归祖国"文艺晚会。

1998年"五一"前夕，举办大众体育创编项目比赛，设双拐、摸石过河、呼啦圈、袋鼠跳、齐心协力、单边滚桶、力士竞速等 9 个项目，340 余名职工参与。

1999—2005 年，举办全县男子乒乓球单打比赛 3 次、乒乓球团体赛 1 次，参与比赛职工共 60 余人次。县处级干部乒乓球单打比赛 1 次，参与比赛 20 余人。全县性职工围棋赛 2 场，参加人数 48 人次。

三、“两法”宣传

1992 年 4 月，新《中华人民共和国工会法》（以下简称《工会法》）颁布，县总工会向全县各部、委、办、局和企事业单位发放《工会法》单行本 600 册。并举办《工会法》培训班，参加培训企业党政、工会领导 52 人。全县 7 个系统工会、32 个基层工会举办《工会法》培训班，参加学习 3100 人次，并通过广播、专栏、知识竞赛和标语等进行宣传。

1994 年，发放《中华人民共和国劳动法》（以下简称《劳动法》）小册子和宣传资料 500 余份。组织《劳动法》知识竞赛，全县参赛职工 3100 余人。

1996 年 5 月，成立“一法一例”（即《劳动法》《福建省企业职工合法权益保障条例》）协调领导小组。全县各级工会举办“一法一例”培训班 84 期，培训骨干 2176 人次，发放宣传资料 2000 余份。

2001 年，县人大常委会召开学习《工会法》（修正）座谈会。全县开展学习宣传《工会法》咨询活动。举办各系统工会、基层工会骨干培训班，52 名工会干部参加。在县电视台举办为期 2 周《工会法》讲座。

2002 年，举办《工会法》知识竞赛，2000 余名干部、职工参赛。县人大常委会、县政协、县法院、县检察院等 10 个部门组织中层以上干部进行《工会法》知识测试。同年 6 月，清流县代表队获全市《工会法》知识竞赛三等奖。年内，《工会法》列入党校培训重点内容。

2003—2005 年，与县人大常委会法制委联合举办《福建省实施〈中华人民共和国工会法〉实施办法》培训班，参加培训工会干部 50 人。开展“为实现公平和正义——法律援助在工会”公益宣传活动。围绕职工合法权益、劳动争议、下岗再就业、工资拖欠及劳动安全问题提供咨询服务，受益 100 余人。县总工会领导先后到县委党校青干班、科级干部培训班宣讲《工会法》3 次。

四、开展社会主义劳动竞赛

1991 年 4 月，在全县工会部署开展“双增双节（增产节约、增收节支）、合理化建议”活动；将劳动竞赛经济指标分解至基层单位。

1992 年，全县开展“岗位技术练兵，增收节支创效益”活动，参与比赛单位 33 个，参赛职工 882 人；评出技术业务能手 94 人，评聘技师 8 人。1993 年 4 月 30 日，在县电力公司举行岗位技术练兵表演赛，全县 12 家企业 30 名业务能手参与油锯操作、外线爬杆、制作钢梁匝筋、点钞票等 10 项技能表演。

至 1995 年，全县累计有 2.7 万人次参加以“双增双节”为主要内容的社会主义劳动竞赛，创经济效益 1577.83 万元。

1999 年，全县工会开展“五新”（新产品、新设备、新工艺、新材料、新技术）和“远学邯钢，近学三钢”向新中国成立 50 周年献礼活动，并在矿山、建筑、化工、电力、工交、机械等行业开展“安康杯”竞赛。

2000 年，开展群众性“经济技术创新工程”活动。全县 21 个基层工会 1631 名职工参加活动，提出合理化建议 2831 条，被实施采纳 912 条，增创价值近 200 万元。参与社会主义劳动竞赛职工 2.5 万人次，共创经济效益 1776.13 万元。

2001 年，全县有 2000 余名职工参与“经济技术创新工程”活动。全年为企业增创经济效益 180 余万元。县氨盛公司、鱼龙岗电厂、明孚公司、清流供电局、香料厂动员职工提千字合理化建议，并对职工技改和合理化建议给予奖励。清流代表队获全市计算机普及及应用大赛团体总分第 2 名。微机集控改造、低频矿热炉新技术应用等 4 项技能和 7 项先进操作法受到市有关部门表彰。

2002 年 11 月 8 日，在县通用机械厂举办全县车工、焊工技能竞赛，并对竞赛技术能手予以表彰。组队参加全市职工计算机知识普及应用大赛和烹饪技能竞赛，获优秀组织奖，计算机大赛 1 人获第三名。是年，全县有 1500 多名职工参与社会主义劳动竞赛，提出合理化建议 759 件，为企业增创价值 303 万元。

2003 年 5 月，开展第五届“安康杯”竞赛活动，全县 32 家厂矿企业近 2000 名职工参加。县优恩公司鱼龙岗发电厂工会被市总工会评为第五届“安康杯”竞赛先进单位。2005年，全县开展电工技能赛和金融部门点钞赛。组织17名焊工到氨厂观摩学习市总工会举办的焊工技师操作表演。

五、职工民主管理

1991年5月，成立县民主制度建设领导小组，下设办公室，挂靠县总工会。12家试点企业均建立职工代表大会制度，职工代表576人。企业民主制度建设试点单位到庄前采育场、北坑钨矿进行现场交流学习。同时，开展民主评议企业领导干部工作。6月，试点单位扩大到32家。职代会民主参与和监督、审议企业重大事项、决策。县水泥厂通过职代会讨论决定招待会预结算，吨水泥办公费和接待费从原来的2.3元下降到0.8元。

1993年，全县建立职代会的企事业单位89家。当年，清流供电局、县企业民主制度建设领导小组分获省民主制度建设先进单位称号。第一批试点企业有6家被评为省级先进企业，有3家被评为市级先进企业。

1995年，进行签订集体合同试点。与县劳动局、体改委联合制定《关于在企业建立集体协商签订集体合同制度的工作意见》，规范集体合同签订的基本原则、内容、程序等。

1996年，企业工会主席、职工代表进入或参与董事会或监事会。同年，县政府批转《关于在企业建立平等协商签订集体合同制度的工作意见》，县签订集体合同制度工作领导小组成立，并在县化工厂进行签订集体合同试点。年内，全县签订集体合同企业19家。至1997年，累计签订集体合同64家（其中外商投资企业5家）。至1998年，全县有12家企业工会主席进入董事会或监事会。

1999年，在全县各厂矿企业推行厂务公开。年内有28家国有和集体企业实行厂务公开，占总数40%。企业生产经营、财务、关系职工切身利益问题、业务招待费等为公开主要内容。

2000年，全县有10家企业17名职工代表参加董事会，16家企业21名职工代表参加监事会；有40家企事业单位建立职代会；建立平等协商和集体合同制度的企业35家，覆盖职工2448人。

2001年，贯彻执行《福建省保障企业职工民主参与权利的规定》。全县有7家国有和国有控股企业建立职工监事会制度，占实行公司制企业60%；签订集体合同30家，占应签企业90%。

2002年，民主评议企业领导干部15人。全县签订集体合同32家，其中当年新签3家。建立职代会制度企事业单位82家，召开职代会116次，与会职工代表283人。实行业务招待费向职代会报告制度企事业单位52家。2003年，实行厂务公开企事业单位72家，其中非公有制企业7家。

2005年，在优恩公司、明孚公司、氨盛公司等6家非公企业开展三方协商机制试点工作。全县参加企业董事会和监事会职工15人。实行厂务、政务、校务公开的企事业单位53家。建立平等协商和集体合同制度企业32家。

六、劳动安全保护监督

1991年，全县开展创安全生产合格班组竞赛。

1993年，全县26家企业建立工会劳动监督检查委员会。并在全县企业中开展“创三组”（安全生产合格班组、信得过班组、先进班组）活动。对30家企业“创三组”活动进行验收，合格率92%。鱼龙岗发电站运行一组、合成氨厂生产调度班被市安委会评为安全班组建设优秀班组。

1997年，县总工会参与事故调查处理5起，配合县安委会对企业安全生产检查5次，查出安全隐患91起，隐患整改率92%。

2001—2004年，县总工会配合有关部门开展劳动保护安全检查20次，参与事故调查处理30起，提出事故隐患和职业危害整改312条，整改率90%。

2005年，县总工会参与安全生产检查3次，参与安全事故查处5起，查出企业安全隐患63件次，下发整改指令书23份。

七、女职工工作

1991年，全县工会有女职工委员会31个。在女职工中开展“学先进、比奉献、争‘两创’（创优、创佳）”活动，促进女职工为实现“八五”计划建功立业。1994年，组织1000多名女职工参加省总工会组织的“迎‘95’世界妇女大会知识竞赛”。年内，受市总工会表彰女职工10人次。1995年，县邮电局黄菊香被省总工会评为女职工标兵。1997 年，会同县劳动局、卫生局，开展女职工保健工作。配合县人大常委会、妇联、司法局、劳动局，做好《妇女权益保障法》执行情况检查。1998 年，开展“巾帼建功立业竞赛活动”，组织全县女职工近 5000 人次参与岗位练兵、技术比武、提合理化建议等活动，创经济效益 200 万余元。1999 年，全县开展“女职工成才自我达标活动”，学习达标女职工 1215 人。2003 年，组织 300 余名女职工参加全省女职工权益法律知识竞赛，获奖女工 2 人。至 2003 年，组织女职工参加妇科病普查 2398 人，普查率 93.5%。2005 年 5 月，组织 2000 名女职工参加省《企业女职工劳动保护条例》知识竞赛，获奖女职工 20 人，县总工会女工委员会获优秀组织奖。

八、联席会议

1996 年 10 月 16 日，县政府与县总工会召开首次联席会议，达成议题、共识 7 个。之后，于 1998 年 12 月 29 日、1999 年 12 月 23 日分别召开第二次、第三次联席会。经联席会议协调，县电力公司和竹青背发电厂筹集 30 余万元资金，为职工兴建住房 16 套，解决长期存在的职工住房困难问题。2001 年 6 月，召开第四次联席会议，就企业改革、实施“送温暖工程”、非公有制企业工会组建等 8 个议题达成共识。至 2005 年，每年均召开联席会议，在深化企业改革、稳定职工情绪、促进经济发展等方面发挥作用。

九、来信来访处理

1991—1993 年，县总工会接待职工来信来访 138 人次。1996 年，全县实施国有企业改革，为协调由此引发的劳动关系及劳动者权益等问题，各级工会成立劳动争议调解委员会 21 个，并实行挂牌办公。1994—1998 年，县总工会接待来信来访 354 人次。2000 年，县总工会接待职工来信来访 78 件（次），涉及职工 127 人。先后就林业、电力、供销、粮食等系统 20 余家企业职工关心的热点、难点问题，向县政府和有关部门反映，提出合理化建议，维护职工队伍稳定，促进企业改制顺利进行。同年 10 月 27 日，省总工会转来嵩口坪发电厂信访函 1 封，反映该厂职工反对将企业出售。县总工会主席、副主席和电力公司党总支书记、工会主席等，到该厂宣传企业改革方案，要求妥善安置职工。2005 年，接待来信来访 36 人次，涉及职工 100 余人次。

十、困难职工帮扶

1991 年元旦、春节期间，县总工会开展为困难职工送温暖活动。至 1993 年，县总工会累计慰问困难职工 285 户，发放慰问金 3.6 万元。1996 年，县总工会设立送温暖基金专户，基金 11.4 万元。1996 年，帮助基层兴办经济实体 4 家，安置下岗职工 33 人、待业职工 32 人。1997 年，县政府为送温暖工程拨付铺底资金 5 万元。1998 年 7 月，县总工会职业介绍所成立；8 月，县总工会劳动法律监督委员会成立。2000 年，建立困难职工档案。同年，在全县职工中开展募捐活动，募捐基金 4 万余元。2001 年，对全县 32 户特困职工进行动态管理。扶持特困职工子女就学 15 人。全年筹集送温暖基金 7 万元。2003 年，补助 3 家困难企业生产自救款 30 万元，发放特困职工帮困证 158 本、帮困救济金 3.43 万元。全县 85 户特困职工列入低保，下岗职工再就业 11 人。2005 年，实施再就业“863”（3 年内全省工会系统培训下岗失业人员 8 万人，提供就业介绍服务 6 万人，扶持和帮助 3 万名下岗失业人员实现再就业）行动计划。全县开办职工就业培训 8 期 258 人，提供就业介绍服务 156 人，扶持和帮助再就业 82 人。15 年间，各级工会帮助安置下岗和失业职工 274 人。至 2005 年，全县慰问特困和困难职工 3540 人次，发放慰问金 100.98 万元；扶持困难职工家庭大学生 35 人次、中小学生 64 人次，发放助学金 5.63 万元。

十一、建设职工之家

1991 年，县总工会开展创建“职工之家”活动。年内，全县有县级职工之家 28 家、省级模范职工之家 1 家。至 1994 年，全县有省级模范职工之家 2 家、市级模范职工之家 4 家、市级先进职工之家 6 家。2000 年，将“职工之家”创建活动列入企事业单位“文明单位”评比考核内容，坚持党政工共建“职工之家”。2003 年，县总工会把建“家”活动引向非公有制企业。当年，全县有省级模范职工之家 5 家、市级模范职工之家 17 家、县级合格职工之家 20 家。2004 年，各乡镇工会以建设“职工之家”为载体，党政工共建“合格乡镇工会”，强化“六有”建设，创建学习型乡镇工会。至 2005 年，全县有省级模范职工之家 6 家、省级模范职工小家

3家、市级模范职工之家6家、市级先进职工之家10家、市级模范职工小家2家、县级模范职工之家16家。

十二、退休职工服务

1991年，县退休职工管理委员会下设退休费用统筹管理办公室（设县劳动局内）、退休职工管理工作办公室（设县总工会内）。1993年，全县建立职工退休管理委员会15个。

1994年，建立退休职工活动中心，全日开放。内置健身器材和麻将、扑克、象棋、围棋等活动用品。每年开展门球、地掷球、象棋、麻将、桥牌等比赛活动。

1996年10月，清流供电局建成省级模范退休职工之家。1997年，退休职工达25人以上的单位31家，全部建立退休职工管理委员会。是年，建成合格退休职工之家28家，其中先进退休职工之家15家。

至2000年，全县有清流供电局、县公路分局、县邮政局、县电信局4个省级模范退休职工之家。

2003年，退休职工管理服务工作交由县劳动和社会保障局管理。

第二章 共青团清流县委

第一节 机 构

一、共青团清流县委员会

1991年，共青团清流县委员会（以下简称团县委）内设团务部、农工部、城工部、学少部。行政编制6人，实有5人。下属单位青少年宫，事业编制4人。1997年，机构改革，内设办公室、青农部、青工部、学少部，核定行政编制6人。2002年，新一轮党政机构改革，内设综合办和青工部，行政编制5人。

2005年，内设机构及行政编制不变。下属单位青少年宫，事业编制4人。

二、基层团委

1991年，全县基层团委29个。1996年，县水泥厂团委成立。1999年，县水泥厂破产，团委撤销。1997年9月，原县第四中学分设为县城关中学与县职业中学，各设团委1个。同年，原县文明委团委撤销，成立县建设局团总支，原县财委团委与县经委团委合并成立县经贸局团委。1999年，成立嵩口中学团委。2004年，原氨盛公司企业改制，团委随即撤销，成立氨盛公司团支部，隶属县经贸局团委。

2005年，全县共有基层团委27个，其中乡镇团委15个、学校团委7个、机关企事业单位团委5个。

第二节 团员发展

1991年，发展生产和科研一线青年、农村青年，特别是青年致富能手、青年知识分子入团；加强新型经济组织中的团员发展；重视在中学生中发展团员，在中学设立少年团校，中学少先队组织可以推荐优秀少先队员作团的发展对象。并开展团员教育评议活动。当年，全县发展团员1247人，团员总数7368人。

1996年，制定《清流县推荐优秀团员作党的发展对象工作细则（试行）》，坚持标准，做好推荐工作，使团员成为发展中共党员的主要来源。

1991—2005年，全县发展团员2.26万人，推荐团员加入中国共产党2556人，团员占青年比例22.1%。至2005年，全县团员7466人。

1991—2005年清流县共青团员情况表

表18-1　单位：个、人

年份	组织机构			专职团干	新发展团员	团员总数	团员入党人数
	基层团委	团总支	团支部或团小组				
1991	28	10	355	48	1247	7368	178
1992	28	10	349	46	1322	7889	185
1993	28	10	346	45	1148	8077	155
1994	28	9	328	41	1989	8704	208
1995	28	8	305	39	1875	8815	205
1996	29	8	283	29	2147	8875	216
1997	28	9	315	28	1696	8903	204
1998	28	7	356	26	1611	8776	197
1999	28	7	395	21	1225	8501	163
2000	28	7	395	22	1376	7236	186
2001	28	5	395	22	1330	7401	155
2002	28	2	395	24	1323	7342	176
2003	28	2	376	15	1229	7428	184
2004	27	2	294	10	1213	7398	169
2005	27	2	323	12	1870	7466	135

第三节　团员代表大会

一、共青团清流县第十四次代表大会

1993年11月15—16日，共青团清流县第十四次代表大会在县第二招待所召开。正式代表180人，特邀代表5人。团县委书记林峥勋代表共青团清流县第十三届委员会向大会作题为《认清使命，开拓进取，为清流的改革发展和现代化建设奉献青春》工作报告。大会选举产生共青团清流县第十四届委员会委员21人、常委7人，选举林峥勋为书记、陈红为副书记。

二、共青团清流县第十五次代表大会

1996年10月30日至11月1日，共青团清流县第十五次代表大会在清流宾馆召开。正式代表150人，特邀代表5人。团县委书记陈红代表共青团清流县第十四届委员会向大会作题为《振奋精神，开拓进取，争创一流，为清流两个文明建设奉献青春》工作报告。大会选举产生共青团清流县第十五届委员会委员21人、常委7人，选举陈红为书记、刘忠为副书记。

三、共青团清流县第十六次代表大会

1999年10月28—29日，共青团清流县第十六次代表大会在清流宾馆召开。正式代表98人，特邀代表3人。团县委书记刘忠代表共青团清流县第十五届委员会向大会作题为《高举伟大旗帜，肩负历史使命，团结带领全县青年阔步迈向二十一世纪》工作报告。大会选举产生共青团清流县第十六届委员会委员21人、常委7人，选举刘忠为书记、谢峻萍为副书记。

四、共青团清流县第十七次代表大会

2002年8月30—31日，共青团清流县第十七次代表大会在清流宾馆召开。正式代表100人，特邀代表13人。团县委书记谢峻萍代表共青团清流县第十六届委员会向大会作题为《与时俱进，开拓创新，在推进清流县两个文明建设中创造无愧于时代的新业绩》工作报告。大会选举产生共青团清流县第十七届委员会委员21人、常委7人，选举谢峻萍为书记、邹雄为副书记。

五、共青团清流县第十八次代表大会

2005年11月15—16日，共青团清流县第十八次代表大会在清流宾馆召开。正式代表100人，特邀代表13人。团县委书记邹雄代表共青团清流县第十七届委员会向大会作题为《实践“三个代表”，建功海峡西岸，为建设生态经济强县而努力奋斗》工作报告。大会选举产生共青团清流县第十七届委员会委员21人、常委7人，选举邹雄为书记，邱烈泉、雷正旺为副书记。

第四节 主要活动

一、思想政治教育

1991年，开展“热爱党、树立理想，跟党走、建功成才”主题教育。与县直机关党工委联合开展“为民办实事，为党增光辉”党团员奉献月活动。

1992年，开展“社会主义在我心中”教育活动，各级团组织成立业余党校26所，健全学党章、学马克思列宁主义小组241个。

1994年，开展“高举团旗跟党走”为主题的纪念五四运动75周年活动，举办理论学习培训班460期，90%以上团员参加学习，100%团干通读《邓小平文选》第三卷。

1995年，以纪念抗日战争胜利暨世界反法西斯战争胜利50周年为契机，开展“勿忘国耻、兴我中华”主题教育活动。2000余名团员参加团中央举办的“波塞冬杯”抗战知识竞赛。是年，首次举行“18岁成人宣誓仪式”。

1996—1998年，举行袁庭钰、江华椿事迹报告会，在全县团员青年中掀起学先进、赶先进的热潮。同时开展“迎接香港回归”读书学习、知识竞赛、踩街宣传等活动。并以纪念中共十一届三中全会召开和真理标准讨论20周年为契机，开展“话改革开放，促经济发展”主题活动。

1999年，成立“新世纪青年读书俱乐部”，组织青年开展声讨北约暴行活动。开展以“迎接新世纪，青春献清流”为主题的五四运动80周年纪念活动，并评选出县首届“十大杰出青年”。

2000—2001年，组织开展以“保护母亲河，建设美好清流”为主题的纪念五四运动81周年活动，以及“校园拒绝邪教”“崇尚科学，反对邪教”“批判台独”等一系列主题教育活动。

2002—2003年，组织全县团员参加“三个代表”重要思想网络知识竞赛和中共十六大精神学习。举行“弘扬谷文昌精神，绿化美好山河”——清流生态县建设宣教活动暨新团员入团宣誓仪式。团县委被团市委授予学习中共十六大精神优秀组织奖。

2004年，团县委开展未成年人思想道德建设调研活动，调研报告提供县有关部门参考。以组织演讲、座谈、征文等形式，组织团员青年学习江华椿、郑忠华、任长霞等先进人物事迹，提高团员政治思想素质。

2005年，团县委开展“爱我福建·创业海峡西岸”主题团日活动、岗位创优示范活动，举办“继承五四传统，永葆先进本色”优秀团员青年座谈会，促进文明建设。

二、文体活动

1991年，团县委与县委组织部联合举办“党团心声”“革命历史”歌曲歌咏会。举办为期10天的第三届青年文化艺术节，主要有五四纪念大会、“五四精神代代传”火炬接力赛、“苏区美”交谊舞大赛、吹拉弹唱

表演赛等系列活动。1992 年 4 月，举办“伟大的党，光荣的共青团”清流县第四届青年文化艺术节。

1993 年，举办第五届青年文化艺术节和“青春美”五项全能比赛、“心向奥运”万人签名、环城跑等文体活动。1997 年，开展“迎香港回归千人环城跑”“庆五四·迎回归”大型文艺晚会、党团章知识竞赛、少儿书画展等活动。

1998 年，举办“跨世纪·共青团——摄影图片展”“五四青年大游园”、青年文明号成果展、“18 岁成人宣誓仪式”等纪念“五四”青年节系列活动。1999 年，举办“中保杯”五四青年大游园活动。与县委宣传部联合举办迎澳门回归歌咏比赛。2000 年，组织开展“新世纪网页设计制作大赛”、城区团干大联欢等活动。

2001 年，举办《永恒的辉煌——奥林匹克精神》图片展、清流县首届广场文化和“人民交警为人民”主题下乡巡回演出。2002 年，团县委举办“青春潮涌”大型歌咏比赛。当年，团县委被团中央评为“全国第四届乡村青年文化节优秀组织单位”。2003 年，团县委举办“青春飞扬”“电信杯”青年歌手赛。

2004 年，举办“华龙杯”“青春之歌”青少年歌唱比赛、“平安清流”歌手赛及“平安清流”文艺下乡巡回演出。“庙会新风”乡村青年文化活动被团省委评为“优秀乡村文化项目奖”。2005 年，举办“放飞青春”“全球通杯”歌舞才艺大赛。

三、青年文明工程

（一）青年志愿者活动

1991 年，开展“弘扬雷锋精神，为民办实事”活动。完善送温暖小组 540 个。近 1000 名青年参加“满意在三明模范事迹报告会”。

1992 年，开展“让清洁工休息一日”活动，1600 余名青少年参加奉献日活动，做好事 1900 多件次。

1993 年，表彰青年帮耕助插服务队 42 支，学习雷锋先进个人 30 人。

1994 年，实施青年志愿者活动，成立专业青年志愿者服务队 10 支，建立青年志愿者名单，在册 500 人。3 月 6 日，“青年志愿者服务统一行动日”为群众办实事好事 2000 多件。投入“5·2”抗洪抢险第一线青年志愿者近 1500 多人。全县被团市委授予“青年抗洪抢险先进集体”14 个、“抗洪抢险先进个人”15 人。

1995 年，实施志愿者活动“五定”（定人员、定时间、定服务对象、定服务内容、定服务目标）措施。开展“热心献社会，真情暖人间”青年志愿者为民便民示范服务统一行动 2 次。

1996—1997 年，成立“清流县青年志愿者服务总站”。开展青年志愿者植绿护绿统一行动，种植树苗 300 余株、草皮面积 2000 余平方米。组织 1000 余名团员青年上街开展“热心献社会，真情暖人间”便民活动，开展义诊、家电维修、生活用品修补等项目服务。1998 年，开展纪念“向雷锋同志学习”35 周年活动，1000 余名青少年上街清理卫生死角。

2000 年，青年志愿者开展“一助一”结对帮扶活动，落实帮扶对象 300 余对。

2003—2004 年，团县委建立青年志愿者注册机制，对在册青年志愿者按技术特长进行分类建档。青年志愿者建档 238 人。城区 200 余名青年志愿者在凤翔山共青团花圃、凤翔街护坡种植花木 120 株。

2005 年，团县委开展“爱祖国、爱福建、爱清流，让‘三平精神’（平凡之中的伟大追求、平静之中的满腔热血、平常之中的极强烈的责任感）在志愿服务中闪光”学雷锋活动。1300 余名青年志愿者、少先队员深入社区，敬老院，军烈属、五保户家庭，提供电器维修、医疗义诊、科技咨询、义务劳动等服务。

（二）“青年文明号”活动

1994 年，围绕以“一流服务、一流质量、一流管理、一流成绩”为主要内容，以“敬业、协作、创优、奉献”为精神内涵，开展“青年文明号”百日竞赛活动。年内，团县委授予“青年文明号”单位 13 个。

1998 年，成立青年文明号创建组委会，设立“青年文明号”监督台和监督电话。当年，团市委授予清流县市级“青年文明号”单位 10 家、市级“十佳青年文明号”单位 1 家。

1999 年，推行“青年文明号服务卡”、抓好“号、户”结对和“号、手”联动，聘请“青年文明号”特约监督员 13 人。当年，团省委授予清流县“青年文明号”单位 1 家；团市委授予市“青年文明号”单位 5 家，市第二届“十佳青年文明号”单位 1 家。

2000年，拓宽创建“青年文明号”领域，推行承诺服务，将每年4月定为“青年文明号”优质服务示范月。是年，团市委授予清流县市“青年文明号”单位2家。2003年，团县委开展“青年文明号”“一助一”助学活动。8个“青年文明号”单位为16名贫困学生捐赠助学金3200元。同年，团市委授予清流县市级第二届“青年文明号优秀组织奖”单位1家、市级第四届“十佳青年文明号”1家。新增市级“青年文明号”单位1家、县级“青年文明号”单位2家。

2005年，团县委完善“青年文明号”申报、培训、评选、管理、考核、监督等运行机制。全县有省级“青年文明号”单位4家、市级单位28家、县级单位43家，覆盖行业26个。

四、青年人才工程

1991年，实施青年人才工程，确定县级“青年星火带头人”100人。举办实用技术培训班167期、青工技术比武活动73场，培训青工6080人次。成立乡村青年突击队近100支。当年，团省委授予清流县“新长征突击队”2支。

1992年，举办农村团支部实用技术知识竞赛，农村青年4078人参与。企业青年开展“五小”（小发明、小革新、小改造、小设计、小建议）竞赛活动，申报市级“五小”成果9项。当年，团县委被评为市级“实用技术培训先进集体”。

1993—1999年，实施“青年星火带头人”培养活动，启动“共青团帮扶农村奔小康行动”，举办农业实用技术培训班1321期。举办“城区青年岗位练兵大比武”，评选出清流县“十大青年科技先锋”。清流县被评为“全省农村青年实用技术培训工作先进县”，团县委获“全省培养青年星火带头人活动组织奖”。青年彭清江、吴希雄被评为“福建省十大青年星火带头人标兵”，陈春贵被评为“福建省青年星火带头人”。鱼龙岗电站青年兰福才等人发明的“水轮机组防噪声技术”获市第六届青工“五小”竞赛活动一等奖。

2001—2002年，县邮政储蓄营业组、县电信营业组在开展青工岗位练兵活动中成绩突出，被授予2001年三明市“新长征突击队”称号，县电力公司余朋供电所等2个单位被评为2002年三明市“新长征突击队”。大路口村1名青年农民被评为“福建省优秀青年农民”、三明市第三届“十大杰出青年”；2人被评为“三明市青年致富能手”；4名青工被评为“三明市青年岗位能手”；4人被评为“三明市新长征突击手”。

2003年，实施“小康燎原工程”，培养农村青年创业致富能手。建立乡、村两级青年创业致富带头人档案180人，选出县级农村青年创业致富带头人35人。启动“城乡互动百千万工程”，15个省、市、县三级团组织分别与乡镇（村）团组织建立结对关系。

2004年，各级团组织从资金、信息、技术方面加大对农村青年创业致富带头人扶持力度。举办青工岗位技能培训20期，参与800余人次。企业青工参加全市“闽光杯”青工技能大赛，取得较好成绩。年内，揭肇春被评为福建省十大杰出青年农民、全国农村青年创业致富带头人，9人进入市青年创业致富带头人档案。

2005年，开展第三届清流县十大杰出青年评选工作。当年，1人被评为全国农村青年创业致富带头人标兵，1人被评为三明市第五届“十大杰出青年”。

五、暑期学生社会实践活动

1991年，开展暑期学生社会实践活动。成立社会实践队24支，组织大中专学生深入乡村开展挂职锻炼。1992年，全县成立科技、普法、体育、美术等中心夏令营35个，入营学生5732人。当年，清流县被评为“市暑期教育活动先进县”。

1993年，组织大中专学生开展“三下乡”活动。50名大中专学生分赴企业、乡镇，开展法律、科技咨询、文教扫盲等活动。发放法律、文明建设、卫生宣传资料6000余份，出科技墙报120余期。

1994—2003年，全县共举办专项、综合夏令营135个，入营学生2.1万余人次。围绕国企改革主题，组织大中专学生社会实践队到香料厂、化工厂、钨矿进行调查。协助福州大学“百名党员大学生‘三个代表’实践服务团”到嵩溪镇青山村挂职锻炼，组织32名三明高专学生到嵩溪进行环保知识和法律法规宣传。

2004—2005年，举办清流县首期“少年军校”。组织50名返乡大学生到电信公司等单位开展市场营销、企业经营与管理等社会实践活动，举办“爱祖国、爱福建、爱清流”首届中学生网页制作大赛。清流县被评为市“暑期学生社会实践活动先进县”。

六、青少年权益保障

1991—1994 年，团县委以“孩子·明天·责任”为主题，实施“保护明天”行动，开展法律法规宣传活动。1998 年，开展“向昨天告别”青少年帮扶活动，组织关工委老干部定期到看守所、劳教所与失足青少年座谈。

2002 年，组建“以案释法”宣讲团，深入各中小学校开展“以案释法”报告会，法律工作者向青少年和学生家长解答有关“两法”等青少年法律法规知识的相关咨询，聆听报告学生和家长 2000 余人。

2004 年，在全县青少年中开展法制宣传教育活动。实施青少年违法犯罪社区预防计划，法制校长、法制辅导员为青少年及家长解答相关法律问题。是年，县技术监督局和县公安局城关派出所被评为市级“优秀青少年维权岗”。

2005 年，开展律师普法进校园活动、青少年远离毒品行动、青少年网络文明行动、青少年法制宣传、校园周边环境整治等活动。

七、希望工程

1994 年始，实施“希望工程”。在各学区、学校调查摸底后一次性发放希望工程助学金 2.2 万元，资助家庭贫困学生 220 人。1995 年，做好“福建省希望工程有奖储蓄”认购工作，全县完成有奖储蓄认购任务 23.1 万元，居全市第二。

1996 年，团县委确定 31 名家庭贫困小学生作为长期资助对象，每年补助 100 元助学金，直至小学毕业。

1997 年，与县关工委等 10 家单位联合开展“积极参与扶贫行动，捐助百名失学儿童”希望工程募捐活动，县希望工程办公室共收到捐款 2.62 万元，资助贫困学生 200 人。同年，向省希望工程办公室申请资金 15 万元，在林畲乡舒曹村建成兴田希望小学。

1999—2003 年，团县委向省希望工程办公室争取 20 万元资金，在里田乡洋庄村建成“加怡帝银童梦成真希望小学”。在灵地镇姚坊村建成总造价 20 万元的“香港骆志鸿希望小学”。协助争取爱国华侨黄仲咸教育基金 1.4 万元，扶持贫困学生 28 人。

2005 年，建立“希望书库”2 个，向上级希望办争取受灾学生助学金 2.1 万元，资助受灾学生 51 人。

八、青少年宫

1992 年 9 月，动工建设青少年宫。工程总造价 130 多万元，占地面积 5200 平方米，房屋建筑面积 2650 平方米，1993 年 12 月竣工。

1994 年，青少年宫对外开办艺术幼儿园和少儿舞蹈、乐器、美术培训班，招收学员 150 多人。

1995 年，青少年宫被确定为全县青少年素质教育拓展基地，面向青少年，面向团队组织，坚持“社会效益、经济效益、人才效益”办宫方向。同年，对外开办声乐、电子琴、书法、美术等培训班 15 个。1998 年，青少年宫学员参加全县首届“心中有祖国、心中有他人”少儿歌手赛，分获一、二等奖。

至 2005 年，青少年宫累计培训学员近 1 万人次，获全国性活动集体组织奖 5 次，连续 12 年被评为市“暑期教育活动先进集体”。

第五节　少年先锋队

一、代表大会

中国少年先锋队清流县第一次代表大会　1992 年 10 月 13 日，召开中国少年先锋队县第一次代表大会。正式代表 79 人。会议贯彻中共中央《关于改革和加强中小学德育工作的通知》精神，总结回顾中共十一届三中全会以来的少先队工作，研究在新的历史条件下发展少先队工作要求和任务，交流全县少先队学雷锋、学赖宁活动的经验与做法，表彰县优秀少先队员、辅导员和关心支持少先队工作“育苗奖”获得者，选举产生第一届县少先队工作委员会。

中国少年先锋队清流县第二次代表大会 1996年6月28日，召开中国少年先锋队县第二次代表大会。正式代表110人。会议通过第一届少工委工作报告，选举产生第二届县少先队工作委员会。

中国少年先锋队清流县第三次代表大会 1999年6月15日，召开中国少年先锋队县第三次代表大会。正式代表100人。审议通过第二届少工委工作报告，选举产生县第三届少先队工作委员会。

二、主要活动

1991年，开展“学雷锋、学赖宁，做党的好孩子”“红领巾爱惜粮食”等主题教育活动。

1992—1993年，全县少先队开展“争当劳动能手，争做时代小主人”教育活动、“两史一情”教育、未来之星科技和“学雷锋、学赖宁，争当文明好少先队员”活动。

1994年，在城镇小学启动中国“跨世纪少年雏鹰行动”，评出“四星雏鹰奖章”40多人、“三星雏鹰奖章”7人。

1995年，开展“五自”（自学、自理、自护、自强、自立）竞赛和以“手拉手”互助联谊为主要内容的“中国少年雏鹰行动”，举办“雏鹰杯”争章创先技能知识竞赛。全县结成“手拉手”互助联谊学校13对、“手拉手”好朋友3000对。

1998年，全县200余名少先队员参加首届“心中有祖国、心中有他人”少儿歌手赛及县中小学生书画作品展，展出优秀作品100余幅。

2001年，以县实验小学为试点单位，启动“新世纪我能行”体验教育活动。开展“农村一日”及参观新县城等活动，开辟少先队员体验生活、锻炼品质、展示风采课堂。城区少先队员为宁夏回族自治区小朋友捐赠图书3000多册，寄“友情卡”3000多张。

2004年，开展“星星火炬，代代相传”“中国了不起，中国人了不起，做个了不起的中国人”民族精神教育活动。

2005年，确定县实验小学、城关小学等5所学校为实施“心手相牵国际亲子营”项目试点单位。通过师生互动、家庭互动、城乡互动等形式开展系列活动，倡导爱心、尊重关怀、感恩与责任，重塑现代家庭伦理。当年，清流县被评为市少先队工作红旗县。

第三章 妇女联合会

第一节 机 构

一、清流县妇女联合会

1991年，清流县妇女联合会（以下简称县妇联）内设办公室、农村工作部、宣传教育部、权益儿少部，行政编制5人，实有6人。1993年，妇联主任改称妇联主席。

1994年，增加下属事业单位——妇女儿童活动中心，事业编制2人。

2005年，内设办公室、城乡工作部、权益儿少部，行政编制5人。下属事业单位有妇女儿童活动中心，事业编制2人，实有1人。

二、基层妇女联合会

1991—2005年，全县有乡镇妇联15个，农村妇代会111个，妇女科技协会111个，配置专兼职妇联干部；城区妇委会16个，妇女联谊会1个，专职妇干20人。

第二节　妇女代表大会

一、清流县妇女联合会第十三届代表大会

1993 年 11 月 18—20 日，县第十三届妇女代表大会在清流宾馆召开。正式代表 180 人，实际到会 179 人。县妇联主席李先春作题为《团结拼搏　务实创新，为我县两个文明建设再立新功》工作报告。大会选出委员 23 人、常务委员 9 人、主席与副主席各 1 人。

二、清流县妇女联合会第十四届代表大会

1998 年 10 月 29—30 日，县第十四届妇女代表大会在清流宾馆召开。正式代表 150 人，实际到会 147 人。县妇联主席陈红作题为《把握大局　抓住机遇，推动我县妇女工作上新水平》工作报告。大会选出委员 23 人、常务委员 9 人、主席与副主席各 1 人。

三、清流县妇女联合会第十五届代表大会

2003 年 9 月 27—28 日，县第十五届妇女代表大会在清流宾馆召开。正式代表 123 人，实际到会 119 人。会议审议并通过县妇联主席陈艳所作题为《贯彻“三个代表”重要思想，团结动员广大妇女为全面建设小康社会而努力奋斗》的工作报告。大会选出委员 23 人、常务委员 9 人、主席与副主席各 1 人。

第三节　主要活动

一、“双学双比”

1991 年，实施巾帼科技致富工程。1993 年 3 月，表彰“双学双比”（学文化、学技术，比成绩、比贡献）活动先进协调单位 8 个、先进个人 8 人、积极分子 11 人、女能手（同时授予“三八红旗手”）31 人。

1996 年，全县办扫盲班 26 个，参加学习妇女 2100 人;办巩固提高班 105 个，脱盲妇女参加学习 1800 人。妇女参加农函大学习 368 人，参加农广校学习 175 人。是年，全县开展“巾帼携手奔小康”活动的经验得到省妇联肯定，并在全省推广。农村妇女参加“增收杯”“丰产杯”“金叶杯”等竞赛活动。涌现出全国“双学双比”女能手、市“十大杰出女性”姚香莲，省“双学双比”女能手杜黎花，省“三八绿色奖章”获得者严灿香，市“十佳少生快富女能手”张伍妹等先进典型。

1998 年，在农村开展“十万农家女，百项新技术”系列活动，参加技术培训妇女 8000 余人次。开展豆腐皮生产竞赛活动、经营女能手竞赛及种养项目竞赛活动，参赛妇女 2.26 万人次，涌现各类种养大户 1410 户。评出“双学双比”女能手 15 人。至 2003 年，全县以妇女为主的专业户、科技示范户 1260 户，从事第三产业经营妇女 1700 余人。

2004 年年初，全县 2.8 万名农村妇女参加实用技术培训，掌握 1～2 门实用技术妇女占妇女总人数 80%。组织科技示范户、专业户、重点户、女能手与贫困户、脱贫户、缺技术户、缺信息户、缺资金户等妇女结互助对子 1930 对，签订“一帮一”协议书 1930 份，帮扶项目 70 个。嵩溪镇青山村妇女科技示范户温木招筹资 26 万元兴办豆腐皮蒸汽加工厂，使用新工艺日产豆腐皮 150 余千克，创产值 2000 元，安置农村富余女劳力 9 人。

2005 年，开办各类实用新技术培训班 13 期，培训妇女 516 人。争取省妇联小额信贷资金 19 万元，扶持龙津、嵩溪、余朋、长校等乡镇 90 户农村妇女发展烤烟、水果、食用菌等项目 15 个。有 19 名村妇代会主任和女党员带动 71 名妇女建沼气池。

二、巾帼扶贫行动

2000年起，县妇联开展“巾帼扶贫行动”，向省、市妇联争取45万元小额信贷扶贫资金，扶持210户贫困妇女发展“种、养、加”等短平快项目。

2002年，做好农村富余女劳动力转移工作，拓宽增收致富渠道。嵩溪镇黄沙口村妇女阳金英被评为“小额信贷增收致富先进个人”。

2004年，县妇联项目、信贷、培训三结合，促进农村女劳力就地转移工作获三明市第二届妇女工作创新奖，县妇联被省妇联授予2003—2004年度农村妇女富余劳动力转移工作先进集体称号。

2005年，通过县妇联组织开展的“巾帼扶贫行动”，清流县妇女实现经济效益50万元。

三、“巾帼建功”活动

1991年起，在全县开展以“五学”（学政治、学文化、学科学、学技术、学管理）、“五创”（创优质、创高产、创效益、创最佳服务、创一流水平）为主题的“巾帼建功”活动，举办岗位练兵、技术比武1530场次，参赛妇女9600人，获奖640人。女干部、职工参加各类培训班280期、520人，参加电大、业大、函大、自考等成人教育1500人。

1995年，县公路分局城郊公路站职工张顺英、县农行龙津储蓄所职工赵先水被评为“三明市十大杰出女性”。

至1996年，各行各业均开展劳动竞赛，女职工在“优质服务杯”“提高效益杯”“园丁杯”“天使杯”“警花杯”等活动中接受锻炼，素质得到提高。涌现出省“三八红旗手”刘剑英、赖翠江，市“三八红旗手”陈红、裴俐、杨玉华等先进人物。

1997年，举办下岗女工择业岗位培训班9期，受训妇女80人，有72人重新上岗。“巾帼文明示范岗”创建活动在全县金融、卫生等17个窗口行业逐渐展开。

1998年，各单位、行业开展岗位练兵、技术比武111场次，参与女职工2306人，其中获全国奖1人、省级奖3人、市级奖10人、县级奖121人；女职工提合理化建议1200条，被采纳212条，创效益3.2万元。全年参加各类岗位技术培训女职工2600人次。县邮电局无线营业部等12个岗位被市授予“巾帼文明示范岗”称号。

1999—2003年，全县有1.1万名女职工参加岗位练兵、技术比武活动，其中获奖398人；提合理化建议1230条，创经济效益12.6万元。

2004—2005年，县农业银行营业厅、县联通公司营业厅被评为市级“巾帼文明示范岗”。

四、“五好文明家庭”创建

1991年起，开展“美在家中”“美德在农家”、争创卫生文明户、“让社会充满书香”“写给年轻妈妈”“家庭美德格言”等系列活动。1995年，张顺英、郑宜超家庭被评为市“十佳双文明户”。

1998年，县妇联以家庭为阵地，深化“五好文明家庭”创建活动，涌现出一批既有时代特色又弘扬民族传统美德的先进家庭典型，评选出县级“好夫妻”9对、“好儿女”11人、“好婆媳”12对，其中3对家庭角色获市级荣誉。

1997—2002年，沈其福等3个家庭被评为省级“五好文明家庭”。温水姬家庭获第三届市十佳“五好文明家庭”标兵户，供电局1号楼院、烟草公司宿舍楼被评为市“五好文明楼院”。

至2005年，全县有“五好文明家庭”2.24万户，占总户数70.9%。

五、春蕾计划

1997年始，实施“春蕾计划”工程，对失学、辍学和已被支助女童及特困女生进行摸底调查。当年，市妇联支助清流特困女生10人。县妇联支助特困女生1人，直至她们完成九年义务教育。

1998年，全县开展“献爱心、一助一”活动，资助特困女生34人，资助款7785元。

2002年，向省妇联争取25万元资金，购买原县地矿局办公楼2层开办托儿所，建筑面积381平方米。

至2005年，全县有153名特困女童得到社会各界人士资助，金额4.8万余元。当年，全县有家长学校96所，1万余名家长参加学习，撰写家教论文48篇，获市级论文奖12篇。

六、保护妇女儿童合法权益

1991 年，开展普法宣传，举办妇女法律培训班 6 期，培训骨干 45 人。1992 年，利用广播、宣传栏等宣传第七届全国人民代表大会第五次会议通过的《中华人民共和国妇女儿童权益保障法》。

1995 年，解救 1 名从四川省泸县被拐卖到清流的妇女，使其回到亲人身边。

1996 年，全县组建妇女禁赌会 107 个。

1998 年，开展妇女法律咨询 44 次，受教育 2 万余人。

2001 年，实施《清流县妇女（2001—2010 年）发展纲要》和《清流县儿童（2001—2010 年）发展规划纲要》。

2002 年，举办喜迎中共十六大“爱心杯”妇女法律知识竞赛，城区 21 支代表队参赛。

2003 年，嵩溪镇妇女沈某反映，在石狮市打工期间因职业性苯中毒，厂方不支付医疗费。县妇联与石狮市妇联联系协助，后经当地劳动仲裁委员会裁决，厂方一次性赔付该女工医疗费用等 10 万元。

至 2005 年，县妇联共接待来信来访 737 件，全部办理完结。

第四章　科学技术协会

第一节　机　构

一、清流县科学技术协会

1991 年，清流县科学技术协会（以下简称县科协）行政编制 4 人，实有 4 人；下设科技咨询服务中心，事业编制 2 人。1992 年，增设农函大办公室，事业编制 1 人。1997 年，机构改革，县科协核定行政编制 2 人、事业编制 3 人。2002 年，机构改革，县科协列入参照公务员法管理单位，内设办公室、学会部、农函大办公室，行政编制 3 人，实有 3 人；事业编制 1 人。2005 年，县科协内设机构未变，行政编制 3 人、事业编制 1 人。

二、基层学（协）会

1991 年，全县科协系统所属各类学术团体 30 个，会员 1159 人。1995 年 6 月，县集邮协会成立。1998—2002 年，先后成立县青年科技协会、县档案学会、财会珠算学会、县矿业协会。到 2005 年，县级学（协）会实有 17 个，会员 1963 人。

1991—2005 年清流县科技协（学）会名表

表 18-2　　单位：人

协（学）会名称	成立时间	会员数
集体建筑协会	1989.12	89
电力工程学会	1991.7	73
环境科学学会	1991.8	45
农学会	1991.8	45
农经学会	1991.8	22
畜牧水产学会	1991.8	35
水利水电学会	1991.8	27

表 18-2

协（学）会名称	成立时间	会员数
林学会	1991.9	203
质监协会	1992.6	35
医学会	1992.8	168
红十字会	1993.5	526
集邮协会	1995.6	350
青年科技协会	1998.7	42
档案学会	1999.7	85
财会珠算学会	2001.6	118
矿业协会	2002.9	42
老年科技协会	2005.9	58

三、基层科协

1991 年，有乡镇科协（或科普协会）15 个。1997 年 8 月，县氨盛公司科协成立，会员 45 人。2002 年 3 月，清流供电局科协成立，会员 51 人。至 2005 年，全县有乡镇科协（或科普协会）15 个、企业科协 2 个，有会员 1300 人、科普宣传员 128 人、科普志愿者 180 人。全县有 65 个建制村建有科普小组，组建各类农村专业技术协会 28 个，其中龙津镇蔬菜学会、沙芜乡渔业协会、东华乡大路口果竹研究会、基头村家禽养殖协会、长校镇家禽养殖协会在推广新技术、产品销售等方面发挥重要作用。

第二节 代表大会

继 1989 年召开县科学技术协会第三次代表大会后，2004 年 11 月 16 日，县科学技术协会第四次代表大会在清流宾馆召开。正式代表 110 人，特邀代表 8 人，列席代表 3 人。会议审议通过《清流县科协第四届工作报告》《清流县科学技术协会章程（修改草案）》，选出县科协第四届委员会委员 31 人、常委 15 人，选出主席、副主席、秘书长各 1 人。

第三节 主要活动

一、科协学术活动

1991 年，建立科技季谈会制度。召开 11 个专业 16 名高中级科技工作者参加的学术研讨会，《浅谈清流县城区科技的发展》等 8 篇论文在会上交流。1993 年，实施“金桥工程”计划，撰写交流科技论文 17 篇。

1994—1997 年，召开“加强环保工作，促进经济社会全面进步”“增强创新优势、促进农村经济更上一层楼”“九五工程开发”“科教兴县战略”等为主题的科技恳谈会 9 次；举办各种学术报告会、交流会、研讨会 103 场，3440 人次参加；撰写交流学术论文 400 余篇，出学术期刊 110 期 4850 余册。科技人员围绕经济、社会、科技发展等课题开展调研，向市政协、县人大、县政协会议提交提案、议案 11 次 21 件。

1998 年，围绕“农业产业化经营”“科技兴县”主题，组织科技人员深入基层调查研究，举办科技兴县科技恳谈会，撰写学术论文 25 篇。

1999 年，与县环保局等 9 个部门联合召开“可持续发展”学术研讨会，收到论文 12 篇，会上交流 8 篇，汇编成论文集，为县党政领导及有关部门制定“十五”计划提供科学依据。

2000—2002 年，县科协举办学术论文交流活动 4 场，187 人次参加；撰写学术论文 95 篇，其中在省市刊物发表论文 35 篇。

2003 年，县科协召开“科技进步与县域经济发展”学术研讨会，收到论文 23 篇，评出科技论文一等奖 4 篇、二等奖 8 篇、三等奖 11 篇。

2004—2005 年，县科协围绕县委“建设生态经济强县”发展战略，组织科技工作者撰写调研文章和学术论文 21 篇；召开以“落实科学发展观、建设生态经济强县”为主题的学术年会，评出科技论文一等奖 4 篇、二等奖 6 篇、三等奖 11 篇；在省、市学术刊物发表论文 110 余篇；向市政协、县人大、县政协会议提交议案、建议 96 条。

二、各学会学术活动

1991—1996 年，县林学会举办学术研讨会 10 场，提交论文 124 篇，选送 35 篇参加市以上学术交流，获奖 11 篇，在《福建林业科技》等全国性刊物发表 26 篇。县农学会会员撰写农业科技论文和科技建议 105 篇，在省、市级刊物发表 48 篇，获市级以上奖 12 篇。县医学会选送 452 篇论文参加市级以上学会交流或刊物发表，获奖 35 篇。县水利学会有 5 篇论文获奖。各学会还开展参政议政活动，为县委、县政府和有关部门献计献策。

1999 年，举办科技兴烟研讨会，收到论文 72 篇，大会交流 12 篇，并邀请省烟科所 4 位专家举办科技讲座。

2001 年，召开科技兴林、科技兴医学术交流会，40 余名科技人员、医务工作者参加交流。年内，各学会成员在省市刊物上发表学术论文 12 篇。

2003 年，县农学会开展“三个一”（即写 1 篇论文、提 1 条合理化建议、办 1 件实事）活动，并召开科技兴农学术年会。16 个学会 326 名科技人员参与“三个一”活动，撰写科技论文 65 篇，提合理化建议 265 条，办实事 152 件。

2005 年，县属学会参与市科协“循环经济与三明发展”为主题的学术调研工作，选送论文 11 篇，其中 5 篇入选学术年会交流，并编入三明市科协《循环经济与三明发展》论文集。主办以“落实科学发展观，建设生态经济强县”为主题的 2005 年学术年会，参与科技人员 30 余人，收到论文 20 余篇。

三、村会协作

1998 年 3 月，县科协与三明市科协共同促成东华乡大路口村与三明市园艺学会开展技术协作（以下简称“村会协作”）。市园艺学会技术人员每月到村里开展技术指导、技术服务。4 月，省科协党组书记、副主席林思翔到清流调研，肯定大路口村开展村会协作的做法。

1999 年，大路口村干部请专家到村，帮助农民解决生产中的问题。当年，该村生产的柑橘果粒均匀、外观美、口感好，吨售价比周边高 200 元。县科协组织调研，撰写《科技与经济结合的有效形式——清流县大路口村开展“村会协作”活动的成效和启示》。该论文在《科协论坛》上发表。此后，县委在全县开展“村会协作”活动，并将“村会协作”列入乡镇党委、政府的目标考评内容。同年 9 月 29 日，省科协在清流县召开“村会协作”活动经验交流会，并组织与会人员到大路口村现场观摩。

2001 年 2 月 1 日，中央电视台《焦点访谈》栏目以“常下乡•富农庄”为题，报道大路口村“村会协作”的经验和做法。3 月 12—13 日，市委、市政府在清流县召开“村会协作”活动现场会。《人民日报》《大众科技报》《福建日报》《福建科技报》《三明日报》等相继报道清流“村会协作”活动的经验。同年，大路口村在开展组会协作、户会协作的基础上，组建大路口村果竹研究会，组织会员和村民开展技术交流，探索深化“村会协作”活动、建立农技推广机制新路子。

2002 年 4 月上旬，省委书记宋德福到大路口村调研，称赞大路口村“村会协作”、科技兴农办法好。

2003 年，“村会协作”从水果产业，发展到茶叶、畜牧水产、食用菌、烤烟、林竹、豆腐皮、水稻等 8 个产业。协作形式有市县学会与村协作、市县学（协）会与乡镇协作、市协会与公司协作、省市科研院所与乡镇协作、科技人员与专业大户联合体协作、农业产业化龙头企业与乡镇协作。县政府15个乡镇、54个村、1家公司和2个果场，分别与院校和市、县涉农学会（协会）、科技推广服务组织或科技人员，签订技术协作协议项目52项，参与协作专家、科技人员143人（次）。协作领域包括产前产后信息、技术服务和销售服务。

四、城乡科普

1991年始，全县科协系统和科技工作者以科普设施、大众传播、科普网络为依托，开展科普宣传。每年8月和11月，举办“科技活动周”、科普知识竞赛、青少年科技创新大赛、科普知识讲座等活动。扶持、指导农村专业技术协会开展工作，引导东华乡大路口村柑橘研究会、龙津镇蔬菜研究会、林畲淮山研究会、嵩溪养鱼协会等15个社会化系列服务经济实体发挥致富“领头雁”作用。

1995年，县科协被评为“全国农村科普工作先进集体”。1996年，县政府建立“科普工作联席会议制度”，并成立县科普工作协调领导小组。当年，全县建立科普文明乡镇11个、科普文明村78个。

1998年，组织459名科技人员开展科技下乡活动218次，举办科普集市56场次、科技讲座63场次，放映科技录像、电影215场次，举办科普咨询25次，印发科技期刊、资料3万多份，赠送科普图书9400册。至2005年，全县共张贴科普挂图3万张，分发科普资料10万余份。科普活动遍及全县乡村。

五、农村科技培训

1991年3月，组建省农村致富技术函授大学清流县分校。分校创新教学培训方式，在农村党员、基层干部、青年农民、农村妇女、老区农民、库区移民和残疾人中开展农村实用技术培训。

1994—1996年，举办各类农村实用技术培训班440期，受训2.25万人次。

1997年，取得结业证书农函大学员421人。

1998年，办学专业集中在毛竹、畜牧、果树、烟草、蔬菜、淡水养殖等。组织历届农函大学员、农村专业技术能手、科技致富户、回乡知识青年申报“绿色证书”250份，申报农民技术员20人。

至2005年，农函大累计办学15届，招生4844人，开办村级（乡镇）专业班25个。被省科协、省农函大评为优秀学员26人，获省农函大优秀教师称号13人。全县累计举办各类农村先进实用技术培训班4800多期，受训6.5万余人次。县农函大15年均被省市科协、省市农函大评为先进单位。

第五章　工商业联合会

第一节　机　构

一、清流县工商业联合会

1991年，清流县工商业联合会（以下简称县工商联）为正科级人民团体，行政编制3人。1997年，机构改革，县工商联核定行政编制2人。

2000年1月，县工商联成立县发展个体私营经济领导小组，下设办公室（简称个私办），与县工商联实行一套班子两块牌子。

2000年6月，成立县兴业担保有限公司，县工商联会长任执行董事。

2002年6月，成立县光彩事业促进会，县工商联会长兼任会长。

二、基层商会

1994年8月，嵩口、嵩溪工商联分会先后成立，会员分别为66人、76人。

2003年8月，县采矿业同业公会成立，会员60人，分布在全县10余家矿山企业。

2004年4月，灵地养牛业同业公会成立，会员20人。

第二节　代表大会

一、清流县工商业联合会第五届会员代表大会

1991年11月，县工商联第五届会员代表大会在县城召开，代表29人。县工商联主席李德顺代表第四届工商联作题为《坚持改革开放，团结工商业界，发挥新时期工商联的积极作用》工作报告。会议选举产生第五届县工商业联合会执委会委员13人、常委5人。

二、清流县工商业联合会第六届会员代表大会

1995年2月，县工商联第六届会员代表大会在县城召开，代表35人。县工商联主席李德顺代表第五届工商联作题为《团结非公有制经济界，促进清流经济的加快发展》工作报告。会议选举产生执行委员15人，其中个私企业主执委从7人增至9人。

三、清流县工商业联合会第七届会员代表大会

1997年3月，县工商联第七届会员代表大会在县城召开。到会代表41人，特邀代表26人。县工商联主席刘国治代表第六届工商联作题为《解放思想，开拓进取，积极引导，扎实工作，努力促进我县非公有制经济健康发展》的工作报告。会议选举产生第七届工商联执委会委员17人。会议通过《清流县工商联关于学习贯彻中共十四届六中全会精神的决议》和《给全县私营、个体经济人士的倡议书》。

四、清流县工商业联合会第七届会员代表大会

2001年9月，县工商联第八届会员代表大会在县城召开。到会代表43人。县工商联主席王崇进代表第七届工商联作工作报告。会议选举产生县第八届工商联执委会委员21人、常委11人，并通过《清流县工商联关于学习贯彻江泽民总书记“七一”讲话精神的决议》。

第三节　主要活动

一、培训教育

1991年，县工商联组织320多名会员、个私代表人士学习中央15号文件精神。是年，主要工作对象为私营企业主。1992年，组织会员学习邓小平视察南方讲话，鼓励发展个私经济。1993年，组织会员学习中共十四届三中全会关于建立社会主义市场经济内容。1994—1995年，组织学习新的《中国工商业联合会章程》。2000年，县工商联先后举办《福建省个体工商户、私营企业权益保护条例》《中华人民共和国反不正当竞争法》《中华人民共和国合同法》培训18期，个私业主1600人次参加。

2001—2005年，县工商联举办会员、个私业主培训6期，学习相关方针政策，参加培训1050人次。

二、参政议政

1991年，推荐3名工商个私企业主担任政协委员，畅通非公经济人士政治诉求。1994年，工商个私企业主担任政协委员人数增至7人。1998年，再增至8人。当年，县工商联建议县政府制止乱收费，规范收费标准，并制作收费卡，分发至每家个私企业，实行一家收费内部分流的收费办法；首批确定10家私营企业大户

实行挂牌保护；《打击欺行霸市、流氓地痞，不法商贩，确保个私经济健康发展》意见被县政府采纳。

2003年，商会提案《我县个私经济发展的建议与思路》获好评。2004年，县政府领导对县商会调研文章《善待民企 促进我县民营经济加快发展》予以肯定。

2005年，商会撰写《扶优扶强民营企业，促进非公经济快速发展》调研文章，清流县委主要领导批转该文至有关职能部门予以落实。截至年末，全县有18名非公有制经济代表人士担任政协委员。

三、协调服务

1991年，为会员企业提供政策咨询、融资担保、商务信息、法律维权、管理培训、职称评定等服务，做好非公经济人士来信来访工作。

1994年“5·2”洪灾期间，派出工作人员帮助地处低洼的2户个体工商户及时撤离，避免财产损失；为10户重灾户发放慰问金500元。协助到清流经商的闽南个体户陈某通过诉讼追回被骗款项。1994—1996年，累计为非公企业提供咨询服务320余人次，提供信息180余条。接待来信来访210人次，妥善处理来信160件。

1997年，确定34户非公有制经济代表为联系户。组织3批6名商会会员出境开展商务活动。组织商会会员参加有关部门举办的经贸活动2次，签订合同项目2个，合同金额40万元，商品交易额15万元。协助港商庄某投资100万元，在灵地镇兴办祥泰陶瓷厂；为民营企业主王某解决周转金1万余元。

1998年，嵩溪华东冶金机械厂因贷款担保引发诉讼纠纷，面临停产，县工商联及时协调嵩溪信用社、嵩溪法庭、贷款企业三方化解矛盾，使该厂得以正常生产。1999年，帮助私营企业——秋口煤矿讨回台江水泥厂欠款。

2000年，组建兴业担保公司，解决个私业主贷款难问题，投入担保基金50.2万元，当年贷出150万元。

2002年，成立个私经济投诉中心，接访个私业主投诉，督促和检查各职能部门兑现服务承诺。组织个私经济企业中技术人员职称评审。由县工商联牵头，会同县人事局成立县非公有制经济专业技术职称初级评审委员会，对县保安设备公司、县建筑公司上报的97名专业技术人员进行评审，评出五金制造专业技术员6人、土建专业技术人员1人。2003年，评出技术员25人、助理工程师2人。

2003年，在个私企业中开展“争创民营企业20强”活动。

2004年，拟定县发展个私领导小组成员单位职责，规范21个部门（单位）承诺服务内容。5月，与三明市工商联兴化商会结对共建，邀请企业家到清流县考察，经多次协助和可行性研究，促成兴化商会企业家开发清流氟系列深加工项目。

2005年，兴业担保公司累计为个私业主担保贷款1200多万元。累计组织个私经济企业技术人员评审4次，评出技术员56人、助理工程师20人。

四、光彩事业

1991年始，引导个私营业主扶助社会弱势群体，开展扶贫助学，捐资社会公益事业等活动。1994年，旅港联谊会会长赖民种为“5·2”洪灾捐救灾款2.3万元。1997年，个私营业主捐助公益事业金额1万多元。

2001—2005年，开展“致富思源、富而思进”光彩事业活动，会员为贫困学生捐资助学和社会公益事业捐款400余万元。1991—2005年，会员累计为社会公益事业捐款486万元。

附：

非公经济

1991年，全县有个体工商户1857户，人员2943人（其中城镇从业人员1029人）；私营企业16家，从业205人。1995年，个体工商户3162户，人员5220人（其中城镇从业人员1907人）。

2000年，全县个体工商户1440户，人员1884人（其中城镇从业人员976人），实现产值660万元。私营企业28家，从业474人（其中城镇从业人员168人），实现产值841万元。

2005年，全县个体工商户1879户，从业人员2967人（其中城镇从业人员1562人）。私营企业214家，从业人员2919人（其中城镇从业人员1147人）。

第六章　文学艺术界联合会

第一节　机　构

1991 年，清流县文学艺术界联合会（以下简称县文联）与县文体局合署办公，无编制，文联主席由文化局局长兼任，人员内部调剂。内设文学、书法、摄影、音乐、舞蹈、美术、戏剧、曲艺 8 个协会。1997 年，机构改革，核定行政编制 1 人。2002 年，机构改革，核定县文联行政编制 1 人。至 2005 年未变。

第二节　主要活动

1991 年 9 月，县文联组织县民间文学集成编委会编纂《中国歌谣集成・福建卷、清流分卷》《中国谚语集成·福建卷、清流分卷》《中国民间故事集成·福建卷、清流分卷》，合称“三套集成”出版，收集故事 166 篇、歌谣 228 首、谚语 1653 条。同时，组织编纂《清流文联十年》，收集散文、诗歌 80 余篇。同年，县文联举办迎春硬笔书法篆刻作品展，配合宣传、文化部门举办元宵花灯展，“雷锋之路”书法、摄影作品展，中国共产党成立 70 周年美术、书法作品展。

1992 年，举办首届“芳草计划”成果展览等 5 场。1994—1995 年，县文联举办民间剪纸作品展览等 11 场。

1996—2002 年，县文联自办及与部门合作举办“清流风光”摄影作品大奖赛，“迎回归”书法、美术、摄影展等各类展览 20 场。

2003—2004 年，举办纪念毛泽东诞辰 110 周年书画展、邓小平同志诞辰 100 周年书画展、现代刻字艺术展。

2005 年，分别与展化化工有限公司、明孚硅业有限公司联办“展化化工杯”元宵书画展、“明孚”杯首届美术作品邀请展，与电信公司联办纪念抗日战争胜利 60 周年和红军长征胜利 70 周年“电信杯”书画展。

1991—2005 年清流县文联举办书画、摄影、花灯展览情况表

表 18-3

年　份	展览项目
1991	1. 迎春硬笔书法篆刻作品展
	2. “雷锋之路”书法、摄影作品展
	3. 元宵花灯展
	4. 建党 70 周年美术、书法作品展
1992	1. 纪念《毛泽东在延安文艺座谈会上的讲话》发表 50 周年书画、摄影展
	2. 首届“芳草计划”成果展
	3. “税务杯”书画作品展
	4. “六五”世界环境日书画展

续表 18-3

年　份	展览项目
1992	5.“讲党性、做奉献、迎十四大”书画、摄影作品展
1993	1.《红太阳颂》爱清流 兴中华书画摄影展
1994	1. 迎春书画展
	2.“税务杯”书法展
	3. 纪念人大成立 40 周年书法展
	4. 民间剪纸作品展
	5.“爱我中华”摄影展
	6.“美我清流”书法展
1995	1. 迎春书画作品展
	2.“我爱中华”书法展
	3.“璀璨我明珠”书法展
	4. 第四届剪纸作品展
	5.“我爱中华”摄影作品展
1996	1.“税务杯”书法作品展
	2.“土地知识”宣传书法作品展
	3.“迎新春”书画作品展
1997	1.“环保杯”书法作品展
	2.“夕阳红”老年书法作品展
	3.“迎回归”书法、美术、摄影展
	4.“爱我热土”摄影展
	5.“清流风光”摄影作品大奖赛
1998	1. 元宵书画作品展
	2.“庆国庆”书画作品展
1999	1. 元宵美术书法作品展
	2.“拯救地球就是拯救未来”为主题的“6·5”世界环境日书画作品展
	3. 庆祝新中国成立五十周年“电信杯”书画摄影展
2000	1. 元宵书画展
	2.“环保杯”少儿书画比赛
2001	1.“红土地”纪念中国共产党成立 80 周年书画展
	2. 元宵花灯展
	3.“人民保险杯”国庆书画作品展
2002	1. 元宵书画展
	2.“金秋”书画展

续表 18-3

年　份	展览项目
2003	1.“羊年吉祥”书画展
	2.“瑞雪兆丰年”摄影展
	3. 百花灯展
	4.“庆新春”少儿书法大赛
	5. 纪念毛泽东诞辰 110 周年书画展
	6. 与沙县文联举办两地书法交流展
2004	1.“漳太杯”元霄书画摄影展
	2. 纪念“5·12”国际护士节暨红十字会成立 92 周年书画展
	3. 纪念邓小平诞辰 100 周年书画展
	4.“平安清流”书画摄影展
	5. 现代刻字艺术展
2005	1. 迎新年清流龙津书友联谊会书画成果汇报展
	2. 清流美术教育研究会美术作品年展
	3.“明孚”杯首届美术作品邀请展
	4.“展化化工杯”元宵书画展
	5. 纪念抗日战争胜利 60 周年和红军长征胜利 70 周年“电信杯”书画展

第七章　残疾人联合会

第一节　机　构

一、清流县残疾人联合会

1991 年，清流县残疾人联合会（以下简称县残联）挂靠县民政局，行政编制 2 人。1993 年 10 月，成立县残疾人劳动服务管理站，为全额拨款事业单位，编制 1 人。

1994 年 10 月，县残联与县民政局脱钩，升格为正科级机构。

1999 年 9 月 17 日，成立县残疾人服务社。2000 年 8 月 3 日，成立县助残志愿者联络站。

2002 年 5 月，成立县残疾人法律援助工作站。是年，县残疾人联合会行政编制 2 人，实有 2 人。

至 2005 年，县残联机构、编制未变。

二、基层机构

1994 年 5 月，县政府残疾人事业领导小组改称县残疾人工作协调委员会。各乡镇先后成立残疾人工作协调委员会。至 1999 年，各乡镇均建立政府残疾人工作协调委员会、残疾人联合会、残疾人社区康复指导站、残疾人服务分社、助残志愿者联络站。各村（居）委会均建立残疾人协会、残疾人康复站和助残志愿者联络站。直至 2005 年未变。

第二节 代表大会

一、清流县残疾人联合会第一次代表大会

1990 年 1 月 18 日召开。参加会议正式代表 38 人，列席代表 13 人。其中，正式代表中残疾人代表 22 人，占总数 57.9%。会议选举产生第一次代表大会主席团委员 19 人。副县长原丽萍（女）任主席。名誉主席黄洪才。会议选举产生县残联第一届执行理事会理事长 1 人、副理事长 1 人。

二、清流县残疾人联合会第二次代表大会

1995 年 1 月 20 日召开。参加会议正式代表 47 人，特邀代表 6 人，列席代表 13 人。其中，正式代表中残疾人 24 人，占 51%。会议选举产生第二次代表大会主席团委员 23 人。副县长林少钦任主席，名誉主席王火辉。会议选举产生县残联第二届执行理事会理事长 1 人。

三、清流县残疾人联合会第三次代表大会

2002 年 12 月 19 日召开。参加会议正式代表 42 人，特邀代表 26 人。其中，残疾人代表 24 人，占正式代表数 57%。会议选举产生第三次代表大会主席团委员 13 人。副县长郑加禄任残联主席。名誉主席胡登良。会议选举产生县残联第三届执行理事会理事长 1 人。

第三节 主要活动

一、康复服务

1991 年，清流县成立各级康复工作领导小组，为残疾人提供白内障复明、儿麻矫正、聋儿语训、智残儿童训练、低视力配用助视器、肢残者康复训练、精神病防治等康复服务。多次邀请省、市专家到清流开展小儿麻痹症矫治手术和白内障复明手术。

1995 年，聘请省医院眼科和骨科专家为白内障患儿实施手术 30 例、矫治儿麻患者 13 例，支付各种医疗费用 4000 多元。举办聋儿语训班，参加培训聋儿 7 人。9 月，被市聋哑学校挑选入校 2 人。

1997—1998 年，全县完成智障儿童康复训练 10 人，培训家长 9 人，聋儿康复 4 人；肢体矫治 10 人，肢体功能训练 13 人。完成白内障手术 75 例，特需人群补碘 6202 人。

至 2005 年，全县投入康复经费 30 余万元，其中，县财政投入残疾人康复经费 20 余万元，社会募集资金投入康复工作 5 万余元，各乡镇投入残疾人康复经费 5 万余元。全县举办康复业务培训班 15 次，培训康复服务人员 620 人次。完成白内障复明手术 478 例、低视力配镜 43 人、小儿麻痹症矫治手术 98 例，装配假肢和矫形器 46 人，训练肢残者 57 人、聋儿 41 人，培训聋儿家长 41 人，系统训练学龄前弱智儿童 36 人、家长 21 人。为特需人群补用碘油丸 3.18 万人次，代购残疾人用品用具 896 件。

二、劳动就业

1991 年始，采取集中就业、按比例分散就业、鼓励个体就业相结合办法，提高残疾人就业率。各级政府和有关部门将残疾人劳动就业纳入议事日程，统筹安排。1994 年，县残联被省政府残疾人工作协调委员会评为残疾人劳动就业工作先进单位。

1996 年，县委、县政府下发《清流县按比例安排残疾人就业暂行规定》，要求机关、团体、企事业单位按 1.6% 安置残疾人就业；残疾人开办私营企业，从事个体经营，政府在生产、技术、信贷、物资、场地等

方面给予扶持和照顾；同时，依靠社会力量，因地制宜开展残疾人就业培训。罗口煤矿、氨厂、民政福利印刷厂、采育场等企业安置残疾人 158 人，机关事业单位安置 32 人，残疾人个体从业 185 人。是年，农村残疾人就业率 86%。

1997 年，为符合条件的残疾人建卡立档，推荐就业。核实全县 200 多个单位按比例安置残疾人就业情况。年内，全县农村就业残疾人 2327 人，城镇安置 176 人，残疾人个体从业 48 人。

至 2005 年，全县累计征集残疾人就业保障金 126 万元。投入残疾人培训资金 65 万元，举办电器维修、电脑、盲人按摩、种植、养殖技术等项目职业培训 126 期，培训人员 1167 人次。推荐部分残疾人到市康复中心培训。全县城镇累计分散安置残疾人就业 401 人，个体从业 462 人。全县残疾人就业率 93%。

三、扶贫解困

1991 年，全县贫困残疾人 589 户 641 人，列入扶持 353 户 384 人。

1996 年始，县直部门领导每人挂包 1～5 户贫困户（含残疾人），与残疾人结对子，帮助脱贫。县残联、民政部门对重残特困户，每年每户补助 200 元。各乡镇制定措施，给残疾人一次性投保农村养老保险。当年，为残疾人投保 23 人，残疾人脱贫 35 人。

1997 年，全县残疾人贫困户 256 户 308 人。县残联给 23 户残疾人特困户办理农村养老保险手续。

至 2005 年，全县被纳入最低生活保障残疾人 1732 人（次）。争取国家康复扶贫贷款资金 60 万元，以小额信贷形式、扶持贫困残疾人 126 户。

四、特殊教育

1996 年 9 月，县特殊教育学校首次招生，智障儿童随班就读率 90%。

至 2005 年，特殊教育学校共培养残疾儿童、少年 76 人，残疾儿童入学率 83.6%。同时，残疾人参加农函大学习 270 人。

第八章　计划生育协会

第一节　机　构

一、清流县计划生育协会

1991 年，清流县计划生育协会（以下简称县计协）内设办公室，核定事业编制 2 人。1997 年，编制增至 3 人。2000 年，县、乡计生协会确定为同级党委管理的群众团体。内设机构和编制至 2005 年未变。

二、基层计生协会

1991 年，全县各乡镇均设立计划生育协会。村级计生协会由村两委兼任理事。

1994 年 5 月，开展企业建立计生协会组织工作。是年，林业、电力、邮电、二轻、文明委及县水泥厂、香料厂、供电局、合成氨厂、罗口煤矿、化工厂、人造板厂、明孚有限公司等 16 个单位、系统均建立计生协会，并由企业党、政、工会领导兼任计生协会会长或常务副会长。

1997 年，核定全县乡镇计生协会事业编制 19 人，其中东华乡、龙津镇、嵩口镇、嵩溪镇各 2 人，其他乡镇各 1 人。7 月，全县加强村（居）级计生协会建设，建立协会小组（计生中心户），健全活动制度。当年，全县建立协会小组（计生中心户）825 个。

至 2005 年，全县有基层计生协会组织 1476 个。其中，机关企事业单位 14 个、乡镇 15 个、村级 117 个。协会小组 778 个，会员总数 1.07 万人，占总人口 7.16%，其中育龄妇女 8442 人。协会理事 942 人，其中

“五老”299 人，占 31.7%；在职干部 308 人，占 32.7%；育龄群众 335 人，占 35.6%。

第二节 代表会议

一、清流县计划生育协会成立大会

1988 年 8 月 6 日，召开县计生协会成立大会。会议通过《清流县计划生育协会章程》，选举副县长高宪仁任会长、县政协主席黄洪才任名誉会长。选举副会长 3 人、秘书长 1 人、理事 8 人。1990 年 11 月，理事增至 15 人。

二、清流县第一届计划生育协会理事会

1991 年 9 月 18 日，召开第一届计生协会会员代表会议暨成立县第一届计生协会理事会，选举产生名誉会长 1 人、会长 1 人、副会长 6 人。是年 12 月，成立县计生协会顾问小组，聘请顾问小组成员 5 人。

三、清流县第二届计划生育协会理事会

1994 年，县计生协会从计生委分出。同年 2 月 23 日，召开第二届计生协会会员代表大会。会议总结上一届计生协会工作，表彰 1992—1993 年度工作先进单位和先进个人。会议选举产生会长 1 人、副会长 5 人、秘书长 1 人、常务理事 11 人、理事 36 人。聘请顾问小组成员 5 人。1995 年，常务理事增至 13 人。1996 年，增设名誉会长 1 人，设常务副会长 1 人、副会长 3 人、常务理事 12 人、理事 35 人。

四、清流县第三届计划生育协会理事会

1998 年 4 月 12 日，召开第三届县计生协会会员代表大会。会议表彰 1997 年度计生协会先进单位 18 个、先进工作者 32 人。选举产生名誉会长 1 人、会长 1 人、副会长 5 人、专职副会长 1 人、秘书长 1 人、常务理事 16 人、理事 37 人。

五、清流县第四届计划生育协会理事会

2004 年 6 月 8 日，召开第四届县计生协会会员代表大会。会议选举产生名誉会长 1 人、会长 1 人、副会长 4 人、专职副会长 1 人、秘书长 1 人、常务理事 17 人、理事 36 人。

第三节 主要活动

一、计划生育宣传

1991 年，以世界人口日、世界艾滋病日、“三八”节、母亲节等纪念日为契机，开展多种形式的计生宣传活动，并在城关及公路沿线、省道沿线设立计生宣传牌和固定宣传标语 8 处。

1992—1997 年，每年开展“5·29”协会会员活动日，协会会员在城区开展义诊、计划生育知识咨询、有奖猜谜等活动。联合老人协会、退休协会文艺团体开展计生宣传演出、踩街。

2003 年，县委宣传部、教育局、计划生育局在中小学联合举办“人口与计划生育”征文竞赛。评出组织奖 6 个及小学、初中、高中、教师一等奖各 2 人、二等奖各 5 人、三等奖各 10 人。获奖作品结集出版《甜蜜事业之歌》专辑。

至 2005 年，全县提供计划生育咨询服务 5800 人次，发放宣传品 4 万份，群众计划生育知晓率 90% 以上。

二、计生“三结合”活动

1994 年始，全县各级计生协会开展计生“三结合”（即以帮助育龄群众勤劳致富奔小康为目标开展生产

服务，以帮助育龄群众建设文明幸福家庭为目标开展生活服务，以帮助群众少生、优生为目标开展生育服务）活动。

1996年，县委、县政府制定开展农村计生“三结合”工作实施意见，要求各部门实行向计划生育倾斜措施，通过“三结合”活动，使70%计生贫困户脱贫，70%计生户率先达到小康水平，计生合格村和小康村达70%以上。

1997—2001年，县委、县政府按照“政治上关心，经济上扶持，生活上照顾”原则，制定农村计生“三户”（即二女结扎户、独生子女户、按政策生育户）帮扶措施20条。

至2005年，全县帮扶二女结扎户984户，占总数88.6%；计生“三户”担任村主干21人；技术帮扶计生“三户”3416人次，帮扶计生“三户”资金36.9万元。

三、“双创”“两为”活动

2001年6月，全县开展“双创”［即创建合格村（居）计生协会和争创一流村（居）计生协会］和“两为”（即“我为协会尽责任，我为国策作贡献”）活动，决定用5年时间，按照“全面创建，梯次达标，提高质量”要求，创建合格村和一流村。

至2005年，经乡镇验收、县抽查，全县合格村协会65个，占村（居）协会55.60%；一流村协会34个，占村（居）协会29.05%。

四、“幸福工程——救助贫困母亲”活动

2003年，“幸福工程”福建省组委会清流县项目领导小组成立，下设项目办公室，成员由县财政局、民政局、计生局等12个部门主要领导组成。项目领导小组以扶贫开发项目为主体，以“小额资助、直接到人、滚动运作、劳动脱贫”为扶贫救助模式，救助贫困母亲。

2004年，省拨“幸福工程”资金5万元，县政府拨配套资金5万元，确定二女结扎户30户（沙芜10户、东华5户、嵩溪4户、林畲1户、邓家2户、温郊2户、嵩口6户）为首批扶助对象。5月，开展“幸福工程”募捐活动。各单位和社会各界人士向“幸福工程”捐款13.4万元。募集资金全部用于帮扶第二批41户二女结扎户。

至2005年，全县为二女结扎户发放“幸福工程”款71户、21.3万元，其中脱贫62户。

第九章　红十字会

第一节　机　构

1995年，清流县红十字会成立，为卫生局下属单位，事业编制1人，由卫生局内部调剂。

2005年，县红十字会与卫生协会合并，核定事业编制3人。县红十字会会长由县政府分管领导兼任。

第二节　主要活动

一、宣传活动

1991年，红十字会工作由卫生局承担。“5·8”世界红十字日、“6·14”世界献血日，组织工作人员上街分发宣传材料，宣传红十字会宗旨、性质、任务。

1993—1998年，国家相继颁发《中华人民共和国红十字会法》《中华人民共和国红十字会标志使用办法》

和《中华人民共和国献血法》等法律法规，县卫生局、红十字会利用各种宣传媒体开展相关法律法规宣传。

1998年，县红十字会组织20名会员上街以义诊形式开展《中华人民共和国献血法》宣传及无偿献血咨询活动。

2003年，组织红十字会员上街分发《中华人民共和国红十字会法》和《中华人民共和国红十字标志使用办法》等各类宣传材料1000余份，接受义诊、健康咨询群众400余人次。

2005年，向城区市民发放征募造血干细胞志愿捐献者倡议书，并接受群众咨询。

二、无偿献血

1997年，在全县开展公民无偿献血工作，确定每年5月第二个星期日至第三个星期日为全县无偿献血周。当年8月，全县首批报名参加无偿献血325人，体检合格献血96人，献血量1.88万毫升。

1998年9月29日，全县报名参加无偿献血140余人。

2002年8月9日，参加无偿献血体检592人。2002—2004年参加献血1030人，献血量21.07万毫升。

2005年8月8日，县红十字会向城区市民发放征募造血干细胞志愿捐献者倡议书。8月25日，在龙津广场开展造血干细胞血样采集活动，采集血样160余份，实现县造血干细胞捐献志愿者零的突破。健全三明市造血干细胞捐献者资料分库。

三、救灾募捐

1994年，清流县发生“5·2”特大洪灾。6月始，中国红十字总会，台湾、香港地区红十字会陆续向清流县捐赠大米35吨、饼干200箱、衣服6700件、鞋子412双、药品100箱、棉絮400床、绒衣1475件、粮款6万元，总价值48.5万元。县红十字会根据各地灾情，发放救灾物资。

1995年2月，县卫生系统开展支援丽江受灾地区恢复医疗秩序、献爱心活动，捐资3000元。

1997年，部分乡镇遭受暴雨、洪水和冰雹袭击，县红十字会为受灾乡镇募捐4000余元，发放救灾药品价值1.97万元。

1998年，闽北及东北三江流域发生百年不遇洪灾，县各医疗单位为灾区捐款1.2万元。

2002年6月13日，林畲、嵩溪遭受洪灾，组织赈灾募捐1万元。

2003年6月，清流县遭受旱灾，在公共场所设置红十字募捐箱3个，募集捐款全部用以抗灾救灾。

2005年1月，县红十字会向全县各界发出倡议，帮助印度洋海啸灾区人民渡过难关，募集捐款2.18万元。6月16—20日，清流遭受暴雨袭击，向三明市红十字会报告灾情。争取到价值7760元的净水剂及40箱运动鞋赈济灾民。

四、献爱心救助

1995年3月，为里田3位烧伤村民向全县募集捐款3000余元；为身患肺癌的邓家卫生院会计黄景韶募集捐款5000余元。

1997年，为城关中学身患骨髓恶性肿瘤学生董秋华募捐1830元。

2002年，为患肾病综合症的城关小学学生严毅凯和患白血病嵩口马排小学学生高焕荣募集医疗款项2万余元。

2005年元旦、春节期间，开展“红十字博爱送万家”活动，争取财政配套资金和物资及部分捐款共2000余元，资助特困家庭20户。

五、卫生救护培训

1995年，县红十字会与县供电局联合举办电业职工紧急救护培训班2期；与县交警、县建委联合举办卫生救护知识培训班2期，100余人参加；结合乡村医生系统化教育，举办乡村医生现场救护培训班2期，参训乡医62人。

1998年，结合县卫生局开办的继续教育培训班，举办现场急救讲座3场。

1999年后，县红十字会卫生救护培训工作委托有关部门进行。

第十章　关心下一代工作委员会

第一节　机　构

一、清流县关心下一代工作委员会

1990年6月4日，清流县关心下一代协会成立，设主席、副主席、常务理事、理事、秘书长。1994年3月25日，改称县关心下一代工作委员会（以下简称县关工委），内设办公室和学校教育、科技及农村教育、宣传及城市教育、法制教育、家庭教育5个工作委员会，下设基金工作小组、德育报告团、关爱（帮教）工作团、科技服务团和网吧义务监督队5个机构。2003年始，委员会配专职副主任（副科级）1人。直至2005年未变。

二、基层关工委

1991年，全县关心下一代协会基层组织56个，会员433人。1994年，增至168个，会员3000人。从县到村形成关心下一代工作网络。至2005年，全县各乡镇、建制村（居委会）及12个机关、107所学校、30家厂矿企业单位均建立关心下一代组织。全县关工委组织262个，会员1.2万人，其中“五老”（老干部、老教师、老战士、老专家、老模范）471人；以“五老”为主体组成的“六大员”1810人，其中报告员244人、校外辅导员161人、帮教员546人、家教员378人、科教员296人、文化市场督查员185人。

第二节　代表会议

一、清流县关心下一代协会第一届会员代表大会

1990年6月4日，召开以县离退休干部为主体、党政有关部门和群团组织负责人参加的县关心下一代协会成立大会。会议通过《清流县关心下一代协会章程》，并选举产生协会理事会。协会设主席、副主席、常务理事、理事、秘书长。

二、清流县关心下一代协会第二届会员代表大会

1992年10月，县关心下一代协会召开第二届会员代表大会。会议通过《清流县关心下一代协会章程》修改方案，并选举产生第二届理事会。1994年7月15日，召开代表大会，并通过《清流县关心下一代工作委员会工作条例》。

第三节　主要活动

一、思想道德教育

1991年，各级关协组织贯彻中共中央《爱国主义教育实施纲要》，以建党70周年为契机，对全县青少年进行理想信念、爱国主义、革命传统和形势任务等教育。

1993年，开展纪念毛泽东诞辰100周年活动，举办毛泽东像章展，并向青少年赠阅《毛泽东的故事》等

书籍。各级关工委结合清流革命斗争史编写教材，为青年党员和入党积极分子上党课。

1994 年，组织力量编写爱国主义教材 10 篇。1996 年，组织老红军、老游击队员、老干部、老教师、老农民 111 人组成德育报告团，作报告 334 场，受教育青少年 3.8 万人次。

1997 年，在迎香港回归活动中，各级关工委成立报告团，作报告 139 场，听宣讲人数 3.1 万人次。

1999 年，开展庆祝新中国成立 50 周年和迎澳门回归宣传教育活动，组织“喜迎澳门回归”报告团，作报告 60 场，听宣讲人数 4.3 万人。在纪念五四运动 80 周年期间，配合有关部门，召开纪念会、报告会、座谈会及举办 18 岁成人仪式、入团宣誓仪式等 36 场次，受教育青少年、青工 2.3 万人。

2001 年，开展中国共产党成立 80 周年宣传教育活动，组织编写《发扬党的优良传统，大展新世纪宏图》宣讲稿，分发各乡镇关工委。

2002 年，贯彻“以德治国”方略，编写《加强思想道德建设，做新世纪“四有”新人》宣讲稿，举办报告会 30 场，有 1.8 万余名学生听讲。同年始，在县委党校开设关心下一代课程，对全县科级干部、中青年后备干部进行“两史一情”（中国近代史、现代史及国情）系统教育。

2004 年，开展纪念邓小平诞辰 100 周年和纪念中华人民共和国成立 55 周年巡回宣讲活动。组织编写《深切缅怀邓小平同志的丰功伟绩》等宣讲材料，作宣讲报告 20 场，中小学生和教师共 8231 人参加报告会。

2005 年，与县文明办、未成年人思想道德建设办公室、教育局、共青团等部门联合深入学校、农村开展未成年人思想道德建设情况调研，为青少年的思想道德建设献言献策。同时与县教育局、团县委、新四军研究会等部门配合，以凤翔山烈士陵园、长校将军庙烈士陵园、毛主席旧居等爱国主义教育基地，对青少年学生开展爱国主义和革命传统教育。

二、“三结合”工作

1991—1993 年，配合妇联、教育等部门，做好学校、家庭、社会“三结合”工作。向中小学选派校外辅导员 123 人。校外辅导员通过举办座谈会、故事会、图片展览和参加班会等形式，参与学校“手拉手、结对子”和“一帮一、一对一”活动，与学生建立“忘年交”。

1994 年，聘请校外辅导员 146 人、报告员 60 人，成立帮教小组 26 个、家长学校 105 所，家教员 378 人。校外辅导员配合班主任及家长对差生和后进生进行帮教。是年，配合文化局监督检查文化场所 19 个，教育学生远离“三室二厅”（“三室”：录像放映室、电子游戏室、台球室。“二厅”：歌舞厅、卡拉 OK 厅），净化社会环境。

1995—1998 年，先后选派校外辅导员 140 多人进驻 107 所学校，建立辅导站 19 个。在中小学中开展“七个一”（写一封信、读一本好书、看一部爱国主义影片、唱一首好歌、参加一次互助活动、做一件好事、记一位历史名人）和“五自”（自学、自理、自强、自护、自律）等活动。成立文化督查队 156 支 378 人，每年开展 2 次以上督查活动。企业关工委每年都开展青工科技培训和岗位练兵。选送青年到学校培训，帮助下岗青年再就业。

1998 年，嵩口镇关工委配合有关部门，为镇水泥厂 100 余名下岗职工解决再就业，使 50% 下岗职工走上新的岗位。

1999 年，与青少年建立“忘年交”、开展“结对子”和“一帮一“活动。“结对子”3500 对、“手拉手”联谊学校 15 所。会同团县委、县妇联到田源、沙芜、赖坊、邓家 4 个乡镇开展家教专题调研。

2000—2003 年，全县家长学校每年均举办讲座 300 余场，约 2.7 万余人次受教育。征集家教论文 18 篇。

2004 年，制定《清流县未成年人思想道德建设状况课题调研方案》，成立县调研指导小组和问卷调查、学校调查、家长调查、部门调查 4 个专题调研小组。调查 2 所学校 100 人，问卷回收率和有效率均 100%。

2005 年，会同县政法委、公安局、司法局、教育局、团县委、妇联等部门探讨青少年法制宣传教育和建设“平安清流”措施和办法。

三、科技服务

1991—1992 年，组织 210 人在全县进行热点调查，出科普专栏 10 期，发放科技资料 1800 份，征集到城市供水、环境保护等调查报告18篇。协助农村、企业团支部开展“团支部助理”“厂长助理”“未来记者”“明天的施工员”等活动，组织青年开展实用技术知识竞赛。

1993年，召开全县青工教育研讨会，介绍青工教育工作经验。各企业关工委主动配合工会、团委等部门实施好文明育人工程。

1994—1995年，在全县青工中开展“满意在岗位”“技术能手”活动，引导青年参与企业管理，为青工排忧解难，促进企业效益上新水平。推荐上报市级评选青年4人。

1996—1998年，县关工委农业科技服务团围绕脱贫致富奔小康，举办科技讲座2814场，听讲青年农民4.44万人次。举办各类实用技术培训班348期，参加培训青年6000余人，有247人评上职称，涌现依靠科技致富青年109人。企业关工委在青工中开展技术比武、岗位练兵、以师带徒活动。当年，获省、市“新长征突击手”称号青工4人。

2001—2002年，农业科技服务团先后在田源、里田、东华、嵩口、长校圩场开展科技咨询服务活动，讲解WTO知识、发展订单农业、建立无公害基地、实施品牌战略和食用菌、水果“三蜜”种植、农村畜牧业发展等相关问题。深入田间、果场、鱼场作现场指导。全年接受咨询、受教育人数1.1万人次。同时确定大路口村、南岐村、廖武村、梓材村、江坊村为关工委科技示范村，定期到这些村举办科技讲座，并开通电话咨询服务。余朋乡12名青年发展养蜂262箱，长校镇河排村2户青年开发种植食用仙人掌。

2003年，农业科技服务团向农村青年发放毛竹、柑橘种植，养羊等技术手册、书籍200余册，编印科技宣传资料560份。围绕农业产业结构调整，科技人员撰写调研论文6篇。其中就农业产业结构调整提出建议，向县委提交呈阅件，得到县领导好评。

2004年，协同县科协、教育局，做好中科院、省科协专家到清流老区开展“科普报告中央苏区行”活动，全县1200余师生聆听“飞天之梦——人类太空活动”“神奇的北极”等讲座4场。组织科技人员对农业综合开发、调整农业产业结构及花卉、园林苗木基地进行调研。协助长校镇到明溪关工委咨询、论证有关引进美国作物布郎李种植事宜。

2005年，组织科技人员深入嵩口镇考察库湾养鱼、中药材种植，并向农村专业户传授技术知识。配合科技局到嵩溪镇、里田乡、沙芜乡等地开展科技咨询等服务。

四、扶贫助学

1992年，为全县35个青少年夏令营筹集经费7.9万元，入营学生人均8.2元。

1993—1995年，动员社会各界、团体、机关和个人参与为学校献爱心活动，募集资金19.6万元、图书3000余册。并联合团县委、教育局、总工会等单位，为学校筹资6.7万元，帮助186名贫困儿童入学。

1997年，牵头组织10家单位联合开展“积极参与扶贫行动，捐助百名失学儿童”活动，募集资金6万元，扶助贫困儿童163人、贫困大中专生6人。

1998—1999年，与工商联、工会、妇联、团县委、文化局、老促会、退休协会配合，开展扶贫助学活动，资助贫困生234人，资金2.4万元。同时，捐助“希望工程”6万余元。

2000—2002年，全县捐资扶助贫困儿童453人，资金4.08万元。

2003年，各级关工委扶助贫困学生1388人，资金9.3万元。同年始，每年向省、市关工委，老促会争取扶持贫困学生名额240余人，总金额7～9万元。2005年，部门和企业捐助扶贫助学资金11.6万元。

五、帮教工作

1991年，配合县政法委、检察院、司法局，组成关爱工作团（原帮教工作团），对在清流、永安、宁化、三明、福州等监狱服刑的清流籍服刑人员进行帮教，向服刑人员赠送《农村、农业、农民法律知识》《法律援助条例》等书籍和法律宣传品及笔记本、毛巾、牙膏、肥皂等生活用品。

1993年始，县、乡两级关协对“两劳”释放人员责任到人，跟踪帮教3年。县、乡、村三级关工委在龙津镇城南村开展帮教试点，帮教对象4人，协助帮教对象解决生产、生活困难。当年，4人年收入均在4000元以上。

1995年，与县政法委、司法局等部门联合举办失足青少年（轻微违法）法制教育学习班，学员25人，并邀请失足青少年父母旁听。组成帮教小组，订立重点帮教协议。当年，有帮教人员 230 人，帮教对象 201 人。

1999 年始，贯彻以防为主原则，配合政法、公安、司法、教育等部门，在中小学中开展普法教育。全县进行普法宣传 139 场，受教育青少年 3.3 万人次。

2000 年，与教育、共青团、妇联等单位建立联系通报制度，对青少年进行主旋律、法制教育。与清流监狱签订帮教协议，明确双方职责和义务，将帮教失足青少年转化工作制度化、规范化、经常化。

2001 年，与县法院、团县委、教育局组成法制教育工作组，在城区、嵩溪、嵩口、长校、灵地、里田等中小学，采取以案释法形式，进行《中华人民共和国未成年人保护法》等法律宣传教育。在城区举办“边缘青少年”法制教育学习班，18 名有严重不良行为、临近犯罪边缘的未成年人参加学习班。

2003 年，与综治委、教育局、司法局、团县委联合成立学生“带法回家”普法实践活动工作小组，开展学生假期“带法回家”普法实践活动。与三明市劳教所协作，解决服刑人员在监狱自学考试、技术技能培训、技术资格发证等问题。

2004 年，与县政法委、公安局、检察院、林畲乡政府等部门联合成立“警民共建”探监服务站。向各地来清流监狱探监人员提供服务。县关工委 5 名退休老干部被聘请为网吧义务监督员，参加“阳光行动”和“零点行动”网吧大检查。

至 2005 年，全县成立关爱小组 171 个，成员 546 人（其中“五老”430 人），帮教转好率 100%，安置率 96%。

六、创“五好”活动

2001 年始，在基层关工委开展创“五好”（即领导班子建设好、骨干队伍使用好、制度健全执行好、积极探索创新好、活动经常效果好）活动，并按照“五好”标准、目标进行评比。

2003 年，组织开展第二轮创“五好”活动。全县 117 个村（居）委会将关工委组织建设纳入村级配套组织建设之中。并做到“六上墙”（即班子成员、内设机构、工作安排、“五好”标准、活动情况），增设“五榜”（即公德榜、成才榜、好样榜、能人榜、计生榜）。

至 2004 年，全县 117 个村（居）关工委中，一类关工委 25 个，占 21%；二类 38 个，占 33%；三类 54 个，占 46%。

2005 年，县精神文明建设指导委员会将关工委工作列入乡镇考评内容之一，并将创“五好”标准列入考评竞赛内容，制定评分标准。当年，全县乡镇关工委全部达合格标准，村（居委会）关工委 92.5% 达合格标准。

第十一章 其他团体

第一节 老区建设促进会

一、代表会议

清流县老区建设促进会第一届理事会 1995 年 12 月 11 日，县老区建设促进会（以下简称老促会）成立大会召开。县委四套班子领导，县老区建设促进会筹备组成员，各乡镇党委书记，县直各部、委、办、局领导 50 人出席。大会通过《清流县老区建设促进会章程（草案）》，选举产生第一届县老促会组成人员。聘请名誉会长 1 人、顾问 5 人，选出会长 1 人、常务副会长 1 人、副会长 5 人、秘书长 1 人、副秘书长 1 人。

1996 年 9 月 2 日，县老促会第一届理事会召开第二次全体会议，调整县老促会组成人员。

清流县老区建设促进会第二届理事会 1998 年 12 月 25 日，召开第二届县老促会代表大会。县老促会、老区建设委员会全体成员，乡镇老促会理事、县直各部、委、办、局领导 50 余人出席。会议聘请名誉会长 1 人、顾问 3 人；选出会长 1 人、常务副会长 1 人；副会长 4 人、秘书长 1 人；副秘书长 1 人。

清流县老区建设促进会第三届理事会　2004年2月5日。召开第三届县老促会代表大会。县老促会成员，各乡（镇）分管老区建设领导，县直各部、委、办、局等有关领导共60人出席。会议聘请名誉会长3人、顾问2人，选出会长1人、副会长5人、秘书长1人、副秘书长2人。

二、主要活动

（一）调研献策

1995年始，围绕加快老区经济发展、农民增收和社会进步等课题，每年选1～2个专题，深入基层开展调查研究，向县委、县政府提交调研报告，提出意见和建议。

1999年，组织科技人员到老区基点村大路口村调研，撰写《科技与经济结合的有效形式》《村会协作、互惠互利——清流县大路口村与三明市园艺协会开展技术协作成功的启示》等文章，先后在《科协论坛》和《福建科技报》刊登。

2001年，深入老区基点村开展“三看一听”活动（即看老区群众饮用卫生水情况，看乡、村公路，看项目，听乡村干部和群众的意见和建议），撰写调研报告供县委、县政府决策参考。

2002年，调研报告《依靠科技进步，加快经济发展》在《红土地》杂志发表；撰写《长校劳动力转移》《嵩口茶籽油前景美》《嵩溪豆腐皮走俏市场》3篇文章，分别在省、市老促会简报上刊登。

2003年，先后撰写调研报告《科技兴村天地宽》《充分发挥优势，促进经济发展》《加强外出务工人员管理》《发展油茶生产，增加农民收入》《科技与经济结合有效形式》等文章，在《中国老区建设》《红土地》《科技论坛》等杂志上发表。

2004年，以改善老区群众生产生活水平为重点，撰写调研报告《发挥水域优势，促进农民增收》《农村道路硬化任重而道远》《清流花卉产业发展调查和思考》等调研文章20余篇，为老区的脱贫致富献计建言。并向县委、县政府提出库湾筑坝拦水养鱼、加快老区公路建设等建议10条并被采纳。是年，县老促会被三明市老区建设促进会评为促进老区建设先进单位，会长廖春华被省老区建设促进会评为先进工作者。

2005年，就林畲毛泽东旧居维修向县委、县政府提出具体建议和方案。同时，参与红色旅游景区建设调研活动，提出清流红色旅游规划意见和建议。

（二）老区扶贫

2001—2002年，县老促会各成员单位为老区办实事226件，投入资金7216.3万元。解决6个偏远山村74户农户用电问题、72个建制村饮水问题。县老促会被三明市老区建设委员会、三明市老区建设委员会、三明市老区建设促进会评为2001—2002年度为老区办实事先进单位。

2002—2003年，协助挂点村嵩口镇梓材老区村制定三年发展规划，抓好农业结构调整。举办库湾养殖、毛竹栽培、油茶种植等实用技术培训班，印发有关资料分发给农民。鼓励和支持村民进行山地开发，新种油茶面积32.67公顷，并无偿提供种苗。

2004年，帮助梓材村引进特色农业新项目，新增水域养殖面积30公顷、网箱32个，新种茶面积6.67公顷，新种药材面积40公顷。协调市老促会支持梓材村购置网箱资金5万元、山地开发资金1万元、路网改造资金3万元。举办库湾养殖、山地养羊、网箱养鱼、油茶种植、毛竹栽培技术培训班，提高村民科技致富水平。

2005年，帮助梓材村争取道路建设资金6万元、木南桥建设资金2万元、土地开发资金1万元、水产养殖资金5000元、鱼苗10万尾。争取公路建设资金15万元。

（三）科技培训

1995—1999年，县老促会组织科技人员深入老区村举办果树、毛竹、油茶、烤烟、畜牧水产养殖等各类实用技术培训班632期，参加培训5.14万人次。

2000—2001年，县老促会利用农村圩集巡回播放实用技术科教片及挂图宣传，受教育2万余人次。举办各类实用技术培训班377期，印发科技资料4800多份，培训2.63万人次。

2003年，县老促会举办油茶、毛竹、葛根栽培和库湾养殖实用技术培训班4期，培训300人次。

2004—2005年，县老促会举办渔业养殖、果树栽培、劳动就业等培训班15期，培训1237人次。在沙芜、嵩溪、嵩口等地举办毛竹栽培、油茶种植、库湾养鱼、山地养羊、肉牛饲养等技术讲座，参加人数3000人次。

（四）助学兴教

1997年，配合10个部门在全县开展“积极参与扶贫行动，捐助百名失学儿童”活动。全县各界资助9个老区乡镇贫困儿童80余人，金额4万元。

2002年始，每年做好黄仲咸基金助学金的摸底、推荐、审核、上报和发放工作。至2005年，受黄仲咸基金资助学生236人，其中革命“五老”后代16人、老区贫困子女220人。累计发放助学金（含县直有关部门、企业资助金）118万元，其中79名学生考取大学、大专。

（五）老区义诊

2002—2004年，组织中、西医生30余人次，先后深入里田、嵩口、嵩溪、林畲、沙芜、田源等老区乡镇为老区群众义诊1860人次，减免药费5.5万元。

2005年，组织中、西医和离退休医务人员100人次，先后深入嵩溪、嵩口、林畲等乡镇为老区群众义诊1620人，减免药费1.5万元。

（六）老区宣传

1995—1996年，运用宣传栏、书刊、举办纪念活动等多种形式宣传清流老区。

2001年，与县委宣传部、县老区办、新四军研究会、关工委、共青团等单位联合召开“清流县苏维埃政权建立70周年”座谈会，为中小学生讲解革命斗争史，进行革命传统教育。

2002年，县老促会、老区办、各老区乡镇及成员单位向三明电视台、清流电视台撰稿报道清流苏区经济和社会发展成果信息465条。编纂出版《清流革命斗争史》。

2003年，在城区凤翔桥头用花岗岩石刻制毛主席诗词壁照《如梦令·元旦》。会同交通局在林畲五通凹设立跨公路宣传牌“老区清流人民欢迎您”，后改为“中央苏区 闽人之源 清流人民欢迎您”。重修长校将军庙革命烈士纪念碑、修缮林畲乡毛泽东旧居，完善县爱国主义教育基地。

2004—2005年，利用烈士陵园、烈士纪念碑、毛泽东旧居等教育基地给全县5所中学、8所完小宣讲革命斗争史，3660余名师生参加。编写《深切缅怀邓小平同志的丰功伟绩——纪念邓小平同志诞辰100周年》《祖国万岁——庆祝新中国成立55周年》宣讲稿，深入老区村、学校巡回宣讲，并向学校赠送《清流革命斗争史》等书籍。全县72个老区建制村刻制红色标志碑。

第二节 客家联谊会

一、机 构

2002年4月7日，清流县客家联谊会召开成立大会（以下简称县客联会）。第一届县客联会聘请县委书记、县长担任名誉会长，同时聘请顾问26人。会议选出第一届客联会理事会会长1人、常务副会长1人、副会长10人、秘书长1人、副秘书长4人、理事69人。成员单位61个。客家联谊会未配备专职人员，由常务副会长主持日常工作，直至2005年。

二、主要活动

（一）客家研究及文化宣传

20世纪90年代，清流即有学者参与田野调查、探讨清流客家源流，考证清流为纯客家县提供理论和实物依据。1995年9月，法国远东学院教授劳格文和福建省社科院周立方在清流开展客家民俗文化调查。邀请江春福、李升宝、童金根参加城关庙会、乡村庙会、乡村民俗调查，形成调查报告3篇，参加在宁化县召开的第四届客家民俗田野调查报告会。3篇文章同时入选由劳格文主编的《客家传统社会丛书》。

1996年，劳格文由省社科院研究员杨彦杰陪同，再次来到清流，邀请江春福、李升宝、童金根、黄于万等在林畲、长校、赖坊、余朋等乡镇开展课题研究。4人分别撰写调查报告《大丰山与欧阳真仙》《清流县长校村的宗族传统调查》《清流县进士乡的民间信仰与民俗特色》《清流县灵地镇黄姓民俗》。1997年7月，4人参加在长汀县召开的第五届客家民俗田野调查报告会，4篇调查报告入选劳格文主编的《汀州府宗族庙会与经济》。之后，不少专家、学者以不同题材、不同形式参与客家研究。

2003年，由县方志办发起，李升宝、江凤英编著的《客家论丛》出版，全书18.7万字，内容包括清流探寻、田野调查、风情民俗拾掇、文化丛谈等。

至2005年，联谊会常务副会长郑鹤培撰写多篇论文并整理清流学者发表在全国各地论文编成《清流客家文丛》初稿，20余万字。联谊会成员累计撰写关于清流客家人文历史、风景名胜的散文、诗词、游记等文章100余篇，在全国和省、市报刊刊发。

（二）联谊交流

2002年10月，应邀参加宁化石壁祭祖大典活动，与前来祭祖的马来西亚马六甲客家公会代表团联谊交流，邀请公会一行26人到清流观光。

2003年，应邀出席宁化客联会座谈会，接待永安客联会到清流联谊调研。2004年，应邀出席沙县客联会成立大会。

2005年，接待北京客家海外联谊会会长罗世升到清流县专访、联谊。至2005年，先后派出16人次参加第17～20届世界客属恳亲大会。每次参会，均向大会组委会提交清流客家乡情报告和学术论文，同时向海内外客属社团与乡贤交流清流县投资指南、旅游观光等资料。

第三节　消费者权益保护委员会

一、机　构

1988年2月10日，成立县消费者权益保护委员会（以下简称县消委会），内设宣传部、投诉部、监督检查部，县消委会下设基层消费者监督站8个。县消委会挂靠县工商局，由局长或副局长任会长。至2005年未变。

二、主要活动

（一）宣传《中华人民共和国消费者权益保护法》

1991年，结合“3·15”国际保护消费者权益日活动，举办“假冒伪劣商品展览”。通过实物、照片、文字说明、真假商品对照、现场讲解等形式，提高消费者识别假冒伪劣商品的能力。

1994年1月1日，《中华人民共和国消费者权益保护法》（以下简称《消费者权益保护法》）实施。全县张贴标语150条，悬挂跨街横幅13条，专题广播140次，印发宣传材料2500份。组织各界人士近万人参加《消费者权益保护法》知识竞赛。

1997年，开展“讲诚信、反欺诈”为主题的“3·15”消费者权益保护宣传月活动，同时展出假冒伪劣商品1100多种。

1999年，开展“安全健康消费”为主题的“3·15”宣传活动。6月10日，将“96315”投诉台改为“12315”投诉服务台。

2000—2005年，倡导绿色、科学消费，诚信经营。加强对农村的宣传，每年组织人员在嵩口、嵩溪、灵地等11个乡镇开展“工商维权进圩日”巡回宣传，发放各类宣传材料2万份。

（二）投诉仲裁

1991年，全年受理消费者投诉案件179件，通过调解仲裁全部结案，为消费者挽回损失5.51万元。

1994年，与县计量所共同对龙津市场内计量衡器进行全面检测，检查315户计量器具400多台（把），查处没收失准或不符合计量标准衡器35台（把）。调解因电力设施故障引起34户居民价值6.6万元的家用电器损坏纠纷案件1起，损失由供电方负责赔偿。

1995年，受理投诉三明“日月星”啤酒瓶爆炸炸伤消费者右手案1起及电冰箱质量投诉3起，经交涉分别给予赔偿和换货处理。受理消费者投诉邮电部门提高电话月租费案1起，经调查取证交涉，电话月租费从19.8元降到14.52元，每年为消费者节省话费20多万元。

1997年6月16日，开通“95315”消费者电话热线投诉台。龙津市场经营者林某诉其从广东购进一批菜油，到货却是棕榈油，县消委会派人连夜与林某赶往广东与货主进行交涉，为林某挽回经济损失近8万元。

1998年，在集贸市场设立投诉服务台，设立真假商品对比柜，使用电子秤和双面弹簧秤。

1999年，全县设立举报信箱和投诉箱9个。建立“12315”消费者权益保护网络，并与公安“110”联动。全年接投诉电话150余人次、咨询电话90余人次、举报电话20余人次。全年调解消费纠纷230件，查处案件5起，为消费者挽回经济损失141万元。

2000年8月，邓家乡烟草站过磅员利用在磅秤游码内藏锡块的不正当手段损害烟民利益，引发烟农激愤。县消委会及时协同有关部门责成烟草公司赔偿烟农损失2万多元。灵地镇和赖坊乡两地10余名农户投诉电力集团公司因农网改造，供电质量不稳定，造成家用电器被烧坏。经县消委会出面协调、妥善处理，既维护了农民利益，又保证农网改造能够顺利进行。

2003年，余朋东坑农民投诉种子问题，县消委会工作人员到东坑调查调解，为农民争取种子补偿350余千克。2004年，在乡镇较大建制村设立“3·15”维权点，聘请村主干兼任“3·15”投诉联络员44人。组建由农业、公安、烟草和卫生等部门配合的“12315”联动网络，形成维权合力。全年受理消费争议纠纷75件，罚没金额3900元，为农民挽回经济损失6.72万元。

2005年，受理并调解消费申诉纠纷94件，投诉转立案查处5起，为消费者挽回经济损失6.21万元。

1991—2005年清流县受理消费者投诉情况表

表18-4

年度	受理投诉（件）	结案率（%）	为消费者挽回损失（万元）
1991	179	100	5.52
1992	317	100	2.98
1993	334	95	2.29
1994	174	100	11.23
1995	239	99.6	30.8
1996	241	98.7	12.8
1997	183	98.9	24.7
1998	112	96	10.2
1999	210	100	141
2000	230	100	15
2001	156	100	5.31
2002	192	100	15

表 18-4

年　度	受理投诉（件）	结案率（%）	为消费者挽回损失（万元）
2003	132	100	9.5
2004	76	97.3	5.45
2005	94	100	6.21

（三）诚信经营活动

1991 年，组织企业、经营者开展诚信经营活动，保护公平竞争，保护经营者和消费者合法权益。

1992 年，开展经营者“不销售假冒伪劣商品”活动，参与消费品、农资市场、饮料保健市场假冒伪劣商品专项整顿。

1994 年起，参与经济监督检查，“查重点、挖窝点、堵源头”，打击制售假冒伪劣商品，净化消费市场。

1995 年，通过个体劳动者协会加强企业和经营者法制教育、职业道德教育，并进行登记监督管理，将个体经营纳入法制管理轨道。组织经营者系统学习《中华人民共和国反不正当竞争法》《中华人民共和国产品质量法》等法律法规，提高合法经营观念。

1999 年，与经营者签订协议，实行文明诚信经营承诺制，并开展“诚信单位”评比活动。

2000 年，城区南门饭店、漳太面包店、百货有限公司等 10 个单位被认定为市级 1999—2000 年度“诚信单位”。2002—2005 年，围绕“共铸诚信，执法为民，增强消费维权服务意识”主题，开展“打假维权，消费者满意示范街”活动，评选出中国联通清流分公司、中国人寿保险股份有限公司清流分公司等诚信单位 6 个。

第四节　个体劳动者协会

一、机　构

1991 年，设立清流县个体劳动者协会（以下简称县个协）。设有工商所的乡镇均建立个体劳动者协会分会。

2005 年，全县有城关、嵩溪、嵩口、长校、灵地 5 个个体劳动者分会，会员 1879 人。

二、主要活动

（一）自我教育

1991 年，县个协会员 1900 多人参加社会主义思想教育活动，学习时间累计 7 天以上。组织个体劳动者 2363 人参加普法学习。同时，对 1761 户个体户进行法律、法规及职业道德考查，及格率 91.5%。

1994 年，县个协举办《中华人民共和国劳动法》《中华人民共和国反不正当竞争法》《中华人民共和国消费者权益保护法》《中华人民共和国产品质量法》等法律法规培训班、学习班 56 场次，受教育 5833 人次，参学率 95.8%。

1996 年，开展“户户讲道德，店店无假货”活动。

1997 年，组队参加市工商局、市个协举办的全市“光彩杯”“三五”普法知识竞赛，获第一名。龙津分会开展“迎回归，创文明，规范市场秩序，保证无假冒商品”主题活动。

1999 年 10 月，组织协会党团员、退伍军人、县首届“光彩之星”代表一行 20 人，前往革命圣地江西瑞金参观学习，接受革命传统教育。

2001 年 5 月，举办法律法规骨干培训班，学习《福建省个体工商户和私营企业权益保护条例》，各分会会长、城区行业组长共 39 人参加。

2002年，开展个体工商户和私营企业权益保护法律咨询活动，向群众发放宣传材料4000余份。

2005年，开展争创“诚信示范店”和“诚信示范单位”活动，评出先进个体工商户39户。

（二）自我管理

1991年，会员开展“学雷锋，树新风”活动，上街、进警营做好事1600多件。

1994年，建立自我管理督导队，制定完善自我管理办法，三明市个协予以推广。当年5月2日，城区遭遇百年不遇洪灾，商户损失严重。帮助会员做好灾后恢复生产经营工作，并向全国各地2500多个个协发出求援信件，获捐赠救灾款1.64万元，帮助受灾会员克服困难。

1996年，加强会员守法经营、遵章缴纳税费管理。个体户会员无偷税漏税事件发生。当年，全县个协会员为“先行工程”和三明市爱心大厦建设及社会救灾等捐款2万余元。

1997年8月，龙津市场个协分会成立中共党小组。

1998年，长江流域遭受特大洪灾，县个协各分会利用圩日和双休日开展赈灾捐款捐物活动，共捐款1.7万元。3名会员响应县妇联、县个协“献爱心，一助一资助特困女生就学”号召，与5名特困学生结对帮扶，资助2名女生完成9年义务教育。

2000年，协同龙津镇政府做好计划生育工作普查和外来个体工商户计划生育管理。

至2005年，全县个协会员被评为省“先进个体劳动者”2人、市“先进个体劳动者”8人、县“先进个体劳动者”3人、县“三八红旗手”2人。

（三）自我服务

1991年，协助解决会员在生产和经营中的困难，扶持个体经济稳步发展。

1996年，受理会员用电、用水、排污等侵权投诉案26件，为会员挽回经济损失37万元。

1997年，动员会员献爱心，捐款捐物帮助龙津、长校、里田受灾个体工商户30余户解决困难。

2000年，通过司法部门处理城关个协会员张某在嵩口经商被人拦路殴打致伤事件。林畲个体工商户温某丈夫患重病，县个协与嵩溪分会捐款2200元。

至2005年，每年春节，均组织人员到个体工商户和私营企业户进行慰问，为困难户、病灾户、下岗职工就业经商户和残疾会员送去慰问金和慰问品。

第五节　私营企业协会

一、代表大会

2003年7月31日，清流县私营企业协会（以下简称县私协）成立，并召开第一次会员代表大会，通过协会章程。协会宗旨是组织会员企业开展生产经营经验交流，为会员企业提供信息咨询服务，开展技术培训和生产经营指导，进行思想、法律、道德教育，维护私营企业合法权益。大会选举产生第一届私营企业协会会长、副会长、秘书长等。出席大会代表62人。年内，注册登记的私营企业69家，注册资金4813万元，从业人员1509人。

二、主要活动

2003年，组织会员企业开展自我教育、自我管理、自我服务活动。宣传《福建省工商局促进和服务我省企业发展若干意见》。开展私营企业创建品牌工作，推荐符合条件企业注册商标，鼓励恒利贸易公司、县闽山化工有限公司等企业争创省、市著名商标。帮助企业办理动产抵押登记贷款手续，缓解生产资金困难。组织会员学习《国务院关于鼓励支持和引导非公有制经济发展的若干意见》，动员私营企业参与“重合同、守信用”活动。

2004年2月，余朋文具厂生产车间被大火烧毁，直接经济损失50万元。县私协向全县私营企业发出《倡议书》，帮助该厂渡过难关。2005年，全县表彰先进私营企业10家。

卷十九 政法 军事

第一章 政法委及综治

1991—2005年，加强全县政法干部教育培训和岗位练兵，规范执法行为，县政法各家相互支持配合，先后组织开展打击取缔卖淫嫖娼、车匪路霸、反盗窃、追逃犯、打流窜、拐卖、禁毒、走私等专项斗争，查办经济领域贪污、贿赂，侵权渎职等案件。同时做好关系社会稳定、人心安定的企业改革、生产经营发展、下岗工人再就业、社会保障、治安等矛盾调处、维稳工作，预防和处置突发性事件。实行综治“一票否决制”，与各乡镇、县直各单位层层签订社会治安综合治理责任书。开展乡（镇）治安黑点、校园治安、企业及周边环境等重点区域和存在的突出问题专项整治。全县群防群治网络基本形成。在全县开展创建文明安全片区、村（镇）和建设“平安清流”活动，在农村开展“平安乡镇”“平安库区”“平安村（居）”和“文明平安户”创建活动。

至2005年，全县综治成员单位由1991年的33个增至41个。全县13个乡镇各设1名党委副书记专管综治工作。全县有治保会117个、配备治保人员390人，调解会130个，调解信息员450人；治安巡逻队111支、1121人;治安监督员878人。龙津、林畲、温郊、田源、沙芜、长校等6个乡镇成为首批“平安乡镇”创建达标单位。各金融营业网点、金库及财保、人保技防格局网络化建设覆盖面100%，并实现与110联网。全县累计表彰见义勇为先进分子12批99人，其中获全国表彰1人、省表彰6人、市表彰15人、县表彰77人。

第一节 政法队伍建设

一、教育培训

1991年，组织干警学习中共十三届七中、八中全会，江泽民总书记“七一”讲话和中央、省、市、县有关反和平演变的指示精神。举办“党在我心中”主题演讲会，举行军事训练、实弹射击、岗位培训、岗位练兵活动。开展岗位学雷锋、行业树新风活动。全县干警为民办好事、实事425件，参加义务劳动2225人次，为灾民、残疾人、老干活动中心捐款捐物7897.2元。

1992年，成立政法队伍整建领导小组，制定开展政法队伍整建活动方案。组织干警开展揭、摆、议、评、查活动。整建期间，政法各家共修订、完善建立各种岗位责任规章制度、廉政建设制度等36项62条。

1993—1996年，持续开展“满意在政法，争当人民好卫士”系列活动和学习孔繁森事迹，贯彻落实省委政法委“七条禁令”，抓政法队伍思想、纪律、作风整顿和廉政建设。开展“敬业爱岗为民树形象”和学习“漳州110”活动。开展多形式多层次的岗位培训和岗位练兵技能竞赛活动。选送干警赴省、市培训。全县政法系统受省委、省政府表彰的先进个人3人；受省政法部门表彰的先进集体6个次、先进个人5人次；受市级表彰先进集体20个次、先进个人90人次。

1997年，加强政法队伍建设，开展“三讲、两说、一评”活动和干警队伍政德教育。开展干警形象评议，向人大、政协等各有关部门发放行风评议调查卷720份。召开各类座谈会111场次，登记走访群众和县、乡人大代表1000余人，逐条解决群众批评和建议。全年政法系统查处违法违纪案件3起4人。

1998年，全县政法各部门开展为期半年的队伍集中教育整顿，政法各级领导分别与各科室、队、所、庭领导签订队伍建设责任书，并制作《队伍教育整顿考评书》。教育整顿分思想教育、自查自纠、执法检查、建章立制4个阶段，8月结束。

1999—2000年，开展抓“三基”创“五好”活动和“讲学习、讲政治、讲正气”为主要内容的党性党风教育。公安机关、反贪局、灵地法庭等16个“抓创”单位推行警务、检务、审判、司法行政和民政政务公开。

2000年，县检察院被省检察院授予“基层建设五好检察院”和“人民满意检察院”称号；省委政法委授予县公安局干警张惠根“人民满意政法干警”称号，县公安局警察大队城区中队被市公安局记“集体三等功”。制定清流县政法干警3年轮训规划。其中2000年投入培训经费15.3万元，轮训干警108人。

2001年3—5月，开展历时3个月的“三个代表”重要思想学习教育活动。强化“三观”教育，加强对干警八小时以外的“生活圈、社交圈、娱乐圈”监督管理。

2002—2003年，制定《关于在全县政法队伍中开展作风教育的实施意见》《关于结合作风教育活动对政法队伍中存在的突出问题开展专项整顿的实施意见》和《政法队伍建设六项制度》。县公安局组织干警学习《一位民警母亲的来信》，针对队伍中存在的作风粗暴、对待群众态度“冷硬横粗”等问题开展专项整顿，制定干警日常行为、工作等规范。县检察院将作风教育与业务工作相结合，做到“三规范”（学习教育时间规范、内容规范、组织实施规范）。县法院将作风教育与职业道德教育相结合，教育干警遵守司法礼仪、约束业外活动。

2004—2005年，号召全县政法干警学习灵地法庭江华椿先进事迹；全县政法系统开展社会主义法治理念教育活动，340名政法干警参加集中学习、培训，撰写学习心得体会516篇。

二、规范执法行为

1991年，政法各部门根据各自行业特点（职责），健全完善“两公开一监督”制度，组织干警自查、发现问题，及时整改。全县政法干警拒贿89人次，拒吃请146人次，拒受礼153人次，拒收价值（礼品、钱款）1.16万元。

1993—1996年，开展“刹风整纪”教育活动。完善内、外部监督制约机制，聘请群众廉政监督员。坚持罚没款收支两条线，纠正不正当“创收”。1997年，抓公正文明执法行为、从严执警。县公安局将户籍、外事科、派出所作为第一批窗口单位，开展“严格执法、热情服务”活动；县人民法院设立流动法庭，主动上门服务，方便乡村群众诉讼，同时开展“百案回访”巡回服务，做到当事人满意。

1998年，开展执法大检查。公、检、法部门对1996年、1997年及以后所办理的案件，特别是多年未审结案件、群众反映强烈和当事人或家属长期申诉的案件，进行逐案复查。共复查刑事、治安、民事、行政、经济案件3984件，其中公安1929件、检察381件、法院1674件。查出有案不立、定性不准、降格处理、违反程序、显失公正、以罚代刑、改变决定7个方面问题47件。对检查发现的问题，采取边查边改和正本清源、规范执法行为相结合的方式落实整改措施，限期纠正整改。并建立健全案件研究和审核把关制度，加强执法监督制约机制建设，堵塞漏洞。

2003—2005年，开展“规范执法行为，促进执法公正”专项整改活动。县公安局将公安部“五条禁令”（一、严禁违反枪支管理使用规定，违者予以纪律处分，造成严重后果的，予以辞退或者开除；二、严禁携带枪支饮酒，违者予以辞退；造成严重后果的，予以开除；三、严禁酒后驾驶机动车，违者予以辞退；造成严重后果的，予以开除；四、严禁在工作时间饮酒，违者予以纪律处分；造成严重后果的，予以辞退或者开除；五、严禁参与赌博，违者予以辞退；情节严重的，予以开除）落实情况列入单位责任目标和民警绩效考评重要内容，经常组织明察暗访、现场督察、专项督察等。县法院和检察院以落实“司法为民”为主线，围绕“容易发生徇私枉法、权钱交易”的岗位和环节，进行整改。将不适合做政法工作的1人调离检察机关。

第二节 协调管理

一、维护社会政治安定稳定

1991年，制定《关于维护稳定，切实做好预防和处置突发性事件工作预案》。全县15个乡镇成立维护稳定预防和处置突发性事件领导小组，组建护队6个连、23个排、72个班，1107人。加强对敌对势力的调查、控制工作。并密切注视农村山林、土地、水利等纠纷苗头，发现问题，果断处置。

1992年，在重大节日、重大会议期间，特别是春夏之交敏感期间，加强社会面控制，制定预防和处置突发事件预案;清明期间，为防止联宗祭祖闹事，各地提前做好预防工作。建立政法\综治工作汇报、研究制度，与中心工作同部署。当年破获一般政治案件2起，取缔1个死灰复燃的反动会道门组织——“真空道”，首犯、骨干分子被依法逮捕。

1993年，开展专项打击和专项治理。是年，破获与敌特挂钩事件1起、境外敌对势力向清流县宗教领域渗透案件4起。

1994年5月2日，县域遭受特大洪灾，政法部门将灾后稳定工作提高到突出位置，确保抢险救灾、恢复生产、重建家园各项工作顺利进行。全县未因灾发生非法上访、聚众闹事及趁灾打劫等不良事件。

1995年，及时疏导、制止中巴驾驶员因收费问题行将举行集体罢工事件1起，及时阻止、查处嵩口水泥厂工人廖某扇动工人罢工、上街游行事件。组织公安等部门做好清流首届经贸洽谈会安全保卫工作。

1997年，开展严肃执法，坚决清除地方和部门保护主义专项治理活动。

1998年7—10月，县委多次召开社会稳定、社会治安分析会，采取有效措施，加强对重点部位、重点场所的安全防范。

1999—2002年，强化情报信息和重点侦控工作，严防敌对势力和敌对分子渗透破坏活动；层层落实维护稳定领导责任制。2004年，将关系社会稳定、人心安定的企业改革、生产经营发展、下岗工人再就业、社会保障、治安工作等问题考虑在先，做好维稳工作。

2005年，开展反渗透、反窃密、反策反、反破坏斗争，构建国家安全人民防线。防范和打击邪教违法犯罪活动。3月14日，县广电局截获邪教组织卫星信号入侵四川台的电视信号，县委政法委及时作出关闭四川台的停播决定。深入农村、学校，开展以“崇尚科学、关爱家庭、珍惜生命、反对邪教”为主题的反邪教警示教育活动。

二、组织严打专项斗争

1991年5月，全县组织开展打击取缔卖淫嫖娼专项行动。9月，制定《关于开展反盗窃斗争，推进社会治安综合治理的议案》，组织开展反盗窃活动专项行动。

1992年，组织开展“反盗窃、挖团伙、追逃犯、打流窜”为主要内容的专项斗争。

1993—1994年，持续组织开展打击“车匪路霸、禁毒、打拐禁娼专项斗争”。1994—1999年，持续组织开展“破大案、打团伙、追逃犯”严打专项斗争。

2000年，开展全国性的“打拐”专项斗争;开展“打黄扫非集中统一行动”“清盲流，查隐患”和“打击走私、盗窃、抢劫机动车，打击飞车抢夺”等专项斗争和治理。

2001—2002年，组织开展“打黑除恶”专项斗争。

2003—2005年，组织开展“反盗窃、追逃犯、打流窜”和“打两抢、治枪爆、查外口、除隐患”统一行动。

三、矛盾纠纷排查工作

1991—1999年，政法机关和县有关部门针对企业改制、转轨过程中出现的问题和拆旧建新、征地等可能引起矛盾激化、酿成群体性事件的苗头，采取措施，把矛盾解决在基层，调解各类矛盾纠纷成功率98.7%～99.8%。

2000年，健全和完善矛盾纠纷排查调处工作制度，县、乡各单位均成立矛盾纠纷排查领导小组，设立调处中心，组织开展全县性大规模矛盾纠纷排查调处工作2次。全年排查调处各类矛盾纠纷70件，调处和基本调处68件，占总数97.1%。成立预防和妥善处置群体性和突发性事件指挥部，组建应急处置机动队伍1支、50人。当年发生50人以下群体性和突发性事件3起，均得到及时有效处置。

2001年，建立和完善矛盾纠纷排查调处工作机制7个，即领导工作机制、预防机制、联动机制、排查调处机制、分析研究机制、预警机制、律师和法律工作者参与处理群体性事件的机制。

2002年，成功调处余朋乡东坑村多年反复上访的宅基地纠纷1起。

2003—2005年，召开矛盾纠纷排查调处工作经验交流会，开展矛盾纠纷大调处、涉法涉诉大接访活动，有效解决一批涉法涉诉疑难案件。全县各类矛盾调处率100%，调解成功率97.3%～99.7%。

第三节 社会治安综合治理

一、综治工作架构

1991年，县综治成员单位33个。各乡镇相应成立社会治安综合治理委员会及其办公室，15个乡镇选派抓综治工作的副职领导，各乡镇综治办配齐专兼职干部。各机关、学校、村（居）委会和厂矿、企事业单位成立社会治安综合治理领导小组。全县有专（兼）职综治干部25人。1998年，县综治成员单位35个。2005年，县综治成员单位增至41个。全县13个乡镇各设1名党委副书记专管综治工作。

二、落实综治领导责任制

1991年，制定《清流县社会治安综合治理五年规划》。政法系统实行“为官一任、平安一方”的五级承包责任制，实行量化目标管理考核。各乡镇、各内部单位根据社会治安综合治理任务要求和范围，实行定责任、定标准、定任务、定奖惩为内容的“一包四定”责任制。建立综合激励机制，实行综治“一票否决制”。

1994—1996年，县综治委一票否决单位7个，黄牌警告单位8个；表彰社会治安综合治理先进单位39个、先进个人90人。1994年，获省“综治‘一五’规划先进县”称号。1996年，被省委、省政府授予社会治安综合治理工作先进县。

1997年，县各级各部门签订各种治安责任书2400份。县组织部门把综治工作能力、实绩作为考核领导班子和领导干部的重要内容；县综治办业务经费达全县人均0.19元；建立五部委联席会议制度，每半年召开一次联席会议。是年，县综治委对4个单位实行一票否决，对8个单位实行黄牌警告；表彰社会治安综合治理先进单位39个、先进个人90人。至1997年，清流县连续4年被三明市委、市政府评为综治工作先进县。

2000年，县各级各部门签订各种治安责任书2480份；县综治委对1个单位实行一票否决，对4个单位实行黄牌警告。2002—2004年，县综治委对6个单位实行一票否决，对9个单位实行黄牌警告。

2005年，与15个乡镇、7个党委主要负责人签订责任书，向105个县直部门颁发责任书；县各级各部门签订各种治安责任书1800份。县综治委对1个单位实行一票否决，对2个单位实行黄牌警告；表彰社会治安综合治理先进单位13个、先进个人30人。

三、综治宣传

1991—2005年，每年3月均开展综治宣传月活动。宣传内容主要为《中华人民共和国宪法》、党中央关于加强社会治安综合治理两个《决定》《福建省社会治安综合治理条例》等。宣传月期间，在清流电视台开设《平安清流综治之窗》栏目，播放反映建设“平安清流”的活动情况节目；在省主干线、城区、乡镇和村（居）醒目位置设立宣传平安建设大型固定标语牌；向全县移动、联通手机用户发送建设“平安清流”信息；在全县所有“面的”（微型面包车）、中巴车和警车上喷绘建设“平安清流”宣传标语；此外，每年印制建设“平安清流”宣传挂历、书写平安春联赠送群众；在县城中心广场举办“平安清流”广场晚会。编排《建设平安清流》节目，下乡巡回演出，参加市综治委举办的“平安三明”文艺会演。在农村和社区，开展千名干部“进百村、包万户、保平安”服务“三农”活动，向村民赠送“平安年画”、安全、防盗等宣传资料，宣传平安建设成果。制定乡规民约，促进社会和谐、稳定。

四、“平安创建”活动

（一）文明安全片区（村）创建

1991年，将社会治安综合治理纳入精神文明总体规划，全县实行社会治安综合治理一票否决制。当年实现“治安安全单位”达 95.2% 以上，城区居民楼院落实安全防范措施 80% 以上。全县 15 个乡镇成立维护稳定预防和处置突发性事件领导小组，组建护队 6 个连、1107 人。全县一般群体闹事事件发生 7 起，比上年同期下降 70%。

1992—1994 年，农村 40 个社教村、城区 105 个精神文明单位及城关 11 条街巷、乡（镇）政府所在地、公路沿线 40 个村开展综治达标活动。首先在城关后街、团结巷以及长校镇、嵩口镇、嵩溪镇开展社会治安进街（巷）入户试点，取得经验后，将联户共建共治活动辐射至全县各村（居）。采取以片区、楼院为主，居民以相邻的 10 户左右为一组，单位以宿舍楼为一组方式，联防联治。全县形成群防群治网络。

1995 年，全县开展创建“治安安全村（居）”和创建“治安合格单位”活动，层层签订责任状，推广办公场所、宿舍楼院安装电子报警器。1996 年，开展综治“八个一”（一个治保会、一个调委会、一家企业、一个共建片区、一个村、一所学校、一个机关、一个公共场所）示范活动和创“文明安全小区”活动。综治工作与精神文明建设结合，城区划为 10 个文明安全小区，各小区成立创建理事会，下设专门工作小组，干部群众参与小区自防自治；建立义务治安巡逻队伍，实行“三结合”（专门工作与群众自治相结合、人防与技防相结合、自治与共建相结合），楼幢有楼长，配有治安员、调解员、防火员、法制宣传员、动态信息员，实行“一长多员”管理，对出租的民房和外来人口登记造册加强管理，重点加强“两劳”释解回归人员和失足青少年帮教转化工作。

1997 年，开展“文明安全片区”活动，成立协调领导小组，按“共居一地，共创文明，共保平安”“育人、治安、办实事”的工作思路制定实施方案和 4 年创建规划。各创建片区成立理事会，制定章程，建立健全各项规章制度，落实群防群治组织建设，利用文明市民学校，对辖区群众进行文明教育和法律法规教育。楼院普遍推行“一长两员制”（楼长、卫生员、安全员）。东华乡大路口村，根据辖区内企业多的特点，开展厂村共建，联防联治，按村民小组和自然村划分片区，每个片区下设若干共建小组，由 10 户一组轮流值勤，相互守望。当年全村未发生刑事、治安案件。

1998 年 10 月，在沙芜乡召开全县创建文明安全片区、村（镇）现场会，组织与会人员参观铁石村文明安全村，听取、学习沙芜乡创建工作经验。11 月，检查考核全县 15 个乡镇抓社会治安综合治理领导责任制情况，评选出沙芜、嵩口、田源、嵩溪为先进乡镇。

1999 年，将城区 12 个文明安全片区重新划成便于协调管理的 59 个文明安全小区。全县确定创建文明安全小区省级达标 3 个、市级达标 2 个、县级达标 37 个。各创建小区落实治安防范措施，重点部位、宿舍楼安装“三铁一器”（铁门、铁窗、铁柜，报警器）防盗设施，组建治安巡逻、护村、护厂队，健全群防群治网络，安全工作达标率 87.9%；县教育局统一聘请 28 所中小学校综治副校长，参与学校治安管理，全县校园治安良好，犯罪率在万分之一以内。是年，全县创建各种类型文明安全片区 39 个，其中市级 7 个，城区创建覆盖面 100%；农村以建制村为单位开展创建文明安全村活动，创建文明安全村 104 个，占 93.7%，其中县级达标村 54 个。片区盗窃、入室盗窃案件同比下降 60.5%、58.7%，村级调解组织 80% 达到规范化要求。

2000 年，县、乡、各单位成立矛盾纠纷排查领导小组，成立预防和妥善处置群体性和突发性事件指挥部，组建一支由 50 人组成的应急处置机动队伍。

2001 年，加强对文明安全小区建设工作领导，加大经费投入。农村基层开展“一区两会三包”（民警责任区，治保会、调解会，包学习、包责任、包成效）活动，落实综治家庭“三包”责任制。城区创安覆盖率 100%，省、市、县级安全小区达标率 77.46%；农村创安覆盖率 87.4%，安全村达标率 65.5%；全县建立帮教小组 355 个，因人施教。县、乡各级各部门单位，各建制村均成立刑释解教人员安置帮教领导小组，做到每名帮教对象都有 1 个帮教小组，刑释解教人员重新犯罪率 1.01%。

2003 年，制定《清流县安全防范工作责任实施意见》，在城区和省道公路沿线的乡镇组建专职治安巡逻队，建立夜间治安巡逻与 110 巡逻联运制度，合并执勤，相互配合，实行全天候巡逻，及时打击现行违法犯罪活动。10 月，县公安局、综治办联合举办为期 4 天的培训班，对 48 名乡镇专职治安巡逻队员进行政治、业务培训。

2004 年后，文明安全片区（村）创建活动融入“平安清流”建设中。

（二）“平安清流”建设

2004 年始，开展建设“平安清流”活动。6 月，县委、县政府成立县建设“平安清流”工作协调小组，制定《关于建设“平安清流”的实施意见》，确定龙津镇、长校镇、嵩口镇、林畲乡、赖坊乡、沙芜乡 6 个乡镇为当年平安建设试点乡镇。农村开展“两健全两落实、三增强五减少、四无一满意”为重点的“平安乡镇”“平安库区”“平安村（居）”和“文明平安户”创建活动。下发《关于开展创建“平安村居”工作的实施意见》《“平安村居”考核实施办法》。完善乡、村群防群治队伍建设，构筑连接千家万户的“平安网络”。林畲乡石忠村成立由村民组成的志愿巡逻队，分2组昼夜环村巡逻守护，同时将巡逻队员的联系电话印发到各户，便于村民随时联系。巡逻队成立以后，石忠村偷盗案件明显减少，群众安全感明显提高。全县79个建制村开展“平安村居”创建活动，达标35个。同年，针对个别乡镇村民在外地非法宗教蛊惑下，进行所谓“传福音”“拜活神”活动的情况，加强信息沟通，预警及时，防控在先，挫败敌对势力各种破坏活动。

2005年，统一规范乡镇综治办和村“两会”制度建设。在城区组织实施社区“11211”工程（即建立综治办公室、警务室，健全治保、调解“两会”，建立治安巡逻队，设立外口管理站），4个社区全部建立综治领导机构、警务室、治保会、调解会、治安巡逻队和外口管理站，落实人员、经费和办公场所；在农村开展“两健全两落实、三增强五减少、四无一满意”为重点的“平安乡镇”“平安库区”“平安村（居）”和“文明平安户”创建活动。全县119个建制村（居）开展“平安村居”创建活动，达标35个。龙津、林畲、温郊、田源、沙芜、长校6个乡镇成为首批“平安乡镇”创建达标单位。机关企事业单位开展“平安单位”和“平安旅馆”活动，全县机关、企事业单位单独的办公楼、职工50人以上的企业厂矿、大型商场、集贸市场、金融网点、车站、宾馆、旅店均配备保安人员；在企业周边区域，开展村企共建联防活动，维护企业周边治安秩序；学校开展“平安校园”及校园周边环境整治活动。

五、重点区域专项整治

1991—2005年，清流县将重点整治作为迅速改变局部地区治安面貌的有效方法。县综治委成立社会治安重点整治工作领导小组，建立重点整治工作队长责任制，分层落实责任。采取“四定”（定领导、定人员、定时间、定任务）办法，层层抓落实；围绕全县重点整治区域和存在的重点突出问题，制定整治方案，并将各项措施落到实处。

（一）乡（镇）治安重点整治

1991—1993年，确定治安问题较多的长校乡长校村、灵地乡大坪村、李家乡古坑村为重点整治点，嵩口、城关为重点整治单位。由公、检、法、司和县综治委成员单位抽调干部，组成重点整治工作队进驻村、单位，集中力量进行重点整治。长校村重点整治工作队驻进村后，发动群众，建章堵漏，走群防群治路线。通过8个月的重点治理，该村治安面貌明显好转，民事纠纷调解成功率100%；刑事案件与上年同期相比发案率下降33.3%，治安案件比上年同期下降25%。大坪村全年未发生刑事案件，治安案件和民事纠纷同比下降6.7%。

1994年，确定龙津镇城南片区、嵩溪镇嵩溪村、嵩口集镇、长校镇荷坑村、东华乡基头村、温郊乡梧地村为重点整治点。由市、县抽调31人组成6个工作组进驻整治点。制定防范措施，教育轻微违法人员，配合农村中心工作，发动群众检举揭发犯罪线索，刑事治安发案同比下降47.1%和62.5%。

1995年，龙津镇城南片区、长校镇荷坑村、嵩口集镇等在继1994年整治基础上，继续被列为整治单位，另确定田源乡廖武村、邓家乡邓家村、里田乡里田村为新的整治点。通过整治，城南片区、嵩口集镇和里田村刑事案件分别同比下降62.2%、47.1%和66.7%，其他3个整治点未发生刑事案件。

1996年，分别对龙津镇城南片、嵩口集镇、温郊乡梧地村，长校镇荷坑村和龙津镇长兴居委会、邓家乡邓家村、里田乡里田村、田源乡廖武村8处进行整治，抽调干部51人进村驻点开展工作，落实打、防、管、教、建综合治理各项措施，治安状况好转。

2000年，将刑事治安案件多发、村民法制观念淡薄、村民违法犯罪突出的长校镇荷坑村列为重点整治单位。通过整治，该村当年发生刑事案件1起，同比下降75%。

2001年，城区凤翔居委会由于治安秩序混乱、盗窃案件频发，被列为省重点整治单位。县综治委制定整治方案，抽调干警，进驻整治点。经过整治，凤翔居委会刑事、治安案件分别同比下降47%和45.5%，经省综治委验收合格。

2003年，针对余朋乡矿山多、外来人口多、治安案件发生较多的特点，确定该乡为当年重点整治单位。

县乡工作队大力开展宣传工作，重点对民爆物品、外来人口较为集中的矿山进行清理整顿，并对村治保会、调解委员会进行调整。经过整治，该乡刑事案件同期下降75%，治安案件下降62%。2003年通过省、市综治验收。

2004—2005年，确定群众法制观念淡薄、矛盾纠纷多、违法犯罪人员较多的长校镇荷坑村为重点整治村。县综治委从政法各部门抽调干警9人，组成重点整治工作队进驻该村。工作队采取召开村委班子会、群众代表会、举办法制教育课、结合村情进行查赌等行动，使该村治安状况明显好转。

（二）校园治安重点整治

1991年，将做好后进、有轻微违法青少年的教育挽救和双差生帮教转化作为校园治安整治重点。全县共建立帮教小组278个，成员658人，帮教对象443人。通过帮教，停止违法犯罪和改好406人，改好率91.6%。

1993年，制定、下发《关于优化中小学教育环境，改善中小学治安状况的若干规定》。共青团、妇联、关心下一代协会、未成年人保护委员会等组织把关心青少年健康成长作为一项政治任务来抓；发挥社会各界老干部、职工作用，多形式多渠道开展关心下一代活动。县教育系统和各学校成立校园整治领导小组，制定整治方案，实行学校、年段、班级安全责任包干制。

1997年始，先后在清流一中等11所中小学设立“治安特别管护区”，配备兼职综治副校长，开设法律讲座和模拟法庭，开展学生“带法回家”、道德进万家活动。在社区开展为未成年人服务和“无毒社区”主题活动，在家庭开展“争做合格父母、培养合格人才”的家庭教育活动。全县后进青少年和轻微违法青少年的转好和停止违法犯罪率93.5%。

2000年，开展“优秀青少年维权岗”活动。建立长期性教育基地，加强对青少年的德育、法制教育。将刑事案件多发、盗窃抢劫案件突出、校园治安混乱的城关中学列为重点整治单位。通过整治，该校无刑事、治安案件发生，经县综治委验收合格。

2003年，县综治、教育、共青团和司法等部门密切配合，开展中小学生暑假“带法回家”活动；同时加强对网吧、游戏厅等娱乐场所的治理整顿，为青少年健康成长营造和谐平安的社会环境。

2004年，坚持以学校为龙头，社区为平台，家庭为基础，构建“三位一体”教育网络，组织协调县公安、工商、文化等部门开展对学校及周边环境和网络文化市场的专项治理。

2005年，采取“四个结合”（即打击与预防相结合，检查与建设相结合，教育与保护相结合，管理与服务相结合），加强对校园内部安全保卫措施及校园周边治安环境的维护和整治，尤其是加强对网吧的管理与监控。在农村，与农户签订“社会治安综治家庭三包”责任书，要求家长教育孩子遵纪守法。派出所所长（警务站站长）、综治副校长给学生上普法课，增强学生法制观念。加强校园内部安全保卫措施维护和整治，开展消防检查，整改隐患，查处侵害师生权益案件。全县中小学校无发生重特大案件。

（三）企业及周边环境重点整治

1991—1992年，政法部门与26家企业开展共建活动，为企业提供法律咨询96次，追回欠款20余万元。县文化艺术中心舞厅、县化工厂、县农机公司及县合成氨厂被确定为重点整治企业单位，抽调综治委成员单位人员组成4个工作队进驻。整治重点放在帮助企业解决生产经营中遇到的问题，解决下岗职工基本生活保障，拓宽再就业渠道，确保企业不因职工下岗、经营困难等问题影响社会稳定。县文化艺术中心舞厅在整治中采取警民共建、加强管理等措施，扭转亏损局面，经济效益同比增长30%。

1993年，针对罗口煤矿经常发生责任事故和矿山机械设备、产品经常被盗案件，县综治委、安委会、检察院、经委等部门组成整治工作组进驻矿区，通过法制宣传、以案释法、加强对外来人口管理，层层签订治安承包合同，当年未发生重大责任事故，刑事、治安案件同比下降，煤产量比1992年增产5000吨。

1994—2000年，开展创安活动的国有企业占总数98%，“三资”企业占41.3%，乡镇企业占58.6%。

2001年，将治安秩序混乱、盗窃案件频发的罗口煤矿列为重点整治单位。抽调干警进驻整治点，落实各项措施。经整治，当年该矿未发生刑事案件，治安案件发生1起。

2003年，将因企业改制，内部管理混乱、发生多起盗窃案的鸿翔化工有限公司确定为重点整治单位，从政法各部门抽调人员组成工作组进驻该公司。工作组紧紧围绕增强职工防范意识和法制观念，分4个阶段进行整治，取得显著成效。公司未发生刑事和治安案件，产量同比增加 29.5%。

2004 年，在企业周边区域，开展村企共建联防活动，维护企业周边治安秩序。全县有专（兼）职治安巡逻队 115 支 875 人，厂矿企业、学校均设有保卫科，有专职人员 45 人，车间、班组层层签订创安责任书，使各类可防性案件得到有效遏制。

2005 年，突出抓好流动人口与民用爆炸物品捆绑管理，落实用工单位企业主的管理责任，签订责任状，对雇佣人员 50 人以上的企事业单位建立流动人口申报站，由乡（镇）协助管理。

六、群防群治网络建设

1991 年，群防群治网络基本形成。城区居民楼院 80% 以上落实相应的安全防范措施。全县建立治保会 203 个，有治保成员 617 人。其中农村设立治安保卫委员会 114 个、441 人，厂矿企业、单位、学校等建立治保会（内保）84 个、276 人。各乡镇成立以民兵为主体的治安组织 85 个；成立维护稳定预防和处置突发性事件领导小组，组建护队连 6 个，23 个排，72 个班，1107 人。全县一般群体闹事案件发生 7 起，比降 70%。同年 5 月，长校镇与连城县四堡乡成立联防、联治领导小组。

1992 年，调整和健全治保组织机构，制定“例会制度”“宣传制度”“巡逻检查制度”“帮教制度”等规章制度，统一制作治保会牌子，建立民事纠纷、违法青少年帮教、暂住人口、租赁房屋等 9 种登记簿册。

2002 年，全县有调解组织 159 个，其中企事业 43 个，95% 以上达到规范化标准；每年对乡调委会主任培训面达 70% 以上。

2005 年，开展农村规范化治保调委会创建活动，构建以治保调委会为主体，以巡逻队、护村队和治安监督员队伍为辅的群防群治网络，全县治保会有 117 个，配备治保人员 390 人；调解会 130 个，调解信息员 450 人；治安巡逻队 111 支、1121 人。同年，县公安局在全县 14 个乡镇、6 个居委会、111 个建制村、589 个自然村招募治安监督员 878 人。

七、技防格局网络化建设

1991 年，全县确定安全重点部位 124 处，安装报警器 160 台，购置保险柜 137 个，安装铁门 293 扇、灭火器 829 个，技防推广面 96.7%，安全面 95.2%。1992 年，技防推广面 96.9%。1994 年，技防推广面 100%。

2002 年，审定重点单位 22 个、要害部位 12 处。全县 38 个金融营业网点、金库及财保、人保实现与 110 联网。加强内部单位安全防范，与内部单位签订治安承包责任书、《五员防盗责任状》。

2005 年，确定治安保卫重点单位 50 个，进一步强化重点单位安防系统工程建设。

第四节　表彰见义勇为先进分子

1990 年，县公安局干警巫建华抓盗贼有功，获省级见义勇为表彰，为清流县首位受表彰的见义勇为先进分子。

1992 年 3 月，县人民政府建立见义勇为奖励基金，并发动机关干部捐款，用于表彰、慰问见义勇为先进分子。

1993 年 12 月，县委、县政府首次对 1990—1993 年涌现的 7 名见义勇为先进分子进行表彰奖励。

1995 年，表彰见义勇为先进分子 4 人。

1998 年 3 月，成立清流县见义勇为工作协会。当年，表彰见义勇为先进分子 6 人。

2001 年起，每年组织全县各界干部职工捐款，为见义勇为先进分子献爱心。

1992—2005 年，全县共表彰见义勇为先进分子 12 批 99 人，其中获全国表彰 1 人、省表彰 6 人、市表彰 15 人、县表彰 77 人。

1990—2005年清流县表彰见义勇为先进分子情况表

表19-1

序号	表彰年份	姓　名	性别	出生年份	职　业	工作单位	群体/个人	表彰级别	简　况
1	1990	巫建华	男	1965	干部	县公安局	个人	省级	抓盗贼
2	1993	邹安志	男	1916	退休工人	建筑公司	个人	县级	抓盗贼
3	1993	赖庆明	男	1959	个体户	个体户	群体	县级	追逃犯
4	1993	邓和明	男	1973	农民	邓家乡邓家村	群体	县级	追逃犯
5	1993	江阳福	男	1948	干部	清流县人大常委会机关	群体	市县级	追逃犯
6	1993	林金娥	女	1969	农民	清流城东村	个人	市县级	抓盗窃犯
7	1993	罗瑞彬	男	1962	干部	县公安局	个人	市县级	制止寻衅滋事
8	1993	黄新华	男	1966	干部	林畲卫生院	个人	县级	抓盗窃犯
9	1995	罗宗根	男	1950	务农	李家乡古坑村	个人	市县级	制止突发事件
10	1995	黄德金	男	1959	干部	邓家乡政府	群体	县级	制止突发事件
11	1995	沈在敏	男	1954	干部	县公安局	群体	县级	制止突发事件
12	1995	苏　闽	男	1964	干部	县香料厂	个人	县级	抓盗窃犯
13	1996	李宜和	男	1941	务农	灵地镇步云村	个人	省市县级	制止盗伐林木
14	1996	蔡和轼	男	1968	干部	清流县里田乡	个人	县级	阻止斗殴
15	1996	陈生华	男	1966	务农	田源乡田源村	个人	县级	阻止斗殴
16	1996	李志祥	男	1951	农民	长校镇长校村	个人	县级	救火
17	1996	陈清贤	男	1975	农民	邓家乡吉龙村	个人	县级	救落水儿童
18	1996	邓胜标	男	1973	工人	县化工厂	个人	省市县级	车祸救人
19	1998	刘剑羽	男	1965	干部	县检察院	个人	市县级	火场救财产
20	1998	余常华	男	1962	农民	嵩溪镇时州村	群体	市县级	制止盗砍彬木歹徒
21	1998	余常贵	男	1969	农民	嵩溪镇时州村	群体	市县级	制止盗砍彬木歹徒
22	1998	刘如婷	女	1939	农民	县龙津镇	个人	县级	阻止斗殴
23	1998	李卫民	男	1965	农民	长校镇沙坪村	个人	县级	抗洪救灾
24	1998	孙　云	男	1964	干部	县建设局	个人	县级	抗洪救灾
25	1999	邓志腾	男	1973	农民	余朋乡余朋村	个人	省市县级	制止盗伐林木
26	1999	张子其	男	1963	农民	余朋乡余朋村	群体	县级	制止盗伐林木
27	1999	邓银祥	男	1974	农民	余朋乡余朋村	群体	县级	制止盗伐林木
28	1999	李康生	男	1961	农民	温郊乡梧地村	个人	县级	制止不法行为
29	2000	上官光煜	男	1969	干部	温郊乡政府	群体	市县级	车祸救人
30	2000	吴清平	男	1970	司机	下和采育场	群体	市县级	车祸救人
31	2000	孔庆福	男	1961	干部	县城监大队	群体	县级	救落水儿童
32	2000	刘欢庆	男	1968	干部	县城监大队	群体	县级	救落水儿童
33	2000	罗承校	男	1962	干部	县农办	个人	县级	车祸救人
34	2001	王金标	男	1947	教师	长校学区	个人	市县级	救火
35	2001	余生发	男	1963	干部	县检察院	个人	县级	抓窃贼

续表 19-1

序号	表彰年份	姓　名	性别	出生年份	职　业	工作单位	群体／个人	表彰级别	简　况
36	2001	张成忠	男	1920	农民	林畲乡岭官村	群体	县级	追逃犯
37	2001	温春娥	女	1960	农民	林畲乡岭官村	群体	县级	追逃犯
38	2001	张意华	男	1964	农民	林畲乡岭官村	群体	县级	追逃犯
39	2002	董孝武	男	1958	警察	清流监狱	群体	县级	抗洪抢险
40	2002	曾道新	男	1959	警察	清流监狱	群体	县级	抗洪抢险
41	2002	杨天良	男	1967	警察	清流监狱	群体	县级	抗洪抢险
42	2002	余有军	男	1967	警察	清流监狱	群体	县级	抗洪抢险
43	2002	吴祖银	男	1966	警察	清流监狱	群体	县级	抗洪抢险
44	2002	许　丹	男	1970	医生	清流医院	个人	县级	抓窃贼
45	2002	韦玲玲	女	1957	干部	县审计局	个人	县级	抓窃贼
46	2002	周高锦	男	1967	军人	武警三明市支队	群体	县级	抗洪抢险
47	2002	周遂显	男	1975	军人	武警三明市支队	群体	县级	抗洪抢险
48	2002	黄海燕	男	1979	军人	现已退伍	群体	县级	抗洪抢险
49	2002	阙玉林	男	1980	军人	武警福州指挥学校	群体	县级	抗洪抢险
50	2002	王银国	男	1979	军人	退伍	群体	县级	抗洪抢险
51	2003	王锋华	男	1968	警察	县公安局	个人	县级	救人
52	2003	邱柒生	男	1970	警察	清流监狱	个人	县级	车祸救人
53	2003	韩国新	男	1954	干部	县纪检会	个人	县级	追逃犯
54	2003	余保宗	男	1955	个体户	清流城关	个人	县级	救人
55	2003	李金海	男	1955	农民	李家乡鲜水村	个人	县级	救落井儿童
56	2003	黄晓华	男	1973	驾驶员	灵地镇政府	个人	县级	车祸救人
57	2003	江青福	男	1968	农民	长校镇	个人	县级	救火
58	2003	周加根	男	1969	军人	县武装部	群体	县级	抢救落水人员
59	2003	余正根	男	1961	干部	嵩口镇政府	群体	县级	抢救落水人员
60	2003	吴长鑫	男	1977	工人	明浮硅业公司	群体	县级	抢救落水人员
61	2003	钱师平	男	1971	军人	县消防大队	群体	县级	突发事件抢救
62	2003	倪远余	男	1973	军人	县消防大队	群体	县级	突发事件抢救
63	2003	景宏斌	男	1974	军人	县消防大队	群体	县级	突发事件抢救
64	2003	林　仕	男	1976	军人	县消防大队	群体	县级	突发事件抢救
65	2003	杨安平	男	1976	军人	县消防大队	群体	县级	突发事件抢救
66	2003	马绍锋	男	1980	军人	县消防大队	群体	县级	突发事件抢救
67	2003	游　勇	男	1978	军人	县消防大队	群体	县级	突发事件抢救
68	2003	李长进	男	1983	军人	县消防大队	群体	县级	突发事件抢救
69	2003	赵智博	男	1982	军人	县消防大队	群体	县级	突发事件抢救
70	2003	罗梓源	男	1955	干部	县政协	群体	县级	抢救落水人员
71	2003	林强进	男	1965	个体户	县城关市场	群体	县级	抢救落水人员
72	2003	赖光铭	男	1973	职工	县林业局	群体	县级	抢救落水人员

续表 19-1

序号	表彰年份	姓　名	性别	出生年份	职　业	工作单位	群体/个人	表彰级别	简　况
73	2003	刘忠顺	男	1971	个体户	县城关市场	群体	县级	抢救落水人员
74	2003	林火兴	男	1968	个体户	县城关市场	群体	县级	抢救落水人员
75	2003	朱三木	男	1968	军人	武警福建总队	群体	县级	突发事件抢救
76	2003	江先钢	男	1977	军人	武警清流县中队	群体	县级	突发事件抢救
77	2003	沈墨林	男	1980	卫生员	武警清流县中队	群体	县级	突发事件抢救
78	2003	罗水明	男	1981	军人	武警清流县中队	群体	县级	突发事件抢救
79	2003	杨福磊	男	1980	军人	武警清流县中队	群体	县级	突发事件抢救
80	2003	丁　跃	男	1982	军人	武警清流县中队	群体	县级	突发事件抢救
81	2003	刘　刚	男	1981	军人	武警清流县中队	群体	县级	突发事件抢救
82	2003	张　祥	男	1980	军人	武警清流县中队	群体	县级	突发事件抢救
83	2003	钟　翔	男	1982	军人	武警清流县中队	群体	县级	突发事件抢救
84	2003	林　煌	男	1981	军人	武警清流县中队	群体	县级	突发事件抢救
85	2003	郑志飞	男	1983	军人	武警清流县中队	群体	县级	突发事件抢救
86	2003	古展龙	男	1983	军人	武警清流县中队	群体	县级	突发事件抢救
87	2003	蒋　俊	男	1983	军人	武警清流县中队	群体	县级	突发事件抢救
88	2003	季忠明	男	1953	干部	县卫生局	个人	市级	抓盗窃贼
89	2003	季忠明	男	1953	干部	县卫生局	个人	县表彰	救人
90	2004	江明福	男	—	农民	沙芜洞口	群体	省、市、县级	抢救落水人员
91	2004	严必群	女	—	农民	沙芜洞口	群体	全国、省、市、县级	抢救落水人员
92	2005	魏正伟	男	—	医生	灵地卫生院	群体	县级	抢救车祸伤员
93	2005	黄千秀	女	—	护士	灵地卫生院	群体	县级	抢救车祸伤员
94	2005	卢源成	男	—	干部	灵地镇党委	群体	县级	抢救车祸伤员
95	2005	范春香	女	—	干部	灵地镇	群体	县级	抢救车祸伤员
96	2005	李大鹏	男	—	个体户	龙津个体户	群体	县级	抓盗窃犯
97	2005	翁禄财	男	—	个体户	龙津个体户	群体	县级	抓盗窃犯
98	2005	江前斌	男	—	个体户	龙津个体户	群体	县级	抓盗窃犯
99	2005	赖春成	男	—	驾驶员	邓家乡	个人	县级	下河救人

附 1：

李谊和见义勇为先进事迹

李宜和，灵地镇步云村村民。1995 年 12 月 6 日傍晚，李宜和在山上发现 6 人正在盗砍杉木，立即上前喝止，并要求盗伐者到村部接受处理。盗伐者见李宜和孤身一人，便将其围住殴打。搏斗中李宜和头部中刀，鲜血直流，仍拼尽全力紧抱住为首歹徒不放，另几名歹徒见状，用刀向其猛砍。李宜和终因寡不敌众，头部和颈部连中 4 刀倒地。身受重伤的李宜和被村民送到医院后因抢救无效死亡，享年 55 岁。

附 2 ：

江明福、严必群夫妇见义勇为先进事迹

2003 年 12 月 4 日上午 9 时许，正在九龙湖边田间干活的沙芜乡洞口村村民江明福、严必群夫妇忽闻湖面传来呼救声，他们疾步奔到湖边，发现离岸边 200 米远湖水中，有人在水里挣扎。江、严夫妇见状，登上自家小船以最快速度划向出事地点。只见一艘挂机船翻，10 余人落入冰冷的湖水。江、严夫妇立即投入施救，他们先将小孩及妇女等 8 人救上岸，随即又返回出事地点救起另外 4 人。

第二章　公　安

1991 年，清流县公安机关继续坚持“打防并举”和“从严治警”的方针，推进侦防机制改革，实行警务公开。认真排查调处人民内部矛盾，妥善处置群众性事件。取缔、打击邪教组织和破坏发展的各种犯罪活动。加强重点侦控，查破一批危害国家安全的案件。适时组织开展严打整治集中统一行动，深入开展打击盗窃、抢劫犯罪等专项斗争，以及“平安清流”活动。

至 2005 年，全县立各类刑事案件 5388 起，侦破 4166 起，各类刑事案件破案率 77.32%。15 年间，县公安局被市级以上表彰 5 项次，科、所、队荣立集体三等功 16 个；干警有 38 人次被省、市评为先进工作者、优秀人民警察、最佳巡警，其中荣立二等功 1 人、三等功 19 人，1 人被评为三明市劳动模范。

第一节　刑事侦查

一、案件侦破

1991 年，开展“打击流窜犯罪”“追捕逃犯”“反盗窃斗争”等专项斗争。侦破盗窃案件 99 起，带破其他案件 42 起，协助外县破获盗窃案件 30 起。抓获贵州省施秉县和泉州市流窜犯李某、黄某，带破盗窃案 96 起。全年发生各类刑事案件 345 起，比 1990 年下降 10.9%；破案率 81.5%；抓获犯罪嫌疑人 1076 人；摧毁犯罪团伙 30 个、107 人，缴获赃款赃物价值 14.5 万元。

1992—1994 年，开展以“反盗窃摩托车、自行车”为主的专项斗争和整治农村治安秩序专项斗争和“打现行、抓防范”统一大会战。

1995 年，全县开展“春季严打攻势战役”等专项斗争。全年立刑事案件 436 起，抓获各类违法犯罪分子 268 人，摧毁犯罪团伙 10 个、58 人，缴获赃款赃物折价 27 万余元。

1998—1999 年，全县开展以“破大案、挖团伙、追逃犯、促消化、抓整治、保安全”为重点的“百日治安整治”行动。抓获县供销宾馆“6·8”重大麻醉抢劫案犯杨某。

2000 年，全县开展全国性“打拐”“飞车抢夺”专项斗争。破获拐卖妇女儿童犯罪案件 1 起，抓获犯罪嫌疑人 1 人，解救被拐妇女 19 人、儿童 1 人。当年，全县立刑事案件 458 起，破案率 65.7%；抓获刑事犯罪嫌疑人 268 人，摧毁犯罪团伙 8 个 31 人。

2001—2002 年，全县开展“打黑除恶”“治暴缉枪”专项斗争。侦破城关以赖某为首的黑恶势力团伙案 1 起，抓获成员 31 名。协助湖北警方抓获绑架勒索案犯王某等 2 人，解救被绑架人质武汉市建工学校学生邹某。

2003—2004 年，全县开展“反盗窃、追逃犯、打流窜”“打两抢、治枪爆、查外口、除隐患”“打击人贩子，

解救被拐卖妇女儿童”专项斗争，侦破刑事案件 30 起，查获违法犯罪人员 43 人，抓获在逃人员 2 人，解救被拐卖妇女 19 人、儿童 1 人。

2005 年，全县开展“侦破命案”“冬季攻势”“打击两抢一盗”“破大案、追逃犯”等专项斗争。全年立各类刑事案件 404 起，破案率 75.7%；抓获刑事犯罪分子 269 名，摧毁团伙 16 个 54 人；侦破隐案、积案 33 起，协助外地公安机关破案 29 起；缴获赃款赃物折价 51 万余元。

二、刑事技术建设

1991 年，县公安局选送民警参加公安专业院校举办的法医、照相、痕检培训。设立法医化验室，购买化验器材，开展尸体、血痕、精斑、骨骼、毛发、唾液、毒物、硅藻等项目检验、鉴定。1994 年，成立刑事技术中队。按照刑事科学技术三级点建设要求，陆续投入资金 62 万余元，购买现场勘查车 1 辆及现场勘查灯等勘查用品；新增多波段光源、502 熏显柜、干燥柜、紫外线现场勘查设备、活体采集仪、指纹自动识别系统、刑侦综合信息系统、数码相机、摄像机等。每个片区中队拥有相机 1 部。添置计算机 6 台，用于指纹处理、录像存档、图像处理及建立犯罪嫌疑人数码档案资料等。2005 年，县公安局刑事科学技术室被公安部授予“全国三级刑事科学技术室”称号。

三、法医鉴定

1991 年，开展法医医疗伤情鉴定工作。1999 年 2 月，嵩溪镇发现 1 具无名尸体，经法医尸验，确定死亡时间、原因及形成方式。翌日案件告破。至 2004 年，累计检查交通事故、服毒自杀、溺水死亡、凶杀等尸体 423 具，伤害活体检验 7123 人，化验各类物证 360 件。2005 年，检验各类尸体 48 具，伤害活体检验 286 人，化验各类物证 23 件。通过刑事技术串并案 10 串 35 起，破获 8 串 26 起，抓获犯罪嫌疑人 6 人；通过指纹自动识别系统破获各类刑事案件 21 起，带破 50 起；通过法医鉴定直接破案 32 起。

第二节　经济侦查

2002 年 11 月，县公安局经济犯罪侦查大队成立，对生产、销售伪劣商品，走私等经济犯罪行为进行立案侦查。2003 年，全县受理各类经济案件 6 起，涉案金额 36.8 万元，抓获经济犯罪嫌疑人 6 人。其中，破获王某在承包县水泥厂包装厂期间，从广东虚开增值税专用发票，骗取出口退税案，涉税金额 17.5 万元；查处李家乡河背村委会主任李某假合同骗取工程合同费案，涉案金额 8000 元。

2004 年，全县受理各类经济案件 8 起，立案 6 起，全部破获，抓获经济犯罪嫌疑人 13 人。其中，查处清流县众和服装有限公司虚开增值税专用发票，骗取出口退税案，涉税金额 110 万元；查处县企业局下属三明清龙公司部分职工侵占集体财产案，涉案金额 140 万元。2005 年，全县受理各类经济案件 10 起，立案 10 起，破案 9 起，涉案金额 400 余万元，抓获经济犯罪嫌疑人 20 人。

第三节　出入境管理

1991 年，全年受理申请往香港、澳门定居、探亲、旅游 34 人，申请出国护照 9 人。

1994 年，首次受理申请往台湾地区探亲 11 人。1996 年，设立业务窗口，方便群众。对赴港、澳定居人员进行记分公布，接受群众监督。当年，办理往香港定居 2 人；受理申请办理出国护照 8 人，赴港、澳 27 人，往台湾 11 人。

1997 年，依法查处利用假身份申请出国出境案件 4 起 30 人。

1999 年，办理出入境手续实行一次书面说清制、首问责任制、工作日承诺制。

2002年，启用“2000版”往来港澳通行证和前往港澳通行证，实行“县级管理，市级审批，省级集中制证”的三级管理模式。当年，外出务工、旅游人数增多。全县受理申请办理出国护照250人，申请办理往港、澳旅游、探亲、定居390人，申请往台湾探亲18人。

2005年，对申请出国、出境人员，只需提交身份证复印件和照片即可办理护照。当年，全县受理各类出境申请1019人次，入境15人次；办理台湾居民停留延期签证70人。1991—2005年，外国人入境清流7人。其中，来自新西兰、美国、法国、马来西亚各1人，日本3人。

第四节 治安管理

一、治安案件查处

1991年，全县开展“扫黄打丑”“除六害”（卖淫嫖娼，走私，制作、贩卖、传播淫秽物品，拐卖妇女儿童，吸食服用毒品，聚众赌博，利用封建迷信骗财害人）等统一行动，查处治安案件529起，查处率96.9%，比上年下降13.5%;查处违法人员825人，治安拘留138人，劳教7人;缴获赌资1.24万元、赌具54副（个），摧毁流氓团伙3个。

1994年，全县开展“飓风行动”，清查公共场所、发廊、路边店等60余家，取缔发廊3家，摧毁卖淫窝点4个，抓获介绍容留妇女卖淫3人、卖淫妇女9人、参与流氓活动34人。

1996年，县公安局“110”报警服务台以漳州“110”为榜样，实行划片、定线、定人、定时、定责任，强化社会面控制。铲除赖坊乡官坊村、陈家村，邓家乡古洋村等14户村民非法种植的罂粟600余株，就地销毁，对涉案人员予以治安处罚。

1999年，全县开展“查禁赌博、扫除社会丑恶现象”“收枪治爆”“清查外来人口”等行动。查处赌博案件109起；查处违法人员550人，治安罚款511人，治安拘留39人；查处卖淫嫖娼案件7起，12人。

2001—2004年，全县开展打击“六合彩”赌博专项斗争，查获“六合彩”赌博案件91起、违法人员649人。4年受理治安案件2083起，查处率99.2%；查处违法人员4333人，缴获赃款赃物折合人民币191.7万元。

2005年9月，在县第一招待所包厢内查获吸食摇头丸、K粉毒品案1起。对吸毒人员给予治安拘留和罚款处理，曾某贩卖毒品被追究刑事责任。查处“六合彩”案件49起，其他赌博案件203起，查处率97.9%。全县共查处治安案件543起，查处违法人员1180人，查处率97.9%。

二、特种行业管理

1991年，对全县特种行业进行整顿。经审查，发给特种行业许可证旅店29家、印刷业4家、刻字业1家、废品金属收购站（点）17个、美容业23家、歌舞厅11家、足底按摩业2家;举办旅店业从业人员培训班4期，参训120余人。

至1996年，全县有特种行业80家，其中旅馆业47家、刻印印刷业4家、旧货业20家、公共场所348家（处）。同年，开展“加强发廊业治安管理、打击卖淫嫖娼活动”“公共场所和特种行业清查行动”等专项斗争。查处卖淫嫖娼、流氓案件16起，传播、出售淫秽书刊、VCD片案件2起，抓获卖淫妇女10人、嫖客18人；取缔卖淫发廊店13家、路口店1家；收回公共场所治安合格证和特种行业许可证71份，发出整改通知书18份。

1997年，对全县公共场所、特种行业进行全面清理整顿、建档。组织旅店、美容业从业人员67人进行培训。所有公共场所、特种行业店长均签订治安管理责任状。

1998年，清理整顿废旧金属收购站点17家，查获违章收购废旧金属15吨，发出整顿通知书5份，取缔废旧金属收购点2家。

1999年，对全县48家机动车修理厂（站）进行清查，发现25家存在安全隐患，发出整改通知书25份；对2家机动车修理店业主拼装、改装农用车予以治安处罚，责令停业整顿。

2002 年，重点整治娱乐场所、旅店、租赁房屋、加油站、各类书摊、书店等。查扣盗版出版物 27 件、133 套，收缴盗版、淫秽光碟 108 片，仿真手枪 64 支，并对从业人员 135 人进行培训。

2005 年，全县清理整顿电子游戏场所 14 家、歌舞厅等娱乐场所 23 家，查扣用于赌博的麻将机、苹果机、彩票分数机、“水果乐园”等游戏机 32 台，对 2 家业主予以治安处罚。

三、枪支弹药管理

1991 年，开展全县枪支弹药清理整顿工作。1992—1993 年，进行民用枪支摸底登记、发证工作，全县共登记民用枪支 1221 支，发证 1221 本。

1996 年，制定《关于开展收缴非法枪支，严厉打击涉枪犯罪专项斗争工作意见》，收缴民用枪支 1190 支。

2001 年，开展缉枪治暴专项行动，收缴各类枪支 507 支、子弹 9000 发。先后查处县化工厂孔某私藏枪支案和嵩口谢某、李家罗某非法制造、修理火药枪窝点案，收缴各类制枪工具和配件 1000 余件。

至 2005 年，全县共收缴非法民用枪支 2367 支、黑火药 1654 千克、子弹 9000 余发、管制刀具 57 把。查封原县气枪厂未出售气枪 2.3 万支。查处私藏枪支案件 5 起，刑事拘留 6 人，治安处罚 68 人。清理登记核对县体委、金融业、政法部门使用的枪支，换发持枪证。

四、危险物品管理

1991 年，举办“四员”（民用爆炸物品爆破员、安全监炮员、仓管员、采购押运员）培训班、复训班 3 期。

1995 年，查处温郊林场私自转卖火工材料案 1 起。春节前夕，开展全县销售烟花爆竹场所清理，收缴有较大杀伤力“春雷炮”及伪劣鞭炮等 46 箱。

1996 年，对 20 名爆破作业人员进行安全知识培训。根据公安部、劳动部《关于进一步加强烟花爆竹安全管理的紧急通知》精神，取缔灵地镇、长校镇非法生产烟花爆竹厂（点）。检查全县烟花爆竹销售点 150 个，收缴劣质鞭炮等 242 件。

1997 年，全县 15 个派出所分别与 53 个民爆物品使用单位签订《民爆物品安全管理责任书》。

2002 年，全县开展收缴剧毒物品行动，收缴“毒鼠强”“闻到死”等 71.6 千克。配合有关部门，在一私人废品收购点搜寻到已停产的七星岩水泥厂丢失的窑炉料位仪（钴 60 放射源），避免重大污染事故发生。

2005 年，全县有民爆物品使用点 89 个、储藏点 26 个、临时储藏点 63 个。当年，换发爆破员证 326 本、安全监炮员证 284 本、仓管员证 154 本、采购押运员证 15 本、民爆物品使用证 89 本、储藏许可证 89 本。

第五节　户政管理

一、户籍管理

1991 年，做好常住、暂住、变更、出生、死亡、迁入、迁出人口变动登记。经审核，上报市局农转非落户 29 户 42 人。年末，全县总户数 2.73 万户，总人口 13.88 万人，其中男性 7.27 万人、女性 6.61 万人；城镇人口 1.88 万人，农业人口 12 万人。

1992 年，开展农村户口城市化管理试点，集镇所在地的农村户口管理实行“五个一”（即一户、一簿、一册、一员、一牌），做到每户 1 本户口簿、每村 1 名户口协管员、每户 1 个门牌。为到城区务工、经商办服务企业人员解决实际困难，同年 7 月，首次开展城区“自理口粮”居民户口办理工作，对新增“自理口粮”城区居民每人征收户口增容费 4000 元。年内，报市局审批农转非 43 户、72 人。

1993 年，全县推广农村户口规范化管理，对户口进行核对和纠正差错。成立村级协管组 105 个，聘用协管员 160 人。1995 年，聘用村户口协管员 111 人。全县 111 个建制村钉门牌 2.11 万块。纠正姓名差错 201 人、年龄差错 83 人，重登底册 91 人。换发户口簿 2135 本，全县达到一户一簿一册的农村户口城市化管理标准。审核上报市局农转非 64 户、81 人。办理“自理口粮”增容户口 1800 人。

2000年，全县15个派出所实现人口信息计算机管理。

2002年5月，全县实行居住地户口登记管理，取消农业户口、非农业户口、“自理口粮”等类型的户口性质划分，统一登记为居民户口。

2005年，审核户口项目表更改事项2150件、漏报户口或无户口人员26件。截至2005年年末，全县总户数4.29万户，总人口14.74万人，其中男性7.73万人、女性7.01万人；城镇人口3.23万人，农业人口11.51万人。

二、居民身份证管理

1991年，颁发居民身份证和查验工作纳入公安机关日常工作范围。

1993年，全县办理居民身份证4465张、临时身份证144张，发放居民身份证3975张。

1996年7月1日，启用防伪居民身份证。同时为新生婴儿申报出生登记和16周岁以下公民编定或补编居民身份证编号。1999年10月起，全县建立和实行公民身份号码制，编号从原来的15位升至18位。

2004年，开展换发第二代居民身份证工作，身份证人像实行定点采集。当年全县颁发第二代居民身份证3.99万张。截至2005年，全县累计颁发二代居民身份证12.86万张。

三、重点和暂住人口管理

1991年，全年暂住人口6847人，已登记6163人，登记率90%；发暂住证5608人，发证率90%。暂住人口管理重点“六种人”（有前科劣迹，行踪可疑人员；来历不明，不讲真实姓名人员；有工不做，经济来源不清、收支反常的可疑人员；单身独户，人际交往复杂的可疑人员；留宿在重点人口家中的可疑人员；有其他现行作案可疑人员）770人，其中列入帮教对象443人。全县成立帮教小组278个，成员658人。当年有91.6%列管对象停止违法犯罪活动。当年，重点人口漏管率15%，失控率10%。

1994年，各派出所建立暂住人口管理站，聘请暂住人口协管员2～3人，实行暂住人口社会化管理。当年流动人口登记4593人；列管重点人口668人，重点人口漏管率14.4%，失控率9.1%。

1997年，成立“清流县流动人口管理协调小组”，制定《清流县流动人口管理实施意见》，对流动人口实行“一卡三证”（“一卡”外出人员就业登记卡。“三证”：暂住证、外来人员就业证、婚育证）流动人口管理制度。全县建制村（居委会）设外来流动人口申报站118个，配协管员167人。

1999年，县公安局对全县流动人口进行清理。清理流动人口1408人，查获有价值线索8条，从中破获刑事案件10起，抓获犯罪嫌疑人6人。

2002年，全县开展流动人口集中清查工作，打击流动人口中的违法犯罪活动。年内，流动人口犯罪68人，占抓获刑事作案人员总数25.3%，比2001年下降1%。重点流动人口犯罪4人，犯罪率1.4%。

2005年，全县开展重点流动人口清理整顿工作。摸清全县出租房屋236处、暂住人口1813人，登记发证率100%。抓好暂住人口申报点建设，查获有价值线索12条，从中侦破刑事案件2起，抓获犯罪嫌疑人5人；查处治安案件8起、22人。

第六节 网络安全监察

1996年，在全县开展计算机信息系统设备情况和计算机应用人员情况调查。检查县内重要部门及电信、金融、电力系统，并协助建立健全计算机信息系统安全保护规章制度。

1998年，配合县邮电局开通全市第一家因特网俱乐部。1999年，对县内重要部门及电信、邮政、金融、电力系统的计算机进行安全检查。年内受理申办网吧1件。

2001年，全县开展以“保障信息安全远离病毒干扰”为主题的“扫除计算机病毒月”活动。登记计算机信息系统单位86个、计算机923台、使用人员1000余人，已取得省公安厅安全审核意见书网吧4家。

2002 年，全县有网站 2 家，建有校园网学校 5 所、网吧 7 家。14 名网吧安全员经市公安局统一培训考试，取得省人事厅、省公安厅颁布安全员资格证书。7 家网吧按规定安装“过滤王”安全管理专用软件。对全县金融、政法、教育系统等 30 个单位内部的 200 余台计算机信息系统进行“查隐患、防事故、建制度、保安全”的信息网络安全专项检查，提出整改措施 3 条，均得到落实。

2003 年，网络安全监察科与各网吧（含校园网）法人代表和责任人签订安全保证书 14 份。同年 10 月，经省公安厅批准清流新开网吧 2 家。

2004 年，全县网吧建立健全网吧安全管理，落实“一卡通”上网实名制。当年，查处未经允许使用互联网信息资源案件 1 起，对当事人邱某处以警告、罚款。

2005 年，组织 12 家网吧的法人代表和安全员参加三明市公安局举办的计算机信息网络安全员培训，全部获合格证书。全年出动各方力量 144 人次，检查网吧营业场所 4 次，网吧“过滤王”安装率 100%，在线率 100%。

第七节 监所管理

一、预 审

1991 年，预审工作实行“岗位责任制”和“三五”目标（即审结率、及时率、准确率、退查率、合法率）管理要求，抓好“五项严禁”（严禁刑讯逼供和以威胁诱骗以及其他非法手段搜集证据、严禁办错案、严禁出漏案、严禁贪赃枉法徇私舞弊和其他严重违法乱纪行为、严禁在办案中发生人犯逃跑或自杀事故）。1992 年，预审中注意掌握罪犯心理动态，采用政策攻心，深挖破案 7 起，追诉同案犯 5 人，追回赃款赃物折价 5000 余元，审结率 98.6%。至 1998 年，县公安局受理各类刑事案件 551 件 999 人，审结率 99%，及时率 96.8%，退查率 0.01%，转捕率 99%。1998 年后，县公安局实行侦审合一，预审业务转由刑事侦查大队受理。

二、监所建设

1991 年，县看守所占地面积 1553 平方米。1995 年，投资 90 余万元，建新监房 12 间，占地面积增至 2400 平方米。1998 年，县看守所购置摄像头 12 台，实施监舍监控。2004 年，县看守所更换警车 1 辆。2005 年 7 月，省公安厅拨款 100 万元，新建县看守所业务综合楼 1 幢 4 层，建筑面积 864 平方米。

三、看守所管理

（一）制度建设

1991 年，实行分类关押、分类管理，改变监房混关、混押现象。制定《提讯、押解制度》《值班巡视制度》《民警包号管理制度》《在押人员财物保管制度》《劳动号管理制度》《安全检查制度》《生活、卫生制度》《食堂管理制度》《在押人员每日行为规范》《在押人员学习、作息时间表》等，实行规范化管理。

1992—1994 年，县看守所先后制定《在押人员接、会见制度》《在押人员通讯制度》及《预防突发事件演练预案》。

2005 年，县看守所健全完善《新收押人员过渡管理办法》《留守执行刑罚罪犯管理办法》和《监所管理十项制度》等，并严格依照制度执行。

（二）监管教育

1991 年，组织在押人员学习法律、法规知识，增强法制观念。

1992 年，建立监内图书室 1 间，有各类书籍千余册，每个监房订有报纸、法律书籍、科普知识读物、文化知识课本等学习资料，供在押人员借阅学习。

1994—1996 年，每周利用狱内有线广播对在押人员进行人生观、世界观、价值观及法制教育。3 年组织在押犯人学习教育 150 余场，受教育 570 余人次。

1997 年起，对在押人员开展人性化监管教育，保障在押人员人身和财物合法权益。对在押人员进行“个别谈话教育”“心理教育”“离所教育”等。

2005 年，开展安全检查、狱情分析，召开联席会议，保障侦查、起诉、审判工作顺利进行。至 2005 年，县看守所累计收押犯罪嫌疑人 2536 人、治安拘留 1400 人，实现连续 18 年安全无事故。

（三）劳动改造

1991 年，组织留所服刑人员（判刑 1 年以下、余刑不足 1 年）参加力所能及的农业、小手工业生产劳动，劳动收入用于生产流动资金和被监管人员生活补助、奖励。1992 年，组织余刑人员饲养蛋鸡 500 只，种菜面积 0.13 公顷，养猪 5 头。平均日产蛋 15 千克，蔬菜近 50 千克。1993 年，县监所管理部门组织余刑犯在监所范围内开垦荒山面积 0.33 公顷，栽种柑橘 1000 株、毛竹 30 余株。1999 年后，留所服刑人员减少，部分生产项目停办。1991—2005 年，有 32 名留所服刑人员在劳动改造中表现突出，分别获得 15 天以上不等减刑。

第八节 交通管理

一、路面交通管理

1991 年，县交警大队采取定点检查与机动巡逻相结合方式，查处无牌无证、酒后驾车、超速超载行驶等违规行为，规范路面行车、停车秩序，提高道路通行能力。全年路检 7261 次，纠正违章车 3034 辆次，疏通阻车等路段 45 处。

1992 年，在城区开展“抓管理、压事故、保畅通”专项整治。城区交通事故下降 70%，其中重大事故下降 20%。1998 年，在辖区省道和县道开展创建“平安大道”活动。与公路沿线乡镇、企业、学校、居委会等单位订立共建共管协议 116 份。

2001 年，开展交通安全专项整治行动，出动警力 1188 人次，查处、纠正各种违章车辆 3810 辆。

2005 年，整治道路交通行车秩序，全年查处道路交通违章 2108 起，办理机动车注册登记 2616 辆。全县有各类汽车 830 辆、农用车 498 辆、摩托车 1.62 万辆，汽车驾驶员 4703 人、摩托车驾驶员 1.76 万人。

二、机动车及驾驶员管理

1991 年，对违章、肇事驾驶员进行职业道德、安全驾驶再教育、再考核。全年举办违章驾驶员学习班 10 期。1992 年，组织驾驶员参加专业知识考试，举办驾驶知识竞赛，提高驾驶员专业水平。

1996 年，全县有机动车 1078 辆，其中摩托车 821 辆、农用车 257 辆。

1998 年，实行客运车辆安全管理联系户制度，交警与客运户挂钩，对驾驶员和车辆情况进行跟踪管理，做到底子清、情况明。当年，车辆及驾驶员年检率 95%，行驶证年检率 99.5%。

1999 年，全县有机动车 1.08 万辆，其中客车 54 辆、货运车 1501 辆、小汽车 1163 辆、农用车 443 辆、摩托车 6859 辆。机动车驾驶员 1.15 万人。

2002 年起，每月举办二轮摩托车驾驶员培训班 1 期，当年共培训驾驶员 2711 人。

2005 年，全年参加机动车驾驶员培训考试 2038 人。全县拥有机动车驾驶员 2.23 万人，其中汽车驾驶员 4703 人；登记机动车 1.67 万辆，其中汽车 489 辆、摩托车 1.62 万辆。

三、交通安全宣传

1991 年，开展“反违章、压事故”和“百日交通安全”宣传。1992 年，以城区交通秩序专项整治为重点，开展形式多样的交通安全宣传。

1996 年，围绕“维护交通安全是全社会共同责任”主题，在县广播电台开办“红绿灯”宣传专栏。

1997 年，开展“中小学安全教育”活动，民警到中小学校给学生上交通安全常识课。

2000 年，开展“少年儿童平安回家”活动，到学校上安全课、举办图展、放映交通安全电影，开展创建“交通安全校”活动。

2002年，开展“千警入万户”和“五进”（进乡镇、进社区、进单位、进学校、进家庭）爱民活动。宣传小分队到农村巡回演出，发放《居民文明交通须知》和《驾驶员文明行车守则》等宣传品。

2003年，全县开展新修订颁布的《中华人民共和国道路交通安全法》宣传工作。

2005年，将宣传“五进”工作与民警绩效考评挂钩。定期在县广播电视台8个频道黄金时段滚动播出道路交通安全常识和驾驶员应注意的有关信息，交通安全宣传辐射面扩大到全县15个乡镇。

四、交通事故处理

1991年，全县发生交通事故61起，死亡11人，受伤29人，经济损失2.67万元。

1997年，启用“122”交通事故报警台。

2004年3月23日8时，嵩溪镇罗陂岗村民吴某，无证驾驶三轮农用运输车，负载11人，从罗陂岗村开往嵩溪赶圩，行至伍家坊老寨桥头左转弯处，向右侧翻坠入4.8米深的河中，死亡5人，受伤6人。吴某被依法追究刑事责任。

2005年6月23日，县“110”“122”“119”报警台实现“三台”合一。当年，全县发生道路交通事故71起，死23人，伤69人，直接经济损失58.98万元。

1991—2005年清流县交通事故统计表

表19-2

年　份	发案数（起）	死亡数（人）	受伤数（人）	经济损失（万元）
1991	61	11	29	2.67
1992	49	9	18	8.75
1993	35	8	24	13.7
1994	32	10	24	11.12
1995	54	10	21	16.56
1996	105	9	66	38.35
1997	91	11	39	34.89
1998	117	14	109	35.05
1999	123	13	100	52.98
2000	106	14	95	44.58
2001	121	10	124	59.9
2002	150	11	141	71.96
2003	120	11	128	66.66
2004	85	25	109	17.81
2005	71	23	69	58.98

第九节　消防管理

一、消防装备

1991年，县消防大队配备消防车2辆、22匹马力手抬机动泵3台。

1996年，添置EQ143泡沫消防车1辆。

2002年，县消防大队添置东风水罐消防车1辆。根据《福建省消防安全重点单位界定标准》，新增消火栓2个、灭火器36具，配备室内消火栓、水带、水枪12套，增强社区防火能力。

2004年，县消防大队添置丰田花冠指挥车1辆。

2005年，县消防大队新增市政消火栓12具、轻便手抬机动泵2台，新建消防水池5个。县消防大队共有消防指挥车1辆、EQ143泡沫车1辆、EQ1040水灌消防车1辆、22匹马力手抬机动泵2台，各种灭火器材和训练器材基本配齐。

二、消防监督管理

1991年，全县落实“谁主管、谁负责”原则，完善消防目标管理承包责任制。县政府与15个乡镇、12个主管部门、28个重点单位签订安全防火目标责任书。县消防大队采取“提前介入、主动服务”方针，对建筑工程进行防火审核、督促。当年，审核建设项目28项、居民住宅26户，审核面积2.7万平方米。依法对6起违章建筑发出整改、停工通知。

1992年，全县开展夏季安全防火专项检查和城乡化学品专项整治工作。检查单位77家，发现不安全隐患208处，发出整改通知书4份，传唤1人。责令1家违规经营的农机加油站停业整顿，督促1家未经消防验收、擅自营业的液化气门市部进行整改。

1994年，全年举办义务消防队培训班5期，参训320人。电视宣传66场次，出墙报207期，张贴标语82条。同时开展季节性、节日专项检查，发现厂矿企事业单位存在安全隐患413处，并落实整改。查处无消防生产许可证、违章生产灭火器的工厂1家。

1995年，开展经营化学危险品单位专项检查，查出违反易燃易爆化学危险物品管理案件12起，依照消防监督管理办法进行处罚。审核建设项目5个、面积2.06万平方米，提出审核修改意见28条。

1997年，举办防火灭火业务培训班，公共娱乐场所、易燃易爆化学危险品的从业人员100人参加培训，实现持证上岗。

2002年，根据《福建省消防安全重点单位界定标准》，全县确定消防安全重点单位65个。其中，机关单位6个、事业单位20个、企业39家。对社区公共消防设施、消防器材进行检查、维修和保养，新增消防火栓2个、灭火器36具，配备室内消火栓、水带、水枪12套。

2003年，加强建筑工程消防监督管理。查出未经消防审核验收而投入使用建筑111幢，验收合格率11.7%。督促有关单位、个人落实整改计划。开展人员密集场所消防安全疏散通道、安全出口专项治理。列入专项治理的人员密集场所47处，其中不合格13处。全年审核建筑工程17个，审核面积4.61万平方米；验收工程9个，合格3个。

2005年年初，县政府与各乡镇、有关职能部门及65个消防安全重点单位签订《消防安全目标责任书》。消防重点单位均建有自动报警系统和灭火救援作战预案。年内，火灾起数同比下降40%，直接经济损失同比下降97%。

三、火灾与救援

1991—2000年，参加火险救援31次，其他救援79次。2001—2004年，参加抢险救援13次。

2004年12月2日，清流县鸿翔化工有限公司仓库发生火灾，县消防大队出动消防车3辆、消防员15人，经过5个小时扑救，成功将大火扑灭。

2005年3月27日，城关俊年饲料厂附近公路发生交通事故，县消防大队成功解救被困人员3人。当年，出动消防车辆93次，出动警力311人次，参加抢险救援6次、社会救助8次，抢救人员4人，抢救财产价值8.5万元。

四、义务消防组织

1991年，全县建立消防领导组织和群众义务消防组织31个，专、兼职防火干部112人，义务消防队78支、560人。农村防火员14人，治安防火联防队7支、26人。

2005年，嵩溪镇、清流一中、众合制衣厂、翠园社区等单位建立义务消防队。全县各乡镇配备防火员256人、义务消防员237人，农村消防安全体系基本健全。

若干年份清流县火灾情况统计表

表 19-3

年　度	起　数	烧毁面积（平方米）	受　灾（户）	死　亡（人）	受　伤（人）	经济损失（万元）
1991	5	2975	32	0	0	3.18
1994	2	3031	36	0	0	34.37
1996	3	565	27	0	0	54.19
1997	1	2106	42	0	0	52.65
2000	4	789	4	0	0	89.84
2003	10	1330	17	0	0	26.9
2004	5	1553	6	0	0	61.55
2005	3	1495	3	0	0	1.75

第十节　森林公安

1991 年，开展严厉打击破坏森林资源和野生动物资源违法犯罪活动，查处各类案件 77 起。其中，林业刑事案件 9 起、林业治安案件 18 起、林业行政处罚案件 50 起。处罚违法人员 171 人，其中逮捕 12 人、治安处罚 10 人、行政处罚 129 人、其他处罚 20 人。收缴木材 220 立方米，罚款 12.71 万元。

1992 年，侦破盗伐珍稀树种长苞铁杉和国家一级保护珍贵树种红豆杉案件各 1 起，逮捕盗伐犯罪嫌疑人 24 人，缴获被盗伐长苞铁杉 72.56 立方米、红豆杉 6 株（地径 96 ～ 130 厘米）。

1993 年，开展“打击乱砍滥伐、乱捕滥猎，整顿林区治安”专项斗争。查处嵩溪镇时州村滥伐集体林案件 1 起，滥伐林木 489.56 立方米，涉案 2 人被追究刑事责任。

1998 年，抓获盗伐温家山珍贵树木红豆杉、负案在逃 5 年的犯罪嫌疑人 7 人。

2000 年，开展“南方二号行动”，打击破坏森林资源和野生动物资源违法犯罪活动。侦破省市督办盗伐天然林案件 2 起。

2003 年，开展专项打击和重点整治活动。清理整顿小乌油厂 14 家、小矿山 4 个，没收木材 40 立方米。

2005 年，开展“打击破坏森林资源专项行动”，整顿木材加工企业及小煤窑 26 家。开展“长剑二号行动”，整治用材单位 8 家，取缔非法木材加工厂 1 家，关闭非法采挖小煤窑 2 家。

1991—2005 年，查处非法猎捕、收购、贩卖野生动物刑事案件 4 起，林政处罚案件 2 起，收缴各类猎具 88 件，收缴并放生国家二级保护动物穿山甲、豹、石壁羊、虎纹蛙等 412 头（只）、456 千克。

第十一节　执法监察

1991 年，对 8 类行政处罚、实施强制措施以及监视居住、收容审查等案件进行审核。当年，收审人员 111 人，其中收教以上处理 46 人。

1996 年 2 月，成立追究人民警察错案责任委员会。同年，废止收容审查等强制措施，保障犯罪嫌疑人合法权益。

1996—1997 年，查阅治安案卷 458 件，发现存在问题 110 件，占查阅案卷 24%。其中，越权处罚 49 件、显失公正14件、程序违法或其他问题13件、降格处理1件、现场没收赌资未开具收据4件、执法随意性1件、案件定性不准确2件、裁决治安拘留却未执行2人、罚款未执行或部分未执行42人。发现的问题均得到纠正。

2000年，审核行政治安案件205件768人，纠正执法偏差15件19人。发现越权处罚、程序违法各1件、适用法律不当1件，执法随意性2件。

2002年，落实执法责任制和错案追究制，建立内部执法监督机制，定期开展执法质量考核评估等专项执法检查。2003年，开展"公正文明执法活动"，发现5个案件证据不足，退回补充侦查。

2005年，组织执法质量检查4次。对563起治安案卷、135件刑事案卷进行检查，列出存在问题清单，办案单位逐条整改。

第十二节 机 构

一、清流县公安局

1991年，县公安局内设办公室、一科、政工科、内保科、治安科、预审科、刑警队、户政科。当年，增设法制科。全局在职民警108人，其中大专以上学历占总数22.4%。

1993年4月2日，县委、县政府在县公安局举行人民警察首次授衔仪式，100名干警参加授衔，其中授予三级警督21人、三级警司72人、二级警员7人。当年，招收事业编制巡警25人。

1996年12月，成立出入境管理科。招录警校毕业生及外单位调进干部13人。

1997年4月，设立消防科。12月，成立警务督察队。

1998年11月，户政管理科并入治安科，出入境管理科并入政治保卫科，预审科并入刑警大队。

2002年11月，机构改革，县公安局取消户政科、内保科、预审科，内设政工科、办公室（升格为副科级单位）、装备财务科、法制科、信息通信、公共信息网络安全监察科、户政管理科、出入境管理科、警务督察队、纪律检查委员会（监察室）。

2005年，县公安局内设指挥中心（由"110"报警服务台、交通警察大队"122"和消防"119"火警组成）、政工科、办公室、装备财务科、法制科、信息通信科、公共信息网络安全监察科、户政管理科、出入境管理科、警务督察队。体制改革后，交警大队14名干警划归县公安局管理。全县公安系统编制162人，在职民警158人。大专以上学历66.5%。授予一级警督5人、二级警督23人、三级警督51人、一级警司37人、二级警司23人。

1991—2005年清流县历任公安局局长一览表

表19-4

姓 名	籍 贯	性 别	任职时间	备 注
林孟成	福 州	男	1985.9—1994.10	兼任党组、党委书记
江建强	清 流	男	1994.12—1996.9	副处级，兼任党委书记
林其法	闽 侯	男	1996.9—2001.10	副处级，兼任党委书记
戴碧铭	南 安	男	2001.10—	副处级，兼任党委书记

二、直属机构

（一）国内安全保卫大队

1991年，为政治保卫科。2002年11月，政治保卫科改称国内安全保卫大队，并升格为副科级机构，至2005年未变。

（二）治安管理大队

1991 年，称治安科。2002 年 11 月，治安科改称治安管理大队，升格为副科级机构，下设 2 个中队，加挂“爆炸危险物品监管大队”牌子，至 2005 年未变。

（三）刑事犯罪侦查大队

1991 年，称刑警队。1994 年 5 月，刑警队改称刑事警察大队，下设办公室及 3 个中队、1 个技侦中队。

1998 年 4 月，预审科并入刑事警察大队。

2002 年 11 月，刑警大队改称刑事犯罪侦查大队，并升格为副科级机构，加挂“禁毒委员会办公室”牌子，至 2005 年未变。

（四）经济犯罪侦查大队

2002 年 11 月成立，副科级机构，至 2005 年未变。

（五）巡逻防暴警察大队

1993 年 4 月，成立巡逻警察大队，1994 年 5 月升格为副科级机构。2002 年 11 月，改称巡逻防暴警察大队，至 2005 年未变。

（六）清流交通警察大队

2005 年 1 月，清流交通警察大队前隶属三明交警支队，副科级机构。2005 年 1 月，清流交通警察大队划归县公安局管理，为副科级机构。

（七）县看守所

1991 年，县看守所沿袭旧制。1992 年 11 月，县看守所与行政拘留所合署办公、区别管理，至 2005 年未变。

（八）县治安拘留所

1991 年，称行政拘留所。1992 年 11 月，县行政拘留所与看守所合署办公、区别管理。1997 年，县行政拘留所改称治安拘留所，至 2005 年未变。

（九）县收容审查所

1994 年 7 月，成立县收容审查所。1996 年，国家修改《中华人民共和国刑事诉讼法》，废止收容审查制度。同年 11 月，县收容审查所撤销。

（十）基层派出所

1991 年，全县有城关、东华、嵩溪、嵩口、长校、灵地、赖坊、沙芜、林畲、温郊、余朋、李家、里田、田源、邓家 15 个派出所。

2003—2004 年，东华派出所与城关派出所合署办公，对外称城关派出所；里田派出所并入长校派出所，里田设警务站；邓家派出所并入灵地派出所合署办公，邓家设警务站；温郊派出所并入余朋派出所，温郊设警务站。

2005 年，全县有城关、林畲、嵩溪、余朋、嵩口、田源、沙芜、赖坊、灵地、李家、长校 11 个派出所，温郊、邓家、里田 3 个警务站，同时保留东华乡派出所（不对外办公）。

三、县公安局森林分局

1991 年，称县公安局林业公安分局，人事、经费由县林业局管理与负责，业务由县公安局管理。1998 年 4 月，林业公安分局升格为副科级单位。

1999 年 6 月，更名为县公安局森林分局，下设办公室、治安股、刑警队及嵩溪、嵩口、灵地、长校、芹口 5 个森林派出所。

2005年7月，森林分局森林派出所事业编制人员过渡为行政编制人员，编制43人，实有在编民警26人。

四、县消防大队

1991年，县公安消防中队编制10人。1997年4月，成立县公安消防大队和中国人民武装警察部队清流县消防大队（义务兵役制），两块牌子，一套人马。大队官兵24人，其中干部7人、战士11人、文职人员4人、合同制消防员2人。2005年，县消防大队编制21人。

第三章 检 察

1991年，县人民检察院继续履行法律法规赋予的职能，做好犯罪侦查，案件审查、公诉，司法监督等各项工作。

至2005年，全县受理公安机关、检察院自侦部门提请批准逮捕各类刑事案件963件1311人，经审查批准，决定逮捕859件1143人。受理公安机关移送起诉及自侦案件1113件1665人，提起公诉799件1044人，免予起诉132件183人，不诉73件85人，退回公安机关补充侦查51件73人。查办贪污贿赂犯罪案件109件124人、渎职侵权犯罪案件16件 25人。县检察院（含内设部门）单位被市级以上表彰49项次、干警58人次。

第一节 刑事检察

一、审查批捕

1991—1992年，全县开展“打现行、破积案、抓流窜、追逃犯”“反盗窃”“禁毒、禁娼、禁赌”等专项斗争。县检察机关对重大、疑难刑事案件，主动适时提前介入。经审查，批准逮捕杀人、放火、抢劫、投毒、爆炸、强奸、伤害等“七类”严重刑事犯罪嫌疑人97人。2年间，县公安机关提请批捕案件109件200人，决定批准逮捕99件179人，不批准逮捕10件21人；自侦部门移送案件12件16人，全部决定批准逮捕。

1993—1995年，全县重点打击严重危害社会治安的暴力犯罪以及车匪路霸。批准逮捕55人，追捕人犯5人。批捕环节向公安侦查环节延伸。对事实不清、证据不足案件退回补充侦查14件19人;对部分事实不清、证据不足案件自行补充侦查11次，形成材料60份；提前介入公安机关侦查的重特大案件2件6人，自侦案件3件4人。坚持“一要坚决，二要慎重，务必搞准”的原则，向县公安机关发出《纠正违法通知书》2份，提出纠正意见13次。

1997—1999年，全县批准逮捕“七类”严重刑事犯罪嫌疑人139人，追捕4人。复议案件5件5人，建议公安机关撤案4件4人。审理公安机关提请延长羁押期限1件1人。向公安机关发出检察建议书25份、《说明不立案理由通知书》15份21人、《纠正违法通知书》1份，改变公安机关定性2件4人。在审查李某故意伤害案中，发现李某替其兄顶罪的事实，及时作出不批捕决定，并建议公安机关补充侦查，避免错捕案件1起。

2000—2005年，全县批准逮捕黑势力、恶势力、黑恶势力保护伞等“三类”案件21件39人。向公安机关发出《应当逮捕犯罪嫌疑人意见书》12份，追捕16人，追捕到案11人。立案监督46件，其中公安机关不该立案而立案24件，全部撤案。发出《说明不立案理由通知书》21份、《通知立案书》1份，公安机关立案19件、撤案1件。发出《追捕意见书》4份5人，追捕到案3人；改变公安定性5件7人；审查办理公安机关提请延长侦查羁押期限案件6件7人。2005年，县公安机关提请批捕案件68件99人，决定批准逮捕66件95人，不批准逮捕2件4人；自侦部门移送案件1件1人，决定不批准逮捕。

二、刑事公诉

1991—1993 年，提起公诉一批严重危害社会治安的刑事犯罪分子。3 年受理县公安机关移送审查刑事案件 147 件 254 人，决定提起公诉 134 件 221 人，免于起诉 12 件 32 人，不予起诉 1 件 1 人；审查移送起诉经济案件 69 件 73 人，决定起诉 22 件 24 人，免诉 47 件 49 人；自侦案件 127 件 147 人，决定起诉 43 件 51 人，免于起诉 84 件 96 人。

1994—1995 年，决定提起公诉贪污贿赂等案件 21 件 31 人。其中，重特大案件 15 件 17 人。全年贪污贿赂案件的免诉率为零。审查起诉工作中，向公安机关口头提出纠正意见 22 次，发出书面检察建议 2 份，追捕人犯 4 人。1996 年，向县人民法院提出抗诉 1 件。

1997—1998 年，根据“从重从快”严厉打击各类刑事犯罪精神，提起公诉 103 件 134 人。其中，重大案件 9 件 11 人，移送三明市人民检察院审查 1 件 1 人，撤回起诉 2 件 2 人，退回公安机关补充侦查 36 件 49 人；向公安机关发出书面检察建议 16 份，建议公安机关撤案 2 件 3 人，改变公安机关对案件的定性 4 件 7 人。

1999—2000 年，起诉环节向批捕环节延伸，在受理公安机关移送审查起诉的案件中，移送三明市人民检察院审查 3 件 4 人，决定不诉 17 件 23 人。退回公安机关补充侦查 7 件 8 人，建议公安机关撤案 4 件 7 人。追诉犯罪疑犯 34 人，到案 20 人。向公安机关发出检察建议 14 份，发出《纠正违法通知书》5 份，改变公安机关对案件的定性 2 件 2 人。

2001—2005 年，提起公诉一批严重危害社会治安的刑事犯罪分子。移送三明市人民检察院审查 10 件 14 人，建议公安机关撤案 6 件 7 人，退回公安机关侦查 1 件 5 人。平均办案时间 12 天。向公安机关发出《纠正违法通知书》14 份、《检察建议书》24 份。发出《追诉意见书》25 人，到案 15 人。改变公安机关对案件的定性 16 件 23 人。向法院发出《纠正违法通知书》1 份。对 1 起未成年人收购赃款赃物案，试行暂缓起诉制度，引导该未成年人认识错误、悔过自新。实行量刑建议制度，向法院提出量刑建议 5 件，法院采纳 4 件。建议法院适用普通程序简易审 73 件 73 人，适用普通程序简便审 43 件 55 人。

2005 年，受理县公安机关移送审查刑事案件 85 件 111 人，决定提起公诉 82 件 108 人，不予起诉 3 件 3 人；自侦案件 7 件 7 人，决定起诉 5 件 5 人，不诉 1 件 1 人。

第二节 林业检察

1991—1992 年，重点打击盗伐林木、非法捕杀、收购珍贵濒危动物等 11 类林业刑事犯罪活动。建议公安机关提请批捕 2 人。对免予起诉的 11 人进行回访考察 30 人次。参与县林业委员会组织的为期 22 天的《森林法》《野生动物保护法》《森林防火条例》执法检查。

1993 年，参与为期 10 天的整顿林区“三乱”（乱收、乱购、乱加工）秩序工作。摸清全县 15 个乡（镇）、5 个国营林业采育场的伐区和木材加工企业情况，对 4 名免诉人员作不定期回访考察 12 人（次）。

1994—1996 年，参加夏季“专项打击”和林区治安综合治理行动，批准逮捕一批林业刑事犯罪分子。其中，专项打击对象 18 件 38 人，退回公安机关补充侦查 1 件 1 人，改变公安机关对案件的定性 1 件 1 人。建议公安机关追捕 15 人。提起公诉一批林业刑事犯罪分子。其中，专项打击对象 11 件 18 人。配合林政部门查获非法运输、收购木材 98 立方米，乱收乱购 8 立方米，挽回经济损失 4 万余元。

1997—2004 年，全县严厉打击涉嫌林业刑事犯罪活动，开展林区社会治安综合治理。受理公安机关提请批捕 97 件 216 人，批准逮捕 91 件 191 人（其中盗伐林木案件 61 件 153 人、滥伐林木案件 5 件 9 人、盗窃林木案件 7 件 11 人、森林纵火案 8 件 8 人、其他案件 10 件 10 人），不批准逮捕 6 件 25 人。受理公安机关移送审查起诉案件 181 件 304 人。决定提起公诉 132 件 229 人，其中盗伐 84 件 168 人、滥伐 13 件 21 人、盗窃 8 件 12 人、纵火 20 件 20 人、其他案件 7 件 8 人。不诉 36 件 51 人。追诉 2 人。向公安机关发出《说明不立案理由通知书》67 份，公安机关立案 49 件。建议公安机关撤销不该立案而立案 1 件。发出《纠正违法通知书》3份。向公安机关和有关部门发出《检察建议书》共23份。建议法院适用简易程序18件20人，适用普通程序简便审3件3人。

2005年，受理公安机关提请批捕2件2人，其中盗伐1件1人，放火1件1人，均批准逮捕。受理公安机关移送审查起诉22件25人。决定提起公诉16件19人（均属盗伐案件），决定不起诉6件6人。发出《纠正违法通知书》1份，向公安机关和有关部门发出《检察建议书》共6份。建议法院适用简易程序4件5人。

第三节 贪污贿赂检察

1991—1992年，查处、受理村级干部经济犯罪线索149件（包括投案自首31人），立案侦查67件68人（涉及村“两委”20件，村书记、村主任16人，县人大代表6人），其中大案10件、贪污案13件13人、受贿案32件32人、挪用公款9件10人、偷税案13件17人。侦结61件。移送审查逮捕4人，追缴赃款92.4万元。

1993年，全县初查举报线索35件36人，决定不予立案侦查19件19人，立案侦查17件18人（包括1992年遗留1件1人）。其中，万元以上大案9件9人，贪污、挪用公款案2件3人，受贿案9件9人，偷税抗税案5件5人。侦结16件17人。移送审查起诉9件10人，免诉7件7人，追缴赃款28.6万元。将在逃半年之久的重大贪污、挪用公款案犯邓某捕获归案，受到省人民检察院、三明市人民检察院表彰、奖励。

1994—1995年，立案侦查各类经济犯罪案件31件33人，其中大案25件26人、贪污案3件4人、贪污受贿案3件3人、贪污挪用公款案1件1人、受贿案18件18人、偷税案6件7人。涉及正科级干部2人、副科级干部4人。追缴赃款97.34万元，挽回经济损失155.74万元。

1996—1999年，重点查处“三机关一部门”（党政机关、司法机关、行政执法机关，经济管理部门）经济犯罪案件。4年立案侦查贪污贿赂等犯罪大案46件54人，含“三机关一部门”15件16人，其中贪污案10件17人、受贿案31件31人、挪用公款案3件4人、涉税案2件2人。涉及正科级干部5人、副科级干部5人、县人大代表1人。移送审查起诉34件40人（5万元以上6件7人），撤案1件1人。追缴赃款149万余元，挽回经济损失312万余元。2000年年初，将1名潜逃2年、贪污8万余元的经济案犯缉拿归案。

2000—2003年，立案侦查贪污贿赂等经济犯罪大案34件34人，其中贪污案12件12人、受贿案13件13人、挪用公款案9件9人。涉及正科级干部2人、副科级干部6人。侦查终结34件、34人，挽回经济损失130余万元。同时，在林业系统建立预防职务犯罪联系点，开展个案预防和岗位预防，推动行业预防。

2004—2005年，立案侦查贪污贿赂等犯罪案件12件12人，其中贪污案3件3人、受贿案5件5人、挪用公款2件2人、行贿2件2人。涉及副科级干部1人。侦查终结5件5人。移送公安机关管辖1件1人。未侦结1件1人。全年追缴赃款54万余元。

第四节 渎职侵权检察

1991年，以查处徇私舞弊案为重点，严查渎职侵权犯罪案件。受理各类渎职侵权案件线索12件，决定立案1件2人，其中提起公诉1人、免诉1人。至1993年，县检察机关立渎职侵权犯罪案12件14人，其中诬告陷害2件2人、非法拘禁3件4人、非法侵入他人住宅2件3人、玩忽职守3件3人、重大责任事故2件2人。

至1998年，初查举报线索64件72人，立案侦查24件31人，其中非法侵入他人住宅3件5人、非法拘禁3件4人、诬告陷害案2件2人、玩忽职守3件3人（其中副科级干部1人）、重大责任事故10件12人、伪证1件2人、徇私舞弊2件3人。不立案39件40人。撤案1件1人。决定提起公诉9件14人、免予起诉14件17人。1999年，县检察机关立案侦查不移交刑事案件1件。

2000—2005年，受理法纪案件30件33人。立案侦查16件19人，其中非法拘禁1件3人、玩忽职守5件5人（副科级干部1人）、非法侵入他人住宅1件1人、行政执法2件2人、徇私舞弊不移交刑事案件案3件3人、违法发放林木采伐许可证案2件3人、徇私枉法2件2人。不立案14件14人。决定提起公诉5件6人、不诉11件13人。

第五节　控告　申诉

1991—1992年，对群众来信来访实行统一接待、登记、处理、分流、反馈。2年受理群众来信来访447件（次）。其中，属检察机关管辖225件、申诉类44件。初查举报线索40件，移送立案侦查15件，其中大案3件，为国家、集体挽回经济损失35.40万元。立案复查不服检察院处理决定的申诉7件。复查结果：维持原处理决定6件，改变原处理决定、作撤案处理1件。初查贪污受贿举报线索77件，移送职能科室立案侦查41件，挽回经济损失8.1万元。初查重婚案1件，鉴于当事人悔改，作不立案处理。同时对1988年7月至1992年6月期间的举报线索418件（次）进行清理。清理结果：处理417件，待查1件（1992年6月受理）。其中初查201件，占处理总数48.2%；转办188件，占处理总数45.08%；无查处又无转办必要作销毁处理28件，占处理总数6.72%。

1993年，受理群众来信来访192件，对有署名和地址的信件，及时反馈。属检察机关管辖的举报件106件，申诉案1件，立案复查不服免予起诉申诉案1件。初查举报线索24件，其中贪污2件、受贿10件、偷税5件、挪用公款1件、非法侵入他人住宅1件、非法拘禁3件、玩忽职守1件、重大责任事故1件。移送职能部门立案侦查21件、不立案3件，挽回经济损失20.8万元。是年，县检察院控申举报接待室被省检察院授予“文明接待室”称号。1995年，将原每月16日检察长接待日，改为每月2日、16日。

1996年，办理上级检察院和县人大常委会交办件10件。经查立案2件，不立案2件，其他6件信访件均在规定的期限内办结并反馈。当年，首次对17名举报有功人员兑现奖金2500元。

1998年，根据脂农反映松脂收购站拖欠松脂款问题，对东华乡、嵩口镇、长校镇等松脂收购站进行立案调查。查明3个松脂收购站贪污挪用脂农押金、奖金等情况属实，会同有关部门采取措施，追回被贪污挪用款项，维护脂农权益。

1999—2005年，受理群众来信来访958件1098人，其中举报340件、民事申诉31件。初查99件。办理刑事申诉2件，维持原决定1件，决定不立案1件。办理立案监督39件、上级检察院交办件6件。复查不起诉案件11件。对自侦部门举报线索立案监督24件。开展检察长接待日261场（次）。嵩口镇个体运输户马某被长汀县公安机关怀疑参与盗窃，交纳保证金后保释回家。后查明马某未参与盗窃，其催讨保证金1年无果。县检察院发函与长汀县公安局联系，马某很快讨回保证金。

第六节　民事行政检察

1995年始，开展公益诉讼活动。至1997年，县检察机关受理民事申诉17件、行政申诉1件，其中购销合同纠纷4件、债务纠纷9件、名誉权纠纷1件、不当得利1件、损坏赔偿纠纷1件、联营贷款纠纷1件。经审查，立案7件，其中决定提请市检察院抗诉6件、建议市检察院提请抗诉1件。市检察院决定向市中级法院提出抗诉6件、向省检察院提请抗诉1件。省检察院决定向省高级法院提出抗诉1件。

1998—2005年，受理民事申诉99件。经审查立案60件。决定提请市检察院抗诉24件，市院采纳14件。建议市检察院提请抗诉6件。建议县法院再审22件，法院再审后改判15件、执行和解3件、终止审查5件、作息诉处理11件。其中，1999年，受理申诉人彭某与县供销建筑工程公司承包合同纠纷案。原审判决彭某应返还工程款及税费共43.83万元。经抗诉再审判决和当事人上诉，2000年，终审判决为由县供销建筑工程公司支付彭某工程款 10.83 万元，彭某承担诉讼费由 1.72 万元改为 0.35 万元；2004 年，受理残疾农民工杜某（原告）申诉案。2000 年，县法院判决被告支付拖欠杜某工资 1.67 万元，但当年县法院又裁定中止执行。经审查，县检察机关认为中止理由不成立，即向县法院提出检察建议，得到采纳。

第七节 监所检察

1991 年，县检察机关派驻监狱、看守所检察室做到一事一记载。当年，县检察机关设计“三簿”（每月人犯进出所登记簿、法制教育登记簿和人犯个别教育登记簿），驻所工作做到“四清楚”（人犯出所清楚、案情类别清楚、诉讼时限清楚、处理结果清楚）。定期对看守所伙食、卫生、医疗防疫工作等进行检查。全年向县看守所发出《纠正违法通知书》3 份 3 人、《纠正违法报告书》2 份 9 人、《催办案件通知书》1 份 6 人。全年受理清流劳改支队移送审查起诉罪犯重新犯罪案件 10 件 12 人，均提起公诉。受理罪犯及其家属控告申诉案件 6 件，其中自查 2 件、转办 4 件。依法建议清流劳改支队将 1 名立功受奖应提前释放却仍被羁押的劳改犯按时释放。

1992 年，对已决犯人在 1 个月内尚未依法送往劳改案件，发出书面纠正通知书 3 次 18 人。对 3 件 12 人久押未决的案件及时催办。对境内 131 名“两劳”释放人员进行回访考察，对表现较差的 25 名释放人员予以批评教育。全年受理清流劳改支队移送审查起诉罪犯重新犯罪案件 8 件 8 人，全部提起公诉。受理劳改犯控告申诉案件 2 件，其中自查 1 件。在查清事实后，建议劳改支队移送起诉。依法建议清流劳改支队对不符合监外执行条件的 14 名罪犯不予监外执行、不符合保外就医条件的 8 名罪犯不予保外就医。

1993 年，针对胡某共同盗窃案、吴某共同抢劫案、王某共同盗窃案 3 件 11 人羁押时间均在 18 个月以上的情况，督促县看守所催办，并向县人大常委会和市检察院作出专题报告。监督县看守所按照规定补齐 2 名犯人留所手续。发现县看守所 1 名犯人不符合保外就医条件，建议不予改变强制措施。对 6 名已决犯人在 1 个月内尚未依法送往劳改案件，依法口头通知纠正。在县、乡换届之际，保障 57 名在押人犯依法行使选举权，维护其合法权益。全年受理清流劳改支队移送审查起诉罪犯重新犯罪案 19 件 19 人，全部作起诉决定。在清流劳改支队进行执法检察 20 次，提出口头建议 70 条、书面建议 3 条，发出《纠正违法通知书》1 份。列席清流劳改支队减刑、假释报批会议 21 次，研究减刑 645 人、假释 13 人，提出不应当呈报减刑 2 人；对 1 名罪犯减刑不当提出口头建议。对劳改支队收取接见费、假释保证金及捐款捐物等问题进行检察并写出专项报告。

1994—1995 年，对收押人犯、出所犯人进行检察。经与县公安局协调，使久拖不决的 2 起案件开庭审理。在对执行通知书进行检察时，发现县人民法院将已决犯人施某释放日期应为 6 月 10 日误写成 3 月 10 日，当即向法院提出纠正意见。纠正应当释放而拖延不释放案件 1 件。纠正超期审判、裁定案件 3 件 10 人。纠正超侦查期限案件 1 件 3 人。2 年间受理清流监狱（原清流劳改支队）移送审查起诉罪犯重新犯罪案件 25 件 26 人，除 1 件 1 人退补外，其余全部提起公诉，法院均作有罪判决。办理漏罪案件 2 件 2 人。在清流监狱开展执法检察 25 次，提出口头建议 63 条、书面建议 5 条。受理劳改犯人控告件 1 件。发现监管干部、武警违法违纪 5 件，其中立案侦查 3 件 5 人，逮捕 2 人。发现减刑呈报不当 1 人、保外就医期满未收监 4 人，均向监狱提出书面建议。对 1 名案犯应当减刑而未呈报，建议清流监狱依法呈报，使该名案犯得以减刑 6 个月。

1997 年，对县看守所存在混管混押和未及时交付执行的问题提出检察建议，全部得到纠正。

1998 年，受理罪犯马某不服永安法院认定累犯的申诉案 1 件，建议清流监狱依照法定程序向原判法院提出纠正意见。对县法院超期审理案件情况，提出检察建议 5 件 5 人。

1999—2004 年，在清流监狱 9 个大队 3 个直属中队设置举报控告申诉箱，公布举报控告电话。受理清流监狱移送审查起诉 43 件 43 人。决定提起公诉 38 件 38 人，建议清流监狱撤案 5 件 5 人。初查清流监狱干警违法线索 11 件 16 人，立案侦查 1 件 1 人。受理罪犯控告 4 件 4 人、申诉 1 件 1 人，对申诉问题经调查属实，建议清流监狱发函原审法院予以纠正。向清流监狱发出《说明不立案理由通知书》9 份、《通知立案书》2 份，监狱均采纳。向清流监狱发出《纠正违法通知书》8 份、《检察建议书》28 份。发现清流监狱违法收押 3 人，发出《纠正违法通知书》3份，监狱及时纠正。发现刑期计算错误1件，及时向清流监狱发出《检察建议书》，原审法院及时纠正。对县看守所不符合释放条件案件2件2人、变更强制措施不当案件1件1人、未按规定交付执行案件3人、混管混押案件3件3人、超诉讼期限案件2件2人等案件，均提出检察建议，县看守所均采纳。发现县看守所收押人犯中疑似精神病人3人，经鉴定确认后及时释放。对县看守所违法收押案件1件，发出检察建议，县公安局予以采纳。对市中级法院超二审期限案件3件7人，制作《纠正违法报告书》，市中级人民法院依法纠正。参加清流监狱研究减刑、假释会议26次，对清流监狱呈报的100名不符合减刑条件的提出检察建议，均被采纳。检察清流监狱呈报的24名保外就医罪犯，发现3人不符合条件，提出检察建议，均被采纳。对看守所脱管保外就医罪犯1人，向公安机关提出检察建议，被采纳。对清流监狱未及时将部分假释罪犯的假释裁定书、原判决书、执行通知书等有关法律文书送达执行地相关部门的问题，提出检察建议。

2005年，初查清流监狱干警违法线索3件3人，鉴于案情较轻，建议监狱作党纪政纪处理，被采纳。纠正减刑不当11件，提出安全防范建议4件。

第八节 管 理

一、机 构

1991年，县检察院内设刑事检察科（内分刑事一科，负责审查批捕工作；刑事二科，负责审查起诉工作）、林业检察科、经济检察科、法纪检察科、控告申诉检察科、监所检察科、政工科、办公室、法律政策研究室、驻清流劳改支队检察室和举报站。行政编制50人，实有37人；事业编制5人，实有5人。其中，检察员18人，助理检察员14人，书记员5人，司法警察3人。

1992年3月，成立纪检组、监察组，与政工科合署办公。6月，成立民事行政诉讼检察科，与控申科合署办公。当年，林业检察科编制由企业改为事业，其人事、经费归县林业委员会管理，业务归县人民检察院管辖。

1993年8月10日，县检察院举报站更名为县检察院举报中心，与控申科合署办公。1994年2月，成立民事行政检察科。

1995年4月，成立县检察院刑事赔偿工作委员会，主任由分管副检察长担任，委员由各科室负责人兼任，下设刑事赔偿工作办公室，由控申科负责日常工作。

1996年6月21日，经济检察科更名反贪污贿赂局。12月11日，刑事检察一科更名为审查批捕科，刑事检察二科更名为审查起诉科。1997年1月，监所检察科与驻清流监狱检察室合并，称监所检察科。4月，监察组更名为监察室，与政工科合署办公。10月，成立县检察院法警队。1999年1月，纪检组、监察室独立办公。2000年1月，林业检察科编制由事业改为行政，成为检察机关内设机构。

2003年5月26日，政工科改名为政治处，起诉科改名为公诉科，法纪科改名为渎职侵权检察科，批捕科改名为侦查监督科，监察室改名为监察科，法警队改名为司法警察大队，增设行政装备科、检察技术科。2004年8月19日，设置人民监督员办公室。

2005年6月，恢复法律政策研究室建制。是年，县检察院内设机构17个，即侦查监督检察科、公诉科、林业检察科、反贪污贿赂局、渎职侵权检察科、控告申诉检察科、举报中心、监所检察科、民事行政检察科、检察技术科、法律政策研究室、政治处、办公室、行政装备科、纪检组、监察科、司法警察大队。行政编制50人，实有43人；事业编制5人，实有5人。其中，检察员33人，助理检察员5人，书记员4人，法警2人，干警4人。

二、检察制度改革

（一）公诉程序改革

1999年5月，对拟作不诉的案件进行听证会，将检察工作置于社会监督之下，实行“阳光作业”。对拟作不诉的案件，邀请人大、政法委、公安、司法等部门领导和案件双方当事人及其亲属参加听证，由检察院案件承办人出示认定的证据，让案件双方当事人确认与辩解，经听证、评议后予以确认。此举在全省检察系统属首创。

2001年11月始，探索主诉检察官制度，建立主诉检察官考评委员会，实行主诉检察官办案责任制。经参加全省主诉检察官统一资格考试，县人民检察院选拔任命主诉（主办）检察官4人。对事实清楚、证据充分的、依法可能判三年以下有期徒刑的案件，由主诉检察官直接负责审查、提起公诉，不需经集体讨论、分管领导审批程序。同时建立完善主诉检察官保障、制约、激励机制，促进形成谁办案、谁负责的办案工作新机制。

2003年3月，推行简易审。对犯罪事实清楚、证据充分，被告人及辩护人对所指控的基本犯罪事实没有异议，依法可能判处三年以下有期徒刑、拘役、管制或者单处罚金的案件，不派公诉人出庭支持公诉，由人民法院适用简易程序审理。同时试行简便审。对被告人认罪的案件，在庭前向被告人及其辩护人展示证据，在庭审中简化展证、质证程序。推行普通程序简易审、简便审，缩短了办案周期，节约诉讼成本。

2004年5月，试行公诉引导侦查取证制度。对重大、疑难案件，公诉科派员提前介入案件，引导侦查部门获取证据，及时打击犯罪活动。

（二）再审程序改革

2003年8月24日，县检察院制定《清流县人民法院、清流县人民检察院关于民事行政案件运用检察建议办法》（以下简称《办法》），运用检察建议启动法院再审程序。《办法》规定，对于原判决、裁定符合抗诉条件的案件和对于不符合抗诉范围的民商事调解结案案件，检察机关认为调解违反自愿、合法原则并有充分证据证明的，可运用《检察建议》向法院提出再审建议；对确有错误、依法不准许上诉、不能再审的生效、裁定、决定、命令的案件，运用《检察建议》向法院提出纠正意见。对于法院在民商事、行政审判工作中存在的一般性、程序性错误或应予改进的问题、并有相应证据证实的，可以适用《检察建议》。《办法》被省检察院和最高检察院向全省、全国推广。

（三）人民监督员制度改革

2003年10月，开展人民监督员制度试点，从社会各界、各阶层中聘任人民监督员。人民监督员对检察机关拟作撤案、不起诉处理和犯罪嫌疑人不服逮捕决定的职务犯罪案件，以及检察机关或检察人员在办案中发生的“五种情形”（应当立案而不立案或者不应当立案而立案，超期羁押，违法搜查、扣押、冻结，应当给予刑事赔偿而不依法予以确认或者不执行刑事赔偿决定，检察人员在办案中徇私舞弊、贪赃枉法、刑讯逼供、暴力取证），在承办人介绍案情后，进行独立评议，提出监督意见。

2005年，聘请人民监督员7人，监督案件2件。

1991—2005年清流县检察院历任党组书记、检察长一览表

表19-5

姓 名	籍 贯	职 务		任 职 时 间
张河仁	宁 化	党组书记	副检察长（代检察长）	1990.9—1990.12
			检察长	1991.1—1996.10
王金长	长 汀	党组书记	副检察长（代检察长）	1996.10—1997.5
			检察长	1997.5—2001.11
罗建平	明 溪	党组书记	副检察长（代检察长）	2001.11—2002.2
			检察长	2002.2—

第四章　法　院

1991 年，县人民法院继续执行宪法和法律赋予的职责，履行审判职能。

至 2005 年，累计受理各类案件 9387 件，其中审结刑事案件 1357 件、民事案件 4005 件、行政案件 271 件、经济案件 3754 件。执行民事、经济、林业非诉行政等案件 3521 件。

15 年间，干警被国家、省、市评为先进工作者、新长征突击手标兵、优秀法官 78 人次，其中立二、三等功 12 人次。县法院（含庭、室）获市级以上表彰 36 项次，其中立集体一、二、三等功 1 次。县法院法官江华椿先后获“中国优秀青年卫士”“全国法院青年法官标兵”等荣誉称号。

第一节　刑事审判

1991 年 1 月 7 日，召开宣判大会。会上，市中级法院对县政府原副县长高某等 5 人经济案件进行宣判，分别判处 5 人有期徒刑 6 ～ 7 年不等。是年，注重审结以权谋私、利用职务犯罪的经济案件。原田源乡党委书记梁某，收受贿赂 2.84 万元，贪污 9000 元。县法院依法对其犯受贿罪判处有期徒刑 7 年、犯贪污罪判处有期徒刑 3 年 6 个月，决定执行有期徒刑 9 年 6 个月。针对未成年犯罪易感性强、可塑性大的生理和心理特点，从“教育、感化、挽救”角度出发，采取灵活多样审判方式审结未成年人犯罪案件 10 件 20 人，实际处刑 14 人。其中，处 5 年以下有期徒刑 9 人，拘役 2 人，缓刑 3 人。

1994 年，配合公安、检察机关开展农村社会治安重点整治，共审结罪犯 96 人。在沙芜乡、罗口煤矿等地召开公判大会 9 场，宣判罪犯 54 人，并通过有线电视、广播电台在全县范围内予以宣传报道。全年审结贪污、受贿、挪用公款、偷税等经济犯罪案件 13 件 13 人，为国家、集体挽回经济损失 13.5 万元。

1995—1996 年，县法院受理并审结各类经济犯罪案件 47 件 53 人，受贿案件占 72.7%。判处经济案犯 36 人。其中，涉及部门、单位主要领导、干部 9 人，占 25%；涉及企业领导、供销、财务人员 16 人，占 44.4%；涉及乡镇领导 2 人，占 5.6%；涉及村干部 7 人，占 19.4%；其他 2 人，占 5.6%。万元以上大案占 78.7%。原县经济协作公司、三明市经协工贸公司经理严某，利用合同诈骗银行 130 万元。逮捕归案后，从重判处有期徒刑 15 年，没收财产 10 万元。

1997—2001 年，审结刑事案件 484 件，占各类案件总数 11.39%。刑事犯罪率呈下降趋势。县法院针对未成年人犯罪案件上升、犯罪主体出现低龄化趋势，审判机关与团县委、县教育局、县关工委联合组成“以案释法”宣讲团，到辖区 5 所中学开展法制宣传教育活动。

2003 年，依法审结市政法委、市公安局督办的恶势力犯罪团伙赖某、刘某、谢某等 9 人，及强奸犯、重大盗窃犯等一批严重危害社会治安的刑事犯罪。审结偷税 159.57 万元案 1 起，被告人林某被判处有期徒刑 3 年缓刑 4 年，并处罚金 159.57 万元，没收赃款 159.57 万元。同时，开展专项打击，依法惩处盗伐、滥伐林木等犯罪分子。

2004 年，审结刑事案件 56 件，判处犯罪分子 70 人，同比分别下降 9.7%、19.5%。

2005 年，开展专项打击和重点整治活动，审结盗窃案件 24 件 39 人、交通肇事案件 14 件 14 人。

第二节 经济审判

1991年4月，经济庭人员携卷前往山东、河北、江苏、安徽等被告所在地开庭审理。历时1个月，就地调解、审结经济纠纷案3件，解决争议标的18万余元。同年10月，县法院6名干警前往龙海、晋江等地，依法审结县水泥厂、针织厂起诉的3起购销合同纠纷案件，解决争议标的24万余元。

1994年2月，成立经济纠纷调解中心，快立、快审、快结，调处解决经济纠纷。是年，清流县遭受“5·2”特大洪灾，先后组织审判人员前往江苏、江西、上海、安徽、湖北、浙江等地，为受灾企业追回外欠资金45万余元。审结涉灾企业案件79件，解决争议标的500余万元。

1996年3月，深入各专业银行、农村信用社、县财政、县骨干企业等有关担保业务较多部门，宣传《中华人民共和国担保法》，讲解有关担保方式、担保期限规定等。并立案受理涉及担保借款合同纠纷案28起，标的额95.7万元。

1997年4月，撤销经济纠纷调解中心。全年受理各类经济纠纷案件450件，审结439件，解决争议标的1040.76万元。已结案件中，解款合同12件，购销合同97件，农村承包合同6件，企业承包合同5件，建筑工程承包合同4件，其他经济纠纷115件。为林业企业审结经济纠纷案件9件，解决久拖未决的争议标的60余万元，追回货款24.4万元和价值4万元的货物。

2000年，组成合议庭，审理水泥企业帅风公司破产还债案件，妥善解决职工安置问题。对县林业集团公司、人造板厂、气枪厂、农机公司等企业改制问题，适时提出法律意见，促进企业依法改制。

2001年，在县氨盛有限公司开展清债试点，协助、指导企业制定《清债工作方案》。为氨盛公司清出债权389.25万元；以诉讼方式审结清债案件3件，标的19.2万元；以非诉讼方式收回债款11.92万元；氨盛公司自行收回债款56.27万元。

2004年，审理清流人造板股份有限公司、县林业集团公司破产案，县种子公司等买卖合同纠纷案，县氨盛化工有限公司、三明市三木实业有限公司、县鸿翔化工有限公司等金融纠纷案，以及其他各类经济纠纷案件141件，解决争议标的5547.6万元。在审理县林业集团公司破产案过程中，通过公开竞争办法，依法选定拍卖行，使破产企业资产变现由预计345万元拍卖到690万元。

2005年，审理各类经济纠纷案件209件。其中，审结三明明孚硅业有限公司、县营林投资经营部等金融纠纷案件35件，解决争议标的1341.2万元，当庭履行579.3万元。

第三节 民事审判

1991年，全年受理民事诉讼案件235件，审结231件，比上年分别下降8.56%和8.69%。调解灵地镇姚坊村、杨源村，赖坊乡官坊村、南山村、赖安村，李家乡吴家村以及里田乡里田村等地因祭祖引起的纠纷7件。9月，在审理戴某诉黄某解除同居关系一案中了解到，黄某曾扬言要炸死戴某全家。审判人员及时做好黄某疏导工作，避免恶性事件发生。

1994年，在审理獭狸养殖回收纠纷案件过程中，及时在全县范围内发出公告，通知其他獭狸养殖户限期到法院办理登记手续，采取集体诉讼方式保护獭狸养殖户合法权益。

1997年，审理涉及老年人合法权益案件21件，其中赡养纠纷7件、赔偿纠纷6件、邻居纠纷8件。采取“三先一快”（优先立案、优先审理、优先执行和快速兑现）的做法，对赡养、离婚、抚育等婚姻家庭纠纷和人身、财产损害赔偿纠纷案件，实行“一案一回访”制度。审结婚姻家庭纠纷案件106件、损害赔偿纠纷案件15件，回访率81.3%。

1999 年，开展民事审判便民、利民服务活动。对当事人居住在边远山村、通信条件差、来往不便的，诉讼文书采取直接送达。对当事人有多个案件在法庭参加诉讼的，安排各案集中时间开庭。对乡镇信用社起诉催款案件，实行就地开庭，就地送达法律文书。

2000 年年末，依法审理里田乡田坪村 49 户村民诉村委会、县广电部门闭路电视安装合同案，维护村民合法权益，避免群体性上访事件发生。

2005 年，针对农村林改过程中村民上访情况，基层法庭帮助村完善各类承包合同，减少纠纷发生，并及时调处灵地镇步云村、李家乡罗坑村、田源乡廖武村等 5 起涉林案件，涉案面积 666.67 公顷。2002—2005 年，审结民事案件 1080 件，占各类案件 47.44%。

第四节　行政审判

1991 年，开展《中华人民共和国行政诉讼法》宣传。全年受理并审结行政诉讼案件 3 件。

1992 年，受理全市首例环保行政诉讼案件，依法判决撤销县环保局对县木器综合厂作出的征收排污费决定。环保部门将此案作为典型案例列入环保法规汇编。审结县水土办强行收缴个体采矿户工具，并迫使其缴纳管理费案件 1 起，依法判决撤销县水土办的具体行政行为。该案例被最高人民法院编入《人民法院案例选编》。

1993 年，先后在工商、水电、稽征、公路分局设立联络室、执行室，配合行政机关做好行政法律法规、条例宣传工作。年内，举办培训班 2 期，培训人员 70 人。

1995 年，《中华人民共和国国家赔偿法》（以下简称《国家赔偿法》）颁布实施，举办《国家赔偿法》首期培训班，26 个行政执法单位 50 人参训。

1996 年，开展以执行非诉行政案件为主要内容的行政审判工作。当年受理并执结各类非诉行政执行案件 40 件，标的 22.7 万元。县法院驻公路稽征所行政执法执行室被三明市中院和市公路稽征处评为先进集体。

2000 年，受理行政案件 4 件，其中不服变更土地使用权登记案、不服宅基地处理决定案、不服交警责任认定案、不服征收统筹费及要求赔偿案各 1 件。审理赖坊村民赖某不服赖坊乡政府征收统筹费及要求赔偿案。通过庭审、举证、质证和认证，判决被告对重复征收的款项如数退还原告，并赔偿被告医疗费等。同年，制定《支持乡镇政府依法行政 提供法律服务的工作方案》，并在各乡镇巡回开展行政执法培训。

2002 年，审理涉及乡政府行政案件 4 件，执结有关征收社会抚养费和乡统筹费行政非诉执行案件 137 件。

2004 年，审结涉及公安、劳动、土地、工商、林业、质量技术监督等部门行政案件 8 件，执结涉及计生、交通、路政、质量技术监督等部门行政非诉案件 55 件。

2005 年，审结涉及乡（镇）政府、交通等部门行政案件 5 件；执结涉及计生、交通、路政、工商、广电等部门行政非诉案件 62 件，标的 40.6 万元。其中，执结征收社会抚养费案件 20 件，占 32.3%。

第五节　告诉　申诉

1991 年 3 月，成立告申庭，实行接受起诉、审查起诉条件、确定立案、预交诉讼费等一条龙服务，方便群众诉讼。年内，办理告诉案件 165 件，立案 87 件；审查告诉、申诉来信来访 583 件次；调处简易纠纷 12 件，处理非讼信访 203 件次。

1997 年，告申庭内设立案室，制定告申接待制度，对符合要求的案件在 7 日内立案，及时移送业务庭审理。全年，办理来信登记、转办 994 件，接待来访 478 人次，审查立案各类案件 607 件，比 1996 年增长 58.9%；审查收立执行案件 286 件，比 1996 年增长 52.66%。

2001—2002 年，执行首问责任制，对信访进行分类审查，处理来信 335 件，接待群众来访 796 人次。实现无集体上访、无越级上访、无信访老户、无信访积案。

2003年，对79名经济困难缴不起诉讼费的当事人依法给予缓、减、免诉讼费用8.11万元。县法院组织人员对2002—2003年的1043件案件质量进行司法检查。

2005年，开展“涉诉信访大接访、大清理”活动，接待来访135人次，处理来信38件；设立导诉台、便民桌，开展电话预约。全年立案95起，上门立案18起。对弱势群体依法给予缓减免诉讼费6.2万元；举办人民调解员培训班11期，人民调解员旁听庭审12人次，人民调解组织调处个案16件。

第六节 案件执行

1991年，实行审执合一模式。申请执行案件105件，执行95件，执行率90.5%。其中当年申请执行案件57件，执行53件，执行率93%；历年申请执行案件48件，执行42件，执行率87.5%。

1993—1994年，开展执行会战，分片集中执行，清理执行积案。执结各类案件485件，标的181.9万元。对涉企案件优先执行，执结涉企案件35件，标的39万元。审理东华乡政府申请，因被执行人阳某拒不执行法律文书，依法强制查封其房屋1幢，价值10余万元。审理县针织厂诉晋江罗山服装厂拖欠货款案，执行人员前往晋江执行到位资金4.7万元。

1995年，采用保全措施案件15件，保全各类财产价值13万元，保护当事人合法权益。

1997年，分赴江苏、河北、南京、武汉等省市和厦门、晋江等地，为气枪厂、林业采购站等企业追回欠款51.2万元。

1999年，开展执行年活动，服务、帮助被执行人员实现到期债权，采取以劳抵债等方法，促使案件执结46件，占执结案数7.8%。

2000年，开展“春雷行动”“冬季战役”等执行清理活动。采取定人、定案、定时和执行听证以及以劳抵债、以物抵债等措施，依法执行、规范执行。全年，执行各类申请案件574件，其中新收542件，旧存32件；执结507件，执结率88.3%；执结标的额975.85万元。积案67件，比1999年增长109.38%。

2001年，对历年中止执行的案件实行动态管理。

2003年，开展为期1个月的金融借贷案件专项清理执行工作，执结金融借贷案件12件，标的300万元。为县林业贸易有限公司、供销社、罗口煤业有限公司等企业和部分乡镇甩掉历史旧债包袱200.2万元。

2005年，将执行案件纳入“平安单位”“平安村（居）”考评内容。全年执结179件诉讼案件。其中，当事人自动履行99件，占55.3%；自行和解38件，占21.2%；强制执行仅21件，占11.7%。与金融部门签订《非银行类信用信息采集协议书》，将178件被执行人未履行债务的信息提供给银行，构建社会诚信体系。

第七节 管 理

一、管理机构

1991年，县法院内设办公室、刑事审判庭、民事审判庭、行政审判庭、经济审判庭、林业审判庭、告申庭、政策研究室、政工科，有干警43人。下辖灵地、嵩溪、长校等基层人民法庭。1992年，成立执行庭。1993年，撤销长校法庭。1996年，成立法警大队。1999年，撤销政策研究室，其职能并入办公室。2001年，林业审判庭与刑庭合署办公。2002年，撤销嵩溪法庭，同时撤销经济审判庭，其业务分别并入刑事审判庭、民事审判庭。2003年，增设民事审判二庭、审判监督庭、执行局、行政科。

2005年，全院在编干警50人、法官34人。其中，四级高级法官1人，一级法官17人，二级法官15人，三级法官1人。

1991—2005年清流县人民法院历任院长一览表

表19-6

姓 名	籍 贯	任职时间	备 注
林秉虞	福 州	1991.07—1993.10	兼任党组书记
饶跃和	连 城	1993.10—1996.06	兼任党组书记
孙爱军	山 东	1996.07—1998.10	兼任党组书记
曾国远	长 汀	1998.10—2002.04	兼任党组书记
沈小放	上 海	2002.06—	兼任党组书记

二、审判制度改革

（一）民事案件直接开庭

1993年7月，灵地、嵩溪人民法庭分别选择案件进行“直接开庭”（即在案件受理后径直开庭审理的庭审方式，当事人证据举在法庭，道理讲在法庭，是非分清在法庭，法官指导庭审活动，先审后判的一种新的活动方式）庭审观摩。年内，全院“直接开庭”审结的民事案件160件，占当年结案总数70%，“直接开庭”案件平均审限比原审判方式缩短9天。同时尝试将民事案件的“直接开庭”移植到经济案件的庭审中，改“纠问式”为“质证式”，强化当事人举证责任。

1994年，开展“上门审”办案方式，完善和规范“直接开庭”审判方式。

1995年，全面推行“直接开庭”庭审方式，民事案件直接开庭率100%。

2005年，民事案件全部采取“直接开庭”庭审方式。

（二）实行“诉辩式”庭审方式

1996年，实行“诉辩式”庭审方式，进行公开调查、公开举证、公开质证、公开认证和公开辩论，增强开庭审理透明度。当年，以判决方式结案的民事案件112件，占全年结案数的41.3%，不服上诉3件。2005年，继续执行“诉辩式”庭审方式。

（三）推行刑事案件简便审

2002年，与县检察院联合出台《刑事案件普通程序简便审办案规则》，与县检察院、县司法局联合出台《刑事案件普通程序简便审庭前证据展示若干规定》等与“简便审”有关规范性文件。对犯罪事实清楚、证据充分，被告人及辩护人对所指控的基本犯罪事实没有异议，依法可能判处三年以下有期徒刑、拘役、管制或者单处罚金的案件，由法院适用简易程序审理。同时，试行简便审。对被告人认罪的案件，在庭前向被告人及其辩护人展示证据，在庭审中简化展证、质证程序。当年，适用普通程序简便审案件12件，占被告人认罪案件63.15%，平均庭审时间30分钟。适用刑事简易程序审理案件43件，占所审结案件52.44%，平均审限9.8天，当庭审判32件，占适用刑事简易程序案件74.4%。

2003年，刑事案件适用普通程序简化审8件，适用简易程序30件，二者占刑事案件61.3%；民商事案件适用简易程序349件，占民商事案件93.8%。2005年，刑事案件继续执行普通程序简便审方式。

（四）陪审制度改革

2005年，完成人民陪审员选任，由县十四届人大常委会第九次会议依法任命人民陪审员18人。当年，人民陪审员参审案件28件。

第五章 司法行政

1991年，县司法行政部门继续开展普法教育、依法治理、人民调解、安置帮教、法律援助及律师、公证、基层法律服务等工作，为维护社会稳定、促进经济发展、推进民主法治建设提供法律服务和法律保障。至2005年，县司法行政部门受省级、市级表彰7项次，个人9人次。

第一节 普法教育

1991年，全县实施“二五”（1991—1995年）普法工作。县委、县人大、县政府先后作出有关“二五”普法规划的决定、决议、方案等。普法主要内容为：《中华人民共和国宪法》（以下简称《宪法》）《中华人民共和国未成年人保护条例》（以下简称《未成年人保护条例》）《中华人民共和国义务教育法》（以下简称《义务教育法》）《中华人民共和国行政诉讼法》（以下简称《行政诉讼法》）《中华人民共和国民事诉讼法》（以下简称《民事诉讼法》）《中华人民共和国森林法》（以下简称《森林法》）《中华人民共和国企业法》（以下简称《企业法》）《中华人民共和国矿产资源法》（以下简称《矿产资源法》）《中华人民共和国婚姻法》（以下简称《婚姻法》）《中华人民共和国野生动物保护法》（以下简称《野生动物保护法》）《中华人民共和国环境保护法》（以下简称《环境保护法》）《中华人民共和国妇女权益保障法》（以下简称《妇女权益保障法》）《中华人民共和国产品质量法》（以下简称《产品质量法》）《中华人民共和国消费者权益保护法》（以下简称《消费者权益保护法》）《中华人民共和国保守国家秘密法》（以下简称《保密法》）以及与青少年教育及成长、与学校管理工作密切相关的法律法规、工作条例、规章和国家、省、市新颁布的法律法规等。“二五”普法期间，政法各部门及土地、环保、妇联、工会、财政、税务、工商等行政执法部门，在城乡开展以宪法为重点，以专业法为主要内容的法律宣传活动。全县建立宣传组30个、宣传队114个、宣传站15个。有宣传员250人、宣传骨干172人。开展法律法规知识竞赛9次，参加竞赛人员达1.8万人次。组织“法制宣传大蓬车”巡回城乡宣传9次。举办青年干部和厂长经理学法培训班及副处以上领导干部法制讲座等培训班4期200人次。播放电影幻灯62场，观看人数1.9万人。出宣传栏4期。全县受教育11万人次。

1996年，全县实施“三五”（1996—2000年）普法工作。当年9月，县委、县政府批准实施《关于在公民中开展法制宣传教育的第三个五年规划》。各系统、各部门、各乡镇按照规划要求，结合本单位实际，有计划、有步骤地分期分批组织实施。“三五”普法期间，举办普法培训班2期，参与培训260余人。举办专业培训讲座62场，听讲2260人。印发宣传资料1.6万份，张贴宣传标语800条，发放社会主义市场经济法律法规选编4700套、法制宣传资料960本。组织开展大型宣传活动4场，开展执法检查4次。设定普法工作试点单位9个，重点抓好行政执法人员、司法人员、企业经营管理人员、青少年的普法教育。建立领导干部法制讲座、中心组学习法律、党校干校上法制课和任职前法律知识考试等制度。以县委党校、干校为基地，有计划地举办各种培训班、研讨班，分期分批对在职干部进行法律知识培训。党政干部重点学好“一书四法二条例”（即《社会主义法制建设基本知识》《宪法》《中华人民共和国国家赔偿法》《中华人民共和国行政处罚法》《中华人民共和国刑事诉讼法》《行政复议条例》《国家公务员暂行条例》）；企业职工重点学好《中华人民共和国企业法》《中华人民共和国合同法》《中华人民共和国劳动法》；乡村村民重点学好《中华人民共和国农业法》《中华人民共和国森林法》《中华人民共和国土地管理法》《计划生育条例》；青少年和在校生重点学好《义务教育法》《预防未成年人犯罪法》《治安管理条例》等。

2001年，全县实施“四五”(2001—2005年)普法工作。“四五”普法期间，法制宣传主要内容以涉及“三农”和中共中央新出台的有关法律法规条文为主。印发宣传资料3.08万份，出宣传栏108期，张贴标语2100张。举办讲座353场（其中电视讲座3次）。制作、播放电视宣传节目6次，出动宣传车队8次。法律咨询43次，接待4000人次，解答咨询2000件。赠送各种法律书籍2.86万册。开展知识竞赛2次、法律知识考试3次，受教育12万人次。县委中心组每季度举办法制讲座1次；各级各部门同时举办各类法制讲座，围绕中心工作，开展普法教育。加大对试点单位分类指导力度。组织行政执法资格考试。加强依法治理工作检查督促。2005年8月，全县“四五”普法工作通过三明市检查验收。

第二节　人民调解

一、调解机构

1991年，全县有人民调解委员会170个，调解员697人。其中，一类调解组织114个，占总数67.1%；二类调解组织52个，占总数30.5%；三类调解组织4个，占总数2.4%。长校镇与连城县四堡乡建立联防联调组织，共同调处两个乡镇村民日常生活及生产过程中发生的民事纠纷，维护邻县乡镇稳定团结。

1995年，县成立调解委员会整顿领导小组，开展基层规范化（组织、制度、工作、报酬“四落实”）试点，推动乡镇调解委员会规范化建设。至年底，全县有人民调解委员会117个，其中规范化人民调解委员会65个，占总数55.6%。

2000年8月，全县15个乡镇均成立司法调解中心，由过去司法所独立调解改为各职能部门共同参与的联防联调。

2003年，全县有人民调解委员会160个（其中乡镇人民调解委员会28个），有调解员646人、调解信息员354人，形成乡镇、村、调解小组、纠纷信息员4级调解组织网络。

至2005年，全县有人民调解委员会138个，其中乡镇人民调解委员会15个、村民人民调解委员会111个、居民人民调解委员会6个、企业人民调解委员会5个和县际联合人民调解委员会1个。国土资源人民调解委员会、消费者人民调解委员会、医患纠纷人民调解委员会、交通事故损害赔偿人民调解委员会、库区移民人民调解委员会5个行业性调委会相继成立。

二、纠纷调解

1991年，在全县开展“四无一少”(无民事转刑事案件，无群众性上访，无群众性械斗，无非正常死亡，少纠纷激化）人民调解战线竞赛。全县调解各类纠纷案件81件，其中家庭纠纷20件、邻里纠纷16件、房屋宅基地纠纷14件、债务纠纷2件、生产经营性纠纷11件、其他纠纷18件；防止群体性械斗1件13人；调解率98%，成功率95.4%。

1994年，全县抓好防止民间纠纷激化和专项治理工作，做到小纠纷不出村，大纠纷不出乡。全县调解各类民事纠纷调解率98%，成功率95%。林畲乡与清流监狱、李家乡与连城县北团镇、里田乡与宁化县曹坊乡等，相继建立联合防止联合调解民间纠纷关系。

1998—2003年，每年调解民事纠纷案件成功率均在96%以上。

2004年10月11日，长校镇黄石坑村村民李某与邹某在“赌猪肉”时，发生争执，继尔打斗。李某突发脑溢血死亡。司法助理员会同派出所干警赶往调处，平息双方当事人情绪。

2005年5月28日，嵩口镇大元村村民张某在田边被同村张某等3人安装的兽夹夹伤脚踝。受害者张某要侵害方赔偿误工费、后续治疗费等1.2万元。镇人民调解委员会做双方思想工作，达成协议，由侵害方张某等3人一次性赔偿受害者张某医疗费用3000元。2004—2005年，全县调解各类民间纠纷1182件，其中家庭纠纷255件、邻里纠纷285件、赔偿性纠纷188件、生产经营性纠纷109件、其他纠纷345件；防止民间纠纷转化为刑事案件2件4人，防止群众性械斗9件541人；避免和挽回当事人经济损失30.8万元。

第三节 法律服务

一、法律服务专线

1999年5月，县成立“148”法律服务协调指挥中心，设立“148”法律服务专线电话。2000年，全县15个乡镇陆续开通“148”法律服务专线电话，实现县、乡联动。1999—2003年，“148”法律服务专线电话共接受各种法律咨询求助电话3806个，接待群众来访675人次。2003年12月，“148”法律服务专线电话改称“12348”法律服务专线。2004—2005年，法律服务专线电话接受法律咨询3100余人次，协助解决纠纷154件。

二、基层法律服务

1991年，龙津、东华、嵩口、嵩溪等7个乡镇建立法律服务站，由乡镇司法助理员兼任法律服务工作者，为“三农”提供法律服务，改变基层要求法律服务难的局面。当年，有基层法律服务工作者18人。

1995年，基层法律服务所担任50个单位（部门）法律顾问，承办各类案件105件，为国家、集体挽回经济损失236万元。调解经济纠纷18件、其他纠纷47件。协办公证4件。诉讼代理5件，非诉讼代理4件。法律咨询98人次，代写法律文书29份。进行法制宣传217次，受法制教育1.78万人。

1997年7月，全县调整撤并基层法律服务执业机构，组建县法律服务中心，开展诉讼、非诉讼代理，协办公证见证、代写文书、法律咨询等业务。

2000—2005年，县法律服务中心担任53个单位（部门）法律顾问。调解纠纷78件。代理诉讼256件，非诉讼代理46件。联络协办公证23件，代书128份。解答法律咨询2880人次。为当事人避免和挽回经济损失45万元。

三、法律援助

1999年7月，成立县法律援助中心，无偿为孤老残幼、经济困难的市民提供法律援助。

2000年，县总工会、共青团、妇联、老龄委、人武部等单位相继设立职工权益部、青少年权益部、妇女权益部、残疾人权益部、老年人权益部、部队及军人军属权益部等法律援助分支机构，并开展工作。

2002年11月7日，里田乡里田村村民巫某被牛撞伤，县法律援助中心为其提供法律援助，6名被告赔偿巫某医疗费等6000元。

2003年12月25日，廖某在县烟草公司健身房与吴某练拳击时头部被击伤，援助中心为廖某提供法律援助，被告烟草公司和恒利公司共同赔偿原告廖某医疗费等1.2万元，被告吴某赔偿原告廖某医疗费等5000元。

至2005年，全县办理法律援助案件286件，受援群众360人（次）。其中，残疾人、未成年人、妇女和贫困者占19.6%；免去代理费用40余万元；接待群众来信来访1836人次，解答法律咨询2372人次。组织律师、法律服务工作者参与领导接待日的政府接待工作10次，协调解决群众性上访案件20次。

第四节 安置帮教

一、帮教组织

1991—1996年，刑满释放解除劳教人员的安置帮教工作由县政法委负责。1997年，成立“县刑释解教人员安置帮教工作协调小组”，由县司法局负责办理刑释解教人员安置帮教工作日常事务。

1999年，全县乡村各级、各部门单位均成立刑释解教人员安置帮教领导小组，做到每个帮教对象成立1个帮教小组，全县有帮教小组171个，帮教人员980人。2005年，全县建立帮教小组171个，帮教工作人员824人。

二、帮教工作

1991 年，与福建省宁化劳改支队签订服刑人员教育和刑满人员安置、帮教协议书。当年，全县刑满释放、期满解除劳教人员 80 人，其中城镇居民回籍 7 人，安置 3 人，自谋职业 4 人，安置率 100%。重新犯罪 3 人，重新犯罪率 3.75%。

1993 年，全县各村委会与帮教对象的家属签订帮教协议书，实行以“包教育、包帮扶、包转化”为主要内容的目标管理，做到“墙内墙外一起抓，社会家庭一起帮”，预防和减少刑释解教人员重新犯罪。

1997 年，对 1994 年以来刑释、解教人员进行登记造册、建档立卡。各帮教小组因人制宜，采取定对象、定时间、定责任、定成效办法，做好刑满释放、解除劳教回归人员的思想转化和过渡性安置工作。全县安置率 97.5%。其间，重新犯罪 5 人，重新犯罪率 1.8%。

2000 年，帮教小组因人施教。全县安置率 95% 左右，重新犯罪率控制在 1% 以内。2005 年，各乡（镇）、各部门贯彻“教育、转化、挽救”方针，按照“帮教社会化、就业市场化、管理信息化、工作职责法制化”的要求，落实安置帮教制度。当年，刑释解教人员 17 人，全部安置。全县帮教对象重新犯罪率 0.3%。

至 2005 年，全县应安置帮教的刑满释放、解除劳教人员 354 人，其中刑满释放人员 337 人，解除劳教 17 人，得到安置 335 人，安置率 94.6%，为农村户籍帮教对象落实责任田 244 人，为符合低保条件对象落实低保 7 人。

第五节　律师与公证事务

一、律师业务

1991 年，县律师事务所担任 26 个单位（部门）常年法律顾问。全年受理刑事案件 33 件、民事案件 28 件、经济案件 29 件、行政案件 1 件、非诉讼案件 7 件，避免和挽回经济损失 560 万元。

1995 年，县律师事务所改制为自收自支的国办律师事务所。1998—2004 年，办理各类案件 295 件、法律援助案件 133 件，避免和挽回经济损失 1056 万元。

2005 年，担任机关企事业单位法律顾问 34 家，办理各类案件 128 件、法律援助 59 件，避免和挽回经济损失 68 万元。

二、公证业务

1991—2002 年，全县办理公证 1536 件，其中国内经济 777 件、国内民事 458 件、涉外民事 224 件、涉台民事 77 件。2003—2005 年，由于缺公证员，县公证业务由宁化县公证处代理。

第六节　机　构

一、县司法局

1991 年，县司法局内设人事秘书科、宣传教育科、基层工作科。下属单位有公证处、律师事务所。定编 15 人。全县 15 个乡镇均设立司法办公室。

1996 年 12 月，律师事务所 3 名律师辞去公职，组建私营律师事务所。1997 年，核定机关行政编制 15 人、公证处行政编制 4 人。人事秘书科改称办公室。成立县安置帮教工作协调领导小组，挂靠基层工作科。

2002 年 11 月，增设法律服务管理股。核定司法专项行政编制 14 人、工勤人员事业编制 1 人。2003 年 6 月，成立县综治委指导人民调解工作领导小组，下设办公室，挂靠县司法局。

2005 年，县司法局内设办公室、基层股、宣教股、法管股。下属机构有公证处和 13 个乡（镇）司法所。

挂靠单位有县“普法”办公室、依法治县办公室、县法律援助中心、县“两劳”安置帮教办公室、“148”法律服务协调指挥中心、县综治委指导人民调解工作协调领导小组办公室。在编、在职14人，其中工勤人员3人。

二、下属机构

（一）乡镇司法所

1985年7月起，各乡镇相继成立司法办，属乡镇编制管理。1997年12月，改称司法所，为县司法局派出机构，人员编制属性不变。2002年11月，核定司法助理员司法专项编制17人。2003年1月，司法助理员10人收编司法局管理。2005年，全县在编、在职司法助理员16人，兼职司法助理员2人。

（二）县法律服务（中心）所

1991年，龙津、东华、嵩口、嵩溪等7个乡镇建立法律服务站。1997年7月，调整撤并全县基层法律服务执业机构，组建县法律服务中心。

（三）公证处

1953年始，由县法院开展公证工作。1981年2月，成立公证处，为县司法局下属行政单位，编制4人。2003年3月，实行事业单位管理，公证员工资由县财政拨付。当年，由于缺公证员，公证处歇业。2005年11月，公证处转制为事业单位，编制4人。

三、律师事务所

1991年，全县有清流县律师事务所1个，为财政全额拨款的公办律师事务所。1992—1994年，律师事务所实行财政差额补助。1995年，改制为自收自支的国办律师事务所。1996年12月，律师事务所3名律师辞去现职，改制成立合伙制律师所——福建省陈彪律师事务所，按司法部《合伙律师事务所管理办法》相关规定运作。

附：

福建省清流监狱

福建省清流监狱位于清流县林畲乡及嵩溪镇境内，始建于1952年，距离清流县城36千米、明溪县城15千米，占地面积1311.13公顷。该监狱前身为省公安厅直属新垦农场，先后更名为福建省第一劳动改造管教队和福建省第二劳改支队。1969年，属福州军区生产建设兵团二师八团管理。1973年，改称福建省清流劳改支队，隶属省劳改局管辖。1994年9月，改称福建省清流监狱，属省监狱管理局管理。2001年12月，获省级文明监狱称号。

一、机构沿革

1991年，福建省清流劳改支队下设9个机关科室、4个大队、1个综合队、1个集训队、1个茶叶队、1个畜牧场和5个直属中队。1998年，福建省清流监狱设特勤中队和内看守直属中队。2001年，撤销监狱原直属二中队，成立新直属二中队。2005年，福建省清流监狱下设大队8个、直属中队4个、机关科室15个、医院1所、罪犯生活物资供应站1个。

二、狱政管理

1991年，开展狱内“三反”（反脱逃、反打架斗殴、反违规）、“一打”（打击盗窃犯罪）活动。修订服刑人员百分考核实施细则。

1993年，按照服刑人员犯罪性质，实行“三分”（分押、分管、分教）管理模式。1995年，福建省清流监狱被省监狱管理局授予“监管安全单位”称号。

1999年，建立“四无”（无脱逃、无重大案件、无重大事故、无非正常死亡）安全工作承包责任制，每月开展大排查活动1次。2002年，制定出台新的《服刑人员考核与奖惩规定》。

2003年，管理民警对所管辖范围内的服刑人员做到“四知道”（即知道个人基本资料、所在的管控位置、近期内的思想改造表现、近三个月的书信往来及亲情电话拨打情况）。

2004年，建立监管改造工作预警机制，对监狱服刑人员进行行为规范教育。

2005年，将规范化考核结果与评定达标登记、减刑比例挂钩。年内，实现“六不发生”(不发生服刑人员脱逃、不发生狱内重大事故、不发生服刑人员非正常死亡、不发生重大法定传染病爆发流行事件、不发生重特大安全事故、不发生重特大生产事故）目标。

三、教育改造

1991年，坚持“改造服刑人员，教育为本”，开展“新垦精神演讲报告会”、新垦精神图片展、“学新垦、继传统”等活动。

1994年，开展服刑人员“三课”（政治、文化、技术）教育工作。全年服刑人员政治课入学率100%，文化课98%，技术课97%。

1996年，邀请30名服刑人员亲属进监帮教。年内，全监获文化证书服刑人员953人，获技术证书服刑人员1438人。1997年，刑释人员中取得文化和技术教育证书人数占总数72.6%，送职校培训率14.8%。

1999年，开展服刑人员心理测试和心理矫治工作，106名服刑人员参加职业技术学校培训。

2000年，设立24小时亲情会见楼，安排服刑人员与家属共餐、沟通情感。与当地电信部门联系，安装亲情电话系统，发挥亲情规劝作用。

2001年，建立百部爱国大片和其他优秀电视剧的VCD库。监区电视、广播室、阅览室定时开放。并经常开展各类文体活动，丰富服刑人员生活，活跃监区气氛。

2002年，选派192名干警与审批确定的87名服刑人员进行挂钩转化教育。与将乐、清流、大田等县的政府帮教团签订帮教协议书。成立三明市法律援助中心清流监狱法律援助站，为服刑人员提供法律咨询服务。建立服刑人员心理专档，为服刑人员心理矫治做好基础工作。

2004年，办养猪班、服装缝纫班等技术教育班33个，服刑人员入学1625人。取得茶叶加工合格证书500人，取得服装缝纫职业资格证书120人。

至2005年，福建省清流监狱共开设文化班63个，入学率100%；组织700名服刑人员参加职业技术培训。在闽西北片文艺会演中，清流监狱服刑人员表演的吉他弹唱获二等奖、独唱获三等奖。入监教育增加岗前安全培训、机器维修保养等培训内容。年内，召开服刑人员亲属座谈会2次。

第六章　军　　事

1991年，清流县加强人民武装部机关正规化和民兵组织建设，进行机关战备设施作战室、作战值班室和武器装备仓库值班室、战备物资武器材料库“三室一库”，民兵应急连装备物资配套，预备役通信连部配套达标等战备规范化建设，贯彻条例条令，落实一系列规章制度；全面完成义务兵征集和预备役登记，开展以劳养武和国防教育、人民防空工作；县驻军与8个机关、学校、企业、村（居）委会开展军民共建活动，参与地方经济、精神文明建设，抢险救灾，维护社会稳定。

1994年，在“5·2”洪灾抗洪抢险中，有5个民兵集体和23名个人受到三明军分区和县委、县政府表彰。

2000—2003年，县人民武装部被省委、市委、省军区、军分区授予“军民共建先进单位”“拥政爱民工作先进单位”称号。县武警大队被省武警总队和市政府评为“拥政爱民先进单位”，县消防大队被评为“双拥先进单位”“军民共建先进单位”“爱心献功臣行动先进单位”。至2005年，全县实现连续24年无责任退兵。

第一节 兵 役

一、兵役登记

1991年，根据《中华人民共和国兵役法》规定和上级军事机关要求，县人武部组织人员以村委会和居委会为单位，对全县适龄公民进行兵役登记、统计。年满18岁的男性公民，在9月30日以前进行兵役登记。1998年，按照修改后新《中华人民共和国兵役法》，实行义务兵与志愿兵相结合、民兵与预备役相结合的兵役制度。2003年，按省征兵办通知规定，兵役登记中，应征适龄公民由原来的“非农业户口”和“农业户口”区分方法改为“城镇青年”和“农村青年”，应届大中专毕业生和全日制高等学校计划内招生的大学生，统一界定为城镇青年。

2005年，全县在111个建制村、7个居委会设登记站，开展兵役登记工作。全县适龄青年6150人，确定可征5074人、缓征951人、免服兵役98人、不得服兵役27人。登记数占应登记人数100%。

二、兵员征集

1991年，清流县实行冬季征兵。县成立征兵工作领导小组，县委书记、县长分别担任组长、副组长，县征兵办公室负责兵员体检、政审，医疗部门选调责任心强、业务水平高的医务人员参加征兵体检，对兵员身体状况实行“封闭式”体检。各级层层把关，确保兵员质量，完成征兵任务。

1996年，征兵工作责任细化，在建制村成立征兵工作领导小组和办事机构。

1997年，对报名应征对象做到4个不征，即“单独外出打工、经商一时查不清现实表现的不征，迁移户口不满1年的不征，无固定居住点的不征，有疑点难以查清的不征”。清流县加强征兵工作监督检查，县（乡）镇共设立举报箱18个，公布举报电话。

1998年，兵员征集实现“两个提高，一个杜绝”（新兵党团员比例、高中毕业以上文化程度都要提高到50%以上，杜绝政治性责任退兵）目标。

1999年，征兵工作实行“三公开”（公开政策规定、公开征集条件、公开非农征集比例）、“四公布”（公布体检站人员名单、体检合格人员名单、政审合格人员名单、预定新兵人员名单）。

2001年，冬季征兵，实行新的《征兵工作条例》。县、乡、村三级征兵工作实行分片包干，在体检、政审、走访、定兵和入伍等主要环节，实行“谁主管，谁把关，谁负责”，按照规定和标准完成征兵任务。截至2005年，全县实现连续24年无责任退兵。

第二节 民 兵

一、民兵组织

1991年，县民兵组织建设执行“减少数量，提高质量，抓好重点，打好基础”16字方针，压缩民兵规模，均衡减少民兵数量，扩大技术兵比例。

1997年，进行一年一度民兵整组工作。全县15个乡镇111个建制村全部建有民兵组织，全县16家企业建有民兵组织，占企业总数21.9%。

1998年，组建通信、步兵、地炮、高机、重机、军械修理、侦察等分队。

2002年，加强城市民兵应急分队组训和点验工作。

2005年，利用民兵装备组建专业技术分队7支，依托地方装备组建对口专业分队10支，全县民兵1.7万人。

二、民兵代表大会

1991年11月8日，召开全县第八届民兵代表大会，出席大会代表60人。大会总结全县10年民兵、预备役建设的成绩和经验，表彰先进，树立典型，探讨开创民兵、预备役工作新局面的思路、措施。大会表彰民兵工作先进单位18个、"党管武装好书记"15名和民兵工作先进个人35名。

三、民兵训练

（一）基干民兵训练

1991年，全县基干民兵采取集中训练方式。是年，县基干民兵规范化训练通过省军区检查验收达标；参加省军区基干民兵集训队抽考，合格率100%，受省军区通报表彰。

1997—1998年，全县开展为期15天基干民兵集训3期、每期15天，共有322名基干民兵参训。至2005年，全县训练基干民兵7000余人。

（二）专业技术兵训练

1991年，集中20天时间，强化民兵高炮、高机、地炮、通信、卫生等分队的专业技能训练。

1997年，全县训练专业技术兵176人，全部合格。

1998—1999年，清流县重点抓企业民兵对口专业分队的接口补差训练。

2005年，重点抓通信民兵、民兵高炮分队、防空专业分队和网络心理战分队等专业训练，提高快速反应和遂行任务能力。

（三）应急分队训练

1991年，全县有基干民兵应急分队1个连，有18个排、58个班，共560人。其中，步兵16个排，54个班；通信1个排，2个班；60迫击炮1个排，2个班。嵩溪镇应急分队有100人，嵩口镇有50人，县直机关与县合成氨厂武装部各有10人应急分队1支。

1997年，民兵应急分队101名民兵完成基本技能和基本战术训练。

1998年，全县进行战备等级转进和集结机动等升级训练。

2000年，组织分队成建制训练，以"走、打、吃、住、藏"为主要内容，提高民兵应急分队完成任务能力。

2005年，县人武部被确定为军分区民兵应急分队野战化训练试点单位。在县人武部轻武器射击场，举行为期21天、参加人数150人的全市战备规范化建设暨民兵应急分队成建制野战化训练演练观摩现场会。组织野战条件下反空袭、反侦察、反空降、反袭扰、反破坏等战术背景下的集结、机动、隐蔽、伪装、宿营、占领阵地、野战构工、重点目标守护、防敌小股袭扰、战场救护、野战生存、消除空袭后果等训练。同时，按照"三分四定"（携行、前运、后留，定人、定物、定车、定位）要求和遂行作战任务需要，规范战备物资库管理制度、物资种类和各类登记统计，完善民兵参战支前各类战备方案及配套方案。

（四）民兵干部训练

1991年，民兵营（连）长和军事教员统一由县人民武装部集中训练。省军区负责集训民兵通信分队连长，军分区负责集训民兵通信分队排长。1994年，组织民兵干部参加省军区组织的军事训练交叉考核。

1997年后，贯彻"训用一致、突出重点、分类施训、注重实效"的原则，每年举办1～2期民兵营（连）长和专职武装干部集训。当年，集训民兵干部15人。

2005年，组织专职武装干部集训，培养民兵教练员队伍。

四、民兵政治教育

1991年，按照中央军委扩大会议提出的"大力加强政治建设，保证军队在政治上永远合格"要求，引导民兵预备役人员正确认识国内外形势和党的方针、政策，坚定政治信念、政治立场和政治方向。

1995年，加强爱国奉献、革命人生观、尊干爱兵、艰苦奋斗教育。开展向孔繁森学习活动，引导广大民兵以孔繁森为榜样，树立献身国防、艰苦奋斗、建功立业思想。

1996年始，民兵政治教育以集中教育为主，每年利用民兵训练、整组、征兵等时机在“青年民兵之家”开展政治教育。

2000年，在民兵中开展创建文明家庭、文明村镇、文明行业、助残帮困、绿色工程等活动，带领民兵、预备役人员为当地群众、孤寡老人、残疾人、军烈属做好事。

2005年，围绕“忠诚实践‘三个代表’，自觉当模范作表率”为主题开展专题教育。教育民兵认清形势，积极作为，维护祖国和平统一。

五、维护社会治安

1991—1992年，在维护社会治安中配合公安机关抓获犯罪分子166人，缴获赃款、赃物价值5.49万元。

1997年，在2次抗洪抗冰雹救灾中，出动民兵308人，抢救物资价值238.5万元，转移被困群众1361人。

1998—2005年，全县出动民兵520多人次，配合公安机关打击刑事犯罪活动。

第三节 国防动员

一、机 构

1991年，县成立国防动员委员会，设第一主任、主任、常务副主任，分别由县委书记、县长、人武部部长担任，人武部政委、分管武装工作副县长任副主任，相关部门主要负责人任委员。县国防动员委员会下设综合、武装动员、政治动员、经济动员、人民防空、交通战备、科技动员、信息动员、支前9个办公室。至2005年，机构设置未变。

二、国防教育

1991年，成立县国防教育领导小组，制定国防教育3年规划，启动全民国防教育。乡镇、学校、厂矿相应成立国防教育指导小组。县委、县政府制定宣传、人武、民政、团委、妇联等9个部门的国防教育职责，把国防教育纳入县精神文明建设总体规划和干部素质教育培训内容，并将开展国防教育工作纳入目标管理，作为考核领导政绩内容之一，定期进行检查评比。

1992—2005年，全县贯彻实施《中华人民共和国国防教育法》，聘请一批老红军、退伍军人担任国防教育兼职教员，建立以毛泽东旧居和长校烈士陵园为中心，县委党校中青年干部培训班和各建制村“青年民兵之家”为阵地的国防教育网络。县委党校每年在举办的副科以上干部、村主干、团干等培训班的课程内，安排国防教育讲座两课时，进行国防法规和“三防”（防核武器、防化学武器、防生物武器）知识教育。全县各“青年民兵之家”和农村文化中心每季集中上国防教育课1次。每年暑期开办少年军校，培养学生军人作风，树立国防观念。各中小学开展“学军周”活动，聘请老红军和战斗英雄作报告。在县有线电视台开设“国防教育”专栏。举办以国防教育为基调的专题演讲、征文比赛、知识竞赛、歌咏比赛等活动。

二、国防教育基地建设

1991—2005年，全县有国防教育基地6个。县级教育基地3个，即凤翔山革命烈士陵园、长校将军庙革命烈士陵园、林畲乡塘堀村毛泽东旧居。其中凤翔山革命烈士陵园中的革命烈士纪念碑始建于1952年，2000年重修，上书碑文和烈士英名259人，并建有“光荣亭”。乡镇级管理的教育基地3个，即沙芜乡革命烈士纪念碑、林畲乡红军烈士墓、灵地镇青甲村田俊文革命烈士墓。每年清明节、“五一”国际劳动节、“五四”青年节、“六一”儿童节、“七一”党的生日、“八一”建军节等，均开展有组织的教育活动。每年6个教育基地接待干部职工、青年团员、中小学校学生均达7000人以上。

第四节 地方军事组织

一、县人民武装部

1991 年，县人民武装部为地方建制，副处级单位。下设军事科、政工科、办公室，接受三明军分区和县委、县政府双重领导，县委书记兼任县人民武装部党委第一书记。行政编制 21 人，实有 18 人，其中工勤人员 3 人。

1996 年 4 月，县人民武装部收归军队建制，更名为中国人民解放军福建省清流县人民武装部，为正团级单位。下设军事、政工、后勤科，干部编制 11 人、职工编制 9 人。县委书记兼任县人民武装部党委第一书记。2003 年 3 月，撤销副部长编制。2005 年，恢复副部长编制，并兼任军事科长一职。

1991—2005 年清流县人民武装部主要领导任职表

表 19-7

姓 名	籍 贯	职 务	任职时间
胡登良	江西进贤	部 长	1986.2—1993.10
雷春华	清 流	政 委	1986.2—1998.4
陈昌帜	宁 化	部 长	1993.10—2000.3
林木光	漳 州	政 委	1998.4—2000.3
薛向阳	福 清	部 长	2000.4—2003.3
王国平	江苏睢宁	政 委	2000.3—2004.3
何建勤	湖南平江	部 长	2003.3—
胡煌华	诏 安	政 委	2004.3—2005.7
纪建利	山东利津	政 委	2005.7—

二、县人民武装委员会

1991 年，县人民武装委员会由县长任主任，县委副书记 1 人、常务副县长 1 人、人武部部长、政委任副主任，县政府有关单位主要领导任委员。

1996 年起，县人民武装委员会与县国防动员委员会实行一个机构、两块牌子合署办公。至 2005 年，机构设置不变。

三、基层武装部

1991 年，全县有基层武装部 16 个，其中县直机关人武部 1 个、乡镇人武部 15 个。乡镇人武部行政归属所在乡镇领导，业务由县人武部领导。专职武装干部列地方编制。当年，全县有专职武装干部 16 人。

1992 年 5 月，建立县合成氨厂人武部，设部长 1 人、干事 1 人，部长由企业主管领导兼任。

1995 年，全县有 17 个基层武装部，其中乡（镇）15 个、县直机关和合成氨厂各 1 个。专武干部 27 人。

1999 年 3 月，成立县林业局人民武装部，配专职武装干事 1 人（编制由林业局内部调剂解决）。

2000 年，辖区有基层人民武装部 18 个，其中乡镇 15 个、机关 1 个、厂矿 1 个、林业 1 个。有基层专职人民武装干部 28 人。

2005 年 12 月，龙津镇与东华乡合并，乡镇人武部减至 14 个，基层人民武装部共 17 个。全县专职武装干部 29 人。

第五节 驻 军

1991 年，清流驻军有中国人民武装警察部队清流大队、中国人民武装警察部队清流县消防大队、87025 分队、32165 部队通信站。1998 年，32165 部队通信站移出清流县。2004 年 5 月，空军维护保障大队 1 个连队进驻李家乡。2005 年，县驻军有县人武部、中国人民武装警察部队清流大队、中国人民武装警察部队清流县消防大队、连城机场驻李家乡“911”站及连城机场驻灵地雷达站等 9 个单位。

附：

驻清流县武装警察部队

1991 年，中国人民武装警察部队清流县大队隶属武警三明市支队，受上级武警部门和地方党委双重领导。下设 4 个中队，其中一中队驻清流城关，二中队驻嵩溪，三中队驻林畲。大队开展执勤隐患大排查，提高执勤安全系数，完成救灾、押解、春运、安全各项勤务。

1992 年 6 月，清流县大队改称二大队，其一、二、三中队分别改称为二大队五、六、七中队。1994—1996 年，清流武警二大队配合公安机关缉捕各类违法犯罪分子 67 人，押解犯人 154 人，参加处置突发治安事件和抢险救灾 2000 多人次。1994 年，在“5·2”洪灾、打击车匪路霸和扑灭山火战斗中，武警二大队连续作战 17 天，保护清流社会稳定和人民生命财产安全。2000 年 7 月 21 日，武警二大队 42 名官兵协同公安干警在桥下村附近菜地中将 1 名杀人凶手捕获。

2001 年 1 月，明溪县中队、宁化县中队列入二大队辖区，由二大队代管。2002 年 6 月 16 日，建宁县发生特大泥石流，武警清流二大队官兵奉命第一个赶到建宁县重灾区均口镇，连续奋战 10 天，疏散和转移群众 500 多人，抢救受灾群众 3 人，挽回经济损失 1000 多万元。

2005 年 7 月，七中队改称四中队。同年，武警清流二大队强化监所防逃制逃专勤专训。各中队将训练场设在岗楼，进行处置训练。官兵执勤能力通过抽查考核，实现 15 年执勤目标安全无事故。

第六节 人民防空

一、防空预案

1991 年，全县防空工作重点为防空（机）降和反袭扰。1996 年 10 月，制定《清流县人民防空方案》，并实施小型防空演习。1998 年 7 月，制定《清流县防空袭作战预案》。主要任务是接到空袭警报后，民兵高机分队立即占领既设阵地。县各人防专业分队指挥部立即开设指挥所并做好防空袭保障工作。县人口疏散指挥部按照上级指示组织城区人员疏散。组织民兵对各辖区内的交通要道、桥梁进行守护，防止敌特破坏。2003 年，编纂完成《清流县人民防空应急行动方案》。

二、防空组织

（一）县人民防空指挥部

1991 年，县人民防空指挥部成立，隶属县国防动员委员会。设指挥长 1 人，由县政府分管副县长担任：副指挥长 2 人，由县政府办公室主任、人防办主任担任。下设综合协调组、抢险抢修组、救护防疫组、消防防化组、通信信息组、人口疏散组、治安和交通管制组、县直人防组，各组人员由各相关单位组成。乡镇成立人防指挥组。2005年，该机构设置不变。

（二）县人民防空办公室

1991年，县人民防空领导小组下设办公室，负责日常事务，与县人武部合署办公。2002年，机构改革，人民防空办公室与县政府办公室合署办公，主任由县政府办公室1名副主任兼任，县人武部1名参谋担任副主任。至2005年，机构设置未变。

（三）防空专业分队

2005年，依照《中华人民共和国人民防空法》有关规定，在民兵组织整顿中，从有关单位抽调专业（不脱产）人员100多人，组建防空医疗救护、通信信息、防化、防疫、消防、运输、抢险抢修、城市管制8个专业分队。分队平时由人防办负责组织专业训练，战时由县防空指挥部统一指挥。

三、防空工程

1991年，城区植树4万多株，进行防空设施绿化伪装。2000—2005年，清流县贯彻《福建省人民防空条例》，按照“谁投资、谁受益”的原则，总建筑面积7000平方米以上的城市新建公用及民用建筑项目，必须附建防空地下室。

四、防空袭警报

1991年，防空袭警报信号分预先警报、空袭警报、解除警报3种。至2005年，防空警报信号沿用1983年规定。

2005年清流县防空袭警报信号规定表

表19-8

警报发放（类型）	警报鸣放（信号规定）	信号弹发射	发光器材闪烁	音响器材发声
预先警报	鸣36秒 停24秒 连续3次	白色 连射5发	一长一短 重复数次	一长一短
空袭警报	鸣6秒 停6秒 连续15次	红色 连射5发	连续短	连续短声
解除警报	3分钟	绿色 连射5发	一长	一长声

第七节 双拥共建

一、双拥共建工作

1991年，县人武部成立驻清流部队拥政爱民工作领导小组，并建立规范化共建点8个。县人武部及驻军先后与清流一中、清流职中、供电局、广电局、林业集团公司等单位开展共建活动，定期组织共建单位员工开展“军事日（或军训日）”活动。共建单位普遍实行准军事化管理。

2001年，开展军地共学互助活动。协调有关部门筹集资金1.3万元，解决灵地镇姚坊村村民用水管道更换资金缺口问题。干部、职工捐款1000元，资助该村贫困生2人。

2000—2003年，县人民武装部被省委、市委、省军区、军分区授予“军民共建先进单位”“拥政爱民工作先进单位”称号。

2004—2005年，县人武部、武警大队消防大队与清流供电局、灵地镇政府、县香料厂和渔沧社区等建立共建单位。

二、支援地方经济建设

1991年，县人武部组织民兵发展经济，带头勤劳致富。1992年，全县开展以劳养武创收活动，创办经济实体。建立果园面积1.33公顷，创办俱乐部1个、小煤矿1个。县人武部为全县民兵举办各种科技培训班147期，培养专业户、重点户1247户。

1993年，县人武部组织民兵为“先行工程”建设义务投工投劳。1996年，县人武部在县内洋万线45千米拓宽改造任务中，捐助水泥30吨，现金1500元。1994—1996年，清流县组织民兵9个排320人参加洋万线改建工程和关公凹电站通路工程，出动车辆130台次、装载机5台次，投工2.3万个工日，挖填土石方21.59立方米。

2005年，全县民兵投资100万元，参与山地开发面积133.33公顷，种植“水果三蜜”面积33.33公顷、小径竹面积66.66公顷。培养民兵种养大户560户。

三、文明共建

1991年，组织民兵参与地方“两个文明”建设，开展扶贫帮困、青年民兵文明岗、企业民兵班组等系列活动。建立以民兵营为主体的移风易俗理事会，民兵带头婚事新办、丧事简办、乔迁省办、神事不办，破除各种陈规陋习，带头治理脏、乱、差，带头遵纪守法和遵守乡规民约。

1992年，全县成立民兵学雷锋小组138个，成员1428人，做好事1329件。

1993年，为县委党校和中小学校开设国防教育专题课，组织民兵为“先行工程”义务投工投劳。

1994年，与地方驻军共同将创建“双拥模范城”活动列入党委工作报告内容。利用国防教育活动室、墙报、黑板报、宣传牌等，开展经常性双拥宣传活动，提高部队支持和服务“第二故乡”建设的自觉性，尊重地方政府，支持地方工作，维护社会秩序，奋勇抢险救灾，积极扶贫。

1995年，拓展“六联六建”共建区域，开展与雁塔巷住户联户共建活动。1997年，全县成立民兵学雷锋小组、帮耕队136个，开展修路、修桥、帮耕、帮种，上街为民服务。全年驻军和民兵为民办实事、好事368件次。

1999年，专职人武干部和民兵干部共与贫困户结对134户。全县民兵义务投工投劳5865个工日，维修水渠65.15千米、拦水坝22个，植树造林21.87公顷，维修乡村道路196.3千米、小桥13座。

2003年5月，组织130余名民兵参加城区护城河除草、清运垃圾义务劳动。驻清流部队为福利院、敬老院做好事。

2005年，与清流供电局、林业责任有限公司、鸿伟木业等共建单位携手支助清流一中贫困学生36人，为每名学生捐款600～1000元。驻清流武警、消防部队为县福利院老人打扫卫生做好事，带头参加社会性公益事业活动。

四、抢险救灾

1992年7月，动员民兵参与抗洪救灾，抢运木材85立方米、化肥10余吨、烤烟40余吨，抢修道路25处，清除土石4000余立方米，抢修房屋14栋、护桥3座，搬迁炸药库1座，帮助居民搬迁疏散68户，排除险情15处。

1994年5月2日，清流县发生特大洪灾，全县17个基层武装部共组织基干民兵1938人，组成162个抢险救灾分队，共疏散群众1.19万人，救出被洪水围困灾民482人，紧急安置群众1647人，帮助6727户抢救各类家具42.5万件、稻谷142吨、耕牛238头、大米17吨、生猪460头、拖拉机47台、各种电器设备517台、木材（板料）472立方米、松香油料37吨。灾后为龙津、凤翔两桥修建捐款4763元。有5个民兵集体和23名个人受到三明军分区和县委、县政府表彰。

1998年3月，里田乡李村发生一起山体滑坡事件，3名群众被埋。县人武部组织民兵应急分队赶赴现场施救。

2001 年 6 月 13 日，部分乡镇遭受洪灾，组织 3000 余名民兵奋力抗灾，解救被困群众 100 余人，修复桥梁 10 座，清理土石 2600 余立方米。武警清流二大队先后出动 300 余人次，投入抗洪抢险战斗，疏散和转移群众 500 余人，挽回经济损失 800 余万元。同年 11 月，清流县罗口煤矿发生特大山火，武警清流二大队 22 名官兵赶赴现场，历时 9 个多小时成功将大火扑灭，使 66.67 公顷山林免受损失。

2002 年 11 月，龙津镇黄田段石英石矿产坍塌，武警清流县消防大队官兵赶赴事发地，救出民工 2 人。

2004 年 11 月 25 日，嵩口镇水泥厂附近公路旁发生车祸，2 名人员被困，武警清流县消防大队出动消防车 2 辆、消防员 10 人，历经 2 个小时，成功解救 2 名被困人员。

2005 年 11 月 21 日，东华乡竹制品厂发生火灾，消防大队出动消防车 3 辆、消防员 16 名，奋战 7 个小时，成功保住竹制品厂大部分财产。同月 28 日，1 辆满载 30 吨柴油的油罐车在嵩口镇高坑村公路旁翻车，消防大队出动消防车 3 辆、消防员 15 人，历经 12 小时，成功解救被困司机，转移柴油 26 吨。是年，全县组织民兵 1200 余人（次）扑灭森林大火多起。

卷二十 民 政

1991 年，清流县民政部门继续肩负为黎民百姓排忧解难重任，坚持为党政部门分忧宗旨，做好拥军优抚、复退安置、救灾救济和库区移民工作，贯彻《中华人民共和国村民委员会组织法（试行）》和《福建省村民委员会选举办法》，推进基层民主政治建设，依法进行村级换届选举，开展“民主决策、民主管理、民主监督”为主要内容的村民自治示范活动。老区建设、婚姻及收养登记、社团登记、地名管理、勘界等社会事务管理有序。1993 年始，推行殡葬改革。1994 年，清流县遭遇“5·2”特大洪灾，积极做好救灾救济款物募集和发放工作，帮助灾民重建家园。1998 年，全面实施城市居民最低生活保障制度。1999 年，建立优抚对象抚恤补助标准自然增长机制，用于解决优抚对象生产、生活困难，为军人及其家属解除后顾之忧。2000 年始，逐步推行安置就业、自谋职业和扶持就业的退伍军人安置政策。2004 年，建立农村居民最低生活保障制度。县老龄部门落实敬老优待政策，通过组织开展《中华人民共和国老年人权益保障法》宣传及敬老爱老系列活动，维护老年人权益。基层老年活动协会及活动场所建设日趋完善。至 2005 年，累计拨出救灾专款（含上级及各界人士捐款）1664.96 万元、优抚补助款 300 余万元，接收、安置复退军人 854 人。全县城乡居民有 7372 人享受低保，累计发放低保金 312.93 万元。办理老年人优待证 4327 本。火化率 58.3%。全县农村共进行村级换届选举 5 次，村民自治水平提高，村务公开、民主管理制度日臻健全、完善。

清流是第二次国内革命战争时期原 21 个中央苏区县之一。1991 年，全县有老区乡镇 9 个、老区分布乡 3 个、老区基点村 44 个。在 8 个老区乡镇 75 个自治村中，未脱贫的有 491 户 1935 人，乡村未通公路 128.6 千米，未通水、电、通信和电视的村 38 个。1991—2005 年，全县大力扶持老区村和革命基点村发展种植业、养殖业和加工业，实施老区“五通”工程，扶持建设群众生产生活急需的水、电、路、学校、医疗、饮水、电信等基础设施。至 2005 年，完成公路建设 241.42 千米，实现乡乡通等级公路；通电自然村 121 个；乡村电话用户 1.61 万户，实现村村通广播电视。

清流是全省 11 个 2 万人以上移民的大县之一，从 20 世纪 50 年代即开始安置沿海及库区移民。1999 年，清流县被列入中央直属水库移民遗留问题处理项目扶持。至 2005 年，全县移民 2.14 万人，占全县农业人口 18.66%。全县累计完成投资 4826.71 万元，实施库区交通、人畜饮水、农田水利、环境整治等扶持项目 122 个，连续获省、市“平安库区先进县”称号。

第一章 拥军 优抚 安置

第一节 拥 军

一、为驻军办实事

1991 年，春节、“八一”期间，慰问驻军、武警部队。

1993 年，按当地优惠价供应部队饲料 25 吨，出资 1.55 万元支持部队基础设施建设；开展军人优先和军人优惠等服务，设立军人窗口165个，服务项目341项。教育部门为部队培训文艺骨干8人。军人子女入学入托问题全部得到解决。

1996年，“八一”建军节期间，县领导到各驻军部队慰问。协助部队发展蔬菜基地，划拨菜地面积0.07公顷，并提供种苗和技术支持；对部队饲养生猪每头补贴500元；做好副食品供应，设立专供点（柜），供应部队优质粮油、肉类和蔬菜，并对粮油和燃料供应补贴4万元；为227名现役军人按每人800元办理社会保险；拨专款2万元解决部队营房维修；拨专款32万元，重建人武部办公大楼，改造大门、围墙，完善武器库等基础设施。

2002年，将无工作的6名随军家属列入社会低保。2003年，补助6名部队随军家属待业期间生活费每人每月100元。

2004年，县医改办为清流驻军少尉以上军官办理与政府公务员同等待遇公费医疗保险。县科技局和县职业中学无偿提供技术培训和科技服务，为清流驻军培养军地两用人才，被三明军分区评为双拥共建先进单位。将7名待业随军家属每人每月生活补助费提高至200元。

2005年，为解放军某部测量分队解决住宿费2万元；拨出专款30万元，支持民兵预备役人员军事训练和战术演习。1997—2005年，县政府累计拨专款450万元，为县人武部配备军事指挥车、新建人武部综合办公楼，支持县消防大队新建营房、更新消防设备，支持武警大队新建中队营房、修路等。

二、为军人、优抚对象办好事

1991年，走访农村优抚对象，帮助解决实际困难。建立健全拥军优属网络，县有以共青团、妇联、民兵为主体的各种帮耕助插服务队159个，全年为烈属、军属、孤寡老人提供服务和排忧解难万余人次。为1138户优抚对象发放定补和临时性救济款15万元。投入资金近10万元，扶持50余户优抚对象发展种养业。各乡镇根据财力情况，分别制定军人立功、受奖制度。

1992年，为在乡复员军人“三难”户（即生活难、医疗困难、住房难）及“三属”（革命烈士、因公牺牲军人、病故军人家属）发放临时性补助2.89万元。1993年，出资2.03万元，为64名义务兵办理农村社会养老保险。

1999年，全县开展“爱心献功臣行动”。在职干部、职工募集资金29.37万元，帮助重点优抚对象中的无房户8户、危房户22户、住房困难户21户；下拨解决“三难”资金12.44万元；将55户生活困难户纳入最低生活保障。

2001年，清流县开展重点优抚对象和优抚事业单位普查工作。对有特殊困难的重点优抚对象和军属87人，给予临时性补助1.74万元。

2002年，将生活困难重点优抚对象67人列入社会低保。

2003年，优待金县级统筹由原来的每名在职干部职工征收5元提高到10元。农村义务兵优待金由县财政统一拨付。

2005年，林畲乡被评为省“爱国拥军模范单位”。

三、义务兵家属优待

1991年，做好农村义务兵家属优待工作。现役军人户籍为农村的，其家属优待金由所在乡镇政府统筹解决，人均不少于上年度乡镇人均收入70%。户籍为城镇的在职正式职工或合同工人，其家属优待金按现行标准工资或基础工资的70%发放。对服役期间立功的义务兵，增发优待金30%～100%。当年，发放优待金17.8万元。

1993年，全县优待军人家属352户，发放优待金21.5万元。1995年，根据《福建省征兵工作奖惩规定》，城镇义务兵家属，按每户每年不低于当地上年城镇居民人均可支配收入的20%标准发给优待金。农村户籍按上年度农民人均收入70%发给优待金。

1996年，义务兵家属优待金实行全县统筹管理。向全县在职干部、职工（包括离退休干部）每人每月征收5元，农业户和城镇居民每人每年征收3元。当年，全县征收优待金36万元。

1997年，农村义务兵家属优待金发放标准由原来人均1341元提高到1660元，城镇义务兵家属优待金发放标准由原来600元提高到650元。

2004年，农村军属优待金标准提高到2100元，城镇军属优待金标准提高到1100元。

2005年，清流县城镇籍义务兵家属优待金由原来的1100元增加到1550元；农村籍义务兵家属优待金由原来的2100元增加到2450元。全年，全县共发放义务兵家属优待金41.1万元。

若干年份清流县城乡义务兵家属优待金发放情况表

表20-1

<table>
<tr><th rowspan="2">项目
年度</th><th colspan="3">农村义务兵家属优待金</th><th colspan="3">城镇义务兵家属优待金</th><th rowspan="2">合计（元）</th></tr>
<tr><th>年标准（元）</th><th>人数</th><th>发放额（元）</th><th>年标准（元）</th><th>人数</th><th>发放额（元）</th></tr>
<tr><td>1991</td><td>492</td><td>—</td><td>178000</td><td>—</td><td>—</td><td>—</td><td>—</td></tr>
<tr><td>1994</td><td>600</td><td>272</td><td>163200</td><td>300</td><td>21</td><td>6300</td><td>169500</td></tr>
<tr><td>1995</td><td>1000</td><td>256</td><td>256000</td><td>600</td><td>11</td><td>6600</td><td>262600</td></tr>
<tr><td>1996</td><td>1341</td><td>217</td><td>290997</td><td>600</td><td>10</td><td>6000</td><td>296997</td></tr>
<tr><td>1999</td><td rowspan="4">1700</td><td>191</td><td>324700</td><td rowspan="4">650</td><td>38</td><td>24700</td><td>349400</td></tr>
<tr><td>2000</td><td>190</td><td>323000</td><td>34</td><td>22100</td><td>345100</td></tr>
<tr><td>2001</td><td>195</td><td>331500</td><td>34</td><td>22100</td><td>353600</td></tr>
<tr><td>2002</td><td>197</td><td>334900</td><td>35</td><td>22750</td><td>357650</td></tr>
<tr><td>2003</td><td rowspan="2">2100</td><td>178</td><td>373800</td><td rowspan="2">1100</td><td>34</td><td>37400</td><td>411200</td></tr>
<tr><td>2004</td><td>198</td><td>415800</td><td>37</td><td>40700</td><td>456500</td></tr>
<tr><td>2005</td><td>2450</td><td>155</td><td>379750</td><td>1550</td><td>20</td><td>31000</td><td>410750</td></tr>
</table>

第二节 优 抚

一、重点优抚对象优待

1991年，对“三属”、红军失散人员和老复员军人等重点优抚对象实行定期定量抚恤补助。全县有“三属”人员36人，优抚金由各乡镇统筹解决，人均月补25～40元不等；红军失散人员45人，每人每月补助33～43元不等；在乡老复员军人296人，人均每月补助10～22元不等；在乡退伍红军老战士19人，人均每月补助25元；带病回乡退伍军人20人，生活补助金略低于在乡老复员军人。

1992年7月，县政府下发《清流县军人抚恤优待规定》（以下简称《规定》)。《规定》分总则、死亡抚恤、伤残抚恤、优待和附则5章，共56条。其中，《规定》确定革命烈士、因公牺牲军人、病故军人的条件和批准机关，指出“对农村义务兵的家属实行普遍优待”，同时规定县、乡及各部门应承担的职责。是年，为烈属、红军失散人员、复员军人发放粮价补贴。居民户口每人每月5元，农村户口每人每月3元。

1994年6月，为优抚对象每人每月增加粮价补贴6元。“三属”人员定补每人每月增加5元。

1996年6月，为全县117名尚未定补、1954年10月底前入伍的在乡老复员军人，发放定期补助金。

1999年，建立优抚对象抚恤补助标准自然增长机制，年均增长10%。当年，全县“三属”补助标准，居住在城镇的从126元提高到158元，农村的从106元提高到133元。红军失散人员补助标准，城镇的从183元提高到193元，农村的从153元提高至163元。在乡老复员军人定补标准，新中国成立前入伍的由每月55元提高到85元，成立后入伍的从每月45元提高到60元。

2001年，提高重点优抚对象优抚（抚恤）标准：烈士家属34人，居住在城镇的每人每月发给250元，农村的225元；病故军人家属3人（农村)，每人每月发给215元；红军失散人员36人，城镇的每人每月发给 290 元，农村的每人每月发给 260 元；带病回乡退伍军人 21 人，每人每月发给定补 31 元；在乡老复员军人 388 人，新中国成立前入伍（含抗美援朝、剿匪反霸）的，每人每月发给 153 元，新中国成立后入伍的，每人每月发给 118 元。优抚对象凡属孤寡老人，每月另增发 50 元。

2004 年，将 500 名重点优抚对象全部纳入社会最低生活保障。给重点优抚对象 12 人发放生病住院临时救济 9600 元。

2005 年，提高重点优抚对象定期抚恤金标准 2 次，给红军失散人员每人每月增发抚恤金 57 元，“三属”人员增发 55 元，在乡老复员军人新中国成立前入伍增发 26 元、新中国成立后入伍增发 20 元，带病回乡退伍军人增发 10 元。发放重点优抚对象临时救济 24 人、2.4 万元。至年末，全县有红军失散人员 15 人、革命烈士家属 51 人、病故军人遗属 2 人、带病回乡退伍军人 25 人、老复员军人 276 人。

若干年份清流县重点优抚对象补助标准情况表

表 20-2　　单位：元／人·月

对象名称		区域	1991 年	1996 年	1999 年	2000 年	2004 年	2005 年
烈士遗属		城镇	35 ～ 41	75 ～ 88	158	208	307	332
		农村	35 ～ 41	60 ～ 73	133	183	307	332
牺牲军人遗属		城镇	35 ～ 41	75 ～ 88	158	208	—	—
		农村	35 ～ 41	60 ～ 73	133	183	—	—
病故军人遗属		城镇	35 ～ 41	30 ～ 43	158	208	302	312
		农村	35 ～ 41	30 ～ 43	133	183	302	312
红军失散人员		城镇	33 ～ 43	150	193	243	348	438
		农村	33 ～ 43	120	163	213	318	408
在乡复员军人	解放战争入伍	城镇	15 ～ 22	—	85 ～ 113	—	202	252
		农村	13.2 ～ 17	31	85 ～ 113	127	202	252
	新中国成立后入伍	城镇	10	—	60 ～ 81	—	202	252
		农村	10	—	60 ～ 81	95	164	214

说明：定补人员凡属孤寡老人，1999年5月起，每月增发30元。2001年起每月增发50元

二、伤残军人抚恤

1991 年，执行省《军人抚恤优待条例》实施办法。在职伤残人员领取保健金，在乡伤残人员领取抚恤金。全县有三等乙级以上革命伤残军人 37 人。其中，一等残废军人 1 人，年发定补 1592 元；残废军人护理人员 1 人，全年定补 698.4 元；二等乙级残废军人 4 人。其中，东华乡 1 人，年发定补 810 元；赖坊乡、嵩口镇各 1 人，年发放定补 610 元；李家乡 1 人，年发放定补 552 元。

1993 年，县内有革命伤残人员 34 人，定补 1.01 万元；残废军人护理人员 1 人，全年定补 1440 元；5 名二等乙级以上在乡伤残人员，医疗费全额报销。

2002 年，全县在乡伤残人员 14 人（伤残军人 11 人、伤残民兵 3 人）、在职伤残人员 22 人。

2004 年，一等伤残人员在乡每年每人领取 7750 元，三等乙级因战伤残人员每年每人领取 1390 元；在职二等乙级因战伤残人员每年每人领取 680 元，三等乙级因公伤残人员每年每人领取 420 元。

2005 年，全县三等乙级以上革命伤残军人 27 人。其中，在职 17 人，在乡 10 人。因战伤残人员，每年定补 2240 元；因公伤残人员，每年定补 1920 元。在乡六级以上残疾复员军人医疗费用，按照省《军人抚恤优待条例》，在规定范围实报实销。

若干年份清流县在乡伤残军人抚恤标准表

表 20-3 单位：元

等级/年份	特等		一等			二等甲级			二等乙级			三等甲级		三等乙级	
	因战	因公	因战	因公	因病	因战	因公	因病	因战	因公	因病	因战	因公	因战	因公
1991	1560	1440	1260	1170	1060	920	830	760	656	590	554	416	400	342	342
1994	2240	2100	1860	1740	1620	1250	1150	1070	856	780	740	536	516	442	442
1996	2390	2250	2010	1890	1770	1350	1250	1170	956	880	840	636	616	542	542
1998	3540	3380	2760	2630	2500	1550	1440	1350	1080	1000	960	748	728	646	646
1999	5340	5180	4000	3870	3740	2120	2010	1920	1320	1240	1200	900	880	780	780
2000	6000	5840	4600	4470	4340	2480	2370	2280	1680	1600	1560	1050	1030	930	930
2001	7400	7240	5538	5404	5270	2974	2861	2768	1990	1908	1867	1212	1191	1078	1078
2002	8400	8240	6618	6484	6350	3404	3291	3198	2280	2198	2157	1392	1371	1238	1238
2003	9960	9800	7680	7550	7420	3880	3770	3680	2600	2520	2480	1560	1540	1390	1390

若干年份清流县在职伤残军人抚恤标准表

表 20-4 单位：元

等级/年份	特等		一等			二等甲级			二等乙级			三等甲级		三等乙级	
	因战	因公	因战	因公	因病	因战	因公	因病	因战	因公	因病	因战	因公	因战	因公
1991	240	216	204	184	170	156	140	132	135	122	96	108	98	90	82
1994	450	420	374	342	332	288	268	250	231	214	210	174	160	132	122
1996	525	495	449	417	407	338	318	300	281	264	260	204	190	162	152
1998	600	570	500	460	450	445	425	405	350	330	320	250	230	195	185
1999	1000	970	800	760	750	455	435	415	360	340	330	260	240	205	195
2000	1180	1150	980	940	930	515	495	475	420	400	390	320	300	265	255
2001	1460	1430	1380	1360	1340	555	535	505	470	450	440	365	345	300	290
2002	1800	1770	1440	1400	1370	590	570	550	520	500	490	410	390	330	320
2003	2140	2110	1720	1680	1670	810	790	770	680	660	650	510	490	430	420

2004—2005 年清流县在职伤残军人抚恤标准表

表 20-5　单位：元

等级			抚恤标准
特等	一级	因战	11200
		因公	10800
		因病	10440
	二级	因战	10080
		因公	9600
		因病	9200
一等	三级	因战	8960
		因公	8400
		因病	7800
	四级	因战	7280
		因公	6600
		因病	6000
二等甲	五级	因战	5600
		因公	5040
		因病	4560
二等乙	六级	因战	4480
		因公	4200
		因病	3600
三等甲	七级	因战	3360
		因公	3000
三等乙	八级	因战	2240
		因公	1920

说明：在乡伤残军人抚恤标准在在职伤残军人抚恤标准基础上增加 10%

第三节　退伍军人安置

1991 年，全县接收退伍军人 61 人。其中，城镇义务兵 19 人（其中志愿兵 1 人），农村籍义务兵 42 人。义务兵安置遵循“从哪里来，回哪里去”的原则，安置城镇退役士兵 19 人；农村籍义务兵贯彻多渠道安置、多层次开发使用原则，当年全县军地“两用人才”（即中国人民解放军干部战士经过军事、政治、文化、体能和民用技能等方面培训，成为具有保卫祖国和生产建设两套本领，军队和地方都能发挥作用的“有理想、有道德、有文化、有纪律”的社会主义新人）开发使用率 90% 以上。

1992 年，接收冬季退伍义务兵和转业志愿兵 69 人，其中农村入伍 57 人。当年，全县安置城镇退伍军人 12 人；安置农村符合政策规定的退伍军人及志愿兵 2 人，其中异地安置 1 人。

1997 年，采取“按系统分配任务，包干安置”“双向选择，包底安置”“鼓励自谋职业”等办法，安置城镇籍退伍军人 7 人。

1998—2000年，全县复退军人218人，采取安置就业、自谋职业和扶持就业相结合的安置政策进行安置。

2001年，全县安置城镇籍复退军人24人。其中，就业安置12人，复工复职1人，有偿安置11人。有偿安置人员中，服役2年士兵给予经济补偿8000元，服役3年给予补偿1.1万元。

2005年，提高一次性有偿安置金发放标准。其中，退伍士兵1万元，一级士官1.2万元，二级士官1.3万元，转业三级士官2万元。应安置的城镇退伍军人8人全部有偿安置，并为其办理自谋职业优待证。

第四节 烈士褒扬

1991年，全县在册革命烈士247人。县、乡烈士陵园、墓、碑主要有：

城关西山革命烈士陵园 建于1951年，占地面积2000平方米。内有革命纪念碑1座，高4.5米，宽1.5米，建于1952年，1971年重修。以及1956年、1971年为扑火山火牺牲的王琪清烈士墓和张江烈士墓。

长校革命烈士纪念碑 位于长校镇南1.5千米处，地名将军庙，建于1950年8月，1979年重修，碑高13米，宽2.5米，平台占地面积670平方米。纪念碑坐北朝南，纪念1950年8月在剿匪战斗中牺牲的解放军87师261团8名烈士。

林畲革命烈士纪念碑 位于林畲乡政府后山，建于1965年9月，1976年8月重修，碑高3.5米。纪念1931年土地革命时期牺牲的烈士曾坊村曾富良、曾其应及其妻谢玉珠。

沙芜烈士纪念碑 1950年8月建，1976年8月重建。碑高10米，宽1.3米。碑顶有2把火炬，纪念在剿匪斗争中牺牲的梦溪乡（今划归永安）指导员常用法、农会主任王绍林。

灵地乡田俊文烈士墓 占地面积153.5平方米。碑高80厘米。纪念1984年2月9日，在灵地上空牺牲的39611空军部队副连级飞行员田俊文。

县、乡人民政府将以上烈士陵园、墓、碑列为爱国主义和革命传统教育基地，每年清明节时，部队、机关、团体、学校组织官兵、干部职工、学生到革命烈士陵园、烈士纪念碑、烈士墓等祭扫，举行缅怀烈士活动。

2000年，由县委、宣传部、民政局、团县委、方志办、关工委、新四军研究会等单位和群众团体牵头，按主管部门出一点、各单位筹一点、个人捐一点的办法筹措资金，以义务投工投劳方式，重新修整城关凤翔山革命烈士陵园、革命烈士纪念碑，书写新碑文和259名烈士英名录，铺设水泥路。修补张江和王琪清烈士墓。烈士陵园中建“光荣亭”，陵园四周新植花卉及柏树24棵。

2003年4月，清流县再次修整长校革命烈士纪念牌，新建烈士陵园占地面积1900平方米。建立健全陵园管理制度，聘请讲解员、管理人员5人。

2000—2005年，清流县组织人员编写《清流老区革命斗争史略》《奇袭锅蒙山》《彭德怀率东方军征战清流》《红军长征以后》《继承革命烈士遗志，建设有中国特色社会主义》《进行革命传统教育，迎接建党80周年》等革命回忆录和宣讲材料，收集清流革命斗争遗物、文物及照片。以离退休老干部为骨干宣讲员、兼职管理员，每年利用清明节、“七一”建党节、“八一”建军节，以广大青少年为主要教育对象，开展革命传统教育活动。

第二章 救 济

第一节 灾害救济

1991年，部分乡镇遭受低温寒潮及旱灾，社会各界、群众捐款、捐物，帮助灾民解决生产生活困难，重建家园。县民政部门为124户灾民发放救济款5万余元。

1993年，全县连续遭受冰雹、龙卷风和暴雨袭击，14个乡镇92个村1.5万余户7万余人受灾。倒塌民房、烤烟房1638间，受灾经济作物面积521公顷，直接经济损失1378万元。全县发放救灾款物14.2万元。

1994年5月1日晚6时许，清流县遭受有史以来罕见暴雨袭击，境内洪水泛滥。灾后，向社会各界人士募集捐款及接收上级拨款646.1万元、衣物10.8万件、药品74箱，下拨生活救灾款616.1万元、粮食250吨、油毛毡1348捆、棉被900床、衣裤10.8万件。同时，发动群众开展生产自救，重建家园。县政府制定优惠措施，规定省定的17个外援村，凡房屋全倒户每户补助4500元，半倒户每户补助3500元。确定受灾较严重且要求连片重建的13个村为县定重点村，凡房屋全倒户每户补助3000元，半倒户每户补助2500元；受灾较严重又无法连片重建的零星户，房屋全倒户每户补助2000元，半倒户每户补助1500元。全县集中连片重建灾民新村30个，连片建房户889户，分散建房2177幢，维修加固7500余幢。全年下拨重建家园专项资金400余万元。1995年春节前，全县1.06万户近4万灾民搬入新居。同年4月、5月，部分乡镇遭受冰雹、龙卷风、洪水等袭击。县民政部门下拨自然灾害救济款129万元，解决灾民吃、住、穿等问题。

1997年4—11月，嵩口、嵩溪、东华、林畲、田源等乡镇接连遭受暴雨、冰雹袭击，损失严重，直接经济损失3.82亿元，受灾人口8.8万人次。全县下拨救灾款238.86万元，调拨油毛毡、棉被等救灾物资37.5万元，用于灾民紧急转移和重点解决受灾群众吃、住问题。

2001年，发生"6·13"洪灾，全县7个乡镇33个自然村受到洪水不同程度袭击。受灾人口8.9万人，直接经济损失1.47亿元。县委、县政府成立"6·13"灾后重建家园工作领导小组，协调、指导重建工作。集中重建家园的，每户补助3000元；分散重建的，每户补助1500元。全县灾后集中重建173户，分散重建111户。

2004年4月23日，龙卷风、暴风雨、冰雹同时袭击邓家、灵地、李家、长校、赖坊等乡镇，灾害持续近1小时。年内，全县拨出救灾款54万元。

2005年，清流县遭受洪涝、冰雹、山体滑坡、泥石流等灾害，受灾人口6万余人，紧急转移安置人口1.6万人，饮水困难人口0.8万人，倒塌房屋2577间，直接经济损失8703.7万元。全年，全县共下拨救灾救济款201万元。

附：

清流县1994年"5·2"洪灾纪实

1994年5月1日晚6时至2日晚6时左右，清流县连续遭受特大暴雨袭击。降雨量397毫米，嵩溪镇高达410多毫米。加之受上游宁化县洪峰影响，龙津河洪水流量3400立方米/秒，水位以0.6～0.8米/小时速度猛涨。全县组织公安、武警部队官兵400多人、干部职工2000多人、民兵应急分队1000多人、车辆200多部，抢在洪峰到来之前紧急转移安置群众8.5万人。粮食部门65吨散装粮食、商店大部分物品得到及时抢救，运到安全地带。

2日晚6时30分，城区进水，至3日零时，最高水位295.1米，超过危险水位5.7米。城区平均浸水深度4米，最深10米。全县交通、通信中断，城区断水、断电。受灾地域面积、人口占全县80%。

此次洪灾来势迅猛，袭击面广，毁灭性大，造成损失惨重。全县直接经济损失累计12.1亿元，死亡19人，失踪2人，受伤1320人，倒塌房屋5153栋4.12万间，建筑面积61.84万平方米；损坏房屋5413栋4.23万间，建筑面积63.38万平方米。房屋成片倒塌需重新安置的村庄36个。公路中断里程566.6千米。桥梁毁坏19座、950米，占全县桥梁总数15%。乡村桥涵损坏88座。城区3座大桥损失惨重，其中东门桥、北门铁索吊桥被冲毁，凤翔桥桥栏杆被洪水冲走，成为危桥。电力设施遭到严重破坏。城区110千伏清流变电站配电房被山体滑坡压毁，直接影响邻近3个县供电系统安全。全县被淹水电站21座（包括装机容量6400千瓦嵩口电站），冲毁11座，减少水电总装机容量60.4%。输电线路33.1%毁坏。10个乡镇78个村断电。受毁水库17座，占全县水库74%；水坝毁坏1603座，占全县水坝67.5%；毁坏水渠360千米，占水渠总长28.8%。影响耕地灌溉面积0.49万公顷，占全县耕地面积50%。农作物受灾面积1.44万公顷，成灾面积0.81万公顷，分别占已种农作物面积 82.97%、46.13%。粮食作物成灾面积 0.23 万公顷，绝收面积 0.19 万公顷，分别占已种粮食作物面积 42.88%、34.15%。农田被冲毁或沙滩化的面积 0.22 万公顷，占农田总面积 20%。被淹企业 414 家，占全县企业总数 80%。被淹设备价值 5.05 亿元，被淹原材料价值 2.93 亿元。冲走木材 3237 立方米。商店淹没数量占全县店面 77%。财贸系统损失 9750 万元，其中个体工商户损失 1950 万元。受灾学校 135 所，占全县学校 80%，损失 5123 万元。

灾后，县成立抢险救灾指挥部，县委书记任总指挥，县长、县政协主席为副总指挥，抽调干部和公安干警、武警部队开赴抗灾第一线。县委、县政府向全县发出"振奋精神，战胜灾害，恢复生产，重建家园"和"确保不荒一亩田，不饿死一个人，不关一所学校，不倒闭一个厂"号召。县各级领导分头深入灾区了解灾情、慰问灾民。全县发放救济款 75.5 万元、救济粮 125 吨、救灾衣物 1.56 万件。倒塌房屋群众均得到妥善安置，受灾群众生活问题得到及时解决。全县掀起恢复生产高潮。截至 5 月 15 日，县、乡、村投入资金 101.78 万元，农民投工 5 万工日，完成洗苗、补苗面积 3333.33 公顷，扩套改种面积 333.33 公顷，简易修复水利 6000 余处，恢复灌溉面积 1066.67 公顷，恢复耕地面积 311.93 公顷，修复鱼塘面积 78.27 公顷。

第二节　贫困救济

一、帮困救济

1991 年，定期抚恤补助农村极困户 154 户，救济临时困难户 1189 户，发放救济款物共计 9 万元。

1992 年，临时困难救济特困户 1430 户，发放救济款物 4.76 万元。

1995 年，发放春荒救济粮 3500 吨、救济款 63.25 万元。

1996—1998 年，下拨春夏荒救济款 29 万元，重点救济缺粮缺钱贫困户。

1999 年，下拨冬令救济棉被 500 床。

2000 年春节，发放灾民慰问金 10 万元。下拨冬令救济款 6 万元、春夏荒救济粮折款 18 万元。

2005 年，全县投入救灾物资 21 万元，救济缺粮人口 3700 人、缺衣被人口 1200 人、伤病贫困灾民 68 人。

二、"五保户"供养

1991 年，全县符合"五保户"（指农村中无劳动能力、无生活来源、无法定赡养扶养义务人或虽有法定赡养扶养义务人，但无赡养扶养能力的老年人、残疾人和未成年人）条件的对象 263 人。全县有敬老院 11 所、床位 50 张，供养"三无"（无法定抚养义务人、无劳动能力、无生活来源）对象 47 人。每人每月发给零花钱 10 元，乡镇每人每月补助伙食费 30 元，村委会每年发给原粮 250 千克。医药费由乡镇包干。每人每年生活费 521 元，其中国家救济 180 元。分散供养 224 人，以亲帮亲、邻帮邻负责，其责任田托人代耕。每人每年生活费 521 元，其中国家救济 125 元，其余款项由村委会负责救济。

1992 年，县、乡、村三级集中供养"五保户"对象 47 人。

1995 年，全县开展第二次"五保户"普查及发证工作。普查确定"五保户"对象 224 人。其中 65 人由其亲属或亲房自愿供养，40 人由乡镇负责供养，119 人由乡镇、村两级共同负责供养。乡镇每年每人给予供养费 100 ～ 120 元，村委会每年每人给予稻谷 300 千克。县、乡、村订立供养协议书，并发给"五保户"供养证。当年，拨出专款 6 万元，扶持乡镇新办敬老院 2 所。

1996 年 12 月，在全县开展"五保户"评定，发五保供养证 322 本。其中，分散供养对象 275 人，人均年生活费 850 元；集中敬老院供养对象 47 人，人均年生活费 1200 元。

1999 年，全县 15 个乡镇"五保户"对象 323 人，每人每月生活费在 80 元以上。

2004 年，开展农村"五保户"对象换（发）证和摸底甄别工作，确定全县"五保户"对象 588 人。其中，510 人纳入农村低保，月发放低保金 83 元。

2005 年，全县农村"五保户"575 人，全部纳入低保，全年发放保障金 57.27 万元。

三、最低生活保障

1998 年 3 月，县政府制定《清流县城市居民最低生活保障规定》以及《清流县城市居民最低生活保障规定管理办法》。确定城市居民最低生活保障标准为户月人均 110 元。保障对象主要是无生活来源、无劳动能力、无法定赡养人或抚养人的居民及家庭收入低于最低生活保障标准的居民。是年，开展城市居民最低生活保障情况调查，确认全县保障对象 285 户 473 人，城市低保户 31 户 56 人。

1999 年 7 月，提高城市低保标准 30%，每人每月标准为 143 元。

2003 年，对全县农村特困家庭进行调查摸底，确认农村特困家庭 6394 人，其中“五保户”510 人。

2004 年，建立城市低保对象家庭情况备案制度，实行“有进有出、有升有降”动态管理，做到应保尽保。当年，全县享受城市居民最低生活保障救助 789 户 2013 人，占非农业人口 5.94%；保障金标准为每人每月 143 元；全年发放保障金 102.84 万元。享受农村低保 2636 户 6064 人，占农业人口 4.99%；保障标准为每人每月 83 元；全年发放保障金 246.85 万元。

2005 年，全县及时吸纳困难人员入保。全县城市居民享受低保 732 户 1603 人，占非农业人口 4.73%，全年发放保障金 59.63 万元。农村居民享受低保 2706 户 5769 人，占农业人口 4.68%，全年发放保障金 253.3 万元。

1991—2005 年清流县抚恤和救灾资金情况表

表 20-6　　　　单位：万元

年份	抚恤	救灾	年份	抚恤	救灾
1991	26.5	13.7	1999	21	26
1992	24.9	21.4	2000	213	34
1993	21	17	2001	230	113
1994	27	476	2002	69	18
1995	25	85	2003	106	46
1996	29	34	2004	124	55
1997	73	198	2005	131	161
1998	81	80	合计	1201.4	1378.1

第三章　社会福利

第一节　福利院

1991 年 1 月，县光荣院、福利院同时建成，用地面积 1 万平方米，建筑面积各 4000 平方米；各有床位 30 张，收养老人各 16 人；各配备护理人员 3 人，年供养标准均为 4200 元。同年，嵩口镇、沙芜乡、余朋乡各兴建农村敬老院 1 所。

1992—1993 年，清流县投入 7.7 万元完善福利院、光荣院围墙、道路、桥和用水等配套设施建设，健全内部管理制度。

1994 年，县政府投入 24.2 万元，维修受洪灾影响的县光荣院、福利院和乡镇敬老院。同时，筹建乡镇敬老院 2 所。

2003年，余朋乡余朋村幸福敬老院进行改造，占地面积120平方米，建筑面积100平方米，收养老人6～7人。

至2005年，全县有农村敬老院11所，集中供养“三无”对象47人。县光荣院、福利院共入住老人13人（其中自费5人），年供养标准4200元。

第二节 福利企业

1991年，民政福利企业有大理石厂、福利工艺厂和民政福利印刷厂。当年，县民政部门投资4万元与龙津镇城南村联合开发民政福利果场面积13.33公顷，新办民政福利化工厂。全年福利企业总产值96万元，实现利润12万元，安排残废人就业127人。

1992年，全县新安置残疾人就业5人。

1993年，全县创办民政福利企业8家，安排残疾人就业42人，实现产值208万元，实现利税34万元。

1994年，全县新增福利企业2家，实现产值430万元，实现利润30万元。

1995年，由于产品滞销，无力参与市场竞争，不少企业倒闭。全县有福利企业6家，职工129人，其中“四残”人员73人，占生产人员总数57%。全年实现产值516万元、利税52万元。

1996年，新增赖坊水泥厂、温郊协兴焦油厂2家福利企业，安置残疾人就业41人。

1998年，全县新办社会福利企业1家，新安置残疾人就业12人。

2000年2月，县福利企业管理站成立，加强对县福利企业的管理，促进残疾人就业。

至2005年，全县福利企业仅剩2家。县民政福利印刷厂有职工16 人，其中残疾职工7人，年产值58.63万元，年减免税金29.7万元。温郊协兴焦油厂有职工10人，其中残疾职工4人，年产值272万元，年减免税金6.6万元。

第三节 福利彩票

1991年，全县有社会福利彩票销售点2家。社会福利有奖募捐由三明市募捐办直接指导设奖。同时开拓农村市场，利用节假日及集镇交流会销售福利彩票。至11月底，全县销售奖券26万元，完成市民政局下达任务175%。1993年，全县完成社会福利有奖募捐大奖组销售任务40万元。1994年，组织发行60万元社会福利有奖募捐，实际销售34万元。

1995年，在城关推出福利奖券40万元大奖组，完成整组奖券销售。1996年，经省、市募委会批准，全县发行320万元福利彩票大奖组，5天即完成销售任务，筹集福利资金124.8万元。

1999年，中央、省、市分配中国福利彩票赈灾专项募集发行额度。全县组织福利彩票销售两期，第一期销售彩票80.33万元，第二期销售28.86万元。

2000年，发行大型社会福利彩票。至2001年1月8日，累计销售大型福利彩票108万元。

2005年，全县有福利彩票销售点5家。1991—2005年，全县销售福利彩票1280万元。福利奖券和彩票公益金用于资助老年人、残疾人、孤儿等特殊群体和其他社会公益事业。

第四节 慈善事业

1994年，清流遭遇“5·2”特大洪灾。中国红十字总会、台湾红十字会、香港红十字会捐赠大米、衣物、食品及粮款总价值 48.5 万元。香港各企业团体和清流县旅港联谊会为清流救灾捐赠港币 240.79 万元、人民币 2.3 万元。福州社会各界捐赠 60 万元。

1997 年，县域自然灾害频繁。机关干部、职工和社会群众捐款 8 万余元，支援里田、长校、林畲等乡镇灾民。1998 年，长江、松花江、嫩江发生水灾，清流社会各界捐款 24 万元，捐赠衣物 3000 件、书包 2000 余个，并及时将捐赠款物转送灾区。

2002 年，全县社会各界募捐 5 万元，支援建宁县灾区。2003 年，全县参与省慈善总会发起的“助孤行动 1 元捐”活动，募捐 6000 余元。2004—2005 年，全县募集救灾捐款 4890 元。

第四章　基层自治组织建设

第一节　村（居）民委员会换届选举

1991 年 5 月开始，全县村委会进行换届选举。至 8 月底，全县农村 111 个村委会全部依法选举产生新一届村委会班子，选出新一届村民委员 602 人。其中，主任 111 人，副主任 100 人，委员 391 人。结合村委会换届选举工作，调整建立村民小组 867 个，村民小组组长全部由村民选举。111 个村普遍建立村民代表会议制度，产生村民代表 3468 人。各乡（镇）在换届选举后，及时对新当选的村民委员进行岗前培训，建立健全村委会下属工作机构和各项制度、工作职责。10 月，县委党校举办为期半个月的村主任培训班，参加培训 106 人，占应培训人数 95.5%。

1994 年，为全省村（居）委会换届选举年。全县村（居）委会换届选举工作从 8 月 1 日召开全县换届选举工作会议开始，至 11 月上旬投票选举，历时 3 个多月，全县 118 个村（居）委会换届选举工作全面结束。本届选民 7.26 万人，参加投票选举 7.2 万人，参选率 99.19%；一次性选举成功的村（居）委会 85 个，占总数 73.9%。选出村主任 109 人，其中连选连任 44 人；副主任 135 人，其中连选连任 72 人。5 个居委会选举产生居委会成员 21 人。新一届村委会成员平均年龄 32.5 岁。其中，党员 144 人，占总数 27.7%；妇女委员 71 人，占总数 13.7%；初中以上文化 447 人，占总数 86.2%。

1997 年，按照省、市部署安排，全县村（居）委会换届选举工作从 3 月 15 日召开全县换届选举工作会议开始，至 6 月下旬投票选举，全县 118 个村（居）委会换届选举全面结束。本届选民 77425 人，参加投票选举 71781 人，参选率 92.71%，一次性选举成功的村（居）委会 85 个，占总数 73%。选出村主任 109 人，其中连选连任 37 人；副主任 135 人，其中连任 44 人。7 个居委会选举产生居委会成员 21 人。新一届村委成员平均年龄 32.5 岁。其中，党员 144 人，占总数 27.7%；初中以上文化 447 人，占总数 86.2%。

2000 年，全县 111 个村委会、7 个居委会进行换届选举工作。7 月，在林畲乡石下村组织开展试点。9 月中旬，召开各乡镇分管领导、民政办主任及县直包乡村领导等 200 多人参加的专题会议，以会代训，部署村（居）委会换届选举工作。全县选民 90633 人，外出未回村选举 13559 人，实际选民 77074 人，参加投票选举 67750 人，参选率 87.9%。选出村委会主任 109 人、副主任 94 人、委员 189 人；居委会主任 7 人、委员 7 人。各村（居）委会均建立健全村规民约、自治章程。116 名村主任参加县组织的岗位培训，副主任、委员参加乡镇组织的培训。除嵩口镇梓材村、沧龙村因程序违法，经县指导组依法认定选举无效，全县村（居）委会换届选举工作基本结束。

2003 年，全县 111 个村委会换届选举。3 月上旬，在田源乡 4 个村开展试点。4 月 10 日，村级换届选举领导小组全体成员、各乡（镇）分管领导、组织委员、民政干部赴田源乡实地观摩投票选举并召开现场会，全县村委会换届选举开始。全县选民 83016 人，其中外出选民 18871 人。外出回村参选 7551 人，本届实际选民 71696 人，56419 人参加投票选举，参选率 78.69%。选出村委会主任 111 人、副主任 95 人、委员 205 人。111 名村主任中，连选连任 52 人，占 46.89%；党员 48 人，占 43.24%；初中以下文化 9 人，占 8.1%；高中文化 91 人，占 81.98%；中专文化 11 人，占 9.9%。411 名村委会成员平均年龄 35.1 岁。其中，50 岁以上 40 人，占 9.7%；30 岁以下 84 人，占 20.4%；30～50 岁 287 人，占 69.8%。村主任的文化、年龄结构更趋科学。7 月 11 日，县举办村主任培训班，颁发村主任当选证书，全县村委会换届结束。

第二节 村民自治

1991 年，开展“民主决策、民主管理、民主监督”为主要内容的村民自治示范活动。凡涉及全体村（居）民利益的事均由村（居）民会议或代表会议讨论决定。财务制度公开，接受村（居）民监督。

1992 年，全县村民自治达标村 48 个，占村委会总数 43.2%。当年，全县新确定村民自治示范村 36 个，经验收达标 34 个；90% 的村委会建立村民代表会议制度。

1993 年，全县 29 个开展第一轮村民自治示范村活动的村全部达标。全县 111 个村实行村务管理程序化、公开化和制度化。按法律程序调整充实村委会班子 48 人。

1995 年，第二轮村民自治示范村验收合格 22 个。年内，举办村（居）委会主任培训班 1 期，参加培训人数 56 人；对全县 111 个村委会进行调查分类。对 8 个村进行整治，当年已转化村 5 个。龙津镇居委会建立社区服务中心，各居委会设立老年协会、幼儿园、医疗所等社区服务实体。

1996 年，重点开展示范村村务管理规范工作。经检查验收，24 个示范村中达到省定标准的示范村 23 个。

1998 年，在田源乡开展村民自治规范化建设试点工作，并确定第二轮村民自治示范合格村 30 个。

1999 年 3 月，村民自治示范村全部验收合格，县政府颁发合格村委会牌匾。年内，全县举办村委会干部培训班 15 场次，参训 430 多人。

2002 年，社区服务中心主体工程完成。2003 年，龙津镇渔沧、长兴、凤翔、翠园 4 个居委会以“整合社区、建立组织、规范管理、拓展服务”为重点，推进社区建设，依法设立人民治保调解委员会、社会劳动保障委员会和科教文卫组织。

2004—2005 年，推进全县村务公开和民主管理，并将村务公开和民主管理工作纳入村党组织建设的考核内容。凡属村级组织有关法律法规和政策明确要求公开的事项，以及涉及农民群众切身利益的事项，都应向村民公开。公开的重点是财务和重大事项研究情况。各建制村都建立民主听证、村财审计监督、村主干任期（离任）审计及民主评议村干部等制度。

第五章 社会事务管理

第一节 婚姻登记

1991 年，县婚姻登记由民政局委托各乡（镇）政府办负责。离婚一般须先经过调解或诉讼程序，该程序则由乡（镇）司法办办理。全年办理国内婚姻登记 2388 对；办理离婚 77 对，经调解未离婚 21 对。婚姻登记中，初婚 1225 对，复婚 4 对，再婚 40 对，补办登记 1116 对，办理涉外婚姻 2 对。结合全县计生工作进行《中华人民共和国婚姻法》宣传，全县受教育 6.62 万人次。

1992 年，全县办理涉外婚姻登记 2 对，清理、补办违法婚姻 159 对。

1995 年 4 月，举办为期 2 天的婚姻登记员培训班 1 期，全县 16 人经考试合格发给登记员证书。当年，全县办理结婚登记 1206 对、复婚 2 对、再婚 43 对、补办登记 35 对；清理未办登记的违法婚姻 42 人；办理申请离婚登记111对，其中协议离婚39对，法院办理72对。

1996年2月起，婚姻登记下放各乡（镇）民政办负责。1996—2002年，全县婚姻登记7376对。其中，涉外婚姻3对，补办婚姻80对，再婚登记229对，复婚4对；协议离婚登记415对；出具夫妻关系证明书44对。

2003年9月24日，召开全县《婚姻登记条例》施行暨培训工作会议，全县婚姻登记员参加培训。10月1日，新《婚姻登记条例》施行。

2004年8月，根据新《婚姻登记条例》，全县婚姻登记由县民政局统一登记办理。是年起，婚姻登记只需出具本人户口簿、身份证、本人有无配偶及与对方当事人没有直系血亲和三代以内旁系血亲关系的签字声明。原来由县民政局办理的涉港澳婚姻登记改由三明市民政局办理。

2005年，全县办理结婚登记831对，补领结婚证17对，离婚72对。

第二节　收养登记

1991年，查找不到生父母的弃婴，均由居民自愿收养或由社会福利机构找人抚养，并由县民政部门出具证明。1992年4月1日起，施行第七届全国人民代表大会常务委员会第二十三次会议通过的《中华人民共和国收养法》。全年，全县办理收养登记2人。1994—1995年，全县办理收养登记10人。

1997年，弃婴管理由县社会福利院负责。弃婴经登记造册后，暂住福利院并寻人寄养，由福利院办理寄养手续。全年，全县办理收养登记11人。

1999年4月1日起，施行第九届全国人民代表大会常务委员会第五次会议通过的《中华人民共和国收养法》（以下简称《收养法》）。新修订的《收养法》规定，收养应当向县级以上人民政府民政部门登记。收养人需提供收养申请书、计生证明、身份证件、收养能力证明、健康证书、捡拾证书等，经审查，符合条件的发给收养登记证。2000年，全县办理收养登记10人，其中弃婴6人，收养人均为无子女户。

2005年，办理国内收养登记10人、涉外送养4人。至该年，全县累计办理国内收养登记66人、涉外送养4人。

第三节　社团登记

1991年，清理、整顿县级社团组织59个，核准县级社团登记、发证46个。

1998年10月25日，国务院发布新的《社会团体登记管理条例》。全县41个社团，参加清理整顿39个，撤销不按照规定办理变更登记社团2个。

1999年，为29个社团换发新证。其中，行业性4个，学术性7个，文学艺术性1个，体育卫生、社会福利、宗教社团等17个。

2004年，登记民办非企业单位1家——清流县香香婚姻介绍所。

2005年，年检社团21个、民办非企业组织1个。恢复登记2个，即县见义勇为工作协会和离退休教师协会。新成立社团组织5个，即嵩溪豆腐皮协会、县种苗花卉协会、县老科技工作者协会、县蜜雪梨产销协会、县豆制品行业协会。

第四节　地名管理

1991年，县、乡、村（居委会）、自然村及路、桥、街、巷等地名的命名与更名，由县民政局统一管理。

县乡（镇）地名变更、命名由县政府申报，省民政厅审批；乡（镇）以下地名命名、变更由乡（镇）政府申报，县政府审批公布。当年，整理和完善地名档案，补查更新地名条录867条，同时绘制县城区地图。

1992年，做好设置地名标志筹备工作。经省民政厅批准，灵地、长校撤乡建镇。

1993年，设置地名标志83块、门牌标志10588户。1994年，全县重新命名、更名城区主要街道，设置门牌6681块、主街道楼号牌264块。

1995年，县政府批准新命名30个新村和长校镇的14条街道。增设干部、职工住户门牌号2360户。实现街有路标、楼有楼号、住户有门牌。对“5·2”洪灾后30个重建家园村进行命名，并设置村标。4个乡镇65个自然村设置农村门牌2330户。

1996年，全县增设地名标志牌18块、门牌1.07万块；办理地名更名1处，即“怡香园”更名为“怡园”。

2005年，整顿城区街路巷名称，设置路街巷标志牌21块。

第五节 殡葬改革

1991年，宣传移风易俗，禁止带有封建迷信的殡葬仪式，提倡实行火葬。1993年，改革土葬旧俗，推行殡葬改革，筹建殡仪服务站。

1996年7月，殡仪服务站动工，1997年竣工。殡仪站用地面积3200平方米，建筑面积500平方米。设置停尸室、守灵室、告别室、悼念室及骨灰存放中心等配套设施。

1998年4月，县殡仪站开业，实行尸运、火化、骨灰存放一条龙服务。全年火化遗体143具，火化率20.08%。

1999年，全县宣传三明市殡葬改革条例、通告，张贴殡葬管理条例200多份、市政府通告300多份。购置殡仪车辆，并做好与周边县市殡仪馆协调工作。

2000年，县政府制定《关于加强殡葬管理的通告》，推行火葬，限制土葬。规定县城规划区的四周、龙津河两岸、洋万线视线范围内一重山（以下简称“三沿二区”），禁止建造坟墓；禁止在非公墓区内用水泥、石材等永久性建筑材料修建坟墓。要求在2003年，全县火化率达50%以上，省定第一批实施火葬区的龙津镇达85%，嵩口镇、嵩溪镇、东华乡、林畲乡达60%，省定第二批实施火葬区的灵地镇、长校镇、田源乡、邓家乡达50%，其他非火化区乡（镇）达30%。并提倡50%村要兴建集体公益性公墓。2001年，各乡镇有关部门及老人协会开展宣传活动，鼓励农村老人逝世后实行火化。全县火化率提高至34.2%。

2002年，将新殡仪馆场址选定在东华乡大路口村新庵山。2003年，对“三沿二区”乱埋滥建坟墓进行登记造册。2005年，通过有线电视、印发宣传单、殡葬法规常识问答等方式，宣传《福建省殡葬管理办法》，引导群众破除丧葬陋俗，文明节俭办丧事。完善服务措施和制度，公开殡仪服务收费标准。当年，全县火化遗体413具，火化率58.3%。

第六节 勘 界

1996年前，由于边界不清，边界争议时有发生。1996年，县勘界办成立。核实全县边界线总长285.5千米，其中有争议线长143千米。1997年，踏勘与明溪、永安交界的103千米边界线，总行程4800余千米。多方协商谈判9次，解决争议边界线72.65千米。永安、明溪、清流3县交界点，进行实地踏勘7次，在核对各种证件的基础上提出清流县权属请求。

1998年，“清流—明溪”线、“清流—永安”线遗留的10处42.5千米，除“永安—清流”线的一处双方提交市裁决外，其余线段已贯通。1999年，全长63千米的“清流—连城”线，地市间界线全线贯通并完成埋桩、调绘。由清流县牵头实施的3个三交点完成图上定点。其中"清流—长汀—连城"三交点,"清流—永安—连城"三交点完成埋桩。"清流—宁化"线在全面踏勘基础上,进行第三次协商,勘定121千米,争议线全部得到核实。

2000年，除嵩溪行洛坑1.8千米（与宁化接壤）未确定外，其余全部贯通，并埋设5个三角桩和部分两面桩。由清流县牵头的"长汀—连城"线验收合格。

2001年，开展乡镇级行政区域界线勘定工作。县级界线全面贯通，乡镇界线勘定全面启动。当年12月，确定三交点9个，占三交点总数56%，贯通线段2条9千米。

2003年，对乡级界线进行图上界定。除长校—里田、李家—灵地、邓家—田源、嵩口—余朋4条界线部分地段有争议，其余22条界线在图上全面贯通。

2004年,县级勘界通过省、市勘界办验收。完成清流—长汀—连城、长汀—宁化—清流、清流—连城—永安、清流—明溪—宁化、明溪—清流—永安5个交点,明溪—清流1个界桩,清流—连城线2个界桩。长汀与清流、清流与连城、明溪与清流、清流与宁化4条县级界线联检工作全面写成。完成并上报乡镇28条界线协议书、15个交点协议书、15个起止点协议书及附图勘界成果资料。

2005年，与永安市民政部门共同完成清流至永安76.55千米行政区域界线检查工作。

第七节　老龄工作

一、老年人概况

1991年，全县60岁年以上老年人1.38万人，占总人口9.8%。其中，女性老年人6215人；农村老年人1.18万人；90岁以上老年人102人；离休干部12人，退休干部603人，退休职工1255人。

2000年，据第五次全国人口普查数据显示，全县60岁年以上老年人1.52万人，占总人口11.23%；65岁及以上人口1.01万人，占总人口7.41%以上，清流县已进入老龄化社会。至2005年，全县60岁以上老年人1.87万人，占总人口12.69%，其中女性老年人9827人。

二、老年活动场所

1997—1998年，嵩溪镇修建老年门球场1个，面积1100余平方米；老年活动中心1座，用地面积170平方米，建筑面积350平方米。

2000年，长校镇建成农村老年活动中心，建筑面积220平方米，设有活动室、会议室、图书阅览室。

2001年，嵩口镇新建老年门球场1个，长28米、宽20米、用地面积560平方米。

2002年，城关老人协会自筹资金42.8万元建成"老年人之家"，建筑面积720平方米，内设健身室、书报阅览室、电视室等。

三、《中华人民共和国老年人权益保障法》宣传

1996年10月1日,《中华人民共和国老年人权益保障法》(以下简称《老年法》)颁布,县老龄委将《老年法》印成小册子，分发县四套班子领导、各乡镇分管领导、村老年协会学习，并联合涉老部门在实施日组织老年人举行踩街宣传。"夕阳红"业余艺术团将《老年法》全文录成磁带，重要部分编成歌舞、三句半、快板等群众喜闻乐见、通俗易懂的文艺节目，利用节假日在城区街头和乡镇进行宣传。各乡镇、村老年协会利用宣传栏、广播宣传《老年法》。

1997—1998年，田源乡老龄委订购600本《老年法》发放给会员。长校镇根据《老年法》制定打骂老人给予批评教育规章制度。

1999年，全县以"国际老年人年"为契机，在老年节前后，开展为期1个月的贯彻执行《老年法》千人踩街、表彰敬老家庭、慰问高龄老年人、书法及摄影展、集体庆寿、座谈会、庆祝会等活动。

2004—2005年，在青少年中开展"敬老爱老助老"主题教育活动。

四、敬老活动

1991年，在调解赡养纠纷同时，推行签订《家庭赡养协议书》，采取道德约束和法制约束相结合方式巩固家庭养老。通过“一访四查”，落实老年人“吃、穿、住、医”。田源乡廖武村委会划出两公顷果园作为老人协会创经费基地。

1994年，县委、县政府召开各界老年代表座谈会，慰问95岁以上高龄老年人13人。田源乡党委、政府发出以实际行动资助、支持老龄事业的通知，动员社会力量捐款捐物3000元，并拨款2000元，为老年活动室购买活动器材。

1995年4月，县级组织成立“夕阳红”业余艺术团，让老年人老有所为、老有所乐。老年节期间，城关老人协会召开满十老人祝寿会。

2000年，林畲乡老年协会获省“先进老年协会”称号，城关老人协会获省“福利互助基金先进单位”称号。

2001年10月19日老年节，县老龄委、县妇联、县总工会主办，县电力公司等5家企业协办，为城区51对老年夫妻举办金婚纪念会。城关、嵩溪、嵩口、林畲、长校、田源老人协会为884名逢十寿星集体庆寿。

2002年，各乡（镇）做好老年人来信来访工作，配合司法部门妥善解决侵害老年人合法权益事件。各级老龄组织开展“尊老敬老模范村”创建活动。嵩溪镇老年协会、田源乡各村利用重阳节表彰敬老、爱老、养老好儿女、好媳妇，推动《老年法》贯彻施行。田源乡廖武村获省“敬老模范村”称号。

2003年，县老龄办成立“清流县法律援助中心老年人法律援助站”。长校镇江坊村获“敬老模范村”称号。

2004年12月，长校镇长校村民邹金英十年如一日悉心照顾瘫痪家公，被全国敬老爱老助老主题教育活动组委会授予“葆春杯”“孝亲敬老之星”奖。

2005年，与福建省泉州市龙头山粮油发展有限公司联合在城区开展“敬老助困、优惠老年人献爱心”活动，慰问80岁以上高龄及特困老年人110人。至该年，全县累计签订赡养协议书1373份，获省、市表彰的尊老敬老先进集体13个、先进个人33人。县、乡两级共表彰敬老先进单位45个，先进老年协会196个（次），好儿子好媳妇225人，老有所为先进个人129人。嵩溪镇农科村黄国宝从一个“撑门棍”到家庭“顶梁柱”，孝敬老人，精心伺候老人，获全国“敬老好儿女金榜奖”。长校镇长校村邹金英被评为“三明市尊老敬老好儿女”。全县创办老年学校24所，其中县办1所、乡镇办15所、村办8所。建立老年基金会和互助会40个，基地和创收项目34个。全县老年协会修建凉亭13个，修建桥梁24座，修路15.1千米，为地方建设筹款18.6万元。

五、特困救助

1997年，开展“家庭养老”百户专题调查，深入龙津、东华、嵩口、嵩溪、温郊、灵地、里田7个乡（镇）117户老人家庭，调查了解154名老人的赡养、住房、医疗费、穿衣情况及身体状况。出资600元为2户贫困户购买猪苗。

2000年，邓家乡田中村70周岁的邓肃南老人房屋被暴雨冲塌，乡政府为其送去500元；邓家乡邓家村邓会同家失火，乡政府送去慰问金300元、粮食100千克及棉被等。

2001年，县委、县政府慰问特困老年人21人。邓家乡在扶贫慰问和发放救济物质时优先考虑生活困难老年人；余朋乡对全乡631名老年人进行调查摸底，将生活特别困难孤寡老年人刘世隆、陈妹仔送进乡敬老院。

2002年，全县人均收入低于143元城市老人纳入低保。县老龄委建立65周岁以上孤寡老人档案。元旦、春节期间，县委、县政府慰问困难老人188户，发放慰问金3.76万元。

2003年，给予409名农村无生活来源“五保”对象生活补助每人每月83元。

2005年，全县享受低保老年人1717人，“五保户”525人，每人每月83元。老年节期间，县委、县政府慰问70周岁以上特困老年人32人。

六、老年人优待

1991年始，县里重要会议和重大活动都邀请离退休干部代表参加。每年春节拨出专款慰问离退休干部、困难老职工，每年老年节组织有关单位慰问全县特困和95岁以上高龄老年人，按照有关规定落实离退休职工两项待遇，建立养老保障制度，及时足额支付养老金。

1998 年，县政府将百岁老人月发 100 元“长寿营养补贴”纳入财政预算。同年 11 月，为全县 70 岁以上老年人发放敬老优待证，享受优惠政策 8 条，包括凡按人口摊收的费用，持证者一律免收；持证者享受看病优先就诊、免费乘坐公交车；司法部门在受理老年诉讼案件时，优先立案、受理和执行，等等。

1999 年，全县开展敬老优待 8 条优惠政策实施情况调查，促进优待、优惠措施落到实处。

2004 年，为 60 周岁以上老年人办理福建省老年人优待证，享受福建省优待老年人若干规定，对老年人实行 11 条优待。至 2005 年，全县累计发放老年人优待证 4327 本。

第六章　老区建设

第一节　老区分布

清流县属原 21 个中央苏区县之一。第二次国内革命战争时期，全县参加红军 6000 人。其中，为国捐躯、进入革命烈士英名录 259 人，在册失散红军 34 人。

1991—2005 年，全县老区乡镇 9 个、老区分布乡 3 个，占乡镇总数 80%；老区建制村 75 个，占建制村总数 67.6%；老区基点村 59 个，其中老区基点建制村 19 个、自然村 37 个。

2005 年清流县老区基本情况表

表 20-7　　单位：户、人

乡镇名称	老区建制村			老区基点村	其中		
	村名	户数	人口		老区基点建制村	老区基点自然村	居委会
东华乡	大路口	138	588	南岐、桥下、供坊、俞坊、下戈、基头、樟树下、下严坊、暖水塘、车坑、中村、下村、尾土楼、右拔	南岐、桥下、供坊、俞坊、下戈、基头	大横溪：樟树下 严坊村：下严坊 暖水村：暖水塘、车坑 拔里村：中村、下村、尾土楼、右拔	
	横溪	176	722				
	严坊	107	577				
	南岐	163	775				
	桥下	266	1031				
	供坊	296	1111				
	俞坊	259	981				
	下戈	360	1425				
	拔里	222	1044				
	基头	387	1480				
	暖水	279	1231				
龙津镇	城东	334	1307	城东、横溪岭	城东	城南村：横溪岭	渔沧、长兴、凤翔、翠园
	城南	460	1422				
	蔬菜	180	606				
嵩溪镇	嵩溪	425	1838	嵩溪、青溪、陈段、元山背、	嵩溪、青溪	元山村：陈段、元山背	嵩兴

续表 20-7

乡镇名称	老区建制村			老区基点村	其中		
	村名	户数	人口		老区基点建制村	老区基点自然村	居委会
嵩溪镇	农科	249	985	青口、岗下、高地、村内	同前页	青溪村：青口 阳坊村：岗下 余坊村：高地 伍家坊村：村内	同前页
	黄沙口	405	1591				
	塘背	406	1644				
	元山	350	736				
	青山	391	1548				
	青溪	310	1190				
	余坊	239	978				
	时州	108	483				
	伍家坊	260	1015				
	罗坡岗	319	1305				
	阳坊	195	758				
林畲乡	林畲	231	998	曾坊、石背、农科、麦园、邱坊、舒梅岭上村	曾坊	石忠村：石背 孙坊村：农科 林畲村：麦园、邱坊 舒曹村：舒梅岭 石下村：上村	—
	舒曹	273	1157				
	曾坊	168	705				
	石忠	242	982				
	岭官	156	743				
	孙坊	146	635				
	石下	126	601				
	向阳	113	500				
嵩口镇	嵩口	611	2896	嵩口坪、黄排、赖坊	—	嵩口村：嵩口坪 围埔村：黄排 高赖村：赖坊	九龙
	围埔	381	1584				
	高赖	382	1437				
	高坑	192	776				
	大元	276	1106				
	范元	363	1474				
	梓材	158	702				
	立新	115	406				
	马排	232	1078				
	沧龙	248	938				
	和元	334	1204				
	邱寨	363	1372				
田源乡	田源	456	1482	廖武、下新、半溪	廖武	新村村：下新 田源村：半溪	—
	新村	181	660				
	廖武	386	1486				
	田口	546	2099				
沙芜乡	新矶	75	282	夫仁排、门珠甲	—	新矶村：夫仁排 铁石村：门珠甲	—

续表 20-7

乡镇名称	老区建制村			老区基点村	其中		
	村名	户数	人口		老区基点建制村	老区基点自然村	居委会
沙芜乡	铁石	221	793	同前页	—	同前页	—
	上坪	365	1329				
	白塔	256	941				
	洞口	168	638				
长校镇	留坑	318	1258	留坑、茜坑、下谢、长校、沙坪、嶂下、新江坊、连岗、大连坑、黄坑	留坑、茜坑、下谢、长校、沙坪	留坑村：嶂下 江坊村：新江坊 河排村：连岗、大连坑 荷坑村：黄坑	校溪
	江坊	652	3088				
	茜坑	197	987				
	下谢	96	455				
	长校	656	3012				
	沙坪	141	540				
	河排	178	851				
	黄坑	87	391				
	荷坑	247	1080				
	黄石坑	164	712				
里田乡	里田	530	2122	里田、田头、冷水坑、杨坑、溪背、李坊、廖坊	里田、李坊、廖坊	田坪村：田头 卢水村：冷水坑 深渡村：溪背 洋庄村：杨坊	—
	田坪	336	1349				
	卢水	101	421				
	深渡	102	428				
	洋庄	134	545				
	李坊	109	414				
	廖坊	128	523				
赖坊乡	赖坊	722	2876	—	—	—	—
邓家乡	邓家	292	1079	—	—	—	—
余朋乡	余朋	251	1026	—	—	—	—
总计	75	20489	82532	56	19	37	7

第二节　老区现状调查

1994 年 5 月，省老区办到清流县开展“老区百乡千村情况调查”活动，确定长校、嵩口 2 个镇的基点村为调查点。调查结果：长校镇基点村人口 2338 户 1.21 万人。其中，男性 6123 人、女性 5989 人；未解决温饱的（年人均纯收入在 500 元以下）有 198 户 883 人，占总户数 0.08%，总人口 0.07%；除留坑村有 25% 人口通自来水外，其他村均未通自来水。嵩口镇基点村 1626 户 8152 人。其中，男性 4338 人、女性 3814 人；

未解决温饱 120 户 545 人，分别占总户数 0.07%、总人口 0.06%。

1996 年，对全县 8 个老区乡镇 75 个建制村展开调查。调查结果：未脱贫的有 491 户，人口 1935 人，分别占全县未脱贫户及人口 68.70% 和 66.60%；未脱贫的主要是鳏、寡、孤、残户。

1999 年 7 月，省委、省政府在全省开展农村“五通”（通自来水、通电、通路、通电话、通电视）情况调查。其中，清流老区乡村、基点村及少数民族村“五通”情况滞后，要实现“五通”，预算需投资 3551.7 万元。

2005 年，全县开展老区户数、人口基本情况调查。结果显示，全县 75 个老区建制村有人口 20489 户、8.25 万人。

第三节 扶持老区发展

一、经济扶持

1991 年，县、乡镇、村联合开展扶贫活动，实行资金、项目、效益“三挂钩”。3 月，投入有偿山地开发资金 20 万元，新建和开发果场面积 13.33 公顷。

1992 年，县老区经济开发服务公司成立。投入资金 9.5 万元，扶持老区乡镇开发果园面积 20 公顷、育果苗面积 1.33 公顷；提供 10 个贫困村贴息资金 4 万元，扶持发展集体经济。

1993—1995 年，投入资金 34.4 万元，提供贴息资金 2 万元，扶持长校镇沙坪村、东华乡供坊村、里田乡田坪村和嵩溪镇青溪村等建设果园 4 个，扶持东华乡木碗厂开发和里田乡卢水村养羊等。1996 年，拨出专项基金 50 万元，扶建邓家乡洋背电站、李家潮水岩电站。两座电站分别于当年 7 月、12 月投入运行，年创利 20 万元。

1997 年，省、市下拨生产性项目资金 7 万元，帮扶里田乡鱼腥草加工和东华乡毛竹种植开发。1998 年 10 月，投入资金 7 万元，扶持兴办东华电化厂。

2001—2003 年，投入资金 3 万元，分别扶持东华乡发展中药材、林畲乡舒曹水库水利维修、东华乡大路口蜜雪梨示范基地建设。

2005 年，清流县落实中央苏区新办企业所得税减免政策，为 19 家企业减免税款 396 万元。至是年，清流县 15 年累计支出扶贫开发资金 523.8 万元。

二、教育扶持

1991 年，投入资金 1.8 万元，扶持沙芜中心小学校舍修缮。1992—1993 年，扶持林畲中心小学、里田中心小学和嵩溪伍家坊小学校舍修缮，面积 6000 平方米；扶持清流城关城南和嵩溪塘背校舍修缮，面积 100 平方米。

1994—1996 年，投入资金 8.2 万元，扶持东华中心小学等 21 所学校改善办学条件。并于 1994 年第 10 个教师节前夕，由县老区办牵头，会同县教育局党工委慰问老区 4 个乡镇 5 所边远完全小学教师，发放慰问金，解决实际问题 3 个。

1997 年，投入资金 2.5 万元，修缮东华学区、嵩溪镇伍家坊小学等校舍 4 处，改善林畲向阳小学办学条件。

1998 年，市政府投入因灾倾斜扶持资金 3.3 万元，修缮里田、林畲和嵩溪等乡村小学校舍。1999—2002 年，县政府投入资金 8 万元，用于田源中学、中心小学、廖武小学，林畲学区、石忠小学，嵩溪元山小学，沙芜白塔小学等建教室，添置课桌椅、学生床架，修建操场。

2002—2005 年，县老区办、老促会为老区乡村贫困学生 238 人发放闽南黄仲咸基金助学金共 11.9 万元。

2004—2005 年，投入资金 2.5 万元，扶持沙芜中小学校舍维修和林畲学区添置课桌椅、修路。

三、科技扶持

1991 年 7 月，从林畲、嵩溪等乡镇选送 6 名女青年参加市老区办、妇联举办的“养殖女能手培训班”，学习科学饲养畜禽实用技术。同年，与妇联、经作局等单位联合举办“双学双比”培训班 7 期，参训 420 人次。50 名农民学员参加省农村致富技术函授大学清流分校（以下简称农函大清流分校）学习。

1992—1997 年，县科协、林委、烟草、农业、畜牧水产、妇联等单位联合举办各类实用技术培训班 10 期，参训 9000 余人次。

1998 年，东华乡大路口村与三明市园艺学会进行“村会协作”。随后，田源、林畲、沙芜、长校、嵩溪、嵩口等老区乡镇，分别与市、县农学会（协会）开展“联姻”结对子，开展“村会协作”活动。

2001 年，清流县采取“村会协作，结对子”方法，举办科技培训 25 期，受训 2085 人。

2004 年，县政府投资 17 万元，扶持里田乡里田村花卉科技示范基地建设和新建茶叶科技示范基地。

2005 年，老区乡镇分别举办蔬菜管理、家畜饲养、苗木花卉种植等实用技术培训班，参训 1800 人。是年，投入资金 10 万元，扶持林畲乡向阳村开垦荒地面积 3.33 公顷，建立老区茶叶科技示范基地，种植红茅铁观音茶苗 40 万株。

四、建设老区“五通”工程

（一）通　路

1991—1992 年，投资 209 万元，铺设大路口—嵩口路段沥青路面 8 千米。投入 22.92 万元，铺设、维修东华乡俞坊村、下戈村河背自然村，嵩溪镇阳坊村，沙芜乡和嵩口镇围埔村等村道、机耕道 14 处。铺设林畲乡林畲村水泥路宽 3 米，长 1.56 千米。1993 年，投资 232.6 万元，铺设嵩口—围埔沥青路面 5 千米及维修东华、里田等村道 11 处 5 千米。

1998 年，投入 170 万元，铺设嵩溪镇塘凤—元山沥青路面 3.75 千米；投入 6 万元，扶持修建城关至拔里、李坊至廖坊等道路 4 处。2000 年，扶持老区基点村修路，受益村 46 个，受益户 8276 户 3.3 万人。通村路总造价 386.1 万元。其中省、市投资 80 万元，县投资 64 万元，乡筹 423 万元，村自筹资金 38.4 万元，群众自筹 92.26 万元，群众投工日 2508 个工日。

2002 年，实施省市“村村通水泥路工程”，硬化余朋等 2 个乡及其他乡镇 66 个建制村公路 349 千米。2003 年，硬化 1 个乡及其他建制村公路 16 条。

自 2000 年始，三明市委连续 6 年挂钩扶持清流老区县，落实帮扶资金 170 多万元，实施老区村道路硬化、桥梁修建等项目 25 个。至 2005 年，全部项目完成并投入使用。全县累计完成公路建设 241.42 千米，修建桥梁 16 座，实现乡乡通等级公路。全县新增建制村硬化公路 57 条。

（二）通　电

1992 年，扶持嵩口镇大元村和苗坑自然村架设输电线路 1 千米。

1993 年，投入资金 1.3 万元，扶持峰下和大元 2 个村架设输电线路。

1996 年，投入 5 千元，扶持林畲曾坊和里田卢水 2 个村架设输电线路。

1997 年，投入发展资金 1.1 万元，扶持林畲乡舒曹村等 4 个自然村架设输电线路。

1998—2000 年，投入老区发展资金 8.3 万元，分别扶持林畲乡林畲村、里田乡李坊村架设输电线路及东华乡基头村、小基头村架设输电线路和高压线。投入资金 41.84 万元，通电自然村 6 个，74 户受益。

2005 年，全县 21 个老区建制村全部实现通电。

（三）通　水

1991 年，投入老区发展资金 8 万元，扶助修建饮水工程 14 处。1994—1997 年，县政府投入 6.6 万元，扶持人畜饮水工程项目 19 处。

2000 年，投资老区基点建制村通水工程 330.76 万元。其中，省、市投资 78 万元，县投资 39 万元，乡村筹集 75.4 万元，群众投资 49.6 万元，群众投工 1958 个工日，建成长校、嵩溪等 10 个乡镇 39 个老区基点建制村简易自来水通水工程，受益 8110 户 3.22 万人。至 2003 年，全县老区 72 个建制村全部用上安全、卫生饮用水。

2004—2005 年，省、市、县三级共投入资金 379.77 万元，实施 12 个乡镇 26 个村级供水工程，受益人口 2.06 万人。

（四）通话工程

1991 年，老区村仅有个别户安装人工或半自动电话。1994 年，全县实现 111 个建制村村村通电话。

1995年9月，实现乡乡通程控电话。1996年12月，全县111个建制村全部实现通程控电话。至2005年，全县乡村程控电话用户1.61万户。

（五）通广播电视工程

1991年，全县通广播建制村111个，通广播率100%。1996年8月，组织实施"百乡千村广播电视覆盖工程"。1998年4月，组织实施"村村通广播电视"工程。1999年9月，实现全县建制村通广播电视目标。

2000年，投入资金16.7万元，实施老区基点村通广播电视工程，受益895人。同年，进行光纤联网改造。2002年8月，嵩溪、林畲与城区光缆联网。2003年6月，嵩口与城区光缆联网。

2004年3月，投入资金280万元，实施全县广播电视光缆联网工程。同年，投入资金3万元，扶持里田乡李坊村通电视工程。

2005年，除余朋、沙芜、赖坊乡外，全县12个乡镇与城区联网，可收看电视节目26套。

第四节 "五老"人员优待

1991年，全县健在"五老"（老地下党员、老游击队员、老接头户、老交通员、老前卫队员）人员72人。定期抚恤补助标准为每人每月35元。

1993年1月1日起，"五老"人员逝世，发给丧葬费200元。

1994年，县域遭受"5·2"特大洪灾，帮助解决"五老"实际困难，共发放慰问金、慰问品9790元。

1995年，对各乡镇"五老"人员进行核实。发现嵩口镇嵩口村1名"五老"人员按复退军人待遇补助，及时按政策规定给予纠正，将其改为"五老"人员补助。全县健在"五老"人员42人，除退休干部5人（不享受定补）、外地转来1人（每月定补31元）外，其余36人每人每月享受定补68元。

1999年，全县健在"五老"14人。提高"五老"人员每人每月定补标准：无依无靠"五老人员"120元；有依无靠90元，有依有靠60元。5年内，"五老"定补逐年递增10%，"五老"遗孀定补为每人每月30元。"五老"人员就医实行优惠卡，免交挂号费、注射费和50%的住院床位费、手术费、护理费。并对"五老"人员实行简易人身保险。

2000年起，全县老区"五老"定补发放工作由县老区办负责。开展"五老"人员普查，发现嵩溪镇嵩溪村1名复员军人，于1936年前后参加游击队，后转入解放军，1985年8月复员，享受复员军人待遇。经核实，由复员军人定补改为"五老"人员定补。

2001年，"五老"人员定补每人每月提高20元，"五老"遗孀29人每人每月发放30元补助。

2005年1月，"五老"人员月补由原来的255元提高到289元，"五老"遗孀定补由原来每人每月30元提高到100元。农村"五老"人员每年每人发放医疗费400元。同年，全县农村"五老"及其家庭成员均参加农村低保。

附：

选送"五老"后代进高校

1991年8月，选送2名"五老"后代分别进福建师范大学和水利水电学校学习。

1994—1999年，全县选送"五老"后代进福建师范大学预科大专班学习18人。2000年8月，选送2名"五老"后代分别进福建师范大学预科班、福建师范大学学习。

2001—2002年，选送8名老区乡村考生进预科班学习。

2003年，龙津镇1名"五老"后代就读福建农林大学，获福建省老区革命"五老"后代慈善助学金支助。

（该慈善助学金10万元由福建省慈善总会拨转福建省老区建设促进会，用于扶助老区革命“五老”和老红军直系后代在校困难大学生100人，每人1000元）。

2004年，选送5名“五老”后代初中毕业生到三明技校学习。2005年，清流县选送1名“五老”后代进福建省农林大学本科预科班学习。

第七章　移　　民

第一节　移民安置

一、移民概况

清流县外地移民来源复杂，其中民国33年（1944年），福州、平潭等沦陷区迁入难民1500余人。日本无条件投降后，大多数移民回迁，少数与当地人通婚联姻，定居林畲。

20世纪50—70年代，因国家重点项目连城机场、泉州惠女水库、武平六甲水库建设及支援山区开发建设需要，从连城和闽南沿海的晋江、泉州、惠安、仙游、南安等地移民搬迁安置至清流。当时，清流安置的有连城移民46人，晋江、泉州、惠安、仙游、南安等地移民9965人，武平移民75人，分布在城关、嵩溪、嵩口、沙芜等15个乡镇、69个建制村、175个安置点，居住分散，面广点多。当地移民主要是20世纪70年代永安安砂水库，清流琴源水库、嵩口坪电站建设及20世纪90年代竹青背电站建设搬迁的库区移民，共11926人，分布在沙芜、嵩口、田源、赖坊、嵩溪、邓家、李家、龙津、东华9个乡镇。受“文化大革命”冲击，大批外地移民倒流回原居住地。改革开放后，又有成批沿海移民回迁经商创业。

2004年8月13日，迁入重庆市万州区三峡库区移民10户41人，分别安置在龙津镇城南村、嵩溪镇农科村。

至2005年，全县库区移民21376人，占全县农业人口18.66%，是福建省库区移民最多、移民人口最复杂、安置最分散的县之一，也是全省11个2万以上移民人口大县之一。

二、县域水库移民搬迁安置

（一）安砂水库移民

1973年9月，安砂水库移民动迁，至1975年12月31日搬迁结束。库区涉及沙芜乡、嵩口镇、田源乡3个乡镇、16个建制村，49个自然村，97个村民组。水库淹没土地面积17.08平方千米、耕地面积709.84公顷，拆迁房屋15.31万平方米；搬迁安置1.08万人，占全库区应迁总数85.48%。安置方式以队迁移、集体建队为主，个别投亲靠友、分散插队为辅。全县安置工作分2期完成，接受过拨土地面积548.94公顷（安置后增拨土地面积106.03公顷）。移民安置在13个公社49个大队，新建生产队97个。其中，在淹没乡镇就地迁高安置869户4687人，异地安置1172户6114人。

（二）嵩口坪电站水库移民

1970年，嵩口坪水电站移民动迁，至1972年12月31日搬迁结束。水库淹没涉及龙津镇严坊村、横口自然村和嵩口镇嵩口村。水库淹没土地面积230公顷、耕地面积15.33公顷，拆迁房屋790平方米。搬迁人口155人，均就地迁高安置。

（三）琴源水库移民

1975年，琴源水库建设，淹没赖坊乡琴源村。是年，移民动迁，至1979年12月31日搬迁结束。水库淹没土地面积70公顷、耕地面积33.87公顷，拆迁房屋4380平方米。搬迁64户309人，移民分别安置在嵩溪、余朋、灵地、李家、邓家等乡镇，部分安置在赖坊乡陈家村、赖安村、寨下村。

（四）竹青背电站移民

1993 年，竹青背电站移民动迁，至 1995 年 12 月 31 日搬迁结束。电站水库淹没长校镇沙坪村，其中竹青背整个自然村全部淹没。水库淹没土地面积 75 公顷、耕地面积 5.67 公顷，拆迁房屋 1.88 万平方米。移民 594 人，就地迁高安置 44 户 270 人，迁往县城郊区安置 34 户 162 人（即城东村安置 28 户 133 人，城南村安置 6 户 29 人）。

三、县外水电站建设库区移民安置

（一）惠女水库移民

1962 年，惠女库区移民 89 户 360 人分别安置在嵩溪镇、龙津镇，人均安置费 60 元（生活、生产补助），人均安置土木结构住房 4 平方米（当地集体盖好），人均耕地面积 0.08 公顷。

（二）六甲水库移民

1976 年，移民 75 人，其中安置在林畲乡石忠村 38 人、嵩溪镇青山村 37 人，人均安置费 120 元。建房面积人均 12 平方米，人均耕地面积 0.07 公顷。

（三）三峡库区移民

2004 年 8 月 13 日，重庆市万州区龙宝开发区三峡库区移民 10 户 41 人迁入清流，其中安置在龙津镇城南村 5 户 19 人、嵩溪镇农科村 5 户 22 人。三峡移民清流安置投资 113.81 万元，其中地方配套资金 24.19 万元。县政府投资 48 万元（不含青苗补偿费）购地 2.59 公顷，用于移民建房及附属用地。

2004 年三峡移民清流安置投资情况表

表 20-8 单位：万元

<table>
<tr><th colspan="2">安置费类别</th><th>规划投资</th><th>完成投资</th><th>地方配套资金</th></tr>
<tr><td colspan="2">合 计</td><td>889109.6</td><td>889109.6</td><td>241900</td></tr>
<tr><td rowspan="4">集体</td><td>小 计</td><td>695261.6</td><td>695261.6</td><td>—</td></tr>
<tr><td>生产安置费</td><td>428409</td><td>428409</td><td>—</td></tr>
<tr><td>基础设施费</td><td>246820</td><td>246820</td><td>217300</td></tr>
<tr><td>管理补助费</td><td>20032.6</td><td>20032.6</td><td>—</td></tr>
<tr><td rowspan="4">个人</td><td>小 计</td><td>193848</td><td>193848</td><td>—</td></tr>
<tr><td>过渡期生活补助费</td><td>38130</td><td>38130</td><td>24600</td></tr>
<tr><td>生产资料购置补助费</td><td>120745</td><td>120745</td><td>—</td></tr>
<tr><td>困难户补助费</td><td>34973</td><td>34973</td><td>—</td></tr>
</table>

第二节 移民管理

一、中央直属水库移民遗留问题处理

1999 年，清流县列入中央直属水库移民遗留问题处理项目扶持。

2001 年 8 月始，《福建省安砂水库（清流）移民遗留问题（2002—2007 年）处理规划及总体规划》《福建省惠女水库、三峡水库（清流）移民遗留问题（2002—2007年）处理规划及总体规划》先后通过国家、省移民局专家审核评估通过。

1999—2005年，全县实施库区扶持项目122个，包括交通、人畜饮水、农田水利、种养业、科技培训、环境整治项目等，完成总投资4826.71万元，其中库区建设基金1874.5万元，地方配套2952.21万元。通过项目实施，解决移民点饮水、行路、就学难等问题，促进库区社会经济发展。据不完全统计，2005年，清流县库区移民人均纯收入2819元，比2001年增收928元。

（一）交通、电力、能源项目扶持

1999年9月，全县投资29.49万元，其中库区建设基金22万元，乡自筹7.49万元，开工建设沙芜乡新矶村电网项目，架设线路5.77千米，添置变压器5台。项目于当年12月完工并送电，解决3个移民点580人用电问题。

2001年11月，改造邓家乡邓家—邓家亭公路路面2.2千米。项目总投资38.3万元，其中库区建设基金20万元。12月，分别投入库区建设基金10万元、25万元，改造沙芜乡洞口—沙芜公路、建设田源乡田源—新村公路5.45千米。

2002年，投入30万元，其中库区建设基金10万元，修建余朋乡旧场公路5千米，受益移民284人；投入38万元，其中库区建设基金15万元，改造林畲乡曾坊公路2千米，受益移民248人。

2003年，争取库区移民项目扶持资金35万元，总投资近100万元，铺设嵩口镇立新村至嵩口镇水泥路面，全长3.6千米，宽4.5米。该村村民外运苗木成本降低，每年为村民节省运费5万元以上。分别投资25万元、5万元，支持嵩溪罗陂岗、伍家坊天亮组道路建设。年内，全县实施库区移民交通项目10个，分别在嵩口、沙芜、嵩溪、龙津、东华、赖坊、邓家乡（镇）13个村中实施，完成道路硬化29.46千米、砂石路改造5.5千米，受益移民6579人。2003—2004年，在邓家乡完成8平方米的沼气池建设180个，受益移民180户512人。2004年，投资14万元，用于嵩溪镇移民沼气池建设。分别在嵩口、沙芜、龙津、赖坊、林畲、田源、余朋乡（镇）7个村实施交通项目11个，完成道路硬化11.47千米，改造砂石路21.54千米，受益移民6113人。

2005年，投入15万元，用于青溪村公路建设；投入5万元，用于黄沙口凤星组道路建设。全年在嵩口、沙芜、龙津、嵩溪、赖坊、邓家乡（镇）12个村实施交通项目12个，完成道路硬化33.72千米，改造沙石路4.66千米，受益移民3841人。

（二）人畜饮用水项目扶持

1999—2000年，投入库区建设基金70万元，群众自筹20.73万元，在沙芜、嵩口、赖坊、余朋、田源等乡镇实施人畜饮水工程6个，修建拦水坝3座，蓄水池、过滤池、清水池共9个，铺设主管网19831米。

2000年，投入库区建设基金70万元，在沙芜续建人畜饮水工程1个，在邓家、东华乡新建人畜饮水工程各1个。修建拦水坝2座、蓄水池16个，铺设管道26300米，受益移民2294人。

2001年，投资5万元，用于解决嵩溪镇罗陂岗凤西组安砂水库移民饮用自来水问题，工程当年竣工。12月，支持嵩溪镇实施人畜饮水工程1个，项目总投资37.7万元，其中库区建设基金投入20万元。新建拦水坝、沉淀池、蓄水池各5座，铺设主管4460米、支管6880米，受益移民点5个、330人。投入库区建设基金10万元，建设林畲东风组人畜饮水工程1个，新建拦水坝1座、蓄水池1个，铺设主管4000米。投入库区建设基金25万元，自筹16.25万元，建设嵩口镇人畜饮水工程1个，新建净水池、蓄水池各3座，铺设总管道8365米、入户管道4320米，受益移民612人。

2002年，在余朋乡、嵩溪镇青溪村等8个移民点实施人畜饮水工程，解决2100名移民生活饮用水卫生问题。

2003年，在沙芜、东华、田源、余朋、林畲乡5个村实施人畜饮水工程6个，完成新建拦水坝10处，蓄水池、清水池等22个，铺设主管网41.21千米，受益移民点人口2606人、牲畜6310头。投资3万元，用于塘背惠清组自来水建设。

2005年，投入资金5.6万元，为嵩溪镇农科村三峡移民点建造提水站1座，为龙津移民点改善饮水渠道380米。年内，在嵩溪、嵩口、东华、温郊、龙津、赖坊、田源乡（镇）13个移民村实施人畜饮水项目13个，完成新建拦水坝14处，过滤池、蓄水池各22个，铺设管网76.65千米，受益移民6461人。

（三）农田水利设施项目扶持

1999—2000年，投入库区建设基金20万元，群众自筹18.85万元，在林畲乡舒曹村、曾坊村实施水利灌溉工程2个，开挖渠道4.2千米，建设地下管灌169米、渡槽24米。

2002年，投入资金41万元，其中库区建设基金20万元，修建水利项目1个，建设渠道4.1千米，改善耕地灌溉面积100公顷；投入资金90.7万元，其中库区建设基金40万元，建拦河坝1座，新增库湾面积30公顷。

2003—2004年，在邓家乡实施农田水利项目2个，建设完成水陂2座、防渗渠道4686米，新增灌溉面积26.67公顷，恢复灌溉面积41.53公顷，受益移民102户、330人。

2004年，投资19万元，用于嵩溪镇青溪村中低产田改造；投入1.5万元，为农科村三峡移民建设水利灌溉工程。

2005年，投入1.8万元，兴建农科村三峡移民耕地防洪堤。是年，在龙津、东华、温郊、赖坊、嵩溪、嵩口乡（镇）实施农田水利项目8个，新建水陂5座，修建防渗渠道9.38千米，修建灌溉蓄水池1座，占地面积300平方米，灌溉网管4.8千米，新建防洪堤1.5千米，新建沼气池137个，开发耕地面积3.67公顷，改造低产田面积50.67公顷，受益移民646户、2550人。新增灌溉面积35.47公顷，改善灌溉面积134公顷，除涝面积30公顷。

（四）科技项目扶持

1999年，与县劳动与社会保障局联合，建立县库区移民就业培训基地；依托高级职业学校师资力量和教学设施，开展移民电工等岗位技能培训，并根据劳动力用工市场需求，开展缝纫等订单培训。与农业局、科协等涉农部门联合，深入村组，开办各类技术讲座，现场提供技术咨询。

2002年，投入资金43万元，其中库区建设基金25万元，建设库区渔业科技示范场1个，改善库湾面积26.67公顷、网箱100个，并向库区水面养殖移民提供良种鱼苗和实用技术培训。

2003年，举办各类实用技术培训44期，受训移民2200人次，实现移民劳动力就业转移130人。通过养鱼技术培训，推动库区移民渔业生产，嵩口镇梓材村移民增加养鱼面积40公顷，沙芜乡增加养鱼网箱200多个，渔业产量提高。

2004年11月，在黄沙口村举办库区移民农业科技培训班，邀请县科协、县烟草局技术人员授课，参加培训60余人。年内，共举办各类实用技术培训112期，受训移民5700人次，实现移民劳动力就业转移155人。通过缝纫技术培训，有50名移民被当地服装加工厂招用。

2005年2月，在农科村举办库区移民农业实用技术培训班，镇烟草站烟技员、农技员授课，参加培训40余人。年内，科技推广项目12个，举办各类培训47期，培训移民2452人次，培训移民干部160人次，完成科技推广项目投资52.4万元，其中库区建设基金26.2万元。实用技术培训38期，受训移民2136人次，实现移民劳动力就业转移355人；开展移民职业技能培训5期，受训移民316人次，培养农业科技星火带头人50人，形成种养基地10余个，发展种养大户380户。科技培训给全县移民带来直接、间接收益270万元，受益移民人均增收120元。

（五）种养业项目扶持

2004年，投资10万元，扶持罗陂岗移民养羊。

2005年，全县实施种植业项目2个，在林畲、余朋乡完成新植茶园面积35.33公顷，果园面积33.27公顷，受益移民430人，年增净产值145万元，平均人均增收3372元。

1999—2005年清流县库区建设资金投入情况表

表 20-9 单位：万元、个

年 度	合 计	库区建设基金	地方配套资金	项目建设
1999	192	112	80	3
2000	360	185	175	6
2001	313	155	158	8
2002	239.1	95	144.1	6
2003	1092.54	283	809.54	17
2004	632.98	268.8	364.18	29
2005	1997.09	775.7	1221.39	53
合 计	4826.71	1874.5	2952.21	122

二、库区和移民安置区基础设施建设及经济发展规划编制

2001年始，编制《清流县大中型水库库区和移民安置区基础设施建设及经济发展2006—2010年规划》（以下简称《规划》），并编制预备项目规划。《规划》重点为交通和社会事业等基础设施建设，以及加强生态建设、环境保护、移民村群众劳动力就业技能培训和职业教育，发展移民村群众直接受益的生产开发项目。《规划》范围为全县大中型水库库区和农村移民安置区，涉及13个乡（镇）、69个村，总人口74814人，其中移民人口21348人。规划包括移民收入、土地资源、基础设施改善、社会事业发展、库区环境改善、劳动力转移就业六大目标。主要目标是：到2010年，90%以上的移民人均纯收入达到全县农民人均纯收入水平。

第八章 机 构

第一节 行政机构

一、清流县民政局

1991年，县民政局内设办公室，行政编制 8 人。县残疾人联合会挂靠县民政局，行政编制2人。

1993年，县民政局增设优抚救济股和社会行政管理股。

1994年10月，县残疾人联合会与县民政局脱钩。

1997年，机构改革，县老区办并入县民政局，保留革命老根据地建设委员会办公室牌子。内设办公室（监察室）、优抚设置科（挂双拥办、复退办牌子）、救灾救济科、基层政权建设科、社会事务科（挂地名办、社团办牌子）、老区办公室。行政编制12人，工勤事业编制1人。是年，成立勘界办公室。

2002年，机构改革，县民政局内设办公室（监察室）、优抚安置股（挂双拥办、复退办牌子）、救灾救济股、基层政权建设与社会事务股（勘界办、地名办）、老区建设办公室。核定行政编制12人，机关工勤人员事业编制1人。直至2005年，机构设置未变。

二、清流县老龄工作委员会

1991年，县老龄工作委员会（以下简称县老龄委）为县政府主管老龄工作的议事协调机构。由县委组织部、

宣传部，老干局等23个单位组成，县委组织部部长任主任，分管副县长任常务副主任。办公室设在县民政局，专职干部1人。

1997年12月，机构改革，县老龄委核定行政编制2名。2001年4月，组建县新一届老龄工作委员会，下设办公室，与民政局合署，办公室主任由民政局局长兼任，设副主任1人。各乡镇均建立老龄机构，确定1名领导分管老龄工作。各村成立老年协会。

2002年，机构改革，县老龄委核定行政编制2名。乡（镇）老龄委15个，村（居）老年协会115个。直至2005年，该机构设置未变。

第二节　事业机构

一、清流县水电站库区移民开发局

1998年4月，县水电站库区工作领导小组成立，下设办公室，挂靠县委农办。2002年10月，机构改革，县水电站库区工作领导小组核定事业编制3名。2003年8月，县水电站库区工作领导小组更名为县水电站库区移民开发局（简称县移民局），挂靠县政府办公室，人员编制5名。2005年，机构改革，县移民局内设办公室、项目管理股、计划财务股、移民培训中心4个股室，核定事业编制7名。

二、清流县光荣福利院

1991年，成立县光荣福利院，为民政局下属事业单位，编制4人。2002年，机构改革，县光荣福利院核定事业编制5名。至2005年，机构设置未变。

三、清流县城乡低保工作站

2005年7月31日，县城乡低保工作站成立，为民政局下属事业单位，核定事业编制4名。

四、清流县殡葬管理所

1997年，成立清流县殡葬管理所，为民政局下属事业单位，事业编制3人。至2005年，机构设置不变。

五、清流县福利企业管理站

2000年，成立清流县福利企业管理站，人员由民政部门内部调剂。2005年，该机构撤销。

卷二十一 教育 科技

第一章 教 育

1991年起，全县推行教育体制改革，优化资源配置，强化教育督导。1992年，通过省义务教育六项督导评估。1993年，清流县被三明市人民政府和省人民政府授予“义务教育先进县”称号。

1996年，教育管理由分级管理改为“以县为主”，教育经费得到保障。1997年，先后通过市教委、市教育督导室和省“两基”（基本普及九年义务教育，基本扫除青壮年文盲）复评验收。1998—1999年，分别通过两轮市政府“两基”工作跟踪督查，被三明市政府授予“两基”工作先进县，被省政府授予“基本普及九年义务教育、基本扫除青壮年文盲县”称号。2003年6月，全县完成首批24所中小学的第一轮素质教育督导评估。2004年6月，被省政府授予“实验教学普及县”称号。

2005年，完成其余9所学校督导评估。同年，经市政府教育督导室复评，清流一中、长校中学、实验小学、城关小学被评为市级实施素质教育先进学校，长校中学被评为省级实施素质教育工作先进学校。

至2005年，全县累计投入资金4302.68万元，改善办学条件。新建教学用房建筑面积11.34万平方米。全县教育经费投入实现“三个增长”（在校学生人均教育费用、教师工资和学生平均公用经费的增长）。2005年，全县教育经费开支3122万元，比1990年增长6.15倍。

第一节 教育体制改革

一、管理体制改革

1991年，清流县普通教育事业管理体制延续分级管理办法，即县、乡镇分级管理，以县为主。县设专门教育行政管理机构。县政府统筹规划全县各级各类学校的设置和发展规模。县教育部门直管学校有清流一中、县实验小学、县实验幼儿园、县电大工作站、县职业中学；乡镇负责管理所属地初中校、中心小学和文化技术学校；建制村负责管理所属的完全小学、初级小学。财政、人事、业务三权划分，财政由县、乡镇分管。公办教师的工资由县统管，民办教师、代课教师工资由县、乡镇共管。学校建设及修缮等方面经费，除县直管的学校外，由乡镇政府负责筹集管理使用。人事由县、乡共管，以县为主。业务由县统管。厂矿企业办的学校，由办学单位管理，学校人员列入人事编制。

随着六项督导及“两基”工作的深入，教育投入、教师队伍不断增长，乡镇财政已无力负担。1996年以后，教育经费实行“以县为主”的管理体制，即15个乡镇中小学教育经费划归县教育局统一管理。

1998年，全县教育系统开展“校务公开、民主管理”，学校重大事项须经工会和教工代表大会审议通过。各校建立相关制度，在学校师生主要活动场所设立校务公开栏，向教职工公布学校财务收支、招生工作、奖惩决定、评优评先、职称评定、学校改革方案等项内容，强化监督，提高管理透明度。

1999年起，实施学校内部管理体制改革，试行教师全员聘任、教师工作量化管理考评等方法，制定教师工资结构、教师进城任教选拔、师范毕业生任教积分分配、城区教师末位交流管理等制度。至2005年，沿用各项制度并进一步完善。

二、人事制度改革

（一）领导干部任免

1991—1999 年，清流一中正副校长、县电大工作站正副站长、县进修学校校长、清流四中校长均由县委组织部考核后，由县人民政府任命；县城关中学、清流三中、嵩口中学、清流二中、长校中学、县实验小学、县城关小学和各中心小学、各完小校长均由县委宣传部考核任命。

2000 年，深化人事制度改革，引进激励机制，公开选拔实验幼儿园园长 1 人、中学校长 3 人，学区校长 1 人。经过严格的笔试、面试、考核程序，5 人到任校（园）长职务。

2005 年 12 月，县教育工作委员会成立。此后，城关中学等基层学校校长、副校长任免由教育工作委员会负责考核任命。

（二）教师竞聘上岗

1999 年 12 月，县人事局、县教育局联合出台《关于在教育系统实行专业职务评聘分开、竞聘上岗的实施意见》，做到职称聘任能上能下。2000 年新学年起，全县中小学推行内部体制综合改革，试行全员聘用合同制。2004 年始，全面实行教师资格制度，实行全员聘用制。县核定各校编制，实行校长聘任制，按高分到低分择优聘任。中小学超编教师调岗分流，由县教育局组织超编中小学校教师进行统一考试，由各校重新聘任。

（三）教师资源优化配置

2003 年秋季，优化教育资源配置，通过考试选拔 24 名小学教师到中学任教，以解决中学部分专业教师不足和小学教师超编问题。其中，初中历史 4 人、地理 6 人、生物 4 人、电脑 5 人、美术 2 人、音乐 3 人。

2004 年 8 月，选派部分教师到薄弱学校支教。支教年限一年，支教期间人事关系及工资待遇不变。支教人员在教师竞聘上岗时，免于考试并在教师进城及职称竞聘时给予 1 分奖励。根据中小学教职工编制标准，从超编较多的清流三中选派 1 名物理教师到清流二中，2 名数学教师分别到邓家学校和赖坊中学，1 名英语教师到李家学校；从嵩口中学选派 1 名政治教师到邓家学校支教。年内，通过公开选拔，47 名乡镇中小学教师调入城区学校任教。

2005 年，开展“送教下乡”活动。清流一中、县城关中学、县实验小学分别抽调 6 名教学经验丰富、能力较强的骨干教师，组成送教下乡小分队，分别在清流二中、李家中学、清流三中、长校中小和里田学校开展活动。

三、基础教育课程改革

1991 年，全县小学仍执行省教委 1988 年制定的课程计划，中学实施《福建省普通中学教学常规管理暂行办法》。1993 年 2 月，小学执行省修订的课程计划，删去历史、地理课程，增设社会课程。

1993—1994 学年，小学从一年级开始，施行省新课程计划，以后逐年级类推。1994 年，贯彻国家教委《九年义务教育初中学科教学新大纲》，培养学生独立性、创造性。

1996 年 6 月，正式实施国家教委《幼儿园工作规程》《小学管理规程》，促进小学由应试教育向素质教育转化。1999 年，各中小学增设环境教育课程。2001 年，信息技术被列入城区中学必修科目；初中政治课教学，期中、期末考试实行开卷测验。

2002 年 9 月，城区 2 所小学及乡镇所在地学校和部分完小设立计算机室，乡镇中心小学三年级以上开设英语和信息技术教育课。2003 年，中小学贯彻实施《福建省小学教学常规管理若干意见》《福建省普通中学教学常规管理若干意见（试行）》，初中全面普及信息技术教育。

2004 年秋季，所有中小学起始年级使用新教材。基础教育课程改革全面启动。小学从一年级起执行省义务教育课程改革计划。课程门类有品德与生活、语文、数学、体育、艺术、综合实践活动、地方与学校课程 7 门。语文、艺术、美术课中结合写字教学。同年 10 月，成立清流县基础教育课程改革实验项目工作组 4 个，以讲座、教学、观摩、研讨活动等形式，对各学科课改实验教师进行教材教法培训。同时开展优质课、优秀论文、优秀课件、优秀教案设计等评比活动，建立课程改革工作项目管理制度，制定学校课程改革工作指导意见，举办课程改革知识培训。组织校长到浙江、广东等地学习取经。

2005年4月，召开“课程资源开发”“校本研究”“综合实践活动课”“课堂教学改革”4个课题组工作会议。5月，组织中青年教师开展教学比武，城区骨干教师开设公开课70余节，听课程改革讲座400人次。10月，举行全县初中“我说课改”演讲竞赛。三明梅列东新小学、三明实验幼儿园分别与清流县城关小学和县实验幼儿园开展结对子活动，送教下乡，推动课程改革。各校组织开展校本培训及课程改革案例评选活动。12月，召开全县课程改革阶段性总结会议，城关小学、县实验小学、嵩溪中心小学在会上交流课程改革经验。

四、招生考试制度改革

（一）招生改革

1991—1996年，全县农村小学毕业生实行以乡镇为单位划片就近升学。1997年，根据义务教育阶段“免试就近”“平等受教育”原则，取消“重点校”和“择校生”，全县农村小学毕业生实行以乡镇为单位划片就近升学，城区小学毕业生以户籍为依据进行招生（龙津户籍升入一中，东华户籍升入城中）。

2000年9月，全县小学学制由五年制改为六年制，小学入学年龄由7周岁降为6周岁。

2002年9月始，清流一中初、高中分离。城关中学面向城区和东华乡招生。

（二）考试改革

1991年，小学升初中、初中升高中及高中升大中专院校均实行升学考试。普通高中延续1988年以来文理分科、全国统一命题高考模式。从秋季入学的高一新生开始实行会考制度，每年6月，高一进行地理科会考，高二进行历史、英语、生物、物理、化学5科会考，高三进行政治、语文、数学3科会考，会考不及格的学生每年10月进行补考，会考各科及格的学生发给高中毕业证书。

1992年5月，县初中招生改革方案出台，取消小学升初中入学考试，小学五年级学生全部免试就近入学。

1998年，从秋季入学的高一新生，在高一时参加地理会考，高二参加政治、物理、化学、生物、历史5科会考，高三由各校组织语文、数学、英语3科毕业考试。

2000年始，高一增加信息技术课会考，包括文化考试和上机考试。

2004年，全县实行中考和中招制度改革。对初中毕业、升学考试、考查、考核的有关科目（项目）和普通高中招生事项进行适当调整，科目为语文、数学、英语、物理与化学、历史与政治。体育不再列入初中毕业、升学考试科目。地理、生物学科在初二下学期的5月，统一实行结业会考。对初三学生实行理、化、生实验操作考核。至2005年，该项制度未变。

第二节　学前教育

一、办学条件

（一）规　模

1991年，全县有幼儿园5所，班级134个，入园幼儿3204人，入园率48.91%。

1995年年末，全县幼儿园（班）总数167个，其中112个建制村办园（班）116个。在园幼儿4259人。城市入园率100%，农村入园率43.7%，学前儿童入园率74.7%。

1998年，全县农村3～6岁幼儿5481人，在园幼儿3140人，入园率57.29%；其中，学前一年教育2458人，在园2009人，学前一年教育入园率82%。全县建制村106个，办幼儿园（班）91个，办园（班）覆盖率85.85%。2000年，全县拥有幼儿园4所，幼儿班125个，在园幼儿2541人。

2005年，全县有3～6岁幼儿3479人，在园幼儿2699人；学前一年幼儿1566人，在园幼儿1446人；2～3岁在园幼儿185人，大部分在各个体园（所）入托。全县拥有独立园5所、小学附设中心园10所、民办幼儿园（班）12所、获准登记注册民办托儿所33所。其中，市优质幼儿园1所（实验幼儿园）、市农村示范园3所（长校中心幼儿园、李家中心幼儿园和嵩口中心幼儿园）、幼儿班120个（其中小学附设48个）。

（二）教学设施

1991—1993年，各乡镇筹集资金，改善幼儿园（班）办学条件。长校镇筹集资金11万元，建起占地面积480平方米的全县首个乡级中心幼儿园。全县有大型滑梯16架、跷跷板160余副、风琴110架、幼儿读物4500本。1995年6月，澳门同胞赴闽赣考察团捐赠20万港元，资助县实验幼儿园建设。12月，县实验幼儿园在城关西区常春街动工兴建，占地面积6680平方米，建筑面积4887平方米，工程总投资410万余元，于1997年3月竣工。各幼儿园每年均根据财力情况，添置教学用具及设备。各幼儿园（班）教学设施逐步完善，室外活动场地有攀登架、秋千、滑梯等活动器械，室内每班配有风琴、录音机及各种玩具、教具。2001年，县实验幼儿园投入1.5万元，添置玩具及双人跷跷板、平衡木等体育活动器材。2005年，为创省优质园，县实验幼儿园投入6.68万元，添置钢琴6架、户外玩具一组、敲打玩具40套。各幼儿园（班）幼儿玩具比较充足，体育活动设施日趋完善，均设置攀登架、平衡木、拱形门、体操圈、体操垫等设施。县实验幼儿园还有转椅、沙坑、戏水池等新设施。

（三）达标活动

1996年，长校中心幼儿园经三明市教委核查验收，基本达到《福建省乡镇中心幼儿园评定标准》，被认定为三明市农村示范幼儿园。1998年，县实验幼儿园通过省标准幼儿园验收，被认定为福建省标准幼儿园。1998—1999年，桥下、大路口、塘背、罗陂岗、江坊、围埔、舒曹、吴家、田口、南山、上坪、桐坑等26个学前班经三明市教委评估检查，达到省教委规定的办学标准，被认定为“福建省标准学前班”。李家幼儿园建设占地面积230平方米的2层教学楼1栋，并添置风琴2架、电教器材3套及各种幼儿玩具，1999年被评为“三明市农村示范幼儿园”。2003年8月，嵩口中心幼儿园教学楼建成，占地面积300余平方米，建筑面积850平方米，生均室内活动面积1.2平方米以上，被评为“三明市农村示范幼儿园”。2004年12月，县实验幼儿园通过省优质幼儿园初评暨市优质幼儿园评估。

1991—2005年清流县幼儿教育情况表

表21-1

年　份	幼儿园（班）数			3～6周岁幼儿在园总数（人）	教职工数（人）		
	幼儿园（所）	幼儿班（个）	个体办班（个）		合计	公办	民办（代课）
1991	5	134	—	3204	170	57	123
1992	1	135	—	3372	182	56	126
1993	2	134	7	3596	189	60	129
1994	2	145	7	3867	196	61	135
1995	2	165	7	4259	235	64	171
1996	3	154	7	4245	234	76	158
1997	3	152	7	3475	244	87	157
1998	3	154	7	3140	240	125	115
1999	4	124	7	2786	204	168	36
2000	4	125	7	2541	225	189	36
2001	4	71	7	2513	156	124	32
2002	4	82	12	2679	172	138	34
2003	5	89	12	2452	94	64	30
2004	5	114	12	2557	205	167	38
2005	5	120	12	2699	161	128	33

二、教学与教务

（一）教 材

1991—1996年，各幼儿园选用全国统编教材。1997年始，统一使用福建省幼儿园教材和学前班教材。2001年，省教育厅制定《福建省幼儿教育指南（试行）》。2001—2005年，2次修改幼儿用书。清流县各幼儿园（班）采用经修改后的福建省人民出版社发行的福建省幼儿园主题（领域）用书，幼儿园课程也几次作不同调整，增加主题活动课程。

（二）课 程

1991—2005年，各幼儿园的课程一般设置常识、美工、计算、音乐、体育、语言、健康（社会）、主题活动、结构游戏、表演游戏、角色游戏、艺术活动等。园（班）按国家教委、国家教育部颁布的相关文件要求安排课时。大班每周12节，每节30分钟；中班每周10节，每节25分钟；小班每周8节，每节15分钟。

（三）学 制

1991—2005年，各幼儿园（所）的学制和幼儿在园时间，沿用1989年国家教委《幼儿园工作规程》的规定。幼儿园招收3～7岁的幼儿，学制一般为3年，或者1年、2年。班级规模，小班（3～4岁）为25～30人，中班（4～5岁）为30～35人，大班（5～6岁）为35～40人。全日制幼儿园幼儿在园时间为10小时左右；全日制不开餐的幼儿园幼儿在园时间为4小时。小学附设学前班的幼儿与小学生在校时间大致相同。民办幼儿园（所）招收幼儿的年龄和设置的班级，根据招收的幼儿数变动。

（四）收 费

1991年，县级公办幼儿园收费标准为大班每人每月13～28元，中班15～27元，小班18～30元；乡（镇）街道办幼儿园大班每人每月11～19元，中班15～27元，小班15～24元。居委会、村办幼儿园大班每人每月8～13元，中班10～16元，小班12～18元。另每人每学年收取幼儿体检费5元。1996年，县教育局、县物价委员会、县财政局根据省教委《关于幼儿园收费若干问题的规定》对幼儿园收费进行调整：优质幼儿园每人每月65～70元，标准幼儿园每人每月55～70元；乡镇合格幼儿园每人每月45～50元，注册园（班）每人每月25～30元，其中优质幼儿园、标准幼儿园、乡（镇）街道办幼儿园管理费均为30元，注册园（班）管理费15元。优质幼儿园、标准幼儿园杂支费分别为每人每月10元、5元，乡（镇）街道办幼儿园、注册园（班）均为每人每月5元。保教费分简托、日托两类收费，收费标准分别为每人每月5～20元、10～30元不等。幼儿体检费提高至每人每学年10元。至2005年，收费标准未变。

1991年清流县幼儿教育收费标准一览表

表21-2　　　　单位：元/月

类　别	班　级	管理费	杂支费	保教费		
				简　托	日　托	全　托
县（市、区）级以上教育部门公办幼儿园	大班	6	3	4	9	15
	中班	7	4	4	10	16
	小班	8	5	5	11	17
乡（镇）街道办幼儿园	大班	4	3	4	6	12
	中班	5	3	4	7	13
	小班	6	4	5	8	14
居委会、村办幼儿园	大班	2	2	4	6	9
	中班	3	3	4	7	10
	小班	4	3	5	8	11

说明：以上费用，每学期按5个月一次性收取

（五）保 育

1991年，县实验幼儿园及城区、农村条件好的民办幼儿园或托儿所大多为日托，幼儿早送晚接，在园（所）内午餐、午休，上、下午课间还有点心。随着办学条件的改善，各幼儿园（班）卫生保健基本达到每天有晨检、配备“一巾一杯”（手帕、水杯），实行流水洗手的常规要求。县实验幼儿园等条件好的城区幼儿园，不但每学期测量身高、体重和检测视力，建立“三卡”（体检、晨检、预防接种卡）等各项体检制度，还要求首次入园幼儿到医院进行血液检查，拒绝接受患传染病幼儿入园，防止肝病等传染病蔓延。

1997年1月，举办幼儿教师集体儿童保健培训班，进行托、幼儿园卫生保健制度、管理方法、实施细则、儿童体格发育评价和儿童视力发育检查培训。

2001年7月2日，教育部颁发《幼儿园教育指导纲要（试行）》（以下简称《纲要》）后，各幼儿园（班）贯彻落实《纲要》精神，加强幼儿日常生活环节的组织管理，培养幼儿良好生活、卫生习惯及基本自理能力，知道必要的安全保健常识，学会保护自己。每年3月“全国爱国卫生月”，县实验幼儿园利用家长园地、宣传栏、专刊宣传卫生知识，并根据季节变化，对幼儿进行卫生教育。

至2005年，县实验幼儿园已建立健全一系列卫生健康制度，把好体检关、晨检关、预防关，坚持一年一次的幼儿体格检查和每半年身高、视力、体重、口腔保健的常规检查制度，对幼儿身体健康发展状况，每学期进行分析和评价。针对发现的问题进行个案登记，配合家长共同做好矫治。每周制定营养均衡的幼儿膳食，做到保质保量。开展穿衣、叠被、整理归类玩具等自理能力竞赛等。

（六）德育教育

1991—2000年，各幼儿园（班）制定《幼儿行为守则》，开展养成教育，使幼儿从小养成良好行为习惯，并突出爱国主义和艰苦奋斗、劳动教育。坚持每周一升旗制度，园领导拟定话题在国旗下讲话，通过升国旗、唱国歌、观看录像、讲故事、进行角色游戏等方法对幼儿进行生动、形象的思想品德教育。请老红军为幼儿讲英雄故事，激发幼儿爱父母长辈、老师和同伴，爱集体、爱家乡、爱祖国热情。开展“学雷锋月”“英雄颂”“老师您辛苦了”“伟大的祖国”等主题活动，唱响“爱祖国”的教育主题。

2001年后，各幼儿园（班）遵照教育部颁发的《纲要》规定的“社会”领域的目标进行幼儿德育工作。县实验幼儿园注重在一日生活中渗透幼儿社会态度和社会情感的培养，促进幼儿良好品质形成。制定幼儿日常行为规范，举办“公民道德建设”“七色花”“祖国各地”“英雄人物”“我爱幼儿园”等图片展，举办幼儿“双爱画展”，开展亲子游戏、“我爱妈妈”“爷爷、奶奶我爱您”等活动。

2003年5月，县实验幼儿园1名小朋友获三明市“文明小市民”称号。

2004—2005年，注重对幼儿进行文明礼仪教育，每月确定一个主题，如“三八”妇女节开展“爱妈妈”，4月开展“我爱英雄”，5月开展“我爱劳动”，6月开展“我爱绿色家园”环保教育活动等，使幼儿在良好的道德环境中健康成长。

（七）体 育

1991年，全县幼儿园（班）全面实施国家教育委员会颁发的《幼儿园管理条件》和《幼儿园工作规程》，教学活动以游戏为主要形式，开展创造性游戏、智力游戏、竞赛性游戏，并经常开展穿衣服、系鞋带、洗刷、扫地、排桌椅等活动，在各种游戏活动中培养幼儿的平衡、钻、爬、跳跃、投掷、攀登、走、跑等能力。同时还开展乒乓球、健身操等活动，增强幼儿体质。全县幼儿园（班）共有大型滑梯16架、跷跷板160余副。充分利用户外场所，保证幼儿户外活动时间，坚持开展“一操、两活动”（晨间操，户外活动、集中教育活动），利用春游、秋游带幼儿郊游远足。

1992—2005年，幼儿体育活动逐年展开。每年“六一”儿童节，县实验幼儿园及各学校幼儿园、民办幼儿园（所），均开展小型多样、家长与幼儿互动的亲子体育趣味游戏、接力赛跑等活动，增强家长对幼儿健康教育的认识，让幼儿感受运动、游戏的快乐，达到家园共育目的，促进幼儿健康成长。

（八）教学研讨

1991—1992年，重点抓好幼儿教师业务和技能培训，提高教育教学水平。组织教师互相听课观摩，开展幼儿教师技能技巧比赛。各幼儿园(班)制作大量教(玩)具,让幼儿在玩中学习。教学活动以游戏为主要形式,寓教于游戏之中,强调开展创造性游戏、智力游戏、竞赛性游戏等各种活动。有的在园内增设科学角、图书角、智力角、常识角、美工角等,充实幼儿教育内容。各园(班)以开家长会、家访等方式与幼儿家长加强联系,还开办家长学校,实行幼儿园"开放日",组织家长参观"一日活动",举办以"优生、优育、优教"为内容的家长咨询活动,密切家园联系,协调家园教育。

1993 年 11 月,举行城区幼儿教师"说、唱、跳、画、钢琴弹奏、自制教玩具、教育活动设计"等技能技巧比赛,提高青年幼儿教师素质,并从中选出 2 名教师赴三明参加竞赛。县实验幼儿园分别获市幼儿教师舞蹈第一名和故事情节画第二名。1993—1999 年,分别在城关小学、长校学区、嵩口学区召开 4 届幼儿教育年会,听课观摩,交流论文,开展学术研究活动,并汇编幼儿教育论文专辑。

2001 年,举办全县幼教辅导员、个体办园负责人及城区幼儿园教师参加的《福建省幼儿园教育指南》及新教材培训班。县实验幼儿园承担省幼教课题"活动区材料的选择、开发与利用价值探索"、市幼教课题"国粹—京剧教学尝试探讨"和"园本教研活动"研究等系列课程研讨活动,以教促教,取得成效。开展送教下乡,县实验幼儿园与嵩口、李家学区结对子,分别下到两校帮助和指导教育教学。县教育局在嵩口举办第五届幼教研讨会。

2002 年,以年段为教研组,大班年段开展"分区活动的开展"研讨,中班年段开展"表演游戏课时衔接"研讨,小班年段开展"亲子游戏活动"方面研讨。

2003 年始,建立城乡幼儿教研网络,开展园与园之间"结对子"活动,促进全县幼儿教育发展。县实验幼儿园发挥示范、指导和服务功能,送教下乡,到农村幼儿园帮教,并与各中心幼儿园定期举办幼儿园教学开放周活动,相互观摩学习,提高教育教学水平。

2003—2004 年,成立课改试点班,探讨新教材《主题活动的开展》《领域活动的开展》的使用,探讨如何做到课程综合、创造性使用教材,探索主题领域如何整合、渗透等。

2005 年,探讨如何进行角色游戏及主题与领域的有机整合。园本教研挖掘本土资源,构建切合实际的主体探究活动内容"美丽的山区明珠——清流",并在实践中不断补充、完善。每周至少开展 1 次"带好一次活动"基本功训练和研讨活动。

附:

清流县实验幼儿园

1991 年,清流县实验幼儿园有班级 9 个,在园幼儿 310 人,教职工 27 人。固定资产 26.93 万元。1994 年,在城关西区常春街新址动工兴建城关中心幼儿园,1997 年 9 月落成并投入使用。新幼儿园建设工程总投资 410 余万元,占地面积 6680 平方米,其中建筑面积 4887 平方米,绿化面积 1900 平方米;户外活动面积 5600 平方米,人均 11.9 平方米;室内幼儿活动面积 2172 平方米,人均 4.6 平方米。园舍分为行政区、活动区、生活区等 A、B、C 三个区。室内设有艺术厅、体育活动室、保健室、办公室、隔离室、阅览室、保管室、财务室、党建室、工会活动室、电脑室、幼儿科学实验室、档案室、厨房等。各班设有活动室、卧室、储藏室和卫生间,布局合理,活动室宽敞舒适。班班配有壁橱、消毒柜、洗衣机、保温桶、钢琴、电脑以及消防灭火器。坪地建有花坛、游泳池、攀登架、滑滑梯、转椅、沙坑等。原城关单面街幼儿园改为教学点。同年,全园有 14 个班级,在园幼儿 498 人,教职工 30 人。

1991—2000 年,该园实施国家教育委员会颁发的《幼儿园管理条件》和《幼儿园工作规程》,建立、完善岗位职责和制度,开展教研活动,改革教学方法,提高幼儿园教育教学水平。2001 年 7 月,教育部《幼儿园教育指导纲要(试行)》(以下简称《纲要》)颁发后,落实《纲要》精神,幼儿园课程以幼儿生活为源泉,幼儿园活动以主题活动和游戏活动为主要形式,保教结合。通过电化教学,开展科学小试验,带幼儿到种植园去种植、观察等各项教学手段,使幼儿学到知识,发展能力,促进幼儿自身全面发展。是年,该园有 17 个班级,在园幼儿 569 人;教师 51 人,保育员 11 人。教职工中,大专学历 6 人,中专(含高中)学历 56 人。

2000—2005 年,县实验幼儿园教师获省、市教学技能等业务竞赛各项奖励 9 人次。1 名小朋友的作品在"'新世纪杯'中华青少年美术书法摄影大奖赛"中获美术幼儿组金奖;24 名幼儿作品分别获第二届、第四届"国际中小学生、幼儿书画大赛”一等奖、二等奖及优秀奖；3名幼儿在市书画赛中获奖。

2005年，该园被确认为“市优质幼儿园”，并通过省“优质幼儿园”初评。全园有15个班级，在园幼儿567人，教师51人，保育员7人。教职工中，本科学历6人，大专学历34人，中专（含高中）学历11人。1991—2005年，该园先后6次被三明市评为“文明单位”“花园式单位”等；被评为省、市优秀教师9人次，获三明市各项教学奖励12人次；在省级教学刊物发表论文7人次，在市级教学刊物发表论文48人次。

第三节 小学教育

一、办学规模

1991年，芹口伐木场子弟小学、下和伐木场子弟小学、庄前伐木场子弟小学、拔口伐木场子弟小学先后撤销，生源就近入学。年末，全县有中心小学15所，其他部门办小学3所，教学点92个，班级712个。毕业生2396人，在校学生14892人，学龄儿童入学率98.5%。教职工876人，专任教师794人，其中公办619人，民办175人。

1994年，东华小学与原东华学区分离，独立建校，命名为县城关小学，列入县教育局直管。

1996年，在原城南小学校址创办特殊学校，由教育局直管。

1997年2月，按照省、市人民政府关于国有企业单位办学分离精神，将罗口煤矿子弟小学剥离，改为教育部门主管，划归嵩口学区管理，更名为“罗口小学”。1998年，林畲农场子弟小学撤销，生源进入附近乡镇学校就读。

1999年8月，进行农村小学布局调整。至2002年9月，撤并完小19所，初小改单人校30所，撤并单人校86所，撤并教学点18个。

2004年8月6日，县教育局出台《关于进一步深化中小学教育改革实施方案》，调整中小学布局，压缩行政人员，减少行政开支。取消全县的学区建制，各乡镇设立中心小学，为乡镇教育管理机构，原学区校长改称为中心小学校长。村级完小、教学点由中心校统一管理。

2005年，全县小学93所，其中中小、完小25所，初小27所，教学点41个。在校学生9033人，毕业生899人，入学率100%。教职工796人，其中专任教师749人。

1991—2005年清流县小学教育情况表

表21-3

年份	学校数（所）	班级数（个）	在校生数（人）	毕业生数（人）	教职工数（人）	专任教师（人）
1991	110	712	14892	2396	876	794
1992	79	700	15159	2350	887	816
1993	82	707	15412	2506	904	833
1994	83	723	15517	2821	934	854
1995	82	711	15885	2912	936	854
1996	82	709	16172	3046	986	916
1997	82	713	16407	2972	1030	951
1998	82	689	15919	3184	988	907
1999	73	597	14630	233	950	879
2000	77	570	13872	3089	947	877
2001	107	520	12725	3137	970	919

续表 21-3

年 份	学校数（所）	班级数（个）	在校生数（人）	毕业生数（人）	教职工数（人）	专任教师（人）
2002	107	503	11010	2497	933	873
2003	108	460	9543	2808	886	828
2004	100	413	8738	1851	800	751
2005	93	414	9033	899	796	749

二、教学与教务

（一）学 制

1991—1999 年，全县小学实行五年制学制。2000 年 9 月，全县小学 5 个年级共计 570 个班，其中有 285 个班改为六年制学制。2001 年 9 月，小学全部改为六年制学制，至 2005 年未变。

（二）课 程

1991 年，全县小学仍执行省教委 1988 年制定的课程计划。1993 年 2 月，执行省修订的课程计划，删去历史、地理课程，增设社会课程。1993—1994 学年，小学从一年级开始施行省新课程计划，以后逐年级类推。1994 年，国家教委调整小学教学大纲，全县小学执行省教委调整的课程计划。当年秋季始，实行每周 5 天课程。一至二年级每周教学时数分别为 27、28 节，三年级以上为 30 节。2001 年 9 月，全日制六年制小学学科类课程有思想品德、语文、写字、数学、社会、自然、体育与健康、音乐、美术、劳动 10 门；活动类课程有早会、班队活动、文体及健康教育活动 3 门。2002 年 9 月，城区 2 所小学及各中心小学三年级以上均开设英语和信息技术课程。2004 年 9 月，全县小学从一年级起，执行省义务教育课程改革计划。课程门类有品德与生活、语文、数学、体育、艺术、综合实践活动、地方与学校课程 7 门。在语文、艺术、美术课中结合写字教学。2005 年 9 月，二年级课改课程与一年级课改课程相同。

（三）教 材

1991—2005 年，全县小学均使用人民教育出版社出版的教科书。

（四）教学研讨

1. 优化课堂教学结构

1991 年，实验小学以“优化课堂教学结构”为内容，召开语文、数学教研会各 1 次，邀请江西赣州，广东韶关、焦岭，连城等县实验小学、教师进修学校领导、教师 150 余人参加、听课。总结出“课堂教学结构优化重在以学生为主体，教师的导与学生的学要沟通协调，环节间要有机联系”教学经验。加强对小学生近代史、现代史及国情教育（以下简称“两史一情”）研究。清流县 2 篇教案在三明市举行的语文、地理渗透“两史一情”教育教案评选活动中获奖。

2. 移植“异步教学”教学法

1991 年，县教师进修学校小学教研室移植湖北大学黎世法教授“异步教学”经验，即将教师的“五步指导法（提出问题—指示方法—明了学情—研讨学习—强化小结）”与学生的“六步学习过程”（自学、自发、复习、作业、改错、小结）综合起来，构成“六阶段有效教学过程”（简称“六段教学方式”）的异称，即“提出问题—指示方法—学生学习（六步学习）—明了学情—研讨学习—强化小结”，使学生的学与教师的教实现有效统一，全县小学中选定“异步教学”实验班 9 个。实施“异步教学”过程中，推广“六步学习”“举三归一，以一反类”（体现学生学习的科学思维过程）和“八个基本”（基本事实、基本理论、基本技术、基本技能、基本作业、基本实践成果、基本思维方法、基本生活态度，体现学生创造性解决学习问题的学习实践过程）教学方法。

1993—1994 年，召开中心课题为“培养学生自学能力”研讨会 2 次。嵩口中心小学实验班培养学生自学能力，学生学习成绩名列学区前茅。1995 年 5 月，在武汉召开的全国“异步教学”研讨会上，清流县小学教师5篇论文获“湖北大学‘异步教学’实验”小学组优秀成果奖。

2005年，转入课程改革，原实验班教师按课程改革要求灵活运用“异步教学”经验。

3. 移植“自能作文”教学法

1991年，县实验小学、李家学区、里田学区移植广州市东山区“自能作文”教学法。此教学法以“广读—善练—导写”为特色，引入“一篇带多篇”的新方法，并通过课堂“导读、练笔”的形式培养学生独立的作文能力，使学生有充分的动脑、动口、动手训练机会，对提高学生作文能力起到良好作用。各校进行实验研究2轮，实验班学生作文成绩提高较快，有6篇在市级以上报刊发表、获奖。1992年3月，组织教师9人赴江西参加3省13县（市）教研协作会。县实验小学《引导小学生乐学应用文浅探》在会上交流并收入专辑。

1993年4月，3省13县（市）教研会在清流县召开。县实验小学、县城关小学各开思维训练公开观摩课3节。观摩课围绕主题，运用“自能作文”和清流县教研专题教学方法授课。

1998年，城关中心小学各班语文教学运用“自能作文”教学法。该校一至五年级以《小练笔及习作训练计划》为依据，规范教师作文教案和学生作文要求。2001年6月，该校召开实施《小练笔及习作训练计划》专题座谈会2次，总结和交流作文教学经验。

2005年3月，县实验小学等4所学校，将自能作文教学法融入课程改革。县城关小学结合教材继续编写校本课程“成语素养教学”，师生使用该资料方便、有效。

4. “双中训练”“双导训练”教研专题

1991年，进行小学语文“阅读中习作，习作中阅读”（以下简称“双中训练”）和小学数学“导思导练”（以下简称“双导训练”）的教学模式专题研讨。同年11月，“双中训练”“双导训练”在小学教导主任会上被确定为县小学语文、数学教研专题。1992年10月，围绕“双中训练”“双导训练”进行研讨5次，收到有关教研专题意见和建议76条，并对此专题进行总结。

1993年11月，嵩口学区围埔小学教师李招梅在三明市小学教学竞赛中，以“双导训练”数学教学方法上四年级数学课，获三明市农村小学数学课堂教学一等奖。1995年9月，县实验小学教师罗吉祥在三明市师范附属小学上《我的弟弟小萝卜头》“双中训练”实验课，获三明市小学语文课堂教学一等奖。同年10月，三明市小学教研专题研讨会在清流县召开。研讨会对清流县教研专题课堂“双中训练”“双导训练”教学结构、特点和教学方法予以肯定。1996年6月，三明市教师进修学院学刊（季刊）第2期专辑刊登清流县“双中训练”“双导训练”教研经验文章38篇。

1999年3月，“‘双导训练’教学模式”被列入省基础教育教学改革省级重点课题。小学语文“双中训练”教学模式被列为市重点教研课题。2000年10月，县对“双中训练”“双导训练”教研课题实验进行中期检查评估，探讨提升其价值途径。2001年2月，县教育局对各校“双中训练”“双导训练”重点课题研究提出再上一个新台阶的要求。同年11月，对8个“双导训练”子课题、9个“双中训练”子课题分别进行新一轮实验。2003年11月，三明市教科所到县实验小学进行“双导训练”专项检查评估。专家认为“双导训练”教学符合课程改革要求。2005年5月，各校围绕省、市确定教研课题及县重点教研课题，结合实际进行深入研究。

1995—2005年，县各小学在《福建教育》《小学语文教学》等省级以上刊物发表专题论文9篇，“双中训练”论文获《光明日报》及教育部主办的《中国教育研究论坛》征文一等奖，中央教育科学研究所主办的全国首届中小学教师、教研杯论文二等奖。

（五）体 育

1991年，境内城区小学、中心小学均配备专任体育教师，建立健全体育教研组16个。体育场地列入校园环境建设内容。城区2所小学开展体育课教学观摩活动2次。

1992年8月，县“雏鹰起飞杯”小学生田径全能比赛在一中举行。实验小学、里田学校获1991—1992学年度省全面推行《国家体育锻炼标准》达标先进单位。2所学校坚持按《学校体育工作条例》要求，加强体育管理、训练的经验在全县推广。

1994年7月，东华中心小学、县实验小学、嵩溪中心小学被评为福建省《国家体育锻炼标准》施行先进学校。村级完小体育教师经所在乡镇中心小学培训帮扶，当年完小体育合格率39%。

1995年11月，举办县中小学生田径运动会。是年，县实验小学被评为省、市推行《国家体育锻炼标准》先进单位。

1997年6月，实验小学再获省达标先进单位。至此，该校已连续12年获此荣誉称号。实验小学体育教师李序清被评为推行《国家体育锻炼标准实行办法》省先进工作者。

2000年10月，县教育局在林畲中心小学召开全县小学体育教育观摩及教学经验交流会。11月，举办全县第十届中小学生田径运动会。小学组比赛项目有男子100米、400米，女子400米、男子、女子垒球，男子跳高、跳远，女子跳高、跳远。同年，县教育局在林畲学校召开体育教学现场会。

2002年11月，举办县第十一届中小学生田径运动会，小学组运动员55人，竞赛项目10项。

2003年，举办全县首届“雏鹰杯”少儿乒乓球比赛。

2004年5月，全县实施三明市《贯彻实施学生体质标准（试行方案）》及《学生体育健康标准（试行方案）实施办法的意见》。同年9月，按规定，原《小学体育合格标准》和原《国家体育锻炼标准》停止执行。

2005年10月，举办县第十二届中小学生田径运动会和全县第二届“雏鹰杯”少儿乒乓球比赛。

（六）德 育

1991年，全县贯彻国家教委《关于今年秋季开学后在中小学加强近代、现代史和国情教育的总体纲要》，小学历史课由每周2节增至3节，地理、历史、语文的教学内容进行调整和补充。当年秋，贯彻国家教委修订后的《小学生日常行为规范》。县教育主管部门成立德育领导小组，制定学生德育守则10条，完善有关学生管理制度12条，并聘请离退休干部9人担任校外辅导员。开展“祖国在我心中”主题活动。

1992年，全县各校铺贴中华人民共和国地图和世界地图，完小以上学校均设标准化升旗台。18所小学进行小学思想品德课教研课题“双理”（学文悟理、做人用理）教学研究。并利用清流革命老区斗争事迹，对学生进行爱国主义、社会主义、革命传统和艰苦奋斗思想教育。

1993年，县委、县政府将林畲毛泽东旧居、长校革命烈士纪念碑、城关张江烈士墓、沙芫古人类化石遗址等列入县级德育教育基地。嵩溪学区开展“说给雷锋叔叔的悄悄话，寻找雷锋叔叔的身影”主题活动。全县德育工作会议推广嵩溪学区经验。

1994年3月始，全县所有学校严格升降旗制度，每周一早晨以及重大节日或纪念日，举行升国旗仪式。

1999年3月，县关心下一代工作委员会和县教育工委联合组成“迎澳门回归”报告团到实验小学、城关小学及农村4所中心小学巡回宣讲，听讲师生3600余人。

2004年，下发《关于加强和改进未成年人思想道德建设的意见》，组织各校大讨论，同时开展“中小学弘扬和培育民族精神月”活动。1名教师获三明市德育论文二等奖，2名教师获弘扬和培育民族精神案例三等奖。

2005年，开展纪念抗日战争胜利60周年知识竞赛、书画展览，聘请县新四军研究会离退休干部讲革命故事，举办报告会、主题会18次，编写“红色清流”校内课程，对学生进行革命传统教育。

（七）素质教育

1991年11月，全县各小学校制定“二五”（第二个五年普法规划）普法教育实施计划，将普法教育同学生《日常行为规范》教育结合，引导学生自觉遵纪守法。

1993年，组织全县师生学习《未成年人保护法》，各校开展学法、知法、守法活动。

1995年，将学生参加劳动和社会实践活动纳入教学计划。是年，全县有校办工厂7家、农场12处、实验田面积318公顷。林畲小学学生邱秀萍《林畲雪薯与土质关系》、嵩口小学林春娥《关于本地油茶资源》两篇调查报告获福建省第二届青少年生物百项活动奖励。

1996年，开展“做跨世纪新主人”读书活动，并举行演讲比赛。

1997—1998年，长校小学学生2篇科学小论文获三明市第四届青少年生物百项活动三等奖；林畲、嵩口中心小学学生各有1篇科学小论文获省级奖。

1998年，开展“素质教育年”系列活动。先后在嵩口中心小学、城关小学召开全县素质教育研讨会，总结交流素质教育经验。组织宣讲队到各小学进行素质教育巡回讲座。开展环境日“百米书画现场赛”，17名学生获奖。

2000年10月，举行全县中小学文艺调演比赛。2001年，围绕素质教育主题，全县开展不同类型（含音乐、美术）教研活动6次，上公开课20节。6月，举办迎接建党80周年少儿书画展。

2003—2004年，各校以素质教育为题，开展课题教学研究8个。城区小学进行活动类课程研究，注重培养学生实践活动能力。实验小学开设电脑、电子琴、图画、书法、英语、舞蹈、小文社、演讲、手工制作等13个兴趣小组，学生参与率100%。2004年，被评为市素质教育先进单位。

2005年6月，举办县首次小学生书法现场赛，54名学生参加比赛。8月，组织少儿参加三明市英语大赛，获市级最佳组织奖。在三明市中小学生器乐比赛中，清流有21名学生分别获得二胡、古筝、琵琶比赛一、二、三等奖。“六一”期间，全县128名中小学生获得县级“三好学生”“优秀学生干部”等荣誉称号。

三、特殊教育

1996年3月，县政府将残疾儿童少年教育纳入义务教育发展规划。把原城南小学改办为清流县特殊学校，实行寄宿制办学。9月，正式挂牌招生，招生范围为智力残疾、身体有轻微残疾、生活能够自理，年龄6—15岁的少儿。共招收残疾儿童23人，分为聋哑、培智2个班。建校初，由县、乡两级政府给予每名残疾学生每月60元生活补助，从教育费附加收入中支付。

1998年12月，实施教育部《特殊学校暂行规程》，县特殊学校学制为九年一贯制，开设语文、数学、英语、体育、美术、劳动技术等简易课程。

2002年6月，选送4名培智班学生代表三明市参加福建省第二届特殊学校奥林匹克运动会，获乒乓球女单、混双等项目金牌3枚、银牌5枚、铜牌2枚。

2005年，县特殊学校有3层教学楼1栋，建筑面积420平方米，教室6间，生活用房配套，教学设备符合特殊教育要求标准。有教职工13人，其中专业对口教师8人。学校设聋哑班（一、三、五、六）4个年级，培智班（一、三、五）3个年级，有学生32人。1991—2005年，先后有4名教师获省、市特殊教育优秀教师奖。

附1：

清流县实验小学

1991年，县实验小学有20个班级，学生863人，教职工52人。该校以“以人为本，让潜能显发，让心灵敞发，让个性张扬”为办学理念，推进素质教育。20世纪80年代，率先开展电化教学研究，被誉为省“电教一枝花”。90年代，立足课堂并由课堂向课外延伸，组建体育、书法、绘画、电子琴、小文社、计算机、舞蹈、音乐、演讲、英语、手工、民乐12个兴趣活动小组。被评为全国“1994国际家庭年”优秀家长学校、全国“心中有祖国，心中有他人”主题教育活动先进集体、省“文明学校”。

2000年，校少先队坚持开展体验教育活动。各中队成立“今天我当家”“环保宣传”“助人为乐”“家乡的豆腐”体验小队，组织“家乡的温泉”“生态旅游”考查小队。省、市、县报刊、媒体多次报道其活动。该校被确定为省百所“体验教育活动校”之一。2002年，该校少先队被评为全国、省“红旗大队”。

2004年始，实行新课程改革实验。经2年探索，总结出“创境—自主—合作—探究—创新”语文课堂教学模式。不断深化“课程改革”同时，开展生动活泼、形式多样、内容丰富的素质教育活动。

至2005年，实验小学有20个班，学生1082人，教师52人，大专以上学历教师43人，其中高级教师45人。兴趣小组学生获国际、全国、省级各类竞赛奖200人次，其中获国际、国家级书画银奖、铜奖20人次。小文社学生习作在省级以上报刊发表157篇。体育达标率稳步提升，连续14年被评为省“锻标”先进单位。先后向省、市体校输送运动员近百人。组织学校运动队参加市、县体育比赛，获儿童组团体总分第一名8次、第二名5次，共夺得金牌38枚、银牌36枚。

附2：

清流县城关小学

1991年，东华小学校园面积1.54万平方米，建筑面积1.16万平方米。全校有教学班32个，学生1760人，班均人数55人。1994年，东华小学脱离东华学区，独立建校，更名为清流县城关小学。1998年，新建综合楼一幢（内设教师办公室、电脑室、语音室、演练厅）。该校以质量立校、科研立校，在抓好县"双中训练""双导训练"实验课题基础上，推进"引导自学"教研专题研究，培养学生自主、创新能力。此教学模式被列入市教研课题。2000年，该校已连续18年被评为县教育先进单位，连续9年获县教育目标管理一等奖，被福建省教委命名为福建省示范小学。2000年、2003年，分别被福建省委、省政府评为第七、第八届文明学校。2004年，获市实施素质教育先进校、福建省红旗大队、全国"双有"教育先进校等荣誉称号。2004—2005年，建成校园信息网络，其中课程改革年段多媒体教室8间。2005年，有教学班25个，学生1300人;教职工64人，其中大专以上学历教师52人，高级教师45人。

第四节 普通中学教育

一、办学规模

（一）初 中

1991年始，初中教育列入义务教育范畴。全县有初中15所，班级130个。专任教师350人。当年，初中毕业生1390人，在校生5325人。1997年9月，清流职业中学所属初中部与职业高中部分离，职业高中另择址建校；城关中学在职业中学初中部原址成立，主要面向东华学区招生，由东华乡管理。2000年，全县有初中学校15所，班级数185个，学生数8571人，毕业生数2704人，专任教师585人。2002年9月，清流一中初中剥离，成为完全高中。城关中学面向城区和东华乡招生。学校规模由原来18个教学班扩大到36个教学班，兴建新教学综合楼并增加相应硬件设施设备。2004年8月6日，李家初中与李家中小合并，称李家学校；田源初中与田源中小合并，称田源学校；林畲初中与林畲中小合并，称林畲学校。学制均为九年制。2005年，全县有独立初中7所，附设初中7所，班级135个，学生5404人，初中毕业生3049人，专任教师527人。1991—2005年，全县累计招收初中生38170人，培养初中毕业生33718人。

1991—2005年清流县初中教育情况表

表21-4

年　度	学校数（所）	班级数（个）	学生数（人）	招生数（人）	初中毕业生数（人）	专任教师数（人）
1991	15	130	5325	1898	1390	350
1992	15	135	5570	1903	1470	367
1993	15	141	5655	2006	1471	394
1994	15	146	6010	2420	1667	412
1995	15	157	6949	2823	1617	414
1996	15	179	7894	2945	1727	458
1997	15	188	8308	2799	2575	519
1998	15	185	9599	3356	2817	573

续表 21-4

年 度	学校数（所）	班级数（个）	学生数（人）	招生数（人）	初中毕业生数（人）	专任教师数（人）
1999	15	183	8383	3002	2501	505
2000	15	185	8571	2962	2704	585
2001	15	187	8628	3092	2597	530
2002	15	191	9054	3304	2614	550
2003	15	188	8904	2804	2686	567
2004	15	173	7645	1819	2833	553
2005	14	135	5404	1037	3049	527

说明：2005 年，清流一中最后一届初中生毕业后，不再进入初中校统计

（二）高 中

1991 年，全县普通高中教育平稳发展。有普通高中 3 所，其中清流一中高中班 15 个，清流二中 4 个，清流三中 1 个，共有在校学生 847 人，高中毕业生 199 人，专任教师 71 人。1994 年，清流三中高中班撤销。1995 年，全县普通高中 2 所，班级 19 个，在校生 841 人，毕业生 352 人，专任教师 72 人。1996 年秋季始，清流二中高中班 3 个，其中新增面向灵地、邓家、李家、赖坊、沙芜 5 个乡镇招收高一年级学生 2 个班。2000 年，普通高中 2 所，班级数 29 个，在校高中生 1316 人，毕业生 343 人，专任教师 91 人。2002 年秋，清流一中高中招生由原来 6 个班扩至 10 个班，招生数由原来 324 人增加至 540 人。2003 年起，一中高中招生数扩大至 12 个教学班、600 人。2005 年，全县 2 所完中（清流一中、二中）高中教学班级 57 个，年内招生 1082 人，在校生 2881 人，毕业生 738 人，专任教师 154 人。

1991—2005 年清流县高中教育情况表

表 21-5

年 度	学校数（所）	班级数（个）	学生数（人）	招生数（人）	高中毕业生数（人）	专任教师数（人）
1991	3	15	847	428	199	71
1992	3	23	1012	412	213	78
1993	3	27	1081	324	192	84
1994	2	22	919	281	362	72
1995	2	19	841	306	352	72
1996	2	23	904	331	251	70
1997	2	21	1061	449	250	77
1998	2	27	1111	385	288	84
1999	2	27	1117	436	297	80
2000	2	29	1316	546	343	91
2001	2	33	1500	623	322	93
2002	2	41	1768	664	364	114
2003	2	43	2217	381	879	147
2004	2	50	2634	995	534	153

续表 21-5

年 度	学校数（所）	班级数（个）	学生数（人）	招生数（人）	高中毕业生数（人）	专任教师数（人）
2005	2	57	2881	1082	738	154

二、教 学

（一）学 制

1991—2005 年，中学教育实行六年制学制（初、高中各三年）。

（二）课 程

1991—1994 年，普通中学实行 1988 年省教委颁布《课程计划》。

1994 年 7 月 5 日，为与国家实行 5 天半工作新工时制相适应，对全日制小学、初高中课程（教学）计划进行调整。1995 年，全县各中学均执行福建省统一的全日制六年制普通中学课程教学计划。

1998 年，在不改变原有课程结构、课时、教材体系前提下，将每天 15 分钟的广播操和每天上午、下午各 1 次（每次 10 分钟）的眼保健操列入课程安排表。

2001 年秋季起，普通高中从高中一年级开始，实施新课程方案。2003 年 9 月，全县初中基本上将信息技术列入必修课。

2004—2005 年，全县开展初中课程改革实验。初中阶段设置分科与综合相结合的课程，主要包括思想品德、语文、数学、外语、科学（或物理、化学、生物）、历史与社会（或历史、地理）、体育与健康、艺术（或音乐、美术）以及综合实践活动。倡导各校选择综合课程，创造条件开设选修课程。在义务教育阶段的语文、艺术、美术课中加强写字教学。

（三）教学研究

“336”教学法 1988—1998 年，清流一中校长李春盛将在多年物理教学实践中摸索出的“336”教学基本要求，即“三基”：基础知识、基本技能和基本思维方法；“三点”：知识点、能力点、考点；“六个字”：读、讲、练、考、评、补六个环节在全校各科教学中推广。并倡导全校教师学习教育改革家魏书生的教育思想和教育教学改革经验，在学生中全面推广“两先两后一小结”（即先预习后上课、先复习后作业、及时做好小结）的学习方法。针对不同类型学生，采取因人施教、分类提高的措施，根据起始、中间和毕业等不同阶段提出不同具体要求，“大力培养学生的自我教育能力和自学能力”，全面提高教学质量，取得显著成效。清流一中学生“低分进、高分出”，从 1988 年高考成绩全市倒数第一，逐年提高，至 1992 年始，连续 8 年稳居全市第四，物理学科连续 3 年名列全市第一。

初中语文“写作单列教学实验研究”专题 1999 年 3 月，由县教师进修学校组织实施的初中学段“写作单列教学实验研究”教研课题被确定为三明市重点教研课题。2002 年，被确定为三明市重点滚动课题。有 7 所实验校的 30 位一线中学语文教师、29 个实验班的 1500 名学生参与课题实验。实验历时 4 年半，于 2004 年上半年结题。课题实验的主要方式是将语文课划分为语文和写作 2 门课程，分排课表，分用教材，形成语文和写作并行的形式。教学时间为语文每周 4 课时，写作每周 2 课时。实验过程中，写作课应用“四环节”写作教学模式进行教学，即情境诱导、范例提示、尝试创造、反馈提高。课题研究重点是强化写作教学，改进语言基础知识教学，提高学生的语文整体水平。课题的主要成果：编辑课题实验教材——《写作》全套一至六册共六本，供初中阶段三年使用。实验班学生的作文水平和整体语文水平提高。2004 年 6 月，该课题被三明市教育科学研究所、三明市教育学会授予“市级重点课题一等奖”。

此外，田源中学开展数学“双自一导”和语文“读写双轨并行”教研专题，长校学区开展“平行推进”教学模式。

（四）教学成果

1991年，全县高考上本科线41人，上大专线68人，万人上线率3.93‰。清流一中吴登峰考取清华大学，曾岚考取中国人民大学。1995年，全县高考上本科线72人，上大专线27人，万人上线率达7.34‰，居全市第四位。1997年，清流一中考生饶贞以标准分887分夺全省文科状元，考取北京大学。2000年，全县高考上省专线258人，万人上线率居全市第三位。2005年，全县912名考生参加高考，上省专线395人，万人上线率全市排名前进2位。职业中学高职班上线率100%。

1991—2005年，全县共培养高中毕业生5617人，向国家大专院校输送大专学生1682人、本科学生1998人。

1991—2005年清流县高考上线情况表

表21-6　　单位：人、‰

年　份	高考人数	上专科线人数	上本科线人数	万人上线率
1991	339	68	41	3.93
1992	255	86	57	5.87
1993	248	81	42	3.78
1994	348	19	54	5.84
1995	418	27	72	7.34
1996	376	33	99	9.76
1997	355	30	81	8.18
1998	394	28	91	9.61
1999	348	24	129	10.59
2000	482	106	152	17.78
2001	430	177	145	10.7
2002	541	236	171	12.6
2003	610	348	204	14.3
2004	673	147	282	20.54
2005	912	272	378	26.96

说明：高考人数中不仅包括应届毕业生，且含复读生

（五）体　育

1991年9月，全县中学均配齐专任体育教师，建立健全体育教研组14个，并将体育场地列入校园环境建设内容。

1992年8月，清流一中获1991—1992学年度省全面推行《国家体育锻炼标准》达标先进单位称号。

1993年，清流一中、长校农中被省教委、省体委评为1992—1993年度实施《国家体育锻炼标准》达标先进学校。1998年9月，清流一中连续第六年获省推行《国家体育锻炼标准》达标先进单位称号。

1999年，清流一中、城关中学、职业中学分别举办中学生田径运动会。

2001年1月，清流二中邹剑波、嵩口中学黄勇群2名教师参加三明市中学体育教师“说课”比赛，分别获一、二等奖。

2004年下半年，全县各中小学全面实施新的《学生体质健康标准》。

2005年，对全县初中毕业生进行体质健康测试。三明市中小学生运动会中，城关中学5名同学分别获男子乙组3000米第三名、女子乙组400米第四名、女子乙组200米第五名、女子甲组800米第四名、男子乙组跳高第四名。10月，城关中学体育教师巫秀娟参加三明市教学研究室举办的初中课程改革体育学科培训暨教

学比武活动，获一等奖。11月，举办县第十一届中小学生田径运动会，全县中小学25支代表队、150名运动员参加44个项目角逐。

（六）劳技教育

2001—2005年，根据2001年教育部《基础教育课程改革纲要》要求，清流一中等大部分学校初二、高二开设木工技术、花卉种植、机械制图等劳动技术课。

（七）德　育

1991年，县教育主管部门成立德育领导小组，制定学生德育守则10条，完善有关学生管理制度12条。聘请热心少年儿童教育的离退休干部9人任校外辅导员。在全县中小学开展社会主义思想教育，加强近现代史及国情教育。开展“祖国在我心中”主题活动和升降国旗活动。

1992年，全县中小学进一步开展学雷锋、学赖宁活动。城区学校、各乡镇中小学铺贴中华人民共和国地图和世界地图、中学生日常行为规范、中学生守则等瓷砖。完小以上学校均建设标准化升旗台。

1993年，县委、县政府将林畲毛泽东故居、长校革命烈士纪念碑、城关张江烈士墓、沙芫古人类化石遗址等列入县级德育教育基地。

1994年3月，下发《关于严格中小学升降旗制度意见》。所有学校在每周一早晨以及重大节日或纪念日，举行升国旗仪式。

1996年，开展“学法律、讲道德”宣传教育活动。1997年，开展迎接“香港回归祖国”读书活动。1998年，开展纪念周恩来百年诞辰活动及学习“福建好青年——刘志珊”活动。清流一中举行18周岁成年人宣誓仪式。各校均张挂名人宣传画，校园内有醒目、固定的德育标语。

1999年3月，召开全县德育工作会议，清流一中等11所学校在会上作经验交流。组织学生以各种形式声讨以美国为首的北约悍然袭击中国驻南联盟大使馆的野蛮暴行，开展迎澳门回归系列活动。

2000年，在全县中学巡回展出《为了明天——预防未成年人违法犯罪》图片。城区学校组织学生观看县委宣传部、文明办、科协、文体局等联合举办的“破除迷信、崇尚科学”图片展，注重培养学生正确的世界观、人生观和价值观。

2004年，印发《关于加强和改进未成年人思想道德建设的意见》。6月，围绕诚信教育开展系列活动，参与师生达6000多人次。9月，在各中学开展加强和改进未成年人思想道德建设大讨论。开展“中小学弘扬和培育民族精神月”活动，包括“知我民族，爱我祖国”“践行承诺，从我做起”等一系列活动。组织开展新中国成立55周年、纪念邓小平诞辰100周年、红军长征70周年革命传统教育巡回报告26场。组织城区7000余名青少年学生观看优秀影片《少年英雄》。是年，1名教师获三明市德育论文二等奖，2名教师获弘扬和培育民族精神案例三等奖。

2005年，开展纪念抗战胜利60周年知识竞赛、书画展览。请县新四军研究会离退休干部讲革命故事，举办报告会、主题会18次。编写《红色清流》校本课程，进行革命传统教育。开展《中小学生守则》和《中小学生日常行为规范》学习贯彻活动、中小学生思想道德建设知识竞赛活动和先进班集体评选活动。

（八）素质教育

1991年11月，全县各中学制定“二五”普法教育实施计划，将普法教育同学生《日常行为规范》教育结合，引导学生自觉遵纪守法。1993年，组织全县师生学习《未成年人保护法》，各校开展学法、知法、守法活动。

1995年，将学生参加劳动和社会实践活动纳入教学计划。是年，全县有校办工厂7家、农场12处、实验田318公顷。

1996年，开展“做跨世纪新主人”读书活动，并举行演讲比赛。1998年，开展“素质教育年”系列活动。组织宣讲队到各中学进行素质教育巡回讲座。开展科技宣传周活动，参加小制作、小论文、小发明竞赛活动359人。2000年10月，举行全县中小学文艺调演比赛。

2001年，围绕素质教育主题，全县开展不同类型（含音乐、美术）教研活动6次，上公开课20节。2003—2004年，各校以素质教育为题，开展课题教学研究8个。

2004 年 6 月，举办“迎接第 20 个教师节 庆‘六一’全县中小学、幼儿园学生书法、美术竞赛和展览”活动，收到书法、作品 78 幅，绘画作品 102 幅。职业中学阳圣华同学在第十五届全国数学邀请赛中获三等奖。

2005 年，举办中学生科技创新大赛。县一中林晶、黄龙同学在 3 月上旬举行的第 20 届福建省青少年科技创新大赛总决赛中，夺得一金、一银两块奖牌，总积分居全市第一。在三明市青少年科技创新大赛中，县一中 5 个作品获一等奖。在三明市中小学生器乐比赛中，清流 21 名学生分别获二胡、古筝、琵琶比赛一、二、三等奖。“六一”期间，全县 128 名中小学生获县级“三好学生”“优秀学生干部”等称号。在全国中学生英语能力竞赛中，清流县初三参赛选手获市一、二等奖各 1 人，三等奖 2 人，高三参赛选手获市二等奖 1 人、三等奖 3 人。另有 44 人获县级奖励。

附：

清流县第一中学

清流县第一中学（以下简称县一中）是福建省重点中学。1991 年，该校有初中班级数 33 个、高中班级数 15 个，在校生 2034 人。教职工 139 人，其中专任教师 95 人。

该校注重向管理要质量、以竞争求上进，抓好教学常规管理，全面推行“336”教学基本要求，制定课堂教学评价标准、教学质量检查验收制度、考勤考绩和奖励实行条例等，并在学生中全面推广“两先两后一小结”学习方法。针对不同类型学生，采取区别对待、分类提高的措施，根据不同阶段提出不同具体要求，因人施教，大面积提高教学质量。1992 年，高考万人省专上线率升至全市第四位。1994—1996 年，连续 3 年高考万人省专上线率保持全市第四位。1996 年 6 月，被评为“省二级达标校”。1997 年起，县一中高考成绩稳中有升，饶贞夺得全省文科状元。

2001 年，新建现代化实验大楼。2002 年，学校本科上线人数 170 人。2004 年秋，初中部与高中部分离，清流一中成为独立高中校。2005 年，学校占地面积 2.49 万平方米，建筑面积 2.37 万平方米。拥有教学楼、科技大楼、现代教育技术中心以及 2 栋可容纳 1200 人的学生公寓。有教学班 38 个，学生 2010 人。教职工 157 人，其中专职教师 119 人；高级教师 28 人，一级教师 77 人。2003—2005 年，本科上线人数分别为 196 人、282 人、378 人。至 2005 年，累计有 11 名毕业生被清华大学、北京大学等国内一流大学录取。

清流一中始终将德育工作放在首位，先后获“省田径传统项目先进集体”“省绿化红旗单位”“省普通中学创优评优先进单位”“省普通中学常规管理先进单位”“省文明单位”“省文明学校”“省二级达标学校”“三明市青少年科技教育示范校”“三明市德育特色校”，省“模范教工之家”，市“文明学校”，市“首批德育特色校”，市“素质教育工作先进单位”，市、县“教育工作先进单位”等称号。1998—2005 年，县一中学生参加各类竞赛，获国家级、省级奖各 40 人次，获市级奖 146 人次。教师教学教研论文在 CN 级或国家级刊物发表 28 篇，在省级发表 18 篇，在市级发表 170 余篇。其中，2005 年教师教学教研论文在 CN 级或国家级刊物发表 4 篇，入选市级论文汇编 3 篇，获全国奖项 2 篇、省级奖项 11 篇、市级奖项 5 篇。

第五节 职业教育

一、学校设置

1991 年，全县有职业教育学校 2 所，即长校农业职业高中和清流县职业中学。

长校农业职业高中 位于长校镇。1991 年，开设烟草、畜牧兽医 2 个专业，设 2 个班，招生 110 人。至 1993 年 7 月，毕业 100 人。1993 年 9 月，因生源不足等原因停办，仅保留初中部，改为长校中学。

清流县职业中学 原称清流县第四中学。其高中部为职业教育，面向全县招收应往届初中毕业生；初中部为普通初中教育，面向东华学区招生。实行一套班子、两块牌子，采取双轨制办学。1991 年，开设财会、建筑、茶果、文艺 4 个专业，设教学班 5 个，招生 147 人。1995 年，招收幼师专业学生 50 人。1997 年，初中部和高中部分离，县职业中学择址新建，仅保留职业高中。2001 年 4 月，该校升格为高级职业中学。

2005 年，县高级职业中学有教学班 21 个，在校学生 1145 人；教职工 71 人。其中，高级职称教师 15 人，中学一级教师 26 人。本科学历教师 60% 以上。1999 年，该校获“职业教育先进集体”称号，2003 年获“市级花园式单位”和“市级绿色学校”称号，2005 年获“三明市绿化先进单位”称号。

二、办学条件

2000 年，县职业中学完成教学大楼建设，新建校门、围墙、250 米跑道、水泥球场等，自筹资金添置电脑 13 台。2001 年，筹集资金 50 万元，新建学生公寓 1 栋，建筑面积 1200 平方米。2005 年，学校筹资 70 万元，再建学生公寓 1 栋，建筑面积 1320 平方米。筹集资金 156 万元，建成综合科技楼 1 栋，建筑面积 2600 平方米。

三、办学模式

20 世纪 80 年代，县职业中学采取校企联办、挂靠办学做法，分别与县合成氨厂、县电化厂、县建筑公司、永安维尼绒厂等企业联合办学，有针对性地开设专业。1991 年，拓展办学形式，借助省、市重点中专学校的办学优势，实行挂靠办学。91、92 级茶果专业挂靠永安农业职业中专学校，93、94 级会计审计与统计专业及 95 级财会电算化专业挂靠三明市职教中心。随着市场经济发展，学校将目光转向沿海厦门、广东、福州等发达地区，开展校企联办，向沿海经济发达地区企业输送人才。2002 年 5 月，县高级职业中学新设“厦门华天涉外职业学院清流教学点”。8 月，新设“华中师范大学网络教育清流教学点”。12 月，《人民日报》（海外版）以《新的起点，新的希望》为题报道该校办学经验。2003 年 10 月，该校通过省级合格校验收。同年，首届综合课程实验班参加高考创出好成绩，本科上线 5 人，专科上线 48 人，上线率 63.9%。

1991—2005 年，累计招生 4277 人，毕业 2361 人。

四、专业设置

职业中学开办之初，就从市场人才需求出发，依据办学条件，因地制宜设置专业。财会、电子电器作为学校骨干专业多年连办。2000 年，首次招收综合课程实验班。此后，重点开办计算机及应用专业。1991—2005 年，县（高级）职业中学先后开设财会、化工、幼师、茶果、机电、计算机等 10 余个专业，专业班共 100 余个。

五、就　业

1991 年以后，职业中学取消定向代培生，学校贯彻“不包分配，择优录用”原则，对应届毕业生进行推荐就业，或自主择业。

1991—2005 年清流县高级职业中学办学情况表

表 21-7　　单位：个、人

年 度	开 设 专 业	班级数	招生数	毕业生数
1991	财会、建筑、茶果、文艺	5	147	134
1992	财会、化工、建筑、茶果	4	110	80
1993	财会、幼师、会计审计与统计、经作	5	211	136
1994	财会、机电、会计审计与统计、预备役	4	195	88
1995	幼师、财会电算化、机电、财会与计算机	13	208	62
1996	财会、机电、预备役、电子电工电器、财会与计算机	14	131	135
1997	财会、机电、会计审计与统计、水电、电工、机电一体化 电子电工电器	11	179	209
1998	财会、机电、预备役、幼师、美术、电子电器、财会电算化	11	217	157

续表 21-7

年 度	开 设 专 业	班级数	招生数	毕业生数
1999	电脑与文秘、机电、电子电工、行政管理、保安、电子电器、财会与计算机	16	241	62
2000	水电、电工、电子电器、预备役、美术	16	306	157
2001	计算机、电子电器、行政管理、电脑与文秘、文秘、机电（职专）、机电（职高）保安、电子电工、综合课程实验班	21	640	153
2002	中职计算机、技工电子电器、华天预科班、中职电子电器、综合课程实验班	6	245	187
2003	电子电器应用与维修、计算机应用与维修（职高）、文秘（职专）综合课程实验班、文秘	16	511	402
2004	计算机及其应用、综合课程实验班、财会计算机应用与维修、大专预科班、技工电子电器、电子电器、	17	537	248
2005	计算机及其应用、综合课程实验班	9	399	151
合 计		168	4277	2361

第六节 成人教育

一、农村成人教育

（一）办学阵地

1991 年，全县 15 个乡镇均设文化技术学校。1994 年，全县 111 个建制村（居委会）均成立文化技术学校。乡、村两级文化技术学校办学面 100%。扫盲、巩固班配有兼职教师 422 人，部门兼职技术教师 265 人。1997 年，李家乡投资 14 万元新建独立文化技术学校，建筑面积 360 平方米。次年，投入 4 万余元添置桌椅、音响等设备。1998 年，灵地、李家、嵩溪、林畲、长校、温郊、沙芜 7 个乡镇相继建成独立文化技术学校。全县文技校有教室 41 间，建筑面积 1868 平方米。乡镇 8 所独立文技校均达到“八有”标准（有领导班子，有专兼职教师，有独立校舍，有教学设备，有校办厂（场），有经费来源，有办学规划，有管理制度）。

2005 年，全县有乡（镇）级文化技术学校 15 所，每所配备专职副校长 1 人、兼职教师 3—4 人。年内，全县举办培训班 120 期，培训 1000 多人。

（二）扫除文盲

据 1990 年第四次全国人口普查资料显示，全县 15 ～ 24 周岁人口为 67109 人，尚有全、半文盲 9383 人，其中妇女文盲占 82.7%，青壮年非文盲率 86.03%。

1991 年，县政府将扫盲工作纳入各乡镇任期目标责任制，实行“双线承包”合同，即县政府与各乡镇政府、县教育局与各学区签订责任合同书。县财政年拨扫盲专款 3 万元。各乡镇采取“政府负责组织入学，学校负责施教”的双轨制负责模式，乡村制定乡规民约，促进扫盲工作。教育部门建立月汇报制度及年度量化考评制度，加强扫盲工作督促检查。1994 年冬，县委、县政府召开全县教育工作会议，要求将扫除妇女文盲作为扫盲工作重点。县妇联将扫盲纳入“双学双比”竞赛内容，县文明委将扫盲工作纳入精神文明评比重要内容。县人大、政协、团委、妇联、教育局联合组成检查组，督促检查扫盲工作进展。至 1996 年，全县扫除青壮年文盲 8325 人，青壮年非文盲率 98.62%；组织参加巩固学习 8325 人，结业 8155 人，巩固率 97.96%。

1997 年，全县 15 ～ 24 周岁人口中，文盲人数为零。25 ～ 50 周岁人口中，文盲 461 人。15 ～ 50 周岁人口非文盲率99.39%。同年5月,清流县通过省“两基”验收(基本普及九年义务教育、基本扫除青壮年文盲),省政府授予清流县“扫除青壮年文盲县”称号。“两基”验收后,县政府要求继续坚持“一堵、二扫、三提高”方针,办好巩固提高班,做好扫盲巩固工作。

2000年,第五次人口普查数据显示,全县人口中,文盲人口(15岁及15岁以上不识字或识字很少的人)为1.24万人,粗文盲率(15岁及15岁以上文盲人口占总人口的比重)比1990年下降9.51个百分点。

2002年,根据“双高普九”(高质量、高水平普及九年义务教育)要求,各乡镇按村分年度建立15～24周岁人员文化户口册,跟踪变动文化程度,发现新文盲,及时依法扫盲。当年11月,清流县通过省“两基”跟踪督查,标志着清流县正式完成扫除文盲任务。

2003—2005年,县财政每年安排扫盲专项经费2.6万元,并召开县、乡专题会议部署扫盲工作,采取送教入户、包教保学等教学模式,巩固扫盲成果。

1991—1996年清流县扫盲工作情况表

表21-8　单位:人

年　份	脱盲毕业	巩固结业	技术培训
1991	1391	409	12685
1992	2343	1094	17775
1993	2214	2073	15621
1994	1489	1527	20860
1995	817	1785	17259
1996	71	1267	17993

(三)实用技术培训

1991—1995年,各乡镇以文化技术学校为平台,与县农业函授大学、县农业广播电视学校联合,按农村经济发展需要,制定农村实用技术培训计划。坚持“实际、实用、实效”原则,开展烟草、食用菌、茶果家禽、裁缝、养鱼等“短、平、快”(周期短、投资少、见效快)项目技术培训,为农民脱贫致富服务。教学中,坚持“五个结合”(理论学习与实践操作相结合,课堂教学与巡回指导相结合,面向全体与个别辅导相结合,请进能人指导与派人外出学习相结合,直观教学与电化教学相结合),聘请省、市、县农艺师、农技师及省农林大教授到乡镇讲课,并到现场进行指导。

1998年,各乡镇文技校建立农村实用技术录像带播放制度,坚持每月每村播放一次,并根据当地需要,不断更新播放内容。

至2002年,文化技术学校每年开展农村实用技术培训约400期,受训约1.5万人次。2003年,各乡镇文化技术学校向中央农业广播电视学校购买农村实用技术光盘,通过播放农业科技录像进行教学。

至2005年,全县农业函授大学结业4300余人,获“绿色证书”3362人,获农民技术职称320人;县农业广播电视学校结业376人。

二、成人中等教育

(一)中师函授

1993年,县进修学校招收部分顶编代课教师,进行中师函授,学制4年(文史类和数理类各2年)。各科成绩合格者,由省教委颁发“三明市师范学校毕业证书”;单科成绩及格的,由市教委函授部发给单科结业证书,不及格学科可参加下一届函授学习。同年,举办民办教师离职函授班一期,学员54人。1995年,招收中师函授班1期,学员109人。同年,受福建幼儿教师培训中心委托,举办幼儿教师在职函授班1期,学员40人。1993—1995年,全县招收中师在职函授班共计7届,入学265人,修业期满取得中师学历证书 197 人。1998 年，中师函授全部结束，累计毕业 400 人（含幼儿教师、顶编代课教师函授）。

（二）行政管理专业证书班

1994—1995 年，由市教委和福建师大联合在清流县成人教育中心开办行政管理专业证书班 2 期，招收具有高中毕业学历、从事行政管理工作 5 年以上的在职干部参加函授学习。经入学考试，第一期招收学员 36 人，第二期招收学员 40 人，学制一年半。课程为人事管理、管理心理学、公共管理学等 10 门，均由福建师大教授授课。抽考课程由师大派巡视员监考。2 期学员经考试，成绩全部合格，由福建师范大学发给成年高等教育行政管理专业证书。此后未再办此类证书班。

（三）计算机技术培训

1996 年，全县青年干部参加计算机培训与考试，并于 1997 年 9 月与全国计算机等级考试接轨。1998 年开始，干部参加成人大、中专学历教育时，凡取得全国计算机等级考试一级（B 类）以上合格证书者，免修免考相应课程。2002 年，全县各企事业单位 50 周岁以下的所有专业技术人员参加全国计算机应用能力考前脱产培训。培训内容为中文 WINDOWS 98 操作系统和 WORD 97 中文处理 2 个模块。培训工作由县人事局统一组织，统一部署，统一安排。县职业中学承担培训任务。专业技术人员参加计算机应用能力培训后，申报并参加“全国专业技术人员计算机能力”考试。取得的合格证书作为专业技术人员职务晋升、评审、聘任必备条件之一。1996—2005 年，全县开办计算机培训班 16 期，培训 2673 人。教育系统第一轮计算机全员培训结束。

三、成人高等教育

（一）自学考试

1991 年，自考考生在县高等教育自学考试办公室报名，到三明市区考点参加考试。当年，清流考生 68 人，报考门次 236 门。1996 年，清流县开设考场，考生明显增多，达 367 人。2005 年下半年考场撤销，考生到宁化考点参加考试。考试单科成绩及格者，发给单科合格证书。考完所报专业规定所有课程，可申请毕业。经所在地区、单位进行政治思想和工作表现鉴定合格者，发给毕业证书，国家承认其学历。1991—2005 年，全县参加自学考试 10754 人次，毕业 653 人。其中本科毕业 15 人，专科毕业 638 人。

1991—2005 年清流县自学考试情况表

表 21-9

年 份	报考人数（人次）	报考科目（门次）	毕业人数（人）
1991	68	236	—
1992	138	456	—
1993	167	526	2
1994	186	545	8
1995	214	635	16
1996	367	1089	18
1997	469	1480	13
1998	487	1523	15
1999	506	1689	21
2000	976	3116	29
2001	1368	3768	35
2000	2127	4346	105

续表 21-9

年 份	报考人数 （人次）	报考科目 （门次）	毕业人数 （人）
2003	1758	3792	113
2004	1232	2679	153
2005	791	1565	125
合 计	10754	27445	653

（二）网络教育

2002 年春，县教师进修学校申请设立西南师范大学网络教育学院（清流）学习中心，为全县教师及干部职工就近提高学历技能提供继续深造机会。县教师进修学校在原有设备基础上，新添置计算机 40 台，新建多媒体教室 1 间，安装卫星数据接收设备，建立校园局域网，并接入中国电信 2 兆宽带网，与西南师大网络教育学院实现实时、交互式视频、音频连接，各项设施均达教学要求。3 月，西南师范大学网络教育学院（清流）学习中心开设汉语言文学、英语、化学、应用心理学、计算机科学与技术、会计学等 10 个本、专科专业，首次招生 252 人。

2004 年，县教师进修学校被西南师大网络教育学院评为“优秀校外学习中心”。

至 2005 年，县教师进修学校累计招收专科学生 84 人、毕业 67 人，招收本科学生 503 人、毕业 502 人。

（三）电大教育

1. 教学机构

1991 年 12 月，县编制委员会批复电大工作站为县属正科级高等教育机构，事业编制 4 人。2001 年 8 月，内设站长室、办公室。2003 年 2 月，增设教务处、教学处、科研技术处等。2005 年，通过福建省教育厅组织的办学水平总结性评估。年内，事业编制 4 人。

2. 招生及学制

1991 年，招收大专生 19 人、中专生 52 人，学制 1 ～ 2 年。学习形式以业余自学为主。当年，毕业生 22 人。1999 年春季，福建电大批准县电大招收大专注册视听生，首批录取法律、财会 2 个专业大专生 317 人。电视中专招免试生 16 人。年内，在校生 411 人。

2000 年春季，福建电大确定县电大为“中央广播电视大学人才培养模式改革和开放教育”项目试点单位。县电大自筹资金 80 多万元，建设完善与试点项目相适应的教学设施，校园局域网投入使用。筹建实践教学基地 10 个，扩建教学用房 240 平方米。当年春、秋两季招收开放教育专科生 105 人，招收大专注册视听生 101 人、成人中专免试生 6 人。采用通用的学分制形式，所修学分 8 年内有效。年内，在校生 471 人。

2003 年 8 月，福建电大批准县电大成为开放教育本科教学点，办学规格提高一个层次。首届本科法学、教育管理 2 个专业招收 94 人。

2005 年秋季，经福建电大批准，加盟奥鹏远程网络教育。至当年 12 月，本科在籍学生 273 人，其中法学 156 人，教育管理 72 人，汉语言文学 31 人，会计学 14 人；专科在籍学生 260 人，其中法学 188 人，教育管理 33 人，会计学 39 人。全站在籍学生 533 人。

1991—2005 年，大专毕业生 856 人，中专毕业生 167 人。

3. 专业设置

1991 年，专业设置注重实用性，坚持“按需办学”原则，以满足当地基层干部职工求学深造的愿望。当年，大专设文秘、汉语言文学专业，中专设企业管理专业。1992—1998 年，与县烟草局等有关单位联合办学，逐步设置中专企业管理等 9 个专业。1999 年春季，增设法律、财务会计 2 个专业。2000 年，先后开设专科教育管理、金融、法学、会计学等专业。2003 年 8 月，开设本科法学、教育管理 2 个专业。至 2005 年 12 月，共开设开放教育本科法学、汉语言文学、教育管理、会计等 4 个专业；开放教育专科法学、教育管理、会计学 3 个专业。

4. 教学管理

1991—1999 年，电大教学管理实行福建省电大“六统一”（统一教学大纲、教材、教学计划、统一招生、统一播课、统一考试、统一评分标准、统一管理方法）系统办学原则，利用卫星地面接受系统，组织收看总校电教节目，或播放教学录像、录音磁带，提高教学效果。

2000 年始，试行开放教育，改善办学硬件设施设备，通过电子计算机接入英特网，开展远程高等开放教育。按照所开专业、课程，选聘课程辅导教师。同时，在开放教育各专业教学班中，成立协作互助学习小组。教学和教学管理通过实施“三网并举”，实现远程开放教育教与教、教与学、学与学之间交流互动和学生学习过程“三个自主”（即学习内容自主、学习时空自主、学习方法自主）。

2003—2005 年，修订、完善《清流电大处室工作职责》《清流电大岗位工作职责》《清流电大进一步加强教学管理工作的意见》等各项管理规章制度，加强教学与考试管理等各项工作。

1991—2005 年清流县电大教育情况表

表 21-10 单位：人

年 度	中专招生	中专毕业	专科招生	专科毕业	本科招生	合计招生	合 计毕业生
1991	52	—	19	22	—	71	22
1992	34	—	24	19	—	58	19
1993	33	—	17	9	—	50	9
1994	59	11	19	3	—	78	14
1995	34	3	16	11	—	50	14
1996	41	5	1	13	—	42	18
1997	36	11	19	16	—	55	27
1998	37	46	14	12	—	51	58
1999	16	25	317	10	—	333	35
2000	6	33	105	18	—	111	51
2001	—	15	164	19	—	164	34
2002	—	13	185	106	—	185	119
2003	—	5	134	259	94	228	264
2004	—	—	92	149	90	182	149
2005	—	—	61	190	89	150	190
合计	348	167	1187	856	273	1808	1023

说明：2003 年首次招收本科毕业生，至 2005 年尚未毕业

5. 非学历教育培训

1995 年 7 月，受县委组织部和县人事局委托，开设第一期青干英语培训班。首批参加培训的青年干部 383 人。

截至 2000 年 12 月，共举办青年干部初、中级英语培训班 7 期，累计组织青年干部参加全省统一初、中级英语培训和过级考试 3523 人次。

第七节 师资建设

一、师资队伍

1991 年，全县普通中学专任教师 421 人，职业中学专任教师 36 人，小学专任教师 794 人，幼儿专任教师 170 人。

1998 年，大部分民办教师经严格考核，符合条件的转为公办教师，对 25 名不适宜教学工作的民办教师给予退养处理。至此，全县教师均为公办教师。

2005 年，全县普通中学专任教师 681 人，职业中学专任教师 46 人，小学专任教师 749 人（含特殊学校专任教师 11 人），幼儿专任教师 109 人，电大专任教师 4 人，进修学校专任教师 29 人。

二、师资水平

1991 年，全县小学专任教师 794 人。其中，大专学历 9 人，占专任教师总数 1.13%；中专学历 391 人，占专任教师总数 49.24%；小学无本科学历教师。幼师、普师学历 42 人，职幼学历 17 人。全县中学专任教师 457 人。其中，本科学历以上 19 人，占专任教师总数 4.16%；大专学历 313 人，占专任教师总数 68.49%。1995 年，鼓励教师参加自学考试，提高学历。至 2005 年，全县小学专任教师 749 人。其中，本科学历教师 43 人，占专任教师总数 5.74%；大专学历 298 人，占专任教师总数 39.79%。全县中学专任教师 727 人。其中，本科以上学历 349 人，占专任教师总数 48%。

三、师资来源

1991—1997 年，师范类毕业生全部分配。1998 年，实行师范类毕业生分配制度改革，改变过去由政府统包分配的做法，对师范类专科、中专毕业生实行择优分配。2000 年，由于生源减少，以及教师编制的限制，除本科学历毕业生全部录用外，师范类专科、中专毕业生通过公开招聘考试，择优录用。年内，从江西、湖南、湖北等省引进本科学历教师 8 人到清流一中任教。2001—2002 年，清流一中部分高中重点科目教师陆续流向厦门、泉州等沿海发达城市，造成高中教师紧缺。2002 年 12 月，面向社会开展教师资格认定，招收非师范类教育专业毕业生从事教育工作。2003 年，县教育系统接收本科毕业生 5 人，引进本科生 1 人，向社会招聘专职教师 10 人。2004 年，按有关规定和要求，全县认定教师资格 26 人，新录用本科学历教师 14 人。2005 年，针对骨干教师流失严重现象，县政府出台《清流县高中教育奖励办法》，稳定教师队伍，确保优秀教师不外流。是年，县教育系统新聘本科毕业生和小学英语教师（专科）各 6 人。

四、师资培训

（一）校长培训

1993 年 3 月，按照“农村完小以上校长、书记须参加一轮由教育行政部门组织的继续教育培训，并持有省教委认可的中、小学校长岗位培训合格证书方可任职”的有关规定，县教育局举办为期 2 个月的全县首届完小校长岗位培训班，参加培训完小校长 33 人。4 月，县进修学校组织部分完小校长到苏州、杭州、上海等地考察学习。1994—1995 年，培训中小学校长 28 人。1996 年，全县参加市、县培训的在职中、小学校长 96 人。2000 年，举办首期中小学教导主任、教研室主任和“九五”完小校长提高培训。2004 年、2005 年，分别组织 12 名中小学校长参加省市中小学校长培训。2000—2005 年，各中学、学区（中心小学）校长参加市以上培训 260 人次，培训率 98%；完小校长参加培训 110 人次，培训率 95%。

（二）新教师培训

1991 年，每年对新分配的师范毕业生均安排培训。培训分岗前、岗中两个阶段。培训内容以师德修养和教育教学实践为主，以加强教学基本功训练为原则，使新教师达到一年合格、二年过关、三年成材的目标。

至 1997 年，全县参加见习期培训的小学教师累计达 337 人。1998 年，全县参加新教师岗前培训的小学教师 52 人。1999 年，全县参加新教师岗前培训的中小学教师 65 人。2000—2003 年，全县参加新教师岗前培训的中、小学教师累计 169 人。2004—2005 年，全县参加新教师岗前培训的中小学教师累计 63 人。至 2005 年，累计培训新教师 686 人。

（三）学历教育

1991—1992 年，鼓励在职教师参加电大、函授、自考等进修培训。1992 年 4 月，要求各校鼓励不具备国家规定学历的在职教师参加专业对口的各类进修、培训；已具备合格学历的参加继续教育培训。对参加专业对口的各类进修培训的教师，除工作上予以支持外，凡取得合格学历的，凭毕业证书由学校一次性给予补助 150 元。对参加成人中、高等自学考试进修培训教师，每结业一个科目，凭结业证由所在学校补助 20 元。参加专业合格考试的教师，凭每科合格证书，给予报销差旅费。

1995 年，组织全县小学教师参加大专自学考试。县教师进修学校受省幼儿教育中心委托，招收 40 名在职幼儿教师参加为期 2 年学历培训。1998 年，招收中师函授生 468 人，其中幼儿教师 40 人。有 400 人修业期满，成绩合格，获中等师范毕业生证书。2002 年，全县小学教师专科学历比例、初中教师本科学历比例分别为 15.46%、4.36%，均低于全省平均水平；普通高中本科学历比例 36.84%，位居全省第 85 位。2004 年，全县小学教师专科学历比例、初中教师本科学历比例分别为 34.8%、13.56%，仍低于全省平均水平；普通高中本科学历 56.9%，居全省第 73 位。

2004 年，县教育局下发《关于进一步加强中小学幼儿园教师学历教育的通知》，要求各校针对本校师资队伍实际情况，分期分批安排教师参加自考、电大、网大学习，提高学历层次。

2005 年，将学历达标作为职称评聘重要条件之一。要求各校采取“校外进修和校内培训相结合，脱产学习和业余自修相结合，学历教育与单科提高相结合”的方式，提高教师学历层次。是年，全县教师本科学历 392 人，大专学历 805 人，中专学历 453 人。

（四）骨干教师培训

1999 年 4 月，举办首期骨干教师培训班，全县 184 名教师参加培训。2000—2003 年，分批培训县级骨干教师累计 230 人次。2004 年，制定出台《清流县中小学骨干教师、学科带头人评选办法》。通过交任务、压担子、承担研究课题的方式，有计划地培养适应素质教育的骨干教师、学科带头人和名师。

2005 年，重新认定考核县级骨干教师 260 人，并推荐 26 名骨干教师参加市级培训。至是年，全县共组织 80 名教师参加省、市中小学骨干教师培训。

（五）继续教育培训

根据 1996 年 1 月颁布的《福建省实施〈教师法〉办法》《福建省专业技术人员继续教育条例》和中小学教师继续教育有关规定要求，中小学教师都应参加继续教育培训。培训时间要求：中级以上职称每年不少于 72 课时，初级职称每年不少于 48 课时。1997 年 8 月，组织 150 名小学教师参加教师职务培训。

2003 年，中小学教师培训课程有思想政治教育和师德修养、业务知识更新与扩展、现代教育理论与实践、课程改革与教材教法、教育科学研究、教育教学技能训练和现代教育技术、现代科技与人文社会科学知识等。

2004 年，全县 389 名语文教师参加“全国语文教师语言文字基本功大赛”。暑假期间，举办新课程改革知识全员培训，全县参训 1845 人。同年，举办小学教师岗位培训 1 期，参训 362 人。举办中小学教师信息技术培训 2 期，参训 519 人。年内，完成首轮教师全员培训。

2005 年，举办教师继续教育培训，参训 1818 人。有 1800 多人次参加全国计算机（中小学教师模块）培训。经考试，通过等级考试 1739 人。其中，达中级水平 1315 人、初级水平 60 人。全县教师参加各类培训共 2380 人次，培训率 98.3%。

五、师德建设

1991—1994 年，在全县中小学教师中开展社会主义思想教育及“讲师德，育新人，讲奉献，再创优”活动。

1995年9月，李家乡吴家小学校长罗承春扎根农村从教20多年，成绩突出，被国家教委、人事部评为1995年全国优秀教师，获全国优秀教师奖章。

1999年，组织各中小学教师学习新颁发的《中小学教师职业道德准则》，开展“岗位树新风”活动。组织素质教育培训宣讲队2支，深入全县各乡镇中小学，对教师进行业务培训，举办教育法律法规知识讲座。处理在教育教学工作中存在违法违纪行为的教师6人。

2000年，下发《中小学教师道德规范》。在全县教育系统开展“强师德、铸师魂、树形象”师德建设年活动。同年7月，举办全县“师德之星”演讲比赛和“我爱教师这一行”征文活动，编印《我爱教师这一行》一书，并组织获奖教师到全县中、小学巡回演讲。

2003年，开展“教育兴衰，我有责任”主题教育。2004年，处理违反师德规范教师5人。

2005年，制定《清流县中小学师德建设实施方案》，下发《清流县教育局关于进一步加强中小学教师队伍管理的通知》。评选省优秀德育干部2人、优秀班主任2人；评选市优秀德育干部3人、优秀班主任5人。

六、教师职称评聘

1991—1995年，全县评聘中学高级教师10人、一级教师77人、二级教师263人、三级教师257人；评聘小学中学高级教师2人、小学高级教师108人、一级教师374人、二级教师354人。1996—2000年，全县评聘中学高级教师47人、一级教师96人、二级教师214人、三级教师108人；评聘小学中学高级教师1人、小学高级教师143人、一级教师259人、二级教师125人。2000年新学年起，对全县中小学教师试行全员聘用合同制，全面推行中小学内部体制综合改革。2001年9月，推行全县中小学教师任职资格评聘分开办法。2004年，严把教师职务评聘关。全县教师晋升初级74人、中级78人、中学高级10人。2005年，全县教师晋升初级64人、中级83人、中学高级9人；聘任中高职称16人、中级职称59人。认定教师资格38人。

1991—2005年清流县中小学、幼儿园专任教师职称评聘情况表

表21-11　　单位：人

年　度	中教职称				小教职称				
	高级教师	一级教师	二级教师	三级教师	小中高	高级教师	一级教师	二级教师	三级教师
1991	—	37	—	—	—	38	—	—	—
1992	7	13	122	85	—	16	209	141	—
1993	—	—	74	64	—	—	—	97	—
1994	3	27	31	67	—	54	87	66	—
1995	—	—	36	41	2	—	78	50	—
1996	8	18	47	43	—	23	82	53	—
1997	4	24	67	—	—	38	62	69	—
1998	16	11	48	62	—	24	67	—	—
1999	9	21	52	3	1	38	48	3	—
2000	10	22	—	—	—	20	—	—	—
2001	—	—	145	5	—	—	139	—	—
2002	7	180	59	—	—	267	84	2	3
2003	19	82	32	—	—	98	68	4	—
2004	10	22	33	—	—	56	39	2	—
2005	9	48	18	7	—	35	39	1	—

2005年清流县教育系统中、高级职数及聘用情况表

表21-12 单位：人

学校名称	编制数	教师数	取得资格数		已聘数	
			高级	中级	高级	中级
清流一中	157	157	30	86	23	55
清流二中	64	65	—	16	—	15
清流三中	53	84	4	26	4	18
清流城关中学	127	127	11	58	5	24
清流职业中学	70	70	14	35	5	14
嵩口中学	55	70	1	38	1	16
赖坊中学	32	37	—	8	—	8
长校中学	48	55	1	19	1	12
电大工作站	4	4	2	2	2	2
进修学校	31	29	4	19	4	14
县教育局	15	15	2	6	2	6
实验小学	52	52	—	38	—	20
城关小学	64	64	—	51	—	26
东华中小	70	80	—	60	—	21
实验幼儿园	57	54	—	27	—	15
特殊教育学校	12	12	—	10	—	3
长校中小	77	90	—	36	—	21
里田学校	74	74	1	38	1	18
李家学校	71	84	—	36	—	21
灵地中小	37	44	—	17	—	11
邓家学校	54	47	—	12	—	11
赖坊中小	45	49	—	37	—	13
沙芜学校	42	50	—	15	—	12
田源学校	45	65	—	33	—	17
嵩溪中小	91	100	—	71	—	27
嵩口中小	100	118	—	72	—	30
林畲学校	57	75	2	52	2	19
温郊学校	44	57	—	28	—	15
余朋学校	58	67	—	16	—	13
合计	1723	1827	72	962	50	497

第八节 管 理

一、机 构

（一）清流县教育局

1991 年，县教育局内设秘书股、人事股、中教股、小教股、成教股、计财股、招生办（自考办）、教育督导室、勤工俭学管理站和仪器管理站，行政编制 12 人，事业编制及工勤人员 16 人。

1994 年 5 月，增设政教股。2002 年，内设机构为办公室、计审股、人事股、基础教育股、职成教和政教股、招生办（自考办），行政编制 10 人（含监察行政编制 1 人），机关事业编制 16 人，工勤人员 1 人。2005 年，电教仪器管理站、勤工俭学管理站合并，更名为清流县教学装备管理站，事业编制 3 人；自考办更名为清流县招生考试管理中心。保留县青少年校外活动中心，事业编制 4 人。撤销清流县教育工会编制。将县幼儿教育研究室职能并入县进修学校。

2005 年，内设办公室、计审股、人事股、初教股、中教股、政教股、成教股、招生考试管理中心、教学装备管理站、青少年校外活动中心，行政编制 12 人，事业及工勤人员 17 人。

（二）中共清流县委教育工作委员会

2005 年 12 月 31 日，成立中共清流县委教育工作委员会，与县教育局合署办公。

（三）清流县教师进修学校

1991 年，县教师进修学校内设办公室、总务处、培训处、教研室，事业编制 20 人，实有 20 人。其中，行政管理人员 4 人，专任教师 15 人，后勤人员 1 人。2005 年，学校内设办公室、总务处、培训处、小学教研室、中学教研室，事业编制 31 人，实有 29 人。

二、行政管理

（一）安全管理

1991—1996 年，在全县中小学开展创建安全学校活动，加强中小学社会治安工作督查。1997 年，加强校园综合治理工作，聘请 2 名执法人员分别担任实验小学、城关小学综治副校长，聘请县公安局 10 名公安干警担任清流一中等 10 所学校治安副校长。举行首批城区 2 所小学“特别管护区”授牌仪式。1998 年，组织学生参加市教委、市未成年人保护委员会、市公安交警大队等单位联合举办的学校安全知识竞赛，18 人分别获一、二、三等奖。

2003 年 3 月，开展主题为“大力提高中小学生及幼儿的自我保护意识和能力”的中小学生安全教育日活动。7 月，全县中小学、幼儿园开展人员密集场所消防安全疏散通道、安全出口、专项治理工作。8 月，组成安全检查组，分赴各校开展秋季安全大检查，并开展学校卫生安全工作人员培训。

2004 年 3 月，出台《关于预防和处置校园突发事件的应急处置工作预案》，建立健全校园重大突发情况信息报告制度。5 月，召开全县校园安全稳定工作分析会，制定 12 项女生特殊保护措施。6 月，县教育局出台《清流县教育系统人员密集场所消防安全专项治理实施方案》。开展中小学安全知识竞赛及禁毒征文比赛活动，5 名学生分别获三明市中小学生安全知识竞赛一、二、三等奖，121 名学生获省禁毒征文奖。对全县中小学的食堂、校舍、宿舍、厕所、水房进行全面排查，对存在安全隐患部位及时督促整改。会同公安、城管、工商、卫生、文体等部门对学校周边环境进行综合治理，净化校园周边环境。8 月，开展消防安全宣传进学校活动。10 月，在全县集中开展中小学幼儿园及少年儿童安全管理专项整治行动。加强学校、幼儿园的集体宿舍治理。

2005 年，县教育局制定《教育系统创建“平安校园”实施意见》，落实学校安全主体责任，开展学校安全标准化建设，全面启动“平安校园”创建活动。

（二）办学管理

1991—1993 年，全县以东华小学（后改为城关小学）附设幼儿园为注册示范试点，推动幼儿园注册验收工作开展。先后 3 批 89 个幼儿园（班）通过注册验收（应注册单位 92 个），注册率 96.74%。

1996 年 9—12 月，对全县 99 个幼儿园（班）登记注册进行复查。复查结果：合格园（班）73 个，不合格园（班）17 个，未验收园（班）9 个。对不合格和未验收的幼儿园（班），限期进行整顿改进。

2000 年，社会力量兴办幼儿园（班）增多，县教育部门加强对社会力量办学的指导和管理，规范办学行为，促进民办教育健康发展。

2002 年始，县教育部门及各乡镇政府每年对辖区内各幼儿园（班）进行一次审核登记注册，对不达标的下发整改通知书，不合格的责成停办。2002—2003 年，责成停办幼儿园 4 所。

2004 年，民办幼儿园原注册证作废，重新进行登记注册。2005 年，全县登记在册的幼儿园 5 所、幼儿班 120 个。民办幼儿园（班）12 个。

（三）综合事务

1992 年 5—6 月，全县开展《义务教育法》宣传月活动，宣传“依法治教，依法促教”先进事迹，动员辍学女童复学 22 人。1993 年 1 月，全县充实调整小学领导班子人员 21 人，小学校长学历 100% 达标。1994 年，经市教委复查验收，长校中心小学被授予“三明市示范小学”称号。1999 年，在清流职业中学召开校园环境建设现场会。当年，全县校园种花草树木面积 50.6 公顷。2000 年 6 月，在东华学区召开全县完小管理经验交流研讨会。2002—2005 年，实行教育局干部挂乡包校。

三、教师管理

（一）绩效考核

1995 年起，建立年度考核制度，对教师工作采用“优秀”“称职”“不称职”3 个等次确定等级。县教育局负责对全县教师的德、能、勤、绩进行全面考核，由各学校组织实施。考核结果作为晋职、晋级、续聘、奖惩的主要依据。

（二）工资待遇

1991 年，教师工资待遇实行工资与职称挂钩，并享受教龄津贴。教龄满 5 年不满 10 年的，每月 3 元；满 10 年不满 15 年的，每月 5 元；满 15 年不满 20 年的，每月 7 元；满 20 年以上的，每月 10 元。按规定发给班主任津贴，中学每月津贴 7 元，小学每月津贴 5 元。是年，公办教师平均工资 220 元 / 月，民办教师工资 81 元 / 月。1996 年，民办教师工资提高到 130 元 / 月。并规定农村非公办幼儿教师符合规定条件的可参加社会养老保险。参保标准每年 1000 元以上，多交不限。至 2005 年，公办教师平均工资提高到 1391 元 / 月，比 1991 年增加 6.32 倍。

（三）退 休

1991 年，按规定，男教师教龄满 30 年，女教师教龄满 25 年，退休时可享受领取 100% 工资的待遇。1998 年，取消民办教师编制后，对 25 名不适宜教学工作的民办教师给予办理退养，领取一定的退养金。2004 年 8 月，为优化中、小学教师队伍结构，适应新课程改革要求，对接近退休年龄即男年满 55 周岁、女年满 50 周岁和无法胜任教育教学工作的中小学（含幼儿园）教职员工实行离岗待退制度，分不同年龄段领取原工资总额的 100%、90%、80%。全县提前离岗教师 87 人。2005 年，每年下拨经费给县退休教师协会开展活动，为退休教师发放教师节慰问金。

四、教学管理

（一）学前教育管理

1991 年 3 月 15 日，县人民政府下发《关于认真贯彻〈幼儿园管理条例〉和〈幼儿园工作规程（试行）〉

加强幼儿教育工作的通知》，对全县“八五”期间幼儿教育工作作出规划，从事业发展、机构编制、经费管理、教育教学等方面提出具体要求。各乡镇按“分级管理，各负其责”的管理目标，将发展幼儿教育，新建幼儿园列入创建文明乡镇、村的工作规划之中。农村学前班行政上由主办单位及上级部门管理，实行乡办乡管或村办村管；附设在小学的幼儿园（班）实行乡（村）办校管，业务归行政部门管理。

1993—1999年，县教育局先后制定《清流县幼教辅导员政审资格》《农村幼儿园教师工作手册》和《清流县幼儿园（班）“一无十有”，教室布置“三角三化”》等制度，强化各类幼儿园（班）的管理。1997年，县教育局要求幼儿园（班）不要组织幼儿到远处外出活动。严格幼儿接送制度，防止幼儿被人冒领、拐骗。加强对幼儿教具、玩具的安全检查。注意幼儿在园饮食安全。

1998年，全县15个学区配备幼教辅导员15人，加强对幼儿教育的管理和指导。

2001年，组织幼儿教师学习教育部《幼儿园教育指导纲要（试行）》和《福建省幼儿教育指导（试行）》，提高幼儿教师素质。同时，以实验幼儿园为课程改革研究基地，开展教学开放，送教下乡活动，传播课程改革信息。

2003年6月至2005年，组织各学区幼教辅导员、妇联幼儿园及4所民办幼儿园参加《福建省幼儿园教师教育用书》及《幼儿园教育指导纲要》培训。

（二）中小学教学常规管理

1991年3月，选派2名教师参加三明市教师基本功竞赛，分别获第11名和第13名。

1992年2月，制定《中小学教学常规》，对教师备课、上课、批改作业、辅导、成绩考核等提出具体要求。

1993年，各校重点抓薄弱校教学管理，组织人员深入薄弱校听课、召开教师座谈会，有针对性地提出指导意见。将加强教师基本功训练纳入各校主要工作议程。举行首届小学教师基本功训练、研讨及竞赛活动。推荐2名获县一等奖的教师参加三明市小学教师基本功竞赛。

1994年，举办全县中、青年教师“三说一写”（教材、教法、学法和板书设计）基本功观摩活动及“教学基本功”竞赛。1995年11月，制定《清流县小学教师七项基本功训练与考核实施方案》。

1997年，组织全县教师进行基本功比赛，即口语表达、三笔字、简笔画、教具制作、小学教育五项基本功。1998年，开展中小学教师基本功训练考核。暑假组织教师进行素质教育培训。

1999年，组织人员对全县中小学执行课程计划、减轻学生课业负担、教学常规、教学仪器设备使用、实施素质教育五大块28项内容进行检查。同时对教学档案、学籍档案、教学常规等进行检查，就存在问题提出整改意见。

2000年，在林畲学区召开全县中小学体育教学工作现场会。举行县第七届中学生作文竞赛，并将优秀作文送省参评。举行全县初中理化实验竞赛。

2001年，制定《中小学目标管理责任制》《中小学教师量化考评细则》《中小学课堂教学常规》，开展4个校际片教研活动。对长校、李家、里田、沙芜、赖坊5所中心小学素质教育进行检查评估，其中4所达到优秀。同年，对全县小学自然科进行质检抽查，6所学校优秀率达90%以上，2所学校优秀率达70%以上。

2002年，全县推行“基础教育一体化”（即建立城乡沟通机制，实现教育资源共享，共同发展）。实验小学、城关小学坚持送教下乡，上示范课，参与对口学校教研活动。全县中小学开展写字、自然教研活动。

2003年，开展“课堂教学效益年”活动。全县小学每学期对教师备课教案、批改作业、辅导等检查2次。召开全县村级完小教学管理经验交流会，江坊小学、塘背小学在会上介绍教学管理经验。对邓家中小、田源中小、温郊中小进行素质教育评估，各所学校得分均达优秀。

2004年始，各校对学生语文、数学成绩评定增加实践活动能力内容，实行年段过关。组织县初中理科教学比武，获奖教师被授予“优秀青年教师”“教坛新秀”称号。举行全县小学语文、数学学科中、青年教师教学比武活动。

2005年，全县教育系统组织开展“三个一”教学活动，即中青年教师教学比武获一等奖的教师到乡、村学校上1节课改现场示范课，举办1次课堂教学改革专题讲座，帮助解决1个课改中遇到的困难和问题。在余朋学校召开全县初三毕业班教学工作现场会。对全县28所中小学校进行教育目标管理工作考评。举行全县初中语文、数学学科中青年教师教学比武活动。

五、教育经费

（一）财政投入

1991—2005年，县政府将“教育优先”作为事业发展战略，逐步加大教育经费投入：1991年476.9万元，1995年1089万元，2000年1823万元，2004年2998.7万元，2005年3122万元，比1991年增长5.55倍。

（二）集资办学

1991年，全县征收教育费附加收入16.7万元。1996年始，开征城市教育费附加。是年，全县征收66万元，用于补充教育经费不足和改善城区中小学办学条件。

1997年，终止征收城市教育费附加，开征农村教育事业费附加。至2002年，全县共征收农村教育事业费附加1308万元，主要用于发放民办代课教师工资和改善中小学办学条件。2003年，农村教育事业费附加征收终止。

（三）社会捐资助学

1. 建设资金

1991—2005年，全县社会贤达之士捐资助教建设资金397万元、港币20万元，用于改善17所中小学校园面貌。

若干年清流县接收境内外捐资建校情况表

表21-13 单位：万元

年 份	受益学校	捐资部门	捐资数	捐赠人
1993	嵩溪塘背小学恩美楼	香港应善良基金会	5.8	沈炳麟
1994	东华桥下奇峰小学	香港侨红公司	10	许奇峰
1994	清流实验幼儿园	澳门同胞赴闽赣考察团	20万港元	何厚铧
1995	赖坊东山小学恩美楼	香港应善良基金会	12	沈炳麟
1995	嵩口围埔小学教学楼	《三明广播电视报》社	20	余以琳
1996	余朋东坑小学恩美楼	香港应善良基金会	14.8	沈炳麟
1996	长校茜坑东扶轮小学	香港东扶轮公司	20	云大棉
1997	里田洋庄希望小学	省希望工程	20	—
1999	林畲兴田希望小学	省希望工程	15	—
2000	李家长灌小学恩美楼	香港应善良基金会	16.40	沈炳麟
2001	赖坊法华希望小学	香港宝莲禅寺	40	法华法师
2001	清流清凉希望中学	香港宝莲禅寺	58	清凉法师
2001	长校了见希望中学	香港宝莲禅寺	70	了见法师
2001	城关中学学生公寓	广东香君翊房地产有限公司	20	刘 军
2002	灵地姚坊希望小学	香港福建希望工程基金会	20	骆志鸿
2003	灵地中心小学	香港胡文虎基金会	30	胡文虎
2005	余朋中小学生公寓	福建嘉耀集团	25	蔡文雄

2. 社会助学

“春蕾计划” 1997年始，由县妇联牵头组织实施“春蕾计划”工程，旨在帮助失学、辍学、特困女童重返校园完成九年义务教育。2005 年，省妇联资助清流县特困女童 30 人，一次性拨出资助款 1.8 万元。至该年，全县 208 名特困女童得到资助，资助款共计 6 万元。

关工委资助　1995—2005 年，县关心下一代工作委员会资助县贫困学生 366 人，总金额 12.61 万元。

黄仲咸基金　福建省黄仲咸教育基金会从 2002 年开始资助清流贫困学生。至 2005 年，共为贫困山区"五老"后代及部分贫困学生 238 人助学捐资 11.9 万元。

光彩事业　2001 年 9 月至 2005 年 12 月，工商联会员为贫困学生捐资助学和社会公益事业捐款 400 多万元。

金秋助学工程　2000 年始，县总工会实施金秋助学工程，扶持特困职工子女就学。至 2005 年，扶持大学生 35 人次、中小学生 64 人次，发放助学金 5.63 万元。

计生帮扶　2004 年秋季起，落实农村计生"三户"减免九年义务教育期间杂费规定，上述对象每学期减免杂费 10 元。

六、教育设施

（一）校园建设

1991 年，投资 70 万元，建成总建筑面积 3100 平方米的清流一中科技楼。1992 年，全县掀起"办实事，兴教育"热潮，通过各种渠道集资 613.13 万元，新扩建校舍 34 栋，修建围墙 7100 米，添置课桌椅 3000 多套。全县中小学全部消除危房，92% 以上中小学校舍为砖混结构楼房，97% 以上中小学有校门、围墙。当年，全县通过"六项督导"验收，校园建设转入迎接"两基"攻坚及验收后的巩固提高工作。

至 2005 年，全县 62 所中小学先后实施基建项目 133 个，含教学楼、办公楼、综合楼、教师宿舍、学生公寓、食堂及厕所等。其中，新建项目 126 个。建筑总面积 11.72 万平方米，总投资 4767.3 万元。

1991—2005 年清流县中学基建情况表

表 21-14　　单位：平方米、万元

学　　校	建筑面积	投入资金
清流一中	17217	1019.9
清流二中	9019	346.86
清流三中	5656	234.96
城关中学	8430	434.8
长校中学	4700	149.7
嵩口中学	9273.84	314.64
赖坊中学	2188	109
李家中学	2307	59.5
林畲中学	2190	46.8
合　　计	60980.84	2716.16

1991—2005 年清流县小学基建情况表

表 21-15　　单位：平方米、万元

学　　校	建筑面积	投入资金
林畲学区	2714	82.7
嵩溪学区	7012	191.7

续表 21-15

学　校	建筑面积	投入资金
温郊学区	2537	77.88
余朋学区	4403	203
嵩口学区	6567	203.4
灵地学区	2447	96.4
李家学区	2736	63.4
赖坊学区	2127	65.2
东华学区	1370	37.1
长校学区	5115	155
里田学区	2248	84.5
田源学区	1100	31.7
沙芜学区	2446	80.5
邓家学区	1215	32.4
城关小学	3100	120
实验幼儿园	4887	405
城区学校	4181.4	121.26
合　计	56205.4	2051.14

（二）实验室建设及创建实验教学普及县

1991—2001 年，全县投入普及实验教学经费 856 万多元，共建中学理、化、生实验室 30 个，建小学自然实验室 68 个。2002 年，县政府将创建“实验教学普及县”列入议事日程。新建实验楼 4 栋，装备充实 15 所中学、15 所中心校、41 所村级完小普及实验教学仪器，并逐步配齐实验管理人员。

2004 年，各校实验用房、仪器设备、配套设施、实验人员达到合格配套，基本开齐中学理科和小学自然教学教材规定的演示实验和学生分组实验。全县达标学校 56 所，其中完中（含职高）3 所、初中 13 所、城镇完小 2 所、乡镇中心小学 14 所、村小 24 所。

2004 年 6 月 25 日，经省政府验收合格，授予清流县“实验教学普及县”称号。2005 年，全县投资 64 万余元，为中小学装备实验室 12 间，并对全县各级各类学校装备进行检查和督导。

（三）电化教育设施

1991 年，全县小学有 60 座语音室 1 间（实验小学）、智力抢答设备 2 套（实验小学、东华中心小学各 1 套）、摄像机 2 部、大屏幕电视机 1 台、彩电 320 台、投影仪 210 台、录音机 320 台、录像机 40 台。全县小学电教软、硬件设备总投资 56 万元。

1997 年，县教育局制定《电教管理使用制度》《日常保养维护制度》，各校均有 1 名校级领导分管电教工作。全县电教管理人员 32 人。电化教育逐步走向规范管理。是年，全县有教育卫星地面接收站、教学录放像网点 58 个。

2003 年，城区小学配置多媒体教学设施，农村小学均配置实验设备，中心小学均开设电脑课。2004—2005 年，实验小学、城关小学结合课程改革，开展开放周活动，向全县公开电化教学课。2005 年，投入资金 70 万元，为全县 8 所中小学校装备多媒体教室 15 间、计算机教室 4 间。全县网络教育建设和配备工作全面铺开。

1991—2005 年，全县累计投入经费 610.8 万元，用于现代教育技术硬软件装备。全县中小学校共有计算机教室 28 间、计算机 1460 台、摄像机 5 台、录像机 45 台、VCD 机 49 台、电视机 134 台、录音机 355 台、播音设备 81 套、投影仪 232 台、编辑系统 1 套、卫星地面接收站 1 座、教育电视差转台 1 座、校园广播系统 5 个、闭路电视系统 1 套、多媒体电教室 23 间、电子琴课室 3 间、语音室 5 个、校园网络 2 所、校校通 25 所，拥有“三机一幕”教室的学校有65所。全县三分之二学校普及信息技术教育，接受信息技术教育学生7000余人。

（四）图书、音乐、体育、美术等设施配置

1991—1992年，通过各种渠道筹集教育经费，改善、添置中小学教育设施设备。投入20万元，购置图书15万册；投资20万元，购买体育器材5400件；投入40万元，购买教学仪器（含电教器材）。中学按一、二、三类标准全部配齐实验器材，小学校校均配置自然、数学等教具箱。至2005年，全县累计投入经费85万元，装备各级各类中小学图书馆。72所学校（高中3所、初中13所、小学56所）建有图书馆（室），藏书总量41万册，图书管理人员63人。图书占有量为高中生人均30册、初中生人均25册、小学生人均20册。全县中小学建有音乐室69间、美术室69间，并配置电子琴、石膏像等音乐、美术教学器材。

七、教育督导

（一）督导机构

1991年，县教育督导室为正科级事业单位，与县教育局合署办公，定编4人，实有3人。2003年，更名为清流县人民政府督导室，机构性质、规格、编制、经费渠道不变，督导室人员享受教师职称工资和教龄津贴待遇。2005年，编制4人，实有5人。

（二）督导工作

1.“六项督导”

1991年，县政府成立以分管教育副县长为组长，20个相关单位领导组成的“六项督导”（即教育管理、事业发展、教师队伍建设、教育经费、校舍设备和德育工作督导）工作领导小组。1992年，全县投入资金613.13万元，其中争取省、市投入45.5万元，县投入283.5万元，乡投入40万元，村投入110万元，单位捐资18.5万元，个人捐资115.63万元，新建、扩建校舍34栋，修建围墙7100米、添置课桌椅3000多套，购置图书15万余册，购买体育器材5400件。投入40万元购买教学仪器（含电教器材）。1—6月，三明市对清流县“六项督导”工作进行初步评估。12月，省义务教育“六项督导”评估组对清流县进行义务教育“六项督导”评估进行复评。经综合评定，全县15个乡镇全部实施初等义务教育，其中东华、龙津、温郊、长校4个乡镇实施初级中等义务教育，人口覆盖率26.7%，小学毕业生升初中比率83.91%。县实施九年义务教育工作达到省定评估优级标准。

1993年，加强“六项督导”整改，开展经常性、随访性督导，重点加强德育、教学常规管理、教育附加费征收专项督导。当年，清流县被省、市人民政府授予“义务教育先进县”称号。

2.教育“两基”督导

“两基”工作是在“六项督导”基础上提出的更高要求，即基本普及九年义务教育，基本扫除青壮年文盲。省政府要求清流县必须在1997年实现“两基”。1995年年初，县政府召开全县教育工作会议部署“两基”工作。随后，对全县14个乡镇进行“普九”大检查。

1996年，县政府与乡镇签订迎接“两基”验收责任书。全县15个乡镇全部实施初等义务教育和初级中等义务教育，人口覆盖率100%。是年，小学入学率99.85%，毕业率99.9%；初中适龄少年入学率80.13%，毕业率93.76%；残疾儿童、少年入学率85.63%；15周岁人口中，初中教育完成率99.59%，17周岁人口中初中教育完成率85.52%。

1997年4月，三明市教委、市教育督导室组成检查组，检查清流县“两基”工作。5月，省“两基”工作验收组对县“两基”工作进行复评验收，各项指标均达到和基本达到国家和省定验收标准，成为三明市第七个、全省第49个“两基”达标县。至1997年，县财政先后投入866万元用于学校修缮和添置教学设备。

1998—1999年，清流县分别通过两轮市政府“两基”工作跟踪督查，被三明市评为“两基”工作先进县。省政府授予清流县“基本普及九年义务教育、基本扫除青壮年文盲县”称号。国家教委授予清流县“普及九年义务教育先进县”称号。

2000年，全力控制辍学率，巩固“两基”成果。全县小学适龄儿童入学率99.86%，初中阶段入学率

128.97%，残疾儿童、少年入学率92.54%，15周岁人口中，初中教育完成率98.9%，15周岁人口文盲率0.1%。至2005年，清流县全面实现“两基”。

3. 素质教育督导评估

1997年，召开全县初中素质教育教学研讨会，探讨在学科课堂教学中实施素质教育的方法、途径。组织全县中小学校长到湖南汨罗等地参观学习素质教育经验。

1998年始，全县中小学均开展“素质教育活动周”活动。嵩口中学将3月定为素质教育活动月，东华学区开展“三个一”（出好1期素质教育校、班刊，每人上好1节学科素质化公开课，每人写好1篇素质教育论文或总结）活动。

2000年5月，组织评估组分期分批对全县义务教育阶段学校开展素质教育督导评估，促进素质教育实施。年内，完成清流二中、嵩口中学、田源中学、长校中学、县实验小学、县城关小学、嵩溪中心小学、嵩口中心小学、长校中心小学、李家中心小学、林畲中心小学、沙芫中心小学12所学校评估。2003年6月，完成全县24所中小学第一轮素质教育督导评估。下半年，开展第二轮素质教育督导评估，此次评估延伸至普通高中和幼儿教育。

2005年，完成清流三中、城关中学等9所学校素质教育督导评估。指导长校中学进行省级素质教育先进校迎评工作。4月，县电大工作站通过省教育厅组织的中央广播电视大学人才培养模式改革和开放教育试点总结性评估。经市政府教育督导室复评，清流一中、长校中学、县实验小学、县城关小学被评为市级实施素质教育先进校，长校中学被评为省级实施素质教育工作先进校。

4. 专项督导

1991年，不定期开展专项督导，深入基层学校调研，为县政府和教育行政主管部门决策提供依据。

1997年，分别对全县各中学、学区、幼儿园的教学、行政管理进行督导检查。县实验小学、城关小学、长校中心小学总分均达90分以上。1998年，对全县中小学进行教育督导检查。重点检查执行课程计划、减轻学生负担、教学常规、教学设备、实施素质教育五大块28项内容。

1999年，省教委在中小学开展减轻学生过重负担专项督导检查中，肯定清流一中、县城关小学严格执行课程计划、确保学生课余活动时间空间等“减负”方面所作的工作。

2000年始，制定教育目标管理考评细则，于每年6月对全县中小学进行考评。每年对控制辍学、学校安全、教学常规、内部管理、课程改革等方面进行专项督导，督查情况通报全县中小学校。

2005年，加强对中小学收费、学生辍学以及学校常规管理、食品卫生、减负工作专项督查。成立专题调研组，对李家学校、清流二中、嵩口中学、余朋学校、嵩口中心小学、嵩溪中心小学等校的教育教学常规管理进行调研。

第二章 科 技

1991年，县科技机构认真贯彻“把经济建设真正转移到依靠科技进步和提高劳动者素质的轨道上来”的工作方针，进一步深化科技体制改革，加快实施科技兴县进程，开展科普宣传、技术培训。出台科学技术进步项目奖励措施，抓好“产学研”工作，推进科技与经济结合，在组织技术攻关，技术引进、示范、推广及运用技术推进产业化进程方面取得突破，新的技术成果不断涌现，并在全县经济建设中取得明显成效。至1996年，全县实施省、市、县三级科技项目142次，取得科技新成果72项，获省部级奖7项、获县科技进步奖36项。实施科技项目累计新增产值9000多万元。科技进步因素在国民经济发展中贡献率比1991年提高18%，科技成果转换率提高175个百分点。至1998年，全县开发新产品86项，有6个在国际、全国性评比中获奖。申报国家专利32项，获得专利权20项。实施、执行“星火项目”、科技计划174项，其中国家、省级项目15项，市级22项。推广运用新技术、新成果237项。至2005年，全县累计组织实施各类科技项目106项，其中国家级科技项目1项、省级1项、市级27项、县级77项，投入项目经费3850.5万元。获市级以上奖励科技成果16项，其中省部级7项;县级科技进步奖36项;一等奖7项、二等奖12项、三等奖17项。科技人才队伍不断壮大，专业技术人员由1991年的943人发展到2005年的2695人。

第一节 机 构

一、管理机构

1991年，县科学技术委员会行政编制6人，实有6人。1997年12月，更名为县科学技术局（以下简称县科技局），内设办公室、综合科。下设科技情报所、县科技实验站等。2002年12月，核定行政编制5人，实有5人，机关工勤事业编制1人；事业编制2人，实有3人。至2005年，该机构设置不变。

二、科技队伍

1991年，县政府配备科技副县长1人，13个乡（镇）配备科技副乡（镇）长。全县拥有专业技术人员943人，其中工程技术人员366人、农业技术人员258人、科学研究人员113人、卫生技术人员206人。

1996年，成立由县长担任组长的县科技领导小组，各乡（镇）均配科技副乡（镇）长，111个建制村配齐分管科技村委会副主任。全县有各类科技推广机构38家、学会协会22个、农民专业研究会24个、民营科技企业3家。

至2005年年底，全县拥有专业技术人员2695人，其中工程系列223人，占8.27%;农业系列133人，占4.94%;卫生系列344人，占12.76%;教育系列1886人，占69.98%;经济系列29人，占1.08%;会计系列37人，占1.37%;统计系列12人，占0.45%；其他系列41人，占1.52%。

第二节 科技体制改革

1991年，县委七届二次会议作出《关于把经济建设真正转移到依靠科技进步和提高劳动者素质轨道上来的决定》，实施科教兴县战略，配备科技副县长1人。科技力量较为集中的农、林等行业实施科技体制改革。县科技情报研究所聘请乡镇、企事业单位科技人员为业余科技情报员，并与全国600余家单位建立长期科技情报交流协作关系。是年，落实企业技改优惠政策，国营企业试行按销售收入1%提取技术开发基金，由县财政适当集中，有偿调济使用。投入2200万元，实施技改项目13项，建成投产6项。县政府表彰“农资科技兴农”先进单位3个、先进个人6人、优秀“庄稼医生”7人。

1992年，全县实施科技示范乡（镇）建设。15个乡（镇）都相继成立科技、科协组织，并配备科技副乡（镇）长和科技助理员，建制村成立科普小组，配备科技副主任。是年，全县建成科技示范乡镇3个、科技示范村18个，表彰命名“科技星火带头人”100人。

1993年，县政府出台《关于农科教结合工作意见》。鼓励科技人员到农村开展科学研究、技术承包，组织科技开发，对有突出贡献的科教人员给予重奖。县、乡、村三级科技网络基本形成，全县5万余名农村群众受到各种形式科普教育。科技进步因素占县域国民经济增长比例30%。

1994年，科技管理部门成立县技术市场管理办公室，开展技术中介服务。至1996年，全县有各类科技推广机构38家、学会协会22个、农民专业研究会24个、民营科技企业3家。

1997年，县委、县政府相继出台《关于实施科教兴县战略，加速科技进步实施意见》和《清流县科学技术进步奖励暂行规定》。6家骨干企业内部陆续成立科研开发机构。县财政主管部门加强财政周转金管理，将科技事业发展列入周转金使用范围。

至1998年，全县科技进步对经济增长的贡献率达40%，比1991年增长10个百分点。各种科技推广服务组织近50个，建立科技示范基地36个。科技人员领办、承包经营的经济实体近40个，并创建首家股份合作制科技示范园，引进新品种15个。与十几个省、市的30多家科研院所建立稳定的技术协作或单项协作关系。

1999年，县政府出台《清流县技术创新工程试点工作意见》，支持鼓励企业成为技术创新主体，促进科研机构转制，提高企业和产业创新能力。是年，县职称改革中引入竞争机制，农业系统开展评聘分开，竞争上岗试点，打破专业技术职务聘用终身制。事业单位部分专业技术岗位实施评聘分开、竞争上岗办法。

2000年，采取优惠政策，鼓励有一技之长的干部职工到企业和非国有经济单位工作，或离岗创业，发展个私经济。成立县生产力促进中心，实现全国科技信息联网，开设"专家问诊""科技信息检索""创新引智"等栏目，进行技术中介服务。

2001年，建立健全县、乡、村各种专业技术协会和科普协会，全县涉农技术服务（推广）中心（站）开展"村会协作"活动，服务农村经济发展，县委、县政府将此项工作列入年度业务考核内容，并实行农技人员分片挂包制度，提高农民"知农率"；重视提高农产品科技含量，规定凡获得绿色食品、ISO国际质量论证的产品和省部优产品称号的，均给予奖励。

2002年，将乡镇农技站、农机站、经管站、畜牧兽医站、水利工作站技术力量整合，成立农业服务中心，为农民提供全方位服务。

2003年，科技工作围绕县委、县政府确立的产业发展重点，促成企业和农业产业化龙头项目与北京、广西、福建等地的大学、科研单位建立技术联姻关系，签订技术合作协议8个。精制茶油加工、无木炭生产结晶硅等8个项目被列为市以上科技计划项目。鼓励科技人员以技术服务、承租、入股等多形式参与农业产业化和特色农业基地建设。全县15个乡镇、56个村先后与市、县科研机构开展"村会协作""乡会协作"。大路口"村会协作"经验被中央电视台《焦点访谈》等新闻栏目报道和推广。进一步办好农函大、农广校，组织更多青年农民参加科技培训，提高科技对农业和农村经济贡献率。

2005年，县政府及15个乡镇、54个村、1家公司和2个果场，分别与院校和市、县涉农学会（协会）、科技推广服务组织或科技人员签订技术协作协议项目52项，参与协作专家、科技人员143人（次）。年内，各乡镇配备村级农民技术员。全县从事科技活动人员2695人，其中工程系列223人，占全县8.27%；农业系列133人，占全县4.94%。1991—2005年，县财政科技经费支出每年递增48.2%，累计支出495万元，占同期经济建设费支出总额2.85%。全县累计投入科技项目经费380多万元，推广科技项目162项，列入省、市星火计划及科技计划项目研究的主要项目16项。

第三节 科技普及

一、科普宣传

1991年，县科委依托各专业技术学会、协会及县政府各业务主管部门，利用广播电视、宣传车、宣传栏等载体开展科普宣传。出《科普画廊》12期、《清流科普》4期、《科普宣传栏》600期，印发科普宣传材料5.5万份，发至各部门、乡（镇）及农户手中。

1994年，县畜牧兽医学会、果树研究会、林学会、农学会、医学会、环保学会、电力工程学会、果树研究会、食品卫生烹调协会45名科技工作者上街开展科技宣传和咨询服务。

1995—1996年，县科委举办以"科学、文明、发展"为主题的科技进步与清流发展研讨会，收到论文35篇，评出一、二、三等奖共计21篇。

1998年，利用"人口日""环境日""土地日"、科技宣传周等纪念日、活动周，举办科技兴县恳谈会，开展科普赶集、"百项技术入万户"活动。发放宣传材料3522份，咨询服务群众345人次，

1999年，召开科技界崇尚科学、破除迷信，批判邪教座谈会。县科协撰写的文章《科技与经济结合的有

效形式和启示》在中国科协主办的《科协论坛》第5期发表。

2000年，县科协撰写的《村会协作、互惠互利》一文获2000年福建省科协好新闻一等奖。

2002—2003年，召开纪念《中华人民共和国科普法》（以下简称《科普法》）颁布1周年座谈会。组织科普志愿者服务团深入基层开展《科普法》宣讲活动16场次。开展以“依靠科学，战胜非典”为主要内容防“非典”系列科普宣传活动76场（次）。邀请市级以上6位专家作科普报告、讲座6场。

2004—2005年，围绕实施《乡村科普行动计划》，开展创建科普先进乡镇、科普示范村、科普示范户活动。县科协被省、市科协评为科协科普工作先进单位。2005年10月，县科协主席罗炳文被中国科协授予全国农村科普工作先进个人称号。

二、社区科普

1999年始，在城区开展“讲科学生活、建文明社区”为主要内容的科普进社区活动。至2001年，先后在龙津广场及凤翔、长兴等4个社区举办“崇尚科学、反对邪教、破除迷信、反对愚昧”大型科普图片展15场。举办社区科普讲座12场，听讲居民650人，发放科普宣传材料8200多份。

2002年，以宣传贯彻《科普法》为契机，重点抓好凤翔社区和长兴社区的科普宣传。开展《科普法》知识竞猜、科技咨询活动4场，参与群众426人次。

2003年，举办社区环境卫生、心理健康教育科普讲座6场，听讲群众560人次。

2004年，组织社区居民开展科学用电和安全知识讲座、咨询各3场，参与群众610人次。

2005年，在城区4个社区举办老年健康知识讲座4场，200多名老年人听讲。

三、校园科普

1991—1996年，全县各中小学校每年开展大型校园科普活动。如生物百项、科技“三小”（小发明、小创造、小制作）、科普知识竞赛等活动，累计收到科技“三小”作品320多项。县科协、县青少年科技辅导员协会不定期联合举办科技夏令营、科学考察等活动。

1997年，县科技局开展第四届青少年“生物百项”活动。清流一中、长校中学撰写论文3篇参加省市青少年科学小论文竞赛。开展以生态环境与可持续发展战略为主题的青少年科技传播行动。全县征集青少年科技小论文25篇，获市一、二、三等奖。清流一中教师曾小流被省、市科协及教育局评为优秀科技辅导员。

1998年3月始，连续2年开展“绿色家园——种世纪之树”活动。参与此项活动的中小学生达5000多人（次），种植绿化树2.1万余株，树苗成活率80%以上。

1999年，在第十届三明市青少年发明创造比赛和科学讨论会中，县一中教师曾小流指导庄玲玲同学发明的《新型拉线开关》及余鹏翔同学发明的《对联字画活动装套》获优秀奖。是年始，连续3年开展“大手拉小手”——青少年科技传播行动，受教育中小学生1万多人（次）。

2001年，在第六届三明市青少年生物与环境科学实践活动中，县一中教师罗伟彬和郭益华指导赖跃华、裴德宗同学撰写的小论文《爱我清流、美化清流——对清流县生态环境现状调查与设想》获二等奖。当年，清流一中被三明市授予“科技教育示范校”称号。

2002年，清流县在青少年科技创新大赛（市级）比赛中，获二等奖2个、三等奖3个。县一中教师罗伟彬指导翁菁婧和肖敏同学撰写的小论文《值得推广的观赏、实验鱼——叉尾斗鱼》获二等奖。县一中获“三明市科技教育先进集体”称号。罗伟彬被评为三明市优秀科技辅导员。

2003年，在第十八届三明市青少年科技创新大赛中，县一中教师罗伟彬指导严璐璐同学撰写的小论文《影响鱼呼吸的外因的实验》获二等奖，教师廖小清、谢远洪、江琴英、袁学英等指导的学生项目均获三等奖。罗伟彬被评为第三届福建省青少年科技教育工作优秀科技辅导员。

2004年，清流一中17名学生的科技创新项目参加县级评选，获一等奖4项、二等奖3项、三等奖8项，并推荐4个项目参加省、市青少年科技创新大赛评选。由教师兰桂娥、廖小清指导吴晓华同学的《摩托车头盔的改进》项目获第19届福建省青少年科技创新大赛二等奖。另获市二等奖1项、三等奖1项。当年，清流一中获“三明市科技教育先进集体”称号。教师罗伟彬、廖小清被评为三明市优秀科技辅导员。同年3月，中国科协组织潘厚任、位梦华、钱迎倩3位专家到清流县给青少年作《太空人的衣食住行》《神奇的南极和北极》《一个重要的环境问题——保护生物的多样性》等4场科普报告，听讲学生2000多人。

2005年，清流一中选送学生科技创新项目14个参加第20届福建省青少年科技创新大赛。林晶同学的《光的折射演示器》、黄龙同学的《公用电话自动消毒装置》、魏纯建同学的《投币式取水器》分别获省级一、二、三等奖。另外获市级一等奖1项、二等奖5项、三等奖2项。清流一中获第20届三明市青少年科技创新大赛优秀组织奖；教师罗伟彬获第6届福建省青少年科技教育突出贡献奖，25名教师获优秀指导教师奖。

1991—2005年，县科协、县青少年科技辅导员协会联合举办科技夏令营6期，每期5天。216名学生参与。

1991—2005年清流县参加福建省青少年科技创新大赛获奖一览表

表21-16

届别	年 份	奖 次	作品名称	学 科	申报者	所在学校	辅导老师
19	2004	二等	摩托车头盔的改进	工程学	吴晓华	清流一中	兰桂娥 廖小清
20	2005	一等	光折射器	物理学	林 晶	清流一中	吴水昌 罗伟彬
20	2005	二等	公用电话自动消毒装置	工程学	黄 龙	清流一中	罗伟彬 吴水昌 廖小清
		三等	投币式取水器	物理学	魏纯建	清流一中	吴水昌 罗伟彬

清流县参加第19～21届三明市青少年科技创新大赛获奖情况表

表21-17

奖 次		项目名称	学 校	学 生	指导老师
19届	2	清流县西门桥交通状况调查	清流一中	邱志荣	吴光辉
	2	龙津河水质状况调查	清流一中	罗征骆	廖小清
	3	摩托车头盔的改进（乙）	清流一中	魏珍香	廖小清
20届	1	省时牙刷	清流一中	刘 婷	邹定霖
	2	活动鞋刷	清流一中	罗征骆	江琴英
	2	我校高中生课外阅读情况调查	清流一中	巫凌英	吴华燕
	2	新型简易可调式课桌	清流一中	储 星	罗伟彬
	2	自动吸尘的黑板擦	清流一中	魏淑柳	江琴英
	2	无尘黑板	清流一中	魏毅龙	兰桂娥
	3	新型便携式座椅	清流一中	石龙琨	廖小清
	3	摩托车活动雨棚	清流一中	黄 颖	江琴英
21届	1	可调节的圆珠笔外壳	嵩口高坑小学	黄建福	李清江
	1	新型自动电热鞋	清流一中	张 涛	罗伟彬 廖小清

续表 21-17

<table>
<tr><th colspan="2">奖 次</th><th>项目名称</th><th>学 校</th><th>学 生</th><th>指导老师</th></tr>
<tr><td rowspan="9">21 届</td><td>2</td><td>实用吸尘鞋</td><td>清流城中</td><td>罗尚彬</td><td>陈生章</td></tr>
<tr><td>3</td><td>能发电的胳背肌训练器</td><td>清流一中</td><td>李中冬</td><td>廖小清
吴水昌
罗伟彬</td></tr>
<tr><td>3</td><td>迷你三级过滤器</td><td>清流城中</td><td>刘峻铭</td><td>陈生章</td></tr>
<tr><td rowspan="2">3</td><td rowspan="2">多功能圆规</td><td rowspan="2">清流城中</td><td>赖晓琳</td><td rowspan="2">陈生章</td></tr>
<tr><td>林晔梅</td></tr>
<tr><td>3</td><td>手套式粉笔擦</td><td>嵩口高坑小学</td><td>黄帅朋</td><td>李清江</td></tr>
<tr><td>3</td><td>餐桌自动清洁装置</td><td>清流一中</td><td>张水平</td><td>罗伟彬
廖小清
吴水昌</td></tr>
<tr><td>3</td><td>清洁节能粉笔槽知心输液器</td><td>清流一中</td><td>刘 婷</td><td>吴华燕
邹定霖</td></tr>
<tr><td>3</td><td>“巧工人”泡泡糖残渣清除车</td><td>清流一中</td><td>吴苏辉</td><td>邹定霖</td></tr>
</table>

四、领导干部科普

1997 年始，开展领导干部科普工作。邀请省发展研究中心特约研究员、省农业厅专家顾问、高级农经师沈亚军到清流县作题为《跨世纪农业发展趋势》科普报告。城区 200 多名副科级以上领导干部聆听报告。

1998 年，县委党校举办的中青年干部学习班先后举办《知识经济》《农业产业化》《二十一世纪科技发展趋势》《可持续发展》4 场科普报告，200 多名农村基层干部参训。

1999 年，邀请市园艺学会和县农学会有关专家到县直机关及乡镇举办“实施科技兴村（乡）计划，迎接知识经济和新的农业科技革命到来”“农业可持续发展和科技兴果”等科技讲座 12 场。

2000 年，举办“崇尚科学、反对迷信”大型科普图片展，县领导干部参观科普展。县科协征订《科学与文化》杂志 30 份赠送县领导参阅。2002 年，赠送 500 余份科技报刊、《清流科协信息》给县领导及有关部门领导干部参阅。

2003 年，邀请福建农林大学 7 位专家到清流县为县领导、县直部门领导、科技工作者举办科技讲座及提供现场技术咨询服务。2004 年 12 月，县科协在县委党校第二期科级干部进修班作《邓小平科技思想与实施科教兴国战略》科普讲座。2005 年，为县委学习中心组、县人大机关、政协机关、党校、县林业局系统、长校镇等单位干部举办《落实科学发展观、实现发展新跨越》科普讲座 6 场，260 多人参加。

第四节 科技示范与推广

1991 年，县政府下发开展乡镇科技达标意见，制定“八五”期间科技示范乡建设意见和规划。年内，建立科技示范乡镇 1 个、科技示范村 7 个、科技示范户 200 户。完善农业科技集团承包工作，完成吨粮田科技承包面积 666.6 公顷、双纲田面积 1333.33 公顷、再生稻面积 666.67 公顷、单改中面积 1000 公顷。

至 1993 年，在全县推广再生稻、水稻旱育稀植栽培技术。在温郊、东华等乡镇建立再生稻栽培规模示范片，再生季每公顷产量近 5 吨。在田源、林畲、嵩溪等地建立水稻旱育稀植栽培示范片，每公顷增产 10% 左右。

1994—1996 年，全县实施以“两高一优”为主农业科技推广计划，组织推广星火项目 18 项、其他重点项目30余项。全县农业先进适用技术覆盖率90%，作物优良品种更换率95%。

1997年，分别在东华、龙津、田源乡（镇）建立水稻旱育、抛秧、高产栽培模式示范片9个，建立科技示范村10个、科技示范户和专业大户1100户，引进、推广新技术18项，推广面积5000公顷。东华、长校2个乡（镇）通过省级科技示范乡（镇）验收。建立台湾农业科技园区，引进并试种新品种8个，并建立技术示范基地4个。2001年，在新村柑橘场兴建全县林业苗木科技示范基地面积70.6公顷。

2002年，在里田乡建立花卉科技示范片，种植花卉面积30公顷。2004年，建立水果“三蜜”高产示范片和黄羊种羊及饲养基地等。2005年，与省农科院花卉研究中心合作，培育名优花卉优质种苗，推广花卉标准化栽培技术，带动当地农户种花致富。

第五节 科技协作

1994—1996年，组织有关部门和企业参加产学研技术洽谈会和其他形式技术交流活动4场次。与全国28个科研院所及大企业建立横向经济技术协作关系，引进技术10项。全县有11家企业与大专院校、科研院所建立技术协作关系，在精细化工、林产化工、食品加工、建筑建材等领域开发新产品。

1997年，全县为民营企业引进技术6项、先进科技人员7人。交流技术合同项目3项，技术交易金额26.8万元。至1999年，全县累计派出参加技术交易会洽谈人员400多人次，接待外来专家学者100多人次，签订科技合作协议38项。

2002年，组织有关部门和企业参加市矿产资源利用产学研洽谈会和技术交流活动3场次。与上海水产大学、福州大学、福建农林大学和省冶金工业研究所等6所高校科研院所签定项目合作协议6个。其中，里田乡与福建农林大学达成开发鱼腥草和花卉项目协议，并争取到园艺专业花卉研究基地在该乡落户。沙芜乡与三明市水产研究部门合作，从集美大学水产学院引进生物复合酶加工鱼干新技术，开发九龙湖无腥味鱼干即食系列产品。

2003年，组织有关部门和企业参加产学研技术洽谈会和技术交流活动4场次，促成氨盛化工公司与北京博源恒升公司及郑州锅炉厂合作、香料厂与省化工研究所等企校（所）建立技术联姻，签订技术合作协议8个。清流县元生花卉有限公司与福建农林大学园艺学院签订球根类名贵花卉组培及花卉保鲜综合技术开发技术服务合同。引进台商，建立花卉生产、加工基地。在福建省第五届海峡两岸花卉博览会上，清流送展的鲜切花——大丽花获金奖，香石竹(康乃馨)获特色产品一等奖。清流县永得里食品有限公司与广西大学油脂工程系签订“利用废弃物（茶饼）膨化浸取茶籽油综合技术开发”技术合作协议，攻克膨化技术难关，茶籽出油率达93%以上。并做到无“三废”排放，剩余残渣（茶粕）制成绿色生物农药，年创产值1000余万元、利税450万元。

2004—2005年，在省“6·18”技术交易会上，与有关高校科研院所达成技术交易项目56项，交易总额4.8亿元。鸿翔林产化工公司与中国林科院林业研究所结成对子，建立全方位技术联姻。田源乡与上海交通大学生命科学系签约，合作开发野鸦椿药用项目。清流县鸿翔农庄农业发展有限公司与省农科院开展花卉种植技术合作，在嵩溪镇建立花卉组培繁育基地。嘉德综合农业科技有限公司与福建农林大学动物科学学院开展冷泉养殖香鱼技术合作。灵地镇与北京航空航天大学开展红柱石矿提取氧化铝技术研究项目合作。

第六节 科技服务

一、科技信息服务

1991年，印发《科技信息》12期，发布科技情报1000条。指导东华乡暖水村利用省科委项目（罗非鱼越冬基地）进行温泉繁殖和养殖商品鱼均获成功。为东华乡提供锰粉加工信息，并协助做好可行性研究，使东华锰粉加工厂很快进入安装试产。为县五金厂发明人提供情报服务，使“如意轮”项目获专利并投入生产。

至 2001 年，《科技信息》每年为各行业提供科技信息 300 余条。

2002 年，建立健全生产力促进中心，购置电脑、扫描仪、传真机等设备，与省、市科技部门实现无纸化双向信息交流。是年，共搜集科技情报 500 多条，向乡镇和有关部门提供适用科技信息 187 条、项目中介 12 项。

2003 年，全年共搜集科技情报信息 600 多条，向企业和乡镇提供适用科技信息 200 多条、项目中介 18 项。

2004—2005 年，到乡镇、企业开展科技调研、科技咨询、科技中介、信息发布等科技服务，向企业和乡镇提供适用科技信息 600 多条。

二、实用技术培训

1991 年，举办各类农民技术员培训班 45 期，参训 3050 人。举办妇女实用技术培训班 2 期，参训 1018 人。举办乡镇分管农业领导、团委书记、妇联主任等专业培训班 5 期，参训 300 人。举办青年实用技术培训班 2 期，参训 100 人。

1994—1996 年，举办“星火”实用技术培训班 200 多期，培训 1.5 万人次。小科技示范户 1100 户成为农村科技致富“领头雁”和技术辐射点，全县约 400 人获农民技术职称。

1997 年，举办特色产业、星火实用技术培训班 86 期，培训人员 7800 多人次。先后聘请省轻工研究所、省农业厅等部门高级专业人员到县举办讲座 3 场，并进行现场指导。

2002—2003 年，围绕豆腐皮加工、蜜雪梨、山地开发综合配套技术等，举办“星火”实用技术班 47 期，培训 9000 多人次。组织市、县有关专家和专业技术人员开展送科技下乡活动 9 场，发放技术资料 4800 多份，提供技术咨询 3000 多人次，参与群众 8000 多人次。现场达成技术合作项目 34 个，帮助群众解决生产技术难题 160 多项，推广先进适用技术 40 项。

至 2005 年，全县累计举办各类农村先进实用技术培训班 4800 多期，普及培训劳动力 6.5 万余人次。

第七节 科技研发成果与技术引进

一、农 业

1991 年，县农业系统参加市农业局主持的旱粮综合开发技术研究，承担“山地木薯、河滩玉米、果园大豆、稻底大麦”的栽培技术研究。该项目获三明市人民政府科技进步三等奖。

1993 年，县农业局在东华乡基头村建立千亩再生稻栽培示范片。经专家组验收，第一季每公顷产粮 8.34 吨，再生季每公顷产粮 5 吨，比同类型田单季稻产量增加 60%。该项目获县科技进步二等奖。

1996 年，农业系统在全县推广“春大豆优良品种及高产配套技术推广应用”面积 1333 公顷，增产 20%，获农业部丰收奖二等奖。

1997—1998 年，推广用腐烂松树根种植茯苓新技术，全县种植 35 万头，增加农民收入 280 多万元；县经作站引进脐橙、极早熟温蜜新品种建立示范基地面积 4.67 公顷，并为全县果园改造提供嫁接苗穗。2 个项目均被列入省星火计划。

1999 年，清流青龙果蔬有限公司从台湾引进新品种“台农 2 号蜜雪梨”种植技术，带动全县种植蜜雪梨面积 666.67 公顷，该项目被列入市星火计划。全县共引进、完成工业技改项目 29 项，与全国 30 余家科研院所建立技术协作关系。

2002 年，农业系统的“镁肥在水稻等作物上的推广”获省农业厅农牧业技术推广二等奖。

2003 年，县茶果站研究并推广选择不同药剂组合、喷药时机，不同袋型、套袋时机对梨果面影响及优质早熟梨除锈技术等，提高全县优质早熟梨质量和产量。项目被列入省科技计划。同年，清流县元生花卉有限公司采用大棚栽培控温湿度、灯控积温、种球冷冻处理调整生长期及超级玫瑰修剪控制开花等技术，全县花卉种植面积达 120 公顷。

2004 年，清流元鼎花卉园艺有限公司与福建农林大学园艺学院合作，对出口香水百合、非洲菊等鲜切花建立规范化栽培模式、延长鲜花保鲜期等新技术，提升花卉品质。项目被列入当年省科技计划。灵地广益牧业有限公司采用肉牛孪生技术可诱导黄母牛怀双胎产双犊、防止母牛卵巢疾病、减少黄母牛饲养数等新技术，增加犊牛数、降低母牛养殖成本。被列入当年市科技计划。

2005年，清流元鼎花卉园艺有限公司研究香水百合种苗快繁和规范化栽培技术，使种苗快速脱毒高效增殖，节省种苗成本，提高经济效益。灵地广益牧业有限公司引进福建农林大学动物科学院研制的草食动物复合营养舔砖和肉牛、肉羊舔食技术，提高肉牛、肉羊饲料转化率，节约精料，降低成本。2个项目被列入当年市科技计划。此外，实施超级稻配套栽培技术实验项目，提高粮食单产和品质；研究PBO新型植物生长调节剂在“台农二号”蜜雪梨上应用，促进蜜雪梨早熟、固化物含量提高；推广红心地瓜深加工项目，提高红心地瓜附加值等。

二、林 业

1991年，县林业系统从武平县省定点育苗点引进选优120个家系马尾松苗在李家乡河背村进行马尾松子代鉴定试验，种植面积16.67公顷。

1993年，县林业系统采用低温催芽、芽苗截根技术，培育马尾松容器苗300万袋。该项目获县科技进步二等奖。

1997年，林业系统开展马尾松复层林经营技术研究，改造马尾松纯林面积66.67公顷，有效改善林分结构。同年，县林业局的“杉木、马尾松种子产量预测方法”获省政府科技进步三等奖。

2000年，进行无断根栽培茯苓新技术推广试验，通过省林业厅验收。

2001年，开展林业化学除草系列技术推广，面积133.33公顷。

2002年，县林业系统在田源乡引种江西赣系无性系油茶和宁化红皮桃茶新品种栽培试验面积2.67公顷。

2005年，县林业系统与省农科院花卉研究中心合作引进鸿翔农庄农业发展有限公司进行名优花卉良种繁育和花卉标准化栽培技术推广。

三、工 业

1994年，县科技开发中心从南京大学引进姬松茸保健产品技术，开发生产姬松茸保健饮料产品。该项目被列入省星火计划。其中，钢木制品厂与西安交大合作开发电脑监控智能防盗门系列产品、县万利锁厂研制生产的自行车防盗锁、县合成氨厂联醇技改项目及与福建师大合作开发的葡萄糖项目，均达到国内先进水平。

1997—1998年，对传统产业豆腐皮生产进行柴改节能灶，进行蒸汽法生产系列化产品开发，降低生产成本，提高产品质量。该项目被列入省科技计划。

2000年，县林产化工有限公司从南京林业大学引进除酸及降低蒸馏温度等新技术，提高萜烯树脂质量等级、降低设备腐蚀度，提高经济效益。该项目被列入市科技计划。

2001年，县香料厂与省化学工业科学技术研究所共同合作，利用烷基、松香及桐油对酚醛树脂进行化学改性，扩大产品应用范围，提高产品市场占有率。该项目被列入市科技计划。

2002年，福建三明明孚硅业有限公司在省经贸委经费支持下，试点采用“石焦油＋精洗煤＋疏松剂”技术，取代木炭及非木质疏松剂生产工业硅取得成功。9月10日，省经贸委在三明明孚硅业公司召开全省无木炭生产工业硅现场推广会。同年，清流九龙湖渔业有限公司与县科技开发中心合作，应用生物酶和香辛植物去除鱼腥味和选用特定添加剂提高鱼蛋白凝胶能力等技术，开发可与海鱼媲美的淡水鱼即调味系列和即食鱼干系列新产品。该项目被列入当年市科技计划。

2003年，县氨盛化工有限公司利用新型含铁化合物脱除半水煤气中硫化物新技术，年节电18.75万千瓦时，年节煤240吨。项目被列入当年市科技计划。

2004年，福建三明明孚硅业有限公司无木炭生产工业硅新技术经省经贸委专家组进行成果鉴定验收，确定为国内领先水平，成为国家、省科技成果重点推广计划项目。

2005年，县永得里食品有限公司利用膨化、浸出技术，解决茶籽油生产过程中油料容易粘结难题，提高出油率。该项目被列入当年市科技计划。

1991—2005 年清流县获市级以上（含市级）科技奖情况表

表 21-18

获奖年度	项目名称	荣誉称号	授予单位	完成单位	获奖人员
1991	三明市地力计量施肥技术应用	丰收二等奖	农业部	县农业局土肥站	阳永寿
1991	三明市旱粮综合开发技术研究	科技兴农三等奖	三明市政府	县农业局农技站	肖步金
1992	水稻缺镁诊断及防治研究	科技进步三等奖	省人民政府	县农业局土肥站	阳永寿 许金铭
	施镁治理水稻黄叶研究	科技进步二等奖	三明市政府	县农业局土肥站	许金铭、阳永寿等 4 人
	大豆丰产栽培技术示范	农牧渔业技术推广二等奖	省农业厅	县农业局农技站	肖步金
	山地木薯丰产栽培技术	农牧渔业技术推广三等奖		县农业局农技站	肖步金、林贵发等 4 人
1994	三明市 20 万亩水稻高产机械化技术	丰收三等奖	农业部	县农机局	江长玉、陈闻荣
	幼果园推广套种绿肥配套技术	丰收二等奖		县农业局茶果站	孙香兰
1996	春大豆优良品种及高产配套技术推广应用	丰收二等奖		县农业局	肖步金、 黄寿祥等 5 人
1996	水稻旱育稀植技术推广	科技进步三等奖	省科委、 人事厅、 农业厅	县农业局	肖步金、 许金铭等 4 人
1997	杉木、马尾松种子产量预测方法	科技进步三等奖	省人民政府	县林业局	周建铭
1998	中微肥在水稻、柑桔、烤烟上的应用推广	丰收二等奖	农业部	县农业局土肥站	阳永寿
1999	推广牵牛星防治柑橘害螨	农牧业技术推广三等奖	省农业厅	个人	严子华
	推广田草净，防除稻田草	农牧业技术推广三等奖		个人	严子华
2000	闽西北玉米丰产技术	农牧业技术推广三等奖		个人	林贵发
2002	镁肥在水稻等作物上的推广	农牧业技术推广二等奖		个人	阳永寿
2003	姬松茸高效优质栽培配套技术	丰收二等奖	农业部	县农业局综合站	李日长

1993—1996 年度清流县科技进步奖情况表

表 21-19

序号	项目名称	完成单位	主要完成人员	获奖等级
1	5000 吨 / 年联醇技改	清流合成氨厂	方　锋　黄焕章　董明生　郑清煌　李汉林	一等奖

续表 21-19

序号	项目名称	完成单位	主要完成人员	获奖等级
2	3000 吨／年液态山梨醇生产技改	清流合成氨厂	赖寿荣　洪明钦　罗成根　谢满雄　罗宗铭	一等奖
3	煤球配料微机		方　锋　董明生　莱根辉　黄国河　林建生	二等奖
4	5000 吨／年液氨脱碳技改		方　锋　黄焕章　董明生　郑清煌　李汉林	三等奖
5	春烟——晚稻高产高效栽培模式图	县烟草局、农业局	吴文俊　许金铭　赖基明　李青畴　邱小华	一等奖
6	清流县消灭丝虫病的防治成果	县防疫站	林宝銮　邹水祯　刘源彬　季忠明　张林生	一等奖
7	清流县城区基准地价评估	县土地局	江仰维　阳先仁　张锦江	一等奖
8	清流县土地详查变更调查		江仰维　邹松义　阳先仁　赵卫东　陈应忠	二等奖
9	圆盘式铡草机	县通用机械厂	柳榕官　林长东　郭长青　范光辉　曾宪强	二等奖
10	选矿工艺的改进	县钨矿	黄千文　方文和　邱炳华	二等奖
11	木薯新品种“8641”审定与推广	县农业局	肖步金　林贵发　邓国清　魏　芳	二等奖
12	氨厂炉渣对冷烂田水稻增产效应研究成果	个人	许金铭　李青畴	二等奖
13	剑蚕草养蚕技术	个人	林贵发　邱木生　李伍星	三等奖
14	基头千亩再生稻高产技术	个人	林贵发　许金铭　蔡作荧　邱木生　黄寿祥	二等奖
15	水稻旱育稀植技术推广	个人	肖步金	二等奖 *
16	水稻旱育稀植技术推广	个人	李青畴	三等奖 *
17	蒸馏锅加热系统改造	县香料厂	阳观生　谢民元	三等奖
18	萜烯改性树脂生产应用		童　军　翁新武　王仁波　李钦和	三等奖
19	机组高噪音及技术处理的探讨	县电力公司	严建华	三等奖
20	再生稻新组合开发应用	县农业局农技站、茶果站	谢远霖　危国清　陈添生　巫立云　李青畴	三等奖
21	水稻抛载技术应用		黄福森　谢远霖　黄寿祥　吴继渎　巫泉根	三等奖
22	果园套豆增粮养地技术应用		黄福森　叶佑平　罗金旺　凌文林　黄锦乾	三等奖
23	省引进国外智力成果——水稻旱育稀植技术		肖步金　巫立云　邓国清　许金铭　胡永欢	一等奖
24	校溪小流域中轻度水土流失区开发综合治理	县水土办	赖德才　蔡作荧	三等奖
25	引进火炬松造林项目	县林业局	严根旺　马世森　周建铭　李洪成	三等奖
26	FC 牌毛竹高产专用肥推广试验		罗德光　魏发富	三等奖
27	容器苗培育栽植技术		周建铭　马世森	二等奖
28	阿托品治疗咯血 40 例临床分析	县医院	李春明	三等奖
29	白内障摘除与人工晶体植入手术		熊茂传　董德开　陈学恩	三等奖
30	断掌再植手术		张文清	三等奖
31	大剂量肾上腺素、维生素 C 及碱性溶液在心肺复苏中的应用研究		陈聪水　柯汉忠　郭福兴	三等奖
32	中西医结合防治小儿反复呼吸道感染（附 208 例报告）		柯汉忠　赵仙玲	二等奖
33	盐酸纳洛酮穴位注射治疗脑梗塞 68 例		郭福兴　苏绥和	二等奖

续表 21-19

序号	项目名称	完成单位	主要完成人员	获奖等级
34	壶腹癌行胰十二指肠切除术	县医院	江伟民 邱清宁 林 海	二等奖
35	精制茶油技术	清流久立茶油制品公司	薛贤慈 卢躬清 李炳生 魏兴祥	三等奖

说明：1. 加＊系由三明市科委、人事局、农业局联合授予，其余均由县人民政府授予

2. 1991—2005 年，县级科技进步奖仅评选过 1 次

第八节 科技经费

1991 年，县科技三项费用列入当年财政预算，支出 16 万元，占财政支出比例 1%。市级补助 3 万元。此后，科技经费随经济发展、县财力提升逐步提高。

至 2005 年，全县累计投入科技三项经费 495 万元。其中，科普经费基本达到全县人均 0.3 元标准。此外，除科技部贴息贷款 600 万元外，清流县共争取各级科技项目 106 项，获项目经费 385.5 万元。其中，投入农业（含林业、水利）项目 186 万元，占 48%；工业项目 97 万元，占 25%；卫生项目 74 万元，占 20%；其他项目 28.5 万元，占 7%。

1991—2005 年清流县科技项目经费情况表

表 21-20 单位：个、万元

年 份	安排项目					经 费				
	国家级	省 级	市 级	县 级	合 计	国家级	省 级	市 级	县 级	合 计
合 计	1	1	27	77	174	贴息 600	8	64.5	313	385.5
1991	—	—	1	4	5	—	—	3	16	19
1992	—	—	3	3	6	—	—	3	18	21
1993	—	—	1	5	6	—	—	2	32	34
1994	—	—	2	4	6	—	—	3	15	18
1995	—	—	2	3	5	—	—	3	20	23
1996	—	—	1	1	2	—	—	1.5	14	15.5
1997	—	—	2	7	9	—	—	3	70	73
1998	—	—	1	6	7	—	—	3	70	73
1999	—	—	1	3	4	—	—	2	5	7
2000	—	—	3	6	9	—	—	3	6.5	9.5
2001	—	—	2	4	6	—	—	8	20	28
2002	—	—	2	6	8	—	—	8	5.5	13.5
2003	—	1	2	8	11	—	8	8	7	23
2004	1	—	1	8	10	贴息 600	—	6	7	13
2005	—	—	3	9	12	—	—	8	7	15

卷二十二　文化　体育

1991年，为适应改革开放、社会主义市场经济发展的新形势，满足广大群众对文化的需求，县文体部门围绕经济建设中心，制定和实施“芳草计划”，完善文化设施，推动群众文化向社会文化发展，文化市场日益繁荣，社区、企业、校园、农村文化活动百花竞放。文艺创作队伍不断强大，创作多种形式的文艺作品在各级报刊、杂志发表，并出版一批个人专著。

全县群众体育、职工体育、农民体育活动开展有声有色，组队出县参赛频频获奖。参加体育健身人口逐渐增多。至2005年，城区16套健身路径全覆盖，建成建筑面积2740平方米的老干部活动中心。中小学推行《国家体育锻炼标准》，并组织或派员参加市级以上各类体育比赛980人次，获金牌49枚、银牌53枚、铜牌51枚。清流残疾人运动员在国际、全国、全省残疾人运动会上共获金牌6枚、银牌10枚、铜牌4枚。

电视、广播事业获得新发展。至2005年，县、乡、村三级广播电视网络基本建成，实现建制村全覆盖。《清流新闻》从1994年开播时的每周2档发展到2005年的每周3档，电视收视由原来的卫星地面接收、有线电视发展到利用光缆线路接收，信号更加稳定，从1991年的城区可收看电视节目11套，部分乡镇收看8套，发展到城区及大部分乡镇可收看电视节目26套。受多元文化娱乐的冲击，20世纪中期，清流电影放映业日渐式微，2003年，城区基本停止电影放映。

文博工作坚持“保护为主、挽救第一”的方针和“有效保护、合理利用、加强管理”的原则，在文物宣传、普查、征集和保护方面取得成效。全县有省级文物保护单位1处、县级文物保护单位10处。图书发行经营体制改革后，发行量有所增加。图书馆藏书量与读者有所增加。

档案建档向乡村、企业延伸。2003年，开通县档案网站，并被省档案局评为“全省优秀网站”，档案查阅单位和人数逐年增多，档案利用价值提升，档案工作走上规范化、法制化管理轨道。

党史研究和专题征集同步进行，编辑出版《清流党史资料》和《清流革命斗争史》百余万字，完成社会主义时期党史7个专题资料征编，交由三明市委党史研究室结集出版。

地方志修编取得新成果。1994年，新编《清流县志》出版发行，为经济和社会发展提供服务，开编《清流年鉴》，完成1994—1996年、1997年2卷及1998年初稿。至2005年，利用方志资料相继出版《清流县金融志》等专业志书6部以及《清流县情》《清流今古》等地方丛书若干。

第一章　文　化

第一节　群众文化

一、文化活动

（一）“芳草计划”

20世纪90年代，由省文化厅组织全省实施旨在繁荣发展社会文化的总体规划，称“芳草计划”。1990年

10月，县政府批转《清流县芳草计划（1990—1995）文化工作总体规划》（以下简称《规划》），确定文化发展方向、实施项目措施等。提出在1990—1995年期间，完成文化设施建设3个，开发项目20个。实现文化设施较完善、城乡文化网络完整、群众性文化活动普遍开展等目标。同时，《规划》确定试点单位15个。

1991年，制定全县“芳草计划”实施方案。举办“芳草计划”成果展。加强文化市场管理。指导10个试点单位开展活动，其中企业文化2个、校园文化3个、乡镇文化3个、山村文化2个。当年，举办各种展览3场、展出作品154件。引进外来专业演出团体10个，演出19场。

1992年，县委、县政府召开有57名业余文艺工作者参加的座谈会，确立“弘扬民族文化、突出地方特色”的创作指导思想。并将县越剧团转轨为县歌舞团，与文化馆实行统一管理。组织全县“芳草杯”文艺调演。举办第二届“芳草之声”文艺晚会。举办“百花春”征文评奖活动，收到参赛稿件65篇。举办“芳草杯”书画、摄影、剪纸、根雕等文化艺术作品展，展出作品近千幅（件）。选送4个节目参加全省农村文艺调演，获演出一等奖1个、三等奖2个及创作二等奖2个、三等奖1个，获全省唯一县级优秀组织奖。

1993年，发掘和扶持剪纸、根雕、篆刻、武术等民间艺术。清流传统剧种——供坊“三角戏”经挖掘整理后重新搬上舞台。余朋乡东坑村开展走棋、走游会（接力赛跑），长校村开展剪纸、写对联，廖武村开展武术等传统文化活动。全县有6个村组建民间剧团。15个文化试点单位实施“芳草计划”取得成效。嵩溪镇和东华乡文化站被省文化厅评为特级文化站，嵩口、长校文化站被评为一级文化站。城乡歌舞厅、音乐茶座、录像厅日渐增多。全县“芳草计划”3年目标基本实现。

1994年，嵩溪镇文化站以文养文，面向村民开办“芳草”饭店、文化艺术综合服务部、卡拉OK歌舞厅等，以文化实体巩固文化活动阵地。

1995年，举办县第六届“芳草之声”歌舞晚会及宁化、清流、明溪3县农村笔会、文艺晚会。县文化局在嵩溪镇召开“芳草计划”现场会，交流推广嵩溪经验。当年，清流县“芳草计划”任务完成。

（二）文化下乡

1991年，组织文艺轻骑队1支、25人，下厂矿演出4场。

1996年8月，组织“铁心拼搏奔小康”文艺宣传队，巡回全县各乡镇、村演出29场，讴歌中共十四届六中全会精神，颂扬农村奔小康喜人景象。省委宣传部专刊称赞这是一次很有意义、很有价值的文化下乡活动。

1997年，县文化馆文艺宣传队排炼贴近农村、贴近农民的节目，巡回乡镇、村演出，宣传中共十五大和农村奔小康的新气象。2001年，文艺宣传队利用乡镇圩日巡回演出14场。

2003—2005年，县文艺小分队利用农村圩日、“三月三”庙会等，到乡村进行“交通安全”“携手共创平安清流”等主题演出30余场，同时开展送春联、举办书画作品展等活动。

（三）社区文化

1991年，主办“芳草之声”文艺晚会、青年交谊舞比赛12场次，与宣传、教育等部门联办、协办庆祝建党70周年文艺晚会、首届“园丁之声”文艺会演等29场次。

1992年，主办或联办第二届“芳草之声”文艺晚会、海峡同乐会、“拥抱太阳”音乐茶座和文艺晚会、纪念党的生日歌手赛、“庆国庆 迎十四大”文艺晚会等。

1993年，举办纪念毛泽东诞辰100周年诗词朗诵、歌舞比赛，与教育、交通、建设等部门联办庆祝《中华人民共和国教师法》颁布实施暨元旦文艺晚会、先行工程建设暨辞旧迎新联欢晚会、“建设红旗杯”《红太阳颂》卡拉OK歌手赛等40场。

1994年，城东、城北片区居民举办元旦联欢晚会。县文化部门主办文化联谊联欢晚会、建党七十三周年歌咏晚会等，与县妇联、县烟草局、清流一中等部门联办、协办“两桥”（东门桥、西门桥）建设献爱心文艺晚会、“巾帼建功”文艺晚会、新中国成立四十五周年“烟草杯”卡拉OK青年歌手邀请赛、“祖国在我心中”文艺晚会、“个体杯”服装设计联欢晚会等26场。

1995年，举办纪念红军长征胜利60周年、抗日战争胜利和世界反法西斯战争胜利50周年大型《革命历史歌曲》合唱比赛。1996年，举办纪念著名大提琴艺术家王连三（清流籍）诞辰70周年音乐会。

1997年，举办“庆七一、迎回归”文艺晚会。1998年，举办纪念清流建县900周年文艺晚会、纪念邓小平同志诞辰100周年歌咏晚会、城区少儿卡拉OK演唱比赛等活动。1999年，举办迎澳门回归文艺晚会、庆祝新中国成立50周年文艺晚会等。城区成立龙津“劲松”业余合唱团。

2001年，举办“三羊开泰”京剧演唱会。2002年元宵节期间，城区举行锣鼓大赛。2003年，举办王远生从事文艺五十周年作品音乐会。

2005年，举办纪念抗日战争胜利60周年歌咏晚会、“平安清流”广场文艺晚会等。

1991—2005年举办文艺演出情况表

表22-1

年 份	演 出 主 题
1991	1.“芳草之声”文艺晚会
	2. 首届“园丁之声”文艺会演
	3. 青年交谊舞比赛
1992	1. 第二届“芳草之声”文艺晚会
	2. 庆国庆 迎十四大文艺晚会
1993	1. 纪念毛泽东诞辰100周年诗词歌舞比赛
	2. 纪念建党73周年歌咏晚会
1994	1. 纪念新中国成立45周年“烟草杯”卡拉OK青年歌手赛
1995	1. 第六届“芳草之声”歌舞晚会
	2. 纪念红军长征胜利60周年、抗日战争胜利和世界反法西斯战争胜利50周年《革命歌曲》歌咏比赛晚会。
1996	1. 庆祝中国共产党成立75周年文艺晚会
	2. 纪念红军长征胜利60周年文艺晚会
	3.“告别昨天、走向新岸”歌舞晚会
	4. 纪念（清流籍）著名大提琴艺术家王连三诞辰70周年音乐会
1997	1.“庆七一、迎回归”文艺晚会
	2. 全县农村奔小康文艺调演
	3.“育苗杯”青、少、儿、幼钢琴、电子琴比赛
1998	1. 中央音乐学院莅临清流县慰问演出音乐会
	2. 庆祝县第九届党代会的胜利召开和纪念清流建县900周年文艺晚会
1999	1. 迈向“新世纪”少儿电子琴、钢琴演奏会
	2. 第二届心中有祖国、心中有他人“国税杯”少儿歌手赛
	3. 庆祝新中国成立50周年文艺晚会
	4. 迎澳门回归文艺晚会
	5. 元宵戏曲演唱会
2000	1.“农电连万家”夏令歌舞晚会
2001	1.“迎中秋、庆国庆”广场文艺演出
	2.“新世纪、我能行”少儿音乐会
2002	1. 元宵锣鼓大赛
	2. 纪念建团80周年和纪念《毛泽东在延安文艺座谈会上的讲话》发表60周年文艺晚会
	3. 王远生从事文艺五十周年作品音乐会

续表 22-1

年 份	演 出 主 题
2003	1.“三羊开泰”京剧演唱会
	2.“电力心连心、春天祝福您”元宵歌舞晚会
	3.《人民交警为人民》交通法规宣传文艺晚会
2004	1.“华龙杯”青年歌手赛
	2.“庆国庆、祖国万岁”歌舞晚会
	3. 平安清流歌舞晚会
	4.“东莹杯”歌手赛
	5. 纪念邓小平诞辰 100 周年歌咏比赛
2005	1. 喜迎新年“联通杯”集体舞大赛
	2. 纪念抗日战争胜利 60 周年歌咏晚会
	3.“平安清流”广场文艺晚会

（四）企业文化

1991 年，县电力公司举办“电气化催开文明花”艺术摄影展。清流供电局举办“班班有歌声”文艺晚会。县文化馆协助编创的供电局参演节目获市电力系统文艺会演一等奖、省电力系统文艺会演三等奖。1994 年，县合成氨厂举办厂庆 20 周年文艺晚会。

2000 年，县供电局组建小型电子乐队和民乐队各 1 支，与文化部门联办“农电连万家”夏令歌舞晚会。

2002 年，清流车站职工代表队编排节目参加闽通长运总公司“庆国庆”文艺会演。2003 年，电力公司与文化部门联办“电力心连心、春天祝福您”元宵歌舞晚会。

2004 年，县人行组织职工参与三明市支行合唱比赛获三等奖。2005 年，联通公司与文化部门联办喜迎新年“联通杯”集体舞大赛。

（五）校园文化

1991 年，县实验幼儿园举行“六一”儿童节文艺演出。1994 年，清流一中举办第十二届学校音乐周暨第四届文化艺术节《祖国在我心中》文艺晚会。1995 年，灵地中心小学举办 80 周年校庆系列文化活动。

1996 年，县实验幼儿园举办首届专场文艺晚会。1997 年，县实验小学举办首届文化艺术节。县实验幼儿园“六一”儿童节举行文艺活动。1998 年，城区举办全县中小学教师文艺会演。

1999 年，清流一中举办“喜迎澳门回归”文艺晚会。城关小学举办文艺会演。2002 年，县职业中学举办第二届艺术节。城关中学举办首届艺术节。2005 年，县第一中学举办文化艺术节文艺晚会。

（六）农村文化

1963 年，全县有 23 个业余剧团。“文化大革命”期间，横扫一切“牛鬼蛇神”，业余剧团被迫解散。

1991—1993 年，东华乡先后恢复组建农民业余剧团 6 个，其中湘剧团 2 个、越剧团 1 个、三角戏剧团 1 个、采茶剧团 2 个。每年农闲，分别在各乡镇及到周边县演出。

1995 年元宵节期间，赖坊乡文化站组织开展拔龙灯活动。田源乡文化站成立 1 支业余锣鼓队参加乡间活动。嵩溪文化站举办“建设家乡杯”美术书法作品展。李家乡举办“抗战胜利 50 周年”书法作品展。赖坊乡举办迎“七一”书法作品展。林畲乡举办老年人书画展。东华乡业余剧团到邻县演出传统剧目 60 多场。长校镇成立民间楹联协会及客家文化联谊会，发展会员 40 余人，召开民间楹联研讨会。

1997 年，东华乡民间剧团正月期间到各乡村巡回演出 32 场。嵩溪镇开展春节文化踩街活动。赖坊乡女子舞龙队、田源乡农民锣鼓队等活跃在乡间。

1998 年元宵节，清流舞狮队应邀前往三明市区表演。

2003年，龙津京剧同乐会会员40余人在龙津广场举办“三羊开泰”京剧演唱会。2004年，东华乡南岐村举办“三月三”书画、摄影展。

2005年，长校民乐合奏《十番锣鼓闹元宵》和李家乡的民俗表演《五经魁首贺丰年》，参加县城“闹元宵”广场文艺晚会演出。

二、文化场所

文化馆　1991年，文化馆由新华书店大楼迁至县越剧团旧址，馆舍面积1700平方米。2000年，迁至县文化综合大楼，馆舍面积700平方米，设有排练厅、美工室、曲艺室，直至2005年不变。

博物馆　1991年5月建成。馆舍面积340平方米，直至2005年不变。

清流影剧院　原位于城区西门桥西侧，建筑面积4000平方米，观众座位1329个。1998年，因县城规划建设需要，影剧院拆除。

乡镇影剧院　1991年，嵩溪、嵩口、长校、里田、沙芜等乡镇设有影剧院。2005年，所有乡镇影院或已拆迁或另作它用。

乡镇文化站　1991年，全县除龙津镇外，其余乡镇均有文化站或文化活动中心。

县文化艺术中心　设有影剧院、录相厅、舞厅、游艺室等，其中影剧院设观众座位1330个。1995年后，电影放映业滑坡，停止放映电影。

个体文化场所　1991年，全县录像放映业及歌舞娱乐业兴盛，有录像播放厅12家、歌舞厅11家。2002年，有各类书摊、书店11家。2005年，全县共有电子游戏场所3家、歌舞娱乐场所（含KTV）14家、音像制品出租场所30家、网吧10家及书店、书摊等24家（个）。

第二节　文学艺术

一、小说　散文

1991年9月，县民间文学集成编委会编纂的《中国歌谣集成·福建卷·清流分卷》《中国谚语集成·福建卷·清流分卷》《中国民间故事集成·福建卷·清流分卷》（合称“三套集成）出版，收集故事166篇、歌谣228首、谚语1653条。县文联组织编纂《清流文联十年》，收集散文、诗歌80多篇。

1995年12月，县文联组织编纂的《清流文艺作品选集（1985—1995）》内部出版。收录散文、小说61篇，诗词、歌词52篇，随笔、杂谈12篇，纪实文学17篇。2000年，散文集《清流漫笔》《红土地》出版，登载县内作者作品125篇。2003年、2004年，县政协文史委先后编辑出版《清流民俗风情》《清流旅游揽胜》，共登载作品180余篇。

1991—2005年，个人正式出版或内部出版的文学作品有李升宝的长篇小说《烽火遗恨》《如梦年华》《股匪》《商潮》和散文集《凝望石狮》《履痕处处》，温文梅的长篇小说《冷风逐清月》《似是故人来》，黄秀红的长篇小说《响当当的太阳》和散文《山风集》，江天德的长篇小说《乡关》《乡野》，以及李祥光散文集《情舒沃野》，徐逢宝纪实文学作品《清流剿匪纪实》等．共23部。江天德散文《茶树·茶籽·茶油》获2004年第二届“古风杯”华夏散文大赛优秀奖。

二、诗词　楹联

1991年，清流县爱好古体诗创作的，老干部居多，写得较好的有巫廷南、王海演、王榕英等，年青一代有叶国斌、黄德骏、董美娟等。现代诗创作比较有代表性的有陈小三（笔名巫嘎）、魏国翔（笔名郭翔）。楹联创作较出色的有童金根等。2000年，巫嘎（陈小三）创作的诗集《交谊舞及其它》（组诗）获三明市首届百花文艺奖二等奖。2003年，县城区诗词爱好者自发成立“三月三”诗社，有会员9人。创作古体诗词和现代诗500多首，其中王海演70余首诗词入选全国各类刊物。至2005年，个人出版的诗集有魏国翔的《回家》、巫嘎的《交谊舞》等。

三、美术与摄影

1988年，成立摄影工作者协会。吴传义的摄影作品多次参加全国性大奖赛。

1991年，全县创作美术、书法作品760幅（件）。

1992年，魏建昆作品中国画《慕》参加中国东方文化研究会主办的国际中国画展览大赛获三等奖。同年，其作品中国画《战友》参加省公安厅、省美协主办的全省第三届公安系统卫士之光摄影、美术、书法作品展获金奖。

1994年，县实验小学陈刘菲同学创作的美术作品参加全国第七届“双龙杯”少儿书画大赛获铜奖。

1995年，童金根书画作品《山水国画》《和平春色》在全国性大展中分获银奖和一等奖。

1997年，童金根国画《黄慎图》获“中华民族艺术杯”全国书画大赛优秀作品奖。

1998年，魏建昆作品中国画《九月一日》参加省教育厅主办的省首届教职工书法、国画、摄影展获一等奖。是年，在三明市文化馆（站）专业干部技能比赛中，县文化馆郑勇的油画《红苹果》获美术一等奖。

2002年，举办“迎十六大”金秋书画展。县青少年宫在全国教育研究会、全国书画家协会等5家主办的“新世纪我能行”全国校园书画大赛中，有59名同学获奖。

2003年，龙津书友联谊会《龙津书画作品集》第二辑出版。

2004年，成立县美术教育研究会，会员20余人。

2005年元旦，举办首届美术作品汇报展。童金根创作的美术作品《明月春风照小楼》获全国“金马”书画作品大赛优秀奖。同年1月，吴传义作品《滔滔黄河鼓声扬》和《柿子红时农家忙》获首届“天鼎杯”黄河壶口全国摄影大奖赛佳作奖。

四、书 法

1991年，县内书法爱好者众多，每年举办书法展览不下10次。

1996年，清流残疾人书法作品获市书画展一等奖。

1995年，清流、宁化、明溪3县联合举办首届“宁清归翰墨联谊会”活动，3县书法爱好者汇聚一堂，切磋书法技艺。

1997年，成立龙津书友联谊会，会员30多人，每月举办例会一次。

1998年，乔石麟书法作品参加三明市书画展览中获金奖3项和优秀作品奖3项。

1998年秋，在三明市图书馆展厅举办“龙津书友联谊会”成立一周年会员书画汇报展，先后出版《龙津书友书法作品集》第一集、第二集。县文联等单位组织出版《清流县青少年优秀书法作品集》，李祥光个人出版《李祥光书法刻字集》。举办“纪念邓小平同志诞辰100周年”书画展、“纪念毛泽东同志诞辰110周年”书画展、“羊年吉祥”书画展、“红土地”书画展、“人民保险杯”国庆书画展、第七届龙津书友书画展。

2001年，李祥光书法作品入选“中国书画博览会大展”，并获金奖。同年，嵩溪镇陈炳生和长校镇童斌书法作品获三明市举办的首届农民艺术作品展优秀奖。王远生书法作品入选《全国中老年诗书画名家优秀作品集》，并获金奖。上官新2件书法作品参加国际展览会展出，1件作品参加中、日、韩等六国联展，获优秀奖，1件作品参加日本艺术院“大日本书艺院理事长赏奖”获佳作奖。崔祥榀书法作品获中国画圣书画展一等奖。王海演书法作品获第六届国际书法作品展金奖。

2002年，刘建煌书法作品参加国家计划生育委员会主办的2002年全国计划生育系统书法比赛获特别奖。清流8名作者作品入选三明市举办纪念《毛泽东在延安文艺座谈会上的讲话》发表60周年书画展。同年，在首届三明市硬笔书法大赛中，清流16人作品入选参展，14人获奖，3人获特别奖。

2005年，清流一中学生刘辉建参加华夏艺术风采国际交流选拔活动中获书法专业少年组一等奖。

五、音乐与舞蹈

1988年，县音乐工作者协会成立，会员26人。同年，县舞蹈工作者协会成立，会员20多人，成为县内舞蹈创作、演出主力军。

1991年，由伍林发作曲的歌舞《红土地摇篮》、舞蹈音乐《接亲》和《森林卫士》分别获省第六届音乐舞蹈节创作二、三等奖。

1992年,在全省组织的“我的家乡美”创作演出中,伍林发作曲的《幸福写在农村大地上》获创作二等奖,王远生作曲的《春风吹遍大路口》获三等奖;县文化馆编排舞蹈《喜迎亲》(王远生作曲)参加省农村文艺调演,获省创作二等奖、演出一等奖。自编山歌小调说唱《走自强不息的金光道》获“三明市第二届残疾人文艺会演”优秀节目金奖和组织奖。

1994年,舞蹈《桃林乐》参加市音乐舞蹈调演,获演出一等奖。

1995年,舞蹈《戏捕龙津虾》参加市民间民俗文艺调演,获优秀节目奖。

1996年,戴晓健参加三明市苏区5县“金融杯”青年歌手赛获一等奖,1997年参加三明市97音乐舞蹈大赛获“十佳”歌手奖。会员王远生长期从事音乐创作,建树颇多,出版音乐作品集《江南塞外曲中情》。同年,县文化馆编排的舞蹈《水射中秋》参加市音乐舞蹈节演出,获创作二等奖和演出三等奖。

1998年,在三明市举办的“1997音乐舞蹈大赛”中,县文化馆民乐合奏《欢乐的客家人》获演奏二等奖和优秀创作奖,《客家小夜曲》获创作奖。

2000年,戴晓健参加三明市音乐舞蹈大赛获青年歌手金奖。民乐合奏《客家恋曲》在省第九届音乐舞蹈节获铜奖。2003年,举办王远生从事文艺五十周年作品音乐会。

2004年,贺磊为于文华作词的歌曲《百姓的事比天大》,在中央电视台《同一片蓝天》晚会和河北电视台春节晚会演唱。2005年12月,《百姓的事比天大》获三明市政府首届文艺百花奖三等奖。同年,清流选手戴晓健获三明市老区青年歌手大赛一等奖。

六、戏剧与曲艺

1996年,在厦门举行的第八届福建省音乐舞蹈节比赛中,清流县的民乐合奏《欢乐的客家人》获创作银奖,《客家小夜曲》获创作铜奖和演出银奖。

1999年,江贞奇、章战军创作的快板书《千载难逢九九年》参加三明市曲艺会演获创作奖和演出三等奖。

2000年,清流县创作的民乐合奏《客家恋曲》在省第九届音乐舞蹈节获演出铜奖。

2002年,邢玲玲、刘艳玉参加在泰宁举行的首届三明市戏曲演唱比赛分别获二等奖和优秀奖。

七、刻 字

清流现代刻字艺术自2001年起步,童金根等8人被吸收为省书法家协会刻字研究会会员。8人8件作品入选福建省首届刻字艺术作品展。2002年,2人刻字作品入选全国第四届刻字艺术展。

2003年2月,福建省书协刻字研究会、县委宣传部、县文联在清流灵台山联合举办福建省第三期(清流)刻字艺术讲习班。8月,举行福建省刻字艺术研究会创作基地(灵台山)揭牌仪式。是年,9人作品入选福建省第二届刻字艺术展。

2004年6月,省书协刻字研究会、县文联联合在灵台山再次举办刻字艺术创作辅导班。是年,童金根等3人的作品入展第五届全国刻字艺术展暨第八届国际刻字艺术展,其中童金根的刻字作品获提名奖。

2005年5月,在灵台山举办全国首届现代刻字名家提名展暨福建省第三届刻字艺术展。12月,童金根刻字作品《上下五千年》获三明市首届文艺百花奖三等奖。

第三节 图书 档案

一、图 书

(一)图书发行

1.机 构

福建新华发行(集团)有限责任公司清流分公司 1991年,为清流县新华书店,事业编制13人,实有13人。

2005 年，内设办公室、业务科、教材科、财务科，事业编制 16 人。6 月，加盟福建新华发行集团。

2. 发　行

1991 年，县新华书店在城区门店 1 处，在乡镇供销社设售书点 15 处。全年发行图书 87.15 万册。

1996 年，全县图书发行网点 26 处，其中直辖门市部 1 处、乡镇供销社售书点 15 处、个体书店 10 家。全年发行图书 102 万册。

1998 年，邮政设立门点，销售书籍报刊。

2000 年，供销经营体制改革，乡镇供销社售书点全部撤销。全年发行图书 83.5 万册。

2004 年 2 月，县新华书店投资 150 万元，新建办公大楼，其中营业面积 260 平方米、教材仓库面积 1344.22 平方米。

2005 年，县新华书店事业编制 16 人。是年 6 月，县新华书店收归福建新华发行集团，改称福建新华发行（集团）有限责任公司清流分公司。全县图书发行单位有新华书店 1 家、个体经营户 2 家。随着电脑普及，网上阅读成为主流，图书销售业务下滑，销售市场主要面向各中小学校，以教科、教辅书籍为主。全年发行图书 75 万册。

1991—2005 年清流县新华书店经营情况统计表

表 22-2　　单位：册、元

年　份	册　数	码　洋	利　润	年　份	册　数	码　洋	利　润
1991	871537	915114	40053	1999	946706	4171559	126640
1992	932895	1059617	40272	2000	834700	3894704	62421
1993	782628	1262469	45633	2001	780891	3718458	108620
1994	782518	1689036	26533	2002	825400	3881766	28132
1995	962628	2599080	58437	2003	828393	4051965	54168
1996	1023849	3413796	70284	2004	819175	4062474	-42581
1997	789386	3536228	69958	2005	750572	3741923	-74013
1998	806309	4031544	79979	—			

说明："码洋"指图书的原价与销量的乘积

（二）图书借阅

1. 图书馆

1991 年，县图书馆有馆舍面积 900 平方米，内设外借室、采编室、阅览室、少儿阅览室、资料咨询室。馆藏图书 5.88 万册，阅览室读者座位 110 个。

2000 年 5 月，图书馆迁入文化综合大楼，馆舍面积 777 平方米。阅览室有座席 74 个，少儿阅览室有座席 28 个。2002 年，馆舍面积 800 平方米，内设外借室、采编室、阅览室、少儿阅览室、资料咨询室。

2004 年，增设资料室。同时增添书架、视听器材、缩微资料等，馆藏图书 3 万余册，其中古籍 110 册、报刊合订本 2100 册。书架总长 466 米，开架书刊 4200 册。至 2005 年，馆藏图书 3.41 万册。

2. 阅　览

1991 年，年借阅图书流量 4.68 人次，图书流通 2.6 万册。

1996 年，创办《清流图书信息》。当年，为企业、专业户、部队送书 3400 册次，为农民捐书 1400 册，接待资料咨询 610 人次。全年读者流通量 2.15 万人次，借阅图书 2.15 万册。

1999 年 6 月，馆内举办主题为"拯救地球就是拯救未来""六五"世界环境日读书活动和书画展，为读者提供环保书籍 260 多册，展出书画作品 30 多幅。

2004年，组织开展送书进军营，送书下乡、村活动，协助乡镇组建基层图书室。与清流一中、城关小学、城关中学等学校开展业务协调，进行资源共享。举办青少年读者书法展，走访读者，撰写调研报告2篇。年内，订阅报纸36份、杂志51种，增加藏书1000册。发放借书证1260本。解答读者咨询600多项，外借书籍0.12万人次，组织少儿读者观摩600余人次。

2005年6月，在第三次全国公共图书馆评估定级工作中，清流县图书馆被评为三级图书馆。年内，订阅报纸、杂志60种，外借图书册数3.2万册。

1991—2005年清流县图书馆业务情况表

表22-3

年　份	藏书量（万册）	订阅报刊（种）	借　阅（万册次）
1991	5.88	300	2.6
1992	5.9	300	2.6
1993	5.9	300	2.6
1994	3.55	300	2.11
1995	3.3	280	2.1
1996	3.32	250	2.15
1997	3.45	200	2.26
1998	3.5	50	2.3
1999	3.6	60	2.4
2000	3.61	60	2.41
2001	3.6	70	2.1
2002	3.64	70	2.4
2003	3.4	80	0.5
2004	3.6	100	0.12
2005	3.41	60	3.2

二、档　案

（一）档案馆建设

1991年，县档案馆面积400多平方米。1995年，增至800平方米。1996年，经省、市验收，县档案馆被评为省二级馆。1997年，对档案馆库房进行加层改造。

1998年11月，新档案馆项目动工兴建。项目总造价130多万元，用地面积400多平方米，建筑面积2100余平方米，5层框架结构，其中库房面积1200平方米。2002年9月，大楼竣工。2003年，县档案馆晋升为省一级馆。

至2005年，县档案馆有档案箱1118个、资料柜102个、空调机9台，配有复印机、去湿机、防磁柜、冰柜、报警器等设备。档案库房安装铁门、铁窗、防光窗帘等。档案馆全年温湿度达到相关要求。

（二）档案监督指导

1991年，组织人员到各立档单位监督指导档案工作，推进档案工作规范化、制度化、科学化。

1993年5月，组织有关单位对县土地局等18家单位进行档案执法检查，当场指出存在问题，并限期整改。

1996年，建立档案工作执法责任制和年度考评制，确定每年召开1～2次全县档案工作会议，通报情况，布置任务。是年，全县有 26 个机关事业单位档案室获省级先进。

1997 年，将副科级以下事业单位的档案工作列入管辖对象。组织 30 名档案员参加省、市专业培训。对全县 113 个机关、企事业单位的档案工作进行执法检查和年度考核。全县有 77 个建制村、居委会建立档案。县人大常委会、县政协等 3 个单位获档案管理省级先进，县人寿保险公司等 2 个单位达省一级标准，县水泥厂等 4 个企业单位档案管理达省级合格标准。

2001 年 9 月，县委办、人大常委会办公室、县政府办公室、人事局、档案局等单位组成档案安全检查组，分 3 组对全县 15 个乡镇和城区部分机关、企事业单位进行档案安全管理检查。

2002 年，2 轮机构改革中撤并单位的档案得到有效处置，未发生流失现象。

2005 年，全县机关团体、企事业单位档案管理达到合格级，15 个乡镇、111 个建制村和 7 个社区均建立档案。其中 89% 建制村和全部社区档案管理达到省合格级，43 个单位被省档案局确认档案管理“省级先进”。县邮政局档案管理工作达“国家二级”标准。全县有档案专（兼）职人员 200 余人。年内，重点项目和新经济领域全部开展档案工作。

（三）档案管理

1. 档案征集

1991 年，馆藏档案 1.72 万卷、资料 4683 册。主要以文书档案为主，包含民国时期和中华人民共和国成立后档案。有党政群团、组织人事、民政劳动、农林水利、工交财贸、文教卫生、企业以及区乡（人民公社）等文书、科技、专门档案。档案门类（文书档案、会计档案、干部档案、基建档案、照片档案、音像档案等）齐全。资料主要有经典著作、政策法规、时事政治、经济、科技、会刊、史志、族谱、工具书、文化、报刊索引、报刊、照片等。征集到陈允升《易史一隅》、李彩高《诗集》及杨成武等书法作品。

1994—1996 年，接收档案 6315 卷，接收资料 339 册。

1997 年，征集到县城“三优街”火灾照片 1 组及原国防工办 02 厂、07 厂的厂区平面图、线路管路图等及各期文史资料、报刊、工具图书及清流籍老红军李宽和的书法作品等。

至 2005 年，馆藏档案资料 4.02 万卷册，其中馆藏档案 109 个全宗、3.31 万卷。设立名人全宗，如原县委副书记马文选笔记等手稿。是年，设立县现行文件服务中心，接收 72 个单位的政策性、法规性文件。

2. 档案开放与利用

1991 年，通过鉴定和解密，逐步向社会开放到期档案，挖掘档案社会利用价值。

1994—1996 年，开放到期档案 5500 卷。编制《清流县档案馆指南》。3 年间，全县利用档案资料 3991 人次，利用档案 9998 卷次，主要用于工作查考、平息纠纷、冤案平反、证实工龄等。县档案馆与余朋村利用档案编写出版《东溪寻古》一书。

1998 年始，县档案馆编制完善《全引目录》《卷内目录》《案卷目录》和《专题目录》等档案检索工具。

2002 年，开放民国档案及新中国成立后至 1995 年档案。与有关单位联合编写《中共清流县组织史》《清流县革命斗争史》以及各种文件汇编等资料 46.5 万字。

至 2005 年，县档案馆接待查阅档案资料 8569 人次，利用档案资料 2.31 万卷册。在编史修志、经济建设、落实政策、解决纠纷等方面发挥作用。

3. 档案信息化建设

数据库建设　1998 年始，建设档案目录数据库，对档案馆馆藏档案的全引目录进行录入。2000 年后，制定馆藏档案目录录入计划，完成档案目录数据库建设。至 2005 年，完成档案全引目录录入 26.4 万余条，其中案卷级目录 1834 条。

网站建设　2003 年 12 月，清流县档案网站正式开通。网站设有概况、馆藏介绍、档案检索、档案法规、友情链接、服务之窗、网上展厅、档案新闻、特色栏目、史话趣闻、文件服务中心、视频等栏目 54 个，电子文件 383 个，网上图片 26 幅。

2005 年 12 月，清流县档案网站被省档案局评为全省优秀网站。

第四节 史志编纂

一、党史研究

（一）党史资料征集

1991年，根据征集到的史料，编辑出版《清流党史资料》汇编。至2005年，全县共征集到文献、回忆录、口述记录等文字资料近百篇、140余万字，文物资料43件。其中较为珍贵的党史资料，有张鼎丞1945年《在闽西党史座谈会上的发言提纲》《中共清流县委组织部给林锋等同志的介绍信》《四堡区下谢村贫农团分配土地榜》等。

（二）清流党史编纂

1991年10月，重新编纂出版内部资料《中国共产党清流县组织史资料》，新增1986—1987年相关内容。1992年，出版《李宽和回忆录》。1995年，开展社会主义时期党史专题征编。1997年，将编写清流革命斗争史工作列入县《"九五"期间党史工作规划》。至1999年，先后完成农业合作化、"大跃进"运动、20世纪60年代国民经济调整、"文化大革命"运动、拨乱反正、新时期农村变革和社会主义市场经济的构建与探索7个专题、11万字征编任务，交由三明市委党史研究室编入2000年11月出版的《三明市社会主义时期党史专题研究》。2000年11月，县委党史研究室、县委宣传部、老区促进会等部门联合编纂，由李升宝、黄德骏主编的《清流革命斗争史》，于2002年8月由中国文史出版社出版。全书记载清流人民早期反抗斗争和在中国共产党领导下进行新民主主义革命斗争历史，共8章28节、1.2万字。2002年7月，县委批准《中共清流党史人物（传）》编辑实施方案，并成立编纂委员会。2003年10月出版。全书共收入1950年2月至2002年12月，在清流担任过领导职务的人物词条823条、21万字。至2005年，完成19名烈士传记编写工作，其中8名烈士传记进入省编系列。

（三）党史宣传

1991年，编印《纪念中国共产党成立七十周年党史专刊》共11期，同时编发地方党史文章、资料50多篇。1992年，编写反映清流土地革命斗争历史的电视剧脚本《龙津烽火》，摄制完成后到各乡镇巡回展出。同年6月，县委党史研究室与团县委联合举办"心心向党"党史知识竞赛，城区各党委和学校9支代表队参赛。2001年，县委党史研究室、县委宣传部及县方志办合编《纪念建党七十周年论文专集》《闪光的足迹》等。之后，直至2005年未再进行宣传活动。

二、志鉴编纂

（一）志书编纂

1984年7月，县委、县政府决定新编《清流县志》，成立县地方志编纂委员会，聘请朱卜璜、邹鲁生、冯惠俊为顾问，县政府办公室主持日常工作。1988年2月，县地方志办公室成立，定编4人。是年底，召开首次编委会成员会议，组织志稿编修。全县参与修志200余人。1991年，完成各部门专业志初稿编写。是年10月，县政府决定由李升宝任《清流县志》主编。1992年年初，成立总纂班子，制定总纂篇目，规范总纂要求。年内，完成县志总纂。1993年5月，县政府成立《清流县志》审稿小组，对志稿的政治性、科学性、资料性以及保密等诸方面进行审查。同年9月22—24日，由县政府主持召开有省、市地方志编委会领导以及三明市各县、市方志办主任（或主编）参加的志稿评审会。之后，筛选各方意见，对县志进行修改。1994年9月，《清流县志》通过省地方志编委会验收，批准交付中华书局出版。志书下限为1990年。全书30卷、128万字，印数2500册，向国内外公开发行。全国政协委员、原国家副主席杨成武将军为《清流县志》封面题签。此部志书为清流建县以来第六部、中华人民共和国成立后第一部志书。

2003年，开展第二轮《清流县志》编纂工作。志书上限1991年，下限2005年。2004年，成立县第二轮地方志编纂委员会，由县长任编纂委员会主任，下发《清流县地方志编纂委员会关于第二轮地方志编纂工作的意见》。召开修志座谈会，特约编辑、主笔等修志人员100余人参加。同时，确定县林业局、余朋乡政府为修志试点单位。县电力公司修志工作先行一步。12月9日，三明市电力工业修志工作研讨会在清流县召开。2005年5月20日，召开全县第二轮地方志编纂工作会议，部署《清流县志》续修工作，并采取以会代培方式培训编志人员。同时，县委办、县政府办制定下发《关于实施全县地方志工作目标管理责任制考评细则的通知》。年内，印发修志业务辅导材料8种，举办修志人员培训班12期，参训人员500余人次。

1990—2005年清流县专业志出版情况表

表22-4

志书名称	主 编	时间断限	字 数（万字）	成书时间	出版单位
清流县民政志	县民政局	1990年	18	1990年5月	县民政局
清流县金融志	李升宝	1990年	7.9	1992年6月	县金融志编纂组
清流县政协志	张文安	1950—1998年	12	2000年9月	县政协
清流县人民代表大会志	李心祥	1931—1993年	20	1994年12月	厦门大学出版社
清流县税务志	李升宝 唐功轩	1990年	5.8	1992年	县税务局
清流县交通志	陈建良	1989年	19	1993年	县交通局
清流县土地志	黄德骏	1997年	33	2000年	县土地局
清流县林业志	甘志忠 黄秀红	1990年	12	1993年	县林业局

（二）年鉴编纂

1997年10月，县政府转发《清流年鉴》编纂方案。各单位、部门开始收集资料，进行撰写。1998年，完成《清流年鉴（1994—1996）》及《清流年鉴（1997）》《清流年鉴（1998）》编纂和送审。但因资金缺乏，未能交付印刷，年鉴编纂工作就此停顿。

（三）旧志整理

1992年6月，李升宝、伍耀汉、李维民等人以上海市图书馆的胶卷和北京市图书馆的复印本为底本，负责分段、校勘、注释、校注，整理完成《清流县志（明嘉靖·清道光）》，经省地方志编纂委员会审阅，由福建人民出版社出版。该书为省地方志编纂委员会主编的省地方志丛刊，大32开本，分精、平装两种，印数1500册，42.3万字。

（四）志鉴编纂理论研究

1991年，县志编辑人员每周抽出半天时间学习业务，并多次派人参加省、市召开的地方志理论研讨会。1995—1997年，县地方志办公室收集、整理李升宝在国内方志刊物上发表的论文100余篇，编辑出版《方志编纂研究文集》《志鉴研究文选》。内容涉及修志主编职责、总纂审稿、方志编纂指导思想以及各种体裁部类编写方法等。

（五）志书资料开发利用

县方志办公室重视边修志边开发利用志书资料，为社会经济服务。1989年10月，获悉定居东华乡高坂村的泉州移民20年间出生的多为女性消息后，组织人员到该村调查，形成《初访女儿村》调查报告，并在《科学与文化》杂志上刊登。随后，菲律宾《世界日报》、中国香港《文汇报》、美国《国际日报》等国内外数十家新闻媒体作了报道。中华全国医学会派博士研究生专程到高坂村进行调查。直至1999年3月，《新民晚报》的报道揭开“女儿村”的奥秘，是因饮用水中含有过高镉元素导致。1987年，在沙芜乡狐狸洞发现古人类臼齿化石，命名为“清流人”，将福建历史推进到1万年以上。县方志办人员研究确认“清流人”与台湾“左镇人”为同根同源，撰写《闽台同根的佐证——清流人与左镇人》发表在上海《文汇报》。1999年，由国务院对台办公室编纂、江泽民题写书名的《中国台湾问题》引证此资料。1997年，为县委宣传部、县邮电局制作的清流县情网主页提供资料、图片等，并参与版面设计。清流县情网封面被联合国科技文教组织收藏。同时，协助教育部门编写有关清流历史、地理等中小学乡土教材。至2005年，县有关部门利用县志、年鉴资料，编写投资指南，参加招商会引进资金，开发毛竹、油茶、淮山、腐竹等土特产；利用志书水文、地质等资料核定项目，与香港合资开发竹青背电站等。方志办还编辑《清流历代诗歌选注》《清流民间故事》《客家撷英》等地情书刊，以翔时的佐证材料认证清流为客家县属和客家祖地。同时，推动长校李氏、茜坑王氏、东坑陈氏、东山萧氏等族谱编修。

第五节 文博事业

一、文物保护

（一）文物管理

1991年，对全县文物古迹进行普查，建立档案，按类别、类型分别进行整理、维护、复原等工作。全县已查明古文化遗址46处、古生物化石遗址1处、石器34件、各种陶片2185片，已公布的县级文物保护单位6处。文化馆藏文物162件。凡涉及与文物保护有关建设行为，按有关程序报批；在文物保护范围内严禁建设工程或者爆破、钻探、挖掘、烧炭、烧灰等作业，实行全封山育林。同年3月，清流狐狸洞古人类化石地点被省政府公布为第三批省级文物保护单位。

1992年12月，嵩口镇开发区猴子岭施工现场发现古墓1座。经文物部门现场勘察、清理，出土部分棺钉及宋代瓷器9件。

1995年，县博物馆集资维修县级文保单位巫罗俊镇将墓和林畲毛泽东旧居。

1997年7月，沙芜乡洞口村石达开屯兵处、沙芜乡矶头村伍家大墓、长校镇长校村革命纪念建筑物——革命烈士纪念碑等4处，列入第二批县级文物保护单位。

2001年，《中华人民共和国文物地图册·福建卷》定稿，收入清流文物点78处。年内，博物馆藏文物176件。

2004年，上报县人民政府第三批文物保护单位材料9处（2007年7月公布）。

2005年，对馆藏文物进行鉴定定级，区分文物等级，设置藏品档案。馆藏文物2363件，其中已鉴定178件。鉴定结果：二级文物1件、三级文物140多件，商周时期各种纹饰陶片、石器上千件，旧石器晚期各种动物肢骨、牙齿化石等20多种。

（二）重点文物

1. 旧石器时代文化遗址

狐狸洞古人类牙齿化石地点 位于沙芜乡洞口村。1988年5月，省、市文物普查队在洞内采集到1枚人类牙齿化石和若干哺乳动物化石。经中国科学院古脊椎动物与古人类研究所鉴定，确认此枚牙齿是晚期智人下臼齿。该人类化石被称为“清流人”。1991年，被列为省级文物保护单位。

龙津洞哺乳动物化石地点 位于林畲乡石下村南约1千米，海拔528米。旧石器时代遗址，距今约7万至10万年左右。石灰岩溶洞。1991年10月，中国科学院古脊椎动物与古人类研究所与省博物馆在此处采集

到中国南方晚更新世大熊猫—剑齿象动物群古生物化石，有华南巨貘、东方剑齿象、犀牛、华南虎、大熊猫、鹿、豪猪等24种，其中有4种已灭绝。

2. 古遗址

石达开屯兵处　县级文物保护单位。位于沙芜乡洞口村东北侧。石灰岩溶洞，洞口离河岸高约80米。主洞宽阔如厅，可容数百人。清咸丰七年丁巳（1857）五月，石达开率太平军10余万人入清流县境。当地群众传石部曾屯兵于此。洞口遗留有石阶、石砌隘口、瞭望台等。1997年，被列为第二批县级文物保护单位。

3. 古建筑

罗氏家庙　位于里田村中心位置，始建于清乾隆四十九年（1784）。为单进合院式，面积约400平方米。为当地罗姓祭祖的庙坛，家庙内贴有历代家族子弟捷报。1929年11月，红军第四军军长罗炳辉曾率部进驻于此。

明代伍家大墓　位于沙芜乡矶头村包竹坑。墓主伍廷宰（1521—1598），清流城关人。历任湖广蒲圻训导、漳州龙溪教谕、沣州学正，累封奉政大夫、云南按察司佥事等。大墓建于明万历二十六年（1598）。坐北朝南，砖、石结构，占地面积约2000平方米。墓前有石人、石马、石兽等造像6尊。

陈廷凯大屋　位于余朋乡东坑村，建于清代。坐东朝西，三进，砖木结构，抬梁，穿斗木构架，悬山顶。占地面积900多平方米。有大、小房间25间，厅堂3个。大屋用柱多为方形，间或有圆形柱。院内有70余平方米水塘1口，旁有一排4间书房。上厅悬挂清嘉庆年间的“贞松自寿”“萱老弥芳”黑底金字匾2块。

“陈氏一门”门楼　位于余朋乡东坑村。门楼系明隆庆辛未(1571)进士、都察院右都御史兼理兵部右侍郎、云南巡抚陈用宾于万历年间所建。清嘉庆二年（1797）被山洪冲毁，后重建。门楼坐北朝南，木结构，占地面积30平方米。有黑底金字匾3块：正面楷书横写“陈氏一门”，背后楷书横写“东里奎光”，上方楷书竖写“魁星坊”。

关圣庙　位于里田乡田坪村草坪自然村，建于清康熙戊午年（1678）。乾隆丁亥年（1767）毁于大火。乾隆已丑年（1769）重建。该庙坐南朝北，歇山顶、青瓦，抬梁式木构架，占地面积200余平方米。下厅左侧墙上嵌“重建关帝庙宇”石碑一方，记载庙宇兴建、重建事由。

贻穀堂　位于长校镇江坊村，建于清乾隆四十四年(1779)。为圣旨旌表孝子江洪昌祖屋。坐东朝西，三进，砖木结构，抬梁式木构架，悬山顶。占地面积1600多平方米，有用房60间。江洪昌（1724—1779）“善举诸多，后合乡咸推为伦常硕士，通邑咸推为名教贤人”。有“恩荣”“孝义”题词砖构门楼1座及“贻穀堂”“世济其美”匾2块，中厅、上厅板壁存留各种捷报10余张。

青州公祠　全称“青州巫公庄屋”。位于嵩溪镇农科村。建于清雍正年。系巫氏后裔为祭奠先祖黄连镇将巫罗俊而建。坐西向东，砖木结构，单檐歇山顶，穿斗式木构架，占地面积600平方米。有各种木雕及门楼上纹饰砖雕及黑底金字“青州正气”匾1块。

翰林第　位于赖坊乡赖武村，建于清光绪年间。系清举人赖兆初历时10年建成。坐东朝西，砖木结构，抬梁式木构架，占地面积800平方米。内设大厅、二厅、三厅，大小房间41间。大厅悬挂有“椿荫槐紊”“文明继美”黑底金字木匾2块，并有雕版8片，大、小案桌2张。墙上贴有“捷报”“恭报”10余张。

彩映庚　位于赖坊乡赖安村，建于清光绪年间。由世续郎中赖其章与其父所建。坐东朝西，砖木抬梁式架构，占地面积500平方米，大、小房间27间。大厅上悬挂“历世恩荣”黑底金字匾1块，门厅悬挂“父子明经”黑底金字匾1块。砖雕六层门楼1座，门口有1对抱鼓石、1对石狮。另有各式杂木浮雕、透雕花板18块等。

4. 馆藏文物

磨光陶缕孔高把豆　新石器时代器物。1988年采集于沙芜乡洞口村狐狸洞。泥质灰陶，通体磨光。通高13.2厘米，盘内径15.2厘米、外径17.2厘米，把高8.2厘米、径6.5厘米，足径11.4厘米。浅盘，唇沿内收，盘近底部外折呈凸楞。把体及足呈喇叭状，把体上、中、下共饰有5道凸楞纹，下部有4个间隔不等、大小不一、微斜又较对称的略长方形缕孔。最小的缕孔长2.5厘米、宽1.5厘米，最大的缕孔长3.4厘米、宽2.2厘米。

绳纹釜　新石器时代器物。1988年采集于沙芜乡洞口村狐狸洞。圆唇，斜折沿，鼓腹，圆底。通高10厘米，口沿内径 7.2 厘米、外径 9.8 厘米，腹径 11.75 厘米。沿面饰 3 道间隔不等的浅凹弦纹，上腹部纵向饰细绳纹一周，下腹部细绳纹呈弧向分布。陶釜表面保留有明显灼烧烟炱痕迹。

木雕板 宋代器物，1996 年 5 月 16 日征集于长校。长 18.5 厘米、宽 12 厘米，雕版内容为小说《亦复如是》卷七第 31、32 页，楷书。

青釉谷仓 宋墓出土。 鼓腹、玉璧底，顶为一碟形复盖径 12.5 厘米。腹上开 3×3.5 厘米仓口，上下各有桥形纽 1 个，体表面有乳突八竖排，共 22 个。除底足外，通体上釉。

青白釉执壶 宋代器物。青白釉，素面、喇叭口、尖唇、油肩、鼓腹、矮圈足外撇。高 14 厘米，口径 7.6 厘米，底径 6.7 厘米，圈足高 0.9 厘米。1973 年采集于赖坊乡琴源村。

青白釉茶盏 宋代。青白釉，侈口、斜腹、玉环底。通高 5.5 厘米，口径 8.5 厘米，体上弦纹 3 组共 6 道。除底足外，通体施釉。盏盖，青白釉，侈口折沿，玉环底，通高 2.5 厘米，口径 10 厘米，底径 4 厘米，通体施釉。

5. 革命文物

毛泽东旧居 位于林畲乡塘堀，邱姓祖厝“诒燕第”。县级文物保护单位。“诒燕第”始建于清光绪三年(1877)，占地面积 1387 平方米，三进大屋。1930 年 1 月 15 日，毛泽东率红四军二纵队经连城入清流境，驻扎“诒燕第”。

《少共清流县委组织部给林锋等的介绍信》 落款为 1934 年 5 月。纸质，长 12.2 厘米、宽 15.4 厘米。1978 年征集于长校镇。

《下谢村贫民团分配土地榜》 征集于长校镇下谢村。纸质，1 份 3 张。长分别为 133 厘米、133 厘米、141 厘米，宽分别为 30.2 厘米、30.2 厘米、30.3 厘米。落款为 1932 年 2 月 24 月。

马灯 2 盏，县苏维埃第一任主席曾德高及第五任主席邹春才曾经使用过。

贫农团活动旧址 位于长校镇下谢村，红军时期贫农团集会活动旧址。坐西朝东，砖木结构，占地面积 300 平方米。墙上留有红军独立团书写标语 4 条：“消灭豪绅地主武装”“庆祝分田胜利”“深入土地革命”“男女平等自由婚姻”。

红色标语墙 位于嵩溪镇黄沙口村，村民余思贤老屋。大门内墙上有漫画 2 幅。其中 1 幅为 1 名自卫队员端枪押 2 名富态者掘地状，另 1 幅模糊不清。另有土地革命时期标语 20 余条，清晰可辨的 19 条。此屋曾为黄沙口苏维埃政府、贫农团、农民协会、赤卫队办公处。

1997 年清流县第二批文物保护单位一览表

表 22-5

类 别	名 称	年 代	地 点	保护范围	说 明
古文化遗址	古人类化石遗址狐狸洞	旧石器时代晚期	沙芜乡洞口村东北	岩洞整体及洞口至水面全部地界。岩洞东面 30 米，西面 30 米，北面 40 米（小山包顶）	石灰岩溶洞，深 20 米、高 5 米、宽 4 ～ 6 米，有 2 个阶段文化遗物：旧石器时代晚期和新石器时代晚期。1991 年 3 月，公布为福建省文物保护单位
古遗址	石达开屯兵处	清咸丰七年	沙芜乡洞口村东北	岩洞整体，洞口石砌隘口，石垒瞭望台和进洞石阶	又名燕子岩，石灰岩溶洞。洞内宽阔，可容数百人；洞口有石砌隘口、石垒瞭望台，均保存较好。已划入省文物保护单位“狐狸洞”建设控制地带内。
古墓葬	伍家大墓	明万历二十六年	沙芜乡矶头村包竹坑	坟墓整体，墓手石浮雕，墓前石造象，前 45 米、后 15 米，左右各 20 米	墓建于明万历二十六年（1598）。坐北朝南。砖、石结构，占地面积约 2000 平方米。墓前有石人、石马、石兽等造像 6 尊

续表 22-5

类别	名称	年代	地点	保护范围	说明
革命纪念建筑物	革命烈士纪念碑	现代	长校镇长校村将军庙	纪念碑整体及周围全部绿化带	为纪念剿匪而英勇牺牲的解放军战士而立。碑高13米，坐北朝南，占地面积约670平方米

二、非物质文化遗产

（一）民间艺术

1. 长校“十番锣鼓”

2005年，长校“十番锣鼓”列入县非物质文化遗产项目。十番锣鼓，也叫摆十番，在明朝初期即已风行长校镇乡村，是当地逢年过节贺喜必不可少的文化活动。表演的乐器有铜鼓、嗒鼓、大锣、小锣、大钹、小钹、碰铃、笛子、二胡、板胡、六角琴等十余种，分别由10人操持，“十番锣鼓”由此得名。通常在行进中演奏。十番锣鼓演奏的民间小调有40多种，如《八板头》《十杯酒》《玉米缨》《孟姜女》《闹五更》《春串子》等。长校镇几乎村村都有十番锣鼓演出队伍。凡是乡村送兵入伍、喜报上门、庆功会、给烈军属拜年等，都有十番锣鼓参与。

2. 供坊三角戏

2005年，东华乡供坊三角戏被列入县非物质文化遗产项目。20世纪30年代由江西传入供坊村。40年代，供坊村成立三角戏戏班，除在周边村庄演出外，还到宁化等地演出。“三角戏”角色有3个，由生、旦、丑组成。早期乐队1人，操持大小锣、堂鼓、小钹。无剧本、曲谱，全由师傅口授、演员清唱，锣鼓过门。之后，乐队增至3～5人，有二胡、京胡、中胡、三弦、笛、扬琴及鼓板、大小锣、大小钹、小堂鼓、碰铃等。三角戏唱腔以五声阶为主，声腔兼收多剧种，渗入江西采茶戏部分唱腔，还吸收民间小曲、山歌等。三角戏演出的剧目有《青龙山》《落马桥》《铡美案》《碧玉簪》《五女拜寿》等，还改编演出《白毛女》《红灯记》《沙家浜》等现代戏。历经半个多世纪发展积累，戏班拥有数万元固定资产，数十名演职员。后因受“文化大革命”冲击，戏班解散。90年代初，“三角戏”被列为县文化“芳草计划”试点单位，重新登上舞台。改革开放后，改编上演《五女拜寿》等剧目。1997年，《福星高照》获省首届小戏小品比赛创作二等奖、演出三等奖。直至2005年，戏班经常应邀参加各种演出活动。

(二)传统手工艺

1. 嵩溪豆腐皮制作工艺

嵩溪豆腐皮制作需经清洗黄豆、磨浆、滤浆、焖煮、捞皮、置凉、拌浆、晒烤等多道工序。制作过程中控制火候及拌浆极有技巧。原料选用易化浆且产出率高的黄豆。豆腐皮香醇，且有韧性，久煮不糊。清嘉庆六年（1802）即被列为“贡品”。2001年，“七星岩”豆腐皮获省名优特新农副产品展销会金奖。

2. 留坑打锡工艺

明初传入留坑村。明清时期，全村80%男人学过打锡手艺。清中叶，留坑村从事打锡手艺的有300余人，传有“九十九担打锡笼”之说。留坑锡器工艺传人童传芳制作的麒麟、狮子惟妙惟肖，栩栩如生。打锡工艺由炼锡块、打锡箔、锡模、锡器等20余道工序组成。炼锡温度800℃～1000℃，熔化锡水，倒入石板模中，形成锡箔。锡箔按图形裁剪，然后进行焊接、锤打、抛光、吹焊。打锡工具有炉子、铁锅、石板、铁锤、木锤、剪刀、锡槽、石模等30余种。锡制器皿有酒壶、茶壶、油壶、暖壶、蜡台、锡盆、锡杯等，工艺品有狮象、白鹤、凤凰、孔雀、观音、财神等。

3. 长校打银工艺

长校镇打银始祖宋代从苏州引进打银技术（包括金饰），学艺从业者占全村总户数10%。打银工艺与当地风俗、服饰密切相连，如女子“于归”，小孩“过周”，都要“金装银饰”。长校打银艺人足迹遍布梅县、潮州、福州、永安、龙岩、南昌、顺昌、赣州等地。民国时期，闽西、赣南一带，几乎每个城镇都有长校打银店。打银的工具有熔炉、坩埚、锤子、模具等及硫酸、白矾等化学原料。先将金或银装进坩埚，在500℃～1000℃熔成液体，倒进模槽制成金条、银条。打银工序为边炼边打。代表产品有八仙图、庆子、鞭子镯、竹节镯、金链、银链等。

4. 东山草席编织工艺

赖坊乡东山村种植席草（三棱草）、手工编织草席已有数百年历史。草席编织机须两人同时操作，2～3小时织成1床。东山草席具有细致精密、柔软挺括、吸汗力强、凉爽舒适、不变形、不易折断等特点，每年外销几万床。

5. “闽笋干”制作工艺

“闽笋干”制作乃清流传统工艺。清流盛产毛竹，每年清明前后，毛竹笋竞相破土而出，百姓一时吃不完，便将其制作成“闽笋干”，储存日后食用。“闽笋干”制作工艺分挖笋、煮笋、漂笋、落榨、晒干（或烘干）等几道工序。其中落榨工序较为复杂，压榨时间大约1个月。晒干（烘干）至九成干时（约7～8天），收进屋内，使其回潮，然后再拿出去晒4～5天，直至完全晒干。笋干具有肉厚、片宽、节密、色泽金黄、呈半透明状、味美香郁、口感脆嫩等特点，是“八闽山珍”之一。

第六节 广播 影视

一、广 播

（一）广播节目

1. 转播节目

1991年，县人民广播电台转播中央人民广播电台第一套《新闻和报纸摘要》《全国新闻联播》节目、福建人民广播电台第一套《福建新闻节目》和三明市人民广播电台《三明新闻》等节目。全县有广播站15个，其中县广播站1个、乡镇广播站14个，以有线传输为主。通广播的建制村56个。

1994年8月3日，开办调频广播，每天播音15小时。1997年，广播机房开通三明市人民广播电台微波传送信号，通过卫星直接接收省电台广播信号。至2005年，全县调频广播覆盖率95%以上。

2. 自办节目

1991年，制作播出《一周要闻》节目和各类专题。先后制作播出《科技专题》《生活之友》《卫生与健康》《优生优育》《农村天地》《法制园地》《听众之友》《少儿节目》等栏目。同时，围绕全县中心工作开设专题节目14个。1992年，广播节目《评论：18万元奥运奖金启示录》获三明广播一等奖，专题《绿的草场 绿的希望》获二等奖，《社教中的新鲜事》《下了考场上战场》及《东华文化尽芳菲》获三等奖。

1993年，新闻《冲出小半岛》、“对农村广播”节目《明星村的风采》获市优秀广播节目二等奖；消息《清流县以农促工 以工带农效益显著》《谁说女子不如男 嵩溪巾帼闯市场》获三等奖。

1994年“5·2”洪灾期间，城区断水、断电、通信中断，在县政府中心大楼设立临时电台，及时播报灾情，在抗洪抢险、灾后自救、重建家园宣传中发挥重要作用。

1995年，围绕县委提出的“四大开发”（茶果、烤烟、水面养殖、食用菌开发）、先行工程、外引内联等工作进行报道。《清流新闻》栏目播出稿件2518篇。《清流新闻》《九龙神韵》和《农民入城接亲来》获市广播电视播音作品三等奖。

1999年，清流人民广播电台播出新闻2186条，上送省、市广播电台稿件358条，在省广播电台播出21条、市广播电台播出155条。新闻稿《清流县个体私营业纷纷“脱帽正身”》获全省广播新闻奖一等奖。

2000—2004 年，县广播电台播出新闻 8439 条，在省、市广播电台播出新闻 976 条。其中，《你好：华南虎》《体育锻炼之星——记亚洲长跑冠军李日春》分别获 2000 年市广播一、二等奖，长消息《果林爆破为哪般》《县公安局不避矛盾敢于揭短》获三等奖。新闻专题《一位农民手里“抢”订单》和长消息《流动在田间的广播站》获 2004 年市广播二等奖，短消息《打工仔引项目获奖万元》等 3 个节目获三等奖。

至 2005 年，自办节目有《清流新闻》《科技专题》《卫生与健康》《农村天地》《法制园地》《少儿节目》等栏目 10 余个。年内，县广播电台共播出新闻 1785 条，上送省、市广播电台播出新闻 201 条。《28 岁农妇上学堂》和《闽台同根的又一佐证——宋朝古墓》分获市广播二等奖、三等奖。

（二）广播网络建设

1991 年，全县 15 个乡镇广播站扩大机功率为 500 瓦。有村广播室 56 个，乡至村广播专线 184 杆千米，安装有线喇叭 3450 个，村通广播率 90.5%，喇叭入户率 69.5%。城区开通 50 瓦调频广播。1992 年，新开通广播村 10 个，增设村广播室 9 个，新安装喇叭 759 个，喇叭入户率 72.6%。

1993 年 3 月，更换调频机 2 台，县广播站机房设 100 瓦发射机 1 台，覆盖城区；另 1 台 100 瓦发射机设在莲花山。1994 年 12 月，将莲花山的 100 瓦调频发射机换成 300 瓦，同时增设 100 瓦调频发射机 1 台，转播省人民广播电台第一套节目。年内，全县新增喇叭 810 个。

1995 年，城区有线电视网实现共缆传输广播讯号（1 套）。1996 年，组织实施“百乡千村广播电视覆盖工程”。年内，投入 21.1 万元购置调频广播 2500 个，并在灵地镇增设 50 瓦调频广播差转机 1 台，广播信号覆盖灵地、李家、邓家 3 个乡 14 个偏僻建制村。

1999 年 11 月，在莲花山安装调频广播发射天线。全县广播信号覆盖率 95%。原无法直接接收调频广播信号的里田、李家、沙芜、赖坊等乡，均能接收到信号。2004 年，县音频工作站建成，新增音频设备 1 套，节目录制与播放实现一体化，广播节目采、编、播实现数字化。2005 年，全县有乡镇广播电视站 13 个，广播调频发射功率 0.4 千瓦；通广播乡镇 15 个，通广播村 111 个。

二、电 视

（一）电视节目

1. 转播节目 1991 年，转播的电视节目主要是无线传输节目。1992 年后，以有线电视节目为主，传送电视节目 11 套，其中中央 4 套、省 1 套及三明台、云贵台、浙江台、山东台及自办节目 2 套。1994 年，实现全省有线电视联网，新增节目 4 套：省影视台、综艺台、体育台、服务台。1997 年，县广播电视台连续 72 小时转播中央电视台关于香港回归特别节目。1998 年 6 月，开始转播福建有线电视公共频道节目。1999 年 3 月，开始转播中央电视台加密电视节目。5 月起，转播福建电视台新闻频道节目。2003 年 7 月，转播中央电视台新闻频道节目和三明电视台公共频道节目。2005 年，转播节目 26 套。

2. 自办节目 1994 年 4 月 15 日，电视新闻正式向全县开播。由县委宣传部组建摄制组，负责每周采编、制作 1 组《一周要闻》，周五、周六在有线电视节目中滚动播出 4 次。当年，播出稿件 500 余篇。

1997 年，电视《一周新闻》播出新闻 516 条。制作、播放电视专题片 18 部（集）。1998 年 6 月，《一周要闻》栏目更名为《清流新闻》，增设新闻评论性栏目《视点聚焦》，播放“清流县改革开放 20 年成就展”系列专题节目。

1999 年 7 月，电视《清流新闻》从每周 1 档增至 2 档，并在电视新闻节目中开设《抓项目、促发展》专栏节目，宣传“项目年”活动开展情况，并先后开设国庆 50 周年、澳门回归等系列专题报道。同年，以美国为首的北约导弹袭击中国驻南斯拉夫大使馆后，电视新闻节目报道全县各界举行的抗议活动。年内，共播放《清流新闻》541 条、专题片 16 部，上送省、市电视台新闻 255 条，在省、市电视台播出 154 条。

2000 年，推出“致富思源，富而思进”专题。科教节目《杏鲍菇栽培技术》获市电视奖二等奖。

2001 年，开辟“‘三个代表’重要思想学习教育”“建党八十周年”“整顿规范市场经济秩序专题”“加大结构调整力度、掀起山地综合开发热潮”“加强村会协作”等系列专题。短消息《嵩溪粮站变坐等收购为上门收购》获市电视奖二等奖，长消息《沙芜淡水鱼生产由副业变为支柱产业》获三等奖。

2002 年，推出“展示新成就，喜迎十六大”“‘三个代表’在清流”等系列报道节目。

2003年，开办“学习十六大报告，贯彻十六大精神”“深化国企改革”“众志成城，预防非典”等专题。

2004年10月1日，电视新闻《清流新闻》节目增至每周3档，周日播出1档《一周要闻》。2000—2004年，共播出电视新闻2692条，在省、市电视台播出新闻761条。

2005年，开办“发展中的清流民企”“抓党建、促经济、谋发展”“人大代表风采”“政协委员风采”等专题，开办《行风聚焦》栏目，报道百姓关注的热点、难点和焦点问题。并摄制展现各条战线发展变化及典型人物先进事迹的《路在脚下——下岗党员再就业》《走进英雄——江华椿》《大路口，朝前走》《小腐竹大产业》《壮大水果三蜜产业》等电视专题片。年内，播出电视新闻638条，上送省、市电视台播出102条。长消息《我县38岁农妇上初中》获市电视奖二等奖。

3. 广告 1994年始，县有线电视播出商业性广告。2000年起，实行内部承包经营，当年广告收入8万元。2005年，广告收入15.5万元。

（二）电视网络建设

1991年，全县有电视差转台76台、475瓦，乡镇电视覆盖率100%，村覆盖率96.4%。全县有卫星地面接收站31座、有线电视用户760户。莲花山电视微波站向城区无线发射福建电视台第一套电视节目，卫星地面接收站转播中央电视台第一套、第二套电视节目。

1992年，新安装地面接收站14座、差转台17座，电视人口综合覆盖率97.1%。同年5月，城区修建有线电视网，12月竣工，有线电视网传输电视节目11套，用户3000户。1994年，由省广播电视厅担保贷款12万元，县自筹3万元，对莲花山机房及传输网络进行升级改造，实现与省有线电视微波联网。1996年8月，组织实施“百乡千村广播电视覆盖工程”，原12个电视覆盖空白村全部得到解决。

1997年12月，田源、邓家、灵地等乡镇实现与县城微波电视联网。当年，农户有电视机2.19万台，电视入户率93.6%。1999年9月，所有建制村通广播电视。全县设有线电视网点116个，其中城区网点1个，用户4300户；乡镇网点13个，用户4800户；建制村（组）和厂矿企事业单位网点102个，用户4880户，可收看节目2～7套。2000年起，实施老区基点村（11个）5年内通广播电视工程。年内投入6万元，完成大基头、横溪和青溪3个村通广播电视工程。6月，完成清流至明溪、清流至宁化有线电视光缆二级网47千米主干线建设；完成城区光缆下地管道铺设工程和嵩溪、林畲2个乡镇挂缆工作。12月，开通省教育频道。

2002年，对城区有线电视网络进行改造升级，新建有线电视管道3.05千米、光缆5.3千米，光纤芯长166.3千米。当年8月，嵩溪、林畲与城区光缆联网。

2003年，城区主干道完成光缆下地，城网改造工程完成20%。同年6月，嵩口与城区光缆联网。全县停止使用小电视差转台转播电视节目。

2004年，投入资金280万元，实施全县广播电视光缆联网工程，新建光缆91千米。

2005年，除余朋、沙芜、赖坊外，其余乡镇均与城区联网。可转播电视节目26套。其中，中央电视台13套、福建电视台7套、三明电视台2套及四川、浙江、湖南、安徽等卫视节目。城区仍保留转播中央电视台第一套、第二套和福建电视台第一套无线电视节目。同时，完成50户以上自然村光纤联网17个。对偏远、线路长的自然村，采用无线数字传输技术。电视发射机功率0.05千瓦，电视人口覆盖率92%，综合覆盖人口2.1万户，其中乡镇站1万户。

三、电　影

1991年，全县有电影放映队27支、电影院5座，放映人员34人。是年，开展庆祝建党70周年电影宣传周活动。城乡放映革命历史题材影片14部，放映电影8885场，电影观众261.54万人次，放映收入42.92万元，影片发行收入18.4万元。

1993年，受录像厅、VCD及歌舞厅等多元文化冲击，电影市场开始萎缩。全年放映电影5036场，电影观众82万人次，放映收入27.37万元。

1995年始，省电影公司由计划发行改为空额承包发行，取消原有分配关系，文化消费分流，全县电影业滑坡。是年，全县有电影放映队16支，放映人员16人。放映电影2130场，观众10万人次，放映收入13万元。

1996 年，由承包发行转为单片分账，县电影公司和影院收入锐减，农村放映队大多无法维持。城区 2 家影院处于半瘫痪状态。

2000 年后，电脑开始进入普通人群生活，电影市场萎缩加剧。2001 年，全县有电影放映队 10 支，放映人员 10 人。放映电影 760 场，电影观众 3.30 万人次，放映收入 1.60 万元。县电影公司电影队在城区公映电影 7 天。2003 年，城区放映电影基本停止。全县有乡村及个体电影放映队 6 支，放映人员 8 人。

2005 年，农村放映电影 515 场，观众 3.70 万人次，放映收入 1.20 万元。

第二章　体　育

第一节　群众体育

一、职工体育

1991 年，职工体育逐步形成部门、行业和多层次组织的体育活动，全年举办运动会 43 次，参加运动会人数 980 人次。1992 年，全县举办篮球、乒乓球、台球、门球、桥牌、象棋、登山、跑步、拔河等各种体育活动 58 次，参赛 8742 人次。

1995 年，全县结合实施《全民健身计划纲要》和宣传贯彻《中华人民共和国体育法》，开展全民健身活动，职工体育活动朝社会化方向发展。举办县直机关运动会、系统男子篮球赛、乒乓球邀请赛、围棋邀请赛等 7 场，参赛 4500 人次。

1998 年，举办首届“1998’俱乐部杯”男子篮球赛、县建设系统运动会、“工行杯”象棋赛、“电信杯”男子乒乓球赛、首届“物业杯”男子篮球邀请赛、“金融杯”男子篮球赛、城区妇女联谊会拔河比赛、工会片区运动会、“亿万妇女健身活动”暨第八套广播体操汇操表演、首届经委系统“改革杯”篮球赛等各类运动会 34 场，参赛 6800 人次。

2001—2005 年，职工体育活动活跃开展。先后举办全县职工围棋赛、“无绳电话杯”男子篮球赛、“移动杯”钓鱼比赛、“红狼杯”扑克比赛、电信宽带互动网络游戏比赛、“幸福村杯”公路赛及县直机关运动会等各类活动 22 场次，参赛上千人次。

二、农民体育

1991 年，全县 14 个乡（镇）设农村文化活动中心，有乒乓球室、台球室、棋牌室。全县农村结合参加全国性亿万农民健身活动和全省性创农村先进体育乡镇活动，农闲季节组织农民开展群众喜爱的竞赛活动。1 月，龙津镇城南村和城东村在城区举办元宵舞龙表演赛。6 月，嵩口镇举办“龙舟赛”，全镇 12 支队伍参赛。9 月，在县委党校举办乡镇“储蓄杯”中国象棋赛，各乡镇组队参加。组队参加三明市第二届农民运动会，获团体、男子团体、游泳团体、田径团体 4 个第一名，获女子团体、自行车团体 2 个第二名。同年，嵩溪镇获省先进体育乡镇称号。1992 年，清流农民象棋队获全市比赛团体第二名。

1995 年 10 月，由戴回国、张承帝组成的清流自行车代表队获福建省第三届运动会团体总分第三名，张承帝获个人第三名。林畲乡、温郊乡分别举办首届“淮山王珍饮杯”和首届“明珠杯”围棋邀请赛。

1997 年省首届全民健身活动期间，组织全县农民参与各项活动和健身表演。

1999 年，县体育部门指导各乡镇结合“创文明村镇”活动，开展创建农村体育先进乡镇活动。8 月，清流县选手在第四届三明市农民运动会上获游泳团体第三名、自行车载重团体第五名，并获体育道德风尚奖。

2003 年 8 月，组队参加在永安举办的三明市第五届农民运动会，获田径团体第四名，单项银牌 2 枚、铜牌 2 枚。2005 年 5 月，组队参加三明市农民体育协会举办的象棋比赛。

三、学校体育

（一）小学体育

1991 年，全县小学建立健全体育教研组 16 个，将体育场地列入校园环境建设内容。

1992 年 8 月，全县“雏鹰起飞杯”小学生田径全能比赛在清流一中举行。县实验小学、里田学校被省体委、省教委评为 1991—1992 学年度省级《国家体育锻炼标准》达标先进单位。同时，2 所学校贯彻《学校体育工作条例》的经验在全县推广。

1994 年 7 月，东华中心小学、实验小学、嵩溪中心小学被评为省《国家体育锻炼标准》达标先进学校。年内，完全小学体育合格率 39%。1995 年 11 月，举办全县小学生田径运动会。

1997 年 6 月，实验小学连续 12 年被评为省《国家体育锻炼标准》达标先进单位。实验小学体育教师李序清被评为全国推行《国家体育锻炼标准施行办法》先进工作者。

2000 年 11 月，举办全县第十届中小学生田径运动会。小学组比赛项目有男子 100 米，男子 400 米，女子 400 米，男子垒球，女子垒球，男子跳高、跳远，女子跳高、跳远。年内，少年儿童业余体校有专职教练 3 人，在校学生恢复至 45 人。2002 年 11 月，举办县第十一届中小学生田径运动会，小学组运动员 55 人，竞赛项目 10 项。2003 年，举办全县首届“雏鹰杯”少儿乒乓球比赛。

2004 年 5 月，全县小学实施新的《学生体育健康标准》。2005 年 10 月，举办县第十二届中小学生田径运动会和全县第二届“雏鹰杯”少儿乒乓球比赛。

（二)中学体育

1991 年，全县中学建立健全体育教研组 14 个，并将体育场地列入校园环境建设内容。长校农业中学 1993 年被评为省 1992—1993 学年度实施《国家体育锻炼标准》达标先进学校。清流一中 1992—1998 年连续获省推行《国家体育锻炼标准》达标先进单位称号。1999 年，清流一中、城关中学、职业中学分别举办中学生田径运动会。2004 年，全县各中学实施新的《学生体质健康标准》。2005 年 11 月，举办县第十一届中小学生田径运动会，全县中小学 25 支代表队 150 名运动员参加 44 个项目的角逐。

四、老年体育

（一）体育培训

1991 年，举办老年门球培训。1992 年，先后举办太极剑辅导班及气功、迪斯科培训班，有 37 人参加。1994 年，举办老年人各类培训班 6 期，受训 300 多人次。1995 年，举办地掷球、气排球、桥牌、台球、健身操、交谊舞、益智功、香功、太极剑等骨干培训班 18 期，受训 365 人次。

2005 年 9 月，市老体协在清流县举办门球、气排球、柔力球规程培训班，学员 66 人。

（二）体育活动

1991 年，根据老年人身体、生理特点，以分散、小型、多样方法，因地制宜开展有益于老年人身心健康的门球、气功、棋类等活动，项目有单纯健身型及与健身相结合的娱乐型、保健型。年内，组织参加三明市老年门球选拔赛，获团体总分第三名。

1992 年，全县有老体协队伍 8 支，会员 800 余人。元旦、“五一”、国庆举行象棋、乒乓球、门球及环城健身跑，参与老年人 1000 余人次。1994 年 10 月，举办“福建省千队万人拳功操大会演清流专场演出”活动，全县 15 个代表队 200 余人参加。1995 年，开展老体协“‘1995’基层活动年”活动。全县组织各类竞赛 35 次，参赛 2986 人次。

1996 年 4 月，组织 50 人的代表队参加三明市第四届老年人运动会，参加门球、气排球、桥牌、乒乓球、地掷球、台球、象棋、拳功操等项目比赛。年末，全县有老体协组织 48 个，会员 11.53 万人，经常参加锻炼的有 9972 人。1999 年 6 月，由 32 名运动员组成的代表团参加三明市第五届老年人运动会，获二十四式太极拳男子组第四名、门球第五名、气排球第六名。

2000 年，长校镇老体协获省“万队百万老年人拳剑操”歌舞大会演先进单位称号。2001 年，长校镇老体协被评为省老年体育工作先进单位。

2002 年 6 月，组团参加三明市第六届老年体育运动会 5 个项目比赛，其中围棋获第二名。年内，嵩溪、嵩口、长校 3 镇首次开展门球邀请赛。2003 年，承办三明市老体协乒乓球片区赛，组队参加三明市第三届运动会。10 月，举办二十四式太极拳会演大会，长校、嵩口、龙津等乡镇 600 多名运动员参加。2005 年，全县老体协举办象棋、乒乓球、门球、秧歌、太极拳等比赛 22 次，参加人数 2573 人次。

第二节　体育竞赛

一、学生体育竞赛

1991 年，组队参加三明市第三届中学生运动会，获举重团体第四名、团体总锦标第六名。

1992 年，县中小学学生参加国家级举重比赛 2 人，夺得第五名 2 个、第六名 1 个。参加省级举重比赛，夺得金牌 2 枚、铜牌 3 枚。参加市级举重、射击比赛，夺得金牌 5 枚、银牌 12 枚、铜牌 10 枚。少年举重队获全市团体第三名，少年射击队获三明市中学生射击比赛团体总分第四名。

1994 年 7 月，县选手参加三明市少儿射击比赛，夺得金牌 2 枚、银牌 3 枚、铜牌 1 枚。10 月，三明市举行中小学生田径运动会，县选手夺得金牌 5 枚、银牌 2 枚、铜牌 4 枚，并获得儿童组团体第四名、少年乙组团体第三名。1995 年 6 月，清流选手在三明市中小学生运动会举重比赛中获金牌 8 枚、银牌 6 枚、铜牌 7 枚。

1997 年，清流选手获市少儿举重比赛金牌 1 枚、银牌 8 枚、铜牌 5 枚，并获团体总分第三名；获市少儿射击比赛金牌 3 枚、银牌 2 枚、铜牌 2 枚，团体总分第五名；获市田径精英赛金牌 1 枚、铜牌 1 枚；获市中小学生田径运动会比赛金牌 3 枚、银牌 1 枚、铜牌 1 枚。

1998 年，清流选手获市中小学生田径运动会比赛金牌 1 枚、银牌 3 枚、铜牌 2 枚，以及团体总分第五名。选手王佳祥、裴庆能在省第十一届运动会射击比赛中打破省少年队纪录。1999 年，清流选手获三明市中小学生运动会举重比赛金牌 6 枚、银牌 9 枚、铜牌 3 枚及团体总分第三名；获三明市中小学生田径运动会比赛银牌 1 枚、铜牌 1 枚。

2001 年，清流选手获三明市中小学生田径运动会银牌 1 枚、铜牌 5 枚，获举重比赛金牌 7 枚、银牌 4 枚、铜牌 3 枚。2002 年，在三明市中小学生举重比赛中，清流选手获抓举、挺举、总成绩 3 枚金牌，获田径比赛跳高第二名和第三名。

2004 年，清流选手在三明市中小学生田径比赛中，获男子甲组跳远第二名、三级跳远第三名、男子甲组 3000 米第二名。选手严栋在省第一届中小学生残疾人田径运动会上获 2 金 1 银，并入选国家二级运动员。

2005 年，清流选手在三明市中小学生运动会上，获男子乙组 3000 米第三名、女子乙组 400 米第四名、女子乙组 200 米第五名、女子甲组 800 米第四名、男子乙组跳高第四名，获男子举重 62 千克以上级别抓举、挺举、总成绩 3 枚银牌，获女子乒乓球公开组冠军。

二、成人体育竞赛

1991 年，清流农民代表团参加三明市第二届农民运动会，获团体总分第一名、女子团体第二名、自行车团体总分第二名。在三明市公安系统运动会中，清流选手获游泳团体第一名、田径团体第二名、篮球第五名。老年人门球队在市老年人门球选拔赛中获团体第三名。1992 年，职工乒乓球队获全市比赛女子团体第六名。

1993 年，承办三明、永安、清流三县（市）桥牌邀请赛。县代表队取得晋级甲级队资格。11 月，清流桥牌队获市桥牌甲级联赛冠军。12 月，清流桥牌队代表三明市参加省桥牌比赛，夺得团体第二名。

1994 年，再次承办三明、永安、清流三县（市）桥牌邀请赛。是年，清流运动员获三明市体育系统第四届运动会 4 金、4 银、3 铜奖项，并夺得团体第二名。清流组队参加首届“三钢杯”职工围棋赛，获团体第二名。清流选手代表福建省参加在上海举办的全国桥牌双人赛。1994—1996 年，清流选手获福建省第三届农运会自行车赛团体总分第三名，县老年人门球队参加三明市老年人门球赛并夺得第一名。县桥牌队代表福建省参加全国桥牌双人赛。1998 年，清流选手与三明市选手组成代表队获省桥牌比赛团体第五名。

1999 年 6 月，清流运动员获三明市第二届运动会男子甲组 100 米、男子甲组三级跳远和男子乙组跳远 3 枚金牌及男子乙组 4×100 米接力银牌。李日春参加北京国际马拉松邀请赛，进入业余组前 20 名。

2000—2001 年，清流运动员获全国青少年排球锦标赛第三名，全国女子举重分龄赛抓举、挺举、总成绩 3 个第二名及省女子举重比赛抓举第一名，省女子举重锦标赛抓举、挺举、总成绩金牌 6 枚，三明市首届“安装杯”乒乓球赛乙组第三名、丙组第一名和丙组第三名。李日春参加在印度班加罗尔举行的第十一届亚洲老将田径锦标赛，获半程马拉松金牌。是年，李日春被国家体育总局授予业余田径“锻炼之星”称号，并评为业余一级运动员。徐新华获省移动系统乒乓球比赛单打第一名。

2002—2005 年，选手陈小花在安徽、江苏举行的全国女子举重分龄赛上获女子乙组 53 千克级抓举、挺举、总成绩和个人总成绩金牌共 8 枚；在江西南昌举行的全国青年举重锦标赛上，获抓举、挺举、总成绩 3 项第三名，并与陈林招代表三明市在省第 12 届运动会上获举重金牌 2 枚。选手陈林招在江西、辽宁举行的全国女子举重分龄赛上，获金牌 1 枚、银牌 5 枚，并获省举重锦标赛女子 63 千克级金牌 4 枚。吴文涛获省举重锦标赛男子 62 千克以上级别铜牌 4 枚。清流运动员在三明市第三届运动会上获女子举重金牌 2 枚、田径项目铜牌 2 枚。

三、残疾人体育竞赛

1991 年 9 月，县残疾人运动员在三明市第二届伤残人运动会上获金牌 10 枚，金牌总数和团体总分居全市第一名。同时入选三明市队，参加省第二届残疾人运动会。

1992 年 3 月，运动员马志平、陈午钢入选省代表队，参加全国残疾人乒乓球和游泳比赛。1994 年 9 月，残疾人运动员陈午钢在北京举办的第六届“远南”残疾人运动会上，夺得男子羽毛球单打铜牌，并被授予“全国优秀运动员”称号。1996 年 4 月，残疾人运动员李秀珠在省第三届残疾人运动会田径比赛中获银牌 2 枚、铜牌 1 枚。1999 年，陈午钢在省第四届残疾人运动会上获金牌 1 枚。

2002 年 6 月，县特殊教育学校 4 名同学代表三明市参加省第二届特殊奥林匹克运动会，获金牌 3 枚、银牌 4 枚、铜牌 2 枚。2004 年，清流选手严栋在省第一届中小学生残疾人田径运动会上获金牌 2 枚、银牌 1 枚。

至 2005 年，清流运动员先后在国际、全国、全省残疾人运动会上获金牌 6 枚、银牌 10 枚、铜牌 4 枚。

第三章 管 理

第一节 机 构

一、县级机构

（一）清流县文化体育局

1991 年，清流县文化局内设办公室、群众文化股，行政编制 4 人；辖文化馆、图书馆、博物馆、文化艺术中心。1997 年 4 月，机构改革，县文化局与县体育工作委员会合并，成立县文化体育局（以下简称县文体局），编制 11 人，下设办公室、群众文化股、体育股、文化市场管理股，辖文化馆、图书馆、博物馆、文化艺术中心、少体校、老体协。

2002 年，机构改革，县文体局核定行政编制 6 人，内设办公室、文化市场管理股、体育股。下属单位不变。

2004 年，成立县文化与出版局，与县文体局合署办公，两块牌子，一套人马。同时，成立文化市场稽查大队，为事业单位，人员、编制由县文体局内部调剂，实有 3 人。

2005 年，县文体局内设科室未变，行政编制 5 人，实有 9 人；辖文化馆、博物馆、图书馆、文化市场稽查大队、青少年业余体育学校、老体协，事业编制 16 人。同时，设有县体育总会、农体协等社会团体组织。

（二）清流县体育工作委员会

1991 年，县体育工作委员会行政编制 4 人，实有 4 人；下设少体校，事业编制 3 人，实有 2 人。1997 年 4 月，机构改革，县体育工作委员会与县文化局合并，成立清流县文化体育局。县文体局内设体育股，负责体育事业的管理。年内，行政编制 4 人、事业编制 3 人。

（三）清流县档案局（馆）

1991 年，县档案局内设办公室，行政编制 2 人，实有 2 人。档案馆事业编制 6 人，实有 5 人。1992 年 5 月，县档案局内设办公室、监督指导股、保管利用股。1997 年，县档案局（馆）改为县委直属事业单位。2000 年，县档案局（馆）列入参照《中华人民共和国公务员法》（以下简称《公务员法》）管理事业单位。2005 年，县档案局（馆）内设科室未变，有参照《公务员法》管理事业编制 8 人。是年，设立县现行文件服务中心。

（四）中共清流县委党史研究室

1991 年，县委党史研究室有事业编制 3 人，实有 3 人。2000 年，县委党史研究室列入参公管理事业单位，内设办公室和征编宣传股，人员编制 3 人。2005 年，县委党史研究室编制 3 人，在编 2 人。

（五）清流县广播电视事业局(县广播电视台)

1991 年，县广播站行政编制 2 人，实有 3 人；事业编制 13 人，实有 17 人。1993 年 4 月 8 日，县广播站更名为县人民广播电台。1994 年 8 月 10 日，县有线电视台成立，核定事业编制 5 人。1997 年 2 月，县广播电视事业局成立，事业编制 30 人。同年 12 月，县人民广播电台、县有线广播电视台、县电视转播台合并，组建县广播电视台，与县广播电视事业局实行一套人马，两块牌子。2005 年，县广播电视事业局内设办公室、宣传科、事业科，事业编制 30 人。下属机构有县广播电视稽查队、县乡镇广播电视站等。

（六）清流县地方志编纂委员会办公室

1991 年，县地方志编纂委员会办公室（以下简称县方志办）核定事业编制 4 人。2000 年，列入参照《公务员法》管理事业单位。至 2005 年，县方志办参公事业编制 4 人，实有 3 人。

二、乡镇文化机构

1991 年，全县 15 个乡镇都设有综合文化站（或称乡镇农村文化中心），事业编制 7 人。每个文化站都有办公场所和文化活动场地，全县 65% 建制村有文化活动室。除嵩溪镇有专职人员 3 人外，其余乡镇配 1 名专职或兼职人员。2002 年，机构改革，乡镇文化（中心）站更名为乡镇科技文化服务中心，至 2005 年未变。

第二节　文化市场管理

一、文化市场规模

1991 年，全县有录像放映厅 28 家，其中广电系统 7 家、文化系统 20 家、无证播放 1 家。当年，取缔无证经营录像放映厅 1 家，注销 7 家。有舞厅 1 家（文艺中心）。1996 年，全县文化市场日渐活跃，歌舞厅增至 22 家、录像放映点 7 处、音像出租点 2 处、电子游戏机室 2 家、台球场 12 处、旱冰场 2 处。

1998 年，全县有文化经营点 58 家（含乡镇 28 家），其中舞厅 21 家、歌厅（含卡拉 OK 厅）8 家、台球室 8 处、电子游戏室 8 家、音像放映点 4 处、民间剧团 2 家、电影院（队）7 个。此后，随着互联网的快速发展，音像放映点逐渐消失。

2005 年，全县有音像制品出租、销售点 30 家；娱乐场所 12 家，其中歌舞厅 5 家、舞厅 2 家、KTV 包厢 2 家、电子游戏室 3 家；互联网营业场所 10 家，还有艺术品经营户 2 家、书刊经营单位 19 家。

二、音像管理

1991年，录像放映由县音像管理站管理。1993年4月，录像发行归口音像管理站统一管理。

1994年，对全县录像厅及乡镇有线网（点）实行供片制，并对有线电视网（点）及“三厅”进行清理整顿，实行持证上岗。1995年，查处非法音像制品300余盘。

1996年，开展“扫黄打非”活动，收缴非法、盗版、走私等录像带、录音带、VCD唱视盘1000余盒（盘）。年内，发放音像制品经营许可证14家、录像放映许可证8家。

1997年，定期对音像市场进行检查，处罚非法播放光盘故事片经营户2家，销毁非法音像制品500余盘。年内，补办音像制品经营、录像放映许可证7家。当年，全县有许可证的音像零售经营户23家、音像放映6家、音像出租14家。

1998年5月，组织新华书店、县教育局等有关单位对个体书摊突击检查，没收非法经营音像教材30余套。同年9月，组织公安、工商、广电等有关部门对音像经营点进行检查，查处违规经营案件19起，收缴非法光盘1033张。至2001年，累计查缴非法音像制品3000余盒。

2002年3月，管理体制调整，音像管理职能移交县文体局文化稽查大队。

三、新闻出版管理

1991年，新闻出版管理业务由宣传部负责。

1994—1996年，制定《清流县文化娱乐业经营管理工作责任状》，成立新闻出版管理执法小组，开展“扫黄打非”活动。

1997年12月，县委出台《关于加强新闻出版广播电视业管理的贯彻意见》，对排版、制版、印刷、装订、影印、打印等经营活动进行治理整顿，实行图书报刊定点印刷，整顿发行秩序，开展“扫黄打非”斗争。举办音像制品暨书报刊市场管理培训班，文体、工商、公安、广电等部门单位加大文化执法力度，公开销毁一批非法书刊、非法音像制品。

1998年4月，加强和改进挂历市场管理。8月，对全县集体、个体书报刊经营户进行年检，合格22家。同年，开展印刷业普查整顿，举办法规教育培训班，受训20人。

2000年始，新闻出版管理工作划归文化部门。

2001年，组织检查书报刊经营场所4次，重新核发经营许可证。至2005年，全县有书刊经营单位69家。

四、文化市场稽查

1991年，全年抽调167人次对音像、网吧、歌舞厅、游戏机室、出版物、印刷业进行专项治理。收缴黄色录像带13盒、黄色书刊21本、非法出版物年画1217张、明信片637张、贺年卡31张、扑克牌1000副。关闭管理不善舞厅1家、录像厅7家、游艺室1家。

1994年，对全县书报刊点、音像发行、放映点进行全面治理3次，对歌厅、舞厅、卡拉OK厅、音乐茶座、游戏机室、台球室、演出市场进行清查78次，收缴非法录像带32盒、非法出版物256册，责令2家非法出租淫秽书刊的书摊停业整顿。

1995年，每季度召开一次文化娱乐市场经营户会议，规范文化市场经营。责令2家出租黄色书刊的书摊及2家违反管理条例的电子游戏机室停业整顿。

2002年，成立县文化市场整规领导小组，组长由分管副县长担任，公安、工商、广电、文化等部门领导为主要成员。开展文化市场专项治理活动。对城关歌舞厅进行检查13次，出动执法人员65人次，发出整改通知书9份。举办网吧从业人员岗位培训2期36人次。在城区查扣安徽籍5人非法兜售盗版名著书刊100余套，面值10万余元；没收和扣押非法音像盗版光盘、录音带200余盒（盘）；没收非法盗版书报刊40余册。

2003年，在城区、嵩溪、嵩口、灵地、长校、沙芜等乡镇进行市场检查，收缴非法音像制品（光盘）1560余盘（片）、非法出版物900余册（张）。发出整改通知书46份，立案14件，结案14件，处以罚金1.16万元。

2005年，受理举报案件3件，立案8件，全部结案。没收非法音像制品1399盒（盘）、非法书刊287册（本），责令停业整顿3家，处以罚金7.3万元。

第三节 广播电视行业管理

一、广播电视设施保护

1991年，开展农村广播网巡查保护工作。1992年，重点打击破坏有线电视设施行为。

1997年，广播机房开通三明市人民广播电台微波传送讯号。组织广播技术人员对城关莲花山机房播控设备进行全面检测维护。

2000年，利用圩日和节假日组织人员上街宣传国务院《广播电视设施保护条例》。全年查处私自乱搭接有线电视线路案件160起，依法全部拆除并处以罚款。

2002年，制定《清流县广播电视安全播出传输应急预案》，加强有线电视监听、监视、监测、巡查和24小时值班等措施，同时与公安、电力、通信部门联合开展专项整治广播电视线、电力线与通信线“三线”交越和搭挂，保证广播电视安全播出传输。

2005年3月14日，截获入侵四川电视台的不法分子卫星信号，及时停播该台节目。

二、卫星电视地面接收设施监管

1991年，由县广播电视局音像管理站负责全县地面接收电视设施的销售、安装、使用及非法、违规行为查处。当年，全县卫星地面接收站31座，电视差转台76台。1993年，各乡镇广播电视站和一些企事业单位及建制村相继建起卫星地面接收站18座，全县共80座。年内，开展境外卫星电视传播秩序专项整治。

1994年，组织73人次对城区有线电视设施进行检查，抓获毁坏干线、偷搭接电视信号17人。

1995年，与全县30家内设有线电视网单位签订《清流县有线电视节目管理责任书》和《有线电视宣传纪律保证书》。同时，停止乡镇、企事业单位有线电视自办节目。1997年，换发接收卫星电视许可证22本。

2004年，重点查处有线电视网内非法安装卫星电视广播地面接收设施行为，拆除违规设置卫星地面接收设施93座。至2005年，全县审批设置卫星地面接收设施295座。

第四节 体育管理

一、体育人才培训

1991年，城区有少年儿童业余体校1所，专职教练3人，在校学生45人。开设乒乓球、篮球、举重、田径、射击、跆拳道等专业培训班。

1992年，县少体校充实教练，开展田径、举重、设计3个项目训练。有11名少年儿童运动员被市少体校录取。1994—1996年，少年儿童业余体校有专职教练1人、助理教练3人。向省市少体校、体工队输送体育人才37人，其中省体工队3人，省少体校4人，市体校30人，录取上大中专院校14人。

1997年、1998年，分别向省、市少体校输送体育人才5人、7人参加学习培训。2000年，少年儿童业余体校有专职教练3人，在校学生恢复至45人。2003年暑假期间，选拔一批田径、举重、乒乓球等优秀体育苗子进行短期培训。

至2005年，业余少儿体校有田径班教练员5人（其中专职教练员2人），学员48人；射击班教练员2人（其中专职教练员1人），学员20人；篮球，教练员2人（其中专职教练员1人），学员30人；乒乓球班教练员3人（其中专职教练员1人），学员40人；跆拳道班教练员2人（其中专职教练员1人），学员15人。15年间，县少体校共向市少体校输送优秀运动员60人，其中举重20人、田径22人、射击18人。

二、社会体育指导员培训

2001—2005 年，相继开办三级社会体育指导员培训班 5 期，110 人取得三级社会体育指导员资格。同时选派骨干参加省、市一级、二级社会体育指导员培训。

2004 年 11 月，3 人被市体育局授予国家二级社会体育指导员称号。2005 年 5 月，2 人被省体育局授予国家一级社会体育指导员称号。全县累计取得一级社会体育指导员资格 5 人，取得二级社会体育指导员资格 8 人。

三、等级裁判员、运动员评级

1995 年始，根据《中华人民共和国体育法》关于国家实行运动员技术等级、裁判员技术等级和教练员专业技术职务等级制度的规定，对达到等级规定的技术标准和要求的裁判员、运动员，报批授予相应等级称号。至 2005 年，全县等级裁判员 105 人、等级运动员 48 人。

1995—2005 年清流县裁判员、运动员情况表

表 22-6 单位：人

项 目	等级裁判员			等级运动员	
	一 级	二 级	三级	一 级	二 级
田 径	2	14	32	—	16
篮 球	1	15	27	—	—
举 重	2	4	—	6	15
柔 道	—	—	—	—	1
射 击	—	—	—	2	8
乒乓球	0	3	5	—	—

四、群众体育管理

1991 年，实施全民健身战略，全县各企业、机关事业单位先后举办“储蓄杯”“青工杯”“税务杯”“土地杯”“五好家庭”运动会，农民选拔赛，火炬接力赛等，改变过去由体委独家办体育局面，促进了体育社会化。完成 1990—1991 年全县体育锻炼标准验收工作，经抽测，全县有 11414 人达到《国家体育锻炼标准》（以下简称《标准》），达标率 81%。

1992 年，与总工会、妇联、教育局等 5 个单位联合发出关于开展“迎接省运会、备战全运会、奔向奥运会”群众体育活动年活动的通知，各部门、单位积极响应，因地制宜开展小型多样体育活动。1—11 月，全县开展田径、乒乓球、门球等各类体育活动 23 项，参与 5 万人次。县土地局被省体委授予“开展群众性体育活动先进单位”称号。与教育部门配合，完成 1991—1992 年全县《标准》验收工作，全县有 7784 名学生达到国家锻炼标准，占应测人数 79.7%。清流一中、县实验小学、里田中心小学获福建省实施《标准》先进单位称号。

1997 年 6 月 7—15 日，在城区开展全民健身节活动。在全县各中小学和厂矿推广第七套和第八套广播体操。县烟草公司被省、市体委评为开展全民健身节活动先进单位，1 人被省、市评为开展全民健身节活动先进个人。全县举办各类体育比赛 52 场次。

1998 年 9 月 20 日，县文体局与教育局联合召开推行《国家体育锻炼标准施行办法》（以下简称《办法》）表彰会，表彰在推行《办法》工作中作出优异成绩的先进单位 5 个、先进个人 15 人。

2000 年，举办“改革杯”“物业杯”等篮球赛 5 场次，以及第十三届“公仆杯”、第十六届“工行杯”围棋赛，第八套广播体操汇操表演等各类体育赛事 19 场次，建行清流支行被市体委评为开展全民健身宣传周先进单位。

2003 年，实施《全民健身计划纲要》，组织开展群众性体育活动，与有关部门联合举办扑克、篮球、钓鱼等比赛10场，并举办县直机关运动会。

2004年，抓好全县中小学校2004年《标准》工作，全县达标率96%，优秀率26.5%。

2005年，推动社区、乡镇建立体育健身点27个，有组织、有管理的晨、早练活动点6个。

五、体育社团管理

1991年，县文体局辖属的社会团体有县体育总会、县老年体育协会。

1997年，经县委编办批复，同意给县老年人体育协会事业编制1人，由县财政体育经费中列支。负责城乡老年人体育协会的协调管理。

1998年，基层老体协实行分级管理，分工挂靠，县管乡镇、委、局，乡镇管村、居委会，层层实行“十有”（有组织、有班子、有牌子、有计划、有制度、有场所、有器材、有活动、有记载、有经费）达标检查验收。

2002年，新发展体育社会团体清流县农民体育协会、清流县乒乓球协会。

2005年，辖属的社会团体有县体育总会、县老年人体育协会、县农民体育协会、县乒乓球协会、县钓鱼学会等组织。各社区、乡镇相继建立老年体协组织。

六、体育设施建设

1992年5月1日，县老干部活动中心正式启用。占地面积3500平方米，房屋建筑面积2740平方米，有门球场2个、羽毛球场1个、地掷球场1个、气排球场1个。

2003年，投入20万元开办全民健身活动中心，内设乒乓球馆、健身房、健美操厅、棋牌室等，并配有健身操专职教练指导训练。为林畲、嵩溪、东华、长校等乡镇添置健身路径。同年，县田径场破土动工。

2004年，向省、市争取投资40余万元，为7个乡镇安装健身路径。完成第五次全国体育场地普查。

2005年，动员有条件的机关、企事业单位和社会力量修建体育设施，并鼓励和支持企事业单位、个人举办面向大众的体育服务经济实体。一中、城中、农机局、供电局、嵩口镇等分别修建篮球场、羽毛球场、乒乓球室等体育设施。社区、乡镇新增健身路径9套，至此，全县15个乡镇均安装健身路径。嵩口、林畲、田源老体协各兴建门球场1个。

七、体育彩票销售管理

1995年，县首个电脑彩票点启用。彩票点以代售形式销售体育彩票。体育彩票销售额的8%返还县财政，7%返还销售点。体育彩票种类有46选5。

1997年，增加销售56选5，停止销售46选5。

1998年，增加销售42选5、36选7，停止销售56选5。2000年，增加销售22选5、31选7，停止销售42选5。

2003年后，随着福利彩票的发行，全县体育彩票销售额下降。

2005年年末，全县有电脑彩票代售点13处，销售彩票类型有36选7、22选5、31选7等。至是年，国家体育总局体彩管理中心累计返还县财政体育彩票公益金550多万元，主要用于体育设施建设和开展体育竞赛、全民健身活动等。

卷二十三 医药 卫生

1991年，县医疗卫生事业实行经营体制改革及医疗机构分级管理。当年，全县人均卫生事业费14.57元，千人拥有卫技人员数2.53人，每万人病床数19.93张。人口平均预期寿命65岁。1994年始，通过农村卫生人力开发项目（卫Ⅳ项目）世行贷款，不断加大基层医疗投入，强化卫技人员培训。1998年，县委、县政府出台《关于加快卫生改革与发展的实施意见》，加大卫生专项投入，完善公共卫生和医疗体系，中西医并重，建立新型农村合作医疗制度，提高疾病预防控制和医疗救治服务能力。至2005年，县、乡各级医疗单位医疗场所、条件得到根本性改善，全县人均卫生事业费48.32元，千人拥有卫技人员数3.14人，每万人病床数18.37张。全县人口平均预期寿命为71.57岁。其中，男70.67岁，女72.61岁。县医疗部门能成功开展胃癌全胃D2根治术、食管癌根治术等高难度手术，危重病人抢救成功率96.5%。加强行风建设，打击药品回扣，加大医疗费用管理监督和控制，医疗质量及作风整体改善。全县共诊治门诊病人21.25万人次，收住院病人1.68万人次。床位使用率66.49%。

1991年，县内野生及栽培的药用植物有475种。县医药公司在采购中、西药及医疗器械满足医疗需要同时，收购地产中药材127种。县医院药材加工厂加工炮制中药材及制剂152种。2001年始，县各医疗卫生单位坚持从三明、清流、长汀、连城等医药公司进药。对需引进的新药品种，逐级上报审批；医疗器材采购实行货比三家，所采购设备品种、价格、数量予以公开。2001—2005年，每年购进西药均在2200种左右，医疗器械在980种左右。至2005年，全县种植中药厚朴、杜仲、山苍子等面积380公顷。

1991—2005年，全县计划免疫、妇幼保健、卫生监督、红十字会等各项工作取得长足进展，重大疫情报告网络系统及重大疾病控制体系逐步建立、完善。1991年、1997年，清流县分别达到“基本控制地甲病县”“消灭丝虫病县”标准，1993年被授予“省级卫生县城”称号并持续保持该项荣誉。

第一章 医疗卫生体制改革

第一节 经营体制改革

1991—1993年，全县各医疗卫生单位开展多种形式的经营体制改革探索。嵩溪卫生院开展浮动工资试点，将职工工资分为出勤工资、任务工资、奖励工资3部分，实施目标责任管理。嵩口卫生院实行结构工资与科室承包试点。李家卫生院实行公开招标承包，承包人对单位的经营、决策、内部分配形式享有自主权。县医院开展以各科室为单位的核算试点，县防疫站开展“五定二挂钩”（定任务、定收入、定成本、定支出、定提成，奖金与工作任务挂钩）管理试点。

1995年，县医院推行院、科两级经济核算管理改革。对临床一线科室实行以收定支，对无经济收入的科室实行量化管理。嵩溪、嵩口、灵地、长校、沙芜、城关、赖坊7个卫生院实行结构工资综合目标责任管理。同年11月，《福建卫生报》介绍嵩溪卫生院实行3年多的结构工资和综合目标管理的做法。2002年7月，县政府实施城镇医药卫生体制改革，实行医药分开核算、分别管理。县级公立非营利性医疗机构，对医疗收支、药品收支进行分开核算，对医院药品收支结余，实行收支“两条线”管理。社区卫生服务组织、门诊部及个体诊所除经销由省级卫生、药品监管部门审定的常用和急救药品外，不得从事药品购销活动。

2003 年，全县乡镇卫生院推行结构工资和综合目标管理的分配制度改革，实行按岗定酬、按任务定酬、按业绩定酬、按服务质量定酬，职工每月薪酬按业绩、效益和出勤等浮动。

至 2005 年，全县 18 家医疗卫生单位将卫生行风、安全生产、计划生育、综治等项工作和分配制度改革有机结合，优化人员配置，医疗质量提高，业务收入增加，仅 2 家（卫生院）亏损。

第二节　管理体制改革

1991 年，全县 17 个医疗卫生单位实行全员聘用。县医院、县中医院、乡镇卫生院实行差额管理，经费由财政核补；县防疫站、县妇幼所实行全额管理，经费由财政核拨。

1992 年，县卫生局推出卫生改革意见并开展试点。主要有下放人事管理权限，科室副主任以下干部由医疗卫生单位聘任；做活人才流通，鼓励医护人员到基层卫生院工作；精简行政管理人员，对乡镇卫生院实行联院会计制；干部职工实行聘任制，实行以岗定人，以人定责，公开招聘，双向选择；推行院（站、所）长综合承包责任制；鼓励医疗卫生单位开展有偿业余服务；建立初保基金，以乡镇为单位，每年每人 2.5 元（个人 1 元、村 1 元、乡镇 0.5 元）筹集初保基金，发展农村卫生事业；允许医疗卫生单位兴办直接为卫生工作服务的第三产业和小型工副业等。

1994 年，在县医院、嵩溪卫生院分别进行创二级乙等医院和一级甲等医院试点，加强科学管理及医院内涵建设。对乡镇卫生院工作进行考核，量化管理各项医疗业务。同年，县委、县政府拨出 15 万元作为县医院分级管理专项经费。县医院将创二级乙等医院作为医院工作中心，层层下达责任目标，强化“三基”训练。10 月，该院经三明市等级医院考评组评审，达到“二级乙等医院”标准。经市卫生局批准，林畲、余朋、田源、灵地、沙芜、长校、赖坊、里田、温郊 9 家卫生院被评为“一级乙等医院”。

2002 年 7 月，全县实行卫生工作全行业管理，对现有医疗机构重新进行资格认定，划分非营利性和营利性医疗机构。县医院和县中医院分别成立社区服务管理机构，承担所辖居民医疗保健和康复工作。同时改革医疗机构人事制度，实行医院院长负责制、任期目标责任制、专业技术职务聘任制、管理人员职员聘任制、工勤人员合同制等，并改革医疗机构内部分配制度，建立健全内部激励机制和约束机制。

2003 年，完善医疗卫生服务标准和质量控制评价评估体系，规范医疗机构和医务人员的诊疗行为。核定县医院等 20 家医院和县直单位 2 个门诊部为非营利性医疗机构。厂矿医务室、村卫生所、个体医疗机构按照自愿选择和政府核定相结合原则进行。制定乡村一体化管理方案，加强村卫生所的医疗保健人员培训、业务考核等管理。村卫生所做到诊病有登记、取药有处方、收费有单据、收支有账目。

2005 年，将灵地卫生院划入县医院管理，成立灵地卫生院分院，利用县医院的技术优势和先进管理水平，带动灵地卫生院发展，解决南面群众看病难问题。

第三节　人事制度改革

一、人才引进

1991—1997 年，医学院校大中专毕业生由县人事部门根据各医疗机构人员需求，进行分配。

1998 年，停止分配大中专毕业生。医学专业本科毕业生不愿回县工作，卫生系统只得向外省医学院校引进本科专业人才。卫生专业技术人员严重不足。

2000 年，向社会公开招考录用卫生专业技术人员 7 人。

2005 年，向全县公开招考卫生技术人员 27 人。至是年，累计向江西赣南医学院、武汉大学医学院等医学院校引进本科毕业生 26 人，解决专业人才断层现象。

二、竞聘上岗

2001 年以前，县医疗系统股级、副股级干部一般由县委宣传部进行考核、任命。年内，任命中青年干部 9 人。

2001 年，乡镇医疗卫生单位引入竞争机制，领导岗位实行公开选拔。县医院按照“按需设岗、定编定岗、竞争上岗”和评聘分开的原则，建立聘任制用人制度。职工与单位签订人事聘用合同，评聘分开，按照“能者上、平者让、庸者下”的原则，专业技术人员职称每 3 年聘任 1 次。年内，该院 1 名青年护士通过竞选当选外科护士长。

2003 年，全县 18 家医疗卫生单位全部实行聘用制为核心的人事制度改革，实行评聘分开，竞聘上岗。

2004 年，县医院采取公开竞聘方式聘任外科副主任。

2005 年，全县公开选拔乡镇卫生院副院长 6 人和县直医疗单位中层领导 5 人。

第四节 医疗制度改革

一、医疗保险制度

1991 年，全县国家机关工作人员执行 1988 年县政府制定的公费医疗制度，即定点医疗、定额控制，每人每年 60 元。当年，公费医疗支出比 1990 年增长 34%。

1992 年，全县享受公费医疗人员 4301 人，全年财政支出 84.5 万元，年人均支出 195.53 元。

1994 年 7 月，公费医疗经费实行“分级管理，定点医疗，定额包干，与个人、单位适当挂钩”的办法。乡镇公费医疗经费由县财政按基数核拨给乡镇财政所，包干管理使用，节余留用，超支自行解决。县直机关、事业单位公费医疗经费，县财政按基数核定，由县公费医疗办公室拨给包干单位，超支不补，节余留用，自求平衡。

1995 年 5 月，县政府规定，公费医疗坚持定点医疗制度，非定点医院的发票，不得在公费医疗经费中报销；公费医疗经费必须统筹使用，不得按包干定额发给个人。

1997 年 12 月，全县实行医疗保障制度改革，改公费医疗制度为医疗保险制度，建立社会统筹医疗基金与个人医疗账户，职工享受基本医疗保障的待遇与个人对社会的贡献适当挂钩，并实行政事分开，医疗保险基金的筹集、运营和管理由医疗保险基金管理中心承担。规定用人单位缴费按在职职工工资总额与离退休人员费用之和的 8% 提取；在职人员个人缴费按个人工资总额的 2% 缴纳。医疗保险中心负责全县参保对象医疗费用报销。

1998 年 12 月，修订职工医疗保险制度改革实施方案，决定先在县直和乡（镇）行政机关、事业单位实施改革方案，用人单位缴费按 4% 提取，个人缴费按工资总额 1.5% 缴纳。并对职工医疗保险待遇作调整。当年，全县参保单位 116 个，参保人员 3965 人。全年共收保险金 185.37 万元，其中财政拨款 130 万元，个人缴纳 55.37 万元。财政拨款部分按规定比例划入个人医疗账户 63.4 万元，全县个人医疗账户合计 118.77 万元，社会统筹基金 66.6 万元。全年医药费总支出 204.12 万元，其中从个人账户支出 95.64 万元，从统筹基金账户支出 108.48 万元，年人均医药费支出 514.82 元。

2000 年 4 月，在职职工个人缴费比例，由 1.5% 调整为 2%。

2002 年 3 月，适当调整个人账户划入比例及档次，调整缴费标准和报销比例、高低住院统筹基金起付标准，并决定由医保中心统一办理商业补充医疗保险业务，同时执行门（急）诊大额医疗费用保险。当年起，用人单位缴费按 8% 提取。

2004 年 5 月，出台《清流县职工医疗保险制度实施（修订）意见》，确定用人单位缴费按 8% 提取，个人缴费按 2% 缴纳。2005 年，全县参加基本医疗保险缴费单位 210 家，参保 1.03 万人，其中在职 7638 人，统筹基金盈余 156.65 万元。

二、农村合作医疗制度

1991 年，全县农村继续实施初级卫生保健，开展儿童计划免疫、妇幼保健保偿等单项合作医疗保健工作。有村级卫生所 108 个，乡村医生 113 人。

1997 年 8 月，县政府出台《清流县农村合作医疗实施意见》（以下简称《实施意见》），决定在全县推行农村合作医疗保健制度，建立县合作医疗基金。基金按上年人均纯收入的 1% 征集，暂定 23 元；村集体按人均 8 元筹集。乡镇财政按人均 5 元投入，县财政按人均 3 元扶持。乡镇成立合作医疗管理委员会，村成立领导小组，基金设专户、专账、专人管理。《实施意见》确定“以收定支、超支不补、当年平衡、结余滚存”补偿办法。年内，在沙芜、余朋 2 个乡进行试点。1999 年，15 个乡镇 41 个建制村开展合作医疗。

至 2000 年，全县 62 个建制村开展合作医疗，占全县建制村 55.9%。2000 年后，由于县、乡、村补助资金无法到位、个人缴纳部分筹资难度大，部分乡、村停止农村合作医疗。少数村参照《实施意见》实行合作医疗，但规模不大。2001 年，农村重点开展住院型合作医疗保健。施行以乡为单位统筹，实行大小病门诊、住院按比例报销，大重病报销比例放宽。

2005 年，完善合作医疗工作实施方案，加强合作医疗资金管理，简化报销手续，推行“财务公开、接受监督”管理制度。

第二章　医疗与护理

第一节　设施设备

一、医疗用房

1991—1992 年，省、市、县、乡共投入资金 110 万元，加强医疗单位基础设施建设。其中县医院和县妇幼保健所新建病房大楼、综合楼，沙芜、余朋等卫生院新建职工宿舍楼、综合楼。灵地、长校卫生院业务综合大楼被列入省、市农村卫生“三项”建设规划，并动工建设。

1993—1995 年，全县投入农村卫生“三项”建设资金 100 余万元，修建长校镇和林畲乡卫生院职工宿舍楼及灵地卫生院门诊楼、嵩溪卫生院业务综合楼。

1996 年，县医院医技楼动工。温郊卫生院职工宿舍楼、里田卫生院门诊楼基本完工。赖坊卫生院职工宿舍楼动工。

1999 年，全县总投资 130 万元，占地面积 380 平方米，建筑面积 2087 平方米的县中医院综合大楼竣工。

2000 年，清流县利用农村卫生人力开发项目世行贷款 36 万余元，为各卫生院配备 X 光机、尿十项分析仪、普通生化仪、B 超、骨科牵引床等设备。

2001 年，全县卫生系统投资 288 万元，建设项目 4 个。其中，乡镇卫生院 2 个，县医院 1 个，县卫生防疫站 1 个，建筑面积 5056 平方米。

2002 年，县中医院筹资 52.44 万元，建设病房大楼面积 820 平方米；县妇幼保健所投入 8 万余元，进行婚检项目建设，增设咨询室，装修产房。

2003—2004 年，全县投入资金 598 万元，其中省、市投入资金 242 万元，对全县卫生院进行装修，设置“非典”隔离观察室、隔离病房、发热门诊、病人休息室等。县医院门诊大楼、县防疫站检验综合楼、灵地中心卫生院门诊综合楼、县疾病控制中心等基建项目建成投入使用。

2005年，新建县医院优质病房楼，完成12个卫生院的预防接种门诊及6个卫生院的产房改造及10个空白村卫生所建设。中医院病房大楼竣工投入使用。

二、医疗设备

清流县医院 1991年，县医院主要医疗设备有200毫安X光机、Ⅰ型B超仪、空气式麻醉机、半自动生化仪、纤维胃镜等。1993年，集资35万元，购置东芝EUB－315型B超机1台、电脑记录仪及尿自动分析仪和肿瘤测定仪各1台。1995—1998年，先后添置进口胃镜、自动生化仪、进口酶标仪、手术显微镜、高频电刀、血球计数仪、500毫安X光机、酶标仪等设备。1999年，县医院投入255万元，添置CT机1台，以及高压氧舱、肠镜、脑电图/脑电地形图仪、胃肠镜电视系统。2000—2004年，县医院添置24小时心电动态血压仪、螺旋CT、移动式C型臂X光机、微创手术腔镜系统、红外线乳透仪。2005年，县医院添置前列腺电切镜膀胱镜、腹腔镜、鼻窦镜、宫腔镜、电子阴道镜及移动式X光机、多功能麻醉机等设备，引进血气分析仪、日本富士能CR机、床边X射线机、美国GE监护仪等。至2005年年末，全院万元以上医疗设备60余台（件），有医疗业务用车3辆，设备总价值1400余万元。

清流县中医院 1992年，购置胃电图机1台。2000年，投入7.11万元更新B超，添置尿10项分析仪和普通病床。2002年，筹资更新B超，添置尿10项分析仪等设备。2003年，引入民间资金6万元，添置半自动生化仪1台。2005年，投入25万元，添置医疗设备。

清流县妇幼保健院 2002年，购置尿分析仪1台。2005年，县妇幼保健院医疗设备有黑白B超1台、手提便携式B超1台、心电图机1台、半自动生化仪1台、婴儿保暖辐射台1台。

乡镇卫生院 1993年，县卫生局购置2批价值18.13万元的卫生Ⅳ仪器设备，充实各乡镇卫生院。1994年始，全县实施农村卫生人力开发项目（卫Ⅳ项目，世界银行为中国提供第4批卫生贷款90.37万元，县投入配套经费38.15万元），为乡镇卫生院添置200毫安X光机5台、B型超声波诊断仪7台、口腔综合治疗仪2台、心电图机2台、生化仪1台、尿十项分析仪6台及多功能抢救床、骨科牵引床、综合手术床、双目显微镜、呼吸机等设备。1999年，乡镇卫生院投入16万元，添置200毫安X光机3台、牙科治疗机1台、半自动生化仪1台及手术床、病床等。2000—2005年，乡镇卫生院投入16万元，添置B型超声波诊断仪2台、尿十项分析仪2台及手术床、普通病床等。

第二节 医疗技术

一、西 医

1991年，全县有医师82人、药剂师4人、检验师5人、医士55人。诊治门诊病人35万人次，收住院病人1.35万人次。县医院诊断符合率、治疗好转率分别为93.2%、91.3%，乡镇卫生院为86.8%、85.4%。抢救危重病人成功率85%。县医院开展显微外科、骨伤外科治疗，断指再植复修获得成功，并开展心电监护和心除颤、显微胃镜检查等。

1992年，县医院邀请省立医院胸外科专家及上海、赣州等地专家到清流开展学术活动，提高县医院医务人员医技水平。县医院医师采用盐酸纳洛酮穴位注射治疗脑梗塞，开展壶腹癌行胰十二指肠切除术，疗效甚好，获清流县1993—1996年科技进步二等奖。

1999年，县医院成功开展肝癌肝叶切除术、开胸术等难度较大的大中型手术。全县有15项医学科研成果申报县级科技进步奖。

2002年，CT仪的使用使各种手术尤其是颅脑和各腔内脏器占位性病变手术更加安全准确，腔镜的引入使清流县外科进入微创手术时代。

2003年，县医院手术室、妇产科开展术后镇痛、无痛分娩、无痛人流，取得良好效果。儿科医师在全市率先开展小儿智力测试、行为测定、行为障碍矫治、过敏原测定等。

2004 年，县医院运用腔镜系统在普外科、泌尿外科、妇产科、五官科开展微创手术、前列腺摘除术、口腔正畸、非脱垂子宫阴式切除术、卵巢癌术后 3 年并阴道漏修补术、颅骨修补成形术等新手术。骨科开展脊柱Ⅱ型钢板内固定术，治疗腰椎骨折、腰椎滑脱伴不全瘫。县医院和省立医院建立协助关系，成为全县卫生系统技术支持和人才培训基地。当年，省立医院在县医院开展心脏外科手术和培训。

2005 年，县医院成功开展胃癌全胃 D2 根治术、食管癌根治术、结直肠管癌根治术、甲状腺癌根治术、乳腺癌根治术、肺叶切除术等一系列高难度手术，其中甲状腺癌根治术、腮腺浅叶切除术填补医院空白。

二、中医及中西医结合

1991 年，全县有中医师 26 人，其中公立医院 10 人，集体卫生事业单位 15 人，工厂及其他部门 1 人。中医士 3 人，中药师 5 人。县医院理疗科应用传统推拿按摩、针灸疗法结合中频、艾灸、穴位注射、脱水疗法、熏蒸疗法等治疗手法治疗颈椎病、眩晕、肩周炎、腰椎间盘突出、骨质增生、失眠、面神经痉挛、周围性神经麻痹等疾病，取得很好效果。县中医院利用中西医结合治疗骨伤科及内儿科等常见病。县医院医师采用中西医结合治疗小儿呼吸道反复感染等外感疾病，避免小儿经常应用抗生素引起的耐药性，获清流县 1993—1996 年科技进步二等奖。

1995 年，县医院外科采用大承气汤、小承气汤治疗外科急腹症；中医科采用中西结合治疗腰椎肩盘突出症 300 余例，有效率 70% 以上。

2000 年，全县有中医师 17 人，其中公立医院 7 人，集体卫生事业单位 6 人，工厂及其他部门 1 人，个体 3 人。中医士 3 人，中药技 4 人。

2004 年，县医院中医科医师采用中西医结合预防和治疗糖尿病并发症和肛肠疾病，疗效显著。至 2005 年，广泛应用中医特色疗法治疗哮喘、慢性支气管炎、过敏性鼻炎、胃及十二指肠溃疡、慢性腹泻、风湿性关节炎等疾病。县中医院开展中西医结合治疗心血管系统的高血压、心脏病，有效率 80% 以上。县医院中医科开展中医治疗结石，成功治愈几百名患者。同时，利用中医方法治疗失眠、骨质增生、腰椎间盘突出及理疗康复等症，取得较好疗效。老中医陈顺达自制优质骨伤合剂，对接骨、跌打损伤、痛风风湿、胃痛、腰椎间盘突出等具有疗效，被收入《世界优秀医学论文选要大全》《国际中医药临证精华》和《疑难病特色医疗人才库》等专业刊物。其《慈楞汤加味治疗肉瘿》一文获《中国中医特治新法大全》论文一等奖。

第三节　护　理

一、队　伍

1991 年，全县有护士 57 人，其中公立医院 32 人、其他医疗卫生机构 25 人。1995 年，全县有护士 40 人，其中公立医院 20 人。至 2005 年，全县护士 94 人，其中县医院 58 人、中医院 6 人、乡镇卫生院 22 人、其他卫生机构和个体 8 人。

二、护理管理

1991 年，县卫生部门结合纪念国际护士节和国际红十字日，组织全县护士代表开展技术操作比赛。全县 11 支代表队 33 人参赛。比赛内容主要是有关医德医风和业务知识理论操作等方面，如护理工作者的基本职责、铺床等。县医院传染科代表队获第一名。

1996 年，县医院制定《护理质量管理制度》《抢救工作制度》《差错事故管理制度》等护理管理制度 23 项，实行四级护理制度（即特别护理、一级护理、二级护理和三级护理）。推行系统化整体护理模式，针对不同病人，给予不同护理和照顾。

1997 年，各医疗单位开展“三基”（即基础理论、基本技能、基本操作）培训和考试，落实护理制度、岗位职责，提高护理队伍素质。1998 年，县医院举办护士组长培训班，对护理理论和操作进行再巩固、再提高。

2000年，各医疗单位推行整体护理制度，对护理质量实行标准化管理。制定出特护和一级基础护理质量标准、急救物品管理质量标准、无菌标准、消毒隔离质量标准、护理查对制度管理质量标准、整体护理质量标准、护理文件书写质量标准等各项护理管理制度，每月对护理工作进行质量监控，发现问题及时采取补救措施。同年，县医院外科、内科建立重症监护室，提高护士比例，并对护理人员进行规范化培训。

2001年，县医院组织医务科、护理部等医疗行政科室每周至少一半时间临床检查指导医疗护理常规执行情况，发现问题及时整改，每月对特殊区域、高压物品、医务人员的手进行细菌监测。

2003年，县医院护士在为病人进行治疗护理过程中，同时开展心理疏导，实施心理护理，并向病人进行疾病知识、康复指导、健康及护理咨询等方面的健康教育，做到因人施护，住院病人治愈好转率达95%以上。随着心脏手术的逐步开展，配备心外科护理人员，落实消毒隔离制度、交接班制度、查对制度、特级护理制度、IABP护理操作程序等。

2005年，清流县对现有护理岗位进行调整，改变岗位设置不合理情况，严格控制护士调离护理岗位。是年，县医院实施护理专业技术人员中级岗位公开竞聘，竞聘名额4人，采取竞聘述职、组织考核和民主测评考核办法，聘期3年。全县护士在国家级刊物发表护理论文2篇，在省级刊物发表17篇。

第四节 急救中心

1991年，受限于交通不便，县急救中心主要采取由乡镇卫生院对患者作初步处理，县医院派出120急救车，“上接下送”对接方式抢救病人。1995年，各医疗单位建立急诊工作制度、首诊负责制、抢救制度及转诊和24小时值班制度。县成立急救领导小组，强化心肺复苏术、心脏除颤起搏、洗胃技术等急救技能操作。急诊科配备急救药品和设备，建立抢救常规和抢救程序。

1996年，县医院设立急诊抢救室，配备心电图机、心电监护仪、除颤仪、洗胃机、呼吸机等抢救设备，安装专线“120”电话，实行24小时应诊。救护车确保白天在5分钟内、夜晚8分钟内出诊。

1999年，县医院添置急救通信工具及“120”急救车1辆，开通“120”急诊呼救系统，并实行挂号、划价、收费一条龙服务，全院主治以下医生和急救小组人员实行全日制开放式候诊。

2003年，县医院添置多功能“120”救护车1辆，配备多功能呼吸机、心电图机、血气分析仪、除颤仪、输液泵等先进抢救设备。全年急救车出车255次，接诊病人162人，其中危重病人93人，为急救创造条件，抢救成功率95.7%。“非典”时期，开展救治模拟演练。

2004年，14所乡镇卫生院均设立急诊科。2005年，“120”急救中心出车423次，接诊病人365人，危重病人抢救成功率96.5%。

第三章 卫生防疫与保健

第一节 爱国卫生运动

一、爱国卫生运动宣传

1991—2002年，结合开展爱国卫生月、创建省级卫生城、科技宣传周等活动，采用群众喜闻乐见、内容新颖的方式开展卫生科普知识宣传，在不同时期有针对性地进行重点宣传。2003—2005年，清流县重点围绕防治“非典”“人禽感染流感”工作开展健康教育，放映卫生科普宣传片8部18场次，受教育1万余人次。

二、创建省级卫生县城

1991年，全县开展创建省级卫生县城、卫生乡村活动，进行环境综合整治，清理垃圾杂物，疏通沟渠，拆除违章建筑，清除卫生死角，铲除病媒生物孳生地。

1992年，嵩口镇、田源乡廖武村分别被省爱卫会授予省级卫生乡镇和省级卫生村称号。

1993年，全县开展以改水、改厕为重点的爱国卫生运动。当年，清流县被省爱卫会授予省级卫生县城称号。

1994年，发生“5·2”特大洪灾，县卫生防疫部门及时组织卫生防疫人员深入灾区开展疫点消杀，确保大灾之后无疫情。

2003年“非典”期间，县卫生防疫部门对城区各单位、公共场所、学校、食品生产经营单位和各乡（镇）、村（居）委会相关场所等人流较多、人口较密集的地方进行卫生消杀，预防“非典”流行。

至2004年，城区垃圾处理设施完备，城区垃圾日产日清，清运率和保洁率100%；6座公厕全部为水冲式无害化厕所；道路硬化率99.8%；城区公共绿地面积14.2公顷，建城区绿化覆盖率26.2%，城区绿地率15.5%，人均公共绿地面积7.4平方米。

2005年，全县完成城区公共场所、重点地区预防性消毒10万平方米，医疗机构、幼儿园（所）消毒卫生监测率90%。同年10月，清流县通过省爱卫会考核组复查考核，保持“省级卫生县城”称号。

三、农村改水

1991年，全县农村饮用安全卫生水人数达8.69万人，占总人口62.6%。饮自来水人数5.47万人，占39.4%。当年，县爱卫会被市爱卫会授予市“七五”改水先进单位称号。

1992—1997年，清流县结合新农村建设及老区“五通”（通路、通电、通安全卫生饮用水、通电话、通广播电视）工程，农村改水工作取得成效。1997年起，农村改良生活饮用水前，必须送水样到县、市级卫生防疫机构检验。

2000年，全县农村饮用安全卫生水人数10.17万人，占总人口70.1%;其中，饮用自来水人数7.16万人，占49.4%。至2004年，农村改、扩建自来水厂（站）21处，新增饮用自来水1.7万人。农村饮用安全卫生水人数11.64万人，占农村总人口95.8%；饮用自来水人数9.95万人，占81.9%。

2005年，全县有3个乡镇的4个村完成自来水改扩建工程，新增受益人数1821人。至是年，全县饮用自来水人数10.81万人，饮用地面水人数9.93万人，饮用地下水人数2.79万人。

四、农村改厕

1991年，县财政拨款18万元，购置便缸1800套，免费提供给农户改厕。各乡镇采取因地制宜、多方集资方法，并出台优惠措施，推进农家厕所改造。田源乡每座私厕由乡政府提供砖头1000块，土地所免费批拨土地12平方米，林业站批给木头10根，村里解决水泥5包。当年，全县农村新（改）建公厕12座，改造农家卫生厕所1200个。至2000年，全县卫生厕所普及率12.2%。

2002年始，在农村进行三联式沼气厕所及三格式无害化厕所改造。

2002—2004年，全县农村新建改建卫生厕所1.79万座。全县农村使用卫生厕所2.53万户，占农村总户数80.1%。

2005年，全县农村完成改厕787座，完成三联式沼气200座，有三格式无害化厕所316座、其他卫生厕所271座。

五、除“四害”

1991年，城区组织春、秋两季大面积灭鼠活动，“三率”（覆盖率、饱和率、到位率）达90%以上，鼠密度控制在国家规定标准内。年内，清流县被市爱卫会授予灭鼠先进县城称号。

1997年，全年组织大规模灭鼠活动3次，投放鼠饵5.68吨；开展有偿代消杀面积90多万平房米，鼠密度1.37%。是年11月，经市级复查，清流县继续保持“灭鼠先进县城”称号。2000年，组织大面积灭鼠活动2次。

2005年，城区投放“溴敌隆”米粒毒饵4.3吨，鼠密度下降至0.89%;组织人员消杀公共场所713万平方米，蚊子、苍蝇、蟑螂密度下降。

附：

高坂“女儿村”

1985年，县计划生育工作队到东华乡高坂村进行人口普查时，发现该村男女比例严重失调，达40：60。经调查，该村村民为1965年由泉州迁移而来，当时共10户49人，其中男性20人，女性29人。颇为蹊跷的是，至1985年的20年间，该村育妇均生女婴，未有男婴降生。特别是1975年，村中连生女婴7人，村民戏谑“七仙女下凡”。其中1户家庭成员10人，就有9人为女性，此种现象即使在全国也实属罕见。此消息经县委报道组报道后，不胫而走。中国香港《文汇报》、菲律宾《世界日报》、美国《国际日报》及《澳门日报》先后在醒目位置转载报道清流这一奇异的“女儿村”。县计生、卫生等部门派人进村走访，多方考证，最后将目光锁定在村民饮用的井水上。

1985年，县卫生防疫站将村民饮用的井水送到省水文地质监测研究中心化验。检测结果发现：水中微量元素镉含量较高，含铁量亦超饮用水标准。人们怀疑是微量元素镉导致染色体变异，从而使生女儿的几率提高，劝告村民改饮溪水。1989年，在县、乡两级政府关心支持下，村民集资安装自来水，将山泉水引入各家各户。1年后，村中相继出生3男1女，至此“女儿村”之谜揭开。

第二节　疾病预防与控制

一、计划免疫

1991年，县卫生部门对全县儿童计划免疫工作进行审评，按容量概率随机抽样调查210名适龄儿童，建卡率99.1%。审评结果：“四苗”（即卡介苗、脊髓灰质炎疫苗、百白破疫苗、麻疹疫苗）全程合格率94%。

1992年，开展常规免疫接种监测，建立接种常规报告制度。当年，通过计划免疫以县为单位第2个85%目标审评。

1994年，县医院建立AFP(急性弛缓性麻痹病例)主动监测哨点，卫生防疫站专报人员每旬定期到医院内科、儿科、理疗科开展主动监测。在嵩溪、嵩口2个乡镇开展集中接种试点。年内，发现AFP病例1例，经合格采样，送检排除脊髓灰质炎。

1995年，全县推行以乡为单位集中接种，取消村级免疫接种，由乡卫生院防疫组统一组织建卡、接种，并取消使用玻璃注射器，改用一次性注射器。当年起，每年1月和12月，开展2轮0～4岁儿童脊髓灰质炎强化免疫活动。

1998年，全县开展儿童计划免疫保偿工作。城区儿童入保318人，入保率100%；乡镇儿童入保516人，入保率79.6%。

1999年，相继启动麻疹监测系统、接种率监测系统、AFP监测系统、新生儿破伤风监测系统。全县儿童“四苗”全程接种率91.2%。至2000年，全县基本形成按周接种模式。当年，全县发现AFP病例1例，采样送检排除脊髓灰质炎。全年达到AFP发病率1/10万的衡量指标。

2002年，乙肝疫苗纳入计划免疫，实行免疫儿童免费接种。

2003年12月，县卫生防疫站接种门诊建成。

2005年，对12个乡镇卫生院预防接种门诊进行规范化改造。县卫生防疫站接种门诊，嵩溪、嵩口、林畲、灵地、邓家、赖坊、沙芜、长校、余朋10个预防接种门诊通过规范化标准验收。其中，嵩溪预防接种门诊为示范门诊。AFP、新生儿破伤风、麻疹三大监测系统监测及时率、准确率100%。完善计划免疫信息管理系统，完成系统升级安装和1—10月接种率报告监测、报告录入工作。年内，全县建卡率98.1%，建证率94.7%。疫苗单项接种率分别为卡介苗98.1%、脊髓灰质炎疫苗97.1%、百白破疫苗96.2%、麻疹疫苗95.2%。出生儿童乙肝疫苗全程接种率98.8%，首针及时率93.3%。

二、传染病防控

（一）法定传染病报告

1991年，实行1989年2月21日第七届全国人民代表大会常务委员会第六次会议通过的《中华人民共和国传染病防治法》（以下简称《传染病防治法》），法定传染病管理病种定为甲、乙、丙三类共35种。甲类2种：鼠疫、霍乱；乙类22种：病毒性肝炎、细菌性和阿米巴性痢疾、伤寒和副伤寒、艾滋病、淋病、梅毒、脊髓灰质炎、麻疹、百日咳、白喉、流行性脑脊髓膜炎、猩红热、流行性出血热、狂犬病、钩端螺旋体病、布鲁氏菌病、炭疽、流行性和地方性斑疹伤寒、流行性乙型脑炎、黑热病、疟疾、登革热。丙类11种：肺结核、血吸虫病、丝虫病、包虫病、麻风病、流行性感冒、流行性腮腺炎、风疹、新生儿破伤风、急性出血性结膜炎、除霍乱、痢疾、伤寒和副伤寒以外的感染性腹泻病。是年，甲乙传染病共发生313例，发病率控制在226.19/10万；死亡1例，死亡率0.72/10万。

1992年9月，经三明市皮肤防治院专家调查确认，清流县已连续13年未发生儿童麻风，连续5年未发现家内麻风接触传染；复查历年治愈者57例，未发现复发病人。患病率和发病率均达到部颁基本消灭麻风病标准。

1993年，健全乡村疫情报告制度。1995年，全县报告法定甲、乙类传染病共发生114例，发病率为80.37/10万，其中乙类传染病发病率76/10万。传染性肝炎占乙类传染病发病总数64.91%，痢疾占10.5%，淋病占14.9%，乙脑、伤寒、副伤寒分别占3.5%。

1997年8月，经省卫生厅评审组审评，清流县达到消灭丝虫病标准。

1998年5月，全县连降暴雨，林畲乡舒曹土楼村饮用水井被污染，暴发伤寒病11例，无死亡病例。年内，全县报告法定甲乙传染病共发生185例，发病率控制在127.85/10万。

1999年5月，林畲乡曾坊小学发生麻疹17例。11月，邓家中心小学发生猩红热22例。当年，全县法定甲乙类传染病发病率控制在115/10万。

2000年，全县共报告法定甲乙类传染病142例，发病率控制在97.47/10万。列在发病前3位传染病是：肝炎56例、肺结核50例、钩端螺旋体22例。

2003年，灵地、嵩溪、嵩口3所中学暴发流感疫情。县卫生防疫站组织卫生防疫人员深入疫区，采取控制传染源、切断传播途径、保护易感人群等一系列措施控制疫情。同年，与市卫生防疫站电脑联网，每旬进行信息交流1次。全年无甲类传染病发生，乙类传染病发病162例，发病率118.5/10万。

2004年12月1日起，施行修订后的《传染病防治法》。规定管理的乙类传染病增加传染性非典型肺炎和人感染高致病性禽流感，并对乙类和丙类部分传染病进行调整。甲类2种不变；原乙类中的流行性和地方性斑疹伤寒、黑热病变为丙类；原丙类中的肺结核、血吸虫病、新生儿破伤风变为乙类。因此，乙类传染病共25种，丙类共10种。当年，全县共报告甲乙传染病314例，总发病率226.83/10万；死亡2例，死亡率1.44/10万；丙类传染病84例，总发病率6.09/10万。

2005年，全县共报告甲乙传染病314例，总发病率226.83/10万；死亡2例，死亡率1.44/10万；丙类传染病84例，总发病率6.09/10万。发病列在前3位传染病为：肺结核148例、肝炎140例、流行性腮腺炎79例。另艾滋病发病2例，发病率为1.44/10万。

1991—2005年清流县传染病发病情况统计表

表23-1

年份	甲乙类传染病（例）	发病率（/10万）	死亡率（/10万）	年份	甲乙类传染病（例）	发病率（/10万）	死亡率（/10万）
1991	313	226.19	0.72	1999	177	122.06	0.69
1992	201	144.36	0.72	2000	142	97.47	0.69

续表 23-1

年　份	甲乙类传染病（例）	发病率（/10万）	死亡率（/10万）	年　份	甲乙类传染病（例）	发病率（/10万）	死亡率（/10万）
1993	164	117.2	0.71	2001	200	136.6	0
1994	210	149.17	0.71	2002	222	152.17	1.36
1995	114	80.37	0	2003	173	118.05	2.04
1996	169	117.96	0	2004	253	168.82	0
1997	159	110.18	0	2005	314	226.83	1.44
1998	185	127.85	0	—			

说明：丙类传染病1991—2003年未分类统计。2004年丙类传染病47例，总发病率3.13/10万；2005年丙类传染病84例，总发病率6.09/10万，死亡率均为0

（二）传染病防治

结核病　1996年10月，清流县被省卫生厅确定为第四批“卫生部加强与控制结核病项目县”。1997年，县防疫站成立结核病防治所，设置结核病专科门诊。1999年6月，结核病防治归口县防疫站负责。

2002年7月1日，启动世行贷款／英国赠款结核病控制项目工作。对发现有咳嗽、咳痰两周以上或有咯血症状者免费检查，对发现痰菌涂阳或重症涂阴的病人给予免费治疗。下发《清流县世行贷款／英国赠款结核病控制项目实施方案》，并通过发表电视讲话，发通告，在各乡（镇）、村（居）分发宣传画等方式，将结核病防治政策广而告之，明确免费检查对象、免费检查项目、双向转诊办法及免费化疗对象等一系列具体措施。全县可疑结核病人158例，确诊收治新登记活动性结核病人74例。其中痰菌阳性病人37例，阳性率50%。病人全部列入项目治疗。

2003—2005年，门诊接诊可疑结核病病例1029人，发现活动型结核病例259人，其中项目管理病例161人、涂阳病例147人，1年治愈率分别为85.80%、86.50%、86.20%。

乙肝　1991年，普及新生儿注射乙肝疫苗。1991—1993年，全县累计发现乙肝病例274例。1994—2000年，全县发现乙肝病例546例，死亡3例。2002年始，将乙肝疫苗纳入计划免疫范围。全县乡镇卫生院统一实行集中接种，提高疫苗使用率和儿童预防接种率，乙肝发病逐年减少。2001—2005年，全县发现乙肝病例440例，无死亡病例。

痢疾　1991—1993年，全县发病1例。1994—1995年，全县发病64例。随着食品卫生管理、传染病防治措施加强，菌痢发病率逐年下降。1996—2000年，全县发病57例。2001—2003年，全县发病32例。2004—2005年，全县发病34例。

麻疹　1991年，全县发病11例。1992年，全县发病16例。1999年，全县发病17例。2001—2005年，全县分散发病7例。

百日咳　1992年，全县发病11例。其余年份发病率极低。2004年，全县发生1例。2005年，全县无发生病例。

流行性乙型脑炎（乙脑）　1992—1996年，全县发病11例，死亡1例。其余年份零发病。

流行性脊髓膜炎（流脑）　1991—1997年，全县发病12例。1998—2005年，全县零发病。

狂犬病　1991年，全县发病1例，后连续11年无发病。2003年，全县报告狂犬病2例。2004年，全县发病2例。2005年，全县发生2例，死亡2例。

性病　1994—2004年，全县发生172例，其中梅毒35例、淋病137例，全部得到有效治疗。全县加强对服务行业的监督、监测和管理，普及性健康教育等知识宣传。2005年，全县发生34例，其中梅毒7例、淋病27例，无死亡病例。

艾滋病　2005年，全县发现艾滋病2例，无死亡病例。

三、疫情控制

1991 年，重大疾病按照疾病所属传染病防治要求进行管理，未进行单独管理。

1994 年，清流县遭遇“5·2”特大洪灾。县防疫部门出动 268 人次对城区及嵩口、田源、嵩溪等重灾区进行环境消毒。同时加强食品卫生监督检查，及时处理被洪水浸泡过的变质食品 45 吨。组织医务人员上街开展卫生防疫知识咨询 50 人次,发放宣传资料 4600 余份。购进钩端螺旋体疫苗 4000 余份、甲乙肝疫苗 400 余份，对高危人群进行注射，确保大灾过后无大疫。

2000 年，县卫生防疫站建立疾病监测信息报告系统。

2003 年 4 月,县成立防治“非典型性肺炎”(以下简称“非典”)工作协调领导小组。5 月,升格为“非典”防控指挥部，县长任总指挥，各乡镇党政一把手负总责。县卫生防疫站实行日报告和“零报告”制度。全县设立疫情监测点 111 个，每个点配置责任报告人 1 人。全县培训防治“非典”专业人员 300 人次，并加强对公共场所的防疫及人口密集单位的消杀指导。全县开展为期 4 个月的返乡人员登记，共登记 1962 人。对疫区返乡人员实行“三专”（即专人登记报告、专人测体温、专人巡查）管理。无症状者留家观察 10 天，期间不许外出活动；发热病人一律实行隔离诊治。县、乡共建立发热门诊 16 个、留验室 16 个。总投资 104 万元的县传染病救治中心建成并投入使用。同年 4—12 月，各医疗机构设立的发热门诊接诊 1.24 万人次，接诊发热人员 5782 人，未出现传染性非典型肺炎病例和疑似传染性非典型肺炎病例。

2004 年，完善控制“非典”和防止人感染禽流感组织协调机制和监测网络，实现“非典”疫情县直医疗单位网络直报。

2005 年，制定完善突发事件抢险救护预案和禽流感应急处理预案和疫情监测方案，建立全县疫情直报网络系统，开通结核病专报信息系统、非典型肺炎专报系统、艾滋病专报信息系统。建立应急救治队伍。组织开展人感染高致病性禽流感、甲流、霍乱、鼠疫、“非典”疫情等各种模拟演练，并参加省、市组织的现场流行病学调查、艾滋病管理咨询、禽流感监测培训。加强各医疗单位发热、肠道门诊、隔离病区规范化建设。全县发放宣传材料近 1 万份，举办防治知识培训班 2 期。环境卫生消杀面积 10 万平方米。全年监督食品生产经营 1584 次，处理不合格食品 196 千克。全县未发现人感染高致病性禽流感疫情。

四、地方性甲状腺肿防治

1991 年，采取以食盐加碘、重点人群辅服碘丸等方法，防治碘缺乏病。10 月，经省、市考核验收，清流县达到“基本控制地甲病县”标准。

1992 年起，结合一年一度学生健康体检，对 8 ～ 10 岁学生进行碘缺乏病病情监测，对甲状腺肿大的学生服碘丸预防治疗。

1999 年 11 月，全县开展食用盐碘监测。监测居民户家中盐 261 份，碘盐合格率 94.6%。全县合格碘盐食用率 95.6%，碘盐覆盖率 97.21%。全县 8 ～ 10 岁儿童甲状腺肿大率 6.3%。

2000 年，通过省级消除碘缺乏病阶段目标评估：碘盐合格率 92.5%，尿碘中位数为 181.3 微克／升，甲状腺肿大率（B 超法）1.25%，3 项综合指标评分 90 分，达到实现消除碘缺乏病阶段目标。

2005 年 5—6 月，进行碘缺乏病病情监测：全县 8 ～ 10 岁学生甲状腺肿大率 3.83%，尿碘中位数为 248.50 微克／升，盐碘中位数为 27.23 毫克／千克。全县基本消除地甲病。

五、寄生虫病防治

丝虫病　1991 年，开展丝虫病防治与监测。1997 年，根据《福建省消灭丝虫病评审方案》，经省卫生厅审评组评审，全县已达消灭丝虫病标准。1998 年 5 月，消灭丝虫病防治成果获县政府科技进步一等奖。

疟疾　1991 年，加强流动人口及病灶点管理及个案调查，抓好疟疾防治，加强“四热”病人及流动人口发热病人血检，血检率占人口 1.5% 以上，自然村采血覆盖率 80% 以上。流行季节（5—10 月）血检占全年血检率 70%。对外来烧乌油、开山等人群定期服药。7—9 月，对田源乡廖武村、余朋乡芹口村进行蚊媒监测 3 次。2003 年，做好“四热”病人（疟疾、疑似疟疾、不明原因发热和疑似感冒病人）血检，血检率占总人口 0.5%，并完成余朋、沙芜嗜人按蚊追踪监测。2005 年，全县未发现原虫阳性感染者。

六、职业病防治

（一）职业病分布

1991 年，全县涉及职业病的有煤炭、水泥、氢氟酸、结晶硅、化肥、建材、林木加工、矿山开采等行业企业 40 余家。主要职业病危害因素有粉尘（煤尘、矽尘、水泥尘等）、一氧化碳、氢氟酸、硫酸、高温、热辐射、噪声等。2004 年，有职业病危害因素企业申报 11 家。

2005 年，职业病危害因素企业申报 38 家。从事毒物作业人员主要分布在东莹化工有限公司、氨盛化工有限公司、永福化工有限公司、长达木制品厂等；从事粉尘作业人员主要分布在帅风建材有限公司、建明水泥厂、清流罗口煤业有限公司、鸿伟木业、金宝矿业等；从事高温作业人员主要分布在明孚硅业；从事噪音作业人员主要在天翼包装有限公司、优恩电力有限公司等企业。

（二）监测与防治

1991—1995 年，县卫生防疫站有职业病防治医师 1 人，配备心电图机，血、尿常规仪等少量仪器。5 年间，对辖区内 40 余家存在职业病危害的厂矿企业监测粉尘作业点 213 个，合格率 70.89%；化学因素作业点 87 个，合格率 66.67%；物理因素作业点 287 个，合格率 72.82%；对接触职业病危害职工体检 1075 人次，职业健康体检监护率平均 70% 以上。

1996 年，贯彻《中华人民共和国尘肺病防治条例》和《福建省职业病防治条例》，完善工业卫生档案、职工健康档案，开展职工健康教育。监测粉尘测定 39 个点，合格率 79.5%；毒物测定 16 个点，合格率 75%；物理因素测定 43 个点，合格率 65%。有毒有害作业点合格率达市职防院下达的工业卫生控制数。接触有害因素作业职工职业性健康监护率 30.4%，低于市下达的考核指标（50%）。国有企业工业卫生监测覆盖率 75%，非国有企业工业卫生监测覆盖率 63.6%。

2000 年，对全县有职业危害的 47 家厂矿进行职业卫生监督、监测 57 次，覆盖率 97.88%。规范布点 298 个，其中粉尘 89 个、物理因素 167 个、毒物 42 个。测定点 259 个，其中粉尘点 75 个，覆盖率 84.3%，合格率 84%；物理因素点 148 个，覆盖率 88.6%，合格率 80%；毒物点 36 个，覆盖率 85.7%，合格率 86.1%。进行职业性健康体检 548 人，占全年应体检人数 54.2%。全年未发生职业中毒和生产性农药中毒案例。

2002 年 5 月，《中华人民共和国职业病防治法》（以下简称《职业病防治法》）正式施行。县卫生防疫部门对全县 129 家企业单位进行职业病危害调查摸底，存在职业危害因素企业单位 32 家，接触职业危害因素 857 人。全年对 32 家企业监督，监测覆盖率 100%，发出现场检查笔录 32 份、限期整改文书 8 份。

2005 年，清流县召开全县乡镇长、厂长、经理贯彻《职业病防治法》专题会议。在多个电视频道采用滚动字幕方式宣传《职业病防治法》，发放各类宣传材料 1500 余份，受教育 3000 余人。是年，存在有职业病危害因素的企业单位 41 家，接触有毒有害因素 1870 人。全县职业危害因素按规范布点 197 个，实测点 195 个，监测率 98.5%，合格率 86.2%。企业申报接触有毒有害劳动者 857 人，参加体检 259 人，占年度应体检人数 50.5%。各厂矿企业招收各类职工 94 人，上岗体检率 100%。当年，全县有职业病防治医师 2 人，并配备直读数字式粉尘仪、风速仪、照度仪、温湿度计及电测听、肺功能仪、B 超、心电图、500 毫安 X 线机等仪器。

1991—2005 年清流县职业危害因素监测情况表

表 23-2　　单位：个、%

类别＼时间	粉尘			毒物			物理		
	监测点数	合格点数	合格率	监测点数	合格点数	合格率	监测点数	合格点数	合格率
1991—1995	213	151	70.89	87	58	66.67	287	209	72.82
1996—2000	287	209	72.82	152	120	78.92	398	309	77.63
2001—2005	386	305	79.01	182	148	81.32	487	421	86.45

1991—2005 年清流县职工职业健康监护情况表

表 23-3　单位：人、%

类别 时间	粉尘			毒物			物理		
	应检人数	体检人数	体检率	应检人数	体检人数	体检率	应检人数	体检人数	体检率
1991—1995	421	329	78.15	293	217	74.06	361	305	84.49
1996—2000	678	588	86.73	335	257	76.72	692	582	84.1
2001—2005	789	708	89.73	375	345	92	978	881	90.08

第三节　卫生检疫

一、公共场所卫生监督

1991 年，全县有公共场所 124 家，发放卫生许可证 122 家。全年监测项 638 次数，合格率 93.7%；从业人员体检培训 377 人，体检培训率 97.4%；检出“五病”（痢疾、伤寒、病毒性肝炎、活动期肺结核、化脓性渗出性或接触性皮肤病）人员 7 人，调离率 100%。是年，县城主街道设置垃圾桶 80 个、垃圾筒 6 个，清扫街道 15 条，月清运垃圾 150 余吨。

1996 年，对公共场所经营单位进行环境卫生质量监测，监测项目有空气细菌总数、噪声、照度、二氧化碳、气象条件等。加强行业管理，对理发业，旅店业、歌舞厅等单位的剃刀、毛巾、茶具、拖鞋进行检验。是年内，监测项 814 次数，合格率 94.3%；乡镇监测项 250 次数，合格率 91.2%。对监测不合格业主提出整改意见。

2000 年，全县公共场所 84 家，发放卫生许可证 82 家，发证率 97.6%。从业人员 208 人，体检培训率 99%。检出“五病”人员 5 人，全部调离原工作岗位。全年监测项 581 次数，合格率 96%。

2005 年，全县有各类公共场所 85 家，年度发（换）放卫生许可证 49 家，持有效许可证 84 户。从业人员 203 人，参加体检培训 201 人，体检培训率 99.01%。查出职业禁忌人员 3 人，全部调离。对所辖区的公共场所经营单位检查或监测 2 次以上，并开展公共场所公共用具消毒效果考核和量化分级管理。全年场所监测 31 户，监测项次数 395，合格项次数 395，合格率 100%；公共用具监测 186 份，合格 162 份，合格率 87.1%。开展游泳场所专项整治，组织对县 2 家游泳场所进行监督检查，抽查水样 7 份，细菌总数合格 7 份，

1991—2005 年清流县公共卫生场所管理情况表

表 23-4

年份	公共场所经营单位（户）	发放卫生许可证（户）	发证率（%）	从业人员总数（人）	体检培训人数（人）	体检培训率（%）	检出五病人数（人）	调离人数（人）	调离率（%）	监测项次数（次）	合格项次数（次）	合格率（%）
1991	124	122	98.39	387	377	97.4	7	7	100	638	598	93.7
1992	113	112	99.12	291	287	98.63	4	4	100	690	659	95.5
1993	127	125	98.43	127	125	98.43	1	1	100	759	726	95.65
1994	121	119	98.35	280	204	72.85	3	3	100	702	666	94.87
1995	101	95	94.06	219	213	97.26	3	3	100	946	878	92.81

续表 23-4

年份	公共场所经营单位（户）	发放卫生许可证（户）	发证率（%）	从业人员总数（人）	体检培训人数（人）	体检培训率（%）	检出五病人数（人）	调离人数（人）	调离率（%）	监测项次数（次）	合格项次数（次）	合格率（%）
1996	89	54	60.67	285	283	99.29	5	5	100	814	760	93.36
1997	103	102	99.03	224	224	100	4	4	100	1149	1092	95.03
1998	75	57	76	213	211	99	6	6	100	864	803	92.93
1999	71	63	88.73	250	250	100	6	6	100	560	538	96.07
2000	84	82	97.62	208	206	99.03	5	5	100	581	558	96.04
2001	94	63	67.02	170	168	98.82	1	1	100	682	662	97.06
2002	95	42	44.21	165	163	98.78	3	3	100	626	598	95.52
2003	92	54	58.7	144	142	98.61	1	1	100	504	482	95.63
2004	93	55	59.14	149	148	99.23	2	2	100	496	474	95.56
2005	85	84	98.82	203	201	99.01	3	3	100	395	395	100

二、城区饮水卫生监督

1991 年，县卫生防疫站每月不定期对县自来水厂出厂水、末梢水进行抽样检验。在丰水期、枯水期，对水源各抽水样做全分析 1 次，5—9 月增加检验 1 次。县水厂供管水人员体检全部合格，并持证上岗。1995 年，对城区饮用水进行定期监测 24 份，合格率 100%。1996 年，供水单位设有化验室及专职检验人员，每天进行检验，并将检验结果定期向卫生部门报告。严坊溪新水厂投入使用后，所取水样检验项目，均符合国家《生活饮用水卫生标准》，合格率 100%。制定《城区高层住房楼顶蓄水池卫生管理》制度，城区 5 处高层楼 2 次供水蓄水池均配专兼职卫生管理人员，每年清洗消毒 2 次，高层楼房 2 次供水监测合格率 100%。

1997 年 1 月起，对辖区内自来水厂实行卫生许可证制度。2005 年，县水厂供、管水工作人员全部进行健康体检和卫生知识培训。全年监测水样 53 份，均符合国家生活饮用水卫生标准，饮用水定期监测合格率 100%。

三、食品卫生监督

1991 年，全县食品经营单位 716 家，从业人员 1288 人，参加体检培训 1270 人。52 家食品生产加工单位均设立化验室（或检疫站），配备专职化验员 58 人、检疫员 53 人，产品批量生产批量检验。全县开展食品卫生大检查 3 次、食品卫生巡回监督 57 次。食品卫生合格率 94%，食具卫生消毒率 70%。

1993 年 3 月，县政府出台《关于加强食品行业卫生管理的规定》，要求食品行业必须先取得卫生许可证后方可办理营业执照。并对食品行业工作衣帽、消毒用具等的使用做明确规定，要求卫生部门要加强食品行业卫生监督监测。

1995 年 6 月，组织卫生防疫、工商、城管、畜牧水产局、公安等部门共 14 人组成检查组，抽查食品生产经营单位 68 户，食品卫生合格率 88.2%，处理违法事件 6 起，销毁变质和无“三期”食品 140 千克。10 月 30 日，《中华人民共和国食品卫生法》颁布施行。年内，举办食品卫生培训班 25 期。

2002 年 7 月，《福建省豆腐卫生管理办法（试行）》颁布实施。年内，举办全县豆腐生产经营单位负责人培训班。全年开展食品卫生监督 1480 次，依法处理违法事宜 58 起，其中警告 16 起，责令整改 28 起，销毁变质食品 12 起、2166 千克，罚款 2 起、金额 1540 元。

2003 年，执行卫生部《散装食品卫生规范》，出动卫生监督执法人员 23 人次，对全县超市、小卖部等散装食品经营单位进行检查、整治，对发现问题要求及时整改。

2004 年，严把新、改、扩建工程卫生审批和竣工验收关，做到审核验收一个、审核发证一个。制定《清流县集体食堂卫生管理方案》和《集体食堂卫生规范》，组织各乡镇对 22 家 10 人以上集体食堂进行专项整治。

2005 年，全县应体检的食品从业人员 1112 人，发现乙肝患者和乙肝病毒携带者 14 人，均依法调离食品岗位。全年监督食品生产经营单位1584次，依法处理违法事宜38起，其中警告12起，责令改正13起，责令停止生产经营3起；销毁变质商品或“无三期”（生产日期、保质期、保存期）食品5起、196千克，罚款5起、金额1800元。全县各类食品合格率97.1%，餐具合格率77.4%。对餐饮具消毒不合格单位提出警告，责令限期整改。

四、学校卫生监督

1991年，加强学校卫生管理，城区中小学均设学校卫生室、校医，中心小学配备卫生箱。所有学生参加一年一度健康体检。

1992年，举办校医（保健教师）培训。开展肠道寄生虫防治，学生集体驱虫服药2541人。

1994年，全县中小学开展眼保健操。

1995年，对11所中小学校学生进行健康监测。体检学生8071人，发现营养不良1494人、肥胖130人、视力减退1764人、甲状腺肿大1667人。开展肠道寄生虫和甲状腺肿防治，3所学校学生集体驱虫服药2198人，5所学校学生5074人补服碘丸。

1996年，开展学校食堂、饮用水、课间餐、营养午餐卫生监督、资料分析及卫生监测。

2002年，开展学校食堂食品卫生专项检查4次。

2003年，落实学校非典型肺炎预防与控制措施。依据《中小学校建筑设计规范》对全县新建和改扩建校舍进行卫生监测，全部合格。建立学校卫生档案3845人，建档率100%。当年，全县中小学集体食堂基本达到规范要求。

2005年，做好儿童和青少年心理行为问题的预防和干预。开展全县教育系统人感染高致病性禽流感及冬春季传染病防控工作。开展学生健康体检和学生常见病防治。体检学生1.07万人，其中中学生6501人、小学生4378人。学生营养不良人数3937人，占总人数36.7%；肥胖人数207人，患病率1.9%；视力不良患病3213人，患病率29.9%；龋齿患病1234人，患病率11.5%；沙眼66人，患病率0.6%；可疑沙眼69人，患病率0.6%。此外，甲状腺肿大581人，色弱36人，色盲1人，内科异常16人。头虱、疥疮在乡镇小学较普遍。针对有常见病的学生，逐项落实防治意见。

2005年清流县部分学校小学生体检情况表

表23-5　　单位：人、%

单位	体检人数	营养不良		肥胖		视力不良		龋齿		沙眼		疑似沙眼	
		人数	%	人数	%	人数	%	人数	%	人数	%	人数	%
实验小学	963	378	39.25	39	4	243	25.2	249	25.8	0	0	2	0.2
嵩口中心小学	483	144	29.81	9	1.8	18	3.7	21	4.3	3	0.6	15	3.1
城关中心小学	1241	309	24.9	30	2.4	198	12.1	267	1.1	0	0	11	0.8
嵩溪中心小学	447	146	32.66	5	1.1	20	4.4	235	52.57	8	1.7	0	0
嵩溪二小	167	64	38.32	1	0.5	13	7.7	50	29.9	1	0.5	0	0
林畲中心小学	281	112	39.8	4	1.4	14	4.9	132	46.9	0	0	4	1.4
里田中心小学	244	53	21.7	0	0	11	4.5	119	48.7	0	0	0	0
长校中心小学	321	66	20.5	3	0.9	33	10.2	121	37.6	0	0	2	0.6
合计	4378	1272	29	91	0.2	305	6.96	891	20	12	0.02	34	0.7

第四节 妇幼保健

一、妇女保健

（一）孕产妇系统管理

1991年，在东华、温郊、嵩口等7个乡镇开展妇幼保健保偿试点。对全县135名农村儿童保健员及165名农村接生员进行系统培训。全县实施孕产妇及儿童两个系统管理（以下简称“两个系统管理”）建制村76个，占全县建制村67%，实行孕产妇系统管理村86个，其中达标村64个。是年，孕产妇产前检查率95.3%，产后访视率88.4%。孕产妇死亡率54.17/10万。

1992年，全县开展妇幼保健保偿工作，参加妇幼保健保偿313人，收取保偿金6000余元。

1995年，全县实施孕产妇系统管理村116个，孕产妇系统管理率78.5%。两个系统管理巩固率90%以上。孕产妇产前检查率98.8%，孕产妇死亡率56.28/10万，产后访视率90%以上。

2000年，全县孕产妇系统管理率81.3%，其中进入规范化管理72.2%。孕产妇产前检查率90.8%。

2005年，全县两个系统管理覆盖率分别为87.39%、81.05%，其中，孕产妇系统管理率77.09%，高危孕产妇管理率100%。孕产妇产前检查率93%，产后访视率91%。孕产妇死亡率72.05/10万。

（二）婴儿接生

1991年，乡村均有接生员，乡镇卫生院设有妇产室，实行婴儿新法接生。全县新法接生率98.8%。但住院分娩和科学接生率偏低，仅61.27%。高危孕妇住院分娩率78.79%。当年，全县出生缺陷发生率5.72‰，新生儿死亡率8.03‰。

1993年，开展创建爱婴医院活动。开展母乳喂养宣传，加强产科建设。

1994年，县医院各项指标基本达到爱婴医院标准。

1995年，全县住院分娩率70.23%，新法接生率99.49%。当年，全县出生缺陷发生率5.66‰，新生儿死亡率18.79‰。

1997年，对高危孕妇和7岁以下体弱儿建立专案管理。是年，全县出生缺陷发生率4.41‰，新生儿死亡率19.72‰。

1998年，县医院、嵩溪卫生院和嵩口卫生院被省卫生厅授予“爱婴医院”称号。

2002年，全县推行住院分娩，并对村级接生员进行培训、换证。县卫生局规定，凡卫生院能服务到的建制村，取消该村接生员接生资格，村接生员改为妇幼保健员，其职责调整为负责产前检查、动员产妇住院分娩、产后访视等。当年，全县出生缺陷发生率1.27‰，新生儿死亡率17.37‰。

2003年，规范《出生医学证明》管理，加强产科质量管理，普及产科基本诊疗知识及并发症、全并症的诊断、处理。当年，出生缺陷发生率2.18‰，新生儿死亡率13.78‰。

2005年，建立健全新生儿救护网络。县医院新生儿救护站投入使用。全县孕产妇住院分娩率93.3%，高危住院分娩率100%，新法接生率98.8%。全县出生缺陷发生率2.9‰，新生儿死亡率8.65‰。

（三）妇女病普查普治

1991年，全县开展已婚育龄妇女病普查普治。检查已婚育龄妇女532人，患病216人（其中子宫脱垂85例、尿瘘3例）。治疗203人，治愈146人，治愈率71.92%。

1996年，对电力公司等单位的262名已婚女职工进行妇女病普查。

1997年，县计生服务所开展已婚育龄妇女病普查普治。

2000年，县妇幼保健所检查已婚育龄妇女549人，发现患病人数160人，其中阴道炎66例、宫颈炎72例、乳腺小叶增生21例、乳腺癌1例。

2005 年，全县妇女病应查 3.25 万人，实查 2419 人，检查率 7.45%，妇科病检出率 43.37%。其中，灵地镇最高，检出率 52.31%；李家乡最低，检出率 31.87%。宫颈糜烂占妇科病首位，患病率 25.8%，其次是滴虫性阴道炎，患病率 17.57%。

1991—2005 年清流县妇女保健情况表

表 23-6

年份	产妇总数（人）	活产数（人）	产前检查率（%）	产后访视率（%）	住院分娩率（%）	新法接生率（%）	孕产妇死亡率（1/10 万）	围产儿死亡率（‰）
1991	1748	1743	95.3	87.32	61.27	98.8	57.37	108.7
1992	1311	1312	95.05	85.9	53.42	98.3	0	227.8
1993	1112	1106	98.19	92.77	69.17	99.2	1/90.41	230.9
1994	1279	1276	97.49	96.79	65.91	99.6	0	186.92
1995	1383	1384	98.77	97.76	70.23	99.5	144.5	258.25
1996	1486	1483	98.25	97.1	71.68	100	0	275.4
1997	1424	1420	95.92	92.68	68.17	99.8	140.85	267.31
1998	1422	1421	97.75	96.13	71.28	99.8	0	172.89
1999	1377	1377	98.33	97.89	76.33	99.8	0	171.31
2000	1567	1567	90.81	89.47	77.15	99.8	0	26
2001	1566	1573	96.06	93.96	83.09	100	0	23.36
2002	1374	1382	97.25	94.5	88.42	100	72.5	14.21
2003	1375	1329	83.83	95.58	93.11	98.9	72.51	14.44
2004	1401	1407	97.01	93.25	94.31	99.5	0	11.33
2005	1378	1388	93.01	90.99	93.3	98.8	72.05	8.61

二、儿童保健

（一）儿童系统管理

1991 年，全县 0 ～ 7 岁儿童 1.5 万人，保健率 68.27%。其中，0 ～ 3 岁儿童 7199 人，纳入儿童系统管理 2669 人，儿童系统管理率 37.07%；筛查体弱儿 245 人，全部纳入专案管理。是年，全县 3125 名 0 ～ 2 周岁儿童中有 2368 人参加儿童保偿，入保率 75.77%。全县 0 ～ 6 岁儿童 1.33 万人，体检 3962 人，身高和体重达到及超过均值的 56.2% 和 58.7%。查出 3 岁以内患佝偻病儿童 134 人、缺铁性贫血患儿 181 人，均得到及时治疗。

1995 年，全县实施儿童系统管理村（居）116 个。其中，Ⅰ级 27 个，占 23.28%；Ⅱ级 89 个，占 76.72%。7 岁以下儿童保健率 72.5%。0 ～ 6 岁儿童进入系统保健服务 4907 人，其中体弱儿 159 人。0 ～ 6 岁以上儿童体检 5968 人，占总数 49.09%，均作体检发育情况评价。

2000 年，全县 7 岁以下儿童 1.07 万人，体检 8057 人。其中，体弱儿 288 人，纳入管理 286 人；患病 715 人，进行治疗 648 人。3 岁以下儿童纳入系统管理 3818 人，其中满 4 个月婴儿 1149 人，母乳喂养 4 个月 1071 人。为 5 岁以下儿童 5943 人开展营养评价，体重＜中位数 -2SD（标准偏差）的 170 人，儿童中重度营养不良患病率 4%。

2002 年始，全县开展儿童出生缺陷监测工作，监测覆盖率 78.19%。

2004 年，实行出生信息网络化管理。全县新生儿诊视率 93.25%，7 岁以下儿童保健率 82.2%。县医院儿童出生畸形检出率 164.5/ 万。

2005 年，7 岁以下儿童保健率 82.01%。体弱儿 283 人，全部纳入管理；患病儿童 661 人，进行治疗 645 人。

3岁以下儿童纳入系统管理3797人，其中母乳喂养婴儿1028人。为5岁以下儿童5902人开展营养评价，体重＜中位数-2SD的131人，体重＞中位数-2SD的67人。至2005年，累计体检并提供预防儿童1.35万人，体检率99.12%。儿童中重度营养不良患病率2.22%。县医院儿童出生畸形检出率106.7/万。

（二）幼儿园（所）保健

1991年，县妇幼所和各乡镇妇幼人员加强对幼儿园(所)卫生保健指导，定期下园（所）指导儿童饮食调配，召开托幼园教师保健例会，学习、普及常见病防治知识，帮助建立“三卡”（体检、晨检、预防接种卡）制度。做好一年一度幼教教师体检工作。“六一”节前后，对园（所）儿童进行健康体检，发现疾病或缺陷及时通知家长、教师，及时治疗。县实验幼儿园要求首次入园幼儿到医院进行血液检查，并为儿童做口腔保健2次。

1992年始，每年5月、6月对城关所有园（所）儿童进行口腔保健及防治。

1996年，全县实行托儿所、幼儿园卫生保健年报表制。

2001—2005年，县妇幼所对城关托儿所和幼儿园7914名儿童进行横断面体检。体检结果：生长发育评价中等以上90.72%，血色素110克以上93.8%，龋齿检出率52.31%，沙眼检出率4.8%，视力＜0.8(单、双眼）检出率5.84%，肥胖儿童检出率1.98%。城区各托幼园所儿童营养不良、贫血、沙眼逐年下降，体重超均值率、肥胖逐年上升，视力不良、龋齿检出率持续呈增高状态。

（三）儿童死亡监测

1991年，周岁以下婴儿死亡49人，死亡率36.81‰。

1992年8月，县妇幼保健所对长校、里田、灵地、沙芜、余朋、嵩口、嵩溪7个乡镇儿童死因统计分析。0～4岁儿童死亡63人，死因排序靠前的分别是腹泻、肺炎、早产和低出生体重、败血症和窒息。

2001年始，全县开展儿童死亡监测。5岁以下儿童死亡率32.53‰，婴儿死亡率7.27/10万。

2004年，全县开展5岁以下儿童死亡监测及出生和死亡登记补漏。当年，全县婴儿死亡率13.5‰。

2004年10月1日0时至2005年9月31日24时，全县5岁以下儿童7170人，死亡28人(其中婴儿20人、1～4岁儿童8人)，其中居住城市的3人、居住农村25人。死亡因素排序：先天性心脏病7例、窒息5例、颅内出血4例，早产、溺水各3例，脑瘫4例，头颅畸形、先天性脑积水各1例。婴儿死亡率、新生儿死亡率、5岁以下儿童死亡率最高均为嵩口镇，其次是赖坊乡、灵地镇。家庭文化水平低下，防范意识不强，交通不便，患儿得不到及时治疗，是造成5岁以下儿童死亡重要因素。

2001—2005年清流县儿童保健情况表

表23-7

年份	儿童保健覆盖率(%)	儿童系统管理率(%)	体弱儿管理率(%)	体重＜中位数-2SD的比例(%)	托幼机构卫生保健管理率(%)	新生儿死亡率(‰)	婴儿死亡率(‰)	儿童死亡率(‰)	新生儿破伤风发生率(‰)	母乳喂养率(%)
2001	79.41	39.72	3.14	4.02	58.33	19.07	22.25	29.88	0	96.4
2002	80.31	41.21	2.69	2.87	58.33	17.37	23.15	28.22	0	96.05
2003	78.19	36.85	3.28	2.53	100	13.78	17.4	19.58	0.73	94.85
2004	82.2	82.2	3.26	1.34	100	10.66	13.5	14.93	0.71	94.26
2005	82.01	82.01	3.53	1.34	100	8.65	14.41	20.17	0	92.82

第五节 初级卫生保健

一、初级卫生保健达标县建设

1989年，县初级卫生保健工作启动。县政府制定《清流县以乡镇为单位实现人人享有初级卫生保健实施方案》，以乡镇为单位有计划、分阶段进行试点。1989—1990年，先后在东华、温郊、嵩口等9个乡镇开展试点，进行健康教育，普及卫生健康知识，建立健康档案，整治农村环境卫生，改善乡村卫生面貌，解决饮水卫生问题，健全卫生医疗网络，抓好预防免疫等工作。1990年，嵩口、温郊、沙芜、长校、东华5个乡镇基本达标，并通过市初保考核验收组验收。

1991年，在其余4个乡镇进行试点，整顿村卫生所，其中15个村卫生所达甲级卫生所标准。当年，全县4个试点乡镇均通过初级卫生保健达标验收。

1992年，余朋、邓家、嵩溪3个乡镇开展初级卫生保健达标，结合新农村建设，抓农村环境卫生整治，做到人畜分居，铺设水泥路。当年均通过初级保健达标验收。至此，全县达标乡镇占80%。同年4月，经省级组织评审，清流县被确定为全省11个初级卫生保健基本达标县之一。年内，通过国家级考核验收，被卫生部授予初级卫生保健规划试点阶段达标县。至1994年，清流县初级卫生保健工作连续3年受市政府表彰。

1996年始，全县按农村人口每年每人筹集农村卫生保健基金2元。同时，将改厕改水列入新村建设、旧村改造项目。凡农村新建居民用房必须同时配齐卫生厕所，已建住房须完善卫生设施。并在余朋、沙芜、田源、温郊4个乡镇开展整顿村级卫生组织、创甲级卫生所活动。

1997年，全县15个乡镇及14个建制村开展农村合作医疗，参加合作医疗5.8万人，占农村人口总数48.3%。年内，三明市农村合作医疗现场会在余朋乡召开，清流县合作医疗工作得到肯定。

2000年，清流县被省卫生厅等5部门评为1999—2000年度初级卫生保健工作先进县。

至2005年，全县完成12个卫生院预防接种门诊及6个卫生院产房改造，完成80名乡医培训及10个空白村卫生所建设。龙津社区卫生服务站开展社区人群健康状况调查、建立健康档案，为慢性病患者建立家庭病床，定期上门服务，建立健全双向转诊等相关制度，逐步形成医院和社区卫生服务分工合理、相互协作的社区卫生服务体系。

二、健康教育

1991年，在田源、灵地、龙津、里田4个初级卫生保健试点乡镇举办健康教育骨干培训班，培养健康教育宣传员。同时开办健康教育夜校26所，开展健康教育350余场次，发放健康教育课本4000余册。健康教育普及率80%，农民健康知识及格率和健康行为形成率90%以上，小学生卫生知识和卫生行为形成率95%以上。

1995年，全国开展九亿农民健康教育行动。县成立全国九亿农民健康教育活动领导小组，县广电部门全年播放《全国九亿农民健康教育行动》等专题录像带7部。

1996—2004年，在县城主要街道和公共场所建立专栏，有关单位和各居委会开辟健康教育知识专栏10余处。每年发放从业人员卫生知识资料3000余册。在世界防治麻风病日、世界防治结核病日、世界卫生日、全国预防接种宣传日、防治碘缺乏病日、全国爱牙日、世界艾滋病日、食品卫生法宣传周、“3·15”消费者权益日及科普赶集、爱国卫生月等活动中，组织街头宣传及咨询、义诊服务。城区5所中小学健康教育开课率100%。

2005年，编写卫生宣传单10余种，发放各种卫生宣传品1万余份。培训食品、公共场所从业人员2000余人次，培训率90%以上。开展专题健康教育咨询活动，提供咨询服务2万余人次。

第四章 医 药

第一节 中 药

一、地产中药材

县境内大部分为中低山地，四季分明，气候温暖湿润，适合中药材生长繁殖，药材资源丰富。1991 年，县内已发现的野生及栽培药用植物 475 种，隶属 171 科，其中植物类 145 科 444 种，动物类 26 科 31 种。

野生与栽培的药用植物藏量中，10 吨以上品种主要有虎杖、白前、夏枯草、鱼腥草、松花粉等 24 个，1 吨以上品种有山药、茯苓、金银花、何首乌、白毛藤等 53 个；1 吨以下品种有玄参、藿香、天花粉、吴茱萸、淫羊藿等 49 个，百千克以下品种有菊花、白术、白胶香、土鳖虫、白扁豆等 45 个，较稀有的有金线莲、蛇足石松、竹节人参、短萼黄连、徐长卿、仙茅等品种。

清流县地产中药材中列入国家及省重点的品种有 176 种：

根及根茎类 虎杖、白前、香附、乌药、土茯苓、绿升麻、金毛狗脊、山药、何首乌、贯众、干姜、威灵仙、白茅根、防己、天南星、石菖蒲、骨碎补、茜草、百部、巴戟天、小金樱、天花粉、萱草根、藕节、葛根、藕片、黄精姜、商陆、玄参、桔梗、仙茅、苦参根、黄药子、天门冬、半夏、毛冬青、白术、丹参、麦门冬、百合、黄连、徐长卿、草河车、射干、常山、观音串。

茎木类 山葡萄藤、雷公藤、钩藤、青风藤、桑寄生、石楠藤、络石藤、海风藤、鸡血藤、夜交藤、灯心草。

皮类 苦楝皮、陈皮、杜仲、厚朴、桑白皮、李根皮、椿根皮。

叶类 侧柏叶、艾叶、荷叶、功劳叶、枇杷叶、芙蓉叶。

花类 木槿花、金银花、菊花、野菊花、辛夷花、葛花、厚朴花、千日红、鸡冠花。

果实及种子类 金樱子、毕澄茄、山姜子、栀子、棕榈子、苍耳子、吴茱萸、薏苡仁、瓜蒌、桃仁、葶苈子、五味子、积椇子、柏子仁、个青、山楂、茺蔚子、路路通、女贞子、莱菔子、鸡肹子、金桔、白扁豆、使君子、枸杞、马兜铃、枳壳、急性子、地肤子、向日葵、薄桔红、乌梅。

全草类 夏枯草、鱼腥草、茵陈、淡竹叶、豨莶草、马鞭草、大蓟、土茵陈、白毛藤、石苇、仙鹤草、益母草、香薷、半边莲、卷柏、积雪草、半枝莲、旱莲草、扁蓄、爵床、九节茶、紫花地丁、藿香、泽兰、淫羊藿、如意草、翻白草、寒草、定经草、木贼草、谷精草、鹅不食草、白花蛇舌草、石斛、天青地白、刘寄奴、鹿衔草、紫苏、荆芥、薄荷、叶下珠。

菌藻类 茯苓、白木耳。

树脂类 白胶香。

动物类 鸡内金、龟板、鳖甲、穿山甲、蛤蟆干、五灵脂、露蜂房、刺猬皮、望月砂、蚕砂、蝉蜕、夜明砂、乌梢蛇。

其他类 莲房、莲须、芦荟、马勃、海金沙、松花粉、柿蒂、莲子芯。

1991 年，县医药公司收购的地产中药材有根类 29 种、果实及种子类 21 种、全草类 26 种、花叶类 11 种、树皮类 4 种、茎类 10 种、菌类 3 种、动物类 19 种、矿石类 4 种。

品种主要有：茯苓、厚朴、杜仲、山药、桃仁、女贞子、黄栀子、薏苡仁、建砂仁、金银花、鱼腥草、仙鹤草、车前草、夏枯草、淡竹叶、金线莲、海金沙、龟甲、鸡内金、穿山甲、钩藤、鳖甲等，收购金额 2 万余元。

1993 年后，药用植物品种随着天然林的减少而逐年递减，加上价格、销路等原因，地产中药材的收购逐步减少。

至 2000 年，县医药公司停止收购中药材。

二、中药材采购

1991年，县医药公司为满足中医配方需求，从省内外采购中药材504种、中成药304种。随着药品种类增多和需求范围增大，县医药公司购进药品种类随之增加。2005年，县医药公司从省内外采购中成药733种、中药436种。

三、中药加工炮制

1991年，县医药公司中药材加工炮制的品种152个。饮片炮制遵循古法，采用清炒、拌炒、烫、炙、锻、煨、煮、蒸、淬、发酵、制霜等方法，投用的辅料有生姜、米醋、盐、蜂蜜、童便等。其中：

切制类　玄参、甘草、川芎、白术、山药、当归、黄芪、泽泻、厚朴等。

炒黄类　大力子、苏子、莱菔子、酸枣仁等。

酒灸类　大黄、川芎、当归、常山等。

锻碎类　炉甘石、磁石等。

蒸法类　何首乌、地黄、黄精等。

煮法类　远志、川乌、白附子等。

复制类　半夏、南星等。

制饼类　吐丝子等。

漂法类　白术等。

1998年后，由于药工缺乏，仅切制加工少量中药材。2000年9月，根据省卫生厅有关生产药品制剂的有关规定，县医药公司停止饮片炮制业务。

四、药材种植

1991年，东华乡下窠村等地种植厚朴面积约33.33公顷。

1993年，里田乡深渡村、沙芜乡铁石村发展灵芝种植面积约3.33公顷；东华、余朋、温郊、林畲、嵩口、嵩溪等乡镇栽培茯苓5万余个树头。县供销社投入资金3.86万元，从大田县调回绞股蓝种苗10吨，发动长校、东华、林畲、嵩溪4个乡镇农民种植绞股蓝面积133.33公顷。由于绞股蓝种植效益不如烤烟，当地农民种植1～2年后便不再种植。1997年，余朋乡等地推广种植茯苓，采收茯苓100余吨。

1999年，里田乡推广种植鱼腥草。嵩口镇建成千亩药材基地，全镇31户农民种植厚朴、杜仲、山苍籽、鸡冠花等药材面积18公顷。田源乡田源村等地种植厚朴4万余株、面积13.33公顷。

2005年，全县种植厚朴面积200公顷。嵩口镇种植山苍子、杜仲等药材面积133.33公顷。田源乡、温郊乡种植野鸦椿面积46.63公顷、3.18万余株。

第二节　西　　药

一、经营品种

1991年，县国有医药公司仍为流通主渠道，所需医药商品除由三明二级站供应外，还与全国71个厂家、二级站建立业务往来关系。全年采购西药990种、医疗器械291种。其中以出厂价向药厂购进的有青霉素针、链霉素针、庆大霉素针、红霉素片、安乃近片、维生素C针、利福平等。麻醉、剧毒药品有专人、专柜保管，医疗单位须凭县卫生主管部门发的“麻醉、剧毒药品供应证”按定量供应。疫情药品，如抗菌素类、磺胺类、激素类等都备有库存。

2001年始，县各医疗卫生单位从三明、清流、长汀、连城等医药公司进药。至2005年，医药公司每年购进西药均在2200种左右，医疗器械在980种左右。

二、制剂加工

1991年，只有县医院制剂室进行制剂加工，生产的输液有10种：10%葡萄糖注射液、5%葡萄糖注射液、5%葡萄糖氯化钾注射液、10%氯化钾注射液、5%氯化钾注射液，20%苷露醇注射液、0.50%甲硝唑注射液、2%普鲁卡因注射液、1%的卡因注射液、0.90%氯化钠注射液，内服药5种：颠茄合剂、胃蛋白酶合剂、豆寇合剂、儿茶合剂、单糖浆，外用药11种：2%红汞水、1%龙胆紫、10%碘酒、1%阿托平眼药水、1%狄奥宁眼液、10%匹罗卡品滴眼液、炉甘石洗剂、樟炉洗剂、水扬酸洗剂、硫磺软膏、金黄软膏等。2000年9月，根据省卫生厅有关规定，县医院终止生产药品制剂。

第五章　管　理

第一节　管理机构

一、县级管理机构

（一）清流县卫生局

1991年，清流县卫生局内设办公室、计财股、医政股、药检所（编制2人，实有2人）、卫生协会（编制3人，实有3人）。行政编制5人。1997年，县卫生局行政编制7人。2001年，药检所职能调整，原有的药政、药检职能归并，筹建县药品监督管理局。2002年，县卫生局行政编制5人，工勤1人。2005年，成立爱卫股，内设机构有办公室、计财股、爱卫股、卫生协会，行政编制5人，工勤1人。

（二）清流县药品监督管理局

2001年10月，县卫生行政部门原有的药政、药检职能归并，筹建县药品监督管理局。同年11月6日，清流县药品监督管理局（以下简称县药监局）成立，并实行省以下垂直管理。2002年，县药监局内设综合股、药品监管股、稽查股，行政编制12人，工勤人员事业编制1人。至2005年，机构设置未变。

二、下属机构

(一)清流县医保中心

1998年，成立清流县医保中心，与卫生局合署办公。2001年，医保中心从卫生部门划出，并入劳动局。

（二）清流县疾控中心

1991年，清流县疾控中心为全额拨款事业单位。编制40人，实有36人。其中，行政编制2人，专业技术人员33人，后勤人员3人。2003年，县疾控中心实有35人。2005年，县疾控中心编制40人，实有32人。

（三）清流县妇幼保健所

1991年，县妇幼保健所编制12人，实有8人。2005年，县妇幼保健所编制12人，实有11人。

三、挂靠单位

（一）清流县红十字会

1994年，清流县红十字会成立，编制1人。2005年，县红十字会编制1人，实有0人。

（二）清流县爱卫会办公室

1991年，清流县爱卫会办公室有主任1人、副主任1人。1997年，机构撤销，其职能并入卫生局，设专职工作人员1人。

（三）清流县卫生工作者协会

1991年，清流县卫生工作者协会编制3人，实有3人。2005年，清流县卫生工作者协会编制不变，实有2人。

第二节 医疗机构

一、县级机构

（一）清流县医院

1991年，清流县医院门诊部设内科、外科、妇产科、儿科、药剂科、中医科、口腔科、五官科、放射科、检查科。有病床114张，工作人员168人，其中技术人员124人。医院占地面积3.5万平方米，建筑面积1.18万平方米。1996年10月，通过省卫生厅二级乙等综合医院验收。2005年，县医院占地面积4.6万平方米，设医院本部和灵地分院，编制床位150张，其中灵地分院50张；工作人员157人，其中卫生专业技术人员142人。该院设职能科室11个、一级临床科室10个和医技科室8个。

（二）清流县中医院

1991年，清流县中医院与城关卫生院合署，实行“两块牌子，一套人马”。有工作人员24人，其中西医师4人、中医师2人、中药师1人、西药师2人、检验士1人、护士8人、助产士3人、其他专业人员3人。有病床6张。1998年，县中医院编制41人。1999年，县中医院大楼建成，占地面积350平方米，建筑面积2100平方米，总造价120万元。2002年，县中医院被省卫生厅确定为二级乙等中医院。2003年，增设中医耳、眼、鼻、喉科。2005年，开设内科、外科、妇产科、儿科、中西医结合科、药剂科、口腔科、耳眼鼻喉科、肛肠科、检验科等诊室。有工作人员22人，其中执业医师5人、执业助理医师3人、护士6人、其他卫生技术人员8人，有病床20张。年均门诊病人3.5万人次；年均住院病人650人次。

（三）清流县卫生防疫站

1991年，县卫生防疫站内设防疫、地方病、慢性病、食品、卫生、检验、宣传、行政等科室。工作人员36人，其中卫生技术人员31人。全站用地面积2500平方米，建筑面积3.12万平方米。1999年，通过省级卫生防疫站评审。2000年，被卫生部定为县级二等卫生防疫站。2001年4月，投资120万元，兴建县卫生防疫站检验综合大楼。2003年大楼竣工，占地面积2780平方米，房屋建筑面积7000平方米。2005年，内设办公室、财务科、防疫科、食品科、卫生科、结防科、健教科、检验科及县艾滋病检验监测中心。全站工作人员39人，其中专业技术人员32人（其中高级职称3人、中级职称9人）。

（四）清流县妇幼保健所

1991年，县妇幼保健所内设儿童保健、妇女保健2个科室。事业编制12人，实有8人。其中专业技术人员6人（儿保医师1人、妇幼保健医师3人和妇幼保健医士、助产士各1人）。2004年，设儿保、妇保、药房，化验等科室，有卫生技术人员11人。全县各乡镇有专职妇幼保健工作人员11人、专职儿童保健工作人员1人、兼职工作人员12人。2005年，县妇幼保健所房屋建筑面积1434平方米，有卫生技术人员11人，其中执业医师5人、护士5人、其他卫技人员1人。

二、基层医疗机构

（一）乡镇卫生院

1991年，全县设乡镇卫生院14个（含城关卫生院）。总建筑面积1.35万平方米。有病床110张。有工作人员146人，其中卫生技术人员127人。1997年10月，嵩溪、嵩口卫生院通过一级甲等医院市级评审，定为中心卫生院。1998年，除李家、邓家卫生院外，林畲等11个卫生院通过一级乙等卫生院市级评审。2002年，核定灵地卫生院为中心卫生院，取消嵩口、嵩溪2个中心卫生院。2005年，全县卫生院14所，有病床100张。编制188人，在岗113人，临时聘用人员62人。在编人员中，本科3人，大专16人；高级职称2人，中级职称15人。

（二）村卫生所

1991年，全县设村卫生所105个，有乡村医生113人。1994年始，对乡医进行系统化、正规化中等医学教育。至1997年，全县取得乡医函授（3年）专业证书62人。全县乡医中等医学教育率95.8%。1999年，全县取得乡医主治医师职称6人、乡村医师职称52人、乡村医士职称22人。2004年，国务院颁布的《乡村医生从业管理条例》开始实施。全县认定乡村医生资格112人；不具备认定条件的乡村医生，经市卫生局培训考试合格后，取得乡村医生资格证书23人。2005年，全县村卫生所124个，乡村医生140人，其中非乡镇所在地乡村医生97人。

（三）厂矿、部门医疗机构

1991年，全县厂矿及其他部门办的医疗机构19个，拥有病床45张；有工作人员48人，其中卫生技术人员46人。1995年，全县厂矿及其他部门医务室16个，有卫生技术人员36人。由于境内工厂外迁及部分企业改制，至2005年，厂矿及其他部门医务室减少至14个，有卫生技术人员16人。

（四）个体诊所

1991年，全县个体医师诊所5家，个体开业医生5人。1997年，全县个体诊所24家，其中牙科诊所3家。2003年，清流县执行《中华人民共和国执业医师法》，对不具备执业医师资格的个体医诊所进行关、停、并、转。至2005年，全县个体诊所仅剩1家，执业医师1人。

（五）社区卫生服务机构

2003年，城区开展社区卫生服务试点。医院和社区卫生服务机构进行合理分工，形成社区卫生服务体系。城关卫生院承担龙津镇社区卫生服务任务，设立龙津社区卫生服务站。至2005年未变。

第三节 医政管理

一、执业准入管理

1991年，全县开展医疗市场清理整顿，查处无证行医及非卫生技术从业人员，净化医疗市场。

1993年，改革和加强社会医疗机构及个体开业行医管理，对个体行医及村卫生所进行摸底调查、登记造册。

1995年，贯彻实施国务院《医疗机构管理条例》《福建省医疗机构管理办法》，全县呈报个体执业诊所10家，经考试合格9家。

1996年，县卫生管理部门联合公安、工商部门，开展“二清一刹”（清理无证行医，清理非卫生技术人员从业，刹住乱办医的状况）工作。取缔无证（诊所、牙医）行医8家，解聘非卫生技术从业人员2人，取缔外来游医5家，没收牙机2台，没收药品价值1482.79元。

1997年，全县开展清理无证行医和村卫生所合格化整顿。为县乡17家医疗机构、97个村级卫生所、25个厂矿学校医务室核发医疗机构执业许可证，认定乡村医师（医士）执业资格74人。

2000年，根据《中华人民共和国执业医师法》规定，为246人办理执业医生（助理）资格证，61人参加执业医师资格考试。为全县各医疗卫生、保健机构中从事医疗、预防、保健工作人员办理执业注册登记。

2001年，会同公安、工商等部门检查医疗机构76家，查处非法医疗机构4家。举办医疗机构管理学习班，各医疗单位负责人、村卫生所、厂矿学校医务室工作人员、个体诊所医生等参加学习。

2003 年，全县开展整治非法行医、非医务人员行医、违法刊播医疗广告、药店擅自开展诊疗活动等行为。检查医疗机构 162 家，取缔、关闭无证医疗点 3 家，没收药品、医疗器械价值 1.2 万元，罚款 0.3 万元。对各医疗机构及母婴保健技术服务人员核发母婴保健技术服务执业许可证、母婴保健技术考核合格证书。

2005 年，完成村卫生所执业许可证换证工作。办理医师资格考试 320 人。联合科技、公安、监察、计划生育等部门，开展打击非法行医专项行动。取缔无证行医 2 家，没收药品、器械 12 件（箱），罚款 0.5 万元。

二、药品招标采购

1991 年，全县开展医药市场整治，加强医院药房药库管理，规范医药购销行为。

1996 年，全县开展药品回扣专项整治。重点检查药品经销企业县医药公司和县医院、城关卫生院、嵩溪卫生院、嵩口卫生院 4 家医疗机构，查出药品回扣不当得利 34.68 万元，支出回扣 12.27 万元，全部予以没收。

2001 年始，县各医疗卫生单位坚持主渠道进药，全部从三明、清流、长汀、连城等医药公司进药。医疗器械由县政府集中招标采购。

2002 年，与县财政局联合制定《医疗机构财务收支管理办法》，推行药品收入分开核算和收支。县医院率先在全市县级医院中对市医疗单位招标的 58 个品种、85 种剂型抗生素进行跟标采购，药品平均降幅 51%。县各医疗卫生单位跟标采购药品，药品价格平均降幅 42.38%。

2004 年，县直医疗卫生单位全部实施药品招标采购，并规定定价后的差价部分 60% 让利于患者。是年，招标 24 次，招标采购金额 114.38 万元，节约资金 17.2%。

2005 年，对需引进的新药品种，逐级上报审批；医疗器材采购实行货比三家，所采购设备品种、价格、数量予以公开。

三、医疗质量管理

1991 年，针对一些卫生院、村卫生所忽视医疗质量管理导致严重后果的问题，出台《关于加强乡卫生院、村卫生所医疗质量管理的通知》，要求各乡镇卫生院、村卫生所健全完善医疗规章制度，严格执行各种医疗技术操作规程和规章制度，凡住院病人均须按规定详细书写病历，包括病程记录。实行无菌技术操作规程，执行“一人一针一筒”规定，并使用一次性输液器，凡违反规章制度、诊疗护理常规而造成严重后果的，严肃追究其责任。

1994 年，全县完善 24 小时应诊制和首诊负责制，统一病历格式及病历书写规范，加强病案管理。

2000 年，县卫生管理部门与各医疗单位签订年度医疗安全工作责任书。各医疗单位及厂矿医务室、村卫生所、个体诊所开展医疗安全教育活动，参加院内感染及消毒管理培训班学习。

2002 年 9 月，全县开展主题为“防微杜渐，确保安全”的医疗安全月活动，进行卫生系统院（站、所）长医疗安全大讨论、大检查，并在嵩溪镇召开医疗质量安全专项现场会议。会后，全县 17 家医疗单位重新制定和完善《医院工作制度》和《工作人员职责》等内部管理制度和医疗规范，同时开展本单位内存在的医疗质量隐患检查，提出整改措施并落实。2003 年，全县受理医疗纠纷 4 起，调解 3 起，申请医疗事故鉴定 1 起。

2005 年，县卫生管理部门与各医疗单位负责人签定目标管理责任书，制定考评方案，定期进行医疗质量、医疗安全管理检查。开展“医疗规范安全年”活动，执行首诊负责制及经治医师负责制以及病案管理制度。统一征订《常见病临床诊治常规》《病历书写基本规范（试行）》《中医、中西医结合病历书写基本规范（试行）》和病历文书，组织各医疗机构学习，规范病历书写、消毒隔离等规章和技术操作方法。

四、控制药品比例

2001 年，实行医院药品收支两条线管理，药品收支结余全部纳入财政专户管理。规范药品临床使用。

2003 年，加大对专科用药前几位药品查处力度。与县纠风办对部分医疗单位药品购销制度执行情况、药品采购渠道、药品账目、药品处方回扣等方面进行检查，发现问题及时纠正。

2004 年，制定《清流县医院实行药品比例控制的若干规定》《清流县医院药品分类使用办法》，实施大金额门诊处方、贵重药品、大型设备检查须病人签字制度。年内，全县住院病人平均每张床日费用为 307.29 元，平均每门诊人次费用 45.05 元。医疗费用整体低于周边地区。对优抚对象、五保户等病人实行住院总费用减少10%和免收挂号费等措施，对特困户实行医疗费减免15%。全年为特困病人减免医疗费近10万元。

2005年，完善合理用药跟踪监督和评价制度。每月对用药前10名的药品和医生进行公示，绘制用药金额走势图。对不合理用药医生给予批评教育。对连续3个月排行前3名的药品予以更换厂家或停用。是年，县医院住院病人费用比2004年降低390.11元/人次，为群众节省医药费用137万元，为253名贫困患者减免医疗费用6万余元。

五、血液使用管理

1991年，全县用血主要按需求采集，并适当储存一定量血液。

1996年，县医院停止自采血液，用血均从三明血站调运。

1997年，首次在全县开展无偿献血活动。参加无偿献血94人，献血1.88万毫升。

2004年，全县成分输血比例47.91%。县医院添置血细胞分离机等设备，满足临床用血需要。

2005年5月，县医院设立三明血站清流备血点暨中转站，同时协助三明血站开展无偿献血工作，设专职工作人员1人。当年，全县用血959.5单位、血浆5.15万毫升、成分血417.5单位、全血5400毫升，成分血使用率97.02%。此外，县红十字会配合三明血站采集造血干细胞血样160余份。

六、卫技人员培训

1991—1993年，县卫生系统开展多形式、多层次、多规格的卫技人员在职教育和继续教育。选送到省、市进修1年以上6人，参加市级短期培训70余人次。县卫生协会、药检所举办乡村医生培训班、药剂人员提高班各1期，参加学习100人。邀请省立医院胸外科专家及上海、赣州等地专家到清流开展学术交流。举办全县妇幼人员业务培训4期。

1994年，成立乡村医生面授点，利用卫Ⅳ项目，举办1994级乡村医生函授专业证书班，学制3年，学员38人。举办药品鉴别学习班1期，各卫生院及厂矿、学校医务室药剂人员35人参加。

1998年，与县人事局联合举办继续医学教育培训班3期，培训卫技人员160余人次。邀请省立医院4名专家到清流县巡回讲学，260余人次参加听讲。

2003—2004年，全县共选送25人到省、市医疗机构进修。

2005年，举办中高级继续医学教育培训班2期，培训乡医80人。

七、行风建设

1991年，在全县16个医疗卫生单位开展主题为“加强卫生行风建设，优化卫生系列服务”活动。

1993年，全县开展严禁向患者收受红包活动，设立举报箱和举报电话，聘请社会监督员，定期召开住院病人座谈会，健全院长接待日。

1995年，各医疗单位开展社会服务承诺活动，张榜公布社会服务承诺内容。是年，市纠纷检查组到清流县对卫生系统行风进行测评，满意率99.5%。

1996年，全县聘请18名离退休干部和社会各界代表担任廉政廉医监督员。医务人员实行挂牌服务。公开各科室设置和主要收费标准及卫生办证程序。县中医院等单位建立医务人员医德医风档案，印发《告病人书》《征求意见书》，接受社会和群众监督。

1998年，县医院开展微笑服务、限时服务，医院青年志愿者为病人分诊、导诊。并在各科及病房安装外线电话，在门诊设立就医导向图、导诊台，增设候诊椅，免费供应开水。

2001年，各医院和基层卫生院在门诊和病房实行“一日清单制”。对10余个手术病种住院和8项医技检查收费实行最高限额，将药品价格、医疗服务及监督举报电话向群众公开。

2002年，县卫生管理部门与17个医疗卫生单位院长签订行风建设责任书。开展以药品质量、药品价格和药房服务“三放心”为主题的“放心药房”活动，推行病人选择医生。加强行风监督检查，对查出的问题进行严肃处理。

2005年，各医院开展人性化服务，候诊休息场所配有电视，无偿发放健康教材。

八、巡回医疗及卫生下乡

1991 年 3 月，福建省医科大学附属第一医院专家教授一行 3 人到清流县开展医疗巡回活动，接诊病人 500 余人次，开展医学讲课 6 次。

1994 年，实行县级医院与乡镇卫生院业务挂钩活动。县直各医疗单位与乡镇卫生院建立对口支援关系，促进农村医疗水平提高。

1998 年，组织卫生下乡 180 余人次，义诊 3000 余人次，培训乡、村两级卫技人员 300 余人次。同年 7 月，卫生部、国务院港澳办、铁道部和香港明天更好基金会组织的“健康快车”眼科专家小组免费治疗清流县白内障患者 40 例。

1999—2002 年，组织医疗队下乡巡回医疗 14 次，开展义诊、健康咨询，受益群众 4000 余人次。为乡镇卫生院安装、维修医疗设备 6 件，赠送医疗设备 1 件，进行技术指导 8 项，专题授课 3 次。三明市第一医院连续挂点灵地镇卫生院 3 年，开展巡回医疗活动。

2003 年“非典”期间，组织医务人员深入林畲等 5 个乡镇开展义诊及健康教育，义诊 460 人，提供健康咨询 630 人。同年，省立医院、省协和医院与县医院成立协作医院，定期组织专家教授到县开展巡回医疗、讲课、会诊及进行相关手术。

2004 年 7 月，南京军区福州总院医疗队巡回到清流县开展诊疗活动，接诊病人 460 余次，开展胃镜检查 35 人。11 月，三明市第二医院专家组一行 8 人到灵地镇开展卫生支农活动。

2005 年，县直医疗单位深入嵩溪、嵩口、林畲、田源、邓家等乡镇义诊 760 人次，健康咨询 4600 余人，为乡镇卫生院免费培训卫技人员 20 余人次。

第四节　药政管理

一、规范药品管理

1991—1994 年，药品市场由县卫生局管理。健全县、乡药品执法网络，聘请药品管理员 10 人，调整充实乡级药品检查员 14 人。每年组织 2～3 次药品质量大检查，并结合全县打假行动，会同有关部门开展全县医药市场清理整顿，取缔无证经营药品的单位和个人，依法查处假劣药品案件。对村卫生所和个体诊所使用药品推行基层一体化管理，全部委托乡镇卫生院购药。对异地药品经营单位到县推销药品，一律不予注册。

1997 年，组织药品质量大检查 9 次，参加检查 24 人次，检查单位 79 个，检查药品 1.88 万种次，查出不合格药品 43 种次，价值 8628 元；查处假劣药品 41 种次，价值 8000 元，罚款 3229 元。药品抽检医疗单位及药品经营单位 92 个、检品 92 种，其中不合格药品 4 种，不合格率 3.6%。

1998 年，县卫生管理部门制定《清流县卫生系统药品采购管理暂行规定》，要求各医疗卫生单位一律从县医药公司购药，规范各单位药品购销活动。

2001 年，县药品监督管理局成立。同年，新修订的《中华人民共和国药品管理法》(以下简称《药品管理法》)正式施行。县药品监督管理局到各乡镇举办药品管理法律法规宣传活动 8 场，展示假劣药品 200 余种次，举办药品从业人员培训班 1 期，参与人数 60 余人。对医药公司所属 7 家药店换发“药品零售企业许可证”。对通报的假人血白蛋白、标示“青海乐都中药制品有限公司”的产品、百特公司生产的血液透析器等假劣药品(械)进行专项检查。

2002 年 3 月，县药品管理部门与 175 家药品经营、使用单位均签订《药品管理工作目标考评责任书》。印制《药品生产、经营、使用单位行为规范记录本》《药品质量验收记录本》，建立和完善药品购销、出入库检查验收等管理制度。清理整顿医疗机构门诊和诊所设立透明柜台对外直接销售药品违法行为。组织全县药品从业人员进行健康检查，凭证上岗。

2003 年，抗击“非典”期间，加强对药品、医疗器械、消毒剂产品和米、面、油、肉、糖、盐等主要食品以及其他与“非典”防治有关的生活必需品的质量检查。分发《防治非典型肺炎基本知识》《预防“非典”，务必合理用药》宣传资料7000余份，提供安全用药咨询5000余人次。实施药品放心工程和药品市场诚信体系建设。三明四海医药连锁有限责任公司清流第一门市部被市药监局授予三明市首批“药品质量诚信店”称号，并在全市率先通过GSP（即“药品经营质量管理规范”）认证。

2004年，全县开展一省三区（青海省、西藏自治区、新疆维吾尔族自治区、内蒙古自治区）假劣藏药、终止妊娠类药物、中药材和中药饮片、预防性疫苗、一次性无菌医疗器械、中成药非法添加化学药品等专项整治。出动执法人员254人次，查处案件56起，案值2万余元。建立快检操作室，对31个名牌、热销药品开展快速检验。快检药品102批次，检出不合格药品4批次。配合市药检所抽验药品59批次，检出不合格药品5批次，药品检验不合格率5.60%。根据《处方药与非处方药分类管理办法》，开展实施药品分类监督管理。城区4家单体药店全部通过GSP认证。

2005年，全县开展打击非法回收药品、整顿中药材专业市场、规范医疗器械包装标识、规范药品和医疗器械展示活动等专项整治活动，出动428人次，立案34件，查处假劣药品54种次，案值2.05万元。开展药品质量抽检62批次，检出不合格药品3批次，不合格率4.80%。是年，全县单体药店（17家）全部通过GSP认证。

二、特殊药品管理

1991年，把毒（毒性药品）、麻（麻醉药品）、精（精神药品）、放（放射性药品）药品管理列为药政管理重点。凡有麻醉、精神药品使用权的医疗单位，均凭印鉴卡证到指定医药公司限量购买使用，不准跨区购药。

1995年，严格“五专”（专人负责、专柜加锁、专用账册、专用处方、专册登记）管理制度。对违反《药品管理法》造成麻醉、精神药品流散到社会的，除追究当事人和所在单位领导责任外，并依法处理。

1996年，定期组织特殊药品检查。推行癌症病人止痛三阶梯疗法，晚期癌症病人使用麻醉药品专用卡。

2002年，县药品管理部门组织卫生院以上医疗卫生单位开展特殊药品管理培训，换发新版麻醉药品、一类精神药品购用印鉴卡，并配备用于专门贮藏特殊药品保险柜。

2003年，县医院开展ADR监测（即药品不良反应监测），上报药品不良反应报告3份，实现ADR监测零的突破。2004年，全县举办ADR监测培训班1期，参训50人。同时建立ADR监测网。全年上报ADR监测报告6例。

2005年，各乡镇医疗机构开展药房药库改造。参照GSP标准，添置或更新设施、设备，并建立健全药品购进、验收、储存、养护等相关药品质量管理制度。

三、药品供应网络

1991年，全县医药商店5家，从业人员10人。1995年，药品及医疗器械销售网点7家，从业人员40人。

1999年，全县各类医疗机构、药品经营单位增至180家。2002年始，开展药品供应网络建设，鼓励乡村开办药店。至2004年，全县新开办药店17家，其中农村13家。同时，成立三明医药股份有限公司清流农村药品配送中心，将全县分为4个片区，每个片区配备1～2名营销员，每周到片区上门收单1次，药品在2天内送达。是年，配送中心药品直配覆盖面100%，药品占有份额90%以上。

2005年，新开办药店2家，其中1家为药品超市。是年，全县药品价格平均降幅20%以上，个别品种降幅40%。

四、药品监管网络

1991—1998年，举办药品监督检查人员及药剂师培训班3期。2003年3月，建立县、乡、村三级农村药品监管网络。全县聘请县级药品监管特邀监督员7人、药品监管乡协管员14人、村信息员33人。全年查处涉药案件65起。2005年，全县完善药品监督网“六个一”教育培训和激励机制（即举办一期培训、寄送一份信息、跟班一次检查、发送一条短讯、结一对帮促对子、表彰一批先进），巩固农村药品三级监督网络。

卷二十四 劳动保障 人事编制

1991年，清流县劳动部门以促进就业、完善社会保障体系为目标，以就业培训、构建和谐劳动关系为内容，以服务基层为主线，促进劳动工作适应市场经济发展需要。1992年始，实行劳动力市场招工等制度改革，企业拥有用人自主权。1999年后，企业深化改革，国有企业下岗失业人员日渐增多。县政府制定促进就业措施10条，鼓励城镇下岗失业人员到乡镇或县外就业。2001年，清流县被确定为全国农村劳动力转移试点县。2003年，县域城镇失业率控制在5.2%以内。至2005年，培训农村富余劳动力3.42万人，实现劳动力转移就业2.49万人，培训转移就业率80.6%。同年，清流县被劳动和社会保障部列为全国劳务输出工作示范县。

清流县社会保障部门在做好养老保险工作同时，1991年，着重为下岗失业人员提供失业保险。1993年始，开展补充养老保险、工伤保险、机关事业单位基本养老保险等业务。1998年，清流县医疗保险中心成立。至2005年，全县参加基本养老保险企业152家，参保员工5599人，其中离退休人员1636人。征收养老金768.98万元，支付养老金1180.38万元；参加机关事业单位养老保险4891人，其中离退休1824人。征收养老保险金1193万元，支付养老保险金1859万元；全县参加基本医疗保险缴费单位210家，总参保人数10328人。医保基金共计支出786.72万元，统筹基金首次盈余156.65万元。

清流县人事部门注重加强干部管理、考核和奖惩，机构编制工作实行机关、事业编制总量管理、内部调剂。1992年，全县实施事业单位人事制度改革，将人事调配权、工资基金管理权、企业职称评聘权下放至有关主管部门，并放宽事业单位机构编制管理，对部分自收自支事业单位及参照行政事业单位工改的行政性公司，由其自定编制及人员结构。清理行政机关、事业单位计划外用工。1993年后，全县推进机构及干部录用等人事制度改革。1997年，实行党政机关机构改革，全面推行国家公务员制度，并进行首届公务员录用考试。此后公务员队伍逢进必考。1999年，推行职称改革，评聘分开。2002—2005年，先后进行党政机关、事业单位、乡镇教育机构、群团机关及公安系统机构改革，清理整顿事业单位机构编制，围绕人才强县战略，加大干部培训和人力资源开发力度，为清流经济、社会发展提供智力支持和队伍保障。

第一章 劳 动

第一节 劳动力管理

一、用工制度改革

（一）招 工

1991年，社会劳力、农村剩余劳动力进城务工，由县劳动服务公司办理务工许可证。用工单位向劳动部门申报计划外用工指标，由劳动部门组织城镇失业人员参加统一招工文化考试，以文考成绩作为各企业招收新工人的主要依据。

1992年，清流县开办劳动力市场，实行劳动力市场招工制度，按照“面向社会、公开招收、全面考核、择优录用”原则，职业介绍所为劳动力供求双方提供信息，创造平等竞争双向选择条件。

1993年，根据建立“国家宏观调控，分级分类管理、企业自主用工和自主分配”的体制要求，企业招用城镇劳动力，劳动部门不再下达招工计划指标，试行以工资总额控制职工人数，即按照“增人不增资，减人不减资”的原则，企业根据生产经营需要自主确定招工计划，自行录用职工，实行报备制度。

1996年起，清流县取消毕业生分配制度，实行企业与职工双向选择，至2005年未变。

（二）劳动合同与工资协商

1992年7月23日，国务院颁布《全民所有制工业企业转换经营机制条例》（以下简称《条例》）。其中第十七条规定：企业享有劳动用工权。按照“面向社会、公开招收、全面考核、择优录用”的原则，自主决定招工的时间、条件、方式、数量。企业有权决定用工形式，可以实行合同化管理或者全员劳动合同制。可以与职工签订有固定期限、无固定期限或者以完成特定生产工作任务为期限的劳动合同。企业有权依照法律、法规和企业规章，解除劳动合同、辞退、开除职工。

1992年，根据《条例》规定，县合成氨厂实行全员劳动合同制，厂长根据需要与职工签订长期、中期、短期劳动合同445份。合同内容涉及《中华人民共和国劳动法》中用人单位与职工的权利、义务和劳动时间、劳动待遇等。1994年，加强劳动合同宣传力度，完善劳动合同管理制度。174家企业全面实行劳动合同制，签订合同7011份。

1996年，有计划推行集体劳动合同。县签订集体合同企业19家。其中，国有企业12家，集体企业2家，股份制企业1家，“三资”企业4家294人。年末，全县村办企业225家2573人和上年新办企业31家643人全部签订劳动合同。

1998年，县属5家企业法人代表与企业工会主席签订集体劳动合同。年末，全县有671家企业实行劳动合同制，18260名职工签订劳动合同，实现用工主体从国家向企业转变，用工制度由固定向劳动合同制转变。

2000年，引导企业与职工依法订立、履行、续订、解除、终止劳动合同；企业建立劳动合同台账，根据签订不同期限劳动合同分类造册，对劳动合同进行动态管理，合同期满企业提前30天书面向职工提出是否有续签意向，双方同意续签，合同期满前办理续签手续；企业解除或终止下岗职工劳动合同，按《福建省劳动合同管理规定》向职工出具解除或终止劳动合同证明书，并根据职工不同情况办理职工档案移交或托管事宜；建立劳动合同统计报告制度，企业一次性解除或终止职工劳动合同10人（含10人）以上，应当在解除（终止）前1个月报当地劳动行政部门备案；建立和实行企业空岗报告制度，企业在原有岗位出现空缺或新增岗位前1个月，报当地劳动行政部门备案。

2002年，全面实行《企业工资总额使用手册》制度，各类企业工资额纳入劳动部门调控范围，依据社会平均工资水平和企业经济效益，对企业工资水平实行分类管理。开展企业集体协商工资制度及三方会议机制，工资集体协商内容含工资协议的期限，工资分配制度，工资标准和工资分配形式，职工年度平均工资水平及其调整幅度，奖金、津贴、补贴等分配办法，工资支付办法，变更、解除工资协议的程序，工资协议的终止条件，工资协议的违约责任，双方认为应当协商约定的其他事项。

2003年，成立协调劳动关系三方会议机制组织机构。政府方代表为劳动、经贸部门，职工群众方代表为县总工会，企业和雇主方代表为工商联。当年开展集体工资协商企业3家，协商岗位工资、津贴年增长指数。

2004—2005年，组织开展企业依法按时足额发放工资承诺活动，采取“双向选择”模式签订集体劳动合同。2005年，签订集体劳动合同企业5家、工资协商企业1家。

二、用工管理

1991年4月，全县开展社会劳动力务工调查。97个用工单位使用社会劳力和农村富余劳力3428人。

1992年，全县招收新工人298人，分配技校毕业生25人，安置复退军人6人。当年，城镇劳动力供给总数2.76万人，劳动力配置总数1.83万人。全民所有制单位招工占新就业人数比重14.2%；“三资”企业、私营企业和个体劳动等城镇其他所有制形式的就业，招工占16.9%。

1993年4—8月，开展城镇劳动资源和县内各类企业使用外来劳动力和临时用工情况调查。县域就业结构性矛盾突出，城镇失业人员多，而农村进城劳动力挤占大量岗位。县政府召开就业工作会议，将就业指标列入各乡镇和机关、企事业单位年终考核内容，督促其采取经济措施，做好就业工作。全年办理农村和外来劳力务工许可证720本，占进城劳动力90.5%。全县70名合同工转移单位。分配技校毕业生15人。

1996年，开展困难企业、困难职工调查摸底工作，建立困难职工日常管理制度。调查对象为连续6个月停产、连续3个月发不出工资的困难企业的困难职工，特别是企业特困职工。对于家庭收入低于当地最低工资标准60%的职工，逐个登记造册、建档立卡，并发给困难职工证，凭证享受政府生活救济和其他优惠政策。

1997年，为360户人均月收入低于126元特困职工发放困难补助金。采取“三三制”办法（即财政预算安排1/3，企业负担1/3，社会筹集1/3），筹集国有企业下岗职工基本生活费和保险费。年内，全县发放待业证382本。

2003年，为职工中的低保户、二女结扎户、库区移民提供职业培训，支付培训费每人200～500元。

2004年，县内大量外出农村劳动力返县务工。当年，城镇劳动力安置总数4794人。全民招工占新就业人数比重1.4%；“三资”企业、私营企业和个体劳动等城镇其他所有制形式的就业，占新就业人数比重71%。

2005年，全县16周岁以上城镇劳动力总数2.62万人。随着企业改革深入，劳动力主要由企业根据需要自主招聘，与劳动者签订劳动合同。

1991—2005年清流县城镇劳动力供给与配置情况表

表24-1　单位：人

年　度	供给总数	配置总数	年　度	供给总数	配置总数
1991	2676	2058	1999	1996	1470
1992	2759	1831	2000	2007	1433
1993	2365	1529	2001	2300	1240
1994	2902	2581	2002	2201	1463
1995	1736	1403	2003	1778	1109
1996	1813	1403	2004	4794	3356
1997	1744	1351	2005	3336	2335
1998	1569	1554		—	

第二节　就　业

一、就业安置

1991年，清流县贯彻“劳动者自主择业，市场调节就业，政府促进就业”就业方针。当年，招收新工人931人。其中，全民所有制单位招工318人，补员6人；集体所有制单位招工48人，补员2人；个体就业118人；临时性就业443人。年初待业人员1385人，年末待业人员448人。当年，全县城镇单位从业人员1.22万人。其中，国有所有制单位9432人，集体所有制单位2212人，其他580人。

1994年，清流县鼓励和支持兴办个体和私营经济，多层次、多渠道开辟就业门路。

1995年，全县农村劳动力进城务工1420人，其中办理临时务工许可证1382人。

1996年，全县安置城镇待业人员1288人，失业率控制在3%以下。全年分流富余职工527人，劳务输出741人，农村剩余劳动力转移就业2611人。

1999年，全县新增城镇剩余劳动力1200人以上（含每年初、高中毕业后未继续上学者、大中专毕业生、企业改制减员等）。2001年，县域企业改制面高达86%，职工身份置换，城镇失业率升至8.9%。

2003年7月，县政府出台《关于实施促进就业和再就业相关政策的工作意见》，规定各类服务型企业新招用国有企业下岗失业人员，并与其签订3年以上劳动合同的，县政府从再就业资金中按招用人数给予为期3年最低工资标准的社保补贴；社区开发公益性岗位用于安排大龄就业困难对象（即男性50周岁、女性40周岁以上），按招用人数从再就业资金中给予社会保险补贴；对有劳动能力和求职愿望的原国有企业下岗失业“45、55”人员（即女满45周岁、男满55周岁的人员），按灵活就业人员给予社保补助；为下岗失业人员提供免费职业介绍和再就业培训的公共就业服务机构，实施补贴政策；社会力量以项目带动创业、以创业促进就业，让下岗失业人员实现再就业的，提供适当比例岗位补贴。龙津镇设立劳动保障事务所，配备工作人员2人。龙津、渔沧、凤翔、长兴、翠园和嵩溪新街、嵩口九龙6个社区居委会成立劳动保障工作站，每个劳动保障工作站配备工作人员1人。

2005年，全县登记失业人数1584人，就业安置947人，失业率5.2%。全县城镇单位从业人员9746人，其中全民所有制单位6171人、集体所有制单位422人、其他3153人。

1991—2005年清流县城镇失业人员就业安置情况表

表24-2　　单位：人、%

年　度	登记失业人数	就业安置人数	登记失业率
1991	1385	935	3.3
1992	1284	976	2.1
1993	967	691	1.94
1994	1928	977	2.2
1995	1491	1158	1.8
1996	1698	1288	3
1997	1876	1483	2.7
1998	1786	1389	2.8
1999	1614	1221	3
2000	1471	912	3.8
2001	2204	1156	8.9
2002	2201	1463	6.5
2003	1178	1109	5.2
2004	1595	923	5.2
2005	1584	947	5.2

二、下岗职工再就业

1991年，清流县把企业职工，尤其是停产、半停产企业职工稳定在企业内部。年内，及时调配职工43人，办理劳动合同签证682份。

1994年，县成立再就业工程领导机构，组织劳务输出。当年，39名下岗职工全部得到安置。

1997年11月，县再就业服务中心成立，鼓励社会各方面扶持兴办各种形式劳动企业。

1998年，县委、县政府制定以“两转换”（企业转换经营机制、职工转换身份）为主要内容的国有企业改革目标，出台《清流县实施再就业工作和解困工作的若干规定》，简化工商登记，安排就业场地，并在税费、信贷等方面提供优惠政策。进入再就业服务中心的下岗职工，第一年由中心每月按最低工资标准的70%发给基本生活费；第二年按县最低工资标准60%发给基本生活费，社会保险费由中心缴纳，并按基本生活费的6%报销门诊就诊医疗费。是年，国有企业下岗职工580人，分流安置502人。对未就业职工78人，有自谋职业能力的职工，一次性发给失业救济金，作为自谋职业启动资金。同年，清流县与厦门、漳州、泉州等30余家职业介绍机构建立劳务信息网络，输送富余劳力2521人。

1999年，清流县开展山海合作，扩大劳动力输出。开展劳动预备培训，引导下岗失业人员灵活就业。贯彻省委、省政府《关于做好国有企业下岗职工再就业和深化社会保障制度改革的通知》，按“三三制”（企业、县财政、社会各负担三分之一资金）筹集资金，发放国有企业下岗职工基本生活保障金。发放标准：工龄不满10年的，按最低工资的75%；10～20年的，按最低工资的80%；20年以上的，按最低工资的85%。确保下岗职工领到1～3月基本生活费。进入再就业服务中心培训的下岗职工，按下岗前工龄，每人每月领取295～324元基本生活费（最低标准为每月每人260元）。

2000年，国有企业下岗职工不再进入企业再就业服务中心，转为领取失业保险金。2001年，全县开展再就业援助行动。全县企业招工保留20%岗位，用于录用下岗失业职工。当年，安置下岗、失业人员589人。

2003年，全县有下岗、失业人员2674人。当年，全县下岗失业人员再就业781人，大龄就业困难职工实现就业113人。600名下岗失业人员领取再就业优惠证，培训后实现再就业424人。全年兴办社区非正规劳动组织8个，安置下岗、失业人员56人。实施社会保险补助54人。县财政补助“45、55”人员社保金3.4万元，资助大龄就业困难对象4.4万元。工商部门为106人减免各项收费7.03万元。税务部门减免税费10.28万元。卫生、防疫部门减免医疗卫生费1.4万元。政府部门安排再就业资金35万元。

2004年，全县符合条件的下岗失业人员领取再就业优惠证131本，办理小额贷款20笔，贷款金额共计20万元。2005年，建立政府购买就业成果制度。全年帮助157名大龄就业困难对象实现就业。开展“企业招工我帮忙，农民务工我服务”为主题的“春风行动”，帮助下岗职工实现再就业410人。下岗失业人员参加再就业培训和创业培训683人。向9家企事业单位派遣劳务人员1009人。城镇失业率降至5.2%。

1999—2005年清流县下岗职工进入再就业服务中心培训基本生活费标准一览表

表24-3 单位：元

工龄段	生活费	养老金	失业金	医疗费	合 计	资金来源		
						社 会	财 政	企 业
不满10年	209	65	7.8	12.58	295.01	98.34	98.34	98.33
10～20年	223.6	65	7.8	13.42	309.82	103.27	103.3	103.27
20年以上	237.58	65	7.8	14.25	324.63	108.21	108.2	108.21

三、农村劳动力转移

1991—1993年，全县输出农村剩余劳动力675人。

1999年10月，启动实施劳动预备制度，与省、市有关技工学校联办技校班，开展农村劳动力转移就业培训。年内，向沿海企业输送技校培训合格员工200余人。

2001年，清流县被国家确定为农村劳动力培训转移试点县。全县形成县、乡、村三级培训网络。当年，全县举办各类农村劳动力技术培训班52期，参训2600余人。受训人员中，外出务工950人，就地安置1300人，培训就业率86.5%。嵩口、长校两镇利用本地优势，各培训农村劳动力1000人次，实现劳动力就业转移50%以上。

2002—2003年，清流县将劳动力培训与学历教育、转移培训与劳动预备制相结合，拓展劳动力转移就业路子。共培训农村富余劳动力1.79万人，实现转移9200人次。

2005年，县农村劳动力转移就业培训领导小组成立，选择5个乡（镇）为试点单位。并将农村劳动力培训与转移就业工作列入双文明建设考核评比内容。各乡镇成立农村劳动力转移培训指导站，各建制村由村书记或主任负责协调培训工作。当年，完成农村劳动力培训4360人，实现转移9250人。开展“就业进农家”工作，对富余劳动力逐一登记造册。同厦门、泉州等13个市县46家企业签订劳务合作协议，向外输出农村富余劳动力。全县10家服装加工企业建立岗前培训班制度，1600余名农村富余劳动力经培训后全部上岗。引进客商发展珠绣产业，带动全县农妇3600余人从事珠绣。全县相继成立水果营销、豆腐皮产销等协会10余个，培养农村致富能手、专业技术指导员和市场营销员。农村富余劳动力转移成为农民增收新渠道，非农收入占农民人均收入30%以上。

四、劳动服务

（一）劳动服务企业

1991年，全县有县劳动服务公司1家、基层劳动服务公司10家、企业劳动服务公司21家，开展政策咨询、提供就业信息、组织洽谈、职业介绍与指导等服务。

1992年5月，县劳动服务公司职业介绍所成立。当年，县劳动管理部门对全县劳动服务公司及其所属企业进行整顿。

1994年，全县15个乡镇全部建立职业介绍所。全县有劳动服务公司36家，其中乡镇以上劳动服务公司（站、所）5家，企事业、机关、团体等单位建立劳动服务公司31家，职工总数312人。安置城镇失业人员234人、专业技术人员24人。全年劳动服务企业实现产值843万元、利税51.2万元。

1996年，县劳动服务公司开展失业职工登记、档案保管、代办社会保险、劳动事务代理、失业救济金发放、境内外劳务输出等“一条龙”服务。办理境外就业合同5份，其中赴亚洲1人、欧洲4人。

1998年，社会劳动力归县劳动服务公司统一管理。全县有劳动服务企业13家，全年实现总产值1073.2万元、利润98.7万元。

2000年，全县15个乡镇成立劳动管理站，开展职业介绍、业务培训。全县各级各类劳动服务公司（站）15家。资产总值114.4万元，净利润40万元。

2001年年底，所有企业再就业服务中心关闭，下岗职工基本生活保障与失业保险“并轨”。县劳动服务公司为下岗失业人员提供档案寄存和便利社会保险接续服务。当年，为1300名下岗失业人员代理缴纳社会保险费，收取养老金91.4万元。

2003年，乡镇劳动管理站改称劳动保障事务所。龙津、嵩口、嵩溪等镇社区居民委员会分别成立劳动保障工作站，开展辖区内农村劳动力转移就业培训和下岗人员再就业培训。当年，16家职业介绍机构介绍职业成功2003人，其中下岗职工385人、失业人员1109人，获得职业资格977人。

2004年，县劳动服务公司更名为县劳动就业中心。原属劳动服务公司管理业务归属劳动就业中心。

2005年，随着国有企业改制完成，劳动服务企业解散。

（二）劳务市场

1991年，全县劳务输出和培训工作由县劳动服务中心组织。全年输出劳务386人，其中省内348人、省外38人。1992年，县开办劳务市场，为企业招收工人277人。

1993年，全县形成集劳务输出、技术工人引进、劳力调剂于一体的职业介绍网络。年内，与厦门市湖里区签订劳务合作协议，与陕西省铜川市和江西省石城县劳动部门建立互通劳务信息关系。

1995年，全县到劳务市场求职人员5108人次，参加洽谈交流活动人员4780人次，交流成功1619人次。

1998年9月，县劳动力市场项目竣工并投入使用。项目投资55万元，用地面积220平方米。

2000年，全县3213人参加省山海劳务协作（其中县劳动部门直接输送629人），2012人获得就业。当年来自江西、四川等地劳动力在县内就业97人，其中在国有单位就业26人。

2004年，清流县开展境外就业人力资源信息库试点工作。2月，三明市清流县劳务派遣有限公司成立，接受各类咨询2000余人。利用网络传输劳务信息130余条，采集有效信息4230条。向邮电局、木材检验服务中心、烟草公司等7家单位派遣劳务人员438人。向县外输送劳务人员460人，帮助下岗职工实现再就业616人。

2005年，全县劳动力市场实现网络配套服务，传输劳务信息127条，采集有效空岗1.26万个；为2360名企业下岗失业人员确认工龄和养老金缴费年限，并整理保管其档案。与三明明孚硅业有限公司、邮政局、道路技术服务中心等10个单位建立业务关系。736名下岗失业、农村剩余劳动力通过劳务派遣实现就业和再就业。12 月，清流县被评为全国劳务输出工作示范县。全年，签订劳务派遣协议员工 1035 人，向县外输送劳务人员 1675 人。

第三节 职业技能培训与鉴定

一、就业培训

1991 年，全县劳动就业培训工作主要依托劳动就业中心进行。当年，全县培训 729 人，全部提供就业。

1995 年，全县劳动就业培训 1127 人，全县劳务输出培训率 100%。1998 年，下岗职工再就业培训 277 人。

2001 年，围绕劳动预备制、实用技术、“村会协作”等项目，开展下岗职工再就业和农村劳动力转移培训工作。培训无线电装接初级工 2 期 114 人。参加再就业培训下岗职工 503 人。

2005 年，全县举办各种培训班 16 期 1084 人次，其中无线电装接培训 2 期 158 人，缝纫职业资格培训 3 期 300 人，车工职业培训 3 期 400 人，电平车工维护讲座 1 期 76 人。

二、技校培训

1991—1993 年，抓好技校招生工作，输送 380 余名技校新生入学。

1998 年，先后与中华职业技术学校、三明市技工学校、三明重机技工学校联合办学。全县招收学员 86 人，其中男生 12 人、女生 74 人。1999 年，与福州中华职业技工学校联办清流教学班，在校生 85 人。

2002 年 8 月 20 日，经市劳动和社会保障局批准，三明市机电技工学校清流分部成立。学校校址占地面积 1400 平方米。学校设教室 4 间 480 平方米、学生宿舍 6 间 550 平方米、食堂 200 平方米。有电脑室 1 间，电脑 30 台；电子装配实验室 1 间，操作台有工作位 30 个并配备相关设施。全校教职工 16 人，其中外聘教师 11 人。当年，全县招收学员 221 人，其中男生 70 人、女生 151 人。

2003—2005 年，三明市机电技工学校清流分部共招生 512 人，开设数控加工、电气焊、焊工、无线电转接等专业。毕业生全部取得国家承认的技校毕业证书和初、中级职业资格证书，并推荐到省内外大中型企业就业。

三、职业技能鉴定

1991 年，县劳动和社会保障局开展多领域长、中、短期相结合的职业技能鉴定培训工作。

1994 年，筹建县技能鉴定站，开展技工评聘准备工作。

1995 年，组织全县企业职工岗位技术练兵和岗位技术培训，培训人数 1128 人，占全县企业职工总数 29.4%。全年考评报送技师 8 人，考核培训中级工 89 人、初级工 84 人。举办技术工人培训班 4 期 185 人。开展“全国技能月”活动。全县企业开展系列岗位技术竞赛活动 9 场，参赛者超百人。

1996 年，制定全县职工技能开发方案并实施。开展以省定的汽车驾驶、摩托车修理工、家用电器维修工、中式烹调师、计算机文字处理、农机修理工等 13 个工种持证上岗培训工作。

1997 年，抓好在职职工就业培训和技术工人等级培训考核工作。全年考评技师 5 人，送培高级工 4 人，考评中级工 103 人、初级工 68 人。先后开展车工、钳工、电工、营林、造林、美容美发、计算机文字录入等工种培训班 6 期 175 人。

1998 年 3 月，举办化工行业工人技术等级考核培训班。5 月，举办特种作业人员复审培训班，受训人数 370 余人。年内，建立和实施名师带徒制度，重点培养技师、高级工。

2000 年，先后进行美容、美发、电子装配、摩托车维修等工种职业技能培训考核。163 人参加初级工考核，9 人参加高级电工考核并取得证书。

2001 年，举办无线电装接初级工培训 2 期，参训 114 人。

2002 年，与总工会在清流通用厂举办全县焊工、车工技能竞赛活动。6 名选手获奖，并获“清流县焊工（车工）技能竞赛能手”称号。

2003 年，组织人员参加市职业技能鉴定中心举办的职业技能鉴定考评员培训。

2004 年，举办烹饪、缝纫电平车工、茶叶制作等培训班 6 期，培训人数 682 人，全部获得职业合格证书。

2005 年 4 月，县职业技能鉴定指导中心成立。是年，举办各种职业技能培训班 16 期，培训 1084 人次，经考试合格后，全部取得国家承认的职业资格证书。

第四节　劳动工资与福利

一、工资改革

1991 年，在企业推行工资总额与效率挂钩制度。全县执行种类工资标准职工 4420 人，每人按原等级增资 6 元。企业发放工资总额含基本工资和津贴、补贴、加班工资、夜餐费、生产奖、节约奖、劳动竞赛奖、安全奖、年终奖等。工资形式有计时工资、计件工资、工效挂钩工资、岗位技能工资等。

1992 年，工效挂钩企业实行职工固定升级及 3% 奖励升级。全县调整升级 1459 人，月增资总额 1.24 万元；提高工资标准 3951 人，月增资总额 1.46 万元。县合成氨厂等 3 家省级先进企业浮动转固定升级 912 人，月增资总额 0.68 万元。

1993 年，贯彻省劳动部门通知精神，将企业工资调升、职工转正定级、企业职工工资标准等全部下放给企业自主决定。在下和林业采育场开展岗位技能工资制试点，年内，实行岗位技能工资制企业 7 家。企业职工人均发放物价补贴 24 元。国有企业职工兑现山区津贴。经市劳动局批准，县北坑钨矿等 5 家企业 566 人提高一档工资标准。

1994 年，全县推行企业工资总额与企业经济效益挂钩（即“工挂”）。试行“两低于”办法（即企业工资总额的增长幅度低于本企业经济效益增长幅度、职工实际平均工资增长幅度低于本企业劳动生产率增长幅度）。当年，企业人均月增物价补贴 50 元。

1997 年，全县企业使用工资总额手册 85 本。对 14 家“工挂”企业工资进行核算。全县实行“两低于”工资指导性工资国营企业 1 家 326 人，实行国有企业经营者年薪制 7 家，国有企业实行包干工资制 9 家 532 人。当年核增企业人均月工资 100 元，并为职工调升一级工资。

1998 年，确定年度企业职工工资总额及年度企业职工平均货币工资增长 5.5% ～ 8%，实际平均工资增长 10% 为预警线。企业经济效益下降或亏损，工资增长可以是 0 或负增长；企业因原材料、资金、市场等因素临时性困难而造成职工待岗的，企业应支付职工最低工资标准 60% 基本生活费。国有企业下岗职工全部进入再就业中心或类似机构，并发给基本生活费。

1999 年，清流县执行省政府《关于做好提高三条社会保障线水平有关工作意见》精神（“三条社会保障线”，即基本生活保障、失业保险、城镇居民最低生活保障），确保各条保障线提高待遇及时兑现。将原工资等级标准相应提高 50 元，人均月增资 75 元，另调升 1 级工资。2000 年，全县企业职工调升两级工资。

2002 年，各类企业工资额纳入劳动部门调控范围，依据社会平均工资水平和企业经济效益，对企业工资水平实行分类管理，建立企业工资集体协商制度三方会议机制。当年，安排 2001 年盈利企业每人调升两级工资。8 家国有控股企业 1223 名职工，每人每月增资 50 ～ 70 元。

2004 年，根据企业生产经营盈亏状况核增工资。安排盈利企业调升档案工资 1 个等级。实行岗位技能工资制企业，在核增额度内，岗位津贴分别提到 140 ～ 175 元。2005 年，全县企业职工每人调升工资两级。

二、工资总额管理

1991 年，全县工资总额与经济效益挂钩企业 20 家，按比例提取奖励基金 4.6 万元。对完成承包产值、效益好的 12 家企业 110 名员工给予升级奖励。

1992 年，全县实行劳动三项（劳动、人事、分配）制度改革试点的企业，增加企业工资总额 15%；实行岗位技能工资的企业，增加工资总额 10%。1993 年，县电力公司等 6 家企业职工 1097 人，实行岗位技能工资制。

1997年，县劳动局、审计局、财政局联合开展企业工资内外收入专项检查。实行工效挂钩企业11家，职工2984人，核定工资基数2223.71万元；集体企业工效挂钩1家，职工91人。

1999年，核定国有控股企业18家，职工2605人，基础工资总额1957.04万元；核定股份合作制企业5家，职工319人，工资基数270.72万元；集体企业工效挂钩1家，职工90人，工资基数80.66万元。

2002年，实行企业工资总额使用手册制度。

2003年，依据工资总额与实现利润挂钩的国有及控股企业工资总额基数实行工资总额包干。当年，全县实行工资总额基数包干的国有及控股企业10家，职工人数1325人，核定工资总额基数1551.8万元。职工每人月增工资50元。

2004—2005年，继续实行工资总额与实现利润挂钩，确定2005年赢利企业工资增长8%～10%为合理区间，12%为预警线。

三、岗位津贴

1991年，因粮油销售价格调整，为职工和退休人员每人每月随工资发放补贴6元。8月，企业降温费由每年发放4个月提高为5个月，标准为每人每日0.32元。根据行业不同，企业单位发放的津贴有岗位津贴、野外津贴、井下津贴、施工津贴、林区津贴、行车津贴、夜班津贴、高温津贴等。

1992年，提高煤炭、井下采掘、高温冶炼、冶金露天采矿、化工有毒有害等行业岗位津贴。最高每人每日3元。提高国营企业夜餐费标准，从0.8～1元提高至1.5～3元。按1988年全省粮油销价补贴标准，每人每月发放粮价补贴8元、副食品补贴10元。

1993年8月，企业职工按工龄每年增补1元工龄津贴。全县84家企业在职职工4962人，月增资总额18.15万元。

1995年，实行技师职务津贴，每人每月20元。当年5人享受技师职务津贴。同年，将原职工福利费列支的洗理卫生、书报、水电费补贴列入工资支出，每人每月17.5元。

1997年，调整企业夜班津贴：大夜班10元，中夜班6元；早市（7时以前）4小时6元，早市（7时以前）2小时以上5元。实行企业在职职工岗位津贴制度，共分6档，分别为45元、50元、55元、60元、65元、70元。

1998年7月1日起，保健食品标准调整为：甲等每人每天1.6元，乙等每人每天1.2元，丙等每人每天1元。

1999年，全县实行技术工人岗位津贴制度：初级工10元，中级工20元，高级工30元，技师50元。

2002年，岗位津贴由85～110元提高到115～140元。

2003年，职工岗位津贴在原有基数上，分别提高到每人每月140元、150元、155元、165元、175元不等。

2004年，企业在岗职工岗位津贴再次调整，员级职工由140元调升到190元，助师级由150元调升到200元，中师级由155元调升到215元，副科级由165元调升到230元，正科级升至250元，至2005年不变。

1991—2005年清流县城镇单位在岗职工工资情况表

表24-4

年 度	职工数（人）	工资总额（万元）	年人均工资（元）
1991	11982	2560.6	2137
1992	12366	3059.32	2474
1993	11704	3546.1	3030
1994	12438	5593.8	4497
1995	12385	6294.5	5082
1996	12221	7133.2	5837
1997	12566	8229.8	6549
1998	11375	8225.1	7231

续表 24-4

年 份	职工数（人）	工资总额（万元）	年人均工资（元）
1999	10332	7784.9	7535
2000	9663	8184	8469
2001	9264	9258.6	9994
2002	8961	9986	11144
2003	9120	10420.2	11426
2004	9270	11536.2	12445
2005	9669	13278.2	13733

1994—2005 年清流县最低工资调整情况表

表 24-5 单位：元

时 间	1994 年 10 月	1996 年 7 月	1997 年 7 月	1999 年 7 月	2000 年 7 月	2001 年 10 月	2003 年 11 月	2004 年 7 月	2005 年 7 月
最低工资	190	210	215	240	260	280	300	320	400

说明：1991—1993 年未出台最低工资标准；未调整年度最低工资以上年为准

四、福利费

1991 年企业工资管理制度改革后，企业职工福利费由企业按职工工资总额 11% ～ 14% 提取，摊入企业成本与福利金，由集体支配，共同享受。企业之间没有统一标准，但与经济效益挂钩，随企业生产经营状况而定。个人福利费主要有洗理费、医疗卫生费、防暑降温费、生活困难补贴等。

1996 年 7 月，根据明财事〔1996〕308 号文件精神，企业防暑降温费标准调整为：按每年 5—9 月计算，直接参加高温和露天作业的职工，每人每天补助 1.5 元；从事一般作业的职工，每人每天补助 0.7 元；科室人员每人每天补助 0.5 元。

1998 年，职工医疗费用纳入医疗保险管理。

1999 年后，随着国有、集体企业改制、重组，职工福利费由企业视效益自行掌握。

五、职工死亡抚恤

（一）职工（含离退休人员）死亡待遇

1991 年，因公死亡和非因公死亡者，分别发给丧葬费 1000 元、900 元，一次性困难补助费 1000 元、600 元。

2001 年，调整职工非因公死亡待遇标准，丧葬费和一次性困难补助费分别按当地最低工资标准 6 个月和 5 个月发给。至 2005 年不变。

（二）遗属抚恤费

1991 年，因公死亡和非因公死亡者，属城镇非农业人口，每人每月分别为 81 元和 51 元；属农村人口，每人每月分别为 63 元和 38 元。

2001 年，调整职工因公死亡遗属抚恤费标准。农业人口和非农业人口每人每月分别按当地最低工资标准 70% 和 75% 发给。至 2005 年不变。

第五节　劳动监察与仲裁

一、劳动用工监察

1993年8月19日，省政府颁布《福建省劳动监察暂行规定》。同年12月，县劳动关系与监察室成立，开展劳动用工调查。

1995年，县劳动监察中队成立，有专职监察员2人、兼职监察员9人。监察各类企业415家，涉及职工1.5万人。发出《劳动监察限期整改指令书》108份、整改意见147条、劳动监察询问通知书12份。追补养老金企业75家，金额33.44万元；追补失业金企业10家529人，金额10.1万元；追补1160名临时工管理费10.8万元；补签劳动合同2712份；督促企业补发拖欠职工工资1.54万元。

1997年，全县开展劳动监察执法月活动，对全县156家企业工资发放、职业介绍、养老保险、劳动合同等进行监察。追缴社会养老保险金221万元、失业金4.6万元，补签劳动合同486份，办理证卡合一298本。

2000年，对改制企业录用工人情况进行监察。开展企业用工年检78家，涉及职工5450人。开展社会保险费缴纳情况专项检查2轮，检查30家，追缴社会保险费235万元。

2001年，清流县清理整顿劳动力市场，查封非法职业中介机构1家。开展劳动用工年检73家。监察企业194家，发出整改指令书28份，提出整改意见64条，督促企业签订劳动合同495份，追缴养老保险金89万元、失业金8.5万元。受理职工投诉13起。对停发内退职工工资和拒交职工社会保险费的2家企业进行查处。

2003年，全县检查建筑工地15处，发现建筑单位拖欠建筑工程款98万元。9月18日，劳动监察人员会同水利局技术人员，根据《福建省劳动合同管理规定》，促成县水利水电建设工程处与承包方签订调解协议书，为12名民工讨回工资3600元。

2004年，对进城农民工的工资发放情况进行专项检查，督促用工单位遵守劳动保障法规，补发拖欠农民工工资92.02万元。接受农民工投诉、举报案件15起，结案13件，为80名农民工追回被拖欠或克扣工资6.54万元。专项检查4次，发出整改指令书24份，提出整改意见44条。全年监察企业87家，发出整改指令书28份，提出整改意见56条。

2005年，下达整改指令书3份，追回55名农民工被拖欠工资6.94万元。全年检查31个单位用工情况，未发现使用童工现象。对126个单位开展劳动合同管理专项检查，发出整改指令书52份，提出整改意见94条，补签劳动合同570份。

二、劳动争议仲裁

1991年，劳动争议处理范围由县属国有、集体企业及职工扩大到外商投资企业，乡镇、村企业和个体私营企业及职工。年内，调解劳动争议1起，开展劳动咨询活动2次，接待56人。

1993年，建立劳动争议仲裁庭，充实劳动争议仲裁员5人。年内，调查、调解劳动争议案件3起，办理劳动合同鉴证1002份。

1994年，县职工集体上访和罢工事件应急工作小组成立。全年劳动合同鉴证2990份，调解争议案件10起，涉及161人。1997年，全县15个乡镇相继成立劳动争议调解委员会，并举办调解员培训班。

1998年，依法受理和审理企业劳动争议案件。其中较大集体上访7次，涉及82人；受理劳动争议案件6起，涉及173人。明孚硅业公司职工吴某申诉其在外借期间患病，药费报销遭拒一案，经县劳动争议仲裁委员会调解，当事双方在平等自愿基础上，达成协议，外借期间医疗费用6.8万元，由借用单位承担60%。

2002年，接待来信来访60余人次，答复法规咨询100余人次。受理案件14起，立案3起，全部结案。当年，劳动合同鉴证率98%。

2004年9月，受理人寿保险公司职工黄某申诉其在单位落聘被公司解除劳动合同一案，经调解裁决：被诉方补偿黄某社会养老金及失业保险金1.34万元。

2005年，全县受理争议案件11起，涉及20人，全部结案。接受信访案件49起122人。解决职工劳动保障金29.5万元及87名病残老职工医疗费用问题。全年续订劳动合同并进行合同鉴证278份。

第六节 职工退休管理

1991年，全民所有制退休38人，退职1人；集体所有制工人退休7人。全县累计离休44人，退休799人。

1992年以后，企业自主用工，全民所有制工人保留退休制度，取消退职。集体所有制工人实行职工养老保险制度。

1996年，全县企业有离休人员41人、退休人员1081人。享受离退休待遇员工1122人，月人均生活费259.19元。

1998年，实行离退休费用社会化发放企业82家，发放人数1276人。

2001年，全县实施从邮政储蓄、商业银行渠道发放离退休金办法。企业离退休职工1415人，全年发放离退休金781.16万元。

2003年，为企业退休人员建档立卡，建立信息库，进行计算机管理。属地管理退休人员1096人，养老金100%社会化发放。退休人员人事关系移交街道和社区划片管理，企业向社区缴纳社会化管理费每人600元（10年）。15个乡镇均成立劳动保障事务所，龙津、嵩溪、嵩口和长校镇成立劳动保障工作站。

2005年，全县企业离退休人员1645人。年内，调整待遇1411人，补发养老金总额32.52万元。其中企业退休人员1298人，月人均调增36元。1953年年底前参加工作的退休人员113人，月人均调增66元。全县退休人员（不含离休人员）社会化管理率97.1%，乡（镇）、社区管理率76.1%。

1991—2005年清流县企业离休、退休情况表

表24-6 单位：人、千元

年度	离休		退休		年度	离休		退休	
	人数	离休金	人数	退休金		人数	离休金	人数	退休金
1991	21	72.8	799	760.5	1999	42	419	1422	7424
1992	31	105	922	1383	2000	46	473	1480	7725
1993	33	114	987	1579	2001	43	494	1556	8372
1994	44	151.4	975	2351.5	2002	38	503	1597	10012
1995	41	285	1040	3756	2003	37	591	1634	10471
1996	41	244	1081	4113	2004	36	615	1716	11629
1997	40	368	1032	4562	2005	30	549	1660	11667
1998	44	329	1040	4675	—				

说明：1991—1993年退休人数含离休人数

第七节 机 构

一、清流县劳动和社会保障局

1991年，清流县劳动局内设办公室、劳力计划调配股、就业培训股、工资福利股、劳动安全监察股、劳动争议仲裁办公室。核定行政编制10人，实有人数10人。1993年12月，县劳动局增设劳动关系与监察室。

1995 年，县劳动局设劳动关系与监察股。2001 年 5 月，原隶属县人事局管理的机关事业单位和社会保险公司归口劳动局管理。2002 年，清流县劳动局更名为清流县劳动和社会保障局，下设办公室、社会保险和工资股、综合股、劳动争议仲裁办公室。至 2005 年，该机构设置不变。

二、清流县劳动和社会保障局所属单位

1991 年，县劳动局下属事业单位 5 个：劳动就业中心、社会劳动保险公司、机关事业单位和社会保险公司、农村社会保险公司、城镇职工医疗保险中心。核定行政编制 10 人，实有 12 人；事业编制 18 人，实有 30 人。

1995 年，县劳动监察中队成立，有专职事业编制监察员 2 人、兼职监察员 9 人。

2005 年，县劳动和社会保障局事业单位不变。行政编制 10 人，实有人数 13 人；事业编制 26 人，实有 24 人。

第二章　社会保险

第一节　养老保险

一、企业职工基本养老保险

1991 年，全县参保企业职工 4901 人、离退休职员 955 人。征收养老金 192.02 万元，支付养老金 164.18 万元。

1992 年 6 月，企业实行职工养老保险手册制度，发证职工 5163 人。

1994 年 1 月 1 日，全县实施《关于福建省国有企业职工基本养老金计发办法的改革方案的通知》。基本养老金与缴费工资、缴费年限挂钩。贯彻国务院《关于企业职工养老保险制度改革的决定》，扩大社会保险范围，全民所有制和“三资”企业职工保险覆盖率 100%，集体所有制企业职工覆盖率 64.3%。

1995 年 12 月，集体企业职工养老保险由县级统筹、人民保险公司经办。

1996 年 2 月 29 日，省政府颁发《福建省企业职工养老保险制度改革方案》，县国有企业职工养老保险实现全省统筹，覆盖面 100%；集体企业职工养老保险实现全县统筹，覆盖面 71.3%。原由人民保险公司经办的集体企业职工养老保险移交社会劳动保险机构。

1998 年，全县实施《福建省城镇企业职工基本养老保险条例》。全县城镇企业职工基本养老保险费由社会统筹和个人账户组成：企业按其全部职工月工资总额的 20%、职工个人按其月工资总额的 5% 缴纳基本养老保险费；参保人员达退休年龄后，不再缴纳基本养老保险费，由社会保险经办机构按月或一次性发给退休职工基本养老金。

2000 年，清流县制定基本养老保险金征收责任制。清收水泥厂和罗口煤矿所欠养老保险金 120 余万元。12 月，《福建省社会保险费征缴办法》颁布实施。2001 年 1 月，省政府决定，基本养老金统一委托各级地方税务局征收。2003 年，对企业参保职工缴费工资和视同缴费年限进行确认（以下简称“两个确认”）。

2005 年，全县参保企业 152 家，参保员工 5599 人、离退休人员 1636 人。征收养老金 768.98 万元，支付养老金 1180.3 万元。

1992—2005 年清流县企业职工基本养老保险情况表

表 24-7

年　度	参保企业数（家）	参保人数（人）	离退休人数（人）	征收养老金（万元）	支付养老金（万元）
1991	—	4901	955	192.02	164.18

续表 24-7

年 度	参保企业数（家）	参保人数（人）	离退休人数（人）	征收养老金（万元）	支付养老金（万元）
1992	175	5163	1061	211.53	211.32
1993	86	4249	1042	216.45	277.43
1994	84	4167	1080	298.63	251.47
1995	82	4080	1118	477.83	392.23
1996	117	4853	1247	652.87	427.53
1997	118	4858	1281	416.24	537.06
1998	110	4713	1304	472.79	584.61
1999	110	4217	1350	570.41	661.56
2000	61	3429	1407	565.2	755.61
2001	72	4213	1419	582.17	780.62
2002	74	4447	1436	570.23	971.29
2003	114	5250	1523	817.16	983.56
2004	128	5512	1573	645	1044.49
2005	152	5599	1636	768.98	1180.3

二、机关事业单位基本养老保险

1993 年 3 月，县机关事业单位退休保险公司成立。机关、事业单位及参照执行机关事业单位工资制度单位人员纳入投保对象。按照“以出定筹、略有结余”原则，由国家、单位和个人共同负担，实行全县统筹。缴费比例为单位在职工作人员工资总额的 20%，其中单位缴纳 18%，个人缴纳 2%。单位缴纳部分由县财政安排预算。当年，参保职工 4285 人，征收养老金 508 万元。

1994 年 5 月，县机关事业单位退休保险公司更名为机关事业单位和社会保险公司。当年，全县参保员工 4265 人。

2000 年，事业单位员工缴费标准调整为按工资总额 27% 缴纳，其中个人负担 2%。参加机关社保基本养老保险统筹单位 198 个，参保职员 5442 人。征收养老金 1022.89 万元。全县支付离退休人员养老金 1003 人、999.36 万元。

2001 年 5 月，机关事业单位和社会保险公司归口劳动和社会保障局管理。

2003 年，事业单位参保人员保险缴费标准调整为：按工资总额 29% 缴纳，其中个人负担 4%。全额拨款单位的劳动合同制工人、聘用制干部、集体工人个人缴费额调整为工资总额的 4%。当年，征收养老金 1453.01 万元。

2005 年，全县参保单位 94 个。养老保险缴费标准按工资总额 31% 缴纳，其中个人负担工资总额 6%。

1993—2005 年清流县机关事业单位养老保险情况表

表 24-8　　单位：人、万元

年 度	参保人数	离退休人数	征收养老金	支付养老金
1993	4285	59.64	508	34.64
1994	4265	131.58	569	90.46
1995	4222	386.63	631	377.68
1996	4216	477.29	648	449.4

续表 24-8

年　度	参保人数	离退休人数	征收养老金	支付养老金
1997	4568	655.95	736	674.66
1998	4552	684.69	768	702.25
1999	5304	808.69	917	878.89
2000	5442	1022.89	1003	999.36
2001	5421	1128.18	1136	1165.99
2002	5232	1325.26	1067	1321.79
2003	5248	1453.01	1104	1425.97
2004	4936	1673.33	1166	1686.55
2005	4891	1824	1193	1859

三、企业补充养老保险

1993 年 3 月，全县实施《福建省企业补充养老保险暂行规定》。保险基金按 5 ～ 15 元分若干档次筹集。参保企业 2 家，参保 340 人，征收保险费 3.43 万元。1997 年，参保企业增至 3 家，参保人数 388 人。

2001 年，参保企业增至 3 家，参保人数 400 余人，征收保险费 22.61 万元，支付养老金 3.43 万元。

2004 年，企业供款可在企业工资储备中列支或企业基本养老保险费中超过职工平均工资 300% 以上部分支出补充养老保险费。个人缴费，从个人工资收入中按一定比例或绝对额缴纳。

2005 年，全年参保人数 359 人。征收养老金 1.68 万元，支付养老金 12 人，金额 9.15 万元。

1993—2005 年清流县企业补充养老保险情况表

表 24-9

年　度	参保企业（家）	参保人数（人）	支付人数（人）	征收保险费（万元）	支付保险费（万元）
1993	2	340	0	3.43	0
1994	1	295	0	3.21	0
1995	2	327	0	5.19	0.1
1996	2	347	1	8.79	1.04
1997	3	388	3	7.88	0.44
1998	3	388	1	9.6	0.13
1999	3	425	6	3.79	1.24
2000	3	408	2	9.4	0
2001	3	403	5	9.42	1.19
2002	1	399	9	9.94	1.08
2003	1	388	0	11.4	2.58
2004	1	372	16	12.01	3.16
2005	1	356	12	1.68	9.15

四、劳动模范补充养老保险

1996 年 3 月，实施《三明市劳动模范补充养老保险暂行办法》。保险对象为市级以上劳动模范、先进生产（工作）者。保险待遇：市级劳动模范每月领取保险金 80 元，省级劳动模范、全国劳动模范每月领取保险金 100 元。

至 2005 年，全县累计办理省级劳模补充养老保险 4 人、市级劳模补充养老保险 21 人。

五、农村社会养老保险

1992 年 12 月，县农村社会保险公司成立，开展农村社会养老保险试点工作。

1994 年 3 月，县政府下发《清流县人民政府关于全面开展农村社会养老保险的通知》。参保对象为农民、村干部、乡办企业职工、计划生育对象、民办教师、义务兵、少年儿童、残疾人、老年农民等。保险资金筹集以个人缴纳为主，集体补助为辅，国家予以政策扶持。缴费方式分定期缴纳和趸缴两种。个人缴纳不低于 50%，集体补助数额或比例由乡镇、村或企业确定。全县 15 个乡镇及 82 个村投保 524 人，缴纳保险费 28.71 万元。

1997 年，确定保险费缴纳方式和标准：月缴纳起点标准为 4 元，多交不限；阶段性趸缴：缴费标准为 200 元，多交不限。当年，里田乡各村投保 3.46 万元，嵩溪镇元山村陈段投保 0.84 万元，沙芜乡村干部投保 1.82 万元。

2001 年，农村社会保险由民政部门移交给劳动部门管理，实行“省级统一代管、市级监督指导、县级平衡核算”管理模式。

2003 年，组织村干部参加农村社会养老保险。全年参保村干部 217 人，收取保险费 26.03 万元。

2005 年，各乡镇设立“农保服务窗口”。全县累计参加农村社保 5351 人。领取养老金 25 人，金额 3.65 万元。

1992—2005 年清流县农村社会保险情况表

表 24-10　　单位：人、万元

年　度	参保人数	保费收入	年　度	参保人数	保费收入
1992—1993	360	20.58	2000	280	14.74
1994	168	12.44	2001	116	8.32
1995	905	44.99	2002	80	12.13
1996	1346	55.43	2003	217	26.03
1997	682	35.15	2004	268	21.56
1998	396	24.65	2005	275	46.8
1999	258	14.38		—	

第二节 医疗保险

一、医疗保险改革

1998 年 12 月，国务院颁布《关于建立城镇职工医疗保险制度的决定》。县职工医疗保险制度改革领导小组成立，下设办公室。制定《清流县职工医疗保险制度改革实施细则（试行）》（以下简称《实施细则》）。《实施细则》规定：用人单位缴费，以本单位在职职工上年度工资总额与离退休（职）人员工资总额为基数，按 8% 提取；职工按本人上年度工资总额 2% 缴纳；退休（职）人员按工资总额 1.5% 缴纳，离休人员不缴纳。

1999 年，对《实施细则》进行修订：用人单位缴费，全县按统一比例提取；职工缴费按本人年工资总额 2% 缴纳，退休人员按年工资 1.5% 缴纳。职工患病治疗，先由个人账户支付；个人账户不够时，个人先付本人年工资 5% 后：医疗费在 1～5000 元范围内的，个人支付 30%；5001～1 万元范围内的，个人支付 20%；10001～3 万元范围内的，个人负担 10%。

2000 年，全县实施《清流县职工医疗费分级负担和大病风险管理办法》。实行医疗费分级负担，县财政按基数核拨。乡镇干部职工由乡镇包干管理。机关事业单位以预算拨款单位为包干单位，按基数核定，由县医保中心拨给包干单位，超支不补，节余留用，自求平衡。包干基数：离休人员每人每年500元，退休人员每人每年300元，在职人员每人每年120元。大病重病住院，由个人单位视工龄分别负担。

2001年1月,全省医疗改革启动。城镇职工基本医疗保险划归县劳动和社会保障局管理。参保在职干部、职工按工资总额2%,单位按在职工工资总额8%缴纳医疗保险金,实行县级统筹,财政保底,基金收支专项存储,由县医疗保险中心负责管理。

2002年，全县城镇职工基本医疗保险按年龄结构，提高51岁以上参保人员支付保险金比例；降低参保人员住院费用自付比例和住院统筹金起付标准。同时增加商业补充医疗保险，参保职工统筹金最高支付限额由原来3万元增至15万元。

2004年，在职职工按月工资总额10%缴纳医疗保险费（单位缴纳8%、个人2%)。职工退休后不再缴纳。达到法定退休年龄职工，实际缴费年限满10年的，单位和个人不缴费；实际缴费年限不足10年的，按退休时上年度全县社会平均工资总额10%,一次性缴足10年的医疗保险风险金后,方可享受医疗保险待遇。同年5月，县政府出台《清流县下岗失业和灵活就业人员参加医疗保险实施意见》，确定参保办法、缴费费率等，下岗失业和灵活就业人员按规定办理参保或续保手续后，即可享受相应医疗保险待遇。2005年，医疗保险体制不变。

二、管　理

1998年，全县参加医保单位116个共3965人，其中在职职工3418人、离退休人员547人。个人缴纳保险费55.37万元。财政拨入130万元，其中划入个人账户63.4万元，划入统筹账户66.6万元。

2001年，全县参保7886人。全年支付门诊医药费116.22万元、住院医药费127.49万元，统筹支付比例79%。全县确定定点医疗服务机构17家，其中二级医疗机构1家、一级医疗机构16家。

2003年1月，县医疗保险管理信息系统建立。参保单位193家，参保在职职工、离退休职工及特殊人群共8850人。个人缴纳保费174.48万元，财政拨入676.22万元，支出总额574.17万元。

2004年，加强医疗机构监管，对参保对象住院全程进行监督、审核。当年，“特殊人员”(37名离休人员、33名“5·12”干部和6名二等乙级以上残疾军人）医疗费用支出比增16.6%，挤占基本医疗统筹基金30.58万元。

2005年，对住院参保人逐个审核。全年处理违规案件22件，稽核住院病人735人次，查处违规医疗费用6.02万元。对企业开展基金稽核，追回基金11.92万元。全县参加基本医疗保险缴费单位210家，参保1.03万人，其中在职7638人。统筹基金盈余156.65万元。

1998—2005年清流县医疗保险人数情况表

表24-11　　单位：家、人

年　份	参保单位	在职人数	退休人数	特殊人群	合　计
1998	116	3449	438	78	3965
1999	136	4221	658	78	4957
2000	135	4149	670	92	4911
2001	179	6131	1663	92	7886
2002	186	6869	1840	173	8832
2003	193	6881	1956	113	8850
2004	202	7011	2100	109	9220
2005	210	7638	2591	99	10328

1998—2005年清流县医疗保险收入和支出情况表

表 24-12

单位：万元

年度	收入				支出		
	个人缴纳	财政拨入			账户支出	统筹支出	合计
			划入账户	划入统筹			
1998	55.37	133	63.4	69.6	95.64	114.11	209.75
1999	69.42	145.94	65.72	80.22	99.31	167.18	266.49
2000	84.54	173	85.84	87.16	112.25	134.28	246.53
2001	102.06	385	96.02	186.92	149.38	122.19	271.57
2002	151.3	602.24	188.52	262.42	256.27	218.47	537.74
2003	174.48	676.22	219.02	282.72	295.48	278.69	574.17
2004	170.81	794.26	246.43	377.52	325.11	367.66	692.77
2005	214.09	1043.86	323.79	505.98	414.5	372.22	786.72

第三节 工伤保险

1993年7月，县政府颁布《清流县企业职工工伤保险暂行办法》，含总则、工伤范围和确认、工伤保险待遇、工伤保险基金的筹集与管理、奖罚、管理与监督、企业和职工责任、争议仲裁和行政复议及附则，共9章47条。规定工伤保险费由用人单位缴纳。按照以支定收、收支基本平衡的原则实行县级统筹。矿山、森工、交通运输、冶金、化工、建安等生产性企业缴费标准为1%，商业等经营性企业为0.5%。工伤保险待遇项目含住院挂号费、医疗费、伤残津贴、伤残补助金、丧葬补助费、供养直系亲属的定期抚恤金。当年，参保企业79家，参保职工4206人，收缴基金4.7万元，支付0.24万元。

1995年1月1日，执行《福建省企业职工工伤保险试行规定》。基金实行全县统筹、省级部分调剂、财政专户存储。各级社保机构由市社保机构集中后将其三分之一上缴省社保机构，作为省级调剂储备金，三分之二作为市级调剂储备金。

1996年，劳动部《企业职工工伤保险试行办法》颁布实施，规范工伤保险的范围、鉴定程序、待遇标准等。工伤鉴定标准按照国家技术监督局《职工工伤和职业病致残程度鉴定标准》执行。企业职工工伤保险由全县统筹向全市统筹过渡。

1997年，开展工伤保险扩面和征缴工伤金执法检查工作。督促尚未参加社会保险的外商投资企业和私营企业、个体工商户依法参加保险。

2000年，以煤炭矿山等企业为重点，落实保障待遇。

2004年1月1日，实施省政府《福建省实施〈工伤保险条例〉办法》。实行全市统筹，并实行省级调剂金制度。伤残补助金和工亡补助金实行一次性付给。全县参保企业72家，参保人数5066人，征收养老金22万元，享受工伤保险待遇4人。

2005年，全县参保5316人，征收工伤金42.44万元，支付工伤金5.48万元。当年，结余36.6万元，累计结余172.47万元。

1993—2005 年清流县工伤保险情况表

表 24-13

年　份	参保企业（家）	参保人数（人）	支付人数（人）	征收工伤金（万元）	支付工伤金（万元）
1993	79	4206	0	4.79	0.24
1994	90	4550	0	8.98	1.26
1995	121	4986	0	16.87	2.56
1996	117	4853	3	32.12	5.46
1997	118	4858	1	15.14	2.2
1998	110	4858	1	11.96	2.5
1999	109	4017	2	17.54	2.75
2000	58	2226	3	22.21	4.41
2001	58	2276	5	14.25	5.34
2002	55	2228	2	9.65	2.14
2003	58	3063	2	15.31	6.24
2004	72	5066	3	26.49	6.42
2005	67	5316	11	42.44	5.84

第四节　生育保险

1998 年，县政府根据《中华人民共和国劳动法》和国务院《女职工劳动保护规定》等有关法律法规，制定《清流县企业职工生育保险实施办法》。生育保险费由用人单位缴纳，职工个人不缴费。全县企业按职工工资总额 0.7% 缴纳生育保险金。当年，参保企业 110 家，参保人数 4667 人，缴纳保险金 4.95 万元，支付 6 人保险金 1.71 万元。2000 年后，受国有企业改制影响，参保企业及人数减少。至 2002 年，参保企业 55 家、2228 人。2005 年，规范基金管理，参保企业 58 家，参保 3020 人，征收保险金 17.28 万元，支付生育保险金 22 人、4.82 万元。

1998—2005 年清流县生育保险情况表

表 24-14

年　度	参保企业（家）	参保人数（人）	支付人数（人）	征收保险金（万元）	支付保险金（万元）
1998	110	4667	6	4.95	1.71
1999	109	4017	35	13.63	9.35
2000	58	2226	47	8.51	9.18
2001	58	2276	35	9.35	7.47
2002	55	2228	41	7.37	7.23
2003	58	3063	16	8.64	3.99
2004	60	3004	26	15.08	8.09
2005	58	3020	22	17.28	4.82

第五节 失业保险

1991年，全县开展职工失业保险基金统筹发放和管理。保险基金筹集范围为全民企业的固定工和合同制工人，供销系统全民职工，机关、团体、事业单位合同制工人。失业保险基金筹集标准沿袭1986年标准，即单位缴纳全部职工标准工资1%。当年，参保企业47家，参保5599人，征收失业金7.85万元。

1992年，保险基金筹集范围扩大到县属以上集体企业和外商、台商投资企业的中方和大陆职工。筹集标准为单位缴纳全体职工月工资总额1%，个人缴纳本人月工资总额0.5%。全年向173个单位征收统筹基金211.53万元，向85个参加全市失业保险统筹单位的5750名职工征收待业基金16.3万元。

1994年，参保企业为105家，参保6016人。国有企业失业保险覆盖面100%，集体企业失业保险覆盖率81.2%。全年收缴失业保险金26.06万元。全年向5家企业4202名职工发放救济金8.67万元。

1996年，对参加企业失业保险社会统筹的困难企业（发不出或发不足工资）职工给予援助。当年，享受失业救济金227人，发放失业救济金8.65万元。

1997年，企业重组、改制，企业职工待岗、失业较多，支付失业金1187人、22.7万元。

1998年8月，对县电力公司、罗口煤矿、农行、建行、工行等9家企业缴纳失业保险金情况进行专项审计。失业保险基金筹集范围扩大到行政区域内各类企、事业单位和与之形成劳动关系的职工。筹集标准提高到企业提取工资总额3%（个人缴纳1%，企业缴纳2%）。当年，参保企业102家，参保职工5900人。征收失业保险基金48.01万元，支付失业金22.03万元。领取失业金149人。

1999年，各地在原发放失业保险金标准基础上增加30%。已实施城镇居民最低生活保障制度的，最低生活保障水平提高30%。9月1日起，失业保险费重新由当地劳动服务公司征收。全年收缴保险金66.49万元，支付失业金50.6万元。支付下岗职工生活费9万元。"两节"送温暖10万元。

2000年，参保企业68家，参保2883人。征收失业金107.8万元。为1430人发放失业金44.88万元。

2001年始，失业保险金改由地税机关负责征收。2002年，贯彻省劳动和社会保障厅《关于失业保险金发放办法有关问题通知》，缴费满1年不满10年，按当地最低工资70%标准发放；满10年不满20年，按当地工资75%发放；20年以上，按80%发放。失业保险金按月发给，不能一次性发放。当年，参保企业178家，参保职工7385人。征收失业保险基金82.22万元，支付失业金207.64万元。领取失业金1222人。

2005年，参保企业178家，参保6940人，征收失业金140.71万元。

1991—2005年清流县失业保险情况表

表24-15

年份	参保企业（家）	参保人数（人）	征收金额（万元）	领取人数（人）	支付金额（万元）
1991	147	5599	7.85	—	—
1992	83	5516	16.3	—	—
1993	101	5802	18.09	—	—
1994	105	6016	26.06	387	8.67
1995	113	6300	30.96	581	12.05
1996	113	6400	33.96	558	76.5
1997	101	6030	36.02	1187	22.7

续表 24-15

年　份	参保企业（家）	参保人数（人）	征收金额（万元）	领取人数（人）	支付金额（万元）
1998	102	5900	48.01	149	22.03
1999	101	5500	66.49	256	50.6
2000	68	2883	107.8	1430	44.88
2001	91	3585	68.91	1048	294.3
2002	178	7385	82.22	1222	207.3
2003	178	7385	148.4	211	145.29
2004	178	7235	147.39	397	152.9
2005	178	6940	140.71	471	119.68

第三章　人　事

第一节　人事制度改革

一、推行国家公务员制度

1993 年 10 月 1 日，《国家公务员暂行条例》颁布。县人事部门举办机关工作人员岗位培训班，学习国家公务员制度相关文件和规定。

1995 年，对公务员奖励、纪律、职务的升降等各种单项法规逐步实施入轨。同年，组织全县“国家公务员制度知识竞赛”活动，参赛人数 1590 人，参赛率 100%。

1997 年，全县推行国家公务员制度。列入县政府机构序列的行政职能部门、乡（镇）政府办事机构、县政府议事协调机构和临时机构的常设办事机构、挂靠在政府行政职能部门的党委议事机构的常设办事机构及行使政府行政职能的事业单位，实行国家公务员制度。工勤人员不实行公务员制度。根据《国家公务员职务任免暂行规定》，国家公务员职务实行委任制，部分职务实行聘任制。县政府任免各委、办、局副主任、副局长、主任科员、副主任科员及相当于以上职务的乡（镇）政府所属机构的公务员职务。进行拟过渡人员培训、登记审核、职位配备等工作。全县过渡为国家公务员 663 人、暂缓过渡 6 人、不予过渡 4 人。通过干部录用考试分流行政岗位工人 2 批 47 人，转轨分流 36 人，离岗待退 14 人，提前退休 9 人，岗位轮换 151 人。

1998 年，全县推行公务员轮岗、回避制度。全县政府系列轮岗人员 245 人，回避 83 人。

2000 年，执行公务员奖惩任免制度。在公安机关实行竞争上岗试点，将部分派出所所长职务进行公开竞争上岗。2003 年，机关推行竞争上岗制度。暂时无法实施竞争上岗的单位进行轮岗。全县党政机关轮岗面 60%。

2005 年，县党政群机关和部分垂直管理部门举办《中华人民共和国公务员法》培训班 12 期，参训人数 1168 人。

二、事业单位人事制度改革

1991 年 3 月，对县属事业编制实行计划管理，事业机构人员编制的增长与财政收入增长相适应。其中学校类，编制总数出现余缺时，要相互调剂超编人员，未调剂仍留在原单位的，6 个月只给工资，不给公务费；超过 6 个月，超编人员财政不予拨款。医院类，人口每增长 10%，增加床位 1 张，增加编制 1.3 人。非学校、医院类，按财政收入增长比例控制审批。年内，增加事业编制 22 人。

1992年，将人事调配权、工资基金管理权、企业职称评聘权下放到有关主管部门。企业之间、事业单位之间人员流动可自行协商，后由调配部门办理手续。科员、办事员归口各大委审批。工资基金管理下放给教育、卫生、林委、经委、财委、农委、文明委等管理部门。部分自收自支事业单位自定编制、自定人员结构。对从机关分流到实体的人员保留工资和原级别3年，关系不转；可在机关或实体中就高一头领取工资；对企业化管理的事业单位，其专业技术职务评聘可参加全民所有制企业进行；允许机关工作人员和事业单位科技人员在不影响本职工作、不损害本单位利益前提下，利用业余时间从事第二职业，进行有偿服务。

1993年，从职业中专毕业生中招聘12人到企事业单位工作。

1998年始，县事业单位补充工作人员除考核面试安排少量紧缺急需专业（如医学类等专业）本科毕业生外，其余实行公开招考聘用。是年，针对县高学历层次毕业生紧缺状况，从县外引进林业大学统计学专业本科生1人。

1999年，制定聘用干部管理有关规定，明确规定聘用干部3年为一聘期，调动必须在同行业、同性质范围内调配。当年，从江西引进临床医学专业本科生2人。在农业系统开展评聘分开、竞争上岗试点工作。事业单位部分专业技术岗位推行评聘分开，在卫生、教育、广电、水利等部门推广竞争上岗办法。

2003年，对当年新参加工作的事业单位工作人员38人全部实行聘用制，用人单位与聘用人员签订合同。

2004年，深化中小学教育改革，中小学（幼儿园）教职员工实行离岗待退，中小学超编教师实行调岗分流。广电局干部职工实施内部离岗待退。是年，全县事业单位62个，与单位签订聘用合同2003人。

2005年，事业单位人员聘用制度改革全面铺开。全县实行聘用制事业单位227个，签订聘用合同3438人，实行聘用制人员90%。环保、卫生、计生等部门通过公开考试补充工作人员28人，引进医学类本科毕业生5人。通过网上招聘，从淮南师范学院招聘急需紧缺化学专业毕业生1人。28个教育系统基层单位全部实行合同登记管理，签订聘用合同人员1816人。至是年，全县共公开招考聘用事业单位人员120余人。

第二节 录用培训

一、干部录用

（一）大中专毕业生分配

1991年，全县接收非师范类大中专毕业生102人，大部分充实到乡镇和农林水、卫生等生产一线。

1992—1997年，清流县对城镇大中学毕业生、计划外自费生，凡自愿到乡镇企业、“三资”企业、集体企业工作的，不受指标限制，可聘为干部，并列入干部管理。当年分配到各单位就业的非师范类大中专毕业生623人，全部安排就业。

1998年，国家调整毕业生就业政策，不再给用人单位直接下达接收毕业生计划，引导毕业生进入人才市场。全县报到非师范类大中专毕业生140人，其中本科毕业生15人安排就业。实行毕业生与用人单位“供需见面、双向选择”办法就业17人，改派县外6人。

1999—2005年，全县安排本科毕业生61人。

（二）干部聘用及聘改录

1991年，全县实行公开平等竞争，择优录用。从优秀工人中招收聘用干部23人，从村主干中招收聘用干部2批各15人。聘用自费大专毕业生2人、计生专干36人。

1993年，全县录用村镇规划站聘用制干部8人、交通系统聘用干部4人。从农村村主干中招收聘用干部8人，充实第一线力量。对长期在乡镇工作的聘用制干部、已担任副乡镇长或相当副乡镇长职务、已取得大专以上文凭或取得助师以上职称和聘用期满5年以上城镇户口的聘用干部共33人，录用为国家正式干部。

1994年，全县招收聘用干部46人充实农林生产第一线。对长期在乡镇工作的聘用干部28人和在聘职工16人，录用为国家干部。

1995年，从林业公安、财政、文化、广播等部门基层所站和村主干中录用聘干47人，企业录用聘干54人。

1999年，对全县聘干进行调查摸底，对聘期已满的干部进行考核，考核合格者办理续聘手续。根据企业要求，从企业工人骨干中录用聘用干部17人。

2002年起，事业单位实行聘用制改革，不再办理聘干手续，至2005年未变。

（三）考试录用公务员

1991年下半年，全县通过国家机关补充工作人员考试，录用17人。

1997年，进行首届公务员录用考试。面向社会公开招考县党政机关工作人员。年内，考试录用公务员5人。年末，全县公务员1034人。

1998—2001年，法院、检察院、公安等司法、党群机关公开招录公务员36人。

2002—2005年，全县共考试录用党群机关等公务员45人，选拔生录用为公务员2人。

（四）公开招聘事业单位人员

1993年，从职业中专毕业生中招聘12人到企事业单位工作。

1998年始，县事业单位补充工作人员除考核面试安排少量紧缺急需专业（如医学类等专业）本科毕业生外，其余实行公开招考聘用。当年，针对县高学历层次毕业生紧缺状况，从连城县引进1名林业大学统计学专业本科生。

1999年，从江西引进临床医学专业本科生2人。2000年，招录事业单位工作人员9人。

2003年，教育系统接收本科毕业生5人、引进本科生1人，向社会招聘专职教师10人；乡镇计生服务所招聘专业技术人员2人。

2004年，5个事业单位实行公开招聘补充工作人员15人，从省外引进医学专业本科人才7人。

2005年，环保、卫生、计生、仲裁办等部门通过公开考试补充工作人员28人。引进医学类本科毕业生5人。通过网上招聘，从淮南师范学院招聘急需紧缺化学专业毕业生1人，补充县一中教师队伍。1998—2005年，全县共公开招聘事业单位工作人员120余人。

（五）军转干部安置

1991—1995年，未接收军转干部。1996年，接收军转干部1人。1998年，接收军转干部2人。1999年、2002年各接收军转干部1人。

2004年，县委办、县政府办成立清流县企业军转干部问题工作小组，对原安置在企业的军转干部进行调查摸底，全县共有企业军转干部10人，其中离休8人，退休2人。

2005年，解决2名企业军转干部医疗保险专项补助经费共2.5万元，每人每月增加生活困难补贴100元，慰问生活困难的企业军转干部。1991—2005年，全县共接收军队转业干部8人，主要安置在党群、检察、劳动、电力等部门。

二、干部培训

（一）业务和更新知识培训

1991年，清流县制定县政府系统干部培训计划，分6期对政府干部进行政治理论教育培训，受训人员410人次。举办首期县国家行政机关工作人员公共必修课教学班，参训82人。

1992—1995年，组织行政机关45岁以下工作人员1196人进行岗位培训，学习“行政管理学概念”“公务员行为规范”等5门课程。

1996年，组织政府系列工作人员786人参加“宏观经济管理”和“新编国家公务员制度教程”培训。组织县政府系列43名副科级以上干部参加市人事局举办的任职培训。

1997—2000年，举办全县组织人事干部研修班、县交警公务员过渡培训班等3个班，参训190人。公务员参加各类培训1172人次。

2001年，对聘用干部216人进行业务培训，举办2000年非师范类大中专毕业生转正定级和录用的党群机关工作人员、国家公务员专业知识培训班 2 期 139 人。

2002—2005 年，组织全县党政群机关科级及其以下干部参加全省依法行政、行政许可法、电子政务、公务员法培训考试共 4474 人次。参训人员考试及格率 100%。

（二）学历教育

1993—1996 年，与三明职业大学联合在清流县开设行政管理学大专专业证书班 3 期，160 人经考试合格获得大专毕业证书。

1997—1999 年，与市干校、省林学院联合举办经济管理大专专业证书班 5 期，312 人参加学习。1999 年后未再办班。

（三）继续教育培训

1991 年，全县实行专业人员继续教育证书制度。为企事业单位已受聘专业技术人员举办继续教育培训班 2 期，受训人员 100 余人次，约 5000 课时。

1992—2001 年，组织农技、工程等专业技术人员参加各类研修班、业务和更新知识培训班 251 人次。选送食用菌、卫生、果树、外语等专业人才 123 人参加省、市高级研究班，进修班学习。参加知识更新和不同类型学习班的中级、助师级专业技术人员 1645 人。举办卫生、水电工程、林业、畜牧水产、企业政工系统、教育等系列专业技术人员继续教育培训班 55 期，接受培训 6413 人次。

2002 年，对乡镇干部和专业技术人员继续教育培训实行送教下乡。全年办班 54 期，参训 3225 人。对全县教师及卫生、林业、农业、工程系列的专业技术人员进行创造力开发培训，办班 35 期，参训 2360 人次。

2003—2005 年，全县举办各部门专业技术人员专业知识、更新知识和现代科技应用知识的学习培训 126 期，参训人员 9100 人次。其中全县事业单位专业技术人员计算机应用能力知识培训班 32 期，参训 1496 人。全县企事业单位 50 周岁以下专业技术人员 867 人参加计算机应用能力两个模块考试 3 次，95% 以上通过考试。

第三节 人才服务

一、人才交流

1991 年，全县引进 14 名人才充实乡镇和农林水生产第一线。

1992 年 10 月，组织县属 11 家企事业单位，参加全省人才、智力洽谈会，引进人才 27 人。

1994 年，县组织招聘组分赴全省各大专院校，张贴广告，召开座谈会，并参加全省人才交流会，广招贤才。是年，回县工作大中专毕业生 102 人。

1998 年，县人才中心对清流生源中的应届全日制毕业生进行电脑入库登记。先后组织毕业生参加市局举办的人才交流会 2 次，为其提供更多就业机会。

1999 年，建立乡土人才档案 42 份。当年，全县办理 1998 年毕业生档案寄存 32 份，人事关系寄存 7 份。

2000 年，与外地人才市场开展信息交流，发布就业信息公告 3 次，为本地毕业生到县外就业牵线搭桥。选送 5 名实用型乡土人才外出培训。制定《清流县机关事业单位干部职工离职、辞职、离岗待退发展个私经济的实施意见》和项目验收考核制度，采取优惠政策，鼓励有一技之长的干部职工到企业和非国有经济单位工作，或离岗创业，发展个私经济。

2002 年，到县人事局报到的毕业生总数 128 人，其中本科 8 人、大专 28 人、中专 92 人。在本县就业的毕业生 15 人，其中本科 8 人、大专 5 人、中专 2 人；到县外就业 46 人；到县人才服务中心办理人事寄存的毕业生 2 人。转入毕业生档案 110 册，转出 5 册。

2005 年，清流县建立毕业生信息和档案库。接收毕业生档案 73 份，转出 23 份。至是年，人才交流中心共报到登记毕业生 1045 人，人事代理 93 人，管理流动人员及毕业生档案 1039 份，推荐就业 167 人。

1998—2005 年清流县大中专毕业生报到情况表

表 24-16　单位：人

年　度	毕业生报到总数	本　科	大　专	中　专	接收档案数	人事代理数
1998	140	15	30	95	116	23
1999	136	20	16	100	135	7
2000	168	18	42	108	170	17
2001	175	7	48	120	188	6
2002	128	8	28	92	109	2
2003	118	8	31	79	113	10
2004	112	14	21	77	123	6
2005	68	14	31	23	85	45
合　计	1045	104	247	694	1039	93

二、智力引进

1998 年始，清流县实施引智项目（指项目单位通过聘请国外专家到单位从事短期或长期工作，解决本单位管理和技术方面难题的一种形式）。当年，上报纤维系列模压产品开发和台湾番木瓜、芒果、兰花基地项目 2 个。8—9 月，聘请德国温康纳公司专家史密特到县刨花板厂进行模压产品技术问题指导，解决试产成形样品的表面精度、装饰板贴面质量问题及在生产过程中存在的问题。

1999 年，清流县上报蜜雪梨推广、早熟温州蜜柑基地、沙芜库区农业综合开发、淮山系列产品开发、灵地草场等引智项目 8 个，其中蜜雪梨项目通过国家外国专家局审批。

2000 年，清流县上报引智项目 9 个，其中灵地草场综合养殖和龙津河两岸旅游开发 2 个项目通过国家外专局审批。通过市人事局牵线，组织 3 名国家级专家到清流开展科技扶贫服务，进行现场调查指导，开办果树、菌种、水产养殖等业务知识讲座，培训实干型人才。

2002 年，清流县申报批准立项的引智项目 2 个，即彩色海芋种植和林业化学除草技术。

2003 年，清流县申报“金线莲引种示范栽培”“姬松茸无牛粪配方法生产技术”“无公害葛系列产品开发”“果树套袋技术推广”引智项目 4 个。

2005 年，清流县向省、市申报引智项目 3 个，其中南方养殖冷水性鱼及冰温保鲜技术由劳动和社会保障部备案。

第四节　专业技术职务评聘

一、职称评审

1991 年，全县共有专业技术职务任职资格 2201 人，其中高级 23 人、中级 328 人、初级 1850 人。聘任专业技术职务 2007 人，其中高级 22 人、中级 268 人、初级 1717 人。全县调整、充实系列职称改革领导小组和初级评委会 8 个。进行职改复查并通过省职改办检查验收。是年，全县共评出各种专业技术任职资格 294 人，其中高中级 20 人、初级 274 人。

1992 年，企业职称评聘允许企业根据生产经营需要进行设置，内部可设高、中级专业技术职务代理岗或见习岗，任期内可享受相应补贴。

1993 年，清流县执行《福建省关于企事业单位评聘专业技术职务经常化工作若干问题的暂行规定》。专业技术职务实行条块结合、以块为主的管理体制。企业自主设置专业技术岗位，评聘企业内部的专业技术职务；经费自给实行企业化管理的事业单位，自主设岗、自主聘任；服务性、经营性收入经费自给和财政补助的事业单位，实行结构比例控制。

1997年，调整教育、卫生、农业、工程4个专业职改领导小组及初级评委会，增设企业政工专业职改领导小组及初级评委会。1999年，全县共有各类专业技术人员3552人，其中高级54人、中级558人、初级2940人。2000年，批准成立林业工程初级评委会、非公有制企业评审委员会。

2005年，职称外语不再作为申报经济、会计、新闻等20个系列专业技术资格的必备条件。同年，在中小学教师申报高级任职资格评审过程中，增加“说课”考核。推荐报送非公有制企业人员7人参加中级职称评审。全县参评各类专业技术职称231人，评审通过229人。

1991—2005年清流县职称评审情况表

表24-17 单位：人

年 份	高级职称	中级职称	初级职称	年 份	高级职称	中级职称	初级职称
1991	8	12	274	1994	4	19	343
1992	0	15	215	1995	3	43	245
1993	0	17	243	1996	8	102	504
1997	8	102	510	2002	31	508	211
1998	21	74	258	2003	30	354	263
1999	15	123	366	2004	19	120	162
2000	19	52	123	2005	16	137	76
2001	16	61	357	合 计	198	1739	4150

二、专业技术资格考试

1991年，清流县有65人参加全国经济员任职资格考试。1992年，专业技术人员职称评聘须参加所申报职务相应等级外语水平考试。会计专业技术资格参加全国统一考试。1993年，经济专业技术资格实行全国统一考试制度，设经济专业初级和中级资格。全县参加全国经济专业技术资格考试216人。

1996年，参加会计专业考试260人，经济类考试162人，中级外语考试110人。1997年，开展全县机关事业单位工人技术等级考试报名、培训、发证工作。全县报名613人，报考工种61个，其中报考高级工98人、中级工296人、初级工219人。考试合格发给证书237本。

1998—1999年，全县组织经济、会计技术等级考试及外语考试，报名人数812人。2000年，卫生系列医、药、护、技专业的中、初级专业技术资格逐步实行以考代评和执业准入的考试制度；高级专业技术资格采取考试和评审结合的办法获取。年内，做好全县机关、事业单位工人技术等级考试。全县参加经济系列技术资格考试149人。

2002年始，专业技术人员职称评聘必须通过计算机应用能力考试。当年，经济职称报名考试106人，其中中级74人，初级32人；卫生职称报名考试33人，其中中级7人，初级26人；职称外语报名考试58人。参加全国税务系统执法资格考试77人。组织县直机关事业单位工作人员计算机业务知识培训2期，参训73人。

2005年，机关事业单位工勤人员参加技术等级考核95人，参加技师考核9人。

三、乡土人才职称评审

1999年，清流县开展乡土人才职称评审工作。卫生职改评审委员会评审通过乡村医师52人、乡村医士22人。2000年，农业职改评审委员会评审通过农民技术员35人，卫生职改评审委员会评审通过乡村医师6人、医士74人。此后，清流县未再进行该项职称评审。

四、职称聘用

1991—1998 年，实行评聘一致的专业技术人员评聘制度。

1999 年，在职称改革中引入竞争机制，推行评聘分开，竞争上岗，打破专业技术职务聘用终身制。农业系统 23 个中、高级岗位实行评聘分开，竞争上岗试点。对聘上的人员给予兑现中、高级职务工资，未聘人员给予低聘一级。同年，事业单位部分专业技术岗位推行评聘分开，竞争上岗办法在卫生、教育、广电、水利等部门推广。2000 年，清流县对专业技术岗位实行评聘分开，竞争上岗的 71 个单位进行聘约管理抽查。

2001 年，县医院对外科护士长岗位、药剂科 13 个岗位进行公开竞争择优上岗。21 名主管护师中实行公开竞聘岗位 15 个。

2003 年，全县有 62 个单位实行聘用制，共有 2003 人与单位签订为期 3 年的聘用合同。聘用合同全部进行鉴证登记，并录入电脑备案。在农业系统开展第三轮农技、经管、畜牧、经作 4 个专业高、中级专业技术职务竞聘上岗，29 名高中级专业技术人员竞聘 23 个岗位；县医院开展外科主任竞聘上岗；教育系统开展第二轮竞聘上岗。

2005 年，重新核定部分事业单位高、中级专业技术职务岗位职数，并实行动态管理。相关单位按照新的职数，合理设置岗位，制定岗位职责，签订聘约合同，竞争上岗。水利、广电、文化、计生、医院等部门高、中级岗位实行竞争上岗，59 人通过竞聘后上岗，其中聘任高级专业技术人员 13 人、中级 46 人。全县 8 所城区学校和 19 个乡镇学校实行评聘分开。城区 5 所中小学中、高级职数比例符合《福建省（地）、县（市、区）所属事业单位专业技术职务结构比例》规定。

第五节 工资与福利

一、工 资

（一）工资制度改革

1991 年，全县实行以职务工资为主要内容的结构工资制度，按照工资的不同职能，分为基础工资、职务工资、工龄津贴、奖励工资四部分。基础工资统一定为 40 元;职务工资按照工作人员的职务高低、责任大小、工作繁简和业务技术水平确定。

1992 年 1 月，工龄津贴由每年每月 0.5 元提高到 1 元计发。对教师和护士加发教龄和护龄津贴。教龄、护龄满 5 年不满 10 年的，每月 3 元；满 10 年不满 15 年的，每月 5 元；满 15 年不满 20 年的，每月 7 元；满 20 年以上的，每月 10 元。

1993 年，对机关和事业单位工作人员工资制度进行改革。机关工作人员实行职级工资制，其工资由职务工资、级别工资、基础工资和工龄工资四部分构成。机关技术工人实行岗位技术等级工资制，其工资由岗位工资、技术等级工资和奖金三部分构成。普通工人实行岗位工资制，其工资由岗位工资和奖金两部分构成。事业单位根据自身特点和经费来源不同，分为全额拨款、差额拨款、自收自支三种类型，并实行不同管理办法。管理人员实行职务等级工资制，技术工人、普通工人分别实行技术等级工资制和等级工资制。事业工作人员工资由职务（等级）工资和津贴两部分构成。机关工作人员的基础工资统一定为 90 元，工龄工资按每年每月 1 元计算。按国家和地方规定发放的物价、福利性补贴及自行建立的津贴 64 元分别纳入机关、事业单位工作人员职务新工资标准及就近就高套入工人技术等级（职务）或岗位相应工资标准。

1994 年，全县实行工资制度改革。县工资改革领导小组成立，举办工资改革骨干业务培训班。全县机关事业单位以及参照机关事业单位工改的企业性公司工作人员 4449 人工资套改，人均月增资 107 元；离退休人员 620 人，人均月增资 150 元。

1995 年,对全县机关事业单位工人工种岗位进行调查摸底,按系统岗位进行分类。全县有工种岗位 131 个，工人 977 人。

1996年，实施机关、事业单位工人技术等级培训考试和考核，并为取得技术等级证书的工人兑现等级工资。

2000年，按照新的工资归类，调整工资基金类别和审批工资工作。全县实行工资统一发放单位65个，其中机关单位56个、事业单位9个。2001—2005年，未进行工资改革。

（二）工资调整

1991年，根据省人事厅文件规定，全县机关事业单位工资调整308人。1992年，在职人员调整工龄3724人，大中专毕业生、职工转正定级171人。干部增加职务奖金、职称工资升级4241人。

1993年，在职人员3817人增加岗位工资。办事员、科员、副科级、科级职务津贴月增资25～40元。在职人员3880人增加山区职务津贴。离退休人员67人增加生活补助费，退休人员556人增加山区生活补助费。离退休人员623人增加山区工龄津贴。

1998年，办理1996—1997年连续两年考核“称职”以上人员正常晋升工资档次手续4175人，办理连续3年考核“优秀”机关干部级别工资变动手续75人。办理取得工人技术等级证书兑现工资待遇手续412人。办理达到上一级别年限级别工资变动，岗位津贴变动，专业技术人员、行政人员职务变动工资变动手续658人。

1999年，办理增加教护龄津贴、岗位津贴、警衔津贴等变动手续534人。

2002年，离退休（职）人员1016人增加离退休（职）费，人均月增资44.3元。提高警衔津贴167人，人均月增资32.5元。

2003年，取得工人技术等级岗位证书37人晋升等级工资，人均月增资22.5元。原19级以下离休干部52人次分别按正科、副科级增资办法重新套改离休费。

2004年，离退休人员1083人增加离退休费，月增退休费总额2.43万元。

2005年，办理列入参照公务员制度管理的22个事业单位人员工资套改手续。办理44个事业单位、9个事业转企业单位、6个企业参照工改单位人员津贴比例调整手续。

（三）工资标准调整

1993年，经国务院批准，在农牧渔业技术推广工作中作出显著成绩的省特殊贡献专业人员、高级农艺师许金铭享受政府特殊津贴（每月50元）。1995年，政府津贴标准调整为100元／月。

1997年，机关行政人员基础工资标准由每月90元提高到110元；事业单位人员按行政比例提高职务工资标准，人均月增资21.36元。全县办理机关事业单位调整工资标准手续4573人。1999年，机关行政人员基础工资标准由每人每月110元提高到180元，级别工资（15级至1级）标准由每人每月55～470元提高到每月85～720元。事业单位工作人员和工人工资构成按规定比例相应提高。办理全县机关事业单位4855人调整工资标准手续。2001年，机关行政人员基础工资标准由每人每月180元提高到230元，级别工资标准（15级至1级）由每人每月85～720元提高到115～1166元。事业单位工作人员和工人工资构成按相应比例提高。公务员（含参照、依照公务员制度管理人员）各职务层次职务工资起点标准由最低50～480元提高到100～850元。事业单位工作人员和机关事业单位工人工资构成按比例相应提高。

2003年，各职务工资标准由100～850元分别提高到130～1150元，其他各职务工资标准相应提高。全县在职工作人员4598人，月增资总额22.43万元；离退休人员1159人，月增资总额5.5万元。

2004年，离退休人员增加离退休费1083人，月增退休费总额2.43万元。

2005年，提高机关、事业单位人员地区补贴标准，办理在职人员4430人提高地区补贴标准审批手续，人均月增资260元；离退休人员1287人，月增资总额10.89万元。办理在职人员4430人2次（即1998年和2001年）提高地区补贴标准审批手续，月增档案工资总额65.2万元；离退休人员1287人，月增档案工资总额15.7万元。

（四）正常晋升

1995年起，对连续2年考核称职（合格）以上、连续5年考核称职（合格）以上、连续3年优秀或达到级别套改年限的机关事业单位工作人员晋升职务、级别工资。1995年有3618人晋升一档工资。2002年，为执行职务工资制的132名工作人员晋升级别工资，人均月增35.6元；正常晋升职务工资627人；晋升级别工资156人。2005年，正常晋升职务工资3610人，晋升级别工资219人。

（五）浮动工资

1991年，在县以下（不含县城区）农林水第一线工作人员实行工资浮动1级，5年后可以固定并向上再浮动工资1级；不满8年离开农林水第一线，取消浮动工资；满8年后离开，可以保留原浮动工资，正常调资不受影响。

1992年2月，经市人事局批准，李家、邓家、赖坊乡被列入少数特别艰苦乡镇，3个乡镇工作人员在浮动1级工资基础上再向上浮动工资1级（浮动5年转固定时，只能固定1级）。当年，全县办理浮动工资84人，浮动转固定工资38人。

2003年，全县办理农林水一线专业技术人员享受浮动工资37人，浮动转固定23人。

1992—2005年，全县批准享受浮动工资和转固定工资人员共611人次。

（六）工资基金管理

1991年6月，清流县执行省人事局、中国人民银行福建省分行《国家机关、事业单位工资基金管理暂行办法》，凡属于工资总额组成范围的，均纳入工资基金管理。全县实行工资基金统一换册，形成编制、调配、工资“一条龙”管理模式。1994年，建立《工资基金管理手册》，由人事部门核定的数额发放。

1996年，将原由财政发放的各项生活费一次性拨给社保公司，由社保公司连同离退休金一并发给离退休干部。

2000年，调整工资基金类别和审批工资工作，65个机关事业单位1569人纳入国库统发工资。同年，完成工资信息库的建库工作。

2004年，对全县机关事业单位工资基金进行专项检查，核定机关事业单位人数4520人。对教育、卫生系统不在岗人员进行检查，对长期不在岗人员停发工资；对调离原单位、工资未转移19人，要求限期办理相关手续。

2005年，清流县建立中小学教师工资保障机制，确保中小学教师尤其是乡镇基层教师工资足额准时发放。

二、奖 金

1991年，县委、县政府对国家行政机关及事业单位实行岗位目标责任制量化管理，并对实行岗位目标责任制情况进行考核。对单位考核内容为考德、考绩、考执行制度3个方面，实行百分制办法；对个人考核内容包括德、能、勤、绩4个方面，以考绩为主。年内，对完成责任制单位的3558名工作人员按档次，人均奖励180元。对乡镇目标责任制考核实行千分制计分法，考核国民经济和社会发展指标、精神文明、党的建设3个部分。以平均分为基数，一等奖3000元、二等奖2500元、三等奖2000元、四等奖1500元。总分名列前五名的乡镇，由县委、县政府授予部分“两个文明先进单位”称号。

1993年10月，改革奖金制度。年度考核称职以上的工作人员，年终发给一次性奖金，发放标准按本人当年12月的基本工资数额计发。

2004年，在职工作人员不分职务高低，每人每月增发考勤奖50元。发给2003年度考核称职（合格）的3726人年终奖286万余元。2005年，发放2004年度考核称职（合格）人员年终奖3803人、286.4万元。

三、津贴（补贴）

1991年，在公安、审计、纪检、监察、检察院、法院、环卫、环保监测等特殊岗位工作的人员享受岗位津贴。

1996年，农业等部门在乡镇工作人员享受基本工资8%以上艰苦岗位津贴。公安局等单位干警享受警衔津贴157人，月增资总额1.01万元。

2000年，对全县机关事业单位在职人员4857人及离退休、退职967人的各项津贴补贴进行适当归并，包括岗位津贴、职务（等级）津贴、地区补贴，执行全省统一标准。

2005年，行政机关事业单位行政工作人员津贴项目有：岗位津贴64～122元、职务津贴100～145元、地区补贴200～320元。

四、福利待遇

（一）福利费

1991—2005年，机关、事业单位工作人员福利费由财政按每人每月2元、每人每年24元直接提取，包干使用，用于工作人员及其直系亲属生活困难、患病医药费等困难补助。

（二）防暑降温费

1991年，机关、事业单位工作人员防暑降温费按5个月（5—9月）计发，每人每月9.5元。1996年7月，调整为每人每月14.5元，专职锅炉工每人每月21.8元。2004年后，是否发放由各单位自行掌握。

（三）假　期

双休日　1995年3月，施行《国务院关于职工工作时间的规定》，职工每日工作8小时，每周工作40小时。国家机关事业单位实行统一的工作时间，星期六和星期日为周休息日。

节假日　1999年9月起，施行《全国年节及纪念日放假办法》规定，元旦1天，“五一”、国庆、春节各3天，三八妇女节、五四青年节等纪念节日放假半天。

年休假　1991年，恢复党政群机关工作人员休假制度：工作年限不满10年的正式职工，年休假6天；满10年至20年的，休假10天；满21年的，休假15天。年病假和疗养时间累计超过45天的，事假累计达到或超过本人可享受休假天数的；病、事假累计超过40天的，当年不再享受休假待遇。享受其他假期的工作人员（如享受寒暑假的教师），不再享受年休假待遇，如假期短于年休假规定的，可以补足。

事假　职工确因私事需要处理，可临时报请领导批准执行。一年事假期限在8天以内。

婚丧假　职工双方结婚，属晚婚（男满25周岁，女满23周岁以上）的，可享受15天婚假；未达晚婚年龄结婚的，经批准可给婚假1～3天。职工直系亲属（父母、配偶、子女）死亡时，经批准，可视情况给予1～3天丧假。

生育假　已婚妇女24岁以上或职工双方晚婚（男满25周岁，女满23周岁以上）生育，并领取独生子女证的，可享受135～180天产假；夫妻为双职工的，男方可享受7～10日照顾假。按正常婚龄生育的（含七个月以上早产）的妇女，其产假为90天，其中产前假15天。难产增15天。多胞胎的，每多生育一婴增15天。

病假　2000年7月，省人事厅、市人事局规定：工作人员病假在2个月以内的，发给原工资。工作人员病假超过2个月的，从第三个月起，工作年限不满10年的，发本人标准工资90%；满10年的，工资照发。工作人员病假超过6个月的，从第7个月起，工作年限不满10年的，发本人标准工资70%；满10年及以上的，发本人标准工资80%。工作人员当月病、事假累计达到或超过15天的，停发岗位津贴、职务津贴和考勤奖。

探亲假　未婚职工探望父母，原则上每年给假1次20天，或本人愿意，2年给假1次45天。已婚职工探望父母的，每4年给假1次，假期20天。探亲假期内工资照发，并享受往返车船费报销待遇。

五、农转非

1991年，清流县对乡镇聘用干部中聘用期满2年，并担任副乡（镇）长或相当副乡（镇）长职务的人员；聘用期满3年并已取得大专以上学历的人员或已评为助师级以上的专业技术人员家属子女实行“农转非”（农业户籍转为非农业户籍）。“农转非”工作，实行“四公开”（指标数公开、政策公开、申报对象条件公开、上报名单公开）。1992—2000年，为专业技术人员家属子女330人、乡（镇）聘用干部和聘期满5年以上计划内大中专生等99人办理“农转非”。

2001年，随着粮油供应等政策的放开，清流县停止办理“农转非”手续。

六、遗属抚恤

1991年，机关事业单位在职和离退休、退职人员死亡，发给丧葬费1000元及一次性困难补助费600元。

1993年10月，机关事业单位在职工作人员和离退休人员死亡，一次性抚恤金计发基数为本人生前最后一个月基本工资。因公死亡的，按其死亡时的20个月工资一次性补发；病故的，按其病故时的10个月工资一次性补发。机关事业单位在职和离退休（职）人员死亡的丧葬费，按原单位所在地职工最低工资标准7个月发给。

1998年，机关事业单位在职和离退休人员死亡一次性抚恤金发放标准调整为因公死亡的，按其死亡时标准工资40个月一次性补发；病故的，按其病故时标准工资10个月一次性补发。遗属困难补助按原单位所在地职工最低工资标准6个月一次性发给。

2004年，烈士一次性抚恤金发放为本人生前80个月标准基数；因公牺牲（因公死亡）为本人生前40个月标准基数；病故为本人生前20个月标准基数。退职人员一次性抚恤金发放标准与退休人员标准相同。

2005年，发放标准不变。1991—2005年，县机关、事业单位在职和离退休、退职人员死亡抚恤标准经历7次调整，累计办理死亡离退休人员遗属抚恤待遇审批手续377人。

若干年份清流县一次性困难补助标准变化情况表

表24-18　单位：元

类　型	1991年		1998年	1999年	2000年	2001年	2003年	2005年
	因　公	病　故						
离　休	1000	600	1290	1440	1560	1680	1800	1920
退　休	1000	600	1290	1440	1560	1680	1800	1920
退　职	600	600	1075	1200	1300	1400	1500	1600

若干年份清流县遗属困难补助标准变化情况表

表24-19　单位：元

年　份	离　休	退　休			
		非农业人口		农业人口	
		因　公	病　故	因　公	病　故
1991	120	80	65	70	55
1998	200	129	108	118	97
1999	200	144	120	132	108
2000	200	156	130	143	117
2001	200	168	140	154	126
2003	220	180	150	165	135
2005	330	192	160	176	144

说明：退职人员不享受遗属定期定额困难补助待遇

第六节　干部管理

一、在职干部管理

（一）干部任免

1991年，根据有关任免决定和法律程序，提请县人大任免55人；县政府任免36人。办理自动离职1人。

1992 年，提请县人大任免 11 人，县政府任免 44 人。办理非领导职务任免 283 人，停薪留职 3 人，辞职 1 人，对开除留用察看期满表现较好的给予重新安排工作 10 人。

1995 年，根据《国家公务员职务任免暂行规定》，国家公务员职务实行委任制，部分职务实行聘任制。县政府任免各委、办、局的副主任、副局长、主任科员、副主任科员及相当于以上职务的乡镇政府所属机构的公务员职务。

1997 年，因机构改革，人事变动较大。提请县人大任免 66 人，县政府任免 171 人。1998—1999 年，提请县人大任免副处级干部 6 人，县政府任免 47 人。核准科员任职 62 人。2001—2004 年，报请县人大任免 3 人，县政府任免 215 人。对缓刑期满的 1 人重新安排工作。办理自动离职 16 人。任命科员 15 人、职员 12 人。干部辞职 5 人。2005 年，向人大提请副处任职 2 人、正科任职 3 人、免职 1 人；县政府任免 30 人，任命科职员 3 人，重新安排工作 4 人。

（二）干部年度考核

1991 年，对全县机关事业单位的干部进行年度考核，参加考核单位 175 家，其中机关 76 家、事业 95 家、参照机关工改的企业单位 4 家。参加考核 3848 人，考核结果合格 3521 人，其中优秀 850 人、称职 2609 人、基本称职 62 人。

1994 年起，按照《国家公务员考核暂行规定》，对全县机关事业单位进行干部年度考核。考核结果分优秀、称职、不称职 3 个等次。工作人员优秀指标比例 12%。考核结果作为工作人员奖惩、培训、辞退以及调整职务、级别和工资的依据。是年，全县机关事业单位参加年度考核人数 4289 人，其中优秀 583 人，占 13.59%；称职 3604 人，占 84.03%；不称职 2 人，不定等次和未参加考核 100 人。

1995 年，全县干部考核工作统一使用《国家公务员（干部）考核记录手册》。

2001 年，全县参加 2000 年度考核人数 4221 人。考核结果：确定为优秀等次 530 人，占 12.51%；称职（合格）等次 3526 人，占 83.26%；末定等次 161 人，占 4%；不称职（不合格）等次 4 人。

2005 年，全县干部年度考核与绩效考评相结合。审批优秀指标需参照计生、综治、招商引资等任务完成情况。对受到党纪政纪处罚人员，按规定确定考核等次。全县参加 2004 年度单位考核人数 4087 人。评出优秀等次 92 人，占 13.6%；基本称职 1 人，不定等次 8 人。

1994—2005 年清流县行政机关事业单位年度考核情况表

表 24-20 单位：人

年 度	参加考核人数	优 秀	称职（合格）	基本称职（基本合格）	不称职（不合格）	不定等次和未参加考核
1994	4289	583	3604	0	2	100
1995	4446	508	3742	0	5	191
1996	4782	580	4138	0	3	64
1997	4756	595	4159	0	1	1
1998	4161	523	3636	0	2	0
1999	4204	520	3682	0	2	0
2000	4221	530	3526	0	4	161
2001	4250	531	3661	0	2	56
2002	3835	498	3279	17	3	38
2003	4232	529	3657	0	2	44
2004	4087	552	3512	5	0	18
2005	4308	555	3739	3	0	11

（三）干部奖惩

1.奖　励

1991 年，通过自上而下的推荐、考核筛选，受奖励 79 人，其中授予奖品或奖金 59 人，授予荣誉称号 14 人，升级奖励 6 人（行政 2 人、事业 4 人）；获得省市劳模者，给予上调 1 级工资奖励 1 人。

1993 年，国务院颁发《国家公务员暂行条例》，奖励分为嘉奖、记三等功、二等功、一等功、授予荣誉称号 5 种。行政奖励以精神鼓励和物质奖励相结合。

1996 年，执行省政府《关于加强省政府工作部门开展评选表彰先进工作管理的通知》，规范县级先进称号名称，控制评选对象范围和数量；单位参评人员不足 500 人的，评出的先进人员不超过参评人员 3%；参评人员 500 ～ 1000 人的，评出的先进人员不超过参评人员 2%。

1997 年，全县共评出 1996 年完成责任目标显著单位 76 个、完成单位 12 个、未完成 1 个、否决 1 个，全部按规定兑现奖励。全县受嘉奖的公务员 55 人。其中，副科以上干部 15 人，一般干部 40 人。

2000 年，获得省市劳模者，给予上调 2 级工资奖励。2001 年，劳模获得者由省、市政府直接奖励。

2005 年，在党政机关开展季度绩效考评工作，年度考核结果与工资晋升挂钩。

2.惩　戒

1991—1992 年，查处机关事业单位干部职工违法违纪行为，对严重违法违纪行为给予相应政纪处分。全县开除公职 6 人，开除留用 16 人。

1993 年，国务院颁发《国家公务员暂行条例》，惩戒分为警告、记过、记大过、降级、撤职、开除 6 种。当年，全县开除留用 1 人。

1996—2000 年，开除 11 人，降薪 2 人，辞退 5 人，处理违法违纪人员 21 人。

2001—2004 年，开除公职 7 人。办理受党政纪处分人员工资核减 14 人、判缓刑人员工资核减 4 人。

2005 年，全年开除公职 1 人，核减 23 名受党纪政纪处分人员、4 名被判缓刑人员工资。

（四）干部调动、离职

1991 年，全县干部调配 122 人，其中县内 77 人、调出县外 31 人、引进人才 14 人。

1992—1995 年，全县干部调配 323 人，其中县内调整 60 人、调出县外 114 人、引进人才或外县调入 66 人。为县内重点企业和急需单位调配干部 78 人。

1996—1999 年，县内调动 175 人，调出县外 64 人，县外调入 4 人，办理自动离职 6 人。

2001—2002 年，部分骨干教师向沿海发达地区发展，自动离职人数增多，2 年离职 15 人。

2003 年，执行县委、县政府下发的《清流县机关事业单位干部职工离职辞职离岗待退发展个私经济的实施意见》，办理机关事业单位干部职工离岗发展个私经济 5 人、离职期满回原单位手续 2 人。

2004 年，机关事业单位干部职工调出县外 7 人，县内调整 43 人。

2005 年，干部职工办理辞职 3 人，教师自动离职 10 人。

二、退休、退职干部管理

（一）退休办理

1991 年，全县退休工作坚持到龄即退和催办制度。全年办理退休 41 人。

1993 年 8 月 14 日，国务院颁布的《国家公务员暂行条例》第七十九条规定：男年满 55 周岁，女年满 50 周岁，且工作年限满 20 年的；工作年限满 30 年的，本人提出要求，经任免机关批准，可以提前退休。年内，全县办理退休 44 人。

1996—1998 年，清流县结合公务员制度改革，办理提前退休 14 人、离岗待退 17 人。

2002 年 1 月，县委、县政府出台《清流县党政机关机构改革人员分流实施办法》，重申党的机关工作者和国家公务员，凡符合《国家公务员暂行条例》规定的，可以提前退休；对因病不能坚持正常工作，给予办理病退并享受相应的退休待遇；经医院证明完全丧失工作能力，又不具备办理病退条件的人员，办理退职；

科级及其以下党的机关工作者和国家公务员，凡2004年12月31日前达到法定退休年龄的先离岗待退，待达到法定退休年龄时，再办理退休手续。全年各乡镇、县直机关、事业单位办理退休77人；办理离岗待退37人、提前退休9人。

2004年，深化中小学教育改革，办理教师离岗待退手续81人。

2005年，全县共办理退休56人，其中干部35人、工人21人。办理提前退休人员10人、教师离岗待退38人。至当年年末，全县有退休人员1247人。

（二）退休干部社会化管理

1991年，制定《清流县关于推行退休干部社会化管理工作的实施意见》，建立健全退休干部自管网络，筹建退休干部活动室。同年，成立县退休干部协会。年底，全县建立县级退休干部自管组织21个、乡级11个、村级5个。

1992年，各乡镇、县直机关凡有10名以上退休干部的单位均成立退休干部领导小组，并配备专兼职人员加强管理。县级退休干部协会会员384人，占退休干部总人数68%。

1993年，退休干部社会化管理经省、市人事局检查，城关教育系统、供销社系统等4个单位及嵩溪、田源、嵩口3个乡镇验收合格。同年，机关事业单位退休保险工作被市人事局评为“社会保险工作先进单位”，其经验做法在华东六省一市人事厅长会议上进行交流。

1997年，城关15个系统全部成立退休分会，形成行业、系统管理服务网络。

2004年，组织退休干部参观县域工农业发展成果4次。县退休协会成立合唱团，举办老年节歌咏大会，并参加城区“平安清流”晚会演出。

2005年，县有关部门听取退休干部意见和建议24次。年内，聘请县委党校、县医院专家为离退休干部举办“构建和谐社会”、健康与保健知识等讲座3期。组织退休干部300余人开展登山、歌舞比赛等健身活动。

（三）落实老干部两项待遇

1991年，清流县定期举办老干部县情通报会，鼓励退休干部为清流县各项事业发展出谋献策。投入3800元为退休干部每人订阅《福建老年报》1份，每个协会订阅《退休生活》《每周文摘》和《人才报》等三报两刊，每个活动室（组）有两报一刊。当年，为13名退休教师落实教龄问题，增加退休补助费。

1992年，为需异地诊治疾病的退休干部协调医疗费和路费报销问题。

1994年，为部分退休干部解决家属子女“农转非”问题。老人节期间，为城关16对离退休老干部举行“金婚”纪念日活动。

1995年，对退休干部进行问卷调查，先后为退休干部协调解决医疗费、山区工龄补助、降温费、福利费等问题15件。对6户特困退休干部进行困难补助，为14名退休教师、林业养路段8名退休职工落实工龄和补发退休工资。

1999年，为56名1950年5月12日前参加工作的退休人员落实比照同级别离休干部享受生活待遇的政策。办理退休干部来信30余件，接待来访100余人次，做到件件有回音、事事有着落。

2000年，为退休干部每人订阅《福建老年报》（或《东南秋色》）1份，为36名70周岁退休干部办理高龄补助，接待退休干部来信来访200余人次，协调有关单位解决退休人员医药费、住房、福利等问题10余件。

2004年，慰问探访因病住院和长期卧病在床的退休人员。

2005年春节期间，慰问全县退休干部，发放慰问金3万元、年画900张，探望走访生病住院退休干部400余人次。

（四）二次人才开发

1991—1995年，全县有352名退休干部在各条战线上发挥余热。田源乡退休干部学习小组集资4.8万元，组织义务工4000多个，为村里修建水泥路200米。

1998年，创办经济实体的退休干部43人，为种植业提供技术服务284人次，被单位聘用71人。

1999年，全县有507名退休干部在各条战线上发挥作用，占退休干部总数56.2%。

2000 年，建立中级职称以上退休人员信息网。成立二次人才资源开发领导小组，成员有农业、教育、卫生、建筑等具有中级以上职称人员 21 人。小组受县委、县政府委托，为县农村产业结构调整出谋献策。

2002—2003 年，组织 4 名退休农业专家每月下乡开展技术帮扶、科技咨询活动 1 次。组织老干部到学校为青少年上传统教育课。

2004 年，2 名退休人员被推荐为县党风廉政监督员。农口退休科技人员成立“老科技工作者科技服务团”，下乡开展技术咨询服务 6 次，举办技术培训班 3 次、科技讲座 4 次。50 名退休科技人员参加县老科协活动。

2005 年，组织科技退休干部到沙芜乡、里田乡、南岐村等乡村开展科技咨询活动。

第七节　机　构

一、清流县人事局

1991 年，清流县人事局内设办公室、任免科、退休管理科、工资福利科、职称改革领导小组办公室（以下简称职改办，县挂靠机构），行政编制 8 人，实有人员 9 人。

1997 年，机构改革，县人事局下设办公室、工资福利科、录用教育科、干部调配科、考核任免科、退休管理科、职改办（县挂靠机构）。行政编制 13 人、事业编制 1 人。

2002 年，县人事局内设办公室、调配录用股、专业技术人员管理股（加挂职改办公牌子）、工资福利与退休股。

2005 年，县人事局内设股室不变，行政编制 11 人，实有 7 人。

二、下属单位

清流县干部培训中心　1992 年成立，核定事业编制 1 人。

清流县人才服务中心　1993 年 9 月，成立清流县人才交流服务中心，事业编制 2 人。2005 年 11 月，改称县人才服务中心。

清流县人事争议仲裁委员会　2005 年成立，下设人事争议仲裁办公室。事业编制 2 人，聘任仲裁员 15 人。

第四章　编　制

第一节　机构改革

一、1997 年党政机构改革

（一）县级党政机构改革

1995 年 11 月，县委、县政府根据中央机构编制委员会《关于地方机构改革实施中若干问题的意见》，制定《清流县机构改革方案》。

1996 年 10 月，三明市委、市政府批准《清流县机构改革方案》。11 月，全县党政机关开始实施机构改革方案，开展机构改革“三定”（定职能、定机构、定编制）工作。至 12 月 25 日，全县完成 33 个党政机构和 6 个部委办局管理机构初定方案。

1997 年，省编委核定清流县级机关行政编制（不含公、检、法、司）480 人，比实有人员精简 18.1%。

工勤人员编制按行政编制10%～12%核定。机构改革后，县直机关内设机构183个，比原有机构精简24.38%；县直机关行政人员506人，比原有人员精简13.7%。县委、县政府工作机构规格为正科级，部办局管理机构原则上为副科级。

1. 党的机构设置

纪律检查委员会机关与监察局合署办公，一个机构，两块牌子。撤销党建工作办公室，职能交由县委办公室承担。县委办公室增挂台湾工作办公室牌子。老干部局由组织部管理，机要局由县委办公室管理。社会治安综合治理委员会办公室与政法委员会机关实行一个机构、两块牌子。精神文明建设委员会更名为精神文明建设办公室，由宣传部管理。统一战线工作部增挂宗教局牌子。设立县委农村工作领导小组办公室（挂政府农业办公室牌子），作为议事协调机构。档案局改为县委直属事业单位，与档案馆合并，保留档案局牌子。改革后，县委工作机构设5个：办公室、组织部、宣传部、统一战线工作部、政法委员会。

2. 政府机构设置

撤销经济体制改革委员会、经济研究室，职能交由政府办公室承担；信访局并入政府办公室，保留信访局牌子；政府办公室增挂保密局、侨务办公室牌子。撤销经济委员会、经济技术协作办公室，组建经济局。撤销农业委员会，职能分别交由县委农村工作领导小组办公室和农业局承担；撤销经济作物局、农机局，职能交由农业局承担；畜牧水产局职能并入农业局，保留畜牧水产局牌子。革命老根据地建设委员会办公室并入民政局，保留革命老根据地建设委员会办公室牌子。编制委员会办公室更名为机构编制委员会办公室，与人事局合署。计划委员会更名为计划局，计划生育委员会更名为计划生育局，建设委员会更名为建设局，对外经济贸易委员会更名为对外经济贸易局，科学技术委员会更名为科学技术局。林业委员会更名为林业局；撤销绿化办公室，职能交由林业局承担；集体林区改革试验区领导小组办公室与林业局合署。撤销文化局、体育运动委员会，组建文化体育局。撤销职工教育委员会办公室，职能交由劳动局承担。组建技术监督局，由政府办公室管理；矿产管理办公室更名为地质矿产局，由经济局管理；物价委员会更名为物价局，由计划局管理。设立县政府财贸工作领导小组办公室，作为议事协调机构；撤销财政贸易委员会，职能交由财贸工作领导小组办公室承担；物资局、商业局成建制转为经济实体，行政职能交由财贸工作领导小组办公室承担；二轻局成建制转为经济实体，行政职能交由经济局承担；机关事务管理局成建制转为服务实体，行政职能交由县政府办公室承担。广播电视局更名为广播电视事业局，为县政府直属事业单位。

改革后，县政府工作机构设28个：办公室、计划局、经济局、农业局、公安局、民政局、财政局、人事局、教育局、卫生局、计划生育局、审计局、统计局、工商行政管理局、交通局、建设局、监察局、林业局、文化体育局、地方税务局、土地管理局、司法局、环境保护局、科学技术局、水利水电局、劳动局、粮食局、对外经济贸易局。

3. 部办局管理部门机构设置

部办局管理部门机构改革后设6个，即精神文明建设办公室、老干部局、机要局、技术监督局、地质矿产局、物价局；设议事协调机构2个，即县委农村工作领导小组办公室、县政府财贸工作领导小组办公室。

（二）乡镇党政机构改革

乡镇机构改革重点是理顺县乡（镇）关系，健全乡镇功能，精简超编人员，加强基层政权建设，完善社会化服务体系。根据中央规定的分类标准，全县15个乡镇分为2类，一类乡镇2个，二类乡镇13个。核定乡镇行政编制480人，比原有人员精简40.9%。乡镇党政工作机构统一设置6个，即党委办公室、政府办公室、财经办公室、社会事务办公室、乡村建设办公室、卫生与计划生育办公室。

二、2002年党政机构改革

（一）机构改革“三定”工作

2002年1月，根据全省市、县、乡机构改革工作会议精神，制定《清流县县乡党政机构改革人员分流实施办法》，开始实施党政机构改革。举办县级党政机构改革定编定岗工作培训班，开展县直机关、乡镇竞争上岗。

2003年，完成机构改革“三定”工作。调整县直党政部门职能158项；县直党政机关各部门内设股室从原有的193个精简为160个，精简18%。

（二）县级党政机构改革

1. 党的机构设置

工作部门8个：纪律检查委员会机关、办公室、组织部、宣传部、统一战线工作部、政法委员会、机构编制委员会办公室、县直机关工作委员会。其中，纪律检查委员会机关与监察局合署办公，县委办公室加挂机要局、保密委员会办公室（国家保密局）、台湾工作办公室牌子，统战部加挂民族与宗教事务局牌子，政法委员会与社会治安综合治理委员会办公室合署办公，机构编制委员会办公室加挂政府机构编制办公室牌子。部门管理机构3个：老干局由组织部管理，精神文明建设办公室（县精神文明建设指导委员会办公室）由宣传部管理，县委信访局（县政府信访局）由县委办公室、县政府办公室管理。议事协调办事机构1个：县委农村领导小组办公室。

2. 县政府工作部门设置

工作部门20个：办公室、发展计划局、经济贸易局、教育局、公安局、监察局（不计机构数）、民法局、司法局、财政局、人事局、劳动和社会保障局、国土资源局、城乡规划建设局、交通局、水利局、农业局、林业局、卫生局、计划生育局、审计局、环境保护局。其中，监察局与纪律检查委员会机关合署办公，科学技术局与发展计划局合署，文化体育局与教育局合署，政府办公室加挂外事侨务办公室、经济体制改革委员会办公室牌子，发展计划局加挂物价局牌子，民政局加挂革命老根据地建设委员会办公室牌子，农业局挂畜牧水产局、乡镇企业局牌子，国防动员委员会人民防空办公室、经济动员办公室、支前办公室、交通战备办公室分别设在政府办公室、发展计划局、经济贸易局、交通局，老龄委办公室设在民政局。部门管理机构3个：统计局由县政府办公室管理，粮食局、安全生产监督管理局由经济贸易局管理。议事协调办事机构1个：外经贸工作领导小组办公室，加挂对外贸易经济合作局牌子。

（三）乡镇机关机构改革

全县一类乡镇3个、二类乡镇12个，核定乡镇机关行政编制358人。乡镇机关内设机构统一设置党政办、农业经济办、社会事务办、社会治安综合治理办、计划生育办5个职能办公室。领导职数：一类乡镇11人，二类乡镇10人。

三、群团机关及公安系统机构改革

2005年，做好县总工会、妇联、团县委等8个群团机关的“三定”方案审核、报批和组织实施，完成群团机关机构改革任务。开展公安管理体制改革，交警划归地方管理；将公安“110”、消防“119”、交警“122”报警台进行整合，成立县公安局指挥中心，实行集中接警、信息共享、统一指挥，方便群众；收回原地方下达巡逻警察大队、森林公安派出所事业编制47人，重新核定森林公安派出所专项行政编制30人。

四、事业单位机构改革

（一）乡镇事业单位机构

2002年，全县撤销乡镇环保站、农村社保所，其职能委托乡镇有关事业单位行使。乡镇所属事业单位综合设置机构6个（不含中小学、卫生院、土地所、广播电视站、林业工作站等县垂管单位），即行政执法所、计生服务所、农业服务中心（由农技站、农机站、经管站、畜牧兽医站、水利工作站合并组建）、文化科技服务中心（原文化站更名）、规划建设服务中心（原村建站更名，乡村公路养护职能并入）、企业服务中心（原企业管理站更名，职业介绍职能并入）。

（二）乡镇教育机构

2004年，取消学区建制，调整学校布局。全县村级完全小学、教学点由中心校统一管理。李家初中与李家中心小学、田源初中与田源中心小学、林畲初中与林畲中心小学合并，精减行政后勤人员，优化教育资源配置。

第二节 编制管理

一、机构编制总量管理

1991年，清流县执行《中共福建省委、福建省人民政府贯彻中央关于冻结机关、事业单位机构编制的通知的意见》，增设党政群科（局）级机构6个、副科级机构（合署办公）1个。编制数均在国家下达的总编内调剂解决。重新审批和理顺内设科、股、室机构38个。年内，县政府设置行政机构51个，编制394人。

1994年，清流县实行机构编制管理“三个一”（即编委统一管理、编委主任一支笔审批、编办一家行文）制度，严格控制机关、事业单位增设机构、机构升级和增加人员编制。

1995年，调查党政群机关、乡镇机构的在编人数，达到提前退休离岗条件人数，成建制转移人数，岗位可分流人数及自聘人员数情况。

1997年，清流县实行“编制使用通知卡”制度，对机关事业单位调入人员实行监督管理。同时，在全市率先建立机关事业单位“机构编制管理证”制度。

1999年，清流县出台《清流县机构编制管理规定》，对编委、编办职责、编制核定和使用管理、审批权限和程序等制定明确规定。

2002年，清流县坚持“严格控制、严格管理”工作方针，从严控制县、乡党政机关和事业单位的机构编制，严把进口关，严禁“逆向调动”。继续对机关事业单位临时、自聘人员进行清退。

2003年，全县暂停审批新增行政编制、机关工勤事业编制。将全县15个乡镇土地管理所调整为7个，人员编制由原来的50人调整为39人，清退原聘用临时人员。为全县机关、事业单位以及参照机关事业单位管理的企业（公司）更换全省统一的“机构编制核编证”386本，重新确认干部职工身份和岗位4510人。建立机构编制监督管理数据库。

2004年1月1日，全县机关、事业单位核编实行计算机管理。出台《清流县机构编制管理暂行规定》，明确审批权限、审批程序，规范全县机构编制管理。凡未经编办核编的，不予办理调配、录聘、转移工资基金、核拨经费和社保等手续。冻结增加行政编制、机关工勤事业编制报告件的审批，原则上冻结对事业单位机构编制的审批。

2005年，全县停止办理乡镇机关、事业单位增设机构、提高机构规格、增加人员编制和领导职数审批手续。凡满编和超编的单位一律不准调进人员。乡镇人员编制实行总量管理，5年内乡镇机构编制和人员只减少，不增加。严把机关事业单位人员总量控制及进口关，控制人员增长。

二、行政编制管理

1991年，全县党政群机构总数67个，其中科（局）级65个、副科（局）级2个，合署办公机构5个。市委、市政府核定县、乡（镇）党政群机关编制852人（其中行政802人），省定编制46人，实有人数958人（其中行政817人）。全县新增党政群科（局）级机构6个、副科级机构（合署办公）1个。人员比上年末增加44人。重新审批理顺内设科、股、室机构38个。

1992年，清理全县行政机关、事业单位的计划外用工425人，并重新核定工资总额。

1993年，全县冻结党政群机关机构编制，在职人数比上年增加5人。实行“一支笔”审批制度，超编单位只出不进，清编单位出一进一，缺编单位需补充人员从原有机关人员中调整原则。批准成立机关小车队，从机关分流驾驶员11人。

1997年党政机关机构改革后，县直机关内设机构183个，比原有数精简24.38%；县直机关行政人员506人，比原有人员精简13.7%；乡镇机关行政人员489人，比原有人数（含自聘人员333人）精简41.3%。

1999年，清退机关事业临时、自聘、借用人员656人。

2002年，为2004年12月31日前达到退休年龄的37名机关干部办理离岗待退手续。制定优惠政策，鼓励符合条件的机关干部和工勤人员办理提前退休。鼓励机关干部从事个私经济，创办私营企业。推行超编单位开展竞争上岗，实行末位淘汰，分流超编人员到事业单位工作。实行余缺调剂，对超编单位人员根据缺编单位的用人条件进行人员调剂，多渠道进行人员分流。重新核定全县党政机关(不含政法机关)行政编制757人，实有人员757人；乡镇机关编制358人，实有人数360人。重新核定政法机关专项编制139人。

2003年，抓好机关事业单位人员总量控制，把好人员进口关。县公安局增加专项行政编制13人，交警大队增加专项行政编制2人。

至2005年，全县机关行政编制1095人，实有人员1031人；机关工勤人员事业编制96人，实有人员40人；事业编制3526人，实有人员3254人。

三、事业单位编制管理

（一）编制核定

1991年3月，制定《关于县属事业编制实行计划管理的暂行规定》，确保事业单位的机构编制增长与财政收入增长相适应。全县全民事业单位机构395个，编制总数3091人。年内，新增事业机构28个，增加编制98人，在职人员比上年增加296人。年末，在职人数2600人，缺编491人。秋季重新核定全县中小学、幼儿园编制。

1992年，放宽事业单位机构编制管理，对部分自收自支事业单位，由其自定编制、自定人员结构。

1993年，制定《关于事业单位机构编制管理进一步放权的若干规定》，规定实行企业化管理、不需财政拨款的事业单位及参照行政事业单位工改的行政性公司、企业，可根据各自工作需要自行确定编制和人员结构；有条件开展有偿服务实行创改的全额或差额拨款事业单位，在不增加县财政拨款的情况下，编制部门可以核定部分自收自支事业编制，实行一个单位两种经费开支渠道。年内，批准成立“清流县机关事业单位退休保险公司”，核定事业编制3人。增加乡镇水产技术推广站编制15人、乡镇农机管理站编制5人。全县事业单位在职人数3262人，由财政拨款的2160人，占66%；差额补助824人，占25%；自筹资金的278人，占9%。

1995年，根据社会发展需要，批准设立县地产评估事务所、矿产品税费申报站等自收自支事业单位。

1998年，审批成立县医疗保险管理中心等事业单位4家，新增事业编制12人。撤销林业系统的县营林公司、西山森林植物园等事业单位7个，精简富余人员30余人，清退临时和借用人员115人。

2003年，清流县撤销县药品检验所，职能划归药监局承担；撤销县乡镇企业综合管理站、县乡镇企业评估事务所，收回其原定事业编制。将全县15个乡镇土地管理所调整为7个，人员编制由原来的50人调整为39人，清退原聘用临时人员。审核批准县运输管理所人员编制，审核批准县城镇集体工业联合社人员编制。实行教师人员结构比例优化，对全县中小学教师编制进行重新核定。成立县民用爆破器材管理办公室和县牲畜屠宰管理办公室，各核定事业编制3人。县移民开发局增加事业编制2人，粮食局增加事业编制8人。

2004年，清流县鼓励接近退休年龄和无法胜任教育教学工作的教职工离岗待退，共核减离岗待退人员83人。

2005年，清流县设立县文化稽查大队，核定财政事业编制3人；设立县行政服务中心，核定财政事业编制4人；设立县城乡低保工作站，核定财政事业编制4人；设立县人事争议仲裁委员会，核定财政事业编制2人；另设立县党员电化教育中心、未成年人思想道德建设工作办公室、职业技能鉴定指导中心。收回原地方下达巡逻警察大队、森林公安派出所事业编制47人。

（二）机构编制清理整顿

2005年6月，县委、县政府出台《关于清理整顿事业单位机构编制实施意见》《关于撤并转事业单位资产处置的意见》《清流县事业单位机构编制清理整顿人事制度改革人员分流安置工作实施意见》。全县开展事业单位机构编制清理整顿工作。对涉及机构调整的单位进行清产核资。重新界定事业单位的职责任务，规范事业单位名称，明确事业单位的内设机构、人员编制、人员结构、领导职数以及经费形式。县直各单位撤销事业单位16个，合并31个，转为企业9家，新设立7个，机关转企业1家，事业编制（不含学校、医院、卫生院编制）精简15%，其中财政核拨、财政补助事业编制精简5.3%，经费自给事业编制精简50%。

（三）事业单位法人登记

1997年始，清流县对全县事业单位分清登记范围，确定全县378家事业单位应进行登记。至年末，登记单位 342 家，占应登记总数 90.5%。

1998 年，县事业登记管理中心成立，完成事业单位初次设立登记及发证工作。共受理事业单位 375 家，其中暂缓登记 30 家，完成登记单位 345 家，占应登记单位 92%。

2001 年，开展事业单位法人年度审验工作，为事业单位统一颁发“中华人民共和国事业单位法人证书”。

2003 年，全县开展非法人事业单位法人登记工作，加快非法人事业单位向法人单位过渡。事业单位 113 个，全部完成年检。完成事业单位设立登记 39 个。2004 年，登记事业单位法人 173 家。

2005 年，清流县对事业单位开办资金变化超过 20% 的，及时督促办理变更手续。推行事业单位网上登记工作。年内，共登记新设立事业单位 4 个。事业单位 173 个，全部年检，其中开办资金变更 62 个，法定代表人变更 7 个，其他事项变更 12 个。

若干年份清流县党政机关机构编制情况表

表 24—21　　　　单位：人

单位	1991	1997		2002		2005	
	行政	行政	工勤	行政	工勤	行政	工勤
县委办	16	21	7	23	6	23	6
机要局	—	4	0	未单独分配编制			
对台办	2	2	0	未单独分配编制			
保密局	1	1	0	未单独分配编制			
信访局	3	3	0	3	0	3	0
组织部	16	20	2	16	2	16	2
老干局	3	3	0	3	0	3	0
纪检会	12	13	1	24	2	24	2
监察局	7	12	1	未单独分配编制			
政法委	4	4	0	7	1	8	1
综治办	1	3	0	1	0	1	0
宣传部	9	12	1	9	1	9	1
文明委	—	9	1	5	0	5	0
统战部	5	5	0	5	1	5	1
机关党工委	5	5	0	5	0	5	0
编办	2	3	0	4	1	4	1
农办	—	5	0	5	0	5	0
人大	12	23	5	19	4	19	4
政协	14	16	4	16	3	16	3
政府办	20	29	10	25	8	25	8
统计局	9	9	1	7	1	7	1
计划局	9	10	1	11	1	11	1
科技局	6	6	0	5	1	5	1
经贸局	—	—	—	15	1	15	1
粮食局	2	3	0	3	0	3	1
安监局	—	—	—	4	1	4	1

续表 24-21

单 位	1991	1997		2002		2005	
	行 政	行 政	工 勤	行 政	工 勤	行 政	工 勤
教育局	12	12	1	10	1	10	1
文体局	4	8	1	5	1	5	1
民政局	8	12	1	12	1	12	1
财政局	16	16	2	15	2	15	2
人事局	16	13	1	11	1	11	1
劳动保障局	10	12	1	10	1	10	1
国土局	6	9	1	10	1	10	1
地矿局	—	4	0	2002 年机构撤销			
城建局	4	9	1	8	1	8	1
交通局	4	8	1	6	1	6	1
水利局	2	7	1	6	1	6	1
农业局	4	15	1	14	1	14	1
林业局	10	10	1	13	1	13	1
集体林区改革办	—	3	0	未单独分配编制			
卫生局	5	7	0	5	1	5	1
计生局	8	9	1	8	1	8	1
审计局	16	16	1	15	1	15	1
环保局	3	5	0	5	1	5	1
司法局	15	15	0	14	1	14	1
司法员	—	—	—	17	0	17	0
公证处	—	4	0	2	0	0	0
公安局	125	117	0	143	0	162	0
森林分局	—	—	13	13	0	43	0
法 院	51	59	5	53	5	53	5
检察院	41	46	5	49	5	49	5
财贸委（办）	9	5	0	机构撤销			
人武部	21	—	—	—	—	—	—
经济局	15	10	1	15	1	15	1
物价局	2	4	0	未单独分配编制			
工商局	17	18	2	1999 年收归省管			
技术监督局	—	4	0	2000 年收归省管			
二轻局	3	3	0	2002 年机构撤销			
商业局	3	3	0	1998 年成建制转企			
乡镇企业局	5	4	0	未单独分配编制			
外经局（办）	3	5	0	4	0	4	0
体 委	4	4	0	1997 年 4 月与文化局合并			
农 委	8	1997 年 2 月职能交由农办、农业局承担					

续表 24-21

单位	1991	1997		2002		2005	
	行政	行政	工勤	行政	工勤	行政	工勤
经作局	2	1997年2月机构撤销					
爱卫办	2	1997年2月并入卫生局					
老区办	3	1997年2月并入民政局					
驻外办	—	3	0	3	0	3	0
侨办	1	—	—	未单独分配编制			
物资局	8	1992年转企					
职教办	2	—	—	—	—	—	—
体改委	3	机构撤销					
经济协作办	3	机构撤销					

若干年份清流县群众团体机构编制情况表

表 24-22 单位：人

单位	1991		1997		2002			2005		
	行政	事业	行政	事业	行政	事业	工勤	行政	事业	工勤
科协	4	2	4	3	3	3	—	3	1	—
侨联	—	—	—	—	1	—	—	1	—	—
工商联	3	—	2	—	2	—	—	2	—	—
残联	2	—	2	1	2	1	—	2	2	—
文联	—	—	—	—	1	—	—	1	—	—
总工会	9	2	6	2	5	2	1	5	2	1
团县委	6	4	6	4	5	4	—	5	4	—
妇联	5	—	5	2	5	2	—	5	2	—
老龄委	2	—	2	—	2	挂靠民政局		2	—	—
计生协会	—	2	—	3	—	3	—	—	3	—

若干年份清流县乡镇机关机构编制情况表

表 24-23 单位：人

单位	1991	1997		2002		2005	
	行政	行政	工勤	行政	工勤	行政	工勤
龙津镇	23	30	3	26	2	26	2
嵩口镇	33	45	4	32	3	32	3
嵩溪镇	33	40	4	32	3	32	3
灵地镇	25	30	3	24	2	24	2
长校镇	32	33	3	26	2	26	2

续表 24-23

东华乡	32	45	4	32	3	32	3
林畲乡	24	28	3	22	2	22	2
温郊乡	22	25	3	20	2	20	2
余朋乡	24	26	3	20	2	20	2
田源乡	24	25	3	20	2	20	2
邓家乡	23	25	3	20	2	20	2
李家乡	28	30	3	22	2	22	2
沙芜乡	22	25	3	20	2	20	2
赖坊乡	27	30	3	22	2	21	2
里田乡	23	28	3	20	2	20	2
合 计	395	480	48	—			

若干年份清流县副科级以上事业单位机构编制情况表

表 24-24 单位：人

单 位	机构规格	编制数			
		1991	1997	2002	2005
旅游事业局	正 科	—	—	3	4
县委党校	正 科	14	16	16	14
档案局（馆）	正 科	6	6	6	8
党史研究室	正 科	3	3	3	3
县委报道组	副 科	—	1	3	3
关工委	副 科	1	1	1	1
广播电视（事业）局	正 科	2（行政）	13	13	30
地方志编纂委员会办公室	正 科	4	4	4	4
机关事务管理局	正 科	20（行政）	11	11	11
统计局城调队	副 科	—	6	6	6
统计局农调队	副 科	4	4	4	4
畜牧水产中心	—	3	—	13	47
煤行办	—	—	—	—	5
外经局（贸促会、商会）	正 科	23	—	2	2
供销合作社联合社	正 科	28	25	25	22
农机管理服务中心	—	2	—	10	9
（二轻）城镇集体工业联社	正 科	8	8	8	7
库区移民开发局	副 科	—	—	3	7
清流一中	正 科	—	—	170	157
清流职业高中	副 科	—	—	54	70
清流电大工作站	副 科	—	—	4	4

续表 24-24

单位	机构规格	编制数			
		1991	1997	2002	2005
清流教师进修学校	副科	—	—	31	31
县医院	副科	—	186	186	180
防疫站	副科	—	—	40	40
良种场	副科	38	38	15	6
琴源水库	—	—	—	15	15

第三节 机构

一、县机构编制委员会办公室

1991—1996 年，县编制委员会办公室与县人事局合署办公，核定行政编制 2 人。1997 年，县编办公室更名为县机构编制委员会办公室，核定机关行政编制 3 人。内设综合科、机关事业法人登记科。1998 年 6 月，中共清流县委机构编制委员会成立，县机构编制委员会办公室更名为中共清流县委机构编制委员会办公室，加挂县政府机构编制管理办公室牌子。2002 年，加挂县政府机构编制委员会办公室、县机关事业单位登记管理局牌子。核定行政编制 4 人、工勤事业编制 1 人，内设综合股、事业编制与登记股，至 2005 年未变。

二、县事业单位登记中心

1998 年，成立县事业单位登记中心，为县编办下属事业单位，核定编制 2 人。至 2005 年，该机构设置不变。

卷二十五 民俗 宗教 方言

清流民俗世代传承，其中即折射出中原汉人遗风和客家人怀旧情结的固守，又伴随经济社会发展历程而衍变，不适应社会发展、愚昧落后的习俗逐渐被淘汰、摒弃，优良的习俗得以保护和弘扬。20 世纪 90 年代后，青年男女多为自由恋爱，省去婚嫁过程中许多繁缛细节；老人上寿，多数人家不再大操大办，而是改为预订生日蛋糕，阖家团圆为老人庆祝。各地庙会习俗也由原来山吃海喝的流水席，逐渐向与文化、科技、卫生“三下乡”活动融合转变。中华民族优秀传统习俗在这片古老的土地上散发着恒久而独特的魅力。

县域宗教派别主要有佛教、道教、基督教等。1995 年 2 月，开展宗教场所调查，全县有佛教寺庙 34 处、道观 5 处，基督教堂、活动点 11 处。宗教管理部门依法加强宗教活动场所管理，加强教职人员教育，引导宗教界为社会公益事业出力。至 2005 年，全县佛教活动场所 34 处、道教活动场所 5 处、基督教活动场所 7 处，各类信教群众 9800 人。其中，佛教 8700 余人（僧尼 153 人），基督教徒 1100 余人。

清流属于客家县，通行客家方言。但各乡镇口音差异较大，特别是西部口音和东部口音明显不同，可谓是“五里不同调，十里不同音”。

第一章 民 俗

第一节 客家传统习俗

一、婚嫁习俗

清流婚嫁习俗，基本上延续和保留中原汉人古代的婚俗——“六礼”，即“纳采”“问名”“纳吉”“纳徵”“请期”“迎亲”。这些古老的婚嫁习俗仍在乡村保留。

（一）提 亲

即“六礼”中的“纳采”。由男家延请媒人到女家提亲。如果女方家无异议，同意洽谈婚姻，则男家的父母或长辈就选定时间，亲自到女家求婚。求婚时，要带给女方家四样糖果（称“四色果子”）：桔饼、糖果、柑橘、糕点，取“四时吉利”“四季平安”之意。男家到女家求婚后，女方家也选定日子到男方家回访（称“探人家”），相察男方的人品相貌，了解男方的家境状况。

（二）问 名

与“六礼”中的“问名”相同。男家委托媒人到女家，将女方的生辰八字写在红纸上，转交给男方家。男方父母将男、女双方的生辰八字交占卜先生占卜合婚。如果男、女双方的八字相合，则这门亲事可以持续。女方家便用红纸写明聘金数额，经双方商议后达成“婚约”。

（三）选 定

即“六礼”中的“纳徵”。男方将聘金送到女家，女方收下聘金，表明这门亲事已定。

（四）报日子

即“六礼”中的“请期”。男方将择定迎亲的年、月、日、时辰提早通知女方。女方如有异议，可以再次择定日子。经双方商议确定后，不再变更。

（五）送嫁妆

女方家在新娘出嫁的当天，请人将陪嫁的衣物、箱笼、日用品送到男方家，而且要请男方家当面一一盘点清楚，然后才由男方家收下，因此送嫁妆也俗称“盘嫁妆”。

（六）接 亲

即“六礼”中的“迎亲”。接亲都在夜晚进行。男方派出的接亲人员连同新郎在内共6人，女方送亲人员连同新娘在内也是6人，取“六合”之意。旧时，新娘在走出娘家门之前要拜别祖宗，同时放声大哭，表明与父母难离难舍，不忘父母养育之恩，名曰“哭嫁”。长校一带过去还有“吵嫁”的习俗，即男方迎亲队伍到女方家时，女方家亲房故意对迎亲队伍进行一番无端挑剔和刁难，致使双方争吵，人数要多，声音要大，意寓越吵越发。新娘出门时女方父母均避开不见；新娘出门后，赶紧关上大门，以防家中财气被带走。新娘到了男家门外，男家要杀1只鸡，把鸡血涂在门槛上，称为“拦门鸡”，以防“煞气”被带入家中。然后新娘方得进门，焚香拜过男家祖宗后步入洞房。在洞房内，新娘、新郎合吃1只整鸡，叫“洞房鸡”，意为夫妻恩爱永不分离。现今，接亲中许多陋习已被人们摒弃，年轻一代更热衷于用热闹、祥和、喜庆的方式接走自己的新娘。

（七）闹洞房

新婚当夜“闹洞房”。参加婚宴的亲友在洞房里尽情地逗乐，并要新娘、新郎表演节目。过去流行的一些闹洞房习俗如“堆禾墙”“叠罗汉”已被淘汰，代之以唱歌、玩游戏逗乐等新潮文明的方式闹洞房。

清流客家婚嫁习俗还有“三朝回门”“满月”（结婚满一个月）等。结婚第一年正月要宴请亲家、女婿，以示房族兴旺。

二、生育习俗

清流妇女生育有许多习俗。大致有催生、坐月子、报喜、满月酒、开荤、剃头、安名、百日、过周等。

（一）催 生

就是催孕妇生产。过去十分盛行，出嫁女儿怀孕后，母亲探明女儿怀孕月份，推算出临产的时间，即“足月”，母亲要为女儿“催生”。在清流客家话中“生”与“三”同音，因此催生的时间便是足月的农历初三。届时，母亲为女儿送去鸡蛋和芋头，希望女儿生孩子就像剥熟鸡蛋、熟芋头一样顺利，不要难产。如果初三那天产妇还未生，十三还要来催；又未生，二十三再催，一直到产妇生下孩子为止。

（二）三 朝

婴儿出生3天，称为“三朝”。其中“洗三朝”是给新生儿洗澡。旧时，由有经验妇人或接生婆来洗，如今多半在医院由护士洗。洗完“三朝”，孩子家人将红蛋分发给亲房好友和左邻右舍，是为“做三朝”。

（三）报 喜

即报外婆。产妇生完孩子半个月内，要向娘家报喜。清流客家把外婆叫婆娓，因此也叫“报婆娓”。报喜时要用大扁篮挑着活公鸡1只、煮熟的糖姜鸡1只及糖姜蛋、姜酒、红蛋和用地瓜粉做成的大肉丸。红蛋及大肉丸由娘家分发给亲戚，告知女儿生孩子。报喜后，外婆开始为外孙赶制四季衣裳，表达外婆的喜悦心意。

（四）满月酒

孩子出生满一个月，要做满月酒，俗称“做姜酒”。产妇在做月子期间，食物中多姜，故“满月酒”的第一道菜就是糖姜鸡，第一杯酒是糖姜酒。做满月酒要向来赴宴的宾客每人分发2个红蛋。赴宴的亲朋则给孩子“长命红包”，祝孩子健康长寿。有些地方还有给满月的婴儿“开斋”的习俗，就是把肉汤或肉块在婴儿嘴边抹一抹，为的是让孩子日后饮食百无禁忌。

（五）试 周

也叫“抓周”。该习俗始自南北朝，距今1000多年，灵地、长校、龙津、嵩溪等乡镇至今仍保留。婴儿成长到周岁，迎来人生第一个生日。称“过周”“做周岁”，长校一带也叫“做八十一”，意在祝愿孩子健康长寿。过周这天，先替婴儿洗澡，穿戴好外婆家送来的新衣帽、鞋袜。大厅正中桌上放上一个簸箕，上面放着书笔、算盘、玩具、食物（红蛋）等物，这家主人先向祖宗及菩萨神位牌焚香祷祝之后，将小儿抱在簸箕里，看看他先抓取什么，如果先抓书笔，父母家和宾客等都会笑逐颜开，连连称赞说：“宝宝真聪明，长大了会念书中状元”。如果先抓算盘，就称赞说“宝宝将来会做生意赚大钱。”赞口之声不绝。试周仪式旨在通过小孩随意所取，观察、预测孩子今后的性情和志趣。

三、祝寿习俗

清流传统祝寿习俗是逢十过生日，俗称“做寿”“庆寿”，龙津、嵩溪镇叫“做十”。也有些乡镇，如田源一带是逢一过生日。有些乡镇小孩十岁生日相当隆重，会宴请许多亲戚朋友。孩子成年后，却又遵循“三十无人做，四十无人知，五十杀只鸡，六十交朋友，七十开门大庆贺”的习俗。清流人为父母庆祝生日、祝寿，从父母50岁寿辰开始。但一般50岁寿诞规模小，来宾只限于夫妻及父母三家的至亲，60寿诞才会大宴宾客。做寿大都放在生日前数日进行，忌讳推后。

长校一带习俗，做寿请柬只发外家和至交，其他则是知情人自行送礼，上门祝贺，先贺后请，不贺不请。外家亲戚收到请柬后，准备寿礼，包括寿联、寿幛、寿轴、寿桃、寿饼、寿面、寿烛、鞭炮、寿糕、衣料、鞋袜、公鸡、鸡蛋、猪头、猪腿、猪肉等。送寿礼品须是双数，表示“好事成双”，如一副寿联、一对寿烛、一套衣服（或相当的布料），两包面条，在长校习俗中只有猪肉是3斤。礼品一律要贴上红纸或染成红色，以示吉庆，俗谚“见红大吉”。而一般亲友只需送寿幛或寿联，再加一个礼金红包。寿星夫妻双全的，新衣新帽、新鞋新袜，一定要双份，从头到脚一整套，父亲做寿，同时也要给母亲送上一整套，反之也一样。在龙津、嵩溪、长校，寿星的女儿和姐妹一定要送年糕，插上松枝或柏枝，贴上写着寿字的红纸条，在生日当天送到寿星家，寓意老人延年益寿步步高。长校一带，大寿时女儿要送猪头，涂成鲜红色，用龛盒抬到寿星家。龙津、嵩溪、长校3个乡镇，70岁以上高龄、子孙多、家境较好的老人祝寿，通常会举行拜寿仪式。时间一般在生日宴席那天早上，或是前一天暖寿的晚上。拜寿须布置有寿堂，寿堂一般设在堂屋，正面挂着寿幛，两旁配有寿联，上书“福如东海”“寿比南山”等寄寓美好愿望的贺词吉语。堂上两把太师椅，或是铺了大红毯的喜庆椅子，椅子上坐着穿戴一新的寿星夫妇。前面八仙桌上摆有香炉、寿烛，陈列着寿桃、寿面、寿饼、桂圆等寓意长寿的食品，桌子正前方地上放置一个蒲团或几案，上覆红布，供拜寿者跪拜之用。主家请来村里知礼仪、口才好的长者充当司仪，鞭炮响过之后，寿星夫妇端坐堂上，接受子孙拜寿。拜寿从长子开始，儿子、媳妇、孙子，然后是女儿、女婿，按长幼顺序一家接着一家，寿星子孙拜完，平辈也可拜寿。子孙后代行叩头礼，平辈行拱手礼。拜寿完毕，寿星会给拜寿者发红包。拜寿结束才开始寿宴。

在龙津、嵩溪镇，寿诞前一天晚间，主家要设筵宴客，名“暖寿”，参加暖寿的都是至亲或至交，人数较次日寿宴少。家境富足人家，做寿时还会请堂会（戏班）唱戏，以增加喜庆气氛。席散后主家会给来宾分发年糕、糖果等回礼，如今是发小巧的生日蛋糕，而县城生日宴席一般是开席前来宾送上红包时主家即马上回赠一个小红包，以代回礼。长校一带，席散后主家除发放回礼外，对外家和亲邻好友送来的礼物不能照单全收，一般是接一半还一半，如果是鸡和猪肉，须折成现金一半返还。随着时代进步，这些繁琐、陈旧的陋习已渐渐弱化或消失。

四、丧葬习俗

清流各地丧葬习俗大同小异：

（一）移 床

老人行将离世时，无论是在家中卧室或在医院，家人都要立刻将老人抬放至家中大厅（俗称“冷尸不入厅堂”）。老人在自家厅堂中断气离世，才称得上“寿终正寝”。如在外断气的，不能抬回家中。

（二）沐浴、更衣

老人临终前，家人趁其身子尚柔软，即为之沐浴，当地人称为“洗汤”。沐浴用水要洁净，讲究的人家，为子孙者预先至山泉取水，并在取水处点烛燃香，掷落几枚铜钱或硬币。返回后，在盛山泉水的盘中放入几瓣玫瑰（俗称“月月红”）。家人用全新的毛巾，为老人沐浴净身，从面部至脚跟，自上而下洗三遍，再翻转后背从头至脚洗四遍，俗称“前三后四”“质本洁来还洁去”。净身后，为老人穿上子女在其生前置备的全新寿衣，头上布帽，身上衣裤，脚下布袜、布鞋，外衣为长衫。一般是衫三件、裤四条，最后用一块五尺白布从头至脚盖在逝者身上，并在白布上贴上一排银锭。穿戴完毕，子女、孙辈燃烛炙香，放鞭炮告知周围亲邻老人离世。

（三）治　丧

整个治丧过程包括报丧、摆孝堂、守灵、吊孝、入殓、发引、祭三朝、五七、完七、出服等。

报丧、奔丧　老人去世后，孝家要安排族亲到外家，主要是舅氏家和出嫁女儿家（亲家）中告知老人去世，俗称“报丧”。外家得知消息后，即准备三牲（鸡、肉、鱼）、九礼（粉干、香菇、时鲜水果等）前往死者家中奔丧。外家前来奔丧不能超过午时，一般不在孝家过夜。外家没来，亲人不得将死者入殓下棺，以免外家对死者的死因起疑，甚至产生争端。

入殓　按照各地不同习俗，有的在死者逝世后第二天或第三天的某一吉时进行。旧时，用棺木土葬，棺木底部放有一块刻着北斗七星的长木板。逝者安放入棺时，棺椁底部放置木炭、石灰以及十二块（闰年加一块）瓦片（其中一块写有逝者生卒年月），以白布包裹做枕头，死者由厅堂移至棺内时，要平整不偏分毫。入殓时，亲人则跪地恸哭不舍。

守灵、守孝　守灵，是指逝者的儿孙必须在死者出葬前，无论白天、夜晚，轮流在灵堂守护，以防止出现意外事故。守孝，是旧时老人逝世后，儿子要轮流在放置灵柩的草棚庐墓三年，即使是为官在外，其灵柩尚未入土，也要告“丁忧”回乡守孝，孝服满后再陈请复职。而对家中父母去世，不返乡尽孝的官吏，在当时则被斥为不孝，如被举报，朝廷即将其革职，永不录用。庐墓三年后，须择吉日吉时举行仪式，将棺椁下葬入土，做好墓地，谓之尽孝。

守孝习俗民国时期已逐渐摈除。但现今讲究传统的人家，仍有孝子遵守百日内不剃头、理发，当年不贴春联，未成年男女不谈婚论嫁，立夏日不做立夏丸，端午不裹粽，过年不炸麻蛋、豆腐等旧时规矩。族亲会在节日期间馈赠给逝者家属点心食品，以表关爱。

择吉课　择吉课，即请风水先生或有见识的长者根据死者去世时辰进行推算，选择确定三个时间点，即死者下棺入殓时间、出殡时间、墓地竖碑时间，并告知因与死者相冲而不宜参加葬仪的有关年龄的后人。

送烛礼　老人过世，亲朋好友都会前往探视祭奠。并视亲疏用白纸包上数量不等的钱币给逝者家属，当地人称之为“烛礼”，即蜡烛、香火钱。对外家亲属所送的年糕、三牲、九礼等，逝者家属要折成同等价值钱币回馈外家，以示对外家的尊重。

出殡　出殡仪式一般在确定日期的凌晨开始，但也有特例，如赖坊乡东山村传统是在夜间进行。儿孙辈及媳妇辈戴麻帽穿上麻衣裤，未婚小辈穿白衣贴上小块红纸。跪地哀号，侄孙辈穿白衣紧随后排，再次是亲朋好友手握点燃的线香或胸前别上白花，依次向逝者鞠躬告别。由司仪或长者念悼词（或祭文），概括逝者一生的为人处事经历及亲人好友对逝者的悼念之情。敲锣人鸣锣开道，手提长明灯的人引路，送葬队伍依次前行。沿途有专人负责撒纸钱、点路烛、燃放鞭炮。送葬队伍到达预定地点后，逝者家人及至亲在停放棺木的地方前后绕行三圈，告别遗体，司仪向跪拜的亲友头上洒谷米、茶叶及小钱币，俗称“茶叶米”，意为逝者留给亲人的恩泽，保佑后人生活安宁、富裕。当灵柩到达墓地，逝者家戴孝的至亲会给所有送葬人分发一红包，当地人称为“满堂红”，以表谢意和吉利。送葬亲朋返回老人家中时，亲友要准备热茶，杯中放两粒红枣或橘饼丁，恭敬地端给亲友。当地也有炒糯谷、炒豆子分给亲友的习惯，意指“蓬蓬发”。对至亲亲属，逝者家人会分些糖果，一个红包和一条红头绳给他们，谓之“开孝”。中午，逝者家属准备丰盛的酒菜，酬谢亲友宾客。

做功德与烧灵屋　如家庭经济条件许可，逝者家属会为死者做一至数次道场，也称“做功德”或“做法事”，即请数名和尚、道士为死者念经超度。法事最后是烧灵屋，事先请纸匠搭建一座纸屋，纸屋内放置各式各样的纸做生活器物，并堆满纸质金帛，在族亲们请逝者受用的呼喊声和鞭炮轰鸣声中，灵屋烧成灰烬，昭示逝者在冥间亦可安乐度日，此为后人对逝者尽孝的一种方式。

享土与做七 享土也称“上土”，在逝者入土安葬后的第三天早上，逝者亲属即儿女子孙等备好祭品到墓地祭拜，燃烛上香，每位亲人用锄头铲上几铲土盖在坟头上。

从逝者去世第一天到第七天，称为“头七”，家人要到逝者灵位和照片前哭吊和祭奠，其后每7天一次，直至第四十九天，共计7个七，称为“完七”。完七时，孝子手腕系的白布带方可解下焚化，也称“开孝”。逝者家属还会让出嫁的女儿带回死者留下的一些物品如金银首饰等作纪念，称为“手尾”。

（四）孝 服

清流的丧葬习俗，保留中原古代“五服”的遗风。“五服”即视送葬人与死者五种不同的亲缘关系，穿戴五种不同的服饰参加送葬。“五服”有严格的区分，重孝服、次重孝服、一般孝服，不能混淆。

重孝服，称“斩衣”“麻衣”，用粗生麻布制成，衰边，即剪断处不缉边。穿重孝服者一般是儿子、未嫁女为父母丧，妻为夫丧，孙子、未嫁孙女为祖父母丧。男子除穿孝服外，还要腰系麻绳，头戴麻布帽，脚穿麻鞋，手持“孝杖”；女子除穿孝服外，还要腰系麻绳，头盖麻布片，脚穿麻鞋。

次重孝服，称“孝衣”，用细麻布制成，剪断处缉边。一般是出嫁女为父母丧，兄弟姐妹为同胞兄弟姐妹丧，侄子、侄女为叔伯丧，丈夫为妻子丧，外甥为外公外婆丧。男子头戴白细布帽，脚穿白布鞋。若是丈夫为妻子丧，丈夫还要手持一丈长的“孝杖”，以示和其他男子的区别。

一般孝服，大多用“白盖头”及“腰白”代替。“白盖头”为女性专用，即用五尺长的白细布遮盖头部。“腰白”为男性专用，即用白细布缠腰。使用“白盖头”和“腰白”的一般为姨、表、姑、舅、女侄、堂侄、堂兄弟姐妹等。男子的“腰白”另有讲究，打结在前者为同姓宗族男性，打结在后者为异姓亲戚男性，打结在侧旁的即女婿。

推行火葬后，丧服逐渐简化，亲缘等级差异在缩小，多数已由佩戴黑纱、白花所代替。

（五）“捡金”

“捡金”属二次葬，即死者埋葬若干年后（大约8～10年），亲属重新将棺木起出，将死者的遗骨放入陶罐中，另择地安葬。死者的遗骨称为“金”。因此，二次葬整个过程叫“捡金”。“捡金”习俗的来历无从查考，但与客家先民的南迁历史密切相关。客家先民在迁徙过程中，有些亲属客死他乡，棺木与尸首不好携带，但家人又不忍让死者沦落为荒郊野鬼，于是将死者遗骨用罐装带到定居地重新下葬，如若再次迁徙，也便于携带。久而久之，形成与众不同的清流客家丧葬习俗。随着火葬的推行，这一习俗已逐渐消失。

五、岁时习俗

立春 立春俗称“交春”，清流人十分重视。立春日一早，家家设好香案，摆好供品。在案桌上贴上“春到财来”“春临福至”“春福满堂”“迎春接福”等祈福红纸条，大门倒贴“春”字，门两侧插上刚绽初芽的翠柳接春。时辰一到，家家户户点香烛、放鞭炮，迎接春神到来，祝愿新的一年风调雨顺，五谷丰登。旧时，县官在这天必恭行迎春大典，即“鞭春牛”。事先，由一位农民将一头披红挂彩的大水牛，牵至东门桥头，所有绅士及属员聚集在此恭候，并备好供品，县官坐轿在众人簇拥下到达后，鼓乐齐奏，县官带领大家焚香、奠酒，朝东行三跪九叩大礼。礼毕，县官手执柳条，牵动牛绳，轻策三下，表示重农亲耕。

除夕、春节 除夕俗称“老历年”，是一年中最隆重的节日。从农历十二月二十四起，称“入年假”。清流各地自旧历年十二月二十五（即小年）始，置办年货，做豆腐，蒸年糕，炸麻蛋、米粿和油豆腐等。除夕前几天，家家户户即开始打扫卫生，连桌椅板凳都要清洗一番。除夕日，家家撕去门上褪色的旧对联，重新贴上“开门大吉”“万事如意”的新红联，把历代祖宗遗像画轴按照辈分悬挂中堂，没有祖宗遗像的，则用红纸写上历代一脉宗亲神位，贴在神龛上。摆上供桌，三牲供品供奉祖先。当夜，全家欢聚，吃年夜饭、守岁。零点整，开大门，燃放鞭炮，迎接新的一年到来。正月初一，晨起洗漱后，晚辈要给长辈拜年，长辈发给晚辈一个红包做压岁钱。从入年假起到过年的六七天，大人小孩都不许说粗话骂人，不许打架闹事。大年初一至十五，不许上门讨债，欠债人可大方上街。

龙津镇拔里村一带仍保留大年初一请家狗“选食”习俗，即把猪肉（代表肉类）、麻蛋（代表谷类）、炸豆腐（代表豆类）各1份同时喂食自家养的狗。家狗最先选食的，可作一年农事的参考。这一习俗起源于纪念和感谢神农炎帝的狮子狗到天上偷取稻种供人类种植、食用的传说。从初二开始，亲戚朋友互相拜年，各家均备有清茶、桔饼、花生、礼饼，用来招待客人。长校一带还盛行新年请新女婿的风俗，凡五代以内的血脉宗亲都要轮流宴请。一些地方习俗正月初二为“转妹家”日，即回娘家拜年的日子；初三是“穷鬼日”，全家老少不去别家串门。正月期间，灵地、李家一带盛兴舞狮拜年，城关坪背的青年则乐衷于荡秋千等活动。20世纪80年代初，清流城关举办猜谜、“攻炮城”活动，场面热闹非凡。

元宵 即正月十五，俗称“正月半”。家家户户炸麻蛋，杀鸡，杀鸭，买肉，忙个不停。汤圆、油炸春卷是清流客家人元宵节的传统食品，吃春卷是沿袭古代中原汉民的传统习俗。摆五坊（即城中各坊将家中收藏的字画古玩、花卉盆景等集中到城隍庙陈列展览）、散福（即走东家串西家道贺，喝杯把酒即走下家）、民乐演奏、十番锣鼓、京戏表演以及夜间的龙灯、船灯、舞狮、高跷、踩马灯、花灯为各地传统民俗活动的主要项目。乡间还盛行巨型花灯，将几百盏的油灯叠架成一个宝塔，十分壮观。元宵节送灯也是一种传统的习俗。“灯”与“丁”同音，因而，娘家会给新婚的女儿送去莲花灯，一有添丁的意思，二是莲花并蒂，希望女儿女婿白头偕老。历史上，元宵节还伴随着驱邪逐瘟的送瘟船活动。当夜，暮色初合，县城东门桥边聚集着众多的男男女女。在岸边泊着一艘用薄木板钉成的船，船的周围用薄的竹片扎成船舱，外面糊上红红绿绿的色纸。船舱四壁画着十二生肖的肖像，这就是瘟神乘坐的船。舱内装着由各家各户送来的猪毛、禽羽等杂物及花炮。迷信说法认为，将家禽牲畜的毛羽送上东去的瘟船付之一炬，即可保当年六畜兴旺，全家平安。

清明 每逢清明，家家户户上山扫祖坟、踏青。人们会带上传统糕点、米粿及三牲、挂纸。挂纸又叫“压纸”，象征为先人居处所添的新瓦。挂纸一般为长方形，颜色有黄、白及五色三种。通常用小石块分别压在墓头、墓碑及墓旁的“后土”（即土地神）上。先将列祖列宗的坟墓周围杂草、灌木劈除，为坟墓培上新土，扫净墓前尘土，摆上米酒、供果，燃起香烛，子孙磕头行礼，寄托哀思。焚化纸钱，事毕，燃放鞭炮，呼唤先人前来收钱。大姓家族通常按辈分、房次轮流祭扫祖墓。

立夏 立夏节气，表示夏天开始，昼长夜短，天气渐热，人易疲劳，四肢无力。为了蓄积补充体力，聪明节俭的客家先人就地取材，利用自产的大米制作出“立夏丸”美食，以此补充营养，强身健体。俗谚云:“吃了立夏丸，腰板脚骨硬健好种田。”“立夏不做丸，倒霉到明年。”因此，旧时无论再穷再苦的人家，就是借米，也要吃“立夏丸”。凡有丧事家在孝服期内不能做“立夏丸”的，则由亲戚朋友相互馈送食之。

“立夏丸”制作方法是用一半糯米，一半粳米，浸泡后磨粉，加入碱水煮过、剁烂的鼠曲草、艾草，以及适量盐或糖调味，下锅搅拌煮熟后，捏成手指大小和长短的丸子或圆子，佐以田螺菜、竹笋、香菇、芋子、葱蒜和肉加以烹饪。在青黄不接的季节里能饱食一顿“立夏丸”，便是最大的满足。因此，清流人年年立夏都会做上一餐“立夏丸”，以图平安、健康、吉利。

相传，立夏始，牛进入大忙，会向人借力，人人须早起以免力气被牛借去。因而，此日农家老小都提早起床。而养牛农家早晨则给牛喂食由夹生米饭揉成团做成的“硬饭粿”（也称“禾头粿”）。

端午 俗称“五月节”。家家户户都提前包好粽子，并分送亲友，俗称“送节”。端午节这天，家家都在门上挂艾叶、菖蒲、葛藤，以“辟恶镇邪、灭虫除害”。大人、小孩都洗药浴，药浴里的香藤、草药均采自山上，洗药浴可解毒除秽，不染疫病。过去，大人会给小孩佩戴装有冰片、雄黄、薰草、艾叶、五谷等制成的香包，用于驱邪。煮红蛋，意即“平安蛋”，除给自家孩子吃，还分送邻居或亲友孩子，祝福孩子们身体健康。龙津、嵩口等地在此前后还举办划龙舟、水上捉鸭比赛，增加节日气氛。

“七月半” 即农历七月十五，俗称“七月半”节，亦称“鬼节”。人们烧冥纸祭先人。给三代内已故亲人烧的纸钱是用金银纸叠成元宝状，折叠时燃香1支；叠好的金银元宝装入用纸糊成的“邮包”，写上已故亲人的姓名和“邮寄人”的姓名，在午饭后焚烧，纸灰冷却后用纸包好抛入河流。同时，也要在路边插香烛，烧纸钱，将素食丢放郊野，意在超度孤魂野鬼。

吃新 “吃新”也称“尝新”，就是吃新米饭，农村较为盛行，后来逐步风行至城镇。“吃新”在农历六月。每当早稻成熟、新谷登场，农村就按照传统日子品尝新粮，庆祝丰收。此前一天，各家各户都要做米粿、糍粑或炸麻蛋，当日则邀请亲戚朋友到家里“尝新”。

中秋 农历八月十五，清流俗称“八月节”。全家老少团团围坐，吃月饼，赏月华，因此，也叫团圆节。当日会在厅堂点香火敬奉祖宗、神明，供上月饼和茶、酒、水果等。晚上月亮初升后，一家人一边享团圆赏明月，一边品月饼、话家常。旧时，农村还有请“扁担神”“月姑姐”以及烧瓦塔、燃烟堆等拜月习俗。

重阳　俗称“九月节”。当日，农村家家户户做米冻，打糍粑，杀鸡鸭，买猪肉，包地瓜包，宴请亲友。一些单位组织登山、菊展等活动。1989 年，中国把每年的 9 月 9 日定为“老人节”后，各乡镇、各村老人协会都在重阳节前开展敬老活动，给老人集体祝寿，发放红包等。

冬至　俗称“冬年”。清流人历来有冬至进补习俗。一般为吃狗肉、当归炖猪蹄、猪肚包鸡等。清流人还有在冬至前酿酒、冬至放水习惯，认为冬至这天的水最好，酿出的米酒最佳。

六、风水信仰

明朝，清流算命、占卦、择日、做风水等活动盛行，为此官府专门设立阴阳学，主讲天文、占卜、阴阳五行等学问。还设有“阴阳学训术”官员，专管“阴阳生”，其地位在管儒生的教谕之下、训科之上。明朝后期，官府虽然不再过问阴阳学之事，但其影响不减。一直到新中国成立初期，清流风水堪舆信仰依然流行。“文化大革命”期间，红卫兵破“四旧”，对风水堪舆信仰造成很大冲击，人们不敢或只能在暗地里进行信仰活动。随着科学知识的逐渐普及，年轻人逐渐摆脱风水信仰旧俗。但风水堪舆信仰在乡村依然存在，即便在城市生活中的老一辈人对于婚嫁、乔迁等事务的择日还是十分重视。

（一）择日习俗

清流老一辈人凡事有看通书、选黄道吉日的习惯，看看近期哪个日子适合做什么事，俗称“捡日子”。但凡逢结婚、建房、修墓等大事，比较讲究的人家则会请风水先生选日子。风水先生选好日子后用红纸写好，交给主人，由主人定夺。

建房或搬房选日子比结婚选日子复杂，不仅要考虑房主八字，还要考虑房子的坐向和流年。清流三合派（又叫“三合水法”，注重看水来去方向，以判断吉凶）风水先生要求风水择吉所选用的年、月、日时的天干地支要能达到生旺来龙。到了 20 世纪 90 年代，年轻一辈多数不再讲究择日，认为无所求也就无所忌，顺其自然就好。但是，婚嫁也常选元旦、五一、国庆等新春喜庆佳节以讨彩。

（二）排八字算命

所谓“算命”，即“排八字”（生辰年、月、日时的甲子排列），围绕八个字进行阴阳五行生克刑冲合化的演算。清流当地人通常在孩子出生后和结婚前要排八字算命。信命者通过排八字算命考证子女上运前有没有什么关煞。从八字里看孩子与六亲的关系是相生还是相克，以便决定与六亲的称呼。有孩子称自己的父亲为伯、叔，甚至叫哥哥的。称母亲为嫂或姐等，就是排八字算命的结果。再看孩子八字的旺弱，五行需要补什么，以便取名时加以补救。订婚前男女双方交换八字，然后各自找人给对方算命，待到基本满意才谈婚论嫁。林畲等地方衍生出编造假八字现象，特别是编造女孩的假八字，以求出嫁不带走家里财气。

若即将面临重大改变，如举家搬迁外出、长期外出谋事、重要投资时，自己无法把握未来发展走势，迷信者也会找个算命先生算算，借以帮助自己“决疑”。

（三）堪舆习俗

清流当地人建房、造墓时，往往要请风水先生进行一些堪舆操作。

首先，选定地点。清流不同流派（翻卦派、三合派、喝彩派、形势派）的风水先生会有不同的选择方法。

形势派风水堪舆依四兽理论来选择地形，即要求玄武高耸，明堂藏风蓄气，水口紧锁，朱雀跳跃，青龙仰首，白虎俯伏。玄武就是后山，即来龙，对来龙要求要有生气。生气的表现为山势连绵不断、蜿蜒起伏、开帐收束，这样就能让主人兴旺发达。前面首先是明堂位置，明堂既要求开阔又要四周环绕，才能藏风蓄气；前面还要求有环绕的水，水的出口要有两座山紧紧夹住。朱雀是指前山，前山包括靠近的案山和远方的朝山，都要求有起伏，而且越远越高最理想。青龙是指左手边的山，白虎是右手边的山，右手边的山要低些，但不能没有，否则明堂就不能藏风蓄气。

若找不到理想地点，迷信风水者则会根据风水堪舆先生的指点，想办法进行补救。如许多村落的后山均有高大的树林，也称补后龙山的风水林；且树常常种在水口两边，用来收束水口，并得到很好保护，只有

1958年“大跃进”大炼钢铁时才有人敢去砍它。建桥特别是建屋桥也是补救办法之一，当地人通过建屋桥来改变水口，或者提高水口拦截财气的能力来改变风水。过去清流几乎各个村庄都建有风水桥，至今仍尚存屋桥几十座。也有用挖池塘、堆土墩、建塔等办法来补救自然环境中风水的不足。

至于确定位置和坐向，各种风水派别会根据各自的理论进行操作。其中根据来水和去水口来确定座向，均为共同算测内容。然后考虑消砂，所谓砂就是山。消砂通过调整坐向，让当运坐星调到这些山上，以达到所企求的兴旺发达之目的。

当工程进入上梁立碑阶段，迷信风水者会根据堪舆先生的安排进行呼龙活动。其仪式各风水流派大同小异，大声呼叫后，杀1只大公鸡，把鸡血洒一地，口中念念有词，意为该处是龙真穴，保佑主人千秋万代兴旺发达，人丁兴旺千子万孙，财源滚滚福如东海。子孙升官发财，文能安邦、武能定国，好话说尽就是。如果是造墓，就此可以画上句号。如果是建房则还要考虑布局。

不同风水派别对同一座房子吉凶位置的判断不一，这一派认为是凶的地方，另一派可能认为吉利。以致相当一部分清流人压根不信风水堪舆。

第二节　客家民俗活动

嵩口龙舟赛

嵩口龙舟赛历史悠久。嵩口镇地处清流县中部，龙津河和嵩溪河在此交汇，河面宽阔，水流平缓，是龙舟竞渡的理想场所。明清时期，龙舟赛盛行。嵩口上坪和下坪各有两艘龙舟，家家户户均有划桨。竞赛时只要龙舟坐满人即可开赛。通常龙舟于农历五月初二下水，十五上岸回栖所。龙舟上岸时分，沿途鞭炮声不断。乡俗约定，凡年度内建新房、结婚、生子、庆寿和有其他重大喜事的人家均要献上水酒4壶（生女和嫁女户2壶），供众人饮用。直至20世纪60年代后期，一次洪水将上、下坪龙舟冲走后，竞赛中断。1992年后恢复举办。

嵩溪五通庙会

嵩溪镇史称“永得里”，境内有5座五通庙，各祀1位五通神。五通神本是兄弟5人，唐末已有香火，唐光启二年（886）初名“五通庙”，至宋徽宗大观三年（1109）赐额曰“灵顺庙”。明朝王逵《蠡海集》云：“九月二十日为五显生辰。盖五显者，五行五炁之化也。”五显之所以有如此广泛的信仰范围，与五显神的灵迹有关。五显神所行多为正事，其或施药驱疫，或抵御旱涝，或助人取功名，正所谓“乡人立祠像以乞灵，水旱疫疾，祷之皆应。”

据老辈人介绍，在宋代，由1棵巨型樟树雕刻5尊五通神各驻守1处。塘凤余公桥右侧山边1座，供奉第一位五通神——显聪；嵩溪观音桥边1座，为第二位——显明；青口村村口1座，为第三位——显正；塘背村水口边1座，为第四位——显直；上坑亭驿站酒店边1座，为第五位——显德。

每年9月，嵩溪境内都要举行抬五通神、游花灯活动，人神同庆，热闹5天；并且5尊五通神要在塘凤余公桥的五通庙里集会，然后请神回各村巡游。这也是嵩溪庙会定为5天的缘由。如今，嵩溪、青口、塘背、上坑亭4座庙宇保存完好，香火鼎盛．唯余公桥五通庙于民国年间毁于一场大火，仅存遗址。

嵩溪灯会

灯会闹花灯早在明清时期就盛行于清流民间，嵩溪最负盛名。早年，嵩溪有桥头、圩坪、叶前、站背、管尾和土楼六坊，每年农历九月二十五至二十九都要举办为期5天的灯会，六坊轮流当灯会会头。花灯分挂灯、座灯、游灯。挂灯，即将一盏一盏灯悬挂起来展览，亦可藉此开展灯谜射虎活动。座灯有固定的灯架、灯盘，安装各式各样的彩灯。游灯有扛灯、桥灯、提灯。扛灯可以抬动，通常须2～6人扛或扶着出游。桥灯是用一块约2米长、10厘米宽的木板做灯架，装上若干盏灯，桥架两端钻洞，用木棍连接。常有数百条桥灯架连接起来，如长龙一般游动，甚为壮观。灯会之夜，嵩溪以老街五通庙为中心，家家张灯结彩，处处花灯高挂。乡民们抬出五通尊王和五谷真仙菩萨，跟随灯龙长流出游。嵩溪制作的花灯，品种繁多，工艺精湛，糅合剪纸、扎纸、编织、绘画、刺绣等多种工艺。大型的花灯有花光灯、莲缸灯等；小型的有花篮、花钵、龙灯、走马灯、八宝灯，以及鸡、鹤、鹅、兔等动物灯。

长校拔龙

拔龙是长校镇长校村、江坊村祈求年丰岁稔、国泰平安的传统民俗活动，也是欢娱新春佳节必不可少的一项内容。拔龙是基于每年的元宵闹花灯之上，考验参与者的意志和体力、更刺激感官的一项活动，通常3年1次，时间在正月十六至二十之间。是否拔龙要看龙脉是否吉利。龙脉为村人命脉，关系村民的平安吉祥。长校龙脉由东龙、西龙组成。因此，需东西大利才能举行。

事先公选出一班主事人负责拔龙相关事宜。经村中长老集议确定日期之后，即在大街贴出红榜昭示子孙，发动村民赞助钱款以资拔龙费用，并通知各家各户扎好桶子花灯（即龙身）备用。凡家有成年男丁的，都要出灯，但不强迫，全是自愿参加。主事负责安排能工巧匠扎龙头、龙头牌等；召集琴箫鼓乐手，以备游灯时奏乐；安排好负责驱龙、祭龙、敲锣、放铳等人员。

桶子灯的木板选木质坚硬、经久耐用的老松树板制成。板长约 1.67 ～ 2 米、厚 3.33 厘米。板两头凿洞，以备接连桶子灯时穿插木棍（当地人称“划子棍”）用。桶子板中间安装花灯 2 盏。其灯型依各人喜爱而定，有喜庆灯、莲灯、鱼鸟灯、扁鼓灯等，花样不一。

拔龙吉日那天，龙头、龙尾先行到祖庙，从祠内点烛焚香后，鸣炮出发，朝指定的山峰登山。龙头一出动，各家各户的桶子灯也鸣炮出灯，跟着龙头陆续登山。众灯到指定山顶会集后，各桶子灯依次用划子棍连接成一条长龙。接下来是驱龙并喝彩。先焚香点烛鸣炮，然后一人鸣锣，另一主持人左手擎鸡，右手持刀，高呼吉语，呐喊瑞词。喝彩毕，即割鸡头，血洒龙头。接着便是烧香点烛，备齐三牲酒礼祭龙神。礼毕，龙灯开始下山。行至半山腰处，队伍停下来，举行第二次祭龙仪式。祭毕，龙头再次启动下山。下山排列依次序为最前面由 2 人担着 2 面大铜锣鸣锣开道，后面跟着 1 人高擎虎头牌灯，灯上书“×× 龙灯”4 个大字。紧随其后便是龙头。龙头后连接着由各家各户的桶子灯连接起来的龙身，由几十段或几百段组成，2 面大锣断后。最后跟着的是一班琴箫鼓乐伴奏。龙灯前后左右都有专人负责燃放鞭炮、发射铳炮，护佑龙灯下山。山路崎岖，参与者步伐本就有快有慢，加之年轻人爱闹，前面的突然奔跑起来，后面的既要护着龙灯，又要保证自己不被拖倒、摔跤，需掌握一定技巧。龙灯就在鞭炮、铳炮和欢呼声中，蜿蜒呼啸而下，远远望去，宛若游龙飞舞。龙灯入村，天色渐暗，家家户户在门前坪地燃放烟火，厅堂内烧香点烛，全村铳炮连天，迎接龙灯到来。龙头向所经过的祖庙、祠堂、学校、商店以及部门、单位等行礼，恭贺新喜。真可谓“长庚映月灯连市，笑如春风花满村”。

沙坪村元宵游船灯、车灯

每年正月十三至十五夜，以及农历八月朝拜灵台山盛会，坐落灵台山脚下的长校镇沙坪村都会举办游船灯、车灯活动，引来各方游客观赏。船灯和车灯为该村村民李火木于民国 18 年（1929 年）8 月首创。船灯全长 5 米、宽 1 米。全船框架以竹片扎成，船首腰架制船篷，篷两侧装制圆花窗。前后两侧及顶檐用五色纸及及白纸糊盖加边，不设篷顶盖。白纸上绘上浪花、梅兰竹菊、鸟兽鱼虾等。篷内四角安装电灯泡照明。船上站着四名少女，其中两人着戏衣戏帽，身佩长剑，装扮成《白蛇传》里的白娘子和小青。另两名少女，1 人女扮男装，扮演许仙，手摇折扇，风度翩翩；另一人扮演许仙侍女，为许仙撑伞遮阳挡雨。船头船尾各有 1 人，扮划船梢公，肩披布带，系在船的两边（实际 2 人是用肩扛起船灯），随着船身进退做着划船动作。船的前方有一男子扮饰丑角，头带草帽，白须披肩，扮演纤夫形象，肩扛布带俯伏做拖船上滩模样。船灯在众人合力“划浆”中前行。夜里灯光、美女、彩画相互辉映，刹是好看。梢公和小姐配合琴箫轮唱或对唱民间小调《十杯酒》《打骨牌》《瓜子仁》等，在曲乐声中缓缓前行。

车灯两轮廓用竹片圈成，八块杉木交叉作轮毂，一根硬木做轴，两根木杆做扶手，车轮四面盖白纸，加画花纹，恰似一辆双轮人力车。过去没有电灯，车四周用小竹筒盛着煤油，以绵纸做芯点灯，或用松光火把照明。由一小姐于车内轮轴后缓步进退，一双假脚踩于轴之上方，手摇花扇，随着曲乐与船灯轮唱。车轮内燃点烛灯，置于轴上，轮转而烛不移。一男丑角装扮为车夫，推车进退，如同真的乘车，场面逼真，妙趣横生。

李家“五经魁”

李家乡有一种较为罕见的民间表演艺术，当地人称之为“五经魁”。相传，该表演活动始于明朝正德年末或嘉靖初期，是一项借助历史人物或神祇故事的演绎祈求风调雨顺、五谷丰登、人文昌盛的岁时节序祈福活动，流传至今已有400多年历史。“五经魁”表演活动独具魅力，经久不衰。随着时光推移，其服装、道具经精心设计愈发精致，舞蹈动作日渐精进、优美，契合人物性格。2007年，李家“五经魁”表演入选福建省民间文化艺术之乡名录和福建省第二批非物质文化遗产保护名录。

相传，当年船冈村有位老翁，名叫李得保，其膝下有4个儿子，11个孙子。老人一生耕读持家，家风敦厚。父子虽偏居一隅，但好读书、颇有文才，位卑不忘忧国，急公好义，称誉乡里。农忙之余，儿孙们习文弄武，怡然自适。一年正月，得保公次子用纸壳做了5张傀儡面具，分别代表风调雨顺的雷震子、主科甲及第的文昌星、讼断公正的包拯、公忠体国的寇准以及威震边关的李广，给五个孙子戴在头上，让他们手拿“恭贺新禧”“吉祥如意”“人寿年丰”“福如东海”“寿比南山”的红布条预备向老人拜年。其他孙子们看到，也吵着要戴，次子便比照原样再做5张面具，每个孙子戴1个，没有面具的且做队首，排好队，行进中简单地加进一些武术技击招式。孙辈们鱼贯来到老人面前，边表演边举起布条向老人拜年祝寿。老人十分高兴，仿朝廷五经取士规矩，当即赐名“五经魁”。左邻右舍目睹孩子们的表演，非常欣喜，相约每年初三及正月十四日为“五经魁”出行日，邀请他们出来为本村各户祈福拜年，从此约定俗成，代代传承。

“五经魁”中的五个魁首人物分别是：雷震子（也叫雷公），扶明主，辅助周文王兴兵伐纣，救民于倒悬；文昌星（民间信仰中的文魁神），提笔点斗，助学子高中功名；包拯（北宋官员，以断讼执法明敏正直闻名于世），不畏权势，铁面无私，匡扶正义；寇准（宋代名相、吏部尚书，故叫天官），刚直不阿，力排众议，力促宋真宗抗击强辽，拯救国家，造福人民；李广（汉代名将，匈奴称其为飞将军，故叫将军）驱平沙，破匈奴，威震边陲，保卫国土，爱戴人民。这五个人物在特定的历史环境下成为人们祈望安居乐业、渴求功名成就，企盼国泰民安美好愿望的化身。依据这5个人所处时代背景和人物特点，做成5个不同的面具，画上不同的脸谱，设计了各自的舞蹈动作，穿上特制的服饰，并手握不同道具进行表演。因明代以“五经”取士，五经第一者称“五魁首”，以“五经魁”命名，暗含族人对科考及第，鱼跃龙门的美好希冀。

演出队伍由10人两组组成，每两人扮演同一角色。人物角色的服饰法器分别为：雷震子，红长脸，鹰嘴，着红色彩衣，左手执铜锣，右手拿九节锣锤，鸣锣开道；文昌星，青面獠牙，穿绿色衣裙，手握铁笔，手舞足蹈；包拯，黑脸长须，着黑袍，手摇一把铁骨绸扇，仪态威严，凛然不可侵犯；寇准，黄红脸，着黄色莽袍，手持鸠杖，老成持重；李广，白脸精壮，身披甲胄，手挥大刀，威武雄壮。

如今，队列由原来的两列演变为现在的一列，人物排序有规矩，雷震子在前，后面跟着文昌星，随后是包拯、第四个是寇准，最后李广压镇，剩下5人再依次排序。在长期游走表演活动中，不同人物之间形成了比较固定的类似擒拿格斗的成套武术技击动作，扮演者边走边对舞，舞姿刚劲，动作利落，配合默契。

“五经魁”表演活动一年两次，每年正月初三叫“经魁”出行，给村民拜年祈福。正月十四是当地“打醮”日（即庙会），“五经魁”再次出来巡演，队伍后跟随唢呐队、十番锣鼓队、真武祖师神像、花灯等，所到之处，各户皆焚香鸣炮迎接、奉送红包。巡演范围遍及李村、鲜水、河背3个村庄，行程近10公里。

梧地村“射水节”

流传在温郊乡梧地村一带。梧地村民多为李姓，远祖郡望四川，祖地即有“泼水节”习俗。李氏家族有古训曰：“八月十五喜洋洋，泼水洗污迎吉祥”。迁徙闽西北千年来，村民一直保持此习俗。每逢农历八月十五中秋佳节，梧地村民都要举办“射水”狂欢节。这一天，远近亲朋好友都会慕名而来。月上树梢，欢宴过的男男女女手持竹筒做成的“水射”，不约而同地聚集在村头的仙公庙门口。当主事人宣布射水活动开始，大家争先恐后涌进庙门膜拜神灵。膜拜毕，就将手中的“水射”向菩萨瞄准射水，谓替菩萨“洗脸”。随后，村人不分男女老少、高低辈分，毫无顾忌地用“水射”相互对射。更有青年男女借水传情。村中如有青年恰在此时结婚，就会成为众矢之的：射水者会对准洞房的门缝或窗眼不停地“进攻”，直到小两口开门向射水者表示感谢方才作罢。狂欢节高潮时，只见在月光下，一道道水柱编织成片片“银网”，与月色交相辉映，堪与傣族泼水节相媲美。

泼水工具随岁月更替不断演变。最早用铜盆，盆的内外均雕有花卉、龙凤、麒麟、狮象等吉祥物。元朝年间改用木盆泼水。清初则改用竹勺。竹勺上雕有双龙，意寓双龙吐水。清末，泼水工具演变为竹制的射水筒(水铳)。这种“水铳”最大的可汲水2千克，射程达10余米远，使射水活动场面更热闹、更刺激。

里田上元节

活动自正月初三至十七。活动分出大鼓，出铜锣、铜钹，出花灯，出香案，游公王菩萨等。出大鼓在年初三晚。当鼓声在村间响起，意即里田上元节拉开序幕。大鼓敲到初五，又增加1担铜锣和4把大铜钹、2杆号角。沉静的山村沸腾起来，是为“出钹角”。

初八晚上出花灯。里田花灯呈花钵形，花钵里有兰花、牡丹、芍药、梅花、菊花等，还有船灯、动物灯等。其中颇似栀子的斗形灯，被里田人视为吉祥灯，据说是为纪念唐朝开国功臣罗成而作。正月十三晚，花灯群里会出现由两人抬着的1张桌子，桌上摆放1个插着兰花和山茶花的铜花盆，称“香案”，象征里田9个村庄团结和睦、患难与共。

正月十四子夜时分，豫章公庙祭典活动开始。礼生上香，宣读祭文。礼毕，参与祭祀人员按序向豫章公圣像行叩拜礼。十五凌晨，豫章公庙会在一片鼓乐、鞭炮、礼炮声中拉开序幕。庙内7尊公王菩萨被安放在轿内。天一放亮，神轿、香案在鼓乐队和人群簇拥下进入村街，游乡踩街活动正式开始。跟在神像后面的是“耆公”和“绅衿”(即村里70岁以上的长者和具有较高学历的人)，胸佩红花，衣着整齐，成两路纵队绕村三圈。走在队列最前面的是两名年轻小伙子，各扛1个锡制吊炉，炉内燃着檀香。此2位小伙子及其后随者，均为里田村文化水平最高者。各家各户门户洞开，供桌上摆满供品。人们点燃香烛、鞭炮，整个里田村沉浸在欢乐之中。下午，公王菩萨回宫。入夜，上百盏花灯、龙灯、船灯在鼓乐伴奏下，在村里巡游。6名大汉肩驮6名打扮成仙子、仙女的童子在街上巡演，吸引村民观看，至深夜方散。

灵地“七巧”庙会

灵地“七巧”庙会，又叫“公爹会”“七吉会”。会期从农历七月初七开始，持续时间少则半个月，多则一个月。七月初七是庙会正日(也叫大日)，是庙会第一个高潮。每家每户都提着供品、香纸、烛帛等到李公太保(太保即“保境安民”的意思)庙里烧香膜拜。庙门口摆着一张四方桌，八名鼓乐手从早上开始便坐在桌前，弹奏吹打着各种曲调。当日上午，举行祭“公爹”(即李公太保)和九龙尊王大典。祭品为全牛、全猪、全羊，还有鸡、鲜鱼、米果等。行祭之先，大铳齐放，唢呐齐奏，鞭炮齐鸣。接着，司仪、主祭、陪祭及执事，庄严肃穆，在李公太保雕像和九龙尊王神位前，行三拜九叩大礼。请来的戏班上午演出一二个小时短剧，下午方开演正本长剧，直至天亮。村民就坐在空旷的地上观看。

七月十五中元节，是庙会的第二个高潮。当天，宰牛过百头(最多达120头以上)，全都卖个精光。晚上，戏班继续上演节目，通宵达旦。戏台坪前，游人、观众多达二三千人。李公太保庙里，则整天香火不断。庙会的第三次高潮，一般出现在七月十八、二十三、二十八、二十九几天。七月十八晚，上演《观音游地府》剧目；二十三、二十八两个晚上，上演武打戏。

余朋东坑姑婆神庙会

余朋乡东坑村旧时每年农历七月举办祭奠姑婆神庙会。姑婆原为东坑村的姑娘，嫁至李家乡流水自然村。过门不久，丈夫去世。姑娘立誓守节不再嫁人，全心侍奉公婆。一次，姑娘上山砍柴，深夜未归。东坑人得报，前往寻找未果。在河中打捞时，仅捞起一根木头。东坑人将这根木头带回放置祖祠中，以示纪念。以后又将木头换成牌位，成为村人敬奉的神灵。清末，姑婆神的牌位，被安放在仰峰堂总祠中。

庙会从七月初九开始，至十五结束。由东坑五屋(按房族分成五个祖祠)每五年轮流当会头，负责当年姑婆会的组织筹备工作。七月初九始，全村吃素。是日，由锣鼓、吹奏、彩旗等20名执事者组成的迎神队，出发前往李家乡流水自然村恭请姑婆神魂。四日后(七月十二)迎神队回到东坑。这天，会头及村里有名望的人带领村民在村口迎接，将姑婆的小神轿安放在总祠仰峰堂正厅桌上。桌前摆满各种素食供品。由本村一名德高望重长者诵读祭祖祝文，随后由村民膜拜上香，燃放鞭炮。庙会期间，请湘剧戏班唱戏。七月十五晚，在仰峰堂左侧空坪点燃20～30支大火把，请道士们表演“上刀山”“打油火”等法术。深夜，随着几声铳响，村民尽兴而归。接着，各家各户忙着宰猪、宰羊、杀鸡、杀鸭，十六中午开斋。

围埔庙会抢菩萨

嵩口镇围埔村每年正月十三至十五举办庙会。庙会期间，全部素食，不沾荤腥。每天上午，由本村剧团演出古装戏，下午扛菩萨在本村巡游。十五下午，菩萨巡游回到三官堂。请菩萨“落马”（即下轿）后，在三官堂摆祭。祭礼开始，由村里德高望重的长者诵读祝文，然后在司仪引领下，主祭者行三拜九叩大礼，其余参加者行叩拜礼，整个仪式庄重肃穆。傍晚，当菩萨轿行经各家门口时，各家燃放鞭炮，祈求神灵降福。游完全村已过午夜。随之进行“抢菩萨”游戏。场地选在大路上。抢菩萨人群分成为上、下两方。场地设50米缓冲区，缓冲区中间划一界线，当菩萨轿扛至分界线时，双方开始抢菩萨。经多次拉锯式争抢，胜方将菩萨轿扛出缓冲区。随后，胜方又把菩萨扛回分界线处，第二回合拼抢又开始了。待第三个回合完成，“抢菩萨”宣告结束，菩萨被放置回风雨屋桥。

东山萧瑀寿诞庙会

长校镇荷坑村东山自然村萧氏族人为纪念先祖唐代名臣萧瑀，每年从正月初五至十六都要举办萧瑀寿诞庙会。徙居在清流、长汀、宁化、连城以及省外、海外的萧氏后裔均会派员参加庙会祭祖盛典。正月初九（萧瑀诞辰日）清晨，族人将牛、猪、羊、鸡之血洒在庙宇，涂于神坛、木柱上，谓之“洒花”。由庙会主祭者夫妇分别给萧瑀及其夫人官氏沐浴上妆，萧瑀穿戴龙袍、官帽；官氏夫人穿戴缎衣、凤帽，谓之“上光”。庙会采用“双坛祭”仪式。特设献祭坛，供摆祭牌、锦帛祭文、祭器、胙品等仪品。开祭前，族人进香朝拜。

时值正午，三声铳响，主祭者点燃一大把香，给每位参加祭祀者分发三柱，按辈分大小排成三横队。随后，主祭者双手高举红香，以示祭祀开始。祭祀毕，三声铳响，午时起，酉时结束。整个祭祀活动庄严肃穆。正月十六清晨，族人敲锣打鼓将萧瑀夫妇神像送回庙，在神坛前烧香点烛，洒酒一圈，为萧瑀夫妇卸妆。

林畲三月会

三月会，又称“赵公元帅会”“如意宫庙会”“赵公庙会”，俗称“三月会”，为道教活动。会期在农历三月十六至二十五，是林畲最大庙会。林畲乡如意宫附近的群众有固定的福、禄、寿3个“篷”（组），每年一个“篷”轮流负责安排庙会活动。 三月十六是赵公元帅（即财神爷赵公明）诞辰日。是日傍晚，众人抬着赵公元帅神像，从如意宫出发巡游，所到之处，人声鼎沸，鞭炮此起彼伏，煞是热闹。到达丘坊村时，组织者将供桌上煮熟的猪头切成小块，分发给参加巡游的人。游神队伍到达麦元洞社公下时，那里早摆放了大桶米酒，任人畅饮。随后，队伍返回如意宫，将神迎入庙。三月会期间，聘请外地戏班演古装戏。传说为财神爷赵公元帅演戏，其就能保病禳灾，主持公道，买卖得利，因此当地经商之人都争着出钱演戏。

芹溪“六月六”

相传每年农历六月初六是上界童子下凡的日子，百姓大都选此吉日裁制或晾晒老人寿衣、寿鞋或移放寿木。余朋芹溪人过“六月六”与众不同：初一至初三，家家洒扫庭院，人人沐浴斋戒；初四、初五两日，全村抬出真武帝君神像巡游，沿路住户放鞭炮迎接，祈求风调雨顺；初六中午开斋设宴，款待亲朋乡邻。传说，当初芹溪莢氏先祖四郎公为避战祸率族人南迁入闽时，幸得北方之神真武帝君庇佑，方顺利抵达芹溪地界，因此将其奉为家族保护神，每年农历六月初一至初五，都要举办感恩活动。这一活动经世代相传，便逐渐演化成芹溪人的“六月六”节日风俗。

赖坊“走古事”

“走古事”，又称“走花事”“游花棚”。明末清初在赖坊乡始兴。每年农历正月十四至十八，赖氏家族从有添丁的户中选出相貌英俊、清秀的童男童女各3人，化妆打扮成古代戏剧人物，送入彩轿内，由青壮年抬着，串游于街市，谓之“走古事”。队伍所到之处，村人鸣炮迎接。家家设宴款待亲朋，庆丰祈年。

赖坊打醮

每年8—10月，赖坊乡南山、赖安、赖武、官坊村民均会凑钱举行大大小小的打醮活动30余场，为家人祈福，求一年四季吉祥、平安。打醮前一两日，各家各户都要将房前屋后及村主要巷弄、水沟清扫干净，桌椅、灶具清洗干净，并备好迎接欧阳真仙的供品。打醮期间，全村吃斋，家家户户做豆角（豆腐），炸豆角、麻蛋，招待亲朋好友。打醮开始，首先是上大丰山接欧阳真仙。接来后，设醮台摆纸扎，道士举行安神、请菩萨（包括太上老君、三清大帝、八仙及张天师等诸神）到堂醮。打醮活动内容很多，程序繁杂，包括请神、拜忏、安神、安师（安天师）、诵经、扶乩、奉库（也叫送库）、走马、放水灯、渡孤、送神、拜天师等。醮期内，各村都会请鼓乐队 1～2 支，乐队根据村民点定的曲目吹拉弹唱，活跃气氛。请来的戏班（或木偶戏班）在厅外的大坪里上演大戏，整个村庄热闹非凡。打醮最精彩的一幕是拜天师。拜完天师送走欧阳真仙后，打醮结束。翌日开斋戒，杀猪宰牛，村民恢复往日生活。

赖安、赖武村的赖氏祭祖活动与打醮同步进行。农历九月初五为祭祖的重大节日，是日，全村人皆吃斋饭，沐浴更衣。请来的欧阳真仙神像和赖氏祖神牌位被安放入轿，四个汉子抬轿，巡游主要大街小巷，全村人汇集街巷两旁迎接，轿子所到之处，鞭炮齐鸣，锣鼓喧天，巡游后神像送回祖庙。由赖氏各房轮流执事主持“摆五坊”，即在村中古戏台广场，按东西南北中五个方位摆起 5 张桌子，各房保管者将珍藏的祖存古董、祭祀用的银锡器皿烛台、玉器佩饰等陈列在桌上，并再次请出欧阳真仙神像和祖神牌位奉供于中位，供所有族人祭拜祈福、观摩欣赏。

第三节 习俗变化

清流属客家县。晋末“永嘉之乱”和汉、唐历史上的几次大战乱，迫使大批中原汉人逃难，部分迁徙到清流定居。中原汉族的习俗也随之被带到清流。现今，清流客家习俗尚保留不少中原汉人遗风，其特点为崇尚淳朴，讲究实际，安分守己，勤俭诚实，衣食住行不追求奢侈，这些习俗特点，伴随着清流 900 多年经济、社会发展历程而传承、衍变，一些不适应社会发展、愚昧落后的习俗逐渐被淘汰、摒弃。如过去男女婚姻，大多由“父母之命，媒妁之言”决定，抱童养媳、换亲现象屡见不鲜。现代社会，青年男女多为自由恋爱，然后由父母或亲戚到女方家提亲，童养媳、换亲现象全然消失。旧时，“哭嫁”“吵嫁”婚嫁习俗现已不多见，且省去婚嫁过程中许多繁缛细节。过去流行的一些闹洞房习俗，如“堆禾墙”“叠罗汉”为人所诟病，早被淘汰。1993 年后，随着殡葬改革的发展，死者多改火葬，丧葬习俗删繁就简，丧服也渐渐简化，改由佩戴黑纱、白花，减轻了逝者家人的劳累和经济负担。昔日逢老人寿诞，必大操大办，进入 21 世纪后，许多家庭改为为老人预订生日蛋糕，家人团聚为老人庆祝一番，或在电视台点歌祝福，以尽孝心。2003 年起，龙津镇南岐村、田源乡田口村等地倡导“庙会新风”良好社会新风尚，进行庙会习俗改革，原来通行的山吃海喝流水席现象，变为文化、科技、卫生“三下乡”活动。中华民族优秀传统习俗在这片古老的土地上发扬光大。

第二章 宗 教

第一节 宗教组织

一、佛 教

（一）佛教场所与信众

1991 年，全县有大小佛教寺庙 30 座，僧尼 61 人、居士 53 人。1993—1998 年，经县政府登记、发证 16 处。2000 年，新登记发证 1 处。2004 年，新登记发证 1 处。至 2005 年，全县佛教活动场所经政府登记发证共 34 处，分布在14个乡镇:龙津2处、东华1处、里田4处、邓家2处、赖坊3处、沙芜1处、林畲1处、嵩口6处、嵩溪4处、田源2处、温郊1处、长校7处、李家2处、灵地3处，大多处于偏远山村。有僧尼153人、居士219人，信教群众8700余人。

清流县主要佛教寺庙有：

金莲寺 位于城郊东麓。唐武德三年（620）创建。主要供奉定光古佛。宋绍兴六年（1136）重修殿宇，元至正四年（1344）进行翻修，明洪武二十四年（1391）重建佛宇，清嘉庆年间上、中殿焚毁，旋即修复。民国32年（1943），住持释古济修复钟鼓楼。1953年、1958年先后2次失火，仅余古佛殿。1969年，古佛殿被拆。1966年“文化大革命”期间，该寺改作五七农场住址。1980年，落实党的宗教政策，部分僧尼重返，信众捐资重修观音阁、三宝殿、古佛殿和僧舍、灵照塔。每年正月初六，定光古佛生日，信众云集，进香朝拜，颇为热闹。1991年8月，全国政协副主席、中国佛教协会会长赵朴初为金莲寺题写寺门。1995—1998年，先后兴建厨房、膳厅、僧舍、曲桥，建筑面积2000余平方米。2003年，投入资金6万元，修建金莲寺山门。2005年，投入资金40余万元，重修大雄宝殿。2005年，有僧尼13人，其中比丘僧2人、比丘尼4人、居士7人。该寺有稻田面积0.35公顷、茶果面积0.4公顷、竹山面积0.2公顷，年收入18万元。

云海寺 地处城南，旧名南极庵。成化七年（1472）邑耆雷阗建，弘治十三年（1502）阗之子耀重建。20世纪90年代，信众集资修建吴仙庙、神农庙、观音堂、大雄宝殿、僧舍、斋堂等，并铺石阶1900多级。2005年，常住僧尼5人，其中比丘1人、比丘尼4人。

清福寺 位于县城东3里的东华翠嶂笔山左支，又名东华山。宋时高僧古灵（智通禅师）始建观音阁。宋政和年间，拗牛法师与县主陶公劈山兴建宝殿，装塑三宝金身佛像。明永乐年间，汀洲郡守彭公晖与拗牛法师交好，派人送千金，备经律四大函，故东华藏经较多。历史上，清福寺曾多次进行修葺。“文化大革命”期间，寺院遭受冲击，寺庙、僧舍全被拆毁。僧人还俗，一片荒芜。20世纪90年代初，民众捐资重修大雄宝殿、观音殿、地藏殿、僧舍、斋堂等，建筑面积1500余平方米。2005年，常住寺5人，其中尼姑4人、居士1人。

灵台山寺庙群 灵台山位于清流县南部长校镇沙坪村，主峰海拔1060米，占地面积7.5平方千米。山上有始建于元朝末年的福源寺，明宪宗成化八年（1472）创建的翠峰寺及圆通寺，构成闽西北最具规模的寺庙群。灵台山寺庙群丛林建筑高低错落，檐飞斗拱，气势恢弘，庄严肃穆。各方香客慕名前来进香朝拜，信众遍及闽西北及广东、厦门等地。

2003年，福建省书法家协会在此创办现代刻字艺术协会创作基地。法师释满明创办闽西第一所佛学培训中心，有律学班、佛学班，向全国各地招生100人。2005年，灵台山寺庙群总建筑面积超5000平方米，占地面积2万余平方米。各寺共有僧尼65人，其中比丘僧18人、比丘尼40人、沙弥3人、沙弥尼4人，居士10人。供有玉佛观音及红豆杉佛像数尊。有汽车2部、电脑13台。

福源寺 始建于元末明初，初为竹青背村人家庙，山间松青柏翠，云雾缭绕，疑为仙境，故名“仙人峰”，是灵台山最古老的寺庙之一。清光绪元年（1875），寺毁于火，信众集资重建，称老庵。“文化大革命”期间，僧尼还俗，老庵荒废。1971年，当地信众捐资修复，改名福源寺。1984年，重建大雄宝殿。2000年，新建砖木钢筋混凝土结构天王殿、两侧厢房等，建筑总面积达1160平方米。2005年，常住寺5人，其中比丘1人、比丘尼2人、居士2人。

翠峰寺 又名“醉峰寺”。据大连坑族谱记载，明宪宗成化八年（1472），长校五郎公和大连坑邹公在该处造欧阳真仙宫。清未，比丘悟明云游至此，见此地山明水秀，瑞霭祥和，地形宽敞，清静幽雅，乃僧人修行之宝地，于是感化当地信众集资建造大雄宝殿，随后又建韦陀弥勒二殿和左右厢房，建筑面积300平方米。盛时住寺僧尼15人。清流、宁化、连城、长汀各地善男信女纷至沓来，香火鼎盛。“文化大革命”期间，寺宇、佛像被毁，所有僧尼被赶下山，佛事活动终止。1982年，随着中央宗教信仰自由政策的落实，重返僧尼发起倡议，兴众集资，重建庙宇。1983年年底，复建大雄宝殿、观音堂，祖师堂、弥勒殿，韦陀殿及左右厢房。1996年，新加坡华人卓进卿出资23万元，翻修翠峰寺，建筑面积2500平方米。寺院内拥有1株200多年遐龄的珍异茶花及2吨重的石龟。传说石龟极有灵性，因而香火不息。2005年，常住15人，其中比丘4人、比丘尼6人、居士5人。

圆通寺 距翠峰寺下约800米。1991年，满明法师兴建大悲殿，1994年落成。1995—2004年，陆续投资3千余万元，先后建成大雄宝殿、天王殿、藏经楼、方丈楼、钟鼓楼、僧舍、素食馆、放生池、龟园、山门等。2005年，常住10人，其中比丘2人、比丘尼6人、居士2人。

福潭寺 地处嵩溪镇农科村。始建于后唐庄宗同光年间，旧为福潭书院、巫氏宗祠，正中为佛殿，左为巫罗俊神牌，后为观音堂。元延祐二年（1315）重修，明成化丙戌年（1466）复修。清末民国初，寺遭匪难。民国19年（1930）僧人兴道建造横屋，盛松修建观音堂，后僧慧能整修寺宇。“文化大革命”期间，僧尼还俗，寺殿被用作清流三中教室。20世纪90年代初，当地热心民众筹集资金，建成砖木钢筋混凝土结构大雄宝殿、弥勒殿、观音堂、僧舍、斋堂等，建筑面积1000余平方米。2005年，常住12人，其中比丘尼7人、居士5人。

铁石灵山寺 又名“双龙塘”，位于沙芜乡铁石村灌尾双龙塘、九龙湖风景区上游。始建唐贞观年间。宋、元间几次修葺。明永乐年间（1403）重修。嘉靖二十六年（1547）因灾冲毁。隆庆五年（1571）重建。清康熙四十年（1701）又修葺，后朽坏。1945年，经地方人士募捐重建。1971年，因兴建安砂水电站被淹没。1977年，民众捐资出力，在铁石灌尾双龙塘重建。该寺为砖木结构，占地面积500平方米。内塑三宝如来金身，观音、地藏、罗汉等佛像。1998年登记发证。2005年，住寺2人，均为五戒弟子。

香山寺 又名“上坪庵”，位于原邓家乡坑甲村与灵地镇青甲村之间，距县城50千米。唐贞观三年（629）为僧人六锡修。明洪武年间重修，清乾隆年间复修。1972年，寺庙改作邓家公社畜牧场。1982年，部分僧尼重返，倡议信众集资助力重建，陆续修复大雄宝殿、天王殿、左右厢房等，建筑面积1410余平方米。1997年，常住僧尼7人，其中比丘僧2人、比丘尼2人、居士3人。2005年，常住僧尼8人，其中比丘僧1人、比丘尼2人、居士5人。

2005年清流县登记发证佛教寺庙情况表

表25-1

地 点	数 量	寺庙名称
龙津镇	2	金莲寺 云海寺
东华乡	1	清福寺
里田乡	3	福善寺 兴善寺 崇祯寺
邓家乡	2	香山寺 董山寺
赖坊乡	2	灵山寺 龙泉寺
沙芜乡	1	铁石灵山寺
林畲乡	1	仁寿寺
嵩口镇	5	嵩峰寺 福胜寺 西林寺 华林寺 龙峰寺
嵩溪镇	4	福潭寺 竺云寺 高城寺 清源寺
田源乡	2	新山寺 东林寺
温郊乡	1	上阳山
长校镇	7	圆通寺 贵人寺 永乐寺 福源寺 白云寺 龙莲寺 会龙寺
李家乡	2	隐山寺 金山寺
灵地镇	1	天星寺

（二）清流县佛教协会

1985年4月1日，在金莲寺成立清流县佛教协会。1990年，召开第三次代表大会，选举产生三届常务理事9人。会长尼仰谆，副会长释慧宗、释仰旗。

1994年，召开第四次代表大会，选举产生四届常务理事17人。会长尼仰谆，副会长释仰明，秘书长释满明兼。

1999年4月，召开第五次代表大会，选举产生第五届佛协常务理事16人。会长释满明，副会长释仰明、释照尚、释德生，秘书长释满善。

2003年9月29日，召开第六次代表大会，选举产生常务理事11人。会长释满明，副会长释大愿、释满尚、释德生，秘书长释耀平。

二、道 教

（一）道教场所与信众

道教于南宋淳熙年间（1174—1189）传入清流。明洪武十六年（1383），在县城东东岳宫设道会司，其时县内道士多栖居东岳宫、元帝宫、登贞观、大丰山顺真宫等处。至2005年，全县道教活动场所5处，即李家灵龟山庵、沙芜罗口庵、东华下戈仙公庙、赖坊大丰山顺真道院、嵩溪神农寺。有道教教职人员3人。

主要宫观：

顺真道院 位于赖坊乡大丰山，始建于宋代，供奉欧阳真仙神像。道院坐南朝北，依山营建，土石木结构，上覆铁瓦。新中国成立初期，此处曾是军事用地，有部队驻守。军队撤离后，乡人修复道院，重修欧阳真仙神像。1968年，道院毁于山火。1981年，赖坊、邓家等地信徒捐资重修。道院上殿为大殿和偏房，左偏房为沈氏宗祠，下殿为带楼走廊，中设天井，建筑面积260余平方米。道院附近有化身岩、棋盘山、香炉峰等景观。传说化身岩是欧阳真人得道化身之处。2005年，道院住庙6人。

灵龟山庵 位于李家乡长灌村西，又名“龙龟山”。始建于明末，至清代建成上下厅殿，设道堂、观音堂、关圣帝，塑道家及关公像。庵前二口池塘奇妙无比，两池相距5米，一池出水浑，一池出水清，长年累月从不干涸，足够百余人饮用。清末，有士绅在此办私塾学堂。其时，为防外人侵掠，长灌村民曾在山周围砌筑围墙、设炮台。龙龟山三面环水，一面傍山，形似一龟伏于水中，龟山上竹木成林，庵内香火旺盛。20世纪90年代末，当地热心群众倡仪民众捐资出力，助工助料重建，塑道教“三清”和欧阳真仙等神像。

下戈欧阳真仙庙 位于龙津镇下戈村，距县城8千米。欧阳真仙，名大一，字世清，唐戊戌年（878）生。原在其出生地阳坊村设坛。1992年秋，民众在现址建庙，占地面积600平方米，建筑面积260余平方米。设大殿、偏殿、住房等。住庙2人。每年农历正月二十五、十月初一举办庙会。

（二）道教活动

道教宫观中宗教活动主要有日常功课（早中晚集中殿堂诵经）、受戒（举行受戒仪式成为正式道士）、建醮（即道场）等。

三、基督教

（一）基督教活动场所

清流县基督教“三自”（自治、自养、自传）爱国运动委员会于1985年成立。1991年，全县有基督教徒515人。

1993年，有城关教堂、大基头聚会点2个活动场所。1997年，全县基督教徒625人，受洗礼465人。

1998年，新增嵩溪、嵩口、温郊、灵地4处基督教聚会点。2000年11月，新增长校聚会点1处。

2002年，城关教堂扩建。建筑面积由原来370平方米扩大至1000平方米。全县基督教徒828人，受洗礼516人。2005年，全县登记基督教活动场所7处，有基督教徒1100人，受洗礼857人。

（二）基督教三自爱国运动委员会

1991年5月3日，召开县基督教三自爱国运动委员会第二次代表大会，出席会议代表51人，选举产生新一届基督教“三自”爱国运动委员会理事11人。选举郑学宜为县“三自”爱国运动委员会主席，叶兴魁（兼秘书长）、张天送为副主席。

1994年，召开第三次代表大会，出席会议代表62人，选举叶兴魁为“三自”爱国运动委员会主席，黄天送、黄春秀、罗桂珠为副主席，周宝珠为秘书长。

1999 年 4 月，召开第四次“三自”爱国运动委员会代表大会，出席会议代表 71 人，选举产生新一届理事，选举林赛莲为主席，庄桂珍、邹月华为副主席，马香珠为秘书长。

2004 年 11 月，召开第五次代表大会，出席会议代表 80 人，选举林赛莲为主席，庄桂珍、马香珠、黄茂荣为副主席，田闽英为秘书长。

四、天主教

1991 年，全县天主教徒 3 人。清流没有天主教活动场所，教徒到宁化参加活动。平常教徒就在自家诵经。2005 年，全县有天主教徒 2 人。

第二节 宗教事务管理

一、制度建设

1991 年，在金莲寺原有“五大管理制度”基础上，制定《寺庙、堂点安全防范制度》，组织宗教界人士讨论，补充修订完善后在全县推广试行。

1992—1994 年，进一步健全《爱国公约》《教务活动管理制度》《住寺人员守则》《寺庙住持职责》《寺庙财务管理制度》《文明寺庙试行条例》等制度。教育信教群众加强学习，提高遵守国家政策法令自觉性。

1995 年，县宗教管理部门建立与宗教人员的联系制度，联系佛教人士 55 人、基督教人士 14 人。防止境外势力渗透。

2005 年，县宗教管理部门严格宗教场所基建、大型佛事活动等事项审批制度。完善宗教团体和宗教活动场所负责人例会制度。每季度召开宗教团体理事会议 1 次，半年召开宗教活动场所负责人会议 1 次。

二、宗教场所管理

1991 年起，县宗教管理部门做好各宗教场所的登记发证工作，同时做好每年的年检工作。1994 年 1 月，为第一批登记的 19 个宗教场所发证。

1997 年，县宗教管理部门出台制止乱建寺庙和露天佛像措施 6 条，拆除寺庙危房 1 座。全面检查全县宗教活动场所 50 个。对已登记的 19 个寺庙以及准予登记发证的 11 个寺庙进行审查年检。帮助 40 座寺、观、堂、点完善规章制度，推动宗教活动场所加强自身管理。长校灵台山及嵩溪福潭寺开光活动期间，先后 4 次组织力量配合当地政府部门做好安全防范工作。1998 年，完成宗教场所登记发证 23 个。

2004 年，成立县治理乱滥建工作领导小组，制止、整顿乱建、滥建寺观教堂、露天宗教造像和民间信仰场所行为。年检宗教场所 43 处，合格 39 处。

2005 年，开展创“五好宗教活动场所”“文明寺院，平安场所”活动。

三、教职人员管理

1991 年，引导各宗教场所教职人员“自传、自治、自养”。21 个寺庙中有 13 个能生产自给。是年，市宗教局在清流县召开寺庙生产自养现场表彰会。

1993 年，举办教职人员学习（培训）班，进行爱国爱教和宗教政策法规教育。被评为市“三自”先进寺庙 3 个。3 名年轻教职人员到佛学院深造。

1994 年始，依靠爱国宗教团体，依照自身教规教义，抓好宗教场所内部人员管理，依靠各乡镇统战委员，抓好宗教场所外部管理。利用宗教团体换届机会，培养年轻教职人员，把好人员出入关。帮助宗教场所建立、完善常住人员花名册和外来人员登记等工作。

1997 年，引导宗教人士举办“迎香港回归，祈祷世界和平法会”4 场，320 人参加。举办教职人员培训班 2 期，参加学习 76 人。学习宗教工作必须掌握的“四个政策界限”及教规教义。组织宗教教职人员参与“创文明寺庙、做文明人”活动。年内，教职人员新老交替基本完成。2005 年末，全县有宗教信徒 8000 余人。

第三章　方　　言

第一节　概　　说

一、清流方言调查研究

清流方言调查研究总体较薄弱。20 世纪 50 年代方言普查和 80 年代后的地方志纂修时曾对城关方言进行过调查，成果主要体现在《福建省汉语方言概况》（1963 年铅印，未正式出版）、《清流县志》（中华书局，1994 年）《福建省志·方言志》（方志出版社，1998 年）等几部书中。其中《清流县志》对长校、灵地、林畲等乡镇方言进行了简略介绍。北京大学中文系教授、博士生导师项梦冰于 1985—2005 年对长校（江坊）方言进行过多次实地调查，并发表单篇论文《清流方言的代词》（见《代词》，暨南大学出版社，1999 年）、《清流（长校）方言的判断动词》（见《闽西方言调查研究·第一辑》，新星出版社，2004 年），研讨长校（江坊）方言。此外，还有一些学位论文或单篇论文也程度不同地涉及清流方言。本章编写参考历次调查材料，采用宽式标音。

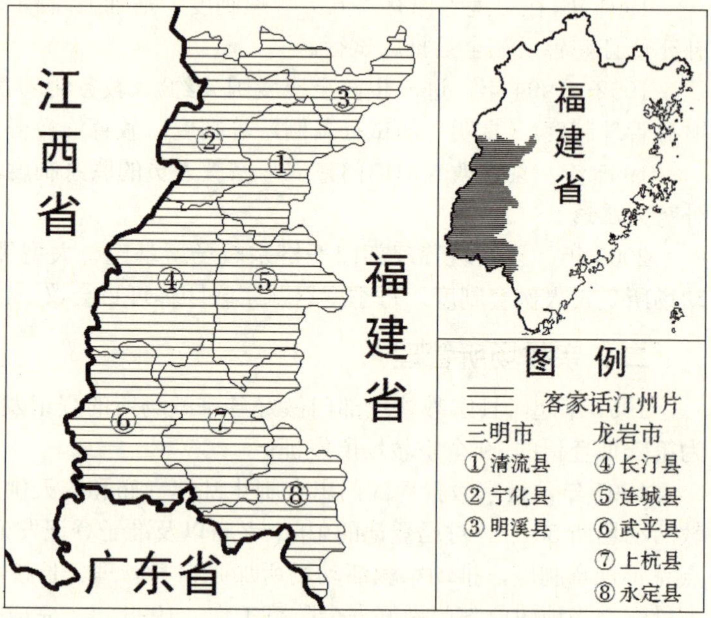

图 25-1　客家话汀州片分布示意图

二、清流方言性质

清流方言划归客家话，是学术界一贯见解。清流方言性质主要体现为以下三项语言特征：①古非组字今白读层为双唇音声母。②古宕摄合口三等非组字今读 -i-。③“寅”字读“以脂切”。例字见下表（有文白异读的字只列白读，“—”表示缺语料。）

表 25-1

地点	①古非组字				②古宕摄合口三等非组字			③寅
	斧非	蜂敷	肥奉	袜微	枋木板	芒茅草	网	寅
龙津	꜂pu	꜀pʰuŋ	꜁pʰɛ	maʔ꜆	꜀piɔŋ	꜁miɔŋ	꜂miɔŋ	꜁ɿ
嵩溪	꜂pu	꜀pʰɤŋ	꜁pʰɛ	maʔ꜇	꜀piɔŋ	꜁miɔŋ	꜂miɔŋ	꜁i
嵩口	꜂pu	꜀pʰom	꜁pʰɛ	maʔ꜆	꜀piɒŋ	꜁miɒŋ	꜂miɒŋ	꜁i
温郊	꜂pu	꜀pʰəŋ	꜁pʰe	maʔ꜇	꜀pioŋ	꜁mioŋ	꜂mioŋ	꜁i
林畲	꜂pu	꜀pʰɤŋ	꜁pʰe	mo꜅	꜀pioŋ	꜁mioŋ	꜂mioŋ	꜁i
长校	꜂pu	꜀pʰəŋ	꜁pʰə	maʔ꜇	꜀piɔŋ	꜁miɔŋ	꜂miɔŋ	꜁i
长校江坊	꜂pu	꜀pʰuŋ	꜁pʰə	maʔ꜇	꜀piɔŋ	꜁miɔŋ	꜂miɔŋ	꜁i

续表 25-1

地 点	①古非组字				②古宕摄合口三等非组字			③寅
	斧非	蜂敷	肥奉	袜微	枋木板	芒茅草	网	寅
里 田	ᶜpu	꜀pʰəŋ	꜁pʰai	maʔ꜇	꜀pioŋ	꜁mioŋ	ᶜmioŋ	꜁i
田源田口	ᶜpu	꜀pʰoŋ	꜁pɛ	maʔ꜇	꜀pio	꜁mio	ᶜmio	꜁i
余朋蛟坑	ᶜpu	꜀pʰoŋ	꜁pɛ	maʔ꜇	꜀piaŋ	꜁miaŋ	ᶜmiaŋ	꜁i
沙 芜	ᶜpu	꜀pʰʌŋ	꜁puei	mɔʔ꜇	꜀piɔŋ	꜁miɔŋ	ᶜmiɔŋ	꜁i
赖 坊	ᶜpu	꜀pʰaŋ	꜁puei	mɑʔ꜇	꜀piaŋ	꜁miaŋ	ᶜmiaŋ	꜁i
灵地吉龙	ᶜpu	꜀pʰaŋ	꜁pai	mɔʔ꜇	꜀piaŋ	꜁miaŋ	ᶜmiaŋ	꜁i
李 家	ᶜpu	꜀pʰaŋ	꜁pai	mɔʔ꜇	—	꜁mioŋ	ᶜmioŋ	꜁i

① ②两项特征为闽西和粤东的客家话所共有。试比较梅县、连城：

表 25-2

地 点	斧非	蜂敷	肥奉	袜微	枋木板	芒茅草	网
梅 县	ᶜpu	꜀fuŋ	꜁pʰi	mat꜆	꜀pioŋ	꜁mioŋ	ᶜmioŋ
连 城	ᶜpiᴇ	꜀fuŋ	꜁pʰuo	ma꜅	꜀pioŋ	꜁mioŋ	ᶜmioŋ

“寅”字绝大多数汉语方言的读音来自《广韵》平声真韵翼真切，例如：北京 ꜁in｜长沙 ꜁in｜南昌 in꜄｜苏州 ꜁ɉin｜广州 ꜁ɉiɐn｜厦门 ꜁in。但部分客家话的读音来自《广韵》平声脂韵的以脂切，例如：梅县 ꜁i｜长汀（河田芦竹）꜁i｜连城（揭乐）꜁i｜上杭（旧县）꜁i｜武平（桃溪湘坑）꜁i｜永定（湖雷石坑）꜁i｜宁化（石壁）꜁i｜明溪（盖洋）꜁i。“寅”字读以脂切集中分布在闽西客家话地区，也见于少数与闽西客家话毗邻的闽语（例如龙岩、连城姑田、沙县、将乐）和赣语（例如泰宁），可看作是闽西客家话影响所致。值得注意的是闽西客家话这一特征已开始流失，例如长汀县城关方言“寅”已读［꜁ieŋ］，清流也开始出现类似情况，例如温郊发音人（1973 年生人）“寅”字已经按照翼真切的地位来读，而随机询问的两位 60 岁以上本地人均读［꜁i］。

三、清流方言分类

清流客家话的内部差异较大，可谓是“五里不同调，十里不同音”。从语言特征上看，首先是西部方言和东部方言的不同。二者区别在于古全浊声母的清化结果不同。东部方言逢塞音塞擦音大体不送气，西部方言逢塞音塞擦音大体送气。例如（有些字未记录到白读音）：

清流客家方言内部发音差异比较表

表 25-3

地 点	同定	旗群	坐从	动定	住澄	步並	直澄	伏奉
龙 津	꜁tʰuŋ	꜁kʰi	꜀tsʰo	꜀tʰuŋ	ʧʰi꜅	pʰu꜅	ʧʰieʔ꜆	pʰuʔ꜆
嵩 溪	꜁tʰɤŋ	꜁kʰi	꜀tsʰo	꜀tʰɤŋ	ʧʰi꜅	pʰu꜅	ʧʰieʔ꜆	pʰuʔ꜇
嵩 口	꜁tʰom	꜁kʰi	꜀tsʰo	꜀tʰom	ʧʰi꜅	pʰu꜅	ʧʰeʔ꜆	fuʔ꜆
温 郊	꜁tʰəŋ	꜁kʰi	ᶜtsʰa	ᶜtʰəŋ	ʧʰi꜅	pʰu꜅	ʧʰiʔ꜇	pʰuʔ꜇
林 畲	꜁tʰəŋ	꜁kʰi	ᶜtsʰue	ᶜtʰəŋ	ʧʰi꜅	pʰu꜅	tsʰɿ꜅	pʰuʔ꜇
长 校	꜁tʰəŋ	꜁kʰi	꜀tsʰo	꜀tʰəŋ	kʰu꜅	pʰu꜅	ʧʰʅʔ꜇	pʰuʔ꜇
长校江坊	꜁tʰuŋ	꜁kʰi	꜀tsʰo	꜀tʰuŋ	kʰu꜅	pʰu꜅	ʧʰʅʔ꜇	pʰuʔ꜇

续表 25-3

地　点	同定	旗群	坐从	动定	住澄	步並	直澄	伏奉
里　田	꜁tʰəŋ	꜁kʰi	꜀tsʰou	꜀tʰəŋ	tsʰu꜄	pʰu꜄	tsʰɿʔ꜇	pʰuʔ꜇
田源田口	꜁toŋ	꜁ki	꜂tsʰa	toŋ꜅	ʧi꜅	pu꜅	tsʰɿʔ꜇	pʰuʔ꜇
余朋蛟坑	꜁toŋ	꜁ki	꜂tsʰa	toŋ꜅	ʧy꜅	pu꜅	tsʰɿʔ꜇	fuʔ꜇
沙　芜	꜁tʌŋ	꜁ki	tsʰɔʔ꜇	tʰʌŋʔ꜇	ʧi꜅	pu꜅	tsʰɿʔ꜇	pʰuʔ꜇
赖　坊	꜁taŋ	꜁ki	tsʰɑʔ꜇	tʰaŋʔ꜇	ʧi꜅	pu꜅	tsʰɿʔ꜇	pʰuʔ꜇
灵地吉龙	꜁taŋ	꜁ki	tsʰɔʔ꜇	tʰaŋʔ꜇	ʧi꜅	pu꜅	tsʰɿʔ꜇	pʰaʔ꜇
李家鲜水	꜁taŋ	꜁ki	tsɤʔ꜇	taŋʔ꜇	ʧi꜅	pu꜅	tsɿʔ꜇	fuʔ꜇

由表可见，从龙津至长校（江坊），古全浊声母清化逢塞音塞擦音大多送气，灵地（吉龙）至余朋（蛟坑），古全浊声母清化逢塞音塞擦音部分送气部分不送气，古平声、去声字一般不送气，古上声、入声字一般送气（浊上读入阳去的一般不送气）。李家（鲜水）古全浊声母清化逢塞音塞擦音大多不送气。

东部方言可根据古浊上字白读层的表现，分为田余片和赖灵片。田余片通行于田源乡和余朋乡，古浊上字今白读层归上声。赖灵片通行于赖坊乡、沙芜乡、灵地镇、李家乡，古浊上字今白读层归阳入。例字如上表所举的“坐”“动”，其中田源（田口）、余朋（蛟坑）“动”字也许是漏记了白读音。田余片和赖灵片下还可划分小片，本章从略。

西部方言可分为龙嵩片、温林片、长校片、里田片。龙嵩片通行于龙津镇、嵩口镇、嵩溪镇。温林片通行于温郊乡、林畲乡。长校片通行于长校镇。里田片通行于里田乡。龙嵩片和温林片下还可划分小片，本章从略。区分西部方言四个片的音韵特征很多，略举 4 条：

清流西部方言四个片音韵特征比较表

表 25-4

片　区	浊上白读阴平	去声分阴阳	歌＝家、宝＝饱	有鱼虞分韵痕迹
龙嵩片	＋	＋	＋	＋
温林片	－	＋	±	＋
长校片	＋	＋	－	－
里田片	＋	－	±	＋

古浊上白读阴平的例字如上表所举“坐”“动”二字。其余三条特征举例如下：

清流西部各乡镇方言音韵特征比较表

表 25-5

地　点	布、步声调的比较	歌—家、宝—饱	佢、圩、鱼
龙　津	pu꜄—pʰu꜅	꜀ko＝꜀ko、꜂pɔ＝꜂pɔ	꜀kɤ、꜀hɤ、꜁ŋɤ
嵩　溪	pu꜄—pʰu꜅	꜀ko＝꜀ko、꜂pɒ＝꜂pɒ	꜀kɤ、꜀hɤ、꜁ŋɤ
嵩　口	pu꜄—pʰu꜅	꜀ko＝꜀ko、꜂pɒ＝꜂pɒ	꜀kɤ、꜀hɤ、꜁ŋɤ
温　郊	pu꜄—pʰu꜅	꜀ko＝꜀ko、꜂pɒ＝꜂pɒ	꜂kʰe、꜀he、꜁ŋe
林　畲	pu꜄—pʰu꜅	꜀kɤ≠꜀ko、꜂pau＝꜂pau	꜂kʰe、꜀he、꜁ŋe
长　校	pu꜄—pʰu꜅	꜀ko≠꜀kɔ、꜂po≠꜂pau	꜀ku、꜀ʃʅ、꜁ŋu

续表 25-4

地　点	布、步声调的比较	歌—家、宝—饱	佢、圩、鱼
长校江坊	pu˒—pʰu˭	˓ko≠˓kɔ、˓po≠˓pau	˓ku、˓ʃʅ、˓ŋu
里　田	pu˒—pʰu˒	˓ko≠˓kɔ、˓pau=˓pau	˓kɯ、˓hɯ、˓əŋ

以上分片仅为各乡镇取 1 个方言点（长校 2 个）做代表所得出的初步结果。实际有些乡镇并不能单一划归某个方言或方言片，如嵩口镇划归西部方言龙嵩片，可围埔村一带方言却应划归东部方言。长校镇划归西部方言长校片，可黄石坑一带方言却应划归东部方言。清流客家话的分区如下图所示：

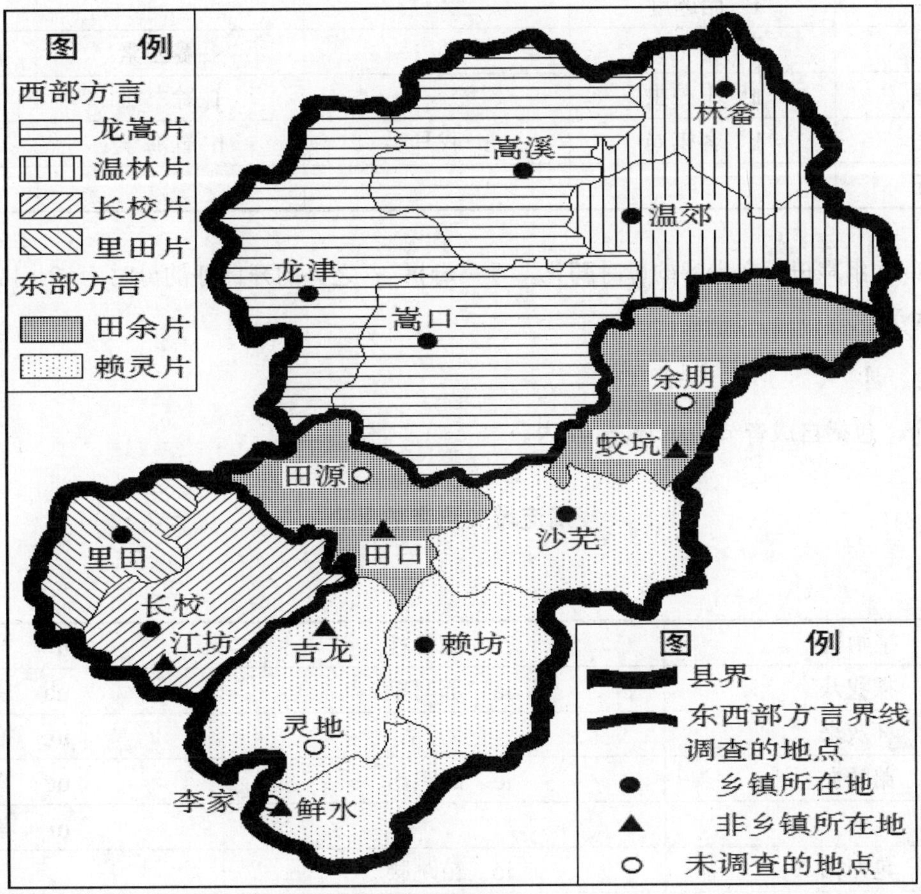

图 25—2　清流客家话分区图

虽然清流方言客家话性质清楚，可是作为一种搭界方言（清流县东面即为通行闽语的永安市），县内各乡镇方言均不同程度地带有一些闽语成分，可视为客闽互动的结果。最明显的例子为“柿”字县内方言普遍都有 kʰ- 的读法，如龙津、嵩口、嵩溪“柿”都读 [˓kʰi]（比较永安：[˓kʰi]）。再如沙芜话，以下几项均可视为闽语成分：①来母字读 s-。例如：露 su˭雾｜鸡健 ˓kai sɔ˭ 尚未下蛋的小母鸡｜杉樮 ˓som saiʔ˭ 杉树的细枝。②儿子叫“囝哩”[˓kie ˓li]。③脚叫“骹”[˓kʰia]。

第二节　语　音

该章记录的为中派语音，以清流大姓代号“伍 1959”（前为发音人姓氏，后为出生年份）的发音为准。“伍 1959”世居城关中心地段，未长期离开过当地。

一、清流城关音系

（一）声 母

声母 21 个，包括零声母 Z 在内。

清流城关语音声母表

表 25-7

p 拜笔布	p^h 派皮步	m 埋米模	f 槐水富	v 禾味云
t 带帝堵	t^h 胎题度			l 耐梨路
ʦ 再祭租	$ʦ^h$ 猜七助		s 赛西素	
ʧ 遮猪钟	$ʧ^h$ 车苎虫		ʃ 赊书雄	
k 街饥姑	k^h 客棋局	ŋ 我耳吴	h 鞋海学	
ø 矮医五				

ʦ 组声母和 k 组声母拼齐齿呼韵母时腭化。零声母拼 ɿ 之外的开口呼韵母时为 ʔ，拼 ɿ 韵母时为 z，拼齐齿呼韵母时为 j。

（二）韵 母

韵母 48 个，包括自成音节的鼻音 ŋ̍ 在内。

清流城关语音韵母表

表 25-8

ɿ 字始梳	i 比西柱	u 补虎谷
a 摆我八	ia 邪写壁	ua 袋菜阔
ɛ 杯灰来		uɛ 推栽衰
e 弟睡血	ie 舐鸡出	ue 雪蕨抉
		ui 龟亏菊
ɔ 包刀扫	iɔ 苗跳腰	
o 坡爬尺	io 夜球削	
ɤ 鱼偷北	iɤ 柳酒油	uɤ 骨国窟
ɛ̃ 本冷近		uɛ̃ 轮村滚
aŋ 满三庵	iaŋ 饼井赢	uaŋ 短官安
eŋ 边船线	ieŋ 砖牵盐	ueŋ 选劝软
ɔŋ 帮汤矿	iɔŋ 网箱秧	
ɤŋ 冯唇人	iɤŋ 音印任	uɤŋ 军裙韧
uŋ 梦粽公	iuŋ 龙从用	
ɿʔ 饰	iʔ 力疾局	uʔ 目读族
aʔ 拔滑辣	iaʔ 碟席狭	uaʔ 夺捋
eʔ 篾越绝	ieʔ 直热叶	ueʔ 集掘月
oʔ 白杂石	ioʔ 缚弱药	

续表 25-8

ɤʔ　墨特贼	iɤʔ 六绿肉	
ŋ̍ 五午唔不		

a 实际音值为 ᴀ。ɛ 的舌位略偏后。ɤ ɔ 的舌位略偏前。aŋ iaŋ uaŋ 和 ɔŋ iɔŋ 的实际读法为 ã^{ŋ} iã^{ŋ} uã^{ŋ} 和 ɔ̃^{ŋ} iɔ̃^{ŋ}。uŋ iuŋ 的实际读法为ʊŋ iʊŋ 。舌叶擦音 ʃ 拼开口呼韵母时，有过渡音 ^{i}，本章不记。

（三）声 调

单字调 6 个：

表 25-9

阴平	33 ˧	诗是	阳平	212 ˨˩˨	时题
上声	31 ˧˩	始识			
阴去	35 ˧˥	势帝	阳去	42 ˦˨	事士
入声	5 ʔ˥	石十			

阴平的实际调值为 22。阳平 212，以升为主。阴去起点比 3 略低，终点比 5 略低。阳去的实际调值为 43，比其他舒声调都短。入声的实际调值为 54。

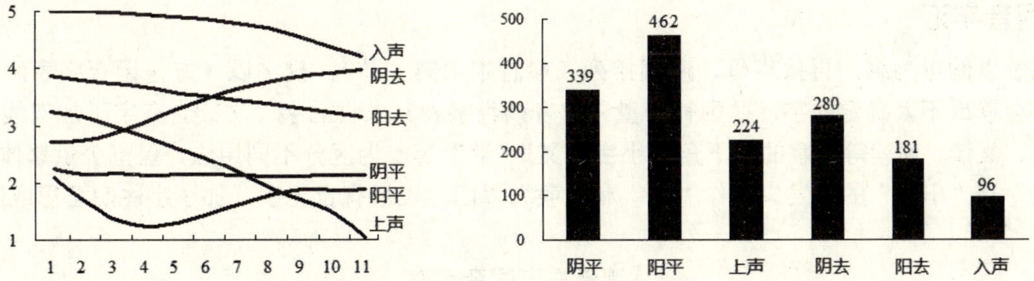

图 25—3　清流客家话不同声调音高曲线和基频时长图

每个调类用 6 个字代表，通过实验语音学手段测得的音高曲线和基频稳定段的时长如下图所示。左图每条线代表一个调类的音高走势，为制图方便按等长处理。每个代表字从基频稳定段取 11 个基频数据，6 个字平均之后再转换为五度值。右图的时长单位是毫秒，也是 6 个代表字的平均。入声最为短促，只有 96 毫秒。阳平最长，有 462 毫秒。舒调中的阳去最短，只有 181 毫秒，还不到阳平的一半，不过比入声仍长近一倍。

二、城关方言的内部变异

清流城关方言内部变异明显，变异范围不局限于语音，还包括词汇和语法。根据所掌握调查资料介绍两个主要方面。

（一）dzɿ 音节问题

根据《清流县志》（中华书局，1994 年）方言卷，清流城关方言有浊塞擦音 dz 声母，只拼 ɿ 韵母，而 i 韵母则不拼零声母。同音字表所收的字有：

阴平：伊衣　阳平：儿移夷姨而　上声：椅倚以　阴去：意亿忆　阳去：异

据调查，dzɿ 的实际读音为［zɿ］，西方学者可能更喜欢记为［z̩］。从音系处理上说，［z］可作为零声母的一个变体，不必单立声母，因为没有对立。

ɿ 韵母的零声母音节为老派城关人的语音特征。这种发音仅存在于部分 80 岁左右的城关人，绝大部分人都已读成 i 。下面对比 4 位发音人的读音：

表 25-10

发音人	衣	医	姨	而	寅	椅	意	异
陈（1936）	꜀ɿ	꜀ɿ	꜁ɿ	꜁ɿ	꜁ɿ	꜂ɿ	ɿ꜄	ɿ꜅
伍（1948）	꜀i	꜀i	꜁i	꜁i—꜁ɿ	꜁i	꜂i	i꜄	i꜅
罗（1943）	꜀i	꜀i	꜁i	꜁ɤ	꜁ieŋ	꜂i	i꜄	i꜅
伍（1959）	꜀i	꜀i	꜁i	꜁ɿ	꜁ɿ	꜂i	i꜄—ɿ꜄	i꜅

“陈 1936”的发音跟 1994 年版《清流县志》的记录完全一致：伊衣倚医 ꜀ɿ｜儿移夷姨寅而 ꜁ɿ｜椅倚以꜂ɿ｜意亿忆ɿ꜄ ｜异 ɿ꜅ 。“伍 1959”稳定读 ɿ 的字只有 6 个，另有两个字（意、易容—）不止一次读过 ɿ，但又坚持认为读 i 才是对的，即伊 ꜀ɿ｜儿而倪沂寅 ꜁ɿ｜意 i꜄— ɿ꜄｜易容— i꜅— ɿ꜅。“意”“易”两字同音字表按 i 处理。

（二）撮口韵问题

根据《清流县志》（中华书局，1994 年）方言卷，清流城关方言有 y 、yĩ 、yʔ 3 个撮口呼韵母。y 韵母主要是古遇摄合口三等字（非组字除外），也有少数止摄合口三等字和通摄合口三等字；yĩ 韵母主要是山摄合口三等字，也有部分咸山摄的开口三等字； yʔ 韵母主要是通摄合口三等的入声字，也有少数臻摄河口三等、梗摄合口三等、遇摄合口三等字，例如：旅 ꜂ly ｜徐 ꜁tsʰy ｜猪 ꜀ʧy ｜居 ꜀ky ｜雨 ꜂y｜砖 ꜀ʧyĩ｜川 ꜀ʧʰyĩ｜选 ꜂syĩ｜扇 ʃyĩ꜄｜熟 ʃyʔ꜆｜局 kʰyʔ꜆。“伍 1959 ”都比较稳定地读作相应的齐齿韵 i ieŋ iʔ（ĩ uĩ 本志记作 eŋ / ieŋ ueŋ），只有在咬字不准时才会在齐齿韵和撮口韵之间摇摆。

三、同音字汇

同音字表以韵母为纲，再按声母、声调排列（参看本章第一节）。收字以《方言调查字表》为基础，删掉发音人不会读或不太确定的字，并酌补少量《方言调查字表》未收的字。文读音在字下加双线，白读音在字下加单线。又读、训读等在字的右下角加小字“又”“训”等。为区分不同用法，保留少量繁体字，如“头发”的“发”和“出发”的“发”写作“髮”和“發”。“□”表示有音无字，加小字注明意思或用法。

清流方言同音字表

表 25-11

ɿ	
tsɿ	［˧］知通—蜘支枝肢资姿咨脂兹滋之芝痴　［˩˧］紫纸只—有旨指子梓止趾址齿牙—　［˥˧］滞制製智致稚至置志誌痣掷
tsʰɿ	［˧］雌　［˧˩］池驰瓷迟慈磁辞词祠持锄　［˩˧］此侈耻齿—轮矢有的放—　［˥˧］刺翅次赐　［˥˨］滞—手：形容提在手上的东西重自—私字痔治巳
sɿ	［˧］斯厮撕施私师狮尸司丝思诗是梳疏　［˧˩］时匙　［˩˧］屎使史驶始　［˥˧］世势逝—者如斯夫试式［˥˨］誓豉示视似寺嗣士仕柿西红—事市侍氏饲
ɿ	［˧］伊　［˧˩］儿而倪沂寅　［˥˨］易容—
i	
pi	［˧］蓖碑悲　［˩˧］彼比笔毕必逼碧　［˥˧］蔽弊毙闭箅庇痹
pʰi	［˧］批—斗披被丕　［˧˩］皮疲脾琵枇　［˩˧］殕生—：发霉匹　［˥˧］屁鼻动词：闻　［˥˨］币被—动避备鼻—窟：鼻子篦僻
mi	［˧˩］迷谜糜弥眉　［˩˧］米美
fi	［˧］非飞妃挥辉徽　［˧˩］肥垂　［˩˧］贿毁水匪翡　［˥˧］废肺费　［˥˨］惠慧瑞

续表 25-11

vi	[˧] 微威　[˩] 为维惟唯违围　[˧˩] 伪萎委伟苇慰纬熨—斗　[˥] 畏　[˥˧] 卫喂为—子唔—女：偏袒儿子的意思位未味畏—惧胃谓猬
ti	[˧] 知听—哩：听到了　[˧˩] 嫡　[˥] 帝的
t^hi	[˩] 堤题提蹄　[˧˩] 体踢　[˥] 剔　[˥˧] 第递地涕
li	[˧] 里—头　[˩] 黎离篱璃尼梨厘狸　[˧˩] 礼李里一—路理鲤历日—拟吕旅缕屡履　[˥˧] 厉励荔利痢吏虑滤
tsi	[˧˩] 骤挤姊嘴即鲫积迹脊绩□蘸　[˥] 祭际济剂醉
ts^hi	[˧] 妻　[˩] 齐—国脐糍—粑　[˧˩] 七漆膝戚　[˥] 翠—咧：翠鸟□偷看　[˥˧] 自—家：自己
si	[˧] 西　[˧˩] 死悉息熄媳惜昔戌　[˥] 四肆序续
ʧi	[˧] 栀黄—咧猪诸诛蛛株朱硃珠　[˧˩] 煮举主竹筑祝粥烛嘱　[˥] 著—作驻注注蛀铸
$ʧ^hi$	[˧] 蛆苎枢　[˩] 锄徐除渠厨雏殊槌锤　[˧˩] 畜　[˥] 处—分｜—长　[˥˧] 拄柱—咧：柱子住轴
ʃi	[˧] 犀兮牺嬉熙希稀书舒需圩虚嘘输输吁竖　[˩] 薯番—：白薯　[˧˩] 徙喜暑鼠署许宿叔淑畜蓄　[˥] 戏　[˥˧] 絮系繫係叙绪树
ki	[˧] 饥肌基机讥饑居车—马炮拘驹千里—　[˧˩] 矩几茶—己纪几—乎幾急级给吉橘击激杞　[˥] 忌稽计继髻寄冀记既巨拒距据剧—烈剧戏—
k^hi	[˧] 徛站欺区驱　[˩] 奇骑岐祁鳍其棋期旗祈蒌—菜　[˧˩] 取娶启企柿—咧：柿子起岂讫乞　[˥] 器弃气汽趣　[˥˧] 技妓俱—乐部具惧
ŋi	[˧] 尔你　[˩] 疑　[˧˩] 耳女汝语　[˥˧] 义议二贰艺手—
i	[˧] 伊医衣依　[˩] 于淤余餘娱於愚渔盂痍—宜仪谊移夷姨饴遗　[˧˩] 椅已以与乳豆腐—雨宇禹育教—　[˥] 意益忆亿翼□—土粪：用暗火慢慢焚烧带土的草等，也叫“煏土粪”　[˥˧] 艺异毅郁御禦誉预豫遇寓榆逾愉愈芋喻裕域

u

pu	[˧] 妇—娘侪：妇女□蹲　[˧˩] 补斧—头腹—屎：肚子　[˥] 布佈怖埠
p^hu	[˧] 铺床—铺店—　[˩] 脯胸—蒲菩瓠—咧：瓠瓜扶　[˧˩] 谱普浦捕甫脯朴仆　[˥] 讣　[˥˧] 部簿步伏孵。《广韵》去声宥韵扶富切：鸟菢子
mu	[˩] 模—子巫　[˧˩] 母
fu	[˧] 呼夫肤麸乎　[˩] 敷俘胡湖狐壶葫鬍符扶芙浮　[˧˩] 虎浒府腑俯釜腐—败｜反—辅福蝠复—杂　[˥] 付赋傅姓赴附富副幅　[˥˧] 户沪互护父腐豆—傅师—妇负
vu	[˧] 乌污诬侮　[˩] 梧抚　[˧˩] 午武舞鹉屋沃—水：浇水　[˥˧] 误悟务雾戊
tu	[˧] 都首—都—来　[˧˩] 剁堵赌肚笃督
t^hu	[˩] 徒屠途涂图　[˧˩] 土吐—痰吐呕—　[˥] 兔秃　[˥˧] 度渡镀
lu	[˩] 奴卢炉芦鸬庐驴如　[˧˩] 努鲁橹虏卤乳牛—辱褥□嘴对嘴喂饭　[˥] 露—水　[˥˧] 路
tsu	[˧] 租　[˧˩] 祖组阻撮　[˥] 做
ts^hu	[˧] 粗初　[˧˩] 楚础储　[˥] 醋　[˥˧] 助
su	[˧] 苏酥蔬　[˧˩] 所缩　[˥] 素诉塑数动词数名词漱恕述速
ku	[˧] 姑孤　[˧˩] 古估牯股鼓谷毂　[˥] 过故固雇顾

续表 25-11

k^hu	[˧] 箍枯　[˧˩] 苦　[˥] 库裤酷
ŋu	[˨˩] 吴蜈无

a

pa	[˧] 爸　[˧˩] 摆八　[˥] 拜
p^ha	[˨˩] 排牌簰竹—：竹筏　[˧˩] 泼—水丨—妇　[˥] 派　[˥˧] 败
ma	[˧] 妈　[˨˩] 埋　[˧˩] 买口酒—咧：酒窝　[˥˧] 卖迈
fa	[˨˩] 怀槐淮　[˧˩] 髮發　[˥˧] 坏
va	[˧] 歪蛙洼
ta	[˧] 呆　[˥] 戴带
t^ha	[˧] 胎　[˨˩] 台—州台戏—苔抬　[˥] 态太泰　[˥˧] 大待怠大—夫贷—款代
la	[˧] 拉　[˨˩] 口舔　[˧˩] 哪那乃奶癞　[˥] 癞口被刀等浅浅地划过　[˥˧] 耐奈赖
tsa	[˧] 灾斋　[˧˩] 宰载年—滓扎—针札扎包—铡宅　[˥] 再载—重载满—债
ts^ha	[˧] 猜在　[˨˩] 才材财裁豺—狼虎豹　[˧˩] 彩采睬獭水—擦察　[˥] 蔡　[˥˧] 在寨
sa	[˧] 筛　[˨˩] 豺—狗：狼　[˧˩] 傻—瓜洒撒萨杀　[˥] 赛帅元—
ka	[˧] 皆阶街　[˧˩] 解　[˥] 个——丐介界芥尬疥届戒械溉
k^ha	[˧˩] 凯揩—油水楷　[˥] 概
ŋa	[˧] 我　[˨˩] 呆—板　[˥˧] 碍艾
ha	[˨˩] 孩鞋还—有　[˧˩] 瞎
a	[˧] 哀悲—埃　[˧˩] 矮　[˥] 阿—斗

ia

pia	[˧˩] 璧壁
p^hia	[˧˩] 劈
mia	[˧] 摸
via	[˧] 曰
tia	[˧] 爹　[˧˩] 贴—对联
t^hia	[˧˩] 帖贴—钱：垫钱
tsia	[˧˩] 接迹脊　[˥] 借藉
ts^hia	[˨˩] 邪斜　[˧˩] 且而—　[˥] 笪　[˥˧] 谢姓
sia	[˧˩] 写惜　[˥] 泻　[˥˧] 卸谢
kia	[˧˩] 夹劫挟隔—壁
k^hia	[˧˩] 吃—亏
ŋia	[˧˩] 惹
ia	[˧] 丫　[˧˩] 也

续表 25-11

	ua
tua	[˥] 碓
t^hua	[˧] 梯　[˨˩] 腿脱　[˧˩] 袋
lua	[˩] 雷　[˧˩] 累
tsua	[˥] □—饭：盛饭
ts^hua	[˥] 菜
sua	[˧] 鳃鱼—　[˨˩] 刷　[˥] 率—领
kua	[˧] 瓜该乖□禽类的嗉子　[˨˩] 寡剐改拐割葛括刮　[˥] 盖怪挂卦
k^hua	[˧] 夸跨开　[˨˩] 垮阔　[˥] 快筷
ŋua	[˨˩] 瓦　[˥] 爱　[˧˩] 外
hua	[˨˩] 海　[˧˩] 害亥骇
	ε
pε	[˧] 杯飞　[˥] 贝背痱热—：痱子
$p^hε$	[˧] 坯砖—　[˩] 培陪赔裴肥　[˥] 沛配佩　[˧˩] 辈倍背—书焙吠□揼
mε	[˩] 梅枚媒煤楣霉　[˨˩] 每尾
fε	[˧] 灰恢　[˩] 回茴　[˥] 悔　[˧˩] 汇会开—彙
vε	[˧] 煨—番薯　[˧˩] 会唔会：不会
lε	[˩] 来　[˨˩] 儡
tsε	[˨˩] 子俗写为“崽”
$ts^hε$	[˧] 在　[˩] 垂
sε	[˧˩] 事
$k^hε$	[˧] 嬉玩
	uε
tuε	[˧] 堆　[˥] 对队兑
$t^huε$	[˧] 推　[˥] 退蜕褪
luε	[˨˩] 累积累蕊垒篓　[˧˩] 内锐累连—类泪
tsuε	[˧] 栽追锥□手或脚上因长久磨擦而生的硬皮　[˥] 最坠
$ts^huε$	[˧] 催崔　[˥] 粹　[˧˩] 罪
suε	[˧] 衰—公　[˥] 碎
$k^huε$	[˧] 盔　[˩] 魁奎逵　[˨˩] 傀　[˥] 会—计刽溃绘块愧
ŋuε	[˩] 桅危　[˧˩] 魏
	e
pe	[˨˩] 鳖憋
p^he	[˧] 胚　[˨˩] 撇

续表 25-11

fe	[˩] 血　[˥] 税　[˥˧] 睡
ve	[˧] 挖　[˩] 挖
te	[˧] 低　[˩] 底抵跌叠　[˥] 滴
tʰe	[˧] 弟　[˨˩˨] 啼　[˩] 铁忒太：—长｜—短　[˥] 替剃
le	[˨˩˨] 犁
tse	[˩] 节截
tsʰe	[˨˩˨] 齐　[˩] 妾切　[˥] 脆
se	[˩] 洗　[˥] 细婿岁
	ie
ʧie	[˩] 摺褶执汁哲折浙质织职
ʧʰie	[˧] 吹炊　[˩] 出
ʃie	[˧] 舐　[˩] 湿设歇失室识适释说　[˥] 世—上｜出—
kie	[˧] 鸡　[˩] 揭姓｜—发结洁捷—报□砌
kʰie	[˧] 溪　[˩] 缺　[˥] 契
ŋie	[˨˩˨] 泥　[˩] 女蚁
ie	[˧] □洇　[˩] 也之乎者—乙一逸
	ue
sue	[˩] 屑薛雪夕—阳红
kue	[˩] 蕨决诀　[˥] 鳜
kʰue	[˩] 缺确又：正—
	ui
tsui	[˩] 足促—生产
tsʰui	[˩] 束结—
sui	[˧] 须鬚虽锡　[˨˩˨] 随绥—靖谁髓　[˩] 宿—舍粟猴包—：玉米
kui	[˧] 圭闺规龟归　[˩] 诡轨癸鬼屈—原　[˥] 句桂季贵
kʰui	[˧] 亏　[˨˩˨] 葵向日—　[˩] 菊麴曲　[˥˧] 跪柜
	ɔ
pɔ	[˧] 包胞鲍姓　[˩] 褒保堡宝饱　[˥] 报暴鲍—鱼豹爆瀑曝
pɔ	[˧] 抱泡抛　[˨˩˨] 袍刨鉋浮　[˩] 跑　[˥] 炮泡
mɔ	[˧] 毛猪—锚　[˨˩˨] 无毛姓茅矛　[˩] 卯　[˥˧] 冒帽貌
vɔ	[˩] □哭
tɔ	[˧] 刀叨　[˩] 祷岛倒　[˥] 到倒—转去：倒回去
tʰɔ	[˧] 滔涛　[˨˩˨] 掏桃逃淘陶萄　[˩] 讨　[˥] 套　[˥˧] 道稻盗导
lɔ	[˨˩˨] 劳捞牢唠涝　[˩] 脑恼老　[˥˧] 闹

续表 25-11

tsɔ	[˧]遭糟　[˧˩]早枣蚤澡爪找　[˧˥]灶罩造皂
ts^{h}ɔ	[˧]操做—抄钞　[˨˩]曹槽巢　[˧˩]草炒吵　[˧˥]操曹—糙躁急—
sɔ	[˧]骚臊捎稍　[˨˩]□用笊篱捞　[˧˩]嫂　[˧˥]扫
ʧɔ	[˧]朝昭招沼诏正—月　[˧˥]照
ʧ^{h}ɔ	[˧]超　[˨˩]朝潮　[˦˨]赵兆召
ʃɔ	[˧]烧　[˨˩]韶　[˧˩]淆少多—晓　[˧˥]少—年　[˦˨]绍邵
kɔ	[˧]高膏篙羔糕交郊胶教—书　[˧˩]稿槁搞　[˧˥]告教—育校较
k^{h}ɔ	[˧˩]考　[˧˥]靠敲
ŋɔ	[˨˩]熬　[˧˩]咬　[˦˨]傲
hɔ	[˨˩]豪壕毫　[˧˩]好郝　[˧˥]浩好耗酵孝　[˦˨]号效校学—校上—
ɔ	[˧]坳　[˧˩]袄　[˧˥]奥懊
	iɔ
piɔ	[˧]膘标鳔彪　[˧˩]表錶
p^{h}iɔ	[˧]飘漂—泊　[˨˩]瓢嫖薸　[˧˥]票漂—白丨—亮
miɔ	[˨˩]苗描　[˧˩]藐渺秒　[˧˥]猫　[˦˨]庙妙谬
tiɔ	[˧]刁貂雕　[˧˩]鸟　[˧˥]钓吊掉调—动丨音—
t^{h}iɔ	[˧]挑　[˨˩]条调—和　[˧˥]跳粜
liɔ	[˨˩]燎疗聊辽撩寥瞭　[˧˩]了　[˦˨]料廖
tsiɔ	[˧]焦蕉椒
ts^{h}iɔ	[˧]锹缲　[˨˩]樵瞧　[˦˨]噍
siɔ	[˧]消宵霄硝销嚣萧箫　[˧˩]小　[˧˥]笑
kiɔ	[˧]骄娇矫浇　[˧˩]绞狡铰搅剿缴饺　[˧˥]觉叫
k^{h}iɔ	[˧]敲　[˨˩]乔侨桥荞　[˧˩]巧　[˧˥]窍　[˦˨]轿
ȵiɔ	[˧˩]鸟杳　[˦˨]尿
iɔ	[˧]妖邀腰要—求么吆　[˨˩]挠肴饶摇谣窑姚尧　[˧˩]扰舀　[˧˥]要想—　[˦˨]耀鹞跃
	o
po	[˧]波菠坡玻巴芭疤　[˧˩]把钵拨勃博剥驳百柏伯檗泊梁山—　[˧˥]簸—一下丨—箕霸壩坝沙—：沙滩
p^{h}o	[˨˩]婆爬琶杷钯耙　[˧˩]朴—硝　[˧˥]破怕帕剖训读，本字为“破”
mo	[˧]摸　[˨˩]模—范摹魔磨—擦摩麻痲蟆妈鸡—：母鸡　[˧˩]马码　[˦˨]磨石磨骂
fo	[˧]花　[˨˩]和—气丨—面华铧划—算华—山丨—国锋　[˧˩]火伙法　[˧˥]货化　[˦˨]和掺进画话
vo	[˧]倭窝蜗　[˨˩]和—尚禾　[˧˩]卧握沃　[˦˨]话
to	[˧]多　[˧˩]朵躲垛剁答搭打

续表 25-11

tʰo	[˧]拖他其—　[˩]驼驮舵　[˨˩]妥椭踏搨塔榻塌托託
lo	[˧]啰　[˩]挪罗锣箩骡螺腡柔揉裸　[˨˩]□摞　[˧˩]糯
tso	[˧]楂渣　[˨˩]左佐肘作桌卓琢啄涿捉摘　[˥]诈榨炸—弹乍闸
tsʰo	[˧]搓坐座叉杈差—别岔钗差出—差参—　[˩]茶搽查　[˨˩]戳龊龌—插拆□　[˥]锉措错—误丨—杂　[˧˩]昨
so	[˧]蓑梭唆莎沙纱搜飕搜　[˩]侪男子—：男人　[˨˩]锁琐索　[˥]晒
ʧo	[˧]遮　[˨˩]着炙　[˥]蔗
ʧʰo	[˧]车　[˨˩]扯—唔倒水：吸不到水焯赤斥尺
ʃo	[˧]靴奢赊佘社　[˩]蛇　[˨˩]舍　[˥]赦　[˧˩]射麝摄
ko	[˧]歌哥锅家加痂嘉家佳稼　[˨˩]果裹馃假真—贾假放—合和：我—尔鸽裌甲胛桷—咧枋：椽子各阁搁郭角　[˥]个—人主义架驾嫁价
kʰo	[˧]戈科窠棵颗　[˨˩]可磕扩壳客　[˥]课
ŋo	[˩]蛾鹅俄牙芽衙涯崖雅　[˨˩]我　[˧˩]饿
ho	[˧]下—山　[˩]河何荷—花荷薄—虾霞瑕遐蛤暇　[˨˩]吓　[˧˩]贺祸厦夏姓厦下—级夏春—
o	[˧]阿—弥陀佛鸦　[˨˩]哑亚鸭押压轧恶龌—龊
	io
tsio	[˨˩]雀
tsʰio	[˩]泅
sio	[˨˩]削
kio	[˨˩]镬觉—悟脚
kʰio	[˩]茄囚球　[˨˩]确—实
io	[˧]□揞　[˩]耶爷　[˨˩]野约　[˧˩]夜
	ɤ
pɤ	[˨˩]不北
pʰɤ	[˧]妇新—：儿媳　[˨˩]迫拍
mɤ	[˩]谋　[˨˩]某亩牡母　[˧˩]茂贸
fɤ	[˨˩]否忽
vɤ	[˨˩]物勿
tɤ	[˧]兜　[˨˩]斗抖陡得德　[˥]鬥
tʰɤ	[˧]偷　[˩]头投　[˨˩]敨突—击队丨—然之间　[˥]透　[˧˩]豆逗毒—鱼咧：药鱼
lɤ	[1]拿　[2]楼　[˨˩]纽□摘（桃子等）□坍塌，下垂　[˧˩]漏陋
tsɤ	[˧]邹　[˨˩]者之乎—也走帚卒猝则侧—边：旁边测责　[˥]奏皱绉
tsʰɤ	[˨˩]厕撤辙侧测策册栅　[˥]凑
sɤ	[˧]馊　[˩]愁　[˨˩]涩瑟虱塞色薮动物的窝：鸭—　[˥]嗽瘦

续表 25-11

ʧɤ	[˧] 周舟州洲 [˦˥] 昼宙咒
ʧʰɤ	[˧] 抽 [˨˩] 绸稠筹仇酬 [˧˩] 丑醜 [˦˥] 臭
ʃɤ	[˧] 收 [˧˩] 手首守 [˦˥] 兽 [˥˧] 受寿授售
kɤ	[˧] 勾钩沟鸠斑—阄 [˧˩] 狗苟韭胳格革嗝 [˦˥] 锯够构购
kʰɤ	[˧] 抠丘臼舅 [˧˩] 咳口叩渴刻时—刻用刀—克 [˦˥] 去扣寇
ŋɤ	[˨˩] 鱼牛
hɤ	[˧] 圩赴—：赶集厚 [˨˩] 侯喉猴 [˧˩] 黑 [˥˧] 后厚後候
ɤ	[˧] 阿—胶欧瓯殴 [˧˩] 尔耳饵藕偶配—偶—然 [˦˥] 沤怄熰—土粪：用暗火慢慢焚烧带土的草等
	iɤ
tiɤ	[˧] 丢
liɤ	[˧] 溜 [˨˩] 流刘留榴硫琉馏 [˧˩] 柳 [˦˥] 溜
tsiɤ	[˧] 揪鸠—山 [˧˩] 酒
tsʰiɤ	[˧] 秋—天秋—千 [˥˧] 就袖
siɤ	[˧] 修羞休 [˦˥] 秀绣锈嗅
kiɤ	[˧˩] 九久 [˦˥] 灸咎救究
kʰiɤ	[˨˩] 求 [˥˧] 旧
ŋiɤ	[˧˩] 纽—约扭纠—察队丨—正
iɤ	[˧] 忧优悠有幽 [˨˩] 尤邮由油游犹 [˧˩] 友酉 [˦˥] 诱柚釉幼 [˥˧] 又右佑
	uɤ
kuɤ	[˧˩] 骨国
kʰuɤ	[˧˩] 窟
	ɛ̃
pɛ̃	[˧] 奔逩分崩 [˧˩] 本 [˦˥] 笨粪
pʰɛ̃	[˧] 烹—煮 [˧˩] 盆朋膨棚 [˦˥] 喷—水喷—香 [˥˧] 凭倚靠
mɛ̃	[˧] 蚊 [˨˩] 门盟 [˧˩] 敏又：过—猛 [˥˧] 妹闷问
fɛ̃	[˧] 昏婚分芬纷荤 [˨˩] 魂浑焚坟 [˧˩] 粉 [˦˥] 混愤忿粪奋 [˥˧] 份
vɛ̃	[˧] 温瘟 [˨˩] 浑文纹闻 [˧˩] 稳吻刎
tɛ̃	[˧] 登灯镫瞪丁钉名词疔钉动词 [˧˩] 等顶鼎 [˦˥] 扽凳订□蜇
tʰɛ̃	[˧] 吞
lɛ̃	[˨˩] 能宁 [˧˩] 冷 [˦˥] 嫩
tsɛ̃	[˧] 榛臻曾增憎争筝睁僧—人丨唐— [˦˥] 赠
tsʰɛ̃	[˨˩] 层
sɛ̃	[˧] 森参人—生牲笙 [˦˥] 渗腥鱼类的腥味
kɛ̃	[˧] 跟根巾斤筋庚新派羹耕 [˧˩] 哽埂梗耿 [˦˥] 更

续表 25-11

$k^hɛ̃$	[˧]近 [˧˩]恳垦啃肯 [˦˩]□凝结：—冻
ŋɛ̃	[˩˧]银
hɛ̃	[˧]亨 [˩˧]含衔痕恒行衡行品行 [˧˩]很 [˦˩]恨杏幸
ɛ̃	[˧]恩鹰—婆：老鹰 [˧˥]应
	uɛ̃
tuɛ̃	[˧]敦墩蹲 [˧˥]盾遁顿钝
$t^huɛ̃$	[˩˧]屯豚囤臀
luɛ̃	[˩˧]仑伦沦轮 [˦˩]论
tsuɛ̃	[˧]尊遵
$ts^huɛ̃$	[˧]村 [˩˧]存 [˧˥]寸
suɛ̃	[˧]孙逊 [˧˩]损省福建—省节—省反—
kuɛ̃	[˧˩]滚 [˧˥]棍
$k^huɛ̃$	[˧]昆崑坤 [˧˩]捆 [˧˥]困
	aŋ
paŋ	[˧]班斑颁般搬浜 [˧˩]扳板版 [˧˥]扮瓣半棒蚌
$p^haŋ$	[˧]攀潘 [˩˧]盘螃滂旁傍庞彭棚搭— [˧˥]盼襻伴绊判叛胖□—谷：秕谷 [˦˩]拌办鬓—缸：大缸
maŋ	[˩˧]蛮馒 [˧˩]瞒满莽蟒 [˦˩]慢漫幔蔓
faŋ	[˧]欢藩翻番 [˩˧]凡帆桓还—原烦矾繁 [˧˩]缓反访 [˧˥]唤焕患贩 [˦˩]范範犯泛幻宦饭
vaŋ	[˧]弯湾 [˩˧]玩顽还—钱簧横 [˧˩]豌碗皖晚挽宛腕 [˦˩]换万
taŋ	[˧]耽担动词担名词丹单 [˧˩]胆 [˧˥]荡扫—蛋
$t^haŋ$	[˧]贪探—唔桌：够不着淡滩摊 [˩˧]潭谭谈痰檀坛弹 [˧˩]坦毯倘躺趟 [˧˥]探炭叹 [˦˩]但弹诞旦
laŋ	[˧]懒 [˩˧]南男蓝篮难困—兰拦栏然燃 [˧˩]览揽榄缆冉壤攘嚷 [˦˩]难灾—滥
tsaŋ	[˧]簪沾粘瞻毡赃脏争 [˧˥]斩盏
$ts^haŋ$	[˧]参—加参—差 [˩˧]蚕谗馋蟾残禅泉—水 [˧˩]惨铲产 [˧˥]杉灿掌 [˦˩]暂錾站车—渐栈□—死：撑死
saŋ	[˧]三杉衫珊山删疝生牲甥 [˧˩]陕闪散伞省 [˧˥]散
ʧaŋ	[˧˩]整修理：—东西 [˧˥]正放—来：搁好
$ʧ^haŋ$	[˩˧]成六— [˦˩]郑
ʃaŋ	[˧]声 [˩˧]嫌—弃成城 [˧˥]圣问—：迷信活动，向通灵者咨询事情
kaŋ	[˧]尴监干天—肝竿干—燥间奸艰—苦更庚老派 [˧˩]感橄减杆擀赶简柬 [˧˥]鉴监太—舰幹间
$k^haŋ$	[˧]堪勘坑 [˧˩]蟹螃—咧：螃蟹坎砍 [˧˥]看
ŋaŋ	[˩˧]岩颜昂 [˧˩]眼 [˦˩]硬

续表 25-11

haŋ	[˧] 憨酣鼾夯 [˨˩] 含函咸鹹韩闲行—路：走路茎—— ：一条桁 [˧˩] 罕 [˧˥] 喊 [˥˧] 撼憾限馅
aŋ	[˧] 庵肮罂—唎：坛子 [˧˥] 晏
	iaŋ
piaŋ	[˧˩] 饼 [˧˥] 柄摒把东西藏起来
p^hiaŋ	[˨˩] 平坪 [˥˧] 病
miaŋ	[˨˩] 明清—名 [˥˧] 命
fiaŋ	[˧] 兄
tiaŋ	[˧˥] 店
t^hiaŋ	[˧] 添听听—其自然 [˨˩] 甜
liaŋ	[˧] 领衣— [˧˩] 岭
tsiaŋ	[˧] 精 [˧˩] 井
ts^hiaŋ	[˧] 签求—丨牙—渍—流青 [˨˩] 晴 [˧˩] 请 [˧˥] 腥植物的腥味 [˥˧] 净
siaŋ	[˧˩] 醒 [˧˥] 姓
kiaŋ	[˧] 碱用草木灰滤制的碱水惊 [˧˩] 拣颈 [˧˥] 镜
k^hiaŋ	[˧] 轻 [˨˩] 钳擎—伞：举伞
ȵiaŋ	[˨˩] 酽鲇□浓：—茶 [˧˩] 染 [˧˥] 看训 [˥˧] 念—经
iaŋ	[˨˩] 赢营 [˧˩] 演影电—
	uaŋ
tuaŋ	[˧] 端 [˧˩] 短 [˧˥] 断把木柴等断成两截
t^huaŋ	[˧] 断 [˨˩] 团糰 [˥˧] 断锻段缎
luaŋ	[˨˩] 鸾 [˧˩] 暖卵 [˥˧] 乱
tsuaŋ	[˧˩] □——花：一朵花 [˧˥] 钻—山洞钻—石
ts^huaŋ	[˧] 餐汆 [˧˩] 喘闯 [˥˧] 赚
suaŋ	[˧] 酸拴 [˧˥] 算蒜
kuaŋ	[˧] 官棺观参—冠衣—关 [˧˩] 秆管馆梗菜— [˧˥] 贯灌罐惯观道—冠—军
k^huaŋ	[˧] 宽匡筐眶 [˨˩] 环—保丨耳—丨放—狂逛 [˧˩] 款
huaŋ	[˧] 旱 [˨˩] 寒 [˧˥] 汉 [˥˧] 汗焊翰
uaŋ	[˧] 安鞍 [˧˥] 按案
	eŋ
peŋ	[˧] 鞭边辫 [˧˩] 贬汴蝙扁匾 [˧˥] 变
p^heŋ	[˧] 编篇偏翻呕吐 [˨˩] 便—宜 [˧˩] 片又：——门 [˧˥] 骗遍——遍—地片 [˥˧] 辨辩便
meŋ	[˨˩] 绵棉 [˧˩] 免勉娩缅渑 [˥˧] 面麵
feŋ	[˨˩] 船
veŋ	[˧] 冤渊 [˨˩] 完丸圆员袁辕园援缘—分 [˧˩] 远 [˥˧] 院县

续表 25-11

teŋ	[˧] 癫颠 [˨˩] 点典腆 [˧˥] 掂垫殿奠佃
tʰeŋ	[˧] 天 [˩] 田填 [˥˧] 电
leŋ	[˩] 廉镰帘连联怜莲 [˨˩] 敛脸 [˥˧] 殓入—练炼楝恋
tseŋ	[˧] 尖煎樴楔子 [˨˩] 剪践 [˧˥] 箭溅荐剑
tsʰeŋ	[˧] 歼迁千签—名笺铅 [˩] 钱前 [˨˩] 潜浅遣 [˥˧] 贱饯旋转
seŋ	[˧] 仙鲜先 [˧˥] 线
	ieŋ
ʧieŋ	[˧] 专砖 [˨˩] 转—送转—动 [˧˥] 站—岗占—领战
ʧʰieŋ	[˧] 川穿 [˩] 缠全传泉 [˧˥] 闩串窜篡创 [˥˧] 篆传撰—写
ʃieŋ	[˧] 掀宣喧楦熏勋薰 [˩] 贤悬弦玄荥眩旋旬循巡 [˨˩] 险显 [˧˥] 羡献搧扇宪 [˥˧] 陷现鳝苋善膳
kieŋ	[˧] 兼肩坚 [˨˩] 碱—粉检俭茧趼笕 [˧˥] 建见
kʰieŋ	[˧] 谦牵 [˩] 乾 [˧˥] 嵌欠歉 [˥˧] 件健键
ɲieŋ	[˧] 奶 [˩] 言年 [˨˩] 碾辇捻研究 [˧˥] 蔫花— [˥˧] 验
ieŋ	[˧] 淹阉腌焉烟殷咽 [˩] 炎盐阎檐严俨然延筵沿 [˨˩] 掩 [˧˥] 厌雁堰燕—京燕—子宴怨映放—艳焰砚
	ueŋ
sueŋ	[˨˩] 癣选鲜朝—
kueŋ	[˧] 绢捐 [˨˩] 捲 [˧˥] 眷券卷
kʰueŋ	[˧] 圈 [˩] 拳权 [˨˩] 犬 [˧˥] 劝 [˥˧] 倦
ŋueŋ	[˩] 缘元原源 [˨˩] 软阮 [˥˧] 愿
	ɔŋ
pɔŋ	[˧] 帮邦 [˨˩] 榜谤绑
mɔŋ	[˩] 忙芒茫亡芒麦芒盲
fɔŋ	[˧] 荒慌方芳谎 [˩] 皇蝗肪妨房防 [˨˩] 晃仿纺仿仿 [˧˥] 放
vɔŋ	[˧] 汪 [˩] 黄王 [˨˩] 枉往 [˥˧] 忘妄望旺
tɔŋ	[˧] 当—当 [˨˩] 党挡 [˧˥] 当典—
tʰɔŋ	[˧] 汤 [˩] 堂棠螳唐糖塘 [˧˥] 烫
lɔŋ	[˧] 瓤 [˩] 囊郎廊狼螂 [˨˩] 朗 [˥˧] 浪
tsɔŋ	[˧] 庄装桩 [˧˥] 葬壮
tsʰɔŋ	[˧] 餐又：—厅仓苍疮 [˩] 藏隐— [˥˧] 藏西—脏状撞
sɔŋ	[˧] 桑丧霜孀 [˩] 床 [˨˩] 嗓搡爽
ʧɔŋ	[˧] 张章樟 [˨˩] 者记—丨老—长掌涨 [˧˥] 仗帐账胀障瘴
ʧʰɔŋ	[˧] 丈姑—昌 [˩] 长肠场常 [˨˩] 厂 [˧˥] 畅唱倡 [˥˧] 丈杖匠

续表 25-11

ʃɔŋ	[˧] 商伤香乡　[˩] 尝裳偿　[˧˩] 赏享响饷　[˥] 向　[˥˧] 尚和—上
kɔŋ	[˧] 甘柑泔冈岗刚纲钢鞍—缸光江扛豇　[˧˩] 敢广讲港　[˥] 钢杠降—落
kʰɔŋ	[˧] 刊康糠　[˥] 抗炕旷况矿
hɔŋ	[˩] 行航杭降投—　[˥˧] 项巷
ɔŋ	[˥] 暗
	iɔŋ
miɔŋ	[˩] 芒茅草　[˧˩] 网　[˥˧] 望
liɔŋ	[˧] 两三—　[˩] 良凉量粮梁粱辆　[˧˩] 两—个　[˥˧] 亮谅量
tsiɔŋ	[˧] 将—来浆　[˧˩] 蒋奖桨　[˥] 酱将五星上—
tsʰiɔŋ	[˧] 枪匠　[˩] 墙　[˧˩] 抢　[˥˧] 像
siɔŋ	[˧] 相箱厢湘襄镶　[˩] 详祥　[˧˩] 想　[˥] 相　[˥˧] 象像橡
kiɔŋ	[˧] 疆僵姜缰姜　[˥] 强
kʰiɔŋ	[˧] 框羌腔　[˩] 强　[˧˩] 强勉—
ŋiɔŋ	[˩] 娘酿酒—　[˥˧] 酿酝—让
iɔŋ	[˧] 央秧殃痒　[˩] 羊洋烊杨阳扬疡萤—火虫　[˧˩] 仰养　[˥˧] 样旺人多热闹
	ɤŋ
pɤŋ	[˧] 彬宾槟殡鬓冰兵禀　[˧˩] 丙秉　[˥] 併並
pʰɤŋ	[˧] 拼—音 | —命　[˩] 贫频凭平评瓶屏萍冯　[˧˩] 品　[˥] 聘
mɤŋ	[˩] 眠闽民萌鸣明铭　[˧˩] 悯敏皿　[˥˧] 命
fɤŋ	[˩] 唇　[˥] 训　[˥˧] 顺舜
vɤŋ	[˩] 匀云雲　[˧˩] 允永泳咏颖　[˥˧] 润闰韵运
tʰɤŋ	[˧] 厅汀　[˩] 腾誊藤亭停廷庭蜓　[˧˩] 艇挺　[˥˧] 邓锭定
lɤŋ	[˩] 林淋临邻鳞磷楞陵凌菱灵零铃伶　[˧˩] 领　[˥˧] 刃令另
tsɤŋ	[˧] 津精晶睛　[˧˩] 尽—直：—食—食　[˥] 浸进晋俊
tsʰɤŋ	[˧] 侵钦亲卿清青蜻　[˩] 寻情　[˧˩] 寝倾顷　[˥] 衬　[˥˧] 尽静净靖李— | 绥—
sɤŋ	[˧] 心辛新薪星　[˧˩] 笋榫　[˥] 信讯迅性
ʧɤŋ	[˧] 针珍真徵蒸贞侦征　[˧˩] 枕展诊疹振震准準拯整　[˥] 镇证症正政
ʧʰɤŋ	[˧] 椿春称撑蛏　[˩] 沉秦陈尘澄橙承丞澄呈程成诚曾—经　[˧˩] 蠢惩逞　[˥] 趁秤　[˥˧] 阵
ʃɤŋ	[˧] 深身申伸欣升兴—旺声—学馨　[˩] 神娠辰晨臣乘绳城形型刑塍田—　[˧˩] 沈审婶　[˥] 胜兴高—圣　[˥˧] 甚肾慎剩盛
kɤŋ	[˧] 今金襟京荆惊鲸经　[˧˩] 锦紧仅谨景警　[˥] 禁劲干— | —敌茎敬径境竟竞
kʰɤŋ	[˧] □—咧：膊　[˩] 岑琴禽擒勤芹擎　[˥] 庆磬　[˥˧] 近
ŋɤŋ	[˩] 人　[˧˩] 忍　[˥˧] 认

续表 25-11

iɤŋ

iɤŋ	[˧] 音阴荫因姻晕莺鹦樱英婴缨 [˨˩] 壬吟淫仁仍蝇夫—：苍蝇迎盈 [˨˩˦] 饮引隐尹羽—毛球 [˧˥] 印应—当应—对映—山红丨反— [˧˨] 任姓任—务□剩孕—妇

uɤŋ

kuɤŋ	[˧] 均钧君军
kʰuɤŋ	[˧] 菌 [˨˩] 群裙 [˧˨] 郡
ŋuɤŋ	[˧˨] 韧

uŋ

puŋ	[˨˩˦] 捧
pʰuŋ	[˧] 枫蜂 [˨˩] 篷蓬 [˧˨] 缝门—
muŋ	[˨˩] 蒙 [˨˩˦] 舞—狮丨—龙丨—过来懵 [˧˥] 孟 [˧˨] 梦
fuŋ	[˧] 风枫疯丰封峰蜂锋烘 [˨˩] 弘宏红洪鸿虹哄逢缝—纫 [˨˩˦] 讽 [˧˨] 凤奉俸
vuŋ	[˧] 翁 [˧˥] 瓮蕹
tuŋ	[˧] 东冬 [˨˩˦] 董懂 [˧˥] 冻栋
tʰuŋ	[˧] 通动 [˨˩] 同铜桐筒童瞳 [˨˩˦] 桶统 [˧˥] 痛 [˧˨] 动洞
luŋ	[˧] 聋 [˨˩] 笼垅农脓侬 [˨˩˦] 笼箱箱——拢陇 [˧˥] 弄—狭咧：胡同 [˧˨] 弄
tsuŋ	[˧] 棕鬃宗综踪 [˨˩˦] 总 [˧˥] 粽纵仲
tsʰuŋ	[˧] 窗聪匆葱囱充 [˨˩] 从崇
suŋ	[˧] 双——筷子 [˨˩˦] □搡 [˧˥] 送宋诵颂讼
ʧuŋ	[˧] 中忠终钟锺盅舂 [˨˩˦] 冢种两—肿 [˧˥] 中众种—树
ʧʰuŋ	[˧] 重轻—冲 [˨˩] 虫重—复 [˨˩˦] 宠 [˧˥] 铳冲—起来 [˧˨] 重—要
ʃuŋ	[˧] 兄胸凶兇 [˨˩] 熊雄
kuŋ	[˧] 公蚣工功攻宫恭—喜 [˨˩˦] 拱巩 [˧˥] 贡汞
kʰuŋ	[˧] 空—军 [˨˩˦] 孔恐 [˧˥] 控空—缺
huŋ	[˧] 轰哄

iuŋ

piuŋ	[˧] 放
liuŋ	[˨˩] 龙隆
tsʰiuŋ	[˨˩] 从松—树
siuŋ	[˧] 松—紧嵩松—树
kiuŋ	[˧] 弓躬供喂：—猪 [˧˥] 供—养菩萨
kʰiuŋ	[˨˩] 穷琼—瑶 [˧˨] 共
ŋiuŋ	[˨˩] 浓粥稠
iuŋ	[˧] 雍拥庸中— [˨˩] 荣戎绒融茸容蓉镕 [˨˩˦] 甬勇涌 [˧˨] 用

续表 25-11

	ɿʔ
sɿʔ	[˥] 饰
	iʔ
miʔ	[˥] 秘泌密蜜觅
fiʔ	[˥] 术算—术白—
t^hiʔ	[˥] 笛敌狄籴
liʔ	[˥] 丽隶腻利—益立笠粒栗律率力逆—风历—史匿
ts^hiʔ	[˥] 疾籍
siʔ	[˥] 习袭席析
ʃiʔ	[˥] 吸恤熟赎蜀属
k^hiʔ	[˥] 及极局
ŋiʔ	[˥] 入日
iʔ	[˥] 抑译易交—育生—疫役狱欲慾浴
	uʔ
muʔ	[˥] 慕墓募木目穆牧
fuʔ	[˥] 复—兴腹覆服伏復
t^huʔ	[˥] 杜妒独读犊毒—药
luʔ	[˥] 怒赂露鹭鹿禄
ts^huʔ	[˥] 族触□溺
suʔ	[˥] 竖又粟俗肃
	aʔ
p^haʔ	[˥] 稗拔
maʔ	[˥] 袜
faʔ	[˥] 乏伐筏罚猾狡—
vaʔ	[˥] 滑
t^haʔ	[˥] 达
laʔ	[˥] 纳接—捺辣瘌—痢
	iaʔ
t^hiaʔ	[˥] 碟牒蝶谍
liaʔ	[˥] □追：—倒佢来（追上他）
ts^hiaʔ	[˥] 席
k^hiaʔ	[˥] 狭
	uaʔ
t^huaʔ	[˥] 夺

续表 25-11

luaʔ	[˥] 捋
eʔ	
p^{h}eʔ	[˥] 别区—别离—
meʔ	[˥] 灭篾
veʔ	[˥] 悦阅越粤
leʔ	[˥] 例猎聂镊蹑列烈裂捏劣肋
ts^{h}eʔ	[˥] 绝
ieʔ	
$ʧ^{h}$ieʔ	[˥] 彻—底蛰侄秩直值殖植
ʃieʔ	[˥] 胁协十什拾泄舌折—本穴实食蚀
k^{h}ieʔ	[˥] 杰
ŋieʔ	[˥] 业热日
ieʔ	[˥] 叶页拽翼—膀：翅膀液腋
ueʔ	
ts^{h}ueʔ	[˥] 集
k^{h}ueʔ	[˥] 掘
ŋueʔ	[˥] 月
oʔ	
p^{h}oʔ	[˥] 薄—荷泼活—薄厚—泊雹落—白帛
moʔ	[˥] 暮末沫抹膜幕寞陌麦
foʔ	[˥] 获活生—
toʔ	[˥] □鸽
t^{h}oʔ	[˥] 择
loʔ	[˥] 纳出—腊蜡镴落烙骆酪洛络乐快—若诺
ts^{h}oʔ	[˥] 杂凿绰镯
soʔ	[˥] 煠用水煮
$ʧ^{h}$oʔ	[˥] 着
ʃoʔ	[˥] 勺石舍宿—
koʔ	[˥] 廓
k^{h}oʔ	[˥] □眨掐
ŋoʔ	[˥] 岳嶽
hoʔ	[˥] 蛤—蜊油合盒狭—窄鹤学霍藿赫
ioʔ	
p^{h}ioʔ	[˥] 缚

续表 25-11

ŋioʔ	[˥] 弱虐疟
ioʔ	[˥] 乐音—药钥欲—食
ɤʔ	
pʰɤʔ	[˥] 魄
mɤʔ	[˥] 莫没墨默脉
fɤʔ	[˥] 核果核佛彿或惑划
tʰɤʔ	[˥] 特
lɤʔ	[˥] 勒
tsʰɤʔ	[˥] 贼泽择
ŋɤʔ	[˥] 鄂额
hɤʔ	[˥] 核审—核—桃
iɤʔ	
liɤʔ	[˥] 六陆绿录
ŋiɤʔ	[˥] 肉玉
ŋ̍	
ŋ̍	[˨˩] 五伍　[˧˩] 唔不

第三节　分类词汇

说明：

一、以《清流县志》（中华书局，1994 年）方言卷的分类词表为调查条目，并加以适当增删。

二、先用汉字记录方言词，然后标音和释义。

三、本字不明的音节用同音字代替（同音字在字的右上角加星号“*”表示），无合适同音字可写的用“□”代替。可有可无的字加圆括号。

四、为方便起见，文读、白读均不加标记。阳平 ˨˩˨ 212 常常读作 ˨˩ 21。

五、同义的说法排在一起，第一条顶格，其余缩一个汉字。

六、所收词汇大体根据意义分为以下 17 类：

1. 天文地理；2. 时间方位；3. 房屋建筑；4. 家具用品；5. 农事农具；6. 鸟兽虫鱼；7. 花木作物；8. 人品职业；9. 亲属称谓；10. 身体五官；11. 生老病死；12. 饮食穿戴；13. 动作心理；14. 性状形容；15. 指代数量；16. 新词新语。

为了方便编排，相关的词汇即使义类不同也排在一起，例如，把泔水类词条附在猪类词条后面。

一、天文地理

日头　ŋieʔ˥　tʰɤ˨˩˨　太阳

天狗食日　tʰeŋ˧　kɤ˨˩　ʃieʔ˥　ŋiʔ˥　日蚀

月光　ŋueʔ˥　kɔŋ˧　月亮。童谣里也叫“月光光”

天狗食月　tʰeŋ˧　kɤ˨˩　ʃieʔ˥　ŋueʔ˥　月蚀

天河　tʰeŋ˧　ho˨˩˨　银河

天星　tʰeŋ˧　sɤŋ˧　星星

天星泻屎　tʰeŋ˧　sɤŋ˧　sia˥　sɿ˨˩　流星

弓　kiuŋ˧　彩虹

起风　kʰi˨˩　fuŋ˧　多说

发风 fa˩ fuŋ˧ 少说
吹风 ʧʰie˧ fuŋ˧ 例如：唔敢～（不能吹风）
螺肚皱风 lo˩ tu˩ tsiɤ˥ fuŋ˧ 旋风
响雷公 ʃɔŋ˩ lua˩ kuŋ˧ 打雷
□雷火 viaʔ˥ lua˩ fo˩ 闪电
落雨 loʔ˥ i˩ 下雨
细雨 se˥ i˩ 小雨
毛毛雨 mɔ˧ mɔ˧ i˩
起竹篙浪 kʰi˩ ʧi˩ kɔ˧ lɔŋ˥
指大雨一浪浪降落的现象
涨大水 ʧɔŋ˩ tʰa˥ fi˩ 洪水爆发
做大水 tsu˥ tʰa˥ fi˩
做旱 tsu˥ huaŋ˧ 闹旱灾
起露 kʰi˩ lu˥ 起雾
露水 lu˥ fi˩
□凌冰 kʰɛ̃˥ leŋ˩ peŋ˧ 结冰
雹 pʰoʔ˥ 雹子
天晴 tʰeŋ˧ tsʰiaŋ˩
阴（暗）天 ieŋ˧ ɔŋ˥ tʰeŋ˧ 阴天
烧 ʃɔ˧ 暖和
凉 liɔŋ˩ sɔŋ˩ 凉快：七月秋风起，八月秋风～
寒 huaŋ˩ 天气凉
冷 lɛ̃˩ 天气冷
霜寒雪冷 sɔŋ˧ huaŋ˩ sue˩ lɛ̃˩
墩 tuɛ̃˧ 土丘：黄泥～（黄土丘）
山崠顶 saŋ˧ tuŋ˥ tɛ̃˩ 山顶
排＊上 pʰa˩ ʃɔŋ˥ 半山上
山脚下 saŋ˧ kio˩ ho˧ 山脚下
山坑 saŋ˧ kʰaŋ˧ 山谷
山坑□ saŋ˧ kʰaŋ˧ tsʰo˩ 狭窄的山谷
（黄）牛转肩 vɔŋ˩ ŋɤ˩ ʧieŋ˩ kieŋ˧ 老说法，即地震 tʰi˥ ʧɤŋ˩
泥 ŋie˩ 泥土
溪边 kʰie˧ peŋ˧ 河边
旱上 huaŋ˧ ʃɔŋ˥ 岸上
河沟 ho˩ kɤ˧ 小水沟
暗沟 ɔŋ˥ kɤ˧ 阴沟
水圳 fi˩ ʧɤŋ˥ 水渠
路 lu˥
天灯 tʰeŋ˧ tɛ̃˧ 路灯（老叫法）
尘灰 ʧʰɤŋ˩ fɛ˧ 灰尘
垃圾 loʔ˥ so˩
起火烟 kʰi˩ fo˩ ieŋ˧ 冒烟儿
生痞 saŋ˧ pʰi˩ 发霉
生狗屎毛 saŋ˧ kɤ˩ sɿ˩ mɔ˧ 食物长毛

二、时间方位

年皇 ŋieŋ˩ fɔŋ˩ 年景：～唔好贼偷贼
新历 sɤŋ˧ li˩ 阳历
老历 lɔ˩ li˩ 阴历
老官本 lɔ˩ kuaŋ˧ pɛ̃˩ 黄历
往当日 vɔŋ˩ tɔŋ˧ ŋiʔ˥ 从前
折＊幸＊奏＊ ʧie˩ hɛ̃˥ tsɤ˥ 现在
打背 to˩ pɛ˥ 以后，后来
旧年 kʰiɤ˥ ŋieŋ˩ 去年
更前年 kɤŋ˥ tsʰeŋ˩ ŋeŋ˩ 大前年的再前一年
年头 ŋieŋ˩ tʰɤ˩ 年初
年尾 ŋieŋ˩ mɛ˩ 年末
正月头 ʧɔ˧ ŋueʔ˥ tʰɤ˩ 正月期间
入年假 ŋiʔ˥ ŋieŋ˩ ko˥
从农历十二月二十五开始进入过年的阶段
灶灵神官上天 tsɔ˥ lɤŋ˩ ʃɤŋ˩ kuaŋ˧ ʃɔŋ˧ tʰeŋ˧
农历十二月二十五
过年 ku˥ ŋieŋ˩
正月十五 ʧɔ˧ ŋueʔ˥ ʃieʔ˥ ŋ̍˩ 元宵节
过节 ku˥ tse˩ 过端午节
尝新 ʃɔŋ˩ sɤŋ˧ 第一季收成后举行的庆祝活动
七月半 tsʰi˩ ŋueʔ˥ paŋ˥
鬼节 kui˩ tse˩
八月半食饼 pa˩ ŋueʔ˥ paŋ˥ ʃieʔ˥ piaŋ˩
八月十五吃月饼
十月朝 ʃieʔ˥ ŋueʔ˥ ʧɔ˧ 第二季收成后举行的庆祝活动，在初一或十五，俗谚：
十月朝，糍粑河＊河＊烧（热乎乎）
大年日 tʰa˥ ŋieŋ˩ ŋiʔ˥ 除夕
今朝 kɤŋ˧ ʧɔ˧ 今天
昨日（朝）tsʰo˥ ŋiʔ˥ ʧɔ˧ 昨天。多说“昨日”
前日（朝）tsʰeŋ˩ ŋiʔ˥ ʧɔ˧ 前天。多说“前日”
明朝 mɤŋ˩ ʧɔ˧ 明天
后日（朝）hɤ˥ ŋiʔ˥ ʧɔ˧ 后天。多说“后日”
大后日 tʰa˥ hɤ˥ ŋiʔ˥ 大后天
日昼 ŋiʔ˥ ʧɤ˥ 白天
暗头 ɔŋ˥ tʰɤ˩ 晚上
夜头 io˥ tʰɤ˩
一夜到天光 ie˩ io˥ tɔ˥ tʰeŋ˧ kɔŋ˧ 通宵
天光（朝）tʰeŋ˧ kɔŋ˧（ʧɔ˧）早晨
上昼 ʃɔŋ˥ ʧɤ˥ 上午
昼时 ʧɤ˥ sɿ˩ 中午

下昼 ho˧ ʧɤ˥ 下午
夜边昼 io˦ peŋ˧ ʧɤ˥ 傍晚
　暗边昼 ɔŋ˥ peŋ˧ ʧɤ˥ 傍晚
一刻奏＊ie˩ kʰɤ˩ tsɤ˥ 一会儿
日日 ɲiʔ˥ ɲiʔ˥ 每天
尽＊个月 tsʰɤŋ˦ ka˥ ŋueʔ˥ 哪个月
有几多个月 iɤ˧ ki˩ to˧ ka˥ ŋueʔ˥ 哪个月
什么时候 suŋ˥ muŋ˥ sʅ˩ hɤ˦
里头 li˧ tʰɤ˩
外头 ŋua˦ tʰɤ˩
前头 tsʰeŋ˩ tʰɤ˩
背头 pe˥ tʰɤ˩ 后头
中间心 ʧuŋ˧ kaŋ˧ sɤŋ˧ 中间
　当当心 tɔŋ˧ tɔŋ˧ sɤŋ˧
侧边 tsɤ˩ peŋ˧ 旁边
侧向 tsɤ˩ ʃɔŋ˥

三、房屋建筑

屋 vu˩ 房子
间 kaŋ˧ 屋子
户践 vu˧ tsʰaŋ˦ 门槛
棚枋 pʰaŋ˩ piɔŋ˧ 楼板
半门咧 paŋ˥ mɛ̃˩ lɛ˩ 窗户
　窗咧 tsʰɔŋ˧ lɛ˩
水笕 fi˩ kieŋ˩
岭咧 liaŋ˩ lɛ˩ 台阶
屋栋顶 vu˩ tuŋ˥ tɛ̃˩ 屋脊
屋柱 vu˩ ʧʰi˦ 屋柱
屋柱脚 vu˩ ʧʰi˦ kio˩ 柱石
桁条 haŋ˩ tʰiɔ˩ 檩子
桷咧枋 ko˩ lɛ˩ piɔŋ˧ 椽子
明瓦 mɤŋ˩ ŋua˩ 用来采光的透明屋瓦
灶下 tsɔ˥ ho˦ 厨房
灶头 tsɔ˥ tʰɤ˩ 锅灶
屎窖 sʅ˩ kɔ˥ 厕所
洋灰 iɔŋ˩ fe˧ 水泥
学堂 hoʔ˥ tʰɔŋ˩ 学校
猪寮 ʧi˧ liɔ˩ 猪圈
牛寮 ŋɤ˩ liɔ˩ 牛圈
鸡橱 kie˧ ʧʰi˩ 鸡窝
　鸡寮 kie˧ liɔ˩
鸭薮 o˩ sɤ˩ 鸭子窝
蜂薮 pʰuŋ˧ sɤ˩ 蜂窝

四　家具、用品

床 sɔŋ˩
被 pʰi˧ 被子
桌咧 tso˩ lɛ˩
橱口 ʧʰi˩ tʰua˩ 抽屉
独凳（咧） tʰuʔ˥ tɛ̃˥（lɛ˩）四方凳（坐一个人的）
五尺凳 ŋ̍˩ ʧʰo˩ tɛ̃˥ 板凳
竹篙 ʧi˩ kɔ˧
笐篙 hɔŋ˦ kɔ˧ 晾衣服用的竹竿
禾篙杈 hɔŋ˦ kɔ˧ tsʰo˧ 用来支撑笐篙的竹竿
洋钉（咧） iɔŋ˩ tɛ̃˧ lɛ˩ 钉子
钉龟咧 tɛ̃˧ kui˧ lɛ˩ 抬原木时钉在原木上用来系绳子的铁钉
洋铁皮 iɔŋ˩ tʰe˩ pʰi˩ 白铁皮
洋油 iɔŋ˩ iɤ˩ 煤油
洋火 iɔŋ˩ fo˩ 火柴
索 so˩ 绳子
箸只 ʧʰi˦ ʧo˩ 筷子
箸只筒 ʧʰi˦ ʧo˩ tʰuŋ˩ 筷笼
调羹 tʰiɔ˩ kɛ̃˧
洋瓷碗 iɔŋ˩ tsʰʅ˩ vaŋ˩ 搪瓷碗
羹碗 kaŋ˧ vaŋ˩ 大碗
大羹碗 tʰa˦ kaŋ˧ vaŋ˩ 比羹碗还大的碗
牛头羹碗 ŋɤ˩ tʰɤ˩ kaŋ˧ vaŋ˩ 比大羹碗还大的碗，能盛得下牛头
茶罐 tsʰo˩ kuaŋ˥ 搪瓷杯
饭甑 faŋ˦ tsɤŋ˥ 木制的蒸饭用具
锅头 ko˧ tʰɤ˩ 锅
锅锹 ko˧ tsʰiɔ˧ 锅铲
箩铲 lo˩ tsʰaŋ˩ 炊帚
兵铁锅 pɤŋ˧ tʰe˩ ko˧ 钢筋锅
饭餐＊咧 faŋ˦ tsʰuaŋ˧ lɛ˩ 饭箪
　用一种草编织的煮饭用具
砧盘 tsɛ̃˧ pʰaŋ˩ 砧板
桶箍 tʰuŋ˩ kʰɤ˧
电壶 tʰeŋ˦ fu˩ 热水瓶
舂臼 ʧuŋ˧ kʰɤ˧ 石臼
刷咧 sua˩ lɛ˩ 刷子
鸡毛扫咧 kie˧ mɔ˧ sɔ˥ lɛ˩ 鸡毛掸子
面盆 meŋ˦ pʰɛ̃˩ 脸盆
洗面帕 se˩ meŋ˦ pʰo˥ 毛巾
手帕 ʃɤ˩ pʰo˥ 手绢
番咧膏 faŋ˧ lɛ˩ kɔ˧ 肥皂

瓷器 tsʰɿ˩ kʰi˧
洋瓷 iɔŋ˩ tsʰɿ˩ 搪瓷
毛笔 mɔ˧ pi˩
墨（瓦）盘 mɤʔ˧（ŋua˩） pʰaŋ˩ 砚台
自来水笔 tsʰɿ˥ lɛ˩ fi˩ pi˩ 钢笔
洋笔 iɔŋ˩ pi˩ 铅笔
黄篛纸 vɔŋ˩ pʰoʔ˧ tsɿ˩ 传统的手纸
官边纸 kuaŋ˧ peŋ˧ tsɿ˩ 传统的书写用纸
毛边纸 mɔ˧ peŋ˧ tsɿ˩
抉针 kue˩ ʧɤŋ˧ 别针
火笼 fo˩ luŋ˩ 手炉
蜡烛 loʔ˧ ʧi˩ 传统的蜡烛。也可以指新式的蜡烛
洋蜡烛 iɔŋ˩ loʔ˧ ʧi˩ 新式的蜡烛
电筒 tʰeŋ˥ tʰuŋ˩ 手电
电油 tʰeŋ˥ iɤ˩ 电池
电珠 tʰeŋ˥ ʧi˧ 手电的灯泡
脚踏车 kio˩ tʰoʔ˧ ʧʰo˧ 自行车
信套咧 sɤŋ˧ tʰɔ˧ lɛ˩ 信封
纸票 tsɿ˩ pʰiɔ˧ 钞票，钱
戳记 tsʰo˩ ki˧ 印章（老叫法）
铜钱 tʰuŋ˩ tsʰeŋ˩ 有孔的铜钱
铜片 tʰuŋ˩ pʰeŋ˧ 没有孔的铜钱
花边 fo˧ peŋ˧ 银元
皮射射咧 pʰi˩ ʃo˥ ʃo˥ lɛ˩ 弹弓
水□□咧 fi˩ tsioʔ˧ tsioʔ˧ lɛ˩ 水枪，一种儿童玩具

五、农事农具

作田 tso˩ tʰeŋ˩ 种田
作田老 tso˩ tʰeŋ˩ lɔ˩ 农民
烂冬田 laŋ˥ tuŋ˧ tʰeŋ˩ 山垅田，多烂泥，只种一季
□谷种 via˥ ku˩ ʧuŋ˩ 播稻种
□菜籽 via˥ tsʰua˧ tsɛ˩ 撒菜籽
禾 vo˩ 稻子
谷 ku˩ 稻谷
秆 kuaŋ˩ 稻草
栽禾 tsuɛ˧ vo˩ 插秧
笠妈 liʔ˧ mo˩ 斗笠
鸭妈笠 o˩ mo˩ liʔ˧
一种较大的斗笠，放鸭子的人常带
钁锄 kio˩ tsʰɿ˩ 锄头
谷笪 ku˩ ta˩ 晒稻谷等用的大竹席

六、鸟兽虫鱼

猪牯 ʧi˧ ku˩ 公猪
老猪牯 lɔ˩ ʧi˧ ku˩ 雄性种猪
猪妈 ʧi˧ mo˩ 母猪
□汁水 sia˩ ʧie˩（fi˩）泔水
米汁水 mi˩ ʧie˩ fi˩ 淘米水
洗米水 se˩ mi˩ fi˩
牛牯 ŋɤ˩ ku˩ 公牛
牛妈 ŋɤ˩ mo˩ 母牛
牛闭＊咧 ŋɤ˩ pi˧ lɛ˩ 主要见于牛身上的一种寄生虫，学名蜱虫，俗称草爬子
狗牯 kɤ˩ ku˩ 公狗
狗妈 kɤ˩ mo˩ 母狗
猴咧 hɤ˩ lɛ˩ 猴子
兔咧 tʰu˧ lɛ˩ 兔子
土轮＊ tʰu˩ luɛ̃˩ 竹鼠
骚鸡公 so˧ kie˧ kuŋ˧ 公鸡（未阉的）
（抉）鸡公（kue˩）kie˧ kuŋ˧ 公鸡（阉过的）
鸡妈 kie˧ mo˩ 母鸡
鸡健咧 kie˧ laŋ˥ lɛ˩ 小母鸡
鸡髻 kie˧ ki˧ 鸡冠
生卵 saŋ˧ luaŋ˩ 下蛋
赖伏 la˥ pʰu˥ 抱窝。
伏：《广韵》去声宥韵扶富切，“鸟菢子”
鸟咧 tiɔ˩ lɛ˩ 鸟儿
麻必＊鸟咧 mo˩ pi˩ tiɔ˩ lɛ˩ 麻雀
鹰婆 ɛ̃˧ pʰo˩ 老鹰
猫头罂 miɔ˩ tʰɤ˩ aŋ˧ 猫头鹰
阿□咧 o˧ paʔ˧ lɛ˩ 八哥
翠咧 tsʰi˧ lɛ˩ 翠鸟
鸡翠（鸟）咧 kie˧ tsʰi˧（tiɔ˩）lɛ˩
翼膀 ieʔ˧ paŋ˩ 翅膀
檐老鼠 ieŋ˩ lɔ˩ ʃi˩ 蝙蝠
农＊光＊虫 lɔŋ˩ kɔŋ˧ ʧʰuŋ˩ 蜈蚣
蚁蚁公 ŋie˩ ŋieʔ˧ kuŋ˧ 蚂蚁
河螺犬 ho˩ lo˩ kʰueŋ˩ 蚯蚓
黄□ vɔŋ˩ tsʰaʔ˧ 蟑螂
糖蜂 tʰɔŋ˩ pʰuŋ˧ 蜜蜂
蚊咧 mɛ̃˧ lɛ˩ 蚊子
乌蝇 fu˧ iɤŋ˩ 苍蝇
狗蚤 kɤ˩ tsɔ˩ 跳蚤
虱妈 sɤ˩ mo˩ 虱子
茄＊□咧 kʰio˩ sio˧ lɛ˩ 蜘蛛（会结网的）

□□ kʰiaʔ˥ sia˩ 蜘蛛（不会结网的）
螃蟹咧 pʰaŋ˩ kʰaŋ˩ lɛ˩ 螃蟹
黄鳅 vɔŋ˩ tsʰiu˧ 泥鳅
衰公片 suɛ˧ kuŋ˧ pʰeŋ˥ 斗鱼
蛤蟆咧 ho˩ mo˩ lɛ˩ 青蛙
石轮＊ ʃoʔ˥ luẽ˩ 棘蛙。一种大型野生蛙类
蛤蟆腾＊咧 ho˩ mo˩ tʰɤŋ˩ lɛ˩ 蝌蚪
卤蚊壳 lu˧ mẽ˧ kʰo˩ 癞蛤蟆
团鱼 tʰuaŋ˩ ŋɤ˩ 鳖
捉鱼 tso˩ ŋɤ˩ 抓鱼
凤凰 fuŋ˥ fɔŋ˩
麒麟 kʰi˩ lɤŋ˩

七、花木作物

水口树 fi˩ kʰɤ˩ ʃi˥ 指村头、村尾树林，起把风水的作用，严禁砍伐
松树 tsʰiuŋ˩ ʃi˥
松（毛）卵 tsʰiuŋ˩ mo˧ luaŋ˩ 松球
杉咧（树） tsʰaŋ˥ tsʰaŋ˥ lɛ˩（ʃi˥） 杉树
杉㔹 liʔ˥ 带杉针的细枝。㔹，《广韵》入声职韵林直切：“赵魏间呼棘，出《方言》。”
狗（鸟）树 kɤ˩（tio˩）ʃi˥ 枫杨。“狗鸟树”是贬称
□ kʰua˩ 树枝：松～｜杉～
肥珠子 pʰɛ˩ ʧi˧ tsɛ˩ 皂荚树的果实
□钩＊ lu˧ kɤ˧ 当地常见的一种蕨类植物，用于烧窑等
柚 iɤ˥ 柚子
柑橘 kɔŋ˧ ki˩ 橘子
苎 ʧʰi˧ 苎麻
马荠 mo˩ tsʰi˩ 荸荠
酥卵 su˧ luaŋ˩ 茨菇
猴包粟 hɤ˩ po˧ sui˩ 玉米
薯 ʃi˩ 山药
番薯 faŋ˧ ʃi˩ 地瓜
洋芋卵 iɔŋ˩ i˥ luaŋ˩ 蕉芋
马铃薯 mo˩ lɤŋ˩ ʃi˩
好食葛 hɔ˩ ʃie kua˩ 凉薯
木薯 muʔ˥ ʃi˩
春粉□ ʧʰɤŋ˧ fẽ˩ sia˩ 木薯粉
　木薯□ muʔ˥ ʃi˩ sia˩
番茄咧 faŋ˧ kʰio˩ lɛ˩ 西红柿
洋茄 iɔŋ˩ kʰio˩ 秋葵
主＊咧菜 ʧi˩ lɛ˩ tsʰua˥ 芥菜。当地的主要蔬菜之一，是腌制咸菜的主要原料
蕹菜 vuŋ˥ tsʰua˥ 空心菜
菠薐菜 po˧ lɤ˩ tsʰua˥ 菠菜
金食菜 kɤŋ˧ ʃieʔ˥ tsʰua˥ 主要用来喂猪
苋菜 ʃieŋ˥ tsʰua˥
芹菜 kʰɤŋ˩ tsʰua˥
血蕨菜 fe˩ kie˩ tsʰua˥ 紫背天葵。当地的一种常见蔬菜
㔹瓜 liʔ˥ kua˧ 黄瓜
雪豆咧 sue˩ tʰɤ˥ lɛ˩ 荷兰豆、豌豆
蚕豆 tsʰaŋ˩ tʰɤ˥
苋菜豆荚 ʃieŋ˥ tsʰua˥ tʰɤ˥ kia˩ 扁豆
带豆荚 ta˥ tʰɤ˥ kia˩ 豇豆
萝卜 lo˩ pʰɤʔ˥
红萝卜 fuŋ˩ lo˩ pʰɤʔ˥ 胡萝卜
麦菜 moʔ˥ tsʰua˥ 油麦菜
　灰菜 fɛ˧ tsʰua˥
（莴）笋菜（vo˧）sɤŋ˩ tsʰua˥ 莴笋
豆芽 tʰɤ˥ ŋo˩
番豆 faŋ˧ tʰɤ˥
　花生 fo˧ sẽ˧
番椒 faŋ˧ tsio˧ 辣椒
乱荠 luaŋ˥ tsi˥ 丝瓜
八角瓜 pa˩ ko˩ kua˧ 有棱丝瓜
瓠咧 pʰu˩ lɛ˩ 瓠子
金瓠 kɤŋ˧ pʰu˩ 南瓜
月照咧 ŋueʔ˥ ʧɔ˥ lɛ˩ 向日葵
鸡公髻花 kie˧ kuŋ˧ ki˥ fo˧ 鸡冠花

八、人品职业

人 ŋɤŋ˩ 人
男子侪 laŋ˩ tsɿ˩ so˩ 男人
妇娘侪 pu˧ ŋiɔŋ˩ so˩ 女人
细侪咧 se˥ so˩ lɛ˩ 小孩儿
　细鬼咧 se˥ kui˩ lɛ˩
子子侪 tsɛ˩ tsɤ˥ so˩ 男孩儿。
　“子”的白读音[tsɛ˩]俗写“崽”
女子侪 ŋie˩ tsɤ˥ so˩ 女孩儿
后生子 hɤ˥ saŋ˧ tsɛ˩ 小伙子
老侪 lɔ˩ so˩ 老头儿
老妇娘侪 lɔ˩ pu˧ ŋiɔŋ˩ so˩ 老太婆
细新人咧 se˥ sɤŋ˧ ŋɤŋ˩ lɛ˩ 童养媳
隔壁邻舍 kia˩ pia˩ lɤŋ˩ ʃoʔ˥ 邻居
算命先生 suaŋ˥ miaŋ˥ seŋ˧ sẽ˧ 给人算命的人

地理先生 tʰi˦ li˩ seŋ˧ sɛ̃˧ 给人看风水的人
教书先生 kɔ˧ ʃi˧ seŋ˧ sɛ̃˧ 老师的旧称
泥水师傅 ŋie˩ fi˩ sɿ˧ fu˦ 泥水匠
轿夫头 kʰiɔ˦ fu˧ tʰɤ˩ 以抬轿子为职业的人
扛丧咧 kɔŋ˧ sɔŋ˧ lɛ˩ 以抬棺材为职业的人
客（人）kʰo˩（ŋɤŋ˩）
乞食 kʰɤ˩ ʃieʔ˥ 乞丐
讨饭 tʰɔ˩ faŋ˦ 要饭
疤之＊鬼 po˧ tsɿ˧ kui˩ 麻脸
哑□ o˩ kiaʔ˥ 哑巴
瞎眼咧 ha˩ ŋaŋ˩ lɛ˩ 瞎子
癫鬼 teŋ˧ kui˩ 疯子
自家人 tsʰi˦ ko˧ ŋɤŋ˩ 自己人
做生意个人 tsu˥ sɛ̃˧ i˦ ka˧ ŋɤŋ˩ 商人。也叫“生意人”
拐脚咧 kua˩ kio˩ lɛ˩ 跛子
新姊丈 sɤŋ˧ tsi˩ ʧʰɔŋ˧ 新郎
新郎 sɤŋ˧ lɔŋ˩
新人 sɤŋ˧ ŋɤŋ˩ 新娘
　新娘子 sɤŋ˧ ŋiɔŋ˩ tsɿ˩

九、亲属称谓（取背称）

老子 lɔ˩ tsɤ˩˥ 父亲。背称。
爹 tia˧ 父亲。面称
母 mɤ˩ 母亲。背称
奶（奶）lɛ̃˧（lɛ̃˧）母亲。面称。以单音的说法为常
官官 kuaŋ˧ kuaŋ˧ 祖父
妈妈 mo˩ mo˩˥ 祖母
公公 kuŋ˧ kuŋ˧ 外祖父
婆婆 pʰo˩ pʰo˩ 外祖母
老伯 lɔ˩ po˩ 哥哥
老弟 lɔ˩ tʰe˧ 弟弟
姊姊 tsi˩ tsi˩˥ 姐姐
老妹 lɔ˩ mɛ˦ 妹妹
伯伯 po˩ po˩ 伯父
母母 mɤ˩ mɤ˩˥ 伯母
叔（叔）ʃi˩（ʃi˩）叔父
婶婶 ʃɤŋ˩ ʃɤŋ˩ 叔母
子 tsɛ˩ 儿子
女 ŋie˩ 女儿
新妇 sɤŋ˧ pʰɤ˦ 儿媳妇儿
讨新妇 tʰɔ˩ sɤŋ˧ pʰɤ˦ 娶儿媳妇
婿郎 se˥ lɔŋ˩ 女婿
老公 lɔ˩ kuŋ˧ 丈夫
妇娘 pu˧ ŋiɔŋ˩ 妻子
讨妇娘 tʰɔ˩ pu˧ ŋiɔŋ˩ 娶媳妇儿
行嫁 haŋ˩ ko˥ 女子出嫁
大姨 tʰa˦ i˩ 母亲的姐姐
细姨 se˥ i˩ 母亲的妹妹
姑（姊）ku˧（tsi˩）姑姑
孙子 suɛ̃˧ tsɤ˥
侄子 ʧʰieʔ˥ tsɛ˩
外甥 ŋua˦ saŋ˧ 外甥、外孙
外甥女 ŋua˦ saŋ˧ ŋie˩ 外甥女、外孙女
家官 ko˧ kuaŋ˧ 公公
家婆 ko˧ pʰo˩ 婆婆
婆婆 pʰo˩ pʰo˩
外家 ŋua˦ ko˧ 娘家
丈人 ʧʰo˧ ŋɤŋ˩ 岳父
丈母 ʧʰo˧ mɤ˩ 岳母
亲家 tsʰɤŋ˧ ko˧
亲家母 tsʰɤŋ˧ ko˧ mɤ˩
□伯 tsʰia˧ po˩ 作为代表的新娘的兄弟（没有亲的可以由堂的代替）。□大概是“亲家”两字的合音
契母 kʰie˥ mɤ˩ 干娘
契子 kʰie˥ tsɛ˩ 干儿子
结拜（个）兄弟 kie˩ pa˥（ka˧）fiaŋ˧ tʰe˧ 把兄弟

十、身体五官

髻咧 ki˥ lɛ˩ 头发：一茎～（一根头发）
□□髻咧 koʔ˥ koʔ˥ ki˥ lɛ˩ 发髻
面嘴 meŋ˦ tsi˩ 脸
面鼓卵 meŋ˦ ku˩ luaŋ˩ 颧骨
白疕 pʰoʔ˥ pʰi˩ 头皮
乌斑 vu˧ paŋ˧ 老人斑
乌苍屎 fu˧ iɤŋ˩ sɿ˩ 雀斑
眼珠 ŋaŋ˩ ʧi˧ 眼睛
眼（珠）眶 ŋaŋ˩（ʧi˧）kʰiɔŋ˧ 眼眶
眼珠仁 ŋaŋ˩ ʧi˧ iɤŋ˩ 眼珠
眼汁 ŋaŋ˩ ʧie˩ 眼泪
眼屎 ŋaŋ˩ sɿ˩ 眼眵
鼻公 pʰi˦ kuŋ˧ 鼻子
　鼻窟 pʰi˦ kʰuɤ˩
鼻 pʰi˦ 鼻涕
鼻水 pʰi˦ fi˩
胡须 fu˩ sui˧ 胡子
嘴管 tsi˩ kuaŋ˩ 嘴
嘴管唇 tsi˩ kuaŋ˩ fɤŋ˩ 嘴唇

牙黄 ŋo˩ vɔŋ˩ 牙垢
口澜水 kʰɤ˧˩ laŋ˥˧ fi˧˩ 口水
颈骨 kiaŋ˧˩ kuɤ˧˩ 脖子
屎窟 sɿ˧˩ kʰuɤ˧˩ 屁股
背脊 pɛ˥ ʦia˧˩ 背
□姑＊ ŋieŋ˧ ku˧ 乳房
腹屎 pu˧˩ sɿ˧˩ 肚子
腹脐窟 pu˧˩ ʦʰi˩ kʰuɤ˧˩ 肚脐
膝头老 ʦʰi˧˩ tʰɤ˩ lɔ˧˩ 膝盖
脚蹭卵 kio˧˩ ʦaŋ˧ luaŋ˧˩ 脚跟
胞衣 pɔ˧ i˧ 胎盘

十一、生老病死

做三朝 ʦu˥ saŋ˧ ʧɔ˧ 婴儿出生三天后的洗澡仪式
爬周 pʰo˩ ʧɤ˧ 抓周
拦门鸡 laŋ˩ mɛ̃˩ kie˧ 新娘进门前宰杀的雄鸡大门口左右各放一个碗，滴进鸡血后倒扣在地上
有好事 iɤ˧ hɔ˧˩ sɛ˥˧ 有喜
大腹屎 tʰa˥˧ pu˧˩ sɿ˧˩ 怀孕。能明显看得出来以后
损□哩 suɛ̃˧˩ tʰɛ˧˩ li˩ 小产
泻腹屎 sia˥ pu˧˩ sɿ˧˩ 拉肚子
打摆子 to˧˩ pa˧˩ ʦɿ˧˩ 发疟子
出麻咧 ʧʰie˧˩ mo˩ lɛ˧˩ 出麻疹
出豆 ʧʰie˧˩ tʰɤ˥˧ 出天花
猪妈癫 ʧi˧ mo˩ teŋ˧ 羊角风
热痱咧 ŋieʔ˥ pɛ˧˥ lɛ˧˩ 痱子
大旷＊睡 to˧˩ kʰuaŋ˥ fe˥˧ 打鼾
大舌 tʰa˥˧ ʃieʔ˥ 口吃
成痧 ʃaŋ˩ so˧ 中暑
生疕 saŋ˧ pʰi˧˩ 结痂
摸脉 mia˧ mɤʔ˥ 号脉
出送 ʧʰie˧˩ suŋ˥ 出殡
栽牛痘 ʦuɛ˧ ŋɤ˩ tʰɤ˥˧ 种牛痘
放痘 piʌ˥ tʰɤ˥˧
□病 ŋiaŋ˥ pʰiaŋ˥˧ 看病
把酒 po˧˩ ʦiɤ˧˩ 入殓前的祭酒仪式
旋丧 ʧʰieŋ˥˧ sɔŋ˧ 生者围着棺材向左向右各绕三圈，送死者最后一程
地 tʰi˥˧ 坟墓
借＊地 ʦia˥ tʰi˥˧ 扫墓
墓凹咧 muʔ˥ ɔ˧ lɛ˧˩ 活着的人为自己预先修建的墓
寿木 ʃɤ˥˧ muʔ˥ 活着的人为自己预先准备的棺材
问圣 mɛ̃˥˧ ʃaŋ˥ 迷信的人向有通灵能力的人求问自己所关心的事
看相 ŋiaŋ˥ siɔŋ˥
鉴＊童＊ kaŋ˥ tʰuŋ˩ 让神灵附体的一种迷信活动
求签 kʰiɤ˩ ʦʰiaŋ˧
拜祭 pa˥ ʦi˥
供养 kiuŋ˧˩ iuŋ˥˧
水浸鬼 fi˧˩ ʦɤŋ˥ kui˧˩ 溺水死亡的人所化的鬼
城隍庙 ʃɤŋ˩ fɔŋ˩ mɔ˥˧
会期 fɛ˥˧ kʰi˩ 庙会
食长斋 ʃieʔ˥ ʧʰɔŋ˩ ʦa˧ 吃长素
和尚 vo˩ ʃɔŋ˥˧
尼姑 ŋie˩ ku˧
衰公咧 suɛ˧ kuŋ˧ lɛ˧˩ 道士
道士 tʰɔ˥˧ sɿ˥˧
坐莲 ʦʰo˧ leŋ˩ 道士盘腿坐法

十二、饮食穿戴

烧水 ʃɔ˧ fi˧˩ 热水
阴阳水 ieŋ˧ iɔŋ˩ fi˧˩ 未烧开的水，喝了易生病
滚水 kuɤŋ˧˩ fi˧˩ 开水
穿心滚水 ʧʰieŋ˧ sɤŋ˧ kuɤŋ˧˩ fi˧˩ 烧开的水
饭 faŋ˥˧ 米饭
粥 ʧi˧˩ 米粥
饭汤 faŋ˥˧ tʰɔŋ˧ 米汤
馒头 maŋ˩ tʰɤ˩
包子 pɔ˧ ʦɿ˧˩
蕨□包 kue˧˩ sia˧˩ pɔ˧ 一种长形状的包子
三角包 saŋ˧ ko˧˩ pɔ˧ 一种三角状的包子
油条 iɤ˩ tʰiɔ˩
烧麦 ʃɔ˧ maʔ˥
灯咧糕 tɛ̃˧ lɛ˧˩ kɔ˧ 一种圆形带馅的油炸糕
□糕 pʰaŋ˥ kɔ˧ 发糕
扁食 peŋ˧˩ ʃieʔ˥ 馄饨
面 meŋ˥˧ 面条
豆腐乳 tʰɤ˥˧ fu˥˧ i˧˩ 酱豆腐
菜 ʦʰua˥ 下饭菜
猪膏 ʦi˧ kɔ˧ 猪油
石咧糖 ʃoʔ˥ lɛ˧˩ tʰɔŋ˩ 冰糖
蛇糖 ʃo˩ tʰɔŋ˩ 麦芽糖
冰棒 pɤŋ˧ paŋ˥ 冰棍
皮卵 pʰi˩ luaŋ˧˩ 松花蛋
食 ʃieʔ˥ 吃、喝：～饭｜～酒｜～烟
□ ʦua˥ 盛（饭）
衣裳 i˧ ʃɔŋ˩ 衣服
着 ʧo˧˩ 穿

手袖 ʃɤ˧˩ tsʰiɤ˧ 袖子
汗褂咧 huaŋ˦ kua˥ lɛ˧˩ 背心
□肉衫 kia˧˩ ŋiɤʔ˥ saŋ˧ 内衣
嘸饭褂咧 tsʰiɔ˦ faŋ˦ kua˥ lɛ˧˩ 围嘴
　饭笪*咧 faŋ˦ ta˧˩ lɛ˧˩
(半) 筒靴 (paŋ˥) tʰuŋ˧˩ ʃo˧ 长/半筒水鞋
推篮 tʰuɛ˧ laŋ˩ 摇篮
坐篮 tsʰo˧ laŋ˩ 一种竹制用具，略像小车，把幼儿放在里面，可坐可站
明烟 mɤŋ˩ ieŋ˧ 传统的旱烟
袋咧 tʰua˦ lɛ˧˩ 兜儿
腹饥 pu˧˩ ki˧ 饿了
食朝 ʃieʔ˥ ʧɔ˧ 吃早饭
食昼 ʃieʔ˥ ʧiɤ˥ 吃晚饭
食夜 ʃieʔ˥ io˦ 吃晚饭

十三、动作心理

惜 sia˧˩ 疼爱
眯 mi˧ 闭（眼）
□ vɔ˧˩ 哭
□ la˧˩ 舔（普通说法）
　舐 ʃie˧（贬义说法）
□ tsioʔ˥ 吮吸：～奶
　□ tsua˧˩ 吮吸
舂嘴 ʧɔŋ˧ tsi˧˩ 吻
供 kiuŋ˧ 喂：～饭
捶 ʧʰi˩ 打（人）
捉 tso˧˩ 抓（人）
剥 po˧˩ 剥、脱：～皮｜～衣裳
□ ŋia˧˩ 挽（袖子）
　撸 lu˩
寻 tsʰɤŋ˩ 寻找
徛 kʰi˧ 站
□ pu˧ 蹲
走 tsɤ˧˩ 跑
行 haŋ˩ 走
□ kʰiaŋ˦ 跨
斢 tʰiɔ˧˩ 交换
逃 tʰɔ˩ 躲藏
摒 piaŋ˥ 藏匿
贴* tʰia˧˩ 绑
绑 pɔŋ˧˩
缚 pʰioʔ˥
滚倒 kuɛ̃˧˩ tɔ˧˩ 跌倒
嬉 kʰɛ˧ 玩儿
搞死 kɔ˧˩ si˧˩ 开玩笑
搞笑 kɔ˧˩ siɔ˥
话事 vo˦ sɛ˦ 说话
洗汤 se˧˩ tʰɔŋ˧ 洗澡
夹* kia˧˩ 粘（手）
讲口 kɔŋ˧˩ kʰɤ˧˩ 吵架
咒 ʧɤ˥ 咒骂
发誓 fa˧˩ sɿ˦
晓得 ʃɔ˧˩ tɤ˧˩ 知道
畏生（当*）vi˥ saŋ˧ tɔŋ˥ 怕生
帮手 pɔŋ˧ ʃɤ˧˩ 帮忙
□眼睡 tu˧˩ ŋaŋ˧˩ fe˦ 打瞌睡
舍唔得 ʃo˧˩ ŋ̍˦ tɤ˧˩ 舍不得
吓 ho˧˩ 害怕
行动下 haŋ˩ tʰuŋ˧ ho˦ 散步
屙尿 o˧ ŋiɔ˦ 小便（动）
屙屎 o˧ sɿ˧˩ 大便（动）
　出恭 ʧʰie˧˩ kiuŋ˧ 旧说法
跌鼓 te˧˩ ku˧˩ 丢脸
贪凉 tʰaŋ˧ liɔŋ˩ 乘凉
税屋 fe˥ vu˧˩ 租房子
话□佢知 vo˦ pɤ˥ kɤ˥ ti˧ 告诉他
动棋 tʰuŋ˧ kʰi˩ 下棋
　捉棋 tso˧˩ kʰi˩
射/打水铳 ʃo˧/to˧˩ fi˧˩ ʧʰɤŋ˥ 儿童玩水枪
做洋*公*堂* tsu˥ iɔŋ˩ kuŋ˧ tʰɔŋ˩ 捉迷藏
打水皱皱咧 to˧˩ fi˧˩ tsiɤ˥ tsiɤ˥ lɛ˧˩ 打水漂
　打水漂漂咧 to˧˩ fi˧˩ pʰiɔ˧ pʰiɔ˧ lɛ˧˩

十四、性状形容

矮 a˧˩ 矮、低：山好—
细 se˥ 小（与大相反）
嫩 lɛ̃˦ 细（与粗相反）
阔 kʰua˧˩ 宽
狭 hoʔ˥ 窄
燥 tsɔ˧ 干
冇 pʰaŋ˥（木石等）松、不实
暗 ɔŋ˥ 黑（天色）
乌 vu˧ 黑（颜色）
弱 ŋioʔ˥ 虚弱
壮 tsɔŋ˥（人）胖、（肉）肥
衰 sue˧（人）瘦或运气不好
精 tsiaŋ˧（肉）瘦、（人）漂亮

慢 maŋ˦　晚（跟早相反）
懒尸＊ laŋ˧ sɿ˧ 懒惰
勤力 kʰɛ̃˩ liʔ˥ 勤劳
口燥 kʰɤ˩ tsɔ˧ 口渴
疾 tsʰiʔ˥ 疼痛
淋俐 lɛ̃˩ li˦ 干净
齷齪 o˨ tsʰo˨ 脏

十五、指代数量

我 ŋa˧
尔 ŋi˧ 你
佢 kɤ˧ 他
我归＊ ŋa˧ kui˧ 我们
我归＊一下 ŋa˧ kui˧ ie˨ ho˥ 咱们
尔归＊ ŋi˧ kui˧ 你们
佢归＊ kɤ˧ kui˧ 他们
大齐家 tʰa˦ tsʰi˩ ko˧ 大家
自家 tsʰi˦ ko˧ 自己
净＊个人 tsʰɤŋ˦ ka˥ ŋɤŋ˩ 谁
什么 suŋ˥ muŋ˥ 什么
这□／奏＊ ʧie˨ ti˥／tsɤ˥ 这里
　这角□ ʧie˨ ko˨ tsɤ˥
嗰□／奏＊ ka˨ ti˥／tsɤ˥ 那里
　嗰角□ ka˨ ko˨ tsɤ˥
净＊奏＊ tsʰɤŋ˦ tsɤ˥ 哪里
几多 ki˨ to˧ 多少
长＊□／奏＊ ʧɔŋ˨ ti˥／tsɤ˥ 这样
赶＊□／奏＊ kaŋ˨ ti˥／tsɤ˥ 那样
弄＊□／奏＊ luŋ˦ ti˥／tsɤ˥ 怎样
管 kuaŋ˨ 支（香烟、笔、钢笔）
□ tsuaŋ˨ 朵（花）
帖 tʰia˨ 服（药）
栋 tuŋ˥ 座（房子）
薮 sɤ˨ 窝（蜂、鸟）
身 ʃɤŋ˧ 套（衣服）
番 faŋ˧ 床（被单）
床 sɔŋ˩
渡 tʰu˦ 座（桥）
茎 haŋ˩ 块（手帕）、条（蛇、绳子、棍子）、根（筷子）
头 tʰɤ˩ 棵（树、草、花生）
罐 kuaŋ˥ 瓶（酒）
眼 ŋaŋ˩ 口（井）
　口 kʰɤ˨
堆 tue˧ 堆（土）、泡（屎、尿）
莆＊ pʰu˩ 泡（屎）。形容比较大滩的
条 tʰiɔ˩ 只（老虎、蚂蚁）、头（猪、牛）、匹（马）
个 ka˥ 把（锁匙）、只（眼睛、鸡、鸭子）、艘（船）、粒（花生）
门＊ mɛ̃˩ 条（鱼）、枚（针）
坟 fɛ̃˩ 座（坟墓）：一～地（一座坟墓）
皮 pʰi˩ 扇（门）、片（树叶、菜叶）
项 hɔŋ˦ 件（事情）

十六、新词新语

手机 ʃɤ˨ ki˧
电脑 tʰeŋ˦ lɔ˨
网吧 miɔŋ˨ po˧／vaŋ˨ pa˧
高速公路 kɔ˧ suʔ˥ kuŋ˧ lu˦
楼盘 lɤ˩ pʰaŋ˩
扶贫 fu˩ pʰɤŋ˩
公务员 kuŋ˧ vu˦ veŋ˩
包二奶 pɔ˧ ŋi˦ la˨
低保 te˧ pɔ˨
大款 tʰa˦ kʰuaŋ˨
超市 ʧʰɔ˧ sɿ˦
取款机 kʰi˨ kʰuaŋ˨ ki˧
彩票 tsʰa˨ pʰiɔ˥
炒股 tsʰɔ˨ ku˨
打工 to˨ kuŋ˧
承包 ʃɤŋ˩ pɔ˧
春运 ʧʰɤŋ˧ vɤŋ˦
广场舞 kɔŋ˨ ʧʰɔŋ˩ vu˨
台商 tʰa˩ ʃɔŋ˧
个体户 kɔ˥ tʰi˨ fu˦
打麻雀 to˨ mo˩ tsio˨／tsiɔŋ˥ 从前叫“打骨牌” to˨ kuɤ˨ pʰa˩

第四节　语法例句及谚语歌谣

语法例句根据丁声树《方言词汇调查手册》（科学出版社，1955 年，又《方言》1989 年第 2 期 91 ～ 97 页）

第 18 类所列的 57 个例句，本志酌加编号。调查时只求记录自然口语，不求语法点的展现。如第 48 句“你得请我的客”，清流方言最自然的说法是“尔要请客”［ŋi˧ iɔ˥ tsʰiaŋ˩ kʰo˩］或“尔要请我食酒”［ŋi˧ iɔ˥ tsʰiaŋ˩ ŋa˧ ʃieʔ˥ tsiɤ˩］，本志原则上不记“尔要请我个客”［ŋi˧ iɔ˥ tsʰiaŋ˩ ŋa˧ ka˧ kʰo˩］这类明显转文的说法。每个例句均用小字列出调查所用的原例句，请注意它并非方言例句的严格对译。同音字在字的右上角加星号“*”表示，本字不明的音节用方框“□”代表。可有可无的成分加圆括号。斜线“/”表示可选。文读、白读均不加标记。58—66 为根据调查新增的谚语、歌谣等，不属《方言词汇调查手册》里的调查内容。

一、语法例句

1. 净*个人啊？我是老三。

   tsʰɤŋ˦ ka˥ ŋɤŋ˩ a˧？ŋa˧ sɿ˧ lɔ˩ saŋ˧. 谁呀？我是老三。

2. 老四呢？佢正在□合一个朋友在话事。

   lɔ˩ si˥ le˧？kɤ˧ ʧɤŋ˥ tsʰa˦ ka˥ ko˩ ie˩ ka˥ pʰɛ̃˩ iɤ˩ tsʰa˦ vo˦ sɛ˦.

   老四呢？他正在跟一个朋友说着话呢。

3. 佢还曼话完吗？

   kɤ˧ ha˩ maŋ˩ vo˦ veŋ˩ ma˧？他还没有说完吗？

4. 还曼。等刻子就话完哩。

   ha˩ maŋ˩. tɛ̃˩ kʰɤ˩ tsɤ˦ tsʰiɤ˦ vo˦ veŋ˩ li˩. 还没有。大约再有一会儿就说完了。

5. 佢话马上就走，弄*子半工都还在屋下呢？

   kɤ˧ vo˦ mo˩ ʃɔŋ˦ tsʰiɤ˦ tsɤ˩，luŋ˦ tsɤ˥ paŋ˥ kuŋ˧ tu˧ ha˩ tsʰa˦ vu˩ ho˧ le˧？

   他说马上就走，怎么这半天了还在家里呢？

6. 尔去净*奏*？我去城里。

   ŋi˧ kʰɤ˥ tsʰɤŋ˦ tsɤ˥？ŋa˧ kʰɤ˥ ʃaŋ˩ li˧. 你到哪儿去？我到城里去。

7. 在嗰奏*，曼在这奏*。

   tsʰa˦ ka˩ tsɤ˥，maŋ˩ tsʰa˦ ʧie˩ tsɤ˥. 在那儿，不在这儿。

8. 曼是赶*奏*做，是长*奏*做。

   maŋ˩ sɿ˧ kaŋ˩ tsɤ˥ tsu˥，sɿ˧ ʧɔŋ˩ tsɤ˥ tsu˥. 不是那么做，是要这么做的。

9. 忒多哩，唔要□多，只要这滴就够得。

   tʰe˩ to˧ li˩，ŋ̍˦ iɔ˥ kaŋ˥ to˧，tsɿ˩ iɔ˥ ʧie˩ ti˥ tsʰiɤ˦ kɤ˥ tɤ˩.

   太多了，用不着那么多，只要这么多就够了。

10. 这个大，嗰个细，这两个净*个较好？

    ʧie˩ ka˥ tʰa˦，ka˩ ka˥ se˥，ʧie˩ liɔŋ˩ ka˥ tsʰɤŋ˦ ka˥ kɔ˥ hɔ˩？

    这个大，那个小，这两个哪一个好一点儿呢？

11. 这个比嗰个（较）好。

    ʧie˩ ka˥ pi˩ ka˩ ka˥（kɔ˥） hɔ˩. 这个比那个好。

12. 这□屋无嗰□屋好。

    ʧie˩ ka˧ vu˩ mɔ˩ ka˩ ka˧ vu˩ hɔ˩. 这些房子不如那些房子好。

13. 这句事用清流声弄*子话？

    ʧie˩ kui˥ sɛ˦ iuŋ˦ tsʰiaŋ˧ liɤ˩ ʃaŋ˧ luŋ˦ tsɤ˥ vo˦？这句话用清流话怎么说？

14. 佢今年几多岁？

    kɤ˧ kɤŋ˧ ŋieŋ˩ ki˩ to˧ se˥. 他今年多大岁数？

15. 差不/唔多三十来岁。

    tsʰo˧ pɤ˩/ŋ̍˦ to˧ saŋ˧ ʃieʔ˥ lɛ˩ se˥. 大概有三十来岁罢。

16. 这个东西有几重？

ʧie˩ ka˧ tuŋ˧ si˧ iɤ˧ ki˩ ʧʰɤŋ˧？这个东西有多重呢？

17. 有五十斤（重）。

iɤ˧ ŋ̍˩ ʃieʔ˥ kɛ̃˧ ʧʰɤŋ˧．有五十斤重呢（清流方言加"重"是转文的说法）。

18. 拿得动吗？

lɤ˧ tɤ˩ tʰuŋ˧ ma˩．拿得动吗？

19. 我拿得动，佢拿唔动。

ŋa˧ lɤ˧ tɤ˩ tʰuŋ˧ kɤ˧ lɤ˧ ŋ̍˦ tʰuŋ˧．我拿得动，他拿不动。

20. 真个唔轻，重到连我都拿唔动。

ʧɤŋ˧ ka˧ ŋ̍˦ kʰiaŋ˧，ʧʰuŋ˧ tɔ˥ leŋ˩ ŋa˧ tu˧ lɤ˧ ŋ̍˦ tʰuŋ˧ li˩．真不轻，重得连我都拿不动了。

21. 尔话得很好，尔还会话滴什么东西？

ŋi˧ vo˦ tɤ˩ hɛ̃˩ hɔ˩，ŋi˧ ha˩ vɛ˦ vo˦ ti˥ suŋ˥ muŋ˥ tuŋ˧ si˧？你说得很好，你还会说点儿什么呢？

22. 我嘴管笨，我话唔过佢／我话佢唔过。

ŋa˧ tsi˩ kuaŋ˩ pɛ̃˥，ŋa˧ vo˦ ŋ̍˦ ku˥ kɤ˧／ŋa˧ vo˦ kɤ˧ ŋ̍˦ ku˥．我嘴笨，我说不过他。

23. 话哩一次，又话哩一次。

vo˦ li˩ ie˩ tsʰɿ˥，ie˥ vo˦ li˩ ie˩ tsʰɿ˥．说了一遍，又说了一遍。

24. 请尔再话一次。

tsʰiaŋ˩ ŋi˧ tsa˥ vo˦ ie˩ tsʰɿ˥．请你再说一遍。

25. 无早哩，快滴去。

mɔ˩ tsɔ˩ li˩，kʰua˥ ti˥ kʰɤ˥．不早了，快去吧。

26. 这幸＊子还好早，等幸＊子再去。

ʧie˩ hɛ̃˦ tsɤ˥ ha˩ hɔ˩ tsɔ˩，tɛ̃˩ hɛ̃˦ tsɤ˥ tsa˥ kʰɤ˥．现在还很早呢。等一会儿再去罢。

27. 食哩饭再去好吗？

ʃieʔ˥ li˩ faŋ˦ tsa˥ kʰɤ˥ hɔ˩ ma˦？吃了饭再去好吧？

28. 慢慢滴食，唔要慌／急。

maŋ˦ maŋ˦ ti˥ ʃieʔ˥，ŋ̍˦ iɔ˥ fɔŋ˧／ki˩．慢慢地吃啊！不要急！

29. 坐倒来食比徛倒来食较好。

tsʰo˧ tɔ˩ lɛ˩ ʃieʔ˥ pi˩ kʰi˧ tɔ˩ lɛ˩ ʃieʔ˥ kɔ˥ hɔ˩．坐着吃比站着吃好些。

30. 这个食得，嗰个食唔得／这个可以食，嗰个唔可以食。

ʧie˩ ka˥ ʃieʔ˥ tɤ˩，ka˩ ka˥ ʃieʔ˥ ŋ̍˦ tɤ˩

／ʧie˩ ka˥ kʰo˩ i˩ ʃieʔ˥，ka˩ ka˥ ŋ̍˦ kʰo˩ i˩ ʃieʔ˥．这个吃得，那个吃不得。

31. 佢食饭哩，尔食饭哩曼呢？

kɤ˧ ʃieʔ˥ faŋ˦ li˩，ŋi˧ ʃieʔ˥ faŋ˦ li˩ maŋ˩ le˦．他吃了饭了，你吃了饭没有呢？

32. 佢去过（哩）上海，我曼去过。

kɤ˧ kʰɤ˥ ku˥（li˩）ʃɔŋ˦ hua˩，ŋa˧ maŋ˩ kʰɤ˥ ku˥．佢去过上海，我没有去过。

33. 来鼻一下这□花香唔香。

lɛ˩ pʰi˥ ie˩ ho˦ ʧie˩ tsuaŋ˩ fo˧ ʃɔŋ˧ ŋ̍˦ ʃɔŋ˧．来闻闻这朵花香不香。

34. 好香，是曼是？

hɔ˩ ʃɔŋ˧，sɿ˧ maŋ˩ sɿ˧？香得很，是不是？

35. □我一本书。

pɤ˧ ŋa˧ ie˩ pɤŋ˩ ʃi˧．给我一本书。

36. 我实在无书啊。

ŋa˧ ʃieʔ˥ tsʰa˦ mɔ˩ ʃi˧ a˦．我实在没有书嘅。

37. 尔话□佢知。

ŋi˧ vo˦ pɤ˥ kɤ˧ ti˧. 你告诉他。

38. 好好滴行！唔要走！

hɔ˨ hɔ˨ ti˧ haŋ˩, ŋ̍˦ iɔ˥ tsɤ˨. 好好儿的走！不要跑！

39. 小心跌落去爬都爬唔起来！

siɔ˨ sɤŋ˧ te˨ loʔ˥ kʰɤ˥ pʰo˩ tu˧ pʰo˩ ŋ̍˦ kʰi˨ lɛ˩. 小心跌下去爬也爬不上来！

40. 医生□尔多睡一刻子。

i˧ sɛ̃˧ tsiɤ˧ ŋi˧ to˧ fe˦ ie˨ kʰɤ˨ tsɤ˥. 医生叫你多睡一睡。

41. 食烟合食茶都唔可以。

ʃieʔ˥ ieŋ˧ ko˨ ʃieʔ˥ tsʰo˩ tu˧ ŋ̍˦ kʰo˨ i˨. 抽烟或者喝茶都不可以。

42. 烟也好，茶也好，我都唔喜欢。

ieŋ˧ ia˨ hɔ˨, tsʰo˩ ia˨ hɔ˨, ŋa˧ tu˧ ŋ̍˦ ʃi˨ faŋ˧. 烟也好，茶也好，我都不喜欢。

43. 唔管尔去唔去，反正我是要去（个）。

ŋ̍˦ kuaŋ˨ ŋi˧ kʰɤ˥ ŋ̍˦ kʰɤ˥, faŋ˨ ʧɤŋ˥ ŋa˧ sɿ˧ iɔ˥ kʰɤ˥（ka˧）.

不管你去不去，反正我是要去的。

44. 我一定要去。

ŋa˧ ie˨ tʰeŋ˦ iɔ˥ kʰɤ˥. 我非去不可。

45. 尔是净年来个？

ŋi˧ sɿ˧ tsʰɤŋ˦ ŋieŋ˩ lɛ˩ ka˧？ 你是哪一年来的？

46. 我是前年到北京个。

ŋa˧ sɿ˧ tsʰeŋ˩ ŋieŋ˩ tɔ˥ pɤ˨ kieŋ˧ ka˧. 我是前年到的北京。

47. 今朝开会净＊个人当／是主席？

kɤŋ˧ ʧɔ˧ kʰua˧ fɛ˦ tsʰɤŋ˦ ka˥ ŋɤŋ˩ tɔŋ˧/sɿ˧ ʧi˨ siʔ˥？ 今天开会谁的主席？

48. 尔要请客／尔要请我食酒。

ŋi˧ iɔ˥ tsʰiaŋ˨ kʰo˨/ŋi˧ iɔ˥ tsʰiaŋ˨ ŋa˧ ʃieʔ˥ tsiɤ˨. 你得请我的客。

49. 这本书是佢个，嗰本书是佢老伯个。

ʧie˨ pɤŋ˨ ʃi˧ sɿ˧ kɤ˧ ka˧, ka˨ pɤŋ˨ ʃi˧ sɿ˧ kɤ˧ lɔ˨ po˨ ka˧.

这是他的书，那一本是他哥哥的。

50. 一边行，一边话。

ie˨ peŋ˧ haŋ˩, ie˨ peŋ˧ vo˦. 一边走，一边说。

51. □书个□书，□报个□报，写字个写字。

ŋiaŋ˥ ʃi˧ ka˧ ŋiaŋ˥ ʃi˧, ŋiaŋ˥ pɔ˥ ka˧ ŋiaŋ˥ pɔ˥, sia˨ tsʰɿ˦ ka˧ sia˨ tsʰɿ˦.

看书的看书，看报的看报，写字的写字。

52. 越行越远，越话越多。

veʔ˥ haŋ˩ veʔ˥ veŋ˨, veʔ˥ vo˦ veʔ˥ to˧. 越走越远，越说越多。

53. 帮嗰个东西拿□我。

pɔŋ˧ ka˨ ka˥ tuŋ˧ si˧ lɤ˧ pɤ˥ ŋa˧. 把那个东西拿给我。

54. 有□使＊□帮太阳喊做日头。

iɤ˧ ka˧ sɿ˨ tsʰa˦ pɔŋ˧ tʰa˥ iɔŋ˩ haŋ˥ tsu˥ ŋieʔ˥ tʰɤ˩. 有些地方把太阳叫日头。

55. 尔高姓／尔姓什么（个）？我姓王。

ŋi˧ kɔ˧ siaŋ˥/ŋi˧ siaŋ˥ suŋ˥ muŋ˥（ka˧）？ŋa˧ siaŋ˥ vɔŋ˩.

你贵姓？我姓王（斜线前后分别为客气问法和一般问法）。

56. 尔姓王，我也姓王，我归＊两个人都姓王。

ŋi˧ siaŋ˥ vɔŋ˩, ŋa˧ ia˨ siaŋ˥ vɔŋ˩, ŋa˧ kui˧ liɔŋ˨ ka˥ ŋɤŋ˩ tu˧ siaŋ˥ vɔŋ˩.

你姓王，我也姓王，我们两个人都姓王。

57. 尔先去，我等刻子再去。

ŋi˧ seŋ˧ kʰɤ˥，ŋa˧ tɛ̃˨˩ kʰɤ˨˩ tsɤ˥ tsa˥ kʰɤ˥． 你先去吧，我们等一会儿再去。

二、谚语　歌谣

58. 上个崠唎落个窠，拗枝松毛来贴坐。

ʃɔŋ˧ ka˥ tuŋ˥ lɛ˨˩ loʔ˥ ka˥ kʰo˧，ɔ˨˩ ki˧ tsʰiuŋ˨˩ mo˧ lɛ˩ tʰia˨˩ tsʰo˧．

描述爬山越岭辛苦状的顺口溜。崠唎：山顶。窠：山坳。拗：折。松毛：松针，这里指松枝。贴坐：垫坐。

59. 立夏日，牛借力。

liʔ˥ ho˦˨ ŋiʔ˥，ŋɤ˨˩˨ tsia˦ liʔ˥．

依当地风俗，立夏那天要早起做丸子吃，而且必须赶在牛下地之前，否则力气会被牛借走。

60. 冬下响雷公，十个牛栏九个空。

tuŋ˧ ho˧ ʃɔŋ˨˩ lua˩ kuŋ˧，ʃieʔ˥ ka˥ ŋɤ˨˩ laŋ˩ kiɤ˨˩ ka˥ kʰuŋ˧．

意思是冬雷预兆凶年，牛会有瘟疫。

61. 初一落雨初二晴，初三落雨到月半，四九开天晴工半。

tsʰu˧ ie˨˩ loʔ˥ i˨˩ tsʰu˧ ŋi˨˩ saŋ˥，tsʰu˧ saŋ˧ loʔ˥ i˨˩ tɔ˥ ŋueʔ˥ paŋ˥，
si˥ kiɤ˨˩ kʰ ua˧ tʰeŋ˧ tsʰiaŋ˨˩ kuŋ˧ paŋ˥．

62. 打铁老，孤又孤，溪里洗手庙下□。

tɔ˨˩ tʰe˨˩ lɔ˨˩，ku˧ iɤ˥ ku˧，kʰie˧ li˧ se˨˩ ʃɤ˨˩ miɔ˦˨ ho˦˨ pu˧．

形容铁匠的孤苦生活。溪：河。□［pu˧］：蹲。

63. 世上三般丑，扛轿、剃头、吹鼓手。

ʃie˥ ʃɔŋ˦˨ saŋ˧ paŋ˧ ʧʰɤ˨˩，kɔŋ˧ kʰiɔ˥，tʰe˥ tʰɤ˩，ʧʰie˧ ku˨˩ ʃɤ˨˩．

此句俗谚反映旧时代的职业歧视。扛轿：抬轿子。“扛”字《广韵》平声江韵古双切，清流方言的读音完全符合音变规律，意思也跟普通话的“扛”káng 不同，是抬的意思。

64. 迷 * □眯 *，□哐胆 *，早滴爬起来食糯饭。

mi˨˩ mi˥ mi˧，kʰieŋ˨˩ kʰuaŋ˨˩ taŋ˨˩，tsɔ˨˩ ti˥ pʰo˩ kʰi˨˩ lɛ˩ ʃieʔ˥ no˦˨ faŋ˦˨．

此为儿童玩一种小昆虫时念的歌谣。迷 * □眯 *：蚁狮，幼虫生活在干燥的地表下，在沙质土中造成漏斗状陷阱用以诱捕猎物。□哐胆 *：拟声词。食：吃。糯饭：糯米饭。

65. 砻咕唧，砻窸窣，碓白米，煮烂茄，茄曼烂，茄先烂，大侪食一碗，细侪食两碗。

luŋ˨˩ ku˧ tsi˥，luŋ˨˩ si˨˩ so˩，tua˥ pʰoʔ˥ mi˨˩，ʧi˨˩ laŋ˦˨ kʰio˩，kʰio˩ maŋ˨˩ laŋ˦˨，
mi˨˩ seŋ˧ laŋ˦˨，tʰa˦˨ so˩ ʃieʔ˥ ie˨˩ vaŋ˨˩，se˥ so˩ ʃieʔ˥ lioŋ˨˩ vaŋ˨˩．

此为一首童谣中的几句。砻：传统的脱粒工具。咕唧、窸窣：拟声词。曼：没有。大侪：大人。细侪：小孩。食：吃。

66. 一脶穷，二脶富，三脶着金裤，四脶穷出醋，五脶五钩骑马赴圩，六脶金秤管，七脶银秤砣，八脶挽管览 *，九脶□手□脚又瞎眼，十脶气到去贴 * 颈。

ie˨˩ lo˩ kʰiuŋ˨˩，ŋi˥ lo˩ fu˥，saŋ˧ lo˩ ʧo˨˩ kɤŋ˧ kʰu˥，si˥ lo˩ kʰiuŋ˨˩ ʧʰie˨˩ tsʰu˥，
ŋ̍˨˩ lo˩ ŋ̍˨˩ kɤ˧ ʧʰi˩ mo˨˩ fu˥ hɤ˧，liɤʔ˥ lo˩ kɤŋ˧ ʧʰɤŋ˥ kuaŋ˨˩，
tsʰi˨˩ lo˩ ŋieŋ˩ ʧʰɤŋ˥ tʰo˩，pa˨˩ lo˩ vaŋ˥ kuaŋ˨˩ laŋ˨˩，
kiɤ˨˩ lo˩ kʰia˩ ʃɤ˨˩ kʰia˩ kio˨˩ iɤ˧ ha˨˩ ŋaŋ˨˩，ʃieʔ˥ lo˩ kʰi˥ tɔ˥ kʰɤ˥ tʰia˨˩ kiaŋ˨˩．

忽略这首民谣的迷信因素，其实它就类似语言游戏。脶：《广韵》平声戈韵落戈切，“手指文也”。着金裤：穿金裤子。穷出醋：形容穷酸。五脶五钩：五个斗（圆圈纹）五个簸箕（条纹）。赴圩：赶集。秤管：秤杆。挽管览 *：挽着要饭的竹筒。“管览 *”是“管”的变声重叠。□［kʰia˩］手□［kʰia˩］脚：形容腿脚不便。贴 * 颈：上吊。“贴 *”［tʰia˨˩］是捆绑的意思，“颈”指脖子。

第五节 推广普通话

清流各乡镇方言复杂，南面乡镇灵地、赖坊、长校的方言及嵩口镇围埔等地的方言与城关、嵩溪等地的方言差异很大，给人们与外界交流、交往带来不便，学习普通话成为人们的自觉要求。20世纪50年代南下干部及20世纪60年代沿海知青上山下乡扎根清流，加速普通话的推广和普及。除少数偏远山村上了年岁的老人听不懂普通话外，说普通话、同外地人交际无困难的人口已占全县人口的60%以上。随着经济的繁荣、文化的发展，人们的社会交际进一步增强。而且，由于大量异地籍居民的联姻通婚，普通话已广泛进入居民的家庭生活之中。许多少年儿童从小学习普通话，本地方言反而说不顺或说不来，出现一批普通话家庭。尤其是青少年中几乎全讲普通话，本地方言日渐式微，普通话成为主要交流语言。但清流人说的南方普通话与北方标准普通话差距甚远，最主要的标志便是卷舌音发成平舌音，后鼻音发成前鼻音。土生土长的清流本地农民受方言影响，所说的普通话更是带有明显的方言口音。

清流县推广普通话主要在学校教师中进行。2001年，根据市教育局、市语言文字工作委员会转发的福建省《关于在我省教育系统中开展普通话水平测试工作的通知》精神，县教育局开始分期分批组织全县教师参加普通话过级测试。根据文件精神，中小学所有语文科教师必须达到二级甲等，其余任课教师达到二级乙等。7月，城区各中小学教师416人参加测试，其中有93人达到二甲水平，有309人达到二乙水平，未达标教师14人。2002年7月组织第二批测试，城区未达标教师和各乡镇中小学教师自愿报名参加，共有638人参加测试，其中有167人达到二甲水平，有439人达到二乙水平，未达标教师32人。2003年1月和7月，组织620人参加测试，其中136人达到二甲水平，446人达到二乙水平，未达标教师38人。该项工作至2003年年底结束，3年累计组织1674人参加普通话过级测试，通过率97%。未达标教师组织到邻县或三明继续参加测试。

第六节 新词语

随着经济社会不断发展，新生事物层出不穷，催生、创造出许多新词语，加之国际与国内经济、文化、科技等交流日益频繁和广泛，外来词以及一些富有表现力的方言词进入人们视野，为人们所认可和接受。

政治类 “三个代表”、科学发展观、抓手、与时俱进、以人为本、和谐社会、科教兴国、权欲、离任、公务员、知情权、廉政、跑官、特区、国债、医保、双规、宏观调控、调价、扶贫、黄牌警告、农转非、力度、聚焦、反馈、反思。

生活类 发廊、美容、整容、按摩、足疗。

商业类 热饮、热水器、防盗门、快餐、盒饭、电饭煲、微波炉、甩卖、导购、传销、直销、埋单（买单）、返利、专卖店、连锁店、购物城、夜市、布艺、生猛、海鲜、面膜、套装、洁具、护肤品。

经济类 打工、按揭、金融、信用卡、融资、生态旅游、收银台、买单、经纪人、领班、待业、促销、传销、工业园、品牌、精品、价位、跳楼价。解套、割肉、概念股、买点、熊市、牛市、黑马、涨停、走势、揽客、炒鱿鱼、钟点工、运营、展销、评估、餐饮业、转轨、涉外、创汇、企划、造假、炒鱿鱼、跳槽、加盟、不正当竞争、二级市场、法人股、金融危机。

行业类 认证、竞拍、投保、转型、双赢、房贷。

教育类 应试教育、素质教育、教育产业、希望工程、“211工程”、考研、扩招、专升本、复读、失学、考级、复读机。

社会类 下岗、失业、钟点工、求职、彩迷、靓妹、外来妹、三陪、婚介、婚外情、包养、二奶、包二奶、小三、大款、作秀、网民、网迷、双休日、黄金周、扫黄、打假、人气、牛、猫腻、看好、低保、返聘。

文化、体育类 春晚 、综艺、闪亮登场、金曲、录像带、劲舞、劲歌、街舞、动作片、影帝、笑星、搞笑片、贺岁片、走穴、影视圈、黄金强档、碟片、热播、回放、T 型台、明星效应、影楼、写真、传媒、口袋书、盗版、乌龙球、入围、赛事、甲 A、球迷、五连冠、俱乐部、黑哨、残运会、团队精神。彩票、彩民。

医药类 伟哥、氧吧、食疗、变性、健美操、代孕、排毒、丰胸、空调病、亲子鉴定、非典型性肺炎、禽流感、亚健康。

建筑、交通类 公寓、楼盘、廉租房、经济适用房、步行街、斑马线、打的、私家车、春运。

法律、军事类 严打、反贪、扫黄、打黑、洗钱、团伙、举报、卧底、线人、杀手、不作为。

电子、通信类 程控电话、随身听、手机、漫游、闭路电视、资讯、电脑、宽带、电子邮件、网页、伊妹儿、在线、视频、上传、网吧、克隆、光盘、黑客等。

外来词语 IBM、MTV、XO、卡拉 OK、BP 机、CT 扫描、ATM 、WTO、DNA、KTV、CPU、POS 机、pHotoshop。

卷二十六 人 物

清流，是土地革命战争时期中央苏区的重要组成部分。艰苦卓绝的革命斗争，培养、造就了一批千锤百炼、功勋彪炳青史的红军将领和党政军栋梁之材。中华人民共和国成立后，尤其在改革开放时期，具有光荣革命传统的清流儿女，与时俱进，在各行各业奋力拼搏，开拓创新，再造辉煌，涌现出众多新一代优秀领导干部、行业精英、劳动模范和先进典型，他们为建设富强、民主、文明的国家和美好家园作出重大贡献，展现了清流人民昂扬向上的精神风貌。本卷分别以人物传、人物名录列载清流人物，其中立传人物 10 人（含中华人民共和国成立后、1991 年前已去世而首轮《清流县志》未立传的人物），补遗 7 人（历代《清流县志》未立传或扩充原传记的人物）。人物名录列已知清流籍在外地任副处（副团）职级以上领导干部 95 人（其中 2 人为相应职称人员）。中华人民共和国成立至 1991 年，在清流任副处职级以上领导干部前志已有记载，本志不再专门列表；1991—2005 年，在清流县任副处职级以上领导干部在本志有关章节记载；全国五一劳动奖章获得者 1 人，省五一劳动奖章获得者 9 人、省部级劳动模范 13 人，市级劳动模范 27 人。至 2005 年，清流县及其清流籍在外享受政府特殊津贴专家各 1 人。已知 1991—2005 年清流籍博士、硕士 32 人，已知 1991—2005 年清流籍获省级以上荣誉人员 29 人、34 次，已知 1991—2005 年清流县被评定为副高级以上职称人员 153 人（前志已有记载的，本志不再赘述），其中农、林系统 17 人，卫生系统 29 人，教育系统（含党校）107 人。

第一章 人物传

王 琼

（1878—1951）

王琼，字冠玉，福建清流人。其父王荡平，清朝拔贡，曾任八旗教习。王琼 16 岁以县考第一名、汀州府考第一名中秀才。清宣统元年（1909），赴福州应试，中拔贡第一名。同年，入京朝考，获八旗教习职。宣统三年（1911），任清流官立丰山高等小学校董兼学监，主持校务。民国元年（1912），当选为福建省临时议会议员。民国 4 年（1915），教育部通令实行新制，清流初设劝学所（类似县教育局），王琼受当时县政府委派任劝学所所长，在职期间努力发展地方教育，陆续在城区、嵩溪、灵地、长校、赖坊等地设高等小学堂，在一些较大的村设立国民初级小学。同年，与邹粲英、曾安之等筹备组建清流工艺传习所，为三明各县最早开办的职业教育类学校，王琼兼任所长。民国 8 年（1919）春，县传习所正式开学，地址设在观澜书院，学生既学文化知识，又学习纺织工艺，并在自办的工厂实际操作，生产的棉布、毛巾、布袜等很受当地群众欢迎，开清流地方工业先河。

民国 13 年（1924），王琼任清流县知事，克服地方财政支出困难，筹集经费整修已破旧不堪的儒学，作为城区小学校舍用。

民国 18 年（1929），驻防清流、宁化一带的马鸿兴部与任清流保卫总团团总黄乃升部发生摩擦，火拼一触即发。为避免地方百姓因战乱遭殃，王琼以地方知名绅士身份，赴宁化奔走调停。其后几年，罗藻驻防清流，与马鸿兴部发生争斗，王琼又出面斡旋，地方得以安宁。

民国19年（1930），中国工农红军汀东游击队支队王仰颜部进驻清流，时任县长密景麟闻风出走，王琼以县政府第一科长身份代理县事，出面接待，并为红军游击队筹集军费。

民国22年（1933），县长詹学贤撤出清流，由王琼代理县长。

民国27年（1938），抗日战争爆发，清流组织抗敌后援会，王琼为该委员会委员，积极参加募捐支援前线及动员抗日等活动。

民国29年（1940），王琼为首奔走筹资，重建城区东门桥。2年后，东门桥竣工。自清光绪三十二年（1906）大水冲毁后30余年未修复的东门桥，得以重新贯通。

民国34年（1945），县长林善庆倡议重修《清流县志》，公推王琼为主编总纂，经前后3年努力，1947年完成编修任务，此为王琼晚年为地方所作一大贡献。

1949年，中国人民解放军渡江南下，中共地下党工作人员王振邦等人在清流组织十人读书会，策动起义，王琼积极响应，加入以黄乃升为首的清流自动解放临时委员会，迎接解放军部队入城，并协助维持地方治安，为清流县和平解放发挥重要作用。1951年，王琼逝世。1985年，县政府落实政策，追认他为起义人员，恢复名誉并抚恤遗属。

童火通

(1888.10—1972.2)

童火通，字锦辉，号在南，生于清光绪十四年（1888）十月。长校留坑村人，是清流县六位名老中医之一。幼年家贫，8岁入蒙馆读书10年，后在本村初级小学执教12年，以自学中医成名。民国16年（1927），悬壶于本乡，堂号名“济和春”。曾受聘为清流县中医研究所研究员。1959年，参加新江坊联合诊所。1961年，转入长校保健院，坐诊中医门诊。1962年退休。

45载从医生涯，童火通研精耽道，擅长中医内科、妇科、儿科，学术尤重东垣《脾胃论》、河间火热论。运用调理肝脾、清热养阴二法，独具匠心。临床上，认真负责，一丝不苟。尝谓“治病务宜求本，审证必须溯因”，在治疗上“用药宜精不宜多，药量宜轻不宜重，多则繁杂浪费，重则妨脾碍胃”。更讲究药品质量，如法加工泡制，反对以生代熟，以劣充优。故常得心应手，立起沉疴。乡邻求治者，以踵相接，周围百里，遐迩闻名。

童火通性静情逸，治学严谨，尝谓“医学博大精深，包罗万象，上及古代哲理、医书，下及现代自然科学知识，浩如烟海，若非具镂骨铭金之诚，朝乾夕惕，孜孜汲汲以求，焉能企其有所将就。”是以毕生笃志沉潜，悉心修为，虽至耄耋之年，仍然手不释卷。1972年2月18日，手持《时方妙用》掩面，无疾而终，享年85岁。

童火通年高德劭，尤以医德著称乡里。凡有就诊者，必以礼相待，不分富贵贫贱、上下亲疏；诊必耐心细微，药必价廉效宏，并常以此启迪其习医之长孙：“汝能恪守家训，庶乎可以为良医。”其医德之高尚，诚可为后亲效法也。

李宽和

(1913.10—2001.5)

李宽和，男，福建清流人，民国2年（1913）10月出生。民国19年（1930）6月，李宽和在福建宁化县上曹坊参加农民暴动，后自愿加入红军第四军第二纵队。8—10月，先后参加攻打长沙、攻克江西吉安城战斗。是年冬，在江西宁都小布肃反（打“AB团”）时，李宽和所在的红四军第十一师三十三团宣传队13名战士，12名被逼供成为当时所谓的“AB团”分子，其中6人被杀、6人“自首”，唯有李宽和侥幸存活下来。民国20年（1931）至民国22年（1933）3月，参加粉碎国民党向中央苏区发起的第一、二、三、四次“围剿”战斗。其中包括民国21年（1932）5—6月红四方面军与友军东进福建闽南地区漳州，歼灭国民党张贞大部。民国21年（1932）8月，加入中国共产党，历任宣传员、师政治部科员、连政治指导员。民国22年（1933）8月与民国23年（1934）9、10月，参加第五次反“围剿”战斗。民国22年（1933）12月至民国23年（1934）8月初，在江西瑞金马克思主义学校（中央党校第二期）学习党的建设、西方革命史、政治常识、军事战术课等。

民国23年（1934）10月，李宽和从江西兴国出发，参加红军长征。时任红五军团十三师三十八团总支书记，处全军后位，担负钳制敌人追击、保卫党中央直属机关安全任务。民国26年（1937）9月，红军改编后，任八路军一二九师直属政治处教育股长、师政治部敌工部敌策工作团主任。1938年5月，在河北省南宫县八路军第一一五师东进抗日挺进纵队第五支队任政委，参加平息封建会道门一一六离会的战斗。同年6月，与一二九师、津浦支队奉命过津浦铁路东，天津以南沧州以北与地下党接上关系，开辟冀鲁边区抗日根据地，发动群众坚持敌后抗战，破坏津浦铁路沧州连接段铁路，数次配合正面战场。

民国34年（1945）9月日本投降后，李宽和奉命从延安干部大队奔赴东北沈阳接收敌伪政权，任东北民主联军卫生部政委，发动群众创建东北革命根据地。民国35年（1946）4月，奉命筹建通化医学院，任政委；5月，率领通化医学院全体人员到哈尔滨与东北军医大学合编，任军医大学政委。民国35年（1946）秋天，响应党的“军队干部要做地方群众工作”号召，在黑龙江（当时的合江省）任中国医科大学政委，并兼任中共兴山市（鹤岗市）联合市委书记及市长。民国37年（1947）春节，任中国医科大学校长、政委，负责突击培训医务人员，为后来的解放战争救死扶伤起到重大作用。

1949年9月，南下武汉，参加第二批解放广州、接收国民党伪联勤工作，在中南军后勤军需部第三局任党委书记。1949年12月，到广州组建被服厂、雨布厂、橡胶厂、雨鞋厂等一系列军工企业。1952年，调武汉高级干部学习班学习文化知识。1956年8月，调任广东省军区政治部副主任。

1955年，李宽和被授予上校军衔。1957年，获二级八一勋章、二级独立自由勋章、二级解放勋章。1962年，晋升为大校军衔。

1965年8月，李宽和离休，到湖南省长沙市湖南省军区东湖干休所休养。1983年7月29日，广州军区政治部根据党中央、中央军委批准的关于解决部分离休干部职务等级待遇的规定，批准其享受正军职待遇。1988年，李宽和被授予二级红星功勋荣誉章。2001年5月28日凌晨2点10分，在湖南长沙解放军163医院病逝，享年88岁。

李天光

(1916—1994.5)

李天光，民国5年（1916）出生于福建省清流县，后随父母移居长汀。早年参加儿童团、少先队、赤卫队。民国21年（1932）秋，参加中国工农红军，先后担任过警卫、青年干事、组织干事、营教导员等职。民国23年（1934）10月，从江西省瑞金县跟随红军长征，途中加入中国共产党。民国24年（1935）到达陕北后，参加三五九旅开荒大生产。后参加抗日战争。解放战争时期参加过辽沈战役、平津战役、衡宝战役，曾南下广西剿匪。1949年，任中国人民解放军四十九军步兵一四五师政治部主任，率部挺进大西南。1955年，授予中国人民解放军中校军衔。1957年，荣获三级八一勋章、三级独立自由勋章和三级解放勋章。

1958年3月，中央军委发出《动员十万转业官兵参加生产建设》的指示，李天光随7个预备师人员集体转业到北大荒创建国营农场。他到北大荒后，长期在黑龙江农垦系统工作，先后担任合江农垦局政治部副主任、工会主席、办公室主任、机关党委书记以及东北农垦总局工会主席。1981年离休，享受正师级待遇。1994年5月病逝。

曹兴闽

（1914—1993）

曹兴闽，字志伟，男，宁化县曹坊乡曹坊村人，生于民国3年（1914）11月。幼年启蒙于家塾，毕业于旧制曹坊高等小学。民国19年（1930），就读长汀中学时，受进步思想熏陶，在共产党人曹国昂等人引导下，毅然走出校门，参加宁化曹坊暴动，担任曹坊乡苏维埃少先队队长。民国20年（1931），经曹坊区委介绍，进入闽西红军随营学校学习。随后奉命调长汀中央红色医务学校学医。民国22年（1933）秋，在中国工农红军军医学校医科系毕业。历任红军第三后方医院一所所长、江西军区医院医务主任，随军征战。

民国24年（1935），曹兴闽跟随红军北上，在江西兴国突围中中弹被俘，经监禁审查认定为医生后，被留在国民党98师583团，随后被派往南京军区署国防医训班学习，结业后任陆军98师上尉军医，随军抗日。民国34年（I945），日军投降，曹兴闽旋即弃职归梓，任宁化县卫生院主管医师、院长。1950年5月，应清流县人民政府聘请，参加创建清流县人民政府卫生院（即今县医院）工作，历任外科医师、主治医师。在当时人员少、条件十分落后的情况下，开展外科小手术及化验工作。1953年起，进一步开展剖腹产、阑尾炎切除、急腹症胃肠修补等手术，清流为当时永安专区山区县中最早开展外科手术的县之一。1952—1953年，清流县先后发生麻疹、流脑大流行，他带领医务人员奔赴农村开展防治工作，因技术精湛，成效显著，1954年、1958年，两次被评为全省卫生系统先进工作者。1960年，进福建省卫生厅举办的高级西医马克思列宁主义哲学理论学习班进修，学习辩证唯物主义及中医基础理论，结业后返乡，创县医院中西医结合治疗先河。

受1935—1945年在国民党部队从医经历影响，1953年“三反”始，历次政治运动曹兴闽均无法幸免，屡次受到冲击，小则大字报点名检查，大则游街、批斗，尤其在十年动乱期间，曹兴闽横遭迫害，身陷囹圄，六易寒暑。1980年，平反恢复工作。1981年后，历任中华医学会清流分会副理事长、三明市中西医结合研究会理事。1984年，当选清流县第八届人民代表大会代表、政协第一副主席（兼职）。

曹兴闽知识渊博，文通古今，且精通英语、日语。中、西医及草药兼擅，通晓内科、妇科、儿科，开清流50年代腹部、妇产手术先例，融传统中医及现代医学手段于一炉用于临床治疗，如应用中西医结合治疗术后顽固性呕吐等，每收奇效。其不但解决本科难症，而且经常协助其他科室解决难症，尝于病人危笃之期，巧施中西医结合方法辨证论治，立起沉疴。数十年来，治病祛疾，济困扶危，医德高尚，声誉遐迩毗邻数县。

曹兴闽笃志沉潜医学，耽道研精。1960年，创制小腿骨折复位固定器，在龙岩地区发明创造展览会上获全省发明创造成果奖，并被列为推广项目。同年，以髋关节脱臼抬杆复位法、棕榈根清流注射液等创制工作成绩优异，受到县委表彰奖励，工资连晋两级。其论文《棕榈根作子宫插管施行人工流产》在《福建中医药》杂志1961年04期发表。1962年，因对医学有较深研究，被聘为省中医研究所特约研究员。1980年后，多次出席省、市科技大会，发表论文。其临床著述有《棕榈根人工引产36例临床探讨》《海群生治疗胆道蛔虫76例临床观察》《遗传基因与疾病》《健康与长寿》等。

曹兴闽退休后，仍壮志不衰，整理生平临床经验，编撰《中西医结合实验录》，同时运用中西医结合手法从事老年医学研究，将一生献给了热爱的医学事业。1993年9月病逝，享年79岁。

陈建辉

（1922.6—2001.11）

陈建辉，清流县城关人。民国11年（1922）6月出生于清流县嵩口区（仓盈里）沧龙村。民国16年至民国33年（1927—1944），先后在清流小学、明溪联中、宁化中学就读。民国34年（1945），受全国抗日浪潮影响，高中毕业的陈建辉即投笔从戎。当年4月，被选送到国民党成都军校（黄埔军校21期）炮兵科学习。民国36年(1947)12月毕业，被分配到国民党炮兵十团三营八连任职，担任少尉排长。其间参加过河南帝邱店、淮海等战役。民国37年（1948）11月，在淮海战役中负伤，被解放军俘虏，送往野战医院治疗，接受共产党政策教育，1949年1月回乡。

1949年2月，经中共地下党组织清流地区负责人王振邦引导介绍，陈建辉加入中共地下党组织，开展秘密活动。他以国民党121军350师1050团上尉身份，联络清流县国民党军政人员中的进步人士，进行武装策反工作。3月，受中共地下党组织委派，陈建辉在清流以招兵为掩护，组建游击队，发展地下武装，陈建辉为游击队队长，负责指挥武装，方生（地下党员）负责政治工作。4月中旬，由中共地下党代表王振邦发起，在清流金莲寺以烧香拜佛为名，召开秘密会议，成立"十人读书会"，推选陈建辉为读书会负责人。在地下党领导下，读书会与游击队人员一道发动群众，开展抗兵、抗粮、抗税斗争，张贴"打土豪、分田地""欢迎蒋军官兵投降"等标语，宣传"三大纪律""八项注意"等共产党政策。

1949年农历四月下旬，陈建辉率游击队武装人员，在嵩溪时州村秘密集会，部署端午节攻打清流县城，夺取国民党清流县自卫队武器装备行动。五月初四，陈建辉率130余名游击队武装人员在渡背街集中待命。由于连下暴雨，河水猛涨，冲断北门浮桥，攻城计划未能实现。同年，清流县游击队隶属永安军分区工作队（称为闽中游击队）。8月，陈建辉被派往大田县均溪乡游击队工作。9月，受中共福建省委派遣，陈建辉回到清流县，与驻宁化的解放军432团取得联系，分得部分枪支弹药后，在清流组织人民武装工作队，同国民党反动派展开英勇斗争，收缴自卫中队枪支，保护百姓利益。同时，在中国共产党领导下，进行策反工作，促成国民党清流县长黄乃升组织成立"清流县自动解放临时委员会"，宣告脱离国民党和平起义，并通电福建省人民政府主席张鼎丞。武装工作队在清流各界起义人员配合下，开展保护粮库、旧政府档案，维护地方秩序等系列工作，迎接解放军接管清流县。

清流县和平解放后，1950年3月至1951年5月，陈建辉在中国人民解放军清流县中队任中队长(副连级)。1951年6月至1953年5月，调到福建省永安军分区教导队担任副连排长、军事教员。1953年6月至1954年8月，在福建军区干部中队任副连区队长。1954年9月，从部队转业，分配到中国纺织品公司福建省公司福安分公司，担任业务课副课长。

1957年，在"大鸣大放"和"反右运动"中，陈建辉被错误扣上"混进革命队伍的反革命分子""右派分子"帽子，同年10月被清洗回家劳动改造，蒙受不白之冤。1979年，中共清流县委为陈建辉平反，落实政策，恢复名誉，确认其自1949年8月起参加革命。明确肯定当年在陈建辉、方生直接指挥下的清流县游击队对敌斗争是坚决的，旗帜是鲜明的，出色完成了上级党组织交办任务，为革命解放事业作出过贡献。

1979年7月，陈建辉被安置在清流县税务局（国税局），享受离休干部待遇。同时担任福建省黄埔军校同学会清流县联络员，积极参加社会活动，发挥余热，直至2001年11月逝世，享年79岁。

廖学琨

(1936—1999)

廖学琨，清流县田源乡廖武村人，民国25年（1936）出生。中共党员，1960年毕业于福建林学院。1961—1978年，任中国科学院华南植物研究所实习员。1978—1987年，任该所助理研究员兼植物资源室业务秘书、课题组组长，专攻植物化学中油脂化学，后被评为副研究员，高级工程师。

廖学琨在职期间，先后在《植物学报》《油脂》《武汉植物研究》《中国生漆》《科学技术》等20多种报刊发表30余篇学术论文，希腊、法国、德意志联邦共和国、瑞典等国学者纷纷来信索取《甘油三脂组成研究》论文，香港学者来信要求与其合作，进行海角大风子应用研究。其武钢1.7米轧机高速冷轧工艺润滑油研究成果获1982年中国科学院重大科技成果二等奖，论著《油脂植物》获1990年中国科学院自然科学二等奖、1991年国家自然科学三等奖。他的论文和专著对指导开发、利用油脂植物资源，提高经济效益，发挥着重要作用。

1997 年，廖学琨退休。1999 年，身患癌症，医治无效逝世，享年 64 岁。

袁庭钰

（1941.2—1995.10）

袁庭钰，福建长汀人，民国 30 年（1941）2 月出身于农民家庭，仅念过一年半小学。1960 年参军，任战士、班长。1962 年，加入中国共产党。1965 年，退伍复员到清流，先后任乡供销社营业员、武装部干事、粮站仓管员。1980 年，调入县税务系统，先后在长校、里田、城关税务所任办事员、专管员，长期从事农村税收和市场税收。在长校、里田乡工作期间，他负责征税的范围包括 7 个村庄，每次征收税款都要跋山涉水，走村串户，跑遍散落在 200 平方公里崇山峻岭间的几十个自然村，在平凡岗位上作出不平凡成绩，曾 2 次被福建省税务局评为优秀填票手。

1988 年，袁庭钰身体不适，经检查不幸患晚期血癌，先后 4 次复发，9 次住院，4 次收到病危通知书，生命危在旦夕，但他以一个基层税务专管员对事业的执著精神，忍受着常人难以想象磨难，与不幸抗争，顽强战斗在税收工作第一线。调到城关税务所后，在市场上收税，他每天都从街头到街尾巡视好几遍：一遍收，二遍补，三遍查，生怕有半点疏漏。有时不是他值班的日子，他也会去转悠；同事请假，他主动替班；节假日里，他仍要到市场转几圈，将那些“打一枪，换一个地方”零星小贩的税收上来。他把市场收税的经验总结为四勤，即眼勤观察，嘴勤宣传，手勤记录，腿勤跑动。

平时收税，他都会带上税收政策宣传材料，碰到难缠户、抗税者，总是耐心说服。袁庭钰从不提篮上街买菜，尽量避免和纳税人因为私事接触而影响秉公收税。他常说：“利用职权贪小便宜，让人家背后指指戳戳，那多没面子。”县里实行生猪集中定点屠宰，屠宰点距离城关 2 千米，得爬两个坡，袁庭钰天天比屠户早到，从未漏检一头猪，漏征一元税。在他心目中，税收事业就是生命的支柱，一刻也不能残缺。

在县医院治疗期间，他的时间总是满负荷地安排：清晨六点，上早市收税。上午九点半到早市复查税收，上午十点半去医院挂吊瓶化疗。下午二点，上市场查补零星税收，下午二点半回税务所缴交税款，被同事誉为“税务铁人”。有人帮他算了一笔账，从 1988 年 12 月患病到 1995 年年末去世，除了住院治疗 287 天外，他没有请过 1 天假，也没有休息过 1 个节假日，累计加班的时间达 350 天，远远超过 1 个正常人的全年工作日。患病 7 年间，他累计开出税票 1.9 万张，为国家征税 160 多万元。

袁庭钰的突出事迹受到各级党组织的高度肯定，中央领导称赞他是全国税务工作者的模范，中共中央组织部和人事部分别授予他全国优秀共产党员、人民最满意的公务员称号，袁庭钰荣幸出席中共中央纪念中国共产党成立七十五周年座谈会，受到党和国家领导人的亲切接见。《人民日报》等各级新闻媒体对这位“税务铁人”的事迹作广泛报道。1995 年 10 月，袁庭钰终因医治无效，离开人世。

江华椿

（1972.1—2004.1）

江华椿，清流县人民法院优秀法官、共产党员。1972 年 1 月出生于清流县沙芜乡，1992 年从纺织学校中专毕业分配到清流县法院。

1993 年 1 月，江华椿被安排到位于边远山区的灵地人民法庭任书记员。灵地法庭管辖 5 乡 1 镇，交通不便，工作条件十分艰苦。但江华椿毫无怨言。他无私无畏，严肃执法。1994 年 5 月，江华椿与同事在办理一起不当得利案件的财产保全时，被告纠集 200 多人将他们团团围住，并动手哄抢被扣押的物品。江华椿身上多处被拳脚击伤，制服被撕裂，但他仍然用身子紧紧护着装有被扣押物品的公文包，直到当地派出所民警赶到，共同制止这起暴力抗法事件。1995年3月，江华椿任助理审判员，半年时间独立办结案件64件。

1995年10月，他被确诊患慢性粒细胞性白血病。住院治疗期间仍坚持自学电大课程。大专毕业后又报名参加厦门大学法律本科自学考试，6年通过16门课程测试。

1996年，县法院将江华椿调回县法院，不再安排具体工作。但他只要病情稍微稳定，就主动请求工作。从1995年10月至1998年，共办理案件123件，其中调解处理81件；判决36件，仅有1件上诉，二审维持原判；撤诉6件。

因长期服用药物，江华椿神经严重受损，腿部及双手肌肉萎缩，专家诊断认为已无康复可能。但他并没有向厄运低头，开始了艰苦的康复锻炼。福建省高级人民法院、三明市中级人民法院领导亲自安排、联系最好的医疗专家为其治疗。2001年9月，福建省法官协会向全省法院发出《向江华椿同志捐款的倡议书》，发动全省法官开展献爱心活动，为其募捐26万余元。

2001年12月，江华椿病情有所好转，重新回到审判岗位。在饱受病痛折磨同时，仍然勤奋工作，竭尽所能干好各项工作。

江华椿先后被授予“中国杰出（优秀）青年卫士”“全国优秀共青团员”“全国法院青年法官标兵”、全国“五一”劳动奖章等荣誉称号。2004年1月，江华椿再次住院，终因病情恶化，走完了仅仅32个春秋的生命旅程。

司法为民、清正廉洁，生命不息、奋斗不止。这是熟悉江华椿的人们对他的真实评价，也是他短暂的法官生涯留下的不朽精神。

黄先景

（1931—2006）

黄先景，苗族，福建省清流县田源乡田口村人，民国20年（1931）出生。4岁时被身为中共地下党的父亲黄浒带到南京定居。民国26年至31年(1937—1942)，在南京市莫愁路明德女子中学就读。民国31年(1942)，其父病故，父亲生前好友将其送至南京第三孤儿院。民国34年（1945）6月，黄先景被地下党人从孤儿院领出，在国民党和平军警卫三师第九团师医院学医。7月27日，在南京六合县反正起义，参加新四军。因年龄小，被编入新四军独立第一军军部卫训班学医。先后在新四军华中卫生部补习班、苏中军区医院、苏北军区后方医院、苏北军区第二医院、三野十兵团野战医院、三野十兵团二十三医院、福建军区医院、中国人民解放军第六军医学校、山东济南军区第十一预备医院学习、工作，曾参加淮海战役、渡江战役，并参与解放南京、上海、福州等战斗。立二等功1次、三等功2次。1949年，部队颁发给其淮海战役纪念章1枚、渡江战役纪念章1枚。

1955年6月，黄先景转业到南京地方工作。同年7月，服从组织调遣，前往青海劳改部门工作。先后辗转于隶属青海省第十六劳改支队、青海省第七劳改支队的青海省茶甘公路工程处、都兰县香日德农场、贵南县吴堡湾农场、西宁市南川第二公安干校卫生所、西宁市南川卫生院、西宁新生皮革厂卫生所、西宁南滩新生园艺场卫生所等单位担任医士工作。1976年，升任医师。在青海省艰苦、漫长的工作环境中，黄先景主要从事面向劳动改造犯人的救死扶伤工作，他任劳任怨、勤勤恳恳，为人光明磊落、襟怀坦白、一身清廉，为开发大西北默默奉献。

1981年3月，黄先景因身体原因从香日德农场离休，返回南京定居。其人物小传入选1993年中国老龄问题全国委员会编纂出版的《共和国奠基人（青海卷）》。

1996年4月，司法部授予其司法行政一级金星荣誉勋章。1999年10月，在庆祝青海解放五十周年之际，为表彰黄先景在建立新中国和青海社会主义建设事业中作出的突出贡献，中共青海省委员会、青海省人民政府授予其荣誉证及银质勋章。2005年9月，中共中央、国务院、中央军委颁发给他纪念中国人民抗日战争胜利六十周年荣誉勋章 1 枚。2006 年 10 月，黄先景因病去世。

补　遗

谢　惠

谢惠，又名鑑亭，明洪武丙辰年（1376）1 月 19 日出生于四堡里兰田乡（长校镇留坑村）。

谢惠聪明伶俐，勤奋好学，少时即能背记千字文。至 14 岁，所作诗初露横溢才华，令长者惊讶。如《横坡绿竹》：“为访龙孙竹，长来鸭咀坡，渭川明月夜，共谷晚风过。旧叶溪前舞，新条雨过多。绝胜淇上淏，愧我来搓磨。”

明永乐二年（1404），谢惠中甲申科进士，次年任江西分宜知县。任职期间，其崇尚教育，重视开化，勤政爱民，凡兴废之事，根据实际施行，政绩实足。

明永乐丁酉年（1417），谢惠擢南京户部主事，利用空隙，精览群书，凡阅览必精细批注。好行善，常用微薄之薪帮助那些因贫困办不起丧事、吃不上饭的人。明宣德丙午年（1426），捐资建造四堡丰饶寺，并将部分田产捐给寺里。

谢惠奉侍双亲至情至切，老母病重时，伤心悲戚，侍候床前，寸步不离，乃至护守庐墓，尽情尽责。之后携带小仆童升，到广东东部旅游，见丙村山明水秀，不舍离去，遂定居丙村，再娶偏房，直至明天顺丙子年（1458）卒于丙村，终年 82 岁。广东丙村后裔每获高等科名或每代名人问世，村人皆认为乃谢惠为官时勤政于民之福报。

吴天恩

（1552—1608）

吴天恩，又名天受，汀州府清流人，明嘉靖三十一年（1552 年）出生。27 岁到宁德支提山礼拜明香为师，剃度受戒。常问义学于冬晖法师，得其传，又叩心经于一山大师，尽得其旨。禅教兼通，偏重于教。而后，奉诏迎藏经于报恩寺。天恩返寺之后即归隐古田黄柏溪九仙山，潜心修炼。常有禅者请其阐释金刚经。未几，又移居莲花山。此山地处万山丛中，人迹罕至，为熊虎出没之地，天恩却露宿林下数月。明万历三十一年(1603)，复归支提寺五龙潭畔，于金灯峰下构筑精舍，“四方争迎，开讲无虚日”。明万历戊申（1608）秋，榕城四众合谒于开元寺，讲《法华》《金刚》《弥勒》三经，皈依座下，恒千余众。冬末，期毕，却患微痰，圆寂。著有《心性录金刚解心经要集》以及《金灯精舍》诗作两首。陈鸣鹤为其撰《塔志铭》。

陈用宾

（1550—1617）

陈用宾，字道亨，号毓台，汀州府清流县东坑梦溪里（今余朋乡东坑村）人，明嘉靖二十九年（1550）出生，幼年随父陈应春迁泉州晋江。

明隆庆元年丁卯（1567），陈用宾中举。明隆庆五年辛未（1571），中张元忭榜进士。初授长洲令，礼贤下士，勤政爱民，努力摒除旧弊，做到平赋清狱、案无留牍。在催科上，鸠敛有法，民不烦扰，成绩突出。经考核，召入京为御史，巡盐河东。时久雨，盐课将亏，祷于中条山，雨即止，又苦无南风，盐不能凝结，复祷辄应，盐课倍于常时。改按淮阳，兼督学政，考校荐劾，绝无私心，持正秉公。四郡江淮官吏狡诈，暗中操纵郡推管权。每逢推官遣刺州县事，则迎入其家，卑官富人奔走盈门，不行贿立中以祸，民甚苦之。用宾密令郡县踪迹，得凤阳吏孙阁者为四郡巨魁，置之法，其风乃息。时首相张居正与中官冯保狼狈为奸，专擅威福，朝廷臣僚，明争暗斗成风。用宾深有见识，不俯从于张居正，疏荐一谪官忤张居正意，被出为四川参议、右浙江副使，转参政，长年在外奔波。所到之处忠于职守，升为按察使，湖广布政使。时西南边陲多事，明万历二十一年癸巳（1593），擢陈用宾为都察院右佥都御史兼兵部左侍郎云南巡抚。陈用宾甫到，未歇息，即查察滇西山高水恶的地形地势，请设蛮哈守备。云南旧贡金四千两，科臣王德完乞停止奉旨，反加一千两。用宾请仍旧额，疏极剀切竟不报。

陈用宾素负雄略，用兵如神，经略三边。缅贼分道入寇据蛮莫，用宾授策于参将王一麟等，迎击之，先后斩获125人，贼始退。叛投缅甸的孟卯土司多俺父子引缅兵至陇川，又勾丙测兵入掠，用宾用间谍檄暹逻国袭其后，达到牵制敌人进攻的气势；用宾又授策于参将吴显忠，檄木邦土司罕钦以夷攻夷，多俺及其子皆被杀。于是，滇西腾冲等许多地方得以平定。朝廷闻捷，即赐敕赉金。陈用宾并未松懈，为加强边防，从长远计，明万历二十二年（1594），在永昌（保山）、金腾等屡遭缅患的地方，于铜壁诸处设八关，关址距当时中缅边界数十里至数百里不等。这八关就是神护关（故址在今云南腾冲县西北孟卡山上）、万初关（故址在今云南盈江县西北布哈山上）、巨石关（故址在今云南盈江县西北息马山上）、铜壁关（故址在今云南盈江县西北布哈山上）、铁壁关（故址在今云南陇川县西北）和虎踞关、汉龙关、天马关（清末中英勘定滇缅边界时，这三关被划属缅甸）。在陇川、猛卯设二堡开屯田，收米养兵，不但节省军粮转运费用，而且消除远水救不了近火之虑。缅贼为恶成性，复纠集匪卒，欲吞蛮莫，企图攻占思化。陈用宾早有准备，立即择将出兵，大败贼犯，擒贼16人，斩丙测，获战象3头、战马36匹。朝廷得到捷报，除法赏银币外，还晋陈用宾为右副都御史。

彼时，顺宁府土酋孟廷瑞（孟获后裔）与土官奉教之族奉学，谋夺大侯州印，焚州治及所锡敕书，毁澜沧、云龙二桥，气势汹汹。陈用宾立即上疏，提出先抚后攻策略，即令孟廷瑞执奉学赎罪，如不从，则以兵临之。朝廷经过讨论，同意他的方略。可是孟廷瑞不理朝廷谕旨，直至大兵临阵，刀枪并举，孟廷瑞计穷，走投无路，才斩奉学的首级，献交监军李先著，同时送以黄金百两、白金六百。李先著受贿，便将孟廷瑞悄悄放走，终于以受贿纵贼之罪，逮至京城，病卒。孟廷瑞又同经反复，陈用宾均采用征抚相结合的办法，将此地叛乱平定，于是晋升右都御史兼兵部右侍郎。

明万历三十四年丙午（1606），税珰太监杨荣朵颐宝井之利，入滇开采宝进井，既舞弊作奸，又招引西南贼患，引起民恨。陈用宾并不畏势，疏陈其罪状，请速将矿税停罢，拘其羽翼爪牙，尽置以法。但朝廷腐败，内外线通连一气，陈用宾的奏"疏皆留中"，无法上达天听。由于事不机密，走漏风声，杨荣逃亡武定。陈用宾抚滇已十余年之久，时时惦念老母，几番疏请乞归，均未允许。恰逢此时，一件天大不公狱冤降临其身。原来武定土官阿克，在嘉靖、隆庆间陷杀知府杨天石，祸乱地方，屡叛讨平，改土为流。明万历三十五年丁未（1607），乡官郑举恨知州黄榜常，绳以法，遂谋使凤氏孽孙阿克起兵复土宇。当时知府陈典知其谋，畏怯凶恶，忙携印避入省城。武定被阿克攻陷，所属州县皆被残破。为索印，阿克长驱至省城，焚掠民屋，声称索不到武定印，誓不罢休。陈用宾苦于征调未至，且士民环跪"泣请权宜出印与之，计绐贼去，征兵分道进攻"。在征调未至的情况下，为百姓生命财产安全，陈用宾只得采用此权宜之计。阿克得印后退兵。陈用宾召集兵力，分五路一鼓作气追击，戒杀戮、明赏罚，收复三贼，擒其巨魁十二人，阿克计穷，遁入东川，大兵从后摄之。土酋禄寿、禄哲等罹，代凤氏受祸，遂执克以献是役也。活捉阿克，收回武定印。朝廷虑滇南失守起刘綎余家使将兵入滇，行至楚而贼已平，又发太仆寺银五万两以佐军兴，比至已无所用，乃留作贡金之费事。闻朝议不论剿贼功但纠以弃印之罪。正在宣捷间，才知柄政者为李先著的同年同乡，他为了替李先著报仇，令其私人连疏，诬告陈用宾"弃印"之罪。万历三十六年八月，陈用宾即被逮捕入京都下狱。刑部元外郎黄克缵深知其冤，上疏营救，却受李先著的党羽李朴等人攻击；继陈用宾抚云南的周敬松，知道滇人对陈用宾非常钦敬，怜其无辜系狱，也疏请贷之。但都被柄政者冻在手中不报。万历四十五年（1617），陈用宾身陷囹圄九年，染疾成病，司寇允许他狱外治疗，旋卒，追谥襄毅。

陈用宾论著有《悟真篇注疏》《还真大旨》《大道指南》《道德经契心录》《还初笔记》《伊川三大难事说》《达意草》等。

蒋育馨

（1550—1611）

蒋育馨，字明琅，榜名茂才，号连城，一号皆我。明嘉靖二十九年（1550）出生于长洲县（今属苏州），庠生，18岁中举，十上京城考进士均未中。后改名育馨，明万历二十九年（1601），选为汀州府清流县知县。

蒋育馨清正耿直，机敏开朗，治理县邑视如操持自家。出入轻车简从，仅乘坐2人抬的小轿，行经之处，也从不呵禁。清流县城三面环水，一面靠山，可谓易守难攻。但蒋育馨一到任，担心城墙矮小易受外敌攻击，派人运石加高加固。并添设粮仓，移置驿站。当时，新上任的连城县令徐大化，利用关系，欲将其县邑五百六十余两的浮粮任务转嫁到汀属其他七县，即每石正粮外，连带派八厘。其他县令皆唯唯诺诺，惟有蒋育馨认为此举不公，拒绝执行。受其影响，随后6县也纷纷抵制，飞派浮粮一事为此作罢。百姓交口赞誉。

初到清流的蒋育馨，对清流的印象是：山坳多，田地贫瘠、坚硬，百姓愚钝。因此，他非常重视教育。每逢初一、十五或十天左右，都要亲自为本地生员上课，修改文章。当时，清流有些山民迷信养蛊害人，人碰必死。蒋育馨亲自下令抓捕为首兴风作恶之人，整肃风气，并将治蛊良方公示于交通要道，此举拯救不少人性命。

一年仲夏，大旱，蒋育馨主持祷告求雨。久祷无雨，有人献方，无非心诚则灵之类。蒋育馨果真徒步撤去伞盖，长跪请罪，结果陪同的下属都一瘸一拐地无法正常行走。祷至第十八天，大雨瓢泼，全县欢呼。当百姓将祷雨之功归于他时，他说："听说邻县都在祷雨，说不定是别人的赤诚感动了上天呢？要是'掠人美，贪天功'，罪就大了。"

当时清流那些被卖到大户人家的婢女，过了婚嫁的年龄却不得嫁。而许多青壮未婚者游荡于街市，终身娶不上媳妇。蒋育馨下令，年满二十岁还未婚嫁者重罚，遵从命令者则各赠送银两若干。一夜之间，喜结连理者数千。

蒋育馨离任时，清流百姓闻讯，全城老幼倾巢出动，扳着车辕不舍地挽留他，并将一石黄豆放在公车前，以此祝愿好官子子孙孙发科发甲。为感念其恩德，百姓还在水东街为蒋育馨建了蒋公生祠。

蒋育馨在任时，政绩突出。回乡后去世，身无余财，著作有《文章正体》等。

陈孔俊

（1630—1690）

陈孔俊，官名奇，明崇祯三年庚午（1630）十一月十五日出生于汀州府清流县东坑梦溪里（今余朋乡东坑村）。自幼喜舞枪弄棒，善骑射，武艺过人。行伍出身，清顺治三年（1646）官至参将。康熙年间任参将署四川成都府总镇。清康熙六年丁未（1667）八月二十五日晋授湖广辰常镇协参府兼管中协副总事。

明朝末年，清兵入关后对西南用兵，进取云贵。清顺治十五年（1658），平西大将军、平西王吴三桂由重庆统兵入川南（当时遵义府仍属四川，为四川东南最偏远的一个府），收复遵义府及所属州县。但清兵正式入驻遵义以后，官兵人数较少，兵力明显薄弱。清康熙十一年壬子（1672），调湖广辰常镇协参府兼管中协副总事陈孔俊赴遵义，授遵义府游击将军，统帅遵义清军。清康熙十二年（1673）十一月，平西王吴三桂起兵发动三藩之乱，自称"天下都招讨兵马大元帅"，先杀害云南巡抚，又兵分两路出击，欲东掠湘黔、北攻川陕以达分裂中国，割据称帝的目的。清廷为及时平定内乱，镇压叛军，遂调集军队围剿吴三桂。作为统领遵义清兵的陈孔俊也率领遵义协官兵参加了此次讨伐吴三桂的战争。因恢复有功，皇帝诏见赐为昭勇将军。52岁时陈孔俊表请卸任。康熙二十九年（1690）八月十八寅时，陈孔俊去世，死后葬于贵州省遵义市红花岗区金鼎镇莲池村黄钟山下。

廖桂林

廖桂林，字小山，派名兴焕。田源乡廖武村人，出生年月不详。廖桂林武艺超群，貌清癯类文人，工书楷行俱佳，文武兼备。清道光二十九年（1849）乡试考取武举人，咸丰六年（1856）考取乙级第五名赐进士，授钦点“御前侍卫”，后出任广东永安营都司。剿匪屡著奇功，为部院长官所倚重。与士兵同甘苦，营纪整肃，以母年老，遂解职归田。临行，地方士绅，制锦颂德。清同治戊辰七年（1868年）十月十八日，奉旨在廖武村水口外猴王庙背建“御前侍卫”石牌坊1座，“文化大革命”间被毁。

第二章 人物名录

1991—2005年清流县已知省、市劳动模范和获“五一”劳动奖章人员一览表

表26-1

序号	姓 名	性别	评模时所在单位	获奖时间	所授称号
1	黄丹心	女	清流县实验小学	1991	福建省劳动模范、福建省“五一”劳动奖章
2	巫鑫铭	男	东华乡大路口村民	1991	福建省劳动模范
3	陈开清	男	下和采育场	1991	福建省劳动模范
4	陈 强	男	福建清流县劳改支队	1991	福建省劳动模范
5	赵先水	男	农业银行	1992	福建省劳动模范
6	王仁堪	男	县医院	1992	三明市劳动模范
7	黄其进	男	拔口采育场	1992	三明市劳动模范
8	方 峰	男	合成氨厂	1992	三明市劳动模范
9	周千孙	男	二轻局	1992	三明市劳动模范
10	郑宜超	男	县一中	1992	三明市劳动模范
11	邓德藏	男	公路分局	1992	福建省“五一”劳动奖章
12	郑春根	男	公路稽征所	1992	福建省“五一”劳动奖章
13	张顺英	女	清流公路分局	1994	福建省劳动模范
14	巫连根	男	东华乡大路口村民	1994	福建省劳动模范
15	陈学重	男	香料厂	1994	三明市劳动模范
16	王承农	男	公安局	1994	三明市劳动模范
17	陈午钢	男	残 联	1994	三明市劳动模范
18	陈寿琳	男	农资公司	1994	三明市劳动模范

续表 26-1

序号	姓　名	性别	单　位	授奖时间	所授称号
19	魏选旺	男	广电局	1994	三明市劳动模范
20	黄寿龄	男	县水泥厂	1994	三明市劳动模范
21	江仰维	男	纪检会	1994	省优秀纪检干部，享受市级劳模待遇
22	刘建昌	男	县化工厂	1995	福建省“五一”劳动奖章
23	王顺昌	男	嵩溪塘背	1995	三明市劳动模范
24	袁庭钰	男	清流县国税局	1996	福建省劳动模范
25	江华椿	男	县人民法院	1997	福建省劳动模范、全国“五一”劳动奖章
26	严国春	男	温郊桐坑农民	1997	福建省劳动模范
27	李秀春	男	县财政局	1997	福建省“五一”劳动奖章
28	黄千文	男	北坑钨矿	1997	三明市劳动模范
29	刘剑羽	男	县检察院	1997	三明市劳动模范
30	马招德	男	嵩口小学	1997	三明市劳动模范
31	黄少青	男	交通局	1997	三明市劳动模范
32	黄菊香	女	县邮政（电）局	1997	三明市劳动模范
33	刘太寿	男	下和采育场	1997	三明市劳动模范
34	刘长水	男	里田卢水农民	1998	三明市劳动模范
35	黄景南	男	嵩口围埔农民	1998	三明市劳动模范
36	雷根旺	男	县林业局	1999	福建省“五一”劳动奖章
37	刘太寿	男	下和采育场	2000	福建省劳动模范
38	沈其福	男	县烟草公司	2000	福建省“五一”劳动奖章
39	邱生发	男	庄前采育场	2000	三明市劳动模范
40	陈潘和	男	明孚硅业公司	2000	三明市劳动模范
41	俞忠水	男	县纪检会	2000	三明市劳动模范
42	包清秀	女	环卫站	2001	福建省“五一”劳动奖章
43	董明生	男	氨盛公司	2003	福建省劳动模范
44	赖雨生	男	龙津城南三组农民	2003	福建省劳动模范
45	刘祥钦	男	水电局	2004	三明市劳动模范
46	李华坤	男	教育局	2004	三明市劳动模范
47	江南华	女	农业银行	2004	三明市劳动模范
48	雷恩维	男	国土局	2004	福建省“五一”劳动奖章

至 2005 年已知清流籍在外工作副处以上领导干部一览表（95 人）

（以职务大小排序，职务相同的以姓氏笔画排序）

表 26-2

姓　名	曾任职单位	职　　务
黄新民	中国环境科学院	副院长

续表 26-2

姓 名	曾任职单位	职 务
黄 宁	国防科委综合计划部	部 长
林耀斌	河南省南阳军分区	司令员
黄 黔	国务院研究室社会发展研究司	司 长
余世袁	南京林业大学	校 长
黄行辉	漳州军分区	副司令（师级）
陈建华	省专用通信局局长	局 长
张先梓	中国原子能科学研究院放射化学研究所 35 室	研究员
王惠宁	上海市长宁区武装部	区委常委、武装部政委
陈 斌	中钢集团派驻津巴布韦分公司	总经理
童 晖	联合国世界货币基金组织	研究员
陈兴明	泉州市盐务局	局 长
饶庆文	国家外汇管理局上海市分局外汇综合处	处 长
冯杏芝	《石油地球物理勘探》杂志社	副主编
李永茂	上海捷通工贸实业总公司	总经理
赵晓峰	三明市委办公室	主 任
郑加录	三明市水利局	局 长
巫福生	宁化县人民政府	县 长
陈烈章	三明市人大常委会	专职委员
韩国强	三明市中华保险公司	总经理
林新华	三元区人大常委会	主 任
阳盛安	三明市人事局	书 记
廖金辉	宁化县委宣传部	部 长
刘日太	宁化县政协	主 席
黄金丹	宁化县检察院	检察长
陈清雄	大田县公安局	局 长
陈 红	明溪县委宣传部	部 长
黄祖谋	三明市梅列区公安局	局 长
黄韶华	建宁县武装部	部 长
黄荣发	三明市地方志编纂委员会	主 任
李新华	建宁县检察院检察院	检察长
林清光	福建省金融学院干训处	处 长
廖学琨	中科院华南植物研究所	副研究员
黄迪问	中共福建省委宣传部理论处	处 长
涂远寿	福建省人寿保险公司	处 长
吴广州	福州市消防支队战线处	处 长
罗志怀	泰宁县公安局	局 长
黄占文	三明市邮政局	经 理
罗钦荣	三明市交通局	正处级调研员

续表 26-2

姓　名	曾任职单位	职　　务
杨火旺	永安市政协	正处级调研员
陈　新	三明市直机关党工委	委　员
巫炎生	永安市建行	行　长
郭晓芳	厦门市人大法制委	处　长
罗辉明	厦门市同安区工商局	局　长
李　闽	厦门市经济发展局研究室	处　长
于珍凤	厦门市检察院批捕处	处　长
王务仁	厦门进出口检验检疫局	办公室主任（正处）
邹淑凤	中国航空技术厦门有限公司	副总会计师、财务部经理
江积军	龙岩市邮政局	副局长
肖国庆	龙岩市公安局纪委	副书记
罗生炎	晋江某部	副团长
廖文辉	中宣部秘书处	副处长兼保密办副主任
陈永祥	中共中央办公厅人事科	副处级干部
管恩红	珠海市规划局	副局长
黄卫宁	中石油集团东方公司外事部	副总工程师
邹炳生	广东省航道勘测设计研究有限公司	书记、工会主席、副院长、高级工程师
陈　兴	三明市政府	副秘书长
刘水祥	三明市银监局	副局长
赖逢良	三明市政协	副主席
饶军萍	三明市农发行	副行长
伍林发	三明市文联	副主席
陈熙建	建宁县武装部	副部长
陈俊文	三明市经贸局	副处级干部
曾光荣	三明市经贸委（安监局）	副处级调研员
王亚珍	将乐县政府	副县长
赵圣宏	建宁县政府	副县长
郑清华	永安市委	副书记
黄金火	大田县纪委	书　记
余世雄	大田县委统战部	部长、政协副主席
陈英豪	三明市消防支队	副支队长
刘锦春	三明市劳动局	副局长
饶跃和	三明中级人民法院	副院长
冯爱平	三明畜牧水产局	纪检组长
何俊良	三明市政法委	副书记
江建强	三明市安全局	副局长
魏景纹	三明市外侨办	副调研员
林新华	三明市三元区宣传部	部　长

续表 26-2

姓 名	曾任职单位	职 务
江根云	集美区人民政府	副区长
韩晓东	国家林业局驻厦门新中林大酒店	副主任、副总经理
王华明	福州日报社车队	队 长
刘新生	厦门市特勤大队	副队长
邓连生	福建省财政厅企业处	副处长
罗良标	福建省农业厅法规处	副处长
吕铭辉	福建省农业厅人事处	副处长
李日明	福州市委办公厅信息处	副处长
黄壁升	中共福建省委统战部	副处长
黄卓恕	福建省财政厅行政政法处	副处长
郭晓岚	福建省国税局征管处	副处长
马勋先	厦门市政法委办公室	副主任
赖永银	厦门市住房公积金管理中心	副主任
马运根	泉州市政府海防与口岸管理局办公室	副主任
林 晖	漳州市委农办外经科教科	科 长
曾道新	福建省清流监狱	纪委书记
林峥嵘	福建省永安监狱	调研员
曾庆友	福建省建阳监狱	副监狱长

1991—2005年已知清流县及清流籍在外享受政府特殊津贴专家一览表（2人）

表 26-3

姓 名	性 别	出生年月	毕业院校	学 历	所在单位	享受津贴起始时间
许金铭	男	1939	福建农学院	大学	清流农技中心	1993
余世袁	男	1949.3	加拿大多伦多大学	博士	南京林业大学	1994

1991—2005年已知清流籍博士、硕士一览表（32人）

表 26-4

姓 名	性 别	单位及职务
黄 黔	男	清华大学博士、国务院研究室社会发展研究司司长
余世袁	男	加拿大多伦多大学博士、南京林业大学校长
项梦冰	男	北京大学文学博士、中国语言文学系教授、硕士研究生导师
童 晖	男	联合国世界货币组织研究员
郑清林	男	爱尔兰西门子公司
罗 勤	女	加拿大滑铁卢市大学

续表 26-4

姓 名	性 别	单位及职务
江学忠	男	美国空气与化工产品公司博士
谢俊强	男	美国纽约城市大学博士
郑清好	男	威图电子机械技术（上海）有限公司总裁
严秀琴	女	厦门大学毕业，美国南加州大学博士，供职于福陆丹尼尔公司
廖荼清	男	美国休斯顿大学博士
吴燕明	男	华东纺织工业大学博士、南非德邦纺织总公司经理
李勋祥	男	浙江大学工业设计系硕导、博士后、教授
李剑峰	男	北京市科学技术研究院（博士）、北京市劳动保护科学研究所
邓永锋	男	南京大学理学博士南京岩土工程研究所副所长、副教授、博（硕）士生导师
李吉彬	男	上海海事大学讲师
谢思源	男	厦门大学博士
邱罕凡	男	福建医科大学附属协和心外科副主任医师（博士）
赵德通	男	省电力设计院工程师
邓文贵	男	福建省水电设计院工程师
陈宣维	男	医大附属第一医院骨外科副主任医生（博士）
陆培民	男	福州大学信息工程学院教授
童应华	男	福建农林大学教授
童庆满	男	福建农林大学办公室
陈燕昌	男	医大协和医院骨外科副主任医师（博士）
张文清	男	福建省立医院副主任医师
朱建峰	男	省协和医院副主任医生
卢火木	男	福建省肿瘤医院药剂科医师
童祥斌	男	省财政厅办公室主任科员（硕士）
余志强	男	福建中烟公司技术中心（硕士）
洪婷婷	女	福建农林大学景观设计专业博士生，就职于美国奥本人居景观规划设计公司
陈家顺	男	闽江学院教授、福州大学建筑学院副教授（博士）

1991—2005 年已知清流县获省委、省政府及国家级以上荣誉人员名表

表 26-5

姓 名	性别	荣誉称号	授予单位	获奖年份	获奖时所在单位与职务
许金铭	男	长期坚持农牧渔业技术推广工作作出显著成绩荣誉证书和证章	农业部	1991	农业局
温秀腾	男	清理干部建私房先进工作者	省委、省政府	1991	清流县监察局副局长
		福建省计划生育先进工作者 3 次	省政府	1994 1999 2001	清流县计生委主任、计生局局长

续表 26-5

姓　名	性别	荣誉称号	授予单位	获奖年份	获奖时所在单位与职务
马小琴	女	福建省计划生育先进工作者 2 次	省政府	1993 1997	清流县计生委副主任
江长玉	女	全国农牧渔业丰收奖三等奖	农业部	1994	清流县农机局副局长
阳永寿	男	全国《百日增肥》活动先进工作者	农业部	1994	农业局土肥站站长
肖维宗	男	国家级第三产业普查先进工作者	国务院全国第三产业普查协调小组	1994	清流县赖坊乡副乡长
黄晓锋	男	省级先进工作者	省人民政府	1994	田源乡人民政府统计站站长
罗承春	男	全国优秀教师	人事部、教育部	1995	李家学区
雷清忠	男	福建省水利水电系统先进工作者	福建省人事厅、福建省水利厅	1995	林畲乡水利工作站
赖德才	男	辛勤工作满十五年	国务院扶贫办	1996	清流县农办扶贫股股长
李必森	男	全国派驻检察先进个人	最高检察院	1996	清流县检察院驻清流监狱监察室主任
刘剑羽	男	个人一等功	高检院	1997	清流县人民检察院检察员
江华椿	男	全国优秀共青团员、首届“中国优秀青年卫士”	共青团中央等	1997	清流县人民法院审判员
		先进工作者、第六届“精神文明建设先进工作者”	福建省委、省政府	1998	
温昌良	男	农经管理工作先进个人	农业部	1998	农业局经管站站长
李水旺	男	优秀共产党员	中共福建省委	1999	林畲乡人民政府 党委副书记、纪委书记
邓国平	男	全国乡镇企业系统优秀财务工作者	农业部	2000	乡镇企业局办公室主任
罗炳文	男	优秀共产党员	福建省委	2001	清流县科协主席
童榕生	男	全国侨务信访工作先进个人	国务院侨务办公室	2002	清流县侨务办公室主任
		全国侨办系统先进个人		2004	
赵火旺	男	全省计划生育工作者	省政府	2002	林畲乡计生办主任
陈流坤	男	计划生育工作先进工作者	福建省人民政府	2003	清流县余朋乡计生办主任
李先春	女	全国档案先进个人	国家档案局	2003	清流县档案局局长
王维峰	男	全国绿化先进个人	全国绿化委员会	2004	清流县林业局副局长
邓国平	男	全国乡镇企业系统优秀财务工作者	农业部	2004	乡镇企业局办公室主任
赖月华	女	全国优秀少先队辅导员	团中央	2004	实验小学
黄金香	女	全国优秀少先队中队辅导员	团中央	2005	实验小学
罗炳文	男	农村科普工作先进个人	中国科协	2005	清流县科协主席
曾福秀	女	全国计划生育协会先进志愿者	中国计划生育协会	2005	清流县计生局科员
赖和平	男	全国百佳新闻文化工作者	中国世纪大采风活动组委会	2005	清流县政协办公室科员

1991-2005年清流县农、林系统副高级以上职称人员名表

表26-6

姓　名	性　别	职称或学位	评定时间	任职单位
阳永寿	男	高级农艺师	1996	清流县农业局
许金铭	男	推广研究员	1998.12	清流县农业局
杨永源	男	林业高级工程师	—	清流县林业局
叶存青	男	林产化工高级工程师	2000.4	清流县林业局
赖德才	男	高级农艺师	2000.12	清流县农办
孙香兰	女	高级农艺师	2000.12	清流县农业局
肖步金	男	高级农艺师	2000.12	清流县农业局
李青畴	男	高级农艺师	2000.12	清流县农业局
董为训	男	高级畜牧师	2000.12	清流县畜牧兽医水产局
李必生	男	高级农艺师	2002.12	清流县良种场
黄林才	男	高级农艺师	2002.12	清流县农业局
陈万福	男	高级农艺师	2002.12	清流县农业局
林贵发	男	高级农艺师	2005.5	清流县种子管理站
宁火根	男	高级农艺师	2005.5	清流县经济作物管理站
魏焕文	男	高级经济师	2005.5	清流县农业局
罗德光	男	高级工程师	2005.12	清流县林业局
严友林	男	高级工程师	2005.11	清流县煤炭工业公司

1991-2005年清流县卫生系统副高级以上职称人员名表

表26—7

姓　名	性　别	职　称	评定时间	工作单位
陈玉英	女	副主任医师	1992.2	清流县医院
林瑞洽	男	副主任医师	1992.2	清流县医院
罗　灵	男	副主任医师	1998.4	清流县医院
陈顺达	男	副主任医师	1998.4	清流县医院
林淑英	女	副主任医师	1998.4	清流县医院
阙根根	男	副主任医师	1998.4	清流县嵩溪卫生院
邹水桢	男	副主任医师	1998.12	清流县疾病预防控制中心
刘世强	男	副主任医师	1999.11	清流县卫生局卫生监督所
廖宝珍	女	副主任医师	2000.12	清流县医院
邓政平	男	副主任医师	2000.12	清流县医院
卢清生	男	副主任医师	2000.12	清流县医院
江伟民	男	副主任医师	2000.12	清流县医院
江永宏	男	副主任医师	2000.12	清流县妇幼保健院

续表 26-7

姓 名	性 别	职 称	评定时间	工作单位
熊茂传	男	副主任医师	2000.12	清流县医院
曾庆添	男	副主任医师	2000.12	清流县医院
李洁通	男	副主任药师	2001.6	清流县医院
郭惠丽	女	副主任医师	2002.6	清流县医院
邓 文	男	副主任医师	2002.8	清流县医院
李 钢	男	副主任医师	2003.4	清流县长校卫生院
柯忠汉	男	主任医师	2003.6	清流县医院
张文清	男	主任医师	2003.6	清流县医院
温立新	男	主任医师	2003.6	清流县医院
李 钢	男	主任医师	2003.6	清流县中医院
张爱文	男	主任医师	2004.6	清流县疾病预防控制中心
倪筱蓉	女	副主任医师	2004.7	清流县医院
杨根福	男	副主任医师	2004.7	清流县医院
张淼荣	男	副主任医师	2005.6	清流县中医院
潘庆年	男	副主任医师	2005.6	清流县中医院、卫生监督所
欧阳惠珠	女	副主任护师	2005.6	清流县医院

1991—2005 年清流县教育系统（含党校）副高以上职称人员名表

表 26—8

姓 名	性 别	职 称	评定时间	工作单位
王水根	男	中学高级教师	1992.11	清流一中
裴允能	男	中学高级教师	1992.11	清流四中
冯开辉	男	中学高级教师	1992.11	清流一中
汤庆嫦	女	中学高级教师	1992.11	清流一中
何振木	男	中学高级教师	1992.11	清流一中
李长寿	男	中学高级教师	1992.11	进修学校
张启书	男	中学高级教师	1992.12	县教育局
吴坤灿	男	中学高级教师	1994.06	清流一中
童锦益	男	中学高级教师	1994.06	清流一中
林玉华	男	中学高级教师	1994.6	清流一中
余王灼	男	中学高级教师	1995.8	进修学校
何其青	男	中学高级教师	1995.8	进修学校
林春森	男	中学高级教师	1996.10	清流一中
叶国斌	男	中学高级教师	1996.10	电大工作站
罗道贞	男	中学高级教师	1996.10	进修学校
黄兆祥	男	中学高级教师	1996.10	嵩口中学

续表 26-8

姓　名	性　别	职　　称	评定时间	工作单位
林洪声	男	中学高级教师	1996.10	林畲中学
杨佑生	男	中学高级教师	1996.10	职业中学
翁　烈	男	中学高级教师	1996.10	清流一中
罗伯良	男	中学高级教师	1996.10	进修学校
李初开	男	高级讲师	1997.5	县委党校
饶佛根	男	中学高级教师	1997.7	清流一中
江朝顺	男	中学高级教师	1997.7	林畲中学
邓奎发	男	中学高级教师	1997.7	清流二中
陈　雄	男	中学高级教师	1997.7	进修学校
罗征海	男	中学高级教师	1998.4	清流一中
赖敬瑜	男	中学高级教师	1998.4	清流一中
邱正根	男	中学高级教师	1998.4	清流一中
吴进玉	男	中学高级教师	1998.4	清流一中
李耀标	男	中学高级教师	1998.4	清流一中
杨克华	男	中学高级教师	1998.4	县教育局
林小英	女	中学高级教师	1998.4	清流一中
谢贤钦	男	中学高级教师	1998.4	清流三中
陈金增	男	中学高级教师	1998.4	职业中学
林启明	男	中学高级教师	1998.4	进修学校
吴胜利	女	中学高级教师	1998.4	职业中学
李丽英	男	中学高级教师	1998.4	县电大工作站
邱国绍	男	中学高级教师	1998.4	县教育局
饶文润	男	中学高级教师	1998.4	职业中学
江志宁	男	中学高级教师	1998.4	进修学校
邵福兴	男	中学高级教师	1998.2	清流一中
谢道纯	男	中学高级教师	1999.6	城关中学
黄春林	男	中学高级教师	1999.6	清流一中
赖藩荣	男	中学高级教师	1999.6	清流一中
曾宪章	男	中学高级教师	1999.6	清流一中
邓国鑑	男	中学高级教师	1999.6	进修学校
邓先荣	男	中学高级教师	1999.6	清流二中
陈耀虞	男	中学高级教师	1999.6	清流三中
陈冬和	男	中学高级教师	1999.6	清流三中
余瑞平	男	中学高级教师	1999.6	职业中学
瞿淑英	女	小中高	1999.7	实验幼儿园
杨坤生	男	高级讲师	2000.2	县委党校
许光伟	男	中学高级教师	2000.6	清流一中
邹祖伟	男	中学高级教师	2000.6	清流一中

续表 26-8

姓 名	性 别	职 称	评定时间	工作单位
李祥增	男	中学高级教师	2000.6	清流一中
冯苏平	女	中学高级教师	2000.6	清流一中
江长茂	男	中学高级教师	2000.6	清流一中
廖德华	男	中学高级教师	2000.6	县电大工作站
李敬忠	男	中学高级教师	2000.6	清流三中
杨仙根	男	中学高级教师	2000.6	城关中学
黄金才	男	中学高级教师	2000.6	城关中学
许呈伟	男	中学高级教师	2000.6	里田学校
黄学春	男	中学高级教师	2000.8	城关中学
林永春	男	中学高级教师	2000.8	城关中学
江荣福	男	中学高级教师	2002.8	职业中学
杨忠杰	男	中学高级教师	2002.8	职业中学
林誉华	男	中学高级教师	2002.8	职业中学
谢传芬	男	中学高级教师	2002.8	长校中学
温才荣	男	中学高级教师	2002.8	清流一中
杨兆椿	男	中学高级教师	2003.8	进修学校
童丽华	女	中学高级教师	2003.8	清流一中
许春汉	男	中学高级教师	2003.8	清流一中
蔡文华	男	中学高级教师	2003.8	清流一中
罗海潭	男	中学高级教师	2003.8	清流一中
黄中伟	男	中学高级教师	2003.8	清流一中
何马生	男	中学高级教师	2003.8	清流一中
陈家才	男	中学高级教师	2003.8	清流一中
吴玉珍	男	中学高级教师	2003.8	清流一中
黄雪霞	男	中学高级教师	2003.8	职业中学
赖清旺	男	中学高级教师	2003.8	职业中学
邓土福	男	中学高级教师	2003.8	职业中学
阳根生	男	中学高级教师	2003.8	职业中学
黄建强	男	中学高级教师	2003.8	职业中学
魏邦仲	男	中学高级教师	2003.8	嵩口中学
邱振祥	男	中学高级教师	2003.8	林畲中学
李序侦	男	中学高级教师	2003.8	清流三中
张建荣	男	中学高级教师	2003.8	城关中学
魏建坤	男	中学高级教师	2003.6	清流一中
孔 毅	男	中学高级教师	2004.7	进修学校
叶满姬	女	中学高级教师	2004.7	清流一中
邹根明	男	中学高级教师	2004.7	清流一中
曹根友	男	中学高级教师	2004.7	城关中学

续表 26-8

姓　名	性　别	职　　称	评定时间	工作单位
涂清发	男	中学高级教师	2004.7	清流一中
吴秋燕	女	中学高级教师	2004.7	职业中学
邱蕃勇	男	中学高级教师	2004.7	城关中学
马高福	男	中学高级教师	2004.7	城关中学
魏正平	男	中学高级教师	2004.7	城关中学
陈志协	男	中学高级教师	2004.7	城关中学
王荣生	男	中学高级教师	2004.7	第三中学
黄兆成	男	中学高级教师	2005.5	清流一中
李忠勤	男	中学高级教师	2005.7	清流一中
上官雄	男	中学高级教师	2005.7	清流一中
邓秋喜	男	中学高级教师	2005.7	田源学区
邓炎华	男	中学高级教师	2005.7	沙芜学区
黄水助	男	中学高级教师	2005.7	长校中学
伍东华	男	中学高级教师	2005.7	嵩口中学
李学文	男	中学高级教师	2005.7	城关中学

补　遗

农村合作化运动

1952年4月，清流县土地改革运动结束。为使个体农民特别是土改中新获得土地而缺少其他生产资料的贫下中农避免重新借高利贷、典当和出卖土地，产生两极分化，根据中央以及省、地委的有关文件精神，县委提出“组织起来，发展生产”口号，带领全县农民走互助合作道路，发展农业生产。农村合作化经历互助组、初级社、高级社3个发展阶段。至1956年12月，全县基本完成农业社会主义改造。

一、建立互助组

1952年4月，县委召开干部扩大会议，学习中央《关于农业生产互助合作的决议（草案）》，提出“组织起来，发展生产”的口号，要求各地通过春耕生产，根据自愿和互利原则，先发展季节性的互助组，然后逐步推广常年互助组。会后，县委派干部深入基层，指导帮助建立互助组，并建立民主管理、记工算账等制度。同时，树立黄庆明、罗成业、罗先仁等互助组为典型，协助制订生产计划，动员他们参加省、地区爱国增产致富活动，向全县发出挑战。8月、12月，县委先后举办互助合作训练班2期，参训208人。至1952年10月，全县共建立季节性临时互助组727个。其中，发展为常年互助组217个。

1953年2月16日，县委召开专门会议，研究部署全县互助合作工作。在总结前期经验基础上，会议提出今后以巩固提高互助组为主，同时试办农业生产合作社5个，要求上半年试办3个，下半年试办2个，全县入驻农户应占总农户的50%，其中常年组占31%。会后，互助组迅速发展，仅1个月时间即发展至926个（常年组204个，临时组722个）。3月，中央作出纠正急躁冒进倾向指示后，互助合作步伐放缓。

二、试办初级社

1953年12月16日，中央作出《关于发展农业生产合作社的决议》。同月27日，中共福建省委农村工作部提出《关于今冬明春试办农业生产合作社工作的具体意见》，决定试办农业社200个。1954年2月24日，县委在《二、三月份工作要求与安排》中提出，全年试办农业生产合作社5个，其中上半年3个，下半年2个。并普遍发展互助组，要求入驻农户达总农户50%以上，其中常年组应占已组织户数32%，在春耕大忙中要完成计划的60%。随后，全县有70个互助组自发组合，主动要求办社。其中城关刘清海互助组率先试办“黎明社”，随后李水旺、罗敬居2个互助组也分别办起“五一社”和“建和社”。入社农户37户，全劳力46人，半劳力40人，入社土地面积36.25公顷、耕牛18头、农具53件。这3个社前身都是全县较好的常年互助组，有二三年的互助时间和一定的互助基础，采取较高级的记工算账方法，有集体劳动习惯。至6月中旬，全县入社、入组农户占总农户42.03%，组织常年互助组360个，入组人数占已组织农户50.1%，临时互助组677个，入组人数占49.9%。经批准的农业社3个、自发社2个，共入社55户221人，耕地面积52.7公顷。

1954年9—10月，县委先后举办办社训练班2期，参训人数471人（其中县区干25人、乡干97人、互助组长142人、组员207人）。12月4日，县委发出《关于办社工作的几点意见》，指出要注意办社数量和质量关系，必须达到既要办多，又要办好；既要数量，又要质量的要求。争取在1955年春以前入社农户占总农户的51%～55%。12月10—15日，县委召开首次合作社干部代表会，研究合作社生产管理和建立财物管理制度问题，要求达到“准备一批，发展一批，巩固一批”。另对从10月上旬至12月上旬2个月间建成的31个农业社进行检查。在这31个社中，纯农业的28个，农林结合的3个，共计856户，其中贫农546户、中农300户、其他10户。最大的上琴“十月社”37户，最小的沙芜“向苏社”11户，平均17户。其中共有党员50人，团员67人，乡干部及积极分子133人，平均每社有骨干8人。从31个社检查情况看，思想发动好、领导强、执行政策好、生产有成绩的12个，占38.7%；思想不够成熟、领导不够强、执行政策有缺点、生产成绩不显著的15个，占48.4%；思想发动不成熟、领导力量薄弱的4个，占12%。总的办社情况是：老社不同程度的减产，部分社员收入减少，秋收分配留有尾巴；部分新建社思想发动不够，个别执行政策有偏差，社内生产秩序未建立，生产混乱。针对这种情况，1954年12月21日，县生产合作部发出《关于巩固农业社与准备办社的工作意见》，要求克服“重发展，轻巩固”的观念和畏难情绪，使农村合作化运动健康向前发展。春节前以巩固已建成的43个社为主，并做好次年春办社准备，同时结合统购统销完成19个在建社工作。计划翌年春耕前办好50个农业社，其中一、二、四区各19个，三区12个，五区8个。

三、整顿、巩固合作社

1955年1月13日，中共中央发出《关于整顿和巩固农业生产合作社的通知》。通知指出，有相当部分新社在建立时没有准备或准备很差，以致许多地方出现新建社垮台散伙以及社员大批出卖耕畜、杀羊、砍树等现象。因此，合作社运动应基本转入控制发展、着重巩固阶段，原定计划过高，可适当收缩（即“停、缩、发”方针）。要强调自愿原则，一些有名无实的挂名合作社，可允许改为互助组。个别被坏人操纵的社，要加以改组或解散。要正确处理社内经济问题，认真掌握土地产量和报酬评定，牲畜入社应合理作价，羊群和林木暂不提倡入社。同月22日，县委召开扩大会议，传达贯彻党中央指示和省委互助合作化会议精神。29日，县委生产合作部发出《关于整顿巩固现有农业合作化的具体意见》指出：自去秋以来，全县入社农户占总农户5.8%，40%的乡有了农业社。但遗留问题很多，生产投资未彻底处理，社章没定，生产计划没讨论，生产秩序未建立，执行政策路线有偏差。如土地报酬不合理，耕牛农具处理不妥，成员不纯，贫农未占领导成分优势，致使生产秩序混乱，社员生产干劲不足，部分社员思想动摇、个别社员开始退社，等等。要求在2月中旬前，全县所有农业社进行普遍整顿，达到巩固每个农业社目的。下旬，县委抽调30人，组成整社工作组12个，分赴5个区32个乡开展整顿巩固工作。经过2个月的工作，整顿47个社，其中结束整顿27个。通过整社运动，互助合作运动朝着健康方向发展，截至7月底，全县共办初级社65个，参加农户1182户，占全县总农户的7.05%。

1955年7月31日，中共中央召开省、市、自治区党委书记会议，毛泽东作《关于农业合作化问题》的报告，否定1953年和1955年春对合作社的2次整顿工作。此次会议把党内合作化时间与步骤上的不同意见作为右倾思想来批判，助长了党内的急躁冒进情绪。会后，全国各地重新研究农业合作化的规划，加快组织初级社的步伐。

1955年9月21日，县生产合作部以黎明、中南等农业社为典型，下发《关于几个农业社优越性的介绍》，指出：全县有67个农业社，入社农户1192户，占总农户的7.1%，分布在33个乡，其中90%的社办得较好，基本得到巩固，有89%的社夏收增产，如黎明社水稻种植面积从办社前的1.53公顷扩大到10.2公顷，晚稻改早稻面积原仅0.33公顷，办社后面积增至0.91公顷，单改双办社前基本没有，年内改双季面积0.43公顷，亩产由办社前175.5千克提高到办社后212千克。社员戴善福1953年全年收入850千克，1955年夏收一季即达1195千克。南岐中南社增产2成多。10月3日，县生产合作部发出《关于建立农业社领导机构的意见》，指出农业社的领导核心是共产党的组织，各社都应建立党的支部或党小组，社务管理委员会是社的执行机关，社里的一切工作必须通过它去执行。同月，县委安排秋收前后要办社222个，入社农户4144户。

四、发展高级社

1955年12月17日，毛泽东为《中国农村的社会主义高潮》一书作序，强调办大社，应当“把许多小型社合并起来成为大型社”。1956年1月23日，中共中央政治局讨论通过《1956年至1967年全国农业发展纲要（草案）》，要求1956年加入初级社的农户要达85%，基础较好的地区在1957年基本完成高级形式的农业合作化。

1956年1月26日至2月2日，县委召开三级扩干会议，传达贯彻中央农业十七条指示和农业发展纲要，部署巩固合作社，试办高级社和1956年生产规划等问题。会后，部分地区开始试办高级社。县合作部发出《关于试办高级农业社的几个问题的研究意见》（以下简称《意见》）。《意见》指出，已有23个新老社和

203户个体农户试办高级社6个，入社农户1123户，其中城关、南岐、横溪3个社进展较快，可望春节前建成，上琴十月社、嵩口新华社、江坊先锋社3个社已结束第一步，转入第二步。其中最大的是城关黎明高级社有402户，小的嵩口新华社有46户。2月始，县先后召开高级社工作会4次和初级社代表会2次，全面布署推行“三包”（包产、包工、包成本）为中心的大规模整社运动。通过宣传贯彻农业发展纲要，整顿和扩并社，至1956年4月中旬，全县农业社由原371个缩为241个，入社农户由2月初的9515户，增至14389户，占总农户82.2%，消灭了空白村。至1956年5月，全县有农业社241个，入社农户14921户，占总农户数83.2%。其中高级社33个，入社农户6777户，占总农户数38%。县人民委员会《1956年工作总结》中指出：全县农户17586户中，参加农业社的有15902户，占90.4%，其中初级社215个，入初级社农户占总数52.9%，高级社38个，入高级社农户占总数47.1%。已经实现社会主义性质和半社会主义性质的合作化。全年粮食总产量31789.15吨，比1955年增产9%；兴修水利337个，受益面积721.07公顷；造林2112公顷。80%以上的社增产，90%以上的社员增加收入。

五、发展农村信用、供销合作

1954年2月始，县安排部署发展信用社工作，要求全年每区试办信用社一个，60%～70%的乡要建立信用组。旋即，全县建立信用社7个，信用小组17个。之后，县信用社贯彻“积极迅速，大量发展”的方针，至11月底，成立乡级信用社51个，入股社员6705户，收股金5748元，其中五区实现乡乡有社。1956年5月，全县有信用社73个，入社11397户，占总农户69%，存款87907元，放款59901元。随后，根据乡镇建制变化进行合并扩大，至1956年12月底，全县拥有信用社42个，除廖武、田元两乡合建一个社外，其余各乡一乡一社，入社农户14608户，社员17226人，吸收股金24000元，吸收存款93300元，全年放款24.4万元。

1952年5月，正式成立供销清流合作总社，设业务科、财会科和计划科，配有工作人员29人。7月，在城区发动社员入股，进行建社试点，并在伍家祠开始营业。10月，先后成立嵩溪、沙芜、灵地、长校等合作社。1953年，受政府委托，经办贷粮发放75吨，帮助农民生产自救。1954年2月，召开第一届社员代表大会，选举产生理、监事会，并提出大力发展供销社社员计划。要求全年发展社员7186人，其中3月以前要完成计划的20%（即城关93人，一区182人、二区125人，三区274人，四区500人，五区253人，共1427人）。会后，各基层社组织贯彻落实会议精神，逐步健全发展。1954年7月，全国合作社第一次代表大会决定将中华全国合作社联合总社改名为中华全国供销合作总社后，清流县合作总社相应改名为清流供销社，成为全县统一的商业系统，集体所有制企业性质。1956年6月，农村商业网点下伸，全县设有代销店22个、经销处15个、专业商店22个，营业额比1955年增长52.1%。农村商业网点通过收购农副产品，供应农民生产、生活资料，把小农经济纳入国家轨道，在促进工农业生产、活跃农村市场、推动三大改造等方面发挥重大作用，成为县商品流通的重要辅助渠道。

六、农村合作化成效

清流县农业社会主义改造基本是健康的、成功的，促进了农业和整个国民经济发展。与1952年相比，耕地面积由原来的13487.67公顷扩大到1956年的13548.47公顷，粮食年总产由1952年的24267.2吨扩大到1956年的29052.2吨，农业总产值由1952年的577.43万元增至1956年的609.91万元，水产品由原来的220担增至912担，商品零售额由原来的109.3万元增至321.79万元，储蓄由原来的2.35万元增至8.18万元，人民生活水平和农村面貌显著改善。但1955年秋季以后，由于办社要求过急，改变过快，形式过于简单划一，以致在长时期内遗留了一些问题。

“大跃进”、人民公社化

在顺利完成对工业、农业和资本主义工商业社会主义改造后，清流县生产力得到解放，经济开始恢复和发展。中共八大后至1957年，清流县经济工作由于正确贯彻了中共八大制定的在综合平衡中前进的方针，完成和超额完成第一个五年计划指标，成为新中国成立以来效果最好的年份之一。但由于建设社会主义的经验不足，党内急躁、冒进的思想开始发展起来。1958 年中共八届二中会议后，在总路线、大跃进和人民公社“三面红旗”指引下，以片面追求高指标、高速度为特征的“大跃进”运动也在清流县全面铺开。

一、“大跃进”的发动

中共八大后，中央决定在全党进行一次普遍深入的反对官僚主义、宗派主义和主观主义为主要内容的整风运动。1957 年 4 月 27 日，中央发出《关于整风运动的指示》。5 月，根据省、地委安排部署，县委先在县直机关开展整风运动，发动和组织群众鸣放意见，帮助党组织整风。随着大“鸣大放”大字报的不断升级，有些人鸣放了一些“过头的言论”，有些人“出于反动立场，利用整风之机，向党发动进攻”。7 月，根据中央精神及上级指示，清流整风运动转入反“右派”斗争，全县 32 个单位 524 人参加反“右派”斗争。从领导到一般干部，全面批判“右倾”思想与温情主义，揭发“反党反社会主义言论”，与“右派”展开斗争。由于运动中对形势作了过分严重的估计，并采取了急风骤雨似的群众斗争，导致斗争扩大化，一批党员、干部在运动中遭到错误批判，全县错划“右派”32 人，这些人遭到开除、下放甚至逮捕等不公平待遇。 反“右派”还导致“左”倾冒进情绪日益增长，并在经济建设中占据主要地位。

1958 年 3 月，中共中央发出《关于开展反浪费反保守运动的指示》，决定以 2 个月至 3 个月时间，在全国普遍开展反浪费、反保守，比先进、比多快好省地建设社会主义的运动。同月，根据中央指示及省委部署，县委在县直机关及农村开展“双反双比”运动，采取“大鸣大放”、大辩论、大字报的方式，揭发、批判“三风五气”（即官僚主义、主观主义、宗派主义作风，暮气、骄气、官气、娇气、阔气）。全县城乡共贴出大字报 13.5 万余张，提出意见 8 万余条。5 月，运动进入整改阶段。5 月 16 日，县委批转整风办《关于“清流县‘双反双比’运动下一步的工作意见”的意见》，要求各级党委对前期整改进行检查，对一些关键问题开展辩论。通过整改，使运动成为推动工农业生产大跃进的动力。

1958 年 5 月，中央召开中共八大二次会议，提出“鼓足干劲，力争上游，多快好省地建设社会主义”的总路线。会后，以片面追求工农业生产和建设的高速度为主要标志的“大跃进”运动在全国范围内铺开。

6 月，县委组织在全县范围内开展为期 1 个月的总路线宣传，并抽调部分县领导和正副科局级领导分头下乡宣传。县直机关干部及各校教师全部组成宣传队，上街宣传，以表演山歌、快板、活报剧，举办图片展等各种方式向群众宣传总路线。11 日晚，县委在城关体育场召开城关镇和全体机关干部贯彻总路线誓师大会，各机关、单位向大会递交决心书。与此同时，县委提出“苦干三年，改变清流落后面貌”的口号，制定《1958—1962 年全面建设规划》（即第二个五年计划）。农业方面，大幅提高粮食、经济作物、林业、畜牧业等增产指标，确定 1958 年粮食总产量要确保 6.16 万吨，力争达到 6.98 万吨，平均每公顷产量 5.25 吨，力争 6 吨，3 年实现每公顷产量 7.5 吨县，1962 年力争达 8.25 万吨，平均每公顷产量 10.5 吨。工业方面，针对原有地方工业薄弱、几乎空白的局面，提出贯彻“面向农村，为农林牧业生产服务，为城乡人民生活需要服务”“勤俭办工业”的方针，大力发展地方工业，苦战一年遍地开花，苦战三年赶上农业，保证五年超过农副业总产值水平，1962 年工业总产值力争达到 5690 万元，比 1957 年的 246 万元增长 23 倍，基本实现农业机械化。

二、“大跃进”全面展开

（一）大兴农田水利建设

1957 年 10 月，党中央发布《一九五六年到一九六七年全国农业发展纲要（修正草案）》。随后，《人民日报》于 11 月 13 日发表社论《发动全民，讨论四十条纲要，掀起农业生产的新高潮》，号召全国人民在生产战线来一个“大跃进”。一场以兴修农田水利、养猪积肥、改良土壤为主要内容的冬季农业生产运动在全国农村掀起，揭开了“大跃进”的序幕。

同年 10 月 28 日，县委成立兴修水利指挥部，各乡也相应成立兴修水利指挥部。全县受旱面积 2613.33 公顷，尤其赖坊乡受旱严重。县委分析本县受旱田面积小、块数多、地形高且分散的特点，认为建设引水灌溉工程来消灭受旱田，花工大，花钱多，群众负担不起，决定实行“小型、社办、勤俭”的方针，大兴群众性小型水利工程，以挖蓄雨山塘为主，辅之以引水工程和重点工程。1958 年 1 月 6 日，县委、县人委联合发出《关于加强领导，继续深入开展群众性的兴修水利运动的联合指示》，要求各乡把40%的劳力投入兴修水利运动，群众性的小型工程在春节前基本完成，重点工程修建任务在春节前必须完成80%。各乡展开突击，组织农民起早摸黑，挑灯夜战，每天奋战在水利工地的劳力多达6000余人，占全县总劳力26%，水利重点乡（如上坪、邓家、灵地等）参加修水利的劳力则占全乡总劳力60%～70%。不到2个月时间，兴修水利实绩超过地委分配清流县灭旱面积200公顷的任务指标，县委决定把计划提高到面积2333.33公顷，提出争取2年消灭旱灾。3月，县委要求已完成或即将完成灭旱任务的乡改串灌为轮灌，消灭烂泥田，在春耕前消灭全部串灌田。水利建设再度掀起高潮，参加修水利劳力由剩余的1000多人再增至9000人，仅2天就改串灌田面积2201.53公顷。

经过1957年冬、1958年春的群众性兴修水利运动，全县无旱面积达2354.33公顷。但由于运动中单纯追求速度、数量，忽视质量，并存在一定程度的虚假行为，水利工程普遍无法达到抗旱100天的标准。

在大兴水利同时，全民积肥运动也在城乡展开。县委动员机关、厂矿、学校干部职工、学生积极参加积肥运动，支援农业。全县23个乡响应积肥运动紧急指示，以达到当年亩施肥量比上年增1～1.5倍。截至3月25日，全县积肥53.39万吨。

（二）农业战线大跃进

1. 秋季增产运动及大放“卫星”

为确保1958年增产增收目标实现，县委抓住夏收夏种关键季节，做好农业技术推广、积肥、治虫、密植等工作。7月14日，县委从县直机关、学校等部门抽调一批干部、职工，配合地委检查团，到各乡进行为期一个半月的农业生产检查工作，检查团随带红、白旗，下到田间地头开展检查评比，抓两头、带中间，督促落后社自拔白旗，迎头赶上。期间，虚报、浮夸风在全国蔓延，各地竞放高产卫星。清流县继灵地古坑社放全县最高早稻亩产干谷573.5千克“卫星”后，沙芜基头村紧随其后，放出早稻亩产1125千克的“卫星”。

从当年夏收预计产量与全国形势的对比分析中，县委甚感焦虑，认为清流现状跟不上全国形势的发展。8月13日，县委制定《清流县1958年下半年农业发展的纲要》，将原来制定的粮食总产量指标由6.15万吨提高到25万吨，增产指标也由原定1958年平均每公顷产量5.25吨，提高到当年保证每公顷产量18.75吨，力争22.5吨，并大大提高秋季作物各项增产指标，这些指标均远远高出原先制定的五年计划指标，急躁、冒进思想愈发泛滥。县委动员全党全民开展群众性的创造大面积高额丰产田运动，要求生产队以上干部及机关、学校、部队、工矿企业等单位人人都抓试验田，确保当年实现县有塘前平均每公顷产量5吨乡，乡有向苏等7个平均每公顷产量5吨社，社有66个平均每公顷产量5吨队，使全县高额丰产田占总耕地面积30%～50%，并要求每一个生产队都必须创造水稻每公顷产量22.5吨、地瓜每公顷产量750吨，大豆每公顷产量15吨以上卫星田面积0.2公顷以上。县委组织县、乡、社三级干部1000多人下村，开展田间会师，实行各项任务划片包干负责，开展评比竞赛，并组织多次大规模的突击积肥、治虫会战。

9月6日，广东放了每公顷产量450吨的水稻高产“卫星”。当晚，县委召开各乡党委书记紧急电话会议，传达地委关于移苗并丘放射大卫星的指示，决定全县突击进行面积4.07公顷水稻移并间作、连作水稻卫星大会战。鉴于各村青壮年男劳力大部分被抽调参加大炼钢铁运动，县委提出了“男上山，女耕田”的口号，限各乡三昼夜完成移苗并丘工作。全县乡、社干部亲自带队，组织青年社员2878人，经过三昼夜苦战，将即将抽穗的面积64.6公顷水稻并丘为面积3.66公顷，完成任务指标90%。移苗并丘密度大多数为面积1.33公顷并为面积0.07公顷，最高的达到面积3～4公顷并为面积0.07公顷。由于水稻密度过大，不利通风，加速病虫害繁殖，出现水稻发烧，枯黄、霉烂、倒伏现象，影响晚季水稻产量。高指标、浮夸风导致秋收后各社虚报产量，出现增产不增收现象。1958年，粮食总产量实为2.29万吨，比1957年减产0.77万吨。

2. 大办农村食堂

为充分挖掘劳动潜力，提高劳动效率，1958年夏收期间，全国农村开始出现大办公共食堂的风潮。6月，清流县余蛟乡丰华农业社炭山村生产队社员自发创办县第一所农忙公共食堂，县委及时派专人进村总结经验、树典型，并向全县提倡和推广。随后，县委组织90余名乡、社干部到城关黎明社、沙芜乡洞口村召开大办农村食堂现场会，实地观摩取经。农村食堂迅速在全县各乡遍地开花。大办食堂初期，许多社队杀猪庆祝，大吃大喝；社员担心家具、家畜、家禽无偿入社，杀鸡宰鸭，变卖家中值钱器物；有些社队不执行上级指示，独创一套，把社员口粮收归社、队统一安排，沙芜乡洞口村还硬性规定全劳力、半劳力吃粮标准，嵩口乡东升社规定不在食堂吃饭的每人罚款2元，有些社队甚至出现砸锅打灶现象，一度造成人为的紧张和混乱局面。8月9日，县委发出《关于举办农村农忙食堂的工作意见》，要求夏收夏种期间全县90%以上的农户参加食堂，并针对大办农村食堂过程中出现的问题，提出8条指导意见。截至8月15日，短短一个多月，全县16个乡共办食堂601个，参加农户10346户、36336人，占全县总农户数62%、总农业人口51%。所办的食堂多以临时农忙食堂为主。随着全民大炼钢铁和人民公社化运动兴起，农村食堂化进程加速。到12月1日，全县共办农村食堂443个，参加农户16428户，占全县总农户95%。同时，农村开办农忙托儿所289个，入托孩子2550人，幼儿园124个，入园儿童2228人，农村基本实现生活集体化。

在生产力发展低下情况下，农村食堂的兴起，并不能从根本上解决集体化与个体家庭生活之间的矛盾，反而造成严重的平均主义，这实际上是对部分农民的剥夺，使农民惊恐和不满。1961年，食堂全部解散。

3. 拔“白旗”，插红旗运动

为捍卫总路线，拔掉大跃进运动中僵化、保守、怀疑、抵触等思想障碍。1958年8月，根据中央精神及省、地委部署，县委结合“双抢”展开全民性的拔“白旗”、插红旗运动，县委专门召开电话会议部署，乡、社、队三级干部从上而下，对照标准进行站队。思想跃进、工作积极、执行党委决议坚决的给予站一类，插红旗；表现一般的为二类，插灰旗；暮气沉沉，工作消极怠工，不执行党委决议，个人名义地位观念严重的为三类，插白旗”。在运动中，对先进人物、好人好事给予表扬，对插“白旗”的干部，则通过大字报等形式展开批判辩论。截至8月18日，全县1188个乡、社、队干部，被插红旗526人，占干部总数44.2%；灰旗396人，占33.3%;“白旗”208人，占17.5%。“白旗”中有116人被点名批评，15人被停职反省，56人被撤职，占“白旗”总数89.9%。拔“白旗”、插红旗运动导致的直接结果是压制党内不同意见，党员、干部不敢说实话，说真话，助长了急躁、冒进等“左”倾错误思想发展和蔓延。

4. 以工具改革为中心的“三土”“三化”运动

1958年3月，中央制定《关于农业机械化问题的意见》，要求各地推广群众性农具改革运动，通过这个运动逐步过渡到半机械化和机械化。清流县开展以农具改革为中心的技术改革运动，各种农（工）具创造发明如雨后春笋般涌现，出现了长校的挖稻根机，灵地的自动排灌器及耘田器、收割器等。截至7月15日，据不完全统计，全县创造改良农具54件，推广2038件，造简易车子1708辆。8月6日，县委作出《关于迅速开展群众性农具改革运动的指示》，要求全县力争完成和超额完成地委分配清流的当年完成仿制新式农具9万件和推广土化肥、土农药，以保证秋冬作物每公顷平均增收0.04吨以上任务。县、乡两级成立“三土”（土化肥、土农药、土水泥）委员会，加强领导，并采取层层负责、定量包干完成制。9月5日，县委又发出《关于贯彻“地委对秋前实现三化—滚珠轴承化、农具改革化、加工工具机械化指示”》，安排部署秋前“三化”作，要求9月上半月前重点试制生产滚珠、轴承、车子化、喷雾器、土化肥、土农药；下半月大抓收割机、打谷机、深耕犁、切丝机、粉干机的制造和推广；10月间重点抓雷公耕、直播机、水力动力站、饲料粉碎机、碾米机、榨油机、磨粉机等。9月底前全县必须完成滚珠轴承35000套，年底完成12万套；秋前完成17000辆车子，达到一户一辆车，运输车子化。9月底前完成田间大道810千米。各乡展开以生产试制滚珠轴承、土化肥、土农药为主要特征的“三土”“三化”运动高潮。至1958年10月8日，全县建立滚珠轴承厂19个，生产滚珠轴承1661套，基本消灭空白乡。其中，长校生产滚珠轴承259套，为全县树立一面红旗。车子化工作在群众日夜苦战下，全县开田间大道296条，204.5千米，修造车子1565辆，尤其是赖坊组织男女社员1166人苦战三夜开辟田间大道10条15千米长。全县土化肥厂由8月底的80个激增为2453个，产量1.12亿斤，超额完成地委分配数的278.7%，生产土农药2000多吨，基本做到边制边用，使受虫害的黄土地面积2123.39公顷得以制伏，灭虫5.71吨。

（三）工业战线“大跃进”

1. 大办地方工业

清流县矿产等自然资源丰富，但由于历史原因，工业基础十分薄弱。1957年，全县仅有小型工厂7家，即电厂、油厂、酒厂、酱油厂、饼干厂、五金加工厂和刚投产的年产3000吨煤的古坑煤矿。全年全县工业总产值246.64万元，仅为同期农副业总产值517.25万元的40.21%。

1958年4月，县委根据省委提出的“全党动员、全民办厂、挖掘潜力、自力更生、重点建设、遍地开花、苦战五年、迎头赶上”的指示，利用大小会报告、座谈、广播、“大鸣大放”大字报等各种形式在城乡进行广泛宣传，号召全县人民贯彻“小型为主，土法上马”方针，大力兴办各种小型工业，为支援农业服务。县委为此专门成立工业建设委员会，下设办公室，抽调1名副县长及主要部门领导20余人担任基建筹备和建厂领导工作，并举办了工业专训班，派出人员到外地学习技术。各乡党委动员群众献售废铜烂铁，拿出银元、金银首饰等物品进行投资，支持创办小型工厂，县委还组织各乡干部到办厂典型乡召开现场会，观摩取经。至年底，在没有外来设备和技术援助的情况下，全县自力更生，建成大小厂矿5101个，县办的主要有炼铁、采煤、化工、机器、农具、建筑材料等基础工业107个，乡、社兴办的有土化肥、土农药、农具修造、石灰、水泥、砖瓦等各类小型工厂4994个。但多数工厂都是在未经过充分调查论证基础上仓促上马，带有很大盲目性，造成人力物力浪费，以致许多工厂旋办旋停。

2. 全民大炼钢铁

1958年8月，中央在北戴河扩大会议正式决定1958年钢铁要比1957年翻一番，达1070万吨。由于前8个月全国只生产钢400万吨，为了在余下的4个月时间里完成追加的钢铁产量，实现钢铁当年翻番任务，全国各地掀起全民大炼钢铁群众运动。

9月26日，省委召开电话会议，传达中央指示精神，提出日产万吨铁、千吨钢的口号。随后，地委下达清流年产生铁5000吨任务。县委为此成立炼铁办公室。县、乡两级党委利用墙报、广播等宣传工具在城乡广泛宣传大炼钢铁重要性，掀起全民大炼钢铁的群众运动。截至10月3日，全县抽调上场民工3061人，日产生铁1.47吨。10月15—21日，全县打响钢铁高产周第一战役，共建炉子596个，投产142个，正常生产的58个，造风箱221个，挖矿石4673吨，烧木炭230吨、白煤284吨、木材40吨，培训炉前工874人，参加炼铁人数达万余人。7天内全县共产铁35.03吨，21日达最高峰，一天产铁6.48吨。10月21日，清流县委作出《关于开展小土群炼铁运动的决定》，动员全县社员，不论男女老少，积极投入运动，通过运动基本学会建炉、炼铁、烧炭等操作技术，要求全县建炉子2000个，风箱1000个，平均每15户建炉子2个、造风箱1个。23日，县委在三级干部扩大会上指出，预先确定的钢铁任务已不适应形势，决定提前于11月底完成4000吨铁、200吨钢的任务。次日晚，县委根据地委紧急电话指示，召集参加三级扩大会的全体与会人员及县直机关科局长以上干部召开跃进大会，各乡、厂党委书记纷纷上台表态，刷新县委下达的钢铁指标。为完成全年炼铁任务，全县98%机关干部参加炼铁。商店改为夜间营业，白天炼钢，学校停课，形成各行各业、男女老少齐上阵的全民大炼钢铁运动高潮。各乡组织钢铁连，下分炼铁排、采矿排、烧炭排、运输排等，不分昼夜轮流作战，做到人休息炉不休息，乡与乡、排与排、炉与炉之间展开红旗竞赛。为赶时间，赶进度，县委在全县推广武平、龙岩快速烧炭法，并从9月起，先后组织钢铁高产周运动4次。11月7日晚，为响应县委号召，争取次日放日产百吨钢铁卫星，全县上场劳力猛增至2万余人，满山遍野炉火通红，经过一夜奋战，8日终于放出日产101吨钢铁卫星。

经过三个月苦战，至11月底，全县共计建成炼铁炉586个，炼出“钢铁”2410吨。大炼钢铁运动期间，正值夏收夏种季节，大部分农村精壮劳力被抽调去炼钢铁，以致稻子过熟烂在地里无人收，加之运动中滥采乱伐，森林资源遭到严重破坏，有的乡青山被砍成光头山，几十年后还难以恢复原貌。这种群众性的盲目蛮干，导致资源浪费严重，事故频频发生，烧出的铁也大多是利用率极低的烧结铁。

三、人民公社化

农业生产上的高指标与浮夸风，助长了生产关系方面急于向更高级形式的过渡。1958年8月，中央政治局在北戴河举行扩大会议，作出《关于在农村建立人民公社问题的决议》。会后，全国农村一哄而上，大办人民公社。

9月3日，根据省、地委部署，县委制定《办人民公社的工作方案》。翌日，全县就有9个乡踊跃报名成立人民公社，经县委研究决定，在城关、沙芜、吴家、灵地、塘前5个农业社进行办人民公社试点。9月4日，县委发出《关于人民公社初步规划》，指出人民公社的特点就是一大、二公，根据中央指示及本县自然条件、人口分布情况，社的规模以1乡1社、2乡1社、1500～2000户1社较合适，拟计划全县办人民公社9个，即城关、温郊1乡1社，嵩口、田口、嵩溪、林畲、沙芜、余蛟、赖坊、罗坊、灵地、邓家、塘前、长校、里田2乡并1社，全县分2批进行，第一批9月中旬结束，第二批10月结束。9月11—23日，县委召开各乡党委、有关部门负责人及试点工作组长20余人参加的大办人民公社座谈会，训练办社干部。截至9月25日，全县成立人民公社8个，入社户数10254户，占全县总户数61%，平均1社1281户，最大1849户，最小61户，已搭架子的有5个乡。在群众高涨的办社热情推动下，各高级社也纷纷要求建立人民公社，仅2个月时间，全县就实现人民公社化。截至10月底，全县建立人民公社16个，98.5%的农户参加人民公社。随后，又合并为14个公社共186个生产大队，入社农户15516户，入社率100%。人民公社既是社员集体经济组织，又是工、农、商、学、兵五位一体，政社合一的政权组织。原高级社集体所有制的全部土地、园林、基本建设设施、公共设施、农机具、耕牛、粮食、肥料、公益金、公积金等公共财产，一律归公社所有；社员自留地、开荒地、荒坡水塘等也归公社所有；所有树木、竹园、果园等折价归公；所有大型农副产品加工工具折价投资入社；实行农林牧副渔全面综合经营方针，以生产大队为经营生产、进行经济核算的单位，盈亏由公社统一负责，收入分配采取部分供给加工资制或吃饭供给加工资制。根据毛泽东“全民皆兵”指示，9月21日，城关公社成立野战兵团。随后，以公社、大队为单位大办民兵师，实行军事化管理。全县以地域划分，编为12个团、50个营、191个连、509个排。

人民公社化运动在变革生产关系方面盲目求纯，急于过渡，超越生产力发展要求，并随意调用大队、生产队和社员劳力、资金，动辄夜以继日，实行大兵团作战，共产风、瞎指挥风、强迫命令风、浮夸风、干部特殊化风泛滥，在群众中造成恶劣影响，挫伤社员生产积极性。

四、“大跃进”和人民公社化运动的后果

“大跃进”和人民公社化运动导致“五风”（共产风、生产瞎指挥风、强迫命令风、浮夸风、干部特殊化风）在清流泛滥成灾。1959年，实行少种、高产、多收的农业政策，一些偏僻的山垅田、梯田被弃耕，全县抛荒土地面积24446公顷，占总耕地面积19%。加上1960年自然灾害，清流县出现几大严重问题。粮食减产，粮食总产1545万千克，比1957年减产50.37%。粮食的严重缺乏，导致农村出现大量因营养不良而死亡人群，死亡人数3360人，死亡率高达4.88%，人口外流558人。“共产风”还导致全县在“一平二调”中，省、县二级平调67.95万元，社队平调51.58万元。

1960年7—8月，根据省、地委的部署，清宁县委在灵地、嵩口等地16个大队开展整风，错误地认为“清宁县民主革命尚未完成”、坏人当道，在两社召开的“三反”斗争大会上，当场逮捕各类“坏分子”31人，扣留4人，宣布撤职、停职社队干部60人，全县被关押干部多达498人，严重混淆两类不同性质的矛盾，伤害了一大批干部。

“文化大革命”的十年

1966年，正当清流县顺利完成三年国民经济调整和第二个五年计划任务，经济形势逐步好转，并开始执行第三个国民经济五年计划之际，一场史无前例的“文化大革命”运动席卷全国，清流县亦未能幸免于难。历经十年浩劫，各项事业遭受严重挫折和损失。

一、“文化大革命”的发动

1966年5月16日，中共中央发出《“五·一六”通知》，号召全国人民高举无产阶级文化大革命旗帜，彻底揭露和批判反党、反社会主义的所谓“学术权威”和资产阶级代表人物。一场“文化大革命”运动迅速

在全国展开。

5月20日、25日，清流县委分别召开县直机关党员科局长、支部书记会议和县直机关单位全体党员会议，传达中央《“五·一六”通知》精神，动员全县党员、干部积极参加“文化大革命”运动，并确定运动的重点放在清流一中、剧团、文化站等文化部门，决定运动期间，县直机关半天工作，半天学习，同时成立县“文革”领导小组。各级党委相继召开支部、团员积极分子等会议，进行层层发动。

5月29日，县委召开公社书记及政法部门领导会议，部署开展农村“文化大革命”。各公社随即对重点单位、重点对象进行排队摸底。“文化大革命”运动从机关向农村逐渐展开。县、社两级迅速形成学习《“五•一六”通知》《中央批转林彪委托江青召开的解放军座谈会纪要》，批判“《三家村》黑店”和《海瑞罢官》浪潮。

6月1日，《人民日报》发表社论《横扫一切牛鬼蛇神》，号召群众起来进行“文化大革命”。6日，清流县育红农业师范学校学生20余人率先行动，与嵩溪福潭寺僧尼展开“斗争”。同日，县委派出工作组进驻清流一中，领导学校“文化大革命”运动。9日，清流一中师生和各机关单位6000余人集会声讨《三家村》黑店，并在全县进行实况广播，引起城乡强烈震动。11日，县委召开电话会议，号召全县人民向县农师学生学习，与所谓毒害人民的“四旧”（即旧思想、旧文化、旧风俗、旧习惯）作斗争。至13日，全县13个公社发动民兵、干部1378人，横扫寺庙39个，烧毁菩萨767尊，集训僧尼59人，搜缴经书378件、证件和契约44件、武器弹药19件、迷信品456件、银元232个，金戒指10个，拆除神匾、牌176块。

在清流一中师生带动下，运动迅速由学校推向社会。10日晚，县医院召开职工大会，批判该院某主治医师所谓“反党、反社会主义罪行”。随后，县粮食局、商业局、农械厂等也纷纷召开批判会，清流“文化大革命”运动进入大揭发、大批判阶段。

12日，《人民日报》发表《放手发动群众，彻底打倒反革命黑帮》社论。13日及21日，县委两次召开县直机关党员大会，要求各级领导干部发动群众，利用大字报等方式，大胆向领导机关，特别是县委领导大鸣大放，大胆揭露党内“牛鬼蛇神”，挖掉藏在党内的“资产阶级代理人”，运动迅速升级。各县直机关、单位纷纷张贴大字报，召开批判会，大鸣大放大辩论，揭发、批斗本单位所谓“走资本主义道路的当权派”及“反党、反社会主义言论”。截至6月28日，县直机关参加运动人数240人，写出大字报1.7万张，揭发出各种问题人数800多人，占参加运动总人数40%左右。

二、动乱形成

1966年7、8月间，红卫兵运动在全国兴起，福州等地红卫兵到清流串联。清流一中等校亦成立红卫兵组织，充当起清流“文化大革命”运动的急先锋。他们停课闹革命，揪斗校领导，非法夺走学校领导权，学校正常教学秩序被打乱。红卫兵还从校园冲向社会破“四旧”，到各机关单位串联，揪斗所谓“当权的走资派”或“反动学术权威”，红卫兵采取体罚、戴高帽游街、抄家等过火行动，清流局势陷入一片混乱。

10月初，清流选派70余名红卫兵到北京接受毛主席检阅。此时正值中央转发军委关于军队院校进行“文化大革命”的紧急指示，宣布取消原有的由党委领导运动的决定，“踢开党委闹革命”成为最响口号，助长了无政府主义狂潮的泛滥。中旬，红卫兵回到清流后，再次冲向社会，四处串联，掀起反对所谓“资产阶级反动路线”浪潮。县直各机关单位干部、群众群起效仿，成立各类造反派组织，大字报涌向街头，攻击火力集中转向党政机关。

12月11日，县委召开四级扩干会，传达省委有关“文化大革命”运动的指示，总结本县几个月来的运动情况。清流一中红卫兵100余人，打着“造反有理、革命无罪”的旗号，冲击会场，抢走麦克风，指责县委领导执行“资产阶级反动路线”，勒令他们靠边站，并以县委推广矮秆水稻品种失败为由，强令将会议改为批判县委某副书记等人。24日，清流各造反派联合召开万人大会，批判县委主要领导。会后，组织1000余人到三明参与批判大会。返回清流后，造反派认为清流“文化大革命”运动尚处低潮，红卫兵到各单位点火、放炮，运动愈演愈烈，发展到难以控制的局面，县、社两级党政机关和各部门单位领导机构均遭到造反派冲击，陷于瘫痪。大批领导干部遭到批判，被迫停止工作，党的基层组织陷于停顿。经济工作处于无政府状态，生产指挥系统瘫痪，许多企业工人擅自离岗参与造反运动，工农业水平急剧下降。

伴随夺权斗争的开展，清流派性斗争愈发激烈，动乱步步升级。1967年1月29日，县供销科“三人造反派”组织贴出大字报《十万火急呼吁书》，矛头直指县委副书记。2月21日，县公安局拘捕“三人造反派”部分成员，并于次日宣布取缔“三人造反派”组织，拘捕的成员被打成现行反革命分子。

7月11日，清流一中红卫兵组织“五·一六指挥部”，在县灯光球场召开大会，批判“资产阶级反动路线”，要求公安局为“三人造反派”组织彻底平反，否则将采取行动。14日零时，一中“五·一六指挥部”及“六·一三志愿兵”等造反派组织40余人在公安局门前静坐示威。20日中午12时，一中“五·一六”指挥部等造反派组织几十人冲进县公安局，欲抢夺“三人造反派”档案，因公安局事先已将档案和枪支转移，造反派一无所获，便将公安局办公桌贴上封条。另一造反派组织“大联委”闻讯，带领几百人将“五·一六指挥部”成员团团包围在县公安局，后经支“左”干部出面调解，傍晚6时，“大联委”组织人员逐渐撤走。“五·一六指挥部”人员要求县人武部对公安局实行军管未果，便贴出告示，将县公安局予以封闭，县公安局因此瘫痪。25日，拘捕的“三人造反派”成员被释放。

三、全面夺权与“三支两军”

1967年1月，上海“一月革命”得到毛泽东肯定，夺权风暴迅速席卷全国。清流县城区各造反派组织相互串联，决定于1月27日下午统一部署，联合夺县委和政府、财政、文教各部门大权。1月26日晚，县委机关造反派组织“12·13革命造反队”突然擅自提前夺县委大权，进占县委书记办公室，夺走县委公章。县供销、财政等单位造反派闻讯，纠集几百号人赶到现场，局势剑拔弩张。县人武部领导及时赶来调解，平息了这场风波。之后，县人武部奉命派出干部介入地方，执行“三支两军”（支左、支工、支农、军管、军训）任务，在县党政机关陷于瘫痪的情况下，担负起主持地方工作重任。5月，根据上级指示，对公安局、法院、检察院实行军事管制，成立公检法军管小组，并成立生产领导班子，采取措施稳定工农业生产，不致因“文化大革命”运动而使清流县工农业生产中断。军管小组在文革初期，化解清流各造反派之间矛盾，制止武斗事件发生，缓和紧张局势方面发挥了一定作用。随着“文化大革命”运动的发展，各派之间争权夺利斗争加剧，支左干部难以避免地卷入到派性斗争，支一派压一派，产生了一些负面影响。1971年，清流县委恢复后，执行“三支两军”任务的军队干部陆续撤离地方。1975年，在县委担任主要职务的军队代表正式撤回部队，“三支两军”任务结束。

四、武　斗

1967年7月22日，江青提出“文攻武卫”的口号，煽动武斗。8月7日，主管政法工作的谢富治发表讲话，发出“砸烂公检法”口号，全国掀起冲击军事机关浪潮，各地发生大规模武斗事件。8月，清流县各造反派组织因观点分歧，逐渐形成两大派别，即“三司一委总部”和“五大联合总部”。10月12日，两派组织中的清流一中红卫兵，为争宣传栏张贴大字报发生争端，酿成武斗导火索。次日，“五大总部”造反派占据城关大街小巷，将一些观点不同的人抓到“五大总部”据点殴打，两派关系由此恶化，乃至发展到各自筹措枪支弹药，形成严重对峙态势。14日，“三司一委”成员将“五大总部”人员击伤。15日，“五大总部”人员误认为拔口伐木场造反派有人通风报信，遂抓人打人，造成一伤一死。19日晚，“三司一委”兵分三路进攻“五大总部”据点，至28日2时结束。这场武斗抓走“五大总部”造反派100人，造成枪伤1人、乱枪打死1人的严重后果。“五大总部”剩余成员被迫转移福州。11月2日，“五大总部”成员绑架了到福州开会的县人武部支“左”干部，提出“三司一委”放人，解决粮食、生活费问题，将武斗中受伤的成员送到福州治疗等要求。经省军管会出面调解，县人武部同意要求，“五大总部”遂将人质释放。

1968年5月15日，县医院5名医师到坪背新医院与“五大总部”就占用新医院一事进行交涉，结果被抓并遭殴打。16日上午，“五大总部”抓了“三司一委”几名成员殴打。下午2点，“五大总部”千余人在坪背新电影院开会，纪念中央“五·一六通知”发表两周年和清流一中“五·一六指挥部”成立一周年。4时左右，“三司一委”武卫人员伺机反击，开枪射击，同时分三路进攻，到傍晚6时结束。这场武斗枪伤7人，打死3人，抓到“五大总部”造反派200余人，其中一些小头目被抓到塔寺上蒙眼吊打，“五大总部”组织就此瓦解。

1968年下半年，县各公社社会治安混乱，国家征购粮任务无法完成。为此，“三司一委”造反派组织派出14人组成群众专政小分队，于9月4日下到赖坊、沙芜等地协助公社催收征购粮。7日，小分队在赖坊公社开会了解“四类分子”表现情况时，有群众反映1名“反革命分子”表现不好，小分队请示“三司一委”

负责人同意后，当晚组织人员将该“反革命分子”从琴源抓到赖坊公社，次日在曾家坪开会，非法判处其死刑，当即枪杀。此后，小分队一发不可收拾。12—18日，以同样方式非法枪杀“四类分子”9人（赖坊3人，古坑6人），酿成重大恶性事件。福州军区韩先楚办公室派人到清流调查，批评“三司一委”的做法，小分队才停止行动。11月，清流县革委会成立后，“三司一委”组织毛泽东思想文艺宣传队，到古坑、官坊等地巡回演出。演出结束后将“四类分子”抓到台上殴打，再次造成打死6人的严重后果，在群众中造成极坏影响。

五、清流县革命委员会成立

1967年7月8日，在支“左”干部牵头下，清流城区各造反组织联合成立清流县“革命大联合委员会”，拟定“三结合”名单报省军区。省军区认为清流时机未成熟，未予批准。至1968年3、4月，各公社、大队普遍建立三结合领导班子，而县革委会仍处于酝酿中。4月16日，县人武部、县领导、两大派组织代表8人到北京参加大联合学习，并于8月1日在京达成联合协议。8月18日，古坑公社革命委员会成立，随后，长校、温郊、嵩溪、邓家、城关、田口、余朋、沙芫．灵地、里田、赖坊、林畲、嵩口公社相继成立革命委员会。11月，清流县革命委员会成立，主要成员由县人武部支“左”干部、造反派两大派组织成员及原县委领导干部36人组成，常委11人，委员25人。

六、“斗、批、改”

1968年8月，毛主席发出“认真搞好斗、批、改”的指示，“文化大革命”运动在全国范围内进入“斗、批、改”阶段。1969年1月，县革委会在城关公社大路口大队开办“五·七”干校，将全县各级领导干部747人分三批安排到干校参加毛泽东思想学习班，进行“斗、批、改”。2月23日，县革委会召开“全国落实中共八届十二中全会提出的各项战斗任务誓师大会”，号召全县人民贯彻全会精神，掀起“斗、批、改”新高潮。参加会议的县直机关单位及各公社负责人向大会递交决心书。29日，县革委会派出工宣队进驻清流一中，领导学校“斗、批、改”。3月18日，县革委会成立“斗、批、改”办公室，以“清队”“整党建党”“一打三反”为主要内容的斗、批、改运动在全县铺开。

（一）“清队”

1969年1月，县革委会部署开展“清理阶级队伍”（即把所谓混入革命队伍里的叛徒、特务、走资派以及地主、富农、资本家、反革命分子、坏分子、右派分子等清理出来，做到“阶级阵线分明”）。县直机关、厂矿企事业单位均成立“清理阶级队伍”专案小组，并普遍举办毛泽东思想学习班，揭所谓“阶级斗争盖子”，揪坏人，开批判会，对干部、职工搞人人过关，开展内查外调，查政历、来历、户口、在历次运动及“文化大革命”中的表现。截至5月9日，全县机关、企事业单位、厂矿及农村101个大队778个小队都开展了“清队”，全县举办毛泽东思想学习班232期，参加学习8695人次，召开批判会282场，参加批判大会人数31977人次，被批判人数110人，挖出一批所谓“隐藏较深的阶级敌人”。

（二）“整党建党”

1969年4月，在“清队”基础上，县革委会以整顿、恢复、重建党的组织生活为重点，开展整建党试点。随后，在全县分三批对原有的181个支部进行开门整党。县革委会抽调县、社两级干部339人组成整建党宣传队，分别进驻第一批整建党单位帮助整顿，调整、充实各支部领导，并进行“吐故纳新”。1971年5月，中共清流县委恢复。6月，全县14个公社全部建立新党委。1972年3月，整建党工作结束，全县建立基层党支部163个，682个生产队中13%建立党小组，98%的党员恢复组织生活。全县在整建党中吸收新党员204人，处理26人。各级党组织的建立及大多数党员恢复组织生活，对于稳定清流局势、推进工农业生产起到一定的作用。

（三）“一打三反”

1970年2月12日，县革委会根据省、地革委会指示精神，在全县范围内部署开展“一打三反”（即打击现行反革命、反贪污盗窃、反投机倒把、反铺张浪费）运动。2月20日，县革委会成立“一打三反”领导小组，负责领导运动开展。县直机关、单位及社、队利用学习班和政治夜校，对广大干部群众进行思想和政治路线教育，动员大家积极检举揭发。截至6月1日，全县揭发“现行反革命”230人、“历史反革命”260人、

“反革命集团案”11起201人、千元以上贪污盗窃分子232人、投机倒把犯72人；查出贪污盗窃金额64万余元、粮食210吨，投机倒把金额24万余元，“地下工厂”24个，“地下商店”13个，“地下包工队”12个，“地下运输队”5个。坦白交待的“现行反革命”88人、“历史反革命”91人，“反革命集团案”7起30余人，贪污盗窃金额32万元，投机倒把金额8万余元（已退赔7.7万元）；收缴各种枪支58支、子弹2万余发、手榴弹60余枚，收回私人开荒地、多占自留地面积840余公顷。4名反革命分子被判处死刑，25人被判刑或管制。

在“清队”“整建党”和“一打三反”运动中，全县共立案审查1357人，结案1349件，其中受党团及行政处分人员304人，免予处分880人。由于受“左”的思想影响，运动中混淆两类不同性质矛盾，制造了一大批冤假错案，使许多干部、群众遭到无辜伤害。

1970年1月23日，清流县革委会根据中央精简机构及毛主席关于“广大干部下放劳动”的指示，将444名参加“五·七”干校学习的县、社两级干部分2批下放农村参加生产劳动，接受贫下中农再教育，并陆续接收安置省、福州市下放干部6批、164人。

七、知识青年上山下乡

1968年12月，毛主席发出“知识青年到农村去，接受贫下中农再教育”的号召，根据这一指示及省、地革委会安排部署，同月，县革委会成立“四向办”（四向即面向农村、基层、山区、边疆），具体负责全县“上山下乡”动员和安置工作。

1969年1月，县“四向办”发出《关于动员干部、知识青年和脱离劳动城镇居民到农村去及做好迎送安置工作的意见》，在学校、县直机关、单位全面展开动员工作。2月7日，县四向办发出《关于一九六八年中等专业学校学生有关问题的通知》，指出，1968年中等专业毕业生应当全部组织到农村安家落户、插队生产，并要求县内66—68届初、高中毕业生7月下旬前全部动员到农村去安家落户。同日，由省革委会统一安排的首批58名大、中专毕业生奔赴清流农村插队，参加生产劳动锻炼，按规定发给工资，与社员一同参加劳动的可评工计分，享受生产队分配待遇。6月，县内3所中学动员的首批城镇户口的初、高中毕业生及城镇居民330人到农村插队落户。9月，省“三〇办”（福州军区清查敌伪档案办公室简称）组织福州地区知青257人到清流插队落户。10月31日，清流县又接收了1307名泉州知青到县内插队落户，安排在14个公社51个大队。当年，全县共安置知青2052人，为安置人数最多的一年。此后，县“四向办”每年都要安排一批县域城镇户口知青到农村插队落户。

截至1978年年末，全县动员及接收、安置本、外地上山下乡知青3904人，分布在14个公社95个生产队。国家累计下拨知青安置经费98.22万元，为知青新建、修建住房995间，建筑面积17141平方米，建立集体插队知青点71个，安置894人，兴办知青场、队4个，安置117人，兴办农林场、耕山队5个，安置38人。

1970年起，知青陆续通过选调招工、招生、参军、提拔干部、病退回城安置等途径离开农村。到1980年，全部知青选调安置结束。

八、批判极“左”思潮

1971年9月13日，林彪叛国出逃，折戟沉沙。林彪事件的发生给党纠正“左”的错误提供了历史契机，各方面工作出现转机。

（一）“批林整风”运动

1972年2月，清流县“批林整风”运动开始。县委先后举办“批林整风”学习班8期，培训理论骨干2876人。3—4月，结合“批林整风”运动，在全县开展反对资产阶级思想腐蚀的教育活动，并通报处理党员贪污、腐化、盗窃、擅离职守等严重违纪案件4起。10月，开展“三整”（即整党、整团、整顿民兵组织），大办农村政治夜校，全县107个基层党支部参加整党，占应整顿数64%。全县共举办“批林整风”和抓阶级斗争骨干学习班206期，培训各种骨干6875人，召开各种批判会、批斗会450场，写大批判文章1115篇，批斗所谓“阶级敌人”81人，批判各种“资本主义倾向”1121人次。12月后，纠“左”努力被迫中断，运动重点转向批判极右。

（二）初步解放干部，落实干部政策

在文化大革命”运动，尤其是“斗、批、改”运动中立案审查的干部，县革委会未能按照有关政策及时

作出结论和处理，一些同志受到不应有的打击，导致干部队伍中消极畏难情绪突出，严重影响工作积极性发挥。1971 年，中央有关解放干部、落实干部政策的指示下发后，11 月，县委抽调县、社两级干部 31 人组成专案调查组，着手对“清队”“整建党”“一打三反”运动中立案审查的干部进行定案处理。1973 年，县委专门成立落实政策领导小组，下设办公室，由 1 名副书记、2 名常委审阅、处理案件，县社二级的专案人员由初期 31 人增加到 169 人。截至 11 月 21 日，全县立案审查干部 321 人中，结案 316 人，占 98.4%. 其中作政治和历史结论的 147 人，给予党、政纪处分 169 人，敌我矛盾作人民内部矛盾处理的 7 人，并对定性处理的案件进行复查。同时，做好下放干部及“靠边站”老干部的政策落实工作。全县原下放干部 444 人，除 4 人待定案和复查外，其余 440 人全部重新安排工作，有 115 人担任领导职位。另对 113 名老干部也根据政策作了合理安排，绝大部分恢复领导职位，对原使用不合理的干部陆续进行调整。干部政策的落实，使一大批干部卸下思想包袱，增强了工作积极性，干部队伍精神面貌发生了很大变化。

（三）“批林批孔”运动

1974 年 1 月 18 日，中共中央向全党转发《林彪与孔孟之道》（材料之一），一场“批林批孔”运动在全国展开。2 月，清流县委成立“批林批孔”办公室，2 月 3 日，在城关公社渔沧大队开展“批林批孔”试点。8 日，召开全县“批林批孔”动员大会，县直机关单位、厂矿及驻军干部、学校师生、各公社代表及渔沧大队贫下中农 280 多人参加会议。会议传达中共中央（74）1 号、2 号、3 号文件和中央领导、省、地委关于“批林批孔”的指示，会后举行游行，并四处张贴大幅标语进行宣传发动。各公社迅速反应，成立“批林批孔”领导小组和“批林批孔”办公室，由公社党委书记或副书记挂帅，大队成立“批林批孔”小组，全县掀起“批林批孔”“评法批儒”和大破“三封四旧”的高潮。

运动期间，县直机关半天工作半天学习。县、社单位普遍成立理论学习小组，召开批判会、画漫画、办专栏。2 月 13 日，县委召开工农兵“批林批孔”大会，并作实况转播。4 月 12 日，召开全县“批林批孔”大会，并举办“研究和宣讲儒法斗争史骨干学习班”2 期，组织干部到沙芜白塔村、赖坊官坊村指导批判“三字经”“增广贤文”，并先后在嵩口、下和伐木场、余朋等地召开“批林批孔”经验交流会，推动运动深入发展。截至 8 月末，全县 14 个公社建立理论学习小组 173 个，培训理论骨干 602 人，编写农村讲稿 146 份。运动中，全县共批斗“阶级敌人”60 人，批判坏人坏事 168 件。

“批林批孔”运动再次造成人们思想和政治上的混乱。清流个别人派性露头，进行跨行业串联，大字报重新出现，部分干部、群众受到不应有的批判、斗争，工农业生产遭到严重影响，清流刚趋缓和的局势重新遭到破坏。

九、动乱中的清流经济

“文化大革命”初期，县委坚持抓工农业生产，但由于农业生产瞎指挥，1966 年推广矮秆稻“倒种春”失败导致粮食大面积绝收。后随着红卫兵运动的兴起，各级党委领导普遍挨批挨斗，正确的方针政策遭到批判，工农业生产处于无序状态，企业行之有效的规章制度被视为管、卡、压，统统被砸烂，特别是 1968 年“停产闹革命”及派性武斗，企业处于半瘫痪状态。农村大抓所谓资产风、单干风，打击农民积极性，造成粮食减产。1966—1968 年，全县工农业产值均低于 1965 年的 5150 万元。粮食总产均低于 1965 年的 30365 吨。1968 年 11 月，县革委会成立后，加强工农业生产领导，清流经济开始回升。而干部、群众对“文化大革命”“左”倾错误的不同程度抵制，也使清流经济在遭受严重破坏情况下，仍得以延续。

1970 年，县革委会响应中央“抓革命，促生产”的号召，在全县开展“农业学大寨”“工业学大庆”运动。发动群众开展农田基本建设，进行山、水、田、林、路综合治理，兴建水利、电力工程，开展开荒造田和积肥运动，并组织机关干部支援农村，参加义务劳动，掀起一场持续近 10 年的“农业学大寨”运动。同时注重推广科学种田，1971 年始，在全县推行“三改三化”（高杆改矮杆，单季改双季，稀植改密植；双季稻化，品种矮秆化，密植规格化）。发展畜牧业，在社、队推广集体养猪，多种经营有所发展。1972 年，着重抓农村按劳分配政策落实，在全县推广田口六队实行劳动定额经验，制定和实施饲料、土地、粮食分配、投肥等政策，初步解决一些严重挫伤农民积极性问题。粮食产量大幅增长，1969—1974 年连续 6 年平均以 20.7% 的高速度递增。1974年全县粮食总产达44805吨，亩产290千克，比1966年的总产2161吨，亩产131.5千克分别增长1倍以上，林、牧、付、渔也有较大发展，但与粮食相比，仍存在比例失衡的矛盾。农业机械化有较大发展。至1975年，全县共改造低产田面积4000多公顷，全县有效灌溉面积11298公顷，旱涝保收面积6651.07公顷，分别比1966年增加面积5300余公顷、2270余公顷。全县有拖拉机291台，3405马力。机耕面积5910公顷，比1966年增长11倍多。

“农业学大寨”运动对改善农业生产条件起到一定作用。但在农村经营管理体制中实行平均主义，割“资本主义尾巴”，粮食分配过程中集体提留过多，农民实际收入并未增加，温饱问题仍未得到解决，甚至有些社队干部虚报浮夸，农民粮食收成大部分被作为征购粮上交，导致出现个别农民因口粮不足而饿死的严重后果。

工业战线1970年开展“工业学大庆”群众运动，发扬自力更生、艰苦奋斗精神，发展“五小”（小煤窑、小铁矿、小水泥、小化肥、小农机具）工业及小水电，扩大生产，先后创办和复办长灌煤矿、玉华铁厂、水泥厂、合成氨厂、机砖厂、南山铁厂等一批企业，扩建县农械厂、五金厂。当年，全县工业企业49家。1971年，加强支农工业建设，开发脱谷机、铁犁、水轮机、插秧机等一批农机具。逐步重视轻工业、手工业发展，在扩大花色品种，提高产品质量方面取得较大成绩。1971年，全县工业总产值646.75万元。原煤、原木，松香、松节油、铁制农具、铁矿石等6种产品完成和超额完成国家计划。1976年，全县工业总产值1310.62万元，比1966年增长4倍。但在工业发展过程中，片面追求高指标，不顾客观实际，盲目复建一些已关停的企业，工业产量、产值虽有所增加，经济效益却很低。

公路、交通等建设有新发展。1971年，修建城关桥，新建林区公路21公里，社办公路4条15公里。全县完成水陆货运量7.2万吨，客运周转量81429人次。乡村邮路从1970年的748公里扩大到1215公里，109个大队全部实现逐日邮班，664个生产队实现通邮，占生产队总数的97%。至1975年，5年间先后修建和改造灵地至邓家、围埔至田口、田口至邓家、小池连接永安公路共23条，长91公里，实现社社通公路，改变了一些社、队交通不便状况，加速了城乡交流。

水利、水电方面，继建成城关、嵩溪110千伏输电线路及其变电站后，1971年又建成林畲至嵩溪北坑、城关至嵩口坪的35千伏输电线路，兴建长校沙坪、里田深渡等一批较大的社、队水电站及县办嵩口坪电站，由省网供电的清流北面电网初步形成。

城市建设和开发也有一定进展，兴建了三角尾大桥，拓宽了城区街道，新建招待所、百货大楼、街心公园等。

十、全面整顿

（一）工贸及农业整顿

1975年1月，邓小平主持中共中央和国务院日常工作，开始对工农业、文教、科技、军队等方面进行整顿，以扭转“四人帮”干扰破坏造成的严重混乱局势。县委落实中央各项指示，在全县城乡开展学理论、抓路线、促工作活动，首先在工交、财贸等战线进行整顿，随后在农村也开展整顿工作。

3月2日，县委从县直机关、厂矿企事业抽调300人，公社抽调134人，组成党的基本路线教育工作队，分2批于1月、3月进驻4个厂矿、企事业单位及23个大队进行理论宣传和重点调查，帮助企业、社队开展整顿，促进生产发展。工作队进驻厂矿、企事业单位后，帮助整顿领导班子作风、企业生产秩序和纪律，对一些生产长期上不去，财务混乱的企业强化经营管理，建立健全规章制度，并召开批判会，打击赌博、斗殴，小偷小摸等歪风邪气，使这些厂矿、企事业单位面貌发生较大改观，企业长期亏损局面有所好转。合成氨厂氨产量由3月的仅21吨提高到4月的248吨，5—7月又分别提高到400余吨；县百货公司采取措施处理积压商品，加快资金周转，1—10月完成销售总额333.4万元，占年计划指标90%；县医院通过整顿，医疗服务质量显著改善，并成立医疗服务队下乡巡回诊治。当年县管企业中有66%的企业增产，5个企业亏损下降，1个企业扭亏为盈，全县工业总产值完成1207.1万元，比1974年增长13.76%。农村整顿主攻改土、治水、积肥，推进全县基本农田建设。1975年，全县农田基本建设动工350处，其中县重点工程2个，大队工程337个，上场劳力3.29万人，投入工日62万个。完成平整土地面积129.4公顷，改低产田面积782.93公顷，改河造田面积18.2公顷。积肥10万吨。同年12月，全县社队开展清账、清财、清物、清工分，做好年终分配，归还超支欠款，开展公物还家，打击投机、贪污、盗窃活动。落实粮食、现金分配政策，发展社队企业。如城关公社 11 个大队，其中 6 个大队 55 个核算单位，共清出现金 5.78 万元，其中贪污挪用 4.07 万元，超支借款 1.72 万元，贪污私分粮食 33.97 吨。林畲公社林畲大队 4 个生产队，其中 3 个生产队清理 1961—1975 年财务，清出贪污、挪用金额 1.08 万元、粮食 2248 千克，涉及经济问题 52 人。

（二）批派性，整顿领导班子

“文化大革命”运动造成清流县派性泛滥，正常的生产、经营秩序遭受破坏。1975 年 9—10 月，县委根据中央清除派性的指示精神和省、地委安排部署，在城关地区召开清除派性动员大会，号召全县党员、干部与派性作斗争，并组织专门力量，由县委领导带队，进驻派性严重的县合成氨厂、县水泥厂、县长灌煤矿等企业进行宣传，批评与派性有关的人和事。县委将继续搞派性、违法乱纪、目无组织纪律的典型人物集中在县、社两级办学习班，加强思想教育，给予少数坚持错误不改的纪律处分。针对一些县直机关、厂矿、企事业单位及公社党委领导班子存在的软，散、懒状况，加强基层班子建设，根据老、中、青三结合原则，调整整顿班子成员，并提拔 14 名优秀青年干部充实到领导岗位。各级领导班子成员年龄结构更趋合理，班子作风有了很大改善。

（三）落实干部政策

1975 年 12 月，县委恢复“落实办”，充实力量。县、社两级均成立落实政策领导小组，全县 14 个公社共抽调 62 人作为办案人员开展工作，对全县在“清队”“整建党”“一打三反”三项运动中受处理的干部、职工、群众 458 人进行全面复查。年末，完成复查 76 件，其中纠错 40 件，维持原结论 36 件；原作开除公职处理的 10 人，经复查后有 8 人收回重新安排工作；原作离职、退职处理的 30 人，经复查后有 14 人收回重新安排。“落实办”同时开展劳模及知识分子政策落实工作。但随着 1976 年 2 月“反击右倾翻案风”运动的兴起，“落实办”被诬蔑为“翻案办”“复辟办”，落实政策工作被迫中断。

十一、“反击右倾翻案风”运动

1975 年 11 月，毛泽东听信“四人帮”一伙的诬告，停止邓小平的大部分工作。11 月下旬，中央召开打招呼会，会上宣读毛泽东的《打招呼的讲话要点》，一场“反击右倾翻案风”运动迅速在全国展开。

根据省、地委指示，县委于 12 月 30 日召开有县委常委、县革委会党员副主任、行政十八级以上党员干部及在城关的中小学党支部书记 53 人参加的会议，传达中共中央有关“反击右倾翻案风”的〔1975〕23 号、24 号、26 号文件。1976 年 2 月，县委在全县部署开展“反击右倾翻案风”运动，举办工交系统各主管局，各厂、矿、场领导参加的骨干学习班 32 期。3 月 20—24 日，又举办地委委员、县革委会党员副主任、十八级以上党员干部 51 人参加的党员骨干学习班。各党委根据县委要求，也举办理论骨干学习班，学习中央文件和《人民日报》社论，组织召开座谈会、讨论会、批判会等，发动干部、职工和群众揭发批判邓小平所谓“三项指示为纲”“唯生产力论”，进行“教育革命大辩论”。4 月 3—6 日，县委在拔口伐木场召开县属各厂、矿、场、站负责人、主管局领导及部分省、地属厂矿代表 68 人参加的工交系统反右倾、促生产会议。5 月 19 日晚，召开“批邓、反击右倾翻案风”“追查反革命”大会。截至 8 月 29 日，共举办学习班和理论讨论会 1513 期，培训理论骨干 7855 人，健全政治夜校 762 所，召开批判会 3280 场，并追查出一批所谓的“反革命分子”和制造“反革命谣言”的事件。

由于“反击右倾翻案风”运动来得突然，加上“四人帮”在运动中对邓小平 1975 年主持的全面整顿工作进行大肆攻击，颠倒是非，混淆黑白，造成一些干部思想混乱，工作无所适从，不敢抓生产，全面整顿工作也被迫中断，工农业生产均遭到不同程度的损失。企业管理松懈，生产滑坡，效益下降，一些企业派性斗争乘机抬头。当年全县工业企业亏损由 1975 的 59.5 万元猛增至 92.4 万元。农村的“农业学大寨”运动也一度处于停顿状态，1976 年农民人均纯收入仅为 67 元。

十二、庆祝粉碎“四人帮”的胜利

1976 年 10 月 6 日，党中央一举粉碎阴谋篡党夺权的“四人帮”反党集团。10 月 18 日，中共中央下发《关于王洪文、张春桥、江青、姚文元反党集团事件的通知》。10 月 22—27 日，清流县委分批组织学习、传达文件，各级党委也迅速将文件精神传达到干部、群众中。全县有党员 2780 人、群众 7.9 万余人收听传达，县、社两级举办各种类型的座谈会、批判会，以漫画、诗歌、专栏等各种方式，口诛笔伐“四人帮”罪行，并举行声势浩大的庆祝大会和游行活动，参加人数 4.7 万余人。

十三、“文革”后果

“文革”十年内乱，清流经济受到多方冲击，工农业发展明显减缓。农村推行大寨式评分，分配实行平均主义，社员自留地和家庭副业被当作资本主义尾巴强令割除，造成农民收入下降，年人均收入不足 80 元。干部、职工工资十几年几乎没有增长，居民消费水平低。限制农村集市贸易，管理过严过紧，商品贸易萧条，农副产品收购锐减，市场物资供应不足。教育战线受害尤深，受“停课闹革命”及所谓“教育改革”影响，教学质量一落千丈，十几年间向高校输送人才微乎其微。其他行业也普遍受到冲击，遭受巨大损失。“文化大革命”运动还造成清流社会秩序混乱，人民生命财产安全无法得到保障，此间，因受批判自杀及在武斗等事件中死亡的人数 66 人。

拨乱反正

从 1976 年党中央粉碎“四人帮”到 1982 年 9 月中共十二大召开前夕，我们党经历了历史性转变，冲破“左”的错误思想禁锢，完成指导思想和实际工作中的拨乱反正，工作重点开始向社会主义现代化建设转移。这期间，清流县委认真贯彻落实中央指示精神及省、市部署，取得揭批“四人帮”及其帮派体系的三大战役的胜利，“四人帮”的流毒和影响基本肃清。各条战线拨乱反正工作取得很大成效，平反冤假错案，落实干部政策，在促进社会安定，调动各方面积极性方面发挥了重大作用。国民经济贯彻落实“调整、改革、整顿、提高”方针，呈现出蓬勃生机，向新的目标迈进。

一、揭批“四人帮”罪行

1977 年初，根据省、地委部署，县委宣传、发动和组织全县人民深入揭批“四人帮”及其在福建的帮派体系阴谋篡党夺权的罪行，并专门成立“揭批查”办公室，抽调人员组成专案组，清查清流县与“四人帮”篡党夺权阴谋活动有牵连的人和事。各级党委通过办学习班、政治夜校等方式，组织干部、群众学习中央关于《王洪文、张春桥、江青、姚文元反党集团罪证》材料，使广大干群认清“四人帮”的真面目，明确与“四人帮”斗争的性质。许多单位、厂矿、学校利用广播、专栏等宣传阵地，采取写批判文章、诗歌、漫画等多种形式揭批“四人帮”的罪行。对在“文化大革命”中说错话、做错事的人，开“说清楚”会，通过教育，帮助他们卸掉思想包袱。据统计，截至 1977 年 8 月，全县在“揭、批、查”运动中共举办学习班 1734 期，参加学习 46225 人次，成立大批判组 866 个，人数 24838 人，开各种批判会 3178 场，达 20 余万人次，办批判专栏 4559 期，写批判文章 49025 篇，查出与“四人帮”阴谋活动有牵连的人和事 10 件、37 人，对主要人员进行隔离审查。

二、整风整社及“双打”运动

1977 年 4 月，县委根据省委组织部 12 日发出的《关于开展整党整风试点工作的初步意见》及地委部署，开展整党整风，解决由于“四人帮”破坏而造成的思想、组织和作风不纯的问题。县委派出工作队在嵩溪公社伍家坊大队、长校公社荷坑大队进行以大揭大批“四人帮”，反对帮派势力，反对集体经济内部资本主义倾向，反对右倾保守思想，及整顿干部中资产阶级思想，整顿干部队伍，特别是领导班子中的资产阶级歪风邪气，整顿集体经济经营管理中的混乱局面为主要内容的整党整风试点。

下半年，在试点取得经验基础上，全县扩大试点单位 29 个，县委内部进行小整风 3 次，对犯错误的党员干部进行教育，并根据政策给予必要的处理。当年，开除党籍7人，留党察看2人，警告和严重警告3人，行政开除2人，记过处分2人。其间，根据接班人五项条件和老中青三结合原则，调整部分领导班子，县直机关调整23人，乡镇领导调整40人，企事业单位调整25人，吸收新党员25人。但由于"左"的错误倾向一时不易消除，整党整风过程中过分强调两条路线的斗争，把农村出现的家庭副业等做法，也当作资本主义倾向整掉了。

1977年7月，全县农村、厂矿、企事业单位在继续揭批"四人帮"罪行的基础上，着重开展打击贪污盗窃、打击投机倒把的"双打"运动。到1978年年底，共清出贪污、盗窃、投机倒把总金额60.98万元，退赔52.13万元；盗窃粮食136.74吨，退赔38.17吨。对运动中查出有经济问题的人，视情节轻重分别给予处理。在"双打"运动推动下，农村、厂矿经营管理等制度逐步建立、健全。

三、教育战线拨乱反正

（一）整顿教学秩序、调整教育结构

教育战线是"文化大革命"十年浩劫重灾区。学校领导教师遭到无情批判和打击，身心受到极大摧残；学校停课闹革命，废除考试制度，正常的教育教学秩序被打乱，不仅耽误了一代人，而且使教育质量急剧下降。红卫兵从学校冲向社会，破"四旧"，横扫一切"牛鬼蛇神"，外出串联，造成社会混乱，人心惶惶。

1976年，受林彪、"四人帮""读初中不出大队，读高中不出公社"的口号宣传影响，县高中由3所增加至10所，初中增加至30多所，学校布点多、师资少、质量差，群众意见大。

1977年，为扭转教育混乱局面，县教育主管部门针对有些学校领导班子软、散、懒现象，及时调整、充实班子成员。各校强化行政管理，建立健全各项规章制度，校风学风大为改观，正常的教育、教学秩序逐步建立起来。

1978年9月，县教育局本着既方便群众，又相对集中、易于管理原则，调整学校布局，将初中班压缩为21所，完中压缩为6所，富余教师被分别调整充实到其他中、小学。1980年，贯彻教育部"充实加强小学，整顿提高初中，调整改革高中，大力发展职中，努力办好重点"的指示，全县保留完中4所，初级中学23所，保留里田、林畲2所中心小学附设初中班，其余学校附设高中和村办初中班全部撤销。

为改变县中等教育结构单一状况，1981年，筹办长校农业职业中学。1982年，开设茶果、农学专业。同年9月，创办县职业中学，开设茶果、农技植保等专业。不但为大中专院校输送人才，也为农村培养一大批具有农业科技知识的劳动者。

（二）落实政策

1978年10月，县教育局成立落实政策复查小组，全面复查教育系统"文化大革命"以来案件。至1979年7月，复查落实案件64件，彻底平反24人，占37.5%；维持原结论25人，占39.1%；重新结论6人，占9.4%；作文字修改1人，占1.6%；收回重新安排工作1人，占1.6%；开除留用恢复工作2人，占3.1%；全系统原划右派13人，除1人系反革命已镇压外，全部改正；历次政治运动中被开除公职，收回重新安排工作15人；清理档案58卷，清出材料1698份、4992页。同时清理全县公办中小学教师人事档案355卷。

四、平反冤假错案，落实干部政策

1977年12月28日，县委发出《关于调整、充实县委落实政策领导小组成员的通知》，确定1名副书记、2名常委和1名副县长分工抓此项工作，下设落实政策办公室，开始初步平反冤假错案，落实干部政策。县直属机关科、局、公社党委、大队支部各确定1名领导人分管落实政策工作，县委着重抓方针、政策，抓典型案件，大案、要案由县委常委集体讨论决定，严把材料、事实、政策三关。1978年12月9日，县委在城区召开平反大会，为"同盟会反革命集团"假案及《山茶》文学研究社彻底平反，同时，为劳动模范恢复名誉。

中共十一届三中全会后，县委按照中央关于实事求是、有错必纠的原则，加快平反冤假错案、落实干部政策工作步伐。至1979年4月，为"右派"摘帽工作基本完成。全县1958年划为"右派"分子32人，按照中央"六划六不划"的标准，经复查确定，全部重新作出结论，31人属于错划全部改正，1人维持原结论。

对外县迁入的错划“右派”也作妥善处理。经批准改正的同志，恢复政治名誉，撤销原处分决定，恢复原工资级别。同时，对开除公职的包括外县错划人员，全部安排工作，家庭生活有困难的分别给予补助。对因“右派”问题被判刑、判管的人进行复查，全县分别有6人、4人改判。为改造好的“地富”分子摘帽及落实国民党起义、投诚人员政策工作也于当年开始进行。到1981年年末，全县平反冤假错案，落实干部政策工作基本结束。

全县共复查各类案件3123件（包括检查验收、查漏补缺、回头看等新发现的案件），其中“文化大革命”期间立案1173件，未立案359件；农村基层干部、群众671件；“中右”“不纯”38件；“拔白旗”95件；“反右倾”249件；整风整社327件；“四清”22件；历史老案189件。

对“文化大革命”中立案审查的1173人（含政治案件470人，经济案421人，生活作风案240人，其他42人）经过几次复查改正，经验收全部合格。原定敌我矛盾57人，全部改为人民内部矛盾；原双开除3人，双恢复2人，单恢复1人；原开除公职34人，收回安排工作32人，维持2人；原开除党籍22人，恢复党籍15人，维持7人；原受其他处分341人，撤销处分129人，改变处分181人，维持36人；原有书面结论的945人，撤销结论392人，修改结论515人，撤销“文化大革命”结论，维持审干结论38人。受其他形式迫害离开职工队伍92人，全部收回安排工作。其中全民47人，集体21人，临时工24人；非正常死亡35人，作出妥善处理。全县共平反冤假错案711件，其中集团性案件3起94人，发平反书178份，补发工资8人，计18768元，困难补助72人，计12155元。未立案而受审查的干部职工359人全部平反，恢复名誉，消除影响。

“文化大革命”中农村不脱产干部和群众受审处理671人，其中大队干部139人，小队干部98人，群众434人，全部复查纠正。其中原定敌我矛盾改为人民内部矛盾9人，恢复党籍8人，恢复职务12人，安排社队企业工作108人，改变其他处分8人，非正常死亡作妥善处理31人，对受审查期间造成重大损失的182个“重灾户”，给予补助14170元，其中国家拨款补助166人、13520元，社队拨款补助16人、650元。1981年冬，再增拨各公社补助款39504元。

“中右”“不纯”处理38件，全部复查纠正。其中“不纯”处理34人，原定“地富反坏”分子6人，“地富反坏”家庭出身受株连4人，重大政历问题4人，一般历史问题14人，违纪6人。原受开除公职处理31人，送劳动教养3人，处理回去后病故6人，复查后收回安排工作16人。其中全民15人，集体1人，办退休6人，退职1人，按正常病故抚恤4人，发给丧葬费2人，不予收回3人，恢复党籍1人，法院改判1人，子女补员3人，按规定发给工资和退休、退职、丧葬费等13868.75元。“中右”4人，原开除公职复查后收回安排工作2人，办退休1人，按病故处理1人，发给工资和退休、丧葬费计2016.4元。

“拔白旗”“反右倾”“整风整社”“四清”等运动处理639人，全部复查结束。改正298人，平反339人，其中恢复党籍9人，收回安排工作3人，收回办退休1人，办退职1人，抚恤处理1人，维持原结论56人。

有申诉的历史老案267件，复查189人。其中收回安排工作32人，办理退休、退职6人，抚恤处理4人，困难补助22人，恢复党籍5人，团籍1人。恢复原工资级别2人，恢复居民户粮8户，修改撤销原结论35人，维持74人。

全面清理落实政策人员档案。其中“文化大革命”案件1173件，剔除销毁材料22882份、63953页，退还本人400人、2475份、10822页；“中右”“不纯”整风”“反右倾”案件清理182件，剔除销毁材料443份、1497页。对“文化大革命”中被查抄的受灾户333户财物总金额11073元，进行清退和补助。其中归还原物170户，折款金额9718元，原物虽在但无法归还的152户及原物查无下落的11户作经济补助，计4674元。对赖坊公社“文化大革命”中贫下中农与“四类分子”调换住房90户355间进行妥善处理，并拨款5000元作为房屋修缮款。

五、落实原国民党起义、投诚人员政策

据1981年11月县委报告，清流县落实原国民党起义、投诚人员政策工作，从1980年开始至1981年年底结束，共确认起义组织4个，列入复查范围362人，确认参加本县和长汀、南安、上杭、连城起义的人员等按政策对待234人，其中原受各种处理94人，复查落实83人。包括：镇压改判4人，维持原判5人；判刑改判17人，维持原判8人，摘帽撤管33人，维持原戴帽管制3人；原被清洗、开除予以纠正13人；对原有公职，经纠正后需作安置和善后工作34人，安排恢复工作6人，作退休处理8人，死亡后做善后处理

20 人；政治上安排政协委员 2 人。对因受处理导致家庭生活困难的起义、投诚人员进行一次性补助 93 人，金额 28045 元；受株连家属子女转城镇户口 3 户 11 人，安排工作 4 人。

六、落实工商业者政策

1980 年 4 月，根据中央《关于对原工商业者的若干具体政策的规定》，将小商、小贩、小手工业者及其他劳动者从原工商业者中区别出来，为其落实政策。当年复查原工商业者 37 人，区别 27 人，1982 年 2 月再区别 7 人，共 34 人。恢复他们劳动者身份，并按规定给予重新安排工作或作退休处理。退抵私改时入股资金 11827. 61 元，补发利息 392.74 元，对“文化大革命”期间被查抄财物也作退赔处理。

七、落实知识分子政策

1982 年 1 月和 3 月，中央、省委相继发出《关于检查一次知识分子工作的通知》，要求各级党委对知识分子工作进行一次全面认真的检查，认真落实知识分子政策，提高知识分子地位。根据省委部署，县委成立知识分子工作检查小组,开始对知识分子政策落实情况进行全面检查。检查组先后召开知识分子座谈会 35 次，并走访知识分子家庭，了解掌握情况。6 月 7 日，县委召开常委会，专门听取落实知识分子政策情况检查汇报。全县有中专以上知识分子 1143 人，其中 25 ～ 50 岁的知识分子 903 人，50 岁以上的 70 人，党员 163 人，占知识分子总数 13%。1977 年以后因各种原因调离清流县知识分子 180 人，调进仅 73 人。检查发现存在个别单位领导对知识分子工作不够重视，落实知识分子政策方面留尾巴；对知识分子不敢大胆放手使用，一些知识分子长期入不了党；知识分子多来自外地，工作条件艰苦，夫妻长期两地分居、住房困难等诸种因素造成知识分子思想不够安定等问题。

6 月 9 日，县委批转组织部、科委、人事局联合行文的《关于检查知识分子工作的情况报告》，对落实知识分子政策方面提出 10 条意见，包括：落实知识分子中历史遗留下来的冤、假、错案；发展知识分子党员；对技术职称“正师”级的科技人员每月增加供应副食品，就医优先；积极安排好科技人员的住房问题；解决夫妻分居问题；有计划地安排技术人员进修；为“正师”及“助师”级技术人员公费订阅专业杂志；对工作中表现突出，有一定贡献的技术人员给予精神和物质奖励等，知识分子政治地位及生活待遇得到逐步改善。

至 1983 年 3 月，全县 29 名中级知识分子中，发展党员 17 人，占总数 60%。中级知识分子担任股级以上行政职务 14 人，占 50%。一般知识分子担任各级领导职务 62 人。知识分子农转非 28 户，其中中级知识分子 3 户、11 人。

八、实行农村经济改革

（一）落实生产责任制

1979 年上半年，清流县部分生产队为改变贫穷状况，开始自发改变生产经营管理模式，实行小段作业，定额计酬或分组作业，联产计酬的生产责任制，在增产增收方面发挥一定作用，但当时一些县领导思想上存在顾虑，担心生产责任制会冲击集体经济，偏离社会主义轨道。为此，人们对生产责任制众说纷纭，莫衷一是。同年 9 月，中共中央发出《关于加快农业发展若干问题的决定》，强调指出，各级行政机关的意见“除有法律规定者外，不得用行政命令的方法强制社队执行，应该允许他们在国家统一计划的指导下因时因地制宜，保障他们在这方面的自主权，发挥他们的主动性”。

1980 年 9 月 27 日，中央再次发出《关于进一步加强和完善农业生产责任制的几个问题》，随后召开的三明地委第一次农村经济工作会议，强调凡是群众拥护，行之有效的各种生产责任制都要稳定下来，县委开始转变对生产责任制的看法。11 月 7 日起，先后派出工作队在城关公社的南岐、灵地公社的大坪、嵩口公社的嵩口等大队进行联产计酬生产责任制的试点，取得经验后，当年冬，县委在全县推行小段作业、以农活定额、按时计酬、以产定分、超产奖励等办法，个别地处偏远，条件较差的生产队允许包产到户。至年底，全县 1005 个生产队，落实生产责任制 978 个，其中实行小段包工 395 个，联产计酬 540 个，专业队 12 个，包产到劳，联产计酬 13 个。生产责任制的推行，在农业生产上取得显著效果。全县粮食生产在上半年遭受干旱、病虫等自然灾害影响下，仍然取得较好收成，实现粮食总产量 5.87 万吨，比 1979 年仅减产 0.86%。农业总产值3055.04万元，比1979年增长7.95%。

1981年上半年，县委发出《农业生产责任制会议纪要》，提出几种不同形式的生产责任制，由各生产队因地制宜自行选择，不搞一刀切。李家公社过去是全县有名的穷社之一，公社党委尊重多数群众意愿，率先在全社全面落实大包干的生产责任制，调动农民生产积极性。当年李家公社粮食总产5063.35吨，比1980年增产846.55吨，增长20.08%，成为全县粮食增产最多的公社。在其影响和带动下，全县各种形式生产责任制全面推广，年内，全县有1021个生产队实行大包干，其中双粮田和专业承包的有424个队，占生产队总数41.5%；实行定额计酬、按劳计酬的有597个生产队，占58.5%。包产到户，在坚持基本生产资料公有制不变的前提下，生产形式上实行分户管理，分配上实行“保证国家的，留足集体的，剩下的都是自己的”，既能有效发挥集体的优越性，又能充分调动社员个人积极性，方法简便，深受群众欢迎。1982年，全县1023个生产队，实行包产到户的1016个，占生产队总数99.4%。

农村生产责任制的全面推行，大大促进农村经济发展，专业户、承包户、冒尖户不断涌现，农村面貌发生可喜变化。1982年，全县粮食总产量达到6.73万吨，比1976年增长55.97%。农民人均纯收入152元，是1976年的1.27倍。

（二）发展多种经营

随着农业生产责任制的落实，清流县委加快改革步伐，根据“决不放松粮食生产，积极发展多种经济”的指导思想，调整农业产业结构比例。县委多次召集各公社分管领导及有关部门负责人召开座谈会，讨论研究发展多种经营问题。清流县18.06万公顷土地，农田面积只有1万公顷，山地面积占90%，宜在坚持以集体为主的前提下，发展山地为主的多种经营。1979年上半年，县委制定多种经营规划，要求1980年全县农业人口达到人均1亩油茶，1982年达到户均1亩柑橘果树，1985年达到人均1亩杉木、1亩毛竹、1亩茶叶林、1亩油桐，户均5头猪、1头牛，要求各公社以此为标准，制定相应的规划和措施，做到长计划，短安排。当年全县油茶面积由1976年的78.4公顷发展到2281.73公顷，油桐面积由1976年的4.67公顷发展到84.33公顷，毛竹垦复和新种面积1933.33公顷，果树面积266.67公顷，茶叶开始发展，乌桕恢复扩种，渔业生产得到较快发展。

1980年，为迅速改变多种经营薄弱，发展不快的现状，县政府专门成立多种经营办公室。在全县农村开展“五生财”活动，即种地生财、养殖生财、要山献财、办厂来财、户户进财（家庭副业），并投资100万元建设多种经营基地，茶叶、油桐、乌桕等经济作物有较大发展。粮食产值与多种经营产值的比例，从1979年的64 ：36调整为1980年的58 ：42，多种经营的产值比例上升6%。

1981年，县委、县政府从原有耕地面积中，调整333.33公顷种植香料、苎麻、花生等经济作物，根据各社调整种植面积，给予适当核减粮食征购任务。并初步确定多种经营区划4个、基地10个。4个多种经营区划分别是：嵩口、嵩溪、长校、东华的商品粮区；灵地、李家、邓家、赖坊、沙芜的多种经营区；林畲、田源的经济作物区，余朋、温郊、里田的用材林、经济林区。10个基地分别是：嵩口、嵩溪、长校、东华的商品粮基地，温郊、余朋、里田的松脂基地，灵地、李家、邓家、赖坊的乌桕、香樟基地，东华、田源的果树基地，余朋、温郊的毛竹、土纸、香菇基地，以及各公社的茶叶基地。各乡镇党委均制定总体规划，分期实施。

1982年，县政府引进资金开发灵地草场，发展乳牛为主的综合性畜牧业。11月，发布《关于扶持发展我县茶叶生产的意见》，制定优惠措施从资金方面补助支持农村发展茶叶生产。农业产业结构经过几年调整，效果显著。1982年，完成造林面积1413.33公顷，比1981年增长30.3%；毛竹产量增长27.5%；山苍子产量增长44.3%；茶叶304担，增长33.3%；水果2983担，增长33.3%；生猪年终存栏数41768头，增长2.6%；耕牛年终存栏数8832头，增长8.4%；鱼产量543公斤，增长14%。

九、工业全面整顿

1979年，县委根据中央制定的国民经济“调整、改革、整顿、提高”八字方针，对工业企业进行初步整顿，调整、充实基层厂矿不健全的领导班子，使之逐步做到年轻化、专业化、知识化，扭转过去个别领导身在其位不谋其政和“打内战”现象，改变工业企业管理混乱、效益低下等状况。

调整工业和产品结构，把没有销路、质量差、消耗高、亏损大的企业坚决停下来。1979 年，关闭南山铁厂、李家糖厂、缩小长灌煤矿规模，支持支农工业，重点充实加强氨厂、罗口煤矿、鱼龙岗水电站、水泥厂和钨矿。扭转本县轻重工业比例失调的状况，做活轻工企业，扩大适销对路产品，分别于 1980 年、1981 年筹建县香料厂和县针织厂，县印刷厂和县农械厂也注重开发新产品，以适应市场需要。

开展增产节约、扭亏增盈活动，在挖潜、革新、技改，提高经济效益等方面取得初步成效，县合成氨厂继完成年生产能力“三改六”（3000 吨改 6000 吨）扩建任务后，年产量年年突破 6000 吨。同时，在降低能源消耗，减轻劳动强度等方面成效显著，1980 年，全年节煤 6170 吨，节电 125 万千瓦时，增产化肥 3756 吨，仅节约一项价值就达 31 万元，当年摘掉亏损帽子，并盈利 4.24 万元。

一些厂矿经过整顿，加强经营管理和制度建设，实行定额包干、超产奖励和评分计奖的办法，以调动广大职工积极性，生产发展很快。1980 年，县氨厂、酒厂开始扭亏为盈，当年全县工业总产值达 1966.4 万元，比 1978 年增长 19.7%。

1981 年 9 月，县工业主管部门及财政局与县属 20 家国营企业签订经济责任制合同，针对各厂矿生产、技术、设备等条件差别较大的情况，区别对待，确定不同的包干基数和分成比例，实行定额上交，超额分成和亏损包干，减亏留用的经济责任制。各厂矿企业根据自身情况，在企业内部确立和完善各种不同形式的经济责任制，有的实行工资、奖金双浮动；有的实行定额评分计奖；有的实行计件工资制；有的按车间实行经济包干，自负盈亏。经济责任制打破大锅饭，克服平均主义，体现多劳多得，既调动了企业职工生产积极性，又减少了企业打埋伏及相关部门乱摊费用的现象。

1982 年，县委制定下发《清流县国营工业企业全面整顿方案》，从经济责任制、劳动纪律、财经纪律、劳动组织、领导班子 5 个方面对全县 25 家国有企业进行分期分批整顿，强化企业管理，经济效益明显提高。县氨厂自 1980 年扭亏为盈后，1982 年实现利润 34 万元；罗口煤矿 1982 年亏损额由 1981 年的 13 万元降低至 4.8 万元，达到县财政核定的亏损指标。1982 年，全县工业总产值达到 3010 万元，比 1978 年增长 109%，由 1979 年的亏损 46.39 万元转变为盈利 187 万元。

十、社队企业崛起

1978 年，社队企业以手工业、农业、副业为基础，逐步发展到工业、商业、建筑业、运输业、服务业等多种行业，其中工业占较大比重，大多是以资源为主的粗加工企业，由社、队统一组织，分散经营。1980 年，整顿社队企业，加强经营管理，企业个数虽有所减少，但经济效益明显提高。全年社队企业收入 828 万元，比 1979 年增长 23.1%。余朋人造板厂、温郊焦油厂、温郊梧地活性炭厂是这个时期清流县规模较大的社队企业。

至 1982 年，全县社队企业 140 家，其中农业 9 家、工业 83 家、建筑业 15 家、运输业 8 家、其他 25 家，从业人员由 1978 年的 1923 人增到 3595 人，1982 年社队企业总产值达到 900.99 万元，占全县工农业总产值的比例由 1978 年的 9.62% 上升为 13.1%。

重要文献选编

清流县人民政府关于进一步加强环境保护工作的决定

清政〔1992〕06号

各乡镇人民政府、县直有关单位：

保护和改善生产环境与生态环境、防治污染和其他公害，是我国的一项基本国策。近年来，我县把加强环境保护作为两个文明建设的重要内容来抓，取得了较为显著的成效。在经济建设逐年增强的情况下，污染物排放量没有成比例地增长，有些污染物排放还呈下降趋势。但随着工业的发展，人口的增加，向环境中排放的有害物质总量还是逐年增长，环境质量指标有的项目还呈上升趋势，自然资源消耗的加剧，生态环境功能逐年减弱。因此，进一步防治环境污染和生态破坏已成为十分紧迫战任务。为促进我县经济持续、稳定、协调发展，根据市政府明政〔1991〕综110号《关于进一步加强环境保护工作的决定》的精神，结合本县实际，特作如下决定：

一、严格执行环境保护法律法规

各乡镇人民政府、各部门、各企事业单位，必须严格执行《中华人民共和国环境保护法》和环境保护的法律、法规，采取有效措施切实改变有法不依、有章不循、执法不严、违法不究和以权代法的状况。环境保护监督管理部门应当会同政府法制部门进行经常性的环境保护执法检查，及时纠正和处理违反环境保护法律法规的行为。各乡（镇）人民政府应根据环境保护的职责和任务，健全环境保护机构，配齐环保专职人员，积极支持环境保护部门独立行使监督管理职权。

二、全面实行环境保护目标责任制

各级政府、各部门．必须加强对环境保护工作的统一领导，充分发挥各部门、各单位的力量，有计划、有步骤，有重点地解决环境污染问题，切实对本乡（镇）、本部门、本单位的环境质量负起全责。根据国家制定的环境保护目标和当地实际情况，制定好本乡（镇）、本部门、本单位的环境保护目标和实施方案、并在年度计划中抓好落实。环境保护目标的完成情况应作为评定政府工作成绩的依据之一。并向同级人民代表大会和上一级政府报告。

县环境保护部门对全县的环境保护实施统一监督管理。逐步推行污染物排放总量控制和排污许可证制度，建立环境状况报告制度，会同有关部门对重点污染治理项目进行检查。

三、积极开展县城（乡镇）环境综合整治工作

根据省市关于县乡（镇）人民政府应当组织各方面力量对县城（集镇）开展环境综合整治工作的要求，我们应集中力量抓好县城（集镇）的环境综合整治，积极推行污染的集中控制，提高治理投资效益和污染防治能力；按照县城及乡（镇）的性质、环境条件和功能区分，合理调整工业结构和建设布局，对严重污染扰民又缺乏有效治理措施的工厂，视其情况予以关闭或有计划地搬迁；在环境保护方面，坚持每年为人民群众办好一些实事，有重点地解决群众意见较大的环境问题。

环境保护部门负责对本辖区的环境综合整治工作进行定量考核，每年公布结果。

四、采取有效措施防治工业污染

各级人民政府和有关部门对浪费资源和能源，严重污染环境的企业，特别是小造纸、小化工、小印染、

小土焦、土硫磺等乡（镇）企业，根据管理权限，必须责令其限期治理或分别采取关、停、并、转等措施；对直接危害城乡饮用水源的企业，必须一律关停；禁止在饮用水源保护区和环境敏感地区及自然保护区新建污染环境的建设项目。

凡产生环境污染和其他公害的企事业单位，必须把消除污染、改善环境、节约资源和综合利用作为技术改造和经营管理的重要内容，建立环境保护责任制度和考核制度。有关部门应将保护环境作为考核企业升级和评选先进文明单位的必备条件之一，企业治理污染、开展综合利用的资金，有关部门应优先给予保证。

新建、扩建、改建项目和技术改造项目，以及一切可能对环境造成污染和破坏的工程建设和自然资源开发项目，必须严格执行国家有关建设项目环境保护管理规定。乡镇企业和街道工业发展要严格执行国务院《关于当前产业政策要点的决定》，严格执行限制浪费资源、能源、污染严重的小造纸、小化工、小印染、小土焦、小建设、小铁合金等企业的建设。已建成的防治污染设施，必须正常运转，不得擅自拆除或闲置。对违反有关规定的，环境保护部门应当依法给予处罚。

五、资源开发应重视生态环境的保护。

各乡（镇）人民政府，各有关部门必须执行国家有关资源和环境保护的法律、法规，按照“谁开发谁保护，谁破坏谁恢复，谁利用谁补偿”和“开发利用与保护增殖并重”的方针，认真保护和合理利用自然资源。县经委、县煤炭公司、县环保局、县财政局等部门应协同抓好煤炭生态环境保护费征收使用和管理工作。

林业部门应加强森林资源及野生动物的保护和管理，制止乱砍滥伐森林和违法捕猎，提高森林覆盖率，造林质量和绿化水平，做好防护林工程建设的组织和管理。

水利部门应加强对水资源的统一规划和管理，在开发利用水资源时，应充分注意对自然生态的影响。有关部门要切实加强水资源开发利用的环境影响评价工作，采取有效措施在开发利用的同时保护好生态和生态环境。

农业部门必须加强对农业环境的保护和管理。控制农药、化肥、农膜对环境的污染，推广植物病虫害的综合防治；根据当地资源和环境保护要求，合理调整农业结构，抓好水土保持，积极发展生态农业，使物资和能量得到最充分的利用。

六、利用多种形式开展环境保护宣传教育

各级宣传教育部门应当把环境保护的宣传教育列入计划，利用多种形式大力开展环境科学和环保法律知识的普及教育，提高全民族特别是各级领导干部的环境意识和环境法制观念，树立保护环境人人有责的社会风尚。中小学及幼儿教育应结合有关教学内容普及环境保护知识；各乡（镇）、各部门在培训干部时，应当把环境保护教育作为一项重要内容。

七、积极研究开发环境保护科学技术

环境保护科学技术的研究和开发应当列入有关部门的中、长期科技发展规划的年度计划。计委、科委在综合平衡时，对重要的环境保护课题应优先安排。各乡（镇）、各部门应积极研究开发和采用无污染的先进技术、工艺和装备，限期改造、淘汰严重污染环境的落后生产工艺和设备，积极推广应用环境保护科技新成果。

八、依法加强排污收费工作

依法征收排污费是加强环境保护的重要措施之一，其目的是促进企事业单位加强经营管理，节约和综合利用资源，治理污染，改善环境。各乡（镇）、各部门、各单位必须认真贯彻执行国务院发布的《征收排污费暂行办法》通知和省人大颁布施行的《福建省征收排污费实施办法》的公告，各级环保部门要进一步强化征收，严格管理。县环保局、财政局、物委等部门应协同做好排污费的征收工作，切实抓好重点污染源的限期治理，有计划地逐年安排一批，促使环境质量稳定地趋于改善。

清流县人民政府

一九九二年三月二日

中共清流县委 清流县人民政府
关于加快发展第三产业的实施意见

清委〔1992〕17 号

为了更好地执行中共中央、国务院《关于加快发展第三产业的决定》，抓住当前有利时机，加快改革开放步伐，推动我县第三产业全面快速发展，特提出如下实施意见：

一、明确加快发展第三产业对振兴清流经济具有重大战略意义

改革开放以来，我县第三产业的发展步子加快，但从总体上看，仍很落后，规模小，速度慢、产业化程度低。1991 年全县第三产业增加值占国民生产总值的 13.8%，从业人数占全社会从业人员的 15.4%，低于全国的 27% 和 18.6%，全省 27% 和 20%、全市 17.9% 和 18.5% 的平均水平。

从世界各国经济结构的变化看，随着社会生产力的发展，第一、第二产业的比重逐渐下降，第三产业的比重日益提高，并对整个国民经济的发展起到明显的促进作用，只有加快发展第三产业，才可以促进市场充分发育、城乡经济繁荣，提高服务的社会化、专业化水平；只有加快第三产业发展，才能解决日益严重的就业问题，满足人们的充分就业；只有加快第三产业发展，才能实现温饱向小康的跨越，促进社会主义物质文明建设和精神文明建设更加健康地发展。

二、加快发展第三产业的目标和重点

我县加快第三产业发展的目标是：第三产业增长速度要高于第一、第二产业，今后年递增速度要达到 22.7% 以上。到 2000 年第三产业在国民生产总值中的比重提高到 32% 以上。

加快发展第三产业的重点是：1. 投资少、收效大、效益好、就业容量大，与经济发展和人民生活关系密切的行业。主要是内贸外贸、金融保险、房产地产、旅游、居民服务和文化卫生事业等；2. 与科技进步相关的新兴产业，主要是咨询业（包括科技、法律、会计、审计等）、信息业和各类技术服务;3. 农村的第三产业，主要是为农业产前、产中、产后服务的行业；4. 对国民经济发展具有全局性、先导性影响的基础行业，主要是交通运输业、邮电通讯业、科学研究事业、教育事业和公用事业等。

三、加快发展第三产业的主要政策措施

1.广泛动员和依靠社会各方面的力量，兴办第三产业。

坚持谁投资、谁所有、谁受益的原则，实行外资、内资、合资、国家、集体个人一起上，充分调动社会各方面的积极性兴办第三产业。放手让国营企业、集体经济组织和私营企业、个人兴办那些投资少、见效快、劳动密集、就业容量大，直接为生产和生活服务的行业。积极鼓励县内外企业、科技人才和各类拔尖的管理人才以及能工巧匠到城区落户，促进城区经济发展。对国民经济发展具有全局性、先导性影响的基础行业，主要由国家办，在统一规划、统一管理的前提下，引入竞争机制，动员地方、部门和集体经济力量兴办。

2.以产业化发展为方向，大胆利用外资，建立第三产业自我发展机制。

除一些确需国家财政支持的单位外，第三产业都要自主经营、自负盈亏，成为相对独立的经济实体。要敢于利用外资，参照沿海经济开放区的优惠政策，更多地兴办中外合资、合作和独资的的第三产业企业。鼓励利用外资进行房地产开发，兴办外商投资的商业企业、车队、宾馆、商店以及参照武夷山对外开放旅游经济区优惠政策，引进外资发展旅游业。对现有的大部分福利性、公益型和事业型第三产业单位，要通过政策引导和政策扶持。逐步向经营型转变。做到自主经营、自负盈亏。同时，积极培育一批起点高、规模大的跨行业、跨部门、跨地区的综合性企业集团。

3.大力推进国营企业，党政机关、事业单位后勤服务体系的改革。

在不影响保密和安全的前提下，将现有的信息、咨询机构、内部服务设施和交通运输工具面向社会开放，开展有偿服务，并创造条件使其与原单位脱钩，成为自主经营、独立核算的法人。从现在起立即着手使县、乡各机关、企业、事业单位的后勤服务体系基本实现社会化。

4.积极鼓励行政人员从机关分离出来，从事服务行业。

允许机关、事业单位以各种形式创办服务实体，新建立的服务实体可以自定编制，享有充分的用人自主权，实行辞退、辞职制度，实行就业双方选择。创造条件，逐步实行企业化管理，做到自主经营、自负盈亏、自我发展。凡有条件的委、办、局都要分流出一批干部职工，兴办一个服务实体。

鼓励、支持一部分干部、专业技术人员、管理人员从机关、事业单位分离出来，从事包括第三产业在内的各种经济活动。尤其是提倡各类专业技术人员承包、领办、承租中小企业、二轻企业、乡镇企业、街道企业，兴办各种所有制形式的技术开发、服务、贸易机构，创办中小企业、股份公司，或应聘到外商投资企业工作。

创办实体的人员，要从党政机关脱钩，不得保留原在党政机关担任的职务，不能再以党政机关的名义或以党政机关干部的身份从事经营活动。对分离出去的人员户粮关系不变，在两年内实行工资、福利、行政级别、待遇不变、提拔、奖励、升级一视同仁。

对各类专业技术人员、技术工人，只要不影响本职工作，不损害本单位利益，都可以从事第二职业，各级领导都应当允许和支持。

5.积极鼓励并采取优惠政策，促进国营企业富余人员利用一部分国有资产有偿转让或有偿使用，新开办第三产业。

企业申办第三产业，经上级主管部门审核批准后，可直接到县工商行政管理机关办理营业执照。如涉及到行业主管部门时，各有关行业主管部门要简化手续，提高办事效率。在收到企业申报5天内必须给予明确答复。工商行政管理机关对符合开办标准和从业条件的申请，要加快审批，登记发照。

企业法人因安置富余人员兴办第三产业，申请变更登记注册事项的，除增设具备法人资格的分支机构外，其它事项由企业法人依据章程自主确定，可不再提交上级主管部门批件，直接向工商行政管理机关申请。为鼓励全民所有制企业用一部分国有资产开办集体所有制的第三产业企业和劳动就业服务企业，企业在办理登记注册手续时，只需提交上级主管部门资产负债表或国有资产产权登记表。由国有资产管理部门开具资金信用证明，按规定核定占用费后，到工商行政管理机关办理注册登记，不再另行办理验资手续，安置到第三产业企业和劳动就业服务企业的富余人员的退休费统筹基金、职工待业保险基金，仍由原所在单位缴纳。职工达到退休年龄时，仍回所在单位办理退休手续，享受退休待遇。安置到第三产业企业和劳动就业服务企业的各类人员，均应与所到企业签订劳动合同。其中安置的富余人员要签订安置合同。聘用人员要签订聘用合同。签订各类合同要按照平等自愿、协商一致的原则。明确双方的责、权、利。合同一经签订即具有法律效力，双方必须严格履行。

鼓励企业富余人员，经原企业同意，自愿组合、自筹资金合作合伙兴办新的第三产业企业；允许企业采取资金入股或投资入股的方式兴办股份制第三产业企业；支持和鼓励企业职工按照合作制的原则兴办职工消费合作社；对具备资金、场地、设施、人员和技术力量等基本经营条件的企业，允许跨行业开展多种经营。

6.鼓励和促进个体和私营经济加快发展第三产业。

大力鼓励城市待业青年、社会闲散人员兴办个体私营企业。企事业单位的富余人员、停工待业人员和继续在本县范围内活动的停薪留职人员、离退休人员、从党政机关脱钩分离出来的人员和从事第二职业人员、经批准都可以从事个体、私营经营，办理营业执照或临时执照。大力鼓励农民进城经商、开店、务工、办企业，采取优惠政策吸引外地客商到清流经商办企业。有计划地实现农村人口向城区转移，力争九十年代末期，城区人口增加到4万人以上。为此，县委、县政府已制定七条措施加快个体经济和第三产业发展。具体是：（1）年内新开业的个体工商户，免收工商费。并可向税务部门申报免征营业税、所得税。明年，对新办的个体、工商继续实行免收半年税费的政策，在确保完成全县财政税收任务的前提下，对一部分有困难的企业实行减免税收政策；（2）鼓励乡镇到城区办厂、经商。凡乡镇到城区办厂、开业经营的，除享受免收费、税待遇以外，产值划归原乡镇计算；(3) 增加商业网点。城区摆摊设点在基本不影响交通安全和环境卫生前提下，目前先在城区划区经营，将来要全面放开，形成无街不经商的繁华局面。培育夜市市场，夜市的摊点一律免收各种税、费，各有关职能部门必须做好相应配套服务工作；(4) 所有临街门面必须发展成为工商经营门点。医院、东华小学、一中、西山街等重点地段临街面，年内必须先行改造投入经营；(5) 整顿各项收费。所有收费必须经县政府重新统一核定批准。相关职能部门必须本着少检查、多关心、少手续、多方便的原则给予个体工商户更多的扶持；(6) 对外来经商办企业的人员一律发给临时户口簿；(7) 允许离退休干部、技术人员、技术工人从事第二职业，一年内免收个人收入调节税。

对个体工商户、私营企业的办照手续要简化。今后身份证明手续，只要交验身份证或户口簿。经营场地手续，只需提供有效的产权证明或租赁协议。资信手续，只要求私营企业和有一定规模的个体工商户提供验资报告；一般个人合伙和有一定规模的个体工商户只提供资信证明；短期长途贩运户和一般个体工商户可以免交资信手续。进入集贸市场经营的，可以试营业，在一个月内申请办照；同城范围内的邻近地区有照经营者可持营业执照副本进场经营，由工商所登记备案，不必另办开业手续；从事鲜活商品长途贩运者，可先申领营业执照经营，在一个月内补办其他登记手续。

适当放宽个体私营企业经营范围和经营方式。凡国家放开经营的商品，允许个体私营经济申请经营；允许批发和长短途贩运；允许适当跨行业经营；允许有生产经营能力的私营企业开办分支机构；允许个体工商户增设摊点异地经营，扩大经营范围；在偏僻地区的个体和私营企业，允许综合经营。对国家限制经营但当地紧缺和急需的商品。可视情发给临时执照，进行一次性经营；允许经营柴油、水泥、民用煤、粮油和木材加工。对限制经营的普通钢材、汽油、国产录像机、国产电视机、摩托车、信息咨询、技术培训等，可以有条件地选点试验，总结登记管理办法。

清理各类许可证，除法律和行政法规规定的、国务院批准的、经国家工商局与有关部门联合发文规定的、以及省政府规定的在申请注册登记时需要提交的证件或专项审批外，其它部门规定的许可证和专项审批，一般不能作为发照的依据。

允许经纪人申请登记注册，从事除国家禁止或限制自由买卖的物资、物品之外的商品交易行为的中介服务。要制定市场交易经纪人登记管理的有关规定，加强管理。

切实保护个体经营经济的合法权益。个体工商户和私营企业者要认真学法、用法，懂得用法律来保护自己。各有关部门要认真清理"三乱"。打击欺行霸市行为。切实维护个体私营经济者的合法权益。

7. 合理规划和安排经营场地，加强宏观管理，按价值规律服务行业价格完全放开。实行市场调节，以形成合理的比价关系。

发展第三产业要坚持政企分开。企业要依法经营。行业主管部门和经济监督部门要依法行政和依法监督。各有关部门要以政策引导和市场引导发展第三产业。加强宏观管理，确保第三产业健康发展。

8. 积极推进劳动人事制度改革。

把职工养老保险、行业保险制度引入第三产业，实行企业化经营。不需财政拨付经费的事业单位，用人放开，自定编制；财政拨付部分经费的事业单位，适当放宽编制。鼓励工业企业富余人员，特别是有专业技术特长的人员向第三产业流动，鼓励大中专院校毕业生和转业军人到第三产业企事业单位工作。

9. 各个部门都要积极热情扶持第三产业的发展。

城乡金融机构要在信贷计划的总盘子中，划出一定的贷款规模，专门用于支持第三产业企业和劳动就业服务企业的发展。县劳动局要安排一部分资金，用于贷款贴息。对发展第三产业的贷款，要贯彻区别对待、择优扶持、讲究效益、有借有还的原则，在保证归还贷款的前提下，企业自有资金比例可适当降低掌握。第三产业的企业和劳动就业服务企业，用银行贷款进行技术改造的，银行亦应给予照顾。对规模较小的企业，可用少量流动资金贷款支持其营业用房的装修和价值不高的设备购置。允许银行信用社向从事第三产业的集体企业、个体、私营企业发放固定资产贷款和简易设备维修贷款。允许个体户运用资金互助的方式融通资金。具体办法由县人民银行制定。

税务部门应当采取"放水养鱼"的政策，扶持发展第三产业，在开办前期给予优惠，以稳定税源，增加后劲，凡原有的和新办的具有法人资格、独立核算的全民、集体第三产业和劳动就业服务企业，当年新安置待业人员、富余人员在从业人员总数中达到一定的比例的；待业人员、企业富余人员从事个体或私营为社会服务的第三产业的；兴办直接为农业进行产前、产中、产后服务的经济实体，在一定时期内，均可给予免征或减征所得税的照顾，具体办法由县税务局制定。

计委、物资、电力、燃料、商业、供销等部门对第三产业，包括对个体、私营企业生产的产品属于国家计划指导的或指令的，对其原辅材料、设备、燃料等要纳入计划，安排供应。

各乡镇、县直各部门要尽快修订与本《意见》精神不符的各种规定、要求。

中共清流县委
清流县人民政府
1992年9月23日

清流县人民政府
关于鼓励外商在清流投资的特别优惠规定

清政〔1996〕综72号

各乡（镇）人民政府，县直各委、办、局，各企业：

为进一步贯彻对外开放政策，改善投资环境，带动资金，技术和人才的引进，促进“三资”企业的发展，加速清流经济建设，根据国家和福建省的有关政策规定，结合清流实际，特制定本规定。

一、税　收

1. 外商在我县投资生产性企业，按国家税法规定4%的税率征收企业所得税，经营期10年以上的生产性外商投资企业，从开始获利年度起头两年免征企业所得税，第三年至第五年减半征收企业所得税。其中，属于出口型企业的，当年出口产品产值达到当年企业产品产值70%以上的，仍继续减半征收企业所得税；属于技术先进性企业的，直接免征企业所得税五年，不再实行上述“免二减三”规定。减免税期满后，企业按国家规定税率纳税，纳税后由财政部门根据当年企业上缴所得税财政实得财力的50%，按外方实际出资比例计算出应返还所得税额，并在年度决算后返还给外方。其中，从第七年起按环比计算的所得税财政实得财力增量部分按外方实际出资比例全额返还给外商。

对投资在300万美元以上的外商投资企业，免税期满后其企业所得税税率仍按24%征收，但可由财政根据当年企业实际上缴所得税财政实得财力的70%，按外方实际出资比例计算出应返还所得税额，在年度决算后返还外方。凡通过企业嫁接改造形成的，经营期在10年以上的外商投资企业，享受所得税的优惠政策可按本条第一款执行。

2. 投资农业综合开发的外商投资企业，从核发执照之日起，其自产自销的农业产品，给予免增值税的优惠。外商在我县投资农业综合开发企业，经营期在十年以上的，从获利年度起，享受企业所得税2年免征3年减半征收的优惠。减免税期满后，经批准，后十年的企业所得税可按应纳税额减征15%～30%，纳税后由财政部门根据当年企业上缴所得税财政实得财力的50%，按外方实际出资比例计算出应返还所得额，并在年度决算后返还给外方。

3. 外商独资在我县举办农业综合开发企业，从投产起其新增产值的农业税、农业特产税前3年免征，后三年减半征收，由财政部门先征后退，在年度决算后返还外方。外商开发荒山荒坡、荒滩、荒水，兴办农业综合开发项目的，从投产起其农业税、农业特产税5年免征，后5年减半征收。合资兴办农业综合开发企业，农业税、农业特产税的减免，按外方投资占项目总投资的比例予以减免。

4. 外商投资生产性企业从开始获利年度起，免征地方所得税五年。其中农业综合开发企业免征地方所得税；技术先进性企业、出口型企业免征期满后，企业按规定纳税后由财政部门返还。

5. 在我县兴办交通、能源、电力等基础设施项目的外商投资企业，企业所得税税率为15%，其中经营期十五年以上的交通、能源、电力等项目，从获利年度起，第一年至第五年免征企业所得税；第六年至第十年减半征收企业所得税；第十一年开始按15%的税率征收企业所得税。

6. 外商投资者发生年度亏损的，可用下一年度的利润弥补，下一个纳税年度的利润不足弥补的，可以在五年内用所得税前利润延续弥补。延续五年未弥补的亏损，用缴纳所得税后的利润弥补。

7. 外商投资生产性企业属出口型、技术先进型和农业综合开发企业的，经确认后，从核发执照之日起，五年内由财政部门返还其已缴纳的城市房地产税、车船使用牌照税。

8. 外商投资企业经营确有困难，无法按税法规定期限纳税的，经申请，税务机关酌情给予办理延期入库手续，免收滞纳金。

二、土 地

1. 按照土地所有权与使用权分离的原则，外商投资生产性企业所需的用地，通过申请划拨方式或出让方式取得土地使用权，由政府负责征用土地。

申请划拨用地的，除应缴纳征地费用（土地补偿、安置、拆迁、青苗、劳务费）及耕地开发基金外，免收耕地占用税和其他费用。

要求以出让方式取得土地使用权的，土地出让价格为上述费用加税收。土地出让金可一次付清，也可分期付清。

合资兴办企业的，征地费用或出让价格按外方投资占项目总投资的比例予以优惠。

2. 对来我县投资开办教育、文化、科学技术、卫生和社会公益事业、基础设施建设等非盈利性项目的外商投资企业，所需的用地优先提供，并免缴土地各种税费。

投资生产性企业的，土地使用费优惠如下：土地使用费逐年缴纳的，投产前一律免缴土地使用费；投产后二年内免缴，第三年至第五年按每平米0.5元减半缴纳，第六年起按每平方米0.5元缴纳；外商投资额在120万美元以上的，投产后五年内继续免缴土地使用费。

3. 从事农业开发企业在合同规定的开发期限内免缴土地使用费。对在荒山、荒坡、荒滩、荒水进行农业综合开发的企业，可免缴土地使用费三十年（含建设期）。

4. 农村集体经济组织以集体所有土地作价入股与外商联营办企业，免收土地使用费。

5. 外商投资企业通过土地出让方式取得国有土地使用权后，可依照政府批准的规划进行土地开发，开发后的土地、厂房及生活配套设施，可以自用，也可以依法进行转让、出租或抵押等经营活动。外商从事土地开发面积20公顷以上的，按福建省人民政府制定的《福建省鼓励外商开发经营成片土地的暂行规定》执行。

6. 对来我县投资的生产性外商投资企业，经营年限十年以上的，优先提供生产厂房、附属配套设施及所需的用地。我县现有国防工业企业05厂搬迁后遗留完整的厂房、场地（厂房2万平米、场地1.35万平方米），已实现“三通一平”。外商使用该厂房、场地、房屋投资办企业，免收租赁费。

7. 通过企业嫁接改造形成的外商投资企业，使用原行政划拨的土地，土地费用按下列优惠计收：（1）以出让方式取得土地使用权的，出让金的确定可以按标定地价的10%～15%计收，并免收土地使用费；（2）以租赁方式取得土地使用权的，按标定地价的15%计收场地使用费，并逐年交纳；（3）以土地作价入股方式取得土地使用权的，入股的地价按标定地价的10%～15%计算，作为国家股或国有法人股本的折股依据。

三、凡来我县投资的生产性外商投资企业，其生产经营期在十年以上的，可享受免征城镇教育配套费、商业网点配套费、消防配套费、副食品价格调节基金、城市基础设施配套费、自来水增容费；由地方小电网供电的，免征电力增容费。合资兴办企业的，按外方投资占总投资的比例减收上述费用。

四、外商投资企业里的中方合营者以分得利润的10%作为企业到口岸的运输费补贴，但补贴总额原则上不超过运费的50%。

五、来我县兴办企业的外商，其亲属子女要求出国（境）定居、探亲者，在同等条件下优先上报审批。

六、外商在我县旅游、娱乐、食宿、就医、安装电话、子女入托就学等收费一律享受本县居民同等待遇。

七、凡是来清流投资的外商，由县外经委提供咨询、立项、可行性研究报告、合同章程审批直至领取“三资”企业批准证书、营业执照和法律、仲裁纠纷等“一条龙”的优质服务。

八、任何单位不得对“三资”企业进行任何摊派和集资。

九、本规定解释权属清流县人民政府。过去有关规定与本规定相抵触的，以本规定为准。

十、本规定自一九九六年六月一日起执行。内联企业可参照本规定执行。

清流县人民政府

一九九六年六月四日

清流县人民政府
关于印发《清流县深化企业改革若干问题规定》的通知

清政〔1996〕综96号

各乡（镇）人民政府、县直有关单位，各企业：

现将《清流县深化企业改革若干问题规定》印发给你们，请结合实际，遵照执行。

清流县人民政府

一九九六年八月二十日

清流县深化企业改革若干问题规定

为进一步放开搞活国有（集体）中小企业，加快建立现代企业制度的步伐，根据国家有关政策，结合我县实际情况，对深化企业改革作如下规定。

一、指导思想及总体思路

（一）指导思想：坚持以邓小平同志建设有中国特色社会主义理论为指导，以“三个有利于”为标准，以党和国家有关法律法规为依据，认真贯彻十四届五中全会精神，落实县十二届人大三次会议通过的《清流县国民经济和社会发展“九五”计划和2010年远景目标纲要》，推动国有企业“抓大放小”的战略实施，实现“两个根本性转变”，促进全县经济持续、快速、健康发展。

（二）总体思路：通过对国有、集体小型企业实施战略性改革改组，进一步转换企业经营机制，调整企业组织结构、产品结构和产业结构，盘活资产存量；因地制宜，多种形式，全面推进。经过两年努力，基本实现全县小型企业的放开搞活。

二、深化企业改革的主要形式

（三）股份制改造。

1. 股份合作制。对一般的小型企业通过吸收职工入股，或向企业内部职工出售股权，改制为股份合作制企业。

2. 公司制。对产品有市场、经营管理比较好的小型国有、集体企业，按照《公司法》规定，主要以有限责任公司的形式进行改制。

3. 通过固定资产租赁、流动资产股份化的形式组建股份制企业。企业的产房、设备等固定资产实行租赁，新投资以入股形式作为增量资金，组建新的股份制企业。

(四)联合兼并。按产品关联度选择一批小型企业与大公司、大集团协作配套,通过优势企业购买劣势企业、优势企业出资对劣势企业控股、劣势企业以资产向优势企业参股等多种形式带动小企业发展；鼓励优势企业跨地区、跨行业、跨所有制对小型企业收购兼并，或将国有小型企业无偿划转给优势国有企业。

（五）承包租赁。企业全部或部分资产可由法人或自然人（包括内部职工）风险抵押承包经营或租赁经营。

（六）拍卖出售。以盘活国有资产、解决债务、人员“包袱”为目的将企业整体或部分资产进行产权转让，公开向社会竞价拍卖或协议出售。

（七）嫁接改造。鼓励小型企业引资嫁接改造，嫁接的方式可以是整体嫁接，也可以是部分嫁接，合资比例不限。

（八）依法破产。对长期亏损、资不抵债、扭亏无望的企业依法实施破产，建立正常的优胜劣汰机制。

（九）一厂多制。利用企业自身的优势，采取改一块、活一块的办法，划出企业部分资产，或租赁经营，或出售、拍卖，或参股、控股组建新厂或分厂，达到搞活整个企业的目的。

（十）其它有利于放开搞活国有、集体小型企业的改革形式。

三、资产管理

（十一）资产评估。深化企业改革，涉及产权变动的应依法进行资产评估。按照国家的有关政策规定，资产评估工作根据资产性质分类管理，企业应选择具备评估资格的机构进行评估。

1. 国有、县属集体企业，由资产评估机构进行评估，国资部门审核验证后确认。

2. 供销企业，根据省、市有关文件规定，由供销联社自行组织评估，或委托资产评估机构评估，由供销联社确认。

3. 乡镇企业，根据农业部农（企法）〔1996〕34 号文关于《加强乡镇企业资产管理工作的通知》精神，由县级乡镇企业资产评估机构或其他评估机构评估，由乡镇政府确认。

（十二）评估办法

1. 企业改制，必须写出资产评估申请书报国资部门或确认机构，批准立项后，由企业与评估机构签订评估协议书。

2. 企业资产评估，先由企业在资产确认部门、主管部门和评估机构指导监督下，自行进行清产核资。

3. 评估机构要严格按照国务院 91 号令颁布的《国有资产评估管理办法》和国家国资局颁布的《国有资产评估管理办法实施细则》规定的评估程序、评估办法、评估要求进行评估。

（十三）确保评估质量。严明评估纪律，国资部门（或产权单位）应加强对评估机构和评估人员的监督管理，自身不参与评估实际操作，以确保评估结果的严肃性；要严把审核、验证关。加强对往来款项的审核工作，评估机构在评估进程中要认真进行帐务核实，国资部门在审核验证评估结果时要重新进行审核。对有疑问或资产负债率较高的企业，要及时组织纪检、监察、财政、审计、税务、企业主管部门成立联合审查组，对评估结果进行复核和抽查。

（十四）有关资产的处置

1. 对企业需要报废的资产和需要削价的产品（商品），由财政、税务、审计、企业主管部门共同鉴定。

2. 呆账、坏账的处理。经财政、国资部门及驻企业改制工作组按国家有关政策审核，确认的呆、坏账从净资产中扣除，所有权属财政、国资部门的，企业仍应设置明细账，并有继续追回款项的义务。

3. 资产剥离。对土地使用权、非生产经营性资产及离退休人员、职业病患者、经劳动部门鉴定丧失劳动能力人员的医疗费、生活费等费用予以剥离。

（十五）加强剥离、托管资产的监督管理。对改制中剥离、托管的各类资产及确认的呆账、坏账，企业要设立帐户，明确责任、加强管理；财政、国资部门要加强监督管理，制定相关管理办法，定期进行检查、监督，严防资产流失，对呆、坏帐要督促企业积极清收，并及时收缴清收款入库。

四、资产出售、收缴管理

（十六）资产出售。进行股份合作制改造的企业，要由内部职工买下本企业的全部生产经营性资产。企业的债权、债务仍由改制企业承担，出售价格以确认后评估结果为基数，经剥离后出售。

（十七）改制为股份合作制企业，一般只设内部职工股，根据企业实际情况也可保留部分国有股和其他法人股。企业在册职工改制中均应认购5000元以上的股份，鼓励多购。厂级及中层领导应带头认购，最低认购数应高于职工。

（十八）鼓励国有全民固定职工以买断全民身份取得的安置费购买本企业股份，安置费根据不同性质的企业分类制定。以买断全民身份取得的安置费购买企业股份，最低仍应缴纳3000股金，其余不足部分方可用安置费抵缴。

（十九）资金收缴。对应该回收的生产经营性资产转让收入，县属国有、集体企业的由国资部门负责回收；乡镇企业的由各级乡镇财政所回收；供销企业的由供销联社负责回收。

对产权转让收入实行分档收缴，对借给企业的产权转让收入，由收缴单位与企业签订借款合同，使用期间按照同期银行贷款利率收取有偿使用费。

产权转让收入必须按时上缴，不按时上缴产权转让收入的，企业一律不准分红。强行分红的，欠缴的产权转让收入视同股本参与分红；超期欠缴的产权转让收入，按照同期银行利率的50%罚息。

（二十）产权出售回收资金管理。县建立国有企业改革发展基金，实行专户专帐管理。基金来源主要是国有企业产权变动收入、资产收益、政府拨款等。基金主要是用于国有资本的再投入、扶持国有骨干企业、国有企业改革的成本、急需的短期周转资金、自救项目的补助、富余人员的再就业培训等。

对县属集体企业，乡镇企业及供销企业的资产产权转让收入，由县国资部门，乡镇财政所、县供销联社设立相应专户进行管理，对回收的产权转让收入，不准用于非生产性建设，不准作为工资基金用于平衡财政预算，必须专款专用，扶持企业生产发展。县财政、国资部门负有对乡镇企业、供销企业产权转让收入回收、使用的检查监督责任。

五、劳动、分配管理

（二十一）股份制企业招聘职工，应坚持先城镇后农村和“面向社会、公开招收、全面考核、择优录取”的原则，在国家宏观调控下，通过劳动力市场，自主确定招聘的时间、条件、方式和数量。

（二十二）股份制企业有接收国家统一分配的志愿兵、城镇退伍军人、转业干部及随迁家属和大中专、技校毕业生等安置任务的义务。对改制后进入企业的国家统配人员和待业青年，不得预收股金，可收缴一定数额的风险抵押金，进入企业满一年后可动员出资入股。

（二十三）根据股份合作制企业实行劳动合作与资本合作相结合的性质，对认购企业股份的职工优先安排上岗，经动员教育仍不愿认购企业股份的职工，不得担任企业经营管理工作。

（二十四）股份制企业一律实行全员劳动合同制。企业用工要在规定时间内签订劳动合同，并报劳动争议仲裁机构依法鉴证。对原企业与职工签订的合同，经双方重新审定、协商，认为其条款、内容不需变更的，由公司及其法人代表盖章后继续生效，原劳动合同条款、内容和期限需变更的，应重新签订劳动合同并依法鉴证。

（二十五）股份制企业对违纪职工开除、除名、辞退和解除合同，应遵循有关法规和公司章程，并征求工会的意见，报劳动争议仲裁部门备案。

（二十六）股份制企业工资总额的提取，按照“工资总额增长幅度低于本企业经济效益增长幅度，职工平均实际收入增长幅度低于本企业劳动生产率增长幅度”的原则，自主确定，并报劳动、财政部门备案。

（二十七）企业根据自己的特点，采取岗位技能工资、计件工资、包干工资等各种分配形式，按照劳动技能、劳动强度、劳动条件、劳动贡献确定职工工资收入。确保职工最低工资收入，合理确定企业高级人员的工资收入水平。董事长、总经理的工资收入，应根据企业效益情况，经股东大会和董事会讨论决定，但最多不能超过本企业职工平均工资收入的4倍。

（二十八）内部职工持股一年可在企业内部流动、转让。职工流动，其股金可以保留，可以按章程规定转让给他人，也可以由企业收购。流出职工保留的股金，与其他股东享有同等权利，承担相应义务。

六、妥善安置职工

（二十九）国有小型企业实施战略性改革改组，要正确处理好改革、发展与稳定的关系，妥善分流安置企业职工，保障企业职工的基本生活和合法权益，维护社会稳定。

（三十）股份制企业要继续深化劳动制度改革，进一步优化劳动组合，压缩非生产人员，企业富余职工以内部安置为主，可以通过发展第三产业、兴办经济实体等形式妥善安置，也可以办理厂内退养、停薪留职或自谋职业。对自谋职业和转向社会待业的，其档案管理、劳动保险、重新就业及办理退休等，由劳动就业服务机构统一管理。

（三十一）国有小型企业产权变动，涉及离退休职工费用和富余人员安置费用的，要结合实际，多渠道多形式地解决。出售或出租国有产权所得的收入及企业破产后土地使用权转让所得，应首先用于职工的安置和离退休职工的社会保障；企业在改制、兼并时，可拿出部分企业资金，用以解决离退休职工的社会保障问题。

（三十二）对企业开办劳服企业或第三产业分流人员，及企业待业职工和富余组织起来就业和自谋职业的，具体安置办法和有关优惠政策按省政府〔1995〕24号令，闽政办〔1995〕213号等文件执行。

七、配套政策

（三十三）银行及非银行金融机构对改制企业继续给予贷款支持。改制企业承担的原企业的贷款债务，改制时重新办理贷款手续。

（三十四）改制企业原来为其他企业借款的担保，由原借款企业、改制企业和银行三方共同协商解决担保责任，可由原借款企业用资产或土地使用权办理贷款抵押手续。

（三十五）率先进行改制的国有中小企业，国有股红利三年内视企业情况可暂借企业使用或用于增加国有资本金。

（三十六）对资不抵债企业及资产剥离后为负值的企业实行扶持，原有债务“挂”起来，由政府和企业共同补亏。视资不抵债额或负值大小，所得税增量部份由财政返还补亏，但最长不超过5年。

（三十七）凡改制的国有中小企业，经有关部门批准后，其税外费征收项目和标准，按照省政府调整公布的三资企业税外费收费项目和标准执行（闽政〔1996〕3号）文和闽〔1996〕3号文）。

（三十八）鼓励优势企业厂长（经理）兼任困难国有企业法人代表，实行“两厂一长”或“多厂一长”，对成绩显著者，按税后利润或扭亏幅度予以一次性奖励。

八、附　则

（三十九）本规定自1996年6月1日起执行。

（四十）本规定由清流县人民政府负责解释。

清 流 县 人 民 政 府
一九九六年八月十三日

中共清流县委　清流县人民政府
关于加快卫生改革与发展的实施意见

清委发〔1998〕1号

各乡镇党委、政府，县直各部、委、办、局：

为了全面贯彻落实《中共中央、国务院关于卫生改革与发展的决定》《中共福建省委、福建省人民政府关于加快卫生改革与发展的决定》和《中共三明市委、三明市人民政府关于加快卫生改革与发展的实施意见》，加快我县卫生改革和发展的步伐，全面完成国民经济、社会发展“九五”计划和2010年远景目标规划中关于卫生工作的各项任务，特制定如下实施意见。

一、我县卫生工作指导思想、目标和任务

1. 指导思想：认真贯彻中共十五大精神，以邓小平理论为指导，坚持党在社会主义初级阶段的基本路线和基本纲领，贯彻新时期的卫生工作方针，“以农村为重点，预防为主，中西医并重，依靠科技与教育，动员全社会参与，为人民健康服务，为社会主义现代化建设服务。”

2. 全县卫生工作奋斗目标：到2000年，全面实现“123”健康工程规划目标，即实现人人享有卫生保健；加强卫生人才培养，加强卫生网络建设；重点发展农村卫生，搞好预防保健，振兴中医药。深化卫生改革，初步建立起包括卫生服务、医疗保障、卫生执法监督的卫生体系。全县婴儿死亡率、孕产妇死亡率、传染病发病率和平均期望寿命等健康主要指标达到全市先进水平。

3. “九五”期间，全县卫生工作要针对薄弱环节，重点落实八项任务。

（1）加强卫生服务网络建设。县级主要医疗机构要在全县和区域医疗、预防保健、教学和科研中发挥骨干、示范和带头作用。加快创建等级医院步伐，加强技术装备，优化人才结构，到2000年，县医院达到二级甲等标准，县中医院达到二级乙等标准；县卫生防疫站要达到县级二等以上标准；县妇幼保健所达到一级乙等以上标准；中心卫生院必须达到一级甲等标准，一般卫生院必须达到一级乙等标准；80%村卫生所达到甲级卫生所标准。县卫生防疫站、县妇幼保健所和乡镇卫生院1999年基本实现“一无二有三配套”（无危房，有业务、生活用房，人员、设备、管理相配套）。城关、沙芜、李家3所卫生院争取列入省卫生厅1998年农村卫生三项建设项目单位；赖坊、田源2所卫生院三项建设基建项目要确保1998年完工；温郊、里田2所卫生院三项建设基建项目，乡政府应尽快落实配套资金，完成扫尾工程，确保1998年6月前投入使用，所有乡镇卫生院配套资金要逐年安排，确保1999年实现人员、设备、管理三配套。建立和完善“120”急诊呼救系统，逐步健全县、乡两级急救网络。大力推行无偿献血，力争2000年全县公民无偿献血突破千人。

（2）落实初级卫生保健规划。1998年以县为单位实现农村初级卫生保健规划目标。

（3）创建卫生城镇。动员全社会参与，普遍开展创建卫生城镇活动，巩固和提高省级卫生县城成果；创建一批卫生乡（镇）和一批卫生示范村。全县农村自来水普及率达70%，农户家庭无害化厕所普及率达50%。

（4）建立医疗保障制度。1998年开始在县直机关、事业单位中试行《清流县医疗保障制度改革实施方案》。2000年城镇建立社会统筹与个人账户相结合的职工社会医疗保险制度，100%的乡（镇）、80%以上的建制村建立各种形式的合作医疗制度或农村医疗保险，为城乡劳动者提供基本医疗保障。

（5）加强卫生人才培养和科教兴医。到2000年全县每千人有卫生技术人员3.5人，农业人口每千人有乡医1.5人、卫生保健员1人，在每个建制村中至少有1名女乡医或女卫生保健员。采取多种形式培养卫生技术人才和卫生管理人才，卫生部门将派30名卫技人员到上海等地进修，重点培养一批学科带头人，形成梯队结构队伍，保证卫生技术队伍后继有人。

（6）加强预防保健工作。到2000年，全县婴儿死亡率、5岁以下儿童死亡率、孕产妇死亡率要大幅度下降。做好重大疾病的预防、控制和消灭工作，全县法定报告传染病总发病率控制在100/十万以内，巩固以乡（镇）为单位计划免疫接种率85%以上的成果。全面推行孕产妇和儿童系统管理、保健保偿工作，抓好健康教育与促进，认真做好各类卫生保健工作。

（7）振兴中医药。1998年，县中医院建设要列入为民办实事项目，充实中医药人才，加强硬件建设，到2000年，达到二级乙等中医院标准。

（8）强化卫生综合执法体系。县卫生行政部门设立卫生综合执法机构，促进卫生执法监督的规范化、制度化。

二、以农村为重点，提高卫生发展整体水平

1. 巩固和健全县、乡、村三级卫生服务网络。县医院要继续巩固和提高创等级成果；到2000年县防疫站和县妇幼保健所标准化、规范化建设要全部达标；重视卫生院人员、房屋、技术、设备、管理“五配套”建设。强化卫生院预防保健功能，提高医疗服务质量。加强卫生急救、产科、儿科、中医科建设。改变部分卫生院分散经营状况，充分发挥卫生综合、整体功能，落实配套资金，加大经费投入，确保一级医院分级管

理工作顺利进行；村级卫生组织坚持集体办为主，乡和村要解决村卫生所的人员、房屋、设备等问题，实行乡镇卫生院和村卫生所一体化管理，保证预防保健、健康教育任务的落实。

2. 积极稳妥地发展农村合作医疗。建立农村合作医疗办事机构，增设专职人员。各乡（镇）政府要把组织、引导、支持合作医疗作为政府行为，采取“政府组织、集体扶持，自愿量力、受益适度，因地制宜、多种形式，科学管理、民主监督”的办法，建立起有效的合作医疗运行机制，有条件的地方可以逐步向社会保险过渡。在筹资机制上，应以个人为主，集体扶持，政府适当支持，提倡社会捐资助医，建立稳定有效的筹资渠道，加强科学管理，实行民主监督，使农民真正受益。要因地制宜，合理地确定筹资方式、筹资标准、补偿范围和报销比例，逐步提高保障水平和抗风险能力。1997 年，余朋、沙芜、田源三个乡先抓好试点，1998 年在增加嵩溪、林畲、温郊 3 个试点乡（镇），并取得经验的基础上全面推开，到 1999 年实现全县绝大多数乡村建立起各种形式的合作医疗。预防保健保偿制作为一种积极有效的农村医疗保障形式应继续落实。

3、巩固农村卫生队伍。继续实行乡镇卫生院已取得中级职称的卫技人员和已取得师级职称的院负责人转干及农转非制度。乡镇卫生院具备大专以上学历的卫生技术人员，职称评定时注重临床实践和工作实绩。乡村医生（含卫生员、接生员）必须承担各项预防保健任务，村委会要保障他们的生活待遇，其报酬不低于当地村干部的收入水平。

4、继续做好县级医疗卫生机构对口支援农村卫生工作。从 1998 年起，凡申报晋升中级职称的县级医疗卫生单位的卫技人员，必须到乡镇卫生院累计服务半年以上，由县卫生局发给支农证书，方可申报晋升职称。

三、预防为主，切实做好预防保健工作

1. 采取综合措施，集中力量消灭和控制严重威胁人民健康的传染病和地方病。加强对血源性传染病的预防和控制，进一步做好计划免疫工作，儿童计免保偿入保率要达 85% 以上。巩固基本消灭疟疾、麻风病和消灭丝虫病的成果。“九五”期间实现以县为单位消灭脊髓灰质炎、消除碘缺乏病和新生儿破伤风目标，龙津、东华两个乡镇要继续开展婚前体检工作，1998 年扩大到嵩口、嵩溪两个乡镇，其余乡镇要逐步推广，到 2000 年做到 100% 的婚前体检。加强病毒性肝炎、结核病等防治，大力推广乙肝疫苗的接种。加强重点人群性病、艾滋病监测，有效控制性病和艾滋病传播。

认真做好食品卫生、环境卫生、劳动卫生、放射卫生和学校卫生工作，加强环境卫生监测和职业病防治，增强对突发性事故引发的伤病及疾病暴发流行的应急能力。县、乡两级政府对公共卫生和预防保健工作要认真负责。

2. 积极开展对肿瘤、心脑血管疾病、糖尿病等死亡率超高、致残率高的慢性病普查和综合防治工作。1998 年城区设立慢性病防治试点，2000 年之前逐步向乡镇推广。

3. 依法保护重点人群健康。加强妇幼保健机构建设，提高出生人口素质，尽快改变我县妇幼保健工作滞后现象。要加强县妇幼保健所硬件建设，发挥妇女儿童保健体系功能。把创建“爱婴医院”活动推向基层，凡设有产、儿科床位的中医院和乡（镇）卫生院必须成为爱婴医院后，方可参加等级医院评审。到 2000 年，所有医院都要有产科和儿科床位，乡（镇）卫生院都要全面落实“促进母乳喂养成功十条措施”，孕产妇和儿童系统管理覆盖率分别达到 90% 和 85%，妇幼保健保偿率达 70% 以上。积极开展老年人保健、老年病防治和伤残预防、残疾人康复工作，设置专科和康复医疗卫生机构。

4. 加强健康教育工作。积极推进“九亿农民健康教育行动”。积极推行社区、学校、医院和职业人群的健康教育，向广大群众普及卫生知识。教育部门要认真贯彻《学校卫生工作条例》，按中小学教学计划开设健康教育课。电视台、广播电台等新闻单位要积极开展健康教育。

四、实施初级卫生保健规划，实现人人享有卫生保健

各乡镇党委、政府要进一步重视初级卫生保健工作，协调有关部门密切配合，实行目标责任制，加大工作力度，巩固已取得的农村初级卫生保健达标县成果，不断提高水平，落实初保专项经费，加强网络建设、合作医疗、改厕、环境卫生综合治理等工作。

五、巩固和扩大“创建”成果，搞好爱国卫生工作

1. 坚持“政府组织，分级负责，部门分工，全民动手，科学治理，社会监督”的工作方针和方法，建立健全爱国卫生办事机构，组织实施好《福建省爱国卫生条例》，积极开展除“四害”活动，加强对基层和群众改水改厕及除“四害”的技术指导。要抓好以巩固灭鼠达标为中心的除“四害”活动，深入开展“爱国卫生月”活动，结合实际解决当地的社会卫生问题，实行专业监督和群众监督相结合的社会卫生制度。

2. 全面开展创建卫生城镇活动。坚持依法治城，完善基础设施，把创建卫生县城、卫生乡镇、文明村镇活动结合起来，巩固创建成果，提高创建水平。

六、中西医并重，加强中医中药工作

1. 认真贯彻中西医并重的方针。要加强县、乡、村中医药网络建设，中医中药要同步发展。要对照全国《中医医院分级管理标准》，进行县中医院配套建设，并重点加强基础质量、医德医风和科学管理等内涵建设，全面提高县中医院的等级标准；乡镇卫生院要建立健全中医科，稳定充实中医药人员队伍，不断提高中医药人员素质；村级卫生组织应推广中医、西医两医治疗，以满足农民对中医药的保健需求。做好老中医学术经验继承工作，对有名望的离退休老中医应采取优惠政策予以返聘，安排人员跟师，继承经验，造就新一代名中医。

2. 发扬祖国医学传统，突出中医中药特色。做好中药加工炮制，强化中药饮片质量，保证、提高中医临床疗效。发挥山区优势，挖掘中草药新资源，大力发展地产中药材，开发利用青草药。认真总结临床经验，推广应用中医新疗法和科研新成果，推进我县中医药事业的发展。

七、严格药品管理，保证人民用药安全

1. 依法加强对药品研制、生产、流通、价格、广告及使用等各个环节的管理。执行国家基本药物制度、处方药与非处方药分类管理制度，建立重大灾情、疫情应急医药储备制度。加强药品价格管理，依法整顿与规范药品的流通秩序。

严厉打击制售伪劣药品的违法行为，依法惩处药品购销活动中给予和收受回扣等违法行为，积极发展医药产业，药品、医疗收支实行分开核算，分别管理。

2. 加强药检机构建设。进一步充实和加强县药品检验所，认真执行省卫生厅下达的规定标准，进一步加强农村药品质量监督，为保证人民用药安全有效更好地发挥作用。

八、增加卫生投入，加强政策扶持

1. 县、乡两级政府要努力增加卫生投入，对卫生事业的投入要随着经济的发展逐年增加，增加幅度不低于财政支出的增长幅度。广泛动员社会各方面筹集发展卫生事业的资金，公民个人也要逐步增加对自身医疗保健的投入。

增加医疗卫生机构人员经费补助，县级医疗单位的人员经费按不低于 50% 标准给予补助；乡镇卫生院在职人员经费继续按全民 100%、集体不低于 60% 给予补助。离退休人员和卫生人员的医疗保险根据国家和省有关规定，按改革的要求和适当提高的原则逐步予以理顺。预防保健机构的人员经费和基本预防保健业务经费由财政全额列入预算。其有偿服务收入纳入预算管理，不冲抵财政拨款。卫生执法监督工作的费用由财政予以保证，实行“收支两条线”。

政府进行的各类卫生机构基本建设及大型设备购置、维修，由政府按区域卫生规划和建设标准予以安排资金，已建设但未达到基本建设标准的，“九五”期间要安排专项资金逐步完善。政府预算内卫生基本建设投入和医疗设备费要随着经济增长逐年增加。

2. 县政府要继续保留并逐年增加卫生专项投入。继续落实世行贷款卫生Ⅳ项目配套经费。各乡（镇）要根据当地卫生事业发展的实际，增加卫生事业经费投入。

3. 县、乡两级政府要研究制定多种形式、多渠道筹集卫生发展资金的具体方案。可通过有组织地开展义诊等活动，鼓励企事业单位、社会团体和个人自愿捐资；接受海外人士的捐赠；积极鼓励海内外社会团体和人士，以捐赠、合资等形式兴办卫生事业；对私营医院、诊所和社团、企事业等对外服务的诊疗机构按业务收入的 3% ～ 5% 收取卫生发展调节资金；各乡（镇）政府应从乡统筹、乡镇企业及乡集体经济收入中安排 5% 以上用于乡镇卫生院建设、乡村医生报酬、预防保健和发展合作医疗；村集体经济收入和提留资金的 10% 用于合作医疗；县、乡两级政府要从救灾款、扶贫款和国内外捐赠的救灾资金中，安排 15% 以上用于灾区防病治病和贫困乡村防治地方病、传染病；按规定收取计免、妇幼保偿金。初级卫生保健基金除县乡两级政府拨款及多方筹集外，个人按每人每年1元以内筹集。县卫生行政部门成立卫生事业发展基金管理委员会，对卫生事业发展基金实行分级管理。卫生行政部门应制定卫生事业发展基金管理办法，加强科学管理、合理使用，建立监督机制。

要勤俭办卫生事业，健全财务制度，统计制度、强化审计和财政监督，建立健全卫生内部审计制度，不断提高卫生经费的使用效益。

4、各级各类公立卫生机构和集体办村卫生所是非盈利性公益事业单位，继续享受国家和省规定的税费优惠政策：医院、诊所和其他医疗卫生机构对患者进行诊断、治疗和卫生防疫、保健、接生、计划生育等方面的服务，以及为这些服务提供有关药品（含药检），医疗用具、病房住宿和伙食的业务免征营业税，免收其预算外资金调节费。各有关部门不得向医疗卫生机构收取规定之外的其他费用。

5. 完善医疗卫生服务价格政策。根据卫生服务性质，实行不同的作价原则，建立适应社会物价水平变动的正常价格调控机制和有效的管理监督制度，争取3年内逐步解决当前存在的卫生服务价格不合理问题。基本医疗服务价格实行扣除财政经常性补助的成本定价；供患者自愿选择的特需服务价格放宽，由医疗单位根据成本和合理利润制定。卫生防疫、妇幼保健、药品检验等卫生服务收费价格，按不含财政补助的成本进行核定、调整，逐步提高卫生服务收费价格。不同级别的医疗机构收费标准要适当拉开，引导患者合理分流。

6. 认真做好医疗卫生事业设施的保护工作。严格控制拆迁或占用医疗卫生事业设施，确因城市建设需要拆迁和占用的，应做到拆一建一或拆一建二，先建后拆，就地、就近安置，并无偿按原面积和用途归还产权和使用权；对已拆毁的要逐一限期按不小于原规模和高于原标准，及时就近加以重建、恢复，并按原面积和用途归还产权和使用权；对确因城市建设需要已列入拆迁计划但尚未拆迁的，一律实行先建后拆；计划、建设、规划、土地等主管部门应严格把关，确需迁建的，应征得上一级卫生主管部门的同意。

7. 建立激励机制，对有突出贡献的卫技人员实行特殊奖励政策，鼓励优秀人才脱颖而出。加快医疗卫生单位职工住房建设，多渠道解决卫生技术人员住房问题。

九、深化改革，提高卫生服务质量和效率

1. 深化卫生管理体制改革。卫生事业发展实行分级负责，分级管理。县、乡两级党委、政府对本地区卫生改革与发展负总责，认真制定并组织实施区域卫生规划。要合理配置并充分利用现有的卫生资源，提高卫生资源利用效率；对现有卫生资源要逐步调整，新增的机构、床位、人员、大型医用设备和经费等卫生资源要优化配置，严格审批管理。卫生行政部门要运用法律法规、方针政策、规划指导、监督检查、信息服务和经济手段等方法，加强卫生行业管理。

2. 改革城市卫生服务体系，积极发展社区卫生服务，基层卫生服务机构要直接面向城乡居民开展基本卫生服务，落实预防保健工作和开展常见病、多发病的诊断和治疗，为群众提供方便、低廉、优质的社区和家庭卫生服务。

要以《清流县医疗机构设置“九五”规划》为指导，根据新时期的卫生服务需求，科学地调整医疗卫生机构设置，逐步纠正网络不健全、功能重叠、卫生服务功能不全、病人流向不合理等缺陷。社会和个人办医药要依法审批，严格监督管理，切实防止和纠正“乱办医”现象。

3. 改革卫生机构运行机制，深化医疗卫生机构人事制度和分配制度改革。对区域内医疗卫生单位间的各类人员的调整，在编制许可的情况下，由卫生行政部门调配。分配到医疗卫生单位的大专以上及中专毕业生，分别要服务满5年和3年后方可流动，单位选派的全脱产进行短期专项或专科学习和1年以上进修学习的人员，回单位后要分别为本单位服务1年和3年以上方可流动。各医疗卫生机构要优先保证基本卫生服务，拓宽医疗预算保健范围，满足人们多层次的卫生保健需求。继续实行并进一步完善卫生机构院（所、站）长负责制和建立以医疗质量、服务态度、费用控制为目标的综合考核办法。进一步扩大卫生机构的经营管理自主权，建立起有责任、有激励、有约束、有竞争、有活力等高效率运行机制。进一步加强民主管理和完善监督制约机制，充分发挥职代会参政议政、民主监督作用，确保卫生事业的健康发展。

十、推动科技进步，加强人才培养

1. 依靠科教兴医，集中科技力量和科技经费，针对主要疾病防治的关键性技术开展应用研究，组织协作攻关，在一些重点研究项目，关键性技术取得突破，要集中必要的人力、物力、财力，加强一批重点科室专科建设，引进、开发和推广新技术成果，加快科技成果的转化和应用，大力推广适宜技术。

2. 大力加强医学教育。发展成人教育和继续教育采取学分制，把继续教育作为技术职务晋升的重要条件。有计划开展轮训，使中心卫生院和一般卫生院大专以上学历分别达 40% 和 25% 以上，其余人员都达到中专水平。各医疗卫生单位每年至少按纯收入 1% 的比例筹措继续医学教育经费。县卫生进修学校负责对村级卫生人员的培训提高。到 2000 年在岗乡村医生接受系统化正规中等医学教育比例达到 80% 以上；对在 45 周岁以上没有条件接受系统正规化中专教育的在岗乡村医生，要接受补课教育，受训率达 80% 以上，不脱产卫生员、妇幼保健员每年都得到两周以上的复训提高，使每个建制村都有合格的卫生人员。

严格执行医（药）师等卫技人员执业的资格认定与审批制度，不具备国家规定学历及专业技术职业合格者不得进入卫生技术岗位。乡村医生不参加系统化中专教育和补课教育，未取得合格证的，不得从事乡村卫生工作。

十一、加强卫生行业精神文明建设

1. 加强卫生职业道德教育。要以全心全意为人民服务为根本，大力弘扬白求恩精神，倡导高尚的医德，廉洁的医风和奉献精神。要将医德规范列入医学教育的重要内容，加强卫生工作者的思想道德修养、科学文化水平和法制观念教育，树立职业道德先进典型，建立起良好的医患关系，依法保护医患双方的合法权益。

2. 深入持久开展“讲文明、树新风”活动，各医疗卫生单位要大力开展“创文明行业、建满意窗口”活动，推行服务承诺，强化整体素质，坚持“以病人为中心”，努力提高整体服务质量。坚持行业文明创建活动与促进卫生改革和发展相结合，与解决人民群众普遍关心的实际问题相结合，与建章立制相结合。完善群众、舆论监督等社会监督制度和内部监察制度，健全激励机制和自我约束机制。

开展创建文明行业活动。深入开展学习“龙岩 120”活动，狠抓行风建设、目标管理责任制，积极开展民主评议行风工作，主动接受社会监督，把群众满意与否作为衡量工作的标准，大抓职业道德建设和行业纠风工作，在社会上形成尊重医学科学，尊重患者，尊重卫生人员的社会风气。

十二、切实加强党和政府对卫生工作的领导

1. 卫生事业是政府实行一定福利政策的社会公益事业，县、乡两级党委和政府要以对人民高度负责的精神，把卫生改革与发展列入国民经济和社会发展总体规划，同步实施，摆到重要议事日程，作为关心群众疾苦、密切党群关系、促进经济和社会发展的大事来抓。党政一把手要亲自抓卫生工作，要把卫生工作作为领导干部任期目标责任制和政绩考核的重要内容。把卫生工作与为民办实事结合，与精神文明建设和创建卫生城镇相结合。各乡（镇）党委和政府每年要专题研究两次本区域的卫生工作，采取有力措施，切实解决卫生工作的实际困难和问题。要组织协调各有关部门，根据职责分工，在各自职责范围内，积极、及时地给予政策、法规、资金、技术等多方面支持，保证卫生各项工作的全面落实。

2. 党委和政府要关心和爱护广大卫生人员，提高他们的社会地位，改善他们的工作、学习和生活条件，解决好他们的工资待遇、住房等实际问题，充分调动他们的积极性。要从政治上关心中青年卫生人员的成长，把德才兼备、具有管理和领导才能的中青年卫生人员，选拔到各级领导岗位上来。

3. 加大卫生执法力度。建立卫生发展督导制度，加强对卫生改革与发展工作进程的督导，政府要强化卫生行政执法职能，提高执法监督队伍素质，坚持依法行政，各级政府要定期向同级人民代表大会常务委员会报告卫生改革与发展情况，接受监督和指导。要加强卫生法制宣传教育，加强公民卫生法制意识，促进卫生事业发展法制化、规范化。

中共清流县委办公室

1998 年 1 月 13 日

中共清流县委 清流县人民政府 关于深化集体林经营体制改革的意见

清委发〔1999〕6号

各乡（镇）党委、政府，县直有关单位：

为了认真贯彻落实三明市委、市政府《关于深化集体林经营体制改革的意见》（明委发〔1999〕15号文件）、三明市林委、试验办《关于深化集体林经营体制改革的实施办法》（明林〔1999〕23号文件），结合清流实际，特制定如下意见：

一、目标任务

1. 深化集体林经营体制改革目标是：通过改革，明晰产权，分类经营，落实承包，保障权益，调动林农造林育林护林的积极性，适应社会主义市场经济的新秩序，促进林业的可持续发展。

2. 深化集体林经营体制改革的任务是：1999年有30%的村完成集体林经营体制改革，力争完成50%；2000年基本完成。

二、改革范围

1. 现有用材林中的中幼林，是深化集体林经营体制改革的重点范围。但如有产权不清、纠纷尚未调处的山林，不得列入改革范围。同时，对国有林场、林业采育场经营区和自然保护区（小区）的林地林木，要保护稳定，不得借改革之名蚕食侵占。

2. 对于各类联营合作造林和世行贷款、贴息贷款造林，要采取“以林还贷”等形式，将林木资产折价划给出资方，由出资单位自主经营并负责偿还债务。

3. 对于林区干部群众个人投资投劳造林，应将林木产权直接明晰到户、到人，及时发给林权证，允许继承和转让，保障其合法权益。

4. 自留山面积比例尚未达到5%～15%的要扩大，要分足分够。若原自留山由集体收回统一造林，而农户又有积极要求的，应将近山矮山的采伐迹地或疏林地，重新无偿划给自留山，并限期更新造林。

5. 现有用材林中的近成过熟林，不纳入本期改革范围，仍然由村林业股东会统一管理，以保证集体经济收入在近期内不受影响。但期采伐迹地的更新造林，按县集体林地造林体制改革办法落实经营和管理。

6. 对于毛竹林和果、茶等经济林，要统一规划、分户经营，坚持谁投入谁受益，谁经营谁得利，并保持长期稳定。

7. 对于生态公益林，可聘用护林员管护，或实行划片分户承包，责任管护，或托配承包，即在集体林承包中适当多让利承包者，而承包者则负责生态公益林的管护，生态补贴费则归村财收入。

8. 从实际出发，各村可适当地划出柴山、公墓地，以解决群众生活烧柴、放牧、丧葬等实际需要。

9. 各村可根据本地实际情况，经三分之二村民同意的情况下，允许和鼓励外村（地）村民、国家干部职工等参与林改，租赁林地、承包和购买林木进行生产经营。

三、改革形式

嵩口集体林经营体制改革试点以及东华乡的大路口村、大横溪村、灵地镇的青甲村集体经营体制改革中总结了8种主要形式：即：一是稳定扩大自留山。按省政府〔1996〕28号文件精神，按各村实际，按集体林总面积的15%，划分自留山。二是公开招标、资源转让。林地使用权、林木所有权拍卖转让。依据《福建森林资源转让条例》，对林地和林木进行资产评估后，将林地使用权和林木所有权向社会公开拍卖转让。三是押金承包，比例分成。将现有用材林进行合理划片，评估现有林木蓄积量，测算林木主伐出材量基数，确定收益分成比例，农户投标承包经营，交纳风险抵押金，产品自主经营。四是荒山迹地，谁造谁有。五是承包到组，比例分成。由边远村民小组承包，收益由村民小组与村委比例分成。六是茶、果、竹、经济林，分山承包到户。七是个体承包，兴办个私林场。八是封山育林，责任承包，对于一些林况差，立地条件差的山场则灵活对待，采取责任封山育林的办法，招聘护林员押金承包管护。无论采取何种形式，都应结合当地的实际，

1. 凡列入改革范围的林地林木，都应进行资产评估。评估办法以简单易行、科学准确为原则，在驻村工作队的指导下，组织有关人员进行现场评估。

2. 村林业股东会的林地林木向县外转让连片面积在500亩以上的，则必须按《福建省森林资源转让条例》所规定的程序进行，其中资产评估应委托有资质的机构评估。

3. 评估结果要列入改革方案的主要内容之一，提交股东代表大会或村民代表大会讨论商议，有三分之二以上的股东或代表同意后，方能确认或作为对外转让的证明材料。

四、招标管理

1. 凡发生承包经营、林木买卖和林地租赁等行为，必须按照公开、公平、公正的原则，实行招投标制度。

2. 招投标要在当地乡（镇）招投标领导小组的组织和监督下，严格按照法定程序进行，必要时还应公证，确保公平竞争。原则上要求中标户达到全村总户数的50%以上，既要防止平均主义，又要防止山林过分集中在少数人手里。

3. 招投标结果要张榜公布，接受群众监督，防止出现权力包、人情包和垄断包。凡是发现买标、串标、故意压标和强迫中标等行为，其中标结果一律无效，并依法追究当事人的责任。

五、合同管理

1. 在改革过程中，首先要组织群众对原有承包合同的履行情况进行评议。对已经到期的承包合同、且执行好的，应及时按合同规定予以完善；否则，要加以调整。

2. 按照《合同法》规范合同文本，不仅要明确村林业股东会和承包经营者双方的权、责、利，而且要修订完善科学经营和考核奖惩的合同条款。承包年限应根据树种林龄、立地条件等来确定，一般定30年，最长不超过50年。

3. 合同统一由县里印制，合同的发包方必须明确为村林业股东会。村林业股东会不健全的，必须在村党支部、村委会的领导下，依法设立健全，使之成为经济、法律主体。

4. 在合同执行过程中，村林业股东会要对承包方进行日常监管和定期考核，发现乱砍滥伐和监守自盗等行为要及时按规定加以处理。如有严重违约的，可以提前终止合同，重新发包。

六、资金管理

1. 在改革过程中，村林业股东会可以收取林木转让费、林地使用费（林地租赁费）和风险抵押金等资金，但风险抵押金的所有权仍为承包经营者，合同期满后，如无违约行为．必须返还给本人，任何单位和个人不得挪为他用。

2. 林木转让费、林地使用费（林地租赁费）等资金属于村林业股东会的经济收入，在使用上首先要提留40%用于林业再生产，其余的也应用于发展生产，培植新的经济增长点，以促进林业和村集体经济的发展。

3. 乡镇要加强对林木转让费、林地使用费（林地租赁费）和风险抵押金的管理，要结合村务公开活动，规范管理各种资金，严禁平调挪用、分光吃光，防止短期行为。如有发现问题，应及时加以处理；性质严重的，要追究有关领导和当事人的责任。

4. 林业再生产费用的管理使用：按村设立专户储存，由乡（镇）财政所代管，使用时由村申报使用计划（项目），乡（镇）审批，林业站监督。

七、配套管理

1. 集体林经营体制改革有很多的具体业务工作，由县林业局、县集体林改革试验区以及林业站组织业务熟练的人员，驻村挂点，搞好政策和技术指导，提供优质服务。

2. 必须及时变更和发放林权证或自留山证。通过发证，消除林农群众怕政策变的思想顾虑，树立长期经营的意识，舍得投资投劳造林育林护林。

3. 完善以源头管理为重点的森林资源和林业管理制度。要严格执行森林限额采伐制度，切实把住源头，严管山上，减少森林资源的非正常消耗；要坚持落实凭证经营、加工木竹的制度，堵塞木竹流通环节的漏洞，为巩固和发展集体林经营体制改革创造良好的外部环境。

4. 加强对改革运行过程的跟踪监测，及时反馈所出现的新情况和新问题，并认真加以解决，不断完善改革成果。特别对于各种矛盾冲突，要认真做好引导和化解工作，切实把矛盾消除在萌芽状态、解决在基层，维护社会稳定。

八、组织领导

1. 县、乡（镇）、村成立集体林经营体制改革领导小组。

2. 根据集体林经营体制改革的目标任务，决定对这项工作开展两次的考核评比，一次于 1999 年底，主要检查改革的进展情况；另一次于 2000 年底，主要考核任务的完成情况。对于任务完成好的乡（镇）、县委、县政府给予表彰奖励；对措施不力、进展缓慢的乡（镇）、则要通报批评。

3. 本意见由县林业局负责解释。

中 共 清 流 县 委
清 流 县 人 民 政 府
一九九九年十月十四日

中共清流县委 清流县人民政府
关于加快发展个体私营经济的决定

清委发〔2000〕2号

各乡（镇）党委、政府，县直各单位、省（市）属单位：

非公有制经济是我国社会主义市场经济的重要组成部分。对个体私营等非公有制经济要继续鼓励、引导使之健康发展。为进一步加快我县个体私营经济的发展促进我县国民经济持续、稳定、快速发展，特作如下决定；

一、发展个体私营经济的指导思想，方向和目标

1. 以邓小平理论和中共十五大精神为指导，坚持以“三个有利于”为标准，把加快发展个体私营经济作为调整和完善所有制结构．振兴清流经济的一项重要措施、纳入全县国民经济和社会发展总体规划，放开经营、公平对待、优惠扶持，推动个体私营经济快速健康发展。

2. 在全面扶持个体私营经济发展的基础上．重点扶持一批支柱产业、重点行业及基础设施、基础产业和农业综合开发等领域具有发展前景的私营企业。引导、支持私营企业参与推进农业严业化进程， 优先发展立足本地资源优势的种植业、养殖业和林果业及农副产品的深加工、贮藏和运销业。鼓励、支持私营企业以建立现代企业制度为目标，以资本为纽带，走联合、兼并、控股，参股的发展路子．组建社会化的股份有限公司、企业集团。

3. 根据我县“2010 年远景目标规划”，调整个体私营经济的产业结构、产品结构，优化经营方略，促其上规模、上档次、上水平、增效益。到 2005 年，全县个体工商户，私营企业从业人员达到二、三产业从业人员的 40%，实现增加值占二、三产业生产总值 30%，个体私营经济占全县经济总量的比例达到 50%，占财政收入的 40% 以上，成为地方财源的重要支柱。

二、发展个体私营经济的扶持办法

4. 规范办证办照程序。对申办个体工商户、私营企业，符合条件的，工商、税务及相关部门要依照承诺时限予以核准登记：对不符合条件的，应在 3 个工作日内说明理由并书面通知申请人。除国家规定需要提供许可证的项目外，其他不危及国家安全、人民生命健康的项目，采取“先照后证”的办法，先发给营业执照，允许开业。半年内补齐需要提供的许可证及其他必备手续。

5. 试行企业预备期制度。本县科技人员、下岗职工和失业人员创办私营企业时，只要验资证明、法律法规规定前置的许可证、经营场地等基本符合企业设立条件的，其他某些条件一时尚未达到要求，通过短时间可以达到设立要求的，可向工商行政管理部门申办营业执照，开始营业，其他条件半年内补齐。

6. 规范前置审批办法。除法律、法规、规章规定的前置审批外，其他由部门、单位自行设置的前置审批办法一律无效。所有前置审批应在一周内办理完毕，任何部门不得借故拖延、刁难。

7. 实行“一条龙”服务。对私营企业立项审批，土地、房产等有关手续的办理，投资在 100 万元以上的项目，由县政府负责协调、帮助办好各项有关手续。在办理土地、建筑、房产证件时，经县发展个体私营经济领导小组办公室核实后开具证明，有关部门应按县委、县政府规定的优惠政策办理。

8. 推行服务承诺制度。县公安局、劳动局、卫生局、国税局、地税局、工商局、土地局、建设局、城监大队等有关部门将为个体私营经济服务的内容通过电视、简报等新闻媒体向社会作出公开承诺，接受社会监督。每年由县监察局、个私办组织个体工商户、私营企业对上述部门进行评议、并将评议结果在新闻媒体上公布。

9. 完善社会保障制度。个体工商户、私营企业从业人员，按有关规定参加养老、失业、工伤，生育等各项社会保险的，在原各类企业的保险费缴费年限可合并计算，个人帐户连续记载。私营企业为员工缴纳的各项社会保险费．允许税前列支。

10. 放宽企业经营方式。允许个体工商户、私营企业跨行业、跨经营方式、跨地区经营。进入集贸市场经营的个体工商户，办理市场经营证后，可以先试营业，在一年内申请办照。

11. 减免收费标准，减轻业主负担。从现在起，凡属省、市人民政府及有关部门已下文取消的收费项目，各单位不得再收。具体项目由物价局定期向社会公布。根据有关文件或有关部门承诺书，下列项目减免收费：

（1）私营企业法人年检费，卫生许可证审核费、年检费，城镇摊位占道费，特种行业许可证费按现行收费标准统一减半收费。

（2）农村和外来劳力就业调节费、企业注册登记费、个体工商户管理费、水资源费、贷款证收费。城乡集贸市场管理费，按现行标准统一下调 20%。

（3）资产评估费、资本验资费。年终决算审查费，按最低收费限度统一下调 20%。

(4) 在城区从事合法经营的个体工商户，年纳税三千元以上，私营企业年纳税一万元以上者，经税务机关确认，县个私办开具证明，可免缴其子女上学寄读费。

12. 私营企业购买、兼并国有、集体企业，属一次性付款收购的，按管理时限经国资部门或主管部门批准，可给予评估价 10% ～ 30% 的优惠。兼并负债率 100% 以上国有、集体企业的，可享受有关税收优惠政策。新办私营企业（不含国企改制）聘用国有下岗职工占本企业职工总数 60% 以上的，免征企业所得税 3 年。

13. 私营企业兼并国有、集体亏损企业后，使企业扭亏为盈的，可在税法规定的期限内（五年）用盈利年度的应纳税所得额弥补亏损。

14. 建立贷款担保公司，切实解决个私企业贷款担保难问题。担保资金由财政出资，个私企业认股，缴纳一定数量担保基金（保证金），金融机构按 1 ∶ 5 的比例为认股的个私企业发放贷款。担保资金实行有偿使用、连保服务的原则，担保机构的组建及具体实施办法由财政、工商联、人民银行等有关部门共同商定，由政府授权的有关部门负责筹建。

15. 建立私营企业信用记录备案制度。以县工商局数据为基础、建立私营企业信用档案库，通过经济综合管理、司法、金融等相关部门提供的企业经营信用、资本信用、质量信用、完税信用和法人行为信用等情况，建立私营企业信用记录备案制度，并由资信评估中介机构对私营企业进行信用等级评定。依据信用等级实行银企授信制度;各商业银行、城乡信用社对信用等级高、符合产业政策、还贷能力强的私营企业扩大货款授信额度。

16. 降低资产抵押担保评估、登记费用。对个体工商户、私营企业资产抵押担保的评估收费按最低标准优惠收取，登记费（鉴证费）减半征收。资产抵押的评估有效期放宽到 3 年，在此期间因转贷等融资需要办理同一项目评估、登记鉴证手续的，只收登记费（鉴证费），不再收取评估费。

17. 对符合一般纳税人条件的私营企业，执行与国有、集体企业同等税赋。对不具备一般纳税人条件的，报经税务部门批准发卡，可持卡到国税部门代开增值税发票。对经营规模小，确无建账能力的，经批准实行定期定额方式征收税款。

18. 私营企业发展生产经营所需的生产、生活用地经批准之日起，前三年免交土地使用费，第四年至第五年减半交纳土地使用费。

19. 扶扶引导私营企业从事农业产业化经营。凡以从事种植、养殖、农产品加工为主的私营企业，注册资本达到 100 万元，可申报农业产业化市级龙头企业。经确认后，可优先安排龙头企业贷款贴息资金补助。

20. 放宽城区户籍管理限制，促进“小县大城关”逐步形成。外地工商户和私营企业人员到我县投资创办生产型私营企业，县内工商户和私营企业人员到城区征地建住宅、购买商品房或投资创办生产型私营企业，其直系亲属可申请到城区落户，符合条件的可以“农转非”，具体办法由县个私办和公安部门制定。

三、发展个体私营经济的鼓励政策

21. 实行表彰、奖励机制。(1) 对于个体工商户及时足额缴纳各项税收 1 万元以上，私营企业主缴税 5 万元以上者，年终给予通报表彰。纳税翻倍者，另给予一定的物资奖励。⑵ 对实施重大技改，加大投入，促进企业上规模、上档次、争创品牌的私营企业，县里也将给予表彰奖励。具体表彰奖励办法由县个私办会同有关部门另行制定。

22. 鼓励个私业主爱国、敬业、守法，增强政治荣誉感、对文明经商、业绩显著、又具备相应条件的个体私营业主可参加各级劳动模范的评选、命名，评选办法依照《三明市劳动模范管理暂行办法》规定，并由县工商联、个体劳动者协会推荐。

23. 鼓励兴办第三产业。对新办的从事交通运输公共事业、旅游业、商业、对外贸易业、仓储业、居民服务业、饮食业、教育文化卫生事业独立核算的个体工商户、私营企业，经报税务部门批准，自开业之日起，免征企业所得税一年。

24. 提倡和鼓励干部、职工参与农业综合开发、农副产品销售。机关干部、事业单位工作人员经所在单位同意，在做好本职工作、不损害本单位经济利益和技术利益的前提下。以资金、技术等生产要素向个体工商户、私营企业投资入股，按生产要素参与收益分配，所取得的回报都属合法收入。

25. 允许国有、集体企业的专业技术人员，在不损害本企业利益的情况下，经单位同意，可利用其技术专长到个体工商户、私营企业兼职或以技术入股，也可经所在单位批准脱离单位从事个体经营和到私营企业从业，原身份保留 3 年不变。3 年后继续从事个体经营或留私营企业工作的，给予办理调离手续，其人事关系寄存政府人才服务机构。3 年内退回原单位工作的，不影响正常工资晋级和职称评定。

26. 党政机关、事业单位的工作人员经批准，可离职并在本县办理证照，从事个体经营、或以私营企业从业或领办私营企业；或农业开发项目达到一定规模，具有良好发展前景，经农业部门验收发证批准后也可离职从事经营管理，保留原身份 3 年不变。工龄 25 年以上．由原单位发给月工资总额的 100%，满 15 ～ 25 年的，由原单位发给 90% 的工资：不满 15 年的发给 80% 的工资，同时按规定正常晋升工资。社保按在职人员标准由原单位和本人缴纳。3 年后继续从事个体经营或留在私营企业工作的，给予办理调离手续（达到退休条件的给予办理退休手续）。档案寄存县人才服务机构，社保办理接续手续（由调入单位和本人缴纳）。3 年内事业单位工作人员返回原单位的，由原单位重新安排工作。党政机关、事业单位的工作人员经批准，也可辞去公职，从事个体私营经济活动或兴办私营企业。其辞职补助费根据有关规定，由原单位按工资来源发给。机关干部男满 55 周岁，女满 50 周岁且工龄满 20 年或工作年限满 30 年，经本人申请、组织批准，可以自愿退休从事个体私营经济活动，也可离岗待退。在离岗待退期间，原工资及各种津（补）贴不变，工龄连续计算，并与在职人员一样享受调整工资和津（补）贴待遇，待到达法定退休年龄时办理退休手续，离岗待退人员医疗享受在职机关干部参加医疗保险同等待遇。

27. 军队转业干部和城镇户口的复员、退伍军人，自愿从事个体经营或到私营企业从业的，2 年内保留安置资格、按规定交纳养老保险费，其从业时间计算连续工龄。

28. 大、中专毕业生（含外地生源）自愿到我县从事个体经营或到私营企业从业的，由政府人才服务机构代办接收手续，其档案关系可寄存政府人才服务机构，保留其干部身份，在此期间其转正、晋升、档案工资按自收自支事业单位工资标准核定，交纳养老保险金的可连续计算工龄。符合相应任职条件的人员，可按规定程序申报评审专业技术职务任职资格。由县人事部门负责具体实施。

四、发展个体私营经济的保护措施

29. 建立个体私营经济重点企业保护制度，凡是固定资产达100万元、或年销售收入达300万元以上的私营企业，以及确认为农业产业化市级龙头企业，与国有、集体企业一样同视为县属重点保护企业，享受同等保护措施，享受国有企业扶优扶强同等待遇。

30. 建立收费“一本卡”制度。向个体工商户，私营企业发放统一印制的“收费登记卡”。凡向个体工商户私营企业收费，收费项目标准及执收单位须由财政、物委、个私办确认。经有权机关批准的收费部门向个体工商户、私营企业收费，须出示物价部门颁发的“收费许可证”副本或复印件，并出示工作人员有效执法证件，逐项填写“收费登记卡”，使用财政部门统一印制的收费专用票据。

31、规范各类检查行为。防止影响企业正常生产经营活动的重复性检查，确需检查的要依法定程序执行。检查人员到场检查时，要出示行政执法证件，告知检查目的，检查结束时要对检查情况作出检查反馈。确实需要进入确定为挂牌保护的重点私营企业检查的，须事先经执行检查单位的主要领导审批同意，且告知发展个体私营经济领导小组办公室。违反以上规定的，企业有权拒绝检查。

32. 禁止乱施处罚行为。私营企业开办初期，在生产经营过程中出现的问题，有关执法部门要以教育、帮助为主，帮助引导其走上正常的生产经营轨道。不得滥用职权，动辄处罚。禁止各种侵权行为，依法保护个体工商户和私营企业的人身财产权。对侵犯个体工商户、私营企业合法权益的违法行为，司法机关要依法及时查办。坚决依法打击滋扰、破坏个体工商户、私营企业正常生产经营活动的违纪违法行为。

33. 规范行政执法行为。执法部门要依法行政。严禁行政事业单位凭借职权向个体工商户、私营企业变相收费。禁止将行政管理职能转变为有偿服务、或通过设立中介机构推行强制服务。严禁有关部门及执行人员以任何形式向个体工商户、私营企业强行推销产品、征订报刊（非党报党刊）、吃拿卡要。对有意刁难勒索、以权谋私等违法违纪行为，要追究直接当事人和有关领导的责任。给个体工商户、私营企业造成损失的，要给予必要赔偿，情节严重的依法追究法律责任。

34. 设立个私经济投诉中心，负责个体私营业主和员工投诉案件的接待、登记、转办、督办、初查、反馈。投诉中心要严格履行职责，以高度的责任心和热情周到的服务，认真办理每一项投诉事件，属违纪违规的配合县纪检、监察部门调查处理，属不法侵害的协调政法部门依法处置，切实保护个私业主及员工的合法权益。具体办法由县个私办和公安局、县监察局负责制定。

35. 对个私企业和外来客商在经营和生活中遭受属公安机关管理的不法侵害案件，有关责任民警应以最快速度赶赴现场处置；属一般治安案件的，应在7天内查结：属疑难重大治安案件的，15天之内查结；属刑事案件的，优先组织侦破。治安案件查结后应及时向受害者或其单位、家属反馈，有财物损失的应抓紧落实赔偿。对确属一时难以查结的案件，承办单位应上门向受害者或单位、家属作出负责任的解释。

五、发展个体私营经济的组织领导

36. 为加强对发展个体私营经济工作的领导。县成立发展个体私营经济领导小组，其主要职责是为发展我县个体私营经济做好组织、指导、协调和服务工作，重点是搞好调查研究，负责对全县个私经济发展战略、目标任务和政策措施的制定，督促省、市、县制定的各项优惠扶持政策的落实。领导小组下设办公室，与县工商联合署办公、承担领导小组日常工作的具体组织和实施。

37. 各乡镇党委、政府应安排1名主要领导干部负责个私经济工作，并有专人协调、服务，编报本乡镇发展个体私营经济工作情况，实行县乡联动、步调一致。向社会做出公开承诺及有收费职能的县直部门，也应安排1名领导干部督查本单位干部、职工执行制度情况，做到政令畅通、优质服务。

38. 本决定自颁布之日起实行。以前出台的有关规定与本决定不符的，以本决定为准。

中共清流县委
清流县人民政府
二000年二月一日

中共清流县委 清流县人民政府
关于加快对外开放、加强外经贸工作的若干意见

清委发〔2002〕6号

各乡（镇）党委、政府，县直有关单位：

为加快对外开放，加强外经贸工作，促进我县外向型经济发展，根据中央、省、市经济工作会议和省第七次党代会、市第六次党代会精神，结合我县实际，特提出如下意见：

一、提高思想认识，明确目标任务

1. 提高思想认识。对外开放是我国的一项基本国策，加快对外开放，加强外经贸工作，对促进我县国民经济的持续、稳定、健康发展具有重大的战略意义。我县地处沿海开放省份，我国加入世贸组织后，我们将更直接、更广泛、更深入地融入世界经济的大潮中，这就要求我们比以往任何时候都要更加重视对外开放工作，争取主动，赢得发展。各级各部门要以邓小平理论和江泽民总书记“三个代表”重要思想为指导，解放思想、知难而进，与时俱进、开拓创新；研究新情况，解决新问题，探索新经验，切实把对外开放和外经贸工作摆上重要位置，推进我县对外开放和外经贸工作。

2. 明确目标任务。以加入世贸组织为契机，加快对外开放步伐，大力发展外向型经济，以更加积极的姿态推进全方位、多层次、宽领域的对外开放；从加强领导、落实政策、完善机制入手，切实转变政府职能，逐步完善外经贸支持服务体系，不断优化投资环境；按照国际资本流向的新趋势，加强外资投向引导，积极有效地利用外资，把招商引资工作同我县产业结构调整、农业产业化、优势资源开发利用、扶持发展高新技术产业和国有企业改组、改造、盘活资产存量结合起来。着力提高利用外资的实效和规模、档次；以我县外贸出口的重点市场、重点企业和重点产品为突破口，实施科技兴贸和市场多元化战略，优化出口商品结构，千方百计加大出口，提高全县经济的外向度，拉动经济发展，确保“十五”期间全县实现利用外资1454万美元、外贸出口900万美元的目标。

二、采取有效措施，改善投资环境

3. 进一步提高应对入世水平。按照世贸组织规则的要求，加快过渡时期政策调整和涉外经济规范性文件的清理，建立起符合国际规则、公正透明的市场经济体系，营造便捷、高效、规范，透明的法制和政策环境，大力推进投资环境建设，切实增强对外招商引资的吸引力；更加积极有效地利用外资，加强对外经济合作与交流，扩大对外贸易。

4. 进一步改革外资项目审批制度。深化以“三减（简）一提高”为主要内容的机关效能建设，加大改革力度，合理界定政府行政审批的范围。凡是没有法律依据的审批程序一律取消：凡是企业可以自主决定的，市场可以调节的，中介机构可以提供服务的经济活动，政府部门应无一例外地退出，取消审批：同时推行告知承诺制和登记备案制。完善监督制约机制，加强对行政审批行为的监督。今后，每年由县纠风办和效能办牵头，县外经贸办配合，组织一次涉外部门行风测评，并通报结果，抓好整改。

5. 进一步规范行政执法行为。行政事业性收费和罚没收入均应实行“票款分离、银行代收”。凡已经明令取消或降低标准的行政事业性收费项目应严格按规定执行。物价、财政部门应加强《收费许可证》年度审验。今后，每年针对行政事业性收费和罚没收入情况组织抽查，并公布抽查结果。对“三乱”行为一律依法依规严肃处理。同时，进一步规范检查行为，坚决制止乱检查和影响企业正常生产经营活动的重复性检查。对检查发现问题，需停工停业整顿的（除重大安全隐患和环保事项外），都要征求外经贸部门的意见后方可实施。

6. 进一步落实政策措施。按照世贸组织规则的要求，对各级政府出台有关发展外经贸政策措施的落实情

况，每年进行一次全面检查。对切合实际并符合世贸组织规则的政策措施要坚持和兑现，对不符合的要及时修改完善或取消，并予公布，提高涉外经济政策措施的执行力度。

三、做好项目开发工作，提高招商引资质量

7. 继续深化招商项目开发工作。县、乡两级政府和县直有关部门都要加强招商项目的开发工作，围绕产业结构调整，突出生产性、资源性、基础设施、旅游和贸易服务等项目，完善项目库储备，实现滚动发展。要认真落实项目责任制，特别要加强项目前期工作，努力提高招商项目的吸引力和可实施性。县、乡两级政府要增加项目开发经费，并列入各级财政预算。要加强领导，落实责任制，主要领导亲自抓，并指定分管领导具体抓，不断推出符合国家产业政策导向的大项目、好项目。

8. 不断改进招商方式。按照“政府搭台、企业唱戏”的要求，进一步强化各类企业在招商引资中的主体地位，积极组织有关部门和项目业主到沿海地区和境外开展小型、专业招商。充分利用“9·8”贸洽会、“福州招商月”等招商机会，积极推动招商引资。大力推进中介招商、网上招商、境外委托招商、代理招商和以商招商；逐步建立和完善客户资料库，充分发挥外经贸、台办、外侨办等涉外机构和各驻外“窗口”在联络客户、引荐外商投资方面的积极作用，开展经常招商活动，把“引进来”与“走出去”结合起来。与此同时，要加强对港澳台招商，特别是对台农业等经贸合作与交流。积极推动“走出去”，鼓励和支持我县更多的公民参与境外劳务输出，扩大劳务输出总量。

四、实行鼓励政策，建立支持服务体系

9. 资金投入政策。县、乡两级政府都要加大招商引资的资金投入，县级不低于10万元，乡镇不低于3万元，作为招商引资活动的专项经费，由各级财政安排。县直有关经济主管部门也要安排一定的招商引资经费。要制定和完善外贸出口奖励政策，县财政要安排一定的资金，专项用于奖励完成和超额完成外贸出口任务的企业。

10. 金融税收支持政策。各商业银行对信用等级较高、资产负债状况良好的出口重点企业，应积极开展应收帐款、存货担保贷款；落实鼓励企业出口各项税收政策，加快出口退税速度，扶持出口企业。外经贸部门要积极推动并协调配合各商业银行与国税部门开展出口质押贷款。

11. 重点企业扶持政策。各级各部门要突出重点，注重培育一批资本和技术较为雄厚、有较强竞争力的企业，一批销售、出口、税收大户，一批通过ISO 9000质量体系认证、创名牌产品、驰名商标企业，一批技术先进型和出口创汇型龙头企业：对这些重点企业实行领导挂钩联系制度，定期现场办公，帮助解决具体问题。对具备条件的企业，要积极支持和鼓励其自营出口：对地方税收作出重大贡献的企业，可由财政部门核定其上缴财政收入基数，超基数部分由财政按一定比例给予表彰奖励。具体办法由县财政、外经贸部门另行制定。

12. 引资奖励政策。对引荐外商到我县投资、新增地方财力成效显著的. 可享受引资奖励政策。具体办法由县财政、外经贸部门另行制定。

五、强化领导，完善机制，加强外经贸队伍建设

13. 切实加强领导。各级党委、政府要高度重视对外开放和外经贸工作，主要领导亲自抓，分管领导具体抓；县直各经济主管部门及各乡镇都要有一位抓外经贸工作的分管领导，从组织上保证各项工作的落实。

14. 完善工作机制。县、乡两级党委、政府每年应不少于二次专题研究对外开放和外经贸工作：县发展计划局下达年度经济预期目标时，把合同外资、实际到资和外贸出口三项指标下达各乡镇和县直各经济主管部门，并列入年度考核目标。逐步建立健全外资工作协调例会、外贸出口协调例会、外商投诉协调会和外商接待日制度，及时协调解决问题。

15. 加强队伍建设。配齐配强外经贸主管部门的领导班子，充实加强外经贸部门的公务人员：择优派员赴境内外进行业务培训，特别要注重培养熟悉世贸知识并运用世贸组织规则开展国际经贸等活动的人才；要切实帮助解决外经贸部门必要的办公条件和业务经费等问题。外经贸工作人员要加强业务学习，熟悉世贸组织和外经贸工作的基本知识和规则，提高涉外业务工作水平，按照“内增素质、外塑形象”的要求，切实转变工作作风，依法行政、廉洁从政，优质服务、注重实效，努力建成一支高素质的外经贸队伍。

中共清流县委
清流县人民政府
2002年7月23日

中共清流县委 清流县人民政府 关于印发改善投资环境鼓励投资兴业的优惠政策的通知

清委发〔2004〕5号

各乡（镇）党委、政府、县直各部门：

经县委、县政府研究，现将《中共清流县委、清流县人民政府关于改善投资环境鼓励投资兴业的优惠政策》印发给你们，请结合实际，认真抓好贯彻落实。

中共清流县委
清流县人民政府
2004年6月11日

中共清流县委 清流县人民政府 关于改善投资环境鼓励投资兴业的优惠政策

为营造宽松的投资环境，促进投资兴业，加快县域经济发展，特制定本优惠政策。

一、适用范围

凡在我县投资兴办生产性企业，不论内资、外资，不论所有制形式，不论隶属关系，除享受国家、省、市规定的一系列鼓励投资兴业的政策措施外，均可享受本规定优惠措施（特指条款除外）。

二、用地优惠

（一）非工业园区用地

1. 以出让方式获得土地使用权的：对生产性项目，经营期在10年以上，在不改变土地用途前提下，固定资产投资在500万～1000万元，其土地出让金政府纯收益部分60%返还业主；1000万～3000万元（不含1000万元），其土地出让金政府纯收益部分70%返还业主；3000万～5000万元（不含3000万元），其土地出让金政府纯收益部分80%返还业主；5000万元以上（不含5000万元），其土地出让金政府纯收益部分90%返还业主。

2. 以租赁方式取得土地使用权的，按标定地价的1.5%～3%计收场地使用费，并逐年缴纳。

3. 投资兴办科学技术、教育、文化、卫生、体育、社会公益事业和基础设施等非盈利性项目用地，在不改变土地用途的前提下，可行政划拨提供，并免缴土地使用费。

凡以上述方式或优惠价格取得土地使用权的，一年内未动工开发的，按有关规定缴纳土地闲置费，二年内未动工开发的，无偿收回土地使用权；以出让方式取得的土地使用权需要转让的，应补交优惠部分的土地出让金，以租赁方式或以划拨方式取得土地使用权需要转让的，必须重新办理土地使用证照手续，并缴纳相当于土地收益部分的土地出让金。

（二）工业园区用地

1. 投资兴办生产性项目所需用地，按照每亩一万元确定为土地使用权出让价格，固定资产一次性投资额超过 300 万以上（固定资产投资以实际投资为准，并经评估确认）的，每增加投资 100 万元送 2 亩（赠送上限为 100 亩）土地使用权或返还 2 万元土地出让金（返还出让金上限额为企业所交土地出让金总额）。地价款可分两年交清。

2. 投资者享受省、市有关工业用地优惠政策，按规定完善出让用地手续后取得的土地，使用期限为 50 年，在不改变土地用途前提下，固定资产投资超过总投资额 30% 的，土地使用权可以转让、抵押。

3. 在园区投资新建标准厂房出租（按统一规划要求）的，按每亩一万元缴纳土地出让金，建成后有权自主出租或转让。

4. 按规定取得的土地，应在签订合同后三个月内动工建设，否则取消地价优惠，一年内仍未建设使用或改变工业用地用途的，无偿收回土地使用权。

三、财税优惠

1. 兴办生产性企业，经营期在十年以上的，除享受国家、省、市规定优惠政策外，对新增税收地方实得部分实行县乡分成，县 40%，乡镇 60%，县、乡可视项目情况在项目投产 3 ～ 5 年内分别提取一定比例返还企业，用于扶持企业发展。

2. 凡经国家和省级行政主管部门认定的国家级新产品和省内首次生产的发明专利产品三年内、省级新产品和实用新型专利产品二年内新增增值税和企业所得税地方实得财力部分，由财政预算安排全额拨付企业，用于企业发展。

3. 企业为员工缴纳的养老、医疗、失业、工伤保险费，允许税前列支。

4. 企业技术改造贷款和生产性新建、扩建项目贷款在还本付息期间，经税务机关批准，可采取加速折旧的办法，提高固定资产折旧率，新增折旧资金可全额用于还贷。

5. 企业技术开发费比上年增长 10% 以上（含 10%），经税务机关批准，允许按技术开发费实际发生额的 50% 抵扣当年度的应纳税所得额。

四、规费优惠

1. 对企业的行政事业性收费（不含税务部门征收的费金），县实得部分，管理类收费免收，服务类收费按成本收取。

2. 企业养老保险、失业保险符合有关政策的，按国家最低标准征收；医疗保险参照县属国有企业职工的标准核定征收。

3. 企业用水一律按当地同行业用水最低标准价格执行。

五、奖励措施

1. 凡新办生产性企业（不含水电开发和矿产开采项目），当年缴纳县级收入，税额达 10 万～ 15 万元的，奖励 0.3 万元；16 万～ 20 万元的，奖励 0.5 万元；21 万～ 30 万元的，奖励 1 万元；31 万元以上的，奖励 1.5 万元。

2. 对原有生产性企业年缴纳县级收入，税额达 50 万元以上，且当年比上年净增 20 万元的，授牌表彰并奖励 0.2 万元；比上年净增 30 万元的，授牌表彰并奖励 0.5 万元；比上年净增 40 万元以上的，授牌表彰并奖励 1 万元。

3. 凡企业产品通过 ISO 9000 质量体系认证的企业，当年奖励 2 万元；凡企业产品荣获国家驰名商标、省著名商标的企业，当年分别奖励 3 万元、2 万元；企业开发经省科技厅或国家科技部确认的科技新产品，当年奖励 0.5 万元。

4. 由社会个人引进（不列入部门、乡镇、企业范围考核）的生产、经营性项目当年完成实际投资额 50 万元以上（不含水电开发和矿产开采项目），由个人申报按当年实际投资额的千分之五给予奖励。

六、服务优惠

1. 工商登记的经营范围除涉及前置审批按有关部门审批和法律法规明令禁止外，自主选择经营项目，开展经营活动，并试行“先照后证承诺登记”制，即对未取得法定的前置审批文件，但符合主体登记其他条件的，可先予办理登记注册，发给有效期为一年的营业执照，有效期内企业可以进行各项筹备工作。一年内按前置审批的批准文件等相关材料到工商行政管理部门换发营业执照方可营业。

2. 对企业实行“一个窗口对外、一个漏斗办结”无偿代办服务。申请办理审批手续，由相关部门代办，外商投资企业、内联企业、私营企业申办手续分别由县外经办、农办（山海协作办）、个私办代办。

3. 各级各部门要认真贯彻县委、县政府《关于对损害经济发展软环境和行为实行效能告诫的暂行规定》，凡企业办理相关手续涉及到的相关部门必须按机关效能建设的规定执行，实行高效优质服务，一次性书面告知业主受理审批所需要的）资料（批件）、收费标准、可享受的现行优惠政策，并限时办结。

4. 企业取得合法经营执照，有固定场所的业主和直系亲属，可凭身份证到户籍管理部门申请办理在该企业所在城镇的落户手续。

5. 企业业主及主要管理人员的直系亲属享受本县居民待遇，子女入托、入学按当地居民标准收费，不再另收借读费。

6. 县直各部门均不得任意进入企业实施检查，确需检查的，必须按规定程序报县政府分管领导批准。

7. 对信誉良好，产品有市场、有效益、还款有保证的企业，特别是出口创汇企业，金融机构根据信贷原则优先予以信贷支持。金融机构可与其签订《银企合作协议》，提供优质金融服务，建立较为稳定的合作关系。

8. 新办企业在合同签订并完成各项补偿工作后，有关部门要在半个月内将合同约定的场所交付给业主开发使用。

9. 对企业实行县级领导和有关部门领导、乡镇领导挂钩联系制度，对企业筹建、生产、经营全过程实行跟踪服务，及时协调解决困难和问题。

10. 企业要求选派机关干部驻点挂职或协助工作，有确定人选并且本人愿意的，按干部管理权限经批准后，给予安排落实；无确定人选的，尽力物色合适人选给予安排。

11. 切实减轻企业负担，严禁向企业索、拿、卡、要。任何单位和个人不得向企业进行摊派、强制性募捐、强制性订阅报刊杂志。

12. 凡投资规模大、科技含量高、出口创汇量大、发展前景好，带动地方经济发展作用强，增加地方财力或就业容量贡献大的投资项目，还可按“一厂一策、一事一议”的原则决定优惠措施。

七、其他优惠

1. 凡注册资本 500 万元以上且正常生产经营的企业，列为县政府重点挂牌保护单位，其法定代表人、企业主要管理人员经申请可获得由县政府颁发的“重点客商优待证”（以下简称“优待证”）和“车辆特别优待证”。

2. 对持“优待证”者，在本县范围内轻微违章不罚款不扣证件。

3. 持“优待证”者自用的合法工作或生活用车（持“车辆优待证”，一家企业限两部以内），免缴本县征收的车辆通行费。

4. 持《优待证》者，其子女在本县初中升高中招生录取时可享受加 20 分的照顾。

5. 县医院对持《优待证》者，享受就诊优先、免费挂号，免费进行一年一次一般性常规体检（内科、外科、五官科一般性体检）、家庭巡视和健康咨询。

6. 持《优待证》者及其所投资的企业遇到政策不落实和各种干扰、侵害时，除可向县效能办举报外，还可直接向县委、县政府领导反映。受理单位接到举报或领导批示后，必须在 1 个工作日内进行调查处理，3 个工作日内将调查处理结果反馈给持《优待证》者和县有关领导，紧急情况应当立即处理及反馈。

八、附 则

1. 本优惠政策自发布之日起施行。凡过去发布的有关政策与本优惠政策相抵触的，以本优惠政策为准。在执行过程中，国家、省、市政策另有规定的，按国家政策执行。

2. 全县各级各部门和全体工作人员，要牢固树立发展是硬道理、人人都是投资环境的观念，认真组织实施县委、县政府《关于对损害经济发展软环境行为实行效能告诫的暂行规定》，切实在各自的岗位和实际工作中，不折不扣地贯彻落实好本优惠政策。

3. 本优惠政策由县人民政府负责解释。

中共清流县委
清流县人民政府
2004年6月11日

中共清流县委 清流县人民政府
关于加快产业集聚 培育产业集群的若干意见（试行）

清委〔2004〕62号

加快产业集聚，培育产业集群是主动融入海峡西岸经济区建设，落实全市“两带一圈”发展格局，加快生态经济强县建设步伐的重大举措。现就大力培育和发展产业集群、提升壮大优势产业，制定以下意见：

一、指导思想

以中共十六大和十六届三中、四中全会精神为指导，树立和落实科学的发展观，立足清流实际，主动融入海峡西岸经济区建设，以改革开放和科技进步为动力，着力推进体制、机制创新，走新型工业化道路。围绕建设生态经济强县的目标，通过科学规划、合理布局、分类指导，充分发挥规模工业、名牌产品和重点项目的龙头带动作用，以产业链为主脉，推进产业集聚、产业整合、产业升级，做大做强三大产业集群（氟化工业、林产工业、生态旅游产业集群），提升壮大四个优势产业（农产品加工、建材工业、机械加工、矿产工业），提高经济的整体素质和竞争力，努力推进和实现我县经济跨越式发展。

二、主要目标

做大做强三大产业集群，即至2007年和2010年，氟化工产业集群产值分别达5亿元、10亿元以上；林产工业产业集群产值分别达2.5亿元、5亿元以上；生态旅游产业集群建设成为独具特色的闽西北新兴的原生态休闲观光旅游区，旅游产业产值分别达8000万元、12亿元，苗木花卉生态旅游观光园建设成为5万亩中国珍稀苗木基地和1万亩中国南方特色花卉基地。提升壮大四个优势产业，即到2007年和2010年，农产品加工业产值分别达到1.1亿元、2亿元以上；建材工业产值分别达8000万元、1.5亿元以上；机械加工业产值分别达6000万元、1亿元以上;矿产工业产值分别达1.5亿元、3亿元以上。2007年和2010年氟化工业、林产工业、农产品加工业、建材工业、机械加工业、矿产工业等六个产业累计产值达11.5亿元和22.5亿元，占规模工业产值的80%左右，使之成为促进县域经济发展和增加城乡居民收入的主导产业。

三、工作重点

（一）做大做强三大产业集群

1. 氟化工产业集群。我县萤石资源丰富，已探明的萤石储量达200万吨，远景储量600万吨以上。已形成年处理萤石原矿15万吨、年产萤石精粉10.5万吨生产能力，产量居全省第一。目前东莹化工有限公司已具备年产1.5万吨无水氢氟酸、5000吨氯化铵、氟化氢铵、500吨氟硅酸、4万吨石膏等氟系列产品能力，年产值达6000万元。氟化工业今后发展重点：一是继续扩大无水氢氟酸生产规模；二是开展科研合作，开发技术成熟、产业关联度大、环境污染少、前景好的氟系列产品，不断延伸产业链；三是围绕培育氟化工产业集群，调整氨盛化工有限公司产品结构；四是加强萤石矿勘探开发和环境保护力度，发挥资源的最大效益。到2007年，无水氢氟酸生产能力达到3万吨，氟化盐系列产品生产能力达到2万吨，有机氟化工产品生产能力达到1万吨，硫酸产品生产能力达到6万吨，同时带动氨盛化工公司产品结构调整，氟化工产业集群年产值达到5亿元。到2010年，无水氢氟酸生产能力达到5万吨，硫酸生产能力达到10万吨，氟化盐系列产品生产能力达5万吨，有机氟化工产品生产能力达2.5万吨，氟化工产业集群产值达10亿元，使我县成为全省重要的氟化工基地。

2. 林产工业产业集群。木制品加工业方面，以鸿伟木业集团公司为龙头企业，改造扩大锦兴、松燕等竹木加工企业，规模生产细木工板、刨花板、胶合板，大力发展家俱、木制工艺品等二次深加工产品。林产化工业方面，以香料厂和鸿翔化工有限公司为骨干企业，继续巩固香料厂萜烯树脂全国产品得率最高、市场份额最大的龙头地位，进一步扩大聚合松香、松油醇生产规模，并加快松香环氧树脂、中性松香分散胶等新产品开发，不断延伸产业链。至2007年林产工业集群产值达2.5亿元，2010年产值达到5亿元。

3. 生态旅游产业集群。包括旅游景区开发、绿化苗木和森林旅游观光园建设。认真实施《清流县旅游发展总体规划》，在景区建设方面：按国家A级旅游景区或国家级风景名胜区的要求抓好九龙湖、北斗山景区的开发建设；加快嵩口温泉休闲区建设，改造提升档次，争取有2～3家企业成为二星级以上的度假山庄。在苗木花卉观光园方面：按照《清流县生态型万亩绿化苗木（花卉）基地建设总体规划》要求，以景秀园林和里田花卉基地为重点，突出“精品、高效、生态、休闲、观光”特色，建立5万亩绿化苗木基地和1万亩花卉基地，形成集绿化苗木、花卉生产与生态旅游、休闲、观光为一体的富有特色的苗木花卉森林旅游观光园，争取有1～2个苗木或花卉基地成为国家观光农业园区。在森林旅游方面：以大丰山森林旅游开发为重点，带动灵台山、龙津河、莲花山、温家山等森林旅游业的发展，争取2个以上的旅游风景点成为省级以上森林公园和自然保护区。此外，还要挖掘客家民俗风情文化，建设客家古村民俗风情游等。大力发展旅游服务业，积极发展旅行社股份公司，加快发展旅游星级宾馆饭店和度假休闲山庄、家庭旅馆、旅游定点商店、饭店等。稳步发展旅游车船公司，开发旅游专线，完善旅游服务体系。积极开发豆腐皮、茶籽油、鱼干、茶叶、鱼腥草等传统农副产品和竹木工艺品，使其成为美观、便携、实用和富有纪念意义的旅游商品。生态旅游产业集群2007年旅游总收入达8000万元以上，2010年旅游总收入达1.2亿元以上。

（二）提升壮大四个优势产业

1. 农产品加工业。依托我县独特的区位优势、资源优势和生态优势，按照“人无我有、人有我多、人多我优”的发展思路，用工业化的理念来发展农业，大力实施农业产业化经营。充分利用我县的传统产业优势，通过民营、股份制、引进外资等途径，增加对豆腐皮、茶籽油、畜牧水产品等特色系列产品的开发投入。积极与福建农林大学等科研院校联合，加大科研攻关力度，研发与引进先进适用技术和设备，抓好标准化生产，改善农产品品质，真正把产品做精，把产业做大做强。要以俊年饲料公司、嵩溪农副产品公司、福来香农副产品公司、恒利公司、永得里公司、九龙湖渔业公司等企业为龙头，通过扶持、招商、改制等措施，扩大饲料、豆腐皮、精制茶籽油、淡水鱼干生产规模，促使龙头企业做大做强，不断增强带动辐射作用。同时要加快我县淮山、红心地瓜、肉牛肉羊、笋竹等特色农产品加工业的发展速度，尽快形成产业集群。要逐步建立公司与基地农户风险共担、利益共享的合作机制，使农民获得加工增值的效益。至2007年实现农产品加工业产值1.1亿元以上，至2010年达2亿元以上。

2. 建材工业。我县石灰石资源品质好、储量大，发展水泥建材工业潜力巨大。目前县帅风建材有限公司拥有两条年产8.8万吨立窑生产线，建明水泥厂年产6万吨立窑生产线，要加大技改力度，实现达产达标。要积极开展项目前期工作，加大招商引资力度，力争在2007年以前新上年产60万吨旋转窑水泥生产线。同时要积极开发石板材、机制砖等建材工业项目。至2007年建材工业产值达8000万元以上，至2010年产值达1.5亿元以上。

3. 机械加工业。一是以汽枪厂为重点，加强与庆安公司合作，开发生产汽枪系列产品，至2007年汽枪生产能力达10万支，至2010年达18万支。二是以县通用机械厂为重点，在做好水利启闭机、成套制桶设备等传统产品的生产销售的同时，加强与三明双轮化工机械有限公司的合作，生产硫化机后冲器等橡胶机械配件。三是以新保安设备公司为重点，利用原有的技术和品牌，做大做强“猫王”牌保险柜、文件橱、档案橱系列产品，并根据市场需求，开发高新技术产品，到2007年保险柜等系列产品产量2万台（件），2010年4万台（件）以上。四是充分挖掘我县传统小五金产品的优势品牌。如吉牌自行车安全锁为国内首创新产品，获国家专利，要利用这些传统优势品牌，引进资金和人才，用现代新技术改造传统工艺，使我县优势小五金产品向工业化、规模化、产业化发展。到2007年机械加工业产值达6000万元，2010年产值达1亿元。

4. 矿产工业。我县矿产资源丰富，除萤石外，探明的还有20多种，其中煤、石英石、铅锌矿等已规模开采。煤矿：现已开采的有罗口、秋口、长灌等9个井田，年产煤能力20多万吨，至2007年年产煤预计达40万吨。石英矿：明孚硅业公司是我省最大的工业硅生产企业，其试验成功的无木炭生产工业硅新技术，达国内先进水平。全县工业硅年生产能力已达1.5万吨能力，要加大企业技术改造力度，重点开发化学级工业硅及其他新产品，至2007年化学级工业硅达8000吨。铅锌矿：是我县重点矿种之一，现有铅锌精矿年生产能力6000吨，在加大勘探开发力度的同时，扩大开采规模，积极筹建铅锌矿冶炼深加工，至2007年铅、锌精矿生产能力达到1万吨。至2007年矿产工业产值达1.5亿元，2010年产值达3亿元。

四、主要措施

1. 优化发展环境。一要加快基础设施建设。当前，要着重抓好通往连城的省道204线清流田坪至连城界公路和通往永安的省道307线公路的前期工作，争取早日开工建设。要配合市里开展永安一长汀铁路建设的前期工作。同时精心组织“年百公里农村公路建设”活动，改造农村公路，切实解决好交通瓶颈制约问题。二要加大政策扶持力度。财税扶持方面，着重扶持三大产业集群，全面落实县委、县政府《关于加快工业园区建设的若干规定》《关于改善投资环境 鼓励投资兴业的优惠政策》等文件精神，提高企业自我积累和发展的能力。生产要素方面，重点向三大产业集群的龙头企业、重点项目倾斜，在用电上适当贴补，运输上优先考虑，木材、原煤、萤石等本地资源优先给予保证。资金支持方面，县里安排的新产品开发基金、前期经费等，主要用于三大产业集群中成长性较好的重点技改和技术创新项目。用地支持方面，三大产业集群项目用地优先列入土地利用总体规划预审，优先报批、优先供地，并在用地成本上给予优惠。三要加强软环境建设。充分发挥各种监督作用，有效制止和杜绝各种不给好处不办事，给了好处乱办事的不良歪风；加大力度打击或明或暗的欺行霸市行为，维护公平竞争；对阻碍、刁难企业发展的人和事及时曝光；建立健全“经济110”，严肃处理违纪违规案件，发现一起，查处一起，决不姑息迁就。要深化行政管理体制改革，不断完善政府的经济调节、市场监管、社会管理和公共服务职能，切实把政府经济管理职能的着力点转到为各类市场主体服务和营造与市场经济相适应的体制、机制、政策、法律环境上来。认真贯彻《行政许可法》，继续深化行政审批制度改革，加快建立县行政服务中心，加大清理和消减审批事项力度，简化办事程序，不断提高工作效率和水平。要积极发展独立公正、规范运作的市场中介组织，按照市场化原则规范和发展各类行业协会、担保中心、咨询中心、技术培训中心等自律性组织，加强对各类中小企业的服务，最大限度地发挥市场在产业集群发展中的基础性作用。

2. 调整产业布局。一要加快形成产业内部紧密型协作配套关系。积极协调与三大产业集群和四大优势产业龙头企业相关联、相衔接的配套企业的质量、标准、管理等工作，促进龙头企业与配套企业相互依存，降低成本，协同发展，增强区域经济竞争力。二要围绕产业集群合理配置资源。与三大产业集群发展相关联的本地资源的培育、开发和利用，必须科学规划，合理安排，有取有舍。尤其要淘汰落后生产工艺、限制低附加值消耗资源，严防个别业主低成本占有资源，增加产业集群龙头企业发展成本。三要加快相关产业地域分布的整合。对相关联或趋同的产业或企业，在发展区间上要进行合理布局，集中统一处理工业“三废”，促进产业聚集和资源共享，发挥集群作用，降低生产成本。四要加快物流业的培育和发展。鼓励多元化投资主体组建第三方物流企业，从事运输、仓储、货运代理和批发配送服务。

3. 实施名牌战略。品牌是形成龙头企业的关键、产业集群的基础。加快实施我县的品牌战略，统筹策划，因地制宜，坚持市场导向，结合本地实际，选择最具本地比较优势的产业、产品，集中力量，培育特色品牌，以品牌产品做大品牌企业，以品牌企业带动产业发展，重点抓好“鸿伟”细木工板、“闽山”萜烯树脂、“七星岩”豆腐皮、“9利”茶籽油、“九龙湖”鱼干、“猫王”保险柜、“武夷山”汽枪等品牌的巩固和提高，积极做好争创国家AAAA级风景名胜区、氟化工产品等新产品的创品牌工作。加大对创牌、创标企业的奖励力度。

4. 推进技术创新。一要按照新型工业化要求，加快传统工业转型。用信息技术改造传统产业，提高传统产业的生产效率，通过信息化推动传统产业特别是制造业的发展。要加大利用信息技术对传统产业改造的力度，加快新产品开发，提高企业的效率和竞争力。二要加快重点项目建设步伐。围绕做大做强三大产业集群、提升壮大四大优势产业，每年抓好一批投资2000万元以上的新开工项目、新增长点项目。通过改造一批重点企业，并与企业改革、改组、改造和加强管理紧密结合，使产品质量、规模、工艺、技术装备和生产效率等达到同行业先进水平。同时，要把技术改造与对外招商引资、嫁接结合起来。通过招商，引进资金，引进先进的管理理念。三要找准科技进步和创新的突破口。我县科技进步与创新的突破口应当选在科技向经济（现实生产力）的转化机制上，充分利用先进适用的科技资源，提高科技成果转化率，并通过产学研联合，引进技术成果（购买、技术入股等方式），加以改造提升，转化为自己的产品。四要优化科技资源的配置。资本与人才是最重要的资源。要加大科技投入，实施人力资源开发战略。要加大引导性资金的投入，要大力筹措资金用于技术改造，按照重点产业优先、骨干企业优先、名牌产品优先、信息化优先的原则，合理安排技术改造和技术创新政策性扶持资金的投入。

5. 拓宽融资渠道。一要健全中小企业贷款保障机制。做大清流兴业担保公司，加大财政投入力度，不断充实兴业担保公司基金。借鉴发达地区做法，试行向希望得到贷款担保的中小企业收取一定的基金，充实担保公司基金。试行企业联保，组织若干优势企业结成联保集团，实施联保贷款。二要改进和完善对中小企业的金融服务。商业银行和信用社可探索建立适合非公企业的信贷评估、审批和贷款制度，以及适合中小企业的新型金融品种，灵活应用各种金融工具为中小企业提供资金、结算、票据财务咨询、投资管理和信息等金融服务。大力发展商业汇票业务，改革银行信贷操作流程，健全民营企业直接融资机制和贷款保险机制，拓宽企业融资渠道。三要引导民间资本投资产业集群和优势产业新项目，并允许企业之间、业主之间、民间资本之间，依照有关政策，在一定利息范围融资。四要积极为中小企业（主要是民营企业）投资生产性项目争取各类专项资金。要摒弃所有制的界限，对符合条件的投资项目，要积极帮助高新技术产业及中小企业争取国家、省、市在技术创新、技术改造、产业结构调整、山海协作等方面的贷款贴息、重点项目前期经费等。

6. 加快园区建设。园区是产业集聚的重要平台。一要加快园区基础设施建设。抓紧做好城北龙翔工业园区水、电、路、沟等配套设施扫尾工作，做好大路口化工工业小区规划建设，为企业入园创造良好的基础环境。二要加大项目入园的引进力度。加强园区优惠政策宣传，集中力量，加大力度，引导企业、项目重点向龙翔工业园区、大路口化工工业小区集聚，形成产业链和集聚效应。在引进项目时，要围绕产业集群、优势产业，多吸引具有高新技术含量的企业落户，吸引产业关联度大的项目入园。三要加大对入园项目的服务力度。凡入园项目，必须有一位副处级以上领导干部负责，一位正科级领导干部为该项目服务的直接联系人，帮助入园项目研究解决存在的困难和问题，实行“保姆”式服务。

中共清流县委
清流县人民政府
2004年12月31日

中共清流县委 清流县人民政府
关于加快推进小城镇建设的实施意见

清委发〔2005〕4号

各乡镇党委、人民政府，县直各单位：

加快推进小城镇建设，是树立和落实科学发展观，全面建设小康社会的重要举措。为了进一步加快我县小城镇建设，推动城乡经济社会全面协调发展，特提出如下意见：

一、明确指导思想和原则，发展目标和重点

1、指导思想。坚持以邓小平理论和“三个代表”重要思想为指导，树立和落实科学发展观，遵循城镇化发展的客观规律，按照建设生态经济强县的总体目标和发展定位，以产业化促进城镇化，以城镇化促进工业化，因地制宜、突出重点、分类指导、梯次推进，加快我县小城镇建设步伐，形成区域特色经济增长极，促进全县经济社会持续快速协调健康发展。

2. 基本原则。(1) 坚持规划超前、合理布局、规模适度、量力而行原则；(2) 坚持立足资源、发挥优势、产业支撑、项目带动原则；(3) 坚持突出重点，梯次推进，优先发展县城，有步骤地发展次中心镇，进而带动一般乡镇原则；(4) 坚持政府政策引导，多形式多渠道投入原则；(5) 坚持统筹协调发展，经济、生态、社会效益相统一，物质、精神、政治文明一起抓原则。

3. 发展目标和重点。按照县城区、县域次中心镇、一般镇和中心村的总体布局，分类梯次推进城镇化进程。(1) 率先发展县城区。把县城建设成以发展生态效益型工业和新兴产业为主的生态型小城市。做大做优县城区，把东华乡纳入县城规划区控制范围，从城区的整体功能和布局出发，统筹考虑规划，合理安排基础设施建设，明确发展定位，进行产业分工，不断壮大城区实力。(2) 加快发展县域次中心。将嵩口镇、嵩溪镇、灵地镇确定为县域次中心，通过政策倾斜，重点扶持，促其加快发展。嵩口镇作为市级小城镇建设试点镇，加快建设成以发展矿产工业、林产工业、农副产品深加工为主，开发热氡温泉旅游度假为特色的工贸、旅游型城镇；嵩溪镇为县北面区域中心镇，加快建成以豆腐皮加工为特色的农副产品加工为主，旅游业、集贸经济为辅的集贸、旅游型城镇；灵地镇为县南面区域中心镇，规划新建民营投资区，加快建成以发展农业观光旅游、农副产品加工、边贸经济为主的集贸型小城镇。(3) 逐步发展一般乡镇。通过区划调整，发展特色产业、特色经济，增强自身造血功能，把一般乡镇建设成规模适度、特色鲜明、生态优良、充满活力的新型小城镇，重点将嵩溪、长校、林畲、沙芜、田源、灵地等建成园林式乡镇。(4) 加强中心村建设。积极发展生态型村庄，按照布局合理、设计科学、风格独特的要求，全面规划农村居民点建设，逐步使农村多数居民拥有一处适用、卫生、美观的庭院。通过若干年努力使全县城镇化水平达到43%以上，城区人口达5万人，建制镇区人口2.2万人，乡村道路硬化率达95%以上，建成园林式乡镇6个，园林式村庄20个。至2008年初步建成城镇功能完善、经济发达、布局合理、特色突出、环境优美、功能齐全、管理规范的小城镇体系。

二、加快制定和完善城镇规划，积极稳妥推进乡镇区划调整

4. 完善城镇规划体系。以《清流县县域城镇体系规划》为指导，抓好县城总体规划的调整修编工作。根据城区特点和发展条件，编制好产业发展、基础设施建设等专业规划，搞好工业、商贸、住宅、文化等小区详规及近期建设规划。近期重点做好县城区“S”型河段两岸景观规划设计。

5. 加快规划编制进度。搞好经济社会发展规划、城镇体系规划、城镇建设总体规划、土地利用总体规划、城市环境规划、生态功能区划等规划编制的协调衔接工作。乡镇总体规划、控制性详细规划，小区建设修建性详细规划等各项规划要请有相应资质的规划设计单位进行规划设计，并请省、市相关部门和专家进行评审。2005年上半年完成长校镇、沙芜乡的总体规划调整修编工作，到2006年完成田源乡、余朋乡、林畲乡的总体规划修编和评审工作。各有关乡镇要安排资金编制本乡镇的总体规划和详细规划，确保乡镇规划工作如期完成。

6. 合理调整乡镇区划。按照《福建省人民政府关于调整乡镇行政区划的意见》（闽政〔2002〕24号）和县域城镇体系规划的要求，争取用5年时间基本完成乡镇行政区划调整。加快撤乡并镇步伐。根据我县乡镇的历史沿革、人文习惯、地理位置和发展趋势，2010年以前完成撤乡并镇工作，同时对600人以下的建制村逐步撤并，有计划地逐步把生活和生产条件较差的高山自然村、边远自然村及存在严重地质灾害隐患的自然村的农户集中安排到城镇或中心村周围定居落户。

三、用好用足用活土地政策，努力满足城镇建设用地需求

7. 科学安排城镇建设用地指标。做好土地利用总体规划和城镇体系规划的衔接、修编工作，对各类非农建设用地指标进行适当调整，重点向城区、中心集镇和重点项目建设倾斜。在确保全县耕地总量动态平衡和基本农田面积不减少的前提下，按照法定程序，适当调整城镇周边基本农田保护区。加大土地收储力度，规范土地供应市场。在不影响自然景观和安全的前提下，鼓励利用城镇周边山坡地进行开发建设。

8. 多形式灵活供地。大力推行“飞地项目”政策，鼓励跨乡镇联合兴办工业区，引导县、乡工业项目集中建设。鼓励集体非农建设用地流转，允许集体非农建设用地在不改变集体土地所有权性质、不作经营性房地产开发的前提下，转让、出租、抵押、作价入股，进一步盘活小城镇的存量土地；加强对闲置土地的监督管理，对连续两年未使用的闲置土地，根据不同情况，采取无偿收回、延长开发期限、安排临时使用和有偿协议收回等多种方式进行盘活；除法律规定可以划拨供地外，对经营性项目用地，必须采用公开招标拍卖挂牌方式出让；鼓励对小城镇的现有国有土地使用权实行租赁制，土地使用者按年度向国家支付租金；被确定为县域次中心的镇可由县政府委托土地收储中心进行土地收储，合理配置土地资源；认真贯彻闽政〔2001〕28号文件精神，充分利用建设用地土地置换政策，降低小城镇公益事业、公共事业、乡镇企业、农民建房的建设用地成本。

9. 加强对农村集体农用地的管理。在符合土地利用总体规划前提下，允许不同集体经济组织之间按照“等质等量，就近方便”的原则进行土地调整交换；允许农村集体农用地或林地在不改变性质的条件下以转包、互换、入股、租赁等形式依法流转；加大土地资源合理开发力度，建立县土地开发整理项目库，制定年度土地整理计划，合理安排土地整理项目；土地整理新增耕地置换指标，优先满足重点工业项目和城镇建设用地。

10. 妥善处理进城农民的承包地和宅基地。保留进城务工或落户农民的土地承包经营权，培育壮大城镇土地流转中介组织，引导农民依法进行土地的合理流转，集中使用农民住宅用地指标，结合自然村迁并和新村建设及小城镇商品房开发，逐步对分散的农村居民点进行搬迁改造，退宅还田。对原宅基地已复垦的农户，经批准允许在小城镇异地另行安排宅基地建房。

四、做大做优县城，发挥县域经济社会中心作用

11. 做大做优县城区，增强县域中心的集聚、辐射效应。发挥生态自然资源、经济、技术比较优势和红色文化优势，做强城区经济，做大城区规模，提升城区品位。县城建设要坚持改旧和建新并举，逐步改造旧城区，拓展新城区，拉大城区发展构架，实现南拓、北扩、西发展。即：在南面规划建设十里铺绿色生态住宅小区，北面扩张龙翔工业园区规模，西面依托高速公路建设开发黄家排小区，逐步把县城建成绿水环抱、风光独特，有一定规模和档次的山水生态型园林小城市。在规划实施中，近期抓好三个重点：一是抓好新区开发建设。①开发十里铺绿色生态住宅小区，规划建设面积28公顷。②开发城区西北片区的黄家排小区，小区规划建设面积35公顷，开发建设后与城西碧林片区连为一体。③扩大城北龙翔工业园区规模，面积由原来的19.2公顷增加到30公顷。二是加大旧城区改造力度。加快雁塔小区第二期改造工程和长兴中路沿街国税综合楼、林贸住宅楼、外贸、城关供销社等旧建筑改造。加快三角尾片区改造，规划建成别墅式居住区。三是加快城市基础设施建设。重点做好城区“S”型河段景观规划设计和建设，搞好绿化美化亮化，提升城区档次。加强城市供水及管网改造、街道及排水系统、体育、文艺场馆建设。加快垃圾填埋、污水处理场建设，抓紧投入使用。

五、改革乡镇管理体制，扶持县域次中心加快发展

12. 加强对县域次中心的倾斜扶持。对被市委、市政府确定为县域次中心镇，要按照“特殊对待、重点支持、能放则放、权责统一”的原则，通过放权和授权，适当扩大县域次中心镇的经济社会管理权限。县域次中心镇机构设置应与其次中心镇的定位相适应，建立健全城镇管理机构，接受县直相关行政执法部门委托行使相应的行政执法权。各有关部门（包括金融、工商、税务、电力等垂直管理部门）设在次中心镇的派出机构及分支机构，原则上应保持稳定并适度强化。对次中心镇倾斜扶持：(1) 县每年从经营性房地产项目土地出让金净收入中按5%的比例提取县域次中心建设专项资金，由次中心镇根据项目向县政府申请补助。(2) 增强县域次中心镇的生财、聚财、用财功能。县域次中心镇2005年起五年内新增的地方财税收入、存量建设、用地有偿出让收入、镇范围内收取的城市建设维护税（扣除县属以上企业或原县属以上改制企业部分）作为城建专项资金，在县镇财政年终结算时专项返还次中心镇，用于集镇基础设施建设。新增建设用地的出让金和有偿使用费中市、县留成部分，除优先用于补充耕地、实现耕地占补平衡外，其余全部返还镇财政，用于城镇基础设施建设和公益事业发展。(3) 县政府对县域次中心镇建设用地指标实行计划单列，对于用地需求大且指标不足的，可申请追加或由县国土资源局调剂解决。

六、加强农村劳动力培训，加大农村人口转移集聚

13. 完善农村劳动力转移培训体系。以县农办为主，经贸局、劳动保障局、农业局、教育局、总工会、工商局、科协、旅游局、妇联等部门配合，统筹制定促进农村劳动力转移就业的培训规划，全县每年有计划地培训农民工3000人以上。有效整合培训资源，建立以县劳动就业中心、县职业中学、县党校为重点，以农广校、农函大、成人夜校和乡镇文化站为依托，社会民办培训机构和村会协作组织为补充的培训体系，对农民开展短期实用技术技能培训，并由劳动保障部门核发《职业结业证书》。依托我县优势特色产业，突出抓好特色、专门技术技能培训，积极引导各类培训机构与用人单位签订培训合同、以需定培、定向培训。

14. 推进城乡一体的劳动力市场建设。建立县劳动力中心市场，形成求职登记、信息发布、就业培训、职业介绍、法律咨询为一体的服务网络，并向各乡镇延伸，逐步形成县、乡两级联网的劳动力市场网络。以县劳动和社会保障局为主，有关部门互相协作，建立企业用工和求职登记的数据库，定期发布劳动力供需信息。每年举办1～2场企业用工与农村劳动力供需见面会。扶持各乡（镇）劳动保障事务所建设，促进农村劳动力及时有效转移就业。

15. 切实保护农民工的合法权益。建立和完善劳动保障监察和劳动争议处理工作体系，重点做好社会保险扩面和基金征缴监察工作，依法处理各种违反劳动保障法律法规的行为。及时处理劳动争议，用工单位必须与农民工签订劳动合同，明确劳动关系，工资不得低于本县最低工资标准。县和乡镇应指定专门机构和人员具体负责农民工转移后的跟踪服务工作，流入地政府要把农民工及所携家属的治安、计生、子女就学、卫生防疫、法律服务等纳入有关部门和社区管理责任范围，社区管理经费严禁向用工企业和农民摊派。

16. 鼓励农民进城入镇定居。建立以居住地划分城乡人口，按职业确定身份的户籍登记制度，凡在县城及建制城镇有合法固定住所、稳定职业或生活来源的农民，均可根据本人意愿转为城镇户口；进城镇经商务工的农民，持经劳动部门审签的两年以上聘用合同或居住满两年的暂住证等可到迁入地派出所办理落户手续。进镇农民其子女入学、就业等方面享有集镇居民同等待遇，不另收费。实施“造福工程”，尊重群众意愿，有计划地将生活在自然条件恶劣、生产生活不便的高山村、边远村群众，搬迁到集镇或周边村、公路沿线。库区移民、灾后重建等安置工作，也应有计划地向集镇及周边搬迁。

七、围绕培育产业集群，大力发展小城镇经济

17. 大力发展园区工业经济。积极发展资源加工型、劳动密集型产业和循环经济，形成产业支撑小城镇建设和发展的格局。培育壮大乡镇民营经济，优化工业布局，大力发展工业小区。小城镇内各类工业企业原则上都应入驻工业小区。重点抓好龙翔工业园区、大路口氟化学工业小区、嵩溪豆腐皮加工小区和灵地民营投资区等园区建设。把工业园区作为全县培育产业集群，承载生产性大项目、好项目的重要载体，加强对入园企业的规划和引导，加速园区向特色化、规模化方向发展，使之成为我县经济发展的新增长极。

18. 突出特色农业经济。坚持打“生态牌”，走“绿色路”，围绕我县特色强、有规模、有市场竞争力的烟叶、水果“三蜜”、苗木花卉、肉牛、肉羊、林木、冷水鱼等优势特色产业，发展特色农业经济，打响特色产业品牌，形成产业规模和竞争优势，促进农民增收，壮大小城镇实力。要采取“市场牵龙头、龙头带基地、基地连农户”的发展模式，按照“扶优、扶强、扶大”的原则，着力培育骨干农业龙头企业。推进农业园区建设，落实《农业现代化示范园区发展规划》，南面重点抓好青龙果蔬公司千亩高标准蜜雪梨精品园、景秀园林公司5000亩绿化苗木基地和九龙湖渔业有限公司12000亩水产养殖水产品加工基地建设，北面重点抓好福仕农牧公司万只肉羊饲养基地和年产5000吨工厂化豆腐皮制品系列开发加工基地建设，充分发挥龙头企业在农业产业化经营、推进建设生态绿色产业高地中示范、带动效应，推进农业标准化、产业化，实现产业聚集，提升农业整体效益。加强农副产品市场建设，完善城区水果批发市场、嵩溪豆腐皮市场，新建灵地苗木市场、清流花卉市场、灵地大牲畜市场、沙芜水产品市场等，同时大力培育营销队伍和经纪人员，促进城镇市场发展和农产品流通。

19. 加快发展旅游业。要加快实施《清流县旅游发展总体规划》，做好各旅游景点规划和修建性详规，以科学的规划指导旅游业发展。

充分挖掘清流丰富的自然和人文旅游资源，构筑以温泉休闲度假区为中心，九龙湖、北斗山风景区为两翼，辐射农业观光休闲区、居民风俗体验区和宗教文化旅游区的旅游格局，建成省内知名的新兴生态旅游区。抓好县城古迹和灵地、长校、赖武、东坑、梧地、温家山、廖武等村古民居的保护，挖掘和发展客家文化旅游，抓好林畲毛泽东故居、嵩溪瞭望台、县城红军纪念碑和各景区红军路古道的保护开发，积极对接闽西客家文化旅游线，发展红色文化旅游。大力发展与旅游相适应的住宿、餐饮、娱乐、快客运输和旅游中介、旅游商品开发，带动全县第三产业的加快发展。

八、统筹经济社会发展，提升城镇化水平

20. 调动乡（镇）理财的积极性。用足用活上级有关减轻乡镇债务的政策措施，制定相关规划，盘活乡镇资产，同时积极培育新的财源，逐步消化乡镇债务。建立健全乡镇党政领导第一责任人的财政目标管理责任制，把消赤减债和财政收支平衡作为衡量乡镇工作的重要指标，作为考核乡镇负责人及所属部门负责人业绩的一项重要内容，并建立健全对乡镇负责人的在任年度审计和离任审计制度。

21. 加快城乡基础设施建设。一是加大对外联系基础设施建设力度。改造清流经长校至连城路段，主动对接连城。同时促进泉南高速路、307省道、长永铁路清流段的建设，改善外部交通条件，主动承接永安、连城、长汀的经济辐射。二是改善县域内交通条件：①配合307线建设，改善城关至嵩口的交通，打通隧道，并按二级路标准改造。②改造灵地到沙芜路段，使公路等级达到三级。③突出东西和南北两条主要交通轴线，改造田源经横溪至清流城关路线，公路等级为四级，形成南北交通轴线；改造田源至河排路线，公路等级为四级。三是灵地、邓家、李家共建较大容量的水厂、垃圾场及文化、教育、卫生、市场等设施，做到资源、基础设施共建共享。

22. 促进社会事业全面健康发展。加快科技、教育、医疗、卫生、文化、体育等社会服务设施建设步伐。结合小城镇建设，加快科技成果的引进和转化力度，立足清流资源优势和各类技术需求，抓好优势产品的推介和先进技术的引进，为企业和农户提供产前、产中、产后科技服务；合理调整学校布局，整合教育资源，巩固基础教育，逐步实现“双高普九”，在用好用活教育费附加转移支付资金的基础上，积极探索公办民助、民办公助等多种形式的教育办学之路，全面提高办学水平；积极推进乡镇卫生医疗机构的社会化、市场化、产业化改革，通过更新设备，完善设施和提高医务人员整体素质来提升综合服务水平，到2008年力争有一半的乡镇卫生院在硬件、软件等方面都达到一级甲等水平，有一半的乡镇具备完善的集贸市场，县域次中心具备科技、信息、教育、医疗卫生、文化、体育、社区等社会化服务功能。

23. 建立健全社会保障体系。坚持社会统筹和个人账户相结合，完善城镇职工基本养老保险制度和基本医疗保险制度，逐步建立和完善以大病统筹为主的新型农村合作医疗制度。健全失业保险制度，推进失业保险与城市和农村居民最低生活保障制度的衔接。多渠道筹集和积累社会保障金。认真贯彻落实新出台的《工伤保险条例》，推行职工生育保险，保障农民工享受工伤保险。积极探索解决失地农民社会保险问题，不断提高社会保障水平。

24. 加快小城镇住宅小区建设。发展以经济适用房为主的住宅产业、突出抓好集中连片、设施配套、功能齐全、环境优美的城镇居民住宅小区的规划和建设。县城区抓好雁塔小区二期改造和长兴中路沿街面开发改造。嵩溪镇抓好富兴小区第二期工程开发和建设，嵩口镇抓好九龙溪小区的开发建设。其余各乡镇抓一个住宅小区的规划和建设。鼓励房地产开发企业到小城镇开发房地产，增加住宅的有效供给。健全房屋租赁、抵押、置换等业务，放开搞活住宅二级市场，发展住房消费信贷，提高个人购房能力。整治住宅小区，改善小区物业管理。

25. 积极争创文明城镇。以创建文明县城、文明乡镇、文明村、文明户活动为载体，不断创新城镇管理机制，全面推进新型社区建设，加强综合管理，提高城镇规划、建设、市容市貌、道路交通、社会治安、流动人口等管理水平。重点抓好“一城”（县城区）、“两带”（即林畲至长校省道线上6个乡镇和大路口至李家县道上5个乡镇两条文明带）、“四乡”（即温郊、余朋、沙芜、赖坊）的创建绿色生态文明城镇活动，大力开展生态农业、环保工业、生态城镇、生态旅游，坚持打“生态牌”、走“绿色路”，着力塑造整洁优美、秩序优良的城镇形象；风气端正、工作高效的单位形象；文明礼貌、精神振奋的居民形象和道路畅通、安全舒适的交通形象，形成由点到面、连线成片，全面推进的发展格局，实现城镇面貌美化、居民素质优化、管理服务规范化、基础设施配套化的目标。

九、加强组织领导，确保小城镇建设措施落到实处

26. 建立组织机构，加强领导。县委、县政府成立全县小城镇建设工作领导小组，并由农办、城乡规划建设局、土地、交通、计划、财政等部门分管领导组成办公室，挂靠县农办，负责研究制定全县加快推进小城镇建设的工作方案，督促检查政策落实和责任目标完成情况。各乡（镇）相应成立工作领导小组及办公室，并结合实际制定具体实施意见。要把小城镇建设工作列入乡（镇）考核内容，建立小城镇建设工作目标责任制，对小城镇建设工作进行评比，激励各乡（镇）党委、政府创新工作机制，加快推进小城镇建设进程。

27. 积极引导群众参与，加快城镇建设步伐。要坚持以人为本，按照“五个统筹”的发展要求，认真执行国家有关法律法规和政策，严格依法办事，坚决防止和反对搞形象工程。要尊重群众意愿，杜绝粗暴行政，严禁强迫干部群众集资搞城市建设。凡涉及群众利益的事情，要认真做好群众的思想工作，并按照政策规定给予合理的解决，绝不能损害群众的利益，保好广大人民群众参与和支持小城镇建设的积极性。

中共清流县委
清流县人民政府
2005年1月16日

表索引

后　记

《清流县志（1991—2005)》在省、市方志委的精心指导及县方志办全体工作人员的共同努力下，历经13个寒暑的资料征集、编纂打磨，终于面世了。其间，有困难、波折、艰辛，有汗水、泪水，但在方志同仁的孜孜不倦和不懈努力下，总算交出一份还算满意的答卷。

清流县委、县政府始终高度重视和关心、支持方志编纂工作。2004年7月，根据省委办公厅、省政府办公厅《转发省地方志编纂委员会关于开展第二届三级志书编纂工作意见的通知》精神，以清委〔2004〕40号文名义成立了以县长为主任、各承编单位负责人为委员的清流县第二届地方志编纂委员会，形成“党委领导，政府主持”的修志工作体制，并以两办名义下发《清流县地方志编纂委员会关于清流县第二轮地方志编纂工作的意见》。2005年5月，二轮地方志编纂工作启动。7月12日，以县委办名义下发《关于实施全县地方志工作目标管理责任制考评细则的通知》，将修志工作考评成绩纳入各部门、单位年终考核及评先评优重要内容。各承编部门、单位根据相关文件要求，相继成立地方志编纂领导小组，由主要领导任组长，确定1名领导具体分管专业志修编工作，并落实编纂人员和经费。

2005年5月20日，全县第二轮地方志编纂工作会议暨编志人员培训会召开，特约编辑、主笔各承编单位修志人员100多人参加培训，标志着清流县二轮修志工作正式启动。方志办提出续志编纂篇目，经各部门、乡镇讨论确定后，各分志承编单位根据编纂方案要求进行分志编纂。方志办以编发《修志简讯》的方式，督促和指导各承编单位进行专业志编纂工作。主编负责审核上交的部门志，提出修改意见和补充要求。方志办先后选派3名干部参加省、市二轮修志业务培训班，助力编纂工作开展。2010年，形成《清流县志（1991—2005)》初稿，并对全书作进一步总纂。至2012年，总纂工作告一段落。2013年年初，将初稿送市方志委审核，并在省方志委辅导处指导、帮助下，对部分卷、章、节、目设置作进一步调整、整合。并经补充内容、提炼文字后，形成评审稿。2014年9月16日，《清流县志（1991—2005)》省、市、县三级评稿会召开。会后，方志办根据会议期间参会专家、学者提出的修改意见，对志书篇章结构进行局部调整，并就相关卷进行了内容增补工作。2016年7月，送三明市方志委终审通过后出版。

《清流县志(1991—2005）》的编纂得到各承编单位以及统计、档案、保密等部门的大力支持、配合，方志办全体同仁团结协作、默默奉献，聘用老同志鼎力参与、建言献策，才使志书得以顺利出版，在此一并感谢!《清流县志(1991—2005）》乃清流县继明嘉靖、崇祯，清康熙、道光，民国、1994年版《清流县志》后的第七部暨新中国成立后第二部县志。全书设26卷，并附补遗、重要文献等，约2219千字，力求全方位系统、客观记载清流县1991—2005年自然、经济、政治、社会、文化等的发展变化概貌，在资政鉴今、服务经济方面助一臂之力。由于编者水平有限，书中难免有遗漏和错误之处，敬请广大读者批评指正。

编　者

2018.12.1

后记

弟子規聖人訓首孝弟次謹信泛愛衆而親仁有餘力則學文父母呼應勿緩父母命行勿懶父母教須敬聽父母責
須順承冬則溫夏則清晨則省昏則定出必告反必面居有常業無變事雖小勿擅爲苟擅爲子道虧物雖小勿私藏
苟私藏親心傷親所好力爲具親所惡謹爲去身有[illegible]德有傷貽親羞親愛我孝何難親憎我孝方賢親有過
諫使更怡吾色柔吾聲諫不入悅復諫號泣[illegible]不離床喪三年常悲咽居處變酒肉絕
喪盡禮祭盡誠事死者如事生兄道友弟道恭兄[illegible]忿自泯或飲食或坐走長者先
幼者後長呼人即代叫人不在己即到稱尊長勿呼[illegible]拜長無言退恭立騎下馬乘下車
過猶待百步餘長者立幼勿坐長者坐命乃坐尊長[illegible]却非宜近必趨退必遲問起對視勿移事諸父
如事父事諸兄如事兄朝起早夜眠遲老易至惜此[illegible]便溺回輒淨手冠必正紐必結襪與履俱緊切

【尽心·竞作·精品】

友情提示

以真心周到服务
以实力精心制作
以精美完现创意

精装书籍前后均夹有衬纸，一年内不要扔掉，以防止封面中的水分渗透到内页，引起内页皱褶。新出厂的精装书籍，不要竖放，请平放，并在上方叠加其它书籍，以防止精装本外壳的变形。

力人彩印 LIREN PRINTING CO., LTD.
本书如有质量问题，请致电：13905926296